本书由 国家社会科学基金重点项目 资助

中国近代经济史

1927-1937

上册

刘克祥 吴太昌 主编

人民出版社

目　录

上　册

— 1 —

中　册

下　册

前　言

　　本书是"九五"哲学社会科学国家重点研究项目,是《中国近代经济史,1840—1894》(严中平主编)、《中国近代经济史,1895—1827》(汪敬虞主编)的后续,全面考察和探讨 1927—1937 年,即国民党政府成立最初 10 年间中国经济的发展、变化及其规律、特点。汪敬虞教授早先提出的中国资本主义的发展和不发展是其中心线索,严中平教授生前反复强调的"三新"(新观点、新资料、新方法)是本书力求达到的重要目标。

　　中国近代经济史涉及领域广泛,行业兴替频繁,情况复杂,旧中国政府又未能留下系统和完整的资料,统计数据尤为缺乏。挂一漏万、畸轻畸重、以论代史、以偏代全、以偏概全、重生产关系轻生产力、重质的论述轻数量分析,等等,是中国近代经济史研究常见的毛病和缺陷。有鉴于此,课题组在充分吸收现有研究成果、全力挖掘和整理资料的基础上,采用个案分析与综合考察相结合,微观、中观、宏观结合,纵横结合,史论结合,生产关系和生产力相结合、质的论述和量的分析相结合的"六结合"研究方法,保证和提高了成果质量。课题组特别把加强数量分析放在首位,整理和编制了大量统计表格(全书共有大小统计表434个),填补了数量统计方面的一些重大空白,在量的方面更完整和准确地再现了经济发展的历史原貌。

为了做到"三新",课题组成员没有直接编写书稿章节,而是分头进行专题研究,撰写相关专著和专题论文,然后再将其浓缩、补充、调整和过渡到书中章节、子目。在本书准备和写作阶段,课题组成员先后撰写和发表相关专著9部、论文69篇,总计超过500万字。书中的一些重要章节、子目,都是已经发表或可单独发表的专题论文。新资料是"三新"的核心,是新观点、新方法赖以成立和运用的基础,没有充分、翔实的资料尤其是足够分量的新资料,所谓新观点、新方法只能是无米之炊。课题组成员遵循"论从史出"的基本原则,并未一味地在观点、体例结构上"标新立异",刻意包装,而是将绝大部分时间和精力用于搜集、挖掘和整理、提炼资料,在充分占有资料的前提下,叙述和阐发历史,作出实事求是的结论,保证了全书质量,并获得了项目鉴定组的肯定。鉴定专家认为,书稿"堪称1927—1937年中国经济状况研究成果的集大成者,代表了学术界对这一时段经济史研究的最高水平"。

中国近代经济史的研究资料,呈现一种矛盾状态:一方面资料数量庞大,另一方面又极不完整、连贯,大多残缺不全,资料搜集和整理的工作量极大,往往使人望而却步。同时,中国幅员广大,地域辽阔,不同地区、不同行业、不同时段的经济结构和面貌千差万别,地区间发展极不平衡,没有充分、翔实的资料,无法反映历史全貌,难免以偏概全,或以讹传讹。本书凭借丰富资料特别是大量的新资料,对1927—1937年的全国经济状况及其发展变化,作了较全面、深入的考察,再现了历史。其中关于农业、手工业、农村商业、农村金融等领域一些重大问题,如农业收成、土地产量、农户收支、农家经济;蚕户缫丝织绸、农村粮食和油料加工、土法造纸、雕版印刷及其演进、蔗农榨糖、土法酿酒制酱;农村商业和农村市场;农村钱庄和典当等,因资料异常庞杂、零散,过往少有完整和全面叙述,书中逐一考察,详细阐述,有的还对1927年前的历史沿革作了扼要勾画,弥补了相关研究的一些重大空白。本书揭载的资料,数量庞大,范围广阔,内容丰富,具体生动,而且大部分是首次被利用,它既揭示了这一时期全国经济发展变化的整体态势,又反映出不同时段、不同地区、不同行业的状况和特点,使展现在读者面前的历史显得更加完整、丰满和多姿多彩,避免了一般经济通史常有的柴骨感和枯燥感,增加了全书的可读性。

本书的项目负责人是汪敬虞研究员、吴太昌研究员。汪老年事已高,案头研究工作繁冗,但自始至终关注和指导着本书的编撰工作。他以耄耋高龄,多次参加课题组会议,仔细审阅导言和部分章节初稿,提出修改意见,全书凝结了汪老的睿智和心血。

本书写作采用的基本方法和步骤是,集思广益,汇聚集体智慧和发挥个人专长相结合,在课题组全体成员深入讨论、共同确定全书体例和写作提纲的基础上,各成员分工撰写章节，主编协调和修改、提炼定稿。全书写作分工如下：

导　言　刘克祥（研究员）

第一章　林刚（研究员）、徐建生（研究员）、刘克祥、
　　　　纪辛（助理研究员）

第二章　刘克祥

第三章　林刚、刘克祥

第四章　徐卫国（研究员）、朱荫贵（教授）

第五章　陈争平（教授）

第六章　吴太昌（研究员）、刘兰兮（研究员）

第七章　朱荫贵、刘克祥

第八章　史志宏（研究员）

第九章　陈廷煊（研究员）

全书由刘克祥、吴太昌统稿，书后征引文献书目由刘克祥编制。本书是中国社会科学院经济研究所中国经济史研究室的集体项目，历任研究室主任朱荫贵、陈争平、刘兰兮先后负责项目的行政组织、业务协调工作。研究室副主任徐建生在内外联络、稿件打印、行政事务方面，葛鑫芳在财务、后勤工作方面，都付出了艰辛劳动，课题组深表谢意。

人民出版社副社长李春生编审、经济·综合编辑室副主任郑海燕副编审主持本书编审工作，提出宝贵修改意见，书稿及作者雪中得炭，获益良多，铭感终身。

编　者

2009 年 5 月

导　言

中国近代资本主义的发展和不发展

——资本主义的危机和新民主主义的萌发

　　本卷是 1927—1937 年中国经济史，重点考察、研究这一时期中国经济的发展、变化及其规律、特点。中国资本主义的发展与不发展是其中心线索。[①]

　　1840 年鸦片战争后，中国由独立的封建帝国沦为国际帝国主义共同支配下的半封建半殖民地。随着资本主义、帝国主义的入侵，资本主义的生产关系和生产力开始进入中国，并有所发展，逐渐成为国民经济和社会生活的一部分。鸦片战争前，中国已有资本主义萌芽。在近代中国发展资本主义，是社会演进的历史走向，是人民创建富强、文明国家的道路选择。但是，资本主义、帝国主义侵略中国，决不是要帮助中国发展资本主义，更不允许中国成长为独立自主和经济发达的资本主义国家。作为充当帝国主义统治和奴役中国人民帮凶的国内封建买办势力，亦复如此。中国近代资本主义从它诞生之日起，始终是在国际资本、帝国主义和国内封建主义的夹缝中艰难跋涉，道路崎岖，发展缓慢。直到 20 世纪初叶，资本主义生产在全国国民生产总值中仍然只占

---

　　① 参见汪敬虞主编：《中国近代经济史，1895—1927》，导言，人民出版社 2000 年版。

10%左右的比重。

1927年后，中国近代资本主义的发展更进入了一个停滞、衰退和重大转折时期。日本帝国主义的疯狂侵略，东北、热河领土的沦陷，物产资源和产销市场的丧失；世界经济危机的爆发，列强各国以邻为壑的危机转嫁，中国出口农产品的大幅减退，西方剩余农产品的倒灌和工业品的倾销，城乡市场的萎缩，农村金融的枯竭和农村经济的破产；工农革命的失败，蒋介石国民党大地主大资产阶级政权的建立，国民党政府对日本侵略的退让妥协，对苏区和原苏区的镇压、"围剿"，经济封锁和杀光、烧光、抢光"三光政策"、"民尽匪尽"血洗政策的推行，苏区及周边地区经济的破坏和死寂，国民党政府对民族资本企业日益加紧的控制和蚕食鲸吞，对蚕桑、茶叶、粮食、食糖等主要农产品的统制，封建租税和商业高利贷剥削的加重，等等，所有这一切，使资本主义尤其是民族资本企业的发展条件和生存环境空前恶化。资本主义的发展愈加缓慢，在经济危机和国内农业恐慌期间，民营企业几乎被窒息，完全处于停滞和衰退状态。

资本主义本身也在发生重大转折。中国近代资本主义的产生始于官办企业，民营企业紧随其后，并后来居上，以更快的速度发展、成长，官办企业亦朝着官办—官督商办—官商合办—商办的轨迹向民营企业演变。到19世纪末20世纪初，民营企业已居主导地位。1927年后，情况发生逆转。国民党政府为了巩固政权，扩大、强化其阶级与经济基础，大力扩张国家资本，抑制和阻挡民营资本的发展，通过参股、渗透、改组、接管、收购、吞并等手段，侵蚀民营资本，一些民营企业又沿着商办—官府参股—官商合办—官办的途径，改变为官办企业。一些地区和行业民营企业的比重不断下降，国家资本日益膨胀。到抗日战争前夕，就全国范围而言，国家资本在金融业和交通运输、邮电通讯等行业已占垄断或支配地位。民营企业本身也在发生变化，由于生存空间日益狭窄，行业内部恶性竞争加剧，中小企业频频倒闭，资本加速集中，很快形成市场垄断。中国资本主义远未充分发育和自由发展，就过早地进入了垄断和衰老期。

资本主义不同于以往的生产方式，不是一种简单再生产，而是扩大再生产，是一种开放和扩张型的经济形态，是以不断增长的社会需求和不断扩大的市场尤其是国外市场为生存条件。资本主义企业本身也是在不断扩大生产和加速货币增殖的过程中生存和发展的。近代中国企业恰恰没有这种条件：随着一系列不平等条约的签订，国家领土和主权不断丧失，洋商、洋人在中国拥有各种特权，中国的外贸、海关、税收、外汇、物价、市场、金融、财政等，几乎全部控制在外国人手中。中国企业既无力打入国际市场，与其他国家公平竞争，国内市场又被挤占，市场空间狭窄，需求疲软，或者只有原料市场，而无产品市场。① 社会生产和经济发展停滞不前，特别是作为工业基础和国民经济主体的农业，不仅是一种简单再生产，而且是一种农户经营规模和剩余产品不断缩小的简单再生产。结果从根本上制约甚至窒息了资本主义的发展和生存。这种状况的出现，有多方面的原因，但追根溯源，还是外国帝国主义的野蛮掠夺和国内封建主义的残酷压榨，中国的物产资源和人民的

---

① 作为民族资本主义主体的机器面粉业和机器纺织业就是如此。在正常情况下，面粉厂和纺织厂都可从市场购进所需的原料小麦和棉花。但农民出售的小麦既非余粮，也不准备购买面粉，而是"粜精留粗"或"粜精籴粗"，出售精粮小麦，留下或籴进高粱、玉米等粗粮自食；农民出售棉花，不再自纺自织，但所得钱款几乎全部用于完租、纳税、偿债。虽然衣不蔽体，但大多无力购买机纱机布。面粉厂和纺织厂有了原料，却并未同时获得相应的产品销售市场。

劳动成果,都最终进入了外国侵略者的腰包。① 中国资本主义的发展缺乏原动力。资本、帝国主义的侵略给中国带来了资本主义,但同时从根本上堵塞了中国自由发展资本主义,成长为纯粹、成熟、独立自主的资本主义国家的道路。外国帝国主义和国内封建主义已经成为中国资本主义和社会生产力发展的桎梏。

为了彻底解放生产力,寻求中国的独立、富强、文明,必须推翻帝国主义和封建主义在中国的统治。在近代中国各阶级中,农民不代表新的生产力,资产阶级同帝国主义和封建主义有着千丝万缕的联系,带有先天的软弱性,又害怕农民,均无力担负此项重任。推翻帝国主义和封建主义统治的历史使命,落在了中国工人阶级及其先锋队中国共产党的肩上。1927 年大革命失败后,中国共产党继续高举反帝、反封建的革命旗帜,发动和依靠工农大众,举行武装起义,建立农村根据地,实行土地革命,实现"耕者有其田",废除封建土地和剥削制度,建立和发展国营经济与集体所有制经济,同时保留私有制经济,允许农村富农经济的存在和私营工商业的合法经营。对外废除一切不平等条约,同世界各国建立平等互利的外交和商贸关系。这是一种既不同于国内封建主义,又不同于欧美资本主义的新型经济,是包含社会主义因素的新民主主义经济,是马克思主义在中国的灵活运用,是中国资本主义在新的历史条件下的根本性转折和中国经济发展的新曙光。

---

① 即使是军阀、达官显贵、富商大贾乃至乡下土财主,薪俸、需索贪污和地租、商业高利贷剥削所得,也有相当一部分通过购买洋货或出国观光旅游、考察访问、探亲寻友、治病、留学、置产、移民定居,或将金银、钱财存入外国银行等,最终流往了国外。

一、日本侵略、世界经济危机及其影响

在蒋介石国民党背叛孙中山、疯狂屠杀共产党人和工农大众的同一时间,日本帝国主义正加紧部署武装占领和消灭中国的侵略计划。1931年,日本帝国主义发动了"九一八事变"。由于国民党政府的妥协退让,日本帝国主义轻而易举地占领了东北和热河地区,炮制伪"满洲国",并向华北推进,建立伪"蒙古军政府",实现"华北政权特殊化",妄图进而建立"华北国"。东北和内蒙地域辽阔,人口密度较稀①,土壤肥沃,农矿资源丰富,经济发展方兴未艾,是关内地区工农业生产的重要产销市场,是国内唯一的外贸出超地区,在中国外贸、税收和国民经济中占有极其重要的地位。东北沦陷,农矿资源、产销市场和社会财富通通落入敌手,对全国尤其是华北的经济发展打击深重。1929年,资本主义世界经济危机爆发,列强各国为了转嫁危机、摆脱困境,纷纷修改税则、提高关税,限制和禁止外国工农业产品进口,同时加强国内剩余产品的出口,人口众多、市场潜力巨大而又无关税保护的半殖民地半封建中国首当其冲。在日本大举入侵、东北沦陷的同一时间,西方各国和日本又相继放弃金本位,实行外汇贬值,中国顿受其害,雪上加霜,出口农产品进一步缩减,外国剩余产品像洪水一样冲向中国城乡市场。弹性本来就小的国内市场顿时崩溃,各类商品尤其是农产品的市场价格惨跌,农业亏损,农民破产,农村金融枯竭,城市企业

①　东北、内蒙、热河地区面积约130万平方公里,约相当于日本面积(37.7万平方公里)的3.4倍;1930年前后约有人口3320万,每平方公里25.5人;1930年日本有人口6450万,每平方公里172.9人;日本占领东北,乃蛇吞大象。

产品积压,资金周转艰难,停工减产,最终倒闭。城乡一片恐慌,全国陷入了深重的民族危机和经济危机之中。

(一)日本帝国主义的疯狂侵略
和国民党政府的退让妥协

国民党政府一建立,就面临着日本帝国主义空前加紧的疯狂侵略。

甲午战争后,日本获得巨额战争赔款,攫取中国台湾和澎湖列岛,国力大大增强,侵略中国的野心进一步膨胀,目标和步骤日益明确:首先是将东北、内外蒙古攫为己有。日本在1904—1905年日俄战争中战胜沙皇俄国后,大力经营"南满",视"满蒙"为日本的"利益线"、"生命线"。第一次世界大战后,日本又取代德国,将山东变成自己的"势力范围"。进入20年代,日本国力愈强,野心愈大。武力占领"满蒙"开始成为日本帝国主义的基本国策。

1927年,在蒋介石发动"四一二反革命政变"一周后,日本加紧推行侵华路线的军国主义田中内阁正式上台①,随即着手制定侵华策略,加快侵华步伐。4月22日发表的田中施政方针声称,日本"为维护东亚大局",对中国国内的形势和"动乱","负有重大责任";对"共产党在中国的活动","断然不能漠然置之",并确定步骤:一是召开"东方会议";二是对中国山东出兵。

---

① 内阁首相田中义一(1864—1929),日本军阀和军国主义代表人物之一,长州藩士出身,后入陆军,日俄战争时为满洲军参谋,战后历任陆军大臣和参谋本部参谋次长等职,1918年、1923年先后任原叔内阁、山本权兵己内阁陆相,1926年以大将退役为立宪政友会总裁,1927年4月20日出任首相兼外相,1929年因皇姑屯事件,其内阁被迫总辞。田中任首相期间,将日本侵华政策推上了一个新的阶段。

6月27日至7月7日，田中主持召开"东方会议"，外务、大藏、陆军省、海军省、参谋本部、军令部各大臣及驻华外交官、关东行政长官、关东军司令官等全部参加。会议确定：必须"贯彻满蒙分离政策"，将"满洲从中国分离出来"；为"确保在满蒙特殊的地位权益"，决心维持满蒙"治安"；促进满蒙铁道建设问题的解决，着手进行铁道问题的交涉；在中国内部谋求支持国民党而镇压共产党；确立以武力保护在华"居留民"的原则。

7月25日，田中向日皇呈递专谈日本"对于满蒙积极根本政策"的奏折，史称《田中奏折》。

奏折提出了日本新大陆政策的总战略："欲征服支那，必先征服满蒙，如欲征服世界，必先征服支那"。一旦征服中国，即以中国之富源征服印度、南洋各岛、西亚及欧洲。因此，"握执满蒙利权"是日本征服整个亚西亚大陆的"第一大关键"，必须"以铁与血主义实保东三省"。① 为此，奏折具体制定了经济掠夺、军事征服、政权控制以及移民、渗透、颠覆、策反等多管齐下的侵略手段。

经济掠夺方面，首先以"二十一条为基础勇往迈进"，千方百计取得"满蒙"的土地"商租权"（实为占有权）、铁路建筑权、矿权、林权以及外贸、海运、金融独占权；保证日本人可以自由出入"满蒙"，从而把整个"满蒙"的经济利权和经济命脉全部掌握在日本手中。同时"以利权而培养贸易"，"以满蒙为根据，以贸易之假面具风靡支那四百余州。再以满蒙之权利为司令塔，而攫取全支那之利源。以支那之富源而作征服印度及南洋各岛以及中、小亚西亚、欧罗巴之用"。

---

① 《田中义一上日皇奏章》，转见章伯锋、庄建平主编：《抗日战争·从九一八至七七》（中国近代史资料丛刊之十三）第1卷，四川大学出版社1997年版，第23—24页。

移民方面,以"满蒙"作为日本每年80万"剩余"人口的消纳地,立即遏制每年数约百万的关内移民潮,并大力推行朝鲜移民,在现有基础上,尽快将移民人数扩张至250万人以上。由朝鲜民"打先锋",东拓会社和"满铁"紧随其后,同时在各地遍设警察署进行"保护"。平时借朝鲜民之力,开拓内外蒙古及把握其商权,一遇"有事之秋",则以朝鲜民为"原子"而采取军事行动。如果中国籍或日本籍的朝鲜民作乱,即以"悬羊头卖狗肉之方策应付之",名为出兵镇压,实则控制和占领东北;如东三省政府敢以朝鲜人制衡日本,则日本"用兵之机会可以急速"到来。

渗透、颠覆、策反方面,派人充当蒙古王府的"顾问",左右王府政策和政治倾向;在现有基础上①,接续派遣退伍军人"密入"图什业图王府以及其他王府管区,设法"到处安置"退伍军人,"以便操纵其旧王公"。潜入者必须常着华人服饰,以避免奉天政府怀疑。一待人数增多,即用"十把一束之贱价"买下土地所有权。再视其情况,或垦为水田,种植食米,以济日本食料不足;或设牧场,养殖军马、牛畜,以充军用及食用,剩余者制成罐头运贩欧美,毛皮亦供日本不足之用。"待时期一到则内外蒙古均为我有"。

贸易掠夺方面,首先攫取各种经济特权,"以权利而培养贸易",再"以满蒙为根据,以贸易之假面具风靡支那四百余州",攫取全国财富。为此必须尽快控制作为东北基本工业的榨油业,改变现在绝大部分油坊被华人掌握的局面。鉴于东北、内外蒙古贸易额庞大,日本所取羊毛、棉花、大豆、豆饼、钢铁等物日益增多,必须尽快获得东北、内外蒙古特产品的专卖权,阻止和排挤中国商人的贩卖活动,并将专卖权作为"监理满蒙财政及贸易的第一步"。

---

① 1927年,图什业图王府已有日本退伍军人19人,向王府收买土地,并享有羊毛特买权或矿权。

至于军事侵略和武装占领,是日本帝国主义彻底"征服"东北、内外蒙古,占领和消灭中国的根本方针和前提。奏折声称,必须以"铁与血"的手段,"拔除东亚之难局","以铁与血主义实保东三省"①,亦即必须以铁与血主义侵占和统治东三省。为此,日本帝国主义无时无刻不在处心积虑谋划和创造时机,随时准备付诸实施。

1928 年 5 月 1 日,国民党北伐军占领济南;3 日,日本第 6 师攻打济南和国民党北伐军,制造"济南惨案",以阻止国民党北伐。结果 6000 中国军民被杀,国民党政府特派交涉员蔡公时等亦被绑架,蔡被割去耳鼻、挖去双眼后处死。蒋介石惧怕日本,连夜撤军,5 月 6 日同冯玉祥会面,提出放弃北进,与张作霖划江而治,因遭到多数人反对,只得绕城而过,继续北伐,蒋介石本人回南京"休息",由冯玉祥和阎锡山进攻北京。

20 世纪 20 年代末,尤其是 1928 年 6 月炸死张作霖,12 月张学良易帜、通电"服从国民政府"后,日本帝国主义进一步加快了侵略步伐,发动军事侵略,占领东北、内外蒙古被提上日程。

1930 年 12 月,日本并吞"满蒙"秘密计划出台;1931 年 5 月,日本在东北的驻屯军,即"关东军",着手拟定征服和占领东北、内外蒙古的具体方案和计划,明确提出解决"满蒙"问题的"唯一方策"是将其作为日本"领土",而且必须放在比解决国内问题更加优先的位置。强调"先进行国内改造,不如先解决满蒙问题为有利"。为此,日本军部必须"主动通过谋略制造机会",关东军则"主动抓住良机",而日本陆军的当务之急是"制定战争计划"。日

---

① 以上所引《田中义一上日皇奏章》的文字,均见章伯锋、庄建平主编:《抗日战争·从九一八至七七》第 1 卷,四川大学出版社 1997 年版,第 23—46 页。

本侵华战争的发动,已箭在弦上。关东军随即制定了侵略战争的基本原则、纲要和行动步骤,强调日本国策的"首要原则"是攫取"满蒙",首要任务是"利用各种手段不断酝酿中日开战情势",并在东北、华北加紧准备武器弹药,以备战争之需。关东军还决定,一旦夺得中国领土,不仅"在占领区不能存在中国政府",还要"颠覆中国中央政府,拥立亲日政府"。①

日本帝国主义的野心很大,除了占领"满蒙"作为日本"领土"外,为"确保西太平洋制海权",还必须夺取菲律宾、关岛、夏威夷,作为日本"领土"。日本估计,此举必然遭到以美国为主的各国"武力压迫",因此制定了对美作战计划,决定日美战争发生时,"尽力只将美国作为敌人",在中国本部尽量避免用兵,只采取威吓手段防止中国排日和参战。如上述方策无效,即一举攻取南京,占领华中以北之要点。同时与欧洲各国保持"亲善关系",以牵制英、俄。计划决定在战争期间,如遭到世界广泛封锁,则在国内和占领区实行"计划经济";如日本国内遭敌机严重骚扰,则将主要政治经济设施移往中国大陆。因此,日本国民"须有为日本民族的百年大计忍受一切牺牲之决心"。②

1931年4月,若槻内阁成立后,将田中内阁的侵华政策进一步具体和条理化。内阁一成立,即对年度情势进行了判断,强调"满蒙问题"必须根本解决,并设想分三个阶段进行:第一阶段建立亲日政权;第二阶段成立独立国;第三阶段占领"满蒙"。③

---

① 参见章伯锋、庄建平主编:《抗日战争·从九一八至七七》第1卷,第61—86页。

② 《为解决满蒙问题之战争计划大纲》(《对美战争计划大纲》),见《抗日战争·从九一八至七七》第1卷,第96—99页。

③ 天津编译中心译:《满洲事变资料》,见章伯锋、庄建平主编:《抗日战争·从九一八至七七》第1卷,四川大学出版社1997年版,第104页。

　　至此,万事俱备,只等时机一到,即可开战。关东军更早已进入临战状态:1931年3月,关东军司令部幕僚更新加强;4月中旬,驻屯师团换防,将曾经参加1894年中日战争、1904—1905年日俄战争的仙台第二师团接替京师第16师团,进驻东北;5月下旬,举行部队长聚会,进行战争动员和实战部署,紧接着以金州城为中心进行攻城演习,师团各部队干部、军官观摩学习,菱刈司令官"训示"强调,"满蒙问题的根本解决为打开国家命运的第一步",关东军将士必须以"上下一心、死而后已之气慨,完成阃外之任务"。①为了攻打沈阳城,7月份特地从东京兵器厂秘密调运和安装了两门24厘米口径的榴弹炮。

　　日本为了尽快发动侵略战争,接连不断地进行挑衅,制造和扩大事端。利用1931年4月的"万宝山事件"②、6月的"中村大尉案"③,大做文章,本来是日本侵犯中国主权和中国农民人身、财产,反而向中国提出各种苛刻条件和无理要求,大造舆论,在朝鲜

---

　　①　天津编译中心译:《满洲事变资料》,见章伯锋、庄建平主编:《抗日战争·从九一八至七七》第1卷,第100—101页。

　　②　1931年4月间,中国农民郝永德租得长春县万宝山地方萧翰林、张鸿宾等生熟荒地500晌,订明如县政府不准,租约无效。正在县府查核期间,郝永德将地转租与朝鲜农民团李升薰等9人,并未呈明县政府。李升薰等随即招引朝鲜农民180余人开挖宽深各3丈、长20余里的水渠,从伊通河筑坝引水灌田。水渠沿途农民大量土地被占被毁,河流航运被切断和破坏。受损农民推举百余人请求县市政府出面干涉、制止。就在县市当局决定调处之前,长春日本领事见机可乘,先派遣武装警察前往支持朝鲜农民行动。接着加派大批朝鲜农民前往挖渠,随派60名武警携带机关枪,强据农民房屋以保护朝鲜农民。6月底,水渠已成,中国农民气愤至极,出动400余人填塞部分渠段,日本武警出面干涉,开枪射杀中国农民,引起外交交涉。

　　③　1931年仲夏,日本陆军现役军官中村震太郎大尉,奉日本陆军之命,携带武器和违禁麻醉药品,非法前往内地从事间谍活动,被中国士兵扣查,逃跑时被击毙,引致外交交涉。

和日本军内、国内掀起一股反华恶浪。又在吉林、辽宁等地挖掘战壕，在关东军内大肆鼓动、宣传，又调兵换将，将曾参加日俄战争、担任驻华公使馆武官、被称为"中国通"的本庄繁中将，接替菱刈大将，充任关东军司令官。

一切准备就绪，一场蓄谋已久的侵华战争终于爆发了。

1931 年 9 月 18 日晚，关东军在沈阳附近柳条湖炸毁南满铁路一座小桥，诬蔑为中国军队所为，随即突然袭击和占领沈阳驻军北大营，点燃了大举侵略中国的罪恶战火。

面对日本帝国主义如此疯狂的侵略，国民党政府不是发动和率领全国军民奋起抵抗，迎头痛击侵略者，捍卫国家主权和领土完整，而是一味退让，委曲求全。

国民党政府和东北地方官府，在"九一八事变"爆发前，对日本帝国主义尤其是关东军、日本武装警察紧锣密鼓的战争准备活动，包括在东北进行的军事策划、将领配备、兵力部署、军事演习、军火生产和调运、机构调整以及搞调研、挖战壕、架大炮、造舆论等等，毫无警惕和反应；对日本帝国主义为制造侵略借口而挑起的一系列挑衅事件，如万宝山事件、中村事件等，不敢通过新闻媒体揭露其阴谋和凶残嘴脸，唤起国人的觉醒和警惕。而是忍气吞声，委曲求全。张学良在万宝山事件发生后，7 月 6 日致电东北政务委员会说，"此时与日开战，我方必败，败则日对我要求割地偿款，东北将万劫不复，亟宜力避冲突，以公理为周旋"。① 蒋介石、于右任也先后给张学良打电话、下"指示"，强调对日本在东北的挑衅，"应不予抵抗，力避冲突"。② 9 月 6 日，张学良又给辽宁省政务

① 章伯锋、庄建平主编：《抗日战争·从九一八至七七》第 1 卷，第 149 页。
② 洪钫：《九一八事变当时的张学良》，《文史资料选辑》第 6 辑，1960 年版，第 25 页。

委员会代主席臧式毅、东北军参谋长荣臻发电报,指示"对于日人无论如何寻事,我方务须万方容忍,不可与之反抗,致酿事端"。①

国民党政府的退让妥协,更加助长了日本帝国主义的嚣张气焰。"九一八事变"爆发后,国民党政府和东北地方当局,又麻木不仁,判断错误,以为是日军在北大营等地"演习示威",充其量不过是关东军一时挑衅而已。即使关东军想大打,日本政府也会控制,"为免除事件扩大起见,绝对抱不抵抗主义"。②

"九一八事变"发生时,东北军的精锐部队大部分在关内,张学良也不在沈阳。1930年3月,蒋介石为了联合张学良对付阎锡山、冯玉祥,任命张学良为全国陆海空军副司令。4月,蒋介石、冯玉祥、阎锡山之战(史称"中原大战")爆发,9月18日,张学良发表"巧电",次日发兵武装调停中原大战,反蒋联军失败。12月,因张学良参加"中原大战"有功,国民党政府明令褒奖,并在北平设副司令行营,所有东北、华北各省军事均由张学良节制,张学良也一直住在北平。事变发生时,在沈阳主持军务的参谋长荣臻急电张学良请示,张学良令"尊重国际和平宗旨,避免冲突"。荣臻随即转令驻守北大营的第七旅不要抵抗。"即使(日军)勒令缴械,占入营房,均可听其自便"。于是旅长王以哲等决定,无论"日军行动如何扩大,攻击如何猛烈,而我方均持镇静"。结果,沈阳"全

---

① 辽宁省档案馆:日本侵华专题档,见章伯锋、庄建平主编:《抗日战争·从九一八至七七》第1卷,第150页。

② 《张学良致蒋介石、王正廷敬电》,见秦孝仪主编:《中华民国重要史料初编—绪编(一)》,中国国民党党史史料编纂委员会编辑、发行,台北1981年刊本,第259页;日本NHK记者专访录,见章伯锋、庄建平主编:《抗日战争·从九一八至七七》第1卷,第162—163页。

城商民军政各界,均无抵抗行为"。①

当然,这并非张学良等人擅作主张,而是按照蒋介石7月以来的多项"指令"行事。事变爆发后,蒋介石又密令张学良,"力避冲突,以免事态扩大,一切对日交涉,听候中央处理"。② 蒋介石和国民党政府还召集会议,发布告全国国民书,"严格命令全国军队,对日军避免冲突";"告诫全国国民,亦务必保持严肃镇静","断不容以任何意气感情,摇动中央所决定的方策与步骤";对在华日侨,则"严令各地方官吏妥慎保护"。强调这是"文明国家应有之责任"③,以使日本帝国主义无所顾忌。

这样,在国民党军队无任何抵抗的情况下,日军迅速攻入沈阳城,解除中国军警武装,占据官署,搜查文卷,捕捉军官,打开监狱,释放囚犯,搜掠私宅,枪杀百姓,夺占银行,横行无阻,更迫令捕获的中国军官签字画押,承认中国军队先行攻击,破坏铁路桥梁,以制造伪证,欺骗世界舆论。随后在短短一周的时间内,日军就占领了除辽宁锦州外的辽、吉两省要地。日寇所到之地,如入无人之境,直至进入黑龙江,才遇到该省代主席马占山率兵抵抗,使有如破竹之势的日军进犯一度受挫。④ 但延至1932年11月,马占山终因孤军作战,死伤惨重,加之天寒衣薄,弹药补给断绝,残部被迫

---

① 《荣臻参谋长报告》,见秦孝仪主编:《中华民国重要史料初编—绪编(一)》,第262页。

② 应德田:《张学良与西安事变》,中华书局1980年版,第11页。

③ 秦孝仪主编:《中华民国重要史料初编—绪编(一)》,中国国民党党史史料编纂委员会编辑、发行,台北1981年刊本,第281页;《国民政府公报》1931年9月24日,第882号。

④ 因马占山顽强抵抗,日本关东军司令本庄繁曾向马占山发出通牒,迫其"下野";国民党政府因马占山抗敌指挥有功,11月17日擢升马占山为黑龙江省政府委员兼主席。

进入苏境,黑龙江遂告陷落。

日本侵略军在北犯黑龙江的同时,于1931年11月中旬,调兵西攻锦州。锦州位于北宁、锦朝两铁路交汇点,是辽西重镇和交通枢纽,榆关屏障,又是东北边防军司令部行署、辽宁省临时政府所在地。国民党政府为免日军直驱华北,曾尝试抵抗,三次电令张学良固守锦州,然而对张学良的增援请求,迄无回复。张学良亦无心固守,在日军的优势兵力强攻下,抵御数日,即撤兵关内。1932年1月2日,锦州陷落,日本帝国主义轻而易举地占领了东北全境。

日本占领东北后,即按原定部署,紧锣密鼓建立傀儡政权,将"满蒙"从中国分离出去,计划在2月中旬、最迟2月下旬至3月上旬末建立伪"满洲国"。① 为此,日本侵略者于1931年11月8日晚精心策划了天津事件,在炮火混乱中带走了溥仪。由于日本帝国主义的疯狂侵略激起了中国人民的无比愤怒,全国反日怒涛一浪高过一浪,东北成为世界舆论瞩目的中心。日本又决定在英、美、法等国在华权益的中心地上海挑起事端,将英、美、法等国的视线引向上海,由日本特务川岛芳子一手制造所谓日本日莲宗化缘和尚在上海遇害事件②,引发日侨青年袭击和放火烧毁三友实业

---

① 计划规定伪满洲国为"独立"的中央政权,辖区包括奉天、吉林、黑龙江、热河、蒙古等五"省","首都"长春,首脑为溥仪。"中央政府"设"参议府","参议"满洲、蒙古各1人,汉人、日本人各3人,共计8人。军力由警察军、巡防军、国防军等三部分组成,警察分属各省;巡防军隶属中央;国防军以日军充任(罗家伦主编:《革命文献》第35辑,中国国民党党史料编纂委员会1965年刊本)。

② 川岛芳子,又名金璧辉,日本在东北的特务头子川岛浪速收养的女间谍,抗日战争后被中国人民处决。"日莲宗"是以日本镰仓时代中期僧人日莲为宗师的日本佛教教派。

社毛巾厂事件①,接着于 1 月 28 日晚发动了空前规模的淞沪之战。② 虽然驻守上海和沪宁沿线的十九路军顽强抵抗,给侵略者以重创,但国民党政府仍然坚持退让妥协的方针。在英、美、法等国斡旋下,3 月 3 日中日双方停止军事行动,5 月 5 日签订《上海停战协定》,规定中国军队必须撤离租界边境 20 公里以外,并撤销该地域内的军事设施,而日军却有权在上海驻扎。淞沪之战不仅为日后日本在东南沿海扩大战争提供了军事基地,也达到了引开列强目光,如期建立了伪"满洲国"的目的,一箭双雕。

历来弱国无外交。但懦弱无能的国民党政府,却只能寄希望于外交,乞求英美控制下的国际联盟(简称"国联")主持"公道",促使日本停止侵略,从东北撤军。9 月 21 日蒋介石召集的对日方略会议,首项决定就是成立"特种外交委员会",由戴传贤、宋子文分任正、副会长,专门主持对日外交事宜。③ 次日,中国代表施肇基,在国联理事会上,提请国联组织调查团,调查事变真相,但调查团迟至 1932 年 1 月 21 日才成立,4 月 20 日才开始调查。10 月 2 日公布的《国联调查团报告书》虽然指出,1931 年 9 月 18 日夜,中国方面并无攻击日军及危害日侨生命财产的计划,"日方的军事行动,不能视为合法自卫之办法",伪满洲国是日本军队和文武官

---

① 日莲宗和尚事件和日侨火烧三友实业社事件,系日本驻华公使馆派驻上海的田中隆吉策划。田中认为三友实业社的"抗日色彩浓厚",是"排日的根据地",乃指使川岛芳子用三友实业社的名义杀死日莲宗化缘和尚,然后发动日侨青年袭击和烧毁三友实业社。而这一切的幕后指挥是关东军高级参谋板垣征四郎,目的是为淞沪之战制造借口。

② 日本在是次战争中,出动的兵力为陆军 7.7 万人,海军战舰 30 余艘,航空母舰 3 艘,战斗机 320 余架,总兵力估计超过 9 万人。

③ 秦孝仪主编:《中华民国重要史料初编—绪编(一)》,台北 1981 年刊本,第 281 页。

员活动的产物；但报告书明显偏袒日本，为其侵略开脱罪责，认为"双方抗争，各有是处"，必须"承认满洲在日本经济发展上的重要性"，明确肯定"日本在满洲之权利及利益乃不容漠视之事实"。甚至无视中国主权，主张对东北实行"高度自治"和国际共管的解决办法，认为东北的政权机构，既不应维持伪"满洲国"，但也不能恢复"九一八事变"以前的原状，而应拥有"高度之自治权"，并建立由中、日两国和中立国代表参加的"顾问会议制度"，自治政府行政长官"得指派相当数额之外国顾问，其中日本人应占一重要比例"；由外国教练官协助组织的"特别宪警"，是东三省境内的"唯一武装实力"，等等。1932 年 12 月 12 日，国联又专门成立"十九国特别委员会"，根据调查报告起草了关于中日争议报告书，坚持东北主权属于中国，不承认伪"满洲国"。该报告书在 1933 年 2 月 24 日的国联特别大会上，以 42 票赞成 1 票反对获得通过。日本随即于 2 月 27 日宣布退出国际联盟。国民党政府仰赖国联迫使日本放弃侵略的幻想彻底破灭。

　　伪"满洲国"成立，日本在东北站稳脚跟后，侵略魔爪随即伸向华北。1933 年元旦，日军以优势兵力，迅速攻陷山海关。3 月 4 日热河守军逃离承德，热河沦陷。3 月 9 日，日军开始对长城各口发动进攻。当时中国虽有 12 个军、40 个师，30 余万兵力投入抵抗，但国民党政府仍无抗日决心。加之敌我装备优劣悬殊，中国将士血战两个多月，长城全线失守，被迫于 5 月 31 日签订《塘沽协定》，规定中国军队迅速撤往延庆—昌平—高丽营—顺义—通州—香河—宝坻—林亭口—宁河—芦台连通线以西及其以南之地，长城各口和各有利据点，均落敌手，不仅华北失去屏障，门户洞开，而且，冀北和冀东北大部分地区沦陷，北平已是兵临城下。

　　《塘沽协定》签订后，日本帝国主义下一步就是蚕食和分离华北。从 1934 年开始,日本提出察哈尔省、河北省长城线以内的若干县均属热河省,长城以北全是伪"满洲国"的辖区。9 月 1 日,伪满"执政"溥仪称帝。19 日,日伪在长城各口遍插伪满界碑。4 日后,日本侵略者及汉奸武装闯入河北密云县划定"边界";又将昌平县长城以外乡村强行接管。在察哈尔延庆县,日伪向地方政府和居民索取户口、地亩清册,勒逼供给。1934 年 12 月至 1935 年 5 月,又先后制造"察东事件",天津《国权报》、《振报》两社长被暗杀事件①,"张北事件",国民党政府和军政、地方官员被迫相应订立丧权辱国的《大滩口约》、《何梅协定》和《秦土协定》。

《塘沽协定》签订时,蒋介石对苏区第四次"围剿"刚失败,对国内的革命力量愈加仇恨,正着手准备第五次大"围剿"。《塘沽协定》签订后,决心全力"剿共",推行"安内攘外"政策更加坚决。1933 年 4 月 10 日,蒋介石在国民党江西省党部扩大纪念会上的讲话,强调"抗日必先剿匪","匪未肃清之先,绝不能言抗日,违者即予最严厉之处罚",要求务必"于最短期间,肃清匪共"。② 同时,蒋介石公开散布"三天亡国论",谓日本"只要发一个号令,真是只要三天之内,就完全可以把我们中国要害之区都占领下来,灭亡我们中国",中国军队,无论在哪一个地方,"无不是在日本人掌握之中,日本人要你几时死,就可以几时死,要占你什么地方,就可以占你什么地方"。③ 8 月,投降派汪精卫取代反日派罗文幹兼任

① 日人诬陷两社长为国民党复兴社所杀。第二次大战后,战犯审判中,真相大白。策划暗杀二人的正是日本华北驻屯军参谋长酒井隆。

② 《申报》1933 年 4 月 12 日。

③ 蒋介石对庐山军官训练团的讲话(1934 年 7 月),见张其昀主编:《先总统蒋公全集》第 1 册,台北中国文化大学出版社 1984 年版,第 877、879 页。

外交部长,国民党内部对日妥协路线愈加得势。

　　蒋介石、汪精卫对内急于消灭共产党,对外恐日、谋求妥协的心态,使日本吞并中国的贪欲更加急切和膨胀。1934 年 4 月,日本外务省情报部长天羽英二发表对华政策声明(即《天羽声明》),声称要排挤英、美在华势力,关闭中国门户,视中国为其独占"保护国"。① 同时一再诱使国民党政府承认伪"满洲国"。六七月间,国民党政府与伪满相继签订《通车协定》和《通电协定》,等于事实上承认了伪满政权。年底,随着福建人民政府被镇压和对苏区第五次"围剿"的胜利,蒋介石对国内"统一"增强了自信,希望通过直接谈判,调整中日关系。1935 年 1 月 22 日,日本外相广田弘毅发表对华外交方针讲话,鼓吹"中日亲善"、"经济提携"。汪精卫随即响应,2 月 20 日在国民党中央政治会上声明,"愿意以满腔的诚意,以和平的方法和正常的步调,来解决中日间的一切纠纷,务使互相猜忌之心理,与夫互相排挤、互相妨害之言论及行动等,一天一天的消除"。3 月 2 日,蒋介石致电汪精卫,认为汪精卫所谈中日关系,与自己"同一见解"。② 蒋、汪一唱一和,中日"亲善"邪浪,顿时翻滚起来。同年夏,蒋介石又通过中国驻日公使抛出"和平提案",倡议东北问题,"中国暂置不问",中日在"平等基础之上,废除一切不平等条约",实行"中日提携"。③ 为促进中日"亲善",国民党政府于 1935 年 5 月下令取缔排日运动,中日外交关系由公使级提升为大使级,实现两国关系"正常化"。又于 6 月

---

　　① 《日本外务省情报部长天羽声明》,见复旦大学历史系中国近代史教研室编:《中国近代对外关系史资料选辑(1840—1949)》下卷第 1 分册,上海人民出版社 1977 年版,第 261—263 页。

　　② 天津《大公报》1935 年 3 月 3 日。

　　③ 复旦大学历史系中国近代史教研室编:《中国近代对外关系史资料选辑(1840—1949)》下卷第 1 分册,上海人民出版社 1977 年版。

10 日发布"邦交敦睦令"，并在《何梅协定》生效当日，向日本提议通过外交方式，解决中日争端。[①]

然而，日本的既定目标是完全占领和消灭中国，根本不允许国民党政权的存在，不屑同国民党政权"平等"对话，而是加速向河北、察哈尔、绥远和整个华北地区蚕食和渗透，为武装占领华北和发动全面侵华战争、吞并全中国作准备。

1935 年 5 月，日本向国民党政府提出"华北政权特殊化"的侵略要求，并从东北调兵入关，以武力相威胁。接着又唆使汉奸策动"华北五省自治运动"，妄图使河北、山东、山西、察哈尔、绥远五省脱离中国而"自治"。7 月 25 日，关东军参谋部拟订《对内蒙措施要领》，计划"首先设法扩大和加强内蒙的亲日满区域，随着华北工作的进展，而使内蒙脱离中央而独立"。[②] 为此策动蒙古王公和汉族败类，准备建立伪"蒙古军政府"。12 月，关东军派出两个骑兵大队，协助蒙古保安队头目李守信，占领察东张北、宝昌、康保、尚义、沽源、商都、化德、崇礼 8 县，并控制察东正蓝、镶白、正白、镶黄、明安、太仆寺、商都等 8 旗，在张北建立李守信的伪军司令部和日本特务机关。蒙古德王见时机已到，即窃用"蒙政会"名义，下令成立伪"察哈尔盟公署"。10 月，日本侵略者指使河北香河、三河、宝坻、武清等县汉奸暴动，占领香河县城，成立"县政临时维持会"。11 月，又唆使原国民党"蓟密区行政督察专员"殷汝耕，在通县建立"冀东防共自治政府"，声明冀东 22 县脱离国民党政府的统治。1936 年 5 月 12 日，日本侵略者一手炮制的伪"蒙古军政

---

① 天津《大公报》1935 年 6 月 9 日、11 日。

② 关东军参谋部：《对内蒙措施要领（绝密）》，见章伯锋、庄建平主编：《抗日战争·从九一八至七七》第 1 卷，四川大学出版社 1997 年版，第 670 页。

府"出台后,进而唆使德王、李守信、王英等率部三四万人向绥远东、中部地区进犯,作为蒙古"建国"前的"进军之准备"。①

同时,日本侵略者又在华北地区进行武装走私,大肆偷运金银出口,猖狂走私和倾销人造丝及白糖、卷烟纸、布匹、杂货等日本货,严重损害中国的海关管理和财政税收,扰乱金融和商业市场,加剧银根紧缩和枯竭,破坏和窒息华北及其他地区的民族工业和手工业,加速农民和农村经济破产,为日本帝国主义全面侵略铺平道路。

《何梅协定》、《秦土协定》签订后,日本变华北为第二个"满洲国"、加速扩大侵略和吞并中国的狼子野心昭然若揭,国民党政府主动"亲善"投靠碰壁,自身生存面临更大危险;国内抗日呼声空前高涨,中国共产党发表《八一宣言》,呼吁停止内战、一致抗日,全国各界热烈响应,迅速掀起广泛的抗日救国热潮,接着爆发了"一二·九"爱国学生运动;国内阶级关系也在发生变化,国民党上层出现分化,部分人改弦更张,主张停止内战,一致对外;国际上,美国、英国因为在华北、华中的利益直接受到日本的冲击,也开始改变对日本侵略的纵容态度。在这种情况下,蒋介石和国民党政府不得不对原来的妥协退让政策做出某些调整。

"九一八事变"后,国民党政府也曾为抵抗日本侵略做过某些准备,不过最初仅限于机构设置和经济调整方面。如成立"国防设计委员会",统筹全国国防与经济建设;1934 年 1 月,国民党四届四中全会通过《确定今后物资建设根本方针案》,确立以国防为中心的经济建设方针;1935 年 4 月,国防设计委员会同兵工资源司合并,改称"资源委员会",主管水力发电、开发矿藏、探采油田、

---

① 卢明辉:《德王"蒙古自治"始末》,中华书局 1980 年版,第 132、145—146 页。

开发化学及电气工业,以增强国防综合实力。自此开始采取某些实际步骤和措施,如决定将军事与政治的重点放在四川,抓紧了对四川政治与经济问题的解决。① 并将德国翁克斯飞机制造厂厂址定在重庆,又在西南、西北赶修公路。1936 年 9 月后,开始在南京、上海、武汉以及绥远等地,着手抗战准备。同时,对日本的态度亦稍趋强硬。1935 年 11 月,蒋介石在国民党第五次全国代表大会上宣布,"如果牺牲到最后关头",将起而抗战。不久因行政院长汪精卫遇刺受伤住院,政府改组,蒋介石任行政院长,张群任外交部长,开始执行对日新政策。1936 年 7 月,蒋介石在国民党五届二中全会上,提出以"保持领土主权的完整"为"御侮最低限度",宣布"绝对不订立任何侵害我们领土主权的协定,并绝对不容忍任何侵害我们领土主权的事实";强调"应当不惜牺牲来御侮救亡"。② 对日交涉也采取了比较强硬的态度。③ 国民党政府的对日政策开始朝着积极的方向转变。

尽管如此,蒋介石国民党仍然不敢同日本帝国主义决裂,更不愿停止内战,共同抗日。1935 年 12 月,为了迎合日本帝国主义关于"华北政权特殊化"的要求,决定设立"冀察政务委员会",指派宋哲元为委员长,日本推荐的汉奸王揖唐、王克敏、齐燮元、曹汝霖等为委员。仍将中国共产党视为头号敌人,不愿放弃"攘外必先

① 如 1935 年川政统一后,蒋介石于 6 月 2 日致电孔祥熙,决定在四川发行公债 7000 万元,"以为救川救国一线之生机"(秦孝仪主编:《中华民国重要史料初编—绪编(三)》,台北中国国民党党史史料编纂委员会编辑、发行,1981 年刊本,第 336 页)。

② 《中华民国重要史料初编—绪编(三)》,第 666—667 页。

③ 如 1936 年 3 月,国民党政府外交部长同日本驻华大使举行会谈,所发共同公告宣布,双方意见"未能全部一致"。在同年 9—12 月的中日谈判中,国民党政府采取拖延办法,使谈判未果而停顿。

安内”的反动方针。1936 年 6 月,两广反蒋事变平息后,蒋介石将对付两广的近 30 个师的嫡系部队,北调陇海、平汉线,并以在陕甘的东北军、西北军 20 余万人作为攻打红军的主力,蒋介石自己则在洛阳坐镇指挥。此前,蒋介石于 1934 年 3 月任命张学良为豫鄂皖三省“剿匪”副总司令代总司令。次年 2 月 5 日,在庐山召见张学良,令其限期 3 个月剿灭红军。中央红军到达陕北后,蒋介石又于 1935 年 10 月任命张学良为“西北剿匪总司令部”副司令,代行总司令职权,节制陕、甘、宁、青四省军政事宜,欲借张学良及其东北军和杨虎城及其西北军,消灭共产党和陕北红军。不过事与愿违,共产党和红军并没有被消灭,反而爆发了张学良、杨虎城联合“逼宫”的“西安事变”。

1936 年 9 月,张学良受蒋介石之命,调集 10 万兵力,向陕甘根据地发动第一次大“围剿”。结果大败,损失惨重,深感“剿共”没有前途。时任陕西省主席的杨虎城也不想打内战,且因蒋介石将陕甘作为后方基地,中央军势力不断逼进,有被抢地盘、受排挤的威胁。因此,张、杨一齐停止了同红军的军事对抗[①],并要求蒋介石停止内战,联共抗日。但蒋介石拒绝了张、杨的要求,并将大批兵力调至豫陕边境,逼迫张、杨严格执行“剿共”计划。12 月 4日,蒋介石飞抵西安督战,并以剥夺张、杨兵权相威胁。在这种情况下,张、杨别无选择,于 12 月 12 日清晨在西安扣留蒋介石,随即发表对时局宣言,提出改组政府、停止内战、释放上海被捕之爱国领袖及一切政治犯、开放民众爱国运动、保障人民集会结社自由、遵行总理遗嘱、召开救国会议等政治主张[②],作为释放蒋介石的条

---

①　1936 年 9 月 18 日,东北军骑兵第六师与红军正式签订了停战协定。

②　中国社会科学院现代史研究室编:《西安事变资料》第 1 辑,人民出版社 1980 年版,第 112—113 页。

件,史称"西安事变"或"双十二事变"。

西安事变在国内外引起了强烈反响,各种政治势力都想利用它达到自己的目的:日本帝国主义想乘机挑起中国内战,以便趁火打劫;以汪精卫、何应钦为首领的亲日投降派立即通电,主张对张、杨"大加挞伐,迅予围剿",并企图乘机取代蒋介石的统治地位;美国、英国以及亲英、美派的宋子文、孔祥熙等则主张和平解决,以维护蒋介石的统治地位和美、英在华权益。中国共产党坚决支持张、杨的爱国行动,在全面分析了国内外错综复杂的政治局势后,决定出面调停,和平解决事件,并派周恩来等赴西安协助张学良、杨虎城处理事件。由于中国共产党的努力和全国各界人民的斗争,蒋介石于24日接受改组政府、停止"剿共"、联合红军抗日等条件,次日获释,并由张学良护送返回南京,西安事变得以和平解决。这次事变成为国民党政府由"安内攘外"、妥协投降到停止内战、联合抗日的重大转折点。

蒋介石抵达南京后发表声明①,表示"言必信,行必果",愿意实行允诺的条件。1937年2月,国民党召开五届三中全会。会前,中国共产党致电国民党,提出停止一切内战,一致对外;保证言论、集会、结社自由,释放政治犯;召开各党各派各界各军代表会议,集中全国人才,共同救国;迅速完成对日抗战之一切准备;改善人民生活等五项重大国策。② 该次全会基本上接受了国共两党共同抗日的主张,确定了和平统一、修改选举法、扩大民主、释放政治犯等原则,终于放弃了"安内攘外"的政策。随着国内外政治局势

---

① 声明题为《对张杨的训词》,1936年12月26日在洛阳提出,当天返回南京后发表。

② 参见《毛泽东选集》第1卷,人民出版社1991年6月第2版,第268页。

的变化,中国共产党为了建立抗日统一战线,对一些重大方针政策也进行了相应的调整。1936年5月5日,红军向国民党政府发出"停战议和、一致抗日"的通电。电文中开始放弃"反蒋"口号,由"反蒋抗日"改为"逼蒋抗日";1936年8月又将1935年12月提出的"人民共和国"改为"民主共和国",大大缓和了国共两党政治和军事上的敌对状态,为抗日民族统一战线的建立创造了条件。

蒋介石和国民党政府在大敌入境、国家存亡的紧要关头,推行一再退让妥协的方针政策,是由其大地主大资产阶级、大买办的阶级本质决定的。后期虽然由于国内外形势的变化(包括美、英等国的影响),尤其是迫于中国共产党和国内各界人民的巨大压力,由忍让妥协转为起而抗战,但十分勉强和被动,既不彻底,又易动摇,一遇某种机会或挫折,即故态复萌。而且幻想偏安一隅,一开始就将重点放在西南、西北"后方基地"的筹建上,从未想过要在中原大地和东部地区据险固守,和侵略者决一死战,消灭敌人有生力量。这就为1937年日本帝国主义全面侵华战争爆发初期的大溃退和大半个中国的迅速沦丧埋下了祸根。

(二)世界经济危机及其对中国经济的打击

1929—1933年爆发的资本主义世界经济危机,尤其是西方资本主义各国以邻为壑的危机转嫁,对中国经济是一次极其沉重的打击:全国出口衰减,物价惨跌,市场萧条,工业萎缩,工厂停产,企业倒闭,农产滞销,农业亏损,农村金融枯竭,农民加速贫困破产。1933—1934年,西方各国经济已走出低谷,开始复苏,而中国的市场萧条和经济衰退却进入了深谷。

这次经济危机全面爆发于1929年,但在1928年,加拿大、美国、阿根廷、巴西、澳大利亚等国已出现农业危机的明显征候。1929年年初，危机首先席卷波兰、罗马尼亚和巴尔干地区各国，年末波及美国，立即将其卷入猛烈的经济恐慌狂潮中，再返回欧洲，最后扫荡日本，蔓延到殖民地半殖民地各国，横扫整个资本主义世界。

危机波及的领域很广，不仅包括全部工业和农业，而且席卷整个商业、外贸和信贷、金融领域。各种危机相继或同时发生，错综结合，互为因果，使整个危机进一步扩大和加深。

证券市场是资本主义躯体中最敏感的神经，经济危机的爆发，首先从交易所反映出来。1929年10月后，美国股票价格大跌，几周时间，交易所股票市价下跌六七百亿美元。美国交易所恐慌很快波及欧洲，各国有价证券无不惨跌。

继之而来的是生产衰减、工人失业。1930年年初，美国生产已降至1927年的水平，并继续下滑。生产恐慌很快波及日本、欧洲和殖民地半殖民地各国，从1929年年末至1930年年初开始，西欧各国的生产急剧下降。美、英、德、法四国的生产指数，如以1929年为100，1932年依次为53.8、83.8、59.8、69.1，分别下降了16%—40%不等。[1] 1933年才略有起色。企业因生产萎缩而大量裁员，导致工人失业或开工不足，工资收入大减，工农大众贫困加剧，社会购买力下降。结果，商品滞销，市场萧条，工农业产品愈加过剩，市场价格惨跌。危机期间，世界市场的小麦批发价格下降了70%，棉花、咖啡、毛类价格下降了两倍多。1932年同1929年比较，黄麻、大麻、生丝、大豆的价格依次只有原来的34.2%、41.1%、25.5%和41.4%。[2]

---

① 彭迪先：《世界经济史纲》，生活书店1948年版，第391页。
② 彭迪先：《世界经济史纲》，生活书店1948年版，第396页。

这次危机的基本特征和原因是生产过剩的市场危机,是社会生产力高速发展而市场购买力停滞不前、二者长期背离的结果,是资本主义生产关系同生产力的发展不相适应的反映。

欧美各国为了克服危机,维持市场物价和垄断资本家的超额利润,在缩小生产规模的同时,想方设法处理过剩产品,甚至采取非常手段将其消灭。如美国将玉米代替煤炭充当燃料,德国用黑麦喂猪,巴西更将 200 万袋咖啡倒入海中,等等。不过消除危机最主要的手段还是寻找和扩大市场,尤其是国外市场。同时保护和对外封锁国内市场。各国为此纷纷降低汇价,美国、日本和英镑集团各国,更于 1932 年后,相继放弃金本位制,不断贬低币值,以降低本国货币的对外价值和本国商品在国外市场的价格,进行贱价倾销。放弃金本位后,美元、英镑汇价分别下降了 40% 多,日元汇价降幅更达 65%。

各国又相继修改关税法,高筑关税壁垒,阻止他国商品进入本国市场。英国 1921 年后已多次提高进口税率,危机爆发后,复于 1931 年 11 月实施"非常进口货"关税法,次年 3 月对进口货普遍增抽 10% 的从价税。为了"一致对外",与其领地、自治殖民地订立互惠关税协定。美国于 1930 年通过霍来斯摩脱税则,1932 年开始实施修正的福特奈税则,几乎对全部进口货品征收关税,提高税率。法国国会于 1926 年通过议案,增加关税 30%,8 月再增关税 30%;1927 年新税则修改完毕,规定政府可随时增加进口税或附加税。继英、美、法三国之后,其他各国也纷纷修改税法,提高进口税率。据不完全统计,1929 年后的一两年间,先后有 24 国改订关税,"税率之高,为历史所未见"。[①] 又据记载,1931 年 9 月至

---

① 《银行周报》1931 年 8 月 4 日第 15 卷第 29 号,国际要闻,第 2—3 页。

1932 年的数月间,有 20 个国家提高关税;38 国对"特种货物"课以重税;22 国施行"定分制"或"准许"办法①,以往欧美各国的高税率,主要行之于工业品,农产品税率向本低微。但经济危机爆发后,农村衰落,各国纷纷提高农产品税率②,以阻止和限制农产品进口,保护本国农村经济。

欧美、日本各国,一方面降低汇率和商品价格,扩大出口;另一方面高筑关税壁垒,阻止别国货物入境,左右开弓。无奈势均力敌,虽然阻止了对方商品的进口,但谁也无法打进对方市场。结果,国外市场日益狭窄,世界贸易不断萎缩。1933 年同 1929 年比较,世界贸易的出口额和进口额分别由 330 亿美元和 356 亿美元降至 117 亿美元和 125 亿美元,各缩小了 65%。③ 为了改变这种局面,1933 年召开的世界经济会议,与会各国曾一致通过一项关于关税休战的协定,但列强骨子里仍是"关税休战其名,关税战争其实",而且就在当年休会后的短短几个月内,荷兰、南爱尔兰、丹

---

① 《海关中外贸易统计年刊》(1932 年)第 1 卷第 2 页。

② 如小麦税率,1931 年 7 月同 1929 年 7 月比较,德国和奥地利分别提高了 4 倍和 5 倍,法国、希腊、波兰分别提高了 2—3 倍。到 1932 年 7 月,德国、法国、意大利、波兰四国所课税率,均超过 100%,德国最高达 261.2%,奥地利、希腊、捷克、日本四国,亦超过 50%。西班牙和挪威、瑞士则完全禁止进口或由政府统制。茶叶税率,如法国于 1934 年 3 月公布修改茶叶关税,税额由原来的每百公斤 700 余法郎增加到 1100 法郎以上。在这前后,荷兰的茶叶关税也由原本的每箱 4.8 盾增至 7 盾至八九盾。英国对华茶入口税也于 1932 年 5 月起,加征 1 倍。花生、大豆、蛋制品等农产及农产制成品的关税也都大幅度提高了(贾士毅:《统制国外农产品输入以维持本国农村经济》,《经济学季刊》1933 年第 4 卷第 4 期,第 169—170 页;李雪纯:《在死亡线上挣扎的中国茶叶》,《新中华》1934 年 8 月第 2 卷第 16 期,第 38 页;《银行周报》1932 年 5 月 17 日第 16 卷第 18 号,国际要闻,第 2 页)。

③ E. Varga:《恐慌及其政治的结果》,见彭迪先:《世界经济史纲》,生活书店 1948 年版,第 395 页。

麦、法国、英国、比利时、意大利、芬兰等国相继退出(关税休战协定已经名存实亡,中国最后也被迫退出)。[①] 列强各国又重开关税战。

不断扩大的国外市场,是资本主义赖以生存的条件。要摆脱经济危机,也只能寄希望于开拓和扩大国外市场。在列强各国实行贸易保护主义的情况下,只能向那些经济落后、又无完备的关税保护措施的殖民地半殖民地和其他弱小国家开刀。

中国地域辽阔、人口众多,被认为市场潜力巨大,但经济落后,又无关税自主权,金融、外汇市场亦为外国人所控制,毫无自卫能力,自然成为西方列强摆脱经济危机困境的主要目标和最大受害者。

经济危机爆发后,西方列强为了保护本国农村经济,由原来搜购中国农产品和土特产品转而修改税则、制定法令等措施,限制和禁止这类产品进口。英国、法国、荷兰等国提高茶叶、花生、大豆、蛋制品等农产品和农产制成品的进口税,主要就是针对中国的。结果,这些产品的出口急剧衰减,茶叶、蚕丝的出口分别下降了 1/4 至 3/4 不等。[②] 花生、大豆等农产品的出口,无不大幅度下降。

除了加重关税以遏制中国农产品的输入,欧美以及其他不少国家更命令禁止中国农产品和多种植物及其种子进口,大部分甚

① 李雪纯:《在死亡线上挣扎的中国茶叶》,《新中华》1934 年 4 月第 2 卷第 8 期,第 18—19 页。

② 茶叶出口额从 1931 年的 5108 万元降至 1932 年的 3909 万元和 1933 年的 3858 万元,下降了 25%;蚕丝厂丝出口量从 1931 年的 54356 公担降至 1932 年的 28695 公担,出口额从 14704 万元减至 5642 万元,分别下降了 47.2% 和 61.4%,同经济危机爆发的 1929 年相比,更下降了 65%—75% 以上。

至绝大部分的农业和林业产品都不能进入这些国家的市场。①

这样,中国的农林产品,尤其是各种谷物、植物及其果实、种子的出口,遭到了全面和致命的打击。由于这三类农产品在全国出口农产品中,占有十分重要的地位,这类产品出口被窒息或遏制,加上其他农产品出口的衰减,导致全国农产品出口大幅度跌落,1934 年比经济危机爆发前的 1928 年下降了 60.1%。② 中国的农产品出口进入了最低谷。

资本主义列强尤其是英国、日本和美国等国,为了转嫁危机,在阻止和遏制中国农产品输入的同时,又凭借价格优势和条约特权,进一步加强了对中国工农业剩余产品的倾销。洋纱、洋布、呢绒、皮革、杂货、海产品和洋米、洋面、小麦、棉花、茶叶等农产品,像潮水一样涌向中国市场。日本在华北的走私,这时也已猖狂至极。日本人造丝、棉纱、棉布、白糖、纸张等充斥乃至垄断华北等地市场。

倾销过剩农产品,是列强各国转嫁经济危机的重要手段,是经济危机期间帝国主义经济侵略的新特点。

这种剩余产品的倾销,并不只是西方国家强权保护下的商人行为,有的更是政府凭借政治威势和条约特权强力推行的。美国剩余小麦和棉花的倾销是这方面的典型。1931 年 9 月,国民党政

---

① 据不完全统计,采取上述禁令的国家有美国、德国、比利时、瑞典、加拿大、墨西哥、日本、印度、荷属印尼、澳大利亚等 10 国,禁止进口的中国农产品和植物及其种子、果实类商品,包括各类谷物及其植株、蔬菜、瓜果、多种水果及其植株、干果、核果、仁果、药品、豆类及其制品、各类种子、竹类及其制品、树木、草木、苗木、烟草和各类木本植物、麻类、棉类植物等数十个门类、几百个品种(《时事新报》1934 年 5 月 15 日,见张一凡:《1934 年之我国农产市场》,《农村经济》1934 年 12 月第 2 卷第 2 期,第 14 页)。

② 参见《社会经济月报》1937 年 7 月第 4 卷第 7 期,第 68 页。

府与美国农林部订立合同,购买美国小麦、面粉45万吨(合900万市担),价款9212826美元,作为借款,年息4厘,分为3期偿还,是为"美麦借款"。① 1933年6月,中美再次签订协定,美国政府又以5000万美元贷与中国政府,令其购买美国棉花和小麦。借款年息5厘,3年还本,规定以借款的4/5用于购买棉花②,1/5用于购买小麦及面粉。借款协定虽然载明,中国政府可在美国市场"自由"采购是项棉麦,但又规定,负责贷款的美国银公司"有权购买联邦农业理事会所存之货,用公平价值转售于中国"。如果说1931年的"美麦借款"还可用救济水灾为借口的话,那么,1933年的"棉麦借款"则完全是地地道道的剩余产品强力倾销了。在这里,美国政府和金融、产业财团为其国内剩余棉麦作为正常乃至紧俏商品,以贷款的方式,按正常市价乃至高价,硬塞给中国,不仅为其国内剩余产品找到了销路,赚取了高额商业和运输业利润,而且获得了一笔可观的贷款利息,可谓一举多得。

列强各国为了转嫁危机,既遏制和禁止中国产品入境,已使中国产品尤其是在出口贸易中占有绝大比重的农产品,丧失大部分甚至绝大部分国外市场,现在又向中国强力倾销剩余产品,国内市场又被外国产品侵占,致使中国进出口贸易、国内商品市场和城乡经济遭受更加沉重的打击。

在1931年前,列强各国在向中国大力倾销剩余产品的同时,曾别有用心地制造"中国是世外桃源,不致受世界恐慌的影响"的

---

① 国民党政府财政部财政年鉴编写委员会编:《财政年鉴》(1935年),上海商务印书馆1935年版,第1422页。

② 嗣因中国华商纱厂不振,用棉大幅减少,1934年2月商定,棉花借款由4000万美元减为1000万美元。

"神话",来麻醉中国人民。华商亦因金涨银落、国内物价上升,拼命向外国洋行订货,形成某些洋货畅销的虚假繁荣。1932 年秋季后,英、美、日等国放弃金本位,人为地大幅降低币值和汇价,银价随即上涨。1934 年 6—8 月,美国又先后颁布白银法案和实施白银国有计划,以高出市场的价格向国外增购白银,伦敦白银价格竞涨,中国白银出口数量大增,银根急剧紧缩,银价和银元汇率飙升。① 与此相联系,外国货物在中国市场的售价下降②,中国商品尤其是农产品,在国内市场上处于愈加不利的地位,甚至完全为外国商品所侵占,所谓中国是"世外桃源",不受经济危机影响的"神话"破灭,中国经济和民生陷入重重灾难之中。

本是中国特产的茶叶,不仅出口急剧下降,国内相当一部分市场也为洋茶所侵占。仅红茶一项,即进口年达 2000 余万磅,日占台湾茶叶也广销福建各地。在洋茶大力倾销下,国内一些地区相习以饮舶来品为荣为乐,一些宾馆、饭店、茶馆、火车中,已很难见到中国茶叶。③ 东北、热河原是国内茶叶市场的一个重要组成部分,每年销茶总在 46 万担以上。自沦陷后,日本为了将日茶取代华茶,精密考察和研究该地居民的饮茶习惯与口味,又对入境华茶

---

① 1931 年的银元平均汇率,英汇 12 便士,美汇美金 22.2 元,日汇日金 45.2 元。到 1934 年 12 月,英汇平均 16.5 便士,美汇 33.9 美元,日汇 116.4 日金,依次上涨了 37.5%、52.7% 和 157.5%。

② 以日本货为例,1931 年时,日金 1 元的货品,售价国币 2.2 元,到 1934 年,仅售国币 0.88 元,下降了 60%(赵兰坪:《吾国币制改革之前因后果》,见吴小甫:《中国货币问题丛论》,上海货币问题研究会 1936 年版,第 345—346 页)。

③ 《银行周报》1936 年 5 月 5 日第 20 卷第 17 期,国内要闻,第 4 页;余焕:《中国茶业之衰落及其原因之探讨》,《经济评论》1936 年 4 月第 3 卷第 4 号,第 2—3 页。

征收从价 30% 的入口税,而日茶则完全免税。① 结果东北茶叶市场很快被日茶完全侵占。

蚕丝市场则为进口人造丝所挤占。产丝大省浙江,因杭州进口人造丝从 1924 年的 24 担增至 1931 年的 21400 担(另有人造丝织物 4700 担),蚕茧深受市场压迫之苦。② 上海、山东、河北等地更是人造丝倾销的重灾区。桑蚕丝、柞蚕丝和丝织品的主要产地山东,也受日本人造丝倾销和走私之害。"青州蚕桑之区,每多铲除桑株,树艺五谷,动摇国本,莫此为甚"。③

洋棉和洋纱、洋布的大量倾销,不仅使国产棉花的国内市场大部被挤占,农村手工棉纺织业也进一步衰落。④

洋棉的倾销⑤,立即将中棉挤出市场,尤其是机器棉纺织市场。据统计,1930 年时,国内各纱厂消费的棉花中,中棉占 68.3%,外棉占 31.7%;1931 年,中棉的比重降至 63.1%,1932 年复降至 49.7%,两年间下降了 27.2%,而外棉比重增至 50.3%。外棉中,美棉占 50% 以上。1933 年,中美签订的棉麦借款协定,贷给国民党政府的 5000 万美元中,4/5 用于购买美棉,对国内棉花的市场销售又是一次打击。借款消息一发表,棉花花衣价格立即

---

① 余焕:《中国茶业之衰落及其原因之探讨》,《经济评论》1936 年 4 月第 3 卷第 4 号,第 3—4 页。

② 国民党政府农村复兴委员会:《浙江省农村调查》,商务印书馆 1934 年版,第 13 页。

③ 《鲁建厅救济蚕丝业》,《农村复兴委员会会报》1934 年 2 月第 9 号,第 106—107 页。

④ 在河北、山东部分地区,农民及棉织手工业者用日本人造丝织制"麻纱"(丝棉混合布),导致这些地区农村手工棉织业短暂复苏,只是挖肉补疮。

⑤ 1931 年、1932 年的棉花进口量分别达 465 万余市担和 371 万余市担,占当年棉产量的 65% 和 37.6%。

每担下跌了四五元。①

国产棉花被挤出市场,但农民或棉纺织手工业者并未获得廉价原料,恢复和扩大棉纺织手工业,因为欧美和日本在经济危机期间大力加强了廉价洋纱、洋布的倾销。尤其是日本,为了占领和垄断中国棉纺织品市场,更实行廉价乃至赔本倾销。② 日本将这些价廉色美的洋布大量销往华北农村,取代国产机布和当地土布。虽然青岛日商纱厂廉价棉纱的倾销,使山东潍县等地的手工棉织业一度有所恢复,生产者以这种改良土布去压迫和取代内地手织业,以维持生计,但好景不长。青岛日商纱厂一面廉价倾销棉纱,一面投其所好,仿制各式潍布,并加宽布幅,降低价格,运销潍县等地,将潍布开辟的市场夺为己有。③

这样,无论机纱、机布,还是土纱、土布,也无论窄幅老式土布,还是加宽改良土布,都被日纱、日布排挤。据调查,1932 年前,胶东的文登、荣城,市场销售的棉纱、棉布,尚中、日间半,到 1935 年,华纱、华布已"寥若晨星",而日纱、日布则"一帆风顺,将整个市场掠夺而去"。不仅如此,传统的猪皮底土布鞋也被日本胶底布鞋取代;土布短袜被日本线袜取代。④ 在冀南农村,1931 年后,无论贫富,都弃土布而用"价贱色美"的日本布。钜鹿县的百余家土布

① 良辅:《美国大借款》,《东方杂志》1933 年 7 月第 30 卷第 13 号,第 1—2 页。

② 如 42 支的日纱售价,每包比国货低 30 两;9 磅细布每匹售价,国货为 4 两,日货为 3.1 两;12 磅细布和细斜纹布,日货每匹分别为 4.5 两和 5 两,而国货均为 6.1 两(谢劲健:《九一八后日本对华之经济侵略》,《中国经济》1934 年 5 月第 2 卷第 5 期,第 9 页)。

③ 严晦明:《山东潍县的乡村棉织业》,天津《益世报·农村周刊》1937 年 2 月 27 日。

④ 隋德民:《山东文登县农村市场概况调查》,见千家驹:《中国农村经济论文集》,上海中华书局 1936 年版,第 363—364 页。

商，到 1935 年，只剩十余家，也都即将关门。① 日本布不仅垄断了华北市场，还打进和垄断了西北市场。有报道说，陕西、甘肃全年可销各种布匹 10 万匹，但城乡所见，青岛日商纱厂的"双龙珠"牌细布，"价廉倾销，畅行于市，大有垄断市场，挤倒他牌之势"。② 结果，城市机器棉纺织厂倒闭，农村手工棉纺业进一步衰落。冀南农户手纺车、手织机被丢在一旁，任尘土埋葬；文登、荣城，以前农民家还有纺织声，现在到处只见洋纱、洋布。③

洋米、洋麦、洋面粉的倾销，对国内粮食市场和广大农民更是一种致命的打击。

中国的粮食生产一直以自给为主，商品率甚低。④ 粮食销售市场的容量不大，弹性很小，更无承受外来冲击的能力。粮食短缺固然会给市场和社会带来巨大的恐慌，但也经不起粮食过剩的冲击。22% 的粮食商品率对广大农民至关重要，相当一部分地租（钱租）、田赋、杂说、捐摊、生产消耗的补给和家庭现金消费等，即由它应付。没有它，农民即面临破产。据统计，1931—1935 年间，每年进口米、麦达到二千余万市担至五千余万市担不等，超过国内米、麦商品粮的 10%，1931—1933 年更超过或接近 20%，正是对这部分商品粮的冲击，亦即对中国粮食市场和农民的致命打击。

首先是销地市场价格的跌落。上海、天津等通商口岸，经济危

---

① 陈提撕：《冀南农村之现状》，《中国农村》1935 年 8 月第 1 卷第 11 期，第 69 页。

② 万钟庆：《发展交通与民族工业》，《民间半月刊》1935 年 5 月第 2 卷第 1 期，第 15 页。

③ 千家驹：《中国农村经济论文集》，上海中华书局 1936 年版，第 363—364 页；《中国农村》1935 年 8 月第 1 卷第 11 期，第 69 页。

④ 据估计，直至 1936 年，全国的粮食商品率仍然只有 22%（吴承明：《中国资本主义和国内市场》，中国社会科学出版社 1985 年版，第 110 页）。

机期间粮食价格的跌落,都同粮食出口下降、外国粮食的倾销直接关联。上海粮食价格的变化是最明显的例子。1930 年后,上海粮食批发价格变化的基本走势是逐年下降。1931 年遭受特大水灾,粮食价格本应上涨,但因美麦借款和该年 4584 万市担粮食进口,上海五谷类的批发价格非但没有上涨,反而下跌了 20.2%。1932 年、1933 年复因巨量粮食进口和棉麦借款,批发价格又连续下跌。如以 1930 年为 100,1931 年降到 79.8,1932 年再降到 71.1,1933 年只有 54.9,3 年间下降了将近一半。1934 年进口米、麦比上年减少了一半多,加上水旱灾荒,价格有所回升,但仍比 1930 年下降了 37.9%。豆和子仁类价格,除 1931 年略有上升外,无不直线下跌。1931 年的指数为 108.8,1932 年降到 90.4,1933 年再降到 75.9,1934 年只有 60.1,4 年间下降了 40%。

紧接着是产地价格的猛跌。不仅上海等销地粮价的跌落会立即在产区形成连锁反应,而且洋米、洋面直接向产区倾销。1932 年,正当各地粮食全面丰收,进口的 2253 万市担洋米,广销沿海和长江流域产米各省,立即导致这些地区粮价大跌。广东晚造新谷登场,适逢洋米竞销,稻谷每担售价即较往年跌落 1—2 元不等,跌幅达 15%—25%。① 福建漳浦是该省重要产米区,农村经济全靠米谷输出,1933 年因洋米倾销,不仅输出路绝,本地市场亦被侵占,以致"积谷有腐朽之虑,而农村的经济,亦足破产"。② 湖南稻米向由湘潭集中,转运武汉、沪粤诸地。往年湘潭"仓库栉比,米袋塞途",但 1932 年后,因洋米倾销,市场为"喧宾所夺,且以丰

---

① 马乘风:《最近中国农村经济诸实相之暴露》,《中国经济》1933 年 4 月第 1 卷第 1 期,第 28 页。

② 冯子明:《洋米进口征税问题》,《上海商业月报》1933 年 8 月第 13 卷第 8 号,第 2 页。

灾,价格日落"。① 苏北一些产粮区,粮价视洋米、洋面进口多寡为高低。如淮安、宝应、高邮、江都四县,农产品以米麦为主。1929年,江北大旱,米价本应大涨,但因上海、无锡各公司购入加拿大、澳大利亚小麦,米价未涨;1930年收获颇丰,但因进口粮食减少,沪、锡各公司下乡大量采购,故粮价不跌反涨;1931年江北各县惨遭洪灾,海关洋米输入又较上年减少,米价似应飞涨,但因国民党政府借入大量米、麦,昔日食米者改食麦粉,故稻米供应虽少,市价仍未上涨。② 这清楚说明了洋米、洋麦左右国内粮食价格的涨落。山东、河北,均因洋麦进口过多,小麦"价格频落"。山东每百斤平均,1929年为5元,1930年7元,1931年9元,1932年降至5元,1933年只有3.5元,比1931年下跌了61%。③ 高粱价格亦随之跌落,1931年前,每担最高6元,最低亦5元,1932年、1933年,仅3—4元。④

粮价如此低贱,生产者根本无法弥补生产消耗,而且即使贱价沽卖,也找不到买主,到处形成滞销局面。广东本是缺粮省,但因洋米倾销,不但土谷受压,米价日趋跌落,杂粮产品也为外来品所打击,同样滞销。⑤ 江苏1932年南北丰收,加上洋米入口日见增

---

① 陈赓雅:《赣皖湘鄂视察记》,上海申报月刊社1934年版,第59页。

② 孙晓村:《中国农产品商品化的性质及其前途》,见中国农村研究会编:《中国土地问题和商业高利贷》,上海黎明书局1937年4月版,第198—199页。

③ 《农村复兴委员会会报》1933年9月第4号,第120页;《中国经济》1933年4月第1卷第1期,第28页;国民党政府实业部国际贸易局编纂、发行:《中国实业志·山东省》第五编第三章,1934年12月初版,第46—47页。

④ 国民党政府实业部国际贸易局编纂、发行:《中国实业志·山东省》,1934年12月初版,第五编第三章,第46—47页。

⑤ 罗明钧:《今年农村经济如何》,《劳动季报》1934年7月第2期,第197页。

多,米商隔年所积陈米未销,而又"新稻山积",竞相"削价招徕,仍无主顾"。结果"供求相忤,商贩裹足,凡百事业,益形凋敝"。① 湖南米谷也因大宗洋米倾销,"顿失市场",只得囤积仓库。仅长沙一埠,自1930年丰收以来,"由陈而新,由新而陈",到1934年年初,米谷存储已逾300余万石,可供全市人口二三年之需。以致"现存谷米,有货无市"。② 江西米谷素以沪、汉为销纳场地,现在下游因洋米倾销,下行无望,而汉口有湘米灌注,且受洋米、洋面之压迫,亦无赣米插足之地。除省内南昌、九江可销少量谷米外,余均苦于出路穷绝。③

小麦销售,苏北徐州地区麦产颇丰,大半运销外埠。往年天津、济南行商,多往采运;上海、无锡两地面粉厂,亦间取给于此。"九一八事变"后,津、济行商裹足不前,加上洋麦倾销,沪、锡厂商亦告绝迹④,徐州小麦销场顿即消失。山东、河北小麦也都普遍滞销。山东农民购买力减低,机制面粉销路呆滞,以及洋粉倾销,本地小麦"遂成滞销形势"。⑤ 河北小麦本可运销天津各厂,但因美国和澳大利亚过剩小麦削价倾销,以致本地小麦"无处宣泄"。⑥

---

① 马乘风:《最近中国农村经济诸实相之暴露》,《中国经济》1933年4月第1卷第1期,第27页。

② 《银行周报》1934年3月13日第18卷第9期,国内要闻,第10—11页。

③ 马乘风:《最近中国农村经济诸实相之暴露》,《中国经济》1933年4月第1卷第1期,第27页。

④ 《调查国内产麦滞销情形报告》,《农村复兴委员会会报》1933年10月第5号,第105页。

⑤ 《关于复兴农村之消息》,《农村复兴委员会会报》1933年9月第4号,第120页;国民党政府实业部国际贸易局编纂、发行:《中国实业志·山东省》,1934年初版,第五编第三章,第21页。

⑥ 《中国经济》1933年4月第1卷第1期,第28页。

农产品价格愈是跌落,市场愈是萎缩,农民亏折愈甚,又告贷无门,愈是急于出售包括原本留备自食自用在内的更多农产品,而粮商因市场萧条,观望不前。以致"求贷者愈多,销路随之愈狭"。① 同时,贫苦农民大多是售卖精粮,购入粗粮自食。米、麦滞销,高粱、玉米、番薯等粗粮的销路随之大减。加上地租、税捐苛重,原本十分低下的农村购买力,完全跌入谷底。城镇居民的购买力同样进一步下降。结果,全国城乡的粮食和农产品市场全面萎缩。

世界经济危机和列强各国的危机转嫁,对中国经济的打击,不仅限于全国农产品价格的惨跌和农产品市场的全面萎缩,更包括国内市场的全面萧条,全国工农业生产的全面萎缩和破坏。实际上,某些农产品尤其是农产工业原料市场的萧条,正是工业萎缩的市场反映。

工业生产方面,经济危机期间遭受打击最大的是机器缫丝业和机器棉纺织业。

机器缫丝业因出口锐减,价格惨跌,加上人造丝的猖狂走私和倾销,内外市场同时受压,蚕丝滞销,丝商亏折,丝厂停工、减产。江浙粤机器缫丝业盛行租赁制,经济危机爆发后,租赁者猛减,规模缩小,租期缩短,租价大跌,1934 的租金不到 1930 年的 1/3,广东有的丝厂为避免锅釜锈蚀,甚至只收蚕蛹,以代租金。即使如此,丝厂还是大量空置。结果,厂商亏本,丝厂倒闭。据统计,上海、江苏、浙江三地,1930 年有丝厂 341 家、丝车 120275 台,1931年后逐年减少,到 1934 年,只有 126 厂、41437 台车,分别减少了63% 和 65.5%。全国蚕丝(包括柞蚕丝)产量也从 1930 年的

① 《调查国内产麦滞销情形报告》,《农村复兴委员会会报》1933 年 10月第 5 号,第 6、104 页。

193600 公担降到 1934 年的 140200 公担,下降了 28%。

机器棉纺织业和机器缫丝业有所不同,原料供应和产品销售几乎全在国内。经济危机爆发后,美国向中国大肆倾销剩余棉花,棉纺织业的原料比以往更加丰富,它的最大危机同样是产品销售市场。占全国人口 90% 左右的农村人口是机纱、机布的主要消费者,1931 年后,农民购买力大幅度下降,农村消纳的棉织品剧减;在地区上,原来关内 26% 的棉布、15% 的棉纱销往东北、热河,天津销往这一地区的棉织品更占产量的 50% 以上。[①] 东北、热河沦陷后,这一巨大的市场随之丧失。再加上 1931 年秋季的特大水灾,使机器棉纺织业陷入了空前的市场危机之中。机纱、机布销量大减,上海的机纱销售量,如以 1930 年为 100,则 1934 年为 34.5,减少了近 2/3;华北更只有 2.2。销路不动,存货山积,加上白银外流,银根奇紧,资金周转愈加困难,只得高息借贷,如棉纺织业巨头申新集团,1930—1935 年,自有资本的比重下降了 90%,借贷资本与自有资本之比,从 2.4 倍猛升到 36.2 倍。更多的是停工、破产、改组、关门倒闭。1932—1935 年累计,纺纱业先后有 63 厂、119 万余纱锭停工,织布业先后有 40 厂、12319 台布机停工。棉纱、棉布产量直线或波浪式下降:棉纱从 1932 年的 166.5 万件降到 1935 年的 143.7 万件;棉布从 954.8 万匹降到 896.8 万匹。[②]

农业生产方面,遭受列强危机转嫁的打击更为严重,茶叶、蚕桑、烟草等种植尤甚。

---

① 《天津棉纺织业衰败的原因》,《纺织时报》1933 年 6 月 1 日第 991 号。

② 严中平等:《中国近代经济史统计资料选辑》,科学出版社 1955 年版,第 130 页。

在国外市场被挤占,咖啡、可可、饮料巨量进口,国内市场被侵占的双重打击下,茶叶输出锐减,市场价格大跌,茶商、茶农亏本,茶叶种植和生产进一步衰退,茶园面积缩小,产量大减。据统计,全国茶园面积由 1929 年前的 535 万余亩减少到 1932 年的 447 万余亩,产量由 591 万余担减少到不足 450 万担,分别下降了 17%和 24%。[①] 大量茶园荒废,或改种其他作物。1933 年后,茶叶生产进一步衰落。茶叶主产区江西,1933 年的产量较上年减少十分之五六;安徽祁门红茶也是逐年衰减:1930 年由往年的 6 万箱左右减至 4 万余箱,再减至 1934 年的 3.85 万箱,1935 年只有 2.6 万余箱。[②]

蚕桑业的衰退和破坏更甚于茶业。由于经济危机和日本蚕丝业压迫的双重打击,蚕丝输出猛减,价格狂跌,1931—1935 年间,茧价跌落了 50%—70%,蚕农亏蚀破产者十之八九,因此而杀身甚至全家自杀者,"比比皆是"。蚕农普遍减缩甚至完全放弃蚕业,蚕茧产量和桑田面积剧减。江苏、浙江的鲜茧产量,分别从危机前的 45 万担和 30 万担降至 1933 年的 23 万担和 10 万担,分别减少了近一半和三分之二[③];桑田纷纷改成稻田或菜园,桑树砍为柴薪。江苏无锡、江阴两县,桑田面积由 1930 年的 37.5 万亩减至 1932 年的 13.8 万亩,两年减少了 63.2%。[④] 广东、四川、山东等

---

① 许涤新:《农村破产中底农民生计问题》,《东方杂志》1935 年 1 月第 32 卷第 1 号,第(农)49 页。

② 李雪纯:《在死亡线上挣扎的中国茶业》,《新中华》1934 年 8 月第 2 卷第 16 期,第 34 页;《皖祁门红茶产销现状》,《中行月刊》1935 年 8 月第 11 卷第 2 期,第 106 页。

③ 李雪纯:《焦头烂额之中国丝绸业》,《新中华》1934 年 4 月第 2 卷第 8 期,第 14 页。

④ 《上海商业月报》1932 年 7 月第 12 卷第 7 号,工商要闻,第 5 页。

地蚕桑业同样急剧衰败。广东蚕桑主要产区顺德，1932—1934年间，因茧价从每斤2元减到3角，桑叶从每担5元多减到6角，桑田完全荒废者达3/10。[1] 四川蚕桑以三台最发达，20世纪20年代初，出口蚕丝达万担，1929年、1930年陡减至3600担，到1934年，只有2420担，"已达总崩溃之境界矣"；长寿农村的养蚕业，也被洋纱、洋布、人造丝"破坏无余"，农户"已将桑树砍掉，蚕具弃掉，一切东西都卖掉，新从事于柑桔的栽培"。[2] 桑蚕、柞蚕重要产区山东，因国际丝市萧条，国外丝价低落，茧价惨跌，土种茧售价最高时，每斤8角，1931年后，低至一角几分，蚕业大受打击，桑地面积不断缩减。胶济路沿线一带，拔桑种烟者，"所在多有"。山东农家向之种桑、植柞、育蚕、缫丝者，"今皆相率废弃"。[3] 其他一些地区的蚕桑业，无不加速衰落。广西苍梧长洲、藤县党洲，原来蚕桑业都很发达，长洲60%的耕地是桑田，党洲每年蚕丝收入不下五六十万元。经济危机爆发后，茧价、丝价大跌，鲜茧每担从100元降至20元，蚕农破产，蚕业"日形崩溃"，桑田改种杂粮和瓜菜。[4]

棉花、烟草种植，在二十世纪一二十年代，一度迅猛扩张。经

---

[1] 陈翰笙：《广东农村生产关系与生产力》，上海中山文化教育馆1934年版，第36页。

[2] 吕平登：《四川农村经济》，上海商务印书馆1936年版，第334页；刘仲痴：《四川长寿农村底概况》，《农村经济》1935年6月第2卷第8期，第84页。

[3] 全国经济委员会蚕丝改良委员会：《蚕丝改良事业工作报告·山东省蚕丝业之近况》，1934年刊本；国民党政府实业部国际贸易局编纂、发行：《中国实业志·山东省》，1934年初版，第五编第一章，第5页。

[4] 雨林：《广西苍梧农村——三乡八个村庄视察记》，《新中华》1934年1月第2卷第2期，第84页；千家驹等：《广西经济概况》，上海商务印书馆1936年版，第37—38页。

济危机爆发后,美棉、美烟廉价倾销,加上国内机器棉纺织业和卷烟业不景气,需求量下降,或因税低价廉,改用美棉、美烟,国产棉、烟严重滞销,甚至被挤出市场。棉农、烟农亏损破产,甚至被迫自杀。各地棉花、烟草种植面积不同程度地缩减,陕西在危机初期,棉田已大幅缩减;江苏南通棉田,1931 年比 1930 年减少 10%;河南许昌,因种烤烟亏累不堪,农民"不敢再为尝试了"。①

除茶叶、蚕桑、棉花、烟草外,花生、大豆、苎麻、油桐、蓝靛等经济作物,各类粮食作物和园艺作物,无不遭到经济危机的打击而市场萧条,农民亏损,生产萎缩。

随着农产品价格的跌落和生产的萎缩,农民家庭收入大幅下降,但租税、捐摊、利息以及其他生产、生活开支并未降低,甚至上升。农民入减出增,收支不敷,经济愈加困窘,只能借债度日,或典卖田产。然而,由于农产品价格跌落,农业生产衰退,土地收益和经济价值下降,而农村借贷利息,因农民贫困加剧、借债户增多、农村金融枯竭,进一步上升。在这种情况下,地主富户普遍追求的是最大限度的现金收入,而不是急于占有土地。结果卖地的多,买地的少,土地过剩,地价大跌,且无顾主。土地由农民的命根子变成了农民的累赘。农民、农业和农村经济陷入了破产的绝境。

由西方列强转嫁而发生的中国经济恐慌,同资本主义世界经济危机一样,也是表现为商品过剩的市场危机。但与欧美各国不同,这是一种虚假的过剩。中国人多地少,生产力发展水平很低,无论工农业产品,还是耕地,人均占有量很低。隐藏在商品和土地虚假过剩背后的是人民的极度贫困和农业生产力的急剧衰退。而

①　《银行周报》1932 年 8 月 23 日第 16 卷第 32 号,国内要闻,第 4 页;陈伯庄:《平汉沿线农村经济调查》,附件 1,上海交通大学研究所 1936 年刊本,第 31 页。

这又是帝国主义掠夺和封建主义压榨的结果。同时，中国经济恐慌与世界经济危机之间，有一个明显的时间差：当1929—1930年世界经济危机爆发和横扫欧美、日本时，中国并无明显的危机征兆；1931—1932年，由于列强各国的转嫁和日本帝国主义的疯狂侵略，中国才爆发经济恐慌。从1933年开始，欧美、日本经济已走出低谷，生产和物价止跌回升，而中国的经济恐慌进一步加剧，并于1934年达于谷底，直到1935年才开始复苏。这个时间差清楚地说明了，中国经济恐慌是列强转嫁和日本侵略的结果；而欧美各国和日本克服危机、较快实现经济复苏，又是以牺牲中国、使中国发生更大的经济灾难为代价的。

二、国内形势与国民党政府的经济政策

蒋介石国民党背叛孙中山，篡夺革命果实，声称北伐成功，建立起大地主大资产阶级联合政权，但并没有真正统一全国。经过北伐战争，虽然旧军阀大部分被消灭、瓦解或削弱，打着国民党旗号的新军阀乘机崛起，并不断进行争权夺利的斗争。国民党内部，也派系斗争不断。同时，革命党人也没有被杀绝，他们擦干身上的血迹，掩埋了烈士的尸体，又继续战斗，组织革命武装，建立根据地，开展土地革命。工农革命政权更是国民党政府的心腹之患。经济方面，受国内战争影响，工农业生产低落，由于北洋时期军阀割据，原有的国家资本大部分散失，作为大地主大资产阶级政权的国民党政府，没有完全现成的经济基础。在这种形势下，国民党政府经济政策的重心有两个：一是制定和完善法律、法规，建立和强化新的经济秩序，确立和巩固中央对全国经济的直接控制，彻底改变一些地区在经济上的独立、半独立状态；二是消灭工农革命政权及其经济基础，在农村，维持和巩固封建土地所有制；在城市，重建

和扩大国家垄断资本,为大地主大资产阶级政权建立强固的经济基础。

（一）蒋介石独裁地位的确立和对苏区的"围剿"与蹂躏

蒋介石以孙中山的"学生"和国民党的"领袖"自居,但在国民党内,元老和新旧军阀都不买账,并且结成多股强大的反蒋势力。在很长一段时间内,蒋介石把相当大的精力放在消除异己上。经过多次合纵连横,党同伐异,尤其是蒋、桂战争和蒋、冯、阎大战,蒋介石才站稳了脚跟,开始建立在国民党内和国民党政权内的极权统治。

北伐战争期间,旧军阀被消灭、瓦解或削弱的同时,打着国民党旗号的新军阀乘机崛起。桂、粤两系新军阀占领两广,阎锡山据有老巢山西,是有名的山西土皇帝;冯玉祥更一度占有西北六省,和蒋介石矛盾尖锐。

国民党内的反蒋、倒蒋斗争,从蒋介石一上台就开始了。1927年"四一五广州大屠杀"反革命政变后,李济深、古应芬等5人受国民党广东省党部任命组成特别委员会,宣布与武汉国民党中央断绝关系,一度归附南京蒋介石,但当宁汉蒋汪对立之际,汪派挟党权企图逼蒋就范,桂系也同时逼宫,蒋介石被迫于8月13日宣布辞职下野。

蒋介石下野加速宁汉合流,但并未解决新军阀内部的矛盾。新成立的"中国国民党特别委员会"（简称"南京特委会"）由西山会议派把持,汪精卫未获实权,感觉形势对自己不利,9月13日通电下野,随后于10月29日抵达广州,联合张发奎、李济深,发电指南京特委会为非法,并公开打出国民党中央的大旗。宁粤对立取代宁汉对立。

暂避日本的蒋介石,为了早日复出,派宋子文前往广东,联合汪精卫一起反对其主要对手桂系,将其逐出广东,把广东变为蒋介石、汪精卫联合反对南京特委会的基地,准备另立中央。汪精卫得到蒋介石的鼓励与支持,乃与张发奎于11月17日以"护党运动"为名,发动兵变,史称"张(发奎)黄(琪翔)兵变",解除李济深、黄绍竑在粤所有职务,汪派夺管了广东一切大权。12月10日南京政府任命蒋介石为总司令,恢复了他的军权。蒋介石二度出山。

12月11日广州起义后,广东政局和国民党派系斗争形势再次发生变化。广州起义成为桂系及各派军阀、政客一致攻击汪精卫的口实。南京中央决定通缉汪精卫等,汪派和张发奎部被逐出广东,李济深自沪返粤,复任中央政治会议广州分会主席、广东省政府主席(1928年秋,李济深为了拉拢陈铭枢,将省主席的兼职让给了陈)、第八路军总指挥等职。"张黄兵变"时站在李济深一边的第四军11师师长陈济棠升任第四军军长兼西区(辖广州、肇庆、罗定三属)善后委员,移驻广州,广东又落到了桂系手中。蒋介石为了控制广东,有意让李济深、陈铭枢、陈济棠相互牵制。

1928年2月,国民党二届四中全会决定蒋介石任国民党中央政治会议主席和军事委员会主席,谭延闿任国民政府主席。15日蒋介石等在徐州开会,决定继续北伐。次日,蒋介石、冯玉祥、阎锡山等在开封商定:蒋介石任国民革命军总司令第一集团军总司令,冯玉祥、阎锡山、李宗仁分任第二、三、四集团军总司令,四军联合向奉军和直鲁军进攻。日本帝国主义为了阻挡国民党北伐,5月3日出兵侵占济南,大肆屠杀中国军民,制造"济南惨案"。蒋介石惧于日本帝国主义淫威,只得绕道而行。奉系军阀张作霖无法同北伐军对抗,6月3日自北京退回沈阳,在皇姑屯被日本炸死(史称"皇姑屯事件")。次日,南京国民党政府任命阎锡山为京津卫成总司令,全权处理接收北京事务。8日,阎锡山部进入北京。15日,国民党政府宣布"北伐成功"。

北伐结束,蒋介石开始全力集权。8月8日,国民党召开二届五中全会,蒋介石借口军政、军令统一,取消冯玉祥、阎锡山、李宗仁等所设分会。10月8日,国民党中央常委会通过蒋介石为国民政府主席兼陆海空军总司令,主席下设立法、司法、行政、考试、监察五院,蒋介石总揽党政军大权。25日,国民党政府同美国订立整理中美两国关税的条约,美国承认国民党政府并支持"统一"中国。12月19日,张学良通电宣布"遵守三民主义,服从国民政府,改旗易帜",随后被任命为"东北边防司令长"。国民党政府暂时取得了全国形式上的统一。

然而,新军阀内部以及蒋介石同地方派系之间的矛盾与争夺,并未停止。不仅许多省份仍然处于半独立状态,更重要的是,蒋介石于1929年1月在南京召开编遣会议,削弱非嫡系地方武装,扩充自己的实力,引起各派新军阀势力的不满,直接导致新一轮军阀混战。

桂系李济深因不同意蒋介石提出的讨伐武汉(属桂系统治)案,3月被蒋介石软禁于南京汤山;李济深、李宗仁、白崇禧被革职查办。两广将领群情激愤,桂系军阀起兵反蒋,蒋下令讨伐,"蒋桂战争"爆发,结果李宗仁、白崇禧失败,被迫退回广西。

李宗仁、白崇禧虽被打败,但蒋介石并未收回对广西的管治,也未能控制广东。就在蒋介石准备讨伐桂系时,国民党反蒋"元老"胡汉民、古应芬为了在广东扩张势力,向蒋介石推荐其亲信部属陈济棠为国民党中央执行委员。陈济棠旋即取代李济深、架空省主席陈铭枢,控制了广东的军政大权。

蒋、桂战争结束不到半年,又爆发了蒋介石和冯玉祥、阎锡山的争斗及混战。1929年10月10日,冯玉祥的西北军将领宋哲元等通电反蒋,并进军河南,开始了蒋介石同冯玉祥部西北军之战。11 月初,西北军失利,战事暂停。数月后,冯玉祥、阎锡山复谋反蒋。1930 年 3 月,冯、阎和各方反蒋代表开会,推举阎锡山为陆海空军总司令,冯玉祥为副司令,准备讨伐蒋介石。4 月,蒋、冯、阎大战爆发,前后延续 7 月有余。到 11 月初,战事才以蒋介石获胜结束。

北方的"中原大战"刚刚结束,南方广州又酝酿和掀起倒蒋浪潮。

"中原大战"期间,陈济棠借蒋介石急需粤军北上支援之机,将陈铭枢的部队调离广东,迅速扩军,并秘密从德国、捷克、美国购进大批军火。蒋介石为防止陈济棠坐大,支持陈铭枢与之争斗;同时要求陈济棠裁减兵员和军费,引发和加深了蒋、陈之间的矛盾。

1931 年 2 月,胡汉民因反对蒋介石独裁,被蒋介石软禁于南京汤山,国内外舆论哗然,国民党粤系中央委员及西南实力派议论纷纷,古应芬派人策动陈济棠反蒋,陈济棠当即应允,并以巨款充当反蒋经费。其时省主席陈铭枢弃职离粤,陈济棠乘机将广东政权控制在手,反蒋时机成熟。4 月 30 日,国民党监察委员邓泽如、林森、萧佛成、古应芬在广州联名通电弹劾蒋介石,陈济棠等广东将领立即通电响应,要求蒋介石在 48 小时内下野。国民党内失意派系、政客汪精卫、孙科及粤桂军阀齐集广州,于 5 月 27 日召开国民党中央执行监察委员非常会议,发表反蒋宣言,另立广州"国民政府",两广军队改编、扩充为第一、四两个集团军,陈济棠、李宗仁分任总司令,向湘赣出兵北上。南京方面立即调兵遣将,准备堵截,战争一触即发。

不久"九一八事变"爆发,东北沦陷。在中华民族濒临危亡、全国舆论一致反对分裂、要求团结抗日的严重时刻,宁粤进行谈判,并达成协议,释放胡汉民,蒋介石下野,广州结束非常会议。11

月,双方分别在南京、广州召开国民党第四次全国代表大会,各自增选中央执行监察委员,进行政治分赃。蒋介石见形势不利,被迫以退为进,于12月15日宣布下野,22日辞去国民党政府主席和行政院长职务,28日选举林森为国民党政府主席。陈济棠等达到目的后,通电取消广州非常会议和国民政府,改设国民党中央执行监察委员西南执行部、国民政府西南政务委员会。1932年3月,国民党政府任命陈济棠为广州绥靖公署主任兼第八路军总指挥,陈济棠成为独霸广东的"南天王",直至1936年陈济棠下野,广东始终维持着半独立的局面。

蒋介石虽然辞去了政府主席和行政院长职务,但仍掌实权。12月26日修改的《国民政府组织法》规定,国府主席和立法、司法、行政、考试、监察五院院长"均由选任";国府主席"不负实际政治责任";五院院长"各自对国民党中央执行委员会负责"。大权实际上被掌握在身为国民党中央执行委员会主席的蒋介石手中。在外国势力的斡旋下,国民党内派系斗争亦有所缓和,蒋介石同汪精卫秘密会谈后,又回到南京,同汪共掌大权。至此,经过五年多的争斗与内战,蒋介石在国民党及政府内的"领袖"和独裁地位,基本上确立了。

蒋介石和国民党政府的心腹之患还是中国共产党领导下的工农革命,主要力量放在对工农群众的镇压和革命根据地的封锁、"围剿"上。

从上海"四一二反革命政变"起,蒋介石和国民党政府在各地开始了对共产党人和工农群众的大搜捕、大屠杀,全国陷入一片白色恐怖。"八一南昌起义"后,中国共产党组建自己的军队,开始了武装反抗蒋介石国民党的英勇斗争,并将革命重心由城市转入农村,建立农村根据地,开展土地革命。蒋介石和国民党政府消灭工农革命的主要手段由原来的搜捕、屠杀转为经济封锁和军事

"围剿"。随着革命根据地的发展和蒋介石独裁地位的确立,经济封锁、军事"围剿"、思想奴化及对根据地群众的屠杀成为镇压工农革命最主要的手段。

1929年1月国民党湘赣当局对井冈山根据地的"会剿",标志着蒋介石和国民党政府对苏区大规模军事"围剿"的开始。

1930年12月至1933年10月不到三年的时间内,蒋介石对苏区发动了五次大规模军事"围剿"。调集的兵力一次比一次多,手段一次比一次毒辣,对苏区的经济破坏、对苏区人民的残害一次比一次凶狠。攻占苏区后,推行更加严厉的经济封锁和"民尽匪尽"的血洗政策,将原苏区变成死亡地带。

1930年12月16日,蒋介石调集11个师及3个旅共10万兵力,发动第一次"围剿"。因12月30日一役,红军歼灭张辉瓒两个主力旅和一个师部,活捉前敌总指挥、第18师师长,"围剿"以失败告终。次年4月,蒋介石又以何应钦为总司令,发动第二次"围剿",兵力增至12万,但又以损兵3万余人收场。

两次"围剿"失败后,蒋介石决定改变单纯军事"围剿"的办法,实行军事手段和政治手段并用:将"围剿"区域内的43县划分为9个区,区设党政委员会分会,职掌全区党政事务,以强化对地方的统治;又在43县推行保甲制度,强化乡村治安。1931年7月1日,蒋介石自任总司令,率兵30万,携同英、日、德三国军事顾问,开始了第三次"围剿"。尽管如此,"围剿"照样被红军粉碎。

第三次"围剿"失败时,正当日本帝国主义发动"九一八事变",东北沦陷,紧接着日本又于1932年1月28日进攻上海闸北,"淞沪之战"爆发。两天后,国民党政府被迫仓皇迁往洛阳。国难当头,全国人民要求团结抗日,中共中央于1931年9月22日发表宣言,号召群众抗日救国;上海、南京等城市的工人、学生、市民罢工罢课,游行示威,捣毁国民党政府外交部,痛殴外交部长王正廷,严厉谴责国民党政府的卖国投降政策。但是,蒋介石国民党置中共中央的抗日主张和人民群众爱国激情于不顾,对日本侵略继续采取不抵抗政策,加紧"围剿"工农革命。1932 年 4 月,国民党召开"国难会议",推出了"对日交涉"、"全力剿共"的反动方针,加紧准备发动第四次"围剿"。

为了吸取教训,避免重蹈前三次"围剿"的覆辙,蒋介石对"围剿"的方针和战略战术做了进一步调整:一是推行和强化政治"围剿",变单行政体制,推广"围剿"区的分区办法①,将全省划分为13 个行政区(1935 年归并为 8 个区)。同时改造县政,振刷吏治,大规模撤换不称职的县长。② 又开办"县政研究会",研究配合"围剿"的地方政治和经济;二是强化保甲制度,将"厉行保甲制度"作为"清匪源而端治本"方策。1931 年 12 月颁发《江西省政府修正保甲条例》,废止原来实行的乡镇闾邻组织,将保甲组织推行到全省③;三是改变单纯依靠正规军的办法,建立地方保安队,依靠地主武装,动员外逃地主豪绅"返乡执政",决心"动员全省民

---

① 不久,这一办法又在全国推行。1932 年 8 月,国民党政府参照江西办法,在全国颁行行政督察专员制度。江西各区"行政长官"亦改称"行政督察专员"。

② 江西 83 县,1932 年一年即撤换县长 107 人次,其中免、停、撤职者 25人,辞职者 21 人,调省闲置者 57 人(参见陈文华、陈荣华主编:《江西通史》,江西人民出版社 1999 年版,第 786—787 页)。

③ 1929 年 6 月,国民党政府颁行的县组织法规定,县以下采行区、乡(镇)、闾、邻四级自治组织。1932 年 8 月,国民党政府颁行《保甲条例》,将"围剿"苏区用的保甲制度推行全国。其主要功能仍是防共"剿"共。1933年,江苏省政府主席陈果夫指出该省保甲制度的作用是,"近则加强防共,远则是推行政令"(见沈嘉荣主编:《江苏史纲》,江苏古籍出版社 1993 年版,第385 页)。

众集中力量,协助剿匪"①;四是在战略战术方面,改变"分兵进剿,长驱直入"的战术,实行"纵深配合,并列推进,步步为营,边进边剿"的新战术。②

一切准备就绪,蒋介石于 1932 年 6 月中,调集 63 万大军,自任"剿共总司令",开始了第四次大"围剿"。基本方针和部署是:对中央苏区暂时围而不剿,先集中优势兵力"围剿"鄂豫皖和湘鄂西两苏区,而后再全力"围剿"中央苏区。为此,在汉口设立鄂豫皖三省"剿匪"司令部,蒋介石自任"总司令",坐镇指挥。兵分左、中、右三路,蒋介石兼中路军司令官,左路军进攻湘鄂西苏区,中、右两路军共 26 个师、5 个旅、4 个航空队,约 30 余万人马,全部压向鄂豫皖苏区。红军虽顽强战斗,歼敌万余人,但因张国焘的"左"倾冒险主义和指挥错误,两苏区第四次反"围剿"失败。10月,红四方面军主力被迫撤离。

蒋介石攻占湘鄂西、鄂豫皖两苏区后,立即将进攻重点转向中央苏区。1932 年年底,蒋介石坐镇南昌,调集 30 多个师约 40 万人马,分左、中、右三路,采用"分进合击"战略,开始了对中央苏区的第四次"围剿"。但蒋介石没有尝到进攻湘鄂西、鄂豫皖两苏区那样的"甜头"。1933 年 1 月上旬,蒋介石部署尚未完成,就被红一方面军歼灭或击溃两个多师。"围剿"正式开始后,又被红军两次大兵团伏击战,先后歼灭或击溃 5 个师。"围剿"结束,中央红军和苏区不仅没有被消灭,反而进一步扩大:中央红军由 3 个军团扩大到 6 个军团,人数由 6 万多增至 10 多万;中央苏区占有江西、福建两省 21 座县城以及两省其他许多县的一部分。蒋介石对此

---

① 胡家风:《十年赣政之回顾与展望》,见陈文华、陈荣华主编:《江西通史》,江西人民出版社 1999 年版,第 785 页。

② 见徐向前:《历史的回顾》(上),解放军出版社 1984 年版,第 198 页。

次失败痛心疾首,在给陈诚的手谕中写道:"此次损失,惨凄异常,实有生以来唯一之隐痛"。①

第四次"围剿"失败后,蒋介石又加紧部署第五次"围剿"。

为了配合这次"围剿",从1933年12月开始,在江西全省推行强化保甲、扩大保安团、构筑碉堡的"三保政策"。保甲制度在第三次"围剿"中已开始实行,这时更推广到全省。② 保安团自1932年开始组织,初为4个团,合成为省保安旅,后不断扩大。1933年5月,蒋介石下令省主席熊式辉组建江西保卫师,一县一团,若干县为一区,合成保卫师,隶属省保安司令部。随后,南昌行营颁发《整理江西保卫团队计划纲要》,由省保安处组织实施,统一编制,核定中队设置及人员、枪支数额。全省各县和3个特别区共组建3个保卫师,67个保安团,下辖272个中队,12个直属分队,由熊式辉兼任保安司令,统一指挥。

保安团之外,又有半脱产的自卫性武装"铲共"义勇队,以及守望队、童子军等。1933年9月,江西省政府制发《各县保甲及义勇队训练办法》,加紧进行反共政治和军事训练。12月15日,省民政厅又下令各县整饬、编组"铲共"义勇队,并提出了四项训练标准。到1934年,全省"铲共"义勇队、守望队、童子军总人数达220万,约占当时全省人口(2470余万)的9%,有快枪1.1万余枝,土枪土炮9.9万余条,大刀长矛175万余柄。义勇队的主要任务是筑碉堡、修道路、探情报、送公文、守岗楼、放暗哨、当向导、搞运输,协同军警搜捕共产党人和革命群众。

修筑碉堡是1933年6月间形成的"围剿"军事策略。基本办

---

① 见陈文华、陈荣华主编:《江西通史》,江西人民出版社1999年版,第840页。

② 至1934年上半年,全省83县中已有67县全面实行保甲制度。

法是驱赶民众协同军队筑堡修路，做到建筑碉堡同修筑公路同时并进，形成纵横交错的封锁线。民众筑堡修路，不仅要自备工具、自带伙食，而且强征勒派材料。许多庙宇、祠堂、民房因此被拆毁。在 1933 年 6 月后的一年半中，环绕中央苏区和湘赣、湘鄂赣、闽浙皖赣根据地的江西境内，共筑碉堡 14294 座。① 按"剿区"43 县平均，每县有碉堡 332.4 座。

经过周密、细致的策划和准备后，蒋介石于 1933 年 10 月调集 100 万大军、200 架飞机，开始对中央苏区进行第五次"围剿"。为了配合军事"围剿"，同时加强了对白区的文化"围剿"与白色恐怖，大肆捕杀进步文化工作者，查禁进步书刊。由于党内王明"左"倾冒险主义的错误，工农红军第五次反"围剿"失败。1934 年 10 月，中央红军主力连同后方机关人员，撤离中央苏区，开始战略性的大转移，亦即举世闻名的二万五千里长征。

中央红军主力撤离苏区、进行战略转移后，蒋介石国民党对苏区的"围剿"不仅没有完结，而且以更加疯狂和残忍的手段加紧进行，在整个苏区推行杀光、烧光、抢光的"三光政策"和"民尽匪尽"的大雪洗、大毁灭政策。

在皖西北苏区第四次反"围剿"失败、红四方面军主力转移前夕，汉口"剿匪"总司令部即下令：必须以"快刀斩乱麻"的手段，彻底消灭一切革命势力。务必做到"匪区壮丁一律处决；匪区房屋一律烧毁；匪区粮食分给铲共义勇队，运出匪区之外，难运者一律烧毁"。红军主力转移后，屯驻原皖西苏区的 20 万国民党军队，根据蒋介石"民尽匪尽"的雪洗方针，提出"驻尽山头，宰尽猪牛，见黑（人影）就打，鸡犬不留"的口号。在短时间内，仅六安一县，

---

① 南昌行营：《碉堡业务报告书》，见陈文华、陈荣华主编：《江西通史》，江西人民出版社 1999 年版，第 789 页。

被枪杀、活埋的革命者及工农群众就达 3500 余人。屠杀者以割下死者的耳朵计数"报功"。同时,国民党军队全面清乡,实行保甲连坐,强迫移民并村①,将民众大批关进集中营。仅金寨县就关押上万人。民众财产则被抢掠一空。不仅如此,国民党政府还继续对原苏区进行严密的经济封锁,规定谷米、麦豆、包谷、甘薯、家畜等粮食、食品,铜铁、白铝、硝磺、煤炭、汽油、棉花、电料等军用和生产资料,以及各类中西药品,一律严禁进入原苏区。②

同时在土地、财物方面,实行反攻倒算和残酷的阶级报复。凡被工农革命政权没收和分配的土地及其他财产,"一律发还原主";曾参加革命活动但"情节轻微者",撤离的红军干部、战士,被屠杀、处决或外逃的革命群众,土地一律没收,或作为"无主荒地"充公;凡原革命政权辖区当年未割稻谷或遗留稻谷,也都充公。还乡地主和土豪劣绅,更是无恶不作,"专以搜掠压榨为能事",对未能外逃的农民,"不论良否,任意指为共党",肆意敲诈勒索;撤离或流亡在外的革命群众、贫苦农民所遗女子,稍有姿色者,强逼为妾,其余悉数卖与人贩子。"此种事实,非常普遍"。③ 广大农民备受欺凌、宰割。

---

① 《剿匪区内各省农村土地处理条例实施规则》规定,原有散居村落,一律"加以整理,联村筑寨",在"平原宽大地方创设较有规模之新农村",并"择要建筑碉楼"。同时将那些虽未参加工农革命活动但被认为是"受共产党影响"者,分别移送封建势力强大的怀宁、宿松、滁县、望江、无为、歙县等地垦荒,或修筑公路(见许振鸯:《皖西匪区土地整理问题》,《民国二十年代中国大陆土地问题资料》第 32 册,台北成文出版社有限公司、[美]中文资料中心重印发行,1977 年 12 月版,第 16133—16134 页)。

② 国民党鄂豫皖三省"剿匪"司令部:《匪区封锁条例》(1932 年 11 月),见戴惠珍等:《安徽现代史》,安徽人民出版社 1997 年版,第 232 页。

③ 许振鸯:《皖西匪区土地整理问题》,《民国二十年代中国大陆土地问题资料》第 32 册,第 16133—16134 页。

不仅如此,国民党军队肆意烧杀抢掠,无恶不作①,驻军和地方官府的兵伕徭役空前加重。原苏区国民党驻军数量庞大,调遣换防频繁,搬运军火、粮草、什物,无不抓派民伕;苛捐杂税,更是名目繁多:碉楼费、保安捐、壮丁捐、灯油费(供给地方驻军)、电话费、保甲训练费、合作人员训练费、地亩捐,等等,不一而足。② 农民的血肉、膏脂被全部榨干。

结果,原苏区变成了"水草捞尽,草根掘尽,树皮剥尽";"大小村落鸡犬无声,耕牛绝迹"的死亡地带。③

中央红军撤离中央苏区后,上述"三光政策"在原中央苏区的推行更是变本加厉。

1934 年 11 月 24、27 日,南昌行营先后发布绥靖部署、命令和关于绥靖任务、纲要、步骤的电令,基本纲要是"肃清各地残匪,完成各重要公路,完成民众组训,处理匪区善后"④,着手对江西、福建两省进行进一步的"清剿"。为此特设"驻赣公署",将江西划分为 8 个"绥靖区",分别调遣重兵守备、绥靖和筑路等"清剿"任务。江西全省 83 个县市中,80 个县被划为"清剿区"。原苏区的中心

---

① 国民党军队的罪恶行径不仅弄得贫苦百姓无以聊生,连一些乡绅富户也怨声载道,谓"与其被白匪烧杀,无宁在共党苟安"(许振鸾:《皖西匪区土地整理问题》,《民国二十年代中国大陆土地问题资料》第 32 册,台北成文出版社有限公司、[美]中文资料中心重印发行,1977 年 12 月版,第 15911—15912 页)。

② 许振鸾:《皖西匪区土地整理问题》,《民国二十年代中国大陆土地问题资料》第 32 册,台北成文出版社有限公司、[美]中文资料中心重印发行,1977 年 12 月版,第 16116、16132—16133、16118—16119、16099—16100 页。

③ 戴惠珍等:《安徽现代史》,安徽人民出版社 1997 年版,第 233 页。

④ 《南昌行营关于收复各县划区绥靖电》(1934 年 11 月 27 日),见陈文华、陈荣华主编:《江西通史》,江西人民出版社 1999 年版,第 792 页。

区域,更被分割成许多小块,以"扼要堵击,分进合剿,夜行夜袭,轻装跟进"的战术,挖找和消灭留守的红军部队和有关人员。①

除了国民党正规军,江西省地方当局也不遗余力地"厉行联防会剿"。省政府先后颁行《江西各县清剿方案》、《江西全省清剿计划纲要》,在政治上强化保甲制度,推行移民并村和"自首"政策。通过编组保甲,建立地主豪绅把持的基层政权;强令山区零散小村迁移归并山下村庄,将山区变成无人区。对不愿迁并或昼迁夜返的山区群众,则实行残酷烧杀。永新、安福一些山区,半数自然村被烧毁。同时对被编入保甲的群众,"不管男女老少都要自首",交代自己在革命期间的言行,供出留下的共产党员和领导者的线索,然后发给"自新证",称之为"自新分子"。②

军事方面,出动全省保安团队跟随和配合正规军行动,又纠集在乡和返乡豪绅地主、富农及其他反动分子,组织"铲共团"、"民团"、"反共义勇队"等地主武装,协助"清乡"。他们的行动口号是:"清洗匪区,换过人种,换过谷种,茅房要过火,石头砍三刀"。③残害折磨惨不忍睹,炙烧、吊打、刺身、割乳、剖腹、挖心、活埋、碎尸等等酷刑,多达40余种;屠杀规模骇人听闻,瑞金保安三团团长欧阳江,一夜屠杀500余人;宁都、遂川恶霸大地主黄镇中、萧家璧,雪洗数县,杀人以万计;中央苏区瑞金县1.8万人被杀,宁都县8300余户被杀绝;赣东北横峰、德兴人口损失一半以上。在国民党反动派的残酷"清剿"下,原苏区农村"百物荡尽,一望荒凉";各地"无不焚之居,无不伐之树,无不杀之鸡犬,无遗留之壮丁。间

---

① 《项英致朱德电》(1935年1月),《江西党史资料》第2辑,第10页。
② 《红色中华》1935年1月21日。
③ 段焕意:《漫天烽火举红旗——忆湘赣边三年游击战争》,《回忆湘赣苏区》,江西人民出版社1986年版,第154页。

阎不见炊烟，田野但闻鬼哭"。①

经济方面，国民党政府在继续实行经济封锁、严密控制生活必需资料的同时，为支持和保证地主阶级反攻倒算，专门颁布《匪区土地处理条例》，实行地归原主，恢复和加强封建地主土地所有制。返乡地主除了夺回土地，又追缴旧租老债：有余谷者，地主实行抢劫；无余谷财产者，即以妇女抵债，或远卖广东、湖南。稍有异言，即没收全部家产，诬其"勾通共匪"，立即枪毙。②

思想方面，推行"特种教育"，以"管、教、养、卫兼施"的手段，对"清剿"区的成人和15岁以下儿童进行所谓"感化的、公民的、职业的、自卫的训练"，从1934年10月起，在60个县设立"中山民校"419所，内设儿童、成人、妇女三类学习班1208个。此类"特种教育"一直延续到抗日战争中后期。③

各苏区虽然位于省县边界，地方偏僻，经济落后，人民贫困，但原来大多山青水秀，资源丰饶。土地革命期间，生产迅速发展，人民生活改善，社会经济和和人们精神面貌焕然一新。然而，在蒋介石国民党的"围剿"和接踵而来的"清剿"、洗劫后，山上无树木，山下无村庄；白昼无行人，黑夜无灯火；一望荒凉，顿成死亡之区。

---

① 李步清等：《皖浙赣边区三年游击战争概况》，见方志敏等：《回忆闽浙皖赣苏区》，江西人民出版社1983年版，第467页；孔永松等：《中央革命根据地史要》，江西人民出版社1985年版，第456页。

② 《红色中华》，1935年1月21日；陈毅：《忆艰苦的三年游击战争》，见陈毅、萧华等：《回忆中央苏区》，江西人民出版社1981年版，第502页。

③ 参见陈文华、陈荣华主编：《江西通史》，江西人民出版社1999年版，第791—795页。

（二）国民党政府的经济政策

一个国家或地区经济的发展变化和兴衰起伏,固然受到自然、政治、历史、社会和市场等多种条件和因素的制约,有其本身固有的规律,但国家经济政策起着至关重要的作用。一个国家或地区的经济兴衰,尤其是资源配置、产业结构、产权性质、利益分配及其变化等等,都必须从中央或地方政府的经济法规和政策中寻找答案。

1927 年国民党政府成立后,以蒋介石为首的国民党统治集团,一方面在党内清除和排斥异己,在国内加紧"围剿"工农革命;另一方面着手清理和整顿经济,制定经济法规和政策措施,进行经济领域的法制建设,恢复和维持经济秩序,加强和规范经济管理,以巩固政权的经济基础。

1927—1937 年 10 年间, 国民党政府先后颁布中央或全国性的重要经济法规 200 余项, 法规数量、涵盖范围、内容广度与深度, 以及法规的作用与影响, 都大大超过北洋政府。国民党政府不仅对已有法规做了大量修订和增补,还填补了经济法规的一些重大缺门, 清末民初数十年间筹划未果的一些重要法规, 如海商法、船舶法、票据法、保险法、保险业法、工厂法、审计法、统计法、职业介绍法、劳资争议处理法、破产法等, 都一一制定、颁布施行。就经济政策和法规本身而言, 国民党政府已形成自己较为完备的体系, 达到了近代中国资本主义经济政策与法规发展的最高水平。

同时,因国民党实行"以党治国",中央会议所作的各种决议、计划、纲领等,在国民党政府的"规范性"政策文件中占有凌驾一切的重要地位。自 1928 年国民党二届五中全会至 1937 年五届三中全会,国民党中央有关经济的重要决议案多达 40 余项①,其中《统一财政、确定预算、整理税收,并实行经济政策财政政策以植财政基础而利民生建设案》(1928)、《确定训政时期物质建设之实施程序及经费案》(1929)、《关于建设之方针案》(1930)、《筹办基本工商业之经过并请议决促其实现案》(1930)、《实业建设程序案》(1931)、《确定今后物质及心理建设根本方针案——关于物质建设部分》(1934)、《确定国民经济建设实施计划大纲案》(1935)、《中国经济建设方案案》(1937)和《关于国防经济建设案》(1937)等 9 项决议,是这一时期国民党政府各项经济政策的指导思想和总方针。

这一时期国民党政府推行的经济政策,可以大致归纳为三个部分:一是统一财政金融,规范管理,加强赋税征收,维持国家机器的正常运转;二是在农村维护和巩固封建土地所有制,维护封建地主阶级的利益,确立强化国民党政权的阶级基础;三是进行经济建设,发展新式工矿业,以巩固国民党政权的经济基础。这三方面的经济政策,都贯穿一个核心主题:建立和扩大国家垄断资本,为推行和强化极权统治提供物质后盾。

财政政策在国民党政权的经济政策中占有极其重要的地位。1927—1937 年,特别是国民党政权建立初期,面临的最大困难是财权分散,省自为政,管理紊乱,国库空虚,出多入少,财政拮据。统一和整顿财政,规范管理,增加岁入,是维持国民党政权正常运转的首要条件。

1928 年 6 月 15 日,国民党政府宣布"北伐成功",12 月张学良宣布"易帜",归附国民党政府,全国行政权名义上已经统一,

---

① 参见秦孝仪主编:《革命文献》第 79 辑,台北中央文物供应社 1979 年版。

但从财政方面看，中央能够真正支配的只有江苏、浙江、安徽、福建、江西五省。其余四川、云南、贵州、陕西、甘肃、宁夏、山西、热河、察哈尔和东北三省，除海关税收外，都不受中央管辖。湖南、湖北、广东、广西、山东、河南六省，在1929年蒋桂战争结束、日军撤出济南、奉军退回关外后，虽已相继收归中央，但广东、广西、山东三省财政仍处于独立或半独立状态。关税以外的各项税收，绝大部分被各省地方截留。国民党政府中央实无固定和稳妥财源可言。因此，1927财政年度中，3/4以上的支出是从江、浙两省挪借。① 可见国民党政府成立初期，财政的艰窘程度。

在这种情况下，国民党政府的当务之急就是统一和整顿财政，增加收入，摆脱财政困难，以保证国家机器的正常运转。

1928年6月，国民党政府宣布"北伐成功"，随即在上海召开全国经济会议，出席会议的除中央及各省财政官员外，还有国内银行家和财政专家70余人，目的是征询有关整顿财政金融和发展工矿贸易方面的意见与建议。7月上旬，又在南京召开第一次全国财政会议，重点讨论财政税收及债务整理问题。

这两次会议提出了若干重要建议案，其中财政方面如整理财政，健全财政机构，设立中央总金库及各省分金库；设立全国统计委员会和全国预算委员会，实行全国预算、决算制度，加强财政监督；划分中央和地方税收，并明确关税、盐税、烟酒税、矿税、印花税和来自国家企业的财产收益为国家财政收入；实行关税自主，提高进口税，保护民族企业；裁撤厘金，代之以统税和特种消费税；裁减兵员，缩减军费开支，发行建设公债，以作裁军和建设事业之用；承

---

① 据国民党政府财政部1928年度报告，转见秦孝仪主编：《中华民国经济发展史》上册，台北近代中国出版社1983年版，第382页。

认北京政府外债,逐步清理偿还。金融方面如整顿金融,建立国库,设立国家银行和汇业、储蓄、农工等专业银行;奖励储蓄,集结社会资金,充实国力;统一货币,废两改元,等等。上述建议为以后制定财政经济政策提供了方向和方针指引。

1928年8月,国民党召开二届五中全会,基本上采纳了上述建议,并通过《统一财政、确定预算、整理税收,并实行经济政策财政政策以植财政基础而利民生建议案》,是国民党政府处理全国财政经济的总方针。

1929年3月,国民党在南京召开第三次全国代表大会,宣布"军政时期"结束,"训政时期"开始。大会通过了《对于政治报告之决议案》,认为全国"行政久不统一,国家财政与地方财政之分配素不确定,国家耗费过滥,而军费尤为膨胀;全国税制杂乱,而系统破坏无余"。这是"中国财政积病之源"。因此,政府当务之急是"次第确定财政具体之计划与政策"。为此决定采取下列重大举措:统一全国财政行政;确定国家、省、县及地方行政经费的分配;编制全国预算,确立预算制度;划分国家税与地方税,并进行整理,杜绝税收机关积弊;整理外债,筹备偿还方法;节省政费,裁并骈枝机关;整理币制,统一货币铸造权与纸币发行权,防止外币充斥国内市场,巩固金融;确定各类土地以及山林川泽、矿产水力的入息分配。[①] 后来国民党政府对财政、会计、税制、银行、币制等方面所作的整顿和改革,基本上都是按照上述会议所定方向、方针、举措进行的。

为了统一财政,国民党政府经过多番改组、调整、扩充,首先把财政部筹建为执掌全国财务行政的总机关和枢纽。鉴于北洋政府

---

① 中国第二历史档案馆藏国民党中央执行委员会秘书处档案,七——(4),第415卷。

"既以财政部总揽全国度支",又设有税务处等"特种官署",互不统属,职权分散。国民党政府通过立法,"举税务、币制各要政完全统辖于财政部"。① 其组织机构除参事厅,秘书处,关务、盐务、税务三署,总务、赋税、公债、钱币、国库、会计六司外,又先后设立设计、国定税则、税务整理研究、币制研究、整理地方税捐、金融顾问、发行准备管理等7个委员会,以及财政整理会等附属机构,分别执掌财政决策设计、币制改革、国税及地方税捐整理、预决算审核和全国财政整理等事务。部政大权也一直为蒋介石的至亲至信所控制。②

收回地方财权,改变一些省区各自为政、任意征收税捐和截留国家税款的严重局面,对国民党政府来说,更为重要和紧迫,也更为艰巨。许多省份,包括广东、四川这些财政大省以及广西、湖南、湖北、贵州、山东、陕西、甘肃、宁夏、察哈尔和东北等省区,在国民党政权成立初期,大多自收自支,不受中央节制。广东、四川等省,更自行发债,不报中央。如广东,1928—1935年借债12笔、6990万元,只有5笔、4270万元,上报财政部③;四川在军阀割据时期,1927—1934年共借款和发行债券45笔、15788万元,只有1笔(2000万元)上报财政部。④ 国民党政府经过激烈斗争乃至军事较量,财政权才得以统一:东北是在1928年国民军北伐成功、张作霖退回沈阳途中被日本炸死、张学良宣布"易帜"后;广西、湖南、

---

① 《中国经济年鉴》(1934年),上海商务印书馆1934年版,第A55页。
② 财政部长一职,除国民党政府成立初期由国民党元老古应芬(1927年5—7月)、孙科(1927年10月—1928年1月)短期执掌外,一直由蒋介石妻兄宋子文(1928年1月—1933年10月)、连襟孔祥熙(1933年11月—1944年11月)充任。
③ 《广东省志·财政志》,广东人民出版社1995年版,第95—96页。
④ 《四川省志·财政志》,四川人民出版社1997年版,第179—181页。

湖北是桂系在 1929 年"蒋桂战争"中失败后；山东是 1929 年张宗昌督鲁失败后；山西、察哈尔、陕西、甘肃、宁夏等省是 1930 年冯玉祥、阎锡山联合反蒋、在"中原大战"中失败后；贵州是 1935 年蒋介石国民党"追剿"红军、军事和政治势力进入黔境后；四川是 1935 年"川政统一"后；而广东财政权的统一是 1936 年陈济棠被迫下野后。

在统一各省财政的过程中,国民党政府中央与广东、四川争夺财权、税入的斗争最为激烈,中经多次反复。如广东省财政厅于 1928 年 6 月设烟酒局,拦截财政部广东烟酒公卖处所征烟酒税,归入省财政。次年 6 月,省烟酒税及常关税、厘金又被划归国税收入。广东为弥补税收损失,于 1930 年 1 月后,相继开征多项"舶来品"(如牛皮、皮革、颜料、洋布、海味、橡胶制品、玻璃制品等)专税。1936 年 1 月财政部通知,广东开征舶来品专税与国家体制不合,限期整顿,逐步废除。1934 年 1 月,广东省政府公告,全省财政收支一律以"毫券"为本位,其他货币统一折算。直到 1937 年 1 月 1 日,即法币政策实行一年多后,广东才宣布财政收支以法币为核算本位。四川在军阀割据混战时期,财政一直由驻地军阀坐收坐支。鉴于"九一八事变"后四川日益重要的战略后方地位,蒋介石和国民党中央对统一四川财政极为重视。1935 年川政统一后,为解决四川财政特殊困难,统一四川财政,1935 年 6—7 月,蒋介石批准四川发行善后公债 7000 万元和整理金融库券 3000 万元。为统一财政规章制度和加强对四川财政的监督,蒋介石把他曾在鄂、豫、皖"剿"共时制定的《整理县地方财政章程》及相关办法,搬到四川,于 1935 年 7 月颁布《剿匪区整理县地方财政章程》及各关系法规合订本,饬令四川省政府通令各县恪切办理,并电令成立"军事委员会委员长行营驻四川财政监理处",四川一切重大财政措施和年度预算须经该处审核同意。又在重庆设立中央银行分行,四川国、省两税收入,悉数解存该行,以备支拨。① 为了加强监督和分取四川税收,又曾实行"国省联合预算",在重庆成立"财政部特派员公署",收销地方纸钞及各种纸币,推行法币,建立"国省联合金库",废除苛捐杂税 200 余种。由于财政亏累甚巨,在四川的强烈要求下,到 1937 年年底,才废止"国省联合预算"。

为了解决中央和地方的财政矛盾,改变各省任意截留中央税款的状况,国民党政府在统一财政行政的同时,实行财政和税制改革,着手划分国家收支和地方收支、国家税和地方税。1927 年 7 月,国民党政府公布了由财政部长古应芬提出的《划分国家收入地方收入暂行标准案》和《划分国家支出地方支出暂行标准案》,在江、浙、皖、赣、闽等省试行。次年 6 月,由新任财政部长宋子文进行修订,交由全国经济会议和第一次全国财政会议讨论后,合并为《划分国家收支地方收支标准案》,正式颁布实施。明确将收入与支出区分为国家和地方两个部分②,确立中央和地方两级财政体制。

国民党政府通过国家和地方收支的划分,最后完成了自清末开始的财政体制改革,在一定程度上缓和了中央同地方的矛盾。但改革后,省是地方财政主脑,控制了全部地方税源,县无独立经费来源,只得另筹经费,应付开支。这不仅加剧地方苛捐杂税的泛滥,更对国民党政府推行县政改革和县级自治极其不利。因此,1934 年财政部长孔祥熙制定《财政收支系统法》,将县提升为一级财政,将原来的中央、地方(省)二级财政改为中央、省、县三级财政。从原属于省的地方收入中划出 15%—45% 的田赋、30%

---

① 温贤美主编:《四川通史》第 7 册,四川大学出版社 1993 年版,第 84—86 页。

② 具体划分标准及收支项目,详见本书第八章。

的营业税给县。这就提高了县政权的地位，加强了县政权的建设，限制和削弱了地方军阀势力的膨胀，有利于加强中央集权统治。

金融方面，国民党政府推行的重大政策和改革，主要是筹办中央银行，建立国家银行体系；实行币制改革，推行法币政策，确立国家垄断资本的绝对统治地位。

1926年北伐军攻克武汉，12月即在汉口创建中央银行。1927年7月宁汉合流后，汉口中央银行结束。南京国民党政府决定另建中央银行，1928年10月5日颁发《中央银行条例》，宣布中央银行为国家银行。同时对中国银行和交通银行进行改制，分别加入官股，前者改组为国际汇兑银行，后者改组为发展全国实业银行。1935年又将1933年为"围剿"苏区而设的"豫鄂皖赣四省农民银行"扩充改组为"中国农民银行"。该行除经营一般银行业务外，还享有发行"兑换券"、"农业债券"和"土地债券"等特权，成为国家资本中第四家银行。1930年、1935年，国民党政府还分别改组、成立了邮政储金汇业局和中央信托局。

这样，国民党政府经过8年的筹建、改组、扩充，最后形成了中央、中国、交通、中国农民四行和邮政储金汇业局、中央信托局的"四行二局"国家资本银行与金融体系。它在全国银行和金融业中，居绝对统治地位，在全国国民经济中，也起着支配的作用。①

国民党政府在金融领域推行的另一重大政策是实行以废两改元、发行法币为基本内容的币制改革。

近代时期，中国币制日益紊乱，民国后尤甚。市面流通的货币，除清代原有形形色色的银两、银元、制钱、铜元、纸币（银两票、银元票、辅币票、制钱票），各种外币和外国在华银行发行的纸币、

---

① 关于国家资本银行与金融体系的建立与形成，详见"导言"第三节。

兑换券,以及民间钱庄、银号、典当、商号发行的银票、钱票、庄票、汇票等私票外,又加上各省军阀铸造的劣质硬币与限地流通的不兑换纸币。金属货币、纸币、流通券门类多不胜数。

这种极度落后、紊乱的货币制度,既严重阻碍国内经济尤其是商业流通和对外贸易的发展,又是国家行政和财政管理涣散的象征,是滋生地方独立和贪污腐败的温床。同时也不利于国民党国家垄断资本特别是财政和金融国家垄断资本在全国统治地位的确立。因此,改革币制成为国民党政府统一行政和财政、建立和扩充国家垄断资本的重要策略。

南京国民党政府成立后,币制改革很快被提上日程。1928 年3 月浙江省政府委员马寅初提出的《统一国币应先实行废两用元案》,受到国民党政府的高度重视。接着召开的全国经济会议和第一次全国财政会议,提出并通过了《国币条例草案》、《取缔纸币条例草案》、《造币厂条例草案》、《废两用元案》等多个关于币制改革的议案①,一致认为中国货币制度的“终鹄”是实行金本位。但改革须分步进行,先从废两改元入手,并决定从 1929 年 7 月 1 日开始实施。为此成立“设计委员会”,特邀美国普林斯顿大学教授甘末尔(E. W. Kemmerer)一行于 1929 年 2 月来华进行考察、设计。11 月,题为《中国逐渐采行金本位币制法草案》的设计报告出笼。该草案主张中国货币应采行金本位,并规定金币单位及其纯金含量。但金币只是用来确定银币价值的虚拟货币,并无实物,须另铸银币以供市场流通。银币亦规定单位、重量及含银成色。②

----

① 全国经济会议秘书处编:《全国经济会议专刊》(1928 年 9 月),第114—141 页。

② 金币、银币均以“孙(Sun)”为单位,一金孙含纯金 0.601866 克(记号为 S),其值相当于美金 0.4 元,英金 1 先令 7.726 便士,日金 0.8025 元。银孙一元重 20 克,成色为 80%。

银币价值随市场金银比价上下浮动。同时,银币以及各种辅币均可兑换生金或金汇票。[①]

这种流通用银、计值用金、银币可自由兑换生金的货币制度,若要顺利和稳妥推行,既需足量的银币供市场流通,又要有充裕的黄金储备以供兑换和稳定银价。不仅条件苛刻,而且无异于将全国货币流通置于火山口上。更重要的是中国既非产银国,黄金产量和储量亦不丰裕,国民党政权的财力又极为单薄,根本无力推行这种极为昂贵的货币制度。而且当时筹建中的上海造币厂也未如期竣工投产,因而上述设计并未实施。

1931年下半年后,币制改革出现某种契机。经济危机、长江大水灾和东北沦陷,导致工商业萧条,农村濒临破产;内地银元大量涌入城市,上海厘价大跌。加上前两年白银大量进口,上海银元存量猛增。[②] 工商和舆论界普遍认为这是废两改元的好时机。1932年7月,财政部长宋子文两次抵沪与银钱业商讨币制改革,一致同意废两用元。上海造币厂(1929年改名中央造币厂)亦于1932年建成,新币铸造条件已经具备,于是改革进度加快。

1933年年初,财政部拟定的《银本位币铸造条例》,经行政院和国民党中央政治会议通过后,3月8日正式出台。该条例并未采纳甘末尔的设计,而是采行银本位制,新铸银币沿用原有银元标准,每元含纯银23.493448克,以规元7钱1分5厘折合银币1元为法定换算率,规定自1933年3月10日起先从上海施行。4月6

①　参见卓遵宏编:《抗战前十年货币史资料(一)币制改革》,台湾国史馆1985年版,第135—163页。

②　由1931年的2.66亿元增加到1932年年底的4.38亿元,增加64.7%(阿瑟·恩·杨格:《1927至1937年中国财政经济情况》,陈泽宪、陈霞飞译,中国社会科学出版社1981年版,第526页附录十一、第217页表18)。

日推广到全国,正式宣布银两退出货币流通市场。①

废两改元的实行,使规范、单一的单元货币终于取代延续了二千余年的称量货币。这是中国货币制度的巨大进步,它有利于国内的工商业、对外贸易的发展,有利于中国新旧金融机构的交替和新式银行业地位与作用的加强。

然而,废两改元尚未从根本上解决中国的货币问题,而且好景不长。就在中国准备和推行废两改元期间,国际经济形势和西方国家的货币制度正在发生剧变。英、美、德、加拿大、日本、奥地利等国为转嫁经济危机,1931 年后相继放弃金本位制,实行货币贬值。美国更从 1933 年起实施白银法案,提高白银价格,在国内外大量收购白银,禁止白银出口,并将白银收归国有。结果导致国际市场上白银价格迅速上涨,中国银元和资金大量外流②,通货紧缩,物价惨跌,工商金融企业大量倒闭。③ 在美国白银政策的打击下,中国面临着白银流尽、银根枯竭,市场物价和国民经济全面崩溃的危险。

在这种情况下,国民党政府不得不放弃刚刚实施三年的银本位制货币,进行新的改革,用法定信用纸币取代单元金属货币。

1935 年 6 月,财政部在美籍顾问杨格的参与、策划下,筹划币

---

① 废两改元的有关规定、措施及实施情况,详见本书第七章。

② 据统计,1932 年时中国白银净流出已达 1039 万元,1933 年净流出 1442 万元,1934 年猛增至 25672 万元。其中 7—12 月达 2 亿元以上(财政部财政科学研究所、中国第二历史档案馆编:《国民政府财政金融税收档案史料》,中国财政经济出版社 1997 年版,第 411、419 页)。

③ 据统计,1934 年上海倒闭企业总数为 510 家,其中工厂 83 家,商店 254 家,金融业 44 家,其他及未详 116 家;1935 年倒闭总数增至 1065 家,其中工厂 218 家,商店 469 家,金融业 104 家,其他及未详为 235 家(《上海工商金融等业倒闭停业统计》,《经济统计月志》1936 年 12 月第 3 卷第 12 期)。

制改革办法,决定改现金为准备金,对内采用不兑现纸币,对外则用无限制买卖外汇的方式,以稳定纸币汇价。11 月 3 日,财政部发出布告:自 11 月 4 日起,将中央、中国、交通三银行(1936 年 2 月增加中国农民银行)发行的钞票定为"法币"。所有完粮纳税及公私款项,概以法币收付,不得使用现银,违者全数没收;旧有以银币为单位所立契约,各照原定数额于到期日概以法币结算收付;实行白银国有,各地银钱行号、商号、公共团体及个人所持银币、厂条、生银、银锭及各种银块,自 1935 年 11 月 4 日起限期 3 个月内,就近交各地兑换部门换成法币。如有故存隐匿、意图偷漏者,照危害民国紧急治罪法处置。

新的改革颇为顺利,法币政策很快在全国推行,一些地区兑换法币相当踊跃,甚至法币"有供不应求之势";汇丰、花旗、东方汇理、德华等外商银行,也陆续运送现银向中央、中国、交通三行调换法币。[①] 一直维持财政金融半独立状态的广东、山西、广西、云南等省,初期极力抵制,但随着法币流通区域的扩大,到 1937 年日本全面侵华战争爆发前,也都陆续接受了法币。除日本所占东北和华北部分地区外,法币基本上成为全国通行的流通货币。

法币政策是废两改元的继续,且改革更为彻底。法币政策的推行,为 19 世纪末开始的币制改革画上了句号,完成了从金属称量货币(银两)到单元货币(银元、铜元)、再从金属单元货币到信用货币(纸币)的演变,实现了中国古老货币的现代化。它既符合货币制度和社会经济长远发展的历史规律,又及时缓解了全国金融市场与商品货币流通所面临的严重危机,从而有利于城乡经济

①　张中忻:《汉口市实施新币制之经过》,《交行通信》1936 年 1 月第 8 卷第 1 号,见《武汉金融志》编写委员会办公室、中国人民银行武汉市分行金融研究所合编:《武汉银行史料》,1987 年版,第 225 页。

的复苏。当然,对蒋介石国民党统治集团来说,用不能兑换的法定纸币强制取代并收回银元币,不仅空前加强了国家资本和国民党政府对金融与经济的控制,而且也是最廉价的改革。由于法币是信用纸币,本身并无价值,而且不能兑换,其交换价值的高低,直接取决于国内外政治经济形势、市场条件尤其是国民党政府的信用程度。一旦政治经济形势或市场条件恶化,或国民党政府不讲信用、不负责任(如通过增发纸币以摆脱财政经济困难等),法币就会立即贬值,甚至变成一堆废纸。因此,法币政策随时可能由进步的币制改革蜕变为赤裸裸的掠夺。同时,推行法币政策的直接目的原本是缓解美国等西方列强转嫁危机而出现的金融和市场恐慌,但这种改革本身又是在美、英、日等列强的直接干预、控制下进行的,先是在英人李兹·罗斯(Sir Frederick Leith-Ross)的策动下,法币向英镑集团靠拢,最后以加入美元集团告终。这不但给改革打上了半殖民地殖民地烙印,其实际作用亦要大打折扣。

在农村,国民党政府经济政策的基点是维持和加强封建土地所有制,扩大和巩固国民党政权在农村的阶级基础。最明显的表现是,国民党政府土地政策的蜕变及其对孙中山"平均地权"和"耕者有其田"革命主张的公开背叛。

1927 年财政部在将田赋划归地方的同时,曾制订《整理全国土地计划》,将农村土地分为已垦、未垦两大类,分别提出整理办法:对未垦地,在先行测丈清查的基础上,边疆荒地由过剩军队屯垦,内陆荒地由邻省过剩人口移垦。垦荒采取官营和民营两种方法,官营田暂收佃租,而后分期将土地让与佃民;民营田按地价收税,渐移其地于耕者之手,以期达到"耕者有其田"的目的。同时对承垦者在一定条件下予以限制,以防产生大地主。新垦田在若干年内免除地税,期满后报价纳税。对已垦土地,清丈、查实其确数及价值,详为登记,为将来征收地税及改革土地制度作准备。该计划尚有实现孙中山"平均地权"、"耕者有其田"革命主张的某种念头。

1930年6月颁布的《土地法》开始发生微妙变化。《土地法》是国民党政府土地政策的纲领性文件,在此之前,国民党中央政治会议曾通过《土地法原则》,肯定孙中山的"平均地权"主张,承认"人民有平均享受使用土地之权利",为此"必须防止私人垄断土地"。[①] 但只有"原则",并无方针、措施。对当时农村最迫切的"耕者有其田"问题更避而不谈。据此制定和颁发的《土地法》,也没有"平均地权"和"耕者有其田"的任何内容或条文。对孙中山的这一革命主张,明显采取抽象拥护、实际回避的手段。

此后,随着工农革命的发展和国内阶级斗争的日益激化,国民党政府的土地政策加速蜕变和向封建大地主倾斜。1932年,蒋介石在亲自坐镇的豫鄂皖"剿共"总部发布的《剿匪区内各省农村土地处理条例》[②],强调土地分配"重在均耕,不在亟亟均其所有"。基本原则和办法是在肯定和保护封建地主土地所有权的前提下,向有耕作能力者"计口授田",亦即"计口授佃"。次年12月,蒋介石从南昌向南京发了一纸专谈土地政策的电文,对"计口授佃"做了进一步说明,极力否定"平均地权"的客观依据,声称中国既无土地分配不公的状况,也不存在土地总量供应不足的问题;从全国人口和土地分配看,"不苦人不得地",而是"地浮于人"。况且各省"亦绝少数百亩、数千之地主",三数十亩的中小自耕农"确占半数以上",农村土地"不患地主把持"。将《土地处理条例》中的"计口授田"明确修正为"均佃",即以合作社集体耕作形式,按各户耕作能力,"公平分佃,随时由社评定增减"。这样,蒋介石不仅

---

① 中国农民银行经济研究处编印:《农村经济金融法规汇编》,重庆中国农民银行经济研究处1942年印本,第76页。

② 见《地政月刊》1933年6月、7月第1卷第6期、第7期。

推翻了自己刚刚提出的"限田"和"渐进"式的均田设想，而且公开背叛了孙中山"平均地权"和"耕者有其田"的革命主张。

在《土地处理条例》和蒋介石土地政策电文基础上，豫鄂皖边区"剿匪"总司令部制定了《剿匪区内各省农村土地处理条例实施规则》、《屯田条例》；一些地方政府也拟定了相应的"指导办法"、"实施细则"等①，为"地归原主"、恢复封建租佃关系、维护和巩固封建地主土地所有制提供了具体办法及法律依据。如安徽六安县实施的土地处置和"计口授田"的标准和办法是：凡曾在工农政权任职者，田地财产全部"籍没"；经工农政府没收、分配的田地，"一律发还原主"，原主原来自耕者，先尽地主自耕；原主及其家属绝灭或逃亡未归者，其田地由"善后委员会"暂为保管，并分配"难民"佃耕。其分配办法是"计口授亩，不得有所参差"；土地所有权无证明凭据又无原佃户者，先尽"善后委员会"已分配承耕之佃耕种；工农政府分田以前原耕者，有优先承佃权。②

某些地方官府为了"感化"和分化佃农，"鼓励佃农坚决反匪"，也曾对地主的地租剥削做出某些限制。如安徽霍邱规定，全县自1932年9月1日起，实行"二五减租"，且系"永远性质"。租

---

①　如《剿匪区内各省农村土地处理条例说明书》、《六安县收复匪区土地临时处置大纲》、《安徽省佃业纠纷仲裁暂行办法》、《霍邱减租永佃指导办法》、《解决霍邱二十一年秋季新旧佃农纠纷及匪区收稻纳租指导办法》等（见许振鸾：《皖西匪区土地整理问题》，《民国二十年代中国大陆土地问题资料》第32册，台北成文出版社有限公司、[美]中文资料中心重印发行，1977年12月版，第16115—16129页）。

②　《六安县收复匪区土地临时处置大纲》，见许振鸾：《皖西匪区土地整理问题》，《民国二十年代中国大陆土地问题资料》第32册，第16115—16120页。

额确定后,地主不得任意增加;地主所得佃农押租,须分五年平均全数退还;佃农如无欠租,地主不得换佃;佃权准许佃农转售,但须得地主同意;东佃一律平等,佃农除耕种义务外,不担任地主其他使役;地主从前向佃农需索的小租、小小租、轿钱、碾鸡、碾鹅等种种陋规,一律革除。这些措施在一定程度上维护了佃农的权益,如能真正实施,对提高佃农社会地位、改善其经济状况、恢复和发展农业生产,是十分有利的。但这里的所谓"佃农",必须是在国民党军队"围剿"时,"确能尽力抗匪,并随时帮助国军一切行动便利,经国军给予佃农执照者"。同时规定,享有"永佃权及二五减租"权利的佃农,"须忠实党国,抱誓死抗匪决心,如有纵匪或通匪情事",即行"剥夺其权利,并依法严惩"。① 显然,所谓"佃农执照",实际上是佃农的"卖身契"。因此,愿意而且能够享受这种"优惠待遇"的佃农是极少的。况且,这种触犯封建地主既得利益的政策措施,能否行得通,还是大问题。

除了土地和租佃政策,国民党在农村推行的重大政策还有田赋政策和农产统制政策。

在国民党政权以前,田赋为中央税,国民党政府在财政体制上划分国家收支与地方收支后,将田赋由中央税改为地方税,并决定进行部分改革和整理。

一是豁免旧欠。1928 年国民党政府决定 1927 年以前的田赋旧欠,应一律豁免,着内政、财政两部于是年 7 月 11 日通同会饬各省遵办。但各省提出,旧欠新欠不易分清,且欠赋多系豪绅包揽,实欠在民者甚微,豁免欠赋是予土豪以侵渔之机。于是财政部提

---

① 《霍邱县减租永佃指导办法》,见许振鸾:《皖西匪区土地整理问题》,《民国二十年代中国大陆土地问题资料》第 32 册,台北成文出版社有限公司、[美]中文资料中心重印发行,1977 年 12 月版,第 16120—16123 页。

出,除田赋实欠在民、确系无力缴纳,自当豁免外,其若由官吏侵渔及豪绅抗纳,仍应彻查追缴。江苏、浙江两省更明确将豁免年限由1927年前改为1926年前。[1] 豁免旧欠,遂成一纸空文。

二是限制和禁止附加。自清末后,田赋附加名目繁多,北洋政府时期尤甚,改革田赋制度必须首先严禁田赋附加。财政部于1928年订定《限制田赋附加办法》,规定田赋正税和附捐总额,不得超过地价1%,超过者不能再增加,并须陆续核减;田赋附加不得超过正税;田赋改两为元,漕粮改石为元。但办法下达后,各省地方当局我行我素,田赋附加有增无减。[2] 农民负担日重,农村急速破产。财政部复于1934年春召开第二次财政会议,再次整顿田赋。会上提出的有关田赋决议案不下20余宗,其中关于限制田赋附加者不下五六宗。[3] 国民党更明令,此后田赋永远不准再有附加,永远不准再立不合法之税捐名目,著为定例。同时,财政部责令各省厅局将各县所有田赋附加税名目及用途,详细列表报部,以资核销。[4] 经过严厉核减,部分地区田赋附加略有减轻,但仍未降至1931年的水平。据对南北22省(不含东北三省)1020县的调查统计,如1931年的田赋附加为100,则1934年为108,1936年为

---

① 刘世仁:《中国田赋问题》,商务印书馆1936年版,第101—103页。

② 据1933年的调查统计,田赋附税对正税的比例,湖北、江苏、湖南、河南最高依次达86倍、26倍、12.8倍和10.2倍;田赋对地价的比率,全部超过1%,江苏、浙江、福建、江西、四川、陕西等省全部或大部超过3%(孙晓村编:《苛捐杂税报告》,《农村复兴委员会会报》1934年5月第2卷第12号,第6—9页)。

③ 主要有:《遵照财政部整顿田赋附加办法实行减轻田赋附加以苏民困案》;《各省田赋只分省正税、县附捐两项,其余一切名目概行删除案》;《分年递减田赋附加案》;《整理田赋及田赋附加以减轻农民负担而裕民生案》;《永远废除各省县田赋附加、地方费不足由中央另筹抵补案》等。

④ 刘世仁:《中国田赋问题》,商务印书馆1936年版,第104—105页。

101。广东、广西、湖南、贵州、青海等省,则不但没有降低,还在继续加重。田赋占地价比重,水田在 1931 年为 2.08%,1934 年为 3.05%,1936 年为 3.21%;平原旱地 1931 年为 2.33%,1934 年为 3.26%,1936 年为 3.21%;山坡旱地 1931 年为 2.48%,1934 年为 3.46%,1936 年为 3.51%。[①] 1936 年的田赋附加指数均高于 1931 年,山坡旱地更呈递增趋势。

农产统制是国民党政府通过加强对重要农产品运销和农业生产、产品加工环节的控制,为在农村建立和发展国家资本作准备。

30 年代初,国民党政府在对革命根据地进行军事"围剿"的同时,着手加强对全国农村经济活动的直接干预和控制。1933 年 10 月,全国经济委员会成立后,在中央和一些地方相继设立各种机构,先后对蚕丝、棉花、食糖、粮食、茶叶、烟草等几种主要农产品的运销和某些生产、加工环节实行"统制",即统一控制。

最先统制的农产是蚕丝、棉花。1933 年,国民党政府在江、浙蚕桑区和上海成立"蚕业联合统制会"。[②] 1934 年,全国经济委员会先后设立"蚕丝改良委员会"和"棉业统制委员会",分别负责全国的蚕丝、棉花改良与统制。蚕丝统制方法是"治本治标"双管齐下,限制丝厂茧商的收茧办法,规定蚕茧价格,茧商的收购款由统制机关代借。同时设立南京、杭州两个集团制种场,接办浙江萧山、杭县和江苏金坛三个"改良蚕丝模范区",集中生产和发放改良蚕种,对缫丝生产也进行统制和监督,划一全国缫丝厂的机器,使出货成色整齐。还决定组织"江浙联合丝厂",以提高蚕丝质量。[③] 山东和广东等省也都相继推行蚕桑统制。山东取缔茧丝土

---

① 《农情报告》1939 年 4 月第 7 卷第 4 期,第 49—50 页。

② 河南《农林季报》1933 年 4 月第 1 卷第 1 期,第 12 页。

③ 《工商半月刊》1934 年 4 月第 7 卷第 4 号,国内经济栏。

种,增设改良种制造场;设立蚕业银行和丝业银行,推行低息借贷;筹办新式缫丝厂,推行制丝组合,使制丝业渐趋合理化;设立制丝讲习所、女工管理训练所和高级蚕桑学校,培养蚕业人才;设立丝业公会,组织大型生丝贸易公司;强制生丝品质检验,提高生丝质量,增进国际贸易信誉。① 广东从 1935 年开始制订改良计划,分别在顺德、南海、中山设立蚕丝改良实施总区或分区;制发改良蚕种,协助筹设省织造厂和第二缫丝厂,筹建"中心模范蚕村",改良土丝织造。等等。②

棉花统制是同棉业推广同时进行的,"棉业统制委员会"一方面主管全国棉业改进,成立中央棉业改进所,筹办改良棉种试验场、育种场,推广良种和棉花种植;另一方面进行棉花统制,建立大规模的棉花运销合作社和棉花仓库,垄断棉花的收购和运销。

浙江、江苏、湖南、山东、山西、安徽、四川、陕西、甘肃等产棉省份,都纷纷成立机构,推行棉业统制和改良。有的措施和办法,已相当系统和理论化:如湖南提出,"以地方情形为单位,标本兼治,整理与改良并重";"以经济为中心,设法于短期间成立棉农经济组织";"以生产合作,改进棉农生产。以信用合作,活动棉农金融。以运销合作,增加棉农收益"。并且声言要雷厉风行,"实行统制生产,以政令推行一切农法,铲除一切障碍,纠正一切陋习,取缔一切弊端",决心彻底改变棉业因循守旧的落后局面。③ 山西为了防止棉农、棉商掺杂,组织棉检委员会,县设轧花厂,集中轧花,

---

① 《农村复兴委员会会报》1934 年 8 月第 2 卷第 3 号,第 222—223 页。

② 《广东蚕丝事业之新建设》,《农村复兴委员会会报》1935 年 4 月第 2 卷第 11 期,第 75 页。

③ 《一年来复兴农村政策之实施状况》,《农村复兴委员会会报》1934 年 8 月第 2 卷第 3 号,第 240 页。

不准农民自行轧花和出售皮棉。①

继蚕业、棉业统制之后，国民党政府又相继推行粮食、茶叶、烟草和食糖统制。

粮食统制开始酝酿于 1933 年 10 月。当时蒋介石正对中央苏区进行第五次军事"围剿"，急需军粮。行政院通过筹设官买积谷案，通令各省厉行仓储制度，由各地驻军保护，并同产米与销米省份官商合作，组设运销机关，必要时由中央派员指导，试图由军队和中央直接控制粮食。这是粮食统制的先声。

1934 年，蒋介石在南昌行营召开赣、浙、鄂、皖等 10 省市粮食会议，组织"粮食统制委员会"，取缔粮商操纵，另组公营粮食机关，成立新式机器米厂与堆栈，并与银行、钱庄合作，兼做农产品押款和押汇。② 同年 11 月，财政部草拟成立"粮食运销局"，执掌粮食购销、粮价平准调节以及粮食抵押借款等③；又在上海设立"七省粮食运销局筹备处"，以统制七省粮食运销；同中国银行、中国农民银行等联手，举办"农业仓库"，通过抵押贷款，吸收农民粮食④；以保甲为基础，厉行积谷"防荒"；1936 年由实业部联合各银行，设立"农本局"，经营农产品仓库，代理农产品运销事宜，建立全国农业仓库网，进行农产品抵押贷款和所收抵押品再抵押，将粮

---

① 《一年来复兴农村政策之实施状况》，《农村复兴委员会会报》1934 年 8 月第 2 卷第 3 号，第 225 页；闻鹭：《山西新政下的农村经济》，《中国农村》1937 年 2 月第 3 卷第 2 期，第 78 页。

② 《一年来中央对农村复兴之计划及设施》，《农村复兴委员会会报》1934 年 8 月第 2 卷第 3 号，第 15、21—22 页。

③ 《设立粮食运销局案》，《农村复兴委员会会报》1934 年 11 月第 2 卷第 6 号，第 1—3 页。

④ 王承志：《银行资本在农村中的活动》，《经济评论》1935 年 5 月第 2 卷第 5 号，第 4—5 页。

食统制系统化。①

茶叶统制始于江西修水(义宁州)的宁茶和安徽祁门的红茶。1934 年,赣、皖两省分别制定宁茶、祁门茶统制和改良计划。江西强调,振兴宁茶"非实行统制政策,以统制其产销不为功",决定组织"宁茶统制会";安徽认为,祁茶复兴的关键在于"有一统制产销之中枢机关"。计划由实业部,赣、皖两省政府,以及茶叶、金融界人士共同组成"祁红复兴委员会",执掌祁茶统制和集中运销之责。两省分别在集散地设堆栈,统一运往上海,输出海外或卖与洋行,上海茶栈"无过问之权"。② 1936 年 4 月,安徽又联合经济委员会农业处和江西省,在安庆成立"皖赣红茶运销委员会",拟定统制两省红茶运销办法,打破上海茶栈的中间剥削。

红茶统制触犯了上海茶栈的既得利益,立即遭到后者的激烈反对。茶栈以"上海洋庄茶业同业公会"的名义发表"痛切宣言",并停兑汇票。后经各地商会、茶业公会和全国商业联合会、中华工业总联合会等工商团体多方斡旋,到 5 月绿茶上市才恢复汇票。在这种情况下,运销会只得让步,与茶栈"利益均沾",更让茶栈经理充当运销处红茶推销组的"主任"。对洋行亦做了相应让步,保证红茶外销先与外商交易,不拟自行运出国外;一切费用照旧,与从前洋庄茶叶一样;交货时担保与样品相同。红茶统制的结果,不过是公营茶栈取代原有的私营茶栈罢了。③

茶叶运销统制碰壁,国民党政府又开始着手茶叶种植和加工

①　徐雪寒:《抗敌战争和粮食准备》,《中国农村》1936 年 12 月第 2 卷第 12 期,第 18 页。

②　参见《一年来复兴农村政策之实施状况·茶叶之复兴》,《农村复兴委员会会报》1934 年 8 月第 2 卷第 3 号,第 258—269 页。

③　施克刚:《皖赣茶业统制的检讨》,《中国农村动态》,1937 年版,第 42—51 页。

统制。1937年5月,中国茶叶公司在南京成立,方针是改良茶叶种植及制作,计划在安徽祁门,屯溪,浙江平水,江西修水,湖北羊楼峒,湖南安化马桥等处,设立"模范茶场";在上海设立复制茶场,集中各省毛茶,按各国标准加以复制。同时将茶叶运销统制由口岸延伸到产区,在产区设立运销合作社,推行运销或代理运销。[①] 两个月后,日本全面侵华战争爆发,茶叶产销统制计划夭折。

糖业和烟草统制,分别始于1934年和1936年。

糖业统制由广东省政府推行。该省潮属各县,土糖出产最丰,除本省外,年销长江各省200余万担。土糖的旺销,使省"国货推销处的"五羊牌"国糖"销量锐减。于是"国货推销处"借口振兴"国糖"(实为洋糖),实行糖业统制,颁布《土糖运销暂行办法》,规定土糖运销须经"国货推销处"查验,取得许可证。目的是限制和取缔土糖,为变相洋糖垄断市场开道。

烟草统制始于1936年,主要由财政部实施,目的是"杜绝私卷,充裕国税"。措施有三:一是取缔民间私卷生产,限令河南许昌等县民间私卷,三年内一律停业;二是实行烟草专买专卖,由官商共同组织买卖机关,先在河南许昌试行;三是提高烟草税率。[②]在这前后,广东也成立了"专买局",开始对烟草进行专买专卖。[③]

国民党政府的蚕丝、棉花、茶叶和粮食、食糖、烟草等农产统制

---

① 《中央日报》1937年5月2日。

② 《替外商开路的烟叶统制》,《中国农村》1936年11月第2卷第11期,第6—8页;明浩:《英美烟公司和豫中农民》,见中国农村经济研究会:《中国农村动态》,1937年版,第15—16页。

③ 资厚:《政府专卖下广东大埔的烟叶》,天津《益世报·农村周刊》1936年10月31日;蒲特:《粤变前的广东农村》,《中国农村》1937年1月第3卷第1期,第79页。

政策,对这些农产品的生产和流通产生了重大影响,具体情况因政策的宗旨、内容和实际执行而互有差异。

蚕业和棉花统制是在改良、推广生产的旗号下进行的,统制范围除流通外,还包括品种改良和产品加工,范围较广,推行时间稍长,影响也较大。

20 世纪 20 年代末 30 年代初,中国蚕丝生产和出口贸易急剧衰落,除了国外同类产品竞争外,蚕种品质不良,农村育种、饲养、烘茧、缫丝技术落后,是其重要原因。国家加强蚕桑生产的组织管理,改良蚕种,取缔劣种,统一收茧,改良烘茧和缫丝技术,组织运销,消除或减轻中间剥削,如果措施得当,对恢复和发展蚕桑生产,改善蚕农经济状况是有利的。然而,国民党政府统制蚕丝的真正目的是实现和加强国家资本对蚕桑产销的控制。蚕桑改良与推广措施,不是没有贯彻执行,就是执行时完全走样。① 茧行和茧丝运销的统制,更是对蚕农赤裸裸的掠夺。为了压低茧价,国民党政府与茧、丝巨商勾结,勒令小茧行闭歇,保留或联合成立数家大茧行,形成富商垄断。蚕农因备受"行少人挤"、"抑价逼卖"之害,或愤而捣毁茧行;或自烘自缫,回复土法加工;或被迫放弃蚕桑业,某些地区"去桑植禾,三分有一"。② 蚕桑业不仅没有改进和扩大,反而加速衰退了。

改进和推广植棉是棉业统制的重要内容,华北等主要棉产区

① 如实行蚕种统制,制种场为了维持高价,故意不肯多出蚕种,结果改良种短缺,土种又已禁绝,农民被迫从日本进口该国原本准备烧毁的劣种,最后蚕茧产量减少一半(苦农:《丝茧统制下的无锡蚕桑》,《中国农村动态》,第64—65 页;孔凡定:《江宁蚕丝产销合作社的实况》,《中国农村》1937 年 8 月第 3 卷第 8 期,第 76 页)。

② 达生:《中国统制经济之检讨》,《新中华》1936 年 11 月第 4 卷第 22期,第 17 页。

的植棉推广,表面上也很有声色,但结果是满足日本帝国主义的需要。当时日本为进一步吞并华北和全中国,在"工业日本,农业中国"的战略指导下,要求华北大力推广植棉。在河北,棉业改进会在日本的"帮助"下,制定棉产五年计划,扩大棉田 1000 万亩;在山西,省建设厅应日本迫令全省植棉的要求,提出自 1936 年起,"全省强迫植棉,不种即问罪"①;阎锡山强调,植棉推广必须"强制执行","不能一味劝导了事,不能种就要问罪。收也得种,不收也得种;会也得种,不会也得种。不是利益问题,而是准备牺牲问题"。② 为谁种棉,为谁"牺牲",一目了然。

粮食统制主要是通过抵押贷款,吸收粮食,由政府垄断粮食运销。在赣、湘、鄂、皖等省,更主要是为了对中央苏区进行经济封锁和军事"围剿"。至于调剂农村金融,振兴农业和农村,则居次位。抵押放款利率奇高,数额极其有限,相对于农民的资金需求,无异杯水车薪。而且农民最需要资金的时候,也往往是粮食最短缺的时候,更多的地区和农民,则是既缺资金,又缺粮食,根本无粮抵押或出卖。粮食抵押贷款或收购,只会使农户和地区粮食短缺加剧和粮价疯涨。③

茶叶统制原本是要排除中间商的操纵和剥削,而中间剥削大头在洋行,最彻底的办法是茶叶直接出口国外,消除洋行的操纵。

---

① 钱俊瑞:《谈中日棉业合作》,《中国农村》1936 年 4 月第 2 卷第 4 期,第 14—15 页。

② 陈洪进:《走向典型殖民地经济的中国棉业》,《中国农村》1936 年 11 月第 2 卷第 11 期,第 17 页。

③ 如山西,1936 年年初,因"实物准备库"大批收买粮食,导致粮食飞涨 3 倍,城乡苦力和其他自由职业者叫苦连天,省府当局只得立即售卖库粮(祁之晋:《"土地村有"下之晋北农村》,《国闻周报》1936 年 3 月 23 日第 13 卷第 11 期,第 25 页)。

但统制的结果却是保证与洋行交易,不自行运出国外,红茶的出口及其价格决定权仍然操纵在洋商手中。从产地到口岸的运销,也只以"上海总运销处"取代原来的茶栈,产地的茶号、茶行、茶客(茶贩)等茶叶收购商全部保留,还外加"产地管理处",同样是换汤不换药。到1937年中国茶叶公司成立时,更正式宣布承认和恢复茶栈,由茶栈代公司与洋商接洽销售①,原来皖赣茶叶运销委员会的"改革"成果也消失了。唯一的变化是由银行取代茶栈向茶号贷款。银行贷款利息稍低,但手续烦琐,迁延时日,延误茶叶采摘和收购。款额亦有严格限制,茶号只得以"米票"代替贷款。结果,茶农不但被茶号盘剥,还要忍受粮店的敲诈②,经济愈加艰窘。

至于烟草和糖业统制,其目的和作用,就是取缔私卷、土糖,为洋烟和变相洋糖开道。

烟草统制虽然声言只取缔私卷,但结果不仅小作坊或家庭手工卷烟业被取缔,民族资本卷烟工业亦大受影响。当时国内出产卷烟原料的只有山东青州、安徽凤阳和河南许昌等3处。青州已是日本"囊中物",凤阳也成了英国的"俎上肉",只有许昌虽在英商操纵之下,但华商卷烟业尚可在那里收购部分原料。现在按照官商共组买卖机构、资本官商各半、商股华洋各半的烟草专卖统制办法,无异于将还没有被外资完全操纵的卷烟原料市场送上门。③同时,统制导致烟草价格进一步惨跌,烟农所遭受的剥削愈加深

---

① 上海《大公报》1937年5月11日。

② 按惯例,茶农向茶号借得一纸米票,凭票到粮店挑米,为了生活和采茶,米价再高也得买。毛茶制成后,为了清偿米价,茶价再贱也得卖(池尹天:《祁红统制的现阶段》,《中国农村》1937年8月第3卷第8期,第63—66页)。

③ 《替外商开路的烟叶统制》,《中国农村》1936年11月第2卷第11期,第6—8页。

重,而专卖局坐享暴利。①

广东糖业统制令土糖销售量下降,土糖制造业大受打击。同时,由于统制收购甘蔗,甘蔗价格大跌。1936 年春,甘蔗卖到每毫20 多根,两毫钱一大把,甘蔗生产一落千丈,蔗农破产。②

在经济建设方面,国民党政府也采取了某些政策措施。不过主要还是停留在建立相关职能机构的阶段,真正的建设不多,成效有限。而且所谓经济建设,直接目的也是建立和扩充国家资本。

国民党政府成立初期,曾成立工商、农矿两部,分别职掌工、商和农、矿事务。1930 年 12 月,两部合并,改称实业部,在职掌工、商、农、矿事务的同时,也筹建企业,从事一些相关的经济建设。

1928 年 2 月成立的建设委员会,主要职责是"经营国有事业及计划建设方案,并指导一切建设实施",1932 年改组后,变成以直接经营国办电气事业、指导监督民营电气事业为主,兼及矿业、水利灌溉、农村复兴的管理机构。该会单独投资兴建的唯一企业是淮南煤矿。

1931 年 10 月开始筹组、1933 年 9 月成立的全国经济委员会,是"统筹全国经济事业"的总机关,主要执掌国家经济建设或发展计划及其经费的审核;各项既定经济建设或发展计划的直接实施或督促指导。督修公路是其重要职责。国民党政府成立时,公路干线(国道)的修建由交通部主管,1928 年改归铁道部。1932 年11 月,全国经济委员会筹备处成立,全国公路建设的规划事宜改

---

① 如广东,1936 年实行专卖后,烟草收购价最高每斤 0.28 元,最低0.1 元,只相当于平常市价的 1/3。而专卖局卖给制造商为每百斤 50 元(资厚:《政府专卖下广东大埔的烟叶》,天津《益世报·农村周刊》1936 年 10 月31 日;蒲特:《粤变前的广东农村》,《中国农村》1937 年 1 月第 3 卷第 1 期,第79 页)。

② 《中国农村》1937 年 1 月第 3 卷第 1 期,第 79 页。

由经委会主管,下设道路股,不久扩充为公路处,督造各省公路。直接主持的最大"建设"是修筑豫、鄂、皖、赣及苏、浙、湘七省公路。另外,该会下面还分别设有工程处,办理水灾救济委员会移交工程;卫生实验处,办理全国卫生设施;水利委员会,作为全国水利总机关,下面复设华北水利委员会、导淮委员会、黄河水利委员会、扬子江水利委员会等机构。这些机构均无显著政绩。

1931 年日本帝国主义侵占东北、并加速向华北侵蚀,国民党政府开始感觉到政权的外来威胁和加强国防的重要性,于 1932 年 1 月成立国防设计委员会,负责"计划以国防为中心之建设事业"。1935 年 3 月,"为适应国防资源之需要",该会与兵工署资源司合并,改名为资源委员会,主要执掌调查、控制国防资源及基本工业建设事业的管理。并制定"国防工业三年计划"和工业建设五年计划,办起了一批矿冶和重工业企业及事业单位,重点是矿冶业。①

国民党政府进行经济建设的部门很多,但真正用于经济建设的资金很少,在全国财政开支中只占极小的比重。如有数可查的 1933—1936 年的 4 年中,全国财政支出总计 40.18 亿元,其中经济行政费和"国营事业资本",合计 3.64 亿元,仅占总额的 9%。这些资金包括拨给实业部、交通部、铁道部、建设委员会、全国经济委员会等部委及其所属各机构和事业实体的行政费用、1934 年扩充中央银行资本的 7500 万元,以及原在军务费内支出的国防建设费等,真正用于经济建设的经费,极其有限。

---

① 各机构完成或从事的建设项目及相关情况,详见"导言"第三节。

三、中国资本主义的发展及其蜕变

1927—1937 年间,中国资本主义的生存和发展处于空前艰难的环境:与国民党上台的同时,日本帝国主义加快了侵略和吞并中国的步伐,1931 年发动"九一八事变",武装占领东北,并侵蚀华北。东北矿藏和物产资源丰富,交通便利,是全国重要的工矿业基地和产销市场,又是全国唯一的外贸出超地区,是最具经济发展活力和潜力的地区之一。东北的沦陷,对资本主义和全国经济发展都是一个极其沉重的打击。1929—1933 年爆发的世界经济危机,对中国经济又是一次重创。列强各国为了转嫁危机,把中国作为倾销剩余产品的主要场所,一方面阻挡甚至禁止中国农产品的进口;另一方面向中国大量倾销剩余工业品和农产品。结果,列强各国危机缓解,经济复苏,而中国却陷入了前所未有的经济危机之中:农产出口急剧下降,贸易逆差进一步扩大,白银加速外流,银根紧缩,工农业产品积压,物价惨跌,城乡市场萎缩,农业衰退,资金枯竭,农民和农村破产;城市工业萎缩,工厂倒闭,商店关门,工人失业,民不聊生。中国资本主义和城乡经济急剧衰退,1934 年跌入谷底,1935 年才开始复苏。国内政治方面,国民党政权建立后,虽然改变了北洋时期军阀割据的局面,实现了全国统一,参照西方模式,制定法律法规,进行财政整顿和金融改革,废除厘金,完善财政体制,统一全国货币,本来为国内资本主义的发展提供了某些有利条件。但是,国民党政府为了确立和巩固其大地主大资产阶级的极权统治,极力扩张国家垄断资本主义,千方百计限制、压抑民族资本企业的发展。同时国家资本的建立和扩充,又并非国家筹资兴办,而主要是靠没收、接管、购买或参股渗入原有商办企业。国家资本和民族资本两者的发展,不是相互补充、并行不悖,而是此长彼消。中国资本主义由此发生结构性的变化:国家垄断资本在工矿业尤其是金融、交通、邮政、电信业中所占比重迅速上升,开始占主导和支配地位;而民族资本比重不断下降,居于次要和被支配地位。

(一)中国民族资本主义的发展与停滞衰退

1927—1937年,在国内外各种有形或无形势力的夹击下,中国近代资本主义的发展出现了前所未有的危机和变局,已经不是发展、不发展问题,而是大难临头:偌大一个东北,所有官办、民办、中外合办大小企业,连同资产、资源、产销市场,竟在短短两三个月的时间内,全部落入日本帝国主义手中;在关内地区,大批民族资本企业不是被外国资本兼并、挤垮,就是被国民党政府以各种借口接管、收购、占有,民族资本在全国资本主义新式企业和整个国民经济中的比重与地位急剧下降;在民族资本内部,由于生存空间愈益狭窄,恶性竞争和行业兼并更加激烈,资本集中和资本垄断集团加速形成。这一时期,中国近代资本主义远未充分发展和发育、成长,就过早地进入停滞、衰退、朽变阶段。中国近代资本主义未老先衰。

中国民族资本主义基础脆弱,力量单薄,根本无力抗击国内外政治、经济风浪的冲击,犹如大海中一叶小舟,只能随浪颠簸漂流。第一次世界大战及战后时期,已经历一次大的起伏。大战期间,西方列强忙于战争,对中国的出口减少,在华企业也因战争关系,无力增资扩充,中国民族工业所受洋货和外资压力有所减轻,生存环境改善,发展速度加快,工厂地区分布也由沿海地带向内陆腹地扩散。中国民族资本主义的发展进入"黄金时期"。然而,好景不长,第一次世界大战结束后,西方列强卷土重来,迅速恢复了对中国的经济扩张。尤其是日本帝国主义，第一次世界大战期间即趁欧洲各国无暇东顾之机，全面加强了对中国的经济侵略，中国民族资本再次处于外国资本的重压之下，在经历短暂的发展和繁荣后，又陷入了停滞和萧条困境。

1927 年，国民党建立全国统一政权，结束了北洋时期军阀割据的局面，至 1931 年"九一八事变"前，国内政局相对稳定。国民党政府又在政治、经济、财政、金融等领域采取了一系列重大措施：制定法律、法规和章程、条例，进行法制建设；建立、调整和完备职能机构，加强经济管理；整顿财政，改革和完善财政体制，调整赋税负担，舒缓中央与地方的财政矛盾；整顿金融，改革币制，统一货币，捋顺商品货币流通关系，在一定程度上改善或改变了中国民族资本主义的外部环境。国内工农业产品价格和国际银价变动方面，1927 年起，工农业产品差价扩大。1928 年开始，银价连续 4 年下降。1929 年世界经济危机爆发后，欧美各国物价下跌 1/3，因中国货币用银，物价反升 1/4，1931 年 8 月达到顶点。在这种条件下，一些民族资本企业开始复苏，部分行业有所发展，火柴等个别行业更是盲目扩张，实存工厂和生产能力达到历史最高水平。

从 1931 年下半年开始，中国民族资本主义和全国经济陷入重重灾难：下半年英、日等国相继放弃金本位，世界市场白银购买力上升，中国物价下跌，对外贸易逆差加速扩大，次年达到高峰，引发白银外流、农村金融枯竭、购买力萎缩的严重恐慌，以农村为主要市场的民族工业首当其冲。1931 年夏，长江流域发生 60 年未有的大水灾，受灾面积达 10 余省、150 余万方里，4.5 亿元农产被毁，受灾地区的城乡工业品市场顿时衰减。紧跟着日本帝国主义发动"九一八事变"，侵占东北，蚕食华北，东北和华北部分地区的物产资源、工矿企业和产销市场统统落入敌手。4 个月后，淞沪之战爆发，上海尤其是闸北一带，大部分工厂被战火摧毁或严重破坏。① 1934 年 6—8 月，美国又先后颁布白银法案和实施白银国有计划，以高出市场的价格向国外增购白银，中国白银出口数量大增，银根急剧紧缩，物价跌至最低点，中国民族资本主义的衰退也达到谷底。1935 年 11 月，国民党政府推行法币政策，以纸币代替银币，才摆脱银价困扰，结束危机。此次危机虽由国外银价上涨引发，但危机的根本原因，既非银价上涨和物价下跌，也不是如同欧美的生产过剩，而是国际帝国主义侵略和国内封建主义压榨造成人民的绝对贫困化和社会购买力的极度低下，尤其是农村的破产和农民购买力的萎缩和几乎消失。因此危机来势凶猛，民族工业衰退急速，而危机结束后复苏迟缓，发展缺乏原动力。直至 1937 年日本帝国主义全面侵华战争爆发前夕，大部分行业的生产能力和实际产量都没有恢复到 1931 年的水平。②

　　由于民族资本各行业所处市场环境和遭受洋货、外资挤压程度，行业本身基础、内部资本结构和资力强弱，以及在国民经济中的地位互有差异，国民党政府所采取的政策措施也不一样，其命运和发展变化轨迹，不完全相同。有的曾经短暂复苏和微弱发展；有的延续 20 年代初期的停滞和萧条，甚至进一步加剧。

　　民族资本最为集中的轻工业，大多是在洋货进口或土货出口

---

　　① 据不完全统计，纺织业被战火摧毁或严重破坏的工厂即达 220 家，死伤 1.5 万余人，因战事停工者更多。大小机器厂也被日本战火摧毁，机器工业集中的虹口地区则被日本直接控制（《纺织时报》1933 年 2 月 18 日第 962 号；上海市工商行政管理局等编：《上海民族机器工业》下册，中华书局 1979 年第 2 版，第 467—472 页）。

　　② 参见许涤新、吴承明主编：《中国资本主义发展史》第 3 卷，人民出版社 1993 年版，第 120—122 页，表 2-26。

的刺激下产生和发展起来的,产品或为进口替代品,或主要供给国外市场,既同进口洋货、在华外资企业产品、国外同类产品以及行业内部的市场竞争激烈,也与国内政治形势(包括抵制洋货等反帝爱国运动)、工农产品比价及变动、国家相关政策措施(包括关税政策等)息息相关。由于各种因素多变,行业兴衰频繁,起伏不定。

民族资本的支柱行业机器棉纺织业,因第一次世界大战发生后,进口纱布剧减,国内纱布市场价格猛涨,纱厂普获厚利,机器纺纱业迅速发展,1921—1922 年达到顶点。① 但就在 1922 年,民族棉纺织业已出现经营困难和亏损。② 1923 年后,各地纱厂接踵破产、拍卖、改组、倒闭,其中大部分被外国资本吞并,1924 年跌入谷底。

萧条持续了两年,始渐有转机。1927 年至 1931 年夏,由于进口关税提高和不断高涨的反帝爱国运动,棉纺织品进口有所减缓,在华外资棉纺织企业的扩张受到某种程度的遏制,花、纱比价及变化趋势,也对棉纺织业有利。一些棉纺织企业产销两旺,颇有盈利,或开始转亏为盈。但由于萧条创伤深重,全国棉纺织业并无重大发展和进步。1927—1931 年虽然新建 10 家纱厂(包括一家旧

---

① 由于战争关系,欧美纺织机器的生产受到限制,加上航道阻隔,运输困难,向欧美订购的机器设备进入 20 年代才到货,故建厂高潮到 1921—1922 年才达到顶峰,据统计,1914—1922 年新设华资棉纺织厂 54 家,其中 1920—1922 年达 39 家,三年建设的新厂比战前 20 余年所建中外籍棉纺织厂总数还多 8 家(严中平:《中国棉纺织史稿》,科学出版社 1963 年版,第 172 页)。

② 如 1922 年上海华商纱厂 16 支纱的销售情况,春、冬两季虽有微利,夏、秋两季则每包亏损 5.2—7.7 两银不等。1923 年生产更加困难,全年处于亏损状态,每包亏损额上升到 12—14 两以上(参见汪敬虞主编:《中国近代经济史,1895—1927》下册,人民出版社 2000 年版,第 1626—1627 页)。

布厂增添纱锭),5 家旧厂增资扩充,合计 15 家;但与此同时,原有及新建纱厂中,却有 5 家先后停工、6 家出租、7 家改组、12 家出卖或被债权人接管[①],总数达 30 家,远超过新建和扩充纱厂数。这期间棉纺织业的整体情况是兴衰互见,兴衰互抵,发展有限。

从 1931 年下半年开始,民族棉纺织业灾难连连:英、日等国相继放弃金本位,导致贸易逆差扩大,白银外流,农村金融枯竭,以农村为主要市场的民族棉纺织业深受打击;长江流域发生的特大水灾,不仅使受灾地区的棉纺织品市场顿时衰减,而且武昌、汉口、九江、芜湖多家纱厂被淹停工,棉纺织生产亦大受损失;"九一八事变"和东北沦陷使民族棉纺织业丧失了一大销售市场。4 个月后,淞沪之战爆发,上海闸北多家纺织工厂被战火摧毁,因战事停工者更多。上海产销畅旺的纱布市场完全停市 3 个月;江、浙钱庄因沪战倒闭者不下数百家。沪战未已,伪满洲国成立,修改进口税则,关内棉纺织品的东北销路完全断绝。这对关内特别是华北地区的棉纺织业,是又一个沉重的打击。[②] 1933 年春,日本占领热河,并进犯长城各口,关外最后一块棉织品市场,也从此断绝。加之黄河大决口,江、浙米价惨落,蚕桑歉收,本已紧缩的金融市场愈加滞塞,萧条的棉货市场愈加凋零。

在上述重重灾难的打击下,棉纺织品严重滞销,价格惨跌。

---

① 据严中平:《中国棉纺织史稿》,科学出版社 1963 年版,第 327—351 页,附录一:"中国纱厂沿革表"(1890—1937)综合统计。

② 1926—1930 年五年平均,东北每年进口关内棉纱 990.6 万关两、棉布 1385.7 万关两,合计 2376.3 万关两。另有小部分由陆路贩运,无法统计。据日人调查,东北年需棉纱 10 万包、棉布 700 万匹,东北自产纱 3 万包、布 30 万匹,其余全赖输入,其中关内纱占 8 成,日本纱占 2 成;关内布占 4.4 成,日本布占 5.6 成(《纺织周刊》1934 年 6 月 17 日第 2 卷第 23 期,第 595 页)。

1930 年后,上海棉纱销路已开始下滑,1931 年加快,1933 年跌入谷底。纱厂严重亏蚀①,资金周转困难,停工减产、亏损倒闭,或出租、清理、拍卖、转让。棉纺织业全面衰退。

1932—1937 年,新建棉纺织厂的数量进一步减少,而停产、改组、拍卖或被债主接管、没收的工厂大大增加。六年间华商棉纺织厂新建 10 家,另有 3 家增资扩充,合计 13 家;而原有棉纺织厂中却有 17 家先后停工,14 家出租(包括改租、再出租),2 家改组,15 家转让、出售、拍卖或被债权人清理、接管,合计 48 家②,相当于新建、扩充厂数的 3.7 倍。这期间华商棉纺织厂最突出的现象是生产及经营方式极不稳定,产权、经营权转移频繁。棉纺织厂的经营方式本是自建自营,租赁经营少见。1927 年后,纱厂出租的情况开始多起来,1932 年后则更加普遍。不仅经营困难的厂主出租,一些债权人接管纱厂后,也都出租,而不自营或委托经营。由于市场萧条,棉纺织业无利可图,租期短暂,租赁关系变动频繁,一些纱厂被迫在出租、改租、再改租的频繁变换中苟延残喘。最后因亏欠累累,资不抵债,只得转让、拍卖,但往往无人问津。如崇明大生二厂,有资本 198 万元,因停工甚久,亏欠严重,1935 年以 200 万元最低价拍卖,无人投标;减至 160 万元再招标,仍无人理会;乃商请中国、交通两行(欠两行 110 余万元)承受,未成;又减至 130 万元招标,还是无人愿买;最后依法由两行接管。两行以 45 万元的价

---

① 据对申新、大生、永安、裕大华、华新、恒源、北洋、大兴、晋华等 15 家主要纱厂的统计,有 8 家亏损(另有 2 家不详),这三年 15 家的平均纯益率为 0.9%、−2.8% 和 2.6%(许涤新、吴承明主编:《中国资本主义发展史》第 3 卷,人民出版社 1993 年版,第 138—139 页,表 2−31)。

② 据严中平:《中国棉纺织史稿》,第 327—352 页,附录一"中国纱厂沿革表"(1890—1937)综合统计。

格将机器售与大隆铁厂作试验之用。① 大生二厂的悲惨命运是这一时期民族棉纺织业遭遇的集中反映。

面粉、缫丝、卷烟、火柴等民族资本行业的情况也都大同小异。

民族机器面粉业在第一次世界大战期间曾一度快速发展。战时国外军需面粉大增，1915 年后，中国由面粉入超转为出超，国内运销亦有增长，面粉制造业空前兴盛。1914—1920 年，新设面粉厂 86 家，超过 1896—1913 年设厂的 2 倍。到 1920 年，全国实存面粉厂 123 家，资本总额 750 万元，日产能力 266568 包，分布地区也由上海、江苏一带向北方麦产区和面粉消费区扩散。

第一次世界大战结束后，洋粉、洋麦进口扩大（1922 年的进口量已大大超过战前水平），面粉出口下降，国内市场争夺又趋激烈，兼以军阀混战，兵祸连年，交通阻隔，面粉业的发展进入停滞和萧条期。1921—1926 年，建设新厂 60 家，闭歇旧厂 44 家，两者相抵，工厂增加 16 家，资本增加 820 万元，日产能力增加 70677 包，依次增加 11.6%、25.2%、22.6%。虽有增长，但幅度已今非昔比。

1927 年后，洋粉进口继续增加②，市场受洋粉挤压愈甚，国内

---

①　参见严中平：《中国棉纺织史稿》，科学出版社 1963 年 12 月版，第 336 页。

②　据统计，1927 年进口面粉 382 万关担（合 228 万公担），1928 年增至 598 万关担（合 357 万公担），1929 年达 1194 万关担（合 712.6 万公担），1930 年进口有所下降，仍有 519 万关担（合 309.7 万公担）。1922—1926 年共进口面粉 2306 万关担（合 1376.3 万公担），1927—1931 年共进口面粉 3182 万关担（合 1899 万公担），增长了 8%（上海市粮食局等：《中国近代面粉工业史》，中华书局 1987 年版，第 53 页）。

粉、麦比价又处于不利态势①，这些都对行业发展不利。不过国内局势相对稳定，市场总量有所扩大，机器面粉业仍呈现兴衰互见、兴大于衰的态势。既有不少旧厂停歇、倒闭，也增添大量新厂。②两相抵消，工厂数、资本额和日产能力依次尚有 17.0%、26.2%、19.1% 的增幅，稍高于战后萧条时期，面粉业略有恢复。

1931 年"九一八事变"后，民族机器面粉业的状况急剧恶化。东北沦陷使民族面粉业顿时失去了 1/4 的国内市场，接着是世界经济危机和列强各国转嫁危机引发的市场灾难。进入 1932 年，民族面粉业产销每况愈下，各地粉厂或粉销不振，或原料不继，时有停工之虞，1933 年粉厂平均开工率约 74%，次年情况益劣，销量锐减，东北销场几至绝迹，华北亦销售呆滞，粉价大跌，开工率仅50%—60%，大小粉厂普遍亏损，鲜有盈余③，粉厂大量倒闭，粉业衰退达于谷底。④ 1935 年后有所恢复，但速度缓慢。

---

① 1921—1926 年，上海平均每包面粉可换小麦 68.6 市斤，天津每包面粉可换小麦 0.329 石；1927—1931 年，上海平均每包面粉只换小麦 64.4 市斤，天津每包面粉可换小麦 0.303 石，分别减少 6.1% 和 7.9%（据上海市粮食局等：《中国近代面粉工业史》，第 389 页、391 页、395 页、396 页计算）。

② 据统计，1927—1931 年，有 27 家旧厂先后倒闭，但同时建设新厂 51家，资本 1048 万元，日生产能力 80445 包；两者相抵，工厂增加 26 家，资本增加 1068.7 万元，日产能力增加 73367 包（据上海市粮食局等：《中国近代面粉工业史》附录十一计算）。

③ 1934 年 2 月（旧历年底），报载部分粉厂亏损额如下：上海祥生 30万元，信大 30 万元，泰隆 20 万元，宁波恒丰 80 万元，南京大同 30 万元，扬子30 万元，汉口福新 20 万元，等等（《时事新报》1934 年 3 月 4 日，见陈真：《中国近代工业史资料》第 4 辑，生活·读书·新知三联书店 1961 年版，第 401页）。

④ 1933 年新建粉厂 3 家，旧厂倒闭 16 家，实存厂由上年 170 家降到157 家，是民族机器面粉业产生以来降幅最大的一年。资本额和生产能力亦同时下降（上海市粮食局等：《中国近代面粉工业史》附录十一）。

纵观 1932—1936 年,新建面粉厂 34 家,而闭歇旧厂达 61 家,实存厂由 1931 年的 179 家减至 1936 年的 152 家,减少了 27 家;资本额虽然由 5145.6 万元增至 5282.2 万元,增加了 136.6 万元,但日产能力由 454987 包减至 452218 包,减少了 2769 包。年产量由 11177.1 万包减至 10853.2 万包,减少了 9.7%。[①] 民族面粉业明显萎缩。

民族机器缫丝业,第一次世界大战后随着国外市场变动,起伏频繁,地区间互有差异。1920 年,国外市场丝价一度下跌,上海即有不少丝厂破产,惟时间不长。1923 年,日本关东大地震,日丝出口和生丝货源减少,市场价格回升,上海丝车数量很快恢复到 1918 年水平。此后几年情况不错,到 1927 年,丝厂从 1923 年的 74 家增至 93 家,丝车从 1.8 万余部增至 2.2 万余部,被称为机器缫丝业的繁荣时期。20 世纪新兴的缫丝业中心无锡,20 年代亦明显发展。[②] 广东蚕桑区的情况相反。1926 年后,因国际市场丝价日趋低落,而国内捐税加重,一些资力薄弱的丝厂随即停产、闭歇。主要丝产地顺德、南海停歇的丝厂、丝车各占 80% 和 70%。

1927—1930 年间,江南丝业继续保持 1923 年以来的发展势头。上海、无锡两地丝厂从 118 家增至的 160 家,丝车从 30148 部增至 41283 部,分别增长 36.6% 和 36.9%。广东丝业则延续 1926 年后的衰退,丝厂从 1926 年的 202 家减至 1930 年的 121 家,丝车从 95215 部减至 62292 部,分别减少 40.1% 和 34.6%。但从全国

---

① 许涤新、吴承明主编:《中国资本主义发展史》第 3 卷,人民出版社 1993 年版,第 142 页表 2-33;第 143 页表。

② 无锡从 1904 年开办首家机器缫丝厂,1922 年已有丝厂 19 家,丝车 6340 部。此后继续发展,到 1927 年,丝厂增至 25 家,丝车增至 7980 部。

范围看,蚕丝业仍在缓慢发展,1929 年全国蚕丝产量达到 205511 公担的历史高峰。①

进入 30 年代,世界经济危机爆发后,蚕丝市场需求大减,1932 年"一·二八沪战"中,沪东 30 余家丝厂几乎全部毁于日本炮火,全市被毁丝厂 49 家。② 加上日本丝业突飞猛进和人造丝的冲击,中国蚕丝出口直线下滑,价格惨跌。③ 结果蚕农、茧行、丝厂普遍亏损、破产,停业、倒闭。上海开业丝厂从 1931 年的 112 家减至 1933 年年底的 10 家;无锡从 50 家减至 13 家;浙江从 19 家减至 3—4 家;苏州、镇江则全部停业。到 1935 年蚕季 5 月,上海丝厂勉强开工者仅五六家。1934 年年底 1935 年年初,上海、无锡丝厂失业者达 10 万人。广东丝业同样连年萎缩,生丝出口从 1922 年的 6.7 万包降至 1933 年的 5 万包,货值由粤币 13000 余万元降至 5000 万元。1934 年丝厂减至 37 家,1936 年稍有恢复,也只有 57 家,较盛期减少 2/3 以上。四川丝业在日本关东地震后曾一度兴旺,后日丝生产复苏,川丝复趋低落,加上连年军阀混战,苛捐盘剥,丝业濒于破产。1937 年仅剩丝厂 6 家,丝车 1980 台,比盛时减少 4/5 以上。山东原本丝厂不多,1934 年更几乎全部停业,所产蚕茧全部被日商抑价收购。④

---

① 据徐新吾主编:《中国近代缫丝工业史》,上海人民出版社 1990 年版,第 613 页附录一、第 652 页附录十五综合计算。

② 《纺织时报》1933 年 2 月 18 日第 962 号。

③ 货量从 1929 年的 114900 公担降到 1932 年的 61771 公担,下跌了 46.2%;货值从 21730 万银元降到 3912 万银元,下跌了 82.0%(徐新吾主编:《中国近代缫丝工业史》,第 652—653 页附录十五。1929 年货值单位原为海关两,现换算为银元)。

④ 张白衣:《中国蚕丝业论》,《时事月报》1936 年 2 月第 14 卷第 2 期,见陈真:《中国近代工业史资料》第 4 辑,第 139—140 页;徐新吾主编:《中国近代缫丝工业史》附录一。

中国蚕丝出口、蚕丝市场价格江河日下,全国丝业节节败落,一蹶不振。因丝价高企、货源短缺和"一·二八沪战"而不断衰退的国内丝织业却绝路逢生,逐渐复苏。蚕丝的市场结构亦发生变化,内销比重逐渐上升,由 1929 年的 44% 提高到 1936 年的 64%,国内市场已居主导地位。在国内需求的支撑下,到 1935 年,民族机器缫丝业终于从谷底止跌回升。不过速度极其缓慢,1936 年全国蚕丝总产量为 143461 公担,比 1934 年仅增 2.3%,只相当于 1929 年产量的 69.8%。① 民族机器缫丝业已衰萎不堪,所谓恢复,也只是聊胜于无。

民族卷烟工业是在 19 世纪末洋烟倾销和在华外资烟厂的刺激下兴起的。第一次世界大战爆发后虽有较大发展,但因英美烟公司的强力倾销和市场垄断,直至 20 年代初,民族卷烟业仍然经营平淡。1925 年"五卅惨案"引发全国性的抵制洋货运动,国产卷烟"内以国货为号召,外仗社会之赞助",趁机开拓市场,洋烟和外资厂卷烟销量锐减,民族卷烟业迅速发展。② 不过"五卅运动"高潮一过,民族卷烟业又开始面临困境,1927 年虽然增加 22 家新厂,但同时有 19 家旧厂停业,建、停相抵,仅增 3 家,同 1925 年新建 38 家、停业 3 家、净增 35 家的发展势头形成鲜明对照。1928年,国民党政府开征统税,英美烟公司通过预缴税款取得优惠权,接着又将公司改名"颐中烟公司",以避"洋烟"之名,收回并扩大了"五卅运动"期间失去的市场。从 1929 年开始,民族资本卷烟业结束了 1925 年以来连续四年的发展势头,新厂筹建减少,旧厂

---

① 徐新吾主编:《中国近代缫丝工业史》,第 652 页附录十五。

② 据统计,1924 年上海还只有民族资本卷烟厂 16 家,1925 年一年即设新厂 38 家,扣除停业的 3 家,烟厂总数达到 52 家,1926 年增至 64 家(上海社会科学院经济研究所编:《南洋兄弟烟草公司史料》,上海人民出版社 1958 年版,第 255 页)。

倒闭增多,实存烟厂数目下降。只因南洋兄弟烟草公司等大厂扩充设备,直至 1931 年,卷烟机数量仍有微弱增长。[1] 如从 1927 年开始计算,1927—1931 年新设烟厂 92 家,旧厂倒闭 77 家,实存烟厂从 65 家增至 77 家,卷烟机从 344 台增至 540 台。烟厂增幅有限,但生产能力似乎仍有扩大。

然而,从经营状况看,民族卷烟业的处境已十分艰难。南洋兄弟烟草公司从 1928 年后就连年亏损,香港厂(1927 年)、上海浦东分厂(1929 年)、上海总厂(1930 年)先后停工。至 1930 年累计亏损 575.2 万元,次年被迫减资,将公司注册资本由原额港币 1500 万元核减为银元国币 1125 万元,每股股本由 20 元减为 15 元。虽然得以转亏为盈,但每股红利大幅下降,从 1926 年的每股 1.6 元降到 0.2 元,下降了 87.5%。[2] “南洋”这种大公司尚且如此,中小烟厂处境更差,亏损、停产、倒闭成为民族卷烟业的普遍现象。据统计,1932—1936 年,上海新建烟厂 13 家,而停业烟厂达 48 家,实存烟厂由 75 家减为 44 家。减少了 41.3%。[3]

在全国人民反对“二十一条”、抵制日货的反帝浪潮中发展起来的民族火柴制造业,1924 年后,因瑞典火柴垄断集团的大力扩张和跌价倾销,全业深受挤压,纷纷倒闭。到 1929 年下半年,江、浙、皖火柴厂有一小半停业;广东则停歇过半,东北各厂,更是几乎

---

① 1929—1931 年间,上海新设烟厂 27 家,倒闭 49 家,减少 22 家,卷烟机则从 416 台增加到 540 台,增加 124 台。

② 参见中国科学院上海经济研究所等编:《南洋兄弟烟草公司史料》,上海人民出版社 1958 年版,第 275—276 页、149—159 页、141—143 页、279 页。

③ 中国科学院上海经济研究所等编:《南洋兄弟烟草公司史料》,上海人民出版社 1958 年版,第 255 页。

全数倒闭,全行业前途堪忧。各地厂家一齐呼吁自救,于1929年成立全国火柴同业联合会,派代表团向国民党政府请愿,要求抵制外货和进行救济,并议行火柴专卖。国民党政府自该年年底开始,先后四次修改税则,提高进口税率,从原来的7.5%提高到1931年的40%。火柴进口迅速下降,外货市场压力基本解除。1931年"九一八事变"后,全国各地掀起抗日风暴,火柴同业联合会也通函会员厂提倡国货,一些火柴厂辞退日本技师,学生焚毁日厂火柴。抗日抵货运动重重打击了日资火柴的销路,天津中华、三友两家日厂被迫一度停工,国产火柴的销售顿时畅旺。在这种情况下,旧厂极力扩大生产,新厂不断设立,民族火柴业迅速和盲目发展。1928—1932年,新建火柴厂58家,年均11.6家,比1914—1920年大发展期间的年均建厂数还多2.3家。不过新厂资本规模大幅缩小①,其中大部分是设备简陋的手工作坊。②

　　火柴业的盲目发展和小厂的大量增加,导致生产过剩和规模效益下降,随之而来的是全行业的衰退和萎缩。事实上,就在大量新厂建成投产的同时,许多旧厂停工倒闭。③ 1933年后,开办新厂

---

　　①　有资本记载的48家厂,资本总额200.8万元,厂均4.4万元,而1914—1920年所建113家中有资本记载的97厂,资本总额656.9万元,厂均6.8万元,新厂资本规模缩小了近1/3(据青岛市工商行政管理局史料组编:《中国民族火柴工业》,中华书局1963年版,第37页表、第20—22页表综合计算)。

　　②　1933年实存的141家华资火柴厂中,101家是手工作坊,占总数的71.6%(巫宝三主编:《中国国民所得(1933年)》下册,中华书局1947年版,第73—74页)。

　　③　截至1929年,上海、江苏、浙江、河北、山西、吉林、辽宁、广州等8省市,原有的65厂中,38厂停工倒闭,占原有厂数的58.5%(据青岛市工商行政管理局史料组编:《中国民族火柴工业》,第31页表综合计算)。

的速度和数量急剧下降,资本规模亦大幅缩小。① 更严重的问题是生产过剩,工厂设备利用率低下,产品严重积压。据不完全统计,全国 99 家火柴厂(华厂 92 家、外资厂 7 家)可年产火柴 500 万箱,而 1932—1933 年间,全国火柴年产量为 110 万箱,设备利用率仅 22%。即使这样,产品仍然大量积压。② 1933 年后,民族火柴业完全陷入生产过剩、产品滞销的危机中。1934 年度,华厂产量增 10%,销量却减 8%,加上统税增加、日本火柴猖狂走私逃税的打击,处境愈加艰难。该年度华厂全年停工者 13 家,短期停工者 30 余家。③ 为了避免恶性竞争、全行业同归于尽的厄运,只得实行限产联营,政府批准成立火柴产销联营社,严格限制新厂成立及产量数量,情况略有好转。1936 年生产 81 万箱,销数约 76 万箱,占产量的 93.8%。④ 但这是向日本妥协和以牺牲中小华厂为代价换来的。在谈判和实施过程中,不仅默许日本火柴走私逃税,又在走私火柴之外,将巨量产额让给日本,而对华资厂则进行无理限

---

① 1933—1937 年,共建新厂 17 家,年均 3.4 家,只相当于 1928—1932 年的 29.3%。10 家有资本记载的新厂,资本总额 18.2 万元,厂均 1.8 万元,比 1928—1932 年又下降了 59.1%(据青岛市工商行政管理局史料组编:《中国民族火柴工业》,第 37 页表计算)。

② 1932 年,上海燮昌、杭州光华、长沙和丰及广州 16 个厂等 22 家火柴厂共产火柴 27.6 万箱,积压 8.5 万箱,占产量的 37.5%,长沙和丰最高达 75%(青岛市工商行政管理局史料组编:《中国民族火柴工业》,第 44 页表)。厂家为了竞销产品,给贩运商以先付货后收款的优惠,火柴出厂并不等于全部销售出去,尚有一部分积存在贩运商手中,实际积压的产品比上述统计更多。

③ 《中国银行 1934 年度营业报告》,见陈真、姚洛合编:《中国近代工业史资料》第 1 辑,生活·读书·新知三联书店 1957 年版,第 71 页。

④ 《中国银行 1936 年度董事会向股东大会报告书》,见陈真、姚洛合编:《中国近代工业史资料》第 1 辑,生活·读书·新知三联书店 1957 年版,第 77 页。

压。① 结果,大量华资厂尤其是停产厂和小厂,不是被取缔,就是被强制不准复工,即使被允许继续生产,产额也被大大核减,只能苟延残喘。

重工业和矿冶业方面,民族资本分布、内部资本结构、经济和市场环境、洋货和外资压力、国家政策及其影响,不同行业的差异颇大。

直接服务于轻工业的机器制造修配业,发展变化与棉纺织业等轻工业大体相同。第一次世界大战期间,随着国内五金、纺织和农产品加工等工业的发展,上海等地从事机床、内燃机以及纺织、针织、缫丝机器制造和修理的专业机器厂也相当兴旺。② 当 1922 年棉纺织业开始萧条时,服务于棉纺织业的机器工业也无可避免受到打击。1925—1931 年间,上海等地在"五卅运动"和抵制外货热潮的推动下,卷烟、橡胶、丝织、针织、搪瓷、印刷等小型民族工业,以及部分农村染织业和农产品加工业,或一度发展,或兴衰互见,旧厂倒闭,亦有新厂建设,相关机器设备仍有一定市场,上海民

---

① 如全国民族火柴工业集中的山东,1936 年联营社成立时,有 30 多家火柴厂,年产火柴 60 万箱以上。联营社为了压低产量、维持售价,核定产额时决议:停产 2 年以上者,一律不准复工;停工未满 2 年者,产额按 7 折核定;1934 年 6 月以后开业者,产额根据统税记录按实际月份平均计算,并按 7 折核定;1934 年 6 月底以前开业较晚者,按实在月份平均计算,但停工月份不予剔除。按照决议,3 家工厂被取缔,2 家工厂不准复工,约 20 家工厂被核减产额(参见青岛市工商行政管理局史料组编:《中国民族火柴工业》,第 114 页)。

② 在上海,纺织、印染、缫丝等专业机器厂从 1913 年的 13 家,发展到 1924 年的 50 家;动力机和农产品加工机器厂由 16 家增至 48 家,针织机制造厂由 3 家发展到 39 家。1924 年已有制造车床的专业厂 10 家,初步形成工作母机制造专业(上海市工商行政管理局等编:《上海民族机器工业》上册,中华书局 1979 年第 2 版,第 201—202 页)。

族机器工业也相应扩大生产范围,从事卷烟机、橡胶机、电力丝织机、电力针织机、印刷机等的仿制,其他地区的一些机器厂也瞄准市场需求,变换生产品种,谋求发展。①

1931 年"九一八事变"后,东北大片市场落入日本帝国主义之手;1932 年"一·二八沪战"中,民族机器工业集中地上海闸北,大小机器厂被日本战火摧毁,机器工业集中的虹口地区被日本帝国主义控制;列强各国转嫁经济危机又引发全国经济恐慌,机器棉纺织、缫丝和丝织、面粉、卷烟、火柴、橡胶等工业陷入困境,不少工厂倒闭,即使勉强维持,亦无力添置和更新设备,上述各类工业机械的市场需求大幅下降。同时农业衰退,农村破产,一度稍有起色的内燃机和农用机器变得无人问津。由此导致民族机器工业的全面萎缩,上海民族资本机器厂的营业额自 1932 年后持续下降,1935年达到最低点,该年全业营业额比 1932 年下降了 1/3。许多工厂减工减产,改组转让,乃至破产倒闭。尽管 1936 年逐渐复苏,全市民族资本机器厂还是从 1933 年的 456 家减至 1936 年的 248 家,资本额从 422.8 万元减至 350.4 万元,工人从 8082 人减至 7548人,依次减少了 45.6%、17.9% 和 6.6%。其他城市的机器工业也都同样萎缩,天津、青岛、北京、无锡、汉口、杭州等 6 城市的民族资本机器厂从 427 家减至 355 家,减少了 16.9%。从全国范围看,1933 年,上海、天津、青岛、北京、无锡、汉口、杭州、广州、重庆等 9 城市共有机器厂 1007 家,1936 年,包括上述 8 城市(缺重庆)在内的全国 44 市县(包括南京、济南、太原、南宁等省会城市)只有机器厂 753

---

①　如创办于 1903 年的上海大隆机器铁工厂,1927 年迁址扩充,除原有机器修理外,兼造小型农机及纱布应用全部机器。创办于 1919 年的山东潍县华丰机器厂,瞄准潍县染织机市场,调整生产,到 1931 年,共生产、销售织机 2 万部,工厂规模扩大数十倍(陈真、姚洛合编:《中国近代工业史资料》第1 辑,生活·读书·新知三联书店 1957 年版,第 595 页、597—598 页)。

家,比 1933 年减少了 25.2%。① 可见民族机器工业的衰退程度。

水泥是近代重要的新型建筑材料,中国近代水泥工业始于 1876 年中、英合办开滦矿务局创建的唐山水泥厂。该厂 1907 年让渡与华商启新公司,国产水泥由此发轫。接着有省办广东士敏土厂(1908 年)、商办湖北大冶水泥厂(1910 年)的设立。但国内水泥市场仍为德国、丹麦、日本所垄断。迨第一次世界大战爆发,西洋货来源断绝,日本、安南水泥激增,其中日本占进口水泥的 65% 以上,东北市场更被日本和日资水泥独占。有鉴于此,国人纷纷发起开设水泥厂,以资抵制,上海华商(1920 年)、龙潭中国(1921 年)等水泥公司,先后成立;启新公司亦于 1922 年扩充设备,局势为之一变。进口水泥急速增长的势头被遏制,国产水泥已在市场占有一席之地。② 不过民族水泥业仍然承受着洋货和外资水泥厂的巨大压力,英商香港青洲水泥公司(1886 年)、日商小野田水泥会社大连分社(1908 年)、日商山东青岛水泥公司(1917 年)更是劲敌。

1927—1931 年,国内水泥市场继续扩大,民族水泥工业又有所发展,除了增添 2 家新厂,部分旧厂亦扩充规模,增加产量。③

---

① 据刘大钧等:《中国工业调查报告》,见上海市工商行政管理局等编:《上海民族机器工业》下册,第 600 页;国民党政府全国经济委员会:《机械工业调查报告书》(1936 年 7 月)综合计算。

② 第一次世界大战后,进口水泥从 1920 年的 175 万担增至 1921 年的 253 万担和 1922 年的 265 万担,此后下降,1925 年最低为 176 万担。同一期间,国产水泥的生产能力从 1920 年的 100 万桶增至 1922 年的 220 万桶,1926 年达 238 万桶。1922 年后,国产水泥已接近或超过进口水泥(《中国水泥工业》,《工商半月刊》1931 年 10 月第 3 卷第 17 期)。

③ 华商公司创办资本 120 万元,1928 年 4 月增至 150 万元,1931 年 4 月复增至 164 万元;1929 年前日产水泥 1200 桶,1930 年增至 1600 桶。中国水泥公司最初资本 100 万元,1928 年增为 200 万元,日产量由 500 桶增至 2500 桶(《工商半月刊》1931 年 10 月第 3 卷第 17 期)。

不过外资水泥厂的扩充规模和生产能力的幅度也相当大,甚至超过华商水泥厂①,严重制约着民族水泥工业的发展。

1931年"九一八事变"后,东北市场全部丧失,华北地区亦受日货倾销影响,国产水泥销路顿见式微。在极其不利的国内外形势和市场环境下,南北各厂设法降低成本,提高质量,改进运销,终于度过难关,扭转局面。因产品质量优异②,价格低廉,颇受消费者欢迎,使国人乐用洋货的传统观念有所改变。加上国内市场对水泥的需求扩大,民族水泥业没有因东北沦陷和经济恐慌而衰退,反而有了较快的发展,水泥工业的分布由东部地区扩大到了内陆和西部地区。水泥产量由1932的51万吨增加到1936年的100万吨,在当时衰疲消沉的工业界,"平添不少春色"。③ 在不断提高质量、扩大市场的基础上,上海水泥公司还决心改变长期沿用他国成规的落后状况,拟订中国水泥标准规范草案,力争中国水泥工业踏上一个新的台阶。

中国水泥工业能在国内水泥市场完全被进口和外资产品垄断的情况下,站稳脚跟,在逆境中不断发展,除了水泥业界的不懈努力和国内水泥的市场需求相对平稳外,一个重要原因是水泥厂规模较大,资金较充裕,注重产品质量和市场竞争,避免了像机械、有

---

① 小野田水泥会社大连分社,1928年5月将年产能力由65万桶扩充至150万桶;青洲洋灰公司亦大加扩充,1931年夏完工后,可年产水泥60—120万桶。

② 当时各大水泥厂多采用英、德两国标准,化验结果表明,各著名品牌国产水泥的细度、固性、凝结时间,抗张强度,多超过英国标准(奚正修:《我国水泥工业之过去现在与将来》,《水泥工业同业公会年刊》,1948年4月版)。

③ 奚正修:《我国水泥工业之过去现在与将来》,《水泥工业同业公会年刊》,1948年4月版;方显廷、谷源田:《中国水泥工业之鸟瞰》,《大公报》1934年12月5日。

色金属采冶及轻工行业中小厂林立、技术设备和产品质量低劣、行业内部恶性竞争的不良状况,较早地实现了规模经营和规模效益,较少半封建半殖民地的印记。

民族资本在矿、冶各业的分布,以及各业的兴衰起伏,互有差异。大部分行业尤其是锑、钨、锰、锡等有色和稀有金属采冶业的迅速发展,都是在第一次世界大战期间。新式煤矿业是近代矿业的主体,民族资本占有一定比重,由于煤炭需求范围较广,煤矿业的发展相对平稳,但也有明显的起伏和时段性。据不完全统计,1927 年前创办、1927 年后继续存在和经营的商办新式煤矿共 67家(包括 1927—1937 年转为官办的 14 家煤矿),最早的一家设立于 1894 年。按设立年份划分,1894—1912 年 16 家,年均 0.8 家;1913—1923 年 41 家,年均 3.7 家;其中:1919 年、1920 年共 11 家,年均 5.5 家;1924—1927 年 10 家,年均 2.5 家。[①] 显然,第一次世界大战期间,煤矿业的发展速度加快,1919—1920 年达到高峰。此后发展速度放慢,逐渐进入低落状态。新式铁矿和冶炼业完全被日本资本垄断,民族资本也几乎全部被日本控制,只是为日本提供矿石原料,其发展与兴衰起伏完全以日本帝国主义的需求和意志为转移。

至于有色及稀有金属的开采和冶炼,金、铜是硬通货和铸币主要原料,官办资本一直占绝对支配地位,而且随着已探资源的日渐减少和枯竭,近代尤其是 19 世纪末叶后,处于不断衰退和萎缩中。银基本上是作为铅锌矿开采的副产品而生产的,其产量和兴衰主要取决于铅锌矿业。锑、钨、锰、锡矿的开采,产品几乎全部出口国外,其发展随国外市场的需求变化而大起大落。第一次世界大战期间,由于西方国家对锑、钨等矿石需求急迫,价格上扬,其开采异常兴旺。大战一结束,国外市场的需求萎缩,价格大跌,这类矿产

---

① 据本书第一章第三节统计。

的开采急剧衰落。20 世纪 20 年代中，各国存货渐尽，市场需求和价格回升，相关矿业又趋活跃。

国民党政权建立后，将矿业作为建立和扩充国家资本的重点领域，民族资本矿业与国家资本互为消长。1927 年，商办煤矿曾有较大发展，共建新矿 8 家。次年国家和地方官办资本膨胀（共建新矿 7 家），而新建民营资本煤矿逐年减少。在矿商强烈要求和社会舆论压力下，1930 年、1931 年国民党政府部分发还接管的民营资本煤矿；1930 年年底开始施行的《矿业法》，允许私人矿业在一定条件下的存在，刺激了民营矿业的发展。加上抵制日煤运动，新建民营煤矿又多起来，1932 年达 10 家，1933 年又添 4 家，共 14 家，而同期官办新矿仅 1 家。1934 年后，为了进一步控制矿业和建立抗日后方基地，国民党政府又加快了侵蚀民营煤矿、发展官办煤矿的步伐，民营煤矿的发展进入低谷。有色和稀有金属的兴衰，除国家资本外，仍然主要取决于国外市场。各类有色金属的采冶、产量及其销售情况，互有差异。除金、铝、镁外，近代有色金属的开采在 20 世纪 20 年代末部分有所恢复，世界经济危机期间再次衰减，部分跌入谷底，此后逐渐回升，但产量和市场价格都远未达到第一次世界大战期间的水平。

交通运输业方面，铁路运输业中的民族资本屡兴屡挫。19 世纪末，民族资产阶级和民间有识之士，即力主摒弃铁路完全官办陈法，"将支路招商承办"，令民"倾资以赴"兴修铁路。[1] 进入 20 世纪，出现了民间集资修路热潮。1905 年前后，全国过半数省份创办铁路公司，筹建各省境内铁路。各省共计成立商办铁路公司 14 家，实收股本 8760 万元，修成铁路 660 公里。1911 年 5 月，清政府

---

[1] 张振勋：《商办铁路支路议》，《张弼士侍郎奏陈振兴商务条议》，光绪末年石印本，第 18 页；何启、胡礼垣：《新政真诠》第二编，光绪二十七年刊本，第 16—17 页。

宣布铁路"干路均归国有",民间兴修铁路热潮严重受挫。清政府因铁路国有引发全国人民激烈反抗、爆发武昌起义而覆亡,干路国有政策未能实施。但新成立的北洋政府,继续和加大力度推行铁路国有政策。至1914年4月,北洋政府已与大部分省份的商办铁路公司达成收归国有的协议,绝大部分省办铁路公司撤销。尽管如此,国内商人和海外侨商申请和筹修铁路的活动并未因此而停止,但除广东新宁铁路、云南滇越铁路支线以及某些短途轻便铁道外,无一获准和成功者。

民族资本较为集中和较有作为的还是水上运输尤是内河轮船航运业。1895年清政府解除对华商开办内河小轮航运的禁令后,19世纪末20世纪初,出现了民族资本兴办轮船航运业的热潮,第一次世界大战期间达到高峰。据不完全统计,从1889年中国首家商办轮船公司——鸿安轮船公司诞生至1895年,先后只建轮船公司6家,创办资本158.86万元,有轮船73艘、5562吨(吨位统计不全);1896—1912年,新增轮船公司72家,年均新增4.2家,创办资本2071.12万元,有船225艘、71262吨;1913—1921年,新增轮船公司98家,年均新增11家,创办资本3204.56万元,有船236艘、343553吨。发展速度明显加快,公司规模亦有所扩大,平均每家公司的船只吨位数由前一时期的990吨增加到3506吨,扩大了2.5倍。原有的一些公司,也增加资本,扩大规模。[①] 但是,1922

---

① 如1905年设于烟台的政记轮船公司,创办资本4万元,1915年增至100万元,1920年注册为1000万元,船只亦由开办时的3艘、3328吨增至17艘16643吨;1909年设于营口的肇兴轮船公司,资本由开办时的15万元增至1920年的150万元,船只由2艘、1237吨增至4艘、3783吨;1913年设于上海的三北轮船公司,资本由开办时的20万元增至1919年的200万元。等等(聂宝璋、朱荫贵编:《中国近代航运史资料》(1895—1927)下册,中国社会科学出版社2002年10月第1版,第1418—1428页附录甲)。

年后,同其他行业一样,商办轮船航运业的发展速度急剧下降,1922—1927 年只新增公司 12 家,平均每年只有 2 家,创办资本 234 万元①,平均每家公司只有 19.5 万元,公司数量既少,规模也小,已基本上处于停滞状态。

1927 年后,航运业的发展速度又开始加快。据 1936 年对全国 500 总吨以上轮船业的调查,有成立年份记载的轮船公司 64 家,其中 1927 年后成立的 42 家,占 65.6% 。42 家轮船公司中,有资本记载的 24 家,资本总数为 578.5 万元,平均每家 24.1 万元,超过 1922—1927 年新增公司的资本规模。全国注册轮船从 1928 年的 1352 艘、290791 吨增至 1935 年的 3577 艘、718195 吨,分别增长 1.95 倍和 1.47 倍。1930 年后有 5 家万吨以上的轮船公司相继成立,共拥有轮船 22 艘、78358 吨②,明显朝着大型化方向发展。中国轮船在进出中国通商口岸中外船舶吨位中所占比重亦有所提高,从 1927 年的 18.6% 上升到 1936 年的 30.5% ,提高了近 12 个百分点。③ 在这一时期民族航运业的发展中,民生公司更是一枝独秀。1925 年公司成立时仅实收资本 8000 元和 70.6 吨小轮一艘,此后迅速和稳步发展。到 1937 年,公司有股本 350 万元,江轮 48 艘、1.8 万余吨,资产总值达 1215 万余元。④ 公司在竞争中收编了川江其他华商轮船公司,进而击败和收购了美商捷江轮船公

---

① 据聂宝璋、朱荫贵编:《中国近代航运史资料》(1895—1927)下册,第 1418—1428 页附录甲,"历年各地区资本五万(两)以上,或船只五百吨以上轮船公司创办情况表"(1873—1927 年)综合计算。

② 《航业年鉴》(第二回,航业月刊第四卷第十二期扩大号),1937 年 8 月,第 259—265 页。

③ 根据历年《关册》统计。

④ 凌耀伦主编:《民生公司史》,人民交通出版社 1990 年版,第 81、87 页。

司和部分英国轮船,迫使日清、太古、怡和等老牌外国轮船公司的主力退出了川江。这一时期民族航运业的稳步发展,在中国民族资本各行业中可能是个例外。

在农村,19世纪末20世纪初,随着城市资本主义的发展,农业中的资本主义因素也一度滋长。对外贸易的扩大,机器棉纺织业、机器缫丝业和丝织业、机器面粉业和卷烟业的兴起,工商业城市的发展,城镇人口的增加,促成农产工业原料、商品粮和副食品市场需求的扩张,刺激了农产商品化和商业性农业的成长,在通商口岸附近和铁路沿线地区尤其明显。在这些地区,蚕桑、棉花、烟草、花生、芝麻、大豆、油桐等经济作物和蔬菜、水果等园艺作物的种植,以及家禽、家畜的商业性饲养,不断扩大,粮食作物的商业性生产有所发展,商品化程度有所提高,在此基础上,形成了若干范围大小不等的专业种植区或商业性农业区。同时,农产品的商品量和商品率提高,农产品的流通范围扩大。市场结构也在发生变化,开始形成原始市场(产地市场)、中级转运市场和消费或终点市场的三级市场结构。①

农产商品化和商业性农业的成长,改变了农民的生产目的,促进了农村的商品货币流通,加强了农民与市场的联系,加速了农民内部的贫富分化,加剧了地主富户的土地兼并和地权的集中。丧失土地和生产资料的贫困农户,只能依靠出卖劳力为生,而从事商业性农业经营的地主和富裕农户,需要劳力,这就扩大了雇佣劳动的市场供给与需求,加快了农业雇佣劳动的发展,不仅数量增加,雇佣劳动的性质和形式也发生变化:雇佣劳动取代换工劳动;自由

---

① 参见刘克祥:《1895—1927年通商口岸附近和铁路沿线地区的农产品商品化》,《中国社会科学院经济研究所集刊》第11辑,中国社会科学出版社1988年12月版。

雇佣劳动取代封建性雇佣劳动;农忙短工和农业季节性长工取代全年制长工;客籍流动性雇工取代本地雇工;农业雇佣劳动取代家庭仆役性雇佣劳动,等等。一些商业性农业较发达、农业雇工和雇佣劳动数量较大的地区,普遍形成农业劳动力市场(短工市场),"有集必有市(短工市)",劳动力这种特殊商品同其他商品一样在市场上买卖。某些地区还出现了专业市场和市场分工,形成了完整的农业劳动力市场网络。在那些商业性农业较发达、农户两极分化剧烈的地区,完全或主要靠出卖劳力为生的雇农、贫农是农户的主体,雇佣劳动已成为农业劳动的重要形式。①

农业商品生产和雇佣劳动为近代农业资本主义的产生准备了历史前提。近代中国带有资本主义性质的农业经营有四种基本形式:经营地主、富农经济、农牧垦殖公司和资本主义中小农场。

经营地主和富农经济在鸦片战争前已稀疏出现,进入近代特别是甲午战争后,有了较大的发展。某些农产品出口的增加,国内缫丝、棉纺织、面粉、蛋品、卷烟等工业的发展及其对农产原料需求的扩大,城市的发展及其对粮食、副食品需求的增长,粮食商品化程度的提高,某些农产品价格的上涨,刺激一些地主、富裕农户从事和扩大雇工经营,从中滋生出数量不等的经营地主和富农。在地区分布上,经营地主主要集中在黄淮流域和东北地区,在山东、河北、绥远和东北部分地区,经营地主是地主阶级的主体或主要成分。20世纪二三十年代,山东、河北部分地区,贫苦农民多是农业雇工,很少或基本没有佃农,地主对农民的经济剥削,主要是雇工经营农副业,榨取雇工的剩余劳动,而非招佃收租。富农的分布比经营地主更广泛一些,南北各地都有若干数量的富农。在南方地

① 参见刘克祥:《甲午战争后自由的、资本主义的农业雇佣劳动的发展》,《中国经济史研究》1990年第4期。

区,除自富农外,还有相当数量的佃富农。到 20 世纪初,富农在全体农户中已占有一定的比重。在部分地区,富农和经营地主是市场农产商品的主要提供者。①

农牧垦殖公司和资本主义中小农场兴起于 20 世纪初。农垦公司在形式上是一种仿照资本主义新式企业组织的一种农业企业,多为股份制,是工业对某些农产原料需求增加和官府放垦筹款的产物,它的大量出现,始于 20 世纪初的苏北盐垦企业,直接目的就是为上海和邻近地区的纱厂、面粉厂提供棉花、小麦等原料。随后,苏南和其他商业性农业比较发达的沿海地区和农业新垦区,各类垦牧公司和农林股份公司大量涌现,数量迅速增加。据不完全统计,1902 年全国只有垦牧公司 4 家,1904 年增至 8 家,1908 年17 家,到 1912 年,全国注册垦牧公司已达 171 家,资本总额 635 万余元。1919 年已缴资本为 1247 万元。② 农垦公司一般规模较大,占地较多,经营范围十分广泛,农、林、牧、渔四业俱全,但具体到每个公司,经营范围、经营方式和状况,各不相同。一些规模较小的公司,特别是以林牧渔业为主的小型公司,土地几乎全部集中统一经营,而一些大公司和以农业为主的公司,并不采行雇工经营,大多仍是分散招佃收租,同封建出租地主无异。如苏北的盐垦公司,虽然资本数额庞大,但主要花在争购土地上,真正用于土地垦辟和农牧业生产经营的资本很少,一些公司在统一修筑简单的排水设

---

① 参见刘克祥:《中国近代的地主雇工经营和经营地主》,《中国经济史研究》,1994 年增刊,1994 年 10 月;刘克祥:《论中国富农经济(1895—1927)》,《中国社会科学院经济研究所集刊》第 9 辑,中国社会科学出版社1987 年 11 月版。

② 参见李文治:《中国近代农业史资料》第 1 辑,生活·读书·新知三联书店 1957 年版,第 697 页;章有义:《中国近代农业史资料》第 2 辑,生活·读书·新知三联书店 1957 年版,第 339 页。

施后，即将土地划区分"奥"（每奥面积20—60亩，以25亩为常），以"奥"为单位分散出租，公司往往只集中经营小部分土地。有的连简单的排水设施也没有，土地到手后，直接分片出租，与封建地主无异。有的更以土地垄断投机为业，荒地拍卖完毕，公司即行解散。也有的小公司低价购得土地后，待地价上涨，即以高价转卖给大公司。20世纪20年代中，苏北此类小公司竟多达40余家。①

在农垦公司普遍兴起的同时，一些地区独资或合伙形式的中小型资本主义农场、果园、饲养场也大量涌现。在地区上，中小农场大都分布在通商口岸和城市郊区，以及某些商业、交通和社会经济比较发达的地区。上海郊区，太湖流域，长江、钱塘江、珠江三角洲和辽东地区，是全国中小型农场、饲养场、养蜂场、养殖场、果园和营利性花园的主要集中地。中小农场既不同于富农及传统小农经济，又同农垦公司有明显区别，虽然规模不大，却是独立于家庭的新型农业企业。创办者和经营者大多是具备相关知识技能的知识分子或专业人员，他们充分利用有限的土地和资金进行雇工集约经营，力求采用国内外的新品种、新方法、新技术，并对传统方法和某些作物及禽畜品种进行改良，有的还取得了一定成绩或较好的经济效益。②

上述四种资本主义性质的农业经营形式，兴衰变化略有差异。20世纪20年代中后期，经营地主、富农经济和资本主义中小农场尚处于发展、扩大阶段，但农牧垦殖公司同城市资本主义一样，已

---

① 东晖：《江苏省北部之盐垦公司》，《上海总商会月报》1925年1月第5卷第1期，第16页。

② 详见刘克祥：《近代城市的发展与资本主义中小农场的兴起》，《中国经济史研究》1998年第3期。

经处于停滞和衰退状态,许多地区尤其是作为农垦公司发源地的苏北盐垦区,很少再有新的公司成立,原有的公司则多被资金短缺、债务困扰以及地权纠纷等弄得焦头烂额,根本无力围垦和营运,只得苟延残喘,破产倒闭,或者名存实亡。规模较大、有着资本主义企业外壳、同城市资本主义联系最为密切(有的直接为机器棉纺织厂生产或试种棉花)的农垦企业,昙花一现。

进入 30 年代,尤其是 1931 年后,日本帝国主义侵占东北,西方列强转嫁经济危机,加上社会治安恶化,盗匪猖獗,资本主义性的农业经营失去了赖以生存和发展的市场与社会条件,经营地主、富农经济、农垦公司和资本主义中小农场随即衰败和萎缩。

经营地主或雇工自营部分土地的出租地主,多为乡居中小庶民地主。20 世纪 30 年代,地权加速集中,官绅地主和大地主急剧膨胀,中小地主没落,社会不靖,地主纷纷迁居城镇,将自营土地转为出租。富农经济同样明显萎缩和衰落。富农经营原本是地主和富裕农户之间的过渡形态,30 年代因农村凋敝,新生富农数量大减,原有的富农,土地稍多的招佃收租,当起了"小地主",或卖地进城、外迁①;土地较少,资力较弱的,或典卖土地,或减退雇工,或分家析产,甚或亏折破产,沦为贫苦小农。② 原来的富农"营利经

---

① 参见张锦山:《湖北省襄阳县的农村经济》,天津《益世报·农村周刊》1936 年 7 月 11 日;农村复兴委员会:《河南省农村调查》,商务印书馆 1934 年版,第 20 页;李珩:《宜兴和桥及其附近的农村》,《中国农村》1934 年 11 月第 1 卷第 2 期,第 70 页;关后秀:《捐税重压下的湖南临武农村》,《中国农村》1935 年 5 月第 1 卷第 8 期,第 79 页。

② 参见陈凡:《宝山农村的副业》,《东方杂志》1935 年 9 月第 32 卷第 18 号,第 104—105 页;陈正谟:《各省农工雇佣习惯及需供状况》,中山文化教育馆印行,1935 年版,第 81—84 页;俞志远:《苏州的农民》,天津《益世报·农村周刊》1936 年 8 月 15 日。

营"退化为"家族的自足经营",最后被贫农取代。①

中国近代民族资本主义从产生之日起,始终在帝国主义和国内封建主义的夹缝中艰难跋涉。由于近代中国极其贫穷落后,民族资本企业资金普遍短缺,资本规模狭小,设备落后,力量单薄,根本无力同外国资本进行竞争,随时有被外国资本大鳄吞噬的危险,并且不断被吞噬。在民族资本内部,因市场和生存空间狭窄,也竞争激烈,弱肉强食,兼并盛行。在大量中小企业破产倒闭的同时,逐渐形成资本集团。因此,企业间资本规模差异悬殊,资本分散与资本集中同时存在,这是中国近代民族资本主义的一个基本特点。随着民族资本主义的发展,从第一次世界大战期间开始,资本集中和垄断现象日益明显,纺织、面粉、缫丝、火柴等行业都产生了较大规模的资本集团。进入30年代,随着民族资本主义由发展转为停滞、衰退,资本集中和垄断进一步加剧。

纺织、面粉是近代民族资本主义的支柱行业,资本集中也最为突出。棉纺织业在第一次世界大战后,相继形成了大生、申新、永安、裕大华四个资本集团。南通大生集团形成最早,1924年有纱厂4家,纱锭15.5万枚,布机1582台,是一个包括工、农、航运以至金融的地方实业系统;荣家申新集团资本规模最大,1936年时,共有纱厂9家,纱锭56.7万枚,布机5304台,资本、公积金和准备金1391万元,资产总值达7365万元,年产纱32万件,布288万余匹。大生、申新的发展和集团形成,主要是依靠第一次世界大战期间的丰厚利润,而永安、裕大华的起步和发展是在战后萧条时期,

① 参见陈翰笙:《广东农村生产关系与生产力》,中山文化教育馆1934年刊本,第35—36页附录表6;《中国农村》1935年2月第1卷第5期,第10页。农村复兴委员会:《江苏省农村调查》,上海商务印书馆1934年版,第91页;岫青:《启东农村经济与租佃制度》,《农行月刊》1936年6月第3卷第6期,第60—61页。

两集团形成于 1935—1936 年。从生产设备来源看，申新、永安主要靠兼并旧厂，大生、裕大华则主要是自建新厂。1936 年，永安有纱厂 5 家，纱锭 25.6 万枚，布机 1542 台，以及全套印染设备，资本、公积金和准备金本 1261 万元，资产总值 3198 万元，裕大华有纱厂 5 家，纱锭 8.56 万枚，布机 1324 台以及全套印染设备，资本、公积金和准备金本 1170 万元，资产总值 2220 万元。1936 年，4 个资本集团共有纱厂 22 家，纱锭 103.34 万枚①，布机 9752 台，厂数占全国 89 家华商纱厂的 24.7%，纱锭占全国华商纱厂已开车纱锭 274.64 万枚的 37.4%，布机占全国华商纱厂已开工布机 25503 台的 38.2%。② 由此可见近代民族棉纺织业的资本集中程度。

民族机器面粉业在第一次世界大战后萧条和 30 年代危机期间，大量中小型厂亏损倒闭，但同时也有少数大厂获益，凭借交易所等机构操纵粉、麦价格获取投机利润，与金融资本联手，大肆兼并扩充，资本迅速集中，阜丰、茂新两大资本集团应运而生。孙多森 1898 年创办的上海阜丰面粉厂，1920 年资本升值为 100 万元，1921—1929 年、1930—1936 年间获得纯益 347 万余元，得以扩充设备，新办和租用、兼并粉厂。到 1936 年，阜丰共有自办及租营粉厂 8 家，日产能力 5.15 万包，占全国华商粉厂的 11.4%。棉纺织业巨头荣宗敬、荣德生兄弟创办的无锡茂新面粉厂和上海福新面粉厂，到 1921 年共有粉厂 12 家，1932 年达到顶点，共有资本、公积金、准备金 1110.9 万元，资产总值 2615.8 万元，日产能力 9.65 万包。阜丰、茂福两大资本集团合计，日产能力 14.8 万包，占

---

①　其中大生资本集团厂数和纱锭数已将 1935 年被债权人接管的大生二厂及其纱锭数（3.02 万枚）扣除。

②　全国华商纱厂数据，见严中平：《中国棉纺织史稿》，第 327—352 页附录一综合统计；全国华商纱厂 1936 年已开车纱锭、布机见同书附录二。

1936 年全国 152 家华商粉厂日产能力 45.22 万包的 32.7%。①

民族机器缫丝业和火柴业资本相对分散,中小型厂占绝对优势,但在竞争和行业萎缩过程中也出现了资本集中。

机器缫丝业最大的资本集团是薛家兴业制丝公司。无锡薛南溟原是上海永泰洋行买办,1900 年创办永泰裕丝厂,后相继创办或收买锡经(锦记)、隆昌、永盛、永吉等丝厂。1929 年,薛寿萱子承父业,继续扩充。到 1930 年,永泰裕系统已有丝厂 7 家,丝车 2400 多台,占无锡丝车 1/5。1934 年,丝业大衰退期间,薛寿萱邀集同业组织兴业制丝公司,控制丝厂 30 余家。1937 年兴业结束,仍有 11 家丝厂由永泰裕租用,连同自有的 5 厂,共计 16 厂,丝车 6000 台,流动资金 450 余万元,占上海、无锡两地 1936 年开工 90 家丝厂、24206 台丝车的 17.8% 和 24.8%。②

火柴业的资本集团大中华火柴公司,是在抵制瑞典火柴倾销的浪潮中,1930 年由苏州鸿生、上海燮昌(包括镇江燮昌)、周浦中华三家火柴厂合并而成的,成立后的几年中,又以合并、收买、承租、入股等手段兼并了 5 家火柴厂和一些生产杆、盒及其他火柴原料的工厂。截至 1934 年,大中华共有 7 家火柴厂和一家梗片厂,总资本由 191 万元增至 365 万元,占 1914—1934 年新建并有资本记载的 143 家火柴厂资本总额 876 万元的 41.7%;年产火柴 15 万箱以上,约占全国火柴总产量的 15%,占华中地区(江、浙、皖、赣、

---

① 上海市粮食局等:《中国近代面粉工业史》,中华书局 1987 年版,第 66、195—201 页;上海社会科学院经济研究所编:《荣家企业史料》上册,上海人民出版社 1980 年版,第 642、282 页。

② 参见汪敬虞:《中国近代工业史资料》第 2 辑(下册),科学出版社 1957 年版,第 944—945 页;陈真、姚洛合编:《中国近代工业史资料》第 1 辑,生活·读书·新知三联书店 1957 年版,第 42 页;许涤新、吴承明主编:《中国资本主义发展史》第 3 卷,第 151 页、148—149 页表 2-35。

湘、鄂等省)火柴产量的一半。河北丹华和山东振业是华北地区两家最大的火柴厂,前者拥有北京、天津、安东三个火柴厂和一个林场;后者拥有济南、济宁、青岛三个火柴厂,分别有资本120万元和100万元。大中华、丹华和振业三大火柴集团资本总额达585万元,占全国火柴业资本总额的66.8%,即2/3强。①

资本集中和资本集团是资本主义发展到垄断阶段的产物。公平竞争、自由发展是资本主义生存的一般规律,在残酷的市场竞争中和价值规律的作用下,优胜劣汰、弱肉强食,必然产生两极分化和资本集中。不过在欧美资本主义的发展过程中,迅速增长的社会生产力和充足的原料及产品市场,尤其是广大的殖民地附属国市场,为包括中小企业在内的工矿企业提供了较大的回旋余地与发展空间。中小企业有较强的生命力和新陈代谢能力,在一部分中小企业破产倒闭的同时,有更多的中小企业产生。因此,欧美资本主义在19世纪末叶前,经历了一个较长的自由发展阶段。

然而,中国民族资本主义的历史条件和生存环境大不相同。中国民族资本主义产生时,西方发达国家已由自由资本主义演变为垄断资本主义,国际垄断资本集团早已形成,公平和自由竞争不再是资本主义的一般规律。更重要的是,中国是国际帝国主义共同支配下的半封建半殖民地和殖民地,没有强大的国家政权和关税自主权,国际资本凭借强大的母国政权和不平等条约的庇护,在中国横行无忌,为所欲为,并不按市场竞争和价值规律行事。在近代中国经济活动中,起作用更多的是强权政治,而非价值规律。民族资本企业只能在国际帝国主义、国内封建主义和国家资本主义

---

① 据青岛市工商行政管理局史料组编:《中国民族火柴工业》,第20—21页表、31页、37页表、48页综合计算。

的夹缝中痛苦挣扎。同时,近代中国经济落后,社会生产力尤其是农村生产力长期停滞不前,城乡居民购买力低下,市场狭窄。民族资本企业不仅无力走出国门,无资格同外国资本进行公平竞争,而且国内市场也大部分被进口洋货和在华外资企业产品垄断或挤占,民族资本企业生存的市场空间愈加狭小。企业为了生存,行业内部恶性竞争盛行。众多中小企业不是在竞争中被大企业吞噬,就是在狭小的空间被窒息而死。少数企业虽然通过兼并,牺牲中小企业,扩大了规模,得以生存,但民族资本主义也因资本集中和资本垄断而失去了原有的活力。中国资本主义发生、发展的历史很短,远未充分发育、成长,却已进入暮年。资本集中和资本集团的过早出现,正是中国近代资本主义未老先衰的标志。

(二)国民党国家垄断资本的形成

国民党政权的阶级基础是农村封建大地主和城市大买办、大资产阶级,经济基础是国家垄断资本主义,而与要求自由发展的民族资本主义不相容。同时,国民党统治者既迷恋政治权位,且贪图经济私利,而牟取经济私利最便捷和冠冕堂皇的手段是经营国家资本。因此,国民党政权一成立,就不遗余力地建立和扩张国家资本,发展国家垄断资本主义。

国民党政府的国家资本政策源于孙中山的建国方略、建国大纲和扩张国家资本、节制私人资本的主张。1918 年,孙中山在作为国家经济"大方针、大政策"发表的《实业计划》中指出,中国实业开发应分两路进行:一是个人企业;二是国家经营。各行业凡可委诸个人,或较国家经营为适宜者,应由个人为之,而由国家奖励和法律保护;如不能委诸个人及有"独占"性质的行业,则应由国家经营。孙中山认为,带有垄断性质的大公司的出现,是经济进化的必然结果,非人力所能阻止。如欲消除此弊,只有将一切大公司归诸全国人民公有之一法。故"拟将一概工业组成一极大公司,归诸中国人民公有"。① 这是国民党政府建立国家资本的主要理论和政策依据。

1927 年,国民党政府一成立,就宣布要通过建设国家资本的途径,发展实业。国民党政府成立宣言称:要发展经济,务必"实行总理建国方略、建国大纲之建设程序";国民党民生主义的"最大原则,在平均地权、节制资本,同时建设国家资本,以发展各种有利民生之实业"②,这是国民党政府确立国家资本主导地位,节制私人资本、扩张国家资本的指导原则和总方针。

1928 年后,国民党对国家资本的涵盖行业和建设途径逐渐明确,拟建骨干企业及行业名单陆续出台。是年由国民党中央政治会议通过的《建设大纲草案》规定,铁路、国道、电报、电话、无线电等全国交通及通讯事业,水利电力、商港、市街公共服务等有"独占性质"的公用事业,钢铁、基本化工、大煤矿、煤油矿、铜矿等"关系国家前途"的基本工业及矿业,"悉由国家建设经营"。地方政府则可在中央的委任和监督指导下参与国营事业的经营管理。③接着,工商部于同年提出 9 种国营基本工商业案,要求发行 2 亿元公债,用于筹建钢铁、水电、机器制造、精盐、酸碱、细纱、纸浆和酒精工厂。④ 1929 年颁布的《训政时期国民政府施政纲领》,要求工商部从整理旧有国营工业、设立基本工业制造厂两方面,着手"发

---

①　《孙中山全集》第 6 卷,中华书局 1985 年版,第 397 页。

②　《国闻周报》1927 年 10 月 9 日第 4 卷第 39 期。

③　罗家伦主编:《革命文献》第 22 辑,台北中国国民党党史史料编纂委员会编辑、发行,1960 年刊本,第 368 页。

④　中国第二历史档案馆编:《中华民国史档案资料汇编》第五辑第一编财政经济(五),江苏古籍出版社 1994 年版,第 144 页。

展国营工业",又令建设委员会筹办农器及肥料、机械及机器、印刷机器厂,电机制造各厂,大水泥厂,钢铁厂,硫酸及盐厂和火车、轮船、汽车、飞机制造各厂。1930 年出台的《关于建设之方针案》再次重申:铁道、水利、造船、制铁、炼钢等"伟大之建设事业,依照总理节制资本之义,宜由国家经营",凡特种工业亦"均由政府计划办理",并限定于两年内筹设"大规模"的制铁炼钢厂、造船厂和电机制造厂。

1930 年 5 月,国民党政府颁布《矿业法》,10 月公布《矿业法施行细则》,确定了管理矿产资源的基本政策和国家资本在矿业中的地位。《矿业法》规定,全国矿权均为国有,铁、铜、石油、煤气由国家自行探采,其产品出口须经核准,视情况加以限制。但在必要时,上述各矿得出租探采权,承租者则以国人为限。上述各矿以及钨、锰、铝、锑、铀、钾、磷等矿,必要时可划为"国家保护区",禁止探采。其余各矿,国人均可依法取得矿权,但所在地县市政府有优先权,亦即包括地方官办资本在内的国家资本有独占或优先探采全国所有矿产的特权。

从 1931 年起,国民党政府开始有计划和较大规模的国家资本建设。"九一八事变"后,国内外局势日益紧张,国民党政府在加紧经济统制和国防建设的声浪中,更加快了国家资本的建设步伐。"九一八事变"前出台的《实业建设程序案》,订有 1931—1937 年实业建设的最低目标,除铁路、公路、水利、航运、港口、航空及农业等计划指标外,规定水利、电气及钢铁、酸碱、煤、糖、煤油、汽车等"基本工业",均"应由国民政府积极兴办"。[①] "九一八事变"后,国民党政府"推动国防经济

---

① 秦孝仪主编:《革命文献》第 79 辑,台北中国国民党党史史料编纂委员会编辑、发行,1979 年刊本,第 118—119 页。以下各决议案资料均据此辑。

建设，调整国营工矿事业"，更是"不遗余力"。1932 年的实业部"四年计划"，1936 年的资源委员会"三年计划"，1937 年国民党五届三中全会决定的经济建设"五年计划"，都是"以计划政策推动国营工矿事业的建立和发达"。①经济统制和国家资本扩张被置于一切经济工作的首位。

鉴于银行在国民经济运行和国家政权强化中的关键性作用，建立中央和国家银行体系，确立国家资本在银行和金融业的支配与垄断地位，是国民党政府发展"国有事业"的重点，1928 年 6 月的全国经济会议和该年度财政部《财政施行大纲》，都将其纳入核心环节。

建立中央银行，通过中央银行支配全国金融，是孙中山和国民党的一贯主张。中央和国家银行体系的建立，有一个准备和发展过程。早在 1912 年，孙中山在《国民党政见宣言》中即明确指出，要建立"规模宏大之中央银行"，并"集中纸币发行权于中央银行"，使之"有支配全国金融界之能力"。②从 1924 年开始，孙中山和国民党政府先后三组中央银行。

1924 年，孙中山在广州首次创办中央银行。1926 年北伐军攻克武汉，12 月在汉口第二次筹建中央银行。武汉国民党政府财政部以湖北官钱局产业担保发行公债，再以公债转向汉口各商业银行抵借现钞 316 万余元，作为该行资金。汉口中央银行于 1927 年 1 月开业。该行代理国库、省库，发行印有"汉口"字样的 1 元、5 元、10 元、50 元、100 元五种兑换券。开业之初，银行存贷活跃，信

---

① 《十年来之经济政策》，谭熙鸿主编：《十年来之中国经济》，中华书局 1948 年版，第 13 页。

② 秦孝仪主编：《国父全集》第 2 册，台北近代中国出版社 1989 年版，第 80 页。

誉良好。但到 4 月,武汉国民党政府为应付非常开支,封存各行现金,禁用中央、中国、交通三家银行以外的纸币,同时相继增发纸币,代理滥发国库券,导致市面纸币充斥,币值大跌,银行信誉滑落。7 月武汉国民党政府迁往南京,宁汉合流,9 月 24 日唐生智下令中央银行停业整理。11 月 12 日,唐生智第四集团军将银行库存抢劫一空,整理中止。在这期间,南京国民党政府财政部曾派黄肇基为汉口中央银行行长,到行接收。黄向南京政府提出三项整理办法:以武汉三镇房捐在两个月内将该行钞票回收;鄂省征收机关搭收该行钞票;筹集现款百万元,进行整理。但南京政府已决定放弃,对此未有理会,汉口中央银行无形结束。①

南京国民党政府成立后,曾试图通过某种捷径成立中央银行,先是准备整理和接收汉口中央银行,但该行被抢劫一空,资不抵债,只得放弃;继而欲将中国银行改组为中央银行,又遭该行反对。最后才决定另起炉灶,筹建中央银行。

1928 年 10 月 5 日,国民党政府颁发《中央银行条例》,宣布中央银行为国家银行,额定资本 2000 万元,由国库一次拨足,11 月 1 日正式开业,总行设于上海。中央银行除从事一般商业银行的业务外,还享有发行兑换券、铸造及发行国币、经理国库、募集或经理国内外公债等特权。

国民党政府在组建中央银行的同时,相继对中国银行和交通银行进行参股改制。前者改组为国际汇兑银行,额定资本 2500 万元,加入官股 500 万元;后者改组为发展全国实业银行,额定资本 1000 万元,加入官股 200 万元,两行总行迁往上海。到 1935 年,在两行商股不变的情况下,又分别增加官股 1500 万元和 1000 万

---

① 参见《武汉市志·金融志》,武汉大学出版社 1989 年版,第 84—86 页。

元,资本总额分别达到4000万元和2000万元,官股比重分别由原来的20%上升到50%和60%。人事亦进行调整,由宋子文充任中国银行的董事长。中央银行的资本总额也扩充到10000万元。

为了进一步加强对革命根据地的封锁、"围剿"和农村金融的控制,1933年设立"豫鄂皖赣四省农民银行",1935年扩充改组为"中国农民银行",资本由250万元增至1000万元(实收750万元),由财政部和各省市分别认股。该行除经营一般银行业务外,主要筹措军费,购置军粮,并发放农贷以控制农村经济,还享有发行"兑换券"、"农业债券"和"土地债券"等特权,继中央、中国、交通三行之后,成为国家资本中第四家银行。

除中央、中国、交通、中国农民四行外,国民党政府还分别改组、成立了邮政储金汇业局和中央信托局。

中国新式邮政一开始就兼办汇款业务。1929年时,全国已有通汇邮政局(所)2374处,全年汇款总额达1.3亿元,邮政兼办的汇兑储蓄已伸展到全国各地。国民党政府见这是一块肥肉,1930年3月在上海成立"邮政储金汇业总局",直属交通部,负责邮政局(所)兼办的储蓄汇兑业务,1935年3月改组为"邮政储金汇业局",改隶邮政总局,主要经办活期和定期储蓄、邮政汇票、电报汇款等业务。它是国民党政府吸收大量存款和汇兑资金的有力工具。

中央信托局成立于1935年10月,总局设在上海,资本总额1000万元,全部由中央银行拨付,董事长亦由中央银行总裁孔祥熙兼任,主要业务是采购军火,总揽出口物资的代购,经营"公有"财物和政府机关重要文件、契约的保险及保管事项,经理国营事业或公用事业债券、股票的募集和发行,经收公共机关或团体的信托存款以及代理运用等。该局因拥有特权和雄厚资本,立即成为国内最大的信托机构,被称为"信托之霸王"。

　　国民党政府经过八年的筹建、改组、扩充，最终形成了中央、中国、交通、中国农民四行和邮政储金汇业局、中央信托局的"四行二局"国家资本银行与金融体系。国家官办和官商合办银行从1928年的3家，增加到1937年的9家，资本额从5343万元增加到18750万元，在全国银行资本总额的比重从20.5%上升到39.0%。① 加上中央和国家银行享有的特权，使它在全国银行和金融业中，居绝对统治地位，在全国国民经济中，也起着支配的作用。

　　上述建设国家资本、国营企业的纲领、议案、法令、计划及其实施，表面上都是依照孙中山的主张行事，是孙中山《实业计划》的具体化和行动化，但同孙中山的革命主张貌似而实非。第一，孙中山的建立国家资本、节制私人资本和平均地权、"耕者有其田"，是一个有机整体，二者缺一不可。后者更是孙中山革命主张的核心和灵魂。但蒋介石国民党对孙中山革命主张采取了断章取义、为我所用的实用主义态度。由于平均地权和"耕者有其田"的主张触犯了封建地主尤其是大地主的利益，蒋介石国民党先是阳奉阴违，继而抽象肯定、具体否定，最后公开篡改、背叛，全力维护和巩固封建土地所有制及封建大地主利益，而把建立国家资本放在高于一切的地位，从而阉割了孙中山革命主张和思想的灵魂，使建立国家资本、节制私人资本的革命主张完全变质。第二，在孙中山的思想中，掌握国家资本的"国家"，是废除封建制度的资产阶级民主政权，封建大地主已被消灭或消失，故国家资本能够归"人民公有"；而国民党政府是封建大地主、大资产阶级联合专政和一党独裁，而且吏治腐败。在这种条件下，国家资本既非国家所有，更非

---

　　① 参见刘克祥：《1927—1937年中资银行再统计》，《中国经济史研究》2007年第1期。

"人民公有"，而是蜕变为少数大官僚的私产。所谓国家资本，实质上是国民党官僚资本。第三，孙中山主张的发展国家资本或国家经营，是由国家投资开办实业，并非直接占有私人企业，将其转化为国家资本；节制私人资本，也是依法通过税收和其他经济手段防止私人资本的过分膨胀，并非对现有企业进行无偿剥夺。发展国家资本，就是发展国民经济和社会生产力。而国民党政府发展国家资本，由于财力匮乏，既不可能由国家大规模投资，兴建新的企业，节制私人资本，也不是通过税收等经济手段，更多的是凭借政治权力，乃至诉诸暴力，占有和控制商办企业，将私人资本直接转化为国家资本，或用行政和法制手段，干脆将私人资本消灭。①国家资本的建立和扩大，是以私人资本的萎缩和衰退为前提的。国家资本的膨胀并不等于国民经济的发展和社会生产力的进步。甚至恰好相反，在某种程度上是对社会生产力的破坏和摧残。

　　从资本来源看，国民党政府建立和扩张国家资本，主要途径有三：一是接管原有官办企业；二是占有和控制商办企业；三是政府投资的新建企业。其中一、三两条途径，已在1929年的《训政时期国民政府施政纲领》中明确提出，第二条途径则未见诸正式文件。然而实际上，由于财政拮据，国民党政府根本无力兴建大型国营企业，上述拟建或限时兴建的一系列厂矿，大多不是纸上谈兵，就是因资金不继，半途而废。真正属于国民党政府单独投资新建的国家资本企业，数量很少，绝大多数来自原有官办企业和商办企业。

---

　　①　如邮电业，传统邮递机构民信局，一直是官办新式邮政的竞争对手。直至1933年，关内地区仍有民信局3033家，总收入达758万元。1934年12月，国民党政府用法规的形式，下令民信局停业；次年《邮政法》颁布，规定邮政由国家经营，民信局被强制取缔，全国邮政由国家独揽。

为了尽快控制全国经济命脉和建立国家资本,国民党政府成立之初,首先对旧有官办企业进行接管和清理整顿。根据《处理逆产条例》,前政府官办企业、前政府官员开办或包含前政府官员股份的商办企业,均属接管或没收的"逆产"之列。还在北伐期间,军队就开始对军事势力范围内的上述企业进行接管,凡是北伐军攻占的地区,这类企业均处于"战地措施"的管制之下。

武汉国民党政府及各职能部门成立后,即着手对一些大型企业进行交涉、接收和经营管理。

在这期间,政府先后对益华铁矿、烈山煤矿、中兴煤矿、龙烟铁矿和石景山铁厂①、安徽铜官山铁矿等进行了接管、"清理"。龙烟铁矿和石景山铁厂的接管,曾先后出现多个部门争夺的局面②,但迄未开炉炼铁。铜官山铁矿虽经接收,矿区划归"国营",也未恢复投产。③ 同时还对外资为主的中福、开滦、鲁大等矿业进行了"整理",试图加以控制。

国民党政府还接收了清政府、北洋政府遗留下来的其他官营企业,包括直属中央的路、电、邮、航交通"四政",分隶财政金融系统的印刷局、造纸厂、铜元局、造币厂,属于城市公用事业的电灯厂、自来水厂,军队及国防系统管辖的造船厂、枪炮局、大小兵

---

① 龙烟铁矿位于察哈尔龙关及宣化烟筒山一带,成立于1918年,官商合办,在北京西郊石景山自设炼厂,建有化铁炉2座,至1922年,工程大部完成,并将4万吨矿石运至汉阳铁厂试炼,结果甚佳。嗣因铁价猛跌,运汉冶炼得不偿失,遂停。迨石景山铁厂告成,公司资金亦罄,又值北京政变,铁厂负责人逃走,于是矿厂全部停顿。

② 1928年曾设龙烟矿务局,保管炼厂财产,1929年改由铁道部接收,1931年又令实业部接管,未果。嗣后落入冀察政务委员会之手。

③ 李春昱等编:《中国矿业纪要》(第七次,1935—1942年),重庆北碚国民党政府经济部中央地质调查所1945年12月刊本,第712、714页。

工厂，以及金矿、铜矿、油矿、其他厂矿，等等。所有这些，连同前述接管、没收的各类企业，构成了国民党政府国家资本的最初阵容。

不过总的说，除路、电、邮、航交通"四政"及若干官矿外，国民党政府从北洋政府手中接管的工矿企业数量不多，在国民经济中所占比重很小。北洋时期官办企业流失严重，留下来的官办企业不多，且大多经营不善，甚至早已停产，或濒临倒闭；金、铜、油等矿，开采已久，可采矿源所剩无几，经济价值有限。国民党及其地方政府虽然接管了几家省办银行或官银号，却未能从北洋政府手中得到一家大型银行作为中央银行。单凭这区区数量的国家资本，远不能控制全国经济命脉，遑论充当国民党政权的经济基础了。

国家资本更多地来自原有商办企业。国民党政府在接管原有官办企业的同时，把更大的力量放在对商办企业的占有和控制上，而矛盾和斗争也更为复杂、激烈。对汉冶萍公司和轮船招商局的清理、整顿和接收，湖北省政府对商营轮运业的"代管"和随后的"官商合营"是典型性例子。

对汉冶萍公司和轮船招商局的清理、整顿，在南京国民党政府成立之前已经开始。

汉冶萍公司是当时中国最大的钢铁联合企业，北洋政府曾拟收归官办或官商合办，未果。1927 年 3 月，国民党在武汉成立"整理汉冶萍公司委员会"，利用安源工会力量，接管了萍乡煤矿，并设立筹备处，准备接管汉阳铁厂，因日本极力阻挠和反对，整理和接管工作无从着手进行。

宁汉合流后，国民党政府于 1928 年 1 月公布《整理汉冶萍公司委员会暂行章程》；5 月农矿部成立后，复改组公司整理委员会，颁布派驻煤铁厂矿委员会章程，因日本反应强硬而停顿。1929 年

1月,重组"整理汉冶萍公司委员会",又拟着手接管。日本再次强烈反对,向中方提出"严重抗议",并派军舰到大冶扬威恫吓。国民党政府只得屈服,撤回派驻大冶人员,交涉和整理中断。3月,农矿部复向公司发出训令,强调必须接管、整理。日本又通过驻沪领事三次提出"抗议",并于5月3日派财务官公森太郎来华交涉。在日本强烈反对和威胁下,国民党政府只得屈服,接收和整理汉冶萍的努力最终失败。①

招商局从1909年后,名义上已是完全商办,但一直被官僚、政客把持,北洋时期亦屡有国营之议。1927年1月,北伐军尚未抵达上海,蒋介石即令杨杏佛办理招商局事宜。后蒋介石率军进入上海时,因招商局负责人、上海总商会会长傅筱庵供给孙传芳军饷及轮船运输,国民党下令通缉,随即着手对招商局进行清查整顿。3月成立清查整理招商局委员,9月将整理事宜移送交通部。11月,国民党政府公布监督招商局章程,设立招商局监督办公处,特派交通部长王伯群兼任监督。1928年2月,成立招商局总管理处,解散招商局董事会,各董事停职查办。8月,交通部召开全国交通会议,决定将招商局收归国有,而以官商合办作为过渡,但遭强烈反对。1929年6月,国民党二中全会决定招商局改隶国民党政府,并派专员整理,由监督王伯群代行委员会职权,总办赵铁桥代行专员职权,加快接收步伐。这时招商局"名虽商办,实际已由政府代为经营",斗争进一步白热化,1930年7月,赵铁桥被刺身亡。此后由于国民党政府内部政争,人员替换频繁。1932年春,国民党中央政治会议决定,仍将招商局改回交通部管辖。交通部下令撤销总管理处,另设招商局监督处,次长陈孚木任监督,李鸿

---

① 参见武汉大学经济系编:《旧中国汉冶萍公司与日本关系史料选辑》,上海人民出版社1985年版,第962—1015页。

章之孙李国杰为总经理。10 月宣布将招商局收归国有，撤销监督处，另设理事会和监事会，任命刘鸿生为总经理。至此，经过六年的激烈斗争，国民党政府总算把有 61 年历史的轮船招商局正式归入国家资本体系。

武汉被称为"九省通衢"，是中国内陆最大的水陆空交通枢纽，第一次世界大战爆发后，以武汉为中心的湖北轮船运输业发展迅速。到 1921 年，全省有大小轮船公司或企业 130 多家、轮船 300 艘、25000 多总吨，仅次于广东、上海，居全国第三位，北洋政府和国民党政府都视之为肥肉，欲竭力将其收为官有。1917 年，北洋政府即将两湖轮船公司收归军用船政局。

1926 年北伐军攻克武汉后，湖北省政务委员会设立湖北省船政局（1927 年冬改为船政委员会，1928 年春改为建设厅航政处），取消江汉关理船厅，从外国人控制的海关中收回小轮管理权，随即将商营武汉轮渡收归公营，在此基础上发展省营轮船运输，至 1936 年已有轮船 39 艘（其中武汉渡轮 12 艘，官差渡轮 2 艘）。1932 年省政府为加强汉江农产品运输，又成立湖北省农产整理运销处，置备拖轮 9 艘，官营轮船运输业已小有规模。这期间随着商营轮船航运业的不断发展，沿江各地相继出现独立的私营轮船售票局（当地称为"票棚"），竞相兜揽客货票，不断发生纠纷。这给国民党政府吞并商营轮运业提供了依据。1930 年，湖北省建设厅颁布《注册管理规则》，先将"票棚"纳入管理。接着在 1934 年 2 月，省建设厅长李范一向省政府提出整理省境内河商轮办法，将内河商轮收归建设厅航政处代管经营，产权不变，按股本支付年息，营业纯利一半分给船主，一半用作修建码头、堆栈，政府从建设经费内拨 5 万银元作营业基金，发生亏损由省库补偿。该办法经省政务委员会第 70 次会议讨论通过，同日由省政府颁布执行。各航商知道，名为"代管"实为"收船"，因而极力抗拒，一些商船滞留外地,拒不返汉。省政府即令水上警察局和船政处强制拖回管理。至 1936 年,代管商轮已达 115 艘,资产约值 145 万银元,航线延伸至省内小河港汊。果然,省政府实行"代管"后,并未就此止步。1937 年,省政务委员会 233 次会议通过《变更整理内河航轮办法》,将"代管"改为"官商合营",宣布官股占 60%,除省营轮船折价外,增添资金补足。航商当然不服,陆云亭、胡慕周代表 30 多家航商多次向省建设厅、省政府乃至交通部、行政院申诉,均无效果,官商合营办法按部进行。直至 1937 年日本全面侵华战争爆发,次年武汉沦陷,国民党政府为阻挡日本侵略军从水路长驱直入,征用商轮 20 艘在藕池口塞江,结果 18 艘先后在湖口、阳逻、汉口等地落入日军手中,其余也因航线缩短,营运衰落,"代管"和"官商合营"轮运业均已无法营运。湖北省政府只得于同年 11 月,开始将代管商轮发还船主,至 1939 年结束。[①]

国民党政府对商办企业的占有和控制,主要有三种途径或方式:没收或无偿接管;收购;购买股份或参股改制,以第一种方式为主。如煤矿方面,据不完全统计,1927—1937 年新增的 29 家官办或官商合办煤矿,26 家是占有商办煤矿或土窑。其中 16 家是没收或无偿接管,6 家是收购,4 家参股改制或购买股份。[②]

为了扩张国家资本,国民党中央及地方政府,寻找各种借口,无偿占有商办企业。

不少商办企业,因有北洋军阀或前政府官吏股份,都被国民党政府没收或无偿接管。浙江长兴煤矿,因有浙江军人股份,1928 年被建设委员会没收。后因矿商及社会各界强烈反对,被迫于

---

① 《湖北省志·交通邮电》,湖北人民出版社 1995 年 3 月第 1 版,第 25—27 页。

② 详见第一章第三节表 1-80。

1932 年发还商办,但 1937 年再次被接收。安徽烈山煤矿,因 1914 年由倪嗣冲增资接办,1928 年被农矿部作为"逆产"接收,1930 年将倪嗣冲以外股份发还,改为官商合办。山东华宝公司,也因有"逆产"之嫌,1928 年被山东省政府没收,改名禹村煤矿。1930 年 12 月发还原主续办,改名"商办华宝公司"。至 1936 年,省政府借口股东发生纠纷,再次将其收归省营。山东峄县中兴煤矿因有北洋军阀股份,即由蒋介石下令没收,后经股东及上海银行公会商议"报效"军饷 100 万元,始将商股发还。

还有不少商办企业,或因股本中有地方公款,或借有外债,或股东不和及其他纠葛,或亏损停产,或欠缴税款,或矿厂被划入官地,等等,也都被无偿接收。

河南焦作中原煤矿公司,因 250 万元资本中,有河南盐捐公款 100 万元,1927 年冯玉祥派人监管,1929 年冯玉祥在中原大战中败走,蒋介石下令建设委员会接管。江苏武进震华电厂,因借欠德商西门子洋行债务,又同无锡耀明电厂存在纠葛,1928 年建设委员会将两厂一并接管,改名戚墅堰电厂。吉林奶子山煤田,清末即有人开采。1928 年因吉敦铁路穿过煤田区,被划为官地而没收,另招股 150 万元,购置机器,扩大开采,组建奶子山煤矿公司。湖南湘乡洪山殿煤田,原有民窑采掘。1937 年,实业部将该煤田 3226 公顷划归国营矿区,设立恩口煤矿局。[①] 广西钟山、贺县交界的西湾煤矿,原是 1907 年巡抚张鸣岐创办的官矿,民初因亏损停办,1919 年后准由矿商领采。1934 年因富川、钟山、贺县一带锡业兴起,需煤甚殷,乃由锡商投资成立安国公司产煤供

---

① 李春昱等编:《中国矿业纪要》(第七次,1935—1942 年),重庆北碚国民党政府经济部中央地质调查所 1945 年 12 月刊本,第 458—459 页;《湘乡县志》第 12 卷,湖南出版社 1993 年版,第 315 页。

给。广西省政府见有利可图，即于 1936 年收归省营。安徽水东煤矿开办于1923 年，资本 80 余万元，日产煤 100 余吨。1928 年因火灾受损，是年秋即被安徽省建设厅接收。湖南宜章、广东狗牙洞、江苏白土寨等煤矿，都因亏损停产或欠缴矿税而被接收。①

也有部分国家资本企业系由国民党政府备价收购而来，不过这种收购既非两厢情愿的商业买卖，价格也不由市场决定。轮船招商局的收购就是例证。国民党政府强制将招商局转为国营，规定招商局原有股票，以航业股 2 股、产业股 1 股合成一套，每套作价 50 两，全部由政府收购，共支银 200 多万两。而据估计，当时招商局每套股票至少值 300 两；招商局共有资本 1174.8 万余元，轮船 26 艘、5.8 万余吨，房地产众多，资产总值近 2000 万两②，政府的股票定价只有实际价值的 1/6；收购价额只有招商局资产总值的 1/10。高值低估，强制贱价收购，这是国民党政府扩张国家资本、"节制私人资本"的一种重要手段。一些矿厂的收购，情况也都大同小异。沈海铁路局以 24 万元的低价买得条件极优的抚顺金沟煤矿；张作霖、张学良父子旗下的东北矿务局以 200 万元购得辽宁复州湾煤矿；湖南省建设厅分别以 18 万元和 5.6 万元收购石

---

① 宜章煤矿由李姓矿商开办于 1919 年，因战事和时局关系，时采时停。1929 年由广州行营所属湘南煤矿局宜章杨梅山分矿接收经营。狗牙洞煤矿由粤商创办于 1918 年，投资 100 万元，全用新法，规模宏大，日出煤 100 余吨，自设炼焦厂炼焦。后因地方不靖，土匪骚扰，1924 年停产。1934 年由广东省建设厅接办。白土寨煤矿因商领未采，积欠矿税，1929 年被江苏收归省办。

② 参见金立成：《招商局史料》，《学术月刊》1982 年 8 月号；许涤新、吴承明主编：《中国资本主义发展史》第 3 卷，人民出版社 1993 年版，第 98 页。

门口煤矿和祁阳观音滩煤矿。① 资源委员会兴办的高坑、湘潭、天河等矿,都是收购民窑,但价格不详。②

参股改制是在商办企业中加入官股,或由政府购买若干股份,将商办企业转变为官商合办企业。这类企业不论官股比重大小,企业的实际控制权都在政府手中。这是国民党政府控制商办企业尤其商办银行的一种重要手段。国民党政府在建立中央和国家银行体系、确立国家资本在金融领域垄断地位的过程中,对中国银行、交通银行的占有和控制,都是采取参股改制,改组董事会,撤换董事长、总经理,将其牢牢地控制在自己手中。

除中国、交通两行外,国民党政府还对中国通商、中国实业、四明商储三行和中国国货、农商两行进行了参股改制。

在1935年的银行风暴中,中国通商、中国实业、四明商储三行发生挤兑风潮,财政部乘机强行撤换三行负责人,由青帮头子杜月笙任通商银行董事长,中央银行国库局局长胡祖同兼任实业银行总经理,叶琢堂兼任四明银行总经理。1936年、1937年相继将三行旧股减值,同时加入官股,全部由商办银行改为官商合办银行(详见表0-1)。

---

① 石门口煤矿位于醴陵,1921年后,相继有宝源、汇鑫、阜南、民生等公司开采,因争产涉讼,销路阻滞,亏损不赀;观音滩煤矿亦资本不继,湖南省建设厅乘机将两矿低价收购。

② 高坑煤区原有土窑开采,后被国民党政府划为"国营矿区",1936年10月,资源委员会成立"高坑煤矿储备处",开始建矿,以供给筹建中的中央钢铁厂所需煤焦。湘潭煤矿位于湘潭谭家山,原来也有土窑,据说"规模甚大"。天河煤矿早在明代即有人开采,迄民国初年,矿业渐盛,大小公司达12家。1928年、1929年后,因局势不稳,各矿先后歇业。1937年2月,资源委员会与江西省政府合组"天河煤矿筹备处",资本原定60万元,嗣增至110万元,收购和整理旧井,开凿新井,恢复和扩大生产。

表 0 - 1　中国通商银行等三行参股改制情况表　　单位:元

行名	资本总额	旧股折新股		加入官股	
		金额	%	金额	%
中国通商银行	4000000	525000	13.1	3475000	86.9
中国实业银行	4000000	526110	13.2	3473890	86.8
四明商储银行	4000000	337500	8.4	3662500	91.6

资料来源:据许涤新、吴承明主编:《中国资本主义发展史》第 3 卷,第 83 页表改制。

经过增资减值,三行资本分别额定为 400 万元,旧股大幅度缩水,加入的官股占资本比重高达 86% 以上。于是再行人事改组,三行董事长、总经理全部为中央银行或财政部高级官员,三行完全由中央银行控制。[①]

1929 年设立的中国国货银行,资本 500 万元,其中官股四成、商股六成,孔祥熙任董事长,宋子良任总经理,实际为政府所控制。1921 年创办于北京的农商银行,资本 300 万元,曾获准发行兑换券,1929 年因时局影响停业。1933 年 8 月复业,旧股折作 80 万元,增资 220 万元,并加入官股,总行迁往上海,也成为政府控制的银行。[②]

工矿企业方面,参股改制或购买股份的有西安、合山、石燕、大通等 4 家煤矿。辽宁西安煤田的采掘始于 1913 年,先后有 10 家民窑开业。日本很快渗入,1916 年成立东洋炭矿株式会社,勘察

[①]　三行改组后的人事安排为:中国通商银行董事长杜月笙、总经理胡以庸,中国实业银行董事长溥汝霖、总经理周守良,四明商储银行董事长吴启鼎、总经理李嘉隆。其中吴启鼎为财政部统税署长,胡以庸、溥汝霖、周守良、李嘉隆均为中央银行高级官员。

[②]　沈雷春主编:《中国金融年鉴》,中国金融年鉴社 1939 年版,第 B1—B13 页第一表。

矿区,并向各公司投资。张学良有鉴于此,1927 年 8 月集资参股,由财政厅、沈海路、兵工厂各出资 50 万元,商方作股 70 万元,合并成立官商合办西安煤矿公司。① 广西合山煤矿自 1917 年后,相继有数家公司领采,1933 年合并为合山公司。1935 年广西省政府加入股本,改为官商合办,资本增至 440 万元。四川隆昌石燕煤矿开办于 1935 年,资本 75 万元,1937 年加入官股 15 万元,改为官商合办。② 安徽大通煤矿原本商办,资本 140 万元,东距官办淮南煤矿 5 公里。因交通不便,煤炭运销须出淮河、经津浦铁路至浦口,成本既高,且受限制。淮南铁路通车后,大通遂同淮南矿合组联营处,从 1937 年 4 月开始,利用淮南铁路运煤。建设委员会乘机收购大通股票 4.5 万元,将该矿改为官商合办。③

除了接收和占有官办、商办企业外,国民党政府也投资开办了若干企业。财政部、建设委员会、实业部、全国经济委员会、国防设计委员会(后改名资源委员会)等职能部门,则是创办企业、建立国家资本的主要机构。

前述中央银行、中国农民银行、中央信托局就是由财政部一手创办的。

建设委员会等机构,在扩张国家资本方面,也不遗余力。1929—1930 年,建设委员会投资 150 余万元,在安徽怀远建成淮

---

① 《辽源市志》(大事记),吉林人民出版社 1995 年版;侯德封编:《中国矿业纪要》(第四次,1929—1931 年),实业部地质调查所 1932 年刊本,第 252 页。

② 李春昱等编:《中国矿业纪要》(第七次,1935—1942 年),重庆北碚国民党政府经济部中央地质调查所 1945 年刊本,第 573、190 页。

③ 陈真编:《中国近代工业史资料》第 3 辑,生活·读书·新知三联书店 1961 年版,第 786 页;李春昱等编:《中国矿业纪要》(第七次,1935—1942 年),经济部中央地质调查所 1945 年刊本,第 694 页。

南煤矿。经两年多的经营,各项工程渐具规模。为解决煤炭运销困难,建设委员会以出让长兴煤矿价款为基金,修筑通江铁路(即淮南铁路),全部工程费时 20 个月,耗资 510 万余元。① 这是建设委员会单独投资兴建的唯一企业,也是被认为创办和经营最为成功的企业。

1930 年年底合并成立的实业部②,在职掌工、商、农、矿事务的同时,也筹建国营企业,曾一度接手筹建中央钢铁厂,1932 年曾与德国喜望公司签订草约③;1932—1936 年间,先后筹建中央机器制造厂(后移交资源委员会)、中国酒精厂、中国植物油厂等企业;1937 年曾试图与新闻、出版界合建温溪造纸厂,因日本全面侵华战争爆发,未果。

全国经济委员会的主要业绩是修造公路。截至 1935 年年底,全国经济委员会督造的公路干支线达 2.9 万公里,已通车 2 万余公里。④ 其中 2.23 万公里分布在苏、浙、湘、赣、豫、鄂、皖七省,而且大部分是高等级公路,目的是为了加紧对苏区的军事"围剿"。中共中央迁往陕北,陕甘根据地成为中央苏区后,经济委员会的公路修筑和经营重心也随之转往西北,特设西北国营公路管理局,直接从事西北地区的公路修筑和运输经营。

同时,全国经济委员会通过组织专业投资和信托性质的公司,

---

① 国民党政府经济部档案:《经济部合办事业机关概况表二》,见陈真编:《中国近代工业史资料》第 3 辑,生活·读书·新知三联书店 1961 年版,第 782—784 页。

② 国民党政府成立初期,曾成立工商、农矿两部,分别职掌工、商和农、矿事务。1930 年 12 月,两部合并,改称实业部。

③ 有关中央钢铁厂的筹建详情,参见本书第一章第三节。

④ 金家凤编著:《中国交通之发展及其趋向》,南京正中书局 1937 年版,第 119 页。

对企业进行控股管理,达到制造国家资本以及操纵商办企业的目的。1934 年 6 月,身兼经济委员会委员长和中国银行董事长的宋子文,在上海牵头组建中国建设银公司,资本 1000 万元,孔祥熙任董事长,宋子良任总经理;中国、交通、金城等银行及孔祥熙、张家璈、宋子良等均有股份。该公司除开办华南米业公司、中国国货联营公司、川滇铁路特许公司、中国保险公司和衡中纺织公司等企业外,1936 年与全国经济委员会、陕西省政府创办西京电厂,并拟与陕西省政府合办同官煤矿,合修同官—咸宁铁路;又同铁道部、四川省政府、法国银团合作,创设川黔铁路公司,资本 2000 万元,另与法国银团签有 3450 万元借款合同,抗战前已完成内江至重庆段路基及桥梁涵洞工程。① 建设银公司还于 1936—1937 年接管和控制了中国棉业公司、渤海化学工业公司、南洋兄弟烟草公司及其所属厂矿,又投资改组私营广东银行。1937 年春,因建设委员会负债超过投资一倍半以上,国民党中央决定,将该会所办首都电厂、戚墅堰电厂、淮南煤矿、淮南铁路委托建设银公司招商经营。建设银公司随即接办首都电厂、戚墅堰电厂,并收购汉口既济水电公司股份,组建扬子电气公司;接办淮南煤矿、淮南铁路,成立淮南路矿公司,额定资本均为 1000 万元,内有建设委员会股份 200 万元,余由建设银公司募足(公司持有 60% 的股份)。②

　　中国建设银公司的控股投资范围非常广泛,工矿、商贸、金融、铁路交通等均有涉足,形成了一定规模和独立完整的体系。到1936 年年末,公司总资产达 3283.6 万元,其中各项投资 750.4 万

---

① 陈真编:《中国近代工业史资料》第 3 辑,生活·读书·新知三联书店 1961 年版,第 1025、1027 页;宓汝成:《帝国主义与中国铁路(1847—1949)》,上海人民出版社 1980 年版,第 291—668 页。

② 陈真编:《中国近代工业史资料》第 3 辑,生活·读书·新知三联书店 1961 年版,第 788—789、1023 页。

元，放款 752.8 万元，现金 892.9 万元，当年纯利 191.4 万元。[①]

资源委员会也是制造国家资本的主要角色，除 1933 年设立的陕北油矿勘探处外，1936—1937 年先后设立 25 个企业、事业单位，外加主要出口有色和稀有金属的国外贸易事务所。主要工厂有中央机器制造厂、中央电工器材厂、中央无线电制造厂、中央电磁制造厂、龙溪水电厂等，其余 20 个均为矿冶企业、事业及工程、勘探单位。包括煤炭、石油能源矿业，钢铁冶炼以及有色和稀有金属等三个方面。资源委员会设立的单位虽多，但都是 1936 年后甚至 1937 年中才匆匆上马，未几日本全面侵华战争爆发，26 个单位中 9 个结束或停办，其余单位（其中 5 个迁往内地）也大多在 1938 年后才开始投产或正式运作。

在中央政府全力筹建和扩张国家资本的同时，各地方政府依照国家资本可委托地方经营及对所在地矿产有"优先开采权"的政策指引，在建立地方官办实业尤其矿业方面同样相当积极。辽宁、山西、山东、安徽、江苏、河南、江西、湖南、广东、广西、四川等省都办有较大规模的煤矿。据不完全统计，1927—1937 年新增的 29 家官办煤矿中，省办资本达 13 家，国省联营 1 家，合计 14 家，占总数的 48.3%。[②] 到 1937 年，除青海、西藏等少数省区外，都建有省办或其他地方官办银行，其资本占全国官办银行资本总额的 30.6%。[③] 省营公路运输业也有较大发展。到 1936 年年底，各省修筑公路近 6 万公里，官营运输单位至少有营业汽车 3000 辆，营

---

① 陈真编：《中国近代工业史资料》第 3 辑，生活·读书·新知三联书店 1961 年版，第 940、1034 页。

② 参见本书第一章第三节。

③ 参见刘克祥：《1927—1937 年中资银行再统计》，《中国经济史研究》2007 年第 1 期。

业里程 2.1 万公里,汽车站点 1000 多处。[1]

各省地方还开办了其他一些企业。山西、广东、广西、贵州、福建、安徽、湖南、甘肃等省均设有省企业(兴业)公司。其中长期由地方势力控制的山西、广东、东北,官办企业还形成了一定规模。

由阎锡山长期控制的山西,在 1930 年中原大战失败后,为巩固地盘,加紧发展本地经济,1932 年设立西北实业公司,次年制定山西十年建设计划,先后整理和创办煤矿、铁矿、铁厂、电厂、水泥厂、机器厂,以及农具、铸造、毛织、卷烟、造纸、电机、酸碱、酒精、火柴、油脂、陶瓷等厂。西北实业公司共有企业 33 家,1936 年有职员 2044 人、工人 19048 名。[2] 山西还从 1932 年开始筹建大型钢铁厂,1937 年太原陷落,已近竣工投产的钢铁厂被日本侵略者劫收。

广东办有水泥、煤矿、造纸、电力、纺织、制糖,以及肥料、硫酸、缫丝、织麻、啤酒等厂矿,共有省营企业 20 余家。[3] 省内钨矿开采和产品出口,则主要为军队所控制。广东也从 1932 年开始兴建大型钢铁厂,1938 年广州沦陷停工。

张作霖、张学良父子控制的东北,经营官办企业起步较早,1919 年,张作霖耗资 50 万元,开办黑山县八道壕煤矿,名为益民矿务局,1922 年改称奉天矿务局,并经营其他矿业。1927 年参股合并西安各矿,组成西安煤矿公司。1931 年收购复州湾煤矿,试办阜新煤矿和兴城煤矿,加上本溪林场及北镇、新立屯、黑山、新民等电厂,组成东北矿务局。到"九一八事变"前,东北官办矿业已

---

① 中国公路交通史编审委员会编:《中国公路运输史》第 1 册,人民交通出版社 1990 年版,第 136—139 页。

② 陈真编:《中国近代工业史资料》第 3 辑,生活·读书·新知三联书店 1961 年版,第 1199—1201、1208—1210 页。

③ 陈真编:《中国近代工业史资料》第 3 辑,生活·读书·新知三联书店 1961 年版,第 1171—1174、1177—1180 页。

有相当规模,西安、八道壕、复州湾三煤矿,以及官商合办黑龙江鹤岗煤矿,都是资本 100 万元以上的大矿。[①] 此外尚有金矿、滑石矿、黏土矿和电灯、纺纱、缫丝、陶瓷、造纸、印刷各厂。航运业方面,成立于 1927 年的东北联合航运局,有轮船 53 艘、拖船 71 艘、风船 16 艘,约占松花江船舶总吨位的 80%。[②] 1931 年"九一八事变"后,这些官办企业全部为日本帝国主义所劫夺。

总的说,国民党政府经过十年的建设与经营,到日本帝国主义全面侵华战争爆发前夕,初步形成了以银行、金融业为龙头,矿业、重工业、铁路运输业为主干,并向轻工业及商业流通领域扩展的国家资本体系。1931 年"九一八事变"后,东北地区的国家资本全部落入日本帝国主义手中,表 0 - 2 反映的是 1936 年关内地区国家资本在国民经济中的地位。

如表 0 - 2 所示,国家资本在新式工矿业、交通运输业及商业、金融业中总的比重达 50.4%,已超过民族资本,居于主导地位。作为现代经济机体心脏和血管的金融业、交通运输业,国家资本的比重更超过 70%、80%,乃至达 100%,居绝对统治和垄断地位。至于商业,国家资本的比重虽然只有 0.8%,但国民党政府对一些重要工矿产品与农产品流通的控制,靠的是行政手段,并非经济实力,是通过推行统制政策,建立各式各样的机构,对粮食、棉花、蚕茧、茶叶、烟草、食糖等主要农产品,以及锡、钨、锑、锰、铅、锌等有色与稀有金属的运销、出口乃至生产、加工进行统一控制,这同运用国家资本直接经营并无质的区别。因此,单从资本比重并不能

---

① 侯德封编:《中国矿业纪要》(第四次,1929—1931 年),实业部地质调查所 1932 年刊本,第 250—254、199 页;李春昱等编:《中国矿业纪要》(第七次,1935—1942 年),经济部中央地质调查所 1945 年刊本,第 624 页。

② 孔经纬、傅笑枫:《奉系军阀官僚资本》,吉林大学出版社 1989 年版。

表 0－2　关内地区国家资本和民族资本估值

1936 年

单位:法币万元

序号	行业	合计	国家资本		民族资本	
			金额	%	金额	%
A	工矿业资本	180343	35504	19.7	144839	80.3
	制造业	132980	15937	12.0	117043	88.0
	矿冶业 *	21720	10720	49.4	11000	50.6
	公用事业	25643	8847	34.5	16796	65.5
B	交通运输业资本	188417	165584	87.9	22833	12.1
	铁路	104779	100993	96.4	3786	3.6
	公路 **	61056	53128	87.0	7928	13.0
	水运	14897	3778	25.4	11119	74.6
	航空	1300	1300	100.0		
	邮政	800	800	100.0		
	电信	5585	5585	100.0		
C	产业资本（A＋B）	368760	201088	54.5	167672	45.5
D	商业资本	381000	3000	0.8	378000	99.2
E	金融业资本	773700	563700	72.9	210000	27.1
F	合计	1523460	767788	50.4	755672	49.6

附注:＊原表官僚资本(国家资本)矿冶业部分未包括铜官山铁矿(220万元)、烈
山煤矿(100万元)、磁县煤矿(250万元)、斋堂煤矿(900万元)等四大官
矿资本,共计1470万元,现补上。

＊＊原表官僚资本(国家资本)交通运输业部分,只有官修公路,而无商修公
路(被包括在官修公路中)和汽车运输公司、汽车修理厂。资料显示,
1936年有1927年前修筑的商办公路4328万公里(按原表标准估值,共
投资207万元);官办、商办汽车运输公司数百家,官有营业汽车3000辆、
商有营业汽车25503辆(以平均每辆3000元计算汽车运输公司资本,计
官办公司资本900万元,商办公司资本7651万元);上海、江苏等十省市
有汽车修理厂142家、车床215台、起重机151台、工匠1578人、学徒
1170人(以平均每厂5000元计算,共有资本约70万元)。现将各项资本
(投资)分别加以补充,官办公路投资额亦作相应扣减和修正。

资料来源:据许涤新、吴承明主编:《中国资本主义发展史》第3卷,人民出版社
1993年版,第748页甲表三、第761页甲表十一,以及本书第一章第三节、第
四章第二节综合、整理、补充编制。

完全反映国家资本和国民党政府对商业流通的支配状况。

国民党国家资本的建立与形成,是近代中国资本主义发展的一个重大变化与转折。

近代中国资本主义新式企业最初是以官办资本(国家资本)的形式出现的,稍后才有商办资本(民族资本)的产生。在一段时间内,国家资本与民族资本同时发展,但前者居主导和支配地位,民族资本的发展受到压抑和限制。甲午战争和庚子之役后,民间主张"实业救国"和要求发展工商业的呼声日益高涨,清政府被迫推行"新政",鼓励商人、绅富开办企业,放宽了对民办企业的限制,私人资本企业加速发展;而官办资本由于经营管理落后,加上官吏腐败,企业普遍亏损,难以维持,只得添招商股,或实行官办商营,或干脆售与私人。还有相当一部分官办企业由于政局变动或其他原因而不断流失。结果,官办企业纷纷朝着官办—官督商办—官商合办—官办商营—商办的轨迹向民营企业演变。国家资本与民族资本的发展及相互关系呈现此消彼长的态势,官办资本的比重不断下降,而商办资本的比重持续上升。到20世纪初,民族资本在数量上已居主导地位。

1927年后,中国资本主义发生结构性转折。随着国民党政府发展国家资本、节制私人资本政策的推行,尤其是国民党政府对各类商办企业强制没收、接管、购买、参股改制,部分民营企业又沿着商办—官府参股—官商合办—官办(国办、省办)的途径,演变为官办(国办、省办)企业。国家资本与民族资本的发展及相互关系呈现逆向消长态势:民族资本衰退,比重下降;国家资本膨胀,比重上升,开始在资本数量上占主导和垄断地位。

四、工农革命根据地的建立和
新民主主义经济的雏形

1927—1937 年间,中国社会经济发生的最具历史意义的重大变化是:在国民党政权和封建主义、资本主义经济之外,出现了崭新的工农革命政权和新民主主义经济的雏形,在衰朽的半殖民地半封建经济结构中,迸出了一线曙光。

1927 年"四一二反革命政变"后,蒋介石国民党建立的大地主大资产阶级政权,取代北洋军阀,成为帝国主义在中国新的代理人。民族资产阶级由于对工农革命风暴和国民党反动派白色恐怖的双重恐惧,也倒向了大地主大资产阶级一边。大革命的失败,再一次证明,在半殖民地半封建条件下,民族资产阶级既不能充当主力,完成反帝、反封建的民主革命任务,彻底推翻帝国主义和国内封建主义的统治、完成资产阶级民主革命的历史使命,就落在了中国共产党人和无产阶级的肩上。

在革命的危急关头,中共中央在共产国际的帮助下,改组中央领导机构,彻底清算了陈独秀右倾投降主义错误,确定土地革命和武装反抗国民党反动派的总方针,组织工农武装,开辟农村根据地,建立工农革命政权,把广大农民作为无产阶级最强大的同盟军,把解决农民土地问题作为革命的中心:打土豪,分田地,实现"耕者有其田",废除封建地主土地所有制,消灭封建地租和高利贷剥削。在进行土地革命和武装斗争的同时,坚持经济建设,恢复和发展农业、手工业和工业生产;在保护和鼓励私营工商企业发展的同时,大力发展公营(国营)经济和合作社经济;打破敌人经济封锁,发展公营私营并举的地区商业和对外贸易;废除国民党政府和地方军阀的苛捐杂税,推行合理负担的累进税制和增加收入、厉行节约、严惩贪污的财政方针。这是完全不同于封建主义和资本主义经济的新民主主义经济,既有资本主义的经济成分,又包含社会主义经济的某些因子。它虽然尚处于创始和探索阶段,只是一个雏形,但有着强大的生命力和光辉的前景,在中国社会和经济发展史上是一座划时代的里程碑。

(一)武装起义和农村根据地的建立

1927 年夏,正当国民革命军北伐频频告捷、国共联合发动的资产阶级民主革命全面胜利前夕,蒋介石、汪精卫相继公开叛变,蒋介石和国民党反动派在上海发动"四一二反革命政变",在广州制造"四一五大屠杀",疯狂杀戮共产党人和工农革命群众,全国陷入一片白色恐怖。18 日,蒋介石在南京宣布成立国民党政府,并通过"清党"决议;6 月 20 日,国民革命军联军司令冯玉祥和蒋介石举行徐州会议,决定"宁汉合作",共同反共;7 月 15 日,汪精卫在武汉召开"分共"会议,随后对共产党人和革命者进行大规模屠杀,宁汉完全合流,国共合作最后破裂,第一次大革命失败。

在革命的危急关头,中共中央在共产国际的帮助下,改组中央领导机构,清算了陈独秀右倾机会主义错误,成立由周恩来、李立三、李维汉、张太雷、张国焘组成的临时政治局常委会,决定武装反抗国民党,用枪杆子夺取政权,开始实施从城市到农村的战略转移,建立农村根据地,把广大农民作为无产阶级最可靠和最强大的同盟军,把解决农民土地问题作为革命的中心。中国共产党领导的资产阶级民主革命进入了土地革命的新阶段。

中国共产党对武装起义和建立农村根据地的认识,是用无数革命烈士的鲜血换来的。

面对蒋介石国民党的疯狂镇压和大规模屠杀,党中央一些领导和许多基层干部早就要求纠正陈独秀的妥协退让路线,武装讨伐蒋介石。"四一二反革命政变"不久,周恩来、赵世炎、罗亦农、陈延年、李立三等联名给中央写信,强调"不宜再缓和妥协",应"迅速出师讨伐蒋介石";蔡和森于 6 月 25 日写信给中央常委,大声疾呼:不能坐以待毙,应即"作一军事计划,以备万一";毛泽东在 7 月 4 日召开的中央常委会上进一步提出,农民自卫军可以"上山","上山可以造成军事势力的基础"。许多基层干部更是大声疾呼:"现在快要被敌人杀光了,还退让,退让,要退让到何时? 为什么不让拿起武器跟反革命干!"①

在各级干部和广大党员的强烈要求下,临时中央于 1927 年 7 月 13 日发表《中国共产党中央委员会对局势宣言》,宣布"撤回参加国民政府的共产党员",决心"反抗反动军官、封建豪绅及资产阶级完全攫取国民革命运动的阴谋,反抗他们屠杀工农剥削民众的政策",继续反帝反军阀的伟大斗争,"永久站在国民革命的最前线",并决定将革命重心转入农村②,开始了武装反抗国民党、开创革命根据地的艰苦历程。

7 月 20 日,临时中央发出题为《目前农民运动总策略》的通告,提出了在农村开展土地革命、推翻封建地主在乡村统治的历史使命,宣布中国革命进入土地革命的"新阶段",并就北方和南方各省的不同情况制定了土地革命的总策略。③ 24 日又发布《中央

---

① 陈光烈:《奔向南昌》,见中国社会科学院现代革命史研究室编:《南昌起义资料》,人民出版社 1979 年版,第 155—156 页。

② 《中国共产党中央委员会对局势宣言》(1927 年 7 月 13 日),见中央档案馆编:《中共中央文件选集》(1927),中共中央党校出版社 1983 年版,第 181 页。

③ 《中央通告农字第九号——目前农民运动总策略》(1927 年 7 月 20 日),《中共中央文件选集》(1927),第 184 页。

对于武汉反动时局之通告》，要求全党在秋收时，积极做好减租抗租运动，"以鼓励农民悉起夺取乡村政权，实行没收大地主的土地"。① 两个"通告"是土地革命的动员令。

减租抗租、夺取乡村政权、没收大地主的土地，都必须以武装斗争和强大的工农武装为前提。

8月1日举行的南昌起义，打响了武装反抗国民党反动派的第一枪，拉开了创立工农武装的序幕，也是革命重心由城市移往农村的转折点。撤离南昌的起义军，成为农村武装起义的一支重要力量。

在准备和举行南昌起义的同时，中共中央计划全面发动秋收暴动。8月3日，中央制定《关于湘鄂粤赣四省农民秋收暴动大纲》，特别批评了党过去对湖南农民运动的错误政策，指出中国革命"正转向一个新的前途"，"土地革命将占重要的过程"，号召全党"勇往直前的领导秋收的暴动"，并对四省暴动做了具体部署。② 8月7日中央紧急会议（史称"八七会议"）通过的《最近农民斗争的决议案》，进一步明确指出，党"现时最主要的任务是有系统的有计划的尽可能的在广大区域中准备农民的总暴动"，确定了土地革命和武装反抗国民党反动派的总方针，并通过发布口号规定了暴动的任务和目标。③ 这些成为后来各地武装起义的指导方针

---

① 李新、陈铁健总主编，时光主编：《中国新民主革命通史》（4），上海人民出版社 2001 年版，第 4 页。

② 中央档案馆编：《中共中央文件选集》（1927），第 220 页。

③ 《最近农民斗争的决议案》提出的主要口号是："农村政权属于农民协会"；"肃清土豪乡绅与一切反革命分子，没收他们的财产"；"没收重利盘剥者财产"；"没收大地主及中地主的土地，分这些土地给佃农及无地的农民"；"没收一切所谓公产的祠族庙宇等土地，分给无地的农民"；"解除民团团防等类的武装与其他地主的军队，而武装农民"；"对于一切新旧军阀政府的税捐实行抗纳，并实行抗租"（《"八七"中央紧急会议文件》（1927 年 8 月 7 日），见中央档案馆编：《中共中央文件选集》（1927），第 223—225 页）。

和行动纲领。

从9月开始,秋收暴动和武装起义的枪声响遍湖南、湖北、江西、广东、广西、福建、陕西以及江苏、浙江、山东、河北、四川、辽宁等省农村大地。通过秋收暴动和武装起义,组建一支支工农武装,开辟一处处农村根据地。

在湖南和江西,9月9日,湘赣边界的秋收起义爆发,长沙郊区、株洲、平江、湘潭、岳阳等地农民纷纷揭竿响应。暴动烈火,"各地蜂起,不止一隅",湖南军阀"疲于奔命"。① 从1927年10月到1928年2月,在毛泽东领导下,工农革命军通过游击战争开辟和扩大了红色区域,成立了茶陵、遂川、宁冈3个县的革命政权,创建了以宁冈为中心的湘赣边界井冈山根据地。12月,彭德怀、滕代远、黄公略创建的红五军抵达井冈山,与毛泽东的红四军会师,根据地的力量扩大。

湘赣边界秋收起义是新民主主义革命的一个转折点,毛泽东最先实现了革命力量向农村的转移、创建了第一个农村根据地,为中国革命指出了正确方向。

1928年3月,参加南昌起义的贺龙、周逸群,在湘西家乡组建工农革命军,举行桑植起义,攻占县城,建立了县革命政权。

江西省委根据"八七会议"精神,1927年冬至1928年春,在吉安、万安、南康、赣县、信丰、于都等县,先后发动了武装暴动,组建革命武装,成立江西红军独立第二团、第四团,开辟了若干分散的小游击根据地。赣东北的地方党组织,在与上级党失去联系、没有正规武装的情况下,1928年1月发起弋(阳)横(峰)年关武装暴动,坚持山区游击战,不断发展壮大。到1929年,创建了信江根据

---

① 《晨报》1927年10月3日,见李新、陈铁健总主编,时光主编:《中国新民主革命通史》(4),上海人民出版社2001年版,第72页。

地,成立了信江地区苏维埃政府。

在湖北和鄂豫边界,湖北省委按照中央部署,从9月开始,鄂南蒲圻、通山、咸宁、通城、崇阳、嘉鱼,鄂中沔阳、监利、洪湖,鄂西当阳、公安,鄂北枣阳、襄阳、随县,鄂东黄安、麻城等10余县,相继爆发小规模武装暴动。接着,11月中旬至1928年年初,先后爆发了规模较大的黄麻起义和荆江两岸年关暴动。前者失败后,工农革命军第七军转移到鄂豫边界开展游击活动,1928年夏在豫南光山建立了柴山堡根据地。1929年5月商(城)南起义后,扩大为鄂豫边根据地;后者暴动期间组成的沔阳工农革命军第五军、工农革命军汉川第四军及其他农民武装,成为后来开辟湘鄂西根据地的武装基础。

在安徽,"八七会议"后,临时省委按照长江局的指示,从1929年11月起,连续发动六(安)、霍(山)等多次起义[①],先后成立了霍山县苏维埃政府和六安县各区、乡苏维埃政府,创建了皖西革命根据地,与商南根据地相连。

在广东,1927年5月,海丰、陆丰、紫金地区曾爆发"四一二反革命政变"后中国共产党领导的最早一次武装暴动。9月—11月,海丰、陆丰又举行两次起义。前一次起义,两县曾分别成立临时革命政府,区、乡政权亦由农会接管,不久因敌军大举进攻,东江农军为保存实力,主动放弃县城,转往山区。[②] 后一次起义得到抵达潮汕的南昌起义军的支援和配合,进展顺利,农军相继占领汕尾

---

① 据不完全统计,从1927年至1930年年底,全省共爆发武装暴动40次,参加者在千人以上的17次,万人以上的3次(《安徽党史通讯》1986年第7期,第32页,见戴惠珍等:《安徽现代史》,安徽人民出版社1997年版,第169页)。

② 《海陆丰苏维埃》,见《海陆丰革命史料》第2辑,广东人民出版社1986年版,第117—120页。

和海丰、陆丰两县城,并不断扩大战果,创建了东江根据地。

海南岛也在 1927 年 9—12 月举行了武装起义。中共琼崖地委在"四二二"大屠杀后①,立即分散转往农村,开展武装斗争,按照中央关于湘鄂粤赣四省秋收暴动的部署,9 月下旬至 11 月,两次发动武装暴动和武装起义,11 月攻占陵水县城,成立县苏维埃政府。到 1928 年年初,革命形势迅速发展,农村根据地不断扩大:东路军将乐会、万宁、陵水、崖县 4 县根据地基本连成一片;中路和西路军分别开辟了琼山、文昌、安定和澄迈、临高、儋县一线根据地。

1927 年 12 月还爆发了广州起义。"八七会议"后,广东省委按照会议精神,全力接应南下的贺龙、叶挺部队,积极部署武装暴动②,11 月 17 日,粤桂战争爆发,广州城内敌人兵力空虚,起义时机成熟。12 月 11 日,广州起义爆发,当日成立"广州苏维埃政府",相继发布《广州苏维埃政府告民众》、《广州苏维埃宣言》、《对于广州暴动的通告》和苏维埃政府各项施政纲领等文件。

广州苏维埃政府(史称"广州公社")只存在了 3 天。但它是中国历史上第一次由工人阶级武装推翻反动政府,建立自己的苏维埃政权,也是城市工人阶级与革命军人联合起来夺取政权的伟大尝试。撤出广州的起义军,冲破敌人重重堵截,分别辗转奔赴海丰、琼崖,江西井冈山和广西北流、百色等地,参加了那些地区的武

---

①　继上海、广州"四一二反革命政变"、"四一五大屠杀"后,国民党海南岛驻军、民团和土豪劣绅,于 4 月 22 日倾巢出动,疯狂搜捕、屠杀共产党员和工农群众。全岛被捕的共产党员、共青团员和革命群众达 2000 余人。

②　中共中央曾指示广东省委不要等待贺龙、叶挺部队到来,可参照两湖暴动计划,立即开始暴动,"以围攻广州为主要目标"。如拿下广州,立即成立"中国临时革命政府",并考虑将中央迁往广东。后因南昌起义军在潮汕地区失败,广东形势大变,短期间暴动夺取广东政权已不可能,决定广东暴动计划暂停。

装斗争和根据地建设。因此,广州起义与南昌起义、秋收起义直接相连,是土地革命和创立红军的伟大开端。①

在广西,桂系军阀的"清党"、"清乡"和大屠杀,使各地党组织和革命队伍遭到严重破坏和摧残。1927年8月至1928年5月,右江两岸各县农军,为回击桂系军阀的屠杀,先后发动了多次武装暴动;右江以北山区的东兰、凤山一带农军也开展了多种形式的武装斗争。到1929年春,农军已控制东兰、凤山地区的绝大部分乡村。7月,果德、那马农军占领那马县城,成立右江第一个县临时革命委员会。12月11日,红军第七军发动百色起义,成立右江苏维埃政府。1930年2月1日,龙州起义爆发,当天成立了红军第八军和左江革命委员会,开始了左右江地区的武装割据。

在福建,1927年12月初成立的临时省委,通过《目前政治任务决议案》,明确当前乡村的任务,是领导农民抗捐抗租,实行土地革命,工农武装夺取政权。② 从1928年3月开始,闽西南相继爆发了平和、龙岩后田、上杭蛟洋、永定等多次武装暴动。其中永定形成了小范围的武装割据,平和等3处保存了武装,转入山区进行游击战争,为后来建立闽西根据地准备了条件。

在四川,1928—1935年,各级地方党组织共领导发动69次武装起义,蓬溪、南部、广汉以及涪陵、丰都、武隆边境等,曾一度建立苏维埃政权或游击根据地。③

---

① 叶剑英:《大革命失败与广州起义》,见《中国新民主革命通史》(4),第113页。

② 李新、陈铁健总主编,时光主编:《中国新民主革命通史》(4),上海人民出版社2001年版,第234—235页。

③ 《土地革命战争时期四川党领导的武装斗争》下册附录,四川大学出版社1987年版;温贤美主编:《四川通史》第7册,四川大学出版社1993年版,第60—61页。

在陕西,"八七会议"后,中共中央多次给陕西省委写信,敦促和具体指导陕西武装起义工作的开展。9月下旬,陕西省委召开扩大会议,通过《接受中央八七会议决议案及其指示之决议案》、《农民斗争决议案》、《军事运动决议案》等9项决议,认为"在土地革命的政纲之下加紧农村中的阶级斗争,准备总暴动",是中国共产党"目前的重要任务之一,更是党在陕西的特要任务"。① 1927年10月至1928年5月,先后爆发了清涧起义、渭华起义和旬邑、醴泉、三原、淳化、澄城等多处起义。1927年10月,清涧起义在西北地区打响了反对国民党反动派的第一枪。1928年5月,渭华起义开创了在西北建立工农政权的历史②,旬邑、淳化起义也曾建立县苏维埃政府。

"八一南昌起义"和"八七会议"后的两年多的时间里,全国各地先后爆发了100多次武装起义,建立了10多处农村根据地或游击区。中国共产党有了自己的武装,并在农村开始站住脚跟。

初时,这些根据地范围不大,分散数省,互不连接,没有集中统一的领导,基础亦不稳固。为了不让敌人分块包围,各个击破,并加强党中央对苏区的领导,必须在各根据地发展壮大、彼此靠拢连接的基础上,建立中央根据地。由于大部分红色区域分布在江西和湖南、湖北、福建交界地区,建立以江西为中心的中央根据地的可行性最大。1930年,这一地区的红军力量和红色区域迅速壮

---

①　陕西《省委通讯》1928年3月10日第6期,见李新、陈铁健总主编,时光主编:《中国新民主革命通史》(4),上海人民出版社2001年版,第257—258页。

②　潘自力:《有关渭华起义问题》,《陕西党史专题资料集》(四),第112页,见李新、陈铁健总主编,时光主编:《中国新民主革命通史》(4),上海人民出版社2001年版,第263页。

大：1 月，湖北洪湖区两支游击队合并扩大后改为红军第六军；4 月，鄂东、皖西、豫南三个地区的红军组成红军第一军，后与红十五军组成红军第四军团，鄂豫皖根据地由此形成。5 月，红五军攻克湖北崇阳、通城、咸宁、阳新、大冶等地，将鄂东南及赣北红军组成第八军，后扩大为红军第三军团。6 月，以红四军为骨干，同红十二军、红三军在闽西汀州合编为红军第一军团。8 月，红军第一、三军团在湖南浏阳会师，合编组成红军第一方面军，即中央红军。这些为创建以江西为中心的中央根据地奠定了基础。

1930 年 10 月，吉安的攻克和赣江两岸广大地区的解放，使赣江两岸的湘鄂赣和赣西南（包括湘赣边）的苏区开始连接。据此，中共中央于 10 月中旬决定，将湘鄂赣和赣西南联成一大区，发展为中央苏区，在那里设立中央局、中央军事委员会和中央临时政府等中央首脑机构。但不久由于蒋介石发动第一次"围剿"，湘鄂赣苏区和赣西南苏区又被敌人分割，中央苏区实际上只剩下赣西南苏区。1931 年 4 月，蒋介石第二次"围剿"开始后，赣西南苏区的赣西地区也被敌军逐渐隔开。9 月，第三次反"围剿"胜利后，闽西、赣南两苏区联成一片。11 月，中华全国苏维埃第一次代表大会在瑞金召开，成立了苏维埃临时中央政府。这样，在赣南、闽西两苏区的基础上，形成了以瑞金为中心的中央根据地。工农武装割据和根据地建设进入了一个新的阶段。

1932 年 6 月和 1933 年 10 月，蒋介石自任"剿共总司令"，先后发动了第四、第五次军事"围剿"。在第四次反"围剿"中，中央根据地进一步发展壮大，但红四方面军被迫退出鄂豫皖根据地，转移到川北陕南地区，着手开辟新的根据地。经过多次迂回转移和反围攻战役，1933 年 2 月建立川陕省委和省工农民主政府。到 6

月,川陕根据地正式形成,并得到巩固。① 1934年10月,由于王明"左"倾冒险主义的领导错误,红军第五次反"围剿"失败,红军主力和中央机关被迫撤离中央苏区,开始战略大转移——长征。1935年9月,红二十五军到达陕甘根据地;10月,中共中央和红军陕甘支队到达陕北。中央红军(红一方面军)经过一年时间,穿越11省,击溃数十万国民党军队的围追堵截,最后胜利抵达陕北,开始了陕北作为中央根据地的建设。

在中共中央和中央红军到达陕北之前,1931年7月,陕西地方党组织成立了陕西第一支革命武装——南梁游击队,次年2月扩大为工农红军陕甘游击队,12月成立红军第26军42师2团,开创了以照金为中心的农村根据地。1933年11月,红军第26军42师成立,开创了以南梁为中心的陕甘边区根据地。1934年11月7日,陕甘边区苏维埃政府成立,陕甘边区根据地初步建成。

大致同时创建的还有陕北省苏维埃根据地。1932年3月工农红军延川游击队成立后,红军力量和农村游击根据地不断壮大,乡、区、县苏维埃政府普遍成立。1935年1月,红军第27军84师组建,陕北省苏维埃政府成立,标志着陕北根据地初步建成。

陕甘边区和陕北两处根据地,因领导隶属关系不同(前者受中共陕西省委领导,后者受中共中央北方局领导)和地域上的隔离,联系不密切。从1934年夏秋开始,陕甘边区红军游击战向东推进到洛河川、高桥川一带;陕北红军游击战向南发展到延河流域。两处根据地之间的距离只有几十华里,聚集在延秀河和洛河

---

①　根据地范围北起陕西镇巴、西乡,南至四川仪陇、江口,东达万源,西抵广元及苍溪城附近,纵200余里,宽300余里,面积近3万平方公里,人口300余万。建立了江口、仪陇(县北部地区)、广元(旺苍坝)、长池、恩阳、苍溪、万源等7个县的工农民主政府。

之间的反革命势力,已经无力阻止两支红军的进攻。这种情况要求加强对两处根据地的统一领导和两支红军的协同作战。为此,陕甘边区特委和陕北特委于1935年2月5日在赤源县(陕北根据地县名,在今子长县境内)召开联席会议,成立中共西北工作委员会和西北革命军事委员会,以加强对两处根据地党和军队的领导。

西北革命军事委员会成立后,西北红军于1935年7月粉碎了陕北军阀的"围剿",解放了安定、延长、延川、安塞、靖边、保安等6座县城和数十个镇子,陕甘边区和陕北省两处根据地连成一片,统一的西北苏区初步形成,延川永坪镇成为西北苏区的中心①,为迎接中共中央和中央红军的到来作好了准备。

1935年9月15日,红25军从陕南到达永坪镇,与西北红军会师。17日召开中共西北工委和鄂豫陕省委联席会议,组成中央驻北方代表派驻西北代表团,改组西北军事委员会,成立陕甘晋省委。18日,红26军、红27军与红25军合编成立红15军团,于10月1日、12日先后取得劳山战役和榆林桥战役的胜利,遏制了东北军对西北苏区南线的进攻。10月5日,中央驻北方代表派驻西北代表团等党政军机关由永坪镇迁至瓦窑堡,自此瓦窑堡成为西北苏区的中心。

这时,中央驻北方代表派驻西北代表团出现"左"倾和错误肃反事件。正在危机之际,中共中央和中央红军到达西北苏区。11月10日,成立中共西北中央局,取代中央驻北方代表派驻西北代表团,统一对西北苏区的领导,很快纠正了西北苏区错误肃反和各项政策中的"左"倾错误,使西北苏区的工作重上正轨。

为了统一和加强对西北苏区的行政领导,中华苏维埃共和国

①　参见中国抗日战争史学会、中国人民抗日战争纪念馆:《抗战时期的陕甘宁边区》,北京出版社1995年版,第2—3页。

中央政府设立了驻西北办事处,下设财政部、粮食部、土地部、经济部、教育部、内务部、工农检察局、劳动部、外交部等职能机构,并对西北苏区的行政区划进行了调整,设立陕北、陕甘2省和关中、神府、三边3个特区。

在西北苏区较为稳固后,1936年2月,彭德怀、毛泽东率红军"抗日先锋军"横渡黄河"东征"抗日,大量消灭了敌人,补充了兵员和武器装备,迫使"进剿"陕北的国民党晋绥军撤回山西,使陕北苏区得以恢复和发展。5月,中共中央又组成红军"西方野战军"进行西征,以打破国民党及陕甘宁地方军阀对西北苏区的围攻,同时迎接红二、四方面军北上。由于西征节节胜利,西北苏区迅速扩大,从陕甘两省交界扩大到陕甘宁3省区域,并将陕甘省改为陕甘宁省。10月,"西方野战军"与红二、四方面军在甘肃会宁、静宁会师。随后在环县一战,歼灭胡宗南一个旅,结束了西征战事。这期间,因红军主力西征,陕北地方军阀于6月乘虚攻占了瓦窑堡,中共中央和西北办事处迁往保安(今志丹县),保安成为西北苏区的新的中心。

至此,西北苏区,北从陕西米脂以西横山,扩大到定边、盐池;南从肤施(今延安)、甘泉、鄜县大道以西,扩大到甘肃合水、庆阳、固原以北;西至甘肃豫旺堡及其南北之线;东抵黄河西岸,东西长约600公里,南北宽约300公里,成为中国土地革命大本营所在地。

上述各处根据地,分散数省,范围大小不一,开拓和存续时间各异。范围小的不过方圆数十里,存续时间短的仅一年或数月。而且绝大部分位于省县边界山区,地方偏僻,交通闭塞,经济落后。加上国民党反动派的军事"围剿"和经济封锁,红军给养、人民生活和生产发展,困难重重。然而这些经济落后并始终处于战争和封锁环境的偏僻地区,正是当时中国最为先进的经济形态——新民主主义经济的发祥地。

(二)土地革命和新民主主义
经济雏形的建立

在半殖民地半封建中国,资产阶级民主革命,从本质上说就是土地革命,农民是革命的主力,革命的首要任务是解决农民的土地问题,即推翻封建地主阶级在农村的统治,废除封建地主土地所有制,实现"耕者有其田",彻底消灭封建剥削制度,将亿万农民从几千年来的封建枷锁中解放出来。这也是广大贫苦农民的迫切要求。离开了占全国人口90%的农民,不解决农民的土地问题,民主革命只能是一句空话。

大革命的失败,除了蒋介石国民党的公开叛变,一个重要原因是陈独秀不敢坚持武装斗争和害怕农民运动,不敢充分发动、组织和武装农民,满足农民的土地要求。中国共产党清算了陈独秀的右倾机会主义错误,把土地革命和解决农民土地问题,摆在民主革命的首位。1927年7月20日临时中央发出的农字第九号通告,明确宣布中国革命进入"土地革命的阶段"。[①] 24日发布的《中央对于武汉反动时局之通告》,要求全党在当年秋收时,"鼓励农民悉起夺取乡村政权,实行没收大地主的土地"。[②] "八七会议"通过的《最近农民斗争的决议案》,将"没收大地主的土地"修改、补充为"没收大地主及中地主的土地"和"一切所谓公产的祠族庙宇

---

① 《中央通告农字第九号——目前农民运动总策略》(1927年7月20日),见中央档案馆编:《中共中央文件选集》(1927),中共中央党校出版社1983年版,第184页。

② 李新、陈铁健总主编,时光主编:《中国新民主革命通史》(4),上海人民出版社2001年版,第4页。

等土地"。① 中共中央于 8 月下旬制定的《两湖暴动计划决议案》,进一步将解决农民土地问题和武装农民、土地革命和武装斗争、土地革命和夺取政权紧密结合起来。1927 年 11 月,临时中央政治局扩大会议通过了《中国共产党的土地问题党纲草案》,宣布"一切私有土地完全归组织或苏维埃国家的劳动平民所公有"②,实行土地国有政策。

南昌起义和"八七会议"后,随着武装斗争的展开和农村根据地的建立,以"打土豪,分田地"为中心内容的土地革命斗争,在各根据地相继展开。从"八七会议"到 1928 年年底,先后实施土地革命的地区主要有:海陆丰、井冈山、醴陵、琼崖、闽西永定等根据地。

最早进行没收和分配土地的是广东海陆丰苏区。1927 年 9 月,海丰、陆丰临时革命政府一成立,即宣布没收土地,交县农会分配给无地农民。③ 海丰县工农兵代表大会讨论通过的《没收土地案》,强调不劳动者不得田地、不革命者不得田地。各级苏维埃政权建立后,立即在管辖区内着手进行没收和分配土地、发放土地证等工作。④

---

① 《"八七"中央紧急会议文件》(1927 年 8 月 7 日),见中央档案馆编:《中共中央文件选集》(1927),第 223—225 页。

② 《中央临时政治局扩大会议文件》(1927 年 11 月),见中央档案馆编:《中共中央文件选集》(1927),第 403 页。

③ 《海陆丰苏维埃》,见中共海丰县委党史办公室编:《海陆丰革命史料》第 2 辑(1927—1933),广东人民出版社 1986 年版,第 117—120 页。

④ 具体步骤与办法是:首先由苏维埃政府宣布没收一切土地(包括自耕农的土地)归苏维埃政府所有;接着按人口、劳力(老幼强弱)、家庭有无别种收入、土地肥瘠等四条标准,将土地分配给农民使用;最后由县苏维埃政府发给土地证;同时限令地主豪绅在 3 天内交出所有田契、租约、债券,由苏维埃政府汇集登记,当众烧毁。仅海丰一县就烧毁田契 47 万多张、租簿 5.8 万多本(《海陆丰苏维埃》,《海陆丰革命史料》第 2 辑,广东人民出版社 1986 年版)。

中共中央对海陆丰农民的土地革命给予高度评价:认为这是中国革命中第一次土地革命。并号召"以海陆丰为模范",将其经验"充分地运用到一切农民暴动中去"。①

1928年年初,井冈山和湘赣边界根据地也开始没收和分配土地。1927年10月,毛泽东率领工农革命军到达井冈山后,即把土地革命与武装斗争紧密结合起来。宁冈大陇等地从1928年2月开始分田;3月,毛泽东到桂东沙田一带进行没收、分配土地的试点。分配土地的基本办法是:以乡为单位,原耕为基础,按人口平均分配,乡村手工业者减半。家在根据地的红军、赤卫队官兵和政府工作人员都可分田。地主在没收其土地财产后,也分给一份土地。有的地方留有"红军公田",作为红军部分给养的来源。为了加强对分配土地的领导,各县、区、乡普遍建立了土地革命委员会。宁冈全县和永新、莲花、遂川、酃县部分或大部分地区,都分了田。为了取得分配土地的经验,毛泽东曾多次深入农民中进行调查研究,并写下了《宁冈调查》和《永新调查》两篇调查报告。

10月,在毛泽东主持下召开的湘赣边界党的第二次代表大会,总结了一年来土地斗争的经验,12月颁布了《井冈山土地法》。这是中国共产党开创农村革命根据地后的第一部土地法规。《井冈山土地法》规定:没收一切土地归苏维埃政府所有,以乡为单位,按人口、男女老幼平均分配,乡村手工业者减半,必要时可以几乡或区为调剂单位,分配也可以劳动力为标准,能劳动者加倍;一切土地禁止买卖;茶山、柴山照田分配,竹木山归苏维埃政府所有,但"农民经苏维埃许可后,得享用竹木";红军、赤卫队官兵和政府机关工作人员,照农民人口分田,由苏维埃政府雇人代耕。土地法

---

① 《广州暴动之意义与教训》(中共中央临时政治局会议通过,1928年1月3日)。

用法律形式否定了封建地主土地所有制,肯定了农民的土地耕种权,有划时代的意义。①

湖南醴陵农军在 1927 年年底发动武装暴动,建立以泗汾为中心的 8 个区级苏维埃政府后,即开始没收和分配土地。具体办法是:"一切田地和土豪劣绅及反动派的家产一概没收,分给农民"。②

琼崖根据地也进行了没收和分配土地的斗争。1927 年 11 月下旬至 12 月上旬,万宁县就实行了土地分配。1928 年 1 月,中共琼崖特委所在地的乐会四区苏维埃政府成立后,制定《乐四区土地问题临时办法》,基本原则是"土地权归农会,耕种权归农民"。规定所有地主土地及公田,除酌给其家属耕种外,"余者收归农会";自耕农原耕田地暂由耕者耕管,但须向农会领取"耕田证";土地以乡为单位、按人口(不论男女大小)平均分配,以各户原耕基础,"余数抽出,不足者补之(视肥瘦而抽补)",每人得 2 个工田(合 0.625 亩)外,余归各乡苏维埃管耕,以便将来分配给退伍兵士及失业工人;所有橡胶、槟榔园实业等一律收归区农会,由区农会分配给各乡农会"收管";田产分配后,"死者将田收回,生者供给,但收回或供给须候收割后";所分土地,由区苏维埃发给土地使用证。③ 3 月,中共琼崖特委决定,凡组织苏维埃的地方,即按乐会四区办法,将土地分配给农民。琼崖虽然实行土地分配的范围不大,但首次提出以原耕为基础、按土地肥瘦抽多补少的较为科学而又简便易行的分配原则,是对土地革命的重大贡献。

闽西永定苏区,1928 年 8 月成立了溪南区苏维埃政府,即着

① 参见毛泽东:《土地法》(1928 年 12 月),《毛泽东文集》第 1 卷,人民出版社 1993 年版。

② 胡义:《醴陵的农民暴动》,《布尔什维克》1928 年 8 月 20 日第 26 期。

③ 《万宁县志·大事记》,南海出版公司 1994 年版,第 23 页;《中共琼崖特委给省委的报告》(1928 年 4 月 10 日)。

手没收和分配土地。为了寻求科学、合理的分配办法,邓子恢等深入群众,调查研究,和农民代表共同商议,最后根据大多数人的意见,决定以乡为单位按人口(包括地主富农,但反革命分子除外)平均分配,以原耕为基础,抽多补少;山林为各乡各村公有。① 首先在金砂乡进行试点,再向其他乡推广,一个月内,共有 13 个乡、2 万人左右的地区,完成了没收和分配土地的工作。

上述 5 处根据地的土地斗争,是在"八七会议"确定的土地革命总方针的指引下进行的,总的方向和目标是正确的。土地革命的实践把中国农民几千年来要求摆脱封建桎梏的愿望变成了现实,农民成了土地的主人,调动了广大农民群众的革命和生产积极性,推动了武装割据和苏维埃政权建设的发展。由于中央只有武装暴动的总方针,并无土地斗争的统一法令、方案和具体措施,没收和分配土地的原则、范围和具体办法均由各苏区工农政府或农会自行确定。加上时间匆促,难免粗糙、疏漏和出现偏差。尤其是各地在土地斗争中,都实行了没收一切土地和土地国有的政策。把自耕农的小块土地也列为没收对象,必然侵犯中农尤其是富裕中农的利益。湖南醴陵在土地分配后,更一度实行"共同耕作,即共同生产,共同消费"的经营形式。② 这种"共耕制"虽然得到湘

---

① 参见邓子恢、张鼎丞:《闽南暴动与红 12 军》,《星火燎原》第 1 卷第 1 集,人民文学出版社 1962 年版;张鼎丞:《中国共产党创建闽西革命根据地》,人民出版社 1983 年版,第 17—18 页。

② 所谓共同生产,就是农民在乡苏维埃统一组织的耕作委员会的指挥下,进行集体生产劳动。"6 时半鸣炮起床工作,8 时半打鼓吃早饭,9 时工作至 12 时吃午饭,1 时工作至 5 时休息";所谓共同消费,就是"凡属农协的会员,无论到那一家都有饭吃,有衣穿,有床铺可睡。没有饭吃的有饭吃,没有房子住的有房子住"(觉哉:《湘南湘东赣西革命势力之扩展》,《布尔什维克》1928 年 7 月 28 日第 25 期)。

东特委的赞赏和中央默许,但遭到农民反对。① 实行土地国有更难以为广大农民所接受。上述偏差同中共中央对中国革命性质的错误认识有关,直到中共第六次代表大会上才得到纠正。

1928 年6—7 月在莫斯科召开的中国共产党第六次全国代表大会("六大"),总结了第一次国内革命战争以来,特别是党的"八七会议"以来领导农民开展土地斗争的经验教训,讨论通过了《土地问题决议案》和《农民问题决议案》。进一步明确了革命的性质和任务,认清了农村的基本矛盾和土地革命的任务及阶级路线。强调中国现阶段的革命性质,"是资产阶级民主革命",既未转变到社会主义革命,亦非"不断革命"。革命的中心任务是推翻帝国主义在中国的统治,废除地主土地所有制,推翻国民党政权,建立工农民主专政。农村的基本矛盾是千百万无地、少地农民与独占土地的大、中、小地主阶级之间的矛盾。农民"主要的敌人是豪绅地主",而不是富农。土地革命的任务,"是要推翻地主的封建式的剥削和统治",使农民得到土地。决议既批评了只没收大中地主土地的不彻底性,也反对"没收一切土地"的过"左"政策。将"没收一切土地"改为"没收地主一切土地"。决议还明确指出,贫农与农村无产阶级是土地革命的"主要动力",而与中农联合,是保证土地革命胜利的"主要条件"。②

中共"六大"后,土地革命开始进入一个新的阶段。随着武装

---

① 中共湘东特委认为"共耕制"是解决土地问题的"最好形式"。中央也默许这一做法,认为"当农忙与战争之时,不必一定要变更形式"。后来,平江、浏阳等根据地,也一度实行共耕制。1928 年因敌人进攻,醴陵红色政权失败,共耕制结束。平江、浏阳所实行的共耕制,也因受到农民反对而中止。

② 《中国共产党第六次全国代表大会文件》(1928 年7 月),见中央档案馆编:《中共中央文件选集》(1928),中共中央党校出版社1983 年版,第191、208 页。

割据和苏维埃政权建设的发展,土地革命在更大的范围内展开。土地革命路线和政策逐渐明确、统一和完善,取得了更好的效果。

1929年1月,为了粉碎蒋介石国民党的第三次"会剿",毛泽东、朱德、陈毅率领红四军进军赣南、闽西地区。在开辟新苏区的过程中,始终把土地斗争放在首位。红军所到之处,张贴布告,宣传群众:"地主田地,农民收种;债不要还,租不要送"。接着建立工农民主政府,开展土地的没收与分配工作。4月,毛泽东在兴国主持制定了《兴国土地法》,将《井冈山土地法》中"没收一切土地"改为"没收公共土地及地主阶级土地"。7月召开的中共闽西第一次代表大会,总结了闽西根据地土地革命的经验。大会通过的《政治决议案》和《土地问题决议案》,对土地斗争中的许多具体政策,有了新的发展。如对大、中地主区别对待,并给以生活出路;对在乡地主"酌量分与田地";"中立"富农,"不打击富农",在土地革命的不同阶段,对富农采取不同的政策①;对中农,"田地不没收,田契不烧毁",争取其参加革命;分田时实行"抽多补少",而不打乱平分,等等。实践证明,这些规定基本上是正确的。7月,中共闽西第一次代表大会通过了《土地问题决议案》,闽西地区立即出现"分田分地真忙"的景象。到1930年春,在长汀、边城、上杭、永定、龙岩纵横300多里的地区内,有50多个区、500多个乡、约60多万农民分到了土地。

1930年年初,红四军回师赣西南。2月,在毛泽东主持下召开

---

① 在初期,"不没收其土地并不派款,不烧契,不废除其债务";在分配土地中,"富农田地自食以外的多余部分,在贫农群众要求没收时应该没收"。到1930年6月,中共红四军前委和闽西特委在汀州南阳召开联席会议(即"南阳会议"),讨论通过的《富农问题》决议在原来的"抽多补少"之外,增加"抽肥补瘦"的规定,限制富农把持肥田、分田不公问题的发生,满足了原来土地质量较差的贫雇农的要求。

的红四军前委、赣西赣南两特委和红五军军委联席会议(又称"二七"会议),批评了"只打土豪不分田地"的错误倾向,参照闽西南经验,制定《赣西南苏维埃土地法》,推动了土地斗争的开展。到 6 月,土地分配已扩大到吉安、吉水、永丰、广昌、宁都、万安、安福等 20 个县的部分或大部分地区。

湘鄂赣根据地在 1928 年发动平江起义和建立平江、浏阳红色政权后,部分地区也开展土地斗争。因"共耕制"不为农民所接受,1929 年改为将土地分配给农民耕种。10 月 2 日,湘鄂赣边革命委员会颁布的《土地政纲》,宣布没收地主及一切公产土地,分配给无地或少地农民及退伍红军士兵使用。边区党和县、区苏维埃在对富农政策、划分农村阶级标准、关于土地所有权等问题上,都有了较明确的认识,土地政策开始走上正轨。至 1930 年上半年,分配土地的除平江、浏阳外,还有新开辟的万载、修水、铜鼓等县的部分地区。随着红五军第五纵队挺进鄂东南和鄂东南根据地的开辟,这些地区的土地斗争也相继展开。到 1930 年年底,在湘鄂赣边境地区,平江、大冶、通城、广济、鄂城、黄梅、咸宁等县的 24 个区近百万人分得了土地。

在湘鄂西根据地,1929 年分别在洪湖区域的监利、石首、沔阳、江陵以及湘鄂交界的桑植、鹤峰等地建立了革命政权。12 月,中共鄂西特委二次大会通过了《关于土地问题决议案》。1930 年春,鄂西五县联县政府成立,湘鄂西的红军主力红四军和红六军在夏季合编为红二军团。红色政权的巩固和工农武装的壮大,推动了土地革命运动的开展,方针政策也不断完善。1930 年 10 月制定的《关于土地问题决议案大纲》和《土地革命法令》,强调严格区分中农和富农,明确指出:农户"雇佣少数工人耕种",但其数量与其人口需要相符者,"不失其为中农,不能因其少有余裕便认为富农"。同时规定"中农土地不动",富农只没收出租土地,"不禁止雇佣耕种"。① 对待富农的政策更加清晰了。到 1930 年年底,监利、石首、江陵、沔阳、潜江、华容、鹤峰等县都顺利完成了土地分配工作。②

在鄂豫皖根据地,1927 年 11 月黄麻起义后建立的黄安(今红安)县农民政府,在《施政纲领》中,即宣布"实行土地革命",惜起义旋即失败。1928 年秋,鄂东党组织在松树岗开会,提出了没收"豪绅地主反对派的土地财产,照人口分给贫农雇农"的土地方案,并发动农民开展减租减息和抗租抗债斗争。12 月中共"六大"决议下达后,鄂东北特委提出:"学井冈山的办法",制定了鄂豫皖边区《临时土地政纲》。到 1929 年年底,黄安、麻城、光山、商城 4县中心苏区完成了土地分配任务。1929 年 11—12 月新成立的鄂豫边特委,召开党代表大会和工农兵代表大会,通过了《土地政纲实施细则》。两个法令对土地的没收范围和对富农、中农的政策,与《兴国土地法》、闽西《土地问题决议案》基本相同:均强调"防止无原则的妨碍中农利益",坚持联合中农;保护商业,不妨害中小商人和富农的经济;分配土地以出产多少为标准,使其更加公平合理。1930 年上半年,鄂东北、鄂东南、皖西三个根据地统一为鄂豫皖根据地,相继成立中共鄂豫皖特委和鄂豫皖边区苏维埃政府,进一步推动了土地斗争的开展。到年底,实行没收和分配土地的地区,从原来的黄安、麻城两县扩大到黄陂、孝感、光山、罗山、商城、六安、霍山、霍邱等 10 余县。

在赣东北(闽浙赣)根据地,1929 年 10 月召开的信江第一次工农兵代表大会,拟定了分配土地的原则和办法:50% 的田亩按人口分配,另 50% 按劳力分配;雇工、兵士、工作人员、孤老残废一律

① 《湘鄂西特委第一次紧急会议关于土地问题决议案大纲》(1930 年10 月)。
② 《湘鄂西特委报告》(1931 年 2 月 10 日)。

照人口分田;泥木等手艺人因战争时期无工可做准其分田。① 10
月,新建立的信江苏维埃政府发布《土地政纲》后,德兴、贵溪等县掀
起了分配土地的热潮。1930年赣东北省苏维埃政府成立后,即着手
开展土地斗争,但因敌人进攻,真正分配土地的只有乐平一个县。②

广西左右江根据地,在百色起义时,就明确提出没收一切地主
土地归苏维埃,分给农民。红七军印发《土地革命》小册子和《我
们的主张》等传单,张贴告示,宣布"组织农协,土地革命,打倒地
主,消灭豪绅;租税尽取消,土地归农民"。1930年2月,龙州起义
后,邓小平、韦拔群等在东兰、凤山进行土地革命的试点,以取得经
验,左江苏维埃政府随即颁布《土地暂行条例》,除详细说明土地
革命的意义、方针、政策和分配土地的办法外,并对划分农村各阶
级的标准做了明确规定。这不仅及时改变了右江地区原来对阶级
划分模糊不清的状况,也是对土地革命的巨大贡献。到1930年
10月红七军离开左右江时止,东兰全县及凤山、平马、奉仪、思林、
果德部分乡村,都分配了土地。

中共"六大"两个"决议案"为土地革命指明了方向,各苏区土
地革命基本走上正轨,但农民的土地所有权问题仍未解决。③
1930年9月,周恩来在中共六届三中全会上传达了共产国际关于
土地问题的指示,承认了农村土地私有制和农民的土地所有权,并

---

① 《江西信江群众斗争的经过与苏维埃的扩展》,《红旗日报》1930年
9月10日。

② 《赣东北特委报告》(1931年2月25日)。

③ "六大"《土地问题决议案》虽提出"没收地主一切土地,耕地归农",
但"归农"的只是土地使用权,而非所有权。决议案明确规定,"没收的土地
归农民代表会议(苏维埃)处理,分配给无地少地的农民使用"。土地国有政
策仍未改变。

允许土地买卖。① 10月,湘鄂西第二次工农兵贫民代表大会通过的《土地革命法令》,已写明"不禁止买卖"。到1931年年初,其他根据地也都不再禁止土地买卖。1930年12月,闽西苏维埃政府根据农民要求,颁布了《租田条例》,老弱残废、红军士兵及无人无耕牛农具的贫苦农民等,都可"出租田地"。1931年2月,毛泽东以中央军委总政治部主任的名义给江西省苏维埃政府写信,要求他们宣布:"过去分好的田即算分定,这田由他私有,别人不得侵犯,以后一家的田,一家定业,生的不补,死的不退,租佃买卖,由他自由"。3月,江西省苏维埃政府发布文告,"土地一经分定,土地使用权所有权统归农民"。4月,闽西苏维埃政府在《土地委员会扩大会议决议》中也规定,"农民领得田地,即为自己所有,有权转租或变卖、抵押,苏维埃不禁止"。这样,到1931年,中国共产党关于土地革命的路线、方针和政策已经全面确立和趋于完善。

可惜这一正确路线和方针政策不久又受到"左"倾错误路线的干扰。1931年中华工农兵苏维埃第一次全国代表大会制定的《土地法》规定,地主不分田,富农分坏田;没收富农的水碓、油榨。中华工农兵苏维埃第一次全国代表大会闭幕后,临时中央政府进一步贯彻王明"左"倾错误路线。②

川陕根据地的土地革命正是在这一背景下进行的。因红四方面军有在鄂豫皖苏区土地革命的经验,川陕土地斗争开展迅速,基

① 周恩来:《关于传达共产国际决议的报告》(1930年9月24日),见中央档案馆编:《中共中央文件选集》(1930),中共中央党校出版社1983年版,第338—350页。

② 中央苏区曾考虑规定允许地主租用土地,后又规定允许地主开垦荒地。但被临时中央指责为对消灭地主阶级"还持动摇的态度"(《中央给苏区中央局并红军总前委的指示信》(1931年8月31日),见中央档案馆编:《中共中央文件选集》(1931),中共中央党校出版社1983年版,第372页)。

本上是红军打到哪里,土地革命就在哪里展开。1932年12月,红四方面军一入川北,就发布《关于土地问题的布告》。次年2月,川陕省工农政府成立后,又先后颁布《关于土地改革的布告》以及《平分土地办法》、《平分土地须知》、《农村阶级划分》等文件。土地分配的基本步骤和方法是:没收地主、富农全部土地(中农土地基本不动),以乡为单位(执行时多改为以村为单位),按人口和劳力混合分配土地;土地面积按产量计算。农民大多分得5"背"(一背为旧秤100斤)以上的田地。① 由于王明"左"倾路线的干扰,川陕土地革命执行了没收富农土地和地主不分田、富农分坏田的错误政策。

1933—1934年各苏区开展的查田运动,本是检查和纠正土地革命中的疏漏及偏差,但1933年6月临时中央政府和苏区中央局分别发布的《关于查田运动的训令》和《关于查田运动的决议》,却认为过去未能贯彻"平分一切土地"和"地主不分田"、"富农分坏田"的土地政策,下令消灭地主残余,没收富农多余的农具与好田,分给坏的"劳动份地"。毛泽东为尽量减少运动偏差,曾派干部到瑞金叶坪乡进行试点,并在瑞金等八县查田运动大会报告中强调,"应审慎决定那些介在中农与富农之间的疑似成份",不要把中农弄成富农。被弄错的中农"一定要赔偿他的土地财产";也不要把"富农弄成地主",并指出"消灭富农的倾向是错误的"。② 尽管如此,各地还是出现了把富农划成地主、中农划成富农、侵犯中农利益的错误。经过激烈斗争,苏区中央局于9月做出第二个决议,承认查田运动犯了某些错误。10月,临时中央政府通过毛

---

① 参见李新、陈铁健总主编,马模贞、匡珊吉主编:《中国新民主革命通史》(5),上海人民出版社2001年版,第612—613页。

② 毛泽东:《查田运动的初步总结》(1933年9月),《斗争》1933年8月24日第24期。

泽东起草的《怎样分析农村阶级》和《关于土地斗争中一些问题的决议》两个文件。提出了划分农村阶级的标准,特别对地主与富农、富农与中农,以及小土地出租者与地主、富裕中农与富农等的区别做了量的界定。各地按照两个文件的指引,纠正了划分农村阶级方面的偏差。

但是不久,查田运动再次反复。1934年3月,第二届人民委员会发布《关于继续开展查田运动的问题》训令,指责纠正错划成分是"右倾机会主义","必须坚决反对拿'算阶级'来代替查阶级,拿百分数的计算代替阶级斗争",规定原来划定的地主与富农,"不论有任何证据不得翻案,已翻案者作为无效"。结果已经明确的正确路线,又被否定。人民委员会5月发布的第三号训令,更将地主编入"永久的劳役队",富农编入"临时的劳役队",地主家属"一律驱逐出境或迁移别处"。使对地主和富农的过"左"政策进一步升级。后因第五次反"围剿"失利,中央苏区的查田运动随之中止。

1935年8月的遵义会议结束了王明"左"倾冒险主义错误路线在中央的统治,各苏区土地革命斗争中的"左"倾错误基本被纠正。12月6日,中共中央颁布《关于改变对富农策略的决定》,宣布对富农"只取消其封建式剥削的部分,即没收其出租的土地,并取消其高利贷。富农所经营的(包括雇工经营的)土地、商业以及其他财产则不没收",保障富农扩大生产(如租种土地,开辟荒地,雇用工人等)与发展工商业的自由。如农民要求平分土地时,富农应照普通农民一样分地①,纠正了"富农分坏田"的错误政策。实行保护富农经济的新政策,进一步完善了土地革命中的土地政

---

① 《中央关于改变对富农策略的决定》(1935年12月6日),见中央档案馆编:《中共中央文件选集》(1934—1935),中共中央党校出版社1986年版,第589—592页。

策。为了推动抗日民族统一战线的建立,1936 年 7 月 22 日,中共中央发出《关于土地政策的指示》,对原有的土地政策做了若干修订:改变过去"地主不分田"的做法,给地主以生活出路;将小土地出租者与小地主加以区别,不没收其土地;不再没收"生活情况很坏的小地主"土地;对富农由原来没收其出租土地,进而改为"富农的土地及其多余的生产工具(农具、牲口等),均不没收"。① 土地革命的方针政策日臻平稳、完善。

陕甘宁苏区土地革命斗争开展时间较晚,基本上是按调整后的政策进行的,没有受到"左"倾错误路线的严重干扰。1935—1936 年,陕甘宁边区各县根据中共中央和边区政府的指示,按照《土地大纲》和《关于土地斗争中一些问题的决议》,将地主恶霸土地、富农出租多余的土地以及粮食、住宅、畜禽、生产工具等其他财产,分给贫苦农民,并发给土地证。到 1935 年 10 月前,有 10 余县分配了土地。② 后期又开展了"查田运动"或清查阶级工作,陕甘晋省委的有关决议强调,既要反对对地主、富农妥协投降的"动摇分子",又要反对"全部没收富农的土地'左'的企图"。③ 运动对个别地区运动中出现的某些偏差进行了纠正。④

---

①　《中央关于土地政策的指示》(1936 年 7 月 22 日),见中央档案馆编:《中共中央文件选集》(1936—1938),中共中央党校出版社 1985 年版,第 57—59 页。

②　《延安市志·农业志》,陕西人民出版社 1994 年版,第 182 页;《靖边县志·大事记》,陕西人民出版社 1993 年版,第 3 页;《甘泉县志·大事记》,陕西人民出版社 1993 年版,第 14、16 页;中共陕西省委党史研究室编:《西北革命根据地》,中共党史出版社 1998 年版,第 94 页。

③　中共陕西省委党史研究室编:《西北革命根据地》,第 98 页。

④　如靖边县,在没收地主土地财产时,给地主保留一定数量的土地和必要的生产资料,使其自食其力,但初时将富农、地主同等看待,后按上级指示,做了纠正(《靖边县志·农业志》,陕西人民出版社 1993 年版,第 99 页)。

中国共产党领导下的苏区土地革命，是在各地武装斗争和革命根据地迅速发展中进行的，虽受到"左"倾错误路线的影响和干扰，运动存在偏差和反复。但运动的大方向始终是正确的。它有力地回击了蒋介石国民党的疯狂屠杀和残酷镇压，成功地摧毁了封建地主土地所有制和封建租佃制度，代之以农业生产者的小土地所有制和自田自耕的农业经营方式。这不仅为建立新民主主义经济创造了条件，消灭了封建剥削的自田自耕农业经营本身就是新民主主义经济的重要标志和重要成分。

革命根据地的新民主主义经济，随着根据地苏维埃政权的建立、土地革命斗争的开展和各项革命措施的推行，开始萌芽，并随红色区域的扩大和中央根据地的形成，不断发育成长；1931 年 11 月中华苏维埃共和国临时中央政府成立后，由于各项经济政策、法规、法令的颁布、实施，经济建设和经济管理逐渐规范化和法制化，新民主主义经济的雏形全面展现。

苏区新民主主义经济，由国营经济、合作社经济和私人经济三部分组成。国营经济是具有社会主义因素的经济成分，是苏区经济的领导力量；合作社经济也包含某些社会主义因素。国营经济和合作社经济主要分布在工矿业、手工业、商业贸易和金融业等领域，农业中也有少量合作社经济存在；私人经济是原有经济的保留和延续，广泛分布于手工业和商业领域，在农业中更占统治地位。随着政权性质和社会阶级关系的改变，私人经济尤其是农业个体经济，同原有私人经济相比，也有质的区别。毛泽东在 1934 年中华工农兵苏维埃第二次全国代表大会所做的报告中，对三种经济成分的状况、地位、前途以及苏维埃政府的方针政策，做出了确切的评估与说明：国营经济目前"只限于可能的和必要的一部分"，但其前途"不可限量"；私人经济"是国家的利益和人民的利益所需要的"，不仅现时"占着绝对的优势，并且在相当长的期间内也必然还是优势";合作社经济则"在极迅速的发展中"。"合作社经济和国营经济配合起来,经过长期的发展,将成为这方面的巨大力量,将对私人经济逐渐占优势并取得领导的地位。所以,尽可能地发展国营经济和大规模地发展合作社经济,应该是与奖励私人经济发展,同时并进的"。①

苏维埃政府高瞻远瞩,对经济建设极为重视。这既是为了支援战争、巩固工农联盟和改善人民生活的需要,也是为将来民主主义向社会主义转变创造条件,因而并非单纯意义上的经济建设。正如毛泽东所指出,根据地经济工作的原则和任务,"是进行一切可能的和必须的经济方面的建设,集中经济力量供给战争,同时极力改良民众的生活,巩固工农在经济方面的联合,保证无产阶级对于农民的领导,争取国营经济对私人经济的领导,造成将来发展到社会主义的前提"。② 因此,尽管一直处于国民党严密封锁和军事"围剿"不断的艰难环境,苏区经济无论农业、手工业还是工矿业,也无论国营经济、合作社经济还是私人经济,都获得了不同程度的恢复和发展。

各苏区大多是偏远落后山区,农业是经济的主体,农业人口占总人口的90%乃至95%以上。苏维埃政府始终把恢复和发展农业、改善农民生活,放在一切经济工作的首位。

根据地的土地革命,消灭了封建地主土地所有制和封建剥削,解放了农村生产力,调动了广大农民的生产积极性,为恢复和发展农业生产开辟了广阔前景。由于战争破坏,尤其是国民党的经济

---

① 毛泽东:《我们的经济政策》,《毛泽东选集》第1卷,人民出版社1991年版,第133—134页。

② 毛泽东:《我们的经济政策》,《毛泽东选集》第1卷,人民出版社1991年版,第130页。

封锁和烧杀抢掠,农业劳动力和耕畜农具严重不足,给农业生产造成了极大困难。为此,根据地农民在苏维埃政府的号召和帮助下,普遍开展以劳动互助和犁牛合作为基本内容的合作运动,涌现出多种形式的互助合作组织:闽西才溪乡有以村为单位的"耕田队"和全乡范围的"劳动合作社"[1];鄂豫皖根据地有"劳动生产小组";湘鄂赣根据地有帮助无力种田户种田的"互助团"。[2] 阳新县还制定了《耕作互助暂行条例》,提出互助"应以同等的劳动力或物资互相补助为原则",个人或团体实行耕作互助时,应订立合同,"并向当地苏维埃备案"。[3] 1936 年 3 月中央政府西北办事处土地部的文件规定,劳动互助社以乡为单位组织,一村或二三小村成立小组;社员农户之间、小组之间、乡与乡之间,均须计算工时和工资;牛工可抵人工(1 牛工抵 2—3 个人工),以示公平。[4] 劳力互助日趋普遍和规范。1934 年 1 月中华工农兵苏维埃第二次全国代表大会后,一些苏区的互助合作更掀起了高潮。[5] 耕牛合作

---

① 具体办法是:"一村中,劳动力有余之家,帮助不足之家。一乡中,有余的村,帮助不足的村"。"劳动合作社统筹全局,乡的劳动合作社委员会五人,主任筹划一乡。四村每村一个委员,筹划一村。要请工的,必须经村委员,不能私请,否则混乱了劳动力的调剂。工钱,'雇''佣'双方自理,不经委员"(毛泽东:《才溪乡调查》,《毛泽东农村调查文集》,人民出版社 1982 年版,第 343 页)。

② 《鄂南巡视报告》(1931 年 1 月 25 日)。

③ 《耕作互助暂行条例》(阳新县第一次工农兵代表大会通过,1930 年 6 月)。

④ 中共陕西省委党史研究室编:《西北革命根据地》,中共党史出版社 1998 年版,第 148—149 页。

⑤ 如兴国县的劳动互助社从 1933 年 2 月的 318 个迅速增加到 4 月的 1206 个,社员人数从 15615 人增加到 22118 人(亮平:《把春耕的战斗任务,提到每一劳苦群众的面前》,《斗争》1934 年 2 月 20 日第 49 期;卢绍旺:《和兴国比一比》,《红色中华》1934 年 4 月 30 日第 182 期)。

和耕牛调剂也有多种形式:江西瑞金和皖西苏区都有犁牛合作社,农民只要交纳少量入社金,就有耕牛使用①;湘鄂西根据地设有"公共犁牛站";湘鄂赣根据地建立了"牲畜农具经理处",将没收地主的耕牛和富农多余的耕牛收归政府所有,租给或借给缺牛的农民使用。解决耕牛缺乏问题,苏维埃政府除提倡耕牛互助外,还允许租牛。② 互助合作运动的开展,大大缓解了劳力和耕牛不足的困难。

除了劳力和耕牛互助,还出现了社会主义性质的农业生产合作社。广西右江根据地的"共耕社"是这方面的有益尝试。韦拔群的家乡东兰县东里屯,因大多数农民参加红军或赤卫队,农业劳力极度缺乏,根据群众要求,决定试办共耕社。邓小平为此召集干部,专门讨论共耕社的性质、任务和办社的目的、方针、政策,拟订了章程,韦拔群动员自己的家属,把全部耕地、耕牛和农具入社,带动了全乡农民群众。全屯 120 户,570 多人,都入了社。甚至住在西山的瑶族同胞,也前来入社。社内耕牛、农具按各生产组劳力和土地多少,统一调配使用。收获农产品由社集中统一管理和分配,并留下一定数量的机动粮,作为公共开支(如供红军部队、政府工作人员和新增人口的用粮等)。凤山县在制定《土地法暂行条例》的同时,订有《共耕条例》,规定是否"土地共同耕作",由"乡群众大会"决定,强调群众自愿。对土地和其他生产资料的管理、使用,以及耕作制度、分配和劳动纪律等,都做了具体规定。这是中国共产党领导农民进行土地革命过程中,创办带有社会主义性质的农业生产合作组织最早的条例、章程。为方便群众,"共耕社"

---

① 戴惠珍等:《安徽现代史》,安徽人民出版社 1997 年版,第 193 页。

② 1931 年 2 月,毛泽东在给江西省苏维埃政府的信中指出,要提倡耕种和耕牛互助,"但这种帮助,不是完全白送,除牛多人家自愿送耕不要租钱之外,应该准许租牛"(《民权革命中的土地私有制度》1931 年 2 月 28 日)。

还办有消费合作社,向社员供应食盐、烟、酒、肉类及日用品。①

由于蒋介石国民党的军事"围剿"和杀戮,各根据地荒地很多。苏维埃政府为恢复和扩大耕地面积,发出"彻底消灭荒田荒地"、"不让一寸土地荒废"的号召,采取各种措施鼓励农民垦荒。1929 年 1 月,信江苏维埃政府公布的施政纲领规定,"一切公共官荒,或无主荒地或沙田,概归苏维埃政府处理,分配给农民使用"。② 1933 年 2 月,临时中央政府颁发《开垦荒地荒田办法》,分别对有主和无主荒地的开垦制定了具体政策。③ 5 月,中央土地部又发布《开垦规则》,进一步明确宣布:群众对开发的无主荒田,"有永远支配之权"。由于措施得当,各根据地的荒田相继被垦复。据统计,1933 年、1934 年,中央和闽浙赣根据地共开垦荒田32 万余担。④ 有些县(或区、乡)已实现"消灭荒田"的目标。⑤ 有

① 参见李新、陈铁健总主编,时光主编:《中国新民主革命通史》(4),上海人民出版社 2001 年版,第 753—754、756 页。

② 《信江工农兵代表会议(苏维埃)政府政纲》(1929 年 10 月)。

③ 《开垦荒地荒田办法》规定:对已分配的荒地荒田,督促本人开垦。如本人不开,则发动他人开垦。租额、年限由双方自定,但租额不能超过收获量的 20%,期限至少 5 年。未分配的荒地荒田发动或分配给群众开垦,垦地"归开垦人所有"。贫农中农及一切有选举权的劳动群众,有"先开之权",免收土地税 3 年(《红色中华》第 56 期,见赵效民主编:《中国革命根据地经济史(1927—1937)》,广东人民出版社 1983 年版,第 323 页)。

④ 《关于苏维埃经济建设的决议》(1934 年 2 月 10 日),《红色中华》1934 年 1 月 19 日第 145 期,2 月 16 日第 150 期,5 月 28 日第 194 期。"担"系当地面积单位。

⑤ 据 1934 年 5 月不完全统计,当时已消灭荒田的县有:江西兴国、博生和福建宁化、汀东、上杭。已消灭荒田的区、乡有:江西瑞金武阳、云集、九堡、黄沙等区、乡;福建长汀县灌田、红坊、水口等区、乡;粤赣省西江县的沙星,会昌县的踏径等区、乡(斗人:《闽浙赣省的经济建设》,《红色中华》1934 年 1 月 19 日第 145 期)。

的地方连荒了几十年的"死地"也"苏生起来了"。①

苏维埃政府还发动和组织农民兴修水利,培植森林,并列入施政纲领。② 据江西、福建、粤赣和闽浙赣四省苏区不完全统计,到1934年9月,共完成修复水利工程10980项,新建水利工程892项,合计11972项。③ 湘鄂西根据地洪湖苏区在1931年水灾后,还进行了大规模的防洪水利工程建设,改善了农业生产条件。苏区政府还采取推广农业技术、开展生产竞赛等措施:各根据地办有农事试验场、农业研究委员会、农产品陈列所等农业技术研究、推广机构,通过广泛开展生产竞赛活动,对优胜个人、地区,奖以耕牛、农具、种子等生产资料,加速农业生产的发展。④

苏区党和政府因地制宜,大力发展粮棉生产。中央和闽赣根据地,是水稻、杂粮产区,大部分水田可种双季稻,旱田种植杂粮和棉花,苏区政府决定重点发展根据地军民所必需的粮食和棉花。但当地农民原无植棉习惯,棉花、布匹要从白区购买;因敌人加紧经济封锁,棉花、布匹供应越来越困难,中央土地部在1933年2月发布的《春耕计划》中,号召农民种植棉花⑤,中央根据地的植棉

---

① 定一:《两个政权、两种收成》,《斗争》1934年9月23日第72期。

② 如1929年1月信江苏维埃政府公布的施政纲领规定,"改良和扩充水利及培植森林;一切森林河道归苏维埃政府管理"。

③ 江西、福建、粤赣的统计数字据定一:《两个政权、两种收成》,《斗争》1934年9月23日第72期;闽浙赣省统计数字据斗人:《闽浙赣省的经济建设》,《红色中华》1934年1月19日第145期。

④ 参见《红色中华》第162、164期;《永定县苏区关于土地问题草案》(1930年);《江西省土地部紧急命令第一号》(1933年10月29日);《江西省工农兵第二次代表大会经济建设决议案》(1933年12月28日);陈文华、陈荣华主编:《江西通史》,江西人民出版社1999年版,第842页。

⑤ 《红色中华》第52期,见赵效民主编:《中国革命根据地经济史(1927—1937)》,广东人民出版社1983年7月第1版,第322页。

业,由此开始推广。同时,苏区政府又充分利用各地自然资源,发展和推广副业生产。如鄂豫皖和湘鄂西根据地,在丘陵山区,发动群众造林、伐木、种茶、采药、打猎、剥棕片、割生漆、熬桐油、种果树、养牛羊等;在湖区,组织群众捕鱼、放鸭、采莲、捞菱角、挖藕、割柴、编芦席、打野鸭等。洪湖地区的渔业、柴业等副业合作社达40多个,沔阳、监利两县,每年鱼利达200万元。① 副业的发展,弥补了粮食生产的不足,增加了农民收入,改善了生活。

土地革命斗争的开展和以上措施的推行,加速了农业生产的恢复和发展。闽西根据地1929年分配土地后,次年早稻就获得好收成,龙岩、连城的产量比上年增加二成,上杭、长汀增加一成。鄂豫皖根据地分配土地后,1930年英山县水稻亩产增加二三成,高的达五成,出现了"赤色区米价一元一斗,白色区一元只能买四五升"的情况。② 1931年中华工农兵苏维埃第一次全国代表大会后,苏区出现相对稳定的局面,粮食总产量又节节上升。1933年闽浙赣根据地垦荒3万多亩,增产稻谷数十万担。③ 赣南闽西苏区粮食增产15%;闽浙赣根据地达20%;湘赣根据地增长在20%以上;④川陕根据地通江、南江一带,过去粮食亩产不过百斤,1933年土地革命后,增加到二三百斤。有的地方1挑田的面积收了2

---

① 章开沅等主编:《湖北通史·民国卷》,华中师范大学出版社1999年版,第375页。

② 《六安霍山暴动的经过》,《红旗周报》1930年9月12日第29期。

③ 王观澜:《春耕运动总结与夏耕运动的任务》,《红色中华》1934年1月19日第145期。

④ 毛泽东:《我们的经济政策》,《毛泽东选集》第1卷,人民出版社1991年版,第131页;《湘赣代表访问记》,《红色中华第二次全苏大会特刊》1934年1月22日第1期。

挑稻谷;湘鄂赣根据地"收获更加丰盛,工农群众异常兴奋"。①
1934 年中央根据地克服了敌人"围剿"和严重干旱所造成的困难,
粮食生产又比 1933 年增长 10% 左右。②

苏区手工业和工业都获得了长足发展。

根据地原来的工业基础极其薄弱,几乎没有中型以上的新式
工业,只有门类不多的手工业。由于蒋介石国民党经济封锁和军
事"围剿"的破坏,私营工业和手工业明显衰落。苏维埃政府发展
工矿业的基本方针,是在扶助和鼓励个体手工业发展的同时,重点
发展手工业生产合作社和国营工业。

一些根据地恢复和发展手工业,都是从组织生产合作社入手。
闽西根据地从 1929 年开始兴办手工业合作社;赣西南、湘赣、湘鄂
西等根据地,多由根据地政府出资,或将没收来的小厂、作坊,交给
群众集体经营。③ 皖西苏区自 1930 年起,一些主要集镇都建立了
手工业合作社,制造和修理农具,生产酱、油等日用消费品。④ 中
华工农兵苏维埃第一次全国代表大会后,根据地出现了相对稳定
的局面,临时中央政府颁布政策,从税收、租金、运输、房屋等方面
扶持合作社发展。1932 年 4 月,临时中央政府颁布《合作社暂行
组织条例》,湘鄂西、湘赣等根据地政府也总结经验,制定规章制

---

　　① 李新、陈铁健总主编,马模贞、匡珊吉主编:《中国新民主革命通史》
(5),上海人民出版社 2001 年版,第 614 页;《湘鄂赣苏区代表访问记》,《红
色中华》1934 年 1 月 22 日第 141 期。

　　② 《胡海同志论今年我们的收获》,《红色中华》1934 年 9 月 18 日第
235 期。

　　③ 《闽西苏维埃政府经济委员会扩大会议决议案》(1931 年 4 月 25
日);《湘赣苏区总工会筹备委员会报告》(1931 年 10 月 29 日);《江西苏区
中共省委工作总结报告》(1932 年 5 月)。

　　④ 戴惠珍等:《安徽现代史》,安徽人民出版社 1997 年版,第 194 页。

度,加强规范和管理,促进手工业合作社的发展。据 1932 年 10 月统计,湘赣根据地有各类合作社 96 个。① 到 1934 年 2 月,中央根据地的兴国、胜利、赣县等 17 个县的手工业合作社发展到 176 个,社员 32761 人,股金 58552 元。闽浙赣根据地在 1933 年 12 月有合作社 50 多个。② 川陕根据地各种合作社都在发展,"赤江城一天成立五社"。③ 各根据地手工业合作社生产门类多达 30 多种,几乎所有的农村生产和生活器具,都能生产。

根据地的工业主要是各级苏维埃政府直接创办和经营的工矿企业,除少数是在原有基础上的恢复或重建外,几乎全系新创。根据地国营工业的发展始于军事工业,井冈山根据地创建初期就建有军械处(后称兵工厂)和军用被服厂,以后又开办印刷厂等民用工业。

中央根据地的国营工矿业,在中华工农兵苏维埃第一次全国代表大会后有了较快的发展,特别是 1933 年经济建设大会后,更进入了一个新的阶段。自中华工农兵苏维埃第一次全国代表大会后,国营工业数量增加,规模扩大,技术设备也有明显改进。在改组归并的基础上,1933 年秋成立的中央印刷厂和中央兵工厂,前者有石印和铅印④;后者由原来仅能修理一般枪支的手工生产发

① 《湘鄂西省委(关于苏维埃工作给中央的)报告》(1932 年 2 月 25 日);《湘赣省职工会报告》(1933 年 1 月 13 日);《湘赣苏区省党团报告》(1932 年 8 月 29 日)。

② 亮平:《目前苏维埃合作运动的状况和我们的任务》,《斗争》1934 年 4 月 21 日第 56 期;《经济建设大会前后合作社发展比较表》,《红色中华》1934 年 12 月 8 日第 133 期;《闽浙赣苏区的近况》,《红色中华》1934 年 1 月 1 日第 139 期。

③ 《苏维埃》(川陕省苏维埃政府机关报)1933 年 11 月第 9 期。

④ 《红色中华》1934 年 3 月 3 日第 160 期。

展为机械生产,不仅能修理机枪、迫击炮,还能制造步枪。后来又分立枪炮、弹药和机械等几个分厂,工人增加到上千人。① 生产结构也发生变化:由单纯为红军服务的军事工业发展为军需民用兼顾的多种工业,1934 年 2 月,临时中央政府国民经济部投资 10 万元在汀州筹建中华织布厂,有布机 30 余台,纺织品主要供根据地民用;由自给性工业发展为"自给"兼"出口"的工业。国民经济部投资 20 万元建立中华纸业公司,又兴办樟脑厂,其中钨砂、樟脑和纸张主要用于出口,尤其钨砂成为中央苏区的重要出口品,换回了大批根据地缺乏的物资。② 此外还办有造船、通讯材料、卫生材料、交通材料、粮秣、草鞋、造币等厂。③ 到 1934 年 3 月,中央根据地共有国营工厂 32 家,工人 2000 多人。④

闽浙赣根据地工业建设成绩也十分显著,曾受到临时中央政府的赞扬。规模较大的有织袜、纺织、造纸、制糖等厂和制造各种小工具的工厂。这在闽浙赣边区是前所未有的。⑤

湘鄂赣、鄂豫皖、湘鄂西、川陕等根据地的各类工矿企业均有

① 吴汉杰:《官田兵工厂》,《星火燎原》第 2 卷,人民文学出版社 1962 年版,第 171—173 页。

② 第一次世界大战期间,赣南钨矿开采盛极一时。战后钨价猛跌,矿场大半停工。1932 年春,临时中央政府成立后,开始恢复钨矿生产。次年成立了中华钨矿公司,临时中央政府曾决定增招 15000 名工人进行大规模的开采(《中华苏维埃共和国中央劳动人民委员总部训令第六号》,1933 年 9 月)。后因战争影响,计划未能完全实现,但钨矿生产仍有较快发展。

③ 《红色中华》1934 年 2 月 9 日第 147 期。

④ 参见刘少奇:《论国家工厂管理》,《斗争》1934 年 3 月 31 日第 53 期。

⑤ 《闽浙赣苏区近况》、《闽浙赣经济建设》,《红色中华》1934 年 1 月 1 日第 139 期,1 月 19 日第 145 期;毛泽东:《我们的经济政策》,《毛泽东选集》第 1 卷,人民出版社 1991 年版,第 132 页。

程度不同的发展。

湘鄂赣根据地工业主要分布在鄂东南苏区,军用工业有兵工厂和被服厂,民用工矿业有造纸、纺织、制伞、制扇、硝盐、炉罐、樟脑、石灰、制锅等工厂及煤矿、硫磺矿、石膏矿等。苏维埃政府1931年年底和1932年年初曾制定发展国营工业的计划,要求各县开办纺织厂和染坊,扩大缝纫厂规模,从事和扩大纸张、陶器、竹器、雨具、樟脑、硝盐等生产,并可向银行借款。1932年2月20日的鄂东南各县经济部长会议,曾要求各县大建工矿企业,后因计划过于庞大,难以实现,1932年7月决定将厂矿交工人集资开办,并鼓励私人独立经营。①

鄂豫皖、湘鄂西边区各级苏维埃政府,自1930年起,就着力投资办厂,组织军品、民品生产。军用工业由政府或红军经营,主要是兵工厂和被服厂。皖西北特区还成立了造枪局,在七邻湾、麻埠、吴家店、南溪等地,建立了兵工单位。② 民用工业分别由苏维埃政府、集体和私人经营,在鄂豫皖苏区,由政府经营的有制盐、造纸、五金、铁工、印刷、造币、造船、农具、榨油、卷烟等厂;由集体或私人经营的有缝纫、木器竹篾、铁器、榨油、造纸、制陶、印染、制粉、豆腐等工厂或作坊。在湘鄂西苏区,先后兴办的民用工业有制盐、榨油、造船、造纸、卷烟、制陶、整米、农具、印染等工厂或作坊。③

川陕根据地建立较晚,但国营工业发展较快,门类、厂矿较多,建有兵工、被服、造币、铜元铸造、印刷、造纸、织布、化工、造船、陶

---

① 湘鄂赣省苏东南办事处:《经济问题决议案》(1931年12月13日);《鄂东南各县苏财政经济部长联席会议决议案》(1932年2月20日);《中华苏维埃共和国湘鄂赣省苏维埃政府训令内字第一号》(1932年7月18日)。

② 戴惠珍等:《安徽现代史》,安徽人民出版社1997年版,第194页。

③ 章开沅等主编:《湖北通史·民国卷》,华中师范大学出版社1999年版,第378—379页。

瓷、煤矿、钢铁、井盐、斗笠、弹花等 10 余个厂矿。1933 年 11 月，红四方面军在川东打垮军阀刘存厚后，将其经营多年的兵工、被服、造币、铜元诸厂，整顿扩充，兵工厂有各类机床 138 台，职工 1400 余人，能产步枪 120 多支、子弹 6 万发；造币厂所造银元成色，不亚于"袁大头"。①

为了加速国营工业的发展，中华工农兵苏维埃第一次全国代表大会后对公营工厂原来的军事化管理制度做了某些改革，将工人的供给制改为工资制，按技术高低确定工资等级②，调动了工人的生产积极性。赣东北国营工厂还成立生产管理委员会，工人参加管理，取得良好效果，节省了材料，降低了消耗，提高了效益。③1934 年 4 月，临时中央政府颁布了《苏维埃国有工厂管理条例》；中共中央组织局制定了《苏维埃国家工厂支部工作条例》，规定实行厂长负责制和经济核算制度，国营工业的经营管理逐渐规范化。

根据地新型的商业贸易和财政金融体制，也是新民主主义经济的重要组成部分。

为了打破敌人的经济封锁，活跃苏区经济，苏维埃政府在发展工农业生产的同时，十分重视根据地的商业流通和对外贸易，基本方针是国营、集体、私营并举；交易自由和监督管理相结合。苏维埃政府一直对商户尤其是中小商人采取保护政策，鼓励他们进行正当贸易；疏通原有的商品流通渠道，恢复和增加市集，发展农村集市贸易；如在开辟和建设陕北根据地的过程中，1935 年冬到

----

① 《川陕苏区与红四方面军的惊人的胜利》，《斗争》1934 年 6 月 30 日第 66 期；傅钟：《红四方面军创建川陕革命根据地及长征情况概述》，《党史资料》1955 年第 3 期。

② 《中央印刷厂实行劳动法》，《红色中华》1932 年 1 月 20 日第 6 期。

③ 《赣东北工人通讯》，上海《斗争》1932 年 8 月 12 日第 22 期。

1936 年间,苏维埃政权先后在延安东川的柳树店、北川的杨树湾和西川的裴庄分别设立了三个临时市场,均为三天一集。1936 年年底延安城解放后,这几处临时市场才自行撤销。1937 年后,姚店、青化砭等 10 余处,均设有农村集市,方便农民和村民自由交易。① 同时冲破敌人封锁,开展多种形式的对外贸易,又对商业贸易进行必要的监督管理,如限制粮食外运,实施现金(银元)出口管制;商人离开根据地,或从事农产品及工业品输出入贸易,须持有政府发给的护照;通过完全自主的关税征收,调节商品进出口贸易等②,达到发展商业、活跃经济的目的。

国营商业在苏区商业贸易中居领导地位,均由政府直接经营,但各苏区机构设置不尽相同:井冈山初期设有公营商店和"公卖处";鄂豫皖、川陕苏区称"经济公社",特区设总社,县、区设分社,乡设代办所;湘鄂西、鄂东南苏区称"苏维埃商店"(亦称"红色商店"),特区设总店,下设若干分店;闽西苏区有专掌粮食收购和平粜的"粮食调剂局";中央苏区 1933 年年底成立中华商业股份公司,重要市镇设分公司,吸收群众入股。另外,经济部设有对外贸易局,重要出口地点设采办处,邻近白区各县设贸易分局、代办处或采购站,对外贸易成为"发展国民经济的枢纽"。③ 国营

---

① 《延安市志·商业志》,陕西人民出版社 1994 年版,第 321 页。

② 毛泽东在中华工农兵苏维埃第二次全国代表大会所做的报告中说,"在中国境内,只有苏维埃实行了完全自主的关税制,不受任何外国政府的干涉,一切货物在边境税关纳税之后通行全苏区,无第二次之征税,一扫国民党厘金关卡层层抽剥的虐政"(《苏维埃中国》,中国现代史资料编辑委员会 1957 年 7 月翻印本,第 270 页)。

③ 《中华苏维埃共和国中央执行委员会与人民委员会对第二次全国苏维埃代表大会的报告》(1934 年 1 月),《苏维埃中国》,中国现代史资料编辑委员会 1957 年 7 月翻印本,第 296 页。

商业的经营范围和商品种类广泛，并对食盐、布匹、药品、粮食等生活必需品享有专营权，还承担对合作社和私营商店的商品批发，起着保障军民生活必需品供给、平稳市场物价、活跃经济的关键作用。①

合作社商业也是带有若干社会主义成分的商业形式，是苏区商业贸易的一种重要组成部分。为了减轻中间剥削，苏维埃政府特别重视合作社商业的发展。中华工农兵苏维埃第一次全国代表大会通过的《关于经济政策的决议案》规定，苏维埃政府必须极力帮助合作社的组织与发展，应对合作社给以财政协助与税收豁免，并将一部分没收的房屋与商店交给合作社使用。1932年4月颁布的《关于合作社暂行组织条例》强调，"合作社为发展苏维埃经济的一个主要方式，是抵制资本家的剥削和怠工，保障工农劳苦群众利益的有力武器"，并对合作社的资金来源、营业范围、红利分配等做了详细规定。1933年7月，中共中央组织局提出，每乡建立一个粮食合作社和一个消费合作社。1936年6月，中共中央和西北办事处迁往保安县后，7月，西北办事处发出布告，各市镇恢复从前逢五逢十市集，各区苏维埃政府立即帮助群众设立区消费合作社。② 合作社由工农劳动群众自愿认股集资组建。③ 1930年

① 如1936年7月3日，中央政府西北办事处发出布告，责成粮食部设立农业品收买处，凡工农群众生产品，如粮食、豆、羊毛、羊皮等，可随时到市场出售，如卖不出去，由收买处一齐收买（中共陕西省委党史研究室编：《西北革命根据地》，中共党史出版社1998年版，第158页）。

② 中共陕西省委党史研究室编：《西北革命根据地》，中共党史出版社1998年版，第158页。

③ 某些地区因资金困难，初期亦有半摊派的情况。如延安县南区，1936年12月组织合作社，即采取"半摊派半自愿"的方式。初限每人5股（苏票3角钱1股），1937年3月才取消限制（《延安市志·商业志》，第332页）。

后,苏区消费或贩卖合作社迅速发展。经营的商品主要是粮油、食盐、布匹、煤油、火柴、文具等日用工业品和生活用品,并兼营土特产收购或某些专业生产。① 合作社在货物运输、业务经营方面都得到政府的协助和保护②,有的还在游击队保护下,从白区买进食盐、布匹、煤油、火柴等日用品,低价卖给社员,减轻了商人剥削,纾缓了群众困难。③

　　私营商业是苏区商业的重要补充和特殊组成部分,是关系苏区社会稳定的一个重要因素。保护和扶助私人商业是中共中央、工农红军和苏维埃政府的一贯政策。1927 年 11 月,黄安县农民政府《施政纲领》提出,"保护商业贸易,保护中小商人"。④ 1928 年 12 月,红七军举行百色起义时宣布的《目前施政纲领》明确规定,"保护交通和商人营业"。此后右江各级苏维埃政府均以该纲领作为自己的政策指引。⑤ 1930 年 10 月,湘鄂西第二次工农兵贫民代表大会制定的《经济政策决议案》强调,"允许中小商人正当营业,对中小商人不要过于苛刻限制"。次年 8 月,鄂豫皖特区政

---

　　① 如陕北甘泉县青年合作社根据群众需要,冬季酿酒,春、秋季开店卖货,兼营收购药材和部分土特产(《甘泉县志·商业志》,第 382 页)。

　　② 《闽西苏维埃政府布告第十一号》(1930 年 5 月);《闽西苏维埃政府通告第三号》(1931 年 9 月 29 日);《鄂豫皖区各县苏维埃联席会议财政经济政策决议案》(1931 年 9 月)。

　　③ 《琼崖苏维埃政府通令第九号》(1931 年 7 月 27 日);练金科:《关于消费合作社的采办工作》(1977 年 12 月 16 日)。

　　④ 湖北省革命史资料编写小组编印:《党在湖北地区革命斗争史资料》第 2 分册,第 11 页,见章开沅等主编:《湖北通史·民国卷》,华中师范大学出版社 1999 年版,第 341 页。

　　⑤ 《中国红军第七军目前施政纲领》(1929 年 12 月),又根据《七军前委报告》(1930 年 1 月)校正,见李新、陈铁健总主编,时光主编:《中国新民主革命通史》(4),上海人民出版社 2001 年版,第 730—731 页。

府发出公告，"商人服从法令，生意由你经营"。① 在中央根据地，中华工农兵苏维埃第一次全国代表大会和第二次全国代表大会先后通过的经济决议案，均强调"保重商业的自由"，鼓励商人同非苏维埃区域贸易。② 琼崖根据地还在保护工商业条例中规定，保护和鼓励白区小商人到苏区贸易，互通有无。③ 1935 年 11 月，中央政府西北办事处发出布告，规定"白区的大小商人可以自由的到苏区来营业"；苏区产品除粮食及军用品外，"均可自由输出"。④ 中央财政人民委员部 1932 年 9 月发布训令，提出对商人和政府实行双重监督。⑤ 有的苏区还向中小商人发放低息贷款，免收商业税。⑥ 在苏维埃政府的保护和扶助下，私营商业不仅完整地保留下来，并有所发展。一些苏区商户稳定，数量增加。1937年延安城内有当地和晋、鲁、豫外来著名商户各 9 家。⑦ 苏维埃政府的宽松政策，还促进了苏区同白区之间的贸易。湘赣交界茶陵、酃县、遂川等县白区大批商人、农民前往宁冈苏区新设的大陇墟场

①　见章开沅等主编：《湖北通史·民国卷》，第 380—381 页。

②　《财政人民委员部训令——目前各级财政部的中心工作》，《红色中华》1932 年 9 月 13 日第 33 期。

③　蒋祖缘、方志钦主编：《简明广东史》，广东人民出版社 1997 年版，第786—787 页。

④　《目前只有苏区才是经营工商业最好的地方！》，《红色中华》1935 年12 月 1 日第 242 期。

⑤　训令规定，既要察看商人和作坊主有无怠工、抬价现象；也须"检查各地政府有无破坏经济政策的行为"，如乱抄商店，乱打土豪，限制市价，随便禁止出口等。一经发现，必须严厉纠正、处分。

⑥　如延安，1936—1939 年，向中小商人发放低息贷款 1 万元，免收商业税（《延安市志·商业志》，第 333 页）。

⑦　《延安市志·商业志》，第 323、333 页。

做生意。① 许多商人(包括白区商人)设法躲避或打通敌人关卡,运出苏区的剩余物资,运进各种必需和紧缺物品,甚至枪支弹药②,满足了苏区军民的急切需求,缓解了因国民党经济封锁造成的严重困难。

财政税收、金融货币是统治阶级凭借国家机器对社会财富进行再分配和管理控制的重要手段,是国家政权的重要支柱和国家政权阶级本质的集中体现。苏维埃政权在其辖区内,彻底废除了国民党的财政税收和金融货币制度,逐渐建立起新民主主义的财政税收和金融货币体系。

各苏区苏维埃政权一成立,即宣布废除国民党政府的一切苛捐杂税,有的还成立机构、制定条例,开始实行新的累进税制。③不过由于条件的限制,苏区并未立即建立新的财政税收制度和固定的财政收入,仍靠打土豪筹款。临时中央政府成立后,开始建立新的财政税收制度。1931 年 11 月,成立中央财政部,省、县和区相应设财政部;红军中央军委设总经理部,军和军团设经理部,师设军需处,地方和军队都建立了完整的财政职能机构。接着相继颁布暂行税则、暂行财政条例和统一财政训令,在有关统一赋税征管和财政收支,建立预算、决算和会计、簿计、审计制度等方面,都做了明确规定。制定了严格的财经纪律,强调遵循节俭原则,严惩贪污浪费行为。临时中央号召,"节省每一个铜板为着战争和革

----

① 《宁冈县革命旧居、旧址讲解词》(1975 年 5 月 23 日);《朱开卷关于圩场情况的回忆》(1966 年 4 月 27 日)。
② 虞雅:《赤区经济封锁的现象》,《申报月刊》1934 年 3 月第 3 卷第 3 号;《长沙市民日报》1932 年 8 月 17 日;《汉口中西报》1932 年 8 月 27 日。
③ 如川陕省苏维埃政府设立了税务总局,陆续发布《公粮条例》、《税务条例》,规定根据地实施统一累进税制。

命事业,为着我们的经济建设"。① 一套崭新的财经制度初步形成,并逐渐完善,根据地财政开始走上规范化和法制化的轨道。

在税制方面,宣布废除国民党政府和地方军阀的田赋丁粮、苛捐杂税、厘金等,实行统一的累进税制,确定了商业税、农业税和工业税三个基本税种。税率不高,并充分考虑纳税者的身份、性质及资产、经济差别,充分体现了扶助公营经济和合作社经济、照顾贫苦灾困和红军眷属、保护中小商人合法经营、有利于发展苏区经济的原则。

在建立和完善财政税收制度的同时,新的金融和银行体系也开始确立。

部分苏区创建初期,在烧毁债券、消灭封建高利贷剥削、打击奸商金融投机活动的同时,开始筹建自己的银行,着手建立新的银行和金融制度:1928 年 2 月,海陆丰根据地建立劳动银行②;次年8 月,赣西南建立东固平民银行,1930 年上半年扩充为赣西南银行。③ 此后各根据地相继建立的银行有:闽西工农银行(1930 年 9月);赣东北特区苏维埃银行(1930 年 10 月);江西省工农银行(1930 年 11 月);湘鄂西苏区鄂西农民银行(1930 年 11 月);鄂豫皖特区苏维埃银行(1931 年 5 月)等。随着根据地经济的恢复和好转,金融业得到了相应的发展。中华工农兵苏维埃第一次全国代表大会后成立了中华苏维埃共和国国家银行,颁布国家银行《暂行章程》。随后,各省分行也相继成立。原有各苏区银行分别

---

① 毛泽东:《我们的经济政策》,《毛泽东选集》第 1 卷,人民出版社1991 年版,第 134 页。

② 海丰县人民委员会:《劳动银行条例》(1928 年 2 月)。

③ 克珍:《赣西苏维埃区域现状》,《中国苏维埃》,中国现代史资料编辑委员会 1957 年 9 月编印本,第 78 页;刘作抚:《给中央的综合报告》(1930年 7 月 22 日)。

改为国家银行分行。1933 年 12 月,川陕省苏维埃工农银行也正式成立。① 中央红军到达陕北后,1935 年 11 月在瓦窑堡成立了国家银行西北分行,并授予其发行纸币、代理中央金库、发放农工商业贷款、进行现金管理的职能。这样,苏维埃政权确立了自己独立和完整的银行体系。

根据地各银行建立后,即开始发行货币,处理旧币,控制现金,占领和稳定金融市场。

根据地银行成立之前,曾铸造银元,发行纸币。1928 年 5 月,井冈山根据地曾开办造币厂,铸造"工"字银元万余枚。② 闽西龙岩、闽北崇安、湘赣永新、湘鄂赣平江、湘鄂西房县等地也都铸造过银币。③ 闽西根据地则曾由信用合作社发行纸币。④

各根据地银行成立后,未再铸造银元,仅发行纸币,少的二三万元,多的达 100 万元。据不完全统计,1930—1931 年间,赣西南、闽西工农、江西省工农、鄂西农民、鄂豫皖特区苏维埃、赣东北

---

① 《川陕苏区与红四方面军的惊人的胜利》,《斗争》1934 年 6 月 30 日第 66 期。

② 银元每枚重七钱二分,上面刻有"工"字,群众称为"工字银元",成色颇佳,深受群众欢迎(《访问邹干林、邹来林、邹亚皇记录》1977 年 5 月 4 日;《访问邹文楷、罗东祥、林仁贵等老人记录》1975 年 6 月)。

③ 银元规格有两类:一类属于"袁大头"和"墨西哥银元"(湘鄂西根据地),可在根据地和白区两地通用;另一类铸有"全世界无产阶级联合起来"字样或刻有列宁像及镰刀斧头图案(鄂豫皖根据地),只能在根据地流通,群众称为"苏维埃银元"(参见李子山:《鄂豫皖苏维埃银行情况》1978 年 12 月20 日,并据根据地已发现的银元实物)。

④ 苏维埃政府曾对合作社的纸币发行加以规范。1930 年 3 月,闽西第一次工农代表大会通过的《取缔纸币条例》规定,信用合作社须有 5000 元以上的现金,经闽西政府批准,才准发行纸币,总额不得超过现金之半数,纸币面额限一角、二角、五角三种。

特区贫民、湘鄂赣平江、浏阳、万载工农等 9 家银行,共发行或计划发行的纸币约为 114.9 万元,占领了大部分根据地的货币市场。苏维埃国家银行成立后,开始发行统一货币。并将货币发行权收归国家银行,以改变原来各地银行自发钞票和合作社发行流通券的状况。①

苏维埃国家银行成立后,业务范围有所扩大。国家银行除工农银行原有业务外,增加了代理国家金库和开展信贷等业务。随着财政和货币的统一,代理金库业务的逐渐开展,建立了相应的制度,加强了财政监督,保证了资金的合理运用。存储和信贷业务也迅速开展,相继开办了银行往来存款、特别往来存款、定期存款、往来透支、贴现放款、定期抵押放款、定期信用放款等多种形式的存储和放款业务,对聚集社会零散资金、解决群众和企业困难、开发生产、繁荣经济发挥了巨大作用。

除国营金融体系外,集体所有制的信用合作社也获得了发展。1930 年 3 月后,闽西苏区即开始发展信用合作社,以吸收乡村存款。1932 年 4 月,临时中央政府颁布《合作社暂行组织条例》,明确信用合作社的宗旨是"便利工农群众经济周转和借贷,以抵制私人的高利剥削"。为了支持和扶助合作社事业,1933 年 7 月决定从发行的 300 万元经济建设公债中拨出 20 万元帮助各县信用合作社。② 1934 年又规定,群众可用公债票向信用合作社入股,信

①　由于根据地分散,实际上除苏维埃共和国国家银行发行纸币,并在中央根据地流通使用外,在其他根据地的国家银行省(或辖区)分行也有发行货币的特权。川陕根据地则继续流通省工农银行发行的纸币(《关于苏维埃经济建设的决议——第二次全国苏维埃代表大会通过》1934 年 1 月,《革命根据地经济史料选编》上册,江西人民出版社 1986 年版,第 169 页)。

②　亮平:《全体工农群众及红色战士热烈拥护并推销三百万经济建设公债》,《红色中华》1933 年 7 月 26 日第 96 期。

用社可用债票向银行抵押贷款。[1] 信用社在闽西、江西、湘鄂西、川陕、陕甘宁等根据地都有所发展。江西根据地还建立了"农民借贷所",有的达到每乡一所,青黄不接时,借贷所将粮食借给缺粮的贫苦农民,春借秋还[2],解决了农民困难,抵制了高利贷剥削。

1927—1937 年的 10 年间,革命根据地的新民主主义经济,始终是在镇压与反镇压、"围剿"与反"围剿"、封锁与反封锁、破坏与反破坏的残酷斗争环境中酝酿、萌发、成长的。从 1927 年发动秋收起义、开辟农村根据地、建立苏维埃政权和实行土地革命、废除封建地主土地所有制时起,新民主主义经济开始萌芽,随着土地革命的深入和根据地建设的开展,不断发育成长。到 1931 年,中央根据地形成、中华苏维埃临时中央政府成立后,各项经济政策、法规、法令、条例、章程相继颁布实施,根据地统一的经济、财政、税收、金融、银行、货币制度开始形成和完善,新民主主义经济基本成型,并继续发展壮大。1933 年第四次反"围剿"胜利后,中央根据地新民主主义经济的发展达到最大规模。但这期间也不断受到共产国际错误指导和党内"左"倾路线的干扰,到 1934 年,由于王明"左"倾冒险主义领导的错误,工农红军第五次反"围剿"失败,工农红军和苏维埃机关被迫进行战略转移,中央根据地全部丧失,刚刚诞生的新民主主义经济遭到毁灭性的打击,仅有一小部分根据地和新民主主义经济被保存下来。在红军长征途中,1935 年 1 月中共中央在贵州遵义召开的政治局扩大会议(史称"遵义会议"),结束了王明"左"倾冒险主义在中央的统治,确立了以毛泽东为代表的新中央的正确领导,土地革命开始走上正轨。中央红军到达

---

① 《为发展信用合作社彻底消灭高利贷而斗争》(中央国民经济部财政人民委员部布告,1934 年 5 月 1 日)。

② 《寻邬县苏维埃政府通令新字第三号》(1933 年 5 月 24 日)。

陕北后,陕甘边根据地更进一步扩大,成为土地革命新的中心,新民主主义经济在这些苏区继续发展壮大。

　　大革命失败后,中国共产党领导工农大众举行武装起义,开辟农村根据地,发动土地革命,推翻封建制度,在经济落后的半殖民地半封建中国,建立包含社会主义因素的新民主主义经济,是人类历史上前所未有的伟大创举,是将马克思主义普遍真理与中国实际相结合,对马克思主义的灵活运用和重大发展。农村根据地新民主主义经济的建立,标志着中国历史翻开了新的一页。这种新型经济一诞生,就立即显示出无比的优越性和强大的生命力,它不仅砸碎了套在广大农民脖子上的封建枷锁,解放了生产力,使根据地的社会和经济面貌为之一新,巩固了苏维埃政权,加速了武装割据和土地革命的进一步发展。同时为后来抗日根据地、第三次国内革命战争时期解放区和新中国成立后的减租减息、土地改革,为新中国的新民主主义和社会主义经济建设,积累了宝贵的经验。

第 一 章

新式工矿业的危机及不平衡发展

新式工矿业包括纺织工业和其他轻工业、重工业和化学工业、采矿和冶炼业等三大部分。1927 年国民党政权的建立及其实施的经济政策、"九一八事变"和东北沦陷、"一·二八沪战"、世界经济危机和由此引发的全国经济恐慌，对 1927—1937 年间的工矿业发展，产生了巨大影响。

国民党政府为了在工矿业领域建立和扩张国家资本，除了接管、没收原有官办厂矿和北洋军阀经办或占有股份的"逆产"外，又收购、参股和投资扩建、新建了若干国营或省营厂矿企业，包括大型煤矿、钢铁厂、机器制造厂、发电厂等，部分如期投产，并取得一定效益。"九一八事变"后，国民党政府着力"推动国防经济建设，调整国营工矿事业"，重点是煤矿、石油、有色金属和钢铁、电力、电器工业等，加快了国营企业和国家资本的扩张步伐。这些政策措施，既有促进部分工矿业发展的积极作用，又有侵蚀民族资本、抑制商办企业发展的一面。煤矿、电力等行业，国家资本（包括地方官办资本）的扩大，更是以侵夺、削弱商办资本，抑制商办企业的发展为前提，因而明显出现国家资本和商办资本此消彼长、此长彼消的发展态势。东北沦陷和"一·二八沪战"对全国工矿业是一次浩劫，东北全境的工矿企业和工矿资源落入日本侵略者手中，上海闸北、虹口等地数以百计的各类工厂企业被日军炸毁、击毁、焚烧、破坏，全国工矿业亦因此而遭到打击，煤矿、冶铁、面粉、机器制造、棉纺织、印染、缫丝、丝织等行业，因损失骨干企业甚至大部分企业，丧失原料供应和产品销售市场，遭到的打击尤为严重。随后因列强各国转嫁经济危机而引发的全国经济恐慌，更使整个工矿业雪上加霜。工业品出口大减，外国工业品进口增加，贸易入超扩大，现金外流，洋货充斥城乡市场，本国工业品严重滞销，市场萧条，工厂倒闭，商店关门，农村破产，工矿业和全国经济跌入低谷。

工矿业始终是帝国主义对华经济掠夺和扩张的重点领域。这一时期，中国工矿业领域的外国侵略势力进一步扩张，煤矿业、铁矿业和棉纺织业、卷烟制造业的主要企业和生产能力，或为外国资本，或为外国所控制。日本帝国主义在工矿业领域的侵略扩张尤为嚣张，在武装侵占东北，劫夺官办、商办工矿企业，疯狂掠夺煤矿、铁矿、石油（油页岩）、铝矿、金矿和其他矿产资源的同时，又在关内煤矿、铁矿和棉纺织等领域进一步扩张势力，其中日资纱厂的纱锭占全国纱锭总数的38%以上，日本资本控制、掠夺的铁矿石、生铁更分别占全国新式矿厂总产量的 98.9%—99.4% 和 95.5%—99.2%，汉阳钢铁厂因无原料，长期停产，濒临倒闭。

1927—1937 年间，全国工矿业的发展，大致分为三个阶段：1927—1931 年，随着国民党政权的建立、北洋军阀割据局面的结束，全国政治局势相对稳定，工矿业有所恢复和发展，部分行业达到历史最高水平；1932—1935 年，由于东北沦陷、淞沪之战和随后相继爆发的全国经济恐慌和金融危机，工矿业和金融业大受打击，全面衰退，多数行业在 1934 年陷入低谷；1935 年年底至 1937 年夏，随着经济恐慌走出谷底，加上国民党政府推行法币政策，渡过了金融危机的难关，物价止跌回稳，市场复苏，工矿业生产开始回升。到 1936 年，某些行业的产量达到历史最高水平。不过具体到各个领域和行业，外部环境、外资势力、市场条件、资本结构、自身实力,不尽一致,十年间的兴衰和发展变化,各有差异,情况多种多样。多数行业和企业,如缫丝、纺纱、面粉、卷烟、火柴以及有色和稀有金属等行业,产品主要供应国外市场或关内农村市场,或洋货和国内外国资本压迫严重,或资本微薄,行业内部恶性竞争激烈,衰退严重,恢复缓慢,甚至一蹶不振;也有部分行业和企业,如煤炭、水泥、基础化学工业等,或产品销售市场范围较广,或资本规模较大,或举办人创业有方,发展相对平稳,尤其是水泥和基础化工,在全国工矿业普遍衰退的不利环境下,获得了长足发展,取得了较好的经济效益,成为全国工矿业领域的佼佼者。

第一节　棉纺织工业和其他轻工业

机器棉纺织业和缫丝、面粉、卷烟、火柴等轻工业是民族资本比较集中的领域,除产品主供出口的缫丝业外,也是洋货和外国资本大力渗入、扩张的重要领域,因而是民族资本遭受洋货和外国资本压迫最严重的领域之一。在民族棉纺织、面粉、卷烟、火柴等工业产生之前,洋纱、洋布、洋面、洋烟、洋火早已充斥城乡市场,外国资本在中国开设的棉纺织、面粉、卷烟、火柴等工厂企业,也已抢占先机,操控原料和产品市场。民族资本企业特别是兴起时间较晚的卷烟和火柴工业,从产生之日起,就处于十分不利的条件。因而生存艰难,道路崎岖,发展缓慢,往往时兴时衰,兴衰交替,极不稳定。第一次世界大战期间,民族棉纺织业和面粉业等曾有较大发展,面粉更由进口转为出口。大战结束,列强卷土重来,棉纺织和轻工各业立即由盛转衰,1924 年达于极点。1927 年至 1931 年"九一八事变"前,棉纺织业和缫丝业、面粉业一度有所恢复和发展,卷烟业和火柴业还一度盲目扩大。"九一八事变"后,东北的沦陷和全国经济恐慌的爆发,机器棉纺织业和缫丝、面粉、卷烟、火柴等轻工业再次全面衰退,1934 年跌入谷底。1935 年后开始复苏,但到 1937 年日本全面侵华战争爆发前,尚未恢复到历史最高水平。不同行业、不同地区之间的发展,也极不平衡。20 世纪 20—30 年代,虽然机器棉纺织业、面粉和火柴业开始向华中、华北内陆地区扩散,但绝大部分工厂集中在几个口岸城市和东部沿海地区。民族棉纺织业和缫丝等轻工业,资本和生产规模普遍狭小,设备落后,力量单薄,根本无力同外国资本进行竞争。在民族资本企业内部,因市场和生存空间狭窄,也竞争激烈,兼并盛行。在大量中小企业破产倒闭的同时,逐渐形成资本集团。随着民族资本主义的发展,从第一次世界大战期间开始,资本集中和垄断现象日益明显,纺织、面粉、缫丝、火柴等行业都产生了较大规模的资本集团。进入 30 年代,随着民族资本主义由发展转为停滞、衰退,资本集中和垄断进一步加剧。

一、棉纺织业的发展与不发展

1927 年至 1937 年,全国棉纺织业是在极其复杂的国内外政治经济形势下运行的,十年间棉纺织业运行大致呈现出一个不规则的马鞍形。1927 年,国民党政府建立后,全国反帝浪潮迭现,以日本为主的外资一时难有大作为;加之有利的花纱比价,民族工业赢得了一个短暂的发展空间。但与此同时,日本帝国主义加快了对中国的侵略步伐。1931 年"九一八事变"后,日军侵占东北并进逼华北,对包括棉纺织工业在内的中国经济造成重大破坏。1929 年开始的资本主义世界经济危机同时波及中国,导致国内经济政治深层次矛盾的爆发,棉纺织工业陷入约四年的危机之中。虽然在 1936 年走出危机,开始回升,但生产能力和棉纱产量尚未恢复到 1931 年的水平。

(一)日本资本的疯狂扩张及其对华资的压迫

日本资本渗入中国棉纺织业的时间很早,最初靠收买、吞并现成的华商纱厂起家,而其资金大多直接或间接来自甲午战争和八国联军的战争赔款,以及在中国的其他攫夺所得。1902年,三井物产会社上海支店长山本条太郎收买华商兴泰纱厂;1905年租办华商大纯纱厂,次年收买吞并,改称三泰纱厂。1908年三泰与兴泰合并,兴泰改称上海纺织公司第一厂,三泰改称第二厂。1907年,日本棉花会社与一华商合资收购某日厂焚后所余机器,开办九成纱厂,旋即将华商资本吞并,改名日信纱厂。1911年,已在日本国内设有两家纱厂的内外棉株式会社,在上海开办第三厂。1913年、1914年又接连开办第四厂、第五厂两厂。

第一次世界大战爆发后,日军于1914年悍然占领青岛,夺取德国在山东的全部权益,将山东变为日本独占"势力范围"和领地。其时,欧洲各国忙于战争,无暇东顾,来华纱布大减,国内棉纺织业发展的市场压力减轻。这些都给日本资本的加速扩张创造了有利时机。日资在上海继续扩张的同时,迅速渗入山东和华北、东北地区,华东、华北、东北三地齐头并进。1916年,内外棉株式会社在青岛设第六厂(后改称内外棉青岛支店);1918年在上海收买华商裕源纱厂(后改称第九厂),并开设布厂,称第七厂;1919年开设第八厂(后改称第六厂);同年在青岛开设第十、第十一厂;1921年在上海设第十二厂(后归并第七厂)、第十三厂(后改称第一厂),并在第九厂添设布厂;1923年在上海开设第十四厂(后改为第二厂)、第十五厂(后改为第八厂);1925年在辽宁金州设内外棉金州支店第一、第二厂;1931年在上海开设第二布厂及染厂。内外棉株式会社从1887年成立到1910年的24年间,在日本国内只开办了2家纱厂,而在1911—1931年的21年间,在中国上海、青岛、金州三地开设的纱厂、布厂、染厂多达18家,形成一个庞大的纺织印染垄断集团,可见其扩张速度之快。

其他日商也相继渗入,迅猛扩张。1918年,由日本富士纺绩、日本棉花、伊藤忠商事三家会社出资组成的日华纺绩株式会社,收购美商鸿源纺织厂(初为美商所办,后由英商接办,或谓亦有华商资本),改称日华第一厂,不久扩充为日华第一、第二两厂;1921年、1923年增设第三、第四厂;1924年经管华商华丰纱厂,两年后将其收购;1925年收买上海华商宝成第一、第二厂,1931年后改称第五、第六、第七厂,华丰纱厂改称第八厂。1918—1925年的短短八年间,日华纺绩株式会社从无到有,从小到大,靠收购现成纱厂,迅速发展为大型纺织集团。另日本棉花、伊藤忠商事两会社于1921年与华商合办东华纱厂;次年添设新厂,为第二厂,旧厂改称上海东华第一纱厂。1926年日本棉花株式会社在汉口成立泰安纺绩株式会社,纱厂同年投产。1936年,东洋拓殖会社和伊藤忠商事会社合组天津纺绩公司,收买天津宝成第三纺织公司,1937年改称天津纱厂。

进入20年代,向纺织业渗入和扩张的日本纺织商更是蜂拥而至。1921年,大日本纺绩株式会社,分别在上海和青岛开设大康纱厂;富士瓦斯纺绩会社在青岛开设富士纱厂;日本丰田纺绩会社,在上海开设丰田纱厂,1935年在青岛又设一厂,称丰田纺织厂青岛工厂。早在1906年就到上海开办上海制造绢丝公司(后改称上海绢丝第一工厂)的钟渊纺绩会社,20年代后向棉纺织业扩张,1922年开办公大纱厂;1923年添设青岛一厂(后改称公大第五厂);1926年(另有记载为1925年)收购英商老公茂纱厂,改名公大第二厂;1936年收买天津华商裕元、华新两家纱厂,改称公大第六、第七厂,成为第三家日资纺织集团。棉纺织商谷口房藏等在上海成立同兴纺织公司,第一厂于1922年1月投产;1924年添设第二厂;1935年到青岛开设第三厂,称为同兴纺织株式会社青岛工厂。日本东洋纺绩会社于1922年在上海开设裕丰纱厂,1932年增设布厂,并向周学熙等创办的唐山华新纱厂投资300万元,名为"合办",实际将其变为日资纱厂;1937年添设裕丰纱厂天津分厂。日清纺绩会社于1922年在青岛开办隆兴纱厂。1923年,日本长崎纺绩株式会社在青岛开办宝来纱厂。1924年,满铁同富士瓦斯投资在辽宁辽阳成立梅州纺绩株式会社,纱厂同年5月开工;次年在大连添设福新纺纱厂(一名满洲福纺株式会社)。

从1902年山本收买华商兴泰纱厂,到1937年东洋纺绩会社设立裕丰纱厂天津分厂,35年间,共开设纱厂48家、布厂4家、染厂1家,合计53家,大部分集中在第一次世界大战及战后时期,1914—1926年34家,占总数的64.2%;14家设立于1927—1937年,占总数的26.4%。

日本资本不仅迅猛扩张,而且以直接收购、吞并华商纱厂作为扩张的重要手段,48家日资纱厂中,9家是直接收买、吞并现有华商工厂或合资纱厂,接近总数的1/4。一增一减,华资和日资纱厂的发展呈现明显的此消彼长态势。日资纱厂的资本实力和生产能力赶上和超过华商纱厂,形成喧宾夺主、鸠占鹊巢之势,对华商资本构成巨大的压迫。

表1-1反映的是华商、日商、英商纱厂资本分配情况及其变化:

如表,日资纱厂资本额,从1921年的1967.1万元增至1931年的10851.1万元,再增至1936年的19615.1万元,增长了9倍;占中外纱厂总资本额比重,从15.2%升至40.3%,再升至50.1%。单单日资,已超过全国纱厂资本总额的一半,再加上英国资本,外国纱厂资本的比重达到55.8%。而同期中国纱厂资本数额增长缓慢,从9842.2万元增至15251.8万元,再增至17294.6万元,16

表 1 - 1　华商、日商、英商纱厂资本分配及其变化

1921,1931,1936 年　　　　　　　　单位:国币万元

年份	总计	华商		日商		英商	
		实数	%	实数	%	实数	%
1921	12962.1	9842.2	75.9	1967.1	15.2	1152.8	8.9
1931	26922.3	15251.8	56.7	10851.1	40.3	819.4	3.0
1936	39118.0	17294.6	44.2	19615.1	50.1	2208.3	5.7

资料来源:丁昶贤:《中国近代机器棉纺织工业设备、资本、产量、产值的统计和估量》,《中国近代经济史研究》1987 年 4 月第 6 辑,第 95 页。

年间只增长 75.7%;所占比重更节节下降,从 75.9% 降至 56.7%,再降至 44.2%。原本资力薄弱的华商纱厂,在中外纱厂资本力量对比上,更加处于绝对劣势。

中外纱厂的设备分配情况大致相似,如表 1 - 2 所示,华厂纱锭数量虽略多于日厂、英厂,但增长缓慢,1928—1936 年 9 年间,仅增加 29.9%,而日厂增加 52.8%,英厂亦增 37.8%,均明显高过华厂。因此,华厂纱锭所占比重呈波浪式下降,而日厂、英厂波浪式上升。到 1936 年,日厂纱锭比重已超过 40%,加上英厂,其比重达到 46.1%,华厂不断朝劣势的方向演变。

日资纱厂凭借雄厚资本和优良生产设备,在母国政府和大财团支持和资金资助下,进行跌价倾销,抢占纱布市场。30 年代,跌价倾销更是挤垮华商纱厂的重要手段。"九一八事变"后,由于中国人民的抵制日货运动,也由于棉纱市场萧条,日资纱厂曾被迫一度减工,但很快就东山再起,重新扩大生产,不惜以远低于成本价格与华商纱厂拼死竞争,挤垮华商纱厂。表 1 - 3 反映的是上海日资、华资各厂棉纱批发价的悬殊差异:

表1-2 华商、日商、英商纱厂纱锭线锭分配及其变化
1928—1936年

年份	全国总计		华厂			日厂			英厂		
	厂数	锭数	厂数	锭数	占全国%	厂数	锭数	占全国%	厂数	锭数	占全国%
1928	120	3664120	•73	2113528	57.7	44	1397272	38.1	3	153320	4.2
1929	127	3969552	81	2326872	58.6	43	1489360	37.5	3	153320	3.9
1930	129	4198338	81	2390674	56.9	45	1630436	38.8	3	177228	4.2
1931	128	4516898	84	2589040	57.3	41	1757248	38.9	3	170610	3.8
1932	128	4611357	88	2637413	57.2	41	1790748	38.8	3	183196	4.0
1933	135	4731146	91	2742754	58.0	41	1803484	38.1	3	184908	3.9
1934	137	4938831	91	2807391	56.8	43	1946532	39.4	3	184908	3.8
1935	140	5022397	93	2850745	56.8	43	1944504	38.7	4	227148	4.5
1936	141	5102796	90	2746392	53.8	47	2135068	41.8	4	221336	4.3

资料来源:丁昶贤:《中国近代机器棉纺工业设备、资本、产量、产值的统计和估计》,《中国经济史研究资料》1987年4月第6辑,第88—89页。

表1-3 上海日华各厂各支纱批发价比较
1930—1936年　　　　　　　　　　　　　单位:元

年份	10支纱		20支纱		32支纱		42支纱	
	水月减宝鼎	水月减人钟	水月减金城	水月减人钟	蓝凤减金城	彩球减金城	水月减金城	蓝凤减金城
1930	+1.59	+2.46	+0.81	+8.28	-1.27	+0.61	-3.56	-3.93
1931	+0.06	+0.77	-6.78	+2.23	-9.26	-0.04	-17.07	-17.91
1932	-30.85	-29.73	-47.29	-27.03	-81.92	-77.69	-134.0	-135.7
1933	-9.53	-8.67	-29.57	-21.00	-17.02	-21.64	-47.85	-46.19
1934	-4.91	-5.23	-15.30	-6.02	-7.46	-5.78	-21.09	-21.03
1935	-5.97	-6.28	-11.66	-5.20	-7.54	-8.94	-17.86	-18.21
1936	-3.56	-2.52	-4.35	+0.35	——	——	——	——

原注:水月牌、彩球牌各支纱为日本内外棉纱厂所产;蓝凤牌各支纱为日本日华纱厂产。金城、宝鼎、人钟均为华厂所产。本表数字系按每大包(420磅)批发价计算而得。

资料来源:严中平:《中国棉纺织史稿》,科学出版社1955年版,第228页。

自 1932 年后,日纱市场批发价,全部低于华纱。每包差额,大多在 5 元以上,最高达 135.7 元,并代为运输,以引诱奸商。倾销地区,先是华北、东北,后又扩大到长江流域,使华北、华中华商纱厂深受其害。华北各厂,益苦日纱压迫,厂纱几无法脱手。在华中,武汉各厂出品亦感压迫,存纱多达万包;长沙、南昌,同苦过剩。[①]

与此同时,日本又利用在中国东北、华北的军事政治特权,猖狂走私。日人在华北的走私在 1935 年、1936 年达于猖狂极点。走私地点大致在大连、秦皇岛、天津、青岛等地。分陆路、海路两线进行,棉纺织品是大宗走私货品之一。自 1936 年 2 月份后,益见扩大,仅年初的 4 个月中,华北大约走私布匹 15000 包,使中国关税收入造成巨大损失。据海关估计,假定每月损失以 800 万元计,则每年损失达 10000 万元,几达全部税收的 1/3。这些走私棉纺织品,不仅充斥华北、华中市场,甚至渗入华南,"畅销广州"。[②]

日本猖狂走私,严重破坏了中国的市场秩序,减少了中国的税收,损害了中国财政,打击了棉纺织业和其他民族工业,又赢得了暴利,弥补了日资纱厂跌价倾销的利润损失,并以走私的部分暴利资助日资纱厂继续和扩大市场倾销,以期彻底摧垮中国棉纺织业。

日资纱厂通过大肆扩张和对华厂排挤吞并,以及跌价倾销和猖狂走私双管齐下的手段,明显占据了左右中国棉纺织品市场的主动权。1931 年"九一八事变"后,虽然全国各地抗日爱国运动蓬勃高涨,日厂纱布销售仍然不断上升。从表 1－4 可见,1932—1935 年的 4 个年度中,全国纱厂的市场销纱量每年各约 400 万

---

① 《纺织时报》1932 年 5 月 12 日,第 886 号。

② 《纺织时报》1936 年 5 月 14 日,第 1282 号;1936 年 5 月 28 日,第 1286 号。

担。日纱在1932年度占28.5%，至1935年度增至32.6%。同期华纱则由69.1%降到66.1%。棉布销量的情况尤为突出，日布销量在已超过全国棉布销售总量一半的基础上，继续攀升，从1932—1933年度的53.3%升至1935—1936年度的63.7%，上升了10.4个百分点。与此相反，1932—1933年的华布销量比重已低至35.6%，但仍在下滑，1935—1936年度已降至30.2%，不到全国棉布销售总量的1/3。全国纱布市场尤其是棉布市场，几乎完全为日本所操纵和垄断。

表1-4　华商、日商、英商纱厂纱布销售分配及其变化

1932—1936年　　　　　　　　　　　　　单位:%

年度	棉　　纱			棉　　布		
	华商	日商	英商	华商	日商	英商
1932—1933	69.1	28.5	2.4	35.6	55.3	9.1
1933—1934	68.1	30.6	1.4	36.1	57.3	6.6
1934—1935	69.4	29.3	1.3	35.0	59.2	5.8
1935—1936	66.1	32.6	1.3	30.2	63.7	6.1

资料来源:严中平:《中国棉纺织史稿》,科学出版社1955年版,第215页。

在华北和东北地区,中国民族纺织业的实力更加薄弱,受日本跌价倾销和猖狂走私的祸害更深,遭受日资纱厂的压迫更加严重,命运也更惨。

日军在1914年侵占青岛、将山东变为日本"势力范围"和领地后,立即加速经济侵略和资本扩张。1916年,日本内外棉在青岛分设第五厂,资本700万日元,纱锭25.5万枚。当时青岛和山东均无机器棉纺织厂,日本得以夺占先机。1919年,虽有青岛华新、济南鲁丰等两家华商纱厂设立,但规模远不如内外棉。为了垄

断和独占山东纱布市场,从 1920 年起,日本又相继开办大康(1920
年)、富士、隆兴(1922 年)、宝来、公大(1923 年)等 5 家纱厂,规模
宏大,资本雄厚,为华商纱厂所望尘莫及。表 1－5 是山东日资、华
资纱厂情况对比:

表 1－5　山东日资和华商纱厂力量综合对比
1933 年

项目	合计	日资纱厂		华商纱厂	
		实数	%	实数	%
厂数	10	6	60.0	4	40.0
资本		11538(万日元)		756(万元)	
纱锭、线锭(枚)	1033811	937503	90.7	96308	9.3
工人(人)	20623	15757	76.4	4866	23.6
常年需用棉花(担)	1146510	933223	81.4	213287	18.6
棉纱年产量(担)*	933675	777382	83.3	156293	16.7
棉纱年销量(担)*	715426	578890	80.9	136536	19.1

　　* 系 1932 年度(1932 年 6 月至 1933 年 5 月)产量、销量。

　　资料来源:据实业部国际贸易局编:《中国实业志·山东省》第 4 册,宗青图书公司
　　　1980 年印本,第 9—12(丁)页综合整理编制。

　　日资纱厂资本雄厚,在中日纱厂生产设备和产销数量中所占
比重,纱锭、线锭超过 90%,棉花原料消耗量和棉纱产量、销量均
超过 80%。而华商纱厂分别不到 10% 和 20%。资力如此薄弱,
所占份额如此之少,随时有被日厂完全吞并之虞。

　　在华商纱厂的发展过程中,外货倾销被认为是"最大之致命伤"。[①]
天津和河北是日本走私和日厂跌价倾销最猖獗的地区,华资纱厂

　　① 《五中全会救济纱厂扶植产业两案原文》,《纺织时报》1935 年 1 月
7 日第 1150 号。

所受压迫和祸害最深,命运也最为悲惨。就在日本走私和跌价倾销最为猖狂的 1932—1936 年,天津和河北地区的华商纱厂,几乎全部被其相继挤垮、吞并,而该地的日资纱厂,全系收购、吞并华资纱厂而来,没有一家是自己建造的。天津和河北地区 10 家华商纱厂(包括 1 家制线厂)中,天津裕元、华新、宝成 3 家纱厂分别被日本纺织集团收购、吞并,一变而为日资公大六厂、公大七厂和天津纱厂;天津裕大纱厂早在 1925 年就转归债主日商东洋拓殖会社营业,订期 20 年。1926 年又让渡与日商伊藤忠洋行及李淮生所组织的大福公司营业。1932 年大福经营期满,东拓无意经营,仍归大福。此厂已无异于日资所有。唐山华新纱厂,1932 年后由日商投资 300 万元,名为"合办",实已成为日资纱厂。被日商吞并的纱厂多达 5 家,占全部纱厂的一半。其余 6 家,2 家分别于 1935 年、1936 年被债权人接管,1 家于 1932 年停业(或谓已焚毁),能够继续维持的只有 2 家。[①]

在东北,日本更是拼命扩张,极力打击华商。东北民族纺织业的主体是机器织布业和印染业。据统计,1930 年时,东北三省共有机器织布厂 111 家,其中有资本额可稽的 90 家,资本总额为 372 万元;有印染厂 105 家,资本总额为 32.9 万。机器纺纱业只有 1923 年建于沈阳的奉天纺织厂。"九一八事变"后,由于日本侵略者的烧杀和掠夺、搜刮,居民消费减退,日本侵略者还是大肆倾销纱布,同时极力扩充日资纱厂。设于辽阳的日本满洲纺织会社,原有资本 250 万元,纺机 31360 锭,布机 505 台,复于 1935 年计划增资为 500 万元,增设整染厂,"以谋独占"东北织染生产和

---

① 参见严中平:《中国棉纺织史稿》,科学出版社 1955 年版,附录一:"中国纱厂沿革表"。

棉布市场。① 1936 年有报道说，北满一带棉布市场，"殆全为日布所独占"。② 日伪为阻止关内华商纱厂棉纱进入东北，又实行双重税率，上海华厂棉纱须纳两份统税，而日纱则可免缴，所以售价相差七八两之多。③ 因此，自"九一八事变"后，关内华纱到货极微，市上所销者，大半是仙桃、日光牌日纱，棉纱纱厂复为日本所垄断。原有的民族棉纺织业，不是惨遭日本侵略者劫夺、焚毁，就是被日商、日货排挤，无法正常生存，随时面临倒闭、覆灭的厄运。

（二）民族棉纺织业的短暂发展和严重危机

1927 年后几年间，中国棉纺织业的生存环境发生了某些变化：由于进口关税提高，至 1931 年，棉纺织品的进口数量有所减少（详见表 1－6）；在不断高涨的反帝爱国运动中，以日本为主的外资棉纺织企业扩张受到某种程度的遏制；花纱比价也对棉纺织生产较为有利。在这种情况下，全国民族棉纺织业有所恢复和发展。

1927 年，民族棉纺织业经历了 1923—1925 年的三年衰退后，渐有转机。1923—1926 年新建民族纺织厂 6 家，但有 2 家老厂被日商吞并，实际增加的纱厂只有 4 家，另有 2 家出租，2 家出售，5 家被债权人接管或改组，4 家停产或旋开旋停，合计 13 家。而在同一时间，日商新建纱厂 6 家，加上吞并的 2 家华厂和收购的英商老公茂纺织局，共计 9 家，增加的纱厂比华商多出 1.3 倍。1927—1931 年民族资本新建纱厂 10 家（包括一家旧布厂增添纱锭），5 家旧厂增资扩充，合计 15 家；与此同时，原有及新建纱厂中，有 5 家先后停工、6 家出租、7 家改组、12 家出卖或被债权人接管，总数

---

① 《纺织时报》1935 年 9 月 12 日第 1218 号。

② 《纺织时报》1936 年 5 月 21 日第 1284 号。

③ 《纺织时报》1932 年 10 月 17 日第 931 号。

表1-6　中国机纱棉布进出口数量表

1927—1936 年　　　　　　　　　　　1927 年 = 100

年份	进　口				出　口			
	棉纱（公担）		棉布（千两）		棉纱（公担）		棉布（千两）	
	实数	指数	实数	指数	实数	指数	实数	指数
1927	178409	100.0	128512	100.0	205624	100.0	16905	100.0
1928	172362	96.6	163330	127.1	211672	102.9	14607	86.4
1929	141518	79.3	164611	128.1	208648	101.5	15639	92.5
1930	96764	54.2	129760	100.9	199577	97.1	9794	57.9
1931	29029	16.3	107271	83.5	373753	181.8	12229	72.3
1932	58059	32.5	71551	55.7	209858	102.1	10741	63.5
1933	16929	11.0	81339	63.3	327288	159.2		
1934	13336	7.5	37457	29.1	270326	131.5		
1935	11215	6.3	28818	22.4	145950	71.0		
1936	6006	3.4	16909	13.2	89885	43.7		

资料来源:1928—1932 年据叶量:《中国棉纺织品产销志》,见《中国棉纺统计史料》,上海市棉纺织工业同业公会筹备会整理印行,1950 年 7 月,第 123 页。棉纱原计量单位千关担,现据 1 公担 = 1.6535 关担换算为公担。1933—1936 年据严中平等:《中国近代经济史统计资料选辑》,第 74—75 页表 16、表 17。棉布计量单位原为元,现改为千两,1 元 = 0.715 两。

达 30 家,远超过新建和扩充纱厂数。① 不过这期间未见日资或其他外资新设纱厂或吞并华厂,外资尤其是日资扩张势头受到某种程度的遏制。从总体上看,民族纺织业已由 1923—1925 年间的大幅衰退转为兴衰互见,兴衰并存,兴衰互抵,略有发展,一些地区的纱厂生产经营有所改善。1928—1930 年间,湖北裕华、震寰、申

---

① 据严中平:《中国棉纺织史稿》附录一"中国纱厂沿革表"综合计算。

新、汉口第一、第四纱厂,由于投资环境改善,设备增加,产量亦有所提高。[①]

在地区分布上,这期间华商纱厂有明显向内陆地区扩散的趋势。10家新建纱厂中,4家位于内陆地区。其中山西新绛2家,湖北沙市1家,还有1家在新疆迪化。迪化阜民纱厂设于1928年,虽仅有资本20万元,纱锭1200枚,布机30台,为当时"国内纺厂之最小者,但年有赢余"。[②] 这是民族棉纺织业地区分布上的一个突破。

棉纺织工业十分薄弱的东北地区,机器棉纺织业也有明显发展。1923年7月,官商合办辽宁纺纱厂投产,资本国币300万元,纱锭2万枚,布机200台,织袜机5架,染色机1架,产品有棉纱、棉布、染色纱、线袜等。1929年生产棉纱15000包,棉布15万匹。在这前后,又有东兴染色纺织公司、厚生福织布厂等多家纺织印染企业建成。到1929年,仅沈阳即有工人5名以上、在总商会注册的棉纺织厂52家,总资本341.7万元,当年共产棉纱1.5万包、各类棉布36.6万匹,总产值538.7万元。印染方面,有包括东兴染色纺织公司在内的印染企业14家,总资本12.4万元,当年染布、染衣58.2万匹(件),总产值42万元。吉林、黑龙江亦有多家小型织布厂和色染厂,详见表1-7。

东北三省共有机器纺织厂108家(绝大部分是织布厂),电力印染厂105家,加上缺漏的营口数字,共有资本约429万元。

---

① 章开沅等主编:《湖北通史·民国卷》,华中师范大学出版社1999年版,第295页。

② 严中平:《中国棉纺织史稿》附录一,科学出版社1963年版,第350页。

表1-7 东北棉纺织及印染厂数量、资本、产量统计

1930 年

省别	纺织厂					印染厂				
	家数	资本额（元）	工人	产量（匹）	产值（元）	家数	资本额（元）	工人	产量（匹、件）	产值（元）
辽宁*	78	3418200	7005	3717200	5386000	14	124000	180	582000	420000
吉林	22	281100	868	278887	917100	11	49500	110	30291	133800
黑龙江	11	21666	73	40600	—	80	155100	589	504300	—
合计	111	3720966	7946	4036687	6303100	105	328600	879	1116591	553800

* 内营口有电力铁机织布厂21家，工人1340名，但资本、产量、产值数字不详；本溪2家电力织布厂的产值不详。

资料来源：据东北文化社编：《东北年鉴·工业》(1931年)，东北文化社年鉴编印处1931年初版，第1035、1036—1037、1054、1058—1059、1062、1070、1083页各表综合归并、计算编制。

民族棉纺织工业的生产经营和市场状况也都明显好转。

1928年上海棉纱交易总数为390312包，比1927年的343618包多46694包。每包"至少获利十两，多者且达三十两"。1929年棉纱市况进一步好转，各帮自上海购入机纱464441包(包括香港的1430包)，约较上年增加74129包(不计香港72699包)，棉纱交易出现"欧战以来未有之盛况"，甚至被人称之为"棉贱纱贵之黄金时代"。① 不过1930年上海市况已有逆转迹象。虽棉纱输出2560057担，比1929年的2183794担多出376263担，由于棉价不高，整体赢利状况尚可，但棉纱交易量下降，全年只有692527包，比1929年的714086包减少21559包。以致纱价下跌，存货增加，

---

① 《十八年上海纱花市况之回顾》，《工商半月刊》1930年3月第2卷第6号。

数量多达 10 万包,"存纱之厚,实近年所罕见"。[1]

东北地区的民族棉纺织业,也都一度兴旺。各厂年织布约 457 万匹,年染布 111.7 万匹(件)产销两旺。东北纺织印染巨擘东兴染色纺织公司,纺纱、织布兼营染色,织染的大布,质地坚固,价格较外货低廉,最合一般工农大众的需求,销路有增无减,"几于供不应求"。故该厂拟添置新机,以期扩充。位于吉林省城永吉的富吉织染有限公司,资本吉洋 10 万元,年产花旗布、细布、坎布、大布、条布、套布等共 3.7 万余匹,据说"在吉林省境内销售畅旺,获利甚巨"。[2]

由于抵制日货和棉贱纱贵,经济环境颇有利,华商纷纷扩充生产。1928 年至 1931 年年底,全国华商纱厂从 73 厂增至 84 厂,纱锭从 2113528 枚增至 2589040 枚,增加了 22%。市场状况好是华厂大力扩张的直接原因,但华商纱厂能够扩充的更深刻原因是全国开展的抵制日货运动,使日本纺织品销路明显受阻,华厂若不趁机扩张,势必失去机遇而不敌日本。纺织业巨头荣宗敬 1928 年说,"纺织一业非有多量产额不足与外商相颉颃","盖产额愈多,则进料、销货亦愈益便宜,而管理、营业各费亦愈节省"。[3] 因此荣家纺织集团在 1929 年后,虽处境困苦艰难,犹先后添锭 25 万余枚,布机 2400 台。

1927—1930 年,虽然中国民族棉纺织业呈现较好的发展势头,但是好景不长。从 1931 年夏季开始,各种灾祸接踵而至:夏季

---

① 《去年上海纱花市况之分析》,《工商半月刊》1928 年 2 月第 1 卷第 3 号。

② 据东北文化社年鉴编印处编:《东北年鉴·工业》1931 年初版,第 1035、1036—1037、1054、1058—1059、1062、1070、1083 页综合统计。

③ 上海社会科学院经济研究所经济史组编:《荣家企业史料》,上册,上海人民出版社 1962 年版,第 254 页。

长江流域发生特大水灾;接着"九一八事变"爆发,日军占领东北;
1932 年"一·二八沪战"爆发,日军侵犯上海;列强各国转嫁经济
危机导致全国经济恐慌肆虐;蒋介石国民党军接连对工农革命根
据地发动大规模的军事"围剿"。这些事件在市场需求和生产供
给两方面都对棉纺织工业造成致命性的打击。自"九一八事变"
起,中国民族纺织工业陷入了为期四五年之久的衰退和危机
之中。

东北是关内棉纺织业的重要市场,往年关内销往东北的棉布
占总额26%,销往东北的棉纱占总额15%。① 日本侵占东北不仅
使关内机器棉纺织工业失去一大市场,又使关内农村手织业失去
了最大的市场,使机纱销路大为减少,从而进一步造成机纱市场的
危机。东北失陷后,天津棉纱更失去 50% 以上之销路,以致 1932
年棉纱市场尚不及上年的 2/10,损失尤为惨重。② 东北沦陷对棉
纺织业的打击不限于华北,长江三角洲地区同样十分严重。1932
年春,因南通等地专销东北的"关庄"布业衰败,大半停机,
机纱需要大减,无锡厂纱多运上海销售,致使上海纱市"益苦
呆滞"。③

1932 年"一·二八沪战"中,日本侵略军更对棉纺织工业直接
造成严重破坏。永安二厂、永安三厂、统益纱厂、溥益二厂、大丰纱
厂等大型纺织厂被日军炮火击中或被日军飞机炸弹炸中。闸北大
量小型织布厂也被炸毁。直至 3 月 1 日,华商纱厂开工者只 18
家,尚有 1/3 的纺锭未能运转。据上海市社会局发表的数据,

① 《去年中国棉织业之回顾》,《工商半月刊》1934 年 5 月第 6 卷第 9
号。
② 《天津棉纺织业衰败之原因》,《纺织时报》1933 年 6 月 1 日第 991
号。
③ 《纺织时报》1932 年 12 月 19 日第 949 号。

"一·二八沪战"中上海纺织工业所受损失,直接间接共计达9600040元。①

国内战祸和自然灾害也是造成需求下降、棉纺织业衰退的重要原因。蒋介石国民党对苏区的军事"围剿"和杀戮,造成农村经济的严重破坏、人员大量伤亡和流离失所,固然导致棉纱、棉布需求下降,而对苏区及其周边地区的经济封锁,也严重破坏了棉纺织品的正常运销。结果,苏区及周边地区,棉纺织品严重短缺,而上海等地大小棉纺织厂的产品堆积如山,无法脱手,两受其害。正如时论所言,战事不断,"人民流离,遑论购衣。纱销阻滞,更无待言"。②

长江特大洪水"为60年来所未见"。据中国银行调查,灾区达20余省,灾民达数千万,受灾最重者为江、浙、湘、鄂、赣、皖、豫、鲁八省。受灾农田达21166.8万亩,受灾农户达1409.1万户,损失达4.5亿元。另据国民党政府统计局调查,上述8省受灾田达25500万亩,损失产米额9亿斤(合5.37亿公斤),小米、高粱14亿斤(合8.36亿公斤),分别占全国总产额的24%。其损失金额约45700万元。而国民党政府对苏区的军事"围剿",年耗五六千万元军费,其总数又总括在二万万元以上。③ 仅此两项,就使中国主要是农村市场的购买力净减7亿元以上。④ 毫无疑问,危机的形成有着社会经济更深层次的原因。近代中国农村和农民经济是相当贫困的,中国封建土地制度造成的"耕者无其田或少其田",由此形成农民被迫交纳高额地租,农村生产力的普遍低下,是农村

---

① 《纺织时报》1933年2月18日第962号。

② 《纺织时报》1932年12月19日第949号。

③ 《纺织时报》1932年4月11日第877号。

④ 据巫宝三等的研究,1933年中国农村购买力约为115.9亿元。仅因长江水灾和国内战争军费开支,就减少了6%。

购买力低、农村市场狭小的深层次原因。特别在西北等贫困地区，农民对衣着的消费水平极低。一则报道说，"西北布疋甚宝贵，在陕甘交界之平凉道一带，女子未出阁者不穿裤子。盖布疋稀少，须至成婚时，始用男家所送者制成裤子"。① 正是因为农民贫困，有效需求、购买力极低，极大制约了中国近代纺织工业以至农村手工织布的市场。而这一时期农村织布业的衰退，无疑又反过来大大加剧了农村的贫困。

这些事件造成的共同后果是，农村手工织布业失去最重要的市场而严重衰退，世界经济危机又使中国农产品、农产加工品出口和产品价格严重下降，在农村，农业亏损，农民收入大幅减少，农村金融涸竭；在城市，工厂停产，工人失业，乡村和城市的市场购买力无不大幅下降，直接导致机纱的城乡市场急剧萎缩，由此引发了棉纺织工业的市场危机。

危机主要表现在市场萧条、花纱比价不利和金融紧缩等三个方面，其中最主要的是市场萧条。市场问题在 1930 年已露端倪，1931 年逐渐明显，1932 年后成为头号问题。花纱比价在 1932 年秋冬初现不利趋势，1933 年、1934 年益形严重，并与市场需求萎缩相互交织，使 1933 年、1934 年棉纺织工业的危机加深。世界经济危机对棉纺织工业的直接影响，始于 1933 年中国白银大量外流，而以 1934 年、1935 年影响最大，这是美国实施白银法案，造成中国白银大量外流所致。

棉纺织工业的危机首先是市场萧条，它是全国性市场危机的一部分，和当时的世界经济危机一样，是资本主义发展中的危机，不过主要不是由于生产的相对过剩，而是由于购买力绝对减退，特别是农村购买力的减退甚至消失。棉纱市场萎缩对棉纺工业造成

---

① 《纺织时报》1932 年 4 月 4 日第 875 号。

的巨大冲击一直延续到 1936 年危机结束。

危机期间,机纱销量大幅下降,积压增加。中国机纱的最大产销地上海,1931—1935 年的国内市场销纱数量,有如表 1－8:

表 1－8 上海国内市场棉纱现货销售统计

1931—1935 年　　　　　　　　　　　　1931 年＝100

年份	A 华商纱布交易所各帮成交现货量(包)		B 棉纱市场成交量(件)	
	实数	指数	实数	指数
1931	365401	100.0	551304	100.0
1932	321489	88.0	343791	62.4
1933	210534	57.6	240852	43.7
1934	301078	82.4	331384	60.1
1935	290586	79.5	303648	55.1

资料来源:A 据严中平:《中国棉纺织史稿》,科学出版社 1955 年版,第 376 页表 9。经对照原资料出处,此表数据剔除了对南洋、香港等地出口数,故可认为是国内市场交易量;B 据《中国棉纺统计史料》(上海棉纺织工业同业公会筹备会 1950 年 7 月整理,原件藏中国社会科学院经济所),表 132。

表列数据显示,1933 年是中国机纱市场最不景气的年头,仅就纱布交易所各帮采购量看,成交量只相当于 1931 年的 57.6%,更只相当于 1930 年成交量 495942 包的 42%。市场交易量的降幅更大,1933 年只相当于 1931 年的 43.7%。

从地区看,华中、华南两区机纱销售衰减的程度相对稍轻,华北地区最为严重,如表 1－9 所示,1933 年华中、华南两区的棉纱销售量,尚相当于 1930 年的一半稍多,而华北地区,1932 年,尤其是 1933 年的棉纱销售量已经微乎其微。

机纱销量大幅下降,存纱量相应急剧上升。有报道指出:纱价

表 1-9　关内地区机纱销量指数统计

1931—1933 年　　　　　　　　　　　　　　　1930 年＝100

年份	华北	华中	华南	关内总量
1931	61.4	90.1	60.3	78.2
1932	8.6	68.2	96.3	52.4
1933	2.2	55.0	52.6	34.5

资料来源:《华商纱厂联合会年报告书》(1934 年 5 月),《纺织时报》1934 年 6 月
　　21 日第 1095 号。

虽已极贱,而销路之沉滞如故,初未因价廉而稍稍引起需要,致纺
厂囤积之纱,乃达最高纪录。[①] 表 1-10 是棉纱工业危机中上海
存纱量的不完全记录:

表 1-10　上海存纱量统计表

1931—1936 年　　　　　　　　　　　　　　　单位:包

年份	1 月	2 月	3 月	4 月	5 月	6 月	7 月	8 月	9 月	10 月
1931	79352	114630	125127	120250	—	106235	79030**	60295	40469	57240
1932	—	—	81945*	86075	75273	76950	84051	—	84055	96830
1933	122965	133096	160527	168665	157180	158520	160060	141144	126565	126615
1934	—	165704	167150	127188	110236	107825	107759	105441	90780	74957
1935	83204	81221	65357	63691	70832	74816	50088	49281	33013	26857
1936	78864	68047	60670	69528	78383	75888	72183	58167	34830	14240

* 不包括栈房存货数。

** 仅纱厂存纱数,不包括交易所、栈房。以下均为纱厂存纱数。

资料来源:据《纺织时报》1931—1936 年各期综合整理、编制。

---

　　① 《华商纱厂联合会年报告书》(1933 年 4 月),《纺织时报》1933 年 5
月 8 日第 984 号。

纱厂产品积压的情况,1930 年年尾已经出现。是年 11 月末,上海华商纱厂存纱 133504 包,年底略有减少,尚存 84923 包。1931 年、1932 年情况继续,1933 年、1934 年最为严重,1935 年、1936 年才略有缓解。

在市场萎缩、产品严重积压的同时,民族棉纺织工业还饱受花纱不利比价和金融紧缩的困扰。

1932 年秋冬后,花纱比价变化趋势对棉纺工业明显不利。在纱价大幅下降时,棉花价格虽然亦降,但幅度较棉纱为小,棉纱生产的采算日益不利,棉纺业开始"遭遇原料昂贵而制成品市价过低的困境"。1933 年有报告书说,1932 年 12 月与 1931 年 1 月的最高价格比较,棉纱约跌 26 两,而棉花则仅 5 两,两者"差率益大"。[①] 由于粗支纱的成本中,原料棉花约占 80%,它极大影响了纱厂的利润率。[②] 1932—1933 年间,华商纱厂最感头痛的是机纱市场的极度萎缩、产品的大量积压。1934 年,当大量减工致使存纱量略有减少时,花纱比价问题就更为突出了。不过总的来说,危机期间民族棉纺织业的最大困难不是由于花纱比价不利,而是由于社会购买力、尤其是农民购买力的下降。事实上,这期间华商纱厂得以维持生产,并展开出口竞争,是以牺牲棉农的利益为代价的。

同时,在半殖民地半封建中国,机纱和棉花的价格并不完全取决于国内的供需关系。而在很大程度上受国际市场价格的影响,日本棉纱和美国棉花都对中国纱、花价格有重要制约作用。这种影响的发生和影响大小,除受国际间商品供求关系变化外,各国间

①　《纺织时报》1933 年 5 月 8 日第 984 号。
②　许涤新、吴承明主编:《中国资本主义发展史》第 3 卷,人民出版社 1993 年版,第 132 页。

的货币兑换率也会起到极大作用。

1929 年爆发的世界经济危机使西方国家的物价水平大幅暴跌,但由于中国是用银国,银价的跌落幅度大于物价,在 1929—1932 年间,因金贵银贱影响,机纱价格并未受世界经济危机冲击而大幅降落,反而止跌回升。1933 年始受银价变动的影响,1934 年、1935 年则是受"金贱银贵"打击最甚的时期。

打击表现在两方面:一是纱价下降;二是因白银外流致使国内金融高度紧张,企业流动资金短缺。由于华商纱厂多是靠借债维持营运乃至靠借债谋求发展,利息高昂:全国纺厂,平均纺纱所负利息,10 支纱每包约需要 6 元,16 支约 10 元,20 支约 13 元,32 支达 18 元,几占制造成本总额 1/3。[①] 一旦市况不好,难以赢利,资金短缺,无从借贷时,必然陷入危机。1934 年、1935 年的华商纱厂正是处于这种局面之中。此外,由于银根紧缩,也大大妨碍了向农村织布业放纱收布的商人业务,并使农村手织业大为收缩衰退。

在市场需求萎缩、纱花比价不利、国际金融冲击、国内灾难特别是日本的军事经济侵略的重击下,华商纱厂陷入极度困境,大部分甚至绝大部分纱厂严重亏损,资金匮乏,纷纷停工停产、改组、出租、出售、倒闭,或被债权人接管。

首先是停工停产。有的是间歇性停产,即时产时停。1933 年 4 月,华商纱厂联合会发表减工公告,一致议决自 4 月 22 日起至 5 月 21 日止,各厂实行减工,每星期六、星期日,日夜班一律停止工作,或减工 23%。议决全体减工后不久的 5 月 10 日,华商纱厂联合会再次议决,鉴于棉纺织业"艰苦情形,日趋严重,断非减工 23% 所能救济。公议减工一个月期满后,自本月 21 日起,各厂停

---

① 《华商纱厂联合会年报告书》(1935 年 5 月),《纺织时报》1935 年 5 月 30 日第 1188 号。

工或减工,悉听各厂斟酌本身情形自由办理"。① 据该会在该年6月底调查,各厂自由减工期间,完全停工者12厂,纺锭426688枚;停全夜工者4厂,计纺锭97288枚;总计全国减工率仍与23%相近。1934年夏,据称全国90余家纱厂中,减工者已达80余家。更有的是长期停产,表1－11反映的是停工一个年度以上长期停产的纱厂和设备数量:

表1－11 华商纱厂年度未开工、停工纱锭布机统计表

1928—1936年

年份	未开、停工纱锭		未开、停工布机	
	工厂数	纱锭(枚)	工厂数	布机(台)
1928	8	142084	9	2515
1929	9	146024	4	1200
1930	5	128400	6	2105
1931	6	51960	9	2418
1932	10	119840	4	582
1933	16	243936	11	3282
1934	18	317996	11	3234
1935	19	508264	14	5221
1936	16	337728	12	3825

注:本表为粗略统计。凡新旧厂拟添纱锭布机数均不列入统计中。

说明:1928年:上海:恒大,1928年11月设立,作未开论。永安三厂1928年6月开工,布机无产量,暂作未开论。常熟裕泰,1929年1月开工,作未开。杭州通益公,1928年12月开工,作未开。陕西秦丰,无开工年月,作未开。

1929年:申新八,1930年开工。福大,1929年12月开工。沙市,1930年10月开工。雍裕,1931年6月开工。以上均作未开工论。恒大,续上年未开。宝兴,1929年何时开工不详,作未开工。阜民作停工论。

---

① 《纺织时报》1933年5月11日第985号。

1930 年:河南豫丰,原统计作未开,但上年有布产量,作停工论。陕西民生原统计为未开。

1931 年:江苏民丰有纱产量无用棉量,不作停工论。江苏福大、河北宝记、河南成兴未见产量、用棉量,作停工论。陕西民生为新设未开。无锡丽新为当年开工,作未开。大益成、大生副厂当年新添布机,作未开。豫丰仍作未开。

1932 年:上海同昌、隆茂,1933 年调查时已停工,但统计有 1932 年纱产量、用棉量(同 1931 年),故不作为停工。永豫调查时在停工中,但统计有产量、用棉量且少于 1931 年,估计为半开工,不作为停工。益晋无用棉量但有产量,不作停工。上海民生、经纬,河南豫丰及营口有布机无产量、用棉量,布机均作停工论。富安(1933 年,1 月开)、成通(1933 年,4 月开)、仁丰(1934 年,6 月开)、钜兴(1933 年,3 月开)为未开工。

1933 年:上海的同昌、隆茂继续停工。永豫改组为鼎鑫,未见产量用棉量,作停工论。"上海"为新设厂,未见产量、用棉量,作未开工论。湖北布,开工锭 35312,停工 5280。汉口第一,开工锭 77500,停工 10500。湖北布,开工机 200,停工 455。汉口第一,开工机 700,停工 500。裕华开工机 468,停工机 36。天津恒源开工机 180,停工机 130。辽宁、营口、阜民均无产量、用棉量,视为停工。汉口申新四作未开。

1934 年:上海申新二、申新五、民生在调查时已停工,但有产量、用棉量(多同 1933 年),不作停工论。隆茂改组为苏纶,未见产量用棉量,作停工。调查时天津裕元已停工,但有当年纱布用棉量,故不作停工论。调查时河南豫丰纱锭停工 13248,开工锭 43200。天津达生为本年新设,未见产量、用棉量,作未开工。河南广益统计表作停工 13200 锭,但无当年产量用棉量,作全部停工论(35600 锭)。天津恒源无产量用棉量,作全停工论。

1935 年:上海:申新二、申新五、民生、经纬、"上海"续停。调查时恒丰、振华在停工中,但均有产量、用棉量,不作停工论。各地:宝记、湖北纱布局、大生二厂、裕元、恒源、震厥仍续停。本年新停:裕泰、嘉丰、裕中。调查时业勤、振新、汉口第一、宝成三停工中,但均有产量、用棉量,不作停工论。天津达生仍未见产量,仍作未开工论。陕西大兴无产量,但有用棉量,不作停工论。

1936 年:上海:振华、民生续停。同昌改组为天生(?),经纬改组为美丰,续停。协丰改组为大同,新停。新裕二,新停。申新二无用棉量但有产量,不作停工。各地:宝记、湖北纱布局、大生二、中一(裕中)续停。新停:振新、裕泰、成大(鲁丰)。另江苏大成三、年底新成立大成四厂,作未开工。祁县晋华有产量无用棉量,作开工论。

资料来源:据《中国棉纺统计史料》(上海棉纺织工业同业公会筹备会 1950 年 7 月刊本,原件藏中国社会科学院经济所),第 17—64 页:各年"全国纱厂概况统计表"整理计算。

从表列可见,以年度计算的长期停工厂家,1929 年度,纱锭停工的工厂 9 家,停工纺锭 146024 枚;布机停工的工厂 4 家,停工布机 1200 台。危机最严重的 1935 年,纺锭停工的工厂 19 家,停工纺锭达 508264 枚;停工厂家、锭数分别为 1929 年的 211％ 和 348％;布机停工的工厂 14 家,停工布机 5221 台,分别为 1929 年的 350％ 和 435％。出现纱锭、布机停工的工厂有同一厂者,也有不同厂者。

减工、停工虽然降低了生产开支,舒缓了产品积压的困扰,但同时降低了工厂的规模效益,加倍减少了工厂的收入和盈利,进一步削弱了偿还债务和应付市场竞争的能力,以致处境愈加艰难,完全无法维持。因此接着减工、停工而来的是纱厂的改组、出租、出售、倒闭或被债权人接管。事实上,在危机中,"华厂出租,改租、改组出售之类的异动,实异常频繁"。1931 年,就有三新纱厂被申新公司承购、民生公司承租,湖北纺织官局、常州纱厂改组民丰纱厂、厚生纱厂由申新纱厂收买、天津宝成纱厂重行改组等异动。1932 年,溥益一、二厂由银团接收、辽宁纱厂被日资没收、湖北纱布蔴丝局招商承办、利泰承租裕泰、隆茂纱厂宣告清理。1933 年,改组者 1 家,清算者 1 家,出售者 1 家,招标拍卖而无人投标者又 1 家。1934 年,改组者两家,被债权人接管者 1 家。1935 年,改组者 1 家,赎租者 1 家,出售者两家,清算者 1 家,由债权人接管或改组者 4 家,被债权人拍卖者 1 家,被债权人拍卖而无人投标者又 1 家。[①] 如此等等,不一而足。

中国民族纺织业的危机,是列强经济扩张和转嫁危机的结果。在危机期间,外国资本、尤其是日本纱厂乘华商之危,极力扩张,以图彻底挤垮华商纱厂,独霸中国市场,迫使华商不得不在原本应紧

---

① 严中平:《中国棉纺织史稿》,科学出版社 1955 年版,第 231 页。

缩生产的情况下,依然增加生产设备和产量,以避免死亡,由此出现市场萧条、需求量急剧下降而厂家却持续扩充生产的奇异现象。无论是"九一八事变"之前还是之后,由帝国主义控制和影响的外部环境,都使中国民族棉纺织业陷入难以自拔的困境。当帝国主义侵略激起中国人民抵制洋货时,华商势必趁机极力扩大生产能力,占领市场,但当华商竭尽最大努力甚至不惜借入巨量资本建立的生产能力刚刚投产时,侵略进一步扩大所造成的市场萎缩和消费水平的进一步下降,又使华商纱厂尝尽产量供过于求的苦果。

事实上,华商纱厂逆市扩充设备、增加生产,直接导致两方面的后果:

一是开工率低,设备大量闲置,造成设备和资金的严重浪费。表1-12、表1-13显示,无论危机期间还是危机爆发前还是危机结束后,华商纱厂的设备开工率都相当低,1928—1936年的9年间,纱锭和布机的平均开工率分别只有91.4%和86.7%,1935年最低分别只有82.2%和79.0%。

华商纱厂为了维持市场份额和自身生存,克服重重困难扩充设备,然而能够实际投入运行的设备增加有限。1935年同1928年比较,现存纱锭和布机分别增加了34.9%和48.1%,而开工纱锭和布机分别只增加18.8%和37.7%,相当一部分设备未能产生任何效益。与此相反,外资纱厂尤其是日资纱厂,设备开工率和扩充速度都远比华商纱厂高。1928—1936年9年中,日商和英商纱厂的纱锭开工率分别有4年和7年达到100%,平均分别达到98.4%和94.9%;布机开工率分别有3年和7年达到100%,平均分别达到97.0%和91.2%。特别是在1935年危机低谷时,华商纱厂的设备开工率达于谷底,日厂设备开工率仍高达100%。而且,这种十足开工率是在逆市大幅扩张设备的情况下实现的。1928—1935年间,日厂的纱锭和布机分别增加了39.2%和112.3%,

表 1－12　中外纱厂实存纱锭及开工状况比较

1928—1936 年

年份	华商纱厂			日商纱厂			英商纱厂		
	存锭（枚）	开工（枚）	开工率（％）	存锭（枚）	开工（枚）	开工率（％）	存锭（枚）	开工（枚）	开工率（％）
1928	2113528	1971444	93.3	1397272	1397272	100.0	153320	153320	100.0
1929	2326862	2180838	93.7	1489360	1461360	98.1	153320	153320	100.0
1930	2402674	2274274	94.7	1630436	1598012	98.0	177228	177228	100.0
1931	2589040	2537080	98.0	1757248	1757248	100.0	170610	170610	100.0
1932	2637413	2517573	95.5	1790748	1732844	96.8	183196	183196	100.0
1933	2742754	2498818	91.1	1803484	1750676	97.1	184908	184908	100.0
1934	2807391	2489395	88.7	1946532	1866532	95.9	184908	184908	100.0
1935	2850745	2342481	82.2	1944504	1944504	100.0	227148	184908	81.4
1936	2746392	2408664	87.7	1975688	1975688	100.0	221336	179096	80.9
平均	23216799	21220567	91.4	15735272	15484136	98.4	1655974	1571494	94.9

说明:1. 开工概念:凡原表所注拟开者一律作未开;凡原表未见当年产量、用棉量
　　　者,一律作未开;凡原表注调查时已停工,但仍有当年产量、用棉量者,仍
　　　作开工。据此本表对原表的纱锭、布机数进行分析调整,得出实际开工设
　　　备数。

　　2. 根据《中国棉纺统计史料》提供的原始数据,重新计算此期中外各厂的设
　　　备数和开工数。然实际开工状况极其复杂:停工各厂中,有全部停工者,
　　　有部分停工者,亦有时开时停者;在开工各厂中,有全部机器开足者,亦有
　　　减少工作时间者。开工停工又随市面变化而飘忽不定,而当时并无这方
　　　面的详细统计资料,至多只有概况式的全国纱厂半年期开工停工数据,却
　　　无各国厂商的分类数据,前人相关研究亦十分薄弱。本表只能依据《中国
　　　棉纺统计史料》所载以年度为时段的各厂实际调查状况,作为判断该厂开
　　　工停工状况的指标,即统计中凡是当年有产量、用棉量者,工厂、设备均视
　　　为开工,无产量、无用棉量者,则工厂、设备均视为停工。

　　3. 日资纱厂中,自1933年起,原统计缺东北3家日厂的产量、用棉量数据,
　　　但考虑到实际情况,未将此3厂作停工论。

资料来源:据《中国棉纺统计史料》,第17—64页:各年"全国纱厂概况统计表"整
　　　理计算。

表 1－13　中外纱厂实存布机及开工状况比较

1928—1936 年

年份	华商纱厂			日商纱厂			英商纱厂		
	存机（台）	开工（台）	开工率（%）	存机（台）	开工（台）	开工率（%）	存机（台）	开工（台）	开工率（%）
1928	16783	14268	85.0	10896	10896	100.0	1900	1900	100.0
1929	16005	14805	92.5	11367	10383	91.3	1900	1900	100.0
1930	17018	14913	87.6	14082	14082	100.0	2480	2480	100.0
1931	20599	18181	88.3	19306	18926	98.0	2691	2691	100.0
1932	19081	18499	96.9	17592	17292	98.3	2891	2891	100.0
1933	20926	17644	84.3	19017	18237	95.9	2891	2891	100.0
1934	22567	19333	85.7	21606	21606	100.0	2891	2891	100.0
1935	24861	19640	79.0	23127	23127	100.0	4021	2891	71.9
1936	25503	21678	85.0	28915	26367	91.2	4021	2891	71.9
平均	183343	158961	86.7	165908	160916	97.0	25686	23426	91.2

资料来源及说明:同表 1－12。

增幅分别比华厂高 4.3 和 64.2 个百分点。不仅如此,这种设备大幅扩张又是通过吞并华厂实现的。在占领东北后,华北即成为日本夺取的下一个目标。华北的纺织中心是天津和青岛,但 1931 年前,天津并无日资纱厂,至 1932 年后,华厂裕大因欠债被日资接管;1936 年华厂裕元、华新均归于日资。1936 年,宝成三厂因亏损归于日资。唐山华新厂亦被迫于 1932 年与日资"合办",于 1936年归日资独办。1937 年日资裕丰在天津设立分厂。据日本记载,在天津筹建的纱厂还有 9 家之多。在青岛,1931 年时,共有纱厂 7家,其中日厂 6 家,华厂只 1 家。日厂有纱锭 363652 锭,华厂为43654 锭。日厂有布机 4436 台,华厂 0 台。由于日厂大肆扩张,至 1936 年,日厂纱锭增加到 520340 锭,布机增至 8748 台,而华厂纱锭只增至 48044 锭,布机 500 台。这充分说明中国棉纺织品市场完全被操控在日资纱厂和日本帝国主义手中。

　　二是产品积压加剧。华商纱厂在市场极度萧条而又无力洞悉和掌控、扭转市场走势的情况下,扩充设备和生产规模,提高产量,其结果只能是加重产品积压。虽然产品积压并非危机期间的新问题,但过去尚不算严重,如上海各厂一般不过 10 万包左右,且"间或溢出,不久即减"。但危机期间,华商纱厂产品严重积压"已成常态",而且数量恒在 10 万包以上。厂家背负如此大量存纱,造成资金积压,故大小纱厂皆"不胜存纱之压迫"。尽管如此,仍然必须保持原有生产规模,甚至扩张生产。这是华商纱厂在国内市场和经济控制权完全被掌握在外国资本手中的情况下,为了保存一线生机的无奈之举。正如 1934 年华商纱厂联合会的报告所指出,在欧美各国,因有关税保护,不虞外货侵销,如遇棉纺织品滞销,即可减缩生产以适应需要。中国"则异是,关税既轻,无以阻外货之侵入,而国内外厂亦且与华厂相等,门户洞开,棉货供求之盈虚,国人已无法调节。若减产以求与需要相适应,不特国内外厂将增其产率,国外制品亦必滔滔输入。是华厂愈减工而外厂增产愈甚,外货输入愈多,虽华厂尽告停工,殆亦无以使我国棉货之生产与需要相适应。此吾人所以明知生产之过剩,亦惟开工以应付此非常之环境"。[①] 这是半殖民地半封建条件下的畸形产物。

　　相对于纺纱业而言,机器织布业和印染业的情况略好一些。30 年代尤其是 1932 年后,由于进口税率提高,洋布进口大幅减少,到 1936 年,进口量减少了近 90%,市场压力减轻,给国内织布业的发展提供了有利环境。危机期间,纺纱业最头疼的问题是纱价剧跌,但织布业因洋布进口锐减,布价相对稳定,在作为织业原料棉纱市价剧跌的情况下,织布业反而有利可图,从而获得某种程

---

　　① 《华商纱厂联合会年会报告书》(1934 年),《纺织时报》1934 年 6 月 21 日第 1095 号。

度的发展。据统计,1922 年后的 10 年中,全国纺锭净增 251.2%,而织机净增 459.4%,危机爆发后的 1932 年后 5 年中,纺机只增加 17.4%,而织机增加了 57.6%。① 1932 年至 1936 年夏,当纺纱业陷入萧条时,织布、印染各业相对而言,有了较大发展,一些地区涌现了一大批织布、整染企业。山东第一次世界大战后期,开始出现机器印染业,1927 年后有较大发展。1933 年全省 8 家机器印染厂中,6 家建于 1930—1933 年,作为机器印染生产一部分的机器轧布厂,更全部设立于 1928 年后,1933 年,济南、潍县、周村 3 地共有机器轧布厂 12 家。有的纱厂也添设、扩充织、染设备,增加、扩大织布、印染生产,甚至转而以织染为主。上海永安公司,1927 年已有布机 760 台,1930 年新添新式自动织布机 228 台,1931 年织布机增至 1538 台。1933 年又开始筹建大华印染厂,1935 年建成投产,有印染机器 244 台,在一定程度上弥补了纺纱生产萎缩的损失。② 江苏常州大成纱厂 1930 年易主,并入生产色花布的广益二厂,改为大成纺织染股份有限公司,重心转入印染生产,获得长足发展。大成公司自 1930 年成立至 1937 年日本全面侵华战争爆发,8 年中投资增加 8 倍。以织染为主的大成二厂,投资年年增加,生产能力 4 年中增加 10 倍以上。1935 年 3 月,在全国纺纱业最困难时期,大成的资本却由 140 万元增为 200 万元。1936 年 12 月,大成又议决增资 200 万元,连同原有资本共 400 万元,并决定新建第三厂,原武昌第三厂更名第四厂。大成规模的迅速扩大,主要依赖于印染生产。③

---

① 严中平:《中国棉纺织史稿》,科学出版社 1963 年版,第 221 页。

② 上海市纺织工业局等编:《永安纺织印染公司》,中华书局 1964 年版,第 134—135 页。

③ 朱希武:《大成纺织染公司与刘国钧先生》,见常州纺织工业局编:《常州纺织史料》第 1 辑,1983 年刊本,第 216 页。

不过市场压力减轻、棉布价格稳定既有利于华商纱厂织布业的发展,更为外资纱厂尤其是日资纱厂提供了良机。日厂织布业趁此迅猛扩张,取代进口洋布占领和垄断了中国棉布市场。如表1-14所示,1932—1935年危机期间,华商纱厂棉布产量由31215.1万码增至37747.2万码,增长20.9%,所占比重反而由35.6%降至30.2%;而日商纱厂的棉布产量从48489万码增至79564.3万码,增长了64.1%,所占比重从55.3%升至63.7%,基本上操纵和垄断了中国棉布市场。

表1-14 中外资纱厂附设织机棉布产量统计

1932—1935年 单位:千码

年份	全国	华商纱厂		日商纱厂		英商纱厂	
		实数	%	实数	%	实数	%
1932	876441	312151	35.6	484890	55.3	79398	9.1
1933	985973	355896	36.1	564695	57.3	65381	6.6
1934	1022341	358142	35.0	604681	59.1	59517	5.8
1935	1249958	377472	30.2	795643	63.7	76842	6.1

资料来源:据《中国棉纺织史稿》,科学出版社1963年版,附录二表13综合计算、改制。

这次棉纺织业尤其是纺纱业危机,持续了四年多的时间,直至1936年才逐渐复苏。

1936年,全国经济环境明显改善:农业特别是棉花丰收,产量达2000万市担,较1933—1935年平均1600万市担增加25%;农产品价格回升,农村购买力增加,1933—1935年,农村每年出售稻、麦、高粱、小米、烟叶等主要农产品的收入,平均约为39亿元,而1936年为56亿元,增加17亿元,增幅达44%。若加上丝、茶、羊毛、花生、桐油等农产品收入,计增 20 亿元[1],无疑大大提升了农村市场购买力。这些因素直接推动了工业生产,尤其是以农村为主要市场的棉纺织生产。同时,法币政策的推行、世界经济危机的结束、中国对外贸易和国际收支状况的改善,都对国内物价提升、金融活跃和棉纺织业复苏起了重要作用。

在这种情况下,华商纱厂产量和销售量有所回升。如表 1-12、表 1-13 所示,1936 年华商纱厂开工纱锭数,遏制了自 1932 年危机爆发后连续四年下降的趋势,开始回升,开工布机则继续增加,达到历史最高数。销售方面,1936 年上海华商交易所各帮成交棉纱达 333498 包,比 1935 年增长 14.8%。棉纱销售价格开始回升,棉纱生产采算朝着有利的方向发展。不过复苏为时甚短。据报告,1936 年棉纺织业回苏,大半为"秋收大熟,农村购买力增加所致"。[2] 棉纺织业从 1936 年秋后开始复苏,到 1937 年日本全面侵华战争爆发,前后不到一年。"七七事变"后,中国棉纺织业陷入了更大的灾难。

1927—1937 年 11 年间,中国机器棉纺织业真正能够恢复和发展的时间只有 1928—1930 年和 1936 年秋至 1937 年夏的四年左右,其余七年完全处于战争破坏、经济危机和严重自然灾害的恐慌中,工厂生存难保,遑论发展。因此,这一时期民族棉纺织业实力扩充、产量提高幅度有限。技术设备和经营管理方面,除少数厂家注重改进、取得效益外,大多不佳。

关于这一时期全国棉纱(机纱)产量,有两项原始统计:一是

---

① 《中国银行业务报告》(1936 年),《中行月刊》1937 年 4 月第 14 卷第 4 期。

② 《中国银行业务报告》(1936 年),《中行月刊》1937 年 4 月第 14 卷第 4 期。

华商纱厂联合会综合各厂报表所作的统计报告;二是1932年后国民党政府财政部统税署对各厂出厂棉纱所作详细记载。前者或将附设织布厂所用棉纱剔除不计;后者则因直接对织成品征税,纱厂织布用纱免税,是项棉纱均未记载,两者均有明显缺漏,难以为据。近人关于这一时期棉纱产量的一些推算和估计,互有歧异,资料依据及推算过程亦大多不详,无从判断各自的准确程度。相比之下,按棉纺厂的原料棉花消费量推算全国棉纱产量,较为简捷而准确。表1-15即是根据全国棉纺织厂棉花用量推算得出的各年机纱产量:

表1-15　全国中外资纱厂棉纱产量统计表

1928—1936年　　　　　　　　单位:担

年份	全国合计		华　厂		日　厂		英　厂	
	实数	指数	实数	指数	实数	指数	实数	指数
1928	7430465	94.2	4526591	93.0	2633874	95.7	270000	100.0
1929	7891333	100.0	4866831	100.0	2753602	100.0	270000	100.0
1930	7955721	100.8	4771790	98.1	2872592	104.3	311339	115.3
1931	8237635	104.4	4870821	100.1	3069815	111.5	297000	110.0
1932	7835435	99.3	5233180	107.5	2313515	84.0	288741	106.9
1933	8060190	102.1	5173807	106.3	2628387	95.5	257997	95.6
1934	8003370	101.4	5052334	103.8	2774636	100.8	176400	65.3
1935	7891309	100.0	4697742	96.5	2774636	111.3	128700	47.7
1936	8178354	103.6	4708690	96.8	3270023	118.8	199641	73.9

资料来源:据《中国棉纺统计史料》表11推算、改制,原始数据为《纱厂一览表》。又查严中平《中国棉纺织史稿》,科学出版社1955年版,附录二表12,原始数据亦为《纱厂一览表》,唯1931年全国纱厂用棉量为8947840担,1932年为8477405担,与原资料有异。1935年、1936年数据也与《棉纺史料》略有差异。存疑。

表列显示,10 年间全国(1933 年后未包括东北)棉纺织品产量(纱布合计)的最高峰在 1931 年,以后下降,但幅度不大,远不如市场需求萎缩的严重程度。至 1936 年回升,但尚未达到 1931 年水平。在危机过后的 1936 年,华商纱厂在全国棉纺织品产量中的份额大大下降,而日资纱厂份额则大大增加。尤其在 1936 年市场好转时,华厂产量反而增加得极为有限,而日厂产量的恢复和提高远远快于华厂。尽管华厂在最困难的时期仍在设备和生产方面有所扩充,但最终仍不敌日本。1936 年同 1928 年比较,华厂棉纱产量从 4526591 担增至 4708690 担,仅增长 4.0%,占全国总产量的比重由 60.9%降至 57.6%;而日厂从 2633874 担增至 3270023 担,增长 24.2%,占全国总产量的比重由 35.4%升至 40.0%,直逼华厂。

1927—1937 年间华商纱厂运行中的矛盾现象表明:中国近代民族纺织工业所赖以生存的外部市场环境是一个半殖民地殖民地性质的市场经济。在这种市场经济环境下,一般市场经济的基本规律,如市场需求、原料供给对生产的影响,供求关系对产品价格的作用等,都在起作用。然而,它与主权国家或一般资本主义国家的市场经济的根本不同在于,它的市场供给和需求主要是由外国资本操纵和垄断的。这种操纵和垄断的最终结局,至多是使该国的民族资本在极有限的空间中勉强生存,却不可能发展壮大到主宰本国命运,使本国成为一个完全意义上的资本主义市场经济国家。

生产和经营管理方面,民族棉纺工业是在外国列强的压迫与排挤下诞生、成长起来的,学习先进、加强实力、抗击侵略是求生存求发展的基本途径。20 世纪 30 年代危机期间,虽然经受了外国资本和帝国主义的重重打击,又受制于国内种种不利因素的约束而难以健康发展,大批企业失败、倒闭,但也有一批民族企业家排除艰险,使企业挺立不倒,又在极度艰苦环境中,厉行紧缩,改进技术设备和经营管理,并获得"相当成效"。华商纱厂联合会 1936 年度报告书称,华厂在提高积累能力和改进财务状况、提高纺厂工人业务水平(纺织教育)、改进生产设备性能(机械制造)等几方面都进行了努力奋斗,以"谋工业之合理化",从而降低生产成本。报告书列举上海、江苏内地华厂各一家与日厂进行生产成本比较,认为"向来华厂纺纱成本远高于日厂,今则渐行接近"(详见表1-16)。[①]

表1-16 华商纱厂与日商纱厂生产成本比较(20 支纱)

20 世纪 30 年代 单位:元

项目	华商纱厂		上海日厂	标准数据
	上海某厂	江苏某厂		
工资	8.04	6.20	5.80	6.50
动力	3.88	5.70	4.80	4.50
消耗及修理	1.81		1.50	
包装	1.43		1.20	
薪金	0.65		0.60	
物料		2.80		4.00*
保险	0.24		0.10	
保护费				0.50
杂费	0.66	6.60	3.70	5.004**
利息	5.75	3.30	2.70	7.50
股息	2.68	4.00		
折旧	3.90			
共计	29.04	28.60	20.40	28.00

* 包括日常消耗或修改之物品。

** 指杂税(统税除外)、包装运输营缮保险、栈租、薪水、伙食、广告、应酬及其他杂费。

资料来源:《华商纱厂联合会年会报告书》(1936 年)。

---

① 《华商纱厂联合会 1936 年年会报告书》,《纺织时报》1936 年 5 月 4 日第 1279 号。

华商纱厂的劳动生产率也有某种程度的提高。如上海永安公司1930—1933年的数据显示,各纱厂每万锭平均每班工人数,二厂明显上升,但一、三、四厂则有所下降;每百台布机平均每班工人数,三厂略有上升,一厂则下降(详见表1-17)。

表1-17　永安公司各纱厂每万锭和每百台平均每班工人数

1930—1933年　　　　　　　　　　　　　　　单位:人

项目 年份	每万锭工人数				每百台布机工人数		
	一厂	二厂	三厂	四厂	一厂		三厂
					自动	普通	
1930	211.4	214.3	300.3	—		75.9	69.9
1931	205.9	248.9	299.8	—	34.9	73.3	72.5
1932	197.0	329.5	309.3	202.1	31.2	70.4	73.0
1933	181.3	313.2	268.2	192.3	—	67.0	70.7

资料来源:上海市纺织工业局等编:《永安纺织印染公司》,中华书局1964年版,第228页。

总的看,纺纱和织布工人的操作和生产能力有所提高。另据华商纱厂联合会的调查,华商纱厂平均每一工人管理纺锭的能力,如以1933年为100,1934年上海华厂为132.8,其他城市华厂为146.9;1935年,上海华厂降至119.0,其他城市华厂降至128.5。虽有波动,但总的趋势是在提高。从华商纱厂较长时段的全员劳动生产率(不含停工纱厂)看,提高的趋势更为明显。如表1-18所示,上海和其他地区华商纱厂平均每名工人一年所产棉纱分别由1928年的9.49包和8.32包增加到1936年的10.55包和13.18包,分别增长了11.2%和58.4%。两地综合平均,这期间华商纱厂全员劳动生产率提高了33.2%,亦即1/3弱。

表1-18 华商纱厂全员劳动生产率及其变化

1928—1936年 单位:件;1928年=100

年份	上海华厂		其他地区华厂		简单平均数	
	实数	指数	实数	指数	实数	指数
1928	9.49	100.0	8.32	100.0	8.91	100.0
1929	9.01	94.9	9.03	108.5	9.02	101.2
1930	9.61	101.3	8.64	103.8	9.13	102.5
1931	9.22	97.2	7.86	94.5	8.54	95.8
1932	9.82	103.5	8.95	107.6	9.39	105.4
1933	12.05	127.0	9.63	115.7	10.84	121.7
1934	13.13	138.4	10.33	124.2	11.73	131.6
1935	12.65	133.3	10.58	127.2	11.62	130.4
1936	10.55	111.2	13.18	158.4	11.87	133.2

资料来源:据《中国棉纺统计史料》各年"全国纱厂概况统计表"整理、计算、编制。

数据显示,1927—1937年间,华商纱厂的劳动生产率确有某种程度的提高,不过掩盖在数据后面的事实异乎寻常:在时段上,劳动生产率的提高主要发生在1932—1935年的危机期间,而非1928—1930年的相对稳定和发展期间;在地区上,上海以外地区华厂劳动生产率的提高幅度又明显高于上海地区华厂。这并非危机给纱厂从事设备更新和技术改造,从而为提高劳动生产率提供了更有利的时机,也不是上海以外地区华商纱厂的技术设备及其改造成果,普遍超过了上海华厂。而是工厂主在市场萎缩、产品积压、资金周转困难而又必须维持乃至扩大生产的情况下,裁减工人、降低工资、加大在岗工人劳动强度的结果。如劳动生产率明显提高的永安纺织印染公司,直接提高劳动生产率的最大更新,是1930年添置新式自动布机228台,使工人看机台数由3台增至8

台最终至 24 台。这期间还进行了其他一些技术改造。然而,工人的大幅减少,并非发生在进行设备更新和技术改造的 1928—1930 年,而是 1932 年危机爆发后。从表 1-19 所列资料可见,1931 年,生产工人及其工资总额随纱锭及布机数增加,而到 1936 年,纱锭及布机数略有上升,外加 1935 年投产的 244 台印染机器,但生产工人及其工资总额大幅减少。结果自然如表 1-17 所示,单位纱锭和布机所摊工人数减少。不过纱、布产量也相应下降,加上印染产量,其下降幅度与生产工人及其工资总额大体相当。劳动生产率的实际提高幅度有限。

表 1-19 　永安公司设备、产量与工人配置及其变化

1927,1931,1936 年 　　　　　　　　　　1927 年 = 100

项目	1927	1931		1936	
		实数	指数	实数	指数
资本总额(元)	11863685	36179351	305.0	29768895	250.9
纱锭数(枚)	85920	241160	280.7	256264	298.3
棉纱年产量(件)	69300	133943	193.3	108249	156.2
布机数(台)	760	1538	202.4	1542	202.9
棉布年产量(匹)	520000	1153750	221.9	839771	161.5
印染机器(台)	—	—	—	244*	—
染色布年产量(匹)	—	—	—	430313*	—
生产工人数(人)	6350	14314	225.4	11019	173.5
生产工人工资总额(元)	913420	2441547	267.3	1472339	161.2

* 印染厂及机器设备,1933 年开始筹建、置备,1935 年建成投产。

资料来源:据上海市纺织工业局等编:《永安纺织印染公司》,中华书局 1964 年版,第 134—135 页表 2、表 3 计算。

同时,一个值得注意的情况是,工资总额的变化。1927—1931 年生产状况较好时,工资总额的上升幅度比工人人数的上升幅度

大,工人的工资水平有所提高;危机期间的情况刚好相反,工资总额的下降幅度明显比工人人数的下降幅度大,说明工厂主在裁减工人的同时,降低在岗工人的工资。工人年薪由1931年的170.6元降至1936年的133.1元,下降了21.7%。至于上海以外地区华商纱厂的劳动生产率提高幅度比上海地区大,除了那些地区原来劳动生产率较低、基数较小以外,更主要的是由于种种原因(包括工会力量的强弱),上海以外地区华商纱厂主在加大工人劳动强度等方面比上海华商纱厂主更能得心应手。这一切说明,在国际,列强各国向半殖民地殖民地中国转嫁危机,在国内,工厂主向工人转嫁危机,国际间的民族压迫和民族掠夺转化为国内的阶级压迫和阶级剥削。

二、机器缫丝业和丝织业

这一时期,中国机器缫丝业的外部环境十分严峻:进入20世纪,特别是20年代后,日本蚕丝在国际市场上对华丝的挤压日益酷烈;日本人造丝的大量进口和猖狂走私,对中国蚕丝业又是一大冲击。1929年世界经济危机爆发后,中国机器缫丝业因其产品销售以国外市场为主,在国内工业行业中,受世界经济危机的直接冲击最早,时间最长,损失最为惨重。1931年"九一八事变"后,东北沦陷,20世纪迅速兴起和潜力巨大的辽东柞蚕丝基地,落入日本侵略者手中,1932年"一·二八沪战",上海100多家缫丝厂和丝织厂被日军炸毁、烧毁或炮火击毁,更是损失惨重。机器缫丝业在1927—1929年间,虽有短暂恢复和发展,但经此重重灾难,元气大伤,一蹶不振。

(一)机器缫丝业的短暂维持和部分发展

中国近代缫丝工业是适应国际市场对机器丝的需要而发展起来的,1927—1929 年一度恢复和发展,但地区间极不平衡。

第一次世界大战后,随着国外市场变动,民族机器缫丝业起伏频繁,1920 年国外市场丝价一度下跌,上海即有不少丝厂破产,唯时间不长。1923 年日本关东大地震,日丝出口和生丝货源减少,市场价格回升,上海丝车数很快恢复到 1918 年水平。此后几年平稳发展,到 1927 年,丝厂从 1923 年的 74 家增至 93 家,丝车从 1.8 万余部增至 2.2 万余部,被称为缫丝业的繁荣时期。20 世纪新兴的缫丝业中心无锡,20 年代亦明显发展。该地从 1904 年开办首家机器缫丝厂,1922 年已有丝厂 19 家,丝车 6340 部。此后继续扩大,到 1927 年,丝厂增至 25 家,丝车增至 7980 部。1927 年后,上海、无锡丝业继续保持 1923 年以来的发展势头,两地丝厂从 118 家增至 160 家,丝车从 30148 部增至 41283 部,分别增长 36.6% 和 36.9%。

浙江杭州及周边地区,1895 年杭州开办首家机器缫丝厂,民国初年,机器缫丝业逐渐兴盛,新的缫丝厂不断出现。1927 年后继续扩大,一些丝绸厂也增设缫丝部,产品除供本厂织绸外,还直接出口国外,如杭州虎林公司 1917 年增设缫丝部,所缫生丝开始时每年输出 600 担,1927 年增为 1200 担,1928 年复增至 2400 担,一度成为中国厂丝外销占优势的一家丝厂。[①] 在德清,1914 年省蚕桑学校建立首家机器缫丝厂(1916 年停办),1924—1926 年,又相继开办 4 家丝厂。1932 年时,共有资本 45 万元,职工 1900 人,

---

① 《杭州市志》第 3 卷,中华书局 1999 年版,第 127 页。

年产白厂丝 700 担,外销法、美等国。①

　　广东蚕桑区的情况有所不同,机器缫丝业随着国际市场的波动而大起大落。据统计,广东丝厂开工丝车,1923 年最高达 97000部,此后急剧减少,1925 年仅 43076 部,下降了 56%。1926 年大幅度回升,开工丝厂达 202 家,丝车 95215 部。此后复因国际市场丝价日趋低落,而国内捐税加重,一些资力薄弱的丝厂纷纷停产、闭歇。主要丝产地顺德、南海停歇的丝厂、丝车各占 80% 和 70%。全省丝厂从 1926 年的 202 家减至 1930 年的 121 家,丝车从 95215部减至 62292 部,分别减少 40.1% 和 34.6%。②

　　第三大桑蚕丝产区四川,机器缫丝业产生较晚,一直以手工缫丝为主,20 世纪初,各地开办的缫丝厂中,绝大部分是手缫丝厂。清末民初机器缫丝业开始兴起,巴县(重庆)最早的机器缫丝是设于 1907 年的蜀眉丝厂,继之有旭东、蜀兴等 10 余家。因丝质较劣,捐税又多,丝厂时辍时兴。③ 如号称“丝绸之乡”的南充,1930年全县有丝厂 27 家,缫丝车 3530 部,工徒 3980 余人,年产生丝756 担,其中 25 家为手工缫丝厂,有 2 家是机器缫丝厂。④ 西充于1909 年产生首家缫丝厂,有职工 300 余人。丝厂大大推动了当地蚕丝业的发展,不久,县内官、商集股开办“蚕桑公社”,实现栽桑、养蚕、缫丝一条龙。接着又创办了多家丝厂,大的有员工 100 多人,小的几十人,其中当有少数机器缫丝厂。⑤ 四川地区的机器缫丝厂中,部分为手缫丝厂发展演变而来,上述南充的两家机器缫丝

　　① 《德清县志》,浙江人民出版社 1992 年版,第 257 页。
　　② 许涤新、吴承明主编:《中国资本主义发展史》第 3 卷,人民出版社1993 年版,第 148 页;《顺德县志》,中华书局 1996 年版,第 390 页。
　　③ 《巴县志》,重庆出版社 1994 年版,第 200 页。
　　④ 《南充县志》,四川人民出版社 1993 年版,第 280 页。
　　⑤ 《西充县志》,重庆出版社 1993 年版,第 458—459 页。

厂,其中一家原为手工缫丝厂,但规模较大,年可产丝 18 吨,并于 1924 年购置铁缫丝车和锅炉,由手工生产转变为机器生产。[①] 20 年代初,四川全省有缫丝厂 50 家,30 年代初增加 82 家,其中 17 家装备机器,计重庆 9 家,南充 3 家,乐山、万县各 2 家,筠连、三台、江津各 1 家。在上述地区,已是手工缫丝业和机器缫丝业并重。[②] 相对于江浙、广东而言,四川较为闭塞,机器丝厂规模更小,发展更为缓慢,有的中途倒闭、夭折。如江油,虽然养蚕历史悠久,但缫丝业起步甚晚。直至 1918 年,县蚕桑局才在大河坝养蚕缫丝,年产生丝 80 余担,运销成都、重庆。民国时期,全县先后建有丝厂 10 余家,所产生丝就地染色。但各厂缫丝工具落后,产量小,质量差,加之运销难,苛税重,获利衰微,结果相继倒闭。[③]

山东古代即是蚕丝之乡,桑蚕、柞蚕都很著名,既是柞蚕丝和茧绸的集中产区,也是重要的桑蚕丝产区。柞蚕丝业主要集中在烟台、昌邑一带;周村、张店、益都等地是桑蚕丝的主要产区;青岛则二者并重。山东机器缫丝业是 20 世纪初伴随桑蚕业和柞蚕业的不断扩大而发生、发展起来的。

山东机器缫丝业发源于青岛,初由德商开其端,后来大部分为日本资本所垄断。1902 年,16 名德国商人在青岛沧口开设德华蒸汽缫丝厂,收购柞蚕茧和桑蚕茧,缫制黄丝、白丝,销往欧洲市场。1908 年歇业,后曾聘用 6 名华商经营,1913 年作价 30 万元,售与周学熙开办的华新实业公司。这期间另有华商于 1905 年创办的青岛沧口缫丝局。20 世纪初,华商在桑蚕区中心地先后建有多家缫丝厂,在周村,从 1911 开始,一些手工缫丝作坊相继购置锅炉、

---

① 《南充县志》,四川人民出版社 1993 年版,第 280 页。

② 吕平登:《四川农村经济》,商务印书馆 1936 年版,第 290—291 页。

③ 《江油县志》第 13 卷,工业,四川人民出版社 2000 年版,第 684 页。

机器,改用机器生产。1911 年,开设于 1909 年的裕厚堂丝绸厂率先安装蒸汽机;1922 年,成立于 1919 年的同丰公司改用机器生产。1925 年,周村有华商机器缫丝厂 4 家,锅炉全部购自美国,是年生产桑蚕丝 10 万公斤,机器丝占一半,一度成为山东机器桑蚕丝生产中心。[①] 1917 年,上海日华蚕丝株式会社投资 60 万元,在青岛设立铃木丝厂分厂,有缫丝机 330 台,煮茧锅 745 口,在临朐、长山、桓台、淄川、博山、莱芜等桑蚕集中区大量收购蚕茧,周村华商缫丝业大受影响。1923 年铃木丝厂扩充设备,丝车增至 1000部,并在临近周村的张店(今淄博市张店区)设立"出张所",建立青岛铃木丝厂张店分厂,有丝车 400 部,专营缫丝,日产量也由初时的 150 担增加到 1500 担。是年,日商钟渊纱厂也附设缫丝房,并设立蚕丝研究所,周村华商缫丝业受挤压愈重。[②] 益都(青州)在 20 年代前后开始创办缫丝厂,1921 年有缫丝厂 7 家,1929 年增至 14 家,达于鼎盛。这些缫丝厂大部分是手工丝厂,但有的开始使用动力机和锅炉,由手工缫丝向机器缫丝演进。[③]

柞茧缫丝业以烟台为中心,据 1921 年 5 月调查,烟台有野蚕缫丝工厂 12 家,丝车 16350 部,柞茧原料除取给胶东柞蚕区外边,多仰给辽宁安东。后因辽东柞蚕区丝厂和缫丝作坊勃兴,特别是日本在安东大量收购野蚕茧,烟台丝厂原料缺乏,日趋不振。

东北柞蚕丝集中在辽东地区。1931 年,日本侵占东北以前,辽宁的机器缫丝业和织绸业曾有较大发展,主要分布在安东、沈阳、庄河等地。据统计,1929 年安东有柞蚕丝工厂 37 家,总资本

---

① 《周村区志》,中国社会出版社 1992 年版,第 194 页。

② 《青岛市志·纺织工业志》,新华出版社 1999 年版,第 179—180 页;《周村区志》,中国社会出版社 1992 年版,第 194 页。

③ 《青州市志》,南开大学出版社 1989 年版,第 289 页;《潍坊市志·工业志》,中央文献出版社 1995 年版,第 421 页。

31.03 万元,工人 6670 名,其中 14 家是 1927 年年底和 1928 年年初新建的,有缫车数据可考的 17 厂,共有缫车 7778 架,37 厂年产柞蚕丝 9559 箱、乱丝头 576140 斤(合 343840 公斤),9/10 输往日本,供福井、岐阜两县织造绢绸。沈阳有大型缫织厂一座,即建于 1920 年的官办纯益缫织公司,有资本 25 万元,肯奈尔式脚踏缫丝机 400 架,织机 150 架(内有提花机 20 架),干燥机 6 架。缫成之丝,专供本厂织绸之用,全年产绸 8000 匹、丝 300 担。重要柞蚕养殖地庄河,20 年代先后建有永昌、中兴 2 家机器缫丝厂。永昌有煮茧锅 20 口,丝车 240 部,雇用工人 280 名,年用大茧 8000 多万粒,产柞蚕丝 350 箱;中兴雇用工人 400 名,有煮茧锅 30 口,丝车 330 部,年产柞蚕丝 250 箱。两厂产品均经安东分别销往上海、日本。①

30 年代前,虽然各区机器缫丝业的发展变化,互有参差,但就整体而言,兴大于衰,机器缫丝业和整个蚕丝业仍在缓慢发展,1929 年全国蚕丝产量达到 205511 公担的历史高峰。

(二)机器缫丝业的严重危机和局部恢复

1929 年世界经济危机爆发,尤其是进入 30 年代后,中国机器缫丝业和整个蚕桑业,接连遭受世界经济危机和日本侵华战争的重大打击,损失惨重,急剧和加速衰落。

1931 年"九一八事变"后,东北沦陷,全国发展最快、潜力最大的辽东柞蚕丝生产基地丧失。日本帝国主义侵占东北后,柞蚕丝业是其掠夺重点之一,进行"扶持发展",一部分缫丝厂被其直接霸占,一部分通过各种强制和暴力手段,控制其生产经营,攫夺其产品。如庄河两家机器缫丝厂中,永昌即被日本侵略者霸占。沦

---

① 《庄河县志》,新华出版社 1996 年版,第 434 页。

陷初期,全县丝厂增至 21 家,固定资本 3.7 万元,有工人 1149 名,缫丝车 1112 部,消费大茧 3490 笼,年产柞蚕丝 700 箱;乡间还有缫丝作坊 12 家。70% 的上等产品被日本掠夺,22 吨废丝全部销于安东。[①] 凤城 1934 年除 7 家缫丝厂外,各重点养蚕区都设有"丝房子"(手工缫丝作坊),有木制缫丝机 3000 支,从业 4000 人,年产丝 80 吨,也都被日本侵略者劫夺。[②]

1932 年上海"一·二八沪战"爆发,数十家民族资本丝厂毁于日军炮火,或被严重破坏。当时上海全市共有各类丝厂 113 家,沪东一区占 31 家,"居火线中占十之七八",其中以天通菴、顾家湾、海家桥、横浜桥之盈余、勤丰、德兴、豫丰、恒隆、九经、大纶、允余等厂损失最重。据不完全统计,全市被日军炸毁、烧毁或炮火轰击的华商丝厂共计 49 家,遭受的人事、财产或间接损失达 2595100 余元。另外还有 66 家华商丝织厂被日军炸毁、烧毁或炮火轰击,各种损失达 1456046 元,两项共计 4051146 余元。[③] 这对中国缫丝业和丝织业是又一次沉重打击。

世界经济危机对民族缫丝业的打击,和"九一八事变"、"一·二八沪战"在形式上不同,不是武装侵略、暴力掠夺和炮火毁灭、破坏,而是市场萧条,价格跌落,出口大减,生产亏蚀,产量陡降,工厂闭歇,工人失业,蚕农破产。

1929 年开始的世界经济危机并未立即对中国生丝出口造成直接影响。1930 年 3 月下半月,国际丝市的行情报告还说,米兰意丝货缺价昂,纽约生丝存薄需旺,上海华丝销畅。但至 6 月上半月,国际丝市情况不妙:米兰新意丝销清价疲;纽约经济变动,丝销

---

① 《庄河县志》,新华出版社 1996 年版,第 434 页。
② 《凤城市志》,方志出版社 1997 年版,第 674 页。
③ 《纺织时报》1933 年 2 月 18 日第 962 号。

停滞;上海新陈丝均无生气,新丝存底 500 余包。到 6 月下半月,纽约生丝市价狂跌,"上海华丝无法挽救",世界经济危机开始打击蚕丝国际市场和华丝出口。

表 1 - 20　上海出口生丝与美法市场华丝价格指数表

1929—1936 年　　　　　　　　　1928 年 = 100

年份	纽约华丝	里昂华丝	上海出口生丝	
			按美元平均	按银元平均
1929	90.7	100.0*	84.6	93.8
1930	55.7	63.6	59.8	92.3
1931	51.9	51.7	39.7	83.0
1932	31.2	34.8	23.5	49.2
1933	30.4	25.9	26.3	45.5
1934	27.8	20.5	27.7	37.4
1935	31.0	27.5	29.0	36.5
1936	34.2	36.6	30.8	47.2

* 以 1928 年的价格为 100。

资料来源:据徐新吾主编:《中国近代缫丝工业史》,上海人民出版社 1990 年版,第 305 页表 4—3 改制。

从表 1 - 20 可见,1928 年是 1927—1937 年 10 年间中国输出生丝价格最高的年份,1929 年后,华丝价格在美国、法国市场明显下降,但由于中国银贵的原因,最初用银元计价的出口价格下降幅度不算太大,但到 1932 年即不可收拾,1934 年达到最低点,华丝价格指数在美国市场只相当于 1928 年的 27.8%,在法国市场只相当于 1929 年的 20.5%,导致上海生丝出口按美元计算只相当于 1928 年的 27.7%,按银元平均也只有 37.4%。1935 年后虽略有回升,但到 1936 年,按美元计仍只相当于 1928 年的 30.8%,按银元平均也只有 47.2%,9 年间分别跌落了 69.2% 和 52.8%。

在市场经济条件下,商品价格是市场需求的指示器。在中国生丝出口价格惨跌的背后,是国际蚕丝市场的全面萎缩,中国生丝出口的急剧衰减,而且货值的衰减程度远大于货量,货量从 1929 年的 114900 公担降到 1932 年的 61771 公担,下跌了 46.2%;货值从 21730 万银元降到 3912 万银元,下跌了 82.0%。表 1-21 也反映了这种情况。1928—1936 年间的生丝出口值,不仅大幅下降,其幅度更远远超过货量。按美元计算,从 1928 年的 10326.5 万美元减少到 1936 年的 1336.6 万美元,下降了 87.1%,1934 年最多时曾下降 90%。从出口地区看,又以美国、法国的降幅最大,1934 年分别下降了 92.9% 和 94.4%,还不到 1928 年的零头。

表 1-21 中国生丝出口价值及其变化

1928—1937 年　　单位:千美元;1928 年 = 100

年份	出口总值		出口美国值		出口法国值		出口其他国家值	
	实数	指数	实数	指数	实数	指数	实数	指数
1928	103264.88	100.0	18601.13	100.0	36076.17	100.0	48587.58	100.0
1929	94516.16	91.5	22046.92	118.5	23812.07	66.0	48657.17	100.1
1930	50223.30	48.6	13834.19	74.4	10635.40	29.5	25753.71	53.0
1931	28791.27	27.9	7287.67	39.2	4916.42	13.6	16587.18	34.1
1932	13301.35	12.9	2867.90	15.4	2655.26	7.4	7778.19	16.0
1933	15062.53	14.6	3673.55	19.2	4097.58	11.4	7291.40	15.0
1934	10357.33	10.0	1324.18	7.1	2010.57	5.6	7022.58	14.5
1935	15203.71	14.7	4686.01	25.2	4217.33	11.7	6300.37	13.0
1936	13366.20	12.9	3338.33	17.0	2883.21	8.0	7144.66	14.7

资料来源:据徐新吾主编:《中国近代缫丝工业史》,上海人民出版社 1990 年版,第 307 页表4—5综合改制。

由于近代中国蚕丝,尤其是机器丝(厂丝)主要出口国外,国际丝市价格惨跌、生丝出口陡降,直接导致国内茧行、丝商、丝厂、蚕农无不亏折,产品积滞,产量下降。在这种情况下,各地缫丝厂纷纷闭歇,丝业急剧衰落。

民族机器缫丝厂资本规模狭小,流动资金十分困难,迄至30年代,丝厂资金周转主要依赖银钱业贷款。由于银行放款须以实物抵押,钱庄放款则比较灵活,毋须先缴担保品,放款额度则视厂商信用而定。在20年代,上海丝厂每年2000万两购茧款中,有半数告贷于钱庄。后因丝业不景气,钱庄也不肯轻易放款,丝厂都以存丝、存茧作为抵押品向银行、钱庄通融。1930年年底时,估计上海丝厂向银钱业借款达3000万元,大量丝、茧被抵押在银行、钱庄。由于世界经济危机的影响,1931年2月丝价突然直泻,丝厂商以为是暂时现象,都不愿亏本出售,不料丝价继续跌落,借款利息越积越多。当时借款抵押品一般按市价七折计算,加上利息、栈租及其他费用,丝厂即使全部卖掉存丝清偿借款,还须赔出300万元,因此无力回赎,更无力收购春茧,不仅致使整个缫丝业搁浅,进而影响银钱业的资金周转,导致金融危机的爆发[①],使机器缫丝业雪上加霜。

在江、浙蚕桑区,机器缫丝业的主要集中地上海、无锡,世界经济危机爆发后,蚕丝市场需求大减,1932年"一·二八沪战",沪东30余家丝厂几乎全部毁于日本炮火,全市被毁丝厂49家。加上日本蚕丝业挤压和人造丝的冲击,结果丝厂大量停业、倒闭。开业丝厂从1931年的112家减至1933年年底的10家;无锡从50家减至13家;浙江从19家减至3—4家;苏州则全部停业。到1935

---

① 参见徐新吾主编:《中国近代缫丝工业史》,上海人民出版社1990年版,第344—345页。

年蚕季 5 月,上海丝厂勉强开工者仅五六家。1934 年年底 1935 年年初,上海、无锡丝厂失业者达 10 万人。[①]

镇江的机器缫丝业始于 19 世纪 90 年代,到 1930 年,有丝厂 8 家,丝车 1992 台,自世界经济危机爆发,加上日本人造丝充斥市场,生丝输出锐减,丝价跌落,丝业不振。1932 年,丝厂虽勉强开工,但资金周转不灵,此后尽管国民党政府免除生丝出口税,提高人造丝进口税,以期挽救,仍难扭转。1937 年日本侵占镇江,丝厂纷纷闭歇。[②]

浙江杭州,自世界经济危机爆发、日本侵占东北后,厂丝外销停滞,国内市场受到破坏,不少丝厂严重亏损,甚至倒闭。虎林丝厂亏损数十万元,1931 年申请破产,宣告倒闭。号称"资本雄厚"的纬成公司也于 1932 年宣告停业,被迫将缫丝部出租给杭州缫丝厂为分厂。[③]

广东丝业同样连年萎缩,生丝出口从 1922 年的 6.7 万包降至 1933 年的 5 万包,货值由粤币 13000 余万元降至 5000 万元。1934 年丝厂减至 37 家,1936 年稍有恢复,也只有 57 家,较盛期减少 2/3 以上。广东蚕丝最主要的产地顺德,1922—1923 年是生丝出口的全盛时期,全县有机器缫丝厂 135 家(占全省 80.8%),男女工 6.5 万余人,年产洋庄丝 4.84 万担(约 2420 吨),产值银毫 7814 万元以上。1929 年经济危机爆发,加上 30 年代后,占世界用丝量 80% 的美国,逐渐以人造丝取代部分蚕丝;国内税率日增,生产成

①　《苏州市志》第 2 册,第 15 卷,丝绸工业,江苏人民出版社 1995 年版,第 41 页;《上海通志》第 3 册,第 17 卷,工业(上),上海人民出版社、上海社会科学院出版社 2005 年版,第 1927 页;许涤新、吴承明主编:《中国资本主义发展史》第 3 卷,人民出版社 1993 年版,第 150 页。

②　《镇江市志》上册,上海社会科学院出版社 1993 年版,第 872 页。

③　《杭州市志》第 3 卷,中华书局 1999 年版,第 127 页。

本渐重,盗风日炽,丝业每况愈下。同时,顺德生丝质量较差,工厂资金薄弱,设备陈旧,出口又为洋商所操纵,无力与日丝竞争,自1929年起,丝价陆续下跌,是年平均价每担跌至港币974元,次年729元,丝厂停业1/3以上。至1934年,全县仅剩机器缫丝厂24家,丝车12273台(详见表1-22),分别下降了3/4左右,亏损的丝厂占92%,失业女工5万多人,在岗女工日工资由银毫1—0.5元减至0.2元。1933年后,省、县当局采取措施挽救丝业,如设立制种场推广良种,农校设立蚕桑系,培养技术人才,举办蚕丝展览会,推介植桑养蚕及缫丝、丝织新技术和成果,设立改良缫丝厂,引进日本6绪和20绪立式缫丝机,设立贷款办事处,向农户贷款。尽管如此,收效甚微,丝车倒闭继续增加,至1937年,全县只剩9家大厂,5030台丝车,2073名职工。①

表1-22　广东顺德机器丝厂、丝车变化

1929—1937年　　　　　　　　　　　　1929年=100

年份	丝厂数		丝车数	
	实数	指数	实数	指数
1929	99	100.0	48188	100.0
1930	81	81.8	41226	85.6
1931	73	73.7	37210	77.2
1932	39	39.4	19684	40.8
1933	50	50.5	26487	55.0
1934	24	24.2	12273	25.5
1937	9	9.1	5030	10.4

资料来源:据《顺德县志》,中华书局1996年版,第390页表改制。

---

① 《顺德县志》,中华书局1996年版,第390页。

　　四川丝业在日本关东地震后曾一度兴旺,后日丝生产复苏,川丝复趋低落,加上连年军阀混战,苛捐盘剥,丝业濒于破产。"丝绸之乡"南充,在"九一八事变"后,日本人造丝充斥国内市场,丝价狂跌,每公担由 1120 元降至 280 元,丝商亏损罄尽,丝厂停办,靠缫丝为生的数千名工徒失业。1933 年有人发起联合省内 11 家铁缫丝厂(包括南充德合、同德两厂),组成大华生丝公司,按铁缫车多少,由公司配给资本,支持丝厂生产,但未能缓解危机。1934 年,城区仅有丝厂 20 家,缫车 405 部,产丝 314.3 公担。1936 年,四川蚕丝该所成立(后改为四川丝业股份有限公司),向蚕农免费散发从浙江引进的白色改良蚕种,蚕茧由办事处统购,而后分往丝厂加工成丝,交到重庆总公司出口,仍无收效。1937 年仅剩丝厂 6 家,丝车 1980 台,比盛时减少 4/5 以上。[①]

　　山东原本华商丝厂不多,规模狭小,1934 年几乎全部停业。周村自 1931 年后,因生丝出口骤减,丝价由每箱 1800 元落至 300 元,缫丝业由此不振,4 家机器缫丝厂因资不抵债,相继倒闭或停业。[②] 益都自 1930 年上海丝价猛跌,兼外货竞争,各丝厂相继停业,1933 年仅剩余家小厂,所产蚕茧全部被日商抑价收购。1935 年,日华蚕丝株式会社将铃木丝厂的缫丝设备从青岛转移到周村、张店(缫丝厂旧址被改建为瑞丰染厂),日资缫丝厂由沿海口岸加速向内地产区扩张,华商缫丝业愈益衰萎。[③]

　　租赁经营是机器缫丝业生产的重要形式。一些丝厂并非自己直接经营,而是出租,收取租金,租期长则 1—3 年,短则半年、一季。

　　① 《南充县志》,四川人民出版社 1993 年版,第 280 页。
　　② 《周村区志》,中国社会出版社 1992 年版,第 194 页。
　　③ 《潍坊市志·工业志》,中央文献出版社 1995 年版,第 421 页;《青岛市志·纺织工业志》,新华出版社 1999 年版,第 179—180 页。

危机期间,由于生丝市场的极不景气,大批丝厂关停,因而租金下降、租期缩短,甚至拆毁设备。1934 年上海丝厂的租金不及 1930 年的 1/3,尚有空置之虞。广东有些丝厂因无人问津,厂主为免丝锅锈坏,仅取蚕蛹作为厂租。丝厂租期也越来越短,规模越来越小。以前上海丝厂租期一般为 3 年,1930 年后只为一年,1933 年后由于丝价下跌更甚,丝厂主均告束手,只有余茧商租厂缫丝,租期短至 3 个月至半年。上海许多丝厂因无人承租而长期空置,但沪市地价与住宅租金却日趋上涨,致使 1929 年至 1933 年间,丝厂拆毁机器者达 27 家,拆毁丝车 9797 部,占 1930 年最高丝车数的 1/3 以上。①

　　1934 年后,美欧经济开始复苏,产品以销售美欧市场为主的中国机器缫丝业,本应有所转机,但因日本蚕丝的残酷挤压和人造丝的猛烈冲击,加上美欧及日本各国以货币贬值转嫁经济危机,不利中国蚕丝出口。直至 1937 年,中国生丝出口量仍只为 56631 公担,仅相当于 1929 年的 49%。以致中国民族缫丝业很长一段时间在低谷徘徊,反弹无力,国民党中央与地方政府以及缫丝工业界,也曾采取某些措施,以期挽救,但收效甚微,仅个别地区的缫丝业有较大好转,如杭州,1934 年后缫丝业有所回升,1936 年全市生丝产量增至 1983 公担,达历史最高水平。② 此乃凤毛麟角,其他地区不多见。有的刚刚建成投产,即被毁于日本侵华战争。1936年浙江德清建天纶丝厂,购置意大利坐缫机 80 台,次年 7 月投产,但 12 月日军入侵该县,天纶连同其他 4 家丝厂,即遭日军焚毁、破坏。③ 这一时期机器缫丝业的工厂、设备开工和产品出口情况,有

----

① 参见徐新吾主编:《中国近代缫丝工业史》,上海人民出版社 1990 年版,第 331—332 页。

② 《杭州市志》第 3 卷,工业篇,中华书局 1999 年版,第 127—128 页。

③ 《德清县志》,浙江人民出版社 1992 年版,第 257 页。

如表 1－23、表 1－24 所示：

表 1－23 上海等五省一市丝厂、丝车数量统计表

1929—1936 年　　　　单位:丝厂:家;丝车:台

年份	上海		江苏		浙江		广东		四川		山东	
	丝厂	丝车	丝厂	丝车	丝厂	丝车	丝厂	丝车	丝厂	丝车	丝厂	丝车
1929	104	23582	52	14406	24	6452	146	72455	18	4432	10	2092
1930	111	26175	57	17100	25	6756	121	62292	20	6250	7	1702
1931	70	18326	54	16298	25	6632	111	57255	—		—	
1932	53	13476	27	8194	25	6478	58	30243	16	5570	2	1132
1933	44	10730	43	12618	25	6642	68	36288	12	4292	6	1642
1934	35	8270	38	10348	16	3314	37	19505	—		—	
1935	39	9060	42	11952	29	7598	—		—		—	
1936	49	11116	41	13090	32	8597	57	30243	6	1980	2	920

资料来源:徐新吾主编:《中国近代缫丝工业史》,上海人民出版社 1990 年版,第 327 页表4—17。当时丝厂开工时停时续,这里的丝厂、丝车开工数,包括季节性开工在内。

表 1－24 上海等五省一市丝厂、丝车开工数及厂丝出口量统计表

1928—1936 年　　　　　　　1929 年＝100

年份	丝厂开工数(家)		丝车开工数(台)		厂丝出口量(公担)	
	实数	指数	实数	指数	实数	指数
1929	354	100.0	116895	100.0	80433	100.0
1930	341	96.3	120275	102.9	63389	78.8
1931	260	73.4	98511	84.3	54356	67.6
1932	181	51.1	65093	55.7	28695	35.7
1933	198	55.9	72212	61.8	36825	45.8
1934	126	35.6	41437	35.4	25489	31.7
1935	110	31.1	28610	24.5	35910	44.6
1936	187	52.8	65946	56.4	29600	36.8

资料来源:1929 年、1930 年、1931 年、1936 年厂丝出口量据徐新吾主编:《中国近代缫丝工业史》,上海人民出版社 1990 年版,第 661 页;1932—1935 年数据根据第 680—681 页计算;余据第 327 页计算。表列厂丝为桑蚕丝,不含柞蚕丝。

表 1-23 所列四川、山东以及广东部分年份统计数据不全,据此综合的全国性统计,亦欠完整、准确,因而只能反映机器缫丝业生产的大致情况及其变化。从地区看,各地情况互有差异,浙江、江苏相对较好,浙江除 1934 年因全国经济恐慌处于谷底,缫丝业大幅衰退外,其余年份大体处于平稳和缓慢发展状态。江苏缫丝业大幅衰退的时间较短,在 1933 年后有所反弹,1936 年的丝厂、丝车数分别达到 1929 年的 78.8% 和 90.9%。上海、广东以及四川、山东缫丝业衰退严重,而反弹无力,恢复缓慢,1936 年的丝厂、丝车数均不到 1929 年的一半。因上述四地的丝厂、丝车占全国丝厂、丝车八九成以上,其缫丝业的兴衰决定了全国缫丝业的变化态势。如表 1-23 所示,1936 年的丝厂、丝车数分别只有 1929 年的57.4% 和 56.4%。表 1-24 所列开工丝厂、丝车数中,相当部分属于季节性开工,即使在情况较好的 1930 年,据对上海 97 家丝厂的调查,季节性停工的也达 65 家。这一时期各地丝厂经营的普遍现象是随开随关,开工停工不定,因此开工的丝厂、丝车数据难以精确。尽管如此,表中统计仍然大体反映了本期机器缫丝业的衰退和变化态势。与此相联系,关内地区厂丝(桑蚕丝)出口,1929 年后即开始急剧下降,1934 年最低只有 1929 年的 31.7%,1936 年略有回升,也只相当于 1929 年的 36.8%,1937 年只有1929 年的 49%,可见这一时期机器缫丝业和厂丝出口衰退的严重程度。

技术设备和生产经营方面,丝厂的缫丝机器和技术装备,不同地区和丝厂之间,差异颇大。如浙江,1929 年省建设厅拨款兴建的杭州缫丝厂,置备日本 20 世纪 20 年代初研制成功的群马式立缫车 292 台,千叶、mo 式煮茧机各一台,其设备已进入世界先进水平。一些小厂或合作社,则设备十分落后。萧山东乡蚕丝合作社于 1930 年投产的制丝部,置备 6 绪坐缫车 100 台、8 绪坐缫车 200

台,还是意大利 19 世纪 50 年代研制成功的产品。[1] 不过从整体上说,这一时期江、浙地区的丝厂设备,还是有所改进。危机期间,江、浙丝厂为了自救,普遍注重设备改造。缫丝机从最初的意大利直缫式,转为再缫式,又转为日本座缫式,再转为 8 绪立缫式,直至15 绪、20 绪、30 绪多条机的设立。"改良之声浪,风靡一时"。无锡 1920 年代末期的状况是"各丝厂所用引擎马力,大致极小,唯因煮热水关系,用煤亦多。丝车除泰丰、民丰二厂用日本式,振艺、诚记、永泰参用日本式外,余均用意大利式"。而至 1936 年,无锡 40家丝厂 12544 部缫丝车中,小簒式和改良式占 69%;多条式 590部,占 5%,合计占 74%,旧式意大利丝车 3258 部,占 26%,所占比重明显降低。江浙一带自 20 年代中期后,又大力推广煮茧机,至1933 年前后,采用者已达 80%。不仅节省人工,"缫折"(蚕茧出丝率)亦大大提高,每担丝可少用茧 30 斤(合 17.9 公斤)。[2]

一些工厂工人的生产和生活环境均有所改善:江苏省立女子蚕业学校制丝部,"器物整然,有条不紊,全厂净洁,不现微尘";华新制丝所养成所的工人生活环境也有所改善,建有女工宿舍,备有铁床、软垫、软枕、木箱,另有食堂、女工娱乐室、浴室、养病室等。

机器设备的改进和生活环境的改善,调动了工人的积极性,提高了劳动生产率和产品质量,与广东比较,苏、沪一带每名女工管理扬返车 10—15 部,广东丝厂每名女工只管 4—5 部;粤省女工缫制匀度 65 分普通丝,每天不过 6 两,73 分匀度之丝每天不过 4两,而苏、沪丝厂工人缫制 83 分匀度之丝,平均每天 11 两至 15两,效率高出 2—3 倍,且质量优异。华新制丝所为江、浙最新式丝

---

① 《杭州市志》第 3 卷,工业篇,中华书局 1999 年版,第 131 页。

② 广东省建设厅蚕业改良局编:《江浙蚕丝织绸业调查报告》,《广东蚕丝复兴运动专刊》,1933 年刊本,第 8—23 页。

厂，"其丝之均匀，达90分以上，比之日本之最优等丝，绝无逊色"。①

改善、疏通对外贸易渠道，是某些大丝厂抵御危机的重要手段。1930年前，无锡丝厂对外销售，均通过自己设在上海的丝账房进行，由丝账房通过上海丝号、掮客或外国的洋行向海外出口，中介费用大，市场情况不明，在对外贸易上处于不利地位。为摆脱洋行束缚，无锡最大的丝厂主、号称"中国丝业大王"的薛寿萱在1930年联合永泰、乾牲、振艺、瑞纶等厂，发起组织"通运公司"，直接经营生丝对外贸易，情况有所好转。1931年，永泰系统的华新向国外直接销售300件生丝，纯利比通过洋行销售的其他同业超过1倍以上。1933年永泰自行组织"永泰公司"，经营向美国销售生丝的业务。薛寿萱还派人前往英、法等国调查，并直接与英商贸易。还在澳大利亚设立直接代销人。这是中国直接在国外进行贸易的极少数丝厂之一。② 不过类似永泰、华新、玉溪制丝所等丝厂即在江南亦属少数，大量丝厂在经营方法、技术设备等方面仍是很差。据30年代的调查、报道，江苏无锡、上海的丝厂水平最高，浙江次之，广东再次之。而丝厂状况又往往和当地桑蚕业的整体水平密切相关，有人士比较江、浙、粤三省蚕桑业后指出：粤蚕丝出产，平时达5万担，江、浙、皖三省合四川、山东诸省，亦不过六七万担，但是江苏改良蚕种达到75%—90%，浙江省亦达25%，广东省连1%都不到。江苏民众办有新式种场达95所，浙江20余所，广东则无一所。在先进缫丝设备方面，苏、浙有多条机各数百部，煮

---

① 广东省建设厅蚕丝改良局编：《江浙蚕丝织绸业调查报告》，《广东蚕丝复兴运动专刊》，1933年刊本，第8—23页。

② 高景岳：《同步异归—从生产和管理看永泰丝厂和裕昌丝厂之成败》，江苏省中国现代史学会编印：《江苏近现代经济史文集》，1983年刊本，第87—88页。

茧机流行至 80％,广东则远远落后。①

　　产品销售市场,这一时期也有明显变化。在生丝出口价格跌落,出口量下降、产品大量积压的情况下,国内销售相应增加,呈现彼消此长的态势。世界经济危机爆发前,生丝销售以国外市场为主,1929 年经济危机爆发后,随着外销的停滞、衰减,生丝销售迅速转为以国内市场为主。表 1－25 的数据显示,1929—1937 年间,生丝(包括柞蚕丝)、厂丝(只含桑蚕丝)的国内销售量呈持续或波浪式增长。生丝内销的货量、货值比重分别从 1929 年的44％和32％升至1937年的60.5％和61.1％,1934年最高达

表 1－25　中国生丝与厂丝内销货量、货值及其变化

1929—1937 年　　　单位:货量:公担;货值:千美元

年度	生 丝						厂 丝		
	货量			货值			总产量	内销量	内销%
	总产量	内销量	内销%	总产值	内销值	内销%			
1929	205511	90611	44.0	139070.0	44553.6	32.0	89370	8937	10.0
1930	193600	102016	52.7	82777.8	32554.5	39.3	70431	7043	10.0
1931	188800	106435	56.4	55227.4	26436.1	47.9	71370	17014	23.8
1932	161633	99862	61.8	36413.9	23112.6	63.5			
1933	140200	77569	55.3	33775.0	18712.5	55.4			
1934	140200	92335	65.9	30743.6	20386.3	66.3			
1935	143661	83764	58.3	36264.5	21060.8	58.1			
1936	149311	95365	63.9	37758.7	24392.5	64.6	70971	41371	58.3
1937	143461	86830	60.5	40793.0	24918.9	61.1			

　　注:生丝总产量、内销量包括柞丝,厂丝只含桑蚕丝。其中 1929 年、1930 年、1931年厂丝总产量、内销量数据系推算得出。

　　资料来源:据徐新吾主编:《中国近代缫丝工业史》,上海人民出版社 1990 年版,附录十五至十八表综合改制。

_____

　　①　广东省建设厅蚕丝改良局编:《江浙蚕丝织绸业调查报告》,《广东蚕丝复兴运动专刊》,1933 年刊本,第8—23 页。

65.9%和66.3%。厂丝原本绝大部分出口国外,经济危机爆发后,内销量也急剧上升,内销货量的比重从1929年的10%急升到1936年的58.3%,厂丝也以国内销售为主了。

在生丝内销比重不断上升的同时,内销货品的规格、质量和价格也在发生变化。在外销畅旺、出口为主的情况下,上等品和合格品几乎全部用于出口,内销蚕丝尤其是厂丝不少甚至大部分或绝大部分是次丝、废丝。因而内销生丝价格较低,反映在生丝的内销比重上,货值比重明显低于货量比重。随着出口的衰减和内销相对稳定,内销生丝的规格、质量特别是厂丝的数量和比重相应提高,不仅如此,内销生丝的市场价格逐渐回升,其幅度更大于出口生丝,因而内销的货值比重逐渐接近甚至超过货量比重。国内市场成为影响和维持缫丝工业的重要因素。如1936年,自3月份起,海外丝价"下降颇厉,外销丝日趋没落",而上海"丝市反高",白厂经B字自730元升至830元,比外销高60—100元不等,洋庄"几同绝迹";7月份外销市价虽涨,仍较内销低30元强,故"成交颇少";8月份日美丝市"涨风甚炽,买户捏货吸收",但内销丝市"更见高昂",故"成内畅外滞之局"。这种状况延续至1937年上半年,4月有报道称,"因海外市气不振,丝销停顿,丝市动静,偏重于内销方面";5月的情况是,"国内丝市堪称热烈,虽外销鲜有建树,但内销旺盛,堪谓今年空前气象"。是月销售生丝3934包,其中内销3280包,占83%强。由于国内生丝销路异常旺盛,"丝价飞腾,竟不因国外价跌而稍遏其涨风,形成背道而驰"之势。[①]

正是由于生丝内销畅旺,市场价格稳中趋升,在美欧经济复苏而生丝出口仍然疲软的不利情况下,仍然拉动了缫丝工业尤其是

---

① 《国际贸易情报》1937年1月第2卷第1期;1937年4月第2卷第16期;1937年5月第2卷第20期;《中行月刊》1937年6月第14卷第6期。

江、浙地区缫丝工业及蚕桑生产的部分复苏。资料显示,1936年同1935年比较,生丝出口量从25405公担(合50810市担)减至19148公担(合38296市担),减少了24.6%,而江浙地区的缫丝业回升。

表1-26　江、浙开工丝厂、丝车数及鲜茧收购情况统计
1934—1936年

年份	江、浙地区开工丝厂、丝车数		鲜茧收购量（市担）		浙江鲜茧价格(元/市担)			
	丝厂	丝车	浙江	江苏	春蚕茧	夏蚕茧	秋蚕茧	晚秋蚕茧
1934	72	18550	208603	198432	19.51		15.34	
1935	87	23197	375203	338808	15.15		21.9	32.0
1936	98	25964	649686	521275	30.72	27.07	32.16	35.19

资料来源:全国经济委员会蚕丝改良委员会:《蚕丝统计月刊》1937年1月第3卷第1期。

从表1-26可见,江、浙地区的开工丝厂、丝车分别从1935年的87家、23197台增加到1936年的98家、25964台,分别增长了12.6%和12.1%。蚕茧收购量和收购价格增加更为明显,蚕茧收购量从714011市担增至1170961市担,增长了66.3%;蚕茧收购价均有不同程度的上涨,尤其是春蚕茧每市担从15.15元涨至30.72元,上涨了1.03倍。这说明到1936年,江、浙地区的机器缫丝业和蚕桑生产确有所恢复。不过这种单靠国内市场拉动而出现的恢复还是局部性的,未能完全扭转中国缫丝工业和蚕桑生产全面衰退的态势。

(三)机器丝织业的兴起和初步发展

丝织业作为缫丝业的后续工业,在1927—1937年间的命运与后者不同:机器缫丝业因市场萎缩、出口下降和人造丝冲击而发生

危机,产品积压,价格跌落,企业亏折;与此相反,丝织业却因此得"福",不仅原料充足供应,而且价格低廉,减轻了生产成本;人造丝的流行,给丝织业提供了新型原料,更加丰富了丝织品的花色品种,大幅降低了产品价格,扩大了市场销售。这些都给丝织业,尤其是机器丝织业发展提供了契机。

近代时期,特别是19世纪末20世纪初,蚕桑业和缫丝业特别是机器缫丝业有了很大的发展,蚕丝产量增加,质量提高。但因生丝出口扩大,价格上涨,大部分甚至绝大部分优质蚕丝被输往国外,国内丝织业无力同洋商竞争,难以获得质优价廉的原料供应,生产成本上升,产品质量下降。加上清王朝覆亡、民国建立,服饰改变,丝织业加速衰落。从业人员减少,产量不断下降,生产经营和工具设备也少有改进,长期停滞不前,明显落后于棉织业。生丝外销的停滞、缫丝业的危机,正好给丝织业的复兴创造了条件。一些地区的机户、机工、绸庄纷纷复业,工商业人士相继开办丝织作坊、丝织工厂,生产工具亦有改进:木织机改为铁织机,又将铁织机改为电力织机,将手工生产改为机器生产,机器丝织业迅速兴起,成为丝织业的重要组成部分。

近代新兴丝织业中心上海,第一次世界大战期间开始兴起机器织绸业。1915年,春记正绸庄创立肇新电机织绸厂,这是华商首家电机织绸企业。随后各丝织厂亦普遍采用电力织机生产丝绸,产品有物华葛、天宝葛、华丝葛等。1916—1922年,美亚、物华、德和等丝织厂相继成立。美亚系丝商莫殇清、汪辅卿与美商兰乐壁合伙创办,因经营不善,不到三年停业。1920年莫殇清独资另建绸厂,仍沿用"美亚"厂名,有电力织机12台,引进国外设备,生产六号葛,产品柔软轻滑,同时织制单绉(亦称印度绸)、双绉、绉缎、乔其等,产品较有名声。20年代后,丝织厂迅速发展,丝绸品种繁多,有留香绉、克利缎、双面缎、和合绉、金丝绒和人造丝与棉纱交织的羽纱、线绨、文昌葛,全人造丝织品明华葛、无光纺、黑白绉等数十种新品种。1922年,首家华商绢纺厂——中和绢纺厂投产。次年,上海市电机丝织厂同业公会成立,机器丝织业已初具规模。1927年,上海有电机织绸厂22家,大部分是有织机20台以上规模的工厂。1928—1931年,随着人造丝进口增多,丝织业加速发展,全市先后新开475家小型丝织厂,有电力织机3769台;练染、印花厂(坊)也增加到近120家。丝织厂以美亚的发展最为迅速,1923年增至116台织机,开设美亚二厂和天纶美记等8家织绸分厂;1930年集中10个分厂的经纬部,建立美经经纬有限公司,统一供应经轴、纡子,实行"专业化生产";1933年改组为美亚织绸厂股份有限公司,有丝织机1098台,日产绸缎1000匹,员工3614人,成为全国最大的丝绸企业。[①]

　　1932年上海"一·二八沪战"中,上海丝织业遭受巨大损失,66家丝织厂被日军炸毁、焚烧或炮火轰击。据不完全统计,各厂人事损失、财产损失、间接损失合计达145.6万余元。另有49家缫丝厂被日军炸毁、焚烧或炮火轰击,人事损失、财产损失、间接损失达259.5万余元。[②]丝织厂因厂房、机器设备被破坏而无法生产,未被破坏的丝织厂也因缫丝厂被破坏,原料供应中断,生产大受影响,不少丝织厂停业。接着受世界经济危机冲击,出口萎缩,丝织厂产品种类减少,以线绨、羽纱、花巴黎缎、锦地绉等为主。至1936年,上海丝织业逐渐有复苏,是年全市有丝织厂480家。但是,好景不长,1937年"七七"日本全面侵华战争爆发后,在随后的"八一三事变"中,远东、福田、华强、荣成、镜亚、久华、协泰、协新

---

　　① 《上海通志》第3册,工业(上),上海人民出版社、上海社会科学院出版社2005年版,第1928页。

　　② 《纺织时报》1933年2月18日第962号。

春、恒泰、华通、勤业等绸厂全被毁,美亚十厂211台织机以及厂房、原料和引进的绢网印花工场全部付之一炬,全市损毁丝车7500部,损失1000万元以上。正处于勃兴态势的上海丝绸纺织印染业,全部毁于日本侵华战争。[①]

有千余年历史的丝绸名城苏州,清末民初,手工丝织业由盛转衰,1894年前后,织机最多时达1.5万台,织工3万余人,年产丝绸30万匹,值银6000余万两,产品除畅销全国各地,还远销俄国、朝鲜、缅甸、印度等国,1908年尚有纱缎庄95家。辛亥革命前后急剧衰退,1911年织机减至7000余台,1912年仅剩4000台,1913年只剩纱缎庄54家、织工7241人。第一次世界大战爆发后,在民族工业加快发展的浪潮中,有人于1914年开办苏经纺织厂,将木机改为手拉铁机,生产丝枪缎、苏经缎等新丝绸产品,随后有多家丝织厂开设。1921年吴县全县有绸厂14家,并成立铁机丝织业同业公会。1922年,苏经纺织厂将铁织机改为电力织机,其他各厂纷纷仿效,苏州机器丝织业由此产生。1925年,振亚织物公司(设立于1914年)有9个名牌产品在美国费城万国博览会上获优秀奖;1929年,苏州19个电织产品在杭州西湖博览会上获奖。到1936年,吴县丝织业有320户,织绸厂93家,漳绒织户150家,纱缎庄77户,有织机3670台,其中电力织机2040台,占总数的55.6%,机器丝织业已成为苏州丝织业的主体。另有铁木机980台,绒机650台,从业人员6355人,年产各种绸缎770万米,产品有塔夫绸、古香绸、织锦缎、乔其丝绒、毛葛、双管绢、博士呢、碧绉、锦地绉、软缎、中华缎等数百个品种。[②] 另一丝绸重镇盛泽,也在

---

① 《上海通志》第3册,工业(上),上海人民出版社、上海社会科学院出版社2005年版,第1926—1927页。

② 《吴县志》第12卷,上海古籍出版社1992年版,第491页。

1930 年创办郎琴记丝厂,雇有 9 名工人,使用 3 匹马力的电力织机,标志着该地由手工织绸向机器织绸转变的开始。①

在浙江机器丝织业中心杭州,1912 年开始设立手织绸厂,1915 年试用电力织机,1927 年电力织机剧增至 3800 台,主织大绸、湖绉、素纺等货。1924 年试用人造丝,从此桑蚕丝与人造丝交织的花色更多,给机器丝织业提供了更大的发展空间。1932 年"一·二八沪战"后,江浙交通断绝,丝绸销售停顿数月,绸厂、机坊半数歇业。1933—1934 年,各路绸销转旺,客帮云集杭州,时值废两改元,日本廉价倾销生丝,国内蚕丝价格大跌,杭州 13/15D 厂丝价由每担 1000 元跌至 360 元,为丝织业的生产经营提供了有利条件。由于生产成本低廉,产品容易出手,绸厂和机坊有利可图,于是大量增设织机,1936 年全市有绸厂 140 家,小机坊 4000 户左右,织机达 14700 万台,年产绸缎 110 余万匹,这是杭州丝绸业的"全盛时期"。②

广东丝绸业主要集中地顺德的情况不同,丝织业的兴衰基本上与当地缫丝业一致。19 世纪 90 年代,丝织业开始进入工场手工业阶段,1920 年开办首家机器丝织厂,有女工 300 余人,有人力织机 100 台,以水力传动的自动织机 20 台。后者每名工人可管理织机 2—4 台,日产纱绸 4 匹,比人力织机高出 3 倍多。1922—1926 年为丝织业鼎盛时期,全县有织机 6000 余台,年产纱绸 20 多万匹,价值 1000 万银元。1933 年秋起,因世界经济不景气和人造丝的出现,丝织品价格急剧下跌,许多规模大的工厂(场)相继歇业,只剩下一些使用家庭劳力的小织户勉强维持。1934 年,全

---

① 国民党政府实业部国际贸易局编:《中国实业志·江苏省》第 4 册,宗青图书公司 1980 年印本,第 202—203 页。

② 《杭州市志》第 3 卷,中华书局 1999 年版,第 132—133 页。

县较大的纱绸厂(织机20台以上)42家,织机1322台。1937年,全县年产纱绸13万匹、茧绸37.5万匹,总值652万银元。不过在商办丝织业衰退的同时,官办丝织业开始兴起,1933年省政府创办广东省营纺织厂,产品除棉纱和毛织品、麻织品外,亦有丝织品。1935年,广东省营使用动力机的纺织厂丝织部投产,标志着广州近代动力机器丝织业的兴起。①

丝绸大省四川,机器丝织业起步较晚,1933年开工的乐山兴隆电机丝织厂,为该省"仅见之电机织造厂"。②

山东桑蚕区和柞蚕区,机器丝织工业始于民国初年,周村为盛。从1920年起,周村以铁木提花机取代拉梭木织机,1926年全部更新完毕。1930年开始使用电力织机,由手工生产向机器生产演进。到1935年,共有电力织机44台。由于营业兴旺,周村丝织业发展很快。1925—1930年间,城区周围有作坊织机1.4万台,职工近5万人,年产丝绸300万匹(每匹25米),其中"王村绸"远近驰名。③

东北的机器丝织业也开始兴起。1920年,沈阳官办纯益缫织公司成立,有资本25万元,肯奈尔式脚踏缫丝机400架,织机150架(内有提花机20架),干燥机6架。缫成之丝,专供本厂织绸之用,全年产绸8000匹、丝300担。据说"所织花素绸,质坚耐久,品质在舶来品之上,售价极廉,每尺仅现洋三角,颇为一般人所乐用"。④

---

① 广州近代史博物馆编:《近代广州》,中华书局2003年版,第66页;《广东省志·丝绸志》,上册,广东人民出版社2004年2月第1版,第398页。

② 张肖梅:《四川省经济参考资料》,中国国民经济研究所1939年印本,第R32页。

③ 《周村区志》,中国社会出版社1992年版,第196—197页。

④ 东北文化社年鉴编印处编:《东北年鉴·工业》(1931年),东北文化社1931年初版,第1038页。

三、机器面粉工业和其他轻工业

(一)机器面粉工业

作为生产进口替代产品的民族机器面粉工业,生存和发展受到进口洋粉、国内外资面粉厂、国内外政治经济形势、原料供应和产品销售市场及其变化等多种因素的制约。其中洋粉进口、国内外资面粉企业,是直接影响民族机器面粉工业投资环境和市场条件的重要因素。

第一次世界大战结束后,特别是进入 20 年代,列强各国卷土重来,国产面粉出口下降,洋粉进口增加,1927 年后的一段时间,更呈递增趋势。从表 1–27 可见,洋粉进口量由 1927 年的 382.5 万关担(合 228.3 万公担)增至 1932 年的 663.7 万关担(合 396.1 万公担),1929 年最高接近 1193.5 万关担(合 712.3 万公担)。洋粉的大量输入对中国民族工业构成极大威胁。

表 1–27 历年洋粉进口数量表

1927—1936 年　　　　单位:关担;1927 年 = 100

年份	数量	指数	年份	数量	指数
1927	3824674	100.0	1932	6636658	173.5
1928	5984903	156.5	1933	3237065	84.6
1929	11935296	312.1	1934	985367	25.8
1930	5188174	135.7	1935	844360	22.1
1931	4889275	127.8	1936	512852	13.4

资料来源:据上海市粮食局、上海市工商行政管理局、上海社会科学院经济研究所经济史研究室:《中国近代面粉工业史》,中华书局 1987 年版,第 53 页表改制。

这种情况到 1934 年后才有所变化。由于修订关税,自 1934
年起,洋粉进口大幅下降,外国面粉的市场压力才有所减轻。表
1-28 所列,反映了第一次世界大战后到 1934 年国内市场的面粉
结构及其变化:

表 1-28　全国及关内地区面粉海关入口统计

1923—1934 年　　　　　　　　　单位:关担

年份	入口总量	国产面粉		外国面粉	
		实数	%	实数	%
1923	8783	3045200	34.7	5737800	65.3
1924	12451.6	5850700	47.0	6601000	53.0
1925	10179.5	7366600	72.4	2812900	27.6
1926	11175	7478800	63.5	4297100	36.5
1927	10202.4	6377300	62.5	3825100	37.5
1928	13094.5	7109500	54.3	5985000	45.7
1929	19794.1	7858700	39.7	11935400	60.3
1930	11475.8	6287600	54.8	5188200	45.2
1931	15185	10295400	67.8	4889600	32.2
1932	13978.5	8199800	58.7	5778700 [*]	41.3
1933	15250.3	9243400	60.6	3237400 [**]	39.4
1934	9920.5	8935100	90.1	985400	9.9

[*] 自 1932 年起,只含关内数据。1932 年原数为 6855,包含上半年关外数,现已
　剔除。

[**] 1933 年起系公担折成关担。自 1933 年后,全国进口量只含关内数。

资料来源:1923—1934 年关内总量和国产、进口粉数据,根据陈伯庄《小麦及面粉》
　　　附表(二),某些年度数据已据《旧中国机制面粉工业统计资料》,中华书局
　　　1966 年版,第 99 页表 58 修改。

1923—1934 年,各关外国粉年均进口占全部面粉比例为

40.4%,最高年份达65.3%,但有变化。自20年代中期至30年代初,进口面粉在数量上继续增加,但在国内市场所占比重中呈波浪式下降。进入30年代,洋粉进口逐渐减少,国产面粉呈增加趋势。而自1934年修改关税后,局势为之一变,关内洋粉进口比例只有9.9%,国产面粉的比例达90%以上,国内面粉市场发生重要变化。据估计,1932年后至抗日战争前,国内面粉工业总产量估计不超过8000万包①,此时洋粉进口量已从1932年的578万关担(合1541万包)下降为1933年的323万关担(合863万包)再下降为1936年的51万关担(合137万包),占国内面粉工业总产量的比例(以年产8000万包计),从大约22%降到11%,再降到1.7%。国产面粉的市场压力明显减轻,这对民族面粉工业的生存和发展较为有利。

在华外资面粉厂也是影响和制约民族面粉工业发展的重要因素。

中国近代面粉工业始于外资在华设厂。到二十世纪二三十年代,国内面粉工业中的外资企业,全部被日本资本独占,主要集中在东北地区。

东北近代面粉工业中的外资企业初为俄国商人于1900年创办。到1913年,东北外资面粉厂曾达40家②,该地机器面粉工业为俄商所控制。日俄战争后,俄商资本开始转移于华商。1917年十月革命,俄资濒于崩溃。至1921年,俄资面粉厂除4家外,均入民族资本之手。东北地区华资面粉企业已达57家,被称为面粉业的"黄金时代"。

---

① 陈伯庄:《小麦及面粉》,交通大学研究所1936年刊本,第9页。

② 上海市粮食局等:《中国近代面粉工业史》,中华书局1987年版,第232页表。

时刻觊觎东北的日本,在日俄战争后不久插手机器面粉工业,1908 年在辽宁开办满洲制粉株式会社,其势力主控东北南部地区。"九一八事变"后,日本侵略势力大举扩张,对华资企业全面挤压兼并,1934 年,日本制粉会社、日清制粉会社、日东制粉会社、大阪制粉会社等以及三井、三菱财团,联合成立了日满制粉株式会社,资本额原定 200 万元,后增至 1000 万元,"收买"了 7 家制粉厂。1936 年,日资扩张速度进一步加快,日东制粉会社投资 100 万元成立日本制粉股份有限公司,下辖 2 厂,日生产能力 6000 包;三井物产会社以收买和租赁方式控制了 4 个厂,日生产能力 8800 包。1937 年,日本制粉会社投资 200 万元,成立东洋制粉股份有限公司,下辖 2 厂,日生产能力各 4000 包;日清制粉会社投资 200 万元,成立康德制粉会社,建立日产量 4000 包的新厂 2 座;三菱商事会社"买进"日产能力 800 包制粉厂 1 家。据 1936 年的统计,日本在东北共有制粉厂 15 家,资本额 1500 万元,日生产能力 52300 包,分别占该地区制粉厂 68 厂的 22%、资本额总数 3255 万元的 46%、日生产能力 168710 包的 31%。

从全国范围看,至 1936 年,外国资本在华面粉厂主要为日本资本,大部集中于东北地区,另河北、山东各一厂。合计在华外资厂共 17 家,资本额 1538.5 万元,日生产能力 58500 包。同年华商面粉厂共 152 家,资本额 5282.24 万元,日生产能力 452218 包。日厂相当华厂资本额的 29%,日本厂日生产能力相当华厂的 13%(详见表 1-29)。

总括说,1927—1937 年中国民族面粉工业外部环境的变化及其影响比较复杂,洋面进口在 1934 年后大幅下降,大大减轻了民族面粉工业的市场压力,有利其生存和发展,但同样有利于外资面粉厂的扩张。事实上,这一时期外资面粉厂的发展速度比华商面粉厂更快,表 1-28 所见,外资面粉厂占全国面粉工业资本总额的

表1-29　全国中外企业资本、生产能力比较表

1928,1936年　单位:资本额:千元;生产能力:包

年份	全国合计		民族面粉业				外资面粉业			
	资本额	生产能力	资本额		生产能力		资本额		生产能力	
			实数	%	实数	%	实数	%	实数	%
1928	48147	413106	41929	87.1	371660	90.0	6218	12.9	41446	10.0
1936	68207.4	510718	52822.4	77.4	452218	88.5	15385	22.6	58500	11.5

资料来源:1928年据上海市粮食局等:《中国近代面粉工业史》,中华书局1987年版,附录十一"民族近代机器面粉工业一览表"、附录十四"外国资本机器面粉工业一览表"整理、计算;1936年见上海市粮食局等:《中国近代面粉工业史》,中华书局1987年版,第66页附录表。其中1928年上海裕顺、汉口东亚两厂情况不详。1936年上海三井、汉口东亚两厂情况不详。

比重从1928年的12.9%增加到1936年的22.6%,生产能力的比重从10%增加到11.5%。更严重的是东北的沦陷和日本侵略势力的掠夺、扩张,面粉工业遭受重大损失,面临新的困难。民族机器面粉工业就是在这种困难而复杂的环境中时起时落,曲折发展。

这一时期的民族面粉业,按其发展变化,大致分为三个阶段:1927—1931年为第一阶段,民族面粉业有一定程度的恢复和发展;1932—1935年为第二阶段,民族面粉业基本处于停滞和衰退状态;1936—1937年上半年为第三阶段,关内地区民族面粉业部分有所恢复,但地区间互有差异。

1927—1931年间,随着国民党政权的建立,结束了北洋时期的军阀割据状态,出现了一个短时间的全国统一和相对平稳的政治局势,工农业生产有所恢复,城市发展,面粉的市场需求扩大。在这种情况下,机器面粉工业也有所恢复和发展,新建粉厂增多,停歇、倒闭粉厂减少,实存粉厂、资本整体规模和生产能力增加。从表1-30可见,这期间新建粉厂51家,平均每年10.2家,1929年、1930年最多分别达17家;停闭粉厂25家,实存粉厂从1927年

表1-30　华商机器面粉业总体规模统计

1926—1936 年

年份	新设厂			实存厂			上海厂产量（万包）
	厂数	资本额（万元）	日产能力（包）	厂数	资本额（万元）	日产能力（包）	
1926	7	220.0	21200	153	4076.9	383320	2298
1927	2	20.0	750	153	4071.9	381620	1950
1928	8	148.0	14340	158	4114.3	383760	1995
1929	17	328.0	29275	174	4446.3	420595	2288
1930	17	397.0	27390	189	5111.3	465715	1907
1931	7	155.0	8690	179	5145.6	454987	3043
1932	3	160.0	11300	170	5078.8	444787	2896
1933	6	54.0	7050	170	5322.2	454057	3368
1934	3	18.0	2140	157	5275.8	434110	2982
1935	8	155.0	11010	154	5209.4	428020	2766
1936	14	350.0	24078	152	5282.2	452218	2045

资料来源:许涤新、吴承明主编:《中国资本主义发展史》第3卷,人民出版社1993年版,第142页表2-33。

的153家增至1931年的179家,资本总额从4071.9万元增至5145.6万元,分别增长17.0%和26.4%。日产能力从381620包增至454987包,增长19.2%。全国面粉业中心上海,面粉年产量从1950万包增至3043万包,增长了56.1%。不少较大规模的粉厂都是这期间新建的。南京的扬子面粉厂和宁波的立丰面粉厂,分别建于1930年和1931年。前者在1937年前,和金陵机器制造局、南京电灯厂、永利碱厂并称为"南京四条龙";后者资本15万元,蒸气机1台,粉磨4台,年产面粉80000包,是浙江最大的面粉厂。原有旧厂也增资扩充,中国首家华商面粉厂,即创办于1898年的阜丰面粉厂,1929年投资扩建厂房,添置设备,钢磨从开办时的 16 台增至 90 台,日产能力从开办时的 2500 包增至 1931 年的 26000 包,分别扩大了 4.6 倍和 9.4 倍。[①]

东北地区的机器面粉工业在"九一八事变"前,也有较大发展,有多家大中型面粉厂设立(详见表 1-31)。

表 1-31　东北地区新建主要华商面粉厂简况统计

1927—1929 年

厂　名	设立年月	所在地	资本额 (哈大洋千元)	职工数 (人)	年产量 (万公斤)
天星福第四制粉厂	1927.2	哈尔滨	300	40	3095.8
吉大机器面粉有限公司	1928.5	扶余	300		
广泰祥	1928.9	哈尔滨	1000	50	886.9
东兴第二制粉厂	1929.4	哈尔滨	200	130 [*]	501.5
亚洲兴业有限公司制粉厂	1929.11	长春	500	180	2500 [**]
福泰机器制粉两合公司	1929.11	九台	600		

* 东兴第一、第二两家制粉厂职工合计数。

＊＊原资料为 100 万袋,现按每袋 25 公斤换算为公斤。

资料来源:转据刘信君、霍燎原:《中国东北史》第 6 卷,吉林文史出版社 2005 年版,第 223—224 页表改制。

东北的较大面粉厂主要分布在吉林(当时哈尔滨属吉林省),如表,1927—1929 年三年间,吉林新建资本 20 万元以上的面粉厂 6 家,资本总额为 290 万元哈大洋。有产量可稽的 4 家面粉厂,年产量达 6984.2 万公斤。另外,吉林哈尔滨、长春、宁安、阿城、三姓、方正、富锦、佳木斯等地,还建有资本 10 万元以上、工人四五十人的面粉厂约 20 家。黑龙江也有若干面粉厂,主要分布在齐齐哈

---

① 《宁波市志》(中),第 18 卷,食品工业,中华书局 1995 年版,第 1128 页;徐新吾、黄汉民:《上海近代工业史》,上海社会科学院出版社 1998 年版,第 199 页。

尔、黑河、昂昂溪、富拉尔基、安达、绥化、拜泉等地。① 东北地区的面粉厂不仅数量较多,地区分布亦较关内相对广泛和平衡。

1931 年"九一八事变"后,作为中国主要小麦产区、面粉工业主要集中的和全国 1/4 面粉消费市场的东北,被日本帝国主义侵占,面粉工业损失惨重。加上随后席卷全国城乡的经济恐慌,民族面粉业由缓慢发展转为停滞、衰退。1932—1935 年间,新建粉厂20 家,而停闭、归并的粉厂达 45 家,实存厂从 179 家减少到 154家,下降了 14%。虽然资本总额从 5145.6 万元增至 5209.4 万元,微增 1.2%,但日产能力却从 454987 包减至 428020 包,减少了5.9%。上海的面粉产量从 3043 万包减至 2766 万包,减少了9.9%。华北面粉工业集中地山东,由于"五三惨案"和日军的屠杀、侵略,1928 年至 1931 年,面粉销路减少了一半。1931 年后,山东面粉业进一步衰落,1933 年共有面粉厂 13 家,总资本 390 万元,比 1924 年济南的 9 家还少 200 万元。1934 年,山东华商面粉厂产量比 1933 年减少 10%,销量减少 12%。

1936 年,民族面粉业开始有所恢复。是年新建粉厂 14 家,这是 1931 年以来建成新厂最多的一年,停闭、归并的粉厂却达 16家,实存厂比 1935 年减少了 2 家。但资本总额和日产能力略有增加。前者从 5209.4 万元增至 5282.2 万元,微增 1.4%;后者从528020 包增至 452218 包,增长 14.4%,不过仍未恢复到 1930—1931 年最高水平,资本总额尚比 1933 年少 40 万元,恢复有限。地区间的发展亦不平衡。在天津,因 1923 年意租界当局强行拆除锅炉、被迫一度停业的寿星面粉厂,后与三津磨房公会合并,改组为三津寿丰面粉公司。到 1936 年,公司经营顺畅,年产量高达

---

① 刘信君、霍燎原:《中国东北史》第 6 卷,吉林文史出版社 2005 年版,第 222、225 页。

408万多袋,所产"桃"牌面粉,因质量高、信誉好,雄踞华北市场。1937年,天津三津寿丰、永年、民丰三个面粉公司合并为天津寿丰面粉股份有限公司,三厂分别生产"桃"牌、"鹤鹿"牌和"斗"牌面粉,共有新型进口磨粉机66台,日产量可达18000袋,成为华北最大的面粉企业。河北保定,福和安遇记面粉厂改造设备,安装锅炉,购置3台粉磨机,淘汰原有的石磨、石碾,成为保定第二大面粉厂。① 但作为全国面粉工业中心的上海,如表1-30、表1-32所示,生产能力虽有提高,实际产量并未相应增加,相反,自1931年后,面粉产量呈波浪式下降,1936年仍未止降回稳,止降回升,降至1931年以来的最低点。1936年的日产能力为101100包,如以一年开工300天计算,年产量应为3033万包,而实际产量仅为2045万包,只相当于生产能力的67.4%。因此这种表现为生产能力提高的恢复,带有很大的虚假性。

1936年同1927年比较,民族面粉业的资本总额和日产能力只分别增长29.7%和18.5%,粉厂数更减少了2家,10年间民族面粉工业的发展幅度微小。同时,由于种种原因,这一时期民族面粉工业往往开工不足,面粉实际产量远远低于设计能力,粉厂生产能力还不能完全反映民族面粉业的兴衰变化。

民族面粉业的地区分布极不平衡,大部分粉厂和生产能力集中在少数几个通商口岸城市。1936年全国民族机器面粉厂实存152家,共有资本5282.24万元,日生产能力452218包。虽然全国80多个大小城市都曾设立过民族机器面粉厂。但民族面粉工业的生产力布局仍然极为不平衡,生产能力明显集中在少数大城市,仅上海一地即占资本的1/5强;日生产能力的22.4%。其余资本和生产能力,也主要集中于少数大城市(详见表1-32)。

---

① 《保定市志·工业》,方志出版社1999年版,第436页。

表1-32　全国华商机器面粉厂概况表

1928,1936 年

地区	1928			1936		
	家数	资本额（万元）	日产能力（包）	家数	资本额（万元）	日产能力（包）
上海	17	742.7	84600	11	1062.9	101100
无锡	5	174	30300	7	342	36100
汉口	40	885	57170	44	1015	75410
济南	6	140	22000	5	145	25700
天津	9	390	28350	7	385	37700
哈尔滨	25	493.5	51430	9	370	41000
合计（占全国%）	102（65.8）	2825.2（67.4）	273850（73.9）	83（54.6）	3319.9（62.9）	317010（70.1）

资料来源:1928 年据上海市粮食局等:《中国近代面粉工业史》,中华书局 1987 年版,附录十一表;1936 年据《中国近代面粉工业史》,第 66 页附录表。

如表,全国民族面粉工业中,工厂的 50%—60%以上、资本额的 60%以上、生产能力的 70%以上,集中在上海等 6 城市。1936 年同 1928 年比较,除厂数比重有所下降外,资本额和生产能力所占比重,并无多大改变。

在面粉工业集中的少数城市中,资本和生产设备又集中于少数厂家。

相对于外资面粉厂而言,华商面粉厂资本规模相当狭小。如表 1-33 所示,1928 年华商面粉厂的平均资本规模只有 27 万元,1936 年略有扩大,也只有 34.8 万元。而外资面粉厂分别为 47.8 万元和 90.5 万元,高出华商面粉厂 0.77 倍和 0.89 倍。生产能力也明显比外资面粉厂低。但在华商面粉厂内部,资本分配极不平衡,并越来越严重,上海最为典型。1913 年上海阜丰厂占全业资本总额的

18%;福新厂则不足2%。至1937年,阜丰已上升到全业资本额的26.1%,福新上升到49.3%。如果加上租办厂,则两大资本集团占据上海面粉工业资本总额的95%以上。在生产能力方面,至1937年上半年,上海实存机器面粉厂12家,总计日生产能力111600包,其中福新系统占57.8%,阜丰系统占34.5%,其他厂只占6.7%。[①]

表1-33　民族面粉厂资本规模及其同外资面粉厂的比较

1928,1936年

年份	华商面粉厂					外资面粉厂				
	厂数	资本额(千元)		日产能力(包)		厂数	资本额(千元)		日产能力(包)	
		总额	厂均	总额	厂均		总额	厂均	总额	厂均
1928	155	41929	270.5	371660	2397.8	13	6218	478.3	41446	3188.2
1936	152	52822.4	347.5	452218	2975.1	17	15385	905.0	58500	3441.2

资料来源:1928年据上海市粮食局等:《中国近代面粉工业史》,中华书局1987年版,附录十一"民族近代机器面粉工业一览表"、附录十四"外国资本机器面粉工业一览表"整理计算。其中1928年有2厂情况不甚清楚,仍计入;1936年据《中国近代面粉工业史》,第66页附录表。另据中国科学院经济研究所等编:《旧中国机制面粉工业统计资料》(1966年印本)的统计,1928年民族资本工厂实存厂数140厂,其中有资本记载者114厂,资本额3261.7万元。有生产能力记载者116厂,生产能力为263.30千包。1936年民族资本实存厂家为163厂,其中有资本记载者103厂,资本额2979.6万元;有生产能力记载者149厂,生产能力301.59千包。

这种情况在其他城市也不同程度地存在。1937年无锡有面粉厂7家,荣家企业系统的茂新一厂、二厂就占无锡全业生产能力的2/3;哈尔滨在1931年"九一八事变"前,实存面粉厂27家,其中正常营业的只有8家,处于半停业状态的10家,完全停业的6

---

① 上海市粮食局等:《中国近代面粉工业史》,中华书局1987年版,第147、151页。

家,"除少数资力雄厚,经营得法,产品质量较好的厂家如双合盛、义昌泰、天兴福等都能照常营业并有所发展外,一些经济力量薄弱或经营较差的,就难免被淘汰"。① 在武汉,1936 年有面粉厂 5 家,全业年生产能力为 595 万包,年产量为 478.4 万包。其中福新五厂一家,即占全部年生产能力的 60.6%,年产量占 46.7%。在天津,自 1906 年创办第一家面粉厂起,至旺盛时期的 1925 年曾达 11家。然至 1936 年仅存 6 家,全业日生产能力 21530 包,其中孙俊卿、杨西园等人的寿丰一、二、三厂的日生产能力合计 15250 包,占66.7%,福星厂日生产能力 5800 包,占 25.5%,寿丰与福新两大厂合占总日生产能力的 92%。②

由于民族面粉工业大多开工不足,各地面粉厂实际产量明显低于设备生产能力。表 1-34 反映的是上海各厂历年生产能力和

表 1-34　上海各厂历年面粉销售量与生产能力比较表

1922,1928—1936 年

年份	全业生产能力（千包）	全年面粉销量		年份	全业生产能力（千包）	全年面粉销量	
		千包	占生产能力%			千包	占生产能力%
1922	29940	8350	27.9	1932	35880	28960	80.7
1928	30030	19950	66.4	1933	35880	33700	93.9
1929	33780	22880	67.7	1934	35880	29820	83.1
1930	34170	19070	55.8	1935	31230	27660	88.6
1931	32580	30430	93.4	1936	30330	20450	67.4

资料来源:上海市粮食局等:《中国近代面粉工业史》,中华书局 1987 年版,第138—139 页。

---

① 上海市粮食局等:《中国近代面粉工业史》,中华书局 1987 年版,第220、238 页。

② 上海市粮食局等:《中国近代面粉工业史》,第263、280—281 页。

面粉销售情况。同处于战后衰落低谷的 1922 年比较,面粉销量占生产能力的比重大幅提高,但二者仍有很大差距,1930 年面粉销量占生产能力的比重最低只有 55.8%,1928—1936 年 9 年平均为77.7%。如果销售量与产量接近,上述数据大体反映了上海面粉产量与生产能力之间的差距。

全国第二大面粉工业中心哈尔滨,"九一八事变"前,虽然生产能力提高,而面粉产量呈下降趋势,由表 1-35 所见,1931 年的面粉产量只相当于 1929 年的 72.3%。1932 年沦陷后,降幅进一步扩大。从开工率可大致看出实际产量和设备生产能力之间的差距,表见产量只相当于生产能力的 50%—70%。整个东北地区的情况大致相同,面粉产量由 1929 年的 12678058 袋降至 1930 年的11724580 袋,再降至 1931 年的 11068115 袋。日本侵占后的 1932年,更只有 8311923 袋。① 如以 1929 年为 100,1930 年、1931 年分别为 92、87,1932 年更只有 65,4 年间面粉产量下降了 35%。

表 1-35　哈尔滨面粉工业产量统计表

1929—1935 年　　　　　单位:袋;1929 年 = 100

年份	产量		开工率*		年份	产量	指数	开工率*	
	实数	指数	开工日数	%		开工日数	%	开工日数	%
1929	8446352	100.0	—	—	1933	5553495	65.8	175	58.3
1930	7146708	84.6	—	—	1934	3969118	47.0	199	66.3
1931	6105150	72.3	211	70.3	1935	5939998	70.3	188	62.7
1932	4649355	55.8	154	51.3					

* 以全年开工 300 日为十足开工率。

资料来源:《吉黑面粉工业现状》,《国际贸易情报》1936 年 10 月第 1 卷第 32 期。

---

① 《吉黑面粉工业现状》,《国际贸易情报》1936 年 10 月第 1 卷第 32期。

这一时期全国面粉产量缺乏系统而精确的统计,仅有若干既不完整、又相互歧义的数据(详见表1-36)。

表1-36　全国面粉工业产量统计

1931—1936年　　　　　　　　　　单位:千包

年份	生产能力*	产量		年份	生产能力*	产量	
		实数	占生产能力%			实数	占生产能力%
1931	136496.1	66379.0	48.6	1934	130230	64963	49.9
1932	133436.1	70853.4	53.1	1935.7—1936.6	128406	61941.6	48.2
1933	136217.1	76078.9	55.9				

＊生产能力据表1-26,原为日产能力,现乘以300日,换算为年产能力。

资料来源:1931年、1932年据政府税务署统计,见陈伯庄:《小麦及面粉》附表五,系面粉消费量;1933年据中国科学院经济研究等:《旧中国机制面粉工业统计资料》,第51页表26,包括41个市县产量;1934年据《旧中国机制面粉工业统计资料》,第52页表27。包括19个面粉工业重要产地的66厂的产量;1936年度(1935年7月至1936年6月)据陈树三:《上海区面粉工业概况》,包括鲁、豫、苏、浙、皖、湘、鄂、赣、冀、察、晋、绥等12省产量。见陈真《中国近代工业史资料》第4辑,三联书店1961年版,第414页。

表列数据来源不一,且不甚完整、精确,无法做出纵向比较。从大致趋势看,1932年至1933年是这一时期中国面粉工业产量最高年份,数额约在7000万至7600万包之间。面粉产量约占生产能力的一半。加上漏计部分,其比重大概为60%左右。这就是这一时期中国面粉工业生产的一般状况。

这一时期民族面粉工业发展缓慢,粉厂长期开工不足,机器设备利用率低,面粉产量同工厂生产能力严重背离,除了国内外政治经济形势,主要是由国内居民生活水平、消费结构和市场条件决定的。

在近代中国,机制面粉的消费对象是城市市民,而且是以大城市为主,经济发达、交通便利的中小城市为辅。在一般市镇和乡镇,机器磨坊和土磨坊占据重要地位。而在广大农村,则是农民以满足自身消费的手推磨、土磨、石碾的一统天下。从表 1-37 可见,在全国麦粉消费中,1936 年同 1921 年比较,无论机器粉厂面粉还是商品面粉,所占比重都未发生明显变化,机器面粉不足20%,商品面粉不足 50%。这从根本上制约了新式机器面粉工业的生产规模和发展速度。

表 1-37　全国商品面粉比重及其分配

1921,1936 年　　　　　　　　　单位:%

年份	商品面粉				非商品面粉
	机器粉厂生产	机器磨坊生产	土磨坊生产	小计	
1921	18.36	1.13	25.66	45.15	54.85
1936	18.40	2.21	25.69	46.30	53.70

资料来源:据上海市粮食局等:《中国近代面粉工业史》,中华书局 1987 年版,第105 页改制。

原料供应方面,黄淮流域及其以北地区盛产小麦,农民消费又以小米以及玉米、高粱等粗粮为主,面粉厂本应货源充足,原料供给不成问题。不过实际情况却是,"进口洋麦,能大量按期、按标准质量交货",国产小麦则因运输制度不良,不能按期交货;因贸易制度之弊,小麦杂泥搀水,成色不一,毫无确定标准,不能按质交货,不能进行期货交易,原料供应很不稳定。上海粉厂地理条件相对优越,可以使用进口洋麦,世界经济危机期间,列强倾销剩余农产品,洋麦的比重更达 70% 以上。但内地粉厂因运输成本过高,不可能大量使用洋麦,一些内地粉厂乃至部分上海粉厂深受原料供应困扰,20 年代末有调查说,"上海今日面粉厂所最感困难者即原料缺乏,以致不能充分利用生产能力"。①

除了原料供应,面粉与小麦的比价更直接影响粉厂的生产经营和收益盈亏,表1-38所见,这一时期,粉、麦价格起伏较大,但异向变化的情况不多,特别是上海,两者的变化趋势相同,升降幅度相近,比价变化不甚明显,因而对粉厂的经营和收益影响不大。这一时期的民族面粉工业虽无第一次世界大战期间的厚利,但粉、麦比价相对稳定,面粉厂仍有一定获利空间。正因为如此,在1933—1934年,当国内经济危机处于谷底、粉麦价格大幅跌落时,

表1-38　面粉、小麦比价及其变化

1926—1936年

年份	上　　海			天　　津		
	绿兵船面粉 (元/包)	汉口货小麦 (元/市担)	每包面粉换 小麦(市斤)	绿兵船面粉 (元/包)	白麦 (元/石)	每包面粉换 小麦(石)
1926	3.24	5.15	62.9	3.35	9.56	0.350
1927	3.22	5.05	63.8	3.35	11.11	0.302
1928	3.06	4.65	65.8	3.34	11.39	0.293
1929	3.15	4.77	66.0	3.38	11.69	0.289
1930	3.37	5.30	63.6	3.69	11.42	0.323
1931	2.96	4.64	63.8	3.05	9.96	0.306
1932	2.78	4.25	65.4	2.95	9.47	0.312
1933	2.40	3.63	66.1	2.52	7.69	0.328
1934	2.24	3.53	63.5	2.38	6.91	0.344
1935	2.55	4.01	63.6	2.66	6.66	0.399
1936	3.37	5.20	64.8	3.49	8.51	0.410

资料来源:上海市粮食局等:《中国近代面粉工业史》,中华书局1987年版,第389、391、393、395—396页。上海麦价各年采样不同,基本上是汉口货。

① 上海商业储蓄银行:《小麦及面粉》,上海商业储蓄银行信托部1932年刊本,第119页。

面粉产量不仅没有继续跌落,反而上升,达到这一时期的高峰。

在这种情况下,部分企业更获得了较大发展,孙氏家族经营的通孚丰集团阜丰面粉厂是典型。该厂在第一次世界大战后的困境中,资本额从1920年的100万元增至1936年的300万元,1929年、1932年两次增添钢磨,面粉生产能力从1920年的6000包增至26000包。1936年又投资101.6万元,建造了拥有最先进设备的全自动化圆筒麦仓,企业规模超过福新系统中最大的福新八厂,被誉为远东第一大粉厂。抗战前,阜丰先后租办了三家中型粉厂,加上先前开办的山东、河南两个厂,1937年阜丰系统的日产能力达到51500包,占全国民族面粉工业日产量的11.4%。[①]

阜丰经营的成效除了上海相对有利的外部环境,正确稳健的经营方针是重要原因。阜丰十分重视扩大再生产的资金积累,除历年有数十万账面利润外,每年都提存一定比例的公积金和折旧金。至1935年,阜丰的公积金储备已有89.6万元;折旧金达78.9万元,为渡过萧条、抵制日本抢占东北、华北市场的压力储备了资力。阜丰为保证产品质量,形成一系列生产管理特色,如坚持选购、储备优质原料;注重在生产过程中的质量管理,等等。阜丰重视对人才的培养,又建立了相对独立的金融机构。这些,都对它的发展做出了重要贡献。[②]

民族面粉工业的产品销售,因机制面粉的消费对象是城市市民,而且是以大城市为主,面粉销售市场的扩大,主要依赖于城市的发展和城市居民食品结构的变化。

---

① 徐新吾、黄汉民:《上海近代工业史》,上海社会科学院出版社1998年版,第199页。

② 徐新吾、黄汉民:《上海近代工业史》,上海社会科学院出版社1998年版,第200—201页。

20 世纪以来,随着国内近代工业的扩大和相应的城市化进展,面粉的消费市场逐步扩充。在北方诸城市,面粉及其制品是包括各类工人在内的市民们主要食品之一。20 年代末的天津,即便是各类手工业者家庭中,按平均每家 10 个月的食品构成计算,面粉类食品约为 141 公斤,占主食第二位。[①] 在上海等南方城市,大米虽是市民的主要食品,但即便在产业工人中,面粉类食品也占相当比例。[②] 在广东,面粉虽非城市居民主要粮食,但制作面点食品及饼饵,俱用面粉,其余如饼干业、面包西饼业、粉面茶点业、茶楼饼业及酱料业等,皆大量销用面粉。故每年进口粮食中,面粉"占最大宗,居米谷之上"。[③] 因此,自 20 世纪初至抗日战争前,进口洋粉和国内生产面粉的销售量都在增加,仅从关内市场看,各海关入口的面粉,包括洋粉和国产粉,在 1922 年至 1932 年的 10 年期间,从 505.2 万关担增加到 1397.9 万关担,增加 177%。[④]

不过机制面粉的消费只局限于城市。在北方农村,尽管人们喜食面食,但因小麦为比较高价的精粮,农民经济贫乏,无力食用,故"多留用粗粮,售出精粮"。小麦既非北方唯一粮食,尤非农村必留粮食,只能销往城市,"机制面粉完全为都市民食"。[⑤] 至于中小城镇的面粉消费,则主要是土磨坊的产品。据调查,1936 年山西省

---

① 据冯华年:《民国十六年至十七年天津手艺工人家庭生活调查之分析》(载南开大学《经济统计季刊》1932 年 9 月第 1 卷第 3 期)各数据计算。

② 参见上海市政府社会局:《上海市工人生活程度》,中华书局 1935 年发行。

③ 国民党政府西南政务委员会国外贸易委员会编印:《广东工商业—麦粉》,1936 年刊本。

④ 陈伯庄:《小麦及面粉》,交通大学研究所 1936 年刊本,第 9 页附表二。

⑤ 陈伯庄:《小麦及面粉》,交通大学研究所 1936 年刊本,第 7 页。

69个县共有畜力磨坊1186家(平均每县17—18家),年产面粉5540多万斤(合3304.6万公斤),按当地计量单位机制面粉每包37斤折算,磨坊土粉年产量将近150万包,超过该省机器面粉产量90.02万包的60%以上。山西省的情况在华北是有一定代表性的。①

全国面粉厂的产品销路分布,也明显反映出面粉市场的城市性。据1931—1933年的调查,全国民族机制面粉厂年销量约8000万包,其中上海一地约3500万包,本地直接消费约350万—400万包,出口国外6万—100余万包,余均转口销往国内各地大城市,占全国民族面粉工业输出额的70%—80%。② 天津是申粉最重要的销售市场,销量占上海面粉产量的半数,号称"东亚最大面粉销场",每年可销面粉约2000万包,占全国总销量1/4。据天津面粉商估计,1932年,经市场销售的面粉约1664.45万包,其中1009.3万包(占60.6%)为申粉,261.6包(占15.7%)为天津、济南粉,余为洋粉。购买者主要是批发及零售粮食店、工厂、军队,以及北平粮食店、外地面粉采购商等。天津销售的2000万包面粉中,本市及水路约1300万包,占6—7/10,约2—3/10转销北平,1/10销开滦矿区。另有少量销往平绥、平汉、津浦三线。③

其他各地面粉的销售也明显呈现出以城市特别是交通干线沿线城市为主的特征。无锡地区的面粉厂销路为附近各地并上海。南京、镇江、常州、芜湖及苏北各面粉厂,主要销本地和邻近地区。蚌埠、滁州的面粉销本地和潼关。山东的青岛、潍县、青州、泰安、

---

① 上海市粮食局等:《中国近代面粉工业史》,中华书局1987年版,第109页。

② 本地消费量和出口量据《中国近代面粉工业史》,第139页,余据陈伯庄:《小麦及面粉》。

③ 陈伯庄:《小麦及面粉》,交通大学研究所1936年刊本,第11—13、16页。

周村、济宁等地面粉主销本地。汉口面粉销本市及湖南、江西。①

机制面粉以城市为基本市场,在一定程度上是城市新式面粉厂取代原来的旧式畜力磨坊的结果。有调查指出,北京在民国前,全销土粉,当时北京的畜力磨坊为"极盛企业"。民国后,机制面粉销路日增,土磨面粉销路日缩。进入30年代,残余磨坊粉业,"皆垂垂待毙"。②也就是说,机粉的销路和市场首先是打败了原有大城市中土磨坊后获得的,它的进一步发展取决于能否开辟新的国内市场,尤其是农村市场的突破,否则就难以打开新的局面。

30年代,中国民族面粉工业充分利用各种有利因素,生产价低质高产品,在中国市场上与洋粉竞争,几乎占领了关内全部市场,这是民族面粉工业的最大成效,也是民族纺织工业和许多民族工业远未达到的。然而,这种发展又有许多负面影响,存在诸多问题。其一,少数大城市和大粉厂的生存、扩张是以牺牲大多数地区和厂家的利益乃至生存为代价的。就生产力的合理布局而言,在主要麦产区和面粉消费市场的北方地区,建立面粉工业基地较江南更为有利。但上海各厂及少数通商大埠厂家的强力竞争和压迫,使内地厂尤其是原料产地粉厂难以发展。其二,依托于殖民地性通商口岸而发展起来的面粉工业,在经济环境上与内地面粉工业极不相同,两者间的竞争是一种不平等的竞争,使内地厂家难以利用本身的资源等优势,取长补短,向"现代化"迈进。其三,靠进口洋麦为原料是上海大面粉厂战胜内地厂的重要因素。但依赖进口洋麦存在着两方面问题:一是30年代利用廉价进口洋麦,是西方列强转嫁经济危机,倾销过剩农产品的结果,这种廉价维持时日

① 陈伯庄:《小麦及面粉》,交通大学研究所1936年刊本,第25—26页。

② 陈伯庄:《小麦及面粉》,交通大学研究所1936年刊本,第8页。

有限;二是不利于充分利用本国原料并改进其不足。中国是产麦大国,国麦作为面粉工业原料之所以常常不敌洋麦,既有品种问题,更有小麦贸易流通领域中的诸多弊端。如适量进口洋麦,可以在一定时期补充原料供应,促使改进国麦及贸易中的问题。但如果过量进口洋麦,严重影响国麦价格和农民的利益,则对中国的小麦生产和改良以至对中国农村和全国经济都会造成巨大不良后果。30 年代的洋麦大量进口,正是属于后者。正如 1932 年反对国民党政府举办"美麦借款"的呈文所说:正当各地农业丰收,粮价惨落之时,"大量美麦运华销售,国产粮价必定惨落至无可收拾之地步,农村经济将濒于万劫不复之境"。[①] 这样,即使洋麦价格低廉,也难以开拓农村市场,促进民族面粉工业的发展。在农民吃不起小麦的状况下,当然更不可能指望其吃"洋麦面粉",哪怕在小麦滞销、价格大跌,农民出售无利可获,不得不食用部分小麦时,也绝不是机制面粉的消费者,而至多是"小麦自磨土面"而已。[②]

(二)火柴工业

1927—1937 年间,中国火柴工业的外部环境和市场条件发生了某些变化,民族火柴工业因这些变化而反复起落。

1915—1919 年间,由于中国人民掀起了抵制外货运动,原来对我国民族工业威胁最大的日本火柴势力被遏制,民族火柴工业"取日商地位而代之",由此形成中国民族火柴工业的一个发展高潮。据统计,至 1923 年,国内火柴厂已达 99 家,1928 增至 180 家左右,五

---

① 《上海市政府转呈请勿续借美麦免伤农村经济代电》(1932 年 11 月 4 日),见第二历史档案馆编:《中华民国史档案资料汇编》第五辑第一编,财政经济(三),江苏古籍出版社 1994 年版,第 236 页。

② 陈伯庄:《小麦与面粉》,交通大学研究所 1936 年刊本,第 13 页。

年内增加近 1 倍。据 1928 年经济讨论处统计,国内火柴厂计 184 家,资本总额共合国币 1322.5 万元。平均每厂约 13.1 万元。[①]

1928 年后,中国民族火柴工业从前一段的较大发展转入反复起落和艰困、停滞状态。

由于中国人民特别是占人口绝大多数的农民生活水平很低,购买力十分薄弱,火柴工业迅猛发展,已超出市场购买力,隐藏"自身之生产力过剩,而致衰落"的危机。更为重要的是,自 1927 年起,瑞典火柴对中国大肆跌价倾销,成为中国民族火柴工业的最大威胁。当时瑞典几乎垄断了世界火柴市场。日本资本原在中国火柴工业中占有很大比重,瑞典在控制了日本国内火柴工业后,自 1926 年后陆续收买了一批日本在华火柴厂,并将大量瑞典火柴运至中国低价倾销,由此瑞典火柴成为中国国内火柴市场上比重最大的外国货,对民族工业构成重大冲击(详见表 1-39)。

表 1-39 瑞典火柴进口数量统计

1927—1930 年

单位:箱

年份	7 省国产火柴	瑞典火柴进口量		年份	7 省国产火柴	瑞典火柴进口量	
		实数	占国产火柴%			实数	占国产火柴%
1927	396000	120516	30.4	1929	410200	168253	41.0
1928	455600	128540	28.2	1930	354000	179164	50.6

注:国产火柴产地 7 省为江苏、安徽、江西、浙江、福建、广东、河北。

资料来源:《申报年鉴》(1933 年),上海申报馆 1933 年版;《火柴月刊》第 25 期;见中国科学院经济研究所、中央工商行政管理局主编,青岛市工商行政管理局史料组编:《中国民族火柴工业》,中华书局 1963 年版,第 29 页。

---

① 刘阶平:《战时火柴工业与火柴专卖》,见陈真:《中国近代工业史资料》第 4 辑,生活·读书·新知三联书店出版 1961 年版,第 659 页。

由于瑞典火柴倾销,1929 年下半年,东北各厂全数倒闭,广东厂家亦倒闭过半,苏、浙、皖各厂虽根基较固,而停业亦及小半,"国内华厂无不自危"。① 1928—1930 年间,民族火柴工业主要产区东北、河北、江苏、安徽、江西、浙江、福建、广东 10 省区的火柴产量,从 614900 箱下降为 423219 箱,降幅达 31%;销售量从 532200 箱下降为 389252 箱,降幅达 27%。②

面对外货挤压和行业衰退,各地火柴厂商呼吁自救,1929 年成立全国火柴同业联合会,派出代表团赴南京请愿,要求抵制外货,进行救济,并议行专卖。自 1929 年年底始,国民党政府先后四次修改进口税则,提高进口税率。至 1931 年,火柴进口税由从价计征 7.5% 提高到 40%,进口火柴大为减少,从 1930 年的 8508194 罗减为 1933 年的 72925 罗③,减量达 8435269 罗,减幅在 99% 以上,民族火柴工业的市场状况有所改善。

在这种情况下,1930—1933 年间,民族火柴工业开始了新一轮的猛烈扩充,许多厂家开始增加产量,特别是设立了一大批新厂,数量远超过前几年的设厂数。据统计,从 1928 年到 1937 年抗日战争爆发前,全国共新设 75 家火柴厂,其中 1930 年前开设的有 19 家,资本额约 106.5 万元;1930—1933 年开设的高达 42 家,资本额约 161.31 万元。

中国提高火柴进口关税,虽然遏制了外国火柴进口,但并不能阻止外国资本在华设厂制造及其产品销售。于是,日本、瑞典等在

---

① 国民党政府全国经济委员会:《火柴工业报告书》,1935 年刊本,第 3 页。

② 见青岛市工商行政管理局史料组编:《中国民族火柴工业》,第 30 页表。

③ 参见青岛市工商行政管理局史料组编:《中国民族火柴工业》,第 36 页。

华火柴厂乘机扩大生产,并增建新厂,填补进口火柴的空缺,继续控制和垄断中国火柴市场。瑞典火柴托拉斯于 1931 年在上海成立美光火柴公司,在美国注册,开办大型火柴厂,装配自动连续制造火柴的机器设备,年产火柴 3 万箱,又成华商一大劲敌。据 1934 年的调查,中国境内共有 11 家外资火柴厂继续经营,其中设立于这一时期的有 2 家,位于东北的 3 家(详见表 1-40)。

表 1-40　外资火柴厂简况统计

1934 年

厂名	国籍	设立年份	所在地	资本额(元)	火柴销售量*(箱)
日清燐寸会社	日本	1908	长春	—	—
山东燐寸会社	日本	1917	青岛	550000	61564
青岛燐寸会社	日本	1919	青岛	300000	113886
中华燐寸会社	日本	1920	天津	400000	14898
益丰燐寸会社	日本	1920	青岛	5000	11930
吉林燐寸会社	日本	1924	吉林	—	—
华祥燐寸会社	日本	1924	青岛	108000	—
三友燐寸会社	日本	1926	天津	—	13879
东华燐寸会社	日本	1931	青岛	10000	24944
美光火柴公司	瑞典	1932	上海	—	76278
大连燐寸会社	日本	—	大连	—	—

* 系 1931—1933 年 2 月的火柴销售量。

资料来源:王雪年:《中国境内之外商火柴厂》,《火柴月刊》1934 年 10 月 10 日第 26 期,见陈真:《中国近代工业史资料》第 4 辑,生活·读书·新知三联书店 1961 年版,第 657—658 页。

　　11 家外资火柴厂,7 家有资本可考,资本总额为 247.6 万元,1931—1933 年销售火柴 666216 箱。另据统计,30 年代中期,外资火柴厂 7 家;确存华商火柴厂 65 家,未知停闭者 27 家,两共 92 家

（详见表 1－41）。

表 1－41　20 世纪 30 年代中期中外火柴厂概况统计

资本类别	厂数	资本总额 （千元）	年生产能力* （千箱）	备　　注
外国资本	7	2088	408	上海美光厂估计资本额 50 万元，天津 2 家日厂资本额日金折合法币元。
民族资本	92	7246	1827	其中 14 厂资本额不详，估算为 553600 元，合计约 780 万元

* 按排板机 1 架每日工作 10 小时，每月生产 150 箱估算。

资料来源：国民党政府全国经济委员会：《火柴工业报告书》，1935 年刊本，第 17—23 页。

7 家外资厂资本额估计为 208.8 万元，92 家华商火柴厂资本总额估计为 780 万元；外厂平均资本额为 298286 元，华厂 84783 元，外厂相当华厂的 3.52 倍。单从火柴厂的数量看，外商比例不算大，30 年代中期在关内约占 7%。但外资厂规模大，资本雄厚，其产量比重远高于厂数比重。表 1-42 显示，外资厂的火柴产量

表 1－42　中、外资火柴厂火柴产量统计

1931—1934 年　　　　　　　　　　　　　　　单位：箱

年度	合计	华商火柴厂		外资火柴厂	
		产量	%	产量	%
1931—1932	946924.9	816783.8	86.3	130141.1	13.7
1932—1933	1074479.6	944786.8	87.9	129692.8	12.1
1933—1934	941695.2	852278.1	90.5	89417.1	9.5

资料来源：国民党政府全国经济委员会：《火柴工业报告书》，1935 年刊本，第 29 页。

比重为 9.5% 到 13.7% 不等,比厂数比重高 35.7%—95.7%。如果就外厂的生产能力和产量与小型华厂比较,则其对民族工业的威胁更大。据国民党政府全国经济委员会的一项估计,上海美光火柴公司产量为 44312 箱,青岛外厂为 43050 箱,天津两厂合计为 100000 箱,山东厂为 24100 箱,"超过华商 46 小厂合计产量甚远。故外籍厂家虽少,而产量则较我国半数以上之小厂合计产量为高"。①

外资火柴厂对民族火柴工业的又一威胁是走私漏税。据可靠报告,天津外商各厂,年产火柴达 10 万箱,"完纳出厂税者仅数千箱",漏税火柴超过全部产量的 90%;在青岛私运出厂者亦达 20%—30%。"影响于国家税收及华商之销场,至深且钜"。② 与此相反,华商火柴厂的税捐负担却不断加重。1931 年前,火柴税率为 7.5%,1931 年 2 月裁厘后,改征统税,税率已较前增高 2—3 倍。1933 年 12 月加订税率,又超过原税率 2 倍以上。加税之后,安全火柴的统税负担,平均占到制造成本的 41.56%,硫化磷火柴统税占制造成本的 43.72%。税捐重则成本高,"成本高则价格涨,价格涨则销路狭,销路狭则工厂不能作大规模之生产,制造成本复因此而节节增高。如此循环相因,则生产过剩,折本倾销,周转不灵等问题,将永为厉阶,必至火柴业崩溃而后已"。③ 华商火柴厂愈加处于劣势。

在外资尤其是日资火柴厂的挤压下,加上 1931 年长江流域大水灾,人民生命财产遭受巨大损失;东北沦陷,东北市场全部丧失;列强转嫁经济危机,华商新一轮设厂高潮很快消失。1933 年后,

---

① 国民党政府全国经济委员会:《火柴工业报告书》,1935 年刊本,第 33 页。

② 国民党政府全国经济委员会:《火柴工业报告书》,第 32、43 页。

③ 国民党政府全国经济委员会:《火柴工业报告书》,第 71 页。

设厂数量和建厂资本额都大大减少了。1934年后设立的只有12厂,资本额14.2万余元,只相当于1930—1933年间的8.8%,且不少集中于四川、云南、陕西等边远地区。1927—1937年新设华商火柴厂及其资本规模,有如表1-43:

表1-43　新建华商火柴厂及其资本规模统计

1927—1937年　　　　　　　　　　　　　　单位:元

年份	新设厂数	资本额			备　注
		厂数	资本总额	厂均资本	
1927	7	7	480000	68571	
1928	15	14	1065000	76071	缺1家资本额
1929	4	3	70000	23333	缺1家资本额
1930	11	9	196900	21878	缺2家资本额
1931	10	7	183000	26143	缺3家资本额
1932	18	13	493200	37938	缺5家资本额
1933	3	3	40000	13333	
1934	4	2	55000	27500	缺2家资本额
1935	6	3	30900	10300	缺3家资本额
1936	2	2	564300	282150	
1937	2	—	—	—	缺2家资本额
合计	82	63	3178300	50449	缺19家资本额

资料来源:据青岛市工商行政管理局史料组编:《中国民族火柴工业》,第37页表改制。

1927—1937年11年间,华商火柴厂的开设及资本情况,以1932年为界,大致分为前后两个阶段。前一阶段,1928年和1930—1932年,曾出现两次设厂小高潮,新设火柴厂53家,资本总额193.81万元,分别占全期总数的64.6%和61.0%。1927—

1932 年 6 年间,共新设火柴厂 65 家,资本总额 248. 81 万元,分别占全期总数的 79. 3% 和 78. 3%。后一阶段,新设火柴厂数量大大减少,1933—1937 年 5 年间,新设火柴厂仅有 7 家,资本总额 69. 02 万元,分别只占全期总数的 20. 7% 和 21. 7%。民族火柴工业已陷入全面停滞和衰退状态。

不过相对而言,民族火柴工业所受的外资挤压,较棉纺织等工业为轻,且逐年减弱。火柴工业在 1932 年后的困境,在很大程度上和工厂规模狭小、设备简陋、力量薄弱、资金短缺,以及盲目建厂、恶性竞争有关。

表 1 - 43 可见,在 1927 年后的新建厂中,大多为资本微薄的小厂。除 1936 年开办的两厂资本规模较大外,其余平均规模都很小,63 厂的平均规模仅有 50449 元,如不计 1936 年成立的 2 厂,更只有 42852 元,而且呈不断下降趋势。1927—1932 年开办的新厂中,有资本可查的 53 厂,平均资本为 46945 元,而 1933—1935 年的新建厂中,有资本可查的 8 厂,平均资本已降至 15737. 5 元。据业内人士估计,火柴厂的合理经营状态应是流动资金占主要部分。但大量小厂由于资金过少,除去基本生产器具(寻常排板机 1 架为 500 元)外,流动资金所剩无几。据统计,华商各厂资本在万元以下者占 13% 强,合计资本尚不及全国火柴业资本总额的 1%;资本在 1 万元至 5 万元者计 37 厂,在资本已知之厂数中几及一半,合计华商各厂之资本在 5 万元以下者约占 2/3。这样,小厂营运不能不依赖借贷,但"一遇市面恐慌,银根奇紧,银行放款减缩,假借无术,周转不灵,势必停工倒闭,1928 年以来,我国火柴厂停业几及一半实有由来矣"。①

① 国民党政府全国经济委员会:《火柴工业报告书》,1935 年刊本,第 18 页。

由于火柴生产的机器设备相对简单,工厂建造成本较低,周期较短,在工商界和社会上有很大的吸引力,使火柴厂的建造带有很大的盲目性,结果形成行业恶性竞争。如表 1 - 43 所示,1927—1932 年六年中,全国新建火柴厂 65 家,平均每年 10.8 家。而 1917—1921 年的"黄金时代",新建厂不过 12 家;1922—1926 年新建厂只有 5 家,十年中,年均新建厂不到 2 家。火柴工业的盲目发展,大大超出了市场需求。

近代中国虽是一个四亿多人口的大国,火柴的使用量似应很大,但绝大多数人口在农村,生活贫困,火柴的购买和使用极其有限。据 1962 年对河北蓟县马伸桥农民李某的调查,在 1936 年间,全家五口每日做饭、温猪食、点灯、吸烟等,正常需用火柴 24 枝,平均每人 4.8 枝,其中吸烟占去 20 枝。但实际上吸烟并不全用火柴,而是夏天用火绳,秋冬两季用青麻稭沾硫磺或用火盆引火,因此实际用量远低于 24 枝。又据山东莱阳河头店村老农对 30 年代的回忆,当地农民习惯抽黄苏,如用火柴点烟,一盒火柴两三天就用完。因此很多农民不用火柴点烟,而是使用火链、火石、火纸。生火做饭也可不用火柴,而是邻里之间相互引火,估计全村使用火柴人家只有 30%。[①] 农村火柴消费量的低下,使火柴工业的国内市场十分狭小,无疑严重制约了火柴工业的发展。

各地火柴厂深感产品销售艰难,无法维持,1931 年东北沦陷、东北火柴市场丧失后尤甚,市场普遍萎缩,火柴价格不断下跌。如表 1 - 44 所示,以甲级安全火柴和甲级硫化磷火柴为例,在 1931 年 7 月至 1933 年 1 月的 18 个月中,火柴价格跌落了 10% 至 31% 不等。各地火柴厂纷纷停产、倒闭。河北各厂火柴的销路,本省只

---

① 青岛市工商行政管理局史料组:《中国民族火柴工业》,中华书局 1963 年版,第 46 页。

占35%,其余如东北四省和内蒙占30%,山西占15%。河南占5%,察绥等西北地区占10%。由于东北沦陷,山西等地实行"经济统制",于是滦县、保定各厂纷纷停业,天津北洋第二厂、荣昌厂亦先后倒闭;山东火柴业发展较迟,自1929年以后,虽然增加到七八家厂,但各厂大都规模狭小,行销范围仅限于临近各县。以小厂过多,生产漫无限制,"年来过剩问题亦日甚一日";江、浙两省所产火柴,在全盛时期,除沿江各省外,北尚可销至东北四省,南入闽、粤、云、贵,华中、华南各省,几无不见江、浙之火柴踪迹。但因东北市场沦没,四川、广东又复设局重征,销路皆绝,云、贵、广西之去路亦断,福建则外资厂漏税火柴充斥,华厂税捐苛重,无力竞争,以致各厂"无法立足"。① 即使如此,火柴厂的数量和设备生产能力仍然远远大于市场需求,设备利用率很低。据全国经济委员会不完全统计,30年代中期,全国92家华厂,7家外厂,以每天开工

表1－44　各地国产火柴价格变化统计表

1931—1933 年　单位:元/箱;1931 年 7 月 = 100

年月	大中华*		宁波正大*		济南振业*		青岛华北*		天津荣昌*		北京丹华*	
	价格	指数	价格	指数	价格	指数	价格	指数	价格	指数	价格	指数
1931.7	39.75	100.0	38.00	100.0	22.00	100.0	21.50	100.0	21.00	100.0	22.00	100.0
1932.1	34.19	86.0	37.50	98.7	21.00	95.5	19.50	90.7	21.00	100.0	22.00	100.0
1932.7	32.98	83.0	37.25	98.0	20.00	90.9	17.50	81.4	20.00	95.2	21.00	95.5
1933.1	30.07	75.6	34.25	90.1	17.00	77.3	15.25	70.9	14.50	69.0	17.60	80.0

* 系华商火柴厂名称。销售的火柴品种:大中华、宁波正大为甲级安全火柴;济南振业、青岛华北、天津荣昌、北京丹华为甲级硫化磷火柴。乙级、丙级火柴从略。
资料来源:《火柴月刊》第 15 期第 3 页,见《中国民族火柴工业》,中华书局 1963 年版,第 44—45 页。

---

① 国民党政府全国经济委员会:《火柴工业报告书》,1935 年刊本,第42—44 页。

16 小时计，全年可产火柴 357.6 万箱。如果把近期停闭的 30 多家火柴厂的设备计算在内，全年可产 500 万箱。而 1932—1935 年间，全国火柴产量"每年不过百万箱左右，不及生产能力 1/5"。[①]

在这种情况下，开始实行以少数大厂为首的"火柴联营"，以控制产量和市场价格，在狭小的市场中维持现有企业的生存和盈利空间。"火柴联营"是中国火柴工业在 1928 年后至 1937 年间逐步形成、发展并成为重要特征的行业经营模式。

"火柴联营"的建立，最初是为了抗衡瑞典火柴日益激烈的市场扩张。从刘鸿生创立大中华火柴公司到中华全国火柴产销联营社的建立，可以清晰看到"联营"的形成过程。

1928 年，刘鸿生创办苏州鸿生火柴厂，很快兼并了上海燮昌、苏州燮昌两厂，总资本达到 50 多万元，成为江苏省第二大火柴厂，认为正在中国大肆扩张的瑞典火柴是自己发展的最大障碍，于是和他人联合发起，成立"江苏省火柴同业联合会"，设想通过同业共同议价，防止内部竞争的手段，共同抵御瑞典火柴。由于未能实现议价，1929 年 11 月又在江苏火柴联合会基础上成立了"全国火柴同业联合会"。这些都是民族火柴工业试图通过内部联合方式加强合力与洋货竞争的重要措施。但是，火柴同业联合的目标并未实现，刘鸿生不得不扩充企业实力以应付竞争。1930 年，在瑞典火柴压迫下遭受亏损的江苏三大火柴厂鸿生、燮昌、中华实行合并，成立大中华火柴股份有限公司，由刘鸿生任总经理。之后，大中华又合并了九江裕生、收买了汉口燮昌，并通过承租、收买其他火柴厂等手段限制火柴的既有生产能力，以保证大厂家的产销量。至 1934 年并进杭州光华为止，大中华的直属企业有 7 家火柴厂和

---

① 青岛市工商行政管理局史料组：《中国民族火柴工业》，第 46 页。

1个梗片厂，总资本由191万元增加到365万元，年产火柴超过15万箱，占华中地区火柴产量的50%以上，占全国产量的15%，成为当时中国最大的火柴公司。

然而无论如何扩张兼并，大中华一家企业不可能控制全国火柴的生产、销售，实现对外抵制洋货、对内有序发展的目标。1933年后，由于全国经济恐慌，市场萧条，火柴工业整体陷入生产过剩危机中，大量企业亏损倒闭。大中华亦进入了最困难时期，1934年、1935年连续亏损90多万元。刘鸿生不得不再次全力谋求全国火柴工业的统制和联营以渡过危机。1933年12月，在全国火柴同业联合会二届二次会议上，刘鸿生提出"呈请政府设立火柴统制委员会"提案，并附《全国火柴统制大纲》和《火柴联合营业大纲》，获得通过。两项大纲的核心是限制产量，限制设立新厂，联合销售。至1935年7月，"国产火柴制造同业联合办事处"成立，火柴统制、联营的重要内容始得正式实施，即联合办事处成员（包括大中华所属6厂，上海大明、大华、华明、中国，苏州民生，南通通燧，宁波正大，临淮淮上，汉口楚胜）实现了限制产量、共同议价，并规定各厂所需硝磺护照和统税印花都由联办处按议定产额领发。在酝酿联办处成立的同时，中国、日本火柴业也就参加火柴统制举行谈判，成立"中华火柴产销联营社"作为全国火柴统制机构，1936年3月经政府批准，试办5年，规定：各社员厂必须按照联营社核定的生产比率进行生产，产品统交联营社集中发卖。又制定"挽救国内火柴具体方案"，要求"凡各该地无论有无火柴厂，非经过政府特予核准者，不得设立新厂"，亦由政府原则通过。由于地区间情况各异等原因，全国火柴联营率先在华中6省区实行，管辖该地区的上海分社按照联营社章程规定，派驻厂员在各厂监督产销，按照产品等级统一核定价格、统一销售，并在苏州、镇江、南通、南京、芜湖、南昌、九江、汉口、长沙、杭州、宁波、温州、福州、厦门设立支社,于 1937 年 2 月正式营业。①

在华北,由天津丹华、中华两火柴公司同日本火柴商发起的火柴产销联营亦在紧锣密鼓推行。1937 年 2 月 1 日,"中华全国火柴产销联社天津分社"正式开幕,华北其他各地分社也都准备于当月先后成立,各县经销处即开始和相关分社接洽,于 2 月 15 日以前订妥合同。华北区参加产销联营的中、日火柴厂共有 8 家,联营社按 1931 年 7 月至 1934 年 6 月三年总产量平均数分配各厂产额。"嗣后各厂开工,均由驻厂员监视生产"。② 据称,自 2 月 1 日起,各厂已一律停止直接对外营业,统税局亦于同日起停发印花,此后火柴出厂须有联营社发给的凭单方能销售。③

"火柴联营"和"火柴统制"的实行,取得某些积极成果。第一,它使民族火柴工业从整体亏损中摆脱出来,使火柴工业主要产区的大、中型企业转亏为盈。大厂如大中华从 1935 年 4 月联办处成立到 1937 年 4 月全国火柴联营社上海分社正式营业的两年中,火柴价格提高了 50% 以上,从 1934 年、1935 年亏损 930374 元到 1936 年获纯利润 838062 元,在日本全面侵华战争爆发的 1937 年仍赢纯利 333056 元。中等厂如上海中国火柴厂,1934 年、1935 年共亏损 3.1 万元,到 1936 年则赢利 2.9 万元,1937 年 8 个月赢利

① 参见青岛市工商行政管理局史料组:《中国民族火柴工业》,第 118 页。

② 参加各厂及年产配额如下:天津丹华 37687 箱,占 21.36%;天津北洋 20078 箱,占 11.38%;新绛荣昌 11504 箱,占 6.21%;天津三友 13858 箱,占 7.85%;天津中华 44574 箱,占 23.57%;北平丹华 30680 箱,占 17.39%;泊头永华 21014 箱,占 11.91%;北平厚生因无产量统计,未分配产额(天津《大公报》1937 年 2 月 2 日,见陈真、姚洛合编:《中国近代工业史资料》第 1辑,三联书店 1957 年版,第 551—552 页)。

③ 陈真、姚洛合编:《中国近代工业史资料》第 1 辑,生活·读书·新知三联书店 1957 年版,第 551—552 页。

1.1 万元;第二,它使外国部分在华企业也加入联营范围,规定产销限额,在一定程度上保障了民族工业的生存空间。"美光"火柴公司在 1932—1936 年平均年产 3 万箱以上,占上海全部火柴厂产量的 30%—40%,对华厂威胁极大。在联办处成立时,经多次谈判,以美光为核心的美内团获得华中 8 省地区火柴产销比率的 15.8%,作为成员加入了联办处。日本在关内的火柴企业最终也以理事和常务理事身份加入"中华全国火柴联营社",获得年产 101714 箱的火柴产额,占华中、山东、河北 8 省议定产额 848257.21 箱的 12%。第三,由于并购、限制产量和规定最低价格,现存企业获得了一定生存和发展空间,使有条件的企业改进了设备和技术水平,提高了生产效率,降低了成本。如大中华从 1930 年至 1937 年每年借入 100 万元左右,专门设立技术科,购置新式仪器,聘请技术专家研究火柴配方,添置新式生产设备,建立新式专业工厂,提高劳动效率和生产水平。在 20 世纪 30 年代初期,大中华厂的人均劳动生产率比其他火柴厂高出 100%—200% 以上,生产成本明显低于其他厂。由于实行集中发卖,大中华也节约了一大笔经销费用和营业开支。①

但是,"火柴联营"也有很大的消极影响。其一,由于中国经济的极大不平衡性,在许多较落后地区,火柴工业是有发展和扩大余地的。火柴联营社对增设新厂做了极严苛的限定,对较落后地区火柴工业的发展明显不利。其二,"联营"有利于外国资本,而对民族资本特别是中小火柴厂明显不利。迫于外国资本及其母国的威势,极力满足外资厂的无理要求,提高其产额比例。不但没有核减,而且比原有的实际产量还要高得多。

---

① 参见青岛市工商行政管理局史料组:《中国民族火柴工业》,中华书局 1963 年版,第 120—121、110、69 页。

表1-45　华中、华北地区中、外资火柴厂产量及其分配

1932—1934年　　　　　　　　　　　　　　单位:箱

年份	合计	华商火柴厂		外资火柴厂*					
				瑞典厂		日本厂		小　计	
		产量	%	产量	%	产量	%	产量	%
1932	764142	631620	82.7	44292	5.8	82390	10.8	126682	16.6
1933	722311	629903	87.2	21818	3.0	67580	9.4	89398	12.4
1934 上半年	423115	368532	87.1	8955	2.1	45187	10.7	54142	12.8

　*外资火柴厂未计英商燮昌火柴厂(1932年、1933年、1934年上半年的火柴产量依次为5940箱,2910箱和441箱),故表中细数之和不等于合计数,细数百分比之和不等于100。表中瑞典厂为美光火柴公司;日本厂为东华、山东、青岛、益丰、三友天津、中华天津、大生天津等7厂。

　资料来源:国民党政府实业部档案,据第二历史档案馆编:《中华民国史档案资料汇编》第五辑第一编(六),江苏古籍出版社1994年版,第344—348页综合计算、编制。

　　表1-45可见,1932—1934年,瑞典"美光"火柴公司占华中江、浙、皖、湘、鄂、赣及华北冀、鲁8省地区火柴产量的2.1%—5.8%不等,并呈逐年递减趋势,而核定该公司在同一地区的火柴产销比率为15.8%,比原有产量比重高出5—13.7个百分点。核定的产量达134025箱,比原产量(1934年产量以上半年产量的2倍计算)增加2.0—6.5倍。日资厂占上述地区火柴产量的9.4%—10.8%,而所核定的火柴产销比率为12%,也比原有产量比重高出1.2—2.6个百分点。核定的产量达101791箱,比原产量(1934年产量以上半年产量的2倍计算)增加24.5%—70.6%。这是瑞资和日资火柴厂从未见过的高产量。因此,对外资厂而言,不是削减产量,而是进一步扩张。尤其是瑞资火柴厂,要在短时间内如此大幅度提高产量,不仅要求现有机器设备满负荷运转,而且必须更新和扩充设备。与此相反,对华资厂尤其是中

小火柴厂,则是严格限制,强行减产,一些原已减产的,不仅不准恢复原有产额,且须进一步核减,已停产的火柴厂,则严格禁止复工。因此,"火柴联营"导致更多的中小火柴厂停工、倒闭。① 因此,1937年2月,当中国火柴联营社天津分社一宣布"开幕",就有人上书行政院,状告丹华、中华两家火柴公司,指其"勾结外商,组织华北火柴联营社,垄断居奇,请严令制止"。② 其三,火柴联营的限产、提价,是一种变相的垄断价格,明显加重了消费者的负担,对已饱尝经济危机之苦的城乡居民,尤其是中下层居民,无异担上加斤。显然,"火柴联营"是以牺牲民族中小火柴厂和广大城乡居民的利益为前提的。

(三)卷烟工业

在轻工业领域,民族烟草工业的外部环境和市场条件最为严峻,国内卷烟市场一直为外国资本,尤其是国际托拉斯英美烟公司所控制和垄断。20世纪初,在"抵制洋货"等反帝爱国运动的推动下,民族卷烟工业迅速兴起,但由于外国资本的强大挤压,运动过后迅即由盛转衰。一次大战后,列强卷土重来,国际托拉斯进一步垄断中国烟草市场,民族烟草工业处境艰难。1927—1937年间,一些城市虽有若干华商卷烟厂的建立,但为时不长,大多以倒闭告终。这一时期全国烟草工业有所扩大,而民族烟草工业则不断萎缩,外国垄断资本加速扩张。

中国近代机器卷烟工业的产生,始于1892年美商茂生洋行

---

① 参见陈真:《中国近代工业史资料》第4辑,生活·读书·新知三联书店1961年版,第649—654页;青岛市工商行政管理局史料组:《中国民族火柴工业》,中华书局1963年版,第114页。

② 《新闻报》1937年2月6日,见陈真、姚洛合编:《中国近代工业史资料》第1辑,生活·读书·新知三联书店1957年版,第551页。

（American Trading Co.）在上海浦东开设的茂生烟厂,随后美国和其他一些国家的烟草商相继到上海开办烟厂。至1902年,上海有美国烟草公司（Mercantioe Tobacco Co.）、美国纸烟公司（American Cigrate Co.）、日本村井、土耳其泰培、菲律宾福和烟公司和英美烟公司等7家烟厂。1902年,英、美两国在伦敦组成国际烟草垄断集团英美烟公司后,组成卷烟产销体系,在上海开设英美烟公司一、二、三厂和印刷厂。1914年在山东青州、河南许昌、安徽凤阳推广试种美烟成功,获得和垄断廉价原料,为迅速扩大卷烟生产、拓展和占领中国卷烟市场创造了条件。1919年,英美烟公司在上海设驻华英美烟公司,在上海和中国其他地方先后建有10家卷烟厂、5家烟草印刷厂、6家烟叶复烤厂和378个成品仓库及办事机构,销售网络遍布全国各地。1934年,英美烟公司为了蒙骗中国人民,掩盖外国资本的渗透、扩张色彩,在上海成立"颐中烟草股份有限公司",经营英美烟公司在上海及各地的卷烟制造和销售业务。至1937年,颐中烟草公司卷烟产量占全中国卷烟销量的67%强。除英美烟公司外,上海还有意大利、菲律宾、法国、希腊、德国等厂商开办的烟厂。[①]　就是这些外资烟厂尤其是英美烟公司,一直主宰着中国的卷烟市场。1927—1937年间,这种垄断地位不仅延续,而且进一步强化。

　　进入30年代,受世界经济危机的冲击和国内因素的影响,中国民族烟草工业备受困扰,产品滞销尤为严重。但英美烟公司的卷烟市场却仍呈活跃和加速扩张之势。1933年6月10日一封致天津英美烟公司天津区经理的信中称,在英美烟公司销售网络中的山东德州段地区,德州、桑园、武城、郑家口、平原和禹城等地。

---

①　参见《上海通志》第3册,工业（上）,上海人民出版社、上海社会科学院出版社2005年版,第2042页。

"每处地方几乎都是一片黯淡景象,商人们正在为当前的经济不景气而悲叹"。但"令人满意"的是英美烟公司在该地区的销售业务,"无任何衰退迹象"。在临清州、南馆陶和冠县等地,"竞争实际上是不存在的"。英美烟公司香烟销售的市场占有率达到87%,加上永泰和(英美烟公司在华买办销售机构)的12%,"在整个香烟生意上已经占到了99%"。[①] 华商卷烟厂的产品几乎全部从市场消失。当然,英美烟公司香烟的市场独霸不局限于华北,在华东、华中、西北、西南各地,英美烟公司产品销售都在扩张,而这种扩张是以排挤和取代民族资本烟厂产品为前提的。据统计,1933 年 10 月同 1932 年 10 月比较,英美烟公司和永泰和的香烟市场占有率分别从 46.8% 和 11.7% 升至 54.0% 和 19.7%,一年内分别提高了 7.2 和 8 个百分点,而包括民族卷烟厂在内的其他公司的市场占有率从 41.5% 降到 26.3%,下降了 15.2 个百分点。[②]

从本期 10 年间的卷烟产量、市场销售及其变化,可清楚看出英美烟公司对中国卷烟市场垄断地位的加强和华商地位的不断削弱。

表 1－46 可见,1932—1935 年间,由于日本侵略、国内经济危机和金融恐慌,英美烟公司和包括华商烟厂在内的其他公司,卷烟产量均有不同程度的下降,其中 1934 年英美烟公司的下降幅度更大一些。但次年即止跌回升,经济危机一过,产量即大幅反弹,已接近危机前 1931 年的水平,1937 年更超过 1931 年产量近两成半。与此相联系,占全国卷烟总产量的比重进一步上升,从 1931

---

① 颐中档案,见上海社会科学院经济研究所:《英美烟公司在华企业资料汇编》,中华书局 1983 年版,第 457 页。

② 颐中档案,见上海社会科学院经济研究所:《英美烟公司在华企业资料汇编》,中华书局 1983 年版,第 459 页。

表 1 - 46　英美烟公司与其他公司产量比较

1931—1937 年　单位:5 万支装箱;1931 年 = 100

年份	总　计		英美烟公司			其他公司		
	产量	指数	箱数	指数	%	箱数	指数	%
1931	1194214	100.0	701855	100.0	58.7	492359	100.0	41.3
1932	1125084	94.2	691247	98.5	61.4	433837	88.1	38.6
1933	1112782	93.2	649392	92.5	58.4	463390	94.1	41.6
1934	1037394	86.9	543958	77.5	52.4	493436	100.2	47.6
1935	1018469	85.3	566612	80.7	55.6	451857	91.8	44.4
1936	1083831	90.8	677558	96.5	62.5	406273	82.5	37.5
1937	1315511	110.2	872571	124.3	66.3	442940	90.0	33.7

资料来源:上海社会科学院经济研究所:《英美烟公司在华企业资料汇编》,中华书局 1983 年版,第 236 页。

年的 58.7% 提高到 1937 年的 66.3%,七年间增加了 7.6 个百分点。相反,包括华商烟厂在内的其他公司,危机结束后却复苏乏力,1934年后产量继续下滑,在全国城乡经济和市场普遍复苏的 1936 年,不仅没有上升,反而跌入谷底,占全国卷烟总产量的比重也相应从1931 年的 41.3% 下降到 1937 年的 33.7%。扣除其他公司中的外资烟厂,华商烟厂所占比重更小。同时,由于华商烟厂资本实力和市场竞争中的劣势,其产量及其所占比重下降更快,幅度更大。

英美烟公司的卷烟销售变化趋势和生产大致相同,但如表 1 - 47 所见,危机期间下降幅度较小,危机结束后回升的幅度更大,1936 年已接近危机前 1930 年的最高水平,1937 年更超过 1930 年的 27.5%,比 1927 年增加近 1 倍。值得注意的是,英美烟公司在全力推销在华烟厂产品的同时,继续销售母公司在英、美两国的香烟产品,因而其卷烟销售量明显大于在华烟厂产量。在产量、销售

表 1-47 英美烟公司历年卷烟销售量

1927—1937 年　单位:5 万枝装箱;1927 年=100

年份	销售量	指数	年份	销售量	指数
1927	526690	100.0	1933	791953	150.4
1928	516419	98.0	1934	708162	134.5
1929	820431	155.8	1935	752777	142.9
1930	877905	166.7	1936	877376	166.6
1931	823764	156.4	1937	1118616	212.4
1932	797146	151.4			

资料来源:上海社会科学院经济研究所:《英美烟公司在华企业资料汇编》,中华书局 1983 年版,第 512 页整理编制。

量可资比较的 1931—1937 年,销售量超出产量的比重,最低 14.5%(1932 年),最高达 32.9%(1935 年)。在其产量下降幅度最大的 1934 年、1935 年,母公司产品在销售产品中的比重也最大。这样不仅及时填补了子公司留下的市场份额,而且进一步扩大,使华商烟厂没有丝毫喘息和翻身的机会。

中国民族烟草工业就是在外国资本尤其是英美烟公司的残酷挤压、打击下产生和艰难跋涉的。

中国民族卷烟工业萌发于 1898 年。是年有广东商人投资 1.4 万元,在湖北宜昌开设茂大卷烟制造所,然未成功,于 1900 年停业。这可能是华商创建民族卷烟工业的最早尝试。1902 年,黄曊在天津创设官商合办的北洋烟草厂,有资本 9 万元,其中官股 2.7 万元。[①] 这是首家较有影响的民族卷烟企业。接着,1903 年、1904 年,山东兖州、上海分别有人开办琴记雪茄烟厂和德隆烟厂

———————

① 汪敬虞:《中国近代工业史资料》第 2 辑(下册),科学出版社 1957 年版,第 913 页。

（不久关闭）、三星烟公司。至此,中国民族卷烟工业已现雏形。1905—1906 年,在抵制美货运动和"不用美国货,不吸美国烟"口号的推动下,民族卷烟工业获得初步发展,1905—1906 年,上海、烟台、广州、北京等地相继开设 19 家烟厂。后来发展为民族烟草工业龙头企业的南洋兄弟烟草公司,也于 1905 年集资 10 万元在香港成立。[①]

第一次世界大战期间,民族卷烟工业获得较大发展。在上海,包括 1917 年成立的华成烟厂在内,1915—1922 年先后开办烟厂 17 家,各厂共有卷烟机 105 台,职工 5568 人,1921 年上海出口卷烟值达 1100 万关两,销往国内各地的卷烟值达 5000 万关两。南洋兄弟烟草公司也于 1916 年在上海筹备设厂,成立上海分公司,将重心逐渐从香港转移到上海,随后相继在汉口、南京、镇江、青岛、济南、杭州、苏州、张家口等地设立分公司,业务发展迅速,博得社会好评,甚至被认为其卷烟质量已超过英美烟公司,产品"求过于供"。[②] 不过好景不长,大战结束后,列强各国卷土重来,民族卷烟工业由发展转入停滞,营业清淡。

1925 年,在"五卅运动"和抵制洋货的革命浪潮中,民族卷烟工业再次获得发展机会,浙江宁波和安徽蚌埠,相继开设首家烟厂。1925 年宁波(鄞县)开办韩岭卷烟厂,生产大刀牌香烟,日产 3 箱,1926 年开设中国和记卷烟厂,有资本 5000 元,年产卷烟 700 箱;同年蚌埠开办大来烟厂,生产来富牌、蚌精牌香烟,日产 10 箱左右。[③] 上海在 1925 年一年中,新设烟厂 38 家。全市华商烟厂

---

① 上海社会科学院经济研究所编:《南洋兄弟烟草公司史料》,上海人民出版社 1958 年版,第 2 页。

② 上海社会科学院经济研究所编:《南洋兄弟烟草公司史料》,上海人民出版社 1958 年版,第 52、55 页。

③ 《蚌埠市志》第 4 卷,工业,方志出版社 1996 年版,第 258 页。

从 1924 年的 16 家增加到 1927 年的 67 家。① 另有调查说,上海华商烟厂从"五卅运动"前的 14 家增加到 1927 年的 182 家,国产烟产量在上海卷烟中的比重由 10% 升至 90%。② 民族卷烟工业达于产生以来的高峰。

1927 年国民党政权建立后,由于相关政策尤其是税收政策的改变,民族卷烟工业的外部环境恶化,民族卷烟工业急转直下,由盛而衰。

1928 年,国民党政府将卷烟税率提高到 50%,英美烟公司以预购税票 100 万元为条件,税率降为 22.5%,比华商烟厂低 55%,华商在市场竞争愈加处于劣势,华商烟业因不堪税负而萎缩。在上海,大批烟厂闭歇,从 182 家减至 94 家,1932 年又减至 60 家,1935 年为 48 家。③

1927—1937 年间,一些地区虽有若干华商烟厂的设立,但大多规模很小,或营业不振,寿命短暂。

浙江宁波,继韩岭、中国和记两家卷烟厂之后,1928 年,新设浙江第一卷烟厂(有资本 6500 元)和中国永安卷烟厂(后改名七星烟厂),4 家烟厂年产烟 2500 余箱,产值 20 万元。但兴盛时间不长,因受英美烟公司垄断排挤,浙江第一、中国永安两厂资本不济,先后闭歇。1930 年 8 月,中国和记失火焚毁,至 1936 年仅剩韩岭一家,资本 2 万元,工人 37 名,年产卷烟数百箱,只相当于

① 上海社会科学院经济研究所编:《南洋兄弟烟草公司史料》,上海人民出版社 1958 年版,第 255 页。

② 中南银行等编印:《上海烟草业之战前情况及现在概况》,1937 年 9 月刊本;《上海通志》第 3 册,工业(上),上海人民出版社、上海社会科学院出版社 2005 年版,第 2042 页。

③ 《上海通志》第 3 册,工业(上),上海人民出版社、上海社会科学院出版社 2005 年版,第 2042 页。

1928 年时的零头。① 河北保定,英美烟公司自光绪末年设立烟草分站,年销卷烟 2 万余箱,价值 400 余万元,延续 40 余年,使大量资金流往国外。当地爱国人士集资在城内兴建华大卷烟厂,1937 年"保定"牌香烟问世,但因受英美烟公司的排斥打击,华大卷烟厂无法与之竞争,被迫倒闭。② 四川重庆,1928 年开办首家机器卷烟厂——大佛卷烟厂,只有数十名工人,生产"大佛牌"卷烟,因质量低、成本高,无法与英美和外省卷烟竞争,产品未及批量投放市场,工厂即倒闭。③

有的虽然勉强维持下来,但规模很小,或生产经营极不稳定。如四川成都在 1934 年、1935 年先后设立宜容烟草工业社和三秦烟厂,然而规模都不大,分别只有职工 58 名和 42 名。什坊 1926—1929 年建益川工业社和西南、王国、方亭等烟厂;1930 年中江建洪盛烟厂,规模都不大。④ 浙江杭州,1936 年建武林烟草公司杭州厂,只有资本 5000 元法币,从业 154 人,有大卷烟车 2 部,以后又新建 3 厂,规模更小,仅有小卷烟车一二部,生产亦不稳定,总计每月产量,高则四五千箱,低则仅数百箱。⑤

部分维持到 1937 年的华商烟厂,也大多在日本全面侵华战争后被迫倒闭,或直接毁于日军炮火。山东鹤丰烟草公司卷烟厂,为了便于烤烟原料取给,于 1930 年 3 月,由青岛迁至潍县二十里堡车站两侧,有资本 10 万元,小型卷烟机 2 部,15 匹马力柴油机 1

---

① 《宁波市志》(中),第 17 卷,轻工业,中华书局 1995 年版,第 1110 页。

② 《保定市志》第 2 册,方志出版社 1999 年版,第 391 页。

③ 《四川省志·轻工业志》,成都辞书出版社 1993 年版,第 84—85 页。

④ 《四川省志·轻工业志》,成都辞书出版社 1993 年版,第 82—83、84—85 页。

⑤ 《杭州市志》第 3 卷,中华书局 1999 年版,第 205 页。

台,职工 100 余人,日产卷烟 7—8 箱(每箱 1 万支装),具有一定规模,但在"七七事变"后倒闭。① 上海华成烟草股份有限公司1917 年创建时投资 4000 元,卷烟机 3 架,长工 19 人,20 年代初民族卷烟工业处于低谷时,被迫转让。1924 年由戴耕莘、陈楚湘接盘,时值鼠年,生产"金鼠牌"香烟,十分畅销。"五卅运动"后,吸国烟者日众,销路大增。1926 年生产"金鼠牌"烟 2.2 万箱,1929年增至 5.03 万箱,成为民族卷烟工业第二大企业,1937 年有卷烟机 53 台,员工 3700 人,但在"八一三事变"中毁于日军炮火。近代最大的民族资本烟草企业南洋兄弟烟草公司,在上海有 6 家工厂,员工 3000 余人,机器 70 多台,日产白鹤、双喜、飞马、发财牌等卷烟 200—400 箱。也在沪战中为日军炮火所毁。总计有近 30 家华商烟厂毁于日军炮火或遭受严重损失。到 1939 年,仅剩 20 家华商烟厂开工②,中国民族卷烟工业面临灭顶之灾。

生产经营方面,民族卷烟工业与外资企业特别是英美烟公司相比,在资本实力、生产设施、原料供应、产品销售、市场网络、赋税负担等方面,均处于劣势。

民族卷烟工业普遍规模狭小,资金微薄。一些资料显示,这一时期先后建立的华商烟厂,资本大多在万元以下,万元以上者占少数。某些企业如南洋兄弟烟草公司,在发展过程中,资本规模明显扩大,资产总值从 1912 年 6 月底的 17.2 万元增至 1919 年 10 月底 448.8 万元,固定资产从 1920 年的 422.6 万元增加到 1928 年的 1329.3 万元③,在民族烟草企业中首屈一指,但仍然无法同英

---

① 《潍坊市志·工业志》,中央文献出版社 1995 年版,第 360 页。

② 《上海通志》第 3 册,工业(上),上海人民出版社、上海社会科学院出版社 2005 年版,第 2042、2044 页。

③ 上海社会科学院经济研究所编:《南洋兄弟烟草公司史料》,上海人民出版社 1958 年版,第 37、145 页。

美烟公司相比。卷烟生产所需要的国内优质烤烟,则几乎全部为外国资本所控制和垄断。山东青州、安徽凤阳、河南许昌等三处烤烟生产基地中,山东青州乃日本"囊中物",安徽凤阳是英国"俎上肉",河南许昌也在英国资本操纵之下,不过华商烟厂尚可收购一些原料。但自1936年国民党政府实施烟草统制,成立实际由外国资本控制的"华洋合办"烟叶收买机关,许昌烤烟亦完全被外国资本囊括①,民族卷烟工业的国内优质烤烟原料供应差不多完全被切断。结果,英美烟公司、日商烟厂和其他外资烟厂,都可在中国就近获取廉价优质原料,而华商烟厂反而不得不远从国外高价进口。南洋兄弟烟草公司的烟叶来源,"以美国为大宗"。原料配置"以美国烟叶为本,以国产烟叶为辅",主要并非出于提高产品档次的需要,而是国内优质原料被外国资本垄断后的无奈选择。美国烟叶和国产烟叶的价格差异颇大。按美金计算,美国烟叶每100磅约值20余元至84.5元,国产烟叶则仅10余元至60—70元。② 这就大大加重了南洋兄弟烟草公司和其他华商烟厂的生产成本,使其在市场竞争中处于更加不利的地位。

烟厂产品销售,英美烟公司有一套制度严密、地域广阔的销售体系,采用集中领导、设部划区、分散包销的推销策略,新型买办制度和传统烟草销售系统相结合,互为犄角,建立了一套遍及全国城乡的销售网络。除了英美烟公司的资本和产品优势,这种集中控制、分散包销的市场本身,具有强烈的排他性和独占性,从而加大了华商烟厂打入和占领市场的难度。同时,国民党政府实施的税

①　《替外商开路的烟叶统制》,《中国农村》1936年11月第2卷第11期,第6—8页。

②　上海社会科学院经济研究所编:《南洋兄弟烟草公司史料》,上海人民出版社1958年版,第190页。

收政策特别是卷烟等级税率也对华商烟厂十分不利。1928—1933年,卷烟等级及其税率多次变动,卷烟等级从 7 级改为 3 级,再改为 2 级,高级烟税率从 17.89% 降为 16%;中级烟从 16.03% 升为 40%;低级烟从 14.67% 升为 57.97%。由于"上中烟多半由英美制造,华商则以制造下烟为特多",香烟等级减少,大幅度提高中低等尤其是低等香烟税率,明显越来越有利于英美烟商而不利于华商。正如时论所说,"依历年之经验,七级税最有利于华烟,三级次之,二级税则英美显受特惠"。①

除了外国资本的挤压和不公平的税收政策,还有来自国内手工卷烟作坊的市场竞争。20 世纪初,在民族卷烟工业发生、发展的过程中,一些地区的手工卷烟生产和卷烟作坊也同时兴起,发展速度往往更快于机器卷烟工业。蚌埠自 1924 年开埠,即有手工烟作坊。1927 年后,因手工卷烟本小利大,卷烟作坊大量涌现。蚌埠自 1926 年建立首家机器烟厂后,并无新的发展,直至 1937 年,仍只有 1 家烟厂,而手工卷烟户多达 340 家。② 烤烟产地青州,30 年代有大量卷烟小作坊。1934 年有报道称,青州城内制造土烟者不下 40 家,每天约出 3 大箱,50 支一包,售洋一角,"因其价廉而畅销"。③ 在四川重庆、成都、万县以及中江、什坊、广汉产烟区,都有数量不等的卷烟和雪茄作坊。早在 1895 年,中江即建首家手工作坊,自产自销雪茄,20 世纪 30 年代中后期,雪茄生产达于鼎盛,全县有大小厂、坊 200 余家,从业 4000—5000 人,年产雪茄 1.2 万余箱;1910 年什坊也建手工作坊,仿中江试产雪茄,两

---

① 见陈翰生:《帝国主义工业资本与中国农民》,复旦大学出版社 1984 年版,第 39 页。

② 《蚌埠市志》第 4 卷,工业,方志出版社 1996 年版,第 258 页。

③ 《益都新闻》1934 年 6 月 6 日,见《青州市志》,南开大学出版社 1989 年版,第 404 页。

三年后增至 80 余家。[①]

手工卷烟作坊的基本特点是投资少,成本低,周期短,产品价格便宜,具有某种优势。与此相反,一些华商机器烟厂,投资比卷烟作坊大,但又因资本和设备不多,不能形成规模效益、发挥机器生产的优势,在同手工作坊的市场竞争中反而处于某种劣势。在内陆一些地区,机器烟厂的发展速度明显慢于手工作坊,有的甚至由工厂倒退为作坊。如中江 1911 年兴建首家烟厂——恒丰烟厂,资本 1 万银元,雇工 300 余人,年产卷烟 500 万—600 万支。但烟厂生产一两年后,又解体分裂为若干作坊。[②]

基于上述原因,与英美烟公司和其他外资烟厂的大肆扩张相反,民族烟厂在 10 年期间的生产经营日趋萎缩。作为近代中国最大民族烟草企业的南洋兄弟烟草公司,产量、销售量和盈利均呈波浪式下降趋势,其中盈利的下降幅度尤大,公司虽尽最大努力,仍未能挽回颓势。

1927 年后至抗战前,南洋兄弟烟草公司的部分年份的产量如表 1-48。

1928 年的卷烟产量比 1927 年下降了近 30 个百分点,这可能是国民党政府突然大幅度提高香烟税率的结果。此后略有回升,但幅度不大。1934 年后逐年下降,1936 年更跌入仅高于 1927 年的低谷。1927 年成为这一时期产量的高峰,由此可见南洋兄弟烟草公司以及整个民族卷烟工业的萎缩态势。

产品销售没有货量统计,只有货值。香烟销售额数字,因包括香港分公司及税款在内,变化趋势和产量有所不同。如表 1-49 所示,1928—1930 年的销售额大幅下降,但 1931 年后有所回升,

①　《四川省志·轻工业志》,成都辞书出版社 1993 年版,第 82—85 页。

②　《四川省志·轻工业志》,成都辞书出版社 1993 年版,第 82 页。

表 1-48　南洋烟草公司总厂和浦东分厂产量合计

1927—1936 年　　　　单位:箱;1927 年=100

年份	产量	指数	年份	产量	指数
1927	121013.1	100	1934	113064.1	93.4
1928	85005.5	70.2	1935	109887.5	90.8
1932	98730.7	81.6	1936	97762.8	80.8
1933	116473.6	96.2			

资料来源:据上海社会科学院经济研究所编:《南洋兄弟烟草公司史料》,上海人民
　　出版社 1958 年版,第 171 页表改制。

表 1-49　南洋兄弟烟草公司各年销售额统计

1920,1927—1936 年　　单位:千元;1927 年=100

年份	销售额	指数	年份	销售额	指数
1920	25013	90.2	1932	28533	102.9
1927	27728	100.0	1933	30254	109.1
1928	17543	63.3	1934	28650	103.3
1929	13447	48.5	1935	26572	95.8
1930	14150	51.0	1936	27828	100.4
1931	23780	85.8			

原注:1. 销售额为公司全部合计,包括上海总公司及所属部分、香港分公司及所属
　　部分。

　　2. 货币单位,1935 年前为上海通用银元,1935 年后为法币。

　　3. 本表数字均包括税款在内,故上海部分在 1931 年后销售额的增加主要为
　　统税提高所致。如减除统税金额,则实际销货额并未增加。

资料来源:据上海社会科学院经济研究所编:《南洋兄弟烟草公司史料》,上海人民
　　出版社 1958 年版,第 220 页表改制。

多数年份达到或超过 1927 年的水平。这同国民党政府调整香烟
等级、大幅度提高低级烟税率有关,实际销售额并未增加。

这一时期南洋兄弟烟草公司的赢利状况更差。表1-50所见,1920—1923年经营状况最好,利润额最高,不过已呈下降趋势。1924年起明显恶化,但尚有少量盈余,随后有所回升。这同"五卅运动"和抵制洋货爱国浪潮有关。1927年急转直下,当年已接近盈亏临界点,1928—1930年更连续三年亏损,1929年最高亏损额达320万余元。1931年后略有好转,但始终未能恢复到"五卅运动"时的较好状态,当然更未达到1920—1923年时的最高水平。

表1-50 南洋兄弟烟草公司历年盈亏状况统计

1920—1936年   单位:千元

年份	资本额	盈(+)亏(-)状况		年份	资本额	盈(+)亏(-)状况	
		金额	利润率(%)			金额	利润率(%)
1920	15000	4858	32.4	1929	15000	-3202	-21.3
1921	15000	4042	27.0	1930	15000	-306	-2.0
1922	15000	4085	27.2	1931	11250	762	6.8
1923	15000	3095	20.6	1932	11250	1055	9.4
1924	15000	480	3.2	1933	11250	1360	12.1
1925	15000	1220	8.1	1934	11250	1205	10.7
1926	15000	2301	15.3	1935	11250	601	5.3
1927	15000	287	1.9	1936	11250	302	2.7
1928	15000	2247	-15.0				

资料来源:上海社会科学院经济研究所编:《南洋兄弟烟草公司史料》,上海人民出版社1958年版,第276页。

如同英美烟公司比较,可以清楚地看出民族卷烟工业和外资企业发展趋势、经营状况尤其是盈利水平方面的巨大差异。表1-51的资料说明,与南洋兄弟烟草公司经营和盈利状况日趋恶化的趋势相反,英美烟公司始终经营良好,资本利润率极高,而且相当稳定,盈利额随资本额的增加而不断上升,把南洋兄弟烟草公司远远地抛在后边。1920 年时,二者的利润额和利润率分别相差5.5 倍和2.3 倍,而到1936 年,差距分别扩大到54.8 倍和5.8 倍。

表 1-51　南洋兄弟烟草公司盈利率及与英美烟公司之比较

1920,1925—1930,1937 年　　　　　　　　　　　单位:千元

年份	南洋兄弟烟草公司			英美烟公司		
	资本额	利润		资本额	利润	
		金额	利润率(%)		金额	利润率(%)
1920	15000	4858	32.4	36144	26632	73.7
1925	15000	1220	8.1	87208	39638	45.5
1928	15000	2301	-15.0	56131	36915	65.8
1929	15000	-3202	-21.4	56131	34486	61.4
1930	15000	-306	-2.0	56131	31506	56.1
1937	11250	1034	9.2	107173	56682	52.9

资料来源:上海社会科学院经济研究所编:《南洋兄弟烟草公司史料》,上海人民出版社 1958 年版,第 276 页;上海社会科学院经济研究所编:《英美烟公司在华企业资料汇编》,中华书局 1983 年版,第 1598、1600 页。

20 年代初期后,南洋兄弟烟草公司的生产经营每况愈下,除了英美烟公司的强力挤压和不利的外部环境,还有内部原因,南洋兄弟烟草公司领导层的腐败和内部矛盾严重影响了公司的经营和发展。1923 年简照南去世后,公司管理层不断出现问题:经营失策;领导集团内部腐败,贪污盛行,挪用公款数十万元的事件多次发生;简氏家族内部矛盾重重,总经理简玉阶束手无策,甚至丧失了继续领导公司的信心。在竞争日趋加剧的困境下,终于在 1936年同意宋子文的要求,使宋氏家族控制了全公司大权。

第二节　重工业和化学工业

重工业和化学工业（基础化学工业）为整个工业尤其是轻工业、日用化学工业以及农业提供动力装置、机器设备、生产工具和重要原材料，是现代工业和现代农业之母。轻工业、日用化学工业和现代农业的建立和发展，必须以健全、发达的重工业和基础化学工业为前提。但重工业和基础化学工业的发展并非完全无条件的，相反，它必须由轻工业、日用化学工业和农业的相关市场需求带动，两者相互促进、相互依存。近代中国，由于国际帝国主义的日益加剧的侵略扩张和残酷压榨，现代科学技术和国民经济落后，一方面，轻工业、日用化学工业和农业，因为缺乏重工业和基础化学工业的动力设施、机器装备以及某些原材料供给，加之人民生活水平低下，城乡市场狭窄，发展缓慢；另一方面，重工业和基础化学工业，因为轻工业、日用化学工业和农业既不发达，又不稳定，往往兴衰交替，危机四伏，市场需求疲软，缺乏发展动力，两者相互制约，甚至形成死穴。

1927—1937 年，中国重工业和化学工业有一定程度的恢复和发展，但时段、行业、地区极不平衡。在时段上，主要限于 1928—1931 年，1932 年后，由于日本帝国主义发动武装侵略和东北沦陷，基础较好的东北采矿、冶金以及重工业和相关资源，统统成为日本侵略者的囊中物，中国重工业和化学工业损失惨重，加上随之而来的全国经济恐慌和经济衰退，重工业和化学工业尤其是机器制造业，亦陷入停滞和萎缩状态；行业方面，有较大发展的主要是机器制造业，特别是水泥制造业和基础化学工业；地区分布亦极不平衡，重工业和化学工业主要集中在上海和东部沿海地区，广大内陆地区尤其是西部地区，几乎还是一片空白。

一、机械工业的短暂发展和明显萎缩

1927—1937 年间,中国机械工业经历了一个短暂发展和急剧萎缩的过程。

中国机械工业发端于机动船舶的修造业,继之以洋务运动中官办军工局厂的带动,到商办机器工厂的相继涌现。伴随着列强枪炮的震撼和国外技术设备的输入,从容闳等人开始,国人逐渐领悟到机械工业对工业化的龙头作用,而动力机器和工作母机的制造,又是建立本国完整的机械工业的根本,机械工业开始受到重视。

进入民国,尤其是第一次世界大战期间,机器需求日增,国内机器厂的设立,亦日多一日。上海、无锡是国内机器工业最集中的地区。上海机器工业产生较早,1902 年,大隆铁工厂成立,资本 50万元,制造纺织机、柴油机等。是为国货机器的嚆矢。1902—1911年间,又有张鸿昌、东信、周茂兴、汇昌、义昌、万昌等多家机器厂产生。民国后,上海机器工业发展进一步加速。到 30 年代初,上海大小机器厂超过 220 家以上。无锡机器工业兴起比上海稍晚,该地自民国以来,纱厂、粉厂相继开设,机器损坏,平时多运至上海修理,颇感不便。1919 年曾设工艺传习所,培育机器制造和修理人才,3 年后改设工艺机器厂,制造农家应用器具及大口径水泵、柴油发动机等,因求过于供,有资力者相继设厂制造,同时创立者 20余家,各种附属五金工厂,亦 10 余家。至 1927—1928 年,各省到无锡采办机器者"踵趾相接,机器营业,为之大盛",机器厂总数达100 余家,江苏全省大小机器厂更超过 300 家。从设立时间看,相当部分是 1927 年后设立的。据不完全统计,1933 年江苏有机器厂 286 家,有设立年份可稽的 283 家,其中设于 1927—1931 年的

86 家,占总数的 30.4%,显示这一时期前半期,机械工业有某种程度的发展。①

其他一些地区的机械工业,同期也有不同程度的发展。

浙江密迩上海,各工厂所需机器,起初皆由上海购买,机器制造业本不发达。清末,各地工厂渐多,机械修理的需求渐旺,机器修理业应运而生,但规模甚小,无机器制造能力。及至 1917 年,开设于 1914 年的杭州武林铁工厂扩充规模,仿造织绸花机,各绸厂争先购买,颇有盈利,规模进一步扩大,资本由建厂时的 2 万元增至 1921 年的 10 万元。宁波、杭州、镇海、吴兴、瑞安等地又有多家机器厂相继建成,机器制造业蒸蒸日上。浙江机器制造业主要为丝绸业服务,其发展与丝绸业的兴衰成正比,1926 年为丝绸业的全盛时期,机器工业亦随之大盛,1927—1929 年丝绸厂失败,机器工业随之衰颓,杭州、大同、之江、立成等厂先后倒闭。1930 年后,因丝绸业复苏,机器制造业又渐次兴盛,杭州一地即添设大小机器厂二三十家。据不完全统计,1932 年全省较大机器修造厂 30 家,资本总额 29.15 万元。浙江机器业的产品,大部分属于缫丝和丝织设备,如烘茧机、煮茧机、缫丝机、再缫机、络熟丝机、再络机、合丝机、捻丝机、整经机、提花机、移花机、织绸机、力织机、做绞机、卷纬机等。此外尚有柴油引擎、碾米机、制面机、锯板机、踏水机、织布机、洋袜机、钢扣编制机械、电扇等。②

广东广州,20 年代末 30 年代初,市民日用所需物品多数改用国货,机器制造行业营业已略有转机,同时新兴工业日见发达,市

---

①　据国民党政府实业部国际贸易局编:《中国实业志·江苏省》第 5 册,宗青图书公司 1980 年印本,第 777—799 页表统计。

②　据国民党政府实业部国际贸易局编:《中国实业志·浙江省》第 4 册,宗青图书公司 1980 年印本,第 322—331 页,厂数及资本额据第 324—326 页表综合统计。

民多从事于制电池、制枧(肥皂)等工艺,以及印务、织造等行,需用机器甚多,故机器业,"营业颇觉兴盛"。①

湖南机器业起步较晚,主要是 1927 年后发展起来的。1933 年全省有大小机器修造厂 17 家,资本总额 23.53 万元,其中 9 家(资本总额 17.23 万元)是 1927—1933 年创办的,主要集中于长沙,有机器厂 10 家,资本 22.6 万元,湘潭、邵阳分别有 3 家和 2 家。规模最大的官办湖南机械厂,有资本 14 万元,系利用前兵工厂造币厂改组、扩充而来。1928 年,省政府接收军械局,改办民生工厂,次年 2 月开工,制造各种机器。因管理不善,亏本甚巨,1930 年 6 月停顿,厂址改归第四路总指挥部军械修理处。因无法收回,1931 年利用造币厂旧址作为民生厂房,10 月开工,1931 年改名湖南机械厂,并行整顿。但因市面萧条,业务仍难进展,遂于 1934 年 2 月改归公路局兼办,专造汽车零件,如活塞、连杆、后轮轴、后轮鼓、弹簧、钢板及各种波斯等。湖南机械厂及其他各厂所出机器、机件,均只销本省,无有外运。②

山东机器制造及机器修理业,亦为该省新兴工业之一,以济南、青岛、烟台三埠为盛。民国初年,三地工业勃兴,机器修理及零件制造,需要益多,各种机器厂应时而生。1920—1927 年间,先后有多家机器厂成立,生产织布机及灌田机、弹花机、柴油发动机等。不过更大的发展还是在 1927 年后。1933 年,济南有机器厂 11 家,青岛 42 家,烟台 7 家,威海卫、博山、高密、临清、夏津等处 10 家,共计 69 家,其中 38 家是 1927—1933 年设立的,占总数的

① 《广州年鉴》第 2 集,第 10 卷,经济,奇文印务公司 1935 年版,第 130 页。

② 国民党政府实业部国际贸易局编纂、发行:《中国实业志·湖南省》下册,1935 年初版,第 341—347(庚)页,厂数、资本额及地区分布据第 343—345(庚)页表综合统计。

55.1%。69 家机器厂中,以制造机器为主兼事修理者 14 家,专门修理者 55 家。另外还有 19 家机器厂分别专产或主产织布机(13 家)、织袜机(3 家)和轧花机(3 家)。这类工厂也多建于 1927 年后(其中 14 家设立于 1927—1933 年)。织布机制造厂绝大部分集中在织布业中心潍县(13 家织布机厂中,11 家位于潍县),至 1933 年,山东全省共有大小各类机器厂、铁工厂 155 家,资本总额 254.7 万元,职工 5824 人。产品除织布机、织袜机、轧花机外,主要有锅炉、柴油机、水泵、造胰机、印刷机、面粉机、挂面机、榨油机、自行车、各种车床及机器配件等。产品除供本省外,还部分销往河北、江苏、山西、河南等地。①

山西机器制造业向不发达,为改变这种状况,1933 年省政府在太原筹设西北实业公司,下设汽车修理厂、电气机械制造厂、机车厂、水压机厂、机械厂、铸造厂、炼钢机器厂、农工器具厂、铁工厂等,共有资本 487.33 万元,是该省规模最大的工业企业。不过大部分都是兵工厂或旧厂改组归并:其中汽车修理厂原设于 1932 年,本为公营事业,专修公用汽车,并曾试造汽车 3 辆,1934 年 9 月改组,隶属该公司;机车厂前身为西北机车厂,系山西军人工艺实习厂所属炮厂,1931 年裁员,并停造军械,转产机床、工具及普通日用品,翌年改称壬申制造厂第一厂,1934 年改组并改隶西北实业公司,改为机车厂,制造客货车皮及机车等;水压机厂原名壬申制造厂水压机厂,亦于 1934 年改组,隶属西北实业公司,制造电机及水泵等机具;机械厂原系学兵团机械实习工厂,设于 1920 年,1923 年改组为枪械工务处,1927 年改组为军人工艺实习厂冲锋枪

_____

① 国民党政府实业部国际贸易局编:《中国实业志·山东省》第 6 册,宗青图书公司 1980 年印本,第 636—664(辛)页,各类工厂数额、资本、设立年期分别据有关一览表、统计表综合计算。

厂,1932年改名壬申第六厂,1934年再经改组,隶属西北实业公司,改称机械厂;炼钢机器厂最早为创设于1924年的西北育才炼钢机器厂和育才炼钢厂,1931年5月,两厂合并,改称民生炼钢机器厂,嗣因炼钢部分材料不继停工,1932年复改组为育才炼钢机器厂,专造面粉机、织布机、黑油机、毛织机等,1934年9月再次改组,隶属西北实业公司,除上述机械外,兼造各种工作机械及普通日用品;农工器具厂原为设于1923年的军人工艺实习厂炮弹厂,1927年改组为太原兵工厂炮弹厂,1928年恢复原称,1931年改称太原修械所炮弹厂,1932年改组为壬申第二厂,1934年再次改组,隶属西北实业公司,始易今名;只有铸造厂、铁工厂设于1934年,电气机械制造厂则尚在筹备中。西北实业公司所属各厂产品,除供应本省外,还销往陕西、绥远、四川、甘肃等地。[①]

东北机械工业起步较晚,但发展颇速,沈阳到20世纪20年代中后期,已初具规模,机车车辆和重型机器的修理、制造方面,更居全国领先地位。据统计,1929年沈阳有大小机器厂20余家,总资本国币293.1万元。其中规模最大的东北大学工厂和大亨铁工厂,均开始筹备于1924年,1926年建成投产,分别有资本175万元和97万元,设备齐全,生产经营状况颇佳。东北大学工厂能制造各种客货车辆、机车及其附属品、工作机械、铁路工具、铜铁工具、日用器具、暖气材料及安装,修理各种机动车、铁工机械、汽车、电机等。曾安装和修理吉海、沈海、四洮、北宁、平绥等铁路机车79辆、客车和行李车903辆。自制品则有起重机、送风机、摇纱机、压油机、机车发电机、镟床机、磨刀机、卷扬机、压力机、印刷机

---

① 国民党政府实业部国际贸易局编纂、发行:《中国实业志·山西省》,1937年初版,第483—484(己)、489(己)页,资本据第485—486(己)页山西省机器翻砂业现况一览表综合统计。

及其他机械等。大亨铁工厂的生产经营范围亦广,1927—1928 年扩充设备后,举凡水管、铁路车辆、铁桥、暖气锅炉、起重机及一切工作机械,均能安装制造。[①]

哈尔滨各种工业较为发达,故修理机器之铁工厂,应时势之需要而产生,且松花江航运所用船只,除航务局设厂自行修理外,其私人经营之航船例于岁杪封江后,由铁工厂修理。故哈埠之机械工业,盛极一时。唯自东北造船所成立后,一切轮船多由该所包修,私立铁工厂大受打击。不过随着东北垦荒事业逐渐发达,垦荒所用农具需求量,与日俱增,各铁工厂乃大量制造农具,营业渐趋良好,新厂随之增加。1929 年现存的 9 家铁工厂中,6 家是1927—1929 年建立的。1927 年后,铁工厂的整体生产能力提升,因此,"从前日本农具充斥市场,今则国货农具,已取而代之",可惜哈尔滨铁工厂的资本和经营规模很小,大多只有资本一两千元,9 家平均资本仅为 2278 元,只能制造或修理袜机、毛衣机、石印机、铅印机和某些机械部件,修理火磨、油坊机、江轮机械等。[②]

中国机器制造业经过一段短暂时间的发展后,以 1931 年"九一八事变"和 1932 年 1 月淞沪战役为标志,转入停滞和衰退。

1931 年"九一八事变"后,东北全部机械工业及相关资源迅即落入日本帝国主义之手;1932 年"一・二八沪战"中,民族机器工业集中地上海闸北,大小机器厂被日本战火摧毁,机器工业集中的虹口地区被日本帝国主义控制;紧接着列强各国转嫁经济危机又引发全国经济恐慌,棉纺织、缫丝和丝织、面粉、卷烟、火柴、橡胶等

---

① 参见东北文化社年鉴编印处编:《东北年鉴・工业》(1931 年),东北文化社 1931 年刊本,第 1042—1045 页。

② 东北文化社年鉴编印处编:《东北年鉴・工业》(1931 年),第1104—1105 页。

工业陷入困境,工厂纷纷倒闭,或无力添置和更新设备,机械工业的主要产品市场顿时惨淡。同时农业衰退,农村破产,一度稍有起色的内燃机和农用机器变得无人问津。由此导致民族机器工业的全面萎缩,上海民族资本机器厂的营业额自 1932 年后持续下降,1935 年达到最低点,该年全业营业额比 1932 年下降了 1/3。许多工厂减工减产,改组转让,乃至破产倒闭。①

1936 年,机械工业逐渐复苏,但各城市和地区的复苏程度不尽相同,统计资料亦因调查的时间、方法、标准不同,互有差异。有资料表明,上海全市民族资本机器厂还是从 1933 年的 456 家减至1936 年的 248 家,资本额从 422.8 万元减至 350.4 万元,工人从8082 人减至 7548 人,依次减少了 45.6%、17.9% 和 6.6%。其他城市的机器工业也都同样萎缩,天津、青岛、北京、无锡、汉口、杭州等 6 城市的民族资本机器厂从 427 家减至 355 家,减少了 16.9%。从全国范围看,1933 年,上海、天津、青岛、北京、无锡、汉口、杭州、广州、重庆等 9 城市共有机器厂 1007 家,1936 年,包括上述 8 城市(缺重庆)在内的关内 12 省 44 市县(包括南京、济南、太原、南宁等省会城市)只有机器厂 753 家,比 1933 年减少了 25.2%。② 但也有资料显示,1936 年同 1933 年比较,上述 44 县市合计,机器工厂数、资本额、职工数和年产值,均有不同程度的增长(详见表 1–52)。

到 1937 年,中国机械工业工厂的数量、分布的广泛性、类别,所产机械的种类和产量,都比 1927 年以前有一定程度的增多和提高,但也存在着弱点和缺陷。

---

① 刘大钧等:《中国工业调查报告》,见上海工商行政管理局等:《上海民族机器工业》下册,中华书局 1979 年第 2 版,第 600 页。

② 据刘大钧等:《中国工业调查报告》(见《上海民族机器工业》下册,中华书局 1979 年第 2 版,第 600 页);国民党政府全国经济委员会:《机械工业调查报告书》(1936 年 7 月)综合计算。

表 1 - 52　中国机械工厂表

1933，1936 年

地　区		厂　数		资本（百元）		工人数		出品价值（百元）	
		1933	1936	1933	1936	1933	1936	1933	1936
江苏	上海	218	248	32140	35042	7548	7548	64889	64889
	南京	3	17	280	748	73	422		
	其他	69	69	6046	6274	1699	1699		
湖北	汉口	11	19	935	1401	460	486	1790	2102
	汉阳	5	7	720	1120	212	212	18460	18460
浙江	杭州	10	86	2216	2832	565	1043	9000	12502
	其他	20	20	709	709	447	447	3661	3661
山东	青岛	45	55	896	1557	791	1320	13500	15000
	济南	14	33	445	1555	319	902	2310	14526
	其他	3	21	160	4535	102	425	492	5707
河北	北平	16	90	1690	7143	676	2008	4259	9082
天津**		62	62	7683	7683	3072	3072	19354	19354
	其他	3	3	461	470	44	44	278	278
河南		5	5	272	450	171	171	1598	1598
山西***		14	11	55906	55906	4014	3059	20204	14008
广东	广州	*	*	1862	1862	3823	3823	37147	37147
福建	厦门	*	*	215	215	79	79	400	400
江西	南昌	*	*	330	330	59	59	230	230
安徽	芜湖	*	*	350	350	100	100	331	331
广西		7	7	4090	4090	284	284	1916	1907
总计 44 地		505	753	117406	134272	24538	27203**	199819	221182

说明：1936 年调查，实地调查的有青岛、济南、天津、北平（北京）、太原、南京、上海
　　等城市，及京沪路沿线的镇江、常州、无锡、苏州，较能反映变化程度。间接
　　调查系由工厂所在省建设厅代填调查表，可能难以准确反映变化。

*类为虽经调查而不详者。

＊＊1933 年资料天津厂数 625 家明显有误，姑且以 1936 年数字（62 家）替代，总数
　　亦相应改变；1936 年资料工人数总计 27185 不确，应为 27203。

＊＊＊原调查 1936 年数字不详，姑且沿用 1933 年数据。

资料来源：全国经济委员会：《机械工业报告书》（1936 年 7 月），第 39—40 页附
　　表；顾毓瑔：《三十年来中国之机械工业》，第 7—8 页表，见《三十年来之中国
　　工程》，中国工程师学会 1946 年刊本；国民党政府实业部国际贸易局编纂、发
　　行：《中国实业志·山西省》，1937 年初版，第 484（己）页。原统计金额元，现
　　改为百元。

表1－52统计并非完整、准确，但仍在一定程度上反映了1936年关内地区机械工业的基本状况。如表,1936年国内地区有较大机械工厂753家,资本总额1342.7万元,工人2.7万人,年产值1571万元,依次比1933年增加了49.1%、14.4%、87.1%和10.7%,表明全国经济恐慌过后,机械工业有所恢复和发展,但工厂和职工人数增长幅度大,而资本和产值增长幅度小。显然,复工或新设的多为资本微弱、机械装备水平较低的小厂,全行业资本实力并未明显增强,至于全员劳动生产率更是大幅下降了。

资本性质和生产经营模式方面,全国机械工厂大体分为5种类型:第一类是商办机械工厂,其中又可分为3种:一是专营某类机械制造,如上海的大隆、寰球厂专造纺织机械,新中、上海厂专造柴油引擎并承揽大宗金属器件的制造,等等;二是制造兼营修理,如上海的中华、新民、铸亚,无锡的工艺、震旦,青岛的利生,天津的德立兴,北京的永增,济南的陆大,重庆的华兴,潍县的华丰等厂,都是既有自己成套的机器产品,又兼作机械修理;三是专营机械修理,不能自制机械,只作机件的修配。这种厂规模最小,但在本类中占大多数。如1933年山东全省69家机械工厂中,以制造机器为主而兼事修理者14家,专营修理而无力制造整件机器者55家,占总数的79.7%。①

第二类是官营机械工厂,兵工厂是官营机械工厂中特殊的一种,江南造船所(原属江南制造总局)与机械工业的创始亦密切相关,自1905年以来共造船只23万吨②,本期专造轮船、兵舰,并生

---

① 国民党政府实业部国际贸易局编:《中国实业志·山东省》第6册,宗青图书公司1980年印本,第637(辛)页。

② 周茂柏:《三十年来中国之造船工业》,第2页,见《三十年来之中国工程》,中国工程师学会1946年刊本。

产工作母机。山西西北实业公司各机械厂，也多由兵工厂改组、转产而来。实业部所属中央机器制造厂1931年开始筹备，1936年建成，资本310万元，居官办机械工厂之首。此类官营工厂在资本规模、设备水平和生产能力上普遍高于其他工厂。

第三类是交通部门附设的机械工厂。铁路、公路、航运和航空等部门，大多设厂制造或修理其自用机车、客货车辆、汽车、船只或飞机。其中铁路机械厂规模最大。据《机械工业报告书》统计，各铁路干线附设机械工厂29处。

第四类是工厂附设的机械工厂。纺纱、面粉、矿场、水泥及化学工业等工厂，多设有机修厂以修制自用机件，有余力的还承揽外活。

第五类是高等院校及研究机关附设的机械工厂。一些理工院校多设有供学生实习用的机械厂。中央研究院的工程研究所、物理研究所的机械厂则拥有较完备的机械及仪器制造设备。

《机械工业报告书》所统计的753家机械工厂，主要是指前两类，后三类及兵工厂并不包括在内。加上后三类和兵工厂、东北沦陷区以及该统计本身的缺漏，本期末全国应有机械工厂800家左右，或更多一些。

全国机械工厂的地区分布，如表1－52所示，上海、天津、青岛、济南、武汉、广州、北京、无锡、杭州，以及30年代新兴的华北工业中心太原等10个城市，有机械厂652家，占全国总厂数的87%，共有资本1107.4万元，占全国总额的82.3%（其中广州资本18.6万元，而厂数未计入）；其余34处共有厂101家，仅占总数的13%，资本235.4万元，占总额的17.7%。上述10处地方，太原机械工厂是由兵工厂改建而来，情况特殊，北京虽然有厂90家，但规模狭小。所以，战前机械工业的分布，仍沿袭近代集中于沿海沿江商埠的极不平衡的格局。上海作为全国工业的中心，机械工厂数占到全国总数的1/3，资本额则占总额的近1/2。其他如华北的天津、华中的武汉和华南的广州，也成为地区性的机械工业中心。

机械工厂的装备结构，分为机工、磨工、打铁、铆工、制模型和铸造（俗称"翻砂"）6个部分，各部分（即车间）都有相应的、名目各异的机器设备。较为完备的工厂应当是6部分都具备，事实上多数的工厂并不能做到设备齐全。前述第二、三、五类机械厂的设备，较为齐备和新式，而第一类商办工厂则设备参差不齐，尤其是第一类第3种工厂更加因陋就简。机工部和磨工部是机械工厂设备的最低限度要求，机工部主要使用旋、铣、磨、钻等机床，磨工部则大多为手工工具，间或佐以精确度测量仪器。因多数小机械厂只备有一至数台机床及手工工具，在它们周围又派生出各自独立的打铁、铆工、制模或铸造工场，为其拾遗补缺。

20世纪30年代，全国机械厂的主要产品有原动力机（引擎、锅炉）、工作机（各类机床）、纺织机（棉、毛的洗、梳、染、纺、织、针织）、矿冶机械（绞运、通风、送水）、农业机械（碾米、磨面、切面、轧花、水泵）、化工机械（压力、粉碎、过滤、蒸发、干燥）、轻工机械（榨油、卷烟、制革、制纸、制橡胶等）、印刷机及各种机械零部件。

此外，交通部门所设的机械工厂，已能够制造轮船、汽艇、铁路机车、车辆、电车、自行车等交通机械。30年代内河航轮基本上由本国工厂制造，江南造船所曾建造1.4万吨的运输船。铁路机厂以北宁路唐山机厂最老最大，1935年资本达437余万元，曾生产中型铁路机车和各式车辆，所制机车占国产数量的70%，客车占45%，货车约占94%[1]，不过所用钢材和主要机件仍须进口。

在国产机械产品中，纺织机、柴油发动机和机床是产销的大

---

[1] 杨毅：《三十年来中国之铁路机务事业》，第1页；《三十年来中国之铁路机械工程》，第17页，均见《三十年来之中国工程》，中国工程师学会1946年刊本。

宗。纺织机制造厂家最多。部分因质低价廉颇有销路。如上海铸亚厂的手摇纡车,每锭价格50余元,仅及洋货价格的一半。上海寰球、武林厂制造的缲丝织绸机和动力织布机,也不如洋货精细,仅凭价格低廉而与洋货分割市场。普通人力织布机则机件不需精细,且无洋货竞销,也有市场。纺纱机主要由上海大隆、铸亚等厂制造,所产粗纺机、细纺机在质量、价格上,与英、日货相比并无优势,但可以供应其附属纱厂或关系纱厂使用。如大隆厂与苏纶纺织等厂之间有合作关系,铸亚厂则由亚美织绸厂投资。国产柴油机功率最大的仅100马力,其售价最高每马力120元,最低30—40元。进口发动机功率虽大,但售价每马力须200元左右。因此,国产动力机械仍受到一般用户的欢迎。机床之所以在各类机械产品中产销量居前,还有一个重要原因是机械工业本行业各工厂大都使用自制机床。

1937年前的中国机械工业仍处于仿制阶段,但仿制的机器种类增多。如缲丝机方面已普遍能制造意大利式缲丝机,能少量制造日本式立缫车,并开始仿制多绪式缲丝车;又如织机方面也由制造铁木织机、半自动丰田式全铁织机,进而仿制全自动织机。[①] 能够仿制的机械种类已为数不少,但在产品的技术和性能指标方面,由于规模和设备、技术等的限制,即使仅就仿制而言,与国外机械工业水平相比,仍有很大差距,远没有达到同步追踪仿制的程度。

近代中国机械工业发生发展较晚,其根本弱点和缺陷是基础薄弱,规模狭小,技术落后。1927—1937年间,机械工业虽有某种程度的发展,弱点和缺陷并未改变。

战前中国机械工厂753家共有资本约1342.7万元,官办厂以

---

① 详见上海市工商行政管理局等:《上海民族机器工业》,中华书局1979年第2版,第540页。

山西西北实业公司最大,有资本 487.3 万元,中央机器制造厂次之,有资本 310 万元,再次为江南造船所;商办厂以上海大隆铁工厂最大,独资 50 万元,上海万昌、合兴、寰球等厂资本也在 10—50 万元之间。其余各厂,资本规模都很小,一般只有数千元或万元上下,最小的仅 100—200 元。商办厂的资本组织形式以独资或合资居多,通过招股集资的公司组织为数极少。

受资本规模的限制,能够像大隆厂那样"自建厂房,置有机器生产过程之全部机械,且技术为华商工厂之最优者"[①],自然是凤毛麟角。尤其商办小厂,租赁一至数间普通房屋作为厂房,置备最低限度的机工、磨工部机器二三台,就可以开工。这类工厂在天津三条石"铁厂街"、上海南市及虹口一带"触目皆是",约占机械工厂总数的 90% 以上。[②] 按照近代工厂须雇用 30 人以上,使用 3 部以上工作机的标准来看[③],机械工厂全国统计数势必打个折扣。这部分处于工业与工场手工业临界点的小工厂,与机器设备的改进和更新无缘。1936 年官方实地调查,所见工厂机器多为数十年前的老式机器。其中本国仿制的价廉质低常需修补,已超出 10—20 年的机器常规使用寿命,购自外国的也基本上是淘汰的或次品。中国近代工业机器设备的陈旧与落后,已是不争的事实,不过这一弱点和缺陷,对于作为工业龙头的机械工业而言则是缺陷,其消极影响应是更加深重的。

---

① 李嘉音:《上海之制造机械工业》(1944 年),见陈真:《中国近代工业史资料》第 4 辑,生活·读书·新知三联书店 1961 年版,第 867 页。

② 《机械工业报告书》,全国经济计划委员会 1936 年刊本,第 13 页;力工:《津市机械工业概况》(1935 年),见陈真:《中国近代工业史资料》第 4 辑,生活·读书·新知三联书店 1961 年版,第 864 页。

③ 赵梅僧:《北平机械工业调查》(1935 年),见陈真:《中国近代工业史资料》第 4 辑,生活·读书·新知三联书店 1961 年版,第 844 页。

与设备陈旧并存的是技术上的落后。商办机械厂创办人多自兼技师和工头,职工只限于普通工匠,而不设专门技工;生产设备长期沿用,所用机床多为本行业自制,标准不一;由于精密仪器价格高昂,大量机械厂仍依赖于"老师傅"的眼光[①],淬火技术,更是"老师傅"的"家传宝",可是往往失之毫厘、错以千里,凭老师傅眼光测定的机件,往往十之八九不能合用。

中国机械工业的弱点和缺陷最终由产品体现出来。生产规模小而产品以廉价见长,则产品的质量势必不高。据实业部奖励工业技术委员会中人披露,该委员会共受理登记 1913—1933 年间的机器专利 61 件,其中 20 件有关纺织机器,8 件有关冶炼炉,7 件有关打字机器,2 件有关发动机。这些专利其实多是摹仿已有机器,至多加以局部改良,其中发明创造的含量很小。[②] 这说明本期机械工业不仅处于仿制阶段,而且离高水平仿制并走出仿制阶段的条件还远未成熟。影响产品质量的还有一个因素是原料。机械工业的主要原料有生铁、铸钢、合金钢和各式轧钢,除生铁、铸钢可部分自给外,均仰赖进口;制作轴承和耐磨部件的有色铁金属,则几乎全部依赖进口。由于工料昂贵耗时,一些工厂"往往以铸铁代替之",以致在产品中造成薄弱环节和缺陷。[③]

机械工业产品的品种、规格档次甚低,亦不平衡和完整齐全。

---

① 顾毓琮:《中国机械工业之现状及其自给计划》(1935 年),见陈真:《中国近代工业史资料》第 4 辑,生活·读书·新知三联书店 1961 年版,第817 页。

② 欧阳仑:《我国需要机器工业之迫切及今后之技术问题》(1934 年),见陈真:《中国近代工业史资料》第 4 辑,生活·读书·新知三联书店 1961 年版,第 815 页。

③ 国民党政府全国经济委员会编:《机械工业报告书》(1936 年 7 月),全国经济委员会 1936 年刊本,第 22 页。

本期能够仿制的机器种类诚属不少,但产销量多集中在纺织等机器上,对于棉纺织业未尝没有积极作用,对于机械工业本身的全面平衡发展,则不免成为畸轻畸重的缺点。能够仿制的机器范围中,关键的或精度要求稍高的部件的仿制,仍有不少尚未掌握,如小发动机中的油箭、油滂,纺织机中的锭子钢领等。本期所能仿制的都属普通机械,至于需要高级技术的如高压、高速、高温机械及飞机原动机等,机件特重大者如锅炉、重型原动机、汽轮机等,高精度的仪器、精密机床等,短时期内还不可能具备生产能力和技术。因此,相当一部分机器设备,仍须依赖进口。

据统计,1936 年国内机械工业产值为 2239 万元,1936 年前十年机械工业产品的输入总金额达 50466.9 万元,年均 5046.7 万元,相当于国内产值的 2.3 倍(详见表 1 - 53)。

机器输入数值的居高不下,一方面反映了 10 年间中国近代机器工业普遍有所发展,但是就机械工业而言,其积极意义甚微。从输入机器、工具种类看,与机械工业直接相关的"制造机械工具"类为数很少,仅略高于缝纫刺绣、酿酒制糖、推进机器等 4 类机器,在输入总额中占 2.5%。另一方面,制造各行业输入的所需各类机械、工具,原本是国内机械工业行业的业务。从这一点看,输入数值越高,越反映出国内机械工业发展的不足,远不能满足国内工农矿业发展的需要,其意义更是消极和负面的。由 1936 年输入数值和本国行业产值,可知 1936 年国内机械类产品的消费量为8120 余万元,则机械工业产品的自给率仅为 27.5%。

机械工业发展不足也有来自政府方面的原因。1931 年开始筹设的实业部中央机器制造厂,耗资 310 万元,从德国购进先进设备,设计有钢、铁、机器、汽车工厂,建成后有望使机械工业从原料、设备到技术上有所改观。然而机器设备航运抵达后,又改归铁道部,并成立全国铁道总机厂筹备处,拟增资至1000万元。抗战爆

表1-53　中国输入机器价值表

1927—1936 年　　　　　　　　　　　　单位:元

年份＼价值	总　额	其中"制造机械工具"
1927	46548135	485909
1928	51881599	682121
1929	40121653	206753
1930	52344359	1306793
1931	49010568	1951189
1932	43498851	805112
1933	40257989	911117
1934	57493924	1530956
1935	64687715	1881260
1936	58824112	2967980
总计	504668905	12729190
年均	50466890	1272919

资料来源:罗敦伟:《十年来的中国经济建设》,见《十年来的中国》,商务印书馆
1936 年版,第 146—147 页间附表,据原表简化。原表已将 1933 年 2 月前价值
单位由关平两换算为元。

发,机器设备散失殆尽,难免留下"政策不定"、"乃成泡影"之
讯。① 又如铁道部计划发展铁路,新增的铁路机车和车辆仍多向
外国订购,甚至委托慎昌等洋行在上海承制铁路货车。当时交通
部门附设的机械厂,已能够仿制船艇车辆等机械。至于承造货车,
只需依照部颁标准从国外购入原料机件,在上海由本国工人装配
就可完成。所以,此举不仅将厚利让与外商,而且不给本国厂家以

---

① 顾毓琇:《三十年来中国之机械工业》,第 8 页,见《三十年来之中国
工程》,中国工程师学会 1946 年刊本;罗敦伟:《十年来的中国经济建设》,见
《十年来的中国》,商务印书馆 1936 年版,第 177 页。

发展提高的机会,无怪乎国民党政府内部也"殊觉可惜",认为"太无自信"。①

机械工厂分布的不平衡格局是半殖民地经济的特征之一。上海作为中国工业中心,从"一·二八"到"八一三",侵略军都将其视为发动攻击的首要战略目标。事实上,在战事中上海的机器工业损失惨重。也正是由于分布上的弱点,抗战全面爆发后才有了机械工厂大规模内迁的悲壮行程。

二、电力和电机工业

1882 年,英国人立德(R. W. Little)集资 50000 两,在上海公共租界创办上海电光公司(Shanghai Electric Co.)②,与爱迪生 1879年发明第一只电灯泡时隔仅 3 年。此后,随着照明、电机电器及工业用电的需要,电力、电气工业在中国迅速发展。1890 年,华侨黄秉常创办第一家华商广州电厂。③ 至 1905 年,全国已有较大规模的中外电厂 22 家。④ 1927—1937 年间是电力工业的持续发展时期,电厂数量增加,分布扩大,东部沿海部分地区,开始由城市向乡镇(村)扩散。但从全国范围看,兴衰互见,发展时间和速度参差,地区间极不平衡。

---

① 国民党政府全国经济委员会:《机械工业报告书》,全国经济委员会 1936 年刊本,第 19 页。

② 《北华捷报》(North China Herald)1882 年 9 月 1 日;姚公鹤:《上海闲话》上卷,商务印书馆 1917 年版,第 27 页。

③ 李代耕:《中国电力工业发展史料》,水利电力出版社 1982 年版,第 7 页。

④ 陈真:《中国近代工业史资料》第 4 辑,生活·读书·新知三联书店 1961 年版,第 872 页。

江苏、浙江电力工业产生较早,发展亦较平稳,二十世纪二三十年代,电力工业已初具规模。

江苏电力工业产生最早,其规模在全国电力工业中居首位,而上海又为江苏之冠,英人所办上海电光公司是江苏、也是全国电力工业之滥觞。[①] 此后长时间内,上海电力供应为该公司所垄断,直至 1908 年才有华商发起成立闸北水电公司,因借有官款,1912—1913 年两次举借日商大仓洋行银共 40 万两,1914 年改归省办,1924 年应绅商之请,复改归商办。上海最早的华商自办电厂,是 1919 年成立的华商电气股份有限公司。[②]

在上海的带动下,江苏其他主要城市的电力工业在清末开始萌发,光绪宣统之交,先后有镇江大照电灯公司和南京金陵电灯官厂的设立。进入民国,尤其第一次世界大战期间,江苏工商业日就发展,城镇人口增加,电灯电力需求日切,电力工业加速发展,并逐渐向县区扩散。1916—1921 年间,各县新建电厂 40 余家。1927 年前,江苏电力工业已初具规模,1927 年后虽有发展,但幅度有限。据 1932 年 10 月调查,江苏全省共有大小电厂 133 家,资本总额 24152950 元(内有 10 家资本不详),厂均 196365 元。全省 61 县中,49 县设有电厂。133 家电厂中,有设立年份可稽的 89 家,设

---

① 1892 年,租界工部局以电灯为公共事业之一,将该公司收归局办,并加扩充,除电灯外,复供电力、电热,1929 年以 8100 万两的价格售与美国国外电力公司(American foreign Power co.),改名上海电力公司(Shanghai Power Co.)(见国民党政府实业部国际贸易局编:《中国实业志·江苏省》第5 册,宗青图书公司 1980 年印本,第 1113 页)。

② 该公司系由上海马路工程局电灯部演变、改组而来。1904 年,上海马路工程局总办发起于局中设立电灯部,越二年,改由总工程局接办,旋以经营不善,改组为商办公司,当即招股 10 万元,翌年 8 月,内地电灯公司成立,接线装灯。至 1912 年,公司另设华商电车公司,利用余电经营电车事业,灯车俱有起色。1919 年两公司合并,成为华商电气股份有限公司。

立于 1927—1932 年的 13 家,资本总额 13 万元,均为县城小厂。江苏除专营电厂外,还有 10 家纱厂自装电机发电。①

20 世纪初,江苏包括官办资本在内的本国资本电力工业虽有较大发展,但在全省电力工业中,仍然只占很小的份额。尤其是上海,电力工业更是为外国资本所垄断。上海的美商上海电力公司和法商电力公司,分别有资本 11250.09 万元和 1000 万元,合计 12250.09 万元,相当于江苏全省华商电力资本(包括官办资本)的 5.1 倍,相当于上海华商电力资本 878 万元的 14 倍。②

浙江 1910 年开始设立首家电厂,至 1932 年,全省共有电厂 120 家,有设立年份可稽的 108 家,其中建于 1927—1932 年的 34 家,占 31.5%。1932 年浙江全省 75 县中,58 县设有电厂。按地区划分,设于城市的 53 家,乡镇(村)67 家。乡镇(村)电厂大部分是 20 年代开办的。据统计,1922—1932 年开办的电厂 76 家中,乡镇电厂 43 家,城市电厂只 33 家,乡镇电厂的数量已明显超过城市电厂。③

南北东中部地区各省,也在清末民初萌发电力工业,但发展速度及整体规模,远不及江苏、浙江。

山东 1903 年出现首家电厂,第一次世界大战后,电力事业日

① 国民党政府实业部国际贸易局编:《中国实业志·江苏省》第 5 册,宗青图书公司 1980 年印本,第 1113—1126、1138—1139 页,电厂创办年份及资本额据第 1126—1136 页"附江苏省国营民营电气事业一览表"综合统计。

② 据《中国实业志·江苏省》第 5 册,第 1126—1136 页"附江苏省国营民营电气事业一览表"、第 1138 页"附江苏省外商经营电气事业一览表"综合统计。

③ 国民党政府实业部国际贸易局编:《中国实业志·浙江省》第 4 册,宗青图书公司 1980 年印本,第 458—459(庚)页。

渐发展,1921 年前后发展更速,但自 1926 年后进入停滞状态,新建电厂少,而原有电厂复多恶化,有的一度伴随丝厂倒闭;有的因连年亏累,或机器损坏,又管理不善,赔累闭歇,相继易主;也有的累于负债,并同商会发生纠纷,被迫停业。少数几家新厂,则"尚在幼稚时代",或者"旋开旋闭,几如昙花一现"。因此,自 1903 年首家电厂问世至 1933 年,经历了 30 年,全省仅有电厂 19 家,而且其中 3 家停歇。16 家开工电厂合计资本 430.8 万元,除 3 家同时供应电力、电热外,其余 13 家仅供照明。[①]

山西电力业发展亦相当缓慢,自 1908 年开办首家电厂,至 1934 年全省仅有电厂 10 家,资本总额 299.56 万元(另有 2 家资本不详),其中 6 家仅供照明,当年营业总收入 54.36 万余元。[②]

广西直至 1915 年才出现首家电厂(南宁电力厂),此后虽然官办、商办并举,但电力工业发展速度亦不快。至 1934 年,全省大小电厂 11 家,资本总额 811969 元(另有 4 家资本不详),发电燃料主要为木炭和柴油。[③]

湖南电力工业的发展,又不如山东、山西。该省 1909 年开办首家电厂,至民国初年,虽有数家电厂相继问世,但大多营业不旺,亏损连连,时开时停。1927 年后,更因时局动荡,或管理不善,多家接连倒闭。1934 年全省仅有开工电厂 10 家,资本总额 155.49

①　国民党政府实业部国际贸易局编:《中国实业志·山东省》第 6 册,宗青图书公司 1980 年印本,第 770—778(辛)页、插页"山东省 16 家电厂一览表"。

②　国民党政府实业部国际贸易局编纂、发行:《中国实业志·山西省》,1937 年初版,第 675—676(己)、676—677(己)页"山西省电器业现况一览表"。

③　广西统计局编印:《广西年鉴·工业》(第二回,1935),广西省政府总务处 1935 年刊本,第 412—413 页"公用事业"表。

万元。①

关于全国电力工业的整体规模和地区分布,1936 年全国(不含东北沦陷区)共有电厂(不含工厂自备的发电厂②)460 家(详见表 1-54)。

表 1-54　江苏等南北 23 省区电厂概况表

1936 年

省份	厂数	资本额 (万元)	总发电容量 (千瓦)	发电量 (千度)	用电户占 居民户%	平均每千 人年用电 量(度)
江苏	107	4781.8	125740	318326	15	30084
安徽	25	182.8	4644	9533	9	420
浙江	109	1305.7	30908	50566	11	2381
福建	29	545.7	11555	23783	12	2022
广东	35	962.2	36060	101631	27	4152
广西	12	81.4	2846	5423	13	405
云南	3	161	1614	6166	15	431
贵州	2	11	165	367	2	46
湖南	12	247.9	7074	18108	12	603

---

①　国民党政府实业部国际贸易局编纂、发行:《中国实业志·湖南省》下册,1935 年初版,第 451—456(庚)、458—460(庚)页"湖南省电厂一览表"。

②　工厂自备、附设发电厂,1932 年有 146 家,总发电容量 33.5 万千瓦。参见顾毓琇:《中国动力工业之现状及其自给计划》,见陈真:《中国近代工业史资料》第 4 辑,生活·读书·新知三联书店 1961 年版,第 876 页;又据陈中熙:《三十年来中国之电力工业》,第 19 页第十一表,1936 年 50 千瓦以上工矿自备电厂总发电容量为 24.1 万千瓦。见中国工程师学会编:《三十年来之中国工程》,中国工程师学会 1946 年刊本。

省份	厂数	资本额（万元）	总发电容量（千瓦）	发电量（千度）	用电户占居民户%	平均每千人年用电量（度）
江西	13	111.5	3792	6045	11	384
湖北	18	519.2	20427	67604	11	2980
四川	22	468.5	5172	10381	12	196
西康	1	2.1	25	40	20	41
甘肃	3	4.4	141	337	3	51
宁夏	1	10	100	200	5	195
陕西	1	30	709	682	5	100
山西	6	153	5572	7434	24	645
河南	7	140.3	2110	3474	4	102
山东	23	506.8	52044	82543	23	2081
河北	17	1652.8	44079	57247	16	3679
察哈尔	1	27.8	385	726	7	357
绥远	2	59.1	608	2179	13	1042
西藏	1	8.3	100	158	15	42
华商厂合计	450	11973.3	355870	772953	—	—
外资电厂	10	18800	275295	951352	—	—
总计	460	30773.3	631165	1724305	14.9	3981

资料来源:陈中熙:《三十年来中国之电力工业》,见中国工程师学会编:《三十年来之中国工程》,中国工程师学会1946年刊本;朱大经:《十年来之电力事业》,见谭熙鸿主编:《十年来之中国经济》上册,中华书局1948年版。二者广东省厂数不一,从陈文,发电度数也作相应修正。

中外资合计,江苏等南北23省区共有大小电厂460家,资本总额30773.3万元,发电总量为172.4万千瓦,用电户占居民的14.9%。这就是抗日战争前夕中国电力工业的整体水平。全国电厂的分布,仍集中于沿海沿江地区,其中以江苏(含上海、南京)居首位,占本国电厂资本的近 1/4,发电容量占 35.3%,加上外资电厂(美商上海电力公司、上海法商电车电灯公司),则发电容量占到 88%。其次为浙江、广东、福建等省。而广大西部地区,仅西藏有 1 家小电厂,陕西、宁夏、青海、新疆更是一片空白。其分布格局与中国近代工业的格局相吻合,呈现出东高西低、相差悬殊的偏畸态势。

资本和规模方面,无论中外资电厂之间或华资电厂内部,都相差悬殊。华资电厂平均资本 26.6 万元,而外资电厂平均达 1880 万元,相当华资电厂的 70.7 倍。450 家华资厂资本总额为 11973.3 万元,而 10 家外资厂达 18800 万元,外资电厂数只有华资厂的 1/45,而资本额高出 57%。华资厂内部的资本分布差距也很大。国民党政府交通部将华资电厂按电机容量分为四等,电机容量超过 1 万千瓦的为一等电厂,1001—10000 千瓦的为二等,101—1000 千瓦的为三等,100 千瓦以下的为四等。四个等级的电厂数量、资本分配和经营状况详见表 1-55。

450 家华资电厂中,一、二等电厂只 47 家,占总厂数的 10.4%,但投资额占 84.3%,厂均资本达 214.8 万元,营业额和盈余额也占到 85% 以上;三、四等电厂 403 家,占总厂数的 89.6%,但投资额只占 15.7%,厂均资本仅 4.65 万元,营业额和盈余额分别为 15% 和 7.9%,只相当于一、二等厂的 2.2%。由于规模小,生产成本居高不下。1932 年每度电生产成本一等厂为 5.33 分,而四等厂为 19.2 分[1],高出前者 2.6 倍。虽然电力工厂的资本规模与其他行业部门的工厂相比,相对较大,但小型电厂的规模并无行业优势,其生产和经营甚至难度更大。

---

① 国民党政府建设委员会:《中国电气事业统计》第 4 号,见陈真:《中国近代工业史资料》第 4 辑,生活·读书·新知三联书店 1961 年版,第 878 页。

表1-55　华资电厂资本分配和经营状况统计

1936年　　　　　　　　　　　　　单位:千元

项　目	一、二等电厂		三、四等电厂		合　计
	金额	占全国%	金额	占全国%	
厂　　数	47	10.4	403	89.6	450
投资总额	100966	84.3	18767	15.7	119733
实收资本	70733	82.1	15474	17.9	86207
固定资产	131468	84.2	24675	15.8	156143
收入总数	53036	85.0	9417	15.0	62453
费用总数	42405	83.3	8505	16.7	50910
盈　　余	10631	92.1	912	7.9	11543
利润率(%)	20.0 (一等厂)	12.8 (二等厂)	2.8 (三等厂)	1.6 (四等厂)	—

资料来源:陈中熙:《三十年来中国之电力工业》,第6页,见中国工程师学会编:《三十年来之中国工程》,中国工程师学会1946年刊本。

据建设委员会1932年开始按年调查编制的《中国电气事业统计》,1932—1936年的5年间,全国电厂数(均含外资10厂)由452家增至460家,发电容量由478750千瓦增至631165千瓦,增加31.8%;发电量由119506万度增至172431万度,增加44%;投资总额由28157.7万元增至30773.1万元,增加近9.3%;年人均消费电量由2.72度增至4.98度,增加83%。[1] 单就发电度数一项看,由1927年的77200万度[2],增至1936年的172431万度,增加

①　参见朱大经:《十年来之电力事业》,见《十年来之中国经济》上册,中华书局1948年版,第J14页。

②　国民党中央党部国民经济计划委员会:《十年来之中国经济建设》,上篇第二章,南京扶轮日报社1937年版,第4页表。

123%;其中本国电厂由1927年的22915万度①,增至1936年的77295万度,增加237%。由此可见,本期电力工业处于持续发展状态。但从人均消费电量来看,总体水平不高,且很不平衡。与其他工业不同的是,这一发展并不由工厂数的增加来反映,由于国家资本的介入等原因,5年间电厂数基本不变,1933年和1935年电厂数反较上年减少2家和4家。

表1-56 本国与外资电厂经济指标比较表

1936年

项 目	本国电厂		外资电厂		总 数
	共 计	占总数%	共 计	占总数%	
电厂数	450	97.8	10	2.2	460
发电容量(千瓦)	355870	56.5	275295	43.5	631165
发电度数(万度)	77295.3	44.8	95135.2	55.2	1724305
投资总额(万元)	11973.3	39.0	18800.0	61.0	30773.3
收入总数(万元)	6245.3	64.0	3514.2	36.0	9795.0

注:外资厂投资总额中,已知6厂为18135万元,余4厂系估计数。

资料来源:陈中熙:《三十年来中国之电力工业》,第16页,见《三十年来之中国工程》,中国工程师学会1946年刊本;朱大经:《十年来之电力事业》,见《十年来之中国经济》上册,中华书局1948年版,第J17—18页。

本国资本电厂和外资电厂比较(详见表1-56),互有高下。尽管进入30年代后外资比重逐渐下降,但到1936年,外资电厂仍占据着中国电力工业的半壁江山。关内10家外资厂,分布于上海、汉口、天津和九龙,美商上海电力公司为其中超级巨头,1893

---

① 陈真:《中国近代工业史资料》第4辑,生活·读书·新知三联书店1961年版,第904页。

年改归公共租界工部局经营后,迅速扩张,1927年前,其资本额、电机容量和发电总量均超过240余家中国资本电厂的总和。1936年,上海电力公司增资至14450万元①,资本额超过本国资本450家电厂的总和,其他经济指标也占有很大的份额。其总装机容量为18.35万千瓦,而本国资本最大的商办厂上海闸北电厂为3.6万千瓦,官办首都电厂为2万千瓦。这种情况在中国近代工业各部门中是独有的。这10家外资电厂多设于租界内,均不向当时中国政府注册。另有上海沪西电力公司等4家合资电厂,总投资超过1000万元。值得注意的是,外资电厂也吸收了中国资金,如上海电力公司1931年发行公司债和优先股2200万元,就几乎全由国人购买。② 这说明电力工业的发展还有足够的余地和资金潜力,只是战前本国资本电厂限于绅商集资或拨款经办的组织形式,未能充分地加以利用。

　　本期电厂所产电力主要用于电灯照明和电器,江、浙地区的城镇中已相当普及,此外也向工矿企业输售商品电。技术方面,战前电力工业主要采用燃煤,使用汽轮机、蒸汽机及柴油煤油机,进行火力发电,水力发电微不足道,还不到1%。③

　　在电力工业的发展过程中,管理体制亦发生变化,渐趋完善。1928年后,电力工业由交通部转归建设委员会管辖,专设"全国电气事业指导委员会",并参照美国的电力管理和有关法规,制定了

---

① 上海电力公司1935年总资产(实收资本加固定资产),据国民党政府建设委员会统计达17352万元(见《十年来之中国经济建设》上篇第六章,南京扶轮日报社1937年版,第10页)。

② 陈中熙:《三十年来中国之电力工业》,第15页附注,见中国工程师学会编:《三十年来之中国工程》,中国工程师学会1946年刊本。

③ 陈中熙:《三十年来中国之电力工业》,第9页,见《三十年来之中国工程》,中国工程师学会1946年刊本。

一系列电力工业法规条例。首先是《民营公用事业监督条例》、《电气事业条例》两项电业基本法,继而制定《电气事业取缔规则》、《电气事业法人处理窃电规则》、《电气事业注册规则》等业务行政法规,还有《电气事业装置规则》、《电气事业控制设备装置规则》等一批工程技术管理法规①,以维护电业投资者和生产者的利益,保证电力生产和经营正常进行。除 1918 年北洋政府颁布的《电气事业取缔条例》外,这类法规条例在中国电力工业史上属首次出现,它对促进电力工业发展的规范化、标准化有重要的意义。

与此同时,国民党政府和国家资本迅速介入电力工业,对于既是能源工业又是公用事业的电力工业,采取"中央集权监督政策",对经办不善、无从改进的商办电厂"暂收归公营,或代为整理"。② 1928 年建设委员会成立伊始,就接收了原北洋政府南京市电灯厂、中德商人合办的戚墅堰震华电机制造厂,分别改名为首都电厂、戚墅堰电厂。1934 年派员进驻经营困难的江西九江映庐电灯公司代为整顿,并议定整顿见效后仍由该公司自行经营。商办电厂为了抵制国家资本的介入和改进业务,于 1928 年组织全国电气事业联合会,并在江、浙等省成立分会。商办厂积清末民初以来的经验教训,视官方"救助"或干预为引狼入室,代为整理一条难以推行。但在 30 年代后期重工业国营的政策导向下,一些地方政府还是以经营不善为名,强行将商办电厂收归官办,主要有:杭州大有利电气有限公司、广州市电力股份有限公司、南昌开明新记电灯公司、武昌竞成电灯公司、淮阴电厂和衡阳电厂等。1937 年,

---

① 参见国民党中央党部国民经济计划委员会:《十年来之中国经济建设》上篇第六章,南京扶轮日报社 1937 年版,第 5 页。

② 参见国民党中央党部国民经济计划委员会:《十年来之中国经济建设》上篇第六章,南京扶轮日报社 1937 年版,第 6 页。

国民党政府曾拟将汉口德商美最时洋行电厂收回自办,但数度交涉未果,抗战爆发后才得以收回。此外,1934年成立的中国建设银公司,曾代江西省政府整理南昌电灯厂,并计划与建设委员会、陕西省政府合办西京电厂,筹备改组广州市政府的广州电灯厂和商办长沙湖南电灯公司,但均因日本全面侵华战争爆发而中止。

国民党政府对接收的电厂,模仿美国控股公司的方式加以控制。1937年春,建设委员会将首都电厂、戚墅堰电厂等委托给中国建设银公司,宣布招商经营。同年中国建设银公司又入股并改组商办汉口既济水电公司,除原有小股东外,中国建设银公司在其700万元资本中持有50%,同时设扬子电气公司统一管理。这样,对首都、戚墅堰和既济3家电厂,扬子电气公司成为第一重控股公司,内设总务和财务两处。在扬子电气公司1000万元资本中,中国建设银公司持有80%的股份,遂成为第二重控股公司,在扬子公司董事会中实施控制。但建设委员会在扬子公司中仍保留20%的股份。如此重重控制,与美国摩根财团采用母子公司形式,对上海电力公司的垄断控制,颇为接近。必须指出的是,由前任财政部长宋子文主持的中国建设银公司,其股份一部分来自中国、交通、金城等10余家大银行,另一部分属于孔祥熙、宋子文、宋子良、张公权、李馥荪、陈光甫、徐堪等数十名权贵。[①] 这反映了"官商资本"直接渗入国家资本对重工业实施控制、与之共谋利益的实情。

然而,电力工业的官办举措,并未像美国垄断公司那样,对电力工业的发展产生规模化的效应,根本原因是扬子电气公司、中国银公司的"经营方针,似仅限于营利"而无暇顾及其他。更有甚者,由于地方政府接收当地电厂"多未经合法手续,使民营电气事业失其保障",以致一些商办电厂"专务应付地方,以谋保全其事

---

① 《申报》1934年6月1日、6月4日。

业,循至业务废弛"。① 对此有人评论说:国民党政府的经济建设计划,"既未能一一施行,而编拟之时亦偏重国营事业",省政府"亦只以省营事业为限"。凡此种种,皆"不免有与民争利之嫌"。②

随着国家资本(包括地方官办资本)的介入和扩张,电力工业的国家资本和商办资本呈现此长彼消的态势。1932—1936 年,官办电厂由 19 家增至 37 家,商办(含外资)电厂由 444 家减为 423 家。③ 不过电机容量和发电总量并未发生相应的变化,同期官办厂电机容量由 89780 千瓦减为 63352 千瓦,商办厂则由 388925 千瓦增至 567813 千瓦;官办厂的发电总量由 206325 千度减为 157239 千度,商办厂由 988734 千度增至 1567066 千度。官办与商办电厂明显地呈一减一增之势。1936 年官办厂的容量和发电量分别占全部电厂的 10%和 9%,除去商办厂中外资厂所占份额,在本国电厂中分别相当于商办厂的 19.7%和 25.5%。与其他重工业部门类似,官办厂对国内电力工业影响尚不明显;商办电厂虽然数量减少,但生产规模有所扩大,商办电力工业仍呈现缓慢发展的态势。

与电力工业同时并存的还有电机、电器和电工器材工业,投资

① 陈中熙:《三十年来中国之电力工业》,第 3 页,见《三十年来之中国工程》,中国工程师学会 1946 年刊本。

② 刘大钧:《工业化与中国工业建设》,商务印书馆 1944 年版,第 56 页。

③ 据国民党政府工商部电业司统计,见陈真:《中国近代工业史资料》第 4 辑,生活·读书·新知三联书店 1961 年版,第 905 页。该项统计将扬子电气公司所属首都、戚墅堰电厂,列入商办厂范围,2 厂发电容量约 35000 千瓦,按 1935 年一、二等电厂发电度数与容量平均比计算,年发电约 96549 千度;按 1936 年全国发电度数与容量平均比计,则为 95618 千度,综合二者约为 96000 千度。在以下分析中应计入官办厂,并对原统计数值作相应增减。

范围和产品名类颇广,包括发电机、电动机、有线和无线电、电灯、电线、各类电力器材和材料、家用电器,以及手电筒、蓄电池、干电池,等等。

电机和电工器材工业虽随电力工业的发展而产生,但因仿制不易,电机电器业到 1916 年前后才产生,1927 年后有较大发展,地区分布则主要集中在上海和江、浙等地。1931 年上海有各类电气和电力器材厂 48 家,资本总额 2186850 元,其中 34 家(资本1469850 元)成立于 1927—1931 年。[①] 据 1937 年春调查,全国共有电机电器厂 200 家,(其中 159 家集中在上海),工人 5000 人;年产值 1000 万元,产品以灯泡、电扇为主,电池、电料等次之。[②]

1916 年,叶友才创办华生电器制造厂股份有限公司和华通电业机器厂,是本国资本首家电机电器厂。前者制造电表、开关、配电板、变压器及电熨斗、电炉等,1924 年后始制电风扇、交流发电机,1933 年开始生产火车轮轴发电机及火车用电器。其主要产品华生牌电风扇不仅风靡国内,还畅销东南亚各地;后者生产电火炉、电开关、电灶等。1917 年曾有人开设大效电机厂,自造直流电动机,惜旋即停办。[③] 1919 年至 30 年代前后,有上海益中机器瓷电公司(1922 年)、上海华成电器制造厂、建设委员会上海电机制

①　据国民党政府实业部国际贸易局编:《中国实业志·江苏省》第 5册,宗青图书公司 1980 年印本,第 830—833 页"电器业工厂一览表"综合统计。

②　恽震:《三十年来中国之电机制造工业》,第 1 页,见《三十年来之中国工程》,中国工程师学会 1946 年刊本;俞恩瀛、恽震:《从统计资料探讨电器工业对于电力发展的重要性》(1948),见陈真:《中国近代工业史资料》第4 辑,生活·读书·新知三联书店 1961 年版,第 899 页。

③　《工商史料》第一集,上海机联会 1935 年刊,第 154 页;国民党政府实业部国际贸易局编:《中国实业志·江苏省》第 5 册,宗青图书公司 1980 年印本,第 803、828 页。

造厂、太原西北实业公司（1932 年）等多家电机电器厂问世。到 1937 年，共有制造开关、变压器、交流发电机等的工厂 16 家。

灯泡制造厂是这一时期电器工业的重要组成部分。1916 年前后美商在上海创办奇异安迪生电器公司，专制灯泡，一度独占中国灯泡市场。1931 年前后其他中外资灯泡厂纷纷设立，到 1937 年已有大小灯泡厂 35 家，其中规模较大的为上海中国亚浦耳电器厂和华德厂。前者原为德资，1924 年由胡西园接办，资本由 3 万元增至 50 万元①，日产灯泡增至 1.5 万只。华德创办于 1930 年，产品销至南洋。

电筒和电池制造在电机电器业中占有相当大的比重。1931 年江苏 48 家电机电器和电力材料厂中，33 家专造大小电筒及配件或电池（包括干电池和蓄电池），占总数的 64.6%。不过这类工厂大多规模很小，资本最多的 5 万元，最小仅 350 元，31 厂合计资本 253050 元，仅占 48 家资本总额的 11.6%，厂均 7443 元。② 浙江电池业的资本和生产规模更小，1932 年全省 9 家电池厂（其中 6 家设立于 1927—1932 年），共有资本 10450 元，工人 72 名，平均每厂资本 1161 元，工人 8 名。③

无线电制造业也开始兴起和发展。1937 年有无线电装配制造厂 12 家。最早的是苏氏四兄弟于 1922 年创办的亚美公司。胡光麃 1927 年创办的天津中国无线电业公司有资本 12.5 万元。官办厂有建设委员会电机制造厂、资源委员会与湖南省政府合办的

---

① 《工商史料》第一集，上海机联会 1935 年版，第 48 页。

② 据国民党政府实业部国际贸易局编：《中国实业志·江苏省》第 5 册，宗青图书公司 1980 年印本，第 830—833 页"电器业工厂一览表"综合统计。

③ 据国民党政府实业部国际贸易局编：《中国实业志·浙江省》第 4 册，宗青图书公司 1980 年印本，第 492（庚）页表综合统计。

湖南电器制造厂等。电报电话机制造厂有天津中天电机厂等6家,中天仿制西门子共电及磁石电话机颇见成效。另外还有一批电池厂以及制造电表、电铃、台灯、熨斗、电炉、电冰箱等五金电器杂类的小厂。

不过直至20世纪30年代中后期,国内电机电器业的发展尚处于起步阶段,连绝缘电线电缆都不能自制,电池原料也全赖进口。1934—1936年大中型发电机、电动机及配件、电线电缆、电表及电池等的年进口值均在1500万元以上,超过华商电机电器业总产值。由于军用的原因,官办厂在电机电器业中比重较大,资源委员会所属中央电工器材厂规模庞大,设有电管、电线、电机等4厂,其目标是使电工器材的生产满足全国的需求,1936年始建,日本全面侵华战争爆发前夕尚未完全建成。

三、水泥工业的初步发展

水泥是近代主要的新型建筑材料,随着城市的发展和西式建筑技术的广泛应用,水泥需求量日益加大。1936年全国水泥需求量为500万桶(合85万吨),水泥工业成为本期发展较快的工业部门。

1927年以前水泥业已粗具规模,主要厂矿有唐山启新洋灰公司(1906年)、广东士敏土厂(1908年)、湖北大冶水泥厂(1910年,后归并于启新,改名华记水泥厂)、华商水泥公司(1920年)、南京中国水泥公司(1921年,1927年收购芜湖太湖水泥厂)。本期创办的有广州士敏土厂(1928年)、山西太原西北水泥厂(1934年)、南京江南水泥公司(1935年)、重庆四川水泥厂(1936年),还有山东济南致敬水泥公司等。各厂资本额和生产状况详见表1－57:

表 1 - 57　中国水泥工厂一览表

1936 年

厂名	厂址	创办年份	创办人	资本额（千元）	商标	年产量（万吨）
启新洋灰公司	河北唐山	1906	周学熙	14000	马牌	30
广东士敏土厂	广州珠江南岸	1908	清朝广东省政府	1500	狮球牌	2.8
华记湖北水泥厂	湖北大冶	1910	1914 年由启新接办	420	宝塔牌	3
上海华商水泥公司	上海龙华	1920	刘鸿生	1638.6	象牌	10
中国水泥公司	江苏句容龙潭	1921	姚新记	2000	泰山牌	27
西村士敏土厂	广州西村	1928	广东省政府	3000	五羊牌	21
西北水泥厂	山西太原	1934	阎锡山	—	狮头牌	6
江南水泥公司	南京栖霞山	1935	颜惠庆	4000		22.5
致敬洋灰公司	山东济南		股东均山东华商	200	车头牌	1.7
四川水泥厂	四川重庆	1936			川牌	4.5

注：江南水泥公司产量按日产 4500 桶，年工作日 300 天计算；广东士敏土厂 1931 年调查日产 550 桶，估计方法同。

资料来源：据奚正修《我国水泥工业之过去现在与将来》(1948 年)，方显廷、谷源田《中国水泥工业的鸟瞰》综合编制，见陈真《中国近代工业史资料》第 4 辑，生活·读书·新知三联书店 1961 年版，第 717、733 页。

　　战前中国有华商水泥厂 10 家，创办时间以 1927 年为界，前后各占半数。已知 8 厂的资本总额为 2676 万元，连同西北、四川厂，资本总额当在 3000 万元上下。10 厂年产量总计为 128.5 万吨。由于统计年份不尽相同，特别是水泥厂往往开工不足，生产能力与实际产量存在差距，表 1 - 57 年产量合计不一定准确。但战前国产水泥已能够满足每年约 85 万吨的国内需求，应无疑义。启新所产马牌桶装、袋装水泥还外销东南亚等地。同时，启新、上海华商、南京中国、江南等水泥公司，在水泥厂相对集中、较早供求饱和的江南地区，曾展开激烈的跌价竞争，于 1925 年、1927 年、1931 年、1936 年多次就联营、协定产量、销区和价格等问题，进行谈判和角逐。[①] 通过几家较大水泥厂之间的竞争和对湖北大冶、芜湖、太湖等小厂的兼并，水泥厂的资本规模、生产能力扩大。既避免了像机械、有色金属采冶及轻工行业中小厂林立、技术设备和产品质量难以提高的不良情形，又有效地抵制了日本水泥的倾销。水泥工业作为近代新兴的产业部门，不受传统的经营模式、行业留存的局限和牵制，自周学熙创办启新公司就注重竞争和规模效益，加上水泥产品市场不断扩大，较早地实现了规模经营，较少带有半封建经济或半殖民地经济的印记。

东北的水泥市场一直被日商水泥会社独占，国产水泥仅启新马牌有少量销售，东北华商曾计划创办吉林众志洋灰公司，预定资本 150 万元。浙江绍兴华商在传统的酒、箔业陷入困境后，为挽救当地经济，曾筹备利用当地产石灰的有利条件，筹备绍兴水泥公司，预定资本 300 万元，2 厂结果均不详。

在本国资本水泥业初步发展以前，国内水泥市场一直被洋水泥独占，先是德国、丹麦、英国水泥，迨欧战爆发，西洋货来源断绝，日本、安南水泥激增，其中日本占进口水泥的 65% 以上，东北市场更被日本和日资水泥独占。本国资本水泥业初步发展起来后，洋水泥（包括在华外资厂水泥）在市场上仍占相当大的份额。战前在华外商水泥厂有 4 家。日本最大的水泥厂之一小野田水泥会社，1907 年在大连设立支社，初始资本 100 万日元，年产量最初为 2.68 万吨，1929 年增至近 20.7 万吨，独占了东北市场；第一次世界大战之后日商还抢夺了德商设在青岛的山东水泥公司，资本 100 万日元，年产 1.5 万吨，专销山东及周围地区；日商浅野水泥会社在台湾设有支社，有 4 处分厂，年产 5 万余吨，所产船牌、扇子

① 参见许涤新、吴承明主编：《中国资本主义发展史》第 3 卷，人民出版社 1993 年版，第 159 页。

牌水泥甚至打入上海市场;1886 年,英商即在香港设立青洲洋灰公司,在九龙、澳门设水泥制造厂,资本达 300 万元,年产水泥约10 万—20 万吨。① 洋水泥对国产水泥始终是一种严重压迫。

战前中国各大水泥厂采用英、德两国标准,作为产品质量的参考依据。各厂所产名牌水泥,经上海租界工部局化验,在水泥细度、固性、凝结时间和抗张强度等方面,大多超过了英国标准。1936 年至 1937 年,刘鸿生创办的上海华商水泥公司,曾拟订"中国水泥标准规范草案"。② 说明战前水泥工业不仅产品质量较高,而且在生产的规范化、标准化和制造技术上,都在不断地谋求改进和提高。本时期水泥工业代表了近代中国水泥工业的最高水平。

四、化 学 工 业

中国近代化学工业始于 1927 年之前。经过第一次世界大战的"机遇",就化学工业的两个主要部分,即基础化工和日用化工而言③,均已产生和有所发展。早在 19 世纪,一些官办局厂即已着手制造硫酸、硝酸、盐酸等酸类产品,作为制造军火的原料。最早有江南制造局所设上海龙华兵工厂④,还有汉阳兵工厂、德州兵

---

① 《中国水泥工业》,《工商半月刊》1931 年 10 月第 3 卷第 17 期。

② 奚正修:《我国水泥工业之过去现在与将来》(1948 年),见陈真:《中国近代工业史资料》第 4 辑,生活·读书·新知三联书店 1961 年版,第 718 页。

③ 化学工业的分类从历史上看标准不一、十分繁复。甚者如王云五、周寿昌主持编译的《最新化学工业大全》(商务印书馆民国二十五年版,共 15 册),书中所列"化学工业"近乎包罗万象。本节取最简易的划分法,至于基础化工与重工业、日用化工与轻工业的归属关系,则置而不论。

④ 蒋乃镛:《上海工业要览》,学者书店 1948 年再版,第 24 页。

工厂等。至 1926 年,厂址设于塘沽的渤海化学工厂始生产作为商品的酸类产品。制碱工业则迟至 20 世纪 20 年代中期才出现。其代表性企业永利制碱公司于 1922 年筹建并于 1924 年正式投产。日用化工部分,如化妆品、制革、陶瓷、榨油等传统行业调整工艺以挣扎求存的同时,制药、油漆、搪瓷、皂烛、调味品等新的轻工业性质的行业陆续产生并有所发展。以化妆品为例,老字号如杭州之孔凤春,扬州之戴春林,"硕果仅存",新厂社如方液仙的中国化学工业社、陈栩园的家庭工业社等纷纷开办。[①] 作为民族工业企业,它们分别以三星牌牙膏、蚊烟香、味精与日本输出的金刚石牙粉、野猪牌蚊香及味之素相抗衡。后来化学工业的巨头"北范南吴",已于此时开始创业历程。吴蕴初创办天厨味精厂,范旭东创办久大精盐厂和永利制碱公司,为他们的"天"字号化工集团和"永久黄"化工集团奠定了基础。

总的说来,1927 年以前化学工业的发展依然颇为不足,其具体表现就是基础化工产品,同时也是整个化学工业的原料,在1927 年前后仍大量依赖进口(详见表 1-58)。

由于国内生产很少,酸类和碱类产品的输入,在数量和价值上一直呈波浪式增长趋势。作为"窒素工业"主要产品的硫酸铵(硫酸钲)[②],1927 年前后中国并无出产,因而完全依赖进口,其数量和价值更远远超过酸、碱产品。

上述基础化工产品,酸类主要来自日本,碱类主要来自英国,硫酸铵的输出则由英、德两国独占。化工产品的大量输入,既导致

---

① 方液仙:《化妆品工业概论》,见《中国化学工业社二十周纪念刊》,未署出版地,1931 年。

② "窒素工业"为当时一种分类,即氮气工业,仍沿用;硫酸铵即硫铵,当时称做"硫酸钲"。"钲"字现已不用,因此文中除厂名仍保留原样外,余均改为现通用名称。其他化学产品,如"淡气"(氮气)等,均依此例。

表1-58 酸类、碱类及硫酸铵化工品输入表

1924—1930年　单位:数量:担;价额:海关两

年份	酸类化工产品		碱类化工产品		硫酸铵	
	数量	价额	数量	价额	数量	价额
1924	98349	907528	1066227	3707117	283117	1737613
1925	110481	818086	1203012	4022147	393600	2287285
1926	136938	1070197	1259558	4583441	824802	4554160
1927	192040	1601199	1316337	5110766	913768	5066673
1928	204657	1766263	1398251	5364022	1754831	9193867
1929	160277	1313727	1424378	5704848	1857359	9826702
1930	151011	1811861	1537879	7396661	3133427	18052164

资料来源:酸类、碱类化工产品据顾毓珍:《中国基本化学工业之进展》,载《中国实业》1935年2月15日第1卷第2期;徐羽冰:《中国基本化学工业之现状》,载《国闻周报》1935年7月22日第12卷第28期。硫酸铵据《天利淡气制品厂股分有限公司开幕纪念册》(未署出版时间、出版者、编者等,从题词、序看约为1936年年初)。

外贸严重入超,现金大量外流,又给中国化学工业的发展造成重重障碍,长期不能翻身。当时中国的所谓化学工业,除了一些药剂类和化妆品外,染料、纯碱、酸类等物,无不"仰给于外国"。[1]

这种状况,直至1927年后,才逐步有所改变,1927—1937年间,化学工业成为获得较大发展的新兴行业之一,特别是日用化学工业各类生产企业,在沿海沿江地区大批涌现,呈现百舸争流之之势。1937年,中国唯一的硫酸铵厂也终于在南京建成,业界为之

[1]　当时中国化工的落后情形,正如许涤新在悼念早逝的化工先导范旭东时所指出的:"在那个时候,中国的所谓化学工业除了一些药剂类和化妆品外,还有什么呢?染料、纯碱、酸类等物,哪一件不是仰给于外国呢?"(许涤新:《悼范旭东先生》,《新华日报》1945年10月21日)。

一振,范旭东更是雄心勃勃:"基本化工两翼——酸与碱——已长成,听凭中国化工翱翔矣!"[①]惜日本全面侵华战争旋即爆发,刚刚起步的化学工业随之陷入灭顶之灾。

(一)基础化学工业的产生和长足发展

基础化学工业是日用化学工业以及军火、造纸、陶瓷、制革、制药、印染、化肥等工业的基础,产品主要分为酸类和碱类两个部分。

酸类产品以硫酸、硝酸和盐酸为主,合称"三酸",另有醋酸、硼酸、石炭酸、溴酸等其他品种。由于酸类产品是近代军火制造的重要原料,因此制酸工业首先出现于 19 世纪末的洋务军工企业。至 1937 年抗日战争全面爆发前夕,我国的制酸工业情况如表 1－59。

由表可见,抗战前本国资本制酸企业有 15 家,资本额约 1600 万元,年生产能力大致为硫酸 55000 吨、硝酸 5400 吨、盐酸 3650 吨、醋酸 360 吨。

制酸工厂集中于天津、上海两地,另在华南、西北有所分布,西南四川亦有数家小厂。各地制酸厂均有其专长和特点:厂址设于塘沽的渤海化学工厂系范旭东于 1926 年创办,直接采用电化技术制造酸类产品,开辟本国近代技术制酸之先河。稍后创办的得利三酸厂和利中硫酸厂均设厂于唐山,就近采用唐山硫磺为原料,以产硫酸为主。由于天津商埠的地位,以上 3 厂的总厂均设驻天津。吴蕴初为使其天厨味精厂的原料供应不致仰给于外人,1929 年在上海创办天原电化厂,以生产烧碱和漂白粉为主,同时年产盐酸 2500 吨。其后吴蕴初又集资 100 万元筹设天利淡气厂,历时 4 年

---

① 《海王》旬刊第 18 年,第 17—19 期,第 107 页,转引自张同义:《范旭东传》,湖南人民出版社 1987 年版,第 88 页。

表1-59　中国制酸工厂一览表

1937 年　　　　　　单位:资本:千元;产量:吨

厂　名	厂址	创设年份	资本	出品	年产量
永利化学工业公司硫酸铔厂	六合	1936	10000	硫酸、硝酸	43200、3600
渤海化学工厂	塘沽	1926	500	盐酸	500
得利三酸厂	唐山	1929	50	硫酸	400
利中硫酸厂	唐山	1933	200	硫酸	800
天原电化厂	上海	1929	1050	盐酸	2500
天利淡气厂	上海		1000	硝酸	1600
开成造酸厂	上海	1933	750	硫酸	3500
江南化学工业制造厂	上海	1935	200	醋酸	360
两广硫酸厂	梧州	1932	1200	硫酸、硝酸	2000、150
广东省营硫酸厂	广州	1933	621.8	硫酸	3700
集成三酸厂	西安	1935		硫酸、硝酸、盐酸	500、50、50
西北化学工厂	太原			硫酸、盐酸	2500、600
兰州化工厂	兰州	1934		硫酸	720
四川广益化学工厂	江北	1935	20	硫酸、硝酸、盐酸	100、5、5
裕川化学工厂	成都		10	硫酸、硝酸、盐酸	50、1、1
孝义兵工厂	孝义			硫酸、硝酸	
汉阳兵工厂	汉阳			硫酸、硝酸	
太原兵工厂	太原			硫酸、硝酸	

备注:另有英商江南药水厂(上海强水公司),创设于1901年,资本18万元,年产硫酸2300吨、盐酸50吨、硝酸100吨。

资料来源:据徐羽冰:《中国基本化学工业之现状》(1935年)、李尔康:《我国酸碱工业之概况与展望》(1943年)、顾葆常:《十年来之化学工业》(1948年)综合编制,均见陈真:《中国近代工业史资料》第4辑,生活·读书·新知三联书店1961年版。

先后试制成功液氨、淡硝酸、浓硝酸并安装了硫酸浓缩设备[1]，年产硝酸 1600 吨，居各厂之首。上海开成造酸厂 1932 年投产时，即能日产 15 吨浓度达 95% 的硫酸。另有江南化学工业制造厂，采用四川、广东的榉树为原料，1935 年开始生产醋酸，在本国有机酸制造方面独树一帜。上海的天原、天利、开成厂，在资本和生产规模上均超过天津各厂，是本时期制酸工业的主干。永利化学工业公司硫酸铔厂是综合性较强的化工企业，筹备选址时曾拟设厂上海或湖南，后选定南京六合卸甲甸开工。硫酸铔厂的资本规模和设计生产能力在当时业内均令其他厂家瞠乎其后，但由于其建成已值日本全面侵华战争爆发前夕，出品时间非常短暂。

　　分别位于太原、西安和兰州的西北、集成和兰州化工厂，表明基础化工作为新兴的产业，为各地建立相对完整的近代工业体系不可或缺。除山西太原西北化工厂外，省营厂还有地处华南的两广硫酸厂和广东省营硫酸厂，它们的官办性质在当时商办化工的局面中较为特殊。两广硫酸厂原为广西省政府所设的梧州硫酸厂，1927 年筹建至 1929 年落成，但因政局变化及试产失利等原因一直停工。后作价 56 万元，再由两广政府各出 10 万元更名经办。该厂采取广东英德、清远的黄铁矿为原料，1932 年正式投产。[2]1931 年广东省政府为满足其兵工厂所需原料，筹资 12 万美元自设硫酸厂，1933 年建成。四川江北的广益化学工厂和成都裕川化学工厂，均为资本仅万元上下的小厂，产量也居全国知名厂家的微

---

　　① 吴蕴初:《筹备经过》、《世界氮气工业概况》，见《天利淡气制品厂股分有限公司开幕纪念册》(未署编者、出版时地，由题词、序看约为 1936 年年初)。

　　② 吴承洛:《三十年来中国之化学工业》，第 6 页，《三十年来之中国工程》，中国工程师学会 1946 年刊本;中山大学化学工业考察团:《中国化学工业调查》，中山大学化工研究所 1933 年刊本，第 115—116 页。

末。反映出虽然化工事业已在全国分布较广,但西南地区的工业基础仍属薄弱,尚未成为近代工业的重地。此外,孝义、汉阳、太原等兵工厂也出产酸类品,但产量不高且属自用。这两类工厂均未计入本时期制酸工业统计范围。

外资方面,英商早在1901年前就在上海创办江苏药水厂,亦称上海强水公司,其资本及三酸产量均具一定规模。本国资本制酸工业兴起前后,老牌的江苏药水厂在上海市场保持着一席之地。除日资在东北渗透于化工事业外,外资在华酸厂尚属仅见。

对于民营化工事业,国民党政府视做"基本工业",采取了鼓励和扶持的积极政策。制酸工厂中渤海化学工厂、利中制酸厂、天原电化厂、开成造酸厂、天利淡气制品公司和永利化学工业公司的硫酸铔厂,均获准免征产品出口税,并减低国营交通事业运输费。其中天利厂还获准在上海享有5年专利。硫酸铔厂原计划国家与英德合办,后转而鼓励民营,由永利公司承办。除予以一般政策优惠外,政府还准许其所借550万元资金每年予以7厘保息,以5年为期,并另予补助金20万元。①

化学工业也存在国家资本介入的情况。1937年6月,中国银行以清理债务的办法,将商办渤海化学工业公司收入其企业系统;1937年8月华北危急,地处天津的永利化学工业公司为避免被毁,拟南迁设新厂。实业部允许以保息条件分3年给予"补助费"300万元,于次年4月起拨付。后政府方面坚持认为这笔补助费应作为官股,以利于实行加入官股进行控制夺权的惯伎。对此,永利公司各股东认为"公司纯系民营事业,全部股款早经收足,值兹政府竭力扶植民营事业之际,公司自应依照原旨继续民营,充分发

---

① 国民党政府中央党部国民经济计划委员会编:《十年来之中国经济建设》上篇第二章,南京扶轮日报社1937年版,第96页。

展民间力量,以与政府政策相配合,免致官商合营,互相牵涉。"[1]
渤海、永利二公司是酸碱制造基础化工的重要企业,它们的典型遭
遇表明国民党政府的经济政策中,制造和扩张国家资本的倾向是
压倒一切的。

商办制酸工厂中采用的生产技术和工艺有铅室法、塔式法和
接触法。以天利厂投产为标志,氮气已能成功自制并大量生产,电
解技术获得推广。虽然制酸工厂的机器设备,除天津利中硫酸厂
全系南开大学应用化学研究所设计装置外,多由欧美购进[2],但生
产所需原材料尚能因地制宜,较少受到外国势力的牵制。

制酸工业的发展,使部分酸类产品的进口数量明显下降。
1932—1936 年 5 年间,进口三酸中的硫酸由近 2500 吨陡降至 290
吨;硝酸由 1260 吨降至 170 吨;盐酸则由 1035 吨微增至 1220 吨,
三酸进口总量减少 3100 吨。不过醋酸由于本国 1935 年始仅年产
360 吨,而需求日渐旺盛,由 280 吨猛增至 43000 余吨,其他酸类
由 780 吨增至 1666 吨。[3]

碱类产品以纯碱、烧碱为主,合称"二碱",另有洁碱、泡化碱、
硫化碱等品种。在近代新式制碱(俗称洋碱)技术传入之前,用于
面食加工、洗涤、造纸等的碱系土法提制的天然碱(俗称口碱),由
作为集中产地的河套平原及内蒙古至辽宁一带的碱池长途贩运,
不但成本增高,其品质与外观均大受影响,数量上也远远不能满足
需要。1927 年之前,我国开始有近代意义的芒硝制碱,始于清末

---

① 陈真:《中国近代工业史资料》第 3 辑,生活·读书·新知三联书店
1961 年版,第 947、825—830 页。

② 顾毓珍:《中国基本化学工业之进展》,载《中国实业》1935 年 2 月 15
日第 1 卷第 2 期。

③ 统计据陈真:《中国近代工业史资料》第 4 辑,生活·读书·新知三
联书店 1961 年版,第 511 页表。

创办的四川彭山同益曹达工厂,采用路布兰法的后半段以芒硝为原料制碱。稍后又引进了食盐制碱的工艺。范旭东于 1914 年创办久大精盐公司,在塘沽与淮北盐场并设分厂,后开办永裕盐业公司,带动了精盐制造业的兴盛,也为食盐制碱准备了丰富的原料。1918 年,范旭东募集资金 40 万元,在塘沽创办永利制碱公司,并获得政府特许工业用盐免税 30 年,凡在塘沽百里以内,他人不得再设碱厂。[①] 1922 年永利厂采用苏尔维法试产成功,比日本出产纯碱的时间还早,而苏尔维法比当时及后来中国碱厂采用较多的路布兰法先进[②],永利厂遂成为我国制碱工业的先导。吴蕴初 1929 年在上海创办天原电化厂主制烧碱,1946 年有关人士总结称:"我国电解法制碱,以天原电化厂为最早成功,至今尤为主干"。[③] 至 1936 年,我国制碱工厂情况如表 1-60。

由表可见,抗战前本国较有规模的制碱企业有 9 家,资本总额约 529 万元(另有 2 厂资本不详),年产纯碱 72950 吨,烧碱 9460 吨,洁碱 1800 吨,泡化碱、硫化碱合计 6610 吨。纯碱已基本能够实现自给。此外,在上海南京等地还有一些"块碱厂",是用纯碱和入小苏打水调和凝结而成块碱。沪、宁各厂年产块碱 5 万余吨。但块碱厂实系加工,且原料多取自国外,因此并非严格意义上的制碱厂。[④]

---

① 《永利厂史资料》第 1 卷,见张同义:《范旭东传》,湖南人民出版社 1987 年版,第 30—31 页。

② 参见北京化工学院化工史编写组编:《化学工业发展简史》,科学技术文献出版社 1985 年版,第 37、34—36 页。

③ 吴承洛:《三十年来中国之酸碱化学工程》,第 10 页,《三十年来之中国工程》,中国工程师学会 1946 年刊本。

④ 顾毓珍:《中国基本化学工业之进展》,载《中国实业》1935 年 2 月 15 日第 1 卷第 2 期。

表1－60 中国制碱工厂表

1936年 单位:资本:千元;产量:吨

厂名	厂址	创设年份	资本	出品	年产量
永利制碱公司	塘沽	1918	4000	纯碱、烧碱、洁碱	72000、5400、1800
兴华泡花碱厂	塘沽、上海	1929	50	泡化碱	1350
渤海化学工厂	塘沽	1926	500	泡化碱、硫化碱	3530
天原电化厂	上海	1929	600	烧碱	2200
开源公司	上海	1930	40	泡化碱	1730
广东省立碱厂	广州			烧碱	1860
同益曹达厂	四川彭山	1913改商办	50	纯碱	350
开济碱厂	四川彭山			纯碱	300
嘉裕碱厂	四川乐山	1920	50	纯碱	300

资料来源:徐羽冰:《中国基本化学工业之现状》(1935年),李尔康:《我国酸碱工业之概况与展望》(1943年),顾葆常:《十年来之化学工业》(1948年),均见陈真:《中国近代工业史资料》第4辑,生活·读书·新知三联书店1961年版;吴承洛:《三十年来中国之化学工程》,第8页,见《三十年来之中国工程》,中国工程师学会1946年刊本。

　　制碱工厂的分布情况与制酸厂大致相同,主要集中于天津、上海两地,但在华南广东和西南四川均有分布。不同之处在于,新式制碱厂在集中出产高品位天然碱的西北地区尚付阙如,而各地兵工厂仅位于河南的巩县兵工厂有少量碱类产出品。各制碱厂中,永利制碱公司成立早、发展快,资本额超过400万元,年产量也远远超过其他碱厂,"是中国最大而且最完备的工厂,制品行销全国"。① 该厂的生产业绩和经验积累,有助其技术灵魂侯德榜在40年代发明具有世界先进水平的"侯氏碱法"。由于泡化碱、硫化

----

① 陈真:《中国近代工业史资料》第4辑,生活·读书·新知三联书店1961年版,第504页。

碱制造以纯碱加硅石粉为主要原料,因此同设天津的兴华泡花碱厂和渤海化学工厂,生产所用纯碱全部由永利厂供给,从而形成了区域性的协作关系。

酸与碱的制造同属基础化工,不能截然分开。这一点,不仅在"北范南吴"各自的化工企事业系统中有所体现,就单个企业而言,天原电化厂和渤海化学工厂由于掌握了先进的电化(电解、电热)技术,因此能够兼顾酸碱制造,产品结构趋于稳定和全面的同时,有利于拥有广阔的市场。

本期制碱工业商办的局面尤胜于制酸,官办厂仅广东省营碱厂1家。早在光绪年间开办的四川彭县同益曹达工厂,原为资本万元的官商合办企业,后因经办不善,于1913年改归商办,资本逐渐增至5万元。彭县开济碱厂和乐山嘉裕碱厂步其后尘,并将厂名中的英文音译"曹达"正名为"碱"。四川3厂就近开采彭山所产芒硝为原料,用路布兰法以芒硝制碱,虽然属于小规模运作,产量较低,产品纯度高,"营业甚好,因而外省的碱类难到四川的市场行销"。①

不过制碱业内部的发展并不平衡,主要表现在纯碱的生产能力、厂家数量明显高于烧碱及其他碱类产品,国产纯碱已能基本自给并有出口,永利等厂的纯碱产品远销日本、香港等地。如表1-61所示,1931—1933年的3年间,销往日本、香港等地的碱类产品达30余万担。

这时期虽然仍有大量纯碱进口,但从1930年后,进口数量已逐年下降(详见表1-62)。与此相反,烧碱和其他碱类的生产能力发展相对缓慢。面对国内化学工业的进一步发展,产品愈显短

---

① 陈真:《中国近代工业史资料》第4辑,生活·读书·新知三联书店1961年版,第505页。

表1－61　中国碱类产品输出表

1931—1933 年　　单位:数量:担;价值:海关两

输入地 年份	日本		香港		其他		合计	
	数量	价值	数量	价值	数量	价值	数量	价值
1931	118424	372890	4988	17119	1755	6037	125167	396046
1932	41964	125673	15397	45992	2852	9688	60213	181353
1933	95591	286604	12493	36347	8587	27926	116671	350877
合计	255979	785167	32878	99458	13194	43651	302051	928276

资料来源:顾毓珍:《中国基本化学工业之进展》,载《中国实业》1935 年 2 月 15 日第 1 卷第 2 期;徐羽冰:《中国基本化学工业之现状》,载《国闻周报》1935 年 7 月 22 日第 12 卷第 28 期。

表1－62　1930 年前后中国碱类产品输入表

1927—1933 年　　单位:数量:担;价值:海关两

品名 年份	纯碱		烧碱		其他碱类*		合计	
	数量	价值	数量	价值	数量	价值	数量	价值
1927	875075	2683361	149712	891702	291550	1535703	1316337	5110766
1928	845861	2433105	229776	1308001	322614	1622916	1398251	5364022
1929	934530	2953608	190707	1191946	299141	1559294	1424378	5704848
1930	1076654	4389974	219156	1845789	242069	1160898	1537879	7396661
1931	768592	4916689	200547	2303676	234291	1706551	1203430	8926916
1932	485097	1991353	162141	1208684	186031	1397002	833269	4597039
1933	394030	1421711	274543	1759104	190580	980774	859153	4161589

* 其他碱类包括硫化碱、矽酸碱、硝酸碱。

资料来源:徐羽冰:《中国基本化学工业之现状》、李尔康:《我国酸碱工业之概况与展望》,见陈真:《中国近代工业史资料》第 4 辑,生活·读书·新知三联书店1961 年版,第 501、502、504、513 页。

缺。相当一部分烧碱和其他碱类产品一直依赖进口。1927—1933年的 7 年间各类碱类产品的进口量多达 8572697 担(合 5116186公担),价值4100 多万关两,其中烧碱的进口还呈波浪式上升趋势

(详见表 1–62)。制碱工业内部的不平衡性,制约着化学工业以及相关工业的顺利发展。

硫酸铵是重要的农业肥料,引领中国制碱工业的永利制碱公司,也致力于硫酸铵的生产。

中国因为没有硫酸铵工业,每年须从英、德等国大量进口化学肥料(其中硫酸铵占到总数的 90% 以上)。由表 1–58 可见,1927 年前后中国的硫酸铵输入量逐年跃升,至 1930 年已近 15.7 万吨,价值 1800 余万关两。这显然是一个极大的漏卮。加之 20 世纪 30 年代中国农村经济不景气,米、麦进口激增急需化肥提高土地收获率[1],兴办本国硫酸铵工业势在必行。

1931 年,国民党政府实业部开始筹划与外商合作,建立国营大型硫酸铵厂,范旭东、吴蕴初均入选筹备委员会,参与计划的外商有英国帝国化工有限公司(原卜内门公司)、德国蔼奇染料工业公司和美国窒素工业设计公司,但因所定计划大而无当,协议告吹。1933 年,范旭东呈请并获准由永利制碱公司承办硫酸铵厂,厂址曾选上海、马鞍山或株洲,最后定于南京下游 40 华里的长江北岸六合县境内的卸甲甸。该地三面环山,适于工业建设,又临江可建码头,便利于笨重机件的装卸运输。

范旭东将永利制碱公司改组扩充为永利化学工业公司,原永利制碱公司估价 150 万元,由上海商业银行、金城银行、中南银行认购新股 200 万元,并发行公司债券 550 万元,共筹集资金 900 万元。[2] 经过 5 年的紧张和艰苦筹建,南京硫酸铔厂于 1937 年 3 月

---

[1] 徐羽冰:《中国基本化学工业之现状》、张乃凤:《化学肥料在中国的回顾与前瞻》、汤元吉:《肥料工业在中国》,均见陈真:《中国近代工业史资料》第 4 辑,生活·读书·新知三联书店 1961 年版,第 507、528、530 页。

[2] 参见张同义:《范旭东传》,湖南人民出版社 1987 年版,第 85—86 页。

建成投产，其规模为资本 1000 万元，内附设硫酸厂、硝酸厂、合成氨厂和水煤气厂[①]，日产硫酸铵 160 吨、硫酸 112 吨、硝酸 10 吨及合成氨 39 吨[②]，成为近代中国最大的综合性化工企业。这样，中国的硫酸铵工业从无到有，并有望实现自给。

基础化学工业（重化学工业）所产三酸（硫酸、硝酸、盐酸）、二碱（纯碱、烧碱），既是所有化学工业行业的原料，也直接或间接地成为其他工业部门的原材料。基础化学工业的产量特别是硫酸、纯碱的产量，是衡量一个国家化学工业发展水平的标志。[③] 本时期中国基础化工的发展，在相当程度上改变了化工产品仰赖外人的落后和贫乏局面。化学工业的全面发展既促进了轻工业原料的国产化，又为抗战时期的战时工业打下了一定的基础。

酸碱工业的兴起与发展，是与中国化工先驱"北范南吴"即范旭东、吴蕴初的艰苦创业分不开的。范、吴二人均曾研习化学，20世纪 20—30 年代，范旭东在久大精盐厂的基础上创办永裕盐业公司、永利制碱公司、南京硫酸铔厂，1922 年创办黄海化学工业研究社；吴蕴初创办上海天厨味精厂、天原电化厂、天利淡气厂、天盛陶器厂和汉口炽昌硝碱厂、上海炽昌新制胶厂，1929 年创办中华工业化学研究所，分别组建了"永久黄"、"天"字号化工企业集团。1934—1937 年间，范旭东在南京创办全华化学工业社，并成立中国工业服务社代理化学工程设计，范、吴在上海合作组成中华化学工业会，他们创办的化工企业集团成为本国化学工业的支柱。

---

① 详见吴承洛：《三十年来中国之酸碱化学工程》，第 15—18 页，见《三十年来之中国工程》，中国工程师学会 1946 年刊本。

② 《当代中国》编辑部编：《当代中国的化学工业》，中国社会科学出版社 1987 年版，第 3 页。

③ 参见北京化工学院编：《化学工业发展简史》，科技文献出版社 1985年版，第 28 页。

范旭东、吴蕴初都是爱国的民族工业家。永利和天厨生产的国货"红三角牌"纯碱和"佛手牌"味精,面对强敌英商卜内门纯碱和日货味之素据理力争,在道义与市场上都获得胜利,其"实业报国"抱负和令人瞩目的实效,在民族工业界备受推崇。他们在创办和经营企业时,首先考虑原料的自给和产品的国产化程度。"九一八事变"、"一·二八沪战"后国难当头,范旭东之所以奋力投入南京硫酸铔厂的筹建,也是因为硫酸铵厂若逢战时,只需改动几道工序,就可转制硝酸棉、梯恩梯、毕克力酸等炸药以足军需。[1]吴蕴初也曾参加硫酸铵厂的筹备,经与范旭东商议后,他于同时转而主持创办天利淡气厂,二者同属"氮气工业",是"为分工合作计"。[2] 这样做对于两大化工企业系统,乃至中国基础化学工业的健全发展,起到了相辅相成的作用。

范旭东、吴蕴初是成功的企业家。他们开办企业遵循化工原理和经济规律,范旭东由盐制碱再由碱进而造酸;吴蕴初从天厨、炽昌等厂的经办中积累经验和资金,再投入酸碱制造,天"原"电化厂设立为天厨提供原料,天"盛"陶器厂设立为酸碱提供耐腐蚀容器,天"利"淡气厂设立为利用天原厂的副产物氢气以制造氨。各企业在原料、产品上能够相互衔接,从而具有规模效应。他们在创业中呕心沥血、百折不回。1945 年 10 月,历尽艰险在大后方重建起化学工业的范旭东,抗战刚刚胜利即因积劳成疾而辞世,留下了创建合成氨、水泥、炼焦、玻璃、新法制铵及复兴酸碱等 10 厂的规划。范旭东 1928 年创办的《海王》旬刊,作为普及科技、坚定实

---

① 罗敦伟:《十年来的中国工业》,见《十年来的中国》上册,商务印书馆 1937 年版,第 173 页。

② 吴蕴初:《筹备经过》,见《天利淡气制品厂股份有限公司开幕纪念册》。

业报国信念和体现企业文化的阵地,也构成了企业成功的因素。在技术运用上,范旭东、吴蕴初均设立了各自的化工技术研究开发机构,表明他们对化工事业有自立自强主张和长远的眼光。范旭东向实业部呈请承办硫酸铵厂时,就附呈了由黄海化工研究社拟订的《创办氮气公司意见书》,并提出国家应投资 2000 万元发展基础化工。创建本国氮气工业的吴蕴初,首先掌握了先进的电化(电解、电热)技术。范旭东则采取走出去引进来的技术路线,经年累月奔波于大洋两岸之间。他充分信任和支持孙学悟、侯德榜等专家,前者主持黄海社为企业提供技术保障和前瞻,后者则成为企业的技术灵魂。硫酸铵厂筹建时在技术上即决定向世界先进水平看齐,建成时达亚洲一流;永利碱厂创办时所采用的苏尔维法已属先进,其后又不断摸索改进。终于在 1941 年由侯德榜发明出超过苏尔维法(氨碱法)、具有世界领先水平的"侯氏碱法",并向国外输出技术,不仅写下了近代工业史上光辉的一页,而且载入了世界化学工业发展的史册。① 这在当时国家危亡、贫弱交加的背景下是弥足珍贵的。正是从自立自强观念出发和对先进技术的不懈追逐,使永久黄和天字企业系统的产品,不至于像卷烟、橡胶、火柴、缫丝等民族工业行业的产品那样,停留于低档水平或是日薄西山。"北范南吴"对于创建中国近代化学工业的贡献,是国人永远"不能忘记"的(毛泽东语)。

(二)日用化学工业

日用化学工业包括橡胶、药品、制革、肥皂、化妆品、油漆、颜料

---

① 参见北京化工学院编:《化学工业发展简史》,科技文献出版社 1985 年版,第 37—38 页。侯德榜 1932 年即著有英文版《纯碱制造》(Manufacture of Soda),并于 1942 年增订,将外国公司专断的苏尔维法公布。侯德榜后由美回国担任新中国化学工业部副部长。

制造等多个行业和部门。

中国橡胶工业兴起于20世纪10年代末。橡胶工业以生橡胶为主要原料,广州地处华南,得地利之便,1917年华侨莫兴在广州创办广东兄弟树脂公司,是为中国首家橡胶工厂。上海则于1919年开办中华橡皮厂,1920年创办的江湾模范工厂于次年设立橡胶部。其后沪、穗两地成为中国橡胶品制造业的集中地。1925年后,国外生橡胶价格不断下降,促使1927—1931年间橡胶工业迅速发展。据统计,1931年全国橡胶工厂达74家以上,其中上海48家,广州21家,青岛、烟台、天津、贵阳、福州各1家。1934年,沪、穗两地较大工厂简况见表1-63。

资料显示,橡胶工业的兴起和发展,主要是1927年后,表列69家橡胶工厂,资本总额为340万元(估计最多时资本总额约400万元)①,65家(资本310万元)设立于1927—1935年,其中规模最大的是上海大中华橡胶厂,有资本110万元,两地厂均资本分别为10.5万元和6.7万元,上海略大于广州。

胶工业的主要产品有橡胶套鞋(雨鞋)、帆布胶底鞋(有运动鞋等名目)、汽(轻)车轮胎、轻车(人力车、自行车)轮胎、热水袋、雨衣布、玩具、橡皮零件等。有的专造某种产品,也有的兼造若干种产品。其中生产最多的还是橡胶套鞋(雨鞋)、帆布胶底鞋。前者以上海生产为多,后者则多产自广州②;上海大中华橡胶厂和正泰信谊橡胶厂曾试制汽车轮胎。橡胶鞋的主要市场在农村,上海胶鞋生产最多时年产3500万双,广州各厂1936年年产胶鞋1000万双。

---

① 国民党政府全国经济委员会编:《橡胶工业报告书》,见陈真:《中国近代工业史资料》第4辑,生活·读书·新知三联书店1961年版,第692页。

② 刘大钧:《中国工业调查报告》上册,经济统计研究所1937年2月刊本,第128页。

表1-63　上海、广州橡胶工厂表

1935年　　　　　　　　　　　资本单位:千元

上海				广州		
厂名	设立年份	资本	产品	厂名	设立年份	资本
永和实业公司	1918	85	帆布鞋、套鞋、轻车胎、汽车胎	冯强	1921	200
德昌橡胶厂	1925	5	轻车胎	合作	1928	80
启明橡胶厂	1922	10	鞋、热水袋、橡皮零件	远东	1929	50
大中华橡胶厂	1927	1100	套鞋	华星	1929	50
正泰信记橡胶厂	1927	120	套鞋	大中华	1930	80
义源橡胶物品制造厂	1928	20	套鞋	中国	1931	80
义生橡皮制物厂	1929	120	帆布鞋	橡生	1932	140
华南橡胶厂	1930	90	胶皮轮带	精华	1932	50
民生橡胶厂	1930	80	玩具、用具	琼南	1932	50
大上海橡胶厂	1930	65	橡皮零件	粤东	1932	40
永大橡胶厂	1930	10	橡皮零件	国华	1933	100
大同实业公司	1931	100	套鞋、轻车胎	同源协	1933	50
大中国福记橡胶厂	1931	30	雨衣布	艺强	1933	40
宏大橡胶厂	1931	30	轻车胎	万里	1933	33
意大利橡皮物品制造厂	1931	10	套鞋	公平	1933	15
协康橡皮制胎厂	1932	141	帆布鞋、套鞋	平安福	1934	40
瑞隆橡胶厂	1932	5	帆布鞋、套鞋	德栈	1935	40
申一胶带制造厂	1933	60	帆布鞋、热水袋			
大中兴记胎带制造厂	1934	90	帆布鞋、套鞋			
华南胶布厂	1934	30	套鞋			
世界橡皮工业社	1934	12	橡皮零件			

注:按设立先后、资本额大小排序。广州工厂的主要产品略见前文。

资料来源:国民党政府全国经济委员会编:《橡胶工业报告书》、广州市立银行经济
调查室编:《橡胶工业》,均见陈真:《中国近代工业史资料》第4辑,生活·读
书·新知三联书店1961年版,第687、709页。

本时期橡胶工业波动起伏剧烈,1929—1934 年间橡胶厂关停倒闭的达 30 家以上,其中上海 21 家,广州 10 余家。① 橡胶厂骤增又剧减的原因,就内部而言,首先是资本规模过小。1934 年年底经调查的上海 21 家工厂中,资本额在 10 万元以上者有 5 家,其中大中华厂由 1927 年的 8 万元开办资本,经收买并购猛增至 1935 年的 200 万元,并先后创办碳酸钙厂、加硫油胶厂、氧化锌厂和鞋面布染织厂,在所有橡胶厂中独占鳌头。② 其余 16 厂平均资本不足 4 万元。抗战前广州 17 家工厂资本总量与上海大中华厂相当,其中 10 万元以上者 3 家,以冯强树胶厂最大,有资本 20 万元,其余 14 厂平均资本不足 5 万元。据时人估算,机械设备较为齐备的普通橡胶厂应投资 5—10 万元③,资本不足则势必导致设备缺乏和技术落后,而上海瑞隆、德昌等 5000 元资本的 8 人小厂更是朝不保夕。国内橡胶厂还常常陷入竞相降质跌价的恶性竞争。为此广州橡胶同业公会于 1935 年公议限定开工时间和产量,并试图划一原料成分和产品价格,同时广东省建设厅禁止设立新厂,以求扭转该行业不景气的局面。就外部而言,原料方面除硫磺、石灰和碳酸钙基本自制外,生胶只有海南少量生产,汽油、促进剂、锌氧粉等化学原料均需依赖进口④,国外原料价格的波动直接影响国内橡

---

① 国民党政府全国经济委员会编:《橡胶工业报告书》,见陈真:《中国近代工业史资料》第 4 辑,生活·读书·新知三联书店 1961 年版,第 693、699 页。

② 上海机制国货工厂联合会编辑发行:《工商史料》第 1 集,1935 年刊本,第 17 页。

③ 广州银行经济调查室:《橡胶工业》,《广州之工业》上篇,1937 年,见陈真:《中国近代工业史资料》第 4 辑,生活·读书·新知三联书店 1961 年版,第 715 页。

④ 《上海橡胶工业概况》,1950 年版,见陈真编:《中国近代工业史资料》第 4 辑,生活·读书·新知三联书店 1961 年版,第 706 页。

胶厂的开闭。30年代世界经济危机期间,中国工业品的农村市场顿形萧条,抵制洋货运动过后,日本胶鞋又以高质低价卷土重来,严重影响中国民族工业各行业厂家,橡胶工业也不例外。

制药是日用化学工业的一个重要组成部分。

近代中国制药工业的发生发展,有两个步骤或途径:一是由药房附设制药厂,二是创办独立的新式化学制药厂。

中国境内的新式制药产生于1853年。是年英商在上海创设老德记药房制售西药,1889年资本达12万元;1866年德商在上海设立科发药房,并于1909年开办制药厂,改组为德、美、华股份公司后,营业兴旺,至1919年资本达200万元。科发等药房大获成功、历久弥盛,成为此后本国资本药房经办的蓝本。

本国资本制造西药,最初源于华人药房的附设药厂。1887年顾松泉创设的中西大药房,由黄楚九接办后即设立罗威公司,制售梅花参片、戒烟药片、痰敌等。第一次世界大战时,黄楚九开办中华制药公司工厂,专制"人丹"以抵制日货"仁丹"。1923年,黄楚九等再设立九福公司,制造百龄机。黄楚九还创设了中法大药房,并开办艾罗公司,以生产艾罗补脑汁而著名。20世纪30年代,中法大药房所制售的成药及化妆品达400多个品种。五洲大药房则由项松茂主持,以生产人造自来血著称。第一次世界大战期间,五洲大药房乘机接办德商固本皂厂和臭药水厂,于1921年开设五洲固本药皂厂,1934年增设第二、第三制药厂,兼制西药及肥皂、化妆品等千余种。1936年固本皂日产量达到3000箱,资本增至40万元。皂类专销国内,在全国设立支店20处;药类兼销国外,也成立了不少分号和代理处。[①] 中西、中法和五洲等大药房是华人药房附

---

① 上海机制国货工厂联合会编辑发行:《工商史料》第2集,1936年刊本,第47页。

设制药厂的代表,它们采用西法自制的膏、油、丹、丸等成药,已对西药中的滋补药膏和日本式清凉性丹剂形成替代。各大药房及其制药厂以前店后厂的行销方式风行不衰,1927—1937 年间继续壮大。

国人专门设厂制药,最早为 1922 年福康西药店。福康规模不大,出品不多,但货精价廉,讲求实效,难能可贵。继之而起的有 1924 年的唐拾义父子药厂、1926 年的新亚化学制药厂及九福制药公司、信谊化学制药厂等。唐拾义父子药厂,生产久咳丸、疟疾丸等,在天津、广州、香港设有分厂。新亚化学制药厂由许冠群等创办,初始资本仅 2000 元,原以生产化妆品为主。改制新药后发展迅速,1936 年资本增至 50 万元,它设在九龙的分厂资本也有 20 万港元。新亚厂从最初生产十滴水发展到能够生产针剂、片剂,并设玻璃厂制造注射用安瓿瓶等,"是新药业中的一支生力军"。①九福制药公司亦以科学方法,仿制西药,挽回利权不少。信谊化学制药厂原为德商所设,1930 年由华商收买,能够生产成药及针剂、片剂,并设有橡胶厂制造医用胶布,资本增至 60 万元。

在地区分布上,中国新式制药业绝大部分集中在上海、广东两地。据调查,1932 年上海有新式药厂 10 家,剔除资料不详的部分药厂,共有资本 174 万元,工人 708 人。动力和机器设备方面,除表列动力机外,中法、中西、九福、新亚、信宜等药厂,分别置有磨粉、制丸、制片、糖衣、蒸馏、搅拌、消毒、软丸、制锭、蒸发、煮沸、干燥、打光、浸酒、过滤、压榨、真空干燥、压力蒸气、离心、制冰、碱化、制膏、切片、调和、灌药水等机器中若干种和若干台,其中以中法制药厂的机器设施最为完备,中西、九福、新亚 3 厂次之。在日用化学工业中,制药业的机械化和标准化程度算是较高的。各厂产值,

---

① 上海机制国货工厂联合会编辑发行:《工商史料》第 2 集,1936 年刊本,第 94—96 页。

1929 年为 373.5 万元,1930 年增至 498.7 万元,1931 年达 646 万元(详见表 1-64),呈逐年增长趋势。这大体反映了 20 世纪 30 年代经济恐慌爆发前上海药厂的总体水平和基本态势。广东主要由改良传统的清快性药油而开始创办新药业。1930 年由韦少伯设在安南的二天堂药房,投资 120 万元在香港、广州和上海设立药厂,除生产二天油外,还兼营化妆品。后胡文虎、胡文豹设立永安堂,在南洋和广东汕头设厂创制万金油。新式清快药油剂型为油膏,较之广东原有的如意油、玉桂油、薄荷油等油液,在使用和携带上更胜一筹,在 20 世纪 30 年代以后甚为畅销。对于传统中医药材,1922 年上海粹华制药厂等曾尝试用新法提炼贝母精、当归精和麻黄精等中西结合药品。

表 1-64　上海新式制药厂概况统计

1932 年

厂　名	资本额 (千元)	工人 (人)	原动力		商标	年产值* (千元)
			动力机	马力(匹)		
中法制药厂	500	181	马达	20		800
中西制药厂	500	170	电动机	20		1500
五洲固本皂药厂	200	130	蒸汽机、马达	24		3760
九福制药公司	200	20	马达	32	九福	
新亚制药公司	200	160	马达	5	红星、亚字	200
信宜制药公司	120	26	马达	7.5	长命	130
福康西药店					福康	
海普制药厂						
唐拾义父子药厂	10	9	马达	6	唐拾义	10
中国制药厂	10	12				60
合计	1740	708		168.5		6460

* 系 1931 年产值。

资料来源:据国民党政府实业部国际贸易局编:《中国实业志·江苏省》第 4 册,宗青图书公司 1980 年印本,第 767—768 页表、770—771 页表、771—772 页表综合编制。

制药工业由药房设厂打基础到专办药厂获得发展,主要是在1927—1936年间,特别是1933年提高西药等进口税之后。1935年上海市制药业同业公会中的制药厂,约70%开办于20世纪30年代。1936年上海共有药厂58家,资本总额289万元,职工1500余人,年产值856万余元。广西乃至西南地区唯一的一家制药厂——省办广西制药厂,开办于1934年9月,资本7.9万元,有较完备的动力和机器设施,能生产痧药水、阿斯匹灵、永备丹、消食片、苏打明片、三溴丸、消肿膏、牛痘苗、脑膜炎疫苗、霍乱疫苗、鼠疫苗等药品。① 制药厂时期较之药房时期产品种类大为增多,由膏、油、丹、丸等成药发展到针剂、片剂,并逐步拓展到原料药、试剂和医疗器械等方面。

医药化学工业还包括一些医药用品的制造。酒精在当时除医用外,主要用于掺制白酒。"九一八事变"后,酒精代替汽油作为燃料的用途更日显重要。正是由于看到这一点,不仅湖南、陕西、广东和广西省政府着手经办酒精厂,国民党政府实业部出于国防考虑,也于1933年与侨商黄江泉、沪商(原实业部次长)赵晋卿签定合同,官商合资150万元,在上海浦东开办中国酒精厂。1935年中国酒精厂建成投产,日产纯度在96%以上的酒精3.2万升。② 至1937年,中国有酒精厂20家,其中上海美龙、中国,湖南沅江,陕西咸阳,广西柳州,广东省营酒精厂及山西太原西北实业公司化学工厂、大同兴农化学工业社和济南溥益糖厂酿造工厂等9家较具规模。它们分别以糖蜜、甘薯或玉米制造酒精,9家可日产酒精

---

① 广西统计局编印:《广西年鉴·工业》(第二回,1935年),广西省政府总务处1935年刊本,第402—411页"公营工厂表"。

② 中央党部国民经济计划委员会:《十年来之中国经济建设》上篇第二章,南京扶轮日报社1937年版,第93页。

8.8 万升。①

　　防疫苗的制造,本时期主要出自各商品检验局附设的血清厂,
民营厂家则有上海庞敦敏微生物学研究所、新亚血清厂。民国初
年曹亚伯创办亚林防疫臭药水厂,开始制造防疫臭药水,该厂后来
并入固本药皂厂。1925 年后设立的上海亚细亚、南通人和等厂也
生产防疫臭药水。据 1933 年调查,亚细亚厂年营业额达 10 余万
元,主销上海、天津和北京。② 1923 年创办的上海太平洋化学工艺
厂,用电解方法制造消毒去色的太平药水。一次大战之后,人和、
苏州大达、江阴竞亚及五洲大药房设在宁波的东吴药棉厂,以及鄞
县、广州、天津等地小药厂,开始制造消毒脱脂棉花。③

　　作为化学工业一部分的新式制革业,产生较早,1883 年即有
华商李松云购进火灾后的英商上海熟皮公司(Shanghai Tannery
Co.),改建为中国制造熟皮公司。④ 华商自建制革厂,则始于
1898 年由吴懋鼎投资 7.69 万元创办的天津北洋硝皮厂。制革重
地上海则以 1904 年上海硝皮公司为最早。⑤ 1927 年以前制革业

---

　　① 陆宝愈:《三十年来中国之酒精工业》,第 2 页,见《三十年来之中国
工程》,中国工程师学会 1946 年刊本。

　　② 《华商亚细亚防疫臭药水厂》,中山大学化学工业考察团:《中国化
学工业调查》,中山大学化工研究所 1933 年刊本,第 24—25 页。

　　③ 吴承洛:《中国之化学药品及化学原料工业》,见陈真编:《中国近代
工业史资料》第 4 辑,生活・读书・新知三联书店 1961 年版,第 667—669
页;上海市医药公司、上海社会科学院经济研究所编:《上海近代西药行业
史》,上海社会科学院出版社 1988 年版,第 122 页;上海市商会商务科编:《新
药业》,上海市商会 1935 年刊本,第 75—76 页。

　　④ 孙毓棠:《中国近代工业史资料》第一辑(上册),科学出版社 1957
年版,第 86—88 页;杜恂诚:《民族资本主义与旧中国政府(1840—1937)》,
上海社科院出版社 1991 年版,第 410 页表。

　　⑤ 蒋乃镛:《上海工业要览》,学者书店 1948 年再版,第 33 页。

已初步发展,据 1920 年农商部调查,全国有新式制革工厂 31 家。制革业以牛、羊、马、驴、鹿等动物生皮为基本原料,鞣制出的熟皮皮革有花旗皮、法兰皮、芝麻皮(珠皮)、底皮等名目。熟皮用于制作箱、包、夹、袋、带、鞍等皮件及鞋靴等皮革制品。

1927 年后,机器制造业尤其是基础化学工业的发展,以及皮革市场需求的扩大,在某种程度上改善制革工业的生产和市场条件,促成了制革工业的进一步发展。一些地区新厂增多,老厂规模扩大,地区分布上亦有所扩散。据调查,1932 年江苏有新式制革厂 13 家,资本总额 50.78 万元,另有手工皮坊约 200 家。① 浙江有大小制革厂 52 家,资本总额 10 万元以上,年营业额 88.4 万余元。② 山东有资本万元以上的制革厂 5 家(其中 3 家成立于1928—1929 年),资本总额 8.1 万元。③ 山西有机器制革厂 2 家,裕晋制革厂成立于 1933 年,资本 1 万元,规模不大,但机器设备皆系自天津义兴工厂出品,全部国产,经济实惠,"尚敷应用";西北实业公司皮革制作厂,1933 年筹备,1935 年正式投产,资本 20 万元,机器设备全部购自德国。④ 工业落后的广西也于 1933 年筹建了省办南宁制革厂,资本 6.2 万元,机器设备全部购自香港,除年产军用皮革 10 余万尺外,还有黑珠皮、黄珠皮、底皮等产

---

① 国民党政府实业部国际贸易局编:《中国实业志·江苏省》第 4 册,宗青图书公司 1980 年印本,第 728、729—731 页表。

② 国民党政府实业部国际贸易局编:《中国实业志·浙江省》第 4 册,宗青图书公司 1980 年印本,第 293(庚)、293—295(庚)页"浙江各县制革厂一览表"。

③ 据国民党政府实业部国际贸易局编:《中国实业志·山东省》第 6 册,宗青图书公司 1980 年印本,第 596—598(辛)页"山东省制革厂及作坊一览表"摘要统计。

④ 国民党政府实业部国际贸易局编纂、发行:《中国实业志·山西省》,1937 年初版,第 355(己)页。

品。① 东北地区制革工业也有很大的发展。据不完全统计，1930年沈阳有大小制革厂65家，资本51.5万元，工人370人，年产熟皮36万斤。其中资本万元的工厂10家，资本总额31.2万元，年产熟皮29万斤、细皮8.4万张、产值98.5万元；哈尔滨（时属吉林省）有制革厂3家，资本总额50.4万元，工人190人，年产值55万元；黑龙江有大小制革厂64家，广泛分布于齐齐哈尔、克山、肇州、索伦、海伦、兰西、纳河、明水、龙镇、乌云、室韦等地。不过大多规模狭小，资本最多的3万元，小的仅二三百元，资本总额79230元，工人270名，年产熟皮142650件。② 东北三省共有大小制革厂132家，资本总额895230元，工人830名，年产值超过150万元。

正当制革工业蓬勃发展之际，日本帝国主义发动"九一八事变"，悍然侵占东北。东北全境132家大小制革厂以及丰富的制革资源，全部落入敌手，为侵略军利用现成的厂房、机器设备、原材料、技术人才和劳动力，就地制造马鞍、马靴、马鞭、皮鞭、皮鞋、军用挎包、皮箱、皮包，以及其他军用、民用皮件，创造了条件。紧接着"一·二八沪战"爆发，上海闸北、江湾等处各类工厂多被日军炮火摧毁，制革业中的威士皮厂、亚洲皮厂完全被毁，精益皮革厂厂房被焚，损失不赀，范围缩小，大中皮革公司、粤商皮厂、金燮记皮厂等，亦以战事停工。至于屈家桥、王家宅、宝通路、虹江路、太阳庙一带的皮坊，完全被日军摧毁或停闭者，更难以数计，上海和

---

① 广西统计局年鉴编印处编：《广西年鉴·工业》（第二回，1935年），1936年刊本，第402—410页"公营工厂表"。

② 东北文化社年鉴编印处编：《东北年鉴·工业》，第1035、1050页"十八年度沈阳市皮革工厂统计表"，第1068—1069页"十八年度吉林省工业统计表"，第1083、1087、1090、1092—1094、1096—1098、1100页。

江苏制革业遭到空前未有的浩劫。① 继"九一八事变"、"一·二八沪战"后,发生全国经济恐慌,制革工业再次遭受打击。1936 年虽有所恢复,但已大不如前。

据 1936 年官方调查,关内资本在 1000 元以上的制革厂虽超过 200 家,而资本在 10 万元以上者只有 11 家(见表 1-65)。

表 1-65　关内地区大型制革厂一览表

1936 年　　　　　　　　　　单位:千元

厂名	厂址	创办年份	资本
精益制革厂	上海	1915	250
大华昌记制革厂	上海	1930	200
华北制革厂	天津	1915	200
鸿记制革厂	天津	1920	100
一大皮革厂	天津	1920	400
成都制革厂	成都	1904	236*
裕川制革公司	重庆		280
云南制革厂	昆明	1930	200
广州制革公司	广州	1910	500
福州实业公司	福州	1921	500
西北实业公司皮革制作厂	太原	1935	200

* 原为银万两,现换算为千元。

资料来源:陈真:《中国近代工业史资料》第 4 辑,生活·读书·新知三联书店 1961 年版,第 595—598 页表;杜恂诚:《民族资本主义与旧中国政府(1840—1937)》,上海社科院出版社 1991 年版,第 410—414 页表;国民党政府实业部国际贸易局编纂、发行:《中国实业志·山西省》,1937 年初版,第 355(己)页。

---

① 国民党政府实业部国际贸易局编:《中国实业志·江苏省》第 4 册,宗青图书公司 1980 年印本,第 727—728 页。

制革工厂的数量分布,按省份划分则江苏、河北最多,广东、浙江、山东、山西、四川、云南、福建等也有较多分布。按城市分则上海集中了 80 余家,天津次之,有 60 余家。制革业发展的不平衡性表现在,本国生皮原料主产区西北各省,新式制革业尚属空白,一方面西北地区需用的皮革及制品,依靠东南省区运销,另一方面本国制革业所需生皮原料,在有所输出的同时仍需依赖进口,因而制革厂时时陷入"皮荒"之中。这无疑加剧了民族工业经济的畸形。

这一时期的中国制革业中,外资工厂数量不多,但资本雄厚,设备完善,技术先进,对民族资本制革业构成严重威胁。事实上,一些外资制革厂就是兼并华资厂而来。上海计有洋商制革厂 5 家,其中江南制革厂初系中日合办,资本 15 万元,后乃归并日人;龙华制革厂,亦以经营失败,被日人低价承顶,改名中华皮革厂,30 年代初,2 厂合计资本在 100 万元以上。宫崎制革厂,厂主亦为日人,专制纽革。上海制革厂为意商所经营,规模虽不及江南、中华,然华商诸厂远非其敌。大利皮厂初名大隆皮革厂,以制法不善而失败,乃改为东方皮厂,由美籍犹太人主持,因无改进,二次倒闭,复由意商接办。[①] 上述 5 家外资厂,资本总额达 145 万元,与 80 余家华商厂资本总额 150 万元不相上下。另日商天津裕津制革公司,年产熟皮 5000 担,占天津 60 余家华商厂总产量半数以上。至于东北百余家制革厂,更全是日本囊中之物。

与外资厂相反,民族资本制革业,普遍规模狭小,资本总额仅 300 余万元,工厂大多机器设备简陋、技术落后,相当一部分工序仍属手工劳动。如上海的小制革厂,除备有滚桶及动力机外,与皮坊并无二致。生皮的脱毛除脂工序,"皆由工人以钝刀用腕力刨

---

① 国民党政府实业部国际贸易局编:《中国实业志·江苏省》第 4 册,宗青图书公司 1980 年印本,第 727 页。

去之"。天津华商各厂的技师,原多为日资裕津厂工人,尽管日商厂制造工艺秘而不宣、严格保密,但华商厂资力薄弱,只能以这种方式作一鳞半爪的技术改进。

产品市场方面,据1936年统计,中外厂商总产量只占到全年消费量近720万元的60%,表明本国制革工厂仍有巨大的市场空间。尽管如此,华商厂在数量与质量、规模上的比例失调,表明本国制革业处于低水平发展中,因而势必对其增强竞争力产生制约,并缩小国货皮革的市场。这一点,与本国日用化学工业中其他行业有所不同。此外,由于本国化工和矿业尚不发达,制革所需硫酸、红矾、铬矾、颜料,特别是鞣料和栲胶,均需大量或完全依赖德、英、日等国洋行由国外输入[①],这也在一定程度上制约着制革工业的发展。

日用化学工业中的肥皂、蜡烛、化妆品等的制造,与城乡居民关系至为密切。

新式制皂业出现之前,传统的洗涤用品为天然皂荚、皂果、碱块、枯饼和草灰汁等。1917年,华商五洲大药房盘进德商清末创办的固本皂厂,扩充为五洲固本药皂厂,既生产药品和化妆品,又出产洗衣皂、香皂、药皂。1926年收买中华兴记香皂厂,首次以废液提炼甘油。1936年,五洲固本药皂厂资本达40万元,在本国制皂企业中首屈一指。其次有创办于1904年的天津中国造胰公司,资本20万元。据统计,1927年前全国创办的肥皂(烛皂、胰、石

---

① 张士培:《中国皮革业状况》(1936年9月),见陈真编:《中国近代工业史资料》第4辑,生活·读书·新知三联书店1961年版,第594—627页;《上海皮革工业之调查》,《工商半月刊》1929年9月15日第1卷第4号;河北省立工业学院工业经济学会编:《天津制革工业概况》,天津《大公报》1931年4月11—13日。

碱)厂有 67 家,其中关内 59 家。①

1927—1937 年,皂烛业有较大发展,地区分布亦远较其他化工厂广泛,不过主要还是集中在东部沿海地区。1932 年江苏有大小皂烛厂 58 家,资本总额 150.48 万元(内有 4 家不详)。② 浙江有制皂厂 30 家,资本总额 151200 元,其中 6 家(资本 49300 元)设立于 1927—1932 年(另有 4 家开设年份不详),主要分布于杭州、鄞县、永嘉以及海宁、绍兴、金华等地。有产量、产值的 27 家工厂,年产肥皂 189550 箱、总值 1020550 元。③ 1933 年山东有肥皂厂 15 家,资本总额 132280 元,年产值 369040 元。其中 10 家(资本 25280 元)设立于 1927—1933 年,不过多为小厂,厂数占 2/3,而资本仅占 19.1%。④ 1934 年湖南有肥皂厂 27 家,主要分布于长沙、衡阳、常德、会同等地,资本总额 99700 元,其中 21 家(资本 82170 元)设立于 1927—1934 年。27 家年产肥皂 77435 箱,总值 314438 元。⑤ 东北制皂业也开始兴起,1930 年沈阳有肥皂厂 7 家,资本 6100 元,年产肥皂 29 万打,价值 30 万元;吉林有胰皂厂 1 家,资本

---

① 据杜恂诚:《民族资本主义与旧中国政府(1840～1937)》,上海社会科学院出版社 1991 年版,第 429—431 页表。

② 据国民党政府实业部国际贸易局编:《中国实业志·江苏省》第 4 册,宗青图书公司 1980 年印本,第 676—680 页表综合统计。

③ 据国民党政府实业部国际贸易局编:《中国实业志·浙江省》第 4 册,宗青图书公司 1980 年印本,第 264—266(庚)页表、268—269(庚)页表综合统计。

④ 据国民党政府实业部国际贸易局编:《中国实业志·山东省》第 6 册,宗青图书公司 1980 年印本,第 551—553(辛)页表、555—556(辛)页表综合统计。

⑤ 据国民党政府实业部国际贸易局编纂、发行:《中国实业志·湖南省》下册,1935 年初版,第 285—287(庚)页"湖南省各县肥皂厂一览表"综合统计。

2000 元,年产值 11 万元;黑龙江有肥皂厂 3 家,资本 1600 元,年产肥皂 9000 块和 700 斤。① 到 1933 年,肥皂厂达 198 家。

制蜡烛厂大多与制皂厂合一,"有以皂厂而兼制洋烛者;亦有以烛厂而兼制肥皂者,烛皂二业,率皆兼营"。② 1927 年前成立的烛皂(皂烛)厂有 14 家,独立开设的洋烛厂只有 7 家。1927 年以后,随着上海、杭州、长沙等地制烛厂的增多,上海的三星、三友棉织厂和勤亚灯芯制造社专门出产烛芯,使国产蜡烛因质量提高而销路通畅。

同其他工业一样,国产皂烛同洋烛、洋皂的市场竞争十分激烈。英商白礼氏洋烛厂、中国肥皂公司是民族资本烛皂业的劲敌。白礼氏的鹰牌、船牌、僧牌洋烛,中国肥皂公司伞牌、日光牌、北忌牌、祥茂牌、利华牌肥皂,均有数十年的历史,销路可远至内陆及乡村,美国等国棕榄、力士、蓝腰等上等香皂,尤风行一时,给同类国产品造成巨大的市场压力。民族资本皂烛业只能在逆境中求生存、求发展,部分厂家、部分产品确有发展和提高,如上海中央香皂厂、爱华瑞记香皂厂和中国化学工业社等所出各种香皂,"品质亦不让外货"。20 世纪 20 年代末 30 年代初,随着民族资本皂烛业的发展,洋烛、洋皂进口有所下降。据统计,1929 年洋烛、洋皂进口值为 2816743 海关两,1930 年减至 2341141 海关两,1931 年再减至 1614628 海关两,三年间下降了 42.7%。③

---

① 东北文化社年鉴编印处:《东北年鉴·工业》,东北文化社 1931 年刊本,第 1036、1051、1069、1083 页。黑龙江肥皂的计量单位有"块"和"斤"两种。

② 国民党政府实业部国际贸易局编:《中国实业志·江苏省》第 4 册,宗青图书公司 1980 年印本,第 676 页。

③ 据国民党政府实业部国际贸易局编:《中国实业志·江苏省》第 4 册,宗青图书公司 1980 年印本,第 689 页表综合统计。

化妆品生产是一个既古老而又新兴的行业,欧风东渐和城镇的发展,使新式化妆品业获日益广阔的市场,20世纪初,新式化妆品业亦开始兴起,20年代后加速发展。杭州孔凤春、扬州戴春林等传统化妆品业衰落的同时,先有香港广生行,后有方液仙的中国化学工业社、陈栩园的家庭工业社、叶钟廷的永和实业公司等本国新式化妆品厂设立。除上述制皂厂所产香皂外,五洲、中西、中法、大陆等大药房及先施等百货公司,也兼制化妆品。20年代末30年代初的数年间,上海及江苏新设大小化妆品厂,无虑数十家。而各药房以兼营化妆品为副业者,尚不在内。据不完全统计,化妆品业中心上海,以及松江、江都等3地,1932年有大小化妆品厂50余家,资本5000元以上的较大化妆品厂30家,资本总额332.75万元,工人2581名,1931年营业额达533.6万元,远远超过制药业,最大的先施化妆品公司,有资本130万元,1931年营业额50万元。① 另据上海化妆品同业公会30年代初调查,全埠化妆品工厂约80家。30年代国产化妆品年销量约500万元,尚不计洋货的输入。新式化妆品突破传统“南香粉,北胭脂”的局限,产品从香皂、牙膏、牙粉、蚊香到花露水、雪花膏、香粉、唇膏、生发油、发胶、发蜡等,品种繁多。1920年徐树铮、曾毓隽在北京开办化学工业社,资本达100万元,北方地区的新式化妆品工业也开始兴起。本国化妆品业创办之初,就确定了抵制洋货的经营目标,举凡东西洋化妆类舶来品,均有国产品牌与之抗衡,诚如中国化学工业社社歌所表达的:“花露水美发霜,蚊烟香清梦长,观音粉作羹汤,国产

---

① 据国民党政府实业部国际贸易局编:《中国实业志·江苏省》第4册,宗青图书公司1980年印本,第660—663页表、670—673页表综合统计。营业额中包含永和实业公司、新亚化学制药厂、中西药房等3家工厂(营业额合计262万元)的套鞋、皮球、制药、玻璃及贩卖药品收益在内,金额不详。

琳琅辟大荒,民族之辉煌。"①

化妆品业中的较大厂家,均以原料国产化相号召,但进展并不迅速。总的来说,中国"化妆品工业基础之确立,在民五至民十六之十年期间,而其品质之提高,则在民十六至民二十五之十年期间"。②

化妆品工业的原料有薄荷、香料、樟脑及碳酸镁、碳酸钙等。30年代上海中国化学工业社、天津久大精盐公司和渤海化学工厂均设厂兼制镁粉,专门制造碳酸镁的厂家,则有无锡第一、宁波五峰、余姚等制镁厂。上海大中华、启新、兴业、大利华、无锡允利化学工业公司等厂制造碳酸钙。薄荷、香料的生产集中在上海,有永盛、华盛、永茂、新记等薄荷公司和美龙香料药品厂、嘉福香料公司。美龙香料药品厂还兼制樟脑、冰片和酒精。③ 其他本国樟脑生产厂家有诸暨大成樟脑公司、岳州益民樟脑厂、广西西兴公司、江西临江志成及南昌生利樟脑公司。④

化学工业还包括新式油漆和颜料制造。

新式油漆与传统植物漆料相比,成本低、品种多而用途广泛,1927年前,就有1915年周元泰创办的上海开林公司制造新式油漆。1917年振华油漆公司已能生产多种瓷漆、假漆、涂料,及铅丹、铬黄、普鲁士蓝等调漆用颜料。1927年后上海陆续开办了永

---

① 方液仙:《化妆品工业概论》,见《中国化学工业社二十周纪念刊》,1931年刊本。
② 吴承洛:《三十年来中国之化学工业》,第5页,见《三十年来之中国工程》,中国工程师学会1946年刊本。
③ 上海机制国货工厂联合会编辑发行:《工商史料》第1集,1935年刊本,第110页。
④ 吴承洛:《三十年来中国之化学工业》,第12页,《三十年来之中国工程》,中国工程师学会1946年刊本。

固漆厂、永华制漆公司、元丰公司及万里、华昌、元顺油漆厂,还创办上海喷漆制造厂,首次制造喷漆。其中以开林油漆厂建成早而规模最大,1918年后又筹资80万元,自建颜料制造厂,虽经1932年"一·二八沪战"受损重建,至1936年可出产厚漆、瓷漆、假漆及白铅粉、铅丹、石粉等颜料。[①] 北京和天津也先后开设了永华、保华、东方、永明等油漆厂和中国油漆颜料公司。1929年,常小川等接办原天津大成油漆厂(1919年创办,资本40万元),成立中国油漆颜料公司。陆续增加了铁道专用、特种耐水船用、汽车喷漆、飞机漆等油漆新品种和颜料各数十种。1936年开设上海分厂,当年营业额超过58万元。[②] 汉口、重庆、香港等地也均开设了油漆制造厂。

伴随油漆、制革和橡胶工业的发展,除油漆厂自制铅粉等颜料外,专业颜料制造厂也相继问世。第一次世界大战以后,上海红丹厂、中华红丹公司及汉口黄兴原、华中、裕记黄丹厂等颜厂也接续开办;山东有济南裕兴化学颜料工厂(1920年)、潍县裕鲁颜料公司(1923年)[③];1928—1931年间,中国、大华、正业等颜料公司崛起于青岛,至此,山东有颜料公司5家,资本总额43万元,年产值159万余元,产品除供本省外,还运销河南、江苏、河北、山西、陕西、甘肃等省,山东成为中国重要的颜料工业中心。[④] 颜料工业主

---

① 中山大学化工研究所:《沪港化学工业考察记》,1931年刊本,第71页;中山大学化学工业考察团:《中国化学工业调查》(1933年),中山大学化工研究所1933年刊本,第19页。

② 《介绍天津中国油漆公司》,见《产业界》1937年4月第1卷第1期。

③ 吴承洛:《三十年来中国之化学工业》,第11页,《三十年来之中国工程》,中国工程师学会1946年刊本。

④ 国民党政府实业部国际贸易局编:《中国实业志·山东省》第6册,宗青图书公司1980年印本,第627—631(辛)页。

要出品有铅粉、铬粉、红丹、黄丹、朱砂、深蓝、绿黑等多个种类，此外还有专为瓷器、搪瓷及玻璃制品提供釉料、珐琅粉、色料，及专产水彩图画颜料的工厂。

日用化学工业还有搪瓷、染料、调味品、漂白粉等一些小规模生产行业。搪瓷业中以上海铸丰搪瓷厂为首，它与益丰搪瓷厂、中华珐琅厂及兆丰珐琅厂，合称上海"四大搪瓷厂"。1931年4厂共组国产搪瓷联合营业所并成立同业公会，4厂产值占全国搪瓷业总产值90%以上。1932年创办的九龙强华搪磁铝器制造厂，资本30万元，专产家用搪瓷、铝质器具。创办人雷焕君曾留学美国，在沈阳北宁珐琅厂任技师，"九一八事变"后北宁厂被毁，他随即南下筹备华强厂，使该厂在搪瓷业中占有华南的一席之地。[1]

国产天然染料水靛，随着人造染料的舶来和制造而衰落。1932年始有上海大中染料厂创办，资本10万元。1934年又有中孚染料厂和华安颜料厂开办，资本分别为50万元和10万元。另有天津久兴颜料化学公司等小厂。产品有硫化青（硫化元）、硫化蓝等硫化染料。[2] 创办于1921年的天津中国漂白粉厂，资本额超过12万元。吴蕴初1922年所办天厨味精厂可谓调味品业中的巨头，1936年资本额220万元[3]，除生产味精外还设分厂出产淀粉、饴糖、葡萄糖、糊精、酱色等副产品。1926年开办的天一味母厂步其后尘，资本也达到20万元。成立于1912年的中国化学工业社，也兼制观音粉、酱油精等调味品。[①] 吴蕴初与刘鸿生等合办的汉口炽昌硝碱厂、上海炽昌新制胶(牛皮胶)厂,产品与火柴制造密切相关,代表了单纯为其他轻工行业提供化学原料的一类企业。

第三节　矿冶业

1927—1937 年,矿冶业的环境和形势异常严峻,矿产主权和矿藏资源丧失惨重。在工矿、交通乃至整个国民经济中,矿冶业的半殖民地和殖民地性质最为突出。

矿冶业是直接影响和制约工农业生产、国防建设以及国民生活的基础产业,矿产本身又是不可再生的自然资源。因此,矿权和矿产资源一直是列强各国掠夺的重点。20 世纪初,中国大部分新式矿场和冶炼厂均为外国资本所垄断或支配。这一时期,情况不仅没有好转,反而愈加严重。煤业市场被外国资本操纵,本国资本及其产品所占比重进一步下降;铁矿开采和钢铁冶炼业更被一网打尽,日本通过贷款、定金预购和建立"合资"矿厂等手段,不仅攫走了各地新式矿厂 99% 以上的矿石和 96% 以上的生铁,而且切断了汉阳钢铁厂和大冶铁厂的原料供应,迫使两厂的钢铁冶炼设备全部停工废置,中国的钢铁生产结构和生产力遭到严重破坏。日本帝国主义对东北的侵占,更是这一时期中国矿冶业的浩劫。东北是中国煤、铁、石油(包括油页岩)、铝、镁、金等矿产蕴藏最丰富的地区,1931 年东北沦陷后,该地原有矿厂及矿产资源全部落入敌手。本已处境艰难的中国矿冶业,无异雪上加霜。而日本帝国主义利用东北丰富的矿产资源,尤其是煤、铁、石油、铝、镁、金等战

---

① 上海机制国货工厂联合会编辑发行:《工商史料》第 1 集,1935 年刊本,第 30、41 页。

略性矿产品,武装了军队,壮大了日本国内经济,为强化东北殖民统治、进而吞食华北、发动全面侵华战争创造了条件。

国民党政府为了巩固其统治,极力加强对矿业的控制:制定《矿业法》及相关法律、法规、条例,试图将矿业纳入法制化的轨道;设置、调整和完善各类职能机构,加强对矿业的督导、管理,包括对锑、钨等特种矿业的"统制";创设各类官办或官商合办矿厂,在矿业领域建立和扩张国家资本,等等。由于国民党政府对列强各国攫夺矿产资源、垄断矿业市场的侵略行径无可奈何,这类政策措施对付的只是国内矿商和民营矿厂。结果,在一些矿业领域,外国资本、官办资本膨胀,民营资本消减;某些外国资本掠夺中国矿权和矿产资源的非法行径亦获得认可,完全合法化。对矿业建设,国民党政府并无全面和长远规划,直至1935年后,为了抵抗日本侵略和准备后方基地,才开始着手筹建一批大中型矿厂企业。但因时间紧迫,这些矿厂不是半途而废,就是为人做嫁衣。有的矿厂刚刚投产或接近竣工,就落入敌军手中,日寇坐享其成。

一、国民党政府的矿业措施和
全国矿冶业的基本情况

鉴于矿冶业在国民经济和人民生活中的重要地位,国民党政府一开始就想全面整顿和控制矿冶业:接管、经营北洋政府遗留下来的官办矿场;试图收回、规管被外国资本控制某些矿业;以接管、收购、参股等方式,占有或渗入商办矿场;直接投资开设官办矿业。同时制定法律、法规、条例,使矿业生产和管理走上规范化和法制化的轨道,等等。不过由于种种原因,这些措施收效不大。特别是国民党政府对日本帝国主义的疯狂侵略采取不抵抗政策,对关内地区被日本、英等列强掠夺和实际控制的矿场与权益,采取妥和容忍态度,最后只能向民营矿场开刀。

这一时期全国矿业虽有某些发展,但大多既非本国国民经济发展的需要,也不为经济生产和人民生活服务,反而成为列强特别是日本帝国主义更大规模侵略中国的重要前提。这一时期中国矿业的基本状况是,作为近代矿业基础的煤、铁和石油采冶业,大部分甚至几乎全部被控制在日本帝国主义手中,并为日本帝国主义直接利用中国的物力、人力资源,征服和消灭中国的基本国策服务;近代时期发展起来的锑、钨、锰、铅、锌等有色及稀有金属开采,产品几乎全部出口,价格完全为国外市场所操控;作为贵重金属及货币铸造材料的金、银、铜等的采炼,由于已知资源的衰减和其他原因,呈现不断萎缩的态势。

(一)国民党政府的矿业政策和措施

国民党政府的矿业政策和矿业措施有一个形成和发展、变化的过程。早在 1918 年,孙中山在其作为建国方略的《实业计划》中提出,全国建设不能委诸个人和"有独占性质"的企业,必须由国家经营。矿冶业尤其是大型矿场和钢铁企业,自然属于这一类。国民党政府矿业政策的基本思路源于孙中山的建国方略。1928年,国民党中央政治会议通过的《建设大纲草案》规定,关系国家前途的基本工业和矿业,如钢铁业、大型煤矿、煤油矿、铜矿等,"悉由国家经营",属于地方性质的则委托地方政府经营管理。[①]

为了直接经营和全面控制矿冶业,国民党政府从北伐战争时就开始接管和掌握军事势力范围内的矿冶企业,对象主要是北洋政府的官办矿场和那些与北洋军阀有牵连的商办矿场,即所谓

---

① 　孙科:《建国大纲草案及说明》,见罗家伦主编:《革命文献》第 22 辑,台北中国国民党党史史料编纂委员会 1960 年刊本,第 368 页。

"逆股"企业。这一阶段,凡是北伐军攻占的地区,原官办及商办矿冶企业,均处于"战地措施"的管制之下。诸如汉冶萍公司、长兴煤矿、烈山煤矿以及各省官矿,均处于被管制和接收状态。

武汉、南京国民党政府及其相关职能部门相继成立后,即着手对一些大型企业,如汉冶萍公司、长兴煤矿、烈山煤矿等进行交涉、接收和投资经营,以壮大国家资本。

北伐战争期间,武汉国民党政府即接管了为汉冶萍公司供应铁矿石的官办大冶象鼻山铁矿。1927年3月,又成立"整理汉冶萍公司委员会",利用安源工会力量,接管了萍乡煤矿,并设立筹备处,准备接管汉阳铁厂。但因日本的阻挠和反对,整理和接管工作均无从着手进行。

宁汉合流后,国民党政府于1928年1月公布《整理汉冶萍公司委员会暂行章程》,次年1月重组"整理汉冶萍公司委员会",拟着手接管。日本再次强烈反对,向中方提出"严重抗议",并派军舰到大冶示威恫吓。国民党政府只得屈服,撤回派驻大冶人员,交涉和整理中断。不过国民党政府并未完全放弃,1928年5月农矿部成立后,又改组公司整理委员会,颁布派驻煤铁厂矿委员会章程,但再次因日本反应强烈而停顿。1929年3月,国民党政府又一次试图接管。农矿部向公司发出训令,强调公司必须接管、整理。日本又通过驻沪领事三次提出"抗议",并于5月3日派财务官公森太郎来华交涉。

在日本的强烈反对和威胁下,国民党政府只得屈服,接收和整理汉冶萍的努力最终失败。[1]

国民党政府因无力收回、整理和掌握日本控制的大型煤铁企

---

[1] 参见武汉大学经济系编:《旧中国汉冶萍公司与日本关系史料选辑》,上海人民出版社1985年版,第962—1015页。

业,只得向商办企业开刀。如浙江长兴煤矿,原为商办企业,1924年停产。因有军人股份,1927年即由国民党政府接管,追加投资和重建改造。同时对各地矿商征课重税。

国民党政府没收商办矿场,加重矿商税捐负担,引起商民的强烈不满和反对。对中原煤矿的接管即因股东及河南地方反对而未果。[①] 1928年6月,上海煤商发起组织的"国煤发展委员会",向国民党政府呈文,要求减轻税捐,挽回煤权煤利,提倡和保护"国民纯资"煤矿的开采、运输和销售。[②]

在这种情况下,国民党政府的矿业政策和措施开始调整和变化:从军管、接收、全面国有转变为矿产资源国家所有,但允许商民开采、经营,民营与国营并存。同时以各种形式筹建官办新矿,以确立国家资本在矿冶业中的主导和垄断地位。并着手有关矿业的法规建设。对矿业的管理由权宜措施走上规范化和法制化轨道。

1930年5月,国民党政府颁布《矿业法》,10月公布《矿业法施行细则》,二者同于12月施行。《矿业法》规定,全国矿权均为国有,铁、铜、石油、煤气由国家自行探采,其产品出口须经核准,视情况加以限制。必要时,上述各矿得以出租探采,但承租者以国人为限。上述各矿以及钨、锰、铝、锑、铀、钾、磷等矿,必要时可划为"国家保护区",禁止探采。其余各矿,国人均可依法取得矿权,但

---

① 河南焦作中原煤矿公司,资本250万元,其中商股150万元,河南盐捐公款100万元。1927年由冯玉祥派人接管。1929年蒋冯大战爆发,国民党政府建设委员会着手接管,因股东及河南地方反对未果(见陈真:《中国近代工业史资料》第3辑,生活·读书·新知三联书店1961年10月版,第704、776页)。

② 《国煤发展委员会关于国煤兴利除弊事致国民政府呈》,见中国第二历史档案馆编:《中华民国史档案资料汇编》第五辑第一编,财政经济(六),江苏古籍出版社1999年版,第464—465页。

所在地县市政府有优先权。关于矿业经营和外资问题,该法规定,矿业经营组织如系公司,以股份有限公司为限,得许外国人入股,但中国人的股份和董事均得超过半数,董事长和总经理应由中国人充任。在上述条件下,国营矿业公司亦准外国人同中国人一样入股。但私人小矿业不得加入外国资本。关于矿税,《矿业法》将其分为矿区税和矿产税两种。矿区又分为探矿区和采矿区,两税均按面积征收:前者每公亩纳国币 1 分,如矿砂在河底,河道每 10 公尺纳税 1 分;后者每公亩或河道每 10 公尺,自开办前 5 年,每年 2 分,第 6 年起,每年 5 分。矿产税按矿产物价格缴纳 2% 至 10% 不等。[1]

此外,1931—1932 年,国民党政府还就矿业登记、矿场实习、土石采取、矿税征收、公司组织及登记、技师登记、矿业警察、同业公会、劳资争议处理,以及工厂、工会等,制定了相关法规、条例、章程。

单就法律条文而言,矿业方面的法制化规管,已趋于完备。但是,法规本身存在明显缺漏和严重问题:一是在外国人投资问题上,缺乏起码的资源主权和国家主权观念,对外国人实行没有限制的国民待遇,加上外国强大的军事、政治、经济背景与实力,以及不平等条约的保护,使其在矿权取得和矿产开采、经营方面,处于远比中国人有利的地位;二是在国人矿权获取、矿场开采、矿税征额方面,具有极大的弹性,在法规的执行上加大了人为的因素,尤其是矿产税率,高低相差 5 倍。这些都给中央和地方官吏侵蚀和剥夺民间矿场、加重矿场税捐提供了法律依据。总的来说,由于外国势力的强大和各级官吏执行法规时的"外松内紧",矿业法规在客观上为外国掠夺中国矿产资源和国民党政府侵夺民间矿业开了方便之门。

不过《矿业法》也给商民争取相关权益提供了某些法律依据。

---

① 全国矿冶地质联合展览会编:《全国矿业要览》,1936 年刊本,第 305—318 页。

《矿业法》公布后,矿业和实业界人士更加强烈要求国民党政府保护民营矿业的合法权益。1931年5月召开的全国国民大会,与会代表孙世华等52人提出《发还全国民营企业案》,强调"国营企业应当以国家资本创办经营",要求政府迅速发还包括长兴煤矿在内的全国民营企业。① 最后提案获得通过。11月,国民党第四次全国代表大会决议也要求政府"切实保障民营事业"。② 1932年1月,长兴煤矿正式发还商办。

1931年"九一八事变"后,东北沦陷,日本帝国主义加快了占领和灭亡中国的侵略步伐,矿业形势愈加严峻。原年销日煤130多万吨(加上东北抚顺煤达200万吨以上)的上海和长江流域更出现"煤荒",亟须谋求补救之策。国民党政府也开始重视煤矿的调查研究和生产经营,实业部于1931年12月召开救济长江煤业会议,由实业、铁道、交通、军政、财政各部以及矿商代表组成"国煤救济委员会",以促进煤炭的生产和运销。③ 由于多方努力,煤炭供应充足,解决了"煤荒",但很快出现了外煤倾销、国煤市场备受挤压的新问题。日本因经济危机,国内煤炭市场萧条。为转嫁危机,向中国倾销煤炭,导致国煤滞销。为此,国煤救济委员会、中国矿业联合会先后呈请加重倾销税。产煤大省河北省实业厅也邀集开滦、井陉、长城、怡立、六河沟等大中煤矿代表,召开救济煤业会议,要求按《矿业法》减轻税额,免除一切杂税、杂捐,降低运价,鼓励和促进煤炭生产。1933年11月,实业部召集军政、交通、铁道、财政、外交、实业等部以及国煤救济委员会代表开会,商议救济

① 《申报》1931年5月17日。
② 《中国国民党历次会议宣言及重要决议案汇编》第2册,第483页。
③ 《国煤救济委员会为报送章程备案致实业部呈》,见中国第二历史档案馆编:《中华民国史档案资料汇编》第五辑第一编,财政经济(六),江苏古籍出版社1999年版,第471—473页。

国煤问题,办法仍是提高外煤(包括日占抚顺煤)关税,减轻国煤车船运费。

然而,在没有关税自主权的情况下,要提高外煤关税,外交谈判困难重重;将日占抚顺煤等同洋煤,亦不妥当;大幅度降低国煤税捐,则妨碍中央财政收入和地方势力既得利益,不为财政部和地方当局所认同;降低水陆运费则遭到铁道部、交通部和铁路局、轮船公司明里暗里的反对,结果全部不了了之。① 因此,1934 年 7 月河北省实业厅召开的煤业救济会议上,临城、怡立、井陉、六河沟、台寨、正丰、民兴等矿代表所交提案内容,不外减轻煤矿税捐和运费,禁止地方军政当局和团体摊派勒索。② 提案呈报实业部后,也还是石沉大海。

严格地说,国民党政府的矿业措施中,处理"逆产",接收北洋政府官产,试图接收、整理汉冶萍公司等,只是贯彻"处理逆产条例"的延续,"救济国煤"也是头痛医头、脚痛医脚的治标措施。准备对矿冶业进行有计划、有步骤的发展,是在 1935 年后。1934 年资源委员会成立后,着手制定重工业建设的"五年计划",内分冶金、燃料以及化学、机器、电气等五个部分,决定除国库拨款外,利用外资和外国技术,勘探和开发矿藏,发展冶金业。据不完全统计,1936—1937 年,资源委员会先后设置的 26 个企业、事业单位中,20 个属于探矿、采矿和冶金业。鉴于当时日本帝国主义在占领东北、东蒙后,加快了对华北的侵蚀,北平已经兵临城下,日本吞

① 《实业部办理救济国煤经过及救济国煤会议记录》,见中国第二历史档案馆编:《中华民国史档案资料汇编》第五辑第一编,财政经济(六),第499—505 页。

② 《河北省实业厅陈报召集救济煤业会议情况呈》,见中国第二历史档案馆编:《中华民国史档案资料汇编》第五辑第一编,财政经济(六),第506—518 页。

并中国的全面侵略战争不可避免。因此,这类矿厂全部选在黄河以南的中西部地区,避开了华北和华东沿海省份。

除了开办矿厂,资源委员会的一个重点目标是实施和加强对铜、金特别是锑、钨等特种矿产的统制和管理,早在1934年,资源委员会即派人在江西等地对钨、锑的产运销状况进行调查,认为钨业现行的生产经营存在严重弊端:矿区缺乏统一管理,开采方法落后,资源浪费严重;矿砂运销环节过多,关卡重重,税捐苛繁,成本高昂;矿业管理各省各自为政,互相竞争,使外商有机可乘,操纵市价。因此于次年拟定《统制全国钨矿方案初稿》和《钨锑统制实施纲要》,建议由资源委员会组织钨矿统制局,从生产、运输、贸易三个环节分阶段实施统制。生产统制分为统一收砂、采收并行和采冶并行等三个阶段或步骤进行,在两年内完成;运输统制亦分两步走:先选择最为经济的出口运输路线,然后逐步改用自备轮驳运输,以节省时间和运费;贸易统制是取消各省贸易机构,设立以上海为中心的国内外办事处,统一对外,争取控制钨砂市场。资源委员会估计,上述统制完成后,钨砂生产及运输成本可降低2/3,盈利可增加2倍左右。① 1936年1—2月,在长沙和南昌分别设立锑业管理处和钨业管理处,1937年分别在四川松潘和青海西宁设立金矿管理处。

由于政治腐败、财政拮据等原因,国民党政府对矿冶业的建设和控制,主要是接收北洋政府遗留下来的官办企业或某些民营企业,直接投资新办的不多。1936年3月制定和开始实施的重工业"五年计划",起步晚,投资少,其中不少仍然是接收或收购民营企业。而且时间短,计划实施15个月后,日本全面侵华战争爆发,大

---

① 参见郑友揆等:《旧中国的资源委员会——史实与评价》,上海社会科学院出版社1991年版,第250—252页。

部分企业或工程正在兴建或筹备阶段,即被迫中断,有的机器还在上海就被日寇炸毁,也有的落入敌手,所谓"五年计划"对矿冶业的发展作用不大。

(二)矿冶业的基本情况

1927—1937 年的矿冶业,同过去一样,主要包括煤炭、石油、磷、石灰石的开采,铁、铜、金、银、锑、钨、锡、铅、锌等黑色及有色金属的采炼。其中仍以煤、铁、锑、钨、锰、锡、铅锌等的采炼较为重要。但是,这一时期的矿冶业,无论资本性质和类别,还是采炼范围和数量方面,都有程度不同的变化。煤、铁有所发展,产量有较大幅度的增长;金、银、铜和锡、锑、钨、铅、锌等的采炼,没有多大发展,甚至明显衰落。另外,日本帝国主义侵占东北后,大力加强了在这一地区矿产资源尤其是煤、铁、石油(油页岩)、铝、镁、金的掠夺。油页岩和铝的采炼更是这一时期中国境内新的和几乎唯一的矿业门类。这些矿产的掠夺和开采,是日本帝国主义得以侵占东北,尤其是 1937 年发动全面侵华战争的前提条件。

煤矿业是这一时期最主要的矿业。

煤的储藏和开采主要分布在华北、东北地区,长江流域及其以南地区次之。据 1934 年前后的估计,全国已调查的 25 省区,煤炭储量为 2482.87 亿吨,占世界总储量的 5.9%,次于美国、加拿大,居第三位。[①] 关内东中部地区交通较方便,煤矿业较发达。按其煤矿开采和销售状况,大致分为 6 个区系。各区系重要煤矿、煤田储量及煤炭生产状况(详见表 1-66)。

---

① 另据稍后的估计,全国煤炭储量为 2653.11 亿吨,居世界第四位。〔李春昱等编:《中国矿业纪要》(第七次,1935—1942 年),经济部中央地质调查所 1945 年刊本,第 10 页〕。

表 1-66 关内东中部地区重要煤矿及生产分布状况

1934 年

区系	区域系统及交通	重要煤矿/公司	煤储量田（亿吨）	煤矿生产力与年产量（万吨）			
				资本（万元）	工人（人）	最大	平均*
第一区系	北宁、平绥沿线，津浦北段、烟台、威海沿海地带	开滦、柳江、长城、斋堂、门头沟、晋北、保晋、同宝、兴宝、漠南	124.9	6076.0	43481	925	717.6
第二区系	津浦线沧州以南，陇海线商丘以东，胶济沿线地区	鲁大、悦昇、博东、中兴、华东、大通、淮南、华丰、华宝、烈山	18.8	2679.2	19935	439	340.1
第三区系	平汉线定兴—信阳段，陇海线商丘以西，正太、道清全线，冀南鲁西卫河及运河流域	六河沟、怡立、中和、临城、井陉、正丰、保晋、建昌、平记、广懋、银山、民生、中福	259.3	4294.1	28256	705	450.8
第四区系	湘鄂南浔全线，平汉线信阳以南，长江中段，汉江、湘江、赣江流域	萍乡、石门口、鄱乐、富源、富华、利华	21.5	1419.7	6940	770	159.6
第五区系	京沪、沪杭甬沿线，长江下游、杭江线地带	长兴、协记、水东、贵池	0.91	325	3920	290	26.5
第六区系	粤汉线广州—韶关段，广九全线，东南沿海地带	富国	0.73	250		150	10.4
总计			426.1	15044	102532	2190	1705

* 系 1930—1933 年产量平均数。

资料来源：据杨公兆、董纶：《中国煤业实况》（1934 年调查）（见《中华民国档案史料汇编》第五辑第一编，财政经济（六），江苏古籍出版社 1999 年版）综合整理、计算、编制。

    表中 6 个区系包括了除东北以外的几乎所有重要煤矿。虽然煤田储量只占全国煤炭总储量的 17.2%，但 1930—1933 年的平均产量达 1705 万吨，占同期全国总产量 2708.9 万吨的 62.9%。其中又主要集中在位于黄淮流域及其以北地区的第一、二、三区系,储量和产量分别占 6 个区系总量的 94.6% 和 88.5%。

其他地区,包括华中、华南和西部地区,这一时期的煤矿开采,尤其是新法开采,都有不同程度的发展。湖北、湖南、江西、广东、广西、四川、云南等地,先后新建或改建、扩建了若干新式煤矿,如湖北大冶利华、湖南湘潭、江西萍乡高坑、广东曲江富国、广西迁江合山、四川巴县宝源、云南宜良明良等公司或矿场,都有相当投资或开采规模。不过总的来说,这些地区,尤其是西部地区,煤矿开采仍以土法小矿为主。

从全国范围看,1927—1937 年间,煤矿业有较明显的发展,新式矿业发展更快。但同 1927 年以前一样,煤矿业尤其是新式矿业,主要为外国资本所垄断。1931 年"九一八事变"后,随着东北的沦陷,东北和热河地区的煤矿,更全部落入敌手。表 1-67 反映的是这一时期全国煤炭产量及其资本分配状况。

全国煤炭总产量和新式煤矿产量变化的基本态势是逐年增长,1936 年达到这一时期的最高点,后者的增幅更大。前者从 1927 年的 2417 万吨增加到 1937 年的 3934 万吨,增幅为 62.8%,后者从 1689 万吨增至 3154 万吨,增幅达 86.7%,占总产量的比重也不断提高,从 1927 年的 69.9% 上升到 1936 年的 79.9%,1937年达 83.9%。新式煤矿已是煤炭开采的主力。但是,主要煤矿尤其是优质新式大矿,全部为外国资本和日伪所控制,本国资本矿场的煤炭产量除个别年份外,一直不到总产量的一半,11 年平均为 44.3%,并呈现波浪式下降趋势;新式矿场产量更不足同类煤矿产量的 30%,11 年平均为 27.1%。20 年代末,其比重曾一度轻微上升,但 1931 年东北沦陷,该地区大小煤矿全落敌手,比重复行下降。这种状况和态势突显煤矿生产的半殖民地和殖民主地性质。

石油是近代重要工业能源和民间照明燃料。中国的石油资源,缺乏科学和全面的勘查及数据,据零星勘察及相关资料记载,

表1-67　全国煤矿产量及其资本分配统计

1927—1937年　　　　　　　　　　　　　单位:万吨

年份	A 总产量	B 新式 矿场	本国资本矿区				外国/敌伪资本矿区*		
			C 总产量	D 新式矿场	C/A (%)	D/B (%)	E 产量	E/A (%)	E/B (%)
1927	2417	1689	1092	364	45.2	21.6	1325	54.8	78.4
1928	2509	1795	1105	391	44.0	21.8	1404	56.0	78.2
1929	2544	1883	1151	490	45.2	26.0	1393	54.8	74.0
1930	2604	1993	1157	546	44.4	27.4	1447	55.6	72.6
1931	2745	2092	1328	675	48.4	32.3	1417	51.6	67.7
1932	2638	2032	1196	590	45.3	29.0	1442	54.7	71.0
1933	2838	2223	1263	648	44.5	29.1	1575	55.5	70.9
1934	3272	2601	1406	735	43.0	28.3	1866	57.0	71.7
1935	3580	2798	1580	798	44.1	28.5	2000	55.9	71.5
1936	3934	3154	1760	980	44.7	31.1	2174	55.3	68.9
1937	3691	3097	1483	889	40.2	28.7	2208	59.8	71.3
合计	32772	25357	14521	7106	44.3	28.0	18251	55.7	72.0

　*1931年"九一八事变"后,黑龙江、吉林、辽宁、热河4省官办、民营、中外合资经营的大小煤矿统统被日本帝国主义攫夺,1932—1937年4省煤矿产量全部列入"敌伪资本"。

　资料来源:据侯德封编:《中国矿业纪要》(第四次,1929—1931年),实业部地质调查所1932年刊本;侯德封编:《中国矿业纪要》(第五次,1932—1934年),实业部地质调查所1935年刊本;李春昱等编:《中国矿业纪要》(第七次,1935—1942年),经济部中央地质调查所1945年刊本,综合整理、统计、编制(下文涉及《中国矿业纪要》第四次、第五次、第七次均为此文献,只列具体年份,不再一一做具体说明)。

中国境内石油蕴藏,油、气、油页岩齐全。油主要分布在陕北宜川、延长至甘肃永昌、酒泉、玉门,新疆迪化、乌苏、塔城、伊犁、库车、温宿、莎车一线,以及四川盆地,贵州龙里、铲山等地;气主要集中在四川自流井一带;油页岩则以辽宁抚顺最丰,热河、察哈尔、山西、广东、四川等地,也有发现。全国石油(包括油页岩,以含油5.5%

计算)储量,据 1934 年估计,约为 43.4 亿桶,约分别相当于美国、苏联的 2/3,其中关内地区 22.3 亿桶,东北地区 21.1 亿桶。①

中国对石油的开采与利用很早,甘肃、新疆早就有居民土法取油,用来点灯,四川自流井则有盐户利用天然气熬盐。机器开采和炼油始于 1907 年开办的陕西延长石油官厂,但规模不大,产品仅供陕北地区消费。有重大影响的是日本的掠夺和采炼。1910 年,日本在开采抚顺煤矿的同时,着手研究利用当地的油页岩炼油,20 年代末开始大规模开采和炼制,产品成为侵略中国的重要军事能源。

鉴于石油在经济和国防上的重要地位,国民党政府为发展石油生产,曾采取多项措施,如成立陕北油矿勘探处,与陕西省政府合作探矿,同时扩大延长石油官厂投资,购置机器设备,配备技术力量,加深旧井,开凿新井,加强原油开发,但未见成效。先后钻探的 5 口新井,仅有一口出油。最初油量颇大,但不久迅速衰减。虽然出油井由原来的一口增至两口,原油产量仍然只有以往的六成。② 1935 年,工农红军到达陕北,延长石油官厂改名延长石油厂。③

在四川,1932 年刘湘等人发起成立"中华光明石油有限公司,

①　参见侯德封编:《中国矿业纪要》(第五次,1932—1934 年),实业部地质调查所 1935 年刊本,第 155—156 页。

②　据统计,1907—1926 年共产原油 452 万余斤(合 270 万余公斤),年均 22.6 万斤(合 13.5 万余公斤),1927—1934 年共产原油 109.9 万斤(合 69.6 万余公斤),年均 13.7 万斤(合 8.2 万余公斤),相当于前者的 60.8%。据侯德封编:《中国矿业纪要》(第四次,1929—1931 年),1932 年刊本;侯德封编:《中国矿业纪要》(第五次,1932--1934 年),1935 年刊本综合计算。

③　《陕西省志》第 18 卷,石油化学工业志,陕西人民出版社 1991 年版,第 28 页。

并与德国雅丽洋行合作,筹备探采四川石油,但无实质进展,到1936年,公司更因资金、技术、设备缺乏而停办。"[1]同年8月,国民党政府又接着成立四川油矿勘探处,次年开始钻探巴县石油,但直至40年代,除天然气外,亦未见油层。1935年,新疆省政府商请苏联协助,用新法开采省内油田,也直至此1938年后,才开始装机钻探。1937年,大陆、金城两银行也曾组织"中国煤油公司",勘查甘肃玉门地区的油矿,亦旋即因故停止。

1927—1937年间,国民党中央和地方政府以及其他机构的石油开发活动,不是半途而废或无果而终,就是迟迟未有进展,无一取得明显经济效益,勉强维持生产的,除了延长石油官厂,就是甘肃、四川、新疆等地几口土井。石油产量与日资或日伪的页岩油产量相比,微不足道。[2] 这一时期中国境内的石油生产完全被日本帝国主义把持和掠夺。

在国民经济中和煤炭业同等重要的铁矿采冶业,也同石油业一样,几乎全部为日本所控制。

中国铁矿资源不甚丰饶,30年代初步探明的全国铁矿储量为12.06亿吨左右,其中72%以上集中在东北,关内地区不到28%。东北铁矿已是日本的囊中物,关内的铁矿石也在源源不断地输往日本。

铁矿采掘和冶炼方面,主要矿厂都是北洋时期遗留下来的,而且不是日资或中日合资,就是为日本所控制。铁矿以鞍山规模最

---

① 《巴县志》,重庆出版社1994年版,第193—194页。

② 据统计,1927—1934年,抚顺共产油315.9万桶,延长等地共产油9704桶,仅相当于前者的0.3%;1935—1937年抚顺共产油52.5万吨,延长等地共产油价290吨,更仅有前者的0.05%(据侯德封编:《中国矿业纪要》第四次,1932年刊本;侯德封编:《中国矿业纪要》第五次,1935年刊本;李春昱等编:《中国矿业纪要》第七次,1945年刊本综合计算)。

大,产量最高,大冶次之。鞍山铁矿、本溪湖煤铁公司所属庙儿沟铁矿,均属"中日合办";汉冶萍公司的大冶铁矿、官办大冶象鼻山铁矿、安徽繁昌裕繁铁矿、当涂宝兴铁矿等,均与日本订有借款售砂合同,为日本所控制。从地区看,一半以上的矿石产量出于东北。1931年"九一八事变"后,这一地区的铁矿和矿石全部落入敌手。这一时期,除山西保晋公司以及关内土法小矿所产矿石外,全国铁矿石几乎全部为日本所囊括。表1-68清楚地反映了这一时

表1-68 全国铁矿石产量及其分配状况

1926—1937年 单位:千吨

年份	A 总产量	B 新式矿场	本国资本矿区				日本/敌伪控制矿区*		
			C 总产量	D 新式矿场	C/A (%)	D/B (%)	E 产量	E/A (%)	E/B (%)
1926	1562	1033	539	10	34.5	1.0	1023	65.5	99.0
1927	1710	1181	538	9	31.5	0.8	1172	68.5	99.2
1928	2004	1475	539	11	26.9	0.7	1464	73.1	99.3
1929	2630	2047	605	22	23.0	1.1	2025	77.0	98.9
1930	2253	1774	485	6	21.5	0.3	1768	78.5	99.7
1931	2447	1951	508	12	20.8	0.6	1939	79.2	99.4
1932	2249	1839	423	13	18.8	0.7	1826	81.2	99.3
1933	2313	1903	428	18	18.5	0.9	1885	81.5	99.1
1934	2545	2135	428	18	16.8	0.8	2117	83.2	99.2
1935	3136	2708	446	18	14.2	0.7	2690	85.8	99.2
1936	3360	2922	460	22	13.7	0.8	2900	86.3	99.2
1937	3216	2942	292	18	9.1	0.6	2924	90.9	99.4
合计	29425	23910	5691	177	19.3	0.7	23734	80.7	99.3

* 1931年"九一八事变"后,东北地区所有铁矿全部落入敌手。1932年后,这一地区的铁矿划入敌伪控制矿区。

资料来源:据陈真:《中国近代工业史资料》第4辑;侯德封编:《中国矿业纪要》(第三次,1926—1928年);侯德封编:《中国矿业纪要》(第四次,1929—1931年);侯德封编:《中国矿业纪要》(第五次,1932—1934年);李春昱等编:《中国矿业纪要》(第七次,1935—1942年)综合整理、统计、编制。

期铁矿石的生产和分配状况：

1926—1936 年间,全国铁矿尤其是新式铁矿的开采发展明显,总产量和新式铁矿的产量,分别从 165.2 万吨和 103.3 万吨增至 321.6 万吨和 294.2 万吨,分别增长了 105.9% 和 184.8%。但是,中国所能支配的矿石数量,不仅没有增加,反而明显下降。1937 年同 1926 年比较,矿石数量从 53.9 万吨降至 29.2 万吨,下降了 46%,占总产量的比重从 34.4% 降至于 9.1%,下降了 2.8 倍。至于新式铁矿所产矿石,更几乎为日本所囊括。

钢铁冶炼及其产品分配的情况也一样。既然绝大部分矿石为日本所掠夺,中国无矿炼铁,也就没有多少钢铁可以支配(详见表 1-69)。

新式铁厂生铁产量和全国生铁总产量分别从 1926 年的 22.8 万吨和 43.5 万吨增加到 1937 年的 67 万吨和 79.7 万吨,分别增长了 193.9% 和 83.2%。但中国能够支配的生铁却从 21.9 万吨降至 14.7 万吨,减少了 33%,所占比重从 50.3% 降至 18.4%,而日资和敌伪控制的生铁从 21.6 万吨增加到 65 万吨,增加了 2 倍,所占比重也从 49.7% 上升到 76.5%。[1]

这一时期全国铁矿石和生铁产量的增加,与其说是中国铁矿采冶业的发展,毋宁说是反映了日本帝国主义对矿石和生铁掠夺的更加疯狂,中国铁矿资源和国家主权的进一步丧失。

钢的生产能力和产量同样低得可怜。有新式炼钢设备和能力的,只有汉冶萍公司、上海和兴钢铁厂、上海机器厂、上海江南造船厂、太原育才钢厂以及某些兵工厂、机器厂等有限的几个企业或单

---

① 日资和日伪支配的生铁比重比矿石稍低,是由于部分铁矿石直接运回日本国内炼铁。

表 1-69　全国生铁产量及其分配状况

1926—1937 年　　　　　　　　　　　单位:千吨

年份	A 总产量	B 新式铁场	本国资本铁区				日本/敌伪控制铁厂*		
			C 总产量	D 新式铁场	C/A (%)	D/B (%)	E 产量	E/A (%)	E/B (%)
1926	405	226	191	12	47.2	5.3	214	52.8	94.7
1927	411	232	183	4	44.5	1.7	228	55.5	98.3
1928	434	255	184	5	42.4	2.0	250	57.6	98.0
1929	443	308	149	14	33.6	4.5	294	66.4	95.5
1930	473	376	125	3	26.4	0.9	348	73.6	99.1
1931	478	352	136	10	28.5	2.8	342	71.5	97.2
1932	522	387	154	19	29.5	4.9	368	70.5	95.1
1933	607	468	154	35	25.4	7.5	453	74.6	92.8
1934	631	496	156	21	24.7	4.2	475	75.3	95.8
1935	697	558	161	22	23.1	3.9	536	76.9	96.1
1936	712	572	162	22	22.8	3.9	550	77.2	96.2
1937	797	670	147	20	18.4	3.0	650	81.6	97.0
合计	6610	4895	1902	187	28.8	3.8	4708	71.2	96.2

* 1931 年"九一八事变"后,东北地区的铁厂全部落入敌手,1932—1937 年,这一地区的全部铁厂划为敌伪控制铁厂。

资料来源:据陈真:《中国近代工业史资料》第 4 辑;侯德封编:《中国矿业纪要》(第三次,1926—1928 年);侯德封编:《中国矿业纪要》(第四次,1929—1931 年);侯德封编:《中国矿业纪要》(第五次,1932—1934 年);李春昱等编:《中国矿业纪要》(第七次,1935—1942 年)综合整理、统计、编制。

位,而汉冶萍早已停工。总计关内地区全年钢产量不超过 5 万吨。①

有色金属及稀有金属的采炼,也是这一时期矿业的一个重要

----

① 参见侯德封编:《中国矿业纪要》(第五次,1932—1934 年),第 187—188 页。

组成部分。

有色金属中的贵金属金、银和充当制币材料的铜、锡等的开采,已有悠久历史,而铅、锌尤其是锑、钨、锰等稀有金属的较大规模开采,是近代时期才开始的。

在资本和产品分配方面,"九一八事变"后,东北和热河地区的有色金属和煤、铁、石油一样,全部落入敌手,日本侵略者对这一地区金、铝、镁等进行了掠夺式开采。在关内地区,有色金属和煤、铁、石油稍有不同,外国资本势力尚未大规模渗入有色金属的生产领域。洋商主要是通过垄断国外市场、操纵价格等手段,控制锑、钨、锰、锡等有色金属和稀有金属的出口贸易来牟取暴利。

有色和稀有金属采炼的资本结构、经营方式多种多样,除大量民营土法小矿外,也有不少官办、军办或军政合办的矿厂和冶炼厂,而且变化不定,时而商办,时而官办或军办,或官有而招商经营。总的来说,这一时期,有色金属的采炼,基本上是官、商并举。

各类有色金属的采冶、产量及其销售情况,互有差异。除金、铝、镁外,近代有色金属的开采,第一次世界大战期间达到顶峰,此后明显衰落。20 年代末,部分有所恢复,世界经济危机期间再次衰减,部分跌入谷底,此后逐渐回升,但产量和市场价格,都远未达到第一次世界大战期间的水平。表 1 - 70 是 9 种主要有色金属的产量及其变化。

金、银等贵金属的开采,历史久远。金矿储藏地区广泛。砂金、山金产地主要分布在东北、热河地区,开采分散,方法原始,时采时辍,产量不稳,且大多沟老砂残,19 世纪末叶后,明显衰减。20 年代前后,年产量约 20 万两,20 年代中,年产约 15 万两,1929年尚不及 10 万两。1934 年后,因金价腾贵,内地开采转旺,日伪更成立机构,加强了东北地区的掠夺性开发,黄金产量大幅度回升,到1937年已达到20年代的水平。银主要是作为铅锌冶炼的

表1-70 9种主要有色和稀有金属产量统计

1927—1937年　　单位:千吨(金、银为千两)

年份	金	银	铜	锡	铅	锌	锑	钨	锰
1927	149.4	100.0	0.26	9.5	6.1	14.8	16.3	8.4	71.3
1928	101.6	100.0	0.16	7.6	14.8	15.4	20.8	8.0	63.6
1929	82.7	96.0	0.31	7.5	10.9	19.9	20.3	9.7	62.9
1930	114.0	119.6	0.35	7.2	7.2	15.2	18.0	6.7	70.7
1931	128.5	105.0	0.41	8.6	6.0	14.6	14.4	6.6	31.9
1932	105.9	150.9	0.44	7.3	5.6	10.6	14.1	2.2	21.6
1933	112.4	200.6	0.48	8.4	5.3	10.6	14.2	5.7	10.3
1934	125.4	121.5	0.47	6.7	4.8	13.3	16.3	6.3	2.6
1935	144.5	123.4	0.36	11.0	7.8	12.6	15.2	14.5	31.4
1936	200.4	120.7	0.29	13.0	8.0	14.6	14.3	9.8	43.4
1937	231.3	120.9	0.37	13.4	7.1	11.8	17.1	14.0	79.2

注:1927年、1928年银产量,原资料为估计数。

资料来源:据侯德封编:《中国矿业纪要》(第三次,1926—1928年);侯德封编:《中国矿业纪要》(第四次,1929—1931年);侯德封编:《中国矿业纪要》(第五次,1932—1934年);李春昱等编:《中国矿业纪要》(第七次,1935—1942年)综合整理、统计、编制。

副产品而生产的,绝大部分产于湖南水口山铅锌矿。金、银消费,黄金出口多,进口少,而银则相反,进口大于出口。

铜主要产于云南东川、四川彭县、湖北阳新等地。因开采日久,资源日少,产量日微,民国初年,全国年产量最高约1000吨,本期仅三四百吨。全国每年需铜约6000吨,绝大部分依赖进口。[1]

---

[1]　据统计,1929—1937年间,每年进口铜自4000余吨至万余吨不等,年均8733吨,扣除年均1544吨的出口或复出口,每年实消费铜7189吨。据侯德封编:《中国矿业纪要》(第四次,1929—1931年);侯德封编:《中国矿业纪要》(第五次,1932—1934年);李春昱等编:《中国矿业纪要》(第七次,1935—1942年)综合计算。

锡的主产地为云南、广西,次有湖南、江西、广东等省。中国锡矿蕴藏颇丰,产量亦较稳定,本期中国锡产量占世界总产量的7%—15%左右。云南个旧锡矿,古时就有发现,清乾隆年间,因云南铸币局需锡铸钱,开始采炼。近代有了国外市场,云南锡业获得发展契机,1913 年,官商合办个旧锡务公司成立,资本 176.9 万元,分采掘、炼制两部,采炼均用新法。1921 年个旧临屏铁路通车,为锡业创造了交通运输条件。

1927 年后,云南以及广西锡业有了进一步的发展。1932 年春,云南将锡务公司炼制部划出,组建个旧炼锡公司,资本滇币500 万元,官商合办,改造原有设备,提高炼锡纯度,产品可直销外洋。随后,个旧其他锡厂也相继购置机器,新法采炼获得初步推广。[①] 进入 30 年代,广西锡业也开始兴起。1931 年,南洋侨商在贺县创办贺成公司,使用新法采锡。接着,多家锡业公司相继成立,资本总额达 200 余万元,锡产量大增,广西锡业获得初步发展。[②] 这一时期,全国锡产量也有较大增长,从 1927 年的 9500 吨增至 1937 年的 13442 吨,增长 41.5%。

铅、锌主产地是湖南常宁水口山,云贵川康亦有零星出产。[③]1896 年水口山铅锌官厂成立,铅、锌才成为主产品。嗣后,衡山、

---

① 侯德封编:《中国矿业纪要》(第五次,1932—1934 年),第 573 页;许汉中:《我国的锡业情况和发展》,见《中国工业》1951 年 9 月第 3 卷第 5 期。

② 1931 年前,广西年产锡仅一二百吨,1935 年增至千余吨,1937 年超过 3000 吨〔丁耀华编:《中国矿业纪要》(第六次,1935—1940 年),第 204—208 页;李春昱等编:《中国矿业纪要》(第七次,1935—1942 年),第 576 页〕。

③ 铅锌为共生矿,矿中又多含银,故合称铅锌矿或铅锌银矿。昔时开采以提银为主,硫磺次之,铅锌则不被重视。

郴县、湘乡等地相继有商办铅锌矿的成立。① 官厂初用土法开采，1904 年改用西法，1909 年、1912 年又先后购置选矿机和修建轻便铁道，生产效率大增。② 铅锌冶炼有清代长沙官矿局办的长沙炼铅厂和官办水口山松柏炼锌厂。水口山已知铅锌及磺铁矿储量约110 万—120 万吨，到 1930 年，仅余 20 万吨，1935 年只剩十数万吨，水口山铅锌开采已成强弩之末。③ 四川会理，清初采铅炼银甚盛，嗣因水停工。1916 年后由会昌公司开采，土法炼锌。1924 年添购机器水泵，除炼锌外，利用方铅块炼制铅、银。云南东川等地每年亦炼铅、锌各一二百吨。

稀有金属方面，锑、钨是中国特产，分别占世界总产量的 70% 和 40%—70% 左右。中国也是锰的主要产地，占世界总产量的一半左右。由于工业和经济落后，锑、钨、锰的自用率极低，其开采主要基于国外市场的需求，矿产品绝大部分以矿砂的形式出口。

锑矿主要产于湖南新化锡矿山，蕴藏量和产量均占全国总量的 90% 以上，19 世纪末始行开采，1897 年设矿务局，初为民采官炼，旋全改民办。除新化外，湖南安化、益阳、邵阳、沅陵、新宁以及两广、云贵等地亦有少量开采。

第一次世界大战期间，锑业最盛，此后转衰。至 1924 年，各国

---

① 主要有郴县保湘（宣统）、衡山成记（1914 年）、湘乡宝兴（1916 年）等公司。见侯德封编：《中国矿业纪要》（第五次，1932—1934 年），第 527 页。

② 官厂有资本 69.9 万元，1919 年最盛时，有工人五六千人，日产纯铅20 吨，纯锌 40 吨，及少量金、银、铜。参见李春昱等编：《中国矿业纪要》（第七次，1935—1942 年），第 419 页；周维梁：《湖南重要农产矿产概况》，《中国工业》1949 年 5 月新 1 卷第 5 期；陈真：《中国近代工业史资料》第 3 辑，生活·读书·新知三联书店 1961 年版，第 627 页。

③ 抗日战争前夕，经济部中央地质调查所曾进行探测，找到了新矿，但资源委员会下属水口山铅锌矿钻探队开工钻探，已是 1937 年 12 月的事了，至次年冬即行停止。

存锑渐尽,锑价回升,锑业又趋活跃。20年代末期后,由于经济危机的影响,锑业再次衰落。20年代末,新化尚有开采者80余家;30年代减至70余家。矿场普遍实行采掘、冶炼、运销分营制,除一二家自采自炼外,余均发包工人开采①,矿砂卖与炼厂炼成纯锑或锑养后,售与洋商。锑商各自为谋,互不联属,价格涨落悉由洋商操纵。②

锑砂的冶炼,有矿山自设炼厂和专业炼厂两种。随着锑业的日益衰落,矿山附设炼厂、自采自炼的越来越少。到30年代,除益阳板溪、沅陵乌溪、东安江冲等矿厂外,多由专业厂代炼。③ 炼成的纯锑或锑养,几乎全部运往长沙卖给洋商。

钨矿几乎全部集中于江西、广东,江西储量尤丰。20世纪初,钨矿在江西被发现并开始少量采掘和出口。第一次世界大战期间,西方各国争相购买钨产品,刺激了钨矿业的发展。1914年开始对江西钨矿进行较大规模的开发,产品几乎全部出口,每年多达万吨以上,超过世界市场供应总量的50%。大战结束,钨业顿衰。1921年后逐渐恢复,1930—1934年,因江西政局变动,特别是蒋介石国民党对苏区的军事"围剿"和经济封锁,钨业备受摧残。1935年后才有所恢复。

钨矿开采系沿矿脉凿井。井有平井、斜井、竖井三种。每井工人二三名至十余名不等,1934年约有矿工1.2万余人,每人日产

① 公司将矿山的一部分或全部发包与包头后,所采锑砂,或由包头自行卖与炼厂,公司从中提成;或由公司收购,按吨给价;或锑砂的采、洗、炼概由包头自理,公司坐收纯锑。

② 侯德封编:《中国矿业纪要》,(第四次,1929—1931年),实业部地质调查所1932年刊本,第375页。

③ 方法多种多样:或由炼厂收砂冶炼;或炼厂代客冶炼,收取炼费;或由矿山租用炼厂;亦有炼厂租用矿山者。

砂2斤左右。钨矿只采不炼,概以钨砂的形式出口。① 外运路线有二:一越南岭,由广州出口香港;一走赣江,转运南昌、九江,由上海出口。

锰是炼制特种钢的重要原料,主要产于广东钦县,广西武宣、桂平,湖南湘潭和江西乐平等地,钦县、武宣两地储量尤丰,约占全国总量的62%。因钢铁业落后,锰矿并无国内消费,几乎全部用于出口。30年代前,锰矿开采和出口颇为兴盛,30年代初,由于产地政局变动、国外市场疲软,产量大减,1934年的全国产量只有1929年的1/30。此后,国际局势日趋紧张,西方各国纷纷扩充军备,对锰矿需求甚殷,中国锰矿的开采和出口有所恢复。到1937年,锰矿石的产量和出口量分别达到7.9万余吨和5.4万吨,超过或接近1930年的水平。

二、外国资本的扩张和日本对东北矿业的掠夺

这一时期,无论矿业生产,还是矿产销售市场,外国资本渗透、扩张日益猖獗,中国矿产主权和矿产资源丧失惨重。国民党政府对外国或外国资本所控制的矿冶企业的接收、监管等措施,因屈服于列强的压力和恐吓而停止,对这类企业的"整顿"更以外商掠夺行径合法化而告终。结果,列强各国对中国矿产的掠夺愈加肆无忌惮。许多大型优质矿场和冶炼厂都落入外人之手,或被外国资本控制,一些矿产品市场(如煤炭市场)也为外国资本所侵夺或操纵。1931年"九一八事变"后,日本帝国主义对东北地区矿产资源

---

① 所采钨砂,锤碎并清除废石,即可出售。末砂则用木槽或篾箕清洗,损失不少。公司收砂后用同样方法淘洗一遍,用锅炒干,检出锡砂、杂质,即装袋运售。

的掠夺尤为狠毒。原有日资或日本控制的矿冶企业,其性质、地位已等同日本国内企业,原有的官办和民营企业,也都相继落入侵略者手中。同时全力开办新的矿场和冶炼厂,将东北变成发动全面侵华战争和最终消灭中国的动力基地和军火原料供应地。

(一)外国资本的继续扩张和对矿产市场的操纵

矿产资源一开始就是帝国主义对华经济掠夺的重点。经过清末民初时期的大肆掠夺和"势力范围"瓜分,到1927年前,外国资本在中国新式矿业尤其是煤矿业中,已占优势甚至绝对统治地位。这一时期,外国势力的基本策略,是在原有基础上进一步扩充实力,增加产量,扩大市场份额,挤垮同类华资企业,阻止和抑制中国矿冶业的发展,并使非法控制和占有的企业合法化。

这一时期,外资矿业的资本继续膨胀,产量增加,在全国新式矿业中所占比重进一步上升。到30年代,外国资本已占绝对优势。据估计,1931年全国新式矿业资本总额为13229.6万元,其中外国资本8800万元,中国资本4429.6万元,前者占66.5%。①

煤矿业方面,更是外国资本占统治地位,并进一步膨胀。如表1-71所示,1926年,外国资本(包括中外合资)为25494万元,占全国新式煤矿业资本总额的72.1%;到1936年,外国资本及其比重分别增至34727.2万元和79.6%。产量及其所占比重分别从1234万吨和53.1%增至2191.3万吨和55.7%。

从国别结构看,列强各国在中国煤矿业中的势力互有消长。清末,英、德、俄、比四国已先后渗入中国煤矿领域,并有各自的地盘和势力范围。英国重点在河北煤田;德国主攻山东;比利时在芦

① 陈真、姚洛、逄先知合编:《中国近代工业史资料》第2辑,生活·读书·新知三联书店1958年版,第960页。

表1-71 中国新式煤矿中外资本结构及产量比较

1919,1926,1936年

年份	资本(万元)					产量(万吨)				
	合计	中国资本		外国资本		合计	国资煤矿		外资煤矿	
		数额	%	数额	%		数量	%	数量	%
1919	12660.0	4984.7	39.4	7675.3	60.6	2014.7	1045.5	51.9	969.2	48.1
1926	35314.7	9821.4	27.8	25493.3	72.2	2304.0	1070.0	46.4	1234.0	53.6
1936	43093.2	8766.0	20.3	34327.2	79.7	3934.2	1759.8	44.7	2174.4	55.3

附注:1. 外国资本中包括部分中外合资(1919年为1752.5万元,1926年为5919.6万元,1936为9561.2万元,其中华资约占一半)。因该类企业实际完全为外国人所控制,故未将华资剔除。

2. 1936年包括东北沦陷区,全记在日本名下。

资料来源:据《中国近代煤矿史》,第85页表2-6-9,247页表3-10-1;《中国矿业纪要》(第七次)综合整理、计算编制。

汉铁路沿线;俄国势力则集中在东北地区。清末民初,日本势力大举楔入。凭借在日俄战争中的胜利,1905年日军占领抚顺,诡称抚顺煤矿、辽阳烟台煤矿均为俄人财产,强行占领,将俄国势力从东北南部驱逐。第一次世界大战期间,日本又借对德宣战为由,悍然出兵山东,占领青岛,控制胶济铁路沿线地区,将原德华公司经营的坊子、淄川两煤矿占为己有,接着又于1923年成立"中日合资"鲁大矿业公司。1931年"九一八事变"后,日寇占领东北,又劫收张作霖官商合办的西安煤矿公司,改为"西安煤矿股份有限公司"。其他煤矿,无论官办、商办、中资或中俄合资,也无论新式煤矿还是土窑,全部落入日寇手中。这类煤矿不论形式如何,实质上已等同日本国内企业。日本在中国煤矿业中,已成为外资"老大"。

英国也极力保持原有势力并继续扩张。它牢牢控制着开滦煤矿,保持和扩大原有市场份额,尤其是实现了对开滦矿权掠夺的合法化。① 在北京门西郊,通过租赁、收购、归并等手段,1918 年夺得了门头沟煤矿。② 成立于 1897 年的英资福公司,早已在河南站稳了脚跟,在焦作矿区开始了大规模的煤矿开采,1914 年并与中原公司订立"分采合销合同",次年成立"福中总公司"。1926 年因政局变动,福公司停产。1927 年中原公司被国民军没收,1929 年由河南省政府派监督管理,由商办转为官办后。因向福公司借款 300 万元,福公司趁机要求复工,并再次与中原公司联合,1933 年成立中福公司联合办事处,不仅使福公司渡过了危机,恢复了元气,③而且继续扩张,1936 年更同资源委员会合办湘潭煤矿公司,其势力开始渗入"国办"煤矿。

---

① 1930 年 5 月,国民党政府颁布《矿业法》后,为了实施和加强对矿业的法制化管理,以整顿矿务为名,多次催促滦州和开平公司依法呈领矿照,催缴历年积欠的矿区税,并以开滦预付矿区税 100 万元作为给予开平采矿权的条件。1933 年秋,华商滦州公司鉴于南京政府催逼日甚,同意派员前往南京交涉,并致函英资开平公司,要求修改 1912 年的"联合办理合同",由两公司平分产业、平分利润、公有矿区和平分管理权。开平拒绝滦州所提要求,于是滦州单独派员与实业部交涉,清缴预付矿区税 50 万元,相机领取矿照。滦州这一行动给开平以很大威胁,几经交涉,开平、滦州双方终于达成协议,改组开滦矿务局,使两公司的矿权、资产、利益以及管理上的责任、权限悉归平等,并将各自全部矿权移交开滦矿务总局使用。在开平补交 50 万元矿区税后,实业部即批准了协议。1935 年年底,开滦同意在加缴 13.4 万元的"国营保证金"后,终于领到了开滦矿务局的矿业执照。1900 年,英人掠夺开平以来迄未合法的英商矿权,最终获得了国民党政府的正式承认(参见张国辉:《从开滦煤矿联营看近代煤矿业发展状况》,《历史研究》1992 年第 4 期)。
② 早在 1896 年,英商已租得华资通兴煤矿,1908 年改为中英合办。1915 年从比利时手中得到中比合办的裕懋公司,将其改为中英合办。1918 年又将裕懋、通兴合并,组成中英门头沟煤矿公司,资本增加到 150 万银元。
③ 福公司 1925 年前兴盛时,日产煤 4000 吨,1925 年工潮后停产,直至 1933 年联合办事处成立始复工。

德国在山东所占矿权和淄川、坊子两煤矿，第一次世界大战时被日本接管，但中德合办河北井陉煤矿的矿权被保留下来，而且资本和煤矿规模扩大。[1]

俄国在东北南部所占煤矿及矿权，1904年日俄战争后全部转入日本之手，但北部的煤矿及矿权被保留下来，十月革命后也未归还，而且煤矿扩大，盈利丰厚。[2]

这一时期外资和中外合资煤矿的国别结构及基本情况，详见表1-72。

国民党政府时期存留和继续经营较大的外资及中外合资煤矿有42家[3]，内中英合办4家，俄资和中俄合办2家，中德合办1家，日资和中日合办（资）35家。日资和中日合资煤矿占绝大部分。

在半封建半殖民地的近代中国，上述外资、中外合资煤矿的矿权获取和煤矿企业的开办、经营，全非通常意义上的产权交易和商业行为，而是地地道道的主权侵犯与经济掠夺。英国对山西、河南、河北煤矿权的获得，福公司、开平煤矿、开滦煤矿、门头沟煤矿的开办和营运；日本对东北煤矿权的获得，抚顺煤矿、烟台煤矿的建立和营运；德国、日本对山东煤矿权的获得，淄川煤矿、坊子煤

---

① 第一次世界大战期间德国人回国，煤矿曾由河北省政府接办。大战结束后，1922年重订合同，德股占1/4，河北省股占3/4，资本总额450万元。

② 中俄合办的穆棱煤矿，据说截至1930年，所得纯利达860余万元〔侯德封编：《中国矿业纪要》（第四次，1929—1931年），第211页〕。

③ 尚有若干外资和中外合资煤矿，如满铁接续俄人经营的吉林双阳县五牌沟陶家屯煤矿、中日合办吉林伊通裕昌煤矿公司及双阳济国煤矿等〔见侯德封编：《中国矿业纪要》（第四次，1929—1931年），第218页〕。因规模较小，或未有开采，或已经停业，或资料不详，均未入表。如将这部分煤矿算上，外资及中外合资煤矿总数应在50家以上。另外，一些日本浪人、流氓、恶棍抢夺、霸占或窃据的一些小型煤矿，则既非通常的外资或中外合资企业，也无法调查统计。

表 1-72　主要外资及中外合资煤矿简表

序号	公司(煤矿)名称	资本性质	设立年份	所在地	资本额(万元)	产量(万吨)	备注
1	门头沟煤矿公司	中英合办	1908	北京门头沟	150	35(1934)	
2	开滦煤矿	中英合办	1912	河北滦州	2000	475(1934)	
3	望宝山煤矿	中英合办	1915	吉林额穆			
4	中福公司	中英合办	1933	河南焦作	600	110(1936)	
5	井陉矿务局	中德合办	1898	河北井陉	450	79.5(1934)	
6	札赉诺尔煤矿	俄资	1903	黑龙江胪滨	18.4(卢布)	26.9(1928)	东清铁路经营,1929年中俄战争后停顿
7	穆棱煤矿公司	中俄合办	1925	吉林穆棱	600	38.8(1931)	至1930年纯利860余万元
8	抚顺煤矿	日资	1904	辽宁抚顺		837.5(1929)	趁日俄战争盗占华商煤矿
9	南昌煤矿	日资		辽宁抚顺		47(1929)	占采多家华商煤矿
10	烟台煤矿	日资	1904	辽宁辽阳		18(1931)	日俄战争后接管俄资矿
11	南定华坞煤矿	日资	1919	山东淄川	125	5.2(1927)	租用鲁大公司矿区
12	大台煤矿	日资	1920	河北宛平			土法开采
13	善芳矿业公司	日资		山东淄川	213	2.3(1933)	租用鲁大公司矿区
14	东鲁公司	日资		山东淄川	70	1.5(1932)	租用鲁大公司矿区
15	本溪湖煤铁公司	中日合办	1910	辽宁本溪		58.2(1930)	趁日俄战争劫占旧矿
16	石门寨煤矿	中日合办	1914	河北临榆	20	未投产	中日各半,合同50年,1935年公开霸占柳江煤矿
17	新邱煤矿	中日合办	1915	热河阜新	230	1	大新、大兴两公司经营
18	牛心台煤矿	中日合资	1915	辽宁本溪	10(小洋)	6.2	彩合公司经营,合同30年
19	杨石坨煤矿	中日合办	1916	河北宛平			1931年因亏累停工
20	董家冲煤矿	中日合资	1916	安徽怀宁			实业公司经营
21	塔连煤矿	中日合办	1916	辽宁抚顺		8	大兴公司经营
22	石门煤矿	中日合办	1918	辽宁抚顺		7	天顺公司经营
23	老头沟煤矿	中日合办	1918	吉林延吉	20(日元)	2.3(1928)	吉林、日合办,合同20年
24	天兴煤矿	中日合办	1919	辽宁抚顺	4		中日各半,合同20年
25	华兴煤矿公司	中日合办	1919	山西孝义	300		
26	泰信公司	中日合办	1919	辽宁西安		1.3(1930)	中日各半,合同30年
27	德兴公司	中日合办	1919	辽宁锦西	6		中日各半,合同30年
28	福泉公司	中日合资	1919	辽宁本溪	40(日元)		中日各半,合同30年

序号	公司（煤矿）名称	资本性质	设立年份	所在地	资本额（万元）	产量（万吨）	备 注
29	大德公司	中日合资	1919	辽宁本溪	10（小洋）		中日各半，合同20年
30	缸窑煤矿	中日合资	1919	吉林永吉	3（日元）		中日各半，合同30年
31	健元公司	中日合资	1920	辽宁西安	4		中日各半，合同30年
32	健兆公司	中日合资	1920	辽宁西安	8		中日各半，合同30年
33	衡镒煤矿	中日合办	1921	吉林伊通	1（日元）	0.36（1929）	
34	协泰煤矿	中日合资	1921	山东章邱	20		1929年日方放弃，华商独办
35	鲁大矿业公司	中日合办	1922	山东淄川临淄潍县	250	65.8（1936）	趁欧战承受德国所占矿权，经营淄川、坊子等矿
36	同益煤矿	中日合资	1923	山东章邱	30		
37	博东煤矿公司	中日合资	1924	山东博山	150	20.2（1936）	趁华商借债夺占煤矿
38	旭华公司	中日合资	1924	山东章邱	20	8.5（1936）	前身为华资兴华公司
39	协成煤矿	中日合资	1925	山东博山	20	0.28	协成公司经营
40	复兴公司	中日合办		辽宁本溪		6.8（1929）	
41	华兴公司	中日合资		辽宁本溪			
42	裕昌公司	中日合办		吉林伊通	40	200吨/日	

资料来源：据侯德封编：《中国矿业纪要》（第四次，1929—1931年）；侯德封编：《中国矿业纪要》（第五次，1932—1934年）；李春昱等编：《中国矿业纪要》（第七次，1935—1942年）煤矿业各页；徐梗生：《中外合办煤铁矿业史话》（商务印书馆1947年上海初版）各页；同书编写组编：《中国近代煤矿史》，煤炭工业出版社1990年，第123—126页表2-6-13；以及相关新编地方志综合整理编制。

矿、鲁大公司的建立和营运，等等，都是如此。① 其他煤矿权的获取，煤矿的建立和营运，也莫不如此。

在这方面，日本尤为心狠手辣，诡计多端。许多煤矿如牛心台、新邱、博东等煤矿，原来均由华商开采经营，后来都被日本以种种卑劣手段夺占。

---

① 详见汪敬虞主编：《中国近代经济史，1895—1927》上册，人民出版社2000年版，第567—619页。

　　牛心台煤矿所在的红脸沟和大小南沟两个矿区,分别有人于1907年、1911年领照开采,两处矿权全属华商。1915年袁世凯与日本缔结二十一条时,应日方要求,该矿成为允许日方探采的东北南部九矿之一①,两矿商的矿权、资产随即被剥夺,另由华商出资与日人合组"彩合公司"。

　　热河阜新新邱煤矿,原全为华商所办,因1914年3个日本人在该县苇子沟被枪杀身亡,日本借此讹诈,向北洋政府强索抚恤金3万元,并以40平方公里矿区为交换条件,即将矿区强行占领。先已开采经营的两家华商煤矿,只得另出资本分别与之成立"中日合办"的大新、大兴公司。

　　有的以钱债为由,强行霸占。山东博山博东煤矿,1915年即有华商开采,当时日本乘第一次世界大战之机,已占据胶济铁路,气焰嚣张,因煤矿借有日本东和公司债款,日人即声称该矿为"东和公司黑山炭坑",1924年被改为"中日合办博东煤矿公司"。前述抚顺煤矿,日本夺占的"理据",也是债务。因该矿曾借华俄道胜银行27500两白银②,煤矿被俄人派兵武装占领,强行运走煤炭;旋即日俄战争爆发,日本即借口煤矿向道胜银行借款,视为俄人资产占为己有。

　　日本用卑劣手段夺得某一煤矿后,又以此为据点,再侵夺、霸占临近煤矿。"中日合办"泰记公司公开霸占柳江煤矿,是一典型事例。该公司经营的河北临榆石门寨煤矿,久未投产,但看上了毗邻的华商柳江煤矿。于是在1935年3月污蔑柳江煤矿侵占泰记

---

　　①　据1915年5月25日北洋政府外交部给日使照会,九矿包括牛心台、田师傅沟、杉松岗、铁厂、暖池塘、鞍山、缸窑、夹皮沟等。

　　②　该矿额定股本16万两,已筹得10万两,另由道胜银行认股6万两,道胜实交27500两,仅占该矿实到股本的21.5%。

矿区,旋将柳江矿场、铁路及秦皇岛储煤厂等一切财产强行封闭接管,并售卖存煤,又声称柳江如将产业让渡泰记,可给价 30 万元。① 柳江眼看着矿场、财产被人霸占,控诉无门,交涉无效。延至 1937 年日本全面侵华战争爆发,柳江随即被日寇劫收、合并,改称"柳江炭矿"。

日本疯狂掠夺,矿区面积广阔,除公司直接经营外,还大量出租。强盗摇身一变,成为坐收租金的地主。如鲁大公司矿区跨越淄川、临淄、潍县三地,总面积达 1229 平方公里。公司自营只有淄川本坑矿区,其余出租。承租者既有日资公司,也有华商公司,有的还出现多重转租,租金亦因此节节攀升,华商交付缴纳的租金尤为高昂。②

外资和中外合资煤矿虽然数量没有本国资本煤矿多,但有许多优势和特权:一是资本规模大,资金雄厚。按有资本记载煤矿计算,86 家中国商办煤矿,矿均资本 66.1 万元,35 家官办煤矿,矿均资本 166.6 万元,合计本国资本煤矿 121 家,矿均资本 95.1 万元;而 24 家外资和中外合资煤矿,矿均资本达 248.5 万元,相当于本国资本煤矿的 2.6 倍。③ 因此,外资和中外合资煤矿数量虽比本国资本煤矿少,但按资本和产量计算,却占绝对优势。第一次世界

---

① 当时柳江煤矿实有资本 144 万元,矿场设备齐全,水泵全用电泵,并筑有轻便铁道运煤,最高年产量达 25.5 万吨。

② 如租给日资南定矿业所的华坞矿区,每吨煤纳租洋 3 分;租给华商鲁业公司位于华坞附近的罗家庄矿区,每吨煤钠租洋 3 角,相当前者的 10 倍;由承租人日商吉木转租给日商善芳公司的坊子西矿,钠租 14%;由善芳公司将其中一部经兴华、利和等公司之手转租给华商中孚公司,须纳租 33%,比前者高出 1.4 倍〔侯德封编:《中国矿业纪要》(第五次,1932—1934年),第 421—423 页〕。

③ 据本节相关各表计算。

大战后,这种优势还在不断扩大。1919 年,外国资本(含中外合资煤矿资本)占煤矿业资本总额的 60.6% ,1926 年上升到 72.2% ,1936 年达 79.7% 。煤炭产量所占比重也从 1919 年的 48.1% 上升到 1926 年的 53.1% ,再到 1936 年的 55.3% 。二是矿场条件优越。绝大部分外资或中外合资煤矿,尤其是抚顺、开滦、本溪湖、穆棱、烟台、焦作、淄川、博山、井陉、门头沟等大型煤矿,煤炭蕴藏丰富,煤层浅露,煤质优良,交通运输方便,为绝大多数本国资本煤矿所不及。三是有不平等条约为护身符和强大母国的庇护,享有各种特权,受国内政局变动的影响较小,亦无中国资本煤矿的重税苛捐之苦,生产成本低廉。这样,外资和中外合资煤矿在市场有着明显的地理和价格优势。尤其是开滦、抚顺、烟台以及鲁大、中福等几家大矿多或少,生产稳步增长,基本上操纵和垄断着中国煤炭市场。

在外资和中外合资煤矿中,开滦、抚顺两矿规模最大,产量最高,开滦矿年产四五百万吨;抚顺煤矿产量更高,1923 年后超过开滦,年产煤七八百万吨,1934 年后接近或超过千万吨。两矿合计,产量占外资和中外合资煤的 80% 左右,占全国煤炭总产量的将近一半(详见表 1－73)。中国煤炭市场,尤其是华北、东北、华东、华中、华南地区的市场,在很大程度上由这两家煤矿操纵和垄断。市场变化则主要表现为两家煤矿销售的相互消长。

抚顺煤的主要销售市场是东北[①],但仍有 43% 左右的抚顺煤销往其他地区。而且随着东北华资煤矿的相继投产和抚顺本身产量的不断增加,抚顺煤在东北的销售比重下降。1923 年,抚顺煤

---

① "满铁"给该矿制定的销售方针是,除"满铁"本身铁路、船舶、工厂及其他用煤外,首先供应东北各地,余量再拨为轮船用煤,并向海外有利地方输出。1908 年后,在东北销售的抚顺煤大多占其产量的 50%—80% 之间,平均为 57%(南满洲铁铁道株式会社编印:《南满洲铁道株式会社十年史》,1919 年刊本,第 608 页)。

产量超过开滦,成为中国境内最大的煤矿,抚顺煤在东北的销售比重已不足50%。一方面,东北市场以抚顺煤为主;另一方面,东北以外地区开始成为抚顺的主要销售市场。①

表1-73　开滦、抚顺煤矿煤炭产量统计

1927—1937 年　　　　　　　　　单位:万吨

年份	煤炭产量			占外资矿及全国产量%	
	开滦	抚顺	小计	占外资矿%	占全国产量%
1927	368.3	764.6	1132.9	85.5	46.9
1928	495.8	816.9	1312.7	93.5	52.3
1929	462.0	837.5	1299.5	93.3	51.1
1930	532.7	794.0	1326.7	91.7	50.9
1931	535.6	713.9	1249.5	88.2	45.5
1932	520.5	687.3	1207.8	83.8	45.8
1933	428.3	864.6	1292.9	82.1	45.6
1934	475.4	981.3	1456.7	78.1	44.5
1935	416.9	974.3	1391.2	69.6	38.9
1936	404.4	1025.9	1429.5	65.8	36.3
1937	428.7	1033.9	1462.6	68.1	40.7
合计	5068.6	9493.4	14562.0	79.8	44.4

资料来源:开滦煤矿产量据侯德封编:《中国矿业纪要》(第五次,1932—1934年),表47;李春昱等编:《中国矿业纪要》(第七次,1935—1942年),第61页;抚顺煤矿产量据《满铁史资料》第4卷第1分册,第214、238页,第2分册,第394、438页,余据本节已揭资料计算。

---

①　据统计,1929年、1930年,抚顺年产煤815万余吨,东北销售348万余吨,约占产量的43%,占东北市场消费量的56%〔据《满铁史资料》第4卷第1分册,第214、238页;侯德封编:《中国矿业纪要》(第四次,1929—1931年),第91—92页综合计算〕。

抚顺煤在东北地区以外的主要市场,国外是日本、朝鲜,国内是华中、华南和华北。1927—1930年,抚顺煤在日本、朝鲜的销售量约占东北以外销售总量的60%上下;华中、华南和华北约占31%—37%。

开滦煤矿自开平、滦州两矿联合,1912年成立"开滦矿务总局"后,进一步加紧开拓和霸占市场。20世纪20年代,华北天津市场已基本上为开滦煤所独占。在上海及华东市场,经过多年的激烈竞争,开滦不仅逐渐挤走了华商煤矿,也动摇了日本煤的优势地位。进入20年代,开滦煤在上海已占有40%—50%的份额,而日本煤降至30%左右或以下。开滦还把目光投向华中和华南地区,20年代,武汉年销煤100万吨左右,大宗货源依赖"由上海运来的开滦煤"。[①] 在华南,开滦煤也已进入广州、汕头市场。据统计,1931年开滦煤在上述市场占有的份额,天津为77.5%,上海为39.4%,武汉、广州分别为8.5%和13.6%。[②]

开滦、抚顺两矿对中国煤炭市场的操纵和垄断,除了资本规模和生产力优势外,开滦还利用中国各地此伏彼起的抵制日货运动和该矿的"中英合办"名义,自称是"中国煤",对一些市场原来销售的日资抚顺煤和日本占领下中国台湾煤取而代之。[③]

当然最主要的手段还是通过纵横捭阖的联营经销。

1912年,开滦即同日本三井财团拟定协议,开始进行垄断中

---

① 谢家荣编:《中国矿业纪要》(第二次,1918—1925年),农商部地质调查所1926年刊本,第83页。

② 据侯德封编:《中国矿业纪要》(第五次,1932—1934年),第119—125页计算。

③ 如20年代末,广州抵制日货运动如火如荼,严格禁止日货流通,开滦即自称"中国煤",向广州当局要求以开滦煤取代中国台湾和抚顺煤在广东开滦煤矿省的供应(《矿业周报》1929年1月第2集第32号,第520页)。

国煤业市场的活动。1914—1915年后,开滦每年参加在东京召开的日本煤矿主会议,谋划双方在日本、中国及远东各国市场的煤炭价格及各自的煤炭销售份额。1915—1916年开滦与日本煤矿主签订的协议规定,开滦煤在烟台、龙口以及山东其他口岸,占市场销煤量的60%。双方还协商了日本统治下的中国台湾煤在广州、中国香港的销售问题。关于东北市场,开滦也与"满铁"协商划定了各自的销售区,即以京奉线上的北直浦为界,开滦煤将不在该站以外直接出售,而由"满铁"代理;抚顺煤的销售则止于新民府,该站以西,抚顺煤的销售由开滦代理。双方同意不在对方销煤范围内进行直接销售。

开滦与中国民族资本煤矿也矛盾尖锐,同中兴公司在浦口、南京、上海一带市场竞争激烈。为此,开滦曾于1922年9月同中兴签订销售协定。不过从总体上说,第一次世界大战至1932年前,中国煤炭市场主要是由开滦和日资煤矿之间的协议所操纵。开滦与中兴、临城等中国资本煤矿的临时性协议则起辅助作用。开滦一方面同日本财团及煤矿主勾结妥协,瓜分中国及朝鲜、马尼拉等海外煤炭市场;另一方面,又与中兴等华资煤矿进行联合,以对付日资抚顺煤矿。①

1931年"九一八事变"和东北沦陷后,中国煤炭市场发生了某些变化。由于中国抵制日货,国民党政府提高外煤进口税,加上日本为了平衡国内市场,对煤炭产销实行严格控制,日本煤炭减少了对中国的出口。抚顺煤矿为了适应东北市场的需要,减少了对关内的输入,民族资本煤矿业因而有所发展。如表1-74所示,关内

---

① 参见丁长清:《开滦煤矿的市场经营策略》,《南开经济研究季刊》,1986年第1期;丁长清:《开滦煤在旧中国市场上的运销初析》,《中国经济史研究》1988年第3期。

上海、天津、武汉、广州等 4 城市煤炭销售中，抚顺和日本煤减少，在天津、广州、武汉，已先后退出市场；国资煤除武汉外，均明显增加；开滦煤则增减互见，而且同国资煤呈现某种此消彼长的态势（广州例外）。

表 1－74　上海等 4 市销售煤炭主要来源构成及其变化

1931—1934 年　　　　　　　　　　　单位:%

年份	上海				天津				武汉				广州			
	开滦	抚顺	日本	国资	开滦	抚顺	日本	国资	开滦	抚顺	日本	国资	开滦	抚顺	日本	国资
1931	39.4	18.7	18.9	14.4	77.5	—		7.6	8.5	13.0	6.5	69.7	13.6	31.1	14.0	4.7
1932	45.4	13.0	13.2	18.5	83.7	—		8.9	7.7	8.7	4.5	73.4	22.4	—		15.7
1933	33.7	13.0	15.7	28.3	64.4	—		24.1	12.6	1.2	1.7	75.6	33.9	—		16.9
1934	35.6	5.5	8.0	40.6	55.7	—		28.1	14.2	—		71.6	39.7	—		31.5

注:各series煤炭来源，除表列 4 项外，尚有越南、荷属印尼等外国煤，井陉、中福等中外合资矿煤，未能一一列出，故表中 4 项百分比之和不等于 100。

资料来源:据侯德封编:《中国矿业纪要》(第五次，1932—1934 年)，第 119—125 页统计表计算编制。

　　显然，对开滦煤矿来说，霸占市场的主要障碍已不是(至少暂时不是)抚顺煤和日本煤，而是国资煤，尤其是上海市场上的中兴煤。[①] 现在面临的问题是如何遏制其发展。在这种情况下，1933 年 11 月，开滦与中兴签订合同，对上海及长江流域的煤炭销售进行分割。合同规定，该区市场需求量的 400 万吨煤炭中，开滦供应 173.6 万吨，占 43.4%，中兴 88.4 万吨，占 22.1%，留给其他煤矿 138 万吨，占 34.5%。合同还规定了最低价格，成立了"联合销售处"。合同实施结果，开滦的销售份额虽有上升，但未完全达标。

---

　　① 中兴煤在上海市场的销售量，增长迅速，1931 年仅 2.9 余万吨，1932 年增至 9.8 余万吨，1933 年再增至 31.4 万吨，1934 年达 37.5 万余吨。4 年增加了 11.7 倍。

1934 年年底,合同到期后,开滦又于 1935 年与中兴续订合同,从严格限制产量着手,规定中兴最高年产量为 135 万吨,而开滦为 800 万吨,并设立联合统计处,以便准确统计和监督检查。同两矿 1934 年的产量比较①,中兴产量最多只能增加 3.8 万吨,增幅仅 2.9%;而开滦可增加 324.5 万吨,增幅达 68.3%,相当中兴的 23.6 倍,净增量相当中兴总产量的 2.4 倍。如果合同真正实施,开滦独霸市场的野心也就轻而易举实现了。

英资福公司也是采用同样的策略,以达到遏制中国民族资本煤矿业发展、霸占煤业市场的目的。1914 年与中原公司订立"分采合销合同",次年成立"福中总公司"的销售机构,以保持福公司的市场优势。1926 年因政局变动,福中公司停顿。1927 年中原公司被国民军没收,1929 年由河南省政府派监督管理。公司由商办变为官办后,1933 年成立中福公司联合办事处,由原来的"分采合销"改为"合产合销",其权力更从产品销售扩大到了生产管理。

铁矿开采和钢铁冶炼业,是外国资本具体说是日本扩张、掠夺的极其重要的领域,而且几乎被一网打尽。新式铁矿业和钢铁冶炼业的命运比煤矿业更为悲惨。中国铁矿主权和资源丧失的严重程度,中国铁矿业和钢铁冶炼业的殖民地性质,由于铁矿资源丧失而导致的政治、军事、经济、国防、领土资源以及人民生命财产的损失,更甚于煤矿业。

日本铁矿资源异常贫乏,而钢铁在军事、国防和国民经济经济中处于极其重要的地位,故对中国铁矿资源的掠夺更加急迫和贪婪。

日本对中国钢铁资源的掠夺,有两种基本方式:一是给中国矿厂贷款,或预付定金,规定矿厂必须将铁矿石全部廉价卖给日本;

---

① 1934 年中兴产量为 1311708 吨;开滦产量为 4754815 吨。

二是以合资或独资方式在中国开办铁矿、铁厂。前者实行于关内，后者集中在东北。

早在 1904 年，日本就向汉冶萍公司提供了 300 万日元的"预售矿石借款"，以大冶矿石作价均衡偿还（不得多还）。1910 年 10 月，日本八幡制铁所又与汉冶萍公司签订"预借生铁价值借款"合同，款额为 600 万日元，并具体规定每年向日本提供的生铁数量、质量和价格，以及每年增加供应的矿石数量。1913 年，日本再贷给汉冶萍 1500 万日元，作为公司事业扩充及债务清偿之用。本息均以铁矿石及生铁作价偿还，每年须向日本提供优质矿石 60 万吨、生铁 30 万吨。借款利息全部 6 厘，偿还期限最短 15 年，最长达 40 年。

这样，日本将汉冶萍公司今后数十年生产的矿石、生铁几乎"预购"一尽。据统计，1900—1926 年公司共产矿石 9347448 吨，输往日本 5030189 吨，占产量的 53.8%；1911—1925 年共产生铁 1612777 吨，输往日本 783340 吨，占产量的 48.6%。[①] 1927—1937 年共产矿石 4507912 吨[②]，输往日本 4240709 吨（见表 1‐75），占产量的 94.1%。

湖北官办大冶象鼻山铁矿以及安徽繁昌、当涂各铁矿所产矿石，全部被日本以贷款、预付定金、提供矿场费用等方式掠走。

象鼻山铁矿 1920 年开采，年产 10 余万吨，除少量矿石供应六河沟铁厂（原扬子铁厂）外，全都运往日本。繁昌裕繁公司 1916 年与日商中日实业公司订立售砂合同，由后者先交定洋 20 万元，

---

① 据武汉大学经济系编：《旧中国汉冶萍公司与日本关系史料选辑》，第 1122—1123 页综合计算。

② 据侯德封编：《中国矿业纪要》（第五次，1932—1934 年），第 500—501 页；李春昱等编：《中国矿业纪要》（第七次，1935—1942 年），第 100 页综合计算。

矿场用款均由后者供给,期限为 40 年。该公司所产矿石全数由中日公司转售日本八幡制铁所。繁昌昌华公司的矿石则由裕繁承购,转售日本。当涂宝兴公司所产矿砂,除早期部分供给扬子铁厂、上海和兴钢厂外,亦由中日公司包售,全部输日。当涂福利民公司也于 1918 年与日商小柴商会订有售砂合同,矿砂只售日本。官商合办的当涂益华公司(原振冶公司),抗日战争前,年产矿砂约 15 万吨,均以日本各钢铁公司为销售对象。[①] 各公司 1927—1937 年输日矿砂数量见表 1-75。

日本以贷款、预付定金等方式低价购买铁矿石的资本扩张,具有三重功能和性质:

一是矿产资源掠夺。1927—1937 年 11 年中,日本从湖北、安徽低价购买的铁矿石达 8951835 吨。另外,1900—1926 年从汉冶萍公司大冶铁矿低价购买铁矿石 5337094 吨,加上裕繁、宝兴 1929 年前输日的矿石 3742996 吨[②],1900—1937 年,日本在该地区掠走的铁矿石总量达 18031925 吨。占同期该地区新式铁矿矿石总产量 22567253 吨的 79.9%;相当于 1927—1937 年中国能自行支配的资本地区铁矿石总产 15.7 万吨的 114.9 倍。

---

① 侯德封编:《中国矿业纪要》(第四次,1929—1931 年),第 345—346 页;侯德封编:《中国矿业纪要》(第五次,1932—1934 年),第 459—461 页;李春昱等编:《中国矿业纪要》(第七次,1935—1942 年),第 711—712 页。

② 据调查,裕繁公司自 1918 年投产至 1931 年共产矿石 380 万吨,全部输往日本,扣除 1929—1931 年表列部分,1929 年前输日矿石 3263596 吨;宝兴 1916—1920 年共产矿石 22 万吨,销往扬子铁厂、上海和兴钢厂及日本,以各占 1/3 计,输日矿石约 7 万吨,又 1928—1931 年产矿石 70 余万吨,全数运销日本,扣除 1929—1931 年表列部分,1929 年前输日矿石 409400 吨,据此,1929 年前两公司输日矿石共计约 3742996 吨(第五次《中国矿业纪要》,第 459—460 页)。

表1-75　汉冶萍等6公司输日矿砂统计表

1927—1937年　　　　　　　　　　　单位:吨

年份	汉冶萍公司	象鼻山铁矿	裕繁公司	昌华公司	福利民公司	宝兴公司	合计
1927	153719	70879		269169			493767
1928	398410	220977		290633			910020
1929	391140	146101	257800	14908		145000	954949
1930	391380	65631	186457	26993	16000	107950	794411
1931	391380	104099	92147	16597	58470	37650	700343
1932	330380	60000	101333		25800	33710	551223
1933	368170	—	120955		119000		608125
1934	468420	—		475000			943420
1935	536690	83041 *	280000 **		120715		1020446
1936	533300	159737 *	280000		200000		1173037
1937	277720	84884 *	180000 **		200000 **		742604
合计	4240709	995349	1498692	58498	1774787	324310	8892345

* 原资料只有矿石产量,输日矿石数量不详,现按1920—1934年输日矿石占产量76%的比率估算。

** 原资料为估计数。

资料来源:据侯德封编:《中国矿业纪要》(第四次,1929—1931年),第128、367页;侯德封编:《中国矿业纪要》(第五次,1932—1934年),第461、500—502页;李春昱等编:《中国矿业纪要》(第七次,1935—1942年),第100、112、711—713页综合整理、计算编制。

二是残酷的商业高利贷盘剥。日本购买的铁矿砂的价格远比市场低,而贷款或定金年息全部高达6厘,偿还期限大多长达30—40年,矿石质量要求苛刻。日本为了多吃利息和长期牢牢控制矿厂,绝对不许矿厂多还和提前还款,如大冶的借款售砂合同规定了每年还本付息限额,不得多还;日商要求裕繁公司必须均衡供给日商矿砂,每日不得过1000吨,矿砂成分为50%,等等。而且资金借贷、矿砂交售多由中介商经手,利息、手续费加码,矿石价款折低。结果,在矿砂源源不断地流往日本的同时,债款本息不但不减，反而与日俱增。到 20 年代，汉冶萍公司的债款结欠额高达 3000 多万至 4000 多万日元，每年单单支付利息即常达一百数十万银元。① 公司在高利贷的泥潭中愈陷愈深而无力自拔。

三是对中国钢铁生产结构和生产力的严重破坏。日本低价搜购铁矿石，一方面刺激了采矿业的畸形发展；另一方面又造成冶炼厂原料短缺，乃至完全切断了冶炼业的原料来源，最终使整个钢铁行业陷入瘫痪和停产状态。汉冶萍公司与日本的三次合同相继签订后，生产结构和生产能力随即发生变化，矿石和生铁产量上升，炼钢生产则徘徊不前，1922 年更完全停工。在完成生铁交售任务后，汉阳和大冶铁厂也相继于 1924 年 11 月和 1925 年年末停炼。而大冶两座炼铁炉刚刚分别于 1923 年 4 月和 1925 年 5 月开炼，均维持不足一年。钢厂铁厂停产后始终没有恢复。汉冶萍公司原本是以"造轨制械"为目的的大型钢铁联合企业，如今全面瘫痪，仅剩为日本提供矿石的大冶铁矿。公司冶炼停产，对日本的矿石供应却逐年增加，1935 年、1936 年更达 50 余万吨的历史最高纪录。其他一些铁矿也只能靠向日本供砂勉强维持。②

在东北，日本掠夺钢铁资源的基本方式是直接开办合资或独资铁矿、铁厂。最先开办的是本溪湖煤铁公司，但重点是鞍山铁厂。

---

① 参见代鲁：《从汉冶萍公司与日本经济的交往看国家近代化的政治前提》，《中国经济史研究》1988 年第 4 期。

② 1932 年裕繁公司因日本停止收砂，随即停工；象鼻山铁矿 1933 年因停止矿砂输日，产量、经费亦减，开采几停，1935 年夏与日本订立 15 万吨售砂合同，才恢复生产。参见侯德封编：《中国矿业纪要》（第四次，1929—1931 年），第 345 页；侯德封编：《中国矿业纪要》（第五次，1932—1934 年），第 501 页。

本溪湖煤铁公司成立于 1910 年[①],1914 年、1917 年先后建成 150 吨及 20 吨炼铁炉各一座,1919 年又建小炉二座,供炼制特种生铁之用。庙儿沟铁矿亦于 1915 年开采。至 1927 年,共采矿石 96.7 吨。1920 年因铁价低落,炼铁炉一度停工,1928 年全部复工。每年可炼铁 8 万余吨。

鞍山铁厂由"中日合办"振兴铁矿公司和"满铁"所设鞍山炼铁所两部分构成,实际上全部为满铁所控制。[②] 振兴领有辽阳海城两县东、西鞍山等矿区 11 处,1918 年 7 月开始采掘。至 1927 年共采矿石 226.9 万吨。1920 年鞍山炼铁所建成 350 吨炼铁炉两座,开始投产炼铁。

鞍山铁厂不是普通的钢铁企业,而是日本武装侵略和占领中国的战略部署的一个重要组成部分。按日本军部计算,日本战时需要钢 167 万吨、铁 239 万吨、铁矿石 478 万吨,而国内只能依次供应 100 万吨、92 万吨和 78 万吨,分别短缺 40.1%、61.5% 和 83.7%。除朝鲜提供少量外,全部必须利用中国资源解决。否则,一旦战争爆发,海外贸易断绝,就会危及"帝国工商的基础"。因此,日本军部把鞍山铁厂的筹建、扩建和经营管理视为"国防用兵计划上"的一件大事。[③]

---

① 辽宁本溪湖一带,清乾隆以来,煤铁业颇盛。1904 年日俄战争后,日本即行占据,开采煤矿。1910 年成立"合办"合同,次年兼办铁矿,是为本溪湖煤铁公司。

② 辽宁鞍山凤以铁矿蕴藏丰富著称。1906 年成立的南满洲铁道株式会社(简称"满铁"),即以掠夺鞍山铁矿、经营鞍山铁厂为首务。经过周密勘查和部署,1916 年 3 月成立"中日合办"振兴铁矿公司,资本 14 万日元,中日各半。同年,"满铁"设炼铁所于鞍山。振兴日商实为满铁的代表。自振兴成立至 1927 年,满铁借给振兴的资本达 468 万日元。

③ 日本参谋本部:《论扩建鞍山制铁所的必要性》,见日本外务省档案胶卷,MT280,175.23,第 431—466 页。

鞍山铁厂在经办初期,出现了企业亏损和如何解决贫矿处理两大问题[1],日本军部认为,日本国内铁矿石处理难度更大,前途渺茫,"不能与鞍山贫矿处理问题相提并论";企业亏损和经费问题,只要扩大规模,提高产量,成本即可相应降低。"鞍山制铁所的前途,实在大有希望"。

1927 年后,日本武装进攻和占领中国开始被提上日程,鞍山铁厂技术攻关和扩建速度加快,就在 1927 年,磁化还原焙烧选矿法完成,解决了贫矿的处理难题。随后建成 500 吨炼铁炉一座,每年可产生铁 17 万吨。从 1926 年开始,生铁产量大幅增长。1919—1925 年共产铁 49.3 万吨,1927—1931 年增至 136.8 万吨,后 6 年相当前 7 年的 2.8 倍。成本亦大幅下降。[2] 鞍山铁厂名义上是建立在中国领土上的中日合办企业,实际上完全听命于日本军部,为日本军国主义的武装侵华服务。

(二)日本对东北矿产资源的掠夺

"九一八事变"前,日本已占据东北南部地区优质煤铁资源和矿场,全力开采,并加紧试验提炼石油。"九一八事变"后,随着对东北、热河的占领,日本侵略者在这一地区立即开始了更大规模的矿产掠夺,侵略军派出人员和武装,劫收、改组原有官办、民办和中外合办大中矿场,恢复和扩大生产。一些小矿场则被日本浪人、流

---

① 1921—1927 年,鞍山铁厂连年亏损,总额达 2686.2 万元(《鞍山制铁所事业概观》,第 58—59 页)。

② 如以 1919 年每吨生铁的成本为 100,1925 年为 51.5,1927 年为 35.6,1931 年为 19.1,比 1919 年下降了 4 倍多〔据昭和制钢所:《综合统计期报》第 5 卷第 1 号,第 146—147 页;满铁经济调查会:《日满支に於ける工业制品需给状况调查》(1936—1937 年)第 1 卷,第 204—205 页;侯德封编:《中国矿业纪要》(第四次,1929—1931 年),第 234—235 页综合计算〕。

氓、恶棍占据。四省大小矿场被日寇囊括一空。同时，日本侵略者又成立机构，组织人力，四处勘查和开发新的矿源，开办新的矿场和公司，除原有煤、铁、金、铜等矿外，又全力开发油页岩，扩大石油生产，探查和开发铝、镁、铅、锰矿，发展铝、镁、铅、锰冶炼业。矿产品除部分运回日本发展国内经济外，几乎全部直接用于军事和侵华战争。

煤矿方面，"九一八事变"后不久，辽宁瓦房店、复州湾（五湖嘴）、本溪牛心台、本溪湖、黑山八道沟、辽阳尾明山，热河北票，吉林穆额蛟河、永吉火石岭、黑龙江鹤岗等煤矿，相继被日寇占据，并驱逐管理人员，另行派人管理。1931 年 12 月 27 日，日本侵略者在汉奸武装护卫下，强行"接收"东北最大官矿——西安煤矿。[①] 中东铁路局开办的黑龙江札赉诺尔煤矿，也随同中东铁路让渡与日伪，原为中俄合办的吉林穆棱煤矿，则由日本统制。一些小煤矿也相继被日本浪人、流氓、恶棍占据。至此，除已停产或尚未投产的少数煤矿外，均被日本侵略者占据或控制。

日本侵略者"接收"后的煤矿，有的由关东军或满铁占领或直接管理，有的由关东军转给满铁单独经营，也有的由满铁与其他财团或公司联合经营，还有的由其他公司、单位或日本个人管理经营。

为了集中事权，加强统制，加快全面侵华战争的准备，关东军于 1933 年 8 月提出"开发"办法，核心是将东北所有煤矿交由满

---

① 日寇的武力劫夺曾遭到煤矿职工的激烈反抗。12 月 4 日，日本关东军曾派高级参谋河本大作等 9 人前往"接收"西安煤矿。矿场职工闻讯前往火车站堵截、驱逐，河本等人被迫当即返回长春。12 月 27 日，河本凭借汉奸的武装保护，才得以强行"接收"煤矿〔《辽源市志》（大事记），吉林人民出版社 1995 年版，第 29 页〕。

铁经营。次年3月成立日"满"合资的"满洲石炭株式会社",资本1600万元,满铁和伪满各半。规定四省煤矿除抚顺、本溪两矿外,均由该社管理经营。这样,四省大中型煤矿基本上由满铁、"满炭"两家瓜分。满铁除原有的抚顺、烟台两矿外,还握有牛心台、瓦房店、蛟河、火石岭、老头沟等煤矿;"满炭"则除原有官矿西安、八道壕、尾明山和满铁拨入的新邱、孙家湾等煤矿外,还增加了黑龙江札赉诺尔、吉林林口等煤矿。这些都是"直接经营",还有所谓"间接经营"。原来官商合办的鹤岗煤矿、北宁路局与商人合办的北票煤矿,亦经"满炭"投资,派员管理,是为"间接经营"或"委托经营"。"满炭"名为日"满"合办,实际上一切实权都操纵在满铁手中。结果,四省主要煤矿中,除日本南昌洋行经营的南昌煤矿、日资本溪湖煤铁公司的本溪湖煤矿外,全部归满铁和满铁控制的"满炭"所有。

日本帝国主义为了获取足够的能源,保证侵略者军事、工业、生活以及日本国内需要,对攫取的煤矿进行疯狂的掠夺式开采。因此,"九一八事变"后,煤矿产量明显上升(详见表1-76)。

大部分煤矿的产量,除1932年不同程度地下降外,均逐年上升。满铁占据的抚顺、烟台两矿,1932年的产量仅轻微下滑,此后大幅回升,1933年已大大超过或恢复到1931年的水平。到1937年,两矿产量分别达到1033.9万吨和34.8万吨,比1931年增长43.7%和97.7%。本溪湖煤铁公司的煤产量,1932年并未下滑,而是逐年上升。一些新掠夺的煤矿,由于掠夺式开发,产量也都大幅上升,如西安煤矿和阜新诸矿,分别从7.5万吨和2.2万吨增加到1937年的79.8万吨和60.7万吨,分别增长了7.4倍和26.6倍。日占煤矿的总产量从1931年的989.1万吨上升到1937年的1514.1万吨,增长了53.1%。1931—1937年7年的总产量为

表1-76 东北日占主要煤矿产量统计

1931—1937年 单位:千吨

序号	矿名	1931	1932	1933	1934	1935	1936	1937	小计
1	抚顺煤矿	7193	6873	8646	9813	9743	10251	10339	62858
2	烟台煤矿	176	259	175	232	268	310	348	1768
3	牛心台煤矿	36	45	62	90	70	70	70	443
4	蛟河煤矿	80	20	—	56	146	328	310	940
5	火石岭煤矿	70	70	85	126	70	72	69	562
6	老头沟煤矿	15	22	36	55	75	89	100	392
7	阜新煤矿*	22		16	36	57	115	607	853
8	西安煤矿	95	150	315	378	679	728	798	3143
9	八道壕煤矿	49	50	63	65	70	75	30	402
10	北票煤矿	578	35	60	300	305	312	344	1934
11	鹤岗煤矿	230	64	288	319	328	365	541	2135
12	复州湾煤矿	222	203	193	165	134	146	131	1194
13	密山煤矿	—	—	—	—	17	74	112	203
14	札赉诺尔煤矿			74	114	163	131	162	644
15	赤峰、凌源、平泉各矿**	59				120	120	150	449
16	穆棱煤矿	338	135	149	170	160	160	180	1292
17	尾明山煤矿	15			8	—			23
18	本溪湖煤铁公司	468	503	612	677	692	725	850	4527
19	南昌煤矿	200	263	326	350	?	?	?	1139
	合计	9846	8692	11100	12954	13097	14071	15141	84901
	东北煤炭总产量	10117	8774	11130	12980	13222	14322	15202	85747
	日占煤矿占总产量%	97.3	99.1	99.7	99.8	99.1	98.2	99.6	99.0

* 包括阜新、孙家湾、米家窝铺等矿。

** 包括赤峰元宝山、凌源冰沟以及平泉各矿。

资料来源:据解学诗主编:《满铁史资料》煤铁篇;侯德封编:《中国矿业纪要》(第四次,1929—1931年);侯德封编:《中国矿业纪要》(第五次,1932—1934年);李春昱等编:《中国矿业纪要》(第七次,1935—1942年)综合整理、计算、编制。

8474.6 万吨①,相当于这一地区同期煤矿总产量 8569.9 万吨的 98.9%,日寇已将这一地区的大小煤矿及其煤炭产量囊括一空。

石油是仅次于煤炭的工业、交通和生活能源,在军事上的重要性甚至超过煤炭。日本对东北石油的掠夺,是同煤炭的掠夺大致同时开始的。

1905 年日本攫得抚顺煤矿后,即着手研究利用抚顺的油页岩提炼石油,并取得进展。1925 年、1926 年在抚顺先后建造 10 吨和 50 吨干馏炉各一座,后者还附有煤气预热、粗油回收、卤精回收、粗油蒸馏、石蜡提取及储油槽等设备。

1927 年后,随着日本武装占领东北加紧提上日程,石油的试验利用和掠夺开发,步伐加快,规模扩大。1928 年在抚顺建造制油厂,有炼炉 10 座,日处理油页岩 4000 吨,次年投产,正式开始石油规模生产。1930 年,炼炉增至 20 座,月产粗油 1500 吨,当年消耗油页岩 89.1 万吨,生产粗油 6.1 万吨,用以提炼重油 4.8 万吨、粗腊 1.5 万吨。

"九一八事变"后,日本占领东北,发动全面侵华战争、消灭中国又被提上日程,石油产品需求急迫。加上一些国家在东北的石油销售强劲,市场竞争日益激烈,日本侵略者进一步加强了对石油的生产、掠夺和统制。1933 年,满铁成立专门机构,在热河、黑龙江地区加紧勘探油矿;在大连建造精制油厂,利用抚顺和海外原油提炼汽油。为了严格控制军事能源,日本侵略者于 1934 年 2 月成立日"满"合办"满洲石油株式会社",从事石油勘探、采掘、炼制和

---

① 这一数字包括 1931 年"九一八事变"前三个季度四省的官办和民办煤矿产量,但同时缺漏日占瓦房店、林口两矿 1931—1937 年全部产量,密山煤矿 1931—1934 年产量,南昌煤矿 1935—1937 年产量数字,多计和缺漏两项,应可大致抵消。

买卖,11 月制定《石油专卖法》,对石油开发和买卖实施"统制"。同时加强了对石油资源的掠夺,1934 年增资 500 万元扩充抚顺油厂,并在旁边加建新厂;1937 年 8 月在阜新组建"满洲合成燃料公司",进行煤炭液化加工,石油及成品产量大幅增加。[①]

铁矿开采和钢铁冶炼方面,"九一八事变"后,日本为了满足侵华战争和本国经济对钢铁的急切需求,进一步加强了对铁矿的掠夺和钢铁的冶炼。

鉴于钢铁在军火生产和侵华战争中的重要地位,"九一八事变"前,日本已着手将钢铁业直接纳入军工生产体系和轨道。1929 年 7 月,日本关东军自办昭和制钢所,将原辽宁省政府与日商合办的辽阳弓长岭铁矿公司日资部分接收。"九一八事变"后,又将华资部分劫夺。公司原运日本铁矿石改供昭和炼钢之用。1932 年冬,关东军复与满铁合建大型钢铁厂,资本 1 亿日元,年产生铁 40 万吨、钢材 35 万吨,以 15 万吨供应本地,其余运回日本。次年 5 月,鞍山制铁所与昭和炼钢所合并,所有制铁所人员改隶制钢所,满铁和鞍山制铁所完全纳入日本关东军军工生产的体系和规划。

由于掠夺性和军事化开发,鞍山制铁所和昭和制钢所的产量逐年上升。[②]

---

① 1934 年生产汽油 30 万加仑。1935 年油厂扩充告竣,粗油产量增至 14.5 万吨,可炼汽油 300 万加仑,比 1934 年提高 9 倍;还可产重油 7.5 万吨、粗腊 1.5 万吨,相当于伪满地区需求量的 1/3。1938 年抚顺新厂完工后,粗油年产量更猛增至 36 万吨,另合成燃料公司可年产粗油 30 万吨。

② 1931 年,两厂共产生铁 26 万吨,次年增至 28.7 万吨,1933 年、1934 年分别达 31.8 万吨和 34.6 万吨,1935 年后超过 40 万吨,1935 年、1936 年分别为 41.2 万吨和 42 万吨。1937 年的计划产量为 65 万吨(实际产量不详),钢锭和钢材的生产能力分别为日产 2800 吨和 1350 吨。见李春昱等编:《中国矿业纪要》(第七次,1935—1942 年),第 704 页。

本溪湖煤铁公司及其所属庙儿沟铁矿，原是中日合办，"九一八事变"后被日本夺据，改名"本溪湖煤铁有限公司"，接着增资改组，扩大和增建高炉。1936年新建200吨及180吨炼铁炉各一座。1937年为实现"五年计划"的钢铁增产目标，又将上述两座炼炉都扩充为250吨，并另建600吨炼炉两座，1938年完工。公司资本亦增至1亿日元，年生产能力比"九一八事变"前提高数倍，可年产生铁80万吨、钢锭40万吨。实际产量也明显提高。①

除了煤炭、石油和钢铁，日本帝国主义对东北地区金、银、铝、镁、锰、铜等有色金属和稀有金属的掠夺，同样不遗余力。

东北、热河地区黄金蕴藏丰富，开采甚早，有多处官办和民营矿场，日本帝国主义垂涎已久。"九一八事变"后，日本侵略者通过各种手段劫夺原有金矿，进行改组、归并，设立新公司，加速开采。1934年成立"满洲采金株式会社"②，重点开采黑龙江、吉林地区的金矿。公司章程规定，原有官矿均为该公司所有：漠河、呼玛、观都(太平)等大矿由公司直接"接收"，一些小矿则由日本个人以"投资"为名，掠夺到手后，再归并总社。③ 同时，日本和朝鲜人也设立"公司"，劫夺分散在各地的小金矿，以转归总社牟利。④

---

① 1931年的生铁产量为6.6万吨，1932年增至8.1万吨，1933年达11.6万吨。见李春昱等编：《中国矿业纪要》(第七次，1935—1942年)，第706页。1933—1937年产量不详。

② 公司为日"满"合办，资本1200万元，其中伪满和"满铁"各500万元，远东拓殖会社200万元，总部设于长春。

③ 如黑龙江瑷珲法别拉河区的逢源、古溪、坐源、德安以及其他许多小矿，都是采取这种劫夺方式。

④ 如黑龙江黑河各矿分别被日本人"隅田采金会社"和"高冈组合"攫夺，后者还夺有吉东三岔河各矿；中东路东段八面通、大城镇、小绥芬河等三处金矿由哈尔滨朝鲜人协会采管，等等。这些金矿后亦归并总社经营。

另外,吉林夹皮沟金矿由日本"大同殖产会社"调查开采,黑龙江兴安岭地区的金矿,日寇则准备组织武装开采。

辽宁、热河两地金矿,辽宁铁岭白乐沟金矿被满铁"大满金矿会社"夺占采掘;热河平泉原有省办官矿,面积甚广,产量亦丰,"九一八事变"后为日本"满洲矿业公司"所夺。此外,热河阜新的新大坝,朝阳的徐家背、上舍利户、金厂沟、来帽子,建平的杨家湾、小长泉,赤峰的鸡冠山,承德的碾子沟、骆驼沟等处金矿,均落入日寇手中。

日本帝国主义夺得金矿后,即大力"整顿"矿区,进行掠夺式采掘。"满洲采金会社"还于 1936 年购置采金船一只,装设于黑龙江嫩江县的泥鳅河区,进行大规模的机械开采。其产量和产值也逐年上升。[①] 据推算,1931—1937 年,日本帝国主义在东北掠夺的黄金总量当超过 100 万两。

镁、铝是制造飞机的重要材料,日本帝国主义也极力探查、开采。1913 年,辽宁海城、盖平发现世界最大的镁矿,日本即百计营谋:或假托华人名义,报领开采;或贷与资本,订立长期购买合同;或立公司,或由洋行直接组织。一时间,开采镁矿的日本公司、洋行和机构,如雨后毒菌,冒地而出。日人起初尚不能提炼纯镁,不久经满铁试验,得出纯镁提炼法,旋即在东北和日本国内成立多家制镁厂,全部利用两县镁土炼成纯镁。"九一八事变"后,日本进一步加强了对镁矿的

---

① 1934 年的黄金产量为 5512 两,1935 年增至 3.51 万两。1934 年的产值为 54.1 万"满元",1935 年增至 367 万"满元",1937 年达 1197 万"满元",比 1934 年增长 21.1 倍。1931—1937 年间,东北日占金矿总产量不详,据云仅 1935 年下半年即在 10 万两以上(参见李春昱等编:《中国矿业纪要》第七次,1935—1942 年,第 717 页;侯德封编:《中国矿业纪要》第五次,1932—1934 年,第 602 页)。

掠夺和冶炼。1933 年成立"日满镁矿株式会社",资本 700 万元,日"满"各半,总社和工厂均设在日本,而由东北输送矿石原料。年产能力初为 150 吨,旋即扩大到 350 吨。矿石产量也逐年增加①,除了提炼纯镁,还被用于制造耐火泥和耐火砖等,而所产纯镁除自用外,尚有部分外销,1936 年即向美国出口纯镁 170 吨。

铝矿方面,辽宁复县、本溪、辽阳、金县等地都有含铝成分甚高的铝黏土和铝页岩。这些矿藏早为日本帝国主义所侵占和垄断,起初被鞍山、本溪等钢铁厂用作耐火材料,或供抚顺、鞍山和日本八幡以及其他瓷窑业之用。"九一八事变"后,经满铁试验,用以提炼纯铝。旋即于 1933 年设立"日满铝会社",总社设大连,工厂设日本富山县,铝土由复县、金县、本溪等地矿场提供。工厂生产能力及铝土产量均不断上升。② 1936 年,日本又在抚顺筹设"满洲轻金属制造公司",资本 4500 万元,其中满铁和伪满政府各 1000 万元,余数由住友、日满铝会社等提供,年产纯铝 4000 吨,原料即是辽阳烟台煤田所产铝黏土和铝页岩。1938 年,该煤田出产的铝土达 15 万吨。

铜、银、铅、锌、锰等,也是日本掠夺的重要对象。

东北三省和热河境内,有多处铜、铅、锰矿或银、铜、铅、锌伴生矿,均为日本侵略者所攫夺。辽宁本溪盘岭、马鹿沟,庄河芙蓉等

---

① 据统计,1930 年的镁矿石产量为 2.9 万吨,1931 年增至 3.6 万吨,1934 年达 6.4 万吨。参见侯德封编:《中国矿业纪要》(第五次,1932—1934 年),第 603 页;李春昱等编:《中国矿业纪要》(第七次,1935—1942 年),第 723—724 页。

② 工厂最初年产能力为 400 吨,后提升至 5000 吨,1937 年达 7000 吨。计划 1939 年增至 1.2 万吨。铝土仅复县一地,即从 1931 年的 3.5 万吨增至 1933 年的 11.2 万吨,1935 年达 19.1 万吨。

3处铜矿,均由日本"满洲铜铅矿业株式会社"开采;盘山石嘴子铜矿,由"满洲采金会社"经营;吉林长春东亚铜矿,由"三井矿山株式会社"与伪满合资经营;吉林延吉天宝山铅、锌、银、铜矿,储量300万吨,原由华商开采,东北沦陷后落入日人"天宝山矿业株式会社"手中。"九一八事变"后日本还在辽宁锦西探得一处储量上千万吨的大铅矿,由"日满矿业株式会社"开采。1935年6月,该公司将矿场器材折价200万元,满铁另出现钞200万元,合计400万元,开设"满洲铅矿公司",扩大开采,年产矿石1.7万吨,运往朝鲜镇南浦的三菱工厂精炼。另外,辽宁凤城有日人开采的青城子铅矿,设有日处理矿石3000吨的机械选矿厂;热河五家子金银铅矿,由日伪"热河开发公司"开采;辽宁兴城黑松林、凤城小皇旗、安东韭花沟及通河桦子山等4处优质锰矿,均由日本"九亚矿业株式会社"开采,以供鞍山、本溪湖诸钢铁厂之用。

日本帝国主义不仅掠夺东北、热河的全部矿厂,而且矿山开采,矿石冶炼、加工,矿石及其产品运输等所需资金、设备、器材、劳力等,无一不是通过掠夺、搜刮、强制等手段获得。矿产资源的掠夺又引发一系列新的掠夺。

原有矿场、冶炼厂的运作,新的矿场、冶炼厂或"公司"的筹建和运作,无论日本独资或日"满"合办,都是就地取财和材,白手起家。日本筹集资金的基本手法有三:一是苛捐杂税,搜刮民财,充当"建设费";二是由东北日伪银行增发纸币;三是用刚刚掠夺到手的矿场、资源折价抵充,以昨天的掠夺"战果"作为今天和明天更大掠夺的资本。最典型的例子是前述日"满"合办"满洲石炭会社"的资本筹集。满铁向该公司投资的800万元中,500万元即是以刚刚掠夺到手的热河阜新孙家湾、新邱两矿区折抵。满铁以资产折抵、低值高估和迫使伪满高值低估的手段①,像玩魔术一样,用刚刚掠夺到手的几家小矿,将东北、热河地区几乎所有煤矿收入囊中。矿场工棚、矿井支架、轨道枕木等所需木材,则是通过盗伐森林、拆毁民居等方法解决。运输所用骡马、车辆则无偿征用农民车马,抓派民伕。矿工多是从东北和关内抓捕和诱骗的劳工。他们不仅没有工资报酬,饭食亦不得温饱。管理则如同奴隶、囚犯,矿场即是监狱、坟场。总之,从矿权攫取、矿山筹建,到矿场开采、矿石冶炼、产品运输,每个环节都离不开掠夺和暴力。

生产经营和产品销售、消费方面,日本帝国主义掠夺和控制各类矿场、冶炼厂,不是通常的商品生产或民用产品的生产,而是军工或半军工生产,各类矿产品及其加工制成品,无论自用或销售,也无论本地消费或运往日本国内,绝大部分直接或间接用于侵华战争和军事目的(包括战争机器本身的运转)。日占煤矿所产煤炭的消费,主要集中在四个方面:一是供给鞍山、本溪、昭和、朝鲜兼二浦、日本八幡等制铁所冶炼钢铁,供给其他矿厂、公司冶炼铜、铅、铝、镁等有色金属。而这些钢铁和有色金属,主要用于军火生产,尤其是枪炮和军用飞机等杀人武器的生产;二是为铁路运输提供动力,以保证军队和军用物资的调运;三是发电、制造煤气和日用燃料,确保军队和侵略机器的生活需要和正常运转;四是就地进

---

① 与此对应,伪满以东北、热河地区全部官办、官督商办、官商合办煤矿作价 680 万元。孙家湾矿区原有华商开办的德兴、顺瑞、增祥、同益昌、同兴盛等矿窑,1931 年,各矿共产煤 1.2 万吨;新邱矿区原有大兴、大新两家中日合办的矿场,1931 年两矿约产煤 1 万吨。各矿均为小矿;与此相反,伪满折抵的西安、复州湾、八道壕、阜新、兴城富儿沟(试办)等煤矿,全是大中型煤矿。前三矿资本总额为 567 万元,生产能力加上阜新煤矿,达到日产 1650吨,年约 50—60 万吨。两相对比,一个低值高估,一个高值低估,显而易见(参见侯德封编:《中国矿业纪要》(第四次,1929—1931 年),第 250 页)。

行深加工,研制和生产包括毒气、炸药和其他化学武器在内的化学制品。① 显然,煤炭大部分用于战争和军事。石油产品是军舰、汽车、飞机的动力燃料,几乎全部充作军用,抚顺油厂更只为日本海军制造燃料。1935 年实施《石油专卖法》后,日本侵略者进一步加强了对石油的生产和统制,规定必须首先保证军用汽油的供应和储备,余下再考虑其他用途。因此,军用汽油充足供应,使用有余,而普通用汽油和煤油(灯油)严重短缺。② 钢铁是军火生产最基本和最重要的原料,其生产、管理、消费,直接由日本关东军控制,大部分产品直接运往日本国内,供军火生产之用。有色和稀有金属中,铝、镁是飞机制造的重要材料,无论是将矿石运往日本冶炼,还是在抚顺设厂就地加工,产品全部用于飞机制造。铜、铅是制造枪弹、炮弹和炸弹的主要原料,全部用于这方面的生产。③ 锰、钨是

---

① 1931—1937 年,抚顺煤矿共产煤 6285.4 万吨,相当于日占煤矿总产量的 74.2%。其中 1486.4 万吨运回日本,297.9 万吨运往日本统治下的朝鲜,合计 1784.3 万吨,占产量的 28.4%。438.5 万吨销往关内地区,占产量的 7%。其余 4063 万吨,除供"满铁"和煤矿附属发电厂消费外,主要就地加工。煤矿建有炼油及各类化学制品厂,生产煤气、沥青、偏苏油、臭油、硫酸铔和炸药原料等。本溪湖煤矿所产煤炭,除供公司炼铁外,其余全供关东军昭和制钢所及朝鲜兼二浦制铁所之用〔李春昱等编:《中国矿业纪要》(第七次,1935—1942 年),第 621、625 页〕。

② 据统计,1935 年年末至 1936 年,伪满地区的石油产品供需状况是:军用汽油需要 570 万加仑,本地供给(生产)610 万加仑(其中 360 万加仑由大连精炼厂生产),供给超过 7%;普通用汽油需求 1030 万加仑,本地供给(生产)312.3 万加仑,短缺 69.7%;灯油需求 2100 万加仑,本地供给 790 万加仑,短缺 62.4%〔据侯德封编:《中国矿业纪要》(第五次,1932—1934 年),第 163 页计算〕。

③ 日本并不缺铜,但仍然在东北大力掠夺和开发铜矿,一是枪炮子弹生产对铜的需求量大增;二是就地取材,就地加工,快速高效;三是为了贯彻以中国的人力物力资源占领和消灭中国的宗旨。

炼制特种钢的重要原料,全部供昭和、鞍山、本溪湖等钢铁厂之用。金、银更是通行全球的硬通货,是最好的战争资源和储备,其军事用途自不待言。

总之,日本帝国主义在东北掠夺的矿产及其制品,绝大部分直接或间接用于战争和军事。日本在东北的矿产掠夺为侵华战争提供了充足的军火原料、军事物资、后勤供给和战时储备。这是日本帝国主义能够闪电式占领东北和接着发动全面侵华战争的重要前提。

三、官办和商办矿冶业的消长和不平衡发展

这一时期,官办和商办矿业都遭受外国资本的压迫与排挤,日本帝国主义的军事侵略和东北的沦陷,更是官办资本和商办资本矿业的浩劫。两类资本矿业的发展变化,行业之间、不同性质资本之间,互有差异,极不平衡。作为这一时期矿业主体的煤矿业,官办资本膨胀,商办资本消减;但同外国资本比较,中国资本所占份额,明显下降。铁矿、石油完全为日本所掠夺和垄断,国民党政府鉴于钢铁、石油在国民经济和国防上的重要性,曾多次尝试收回被日本控制的汉冶萍公司,结果失败;兴建大型钢铁企业,不是半途而废,就是为人做嫁衣;勘探油矿、建立和发展石油生产的努力,亦无果而终。直到1937年,清末筹建的陕西延长石油官厂,仍然是唯一的石油官办企业,也是关内唯一的新式油矿。商办资本在这一领域更无任何发展,11年间没有一家稍具规模的新矿新厂问世,而原有的新式铁矿几乎全部为日本所控制。至于石油采炼,除几口土油井外,别无稍具规模的企业。官办资本和商办资本争夺的主要场所是在煤矿业以及有色和稀有金属方面。

（一）国家资本的建立与资本结构及其变化

国民党政府在矿业领域建立和扩大国家资本的努力及措施，主要是从接管和收购旧矿、创建新矿以及通过立法确立官办矿业的优先地位等三个方面进行。

国民党上台后，在矿业方面面临的基本状况是，国家资本萎缩、中断，清政府以官办、官督商办、官商合办等形式建立的国家资本矿厂，在北洋政府时期部分陷于瓦解和中断状态，由国家出资创办或属国家所有的一些大中矿厂相继转为地方政府、地方利益集团乃至私人所有。同时矿业权益丧失严重，地方军阀、利益集团往往为了一己私利，出卖矿权和国家主权。与此相联系，矿业领域的外国资本加速扩张，而大部分官办和商办矿业处境艰难，日趋衰落。

在这种情况下，国民党政府在矿业领域重建和扩大国家资本，最重要和根本的办法，是通过立法确立国家资本（包括地方官办资本）在矿业中的优先地位；最便捷、速效的办法，是收回失去的官办矿业，接管原有的官办以及其他一切能够接管的民营矿业。

南京国民党政府成立不久，1928 年农矿部即组织人员征询修订矿业法意见，着手起草新的矿业法。1930 年 5 月公布的《矿业法》，根本宗旨是将矿业建设和管理纳入法制化轨道，而其核心是确立和保证国家资本在矿业中的优先与垄断地位。

在《矿业法》的起草和讨论过程中，国营、民营为"论讼之焦点"，但主张国营、民营并行不悖者，十居其九，而当时国库奇窘，农矿部处境至为艰难，整理萍乡煤矿及龙烟铁矿，以经费无着，均无办法，经营烈山煤矿，亦以经费支绌，无效果可言。根本无经营全国矿业的财力。如强行规定矿业一律国营，无异将全国矿产全行封锁。① 在这种情况下，新颁《矿业法》的基本原则是，部分矿种可国营、民营并行，但国营（包括地方国营）有优先权和垄断权，其中铁矿、石油矿、铜矿以及可以炼焦的烟煤矿，应归国营，由国家自行探采，政府对此类矿产拥有"先买权"；上述矿产以及钨、锰、铝、锑、铀、铣、钾、磷等矿，政府认为有保留之必要时，得划定区域，作为国家保留区，禁止探采；同时，以上矿产之外的所有矿产，国民在依法获取业权时，矿产所在地的县市政府有优先权。显然，商民可以真正自由开采的矿产并不多。这就为国家资本及地方官办资本在矿业领域的优先发展与垄断地位提供了法制保证。

国民党政府在制定法规、确保国家资本优先地位的同时，通过接管、收购原有官办或民营旧矿以及参股渗入、投资扩充等方式，办起了一批官办、官商合办的矿冶企业。

没收、接管、收购以及参股渗入原有矿厂，是国民党政府在矿业领域建立和扩张国家资本最基本的手段，1927—1937年间贯彻始终，这类企业构成这一时期官办矿业的主体。

另外，国民党政府（包括地方政府）也投资兴建或扩建了若干矿厂企业。1929年开始筹建的淮南煤矿，是国民党政府自己投资兴建的首家大型矿场。山西省政府也曾拨款100万元，扩建大同军人煤厂，1929年改为晋北矿务局。1935年后，筹建后方基地，应付日本全面侵华战争，已经迫在眉睫，国民党政府加强了对矿业特别是有色和稀有金属的统制，加快了发展矿业、在矿业领域建立和扩大国家资本的步伐。资源委员会于1935年制定工业建设"五年计划"，矿冶业是重点。据统计，资源委员会除1933年设立的陕北油矿勘探处外，1936—1937年又设立矿冶企业、事业及工程、勘探单位共20个，详如表1-77：

---

① 全国矿冶地质联合展览会编印：《全国矿业要览》，1936年，第299、301页。

表 1-77　资源委员会所设矿冶企事业及工程单位简表
1933,1936—1937 年

序号	设立年月	企事业名称	所在地	资金(万元)	备注
1	1933.9	陕北油矿探勘处	陕西延长		1934 年 9 月安机开钻,1935 年 5 月停止
2	1936.1	锑业管理处	湖南长沙		
3	1936.3	钨业管理处	江西南昌		
4	1936.5	中央钢铁厂	湖南湘潭		1938 年 6 月停办
5	1936.6	茶零铁矿勘探队	湖南茶零		1938 年 6 月中央钢铁厂停办后裁撤
6	1936.7	彭县铜矿筹备处	四川彭县	150	接管原商租官矿,与重庆行营联合投资
7	1936.8	江西钨铁厂	江西吉安		1938 年夏停办,机器拆迁存储
8	1936.8	阳新大冶铜矿勘探队	湖北阳新大冶		1938 年 2 月结束
9	1936.10	高坑煤矿筹备处	江西安源		收购民窑,1938 年 10 月结束
10	1936.8	四川油矿探勘处	四川巴县		1937 年 11 月开始钻探巴县石油沟区
11	1936	湘潭煤矿公司	湖南湘潭		收购民矿,与中福公司合办,1938 年 11 月结束
12	1937.1	灵乡铁矿勘探队	湖北大冶		1938 年 3 月结束
13	1937.2	天河煤矿筹备处	江西吉安等	10	收购民矿,与省政府合作
14	1937.3	云南锡矿探勘队	云南个旧	600	1937 年开始探勘,1938 年改称锡务工程处
15	1937.7	中央炼铜厂	湖南长沙	90	后迁昆明,改称昆明炼铜厂,资金一说 70 万元
16	1937.8	青海金矿探勘处	青海西宁	60	1938 年 3 月改称青海金矿办事处,与省政府合作
17	1937.9	水口山铅锌矿勘探队	湖南常宁		1938 年 8 月结束
18	1937	重庆炼铜厂	四川重庆		
19	1937	松潘金矿探勘队	四川松潘	40	1938 年 1 月改称四川金矿探勘队
20	1937	宜洛煤矿	河南宜阳洛阳		
21	1937	甘肃油矿筹备处	甘肃玉门		

资料来源:据丁耀华编:《中国矿业纪要》(第六次,1935—1940 年),第 159 页;李春昱等编:《中国矿业纪要》(第七次,1935—1942 年),第 231、240、270、331、375、378、387、394、397、479、537 页;许涤新、吴承明主编:《中国资本主义发展史》第 3 卷,第 111—112 页综合整理编制。

资源委员会筹建的企事业及工程单位包括煤炭、石油能源矿业,钢铁冶炼以及有色和稀有金属等三个方面。煤矿、油矿和铜矿仍是收购或接办民窑、官矿,锑业管理处、钨业管理处是统制机构,其余则是勘探及工程单位。

国民党政府在矿冶各业建立、扩张国家资本的活动及其进展情况,矿冶各业国家资本和民营资本的消长变化,互有差异。

总的来说,煤矿业是这一时期矿业中最主要的组成部分,是国民党政府极力争夺、控制的重要对象,国家资本(包括地方官办资本)也主要集中在这一领域,国家资本和民营资本的消长变化最为显著(详见下目)。石油的开采和炼制尚处于萌芽状态,陕西延长石油官厂是本国资本唯一的新式油矿,资本结构没有多大变化。铁矿开采和钢铁冶炼业,鉴于其在国防及国民经济发展中日益重要的地位,国民党政府几次下决心筹建大厂,但几乎全都半途而废,民营资本亦无明显发展,资本结构的变化也不大。变化较大的是有色和稀有金属业。出于财政考虑,国民党及其地方政府,除了兴建若干官矿官厂,主要是通过对矿产品运销出口的统制来控制这类矿业的生产经营。

钢铁采冶业方面,国民党政府在无法收回汉冶萍公司的情况下,先是试图恢复长期处于停顿状态的龙烟铁矿和石景山铁厂[①],但多个部门争夺而未出铁:1928年设龙烟矿务局,保管炼厂财产,1929年改由铁道部接收,1931年又令实业部接管,未果。嗣后落入冀察政务委员会之手,但迄未开炉炼铁。安徽铜陵铜官山铁矿

---

① 龙烟铁矿位于察哈尔龙关及宣化烟筒山一带,成立于1918年,官商合办,在北京西郊石景山自设炼厂,建有化铁炉2座,至1922年,工程大部完成,并将4万吨矿石运至汉阳铁厂试炼,结果甚佳。嗣因铁价猛跌,运汉冶炼得不偿失,遂停。迨石景山铁厂告成,公司资金亦罄,又值北京政变,铁厂负责人逃走,于是矿厂全部停顿。

虽经接收,也始终未能恢复投产。①

国民党政府恢复旧有矿厂未果,遂于1931年计划筹建中央钢铁厂,聘请德国喜望、美国马基两家公司分别进行设计,公司资本3350万元,由政府出1/3,再招商股。厂址以及矿石、焦炭、石灰石等原料供应,亦已确定,但并未即行施工。到1935年,中央钢铁厂又被列入工业建设"五年计划",1936年5月成立筹备委员会。厂址择定湖南湘潭,设计由德国克虏伯厂承担,8月开始施工。至1938年7月,一切就绪,只等德商机器到达,即行安装开工。不幸敌寇直驱南下,时局吃紧,钢厂未及装机投产,即行停工,中央钢铁厂就此夭折。

山西、广东也曾分别计划兴建大型钢铁厂。

1932年10月,山西西北实业公司着手创办西北钢铁厂,向德国喜望等三公司征求计划及概算,1934年4月拟定炼钢厂计划。日炼铁、炼钢能力分别为160吨和240吨,日轧钢能力为150吨,厂址选在太原,总计需款514万元,1935年4月正式动工,同时开办太原东山、定襄、宁武等3处铁矿。至1937年冬,工程未竣,而太原沦陷,该厂即被日寇掠占,旋交日本大仓组经营。

1932年秋,广东省政府也决定在广州近郊兴建钢铁厂。1933年3月聘请美国马基公司进行设计,拟建275吨炼铁炉一座,75吨

---

① 该矿开采远自唐宋,后因燃料缺乏,置未采炼。1902年,有英人与安徽巡抚拟组安裕公司开采,因与当地人屡起纠纷,1909年由省库垫款5.2万英镑,将矿权赎回。1911年安徽矿务总局筹组泾铜公司,拟以泾县之煤炼铜官山之铁,资本220万元,官商合办。辛亥革命后,安徽当局又拟同日商合办,因本省反对未果。1912年,皖督柏文蔚与日本三井洋行订立售砂合同,借款20万元,但迄未开工。1914年农商部令该省拨还三井借款,取消合同。泾铜公司亦以泾县煤矿亏累甚巨,遂停办。国民党政府将矿区划归国营,迄未正式开采。矿区沦陷后,即被敌"华中矿业公司"掠占经营。

炼钢平炉3座,以及轧钢和一切附属设备,总计需款730余万元。矿石取自云浮,并已打竪钻探,准备开采。旋因广州沦陷,计划中止。

耗费巨资修建的三座大型钢铁厂,不是半途而废,就是为人做嫁衣。1927—1937年间,国民党政府在钢铁采冶业领域建立国家资本的努力,迄无成效,资本结构也无多大变化。

这一时期重要新式铁矿、钢铁冶炼厂及其资本结构,详见表1-78、表1-79:

表1-78 主要官办新式铁矿及钢铁冶炼厂简表

序号	矿厂名称	设立年份	所在地	资本额(万元)	产量(万吨)	备注
1	龙烟铁矿	1918	察哈尔龙关宣化	500		因资金用罄、时局变动停顿
2	石景山炼铁厂	1918	北京石景山			因资金用罄、时局变动停顿
3	象鼻山铁矿	1920	湖北大冶		10	省办,产品供六河沟铁厂及日本
4	益华公司	1920	安徽当涂	50	4	系没收倪嗣冲股份,官商合办
5	铜官山铁矿	1911	安徽铜陵	220		旧官矿,矿区划归国营,未投产
6	西北炼钢厂	1935	山西太原	514		工程未完,即被日寇掠占
7	东山铁矿	1936	山西太原			投产未久,被日寇劫收
8	定襄铁矿	1937	山西定襄			投产未久,后被日寇劫收
9	宁武铁矿	1937	山西宁武			准备开采,后被日寇劫收
10	育才钢厂		山西太原		20吨/日	拟扩充至100吨/日
11	广东钢铁厂	1933	广东广州	730		广州沦陷,停办

资料来源:据全国矿冶地质联合展览会编印:《全国矿业要览》,1936年刊本,第79页;侯德封编:《中国矿业纪要》(第五次,1932—1934年),第186—187、305—306、461页;李春昱等编:《中国矿业纪要》(第七次,1935—1942年),第614、712—713页综合整理编制。

表1－79　主要商办新式铁矿及钢铁冶炼厂简表

序号	矿厂名称	设立年份	所在地	资本额（万元）	产量（万吨）	备　注
1	大冶铁矿	1890	湖北大冶			
2	汉阳铁厂	1890	湖北汉阳			1922—1925 年，高炉、炼厂相继停工
3	福利民公司	民初	安徽当涂	100	11(19333)	系福民、利民两公司合并，矿砂供日
4	宝兴公司	1917	安徽当涂	45	20(1928)	矿砂全数供应日本
5	裕繁公司	1918	安徽繁昌			矿砂供日，1932 年日人停止收砂，停产
6	阳泉铁厂	1918	山西平定		20 吨/日	
7	六河沟公司铁厂	1920	湖北汉口		2.9 吨(1933)	原为扬子铁厂，1923 年六河沟公司接管
8	和兴钢铁厂	1921	上海	200		1932 年停工，1934 年集资改组扩充

资料来源：据全国矿冶地质联合展览会编印：《全国矿业要览》，1936 年刊本，第 38 页；侯德封编：《中国矿业纪要》（第四次，1929—1931 年），第 304、345—346、367 页；侯德封编：《中国矿业纪要》（第五次，1932—1934 年），第 187、459—461、500—504 页；李春昱等编：《中国矿业纪要》（第七次，1935—1942 年），第 711—712、715 页综合整理编制。

有色金属及稀有金属方面，国民党政府主要是通过筹设官办矿厂和实行统制两种方式，建立国家资本，进而实施全面控制。各矿种情况不尽相同，有的以统制为主（如锑、钨）；有的既有统制，也有官办矿厂的设立（如锡矿）；也有的以设立官办矿厂为主（如铅锌矿）。①

锑、钨是国民党政府中央、地方及军队争夺的重要对象。在资源委员会进行统制之前，湘、赣、粤地方当局及驻军，早已插足。资源委员会的统制经历了从地方统制再到中央统制的过程。

————————

① 另外，铜矿则一直以官办为主，且老场矿源已近枯竭，这一时期无多大变化。

湖南省政府于 1933 年成立"湖南锑矿联合贸易处",提价购锑囤积,统制全省锑品产销。结果导致出口顿减,矿业不稳。在这种情况下,1936 年 1 月资源委员会派员接管贸易处,成立锑矿统制处,以限制生产为政纲,运销仍许商人自由。① 对锑矿的控制权由此收归中央。

钨矿业方面,江西省政府为解决财政困难,于 1928 年春实施钨矿省营政策,由建设厅直接管理,先后委托江西、广东广巨安等 7 家钨商及建兴公司代营运销。后因商民、劳资等纠纷,省府决定收回官办,但因财绌未果。1932 年又改行官督商办,成立钨矿管理局,拟着手划分矿区,改善开采,由于蒋介石国民党对苏区的"围剿"和经济封锁等原因,亦未能实现。这时军队也在介入钨业。1933 年 8 月,驻防赣南粤军组织"桑田公司",收买矿砂,并令原有 8 家钨商合组联安公司,由军队武装"保护",实行利润分成,51% 归军队,49% 归矿商,钨砂概运广州交由广东钨矿专卖局专卖。赣钨专卖权落入驻军手中,省府利权旁落,由此引发军政矛盾。1934 年夏工农红军突围长征、撤离江西后,省政府与驻军协议,成立江西钨矿局,统一办理钨砂收购、运销专卖事宜,并指定省营裕民银行负责相关资金借贷。②

广东省政府也在加紧控制钨矿业。广东产钨仅次于江西,且赣钨大多取道广东出口,控制钨砂运销有地理上的优势。于是广东省政府在 1929 年决定成立"钨砂对外贸易组合",实行钨砂出

① 侯德封编:《中国矿业纪要》(第五次,1932—1934 年),实业部地质调查所 1935 年刊本,第 518 页。

② 陈真:《中国近代工业史资料》第 4 辑,生活·读书·新知三联书店 1961 年版,第 963、967 页;郑友揆等:《旧中国的资源委员会——史实与评价》,上海社会科学院出版社 1991 年版,第 247—248 页;侯德封编:《中国矿业纪要》(第五次,1932—1934 年),第 492—495 页。

口专营。但因矿工、矿商和中央实业部反对,没有成功。1933 年又成立"省营产物经理处",全省钨砂悉由该处专卖,不许自由出口,也不久夭折。[1]

广东钨业实际被操控在军队手中,粤军设有军垦管理处,直辖 30 余处矿场,派员自行采办。广东省建设厅虽订有统制钨砂产销办法,规定省内钨矿开采,以设定矿业权者为限,所采钨砂由"国货推销处"统一收购,并视价格涨落,调整钨砂产量;外省运钨经粤出口,须领有"省外运粤特许证",否则视为非法。但这只能限制民间商人,而对粤军的钨砂采运,怯于武力,不敢干涉,由广州出口的钨砂基本上由粤军控制。而且,"省营产物经理处"的钨砂专卖,因触犯了军队利益而无法推行。1935 年,钨砂专卖即改由第四路军军垦经理处办理。

鉴于上述情况,1936 年 3 月,资源委员会在南昌成立"钨业管理处",赣南设分处,并于各矿区分设 14 处事务所,收购钨砂运销出口;9 月派员与广东接洽,在广州设广东分处,汕头设办事处。湖南年产钨砂数百吨,亦设分处。规定钨砂收价,统收统销。至此,赣、粤、湘三省钨业管理权全部收归中央,由资源委员会及其下属机构统一管理。

这样,钨、锑的生产经营,采掘仍归矿商[2],但不能自由买卖,收购、运销由政府统制。

锰矿开采,1927 年前几乎全部是商营。国民党上台后,湖南

---

[1]　李春昱等编:《中国矿业纪要》(第七次,1935—1942 年),经济部中央地质调查所 1945 年刊本,第 595 页。

[2]　也有部分地区建有钨、锑矿官处。如云南,省政府于 1936 年与矿商合资设立云南钨锑公司芷村分公司,采收或专事收购开远一带锑矿,自滇越路运往蒙自出口。广西省贸易处也在梧州广西省硫酸厂内设立炼厂,用新法冶炼青锑(辉锑矿)及红锑(氧化锑)。但都不是主产区,矿厂规模小,产量微小。

于 1929 年设湘潭锰矿局，取代停工民矿，成为当地锰矿主力。1937 年又将民矿裕牲改组为官商合办湘潭锰矿公司。商办资本所剩无几。江西、广西产区情况稍异：1928 年江西设立"锰砂公卖局"，统制锰砂采运，但一年后停办；广西仍是民矿采运，桂平民矿还有较大发展。① 总的来说，官办资本和商办资本互有消长。

锡业情况不同。因锡是造币辅料，开采一向以官办为主。国民党政府虽然不再新造铸币，但对锡矿生产的控制继续加强。主产地云南个旧，原有云南锡务公司，1937 年 4 月改名云南矿业公司，资本 300 万元，官商合办。规模扩大，并修建水电厂，供给矿区电力；在老场开凿新式深井，修建洗砂厂，以改善条件，提高产量。② 湖南、广东均有官办锡矿的建立。湖南早在 1912 年，即于江华设局收购锡砂，并雇工采炼。1928 年复将厚生、华阜两家商矿收归官办，锡砂之收炼权乃为官矿局所独有。③ 临武的锡矿开采，则完全收归政府。④ 在广东，1931 年，第四路军军垦经理处率

---

① 桂平 1931 年后因锰价转佳，先后成立公司 30 家。到 1937 年，产砂 5 万余吨，成为锰砂最主要的产区〔李春昱等编：《中国矿业纪要》（第七次，1935—1942 年），第 475—476、411、590—591 页〕。

② 后因所建开远电厂独立，新式矿井亦未兴工，仅于几处旧井进行土法开采，生产状况依旧〔李春昱等编：《中国矿业纪要》（第七次，1935—1942 年），第 526 页〕。

③ 官矿局曾一度专事收炼商砂，并不开矿自采，锡矿开采尚为商所有。至 1934 年，省建设厅拟具计划，改用新法开采，但未实施〔李春昱等编：《中国矿业纪要》（第七次，1935—1942 年），第 468、472 页〕。锡矿石的采掘仍归矿商。

④ 临武香花岭（一名桂岭）、萝坪一带的锡矿开采，自清季至 1927 年，由官办、官办商租到官商合办，经营方式和组织机构几经变换。1929 年，省政府将其收回省办，1932 年将原有锡矿局改名湖南临武香花岭锡矿局兼管萝坪钨矿工程分处。于是锡矿石的采掘全部收归政府〔李春昱等编：《中国矿业纪要》（第七次，1935—1942 年），第 473—474 页〕。

先经营广东紫金、东莞两县锡矿,1933 年省政府也开始加强对锡矿开采的管理,取缔无照矿商。

仅次于云南的第二大锡产地广西,矿石采炼,全部商营。[①] 在这种情况下,国民党政府和广西当局采取的控制手段是统制。1927 年,省政府在丹池曾一度实行"商采官销"。[②] 1935 年,广西设立出入口贸易处,统制全省矿产及其他出口货品运销事宜,锡产亦在统制之列。"七七事变"后,资源委员会也开始对锡业进行统制。[③]

至此,云南、湖南、广西锡矿产销已几乎全部由政府控制,广东大部分由政府和军队控制。

铅锌矿业的经营原本官、商并存,以官办为主,这一时期官办矿厂进一步膨胀。1927 年后,水口山铅锌矿及长沙黑铅炼厂,均收归省政府管理;1933 年 10 月,省建设厅接办衡山银坑冲停办商矿,开工采砂;省建设厅投资 27.5 万元筹办的长沙西法炼锌厂,亦于 1934 年 9 月投产。慈利廖家山铅锌矿先被地方军占领,后被保安团头目收买开采(1933 年由省政府收办未果)。省政府还在铅锌集中产地水口山设立"湖南官矿矿产营业处",各矿所产矿品均由该处销售。这样,国家资本和地方官办资本已在铅锌矿业中占据主导和统治地位。

①　1905 年,丹池县曾将民矿改为官督商办,辛亥革命后,1913 年又改回商办。其他各地一直是商办。

②　具体办法是在各大矿场设立官矿局,锡砂收购、炼制、销售,皆由矿局办理。1929 年局务停顿,1931 年又行恢复,但将炼制、销售权开放,可由矿商自由采炼销售。

③　1937 年"七七事变"后,国民党政府即拟议设立锡业管理处,统制全国锡品运销,1938 年在广西设立锡业管理处,先行管理该省钨锡锑各矿产品。

(二)煤矿业中的国家资本与民营资本

煤矿业是这一时期矿业的主体,是外国资本与中国资本、官办资本与商办资本争夺最激烈的领域。在中、外资本关系上,外国资本处于优势和扩张态势,中国资本处于劣势和相对消减态势;在官、商资本关系上,官办资本处于优先和扩张态势,商办资本处于次要和相对消减态势。1927—1937 年的官办资本和商办资本煤矿业,都由老矿和新矿两部分构成,但二者在两类煤矿业中各自所占比重大不相同。1927 年前老矿在商办煤矿中占绝大比重,是其主体,1927 年后的新矿(尤其是资本额)比重很小;官办煤矿则以1927 年后筹建的新矿为主体,而此类新矿除个别外,全是 1927 年前的商办老矿。这就清楚地揭示了煤矿业中国家资本与民营资本的消长变化及其原因。

1. 官办煤矿的发展及经营

官办煤矿中,新建矿场数量最多,资本额最大。据不完全统计,1927—1937 年,国民党政府接收和投资参建的官办煤矿有 29家,资本总额 3989.2 万元,是官办煤矿的主体(详见表 1 - 80)。

表 1 - 80　1927—1937 年接收或筹建的主要官办煤矿

序号	矿场名称	资本性质	创办年份	创办方式	所在地	资本(万元)	年/日产量(最高)
1	中原公司	省办	1927	没收	河南修武	300	80 余万吨/年
2	西安煤矿公司	官商合办	1927	加入官股	辽宁西安	250	700 吨/日
3	禹村煤矿	省办	1928	没收	山东泰安	19.6	2.5 万吨/年
4	长兴煤矿	国办	1928	接收停产矿	浙江长兴	200	650 吨/日
5	烈山煤矿	官商合办	1928	接收逆产	安徽宿县	100	10 万吨/年
6	水东煤矿公司	省办	1928	接收灾损矿	安徽宣城	80	2.5 万吨/年
7	萍乡煤矿	省办	1928	接收旧矿	江西萍乡	1000	23 万吨/年
8	奶子山煤矿	官商合办	1928	接办扩充	吉林额穆	150	8 万吨/年

续表

序号	矿场名称	资本性质	创办年份	创办方式	所在地	资本（万元）	年/日产量（最高）
9	晋北矿务局	省商合办	1928	接办扩充	山西大同	150	39 万吨/年
10	淮南煤矿	国办	1929	新办	安徽怀远	125	58 万吨/年
11	宜章煤矿	军办	1929	接收旧矿	湖南宜章	—	—
12	石门口煤矿局	省办	1929	收买旧矿	湖南醴陵	18	13.4 万吨/年
13	白土寨煤田	省商合营	1929	接办旧矿	江苏萧县	140	2 万吨/年
14	金沟煤矿	官商合办	1930	收购旧矿	辽宁抚顺	24	8.7 万吨/年
15	复州湾煤矿	官商合办	1930	收购旧矿	辽宁复县	200	600 吨/日
16	大同煤业公司	官商合办	1931	新办运销	山西大同	100	31.5 万吨/年
17	狗牙洞煤田	省办	1932	接办停产矿	广东乳源	100	20 吨/日
18	宁乡合作煤矿	省办商营	1934	接收旧矿	湖南宁乡	6	数十吨/日
19	合山煤矿公司	省办	1934	参股改制	广西迁江	440	1.1 万吨/年
20	大通煤矿	官商合办	1936	购买股份	安徽怀远	140	27 万吨/年
21	西湾煤矿	省办	1936	收回旧官矿	广西钟山等	20	1.6 万吨/年
22	高坑煤矿局	国办	1936	接收土窑	江西萍乡	100	500 吨/日
23	湘潭煤矿公司	官商合办	1936	收购民矿	湖南湘潭	—	—
24	天河煤矿	国省联营	1937	收购旧矿	江西吉安	110	3800 吨/月
25	观音滩煤矿	省办	1937	收买扩充	湖南祁阳	26.6	2.3 万吨/年
26	石燕桥煤矿公司	官商合办	1937	加入官股	四川隆昌	90	390 吨/日
27	花园公司	省办	1937	新办	察哈尔宣化	—	40 吨/日
28	宜洛煤矿	国办	1937	接办旧矿	宜阳洛阳	—	—
29	恩口煤矿局	官商合办	1937	圈占民矿	湖南湘乡	100	

资料来源:据侯德封编:《中国矿业纪要》(第四次,1929—1931 年);侯德封编:《中国矿业纪要》(第五次,1932—1934 年);丁耀华编:《中国矿业纪要》(第六次,1935—1940 年);李春昱等编:《中国矿业纪要》(第七次,1935—1942 年),煤矿业各页;陈真:《中国近代工业史资料》第3辑,生活·读书·新知三联书店 1961 年版,第 786 页;陈文华、陈荣华主编:《江西通史》,江西人民出版社 1999 年版,第 938 页;许涤新、吴承明主编:《中国资本主义发展史》第 3 卷,第 112 页及相关县(市)新编地方志综合整理编制。

官办煤矿的兴建明显集中在两段时间:一是 1928—1929 年,两年新建官办或官商合办煤矿 11 家,占总数的 37.9%,其中 1928 年又占 2/3 弱;二是 1936—1937 年,两年新建官办煤矿 10 家,其中 1937 年 6 家,又占 2/3。4 年合计 19 家,占总数的 65.5%。资本性质和经营方式,既有国办,也有省办,中央、地方联营,还有军办;既有官办,也有官商合办、省铁(路)合办,还有省办商营。资本构成和经营形式多种多样。从矿场数和资本额看,官办占大半,官商合办或官办商营占小半。官办以省办为主,这类煤矿有 10 家,加上省办商营,达 13 家。

这些官办煤矿的筹建方式和矿场来源,仅淮南煤矿和大同煤业公司、花园公司为投资新建,其余全是接办原来的旧矿。

淮南煤矿是国民党政府自己投资新建的独家官办煤矿,1929 年筹备,1931 年 10 月出煤。日产能力 70 吨。1934 年春开始修筑自矿场经合肥至长江裕溪口的淮南铁路,1936 年 1 月全线通车。自 1929 年至 1937 年 6 月,总共投资 1100 余万元。

国民党政府对旧矿的占有,大致有三种情况或方式:

一是没收或无偿接管。一些煤矿或为北洋军阀所建,或有军阀股份,被国民党政府作为"逆产"接收。中原、长兴、华宝、烈山等矿,即属此类。中原公司成立于 1915 年,1927 年被国民军没收,1929 年由河南省政府派员监督管理。长兴煤矿建于 1918 年,1928 年由建设委员会接管。后因矿商及社会各界强烈反对,迫于商界及社会压力,于 1932 年发还商办,但复于 1937 年 10 月由建设委员会接办。华宝公司也是先占后还,还了又占。① 烈山煤矿建于 1904 年,因大水亏损,1914 年由倪嗣冲接办,资本增至 100 万元,1917 年后,年产煤 10 余万吨,营业甚盛。1928 年被农矿部

---

① 华宝公司的前身是泰兴公司,因资本用罄,1914 年让与刘锡庆,1917 年成立华宝公司。因有"逆产"之嫌,1928 年被山东省政府没收,改名禹村煤矿。1930 年 12 月发还原主续办,改名"商办华宝公司"。至 1936 年,因股东间纠纷迭起,贻害矿业,又由山东省政府成立"华宝煤矿整理处",再次收归省营。

作为"逆产"接收,1930 年将倪嗣冲以外的股份发还,改为官商合办,官股 60 万元,商股 90 万元。因官商双方龃龉和水灾损失,负债 60 万元,1933 年交由商方经营。

有的煤矿,或被划入官地,或因有利可图,或因产权涉讼,或因欠缴矿税,或因亏损停产等,也被借机接收或圈占。奶子山煤田,清末即有人开采。1928 年吉敦铁路修成,正好穿过煤田。于是矿场被划为官地而予没收,并招股 150 万元,购置机器,扩大开采,是为奶子山煤矿公司。湖南湘乡洪山殿煤田,原有民窑采掘。1937年,实业部指令将该煤田 3226 公顷划归国营矿区,并为筹供湘黔铁路燃料设立恩口煤矿局。[①] 西湾煤矿位于广西钟山、贺县交界,原是 1907 年巡抚张鸣岐创办的官矿,民初因亏损停办,1919 年后准由矿商领采。1934 年因富川、钟山、贺县一带锡业兴起,需煤殷亟,乃由锡商投资成立安国公司产煤供给。广西省政府见有利可图,即于 1936 年收归省营。水东煤矿开办于 1923 年,资本 80 余万元,日产煤 100 余吨。1928 年因火灾受损,是年秋即被安徽省建设厅接收。宜章、狗牙洞、白土寨等矿都因亏损停产或欠缴矿税而被接收。[②]

二是收购民营旧矿。属于这种情况的有石门口、金沟、复州

---

① 李春昱等编:《中国矿业纪要》(第七次,1935—1942 年),经济部中央地质调查所 1945 年刊本,第 458—459 页;《湘乡县志》第 12 卷,湖南出版社 1993 年版,第 315 页。

② 宜章煤矿由李姓矿商开办于 1919 年,因战事和时局关系,时采时停。1929 年由广州行营所属湘南煤矿局宜章杨梅山分矿接收经营。狗牙洞煤矿由粤商创办于 1918 年,投资 100 万元,全用新法,规模宏大,日出煤 100 余吨,自设炼焦厂炼焦。后因地方不靖,土匪骚扰,1924 年停产。1934 年由广东省建设厅接办。白土寨煤矿因商领未采,积欠矿税,1929 年被江苏收归省办。

湾、观音滩以及资源委员会所办各矿。沈海铁路局以 24 万元买得金沟煤矿;复州湾煤矿以 200 万元让与东北矿务公司;湖南省建设厅分别以 18 万元和 5.6 万元收购石门口煤矿和观音滩煤矿。① 资源委员会兴办的高坑、湘潭、天河等矿,都是收购民窑。②

三是参股改制。这类煤矿有西安、合山、石燕桥、大通等 4 家。西安煤田的采掘始于 1913 年,此后迅速发展,相继有 10 家民窑开业。日本也很快渗入,1916 年成立东洋炭矿株式会社,勘查矿区,并向各公司投资。有鉴于此,张学良于 1927 年 8 月集资参股,由财政厅、沈海路、兵工厂各出资 50 万元,商方作股 70 万元,将 10 个商领矿区合并,成立官商合办西安煤矿公司。③ 合山煤矿自 1917 年后,相继有广利源、利民两公司开采,但先后停业。至 1932 年,又有同福、同德两公司领采,并于次年合并为合山公司。1935 年,广西省政府加入股本,改为官商合办,资本增至 440 万元。石燕桥煤矿开办于 1935 年,1937 年加入官股 15 万元,改为官商合

---

① 石门口煤矿位于醴陵,1921 年后,相继有宝源、汇鑫、阜南、民生等公司开采,因争产涉讼,销路阻滞,亏损不赀,湖南省政府收购后,设石门口煤矿局经营,直属建设厅。观音滩煤矿亦资本不继,省建设厅收购后,除修整旧井,继续生产外,又加开新井,修筑轻便铁道,扩大了生产。

② 高坑煤区原有土窑开采,后被国民党政府划为“国营矿区”,1936 年 10 月,资源委员会成立“高坑煤矿储备处”,开始建矿,以供给筹建的中央钢铁厂所需煤焦。湘潭煤矿位于湘潭谭家山,原来也有土窑,据说“规模甚大”。天河煤矿早在明代即有人开采,迄民国初年,矿业渐盛,大小公司达 12 家。1928 年、1929 年后,因局势不稳,各矿先后歇业。1937 年 2 月,资源委员会与江西省政府合组“天河煤矿筹备处”,资本原定 60 万元,嗣增至 110 万元,收购和整理旧井,开凿新井,恢复和扩大生产。

③ 《辽源市志》(大事记),吉林人民出版社 1995 年版;侯德封编:《中国矿业纪要》(第四次,1929—1931 年),第 252 页。

办。① 大通煤矿原本商办,资本 140 万元,东距淮南煤矿 5 公里。因交通不便,煤炭运销须出淮河、经津浦铁路至浦口,成本既高,且受限制。淮南铁路通车后,大通遂同淮南矿合组联营处,从 1937 年 4 月开始,利用淮南铁路运煤,建设委员会乘机收购大通股票 4.5 万元,将该矿改为官商合办。②

除了上述 29 家,官办煤矿还有北洋时期存留的若干老矿,有的规模还较大(见表 1 - 81)。

北洋时期存留的官办老矿,共有 11 家③,有资本记载的 10 家,资本总额 1840.5 万元。创办时间除磁县官矿和鸡鸣山煤矿外,均在北洋时期,且集中于 1920 年前后。

磁县官矿和临城煤矿是开办最早的官矿,资本性质和经营方式几经变换。④ 1927—1928 年,先后被国民党政府和河北省接管。1927 年 6 月,国民党政府战地委员会进驻磁县官矿,并委派新矿长。同时,天津警备司令部也派员前往主持矿务,双方争执。河北

---

① 以上官办、官商合办各矿资料,除注明者外,均据各次《中国矿业纪要》。

② 陈真:《中国近代工业史资料》第 3 辑,生活·读书·新知三联书店 1961 年版,第 786 页;李春昱等编:《中国矿业纪要》(第七次,1935—1942 年),经济部中央地质调查所 1945 年刊本,第 694 页。

③ 另湖北大冶有遗留官办煤矿 2 处,名称、资本不详,一处于 1928 年曾租与商人开采,后停,另一处亦停〔见侯德封编:《中国矿业纪要》(第四次,1929—1931 年),第 370 页〕。

④ 磁县官矿开始筹议于 1875 年,此后时议时停。1906 年京汉铁路通车,煤炭运输条件和销售市场改观,1908 年正式开始筹建,次年成立“北洋磁州官矿有限公司”,官督商办,1917 年改名“磁州官矿公司”,1923 年改组为官商合办“磁县煤矿股份有限公司”,总资本额 250 万元。临城煤矿系李鸿章于 1882 年派员开办,用银 10 万两。1905 年因向比利时借款,改为中比合办。1920 年期满收回,交由芦汉银公司代办,性质为官商合办,规模初具,年产量达 20 万吨上下。1926 年后,车运、销售困难,停产亏损。

表1-81 北洋时期遗留下来的官办煤矿

序号	矿场名称	所在地	创办年份	资本性质	资本额（万元）	产量（最高）
1	鸡鸣山煤矿	察哈尔宣化	1907	路局官办	65*	1930年停业
2	磁县官矿	河北磁县	1908	官商合办	250	数千吨/年
3	爱商煤矿公司	辽宁锦西	1914	官商合办	30	2万余吨/年，1930年停业
4	斋堂煤矿公司	北京门头沟	1918	官商合办	900	3万吨/年
5	八道壕煤矿	辽宁黑山	1919	官商合办	50	7—8万吨/年
6	鹤岗煤矿	黑龙江汤原	1919	官商合办	311.6	23万吨/年
7	临城煤矿	河北临城	1920	省办	13.9*	约20万吨/年
8	北票煤矿	热河朝阳	1921	官商合办	175	51万吨/年
9	馒头山协记煤矿	安徽贵池	1923	官办商营	35	70吨/日
10	天利煤矿	辽宁辽阳		省办		5万吨/年
11	建丰公司	江西丰城		官商合办	10	1935年前停业

* 原为两银，现按1元=0.72两换算为银元。

资料来源：据《邯郸市志》，新华出版社1992年版，第148—149页；侯德封编：《中国矿业纪要》(第四次，1929—1931年)，第199、250—251、255页；侯德封编：《中国矿业纪要》(第五次，1932—1934年)，第304、311—312、331、453页；李春昱等编：《中国矿业纪要》(第七次，1935—1942年)，第320、624页；同书编写组：《中国近代煤矿史》，煤炭工业出版社1990年版，第165—166页综合整理编制。

省政府成立后，又派员清理该矿，一度形成一矿三主的局面。[①] 临城煤矿也在1928年由河北省派员接收，改为官办。

斋堂煤矿系吕调元1918年呈领筹建，官商合办，原定资本100万元，官四商六，嗣兴筑铁路和收购小窑，续招路股700万元、矿股100万元，合计900万元，在官办煤矿中资本规模最大。

八道壕、鹤岗、北票、天利等4矿，均为东北张作霖及其手下所

---

① 《邯郸市志》，新华出版社1992年版，第148—149页。

建。1919年,张作霖耗资50万元,开办八道沟煤矿,取名"益民矿务局",1922年改称"奉天矿务局"。鹤岗煤矿原是商矿,1919年改由吉、黑两省各出50万元开办,但官股迄未缴纳,1923年改招商股140万余元,但仍为官商合办。到1927年,股本总额达311.6万元。北票煤矿原由京奉铁路局开采,嗣以资本不继,1921年添招商股,额定资本500万元,官二商三,实收175万元,改为官商合办。

原有和新建两部分合计,国民党政府先后持有的官办煤矿共40家,资本总额5829.7万元。1926年时,仅有官办、官商合办煤矿11家,资本1840.5万元,占全国煤矿华资总额8020.7万元的22.9%。到1936年,官办、官商合办煤矿增至23家,资本3917.9万元。[①] 占全国新式煤矿中国资本总额8766万元的44.7%,10年间,资本及其所占比重分别增长了112.9%和95.2%。

官办煤矿的经营状况和经济效益,互有差异。大致可以分为三类情况:

第一类是矿区条件较好,建设和管理措施得当,或经整顿,生产有所发展,并取得了一定的经济效益。淮南、中原、长兴、晋北、石门口及鹤岗等矿,即属于这一类。

淮南煤矿被认为设计、建设、生产、运销都比较成功。矿场设施齐备,煤炭储量丰富,产量逐年上升。1932年产煤6.7万吨,1934年21.8万吨,1936年、1937年分别达到58.5万吨和62.9万

①　上揭官办和官商合办资本总额5139.8万元,扣除"九一八事变"被日寇掠占的八道壕、北票、鹤岗、天利、西安、复州湾、奶子山、金沟等8矿资本1160.6万元,退还商人的长兴、禹山两矿资本219.6万元,建于1937年的高坑、天河、观音滩、湘潭、石燕桥、花园、宜洛、恩口等8矿资本351.6万元,1930年及1935年前停业3家资本105万元,1936年实有官办、官商合办煤矿23家,资本总额为3957.5万元。

吨,分别比 1932 年增加了 7.7 倍和 8.4 倍。煤炭运输修有直达长江的专用窄轨铁路。产品销售市场网络也逐渐建立,并不断扩大和完善。随着产量和销售的增加,盈利明显扩大。1932 年盈余 2 万元,次年增至 12.6 万元,1934 年 24.2 万元,1935 年达 35.2 万元。①

中原由河南省接管后,公司监督不谙管理,安插亲信,营私舞弊,公司入不敷出。1934 年蒋介石应福公司要求,特派专员整顿,裁汰冗员,减缩开支,改进工程技术,改善经营管理,疏通运输渠道,开拓销售市场。结果成效显著,公司面貌改观,1935 年实现产量、销售、盈利三个“一百万”,1936 年中原和福公司股东一次派分 1935 年、1936 年两年股息和红利。②

长兴煤矿因经营管理及战乱等原因,1924 年后停产,矿场几近荒废。建设委员会接办后,着手整顿,并先后投资约 100 万元,进行维修重建和设备扩充,使矿场的生产经营步入正轨,产量逐年上升。1930 年出煤 12.9 万吨,已远超该矿 1920 年 3.4 万吨的最高产量,1931 年增至 18.5 万吨,1932 年达 19.7 万吨,为以后的生产经营奠定了基础,使商家收回自办后,矿场得以“按部就班,年有起色”。③

晋北矿务局先由军人煤矿改为省办,后招商股,由省办改为官

---

① 参见侯德封编:《中国矿业纪要》(第五次,1932—1934 年),第 446—450 页;李春昱等编:《中国矿业纪要》(第七次,1935—1942 年),第 690—692 页;王树槐:《张人杰与淮南煤矿,1928—1937》,见《中央研究院近代史研究所集刊》1988 年 12 月第 17 期下册。

② 孙越崎:《河南焦作中福煤矿的坎坷道路》,《孙越崎文选》,团结出版社 1992 年版,第 8—35 页。

③ 《矿业周报》1933 年 7 月 7 日第 11 集第 245 号;李春昱等编:《中国矿业纪要》(第七次,1935—1942 年),第 697 页。

商合办,购置机器,扩充建筑,修筑道路,逐渐建成较大规模的新式煤矿,年产量达 30 余万吨。为了避免恶性竞争,1932 年春,与大同保晋、同宝等公司实行分采合销;同年 6 月,会同山西省营业公社,成立大同煤业公司(1934 年更名大同矿业公司),专办大同煤炭统销业务。[①] 解决了当时普遍存在的煤炭销售问题,使晋北矿的生产和销售处于较好的状态。

石门口煤矿收归省营后,开凿斜井,装配机器,修筑石子路和轻便铁道,扩大规模,改善生产和运输条件;1936 年又包采商井,增加设备,产量不断提高,年产煤由 1930 年的 2.2 万吨增至 1937 年的 13.4 万吨,业务逐渐兴盛。[②]

东北地区的部分官矿,被日寇掠占前,生产经营亦不错。鹤岗煤矿因官股讫未缴纳,改招、扩招商股,解决了资金困难,设备也较完善。根据煤藏浅、煤层厚的有利条件,矿场采用露天采掘法,产量大增。据统计,从 1914 年、1915 年间办矿开采到 1927 年 6 月底,只产煤 2.6 万吨,而 1927 年度的产量猛增到 18 万吨,1929 年度近 20 万吨。随着产量提高,矿场也由亏转盈。1928 年尚亏损 49 万元,1929 年已盈余 99 万元,成为东北北部地区规模最大、最有发展前途的煤矿。[③] 金沟煤矿购归沈海铁路

---

① 三矿所产煤炭统交该公司外运,并可分派红利:公司红利分作 10 成分配,2 成充公积金,4 成为矿业公司红利,4 成为三矿销煤红利。据说该公司“营业颇有盈利”〔侯德封编:《中国矿业纪要》(第五次,1932—1934 年),第 373 页〕。

② 侯德封编:《中国矿业纪要》(第四次,1929—1931 年),第 380 页;侯德封编:《中国矿业纪要》(第五次,1932—1934 年),第 542 页;李春昱等编:《中国矿业纪要》(第七次,1935—1942 年),第 447—448 页。

③ 侯德封编:《中国矿业纪要》(第四次,1929—1931 年),第 199—202 页。

局后，购置机器设备，自行发电，条件改善，产量由 1929 年的 3.2 万吨提高到 1930 年的 8.3 万吨。北票煤矿自 1921 年添招商股后，情况也明显好转，产量逐年上升。1921 年的产量仅 7716 吨，1922 年增至 2.6 万吨，1927 年为 28.6 万吨，1930 年达 51 万吨。经济效益也不错，1929 年、1930 年的盈余分别达 20 万元和 25 万元。①

第二类是由于矿区条件和基础欠佳，或市场受压，加之财力支绌，管理不力，矿场的生产经营无有起色，甚至每况愈下。临城、斋堂、萍乡、宁乡、烈山、水东等矿是其典型。

河北等地的一些官矿，因市场被开滦、抚顺两大矿垄断，或经营不善，大多处境艰难。临城煤矿经河北省耗资 20 余万元整理、修复，年可产煤 10 余万吨，但"销路不振，难期发展"，1936 年 1 月更因水淹停工。斋堂煤矿资本规模宏大，煤炭品种(烟煤和无烟煤)齐全，储量亦丰，但产量甚微，年仅二三万吨，连年亏损。磁县官矿则仅用小窑开采，年出煤数千吨，更不成气候。②

萍乡煤矿在第一次世界大战期间最盛时，日产煤逾 3000 吨，炼焦千余吨，年产煤 90 余万吨。但因举借日债，业务被日本把持，矿场与汉阳铁厂及大冶铁矿同受摧残。第一次世界大战后矿场情况日坏，1924 年汉阳铁厂停工，加上连年兵燹和政治风暴，矿山屡次停工，生产陷于半瘫痪状态。江西省政府接收和派员管理，并未采取有效措施，不过"勉维工作，仅发伙食"。煤炭采掘，因直井淹没，仅恃平巷出煤，且上层煤炭已掘尽，煤炭年产量由八九十万吨

---

① 侯德封编：《中国矿业纪要》(第四次，1929—1931 年)，第 272—274 页。

② 侯德封编：《中国矿业纪要》(第五次，1932—1934 年)，第 304、311—312、320 页。

减到 10 余万吨至 20 余万吨。①

狗牙洞、白土寨两矿都是资本上百万元的大矿,但生产停滞,产量与资本规模不成比例。狗牙洞有资本 100 万元,1920 年前后有矿工 800 余人,日采煤百余吨,1924 年停工。1934 年广东省建设厅接办后,虽开凿平窿 3 处,继续出煤,但仅剩矿工 80 余名,日采煤 20 吨,矿场规模和生产能力今非昔比。白土寨 1934 年冬交由商营后,集有官、商资本 140 万元,本已选定矿区,并修筑铁道支线,但未有动工。因运输不便,生产受限,1935 年、1936 年仅分别出煤 5548 吨和 20694 吨。宁乡官矿更如同鸡肋,弃之可惜,食之无味,时而官办,时而商办。1934 年湖南省政府将其拨交湖南大学作为实习矿场,而该校无力经营,只得招商集资,组织合作煤矿。矿场虽有锅炉、水泵等项设备,但马力小,井深水大,即无法应付。故矿井虽多,出煤量寡,效益有限。②

安徽烈山、水东两矿更是大部分时间处于水淹停工状态。烈山于 1933 年已改由商方负责办理,但至 1936 年才由商方垫款 10 万元,排水复工。尚未出煤,矿区已沦入敌手。水东 1928 年由省接收后,火灾修复工程毫无进展。1933 年以 80 万元租与商办,更是每况愈下,矿场无人负责,井下被淹,设备窳败,迄未恢复。③

第三类是东北和关内地区部分官办煤矿成立不久,就爆发了

---

①　侯德封编:《中国矿业纪要》(第五次,1932—1934 年),第 477—485 页;李春昱等编:《中国矿业纪要》(第七次,1935—1942 年),第 401—405 页。

②　侯德封编:《中国矿业纪要》(第五次,1932—1934 年),第 442、554 页;李春昱等编:《中国矿业纪要》(第七次,1935—1942 年),第 458、612—613、672—673 页。

③　侯德封编:《中国矿业纪要》(第五次,1932—1934 年),第 452、554 页;李春昱等编:《中国矿业纪要》(第七次,1935—1942 年),第 695 页。

"九一八事变"或"七七事变",南方个别官办煤矿更在"七七事变"后才匆忙上马。有的刚刚投产,甚至施工半途,就被迫停工或撤迁,或落入敌手。这些自然无正常生产和经济效益可言。

东北地区大部分官办煤矿由于时间和资金等原因,效益不显。西安煤矿1927年合并改制后,因官股未到,工程因沿旧法,迄少进展。1931年3月,张学良拨款120万元,将西安、复州湾、八道壕3矿联合组建"东北矿务公司",决心加速发展官办煤业,但不到半年,"九一八事变"爆发,东北沦陷,3矿全部落入敌手。

在关内地区,1935年后创办或改制的11家官办煤矿,均未及开发、建设和获得相应效益。

合山、西湾、高坑、天河4矿,1937年刚刚开始出煤。合山自1935年广西省政府参股,资本增至440万元,购置机器,改用新法,并发现多处新煤层,前景不错,有望成为省内重要煤矿,但实际进展缓慢,直至1937年,采矿工程尚在进行,产煤无多。西湾自1936年收归省营,先后投资20余万元,装备机器,整理大井,产量渐增,也是刚刚起步。高坑煤矿筹备处于1936年10月成立,凿井工程上马已是1937年7月。新井尚未见煤,国民党政府西迁,武汉需煤孔亟,奉令增产,该矿只得停凿新井,改而修复旧井。到旧井出煤,已是1937年冬。天河矿区原有民营公司16家,1927年前年产煤10余万担(约合5000吨)。1937年2月收购和修复旧井,5月开始出煤,但时间短促,该年仅产煤4754吨。①

观音滩、湘潭、宜洛、恩口、花园等矿的筹建、成立,已是在日本全面侵华战争爆发前夕或爆发后,更来不及开发、生产和取得

---

① 丁耀华编:《中国矿业纪要》(第六次,1935—1940年),第200—201、197—198页;李春昱等编:《中国矿业纪要》(第七次,1935—1942年),第337—338、394—396页。

效益。

　　观音滩、湘潭两矿的筹建,均是"七七事变"以后,前者原本生产正常,后因资本不继,才售与湖南省建设厅,新主利用这一有利条件,整理旧井,继续生产,并增加经费,开凿新井,修筑轻便铁道,扩大规模,改善运输条件。不过工程完成,已是两年以后。后者成立机构和利用旧井出煤,已是 1937 年 12 月,1938 年 10 月即行停工、撤迁,机器被转运入川。宜洛、恩口、花园 3 矿成立的具体时间不详,花园煤矿在"七七事变"后不久,就沦陷丧失。[①]

　　从整体上看,如将第三类矿场剔除,这一时期官办和官商合办煤矿的生产经营状况和经济效益,大体好坏参半。

　　2. 商办煤矿及其经营

　　这一时期,处在外国资本和国家资本夹缝中的商办煤矿,处境艰难,发展缓慢。1927—1937 年间,虽然建起了一批新矿,但资本规模小,与官办煤矿不可同日而语。生产能力也很低,除个别矿场外,在商办煤矿和全国煤矿业生产中,作用和影响不大。作为商办煤矿业的主体和骨干,还是 1927 年以前存留下来的老矿。表 1 - 82 是 1927 年后新建的主要商办煤矿及其基本情况。

　　1927—1937 年,新建民营新式煤矿 40 家,按 37 家有资本记载的煤矿计算,资本总额 915.1 万元。新矿的一个明显特点是分布地区有所扩散,西部地区办起了一批新式煤矿。其中有 11 家分布在陕西、四川、云南 3 省,占总数的 27.5%。不过这是就民营煤矿本身而言,如果同官办资本进行比较,民营煤矿的问题立即显现。

---

　　① 李春昱等编:《中国矿业纪要》(第七次,1935—1942 年),经济部中央地质调查所 1945 年刊本,第 454—455、458—459、689 页。

表1-82　1927—1937年新建民营新式煤矿

序号	矿名	创办年份	所在地	资本额（万元）	年/日产量（最高）
1	振业煤矿	1927	山东博山	20	9.5万吨(1930年)
2	利兴煤矿	1927	山东淄川	15	10.8万吨(1937年)
3	恒义公司	1927	山西怀仁	6.4	2万吨
4	冰沟煤矿公司	1927	热河凌源	12.5	5.4万吨(1931年)
5	宏福窑	1927	河北宛平	20	1.65万吨
6	燧川煤矿	1927	四川巴县璧山	3	30—40吨/日
7	新喻煤矿	1927	江西新喻	10	1.5万吨
8	明良煤矿公司	1927	云南宜良	50	1万吨(1937年)
9	利华煤矿公司	1928	湖北大冶	120	5万吨(1934年)
10	裕湘煤矿公司	1928	湖南永兴	10	200吨/日
11	宝源煤矿	1928	四川巴县璧山	80	14万吨(1937年)
12	厚丰煤矿公司	1928	察哈尔宣化	10	2万吨
13	东方煤矿	1928	山东博山	30	5万吨(1934年)
14	新裕煤矿公司	1929	山东新泰	1	2—3万吨
15	八齐公司	1929	江西鄱阳	10	出3000吨后停业
16	富国煤矿公司	1930	广东曲江	250	12.5万吨(1934年)
17	义大煤矿	1930	四川隆昌	15	
18	利和公司	1930	山东博山	50	9.9万吨(1936年)
19	义德煤矿	1931	山东博山	20	4.6万吨(1935年)
20	官庄煤矿	1932	山东章邱	20	3.6万吨(1935年)
21	兴武股份有限公司	1932	河北磁县	3	50吨/日
22	鼎盛股份有限公司	1932	河北磁县	5	250吨/日
23	中山公司	1932	河南武安	2	60吨/日
24	正阳煤矿	1932	察哈尔怀来	2	
25	天府矿业公司	1932	四川江北	16.3	190—250吨/日
26	池惠公司	1932	安徽贵池	—	70—80吨/日
27	通惠公司	1932	江西丰城	—	3万吨(1936年)

序号	矿名	创办年份	所在地	资本额（万元）	年/日产量（最高）
28	厚生煤矿公司	1932	陕西韩城	3.5	50 吨/日
29	协盛煤矿公司	1932	河南宜阳	—	50 吨/日
30	复兴公司	1933	山东峄县	26	2.5 万吨(1935 年)
31	裕武公司	1933	河北磁县	5	20 吨/日
32	裕蜀煤矿	1933	四川铜梁	10	30—40 吨/日
33	民生煤矿公司	1933	陕西邠县	2	约 1 万吨
34	新生煤矿公司	1934	陕西白水	8	1937 年才出煤
35	兴华煤矿公司	1934	山西寿阳	1.4	30 吨/日
36	永业公司	1934	江西丰城	2	1.4 万吨(1936 年)
37	致和煤矿公司	1935	河北磁县	15	100 余吨/日
38	阳泉矿业公司	1935	山西平定	60	500 吨/日
39	东林煤矿公司	1936	四川南川	6	40 吨/日
40	新民煤矿公司	1937	陕西同官	5	0.4 万吨(1937 年)

资料来源:12、18、29 据同书编写组:《中国近代煤矿史》,第 168 页;16、38 据《中国煤矿志》,四川志,大事记,第 16—17 页;20、21、30、36 据《峰峰志》第 2 卷,煤炭志,新华出版社 1996 年版,第 143—144 页;22 据《武安县志》第 6 卷,工业志,中央广播电视出版社 1990 年版,第 278 页;23、27 据《全国矿业要览》;29、36、37;28 据《宜阳县志》(经济编),生活·读书·新知三联书店 1996 年版,第 402 页;余据侯德封编:《中国矿业纪要》(第四次,1929—1931 年);侯德封编:《中国矿业纪要》(第五次,1932—1934 年);丁耀华编:《中国矿业纪要》(第六次,1935—1940 年);李春昱等编:《中国矿业纪要》(第七次,1935—1942 年),煤矿业各页综合整理编制。

首先,在时间上,新建官矿主要集中在 1928—1929 年和 1936—1937 年;而表中新建民矿明显集中在 1927—1928 年和 1932—1934 年,这两段时间分别建矿 13 家和 17 家,合计 30 家,占总数的 75%。这种时间上的某种重合和差异,反映了煤矿业中商办资本同国家资本之间的激烈斗争和此消彼长:总的来看,1927—1930 年是官办、商办两类资本建矿较集中的时段,分别建矿 15 家和18家,占总数的51.7%和45.0%。在这期间,国民党政府通过没收、接管、收购民矿等方式,大量筹建官矿。与此同时,新建民矿也不少,似乎出现了官办煤矿和商办煤矿的同步增长。但实际上,两者的高峰及发展趋势不同:官矿的高峰是1928年(共建新矿7家),而民矿的高峰是1927年(共建新矿8家),此后不断减少,1928年5家,1929年、1930年分别为2家和3家,1931年只有1家,明显反映出官办煤矿和商办煤矿的彼长此消。在矿商强烈要求和社会舆论压力下,1930年、1931年国民党政府部分发还接管的民矿;1930年年底开始施行的《矿业法》,允许私人矿业在一定条件下的存在,刺激了民营矿业的发展。在这种情况下,新建民矿又多起来,1932年达10家,1933年4家,共14家,而同期官办新矿仅1家。1934年后,为了进一步控制矿业和建立抗日后方基地,国民党政府又加快了侵蚀民矿、发展官矿的步伐,1936年、1937年共建新矿10家。与此相反,民营煤矿的发展进入低谷,同期仅有新矿2家。国家资本与商办资本此消彼长,一目了然。

其次是资本额和资本规模。这一时期新建民矿数量比官矿多11家,但资本总额只相当官矿的23.4%,二者资本规模不可同日而语。新办官矿按有资本记载的25家计算,矿均资本为159.6万元,而新办民矿仅24.7万元,只相当前者的15.5%。资本100万元以上的只有富国、利华两家,50万元及其以上的只有宝源、阳泉等4家。6家资本合计600万元,占40家资本总额的65.6%。其余33家除东方、复兴等6矿外,资本均在20万元以下,有9家的资本更不足5万元,平均只有2.2万元。一大一小,一强一弱,显而易见。

1927—1937年新设民矿数量虽不算少,但作为这一时期民矿主体的还是1927年以前开办的老矿。表1-83反映的是这类老矿的基本情况:

表1-83 1927年前成立并存留下来的商办新式煤矿

序号	矿名	设立年份	所在地	资本额（万元）	年/日产量（最高）
1	江合煤矿公司	1894	四川江北	26	1.1万吨(1936年)
2	鼎盛公司	1895	河南武安	5	100吨/日均
3	华东煤矿公司	1898	江苏铜山	160	34.7万吨(1936年)
4	中兴煤矿公司	1899	山东峄县	750	173.6万吨(1936年)
5	六河沟煤矿公司	1903	河南安阳	600	50.5万吨(1931年)
6	怡立煤矿公司	1908	河北磁县	480	51.7万吨(1936年)
7	保晋矿务公司	1908	山西平定大同等	286.3	55万吨(1936年)
8	宝兴公司	1909	察哈尔宣化	15.8	6.4万吨(1934年)
9	华丰煤矿公司	1909	山东宁阳	34	10万吨(1936年)
10	富源煤矿公司	1910	湖北大冶	98	14.4万吨(1934年)
11	正丰煤矿公司	1912	河北井陉	660	43万吨(1936年)
12	柳江煤矿公司	1913	河北临榆	144	25.5万吨(1931年)
13	建昌公司	1913	山西平定	120	9.2万吨(1931年)
14	复成公司	1913	云南明良	2.5	0.54万吨(1937年)
15	裕吉煤矿公司	1914	吉林营城		2万吨
16	鄱乐煤矿公司	1916	江西鄱阳	150	5.3万吨(1933年)
17	灰山煤矿公司	1917	安徽宁国	24	2万吨/年
18	兴源公司	1917	云南明良	11	2000吨/月
19	天源煤矿公司	1917	山东章邱	60	2.3万吨(1935年)
20	邱沟煤矿公司	1918	河南新安	25	2.3万吨(1935年)
21	吉成煤矿公司	1918	山东博山		3.8万吨(1928年)
22	中和煤矿公司	1919	河北磁县	60	17.9万吨(1936年)
23	大成煤矿公司	1919	河南武安	15	13万吨(1927年)
24	宝恒煤矿公司	1919	山西大同	3	10万吨(1935年)
25	悦昇煤矿公司	1919	山东博山	150	41.2万吨(1936年)
26	同记煤矿	1919	山西晋城	5	0.4万吨
27	民生煤矿公司	1920	河南陕县	100	8.7万吨(1936年)
28	新安煤矿公司	1920	河南新安	25	1.8万吨(1928年)
29	同宝矿业公司	1920	山西怀仁	150	8.5万吨(1929年)
30	豫庆煤矿公司	1920	河南渑池	8.3	1.5万吨(1937年上半年)

序号	矿名	设立年份	所在地	资本额（万元）	年/日产量（最高）
31	顺成公司	1920	河南武安	4	30 吨/日均
32	华兴公司	1920	山西孝义	11.2	2.3 万吨
33	协大煤公司	1921 前	山东章邱	70	150 吨/日
34	天兴煤矿公司	1921	察哈尔宣化	4.5	3 万吨（1931 年）
35	世合煤矿	1921	察哈尔怀来	16	无定
36	长城煤矿公司	1922	河北临榆	150	16 万吨（1931 年）
37	宝成煤矿	1922	察哈尔怀来	6	无定
38	三才生煤矿	1923	四川江北	20	2.5 万吨（1937 年）
39	恒通煤矿公司	1923	山东博山	30	3 万吨（1935 年）
40	中兴煤矿	1923	河南武安	3	40 吨/日均
41	公孚公司	1923	河北沙河	10	30—40 吨/日
42	鼎新矿务公司	1923	察哈尔宣化	8	0.1 万吨（可提高20倍）
43	富源煤矿公司	1923	湖北大冶	28	14.4 万吨（1934 年）
44	富华煤矿公司	1924	湖北大冶	56	13 万多吨（1934 年）
45	同兴煤矿公司	1925	山东博山	16	10.8 万吨（1937 年）
46	福东煤矿公司	1925	湖北阳新	10	3.6 万吨（1934 年）
47	晋兴煤矿公司	1925	山西洪洞	3	
48	中华煤矿公司	1925	河南宜阳		500 吨/日
49	裕东煤矿公司	1925	吉林永吉	29	7.8 万吨（1930 年）
50	中华煤矿公司	1925	河南宜阳		500 吨/日（最高）
51	乐成煤矿公司	1927 前	山东博山	16	11 万吨（1933 年）
52	福源煤矿公司	1927 前	山东博山	10	3.6 万吨（1930 年）
53	济众煤矿公司	1927 前	河南禹县	100	7.7 万吨（1928 年）

资料来源：2、30 据《武安县志》第 6 卷，工业志，中国广播电视出版社 1990 年版，第278 页；20、38 据同书编写组编：《中国近代煤矿史》，煤炭工业出版社 1990 年版，第 167 页；25、31、34、35、40、41 据全国矿冶地质联合展览会编：《全国矿业要览》（1936 年），第 1—30 页；51 据《宜阳县志》，经济编，生活·读书·新知三联书店 1996 年版，第 401 页；余据侯德封编：《中国矿业纪要》（第四次，1929—1931 年）；侯德封编：《中国矿业纪要》（第五次，1932—1934 年）；丁耀华编：《中国矿业纪要》（第六次，1935—1940 年）；李春昱等编：《中国矿业纪要》（第七次，1935—1942 年），煤矿业各页综合整理编制。

1927 年前创办并留存下来商营新式煤矿有 53 家,累积资本(非创办资本)总额 4768.6 万元,相当于新矿的 5.2 倍。按有资本记载的 49 家煤矿计算,矿均资本为 97.3 万元。资本规模不及官办煤矿,但远比新建民矿大,是这一时期商办煤矿的主力。

商办新式煤矿阵容,到 1937 年,53 家老矿,加上 40 家新矿,共计 93 家,比官矿多出一倍以上,但累积资本总额 5683.7 万元,①只相当于官矿 5829.7 万元的 97.5%。

这 93 家商办煤矿,资本规模、生产能力差异悬殊。大的有资本百余万元至数百万元,年产煤数十万吨至百余万吨,小的仅有资本二三万元,年产煤二三千吨,相差数十倍乃至百倍以上。不过规模较大、生产能力较高的是极少数,绝大部分商办煤矿的资本规模小,产量低。大的如中兴、六河沟、怡立、保晋、华东、正丰、柳江、建昌、悦昇、民生、同宝、长城、济众、利华、富国等 15 家,是这一时期商办煤矿的骨干,资本均达到或超过 100 万元,合计 4220.3 万元,占商办煤矿资本总额的 74.4%;最高年产量达 543.6 万吨,占商办煤矿中 61 家有资可考的最高产量 755.7 万吨的 71.9%。其余各矿资本规模较小,更有 26 家的资本在 10 万元以下,矿均 4.1 万元。年生产能力多在 1—3 万吨左右。

商办煤矿的生产和经营状况,受到政治经济和社会环境、交通和市场条件、煤炭资源及资本供给、管理者的经营能力与方法等多种因素的影响和制约。日本帝国主义的侵略,造成的损失尤大。东北的沦陷,使这一地区包括商矿在内的所有煤矿资源都落入日寇手中。在关内,商办煤矿不仅遭受日资和其他外资煤矿的压迫

---

① 另外还有若干家,因资料不全,或规模过小,或生产经营不稳,时办时停,未入统计。如将这部分公司(煤矿)算上,可能接近或超过 100 家。

与排挤,柳江煤矿更在光天化日之下,被日本人强占。①

这一时期商办煤矿的生产经营及变化态势,如上溯到 1920 年前后,呈现一个明显的马鞍形。1919—1925 年间,商办煤矿业的发展较快,商营老矿大多是这期间开办的,而且这期间大部分商矿的经营状况较好,颇有盈余。此后由于社会变动、战争影响以及其他原因,不少煤矿相继停工,亏损严重,商办煤矿业的发展走入低谷。进入 30 年代,部分煤矿逐渐恢复,产量回升。但各矿低谷期长短不一:短的,1929—1930 年开始恢复,1931—1934 年的产量已达到或超过历史最高水平;长的,1933—1934 才开始恢复,直到1936—1937 年才达到或超过历史最高水平,也有的始终没有恢复到原有水平。② 不幸的是,一些商煤矿经过千辛万苦,机器设备渐趋完善,生产经营渐入佳境,"七七事变"爆发,国土沦丧,矿场及其设备、财产统统成了敌人的盘中餐。③

具体到各个煤矿,生产经营及其变化轨迹,互有差异。部分煤

---

① 柳江煤矿位于河北临榆县,自 1913 年集资 20 万元开办后,自筑轻便铁道,不断购置和扩充机器设备,建造修理厂,建造和扩充电站。到 1931年,水泵全用电泵,矿场规模具备,总资本额达到 144 万元,前景喜人。"中日合办"泰记公司,见此顿起贼心,污蔑柳江煤矿侵占泰记矿区,公然将其霸占(详见本节第二目)。

② 如磁县中和煤矿,创办于 1919 年,1926、1927 年后营业亏损,窄轨铁道亦被拆毁,1929 年复因水患导致大井停工,仅有小窑零采,无以为继。1932—1933 年一度由其他公司垫款接办,才得以恢复生产,修复小铁路。但产量始终未能恢复到历史最高水平。

③ 如磁县怡立煤矿,是一家有资本 480 万元的大型煤矿,自 1919 年扩充工程、修筑铁路,生产发展,1924 年、1925 年日产煤六七百吨,营业兴盛,1926 年后,因地面扰乱,矿场被焚毁,损失严重,直到 1934 年始稍恢复。此后两年飞速发展,产量大增,1936 年产煤 51.7 万吨,比 1924 年的最高产量增长 1 倍。生产经营进入最佳状态。"七七事变"后,旋即被敌人占领为"军管理煤矿"。

矿,如中兴、保晋、富国、正丰、悦昇等,资源、运输、市场等条件较好,经营管理得法,生产和效益也较好。

位于鲁南峄县的中兴公司,是资本规模较大的商矿,由官办、中外合办到商办,经历了一段曲折过程。[①] 到 1922 年,发展为有资本 750 万元、年产煤 80 万吨的大型煤矿。1927—1928 年,受战争影响,损失巨大[②],1928 年 8 月停工。嗣向银行借款 500 万元,1929 年 1 月复工,营业渐次恢复,并有所发展。

中兴生产条件较好,设备齐全,动源全用电力,运输方便,铁路、运河两用,自备机车、车皮和驳船、民船,并与津浦路局订有互惠合同。在市场上,不惧日煤竞争,巧与周旋;在生产管理上,对采煤工实行定额奖励制[③],促进了生产发展,产量由 1929 年的 13.9 万余吨猛增到 1931 年的 76 万余吨。1933 年后超过 100 万吨。1936 年、1937 年分别达到 173 万余吨和 171 万余吨。经济效益也不错,1929 年后,年有盈余,1932 年盈余 137.8 万余元。

---

① 最初由李鸿章曾派员探采,股本 2 万两,1895 年省令停办。1899 年由商人获权开办,3 年后加入德商股份。1908 年招集华股 80 万两,赎回德股,遂为完全华资商办煤矿。自此扩充发展,颇为迅速。1910 年凿成南大井,修通台枣铁路,招足资本 300 万两。1915 年因遭水灾,又在武汉招新资 100 万元;1920 年凿成北大井。1922 年改定资本额 1000 万元(招足 750 万元),奠定了矿场的总体规模。

② 该矿曾负担军费 100 万元、流通券 100 万元,另津浦铁路积欠煤价 200 万元,合计 400 万元。

③ 采煤工以 620 公斤为最低定额,超过有奖。650 公斤每工资 1 元加奖金 0.048 元,700 公斤加 0.129 元,750 公斤加 0.210 元。这种办法调动了工人的生产积极性,提高了生产效率。据 1933 年的统计,每月的采煤率均超过最低定额,12 个月平均为 689.8 公斤,共发奖金 12.8 万元(参见侯德封编:《中国矿业纪要》(第五次,1932—1934 年),第 405—406 页)。

保晋矿务公司是山西商民收回利权的产物。① 公司成立后,业务尚称平稳,规模扩大,产量波浪式上升,1924 年产量已达 41 万吨,是山西省最大的新式煤矿。1925—1928 年间产量一度下降,1929 年开始恢复,1931 年的产量超过 1924 年,1935、1936 年达到 80.8 万吨和 96.4 万吨。

富国是广东最大的新式煤矿,1930 年创办资本 100 万元,次年扩股至 250 万元。矿区煤炭分布甚广,质量优良。矿场设备完善,自筑窄轨与粤汉路相接,北江水运终年可行,并有汽车路通往县城,运输方便。产销情况颇佳,产品除少量自用和供应粤汉路沿线外,全部销往广州。

正丰、悦昇原是土窑、小矿,但发展颇快。正丰自 1918 年采用新法后,成绩渐著,1926 年股本增至 660 万元。1927—1928 年因战争影响,常有停顿,1929 年后恢复,营业尚佳,产量增加,1936 年产煤 43.2 万顿,达历史最高水平。悦昇 1919 年创办时只有资本 20 万元,简易上马,边生产边建设扩充,先后修筑两条短程铁路,建成和扩大发电厂,实行全面电气化采煤,营业渐盛,产量不断提高。1927 年仅出煤 3238 吨,1936 年达 41.2 万吨,堪称同类煤矿中的佼佼者。

另一些煤矿由于某种原因,产量、效益低下,常年亏损,或时作时辍,长期只能勉强维持。

山西同宝煤矿,系 1920 年裕晋、义昌、民康合并而成,开办不数年即因经营失当而停工,1928 年后仅土井出煤。号称资本 150

---

① 缘于 1898 年山西商务局与英商福公司订立合同,开采平定(阳泉)、孟县、潞安、晋城、平阳等处煤矿,嗣因商民力争,乃由该局备银 275 万两将矿权收回,1908 年集资开办保晋公司,额定股本 300 万两,实收 193.8 万余两,合洋 286.3 万余元。总公司位于阳泉,下设平定(1908 年)、大同(1909 年)、寿阳(1920 年)、晋城等 4 家分公司。

万元,但 1928—1936 年产煤 438733 吨,年均仅 4.8 万余吨。

四川宝源和云南明良、兴源、复成 4 矿,煤田和地理条件不错,尤其是宝源,投资巨大,矿区广阔,设施齐备①,但矿场开采仅壁山一处,器材大部分闲置,资金、设备严重浪费。到 30 年代中,煤价上扬,生产形势才略有好转。明良及同一矿区的兴源、复成两公司紧邻昆明及滇越铁路,煤藏质优量丰,可谓得天独厚。但 3 矿发展缓慢,1927 年后更大为衰减,直到 1936 年、1937 年,3 矿年产量均未过万吨。

江西的一些商办煤矿,由于蒋介石国民党对苏区的军事围剿和经济封锁,以及水患、盗匪等天灾人祸,根本无法进行正常的生产经营,停工歇业,矿毁井淹,亏损负债,乃家常便饭。如鄱乐煤矿,一直被民事和产权纠纷、战争、水患和匪盗等天灾人祸困扰,多次井淹矿毁,停产搬迁,负债累累,而出煤寥寥。② 直到 1937 年抗日战争爆发,后方各地需煤甚急,矿场才得以恢复生产。

一些商办煤矿接连亏损,资不抵债,无以为继。而走出困境、

---

① 宝源 1928 年创办资本 30 万元,实际投入超过 80 万元,规模不小,矿区分布巴县、壁山、泸县、永川、巫山等地,矿场配有锅炉、发电机、蒸汽机、柴油机、抽水机、压风机以及运输机车、煤车,并附设机械、翻砂、锻铁等厂,修有运河及轻便铁道,运输堪称便利,生产条件相当优越。

② 鄱乐煤矿前身于 1916 年开采,矿场原设鄱阳洪山口,资本 150 万元。1919 年因与当地人发生纠纷,矿山设备悉被损毁,被迫于 1921 年迁往乐平,改为鄱乐煤矿公司,继因水患停办。1924 年 4 月复工,1930 年又因政局变动再次停办,矿井亦被积水淹没。1931 年集资 10 余万元,兴工排水,并开土窑 5 座,勉强恢复生产,月产煤百余吨。旋即因矿区冲突,同振兴煤矿兴讼,后由省政府调查解决。1933 年增资续办,但逾不数月,蒋介石发动第五次大"围剿",业务更为不振。至此,公司前后共用股本 60 万元,负债 150 万元,产煤寥寥无几。至 1934 年 4 月,矿场复经整理,日可产煤 200 余吨,业务渐有起色,不料 1937 年又遭匪患,损失惨重。

避免倒闭厄运的主要办法，是招股集资、改组归并。因此，这一时期商办煤矿融资改组、产权转让，十分频繁和普遍，不少生产经营尚可的大矿，如华东、六河沟等，也都是通过融资改组才走出困境，重现生机。

华东公司的前身贾汪煤矿，1898年招股80万元开井采煤，旋因资本不继停工。1912年矿权转手，情况好转。1917—1921年间，营业不错，年产煤10余万吨，颇能获利。后因战事影响，亏累严重，1927年再次停工。10月由上海远记公司投资12万元接管，加开两井，但耗资七八十万元，仍未见煤。1930年公司收回矿权，加入刘鸿生新股80万元，改组成立华东煤矿公司，选址另开新井。结果出煤畅旺，产量增加，由1930年的3万吨迅速提高到1933年后的20余万吨，1936年最高达34.7万吨。销售市场亦相应扩大，营业渐趋顺利。

六河沟煤矿自1919年收回矿权，成立公司，资本300万元，凿井采煤，修路运输，工程多用新法，规模初具。1923年、1924年产量渐增，曾获巨利。但1925年后，因时局动荡，运销不畅，营业受挫，累积负债近900万元。1933年融资扩股至600万元，才得以继续经营。

大通煤矿在改为官商合办之前，也多次改组转让。该矿自1911年开办，历年亏累。1919—1920年曾邀中兴煤矿合伙钻采，耗资20余万元，效益不佳，费用以旧股10余万元作偿。1921年矿场出租，改组为大同保记公司。1929年复将新旧股合并，改名华商大通公司，资本140万元。1936年为扩充设备及清理旧债，又成立公司债款70万元，并整理工程，营业始趋振兴。

山东宁阳华丰、章邱协大及湖北大冶富源、富华、利华等矿，全都经过改组归并。

华丰在1927年前营业尚可，生产扩大，颇有盈余，但1928年、

1929 年后,因战争及匪患影响,连年亏损,被迫融资改组,1932 年招新股 5 万元,改名华丰合记公司。协大所在矿区,最早由天成公司开采,1921 年改组为天源公司,资本 60 万元,弃旧井,开新井,并修筑便道。1928 年因煤质不佳,加上水患,停工亏累。1934 年续增资本 10 余万元,又恢复老井,是为协大公司。

富源、富华、利华 3 矿,原来均系土窑,20 年代相继改用新法,1923 年后成立富源、富华两公司,富源股本 28 万元,富华 56 万元,因管理不善,两矿营业毫无起色。1936 年 7 月,改组合并为源华公司,矿场设备亦加扩充,产量渐增。利华公司成立于 1928 年,虽两次扩大矿区,然均时作时辍,患水即止,效益不佳,乃于 1932 年招股改组,原股 50 万元,举债 70 万元,共 120 万元,重新规划施工,两年后规模初具,生产方有起色。

频仍、普遍的改组归并,显示这一时期商办煤矿普遍资金短缺,生产经营不佳,公司的稳定性差,这从根本上阻碍了商办煤矿业的正常发展。

另外,还有一种情况,部分煤矿或位于东北(如吉林裕东煤矿),1931 年"九一八事变"后,即落入敌手;或位于山海关附近,"九一八事变"后即成战场(如临榆)。① 还有的煤矿,或刚刚投产,甚至尚未投产,即落入敌手。如成立于 1927 年的淄川利兴公司,资本 15 万元,有锅炉 9 台,绞车 6 部,但生产低落,年有亏损。1935 年后,生产形势刚刚好转,1936 年、1937 年分别产煤 6.6 万吨和 10.8 万吨,即成日寇猎物。磁县致和煤矿,创立于 1935 年 3

---

① 长城煤矿 1922 年成立后,购进兴业公司矿区及机械设备,1925 修通矿区至秦皇岛的轻便铁道,生产和运输条件改善,产量大增,由 1924 年的 9.6 万吨提高到 1930 年的 16 万吨。但好景不长,"九一八事变"后即沦为战场,被迫于 1932 年停办。

月,资本 15 万元,直至 1937 年 7 月才正式出煤。阳泉矿业公司,成立于 1935 年 4 月,资本 60 万元,计划可日产煤 500 吨,装有索道轻便铁路及各种机械。"七七事变"前,索道已完成一部,尚未投入使用,山西已经沦陷,公司被日寇劫收。这些煤矿,不论生产经营状况如何,都未产生预期的经济效益,而是为人做嫁衣。

第 二 章

农业与农村经济

1927—1937 年,中国农业生产和农村经济处于一种十分严峻的国际和国内环境:1929—1933 年世界经济危机期间,列强各国为了缓解和转嫁危机,保护本国经济,高筑关税壁垒,相互以邻为壑。但强国势均力敌,难分胜负,只能向殖民地半殖民地和落后国家开刀。幅员广大的半殖民地半封建中国首当其冲。列强一方面大幅度提高中国农产品的进口关税,或完全禁止进口,中国农产品出口锐减;另一方面列强又向中国大量倾销农产品,洋棉、洋纱、洋布、洋米、洋麦、洋面粉充斥城乡市场。结果,国内市场被侵占,农产品严重滞销,价格惨跌,爆发以全国性农产虚假过剩、农产市场萎缩、农村金融枯竭、农民加速破产为特征的农业恐慌。更为严重的是,1931 年"九一八事变"后,东北沦陷,华北被蚕食。当时东北的农业生产形势最好,不少农产品的商品量、商品率最高,农业生产发展潜力最大,是全国对外经贸中唯一保持出超的地区。东北不仅为关内提供了大量商品粮、商品肥(豆饼),是关内棉花、土布等农产品和手工业品的重要消纳市场,而且为华北地区的一部分剩余劳力和失业农民提供了就业机会。每年数以百万计的关内农民出关谋生。近代时期尤其 20 世纪初叶,东北在很大程度上缓解了华北地区的人口压力和社会矛盾,是华北农业和农村得以正常运转的"调节器"。日本帝国主义对东北的侵占不仅是对东北农业的浩劫,也使华北和整个关内地区农业生产以及整个社会经济陷入了更加艰窘的境地。

国民党政府面对西方列强转嫁危机的经济欺凌,无力自卫还击;对日本帝国主义侵占东北的军事侵略更是采取不抵抗政策。相反,以"攘外必先安内"为借口,将极其宝贵的人力、物力、财力和兵力消耗在对苏区一次又一次军事"围剿"上。同时,背叛孙中山"扶助农工"和"平均地权"、"耕者有其田"的政策主张,停止实行"二五减租"。为了进行反革命"围剿",不断加重财政搜刮和军事征发,实行农产统制政策,限制自由贸易,对苏区实行经济封锁和"民尽匪尽"的"三光政策",严重阻碍和破坏了农业生产和整个国民经济的正常发展。

这一时期,尤其是"九一八事变"后和农业恐慌期间,自耕农、佃农破产,中小地主没落,大地主膨胀,地权进一步集中。全国农业生产停滞、衰退:耕畜、农具、肥料和生产资金日益短缺;农业经营倒退,农户经营规模愈加狭小,带有资本主义因素的经营地主和富农经济急剧萎缩,农牧垦殖公司纷纷停歇、倒闭,或无疾而终;土地单位面积产量、全国农业总产量特别是粮棉等主要农产品的人均占有量明显下降;农业严重亏损,农民普遍入不敷出,负债累累,经济愈加困苦,连简单再生产也无法维持,耕地由供不应求一变而为虚假过剩,地价惨跌,土地由农民的"命根子"变成了农民的包袱,农业生产和农村经济濒临崩溃边缘。

第一节　列强的农业掠夺和国民党政府的农业政策

中国是一个落后的农业国,西方列强对中国的经济掠夺,无论商品输出、资本输出,还是领土占领,农业掠夺是重点之一。具体手法则因时因地而异。搜购农产品,倾销工业品,破坏、摧毁农民家庭手工业,占领和垄断农村市场,干预和控制农民生产,本是列强农业掠夺的基本和传统手法。列强各国工业衰退,市场萧条,农产品过剩,则反过来千方百计阻止中国农产品入口,以保护本国农业,并向中国倾销农产品,挤占中国国内的农产品市场。1929—1933 年世界经济危机期间,更以后者为主,把中国作为过剩农产品的消纳场,结果导致中国爆发前所未有的农业恐慌。日本帝国主义武装占领东北后,旋即成立伪"满洲国"和加速向华北侵蚀,开始了对东北、华北农业、农村有计划、有目标、有步骤的殖民主义掠夺。日本帝国主义不仅要把东北、华北作为日本国内的工业原料和农副产品供给地,国内工业品的销售市场,实行日"满"经济一元化和日本工业化、"满洲"原料化的经济分工,将华北作为日"满"商品输出地和过剩资本投资地,作为"日满经济体制"内部膨胀的"消化器",还要把它充当侵略和占领全中国乃至亚洲、全世界的后方基地,并解决日本国内和朝鲜的人口过剩问题,从而使得这种殖民主义掠夺极端贪婪、疯狂、野蛮和惨无人道。

帝国主义的掠夺和腐朽的封建生产方式,导致中国农业生产的长期停滞和衰退。对此,国民党政府推行的农业政策,核心却是对外屈从、投降帝国主义,对内封锁苏区,"围剿"工农革命,维护、强化封建地主土地所有制和封建租佃关系,并实行农产品统制,加强田赋和财政搜刮,结果使农业生产和农村经济每况愈下。地主、资产阶级改良主义者提出和推行的一些农村改良方案,则是试图通过点滴改良,改变农村的贫穷落后面貌。由于不愿和不敢触动原有封建生产关系,亦是隔靴搔痒。有的更是为了抵消和瓦解工农革命,直接为蒋介石国民党对苏区的军事"围剿"效力。

一、世界经济危机与中国农业恐慌

1929—1933 年资本主义世界经济危机,对中国农业和农村经济是一次致命的打击。列强各国为转嫁危机,一方面严格限制甚至完全禁止中国农产品进口;另一方面,竞相对中国疯狂倾销农产品和工业品。20 世纪 30 年代,举步维艰的中国农业,继 1931 年日本帝国主义侵占生产条件较好、全国唯一的出超地东北后,又遭到资本主义世界经济危机的沉重打击,出现农产品市场和农业生产空前萎缩的严重局势。

(一)世界经济危机与列强对华农产品倾销

从 1929 年年初开始,西方资本主义世界爆发了规模空前的经济危机。① 先是证券市场恐慌,美国和欧洲各国股票价格惨跌,在短短几周的时间内,美国股价惨跌六七百亿美元。继而产业萎缩,各国生产急剧下降。美、英、德、法等主要资本主义国家的生产总值下降了两成至四五成不等。如以 1929 年为 100,美国 1932 年最低只有 53.8,英、德、法三国依次只有 83.8、59.8 和 69.1。

股票惨跌和生产萎缩导致企业裁员,工人失业,工资降低,社会购买力减弱,市场萧条,商品滞销,产品大量过剩,物价暴跌②,各国农产品堆积如山。据统计,1929—1934 年间,每年的春荒四月,世界市场尚有存货小麦五六亿普式耳、美棉 2 千余万至 9 千余万包、砂糖 6 千余万至 9 千余万吨;茶叶二三十亿磅、咖啡数亿磅(详见表 2 - 1)。

---

① 危机在年初席卷波兰、罗马尼亚和巴尔干各国之后,年末袭击美国,将其卷入经济危机狂潮,再返回欧洲,最后波及日本,蔓延到殖民地半殖民地各国。

② 据统计 1932 年同 1929 年比较,美国、英国、法国的批发物价分别下降了 32%,德国和日本分别下降了 29% 和 27%。农产品的价格下降幅度更大,1932 年的棉花价格比 1929 年下降了 69.2%,小麦下降了 70%,大豆下降了 58.6%,黄麻、大麻分别下降了 65.8% 和 58.9%。

表 2 - 1　经济危机期间农产品的世界存货量

1929—1934 年(每年 4 月)

年份	美棉 (千包)	小麦 (百万普式耳)	砂糖 (千吨)	茶 (百万磅)	咖啡 (百万袋)	树胶 (千吨)
1929	2879	497	6190	260	15.4	245
1930	3870	518	6125	210	37.5	426
1931	7000	600	8453	242	31.1	547
1932	9930	584	9091	213	36.9	646
1933	11174	526	8903	276	26.9	646
1934	9236	483	8046	251	—	673

资料来源:见彭迪先:《世界经济史纲》,生活书店 1948 年版,第 395—396 页。

　　西方各国为了摆脱危机,走出困境,无不以邻为壑,竞相实行保护关税政策,提高进口税,限制进口,或实行进口限额制度。[①]以往各资本主义强国竞相发展工业,工业品市场竞争激烈,各国关税中,工业品税率高,农产品税率向本低微。经济危机爆发后,农村衰落,于是纷纷提高农产品税率,以保护本国农业和农村经济。以小麦为例(详见表 2 - 2),德国、法国、意大利、日本等 9 国,经济危机爆发前的 1928 年,税率都在 7.5% 以下,有的低至 2% 和 1.5%。1929 年经济危机爆发后,即纷纷提高税率,到 1932 年,除波兰为 14.6% 以外,全都超过 20%,德国、法国、意大利更依次高

---

　　① 英国从 1921 年后,多次提高外货进口税率,1931 年 11 月实行"非常进口货"的关税法,次年 3 月又对进口货增抽 10% 的从价税;美国于 1930 年通过霍来斯摩脱税则,1932 年实行修正的福特奈税则,扩大进口税的征课范围和品种,提高税率;法国则早在 1926 年分别以国会议案和政府命令的方式两次增税,增幅均为 30%,1927 年又完成了新税则的修改,规定政府可以随时命令提高进口税或附加税(李雪纯:《焦头烂额之中国丝绸业》,《新中华》1934 年 4 月第 2 卷第 8 期,第 18—19 页)。

达 261%、138% 和 140%,比 1928 年升高 41 倍、18 倍和接近 18 倍。其他各国,除日本外,增幅全都超过 10 倍。瑞士、挪威对小麦进口,则由政府统制或政府专利输入,西班牙更从 1930 年后完全禁止小麦进口。

表 2-2　各国进口小麦税率变化情况统计

1928—1932 年　　　　　　　　　　　　　　　1928 年 = 100

国别	1929		1930		1931		1932		1928	
	税率	指数	税率	指数	税率	指数	税率	指数	税率	指数
德国	6.2	100	7.9	127	18.5	298	30.9	498	261.2	4213
法国	7.1	100	7.1	100	16.2	228	16.4	231	137.5	1942
奥地利	2.0	100	1.0	50	2.0	100	6.0	300	50.8	2540
意大利	7.5	100	14.0	187	16.5	220	16.5	220	139.7	1863
希腊	6.0	100	4.3	72	10.5	175	10.5	175	88.9	1482
捷克	4.5	100	4.5	100	4.5	100	8.5	189	71.5	1589
波兰	—	—	5.1	100	7.0	137	10.2	200	14.6	286
南非联合	1.5	100	1.5	100	2.7	180	2.7	180	23.1	1540
日本	6.1	100	6.4	105	6.5	107	6.5	107	54.6	895

注:税率系按每公担所课金法郎税额计算得来。1928 年为 1 月 1 日的税率,其余
　各年为 7 月 1 日的税率。

资料来源:根据国联调查,转据贾士毅:《统制国外农产品输入口维持本国农村经
　济》,《经济学季刊》1933 年第 4 卷第 4 期,第 169—170 页。指数系本书计算。

列强各国高筑关税壁垒,虽然有效阻止了对方的商品进口,但却无法将自己的商品打入对方市场。在这种情况下,只有向殖民地半殖民地和其他弱小国家开刀。一方面通过提高关税,阻止这些国家的商品(主要是农产品)进口;另一方面加强对这些国家的商品倾销,转嫁经济危机。被认为市场潜力巨大而又无关税自主

权的中国成为主要目标和最终受害者。

茶叶是中国重要的出口农产品,虽自19世纪末叶后,其数量和在进出口贸易中的比重不断下降,但仍占一定地位。经济危机爆发后,列强各国(包括其殖民地)相继提高关税,以阻止中国茶叶输入。英国自1932年5月,入口华茶每担加征税银25两,税率提高1倍[①];法国于1934年3月公布茶叶新税则,进口税由原来的每百公斤353法郎增至775法郎,提高1.2倍,加上旧制值百抽七的附加税,百公斤进口税总额达1100法郎以上。荷兰的华茶进口税由原来的4.8盾先后提高到八九盾。[②] 法属摩洛哥于1934年将华进口税提高1倍。[③] 花生、大豆等的进口税全都提高。

不仅如此,许多国家对中国的不少农产品和植物都明令禁止进口。据1934年5月的记载,禁止进口的中国农产品和植物有如表2-3。

据不完全统计,美国、法国、日本等国禁止进口的中国农产品和植物类商品,包括谷物及其植株、蔬菜、瓜果、水果及其植株、干果、核果、仁果、药品、豆类及其制品、各类种子、竹类及其制品、树木、草木、苗木、烟草各类木本植物、麻类、棉类植物等数十个门类,几百个品种。大部分的农业和林业产品都不能进入这些国家的市场。

同时,列强各国尤其是英国、日本和美国,为了抑制进口,刺激出口,向别国倾销过剩产品。自1932年后,相继放弃金本位,不断

---

① 《银行周报》1932年5月17日第16卷第18号,国际要闻,第2页。

② 李雪纯:《在死亡线上挣扎的中国茶叶》,《新中华》1934年8月第2卷第16期,第38页。

③ 《农村复兴委员会会报》1934年10月第2卷第5号,第23页。

表2-3 各国禁止进口的中国农林产品和植物种类举例

1934年5月

国别	禁止进口的中国农产品和植物种类
美国	竹的本体、切株及种子,草棉植物,各种白松醋栗,小麦、玉米、甜栗、芦栗,柑桔、马铃薯,山药,水稻植物,香蕉,甘蔗,新鲜药品等等
德国	葡萄,苗木,各种双子叶植物的全株或部分
比利时	葡萄植物的全株或部分
瑞典	活榆树科植物
加拿大	五叶,醋栗,桃金酿,锯栗,伏牛花,十大功劳,亚当斯太蒙等
墨西哥	一切种子
日本	新鲜胡瓜、西瓜、南瓜以及其他葫芦种植物,番茄、菜豆、豇豆等
印度	咖啡植物及种子,亚麻子,棉籽等
荷属印尼	豆、豆豉、酱油等
澳洲	核果、仁果类植物,烟草植物,棉籽,马铃薯,苹果、梨等

资料来源:1934年5月15日《时事新报》,转据张一凡:《1934年之我国农产市场》(载《农村经济》1934年12月第2卷第2期,第14页)编制。

将货币贬值,贬低汇价。① 这样,中国商品在国外的价格上升,市场竞争中愈加处于不利地位,有同类商品竞争的丝茶等货物尤为明显。如生丝,中日两国生丝在美国市场竞争激烈,并在很大程度上受两国对美元汇价变化的影响。日本放弃金本位、降低汇价后,

---

① 1934年同1931年比较,英镑和美元的汇率下降40%以上,日元下降65%。由于中国实行银本位制,银元对这些国家的汇率陡然上升。英汇由1931年的平均12便士升至1934年12月的平均16.448便士,美汇由22.243美元升至33.909美元;日汇由45.215日元升至116.423日元,依次上升了37.1%、52.4%和157.5%(赵兰坪:《吾国改革币制之前因后果》,转见吴小甫:《中国货币问题丛论》,上海货币问题研究会1936年刊本,第348页)。

美国市场上的华丝价格即高于日丝。① 竞争力愈弱,出口数量进一步萎缩。美、法等国,虽曾商议对日丝倾销进行限制,但商人因日丝价廉,仍宁愿订购日丝而不购华丝,以致华丝出口陡降,1933—1934 年数月间,由每月的数千担减至数十担。②

茶叶同样因为价格竞争上的劣势,一些国外市场进一步被日本茶以及台湾茶占领。在马来西亚,日茶每担 20 元,而华茶为 40 元。结果,日茶销售"蒸蒸日上",而华茶"渐次销滞",原来一直为华茶所独占的苏联市场,也很快为日茶所挤占和包办。③

其他农产品出口的情况也都大同小异。由于农产品国外市场的进一步丧失和出口萎缩,全国出口贸易大幅度下降。1932 年英美日等国降低汇价后,中国的出口贸易额较上年减少了 46%。

英美日等国一方面通过提高关税和降低汇价,阻止中国农产品进口,将中国农产品进一步挤出国际市场;另一方面,又通过降低汇价和商品价值,向中国大肆进行廉价农产品倾销。

列强各国高筑关税壁垒,小麦等农产品的进口税率往往高达

---

① 1931 年 12 月日本放弃金本位后,日元汇价为 49.375 美元,中国银元汇价为 22.243 美元,设华丝一担,国内价格为国币 1000 元,在美国仅售 222 美元;日丝一担,其本国价格 500 日元,而在美国亦销售 246 美元。华丝在国内市场虽达 1000 元,在美国市场仍比日丝低廉。1934 年,日汇跌至 29 美元,中汇升至 33.78 美元。此时日丝市价,假定仍为 500 日元,但在美国市场已降至 145 美元;华丝市价,假定跌至 500 元,但在美国市场仍合 169 美元,高出日丝价格 24 美元,即贵 16.6%(赵兰坪:《吾国币制改革之前因后果》,见吴小甫:《中国货币问题丛论》,1936 年刊本,第 345—347 页)。

② 《中华日报》1934 年 1 月 27 日,见李雪纯:《焦头烂额之中国丝绸业》,《新中华》1934 年 4 月第 2 卷第 8 期,第 15 页。

③ 李雪纯:《在死亡线上挣扎的中国茶业》,《新中华》1934 年 8 月第 2 卷第 16 期,第 38 页。

50%乃至100%、200%以上,而中国对米麦仍无进口税,面粉的税率亦甚轻微。外国米麦既无关税负担,又是大规模机器生产,成本远较中国传统手工生产低廉,在价格竞争上占有明显优势。以上海市场的洋米价格为例。1928—1933年间,按全年平均价格计算,洋米比华米低1.8%至11.4%不等,而且价格差距呈不断扩大的趋势(详见表2-4)。其他农产品的价格情况也大致相似。

表2-4　上海市场洋米与华米价格比较

1928—1933年　　　　　　　　　单位:国币元/担

年份	洋米进口数 (千担)	华米价 (年平均价)	洋米价 (年平均价)	洋米价/华米价 (%)
1928	116	7.08	8.95	126.4
1929	492	8.65	8.30	96.0
1930	7138	10.67	9.75	91.4
1931	837	8.24	8.02	97.3
1932	3844	7.39	6.55	88.6
1933	938	5.53	5.27	95.3

资料来源:张心一、张由岱:《上海米麦价格与外国米麦进口之关系》,转据杨捷之:《中国农业仓库之兴起及其评价》,《中国经济》1935年10月第3卷第10期,第15页。

资本主义各国正是凭借价格优势和条约特权(两者又紧密相连),在经济危机期间大大加强了廉价农产品倾销。

20世纪10年代后,外国农产品的倾销已有不断扩大的趋势。如洋米进口,1912年后,年有增加,不过在20年代以前,除1916年外,每年尚未超过1000万市担。20年代后则常在1000万市担以上。1927年尤其是世界经济危机后,则全在1000万市担甚至2000万市担以上。至于小麦,20年代以前,一般每年尚仅数万市担,20 年代后,大部分年份增至三四百万市担。面粉在 20 年代以前,进口数量也不太多,第一次世界大战期间更一度出超。20 年代后,每年增至三五百万市担。经济危机期间进一步扩大,1929年高达 1400 余万市担。棉花、烟叶的进口也明显扩大。表 2 - 5是 1927—1937 年主要农产品进口数量统计。

表 2 - 5　经济危机前后粮食及农产原料品输入比较

1927—1937 年　　　　　　　　　　　　　单位:千市担

年份	粮食				烟叶	棉花	棉纱
	米	小麦	面粉	小计			
1927	25175	2017	4565	31757	763	2883	353
1928	15107	1077	7144	23328	1283	2287	340
1929	12918	6760	14246	33924	1089	3002	279
1930	23742	3297	6193	33232	2408	4126	194
1931	12820	27182	5836	45838	1485	5553	57
1932	25527	18005	7922	51454	704	4432	114
1933	23936	21146	3863	48945	484	2380	33
1934	12805	9179	1176	23160	585	2296	26
1935	13209	10284	1008	24501	160	1083	22
1936	3681	2306	612	6599	225	803	12
1937	5666	850	600	7116	334	302	22

注:原单位为担,现按 1 担 = 1.1936 市担换算为市担,并简化为千市担(千以下四舍五入)。从 1932 年第 4 季度起,缺东北各关数字。烟叶包括烟丝。

资料来源:历年海关报告,转据章有义:《中国近代农业史资料》第 3 辑,生活・读书・新知三联书店 1957 年版,第 412 页改制。

如表所示,1929—1934 年经济危机期间,大米、小麦、面粉、烟叶、棉花的入口达到了高峰,其最高年份比危机爆发前的 1928 年高出近 1 倍至 20 余倍不等,并在危机期间呈直线或波浪线上升。① 中国成为列强过剩农产品的倾销场。

值得注意的是,这种过剩产品的倾销,不只是西方国家强权保护下的商人行为,其中有的更是凭借政府条约强制推行的。美国过剩小麦和棉花的倾销是这方面的典型。1931 年 9 月,国民党政府与美国农林部订立合同,购买美国麦、粉 45 万吨(合 900 万市担),价款 9212826 美元,作为借款,年息 4 厘,分为 3 期偿还,是为"美麦借款"。② 1933 年 6 月,再次签订协定,美国政府又以 5000 万美元贷与中国政府,令其购买美国棉花和小麦。该借款年息 5 厘,3 年还本。规定贷款以 4/5 购棉③、1/5 购麦及面粉。借款协定虽然载明,中国政府可在美国市场"自由"采购是项棉麦,但又规定,负责贷款的美国银公司"有权购买联邦农业理事会所存之货,用公平价值转售于中国"。如果说,1931 年的美麦借款还可用救济水灾为借口的话,那么,1933 年的棉麦借款则完全是地地道道的过剩产品强制性倾销了。在这里,美国政府和金融与产业财团不仅为其国内的过剩棉麦找到了销路,赚取了商业和运输业利润,而且获得了一笔可观的利息,可谓一举数得。

所有这些,再一次暴露了帝国主义对华经济侵略的猖狂性和残酷性,揭示了中国的半殖民地和殖民地性质。西方列强通过倾销过剩农产品,缓解了危机,挽救了本国经济,而中国人民尤其是农民则因此而陷入了空前的深重灾难。

---

① 由于 1932 年第四季度后,未计入东北各数字(东北的贸易环境亦已发生根本性变化),其顶峰不在 1933、1934 年,而在 1931、1932 年。

② 国民党政府财政部财政年鉴编写委员会编:《财政年鉴》(1935 年),上海商务印书馆 1935 年版,第 1422 页。

③ 嗣因中国华商纱厂不振,用棉减少,1932 年 2 月商定,棉花借款由 4000 万元减为 1000 万元。

(二)国内农产品市场的全面萎缩

世界经济危机尤其是西方过剩廉价农产品的倾销,直接导致了中国国内农产品市场的萎缩。

中国历来是"以农立国",全国百分之八九十的人口居住在农村,直接从事农业生产。农产品尤其是粮食,大多以自给为主,商品率不高,市场销售空间有限。一些商品量和商品率较高的农产品,如茶叶、生丝、大豆、桐油、芝麻、花生等,主要是外销,至于粮食,由于人口多,商品量不少,但商品率不高。

经济危机爆发后,西方各国禁止和限制中国产品输入,导致中国农产品出口骤减。因西方各国大幅度提高小麦和谷物关税,明令禁止中国的小麦、玉米、棉花和多类种子、核果等的进口,在中国出口农产品中,上述商品出口的跌幅最大。如表 2-6 所示,五谷类及其产品、豆类及其产品、茶叶、烟草、棉花、麻类、丝类、毛鬃类、禽蛋及蛋品、牲畜及肉类等,1931 年后的出口无不下降,其幅度达百分之二三十乃至百分之九十以上。[1] 除种子及豆饼类、植物油、烟麻类、毛鬃类外,直至 1936 年,也没有恢复至经济危机前 1928 年的水平。农产品的出口整体指数,1934 年最低只相当于 1928 年的 39.9%,1935、1936 年有所恢复,但仍比 1928 年下降一半多。

西方列强在限制和禁止中国农产品入境的同时,又把中国作为倾销过剩商品的主要市场,1931 年后更以"中国是世外桃源,不致受世界恐慌的影响"的宣传来麻醉中国人民。华商亦因金涨银落、国内物价上升,拼命向外国洋行订货,以致国内市场被不断侵占。

---

[1] 其中豆类及其产品出口的大幅度下降,除了经济危机的影响外,主要是东北沦陷,丧失了大豆、豆油、豆饼的出口基地。

表2-6　各类农产品出口指数变化统计

1928—1936 年　　　　　　　　　　　　　　1928 年＝100

年份	五谷及其产品	豆及豆产品类	种子及子饼类	植物油类	有壳果及果仁	茶叶类	烟草类	棉花类	麻类	丝类	毛鬃类	蛋及蛋品类	牲畜及肉类	总指数
1929	80.7	106.4	152.8	97.3	99.6	104.1	87.7	86.3	92.2	102.8	97.8	113.4	86.7	102.3
1930	81.3	90.8	161.4	130.0	192.0	78.9	80.5	76.8	67.8	82.1	63.5	111.9	99.0	93.1
1931	77.0	18.0	139.6	105.9	232.4	77.8	82.5	74.0	87.7	71.6	63.0	98.0	131.7	94.6
1932	65.7	50.2	53.9	77.4	179.2	69.4	54.9	62.2	68.4	40.7	44.9	81.3	82.2	58.6
1933	27.5	1.8	61.5	110.7	132.8	73.3	76.1	70.2	52.2	45.2	67.0	74.1	94.1	42.9
1934	24.5	3.2	81.8	75.2	139.8	85.2	112.7	40.1	81.9	31.1	67.4	76.6	99.0	39.9
1935	31.7	2.3	141.1	124.9	166.4	71.7	102.3	57.5	86.1	44.2	85.8	87.1	80.6	48.7
1936	28.7	6.6	117.6	135.3	92.3	66.9	132.6	64.2	87.7	36.5	81.6	98.7	97.6	46.9

资料来源:据《社会经济月报》1937 年 7 月第 4 卷第 7 期,第 68 页改制。原统计以1930 年为基期,现改为 1928 年;原统计数字的精确度为小数点后两位数,现保留一位数,一位数后四舍五入。

外国红茶进口年达 2000 余万磅,日占台湾的茶叶更广销福建各地。在洋茶倾销下,国内一些地区相习以饮舶来茶为荣,一些宾馆、饭店、茶馆、火车中,已很难见到中国茶叶。[1]

蚕丝市场则为进口人造丝所挤占。产丝大省浙江,1924 年杭州输入人造丝 24 担(合 28.6 市担),到 1931 年达 21400 担(合25543 市担),另有人造丝织物 4700 担(合 5610 市担)。结果,浙江蚕茧深受市场压迫之苦。[2] 上海、山东、河北等地也都是人造丝倾销的重灾区。人造丝的来源地,有英国、意大利、法国、美国、德

---

① 《银行周报》1936 年 5 月 5 日第 20 卷第 17 期,国内要闻,第 4 页;余焕:《中国茶业之衰落及其原因之探讨》,《经济评论》1936 年 4 月第 3 卷第 4号,第 2—3 页。

② 国民党政府农村复兴委员会:《浙江省农村调查》,上海商务印书馆1934 年版,第 13 页。

国,日本的倾销尤为猖獗。20 世纪 30 年代初,日本每年输入中国的人造丝达 2 万余箱,其中 3000 箱销上海,占该地全部丝销量 6 成,其数量超过中国蚕丝一半。[①] 桑蚕丝、柞蚕丝和丝织品主要产地的山东也受日本人造丝倾销之害。日本人造丝除部分由上海、青岛输鲁外,更多的是走私。具体路线是由大连经渤海运至山东无隶的下洼,高苑的叉河,以及利津、沾化等处,再由陆路偷运到周村一带。由于日本人造丝的猖狂倾销和走私,山东蚕丝业损失惨重。"青州蚕桑之区,每多产除桑株,树艺五谷,动摇国本,莫此为甚"。[②]

由于洋棉的大量倾销,国内棉花市场也大部被挤占。1931、1932 年的棉花进口量分别达 465 万余市担和 371 万余市担,分别占当年产量的 65% 和 37.6%。洋棉立即将中棉挤出市场,尤其是机器棉纺织原料市场。据统计,1930 年时,国内各纱厂消费的棉花中,中棉占 68.3%,外棉占 31.7%;1931 年的中棉比例降至 63.1%,1932 年再降至 49.7%,外棉增至 50.3%,已经超过一半。外棉中美棉占 50% 以上。1933 年的棉麦借款,对国内棉花的市场销售是又一次冲击。借款消息发表,棉花花衣价格即每担下跌四五元。[③]

洋米、洋麦、洋面粉的倾销,对国内粮食市场的冲击更大,对广大农民是一种致命的打击。

国内的粮食生产一直以自给为主,商品率很低。据估计,直至

①　《银行周报》1934 年 9 月 25 日第 18 卷第 37 期,国内要闻,第 3 页。

②　《鲁建厅救济蚕丝业》,《农村复兴委员会会报》1934 年 2 月第 9 号,第 106—107 页。

③　良辅:《美国大借款》,《东方杂志》1933 年 7 月第 30 卷第 13 号,第 1—2 页。

1936 年,全国的粮食商品率仍然只有 22%。① 由于城乡居民的购买力和生活水平低,粮食销售市场的容量不大,弹性很小,承受外来冲击的性能低。粮食短缺固然会给市场和社会带来巨大的恐慌,但市场和社会更经不起粮食过剩的冲击。22% 的粮食商品率虽然不高,但对广大农民却是至关重要的。地租(钱租)、田赋、杂税、捐摊、生产消耗的补给和家庭现金消费,相当部分即来自这22% 的商品粮。因此,经济危机期间,洋米、洋麦、洋面倾销对中国农民的打击是不言而喻的。

这种冲击的严重程度可从进口粮食对国内产量和商品粮的比重清楚显示出来。如表2-7所示,1931—1935年间,每年进口米

表 2-7 洋米麦进口量和国内米麦产量、商品量比较

1931—1935 年 单位:千市担

年份	进口量			国内产量			G 国内米麦商品量	C/G (%)
	A 米	B 小麦	C 小计	D 米	E 小麦	F 小计		
1931	12820	30408	43228	633340	468545	1101885	242415	17.8
1932	25527	27325	52852	715036	480640	1195676	263049	20.1
1933	23936	25691	49627	669928	455147	1125075	247517	20.0
1934	12805	10563	23368	537902	453797	991699	218174	10.7
1935	13209	11470	24679	665247	426330	1091577	240147	10.3

注:①进口小麦包括面粉(粉麦折算比例为85:100)。
　②国产米原统计为稻,现按100斤稻碾米65斤折算为米。
　③1932年第4季度和1933—1935年的进口米麦、1933—1935年的国产米麦,均不包括东北。
　④国米麦商品量按22%的商品率求得(商品率参见吴承明:《中国资本主义和国内市场》,中国社会科学出版社1985年版,第110页)。
资料来源:进口量据本节表2-5,国内产量据本章第四节表2-72。

---

① 吴承明:《中国资本主义和国内市场》,中国社会科学出版社1985年版,第110页。

麦达到2000余万市担至5000余万市担不等,超过国内米麦商品量的10%,1931—1933年更超过或接近20%。

这样巨大比重的粮食和棉花进口,立即在国内粮食市场掀起了一股恶浪,导致粮食棉花以及相关农产品的表面过剩和价格狂跌。

首先是销地市场价格的跌落。上海、天津等通商口岸,这一时期农产品价格的跌落,都同农产品出口下降、外国农产品的倾销直接相关。如表2-8所示,1931年遭受特大水灾,粮食价格本应上涨,但因美麦借款和当年4584万市担粮食进口,上海五谷类的市场批发价格比上年下降20.2%,1932、1933年复因巨额粮食进口和棉麦借款,批发价格又连续下跌。如以1930年的价格为100,1931年降至79.8,1932年为71.1,1933年只有54.9,3年间下降了将近一半。1934年进口米麦比上年减少一半多,加上水旱灾荒,五谷类价格有所回升,但仍比1930年差距甚大。豆类产品价格,除1931年略有上升外,无不大幅、直线下跌。1934年比1930年下降了40%。与粮食价格紧密相关的纺织原料、畜产、茶叶、烟酒等产品价格,都不同程度地下降,纺织原料价格下降幅度尤大。1934年比1930年下跌了1/4强。

表2-8　上海农产品批发物价指数表

1930—1934年						1930年=100
年份	五谷类	纺织原料类	豆及子仁类	畜产类	茶叶类	烟酒类	总指数
1931	79.8	101.4	108.8	102.4	138.5	99.6	100.3
1932	71.1	81.5	90.4	98.0	114.5	102.8	86.7
1933	54.9	80.0	75.9	97.4	86.2	110.1	77.1
1934	62.1	74.5	60.1	87.6	90.0	96.7	71.9

资料来源:《社会经济月报》,2卷1期,转见中国经济情况报告社:《中国经济年报》第1辑(1934年),1935年刊本,第五章第148页。

紧接着是产区价格的猛跌。不仅上海等销地粮价的跌落会立即在产区形成连锁反应,而且洋米洋面直接向产区倾销。1932年,正当各地粮食全面丰收,进口的2553万市担洋米,广销沿海和长江流域产米各省,立即导致这些地区粮价惨跌。广东晚造新谷登场,适逢洋米竞销,每石售价即较往年跌落1—2元不等,跌幅达15%—25%。① 福建漳浦是重要产米区,农村经济全靠米谷输出,1933年因洋米倾销,不仅输出路绝,本地市场亦被侵占,以致"积谷有腐朽之虑,而农村的经济,亦足破产"。② 湖南稻米向由湘潭集中,转运武汉、沪粤诸地,往年湘潭"仓库栉比,米袋塞途"。但1932年后,因洋米倾销,市场为"喧宾所夺,且以丰灾,价格日落"。③ 江苏苏北一些产粮区,粮价视洋米洋麦进口多寡为高低。④ 山东、河北,均因洋麦进口过多,小麦"价格频落"。山东小麦产地价,每百斤平均,1929年为5元,1930年为7元,1931年为9元,1932年降至5元,1933年只有3.5元,比1931

① 马乘风:《最近中国农村经济诸实相之暴露》,《中国经济》1933年4月第1卷第1期,第28页。

② 如淮安、宝应、高邮、江都四县,农产品以米麦为主。1929年,江北大旱,米价本应飞涨,但因上海、无锡各公司购入加拿大、澳大利亚小麦,米价未涨;1930年收获颇丰,因进口粮减少,沪、锡各厂下乡大量采购,故粮价反高;1931年江北各县惨遭洪灾,海关洋米输入又较上年减少,米价似应飞涨,但因国民党政府借入大量美麦,昔日食米者改用麦粉,故稻米供应虽少,市价仍未上涨。这清楚说明了洋米洋麦左右国内粮食价格的涨落(冯子明:《洋米进口征税问题》,《上海商业月报》1933年8月第13卷第8号,第2页)。

③ 陈赓雅:《赣皖湘鄂视察记》,上海申报月刊社1934年再版,第59页。

④ 孙晓村:《中国农产品商品化的性质及其前途》,见中国农村研究会编:《中国土地问题和商业高利贷》,上海黎明书局1937年初版,第198—199页。

年下跌了61%。① 高粱价格亦随之跌落,1931年前,每担最高价6元,最低亦5元,1932、1933年,仅3—4元。②

各种粮食价格如此低下,生产者无法弥补生产消耗。即使贱价沽卖,也找不到买主,到处形成滞销局面。广东本是缺粮省,但因洋米倾销,不但土谷受压,米价日趋跌落,杂粮产品也因外来品冲击,同样滞销。③ 江苏1932年南北丰收,加上洋米入口日见增多,米商隔年所积陈米,只得低价出售,结果谷价更加猛跌。苏北高邮、宝应、兴化、寿州等地,粮行"新稻山积,削价招徕,仍无主顾"。米价每石只7元,比往昔下跌一半;盐城顶好白米,每石只售5元多。"供求相忤,商贩裹足,凡百事业,益形凋敝"。④ 湖南米谷,从前运销沪、汉各埠,年达数百万石。自1930年后,长江流域年岁颇丰,尤其是大宗洋米倾销,导致湘米"顿失市场",只得囤积仓库。据长沙市粮米业报告,自1930年丰收以来,仅长沙一埠,数年间米谷存储,"由陈而新,由新而陈",到1934年年初已逾300余万石,可供全市人口二三年之需。以致"现存谷米,有货无市",价格屡跌,最好的天字号机器米,每石仅售五元三四角,上谷每石仅二元一二角。⑤ 江西米谷素以沪、汉为消纳场地,但现在的情况

---

① 《农村复兴委员会会报》1933年9月第4号,第120页;《中国经济》1933年4月第1卷第1期,第28页;国民党政府实业部国际贸易局编纂、发行:《中国实业志·山东省》,1934年初版,第五编第三章,第46—47页。

② 国民党政府实业部国际贸易局编纂、发行:《中国实业志·山东省》,1934年初版,第五编第三章,第46—47页。

③ 罗明钧:《今年农村经济如何》,《劳动季报》1934年7月第2期,第197页。

④ 马乘风:《最近中国农村经济诸实相之暴露》,《中国经济》1933年4月第1卷第1期,第27页。

⑤ 《银行周报》1934年3月13日第18卷第9期,国内要闻,第10—11页。

却是，下游因洋米倾销，下行无望，而汉口有湘米灌注，且受洋米洋麦之压迫，亦无赣米插足之地。结果除省内南昌、九江可销少量谷米外，余均苦于出路穷绝。①

小麦销售，苏北徐州地区，麦产颇丰，除自给外，大半运销外埠。往年天津、济南行商，多往采运，或销国外，或供面粉厂取用；上海、无锡两地面粉厂，亦间取给于此。但"九一八事变"后，津、济行商裹足不前，加上洋麦倾销，价格低廉，厂商乐于采用，沪、锡厂商亦告绝迹②，徐州小麦销场顿即消失。北方小麦主要产地山东、河北，小麦也都普遍滞销。山东农民购买力减低，机制面粉销路呆滞，以及洋粉倾销，本地小麦"遂成滞销形势"，市场价格直线下降：1931年产地价格每百斤为9元，1932年降至5元，1933年只有3.5元。③ 河北小麦本可运销天津各厂，但因美国和澳洲过剩小麦削价倾销，以致本地小麦"无处宣洩"。④

农产品价格愈是跌落，市场愈是萎缩和萧条，农民生产者亏折愈甚，所入不敷所出，又告贷无门，愈是急于出售包括原本留备自食自用产品在内的更多的农产品作为收入来源，而粮商因市场萧条，观望不前，更不敢囤积。结果，"求贷者愈多，销路随之愈狭"。⑤ 同时，贫苦农民大多是售卖米麦等精粮，然后购入粗粮自

---

① 马乘风：《最近中国农村经济诸实相之暴露》，《中国经济》1933年4月第1卷第1期，第27页。

② 《调查国内产麦滞销情形报告》，《农村复兴委员会会报》1933年10月第5号，第105页。

③ 《关于复兴农村之消息》，《农村复兴委员会会报》1933年9月第4号，第120页；国民党政府实业部国际贸易局编纂、发行：《中国实业志·山东省》，1934年初版，第五编第三章，第21页。

④ 《中国经济》1933年4月第1卷第1期，第28页。

⑤ 《调查国内产麦滞销情形报告》，《农村复兴委员会会报》1933年10月第5号，第6、104页。

食。米麦滞销,高粱、玉米、番薯等粗粮的销路随之大减,价格大跌。如山东高粱,1931 年前每担 6 元,最低亦 5 元,1932、1933 年仅三四元。[①] 加上地租、税捐苛重,农民严重亏折,原本十分低下的农村购买力,又进一步下降。最后导致粮食和农产品市场的全面萎缩。

二、日本帝国主义对东北华北农村的殖民主义掠夺

1931 年"九一八事变"后,日本帝国主义迅速占领了东北三省和热河,建立了汉奸傀儡政权伪"满洲国",随即进攻和蚕食华北,假手汉奸政权实际控制了冀东和察北地区,开始和加速了对这些地区农业和农村的殖民主义掠夺。

日本对东北、华北农村的掠夺,不是普通的殖民主义强盗行径,而是有其明确和长远目标,周密方针、计划和具体措施。日本帝国主义不仅要把东北、华北作为日本国内的工业原料和农副产品供给地,国内工业品的销售市场,还要把它充当侵略和占领全中国乃至亚洲、全世界的后方基地,并解决日本国内和朝鲜的人口过剩问题,从而使得这种殖民主义掠夺极端贪婪、疯狂、野蛮和惨无人道。

(一)对东北农业和农村的摧残与掠夺

日本帝国主义对东北农业、农村的掠夺早在 1904 年日俄战争后就开始了。"九一八事变"后,为了使这种掠夺永久和"合法"

---

① 国民党政府实业部国际贸易局编纂、发行:《中国实业志·山东省》,1934 年初版,第五编第三章,第 46—47 页。

化,日本于 1932 年炮制成立了伪"满洲国",同年 9 月签订《日满议定书》,规定凡是日本要求获得的"特殊权利"和重大掠夺事项,都由伪"满"签字授予,提供"法律依据"。

为了对东北农业、农村进行全面掠夺,将东北农业和整个国民经济纳入日本国民经济轨道,确定了"日满经济体制",实行日"满"经济一元化和日本工业化、"满洲"原料化的经济分工。同时将华北作为日"满"商品输出地和过剩资本投资地,作为"日满经济体制"内部膨胀的"消化器"。① 为了推行"日满经济体制",日伪于 1935 年签订《日满经济协定》,在长春设立"日满经济共同委员会",规定日"满"两"国"政府在处理两"国"之间的经济和监督日"满"合办的公司业务时,必须咨询该委员会的意见②,实即伪"满洲国"在处理上述事项时,必须听命于日本主子。这就使日本帝国主义的一切掠夺都能够得心应手。

1. 移民圈地与土地掠夺

1931 年"九一八事变"前,日本帝国主义即通过"韩民移满,日民移韩"的方式,向东北实行间接移民③,认为只有推行"农业移民",才能直接掠夺到自己"所缺乏的物资"和"所需要的资源"。④"九一八事变"后,日本帝国主义在加速移遣韩民的同时,开始向东北直接移民。日本拓务省一直设有拓殖训练机关,于"九一八事变"后,又设立第一、第二两个拓殖所,训练学生并移赴东北垦

---

① 方秋苇:《在日本独占压迫下的华北》,《新中华》1934 年 6 月第 2 卷第 11 期,第 31—32 页。

② 《东方杂志》1935 年 8 月第 32 卷第 16 号,第 84 页。

③ 至 1931 年,已累计移遣韩民 60 万人,占垦稻田 97 万余亩(赵惜梦:《沦陷三年之东北》,天津大公报社 1935 年版,第 70 页)。

④ 日本学术振兴会:《满洲移民的必要及可能性》,转见顾明义等主编:《日本侵占旅大四十年史》,辽宁人民出版社 1991 年版,第 342 页。

殖。到 1932 年,东北已有日本移民 26 万余人。同年,日本拓务省及"满洲移民研究会"拟订了向"新满洲"移民的《殖民计划大纲》,公布《拓殖法》,并同伪满洲国合组"日满移民会社",负责募集移民,准备和分配耕地,处理移民垦殖问题。自此,大批有组织的日本"开拓团"陆续进驻各地。为了提高移民的"自卫"能力,减轻对移民的保护负担,日本开始移遣受过严格训练的在乡军人。[①]日本政府还规定在 5 年内,每年移殖数万户在乡军人家族,在东三省各地组织日人独自的村落,并发给枪械弹药,一旦有事,即将全体移民编为军队。1933 年 6 月,日本陆军省开始训练移民团,武装全部移民。

除上述移民外,还有教团移民、渔业移民和铁路沿线移民等。教团移民方面,1934 年募集国内天理教民移殖东北;渔业移民有"渔业移民团",并计划在东北北部建设"家族移民村"。第一次募集渔民 500 户,移殖同江、锦江等沿江地区,1935 年春节开江后,即以机器大规模捕取江鱼,贩行东北全境。还准备在松花江、混同江、黑龙江交汇区筹建一家大型江鱼罐头公司,产品销往世界各地;铁路移民主要移往日本新建的吉敦、敦图、拉宾、锦承各路沿线。为此在日本国内特设"铁路附属地移民指导部",预计 15 年内向这些地区移住 20 万个家族。[②]

到 1936 年 7 月,东北的日本移民共达 717795 人。但日本政府嫌移民速度太慢,于 1936 年设立"满洲拓殖股份公司",制定了 20 年移民 100 万户 500 万人的计划。移民分为甲、乙两种:甲种

---

① 1932—1935 年间,这种被称为"特别农业移民"的在乡军人,先后移遣 4 批,共 1813 人(王检:《东三省日本移民的过去和将来》,《东方杂志》1933 年 9 月第 30 卷第 17 号,第 48 页)。

② 王检:《东三省日本移民的过去和将来》,《东方杂志》1933 年 9 月第 30 卷第 17 号,第 47 页。

移民由政府直接派遣;乙种移民由民间进行。共分 4 期,人数逐期递增:首期 10 万户,二期 20 万户,三期 30 万户,四期 40 万户。首期于 1937 年开始,预定当年移民 1.2 万户。

为了统制和加速朝鲜移民,日本于 1936 年设立了"鲜满拓殖股份公司"和"满鲜拓殖股份有限公司"。前者是投资公司,后者是事业公司。"鲜满"资本 2000 万元,其中 1500 万元是"满鲜"的总资本。加速朝鲜移民的目的不仅是解决朝鲜农村过剩人口问题,将移民作为朝鲜的"安全阀",而且要将每年流往日本的十几万朝鲜人转往东北,解除由此而加重的日本社会负担。[①] 到 1936 年 6 月,东北共有朝鲜移民 857701 人。日本和朝鲜移民合计 1575496 人。[②]

日本帝国主义大规模移民的重要目的,是直接霸占和掠夺土地。它们已经在军事、行政和经济上占领了整个东北,但还不满足,还要把农田和土地从中国农民和居民的手中一亩一亩、一分一分地掠走,交给日本公司、移民家庭所有和无偿使用。日本在移民到达之前,即在该地设立"拓殖办事处",以伪县长为"处长",伪县参事官(日本人)为"副处长",疯狂圈占和准备土地、房舍。掠夺的手段,从"商租"、低价勒买、强行没收到毁契霸占、抵偿债务、驱赶、屠杀原地居民和大面积圈占,无所不有。

为了土地掠夺有组织、有步骤和堂而皇之地进行,日伪成立了专门机构,制定了法规和计划,采取了一系列严密而残暴的措施。伪满政府先后设立"土地局"和"地籍整理局",对全东北 130 万平

---

① 李隆:《日本政府东北的移民计划》,《中国农村》1937 年 7 月第 3 卷第 7 期,第 53—59 页。

② 《满洲经济年报》,第 368 页,见《中国农村》1937 年 7 月第 3 卷第 7 期,第 53 页。

方公里土地中71万平方公里田野、3000万宗民地进行了所谓"整理"。通过"整理",剥夺农民地权。又以处理旧有官、公地为名,将所谓清皇室残留地、吉林旗地、驿站地、官仓地、奉天官地、东省特别区官地,以及"国有荒地"、"国有林"等,全部"清理"出来,以供日本移民使用。1932、1933年,先后颁布了《外人租用土地章程》和《商租权登记法》,前者规定"外国人(即日本人)在东北可获得永久承租权";后者规定日本人在东北农工商需用土地,得以自由"商租",租期30年,而且期满后得延长。实际上也是永租权。1932年,日伪共同成立"日满土地开拓公司",专职从事东北土地掠夺。[①] 东北土地的管理,各县原设有土地局,1934年,日本关东军认为,土地局已不适应形势需要,必须废弃,另组织"强有力之土地统制机关",专责执行土地政策和全满土地的测量和民有土地的清丈。[②] 因东北在开垦过程中,土地登记均有浮多,于是日本侵略者令伪满民政部土木司重行测量清丈,清得的土地,悉数没收充公,以供日本、朝鲜移民使用。清丈前,由伪满民政部派员赴各县进行土地调查,从1934年9月1日起,实行不动产登记,限令年内报齐,并包藏祸心地规定了业主除自行填报不动产的种类、亩数、座数、四至及自拟价格外,还须注明三年内的产量以及各年天灾状况,房屋则注明建筑年代及渗漏状况。

　不动产登记甫毕,日伪即于1935年2月开征"不动产价值税",报价高者多纳税,报价低廉者则由日伪按报价收购,以供"拓殖"之用。同时,日本拓务省与伪满政府合资设立"土地保有会

---

　① 谢劲健:《九一八后日本对华之经济侵略》,《中国经济》1934年5月第2卷第5期,第5页;沈越石:《日军占领下之满洲》,《东方杂志》1934年10月第31卷第20号,第50页。

　② 赵惜梦:《沦陷三年之东北》,天津大公报社1935年版,第137页。

社",资金 2000 万元:满铁、东洋拓殖会社、东亚劝业会社提供现金 1000 万元,伪满政府以指定土地为资金 1000 万元,这些土地即来自清丈所得。① 原本属于农民的土地,现在又变成了"购买"农民剩下土地的资本。

掠夺手段方面,"九一八事变"前,日本帝国主义主要采用"商租"(实即强租)手段掠夺土地。"九一八事变"后,除继续"商租"外②,更多的是采用低价强买、暴力夺取和大面积圈占。如 1933 年,日寇第十军团在黑龙江阿城县强买土地 14500 町步(合 14500 公顷);1934 年廉价收买了虎林县农民的全部土地;同年四五月间,日本组织第三次武装移民团和天理教武装移民团,又将黑龙江依兰等肥沃区 7 县作为移垦区,强制收买各县土地 320 万亩。③ 1935 年 2 月,伪满开征"不动产价值税"后,许多报价低廉的土地均被日本侵略者按报价"收买";1937 年,日本人在黑龙江汤原县"收购"土地 42 万垧(合 420 万亩);另外,日本为铁路"自卫"队,在辽宁阜新县强购土地 488 垧(合 4880 亩),以供 25 户武装移民使用④,辽

---

① 赵惜梦:《沦陷三年之东北》,天津大公报社 1935 年版,第 137—139、141 页。

② 如 1932、1933 年伪满《外人租用土地章程》、《商租权登记法》颁布后,日本在沈阳和富顺大量"租借"农民土地;日本原在哈尔滨地区"租借"的土地也得到了承认(参见龚德柏:《由万宝山案至大屠杀华侨》,《时事月报》1931 年 8 月第 5 卷第 2 期,专文第 81—82 页;王检:《东三省日本移民的过去和将来》,《东方杂志》1933 年 9 月第 30 卷第 17 号,第 46—47 页;张载华:《东北农村经济鸟瞰》,《新创造》1932 年 7 月第 2 卷第 1、2 期合刊,第 153 页)。

③ 《虎林县志》,中国人事出版社 1992 年版,第 143 页;中国经济情报社:《中国经济年报》1934 年第 1 辑,第 235—236 页。

④ 佟冬等主编:《东北经济掠夺》(14),中华书局 1991 年版,第 712—714、718—721 页。

宁安东农民,也被迫低价将土地卖给日本侵略者。[①]

还有暴力强占和大面积圈占。"九一八事变"后不久,日寇就开始在沈阳、富顺、辽阳和海城等地,分文不给,暴力圈占土地。[②] 1933 年 10 月,日本向黑龙江武装移民,圈占佳木斯附近 200 公里的生熟耕地,作为移民垦殖区。[③] 1934 年勘定和圈占辽宁浑河、太子河两岸土地 100 万亩,作为朝鲜移民区。[④] 同年 10 月,强占黑龙江穆棱县民田 2 万垧(合 20 万亩),并强"借华人房屋,供日本移民居住"。[⑤] 辽宁旅大地区,到 1935 年,被日本掠夺的耕地占全部耕地的 36.1%,被掠夺的荒地山林占 78%。[⑥] 按照百万户移民计划,日本移民需占地 1000 万町步(约合 1000 万公顷),伪满政府准备提供的土地更达 2650 万公顷。当时全东北耕地面积约为 1500—1600 万公顷,加上 1300—1400 万公顷的可耕荒地,共计 3000 多万公顷,这就是说,东北绝大部分耕地和荒地都将落入日本帝国主义手中。

为了整村成片地掠夺农民耕地和日本移民集中居住,1933 年后,日伪又在各地强力推行"归村并屯"政策,将分散居住的农民强迫迁至指定的"集团部落"。原村限期拆除,逾期烧毁。腾出的土地全部没收,改为"开拓地",分给日本"开拓团"移民,或者充当

---

① 叶民:《东北劳动大众的亡国奴生活》,见中国农村经济研究会:《中国农村动态》,1937 年刊本,第 160 页。

② 王检:《东三省日本移民的过去和将来》,《东方杂志》1933 年 9 月第 30 卷第 17 号,第 47 页。

③ 赵惜梦:《沦陷三年之东北》,天津大公报社 1935 年版,第 75 页。

④ 中国经济情报社:《中国经济年报》1934 年第 1 辑,第 235—236 页。

⑤ 《银行周报》1934 年 11 月 20 日第 18 卷第 45 期,国内要闻,第 4 页。

⑥ 顾明义等主编:《日本侵占旅大四十年史》,辽宁人民出版社 1991 年版,第 343 页。

军用。如吉林舒兰,1935—1941 年迁入日本"开拓团"13 个,计
1597 户、5594 人,强占 60 个自然屯、16.5 万亩耕地。1933 年后,
勃利等县还在县公所内设立"开拓科",专职掠夺耕地和粮食,供
给日本"开拓团"。同时封锁山林、河川,断绝农民的渔业、副业生
路,将其慢性消灭。未及迁移的农民,则作为日本移民的"附庸",
充当其佃户、长工和苦力。①

这类移民用地,不论是圈占还是购买,实际上都是无偿占有。
据统计,伪满政府和日本满拓会社为移民准备的 2000 多万公顷耕
地中,46% 未支付地价。即使付价,也微乎其微。当时所定的标准
是,民有熟地每公顷 80 元,"荒地"8 元②,"国有地"4 元,还不到
时价的 1/10。实际支付的价格还要低。如黑龙江饶河为熟地每
亩 2—5 元,"生荒"0.3 元,有的还不够领取地价的往返旅费。③
据统计,满拓会社从其前身满鲜拓殖会社继承的 235 万余公顷土
地,价款为 2470 余万元,每亩只有 7 角钱。即使如此,所付地价也
不是现金,而是不能流通和兑现的"储蓄券"。④

无论是"商租"、收购、圈占,也无论是荒地、熟地,官地或民
地,都是强制夺占。否则以"通匪罪"处死。在武装移民和圈占过
程中,更是动用飞机、大炮、机枪,整村整村地驱赶和屠杀原地居
民。1934 年 3 月,日本侵略者在向依兰土龙山地区武装移民时,
出动部队千余人,轰炸机 10 余架以及大炮、机关枪,对无处撤离的

①　参见舒兰、虎林、勃川、穆棱、饶河、汤源、鹤岗、甘南、德都、克山、嫩
江、木兰、富裕、嘉荫、扎兰屯等县(市)新编县(市)志。

②　日本侵略者将农民因躲避日寇而未及时耕种的耕地,全都定为"荒
地"(佟冬等主编:《东北经济掠夺》第 14 辑,中华书局 1991 年版,第 71 页)。

③　《饶河县志》,黑龙江人民出版社 1992 年版,第 423—424 页;佟冬等
主编:《东北经济掠夺》第 14 辑,中华书局 1991 年版,第 713 页。

④　解学诗:《伪满洲国史新编》,人民出版社 1995 年版,第 562 页。

农民进行惨无人道的大屠杀,把土龙山附近 17 个村庄轰为平地,轰毙农民 5000 余人①,在整个依兰县,日本武装移民团在掠夺民田过程中,共屠杀农民 2 万余人,被迫迁离而无家可归者数十万人。② 在某些移民区,被允许留下的中国农民则沦为日本移民的佃户,受其残酷奴役和压榨。据统计,日本移民和满洲拓殖会社雇用或租给中国农民耕种的土地共 14 万余公顷。③

2. 农产统制、搜刮与人力、物力征发

"九一八事变"后,由于日本帝国主义的野蛮侵略、武装占领、土地掠夺以及其他种种倒行逆施,加上世界经济危机和自然灾害,导致东北农业生产的严重破坏和衰退。在这种情况下,日本帝国主义为了掠夺更多的粮食和农产原料,以支持战争和供给日本国内需要,推行了所谓"农业开发"和农产统制政策,逐步把东北纳入直接为侵略战争和日本国内经济服务的轨道。

1933 年制定的《满洲国经济建设纲要》,在其"农业开发"项下确定东北的发展目标是实现进口农产品的自给,增加一般农产品的输出。为此特别奖励日本短缺的棉花、小麦以及烟、麻、果树等的种植,棉花要求年产量达到 1.5 亿斤(合 1.79 亿市斤),小麦 2000 万石。对大豆、高粱、谷子、玉米等普通农作物的种植和品种改良,进行鼓励和指导。

日本和印度的通商条约废除后,原来印度供应的 10 余万吨棉花受到影响,于是日本决定这部分棉花完全由伪满供给。1933

---

①　叶民:《东北劳动大众的亡国奴生活》,见中国农村经济研究会编印:《中国农村动态》,1937 年刊本,第 158—159 页。

②　陈正谟:《各省农民雇佣习惯及需供状况》,南京中山文化教育馆 1935 年刊本,第 80—81 页;中国经济情报社:《中国经济年报》1934 年第 1 辑,第 8 章,第 235—236 页。

③　姜念东等:《伪满洲国史》,吉林人民出版社 1980 年版,第 350 页。

年春天，日本购买棉种，由伪满政府分发各省、县，勒令村民分种，并随棉种发放贷款，秋后用棉花偿还本息。同年9月，日伪共同设立"棉花协会"，制定棉花改良的"十年计划"，决定辽阳、北镇和南满铁路沿线其他14县为棉花栽培区。又在锦州设立试验区，要求10年内，种植面积达到3000万公亩（合445万市亩），产量达到1.5亿斤，面积和产量都增加5倍。1934年春，还从美国购入棉种3万磅，分发上述14县的"棉花合作社"，对领种植棉的农民接济若干春耕资金，本息在秋后偿还。据说东北农民在威胁利诱下，改种棉花的很多。1935年4月，日伪复成立"满洲棉花股份有限公司"，资本日金200万元，对棉农进行统制。[①]

对亚麻、烟草、甜菜和供给日本食料的稻米，都鼓励种植和统制收购。亚麻由三井洋行出资600万元，设立满洲亚麻株式会社，指定北部植麻，南部织布。北部各地设制线工场，并对其附近（一日行程以内）农家贷放种子，俟收买原料时，从麻价中扣除；南部则在沈阳、大连设织布工厂。哈尔滨还有日人设立的小型亚麻公司，制造麻袋、绳索，以供运粮需要。烟草种植则是为了抵制英美烟草公司的出口，由东亚烟草公司竭力扩充，种者也渐多。

制糖原料的甜菜、供给日本食料的稻米，也无不鼓励和强制种植。

在旅大地区，日本还强占中国农民的大片肥地栽种果树。据统计，1936年，在旅大栽果树建果园的日本人达326名，占旅大果农的10%，果园面积（1582町）和产量分别占总数的32.3%和

---

① 杜修昌：《中国农业商品生产之发展条件》，《中华农学会报》1936年11月第154期，第39—40页。

40.1%。①

对原来产量大、商品率高的大豆、高粱等农产品则采取严禁出口和限价征购的政策。

"九一八事变"后不久,东北虽然农业歉收,但粮价日跌。日本侵略者趁此机会,一面由日商在哈尔滨大宗收买特产物,一面在辽宁辽阳、昌图、海城等县限价强购高粱。原价每斗2元多的高粱,日本限定每斗6角的官价强迫农民出售。如存粮不交,即以犯法论罪,因不愿卖粮而被枪毙的人数很多。最后各县所产高粱都被日本侵略者运走。同时日本还假手傀儡政府和汉奸,以提高农产价格和举办平粜、救济民食为名派员赴各地大批收买谷物。②为了搜刮粮食,日本侵略者又发放"股票",所购粮食按市价加倍,用股票收买。所有粮食只付1/10的现金,其余全给股票,美其名曰鼓励农民投资,用以建设环满铁路,名为"人民铁路"。这样,东北粮食被日本侵略者用空头股票尽数收买。③次年春天,各地普遍发生米荒,农民不得不以两三倍以上的价格购进粮食,无不损失惨重。④

家畜方面,对马和羊也都无不统制和搜刮。因马匹关系军用,各县设"马政局",调查统计境内的养马户和马匹数,指导马种和饲养方法的改良,预防马疫传染。马分为耕马、骑马,骑马调查尤细,并得遵"马政局"令随时征用。绵羊则特设"日满绵羊协会",

---

① 顾明义等主编:《日本侵占旅大四十年史》,辽宁人民出版社1991年版,第349页。

② 方声:《九一八以后的东北经济》,《新创造》1932年6月第1卷第5期,第10—11页。

③ 《银行周报》1934年4月10日第18卷第13期,国内要闻,第5页。

④ 笑哲:《东北农村经济的今昔》,《东方杂志》1935年11月第32卷第22号,第104—106页。

资本 200 万元,作为繁殖绵羊的直接指导机关。拟以 10 年为期,谋求绵羊的改良和增殖,以取代原来由澳洲供应的 1 亿元羊毛的需要。①

还有毒品鸦片。日本侵略者为在精神和肉体上摧残华人,彻底灭亡中国,在东北和热河极力扩大鸦片种植。当时有报道说,日本侵占东北后,"各种农作产量均见减退,但是有一样增加了,这就是鸦片"。1934 年东北(不包括黑龙江)和热河鸦片种植面积为 35 万亩以上,1936 年仅热河一地,烟地即达 600 万亩以上。② 日本侵略者规定,鸦片不许私卖和转运,一律由专卖公所收购和专卖。敌伪一面扩大种植,一面广设专卖机关,于伪都长春设总署,沈阳、永吉、哈尔滨、齐齐哈尔、承德设专署,辽阳、营口、锦县、依兰等 12 处设分署。此类专卖机关除收税外,主要是收购、贩卖以及制造烟膏、烟具,至于小卖所更是遍布各地乡村。热河则各地鸦片商联合一起,成立"大满公司",专事收买热河专卖公署管辖区内所产鸦片。专卖公署极力压低鸦片价格,农民往往无力偿还春耕贷款和烟捐亩捐,即使这样明年还得种。日本侵略者规定,今年已报的鸦片种植亩数,明年不得减少,农民走投无路。③

日本侵略者在统制、搜刮农产品的同时,又肆无忌惮征发劳力和各种物资。东北、热河等地日本驻军的粮秣都必须由当地农民负担。日伪又强征壮丁、民伕和骡马、车辆运输军需,修筑军

① 赵惜梦:《沦陷三年之东北》,天津大公报社 1935 年版,第 167—168 页。

② 中国经济情报社:《中国经济年报》1935 年第 2 辑第 8 章,第 202 页;赵惜梦:《沦陷三年之东北》,第 31—32 页。

③ 中国经济情报社:《中国经济年报》1935 年第 2 辑第 8 章,第 202 页;赵惜梦:《沦陷三年之东北》,第 31—32、153—155 页。

用公路。凡是壮年男子，都须征发。农民必须赶着自己的牲口，拉着自己的车，去替日本侵略者运输各种军用物资，而且征用的牲口大都不予归还，农民的劳力、粮食、牲口都被搜刮一空，连伪"满"政府也不得不承认："各地粮食已被劫殆尽，牲口亦几乎绝迹，各地农民的损失实不胜计"。[①] 农民"只能饿着肚子看着他们（指日寇）的马吃着搜罗去的粮食"。[②] 日本侵略者为了侵略战争的需要，甚至强迫农民将秋禾割尽，完全把东北农民赶上了绝路。[③]

日本"开拓团"、"开拓农场"和其他各类日本移民的土地，以及日本侵略军、日本所掠工矿企业的农场、菜园，也都是征派或"雇用"中国劳工耕种。如1936年，日寇将黑龙江鹤岗县的大部分土地圈给日本"开拓团"，雇用中国人充当长工、季节工和临时工进行耕作。1937年，仅东北、海东两村即雇有中国长工727人。1937年、1942年，日资南岗采煤所、陆镜开发事务所、关东军南大营在鹤岗先后建有"西农园"、"东农园"和关东军等多处菜园，占有菜地近千亩，全部征派中国苦力耕种，产品专供日本人。这些中国雇工、苦力所受奴役、剥削和虐待十分残酷，境况异常悲惨。如上述鹤岗长工，每人必须耕种40亩土地，劳动量和劳动强度已大大超出正常劳力所能承受的限度，但还不给现金报酬，只允许自种2垧薄地抵充工资。这样，长工实际须种60亩地，相当成年男子耕作面积的2倍以上，而且还不管饭食，不准进屋，夜间只能在不

----

① 中国经济情报社:《中国经济年报》1934年第1辑第8章,第230—231页。

② 叶民:《东北劳动大众的亡国奴生活》,《中国农村动态》,1937年版,第158页。

③ 马乘风:《最近中国农村经济诸实之暴露》,《中国经济》1933年4月第1卷第1期,第14页。

遮风雨的茅草棚栖身。① 由于过度劳累、冻饿,一个健壮农夫短短两三年间就会被折磨而死。

(二)对华北的农业掠夺

日本帝国主义在占领东北、并对东北进行疯狂掠夺的同时,加速了向华北的渗透、蚕食和农业掠夺。

日本侵略者认为,占领东北后,虽使日本国内的原料供应问题有所缓和,但尚未完全解决,而且,东北市场已臻饱和,短期内难以扩大。日本原料和市场问题的最好解决办法,是进攻和独占华北。华北是日本"最好的新殖民地"。②

于是,日本帝国主义一方面加紧对华北进行领土蚕食,相继占领察哈尔、冀东,策动成立"冀东防共自治政府",迫使中国军队退守到北平郊区;另一方面加紧了对华北的经济渗透和掠夺,调整对华北的经济侵略方针,将原有的"中日经济提携"推演为更具体的"开发华北经济"。为此,满铁设立了以专门"开发华北为目的的兴中公司",独占华北市场,将整个华北经济完全与日"满"经济铸成一体,建立"日、满、华北经济体制"。

1. 植棉推广与棉花统制、掠夺

日本对华北农业掠夺的一个重点是棉花。日本的棉纺织品出口占其出口总额的1/4左右,但原料棉花主要靠进口,常年占进口总额的30%以上。日本力图将东北作为其棉花供应基地,但因气候关系,东北大部分地区不适宜植棉,年产量仅70余万担,除供当

① 《鹤岗市志》,黑龙江人民出版社1990年版,第383页。
② 孙怀仁:《华北经济提携一瞥》,《世界知识》第5卷第5期,转见延安时事问题研究会:《日本帝国主义在中国沦陷区》,延安解放社1939年刊本,第51—52页。

地消费外,所余无几。因此,日本遂将其目标移至华北。1933 年
日本占领察北和冀东大片土地后,加速推进在华北的植棉计划。
大阪兴业公司专门成立"植棉委员会",在河北迁安、昌黎等 10 县
设立植棉分会,决定占地 30 万亩,出资 100 万元,扩大棉花种植,
并向农民提供种子,约定收获后给价收买。日商纺绩同业公会也
于同年 8 月发起成立"山东棉花改良协会",次年即从朝鲜运去棉
种 3.5 万斤(合 4.2 万市斤),在张店及其他 10 余县播种。[①] 日本
还制定了更庞大的计划,要求华北各省(包括河北、山东、山
西以及河南、江苏北部)至 1936 年,植棉至 1200 万亩以上,而
且限种美棉,以符合大阪各纺织厂的需要。棉花种植期间,请日
本专家指导,棉种由日本经纪人散发。从 1934 年起,津浦、平
汉两路沿线农民所接受的此项棉种,不下 500 万磅。1935 年
"冀东防共自治政府"成立后,天津日本驻屯军与汉奸政权合
作,在统制察冀两省农村的同时,投资 2000 万元,派遣日籍农
村指导员,诱使农民合资植棉。在遵化,日人更唆使大批汉奸,
鼓动农民将所有地亩改种棉花。这样,华北一些地区的棉花生
产,已被直接控制在日本侵略军手中。日本外务省也直接参与对
华北棉花生产的改进和统制,派员在河北丰润等地设立农事试验
场,跟"兴中公司"共同负责。外务省还和满铁共同出资,派
遣技师分赴各地农村督促生产,向朝鲜总督府借得种子 10 万斤
(合 11.9 万市斤),在冀、鲁、晋三省试种,每省贷给农户费用
3 万元,其中山东更是统制和掠夺的重点。外务省特令济南总领
事向山东当局交涉,在胶东租进农田,募集农民佃种,培植改良

---

①　钱亦石:《九一八后日本在华经济势力的进展》,《申报月刊》1934 年
9 月第 3 卷第 9 号,第 8 页;方秋苇:《华北棉花之前途》,《新中华》1935 年 11
月第 3 卷第 22 期,第 141—151 页。

棉种。一些日本资本家还在江苏、山东等省沿海地区变相收买田亩，勒令农民植棉。①

随着日本对华侵略的扩大，对华北棉业的统制和掠夺也更为变本加厉。1936年8月，日本政府第69次会议，通过对华实施预算400万元案，设立天津、青岛农事试验场改良产业科学试验所，以谋求增进棉花产量，改良品种；同时，拓务省同大阪资本家商洽设立"华北棉花协会"，拟在天津、济南等地设10余所农业试验场，以增加华北棉花产量。紧接着，日本宣布华北棉花五年计划，以"中日合作"的方式，由日本外务省出资600万日金作为开辟农牧场资本，以二成作棉业借款，在冀东敌伪管辖区域内划定通县、丰润、玉田、迁安、滦县、香河、遵化、抚宁、昌黎等县几万顷土地，为"兴中公司"试验植棉的农场，通县更派军队强迫农民植棉。②

直接统制华北棉花的组织机构也愈益繁多和庞大。除上述各组织外，日本设在天津的"华北农工业研究所"也研究改良棉种，并设有信用组合、贩卖组合等会社；日本纺织业组织的"华北棉花协会"，主要目的也是统制棉产，日本拓务省设有"东亚棉花绵羊协会"，目的是开发棉产，改良羊毛，统制华北棉花、羊毛事业；1936年9月，还以中日"合办"的名义，成立"棉业公司"，由"兴中公司"给予技术援助，"兴中公司"还准备用日满棉花协会、山东棉花改良协会，合组"东亚棉花协会"。日本外务省则建议出资日金

① 钱俊瑞：《谈中日植棉业合作》，《中国农村》1936年4月第2卷第4期，第14—15页；杜修昌：《中国农业商品生产之发展条件》，《中华农学会报》1936年11月第154期，第40页。

② 昉如：《华北棉植业与棉纺业的透视》，《新中华》1936年11月第4卷第22期，第16页；何东辉：《华北军需资源与中日战争》，转见延安时事问题研究会：《日本帝国主义在中国沦陷区》，延安解放社1939年刊本。

1000 万元,在天津设立大型棉花堆栈公司,作为统制棉花购买的中心①,以期将华北棉花一网打尽。

2. 农田、劳力掠夺和财税、军事征发

为了推广和扩大棉花种植,日本侵略者采用各种手段掠夺农田。如"兴中公司"在天津迤东军粮城地方收购土地四五万亩,作为植棉区,试种美棉,并在天津建筑棉花仓库,向河北各县收购棉花;日本驻天津领事馆,通过汉奸冒用中国人的名义,在天津偷买土地,开设"华北农场试验所",并设场植棉。② 又有日本人以 5000 万元在天津组织"大众农业公司",并在军粮城北塘附近租妥农田 3 万亩。据说天津、塘沽一带沿海河两岸膏腴之地,以及天津市内地皮多被日本人买走。唐山、大沽、秦皇岛、玉田、遵化等处,都经常有日本人收买农田。有人说,日本在华北实际上已获得土地商租、购买和租赁的自由权。"冀东的农民从此不但是牛马般的佃奴,而且也要做亡国惨痛下的异族佃奴了"。③

劳力掠夺方面,日本帝国主义占领东北后,一方面驱赶在东北谋生的关内劳工,禁止关内农民进入东北;另一方面,又在华北地区采用种种欺骗和威逼利诱的手段,招募劳工出关。从 1933 年起,大批日本浪人和汉奸在"冀东防共自治委员会"的保护下,分头在北方各省招工和拉夫。仅 1934 年,被招募的劳工就有 38.8

---

① 陈洪进:《走向典型殖民地经济的中国棉业》,《中国农村》1936 年 11 月第 2 卷第 11 期,第 23—25 页。

② 《银行周报》1937 年 6 月 22 日第 21 卷第 24 期,国内要闻,第 5 页;延安时事问题研究会:《日本帝国主义在中国沦陷区》,延安解放社 1939 年刊本,第 57 页。

③ 中国经济情报社:《中国经济年报》1935 年第 2 辑第 5 章,第 140 页。

万人。① 在天津日租界和塘沽、威海、青岛、烟台四地都有日人招募劳工的活动。天津日租界的"三共公司",即专事经营代雇劳工及运送事宜。1934年天津招募的修路劳工达16万人,1937年春天,天津登记出关的劳工达16.6万余人。塘沽出口劳工最多时,每天总在千人以上。1937年,日本还派遣多名汉奸到河南灾区收买农民出关做工。劳工出关,照例由日本大东公司售给所谓"入国证"。由于出关劳工众多,"入国证"价格猛涨,由1936年的3角钱涨到次年的1元钱。②

日本帝国主义之所以严禁内地劳工出关,而要另行招募,是害怕自动出关的劳工在关外有熟人和其他社会关系,不能像浪人、汉奸招募的劳工那样任意处置。招募时,浪人、汉奸以各种花言巧语和优惠待遇许诺,一出关,这些劳工立即变成了孤立无援、与世隔绝和任人宰割的一群。"他们简直不是工资劳动者而是纯粹的奴隶",工资接近零,伙食是一天三顿量少质次的稀粥或臭高粱米饭,工作时间长,劳动强度大,条件恶劣,直到死亡前没有一天休息,动作稍慢,监工、工头和日本兵的木棒、皮鞭、枪托立即上身,甚至当"共产党"枪毙。晚上随地而卧,四周围以电网防其逃脱。他们只能日夜带着半饥半饱的肚子劳动着,一直到死。于是另一批新的劳工再从山东、河北、河南等省招募输送过来。如果是机密工程,为了防止泄密,工程完毕,即随地活埋,或投海淹毙,又或终身

---

① 叶民:《东北劳动大众的亡国奴生活》,见中国农村经济研究会编印:《中国农村动态》,1937年刊本,第154页。

② 《津市"猪仔"公司之罪恶》,《劳动季报》1935年5月第5期,第133页;华超:《华工的出国和出关》,《中国农村》1937年6月第3卷第6期,第3—4页;《民间半月刊》1937年6月第4卷第3期,第18页。

充当苦役,永远不能回家乡。①

在汉奸政权统治下的冀东和察北,劳力和粮秣、牲畜、车辆征用也十分猖獗。据 1937 年的统计,冀东 22 县除田赋等正税外,共有苛捐杂税 423 种,其中汉奸政权新增的 73 种,加重征量的 249 种,只有 91 种(占 21.5%)是承袭未变。② 在察北,汉奸政权更是家家户户抽抓男丁。青壮年编为地主保安队或正规军,老弱者驱使筑路、挖壕沟和运送粮秣。农家车辆大半征作军用,所有牛羊和马匹全部登记纳税,并禁止售卖。粮草一律禁止外运,除直接征派外,全部低价强制收购,所产池盐也全部归伪满洲国财政部专卖。此外还有名目繁多的捐税,农民的田亩捐负担比从前加重了 2.5 倍以上。田亩苛捐外,又强制种植鸦片,其面积按地亩 5∶5 的比例确定,即必须将一半的耕地用来种植鸦片。每亩缴烟捐 5 元,必须在播种前交纳,而且不能不种,否则依法治罪。③ 结果,所有农民均被洗劫一空,又不能从事正常的农业生产。

三、国民党政府的农业政策和地主、资产阶级的乡村改良运动

国民党政府的农业政策和措施,包括土地与租佃政策、田赋政策、农产统制政策、农村改良与推广措施等,根本目的不是促进农

---

① 叶民:《东北劳动大众的亡国奴生活》,见中国农村研究会编印:《中国农村动态》,1937 年刊本,第 154—156 页;华超:《华工的出国和出关》,《中国农村》1937 年 6 月第 3 卷第 6 期,第 3—4 页。

② 朱平:《冀东伪组织下的苛捐杂税》,《东方杂志》1938 年 8 月第 35 卷第 15 号,第 38 页。

③ 任子寿:《傀儡伪组织统治下的商都农民》,见中国农村经济研究会:《中国农村动态》,1937 年刊本,第 132—134 页。

业和农村经济的发展,而是巩固封建土地制度,维护大地主大资产阶级的一己私利,有的更是直接为原苏区地主的反攻倒算提供政策和法律依据。随着工农革命的壮大和国内政治、军事形势的变化,作为农业政策核心的土地政策,有一个明显的蜕变和反动过程,即由表面拥护或承认孙中山"平均地权"、"耕者有其田"主张,变为公开批驳孙中山的革命政策和政策依据,否定中国土地分配不均的存在和"平均地权"的必要性,将"平均地权"、"耕者有其田"篡改为"均佃"、"公平分佃"和耕者有其"佃"。地主、资产阶级的农村改良运动,包括梁漱溟的"乡村建设运动"、晏阳初的"平民教育运动"、阎锡山的"土地村公有方案"等,并非某些地主、资产阶级的个人行为或纯民间活动,而是得到国民党政府的批准和支持,有的是国民党拟议改革(如县政改革)的一部分,有的本人就是把持一方党、政、军、经大权的国民党方面大员。农村改良运动试图通过宣传教育和点滴改良,抵制和瓦解工农革命,从政治、经济、思想、文化领域全面扩大和巩固国民党政权的阶级基础,实际上是国民党政府"围剿"工农革命的第二条战线。

(一)土地、赋税和农产统制政策

土地、赋税(尤其是田赋)和农产政策,直接关系广大农民的切身利益,对农业生产、农村经济和整个国民经济的发展有着决定性的作用。但国民党政府首先考虑的是最大限度满足大地主大资产阶级和政权本身的需要。土地政策的着眼点是维护地主土地所有制和封建租佃关系。为此公开篡改和背叛孙中山"平均地权"和"耕者有其田"的革命主张。而且,愈是农民失地破产,农村地权分配矛盾愈是尖锐,愈是淡化土地分配问题,而将政策重点转向土地的"整理与经营";田赋方面,限制附加、禁止苛捐杂税的报告、议案不少,付诸实施的不多,收效甚微;农产政策,虽部分有改良生产的意图和因素，但根本目的还是统制和垄断农产品的流通，禁止农产品的自由买卖，有的更是直接为镇压工农革命服务。

土地政策　国民党政府于 1930 年 6 月颁布了《土地法》。在这之前，国民党中央政治会议曾先行通过《土地法原则》，明确土地法的指导思想。"原则"提到孙中山的"平均地权"主张，承认"人民有平均享受使用土地之权利"，为此"必要防止私人垄断土地"[①]，但无具体设想和方针、步骤。对当时农村最迫切的"耕者有其田"问题则避而不谈。

《土地法》是国民党政府关于土地制度方面的基本法，共分 5 篇 397 条。它在全面肯定封建土地所有制和农村封建租佃制度的前提下，对土地的登记、使用、税收和土地征用方面，做了某些具体规定。《土地法》完全承认现存的封建租佃关系，不过对佃农的某些权利做了肯定，对地主的撤佃条件和地租征收做了某些限制。在这前后还出台了《佃农保护法》(1927 年)和《保障佃农办法原则》(1932 年)等法令。主要内容有：规定佃农缴纳地租的最高额不得超过当年耕地正产物的 37.5%(《佃农保护法》为 40%)，副产物概为佃农所有；废止预租、押租和包租制；佃农如能履行纳租义务，除地主收回自耕或地权转移至自耕农，地主不得撤佃；地主出典、出卖土地，佃农有优先承典、承买权；地权转移时，除转与自耕农外，佃农有续佃权；佃农放弃耕作或地主收回自耕、终止租佃关系时，佃农有权要求偿还耕地的特别改良费，等等。这些条款含有保护佃农权利的因素，但实际上并未执行。以 37.5% 为地租最

---

① 中国农民银行经济研究处编：《农村经济金融法规汇编》，中国农民银行经济研究处 1942 年刊本，第 76 页。

高限额、实行"二五减租"①,原是大革命时期在共产党的推动下,国民党提出的主张,未及付诸实施,蒋介石国民党已经背叛革命。国民党政权建立后,"三七五"地租限额和"二五减租"虽被载入《土地法》等法令,但并未打算实行,全国仅有湖南、湖北、浙江、江苏等四省公布了减租条例,付诸实施的则只有浙江和福建上杭。而浙江减租的目的,也并非保护佃农,而是为了打倒保护佃农的共产党。② 即使如此,在封建地主的强烈反对下,浙江的"二五减租"也还是半途而废。由于地主千方百计对抗,或拒不减租,或加大征租面积,或径行强割谷物,或夺回土地,另租与"驯良"佃农,等等,佃农尚未收到"减租之益,已先受其害,甚至失去土地耕种了"。③尽管如此,这时国民党在农民和地主之间尚保持某种伪装的"中立"。

1932 年后,国民党政府的土地政策开始发生变化。是年,蒋介石亲自坐镇的豫鄂皖"剿共"总部颁布《剿匪区内各省农村土地处理条例》,强调土地分配"重在均耕,不在亟亟均其所有"。具体办法是在承认和保护地主产权的前提下,向各村有耕作能力者"计口授佃"。1933 年 12 月,蒋介石又从南昌向南京发了一纸专谈土地政策的电报,声称中国既无土地分配不公的情况,也不存在土地总量供应不足的问题。认为从全国人口和土地分配看,"不苦人不得地",而是"地浮于人"。而且各省"亦绝少数百亩、数千

---

① 因为 50% 被认为是当时各地通行的地租率,为保证地租不超过 37.5% 的最高限额,必须对原有租额核减 25%,故称"二五减租",又叫"四一减租"。

② 国民党浙江省党部有两句标语:"要打倒共产党,必须实行二五减租";"反对二五减租,就是为共产党造机会"。

③ 陈翰笙:《现代中国的土地问题》,《中国经济》1933 年 8 月第 1 卷第 4、5 期合刊,第 12—13 页。

亩之地主",三数十亩的中小自耕农"确占半数以上"。中国土地"不患地主把持"。因此,解决农民土地问题,不是"平均地权",而是"均佃"。即以合作社集体耕作方式,按各户耕作能力,"公平分佃,随时由社评定增减"。虽然电报提到,国民党"遵奉平均地权遗教冀达到耕者有其田的目的"。《土地处理条例》也曾说要"限田",要规定私有地亩的最高限度,对地亩超额的地主,用累进法征课田租所得税,使地主收益有限,而将资金投向其他领域。并声称要通过"和平"和"渐进"的方式达到"耕者有其田",但这还是"分佃",而非"分田"。农民获得的是土地佃权,而非土地所有权,而且连"计口授田"或"公平分佃"也从未实行。

这样,蒋介石完全篡改和阉割了孙中山"耕者有其田"的革命本质,关于中国无地主和土地分配不均的论断,也从根本上否定了孙中山"平均地权"的客观依据,公开和彻底背叛了孙中山。

蒋介石在电报中将国民党的土地政策归纳为两个方面:一是土地分配;二是土地经营与整理。强调实行土地政策,"经营及整理问题实更急于分配问题"。蒋介石最终把孙中山"平均地权"和"耕者有其田"的革命主张抛到了九霄云外。

行政院接到蒋介石电报后,立即开会研究,通过《研究土地政策案》,指定铁道、内政、实业、教育各部部长以及政务处长、组织委员会拟具详细意见。此后即将土地政策的重点转移到了维护原苏区地主地权、帮助地主反攻倒算以及土地的调查、整理和经营,先后颁布、下发了土地处理、土地陈报、土地测量、公有土地处理、荒地清理与垦殖等一系列法令和章程,如《剿"匪"区内各省农村土地处理条例》(1932年)、《剿"匪"区内屯田条例》(1932年)、《办理土地陈报纲要》(1934年)、《土地测量实施规则》(1934

年）、《举行土地陈报及减轻田赋附加案》（1934 年）、《修正整理田
赋先行举办土地陈报办法大纲草案及说明书》（1934 年）、《公有
土地处理规则》（1934 年）、《督垦原则》（1933 年）、《清理荒地暂
行办法》（1933 年）、《奖励辅助移垦原则》（1933 年）、《内地各省
市荒地实施垦殖督促办法》（1936 年）等，《剿"匪"区内各省农村
土地处理条例》规定，凡被工农政权分配、处理的田地或其他不动
产，一律"发还原主"。① 《督垦原则》规定，各省市应在督垦单行
原则公布后五年内，督同各县局设法将全省可垦荒地全部开垦或
招垦，对私有荒地限期垦竣，否则予以处罚。提前垦竣者，升科年
限予以展缓，以示优待。② 为了调查和整理土地的需要，1932 年
蒋介石还在中央政治学校开办了"地政学院"，派遣学员分赴各
地调查，涉及的地区达 19 省 180 余县市，调查内容主要集中在
土地制度、租佃关系、土地陈报和利用、农村金融和农村经济等
几个方面。

　　另外，国民党政府对旗地和湖田、灶地等特种土地，先后采取
了清理措施。1928 年夏，国民党政府接管原北洋政府的直隶、京
兆旗产官产清理处，改组为"河北兼热河官产总处"，隶属财政部，
继续对河北、热河境内的旗地、官地进行清理和拍卖（北平市旗地
中有关文化古迹者，拨归北平市政府管理），原已拍卖的官旗地，
则进行验照税契，并制定或修订相关章程、条例和实施细则。官田
旗地的购买，仍沿袭北洋政府旧章，原则上鼓励佃户留置，只有当

---

① 中国第二历史档案馆编：《中华民国史档案资料汇编》第五辑第一
编财政经济（七），江苏古籍出版社 1994 年版，第 180 页。

② 中国农民银行经济研究处编：《农村经济金融法规汇编》，中国农民
银行经济研究处 1942 年刊本，第 223 页。

佃户声明放弃，或逾期不留置时，才另行标卖。① 从 1928 年开始，国民党政府先后对浙江沿海沙地、灶地，江浙太湖湖田进行了登记整理。这一活动断断续续，直至 20 世纪 30 年代中，始终未有完全停止。②

田赋政策 在国民党政权以前，田赋为中央税，国民党上台后，将田赋改为地方税，并决定进行部分改革和整理。

一是豁免旧欠。1928 年国民党政府决定 1927 年以前的田赋旧欠，应一律豁免，着内政、财政两部于是年 7 月 11 日通同会饬各省遵办，如官吏奉行不力，或查有隐匿侵冒情事，从严治罪。但各省提出，旧欠新欠不易分清，同时，欠赋多系豪绅包揽，实欠在民者甚微。豁免欠赋是予土豪以侵渔之机。于是财政部提出，除田赋实欠在民、确系无力缴纳，自当豁免外，其若由官吏侵渔及豪绅抗纳，仍应彻查追缴。江苏、浙江两省更明确将豁免年限由 1927 年前改为 1926 年前。③ 豁免旧欠，成为一纸空文。

二是限制和禁止附加。自清末后，田赋附加名目繁多，北洋政府时期尤甚。改革田赋制度必须首先严禁田赋附加。因此，财政部于 1928 年订定《限制田赋附加办法》八款，规定田赋正税和附

---

① 1932 年，由于日本帝国主义占领东北和不断蚕食河北，加上连年灾荒，河北农村破产，农民生活困苦已极，根本无力置地。1934 年 5 月第二次全国财政会议核准，停办河北官旗各产拍卖，但验照税契继续进行（参见鞠镇东：《河北旗地之研究》，《民国二十年代中国大陆土地问题资料》第 75 册，台北成文出版社有限公司、[美]中文资料中心重印发行，1977 年 12 月初版，第 39711—39788 页）。

② 谢俊：《两浙灶地之研究》，《民国二十年代中国大陆土地问题资料》第 74 册，台北成文出版社有限公司、[美]中文资料中心重印发行，1977 年 12 月初版；徐伯符：《太湖湖田之研究》，《民国二十年代中国大陆土地问题资料》第 74 册。

③ 刘世仁：《中国田赋问题》，商务印书馆 1936 年版，第 101—103 页。

捐总额,不得超过现时地价的 1%。超过者不能再增加,并须陆续核减;田赋附加不得超过正税;田赋征收,将银两改为元,漕粮改石为元。然而,财政部办法下达后,各省地方当局仍我行我素,田赋附加有增无减。据 1933 年的调查统计,田赋附税对正税的比例,湖北、江苏、湖南、河南最高依次达 86 倍、26 倍、12.8 倍和 10.2 倍;田赋对地价的比率,全部超过 1%,江苏、浙江、福建、江西、四川、陕西等省全部或大部超过 3%。① 农民负担日重,农村急速破产。在这种情况下,财政部复于 1934 年春召开第二次财政会议,再次整顿田赋。会上提出的有关田赋决议案不下 20 余宗,其中关于限制田赋附加者不下五六宗。② 国民党更明令,此后田赋永远不准再有附加,永远不准再立不合法之税捐名目,著为定例。同时,财政部责令各省厅局将各县所有田赋附加税各种名目及用途,以及是否列有年限,分列详细列表报部,以资核销。③ 决心不可谓不小。经过严厉核减,部分地区田赋附加略有减轻,但仍未降至 1931 年的水平。据对南北 22 省(不含东北三省)1020 县的调查统计,如 1931 年的田赋附加为 100,则 1934 年为 108,1936 年为 101。广东、广西、湖南、贵州、青海等省,则不但没有降低,还在继续加重。田赋占地价比重,水田在 1931 年为 2.08%,1934 年为 3.05%,1936 年为 3.21%;平原旱地 1931 年为 2.33%,1934 年为 3.26%,1936 年为 3.21%;山坡旱地 1931 年为 2.48%,1934 年为

---

① 孙晓村编:《苛捐杂税报告》,《农村复兴委员会会报》1934 年 5 月第 2 卷第 12 号,第 6—9 页。

② 主要有:遵照财部整顿田赋附加办法实行减轻田赋附加以苏民困案;各省田赋只分省正税、县附捐两项,其余一切名目概行删除案;分年递减田赋附加案;整理田赋及田赋附加以减轻农民负担而裕民生案;永远废除各省县田赋附加、地方费不足由中央另筹抵补案等。

③ 刘世仁:《中国田赋问题》,商务印书馆 1936 年版,第 104—105 页。

3.46%,1936 年为 3.51%。① 1936 年的田赋附加指数均高于 1931 年,山坡旱地更呈递增趋势。

农产统制政策　20 世纪 30 年代初,国民党为了巩固自己的统治,在对革命根据地进行军事围剿的同时,着手加强政府对全国城乡经济活动的直接干预和控制。1933 年 10 月全国经济委员会成立后,在中央和一些地方相继设立各种机构,先后对蚕丝、棉花、食糖、粮食、茶叶、烟草等几种主要农产品的运销和某些生产、加工环节实行"统制",即统一控制。

最先推行统制的农产是蚕丝、棉花。1933 年,国民党政府在江浙蚕桑区和上海成立"蚕业联合统制会"。② 1934 年,全国经济委员会先后设立"蚕丝改良委员会"和"棉业统制委员会",分别负责全国的蚕丝、棉花改良与统制。蚕丝统制方面,"蚕丝改良委员会"的方法是,"治本治标"双管齐下,限制丝厂商的收茧办法,规定蚕茧价格,茧商的收购款由统制机关代借。如茧行违规收茧,即通知银行停止付款。同时设立南京、杭州两个集团制种场,接办浙江萧山、杭县和江苏金坛三个"改良蚕丝模范区",集中生产和发放改良蚕种,蚕农必须一律采用改良种,并派员监督指导,对缫丝生产也进行统制和监督,划一全国缫丝厂的机器,使出货成色整齐。还决定组织"江浙联合丝厂",成立办事处,共同收茧,在生产中实行技术和管理合作,以提高蚕丝质量。③

江浙蚕桑区也都推行统制政策。1934 年 1 月,江浙两省政府和金融、蚕丝界"名宿"以及国际联盟蚕丝专家等在浙江开会,成

---

① 国民党政府实业部中央农业实验所农业经济科编印:《农情报告》1939 年 4 月第 7 卷第 4 期,第 49—50 页。

② 河南《农林季报》1933 年 4 月第 1 卷第 1 期,第 12 页。

③ 《工商半月刊》1934 年 4 月第 7 卷第 4 号,国内经济栏。

立"江浙蚕业联合统制委员会",并制定和通过了章程。① 两省又各自设立相关机构②,分别对蚕业进行统制。江苏取缔土种生产,蚕种由建设厅统制管理,派员实地指导,制种场所产蚕种由试验场检验后,统一分发或公卖。桑叶买卖和市场价格,茧行和收茧办法,也都实行统制,并关闭原有旧式茧行,由丝业大亨联合旧茧商,集资成立新式茧行,负责全省蚕茧收购。③ 浙江亦成立"收茧委员会",统一收茧办法,统制收购蚕茧。

山东和广东也都提出了统制和改良、救济蚕业的某些政策措施。山东决定:茧丝生产方面,取缔土种,增设改良种制造场;设立蚕业银行和丝业银行,推行低息借贷;筹办新式缫丝厂,推行制丝组合,使制丝业渐趋合理化;设立制丝讲习所、女工管理训练所和高级蚕桑学校,培养蚕业人材;蚕丝贸易方面,设立丝业公会,组织大型生丝贸易公司,免除外商操纵;强迫生丝品质检验,提高生丝质量,增进国际贸易信誉。同时,扩充蚕业试验场,鼓励沿海产柞各县,广植柞树,多养柞蚕。④ 广东从 1935 年开始,也陆续推行蚕丝统制,省蚕丝改良局制定改良计划,分别在顺德、南海、中山设立蚕丝改良实施总区或分区;扩充省第一制种场,筹建第二场,制发改良蚕种,协助筹设省织造厂和第二缫丝厂,筹建"中心模范蚕

---

① 《一年来复兴农村政策之实施状况·蚕丝业之改进与救济》,《农村复兴委员会会报》1934 年 8 月第 2 卷第 3 号,第 207—208 页。

② 江苏有"蚕业改进管理委员会",执掌蚕种、茧行、蚕茧运销和桑苗统制,并设立"蚕丝改良模范区";浙江有"管理改良蚕桑事业委员会",管理和统制蚕丝的生产与运销,内分蚕种、育蚕、收茧、缫丝、销丝、织绸等六个方面。又在蚕桑业较发达的杭县、海宁、嘉兴、吴兴、长兴等 11 县,分别设立"蚕业改良区"。

③ 《农村复兴委员会会报》1934 年 8 月第 2 卷第 3 号,第 207—208 页。

④ 《农村复兴委员会会报》1934 年 8 月第 2 卷第 3 号,第 222—223 页。

村"，改良土丝织造，等等。①

　　棉花统制是同棉业推广同时进行的，"棉业统制委员会"一方面主管全国棉业改进，成立中央棉业改进所，筹办改良棉种试验场、育种场，改良棉种，推广棉花种植；另一方面进行棉花统制，垄断棉花的收购和运销，建立大规模的棉花运销合作社和棉花仓库，陕西更建立"棉籽统制区"。山西为了防止棉农、棉商掺杂，除了组织棉检委员会，派员赴各县检查外，还不准农民自行轧花，县设轧花厂，集中轧花。棉农只能卖籽棉，而不能卖皮棉。②

　　浙江、江苏、湖南、山东、山西、安徽、四川、陕西、甘肃等产棉省，都纷纷成立机构③，全面或划出重点地区，推行棉业统制和改良，采取的措施更多样化。在生产方面，采用多种方法供应和推广改良棉种，扩大美棉种植；培训棉业人员，推广种棉技术；开办和扩大轧花厂，集中轧制改良棉花，防止棉种混杂；改良农艺，改善灌溉条件，提倡和组织棉花产销合作。有的措施和办法，已相当系统和理论化：如湖南提出，"以地方情形为单位，标本兼治，整理与改良并重"；"以经济为中心，设法于短期间成立棉农经济组织"；"以生产合作，改进棉农生产。以信用合作，活动棉农金融。以运销合作，增加棉农收益"。并且声言要雷厉风行，"实行统制生产，以政

---

① 《广东蚕丝事业之新建设》，《农村复兴委员会会报》1935 年 4 月第 2 卷第 11 期，第 75 页。

② 《一年来复兴农村政策之实施状况》，《农村复兴委员会会报》1934 年 8 月第 2 卷第 3 号，第 225 页；闻鹭：《山西新政下的农村经济》，《中国农村》1937 年 2 月第 3 卷第 2 期，第 78 页。

③ 如河北的"棉业改进会"，陕西的"棉产改进所管理委员会"及其附设"棉籽统制区"，湖北的"棉业改良会"，甘肃的"棉统会"等（陈洪进：《走向典型殖民地经济的中国棉业》，《中国农村》1936 年 11 月第 2 卷第 11 期，第 17—19 页）。

令推行一切农法,铲除一切障碍,纠正一切陋习,取缔一切弊端",决心彻底改变棉业因循守旧的落后局面①,但具体措施不详。

继蚕业、棉业统制之后,国民党政府又相继推行粮食、茶叶、烟草和食糖统制。

粮食统制开始酝酿于1933年10月。当时蒋介石正调集100万大军对中央苏区进行第五次军事"围剿",急需军粮。行政院第128次会议通过筹设官买积谷案,通令各省市厉行仓储制度,由各地驻军保护,并同产米与销米省份官商合作,组设运销机关,以谋粮食调剂,必要时由中央派员指导,试图由军队直接控制粮食,以利军事"围剿"。这是粮食统制的先声。

1934年,蒋介石在南昌行营召开赣、浙、鄂、皖等10省市粮食会议,明确提出筹设中枢管理粮食机关,组织"粮食统制委员会",取缔粮商操纵,另组公营粮食机关,成立新式机器米厂与堆栈,以便实行贩卖合作。同时与银行、钱庄合作,兼做农产品押款和押汇。② 1934年11月,财政部草拟成立"粮食运销局",执掌粮食购销、粮价平准调节以及粮食抵押借款等③;又在上海设立"七省粮食运销局筹备处",由大粮商买办顾馨一主持。粮食统制之声,甚嚣尘上。无奈各省不肯缴股,粮商因利害关系与帮口不同,亦无法合作,结果烟消云散。然而,国民党政府并未罢休,又同中国银行、中国农民银行等合作,举办"农业仓库",通过抵押贷款,吸收农民粮食。抵押品除米、稻、豆、杂粮、面粉外,尚有豆饼、蚕丝、棉花、布

---

① 《一年来复兴农村政策之实施状况》,《农村复兴委员会会报》1934年8月第2卷第3号,第240页。

② 《一年来中央对农村复兴之计划及设施》,《农村复兴委员会会报》1934年8月第2卷第3号,第15、21—22页。

③ 《设立粮食运销局案》,《农村复兴委员会会报》1934年11月第2卷第6号,第1—3页。

匹、羊皮、农具、耕牛等。① 又以保甲为基础,厉行积谷"防荒"。1936 年由实业部联合各银行,设立"农本局",经营农产品仓库,代理农产品运销事务,并进而建立全国农业仓库网,进行农产品抵押贷款和所收抵押品再抵押,企图借此振兴农业,复兴工商业,繁荣城乡市场。②

茶叶统制始于江西修水(义宁州)的宁茶和安徽祁门的红茶。1934 年,赣皖两省分别制定宁茶、祁门茶统制和改良计划。江西认为,振兴宁茶,"非实行统制政策,以统制其产销不为功",决定组织直属于省政府的"宁茶统制会"或"茶务局",茶农组织合作社,茶叶运输、贩卖由统制会统一经理,并在修水、宁武、铜鼓三个集散地各设一处堆栈,由统制会负责运沪交易,沪设"宁茶运销社",直接输往国外或卖给在华洋商,上海茶栈"无过问之权"。

安徽认为,祁茶复兴,关键在于"有一统制产销之中枢机关"。决定由实业部、赣皖两省政府,以及茶叶、金融界人士共同组成"祁红复兴委员会",执掌"统制试验研究,增进生产,提高品质,提供合作经营,减轻成本,集中运销"之责;集中和扩充优质茶园,紧缩和淘汰劣质茶园,取缔粗制滥造;茶叶的加工运销,县设制茶工厂,集散地设堆栈,统一运往上海,输出海外或卖与洋行。③

1936 年 4 月,安徽联合经济委员会农业处和江西省政府代表,在安庆成立"皖赣红茶运销委员会",拟订了统制两省红茶运销办法,核心是打破上海茶栈的中间剥削。具体步骤是减除运销

---

① 王承志:《银行资本在农村中的活动》,《经济评论》1935 年 5 月第 2 卷第 5 号,第 4—5 页。

② 徐雪寒:《抗敌战争和粮食准备》,《中国农村》1936 年 12 月第 2 卷第 12 期,第 18 页。

③ 参见《一年来复兴农村政策之实施状况·茶叶之复兴》,《农村复兴委员会会报》1934 年 8 月第 2 卷第 3 号,第 258—269 页。

损失;减轻茶号负担。

红茶统制触犯了上海茶栈的既得利益,立即遭到后者的激烈反对。茶栈以"上海洋庄茶业同业公会"的名义发表"痛切宣言",并停兑汇票。后经各地商会、茶业公会和全国商业联合会、中华工业总联合会等工商团体多方斡旋,到5月绿茶上市才恢复汇票。在这种情况下,运销会只得让步,与茶栈"利益均沾",更让茶栈经理充当运销处红茶推销组的"主任"。

对洋行亦做了相应让步,保证红茶外销先与外商交易,不拟自己运出国外;一切费用仍照前例,与从前洋庄茶叶一样;交货时担保与样品相同。显然,统制政策不敢丝毫触犯洋商利益,不敢排除和动摇洋商的操纵。红茶统制的结果,不过是公营茶栈取代了原有的私营茶栈罢了。①

茶叶运销统制碰壁,国民党政府又开始着手茶叶种植和加工统制。1937年5月,中国茶叶公司在南京成立,方针是改良茶叶生产及制造,计划先在安徽祁门、屯溪,浙江平水,江西修水,湖北羊楼峒,湖南安化马桥等处,设立"模范茶场";在上海设立复制茶场,集中各省毛茶,按各国标准加以复制。同时将茶叶运销统制由口岸延伸到产区,在产区设立运销合作社,推行运销或代理运销。② 两个月后,日本全面侵华战争爆发,茶叶产销统制计划夭折。

糖业和烟草统制,分别开始实行于1934年和1936年。

糖业统制是由广东省政府推行的。广东潮属各县,土糖出产最丰,除本省外,每年销往长江各省达200余万担。土糖的旺销,

---

① 施克刚:《皖赣茶业统制的检讨》,见中国农村经济研究会编印:《中国农村动态》,1937年刊本,第42—51页。

② 《中央日报》1937年5月2日。

使省"国货推销处的"五羊牌"国糖"销量锐减,每县由原来的500包至二三千包降至60包。于是"国货推销处"借口振兴"国糖"(实为洋糖),实行糖业统制,颁布《土糖运销暂行办法》,限制和取缔土糖。规定土糖运销须经"国货推销处"查验,取得许可证。结果,土糖产量急降,糖蔗贱到两毫一大把。农民大困。①

烟草统制开始于1936年,主要由财政部实施,目的是"杜绝私卷,充裕国税"。措施有三:一是取缔民间私卷生产,限令河南许昌等县民间私卷,3年内一律停业;二是实行烟草专买专卖,1936年财政部制定的烟叶统制大纲规定,由官商共同组织买卖机关,资本500万至1000万,官商各半或官四商六,商股华洋各半,先在河南许昌试行;三是提高烟草税率②,在这前后,广东也成立了"专买局",开始对烟草进行专买专卖。③

国民党政府的蚕丝、棉花、茶叶和粮食、食糖、烟草等农产统制政策,对这些农产品的生产和流通产生了重大的影响,具体情况因政策的宗旨、内容和实际执行而互有差异。

蚕业和棉花统制是在改良、推广生产的旗号下进行的,统制范围除流通外,还包括品种改良和产品加工,范围较广,推行时间稍长,影响也较大。

---

① 《潮汕"国糖"与土糖的冲突》,《中国农村》1935年2月第1卷第5期,第89—90页;蒲特:《粤变前的广东农村》,《中国农村》1937年1月第3卷第1期,第79页。

② 《替外商开路的烟叶统制》,《中国农村》1936年11月第2卷第11期,第6—8页;明浩:《英美烟公司和豫中农民》,见中国农村经济研究会编印:《中国农村动态》,1937年刊本,第15—16页。

③ 资厚:《政府专卖下广东大埔的烟叶》,天津《益世报·农村周刊》1936年10月31日;蒲特:《粤变前的广东农村》,《中国农村》1937年1月第3卷第1期,第79页。

20世纪20年代末30年代初,中国蚕丝生产和出口贸易急剧衰落,除了国外同类产品竞争外,蚕种品质不良,农村育种、饲养、烘茧、缫丝技术落后,是其重要原因。国家成立机构,加强蚕桑生产的组织管理,改良蚕种,取缔劣种,统一收茧,改良烘茧和缫丝技术,组织运销,消除或减轻中间剥削,都是必要的,对恢复和发展蚕桑生产,改善蚕农经济状况是有利的。少数地区在蚕种改良和推广方面,还取得了某些成绩。

不过国民党政府统制蚕丝的真正目的是实现和加强国家资本对蚕桑产销的控制,而非改善蚕农经济状况。因此,蚕桑改良与推广措施,不是没有贯彻执行,就是执行时完全走样。[1] 茧行和茧丝运销的统制,更是对蚕农赤裸裸的掠夺。为了通过垄断压低茧价,国民党政府与茧、丝巨商勾结,勒令众多小茧行闭歇,保留或联合成立数家大茧行,使富商大贾垄断居奇,蚕农备受"行少人挤"、"抑价逼卖"之害。蚕农因所卖蚕茧不敷成本,有的愤而捣毁茧行;有的将鲜茧自烘自缫,回复土法加工;也有的被迫放弃蚕桑业,某些地区"去桑植禾,三分有一"。[2] 蚕桑业不仅没有改进和扩大,反而加速衰退了。

改进和推广植棉是棉业统制的重要内容,一些主要棉产区的植棉推广,表面上也很有声色。不过棉业改进和推广最有声色的还是华北地区,其目的则是满足日本帝国主义的需要。当时日本

---

① 如实行蚕种统制,制种场为了维持高价,故意不肯多出蚕种,结果改良种短缺,土种又已禁绝,农民被迫从日本进口该国原本准备烧毁的劣种,最后蚕茧产量减少一半(苦农:《丝茧统制下的无锡蚕桑》,见中国农村经济研究会编印:《中国农村动态》,1937年刊本,第64—65页;孔凡定:《江宁蚕丝产销合作社的实况》,《中国农村》1937年8月第3卷第8期,第76页)。

② 达生:《中国统制经济之检讨》,《新中华》1936年11月第4卷第22期,第17页。

正不断蚕食华北,为进一步吞并华北和全中国做积极准备。在"工业日本,农业中国"的战略指导下,要求华北大力推广植棉。在河北,该省棉业改进会,据说在日本的"帮助"下,制定了棉产五年计划,扩大棉田 1000 万亩。在山西,日本向阎锡山提出,同蒲路须尽快修至大同,以便日军可随时出动,并迫令全省植棉。因此,1936 年 2 月,省建设厅提出,"自今年起,全省强迫植棉,不种即问罪"[①];阎锡山也宣称,推广植棉,必须"强制执行","不能一味劝导了事,不能种就要问罪。收也得种,不收也得种;会也得种,不会也得种。不是利益问题,而是准备牺牲问题"。[②] 不顾条件和农民经济利益,强迫农民种植,实际上是为满足日本侵略者的需要而做出"牺牲"。

粮食统制主要是通过抵押贷款,吸收粮食,由政府垄断粮食运销。在赣、湘、鄂、皖等省,更主要是为了对中央苏区进行经济封锁和军事"围剿"。至于调剂农村金融,振兴农业和农村,繁荣工商市场,则居次位。尽管如此,在农村金融日益枯竭、农民经济空前困窘的情况下,如果政府能进行低息抵押贷款,或以合理价格收购粮食,也可在一定程序上纾缓农民困难。但实际情况并非如此。首先,抵押放款利率奇高,且款额愈小,利率愈高。[③] 江苏武进农

---

① 钱俊瑞:《谈中日棉业合作》,《中国农村》1936 年 4 月第 2 卷第 4 期,第 14—15 页。

② 陈洪进:《走向典型殖民地经济的中国棉业》,《中国农村》1936 年 11 月第 2 卷第 11 期,第 17 页。

③ 如浙江银行仓库所办米谷及豆类抵押放款,分"大额"、"小额"两种,前者为 50 石以上,抵押者为商人或地主;后者一律 5 斗,抵押者均为农民。小额月息 1 分,外加栈租、保险费、手续费 5 厘,远较大额为重(张培刚、张之毅:《浙江省粮食之运销》,长沙商务印书馆 1940 年刊本,第 132—133 页)。

业仓库的五谷押当(农民直接叫"当米"),月息较低,只有 7 厘,但当价只合市价的六七折,且以 120 斤作 1"担"(100 斤)①,这同旧式典当毫无差别,而且,有些地区的抵押放款还被操纵在地主、商人手中,他们通过大额押款转贷农民的手法,进一步抬高利率,使农民所遭受的利贷剥削更为惨重;其次,即使这种高息抵押放款,数额也极其有限,据统计,1933 年,中国银行的稻谷、杂粮以及棉、茧、烟、茶等农产品押款只 1950 余万元,其中农民小额放款额仅 101 万余元;上海商业储蓄银行的农业仓库、运输合作和农民抵押放款等合计只有 72 万余元;1934 年江苏农民银行的储蓄放款也只有 300 余万元②,相对于农民的资金需求,无异杯水车薪,而且只限于江、浙、鄂、湘、冀、鲁等较富裕省份中的富庶地区,资金更奇缺的偏远和贫困地区,完全付诸阙如;第三,在季节上,农民最需要资金的时候,往往也是粮食最短缺的时候,更有相当一部分地区和农民,既缺资金,又缺粮食,根本无粮抵押或出卖。粮食抵押贷款或收购,只会使农户和地区粮食短缺加剧和粮价风涨。③

　　茶叶统制本来是要排除中间商的操纵和剥削,而中间剥削大头在洋行。排除中间剥削的彻底办法是茶叶直接出口国外,消除洋行的操纵。但具体推行茶叶统制的运销处却向洋行保证,继续

---

① 陈仑:《没落过程中的武进卜弋桥农村》,天津《益世报·农村周刊》,1936 年 10 月 31 日。

② 李玉藻:《从农村复兴到纸币本位制》,《农村经济》1935 年 1 月第 2 卷第 3 期,第 4 页;王承志:《银行资本在农村中的活动》,《经济评论》1935 年 5 月第 2 卷第 5 号,第 4 页。

③ 如山西,1936 年年初,因"实物准备库"大批收买粮食,导致粮食飞涨 3 倍,城乡苦力和其他自由职业者叫苦连天,省府当局只得立即售卖库粮(祁之晋:《"土地村有"下之晋北农村》,《国闻周报》1936 年 3 月 23 日第 13 卷第 11 期,第 25 页)。

履行茶栈的义务,红茶外销只与洋行交易,不自行运出国外,红茶的出口及其价格决定仍然操纵在洋商手中。从产地到口岸的运销,也只以"上海总运销处"取代原来的茶栈,产地的茶号、茶行、茶客(茶贩)等茶叶收购商全部保留,还外加"产地管理处",同样是换汤不换药。到1937年中国茶叶公司成立时,更正式宣布承认和恢复茶栈,由茶栈代公司与洋商接洽销售①,原来皖赣茶叶运销委员会的"改革"成果也消失了。

茶叶统制唯一的变化是由银行取代茶栈向茶号贷款。虽然银行贷款利息稍低,但手续烦琐,迁延时日,延误茶叶采摘和收购。贷款额亦有严格限制,茶号只得以"米票"代替贷款。结果,茶农不但要受茶号的盘剥,还要忍受粮店的敲榨,经济状况愈加艰窘。②

至于烟草和糖业统制,其目的和作用,就是取缔私卷、土糖,为洋烟和变相洋糖开道。

烟草统制虽然声言只是取缔私卷,但结果不仅小作坊或家庭手工卷烟业被取缔,民族资本卷烟工业亦大受影响。当时中国出产卷烟原料的只有山东青州、安徽凤阳和河南许昌等3处。青州已是日本"囊中物",凤阳也成了英国的"俎上肉",只有许昌虽在英商操纵之下,但华商卷烟业尚可在那里收购部分原料。现在按照国民党政府官商共同组织买卖机构、资本官商各半、商股华洋各半的烟草专卖统制办法,洋商可以更有效地支配中国烟草市场。

---

① 上海《大公报》1937年5月11日。

② 按惯例,茶农向茶号借得一纸米票,凭票到粮店挑米,为了生活和采茶,米价再高也得买。毛茶制成后,为了清偿米价,茶价再贱也得卖(池尹天:《祁红统制的现阶段》,《中国农村》1937年8月第3卷第8期,第63—66页)。

烟草统制无异于将还没有被外资完全操纵的卷烟原料市场送上门。[1] 同时,这种统制和操纵的结果,烟草价格进一步惨跌,烟农所遭受的剥削愈加深重,而专卖局坐享暴利。[2]

广东实行糖业统制后,采用多种手段推销"国糖",取缔土糖,令土糖销售下降,土糖制造业大受打击。同时,由于统制收购甘蔗,甘蔗价格大跌。1936 年春,甘蔗卖到每毫 20 多根,两毫钱一大把,甘蔗生产一落千丈。[3]

(二)农林建设与改良推广措施

在农林建设和农业改良推广方面,国民党政府主要停留在设立相关机构、制定条例、规章阶段,具体实施并取得成效的政策措施不多。

从 1929 年起,国民党政府陆续设立了一系列水利建设和农林推广机构。1929 年,农矿部设立中央农业推广委员会,这是中国第一个全国性的农业推广机构。接着在农田水利、植树造林、水土保持、种子改良、农业技术推广等方面,都成立了相关机构。1931年,建设部在太湖流域建立水利试验场;1933 年决定全国经济委员会下设水利委员会;次年确定经济委员会为全国水利"总机关",下设水利处,又成立"全国水利统一委员会"和中央水工试验

---

① 《替外商开路的烟叶统制》,《中国农村》1936 年 11 月第 2 卷第 11期,第 6—8 页。

② 如广东,1936 年实行专卖后,烟草收购价最高每斤 0.28 元,最低0.1 元,只相当于平常市价的 1/3。而专卖局卖给制造商为每百斤 50 元(资厚:《政府专卖下广东大埔的烟叶》,天津《益世报·农村周刊》1936 年 10 月31 日;蒲特:《粤变前的广东农村》,《中国农村》1937 年 1 月第 3 卷第 1 期,第79 页)。

③ 《中国农村》1937 年 1 月第 3 卷第 1 期,第 79 页。

所;1929年,农矿部与建设委员会共同设立"中央模范林区委员会",范围包括南京附廓以及江宁、句容、六合三县,1930年改名"中央模范林区管理局",有关作物与家畜品种改良以及农林技术推广的机构更多,1930年在江宁成立"中央模范农业推广区",用以推广作物良种;1931年,实业部在南京成立中央试验所,下设植物生产、动物生产和农业经济三科;1934—1935年,财政部成立烟草改良委员会,并在山东临淄设有烟草改良场;全国经济委员会在南京设立中央棉产改进所,同陕西省建设厅联合成立陕西省棉产改进所,又在南京成立全国稻麦改进所,还分别在南京汤山和江苏句容建立中央育种马场。1935年8月,决定于中央农业实验所内添设全国稻麦改进所,掌管全国稻麦改进事宜,复由农村复兴委员会、全国经济委员会、财政部、实业部等机关各派一人,组成全国稻麦改进监理委员会,计划全国稻麦改进事业的发展,监督其执行。

各省地方也设立了若干农业推广和试验机构。江苏于1929年在徐州设立麦作试验场,在南通设立棉作试验总场,下设南汇和盐垦两处分场,在苏州开办农具制造所;1930年在上海嵊山建立渔业试验场;江苏省农矿厅与无锡教育学院在无锡东亭合办农业推广试验区;浙江于1931年成立农作物改良委员会,1935年在定海设立水产试验场;安徽于1934年在临淮关成立"模范灌溉凤淮实验场",并在芜湖、凤阳等地分别设立稻、麦、蚕、棉、茶等改良场,各县设农业推广所,林业方面亦分区设场,植树造林;江西于1933年在南昌成立江西农业院,该院在泰和设立天蚕丝改良场,推广樟蚕良种;广东于1935年筹设水利垦殖银公司,贷款给农民以办理改良稻种及农田水利等事业;广西于1932年设立马政处,并在柳城县设有种马牧厂,又在桂平与广东合办两广鱼类繁殖场;河北于1933年在宁河县建成崔兴沽试验站,进行作物需水量以及灌溉洗碱试验;四川于1936年先后成立蚕丝改良场和家畜保育所;甘肃于1935年成立山丹军牧场;宁夏设有养蚕试验所;绥远省政府成立"乡村建设委员会",以加强乡村和农业建设;上海、汉口商品检验局在江西修水设有茶业改良场;南京市政府决定于1935年延揽农业专家,筹组农村改进会,实施造林、垦荒、试办模范农村、筹设农场、改良农业种子等农业推广措施,等等。

在设立各类农政与改良推广机构的同时,国民党政府制定和颁发了一大批章程、条例、办法等政策性文件。

1929年6月颁发《农业推广规程》和《农产奖励条例》。同年行政院农村复兴委员会邀请农业专家19人,制定《全国农业改良计划》(该计划后以《中国农业之改进》书名出版),作为全国农业改良与技术推广的指导性纲要。为了保护江河堤岸和防止水土流失,1930年颁布《堤防造林及限制倾斜地垦殖办法》,1933年行政院通过《各省堤防造林计划大纲》。对水患频繁、水土流失异常严重的黄河,特设黄河流域鲁、豫、冀、晋、陕、甘、青七省林务督办,督导沿河造林,以防水患,并由农矿部通令七省农矿或建设厅督饬组织黄河各县协力造林,每年由部派员视察,五年内种齐。[①] 1934年颁布《统一水利行政及事业办法纲要》、《统一水利行政事业进行办法》。为了对全国农作物的病虫害情况进行普查,防止农作物病虫害扩散,农矿部于1930年颁布《农产物检查所检查病虫害暂行办法》,1933年颁布《农业病虫害取缔规则》,1934年公布《输出输入植物病虫害检验实施办法》。此外,国民党政府还先后制定了《渔业法》(1929年)、《森林法》(1932年)、《狩猎法》(1932年)、《农仓业法》(1932年)等专项法规及其实施细则。

---

① 《农业周报》1930年第32期,第868页。

　　各省地方也都就有关水利和农林生产制定了若干章程、办法。如河北省在 1928 年,就农田水利、植树造林、森林保护以及农具改良、种子交换等制定了 13 个章程或办法,包括兴办农田水利和捐资凿井灌田两个奖励章程以及各县凿井暂行办法;植树造林方面有荒山荒地造林暂行办法、各县育苗造林考成暂行条例;植桑养蚕和发展畜牧业方面,有沿山各县提倡山蚕办法和禁宰胎羊处罚办法等。① 山西于 1933 年制定的"省政十年(1932—1942)建设计划"中,关于农业建设方面的有改良农事、种烟、养牛、养羊、养鸡、造林等多个"专案"。"改良农事专案"分别列有改良农具、防除虫害病害、制造肥料、改良种子、改良耕作方法的十年进行程序表。其他"专案"亦订有相关办法。② 江苏于 1929 年制定了"垦殖植桑办法",拟以镇江为试点,取得成效后,推及丹阳、句容。俟两县办有成效,再视其他各县土质情况,继续扩大。③ 广东于 1935 年制定和通过"农业建设案纲领",以提高农业生产力、扶植农民为目的,首重粮食自给,次及糖丝业。纲领的主要内容和步骤包括:充实现有蚕种试验场,新设水稻、旱稻、杂粮、热带植物、水果等试验场,由糖厂联设甘蔗农场,以进行农业试验;由省建设种子繁殖场,各县设经济农场及改良农村实施区,设立合作农场,训练人才,以进行农业推广;拟订查勘整理荒地计划,投资开垦,以促进垦殖业

---

　　① 河北省实业厅秘书处:《河北省实业厅现行章则汇刊》,1933 年刊本。

　　② 《山西实业公报》1933 年 9 月—1934 年 4 月第 16—23 期。

　　③ "办法"规定,凡私有荒地,必须开垦栽桑,如自愿植桑,限一年内至少先种一半,次年再种一半;如无力或不愿经营,由政府以"最公平"的价格让与他人经营;如本身无力经营而又不愿放弃产权,则由政府招人承垦,以收入的 20% 付归地主(江苏《农矿公报》1929 年 2 月第 8 期,法规第 1 页)。

的发展。①

其他各省也都或多或少采取过一些措施。山东采用多种办法推广美棉种植;湖南为改良稻米品质,准备引种广东优良稻种,以适合粤民口味,扩大湘米在广东的销路;察哈尔着手整顿省立农林试验场,规划办理农业推广事业,改良籽种、肥料、土壤,督令各县设立籽种交换所,分期举行农产品评品会,研究病虫害防治方法,逐步改变省内农业粗放、落后的状态,等等。②

另外,在国内某些社会团体和个人的推动下,国民党政府在农村合作事业方面,也采取了若干政策和措施。

近代中国的合作运动,发源于"五四"运动后。1919年创办的上海国民合作储蓄银行,是中国最早的信用合作组织;随后,从事赈灾活动的华洋义赈会鉴于防灾比救灾更重要,为了协助农民,促进农业建设,也大力提倡合作事业,于1922年发起组织香河县第一信用合作社。

国民党上台后,一些省市率先成立机构,颁布法规。1928—1929年间,江苏、江西、浙江、湖北和上海、南京等省市相继设立合作行政与指导机构;1930年,江苏、江西、河北和汉口等省市先后公布合作社单行法。

1931年后,国民党中央政府也开始对农村合作予以重视。1931年实业部制定《合作运动方案》,公布《农村合作社暂行规程》,1933年,农村复兴委员会决议每省设"合作指导委员会",指导各县合作社。次年,立法院通过《合作社决议案》和《合作社

---

① 《农村经济》1935年8月第2卷第10期,第114页。

② 《农村经济》1935年8月第2卷第10期,第119页;湖南第二农事试验场编印:《湖南农讯》1937年2月10日第25期,第1页;陈赓雅:《西北视察记》(上),上海申报馆1936年版,第29页。

法》;1935年,实业部颁布《合作社法施行细则》,并成立合作社,掌管全国合作事业。关于合作事业的宣传教育也颇为兴盛,各地编发的合作期刊达10余种。

在国民党政府和一些社会团体的推动下,农村合作事业有所发展,全国合作社由1932年的3978个增至1935年的26224个,社员由15万人增至100万人。按其性能,合作社主要分为信用、消费、生产、运销、综合(兼营)等五大类,以信用、生产和消费为主。从地区分布看,大部分集中在江苏、河北、山东、浙江、安徽、江西6省,其他地区很少。从全国看,1935年社员人数最多时也只占全国人口的0.29%。[①] 因此,农村合作社的作用只是象征性的。

国民党政府初期所推行的农林建设方针和改良措施,其中有一部分是属于农业基础建设,如普查土地,绘制全国土地分类图,进行灌溉洗碱和作物需水试验,制订堤防造林及限制倾斜地开垦办法,等等,对全国农业的长远发展是十分必要的;有些措施也取得了某些成效。如金善宝、丁颖等农学家在小麦、水稻的品种改良和良种推广方面成效卓著,培育出了优质高产小麦、水稻新品种,在蚕桑、棉花、烟草改良品种的推广方面也有进展。中央试验场曾向中外征集大批棉种,分发各省试验。[②] 设于天津的河北省第一农事试验场,制订推广种畜办法,将繁殖的巴克夏猪、瑞士乳羊、意大利白鸡、英国长毛兔、法国野兔等畜禽良种无偿分发(仅收少量

---

① 上述有关合作社的资料参见国民党政府实业部中央农业实验所农业经济科编印:《农情报告》第3卷第2期,全国合作事业调查专号1935年2月第4卷第2期,全国合作事业调查专号1936年2月;寿勉成、郑厚博:《中国合作运动史》,正中书局1947年版,第35—43、125—146页。

② 安徽省建设厅编印:《安徽农林建设概况》,1936年刊本,第45页。

饲料费）给各县，并负责有关指导①，在改良和推广畜禽良种方面发挥了作用。部分省办农业试验场，在作物栽培试验和良种推广方面，也有若干成效，如湖南第二农事试验场，到 1936 年止，已育成中美棉初高各级育种 1500 余系，并与中央棉产改进所合作，进行中美棉品种比较试验，在澧县、安乡、沅江、汉寿、南县、华容等县推广美棉种植，又育有水稻初高各级育种 5200 余系，并同全国稻麦改进所合作，进行品种比较试验，推广"帽子头"稻纯种种植。哈尔滨农事试验场，通过纯系分离选择和品种杂交等方法，先后育成宾南、肇安以及哈尔滨 2229、2602、3197、3390、4385—2、4485—2 等小麦品系，并育成水稻新品种"金线稻 2 号"。广东开展化肥配方施肥，制成 6 种配方肥料，以适应不同作物对肥料的需要。

不过，从总体上看，国民党政府关于农业方面的各种政策措施，基本上仍然停留在建立机构和制订章程、条例、办法的阶段，并未认真贯彻执行。到抗日战争前夕，有关农业的行政、研究、试验示范与推广的各类机构，都已相继设立，大部分县区也都建有农场或林场、苗圃。但是，由于财政困难，经费奇缺，设备简陋，这些机构都不可能有大的作为。如到 1935 年，安徽省属农林机构不下数十处，而全年经费不足 12 万元，各县农林机构经费合计不足 6 万元②，根本无条件进行系统试验。再加上官吏腐败无能，许多机构都徒有其名，而没有任何措施和实效，有的甚至变成某些官僚争权夺利、营私舞弊的场所。

---

① 河北省实业厅秘书处编印：《河北省实业厅现行章则汇刊》，1933 年刊本，第 41—44 页。

② 安徽省建设厅编印：《安徽农林建设概况》，1936 年刊本，第 1、10 页。

不少改良和推广措施,也未收到推广农业发展的效果,或者措施本身虽好,但因费用高昂,加重农民负担,不为农民所欢迎。

棉种改良和美棉推广,在国民党政府农业改良政策中占有十分重要的地位,但由于措施不当或推广不力,发放或推广的美棉种子不仅数量少,而且质量差,无益于棉种的改良。[①] 且全无周密的计划与步骤,"又不考虑何处适于何类棉种,何类棉种适合于何处需要,只听何处棉种好,便大批买进,向各处散发,至于风土之如何,环境之宜否,皆不计也。及至后来,或因风土之不同,或因环境之变化,不但无好影响,反而结下许多恶果"。[②] 由于引进和散发的美棉种子,未经驯化,而棉农又不知去劣去伪,以保持种子的驯良,美棉种子不断混杂、退化,絮量减少,纤维缩短,品质变硬,铃壳增厚,病虫害增多,有的还不如土棉。[③] 因纤维劣变,各地美棉都只能纺10—20支的粗纱。[④] 一些地区原有的良种土棉,如江苏南通的鸡脚棉、湖北孝感光籽棉、山东鲁北及小清河流域的长绒棉、河北东北河棉区的"小黑子"等,也都不断退化,或种植日少,甚至

---

① 据调查,1931年全国共有棉田3200万亩,如果每年换种1/3,需用良种约100万担,纵令棉农均用种子区自留棉种,种子区三年换种一次,亦年需良种10万担。但当时各省所有公立棉场,每年所出良种不足1000担,只相当于全国棉种需求量的0.1%—1%,杯水车薪,无济于事(孙恩:《推广改良棉种如何保全纯良》,见上海华商纱厂联合会:《中国棉产改进统计会议专刊》,1931年刊本,"演讲"第14页)。

② 方君强:《棉业合理的推行》,《中国棉产改进统计会议专刊》,1931年刊本,"演讲"第79—80页。

③ 徐盈:《滦榆问棉记》,《国闻周报》1935年11月4日第12卷第43期,第3页。

④ 蒋边光:《中国棉产统计之过去及将来》,《国闻周报》1934年10月26日第53—55期合刊,第150页;司马洛因:《中国棉花之品质及其生产状态》,《上海商业月报》1933年11月第13卷第11号,第5页。

变为棉场试验品,而不复见于乡间棉田。① 从总体上看,国民党政府时期的棉种品质尚不及北洋政府时期。

(三)地主、资产阶级的乡村改良运动

20世纪20年代末30年代初在一些地区开展的农村改良运动,是少数封建地主军阀和资产阶级知识分子以及个别地方诸侯发动的"乡村自救"运动。1927年蒋介石和国民党篡夺政权后,农民革命风暴被镇压,大革命失败,但农村阶级矛盾并未缓和,相反,在1929—1933年世界经济危机的冲击下,全国从1932年开始发生了空前的农业恐慌,农村经济萧条,农民贫困化进一步加剧。同时,中国共产党清算了陈独秀右倾机会主义错误,共产党人从血泊中站了起来,举行武装起义,开展土地革命,建立和扩大农村革命根据地,星星之火,渐成燎原之势。在这种情况下,国民党统治区的一些地主资产阶级人士,试图通过某种改良,挽救濒于崩溃边缘的农村。

这场运动,按其指导思想、终极目的、行动手段等,可分为多个派别,如梁漱溟以"重建中国文化"为行动指导的"乡村建设运动";晏阳初以"教育万能主义"为理论指导、以根除农民"愚、贫、私、弱"病根为手段、实现"农村经济底现代化之发展"为目标的"平民教育运动";华洋义赈会领导的以乌托邦的社会主义为理论中心,以"推广农民的合作组织"为基本手段,以"农村经济的社会化的发展"为目的的农村合作运动;阎锡山以"武力防共、政治防共、思想防共"为目的,以解决农民土地问题为手段的"土地村公有"运动,等等,复杂纷繁,各有自己的理论体系和行动纲领。但

---

① 章有义:《中国近代农业史资料》第3辑,生活·读书·新知三联书店1957年版,第930—932页。

是,它们都有一个共同点,即在肯定现存的社会制度,不改变农村现有的土地占有和租佃制度,不触动帝国主义、封建阶级和官僚资产阶级利益的前提下,以和平的、渐进的和合法的手段,进行一点一滴的改良工作和建设行动,达到防共反共、缓和农村阶级矛盾、实现农村"复兴"的目的。因此,这种农村改良运动,虽然打着挽救农村的旗号,并不符合农民利益,也不受农民欢迎。

1. 梁漱溟的"乡村建设运动"

梁漱溟于 20 年代开始从事农村自治和乡村建设运动。1929年冬,梁漱溟与豫西恶霸彭禹廷等在国民党河南省政府主席韩复榘的支持下,由省政府出资,在河南辉县百泉筹办河南村治学院,专门训练和培养农村行政及技术人员。但不到一年,因故停办,当时已调任山东省主席的韩复榘,即电召梁漱溟等人转赴山东。1930 年 6 月,在邹平成立"山东乡村建设研究院",并划定邹平全县为实验区,专注重农民训练工作。1933 年,国民党政府县政建设计划出台,研究院复划菏泽为县政实验县,并派副院长孙则让出任该县县长,又设立第一分院,孙兼任分院院长,注重农民"自卫"措施。两县均以"乡农学校"为实施乡村建设工作的中心,以达乡村"自救"的目的。梁漱溟认为,"乡村建设运动",最好称为"乡村自救运动"。①

梁漱溟的乡村建设运动有一套完整的思想理论与行动纲领。

梁漱溟认为中国不同于西方:土地自由买卖,遗产均分,土地分散,没有机器,盛行小规模生产,无资本家垄断。中国只有"不同的职业",而没有"对立的阶级",没有西方的世袭贵族垄断政权,不是"社会本位",不重纪律法律,强调伦理和情谊,属于"伦理

---

① 梁漱溟:《民众教育何以能救中国》,《乡村建设》1934 年 10 月第 4 卷第 7、8 期合刊,第 30 页。

本位社会"，社会结构可概括为"伦理本位，职业分立"八个字。①
他认为今日中国的问题是千年相沿的社会结构崩溃，传统的法制、
礼俗被否定，固有的文化摇坠。中国"实无旧秩序可以推翻"，而
是要恢复旧秩序；中国"需要整顿改造，而不是阶级革命；农民地
位需要增进，而不是翻身"。共产党的"错误"，是"蹈袭外国阶级
社会的旧套，而不是认识中国社会"，共产党领导的农民运动是在
农村制造"分离对抗"，是"杀人放火"，其"为害亦与土匪差不
多"。只有他的乡村建设运动才是"中国农民运动的正轨，可以替
代共产党"。同时，乡村组织又可"从地方保卫上抵御共产党"。
他坦言自己剿除"共匪"的心情"比政府还切"。② 梁漱溟乡村建
设运动的政治目的是十分明确的。

关于中国经济发展的方向和途径，梁漱溟认为也要走与西方
不同的道路，即必须农业在先，工业在后。"从农业引发工业，更
从工业推进农业"。工业的首要条件是资本和机器，农业只需土
地和人力。中国缺乏资本和机器，而土地和人力是现成的。同时，
工业需要市场，中国购买力低，又不能打入国际市场，且受洋货倾
销压迫，无法解决市场问题。而农产品大部分供给家庭消费，不存
在市场问题。所以恢复和增进农业生产力"迫切而容易"。③

当然，梁漱溟发展农业，并非恢复传统小农经济，认为"旧农
业、旧农村是无法恢复的"。农业必须进步，必须在技术和经营上
进行变革。而进步的技术，没有不是科学化和工业化的。许多工

---

① 梁漱溟：《乡村建设理论》，重庆乡村书店 1939 年版，第 23—31 页。
② 梁漱溟：《民众教育何以能救中国》，《乡村建设》1934 年 10 月第 4
卷第 7、8 期合刊，第 30 页；梁漱溟：《乡村建设理论》，重庆乡村书店 1939 年
版，第 136—137，277—280、284、17—23 页。
③ 梁漱溟：《乡村建设理论》，第 384、388—389 页。

业就会随着而来。① 同时,农业的发展和经营社会化,不能走竞争吞并的路,必须通过农民"合作"。因为"要合作才能大,要大才能巧"(技术进步)。这样就可在合作基础上建立工业,肥料、农具、产品制造等工业,都可在农民合作组织中进行,规模大的则由合作组织联合进行。这样,在生产社会化的进程中,也实现了分配的社会化。这是一种新的文明,既不同于过去中国的乡土文明,也不是近代西洋的都市文明。其社会、经济和政治的重心,都在乡村而不在城市。而且,合作运动成功后,地方自治也会健全和成功,国家政治机构亦必健全。②

梁漱溟关于乡村建设的理论,虽然其中有关工农业关系、农业发展的部分,有某些合理的因素,但就整体而言,却是十分荒谬和反动的。认为中国土地可以自由买卖,人人得而有之,故无地权集中;中国只"有职业分立,而无阶级对立";中国古代科举取仕,人人可以参政掌权,官僚制度"只有职业性而无阶级性"。所有这些"理论"和观点,不但资产阶级革命派不赞成,恐怕连地主阶级中的开明士绅也未必完全认同。至于污蔑共产党"杀人放火",共产党的危害"和土匪差不多",则更是直接为蒋介石国民党的"剿共"制造舆论了。

梁漱溟的乡村建设实践分为经济、政治和文化教育三个方面。其中经济是重点,必须先行。认为只有经济上进展一步,而后才有政治改进、教育改进的需要和可能。

----

① 如土壤、肥料引出化学工业;从农具、农业机械、农业工程引出机械工业;从农产品加工亦引出许多工业。这就从农业生产、农民消费两面来刺激工业起来(梁漱溟:《乡村建设理论》,重庆乡村书店1939年版,第389页)。

② 梁漱溟:《乡村建设旨趣》,《乡村建设》1934年12月第4卷第14期,第3页;梁漱溟:《乡村建设理论》,重庆乡村书店1939年版,第389页。

经济建设的中心是"促兴农业",内分技术改进和经济改进两个方面。前者是提高生产的品质与数量,如改良种子、农具、土壤、农产加工和防病除虫等;后者是降低生产费用,提高产值,实现途径是开展信用合作、产业合作等。两种改进相互促进。

政治建设是实施"地方自治"。梁漱溟认为乡村建设必须同时引入政治自治。农村合作是"以人为本",不同于资本主义的"以钱为本"。乡村合作基础上的上层建筑不同于欧洲,中枢在城市,重心在乡村;合作经济也不像欧洲,经济属私事,政治为公事,而是即私即公,经济与政治不可分离。地方自治体不单是政治组织,也是经济组织。

教育与文化建设则以民众教育为先,小学教育其次。民众教育的主旨是提高民众智能,变革礼俗,以便在合作与自治推行后,用礼俗(主要不是法律)规范人们的行为。认为"法律只可行于西洋,行于都市;若在中国社会,尤其是在乡党之间是不行的"。何况"法律之行亦莫不有资于习俗"。① 梁漱溟认为法律不能行之于中国尤其是乡村,当然是错误的,不过强调礼俗的变革及其对执行法律的重要性,则颇有见地。

具体实施方面,梁漱溟等主要通过邹平、菏泽两个实验县,试验和实施有关乡村建设的理想与计划。1935年增划济宁等13个县为县政建设实验区,改组区内各县政府。在邹平主要进行地方行政改革、地方自治和社会改进等三项实验活动,改革旧政,举办新政,完成自基层至县级的自治,改进农村社会。最终理想是"政、教、富、卫"合一,实现"行政机关教育机关化"。具体方法是用"村学"代替原有的乡公所,用"乡学"代替区公所,建立县政

---

① 梁漱溟:《本院设立旨趣及办法概要》,《乡村建设》1934年5月第3卷第27期,第6页。

府—乡学—村学的三级结构。县政府也是自治机关,乡学、村学既是乡村自治机关,又是教育机关。"富"的方面,除了推广作物优质品种外,大力提倡组织各类合作社。"卫"的方面,除改革团警、成立民团干部训练所和附设征训队外,分期训练联庄会,以养成民众武力,平时可以"自卫",需要时可作为国民党军队的后盾。[①]

为了实现政教合一,从 1931 年开始在邹平开办"乡农学校"。以 200—500 户的自然村为一校,全体村民即是"学生",11 月开学,次年 2 月结束,共有 96 校,"学生"近 4000 人。至 1932 年,据说乡农学校已分布于济南周围的 27 个县。为了培养师资,将乡村建设研究院的乡村服务人员训练部与邹平、菏泽原有师范学校合并,成立"乡村建设师范学校"。1935 年,又将菏泽乡农学校推广到其他各县。乡农学校成为梁漱溟"乡村建设"的"大本营"和"中心"。邹平乡农学校更改称为"乡学"、"村学",取代原来的区公所和乡公所。[②]

乡村建设研究院还办起了一批合作社,种类有信用、林业、蚕业、消费、美棉运销等。在邹平,据说改进农民经济主要是建立和利用合作社。到 1936 年,该县有信用合作社 48 个,美棉运销合作社 156 个。[③]

"地方自卫"也大张旗鼓地进行。邹平曾成立"联庄会",开办训练班轮训家有田产的农民,"富农"优先。受训农民即为联庄会

① 孙晓村、罗理:《参加乡村工作讨论会第二次集会报告》,《农村复兴委员会会报》1934 年 12 月第 2 卷第 7 号,第 31—32 页;孙晓村:《中国乡村建设运动的估价》,《中国乡村建设批判》,新知书店 1936 年版,第 33 页。

② 孙本文:《现代中国社会问题》第 3 册,重庆商务印书馆 1943 年版,第 79—80 页。

③ 千家驹:《我所见的邹平》,《中国农村》1937 年 3 月第 3 卷第 3 期,第 23—25 页。

会员,并按村、乡编为若干集训队,分别隶属于村学、乡学,县队由县长兼总队长。全县各乡队受县警卫队统一指挥。[1] 菏泽的自卫训练更由乡学、村学直接进行,每校设军事训练班,专门训练农民,并规定有田百亩者,须出一人和钢枪一支;50 亩者出一人和本地打枪一支;不足 50 亩则合并购买,出人出枪,无人者雇人。集训时间为 4 个月。到 1935 年已集训五期,共 5 千余人,枪 5 千余支。[2]

梁漱溟为了乡村建设,可谓呕心沥血,但收效不大,更未给农民带来实际利益,因而不受农民欢迎,甚至遭到农民的激烈反对。

作为乡村建设成效重要标志的乡学、村学,梁漱溟在 1935 年承认,"两年来始终未能做到好处"。[3] 事实上,乡学村学不过是以"自卫"为名,开办联庄会或军事训练班,训练地主武装,绝非农民自卫。农民不仅不要"自卫",而且害怕"自卫"。"自卫"大大加重了农民负担。按邹平联庄会训练办法规定,每 25 户为一间,每间派 2 人参加联庄会训练班的训练,且须自备毡帽、棉袄、裹腿、快枪;在菏泽,农民军训购枪以及政府购枪所摊费用,超过原有赋税的一半。[4] 庄联会在政治上成为国民党政府加强压迫和统治的工具。乡农学校去除农民自由散漫习气的努力,为国民党政府所利用。由于壮丁枪支皆甚现成,国民党抓壮丁即可连人带枪整批抓

---

① 《邹平乡村自卫实验报告》,《乡村建设》1936 年 10 月第 6 卷第 4 期,工作纪实第 2 页。

② 梁漱溟:《一年来的山东工作》,《乡村建设》1935 年 9 月第 5 卷第 4 期,第 5 页。

③ 梁漱溟:《一年来的山东工作》,《乡村建设》1935 年 9 月第 5 卷第 4 期,第 5 页。

④ 瞿菊农:《梁漱溟等所谓"乡村建设运动"是为什么人服务》,《人民日报》1955 年 11 月 10 日;何锦如:《农民谈话记事》,《农业周报》1935 年 2 月第 4 卷第 5 期,第 163—164 页。

走,因而激起了农民的强烈反抗,有的甚至砸毁乡校,打死校长。①

促兴农业,推广作物良种,组织信用、生产运销合作社,向农民贷款,促进金融流通,改变风俗,革除陋习,等等,其效果与作用和"自卫"军事训练有所不同,如果认真实行,对改善农民经济状况、促进农业生产的发展,多少有所裨益。

改良品种与推广良种方面,乡村建设研究院农场在邹平开展了推广纯种脱里斯美棉、良种杂交猪、来亨鸡和蚕种的活动,都取得了一定成效。美棉推广从 1932 年试点起步,此后逐年扩大,到 1935 年,全县主要植棉乡村基本上都改种脱里斯美棉。② 猪、鸡品种改良和推广,到 1934 年 4 月,繁殖杂交猪 1.2 万余头,每头比土种猪可增收 8 元。到 1936 年,杂交鸡已基本取代本地土种,纯种来亨鸡在部分乡村获得推广,产蛋量成倍提高。蚕种改良,经过几年的努力,邹平基本消灭桑树虫害,也未发生严重蚕病。③

发展合作事业和农村金融方面,邹平自 1931 年 9 月梁邹美棉运销合作社创立起,到 1936 年,全县建有美棉运销、蚕业产销、林业生产、信用、信用庄仓和购买等 6 类合作社 307 所,以美棉运销为主。梁邹社效果好,合作范围和规模不断扩大。④ 信用合作社

---

① 农民认为,假如无此训练,或兼为训练机关,国民党政府要壮丁要枪支,不如此便捷(山东乡村建设研究:《山东乡村建设研究院及邹平实验区概况》,1936 年刊本,第 102 页;山东乡村建设研究院邹平实验县金融流通处编印:《邹平金融工作实验报告》,1935 年刊本,第 6 页)。

② 据说美棉普遍比土棉增产 10%—20%,品质亦较好,可纺 42 支细纱,每担售价提高 10—20 元(《山东乡村建设研究院概览》,1934 年刊本,第 59 页)。

③ 于鲁溪:《山东乡村建设研究院农场四年来工作之回顾》,《乡村建设》1935 年 9 月 30 日第 5 卷第 4 期。

④ 李蕭:《山东邹平县实验规程汇编》,山东乡村问题研究社 1936 年刊本,第 25—26 页。

和信用庄仓合作社对活跃农村金融、部分缓解农民经济困难也有某些帮助。

改良风俗、革除陋习方面,乡村建设研究院制定了《检查放足办法》、《取缔婚姻陋俗办法》、《取缔婚姻陋俗办法施行细则》等条规、办法,革除陋俗[①];大力戒毒,严查和取缔赌博,成立戒烟所和成人教育特别班,专门化导乡间"莠民"。[②] 这些措施和活动,不论其主观动机如何,都应当说是净化社会和利国利民的善举。

不过上述活动,无论推广良种或组织合作社、调剂农村金融,受益的只限于少数富农和富裕农户。[③] 各类合作社的参加者也只限于植棉富农和其他富裕户。[④] 至于革除陋俗,净化社会,除采用强制和暴力手段禁毒及管束"莠民"外,因农村陋习根深蒂固,更

---

① 规定 20 岁以下的女子一律放足,男子未满 18 岁、女子未满 16 岁不得结婚,女家收受男家聘礼最高不得超过 150 元,违反者处罚(李鼎:《山东邹平实验县规程汇编》,山东农村问题研究社 1936 年刊本,第 1—5 页)。

② 1935 年 9 月,复将戒烟所和成人教育特别班合并,取名"自新习艺所"。收留和管束鸦片或其代用品吸食者,受保安处分、巡警拘役人员或其他"素行不良、扰害乡里"的"莠民",强制劳动,改过自新,并使其掌握谋生技艺(《实验县区要闻》,《乡村建设》1935 年 9 月 15 日第 5 卷第 3 期,第 2—3 页)。

③ 当时,为了解决棉粮争地矛盾,乡村建设研究院和邹平县政府规定,只能在确保粮食自给的限度内植棉,超出限度的不提供良种和贷款。这样,"只有富农和富裕中农才有资格种棉",获得棉花良种和植棉贷款带来的利益(徐树人:《我担任邹平实验县县长的前前后后》,见《梁漱溟与山东乡村建设》,山东人民出版社 1991 年版,第 103 页)。

④ 据 1935 年的调查,邹平的美棉运销合作社,70% 以上的社员自耕地在 20 亩以上。信用社的参加者也全部是自耕农,在当地"均为中上之农家"(千家驹:《我所见的邹平》,《中国农村》1937 年 3 月第 3 卷第 3 期,第 23—25 页;山东乡村建设研究院:《山东乡村建设研究院及邹平实验区概况》,1936 年刊本,第 119—121 页)。

难在短时间内取得成效。

2. 晏阳初的"平民教育运动"

晏阳初早年留学美国,是一名基督教徒,1918 年第一次世界大战期间,曾作为基督教青年会员,应募赴法国为 10 余万战地华工服务,开展识字运动,1920 年回国后,在中华基督教青年会的支持下,先后到华中、华北、华东等地开展以识字为中心的平民教育运动。1923 年,以"除文盲、做新民"为宗旨的"中华平民教育促进会总会"在北京成立,总会下特设乡村教育部。1929 年,晏阳初和平教总会迁往河北定县,以该县为基地进行平民教育实验,1932 年国民党政府召开第二次内政会议,制定并通过《县政改革案》,并令各省设立实验县,着手推进县政改革。1933 年河北省县政建设研究院成立,以定县为县政建设实验县,县长由研究院院长(晏阳初)指定。这样,晏阳初的平民教育运动和国民党政府的县政建设运动紧密结合在一起。

晏阳初认为在破产的农村办教育,必须同时进行建设,否则无补于农村社会。[①] 平民教育运动是融教育和建设于一体的农村"自救"运动,是以平民教育为核心的乡村改良和建设运动。

晏阳初对中国农村情况有一个总的估计,即"愚、贫、弱、私"。"愚"是缺乏知识,80% 的人是文盲;"贫"是绝大多数人"在生与死的夹缝里挣扎",根本谈不上什么叫"生活程度";"弱"是绝大多数人都是"病夫",根本谈不上科学治疗和公共卫生;"私"是绝大多数人自私狭隘,不能相互团结和合作,缺乏公民训练和道德陶冶,不能形成一种团体的力量。

为此必须相应进行四种教育:

---

① 《一年来复兴农村政策之实施状况》,《农村复兴委员会会报》1934 年 8 月第 2 卷第 3 号,第 285—288 页。

一是文艺教育解决"愚"的问题。它包括文字和艺术教育两个方面。前者让农民识字,至少认识千余个基本汉字,懂得相关常识,获得求知工具;后者包括图画、音乐、无线电和戏曲等教育,改善农民的文化生活,增进对自然及社会环境的欣赏与了解。

二是生计教育解决"穷"的问题。目标有二:一为传授农民知识和技术,以促进生产;二为创设农村合作经营组织,实现生产收益的合理分配,使农民能得到实际利益。两者"必须同时进行"①,具体从农业生产、农村经济、农村工艺等几个方面入手。农业生产着重选种、园艺、畜牧等教育,使农民掌握最低限度的农业科学;农村经济主要教育农民组织合作社、互助社等;农村工艺则是改良农民手工业,提倡其他副业,以充裕农民的经济生产能力。

三是卫生教育解决"弱"的问题,晏阳初称其为"强种教育",目的是培养农民的"强健力",提高农民的健康水平。② 针对医院集中于城市,农民无处求医,以及医院收费高昂,农民看不起病的状况,卫生教育必须注重医疗设施的合理分配,建立乡村保健制度,做到县有保健院,区有保健所,村有保健员,使农民在现有的经济状况下,能得到治疗机会,保持最低限度的健康。同时对农民实施公共卫生教育,养成良好的卫生习惯,在农村形成一种卫生环境,使全体农民成为健康的国民。

四是公民教育解决"私"的问题。晏阳初认为这是"根本的根本"。如果大家都自私自利,国家"绝无复兴希望"。因此,必须施以良好的公民训练,使之有公共心、团结力,有最低限度的公民常

① 晏阳初:《农村建设要义》,《晏阳初全集》(二),湖南教育出版社1992年版,第42页。

② 晏阳初:《农村建设要义》,《晏阳初全集》(二),湖南教育出版社1992年版,第44页。

识、政治道德,以建立地方自治的基础。公民教育要采用家庭方式进行,对家庭成员施以公民道德训练,使其了解个人与社会的关系,树立公共心的观念。同时,在国难当头的严重形势下,还要唤醒人民的民族意识,用通俗文字和图画等形式,宣传古代伟人可歌可泣的故事,激励农民的民族意识。①

按照晏阳初的设想,"四大教育"可通过三种方式进行,即学校式、社会式和家庭式。学校式是在各村开办平民学校,以文字教育为主,着重工业知识的传授与基本训练,对象主要是14—25岁的青年;社会式以讲解表演及其他直观与直感教育为主,注重团体的共同教学,防止平民学校的毕业生所学知识荒废,并进而养成青年农民的求知欲与团结力,使其成为农村建设的中坚分子;家庭式的对象主要是长者和年幼者,目的是解决家庭与学校、家庭中老年妇女与青年妇女之间的矛盾,扩大家庭责任感,使整个社会形成一种教育环境。②

定县平民教育运动开展不久,日本帝国主义于1931年发动"九一八事变",占领东北,并蚕食华北,民族危机空前深重。晏阳初提出,救亡图存必须立足于农村,寄希望于农村青年。认为从鸦片战争经甲午战争,到日本提出"二十一条",一般有志之士提出的救亡办法,"忽而学东洋,忽而学西洋,今日忙这样,明日忙那样",但都没有把根本认清,所以仍然"束手无策"。今后必须拿定主意,下大决心,钻进农村,深入民间,造就8千万农民青年,让他们担负"民族再造的使命"。

---

① 《一年来复兴农村政策之实施状况》,《农村复兴委员会会报》1934年8月第2卷第3号,第285—288页。

② 《中华平民教育促进会定县实验工作报告》,《晏阳初全集》(一),湖南教育出版社1992年版。

晏阳初认为欲达到救亡图存的目的,农村教育要做到三点:第一,培养知识力,最低限度培养其民族意识与国家观念,能够自觉自强;第二,培养科学的生产力,更换那些老农、老圃的旧习惯、旧技术,树立人力可以胜天、一切自己均可创造的观念;第三,培养组织能力,养成纪律生活,方能自卫自保。

同梁漱溟一样,晏阳初关于平民教育的理论与指导方针,其核心是在不触动农村现有封建土地制度和生产关系的前提下进行某些文化和生产技术方面的改良,以达到建设乡村的目的。这只能是一种梦想。而且,晏阳初把教育夸大为万能,指责自鸦片战争后的近百年间,一切有志之士的救亡运动,包括孙中山领导的旧民主主义革命,中国共产党领导的新民主主义革命,"都没有把根本认清",至今仍然是束手无策。似乎只有他的"平教运动"才能挽救中国。这完全是一种狂妄。不过他明确指出"救亡图存"的口号及其措施,强调要增强农民的民族意识和国家意识,这是与梁漱溟的建设理论不同之处。

定县的平民教育和乡村建设运动分为两个阶段:

1926 年冬至 1930 年是准备时期,主要进行农业教育、农民研究和农村调查。1926 年平教会以河北定县为实验基地,并在该县翟城村设立办事处,着手开展社会调查。1929 年,平教会总会迁往定县,从此集中人力、财力和物力全面开展平民教育和乡村建设实验。农业教育重点是普及农业科学知识,并于 1929 年特设生计教育部,成立生计巡回训练学校,对农民进行生计训练,按照不同生产季节,施以适合的教育,传授实际技术。同时,挑选和培训"表证"(表演证明,即示范)农家,通过他们进行示范试验,取得成功后推广。

农民研究和农村调查是准备时期最主要的活动。农村调查分普通调查、农业调查及农业经济调查,尤其注重基层情况的考察。① 这一系列调查反映了平教会工作人员严肃认真的工作态度。整理和后来发表的一些调查材料也是合乎实际和有科学价值的。

1930 年至 1937 年日本帝国主义全面发动侵华战争前,是"集中实验"时期。

1930 年 7 月,平教会在全面调查基础上,制定了一个建设"十年计划"。具体分为三期:第一期 3 年,着重文字教育和县单位整体教育;第二期 3 年,着重农业改进与经济建设实验;第三期 4 年,着重民众教育与地方自治实验,卫生教育则贯穿全过程。

"十年计划"只实施了一年,东北沦陷,华北危机,河北局势空前紧张。平教会加快实验进程,将"十年计划"缩短为"六年计划"。实验仍分三期进行,实验范围逐步扩大。第一期 2 年为"研究村"(高头村)工作;第二期 2 年为"研究区"(61 村)工作;第三期 2 年为全县实施工作。与"十年计划"不同,"六年计划"中的文艺、生计、卫生、公民"四大教育"都是同时进行的。

在实施"十年计划"或"六年计划"的过程中,晏阳初和平教会工作人员在文艺、生计、卫生、公民"四大教育"实验方面,都开展了一系列活动。

文艺教育方面,成立各类平民学校,编写各种教材和平民读

---

① 1927—1928 年间,平教会对定县的历史、地理、风俗习惯和城东第三区 62 村的人口、地亩、农业、交通、教育、生活、风俗等情况进行了初步调查。1928 年又将调查范围从 62 村扩大到全县,并成立统计调查部,以加强调查的组织领导。1929 年平教会机关由北平迁至定县后,调查以更大的规模进行。首先就第一区各村概况进行调查,内容包括各村位置、户口、职业、地亩、农户、集市、学校、村民教育程度、寺庙及村民宗教信仰、医生及药店数量等。在此基础上,又对 71 个村进行了户口明细调查。1930 年决定以全县为实验区后,又进行全县各村概况调查,范围包括 382 村。接着对其中 134 村的土地分配与农户、家庭手工业与工厂状况进行了各项调查。

物,开展平民教育和群众性的识字运动。为了加快农民的认字速度,减轻书写困难,试验和推行简体字书法教学,并将常用字系统化。为了加快扫盲的速度,推行类似陶行知"小先生制"的"导生传习制"。同时大力开展平民、戏剧、艺术的创作和研究,编写、印刷了一大批农民喜闻乐见的小说、歌曲(秧歌)、话剧、年画以及有实用价值的各种图画(如刺绣、印染、编线花样等),还开展了丰富多彩的群众性文艺活动。

生计教育方面,组织农民开展农业生产、农村工艺和经济合作训练。先挑选若干农户作为"表证农家"学习、试验,取得经验后推广。到 1936 年冬,全县有"表证农家"300 余户,每户负责 30 家的技术传授和指导。从 1932 年开始组织信用合作社和互助社,并与金城、河北等银行合作,在一些大的区镇设立仓库,办理抵押贷款。互助社的社员可用互助社名义,用棉麦等抵押,向仓库贷款。另外,平教会在县城和高头村建有农场两处,分别从事园艺和作物改良试验。

卫生教育方面,从 1932 年开始,逐步建立起村设保健员、区设保健所、县设保健院的三级保健制度,改善农村缺医少药的状况。同时重视卫生常识的宣传和普及;通过接种牛痘,控制和消灭天花;重视妇婴卫生,实行科学接生,提倡节制生育,减轻人口压力,提高人口素质。

公民教育方面,通过平民学校、社会团体、平民读物、广播、黑板报等宣传途径,向农民进行公民知识教育。内容包括两方面:一是公民道德,要求重合群、爱祖国,继承"民族精神"(中华民族的优秀传统);二是公民知识,即作为民主国家公民应有的政治素质。[①]为配合公民知识教育,平教会还进行了公民训练,以期把青年农民

---

① 诸述初:《平民教育运动县》,《晏阳初与定县平民教育》,河北教育出版社 1990 年版,第 433 页。

培养成为有觉悟、有知识、有组织的健全公民，充当农村建设的"下级干部"。①

平教会力图将对农民的文化、思想、科学教育和乡村经济建设紧密结合在一起，二者相互促进。为了实现自己的理想和纲领，尽快改变农民愚昧保守和农村贫穷落后的面貌，晏阳初和平教会工作人员做了大量艰苦细致的工作，通过多种渠道向农民灌输文化和科学知识，活跃农村文化生活，改变农民不良的卫生习惯，改善农村医疗条件，进行作物和畜禽品种改良试验，推广作物和畜禽良种，组织合作社，活跃农村金融，等等。所有这些，都是有利于农村经济发展、符合农民利益的，也或多或少取得了一些成效。

设立平民学校，开展识字运动，使一部分农民摘掉了文盲帽子，为在农村传播和普及科学知识创造了条件，并探索和总结出一套在农村行之有效的教育形式及方法。这对提高农村人口素质，改变农村落后面貌，是有意义的。在开展文艺教育的过程中，编写了大量平民读物（到 1934 年夏，编成平民读物 600 种），收集整理农村秧歌（共整理秧歌 48 出，计 50 余万字），创作和演出了不少思想性和艺术性俱佳的话剧，受到了当地农民的喜爱，收到了出人意料的良好效果。② 平教会还出版了适合农民阅读的《农民报》，创办了以农民为基本听众的平教总会广播电台。这对丰富农民文化生活、提高农民文化素质，都大有裨益。卫生教育宣传普及了卫

---

① 《晏阳初与定县平民教育》，河北教育出版社 1990 年版，第 195—196 页。

② 如有一出题为《屠户》的话剧，内容揭露主角孔屠户重利盘剥、搬弄是非、欺压良善的罪恶行径。1932 年 11 月公演，当演至第二幕孔屠户侵占王大的房屋时，台下一青年农民突然站起来，脸红耳热，指着台上孔屠户大骂。这一情景使编剧熊佛西大受感动（吴相湘：《晏阳初传》，台湾时报出版事业有限公司 1981 年版，第 259 页）。

生知识,初步建立三级医疗制度,改良水井,部分改善了农村的医疗条件,尤其是破除农民的陈旧观念,普遍接种牛痘,基本上消灭和控制了天花疫情。又大力宣传妇婴卫生知识,推行科学接生法,提高了妇婴健康水平。

生计教育方面,平教会通过普及农业科学方法,使之简单、实用,农民可以增加生产;组织经济合作社,解决农民的借贷、购销问题;利用本地原料与人手,开展农村手工业。前两项实验方案都取得了一些成绩,尤其是通过"表证农家"训练,开办生计训练学校和生计巡回训练学校等方式,传授选种知识与技术,改良作物品种,取得良好效果。① 平教会还通过自办的两处农场,进行棉花、高粱、玉米、白菜、梨树、猪鸡舍改良试验。1932 年育成"114 号中棉"和"平教棉",后者曾分发各省试验,因有抵抗卷叶虫害的能力,极受江苏盐垦区棉农的欢迎。引进和推广"脱字棉"、"斯字棉",以及高粱、白菜、猪、鸡的品种改良和良种推广,等等,成效显著,部分农民增产增收。②

晏阳初的平教运动和定县实验,同梁漱溟的乡村建设运动和邹平实验一样,也是在不触动农村封建生产关系的前提下进行的,加上日本帝国主义全面侵华战争的爆发,实验被迫中断,因而总的成效有限。

平教会大力宣传卫生常识,一心想改善农村卫生状况,提高农民的健康水平,用心固然不错,但有些措施,因人民实在太穷,根本无力采用。农业技术的改良,在绝大多数农户旧式农具、传统农家

---

① 如"表证农家"刘玉田在自家麦田精选出的小麦,其品质优于"72 号白麦",被命名为"定县刘玉田号"。

② 吴相湘:《晏阳初传》,台湾时报出版事业有限公司 1981 年版,第261—266 页。

肥残缺不全、口粮和资金严重不足的情况下,要求农民用火犁深耕土地,药物拌种,肥田粉施肥,猪、羊、鸡等畜禽应绝对采用洋种,并用洁净粮草喂养,根本不切实际。在半封建半殖民地条件下,不推翻帝国主义和本国封建势力的统治,不废除封建土地所有制和消灭封建剥削,单靠点滴改良,是无法改变农村贫困落后面貌的。不仅如此,当时论者更尖锐地指出,所谓"生计教育"不唯不足以救"穷",而且甚至不能维持前五年"穷"的水准。使得"许多贫民连这仅免于冻死饿死的最低限度的生活程度也要维持不住"。①

3. 阎锡山的"土地村公有"方案

阎锡山自辛亥革命后被推举为山西大都督,一直掌管该省的军政大权,成为当地的土皇帝。为了维持和巩固其独裁统治,削弱和抵消工农土地革命的影响,尤其是消除陕北工农红军东进的"威胁",阎锡山于 1935 年 9 月发布《土地公有案办法大纲》,试图实行土地村公有制。

"方案"中心内容是由村公所发行无利公债,收购全村土地为村公有,除坟地、宅基地暂不收买外,村中全部耕地以及山林、池沼、牧地等公有土地(原属国家、省、县或村公所者除外),一律收归村有,然后按劳力分配给村民耕作。村民对所得份地只有有限的使用权,而无所有权、继承转让权或永久使用权,村公所可依照条件收回或全部重新分配。②

---

① 千家驹:《定县的实验运动能解决中国农民问题吗?》,见千家驹编:《中国农村经济论文集》,上海中华书局 1936 年版,第 29 页。

② 土地分配的具体办法是,按土地的水旱、肥瘠差异,以一人能耕之量为一份,将土地划分为若干份地,农民领耕份地的年龄为 18—58 岁。58 岁后,将份地退还村公所。如领耕者中途死亡或改业、放弃耕作、迁移以及因犯罪判刑等,村公所将所领田地收回。但对领地人的土地改良,应给予补偿金。补偿金由谁支付,以及年满 58 岁退还的土地,其改良是否付给补偿金,则未做说明。

　　土地分配以村为单位，但各村之间可进行调剂。如田地不敷村中农民耕作时，应由村公所为没有分得田地的人另筹工作；如田地有余不能耕作时，则将余田报请县政府移民耕种，以调剂别村之无田耕作者。

　　由于田地是按劳力而非按人口分配，那些家无适龄劳力的村民，土地被收买，但又不能领种份地，因而失去生活来源。"方案"规定，这些村民如为老弱无劳动能力，而又无抚养之人，且其每年应得公债数额不足供生活者，应由村另筹抚养办法，老者直至死亡，少者直至成年。但对那些既无田地、又无劳力的村民，生活如何解决，未作说明。

　　份地的使用和经营方式，未加说明，但应是一家一户的传统个体经营，劳力来源一般也以家庭成员为限，只有在耕者劳力减退或田地集约经营，或栽种特别费人工的作物时，才准许雇工。其来源以下列三种人为限：一是其他耕农有暇力及余力者；二是18岁以下、58岁以上的男丁；三是劳动年龄内的女子。这已涵盖村内全部男女成年劳力和辅助劳力，实际上限制的只是外来雇佣劳动者。除个体经营外，经村民大会议决，村内公有田地也可以"合伙农场"的形式进行集体耕作。另外，耕农在服兵役期间，其份地应由本村其他耕农平均代耕。

　　"方案"还载明，购买土地的公债本金由产业保护税、不劳动税、利息所得税和劳动所得税担保偿还。①

---

　　① 规定凡动产或不动产均年征1%的产业保护税；凡村民无正当原因而不劳动者，应比照耕农一份地平均所交的劳动所得税征收不劳动税；凡以资产生息者，应按照利益所得征收30%为起点的累进税；凡劳动有收入的，应征收劳动所得税，耕种田地收入，税率为10%。其他劳动者的收入，征收1%为起点的累进所得税（《国闻周报》1935年9月30日第12卷第38期，专载，第1页）。

土地政策尤其是有关地权分配和土地制度的政策,是阶级性和政治性最强、社会反应最敏感的农业政策和经济政策。阎锡山的《土地公有案办法大纲》既不是仅仅着眼于土地问题的纯经济措施,也不是一时缓解土地分配矛盾的权宜之计,而是"剿共"、"防共"、消灭工农土地革命的"釜底抽薪之根本方法",维护和巩固封建土地所有制、使封建地主阶级免遭灭顶之灾的"妙药良方"。

1935 年 1 月,中共中央在贵州遵义召开的"遵义会议",结束了王明"左"倾冒险主义在中央的统治,确立了以毛泽东为代表的新中央的正确领导,中国工农革命开始了一个新的转折点。8 月 1 日,中国共产党发表《八一宣言》,要求国民党停止内战,一致抗日,号召建立抗日民族统一战线。接着,中共中央在毛儿盖召开政治局会议,决定工农红军兵分两路过草地北上。虽然蒋介石调集兵力,多次"围剿"陕甘根据地,但根据地巍然屹立。革命烈火愈烧愈旺,对山西的阎锡山统治构成严重威胁。从 8 月开始,蒋介石国民党的剿共"军事重心,由西南渐移于西北"。阎锡山更是心急如焚,积极派兵西进,充当"剿共"主力,但又感到单凭军事"围剿",无法消灭共产党,彻底根除隐患,必须"武力防共、政治防共、思想防共"三管齐下,而解决土地问题,是"防共釜底抽薪之根本方法",并在太原纪念周两次报告宣称,"根本防共之主张,在于解决土地问题"。① 认为陕北 23 县,"赤匪猖獗,势若燎原,大军围剿,纵挫其势而不能除其根"。剿共"不能专恃武力"。"若不急切解决土地问题",则武力防共、政治防共、思想防共等种种具体方

---

① 《国闻周报》1935 年 8 月 5 日第 12 卷第 30 期,一周简评,第 2 页;又 1935 年 8 月 12 日第 31 期,评论选辑,第 1 页。

案,"亦将失其效力"。① 显然,阎锡山的土地村公有方案的首要目的是"剿共"、"防共","根本消除"共产党。②

阎锡山将土地村公有作为"防共"、"剿共"的根本方法,"理由"有三:

一是年来山西农村经济完全破产,"自耕农沦为半自耕农,半自耕农沦为佃农、雇农,以致十村九困,十家九穷,土地集中之趋势,渐次形成"。在这种情形下,不但佃农雇农"最易受共匪之煽惑",自耕农半自耕农,"鉴于自己之经济地位,日趋动摇,亦易受共匪之煽惑"。共产党即"以土地革命为夺取农民心理之要诀",激起农民暴动,扩大赤化范围。这样,"防共不得不解决土地问题,以消灭其造乱之目标"。

二是外国经济侵略下的农村,"无田之耕农,歉岁所分之粮少,不足以供食用,丰年所分之粮贱,不足以易所需;而借租息生活者,不劳而获,反比一般贫农无论丰年歉岁为优",因此,"土地私有实为枷锁,亦为赤化之一空隙"。要弥补这一空隙,不能不解决土地问题。

三是陕晋两省隔河相望,上下游相距两千余里,地广兵单,封锁不易,共产党无处不可以偷渡,无处不可以赤化。"内既有土地问题,媒介其扰乱;外又防线太长,更易其偷渡,万难满布兵力防其潜入"。因此,为了补助"军事防共"之不足,不得不解决土地问题。

阎锡山强调,解决土地问题为防共的"必要条件"。如能废除

① 《一九三五年阎锡山呈国民党政府请由山西试办土地村公有制文》,《申报年鉴》,上海申报馆1937年版,第898页。
② 《土地公有案办法大纲·办法说明》,《国闻周报》1935年9月30日第12卷第38期,专载,第2页。

土地私有权,实现土地村公有制,并由山西先行试办,则山西农民即由"共产党煽惑之目标","一变而为拼命防共自动武装之民众"。土地村公有不仅是"防共之要图",而且是"国家长治久安之政策"。①

至于村公有的地权性质,阎锡山强调,"土地村有,是分配使用问题,不是主权问题"。以主权论,"村属于县,县属于省,省属于国,主权在村,即是在国",之所以言"村有"而不言"国有",乃因土地国有亦是分属于村,分归农种。将实际属于村的土地而言国有,流于空论。而且"村近而国远,言村有,村人知而易从;言国有,村人难谅而难从"。②

这种解释似是而非。阎锡山的土地村有,实际上既非国有,也非真正的村有,而是村上地主私有。关于这一点,当时报章不乏评论。如谓在山西,"村公所是地主豪绅的机关",山西在未实行村长制时,地方政权即掌握在乡绅手中,实行村长制后,乡绅政权更获得了法律上的地位和保证。全村政治、司法(调解委员会)、武装(保卫团)、财政、教育等一切权力均操在村长之手。村长俨然成为一村的土皇帝。"地主富农就是村公所,村公所就是地主富农",而村公有土地及其一切税收都掌握在村公所手里。因此,村公有"一定会成为地主豪绅的私产"。③

虽然土地村公有仍然是地主豪绅私有,但毕竟是土地所有制的大变动,因而在农村和社会上引起了巨大的反响,遭到了大多数

---

① 《申报年鉴》,上海申报馆1937年版,第898页。

② 《土地公有案办法大纲·办法说明》,《国闻周报》1935年9月30日第12卷第38期,专载,第2页。

③ 赵梅僧:《土地村公有办法大纲批判》,天津《益世报·农村周刊》1936年1月4日;叶民:《土地村公有的实际意义》,《中国农村》1936年2月第2卷第2期,第38页。

人的激烈反对。在农村，除无地少地的佃农和贫农、雇农外，中等农户和富农地主都反对村有，自耕自田的中等农户虽然分得与以前大小相同的"份地"，并以自己所纳捐税偿付自己的地价，似乎没有多大得失，但原来的自家私有地变成了村有地，"给富人地主增加了一个居间剥削的机会，多了一层束缚"，决不会拥护；富人地主除分得份地外，超过部分有公债偿付，并无多大损失，且可通过村公所保护自己的利益，使用雇佣劳动进行剥削，但毕竟失去了名义上的土地私有权，也不会同意。① 有人根据调查，将村民对土地公有的态度分为"漠视派"、"同情派"和"反对派"三类。漠视派主要是乡绅、商人和"冬烘老儒"，他们认为土地私有是中国数千年的固有制度，绝非"妖邪说法"所能推翻，土地村公有绝难办到；同情派主要是无地少地的佃农、雇农、贫农和不足维持生活的自耕农；反对派则主要是拥地较多、使用雇佣劳动的地主富户。②

报章杂志和社会舆论界更是普遍谴责和反对土地村公有方案，认为在全国和世界经济危机的影响下，粮价、地租、地价下跌，税捐增加，田产收益减少，加上工农土地革命的威胁，许多地主都愿意把死田变成活钱。在这种情况下，由村公所收买地主田产，把田赋转移到农民头上，完全是为了保证地主的利益，"使富人免去杀身之祸，得到安生之福"。③ 舆论界对土地村公有方案的指导方针也予以否定，认为中国今日土地问题的重要因素是"帝国主义或资本主义之侵入，残余封建势力的压迫及地主豪绅等经济的以

---

① 天津《益世报·农村周刊》1936 年 1 月 4 日。

② 祁之吾：《"土地村公有"下之晋北农村》，《国闻周报》1936 年 3 月 23 日第 3 卷第 11 期，第 23—24 页。

③ 叶民：《土地村公有方案的实际意义》，《中国农村》1936 年 2 月第 2 卷第 2 期，第 30—41 页；赵梅僧：《土地村公有办法大纲批判》，天津《益世报·农村周刊》1936 年 1 月 4 日。

及超经济的剥削",强调,"解决中国土地问题,绝不应忽视帝国主义对中国农村土地上之作用"。同时,村公所"乃封建残余、劣绅土豪的窝聚",将国家都难于担负的经济改造使命托给村公所,"农民安能不更陷于水火? 封建残余与劣绅土豪等,又安能不气焰万丈"。因此,他们大声疾呼:"中国将来的土地制度,不应村有"。①

阎锡山的土地村公有方案,由于遭到农村各阶层和社会舆论的反对与谴责,加上方案本身荒唐和脱离实际,根本不可能实施。方案经国民党政府中央批准后,阎锡山曾在其老家划出7个村庄进行"真调查"、"假分配",为方案实施作准备。但因遭到乡人的反对和抵制,且土地不敷分配,被迫停办。② 后来也就不了了之。

第二节　农村土地关系和租佃制度

这一时期,农村土地和租佃关系,仍是传统封建土地和租佃制度的延续,但有新的变化和特点。"九一八事变"后和农业恐慌期间,农产品价格惨跌,农产市场萎缩,田赋负担加重,土地收益下降,农业经营严重亏损,农民纷纷离村外徙,土地由最重要的农业资源变为农民的沉重负担。部分地主富户对土地的占有欲也在减退。地价变动和地权流向,由此出现新特点:由以往地价持续上涨、土地买卖两旺一变而为地价猛跌、买卖清淡;土地由严重短缺

---

① 祁之晋:《土地村公有制之检讨》,《国闻周报》1935年12月23日第12卷第50期,第1页。

② 祁之晋:《"土地村公有"下之晋北农村》,《国闻周报》1936年3月23日第13卷第11期,第21—22页。

一变而为供过于求。这恰好为少数军政官吏、地主豪绅、富商大贾压价收购、大肆兼并提供良机。结果，农村卖地的多，买地的少，土地买卖中原有的地权多向流动消失，变成由中小土地所有者向大地主、城市地主的单向流动，集中成为这一时期地权分配的一般形态。隐藏在这一切背后的则是广大自耕农、半自耕农加速贫困破产，自耕农、半自耕农占地零细化和无地化的程度愈加严重。农民中的佃农数量和比重增加，租佃范围扩大，地租剥削加重。中小地主和富农也普遍衰败，而军政官绅地主、农村大地主和城市地主急剧膨胀，农村土地分配和阶级结构愈加畸形化。反映在农民经济方面，两极分化进一步加剧。1935年后，部分地区的地价止跌回升，农村经济出现复苏迹象，但到1937年日本帝国主义全面侵华战争爆发，远未恢复到1931年的状况。衰退、破产是20世纪30年代农村经济变化的一般趋势。

一、土地买卖与地权分配

由于农业恐慌、日本帝国主义的侵略和频繁的水旱灾荒，1927—1937年，大部分时间和地区的土地买卖是在价格低落、土地供过于求的市场条件下进行的。长期以来，人多地少，土地供应紧张，是影响和制约农业生产、社会经济的重要因素。清末民初以降，随着人口的繁殖，城镇、工矿、铁路、公路对农田占用的增加，土地短缺愈加严重。所谓"供过于求"，只是相对于买卖双方人数而言，即因贫困破产被迫卖地或视土地为累赘主动卖地的太多，而有资力并愿意买地的太少，土地交易变成少数地主富户的买方市场。土地供过于求、买卖淡静只是买主乘机压价勒掯的反映，它既无法掩盖广大无地少地农民的土地饥荒，也没有减缓土地的集中趋势。相反，由于地权的单向流动，形成土地买卖淡静，而地权集中加速的矛盾现象。这一时期地权分配的特点是随着中小地主的衰败和大地主阶层的兴起与膨胀,不少地区地主阶级的户数、人数及其比重并未增加,甚至下降,单个地主的占地规模扩大;无地户、微量土地占有户和整个贫苦农民阶层的户数、人数及其比重大幅度上升,单个农户的占地面积减少;南北地区之间地权分配的差异缩小,地主占地比重增高,地权分配不均的程度进一步加剧。

(一)1927—1937 年的地价变动与土地买卖

1927—1937 年,地价变动出现了新的特点,结束了清末民初以来持续上涨的趋势,开始普遍和大幅跌落。按照地价变动和跌落的起始时间,大致分为两类地区或情况:一类是1931 年前,地价一直上涨,或基本平稳,农业恐慌爆发后,才普遍和大幅跌落;另一类是由于自然灾荒、赋税搜刮或其他原因,1931 年前,地价已全面跌落,农业恐慌期间,跌幅进一步扩大。两种情况都十分普遍,第二种情况涵盖的地区更广一些。

农业恐慌期间,各地农产品价格大幅跌落,稻米、小麦、玉米、高粱、大豆、花生、芝麻、蚕茧、棉花、烟草、茶叶等,市场价格无不猛跌,跌幅大都在50% 以上,部分地区的蚕茧、桑叶、烟叶价格跌幅更达到甚至超过90%。[①]

农产品价格惨跌,但农民负担的租税、人工和整个生产成本,并未相应降低,反而呈增高趋势。结果,生产者无不严重亏折。

粮食生产,江苏、浙江、安徽、湖南、江西等地,米价高低,互有差异,农民亏损则同,每石亏折四五元。如以种田 10 亩、每亩产米1.5 石计,亏折 60—75 元。江浙蚕茧生产的亏折更严重,每担达

---

① 详见刘克祥:《1927—1937 年的地价变动与土地买卖》,《中国经济史研究》2000 年第 1 期。

25元。① 棉花生产,调查显示,江苏、浙江、河北、湖北、陕西等地棉农,全都亏折。著名产棉区河北赵县,亩地平均产棉80斤,往年每斤2角,可得16元,可盈余6元。1932年后,每斤不过一角四五分,且难脱手,生产者有亏无盈。结果,贫农"典物当衣,稍富的家,亦皆借钱揭债","无不叫苦连天"。② 浙江、湖北、陕西三地棉农每亩收支、亏折情况,详如表2-9:

表2-9　浙江等3省棉农每亩棉田生产收支状况统计

1932—1933年　　　　　　　　　　　　　　单位:元

| 地区 | 收入 | 支　　出 | | | | | 盈(+)亏(-) |
		人工	肥料	农具	租税	小计	
浙江	7.4(棉55斤加棉籽)	7.0	0.2	0.5	2.5	10.2	-2.8
湖北	10*(棉80斤)	4-5	1.0	1.0(畜工)	4.0	11*	-1.0*
陕西	4.0(棉10斤加棉籽)	5.0		1.5		6.5	-2.5

资料来源:据顾毓琇:《中国棉织业之危机及其自救》(载《新中华》1933年8月第1卷第15期,第34页)综合编制。

　　农产价格惨跌,农业生产亏损,土地收益下降,加上残酷的捐税剥削,广大农民加速贫困破产,抵押借债和变卖土地的农民数量增加,而愿意并有财力买地的人明显减少。卖地者多而买地者寡,土地也同农产品一样,供过于求,随之而来的是地价大幅度跌落。

　　江苏宜兴、武进,安徽芜湖,福建闽侯,广东花县,河北大名、阜平,山东各地,山西崞县、离石、忻县等地,19世纪末至20世纪30

---

① 孙怀仁:《中国农业恐慌之解剖》,《申报月刊》1933年7月第2卷第7号(下),第19—20页。

② 马乘风:《最近中国农村经济诸实相之暴露》,《中国经济》1933年4月第1卷第1期,第39页。

年代前,由于经济技术作物种植的推广、商业性农业的发展和土地兼并的加剧,地价一直持续上升,或处于平稳状态。30 年代农业恐慌爆发后,地价猛跌,幅度之大,前所未有。

宜兴、武进自 19 世纪 80 年代中至 1931 年前,地价加速上涨,涨幅 2—9 倍不等。1931 年急剧下跌,幅度达 33%—60%(详见表 2–10、表 2–11)。

表 2–10 江苏宜兴土地价格变动趋势简表

1886—1936 年

单位:元/亩

土地类别	1886—1916 前	1916—1926 前	1926—1931 前	1931—1936
水田	10→40	40→70	70→100	100→50
宅地	30→80	80→150	150→200	200→120

资料来源:徐洪奎:《宜兴县乡村信用之概况及其与地权异动之关系》,《国民二十年代中国大陆土地问题资料》第 88 册,台北成文出版社有限公司、[美]中文资料中心重印发行,1977 年初版,第 46514—46515 页。

表 2–11 江苏武进土地价格变动趋势简表

1886—1936 年

单位:元/亩

土地类别	1886—1916 前	1916—1926 前	1926—1931 前	1931—1936
水田	40	80	120	90
旱田	20	40	80	50
园地	15	40	100	60
荒地	5	20	30	20
宅地	60	100	200	120

资料来源:李范:《武进乡村信用之状况及其与地权异动之关系》,《民国二十年代中国大陆土地问题资料》第 88 册,台北成文出版社有限公司、[美]中文资料中心重印发行,1977 年初版,第 46908—46909 页。

浙江长兴,地价跌幅大,往日"百元一亩的肥田,三十元尚无人顾问"。① 安徽芜湖,1935 年同 1931 年相比,地价亦跌落 50%以上。② 福建地价也都普遍下降。如闽侯,1935 年同 1930 年相比,水田、旱地价格下降了 15%—20% 左右。③

广东花县,20 年代因金贵银贱,侨汇活跃,且多用于买地,导致田价上涨,一度由每亩 200—300 元涨至 400—500 元。30 年代后,因汇水及农产价格低落,田价又回复到了以前的状态。④

四川成都平原农业恐慌期间的地价也无不下降,只是幅度较小。据对该地区温江、成都、郫县、双流等 11 县的调查,除宣汉、温江、灌县外,地价跌幅均未超过 10%。如以 1931 年的地价为 100,则 1933(或 1934)年,水田最低 38(宣汉),最高 113(金堂),旱地最低 48(宣汉),最高 187(新都)。11 县平均,水田中的沟田或坝田为 91.5(1933 年),梯田或塝田为 87.4(1934 年),旱地为 91.7(1934 年)。⑤

北方也有部分地区的地价跌落始发于农业恐慌期间,河北阜平据 1935 年的调查,3 年前一亩好地能卖到 200 余元,现在最高

① 钦汉章:《长兴县农村经济近况》,《新中华》1934 年 12 月第 2 卷第 23 期,第 84 页。

② 国民党政府建设委员会经济调查所:《中国经济志·安徽省芜湖县》,1935 年刊本,第 4 页。

③ 福建省农林处统计室编印:《福建省各县区农业概况》,1942 年刊本,第 11 页。

④ 江莘:《广东花县农村经济概况》,《中国农村》1935 年 1 月第 1 卷第 4 期,第 64 页。

⑤ 陈太先:《成都平原租佃制度之研究》,《民国二十年代中国大陆土地问题资料》第 62 册,台北成文出版社有限公司、[美]中文资料中心重印发行,1977 年初版,第 32419 页。

也不值 50 元①,下降了 3/4 以上。山东因农业恐慌期间粮价低贱,农业亏折,农民纷纷举债、卖地,结果,借贷利率上升,而地价下跌。鲁东素称富庶之区,地价每亩百元者,跌至四五十元;鲁西鲁南贫瘠区,每亩 50 元者,降至 20 元或 10 余元。②

河南、山西一些地区,地价也都普遍低落。豫北滑县,农业恐慌期间,地价极低,好地每亩仅值 20—30 元,中地 10—15 元,至于下地,二三元也无人过问。③ 山西崞县本是一个比较富庶的县,但进入 30 年代后,因农产价跌,捐税苛重,旱灾频仍,工业品昂贵,加上晋票贬值,结果农村资金外流,农民告贷无门,地价跌落。水田由 1931 年的 150 元降至 1933 年的 80 元,山地由 30 元降至 10 元,分别下降了 47% 和 67%。即使如此,还是“只有卖者,很少买者”。④ 离石地价降幅更大,1931 年良田每亩值洋百元,1933 年只值 10—20 元,下降了 80% 至 90%。⑤ 忻县城郊土地,也从以前的每亩 150—200 元左右降到 1935 年春间的 30—40 元。⑥ 据调查,山西全省 105 县,除 8 县不详、10 县增长、4 县无变化外,其余 83

---

① 李小民:《阜平县农村素描》,天津《益世报·农村周刊》1935 年 12 月 8 日。

② 山东省政府代表李天倪:《提高粮米价格救济农村破产案》,《农村复兴委员会会报》1934 年 4 月第 11 号,第 24 页。

③ 西超:《高利贷支配下的滑县农村经济》,《中国农村经济研究会会报》1933 年 11 月第 1 期。

④ 农经:《山西崞县农村经济概况》,《新中华》1934 年 4 月第 2 卷第 8 期,第 86 页。

⑤ 毕任庸:《山西农业经济及其崩溃过程》,《中国农村》1935 年 4 月第 1 卷第 7 期,第 62 页。

⑥ 叶民:《土地村公有方案的实际意义》,《中国农村》1936 年 2 月第 2 卷第 2 期,第 39—40 页。

县,地价全部下跌,跌幅最高达80%。①

更多的地区,20世纪20年代末,甚至民国初年,地价已经普遍跌落。农业恐慌期间,跌幅进一步扩大,地价低贱的局势愈加严重。

江苏南京郊区汤山,1933年有调查说,自耕农"历年亏折,负债累累,不得不变卖田产清理债务",但富者以田地利息微薄,不愿购买。因此,虽然军政、农林机关大量圈收田地,农民人数也在增加,地减人增,但地价未涨反跌。比5年前下降了40%以上,1933年的田价只相当于5年前的地价。② 苏北江都,民国初,地价随谷价高涨,由每亩五六十元增至百元以上。1927年后,田赋、契税附税加重,土地买卖萧条,地价下跌。30年代初,谷价惨落,农民贫困愈甚,地价进一步狂跌,每亩只值30—60元,尚无人收买。③ 农业新垦区海门、启东,清末民初,地价大幅上涨。1929年前的1/4个世纪中,两县地价分别上涨了约5倍和9倍。1929年后逐年跌落。④ 盐城沙沟镇一带,因农村经济衰微,也导致地价惨跌,数年前亩价百元或七八十元者,到1935年前后只值二三十元或十余元不等,跌幅达70%左右。向为卖价之半的典当价,更只有七八元。江苏其他不少地区,1930年后,都是地价"暴跌而不可

① 国民党政府实业部国际贸易局编纂、发行:《中国实业志·山西省》第二编第一章,1937年初版,第23页。

② 孙枋:《南京汤山二百四十九农家经济调查》,《民众与教育》第6卷第1期,转见冯和法:《中国农村经济资料续编》,上海黎明书局1935年版,第53页。

③ 王世琨:《江都县农村土地状况》,《农业周报》1935年3月第4卷第11期,第389页。

④ 沈时可:《海门启东之佃租制度》,《民国二十年代中国大陆土地问题资料》第60册,台北成文出版社有限公司、[美]中文资料中心重印发行,1977年初版,第30885—30887页。

遏止"。①

　　浙江兰溪、嘉兴,地价在民国初年都曾持续上涨,1927 年前后达到高峰。此后开始下跌,兰溪如以 1927 年为 100,则 1934 年为67.7②,7 年间跌落了近 1/3。嘉兴玉溪镇等地,1923—1926 年间,水田田底价每亩一般为 60 元,高者上百元。1927 年开始下降,但每亩尚售 50 元,1931 年后,谷价低落,地价加速滑落,到 1934—1935 年,每亩仅值 25 元。浙西汤溪、遂昌、常山等地,地价跌落都开始于 1928 年前后,到 1933 年,各则水田价下降了 9% 至 50% 不等。③ 安徽盱眙,1934 年有调查说,近 10 年来因土匪扰乱和农业恐慌,地价"一落千丈"。10 年前上田每亩约值 150 元,5 年前跌至 100 元,现今仅值 80 元。④

　　江西、广西一些地区,地价跌幅更大。1933 年有调查说,江西万载上等田每十"把"的价格 5 年前为 30 元,现在 10 元以下"尚无雇主",中下等田即使一二元,也"无人顾问"。⑤

　　广西北流,地价同样猛跌。1934 年的调查说,5 年前的地价为每亩 150—250 元,而 1934 年只有 80—160 元,比 5 年前下跌了

---

　　① 董成勋:《中国农村复兴问题》,1935 年版,第 186—187 页;赵宗煦:《江苏省农业金融与地权异动之关系》,《民国二十年代中国大陆土地问题资料》第 87 册,台北成文出版社有限公司、[美]中文资料中心重印发行,1977 年初版,第 45940 页。

　　② 冯紫岗:《兰溪农村调查》,国立浙江大学 1935 年刊本,第 33 页。

　　③ 冯紫岗:《嘉兴县农村调查》,国立浙江大学暨嘉兴县政府 1936 年刊本,第 36 页;农村复兴委员会编:《浙江省农村调查》,商务印书馆 1934 年版。

　　④ 邹万岷等:《安徽盱眙县东乡的农村概况》,《新中华》1934 年 7 月第 2 卷第 13 期,第 170 页。

　　⑤ 陈赓雅:《赣皖湘鄂视察记》,上海申报月刊社 1934 年再版,第 26 页。

1/3。①

湖北黄梅、沔阳、潜江、钟祥、随县、枣阳等地，1933 年同 1927 年比较，水田、旱地价均明显下降，幅度最大的超过 60%，平均为 33%。② 大冶早在民国初年，地价已开始跌落，农业恐慌发生后，跌幅进一步扩大。表 2-12 显示，农业恐慌期间，北洋政府时期跌幅较小的上等和中等水田跌幅明显扩大，1934 年比 1926 年分别下降了 1/3；跌幅最大的下等水田和旱地（上地除外），价格也继续跌落，1934 年仅相当于民国初年的 30% 左右。

表 2-12　湖北大冶地价变动情况统计

民国初年—1937 年　　　　　　　　　　　单位:元/亩

年份	水　田			旱　地		
	上田	中田	下田	上地	中地	下地
民国初年	100	80	70	30	20	10
1926	90	60	30	15	10	6
1934	60	40	20	12	6	3
1937	50	30	20	14	8	4

资料来源:李若虚:《大冶农村经济研究》,《民国二十年代中国大陆土地问题资料》第 42 册,台北成文出版社有限公司、[美]中文资料中心重印发行,1977 年初版,第 21042—21043 页。

四川部分地区的地价曾一度高涨。1916 年后,由于军阀势力

---

①　麦宪:《广西北流县的租佃制度和商业高利贷》,《中国农村》1934 年 11 月第 1 卷第 2 期,第 72 页。

②　据穆岩:《湖北农村经济概观》(载《政治月刊》1934 年 4 月创刊号,论著,第 40 页)计算。其中枣阳,地价从民国初年后,即开始下跌,1933 年进入低谷(《枣阳志》第 5 卷,农业,中国城市经济出版社 1990 年版,第 102 页)。

膨胀,而工商业又不甚发达,地主争置田产,刺激田价逐年上升。
20 年代中,地价比以前增高了 50%。1929 年后,地价转行跌落,
如沱江流域荣昌、隆昌、内江、富顺等县,农民债台高筑,纷纷变卖
田产,遂致田价猛跌。农业恐慌期间进一步加剧,1935 年,每石租
的田价由原来的 100 元跌至 40 余元,富顺产稻一石的肥田,
1926—1927 年间可卖 60 元,1935 年跌至 20 余元。另外有些地
区,地价跌幅更大,只相当于原价的 15% 至 20%,甚至甘愿白白
送人。①

在北方,河北、山东、察哈尔、陕西、甘肃等省许多地区,地价跌
落均始于 20 年代或民国初年,农业恐慌期间进一步加剧。河北
1933 年有记载说,"民初值每亩百元者,现在不过二三十元,尚苦
有行无市"。② 赞皇南郝村,1928 年后,地价开始下跌,1931 年,因
"九一八事变"和农业恐慌跌幅扩大。如表 2 - 13 所示,若以 1928
年的地价为 100,1930 年上、中、下地的地价依次为 65.3、71.3 和
74.3,到 1935 年依次只有 23.8、25.0 和 28.6,跌幅扩大了 2 倍左
右。北京西郊,1934 年对 64 村的调查资料显示,地价在 10 年间
经历了一个由升到降的过程,调查时的地价均较 5 年前下落,与
10 年前略同。③ 涿县辛庄,1929 年前,每亩价格曾高达 80 元,此
后因农产价格低落,捐税苛重,土匪骚扰,治安恶化,地价滑落,到

---

① 西华近代文献征集处:《四川失地农户激增与自耕农之殁落》,《四
川农村崩溃实录》,成都民间意识社 1935 年版,第 2—3 页;吕平登:《四川农
村经济》,上海商务印书馆 1936 年版,第 96 页;《富顺县志》第 15 卷,农业,四
川人民出版社 1993 年版,第 302 页。
② 《论河北村屯与治安问题》,《河北月刊》1933 年,转见《东光县志》,
方志出版社 1999 年版,第 314 页。
③ 杨汝南:《北平西郊六十四村社会概况调查》,北平大学农学院农业
经济系 1935 年印本,第 18 页。

1934 年,每亩仅值 40 元。① 安次地价,民国后开始上升,1921 年前后,亩价达 50 余元,1933—1934 年间,猛降到二三十元。②

表 2–13　河北赞皇南郝村地价跌落情况表

1928—1935 年　　单位:元/亩;1928 年 = 100

年份	上地		中地		下地	
	价格	指数	价格	指数	价格	指数
1928	147	100.0	80	100.0	35	100.0
1929	135	91.8	75	93.8	35	100.0
1930	96	65.3	57	71.3	26	74.3
1931	60	40.8	45	56.3	20	57.1
1935	35	23.8	20	25.0	10	28.6

资料来源:梁庆云:《赞皇南郝村概况》,天津《益世报·农村周刊》1936 年 11 月 28 日。

　　三河、迁安、保定、束鹿、宁晋、赵县、晋县、曲阳、邢台等县,情况大同小异。三河地价,1934 年比民国初年下跌了一半。③ 迁安地价跌幅更大,上地由 1926 年前亩银洋 150 元猛跌到 1936 年的 60 元,下降了 60%,中地、山地更分别由 130 元和 100 元降到 50 元和 25 元,跌幅达 62% 和 75%。④ 保定地价 1928 年后即日趋低

　　① 陈伯庄:《平汉沿线农村经济调查》附件一,上海交通大学研究所 1936 年刊本,第 2 页。

　　② 曹樟荫:《安次县概况》,《农业周报》1935 年 4 月第 4 卷第 15 期,第 523 页。

　　③ 民国《三河县新志》第 15 卷,北平中华印书局 1935 年版,实业篇,第 4 页。

　　④ 刘庆瑞:《河北迁安县概况》,天津《益世报·农村周刊》1936 年 12 月 26 日。

落,上地亩价由 1928 年的 100 元,降至 1930 年的 60 元和 1932 年的 35 元,下降了 65%。[①] 束鹿、宁晋、赵县、晋县、曲阳、邢台等县的地价无不惨跌。前几年可售价百元者,1933 年跌至 30 元、20元、10 元乃至两三元。[②] 另据调查,1933 年同 1929 年比较,赵县、行唐、南和、固安、晋县、束鹿、保定等地的地价下跌了 1/3 至 3/4不等。赵县、大名、定县、行唐、深泽、正定等 6 县,1934 年的地价比 1932 年下跌了 55% 至 79%。[③]

山东鲁西南地区的普遍情况是,20 世纪 20 年代末开始地价下跌,农业恐慌期间达于谷底。据调查,1934 年同数年前比较,峄县、钜野、郓城、济宁、鱼台、金乡等县地价下跌了 80%;曹县、定陶、嘉祥、单县、城武等县地价下跌了 60%。[④]

察哈尔、陕西、甘肃等省一些地区的情况也大致相似。察哈尔阳原在民国初年地价曾普遍升高,但自 1929 年后,因捐税苛重,资金外流,农村金融枯竭,地价“一落千丈”。1929—1935 年的 6 年间分别下降了 80% 和 90%(详见表 2 - 14)。万全、宣化 1933 年的地价,前者由 10 余年前的每亩 30 元降至 5 元以下,后者由 5 年

---

① 张培刚:《保定的土地与农业劳动》,天津《益世报·农村周刊》1935年 11 月 30 日。

② 如邢台姜窑村农户钟某卖地偿债,12 亩地仅得银 38 元,又姜姓农民卖地 8 亩,仅得款 25 元,每亩均价 3 元出头(顾猛:《崩溃过程中的河北农村》,《中国经济》1933 年 8 月第 1 卷第 4、5 期合刊,第 8 页)。

③ 远君:《河北省一个农村经济的调查》,《中国经济》1934 年 8 月第 2卷第 8 期;陈翰笙:《现代中国的土地问题》,转见冯和法:《中国农村经济论》,上海黎明书局 1934 年版,第 204—241 页;田文彬:《崩溃中的河北小农》,见千家驹:《中国农村经济论文集》,上海中华书局 1936 年版,第 259—260 页。

④ 《鲁西农村经济状况》,《农村经济》1934 年 1 月第 1 卷第 1 期。

表 2 - 14　察哈尔阳原县土地价格变化表

1912—1935 年　　　　单位:元/亩;1927 年 = 100

年份	上地		中地		下地	
	价格	指数	价格	指数	价格	指数
1912	100	50	30	55	15	75
1927	200	100	55	100	20	100
1928	200	100	55	100	25	125
1929	100	50	45	82	18	90
1930	70	35	45	82	15	75
1931	50	25	30	55	10	50
1932	40	20	20	36	5	25
1933	30	15	10	18	3	15
1934	30	15	10	18	2	10
1935	30	15	10	18	3	25

资料来源:据民国《阳原县志》第 8 卷,第 1—2 页计算编制。

前的每亩 25 元跌至 10 元;蔚县地价平均跌落 50%,张北跌落
33%,多伦跌落 85%,而商都更跌落 85%—90%[①],只剩下零头
了。陕西、甘肃,以往"每亩数十元或数百元之田地,现跌至三五
元者亦有之"。陕西府谷,1931 年同 1929 年比较,地价跌落了
50%—81%。襄城、南郑、石泉等地的情况是,水田一亩年收入不
过 5 元,田赋正税和杂派、兵差多达六七元乃至十余元,农民只有
变卖什物、田地,以致地价狂跌,继而"田地无人过问,举地赠人且
无人敢要"。[②] 甘肃安西,种地 60 亩的农户,收粮折款 300 余元,

---

① 穆岩:《华北农村经济问题》,《政治月刊》1934 年 7 月第 1 卷第 4
期,第 157 页。

② 陈翰笙:《现代中国的土地问题》,见中国农村研究会:《中国土地问
题和商业高利贷》,上海黎明书局 1937 年初版;陈翰笙:《破产中的汉中的贫
农》,《东方杂志》1933 年 1 月第 30 卷第 1 号,第 71—72 页。

田赋官款亦达 300 元,"罄其地之所出,供应粮款,犹虞不足"。因此田价奇跌,上地最高亦不过每亩 1 元,中下地更成为一文不值的累赘。①

始发于 20 年代末的地价跌落,不仅地区更广,而且因持续时间长,跌幅也更大。如表 2-15 所示,江苏南京汤山等 6 县 24 处,1933—1935 年与 1927—1929 年比较,15 处的地价跌幅达到或超过 50%。24 处平均,地价由每亩 83.8 元跌至 44.7 元,跌幅达46.7%。如将未入表的浙江汤溪、遂昌、常山,河北临城管等村,山东峰县、钜野、郓城、济宁、鱼台、金乡、曹县、定陶、嘉祥、单县、城武,陕西府谷等 16 处一并统计,则地价跌幅更达 57.8%。

表 2-15　江苏南京汤山等 6 省 24 处地价变动统计

1927—1929,1933—1935 年

单位:元/亩;1927—1929 年 = 100

地区		土地类别	地价变动			
			1927—1929		1933—1935	
			实数	指数	实数	指数
江苏	南京汤山	上田	50—60	100	20—30	40—50
浙江	平湖	水田	123.4	100	75.3	61
	嘉兴	田底	50	100	25	50
福建	闽侯	上田	300	100	240	80
江西	万载	上田	30	100	10⁻	33⁻
湖北	大冶	中田	60	100	40	67
	潜江一带	中田	19	100	8	42

---

① 陈赓雅:《西北视察记》上册,上海申报月刊社 1936 年版,第 277—278 页。

续表

地区		土地类别	地价变动			
			1927—1929		1933—1935	
			实数	指数	实数	指数
	黄梅一带	中田	50760	100	20—30	40—50
	钟祥一带	中田	25	100	15—18	60—72
	枣阳一带	中田	10	100	6	60
	沔阳一带	中田	30	100	15	50
广西	北流	水田	150—250	100	80—160	53—64
河北	北平西郊	中地	47.5	100	37.3	79
	涿县辛庄	旱地	80	100	40	50
	迁安	上地	150	100	60	40
	定县	井灌地	120	100	50	42
	赞皇南郝村	中地	75	100	20	27
	保定	旱地	80	100	20	25
	赵县	旱地	90	100	60	67
	行唐	旱地	150	100	100	67
	南和	旱地	100	100	60	60
	固安	旱地	50	100	20	40
	晋县	旱地	100	100	40	40
	束刘	旱地	100	100	30	30
察哈尔	阳原	中地	55	100	10	18
	宣化	中地	25	100	10	40
简单平均数			83.8	100	44.7	53.3

附注:南京汤山、万载、阳原为 1928、1933 年;平湖、嘉兴为 1927、1934 年;闽侯为
  1930、1935 年;大冶、北流、北平西郊、涿县辛店、宣化为 1929、1934 年;赞皇
  南郝村为 1929、1935 年;潜江、黄梅、钟祥、枣阳、沔阳为 1927、1933 年;保定、
  赵县、行唐、南和、固安、晋县、阳原为 1929、1933 年。

资料来源:据刘克祥:《1927—1937 年的地价变动与土地买卖》(载《中国经济史研
  究》2000 年第 1 期);章有义:《中国近代农业史资料》第 3 辑,第 711—717 页
  综合编制。

大量调查资料显示,这一时期地价变动总的情况是,无论南北,土地无论水地旱地,价格莫不跌落,只是起浮和低谷时间、跌落幅度略有参差。据对南北 22 省(缺东北)的综合统计,水田、旱地或坡地,价格全部下跌。22 省平均,如以 1931 年的价格为 100,1935 年的水田、旱地、坡地价格依次为 81、83 和 82,分别下降了将近 20%。①

从 1935 年(部分地区从 1934 年)起,地价大多开始回升。但速度缓慢,直到 1937 年,仍未达到 1931 年或以前的水平。如河北唐县,水田和旱地分别由 1923 年的 200 元和 150 元跌至 1931 年的 50 元和 17 元。1935 年虽回升到 100 元和 40 元,但仍只相当于 1923 年的 50% 和 26.7%。② 河间城北地价,1926—1927 年最高,1933—1934 年跌落到最低点,此后开始回升。但到 1937 年年初,只相当于 1926—1927 年价格 2/3 左右(详见表 2-16)。也有的时升时降,起伏不定,回弹无望。如河北大名县马陵村,地价在 1932 年跌落,1933—1934 年一度回升,超过或接近 1931 年水平。但 1935 年再次下跌,而且跌入低谷(详见表 2-17)。③

四川成都平原的情况略好一些。据对温江、成都、华阳、灌县、新都、郫县、双流、彭县、崇宁、金堂、宣汉等 11 县的调查统计,农业恐慌期间,地价跌落不太严重,到1935、1936年,除宣汉、崇宁、温

---

① 国民党政府实业部中央农业实验所编:《农情报告》1939 年 4 月第 7 卷第 4 期,第 47 页。

② 刘菊泉:《河北唐县的农村经济概况》,天津《益世报·农村周刊》1937 年 1 月 20 日。

③ 值得注意的是,该村经商者多,草帽缠副业亦较发达,农民"可借此维持生活",因而卖地者不多,而买地者不少,地价高于他村。马陵村尚且如此,其他村地价的跌落和波动肯定更为严重(郭淮清:《冀南农村现状的一个考察——大名县马陵村之实况》,天津《益世报·农村周刊》1937 年 1 月 9 日)。

表 2－16　河北河间县城北地价变动趋势

1926—1937 年

单位:元/亩;1926—1927 年 = 100

土地等级	1926—1927		1933—1934		1937	
	实数	指数	实数	指数	实数	指数
上地	140	100	60	43	100	71
中地	100	100	40	40	60	60
下地	60	100	20	33	40	67

资料来源:刘亚生:《外力侵略下的河北河间县农村经济》,天津《益世报·农村周刊》1937 年 3 月 27 日。

表 2－17　河北大名县马陵村地价变动趋势

1931—1935 年　　单位:元/亩;1931 年 = 100

年份	上地		中地		下地	
	实数	指数	实数	指数	实数	指数
1931	85	100.0	51	100.0	31	100.0
1932	60	70.6	35	68.6	23	74.2
1933	73	85.9	40	78.4	29	93.5
1934	89	104.7	47	92.2	30	96.8
1935	50	58.8	32	62.7	20	64.5

资料来源:郭淮清:《冀南农村现状的一个考察——大名县马陵村之实况》,天津《益世报·农村周刊》1937 年 1 月 9 日。

江及灌县部分水田外,都已回复或超过 1931 年的水平。① 不过这

---

① 陈太先:《成都平原租佃制度之研究》,《民国二十年代中国大陆土地问题资料》第 62 册,台北成文出版社有限公司、[美]中文资料中心重印发行,1977 年初版,第 32419 页。

类地区为数不多。

全国的地价变动趋势也大致如此。如以 1931 年为基期,南北 22 省(缺东北 3 省)1931—1936 年各类土地价格平均指数有如表 2-18。从 1932 年起,水田、平地、坡地的价格逐年下降,1934 年达到谷底,次年基本趋稳止跌,1936 年回升,但仍比 1931 年低 14—17 个百分点。如分省考察,22 省中,只有陕西的水田、平地和甘肃的平地价格,超过 1931 年的水平。但陕西因 1928—1930 年大灾,1931 年的地价已跌至低位,水田和平地只分别相当于 1912 年价格的 84.0%。1936 年的价格只有 1912 年的 90.8% 和 95.0%。其余 20 省的水田、平地和坡地,以及陕西坡地、甘肃的水田和坡地的价格,全部低于 1931 年的水平。

表 2-18 南北 22 省地价变动趋势指数统计(平均数)

1931—1936 年 　　　　　　　　　　　1931 年 = 100

土地类别	1931	1932	1933	1934	1935	1936
水田	100	95	89	82	81	84
平原旱地	100	93	87	83	83	86
山坡旱地	100	94	88	82	82	83

资料来源:国民党政府实业部中央农业实验所编:《农情报告》1939 年 4 月第 7 卷第 4 期,第 47 页。

1929 年后,尤其是 1931—1934 年间,各地地价普遍下跌,既是由于粮价跌落、税捐加重、土地收益下降、农民加速贫困破产的结果,同时也和地主富户在一段时间内对土地的兼并欲望相对淡静有关。因此,尽管地价惨跌,但除个别地区外,土地买卖并不兴旺。

在商业性农业和城乡商品经济、商业流通有较大发展的条件下，土地既是农民最基本的生产资料，又是官僚、地主和商人的重要投资对象，其供求关系受到多种因素的影响和制约。除了人、地比例关系，土地收益和农村金融状况是影响土地供求关系最重要的因素。清末民初，土地价格上涨，土地买卖兴旺，兼并激烈，最根本的原因是经济技术作物的种植有所推广，农产品价格升高，土地收益增加，官僚、地主、商人投资土地的欲望强烈，一些农村的金融状况亦较好。农业恐慌时期的情形刚好相反，由于洋米、洋麦、洋面、洋棉倾销，国内粮食和其他农产品出现虚假过剩，市场价格惨跌，土地收益陡降，生产经营亏损，农村金融枯竭，农业生产尤其是经济技术作物的种植急剧萎缩，一些地区的蚕桑、棉花、烟草、茶叶等经济效益较高的技术作物种植面积和产量，在短短两三年间，缩减了 30%—50%，乃至更多。如江苏无锡和江阴，桑田面积分别下降了 66.5% 和 56.5%①；广东顺德，30% 的桑田完全被废弃；广西苍梧长洲，桑田占耕地比重从 60% 降为 30%。② 产棉大县江苏南通，1932 年的棉田面积比上年减少 10%。③ 全国茶园面积，1932 年比 1929 年减少 14.4%，产量减少 23.9%。④ 江西的茶叶产量，1933 年比 1932 年减少了十分之五六。⑤ 这使土地的收益和经济价值急剧下降。

---

① 《上海商业月报》1932 年 7 月第 12 卷第 7 号，第 5 页。

② 陈翰笙：《广东农村生产关系与生产力》，中山文化教育馆 1934 年刊本，第 36 页；雨林：《广西苍梧农村——三乡八个村庄视察记》，《新中华》1934 年 1 月第 2 卷第 2 期，第 84 页。

③ 《银行周报》1934 年 8 月 23 日第 16 卷第 32 号，第 4 页。

④ 许涤新：《农村破产中的农民生计问题》，《东方杂志》1935 年 1 月第 32 卷第 1 号，第 40 页。

⑤ 《赣当局力谋改进衰退中的赣省茶业》，《农村复兴委员会会报》1934 年 3 月第 10 号，第 128 页；李雪纯：《在死亡线上挣扎的中国茶叶》，《新中华》1934 年 8 月第 2 卷第 16 号，第 34 页。

与此相反,田赋及其附加税,以及按田亩征纳的各种苛捐摊派大幅升高,各地田赋附加名目层出不穷,征额大幅度上升。有的一省一县田赋附加和临时摊派名目多达数十种乃至上百种,附加税超过正额数倍乃至数十倍,每亩田赋正附征额多达数元或数十银元,超过全年土地收入的一半以上,土地所有者的税捐负担进一步加重。甚至"罄其地之所出,供应粮款,犹虞不足"。

这一方面加速了广大自耕农和半自耕农的破产,并导致部分中小地主以及富农的没落,卖地纳税偿债和摆脱经济困境的农户数量大增;另一方面,因土地收益下降,经营农业无利可图,一些地区的地主、商人、高利贷者追求土地的欲望消减。在地租、商业、高利贷三位一体的条件下,存在着地租或土地收入同商业利润、高利贷利息的横向比较。由于广大农民加速贫困破产,借债农户急剧增加,而农村金融枯竭,可供借贷的资金减少,一些地区的高利贷利息进一步上升,同农产品价格惨跌、土地收益下降形成鲜明的对比。在这种情况下,土地不再是地主富户闲置钱财投放的首选目标。

这一时期,大量资料显示,不少地主、商人、高利贷者,首先把钱财投资商业、高利贷,或将其存入银行,而不急于购买土地。如山西离石,在以往地价奇昂、土地走俏时,"指产贷借"是高利贷者的拿手好戏,土地成为抵押最受欢迎的对象。债主往往在借契之外,另立土地绝卖契,借款届期不还,债权人即以卖契向官厅过户。现在土地由每亩100元陡降到10—20元,反而开始流行"信用借贷",届期不偿,即以利作本,另立借契,定期还息,俗称"跑马利"。① 有的地区因土地赋重利微,地主宁可将钱财存入银行,也

---

① 毕任庸:《山西农业经济及其崩溃过程》,《中国农村》1935 年 4 月第 1 卷第 7 期,第 62 页。

不买地。如江苏句容,因农业恐慌,地主买地,每年所得利息不到8厘,完粮2厘,净入不过6厘,有时甚至更低。如卖地得款存入银行,至少可得年息1分,且无完粮及催收地租之烦。这就促使一些地主将钱财存入银行,甚至卖地存钱。① 广西武宣的居城地主则卖地经商。② 其他许多地区,地主、富农也"无不希望卖去土地,以取得现金,而减轻负担"。如山西,传统风气都十分重视田产,认为这是贼偷不动,火烧不掉,可以传之子孙万世的产业。如今因田地收益下降,税捐增加,"地主们都很愿意把这死的田产变成活的现款"。③ 河北河间一带,高利贷者及商业资本家都不想购买土地,宁愿坐等"大钱下小钱"。束鹿、宁晋、赵县、晋县、曲阳、邢台等县,尽管田价已跌,地主、富农、城镇商人以及退伍军官仍不肯出钱买地,认为田产抵押借贷比购田更合算。④ 山东泗水的地主、富农也都说,"买地不如放钱"。⑤

地主、商人、高利贷者以及其他富户,无意买地,甚至抛售自有

① 国民党参谋本部国防设计委员会:《试办句容县人口农业总调查报告》,见冯和法编:《中国农村经济资料续编》,上海黎明书局 1935 年版,第37—38 页。

② 该县因国民党政府"新政"繁兴,田赋加重至四五倍,田主不堪其苦,城居地主皆愿卖田经商(民国《武宣县志》1934 年刊本,第二编第十四章,第 25 页)。

③ 陈翰笙:《现代中国的土地问题》,见冯和法:《中国农村经济论》,上海黎明书局 1934 年版,第 240 页;叶民:《土地村公有方案的实际意义》,《中国农村》1936 年 2 月第 2 卷第 2 期,第 39—40 页。

④ 刘亚生:《外力侵略下的河北河间县农村经济》,天津《益世报·农村周刊》1937 年 3 月 7 日;顾猛:《崩溃过程中之河北农村》,《中国经济》1933年 8 月第 1 卷第 4、5 期合刊,第 8 页。

⑤ 韩昭:《山东泗水县的四下涧》,《新中华》1934 年 10 月第 2 卷第 20期,第 83 页。

土地,而许多自耕农和半自耕农则为经济所迫,不得不贱卖土地,卖地人数大增,结果各地普遍出现"卖地者多、买地者少"的局面,一改清末民初时期那种卖地的多、买地的也多,地主富户竞买土地,土地买卖兴旺的状况,广大农民陷入卖粮难、借债难、卖地也难的绝境。

在南方,江苏江都和浙江长兴,虽然地价下降了一半左右,但土地"无人收买"、"无人过问"。① 嘉兴尽管地价十分低廉,"事实上仍是买者少而卖者多,有些地方,买卖情形,完全绝迹"。② 安徽天长县南乡,上田由每担种三四百元减至 200 元,"亦无受主";盱眙水田由每担种 150 元跌至 80 元,"依然无人收买"。③ 江西万载,上田每 10"把"的价格由 30 元跌至 10 元,中下田只需一二元,仍然"无人顾问"。④

四川荣昌、隆昌、内江一带,每石租的田价由 100 元跌至 40 余元,"亦无人接受承买"。某些地区"且有送人亦不要者"。田地买卖"几至绝迹"。⑤

----

① 王世琨:《江都县农村土地状况》,《农业周报》1935 年 3 月第 4 卷第 11 期,第 389 页,《中国经济志·浙江省长兴县》,国民党政府建设委员会经济调查所编印,1935 年版,第 6 页。

② 冯紫岗:《嘉兴县农村调查》,国立浙江大学暨嘉兴县政府 1936 年刊本,第 36 页。

③ 娄家棋等:《安徽天长县的南乡》,《新中华》1934 年 9 月第 2 卷第 17 期,第 83 页;邹万岊:《安徽盱眙县东乡的农村概况》,《新中华》1934 年 7 月第 2 卷第 13 期,第 170 页。

④ 陈赓雅:《赣皖湘鄂视察记》,上海申报月刊社 1934 年再版,第 26 页。

⑤ 西华近代文献征集处:《四川农村崩溃实录》,成都民间意识社 1935 年版,第 2—3 页;吕平登:《四川农村经济》,上海商务印书馆 1936 年版,第 36 页。

在北方，河北、山东、河南、山西以及察哈尔、绥远、陕西、甘肃等地的情况大致相同。

河北安次，地价跌落一半，仍是"卖地者多，置地者寡，几至无主过问"。涿县辛庄等地的情况是，地价不断下跌，但许多人"欲卖田而无受主"。保定也因农业经营上的损失，销售上的失利，"欲放弃土地者多，欲投资于土地者少"。① 同样，山东的一些地区，由于地主、富农普遍认为，"买地不如放钱"，土地买卖减少。鲁东富庶地区，地价由每亩百元降至四五十元，都"无人问津"；鲁西、鲁南贫瘠地区，由每亩50元落至20元，或10余元，也"无人过问"。② 河南滑县1933年的调查资料称，近年来土地买卖情形"大不如五年前畅旺"。③ 山西的普遍情形是，"地价跌落几半，而购者寥寥"。④ 晋中忻县，以前地价高达150—200元，还是"只有买主，而没有卖主"，但1935年春间，每亩跌至30—40元，反而"找不到买的人"；崞县地价，1933年同1931年比较，水地跌落一半，山地达2/3，仍然"只有卖者，很少买者"；隰县"一般人都想出卖土地，

---

① 曹樟荫：《安次县概况》，《农业周报》1935年4月第4卷第15期，第523页；陈伯庄：《平汉沿线农村经济调查》附件一，上海交通大学研究所1936年刊本，第2页；张培刚：《保定的土地与农业劳动》，天津《益世报·农村周刊》1935年11月30日。

② 山东代表向全国经济会议提交的救济农村案，转见钱承泽：《嘉兴县之租佃制度》，《民国二十年代中国大陆土地问题资料》第59册，台北成文出版社有限公司、[美]中文资料中心重印发行，1977年初版，第30272页；王文甲：《丝价跌落与临朐农村》，《农业周报》1935年2月第4卷第5期，第146—147页。

③ 西超：《高利贷支配下的滑县农村经济》，《新中华》1934年1月第2卷第1期，第262页。

④ 马乘风：《最近中国农村诸实相之暴露》，《中国经济》1933年4月第1卷第1期，第5页。

然而却只有卖者而没有买者"。①

察哈尔、绥远和陕西、甘肃地区,土地买卖也都空前减少。察哈尔万全县,1933 年的地价由 10 余年前的每亩 30 元猛跌到 5 元,"尚无人购买";绥远各县,谷物跌价,而捐税畸重,托克托、包头、五原等地,各种附加税超过正税数十倍,金额达五六十元至一百五六十元不等,出售全部农产物所得,尚不敷缴纳捐税的半数②,也是土地买卖淡静。陕西、甘肃一带的情形更为突出。陕西汉中地区,水田亩人不过 5 元,而田赋、杂派、兵差等费多达七八元至十余元。农民为田赋、杂派、兵差所逼,只得卖地、卖物,典质房屋。但因卖地者多,而土地无利可图,以致"田地无人过问,举地赠人且无人敢要"。贫苦农民只得弃地不耕,卖儿女以作逃亡的费用。甘肃安西一带的情况是,"多种多赔本,少种不赔本",上地跌至每亩 1 元也无人敢要,中下等地不仅无人购买,即使倒贴耕牛、房屋、器具,尚无人承种,甚至有倒贴少女或青年寡妇,以与承耕人为妻之事。"田地累人,竟至如此"。③

(二)地权的集中趋势和全国土地的阶级分配

20 世纪 20 年代末 30 年代初,尤其是农业恐慌期间,地价惨

---

①　叶民:《土地村公有方案的实际意义》,《中国农村》1936 年 2 月第 2 卷第 2 期,第 39—40 页;农经:《山西崞县农村经济概观》,《新中华》1934 年 4 月第 2 卷第 8 期,第 86 页;农经:《山西隰县农村近况》,《新中华》1934 年 12 月第 2 卷第 23 期,第 84 页。

②　民国《万全县志》,1934 年刊本,第 34 页;马乘风:《最近中国农村经济诸实相之暴露》,《中国经济》1933 年 4 月第 1 卷第 1 期,第 5 页。

③　陈翰笙:《破产中的汉中的贫农》,《东方杂志》1933 年 1 月第 30 卷第 1 号,第 71—72 页;陈赓雅:《西北视察记》上册,上海申报月刊社 1936 年版,第 277—278 页。

跌、买卖淡静、土地供过于求,并非土地真正过剩,而是因贫困破产被迫卖地的人太多,有资力并愿意买地的人相对太少。土地交易只有竞卖,而无竞买,形成一种典型的买方市场。因此,隐藏在"供过于求"背后的是:广大中小自耕农加速破产,部分富农和中小地主日趋没落,大地主和城市地主急剧膨胀,土地买卖中原有的地权多向流动消失,变成由中小土地所有者向大地主、城市地主的单向流动。自耕农、半自耕农占地零细化和无地化的程度愈加严重,中小地主的占地份额也在缩小,越来越多的土地为少数大地主、城市地主所垄断,全国地权恶性集中,土地分配不均的程度进一步加剧。

1. 地权的单向流动与恶性集中

1927—1937 年尤其是农业恐慌期间,土地买卖和地权变动与以往不同。

清末民初,因商业性农业发展和封建剥削加重而出现的农民贫富分化,大部分农户经济状况恶化,但也有小部分农户经济状况改善,步入小康,促成了富农和中小地主的发展,绝大部分富农和相当部分地主尤其是经营地主,就是从那些经济地位上升的农民小生产者中滋生和发展起来的。[①] 同时,由于农产品价格上升,土地有利可图,地主富户投资和占有土地的欲望强烈。在这种情况下,卖地的多,买地的也多,地价上涨,形成土地买卖兴旺、地权多向流动的态势。在地权大量由小自耕农、半自耕农流向地主的同时,也有部分土地由破落地主转往经济地位上升的农民手中,还有

---

① 参见刘克祥:《论中国富农经济(1895—1927)》,《中国社会科学院经济研究所集刊》第 9 辑,中国社会科学出版社 1987 年版,第 152—155 页;刘克祥:《中国近代的地主雇工经营和经营地主》,《中国经济史研究》1994年增刊。

地主和农民两个阶级内部的地权转移,并非每笔交易都导致地权进一步集中。

然而,在20世纪30年代,农民普遍加速破产,向贫困一极集中,农民内部几乎没有贫穷与小康之分,个体农民之间的土地买卖与地权流动基本消失,更见不到富裕农民购买破落地主土地的情况。中小地主也迅速没落,或不愿投资土地,甚至出卖现有土地,以获取现金和减轻负担。有能力和胆量买地的,只剩下少数大地主。这样,卖地人数激增,买地人数大减,土地供过于求,地价狂跌。所谓"卖地者多,买地者少"、"地价愈跌,愈无人过问"的局面,就是这样形成的。一些地区的调查统计和资料记载生动地说明了这一点。

河北东光找王村和孙家村,1935年分别有20户和10户卖地,分别占村户的6.7%和8.3%。[①] 三河据1935年的记载,全县典卖土地者约占8%,而置地者仅百分之一二。[②] 卖地者相当于买地者的4—8倍。一向土地兼并激烈、地权流动频繁的江苏,也是卖地者众而买地者寡。据1936年对该省宜兴宋庄乡190村户的土地来源统计(详见表2-19),5—40亩的164户,95%以上的土地是祖遗,购入者不到5%,其中5—20亩的110户,祖遗更达98.4%以上,购入者不超过1.6%。况且在农民经济动荡不定和加速贫困化的情况下,这些农户不可能长期保持"不进不出"的静止状态,相反,其土地不断减少,亦即他们中不少人是卖地者。占地愈少,卖地者的比重愈高。未入表的5亩以下农户和曾经占有土地的无地户,则更多乃至全部是卖地户。20—50亩的69户中,

---

① 《东光县志》,方志出版社1999年版,第314页。
② 民国《三河县新志》第15卷,实业篇,北平中华印书局1935年版,第4页。

也有卖地者存在。可见卖地户数量之庞大。至于买地的,基本限于占地 50 亩以上的地主富户。这类村户 27.5% 以上的土地是购入的,其中 100—200 亩和 200—500 亩的 4 户,土地的购入比重分别达 63.2% 和 77.3%。加上 50—100 亩的 7 户,合计 11 户,仅占总数的 5.8%,可见买地户与卖地户数量的悬殊。

表 2-19　江苏宜兴宋庄乡村户土地获得方式统计表

占有面积分组	户数	土地来源	
		祖遗(%)	购入(%)
5—10 亩	64	98.6	1.4
10—20 亩	46	98.4	1.6
20—30 亩	30	96.5	3.5
30—40 亩	24	95.8	4.2
40—50 亩	15	93.4	6.6
50—100 亩	7	72.5	27.5
100—200 亩	3	46.8	63.2
200—500 亩	1	22.7	77.3

资料来源:徐洪奎:《宜兴县乡村信用之概况及其地权异动之关系》,《民国二十年代中国大陆土地问题资料》第 88 册,台北成文出版社有限公司、[美]中文资料中心重印发行,1977 年初版,第 46502—46503 页。

另据 1934 年对苏南松江、吴县、昆山、武进、宜兴、镇江,苏北江都、淮阴、萧县、灌云、东台、靖江等 12 县 177 农户的调查,土地全部祖遗者 133 户,占 75.4%,亦即 3/4 强。祖遗土地 14544 亩,占总面积的 64.8%。其中镇江、淮阴两县农户,祖遗者占 100%。这些农户都不是买地者,倒有不少是卖地者。177 户中,能在祖遗外置产者,仅 33 户,占 18.7%,而真正通过买卖取得土地的,只有

8 户,占 4.5%。① 同样是卖地者众而置地者寡。值得注意的是,被调查的 177 户共有土地 22451 亩,平均每户 126.8 亩,大部分属于地主富农,其中亦不乏占地二三百亩以上的大中地主。即使在这些地主富户中,有能力和实际购地的,仍如此之少。可见购入土地的只是为数很少的大地主。

显然,所谓"卖地者多,买地者少",不过是广大农民加速破产,地主富豪兼并,地权由自耕农、半自耕农和破落中小地主向少数大地主、城市地主单向流动的真实写照。

事实上,在许多地区,买地者几乎全是地主豪富。江苏宝山,"家道中落"的小地主和富农,不得不把交通便利的好地卖给上海的富商和豪绅。盐城沙沟镇一带,农民每届春荒,纷纷典卖田产,买主多为在外之商人、高利贷和官僚地主。② 安徽合肥等地,自耕农和中小地主纷纷卖地,而购买者"多为绅商仕官"。③ 广东合浦(今属广西),20 世纪 20 年代末 30 年代初收买田产者,富商占 2/10,军政官吏占 8/10。④ 崖县的土地也转入了军政官吏和商人高利贷者手中。据统计,1930—1931 年,共发生田产交易 314 宗,

---

① 国民党政府土地委员会 1934 年调查,见赵宗煦:《江苏省农业金融与地权异动之关系》,《民国二十年代中国大陆土地问题资料》第 87 册,台北成文出版社有限公司、[美]中文资料中心重印发行,1977 年初版,第 46098、46102 页。

② 陈凡:《宝山农村的副业》,《东方杂志》1935 年 9 月第 32 卷第 18 号,第 104 页;董成勋:《中国农村复兴问题》,上海世界书局 1935 年版,第 186—187 页。

③ 赵世昌:《合肥租佃调查》,《民国二十年代中国大陆土地问题资料》第 58 册,台北成文出版社有限公司、[美]中文资料中心重印发行,1977 年初版,第 59822 页。

④ 陈翰笙:《广东生产关系与生产力》,中山文化教育馆 1934 年刊本,第 60—61 页。

价款 49859 元,其中转入军警政界的 167 宗,价额 27507 元,分别占 53.2% 和 55.2%;转入商人手中的 92 宗,价额 15217 元,分别占 29.3% 和 30.2%,合计分别占 82.5% 和 85.4%。① 广西龙州,土官及其家族,因入少出多,卖尽土地,而 70% 以上的买主是官僚、商人以及新兴地主、富农。② 四川富顺,据 1935 年的记载,"昔日小康之家多堕于贫困破产,佃农则勤劳终岁不得一饱,所谓物阜民殷已成过去",地价狂跌"亦无人问津"。少数富商"出其余资从事兼并",于是土地日益集中于大地主和新兴地主手中。③

广大自耕农破产,中小地主和富农没落,地权单向流动,导致中小地主占地比重下降,自耕农、半自耕农占地零细化和无地化程度加剧,地权向大地主和城市地主集中。

大量调查统计显示,这一时期无地户、微量土地农户的数量和比重不断增加,而中等面积农户的数量和比重减少。河北南宫徐达村,1936 年的调查称,全村 156 户中,10 年前只 1 户无地,5 年前为 2 户,1936 年增至 11 户。④ 新河团里村 250 农户中,1930—1934 年间,占地 10—20 亩、20—40 亩、40—80 亩的农户,依次由 69 户、84 户、50 户减少到 63 户、68 户和 42 户。⑤ 陕西据对 130 余万农户的调查,10 亩以下农户比重由 1919 年的 30.5% 上升到

① 董成勋:《中国农村复兴问题》,上海世界书局 1935 年版,第 192—193 页。

② 农瑞康:《广西龙州的土官》,《中国农村》1935 年 3 月第 4、5 期合刊,第 31 页。

③ 《富顺县志》第 15 卷,农业,四川人民出版社 1993 年版,第 302 页。

④ 王德立:《南宫县徐达村概况调查》,《津南农声》1936 年 6 月第 1 卷第 3、4 期合刊,第 211 页。

⑤ 赵英贤:《河北新河县团里村的情况》,《新中华》1934 年 11 月第 2 卷第 22 期,第 84 页。

1932 年的 37.9%,而其他各组农户均不同程度地减少。① 广西苍梧、桂林、思恩 3 县,1934 年同 1929 年比较,无地户的比重依次由 47.8%、22.6%、7.2% 升至 49.2%、24.5% 和 8.3%;5 亩以下农户依次由 30.8%、23.9%、33.4% 升至 32.1%、24.5% 和 34.8%;而 5—10 亩的农户比重下降。② 江苏海门、启东情形大致相同。如表 2–20 所示,1934 年同 1924 年前比较,两县 5 区占地 10 亩以下农户比重大幅上升,10—30 亩的农户除海门六区外,也都明显增加,而 30 亩以上各组农户比重均下降。

表 2–20　江苏海门、启东农户占地面积变化简表

1924 年前,1934 年

单位:%

占地面积分组	海　门						启　东			
	六区		八区		九区		一区		二区	
	1924年前	1934	1924年前	1934	1924年前	1934	1924年前	1934	1924年前	1934
10 亩以下	35	53.5	40	53.8	25	38.6	20	30.6	15	23.1
10—30 亩	45	38.5	35	39.8	25	41.8	35	43.4	30	45.5
30 亩以上—50 亩	15	7.3	25	4.3	35	13.2	25	13.8	30	24.1
50 亩以上—100 亩	3	1.1	7	1.7	10	44.4	17	2.1	20	5.2
100 以上	2	0.2	3	0.4	15	2.0	3	2.2	5	2.1
合计	100	100.0	100	100.0	100	100.0	100	100.0	100	100.0

资料来源:沈时可:《海门启东县之佃租制度》,《民国二十年代中国大陆土地问题资料》第 60 册,台北成文出版社有限公司、[美]中文资料中心重印发行,1977 年初版,第 30851—30852 页。

---

①　钱志超:《陕西农村的破产现状》,天津《益世报·农村周刊》1936 年 9 月 19 日。

②　薛雨林、刘端生:《广西农村经济调查》,《中国农村》1934 年 10 月创刊号,第 62—63 页。

各地的普遍情况是,大部分农户没有土地,而有地农户中,大部分占有的土地面积极其微小。据 1934 年对江苏、浙江、河北、山东等南北 16 省 163 县 129.5 万乡村有地户(不包括不在乡地主)的调查,35.6% 的有地户占地面积不足 5 亩,平均每户仅 2.6 亩,只占土地总面积的 6.2%。59.6% 的有地户占地面积不足 10 亩,平均每户也只有 4.5 亩,只占土地总面积的 17.6%。其中广东 2 县 6081 农户,户均占地面积更只有 1.4 亩。[①] 由此可见农民占地微量化的趋势和程度。

农民的破产失地和无地化趋势,在农户结构方面表现为自耕农减少,半自耕农、佃农增加。如湖北黄冈,据 1937 年的调查,农户中的佃农比重,原不甚高,只居十之三或四,自耕农及半自耕农则过半数,居十之六或七,雇农亦寥寥无几。但近数年来,自耕农及半自耕农被迫变卖田产,大半变为佃农,佃农变为贫农、雇农。自耕农及半自耕农日减,佃农及雇农渐增。[②] 江苏丹阳,自太平天国战争后,地权一直比较分散,自耕农几占半数,半自耕农次之,佃农比重甚微。1931 年后,自耕农典卖田地"日渐增多",过后再典田或租田(短典即租田)耕种,故自耕农激减,佃农猛增。1936 年同 1931 年比较,自耕农、半自耕农分别由 45% 和 40% 降至 30% 和 35%,而佃农由 15% 猛升至 35%。[③]

北方一些租佃制度原不甚普遍的地区,随着自耕农的失地破

① 国民党政府全国土地委员会编:《全国土地调查报告纲要》,国民党政府全国经济委员会 1937 年印本。

② 潘洵:《黄冈县之租佃制度》,《民国二十年代中国大陆土地问题资料》第 60 册,台北成文出版社有限公司、[美]中文资料中心重印发行,1972 年初版,第 31107—31108 页。

③ 褚化龙:《丹阳县第三区农业生产成本及农村金融概况》,《农行月刊》1936 年 10 月第 3 卷第 10 期,第 69 页。

产,半自耕农和佃农都在增加。河北沧县小朱庄、北陈屯2村,据1936年的调查,半自耕农分别增长了56.3%和52%。[①] 南皮大宁庄,1936年同1931年前比较,半自耕农上升了2倍,原有的3户佃农则沦为雇农或其他职业。[②] 山西的自耕农比重也大幅度下降,而半自耕农、佃农比重大幅度升高。如表2-21所示,自耕农由1930年的72%陡降至次年的61%和1933年的60%,4年间下降了12个百分点。半自耕农和佃农分别由15%和13%猛升到1931年的20%和19%。半自耕农再升至1933年的22%,佃农虽在1932年回落到18%,但消失部分并非获得土地上升为半自耕农或自耕农,而是进而下降为雇农或完全失业。在自耕农经济一直占优势的河南,20世纪20年代末30年代初,自耕农转为佃农的趋势也非常明显。据对许昌、辉县、镇平等3县的调查,1933年同1928年比较,3县的中农当中的自耕农比重依次由92.6%、94.1%和56.9%降至84.6%、91.5%和44.2%,而半自耕农依次由7.4%、5.9%和29.4%上升到14.1%、6.4%和32.1%,至于佃农,许昌、辉县也从无到有,镇平从少到多,同样增加迅速。贫农中的自耕农与半自耕农、佃农的升降情况,大体相同。[③]

在那些原本地权集中、自耕农数量不多、佃农构成农户主体的地区,自耕农数量也进一步缩小,半自耕农、佃农数量愈益扩大。浙江嘉兴的情况是,自耕农沦为半自耕农,复沦为佃农,一部分则

---

① 王永毅、康世森:《沧县小朱庄概况》,《津南农声》1936年9月第2卷第1期,第126页;刘照临:《沧县北陈屯村概况》,《津南农声》1936年9月第2卷第1期,第117页。

② 陈学勤:《南皮县大宁庄概况》,《津南农声》1936年6月第1卷第3、4期合刊,第217—218页。

③ 张锡昌:《河南农村经济调查》,《中国农村》1934年11月第1卷第2期,第57—58页。

表 2-21　山西省各类农户所占比重及其变化简表

1930—1933 年　　　　　　　　　　　1930 年 = 100

农户类别	1930 年		1931 年		1932 年		1933 年	
	%	指数	%	指数	%	指数	%	指数
自耕农	72	100	61	85	61	85	60	83
半自耕农	15	100	20	133	21	140	22	147
佃农	13	100	19	127	18	120	18	120

资料来源:毕任庸:《山西农业经济及其崩溃过程》,《中国农村》1935 年 4 月第 1 卷第 7 期,第 60 页。

沦为雇农。①　广东潮州一带,随着地权的进一步集中,半自耕农也"逐渐地走进了佃农的阵营"。②

广西、四川、云南等地的资料显示,自耕农都在减少,而佃农增加。1934 年,广西有调查说,近几年来,"全省地权还在继续集中",农产品商品化程度较高的地区,自耕农逐渐减少。桂林、苍梧分别递减到 33.1% 和 42.8%。在博白,不仅许多自耕农、半自耕农破产沦为佃农,有些佃农还来自小商人乃至"土财主"。③　四川进入民国后,农民阶层已在变化,到 30 年代更是"非常剧烈而迅速",自耕农多直接沦落为佃农。④　据该省建设厅调查,自耕农和半自耕农分别由 1931 年的 30% 和 21% 下降到 1936 年的 28%

---

①　王先强:《嘉兴县土地问题及其解决方案》,《中国经济》1937 年 6 月第 5 卷第 6 期,第 40 页。
②　田舒:《潮州的佃农》,天津《益世报·农村周刊》1937 年 4 月 17 日。
③　薛雨林、刘端生:《广西农村经济调查》,《中国农村》1934 年 10 月创刊号,第 61—63 页;国民党政府农村复兴委员会:《广西省农村调查》,上海商务印书馆 1935 年版,第 164 页。
④　吴济生:《新都见闻录》,上海光明书局 1940 年版,第 111 页。

和20%,而佃农由49%上升到52%。[①] 云南一些地区的变化同样十分剧烈。据对玉溪6村的调查,1928—1934年间,49户自耕农有5户卖掉或当掉全部田产,其中4户沦为佃农(另有1户从事其他职业);40户半自耕农有9户典卖全部田产,变为纯佃农。[②]

北方一些地权集中的地区,情况也都如此。察哈尔阳原20世纪30年代中的记载称,自耕农原来就仅占十之一二,今沦为半自耕农或佃农者,又已六七;原占十之三四的半自耕农,也"情形悉变,强悍者为兵为匪,老弱者为丐为乞"。即使租田为生,也"几与乞丐同劣"。[③] 自耕农和半自耕农都破产沦落到了社会的最底层。

由于分家或其他原因,少数地区或村落的自耕农数量也偶有增加,但在农户中所占比重下降,单个农户占地面积亦减少。如皖北凤阳、寿县两村,1935年同1931年比较,自耕农分别由208户和126户增至216户和148户,但比重分别由75.6%和84.0%降至71.3%、80.9%。相反,半自耕农和佃农,无论户数和比重,均大幅上升。[④] 同样,河北南皮大宁庄,自耕农由1931年前的101户增至1936年的104户,但比重由73.1%降至66.7%,而半自耕

---

① 李铮虹:《四川农业金融与地权异动之关系》,《民国二十年代中国大陆土地问题资料》第89册,台北成文出版社有限公司、[美]中文资料中心重印发行,1977年初版,第47299页。国民党政府主计处统计局所辑四川农户结构变化统计资料(见《中国租制度之统计分析》,第6—7页),颇有差异,且起伏甚大,可能同各年调查的地区与范围差别过大有关。

② 国民党政府农村复兴委员会:《云南省农村调查》,上海商务印书馆1935年版,第183页。

③ 民国《阳原县志》,1935年刊本,第8卷,第5页。

④ 张梦熊:《皖北农村经济实况》,天津《益世报·农村周刊》1936年7月4日。

农的数量和比重均大幅度升高。沧县小朱庄的情况大体相同。①
沧县白兔庄的自耕农由 1931 年前的 283 户增至 1936 年的 294
户,原因是分家,故占地面积渐次缩小和零细化。②

自耕农和半自耕农丧失的土地,绝大部分转入了地主尤其是
大地主及城市地主手中。因此,在不少地区,地主与无地户、微地
户的数量同时增长。如前述河北南宫徐达村,100 亩以上地主由
10 年前的 2 户,增至 1936 年的 3 户,每户土地亦由不足 150 亩增
至 230 亩。新河团里村 100 亩以上的地主由 1930 年的 1 户增至
1934 年的 3 户。

其他地区也都是地权迅速向地主豪富集中。如浙江龙游,
1928—1933 年的 5 年间,1/4 的中农下降为贫农,出卖的土地占其
原有土地面积的 40%,同时,地主明显增加。③ 嘉兴"自耕农沦为
半自耕农,复沦为佃农,一部分则沦为雇农"④,而地主田产则日益
增多。盐城的富农及贫农也都出卖大量土地,贫农甚至丧失了其
原有土地的 90%⑤,这些土地自然也是进入了地主手中。广西博
白的情况是,大量自耕农和半自耕农不得不把土地卖给村里的商

---

① 陈学勤:《南皮县大宁庄概况》,《津南农声》1936 年 6 月第 1 卷第 3、
4 期合刊,第 217—218 页;王永毅、康世森:《沧县小朱庄村概况》,《津南农
声》1936 年 9 月第 2 卷第 1 期,第 125—126 页。

② 杨萝燕:《沧县白兔庄概况调查》,《津南农声》1936 年 9 月第 2 卷第
1 期,第 99—100 页。

③ 国民党政府农村复兴委员会:《浙江省农村调查》,上海商务印书馆
1934 年版,第 18—25 页。

④ 王先强:《嘉兴县土地问题及其解决方案》,《中国经济》1937 年 6 月
第 5 卷第 6 期,第 40 页。

⑤ 国民党政府农村复兴委员会:《江苏省农村调查》,上海商务印书馆
1934 年版,第 36—37 页。

人兼地主及高利贷者,复佃回耕作。① 皖北凤阳某村, 据 1935 年的调查, 农民丧失的土地, 都流向地主, 使其土地数量大增。村内两户地主的土地分别由 20 年前的 120 亩和 150 亩, 增至 270 亩和 310 亩, 并出现了有地 100 亩的新地主。② 河北临城, "二等大农"及中农等, 因破产或负债, 大半化为小农或无产农, 而"一等大农"的田产, 日见增加。③ 唐县的中农减少, 富农很难再见到, 贫农和雇农逐渐增加, 地主人数虽未增加, 但田产更庞大了。④

　　地权的单向流动和恶性集中, 还可以从这一时期一些地主土地急刷扩张的实例反映出来。如河北深泽一大地主, 在 1935 年的短短两个月内, 即通过接收欠债农民的抵债田产, 兼并土地 600 余亩。⑤ 栾城一大地主, 390 亩出租地是在 1941 年前的 50 年间购(典)进的, 1931—1935 年即购(典)进 152 亩, 占 39%(另有 89 亩不详)。⑥ 河南豫西镇平、内乡、淅川一带, 地主豪绅的田产也都急剧扩张。一个豪绅拥有数十顷土地, "现在成了这几县的普通现

---

①　国民党政府农村复兴委员会:《广西省农村调查》, 上海商务印书馆 1935 年版, 第 164 页。

②　郏陋:《淮河南岸的一个村庄》,《东方杂志》1936 年 2 月第 33 卷第 4 号, 第 106—107 页。

③　薛郏人:《河北临城县农村概况》, 见千家驹编:《中国农村经济论文集》, 上海中华书局 1936 年版, 第 497 页。

④　刘菊泉:《河北唐县的农村经济概况》, 天津《益世报·农村周刊》1937 年 1 月 30 日。

⑤　田文彬:《币制改革与农村"复兴"》, 天津《益世报·农村周刊》1936 年 2 月 2 日。

⑥　[侵华日人]《中国农村惯行调查》刊行会:《中国农村惯行调查》1955 年刊本, 第 3 卷, 第 177—178 页。

象"。一个豪绅有数十家生意,也"并不稀奇"。① 在闽粤侨乡,则有华侨地主的土地兼并。福建龙溪,进入 20 世纪 30 年代,南洋侨商纷纷携资回乡买地,形成一批占地数百亩至数千亩的"资本新地主"。② 福清一些挟资回乡的"番客",也大买土地。③ 有些地区,灾荒成为大地主兼并土地的"天赐良机"。陕西某些地区,大地主和商人原本"差不多已经绝迹",但在 1928—1933 年大灾期间,军人、官僚、商人和赈务人员,乘机大肆贱价收购田产。如西安某官僚 1933 年在武功以每亩三四元乃至一二元的低价,收购民田2000 余亩,武功某官僚也在县内买民田 500 多亩。于是,土地很快集中到他们手中,并出现了田产逾万亩的大地主。④

绥远地区,1926 年后,荒旱频仍,穷苦农民强半逃亡,所遗土地被豪强吞并,而其粮款却摊在中小农户头上,又产生新的逃亡,土地又落入豪强之手。由此形成恶性循环,"于是乎大地主越大,富农越富"。⑤

有的地区,农民土地还加速转往城市地主手中。这类地区不仅中小农户的土地急剧下降,整个村户占地数量也明显缩减。前

---

① 时因:《河南镇平内乡淅川三县的自治》,《中国农村》1936 年 5 月第 2 卷第 5 期,第 66 页。

② 刘保邹:《龙溪之社会及农村》,《农业周报》1935 年 3 月第 4 卷第 8 期,第 259 页。

③ 晏雨:《福清农村中的危机》,《东方杂志》1935 年 6 月第 32 卷第 12 号,第 110 页。

④ 陈翰笙:《崩溃中的关中的小农经济》,《申报月刊》1932 年 12 月第 1 卷第 6 号;马玉麟:《武功县土地问题之研究》,《民国二十年代中国大陆土地问题资料》第 68 册,台北成文出版社有限公司、[美]中文资料中心重印发行,1972 年初版,第 35489 页。

⑤ 高苗:《归化的农民生活》,天津《益世报·农村周刊》1936 年 3 月 14 日。

述陕西,广西苍梧、桂林,江苏海门、启东等地,占地 30 亩或 50 亩以上农户并未与无地户和微地户的数量同时增长,反而下降,除单个地主占地规模扩大,大地主膨胀外,重要原因是大量土地转入了城市地主或不在地主手中。据 1933 年的调查,近年来中国北部,特别是灾区的农民土地,都很快地流入了城市地主和商业高利贷者的掌握中。1928—1933 年,河南许昌、辉县、镇平 15 村的资料显示,村户占有的田亩总数都下降了。① 河北及其他地区也有类似情况。据 1936 年对河北沧县姚庄子村的调查,1926—1936 年间,该村地主和有地农户的数量均明显减少。如表 2 - 22 所示,1926 年前有分别占地 100—200 亩和 200 亩以上的地主 4 户和 3 户,到 1936 年,100—200 亩的地主只剩 1 户,200 亩以上的 3 户地主则全部消失,占地 50—100 亩的地主或富裕农户也由 19 户减至 16 户,全村有地户的总数由 161 户下降到 149 户。这部分土地无疑流向城市地主。宛平某村,1930 年同上年比较,有地村户从 104 户减为 98 户,而土地占有者的不在村户由 30 户增至 35 户。② 可见农民失地和村地转往城市地主或不在地主速度之快。

这一时期的大地主,不仅占地规模大,而且数量多,分布广,不少地区,大部分土地为有数的几户大地主所垄断。无论南北,大地主的占地面积,动辄千亩,多的超过万亩乃至数万、数十万亩。一户地主占有的土地,相当于上万户中小自耕农土地的总和。在南方稻田区,苏南、皖南、江西、湖南、湖北、广东、广西、四川、贵州等地,都不乏拥地五六千亩和万亩以上的大地主。苏南常熟、吴县、

---

① 国民党政府农村复兴委员会:《河南省农村调查》,上海商务印书馆 1934 年版,第 48 页。

② S. D. Gamble, North China Villages: Social, Political and Economic Activities Before 1933, pp. 193 - 194.

表 2 - 22　河北沧县姚庄子村农户占地面积及其变化

1926—1936 年

占有面积分组	1926 年前(户)	1931 年前(户)	1936 年(户)
5 亩以下	42	38	25
5—10 亩	38	34	28
10—20 亩	28	31	39
20—50 亩	27	28	40
50—100 亩	4	17	16
100—200 亩	4	2	1
200 亩以上	3	0	0
合计	161	150	149

资料来源:许宗衡、周秉儒:《沧县姚庄子概况调查》,《津南农声》1936 年 12 月第 2
　　卷第 2 期,第 160 页。

无锡和沪西一带,都发现有一两万亩的大地主。[1] 江西广昌、宁
都、武宁、贵溪,湖北荆门、钟祥,湖南洞庭湖滨地区,都有占地六七
千亩至三五万亩,或收租五六千担乃至上万担的大地主。[2] 北方
旱作区或水稻杂粮区,大地主的占地规模更大,动辄以万亩或十万
亩计。苏北睢宁、砀山等地有一二万亩至 10 万亩以上的大地主;
另据 1935 年国民党土地委员会调查,皖北霍邱有 2.5—8 万亩的
大地主 13 户,蒙城有 10 万亩大地主 4 户,泗县、太和、灵璧、涡阳
等县,都有一二万亩的大地主。合肥周、刘、唐、张诸大地主家族,

---

① 国民党政府农村复兴委员会:《江苏农村调查》,上海商务印书馆
1934 年版,第 6 页;《沪西农村的憔悴》,《劳动季报》1936 年 3 月第 8 期,第
144 页。

② 陈赓雅:《赣皖湘鄂视察记》,上海申报月刊社 1934 年 4 月再版,第
95 页;汪浩:《收复"匪区"之土地问题》,1935 年刊本,第 5—6 页;《荆门市
志》,湖北科学技术出版社 1994 年版,第 210 页。

各年收租谷 2—5 万石,李鸿章、李翰章、李庚余家族,年收租额尤多。①

河南罗山、信阳、内乡、正阳,山东潍县、诸城、黄县,都有一万至五六万亩地的大地主。② 河北武清、静海、宝坻是京津一带大地主最集中的地区,武清 1933 年有 500 亩以上大地主 237 户,千亩以上大地主 10 户;静海崔姓、郭姓大地主,分别占地 20 多万亩和 15 万亩,各有 10 多个佃户村,挂有双"千顷牌";宝坻大地主占地也都以庄计,每一大地主握有一个乃至几个村庄的全部土地,村民均为其佃农。③ 河南固始东乡与安徽霍邱接壤地方,一大地主占有土地更多,据说从其家乡至县城所经过的 120 里路程,无须踏入他人土地一步。④ 山东原本大地主不少,1928 年后,大量农民卖地流往东北,大地主更是数量大增。据 1934 年的统计,占地 500 亩以上的大地主,占全省农户总数的 4.45%。⑤

在地广人稀的甘肃,大地主通常以山或川为其土地的计算单

① 孙晓村:《现代中国的农业经营问题》,《中山文化教育馆季刊》1936 年 4 月第 3 卷第 2 期,第 462 页;郭汉鸣、洪瑞坚:《安徽省之土地分配与租佃制度》,南京正中书局 1936 年版,第 45—46、48 页。

② 国民党政府农村复兴委员会:《河南省农村调查》,上海商务印书馆 1934 年版,第 3—4、86 页;李作周:《山东潍县的大地主》,《中国农村》1935 年 5 月第 1 卷第 8 期,第 69 页。

③ 《武清县志》第 6 卷,农业,天津社会科学院出版社 1991 年版,第 245 页;《静海县志》第四编,农业,天津社会科学院出版社 1995 年版,第 149 页;顾猛:《崩溃过程中之河北农村》,《中国经济》1933 年 8 月第 1 卷第 4、5 期合刊,第 3 页。

④ 国民党政府农村复兴委员会:《河南省农村调查》,上海商务印书馆 1934 年版,第 4 页。

⑤ [日]田中忠夫:《中国农业经济研究》,汪馥泉译,上海大东书局 1934 年版,第 72—73 页。这一数字可能偏高,但这一时期山东大地主急剧膨胀则是事实。

位。如谓某川为某某人所有，或某山至某山为某人所有，等等。如庆阳县城有数家大地主，拥有数条川道的土地，据云盛时有牛800万头，羊1200万只。① 可见其规模之大。

在人数比例上，尽管大地主只占地主阶级的很小一部分，但其土地却占有很高的比重。在不少地区，相当一部分乃至大部分土地为少数几户大地主所垄断。据1933年对江苏吴江、江阴、仪征等3县42村1308户土地占有状况的调查统计，占地501亩以上的4户大地主，只占调查农户的0.3%，而土地占30.4%，相当于占地51亩以上38户地主土地的65.2%。② 浙江平湖，占地500亩以上的26户大地主，只占全县农户的0.06%，而土地占8.9%，相当于占地50亩以上563户地主土地的35.0%。③ 安徽当涂，据1936年对第一至四区的调查，占地500亩以上的118户大地主，占全体农户的0.46%，其土地比重达18%。相当于占地50亩以上218户地主全部土地的37.7%。④ 湖北大冶，据对占地50亩以上的56户地主的调查，其中占地500亩以上的5户大地主，户数占8.9%，而其占地面积达27.4%。⑤ 四川宜宾第五区，千亩以上

---

① 长江：《中国的西北角》，天津大公报馆1936年10月第3版，第116页。

② 陈翰笙：《现代中国的土地问题》，《中国经济》1933年8月第1卷第4、5期合刊。

③ 地政学院、平湖县政府编：《平湖之土地经济》，国民党中央政治学校地政学院暨平湖县政府1937年刊本，第88—89、90—93页。

④ 郭汉鸣、洪瑞坚：《安徽省之土地分配与租佃制度》，南京正中书局1937年版，第40页表34。

⑤ 李若虚：《大冶县农村经济研究》，《民国二十年代中国大陆土地问题资料》第42册，台北成文出版社有限公司、[美]中文资料中心重印发行，1977年初版，第21039—21040页。

的大地主,占有全区耕地的35%。① 上述成都6户千亩以上的大地主,也占有全县1/10的耕地。在湖南滨湖各县,"地权大抵操之大地主之手"。各县新垸,大地主所占土地比重尤高,如沅江洲尾第三区,1999户有地农户中,占地500亩以上的42户大地主,占有全区52.4%的土地。② 山东栖霞有两家豪富,拥有的土地占全县1/3。③

2. 若干地区地权分散状态的存在

当然,在地权恶行集中的同时,也还有若干地区的地权呈现某种程度的分散。

同过去一样,这一时期各地的地权分配及其变化情况多种多样。由于不同因素的影响和制约,从全国范围看,地权的集中与分散,总是同时并存或交替出现。在一些地区或村落大地主发展和膨胀、地权趋向和加速集中的同时,也有某些地区或村落,或因农村凋敝,或因分家析产,大地主没落,占地规模缩小,地主数量亦减少,甚至消失,地权不同程度地趋向分散。还有一些地区或村落,程度不同地延续原有的地权分散态势。这种地权分配上的差异,即使在同一县区内,也不乏实例。④

有资料显示,某些地区,或因时局变动,或因多次分家析

---

① 杨予英:《宜宾县农村之研究》,《民国二十年代中国大陆土地问题资料》第42册,台北成文出版社有限公司、[美]中文资料中心重印发行,1977年初版,第21202—21203页。

② 彭文和:《湖南湖田问题》,《民国二十年代中国大陆土地问题资料》第75册,台北成文出版社有限公司、[美]中文资料中心重印发行,1977年初版,第39333、39365页。

③ 国民党山东省政府实业厅编印:《山东农村报告》,栖霞县,1931年刊本,第191页。

④ 参见刘克祥:《20世纪30年代土地阶级分配状况的整体考察和数量估计》,《中国经济史研究》2002年第1期。

产，一些大地主没落，占地规模缩小，地权不同程度地趋向分散。湖南澧县，"山居族姓，平原村落，昔多大户，今或寥落"。又说："澧之著名粮户，今皆落寞"。① 地主豪族明显凋零。河南鄢陵，1933 年有调查说，10 年前，千亩以上的大地主有 10 户左右，现在都分了家，最大的地主也只有七八顷地。② 大地主数量及其占地规模都在缩小。河北宛平某村，据 1933 年的调查，6 年前一地主家族曾占地 8000 亩，相当全村土地的 2/3。到 1933 年已分成 7 户，所占土地亦明显下降。其中 3 户虽仍属村内 7 户大地主之列（村内最大地主占地超过 900 亩），其余 4 户只达到或超过 250 亩。③ 据此推断，该地主家族的占地面积可能已降至 3000 亩以下。

有的地区或村落，由于分家析产或其他原因，地主数量减少或完全消失。河北宁津薛庄、马庄等 6 村，民国前有百亩以上的地主一二户，到 1934 年时已无地主，只有 40 亩以上的富农 1 户和 30 亩以上的富裕中农 3 户④，地权明显分散。冀东滦县，自清光绪九年后，水患频繁，土地沙化，"居民昔殷富者，今多凋落"。⑤ 地主富农的数量亦相应下降。山东泗水县韩家下涧村，1924 年前，占地最多者为 400 亩，共有三四户，百亩者 10 余户，三四十亩者四五十户，以 10 余亩者最多。到 1934 年时，占地最多者 200 亩，只有 2

① 民国《澧县志》第 3 卷，实业志·农业，1939 年刊本，第 8 页。

② 作周：《从许昌到鄢陵》，《中国农村经济研究会会报》1934 年 1 月第 2 期。

③ S. D. Gamble, North China Villeges: Social Political and Economic Activities Before 1933, p. 162.

④ 王友农：《河北宁津县东北六村概况》，《新中华》1934 年 9 月第 2 卷第 18 期，第 83 页。

⑤ 民国《滦县志》第 4 卷，人民·风俗习惯，1937 年刊本，第 2 页。

户,六七十亩者五六户,20—30 亩者 10 余户。[1] 地主由 10 多户减少到 2 户,虽然增加了五六户富农,但地主富农占地总面积及其比重,显然大大降低了。

还有一些地区或村落,程度不同地继续原有的地权分散态势。

在地权高度集中的南方地区,地权十分分散的情况虽愈益罕见,但仍可找到。如广东旧潮州府属地区,据 1935 年对普宁、揭阳、潮安、饶平、潮阳、澄海等 6 县 6 个不同类型村落的调查,有 4 村无租佃,土地全部为农户自种的"粮田"。[2] 这虽然不能代表当地的一般情况,但也说明即使像潮州府这类地权十分集中的地区,也有少数地权高度分散的村落存在。地权中度分散的地区或村落更多一些。如南京汤山,据 1933 年对 249 家农户的调查,自耕农占 61.4%,佃农和半自耕农分别占 8.9% 和 29.7%。自耕农是农民的主要成分,2/3 的土地为中小农所有。[3] 又据 1934 年的调查,句容自耕农占 57.2%,佃农和半自耕农分别占 15.8% 和 27.0%,全县 72.3 万余亩耕地中,自耕地占 68.5%,租种地占 31.5%。[4] 两地自耕农的小土地所有制均占主导地位,这是太平天国农民战

---

① 韩昭:《山东泗水县的四下涧》,《新中华》1934 年 10 月第 2 卷第 20 期,第 83 页。

② 余捷琼:《广东潮州的农地分配》,天津《益世报·农村周刊》1935 年 3 月 23 日。这 6 村系调查者根据自己的设计特意选择,分别代表了 6 种不同类型:即地主土地所有者占统治地位、普通村、华侨村、侨资转地主村、贫寒村和渔村。

③ 孙枋:《南京汤山二百四十九农家经济调查》,《民众与教育》第 6 卷第 1 期,转见冯和法编:《中国农村经济资料续编》,上海黎明书局 1935 年版,第 48—49 页。

④ 国民党政府国防设计委员会:《试办句容县人口农业总调查报告》(1934 年),转见《中国农村经济资料续编》,上海黎明书局 1935 年版,第 34—35 页。

争成果的部分遗存。

福建也有少数县区地权分散。如惠安、晋江的自耕农比重分别达85%和71.1%,佃农分别只有5%和4.1%;同安也是自耕农"占多数"。①

广西、贵州一带,地权分散的情况稍多一些。广西一些交通比较方便、农业生产条件较好和商业性农业较发达的地区或村落,地权高度集中,而那些交通闭塞、生产条件较差、自给性农业尚占统治地位的地区和村落,地权相对分散。迁江、贵县、思恩以及靖西、融县一些村落,自耕农占农户的半数,甚至高达九成,农民小土地所有制占有较大优势。② 贵州大部分地区的地权相当集中,但也有部分县区的地权较为分散。如丹江、岑巩的自耕农比重分别达90%和85%;荔波、印江、德江3县自耕农分别占60%;平舟、大塘、八寨、三穗、省溪、沿河、贞丰、安南等8县,自耕农分别占50%。③ 上述各县农民小土地所有制占绝对优势或较大比重。

相对于南方地区,北方地区尤其是山东、河北、山西等省,地权分散的情况更普遍一些。

在山东,胶东莱阳,据说大地主昔即无多,20世纪30年代已无千亩之家,百亩以上即称富有,全县自耕农"居十八",半自耕农"十之一有奇","而佃农不复有矣"。④ 牟平也无大地主,佃农"绝

① 福建省农林处统计室编印:《福建省各县区农业概况》,1942年刊本,第246、262、316页。

② 参见刘克祥:《20世纪30年代土地阶级分配状况的整体考察和数量估计》,《中国经济史研究》2002年第1期。

③ 国民党政府资源委员会等编:《贵州省农业概况调查》,贵州农业改进所1939年刊本,第31—32页。

④ 民国《莱阳县志》,1935年铅印本,第二之六卷,实业·农业,第57—58页。

少",而自耕农居十之七八,半自耕农和雇农居十之二三。[1] 德平土地分配"匀调,尚无地主与佃农之阶级"。[2] 招远情形大致相同,土地分配"无甚悬殊",既鲜百亩以上的地主,亦无纯佃,自耕农占90%以上。[3] 平度也是"农民自耕多"。不过佃耕者已居十之三。[4] 地权分散程度不如莱阳、牟平、德平 3 县。平阴、博兴、邹平、武城、日照、齐河、恩县、范县、济阳、莘县、滨县、无隶等 12 县,1931 年的调查资料显示,农户基本上是自耕农,地权都比较分散。如平阴,自耕农占"最多数",共 3.3 万余户,而佃农仅 700 余户;博兴"多系自耕农",约 3.96 万余户,佃农不过百户;邹平农民均为自耕农及少数雇农,"无地主佃户可言"。其余各县,自耕农比重也都在 90% 以上,半自耕农和佃农极少。[5] 另据国民党政府农矿部 1930 年对山东 52 县或若干村庄的调查,自耕农比重超过80% 的有 12 县,7 县超过 90%(详见表 2-23)。其中济阳、恩县两县数字与 1931 年调查资料大体吻合。

综合上述零散资料,山东地权分散程度较高的达 27 县,占全省 109 县的 24.8%。不过两个大型调查的时间较早,不能完全反映 20 世纪 30 年代中期的情况。

河北也有部分县区或村落,地权分散较明显,但数量、比重及分散程度均比山东低。河北高邑,因人口日增,兄弟分家析产,大

---

[1] 民国《牟平县志》第 25 卷,政治志,实业·农业,1936 年刊本,第 12 页。

[2] 民国《德平县续志》第 10 卷,社会,1936 年刊本,第 7 页。

[3] 晓梦:《山东招远农村概况》,天津《益世报·农村周刊》1935 年 1 月26 日。

[4] 民国《平度县续志》第 10 卷,民社志·工商业,1936 年刊本,第 11页。

[5] 国民党山东省政府实业厅编印:《山东农林报告》,1931 年刊本,有关各页。

表2-23 山东清平等12县农户结构统计

1930年

县别	调查户数	自耕农(%)	半自耕农(%)	佃农(%)	雇农(%)
清平	32862	96.9	0.9	0.5	1.6
济阳	925	95.5	1.8	1.1	1.6
邱县	800	95.5	2.8	0.7	1.0
阳信	637	93.7	4.0	—	2.2
广饶(10村)	1685	91.8	—	—	8.2
嘉祥	3179	90.2	—	9.8	
恩县	1047	90.0	7.4	0.3	2.2
茌平(10村)	1694	89.9	5.9	1.4	2.8
高唐(21区)	45519	89.8	4.5	1.5	4.2
泰安(8村)	4260	89.4	3.6	2.9	4.1
桓台	45420	85.9	4.1	8.7	1.2
齐东	28320	84.2	11.1	0.3	4.4

资料来源:转据满铁经济调查会编:《山东省经济调查资料》第3辑,1935年刊本,第175—178页综合编制。

农早已绝迹,农户占地普通为十亩至三四十亩,贫窭者亦有房一二间,田地一二亩。[①] 成安"田地十分之九为耕者所有"。[②] 固安"七七事变"前,自地自耕者约占87%,雇工耕作和出租部分约占13%。[③] 北平四郊,据1934年的调查,27508农户中,自耕农占66.9%,半自耕农、佃农和雇农依次占12.4%、13.9%和6.7%(详见表2-24)。从农户结构看,农民小土地所有制约占60%—65%。

---

① 民国《高邑县志》,1941年刊本,第13卷,民生,第12页。
② 民国《成安县志》第10卷,风土,1931年刊本,第8页。
③ 民国《固安县志》第2卷,经制志,食货,1942年铅印本,第17页。

表 2-24 北平市四郊农户结构统计

1934 年

郊别	调查户数	自耕农		半自耕农		佃农		雇农	
		户数	%	户数	%	户数	%	户数	%
东郊	6086	4312	70.9	863	14.2	788	12.9	123	2.0
西郊	6344	4639	73.1	721	11.4	938	14.8	46	0.7
南郊	10944	6696	61.2	1255	11.5	1453	13.3	1590	14.5
北郊	4084	2771	67.9	564	13.8	661	16.2	88	2.2
合计	27458	18418	67.1	3403	12.4	3840	14.0	1847	6.7

资料来源:国民党北平市政府编印:《北平市四郊农村调查》,1934 年刊本,第49 页。

徐水县在"七七事变"前后,全县 3.6 万农户中,自耕农 3.06 万户,占 85%,半自耕农和佃农分别占 10% 和 5%,自耕农占地比重达 72%。[①] 农民小土地所有制约占 70%。清苑、赞皇、枣强等县,也有若干村庄地权分散。如清苑刘村,1936 年的调查称,全村耕地 90 顷,70% 由自耕农占有,20% 属于半自耕农,富农、雇农各占 5%。[②] 清苑薛庄、大阳庄、大祝泽、东顾庄、孟庄、南邓、李家罗侯等 11 村,地权分散程度不如刘村,但小土地所有制仍占主导地位,而且地权有进一步分散的趋势。如表 2-25 所示,1930 年地主土地占 16.6%,加上富农,共计占 41%。中农和贫雇农土地占 58.5%。到 1936 年,地主富农土地比重降至 37.4%,而中农和贫雇农的占地比重升至 62.3%,其中中农为 45.5%,已超过地主富

① 卞乾孙:《河北省徐水县事情》,新民会中央指导部 1938 年刊本,第35—36 页。

② 刘焕章:《清苑县刘村农民经济概况》,《津南农声》1936 年 2 月第 1 卷第 2 期,第 96 页。

农。赞皇南郝村,据 1936 年的调查,20.5% 的户、11% 的人完全没有土地,但 76.9% 的土地为 50 亩以下的中小农户所占有,50 亩以上的地主富农只占有 23.1% 的土地。[1] 枣强杜雅科村,1936 年时全村 98 户,自耕农占 88.8%,半自耕农和雇农分别占 3.1% 和 5.1%;全村 1558 亩耕地中,78.5% 为中小农户所有,3 户地主富农的土地占 21.5%。[2] 地权分配分散情况也是比较明显的。

表 2-25　河北清苑李家罗侯等 11 村土地分配统计

1930,1936 年　　　　　　　　土地面积单位:亩

年份	土地	地主		富农		中农		贫雇农		其他	
		土地	%	土地	%	土地	%	土地	%	土地	%
1930	41523	6902	16.6	10152	24.4	16697	40.2	7581	18.3	191	0.46
1936	40968	6120	14.9	9208	22.5	18639	45.5	6899	16.8	102	0.25

资料来源:据中国社会科学院经济研究所藏 1930—1957 年保定经济调查资料综合计算、编制。

河南、山西、绥远以及西北青海、新疆等地,都有若干地区或村落,保持地权的分散状态,不过其数量、比重和分散程度又低于河北。

河南孟县,据说"田多自种"[3],农民小土地所有制当占主导地位。另据 1934 年对省内京汉铁路的信阳、彰德等 17 个车站农村的调查,其中明港、确山、驻马店、许昌、和尚桥、新郑、郑州、亢村

---

①　梁庆荣:《赞皇南郝村概况》,天津《益世报·农村周刊》1936 年 11 月 28 日。

②　杜连霄:《枣强县杜雅科村概况》,天津《益世报·农村周刊》1937 年 1 月 23 日。

③　民国《孟县志》第 8 卷,社会·农业,1932 年刻本,第 44 页。

驿、新乡、潞王坟、宜沟等 11 个车站农村,农户以自耕农为主,半自耕农和佃农占少数或极少数。如明港、许昌、和尚桥、新郑、亢村驿、潞王坟、宜沟等 7 站农村,自耕农比重依次达 89.7%、87.6%、84.4%、85.7%、90.0%、84.9% 和 85.0%。11 站平均,自耕农比重为 82.4%,半自耕农和佃农分别为 11.9% 和 5.7%。① 这些农村的农民小土地所有制应占优势。②

山西永和,自光绪三年大旱后,迄未复原,被称做"山西第一瘠苦之县"。因人少地多,地权兼并不算激烈,据说"民间尚无贫富阶级",土地分配"虽不均平,而多少家家皆有,非若富庶之区,富者田连阡陌,贫者无立锥之地"。③ 晋泉也是自耕农多,租佃极少,主要流行于亲戚、熟人之间。④

绥远及青海、新疆也有少数地区存在地权分散的情况。绥远归绥,1934 年的记载说,农户中自耕农居"多数",田产多者 10 顷有余,而兼有水田二顷者,全县 6 户而已。⑤ 青海,据 1933 年对西宁、大通、共和等 11 县的调查,大通 10442 农户中,自耕农占94.6%,半自耕农和佃农分别占 1.7% 和 3.5%,地主 58 户,只占农户总数的 0.6%,自耕农小土地所有制占统治地位。亹源、西宁的自耕农比重分别占 64.8% 和 63.9%,半自耕农和佃农分别占

---

①　据陈伯庄:《平汉沿线农村经济调查》(上海交通大学研究所 1936 年刊本)附表 3 综合计算。

②　该调查列有各类农户的占地面积和耕作面积,但未将半自耕农和佃农的占地面积和耕作面积加以区分,其资料无法充分利用。

③　民国《永和县志》第 5 卷,生业略,1930 年刊本,第 4—5 页。

④　华北交通株式会社资业局:《北支农村の实态》,昭和 19 年(1944 年)刊本,第 13 页。

⑤　民国《归绥县志》,1934 年刊本,产业志,第 1 页。

25.2%、25.7%和6.9%、10.3%。① 小土地所有制占有一定优势。新疆南疆,地权分散的地区,地主富农约占人口的5%,土地面积约占20%。② 大部分土地为中小农户所有。

从全国范围看,虽然南北两地都有若干地权较为分散的县区或村落存在,但数量和分散程度有限,而且比20世纪20年代明显减少。南方大部分地区,地权分散已是个别现象,长江三角洲地区,浙江、福建、广东、四川、湖南、皖南以及江西、湖北大部分地区,则十分罕见。北方黄淮流域地区以及西北部分地区,地权分散的情况相对普遍,但因地主往往倾向雇工经营,部分地区的富农经济亦较发达,有的地区甚至只有雇农而无佃农。所谓"自田自种"的自耕农中,包含了为数不少的经营地主和富农,严格意义上的自耕农数量和地权分散程度要大打折扣。同时,无论南北,不少地区地权分散趋势的产生,主要原因是农户分家析产,亦即地权趋向分散并非土地由地主富户转向中小农户,而是分家析产摊薄了单个地主富户的土地资产,导致部分地主变富农、富农变中农的结果。在这种情况下,中农数量及占地面积和比重上升,地主富农的占地面积和比重下降,但户数不一定减少,甚至增加。同时,随着农户数量增加,各阶层农户的户均占地面积全部下降。20世纪30年代对前述河北清苑薛庄、李家罗侯等11村的调查,在这方面提供了典型资料。

如表2-25、表2-26所示,1936年同1930年比较,中农占地面积和比重明显上升,户数更从766户增至927户,6年间增长了21%;地主富农的占地面积和比重相应下降,不过地主富农的数量

① 陆亭林:《青海省帐幕经济与农村经济之研究》,《民国二十年代中国大陆土地问题资料》第41册,台北成文出版社有限公司、[美]中文资料中心重印发行,1977年初版,第20765—20766页。

② 谷苞:《南疆农村的经济结构与阶级状况》,见陈翰笙等编:《解放前的中国农村》第二辑,中国展望出版社1987年版,第752页。

表 2 - 26　河北清苑李家罗侯等 11 村农户结构及占地变化

1930,1936 年　　　　　　　　　土地面积单位:亩

年份	总户数	地主		富农		中农		贫雇农		其他	
		户数	户均占地	户数	户均占地	户数	户均占地	户数	户均占地	户数	户均占地
1930	2119	70	98.6	169	60.1	766	21.8	1052	7.2	62	3.1
1936	2272	72	85.0	173	53.2	927	20.1	1028	6.7	72	1.4

资料来源:据中国社会科学院经济研究所藏 1930—1957 年保定经济调查资料综合计算编制。

不减反增,只是增加的数量和幅度明显比中农低。这说明地主富农分家析产后,部分或大部分仍然保持原有的经济地位,亦有部分经济地位下降,加入中农队伍。就原有的地主富农家族而言,占有的土地不一定减少,甚至增加。户口变动中唯一的例外是贫雇农的户数减少。这当然不排除少数贫雇农经济状况改善、占地面积扩大,上升为中农,但更主要的还是因为部分贫雇农无条件结婚生子、老死成为绝户,或无法单独依靠农业为生,转而从事其他职业,加入"其他"村户行列,也可能全家离村,转往他处谋生。贫雇农上升为中农只是个别情况。分家析产导致的地权分散趋势,一个突出的特点,是各阶层农户占地面积普遍下降,中农、贫农,抑或地主、富农,无一例外,只是下降的幅度互有差异。这是农村人口压力加大、农民经营规模缩小、农业生产能力下降在地权分配上的反映。总之,因中小农户特别是贫雇农占地扩大而导致地权分散的情况并不多见。地权集中,地主土地所有制扩张,大地主膨胀,是这一时期的基本态势,地权分散只是局部的、个别的。[①]

①　参见刘克祥:《20 世纪 30 年代土地阶级分配状况的整体考察和数量估计》,《中国经济史研究》2002 年第 1 期。

3. 全国土地的阶级分配

全国土地的阶级分配,这一时期同过去一样,大部分甚至绝大部分土地为地主、富农所占有,广大中农、贫农只有少量甚至完全没有土地,封建地主土地所有制占绝对支配地位,并有新的变化和特点:由于广大自耕农、半自耕农普遍失地和无地化,部分中小地主衰败,大地主不断膨胀,城市地主也有新的发展,越来越多的土地为少数大地主和城市地主所垄断,中小农户占有的土地份额进一步下降,地权集中上升到了一个新的高度。反映在农村阶级结构上,不少地区地主户口及其比重并未增加,甚至下降,单个地主占地规模明显扩大。相反,无地户、微量土地占有户和整个贫苦农民阶层的户数、人数及其比重大幅度上升,而占地比重却不断下降,单个农户的占地面积更是进一步缩小,封建地主土地所有制进一步强化,地权分配不均的程度愈加严重。

就总体而言,集中是这一时期全国地权分配的一般形态,但具体到各个地区,尤其是村落,情况互有差异。有的地区,地权原已高度集中,这一时期仍维持原状,或因经济状况恶化,农民所剩的少量土地被地主吸吮干净,地权集中程度达于顶点;有的地区,地权集中程度原来不高,自耕农占较大比重,这一时期尤其是农业恐慌期间,因农民经济状况空前恶化,土地数量不断减少,地权集中程度明显上升;也有的地区,地权兼并不太激烈,地权分配变化不大,或因分家析产,单个地主的占地规模缩小,甚至下降为中小土地所有者,地权分配呈现某种分散趋势。不过在这些地区,中小农户也因分家,占地进一步零细化。

无论南北,都有数量不等的地区或村落,由于地主富户的长期兼并,农民土地丧失殆尽,地权分配已呈饱和状态。

在南方,江苏青浦黄渡,绝大部分土地为经营商业、高利贷的少数几户地主所垄断,一个只有50户的村庄,佃农多达45

户。① 常熟全县农户中,自耕农仅占 10%,佃农、半自耕农达89%。② 江都东南乡,大乾丰洲的 4000 余亩土地,全部属于几个大地主。③ 浙江临安,据 1930 年的调查,占地 51 亩以上的地主,占有全县 78.2% 的耕地,加上富农占地,剩余土地当不足 10%。④安徽六安、霍邱,分别占农户 37.2% 和 44% 的佃农及雇农,完全没有土地,而分别占农户 9% 和 22% 的地主富农,分别占有 63% 和87.1% 的田地。⑤ 福建据 1940 年的调查,有农户构成数字的 26县中,10 县的自耕农不足 20%,其中古田仅 7.1%,佃农达70.6%。⑥ 广东地权的集中程度,更高于江浙地区。1933 年对高要、中山、合浦、灵山、茂名、曲江、梅县、惠来、惠阳、台山、番禺、新会等县的调查,佃农比重大多为 80%—90% 或更高,加上其他无地户,有地户一般不到村户总数的 10%。⑦

　　湖南、四川、贵州、云南一些地区的情况大致相似。湖南新化,

---

　　① 徐洛:《黄渡农村》,《中国农村经济研究会会报》1933 年 11 月第 1期。

　　② 兆熊:《江苏省常熟八个村庄土地分配状况》,《中国农村经济研究会会报》1934 年 1 月第 2 期。

　　③ 适时:《大地主统治下的江都新洲坍民生活》,《新中华》1934 年 7 月第 2 卷第 13 期,第 171 页。

　　④ 孙晓村:《浙江的土地分配》,《中国农村》1935 年 2 月第 1 卷第 5期,第 57—58 页。该调查统计中,占地 51 亩以下农户的占地总面积数字明显有误。

　　⑤ 许振弯:《皖西匪区土地整理问题》,《民国二十年代中国大陆土地问题资料》第 32 册,台北成文出版社有限公司、[美]中文资料中心重印发行,1977 年初版,第 15837—15838 页。

　　⑥ 福建省农林处统计室编印:《福建省各县区农业概况》,1942 年刊本,有关各页。

　　⑦ 陈翰笙:《广东农村生产关系与生产力》,上海中山文化教育馆 1934年刊本,第 1—2 页。

75%以上的农户为无地贫农。① 四川大竹,力农之家"贫多富少,自业仅十之一二,佃耕直十居八九"。② 巴县自耕农仅十之一,自耕兼佃农十之一,佃农十之八。③ 另据 20 世纪 30 年代对川东荣昌、大足等 28 县或乡镇的调查,没有一处自耕农超过 50%,其中 14 处占 20% 或以下,而佃农比重有 18 处在 60% 以上。④ 富顺自流井地区,据 1938 年对 74 农户的调查,仅有 2 户自耕农和 3 户半自耕农,其余均为佃农⑤,佃农比重高达 93.2%。贵州、云南部分地区,地权集中程度同样已达顶点。1931 年前后对拟议中的渝柳铁路川黔段沿线四川巴县、綦江,贵州桐梓、遵义、仁怀、湄潭、息烽、紫江、瓮安、修文、贵阳、清镇、龙里、贵定、平越、麻哈、都匀、八寨、三合、独山等 20 县的调查,据调查员观察,各县"佃农雇农实居过半数"。其中仁怀、清镇、独山、八寨 4 县情况尤为突出。仁怀、清镇、独山 3 县自耕农依次只占 8%、28% 和 10%,而佃农、雇农依次达 84%、74% 和 60%。八寨更完全无自耕农,仅有 31% 的半自耕农,佃农和雇农达 69%。⑥ 另据贵州建设厅的统计,开阳、玉屏、石阡、安龙、大定、黔西等县,自耕农比重均仅 10%,佃农高

① 杜劳:《商业资本笼罩下的新化农村》,《新中华》1933 年 7 月第 1 卷第 14 期,第 83 页。

② 民国《续修大竹县志》第 13 卷,1928 年刊本,第 4 页。

③ 民国《巴县志》第 11 卷,农别,1939 年刊本,第 15 页。

④ 叶懋、王嘉谟:《川东农业调查》,国民党四川省政府建设厅印本,下编有关各页。

⑤ 张树植:《自流井土地利用之调查》,《民国二十年代中国大陆土地问题资料》第 56 册,台北成文出版社有限公司、[美]中文资料中心重印发行,1977 年初版,第 29023 页。

⑥ 国民党政府铁道部财务司调查科查编:《川黔段经济调查总报告书·农业经济篇》,约 1931—1932 年印本,第 33、41 页。

达 60%—70%。① 拟议中的粤滇铁路云贵段沿线,滇东 5 县、贵西南 3 县,据 1929 年前后的调查,滇东昆明、嵩明、师宗、罗平、贵西南兴义等 5 县,地权分配尚不算太集中,自耕农居农户的半数,半自耕农占 40%,佃农约占 10%,而贵西南的安龙、兴仁两县,则以佃农为最多,约占 50%,半自耕农占 30%,自耕农仅占 20%,陆良的自耕农则更少。② 云南新平,全县 11470 农户中,自耕农仅 600余户,占总数的 5.2%,而佃农达 10690 户,占 93.2%。③

湖北被认为是南方地权最分散的地区④,但据 1928 年对该省东、中部黄梅等 16 县 117 村的调查,96 村的自耕农比重不超过 50%,其中 37 村不足 30%,26 村不足 20%。蕲春 11 村 4441 农户中,只有自耕农 829 户,占 18.7%,还有纯粹的佃农村。⑤ 被调查地区的地主土地比重当超过 50%。鄂西襄阳,据 1936 年的调查,全县 9 个区,除第四区外,均"佃农居多"。因地权集中,地主多实行"庄田制"。⑥ 这大体反映了鄂西丘陵和山区的地权集中状况。

同南方比较,北方地权相对分散。但在不少地区,地权的集中程度也相当高。苏北铜山,1934 年的调查称,自耕农仅占 15%,佃农占 50%,其余为半自耕农,大部分土地集中于地主。县城周边

---

① 国民党政府中央农业实验所等:《贵州省农业概况调查》,国民党政府贵州省农业改进所 1939 年印本,第 32 页。

② 国民党政府铁道部财务司调查科查编:《云贵段经济调查总报告书·总述》,铁道部财务司约 1930—1931 年印本,第 7 页。

③ 民国《新平县志》第 4 卷,农政,1933 年刊本,第 10 页。

④ 有人估计地主土地只占 10%—30%(马札亚尔:《中国经济大纲》,徐公达译,上海新生命书局 1933 年版,第 11 页)。

⑤ 据金陵大学农林科农业丛刊(第七号):《农村调查表》各表统计,1928 年调查填报。

⑥ 张锦山:《湖北省襄阳县的农村经济》,天津《益世报·农村周刊》1936 年 7 月 11 日。

四乡的土地,更被少数城市大地主垄断。① 萧县长安村的地权集中也十分明显,全村 214 户中,58 户完全没有土地,加上 5 亩以下的 52 户,51% 的农户只占有 4.8% 的土地,而占总户数 3.3% 的 7 户地主富农,掌握着 38.5% 的土地。② 皖北阜阳,据 1936 年对 269 农户的调查,101 户,每户占地不足 5 亩,其户数占 37.5%,土地仅占 4.6%,而占地 50 亩以上的 34 户地主富农,拥有 58.1% 的土地。③

山东、河南、河北不少地区,大部分土地也属于地主富农所有,相当部分农户很少或完全没有土地。山东峄县,"地权大半操诸地主手中,自耕农极少"。地主占地多者七八百亩,少亦二三百亩,分布各庄。所在村庄即称为某某"仓屋",庄上农民就名某某的佃户。④ 栖霞"贫民居多",地权集中,两家豪富即占有全县 1/3 的土地。加上其他地主和富农占地,农民土地当不过半。

河南滑县,百亩以上的地主,至少在 400 户左右,最多拥有田产 60 顷。近城第一区地主更多,土地集中在少数人手中。占户口 0.5% 的地主,拥有全区 15% 的土地。⑤ 镇平据 1933 年对 6 个村

---

① 李惠风:《江苏铜山县的农民生活》,《中国农村》1934 年 10 月创刊号,第 75 页;《八里屯农村经济调查报告》,转见冯和法编:《中国农村经济资料》,上海黎明书局 1933 年版,第 4 页。

② 《长安村农村经济调查报告》(1932 年 12 月),转见冯和法编:《中国农村经济资料续编》,上海黎明书局 1935 年版,第 16 页。

③ 郭汉鸣、洪瑞坚:《安徽省之土地分配与租佃制度》,南京正中书局 1936 年版,第 29 页。

④ 黄鲁珍:《山东峄县的南乡》,《新中华》1934 年 5 月第 2 卷第 9 期,第 77 页。

⑤ 西超:《高利贷支配下的滑县农村经济》,《新中华》1934 年 1 月第 2 卷第 1 期,第 261—262 页;国民党政府农村复兴委员会编:《河南省农村调查》附录,上海商务印书馆 1934 年版,第 101—102 页。

的调查,占户口 13.2% 的地主、富农,垄断 75.8% 的土地,近 87%
的中农和贫农、雇农等,占地不到 1/4。① 另据 1933 年对南阳的调
查,全县 164939 农户中,24.2% 的户没有土地,占地 10 亩以下的
户占 45.5%,而土地面积仅占 15.6%。相反,有地 50 亩以上、占
农户总数 3.9% 的地主、富农,土地比重达 41.5%。②

　　河北南和的地权分配情况是:大地主(200—300 亩)户数占
2%,土地占 20%;小地主(100—200 亩)户数占 8%,土地占 30%;
富农(50—100 亩)户数占 14%,土地占 42%;中农户数占 25%,土
地占 5%;贫农和雇农户数占 51%,土地占 3%。这样,占户口
24% 的地主、富农占有 92% 的土地,占户口 75% 的中农与贫农雇
农仅占 8% 的土地,无地或少地的贫苦农民只得充当地主富农的
佃农或雇工。③ 这种地权高度集中的情况不仅冀南平原地区相当
普遍,冀北、冀西山区也存在。如迁安,据 1936 年的调查,户口占
11.5% 的地主富农拥有 80.9% 的土地,占 60.5% 的中农和半自耕
农只占有 19.1% 的土地。另外还有占户口 27.9% 的佃农和雇农
完全没有土地。④ 冀西阜平,地主户口占 20%,自耕农占 30%,雇
农占 5%,其余 40% 以上全部是佃农。⑤ 这在租佃不甚发达的华
北平原是少有的。

---

　　① 国民党政府农村复兴委员会编:《河南省农村调查》,上海商务印书
馆 1934 年版,第 9 页。

　　② 冯紫岗、刘端生:《南阳农村社会调查报告》,上海黎明书局 1934 年
版,第 18 页。

　　③ 范琢之:《河北南和农村情况》,《新中华》1934 年 11 月第 2 卷第 22
期,第 83 页。

　　④ 刘庆瑞:《河北迁安县农村概况》,天津《益世报·农村周刊》1936 年
12 月 26 日。

　　⑤ 李小民:《阜平县农村素描》,天津《益世报·农村周刊》1935 年 12
月 8 日。

山西雁北大同、阳高、天镇 3 县，随着 30 年代广大小生产者的加速无地化，地权已十分集中。据 1936 年的调查，农户中无地户占 43%，其中佃农、雇农占 31%。有地户中，占户口 41% 的贫农，只占 8.5% 的土地，而占户口 29% 的地主富农，拥有 76% 的土地。[1] 平顺、临县的地权也相当集中。平顺 16% 的农户完全没有土地，46.5% 的农户，每户不足 10 亩，只占全县耕地的 18.6%，而占户口 11.7% 的地主和富裕户，拥有全部耕地的一半。[2] 临县的索达干村，据 1934 年的调查，无地贫农占绝大成分，村民所种土地大部分是租来的。[3] 另据 1935 年的调查，介休、平定、太谷、永济等县，自耕农比重低，而半自耕农、佃农和雇农比重高。介休、平定的自耕农分别只占 10% 和 18.7%，介休的半自耕农占 62.5%，太谷的佃农比重占 40%，而永济的雇农比重高达 34.2%。[4]

察哈尔、绥远和东北三省，地权的集中程度普遍高于北方其他各省，甚至与南方地区相若。察哈尔阳原，自耕农仅占十之一二，"半租农户"占十之三四，其余为佃农、雇农。土地大半为地主所有。进入 20 世纪 30 年代，自耕农沦为半租农或佃农者，又"十已六七"。[5] 地权集中程度已达极端。绥远临河，据 1933 年的调查，有产者占 27%，无产者达 68%。分别占人口 3% 和 15% 的地主、

① 范郁文：《山西雁北农村租佃关系的研究》，天津《益世报·农村周刊》1936 年 5 月 30 日。

② 赵梅僧：《平顺县农村经济概况》，天津《益世报·农村周刊》1934 年 7 月 28 日。

③ 丽水：《山西临县索达干概况》，《新中华》1934 年 3 月第 2 卷第 6 期，第 80 页。

④ 国民党政府实业部国际贸易局编纂、发行：《中国实业志·山西省》，1937 年初版，第二编第一章，第 56（乙）页。

⑤ 民国《阳原县志》第 8 卷，1935 年刊本，第 5 页。

富农,占有 54% 和 32% 的土地,地合计达 86%,中小农土地仅占 14%。① 地权集中程度,比江浙湘粤有过之而无不及。辽宁洮南(现属吉林),无论乡居地主,还是居城工商士绅,都拥有数量可观的田产,乡间有多数土田的地主谓之"大粮户",身居此地而在彼地拥有的庄田谓之"窝堡"。大多数农民则被迫租耕或佣工。其身居乡间而岁易其居者谓之"流门户";只身佣工是乡而家居异省异县者,谓之"跑腿"。全县雇农比重高达 28%。据对沈阳、辽阳 2 县 5 村 806 农户的调查,无地户也高达 62.9%。② 可见地权之集中程度。吉林桦甸,自有田者居十之二三,租田者约十之七八。③ 珠河地主多,占地数量大,但并不自耕,均系出租于人,故租佃户"较之地主多至什百千万"。④ 桦甸、珠河的地权分配都极不平均。

东北沦陷后,日寇和伪满政权采取清丈、整理、归村并屯、移民开拓等各种措施,没收、圈占、霸占、贱价强购等手段强占农民耕地,又强制"粮谷出荷",搜刮农民,自耕农加速破产,部分地主富户投靠日伪,乘机兼并垄断,导致地权进一步集中。如吉林双阳,1929 年时,占全县农户 22.5% 的"出租剥削户"占有 60% 的土地;到 1936 年,"出租剥削户"的比重降至 11.4%,而占地比重升至 81%。⑤ 农安县 1934 年时,自耕农和半自耕农的比重分别为 48%

---

① 戴林:《后套临河农村实况》,天津《益世报·农村周刊》1934 年 5 月 24 日。

② 民国《洮南县志》第 4 卷,农业,1930 年刊本,第 27 页;徐雪寒:《东北农村经济底特质》,《中国农村》1934 年 12 月第 1 卷第 3 期,第 49 页。

③ 民国《桦甸县志》第 7 卷,经制,1932 年刊本,第 11 页。

④ 民国《珠河县志》第 11 卷,实业志,农业,1929 年刊本,第 2 页。

⑤ 《双阳县志》,长春出版社 1991 年版,第 147 页。

和30%;到1936年,60%的农户成了无地户。① 可见农民失地破产速度之快。类似情况在东北三省极为普遍。到30年代中后期,不少地区的大部分农户,土地丧失殆尽,绝大部分土地落入日本侵略者和地主富农手中。如黑龙江安达、勃利和吉林德惠,无地户的比重依次达51.3%(1934)、64%(1939)和71.4%。② 据1938、1939年的调查,黑龙江勃利、绥化,地主富农的占地比重分别达64%和63.6%。土地集中程度已赶上甚至超过南方地区。

陕西、甘肃、青海、新疆等西北各省,土地分配情形和华北各省大致相似。部分县属的地权亦相当集中。陕北绥德,据1933年对4个村的调查,占户数4.8%的地主、富农,拥有67.9%的土地;占95.2%的中农、贫农,只有32.1%的土地③,可见土地在不同阶级之间分配的悬殊。汉中更是地主土地所有制占绝对统治地位,农民多为贫苦佃农。宁陕、佛坪佃农占绝大多数;留坝2/3是佃农;南郑自耕农只占15%;褒城自耕农面积只占30%;安康耕者大半无田,有田者大半不耕,自耕农很少。④ 地权的集中程度可想而知。

甘肃陇东北宁、庆阳、合水、环县一带,据说无地农民甚少,但地主占地面积之大,十分惊人。大地主往往以山或川为土地计量单位。农民与地主之间土地分配的悬殊,显而易见。青海是新垦

---

① 《农安县志》,吉林文史出版社1993年版,第117页。

② 《安达县志》,黑龙江人民出版社1992年版,第170页;《勃利县志》,中国社会出版社1992年版,第85—86页;《德惠县志》,长春出版社2001年版,第142页。

③ 国民党政府农村复兴委员会:《陕西农村调查》,上海商务印书馆1934年版,第88、100页。地主富农的土地包括不在地主的土地。

④ 钱志超:《陕西农村的破产现状》,天津《益世报·农村周刊》1936年9月19日。

区,地广人稀,总的来说,地权相对分散,但也有的县区,自耕农少,半自耕农、佃农多。如湟源,自耕农仅占 12.6%,而佃农达 54.1%;循化自耕农也只占 33.9%,而半自耕农达 55.8%。可见大部分甚至绝大部分土地为地主所有。民和、共和、化隆等 3 县自耕农比重均未过半数,而地主比重依次为 5.5%、10.6% 和 14.1%。[①] 地主所占土地的比重也相当高。新疆部分地区的地权也很集中。南疆的高度集中区,地主富农土地比重达 76.3%。[②]

以上地区有一个共同的特点,即自耕农数量少,而无地户和佃农、半自耕农所占比重大。

这是一种类型。同时存在着另一种类型:佃农和完全没有土地的农户数量与比重并不高,农户成分以自耕农为主,佃农很少。因租佃不普遍,无地农民大多以雇农的形式存在,甚至只有雇农而无佃农,雇农和自耕农构成农户的主体。如河北肥乡,县民以自耕农、雇农为多,富农次之,大地主则甚少,四五顷地以上的地主,屈指可数。[③] 在这类地区,虽然自耕农较多,但实际占有的土地面积很小,半数以上的土地仍然为少数地主富农所有,地权同样十分集中。在许多地区,尤其是北方一些地区,这种情况相当普遍。

河北易县尧舜口村,全村 80 户,只有 1 户佃农和 5 户雇农没有土地,亦无出租地主,74 户均为占有若干土地的各类"自耕农"("雇工自耕农"、"部分雇工自耕农"、"地主兼自耕农"和自耕农

---

① 陆亭林:《青海省帐幕经济与农村经济之研究》,《民国二十年代中国大陆土地问题资料》第 41 册,台北成文出版社有限公司、[美]中文资料中心重印发行,1977 年初版,第 20765—20767 页。

② 谷苞:《南疆农村的经济结构与阶级状况》,见陈翰笙等编:《解放前的中国农村》第 3 辑,中国展望出版社 1987 年版,第 752 页。

③ 樊白苹:《河北肥乡县的农村概况》,天津《益世报·农村周刊》1937年 4 月 3 日。

等)和半自耕农。地权分配似乎较平均,实际上,全村耕地几乎为少数地主所垄断,多数贫苦农民只能"垦山而耕"。① 迁安后韩庄,全村109户中,只有4户无地,但105家有地户中,45户占地不到10亩,其中10户仅有0.5亩,11户仅有1亩。而5户占地100亩以上的地主,全部土地等于45户土地的3倍多,占全村土地的44.4%。② 广宗北瑟琶张村,是一个比较富裕的村庄,全村92户,有耕地4947亩,据说村民"无地主、佃农之别",几乎全为"自耕农",而且每户占地在5亩以上。尽管如此,地权分配之不均,仍然十分明显。占地50亩以上的43户地主富农,占有68.7%的土地,而占户数53.3%的中小自耕农,仅占31.3%的土地。③

类似情况在河北绝非个别。据1932年对该省顺义、三河、藁城、栾城等26县51村4309农户的调查,自耕农占78.1%,佃农、雇农分别仅占0.7%和5.2%,加上半自耕农,合计占15.6%。自耕农经济占绝对优势,但有地户中,24.1%的农户,每户占地不到10亩,加上6.9%的无地户,31.0%农户只占有4.4%的土地;而占农户16.8%的地主富农,占有53.4%的土地。④ 另据1937年年初对曲阳、枣强、任丘、沧县等43县43村12418农户的调查,自耕农占71.7%,佃农和半自耕农分别只占6.9%、19.5%,但实际上,

① 崔作林:《易县尧舜口村概况》,《津南农声》1936年6月第1卷第3、4期合刊,第174—175页。

② 韩绍清:《河北迁安县韩庄的农村经济》,天津《益世报·农村周刊》1936年1月18日。

③ 张岫岚:《广宗北瑟琶张村概况调查》,《津南农声》1936年6月第1卷第3、4期合刊,第179页。

④ 杨汝南:《河北省二十六县五十一村农地概况调查》,北平大学农学院1935年印本,第11—12页。

中小自耕农所占土地比重很低,10371 家有地户中,42.2% 的农户,每户土地不足 10 亩,加上 2047 家无地户,占总数 51.8% 的贫苦农民,只占有 11.6% 的土地,占农户 13.8% 的地主富农,却拥有 43.2% 的土地。[①] 农户占地面积分组统计详见表 2-27:

表 2-27　河北 26 县 51 村和 43 县(村)农户占地面积分组统计

1932 年　　　　　　　　　　　　　　　　单位:亩

面积分组	26 县 51 村				43 县 43 村			
	户数	%	面积	%	户数	%	面积	%
无地	297	6.9	—		2047	16.5	—	
10 亩以下	1040	24.1	5361	4.4	4379	35.2	34486	11.6
10—30 亩	1607	37.3	27882	23.1	2914	23.4	72659	24.5
30—50 亩	644	14.9	23063	19.1	1395	11.2	61418	20.7
50—100 亩	531	12.3	35515	29.4	1313	10.5	65546	22.1
100 亩以上	190	4.5	28946	24.0	401	3.2	62420	21.1
合计	4309	100.0	120767	100.0	12418	100.0	296529	100.0

资料来源:据杨汝南:《河北省二十六县五十一村农地概况调查》;刘承栋:《从四十三个农村看河北省农村经济》(天津《益世报·农村周刊》1937 年 5 月 29 日)综合编制。

又据 1930 年对河北 43 县 242 村 24568 农户的调查,无地户 2463 家,占 10.0%。各类租地户 1415 家(其中包括租地 50 亩以上的大租耕农 29 户),占总数的 5.8%,自耕农占绝对大比重。但

---

① 刘承栋:《从四十三个农村看河北省农村经济》,天津《益世报·农村周刊》1937 年 5 月 29 日。这两次调查涉及的地区,扣除交叉部分,实际包括 62 县,占当时全省 130 县的 47.7%。

22105家有地户中,19.7%的户占地不足5亩,土地面积不足总面积的2.5%。10亩以下农户约占有地户的55%。① 占地20亩以下的农户加上无地户,占总户数的67.6%,但土地只占24.1%。而占村户10.9%的地主富农,拥有45.6%的土地。②

类似河北这样的情况,山东、河南、山西、东北等地也都普遍存在。山东馆陶,全县44076农户,完全没有土地的只有1701户,占总数的3.9%,有地户占96.1%。但是,29%的农户占地不足10亩,41.8%的农户占地不足15亩。同时,11.2%的农户占地超过50亩,最高的超过千亩。如各组农户占地面积以中位数平均估算,占地50亩以上的农户的土地总面积约相当于15亩以下农户的3倍,而户数只有后者的1/4强。③ 可见大部分土地还是集中在少数地主富农手中。苏北赣榆,据1931年的调查,全县佃农占1/10,自耕农占7/10,但有田者,70%不足10亩,20%为50—150亩,10%为150—500亩,另有数家超过500亩。④ 据此估算,中小农户所占不足20%,80%以上的土地集中于地主富农。

还有第三种类型:地权高度集中,相当部分甚至绝大部分土地被城市地主、不在地主或集团地主垄断,但业主多不在村内,或只

---

① 原资料中,5—20亩的农户为9879户,平均每户为12.7亩。据此推断,其中约有80%(7903户)的农户占地不足10亩,加上占地不足5亩的4259户,共12162户,占有地户55%。

② 董时进:《河北省二万五千乡村住户之调查》,转见冯和法编:《中国农村经济资料续编》,上海黎明书局1935年版,第145—146页。

③ 民国《续修馆陶县志》政治志,实业,1936年刊本,第60页。

④ 高维:《赣榆县农村经济状况概述》,《苏农》1931年2月第2卷第2期,第10页。

有法人而无自然人,在村民土地占有资料中得不到反映。① 如表
2－28 所示,国民党农村复兴委员会等机构所作的江苏常熟等5
省10县64村调查,按本村村民占有地计算,地主的土地比重最高
47.3%,最低仅3.1%,平均21.6%。如将不在地主和集团地主占
地一并计算,地主实际占地比重最高达81.7%,最低亦有12.9%,

表2－28　江苏常熟等5省10县64村土地阶级分配表(百分比)

1933 年　　　　　　　　　　　　总地亩＝100

地 区		地主			富农			中农和贫农雇农		
		A	B	B/A (%)	A	B	B/A (%)	A	B	B/A (%)
江苏	常熟7村	28.1	81.7	290.7	31.3	8.0	25.6	40.5	10.2	25.2
	无锡3村	47.3	53.5	113.1	17.7	24.0	135.6	35.0	22.5	64.3
	启东8村	9.2	65.0	706.5	58.4	22.5	38.5	32.4	12.4	38.3
浙江	崇德9村	22.8	34.5	151.3	4.9	3.9	84.8	72.3	61.0	84.4
	东阳8村	13.7	76.5	558.4	18.4	5.0	27.2	67.9	18.4	27.1
	永嘉6村	28.4	59.3	208.8	11.0	6.2	56.4	60.6	34.4	56.6
广东	番禺10村	18.6	68.2	366.7	38.5	15.0	39.0	42.9	15.3	35.7
河南	许昌5村	3.1	12.8	412.9	18.7	16.8	89.8	78.2	70.4	90.0
	辉县4村	27.5	39.0	141.8	20.6	17.3	84.0	51.9	43.6	84.0
陕西	绥德4村	16.9	55.7	329.6	22.9	12.2	53.3	60.2	32.1	53.3
简单平均数		21.6	54.6	328.0	24.2	13.1	57.8	54.2	32.0	55.9

注:A项按本村村民占有地所作地权分配统计;B项系将不在村地主和集团地主占
有地纳入统计的校正数。简单平均数为本书计算。

资料来源:刘克祥:《20世纪30年代土地阶级分配状况的整体考察和数量估计》,
《中国经济史研究》2002年第1期。

---

① 一些以户为经、田为纬的农村土地调查统计,一般只以本村村民占
有地为限,而未涉及不在村地主和集团地主,大大降低了地主土地的比重,提
高了富农和中贫农的占地比重,不能准确和全面反映地权分配的真实情况。
甚至造成一种地权高度分散、富农经营高度发达的假象。

平均 54.6%,比原统计高出 2.3 倍。相反,富农和中农贫农的土地比实际平均高出 84.7% 和 69.3%,提升了这部分农户的占地比重。地主富农合计,原调查统计的占地比重为 45.8%,而实际达67.7%。地权高度集中变成了相对分散。在其他不在地主和集团地主占地较多的地区,这种假象在一些调查统计中都会不同程度地存在。

　　这一时期全国土地分配的整体情况,缺乏全面、精确统计,只有几组简单的估计数字,且准确性存疑。[①] 表 2-29A、表 2-29B 是 20 世纪 30 年代全国农村阶级结构和土地分配状况的最新估计。

表 2-29A　20 世纪 30 年代中国农村阶级结构状况估计

单位:千户

省别	合计		地主		富农		中农		贫雇农	
	总人口	农业人口	人口	%	人口	%	人口	%	人口	%
江苏	41216	35034	1751	5	2803	8	8058	23	22422	64
浙江	23000	19550	1173	6	1369	7	3519	18	13489	69
安徽	27000	24300	1215	5	1701	7	5346	22	16038	66
江西	15805	14225	711	5	853	6	3272	23	9389	66
湖北	36000	32400	1458	4.5	2106	6.5	7776	24	21060	65
湖南	31591	28432	1990	7	1706	6	5686	20	19050	67
福建	11756	9993	600	6	500	5	2398	24	6495	65
广东	33179	28202	1974	7	2256	8	6487	23	17485	62
广西	13385	12047	482	4	602	5	2650	22	8313	69
四川	58000	52200	3654	7	2610	5	12006	23	43930	65
贵州	14746	13271	796	6	531	4	2920	22	9024	68

---

　　① 详见刘克祥:《20 世纪 30 年代土地阶级分配状况的整体考察和数量估计》,《中国经济史研究》2002 年第 1 期。

续表

省别	合计		地主		富农		中农		贫雇农	
	总人口	农业人口	人口	%	人口	%	人口	%	人口	%
云南	13821	12439	498	4	498	4	2985	24	8458	68
小计	319499	282093	16302	5.8	17535	6.2	63103	22.4	185153	65.6
河北	32000	27200	1088	4	2176	8	6800	25	17136	63
山西	12228	11005	440	4	550	5	2421	22	7594	69
山东	38837	33011	1320	4	2971	9	7593	23	21127	64
河南	34290	30861	1543	5	1852	6	6172	20	21294	69
陕西	11802	10622	531	5	637	6	2337	22	7117	67
宁夏	1450	1305	39	4	65	5	261	20	940	72
甘肃	9751	8776	351	4	263	3	1843	21	6319	72
青海	1196	1076	43	4	32	3	237	22	764	71
新疆	4360	3924	157	4			35	4	902	23	2708	69
小计	145914	127780	5512	4.3	8703	6.8	28566	22.4	84999	66.5
黑龙江	3751	3376	203	6	270	8	709	21	2194	65
吉林	8034	7231	470	6.5	542	7.5	1374	19	4845	67
辽宁	15254	13729	824	6	961	7	2883	21	9061	66
热河	3820	3438	172	5	172	5	653	19	2441	71
察哈尔	2103	1893	95	5	95	5	378	20	1325	70
绥远	2124	1912	105	5.5	124	6.5	402	21	1281	67
小计	35086	31579	1869	5.9	2164	6.9	6399	20.3	21147	66.9
总计	500499	441452	23683	5.4	28402	6.4	265524	22.2	291299	66.0

　　表中数据和其他调查相关资料显示,20世纪30年代全国土地阶级分配的基本状况和特征是:

　　(1)封建地主土地所有制占绝对统治地位。如表2-29A、表2-29B所示,占全国人口11.8%的地主富农,垄断了61.7%的土地,广东、四川、湖南、江苏、浙江更达到或接近70%;而占人口88.2%的中农和贫雇农,只有38.3%的土地。其中占人口66%的贫

表 2 - 29B 20 世纪 30 年代中国土地阶级分配状况估计

单位:千亩

省别	合计	地主		富农		中农		贫雇农	
		面积	%	面积	%	面积	%	面积	%
江苏	85296	38383	45	19618	23	17912	21	9383	11
浙江	41658	19579	47	8332	20	6665	16	7082	17
安徽	73128	33639	46	13163	18	14626	20	11700	16
江西	43340	19069	44	7368	17	9535	22	7368	17
湖北	64500	25800	40	12900	20	14835	23	10965	17
湖南	50207	25104	50	9539	19	9037	18	6527	13
福建	21095	10126	48	3164	15	4641	22	3164	15
广东	40989	22544	55	6148	15	8198	20	4099	10
广西	27494	12372	45	4124	15	5774	21	5224	19
四川	155448	87051	56	21763	14	29535	19	17099	11
贵州	23174	12282	53	2549	11	4635	20	3708	16
云南	26216	12059	46	3408	13	6030	23	4719	18
小计	652545	318008	48.7	112076	17.8	131423	20.1	91038	14.0
河北	109133	36104	33	24009	22	29466	27	19644	18
山西	72879	25508	35	12389	17	16762	23	18220	25
山东	100451	30135	30	25113	25	24108	24	21095	21
河南	98499	39399	40	18715	19	20685	21	19700	20
陕西	45627	18707	42	8213	18	9125	20	9582	21
宁夏	1847	647	35	277	15	369	20	554	30
甘肃	36168	10205	39	2617	10	5757	22	7589	29
青海	7808	2967	38	703	9	1718	22	2420	31
新疆	14913	5219	35	1790	12	3430	23	4474	30
小计	477325	168801	35.4	93826	19.7	111420	23.3	103278	21.6
黑龙江	61139	23844	39	14673	24	12228	20	10394	17
吉林	78279	33660	43	18004	23	14090	18	12525	16

续表

省别	合计	地主		富农		中农		贫雇农	
		面积	%	面积	%	面积	%	面积	%
辽宁	73183	30005	41	16100	22	15369	21	11709	16
热河	25650	11030	42	4617	18	4360	17	5643	22
察哈尔	15527	6521	42	2640	17	2950	19	3416	22
绥远	17087	7347	43	3588	21	3247	19	2905	17
小计	270865	112407	41.5	59622	22.0	52244	19.3	46592	17.2
总计	1400735	599216	42.8	265524	18.9	295087	21.1	240908	17.2

说明：1. 缺西康、西藏、台湾数字；黑龙江、吉林、辽宁数字系 1931 年"九一八事变"前的情况。

2. 总人口、耕地总面积据章有义：《近代中国人口和土地的再估计》，表 2、表 3（载《中国经济史研究》1991 年第 1 期）。

3. 农业人口系按一定比例由总人口折算，江苏、浙江、福建、广东、山东、河北等 7 省按 85% 折算，其余各省按 90% 折算；各阶级人口的百分比系占农业人口的百分比。

资料来源：刘克祥：《20 世纪 30 年代全国土地阶级分配的整体考察和数量估计》，《中国经济史研究》2002 年第 1 期。

雇农，占地更只有 17.2%。可见土地分配之不均。同 20 世纪 20 年代比较，地权集中程度有明显加剧的迹象。据估计，20 世纪 20 年代，约有 30%—40% 的农民完全没有土地，60%—70% 的有地农户约占有全国 40%—50% 的土地，其余 50%—60% 的土地为地主富农所垄断。[①] 现在地主富农的土地比重已明显超过 60%，而农民土地则不足 40%。

（2）南北比较，长江流域及其以南地区同黄淮流域各省之间，地权分配仍有差异，但正在缩小。黄淮流域地权高度集中的县村

---

① 汪敬虞主编：《中国近代经济史，1895—1927》，人民出版社 2000 年版，第 783 页。

已不鲜见。这两大区域地主富农的人口比重分别为 12% 和 11.1%,土地比重分别为 65.7% 和 55.1%,差距只有 0.9 和 10.6 个百分点。至于东北、内蒙农业新垦区,地主富农的户口和占地比重分别为 12.8% 和 63.5%,地权集中程度与长江及其以南地区不相上下。

(3)从各个阶级的人口和占地情况看,南方地主占地比重明显高于北方,而富农占地比重比北方低。这并非北方富农经营比南方发达,因南方除自富农外,还有相当数量的佃富农,而北方佃富农较少。就整体而言,南方富农经济仍比北方发达。同样,由于南方中农有一定比例的佃农和半自耕农,其占地比重略低于人口比例,而北方二者的比重基本相同,按人口平均,所占土地大体"保本"。至于贫农雇农,在农村各阶级中,人口最多,占地最少,人口相当于地主的 12 倍多,而土地只有后者的 40%。而且,完全没有土地的农民可能已达 40%—50%。南北比较,北方特别是华北一带,贫农中尚有一定比例的小自耕农、半自耕农,完全没有土地的则多为雇农;南方地区的贫农中,更多的是完全没有土地的贫苦佃农。因此,北方贫农占地比重相对较高,南方贫农占地比重更低。全国平均,贫雇农只占有全国土地的 17.2%,仅相当其人口应得土地的 1/4 强。蒋介石国民党不愿承认封建地主阶级对土地的高度垄断,更不敢触动封建土地制度的一根毫毛,只能以"公平分佃"、"计口授田"(均佃)的空话来欺骗民众。

二、租佃制度与地租剥削

1927—1937 年间,农村封建租佃关系不仅完全延续下来,而且随着一些地区地权的恶性集中和大地主、城居地主的膨胀,租佃范围进一步扩大,农民中的佃农数量和比重上升。同时,随着自耕农占地的日益零细化和租佃饱和，一些贫苦农民因无法靠微量土地维持生活，又租不到土地，被迫将土地出租，另谋生计，纷纷加入出租者行列，使这一时期租佃关系的性质复杂化。租佃形式和租佃习惯均延续清末以来的变化趋势：永佃制进一步没落和濒于消失；不定期租佃加速被定期租佃取代；中长期租佃加速被短期租佃取代，租佃期限进一步缩短。文字租约进一步取代口头租约，契约租佃进一步取代无契租佃，不过租佃关系的封建性质并无变化。地租剥削则进一步加重，正租、押租普遍升高；部分地区的正租虽未升高，甚至下降，但相对于佃农收入和支付能力而言，负担无疑更沉重了。至于押租，不仅流行更广、数量更大，而且随着佃农的加速贫困化，押租成为商业和高利贷资本的重要源泉，地主的高利盘剥已经到了无孔不入、敲骨吸髓的地步。

（一）租佃范围和租佃习惯及其变化

租佃范围及其变化，直接受到地权分配和地主类型及其土地经营方式的制约。一些地区自耕农的失地破产，地权的集中，中小地主的没落，大地主和城居地主的膨胀，地主富农雇工经营的萎缩，都导致自耕农数量的减少，佃农数量的增加和租佃范围的扩大。

这一时期，虽有少数地区或村落因分家析家产或其他原因，地权趋向分散，或土地所有者自耕，佃农减少，租佃范围缩小。如豫北获嘉，20世纪20年代末30年代初，因粮价日昂，凡有地之家类皆自耕，或雇工代种，租佃"日见减少"。[①] 河北清苑李家罗侯等11村，1936年同1930年比较，租地户由182户减少到174户，租

---

① 民国《获嘉县志》第9卷，风习，1935年刊本。

种土地由 1576 亩减少到 1444 亩。① 不过上述情况并不普遍,而且有些地区佃农的减少,是因为佃农破产为雇农,并非自耕农增加。②

各地更普遍的情况还是自耕农减少,佃农增加,租佃范围扩大。如江西各县,20 世纪 30 年代初,"佃农生计日艰,半自耕农及自耕农多将田地出卖而变为佃农"。③ 江苏、安徽、河南、四川以及其他地区,也大都如此。如表 2 - 30 所示,江苏丹阳等 5 省 10 个地区,在 1931—1936 年间,除四川巴县佃农比重略有下降外,其余各处无不是自耕农减少,佃农增加,或从无到有。至于租种部分土地的半自耕农数量,有升有降,降多是半自耕农沦为佃农,升则往往是自耕农沦为半自耕农,佃农上升为半自耕农的不多。

这种变化,既是普遍现象,也是长期趋势。不论时段长短,结果都一样,少有例外。江苏高邮,原本以自耕农为主,佃农数量不多,但在 1930—1932 年的短短 3 年中,自耕农、半自耕农分别从 58% 和 21% 降至 40% 和 15%,而佃农由 21% 猛升至 45%。④ 变化之迅猛和剧烈,令人骇异。但这并非某地某一短时段的偶然现象,一些地区中长期的变化趋势亦复如此。四川成都平原新都、广汉、郫县、双流、大邑 5 县,1931 年同 1912 年比较,除大邑半自耕

---

① 据中央研究院社会研究所清苑农村调查资料计算,租地户包括佃农和半自耕农,不包括地主;租地面积不含地主的租种面积。

② 如广西武宣,虽然地权日益集中,但因地主收田自种,租佃范围缩小,贫农由佃农变为雇农(晶平:《广西农村经济的一个缩影》,《中国经济》1934 年 3 月第 2 卷第 3 期,第 7 页)。

③ 《江西年鉴》,转见《新建县志》,江西人民出版社 1991 年版,第 139 页。

④ 据国民党县党部调查,见吉:《高邮农民惨痛生活一斑》,《农村经济》1934 年 4 月第 1 卷第 8 期,第 102 页。

表 2-30　江苏丹阳等 5 省 10 处自耕农和佃农成分增减表

1931,1936 年　　　　　　　　　单位:%

序号	地区	自耕农		半自耕农		佃农	
		1931	1936	1931	1936	1931	1936
1	江苏丹阳	45	30	40	35	15	35
2	安徽合肥	25.0	22.8	35	37	45.4	68.9
3	四川綦江	25	13	10	7	40	50
4	江北	23	15	13	22	67	78
5	巴县	22	16	20.7	23.8	65	62
6	安徽凤阳	75.6	71.3	11.3	13.7	1.8	3.0
7	寿县	84.0	80.9	13.5	13.0	3.3	4.4
8	五河	74.5	64.3	5.9	6.4	8.9	13.0
9	河南洛阳	94.1	91.5	29.4	32.7	0	2.1
10	陕州	56.9	44.2			13.7	23.1

附注:合肥为 1930、1935 年;綦江为 1932、1936 年;江北、巴县为 1931、1937 年。

资料来源:1. 褚化龙:《丹阳县第三区农业生产成本及农村金融概况》,《农行月刊》1936 年 10 月第 3 卷第 10 期,第 69 页;2. 赵世昌:《合肥租佃调查》,《民国二十年代中国大陆土地问题资料》第 58 册,台北成文出版社有限公司、[美]中文资料中心重印发行,1977 年初版,第 29823—29824、29826 页;3. 张登岳:《綦江农村经济之研究》《民国二十年代中国大陆土地问题资料》第 53 册,台北成文出版社有限公司、[美]中文资料中心重印发行,1977 年初版,第 29837 页;4.5. 张伯芹:《江巴两县租佃制度之研究》,《民国二十年代中国大陆土地问题资料》第 61 册,台北成文出版社有限公司、[美]中文资料中心重印发行,1977 年初版,第 31376 页;6.7.8. 张梦熊:《皖北农村经济实况》,天津《益世报·农村周刊》1936 年 7 月 4 日;9.10. 孟光宇:《洛阳陕州之租佃制度》,《民国二十年代中国大陆土地问题资料》第 65 册,台北成文出版社有限公司、[美]中文资料中心重印发行,1977 年初版,第 34182 页。

农比重维持不变外,自耕农、半自耕农与佃农,无不是此消彼长,且幅度不小(详见表 2-31)。

表2-31　四川新都等5县自耕农佃农成分消长表

1912,1931年　　　　　　　　　　　单位:%

地区	自耕农		半自耕农		佃　农	
	1912	1931	1912	1931	1912	1931
新都	26	18	33	27	41	55
广汉	30	4	20	6	50	90
郫县	42	28	20	17	38	55
双流	30	25	55	50	15	25
大邑	30	20	20	20	50	60

资料来源:金陵大学调查,转据陈太先:《成都平原租佃制度之研究》,《民国二十年代中国大陆土地问题资料》第62册,台北成文出版社有限公司、[美]中文资料中心重印发行,1977年初版,第32446页。

　　江苏宝应,1913—1933年的20年间,自耕农、半自耕农、佃农的消长幅度,虽不如新都等5县大,但如以10年为期,如表2-32所示,可以看出自耕农递减、半自耕农和佃农的递增趋势。浙江嘉兴自耕农、半自耕农的消减和佃农的增加更呈加速度发展。(详见表2-33)。

表2-32　江苏宝应自耕农佃农消长表

1913—1933年　　　　　　　　　　单位:%

年份	自耕农	半自耕农	佃农
1913	23.3	27.1	49.6
1923	19.3	29.5	51.2
1933	16.1	30.1	52.8

资料来源:马宝华:《宝应县之佃租制度》,《民国二十年代中国大陆土地问题资料》第61册,台北成文出版社有限公司、[美]中文资料中心重印发行,1977年初版,第31680—31681页。

表 2 - 33 浙江嘉兴自耕农佃农消长表

1925,1930,1935 年　　　　　　　　　　单位:%

年份	自耕农	半自耕农	佃农
1925	33.8	40.1	27.1
1930	27.6	38.9	34.5
1935	18.2	36.3	45.4

资料来源:钱承泽:《嘉兴县之租佃制度》,《民国二十年代中国大陆土地问题资料》第 59 册,台北成文出版社有限公司、[美]中文资料中心重印发行,1977 年初版,第 30253 页。

　　湖北阳新,虽然自耕农比重无甚变化,但半自耕农的减少和佃农的增加速度,十分惊人。如表 2 - 34 所示,从民国初年(1918 年前)到 1935 年约 20 年的时间,半自耕农的比重从 60% 陡降至 18.3%,减少了 2/3 强,而佃农的比重由 10% 猛升到 51.4%,增加了 4 倍多,其户数已超过全体农户的一半。可见农户失地和租佃范围扩张之快。

表 2 - 34 湖北阳新半自耕农、佃农消长表

民国初年,1929,1935 年　　　　　　　　单位:%

年份	自耕农	半自耕农	佃农
民国初年	30	60	10
1929 *	30	30	20
1935	29.8	18.3	51.4

* 另有 10% 的地主、富农和 10% 的雇农。

资料来源:据《阳新县志·经济篇》,新华出版社 1993 年版,第 169 页综合编制。

　　全国性的调查统计也显示,自耕农的减少,佃农和半自耕农的增加,是一种长期趋势。据对南北 22 省 1120 县的调查统计,自耕农从 1912 年的 49% 减少到 1936 年的 46%,半自耕农和佃农分别从 23% 和 28% 上升到 24% 和 30%（见表 2 - 35）。

表 2 - 35　南北 22 省自耕农佃农消长表

1912,1931—1936 年　　　　　　　　　　　单位:%

年份	自耕农	半自耕农	佃农
1912	49	23	28
1931	46	23	31
1932	46	23	31
1933	45	23	32
1934	46	25	29
1935	47	24	29
1936	46	24	30

资料来源:国民党政府实业部中央农业实验所编:《农情报告》1937 年 12 月第 5 卷第 12 期,第 330 页。

在 20 世纪 30 年代自耕农破产、佃农增加、租佃范围扩大的过程中,还有一种值得注意的现象:某些自耕农或半自耕农在备感土地饥渴的同时,又不得不加入土地出租者的行列。除了缺乏劳力或耕地离家太远、不便耕种外,主要有两种情况:一是分家析产或变卖土地,所分、所剩土地数量太小,无法维持一家生活,只得将其出租,另谋生计。① 一些地区往往出现这样的奇特现象:一方面是贫农占有的土地在不断减少;另一方面,贫农出租的土地却在增加。河南镇平、陕西渭南等 2 省 6 县 28 村反映的情况是一个典型

---

① 一些地区中农尤其是贫农、雇农出租土地,不少是属于这种情况。前述河北清苑 11 村,1930 年的 52 户出租者,有 9 户中农、5 户贫农和 5 户雇农;1936 年的 50 户出租者中,有 16 户中农、4 户贫农和 2 户雇农(据前社会研究所清苑调查资料统计)。

例子。试看表2-36：

表2-36 河南辉县等2省6县28村贫农占有和出租土地情况表

1928,1933年

地区	户数		占有土地(亩)				出租土地(亩)	
			总面积		户均面积			
	1928	1933	1928	1933	1928	1933	1928	1933
河南辉县4村	204	239	1387	1473	6.80	6.16	16	10.5
许昌5村	275	303	1916.5	2125.1	6.97	7.01	26	25
镇平6村	191	207	927.5	879.5	4.86	4.25	46.6	82.1
陕西渭南4村	114	136	1779.2	1821.9	15.6	13.4	10	40
凤翔5村	214	241	3104.4	2623.5	14.5	10.9	3	25
绥德4村	197	217	604.6	514.5	3.1	2.4	5	11
总 合	1195	1343	9719.2	9437.5	8.13	7.03	106.6	193.6

资料来源:据国民党政府农村复兴委员会:《河南省农村调查》,第6、8、12、63—64页;《陕西省农村调查》,第5、7—8、24、43、46、63、80、82、98页相关资料综合计算编制。

1933年同1928年相比,贫农户均占地面积,除许昌5村基本持平外,其余5县23村无不下降,但出租的土地,除辉县4村和许昌5村略有减少外,其余4县19村都明显增加。28村合计,土地占有面积减少了2.8%,户均面积减少了13.4%,出租面积反而增加了81.6%。原因无非是"把少量的土地全部出租,另谋生活"。①

二是在那些押租流行的地区,一些有少量土地的自耕农或半

① 农村复兴委员会:《河南省农村调查》,上海商务印书馆1934年版,第59页。

自耕农,出租土地换取押金,以代借债。如四川成都平原地区,有所谓"地主兼自耕农兼佃农",其发生多是由于农村借款不易,不得已把一部分田地佃出换取押金,因此成为"自耕农兼地主",尔后如手头宽裕再出押金租进土地,于是又身兼佃农。其实都是贫农。据对双流2村198户的调查"自耕农、地主兼佃农"达22户,占总数的11.1%。①

随着租佃关系的不断扩大,在许多地区尤其是南方地区,佃农成为农民的主要成分。如前述四川广汉,佃农比重高达90%,加上半自耕农,占农户总数的96%。据1935年上半年对江安等31县的统计,重庆、涪陵、宜宾的佃农比重也都达到或超过90%,万县、绵阳、江津、酉阳等14县达到或超过80%,10县达到或超过70%,31县平均,佃农占农户总数的79%,加上半自耕农,合计达89%。② 江苏苏州、常熟,据1933年的调查,佃农比重分别为73.4%和70%。③ 浙江萧山,据1935年对12村327户的调查,佃农和半自耕农分别为240户和76户,占总数的73.4%和23.2%,合计达96.6%。④ 福建据1936年的调查,南平、平和、漳平、长汀、

---

① 陈太先:《成都平原租佃制度之研究》,《民国二十年代中国大陆土地问题资料》第62册,台北成文出版社有限公司、[美]中文资料中心重印发行,1977年初版,第32455、32452页。

② 吕平登:《四川农村经济》,上海商务印书馆1936年版,第177—181页。

③ 何梦雷:《苏州、无锡、常熟三县佃租制度调查》,《民国二十年代中国大陆土地问题资料》第63册,台北成文出版社有限公司、[美]中文资料中心重印发行,1977年初版,第32978—32979页。

④ 徐振亚:《萧山租佃制度之研究》,《民国二十年代中国大陆土地问题资料》第59册,台北成文出版社有限公司、[美]中文资料中心重印发行,1977年初版,第30405页。

连城等 5 县的佃农比重也都达到或超过 70%,连城更达 92%。①
广东番禺,据 1933—1934 年对 69 村的调查,佃农占农户的
77.4%。② 相对南方而言,北方农户中的佃农比重较低,大部分地
区在 20% 以下。

从区域和全国范围看,据 1936 年对南北 22 省 1120 县的调
查,佃农和半自耕农的比重,华中华南分别为 43% 和 27%,合计
60%;华北分别为 14% 和 19%,合计 33%;内蒙古分别为 27% 和
22%,合计 49%。22 省区平均,佃农和半自耕农的比重分别为
30% 和 24%,合计 54%。③

就租佃习惯和制度而言,1927—1937 年间,农村租佃关系就
其本质而言仍是十足的封建租佃关系,封建地主凭借超经济强制,
对佃农进行政治统治和经济剥削。但在形式上,继续由中世纪型
的封建租佃向近代契约型租佃演变。

明清以来,封建租佃关系有三种基本形式:永制佃、不定期租
佃制和定期租佃制。晚清,永佃制开始没落,不定期租佃向定期租
佃制演变。

这一时期,永佃制进一步没落:一方面,地主通过追租撤佃、增
押增租、禁止佃农出售或转移田面、夺回自种,以及地主卖地后,买

---

① 郑行亮:《福建租佃制度》,《民国二十年代中国大陆土地问题资料》
第 62 册,台北成文出版社有限公司、[美]中文资料中心重印发行,1977 年初
版,第 32059—32065 页。

② 陈翰笙:《广东农村生产关系与生产力》,中山文化教育馆 1934 年刊
本,第 73—75 页。

③ 国民党政府实业部中央农业实验所编:《农情报告》第 5 卷第 12 期,
第 330 页;地区平均数据严中平等编:《中国近代经济史统计资料选辑》,科
学出版社 1955 年版,第 262 页。这里的华中华南区包括江苏、安徽、浙江、广
东、江西、湖北、湖南、广西、四川、云南、贵州;华北区包括河北、山东、河南、山
西、陕西、甘肃;内蒙古和西北区包括察哈尔、绥远、宁夏、青海。

主撤佃或收回自耕等手段,剥夺佃农的永佃权;另一方面,国民党政府的法律规定:永佃权人积欠地租达二年租额之和,地主可以撤佃;永佃权人不得转租,否则,地主得撤佃;地主如收回自耕,得终止契约①,更为地主增租夺地、剥夺佃农永佃权提供了法律依据。所有这些,都促成了永佃制的加速没落。一些地区昔日凭劳力或投资获得的永佃权日渐演变为货币关系(押租)下的"暂佃权"。②

租佃期限则继续由不定期租佃向定期租佃、由中长期租佃向短期租佃演变。如江苏宝应,河东地区原通行不定期租佃,且多为世袭制,俗云"讨田如小买"。但到20世纪20年代末30年代初,定期和短期租佃渐多,租期3—5年。江西贵溪,据1941年的调查,短期(1—3年)租佃占56%,长期租佃仅占3%。③湖北罗田,佃农比重高,竞佃激烈,1937年佃农占农户总数的70%,地主条件苛刻,佃农租地,除须经有威望的人说合和预付押金外,期限亦短,一般为2至3年,最长不超过5年。④广西思恩,因地权集中,佃农竞佃激烈,地主经常撤换佃户,导致租期缩短。⑤河南商城,因人口繁殖,佃农增多,地主乘机增租夺佃,"租期由五年而缩短为

---

① 吴经熊:《中华民国六法全书理由、判解汇编》增订本第1册,上海会文堂新记书局1936年版,第454、259、453页。

② 《中国经济年鉴》(1934年),上海商务印书馆1934年版,第七章第G980—981页。

③ 马宝华:《宝应县之佃租制度》,《民国二十年代中国大陆土地问题资料》第61册,台北成文出版社有限公司、[美]中文资料中心重印发行,1977年初版,第31702—31703页;《贵溪县志》第4卷,农业,中国科学技术出版社1996年版,第146页。

④ 《罗田县志》,中华书局1998年版,第134页。

⑤ 《中国经济年鉴》(1934年),上海商务印书馆1934年版,第七章第G242页。

四年,继复缩为三年"。① 河北清苑、广东花县,租期一般也只有 3
年或 3—4 年。② 不少地区的租期更缩短到 1 年。河北武清、沧
县、吴桥、平谷、蓟县、三河、易县等地,租期大部分或全部为一年。
春季订约,租期"一年一议的最多",3 年、5 年的为数很少。③ 东北
某些农民竞佃激烈的地区④,福建平潭、南平部分地区以及浙西征
收钱租的旱田,租期也多以一年为限。⑤

　　租佃形式和期限,各地差异颇大,有的仍以不定期佃为主。如
湖南旧长沙府属,四川巴县、成都平原地区,河南洛阳、陕州等地,
都属于这种情况。⑥ 即使同一县区或乡村,也不一样。如前述宝

　　① 田秋烈:《中国地租的形式和性质》,见千家驹编:《中国农村经济论
文集》,上海中华书局 1936 年版,第 92 页。
　　② 卞乾孙:《河北省清苑县事情》,第 198 页;江荦:《广东农村经济权
况》,《中国农村》1935 年 1 月第 1 卷第 4 期。
　　③ 《津南农声》1936 年 6 月第 1 卷第 3、4 期合刊,第 156、176 页;1936
年 9 月第 2 卷第 1 期,第 103、120 页;1936 年 12 月第 2 卷第 2 期,第 105、
132、156、162 页;满铁天津事务所调查课:《蓟县纪各庄平谷县夏各庄、小辛
庄、胡庄农村实态》,1936 年刊本,第 109—110、134、146 页;张铁梅:《三河县
农村社会的要况》,天津《益世报·农村周刊》1934 年 7 月 7 日。
　　④ 如吉林永吉县,据 1930 年对该县江南各村(省城附近)138 户佃农
的调查,137 户的租期均为 1 年(王药雨:《东三省租佃制度》,南开大学《政治
经济学报》1934 年 1 月第 3 卷第 1 期)。
　　⑤ 郑行亮:《福建租佃制度》,《民国二十年代中国大陆土地问题资料》
第 62 册,台北成文出版社有限公司、[美]中文资料中心重印发行,1977 年初
版,第 32059—32065 页。
　　⑥ 黄星辉:《旧长沙府属之佃租制度》,《民国二十年代中国大陆土地
问题资料》第 59 册,台北成文出版社有限公司、[美]中文资料中心重印发
行,1977 年初版,第 30740—30743 页;王同栋:《巴县农村经济之研究》,《民
国二十年代中国大陆土地问题资料》第 54 册,台北成文出版社有限公司、
[美]中文资料中心重印发行,1977 年初版,第 27562 页;陈太先:《成都平原
租佃制度之研究》,《民国二十年代中国大陆土地问题资料》第 62 册,台北

应,河东多为不定期租佃,而河西多为定期和短期租佃、安徽合肥,定期租佃行于西乡,东、南、北三乡则多为不定期租佃;浙江萧山,民田租佃多不设定年限,但沙田及南乡,则为定期(租期 1 年)。①同时,租佃形式和租期长短,还因耕地种类和地主本身构成而异。如浙西地区通例,稻田租期不定,而旱土大多设定租期,一般三至五年不等;江苏启东因多不在地主,租期较长,海门以中小乡居地主居多,租期亦较短。② 南北比较,南方不定期租佃较多,租期相对较长;北方定期租佃较多,租期相对较短。③

从全国范围看,仍以不定期租佃为主。据 1934 年对南北 16

成文出版社有限公司、[美]中文资料中心重印发行,1977 年初版,第 32494 页;孟光于:《洛阳陕州之租佃制度》,《民国二十年代中国大陆土地问题资料》第 65 册,台北成文出版社有限公司、[美]中文资料中心重印发行,1977 年初版,第 34258—34261 页。

① 马宝华:《宝应县之佃租制度》,《民国二十年代中国大陆土地问题资料》第 61 册,台北成文出版社有限公司、[美]中文资料中心重印发行,1977 年初版,第 31702—31703 页;赵世昌:《合肥租佃调查》,《民国二十年代中国大陆土地问题资料》第 58 册,台北成文出版社有限公司、[美]中文资料中心重印发行,1977 年初版,第 29875、29878 页;徐振亚:《萧山租佃之研究》,《民国二十年代中国大陆土地问题资料》第 59 册,台北成文出版社有限公司、[美]中文资料中心重印发行,1977 年初版,第 30497—30499 页。

② 韩德章:《浙西农村之租佃制度》,《社会科学杂志》1934 年 3 月第 4 卷第 1 期;沈时可:《海门启东之佃租制度》,《民国二十年代中国大陆土地问题资料》第 60 册,台北成文出版社有限公司、[美]中文资料中心重印发行,1977 年初版,第 30907 页。

③ 导致这一差别的主要原因:一是耕作制度有别,北方农闲和土地休闲时间较长,变换租佃的时间相对充裕,南方农田休闲时间短,变换租佃时间紧迫,过度频繁的租佃变换妨碍土地耕作和有效利用;二是地主结构上的差异,北方乡居地主较多,而南方多城居和不在地主,难以频繁换佃;三是地租形态上的差异,一般短期租佃多为钱租预租,中长期租佃多为实物定额租,北方地区钱租较流行,而南方更多的是实物租,这就导致了两地租期长短的差异。

省 281488 户佃农的调查,不定期租佃占 70.7%,永佃和定期租佃分别占 21.1% 和 8.1%。租佃期限则以短期为主,上述定期租佃户中,租期为 1 年和 3 年的分别占 35.9% 和 35.2%,1—5 年的占 87.5%,6—10 年的占 10.7%,10 年以上的仅占 7.2%。①

租佃手续方面,19 世纪末 20 世纪初,立约之风已逐渐流行,文字契约增多。这一时期,继续由无契约向有契约演变,由口头契约向文字契约演变。无论南北,租佃契约更加普遍。在北方,山西租佃,大多通行立约;河南洛阳、陕州,租佃大都有契约,并以书面契约为主。据 1936 年的调查,书面契约占 96.5%,口头契约仅占 3.5%。河北沧县、吴桥等地,租佃也大多需立文约。

在南方,浙江萧山、平湖等地,租佃一般都立有文契,据 1936 年的调查,平湖文约占 70%,口约占 30%。② 湖南旧长沙府属各县,除安化、茶陵间有口头契约外,大都采用文字契约;湖北黄冈,虽口头契约"仍复不少",但因"人心不古,文约增多"。③ 四川江北、巴县等地,口头契约没落,文约起而代之。巴县文约占 99%,

① 国民党土地委员会:《全国土地调查报告纲要》,国民党中央土地专门委员会 1937 年加印本,第 45—46 页。

② 徐振亚:《萧山租佃制度之研究》,《民国二十年代中国大陆土地问题问题资料》第 59 册,台北成文出版社有限公司、[美]中文资料中心重印发行,1977 年初版,第 30459 页;国民党中央政治学校地政学院编:《平湖县之土地经济》,国民党中央政治学校地政学院暨平湖县政府 1937 年印本,第 111 页。

③ 黄星辂:《旧长沙府属之租佃制度之研究》,《民国二十年代中国大陆土地问题资料》第 59 册,台北成文出版社有限公司、[美]中文资料中心重印发行,1977 年初版,第 30694—30695 页;潘洵:《黄冈县之租佃制度》,《民国二十年代中国大陆土地问题资料》第 60 册,台北成文出版社有限公司、[美]中文资料中心重印发行,1977 年初版,第 31209 页。

口头契约仅占 1%①,其余各县也多用文约。广西北流,租地照例要立文约,当地谓之"批头";藤县富罗村地方,据说在 1925 年前,租约还都是口头的,10 年后已渐行书面契约了。② 广东虽是口约、文约并存,但总的说,文约逐渐取代口约,口约多限于亲戚、邻里或短期租佃。③

在私田租佃文约日益流行的情况下,一些族田、学田也开始立约,20 世纪 30 年代的广东,族田出租有五种方式:分种、轮种、投耕、契约和口约。前两种只限于本族,后三种则不分族内族外。投耕和契约均立有字据。口约以往也占相当比重,但进入 20 世纪后,逐渐减少。如翁源族田,民国前十之九用口约,20 年代中叶后,文约迅速推广,到 30 年代初,口约已不足 1/10。④ 有的还采用招标竞佃,如四川江北学田,每五年招标一次,出租高者得。有的还通过张贴广告或散布口头信息的办法,进行招标竞佃。⑤ 广东花县的祖尝田,即使本族人租种,也用"竞投法"。每年开耕前在

① 张伯芹:《江巴两县租佃制度之研究》,《民国二十年代中国大陆土地问题资料》第 61 册,台北成文出版社有限公司、[美]中文资料中心重印发行,1977 年初版,第 31420 页;王国栋:《巴县农村经济之研究》,《民国二十年代中国大陆土地问题资料》第 54 册,台北成文出版社有限公司、[美]中文资料中心重印发行,1977 年初版,第 27550 页。

② 麦宪:《广西北流的租佃制度和商业高利贷》,《中国农村》1934 年 11 月第 1 卷第 2 期,第 72 页;苏德森:《广西的一个农村经济的调查》,《民间半月刊》1935 年 8 月第 2 卷第 8 期,第 16 页。

③ 陈翰笙:《广东农村生产关系与生产力》,上海中山文化教育馆 1934 年刊本,第 21—22 页。

④ 陈翰笙:《广东农村生产关系与生产力》,上海中山文化教育馆 1934 年刊本,第 20—21 页。

⑤ 郭汉鸣、孟光宇:《四川租佃问题》,上海商务印书馆 1944 年版,第 20—21 页。

祖祠投标,出租价最高者得。①

20 世纪 30 年代,文字契约已占优势。据 1934 年的调查,南北 15 省 143 县 3905 处中,采用文字契约的 3364 处,占 86.1%;采用口头契约的 180 处,占 4.6%,其余 361 处未详。但地区间并不平衡,江苏、浙江、广东、湖北、湖南、安徽、山西多行文字契约;陕西、河南、山东等省,则口头契约多于文字契约。② 更重要的是,各类租约大都是单方面的,即只佃户立约给地主,很少地主立约给佃户。如江西,在调查的 53 县中,佃农多数须立约与地主,而地主发约的较少。③ 四川江北、巴县一带,租佃契约分"佃约"、"合约"两种。前者系佃户立与地主,后者则为"一佃一放",地主立有"放约"交付佃户,但一般只用佃约,只有地主家道中落,招徕"大押佃"时才用"合约"。在租佃契约中,佃约占 95%,合约只占 5%。④ 福建和浙江萧山等地,契约也都是佃农单方面的。⑤

即使契约为一式两份,由于地主佃农双方经济与社会地位差异悬殊,也不可能平等互信。如四川成都平原,租约所列条件,都是业主所加于佃农的约束,丝毫没有主佃对等、立约互相遵守的平

---

① 江苹:《广东花县农村经济概况》,《中国农村》1935 年 1 月第 1 卷第 4 期,第 65 页。

② 国民党土地委员会:《全国土地调查报告纲要》,国民党中央土地专门委员会 1937 年加印本,第 41 页。原书口头契约误为 24 处。

③ 吴顺友:《江西之农佃概况》,见冯和法编:《中国农村经济资料续编》,上海黎明书局 1935 年版,第 545—546 页。

④ 张伯芹:《江巴两县租佃制度之研究》,《民国二十年代中国大陆土地问题资料》第 61 册,台北成文出版社有限公司、[美]中文资料中心重印发行,1977 年初版,第 31419—31420 页。

⑤ 郑行亮:《福建租佃制度》,《民国二十年代中国大陆土地问题资料》第 62 册,台北成文出版社有限公司、[美]中文资料中心重印发行,1977 年初版,第 32101 页。

等意味①，其余各地的情况也大致如此。1934 年收集到南北 15 省 34 县 54 件租约所载事项基本内容，除了租田名称、坐落、面积外，就是租额、纳租次数和日期，以及租约担保、对佃农的违约处罚和中保人签字②，对佃农全是义务和约束，而无任何权利。因此，从形式上看，30 年代的农村租佃已是契约租佃，但实质上仍然是地地道道的封建租佃关系。

地租形态方面，同过去一样，这一时期仍是货币地租、实物地租和劳役地租并存，以实物地租为主。但地租形态和征租方式继续发生变化，即实物地租向货币地租或折租演变，钱租或折租的比重有所上升，实物租和劳役租的比重下降。

在南方，江苏嘉定 1939 年的调查说，澄塘、丁家等村从前均为实物定额租，从十数年前开始，全部改为定额钱租。③ 常熟，1934 年有调查称，近 10 年来，货币租不断取代实物租，佃农纳租多用现金。④ 浙西一带水田，一向通行稻租和米租，到 20 世纪 20 年代末 30 年代初，水田钱租增多，佃农也乐于缴纳现金。⑤ 在福建，一些

---

① 陈太先：《成都平原租佃制度之研究》，《民国二十年代中国大陆土地问题资料》第 62 册，台北成文出版社有限公司、[美]中文资料中心重印发行，1977 年初版，第 32495 页。

② 国民党土地委员会：《全国土地调查报告纲要》，国民党中央土地专门委员会 1937 年加印本，第 42 页。

③ 满铁上海事务所调查室：《上海特别市嘉定区农村实况调查》，1939年刊本，第 55 页。

④ 俞觐如：《常熟农村现状调查》，见冯和法编：《中国农村经济资料续编》，上海黎明书局 1935 年版，第 30 页；兆熊：《常熟农民之经济状况》，《新中华》1934 年 1 月第 2 卷第 2 期，第 82 页。

⑤ 韩德章：《浙西农村之租佃制度》，《社会科学杂志》1934 年 3 月第 4 卷第 1 期，第 38—39 页。

商业较发展的地区，钱租"与日俱增"，"大有方兴未艾之势"。[①]
二十世纪二三十年代的广东，旱地已多数交纳钱租，水田也出现了
谷租改钱租的趋势。据 1933 年对番禺 70 村的调查，全部纳钱租
的有 24 村。花县的祖尝田和私家田，也都有采用钱租的趋势。[②]
广西全省，虽实物地租仍占绝对优势，但折租乃至钱租"已在渐渐
通行"。[③] 四川江北、巴县，随着中小地主的没落和大地主的膨胀，
货币地租的采用逐年增加，预租和"投机租"（折租）一年加多一
年，旱地则普纳钱租。巴县惯例，水田纳谷，"非荒年有租及杂粮

表 2-37　四川江北巴县地租形态变化表

1936—1938 年　　　　　　　　　　　单位:%

年份	货币租		谷物定额租		谷物分成租	
	江北	巴县	江北	巴县	江北	巴县
1936	4	11	76	67	20	22
1937	6	14	75	66	19	20
1938	10	17	63	64	27	19

资料来源:国民党政府中央农业试验所调查,见张伯芹:《江巴两县租佃制度之研
究》,《民国二十年代中国大陆土地问题资料》第 61 册,台北成文出版社股份
有限公司、[美]中文资料中心复印发行,1977 年 12 月初版,第 31440 页。

---

① 郑行亮:《福建租佃制度》,见《民国二十年代中国大陆土地问题资
料》第 62 册,台北成文出版社有限公司、[美]中文资料中心重印发行,1977
年初版。

② 陈翰笙:《广东农村生产关系与生产力》,1934 年刊本,第 29 页;江
荦:《广东花县农村经济概况》,《中国农村》1935 年 1 月第 1 卷第 4 期,第 65
页。

③ 薛雨林、刘端生:《广西农村经济调查》,《中国农村》1934 年 9 月创
刊号,第 68 页。

者。以土赁人,则租不及谷,惟计土纳金"。① 表 2 - 37 反映的是两县地租形态和征租方式的演变情况。1936 年至 1938 年间,两县货币租的比重分别增长了 150% 和 55%,时间虽短,货币租的发展却是明显的。

北方旱作区,钱租原来就比南方水稻区流行,这一时期又有进一步的发展。北平郊区,保定西马池一带,原来均为实物租,20 世纪 30 年代后或 30 年代前后开始,多改为钱租。② 山东招远农地、莒县"拔瓜地"(中下农民租种的瓜地),原来都是实物租,20 世纪 30 年代初,都改交现金了。③ 青岛、惠民等地的钱租也都有所发展。④ 山西河东一带,20 世纪 20 年代末 30 年代初,改实物租为货币租的情况不少。据 1936 年对阳曲、夏县、大宁、解县、襄垣、虞乡等 10 县的调查,近年来因铁路、公路发达,农产外销方便,或因某些特殊原因⑤,钱租急剧发展⑥,有些地区,货币租已占居主导地位。河北唐县、三河、深泽等地,粮租已不大流行,差不多全用钱

---

① 田秋烈:《中国地租的形式和性质》,见千家驹编:《中国农村经济论文集》,上海中华书局 1936 年版,第 93 页。

② 田秋烈:《中国地租的形式和性质》,见千家驹编:《中国农村经济论文集》,上海中华书局 1936 年版,第 93 页。

③ 晓梦:《山东招远农村概况》,天津《益世报·农村周刊》1935 年 1 月 26 日;李鼐:《山东农村现感——莒县之行》,天津《益世报·农村周刊》1934 年 4 月 21 日。

④ 满铁调查部:《北支农村概况调查报告》(一),1939 年刊本,第 129 页。

⑤ 如解县、曲沃土地贫瘠,生产物质差量少,地主并不需要它,但它却是农民急需的食粮,为求得业佃方便,于是改纳现金。

⑥ 魏泽之:《山西租佃制度》,《民国二十年代中国大陆土地问题资料》第 58 册,台北成文出版社有限公司、[美]中文资料中心重印发行,1977 年初版,第 30176、30179 页;毕任庸:《山西农业经济及其崩溃过程》,《中国农村》1935 年 4 月第 1 卷第 7 期,第 61 页。

租,或钱租最为通行。①　山东 106 县中,以钱租为主的有 23 县。②
上述山西阳曲等 10 县中,钱租比重达到或超过 50% 的有 6 县,10
县平均为 45.9%。③　浙江沙田,也都全部实行货币地租。④

　　在南方一些地区,作为实物地租向货币地租转化过渡形态的
折租,也有新的发展。太平天国战争后,折租已在江苏苏松地区兴
起和推广,到 20 世纪 30 年代初,昆山、吴县、吴江、常熟以及苏南
其他部分县属,折租已占绝对优势。据 1934 年的调查,苏州已无
谷租,常熟谷租也只占 10%⑤,浙江嘉兴、平湖、萧山、富阳等地的
折租都是 20 世纪二三十年代兴起来的。⑥　广东除少量水田实行
钱租外,更多的是改行折租。据 1933 年对番禺 70 村的调查,全部

---

　　①　刘菊泉:《河北唐县的农村经济概况》,天津《益世报·农村周刊》
1937 年 1 月 30 日;张铁梅:《三河县农村社会的概况》,天津《益世报·农村
周刊》1934 年 7 月 7 日;韩德章:《河北省深泽县农场经营调查》,《社会科学
杂志》1934 年 6 月第 5 卷第 2 期,第 251 页。

　　②　国民党政府实业部国际贸易局编纂、发行:《中国实业志·山东
省》,1934 年初版,第二编第一章,第 31—32 页。

　　③　魏泽之:《山西租佃制度》,《民国二十年代中国大陆土地问题资料》
第 58 册,台北成文出版社有限公司、[美]中文资料中心重印发行,1977 年初
版,第 30176—30177 页。

　　④　潘万里:《浙江沙田之研究》,《民国二十年代中国大陆土地问题资
料》第 69 册,台北成文出版社有限公司、[美]中文资料中心重印发行,1977
年初版,第 36344 页。

　　⑤　《中国经济年鉴》(1934 年)第七章,第 G81 页;何梦雷:《苏州无锡
常熟三县租佃制度调查》,《民国二十年代中国大陆土地问题资料》第 63 册,
台北成文出版社有限公司、[美]中文资料中心重印发行,1977 年初版,第
33122 页。

　　⑥　冯紫岗:《嘉兴县农村调查》,国立浙江大学、嘉兴县政府 1936 年印
本,第 45 页;地政学院、平湖县政府:《平湖之土地经济》,1936 年国民党中央
政治学校地政学院暨平湖县政府 1937 年印本,第 117—118、122 页;千家驹
编:《中国农村经济论文集》,上海中华书局 1936 年版,第 93 页。

纳钱的 24 村,全部或大部分纳谷的 12 村,其余 34 村都纳折租。①
四川成都平原,折租也在 20 世纪二三十年代逐渐流行。30 年代
有调查说,四川全省已不存在纯粹物租。因各地名为物租,实则多
以市价折合金钱缴纳,现金已构成地租的主体。②

不过从全国范围看,实物地租向货币地租转化的速度仍然相
当缓慢。据对江苏、浙江、江西、安徽和山东、河南、山西、甘肃等南
北 8 省的调查,1934 年同 10 年前比较,钱租和折租分别从 10% 和
7% 上升到 11% 和 8%③,都只上升 1 个百分点。另据 1935 年对南
北 22 省(不包括东北、新疆、西康和西藏)879 县的调查,钱租比重
超过 30% 的只有山东(30.4%)、绥远(31.2%)、宁夏(46.1%)、
河北(52.3%)等省,22 省平均为 21.2%。④ 货币地租较流行的主
要是北方旱作区,南方水田区只有江苏(27.6%)、浙江(27.2%)、
四川(26.4%)、广东(23.9%)、湖北(20.2%)5 省的钱租比重超过
20%。最低的如湖南、江西、贵州、广西,均在 10% 以下。在这些地
区,水田几乎全部是谷租,钱租只限于部分旱地、山林和某些公田。

实物地租仍同过去一样,南方稻作区以定额租为主,除贵州
外,分成租比重不大。据 1934 年的调查,江、浙、皖、赣、鄂、湘、闽、

① 陈翰笙:《广东农村生产关系与生产力》,上海中山文化教育馆 1934
年刊本,第 293 页。
② 陈太先:《成都平原租佃制度之研究》,《民国二十年代中国大陆土
地问题资料》第 62 册,台北成文出版社有限公司、[美]中文资料中心重印发
行,1977 年初版,第 32538 页;吕平登:《四川农村经济》,1936 年版,第 204
页。上述调查结论或有夸大不实之处,但在 20 世纪二三十年代,四川实物租
逐渐向折租演变,应是事实。
③ 国民党政府实业部调查,见《中国经济年鉴续编》(1935 年)第七章,
第 G51—57 页。
④ 国民党政府实业部农业实验所编:《农情报告》1935 年 4 月第 3 卷
第 4 期,第 90 页。

粤、桂、川、云、贵等南方 12 省 441 县，实物定额租平均为 72.3%，分成租为 27.2%。北方地区的分成租则仍占相当大的比重，河北、山东、河南、山西等北方 10 省平均，定额租占 53.5%，分成租占 46.5%，河北、山东、河南、宁夏等省，更以分成租为主。[①]

实物租向货币租的转化过程，南北亦有明显差异。在南方，无论货币租或折租，都源自实物定额租，没有直接从分成租演变为货币租或折租的。北方则相反，往往是从分成租制直接演变为货币租制，并不一定经过实物定额租的发展阶段。有些地区，定额租即是货币租，实物租则基本上是分成租。河北即属这种情况[②]，山西也大致相似，地租分定租制和活租制两种，大抵定租制多纳现金，如钱租改回物租，则仍恢复活租。[③]

同过去一样，除钱租、物租外，各地仍程度不同地保留劳役租残余，不过具体情况互有差异，少数地区的劳役租已基本消失。如四川成都平原一带，据说力租已几乎"绝迹"。[④] 山东益都、招远，佃农除照约交租外，对地主是"什么责任也不负的"。[⑤] 也有的将

---

① 据国民党政府实业部中央农业实验所编：《农情报告》1935 年 4 月第 3 卷第 4 期，第 90 页计算。

② 有调查说，河北地租分两种，一是用现金先期交付的钱租预租；一是收获时主佃按成分配产品的分成租（顾猛：《崩溃过程中之河北农村》，《中国经济》1933 年 8 月第 1 卷第 4、5 期合刊，第 8 页）。

③ 20 世纪 30 年代初，因粮价低贱，佃农卖粮不敷完租，于是多改回按成分配的活租制（国民党政府实业部国际贸易局编纂、发行：《中国实业志·山西省》，1937 年初版，第二编第一章第 27 页）。

④ 陈太先：《成都平原租佃制度之研究》，《民国二十年代中国大陆土地问题资料》第 62 册，台北成文出版社有限公司、[美]中文资料中心重印发行，1977 年初版，第 32531 页。

⑤ 《山东益都之近况》，《中外经济周刊》1927 年 3 月 19 日第 204 号，第 5 页；晓梦：《山东招远农村概况》，天津《益世报·农村周刊》1935 年 1 月 26 日。

劳役折成现金缴纳①,但在更多的地区,劳役租仍作为实物租的补充形态或额外剥削而广泛存在,形式、内容和数量则因不同地区地主而异。如江苏宝应,佃农劳役包括地主婚丧、迁居、建筑时帮忙,闲时碾米等。② 江西部分县属,佃农须为地主挑水、砍柴和搞运输等。③ 安徽盱眙,农闲时佃农须为地主修屋、补墙、挖沟,遇地主婚丧喜庆,则不论忙闲,必须无条件帮忙。④ 贵州平坝,遇地主红白喜事,佃农必须帮忙,并载明租约。其他各县,佃农除纳物租外,也大都有为地主服劳役若干天的义务。⑤ 在北方大部分地区,也都有佃农无偿服役的惯例,由地主提供耕畜、农具、种子、肥料等生产资料的帮工式佃农,劳役更多。除上述各项外,还包括铡草、垫猪圈、积肥、送信、烧饭、带小孩、做买卖等。

另外,劳役地租作为一种原始的地租形态,也还在某些地区甚至商品经济发达地区,被完整地保留下来。如河北景县,地主"以地数亩招人自种自收,即用其力为我作工,有事则来,无事则去,至

---

① 如四川江北、巴县一带,将佃农原先负担挑水、砍柴、杂役以及婚丧、迁居、建筑时的劳役,通通折成现金,并入正租,载入租约。大抵上等田每亩2元,中等田1.5元、下等田0.8元(张伯芹:《江巴两县租佃制度之研究》,《民国二十年代中国大陆土地问题资料》第61册,台北成文出版社有限公司、[美]中文资料中心重印发行,1977年初版,第31501—31502页)。

② 马宝华:《宝应县之佃租制度》,《民国二十年代中国大陆土地问题资料》第61册,台北成文出版社有限公司、[美]中文资料中心重印发行,1977年初版,第31757页。

③ 吴顺发:《江西之农佃概况》,见冯和法编:《中国农村经济资料续编》,上海黎明书局1935年版,第547页。

④ 邹万岷等:《安徽盱眙县东乡的农村概况》,《新中华》1934年7月第2卷第13期,第169页。

⑤ 张洪绩:《贵州平坝县农业概况》,天津《益世报·农村周刊》1935年1月19日;国民党政府资源委员会等:《贵州省农业概况调查》,贵州农业改进所1939年印本,第33页。

麦收(麦熟俗称大秋)忙于收获时,再临时酌雇工人"[1],这就是劳役租。上海郊区宝山、嘉定以及松江部分地区的原始劳役地租"脚色制",这一时期依然相当流行。[2] 山西平顺也有少量劳役地租存在,但主要限于家境极贫而人口多的农户。他们往往以一个人为地主常年服役,换来小片土地维持全家生活。[3] 在西南、西北、东北偏远地区和一些少数民族聚集居区,劳役地租占有更大比重,甚至构成封建地租的主要形式。

(二)地租剥削及其加重

1927—1937 年间,佃农在土地租佃、农业生产、产品分配即地租负担等方面,都处于极其不利的历史条件,列强转嫁经济危机,日本占领东北,导致中国农业恐慌的爆发和加剧,而地主凭借地权垄断和超经济强制,将其恶果转嫁到佃农头上。所有这些,反映到租佃关系和地租负担上,无疑是佃农收入和地租负担能力的下降,而地租额不变,甚至上升,结果地租剥削加重。

当然,具体到各个地区,地租额和地租率的情况与变化不一,有的下降,有的上升,也有的基本维持不变。

20 世纪 30 年代初,因农产价格低落,农业经营失利,愿意投资土地者减少,导致某些地区土地供应的虚假过剩和地租下降。如河北保定,有调查说,1930—1935 年间,各类土地的租额下降了

① 民国《景县志》第 2 卷,农业状况,1932 年刊本,第 70 页。
② 华东军政委员会土地改革委员会:《江苏农村调查》,1951 年刊本,第 103—104、203—205 页。
③ 赵梅僧:《平顺县农村经济概况》,天津《益世报·农村周刊》1934 年7 月 28 日。

40%至60%不等。① 另据清苑6村的调查统计,1936年同1930年相比,平均每亩谷租额从50.9斤降至36.1斤,下降了29.1%,钱租从4.39元减至4.35元,也有微量下降(详见表2-38)。

表2-38 河北清苑6村地租租额变化情况表

1930,1936年

年份	佃农户数	谷 租			钱 租		
		面积(亩)	租额(斤)	每亩租额(斤)	面积(亩)	租额(元)	每亩租额(元)
1930	155	578.8	29481	50.9	955.9	4192.27	4.39
1936	158	1040.2	37516	36.1	724.1	3150.6	4.35

资料来源:据前社会研究所清苑农村调查资料计算编制。

两项调查的下降幅度虽不相同,但保定(清苑)地租下降是肯定的。三河的地租额由1931年的每亩4—5元降至1934年的2.5—3元②,下降了约40%。山西隰县,租额下降幅度更大,水田从1932年的每亩8元降至1933年的5元和4元,旱地由4元递减至2元和0.8元,两年间分别下降了75%和80%,有的还由2元降至二三角。③

南方也有少数地区出现租额下降的情况,但幅度较小。如江苏海门,每亩最高租额由1929年的29.4元降至1934年的28.8

---

① 张培刚:《保定的土地与农业劳动》,天津《益世报·农村周刊》1935年11月30日。

② 张铁梅:《三河县农村社会的概况》,天津《益世报·农村周刊》1934年7月7日。

③ 农经:《山西隰县农村近况》,《新中华》1934年11月第2卷第23期,第84页。

元①;浙江萧山,水田米租由 1926 年的每亩 0.84 石降至 1934 年的 0.72 石,谷租由 90 斤降至 85 斤②;广西信都原来地租约为产量的一半,20 世纪 30 年代初,因土匪猖獗,离村稍远的土地,租额降至产量的 1/2 以下。③

租额上升的地区更多,情况更普遍。

在南方,江苏宝山,20 年代中至 30 年代中 10 年间,人口繁殖,佃农竞佃,地租上升了 50%,邻近上海的大场、杨行等乡,更提高了一两倍。种植蔬菜、水果、花卉的园地租金比农田又高出 50%—150%。④ 嘉定黄渡,地租"逐年增加"。1933 年,米麦、蔬菜价格下落,租金非但不减,反而增加。⑤ 江都新洲地方,1934 年的调查说,地租一增再增,刚从每亩 1.3 元增至 1.6 元,地主又借口亏欠,准备再次增租。⑥

湖北一些地主,由于经济作物种植的推广,钱租逐渐流行,租额随之增高。随县、黄梅、钟祥、潜江、枣阳等县,1933 年的钱租比

---

①　沈时可:《海门启东之佃租制度》,《民国二十年代中国大陆土地问题资料》第 60 册,台北成文出版社有限公司、[美]中文资料中心重印发行,1977 年初版,第 30923—30926 页。

②　徐振亚:《萧山租佃制度之研究》,《民国二十年代中国大陆土地问题资料》第 59 册,台北成文出版社有限公司、[美]中文资料中心重印发行,1977 年初版,第 30519 页。

③　国民党政府农村复兴委员会:《广西农村调查》,上海商务印书馆 1935 年版,第 167 页。

④　田秋烈:《中国地租的形式和性质》,见千家驹编:《中国农村经济论文集》,上海中华书局 1936 年版,第 92 页;瞿明宙等:《宝山农村经济概况调查表》,见《中国经济年鉴》(1934 年)第七章,第 G88 页。

⑤　徐洛:《黄渡农村》,《新中华》1934 年 1 月第 2 卷第 1 期,第 264 页。

⑥　适时:《大地主统治下的江都新洲佃农生活》,《新中华》1934 年 7 月第 2 卷第 13 期,第 170—171 页。

1927 年升高了 15% 至 233% 不等。①

广东在 1928—1933 年的 5 年间，除顺德等地因蚕桑失利被迫减租外，租额普遍上升了 20%。台山、番禺因大批华侨失业返乡租田，租额更升高了 50%—60%。台山每亩租额由 20 元升至 30 元，番禺由 12 元升至 20 元。惠阳因建设糖厂、稻田改植糖蔗，地主纷纷增租，佃农"往往有收入未增而租额已被加的"。在灵山，税捐加重也成为地主加租的理由。地主因附加税增加，于是将上、中、下田的每亩租额依次由 12 斗、10 斗和 8 斗升高到 15 斗、13 斗和 10 斗。②

广西思恩(今环江)、融县等地，因小农没落日多，地权集中，佃农竞佃"抢耕"。地主见有机可乘，通过不断变换佃农的手段，提高租额。③

四川因中小农破产，佃农加多，地主普遍增租。据调查，1929 年甲等田(共分 7 等)的租率为 59%，1931 年升至 62%④，稍后的调查资料也显示，地租加重明显。据对宜宾 42 户佃农的调查计算，分成租率由 1935 年的 55% 上升到 1936 年的 60%，再升至 1937 年的 65%⑤，3 年间上升了 10 个百分点。宜宾以及江北、巴

① 穆岩:《湖北农村经济概况》,《政治月刊》1934 年 4 月创刊号,论著第 43 页。

② 陈翰笙:《广东农村生产关系与生产力》,上海中山文化教育馆 1934 刊本,第 37 页。

③ 《中国经济年鉴》(1934 年)第七章,上海商务印书馆 1934 年版,第 G242、G245 页。

④ 吕平登:《四川农村经济》,上海商务印书馆 1936 年版,第 205—206 页。

⑤ 杨予英:《宜宾农村之研究》,《民国二十年代中国大陆土地问题资料》第 42 册,台北成文出版社有限公司、[美]中文资料中心重印发行,1977 年初版,第 21242—21245 页。

县的钱租和谷租租额也都逐年攀升。如表 2-39 所示,宜宾钱租由 1935 年的每亩 7.78 元增至 1936 年 8.22 元,再增至 1937 年的 9.77 元,谷租由 2.27 石逐年增至 2.63 石和 2.83 石,3 年间分别增加了 25.6% 和 24.7%。江北、巴县租额的增加幅度略小,但也都在 10% 上下。资中、金堂等地,物价上涨、田赋加重都导致了地租的升高。资中 1932 年有报道说,近因物价增高,地主"遂亦高其租价"。每石种田由四五十千涨至一百三四十千。低亦须八九十千。[1] 金堂在民国以前只水田有租,附带旱地不纳租,到 20 世纪 20 年代末 30 年代初,因田赋一年数征,负担加重,旱地也同水田一样纳租了。[2]

表 2-39 四川江北等 3 县水田每亩租额增长表

1935—1938 年

年份	江 北		巴 县		宜 宾*	
	钱租(元)	谷租(斤)	钱租(元)	谷租(斤)	钱租(元)	谷租(石)
1935	—	—	—	—	7.78	227
1936	6.0	210	6.5	240	8.22	263
1937	6.1	220	6.8	246	9.77	283
1938	6.5	225	7.2	270	9.77	283

* 水田为中则田。

资料来源:江北、巴县据张伯芹:《江巴两县租佃制度调查》,《民国二十年代中国大陆土地问题资料》第 61 册,台北成文出版社有限公司、[美]中文资料中心重印发行,1977 年初版,第 31473 页;宜宾据杨予英:《宜宾农村之研究》,《民国二十年代中国大陆土地问题资料》第 42 册,台北成文出版社有限公司、[美]中文资料中心重印发行,1977 年初版,第 21244—21245 页。

---

① 《重庆商务日报》1932 年 4 月 18 日,转见《中国经济年鉴》(1934 年)第七章,第 G88 页。

② 陈正谟:《中国各省的地租》,上海商务印书馆 1936 年版,第 30 页。

云南昆明,各等则水田的租额,1934 年比 1912 年增加 50% 以上,平均增长了 59%,比 1926 年也增加了 13% 以上,平均增加了 17%(详见表 2-40)。①

表 2-40　云南昆明水田租额变化表
1912—1938 年　　　单位:石/亩;1912 年 = 100

年份	上则		中则		下则		平均	
	租额	指数	租额	指数	租额	指数	租额	指数
1912	1.10	100	0.7	100	0.45	100	0.783	100
1926	1.45	132	1.0	143	0.75	167	1.066	136
1934	1.70	155	1.2	171	0.85	189	1.25	160
1938	1.66	151	1.18	169	0.82	182	1.22	156

资料来源:林定谷:《昆明县租佃制度之研究》,《民国二十年代中国大陆土地问题资料》第 63 册,台北成文出版社有限公司、[美]中文资料中心重印发行,1977 年初版,第 32855—32856 页。

在北方,天津郊区李家嘴村,庙产地主更是反复增租,手腕毒辣。一宗面积 70 余亩、40 余农户永租分佃沙田,由清嘉庆十四年(1809)初租时每亩纳租 1 元增至 1913 年的 6 元。1927 年,地主复将菜地每亩分为 56 畦,每畦纳租 1 角 3 分,合亩租 7.28 元。次年又欲加租,农民诉诸县衙,县长判加 4 分,地主数日后又迫令每畦加租 1 角 2 分。这样,两次每亩共加租 8.96 元②,比 1927 年加重了 123%。

山东、河南、皖北等产烟区,因农民租地种烟的增多,导致烟田

---

① 1935 年禁种罂粟,租额有所下降,但幅度有限。1938 年只比 1934 年下降 2.5%。

② 天津《大公报》1929 年 10 月 13 日。

租金上涨。1931 年的调查显示,无论钱租或谷租,烟田都比其他农田高出一倍以上。如山东益都,普通农田亩租 12 元,烟田 30 元;大观音普通农田粮租 0.07 担,烟田 0.2 担。①

河南洛阳、陕州两地,由于城市人口增加,蔬菜供不应求,园地租额增高。豫东南商城,1932 年的调查称,过去地租只占产量的一半,且仅限稻谷,押金也少。演至今日,人口繁殖,佃农增多,地主大肆压榨,租期由 5 年缩短到 4 年、3 年,押金升至与地价相等,且须附礼一份。租秣亦加重,稻秣之外有麦秣、鱼秣、鸭秣、油秣、棉秣、柴秣、草秣等。凡田中所产,家中所蓄,无不五五均分。②

在正租租额不断增高的同时,押租也愈加普遍,数额持续升高。

押租原系防止佃农欠租,是在封建社会后期经济强制取代超经济强制的产物。同时,在一些地区,押租又是佃权的代价,有保护佃农耕作的作用,但是,随着商品经济的发展和地主居城经商风气的升温,地主的货币需求扩大,押租愈来愈成为地主获取现金、筹措商业高利贷资本的重要途径③,而地权集中,佃农增加,竞佃激烈,也给地主征收和增加押租以可乘之机。国民党政府虽在

---

① 陈翰笙:《产业资本与中国农民》(英文),第 85 页,译文转见章有义:《中国近代农业史资料》第 3 辑,生活·读书·新知三联书店 1937 年版。

② 孟光宇:《洛阳陕州之租佃制度》,《民国二十年代中国大陆土地问题资料》第 65 册,台北成文出版社有限公司、[美]中文资料中心重印发行,1977 年初版,第 34257 页;田秋烈:《中国地租的形式和性质》,见千家驹编:《中国农村经济论文集》,上海中华书局 1936 年版,第 92 页。

③ 如四川温江,1931 年县城 7 家绸缎铺中,有 4 家的本钱即来自押租(陈太先:《成都平原租佃制度之研究》,《民国二十年代中国大陆土地问题资料》第 62 册,台北成文出版社有限公司、[美]中文资料中心重印发行,1977 年初版,第 32525 页)。

1930 年公布的《土地法》和 1932 年全国内政会议通过的《租佃暂行条例草案》中，规定地主不得收取押租，但从未实施，而在某些省县地方政府公布的有关法令、办法中，押租还获得认可，于是，各地押租不仅继续通行，而且数额越来越高。

南方各地，押租原已相当普遍，20 世纪二三十年代，则更加盛行。浙江萧山水田，押租"最为普遍"，30 年代更有"益趋扩大范围之势"。① 安徽皖西潜山、太湖、霍邱、霍山、六安等地，承租田地均须先缴押租，分别称之为"繫庄"、"保庄"（不纳者曰"清庄"）或"寄庄钱"、押板金，数额多寡不等，一般相当于一年的租额。② 湖南、四川押租流行最盛，这一时期又进一步扩大。据对旧长沙府属 11 县的调查，除茶陵外，均盛行押租，尤以长沙、湘潭、湘乡为甚。四川到 20 世纪 30 年代中期，全省除藏、彝、羌等少数民族地区外，汉族各县不仅全有押租，而且遍及和渗透到几乎每宗租佃个案和每块租地。如南充据 1937 年的调查，地租方式有四，即定额货币租（占 21%），定额实物租（占 66%），分成租（占 9%）和劳役租（占 4%），"无论哪种方式，都须交押金"。③ 有的州县，不仅定额租有押租，连分成租乃至劳役租全都征收押租。押租已到了无孔不入的程度。④

---

① 徐振亚：《萧山租佃制度之研究》，《民国二十年代中国大陆土地问题资料》第 59 册，台北成文出版社有限公司、[美]中文资料中心重印发行，1977 年初版，第 30583 页。

② 许振弯：《皖西匪区土地整理问题》，《民国二十年代中国大陆土地问题资料》第 32 册，台北成文出版社有限公司、[美]中文资料中心重印发行，1977 年初版，第 15842—15843 页。

③ 参见刘克祥：《近代四川的押租制与地租剥削》，《中国经济史研究》2005 年第 1 期。

④ 《南充县志》，重庆出版社 1993 年版，第 152 页。

　　一些原来没有押租或押租不多的地区,押租也多了起来。江苏宝山刘行,本不通行押租,20 世纪 30 年代初,因在上海谋生的农民先后回村,以现金充做押金向地主租地,因此押租日渐推行。① 湖北大冶少数村庄,因地少人多,农民竞佃,也导致押租的产生。② 东北辽宁安东、锦县、安西、东丰等地,由于租佃增多、防止佃农欠租,或土地丰腴、不在地主多等原因,押租也流行起来。③ 除汉族地区外,押租还开始流行到少数民族聚居区和少数民族与汉族杂居区。如浙江平阳、福建建阳畲族佃农向畲、汉地主租田,都须缴纳押金,否则,地主就以夺佃要挟。④ 汉瑶杂居的广西兴安县,20 世纪 30 年代,押租也逐渐发展。瑶族佃农如无现款或谷物缴纳押租则须以山货抵偿,否则租不到田地。⑤

　　随着押租流行的日益广泛,其性质也在发生蜕变。它不但成为地主商业高利贷资本的重要源泉,它本身就变成了高利贷。江苏靖江,佃农如无缴纳押租"顶首","须向地主书立期票,出息贷借";安徽芜湖、桐城、贵池等地,则有所谓"银利稻",佃农凡无力一次缴清押租,均须缴纳"银利稻"。其惯例是,佃农可先缴押金

　　① 瞿明宙:《中国农田押租底进展》,《中国农村》1935 年 1 月第 1 卷第 4 期,第 27 页。

　　② 李若虚:《大冶农村经济研究》,《民国二十年代中国大陆土地问题资料》第 42 册,台北成文出版社有限公司、[美]中文资料中心重印发行,1977 年初版,第 21058 页。

　　③ 民国《安东县志》第 6 卷,农业,1931 年铅印本,第 13 页;国民党政府司法行政部:《民商事习惯调查报告录》(二),1930 年刊本,第 759—662 页。

　　④ 《畲族简史简志合编》,1963 年印本,第 25 页。

　　⑤ 启凡:《广西兴安瑶民农业生产概况》,《中国农村》1937 年 8 月第 3 卷第 8 期,第 72 页。

的1/3,余欠部分按每元加纳谷息6—7斤。① 这样,押租变成了高利贷本金。四川合江一带的"稳谷"也属于同一性质,当地押租称"稳谷银"。凡无力缴纳稳谷银者,每铜钱百串须加纳"稳谷"1—4石,作为稳谷银利息。由于押租直接变成了高利贷,凭借押租谋利的行当也应运而生。在合江,一些富户单独或联合缴纳押租,成批租进土地,转租给无力缴押的佃农,赚取"稳谷"。更有人发起成立所谓"田园会",集款充做押租,整批佃田转租,赚取"稳谷"瓜分。据说"田园会"所集款项,每年多达数千两②,"田园会"成为借押租谋利的高利贷集团。在江北、巴县一带,部分富佃或租地者也靠押租得利。③

押租数额也继续增高。

江苏宝山,1933年的押租额比10年前增高了2倍以上,城厢韭菜地的押租更增高了5倍。④ 嘉定押租,最初尚轻,20世纪30年代明显加重,自5角涨至2元。⑤ 安徽当涂的情况相同,20世

---

① 瞿明宙:《各地农村经济概况访问笔记,1930—1933》,见章有义:《中国近代农业史资料》第3辑,生活·读书·新知三联书店1957年版,第263—264页;《中国经济年鉴》(1934年)第七章,上海商务印书馆1934年版,第G90页。

② 瞿明宙:《中国农田押租底进展》,《中国农村》1935年1月第1卷第4期,第26—27页。

③ 该地有"大押"、"小押"之分。如佃农所缴押租超过一定数额(通常为地价的1/5),即称为"大押"。如大押佃农将所租土地的全部或部分转租,并收取部分押租,则承租者为"小押"(张伯芹:《江巴两县租佃制度之研究》,《民国二十年代中国大陆土地问题资料》第61册,台北成文出版社有限公司、[美]中文资料中心重印发行,1977年初版,第31513—31514页)。

④ 瞿明宙:《中国农田押租底进展》,《中国农村》1935年1月第1卷第4期,第27页。

⑤ 《申报》1932年2月15日。

纪 30 年代的记载说，数十年前押租数目极少，现在则每亩至少 5 角，多的达 2 元。①

　　湖北、湖南、广东、广西、四川、云南等地，押租无不明显增高。湖北南漳、随县、枣阳 3 县，每亩押租依次从 1927 年的 10 元、8 元和 0.6 元提高到 1933 年的 14 元、10 元和 4 元，7 年间分别提高了 40%、25% 和 567%。枣阳地主为了榨取押租，还一田数佃，坑害佃农。② 湖南旧长沙府属各县地主增加押租，更是花样翻新，有"大批"、"重庄"、"伴借"等多种名目。湘乡佃农立约时每"肩"谷（5 肩谷约合一亩）原缴佃信银一般为 1 元，而"伴借"每肩谷多达二三十元。③ 安乡湖区，因人口增加，押租从原来占田价的 20% 提高 20 世纪 30 年代初的 30%—50%。④ 广东灵山押租，在 1933 年前的 5 年中增加 80%，广西兴安押租也在逐渐升高。⑤

　　四川、云南等地的押租，都是持续增加。川西成都平原一带，过去通例每亩押银 5 两（合 7 元），1934 年平均为 8 元，1936 年，各

---

　　① 董成勋：《中国农村复兴问题》，上海世界书局 1935 年版，第 167—168 页。

　　② 穆岩：《湖北农村经济概况》，《政治月刊》1934 年 4 月创刊号，论著第 43 页；陈赓雅：《赣皖湘鄂视察记》，上海申报月刊社 1934 年再版，第 79—80 页。

　　③ 黄星辂：《旧长沙府属之租佃制度》，《民国二十年代中国大陆土地问题资料》第 59 册，台北成文出版社有限公司、[美]中文资料中心重印发行，1977 年初版，第 30708—30710 页。

　　④ 武忠道：《湖南安乡县湖田区域中的农田经营》，《中国农村》1935 年 2 月第 1 卷第 5 期，第 71 页。

　　⑤ 陈翰笙：《广东农村生产关系与生产力》，上海中山文化教育馆 1934 年印本，第 22 页；启凡：《广西兴安瑶民农业生产概况》，《中国农村》1937 年 8 月第 3 卷第 8 期，第 72 页。

县已普遍增至 13—15 元,简阳最高达 30 元。① 川东江北、巴县押租,1927—1938 年的 12 年间,大约增加了一倍(详见表 2-41)。岳池有的押租,更是年年增加。② 其他各县地主也都频繁增押,并且增租。押租地租你追我赶,轮番升高,到 30 年代中,大部分州县的押租已达到或超过一年租额,高的相当或超过一年的土地产量,甚至接近乃至超过地价。地租率大多超过 60%,高的达到 80%—90%,形成高押高租的"双高"态势。③ 云南昆明押租也呈"与日俱增之势",1912 年,普通为每亩 2 元,1926 年增至 5 元,1934 年再增至 7 元,1938 年达 7.5 元。1934 年、1938 年的最高押租额更分别达 25 元和 30 元。④

在湖南、四川和其他某些地区,当押租超过一定数额后,会相应扣减若干租额,即所谓"押扣"或"增押减租",但所减租额远低于同期乡间借贷利息。如湖南湘南等地,普通利率为借洋百元,应生息谷 6 石,而地主"伴借"百元,仅减地租 2—3 石,佃农损失

① 陈太先:《成都平原租佃制度之研究》,《民国二十年代中国大陆土地问题资料》第 62 册,台北成文出版社有限公司、[美]中文资料中心重印发行,1977 年初版,第 32509—32510 页。

② 一胡姓佃农 1930 年种地主水田 40 挑,年租 30 石,交押租铜元 3400 吊,折谷 28.4 石。1931 年、1935 年、1937 年先后加押 5 次,累计银元 100 元、铜元 5700 吊,共折谷 38.5 石,增加 1.36 倍(川南区党委档案,见何承朴:《辛亥革命后四川农村土地剥削情况初探》,《四川师院学报》1983 年第 3 期,第 94 页)。

③ 参见刘克祥:《近代四川的押租制与地租剥削》,《中国经济史研究》2005 年第 1 期。

④ 林定谷:《昆明县租佃制度之研究》,《民国二十年代中国大陆土地问题资料》第 63 册,台北成文出版社有限公司、[美]中文资料中心重印发行,1977 年初版,第 32837—32839 页。

表2-41 四川江北、巴县水田旱地押租变化表

1927—1938 年　　　　　　　　　单位:元;1927 年 = 100

| 年份 | 江北 | | | | 巴县 | | | |
| | 水田 | | 旱地 | | 水田 | | 旱地 | |
	押租	指数	押租	指数	押租	指数	押租	指数
1927	5	100	15	100	6	100	12	100
1933	8	160	22	147	8	133	21	175
1937	9	180	24	160	9	150	23	192
1938	12	240	30	200	10	167	25	208

资料来源:张伯芹:《江巴两县租佃制度之研究》,《民国二十年代中国大陆土地问
　　题资料》第61册,台北成文出版社有限公司、[美]中文资料中心重印发行,
　　1977 年初版,第31524 页。

3—4 石。[1] 川西成都通例扣减 3.5 石,谓之"三扣五",1921 年后,因借贷利率高涨,"押扣"随升,有多至"四扣"者,但 30 年代后,因农民竞佃,"押扣"又降至四扣以下。地主的口号是"升租少扣",意即租谷加多,押扣减少。[2]

这一时期,随着地租和押租的全面升高,各地的地租额和地租率上升到了一个新的高度。

钱租和谷物两种地租形态中,钱租上升的幅度尤大。

大量个案资料显示,19 世纪 20 世纪之交,全国无论南北,除稻田折租外,旱地租额大部分在银两四五钱以下,或铜钱四五百文

---

[1]　黄星辄:《旧长沙府属之租佃制度》,《民国二十年代中国大陆土地问题资料》第59 册,台北成文出版社有限公司、[美]中文资料中心重印发行,1977 年初版,第30709—30710 页。

[2]　马正芳:《成渝铁路成都平原土地之利用问题》,《民国二十年代中国大陆土地问题资料》第44 册,台北成文出版社有限公司、[美]中文资料中心重印发行,1977 年初版,第22519—22520 页。

以下。① 折合银元或法币，一般不超过 1 元，1 元以上的钱租居少数。

20 世纪 20 年代 30 年代之交，1 元以下的钱租只限于少数地区的劣等地。据国民党政府内政部 1929 年对南北 22 省 6 市七等田地进行的平均租额调查显示，戊等以上土地除黑龙江（0.1 元）外，平均租额已没有 1 元以下的。己等地只有黑龙江和南京市，最劣的庚等地也只有江苏、黑龙江、热河、绥远、察哈尔和南京市的平均地租在 1 元以下。作为中等的丙等地，23 省市的平均地租超过 3 元，11 省市超过 5 元。② 30 年代中，钱租又有进一步的提高，同 19 世纪 20 世纪之交比较，30 年代的钱租水平大约上升了 1 倍。

谷租方面，19 世纪 20 世纪之交，在南方水田区，"亩田石租"一直被认为是最通行的租额。"石租"的具体内容，各地不完全一样。苏南和浙江杭嘉湖绍地区，"石租"是一石糙米，在其他地区则一般指一石稻谷。广西、云南、贵州则一般不到一石稻谷。20 世纪一二十年代，"亩田石租"的通行区域明显缩小，一些个案资料显示，江苏山阳、浙江定海、丽水，安徽建德、太湖、潜山，福建浦江、尤溪、长乐，湖北南漳、鄂西，湖南溆浦、嘉禾，四川金堂、安县等县，平均租额远远超过 1 石。③ "亩田石租"已不是通行习惯，到 20 年代末 30 年代初，"亩田石租"通行范围已基本限于下等地和劣等地。1929 年的调查资料显示，平均每亩租额，中、上等地除云南外，

---

① 参见章有义、刘克祥：《太平天国后地租剥削问题初探》，《中国社会科学院经济研究所集刊》第 4 辑，中国社会科学出版社 1983 年版，第 212—213 页附表二。

② 《内政公报》1932 年 3 月第 5 卷第 10、11 期合刊，第 17 页后附表（一）。

③ 汪敬虞：《中国近代经济史，1895—1927》中册，人民出版社 2000 年版，第 845—846 页附表 1-3。

都超过 1 石,江西、福建、湖南、广东更超过或接近 2 石。江西、湖南、贵州、广东的全部或部分下等地也都超过 1 石。[①] 20 世纪 30 年代中,一些地区的地租水平进一步增高,以安徽、湖北为例:1928—1929年安徽的上等(甲、乙等)和中等(丙、丁等)地平均租额分别为1.39—1.62 石和 0.92—1.17 石,1934 年—1935 年该省巢县、合肥等 14 县两等土地的平均租额,分别是 2.47 石和 1.85 石,分别增加了50% 以上;1928—1929 湖北上、中等地平均租额为 1.34—1.63 石和1.05—1.21 石,1934—1935 年该省蒲圻、京山等 15 县两类土地的平均租额分别为 2.34 石和 1.77 石,分别增加了 50% 左右。[②] 在另外一些地区,最低租额也超过了 1 石,如湖南湘潭、湘乡、宁乡、浏阳、益阳、新化等地,最低租额都在 1.5 石上下,1936 年湘潭更达 1.8石,普通租额在 1.5—2.0 石上下。综合平均,江苏等南方 11 省,普通租额为 1.6 石左右,比 19 世纪 20 世纪之交增加了 40% 以上。

北方旱作区的谷租整体水平也升高了。

19 世纪 20 世纪之交,北方各地每亩租额,一般最高不超过 1石,最低在 1 斗以下,普通为 3 斗左右。到 20 世纪 20 年代末 30年代初,绝大部分地区除个别劣等地以外,已很少 1 斗以下的租额。1929 年的调查资料显示,除热河、察哈尔、绥远的劣等(庚等)地外,各省平均租额都在 1 斗以上,山东、山西、黑龙江、新疆等省的中等(丙等)地的平均租额都在 6 斗或 5 斗以上。冀鲁豫晋、新疆和东北 3 省,普通租额为 4—8 斗上下。[③] 20 世纪 30 年代后,一

---

① 《内政公报》1932 年 3 月第 5 卷第 10、11 期合刊,第 17 页后附表(一)。

② 《内政公报》1932 年 3 月第 5 卷第 10、11 期合刊,第 17 页后附表(一);金陵大学农学院:《豫鄂皖赣四省之租佃制度》,金陵大学农学院经济系 1936 年印本,第 48—49 页。

③ 《内政公报》1932 年 3 月第 5 卷第 10、11 期合刊,第 17 页后附表。

些地区的普通租额已上升到 8 斗上下。如土地并不肥沃的河北房山、良乡,地租有"二五租"、"三五租"两种,即每亩夏收后先纳 2 斗或 3 斗,大秋后再纳杂粮 5 斗,合计 7 斗或 8 斗。最高租额则有不少超过 1 石,如河南洛阳的园地和渠地,每亩租额分别为麦米各 120 斤和 100 斤;陕州的园地和水浇地,亩租分别为小麦 190 斤和 150 斤①,折成原粮,每亩租额达 2—3 石,比 19 世纪 20 世纪之交提高了 25% 左右。

至于地租率,直至 19 世纪 20 世纪之交,"平分其粮"或"租取其半",亦即 50% 左右的地租征取比例,始终被认为是各地最通行的租率。即使江、浙、粤、湘、川等地租率大量超过 50% 的地区,也仍有相当一部分地租的租率在 50% 上下,更有部分地区的租率在 50% 以下。②

20 世纪 30 年代中,无论南北,50% 以下的租率,作为惯例已不多见,50% 左右的租率也大大减少;这两类租率基本上是分成租,主要是那些产量低下、收成极不稳定的下等和劣等地。通行分成租的河北、山西、山东、河南 4 省,中等(丙、丁等)地的平均租率也都在 50% 以上。③ 在通行定额租的江苏、浙江、福建、江西、湖南、广东、四川等南方各省,以及陕西一部分地区,则大部分租率都远远超过 50%。如福建南安、安溪,通常地主所得占土地收成的 50%—80%,租率为 50% 的占 58%,60%—70% 的占 42%;江西全省租率在 50% 以下的 12 县,50% 的 22 县,其余都在 55% 以上,

---

① 孟光宇:《洛阳陕州之租佃制度》,《民国二十年代中国大陆土地问题资料》第 65 册,台北成文出版社有限公司、[美]中文资料中心重印发行,1977 年初版,第 34244 页。

② 参见章有义、刘克祥:《太平天国后地租剥削问题初探》,《中国社会科学院经济研究所集刊》第 4 辑,中国社会科学出版社 1983 年版,第 20 页。

③ 《内政公报》1932 年 3 月第 5 卷第 10、11 期合刊,第 17 页后附表。

最高的达 80%。① 前述渝柳铁路川黔段四川巴县、綦江,贵州桐梓、遵义等 20 县的地租征收,普通田土地主得 6 成,佃农 4 成;田土较好的巴县、綦江、桐梓、贵定、都匀等 5 县,地主所得高达 7 成,佃农低至 3 成。② 云南一些地区的租率也高得惊人,如昆明全县 8 个区,上、中、下三则水田的平均租率都超过 60%,四、五两区竟分别高达 103.4% 和 101.7%,全县平均为 77.2%。③ 四川也高达 60%—80%,成都平原温江、成都、双流等 8 县,租率低的 75%,高的 85.4%,平均为 79.7%。④ 其他各地的最高率都在 70% 以上。

这些只是正租租率,尚未包括押租利息、地主的额外浮收与勒索,以及转嫁给佃农的税捐负担,如按农村通行借贷利率将押租利息计入地租,则租率还会增高。表 2-42 是四川成都平原 8 县谷租租率和按年利 2 分将押租利息计入地租后的实际租率比较。加入押利息后,8 县地租率由原来的 79.9% 升至 89%,提高了 11.7%。其他押租流行地区的情况民都大致相似。

另外,各地资料显示,相当一部分地主的斗斛比当地普通斗斛大 4%—10%。各地的实际租率应比名义租率高出 5%—10% 左右。除了大斛浮收,还有鸡鸭鱼肉、土特产品、各种劳役以及其他

---

① 张觉人:《中国耕地分配与耕作生产》,《农村经济》1935 年 9 月第 2 卷第 11 期,第 85、106、35 页。

② 国民党政府铁道部财务司调查科查编:《川黔段经济调查总报告书·农业经济篇》,铁道部财务司约 1931—1932 年印本,第 44—45 页。

③ 林定谷:《昆明租佃制度之研究》,《民国二十年代中国大陆土地问题资料》第 63 册,台北成文出版社有限公司、[美]中文资料中心重印发行,1977 年初版,第 32862—32863 页。

④ 陈太先:《成都平原租佃制度之研究》,《民国二十年代中国大陆土地问题资料》第 62 册,台北成文出版社有限公司、[美]中文资料中心重印发行,1977 年初版,第 32545、32547 页。

表 2-42　成都等 8 县谷租率和实际租率比较表

1937 年　　　　　　　　　　　　　　单位:%

县别	Ⅰ谷租租率	Ⅱ实际租率	Ⅱ/Ⅰ
成都	80.6	88.0	109.2
温江	81.0	88.8	109.6
华阳	75.0	82.0	109.3
新都	83.3	92.0	110.4
双流	85.4	95.0	112.4
新津	78.6	91.0	115.8
彭县	77.8	92.0	118.3
简阳	76.3	86.0	112.7
平均	79.8	89.4	112.0

资料来源:据陈太先:《成都平原租佃制度之研究》,《民国二十年代中国大陆土地问题资料》第 62 册,第 32547、32548—32549 页综合编制。

五花八门的勒索。如皖西一带,逢年过节,佃户须给地主送礼:有磙一个,送鸡一只,谓之"稞鸡"或"磙鸡";有碾一盘,送鹅一只,谓之"稞鹅"或"碾鹅";地主制酱,即须送麦,谓之"酱麦";新谷将熟,须选折垂穗,焙干碾米,送地主尝新,曰"新米";棉、豆、蔬、果等副产,虽例归佃户,亦须酌送地主,曰"小稞";地主踩稞(查看收成),须酒菜招待;农闲时更须为地主无偿服役,等等。[①] 湖北京山,佃户除交课租外,要请地主喝"看稞酒"、"春客酒",吃"尝新米"、"尝新面";武昌地主上门收租,佃户须摆酒席款待,逢年过节要向地主送礼,有的还要为地主挑水、打柴、整米等,佃户违约,地

---

① 许振鸢:《皖西匪区土地整理问题》,《民国二十年代中国大陆土地问题资料》第 32 册,台北成文出版社有限公司、[美]中文资料中心重印发行,1977 年初版,第 15845—15846 页。

主即提佃、夺佃。① 湖南安化,除地租外,每逢地主婚、丧、喜庆,佃户和雇工除了送重礼,还要无偿帮工2—5天。佃户向地主租田,要请立约酒,租佃期间,年中地主察看禾苗,要请看禾酒,收租要请验收酒。此外,每年春节、端午等都要送礼拜年、拜节。在地主的重剥之下,佃农、雇农所得无几,往往"禾镰上壁,冇的饭吃"。② 攸县佃户除向地主交正租外,每年另送田鸡、田鸭、田蛋等物品。有的在租约上载明数量,按年缴纳,有的则以送年节礼的形式交纳。③ 皖西、京山、武昌、安化、攸县如此,其他地区也大同小异。一些地区佃农除了缴纳田主地租外,还有"租保"(即二地主、地主担保人等)的额外需索。如湖北孝感,佃农租种"客田"(外乡地主土地),除了地主额租,租保需另增1—2成租金。一些人多地少的丘陵山区佃农,"除缴租外,只落得一把稻草"。④ 不少地区,按地征摊的田赋、税捐也转稼给佃农,导致实际租率的进一步升高。如河北房山、良乡等地,地租以收获物的50%为基础,但田赋、兵役、官差、税捐全由佃农负担,农民实得仅二三成,实际地租率高达70%—80%。⑤ 这一时期的全国实际租率当远远超过60%。

南北比较,南方地租率最高,北方相对低一些。同时,押租主要流行于南方,北方相对较少。南北两地实际租率的差距还会更大一些。这种差别的产生,主要有三个原因:一是南方单位面积产量和农业剩余劳动相对较高,北方较低;二是南方人口压力更大,

---

① 《京山县志》,湖北人民出版社1990年版,第94页;《武昌县志》第12卷,农业,武汉大学出版社1989年版,第191页。

② 《安化县志》,社会科学文献出版社1993年版,第230页。

③ 《攸县志》第6卷,攸县博文印刷厂2003年印本,第93页。

④ 《孝感市志》第4卷,农业,新华出版社1992年版,第125—126页。

⑤ 《北京市房山区志》第二编,经济,北京出版社1999年版,第107页。

地权集中程度更高,农民竞佃比北方更激烈,地主有机可乘;三是南方耕作一般为一年两熟制,部分地区为一年三熟或三年五熟制,但大部分地区的地租征收范围只限于正产稻谷,租率亦以正产计算,不包括豆麦杂粮等小春作物或副产,佃农以绝大部分正产纳租,尚可凭副产勉强为生。① 其他地区的情况也大都如此。云南昆明第三区的上则田、第四区的中、下则田的租率均超过100%,最高达122.4%②,连越冬作物副产也有一部分被地主侵蚀。这在一年一熟或两年三熟的北方旱作区,是完全不可想象的。

随着商品经济和商业流通的发展,越来越多的地主和土地占有者将土地视为商业性投资,将土地收益同商业利润和借贷利息进行比较。因此,越来越多的调查研究者通过地租对地价的比率来测定地主的土地收益和地租水平。

大量资料显示,尽管在农业恐慌期间,农产价格惨跌,土地收益下降,出现地主富户购地欲望减弱和转而投资商业高利贷的情况,但与此同时,土地价格亦大幅下跌。因此,无论农业恐慌期间还是平常时期,多数地主的土地收益率仍然很高。国民党政府规定,地租对地价的比率不能超过8%,而实际情况是,除极个别例外,地租对地价之比几乎全在8%以上。据国民党土地委员会1934年对江浙皖赣湘鄂闽桂和晋冀鲁豫绥陕等南北14省153县

---

① 如四川成都平原地区,农产除稻谷外,还有越冬作物如小麦、胡豆等杂粮。虽然百分之八九十的稻谷缴给地主,杂粮全为佃户,"佃农的收益实在此杂粮上,生活的指望也全在此"(陈太先:《成都平原租佃制度之研究》,《民国二十年代中国大陆土地问题资料》第62册,台北成文出版社有限公司、[美]中文资料中心重印发行,1977年初版,第32540页)。

② 林定谷:《昆明租佃制度之研究》,《民国二十年代中国大陆土地问题资料》第63册,台北成文出版社有限公司、[美]中文资料中心重印发行,1977年初版,第32862—32863页。

1807 佃户的调查,除山东为 7.93% 外,其余 13 省均超过 8%。赣湘鄂陕等 4 省更超过 15%,14 省平均为 10.53%。[1] 某些地区的地租与地价的比率更高得出奇。如浙江平湖,水田、旱地分别为18.5% 和 18.8%,典当地更达 20.7%[2];四川温江、成都等 7 县地价扣除押租后,地租当地价的 18.5%—26.6%,平均为 22%。[3]湖北大冶,地租当地价的 23.6%。[4] 由此可见这一时期地租水平之高。

当时论者对 30 年代全国地租水平曾做如下概括:中国现今所通行的租额,虽亦因地而殊,而根据各种材料证明,毫无例外地都在 50% 以上,所谓"四六分"(即田主得六,佃户得四)、"五五均分"、"三七分"、"二八分"(三七分即地主得七、佃农得三,二八分地主得八、佃户得二)的规例,便是中国普遍通行的租额。通常是地主得七,佃户得三的,至少亦是田主得六,佃户得四,至于所谓"五五分"的分法,只是对劣等土地的通融办法罢了。湖南一般所通行的现物地租的租额,普通每亩应纳谷自 8 斗至 2 石不等,但这亦不过对于劣等土地如此。上等土地的租额,至少亦在 2 石以上。此外如安徽、江西、湖北各省,是所谓通行"五五分"制的,然而地租亦只是对劣等土地的征收额罢了。若就上等土地而言,一般是

---

①　国民党土地委员会:《全国土地调查报告纲要》,1937 年加印本,第44 页。

②　国民党地政学院等:《平湖之土地经济》,第 119 页。

③　陈太先:《成都平原租佃制度之研究》,《民国二十年代中国大陆土地问题资料》第 62 册,台北成文出版社有限公司、[美]中文资料中心重印发行,1977 年初版,第 32556 页。

④　李若虚:《大冶农村经济研究》,《民国二十年代中国大陆土地问题资料》第 42 册,台北成文出版社有限公司、[美]中文资料中心重印发行,1977 年初版,第 21052 页。

在"五五均分"以上征收的。① 这一判断是大体符合实际情况的。

第三节　农村阶级结构与农户经济及其变化

1927—1937 年间,农村阶级结构和农户经济状况都发生了若干变化。同过去一样,地主和农民是农村中两个基本阶级。按经济状况和政治权势,地主分为豪绅地主和庶民地主,或大地主和中小地主两部分;农民分为富农、中农、贫农、雇农四个部分。地主、富农是农村中的剥削阶级,贫农雇农是农村中的被剥削阶级,属于中间阶级的中农一般既不剥削别人,也不受别人剥削,但也有部分中农须租进土地或出卖部分劳力,受到地租和劳力剥削。此外,农村人户还包括商人、小贩、手工业者、上门服务的手艺人以及工人、店员、教师、医生等,他们的经济和阶级状况比较复杂。这一时期的突出变化是:农民中的中农阶层不断缩小,贫农、雇农数量扩大,富农也明显没落;地主中的中小地主没落,军政官僚地主、商人地主和大地主空前膨胀。农村阶级结构向两极发展,土地和农村财富向一极集结,并大量流往城镇。结果在农村两极分化的过程中形成贫困一极的畸形积累,广大农民加速破产。

东北的沦陷、空前的农业恐慌和残酷的租税剥削,使这一时期的农户经济异常艰窘,农产品滞销,价格跌落,农业衰退,生产亏损,农民家庭收入减少,而支出不减反增,普遍入不敷出。在这种情况下,农民一方面尽力发展副业生产和自给性生产,强化农工结合,以期增加收入,减少市场购买;另一方面,在家庭支出的分配上,绝大部分被用于生活开支,其中伙食又占绝大比重,包括居所、

---

① 　乔元良:《中国农村经济一般之观察》,《农村经济》1935 年 9 月第 2 卷第 11 期,第 36 页。

衣饰、教育、医疗卫生在内的其他费用很少,甚至付诸阙如,使本已极其低下的生活水平,进一步下降。由于在再生产的支出中,绝大部分只能用于劳动力的再生产,而生产资料的补偿和添置,能省则省,能免则免,生产条件愈益恶劣,再生产在不断缩小的规模下进行。结果收入进一步减少,经济处境每况愈下,只得寅吃卯粮,举债度日,相当一部分农户更终年在饥饿和死亡线上挣扎。

一、农村阶级结构及其变化

这一时期农村和全国人口与户口,无准确、完整统计。据今人考证和综合估计,1928—1936 年的全国总人口为 51078.9 万,按每户 5.18 人计算,共 9860.8 万户。[①] 这一估计,时间跨度较大,不是某一具体年份的人口数。有人根据 1928—1929 年的全国人口数和 1912—1930 年的全国人口年均增长率,推算出 1931—1937 年各年全国总人口数:1931 年为 45988 万人,每年增长 7.8‰,1937 年为 48183 万人。[②] 这一数字比前项估计略低。关于农村人口和户口,据国民党政府统计,1930 年,南北 25 省共有 7856.8 万户,其中农户占 74%,为 5856.9 万户。[③] 如按前项估计补充缺漏的甘肃、宁夏、青海、新疆、西藏和台湾等 6 省区人口数,则 1930 年全国人口为 8311.4 万户、43053.1 万人,农户为 6150.4 万户、31859.3 万人。这就是 30 年代农村和全国的大致状况。

---

① 章有义:《近代中国人口和耕地的再估算》,《中国经济史研究》1991 年第 1 期,第 23—24 页。

② 刘克祥:《1927—1937 年农业生产与收成、产量研究》,《近代史研究》2001 年第 5 期,第 108—109 页。

③ 国民党政府主计处统计局:《中华民国统计提要》民国廿四年辑,第 469—483 页。

各阶级的户口、人口数量与比例,前面已对 20 世纪 30 年代全国农村各阶级人口数量及比重做出初步估计(见表 2–29A),南方、北方和关外三大地区比较,地主、富农和中农、贫雇农的人口比重,互有差异,但不甚悬殊。地主人口比重依次为 5.8%、4.3% 和 5.9%;富农依次为 6.2%、6.8% 和 6.9%,地主富农合计依次为 12.0%、11.1% 和 12.8%;中农依次为 22.4%、22.4% 和 20.3%;贫雇农依次为 65.6%、66.5% 和 66.9%。全国平均,地主、富农分别占 5.4% 和 6.4%,合计为 11.8%,中农占 22.2%,贫雇农占 66.0%。即贫雇农将近占农村总人口的 2/3。这种阶级人口结构突出反映了全国农村居民的整体贫困程度。

一般地说,各地贫农雇农户数与人数量最多,占农村人口的 60%—70%,甚至更多;中农次之,占 20%—25% 左右;地主富农的户数和人数最少,占 10% 左右。贫农雇农、中农和富农地主这三类农户,恰好组成一个宝塔形,贫农雇农位于塔底,地主富农居于塔尖。

另有调查反映了江苏、浙江、广东、广西、河南、陕西等 6 省 17 处的阶级户口结构及其变化(见表 2–43)。1928 年(广西为 1929 年)时,地主户数比重最低为零,最高 7.4%,17 处平均为 2.4%,富农最低为 0.5%,最高 17.8%,17 处平均为 6.3%,地主富农合计为 8.7%;中农比重最低 6.1%,最高 37.6%,17 处平均 21.4%;贫农雇农比重最低 35.7%,最高 79.9%,17 处平均 61.7%,其他村户比重最低为零、最高 32.3%,17 处平均 8.2%。

由于调查范围有限,部分地区某些阶级类别的户口比重有畸高畸低的现象。但总体平均,仍能在一定程度上反映这一时期的农村阶级结构及其变化。

1933 年同 1928 年比较,明显变化是地主和贫农雇农两极增大,中农数量缩小,部分地区的富农也明显萎缩。如表所示,17 处

表 2-43　江苏常熟等 6 省 17 处农村阶级结构及其变动

1928, 1933 年　　　　　　　　　　总户数 = 100

序号	地区	地主		富农		中农		贫雇农		其他	
		1928	1933	1928	1933	1928	1933	1928	1933	1928	1933
1	江苏常熟	1.3	1.3	2.0	1.9	28.1	25.3	60.1	65.6	8.5	5.9
	启东	0.3	0.5	9.4	7.2	36.3	31.4	50.8	57.8	3.2	3.1
	盐城	—	0.6	17.8	15.9	37.6	38.3	35.7	37.6	8.9	7.6
2	浙江崇德	2.3	2.3	0.5	0.8	30.7	24.6	61.7	67.9	4.7	4.5
	东阳	0.3	0.3	1.9	1.8	6.1	6.1	61.6	59.6	30.1	32.3
	龙游	6.6	7.2	6.6	6.0	24.9	17.9	50.5	56.9	11.4	12.0
	永嘉	1.4	1.4	1.9	1.7	6.8	6.1	75.8	76.4	14.9	15.1
3	广东番禺	2.6	2.9	9.3	8.8	17.3	16.0	49.2	51.6	21.6	20.7
4	广西苍梧	7.4	7.7	1.9	2.0	13.1	9.8	77.1	80.6	—	—
	桂林	1.9	2.4	11.0	9.2	19.2	19.9	67.9	68.5	—	—
	思恩	1.5	1.2	8.8	9.9	20.6	19.9	69.1	69.0	—	—
5	河南许昌	1.1	1.1	4.7	5.0	21.2	17.0	64.2	68.1	8.8	8.7
	辉县	4.1	4.4	9.7	9.7	24.6	24.7	55.2	58.0	6.4	4.8
	镇平	6.9	6.4	5.7	6.7	15.4	14.6	59.9	60.8	12.1	11.5
6	陕西渭南	1.5	1.4	7.4	6.4	32.9	26.3	55.9	62.7	2.4	3.2
	凤翔	—	—	5.6	1.8	13.4	9.4	79.9	87.3	1.1	1.5
	绥德	1.9	1.5	3.4	3.3	15.5	11.4	74.3	79.8	4.4	4.0
	简单平均数	2.3	2.5	6.3	5.6	21.4	18.7	61.7	65.2	8.1	7.9

附注：广西 3 处为 1929 年、1934 年。

资料来源：1. 国民党政府农村复兴委员会：《江苏省农村调查》，商务印书馆 1934 年版，第 20、25、30 页。2. 国民党政府农村复兴委员会：《浙江省农村调查》，商务印书馆 1934 年版，第 21、74、129、179 页。3. 陈翰笙：《广东农村生产关系与生产力》，中山文化教育馆 1934 年刊本，第 88 页。4. 广西省师范专科学校：《广西省苍梧桂林思恩三县农村调查报告》，第 28—30 页。5. 国民党政府农村复兴委员会：《河南省农村调查》，商务印书馆 1934 年版，第 23—25 页。6. 国民党政府农村复兴委员会：《陕西省农村调查》，商务印书馆 1934 年版，第 14、52、89 页。

中,地主数量增加的 6 处,减少的 4 处。17 处平均户口比重由
2.4% 微升至 2.5%。贫农雇农数量变化更大,17 处中有 15 处增
高,下降的只有 2 处。户口比重由 61.7% 上升至 65.2%。与此相
反,中农明显减少。17 处中有 13 处减少,平均由 21.4% 下降到
18.8%。江苏启东、浙江崇德、龙游,河南许昌,陕西渭南等地原来
中农的比重相对较高,现在大幅度下降;浙江永嘉,广西苍梧,陕西
凤翔、绥德等处的中农数量原本不多,现在则更少了。永嘉由
6.8% 减少到 6.1%,苍梧由 13.1% 减少到 9.8%,凤翔、绥德分别
由 13.4% 和 15.5% 下降到 9.4% 和 11.4%。同时,富农的数量也
在减少,17 处中,减少的有 13 处,平均由 6.3% 减少到 5.6%,富农
经济明显萎缩。

　　1932—1934 年农业恐慌对上述阶级变动,即农民贫富两极分
化的加剧、中农层农户的减少、贫农雇农层农户人数的增加,起了
一种推波助澜的作用。但农业恐慌并非唯一因素,这种分化也并
非只限于农业恐慌期间,它在 1927—1937 年和更长的历史时期是
一直存在的。江苏无锡,两次调查统计显示,1929 年和 1936 年
间,阶级结构的显著变化是地主增加,中农和富农减少。地主由
3.3% 上升到 3.8%,而中农和富农分别由 25.4% 和 6.4% 下降到
24.9% 和 5.0%。无锡和表中 17 处情况略有不同的是,贫农雇农
的比重不是增加,而是略有下降,由 47.9% 降至 47.3%。这是因
为无锡地跨沪宁铁路,邻近苏州、上海,工商业比较发达,一些无以
为生的贫农雇农或其他农户,转入了工人或其他村户行列,其他村
户由 17% 上升到了 19%。[①]

　　当然,在局部地区和一段时间内,由于地主富农分家析产和部
分无以为生的贫农雇农外迁或转为其他村户,也会出现地主富农

----

　　① 据前社会研究所无锡农民调查资料综合统计。

和贫雇农数量下降、中农增加的情况。如河北清苑 11 村,1936 年同 1930 年比较,地主、富农分别由 3.3% 和 8.0% 降至 3.2% 和 7.6%,贫雇农由 49.7% 降至 45.2%,而中农和其他村户分别由 36.1% 和 2.9% 上升到 40.8% 和 3.2%。① 但这种情况并不普遍,在河北更多的地区,还是中农减少,贫雇农增加。如河北唐县 1937 年年初有调查说,二三十年前,农民的各个阶层,上自地主、富农下至中农、贫农、雇农,"样样都有,色色俱全",但近十几年来,情形不同了,农民分化加剧,富农被分化为地主和中农、贫农,"富农的存在,很难再看到",中农亦"逐渐减少",贫农和雇农则"逐见增加"。地主阶级的人数未见增加,甚至有减少的趋势,但他们的土地资产却比以前"大了"。② 河间情形也大致相似。贫农"趋于破产,中农、富农纯以农为业而不兼营高利贷或商业资本者,也都日就衰落,降而为贫农"。因此,雇农及半自耕农"日渐加多,中农、富农日渐减少"。③ 临城的农村阶级,调查者按土地占有多寡将其分为一等大农、二等大农、中农、小农和无产农五个等级。据说除占农户 2% 的一等大农外,都在衰落。二等大农和中农的数量减少。二等大农由 3% 降至 1%,中农由 65% 减至 23%,而小农和无产农增加。小农由 20% 陡增至 55%,无产农由 6% 上升到 17%④,也是中农、富农数量下降,贫农雇农数量大增,速度更超过其他地区。

---

① 据前社会研究所河北清苑农户调查资料综合统计。

② 刘菊泉:《河北唐县的农村经济概况》,天津《益世报·农村周刊》1937 年 1 月 30 日。

③ 刘亚生:《外力侵略下的河北河间县农村经济》,天津《益世报·农村周刊》1937 年 3 月 27 日。

④ 薛邻人:《河北临城县农村概况》,天津《益世报·农村周刊》1935 年 5 月 25 日。

地主阶级内部,从不同角度,有不同的划分:按其占地面积和经济状况,有大地主和中小地主之分;按其职业和经营范围、经济收入,有纯农业地主和商人地主之分;按其居住和生活所在地,有乡居地主和城居地主之分;按其政治权势,有豪绅地主和庶民地主之分。各类地主间的比例及其变化,因时因地而异。这一时期总的变化趋势是:纯农业地主没落,商人地主增多;乡居地主减少,城居地主或不在地主增多;旧式土地主减少,新型官僚地主增多;中小地主衰落,大地主膨胀。

进入近代,随着对外贸易、国内商业与新式工业、商业性农业与农产品商品化的发展,商人地主阶层显著扩张。这一时期由于农业恐慌的冲击,农产品价格下跌,农业生产衰退,一些地主的地租额或地租实际收入下降,导致纯农业地主尤其是中小地主衰落,兼营商业高利贷的地主继续膨胀,商人地主比重增大。

南北各地区不乏中小地主没落的事例。在南方,江苏无锡庄社,乡间中小地主"日渐没落",甚至借债度日。[①] 浙江吴兴,本是富庶之区和浙西地主的"乐园",但进入30年代,农民生计维艰,田租拖欠,日积月累,仅持少数田租收入的小地主"发生动摇",纷纷售卖田产。[②] 安徽广德,因农产品价格低落,生产亏折,与佃农对分的小地主,扣除捐税,每亩收入仅1元左右,大都"流入贫困之群"。[③] 广西武宣,随着农村经济的破产,许多小地主"沦为贫

---

① 余霖:《江南农村衰落的一个索引》,《新创造》1932年7月第2卷第1、2期合刊,第176—177页。

② 吴晓晨:《蚕桑衰落中的吴兴农村》,《东方杂志》1935年4月第32卷第8号,第85页。

③ 苏筠:《日趋严重之中国食粮问题》,《申报月刊》1934年4月第3卷第4期,第15页。

农"甚至雇农。① 湖南湘西溆浦,中小地主日趋"凌落";洞庭湖滨澧县,地主也有"不能述之苦衷",地租有限,"亏累随之"。湖北襄阳一带,中小地主的地位也在动摇,他们一方面田租收入减少,另一方面支出增多,加上其他政治的、经济的威胁,其状况反不如富农"稳当"。② 西南四川,一些地区的中小地主因商业崩溃,田地出卖,十九没落。③

在北方,同样因农产价格下跌,地租收入减少,中小地主纷纷没落。河北临城,大幅减少的"二等大农",不少就是中小地主;阜平因地价下跌3/4,往常10亩地即可清偿的债务,现在非40亩不可,许多地主因此破产,只有百十户地主的县城,即有10多家破产还债。河间的小地主,据说如不兼营商业或高利贷,"亦多日趋式微"。④ 山西隰县,过去地主每亩可得租洋2元,扣除田赋税捐,尚有不少余钱。现在则每亩仅收租二三角,还不够完赋。所以"一般地主都迅速地没落了"。⑤ 在陕西,据说有地百亩上下的小地主"也有些不稳,有被大地主并吞的趋势"。米脂一带的小地主,更

---

① 晶平:《广西武宣农业劳动中的游行工人》,《中国农村》1934年10月创刊号,第80页。

② 韦东:《湖南溆浦县的农村经济状况》,《中国农村》1934年11月第1卷第2期,第69页;民国《澧县志》第3卷,实业志,1939年刊本,第8页;张锦山:《湖北省襄阳县的农村经济》,天津《益世报·农村周刊》1936年7月11日。

③ 吴济生:《新都见闻录》,上海光明书局1940年版,第111—113页。

④ 薛郇人:《河北临城县农村概况》,见千家驹编:《中国农村经济论文集》,第497页;李小民:《阜平县农村素描》,天津《益世报·农村周刊》1935年12月18日;刘亚生:《外力侵略下的河北河间县农村经济》,天津《益世报·农村周刊》1937年3月27日。

⑤ 农经:《山西隰县农村近况》,《新中华》1934年12月第2卷第23期,第84页。

"被大地主剥削破产,无田可耕,不得不佣工于人"。① 察哈尔万全等地,因粮价、地价惨跌的打击,中小地主也纷纷破产,不少沦为佃农雇农。②

与中小地主日趋没落相反,一些地区的大地主和城市地主却在兴盛和膨胀,有的从无到有。河北河涧北乡,大地主"隐然出现";陕西20世纪30年代的突出变化是,一方面10亩未满的农户增多,一方面是大地主的出现;河南豫西镇平、内乡、淅川一带,30年代也产生了一批豪绅地主;四川除原有土财主外,发展起来一批以军阀、官僚、豪强、高利贷者为代表的大地主;有的衰而复兴,如陕西某些地区,大地主原已衰败,"差不多已经绝迹",但1928—1933年大灾期间,军人、官吏、商人趁火打劫,大肆贱价兼并田产,大地主死灰复燃,再次兴盛;更为普遍的是由少到多,由大到更大。湖南溆浦,中小地主"凌落",大地主却在"兴盛";绥远灾区,豪强趁灾发财,"于是乎大地主越大,富农越富";河南、河北一些地区的大地主都在加速膨胀,在豫西,一个豪绅拥有数十顷土地、数十座店铺,已是司空见惯。河北大地主同样加快了田产积累,大地主的数量也在不断增加。20世纪30年代,一些地区的大地主,数量相当可观。据对绥远临河、五原、包头、归绥、萨拉齐、和林格尔、清水河、固原、凉城、武川等11县的粗略统计,共有10万亩以上的地主3户;万亩以上的地主33户,其中仅萨拉齐一县就有13户;5千亩以上的地主1户;5千亩以下的地主50户。另据对河南豫北修武、新乡、滑县,豫中许昌、临颖、郾城、鄢陵,豫西豫南镇平、信阳

① 钱志超:《陕西农村的破产现状》,天津《益世报·农村周刊》1936年9月19日;陈正谟:《各省农工雇佣习惯及需供状况》,中山文化教育馆1935年刊本,第76页。

② 民国《万全县志》,生计现状,1934年刊本,第34页。

等 9 县的统计,共有百亩以上的地主 343 户,其中 500 亩以上的地主有 176 户,占全部地主的 4.9% ,内有 32 户占地超过千亩,占地主总数的 0.9% 。从地区看,豫西豫南大地主的比重尤高。镇平、信阳两县 392 户地主中,千亩以上的地主有 16 户,占 4.1% ,500亩以上的地主有 62 户,占 15.8% 。山东馆陶,千亩以上的地主有11 户,500 亩以上的地主 24 户。在人口稠密的四川成都,有千亩以上的地主 6 户,共占有全县土地的 1/10,加上周围新繁、新都、金堂等县,千亩以上的约共 15 户,占地最多的达 8000 余亩。

全国大地主的数量无准确统计,有人估算,全国占地万亩以上的大地主,在 200 户以上,千亩以上的大地主,约有 3 万户,500—1000 亩的大地主,更是不计其数。[1]

以农为业的中小"土地主"或旧式地主没落,新型官绅和富商地主兴起,促成了地主阶级内部结构的整体性更替。如陕西,"旧地主已日趋没落,代之而起为土豪、劣绅及军阀"。[2] 河北河间北乡,单纯经营农业的旧式地主没落和破灭,而兼营商业、高利贷以及身为军政官吏的新兴地主开始出现。[3] 在四川,地主更明显地分为新兴地主和旧式地主两部分。新兴地主就是军阀、官僚、豪强和高利贷者。而以农业为主的旧地主,据说除少数跻身官吏、豪强外,"十九没落",逐渐为新兴地主所取代。据 1935 年对川西崇庆、大邑、灌县,川东重庆、万县,川南宜宾、酉阳、雅安,川北苍溪、江油等地的调查,川西 3 县和川北 2 县,新兴地主户口分别占地主

---

① 参见刘克祥:《20 世纪 30 年代地权集中趋势及其特点》,《中国经济史研究》2001 年第 3 期。

② 何挺杰:《陕西农村之破产及趋势》,《中国经济》1933 年 8 月第 1 卷第 4、5 期合刊,第 31 页。

③ 刘亚生:《外力侵略下的河北河间县农村经济》,天津《益世报·农村周刊》1937 年 3 月 27 日。

总数的 71.8% 和 73%,土地分别占 87.3% 和 87.1%,户口和土地面积均居绝对优势;川东 2 县和川南 3 县,虽然新兴地主的户口只有 47.8% 和 42.7%,尚未过半,但土地达到 88.0% 和 86.9%,占绝对优势。①

事实上,在许多地区,军政官吏和商人新兴地主构成了地主的主体和核心,有的完全操纵和垄断地方商业,甚至形成地主、商人、高利贷者和军政官吏的四位一体。

江苏宝山,较大的田主均经商沪上及湘鄂一带;浙江崇德,地主"大部分是镇中的商人"②;绥远临河等地和东北三省,地主也都普遍经营商业高利贷。③ 在这些地区,商人高利贷者即地主,地主即商人高利贷者,商人、高利贷者是地主阶级的主体。山东莱芜,全县的银行、钱庄、油坊以及百货商店,"全操在地主手里"。④ 山西平顺,不仅最大宗交易的花椒和党参,多由地主富农或行商直接收购外运,并无市面和专营商号,就是粮食和其他商品买卖的商业权,也不操在有铺面的商号,而在地主手中⑤,地主完全垄断了商业。

还有些地区,军警政官吏更成为地主阶级的主体和核心。江

---

① 吴济生:《新都见闻录》,上海光明书局 1940 年版,第 111—113 页;吕平登:《四川农村经济》,商务印书馆 1936 年版,第 186—191 页。

② 瞿明宙等:《宝山县农村经济概况调查表》,转见《中国经济年鉴》(1934 年)第七章,第 G88 页;怀溥:《浙江崇德县农村视察记》,《新中华》1934 年 7 月第 2 卷第 6 期,第 78 页。

③ 曙明:《"蒙古江南"之临河县农村》,《新中华》1934 年 2 月第 2 卷第 4 期,第 82—83 页。

④ 王毓铨:《山东莱芜县农村实况》,天津《益世报·农村周刊》1934 年 9 月 15 日。

⑤ 赵梅僧:《山西平顺县农村经济概况》,天津《益世报·农村周刊》1934 年 7 月 28 日。

苏武进,地主大都是富商与官吏。另据国民党江苏省民政厅1930年对该省514户大地主的调查,374户有明确职业的大地主中,军政官吏166户,占44.4%,高利贷者、商人、经营实业者依次为129户、67户和12户,占34.5%、17.9%和3.2%。[1] 军政官吏的数量和比重最大。四川郫县,大地主多为川军中旅长以上的军官。其他如崇庆、大邑、灌县、重庆、万县等地,军阀、官僚也都构成地主阶级的主体。[2] 广东潮州地主更是典型的地主、高利贷者、中间商和官府政策执行人四位一体,地主直接掌握着地方政权,又兼营商业高利贷。佃农所需肥料乃至日用品,都必须从地主经营的商店采买或赊购,农产品也只能卖给地主商店或抵偿债款。[3]

军阀、官僚和商人大都居住城镇或外地,一些居乡地主也因兼营商业、羡慕城镇的舒适生活或乡村治安恶化,纷纷迁居城镇,这就导致城居地主和不在地主增加,乡居地主减少。

江苏苏州、无锡、常熟三地,原来就以城居地主为主,这一时期比重更高。据1934年调查,地主中的城居和不在地主比重,依次达95%、40%和85%。[4] 苏北宝应,城居和不在地主占80%,乡居地主只占一小部分,而且,因农村土匪猖獗,剩下的乡居地主,也纷

---

① 张履鸾:《江苏武进物价之研究》,南京金陵大学农学院1933年刊本,第22—23页;陈翰笙:《现代中国的土地问题》,《中国经济》1933年8月第1卷第4、5期合刊,第10—11页。

② 薛绍铭:《黔滇川旅行记》,广州中华书局1938年再版,第210页;吕平登:《四川农村经济》,商务印书馆1936年版,第186—191页。

③ 田舒:《潮州的佃农》,天津《益世报·农村周刊》1937年4月17日。

④ 梦雷:《苏州、无锡、常熟三县租佃制度调查》,《民国二十年代中国大陆土地问题资料》第63册,台北成文出版社有限公司、〔美〕中文资料中心重印发行,1977年初版,第33237页。

纷迁居城镇。① 湖南醴陵,城居和不在地主的数量也很大,其占地面积超过在村地主。② 四川成都、华阳两县,据1938年对1285户土地所有者的调查,城居和不在地主占60.3%,乡居地主只占39.7%。至于温江,仅外籍军政地主的田产即占全县土地的1/3。③云南昆明、马龙、曲靖、沾化、宣威等县的普遍情况是,农村少有地主,但佃农、半佃农比重很高。因地主多在县城经营工商业,乡居地主很少。④

北方一些地区的城居或不在地主的比重也很高。河南南阳县一区,有百亩以上的地主664户,除134户住在本区乡下外,其余530户均住城内⑤,城居地主占总数的79.8%。有的虽然户口比重不高,但占有的土地数量很大。如洛阳从户数看,居外地主只占14%,但土地达56%。⑥

---

① 马宝华:《宝应县之租佃制度》,《民国二十年代中国大陆土地问题资料》第61册,台北成文出版社有限公司、[美]中文资料中心重印发行,1977年初版,第31741—31742页。

② 黄星辂:《旧长沙府属之租佃制度》,《民国二十年代中国大陆土地问题资料》第59册,台北成文出版社有限公司、[美]中文资料中心重印发行,1977年初版,第30692页。

③ 陈太先:《成都平原租佃制度之研究》,《民国二十年代中国大陆土地问题资料》第62册,台北成文出版社有限公司、[美]中文资料中心重印发行,1977年初版,第32469页。

④ 王心波:《云南省五县农村经济之研究》,《民国二十年代中国大陆土地问题资料》第52册,台北成文出版社有限公司、[美]中文资料中心重印发行,1977年初版,第26658—26659页。

⑤ 冯紫岗:《南阳县农村社会调查报告》,《国际贸易导报》1934年4月第6卷第4号,第86页。

⑥ 孟光宇:《洛阳陕州之租佃制度》,《民国二十年代中国大陆土地问题资料》第65册,台北成文出版社有限公司、[美]中文资料中心重印发行,1977年初版,第34174页。

　　一般地说,乡居和在村地主以中小地主居多,城居和不在地主则多为军政官吏和商贾,不少是大地主。纯农业地主、乡居地主的减少,反映的是中小地主的没落,大地主的膨胀。

　　与乡居中小地主减少,军政官吏和商人地主、城居地主增多这一变化相联系,经营地主或自营部分土地的出租地主减少,纯出租地主增多。

　　通常没有专门职业的乡居地主,大都会或多或少自营部分土地,或者全部雇工经营,这在北方地区尤为普遍。有专门职业的地主或城居地主,则较少雇工经营,也无条件雇工经营。随着军政官吏和商人地主、城居地主的增多,再加上外国农产品的倾销、农业恐慌的打击,农产品价格惨跌,农业亏损,雇工经营无利可图,地主纷纷将雇工经营改为招佃收租,结果导致出租地主增多。

　　自从清代前期以来,中国封建地主阶级内部结构变化的基本趋势是:所谓"力农起家"的庶民地主数量增多,比重上升,逐渐构成地主阶级的主体;官绅地主相对衰微,数量和比重下降。19 世纪末 20 世纪初,尤其是辛亥革命后,军阀地主迅速兴起,但与此同时,经营地主也有了较大的发展。从事农业经营的庶民地主,在数量和土地占有方面,仍是地主阶级的主体。但是,国民党政府时期,从事农业经营的中小地主普遍没落,军政官僚地主膨胀,成为地主阶级的主体和核心,并直接掌握军权政权,农村区、乡、保基层政权,更完全由地主操纵。同时,军政官僚地主又普遍兼营商业高利贷,最后形成地主、商人、高利贷者和军政官吏的四位一体。中国封建地主阶级结构变化的这种逆转,是这一时期农业生产、农业经营和农村经济严重衰退在农村阶级关系上反映,经营地主或经营部分土地的地主的减少,出租地主的增加,更标志着近代封建地主阶级寄生性和腐朽性进一步加强。

　　富农除数量减少外,其内部变化与地主内部的变化有些相似之处,即雇工经营减少,出租土地增多。

富农往往兼行土地出租,本是近代中国富农经济的基本特点。通常富农出租土地的数量和比重同占地规模成正比,随着占地面积扩大,出租土地的数量和比重相应增加,最后演变为出租地主。但20世纪30年代富农出租土地增多,并非因占地面积扩大,而是将原来雇工经营的土地改为招佃收租。

在农业恐慌的袭击下,由于农产品价格惨跌,农业经营严重亏损,富农纷纷将土地出租。江苏无锡,"过重的税捐,军事的征发,国际市场的价格操纵,以及农业本身的原始技术,都在不断降低农业经营的利润",使富农"认为收租比较在农业利润上的冒险更为安全",于是把一部分土地出租。在调查的20村中,近19%的富农土地是出租的。① 同样,宜兴、宝山的一些富农,也都不断缩小自营面积,将土地分散出租,自己则跑到市镇或上海去。② 湖北襄阳,原来富农经济较为发展,富农土地约占耕地的1/4。但自农业恐慌爆发,富农经营逐渐减少,部分富农因农业亏损,降为中农;情形较好的,则将田地出租,自己做"小小的地主"。据1936年的调查,近12年来,富农经营减少了3/10。③

北方不少地区,原本地主富农都以自耕为主,有七八十亩或一二百亩的农户,很少将土地出租。这一时期也发生了变化。河南辉县,"天灾的流行,使富农渐渐不敢自己经营农田,有变为收租地主的倾向",据对该县4村的调查,1928年38户富农中,到1933

---

① 王寅生等:《1929年及1931年调查材料》,见章有义:《中国近代农业史资料》第3辑,生活·读书·新知三联书店1957年版,第832页。

② 李珩:《宜兴和桥及其附近的农村》,《中国农村》1934年11月第1卷第2期,第70页;《中国经济年鉴》(1934年)第七章,第G86页。

③ 张锦山:《湖北省襄阳县的农村经济》,天津《益世报·农村周刊》1936年7月11日。

年已有 4 户变为"收租地主"。许昌、镇平也有类似情况。[①] 山西应县，原来雇工经营的一些"雇主"，普遍因苛捐杂税及一切繁费，入不敷出，困苦异常，多将田地出租，不愿雇工耕作。[②] 这些雇主中，既有地主，也有富农。

随着富农雇工经营的减少，出租土地的增多，富农原有的资本主义性质减弱，而封建性增强，与封建地主的差别缩小。

中农贫农内部结构的主要变化是自耕农减少，佃农和半佃农增多。

中农贫农中自耕农和佃农的比重，因地而异。南方地权集中，地主土地绝大部分招佃收租，中农贫农的主要成分是佃农或半佃农，自耕农很少，尤其是贫农，几乎没有自耕农；北方地权相对分散，自耕农较多，地主土地相当部分是雇工耕种，租佃制度不如南方普遍，中农以自耕农为主，贫农也通常占有少量土地，完全靠租地为生的纯佃农不多。

这一时期，总的趋势是，无论南北，中农贫农都不断失去土地，阶级结构变化，除中农降为贫农，贫农降为雇农外，是中农贫农中的无地户增多，有地户减少；自耕农减少，半佃农、佃农增多。

在南方一些地区，由于地权高度集中，中农贫农中的无地户已占绝大比重，这一时期还在继续上升。据对广东番禺 10 村的调查（详见表 2−44），1933 年同 1928 年比较，中农贫农中的无地户由 344 户增至 378 户，其比重由 49.5% 上升到 51.6%，贫农中的无地户由 58% 上升到 60.4%。

---

① 　国民党农村复兴委员会：《河南省农村调查》，商务印书馆 1934 年版，第 20 页；张锡昌：《河南农村经济调查》，《中国农村》1934 年 11 月第 1 卷第 2 期，第 56—57 页。

② 　陈正谟：《各省农工雇佣习惯及需供状况》，上海中山文化教育馆 1935 年刊本，第 28 页。

表 2‑44　广东番禺 10 村中农贫农无地户统计

1928,1933 年

类别	总户数(A)		无地户(B)		B/A(%)	
	1928	1933	1928	1933	1928	1933
中农	202	193	58	52	28.7	26.9
贫农	493	540	286	326	58.0	60.4
合计	695	733	344	378	49.5	51.6

资料来源:陈翰笙:《广东农村生产关系与生产力》,上海中山文化教育馆 1934 年刊本,第 76 页附录 4。

除了土地卖尽的无地户,还有不少中农贫农,丧失了部分或大部分土地。这些失地农户,大多被迫租地为生,这就使中农贫农中的佃农和半佃农增加。上述番禺 10 村 1933 年同 1928 年比较,自耕农从 28.5%下降到 26.2%,租种户从 72.5%上升到 73.8%(详见表 2‑45),贫农中的租种户比重由 76.5%升至 78.3%。[1]

表 2‑45　广东番禺 10 村中农贫农自耕户租种户比较

1928,1933 年

类别	总户数		自耕户				租种户			
			1928		1933		1928		1933	
	1928	1933	户数	%	户数	%	户数	%	户数	%
中农	202	193	75	37.1	75	38.9	127	62.9	118	61.1
贫农	493	540	116	23.5	117	21.7	377	76.5	423	78.3
合计	695	733	191	27.5	192	26.2	504	72.5	541	73.8

资料来源:陈翰笙:《广东农村生产关系与生产力》,上海中山文化教育馆 1934 年刊本,第 77 页附录 5。

---

[1]　中农的自耕户数量不变,比重有所上升,而租种户比重有所下降,乃因其租种户降为贫农所致。

表2-46　安徽皖北凤阳等3县中农贫农中自耕农、半自耕农、佃农增减表

1931,1935年

县别	年份	总户数	自耕农		半自耕农		佃　农	
			户数	%	户数	%	户数	%
凤阳	1931	270	208	77.0	57	21.1	5	1.9
	1935	297	216	72.7	72	24.3	9	3.0
寿县	1931	148	126	85.1	17	11.5	5	3.4
	1935	181	148	81.8	25	13.8	8	4.4
五河	1931	186	143	76.9	26	14.0	17	9.1
	1935	187	133	71.1	27	14.4	27	14.4

注:原资料中有"全部出租者"一项,现略去,总户数和%亦重新计算。

资料来源:张梦熊:《皖北农村经济实况》,天津《益世报·农村周刊》1936年7月4日。

　　黄淮流域和北方地区,中农贫农中的自耕农比重原本较高,这一时期也明显下降,而佃农和半佃农比重上升。皖北凤阳、寿县、五河3县,如表2-46所示,1935年同1931年比较,自耕农的户数有增有减,但所占比重全部下降,五河的下降幅度尤大。半佃农和佃农,无论数量和比重,除五河半佃农比重微降0.3%以外,全部上升,尤以佃农的数量和比重上升幅度最大。

　　河南许昌、辉县、镇平等3县的变化更为明显。原来,许昌、辉县的中农、贫农绝大多数是自耕农,没有全种租地的佃农,半自耕农也很少,镇平的中农贫农也以自耕农为主。但1928—1933年间,3县中农、贫农的自耕农比重均下降,半自耕农和佃农比重上升,或从无到有,无一例外,而且有的幅度很大。镇平中农贫农的自耕农比重下降幅度均超过10个百分点,许昌中农的自耕农比重下降达到8个百分点,镇平中农的佃农增长达9.4个百分点(详见表2-47)。可见变化速度之快。

表 2 - 47　河南许昌等 3 县中农贫农中自耕农和佃耕成份比重增减表

1928,1933 年　　　　　　　　　　单位:%

县别	年份	自耕农		半自耕农		佃　农	
		中农	贫农	中农	贫农	中农	贫农
许昌	1928	92.6	75.6	7.4	20.8	—	1.8
	1933	84.6	71.3	14.1	23.7	1.3	3.0
辉县	1928	94.1	84.0	5.9	11.3	—	3.4
	1933	91.5	80.9	6.4	13.6	2.1	4.4
镇平	1928	56.9	74.5	29.4	13.5	13.7	8.9
	1933	44.2	64.3	32.1	17.9	23.1	13.0

注:原资料中贫农有"出租者"一项,现略去。因"出租者"比重甚微,百分比未经
重算。

资料来源:据张锡昌:《河南农村经济调查》,《中国农村》1934 年 11 月第 1 卷第 2
期,第 57—58 页改制。

地主中纯农业地主和乡居地主的减少,工商业地主和城居地
主的增加;雇工经营地主的减少,纯出租地主的增多;中小地主和
庶民土地主的没落,大地主和军政豪绅地主的膨胀,一些地区地
主、商人、高利贷者和军政官僚四位一体的形成;富农雇工经营的
减少,出租土地的增多;中农贫农中自耕农和有地户的减少,无地
户和佃农、半佃农的增多。所有这些都显示,1927—1937 年间,农
村中,地主富农和中农贫农之间,政治统治、压迫与被统治、被压迫
关系,经济剥削、奴役与被剥削、被奴役关系,更加直接,阶级对立
和阶级矛盾,更加尖锐,中农贫农的阶级与经济地位进一步下降。

二、农户家庭收支和经济状况

传统的中国农户家庭,既是生产单位,又是消费单位。大部分
家庭成员往往以自然分工的形式,从事农业、养殖业、家庭手工业

及其他副业生产,所获产品大部分直接供家庭成员消费。农户家庭是自给自足的农工合一体。

鸦片战争后,尤其是 19 世纪末 20 世纪初,由于西方工业品的冲击和国内新式工业的兴起,各地农民家庭手工业受到程度不同的破坏,甚至被完全摧毁。农村自然经济加速解体,农民的生产目的和农户经济结构开始发生变化,但是,农户家庭的农工合一体的本质并未根本改变。不仅如此,由于人均耕地面积的减少和农户经营规模的不断缩小,农户越来越难以单纯依靠农业生产满足家庭的消费需要,家庭手工业和其他副业在农户经济中的地位仍然十分重要,农工合一体甚至有进一步强化的趋势。

同农户家庭的农工合一体性质相联系,绝大部分农户的经济活动和家庭收入都包含农业和家庭副业两部分。二者的地位和各自所占比重,因地区和家庭而异。在某些家庭手工业、养殖业较发达的地区或城市郊区,农户副业收入可能过超过 30%,甚至接近农业①,低的则不到家庭总收入的 10%。② 在大部分地区,平均每一农户的副业收入,约占家庭总收入的 10%—30%。同一地区,不同类型和阶层的农户,家庭收入结构也差异明显,通常,土地愈缺乏、经营规模愈小的农户,愈是需要以副补农,副业收入占家庭总收入的比重愈大。如前述南京汤山 249 农户中,经营面积在 10 亩以下的农户副业进款最多,每亩副业进款的多寡同经营面积

---

① 据 1933 年对江苏南京汤山 249 农户的调查,户均副业进款相当于农业进款的 95.9%(孙枋:《南京汤山二百四十九农家经济调查》,见冯和法编:《中国农村经济资料续编》,上海黎明书局 1935 年版,第 49—50 页)。

② 据 1936 年对河南洛阳陕州两地 271 农户的调查,农户副业收入仅养殖业一项,其数额只占家庭总收入的 1.7%(孟光宇:《洛阳陕州之租佃制》,《民国二十年代中国大陆土地问题资料》第 65 册,台北成文出版社有限公司、[美]中文资料中心重印发行,1977 年初版,第 34301—34302 页)。

"几成反比"。① 据 1936 年对河北清苑 11 村 2272 农户的调查,农户家庭收入中的副业比重,地主、富农分别为 16.6% 和 8.5%,而贫农、雇农分别达 37.3% 和 61.6% 。②

农户家庭收入的结构和数额直接受到当地自然条件、资源配置和市场环境、农业生产和社会经济发展水平,以及农户本身的经济能力和经营规模等诸多因素的制约,不同地区和不同年份的差别很大。按单位面积计算,20 世纪 30 年代每亩农田一年的作物收入,江苏吴县为 22.65 元(1933 年),宜兴 27 元,长江上游的四川雅安为 19 元(1937 年),岭南的广西南宁为 21.75 元(1935 年);福建闽侯最高达 32 元(1934 年)③;在黄淮流域和北方地区,每亩农田的年收入,安徽霍邱为 7.6 元(1931 年),江苏铜山为 8—10 元(1930 年),甘肃临泽为 9.2 元(1932—1933 年),青海只有 4 元(1935 年)。④ 可见不

---

① 冯和法编:《中国农村经济资料续编》,第 50 页。

② 据前社会研究所河北清苑农村调查资料综合计算。

③ 参见王淑介:《饥寒仅免的吴县农民》,《农村经济》1933 年 12 月第 1 卷第 1 期,第 62 页;徐洪奎:《宜兴县乡村信用之概况及其与地权异动之关系》,《民国二十年代中国大陆土地问题资料》第 88 册,台北成文出版社有限公司、[美]中文资料中心重印发行,1977 年初版,第 46354 页;李铮虹:《四川农业金融与地权异动之关系》,《民国二十年代中国大陆土地问题资料》第 89 册,台北成文出版社有限公司、[美]中文资料中心重印发行,1977 年初版,第 471433 页;雷宾文:《广西邕宁的农村经济》,天津《益世报·农村周刊》1936 年 2 月 15 日;许训勋:《闽侯农村见闻录》,《农业周报》1935 年 2 月 15 日第 4 卷第 6 期,第 160 页。

④ 《中国经济年鉴》(1934 年)第六章,第 F380—381 页;冯和法编:《中国农村经济资料》,上海黎明书局 1933 年版,第 378 页;明驼:《最近甘肃的财政与社会》,《新中华》1934 年 3 月第 2 卷第 6 期,第 32—33 页;陆亭林:《青海省帐幕经济与农村经济之研究》,《民国二十年代中国大陆土地问题资料》第 41 册,台北成文出版社有限公司、[美]中文资料中心重印发行,1977 年初版,第 20782 页。

同地区之间,尤其是南北之间,单位面积农田收益差别十分悬殊。

当然,南北单位面积农田收益的差异,并不直接反映或等同于南北农户收益的差异,相反,由于北方农户耕作面积相对较大,南北之间,农户收益差异并不明显。表2-48是南北8省22处的农户收入结构和数额统计。

表2-48 江苏南京等8省22处农户家庭收入结构和数额统计

序号	地区	调查年份	调查户数	收入(元)	农业		副业	
					金额(元)	%	金额(元)	%
1	江苏南京	1933	249	149.5	76.3	51.0	73.2	49.0
2	苏州	1936	100	77	63	81.8	14	18.2
3	吴县	1933	1	271.2	241.0	88.9	30.2	11.1
4	浙江嘉兴	1935	4312	183.0	169.6	92.7	13.4	7.3
5	平湖	1936	38800	141.5	115.7	81.7	25.8	18.3
6	兰溪	1934	2045	357.6	279.9	78.3	77.7	21.7
7	武义	1933		136.0	106.0	77.9	30.0	22.1
8	安徽怀宁	1934	64830	147.7	105.9	71.6	41.8	28.3
9	湖北黄安	1935	24	150.8	91.6	60.8	59.2	39.2
10	广西12县	1933	780	293.9	240.7	81.9	53.2	18.1
11	玉林	1933	76	327.8	251.9	76.8	75.9	23.2
12	四川自流井	1937	12	224.5	193.3	86.1	31.2	13.9
13	綦江	1938	178	210.6	172.9	81.3	37.7	18.7
14	屏山	1939		375.0	286.3	74.1	88.7	25.9
15	江北	1938	67	156.5	110.9	70.9	45.6	29.1
16	巴县	1838	45	177.9	131.4	73.9	46.5	26.1
17	巴县	1939	227		183.9	81.0	43.1	19.0
18	犍为	1933		275	260	94.5	15	5.5
19	河南洛阳陕州	1936	271	337.3	331.7	98.3	5.6	1.7

续表

序号	地区	调查年份	调查户数	收入（元）	农业		副业	
					金额（元）	%	金额（元）	%
20	河北深泽	1930	184	201.8	184.0	91.2	17.8	8.8
21	定县	1932	123	440.8	350.3	79.5	90.4	20.5
22	清苑	1836	2272	342.4	266.9	77.9	75.5	22.1
	简单平均数			236.5	191.6	81.0	44.9	19.0

资料来源：1. 孙枋：《南京汤山二百四十九农家经济调查》，转见冯和法编：《中国农村经济资料续编》，黎明书局1935年版，第49—50页。2. 喻志远：《苏州的农民》，天津《益世报·农村周刊》1936年8月15日。3. 据金履昌：《吴县尹郭区农村的一瞥》，《农村经济》1934年5月第1卷第7期，第101—102页。4. 据冯紫岗：《嘉兴县农村调查》，第145—146页综合计算。5. 据地政学院、平湖县政府：《平湖县之土地经济》1936年刊本，第195页。6. 据冯紫岗：《兰溪农村调查》，第117—118页综合计算。7. 据《中国经济年鉴续编》（1935年）第7章，第G141—142页。8. 余醒民《安徽怀宁县农村经济概况调查》，《经济评论》1934年6月第1卷第4号，第63—64页。9. 张培刚：《成庄村的农家经济调查》，天津《益世报·农村周刊》1935年10月26日。10、11. 据千家驹等：《广西省经济概况》，商务印书馆1936年版，第54—61页。12. 据张树植：《自流井土地利用之调查》，《民国二十年代中国大陆土地问题资料》第56册，第29050—29054页综合计算。13. 张登岳：《綦江农村经济之研究》，《民国二十年代中国大陆土地问题资料》第53册，台北成文出版社有限公司、[美]中文资料中心重印发行，1977年初版，第26948—26949页。14. 李鉴济：《屏山农村经济之研究》，《民国二十年代中国大陆土地问题资料》第54册，台北成文出版社有限公司、[美]中文资料中心重印发行，1977年初版，第27929—27930页。15、16. 据张伯芹：《江巴两县租佃制度之研究》，《民国二十年代中国大陆土地问题资料》第61册，第31591页综合计算。17. 王国栋：《巴县农村经济之研究》，《民国二十年代中国大陆土地问题资料》第54册，第27669页。18. 据《从农民生活形态上检讨四川农村贫穷之强化》，见西华近代文献征集处：《四川农村崩溃实录》，第1—2页。19. 据孟光宇：《洛阳陕州之租佃制度》，《民国二十年代中国大陆土地问题资料》第65册，台北成文出版社有限公司、[美]中文资料中心重印发行，1977年初版，第34301—34302页。20. 韩德章：《河北省深泽县农场经营调查》，《社会科学杂志》1934年6月第5卷第2期，第232页。21. 何延铮：《三十年代初期河北定县一百二十三户生活水平调查》，《河北文史资料》1983年第11辑，第80页表1。22. 据前社会研究所清苑农村调查资料综合计算。

如表,农户收入结构,均以农业为主,副业为辅,副业所占比重最低为1.7%,最高达49%,平均19%,副业收入不到农户家庭全部收入的1/5,农业超过4/5。收入总额最低72元,最高440.79元,平均236.5元,如以每户5人计算,人均收入仅47.3元,每人每日仅0.13元。

显然,全国农户收入水平十分低下,而且在不同类别尤其是不同阶级、阶层农户之间的分配,极不平均。从农户收入分组统计看,大部分农户年收入不足150元。据国民党土地委员会1934年对江苏12县252232农户的收入统计①,收入在150元以下的为141030户,占总数的55.9%,其中年收入不足100元又占到总的33.7%,即1/3强。年收入在300元以上的只占14.7%。②

从不同农户类别看,纯出租地主不论,自营部分土地的地主(即所谓"地主兼自耕农")、自耕农、自耕农兼佃农和佃农等四类农户,其平均收入依次递减。如表中河南洛阳、陕州271农户,地主兼自耕农和自耕农的户均收入分别为594.52元和349.69元,而半自耕农和佃农分别只有282.47元和152.92元③,佃农的收入只分别相当于地主兼自耕农和自耕农的25.7%和43.7%。浙江兰溪2045农户,地主兼自耕农、自耕农户均收入分别为946.8元和421.2元,半自耕农、佃农、佃农兼雇农和雇农依次为314.0

---

① 12县中苏南、苏北各6县。苏南为松江、吴县、昆山、武进、宜兴、镇江;苏北为江都、淮阴、萧县(现属安徽)、灌云、东台、靖江。

② 据赵宗煦:《江苏省农业金融与地权异动之关系》,《民国二十年代中国大陆土地问题资料》第87册,台北成文出版社有限公司、[美]中文资料中心重印发行,1977年初版,第45952—45954页计算。

③ 孟光宇:《洛阳陕州之租佃制度》,《民国二十年代中国大陆土地问题资料》第65册,台北成文出版社有限公司、[美]中文资料中心重印发行,1977年初版,第34311页表55。

元、168.5 元、135.8 元和 61.0 元。① 佃农收入只相当于地主兼自耕农的 17.8%和自耕农的 40.0%。广西玉林 76 农户,自耕农、自耕农兼佃农、佃农和佃农兼雇农的收入依次为 410.43 元、350.06元、286.91 元和 205.54 元。② 另据 1935 年对福建南安的调查,农户平均收入为 165 元,其中自耕农和半自耕农分别为 176 元和 158元,佃农和雇农分别为 142 元和 115 元。③ 也都是依次递减。

从阶级或阶层的角度,农户收入分配不均的程度尤为严重。如清苑(见表 2－49),1930 年地主、富农、中农和贫农雇农的收入依次为 1118.1 元、350.3 元和 169.4 元,贫农只相当于地主富农收入的 15.2%,还不到地主富农的 1/6。1936 年,这三类农户的收入依次为 997.9 元、354.1 元和 181.0 元。④ 贫农雇农的收入数额略有上升,也仍然只相当于地主富农的 18.1%,即不到后者的1/5。表 2－49 是这三类农户的户口、人口和收入各自所占的比重。

表 2－49　河北清苑 11 村 2119/2272 农户收入的分配

1930,1936 年　　　　　　　　　　　　　　单位:%

年份	地主富农			中农			贫农雇农		
	户口	人口	收入	户口	人口	收入	户口	人口	收入
1930	11.3	17.2	35.9	36.1	36.8	36.1	49.6	42.7	23.9
1936	10.8	14.6	31.4	40.8	37.5	42.2	45.2	37.8	23.9

附注:因其他村户未入表,相关各项百分比之和不等于 100。
资料来源:据前社会研究所河北清苑农户经济调查资料综合计算编制。

① 冯紫岗:《兰溪农村调查》,浙江大学 1935 年刊本,第 123 页表 121。
② 千家驹等:《广西省经济概况》,上海商务印书馆 1936 年版,第 55 页。
③ 博农:《南安农村经济调查》,《农村经济》1935 年 7 月第 2 卷第 9期,第 86 页。
④ 据前社会研究所河北清苑调查资料综合计算。

按户口和人口计算,在三类农户中,地主富农的收入比重约相当于户口的 3 倍和人口的 2 倍,中农基本持平,而贫农雇农的收入则只分别相当于户口的 50% 和 55%—60% 左右。

开支方面,农户家庭一般包括生产支出和消费支出两个部分,各自所占比例因地区和农户而异。表 2-50 是南北 10 省 19 处农户家庭支出的结构状况:

表 2-50　江苏南京等 10 省 19 处农户家庭支出结构示例

序号	地区	调查年份	调查户数	户均支出（元）	生产支出		消费支出	
					金额(元)	%	金额(元)	%
1	江苏南京	1933	249	223.6	48.5	21.7	175.1	78.3
2	吴县	1933	1	321.8	189.8	59.0	132	41.0
3	浙江嘉兴	1935	4312	303.3	103.5	34.1	199.8	65.9
4	平湖	1936	38800	174.9	52.7	30.1	122.2	69.9
5	兰溪	1934	2045	401.2	148.5	37.0	252.7	63.0
6	武义	1933		186.7	82.5	44.2	104.2	55.8
7	安徽怀宁	1934	64830	176.8	31.6	17.8	145.2	82.2
8	合肥	1935	280	97.3	15.6	16.0	81.7	84.0
9	湖北黄安	1935	24	173.4	34.7	20.0	138.7	80.0
10	广西 12 县	1933	780	324.8	97.2	29.9	227.6	70.1
11	玉林	1933	76	332.7	132.9	39.9	199.8	60.1
12	四川江北	1938	67	163.9	103.7	63.3	60.2	36.7
13	巴县	1938	45	196.8	128.7	65.4	68.1	34.6
14	屏山	1939		372.0	161.7	43.5	210.3	56.5
15	犍为	1933		282	162	57.4	120	42.6
16	云南 5 县	1938				27.5		72.5
17	河南洛阳陕州	1935	271	373.5	190.8	51.1	182.8	48.9
18	甘肃河西	1936		309	186	60.2	123	39.8
19	青海	1935		213.0	138.0	64.8	75.0	35.2
	简单平均数			243.5	105.7	43.4	137.8	56.6

附注:①安徽怀宁未包括赋税和地租。②广西 12 县为全县、融县、宜山、南丹、贺

县、阳朔、滕县、玉林、宾阳、龙州、果德、百色。玉林原资料部分数字计算有误,已据细数核正。③屏山系"中等农户"支出估计。原资料中除农场(生产)支出、家庭(消费)支出外,另有其他支出 15.3 元,现将其并入消费支出。④屏山户均支出原资料误为 375 元,已据细数核正。⑤云南 5 县为昆明、马龙、曲靖、沾益、宣威。原资料只列有赋税,未包括地租。⑥甘肃河西系家有 7 口、种地 50 亩的自耕农家庭支出估计。⑦青海系种地 40 亩的自耕农家庭支出估计。

资料来源:8. 赵世昌:《合肥租佃调查》,《民国二十年代中国大陆土地问题资料》第 58 册,台北成文出版社有限公司、[美]中文资料中心重印发行,1977 年初版,第 29972—29973 页。16. 王心波:《云南省五县农村经济之研究》,《民国二十年代中国大陆土地问题资料》第 52 册,台北成文出版社有限公司、[美]中文资料中心重印发行,1977 年初版,第 26604—26606 页。18. 李扩清:《甘肃河西农村经济之研究》,《民国二十年代中国大陆土地问题资料》第 52 册,台北成文出版社有限公司、[美]中文资料中心重印发行,1977 年初版,第 26453—26455 页。19. 陆亭林:《青海省帐幕经济与农村经济之研究》,《民国二十年代中国大陆土地问题资料》第 41 册,台北成文出版社有限公司、[美]中文资料中心重印发行,1977 年初版,第 20782—20786 页。余见表 2-48。

在家庭支出结构中,各地农户生产支出所占比重高低不一:四川巴县最高达 65.4%,安徽怀宁最低仅 17.8%,高低相差 3.7 倍。[①] 一般地说,各地农户生产支出的比重,如果不计家工工资,大多在 35%—45% 左右,表中 19 处平均为 43.2%。相反,同一地区不同类别农户之间,生产费用所占比重的差异可能更大一些。表中广西玉林 76 农户中,自耕农的生产费用比重为 31.7%,半自耕农和佃农分别为 42.1% 和 44.4%,比自耕农高 10.4 和 12.7 个百分点。佃农兼雇农耕地甚少,大部分经济活动是为人佣工,生产支出比重仍达 34.6%[②],比自耕农高。河南洛阳、陕州农户的情况

---

① 导致这种巨大差别的原因,除了调查对象和调查者使用的统计指标与方法互有差异外,主要还是由于农户的经济条件和生产支出项目不同所致。

② 千家驹等:《广西省经济概况》,商务印书馆 1936 年版,第 62 页。

也大体相似。该处地主兼自耕农、自耕农、半自耕农和佃农的生产
费用比重依次为 44.2%、51.0%、55.5% 和 55.2%。

显然,各类农户之间的生产支出比重差异,有某种规律:地主
兼自耕农、自耕农、半自耕农和佃农等四类农户,其生产支出比重
依次递增。表中江苏吴县,浙江武义,四川江北、巴县、犍为等 5 处
调查的农户都是佃农,除武义外,生产支出比重也都最高。这是就
平常年景而言,如遇灾歉,情况又不同。如安徽合肥,因为遭灾,佃
农不用纳租,上述规律即被打破,自耕农、半自耕农和佃农的生产
费用比重依次为 19.7%、11.5% 和 15.6%。自耕农的生产费用比
重最高。

不同类别农户生产费用比重的高低,主要是由于支出项目及
其重点不同。农户生产支出项目主要分为种子肥料,工具设备
(农舍和工具购置、修理、折旧费)、人工(雇工和家工伙食工资),
家畜饲养(耕畜和家禽家畜购置、饲料、医疗费或耕畜租金)和租
税(地租、田赋和杂捐摊派等)四大部分。一些地区农户家庭生产
费用项目分配状况,有如表 2-51。

支出项目中的工资都是指雇工伙食工资,而不包括家庭劳
力。有些调查统计部分项目空缺,有的可能被归入了"其他",
有的因数额微小,而忽略不计,当然,也有的属于缺漏。尽管如
此,这些调查统计还是大体反映了 30 年代农户生产费用的分配
状况。

各项生产费用的数额和比重,因地区和农户类别而异。通常
富裕农户的雇工工资、耕畜购置和饲料费用较多,贫苦小农则较少
或完全没有;田赋和按地亩征摊的捐税在自耕农的生产支出中占
有相当比重,而地租则为佃农最大的生产支出项目,表中浙江武
义,四川江北、巴县的佃农,62.8%、80.6% 和 79.4% 的生产费用
是地租,犍为佃农等高达 91.4%。广西玉林和四川雅安的佃农,

表 2-51　浙江嘉兴等 7 省 14 处农户家庭生产支出分配示例

序号	调查地区	支出总额(元)	支出结构(%)								
			租税	工资	家畜	农具	农舍	种子	肥料	饲料	其他
1	江苏吴县	189.8	37.9	19.1		2.1		3.4	24.8	12.7	0.6
2	浙江嘉兴	109.8	30.8	14.3	1.4	4.4	2.7	13.4	20.7	12.3	
3	武义	82.5	62.8			9.7		3.8	14.5		9.1
4	安徽合肥	15.6	10.7	17.7	6.0	28.3		31.3	6.0		
5	湖北黄安	25.8	37.1	43.9	3.3	6.8		4.8	4.1		
6	广西 12 县	97.2	26.3	5.1	9.6	2.6	1.6	9.6	21.9	23.0	0.3
7	玉林	132.9	36.5	5.3	5.8	2.1	1.6	14.9	16.2	17.5	
8	四川江北	103.8	80.6					4.7	13.1		1.6
9	巴县	128.8	79.4					4.6	14.0		2.0
10	犍为	162	91.4	5.5				0.6	2.5		
11	河南洛阳陕州	190.7	22.1	26.5	13.7	2.2	11.8	4.2	7.5	12.0	
12	河北深泽	128.2	17.3	30.9	24.4	6.0	6.2	8.6			6.6
13	甘肃河西	186	48.4	12.9	4.3	6.5		10.7	10.7	6.5	
14	青海	138.0	29.0	8.7	3.6	13.0		7.2	14.5	20.3	3.6
	简单平均数	120.8	43.6	13.5	5.1	6.0	1.7	8.5	12.2	7.5	1.7

附注:①安徽合肥因上年灾歉,佃农例不纳租,这里只包括赋税,未及地租。②湖北黄安只计地租,不包括赋税。③河北深泽原统计包括雇工工资和家工工资两部分,为便于同其他地区比较,已将家工工资剔除,支出总额和分项百分比亦经重算。④河北深泽只计种苗和肥料的现金支出,未计实物支出。

资料来源:见表 2-48、表 2-50。

地租也占生产费用的 52.1%。①

---

① 千家驹等:《广西省经济概况》,上海商务印书馆 1936 年版,第 58 页;李铮虹:《四川农业金融与地权异动之关系》,《民国二十年代中国大陆土地问题资料》第 89 册,台北成文出版社有限公司、[美]中文资料中心重印发行,1977 年初版,第 47143—47144 页。

从全体农户看,工资伙食(包括雇工和家工两部分)、地租赋税是最主要的生产开支。后者更是最大的生产支出项目,生产支出占农户支出比重的高低,完全以农民负担的租税多寡和轻重为转移。将表 2 - 50 和表 2 - 51 对照,即一目了然。四川江北、巴县、甘肃河西和青海农户,租税分别占生产支出的 80.6%、79.4%、48.4% 和 29.9%,而这些农户生产支出比也高达为 63.3%、65.4%、60.2% 和 64.8%。

地租和赋税构成了生产费用的主体,结果,无论生产开支的比重多高,农民能够真正用于生产的资金却很少。除了租税和工资伙食,最主要生产支出项目是肥料、种苗,后者平均占整个生产费用的 8.7%,安徽合肥农户,佃农因灾歉例不完租,种苗竟占整个生产费用的 31.3%。至于耕畜和农具设备的购置、修补和折旧,则能省就省,能免就免。家畜的购置、医疗诸费只占生产支出的 5.1%,少得可怜,农具设备的购置和折旧费也只占 6%,以致各地农户普遍耕畜匮乏、农具短缺,生产效率日益低下。这是 30 年代和整个近代时期农业生产停滞、农民困顿的直接原因。

作为农户家庭另一支出大项的生活费用,其数额与比重,同生产费用互为消长。当生产费用的数额和比重上升,则生活费用的数额和比重下降,反之亦然。如表 2 - 50 所示,10 省 19 处平均,农户生活费用占整个家庭开支的 56.8%。

农民家庭生活开支的主要项目有:饮食、衣着、家居器物、燃料照明、嗜好、医疗教育、礼情年节和杂费等。不同地区和类别农户,各个项目的数额和比重互有差异。现将江苏苏州等 12 省市 23 处农户的家庭消费支出结构列如表 2 - 52。

无论南北,饮食、衣着和燃料是农户家庭消费的最大项目,23 处平均,三项合计占整个消费支出的 85%,其中饮食又占了绝大比重。23 处中,21 处的饮食比重达到或超过 60%,10 处超过 70%,

表 2-52　江苏苏州等 12 省市 23 处农户家庭消费支出结构统计

序号	调查地区	调查年份	调查户数	消费额(元)	消费支出分配状况(%)							
					饮食	衣着	家居器具	燃料	嗜好	医疗教育	礼情年节	其他
1	江苏苏州	1936	100	124.8	75.5	5.5	0.8			0.4	16.9	0.2
2	吴县	1933	1	132	72.7	18.2		9.1				
3	浙江嘉兴	1935	5113	178.4	69.0	5.3	1.7	6.1	4.5	3.1		10.4
4	平湖	1936	38800	122.2	59.0	7.0	1.8	4.9	11.8	3.1		12.4
5	吴兴	1935	924	187.3	68.2	5.1	3.0	8.3	3.3	2.4	6.1	3.5
6	兰溪	1934	2045	265.4	55.3	7.8		6.0	5.8	8.3		12.1
7	武义	1933		104.2	81.3	11.5						7.2
8	安徽合肥	1935	280	81.7	85.8	4.7				0.9	2.6	6.0
9	湖北黄安	1935	24	138.8	76.7	9.3	1.2	1.9				10.8
10	广西12县	1933	780	227.6	68.6	3.9	0.1	16.2				11.1
11	玉林	1933	76	199.7	71.8	3.9		16.5				8.7
12	四川江北	1938	67	60.0	71.3	4.7		14.0				9.8
13	巴县	1938	45	67.9	67.2	5.0		15.6				11.2
14	綦江	1938	178	229.0	78.6	5.8	2.3	7.0	1.8		2.1	2.4
15	犍为	1939	100	376.2	73.2	4.8	3.5	11.0	3.6		1.7	2.2
16	云南5县	1938			70.1	5.3			5.2	0.9	1.2	17.3
17	河南洛阳陕州	1936	271	182.8	65.5	8.2	0.3	7.0	1.3	11.0	5.8	1.3
18	北平挂甲屯	1927		164.0	64.3	7.7	4.4	8.0	3.9	1.0	6.8	3.9
19	3村	1927	100	235.2	65.8	4.5	3.0	12.9	2.2	0.9	9.2	1.5
20	河北定县	1928		242.6	71.9	7.6	2.1		0.9	1.2	1.9	2.4
21	定县	1932	34	424.6	60.0	6.1		11.2	0.9	2.5	1.2	14.5
22	甘肃河西	1936	123	123	68.3	1.7		9.8		2.4	1.6	0.8
23	青海	1935		75.0	66.7	20.0	2.0				1.3	10.0
	简单平均数			186.0	69.7	7.8	1.7	7.5	2.0	1.6	2.6	7.1

附注:1. 吴县农户的衣饰与其他零用未加区分。2. 綦江原资料为 229.51 元,误。已据细数核正。3. 云南 5 县未包括自有住宅的农户。

资料来源:5. 中国经济统计研究所:《吴兴农村经济》,1939 年印本,第 56—57、86 页。15. 易甲赢:《犍为农村经济之研究》,《民国二十年代中国大陆土地问题资料》第 53 册,台北成文出版社有限公司,〔美〕中文资料中心重印发行,1977 年初版,第 27135—27136 页。16. 王心波:《云南省五县农村经济之研究》,《民国二十年代中国大陆土地问题资料》第 52 册,第 26605—26606 页表 9。17. 孟光宇:《洛阳陕州之租佃制度》,《民国二十年代中国大陆土地问题资料》第 65 册,第 34308—34309 页。20、21. 李景汉:《北平郊外之乡村家庭》,商务印书馆 1929 年版,第 64 页表 37、第 138 页表 46。余见表 2-48、表 2-50、表 2-51。

最高的达 85.8%,平均为 69.7%,再加上主要用于煮食的燃料(平均为 7.5%),合计达 77.2%,亦即超过 3/4 的生活费是被用于填饱肚子,而衣饰、居室、家具器物、医疗卫生、教育、交通、娱乐、嗜好,以及婚丧年节、礼情应酬等,总共不到生活费的 1/4。医疗卫生和教育费用,平均只有 1.6%,交通和娱乐费用,更是付诸阙如。这一切充分说明,广大农民的生活完全处于绝对贫困线状态。据1931—1932 年对浙江杭州皋塘、会堡一带的调查,农户每年生产、生活全部支出平均为 393.44 元,其中食用占 62%,服用占 22%。无论支出总额和食用、服用所占比重都比表 2－50、表 2－51、表 2－52 所列平均数为高,但调查者发现,农民食用"除粮食而外,安能有其他食品"?服用"实尚不能蔽体"。[①] 杭州农民如此,其他绝大部分地区的广大农民肯定更处于绝对贫困线状态。

值得注意的是,当时的一些调查大多不同程度地偏重富裕农户,调查对象中的地主富农比重往往高于实际数字,这就无形中拔高了农民的生活水平。如表中浙江兰溪 2045 农户,生活费用中饮食占 55.3%、卫生教育占 8.7% 的较好指标,就是调查偏重富裕农户和地主富农的结果。[②] 又 2045 农户中,"地主"和"地主兼自耕农"占 9.4%,也大大超出平均水平。这样,广大农民的贫困状况就被调查结果的平均数掩盖了,试看表 2－53。

从地主、自耕农到佃农、雇农,基本的变化趋势是饮食费用的比重递增,而医疗教育费用的比重递减。地主和地主兼自耕农的

---

① 国民党政府建设委员会调查浙江经济所统计课编:《杭州市经济调查》上编,调查浙江经济所 1932 年初版,第 267 页。

② 兰溪按城乡总户数计算,户均耕地面积为 11.6 亩,按村户计算,户均耕作面积达 14 亩,而 2045 农户的户均占地面积为 27.4 亩,户均耕作面积为 23.4 亩,分别超过前者 1.4 倍和 0.67 倍(据冯紫岗:《兰溪农村调查》,第4、14、83—84 页相关资料计算)。

表 2 - 53   兰溪各类农户家庭生活费用分配状况比较
1934 年

农户类别	户数	每户生活费用(元)	生活费用分配状况(%)							
			饮食	衣着	家居家具	燃料	嗜好	医药教育	祭祀婚丧	其他
地主	30	315.09	33.6	8.2	7.2	8.0	3.0	28.7	3.7	7.6
地主兼自耕农	163	576.51	41.5	12.8	6.4	5.0	5.1	17.9	1.7	9.6
自耕农	665	297.00	54.8	7.2	4.9	4.8	6.1	8.2	6.0	7.5
半自耕农	652	256.78	60.5	6.1	4.3	6.6	5.8	4.6	4.5	7.5
佃农	410	150.78	64.8	5.4	3.0	8.9	6.6	2.2	3.1	6.2
佃农兼雇农	101	107.79	63.3	5.0	2.8	9.4	5.5	2.2	5.5	6.4
雇农	24	69.01	72.2	5.7	2.3	4.3	5.1	3.2	2.0	5.1
总合	2045	265.38	55.3	7.8	4.8	6.0	5.8	8.3	4.4	7.7

资料来源:据冯和法:《兰溪农村调查》,浙江大学 1935 年刊本,第 9 页表 12 编制。

饮食费用分别只占 33.6% 和 41.5%,医疗教育费用分别达 28.7%
和 17.9%;而佃农、雇农的饮食费用分别占 64.8% 和 72.2%,医疗
教育费用分别只有 2.2% 和 3.2%。① 自耕农居中,两项费用的比
重分别为 54.8% 和 8.2%。7 类农户高低平均,两项费用的比重
分别为 55.3% 和 8.3%,与自耕农的水平大体相同,而自耕农又偏
重富裕户。② 所以,调查结果只代表中上富裕农户的水平,而未能
准确反映当时大多数农民生活的情况或整体平均水平。

同样,1932 年调查的河北定县 123 农户,生活费用达 424.55
元,其中饮食费用的比重为 60%,也是调查对象偏重富裕农户和
地主"拉升"的结果。③ 河南洛阳、陕州 271 农户的医疗教育费用

---

① 据对该县 390 村 95059 人的调查,识字人数只占 18.6%,81.4% 的
人是文盲,教育与广大农民无缘(冯紫岗:《兰溪农村调查》,第 9 页表 12)。
② 自耕农的耕作面积为 26.6 亩,超过全县平均水平的 90%。
③ 详见刘克祥:《对"近代华北的农业发展和农民生活"一文的质疑》,
《中国经济史》2000 年第 3 期。

比重达到 11.0%,居各处农户之首,还是地主富户在起作用。从各类农户看,37 户地主兼自耕农(占调查总数的 13.7%)的医疗教育费用比重达 16.2%,而自耕农、半自耕农和佃农分别为 11.1%、6.4% 和 3.9%。平均数正好反映的是自耕农的水平,但这里调查的自耕农,更明显侧重富裕农户①,因而代表的也只是少数富裕农户的水平。至于平湖全县农户的饮食费用比重为 59%,如果不是计算错误,则属特殊和例外。②

　　这些调查统计,在调查对象方面,大多偏重地主和富裕农户;在地域范围上,主要限于交通方便、农业生产条件较好、经济比较发达的东南沿海、长江中下游流域、四川盆地和铁路沿线地区,很少或完全没有涉及交通闭塞、生产条件较差、经济落后、人民生活更加贫困的广大西部地区和边疆少数民族地区。因此,这些调查统计所反映主要还是富庶地区的富裕农户的情况。就全国的平均水平而言,同表中的平均数相比,农户生活开支中的饮食比重更高,估计应在 75%—80% 左右。饮食以外的其他费用比重更低,应在 25% 以下,尤其是家居器具、医疗卫生、文化教育等费用,更是微乎其微,甚至可以忽略不计。总之,广大农民绝对贫困的程度比调查统计所反映的情况还要严重得多。

　　农民收入水平极其低下,必须用 75%—80% 的生活开支填饱

---

　　①　洛阳、陕州户均耕地面积为 10.8 亩,而调查的 134 户自耕农,平均每户占有土地 51 亩,相当两地平均水平的 4.7 倍(据孟光宇:《洛阳陕州之租佃制度》,《民国二十年代中国大陆土地问题资料》第 65 册,第 34199、34289 页计算)。

　　②　该县农户的生产费用只有 122.18 元,远低于该省嘉兴、吴兴、兰溪和 23 处平均 186 元的水平。饮食比重只有 59%,而嗜好费用比重高达 11.8%,居各处之首,烟酒(可能还有毒品鸦片)比饮食重要,挤掉和取代了饮食。这完全是一种社会病态。

肚子,在资本主义高度发达的 20 世纪 30 年代,已经极其可悲。然而,更为可悲的是,这种绝对贫困线以下、甚至近乎原始的消费结构,也大都只能以寅吃卯粮、仰赖借贷的方式,才得以维持。这无异于饮鸩止渴,家庭经济状况愈益艰窘。

事实上,前述调查的各处农户中,大多入不敷出,严重亏空。表 2－54 是江苏南京等 21 处农户的家庭收支盈亏统计。

这些资料既有大量的抽样调查和对某类农户的家庭收支估算,也有全县农户的综合统计。但不论哪种形式,结果都一样,除个别例外,几乎全部亏空。21 处中有 18 处亏空,亏空金额少则数元,多则数十元,最高达 120 余元,占收入的 65.7%。21 处平均,户均亏空 26.4 元,占家庭总收入的 11.9%。

21 处中只有 3 处的农户有盈余,且有特殊原因,或统计不全及标准不一,均非真正盈余。安徽合肥户均盈余 12.3 元,是由于占调查农户 76.8% 的佃农和半自耕农因灾例不纳租,省却了支出中的最大项。同时在现有开支中,种子占生产费的 82%,饮食占生活费的 85.8%,生产和消费开支,均已压缩到极限。即使如此,280 户中还是有 272 户负债,借债户占农户总数的 97.1%,平均每户借债 58.1 元[1],占支出的 59.7%,可见这种灾年盈余、"因祸得福"的奇特现象的虚假性和残酷性。河北定县两组农户的支出都是消费支出,不包括生产支出,其中 1928 年的调查特别说明,家庭收入为"农场的盈余"和"各种副业收入及人口中从事经商或教育者之入款"。[2] 可知农业收入为纯收入,而副业收入则可能是尚未

① 赵世昌:《合肥租佃调查》,《民国二十年代中国大陆土地问题资料》第 58 册,台北成文出版社有限公司、[美]中文资料中心重印发行,1977 年初版,第 29982—29983 页。

② 李景汉:《定县社会概况调查》,中华平民教育促进会 1933 年印本,第 301 页。

表2-54 江苏南京等11省市21处农户家庭收支盈亏表

单位:元

序号	地 区	调查年份	调查户数	总收入	总支出	盈(+)亏(-)
1	江苏南京	1932	249	149.5①	175.1	-25.6
2	吴县	1933	1	271.2	321.8	-50.6
3	浙江嘉兴	1935	4312	183.0	303.3	-120.3
4	平湖	1936	38800	141.5	174.9	-33.4
5	吴兴	1935	161246	148.6②	187.3③	-38.7
6	兰溪	1934	2045	357.6	401.2	-43.6
7	安徽怀宁	1934	64830	147.7	176.8	-29.1
8	合肥	1935	280	109.6	97.3④	+12.3
9	湖北黄安	1935	24	150.8	173.4	-22.6
10	广西12县	1933	780	293.9	324.8	-30.9
11	玉林	1933	76	327.8	332.7	-4.9
12	四川江北	1938	67	156.5	163.9	-7.4
13	巴县	1938	45	177.9	196.8	-18.9
14	綦江	1939	178	201.6	229.5	-27.9
15	河南洛阳陕州	1935	271	337.3	373.5	-36.2
16	河北定县	1928	34	281.1⑤	242.6③	+38.5
17	定县	1931—1932	123	440.8	424.6③	+16.2
18	北平挂甲屯	1927	100	161.3⑥	164.0③	-2.7
19	3村	1927	64	217	235.2③	-18.2
20	甘肃河西⑦	1936		251.4	309	-57.6
21	青海⑧	1935		160⑨	213	-53
	总合			222.2	248.6	-26.4

附注:①江苏南京总收入原为194.73元,其中包括国民党征地款45.28元,因系特
殊收入,现将其剔除。②吴兴总收入系扣除生产费用和还债后的净收入。
③吴兴、定县(1928)、定县(1931—1932)、北平挂甲屯、北京3村总支出系消
费支出,不包括生产支出。④合肥佃农(198户)因灾例不纳租,支出不含地
租。⑤河北定县(1928)总收入系农业盈余(198.25元,净收入)和副业收入
(82.89元,毛收入)。⑥北平挂甲屯总收入原包括借当收入19.49元,现剔
除。⑦甘肃河西系家有7口、种地50亩的自耕农收支估算。⑧青海系家有5
口、种地40亩的自耕农收支估算。⑨青海总收入系农业收入,未计副业收入。
资料来源:据前引相关资料综合编制。

扣除生产费用的"毛收入"。至于1931—1932年调查的123户,调查者对家庭收入的性质未作任何说明,统计表只笼统标明"农业收入"和"经商营利"、"手工业营利",是扣除生产和经营成本后的盈利或纯收入,还是毛收入,难以确定。但根据相关资料推断,123户的农业收入应是毛收入,而非纯收入。[①] 因此,123户不大可能盈余,应是严重亏空,34户的盈余也要打折扣。总之,总体而言,表中21处农户的家庭亏短程度,比统计数还要严重。

其他大量的调查统计,也都显示,各类农户大都亏短。据1936年对江苏上海县72村944农户的调查,全年总收入97971.5元,总支出149918.07元,亏空51946.57元,平均每户亏短54.93元,占收入的53%。江宁土山镇286农户,盈余的71户,亏空的215户。按全体农户平均,每家亏37元。[②] 国民党土地委员会1934年对江苏松江、吴县、昆山、武进、宜兴、镇江、江都、淮阴、萧县、灌云、东台、靖江等12县252232农户的调查显示,收支不敷的达87916户,占总数的34.9%。据1929年对浙江金华、兰溪、嵊县、绍兴、衢县、东阳、江山、崇德等8县的调查,59.5%的农户入不敷出。浙江上虞,据说"每个负担很轻"、耕地8亩的佃农,每年总

---

① 从调查资料得知,34户的纯利为每亩6.35元;123户的农业收入为43901.82元,平均每亩10.39元,比前者高出63.6%,后者为纯收入的可能性不存在。另外,据1932年对与定县相距不远、自然条件和作物结构基本相同的深泽梨元、南营两村的调查,两村平均每亩的纯收入分别为7.03元和6.49元,毛收入分别为11.657元和10.411元。两村尤其南营村,每亩纯收入与定县34户的纯收入相近;每亩毛收入与定县123户的农业收入相近。据此可以大致肯定,123户的收入是毛收入,而非纯收入(据韩德章:《河北省深泽县农场经营调查》,《社会科学杂志》1934年6月第5卷第2期,第234、242页计算)。

② 《沪西农村的憔悴》,《劳动季刊》1936年3月第8期,第144页;言心哲:《农村家庭调查》,商务印书馆1935年版,第113页。

收入仅 102 元，而每年最低支出却要 166 元，亏短 64 元，占收入的 62.7%。[1] 安徽休宁，百家农户有 61 家亏短；霍邱有田 23 亩的农户收入 235 元，支出 255 元，亏短 20 元；无为被认为是安徽最富庶的地方，但有田 10 亩的农户，收入 214 元，支出 269 元，亏短 55 元。福建福州紫阳村 174 户，1935 年前后，户均年均收入 210.8 元，支出 281.86 元，不敷 70.57 元。[2] 广东顺德，过去是十分富庶的县区，但农业恐慌后，农民也都普遍亏空，据调查，亏空农户的比重竟高达 92%。[3] 湖南洞庭湖滨一个耕种 12 亩水田的佃农，收入 158.4 元，支出 200.6 元，亏空 42.2 元。[4] 四川遂宁，据四川棉作试验场对 87 户的调查，60 户入不敷出，户均亏短 48.6 元。[5]

　　在北方，河北宝坻一户租种 10 亩地的佃农，收入 54 元，而种子、肥料、食用等支出，约需 65 元，两相抵消不敷 11 元。津东北塘一户种地 10 亩的佃农，农产收入 90 元；支出方面，仅地租、种子、肥料、人工食用、牲畜饲料、车辆修理等，即达 105 元，而家人生活

---

①　杜志远:《浙江上虞农村衰落的一个缩影》,《中国农村》1935 年 3 月第 1 卷第 6 期,第 92 页。

②　赵宗煦:《江苏省农业金融与地权异动之关系》,《民国二十年代中国大陆土地问题资料》第 87 册,第 45954—45956 页;浙江大学农学院:《浙江八县调查报告》,《中国经济年鉴》(1934 年),第 F380—381 页;《中国经济志·安徽省休宁县》,1935 年刊本,第 22 页;陈希诚:《福州紫阳村经济调查》,1937 年刊本,第 20—21 页。

③　潘翼云:《广东顺德蚕农的生活》,见俞庆棠:《农村生活丛谈》,上海申报馆 1937 年版,第 123—124 页。

④　天津《益世报·农村周刊》1937 年 4 月 24 日。

⑤　李铮虹:《四川农业金融与地权异动之关系》,《民国二十年代中国大陆土地问题资料》第 89 册,台北成文出版社有限公司、[美]中文资料中心重印发行,1977 年初版,第 47141 页。

费尚未计算,已赔累 15 元。① 1933—1934 年间,安徽凤阳、河南襄城的烟农,收支按亩计算,1933 年分别亏损 8 元和 16 元;1934 年分别亏损 12.9 元和 7.1 元。② 河南舞阳,冀豫平汉铁路沿线地区、陕西岐山,山东潍县等地烟农,甘肃敦煌、临泽以及洮河两岸地区,大部分甚至绝大部分农户,都是入不敷出,亏损严重。③

农民在日益收支不敷、亏空扩大而又无力发展生产、增加收入的情况下,只能采取两个办法:一是进一步压缩生产和消费开支,降低生产和生活质量;二是仰赖借贷,陷入高利贷泥潭。如前述安徽合肥农户,把种子以外的生产费用和饮食以外的生活费用,大都压缩掉。江苏海门、启东佃农,1934 年同 1929 年比较,由于收入下降④,生产和生活费用明显减少,如表 2 - 55 所示,生产费用方面,肥料和人工都由 50 元减至 30 元,减少了 40%,种子更由 10 元降至 5 元,少了一半。投入减少,产出和生活消费随之下降,饮食由 120 元降至 100 元,全部开支由 326 元降至 257 元。尽管如此,收支相抵还是由原来的盈余 19 元变为亏损 7 元。

河北正定,种地 20 亩的佃农。1933 年同 1930 年比较,肥料款由 50 元减少到 40 元,收获农产总值由 300 元减少到 150 元,纳

---

① 顾猛:《崩溃过程中之河北农村》,《中国经济》1933 年 8 月第 1 卷第 4、5 期合刊,第 8—9 页。

② 章有义:《中国近代农业史资料》第 3 辑,生活·读书·新知三联书店 1957 年版,第 755 页。

③ 参见章有义:《中国近代农业史资料》第 3 辑,生活·读书·新知三联书店 1957 年版,第 754—761 页。

④ 据调查统计,一户租种 2 千步地的中等佃农,1929 年的收入为 345 元,而 1934 年减至 250 元(沈时可:《海门启东之佃租制度》,《民国二十年代中国大陆土地问题资料》第 60 册,台北成文出版社有限公司、[美]中文资料中心重印发行,1977 年初版,第 30933 页)。

表2-55 江苏海门启东佃农家庭收支变化

1929年前,1934年   单位:元

项目	1929年前	1934年
肥料	50	30
种子	10	5
人工	50	30
衣	20	20
食	120	100
住	20	20
地租	56	52
合计	326	257
盈(+)亏(-)	+19	-7

资料来源:沈时可:《海门启东之县佃租制度》,《民国二十年代中国大陆土地问题资料》第60册,台北成文出版社有限公司、[美]中文资料中心重印发行,1977年初版,第30933页。

租后的收益由125元减少到55元。[1]

压缩生产和消费支出,不仅导致生活水平下降,而且直接影响再生产的正常进行,农副业收入进一步减少,使来年的生产和生活更难维持。由此形成恶性循环,最终只有借债和破产一途。

表2-54所列21处农户中,有借贷记录的13处,加前揭安徽怀宁、云南5县和河北清苑,合计16处,列成表2-56。

从表中可以看出,各地农户负债的情况十分普遍,16处中,11处有半数以上的农户负债,最高的达97.1%,16处平均为68.5%。债款额也相当可观,按借债户计算,12处户均负债额超过50元,6处超过100元,最高的达180.57元,平均为100.3元,

---

① 康诚劢:《经济恐慌下的河北正定县农村》,《新中华》1934年8月第2卷第16期,第86页。

表2-56　江苏南京等11省市16处农户借贷情况统计

序号	地区	调查年份	调查户数	借债户		借债额(元)	
				户数	%	借债户平均	全体平均
1	江苏南京	1933	249	209	83.9	90.0	75.2
2	浙江嘉兴	1935	5113	4308	84.3	160.6	135.3
3	平湖	1936	42260	30876	73.1	129.6	94.7
4	兰溪	1934	2045	1168	57.1	180.6	103.1
5	安徽合肥	1935	280	272	97.1	58.1	56.4
6	湖北黄安	1935	20	12	60.0	43.8	26.3
7	广西12县[①]	1933	1248	327	26.2	41.8	11.0
8	四川綦江	1938	178	96	53.9	21.7	10.9
9	云南5县	1938			66.4	83.4	55.4
10	河南洛阳陕州	1935	271	235	86.7		
11	河北深泽	1930	184	137	74.5	169.3	126.1
12	定县[②]	1931—1932	123	40	32.5	63.1	20.5
13	清苑	1930	2119	433	20.4	163.4	33.4
14	清苑	1936	2272	210	9.2	179.8	16.6
15	北平3村[③]	1927	64	23	35.9	68.5	24.6
16	甘肃河西酒泉	1936	1754	1531	87.3	51.1	44.6
	总合		58180	39877	68.5	100.3	55.6

附注:①广西12县只限于1932—1933年一周年的新债,旧债不计。②定县原统计只有利息支付一项,现按年利率20%(当地普通利率为年利2分)折算为债款本金。③北平3村只限1926年一年的借贷。

资料来源:据前引相关资料综合计算编制。

相当于表2-48所列22处农户户均总收入的42.4%。按全体农户计算,平均每户的负债额也达55.6元。可见农民债务负担之重。

其他一些地区的情况也大致相同,甚至更为严重。江苏上海郊外各区,借债农户比重多在 60% 以上,法华区十居六七,漕泾区十居七八,塘桥区更在 90% 以上;常熟沙洲,84% 以上的农户负债;铜山八里屯 150 户中,112 户欠债,平均每户借债 102 元。[①] 另据国民党土地委员会 1934 年对前述江苏松江等 12 县 252232 农户的调查,负债农户为 128176 户,占 50.8%。[②] 浙江嘉善,农民负债者几占 98%。[③] 湖北武昌,据 1937 年的调查,全县负债农户占农户总数的 48%。全县 16 个乡中,负债农户占 70% 的有 7 个乡,占 40%—65% 的有 9 个乡。[④] 广东花县,据对 15 乡村 5414 农户的调查,负债者达 3426 户,占 63.3%。[⑤] 四川,据中国银行对 1556 农户的调查,1014 户负债,占 65.2%。[⑥] 山西平顺,借债农户占 80%,30 亩以下的农民,"几乎家家负债"。[⑦] 河北沧县魏家庄,全村 35 户,负债者达 30 户[⑧],占 87.5%。枣强杜雅科村,欠债农户

①　国民党上海市社会局编印:《上海之农业》,1933 年刊本,第 5、6、7、9 页;江菊林:《江苏常熟沙洲的农民生活》,《中国农村》1935 年 5 月第 1 卷第 8 期,第 77 页;《八里屯农村经济调查报告》,转见冯和法编:《中国农村经济资料续编》,上海黎明书局 1935 年版,第 6 页。

②　赵宗煦:《江苏省农业金融与地权异动之关系》,《民国二十年代中国大陆土地问题资料》第 87 册,台北成文出版社有限公司、[美]中文资料中心重印发行,1977 年初版,第 45959—45960 页。

③　《浙江吴兴嘉善龙泉天台四县经济状况及利率调查》,《工商半月刊》1931 年 9 月第 3 卷第 18 号,调查第 34 页。

④　《武昌县志》第 12 卷,武汉大学出版社 1989 年版,第 191 页。

⑤　江莘:《广东花县农村经济调查》,《中国农村》1935 年 1 月第 1 卷第 4 期,第 67—68 页。

⑥　吕平登:《四川农村经济》,上海商务印书馆 1936 年版,第 454 页。

⑦　赵梅僧:《平顺县农村经济概况》,天津《益世报·农村周刊》1934 年 7 月 28 日。

⑧　郑绍祖、张荫芳:《沧县魏家庄概况调查》,《津南农声》1936 年 12 月第 2 卷第 2 期,第 152 页。

占全村农户 76.4% 以上。①

这一时期,各地农民负债不仅十分普遍,而且呈不断增加的趋势。浙江嵊县,农民经济日差,负债户日增,"昔日之小康者,今亦负债累累"。② 四川重庆郊区,1934 年同上年比较,借债户增加了60%;广安县 14 万余农户中,借贷者达 73%,1936 年又比 1935 年增加了 2%。③ 山西屯留,"先前借贷的只有贫农和佃农,现在中农也借起债来了"。"不仅佃农贫农必须举债维持生活,就是自耕农,一切的负担大部分都要靠借债了"。④ 在青海,农民借债也是"逐年增加"。⑤

不仅借债农户增加,平均每户的负债额和借债总额也逐年上升。据对河北定县 5 村 526 农户的调查,1929—1931 年间,借债户由 171 户增加到 305 户,按全体农户平均,户均欠债额由 40 元增加到 93 元,分别增加了 78.4% 和 133%(详见表 2-57)。

广西、云南两地的资料显示,农民的借债总额也都逐年上升。如表 2-58 所示,1928—1933 年的 6 年间,广西苍梧等 5 县 22 村的农户负债总额增加了近 3.3 倍;云南昆明等 3 县 14 村农户的负债总额也增加近 2 倍。

---

① 杜连霄:《枣强县杜雅科村概况》,天津《益世报·农村周刊》1936 年 13 月 3 日。

② 浙江大学农学院刊印:《浙江八县农村经济调查》1930 年刊本,第 19—20 页。

③ 李国桢:《四川的农村高利贷》,《中国农村》1936 年 11 月第 2 卷第 11 期,第 67 页。

④ 高苗:《屯留农村经济实况》,天津《益世报·农村周刊》1934 年 12 月 1 日。

⑤ 陆亭林:《青海帐幕经济与农村经济之研究》,《民国二十年代中国大陆土地问题资料》第 45 册,台北成文出版社有限公司、[美]中文资料中心重印发行,1977 年初版,第 20799 页。

表 2 - 57 河北定县 5 村 526 农户借债增长情况统计

1929—1931 年   1929 年 = 100

年份	借债户		借债额(元)			
			借债户平均		全体农户平均	
	户数	%	金额	指数	金额	指数
1929	171	32.5	123	100	40	100
1930	230	43.7	149	121	65	163
1931	305	58.0	160	130	93	233

注:借债户户均借债额根据全体农户户均借债额和借债户占农户比重计算得出。

资料来源:据李景汉:《定县农村借贷调查》,《中国农村》1935 年 3 月第 1 卷第 6
期,第 57—58 页综合编制。

表 2 - 58 广西、云南 2 省 8 县 36 村各类农户历年负债统计

1928 年前—1933 年   1928 年 = 100

年份	广西 5 县 22 村		云南 3 县 14 村	
	负债额(元)	指数	负债额(元)	指数
1928 年以前	5496	588	1742	159
1928	935	100	1098	100
1929	2387	255	1264	115
1930	2504	268	1823	166
1931	3870	414	2971	271
1932	3198	342	3181	290
1933	3984	426	3228	294

资料来源:据国民党政府农村复兴委员会:《广西省农村调查》,第 251—255 页;国
民党政府农村复兴委员会:《云南省农村调查》,第 115、170、172 页综合计算
编制。

在农村借贷中,除亲族邻里之间的小额借贷外,一般都要以田
地房产或其他实物做抵押。因此,各地抵押田产的农户数量随借

债户递增。据对南北 22 省 2377 处的调查统计,典押田地农家占全体农户的比重从 1934 年的 41% 上升到 1935 年的 44%。[①] 虽然只有两年时间,但典押田地农户比重之高、增加速度之快,令人震惊。农民一旦陷入高利贷的泥潭,就很难翻身。借债而不能如期偿还,抵押田地而无力如期赎回,这是各地的普遍情况。随着借债农户的增长,无力还债的农户也迅速上升。上述同一调查显示,借债农户中无力还债的比重,从 1934 年的 48% 上升到 53%。债款到期不还,抵押的田产、实物即被债主没收。因此,被债主没收家产的借债户又随着无力还债户的数量递增。如河北定县,因债务被债主没收所有家产的债户,1931 年为 51 家,1932 年增至 256 家,1933 年达 2889 家,短短 3 年间增加 55.6 倍。[②]

入不敷出,抵押借债,最后因无力偿还而被债主没收田业家产,彻底破产。这就是这一时期无数农民所走的道路。

三、封建租税剥削与自耕农及佃农经济

在这一时期的农户经济状况及变化中,最值得关注的是构成全国农村人口和农业生产主体的自耕农和佃农经济。

自耕农、佃农并非严格的阶级范畴,二者涵盖的阶级范围很广。在近代一些文献资料中,"自耕农"除使用家庭劳力耕作自有土地的"自耕自食"小农外,还包括雇工经营自有全部土地的富农与经营地主;同样,佃农除依靠家庭劳力耕作租地为生的广大无地

---

① 国民党政府实业部中央农业实验所编:《农情报告》1937 年 7 月第 5 卷第 7 期,第 229 页。

② 李景汉等:《定县经济调查一部分报告书》,转见章有义:《中国近代农业史资料》第 3 辑,生活·读书·新知三联书店 1957 年版,第 767 页。

贫苦佃农外,也包括租地雇工耕种的佃富农。尽管如此,自耕农和佃农的主体还是依靠家庭劳力耕作自食的广大贫苦小农。

影响和制约广大自耕农、佃农经济的因素是多种多样的。帝国主义的掠夺,城乡商业高利贷的盘剥,都对自耕农和佃农经济产生重大影响,但对自耕农和佃农经济影响最大和最直接的是封建赋税和地租剥削。

(一)封建赋税剥削与自耕农经济

自耕农是近代农民的重要成分,各地农户中的自耕农比重因地权分配和地主富农经营习惯而异。在地权分散、地主雇工经营较普遍的地区,自耕农数量较多;反之,在地权集中、地主以招佃收租为主的地区,自耕农数量较少,所占比重很低。南北比较,南方地区地权集中,地主土地绝大部分招佃收租,自耕农数量最少。20世纪30年代的资料显示,苏南、皖南、浙江、福建、广东、广西、江西、湖南、湖北以及四川、云南、贵州等地,农户中的自耕农比重都在40%以下,最低的如苏南、皖南、浙江、广东、湖南、四川等地,更在30%以下,甚至不足20%;黄河流域和北方其他一些地区,地权相对分散,地主土地往往倾向雇工经营,自耕农数量较多,河南、河北、山东、山西、陕西、甘肃、青海、宁夏等地,农户中的自耕农比重一般都在50%以上,山东、河北、山西更超过60%。全国平均,自耕农约占农户总数的40%—50%。

直接影响自耕农经济的有两个重要社会因素:一是赋税,二是市场,其中赋税又是影响自耕农经济最主要的因素,封建田赋和捐摊始终是广大自耕农最沉重的经济负担。1927—1937年间,封建田赋和捐摊不仅没有减轻,反而不断加重,结果导致广大自耕农贫困加剧,乃至最终破产。

国民党政府实行财政改革,田赋由中央改归地方,并将其改为

"地价税",规定比例不能超过地价的 1%,但实际上,田赋正额尤其是附加都在明显加重。

据对江苏、浙江、山东、河南、四川、辽宁等 18 省(县)的调查,1902 年(光绪二十八年)时,"全国最好的稻田每亩税不过四角",到 1928—1930 年,除江西外,都增加到 1 元以上,四川最高达 5 元。如以 1902 年的田赋征额为 100,18 处中有 14 处在 300 以上,四川最高达 1250。① 田赋占地价的比例也远远超过 1%,而且在不断上升。如表 2-59 所示,关内河北、山东、江苏、浙江、四川、陕西等 22 省区(缺新疆、西康、西藏)1022 县平均,水田、平原旱地、山坡旱地田赋占地价百分比依次从 1912 年的 1.69%、1.80% 和 1.99% 上升到 1931 年的 2.08%、2.33% 和 2.48%,1935 年达 3.09%、3.49% 和 3.74%,比 1912 年加重了 0.83—0.94 倍。

表 2-59　关内江苏等 22 省区田赋占地价百分比及其变化

1912,1931—1936 年　　　　　　各该年地价=100

年份	水田	平原旱地	山坡旱地
1912	1.69	1.80	1.99
1931	2.08	2.33	2.48
1932	2.39	2.48	2.74
1933	2.67	2.74	3.05
1934	3.05	3.26	3.46
1935	3.09	3.49	3.74
1936	2.88	3.21	3.10

资料来源:据国民党政府实业部中央农业实验所编:《农情报告》1937 年第 7 卷第 4 期,第 50 页综合编制。

---

① 李作周:《中国的田赋与农民》,《新创造》1932 年 7 月第 2 卷第 1、2 期合刊,第 118 页。

不过田赋正额加重的数额和比率还是有限的,更严重的问题是各种附加和摊派的增加。田赋附加税名目始自咸丰初年四川的"按量随征津贴",此后渐成制度。到光绪后期,随着对外赔款和"新政"开支的激增,附加名目不断扩大。北洋政府时期中央和地方均以增加田赋附加为筹款和弥补财政亏空的基本手段,附加税愈益膨胀。1915 年后,北洋政府将原有附加税并入正税,并开征新的附加税,但因遭到舆论的强烈反对,财政部不得不做出"附加税不得超过百分之三十"的规定。1916 年袁世凯死后,地方军阀各自为政,互相混战,军费政费浩繁,田赋附加费的膨胀更加不可收拾。

国民党上台后,将田赋附加税放宽,1927 年规定田赋附加税不得超过正税。但实际上毫无作用,田赋附加税随着"新政"的实施,一天一天加多。1931 年厘金裁撤后,原来依靠厘金或厘金附加税的经费,也都在田赋附加上打主意,使田赋附加税之滥之重达到无以复加的程度。

田赋附加税的种类和名目与日俱增。山东在北洋政府张宗昌督鲁时,田赋附加为 4 种,30 年代初增加到 11 种;20 年代初的江苏,田赋附加还只有水利捐、自治捐、户籍捐、教育捐等 10 余种,到30 年代初已多达 147 种。江西的田赋附加也有 90 多种。据对全国 30 个省区的不完全统计,田赋附加总计达 673 种。[①]

田赋附加税的款额及其占正税的比重,也逐年加大。

江苏泰县,据收集到的地丁、漕米及其附加税缴纳收据统计,

---

① S 生:《张宗昌统治下的山东》,《向导周报》1925 年 9 月 25 日第 151 期,第 1205 页;《第一次国内革命战争时期的农民运动》,人民出版社 1953 年版,第 10 页;孙晓村:《废除苛捐杂税报告》,《农村复兴委员会会报》1934 年 5 月第 12 号,第 110 页;邹枋:《中国田赋附加的种类》,《东方杂志》1934 年 7 月第 31 卷第 14 号,第 312 页。

1914 年,丁银上下忙合计,每两征银 3.6 元,附加税 1.31 元,相当于正税的 36%;1929 年征正税 3.0 元,附加税 14.02 元,相当正税的 4.67 倍;1931 年正税 3.0 元,附加税 15.62 元,相当正税的 5.21 倍。漕粮每石 1914 年征银 5 元,附加税 0.8 元,相当正税的 16%;1929 年,附加税款及其占正税的比重分别增加到 7.65 元和 1.53 倍,1930 年分别达 10.45 元和 2.09 倍。① 浙江杭县,清季定例,地丁每两征银 1.5 元,另加征 0.3 元,用以偿还庚子赔款,是为田赋附加之始。其后"新政"迭兴,办学堂、搞自治、建警察等,都在地丁项下加征,谓之"附税"或"地方税"。进入民国,更是变本加厉,到 30 年代,已加至 8.1 元,相当正税的 5.4 倍。② 江西在 1927 年前已有县附加、省附加和中央附加三个部分,1927 年在将田赋划归地方的同时,将省附加并入正税,扩大正税额,作为省款,县附加仍继续征收,作为县款。1928 年后,附加税加速膨胀,尽管正税基数扩大,附加税的比重还是明显上升。1928 年附加税已相当正税的 30%,到 1933 年,地丁附加税最高的萍乡,每两征银 12.22 元,超过正税 3 倍;漕粮附加最高的玉山,每石征银 10.3 元,超过正税 4 倍。③ 四川在 1928 年前,地丁每两征收 1.6 元,而到 1931—1932 年,每两征收 20 元已很普遍,比过去增加 13 倍。江津县的附加税更是逐年增加:1927 年粮银每两征收 3 元,1928 年征 6 元,1929 年 9 元,1930 年 12 元,1931 年 22 元,1932 年 26

---

① 朱契:《田赋附加之繁重与农村经济之没落》,《东方杂志》1933 年 11 月第 30 卷第 22 号,第 12—13 页。

② 吉翁:《纪杭县地丁银有感》,《钱业月报》1933 年 7 月第 13 卷第 7 号,述评,第 5 页。

③ 孙晓村:《废除苛捐杂税报告》,《农村复兴委员会会报》1934 年 5 月第 12 号,第 109—110 页。

元,到 1936 年,仅上季征收已达 36 元,短短 7 年间加重了 11 倍。[①]

北方各地的情况大致相同。河南信阳,1928 年地丁每两征银 5 元左右,1933 年增至 15 元,5 年中增加了 2 倍,其中附加税达 12.8 元,相当正税(2.2 元)的 5.8 倍。[②] 山东烟台,1928 年地丁 每两征银 3 元,1931 年陡增至 36 元有余,3 年中增加了 11 倍。[③] 河北静海,田赋附加增长指数,如以 1920 年为 100,1927 年增至 125,1930 年达 303[④],10 年间增加了 2 倍多。其中 1927—1930 年 3 年间加重了 1.4 倍。陕西城固,民国初年的田赋和正杂各税,年 征收额为 6.9 万元,1931 年增至 74 万元,增加近 10 倍。同期石泉 从 7 千余元增至 24 万元,增加约 30 倍。[⑤] 青海田赋正粮,人均 0.72 元,而各种有名无名的苛捐杂税,人均摊到 6 元有余,超过正 额 8 倍以上。[⑥]

由于田赋附加名目过滥,款额过巨,农民田赋负担畸重,不仅

---

① 李作周:《中国底田赋与农民》,《新创造》1932 年 7 月第 2 卷第 1、2 期合刊,第 118—119 页;西华近代文献征集处编:《四川农村崩溃实录·四川 农村赋税负担之概况》,成都民间意识社 1935 年版,第 3 页。

② 张锡昌:《河南农村经济调查》,《中国农村》1934 年 11 月第 1 卷第 2 期,第 60 页;中央大学经济资料室编:《田赋附加税调查》,上海商务印书馆 1935 年版,第 316—317 页。

③ 马乘风:《最近中国农村经济诸实相之暴露》,《中国经济》1933 年 4 月第 1 卷第 1 期,第 7 页。

④ 李陵:《河北省静海县之田赋及其征收制度》,见方显廷编:《中国经 济研究》(下),长沙商务印书馆 1938 年再版,第 992—993 页。

⑤ 何挺杰:《陕西农村之破产及趋势》,《中国经济》1933 年 8 月第 1 卷 第 4、5 期合刊,第 7 页。

⑥ 陆亭林:《青海省帐幕经济与农村经济之研究》,《民国二十年代中 国大陆土地问题资料》第 41 册,第 20880 页。

遭到广大农民的激烈反对,中央也难于控制,后果堪忧。在这种情况下,国民党政府于1933年颁布《重订整理田赋附加办法》,要求对超额部分的田赋附加,按行政费、事业费的先后次序裁减,并在1934年一年内整理完毕。1934年5月召开的第二次全国财政会议,再次决定减轻田赋附加,强调田赋附加数额不得超过正供。6月又颁布训令,宣布"田赋永远不准再增加附加,并永远不准再立不法之捐税名目,著为定例",违者"从严惩罚"。①

国民党政府清理和减轻田赋附加的决心似乎很大,但实际上雷声大,雨点小,各省对中央的决议和训令根本无意执行。从1933年颁布整理田赋附加办法,到1934年10月止,全国实行减轻田赋附加的只有江苏、安徽、浙江和北平等4省市。其中江苏只减10万余元,安徽不到7万元,浙江虽通过减免全省田赋160万元的决议,但能否实行,还是疑问。其他各省县,则完全无意核减田赋附加,甚至通过提高正税额的手段,扩大或保持原有的田赋附加税。如河南将正税提高3倍,计2元5角,附加税也因此增至2元5角,合计5元。又另征"公安警察"1.5元及"剿赤协费"0.5元,正税、附加合计共7元,超过定额的59%。广东通过将田赋改征地价税的办法,由省财政厅指派评价委员分赴各县评定地价,按地价值百抽一的比率征税。据说全省各县一律开征地价税后,每年可得税款1700万元左右,比之从前田赋收入,"约增一倍有奇"。② 河北截至1934年年底,虽然名义上废除了90种苛捐杂税,但新的摊派又"纷至沓来",而且村公所在征收过程中,又加派

---

① 国民党政府财政部年鉴编纂处编印:《财政年鉴续编》,1945年刊本,第五篇第二章。

② 暮桥:《减轻田赋和废除苛杂》,见中国经济情报社编:《中国经济论文集》第2集,上海生活书店1935年版,第247—250页。

三四倍。因此,调查者称,"河北苛捐杂税固多,而无名之摊派尤夥"。① 有的虽然在当年减下去了,但很快复原和变本加厉。如湖北黄冈的田赋正税、附加税实征指数,如以 1912 年为 100,1934 年因田赋整顿,由 1933 年的 279.3 降至 69.4,但次年即升至 138,1936 年更达 212。② 因此,1934 年后,许多省份和地区的田赋与附加税,并没有真正减下来,甚至继续扩大。

不少省区,滥立名目,在不断增加田赋附加的同时,还实行田赋预征。河北、山西、山东、河南、湖北、湖南、福建、广东、安徽、陕西、四川等省都程度不同地存在田赋预征的情况,而以四川最为普遍和严重。

各地田赋预征的通常作法是以年度为单位,本年度田赋征收完毕后,即预征下年度,每年预征的时间、次数和年度亦无限制,完全视经费需要而定。正如当时调查者所说,"预征次无定限,时无定期,无钱即预征一年,全年毫无预计"。③ 往往一年几征,如四川田颂尧的 29 军,一年三征,甚至七八征,或八九征。1935 年,刘湘的 21 军规定一年 4 征,上下两季,每季两征,或三月一征,每月两期缴款。杨森的 20 军、刘文辉的 24 军、邓锡侯的 28 军,都是每年 6 征或 8 征。随着时间的推移,累积预征的时间愈来愈远,到 1931年时,四川各县田赋,一般已征至 1941 年以后。邓锡侯的 28 军防区已预征 1961 年的钱粮,1932 年,刘文辉的 24 军也已预征到1957 年、1958 年,田颂尧的 28 军预征到 1960 年。到 1935 年上

---

① 田文彬:《崩溃中的河北小农》,天津《益世报·农村周刊》1935 年 4月 27 日。

② 据潘湔:《黄冈县之租佃制度》,《民国二十年代中国大陆土地问题资料》第 60 册,台北成文出版社有限公司、[美]中文资料中心重印发行,1977 年初版,第 31175—31176 页计算。

③ 吕平登:《四川农村经济》,上海商务印书馆 1936 年版,第 748 页。

季,有的已经预征到 1991 年。①

除了田赋附加和预征,还有名目繁杂的兵差和摊派。有人根据 1929、1930 年报章所作的不完全统计,全国 1941 县中,除宁夏、新疆两省未详外,两年中确知负担过兵差的达 823 县,占总数的 44.1%,其中河北、山西、察哈尔、绥远、辽宁 5 省达 100%。兵差的内容和名目,既有骡夫、挑夫、兵丁等力役,也有钱币、实物,其中实物竟多达 100 种。②

兵差数额更是大得惊人。兵差也是按亩摊派,其数额大都超过地丁正税。如山东 1928 年度的全年兵差平均相当地丁正税的 2.74 倍;河北清苑各村,1929 年 6 月至 1930 年 7 月的兵差总额,相当地丁正税的 2.03 倍。在战区或战区后方,兵差数额更大,如 1929 年,冀南和豫北虽无战事,但有时是备战区,有时是战区后方,这年的兵差总额平均为地丁正税的 4.32 倍。1930 年豫东发生大战役,地处战区的商丘、郏县、柘城,4 月至 10 月的兵差总额平均相当地丁正税的 40 倍。1927 年 11 月至 1928 年 5 月,奉军在山西雁北作战,雁北各县的兵差总额竟高达地丁正税的 226 倍。③这还只是钱币,至于粮食、马料、柴草以及骡马、车辆、力役,更是无法统计。如河北,仅 1933 年 12 月至 1934 年 3 月的 3 个半月中,全省就征发大车一万四五千辆,骡马 4000 余匹,民伕 6 万余人,而且车辆、骡马均未发还。④

① 李作周:《中国的田赋与农民》,《新创造》1932 年 7 月第 2 卷第 1、2 期合刊,第 124 页;吕平登:《四川农村经济》,上海商务印书馆 1936 年版,第 748—479 页。

② 王寅生等编:《中国北部的兵差与农民》,中央研究院社会研究所 1931 年印本,第 7—11 页。

③ 王寅生等编:《中国北部的兵差与农民》,第 11—18 页。

④ 钱亦石等:《中国农村问题》,上海中华书局 1935 年版,第 11 页。

　　繁重的田赋及其附加、兵差和摊派吞噬了广大自耕农的大部分土地和农副业收入,还直接占用农民的劳力和生产资料,使农民无法维持正常的生产和生活。

　　据1932年前的调查,江苏苏常一带,平均每亩收入20元左右,青浦10.5—18.8元,河南只有10元左右,山东鲁西只有七八元。农业的总收入至少要有5%,多的甚至14%以上充作田赋。①

　　1932年后,许多地区的田赋及其附加进一步加重,占土地和农业收入的比重进一步提高。表2-60具体反映了江苏、浙江、江西、湖南、广东、四川、河北以及绥远、陕西、甘肃等省一些地区的农户田赋负担情况。

表2-60　江苏江宁等13省26处农民田赋负担示例

序号	地区	年份	每亩/每户收入(元)	田赋及其附加(元)	田赋/收入(%)
1	江苏江宁	1935	4.0	1.1	27.5
2	无锡	1935	22	1.08	4.9
3	浙江嘉善	1933	14.0	1.375	9.8
4	嘉善新开河	1935	13.3	1.5	11.3
5	龙游	1935	4.52①	0.904	20⁺
6	江西	1933	8.0	0.96②	12
7	广丰	1933	10③	60	600⁺
8	湖北黄安④	1935	85.6	4.32	5.0
9	湖南长沙⑤	1933	108	15	13.9
10	溆浦	1934	6.0	1.174	19.6
11	澧县安乡	1936	8.4	3.0	35.7

①　李作周:《中国的田赋与农民》,《新创造》1932年7月第2卷第1、2期合刊,第118页。

续表

序号	地区	年份	每亩/每户收入（元）	田赋及其附加（元）	田赋/收入（%）
12	广东高要	1934	42.5	11.0	25.9
13	广西玉林⑥	1933	180.19	6.81	3.8
14	邕宁⑦	1936	174	15	8.6
15	四川刘湘防区⑧	1935	120±	70±	58±
16	崇庆⑨	1934	300±	150±	50±
17	江苏涟水⑩	1936	3.73	2.46	66.0
18	邳县⑪	1936	9.79	0.51	5.2
19	灌县	1934	5.20	4.936	94.9
20	河北玉田	1936	6.0	3.0	50.0
21	山西晋中	1933	1.656	0.90	54.3
22	绥远五原⑫	1933	30	80	266.7
23	陕西	1935	3—4	8—9	200±
24	汉中	1932	6.5—14.5	15.5	106.9—238.5
25	甘肃河西⑬	1936	251.4	90	35.8
26	安西⑭	1936	300±	300±	100

附注：①②系本书计算。③以江西省"最优"土地产额计算。④按该县成庄村4户自耕农平均计算。⑤按有田10亩的自耕农计算。⑥系16户自耕农平均数。⑦按种田8亩的自耕农计算，田赋团捐、临时征派未在内。⑧刘湘防区包括重庆及其迤东地区，收入和田赋按1斗种的面积计算。⑨收入和田赋按粮银1两（50亩田）计算。⑩该县陈家巷一户有地88亩的富农实况，田赋包括4亩地的"烟费"（20元/亩）。⑪一户有地32.7亩的自耕农实况。⑫按1顷地的收入和田赋计算。⑬按种地50亩自耕农计算。⑭按种地60亩自耕农计算。

资料来源：据章有义：《中国近代农业史资料》第3辑，第33—39页（1957年版）；《农行月刊》第2卷第4期，第32页（1935年4月）；《沪农》第1卷第3号，第10页（1933年9月）；千家驹等：《广西省经济概况》，第56、58页（1936年版）；天津《益世报·农村周刊》1935年7月13日、1935年10月26日、1936年2月15日、1936年5月13日；李扩清：《甘肃河西农村经济之研究》，《民国二十年代中国大陆土地问题资料》第52册，台北成文出版社有限公司、[美]中文资料中心重印发行，1977年初版，第26453—26454页综合计算编制。

如表，在不同地区，农户田亩收入、田赋及其附加税额，以及田赋占田亩收入的比重，差异颇大。但总的说，农民的田赋负担大都十分严重。13 省 26 处中，田赋占土地收入的比重，只有 6 处低于 10%，而且尚未包括团捐、临时征派等苛杂在内。10 处在 20% 以下，其余 16 处均超过 20%，其中更有 11 处等于或超过 50%，5 处等于或超过土地全部收入。绥远、陕西一些地区，田赋相当土地收入的 2 倍以上，江西广丰最高竟达 6 倍。

20 世纪二三十年代，农业生产力水平不高，自耕农的农业经营规模一般都很小，黄河流域和北方地区，大多只有 10—20 亩，长江流域及其以南地区，大多不足 10 亩。据 1934 年对湖北、河南、河北 3 省平汉铁路 34 个车站周围 1231 户自耕农的调查，湖北平均为 10 亩，河南、河北为 22.3 亩。[①] 由于人口增加等原因，自耕农的耕作面积还在进一步缩小，据对河南、湖北、安徽、江西等 4 省 53 县的调查统计，自耕农的平均耕作面积，1913 年为 20 亩，1923 年缩减到 18 亩，1934 年时只有 17 亩[②]，22 年间缩小了 15%。而且农业收成又极不稳定，绝大多数自耕农进行的是一种勉强饣口的简单再生产，能够提供的剩余产品数量很少。苛重的田赋严重侵蚀广大自耕农的生产和生活资料，加大了生产成本，导致生产完全无利可图，甚至严重亏折。

20 世纪 30 年代，全国各地不乏自耕农生产亏折、家庭入不敷出、无以为生的资料记载。1935 年调查的浙江嘉兴 803 户自耕农

---

① 陈伯庄：《平汉沿线农村经济调查》附录三，上海交通大学研究所 1936 年印行。

② 金陵大学经济系：《豫鄂皖赣四省之租佃制度》，金陵大学经济系 1936 年刊本，第 13—15 页。

中,仅 44 户有盈余,759 户亏折,亏折户占调查户数的 94.5%。①
1934 年调查的兰溪 665 户自耕农中,320 户盈余,345 户亏折,后
者占调查总数的 51.9%。② 湖北黄安成庄调查的 4 户自耕农中,3
户亏折。③ 广西邕宁,入不敷出是 20 世纪 30 年代"一般农家的普
遍现象"。④ 四川安县,"税厘重重,中人之家有山田百余亩,而常
常断炊者"。⑤ 在当地,有田百余亩应是为数不多的富裕农户,尚
且"常常断炊",仅有田 10 亩或三五亩的小自耕农,生活的艰窘可
想而知。在贵州开阳,"即属自耕农,除田赋外,年时亦有不敷,至
半自耕农更无论矣"。⑥ 云南昆明,据 1938 年的调查,177 户自耕
农中,亏折的 101 户,占总数的 57.1%。⑦

在北方,河北的普遍情况是,田赋附加超过正税数倍,"农民
负担奇重,入不敷出"。⑧ 景县田赋税捐弄得民穷财尽,自耕农负
债累累,田赋成为农民的最大恐慌。当地歌谣说,"秋收已完,有
帐不能还,东拼西凑勉强过新年。忽听完钱粮,逼的要上天"。⑨

---

① 据冯紫岗:《嘉兴县农村调查》,第 152 页表 157、第 154 页表 162、第
157 页表 167 综合计算。

② 据冯紫岗:《兰溪农村调查》,浙江大学 1935 年刊本,第 124—126 页
表 122—128 页综合计算。

③ 张培刚:《成庄村的农家经济》,天津《益世报·农村周刊》1935 年
10 月 26 日。

④ 雷宾文:《广西邕宁的农村经济》,天津《益世报·农村周刊》1936 年
2 月 15 日。

⑤ 民国《安县志》第 56 卷,礼俗,1938 年刊本,第 8 页。

⑥ 民国《开阳县志稿》,1939 年铅印本,第九章,社会,第 23 页。

⑦ 林定谷:《昆明县租佃制度之研究》,《民国二十年代中国大陆土地
问题资料》第 63 册,台北成文出版社有限公司、[美]中文资料中心重印发
行,1977 年初版,第 32698—32699 页。

⑧ 《保定生活一斑》,《农村经济》1934 年 3 月第 1 卷第 4 期,第 66 页。

⑨ 民国《景县志》第 6 卷,歌谣,1935 年刊本,第 49 页。

三河"地窄人稠,所产已不敷所用,加之水旱频仍,税捐苛重,饥寒交迫"。[①] 青海各县,"赋税繁重,无力缴纳",农家"均属收不敷出"。[②]

有关农户家庭的收支统计(或估计)数字,更清晰地显示自耕农亏折和入不敷出的严重程度。表2-61是江苏南京等9省16处自耕农的收支盈亏统计。

表2-61　江苏南京等9省16县自耕农家庭收支盈亏表

单位:元

序号	地区	年份	调查户数	收入	支出	盈(+)亏(-)
1	江苏南京	1932	153	167.6	230.2	-62.6
2	浙江嘉兴	1935	803	153.2	275.1	-121.9
3	兰溪	1934	665	421.2	433.8	-12.6
4	安徽合肥	1934	62	81.1	84.6	-3.5
5	无为	1931		214	269	-55
6	湖北黄安	1935	4	85.6	102.1	-16.5
7	广西玉林	1933	16	410.4	367.8	+42.6
8	邕宁[①]	1935		224	264	-40
9	四川自流井[②]	1937	2	139.5	102.7	+36.8
10	江苏涟水[③]		1	328	576.8	-248.8

① 民国《三河县新志》第15卷,实业篇,1935年刊本,第2页。

② 陆亭林:《青海省帐幕经济与农村经济之研究》,《民国二十年代中国大陆土地问题资料》第41册,台北成文出版社有限公司、[美]中文资料中心重印发行,1977年初版,第20780页。

续表

序号	地区	年份	调查户数	收入	支出	盈(+)亏(-)
11	邠县	1936	1	320.3④	393.2	-72.9
12	安徽霍邱	1931		225	255	-30
13	河南洛阳陕州	1935—36	134	349.7	382.0	-32.3
14	甘肃临泽⑤	1933		92	170.6	-78.6
15	河西	1936		251.4	309	-57.6
16	青海⑥	1935		160	213	-53
	平均			226.4	276.8	-50.4

附注:①种田8亩的自耕农丰年收支估算。原资料收入中144元为所收稻谷折价,未计入支出,调查者说,农民"能有米出售的很少"。现将144元计入支出。②支出只包括作为生产费用的雇工伙食工资、家工伙食和"其他"(占支出的16.7%)等3项,未计生活费用。③收入只包括农业收入,未计副业收入;支出只有赋税(216.8元)和家庭消费,未计生产费用。④收入只包括农业部分,未计副业。⑤系全家5口、耕作40亩的自耕农收支估算,收入只限于农业,未包括副业;支出只包括"有形"(有数)的几项,据说"尚有无形支出,为数甚巨"。⑥全家5口、种田40亩的自耕农收支估算。收入只包括农业,未包括副业。

资料来源:1、2、3、4、6、7、9、15、16 同前揭书。5、12 据《中国经济年鉴》(1934 年)第六章,第F380—381 页。8 据雷宾文:《广西邕宁的农村经济》,天津《益世报·农村周刊》1936 年 2 月 15 日。10、11 据钱北能:《江苏北部农村经济现况》,天津《益世报·农村周刊》1936 年 5 月 13 日。14 据明驼:《最近甘肃的财政与社会》,《新中华》1934 年 3 月第 2 卷第 6 期,第 32—33 页。

如表所示,按调查农户平均计算,16 处中,只有 2 处的自耕农有盈余,其余 14 处都是入不敷出。不敷数额最少的 3.5 元,最高达 248.8 元,相当收入的 75.9%。甘肃临泽自耕农的亏短数额更相当于收入的 85.4%。16 处平均,亏短金额达 50.37 元,相当于收入的 22.2%。

2 处有盈余的自耕农中,四川自流井自耕农的"盈余",只是扣除生产成本后的剩余,其家庭支出只列出作为生产费用的雇工伙食、工资,家工伙食和"其他"等3项,并未包括家庭非劳力成员的伙食和包括"家工"在内家庭成员的衣饰、医疗以及其他开支。显然,将35.8元"盈余"用作上述家庭开支是远远不够的,因而亏折无疑。[①] 只有广西玉林例外。该处自耕农略有盈余,主要有两个原因:一是实行多种经营,收入多元化,农业外的收入较多,作物(稻谷、杂粮和其他作物)只占总收入的43.9%,田场杂项(19.6%)、畜产(7.4%)、家庭手工业(23.7%)和其他副业(5.5%)收入合计占总收入的56.1%,从而使家庭收入明显增多;二是赋税负担较轻,赋税总额为6.81元,只占农业作物收入3.8%,家庭全部收入的1.7%。这种情况不论广西其他县还是其他省份,都不多见。因此,无论南北,绝大部分自耕农家庭都是亏损,能够做到盈余或收支平衡的极少。

田赋负担沉重,生产亏损,严重挫伤了广大自耕农的生产积极性,有的其至连成熟的庄稼也不愿收割。如绥远五原,因一顷地的收入仅30元,而田赋及附加多达80元,农民倾其所有,尚不敷50元。"人民感于捐税之痛苦,多任谷物败毁于地,不事收拾,以求免税"。[②] 陕西褒城、南郑、石泉一带,1932年每亩收入不过5元,而田赋正税就有2元,杂派和兵差每亩还要摊到四五元或七八元不等,农民无力支撑。"他们最初出售田地,再则变卖什物,继而

---

① 位于自流井西南的屏山,一般自耕农家庭生活支出相当生产支出的110.6%(参见李鉴清:《屏山农村经济之研究》,《民国二十年代中国大陆土地问题资料》第54册,台北成文出版社有限公司、[美]中文资料中心重印发行,1977年初版,第27913页)。以此作为参数,自流井自耕农的生活支出应为113.48元,整个支出合计216.18元,亏短76.68元,占收入的54.97%。

② 马乘风:《最近中国农村经济诸实相之暴露》,《中国经济》1933年4月第1卷第1期,第5页。

又典卖房屋,无非为应付税捐以苟延残喘"。由于典卖田地、房屋、什物的人太多,以致"田地无人过问,举地赠人且无人敢要,房屋什物又无人敢买,贫农只得弃地不耕,卖儿卖女以作逃亡的费用"。石泉原有 4.3 万户,1932 年春夏两季就减少了 5000 户。①甘肃各地,"苛杂的繁重,是促使甘肃农村经济破产的致命打击,亦是农民走上逃亡一途的主要原因"。在安西,因田赋苛重,"多种多赔本,少种少赔本",自耕农纷纷售卖田产,以致地价奇跌,上等地的最高价也只合 1 元一亩,中下等地即使倒贴耕牛房屋器具,也无人承种,甚至有倒贴少女或青年寡妇,以与承种人为妻之事。"田地累人,竟至如此"。②

有的更是被迫铤而走险,为匪为盗。如 30 年代的调查称,湖北黄冈,"近年以来,天灾匪祸,苛捐杂税,农民由土地所得到的是微乎其微,甚至一无所得,但负担却是一重一重加上去,逼得贫农无以为生,有的铤而走险,加入盗匪,抢劫绑架等案件,层出不穷"。③

(二)封建地租剥削与佃农经济

佃农通常须将半数以上农产品作为地租或其他形式的贡物交给地主。因此,相对于自耕农而言,佃农必须耕种更多的土地或获取其他收入,才能维持基本的生活。如江苏川沙,夫妻二人,加两

---

① 陈翰笙:《破产中的汉中的贫农》,《东方杂志》1933 年 1 月第 30 卷第 1 号,第 71—72 页。

② 余源昌:《甘肃的农村经济》,天津《益世报·农村周刊》1936 年 9 月 5 日;陈赓雅:《西北视察记》上册,申报月刊社 1936 年版,第 277—278 页。

③ 潘洄:《黄冈县之租佃制度》,《民国二十年代中国大陆土地问题资料》第 60 册,台北成文出版社有限公司、[美]中文资料中心重印发行,1977 年初版,第 31115—31116 页。

个小孩,种 10 亩自田,"可以过活",但种租田须满 30 亩,其收益才等于自田 10 亩。[1] 另据调查统计,吴淞耕作面积不足 50 亩的自耕农平均收入 790 元,同类佃农仅 171 元,种地 100 亩以上的佃农平均收入 780 元,比 50 亩以下的自耕农还少 10 元。[2] 四川自流井,1937—1938 年的农户周年经营概算资料显示,经营面积为 9.4 亩的佃农和经营面积为 9.5 亩的自耕农,农产品折款分别为 108 元和 110 元。耕作面积和土地收入都十分相近,但佃农在缴纳 69 元地租后,实际收入仅 39 元,只相当于自耕农的 35.5%。[3] 1937 年对贵州镇沅、独山、兴仁、镇宁和黔大毕等 5 个地区 356 农户的调查资料显示,自耕农平均每种植亩的收入为 6.40 元,而佃农为 4.61 元。[4] 佃农单位耕作面积实际收入同自耕农的差距,因地而异,但在大部分地区,佃农可能只相当后者的 1/3 至 2/3。

然而,佃农的耕作面积一般与自耕农相近,农业经营规模同样十分狭小,甚至比自耕农更小,生产条件更差。

据对安徽凤台、亳县、怀宁、望江、舒城、庐江、来安、全椒、芜湖、宣城、铜陵、绩溪等 12 县的调查统计,自耕农户均耕作面积为 15.37 亩,佃农为 15.94 亩,自耕农兼佃农为 17.78 亩。佃农的耕作面积比自耕农略大,但数量有限。自耕农兼佃农的耕作面积稍

---

[1]　民国《川沙县志》第 5 卷,农业志·农业,1937 年刊本,第 18 页。

[2]　邓飞黄:《中国经济的衰落程度及其前途》,《中国经济》1933 年 4 月创刊号,第 15 页。

[3]　张树植:《自流井土地利用之调查》,《民国二十年代中国大陆土地问题资料》第 56 册,台北成文出版社有限公司、[美]中文资料中心重印发行,1977 年初版,第 29050—29053 页。

[4]　国民党政府资源委员会等:《贵州省农业概况调查》,贵州农业改进所 1939 年印本,第 61 页。

大一些,但按人口计算,耕作面积也极其有限。① 据 1934 年对河北、河南、湖北 3 省平汉铁路 34 处车站农村 1690 农户的调查,1231 户自耕农户均耕作面积为 21.4 亩,23 户半自耕半佃农为 25.5 亩,而 225 户佃农只有 18.6 亩。按人口计算,自耕农人均耕作面积为 3.3 亩,半自耕农为 3.4 亩,而佃农只有 2.9 亩。②

不仅如此,佃农耕种的土地一般比自耕农差。在北方地区,自耕农大多有一定比例的水浇地和平地,佃农则不少是旱地和坡地;在南方地区,自耕农多为水田,其中不少是坝田,佃农则多为冲田、旱地。如四川屏山,自耕农、半自耕农多为土质较好的坝田,而佃农多为坡土旱地。据 1939 年对 95 农户的调查,7 户自耕农耕种的 374.9 亩土地中,水田占 69.5%,而 58 户佃农耕种的 2078.8 亩土地中,水田只占 16%,其余 86% 都是坡土旱地。③

佃农的生产条件也很差。耕畜、农具、种子、肥料和资金短缺是各地佃农的普遍情况,其严重程度更甚于一般自耕农。如江苏宝应,有足用良好耕畜、农具的自耕农尚分别占 85% 和 96.7%,而佃农只有 43% 和 65%。④ 前述浙江兰溪 2045 农户,自耕农中的

---

① 自耕农兼佃农的人均耕作面积为 2.74 亩,自耕农为 2.52 亩,佃农为 3.02 亩。(参见郭汉鸣、洪瑞坚:《安徽省之土地分配与租佃制度》,正中书局 1937 年版,第 54—56 页表 45—47)

② 据陈伯庄:《平汉沿线农村经济调查》,交通大学研究所 1936 年刊本,附表 3 综合计算。

③ 李鉴清:《屏山农村经济之研究》,《民国二十年代中国大陆土地问题资料》第 54 册,台北成文出版社有限公司、[美]中文资料中心重印发行,1977 年初版,第 27858—27859 页。

④ 马宝华:《宝应之租佃制度》,《民国二十年代中国大陆土地问题资料》第 61 册,台北成文出版社有限公司、[美]中文资料中心重印发行,1977 年初版,第 31753 页。

养牛户占 80.2%,而佃农只有 30.7%。① 广东仁化,佃农中的养牛户也只有 2/3 左右,耕田大都借用地主牲口。② 江西、安徽、湖北、河南以及其他地区佃农的情况大致相同。据对上述 4 省的调查,有良好耕畜、农具的自耕农分别占 87% 和 81%,而佃农只有 66% 和 64%。③

　　这样,佃农和自耕农在家庭收入和经济状况方面,也就存在明显的差异。在经营规模相近的情况下,自耕农可能基本维持生活,而佃农则入不敷出,难以度日。有人对江苏常熟骨方桥各类农户的收支状况进行比较,自耕农耕作面积在 6 亩以上的,能大体收支平衡或略有盈余;自耕兼佃农耕作 6—10 亩的,平均每户亏短 5 元,而佃农平均每户亏短 20 元。佃农要耕作 11 亩以上才能收支平衡。④ 前述关于江苏吴淞各类农户的家庭收支统计显示,耕作面积不足 50 亩、50 亩以上和 100 亩以上的 3 个组别的自耕农均有盈余,金额自 70 元至 570 元不等,自耕兼佃农不足 50 亩的亏损,50 亩以上和 100 亩以上的有盈余,金额自 75 元至 200 元不等,已明显低于自耕农,而佃农则全部亏损,金额自 126 已至 300 元不等。⑤ 湖北黄梅,种地 10 亩,全年可收稻谷 20 石,棉花 350 斤,小麦 2.5 石,黄豆 5 石,总计折银 112.5 元。若系自耕农,扣除生产

---

　　① 据冯紫岗:《兰溪农村调查》,浙江大学 1935 年刊本,第 88—90 页表 75—77 综合计算。

　　② 国立中山大学农学院:《广东农业概况调查报告书续编》上卷,1928 年调查,1929 年印本,第 288 页。

　　③ 金陵大学农业经济系:《豫鄂皖赣四省租佃制度》,金陵大学农学院 1936 年刊本,第 113—115 页。

　　④ 兆熊:《江苏常熟八个村庄土地分配状况》,《中国农村经济研究会会报》1934 年 1 月第 2 期。

　　⑤ 《工商半月刊》1929 年 10 月 1 日第 1 卷第 9 期,第 118—119 页。

费用(未计赋税),可得 85 元的收益,足够一家三口生活而有余;若是佃农,扣除生产费用和地租,仅余 28.5 元,还不够一个农业佣工的工资。[①] 浙江淳安,据说自耕农一般"适足自存",而"佃农受重利苛租之痛苦,有不能维持生活的"。[②] 杭州的情况是,自耕农"尚能自给",但"佃农雇农终岁勤劳,所获除完租以外,不足温饱"。[③] 广西贺县,有人对各类农户进行比较后说,佃农与自耕农或半自耕农不同,自耕农自田自耕,获利一倍;半自耕农须租种部分土地缴纳地租,获利当亦减少,但尚能支持;最苦者唯佃农,一家数口,批田十亩,蓄一牛,乏资本,迫于借贷,一年两收,除纳租外,得谷 3750 斤,以每担 4 元计,获银 250 元,扣除人工、肥料、种子和农具添补诸费,仅余 10 元,尚不敷借贷利息。[④] 福建闽侯,一户种田 8 亩的自耕农,已是中等农户,但租田 8 亩的佃农,两季获谷最多 64 担,交租半数,余 32 担,折款约 128 元,仅足维持两人生活。[⑤] 贵州开阳,一人最多种 15 亩,收谷 25 石。如为自耕农,除田赋外,已是时有不敷;若是佃农,则须以半数缴租,仅余 12.5 石,家以 5 口计,年需口粮 25 石,因而不足半数。[⑥]

如此等等,无一处佃农的经济状况不比自耕农更差。值得注意的是,这些佃农的耕作规模已远远超出了当地农户的平均水平。

---

① 穆岩:《湖北农村经济概观》,《政治月刊》1934 年 4 月创刊号,论著第 44 页。

② 《淳安县农工商学界经济状况及借贷利息调查表》,《工商半月刊》1931 年 8 月 1 日第 3 卷第 3 期,调查,第 33 页。

③ 国民党政府建设委员会调查浙江经济所统计课编:《杭州市经济调查》上编,调查浙江经济所出版发行,1932 年初版,第 266 页。

④ 民国《贺县志》第 2 卷,社会问题,1934 年刊本,第 94 页。

⑤ 许训勋:《闽侯农村见闻录》,《农业周报》1935 年 2 月 5 日第 4 卷第 6 期,第 160 页。

⑥ 民国《开阳县志稿》1939 年铅印本,第九章,社会,第 23 页。

耕作面积不足或劳力欠缺者就更不待言了。

在广大自耕农尚且普遍入不敷出、经济状况日益恶化的情况下,佃农是很难做到收支平衡、家给人足的。20 世纪 30 年代末,有人调查四川农村租佃关系后得出结论:"无论大佃小佃,纯依佃耕之收入,大都不能维持其全家最低之生活,尤以小佃为甚。而所以能勉强维系者,全恃因佃得房地一份,以为居住耕种之所,再利用农暇操种之副业"。① 这种情况不限于四川,其他地区亦然。

江苏无锡,有人计算,一个生活极为简单的佃农,每人全年生活费需 44.15 元,一亩租田年收 24 元,扣除地租、工资、种子、肥料、灌溉、农机修理等开支 18 元,仅余 6 元。② 如此算来,一个佃农必须租种 7 亩半水田,才能勉强维持一个人的生活,而妻子儿女的生活费还全无着落。另据调查,无锡一户家有 3 口、租种 10 亩水田的佃农收支是:全年米麦收入共计 316 元,种子、肥料、车水、除草人工以及全家生活费支出共 330 元,尚不足 14 元。③ 但是,地租尚未计算在内。如以米麦收入半数(即 158 元)交租,则实际亏短 172 元,可见亏短数额之大。而且,在人多地少、耕地十分紧缺的无锡,3 口之家租种 10 水田、人均耕地面积达 3.3 亩的佃农是极少的。显然,佃农单靠农业,根本无法生活。前述南京汤山 249 农户,家庭收支平均计算,自耕农、半自耕农和佃农全都亏损,亏损金额依自耕农、半自耕农、佃农的顺序递增:自耕农每户 62.62 元,半自耕农 94.28 元,而佃农达 104.71 元,居各类农户

---

① 郭汉鸣、孟光宇:《四川租佃问题》,商务印书馆 1944 年版,第 132 页。

② 丁一:《无锡农村之现况》,《农行月刊》1935 年 4 月第 2 卷第 4 期,调查,第 32 页。

③ 章子键:《中国佃农问题之检讨》,《新中华》1933 年 7 月第 1 卷第 14 期,第 26 页。

之首。①

西南地区,四川雅安,佃农耕种一亩水田,年收 19 元,地租、牛力、种子、人工、肥料等支出共 19.2 元,收支相抵,已是亏损。但这还是人工出自己力,膳食自备,肥料亦用粪尿,无需外购。如果雇用人工,外购肥料,亏损愈加严重,一家老小的衣食更无从解决。②成都平原一带的佃农情况更糟。据说当地一个壮农可耕 10 亩,1937 年前,一个佃农租田 10 亩,大春亩产折价 20.98 元,纳租 16.74 元,仅余 4.24 元,10 亩合计 42.4 元,而生产费用需 50 元,亏折近 7 元,亏损部分和全家老小的生活全靠副业和小春弥补。但是,小春无论菜籽或小麦,每亩不过 10 元,合计不过 100 元,同样必须扣除生产费用,余额极其有限。值得注意的是,在成都平原能租种 10 亩水田的佃农已算"小康农户",因为要租到 10 亩水田,仅押租和中人酬谢就需七百数十元。"小康农户"尚且如此,赤贫下佃农更不待言。③

在北方,1933 年玉田有调查说,佃农以种田 10 亩计,产粮 6 石,折款 36 元,纳租 30 元,种子、肥料 10 元,其他杂费 4 元,合计 44 元,人工及家庭成员的生活费尚未计算,即已亏损 8 元。④ 又据 1936 年的调查,一户租种 15 亩水田的佃农,亩产大米 1 石,15 亩

---

① 孙枋:《南京汤山二百四十九农家经济调查》,见冯和法编:《中国农村经济资料续编》,商务印书馆 1935 年版,第 52 页。

② 李铮虹:《四川农业金融与地权异动之关系》,《民国二十年代中国大陆土地问题资料》第 89 册,台北成文出版社有限公司、[美]中文资料中心重印发行,1977 年初版,第 47143—47144 页。

③ 陈太先:《成都平原租佃制度之》,《民国二十年代中国大陆土地问题资料》第 62 册,台北成文出版社有限公司、[美]中文资料中心重印发行,1977 年初版,第 32580—32582 页。

④ 《玉田农村破产,农民辛劳得不偿失》,《农村经济》1934 年 1 月第 1 卷第 2 期,第 71 页。

合计折款 90 元,对半交租,或每亩 3—5 元纳钱,共扣租 45—75 元,按户缴纳的捐税、摊款,1934 年为每户 60.8 元。这样,即使不算生产成本和家庭生活开支,已亏短 15.8—45.8 元。调查者不禁哀叹:"农民真还想活命吗?"[1]

　　种植粮食作物的佃农如此,种植经济作物的佃农也同样如此。江西鄱阳烟区,一个劳动力只能种一亩烟田,以往一亩可收烟 2 担,得款 100 余元,扣除地租,尚可换取全年食用的米麦。进入 20 世纪 30 年代,烟叶市价由每担 50 余元跌至 20 余元,一亩所得仅三四十元,扣除地租和成本,所余无几。故一年中有半年以上要靠掘苦菜和草根活命。[2] 安徽凤阳、河南襄城、山东潍县等地的种烟佃农,亏损比种粮食的佃农还严重。凤阳、襄城种烟佃农的亏损分别比种高粱的佃农大 6 倍和 3 倍。潍县种大豆的佃农尚可每亩获利 1 元,而种烟佃农每亩亏损 5 元。[3] 江苏武进的养蚕农民,因茧价低落,经济一年比一年艰难。茧价由每担 80 元而 70 元、而 60 元,1936 年已降至每担 30 余元乃至 20 元左右。桑叶更不值钱,几角钱一担,尚且找不到买主。蚕桑生产难以维持,只得又回到稻麦种植。从前拼命开辟的桑园,现在又拼命挖掘,恢复为稻田。但谷价也持续低落,还是"还了租籽,不够偿债;偿了债款,不敷还租;自己吃的穿的,完全落空"。[4]

---

　　[1]　志明:《"防共自治"下的玉田农村》,《中国农村》1936 年 3 月第 2 卷第 3 期,第 65—66 页。

　　[2]　沙芸:《鄱阳县的种烟农民》,《中国农村》1936 年 2 月第 2 卷第 1 期,第 63、65 页。

　　[3]　陈翰笙:《产业资本与中国农民》(英文),译文转见章有义:《中国近代农业史资料》第 3 辑,生活·读书·新知三联书店 1937 年版,第 85 页。

　　[4]　念飞:《剧变中的故乡——武进农村》,《东方杂志》1936 年 3 月第 33 卷第 6 号,第 115—116 页。

一些个案调查资料也都显示,大部分乃至绝大部分佃农入不敷出,经济困窘。据 1935 年对浙江嘉兴 4312 农户的调查,1404 户佃农中,收支盈余的 133 户,占 9.5%,亏损的达 1271 户,占 90.5%。① 另据 1934 年对兰溪 2045 农户的调查,410 户佃农中,盈余的 100 户,占 24.4%,亏损的 310 户,占 75.6%;652 户半自耕半佃农中,盈余的 180 户,占 27.6%,亏损的 472 户,占 72.4%;101 户佃农兼雇农中,盈余的 33 户,占 37.7%,亏损的 68 户,占 67.3%。② 云南昆明县,据对 483 农户的调查,73 户佃农中,收支盈余的 10 户,占 13.7%,亏损的 57 户,占 78.1%;202 户半自耕半佃农中盈余的 50 户,占 24.8%,亏损的 131 户,占 64.9%。③

在生产严重亏损、家庭入不敷出的情况下,佃农唯有借债之一途。因佃农的亏损更甚于自耕农,负债也比自耕农更普遍。上述江苏松江等 12 县 252232 农户,自耕农中的借债户比重为 48.9%,而佃农和半自耕半佃农分别为 55.3% 和 62.9%。④ 南京汤山 249 农户中,也以佃农尤其是兼佃农的借债户数和债额最多。⑤ 前述浙江兰溪 2045 农户中,666 户自耕农的负债率为 43.2%,而 410

①　据冯紫岗:《嘉兴县农村调查》,第 152 页表 157、第 154 页表 162、第 157 页表 167 综合计算。

②　据冯紫岗:《兰溪农村调查》,浙江大学 1935 年印本,第 124—126 页表 122—128 综合计算。

③　林定谷:《昆明县租佃制度之研究》,《民国二十年代中国大陆土地问题资料》第 63 册,台北成文出版社有限公司、[美]中文资料中心重印发行,1977 年初版,第 32698—32699 页。

④　转见赵宗煦:《江苏省农业金融与地权异动之关系》,《民国二十年代中国大陆土地问题资料》第 87 册,台北成文出版社有限公司、[美]中文资料中心重印发行,1977 年初版,第 45959—45960 页。

⑤　孙枋:《南京汤山二百四十九农家经济调查》,见冯和法编:《中国农村经济资料续编》,商务印书馆 1935 年版,第 52—53 页。

户佃农和 652 户半自耕半佃农的负债率分别为 77.8% 和
65.5%。① 嘉兴 5113 农户中,自耕农的负债率为 88.2%,佃农和
半自耕半佃农的负债率分别为 89.1% 和 92.3%。② 安徽合肥,据
1935 年的调查,280 农户中,198 户佃农有 191 户欠债,负债率为
96.5%;17 户半自耕半佃农全部欠债,负债率达 100%。③ 云南昆
明,1938 年调查的 526 农户中,自耕农负债率为 36.9%,佃农和半
自耕半佃农分别为 50.4% 和 48.9%。④ 河南洛阳、陕州,则
80% 以上的佃农负债于地主,不过并非地主贷给佃农现金,而多
为佃农欠租折款或借粮折款。往往新旧相积,既还而复欠,永无
休止。⑤

因佃农欠债明显高于自耕农,故在一些地区,农户负债率的高
低同佃农的比重高低成正比。1929 年对浙江嵊县白泥堪、白泥墩
和谷米村、中碧溪村的调查称,四村负债农户中,"佃农占多数",
自耕农负债者较少,故"佃农多于自耕农之农村负债者多,自耕农
多于佃农之农村负债者少"。前两村佃农占 50.7%,自耕农只占
4.9%,农户负债率为 69.5%;后两村佃农占 10.5%,自耕农占

---

①　冯紫岗:《兰溪农村调查》,第 128 页。

②　冯紫岗:《嘉兴县农村调查》,第 158 页表 168、第 159 页表 170。

③　赵世昌:《合肥租佃调查》,《民国二十年代中国大陆土地问题资料》
第 58 册,台北成文出版社有限公司、[美]中文资料中心重印发行,1977 年初
版,第 29809—29810 页。

④　林定谷:《昆明县租佃制度之研究》,《民国二十年代中国大陆土地
问题资料》第 63 册,台北成文出版社有限公司、[美]中文资料中心重印发
行,1977 年初版,第 32700—32701 页。

⑤　孟光宇:《洛阳陕州之租佃制度》,《民国二十年代中国大陆土地问
题资料》第 65 册,台北成文出版社有限公司、[美]中文资料中心重印发行,
1977 年初版,第 29809—29810 页。

14.3%,农户负债率为52.0%。①

佃农和半佃农的经济基础比自耕农更脆弱,很少或完全没有土地房产,债信比一般自耕农更低,也不可能以田产作抵押,借债往往只能以预售农产品的方式进行,利息极高。不少佃农在租地到手之前,即因缴押、谢中或预交地租而负债,在耕种过程中又因筹措生产资金、缴纳重租而入不敷出,继续借债,结果债务包袱越背越重,最终完全破产。因此,破产是许多佃农的最后结局。前述贵州开阳,论者在介绍该县多数佃农和自耕农入不敷出的情况后,总结说,"农民在平时不敷之数,唯有借债或卖空仓两途,而资产者复借此机会,高利盘剥;或则需钱正急,每多贱价出售其仅足自食之米粮,权救目前,而事后又以高价买回。此种现象,在本县各农村中,极为普遍。年积月累,负债日深,经济基础,以致动摇。如再遇家有婚丧,或年岁不熟,疫症流行,牲畜死亡等,则自束手无策,非破产不可。故近年农村住户,人事往往常常发生变迁,能维持原状至十年八年之久者,殊少见也"。② 这一规律当然不限于贵州开阳,其他各省各县,大都如此。

第四节　农业生产与农业经营

近代中国的农业生产和农村经济基本上处于停滞和衰退状态。③ 国民党政权建立后,这种停滞和衰退态势非但没有遏制,反

---

①　国立浙江大学农学院编印:《浙江八县农村调查报告》,1930 年刊本,第18—19 页。

②　民国《开阳县志稿》,1939 年刊本,第九章,社会,第23—24 页。

③　当然,在长达一个多世纪的岁月中,农业生产和农村经济也有其发展变化的一面,但大都是局部的或短时间的(如蚕桑、糖蔗、茶叶、棉花生产等),不足以改变和扭转停滞、衰退的整体态势。

而有进一步加剧的趋势。到1934年,全国农业生产和农村经济更濒临全面破产。1935年开始复苏,但直到1937年抗日战争前夕,仍未恢复到1932年农业恐慌爆发前的水平。1931—1937年,农业产量变化,呈现明显的马鞍形。1934年是鞍底,1932、1936年为鞍峰,最高年份为1932年,1936年次之。人均粮食占有量也在下降,既大大低于清代前期的水平,也比20世纪20年代减少了将近一成。

这一时期农业生产和农村经济严重衰退直至破产,有多方面的原因:资本主义世界经济危机和外国农产品倾销,导致国内农产品价格的惨跌和农业恐慌的大爆发;异常频繁的全国性自然灾害;日本帝国主义的疯狂侵略和对东北的占领,等等。但是还有一个重要原因,即蒋介石国民党背叛孙中山"扶助农工"、"平均地权"、实现"耕者有其田"的方针,反对和取消"二五减租",无视广大农民的疾苦,极力维护封建地主土地所有制,纵容封建地主的残酷剥削,在水利灌溉和农业推广方面又无目标明确和切实可行的方针政策与措施步骤,严重挫伤了广大农民的生产积极性,束缚了农业生产力的发展。

一、农业生产条件与农业装备

由于历史的积累和国民党政府的漠视,1927—1937年间的农业生产条件和农业装备呈继续恶化之势:水利失修,森林植被毁坏,生态环境恶化,水旱灾荒愈加频繁,农民抵御自然灾害的能力日趋低下。农业装备不仅没有多大改进,反而更加残缺和低劣。耕畜数量减少,质量下降,农业动力匮乏,人力代替畜力的情况更加普遍。农具式样陈旧,效率低下,大多超期服役,而且数量减少。肥料来源日益狭窄,数量和质量下降,各地肥料的短缺状况愈加普遍和严峻。虽有少量新式农具的进口、制造和试验、使用,少量化学肥料的进口和施放,但无补于大局。

(一)不断恶化的生态环境和生产条件

农田水利和森林植被是农业生产两个最基本的条件,水利失修和森林植被破坏,显示这一时期生态环境和农业生产条件的进一步恶化。

兴修水利是中国历代封建政权的一项重要职能,但国民党政府在这方面几乎没有什么作为。1927—1937 年的 10 年间,除少数地区和若干中小型工程外,国民党政府在农田水利方面不仅没有采取重大措施,兴建大型工程,反而大肆贪污、挪用过去多年积累和备用的水利工程款项。在很长一段时间内,甚至连统一主管全国水利的职能机构也没有①,而贪污挪用的水利工程费却动辄上千万元。②

不仅如此,国民党及其军队与地方官绅出于军事、财政或其他目的,还任意破坏堤防、水利,或阻挠农民自发组织修筑或加固堤防:砍伐河道固堤树木售卖得价者有之;多次掘毁都江堰等水利工

---

① 直至 1934 年 7 月,亦即南京国民党政府成立整整 7 年后,才确定全国经济委员会为全国水利"总机关",下设水利委员会和水利处,10 月成立"全国水利统一委员会",宣布自该年度起,于中央总预算内年列中央水利费 600 万元(中国第二历史档案馆编:《中华民国史档案资料汇编》第五辑第一编,财政经济(七),江苏古籍出版社 1994 年版,第 450—454 页;《农业周报》1934 年 11 月 2 日第 3 卷第 43 期,第 931 页)。

② 如 1930 年蒋冯阎战争期间,财政部长宋子文一次就挪用湖北堤防费千余万元。1928—1931 年间,蒋介石、宋子文和湖北省地方官僚将该省多年积存的堤防修筑费数千万元挪做军费,借机以饱私囊。山东、河北及湖南滨湖各县,江苏阜宁、江阴西乡、川沙横沙等地的河工、堤圩、水闸、滩河诸费,也多被贪污挪用(参见刘克祥:《1927—1937 年农业生产与收成、产量研究》,《近代史研究》2001 年第 5 期)。

程者有之;拿藤条驱散修堤农民者也有之。他们"但愿年年决口,大家发财"。①

　　大量资料显示,20世纪二三十年代,不少地区的水利灌溉条件明显恶化。江苏宜兴,位处太湖流域,境内湖荡棋布,河渠纵横,雨量丰富,排灌便利,堪称鱼米之乡,但到20世纪20年代末30年代初,因河渠不浚,圩堤失修,加以排灌仍用人力畜力,以致"水旱灾荒,纷至沓来,农村经济破产"。② 浙江东阳,本有南北两大溪流可资灌溉,但因水利不修,山无林木,水灾时起,堤岸坍塌,河床成倍加宽,耕地日减。沃壤变沙滩,"所在皆是"。③ 福建顺昌,水利灌溉设施大都湮废。据1936年县志载,陂,前志有名者十,今存八,废者二;渠一,今塞;池一,不详;井有名者九,今废者五。④ 湖北大冶,据说"几乎无灌溉系统可言",蓄水设施"一点没有",沟渠也"太少",水田仅凭山水自然流灌。结果,"大雨来了便是潦,半月不雨是旱"。⑤

---

　　① 参见方华:《灾荒中的河南农村》,《新创造》1932年7月第2卷第1、2期合刊,第232页;达生:《灾荒打击下的中国农村》,《东方杂志》1934年11月第31期第21号,第36页;胡伊默:《中国农业恐慌的特殊性》,《新中华》1934年12月第2卷第23期,第31页;钟志成编:《地主罪恶种种》,浙江人民出版社1964年版,第3页。

　　② 徐洪奎:《宜兴县乡村信用之概况及其与地权异动之关系》,《民国二十年代中国大陆土地问题资料》第88册,台北成文出版社有限公司、[美]中文资料中心重印发行,1977年初版,第46349—46350页。

　　③ 国立浙江大学农学院编印:《浙江八县农村调查报告》,1930年刊本,第23—24页。

　　④ 民国《顺昌县志》第5卷,水利,1936年刊本,第1—2页。

　　⑤ 李若虚:《大冶农村经济研究》,《民国二十年代中国大陆土地问题资料》第42册,台北成文出版社有限公司、[美]中文资料中心重印发行,1977年初版,第21009、21044页。

两广和西南云贵地区情况大致相同。广东海康,地属丘陵,因水利设施缺乏,洋田忌旱,坑田忌涝,往往此丰则彼歉,鲜得两利。① 四川名山、中江、南充等地,灌溉皆恃堰塘,但因长期疏于浚修,大都淤浅,效用日减。或虽有池塘,"惜均浅狭,不足以御大旱";或"年久淤塞,小旱即歉收",或"土木不兴",水利不讲,"陂塘积久淤涸"。结果"偶遇水旱遍灾,往往束手无获"。② 三台以及涪江、凯江两岸,开堰者更少,近山溪者惟恃溪水灌田,"偶有小旱,立见涸竭"。③

北方水利灌溉设施更少,旱涝更频繁,农业依赖天时的程度更深,甚至现成的排灌水源或工程,也很少利用。如苏北沭阳,境内河流纵横,但农地"尽属旱地,全无灌溉排水之可言,遇天旱水患,惟有束手待毙"。④ 河北吴桥,虽有运河穿越县境,但除沿河村庄有少数农民利用河水灌溉菜园外,"引水灌溉作物的,不但没有,而连提倡的也没有",井灌亦"寥寥无几"。⑤ 山东馆陶、莱阳,均有河流纵贯境内,水源充足,但"沟洫之制不讲,防水蓄水无术",以致"每遇水旱,辄成灾患"。⑥ 河南杞县,地势平坦,境内又有惠济河及其支流水系,地下水位也较高,河灌、井灌均有条件。但农

① 民国《海康县续志》第5卷,食货二·土货,1937年刊本,第16页。

② 民国《名山县新志》第8卷,食货,1930年刊本,第8页;民国《中江县志》第3卷,建置一·水利,1930年刊本,第14页;民国《南充县志》第3卷,舆地志·水利,1939年刊本,第29页。

③ 民国《三台县志》第13卷,物产,1931年刊本,第1页。

④ 虞龙江:《沭阳农村鸟瞰》,《农村经济》1935年9月第2卷第11期,第114页。

⑤ 张静恒:《吴桥县农村概况》,《津南农声》1936年12月第2卷第2期,第105页。

⑥ 民国《馆陶县志》1935年刊本,政治志,第65页;民国《莱阳县志》第2卷之6,实业·农业,1935年刊本,第58页。

田灌溉全无,旱涝收获,均听自然。[1] 绥远河套地区,原在开垦过程中建起了一套较完整的水利灌溉系统,故"黄河百害,惟富一套"。清末民初,河套水利日益窳败,到国民党上台后更每况愈下,水利已成水害,旧有渠道,大部淤塞。原河套干渠可灌地8万顷,到1932年时减至5000顷。包头三湖河长200余里,灌溉面积7000余顷,1932—1933年间,仅有青苗300余顷[2],不到原来的1/20。

自然条件较好的地区尚且如此,一些干旱缺水或水利条件恶劣的地区,情况则更严重。如河南渑池,"山高水深,向无水利","一遇旱暵,束手待毙"。[3] 汜水情形大致相似,相当一部分地区非冈即山,地下水源深达数十丈,纵欲凿井,无能为力。结果"遇旱即干,遇涝则山水爆发,上冲下压,地即破坏"。[4] 武陟也是"水利不兴,一遇干旱,束手待毙"。[5] 河南全省,"堤防沟渠设置失修,山林川泽之禁令未备,河道淤塞,有山皆童,洪水大旱之为患,无年无之。百业衰落,民生凋敝,农业金融亦因之涸竭"。[6] 山西平顺,地处太行山中,水利设施"绝无仅有",全县有水利灌溉的土地只有2000余亩。[7] 察哈尔怀安,"旱地最多,未凿井泉,全恃天雨。如

---

① 郑统九:《凋敝的豫东农村》,《农村经济》1934年8月第1卷第10期,第105页。

② 《绥省屯垦现状》,《大公报》1933年4月8日。

③ 民国《重修渑池县志》第7卷,实业,1928年刊本,第20页。

④ 民国《汜水县志》第7卷,实业,1928年刊本,第1页。

⑤ 民国《续武陟县志》第6卷,食货志,1931年刊本,第20页。

⑥ 刘茂增:《河南农业金融与地权异动之关系》,《民国二十年代中国大陆土地问题资料》第88册,台北成文出版社有限公司、[美]中文资料中心重印发行,1977年初版,第46563页。

⑦ 赵梅僧:《平顺县农村经济概况》,天津《益世报·农村周刊》1934年7月28日。

遇春旱,即不能如期下种;如遇秋旱,便就成灾,无法补救,惟有仰天兴嗟而已"。① 甘肃崇信,"水利无人问津"。河西走廊一带,同样毫无水利设施,以致"稍雨成潦,一晴即旱,水旱成灾,收获无望,生计断绝,饿殍载道"。② 西北其他地区也大致如此。

当然,某些地区也有若干农田水利建设,并取得一定成效。江苏耗资 1895 万元,对苏北六塘河、大运河、淮河进行了疏浚和修治,挖深河道,加高加固堤岸闸坝,改善了六塘河流域的水利灌溉和农业生产条件,在一定程度上减轻了运河和淮河的水患。河南淇县西北境开挖灌渠 100 余里,利用淇水灌地 6.2 万亩,预计续加扩充可灌地 10 万亩。所灌之田,每亩可增收 4 斗。③ 山西据 1934 年的统计,1929—1934 年共新开灌渠 7 条,预计可灌地 19.3 万市亩,1934 年年末实际已灌地 10.8 万市亩。④ 陕西关中地区,1930—1938 年间先后修筑或修复泾惠渠、渭惠渠和梅惠渠,分别凿引泾河、渭河、石头河水灌溉农田 146 万余亩。⑤ 新疆伊犁地区,1934—1936 年也曾兴修水利,耕地面积扩大,从 1933 年的 165 万市亩增至 1937 年的 300 万市亩。⑥

---

① 民国《怀安县志》第 3 卷,农业,1934 年刊本,第 31 页。

② 民国《续修崇信县志》第 1 卷,舆地志,1928 年刊本,第 31 页;李扩清:《甘肃河西农村经济之研究》,《民国二十年代中国大陆土地问题资料》第 52 册,台北成文出版社有限公司、[美]中文资料中心重印发行,1977 年初版,第 26533 页。

③ 《淇县农村现状调查》,河南《农林季刊》1933 年 7 月第 1 卷第 2 期,调查,第 4 页。

④ 据陈其采等编:《中华民国统计提要》,商务印书馆 1935 年版,第 518—521 页统计。原为公亩,现折成市亩。

⑤ 王成敬:《西北的农田水利》,上海中华书局 1950 年版,第 17—20 页。

⑥ 张之毅:《新疆之经济》,上海中华书局 1945 年版,第 17 页。

河北、山东、河南部分地区,随着棉花等经济作物种植的扩大,井灌得到不同程度的推广。少数地区如山东桓台、河北定县等,灌溉已较普遍和完善。桓台滨河各处皆引河水灌田,离河较远之地,则凿井浇灌,几乎无地无井。凿井之法及灌溉之器亦颇精良。农产不尽受天时影响,故收获丰而民不匮。① 定县凿井也较普遍,全县井灌地约占耕地的十分之七八。② 河南淇县城东一带,进入30年代,"凿井甚多",架置水车700余台,可灌地1.5万余亩。③ 有的地区虽也有所行动,但因种种原因,未有实效。④

不可否认,这一时期某些地区的农田水利尤其是井灌有所发展,个别地方政府(如山西省政府)在农田水利方面也有所建树⑤,但仍然无法改变或掩盖这一时期水利状况日益恶化的总趋势。从全国范围看,农田水利的破坏是大量的、整体的。

各地的森林和植被也遭到越来越严重的破坏。森林面积和覆盖率继续下降,植被状况越来越差,荒山秃岭,所在皆有。在南方,如福建上杭,"邑中诸山,多一望濯濯"。旧时各处竹树成林,乡民立约保护,禁令綦严,"乡人遵守,罔敢逾越;近则人心不古,盗砍盗挖,公然无惧",以致杉竹林木日少。旧时杉木运售潮汕、佛山

---

① 民国《新修桓台县志》第2卷,实业篇,1934年刊本,第36页。

② 不过该县井灌主要还是在1927年以前发展起来的。据统计,该县1912年有灌井1.8万眼,1926年增至5.5万眼,14年间新增3.7万眼,到1931年有灌井5.9万眼,6年间仅增4000眼(吴半农:《乡村十日记》,天津《益世报·农村周刊》1934年3月31日)。

③ 河南《农村季刊》1933年4月第1卷第2期,调查,第4页。

④ 如察哈尔建设厅曾购置掘井机器,分发各地开凿,均以地质和经费问题未能获效,仅怀来掘成新井17眼(陈赓雅:《西北视察记》,上海申报月刊社1936年版,第29页)。

⑤ 李三谋:《阎锡山在山西施行的水政》,《中国经济史研究》1991年第3期。

等处，年达数十万，今已稀少。① 四川名山，"迩来原隰冈陵，童童若薙"，森林被砍伐殆尽。② 南充因生齿日繁，耕地不足，山陂岩隙无不开垦，森林尽遭毁坏，除高山顶部、寺观附近外，无有保存者。③ 云南石屏，也因烧柴砍伐，"四山皆童"。④

北方地区，除东北、内蒙部分地区外，植被状况更差。山东莱阳，"童山秃岭，一望濯濯"；河南亦是"有山皆童"⑤；山西也一样。20 世纪 30 年代有调查说，沿汾河从南部一直到太原，"沿途所见，童山濯濯"。⑥ 察哈尔全省处处"濯濯童山，漠漠荒原"。据 1931 年该省建设厅统计，森林面积仅占全省土地面积 0.39％，其中万全更低至 0.04％，而商都、宝昌、康保等县则完全没有森林。而且所谓森林，亦不过若干"稀疏历落之杂树而已"。⑦

森林植被的破坏导致水土流失、土壤贫瘠沙化、气候恶劣、雨水失调、旱魔肆虐、水旱频仍，农牧业和居民生活条件随之恶化，畜缺饲料牧场，人缺燃料，地缺肥料。因此，无论从农田水利还是森林植被看，1927—1937 年间的农业生产条件都进一步恶化了。

---

① 民国《上杭县志》第 10 卷，实业志，1938 年刊本，第 2 页。
② 民国《名山县新志》第 8 卷，食货，1930 年刊本，第 2 页。
③ 民国《南充县志》第 11 卷，物产志·农业，1929 年刊本，第 77 页。
④ 民国《石屏县志》第 6 卷，风土·农业，1938 年刊本，第 8 页。
⑤ 刘茂增：《河南农业金融与地权异动之关系》，《民国二十年代中国大陆土地问题资料》第 88 册，台北成文出版社有限公司、[美]中文资料中心重印发行，1977 年初版，第 46563 页。
⑥ 魏泽之：《山西租佃制度》，《民国二十年代中国大陆土地问题资料》第 58 册，台北成文出版社有限公司、[美]中文资料中心重印发行，1977 年初版，第 30159 页。
⑦ 何台孙：《察哈尔农村经济研究》，《民国二十年代中国大陆土地问题资料》第 55 册，台北成文出版社有限公司、[美]中文资料中心重印发行，1977 年初版，第 28487—28488 页。

(二)耕畜和农业装备

长期以来,畜力短缺、农具简陋而不配套一直困扰着中国的农业生产和农民大众。1927—1937 年间也仍无改善,甚至进一步加剧。

耕畜是传统农业的主要动力,直接影响和制约农业生产的正常进行和发展。但耕畜尤其是骡马和水牛等大耕畜的饲养,受到农户经营规模和经济能力的制约。[1] 耕畜短缺是各地农户面临的严重问题。据统计,1930—1931 年全国共有耕牛 2330.3 万头,平均 2.6 家农户、54 亩耕地才有一头耕牛。[2] 而且在不同地区和农户之间,耕牛分配极不平衡,具体到某些地区,耕畜短缺程度更为突出。如江苏常熟严家上村,抗战前夕有农户 38 家、耕地 201 亩,仅有耕牛 5 头,平均 7.6 户才摊一头;镇江某村 900 余农户,仅有耕牛 90 余头,每 10 户才有一头耕牛。另据 1934 年报载,浙江海宁全县只有 30 头耕牛。[3]

类似镇江、海宁的情况并非个别,耕畜严重不足在江南和南方地区都十分普遍。浙江全省 75 县中,39 县耕牛不足。[4] 在云南昆

---

[1] 从饲养能力和经济效益看,饲养一头大耕畜所必须的耕作面积,北方约为 30 亩,南方约为 10 亩。由于经营面积过小,相当一部分农户养不起耕畜,即使饲养,也不经济。过小的个体农业经营成为解决畜力问题的死结。

[2] 刘行骥:《中国耕牛问题》,《中国实业》1935 年 12 月第 1 卷第 12 期,第 2182 页;陈其采等编:《中华民国统计提要》,上海商务印书馆 1935 年版,第 469—483 页。

[3] 满铁上海事务所:《江苏省常熟县农村实态调查报告书》,1939 年刊本,第 77、94 页;张淑琼:《中国农村破产之原因及救济办法》,《农业周报》1935 年 1 月 25 日第 4 卷第 3 期,第 74 页。

[4] 国民党政府实业部对外贸易局编纂、发行:《中国实业志·浙江省》,1933 年初版,第四编第 14 章,第 347 页。

明、曲靖、沾益、马龙、宣威等县,5 亩以下的小农占绝大比重,而他们多半无力购买和饲养耕牛。①

北方地区的耕畜短缺程度甚至更为严重。20 世纪 20 年代后,北方战争不断,军事征发和战争破坏,加上水旱灾荒和土匪劫杀,导致耕畜不断减少和严重不足。据 1934 年对北平四郊的调查,27508 家农户共有各类耕畜 5807 头,平均 4.7 户才有一头耕畜②,其中骡马又主要用于运输副业,而非农业耕作。河北全省据 103 县的报告,各县畜力供求状况,计养用"相等"的 32 县,"盈余"的 9 县,其余 61 县均报"不敷",不敷之数达八九万头。

另据国民党政府统计局调查,河北、河南、山东 3 省耕牛与农地的比率均超过一与一百之比,其他各省也均属不敷。③ 在山西,耕畜十分稀少和珍贵。普通农户是养不起耕畜的,只能租雇大地户的耕畜犁地。④ 陕西据 1935 年对华县、华阴等 48 县的调查统计,共有耕牛 301038 头,短少 169676 头,短缺率达 56.4%。⑤

不仅如此,南北各地农户的耕畜数量还在进一步下降。浙江嘉善顺恳村,1923——1933 年间,无牛户由 15 户增至 33 户,而养

---

① 王心波:《云南省五县农村经济之研究》,《民国二十年代中国大陆土地问题资料》第 52 册,台北成文出版社有限公司、[美]中文资料中心重印发行,1977 年初版,第 26715 页。

② 国民党北平市政府编:《北平市四郊农村调查》,北平市政府 1934 年刊本,第 35 页。

③ 刘行骥:《中国耕牛问题》,《中国实业》1935 年 12 月第 1 卷第 12 期,第 2180—2181 页。

④ 张稼夫:《山西中部一般的农家生活》,见千家驹编:《中国农村经济论文集》,上海中华书局 1936 年版,第 380—381 页。

⑤ 《关中四十余县耕牛数量的调查》,《农村经济》1935 年 4 月第 2 卷第 6 期,第 99—100 页。

牛1头及以上的农户由53户减少到46户。① 四川灌县,1936年有报道说,"四乡耕牛,年来数目大减",较前年约减1/3,80亩地才摊一头耕牛。整个川西地区多以人代牛。②

在北方,1936年有调查说,河北沧县白兔庄的耕牛比15年前差不多减少了1/4。易县尧舜口村的耕畜比10年前减少了1/3。临城管等村,1934年同5年前相比,役畜下降了30%。平谷夏各庄,据说由于农民面临着自身的食料问题,无暇考虑家畜饲料,包括耕畜在内的家畜饲养头数也渐次减少。③ 河北其他地区的情况也大致相同。南皮、沧县、平山等3县5村的调查材料显示(详见表2-62),农户中养畜户逐年减少,而无畜户逐年增加。10年间,养畜户减少了14%,无畜户上升了近2倍。养畜户的户均养畜数减少了35%,耕畜总数减少了将近40%。

表2-62　河北南皮等3县5村农户耕畜饲养情况变化表
1926—1936年

年份	农户总数	无畜户	养畜户							
			1/3头	1/2头	1头	2头	3头	4头	5头	小计
1926	478	49	2	41	187	115	44	38	2	429
1931	486	78	9	57	185	96	39	22	0	408
1936	510	141	16	75	203	60	10	5	0	368

资料来源:据《津南农声》1936年6月第1卷第3、4期合刊及1936年9月、12月第2卷第1、2期各村调查村材料综合计算编制。

---

① 陈翰笙:《现代中国之土地问题》,见冯和法编:《中国农村经济论》,上海黎明书局1934年版,第237页。

② 李国桢:《四川的农村高利贷》,《中国农村》1936年11月第2卷第11期,第71页;吕平登:《四川农村经济》,商务印书馆1936年版,第240页。

③ 参见刘克祥:《1927—1937年农业生产与收成、产量研究》,《近代史研究》2001年第5期。

陕西一些地区的情况也大致相同。据对渭南 4 村、绥德 4 村和凤翔 5 村的调查,1933 年的耕畜比 1928 年分别减少了 2.9%、13.9% 和 64.4%。[①] 邠县 3 村农户中的无畜户比重由 1923 年 28.9% 上升到 1933 年的 47.3%,10 年间增加了 18.4 个百分点。[②]

农村耕畜数量的这种大幅度减少,绝不是个别和局部现象。1933 年国民党政府内政部公布的材料说,10 年间全国耕牛减少了 1/3。[③] 另据调查估计(详见表 2 - 63),1934—1937 年 4 年间,关内 21 省区耕畜总数下降了 8 个百分点。

表 2 - 63　关内 21 省区耕畜数量估计

1934—1937 年　　　　　　　　　　　1934 年 = 100

年份	骡马		驴		牛		合计	
	千头	指数	千头	指数	千头	指数	千头	指数
1934	7739	100.0	10132	100.0	33810	100.0	51681	100.0
1935	8690	112.3	10547	104.1	34250	101.3	53487	103.5
1936	7331	94.7	10041	99.1	33805	100.0	51177	99.0
1937	6731	87.0	9013	89.0	31787	94.0	47531	92.0

资料来源:据《农情报告》1938 年第 6 卷第 7 期,第 88 页;1939 年 4 月第 7 卷第 5、6 期合刊,第 79 页综合计算编制。

---

① 国民党政府农村复兴委员会:《陕西省农村调查》,上海商务印书馆 1934 年版,第 41、28、112 页。

② 陈翰笙:《现代中国之土地问题》,见冯和法编:《中国农村经济论》,上海黎明书局 1934 年版,第 236 页。

③ 张淑琼:《中国农村破产之原因及救济办法》,《农业周报》1934 年 1 月 25 日第 4 卷第 3 期,第 74 页。

耕畜质量也在下降。在北方,耕畜绝大部分是驴,黄牛其次,骡马很少。[1] 1934 年的调查称,河南豫中豫南一带,近年来黄牛和驴等"坏牲口"充斥农村,而骡马等"好牲口"几近绝迹。[2]

值得注意的是,一些地区由于人多地少,劳力过剩,工价低贱,使用雇工比役畜更便宜,一些有能力饲养役畜的富裕农户也宁可雇工,而不养或少养役畜。河北枣强杜雅科村就是这种情况。[3]江南一些地区尤为明显。

农业生产工具尤其是大型农具的短缺、肥料的匮乏也未有缓解。

1927—1937 年间,某些地区也有少量农具的改良和新式农具的试验及采用。如江苏无锡、常州、宜兴、苏州以及河南安阳等地,少数农户购买或租用(主要是租用)抽水机,江苏青浦少数农户使用构造简单的打谷机。河北定县、河南安阳、山东莱芜等地的灌井抽水器具由旧式辘轳改为水车,水车式样由初时的熟铁大轮改为生铁齿轮,既轻便省力,又降低了造价,据说"农民多乐用"。河北永年县则有人发明"灌田机",报载价廉工省,朴实耐用。江西吉安 20 世纪 30 年代新制成水田中耕有齿滚轴推耙,据说较旧式推耙"事半功倍"。[4] 新式农具生产方面,1929 年江苏在苏州创设省

---

[1]　前述河北沧县白兔庄的 339 头役畜中,246 头是驴,85 头是黄牛,骡马分别只有 5 头和 3 头。平谷夏各庄、小辛寨、胡庄等 3 村的 624 头役畜中,骡马也只占 8%。

[2]　张锡昌:《河南农村经济调查》,《中国农村》1934 年 11 月第 1 卷第 2期,第 56 页。

[3]　杜连霄:《枣强杜雅科村概况调查》,天津《益世报·农村周刊》1937年 1 月 23 日。

[4]　参见刘克祥:《1927—1937 年农业生产与收成、产量研究》,《近代史研究》2001 年第 5 期。

立农具制造所,制造各种规格的柴油发动机、抽水机以及打稻机,玉米脱粒机,水田、旱田多头犁,新式钢犁,三齿、五齿中耕机,玉米、棉花条播机,碾米机等。①

不过,所有这些都还处于起步阶段,发展速度极为缓慢。江苏武进、无锡 1924 年创办电灌,由戚墅堰电厂承办电灌业务,1930年国民党政府将电厂改为"国营",先后成立"灌溉委员会"和武锡区办事处,但电灌并无进展。1930 年的电灌面积为 49034 亩,1934 年为 50137 亩,比 1930 年只增加 2.2%,同 1927 年相比,也只增加 17%,电灌面积仅占两县农田的 0.05%。② 更有不少地方半途而废,或完全失败。如江西宜春,1936 年曾由县政府"公购"抽水机一台,拟行示范推广,因不谙修理,机器毁坏,"人民视为畏途",再无用者。③ 四川南充,20 世纪 30 年代中有人曾以巨款购进抽水机,拟在都尉坝试用,最终因"群情疑沮中止"。④ 广东花县某乡,曾以族款购进抽水机一台,价值万余元,但因经手人舞弊,未有锅炉,机件一直睡在祠堂里。⑤ 至于拖拉机等大型农业机械的使用,则只限于吉林、黑龙江等少数农业新垦区,而且也以失败告终。总部设在庆安(Hingan)的开发局,曾大量引进农业机械,试图加速两省的土地开垦,但由于缺乏技术熟练的拖拉机手和技工,加上管理不善,用豆油取代机油,拖拉机很快变成废铁。到 1930

---

① 参见该厂刊登于《农村经济》第 2 卷第 1 期(1934 年 11 月)以及其他各期的产品广告。

② 任培元:《试办中之武锡电力灌溉》,天津《益世报·农村周刊》1935 年 7 月 27 日。

③ 民国《宜春县志》第 10 卷,实业志,1939 年刊本,第 1 页。

④ 民国《南充县志》第 3 卷,舆地志,1939 年刊本,第 27 页。

⑤ 江莘:《广东花县农村经济概况》,《中国农村》1935 年 1 月第 1 卷第 4 期。

年前后,又回到了"原始的耕作方法"。苏北某盐垦公司曾花高价买了几台机器,更是一次未用,全部锈废。[①] 1931 年东北沦陷后,全国农业机械进口也基本停止。[②]

在全国绝大部分地区,农民仍然沿用千百年来一成不变的传统工具,无论南北,概莫能外。如江西宜春,农民耕作所用的犁耙耒耜、畚箕镰刀等各种农具,"多沿用旧法,鲜有改良"[③];广西平乐,农用犁耙锹锄、水车风柜,"陈陈相因,一成不易,类皆粗笨"[④];来宾农器,"半属粗劣,除通常所谓犁耙者外,无他利器"[⑤];四川巴县,农业者"未睹新式农器为何物,即或见之,亦茫然不知所用,其所握持,犹千百年旧物也"[⑥];犍为农器也"大都为旧式",鲜有采用新式者。[⑦]

南方如此,北方尤甚。苏北徐、海各县,所用农具"仍系千百年来的旧式用具"[⑧];河北枣强,各类农具"均墨守旧法"[⑨];河南洛

① 《海关十年报告》(1922—1931)(英文)第 1 卷,哈尔滨,第 212—213 页;朱新繁:《关于中国社会之封建性的讨论》1932 年 5 月,第 51 页。

② 1927—1937 年,进口农业机械价值合计 5194940 海关两,其中 1927—1931 年为 4988521 海关两,占总数的 96%,1932—1937 年仅 206419 海关两,占 4%(据历年海关报告统计)。

③ 民国《宜春县志》第 10 卷,实业志,1939 年刊本,第 1 页。

④ 民国《平乐县志》第 7 卷,产业,1940 年刊本,第 410 页。

⑤ 民国《来宾县志》下篇,1936 年刊本,食货二,第 108 页。

⑥ 民国《巴县志》第 11 卷,农桑,1939 年刊本,第 9 页。

⑦ 民国《犍为县志》第 6 册,经济,1937 年刊本,第 3 页。

⑧ 胡希平:《徐海农村病态的经济观》,《农业周报》1934 年 11 月 30 日第 3 卷第 47 期,第 995 页。

⑨ 杜连霄:《枣强杜雅科村概况调查》,天津《益世报·农村周刊》1937 年 1 月 23 日。

阳,"一切农具墨守数千年旧法,毫无改进"①;杞县农具"都是因陋就简,马虎从事"②;察哈尔地区,农具不仅"简单",甚至须用铁制作的犁耙等也"因陋就简,以木为之"。③ 如此等等,各地皆然。

即使这种简陋、粗笨的旧式农具也不充足,并非每家农户都有资力置备和添补,甚至仅有的几件农具也被典当变卖。如四川一些地区的农民普遍变卖农器,以救眉急,事后又无力重新购置,只得高价向地主富农租用。④ 广东翁源,1934 年典当农具的农民竟比 3 年前增加了 3 倍。⑤ 类似情况在其他地区也都普遍存在。因此,一些地区的农具数量呈现不断减少的趋势。如河北易县尧舜口村,据 1936 年的调查,农用大车比 10 年前减少了一半。⑥ 大量资料显示,各地农户农具短缺的程度十分严重。据 1932 年对河北 26 县 51 村的调查,有犁杖和大车的农户分别只占 47.4% 和 32.4%。⑦ 江苏徐、海各县,农具也极感缺乏。沭阳往往四五家共

① 雷闻霄:《洛阳农村社会之一瞥》,《河南农村合作月刊》1935 年 1 月第 1 卷第 8 期。

② 郑统九:《凋敝的豫东农村》,《农村经济》1934 年 8 月第 1 卷第 10 期,第 105 页。

③ 何台孙:《察哈尔农村经济研究》,《民国二十年代中国大陆土地问题资料》第 55 册,台北成文出版社有限公司、[美]中文资料中心重印发行,1977 年初版,第 28505 页。

④ 李铮虹:《四川农业金融与地权异动之关系》,《民国二十年代中国大陆土地问题资料》第 89 册,台北成文出版社有限公司、[美]中文资料中心重印发行,1977 年初版,第 47189 页。

⑤ 陈翰笙:《广东农村生产关系与生产力》,上海中山文化教育馆 1934 年刊本,第 51 页。

⑥ 崔作林:《易县尧舜口村概况》,《津南农声》1936 年 6 月第 1 卷第 3、4 期合刊,第 176 页。

⑦ 杨汝南:《河北省二十六县五十一村农地概况调查》,北平大学农学院农业经济系 1935 年刊本,第 18—26 页。

用一牛,十几家合用一辆大车,三四家合用一柄犁;铜山八里屯也是 9 户共用一辆大车,5 户合用一套犁耙。更有贫苦小农,车、牛俱无,只得先助人家工作,以劳力换取车、牛。① 安徽宿县,据 1937 年对 60 农户的调查,置备犁、耙和大车的分别只占 66.7%、70% 和 53.3%。② 河南一些地区,农具短缺的情况更为严重。据调查,豫东杞县陈敏屯等 4 村共 1007 户,仅有大车 182 辆,5.5 户才摊一辆大车,其中赵岗村平均 46.3 户才有一辆大车。③

各类农具不仅质次量少,在农户中的分配也极不均匀,大部分役畜和大型农具为地主富农所占有,广大贫苦农民占有的役畜和农具甚少。如河北枣强杜雅科村,富农和中农平均每户分别有耕牛 3 头和 2.26 头,而贫农只有 0.18 头。④ 据 1933 年对广西 10 县 24 村的调查,地主富农平均每户分别有耕牛 2.3 头和 2.7 头,中农为 1.7 头,而贫农只有 0.8 头,而且主要是黄牛等低效力牲口。桂林、思恩贫农占有的耕牛中,黄牛比重分别达 91.4% 和 60.7%。⑤ 河南辉县,富农的耕畜中,骡马占 73.3%,牛、驴占 27.7%;贫农则刚好相反,牛、驴占 81.8%,骡马仅占 19.2%,中农

---

① 胡希平:《徐海农村病态的经济观》,《农业周报》1934 年 11 月 30 日第 3 卷第 47 期,第 995 页;虞龙江:《沭阳农村鸟瞰》,《农村经济》1935 年 9 月第 2 卷第 11 期,第 114 页。

② 雷伯恩、潘鸿声:《安徽宿县 60 农家农具役畜所有权及成本之研究》,《经济统计》1937 年 10 月第 7 期,第 300 页。

③ 郑统九:《凋敝的豫东农村》,《农村经济》1934 年 8 月第 1 卷第 10 期,第 105 页。

④ 杜连霄:《枣强杜雅科农村概况调查》,天津《益世报·农村周刊》1937 年 1 月 23 日。

⑤ 薛瑞林、刘瑞生:《广西农村经济调查》,《中国农村》1934 年 10 月创刊号,第 65—66 页。

的骡马也只占 38.9%。①

肥料的短缺也愈加严重。这一时期,全国普遍使用的肥料仍然主要是厩肥、人粪尿、渣土、沤肥、绿肥、灰肥、泥肥(塘泥、河泥等)、饼肥等有机肥料。但这些肥料在不断减少,质量也在下降。厩肥的多寡取决于农户家畜的数量。牛马骡驴数量下降,不仅农业动力缺乏,厩肥亦随之减少。猪少则不仅导致厩肥稀缺,人粪也因食用动物油脂和蛋白质减少而肥力大降。森林和植被破坏,使各地尤其是南方地区(北方地区原本绿肥、灰肥不多)绿肥和灰肥大减。在北方地区,由于农家烧柴奇缺,不仅作物秸秆、根径全被搜刮充当燃料,甚至连牛粪也不例外。由于农民经济恶化,购用饼肥的农户和用量也少了。除了有机肥料,也有部分农户开始使用进口化学肥料,但数量和地区极其有限。据海关统计,1927—1937年共进口化肥 2410.2 万担,平均每年 219.1 万担,按全国约 14 亿市亩耕地平均,每市亩仅有化肥 0.16 斤,使用地区只限于广东、福建、浙江、江苏、山东、河北等沿海省份的少数富裕农户。因此,全国绝大部分地区和绝大多数农户,无不以肥料短缺为苦,有的地区因肥料短缺,作物产量在几年间竟下降了 30%—40%。②

(三)鸦片种植的扩大及其对农业资源的破坏

这一时期,中国农业生产面临的另一严重问题是鸦片种植进一步扩张,以及由此而造成的农业资源和农业生产力的破坏。

中国的罂粟种植,大约始自唐代,但直至清代前期,罂粟的种

---

① 张锡昌:《河南农村经济调查》,《中国农村》1934 年 11 月第 1 卷第 2 期,第 56 页。

② 农英:《容县玉林两县农村调查日记》,《东方杂志》1935 年 9 月第 32 卷第 18 号,第 107 页;何希齐:《从中国农村经济破产说到中国的出路》,《劳动季报》1937 年 5 月第 11 期,第 23 页。

植范围和数量极其有限,而且只用于观赏和入药,并未用于制造毒品鸦片。近代时期,从鸦片的猖狂走私到完全合法化,最后到国内罂粟的广泛种植、鸦片的大量生产和运销,是帝国主义疯狂侵略的结果,是中国社会经济半殖民地和殖民化的重要标志。

近代时期,尤其是甲午战争后,中国民族危机空前加深,鸦片毒害的泛滥也呈加速发展的趋势,国内各阶层的禁烟呼声日益高涨。迫于社会舆论压力,清政府、北洋政府、国民党政府都曾下令禁烟,其中从 1906 年(光绪三十二年)开始的禁烟运动曾取得成效,鸦片种植一度大幅减少。① 不过停种鸦片的只是汉族地区,而且主要是平原和交通沿线地区。中西部山区和少数民族地区的鸦片种植并未停止,甚至有所扩大。1916 年袁世凯死后,全国形成军阀割据和混战局面。地方军阀以征自鸦片的田赋税捐为军政开支和私囊的主要来源,不惜采取各种手段鼓励和强迫农民种烟。一度受到控制的鸦片种植又迅速蔓延开来,老区恢复、扩展,新区不断冒出。到 20 世纪 20 年代,又恢复到了 1906 年以前的状态,并进一步扩大。

在这种情况下,国民党政府成立后,于 1928 年颁布禁烟令。但当时全国并未真正统一,许多地区尤其是四川、云南、贵州以及陕西、甘肃、热河等鸦片集中产区,仍为地方军阀所控制,禁烟令根

---

① 1906 年,清廷颁布禁烟谕旨,制定禁烟章程十条,决定以 10 年为期,根绝一切"洋药"(进口鸦片)、"土药"(国产鸦片),并同英国交涉,要求逐年减少鸦片输入,直至完全停止。禁烟章程一度认真实施,1907—1916 年的 10 年间,国内的鸦片种植大幅度减少,四川、云南、陕西等省鸦片禁种令颁布后,原来的烟地相继改种棉花。1916 年,英国驻华公使派出的特派员甚至宣布,中国事实上已经停止种植鸦片(《钱业月报》1923 年 11 月第 3 卷第 10 号,第 20—21 页;章有义:《中国近代农业史资料》第 2 辑,生活·读书·新知三联书店 1957 年版,第 198—199、210 页)。

本行不通。"各省不但没有切实奉行,反倒明禁暗弛。任意弛放者有之,阳奉阴违者有之,寓禁于征者有之,寓征于禁者有之。各省各自为政,甚或各区各自为政"。① 不仅如此,一些地方官府(包括禁烟局)、驻军甚至提倡、下令、带领、强迫农民种烟。如山东禁烟总局,不仅提倡吸食,还竭力提倡种植,连烟种也由禁烟局派员分送。② 河北临榆、抚宁、迁安三县边区都山自治局官吏,公然"晓谕民众,开种大烟";陕西汉中宁羌、留坝一些地方官吏,为了发动农民种烟,更"为民作则",带头种植,大小官吏"不惜劳苦,赴田中割烟"。云南官厅为了广植烟苗,则有放烟债的办法,对缺乏资金的农户,贷以现金,罂粟收割后缴烟清偿。③ 更多的是用各种手段,强迫农民种烟。四川以不论种否,全部抽捐,或对未种者抽"懒捐"的方法,强制农民种烟。广西、贵州、福建则出动军队,强迫农民种烟,福建甚至攻入村庄,焚烧民居,开枪杀死数十人。④ 另外,不少地方禁烟局被土贩、奸商、捐蠹、流氓把持,此辈以禁烟之名,为非作歹,贪赃枉法,"杀人吃血"。⑤ 所有这些,使得鸦片种植不但没有得到遏制,反而加速扩张,国内鸦片生产上升到了一个新

① 罗运炎:《中国烟禁问题》,大明图书公司 1934 年版,第 149—150 页。

② 罗运炎:《中国鸦片问题》,上海兴华报社 1929 年版,第 182—183 页。

③ 俞宁颐:《中国鸦片流祸的概观》,《时事月报》1931 年 10 月第 5 卷第 4 期,专文第 244 页;许达生:《苛捐杂税问题》,《中国经济》1933 年 8 月第 1 卷第 4、5 期合刊,第 6 页。

④ 罗运炎:《中国鸦片问题》,上海兴华报社 1929 年版,第 245—248 页;许达生:《苛捐杂税问题》,《中国经济》1933 年 8 月第 1 卷第 4、5 期合刊,第 7 页。

⑤ 罗运炎:《中国鸦片问题》,上海兴华报社 1929 年版,第 245—248 页。

的高峰。

全国各地,不论南北,不论东南沿海还是西部内陆,也不论平原还是丘陵山区,无不种植鸦片。其中以四川、云南、贵州、广西、河南、陕西、甘肃、宁夏、热河、辽宁等省种植最广,情况最为严重。

四川因军阀强索捐税,勒种鸦片[①],全省烟苗捐上千万元,种植面积达 800 万亩,约占全国种植总面积的 1/3。"纵目田畴,已成黑化"。[②] 云南"几于无地不种烟",全省烟田约 100 万亩;贵州、广西都由军人强迫种烟,贵州烟田占耕地 2/3;广西鸦片税捐占全省财政收入的 25%。[③] 河南全省 108 县,种植鸦片者达 80 余县,尤以豫西、豫东边境各县种植最多,约占农田百分之四五十以上,如内黄、永成烟田分别达 10 万亩和 5 万余亩。[④] 陕西 1928 年、1929 年大灾后,以"善后专款"之名,摊派烟亩款,勒种鸦片,"如每县种五千亩者,今则勒令种一万亩"。各县种烟面积,最高占地 90%,最低亦占 30%。在汉中地区,农田如果不种鸦片,就得负担

---

① 四川烟亩捐有"窝捐"、"懒捐"等名目。官府(驻军)指令各家农户必须以若干地亩种植鸦片,如遵令种植,便按亩、按烟苗窝数征收"窝捐";如果依然种粮,就按亩征收"懒捐"(施以:《苛捐杂税之废除运动》,《劳动季报》1934 年 11 月第 3 期,第 116 页)。

② 许涤新:《捐税繁重与农村经济之没落》,见钱亦石等编:《中国农村问题》,上海中华书局 1935 年版,第 60 页;裴荣:《军人割据下的四川农民》,《新创造》1932 年 7 月第 2 卷第 1、2 期合刊,第 185 页;董成勋编:《中国农村复兴问题》,上海世界书局 1935 年版,第 184—185 页。

③ 许达生:《苛捐杂税问题》,《中国经济》1933 年 8 月第 1 卷第 4、5 期合刊,第 7 页;俞宁颇:《中国鸦片流祸的概观》,《时事月报》1931 年 10 月第 5 卷第 4 期,专文第 246—247 页。

④ 徐正学:《农村问题》下册,中国农村复兴研究会 1936 年 3 月再版,第 13—14 页。

烟亩罚款。① 甘肃烟田占全省农田 3/4,鸦片产额占农作物产值的 90%。宁夏亦以鸦片种植为主,罂粟为第一大作物,约占农田 35%,而麦及杂粮只占 30%(另未种闲地约占 35%)。一出省会南门,广阔田野,尽是烟苗。② 热河凌源、赤峰、朝阳、丰宁等县,种烟各超过 7 万亩,全省种烟面积在 100 余万亩以上。辽宁据 1928 年的调查,省政府曾规定各县种烟面积,上等县 3 万亩,中等县 2 万亩,下等县 1 万亩为最低限度,实际上各县皆超此数。全省 56 县,种烟面积达 200 万亩。③

在东南沿海和长江中下游部分地区,也都普遍种植鸦片,并呈扩张之势。江苏苏北一带,"烟花遍野",仅泗阳一县,1932 年即有烟田 40 余万亩。④ 浙江永嘉,1927 年有烟田 2000 亩,1931 年猛增至 10 万亩。台州、临海也各有烟田数千亩。福建晋江、南安、龙溪、长泰等县,烟田"一望无际";宁德、福鼎、福安、霞浦等县,地亩十分之七八种植鸦片。⑤ 安徽皖北合肥、阜阳、亳县、宿县、涡阳、太和、蒙城、怀远等 16 县,据 1928 年的调查,共有烟田 37.6 万亩。

① 马乘风:《最近中国农村经济诸实相之暴露》,《中国经济》1933 年 4 月第 1 卷第 1 期,第 4 页;许涤新:《捐税繁重与农村经济之没落》,见钱亦石等编:《中国农村问题》,上海中华书局 1935 年版,第 60 页;陈翰笙:《破产中的汉中的贫农》,《东方杂志》1933 年 1 月第 30 卷 1 号,第 68 页。

② 陈赓雅:《西北视察记》上册,上海申报月刊社 1936 年版,第 101 页;长江:《中国的西北角》,天津大公报馆 1936 年 10 月 3 版,第 306 页。

③ 徐正学:《农村问题》下册,第 5 章,中国农村复兴研究会 1936 年 3 月再版,第 13—14 页;董成勋:《中国农村复兴问题》,上海世界书局 1935 年版,第 185 页。

④ 许涤新:《捐税繁重与农村经济之没落》,见钱亦石等:《中国农村问题》,上海中华书局 1935 年版,第 60 页。

⑤ 徐正学:《农村问题——中国农村崩溃原因的研究》下册,第 5 章,中国农村复兴研究会 1936 年再版,第 13—15 页。

湖北、湖南的鸦片种植也在继续扩大。湖北烟税是主要收入,为此,1933年还正式成立"鸦片交易处";湖南湘西,沅水流域沅陵、辰溪以上,也是鸦片产区。[①]

鸦片种植在上述地区继续发展的同时,加速向少数民族地区扩张。又有一些少数民族聚居地发展为新的鸦片种植区。在四川,川西南的雷波、马边、屏山、峨边等彝族聚居区,都成为省内新的主要种植区。甘洛、美姑、普雄等凉山彝族区,原来根本不识鸦片为何物,这时也开始种植。原来种得较多的川北松潘、理番(今理县)、懋功(今小金)、茂州(今茂汶)、汶川等藏族、羌族聚居区,这时更是"山颠水涯,鲜不种烟"。四川全省140余县,不种鸦片的不过三五县,全省年产鸦片120万—140万担。[②] 滇东南壮族、苗族聚居的麻栗坡(今麻栗坡县),这时发展为云南第一大鸦片种植区,1931年统计,全坝的鸦片年产量达5000余万两。[③] 白族聚居的洱海周围地区也成了重要的鸦片产地。"不论山区、坝区都广种鸦片"。永平的种烟面积常有三五千亩,鹤庆有些村社一半以上的土地都种鸦片。[④] 另外,沿边的元江、石屏、建水、佛海(今勐海)、澜沧、双江、镇康、缅宁(今临沧)、云县、顺宁(今凤庆)及金沙江两岸的丽江等少数民族聚居地,都是著名的鸦片产区。贵州黔东

①　国民党政府内政部禁烟委员会:《禁烟纪念特刊》1935年6月,第50页;刘三:《湘西一角记》,《社会新闻》1934年7月20日第8卷第1期,第9页。

②　邓锡侯编:《四川松理懋茂汶屯区屯政纪要》,1936年编者自刊本,第91页;谢藻生:《苦忆四川烟祸》,见中国人民政治协商会议四川省委员会编:《四川文史资料选辑》第10辑,1963年12月版。

③　许达生:《苛捐杂税问题》,《中国经济》1933年8月第1卷第4、5期合刊,第7页。

④　中国科学院民族研究所云南少数民族社会历史调查组编:《白族简史简志合编》,1963年刊本,第167页。

侗族苗族地区的鸦片种植进一步扩大,部分地区用地达 90%。贵州全省约有 2/3 的地区种烟。1930 年前后,贵州通过清水江运往两湖销售的鸦片即达 4 万担左右。① 清水江两岸的麻江、下司、凯里、台拱等市镇,都是伴随鸦片的生产和贩运发展起来的。湖南湘西沅陵、辰溪以上的苗汉杂居区,也是新发展起来的鸦片产区。邻接贵州的晃县(今新晃)更是盛产鸦片,与黔东侗族苗族鸦片产区连成一片。② 西北宁夏于 1928 年从甘肃析出建省后,仍是全国鸦片的主要产地之一,全省 10 县中有 7 县种烟,罂粟约占农地作物的 35%。

尤为严重的是,1931 年"九一八事变"后,日本帝国主义为了从精神和躯体两方面毁灭中华民族,在大规模走私、从欧洲贩运海洛英、可卡因等毒品的同时,又在东北和热河地区,实行鸦片公卖,划定区域,强制农民种植,使鸦片种植面积大幅度增加。1934 年前,除黑龙江外,日伪指定的鸦片种植区,计热河 16 县、约 17 万亩,辽宁 4 县、约 3 万余亩,吉林 17 县、不下 15 万亩,合计超过 35 万亩。③ 1934—1935 年,日伪规定的鸦片种植面积扩大到 68.5 万亩。但实际上,仅热河的鸦片种植面积就达 33.5 万亩,并且很快猛增到 600 万亩以上。④ 为了鼓励鸦片种植,日伪规定,鸦片的田赋可以比普通农作物减少一半。待农民大量种植后,即行改征特

---

① 《大公报》1931 年 3 月 20 日;章有义:《中国近代农业史资料》第 3 辑,生活·读书·新知三联书店 1957 年版,第 49 页;谢根梅、孟慰苍:《贵州烟毒流行回忆录》,《贵州文史资料选辑》第 7 辑,贵州人民出版社 1981 年版。

② 刘三:《湘西一角记》,《社会新闻》1934 年 7 月 20 日第 8 卷第 1 期,第 9 页。

③ 赵惜梦:《沦陷三年之东北》,天津大公报社 1935 年版,第 30—31 页。

④ 天津《大公报》1935 年 4 月 1 日;中国经济情报社:《中国经济年报》1935 年第 2 辑第 8 章,第 202 页。

别地亩捐和烟苗税。1936 年后，又将纳税制改为包办制，规定一亩地要缴纳若干数量的烟土，如产量不够，须如数包赔，结果农民无不赔累。但农民又不能不种，因为日伪规定，以前种过烟的土地，如果不再种烟，即属犯法。农民完全被赶上了绝路。[①]

全国鸦片产量，据估计 1930 年为 1.2 万吨（多数研究者认为此项估计过低），占世界总产量的 87%。此后由于关内地区种植面积扩大，尤其是日本帝国主义在东北、热河划定区域，勒种鸦片，产量"更行增加"。[②]

鸦片种植泛滥成灾，毒祸空前，农村破产，禁毒呼声日高。国民党政府迫于形势和社会舆论压力，1934 年再次宣布禁烟，制定"六年禁毒计划"，通令各省禁毒。这次禁烟声势颇大，江苏还参照六年计划制定了一个四年禁毒计划。四川、陕西、甘肃等边远省份，每日也以大量铲烟相宣传。武汉更封闭了数百家烟馆。[③] 但这次禁烟同样是虎头蛇尾，极不彻底。除东部一些地区的鸦片种植基本消失或有所减少外，中西部一些地区，尤其是偏远山区和少数民族地区，鸦片种植仍然有增无减，并由东部地区进一步向西部和少数民族地区转移。西部和少数民族地区成了全国鸦片的最后"避难所"和集中地。[④]

---

① 广声：《毒在东北》，《反攻》1938 年 6 月第 2 卷第 4 期，转见延安时事问题研究会编：《日本帝国主义在中国沦陷区》，延安解放社 1939 年版，第 298—299 页。

② 国民党政府内政部禁烟委员会：《禁烟纪念特刊》1935 年 6 月，第 50 页。

③ 何引流：《中国的毒物问题》，见中国经济情报社编：《中国经济论文集》第 2 集，上海生活书店 1935 年版，第 40 页。

④ 《大公报》1931 年 3 月 19 日；陈赓雅：《西北视察记》上册，上海申报馆 1936 年版，第 101 页；长江：《中国的西北角》，1936 年 10 月第 3 版，第 306 页。

　　这次禁烟活动开展后,西部地区和一些少数民族地区的地方统治者,或貌似积极,实际另有企图;或阳奉阴违,旋禁旋种,明禁暗弛;或打着"禁烟"的幌子,改头换面,继续强迫农民种植罂粟,勒收捐税,以鸦片收入作为主要财源。如四川军阀刘湘张贴布告禁烟,并非消除鸦片毒害,而是暂时减少鸦片产量,以提高烟价,增加税收。① 河南豫西临汝,鸦片绝种未久,县长即纵令县民偷种烟苗数万亩,每亩私收烟税 6 元。② 甘肃禁烟,仅就交通便利地块的罂粟,略加铲除,其他各县,仍迫令农民一律种烟,且不论是否种植,均须抽收亩捐。③ 贵州则以"寓禁于征"为名,通过收取"禁烟罚金"、"吸烟罚金"等手段,大肆勒索自肥。据 1935 年的统计,全省烟税收入 780 万元,占税收总额的 65% 以上。1935 年国民党政府挤走军阀势力、直接统治贵州后,将"禁烟罚金"、"吸烟罚金"改为"种烟牌照费"、"禁烟取缔费",鸦片税仍然是主要税目之一。名为禁烟,实际将鸦片产销合法化。④ 云南地方政府更由官方机构专门从事大规模的鸦片经营,打着"禁烟"的幌子,成立"特种货物贩卖局",在全省收购鸦片,武装护运到四川、广西,然后转运上海、香港等地销售。他们还以"官商"名义,在昭通开设商号,垄断彝、回、苗族聚居的滇东北鸦片贸易,除收购当地生产的鸦片外,还

---

　　① 刘湘布告说,"近年以来,烟土产量过剩,不惟大有影响于烟价,抑且扩大四川全省不景气之恐慌,故惟有减低烟苗之产量,方足以救济四川经济之危机"(何引流:《中国的毒物问题》,见中国经济情报社编:《中国经济论文集》第 2 集,上海生活书店 1935 年版,第 42 页)。

　　② 《一年来各省市禁烟概括》,见国民党政府内政部禁烟委员会:《禁烟纪念特刊》1935 年 6 月,第 125 页。

　　③ 《论禁种》,见国民党政府内政部禁烟委员会:《禁烟纪念特刊》1935 年 6 月,第 6 页。

　　④ 中国科学院民族研究所贵州少数民族社会历史调查组编:《仡佬族简史简志合编》,中国科学院民族研究所 1963 年印本,第 24 页。

武装护运大量枪支、食盐、布匹、大米到四川凉山彝族地区,换回大量鸦片,转运四川宜宾以及香港等地销售,然后买回枪支等货物,再运入四川凉山地区。有时甚至在昭通—昆明间以飞机贩运鸦片。[1]

国民党政府禁烟,主要是迫于舆论压力。从地区上说,东部和汉族地区的社会舆论压力大,西部和少数民族地区相对较小,而且,汉族地区和平原地区的罂粟种植隐蔽性差,容易暴露,以山区为主的西部和少数民族地区的罂粟种植隐蔽性好,不容易暴露。因此,国民党政府的禁烟活动,汉族和平原地区较严,西部山区和少数民族地区较松(也有“鞭长莫及”的因素),加上国民党官僚机构本身的腐败,这自然保护和刺激了西部和少数民族地区的鸦片种植,使这些地区的鸦片生产和贩运不仅不能禁绝,反而有所发展。四川、西康、贵州、云南少数民族地区尤为明显。

四川西北部松潘、理番、茂县、汶川、懋功和大小金川等藏族羌族地区,川西南峨边、马边、屏山、雷波等彝族地区,鸦片种植一直不断扩大。这时茂县等羌族村寨的罂粟种植已经达到“连畦接畛”、“烟花遍地”的地步,烟地面积占耕地面积的70%;大小金川一带1/3的良田变成了烟地。马边三河口区每家差不多有2/3的耕地用于种罂粟。[2] 西康则几乎全省都种罂粟。主要种植区是西昌彝族地区和雅安汉族、彝族、藏族杂居区。1940年青康考察团

---

① 中国科学院民族研究所四川少数民族社会历史调查组彝族分组编:《彝族简志》下编,1961年印本,第37页。

② 中国科学院民族研究所四川少数民族社会历史调查组编:《羌族简史简志合编》(初稿)1963年5月刊本,第61页;四川民族研究所:《羌族史稿》(初稿),第238页,转见《中国经济史研究》1986年第4期;《藏族简志》1963年8月印本下编,第50页;《凉山彝族自治州雷波、马边、峨边等县彝族社会调查资料汇编》(油印本),第74页,转见《中国经济史研究》1986年第4期。

成员在题为《过西昌时》的诗中写道:"我行郊甸,我过村店。车有载,载鸦片;仓有储,储鸦片",真实反映了该地种烟之广、产烟之丰的情景。贵州仡佬族等地区也继续大量生产和销售鸦片。云南靠近越南、缅甸边境的少数民族聚居区,包括金平、澜沧、镇康以及现在的元阳、红河、绿春、西双版纳等地,罂粟种植都保持了下来,而且种到了更边远的山区,如金平的罂粟这时种到了苗族地区的高山上。抗日战争前,云南官府和官商每年经营的鸦片约200万两,获利数千万元。西北甘肃,罂粟则扩张到了甘南回、汉杂居与回族、东乡族地区。[①]

罂粟种植及其扩张,对农业的生态环境、土地资源、劳动力资源、农业生产本身以及国民体质、整个社会经济发展都造成了极其严重的破坏、损害。

罂粟的生长力极强,消耗地力远较普通农作物为烈。由于肥料尤其有机肥料严重短缺,一些地区的耕地本已日趋板结、沙化和贫瘠化,而罂粟的大量种植,使土壤结构的破坏和土地的沙化、贫瘠化进一步加剧,继而加速水土流失和生态环境的破坏。尤其西部地区和少数民族聚居区,大部分是丘陵山区,不少还是高寒山区,山高坡陡,土壤瘠薄,植被较差,水土流失严重,生态异常脆弱。少数民族又大多没有施肥的习惯,或施肥很少,多靠轮休以恢复地力。在轮休制下,种植过罂粟的土地,草木生长和地力恢复缓慢,延长了土地的休闲期和轮换周期,加剧了耕地供应紧张的程度。同时,随着罂粟种植的扩张、社会舆论压力的加大以及耕地供应的紧张,罂粟种植逐渐由平原向山区、由平地向坡地、由缓坡向陡坡、

---

① 《仡佬族简史简志合编》,第24页;《彝族简志》下编,第37页;况浩林,杨丽琼:《近代我国少数民族地区鸦片毒害问题》,《中国经济史研究》1986年第4期。

由山脚向山腰乃至山顶扩张,造成植被和森林的破坏,水土流失日益严重,使本已十分脆弱的生态愈加恶劣,使本已严峻的农业生产条件雪上加霜。

罂粟种植大量占用耕地和农业劳动力,严重影响和破坏正常的农业生产尤其是粮食生产。在一般情况下,粮食作物用地占耕地总面积的70%—80%,甚至更高。而绝大部分罂粟种植都是占用原来的耕地,其中主要就是粮食作物用地。四川、云南、贵州、湖南、广西、福建、甘肃、宁夏等省鸦片集中产区,无不是占用粮食用地。如福建福安等地,"罂粟遍植于野",农民将原来种植水稻、番薯、小麦等粮食作物的土地改种鸦片,导致"地力且竭,而农事潜夺"。① 湖南湘西地区,用于种植罂粟的50%—70%的"良田",都是原来的粮田。耕地严重短缺的贵州,因罂粟与小麦等作物在同一时期生长,而鸦片获利较厚,故农民小季多不种粮食作物,而改种罂粟。宁夏中卫一带,往年曾出产过大量稻米、小麦、小米、豆类、甘薯的粮田,现在也都成了鸦片田。鸦片种植的扩张,导致粮食作物种植缩减,粮食短缺,粮价猛涨,粮食恐慌日益严重。早在清末,统治者就已意识到这一点:"多一亩罂粟之田,即减一亩稻谷之产"。② 在人地矛盾日益尖锐的20世纪二三十年代,这一情况就更为严重。正如当时论者所指出,"烟田面积愈大,农田面积愈小,驯至生产不足,陕、甘粮食不足,该地农产物价格暴涨,即系受烟祸影响"。③ 事实正是如此,甘肃河西走廊,"好地尽种烟

---

① 中国科学院民族研究所福建少数民族社会历史调查组编:《畲族简史简志合编》(初稿),中国科学院民族研究所1963年印本,第24—25页。

② 翁同龢:《通筹财用大源敬陈管见疏》,见求自强斋主人编:《皇朝经济文编》第34卷,慎记书庄光绪辛丑(1901)年刊本,第13页。

③ 徐正学:《农村问题》下册,第5章,1936年3月再版,第13—15页。

土","每年粮食不足,春慌时流亡遍野"。[①] 这种情况当然不限于陕、甘,贵州,1931 年有记载说,五谷出产,因受鸦片种植的影响,加之天旱收成不佳,产量奇歉,尤以 1929 年、1930 年为甚,结果酿成"数十年来罕见的饥馑,死亡枕借者,不可胜计"。[②] 四川大、小金川地区,1/3 以上的良田变成烟地,居民每年缺粮达 8 个月以上。[③] 如此种种,不一而足。

罂粟种植还大量占用劳动力,出现罂粟生产和粮食生产激烈争夺劳力的现象。罂粟种植的扩张,大大加剧农业劳动力短缺的程度。由于罂粟的生长季节与小麦相同,而生产环节及所需劳力颇多,因此在北方小麦区和南方稻麦产区,罂粟同小麦既争土地,又抢劳力。每到五月罂粟收割季节,不管各种粮食作物的播种、栽插和中耕除草如何繁忙,都被迫停下,集中劳力收割罂粟。20 世纪 20 年代有记载说,贵州黔东、黔南、黔西罂粟种植区,五月收割鸦片时,"一切其他工作均告废弛"。[④] 宁夏中卫,因罂粟种植太多,需要大量人手,罂粟收割开始后,立即出现与其他农业生产抢夺劳力的局面。"由于收割鸦片的工资特高,人们都放下了其他工作",转而收割罂粟[⑤],以致其他农业生产特别是粮食生产无法顺利进行。这种状况,20 世纪 20 年代存在,30 年代更普遍、更严重。结果在一些地区出现了"烟花遍地,草与禾齐";"烟苗绿田

---

①　长江:《中国的西北角》,天津大公报社 1936 年 10 月第 3 版,第 247 页。

②　俞宁颀:《中国鸦片流祸的概观》,《时事月报》1931 年 10 月第 5 卷第 4 期,专文第 246 页。

③　中国科学院民族研究所四川少数民族社会历史调查组编:《藏族简志》下编,1963 年 8 月刊本,第 50 页。

④　《中华年鉴》(英文),1921—1922 年,第 792 页。

⑤　《中华年鉴》(英文),1924 年,第 557—558 页。

野,稻谷多枯黄"的景象。① 粮食生产和其他农业生产遭到了严重破坏。

在罂粟种植不断扩张的过程中,不少农民和村民逐渐染上吸食鸦片的恶习。② 有的地方官府为了增加捐税,不仅强迫人民种烟,还强迫人民吸烟。如热河省政府主席汤玉麟,按户摊派"灯捐",不吸也得照样缴纳。以致热河 90% 以上的居民吸食鸦片,"虽十岁小儿,无不嗜之如命,客至,立进以烟,犹南方进茶然"。③ 烟祸的泛滥程度到了无以复加的程度。鸦片毒害使农民体质和劳动能力大幅度下降,吃苦耐劳的优良传统荡然无存。不仅如此,一些地区遍地种植鸦片,到处是赌场、烟馆,烟毒和赌风交相发展,好逸恶劳、吸毒嗜赌的恶习加速漫延,伦理道德沦丧、社会风气败坏,不少农民因吸食鸦片或赌博而倾家荡产。④ 吸食鸦片和赌博更是成了封建地主的重要生活内容。地主的腐化挥霍,又加重了对农民地租和高利贷盘剥,进一步加速农民的贫穷破产。

这样,随着鸦片种植的持续扩张,农业生产条件从生态植被、土地资源、劳力素质到粮食供应、农民经济、社会风气,全面恶化。

---

① 《羌族简史简志合编》(初稿),第 61 页;中国科学院民族研究所云南少数民族社会历史调查组编:《白族简史简志合编》,1963 年刊本,第 167 页。

② 如甘肃,"好地尽种了烟土,一般人亦十九吸食鸦片"(长江:《中国的西北角》,天津大公报社 1936 年 10 月 3 版,第 247 页)。河西走廊如此,其他鸦片种植地区亦然。

③ 马乘风:《最近中国农村经济诸实相之暴露》,《中国经济》1933 年 4 月第 1 卷第 1 期,第 21 页。

④ 中国科学院民族研究所贵州少数民族社会历史调查组编:《侗族简史简志合编》,中国科学院民族研究所 1963 年印本,第 38 页;中国科学院民族研究所云南少数民族社会历史调查组:《布依族简史简志合编》(初稿),1963 年印本,第 44 页。

二、农业经营和耕作制度及其变化

近代中国人多地少,耕地供不应求,农户经营规模狭小。全国耕地和农户人数无精确统计,据今人估计,包括台湾在内,这一时期全国约有耕地 141696.3 万市亩,人口 51078.9 万[①],人均耕地 2.77 市亩。如以农业人口占总人口 90% 和农户一家 5.18 口计算,全国有农业人口 45971 万、农户 8874.7 万户,户均耕地 15.97 市亩。

这一时期的农业经营和耕作制度仍沿前制,但有变化:由于人口增加和农民经济状况恶化,农户经营规模进一步缩小;在农业恐慌的沉重打击下,农产品市场萎缩,农产价格低落,加上社会治安不好,曾经一度有所滋长的经营地主、富农经济、农牧垦殖公司明显衰落;在人均耕地面积减少、农业经营规模不断缩小的情况下,农民为了从土地上获取必要的口粮和其他生活资料,只能最大限度地加大劳力投入,从时间和空间两个方面加大作物种植密度。但耕畜和肥料普遍严重短缺,无法与之配套,结果形成作物种植高度集约,而土地翻耕和田间管理转趋粗放的矛盾状态。这种掠夺式经营最终导致土地加速贫瘠化和农业生产的衰败。

(一)农业经营及其退化

作为以家庭为生产与消费单位的传统个体农业,经营受到土地供应、家庭人口与资金状况,农业科学技术与装备,以及耕作习惯、农业集约化程度等多种因素的制约。不同地区、不同农户之间,经营规模差异颇大,通常愈是地狭人稠地区,地价愈贵,农业集

---

① 章有义:《近代中国人口和耕地的再估计》,《中国经济史研究》1991年第 1 期。

约化程度愈高,单位劳力和农户耕作面积愈小;相反,愈是地广人稀,农业生产愈粗放,单位劳力和农户耕作面积愈大。南北比较,南方人均耕地较少,集约化程度较高,单位劳力和农户耕作面积较小,北方则相反。① 不过总的来说,无论南北,农户经营规模都异常狭小,南方尤甚。1934 年对江苏、浙江、安徽、江西、湖北、湖南、福建、广东、广西、河北、山东、河南、山西、陕西、察哈尔、绥远等南北 16 省 163 县的调查统计,户均耕作面积除察哈尔(185.9 市亩)、绥远(70.3 市亩)、山西(32.8 市亩)外,均不足 20 市亩,浙江、江西、湖北、湖南、福建不足 10 市亩,广东更只有 5.5 市亩。16省平均每户只有 12.8 亩(合 11.68 市亩)。②

又据 1934 年对南方 14 省区、北方 12 省区农户经营规模的调查(详见表 2-64、表 2-65),北方有 65.4% 的农户耕作面积在 30市亩以下,耕作面积超过 50 亩的仅占 11.5%。南方农户经营规模更小,将近一半的农户耕作面积不足 10 市亩,耕作面积在 30 市亩以下的农户比重超过 80%,50 市亩以上的农户仅占 3.4%。南北平均,耕作面积不足 30 市亩的农户比重也达 75.2%,亦即超过 3/4,10 亩以下的农户占总数的 35.8%。③ 可见土地使用的分散程度。

随着人口繁殖、分家析产和农民经济状况的恶化,农户经营规模还在进一步缩小。据对江苏无锡 3 村的调查,耕作面积 10 亩以下农户比重由 1922 年的 38.4% 升至 1927 年的 41.5% 和 1932 年的 50.3%,而 20 亩以上农户比重由 1922 年的 25.6% 降至 1927

---

① 参见刘克祥:《1927—1937 年农业生产与收成、产量研究》,《近代史研究》2001 年第 5 期。

② 国民党土地委员会:《全国土地调查报告纲要》,1937 年刊本,第 26、27 页。

③ 国民党政府实业部中央农业实验所编:《农情报告》1935 年 4 月第 3卷第 4 期,第 85 页。

表 2－64　北方 12 省区农户经营面积分组统计

1934 年　　　　　　　　　　　　　　　　总农户数＝100

省区	调查县数	各组农户百分比						
		10 亩以下	10.01-20 亩	20.01-30 亩	30.01-40 亩	40.01-50 亩	50.01-100 亩	100.01 亩以上
江苏北部	13	24.7	22.3	17.9	14.5	10.4	6.7	3.5
安徽北部	9	27.1	22.4	16.7	12.8	10.4	7.7	2.9
河南北部	60	28.0	21.0	18.0	13.0	10.0	7.0	3.0
陕西北部	44	22.5	18.5	16.4	14.7	13.1	9.0	6.0
河北	107	26.4	23.1	18.0	13.3	9.6	6.6	3.0
山东	85	39.3	23.4	14.9	10.0	6.4	4.5	1.6
山西	78	18.4	18.6	16.5	15.3	12.7	10.8	7.7
察哈尔	6	14.3	18.5	16.1	15.3	13.1	10.0	12.7
绥远	11	4.6	5.3	10.1	11.1	10.6	16.1	42.2
甘肃	21	21.6	18.2	15.5	14.1	11.7	10.4	8.5
宁夏	6	15.6	14.4	11.0	11.3	13.0	8.2	20.5
青海	7	20.8	22.4	16.6	14.8	12.4	8.3	4.7
加权平均	447	27.1	21.5	16.8	13.1	10.0	7.2	4.3

注:调查方法系以当地 100 家农户为标准,由农情报告员计算填报各组经营面积农户所占百分比。

资料来源:国民党政府实业部中央农业实验所编:《农情报告》1935 年 4 月第 3 卷第 4 期,第 85 页。

年的 23.1% 和 1932 年的 15.6%。镇江西湖村 247 家农户的经营面积,1923 年以前都在 5 亩以上,但到 1933 年,5 亩以下的田场已占 6.1%。5—19.9 亩的田场比重由 1923 年的 29.2% 猛增到 1928 年的 52.6% 和 1933 年的 67.6%。而 20—25 亩的田场(未有超过 25 亩的农户)由 1923 年的 70.9% 降至 1928 年的 44.9% 和

表 2 - 65　南方 14 省区农户经营面积分组统计

1934 年　　　　　　　　　　　　　总农户数 = 100

省区	调查县数	各组农户百分比						
		5 亩以下	5.01— 10 亩	10.01— 15 亩	15.01— 20 亩	20.01— 30 亩	30.01— 50 亩	50.01 亩以上
江苏南部	35	20.2	26.2	20.3	14.2	9.6	6.2	3.3
安徽南部	33	18.3	20.1	16.4	13.4	13.1	10.7	7.6
浙江	45	30.1	23.4	18.7	12.7	8.4	4.7	2.0
江西	24	22.1	25.1	19.3	14.2	10.7	5.2	3.4
湖北	28	24.9	25.0	19.7	14.2	8.5	5.1	2.2
河南南部	13	16.1	17.7	15.1	14.9	15.5	12.6	8.1
陕西南部	7	24.9	22.1	17.9	14.5	11.0	7.0	2.6
湖南	39	22.6	25.7	18.9	14.8	10.2	5.3	2.5
福建	29	34.3	27.9	16.2	9.5	6.1	4.0	2.0
广东	39	34.6	27.5	15.4	11.0	6.5	3.1	1.9
广西	41	38.1	24.9	13.8	10.1	7.5	3.7	1.9
四川	59	20.3	18.9	17.2	16.4	14.2	8.5	4.5
云南	31	33.2	24.8	18.3	11.4	6.8	3.4	2.1
贵州	21	27.2	22.4	16.0	14.8	11.0	5.5	3.0
加权平均	444	25.7	23.8	17.6	13.4	10.0	6.1	3.4

注:资料来源和调查方法,同表 2 - 64。

1933 年的 26.3%。[①] 浙江嘉兴,据对 308 户的调查,1925—1935 年耕作面积在 15 亩以下的农户由 27.8% 上升到 51.6%,而 15 亩

---

① 陈翰笙:《现代中国的土地问题》,《中国经济》1933 年 8 月第 1 卷第 4、5 期合刊,第 14—15 页。

以上的比重由 72.2% 降至 48.4%。①

　　经营规模不断缩小的一个重要原因是人口和农户数量增加。湖北应城清水湖村,1923 年只有 67 户时,大部分农户的田场面积都超过 5 亩。5 亩以下占 31.7%,5—19.9 亩和 20 亩以上的分别占 39.7% 和 28.6%。1933 年增至 82 户,5 亩以下农户由 20 户增至 40 户,比重增至 48.8%。其余 42 户为 5—19.9 亩,20 亩以上的田场已经消失。② 武昌戴家湾,因人多地少,每有田地出租,总有多人竞佃,地主只得分散田庄,以便分种,同时又可多分租籽,地主亦乐于将田庄分散。因此 40% 的农户耕作面积缩小。③ 江苏江都地主的土地也是零碎出租。该县四区一地主出租土地 60 亩,有佃农 50 户;该区 12 户地主,有土地 1017.8 亩,共有佃户 460 户,平均每户地不过 2.2 亩。④ 武进也是人渐众而地不增,故各人占耕之地"代代缩小"。⑤ 其他一些地区的情况也大都相似。

　　同农户经营规模狭小相联系,耕地分割极其零碎。各地的普

　　① 钱承泽:《嘉兴县之租佃制度》,《民国二十年代中国大陆土地问题资料》第 59 册,台北成文出版社有限公司、[美]中文资料中心重印发行,1977 年初版,第 30251 页。

　　② 陈翰笙:《现代中国的土地问题》,《中国经济》1933 年 8 月第 1 卷第 4、5 期合刊,第 14 页。

　　③ 《武昌县农村调查统计表说明书》,《湖北建设月刊》1928 年 9 月第 1 卷第 4 期,第 10—11 页。

　　④ 吴致华:《江都耕地分配》,《民国二十年代中国大陆土地问题资料》第 66 册,台北成文出版社有限公司、[美]中文资料中心重印发行,1977 年初版,第 34798—34799 页。

　　⑤ 李范:《武进县乡村信用之状况及其与地权异动之关系》,《民国二十年代中国大陆土地问题资料》第 88 册,台北成文出版社有限公司、[美]中文资料中心重印发行,1977 年初版,第 46869 页。

遍情况是,农户经营规模小,但地块数量多,单位地块面积小,而且往往离家弯远,又互不连接。据 1930 年对河北深泽 2 村的调查,每户田块一般为 3—7 块,多的达 10 块;每块面积 4—5 亩,最小的只有 0.2 亩。① 另据 1928 年对定县 200 农户的调查,户均耕作面积为 32.6 亩,地块为 7.8 块,最多的 2 户分别达 20 块。其中 68.9% 的地块面积不足 5 亩,平均每块只有 4.2 亩。② 1932 年对该县南支合村 290 农户的调查资料显示,64.1% 的地块不足 5 亩,最小的不足 1 分③,与 1928 年的情况相仿。

南方和丘陵地区,地块面积更小。据 1934—1935 年对江苏、浙江、湖北、湖南、广东、广西和河北、山东、河南、山西、陕西等南北 16 省 163 县 153 万余农户的地块调查,情况详如表 2-66。

16 省 163 县农户平均地块面积,旱地不足 3 亩,水田更只有 1.25 亩。南北比较,南方尤甚。北方 7 省,旱地除山东外,每块面积尚在 4 亩以上,水田也都在 2 亩以上。南方 9 省,除江苏、安徽外,无论水田旱地,没有超过一亩半的,其中江西、广西的水田旱地和浙江、湖南、福建的旱地,更在 1 亩以下。江苏、安徽地块面积较大,也仅限于苏北、皖北旱作区。至于苏南、皖南则同南方其他地区一样,地块极其零碎。江苏调查的 12 县中,南北各 6 县,苏北江都、淮阴、萧县、灌云、东台、靖江 6 县为水田 2.86 亩、旱地 5.27 亩;苏南松江、吴县、昆山、武进、宜兴、镇江 6 县为水田 1.92 亩、旱

①　韩德章:《河北省深泽县农场经营调查》,《社会科学杂志》1934 年 6 月第 5 卷第 2 期,第 224 页。

②　李景汉:《定县社会概况调查》,中华平民教育促进会 1933 年印本,第 623—628 页。

③　张折桂:《二九〇户土地及农作物调查的分析》,转见满铁调查部《关于支那土地问题的调查资料》,1937 年刊本,第 641—642 页。

表2-66 南北16省163县水田旱地每块平均面积

1934—1935 年

省份	调查县数	调查户数	水田（亩）	旱地（亩）	省份	调查县数	调查户数	水田（亩）	旱地（亩）
河北	23	158109	6.82	4.78	安徽	12	107643	1.16	2.08
山东	18	233061	3.14	2.96	江西	5	23697	0.86	0.70
河南	12	137672	2.15	4.16	湖北	11	106546	1.08	1.19
山西	2	6415	6.91	8.56	湖南	14	240211	1.05	0.67
陕西	12	61654	2.12	5.08	福建	10	79736	1.35	0.90
察哈尔	1	1428	41.29	48.77	广东	2	14513	1.32	1.49
绥远	2	3105	9.18	19.18	广西	12	26769	0.75	0.86
江苏	12	218149	2.25	3.99					
浙江	15	116212	1.07	0.73	总计	163	1534920	1.25	2.99

资料来源:国民党政府土地委员会:《全国土地调查报告纲要》,国民党政府土地专门委员会1937年加印本,第28页。

地1亩。① 另据1931年对无锡堰桥113家的农户的调查,地块平均面积为水田1.4亩、旱地1.5亩。② 苏南和南方其他各省的情形是一样的。

南方许多地区,尤其是丘陵山区,地块分割尤为零碎。如四川自流井某村,水田最小的仅0.05亩,旱地也只有0.1亩。③ 湖南、

---

① 转据赵宗煦:《江苏省农业金融与地权异动之关系》,《民国二十年代中国大陆土地问题资料》第87册,台北成文出版社有限公司、[美]中文资料中心重印发行,1977年初版,第45810—45811页。

② 叶谦吉:《江苏无锡堰桥一百十三农家土地利用之研究》,《农林汇刊》1934年2月第4期,第172页。

③ 张树植:《自流井土地利用之调查》,《民国二十年代中国大陆土地问题资料》第56册,台北成文出版社有限公司、[美]中文资料中心重印发行,1977年初版,第29048页。

江西、贵州、广西、福建等省的一些丘陵地区,情况相同。如广西全县,水田"四五块一亩,或七八块一亩,或十余块一亩,埂高田狭,必划削修筑始能蓄水"。① 地块零碎已达无以复加的程度。

地块的极度零碎并非全因地形所致,在很大程度上更是分家析产、切割售卖租佃、地权频繁转移的结果。② 因此,每一农户的各个地块往往互不连接,并同本村或外村农户土地互相交错,形成各种"插花地",而且离家很远③,并且地块还在继续细分化。如河北新河,"每户田亩散见各处,每段小则二三亩,大则二三十亩,有田四五十亩者,村不一见,最普通户不过七八亩,且因继承、割卖、转让各种关系,有日趋狭小之势"。④ 另据对河北保定 1390 农户的调查(详见表 2-67),1930 年同 1929 年比较,农户地块面积明显缩小,无论中农、贫农、雇农,还是地主、富农,概不例外,其幅度达 0.3% 至 4.3% 不等。

耕地的不断分割细化,显示人口对土地的压力加大。但耕地愈是分割零碎,田埂、地沟、界标、水渠、通道等非耕面积愈是增加,

---

① 民国《全县志》第 2 编,社会,1942 年刊本,第 102 页。

② 有人总结四川犍为耕地分割零碎的原因是:1. 地势起伏不平;2. 诸子继承,分家析产;3. 切割抵债售卖;4. 切割分租(赵启祥:《犍为经济建设与土地问题之关系》,《民国二十年代中国大陆土地问题资料》第 43 册,台北成文出版社有限公司、[美]中文资料中心重印发行,1977 年初版,第 22109—22110 页)。犍为如此,其他地区也大同小异。

③ 据对前述南北 16 省中 14 省(缺广东、察哈尔)145 县的调查,各类农户田地与农舍的平均距离,自耕农为 1.12 里,半自耕农为 1.08 里,佃农为 1.46 里,山西则全部超过 2 里,广西佃农与田地的距离更长达 4.47 里(土地委员会:《全国土地调查报告纲要》,国民党政府中央土地专门委员会 1937 年加印本,第 29 页第 19 表)。

④ 民国《新河县志》第 2 册,社会经济,1928 年刊本,第 39 页。

表 2 - 67　河北保定 1390 农户地块面积缩小趋势

1929—1930 年

年份	经营地主		富农		中农		贫农		雇农	
	亩/块	指数	亩/块	指数	亩/块	指数	亩/块	指数	亩/块	指数
1929	10.63	100.0	8.10	100.0	4.66	100.0	3.32	100.0	1.88	100.0
1930	10.47	98.5	7.99	98.6	4.61	98.9	3.31	99.7	1.80	95.7

资料来源:陈翰笙:《现代中国的土地问题》,《中国经济》1933 年 8 月第 1 卷第 4、5
期合刊,第 6 页。

愈是土地紧缺。土地的实际利用率愈低,浪费愈严重。[①] 不仅如此,
不同农户的耕地犬牙交错,也无法对土地进行较大面积的综合利用
和机械耕作,甚至连牛耕也不可能,且容易引发地界、灌溉、运输等
纠纷。土地离家窎远,则往返多费资金、劳力,亦不利于经常性的田
间管理和庄稼看护。所有这些都严重阻碍农业的正常进行和发展。

　　这一时期农业经营发生的另一显著变化是,经营地主、富农经
济、农牧垦殖公司等带有某种资本主义性质的经营普遍衰落。

　　19 世纪末 20 世纪初,经营地主和富农经济一度有较明显的
滋长,农垦公司和资本主义中小农场则基本上是 20 世纪初出现和
发展起来的。进入这一时期,尤其是 1931 年后,日本帝国主义侵
占东北,蚕食华北,西方列强转嫁经济危机,疯狂倾销农产品,引发
农业恐慌,农产品和土地价格惨跌,农产市场萎缩,农村金融枯竭,
加上社会治安恶化,盗匪猖獗,带有资本主义性质的农业经营失去

---

　　① 通常两块旱地之间不做人行通道的界沟,加上地边斜坡,合计约宽
50—100 厘米(土层愈厚,分割的年代愈长,界沟愈深,地边斜坡愈宽),如果
将一块面积为 1 公顷(10000 平方米)的正方形耕地平分为二,中间就会出现
一条宽 50—100 厘米、长 100 米的界沟,其面积为 50—100 平方米,亦即该块
耕地的实际利用面积减少 0.5%—1%。

了它赖以生存和发展的市场与社会条件,经营地主、富农经济、农垦公司和资本主义中小农场随即衰败和萎缩。

经营地主或雇工自营部分土地的出租地主,多为乡居中小庶民地主。这一时期,地权加速集中,官绅地主和大地主急剧膨胀,中小地主没落,社会不靖,地主纷纷迁居城镇,乡居地主减少,城居和不在地主增加,加上农产价格惨跌,市场萎缩,商业性农业经营无利可图,地主纷纷将自营土地转为出租。如山西晋南河东一带,1931 年前,地主土地都雇工耕种,此后则出租的"渐渐增加";晋北地区在 1931 年后,因洋来倾销,粮食价贱,地主普遍将雇工自营改为供给种籽、肥料、耕畜和部分农具的"伙种制"。[①] 河南南阳,地主则因社会不靖,纷纷迁居城内,将原来的"伙种制"改为一切生产资料全由佃农负担的普通租佃制。[②] 江西浮梁,也因谷价过贱,地主一般都不愿雇工耕作,多将田地出租。[③] 浙江长兴地主更因负担过重,纷纷外徙,"宁愿让田地荒芜"。[④] 这样,一些地区的经营地主或经营性地主明显减少,山东平原某村,原种二三顷者有 3 家,百余亩或七八十亩者 10 余家,到 30 年代中,仅剩种地百余亩者 2 家,余则为种地五六十亩或二三十亩的中小农户。[⑤] 招远一带,往昔不少地主雇用三四名长工种地,兼营粉坊副业,20 世纪 30

① 叶民:《土地村公有方案的实际意义》,《中国农村》1936 年 2 月第 2 卷第 2 期,第 36—37 页。

② 冯紫岗、刘端生:《南阳农村社会调查报告》,《国际贸易导报》1934 年 4 月第 6 卷第 4 号,第 125—126 页。

③ 陈正谟:《各省农工雇佣习惯及需供状况》,上海中山文化教育馆 1935 年刊本,第 81—82 页。

④ 钦汉章:《长兴县农村经济近况》,《新中华》1934 年 12 月第 2 卷第 23 期,第 84 页。

⑤ 陈正谟:《各省农工雇佣习惯及需供状况》,上海中山文化教育馆 1935 年刊本,第 73 页。

年代农业衰败,重点移至粉坊,以农耕为副,经营地主或经营性地主演变为工商地主。[1] 河南新乡、滑县、鄢陵等地,不少地主原本习惯采用分益雇役制经营农地,到20世纪30年代,这类地主数量大减,鄢陵则已几乎绝迹。[2] 又据对辉县4村的调查,原有经营地主2户,到1933年只剩1户,而丝毫不用农田的地主增加了2户。[3]

富农经济的衰落更为普遍和明显。

与经营地主比较,富农的分布更广泛一些,数量更多一些。20世纪30年代,许多地区仍然不乏关于富农经营的记载和实例。珠江三角洲沙田区、洞庭湖垦区、苏北盐垦区等地还颇具规模和声势,在个别地区富农更成为农村"支柱"。不过这些都是20世纪20年代或更早已存富农经营的延续。30年代不仅没有新的发展和扩大,反而明显萎缩和衰落。广东番禺沙田区,被称为"围馆"的富农经营面积不断缩小,由原来的上千亩减缩到四五百亩,而且有的沙田区"围馆"已经消失。番禺全县,富农经营原本占"相对优势",但30年代已被贫农取代。[4] 江苏启东,虽然富农仍被称为"农村中最坚强的支持者",但"日渐减少"。到1936年,富农"营利经营"已退化为"家族的自足经营"。[5]

---

① 晓萝:《山东招远农村概况》,天津《益业报·农村周刊》1935年1月26日。

② 作周:《从许昌到鄢陵》,《新中华》1934年3月第2卷第5期,第76页。

③ 国民党政府农村复兴委员会:《河南省农村调查》,上海商务印书馆1934年版,第35页。

④ 陈翰笙:《广东农村生产关系与生产力》,第35—36页附录表6;《中国农村》1935年2月第1卷第5期,第10页。

⑤ 国民党政府农村复兴委员会:《江苏省农村调查》,上海商务印书馆1934年版,第91页;岫青:《启东农村经济与租佃制度》,《农行月刊》1936年6月第3卷第6期,第60—61页。

　　富农经济比较发展,实力相对雄厚的地区尚且如此,那些富农经济不太发展、实力相对薄弱的地区,富农经济的衰落程度则更为严重。

　　在农业恐慌、农产价格低贱的打击下,雇工经营无利可图,富农普遍亏本,纷纷减少雇工数量,缩小雇工经营规模。土地稍多的富农,招佃收租,当起了"小地主",或卖地进城、外迁①;土地较少,资力较弱的,或典卖土地,或减退雇工,或分家析产,将雇工营利经营改为家工自给自足式经营,甚或亏折破产,沦为贫苦小农。② 因此,各地的普遍情况是:富农经营规模缩小,富农数量减少,富农经营面积占农田总面积的比重下降。据对江苏启东、广东番禺,河北清苑、陕西渭南等南北 7 省 15 县 99 村的调查(详见表 2－68),按县平均计算,每户富农经营面积,除陕西凤翔 5 村略有扩大,江苏常熟 7 村、浙江永嘉 6 村基本不变外,其余 12 县 81 村都不同程度缩小。99 村平均,富农经营面积缩小了 10.5%。富农田场占耕地总面积的比重,除江苏常熟 7 村、广西思恩 7 村略有上升,浙江永嘉 6 村基本不变外,其余 12 县 79 村都无不下降,99 村平均,富农田场的比重下降了 8.9%。这些清楚地反映富农经济衰退的速度和程度。

---

　　① 张锦山:《湖北省襄阳县的农村经济》,天津《益世报·农村周刊》1936 年 7 月 11 日;国民党政府农村复兴委员会:《河南省农村调查》,上海商务印书馆 1934 年版,第 20 页;李珩:《宜兴和桥及其附近的农村》,《中国农村》1934 年 11 月第 1 卷第 2 期,第 70 页;关后秀:《捐税重压下的湖南临武农村》,《中国农村》1935 年 5 月第 1 卷第 8 期,第 79 页。

　　② 陈凡:《宝山农村的副业》,《东方杂志》1935 年 9 月第 32 卷第 18 号,第 104—105 页;陈正谟:《各省农工雇佣习惯及需供状况》,上海中山文化教育馆 1935 年印行,第 81—84 页;俞志远:《苏州的农民》,天津《益世报·农村周刊》1936 年 8 月 15 日。

表 2-68　江苏启东等 7 省 15 县 99 村富农经营变化

1928,1933 年　　　　　　　　　　　　　　1928 年＝100

地区		田场平均面积(亩)			富农田场占耕地面积%		
		1928	1933	指数	1928	1933	指数
江苏	启东 8 村	60.9	50.3	82.6	39.5	36.4	92.2
	常熟 7 村	26.7	26.7	100.0	6.3	6.5	103.2
浙江	龙游 8 村	37.7	30.5	80.9	19.0	14.8	77.9
	永嘉 6 村	26.5	26.5	100.0	4.9	4.9	100.0
广东	番禺 10 村	26.6	25.5	96.2	35.4	33.9	95.8
广西	苍梧 6 村	21.8	20.9	95.9	8.4	6.9	82.1
	桂林 9 村	34.5	34.3	99.4	33.1	28.3	85.5
	思恩 7 村	27.6	26.9	97.5	27.7	30.5	110.1
河北	清苑 10 村	64.7	62.3	96.3	39.6	39.0	98.5
河南	辉县 4 村	106.9	87.0	81.4	26.9	25.3	94.1
	许昌 5 村	51.3	46.0	89.7	42.8	38.5	90.0
	镇平 6 村	61.1	48.7	79.7	19.9	19.7	99.0
陕西	渭南 4 村	80.2	57.4	71.6	21.6	16.9	78.2
	凤翔 5 村	63.3	70.4	110.9	17.3	10.5	60.7
	绥德 4 村	38.2	36.8	96.3	11.3	10.9	96.5
简单平均数		48.5	43.4	89.5	23.6	21.5	91.1

资料来源:据章有义:《中国近代农业史资料》第 3 辑,第 831 页统计表改制。其中广西 3 县 22 村系 1929、1934 年数字;河北清苑 10 村系 1927、1930 年数字。

　　农垦公司的衰落更早。20 年代中后期,当一些地区的经营地主和富农经营还在发展和扩大时,许多地区的农垦公司尤其苏北的盐垦公司,早已处于停滞和衰退状态,很少再有新公司成立,原有的公司多被资金短缺、债务困扰以及地产纠纷等弄得焦头烂额,根本无力围垦和营运,只得苟延残喘,或者名存实亡。1927 年后,尤其是进入 30 年代,衰退和萎缩进一步加剧,这时基本上没有新的公司成立。据 1935 年的粗略调查,1926—1935 年间,新成立的公司仅有 1 家(1933 年)[①],原有的公司纷纷倒闭、结束,尚存者大多有名无实,围堤、排灌、垦耕等活动基本停止,不少工程半途而废;已经开垦和自营的土地则改为招佃收租,完全采用传统的封建租佃制度进行管理;还有的公司,如大丰、大豫、大赉、华成等,因欠债无力偿还而被银行接管。其他地区,除苏南、广东、广西等少数地方仍有部分从事荒山垦耕、植树造林或经济林营造的公司继续活动,并有新公司加入垦殖行列外[②],地区无论南北,公司无论大小,统统失败。鼓噪一时的农牧垦殖,虎头蛇尾,无果而终。

资本主义中小农场,情况略有不同,兴衰互见。1927—1937 年间,少数城市及其郊区,以及广东、广西某些地区,资本主义农场、养殖场尚有某种程度的发展。1930—1937 年,江苏南汇先后有 5 家公私农场成立,从事棉花、蔬菜、苗木栽培和猪、兔养殖等业务[③];广东海南岛,从事咖啡、橡胶、椰子等热带作物种植的园场更是有如雨后春笋,接踵而出。据 1936 年的调查,全岛有咖啡园 69 家,其中 57 家是 1927—1935 年设立的,另有橡胶园 49 家,椰子园仅三亚、榆林两地即有 9 家[④];广西苍梧有人租地办场,开辟果园

---

① 陈洪进:《江苏盐垦区的农村经济速写》,《中国农村》1935 年 9 月第 1 卷第 12 期,第 87—88 页。

② 如广西自 1927 年后,先后设立柳江、桂林、邕宁、龙州、百色等 5 个"林垦区署",放荒招垦。1927—1933 年,柳江有 28 家垦殖公司领荒,其中 3 家已开垦完毕,每家垦荒万亩左右(广西省立师范高等专科学校:《广西农村经济调查报告》,1934 年刊本,第 57—58 页)。

③ 《南汇具志》第十二编,农业,上海人民出版社 1992 年版,第 283 页。

④ 林缵春:《海南岛之农产食粮调查》,《国际贸易导报》1936 年 6 月第 8 卷第 6 号,第 65、172 页。

和挖塘养鱼。[1] 南京、武汉的奶牛场,武汉的小农场和养蜂场,数量或规模都有所扩大。[2] 不过除此之外,其他地区的资本主义中小农场,由于农业恐慌或社会不靖、本身经营不善等原因,大多亏折、停顿或破产倒闭。绥远临河,1925 年时先后设立大小农场 10家,总投资 26 万元,到 1933 年前后,除一两家仍苟延残喘外,余皆亏折破产。[3] 海南岛琼州,原有植蔗糖坊 60 家,年产糖 5 万担,到30 年代只剩 30 家,产糖不超过万担;万宁一家种植苘麻很有前景的农场,也因盗窃而于 1931 年陷于停顿。[4] 江苏无锡、安徽安庆等地的一些果园、农场,不是"经营不善,时常亏累",就是"经营不久,便已拆股"散伙告终。[5] 20 世纪初资本主义中小农场的发展势头已经消失。

(二)耕作制度及其发展演变

中国传统农业,土壤翻耕、作物种植、田间管理等方面的基本技术和制度,早已定型。这一时期仍沿前制,并无重大改革,较为明显的变化是一些地区混种、间种套作制的发展,复种指数的提高以及作物结构的某些改变。

在人口压力增加、经营规模不断缩小、地块分割日益零碎的情

---

① 雨林:《广西苍梧农村——三乡八个村庄视察记》,《新中华》1934 年1 月第 2 卷第 2 期,第 84 页。

② 《南京简志》第十二篇,农业,奶牛业,江苏古籍出版社 1986 年版,第475 页;《武汉市志·农业志》,武汉大学出版社 1991 年版,第 65—66 页。

③ 曙明:《"蒙古江南"之临河县农村》,《新中华》1934 年 2 月第 2 卷第4 期,第 82 页。

④ Decennial Reports,1922—1931,第 2 卷,第 316 页。

⑤ 施琦:《无锡开原乡的农村经济》,《中国农村》1935 年 6 月第 1 卷第9 期,第 71 页;郭汉鸣、洪瑞坚:《安徽之土地分配与租佃制度》,南京正中书局 1936 年版,第 49 页。

况下,农民为了从土地上获得必要的口粮和其他生活资料,只能最大限度的增加劳力投入,从时间和空间两个方面加大作物的种植密度。实行连作制和复种制,缩短甚至完全取消耕地休闲,是从时间上加大作物的种植密度;缩小作物的行距和株距,充分利用田边地角、田埂斜坡,减少耕地及其周边的空隙,是从空间上加大作物的种植密度;实行间作、套种,并利用不同作物的植株高矮大小或喜阳喜阴等不同特点,实行间作或套种,由平面种植发展为立体种植,则是同时从时间和空间两个方面加大作物的种植密度。

同时,农民还尽可能种植所需人工多、但收益较高的作物。如在四川成都平原地区,水稻和小麦比较,水稻产额和收益较高,一亩水稻可收谷 2 石,换钱 20 元,而小麦不过 10 元。虽然水稻所费工夫多于小麦,但在人多地少、耕者无地的情况下,农民不畏繁难,弃小麦而种水稻。有时为了增加收益,甚至改种其他更费人工的商品作物。如种植烟叶,所需手续多至 200 次,所经程序达 30 种,油菜籽和甘蔗分别要经过 24 道和 22 道程序,但农民仍然不辞辛苦,弃水稻、小麦而种菜籽、烟叶。①

在土地耕作和作物种植计划方面,这一时期各地的普遍情况是沿袭原有连作复种和轮作及间作套种制的同时,提高复种指数,加大作物种植密度,间作、混种和套种的形式更加多样化。

东北、察哈尔、绥远和陕北、宁夏、甘肃、青海、新疆地区,由于气温和雨量的限制,基本上实行一年一熟的轮作制。察绥、青海等部分人少地多、土地瘠薄的地区实行休闲制,但休闲时间缩短。如青海,清末前主要采用原始的撂荒制,以后随着土地的开发和人口

① 　陈太先:《成都平原租佃制度之研究》,《民国二十年代中国大陆土地问题资料》第 62 册,台北成文出版社有限公司、[美]中文资料中心重印发行,1977 年初版,第 32831 页。

的增加,逐渐发展为轮歇休闲制,实行"耕一休一"、"耕二休一"或"耕三休一",休闲时间缩短。作物栽培则采用青稞或小麦与豆类、薯类、油菜、蔬菜等轮换的轮作制,实行轮作与轮歇相结合的耕作制度①,同时,间作套种和混作制日益普遍。清末时,东北即有玉米与大豆、高粱与小豆的间作套种习惯,通常以株距两尺的间隔先播玉米,稍长后即播种大豆于其间,"鲜有仅种玉蜀黍者",小豆则"概种之高粱之空隙地,仅种者少"。到20世纪二三十年代,这种间作套种更加流行。青海也有小麦混种豌豆或扁豆的混种田。②

华北平原和黄淮中下游流域,二年三熟的轮作制仍然是最基本的作物种植制度。具体的作物安排各地略有不同。在河北深泽等地,第一年种春播秋收的谷子、玉米等"大秋"(或称"大庄稼")作物,收后种小麦,第二年夏季收割,再种夏播秋收的高粱等"晚收"(或称"晚庄稼")作物。高粱收割后,土地休闲越冬,第三年仍种"大秋",如此循环;或者按"大秋"—小麦—棉花—"大秋"的顺序安排。③ 在江苏淮北沭阳、萧县等地是黄豆—小麦—高粱—黄豆④,都是二年三熟。也有部分灌溉条件较好的土地可一年二熟。如北平西郊,一些井灌地均一年两熟,一熟小麦,二熟豆子或白薯等。⑤

---

① 翟松天:《青海经济史·近代卷》,青海人民出版社1998年版,第35页。

② 翟松天:《青海经济史·近代卷》,第35页。

③ 韩德章:《河北省深泽县农场经营调查》,《社会科学杂志》1934年6月第5卷第2期,第223页。

④ 虞龙江:《沭阳农村鸟瞰》,《农村经济》1935年9月第2卷第11期,第114页;冯和法编:《中国农村经济资料续编》,上海黎明书局1935年版,第21页。

⑤ 杨汝南:《北平西郊六十四村社会概况调查》,北平大学农学院农业经济系1935年刊本,第19页。

昌黎有的收麦后再种荞麦①,也是一年二熟。

不过,华北地区加大作物种植密度最主要的手段还是混种和间种套作。20世纪二三十年代,华北地区的混种和间种套作形式更加多样化。如河北深泽,有高粱与黑豆、玉米与绿豆的间种,谷类与豆类的混种②;涿县三坡一带有高粱或玉米与豆角、芥菜、倭瓜等的混种。③ 三河、平谷等地的混种、套种形式更为丰富多彩。三河耕作,"有一地纯种一谷者,如平垄之秋麦、芝麻是也;也有一地杂种二谷者,如按垄玉米、高粱,间种黑豆、黄豆是也;也有一地在一年期间先〔后〕分种数谷,如秋后种麦,翌春垄间披谷,秋麦拔后,按垄又披绿豆是也;亦有将黑豆、百合豆搀高粱、玉米种籽内而杂种者,名为满天星。此种种法收获较多,农人所谓上一亩下一亩是也"。④ 蓟县普遍实行夏季作物和越冬作物的间作套种,秋播小麦中间作豆类、高粱、玉米、谷子等春播作物,具体模式繁多。⑤

通过混作和间种套作,从时间和空间两个方面大大提高了作物的种植密度。在时间上,少则一年两熟,多的三熟,如三河的小麦、谷子、绿豆三种作物的"接力式"套种就是一年三收。在空间上,单位面积的作物密度明显加大了,三河的"满天星"或当地农

---

① 民国《昌黎县志》1933年刊本第4卷,实业志,第18页。

② 韩德章:《河北省深泽县农场经营调查》,《社会科学杂志》1934年6月第5卷第2期,第214页。

③ 民国《涿县志》第8编,三坡志·实业,1935年刊本,第4页。

④ 民国《三河县新志》第15卷,实业篇,1935年刊本,第2页。

⑤ 主要有:(1)夹板麦地(小麦和谷子单行套作);(2)麦地密缝眼垄(小麦、高粱各双行套作);(3)麦地大隔垄(小麦、高粱、豆类三种作物套作);(4)平垄麦地(小麦、豆类、玉米套作);(5)平垄白地(以高粱为主的高粱、豆类间作);(6)麦地单条杠(以高粱为主的小麦、高粱、豆类套作)(满铁天津事务所调查课:《蓟县纪各庄,平谷县夏各庄、小辛寨、胡庄农村实态调查报告》,1936年刊本,第41—48页)。

民所说的"上一亩下一亩",涿县的玉米或高粱杂种豆角、芥菜、倭瓜,蓟县的高粱、玉米与豆类的杂种,更利用作物植株的高矮或直立与攀缘爬行的不同特点,将平面种植变为立体种植,充分利用了有限的空间。

长江流域及其以南地区,大多为一年两熟,岭南部分地区可一年三熟或两年五熟。一些气温较低的丘陵山区为两年三熟或一年一熟。许多农民尤其是土地饥荒严重的贫苦农民,也尽可能提高复种指数。如江苏川沙,向行两年三熟制,麦为小熟,棉稻为大熟。其作物安排是,头年谷雨种稻,秋分白露间收割;寒露种麦,次年芒种收获;随即种棉,秋分立冬间收获。经数月休闲,使地力稍得恢复,明年谷雨再种稻,周而复始。但有些贫苦农民,棉花收毕立即种麦,叫"花田麦";麦收割后再种棉花,叫"叠地花",以期一年两熟。有的为了赶季节,麦未收割,麦地套种棉花,叫"攒花"。[①] 福建上杭一些烟农通过每年换地的方法提高复种指数。该县东路烟田兼种薯芋,并艺瓜蔬,迨薯芋收成后复种油菜,岁可三熟。[②] 在土地较肥沃的湖田区,更普遍采用连续种植而很少施肥的掠夺式经营,一年中土地利用多至四次,少亦两次。[③]

为了提高复种指数,水旱轮作被进一步推广。[④] 在许多地区,有条件的土地一般都进行此类轮作。如江苏南京地区,"季秋种

① 民国《川沙县志》第5卷,农业,1937年刊本,第14页。

② 民国《上杭县志》第10卷,实业志,1938年刊本,第1页。

③ 彭文和:《湖南湖田问题》,《民国二十年代中国大陆土地问题资料》第75册,台北成文出版社有限公司、[美]中文资料中心重印发行,1977年初版,第39387页。

④ 所谓水旱轮作,就是同一田块,夏季种植水稻;收割后将水放干,接着种植麦豆、油菜等旱地作物,来年夏季再蓄水植稻,如此循环。

麦,仲夏种粳糯稻,其常也"。[①] 广西平乐、来宾,旱田早稻收割后即种杂粮。[②] 四川巴县,水田一季,冬季蓄水休闲,旱田则夏季蓄水植稻,冬季种植蚕豆、油菜、小麦等。[③] 安县则于水稻收割后,种甘薯于田,让其延生滋蔓,次年翻入土中充当肥料。[④] 浙江义乌、福建明溪等地,还通过稻、豆、麦(或油菜)轮作,实现一年三熟。[⑤]

除了提高复种指数,实行各种形式的间作套种和充分利用田埂、地边、斜坡等,同样是加大作物种植密度的重要途径。如四川巴县一带,间作盛行,种类和形式极多。高粱、玉米间种黄豆、绿豆、饭豆等;甘薯有时亦与高粱、玉米间种。冬季作物中豌豆、蚕豆也多间种。[⑥] 川西成都平原,土地无不充分利用,不仅水田一年两熟或三熟,丘陵山坡、田埂、河岸等也不空闲。小麦、高粱多种于干旱的丘陵地上,豆类则种于麦田行间空地、田埂斜坡及河岸等闲地。[⑦] 云南姚安,"土俗惟业水田",小麦种于岗陵,麻豆、黍稷则全

① 民国《首都志》第 12 卷,食货下,农业,1935 年刊本,第 1011 页。

② 民国《平乐县志》第 7 卷,产业,1940 年刊本,第 410 页;民国《来宾县志》,1937 年刊本,下篇,食货二,第 107 页。

③ 民国《巴县志》第 11 卷,农宜,1939 年刊本,第 3 页;王国栋:《巴县农村经济之研究》,《民国二十年代中国大陆土地问题资料》第 54 册,台北成文出版社有限公司、[美]中文资料中心重印发行,1977 年初版,第 27579—27580 页。

④ 民国《安县志》第 57 卷,礼俗,1938 年刊本,第 1 页。

⑤ 吴辰仲:《浙江义乌农村概况》,天津《益世报·农村周刊》1935 年 3 月 9 日;民国《明溪县志》第 3 卷,物产志,1942 年刊本,第 1 页。

⑥ 王国栋:《巴县农村经济之研究》,《民国二十年代中国大陆土地问题资料》第 54 册,台北成文出版社有限公司、[美]中文资料中心重印发行,1977 年初版,第 27579—27580 页。

⑦ 陈太先:《成都平原租佃制度之研究》,《民国二十年代中国大陆土地问题资料》第 62 册,台北成文出版社有限公司、[美]中文资料中心重印发行,1977 年初版,第 32384—32385 页。

部种于"町疃"(田埂)。①

加大作物种植密度,提高复种指数,虽然可以提高全年单位面积总产量,但单季产量相应降低。如前述江苏川沙被称为"花田麦"和"迭地花"的麦棉轮作,由于田无休息,缺乏滋养,不能丰收②,而且,由于播种时间推迟或作物生长期缩短,农产物的质量也受到影响,实行休闲制则可获得优质高产。前述河北深泽,通行谷子—小麦—高粱轮种的两年三熟制,但一些土地相对充裕的富裕农户,在小麦收割后休闲一季,称为"留麦"。据说"留麦"的单位面积产量比上述轮种制小麦高,而且品质较优,并可节省照顾麦后晚秋所需劳力,移作耕种其他大秋作物。③ 所以,通过加大作物种植密度、提高复种指数所产生的边际效益是有限的。

同时,加大作物种植密度、提高复种指数也受到气温、雨量、日照、土地肥瘠和排灌设施以及农户劳力、畜力、肥料和流动资金等诸多条件的制约。因此各地区间复种指数的差异颇大。据1929—1933年对南北22省(缺东北)151县16456农户的调查,从地区看,热河、察绥、晋北、宁夏、陇西等春小麦种植区复种指数最低,只有107;闽南、广东、桂东等水稻种植区最高,为176。南北比较,北方小麦种植为127,南方水稻区为166,全国平均149。④在同一地区,大量调查资料显示,复种指数似乎与土地使用方式和经营规模大小关系不大。土地饥荒严重的贫苦小农虽然想极力加大作物种植密度、提高复种指数,但因耕种的土地往往土质和水

---

① 民国《姚安县志》第47卷,农业,1948年刊本,第2页。

② 民国《川沙县志》第5卷,农业,1937年刊本,第14页。

③ 韩德章:《河北省深泽县农场经营调查》,《社会科学杂志》1934年6月第5卷第2期,第223页。

④ [美]卜凯主编:《中国土地利用》,金陵大学农业经济系1941年刊本,第360页。

利排灌条件相对较差，加上家庭劳力、畜力、肥料和资金短缺，复种指数不因主观意愿而提高。所以，大小农户的复种指数差异并不显著，复种指数的高低同农户经营规模之间无明显规律可循。

三、农业收成与土地产量

由于生态环境、水利灌溉和农业装备不断恶化，水旱灾荒频仍，这一时期的土地产量仍然低而不稳，农业收成不论丰歉，全部在"常年"水平以下，人均粮食占有量也愈来愈低。

作物单位面积产量在不同地区、地块、农户、年份以及不同作物品种之间的差异悬殊。如南方水稻，江苏苏州、无锡、常熟等地常年亩产可达4石左右，湖南滨湖圩田可达5—6石。[①] 江西南康丰年可达糙米2.7石[②]，折谷5.4石。但是，江苏、浙江、安徽、江西、福建、广东、湖北、湖南、四川等省大部分地区亩产一般只有2—3石，广西、云南、贵州大部分地区以及江西、湖南、湖北、四川部分地区亩产大都在2石以下，有的地区甚至不足1石。[③] 同一地区不同地块或等则土地，亩产量也高低不同。云南昆明全县平

---

① 何梦雷：《苏州无锡常熟三县租佃制度调查》，《民国二十年代中国大陆土地问题资料》第63册，台北成文出版社有限公司、[美]中文资料中心重印发行，1977年初版，第32995页；彭文和：《湖南湖田问题》，《民国二十年代中国大陆土地问题资料》第75册，台北成文出版社有限公司、[美]中文资料中心重印发行，1977年初版，第39422页。

② 民国《南康县志》第9卷，实业，1936年铅印本，第2页。

③ 如广西贺县，"水田腴者，每造产谷百斤"（民国《贺县志》第4卷，经济部，1934年刊本，第45页）。

均水稻亩产量,上则田 2.2 石,中则田 1.6 石,下则田仅 1.06 石。①
不同年份的亩产相差更大。如湖南沅江草尾第三区 1926—1936
年的水稻平均亩产,1929、1930 年高达 6 石,1927、1928 年为 5.5
石,1926、1934 年为 4 石,而 1931、1935 年分别只有 1 石和 1.5 石,
高低相差 6 倍。② 不同农户的作物亩产也不一样。据 1928 年对
江苏川沙 61 农户的调查,水稻平均亩产 400 斤的 3 户,375 斤的 1
户,350 斤的 5 户,最少的 4 户只有 250 斤。棉花亩产 110 斤的 1
户,100 斤的 6 户,90 斤的 1 户,最少的 1 户为 60 斤。③ 不同农户
作物产量的差异,既有土地沃度、灌溉条件、耕作制度(复种指数
等)和作物品种等方面因素的影响,又同农户的劳力、资金、肥料、
耕作技术和田间管理等密切相关。

从全国范围看,稻、麦、玉米、高粱、豆类等粮食作物和棉花、花
生、烟草等经济作物的产量 20 世纪 30 年代同 20 年代相比,无明
显增长,甚至有所下降。水稻亩产最高可达 5—6 石,低则不足 1
石。从地区看,江苏、浙江、福建、广东、安徽、江西、湖南、湖北、四
川等省大部分地区为 2—3 石,少数地区超过 4 石或不足 2 石。广
西、云南、贵州、豫南、陕南以及北方其他稻产区,大部分地区为
1—2 石,少数地区超过 3 石或不足 1 石,全国平均约在 300 斤上
下。其他如小麦、大麦、高粱、玉米、小米、豆类等粮食作物和花生、
芝麻、油菜籽、棉花、烟草等经济技术作物,也无太大变化。

---

① 林定谷:《昆明县租佃制度之研究》,《民国二十年代中国大陆土地
问题资料》第 63 册,台北成文出版社有限公司、[美]中文资料中心重印发
行,1977 年初版,第 32860 页。

② 彭文和:《湖南湖田问题》,《民国二十年代中国大陆土地问题资料》
第 63 册,台北成文出版社有限公司、[美]中文资料中心重印发行,1977 年初
版,第 32860 页。

③ 民国《川沙县志》第 5 卷,实业志·农业,1937 年刊本,第 18 页。

表 2－69　南北若干地区主要作物常年亩产量示例

单位：市斤/市亩

地区	资料年份	粮食作物								经济作物			
		稻谷	小麦	大麦	玉米	高粱	小米	豌豆、蚕豆	大豆	油菜籽	花生	棉花	烟叶
江苏常熟	1934	440	139	—	—	—	—	—	—	—	—	32	—
海门	1934	79	106	—	132	158	—	66	66	—	—	79	—
启东	1934	79	92	—	132	132	—	66	66	—	—	66	—
浙江萧山	1935	209	79	57	—	—	—	—	—	54	—	99	248
平湖	1935	293	—	—	—	—	—	92	—	77	—	77	—
安徽合肥	1935	371	181	242	—	—	—	218	218	—	181	—	—
湖北咸宁	1937	257	100	107	122	—	—	100	100	—	—	—	—
黄安	1935	267	129	91	—	—	—	—	—	—	—	—	—
湖南沅江	1936	647	315	252	—	—	—	337	249	—	—	50	—
四川江北	1937	346	233	269	249	276	—	213	—	159	—	—	—
巴县	1937	369	195	154	276	332	—	128	—	440	—	—	—
自流井	1937	288	138	—	138	180	—	158	83	83	—	—	—
河北北平	1934	211	106	—	113	103	133	—	112	—	121	59	—
沧县	1936	—	149	—	165	108	110	—	99	—	—	73	—
山东胶县	1934	154	—	—	—	251	275	—	204	—	330	—	—
临清	1933	—	91	—	103	103	91	—	78	—	210	61	—
河南滑县	1930	—	62	—	121	198	129	—	110	—	274	87	—
山西	1934	271	113	124	231	200	125	—	105	—	—	29	—
晋泉	1934	243	85	79	79	110	65	—	77	—	—	44	—
察哈尔怀安	1934	129	110	—	—	108	151	—	77	—	—	—	—
绥远	1936	—	119	143	141	235	123	—	226	—	—	—	—
甘肃靖远	1936	95	396	370	79	110	65	—	77	—	—	44	—
辽宁海城	1930	—	—	—	—	198	137	—	123	—	—	—	—
兴城	1927	—	—	—	127	124	124	—	110	—	—	—	—

资料来源：刘克祥：《1927—1937 年农业生产与收成、产量研究》，《近代史研究》2001 年第 5 期。

如表2-69所示,地区之间各主要作物的亩产量差别极大。如水稻,湖南沅江和江苏常熟,亩产分别为772斤和572斤,而江苏海门、启东分别只有79斤,相差6—9倍;小麦亩产,甘肃靖远、湖南沅江分别达396斤和376斤,而河南滑县只有62斤,相差6倍多。其他如大麦、玉米、高粱、小米和大豆、油菜籽、花生、棉花等作物亩产,都有类似情况。从地区看,除个别外,水稻亩产南方明显高于北方,但旱地作物南北差距不甚悬殊。

表中亩产数字零碎,且多为常年产量,未能全面反映全国各年

表2-70　全国主要农作物亩产量估计

1931—1937年　　　　　　单位:市斤/市亩

作物	1931	1932	1933	1934	1935	1936	1937	平均
稻	325	366	337	273	334	341	341	331
小麦	145	143	153	151	136	149	118	142
大麦*	153	158	156	168	158	166	132	156
高粱	178	187	191	173	188	199	179	185
小米	167	166	167	157	169	171	154	164
玉米	188	192	184	176	189	181	180	184
甘薯*	990	1117	1022	957	1076	932	1093	1027
大豆	153	157	178	144	137	160	158	155
油菜籽*	82	86	80	90	88	84	70	83
芝麻*	?	?	82	78	76	81	72	78
花生*	?	?	253	238	219	244	231	237
棉花	26	28*	31	32	29	33	22	29
烟草	?	?	157	152	152	152	149	152

* 东北数字不详。

资料来源:章有义:《中国近代农业史资料》第3辑,生活·读书·新知三联书店1957年版,第926页。

亩产情况。有人以南京金陵大学和国民党政府中央农业实验所的调查统计为基础,补充和整理制成全国主要作物单位面积产量表(详见表2－70),反映了30年代的农业产量及其变化。

如表所示[①],1931—1937年的7年间,各种作物各年的亩产量高低不同。稻谷1932年最高为366市斤,1934年最低只有273市斤,相当于最高年份的74.6%,7年平均为331市斤;小麦1934年最高为151市斤,1937年最低只有118市斤,只相当于1934年的78.1%,7年平均为142市斤。大麦、高粱、玉米、小米、大豆等的7年平均亩产为155—185市斤,棉花为29市斤[②],烟草152市斤,油菜籽、芝麻、花生依次为83市斤、78市斤和237市斤。

对这一时期的农业产量,另有多种估计,数字互有高低。[③]

从发展趋势看,同1927年以前相比,1927—1937年间的作物单位产量变化不甚显著,这10年间也看不出明显的升降趋势。虽有起伏波动,但始终是在原来水平上徘徊。直接影响作物单位面积产量的主要因素是年成。

---

① 表中亩产量并非实在产量,而只是估计数。估算的具体方法是:各县农情报告员先假定该年十足丰年的作物亩产量,然后估计当年的各种作物的种植面积和收获成数,并据以计算其亩产量和总产量,上报金陵大学(后来是中央农业实验所)加以汇总,得出各省和全国的各种作物的亩产量和总产量。

② 棉花亩产数字似乎偏低。这一方面由于这一时期棉花收成不好,1927—1937年的棉花收成只相当于十足丰年的57.3%;另一方面也可能同棉田面积估计过高有关。据中华棉业统计会估计,1931—1934年,各年棉田面积为3164万—4481万亩(其单产和总产估计数亦过低),而中央农业试验所的估计数为5223万—5737万亩,1936年更达6357万亩,虽然相应加大了总产量,但其亩产量可能仍然低于实际数。

③ 详见刘克祥:《1927—1937年农业生产与收成、产量研究》,《近代史研究》2001年第5期。

自清末以来,水旱和病虫风雹等自然灾害愈来愈频繁。1927—1937 年间,几乎无年无灾。1928 年水旱交替,受灾区域达 21 省 1093 县,灾民 7060 万人;1929 年,陕、甘、察、绥诸省大旱,苏、鲁、赣、鄂、冀严重虫灾,豫、晋、皖则是旱虫交加;1930 年,陕、晋、热、甘、苏、赣、湘、豫、川、黔等省均被水旱虫灾,灾民 2000 余万;1931 年更是空前大水灾,灾民达 1 亿人,被淹农田 2.55 亿亩,农产品损失 4.57 亿元;1932 年虽被称为"丰年",仍有 11 省遭受水旱虫灾;1933、1934 年,黄河两次决口,1934 年水旱蝗灾损失十多亿元;1937 年,皖、陕、川、豫、鲁、黔、桂、宁、甘等省大旱,浙、川虫灾,损失十多亿元。表 2-71 是 1934—1937 年部分灾害的受灾农田面积和农产品损失估计。

表 2-71 各省自然灾害农业损失估计

1934—1937 年

年份	受灾农田		损失产量		折合金额（万元）
	万亩	占种植面积（％）	万担	占当年产量（％）	
1934	23360	17.8	34994	14.4	137189
1935	93622	12.7	42669[*]	16.1	52913[*]
1936	37883	29.0	39695	14.9	109374
1937	14137[**]	26.1	18133[**]	30.5	49963[***]
累计	84742	21.7	135491	16.2	239495

[*] 夏季作物,不包括冬季作物。

[**] 冬季作物,夏季作物不详。

[***] 按 1936 年价格计算。

资料来源:据各年《农情报告》综合计算编制。

短短 4 年时间,受灾农田累计达 8.47 亿余亩,损失产量 13.55

亿担(合16.17亿市担),折合金额23.95亿余元。这还只是几个集中的大灾区,不包括一县或数县范围的零星小灾区,损失范围也只限于部分或一季农作物的绝收、歉收,而不包括耕牛、农具、农舍、农家衣物器具、口粮食品、林木损失以及人员伤亡等。而且,相对于1928—1929年和1931、1933年的水旱大灾而言,这4年的自然灾害还不是最严重的。

　　自然灾害给农业生产造成的损失,还直接反映在各年的农业收成上。晚清以降,全国农业收成一直在不断下降,到辛亥革命前夕,大部分省区已降至6成以下。这一时期,农业收成仍始终在6成多的水平上徘徊。如表2-72所示,1926—1937年的12年间,没有哪一年的农业收成超过7成。最高的1932年也只相当于十足丰年的68.9%,1934、1937年则分别只有十足丰年的61.6%和61.3%。单项作物除水稻和耐旱涝性能较强的甘薯外,也基本上没有超过7成的。察绥和西北地区的主要作物糜子、豌豆、燕麦等,收成尤低。1926—1937年总平均,农业收成只相当于十足丰年的64.4%。如以相当于十足丰年的75%为常年收成,1927—1937年间,常年收成已完全绝迹,歉年反成"常年"。

表2-72　南北各省主要农作物收成统计

1926—1937年　　　　　　　　　　　单位:%

作物	1926—1930	1931	1932	1933	1934	1935	1936	1937	平均
稻	68	68	77	71	57	70	71	71	69.1
小麦	61	63	63	66	66	57	64	51	61.4
大麦	62	64	67	66	70	65	68	55	64.6
高粱	61	60	68	65	61	64	71	64	64.3

续表

作物	1926—1930	1931	1932	1933	1934	1935	1936	1937	平均
小米	63	62	64	61	63	64	65	58	62.5
玉米	61	64	67	62	61	66	62	61	63.0
糜子	—	61	60	57	56	59	62	59	59.1
燕麦	—	—	—	64	69	59	63	59	62.8
豌豆	50	—	—	56	67	59	63	48	57.2
蚕豆	—	—	—	61	68	65	64	54	62.4
甘薯	70	67	74	63	65	69	60	74	67.8
大豆	62	56	63	70	56	51	61	60	60.0
花生	71	—	—	66	62	59	63	64	62.8
油菜籽	65	63	65	61	69	64	55	63.3
芝麻	64	—	—	63	57	55	63	56	59.7
棉花	61	56	58	59	55	54	55	50	57.3
烟叶	64	—	—	64	62	59	63	64	62.7
加权平均	64.0	63.3	68.9	64.0	61.6	63.5	66.6	61.3	64.4

资料来源:刘克祥:《1927—1937 年农业生产与收成、产量研究》,《近代史研究》
2001 年第 5 期。

　　主要作物的全国产量,各类统计资料因依据不同,互有出入,甚至高低悬殊。有人经过比较、取舍和补充,对 30 年代主要作物的全国产量做出新的统计①,结果如表 2-73:

————————

　　① 该统计系以章有义统计(《中国近代农业史资料》第 3 辑,第 922 页)为基础,并补充豌豆、蚕豆、豇豆、绿豆、燕麦、糜子、莜麦等的产量数字而成(详见刘克祥:《1927—1937 年农业生产与收成、产量研究》,《近代史研究》2001 年第 5 期)。

表2-73 全国主要作物总产量统计

1931—1937 年　　　　　　　　　单位:万市担

| 年份 | 粮食 | | | | | 油料[C] | 棉花 | 烟叶 | 茶叶 |
	稻谷	小麦	杂粮[A]	其他[B]	小计				
1931	97437	46855	118778	29230	292300	12565	751	?	?
1932	110006	48064	120397	30941	309408	12910	987	?	495
1933	103692	48374	121771	30426	304263	12431	1183	1278	488
1934	83377	46682	113153	27024	270236	12321	1366	1223	?
1935	103191	45502	118100	29644	296437	11142	978	1283	?
1936	103413	47949	121903	30346	303639	12048	1736	1287	?
1937	99532	34309	112326	27352	273519	6112	1317	1308	?
平均	100093	45391	118061	29283	292829	12361	1188	1276	?

注:A. 杂粮包括大麦、小米、高粱、玉米、甘薯(5 斤折粮 1 斤)、大豆,另增加豌豆、
　　蚕豆、燕麦、穈(黍)子(原缺 1931、1932 年燕麦、豌豆、蚕豆产量,以 1933 年
　　数字代替)。大豆兼充粮食和油料,据 1933 年南北 22 省 772 县报告统计,
　　大豆用途为 51%充当人用食料、25%做家畜饲料,仅 14%供他用(主要是榨
　　油)。据此,将其列入粮食。
　　B. "其他"包括莜麦、荞麦、绿豆、豇豆和其他等。但这些作物产量数字不全。
　　据 1933 年南北 22 省 772 县报告统计,上述产品占乡村人民食料的 10%,故
　　以粮食总产量的 10%列入统计。
　　C. 油料包括油菜籽、芝麻、花生,但未计大豆、桐油。1931、1932 年芝麻、花生
　　产量不详,以 1933 年数字替补。
资料来源:刘克祥:《1927—1937 年农业生产与收成、产量研究》,《近代史研究》
　　2001 年第 5 期。

　　如表所示,1931—1937 年的粮食产量,按原粮计算,平均每年
292829 万市担,1932 年最高为 309408 万市担;食用油料平均每年
12361 万市担,1932 年最高为 12910 万市担;棉花为 1188 万市担,
1936 年最高 1736 万市担。

　　作物产量及其变化,无明显的升降趋势,但 1932—1934 年农

业恐慌期间,农业生产遭到严重破坏并持续衰退,1931—1937 年的作物产量出现了一个明显的马鞍形。1932 年在上年大水灾后,农业生产有所恢复和发展,年成较好,主要作物产量达到 30 年代的高峰。但随即农业恐慌总爆发、"丰收成灾",农产品和土地价格猛跌,农业和农村经济极度萧条,1933 年农业产量明显滑落,1934 年跌入谷底,1935 年开始复苏,1936 年的农业总产量已接近 1932 年的水平。1937 年,由于华中、华北和华西大范围严重旱灾和日本帝国主义全面侵华战争爆发,农业再次遭到严重破坏,粮食产量又跌落到 1934 年的水平,油料更比 1934 年减少一半以上。

主要农产品的全国人均占有量,随农业收成而上下波动。如表 2-74 所示,粮食按原粮计算,全国人均占有量为 568—668 市斤,大体在 600 市斤上下。如折成成品粮,人均占有量为 466—535 市斤,大体为 500 市斤左右。但这是按产量计算,必须扣除种子、饲料和工业用粮后,才是口粮。因此,口粮的人均占有量就更低了,每人只有 326—375 市斤,即大体 350 市斤左右,平均每天不足 1 市斤。这在当时脂肪和动植物蛋白质消费水平极低的情况下,显然是远远不够的。

油料和棉花的人均占有量也很低。人均油料产量最高 28 市斤(1932 年),最低只有 13 市斤(1937 年),大部分年份为 25 市斤上下。扣除种子和其他食用(如炒花生、花生酱、麻酱、麻糖、点心等),人均占有的油料当不超过 15 市斤。人均占有棉花,最高 3.6 市斤,最低只有 1.6 市斤,大部分年份为 2.5 市斤左右,还不够一件棉袍的棉絮。

同粮食总产量一样,1931—1937 年间的人均粮食产量和口粮占有量的变化也出现了一个马鞍形,1932 年最高,1934 年为谷底,1935—1936 年有所回升,但尚未恢复到 1932 年的水平。

表2-74　全国主要农产品人均占有量统计

1931—1937年　　　　　　　　　　单位:市斤/年、人

年份	总人口[A]（人）	粮食			油料	棉花	烟叶	茶叶
		原粮[B]	成粮[C]	口粮[D]				
1931	459882158	636	512	358	27	1.6	？	？
1932	463469238	668	535	375	28	2.1	？	1.1
1933	467084298	651	524	369	27	2.5	2.7	1.0
1934	470727556	574	465	325	26	2.5	2.6	？
1935	474399231	625	501	351	23	2.9	2.7	？
1936	478099545	635	522	365	25	3.6	2.7	？
1937	481828721	568	466	326	13	2.5	2.7	？
平均		622	503	353	24	2.5	2.7	？

注:A. 据统计和估算,1928—1929年全国人口为452791069人,另据推算,1912—
1930年全国人口平均增长率为7.8‰(参见《统计月报》1930年9月第2卷
第9期,第42、52页)。据此计算出1931—1937年的各年全国总人口数。

B. 表2-60所列粮食产量,除绿豆、豇豆、小米等少数品种外,绝大部分为原
粮,故根据该产量计算全国人均原粮占有量。

C. 成品粮的折算标准为:稻谷、大麦、燕麦、糜子、黍子等颖果或瘦果类谷物为
70%;小麦、玉米、大豆为80%;无法区分的"其他"项粮食(莜麦、荞麦、绿
豆、豇豆等)为85%,以此求出成品粮总量和人均占有量。

D. 粮食的人用食料比例因品种而异。据1933年22省772县的报告统计,稻
米82%,小麦74%,大麦42%,玉米66%,高粱45%,小米77%,糜黍69%,
甘薯53%,大豆51%,蚕豆66%,豌豆55%,绿豆、豇豆70%,按当年各作物
产量综合平均,粮食的人用食料率为72%。本表取其整数按70%计算,求
出人均口粮。

资料来源:刘克祥:《1927—1937年农业生产与收成、产量研究》,《近代史研究》
2001年第5期。

　　这一时期和整个近代,影响各地和全国农业产量和农产品人
均占有量的因素是多方面的:植被破坏、生态恶化、水利失修、有机

肥料数量减少、作物品种混杂退化、自然灾害日趋频繁和严重、农民生产资金普遍短缺,等等,这些都无疑会导致作物产量和农业收成不断下降。但是,某些作物优良品种的引进、培育和推广,地区间作物品种的交流,少数地区灌溉条件的改善(如北方某些地区井灌的发展),也使部分作物和地区土地单位面积产量有所提高,会少许遏制或延缓农业产量不断下滑的势头。另外,部分农户和地区在作物单产下降的同时,由于提高复种指数,仍能保持单位面积全年产量和农业总产量的基本稳定,甚至有所提高。还有些地区(如东北、内蒙、台湾等地),不论单位面积产量是否下降,由于耕地面积的不断扩大,在一个时期内,作物或农业总产量仍呈上升趋势。因此,无论单位面积产量还是农业总产量,不同作物和地区间的发展并不平衡。从全国范围看,由于上述多种因素的相互制约,加上年成丰歉不一,基本上呈现不断起伏波动的态势。就长期发展趋势而言,不少资料显示,作物单位面积产量减少,但作物和农业总产量不一定同步下降,或许在某个时期内还略有上升。

至于粮食和农产品的人均占有量,由于耕地面积和农业产量赶不上人口的增长速度,则无疑呈现持续下降的趋势。同 1924—1929 年比较,1931—1937 年的人均粮食产量下降了 9.3%。[1] 同近代前相比,下降幅度更大。有人估计,乾隆四十九年(1786 年)的人均粮食产量为 1089 市斤,嘉庆道光时为 909 市斤;又有人估计,道光二十年(1840 年)的人均粮食产量为 732 市斤。[2] 1931—1937 年的人均粮食产量比 1940 年下降了 15% 强,比 1786 年下降

---

[1] 参见刘克祥:《1927—1937 年农业生产与收成、产量研究》,《近代史研究》2001 年第 5 期。

[2] 吴慧:《清前期粮食的亩产量、人均占有量和劳动生产率》;史志宏:《清代前期的农业劳动生产率》,均载《中国经济史研究》1993 年第 1 期。

了43%弱。人均粮食产量的这种大幅度下降,除了人口增长,主要还是近代农业生产长期停滞和衰退的结果。

上册表格索引

本书由 国家社会科学基金重点项目 资助

中国近代经济史

1927-1937

中册

刘克祥 吴太昌 主编

人民出版社

第 三 章

手工业的兴替嬗变

中国手工业历史悠久,分布广泛,行业繁多,在国民经济和人民日常生活中占有极其重要的地位。直至 20 世纪 30 年代,无论是从业人数还是国民生产总值,城乡手工业仍然是中国仅次于农业的第二大生产部门。按其性质,中国手工业大致分专业手工业、农民家庭手工业和手艺人上门服务等三种类型。专业手工业又分为家庭独立手工业、手工业作坊和手工业工场等三种形式;按其产生时间以及工艺技术、原料来源、产品销售方面的不同特征,中国手工业又可分为传统手工业和新兴手工业两种类型。

1927—1937 年间,国内外政治形势和市场条件的剧烈变化,对中国手工业的发展产生了重大影响:1927—1931 年,国民党政权建立初期,部分手工业一度有所恢复和发展,1931 年秋,日本武装侵华和东北沦陷,不仅东北全境手工业及其资源统统成为日本侵略者的囊中之物,而且关内手工业特别是棉织、丝织、陶瓷、造纸等手工业顿失大片市场,大受打击;关内一些地区以东北大豆为原料的酱油业也受严重影响。1929—1933 年资本主义世界经济危机、1932—1935 年全国经济与金融恐慌期间,列强各国为转嫁危机,大肆倾销过剩产品,洋货充斥城乡市场,国内手工业产品遭受挤压。同时,国内工厂企业纷纷停工、闭歇,工人失业,农业凋敝,农民破产,农村金融枯竭,城乡居民购买力下降,手工业产品销售市场萎缩,导致手工业的全面衰退,一些传统手工业尤为严重。

这一时期,全国手工业总的变化趋势是有兴有衰,兴衰互见,兴衰交替,情况较为复杂。由于洋货倾销、工业发展、经济危机对手工业不同类型、不同行业、不同地区的影响及其程度不一,各类手工业衰落程度也不完全一样:与进口洋货和国内工业品销售市场完全相同的部分传统手工业,如手工纺纱业、手工制糖业等,以及某些出口型手工业,如制茶业、草帽辫编织业、花边业等,衰退程度最为严重;以进口洋货或国内工业品为原料的部分手工业,如手工织布业、手工针织业等,衰退程度相对较轻,若干地区有所扩大;也有部分地区的少数手工业,如水泥制品业、建筑批荡业、西服成衣业、手工印刷业等,由于水泥制造业和城市发展、人们服饰和生活方式变化、报刊和文化传播日益兴旺等原因,尚有不同程度的发展。从手工业类型看,传统手工业衰退严重,新兴手工业衰退相对较轻;商品性手工业生产衰退严重,自给性手工业生产衰退相对较轻。不仅如此,由于农民日益贫困,无力从市场购买家用商品,只能尽可能自行制造,同时市场萎缩,农工合一体进一步强化,某些地区农民家庭商品性手工业生产缩减,自给性生产相应增加;从地区看,沿海交通发达、洋货充斥、国内新式工业相对发展地区,手工业衰退严重,内陆交通偏僻、洋货不易到达或成本高昂、新式工业最不发展地区,手工业衰退相对较轻,尚在某种程度上保留着传统手工业的市场阵地。

第一节 手工棉纺织业的兴衰和结构变化

鸦片战争后,洋纱洋布涌入中国市场,延续数千年的中国手工棉纺织业开始衰落。19世纪末20世纪初,洋纱洋布不断增加进口数量的同时,外国资本又纷纷在中国投资开办机器棉纺织厂,本国资本的机器棉纺织业也开始兴起,手工棉纺织业衰落加速,以耕织结合为主要特征的中国农村自然经济走向解体。不过在手工棉纺织业内部，由于土纱与洋纱机纱、土布与洋布机布两者之间的劳动生产率高低差别幅度不同，因而土纱和土布所受的市场冲击大小，手工纺纱业和手工织布业的衰败程度，纺与织、耕与织的分离过程，也不完全一样。1927—1937 年间的情况是：部分地区的手工纺纱业和手工织布业都已全部或大部消失，农村自然经济基本解体；部分地区的手工纺纱业和手工织布业受市场冲击较小，或有其他原因，基本延续下来，农村自然经济尚未走向解体；在大部分地区，手工纺纱业明显衰萎，甚至完全消失，但农民和手工工人并未退出手工棉纺织领域，而是弃纺就织，改用洋纱或机纱织造土布，手工织布业继续存在，甚至有所扩大。纺与织虽已分离，耕与织的结合依然存在，自然经济解体尚不彻底。由于手工纺纱业和手工织布业衰退、变化上的明显差异，手工纺织业的结构发生变化，手纺业和手织业由两头同等粗细的棍棒型，变成一头大一头小的棒槌型。

手织业的生产力和内部结构也在改变，部分地区和织户的织布机有所改进，由古老的投梭木机改为拉梭木机，再由拉梭机改为脚踏铁木机或铁轮机，生产效率、产品规格和产品质量提高；内部结构方面，农民家庭副业型手织业不断衰落，专业型手织业有所发展。在专业手织业中，一些地区的织布作坊和手织布厂发展迅速。在某些地区，独立于农业的专业型手织业取代农家副业型手织业，成为手工织布业的主体。

一、手工纺纱业的持续衰萎和部分存留

19 世纪末 20 世纪初，在国外洋纱洋布和国内机纱机布的冲击下，手工纺纱业加速衰落，土纱不断被洋纱、机纱取代，流传数千

年的手工纺纱业不断被挤出历史舞台。不过由于手工纺纱业历史悠久,从事这一职业的农户和人数众多,又多为老幼妇女,加上中国地域广阔,经济和市场条件复杂多样,洋纱、机纱取代土纱是一个相当漫长的历史过程。1927—1937 年间,手工纺纱业的不断衰落和被取代进程,仍在继续。

棉花主要产地山东,直至 20 世纪 30 年代,农村手纺业衰落、演变过程,"在穷乡僻壤,交通梗阻之地,犹可寻见其痕迹"。如滋阳,"在昔棉业甚盛,城西张刘村及马家海一带,种棉者多,纺纱者益多,人民衣料皆仰给于自纺自织之土布,泊乎洋纱输入,价格既廉,成色又高,于是纺纱者日见减少,至今已寥寥无几矣"。又如嘉祥,"纺纱向为妇女专业,人民服用衣料,皆为妇女纺纱所织成,故其业颇盛,近因厂纱充斥,手工纺纱遂为机器所夺,日就衰落"。再如巨野,"当地女子向以纺纱为业,近数年来因交通稍便,洋纱输入日多,纺纱之风,已不如往日炽盛"。更如蒙阴,"纺纱风气,相传甚久,人民衣料多系自纺自织,虽至近年,此风犹在,唯洋纱已有输入,土法纺纱不如当年矣"。①

山东如此,其他地区的情况也大致相近。1935 年 12 月,实业部中央农业实验所有一个关内地区江苏等 19 省农户纺纱织布副业兴衰状况的问卷调查(详见表 3 - 1)。调查将近期农户纺纱织布副业的现状和变化分为"兴"、"平"、"衰"三种类型,各地农情报告员的报告次数显示,19 省中,除山西、贵州外,全是"衰"多于"兴",广西最低 1.4 倍,浙江最高 7.2 倍,19 省平均,"衰"相当于"兴"的 2.46 倍。显然,全国手工棉纺织业总的发展趋势是继续衰退。

---

① 国民党政府实业部国际贸易局编:《中国实业志·山东省》第 4 册,宗青图书公司 1980 年印本,第 7—8(辛)页。

表 3-1　农户纺纱织布副业的兴衰及从事纺纱
织布副业农户占农户总数百分比

1935 年　　　　　　　　　　　1935 年 2 月 = 100

省别	纺纱织布副业兴衰状况 （1935 年 12 月调查）				纺纱织布副业农户 占农户总数%		
	兴 （A）	平 （B）	衰 （C）	A/C （%）	1935 年 2 月调查	1935 年 12 月调查	指数
江苏	20	3	76	380	31.4	21.7	69.1
浙江	5	5	36	720	19.0	13.2	69.5
福建	1	1	3	300	4.9	5.1	104.1
广东	4	1	22	550	11.6	9.3	80.2
安徽	14	6	26	186	29.8	16.1	54.0
江西	6	3	21	350	28.8	18.8	65.3
湖南	7	3	31	443	29.7	16.6	55.9
湖北	5	6	16	320	35.4	29.2	82.5
山东	45	14	134	298	38.0	36.7	96.6
河北	78	32	244	313	38.8	30.9	76.6
河南	57	29	129	226	58.7	47.6	81.1
山西	44	5	37	84	38.5	18.9	49.1
广西	17	10	24	141	37.4	22.2	59.4
四川	26	20	45	173	26.3	22.1	84.0
云南	6		9	150	20.6	8.9	43.2
贵州	7	2	4	57	22.2	21.7	97.7
察哈尔	—	—	—	—	0.1	0.1	100.0
陕西	20	9	42	210	50.9	37.0	72.7
甘肃	6	2	8	133	12.8	11.2	87.5
总计 （百分比）	368 （25.8）	151 （10.6）	907 （63.6）	（246）	28.2 （平均）	20.4 （平均）	72.3 （平均）

附注:1. 纺织副业兴衰状况系 1935 年 12 月调查,所列数字系农情报告员报告的
兴衰次数;纺纱织布副业农户占农户总数%分别系 1935 年 2 月和 1935
年 12 月调查。

2. 原统计总计项百分比,1935 年 2 月调查数据为简单平均数,1935 年 12 月
调查数据为加权平均数。为便于比较,现将 1935 年 12 月调查数据改为
简单平均数。总计项的指数亦为简单平均数。

资料来源:1935 年 2 月纺纱织布副业农户占农户总数%据实业部中央农业实验所
农业经济科编印:《农情报告》,1936 年 8 月第 4 卷第 8 期,第 200 页;1935 年
12 月纺纱织布副业农户占农户总数%据国民党政府实业部中央农业实验所
农业经济科编印:《农情报告》1936 年 11 月第 4 卷第 11 期,第 292 页,"经营
各种副业之农家占总农家之百分率"表;纺纱织布副业兴衰状况见第 293 页,
"近年来各种副业兴衰之比较"表。

　　这种衰退,即使在短时间内,也十分明显。中央农业实验所
1935 年两次对上述 19 省以纺纱织布副业的农户数量进行调查,
如表 3 - 1 所示,从 2 月至 12 月的短短 10 个月中,各地农户中的
纺纱织布农户比重,从 28.2% 降至 20.4% ,下降了 7.8 个百分点,
降幅达 27.7% 。其中江苏、浙江、江西超过 30% ,安徽、湖南、广西
超过 40% ,山西、云南的降幅更在 50% 以上,可见衰退速度之快。

　　从地区看,沿海地区和交通相对方便的地区,农村棉纺织业衰
退最为显著,速度最快,西部地区和交通闭塞地区,衰退速度相对
缓慢。

　　上述调查,对象是包括织布业在内的整个手工棉纺织业,并不
限于手工纺纱业。但由于手工纺纱业遭受洋纱洋布、机纱机布的
冲击更大,生存环境更恶劣,其衰退地域广泛,衰退速度也更快。
表列数据基本上反映了农村手工纺纱业的变化情况,不过表中的
"兴",反映的可能主要是手工织布业,而非手工纺纱业。单就手
工纺纱业而言,"兴"更少,而"衰"更多,其衰退程度当更为严重。

　　手工纺纱业在中国传统手工业中,分布最为广泛,从业人数最
多,生命力十分顽强。近代时期,手工纺纱业虽然持续、甚至加速
衰退,但并未在短时间内全部消失。直至 1927—1937 年间,手工
棉纺业仍然在一些地区继续存在,某些地区还相当普遍。

河北是华北手工棉纺织业集中区之一,织布区一般距工业中心不远,交通较方便,机纱较早在农村织布业中大量采用,但手工纺纱业并未消失。资料显示,直至20世纪20年代末30年代初,纺纱织布仍是一些地区农村妇女的主要劳作,农民的衣袜鞋帽,多由家织土布缝制。如望都县西、南两部,种棉者多,"妇女皆习纺织"[1];元氏农民衣著,"率皆本地所出之棉",农民"自顶至踵,所用衣、袜、鞋、带,皆由自力织成"[2];东明全县居民,"着土布者几占3/4",衣饰被褥"皆取之机杼"[3];定县据1931年调查,有437个村庄纺线,占全县453个村庄的96.5%,按户数计算,纺纱户占全县66205户农家的42.9%,全年产线96.2万余斤,总值548560元。[4]从全省范围看,据1929年的调查,全省113县,95县有手工纺织业,全部使用洋(机)纱的28县,洋(机)纱、土纱并用的25县,纯用土纱42县。[5]亦即手纺业完全消失的46县,占总数的40.1%,部分或全部留存的67县,占59.9%。

江苏南通、崇明、海门、启东、江阴、常熟及上海附近松江、宝山一带和浙江杭州湾两岸,是近代江南土布的主产区。该地也是中国机器棉纺织业的中心地区,机纱取给极便,但手纺纱和以土纱作部分原料的土布仍有相当数量。南通的京庄、县庄、杭庄布中,就

　　① 民国《望都县志》第10卷,风土志,民生状况,1934年铅印本,第1页。

　　② 民国《元氏县志》,风土二,民生,1931年铅印本,第43页。

　　③ 《东明县志》第40卷,民生志,1933年铅印本,转见戴鞍钢、黄苇主编:《中国地方志经济资料汇编》,汉语大词典出版社1999年版,第242页。

　　④ 张世文:《定县农村工业调查》,中华平民教育促进会1936年印本,第72—73页。

　　⑤ 河北省据河北省政府秘书处编:《河北省省政统计概要·工商类》,"河北省家庭手工业分类统计表"综合统计,1930年刊本,第9—35页。

有洋经土纬的品种。江阴有名的"乡丈大布"，始终保持着洋经土纬的用纱规格，小土布中的"紫花布"，则全系土纱织成。[①] 常熟土布的重要品种"熟布"，亦为洋经土纬。[②]

湖北江汉平原、湖南滨湖各县，所产棉花颇多，往日多由农家妇女纺纱纺线织布或出售，后因洋纱、厂纱销行各地，土纱日少，但相当一部分县区尚有存在。湖北钟祥，直至新中国建立前，全县农村基本上每家有一部手摇棉纺车，由妇女操作，日纺纱 4 两（16 两制）左右，大多自纺自用，余则拿到市场出售；黄冈清末至民国时期，"农村几乎家家纺棉纱"，3—4 日纺细纱 1 斤，除自用外，或向机户换布，或卖现钱；黄安（今红安）民间纺纱织布"遍布各村镇"，清末前，大多自纺自织，自产自用，部分人以卖布买棉或以布换棉为副业。后洋纱渗入黄安，但农民纺纱织布未停，不过土纱只作纬纱，而经纱全用洋纱。土纱不减，土布（洋经土纬的手织布当地称"机制布"）特别是商品布成倍增加。[③] 湖南沅江、慈利、宁乡等县，直至 20 世纪 30 年代，纺纱妇女仍非少数。[④]

在西南某些少数民族地区，农民家庭手工纺纱业的保存更完整一些。如紧邻湖南、贵州的广西三江侗族聚居区，直至 20 世纪 30 年代，由于交通闭塞、经济落后，乡间市场既无洋纱洋布、机纱机布销售，农民也买不起洋纱洋布或机纱机布，因而几乎全都自己

① 徐新吾主编：《江南土布史》，上海社会科学院出版社 1992 年版，第 479 页。

② 徐新吾主编：《江南土布史》，1992 年版，第 511、524 页。

③ 《钟祥县志》，湖北人民出版社 1990 年版，第 411 页；《黄冈县志》，武汉大学出版社 1990 年版，第 175 页；《红安县志》第 16 卷，工业，上海人民出版社 1992 年版，第 363 页。

④ 国民党政府实业部国际贸易局编纂、发行：《中国实业志·湖南省》下册，1935 年初版，第 98（庚）页。

植棉,自己纺纱织布。三省交界的龙胜、通道、城步、永从、下江等壮族、瑶族、苗族、土家族、布依族农民,也大都是自棉自纺自织。①

其他地区,手纺业和以土纱作织物原料者亦不少见。如山东省不少地区手纺纱虽因"厂纱充斥,日就衰落",但30年代中期手纺纱远未绝迹,济阳"家家妇女皆能纺线";蒙阴"虽至近年,此风犹在"。② 在山西,浮山"乡村妇女用土产棉花纺织粗布"。③ 对陕西24县的调查显示,镇安、西乡、城固、三原、耀县、同官、中部等县,农民都以当地棉花纺纱织布。④ 河南林县、太康、获嘉、正阳、信阳、新安等县,农家妇女普遍纺线。⑤ 湖北安陆县所产土布,均系以当地棉花纺纱织成,"布厚起绒",故有"暖布"之称,大多销往陕、甘、青三省。⑥ 黄冈、黄陂、黄安、浠水、蕲春、麻城、罗山、广济等8县所出"景布",则以土纱为纬。⑦ 另有若干县则是"棉花出产,不敷应用",估计亦有土纺土织。据对四川2县、贵州20县的调查,四川巴县,贵州遵义、瓮安、贵定、平越、都匀、三合等县都有

---

① 2008年作者实地调查时,仍有部分农户种植小块棉花,自己纺纱织布。

② 民国《济阳县志》第1卷,物产,1934年刊本,转见戴鞍钢、黄苇主编:《中国地方志经济资料汇编》,汉语大词典出版社1999年版,第251页;国民党政府实业部国际贸易局编:《中国实业志·山东省》(下),1934年初版,第7—8(辛)页。

③ 民国《浮山县志》第12卷,实业,1935年刊本,第4页。

④ 陇海铁路管理局:《陕西实业考查》,1933年刊本,第5、19、357、436页。

⑤ 见相关县志。

⑥ 平汉铁路经济调查组:《老河口支线经济调查·安陆经济调查报告》,第5页(发行者及发行时间不详)。

⑦ 平汉铁路经济调查组:《老河口支线经济调查·老河口经济调查报告》,第45页(发行者及发行时间不详)。

棉线出产,各县产量自 500 斤至 2 万斤不等。① 四川成都,至抗战前,"土纱销场尚占一小部分"。② 阆中在民国初年,"土纺土织遍布农村";江油、彰明两县,日本全面侵华战争爆发前,农妇用单线手摇纺车纺纱摇线,"成品多系自用,未形成商品生产"。③ 在云南,棉花纺织是"妇工之一,全省各县妇女咸习此业"。据 20 世纪 30 年代对该省的调查,手纺纱产地,以墨江、思茅、佛海、车里、南峤、大理、永仁、澜沧、西畴、腾冲、保山、甯洱、景谷、缅甯、镇康、龙陵等 17 县为多,每年约共生产 129.68 万斤。④ 1934 年对广西 78 县调查表明,农民自己织布疋者占全人口的 40%,其中全用土纱者占 18.7%,土纱机纱兼用者占 11.7%。⑤

　　手纺纱的产量及其在全国棉纱总产量和棉纺织业用纱总量中的比重,只有个别省份的零星数据,如河北,1929 年全省手织业共消费棉纱 529048 公担,其中机纱 317412 公担,占 60%,手纺纱占 40%⑥,但没有包括机器织布业在内的全省棉纱消费数字,全国性

---

① 铁道部财务司调查科:《渝柳线川黔段经济调查报告书》,第 55、56 页(发行者及发行时间不详)。

② 张肖梅:《四川经济参考资料》,中国国民经济研究所 1939 年印本,第 S7 页。

③ 《阆中县志》,四川人民出版社 1993 年版,第 520 页;《江油县志》,第 13 卷,工业,四川人民出版社 2000 年版,第 684 页。

④ 龙云、卢汉修,周钟祖等纂:《新纂云南通志》,第 144 卷,工业考·纺织业棉织类,1949 铅印本;转见戴鞍钢、黄苇主编《中国地方志经济资料汇编》,汉语大词典出版社 1999 年版,第 283 页;国民党政府全国经济委员会棉业统制委员会:《云南省棉业调查报告摘要》,第 7 页(发行者及发行时间不详)。

⑤ 严中平:《中国棉纺织史稿》,科学出版社 1955 年版,第 256 页。

⑥ 《大公报·经济周刊》第 85 期,1934 年 10 月 17 日,转见严中平:《中国棉纺织史稿》,科学出版社 1955 年版,第 256 页。

的统计亦付诸阙如。据估算,1894 年,手纺纱占全国土布用纱总量的 76.6%,第一次世界大战爆发前夕的 1913 年降至 27.7%。①到 30 年代,1932—1936 年各年度平均,全国手纺纱产量约为 206.7 万市担②,占全国棉纱总产量 1193.7 万市担的 17.3%,占全国棉纺织业(包括针织业)用纱总量 1163.7 万市担的 17.8%。③从整体上说,手工纺纱业作为一种最重要的传统手工业,已经基本已被摧毁,能够继续留存下来的只是很小的一部分。

手工纺纱业同机器纺纱业相比,生产设备和劳动生产率天差地别④,根本无力抵御洋纱洋布和机纱机布的巨大冲击。但在这种情况下,仍有一部分手工纺纱业长期顽强地生存下来,这有着多方面的原因:首先是地区间发展的不平衡性所致。中国幅员广大,地域辽阔,不同地区之间,自然环境、土地供应、农业结构、交通状况、市场条件、风俗习惯、社会需求等等,各不相同,洋纱洋布、机纱机布运销的难易程度,手工纺纱业面临的市场冲击大小以及本身命运,亦随之而异。一般地说,在通商口岸附近、沿海地区和交通发达地区,洋纱洋布、机纱机布可以长驱直入,较快地占领市场,迅速破坏乃至彻底摧毁当地的手纺业;而在广大内陆地区,尤其是交

---

①　徐新吾:《近代中国自然经济加深解体与解体的过程》,《中国经济史研究》1988 年第 1 期。

②　原估算为手纺业用棉 1044 千公担(合 208.8 万市担),废棉率为 5%,得土纱 1000 千公担(合 200 万市担),废棉率明显偏高。如据河北省政府 1928 年的调查,定县 2.6 万户纺纱,年消耗棉花 467.08 万斤,生产土线 465.25 万斤(见本节),废棉率为 0.39%。如从高以 1% 计,208.8 万市担原棉应得土纱 206.7 万市担。其他数据亦作相应修正。

③　严中平:《中国棉纺织史稿》,科学出版社 1955 年版,第 294—296 页。

④　据研究,手纺业和机纺业的劳动生产率相差 80 倍(见严中平:《中国棉纺织史稿》,科学出版社 1955 年版,第 253 页)。

通闭塞、运输困难的丘陵山区和偏僻地区,洋纱洋布、机纱机布的运销相对困难,成本费用亦较高,难以用廉价倾销的手段占领和垄断市场,手纺业面对的市场冲击相对较小。同时,由于环境闭塞,居民对洋纱洋布等新式工业品的认知和接受远比沿海和交通发达地区晚,这就给这些地区的手纺业提供了更长的生存时间。在产棉区和非产棉区,手纺业的命运也不一样。在非产棉区,洋商和纱厂商可以凭借自己的资本和技术优势,采用廉价倾销(有时纱价甚至低于当地棉价)手段,较快地占领市场和摧毁手纺业;但在产棉区,廉价倾销手段不一定即时奏效,特别是自棉自纺自织的手纺业,更难以在短时间内摧毁。因此,非产棉区的手纺业往往解体较早,而产棉区的手纺业则有一部分甚至较大部分留存下来。特殊和固定的市场需求也给某些地区的手纺业提供了生存机会。东北因气候寒冷,居民对厚实保暖的土布需求殷切,紧邻大生纱厂的江苏南通手纺业,依靠东北市场得以延续。1931年"九一八事变"后,东北沦陷,主要的土布市场丧失,南通手纺业连同土布业一起,随即衰萎。浙江金华、衢州、严州、温州、台州、处州等地的山区农民和渔民,需要坚固厚重的土布,该省慈溪手工纺织业即以上述地区为销售市场,继续生存。[①]

其次,手工纺纱的有形生产成本很低。手工纺纱的工具异常简陋,生产成本主要是原料和人工,设备折旧和其他杂费极微,而纺纱者几乎全是妇女,其中不少是老妇、儿童。她们原本属于家庭供养人口,青壮年妇女纺纱,则大多利用暇余和农闲时节,因而无需计算人工。棉纱的成本实际只是棉花,只要土纱价格高于棉价即可,如果自棉自纺,生产成本就更加含混和低廉了,而且由于供

---

① 徐新吾主编:《江南土布史》,上海社会科学院出版社1992年版,第664、673—674页。

求关系,在需要土纱作部分织布原料的地方,土纱价并不一定低于机纱。如河北定县,1931 年 16 支机纱每斤 0.55 元,土纱每斤 0.57 元,比机纱高出 2 分。妇女购棉纺纱,1 斤纱可赚 0.12 元。当时定县物价,大麦每斤 0.05 元,黄米(黍子)每斤 0.07 元,挂面每斤 0.10 元。天津小麦批发价每担 6.2 元。手纺纱效率虽低,每天平均出纱 2 两,但充分利用剩余劳力和时间,积少成多,不无小补。在这种情况下,手纺业有更大的生存空间,不过这种情况并不普遍。

第三,在部分地区,手纺业是农民的主要乃至唯一家庭副业,是他们不可或缺的生存条件。由于农业结构单一,商业性农业不发达,农产品商品化程度不高,这些地区的多数农民尤其是贫苦农民,既无现金购买洋纱洋布或机纱机布,又无其他副业或就业门路可以安排因放弃手纺业而失业的剩余劳力,弥补因放弃手纺业带来的经济损失,而且棉花种植面积很小,一直停留在自给性生产阶段,不可能卖棉买纱买布,只能死死地固守现有的家庭手工纺织业,自棉自纺自织,纺织结合,耕织结合,凭借农工合一体的屏障,保证最起码的衣被需求和生存条件。对这些贫苦农民而言,家庭手工纺织业的存亡,生命攸关,其生命力也最为顽强。只要这部分农民的经济状况没有根本改善,又未完全破产,家庭纺织副业就不会消失。相反,在一定限度内,农民愈是贫困,愈是农业生产不足以维持一家温饱,愈要抓紧和扩大家庭纺织副业,以弥补农业收入的不足,尽量摆脱日益加剧的贫困。甚至原已放弃家庭纺织副业的农户,因为经济状况恶化,复又回归耕织结合、农工合一的老路。因此,在一些地区或一个时期内,农家纺织副业的"兴旺"同农民的贫困化程度成正比。如表 3-1 所示,30 年代中,正当农业恐慌肆虐、农村百业萧条、手工纺织业持续衰萎、农民加速贫困化之时,仍有少数地区(主要是江苏、安徽、山东、河北、河南、山西、陕西等产棉区)的部分农家纺纱织布副业呈现"兴"的态势,就是这个原因。

各地手工纺纱业在持续衰萎和挣扎生存的过程中,生产工具、生产组织和产品性质均未发生明显变化。只是由于洋纱洋布和机纱机布在摧毁手工纺纱业的过程中,首先被排挤和取代的是商品纱,留存下来较多的是自用纱。因此,存留的手工纺纱业中,自给性生产的比重相应扩大,商品性生产的比重缩小。

资料显示,手纺纱的商品性生产,只在少数地区存在,其中河北较为普遍,并出现某种区域性分工。据河北省政府1929年的调查,全省手工织布业所用土纱,不论兼用还是纯用,其来源或生产有两种不同情况,一种是购进或利用自产棉花,自己纺纱;另一种是市场购买。其中洋(机)纱、土纱并用地区,自己纺纱或以自纺纱为主的11县,从市场购买土纱的14县;纯用土纱地区,自己纺纱的很少,只有3县,其余39县都是从市场购买。① 完全从市场买纱织布的达53县,占总数的79.1%。据1932年对河北定县3村的调查,从事纺织类家庭副业的667家农户中,纺纱兼织布的88户,而只单独纺纱或织布的分别达286户和250户。② 这286家农户所纺的大部分应是商品纱。湖南沅江也有部分商品纱生产。该县年可出纱10973斤、线80000斤,并能行销外县。③

从生产组织和交换关系看,自己纺纱和市场购纱是不一样的,

---

① 据河北省政府秘书处编:《河北省省政统计概要·工商类》,"河北省家庭手工业分类统计表"综合统计,1930年刊本,第9—35页。

② 严中平:《定县手工棉纺织业之生产制度》,见严中平:《中国棉纺织史稿》,科学出版社1955年版,第274—276页。

③ 国民党政府实业部国际贸易局编纂、发行:《中国实业志·湖南省》下册,1935年初版,第98(庚)页。

前者纺和织结合在一起,而后者纺和织已经分离,纺纱虽然大多数仍属农家副业,却已经发展为独立于织布业的单项生产(并非一定是专业生产)。这种分离不仅表现为纺纱户与织布户之间的分工,而且有的已发展为地区间的分工。有的县只纺纱,而不织布。如定县,据1928年的调查,有2.6万户纺纱,年消耗棉花467.08万斤,生产土线465.25万斤;另有4.35万户织布,但这些织布户使用的原料,主要并非本县生产的土线,而是来自天津的洋纱机纱,年耗洋纱机纱45.8万斤,产布56.2万匹,所纺土线绝大部分销往外地。行唐县年产土纱18万斤,但全县织布年用土纱30万斤,相差12万斤,短缺的土纱显然来自外县。[1] 唐县、望都、安国、无极等县,也有土纱销往外地,其中运销定县年达70余万斤。[2]土纱的使用情况也不完全一样,可能织造单一的土纱土布,也可能洋(机)纱、土纱交织。如行唐消用棉线(来自天津、石门)和本地土纱各30万斤,生产土布50万匹;藁城消用洋(机)纱(来自石门)和本地土纱各43.4万斤,生产土布48万匹;巨鹿消用洋(机)纱(来自石门)和本地土纱各20万斤,生产土布20万匹;其他如望都、内邱、晋宁,所用洋(机)纱和本地土纱数量,也都完全相等,很可能都是洋(机)经土纬。[3]

更多的是自棉自纺自织,是不同市场发生关系的自给性生产。如河北,完县全县植棉7万余亩,产皮棉2.4万余担,多供本地纺

---

① 河北省政府秘书处编:《河北省省政统计概要·工商类》,1930年刊本,第21页。

② 张世文:《定县农村工业调查》,中华平民教育促进会1936年印行,第26页。

③ 参见河北省政府秘书处编:《河北省省政统计概要·工商类》,1930年刊本,第19—24页。

织或衣被之用,外销者甚少,"纺纱织布为县境女子之普通职业"①;滦县民风,"妇女少艳装,皆衣布,多出自手织,女自胜衣后,即课以纺绩,稍长则学织",乡间"比户机声轧轧,无饱食嬉戏者。此种美风,至今未泯"。② 江苏南通棉区农民的自给布,很多都是自种自纺自织。③ 浙江慈溪土布,仍是农民用当地棉花自纺自织而成。④ 山东霑化县,"普通衣服概土布,棉花系土产,纺织自为之"⑤;山西沁源,"纺织工业多系妇女之副业",才子坪十数村,"家家皆纺棉织布,仅供自用"⑥;陕西澄城,妇女"勤于纺绩",南乡一带妇女,"往往用棉二斤为本纺之,得线 30 两,织之可成布三丈"⑦;河南灵宝,农民衣著"均以土布为主,俗言称之为家生布,每人每年约费棉花五斤。至立春后,男人向田野工作,女人均日夜纺织,每日平均纺线三四两,纺罢即织"。⑧ 广西宜北县,"各家所需之布,皆由妇女自种棉花,自纺自织,自缝自衣"。⑨ 前述四川江油、彰明,农妇纺纱,"成品多系自用,未形成商品生产"。⑩ 从植棉下种到成衣上身,都是一家一户各自独立完成,既不与市场发生任何关系,也无需雇请专门工匠。直至20世纪30年代,棉纺织业中

---

① 《农商公报》1920 年 4 月第 6 卷第 9 册,选载门·专件,第 15 页;民国《完县新志》第 7 卷,食货五,1934 年铅印本,第 32 页。

② 民国《滦县志》第 4 卷,人民生活状况,1937 年铅印本,第 8 页。

③ 徐新吾主编:《江南土布史》,上海社会科学院出版社 1992 年版,第 511、524 页。

④ 徐新吾主编:《江南土布史》,1992 年版,第 669 页。

⑤ 民国《霑化县志》第 1 卷,疆域志,风俗,1936 年刊本,第 37 页。

⑥ 民国《沁源县志》第 2 卷,风土略,1933 年刊本,第 41 页。

⑦ 民国《澄城县附志》第 3 卷,1926 年铅印本,第 20 页。

⑧ 民国《灵宝县志》第 2 卷,人民,1935 年重修本,第 7 页。

⑨ 民国《宜北县志》第二编,社会·风俗,1937 年铅印本,第 26 页。

⑩ 《江油县志》第 13 卷,工业,四川人民出版社 2000 年版,第 684 页。

这种十分完整和典型的自然经济形态,在内陆广大地区,并非个别
情况。

手工纺纱,因工具落后,效率低下,收益微薄。如四川南部县,
清代和民国年间,农村妇女操手摇木纺车纺纱,3—5天纺纱1斤,
获利值大米7斤。操脚踏投梭木机织布,幅宽尺许,长5丈左右,
重3—4斤,3天织成1匹,获利约值大米10斤。①

二、手工织布业的兴衰和产销状况

1927—1937年间,手工棉纺织业总的变化趋势是衰中有兴,
兴衰并存,兴衰交替。手工棉纺织业在遭受洋纱洋布和机纱机布
的冲击过程中,手织业的处境和发展变化与手纺业略有不同。机
器棉纺织业对手织业的冲击和影响是双向的:在洋布机布不断排
挤和取代土布、破坏和摧毁手织业的同时,洋纱机纱也为手织业提
供了新的原料,而且质量规格划一,有利于手织业的连续和批量生
产,因而刺激和加速了织布作坊、织布工厂等专业型手织业的兴
起。20世纪初,随着手织机的改进和拉梭机、铁轮机的相继使用,
手织业生产效率提高,布幅加宽,产品由原来的窄幅“大布”提升
为幅宽、质量接近机布的“改良土布”,专业型手织业进一步扩大,
一些地方政府或社会团体还把开办手工织布厂作为振兴当地经
济、解决城镇贫民和游民就业、安定社会秩序的重要手段。相当一
部分州县建有以织造土布为主要生产内容的“平(贫)民工厂”,有
的还兼行印染;仍然使用投梭机织造窄幅“大布”的农家织布副业
不断萎缩和被淘汰。手织业的生产模式和内部结构发生变化,作
为农家副业的手工织布业,在全国手工织布业中的比重下降,专业

---

① 《南部县志》,四川人民出版社1994年版,第430页。

性手织业的比重上升,在某些地区,织布作坊、织布工厂等专业型手织业,开始成为手工织布业的主体。1931 年"九一八事变"后,由于东北沦陷,该地重要的土布市场丧失,以及随后爆发的全国经济恐慌,全国手工织布业进一步衰落,其中又以专业手织业的衰退最为严重。

(一)兴衰并存与结构变化

1927—1937 年间,作为农民家庭副业的手工织布业持续衰萎。表 3－1 所列关内地区南北 19 省农家纺织副业现状和走势,也反映了 30 年代手工织布业的变化。手织业和手纺业在表列"兴"、"平"、"衰"实态中各自所占比重,手织业的"兴"、"平"可能略高于手纺业,但就整体而言,手织业同手纺业一样,也是"兴"、"平"少,而"衰"多,衰萎是农民家庭手织业变化的基本态势。农家手织业的这种衰萎变化,即使短时间内也十分明显。表列 1935年 10 个月中从事纺织副业农家比重的变化,同样反映了从事织布副业农家比重的明显下降。实际上,某些地区农家织布副业户数量的下降幅度更大。如河北定县,据 1928 年调查,全县有26000 户纺纱,43500 户织布,绝大部分纺纱户兼行织布(虽不一定以自纺纱为原料)。[①] 但 1931 年的调查显示,全县 28367 家纺纱农户中,纺纱兼织布的只有 2000 余家,仅占纺纱农户的14%;只纺纱而不织布的达 24600 余家,占纺纱农户的 86%。[②]农民织布户数量下降幅度之大、农家织布副业衰退速度之快,令

---

① 据河北省政府秘书处编:《河北省省政统计概要·工商类》,第 9—35 页,"河北省家庭手工业分类统计表"综合统计。

② 严中平:《中国棉纺织史稿》,科学出版社 1955 年版,第 258—259页。

人骇异。

在其他地区,无论沿海地区还是内陆地区,也无论是非产棉区还是产棉区,农家手织业的衰退都相当普遍。

福建据20年代末对沿海29县调查,手工织布业仍在若干地区留存。29县中,福鼎、福安、宁德、罗源、连江、长乐、闽侯、同安、龙溪、云霄、建瓯11县有土布产出记录,生产较前已大幅下降,产量不多,如福安年产量约2万担,罗源年产布约一万疋,连江只数千疋,长乐布亦仅供一县之需。① 江苏、浙江均为重要产棉区,但自鸦片战争后,手工棉织业持续衰退,到30年代,已所剩不多。据1933年实业部的调查,江苏全省61县中,只有25县有农村手纺织业,主要集中在原松江府及苏南地区。② 浙江全省75县1市中,农村副业有棉纺织业者只有海宁、嘉兴、海盐、青田等20县,其中海宁年出口布100余万疋(每疋3丈),海盐年出口土布5万疋,青田年出口土布4万元。③

在内陆地区,贵州不产棉花,据30年代初的调查,手织业分布颇广,产量不菲。贵阳年产手织布约10.8万疋,关岭年产土布30万疋,镇宁有织机千架,年出土布约36万疋,安顺年出土布达720万疋。此外平坝、龙里、青溪、贵定、麻哈、平越、炉山等地均有土布出产。④ 另据同期调查,瓮安、余庆、铜仁、印江、省溪、江口、思南、

---

① 铁道部业务司调查科:《京粤线福建段经济调查报告书》,第7、9页(发行者及发行时间不详)。

② 国民党政府实业部国际贸易局编:《中国实业志·江苏省》第1册,宗青图书公司1980年印本,第64页。

③ 国民党政府实业部国际贸易局编纂、发行:《中国实业志·浙江省》(上),1933年初版,第61—63(乙)、88(乙)、93(乙)、119(乙)页。

④ 铁道部财务司调查科:《湘滇线云贵段经济调查总报告书》,第111、112页(发行者及发行时间不详)。

桐梓、遵义、仁怀、湄潭、息烽、紫江、八寨、三合、独山等县亦产布。① 但是,1937 年的资料显示,全省虽有 53 县生产手织布,其中贞丰、安龙、关岭等 14 县的手工棉纺织业还"相当发达",但产量不多,"自给者仅为 1296188 匹,约及半数"。② 上述调查数字,或有偏高偏低之嫌,但在这一期间,贵州手织业衰落、土布产量大幅下降,应无疑义。

农民家庭手工织布业虽然持续衰退,但它同手工纺纱业一起,仍是农民最基本的家庭副业,在各地广泛存在。由于洋纱机纱的冲击,一些农民弃纺就织,农民中织布户的数量和比重比纺纱户更高一些。不过各地情况互有差异。如表 3－1 所示,据 1935 年 12月关内南北 19 省 928 县的调查,从事纺纱织布副业的农户比重,各省高低不同,10% 以下的有福建、广东、云南、察哈尔等 4 省,其中察哈尔最低只有 0.1%;10%—20% 以下的有浙江、安徽、江西、湖南、山西、甘肃等 6 省;20%—30% 以下的有江苏、湖北、广西、四川、贵州等 5 省;30% 以上的有河北、山东、河南、陕西等 4 省,其中河南最高达 47.6%,19 省平均为 20.4%。③ 1935 年 2 月的调查资料显示,从事纺纱织布副业的农户比重更高,10% 以下的只有福建、察哈尔 2 省,其中察哈尔最低为 0.1%;10%—20% 以下的有浙江、广东、甘肃 3 省;20%—30% 以下的有安徽、江西、湖南、四川、云南、贵州等 6 省;30% 以上的有江苏、湖北、河北、山东、河南、山西、广西、陕西等 8 省,其中河南最高达 58.7%,19 省平均为 28.2%。

---

① 铁道部财务司调查科:《渝柳线川黔段经济调查总报告书》,第 54、56 页(发行者及发行时间不详)。

② 张肖梅:《贵州经济》,中国国民经济研究所 1939 年印本,第 L38 页。

③ 此为简单平均数(详情见表下附注),原统计的加权平均数为23.9%。

河北、山东、河南、陕西、湖北等棉花集中产区,从事纺纱织布副业的农户比重最高,农村手织业分布最广。河北据1929年对全省129县的调查,93县有手工纺织业。另据1931年河北实业厅的统计,98县有织布业。迁安妇女"无不娴织绩者","机声遍于四村",男子也有织布的。[①] 香河县恃土布为生计者"十之七八"。[②] 山东据实业部1934年调查,全省148县中,有72县有农村棉纺织业,年产土布约1715万余疋,价值7560万元。其中潍县一地产量即达1000余万疋,昌邑年产100余万疋,菏泽、即墨、寿光、广饶、郓城等县产额约30万至50万疋。[③] 1935年,全国经济委员会棉业统制委员会调查了山东67县手织布产量,总计达1736万疋,估计全省可达2000万疋。[④] 河南据1933年对平汉、陇海两路沿线24县的调查,农家织布年产约90万匹,全省年产土布当在640万匹以上。陕西92县中,据1934年前后几次对洛、泾、渭三河流38县的调查,每年土布产量即达842万匹,以兴平、武功、扶风产量最多。[⑤] 湖北是产棉大省,也是土布产出和输出大省,全省69县,据1934年棉统会的部分调查,黄冈、孝感、光化、天门、宜昌、武昌等17县产690万疋,其中黄冈、孝感分别达220万匹和70万匹。[⑥] 另据1936年对老河口一个区域调查,从黄冈、黄陂、黄安等8县输入或中转老河口的土布,年达3万捆(合75万匹);安陆每年外销土布约1万卷(合32万匹)。每年输入樊城之

① 民国《迁安县志》第18卷,物产篇,1931年铅印本,第11页。
② 民国《香河县志》第3卷,实业,1936年铅印本,第22—25页。
③ 国民党政府实业部国际贸易局编纂:《中国实业志·山东省》(下),实业部国际贸易局1934年初版,第48、52(辛)页。
④ 严中平:《中国棉纺织史稿》,科学出版社1955年版,第258页。
⑤ 严中平:《中国棉纺织史稿》,科学出版社1963年版,第246页。
⑥ 严中平:《中国棉纺织史稿》,科学出版社1955年版,第262页。

机纱一般为 3500 件(每件 420 磅),其中 3000 件销往襄阳境内四乡及樊城镇内,用为手织布原料。枣阳亦输入机纱供四乡织布,可见湖北手织布区域颇广,产量颇多。①

江苏、安徽、江西、湖南、广西、四川、山西等省,或产棉甚丰,或受洋布机布冲击较轻,农家手织业分布亦相当普遍。江苏虽然家庭手织业衰退严重,但苏南地区土布业历史悠久,基础雄厚,土布产量仍然可观。据 1934 年棉统会对 17 县调查,年产量达 1400 万匹,其中南通、江阴、常熟、武进 4 县年产各在 200 万匹以上。50余万人口的南通织区,绝大部分农户更主要以织布为生,"每百户之中,不赖织布为生者,占八家半,半赖织布为生者,占五十四家,全赖织布为生者占三十八家"。② 甚至在 30 年代,纺织仍是上海市郊农家的主要副业。③ 另据 1934、1935 年对沪郊农村"改进区"的两次调查,944 户、4094 人中,有 862 人以织布为副业。直至抗日战争爆发前夕,上海公共租界内还保有八九千架手织机,赖以维生者达 5 万人。④ 安徽据 1934 年的调查,全省 73 县中,42 县有家庭织布业,其中合肥年产 98 万余匹,全省年产土布 200 余万匹。⑤ 江西农家织布业,主要集中在中部赣江流域及鄱阳湖沿岸各县。据 1930 年对赣江流域 13 县的调查,年产土布约 280 万匹,其中吉

① 平汉铁路经济调查组:《老河口支线经济调查》,各页。

② 严中平《中国棉纺织史稿》,科学出版社 1955 年版,第 260 页;全国经济委员会棉业统制委员会:《推广南通土布计划书》,1934 年刊本,第 1 页。

③ 1933 年统计中,颛桥纺织业占农户主要副业收入的 17%,真如占 65%,殷行占 11%〔据上海市地方协会编:《上海市统计》(1933 年),"上海市陆行等八区百户农家全年各主要副业收益比较表"计算〕。

④ 严中平:《中国棉纺织史稿》,科学出版社 1955 年版,第 255 页。

⑤ 安徽省政府统计委员会:1934 年度《安徽省统计年鉴》,1935 年刊本,第 330 页。

水、丰城 2 县,各年产 80 余万匹。另据 1933 年全省范围 27 县的调查,年产土布 900 余万匹,南康、南昌分别达 500 余万匹和 250 万匹。① 湖南据 1933 年对湘江沿岸及洞庭湖西岸 17 县的调查,各县均产土布,长沙、常德两县年产各在 100 万匹以上,17 县合计年产 370 万匹。另据 1935 年的调查,全省 75 县中,49 县生产土布,年产土布 8359941 疋,产值 16519565 元。② 广西全省 94 县中,49 县存有家庭手织业,1932 年产值为 530 余万元,全县、阳朔两县年产均在 100 万元以上。四川据省政府 1936 年调查,全省出产土布的有 47 县,估计有手织布机 10 万台,年产土布 656 万余匹。③ 洪雅一家一户的纺织业一度发展到七八千部机头,月产土布 15 万匹。1936 年全县尚有纺织户 2800 家,从业人员 8300 余人,日产土布 5000 匹以上。青神县属,纺纱、织布、弹花“遍城乡”,是县内手工业的“一大支柱”,1929—1930 年棉织业“最为发达”,全县有织布业 120 家,年产布 7.2 万米。④ 山西农家织布业也较普遍,但产量不高。据 1936 年的调查,全省 105 县中,66 县有家庭手工棉织业,年产土布 248.7 万匹,占全省棉布总产量 338.1 万匹的 73.7%。另据 1934 年调查 64 个土布出产县份,410437 户从事土布织造,但仅有织机 253932 架,平均每户 0.62 架,年产土布 2874008 匹,总值 5043622 元,平均每户 7

---

① 严中平:《中国棉纺织史稿》,科学出版社 1955 年版,第 247 页。

② 严中平:《中国棉纺织史稿》,科学出版社 1955 年版,第 248 页;铁道部业务司调查科:《粤汉铁路株韶段经济调查报告书》,第 11、19 页(发行者及发行时间不详)。

③ 张肖梅:《四川经济参考资料》,中国国民经济研究所 1939 年印本,第 B1 页。

④ 《洪雅县志》,电子科技大学出版社 1997 年版,第 285 页;《青神县志》,成都科技大学出版社 1994 年版,第 163 页。

匹、12.29 元。①

浙江、云南、贵州等省，或家庭织布业衰退严重，或不产棉，且经济落后，农家织布业的分布或产量，远逊前述各省。当然也有少数地区较为普遍和发达。浙江手工业以丝绸居大宗，虽部分地区盛产棉花，但家庭棉纺织业破坏严重，据 1933 年的调查，全省 75 县 1 市中，只 19 县有农村棉纺织业，其中海宁出产最多，年出口布 100 余万匹（每匹 3 丈），海盐年出口土布 5 万疋，另青田年出口土布 4 万元。② 又据棉业统制委员会 1934 年对产土布之 12 县调查，共产布约 600 万疋，其中平湖最多为 200 万疋。③ 另据调查，该县有布机 5 万架，1931 年产布 120 万匹，值 60 万元；嘉兴 30 年代前期年约产布 55 万疋。④ 云南、贵州、甘肃、察哈尔 4 省，均不产棉，农家织布亦不普遍。云南据 30 年代初对计划中的粤滇、湘滇两线云贵段的昆明、嵩明、寻甸、马龙、曲靖、沾益、平彝、陆良、师宗、罗平、宣威等 11 县调查，部分县区有农家手织布业，其中陆良年输出土布 2000 驮，合 24 万斤，38 万元；曲靖织户达 4109 户，年出土布 16.5 万匹，销宣威等县，织布业是最普通的家庭工业；宣威约有织布户 3000 家，织机 5000 张，绝大多数为农民家庭手工业。⑤ 另据 1937 年的报道，云南手织布主要产区河西年产土布 60

---

① 国民党政府实业部国际贸易局编纂、发行：《中国实业志·山西省》，1937 年初版，第 42—47（己）、25（己）页。

② 国民党政府实业部国际贸易局编纂、发行：《中国实业志·浙江省》（上），1933 年初版，第 61—63（乙）、88（乙）、93（乙）、119（乙）页。

③ 严中平：《中国棉纺织史稿》，科学出版社 1955 年版，第 261 页。

④ 国民党政府建设委员会经济调查所：《中国经济志·浙江省平湖县》，1935 年刊本，第 30 页；国民党政府建设委员会经济调查所：《中国经济志·浙江省嘉兴县》，1935 年刊本，第 61 页。

⑤ 铁道部财务司调查科：《湘滇线云贵段经济调查总报告书》、《粤滇线云贵段经济调查总报告书》、《湘滇线云贵段附近各县经济调查报告书》。

余万匹,玉溪约35万疋,开远约30万疋,蒙自约40万疋。① 贵州
遵义,因交通不便,洋布几经转手,层层加码,价格昂贵,当地土布
价廉物美,棉纺织业有所发展。20世纪初,织布工具和土布质量、
规格,均有改进。1925年,一些地方的丢梭机改拉梭机,上布、小
布、觜布、扣布被淘汰,棉织业改产线毯。1929年,新舟、鸭溪等场
镇已设立"纱庄",棉织生产"蔚为繁荣"。② 不过在大部分地区,
手织布业的分布虽较广泛,但产量有限。据1937年的调查,全省
84县中,有53县产手织布,但"自给者仅为1296188匹,约及半
数"③,余赖外省供给。

在农民家庭织布副业持续衰落的同时,一些地区商业性和专
业性手工织布业迅速兴起和发展。在商业性和专业性手工织布业
不断发展过程中,一些地区城镇和乡村的织布作坊、手织布厂相继
问世,并且分布相当广泛,无论产棉区或非产棉区,也无论沿海地
区或内陆地区,都不同程度地存在。

江苏南通、江阴,河北高阳、安新、清苑、宝坻、定县,山东潍县
等地,棉产丰富,往昔手工棉纺织业发达,但大多以农家自给性副
业的形式存在。20世纪初,随着洋纱机纱的大量销售和日益流
行,原来农家自纺自织的自给性纺织副业,逐渐衰落、消失,或直接
转换成以洋纱机纱为原料或洋(机)纱兼用的家庭织布业,并逐渐
扩大,由家庭副业变为主业,部分更由主业变为专业;由自给性生
产变为商业性生产。同时,新的专业织布户不断产生,专业性和商
业性生产全面取代副业性和自给性生产。由于市场竞争,专业性

① 《中华日报》1937年5月14日,见严中平:《中国棉纺织史稿》,科学
出版社1955年版,第264页。

② 《遵义县志》,贵州人民出版社1992年版,第413—414页。

③ 张肖梅:《贵州经济》,中国国民经济研究所1939年印本,第L38页。

和商业性生产加速了织布户的贫富分化：大部分经济地位下降，乃至破产；小部分经济地位上升，生产规模扩大，除家庭成员之外，添用雇工，甚至以雇工生产为主，由此形成家庭织布作坊。同时，商人也陆续介入和控制织布户，商人雇主制（包买商制）开始成为当地手工织布业的一种重要形式。

福建、湖南、广西的家庭织布作坊也相当普遍。福建福州早在1888年（光绪十四年），由当地官绅创办的首家木机织布房问世，年产棉布40万余匹，民间也纷纷效仿，手织布房接踵而起，1891年福州有大小织布房60多所，年可织布100万筒。闽清等地乡绅也集资设房，一时"开织布房者难以指数"。19世纪末，福州织布机房已发展到约500家，散布在城区及附近各县乡村，尤以距城区40里的闽侯县尚干乡最盛。到民国初期，一些商人也开始在福州设立织布厂，但因洋布机布涌入福州市场，本地土布销路滞塞，棉织业陷入困境。1919年后，受"五四"爱国运动影响，洋纱洋布的销售受到民众的抵制，福州棉织业又呈发展之势。20年代后开始出现带有民族工业色彩的棉纺织手工业作坊、工场。1929年福州有家庭棉织作坊70多户，从业人员千余人，全年产量达34264米。1935年福州织布工场发展到138家，市郊村落织布工场也达42家，合计资本12.8万元，并出现电力织机和全铁织机。① 湖南棉纺织业原来全部是农村家庭手工业，自纺自织。20世纪后，随着洋纱进口的不断增加，一些地区由家庭手工业扩大为织布机坊，1921年前后，已极发达。② 湘乡县城自1875年开办首家使用投梭布机的织布机坊，此后不断增加、扩大，到日本全面侵华战争爆发

① 《福州市志》第三册，方志出版社2000年版，第777—778页。
② 国民党政府实业部国际贸易局编纂、发行：《中国实业志·湖南省》，1935年初版，第84—87（乙）、119—154（乙）页。

前,县城共有大小机坊和纺织厂70多家,织布机250余台,年产棉布20余万匹(合200余万米)。① 广西邕宁,1906年后,开始出现专门从事纺织为生的纺织工人,手工木织机数量在1000架以上。民国初年,织布生产即以家庭手工织布作坊为主。② 桂林、玉林、贺县、平乐、柳州、平南、宾阳等地,也都有数量不等的家庭织布小作坊。③

更多的是各种形式的商办、官办或合作手工织布工厂。

河北在1927—1929年的3年间,先后建有13家商办手工织布厂和4家县立手工织布厂,另有9家县立工厂有织布生产或以织布生产为主。④ 另据1936年的调查,北京有手织布厂105家,织机2084台;天津有手织布厂135家,织机1390台。⑤ 山东据实业部1934年调查,全省148县中有99县均有棉织工厂,其中绝大部分是手工织布。⑥ 江苏、浙江的手织布厂也不少,江苏无锡、常州、江阴,浙江杭州,都是手织布厂的集中地。

安徽芜湖,据1936年的调查,约有手织工厂240家,织机1450架。⑦ 四川1936年时,48县有手工织布工场⑧,重庆是全省手工

① 《湘乡县志》第12卷,工业,湖南出版社1993年版,第337页。

② 《南宁市志·经济卷上》,纺织工业志,广西人民出版社1998年版,第279页。

③ 参见广西统计局编印:《广西年鉴》(第二回,1935年),广西省政府总务处1936年发行,第426—429页各表。

④ 据河北省政府秘书处编:《河北省省政统计概要·工商类》,"河北省工厂一览表"、"河北省县立工厂一览表"综合统计。

⑤ 刘大钧:《中国工业调查报告》,经济统计研究所1937年2月印行。

⑥ 国民党政府实业部国际贸易局编纂、发行:《中国实业志·山东省》(下),1934年初版,第27—44(辛)页。

⑦ 刘大钧:《中国工业调查报告》,经济统计研究所1937年2月印行。

⑧ 彭泽益:《中国近代手工业史资料》第4卷,中华书局1962年版,第147页。

织布工场中心,1926—1934年年初是棉织业极盛期,1928—1929年间,全城三十里内,"铁木合计,凡小厂三千,机数两万四千;产量以宽窄布合计,总在百万匹以上"。另成都有手织厂730家,织机约5000台。① 云南昆明有手织布工厂15家,另有平民工厂、女子织布工厂、罪犯习艺所各一,均产手织布;嵩明有手织厂23家,年产土布14000疋。② 此外,湖北汉口,湖南长沙、常德,江西南昌等地,都有大量手织布厂。

广东自农民家庭纺织副业衰微,代之而起的多为城镇工场手织布业,以广州、佛山、兴宁为中心,潮州、南海等地也有。1933年前广州布业全盛时,全市有布厂300余家,工人三四万人。③

在西南,四川江油,民间初为自纺自织30余厘米宽的土窄布,清末,有绵州人到县城开办手织布厂,自后布厂渐多。1929年7月,全县已有10多家织布厂,191架木织机,100多名工人,年产细纱宽幅布14472匹,产品销售川、甘两省边区。④ 资中棉纺织业,原为个体手工纺纱织布。清末民初,机纱机布输入,织布工具开始由丢梭机改为拉梭机,并开始引进铁轮机,由此有人开办布厂,1917年开办的裕川布厂,至1934年有织机30多台,从业50余人,年产布10万匹以上,畅销资中、仁寿、荣县、威远、内江等地。1936年该厂是四川48县97家较大织布厂之一。⑤ 丹棱在自给性家庭纺织副业衰落的同时,商业性织布相对发展,从事织布业的大致有

---

① 张肖梅:《四川经济参考资料》,中国国民经济研究所1939年印本,第B1页;刘大钧:《中国工业调查报告》,经济统计研究所1937年印本。

② 铁道部财务司调查科:《湘滇线云贵段经济调查总报告书》、《粤滇线云贵段经济调查总报告书》、《湘滇线云贵段附近各县经济调查报告书》。

③ 《工商半月刊》1935年11月第7卷第19期,第83、84页。

④ 《江油县志》第13卷,工业,四川人民出版社2000年版,第684页。

⑤ 《资中县志》,巴蜀书社1997年版,第221—222页。

三种人:一是无地或少地农民,自产自销,取得收入购米餬口;二是城镇无业贫民,以求生存;三是地主、城镇工商业户,开办织布作坊。[①] 贵州安顺,辛亥革命后,织布业较以前"成倍发展",资本小者,家置一机即可操作,资本大、规模宏者设立工厂,雇工生产。据1930年调查,城乡织户、工厂合计约3000家,女工约万人,年产布约720万匹。[②]

东北既不产棉,农家亦无从事家庭棉纺织业的传统。在20世纪初,随着土地的开发和人口的增加,对棉织品的市场需求不断扩大,刺激了手工织布业的兴起,一些地区相继办起了一批织布作坊和工厂。据不完全统计,辽宁营口、吉林农安、黑龙江龙江等5地,1929年共有手工织布厂178家,年产土布20余万尺,其中农安一地即有布厂110家,工匠1100人,年产土布12万尺;营口有布厂52家,年产土布9.48万尺。[③]

部分地区在一个时期内专业性和商业性手织布业的发展,依靠的是市场对土布的需求。1931年"九一八事变"后,东北沦陷,作为关内地区商品土布最大的消纳市场丢失,接着经济恐慌爆发,蔓延全国,农业萧条,农村破产,社会购买力极度低落,专业性和商业性手织布业由盛转衰。由于区域环境和市场条件的影响,各地由盛转衰的起始时间互有差异,但1931年"九一八事变"后,衰落全都加剧。

河北高阳手织业,1926—1929年间,由于国内经济相对繁荣,物价稳定,以及人造丝浆经法等新技术的传播,走出了1921—

---

① 《丹棱县志》,丹棱印刷厂2000年刊印本,第508页。
② 《安顺市志》上册,贵州人民出版社1995年版,第639页。
③ 见东北文化社年鉴编印处编:《东北年鉴》(1931年),东北文化社1931年初版,第1059—1060、1074、1078、1091页。

1925 年间的困难阶段,开始复苏,进入繁荣,棉布平面织机从 1925 年的 25800 余架增至 1926 年的 27600 余架;每年销用机纱不下 8 万包,出布 320 万匹。人造丝布的织造发展更快,高阳有人造丝布提花机从 1925 年的 800 余架,增至 1929 年的 4300 余架。1929 年年输入人造丝不下 2 万箱,约出人造丝布 60 万匹,但自 1930 年特别是 1931 年"九一八事变"后,高阳布业严重衰落。1931 年平面织机开工者只 2 万架、提花机 2300 余架,1932 年更分别减为 1.5 万余架和 1100 余架。1932 年,输入机纱约 2.5 万包,人造丝约 4000 箱;1933 年分别减为 2.2 万包和 2000 箱。棉布、人丝布产量 1930 年共约 150 万疋,1931 年约 200 万疋(13 个月数),1932 年约 132 万疋(11 个月数)①,只相当于 1929 年 380 万疋的 35%。

宝坻织布区自 1923 年后,受直奉战争及之后的恶劣政治经济环境影响,已步入衰落期。1923 年全县有布商 93 家,农民织布户 10649 家,共开织机 11387 架,年产布 478 万余匹。1929 年布商减为 58 家,产布 310 万匹,1930 年产布 265 万匹。1931 年"九一八事变"后,日军占领东三省,随后又步步进逼,侵陷热河,陈兵华北,宝坻土布主要市场东北、热河均陷敌手,加以农村织布业本身的缺陷,衰落愈甚。1926 年有包买主 40 家,1931 年 18 家,1933 年仅剩 7 家,控制的织户只有 360 家,仅相当于 1923 年鼎盛时 7650 家的 4.7%。全县土布产量,1931 年尚有 214 万匹,1932 年降至 181 万匹,1933 年只剩 135 万匹。②

山东潍县早有土小布之类的农村土布生产,1915—1916 年间约有布机 500 台。1923 年织布业从东乡渐遍全县四处,布机达 5

---

① 参见吴知:《乡村织布工业的一个研究》,商务印书馆 1936 年版。

② 方显庭、毕相辉:《由宝坻手织工业观察工业制度之演变》,南开大学经济研究所 1936 年印本,第 14、44—45、38—40 页。

万台以上。继而又推及邻近昌邑、安丘、寿光等县。1927 年后又有新发展:潍县 11 家主要生产手织布机的铁工厂中,4 家成立于1920—1926 年,其余 7 家都成立于 1927—1931 年。潍县土布销售几乎遍及全国,以山西销量最多,东北的沈阳、长春、哈尔滨、满洲里等地也是销场之一。① 东北沦陷后,东北市场丧失,潍县土布业随之衰落。全国经济恐慌爆发后,山西和关内土布市场萎缩,潍县土布业衰落加剧。

江苏南通位于苏北产棉区中心,明清时期农村棉纺织业就相当普遍。1899 年后,由于南通大生纱厂一厂、二厂和三厂的陆续建立和机纱市场供应的增加,手工织布业迅速发展,土布销路达于上海、苏北、安徽、浙江、江西、福建以及东北三省。产品按销路和商帮分为京庄布、县庄布、杭庄布、关庄布、灰坯布等多个品类,其中运销东北的关庄布数量最大,长期占通布销量的 70% 左右。1900 年至 1920 年前后,是关庄布的鼎盛期,年产量多次突破 15万件(600 万匹)。20 年代中期后,由于日本帝国主义对东北侵略加深,关庄布的市场缩小,销量下降。1931 年"九一八事变"后,运销东北的通布,自 20 余万匹骤减至三四万匹,"几如绝迹",南通土布生产受到重创。县庄、京庄、杭庄等商帮虽然极力拓展苏北、安徽、浙江、江西等地市场,县、京、杭、灰坯等布在 1931 年后不但维持了原有规模,还多有发展,其中杭庄布销量,自 1912 年至1933 年 20 余年间,更逐年增长。1933 年南通土布产量尚有 934万匹,总值 1400 万元,不过始终无法完全弥补东北市场的损失。②

---

① 《山东潍县之织布业》,《工商半月刊》1934 年 1 月 1 日第 6 卷第 1号。

② 《工商半月刊》1932 年 6 月 1 日第 4 卷第 11 号;国民党政府全国经济委员会棉业统制委员会:《推广南通土布计划书》,1934 年刊本,第 1 页表4。

一些地区的手织布厂也都全面衰落。河北高阳在 30 年代初的市场萧条中,由于"麻布"(即人造丝布)滞销,商人停止赊销人造丝,织布工厂大多数被迫停工,能勉强维持的,仅有管理得法、技术较佳的四五家,而且开工布机数,不到从前的一半。[1] 广东手织布业多为城镇工场手工业,以广州、佛山、兴宁为中心,在潮州、南海等地亦有。广州布业在 1933 年前全盛时,全市有布厂 300 余家,工人三四万人。1933 年后,急剧下降,至 1935 年,存留厂数只90 余家,失业工人二万多,1936 年复减至 62 家。[2] 又据 1935 年的报道,"往昔每年输出约一千五百万元,近则全部崩溃"。[3] 1937年的调查称,广东除揭阳未计外,全省有棉织工场 144 家,1936 年产布 151.1 万匹,总值 64.8 万元(缺潮阳、揭阳数据),只相当于全盛时期的零头。重庆和四川地区,1926—1934 年是手织布厂的鼎盛期,1934 年后,明显衰落。四川在 30 年代初,因战乱和捐税苛重,城乡居民购买力下降,加上日本洋布输入增加,手织业明显萧条,不少织布作坊和工场倒闭或开工不足。重庆铁轮机工场由167 家减为 145 家,铁轮机实际运转数由 1893 台减为 1070 台;遂宁在 1926 年有织布机房 200 余家,1934 年仅存 20 余家。[4]

1935 年后,全国经济恐慌缓和,加上币制改革,城乡经济开始复苏,农村购买力增加,部分地区专业性和商业性手织业有所恢复。如高阳织布区,织户着力改良产品,发展棉丝织品和条格染色布,拓展西南新市场,行业渐有生机,不但以前停产的织机复工,且

---

① 吴知:《乡村织布工业的一个研究》,商务印书馆 1936 年版,第 28页。

② 《工商半月刊》1935 年 11 月第 7 卷第 19 期,第 83、84 页。

③ 彭泽益:《中国近代手工业史资料》第 3 卷,中华书局 1962 年版,第463 页。

④ 《四川省志·纺织工业志》,四川辞书出版社 1995 年版,第 29 页。

有增添。至 1937 年"七·七事变"前,工商户也"屡有增加,形成高阳织布业的第三次高潮"。① 不过这种情况不甚普遍。就全国范围而言,专业性和商业性手织业远未恢复到 1931 年前的水平。

随着农民家庭手织副业持续衰落、专业性手织作坊与手织工厂发展,手工织布业的内部结构开始发生变化。原来作为传统手工织布业主要乃至唯一形式的农民家庭手织副业,在手织布业中的地位和比重,不断下降,而商业性和专业性的手织作坊和手织布厂的地位和比重上升,逐渐成为手工织布业的重要组成部分。在湖南,据 1935 年的调查,全省 75 县中,49 县生产土布,有手工作坊、家庭手工业和贫民工厂等 3 种类型②,专业手工作坊和贫民工厂在手工织布业中,已占有一席之地。在江苏南通、江阴、河北高阳、安新、清苑、宝坻、定县,山东潍县等手织布业集中地,在福建、广东和东北辽宁、吉林、黑龙江,以及江苏、浙江、山东、四川、云南部分城镇或县区,专业型的手织作坊和包括平民工厂在内的手织布厂,更成为手工织布业的主体。如四川重庆,清光绪前,织布工具为丢梭木机,自 1904 年铁轮机输入、并用以开办布厂后,手织布厂增多。1919—1933 年间更一度激增,全县手织布厂达 1300 余家,年产布 100 万匹以上,远销陕甘、滇黔、康藏等地。③

专业性和商业性手工织布业的发展,家庭织布作坊和手工织布厂的兴起,还促进了织布工具的改良和更新换代。

中国传统手工织布工具,通称"投梭机",结构简单,织布以徒手投梭,双手分握木片两端打纬,既费力气,又效率低下,布幅狭

---

① 彭泽益:《中国近代手工业史资料》第 3 卷,中华书局 1962 年版,第 453—454 页。

② 国民党政府实业部国际贸易局编纂、发行:《中国实业志·湖南省》,1935 年初版,第 45—49(庚)页。

③ 《巴县志》,重庆出版社 1994 年版,第 199 页。

窄,布面组织疏密不匀,质量不佳。但长期以来,这种古老的投梭织布机始终没有改进。在洋布机布日益充斥市场的情况下,落后的织布工具和质量、规格不一的窄幅土布产品,显然不能适应专业性生产和市场竞争的需要。

1906年后,拉梭机和铁轮机相继从日本传入中国,随后国内亦开始制造。新型织布机不仅提高了劳动效率,而且使布幅加宽,质量提高,增强了手织布的市场竞争力,给专业性和商业性的手织业发展注入了新的活力,有利于专业性和商业性手织布业的发展。反过来,专业性和商业性手织布业的发展,推动了改良布机的使用和普及。部分地区特别是专业性和商业性手织布业较旺的地区,投梭机逐渐被淘汰,拉梭机和铁轮机开始普及。河北定县某村织布机品种、数量的变化是典型例子。如表3-2所示,该村1912年时,几乎全部使用投梭机,仅有拉梭机26架。此后拉梭机数量逐渐增多和取代投梭机,20年代前后又开始使用铁轮机。到1932年,投梭机只剩48架,拉梭机和铁轮机分别增至122架和69架,合计191架,占织机总数的79.9%,手织布机的更新换代已接近

表3-2 河北定县某村手织布机品种、数量及其变化

1912—1932年　　　　　　单位:架,1912年=100

年份	投梭机		拉梭机		铁轮机		合　计	
	实数	指数	实数	指数	实数	指数	实数	指数
1912	260	100.0	26	100.0	—	—	280	100.0
1917	225	86.5	45	173.1	—	—	270	96.4
1922	168	64.6	72	276.9	15	100.0	255	91.1
1927	126	48.5	84	323.1	36	240.0	246	87.9
1932	48	18.5	122	469.2	69	460.0	239	85.4

资料来源:据张世文:《定县农村工业调查》,中华平民教育促进会1936年刊本,第447页表改制。

完成。

河北高阳、山东潍县等土布中心区,织布工具的改良和更新换代也在进行中。山东潍县、昌邑、安丘、寿光等县改良布机主要由潍县的铁工厂制造和供应。当地铁工厂的开设和产销状况,从一个侧面反映了当地土布业扩大和布机更新换代的速度。1933—1934年间,潍县有布机5—6万架,共有铁工厂11家,其中4家成立于1920—1926年,其余7家为1927—1931年间成立。从1920年至1933年十余年中,出售布机约七八万架,大部分供应本县及邻近地区。由于得天独厚的条件,铁轮机在潍县地区手织业中,已基本普及。①

其他部分商业性手织布业区或手织布厂,改良布机大都获得初步推广。江苏江阴自1924年后,拉梭机和铁木机使用渐多。至抗战前,全县约有手织布机10万余台,投梭机5.7万余台,拉梭机3万余台,铁木机1.2万余台,年产改良土布350万疋,小布230万疋,大布100万疋。② 改良布机约占手织布机总数的40%,产量则远远超过一半。南通亦在30年代逐渐使用和推广铁木机,改进技术,大力织造门面宽、布身长、花色新的中机、大机布。③ 常熟自1909年开办首家手织布厂,到第一次世界大战前后,布厂数量迅速增加。1914—1917年间,相继开办布厂40多家,共有织机3000多台。技术设备亦逐渐得到改进,部分布厂开始采用天津式铁木脚踏机,或将铁木脚踏机改成动力机。1937年日本全面侵华战争

---

① 参见《山东潍县之织布业》,《工商半月刊》1934年1月1日第6卷第1号。

② 徐新吾主编:《江南土布史》,上海社会科学院出版社1992年版,第474页。

③ 林举百:《近代南通土布史》,南京大学学报编辑部1984年印本,第199页。

爆发前,常熟共有布厂 100 多家,织机 7300 余台,其中全铁动力机 84 台,铁木动力机 300 台,脚踏铁木机 2000 多台,拉梭机近 5000 台。[1] 20 年代末 30 年代初,广东、广西、四川都有部分家庭织布作坊、手织工厂(场)开始使用铁轮机或铁木机。在东北,吉林农安 110 家手织布厂,也多使用铁轮机。[2]

(二)生产组织与生产经营

1927—1937 年间,中国手工织布业的生产组织和生产经营较为复杂,形式多样。在全国范围内,独立自主准备原料、使用自有工具和家庭劳力生产、产品供家庭成员消费或自行出售的织户占绝大多数;1927 年前已出现的包买商制、农民雇工和家庭作坊、资本主义性质的手工工场等,在本时期中的不同阶段和不同地区不尽相同。在生产组织上大致有单个家庭独立生产、商人雇主制(包买商制)、家庭雇工生产和家庭织布作坊、私营或官办织布工厂(场)和农民合作工场 4 种形式。

单个家庭独立生产,无论农村或城镇,大多数织户均为此类。生产在家中进行,劳动者多为家庭成员,亦有部分地区和部分家庭雇请匠人上门服务。在农村,这类土布生产大多仍为家庭副业,与农业生产密切结合,但亦有以织布为主业或专业者。织布原料,有的自棉自纺,有的购棉纺纱,也有的直接买纱,还有卖棉买纱者。据各种调查,在自给性手织业中,多为自棉自纺自织,或买棉纺纱织布;在商品性手织业中,多数为购买洋(机)纱或土纱。凡织布供自己消费者,当然是自主生产;在商品生产中,大部分也是自主

---

① 《常熟市志》,上海人民出版社 1990 年版,第 338—339 页。

② 东北文化社年鉴编印处编:《东北年鉴》(1931 年),东北文化社 1931 年初版,第 1074 页。

性的,产品由织户自行出售。

商人雇主制(包买商制),是商业资本介入土布生产,由商人供给原料机(洋)纱,织户按指定规格要求织造,领取"工资",最后由商人将布匹分类整理,投放市场。

包买商制主要分布于河北高阳、宝坻,山东潍县,江苏南通、江阴和浙江平湖等土布业中心区,是这些地区手织业生产的基本形式。30 年代初,高阳农民织户按开工织机估计,50793 名织工中,独立自主者(通称"织卖货")6366 人,占 12.5%;包买制下的"散工"(通称"织手工")44427 人,占 87.5%(后者包括部分既织卖货又织手工者)。① 宝坻 1923 年织布业和包买商制最盛时,有包买主 67 家,控制下的织户达 7650 家,织机 8180 架,所织土布占全县产量 67% 以上。② 包买商对这些地区手织业生产和发展变化有着重大的影响。

包买商制的具体情况比较复杂,不同时期不同地区的包买商制特点不尽相同,经济功能也有差别。包买主的典型特征是"放纱收布",但具体方式不尽相同。

河北高阳,在 1909—1914 年土布业"萌芽时期",纱布商已放纱收布,谓之"放机"。初时并未直接介入农户织布生产,主要业务是从天津贩入洋纱和织机,批量赊给中间商,由中间商将机纱分发给农户织布,付给"工资"后将布运至高阳出售,偿还纱价款。中间商并不一定将布匹卖给赊纱的纱布商,纱布商也不一定从承接赊纱的商人处购买布匹。纱布商主要还是从纱、布买卖中赚取利润;中间商尽管采取了向农民放纱收布的新方法,但赚的还是织

① 吴知:《乡村织布工业的一个研究》,商务印书馆 1936 年版,第 101 页。

② 严中平:《中国棉纺织史稿》,科学出版社 1963 年版,第 279 页。

布工资上的差额。①

20 年代初,随着高阳土布业的发展和土布市场的扩大,外埠需要货品的种类和花色日益复杂,单靠中间商的放纱收布,已无法满足市场需求。在市场需求的刺激下,高阳包买商制开始发生变化,纱布商拟定花色标准,取代中间商,自己直接撒机收布。②

潍县、南通、平湖的包买商制,具体方法各不相同。潍县 30 年代时,作为包买商的纱布庄,与织户的关系有三种形式:一是线庄赊线给织户,以 5 天或 10 天为期,届时织户卖布偿债;二是布庄或线庄放纱收布,纱、布均按市价作价;三是"织户代布庄织布,赚取工资"。③ 前两种类似高阳早期的"放机",第三种则是较完全的包买商制。20 年代至 30 年代,南通包买商的基本方法是"定织"。"定织"不同于"放纱":后者是把纱放给织户,前者是织户用自己的纱生产,"不放纱也可以定织,以双方互利为定"④。这是商人资本从流通向生产转化的中间形态。平湖包买商则是由商人将机纱放给农妇织造,按件付给工价,每匹高者 6 分,低则 3 分。⑤

包买商制的具体形式各异,性质、作用也不完全相同。完全意义的包买商不仅在经济机能上直接参与了生产过程,在资本形态上也开始从商业资本向产业资本的转化。商人放纱,要事先投入购纱资本,而且在高阳等地并非先放一机布之纱,待织成布后再

---

① 吴知:《乡村织布工业的一个研究》,商务印书馆 1936 年版,第 15 页。

② 吴知:《乡村织布工业的一个研究》,第 16 页。

③ 千家驹:《中国农村经济论文集》,中华书局 1936 年版,第 131 页。

④ 徐新吾主编:《江南土布史》,上海社会科学院出版社 1992 年版,第 645—646 页。

⑤ 《中国经济志·浙江省平湖县》,国民党政府建设委员会经济调查所 1935 年印本,第 14 页。

放,而是要在一机布(8—12 疋)未完成之前就接着放下一机纱,以使织布生产连续进行,普通一包棉纱的价格在 200 元以上,如一次购纱 10 包,价款超过 2000 元,而资金的回收,"少则二三个月,多则半年以上"。① 这些资本已可视为是产业资本形态了。此外,有些较大的布庄,还将收回或买回的布匹进行分类、染色、轧光等加工整理,用于这些工序的资本更是部分包买商额外投放的生产资本。

在包买商制居主要地位的地区,包买商已成为土布生产的实际组织者和指挥者。有人甚至将高阳包买商称之为"发号施令指导一切的首脑",谓其"把握着分发制造和运销成品的枢纽,从而控制工人及运用其他附属工商业以营成整个的作战阵线"。② 这样的包买主,名义上虽然还是商人,在生产职能上已与资本主义手工工场主无根本不同,只是前者的生产在农户家庭分散进行,后者进行集中生产。不过事实上,有些手工工场也采用包买制,使两者的界限更加模糊。

包买商制的地位和作用具有双重性:一方面,包买商通过放纱收布或"定织",使织户丧失自主经营权,对其进行生产控制和经济剥削,带有旧式商业高利贷的落后性和贪婪性;另一方面,包买商制有助于提升和规范货品标准、适应和开拓市场、缓解织户资金困难、推广改良布机的使用,有维持和扩大手织业生产的积极作用。同时,包买商制是商业资本向工业资本转化的重要一步,有一定的进步性。

家庭雇工生产和家庭织布作坊,大多是家庭独立织布生产的

---

① 吴知:《乡村织布工业的一个研究》,商务印书馆 1936 年版,第 89 页。

② 吴知:《乡村织布工业的一个研究》,第 32 页。

扩大。农民或城镇居民织户在生产规模扩大而家庭劳力不够时，往往增添雇工。雇工数量、劳力结构、生产规模互有差异，有的以家庭劳力为主，有的以雇工为主。不论哪种情况，生产仍在家中进行，家庭成员继续参与生产，家长或作坊主一般是技术最好、经验最丰富的工匠，除负责组织外，亦不脱离生产，并大多收有学徒，既传授技艺，又扩充劳力，降低经营成本。

在包买商制流行地区，织户雇工生产和家庭织布作坊也相当普遍。商品生产和市场价值规律导致农民织户贫富分化加剧，大部分农民成为包买商制下的散工，小部分有资力者添置织机，雇工扩大生产，发展为家庭作坊。据对高阳382家织布户的调查，其中154户有雇工，占40.3%。在各类织户中，雇工户的比重因产品种类和织机数量而异：在1台织机户中，织造棉布的平面机户，雇工户占17%；织造高档"麻布"（人造丝布）的提花机户，雇工户达33%；在2台织机户中，织平面机的雇工户占50%，织提花机户达70%。另外，部分农民织户在农忙时或须雇工织布。家庭劳力多、有二三架织机者，繁忙时也可能雇工络线。[1] 同时，这类地区雇工织布户的经济状况亦不稳定，有时"织卖货"，有时"织手工"，织户雇工的情况和性质多种多样。

随着织户雇工数量的增加和生产规模的扩大，部分雇工织户发展为家庭织布作坊。织户雇工数量，作坊劳力结构，规模大小，互有差异。不过总的来说，规模都不大。在河北高阳，一个家庭作坊，普通只有2—5架织机，很少超过10架以上的。其他地区的情形也大致相似。据对广西桂林等11县手工织布业的调查，劳力结构、生产规模差异颇大，平均每户织布机数量，除宾阳外，都在1架以上，平乐、柳州、桂林达到或超过3架，桂林最多为3.75架。劳

---

① 吴知:《乡村织布工业的一个研究》，第111页表93—94。

力及其结构方面,在大部分织布户中,家庭成员是主要织布劳力,其中龙州、钟山、桂平调查的 8 户,全部使用家庭劳力,并无雇工;玉林、贺县、平乐、柳州、邕宁、平南、宾阳等 7 县,虽有雇工,但大多仍以家庭劳力为主;只有桂林、柳州、平南 3 县多以雇工(包括学徒)为主。家工、雇工合计,劳力数量最多的邕宁、桂林,平均分别达到 5.55 人和 5 人,柳州平均 4.25 人,玉林、平乐分别超过 3 人。在这些地区应有数量不等的家庭织布作坊。贺县、平南、宾阳也有,但数量更少,规模更小。①

私营或官办织布工厂(场)和农民合作工场,也是这一时期手工织布业生产的一种重要形式。这类工厂(场)不同于家庭织布作坊,无论私营、官办,无论独资还是合作、合伙,也无论规模大小,都是独立于家庭的棉织企业。

马克思认为,从封建生产方式向资本主义过渡有两条途径:生产者变成资本家,或者商人直接支配生产。② 从现有资料看,近代中国手工棉织厂的产生有四种具体途径或类型:

一是官办工厂。清末,各级政府为了堵塞漏卮,解决贫民就业,振兴地方实业、维护社会治安等目的,上至农商部下至州县,举办了一大批等次不同、名称各异的官办手工工厂(场),有工艺局、传习工场、实习工场、教养局、平(贫)民工厂,等等。其中大部分是专业织布厂,一些综合厂也设有织布生产。1888 年闽广总督卞宝第等创办的福州织布局,是记载较早的一家手工织布厂。此后,各地开办渐多,仅直隶一省,1904—1910 年间,就有各类官办传习工场 87 处,1904—1908 年间,有各类官办罪犯习艺所

---

① 据广西统计局年鉴编印处编:《广西年鉴》(第二回,1935 年),第426—429 页各表综合整理、计算。

② 马克思:《资本论》第 3 卷,人民出版社 1975 年版,第 373 页。

25 处。① 这类织布工场均以机纱为原料;较早使用新式织布工具;有工人集中生产者,亦有用散工制者。它们对先进技术的推广和落后地区织布业的开展起了导向性作用,带动了民间织布工场的兴起。

二是城镇商人、士绅投资。清末民初,在一些手织布生产发达地区,鉴于布匹尤其是洋布的销路兴旺,于是投资兴办"布厂",采用手拉机或铁轮机,织造不同于传统土布的改良土布。如无锡的织布工场,初期大都开设在原织布区的乡镇或城区,由商人、官僚、乡绅等投资,一开始就备有较多的拉梭机,生产农村没有的改良土布,规模亦较大,1913 年所存 5 家布厂共有织机 650 台,平均每厂有布机 130 台。常州织布工场也多是商业资本投资经营,一开始即以三五十台拉梭机集中生产,首先在城内发展,然后逐步向城郊及乡村扩散。常熟的首家布厂,1908 年开设于县城大东门外,备有拉梭机 80 台,生产先染后织的改良布。另一家早期布厂,1910年设于梅李镇塘桥,开始有拉梭机 36 台,年底增至 120 台。② 上海的甬布工场也属于此种类型。这类工场本质上是城市型而非农村工业,一开始就生产一般农民难以生产的"高档"产品;当农民能仿效时,它又改产更高级的产品了。

三是由城镇家庭织布作坊发展扩大而来,上海安徽帮是其典型。辛亥革命前,有许多合肥人到芜湖开设小型家庭织布厂,后向南京、上海发展,1915 年左右,上海已有安徽人开办的二三百家布厂。这种布厂实际是家庭手工作坊,既无厂房又无厂名,生产者多

---

① 彭泽益:《中国近代手工业史资料》第 2 卷,中华书局 1962 年版,第528—533 页。

② 徐新吾主编:《江南土布史》,上海社会科学院出版社 1992 年版,第574—578、559、532 页。

为家庭成员。1926—1927 年间,布厂增至千余家,抗战前达三千余家。1930 年后铁木机渐多,大多有布机三五台,其中少数厂发展为有数十台织机和一定生产规模的工场。① 桂林的布厂,也有部分属于此种类型,织户多集中于城市,以家庭作坊为基本形式,少者有织机二三台,多者十数台至 20 余台,雇工生产,雇主自己参加劳动,盛时有二千余家。② 少数织机较多、生产规模较大者,可能已是脱离于家庭的织布工厂,或正朝这一方向发展。

四是由农户家庭生产发展而来。其中又分为独资厂和合作厂两种情况。前者如江苏江阴粮商王某,1930 年以 60 元购进一台铁木机,专织斜纹布。最初无论浆纱、穿综、染色全部使用家庭成员,后增至 3 台布机,开始雇用女工织布,并关闭粮行,专营织布业。1937 年时已有铁木机 30 台,雇工四五十人,成为一个中型手织布厂。江阴城外陈家弄徐某,有田 10 余亩,1921 年与其姐夫合开振云布厂,有 15 台手拉机,雇工织布。另在家中购置两部经车和 5 只染缸,自己染纱和上经轴。第一年以雇工织布为主,第二年就放盘头给农民代织。这类布厂在陈家弄有 30 多家,自备织机从三五台到 30 台不等,个别曾达到 100 多台。③ 在高阳,1926—1929 年布业第二次兴旺时期,出现了约 40 家织布工厂,每家织机从 10 多架至 40 多架不等,均雇工生产④,其中或有部分由富裕农户开办。合作工场在高阳、常州都有分布。高阳的合作工场可分四种:一种是由专业织布的外地雇工集资开办,大多有 5—6 架织

---

① 　徐新吾主编:《江南土布史》,第 410—431 页。

② 　彭泽益:《中国近代手工业史资料》第 3 卷,生活·读书·新知三联书店 1957 年版,第 641—644 页。

③ 　徐新吾主编:《江南土布史》,第 496—497 页。

④ 　吴知:《乡村织布工业的一个研究》,商务印书馆 1936 年版,第 26 页。

机,原料向染线厂赊取,集中自主织布,布匹由染线厂代为销售。30年代初,高阳有七八家这样的合作工厂;第二种属销售合作,即由几家织户联合与布线庄订立销售合同,自备原料为布线庄代织,此种合作在西田果庄始于1929年,至1932年有织户9家,织机25架;第三种合作称为"机房",因织户大多住房紧张,于是数家合资,建造公共机房,置机织布;第四种类似劳资合作,由资本、工具持有者与机匠合伙组成,机房、织机、原料一般由资方供应,织造由织工负责,赢利由劳资双方均分。[①]

上述四类织布工厂的发展状况各不一样。

官办工厂早期对先进技术的推广和落后地区织布业的开展起了相当作用,也带动了民间织布工场的兴起。但民国以后官办织布工场就较少大批兴办,不少经济效益甚差,随着民间工场的大量出现,尤其在经济相对发达地区,官办织布厂在二三十年代的手织业中所起作用已不明显。城市型手工场在部分地区,尤其是江南织区,逐渐发展为织布厂的主体,并向动力机织布厂演进。如无锡布厂织机和产品迅速更新换代,1920年全部为铁木机,1921年起向动力机过渡,至1937年,动力机已占81.57%,一些产品与高档洋货进行了有力的竞争。[②] 至抗战前,常州布厂有30余家,动力布机近8000台。常熟至抗战前,有大小布厂100余家,织机七八千台,其中电力铁机84台,电力铁木机300余台,铁木机约2000台。第三种类型从上海安徽帮看,虽然至抗战前仍有发展,但始终以家庭作坊式生产占绝大多数,真正转为工厂者极少。由家庭生产扩充的手织厂,发展扩大亦有限。江阴的这类布厂大多采用包

---

① 吴知:《乡村织布工业的一个研究》,第95—99页。

② 徐新吾主编:《江南土布史》,第577—578页;朱龙湛:《抗战前无锡棉纺织工业概况》,《无锡文史资料》1984年第7辑,第74页。

买、散工方式,利用农民家庭来进行工场外加工,在市场环境不好时,则解散雇工,退回到家庭生产。如高阳,在 30 年代初的困境中,原有的 40 家工场纷纷解体,只剩下四五家,真正由农户家庭生产发展而来的完全意义上的织布工场并发展壮大者是极少数。

生产经营方面,手工织布业作为以农民家庭副业为主体的传统手工业,生产分散、规模狭小、设备简陋、技术粗糙、产品单一、效益低下,是其基本特征。不过由于各种生产组织的资金供给、工具设备、劳力和技术、生产经营规模、产销市场等因素各不相同,生产形式、劳动组织、产品数量和规格质量、劳动生产率和经济效益等,互有差异。

单个家庭独立的土布生产中,大部分属于自棉自纺自织自用的农户家庭副业,生产形式和情况比较简单,从棉籽入土到棉布下机,绝大部分工作都在家中由家庭成员完成。少数准备工序虽然必须在家庭外或在家中由他人完成,但无需经过市场交换。20 世纪二三十年代,大部分地区土布生产的基本过程如下:农户在秋天收摘棉花后,将其送往轧花店或巡回流动服务的轧花车脱籽,然后雇请上门服务的弹花匠将棉花弹松,也有部分地区设有专业弹花店,代客弹花。棉花弹松后,必须搓成棉条,才能纺纱。搓棉条的工作量较大,时间紧迫,需多人同时进行,一般都以邻里换工的方式完成,而无需雇工。上述准备工作做好后,已届冬闲季节,于是家中老少妇女全部投入纺纱工作,部分农户棉花较多,或缺少妇女劳力,也有以按量计酬方式请人代纺的。当所纺纱线够一机布(约 10 匹左右)时,即可开始织布。织布工作一般也在家中由家庭成员完成,从事者既有妇女,也有男子,一般以妇女居多。不过到 20 世纪初,随着拉梭机在一些地区的使用和普及,情况开始发生变化。因拉梭机造价较高,形体和占地较大,织布效率也大大提高，一家一户置备一架，既有困难，也不经济和方便，一些地区的织布生产逐渐脱离家内副业，演变为一种专门职业，大多数农户不再自己织布，而是雇请上门服务的织布匠到家中代织。

自纺自织的自给性土布产品，大多为白布，但也有部分和若干款式的花布。19 世纪末 20 世纪初，一些地区的乡镇多有进口的合成染料售卖，不少农户将棉纱染色，织成各种色布、花布。花布主要款式竖条、方格、长格、"芦席片"等。

自己不种棉花或非棉产区的农户，无论自给布或商品布，均需买棉纺纱织布或直接买纱织布。其生产过程与自棉自纺自织不同，原料获得均需通过市场。购买的棉纱中，既有土纱，也有洋纱机纱。20 世纪初叶，市场销售的洋纱机纱数量愈来愈多，洋布机布在各地城乡日益流行，农民购买洋纱机纱织布的情况越来越普遍。如安徽宁国，城乡居民织布，"原料率用上海本厂纱"，全年用量约需 2 万包。[1] 云南、贵州各地织布户，少部分用棉花直接纺纱织布，大部分购用机纱。据 30 年代初对陆良等 7 县的调查，云南陆良年进口洋纱 3600 包；贵州安龙进口洋纱 6 万股和 5300 捆。[2] 1931—1935 年，云南全省年均销纱 57135 件，1932 年最多为 66365 件，1936 年贵阳进口外地棉纱约 8000 余箱。[3]

在棉产区，则有部分农户卖棉买纱。湖北枣阳是产棉大县，棉田占农田面积 70%。民国前，农民用本地花纺纱织布，畅销河南、陕西等地。民国后二十余年间，因进口洋纱价格比本地所纺土纱

---

[1] 国民党政府建设委员会经济调查所：《中国经济志·安徽省宁国县、泾县》，第 23 页。

[2] 国民党政府铁道部：《粤滇线云贵段经济调查》。

[3] 国民党政府全国经济委员会棉业统制委员会：《云南省棉业调查报告摘要》，第 8 页；张肖梅：《贵州经济》，中国国民经济研究所 1939 年印本，第 P3 页。

低,所织布匹既细且廉,故乡间织户均乐用洋纱。结果,洋纱进口日增,本地纺土纱者大减。① 浙江平湖,盛产棉花,30 年代中期棉产值达 150 万元以上,棉花占县出口货品总值第一位,价值 120 万元。但农民织布大多不是用本地棉花纺纱,而是购用沪产机纱,该县输入品价值中,棉纱占第二位。②

农民和城镇居民手织户生产的商品布品种相对较多,如广西桂林、龙州等地的该类商品土布,有白布、色布、斜纹布、仿呢、蔴帆、被面、蚊帐等多个品种。

农民和城镇居民手织户,特别是只使用家庭劳力的织户,资金和生产设备有限,织布工匠多,布机数量少,往往出现劳力相对过剩的情况。同时由于资金短缺,原料不能及时供应,或农业生产和其他因素的影响,生产时断时续,产量和劳动生产率低下,盈利微薄。据对广西柳州、钟山、桂平的调查(详见表 3-3、表 3-4),各县平均每户的土布年产量,多的 13440 尺,少的仅 1102 尺。按织工平均,高的 3840 尺,低的仅 629.7 尺。盈利也很少,以 50 尺土布平均计算,0.24—0.43 元不等。表中有一个奇怪的现象,窄幅白布的盈余和盈利率比宽幅色布高很多,这是由于窄幅白布用的是投梭机,宽幅色布用的是拉梭机,前者的织布速度只有后者的 1/3,按劳动时间计算,窄幅白布的实际盈余(工资)只相当于宽幅色布的 59.7%。生产工具越落后,劳动生产率越低,盈利越少,劳动报酬越低,这是规律。

---

① 《平汉铁路老河口计划支线经济调查报告·枣阳经济调查报告》,第 1—3、25—27 页(调查结束时间为 1936 年)。

② 国民党政府建设委员会经济调查所:《中国经济志·浙江省平湖县》,1935 年刊本,第 14 页。

表3-3 广西龙州等3县手织户生产状况统计

1933 年

县别	调查户数	平均每家人口(人)	平均每家织工(人)	平均每家布机(架)	平均每名织工布机(架)	平均每家年产量		平均每名织工年产量	
						购纱(股)	产布(尺)	购纱(股)	产布(尺)
龙州	4	3.75	1.75	1.25	0.71	7.50	1102	4.29	629.7
钟山	2	3.50	3.50	2.00	0.57	70.00	13440	24.29	3840.0
桂平	2	4.50	2.00	—	24.00	4503*		12.00	2251.5

*原资料统计数据空缺,现数据系根据龙州、桂平相关数据推算得出。

资料来源:据广西统计局年鉴编印处编印:《广西年鉴》(第二回,1935 年),第426—429 页各表综合归并、整理、改制。

表3-4 广西龙州等2县土布生产收益统计

1933 年   单位:元

县别	土布类别		售卖次数	成本	售价	盈利	
	品名	幅宽(尺)				盈余	盈利率(%)
龙州	白布	1.10	3	1.95	2.38	0.43	22.1
钟山	色布	1.80	1	2.96	3.20	0.24	8.1

说明:每种土布的成本、售价系 50 尺的平均数。

资料来源:据广西统计局年鉴编印处编印:《广西年鉴》(第二回,1935 年),第430—432 页织布业各表摘要归并、综合整理、改制。其中"盈利"项系本表增添、计算。

包买商制下的手织业,生产经营不同于单个家庭的独立手织业。在较完全或典型的包买商制下,由包买商放给纱线,指定产品规格和交货日期,织户负责加工,到期交货,领取工资,产品由包买商销售,织户无需承担任何风险。织户同原料供应和产品销售的市场联系已被切断,剩余的只有单纯的生产加工,原料供应和产品销售大权落入包买商手中,手工织布业的生产和经营分离。生产仍然高度分散,经营则相对集中。

　　包买商为了供应原料和销售产品,需要一定数量的垫支资本。据浙江平湖的调查,包买商号须有四份营业本钱:一是放纱给织户,二是一定数量的洋纱储备,三是门售土布的储备,四是趸批外销均系放账。[①] 另据调查,30 年代宝坻土布商人雇主投入的资本较普通布商多 26%—27%。[②] 这笔多出的投资金额,就是包买商必须付出的经营资本。织户支付的生产资金则只有工具折旧和织工生活资料,比独立织布户少得多,与自备工具、自理伙食的散工无异。

　　使用雇工生产的织户和家庭织布作坊同只使用家庭劳力的独立织户相比,资金相对充裕,工具与生产设备相对充足和完善,产量和劳动生产率稍高。表 3-5 较详细地反映了广西桂林等 8 县部分手工织布户的生产设备、劳力结构和产量情况。表中织布户实际上分为三类:一是只使用家庭劳力的独立织户;二是家工、雇工并用或以雇工为主的织户;三是家工、雇工数量较多的家庭织布作坊。三类织户各自所占比重,各县互有差异,调查者亦未将三类织户分开。从表列劳力结构推断,玉林、贺县、宾阳 3 县,第一类织户占绝大比重,二、三两类织户数量极少;平乐、柳州、邕宁、平南 4 县,第二类织户应占相当比重,其中也可能有少数家庭作坊;桂林当以第二类织户为主,并有一定数量的家庭作坊。生产工具方面,各县人、机比例不一,但以雇工为主的织户和家庭作坊,应是一人一机。产量和劳动生产率亦以人、机比例高低为转移。

---

　　① 徐新吾主编:《江南土布史》,上海社会科学院出版社 1992 年版,第692 页。

　　② 方显廷、毕相辉:《由宝坻手织工业观察工业制度之演变》,南开大学经济研究所 1936 年印行,第 34—35 页。

表 3-5　广西桂林等 8 县手织户劳力结构及生产状况统计

1933 年　　　　　　　　　　　　　　　　单位:人

| 县别 | 总户数 | 调查户数 | 平均每家人口 | 平均每家布机（架） | 平均每家工作人数 | | | | 每家全年产额 | |
					家工	雇工	学徒	小计	购纱（股）	产布（尺）
桂林	400	97	4.85	3.75	2.33	2.00	0.97	5.30	260.80	31985
玉林	—	35	5.94	2.26	2.61	0.66	0.67	3.94	125.49	13679
贺县	140	80	4.00	2.00	2.46	0.23	—	2.69	99.50	22329
平乐	30	25	3.16	3.00	2.04	1.44	0.28	3.76	159.16	41362
柳州	35	24	4.13	3.20	2.29	1.44	0.12	4.04	177.72	20325
邕宁	200	20	5.25	1.50	3.15	1.45	0.33	4.93	124.66	11366
平南	—	19	5.16	1.28	1.74	0.68	0.95	3.37	78.12	2561
宾阳	—	8	4.88	0.75	2.25	0.63	—	2.88	126.26	74280

资料来源:据广西统计局年鉴编印处编印:《广西年鉴》(第二回,1935 年),第 426—429 页各表综合归并、整理、改制。

　　盈利和经济效益方面,原料成本、劳动工资、产品市场价格,各有差异,直接影响和制约盈利与经济效益,不同地区不同布种,或同一地区不同布种,不同地区同一布种,盈利高低不同,情况多种多样。如表 3-6 所示,同一规格的仿呢,邕宁的原料成本和劳动工资甚低,盈利和盈利率颇高,以 50 尺平均计算,分别达到 1.48 元和 52.3%;桂林的原料成本和劳动工资较高,但产品市场价格却与邕宁相差无几,盈利和盈利率仅有 0.18 元和 4.1%。又如同一规格的斜纹布,桂林、玉林、平乐三地比较,桂林原料、人工成本和售价最高,盈利也最高;玉林虽然人工低廉,但产品的市场价格几乎同原料价格相等,完全无利可图。白布和其他布种也都有类似情况。从地区和布种看,盈利状况和水平高低,无明显规律可寻,但盈利的总体水平不高,盈利率不计设备折旧,最高 52.3%,

最低仅0.005%,简单平均为11.5%,略高于传统的"什一之利"。

表3-6　广西桂林等8县土布生产收益统计

1933年　　　　　　　　　　　　　　　　单位:元

| 县别 | 土布类别 | | 售卖次数 | 成本 | | | 售价 | 盈利 | |
	品名	幅宽(尺)		原料	工资	小计		盈余	盈利率(%)
桂林	白布	2.80	17	3.59	0.35	3.94	4.39	0.45	11.4
	色布	2.00	46	2.73	0.41	3.14	3.31	0.17	5.4
	斜纹布	2.00	1	5.32	0.64	5.96	6.30	0.34	5.7
	仿呢	2.00	5	3.73	0.61	4.34	4.52	0.18	4.1
	被面	2.00	6	2.22	0.25	2.47	2.61	0.14	5.7
	蚊帐	2.00	1	1.51	0.18	1.69	1.92	0.23	13.6
	蔴帆	2.00	1	3.08	0.55	3.63	3.95	0.32	8.8
玉林	白布	1.50	1	2.54	0.19	2.73	3.00	0.27	9.9
	色布	2.00	12	3.38	0.28	3.66	3.99	0.33	9.0
	斜纹布	2.00	5	3.92	0.29	4.21	4.23	0.02	0.005
贺县	白布	1.00	16	1.26	0.18	1.44	1.60	0.16	11.1
	色布	1.00	11	1.27	0.24	1.51	1.65	0.14	9.3
平乐	白布	1.10	7	1.09	0.19	1.28	1.45	0.17	13.3
	色布	2.00	3	2.70	0.32	3.02	3.17	0.15	5.0
	斜纹布	2.00	1	3.30	0.45	3.75	4.00	0.25	6.7
柳州	白布	1.20	9	2.48	0.34	2.82	3.48	0.66	23.4
	色布	1.60	13	1.86	0.26	2.12	2.21	0.09	4.2
	蚊帐	2.00	2	1.18	0.33	1.51	1.54	0.03	2.0
邕宁	白布	1.00	11	—		1.60	1.92	0.32	20.0
	仿呢	2.00	1	2.40	0.43	2.83	4.31	1.48	52.3
	被面	2.00	3	2.36	0.35	2.71	3.24	0.53	19.6
平南	白布	1.20	6	—	—	1.47	1.68	0.21	14.3

续表

县别	土布类别		售卖次数	成本			售价	盈利	
	品名	幅宽（尺）		原料	工资	小计		盈余	盈利率（%）
宾阳	色布	1.80	2	1.75	0.27	2.02	2.22	0.20	9.9
	斜纹布	1.80	1	1.65	0.31	1.96	2.30	0.34	17.3

说明：1. 每种土布的成本、售价系 50 尺的平均数。

2. 部分土布有多种规格（如原统计桂林白布、色布分别有 14 种和 5 种规格），各地、各种规格的土布成本、售价不一，本表每地撷取其中售卖次数最多、资料最完整的一种，其余从略。

资料来源：据广西统计局年鉴编印处编印：《广西年鉴》（第二回，1935 年），第430—432 页织布业各表摘要归并、综合整理、改制。其中"盈利"项系本书增添、计算。

　　作为农家副业的妇女织布，收益可能更低。四川南部县，妇女操脚踏投梭木机织布，幅宽尺许，长 5 丈左右，重 3—4 斤，3 天织成 1 匹，获利约值大米 10 斤[①]，平均一天盈利 3 斤多大米。这是否代表 30 年代手工棉织业盈利的一般水平，有待更多资料验证。

　　手工织布工厂同包买商制和家庭织布作坊相比，带有更多的资本主义色彩，资本和生产规模更大一些。前述河北 1927—1929年间，先后建立 13 家商办手工织布厂，资本总额 51700 元，平均每家 3977 元；官办布厂规模极小，4 家县立手织布厂，有资本 3287元，平均每家 822 元。东北辽宁、吉林、黑龙江 3 省 178 家手工织布厂，资本和生产规模的记载不甚完整，从表 3 - 7 反映的情况看，布厂规模大小不一，较大的克山布厂有资本 1.5 万元，永吉 4 家布厂平均有资本 10250 元，工人 25.5 人；小的如龙江 11 家布厂平均只有资本 1973 元，工人 6.6 人，农安 110 家布厂，平均也只有工人

---

① 《南部县志》，四川人民出版社 1994 年版，第 430 页。

10 人。总的来说,规模都很小。

表 3-7　东北三省手工织布厂统计

1929 年

地区	家数	资本额 (千元)	工人	产量 (千尺)	产值 (千元)	备　注
辽宁营口	52			94.8		
吉林永吉	4	41	102		163.9	2 家织布兼染色,1 家兼织手巾
农安	110		1100	120		多用铁机
黑龙江龙江	11	21.7	73	40.6		
克山	1	15		1.8	9	

资料来源:据东北文化社年鉴编印处编印:《东北年鉴》(1931 年),第 1059—1060、1074、1078、1091 页综合整理、编制。

　　某些地区,尤其是一些土布集中区,手织布厂的规模更大一些。河北高阳 20 年代后期开设的 40 家布厂,各有织机 10 多架至 40 多架不等。① 江苏无锡,1913 年所存的 5 家布厂,共有织机 650 台,平均每厂 130 台。常熟分别开设于 1908 年和 1910 年两家布厂,分别有拉梭机 80 台和 120 台。20 年代末 30 年代初,安徽帮在上海开设的二三千布厂中,少数规模大的有铁木机数十台。江阴陈家弄的 30 多家布厂中,大的也有织机 30 台,个别曾达到 100 多台。②

　　这些手织布厂的生产和经营方式,不尽相同。地方官办布厂和大部分地区的商办布厂,建有厂房,雇工集中生产,织造各种规

①　吴知:《乡村织布工业的一个研究》,商务印书馆 1936 年版,第 26 页。
②　徐新吾主编:《江南土布史》,上海社会科学院出版社 1992 年版,第 574—578、559、532、410—431、496—497 页。

格的改良土布,也有的兼织毛巾或人造丝布,还有的兼行印染。

雇工集中生产是手织布厂的生产经营的基本方式,但还有其他方式。部分地区的手织布厂,置备若干织机雇工生产的同时,兼行向农民放纱,甚至将放纱作为主要经营手段。前述江阴粮商所开振云布厂,第一年以雇工织布为主,第二年就放盘头给农民代织。江阴其他 30 多家布厂,也多由商人开办,虽各有拉梭机数台至二三十台不等,但一般仍兼营商业,且以"放机"为主。如李天裕所设的华丰和美利发两家布厂,都是门庄收布,工厂自织自产的数量很小。有一个时期,该厂周围地区广大织户生产的斜纹布,80%—90%是通过这两家工厂用"放纱收布"的方式生产的。峭岐永昌布厂只有 60 台铁木机,产量有限,而它的联号永昌布庄,每天可收改良土布和仿机制布一千二三百匹。[1] 这种放纱收布的基本方法,虽仍是包买商制的延续,不过也有变化,布厂放的不是未经加工的市场原纱,而是由布厂加工好的盘头纱,可以直接上机,省却了农民织户的一道工序。有的还经染色,增加了土布的花色品种。

手织布厂的经营状况和发展变化,因各地手织业及其产品结构、市场条件以及布厂本身经营手段不同,而互有差异。

有的地区,农民家庭织布业(包括放机形式)始终很强大,工厂的技术和生产能力不能超越农户,而现有的市场需求又未超出农户生产的供给能力,手织厂生产不占优势,虽较早出现,却难以发展,且渐现衰微。南通自 1904 年至抗战前,先后约开办过 10 家小型染织布工场,均无甚发展,且寿命不长,至战前全部停闭。其原因有二:一是织布工场的织机、产品虽然新颖,但很快被农民织户学习推广,工场丧失设备和产品优势。如通华布厂在 1930 年向

---

① 徐新吾主编:《江南土布史》,上海社会科学院出版社 1992 年版,第 494—495 页。

上海王某购置铁木机 20 台,王某其后即在南通装配铁木机出售,通华织工每当学会几种新式织品花样,就退厂购机自行生产"大机布"出售。结果厂内熟手纷纷离职,生手成批申请入厂,一旦技术熟练,复又离厂购机自织,进出者几达在厂人数的 10 倍,工厂成了技术传习所。① 南通广大农民实际上是利用了布厂的先进技术和产品以提高自身的生产能力,工厂反而不得发展。二是工厂与农户家庭生产相比,开支较大,成本较高,难免亏损。在农民大量生产与工厂同一产品的情况下,工厂因规模小,在技术、产品数量质量方面均难以超过农民,但生产成本却比农户高。如早期开设的达华布厂,每月可得毛利约 900 元,但除去各项开支 500 元,剩下的 400 元还不够支付流动资金利息。1930 年后成立的通华、国华等厂,亦因"开支较大,原料损耗亦重,依然不敷成本"②,不得不宣告失败。

高阳的情况和南通有所不同,虽土布生产同样以农民织户为主,但有棉布和人造丝布两个品种。人造丝布获利较丰厚,但提花机价格亦较高,且人造丝布花样和价格时有变化,生产者必须市场消息灵通,故以设立小工厂为有利,若棉布织造,收益微薄,且已分散于农民织户,工厂难以获利,故除条格布外,绝少作坊或工厂生产。③ 因此,高阳手织布厂均以织造人造丝布为主,织棉布的很少。据调查,织人造丝布的织机十分之七八是这类工场的。手织布厂得以扬长避短,与农民织布户各得其所,能够生存和发展。

在以农民家庭织户为主、但只生产棉布的江阴、常熟,手织布

---

① 林举百:《近代南通土布史》,南京大学学报编辑部 1984 年印本,第245 页。

② 林举百:《近代南通土布史》,第 246 页。

③ 吴知:《乡村织布工业的一个研究》,商务印书馆 1936 年版,第 25—26 页。

厂权衡利弊,采取工商结合、集中生产与分散放纱相结合的经营方式。因为普通棉布的手工生产,农户家庭是成本最低的组织形式,而手织布厂的成本要高得多。以一千台布机计,雇工集中生产,厂房庞大;若把一千台机的用纱染色晾干,还得占用几十亩土地,工程浩繁,开支庞大,管理复杂,绝非一家土布庄所能胜任。如果一千台布机分散生产,只需几十件棉纱周转即可。显然,放纱收布是资本家追求利润的最好方式。① 事实上,江阴好些布庄转业布厂,雇工织布,同时放纱收布,又兼营布商,集工厂主、包买主、土布商于一身,并获得发展。常熟某些手织布厂更将棉纱和布机一起"放"到织户家中,由织户在家中生产,工厂并无厂房、织机,发给工人一个折子,用以领取原料、计算工资,每月结账一次。② 这种化整为零的生产经营模式也颇为经济实用。

江苏无锡手织布厂的生产经营和发展趋势,又有自己的特点。无锡是历史上有名的"布码头",是江南土布集散中心,商人麇集,商业发达,商人资本雄厚。20世纪后,蚕桑生产和机器缫丝业、机器面粉业、机器纺纱业迅速发展,地区亦开始城市化。第一次世界大战爆发后,因土布行销,布厂有利可图,大批土布商、绸布商、纱号商投资开办布厂③,促成了城市型手织布厂的兴起。旧时的纱布商变成了工厂主,原来的织布农民,则成为布厂、纱厂第一代工人的一部分。一些手织布厂亦获得长足发展,有的还向机器织布厂演进。冠华布厂的发展演变是典型例子。冠华布厂原来只是一个贫穷女子与人一同织布的小作坊,只有几台木机。辛亥革命后,

---

① 徐新吾主编:《江南土布史》,上海社会科学院出版社1992年版,第490页。

② 《常熟经济状况》,《中外经济周刊》1927年6月第214期。

③ 徐新吾主编:《江南土布史》,上海社会科学院出版社1992年版,第578页。

渐增至 12 台机,后与一绸布商合资,增至 20 台木机,取名冠华布厂。第一次世界大战期间,绸布商唐骧廷、程敬堂等见布市甚旺,投资冠华,改名丽华布厂。1920 年扩建为丽新机器染织厂,置有木机 200 台、铁木机 300 台、全铁动力织机 100 台。第一次世界大战结束后和 30 年代初,丽新和整个棉纺织业几度陷于危机。丽新为摆脱困境,决定采用技术含量高的机器设备,向纺、织、印、染、电配套的"一条龙"企业发展。1934 年购进纱锭 16304 枚,成立纺纱部;陆续添置精梳机,扩充纱锭,增加精元机、烧毛机、烘干机、拉幅机、高档印花机等新式设备,扩充染部为印染部;购进发电机及德国锅炉,建立原动力部,凭借一流的设备的实力,生产出一流产品,其精元华达呢、高级府绸等,还击败了日本、德国货,以至日人将丽新视为日本棉纺织工业的劲敌。① 丽新的发展只是一个特例,但反映出上海附近江南城市型手工布厂的普遍特点:以高资本高技术投入作为发展方向来提高竞争力,并向机器工厂过渡。

产品销售和土布市场方面,不同地区、不同生产组织和经营形式,产品销售情况和在土布市场中的地位,各不相同。这一时期的市场亦有重大变化。

中国土布市场分为国外市场和国内市场两个部分。中国一直有若干数量的土布出口国外,销售市场集中在朝鲜和东南亚地区。这部分出口土布主要由广东以及江南、华北土布业集中区供给。如广州在 1933 年前,每年输往南洋各地的土布,价值在百万元以上。② 这一时期,特别是 1931 年东北沦陷后,与朝鲜的陆上商道

---

① 参见朱龙湛:《抗战前无锡棉纺工业概况》,《无锡文史资料》1984 年第 7 辑,第 72—74 页;无锡国棉三厂:《三十年代的无锡丽新布厂》,见江苏省中国现代史学会编:《江苏近现代经济史文集》,1983 年印行本,第 127—135 页。

② 《工商半月刊》1935 年 11 月第 7 卷第 19 期,第 83—84 页。

阻隔,中国土布的海外市场明显缩小,表 3－8 数据显示,从 1932 年开始,出口土布的货量、货值均大幅下降,货值降幅尤巨。1932 年的出口货量、货值只有 1931 年的一半。1933 年出口货量比上年增加 1.5 倍,但货值只增加 13.8%,价格下跌了 54%,情况更糟。土布出口量极其微小,绝大部分销售国内市场。

表 3－8 中国土布出口数量及其变化统计

1927—1937 年   1927 年 = 100

年份	货　量		货　值	
	实数(担)	指数	实数(海关两)	指数
1927	38761	100.0	2507510	100.0
1928	43237	111.5	2816626	112.3
1929	39968	103.1	2742758	109.4
1930	37798	97.5	2677624	106.8
1931	45378	117.1	3621703	144.4
1932	20820	53.7	1259938	50.2
1933	51592	133.1	1433342	57.2
1934	33728	87.0	1973536	78.7
1935	19147	49.4	1035386	41.3
1936	27250	70.3	1481996	59.1
1937	22566	58.2	1292151	51.5

资料来源:据历年海关报告编制,见彭泽益:《中国近代手工业史资料》第 3 卷,第 64、444 页。

  国内土布市场,按织户产品销售地或市场货物来源,大致分为本地市场和外地市场两个部分。

  在各种土布生产经营类型中,各地单个独立织布户,特别是非产棉区和零星产棉区的单个独立织布户,生产经营分散,产量不多,几乎全部就地销售,并且大部分或绝大部分无需经过商人媒介,而是由生产者直接携往附近集市售卖。就是在产棉区和土布业集中区,单个独立织布户也有部分产品在当地市场销售。

非产棉区和零星产棉区的土布专业户、家庭织布作坊和手织布厂,产品同样以销售本地为主,但也有部分销往区域市场,或出口国外。福建、东北的手织布厂,产品都在当地销售。湖南、广西、四川以及贵州、云南家庭织布作坊和手织布厂,产品除供本地外,也销往邻近跨县、跨省区域市场。如对云南、贵州26县的调查显示,昆明、嵩明、寻甸、马龙、曲靖、平彝、霑益等县,多销昆明布、曲靖布;盘县、普安、安南等县,多用盘县布及兴仁布;关岭、镇宁、安顺、平壩、清镇、贵阳一带,则多用安顺布及四川产的綦江布、大足布;贵阳以东若龙里、贵定、平越、黄平一带,除用川布外,兼用广西及湖南土布;麻哈、炉山、施秉、镇远、青溪、玉屏等县,则除用本地土布外,多服用湖南布,等等。[①] 广州和珠江三角洲地区的手织布厂,产品除销本地市场外,则部分出口南洋。不过随着国外市场的不断缩小,出口数量日小,销售本地市场的比重越来越大。

包买商制下的产品销售情况有所不同。1931年"九一八事变"前和事变后,销售市场也有很大变化。

包买商制下的产品销售集中在少数包买商手中,而包买商制流行的地区又是土布中心区。产品销售多为集中成批销售,一般由包买商或布庄商帮运往外地销售,市场较为广泛。以包买商制为主要生产经营形式的高阳、宝坻、潍县、南通等土布区,产品广销东北和河北、河南、山东、四川、江西、湖北、湖南、安徽、江苏、浙江、福建、广东,以及陕西、山西、甘肃、云南、贵州、绥远等地,东北更是

---

① 国民党政府铁道部财务司调查科:《湘滇线云贵段经济调查》,第174—175页(发行者及发行时间不详)。

主要销售市场。1931 年"九一八事变"前,宝坻、潍县、南通,以及浙江硖石等地,相当一部分甚至大部分产品销往东北。高阳土布的国内市场面向全国十余省,东北也是重要市场之一。1926 年至1930 年高阳布业的第二次兴盛,东北市场的开拓和扩大均起了一定作用。宝坻在 1923 年布业最兴盛时,全年产布 458.9 万疋,398.3 万疋销往热河、东北,占产量的 86.8%。① 潍县土布也以东北为重要市场。南通关庄布是通布的主产品,产量约占南通土布的 70% 左右,盛时年产可达 600 万疋,全部销往东北。② 浙江硖石土布,在 20 世纪初的全盛期,年产约可达 260 万疋,"北销淮、阳、齐、鲁及东三省",东北是其重要市场。③

　　东北土布市场丧失后,土布商加紧对中部和西部的扩充,这一地区尤其是河南和西北市场的地位益形重要。1933 年对潍县的一项调查说,"潍县布之销路,遍及全国各省,以河南省为最多"。1932 年由潍县火车站发出的外销布匹 3600 吨,运往河南开封、许州、郑州、商邱、郾城等地 3250 吨。另有邮包将土布寄往河南怀庆、郾城、信阳、巩县、武陟、睢州、郑州、驻马店等地。河北、山东、四川、江西、湖北、湖南、安徽、江苏、浙江、福建等省,都有潍县布的销路。④ 河南也是高阳土布的重要销场,另外山西、河北、山东、湖北、湖南、四川、江苏、广东等地,都有高阳布销售。1932 年的统计表明,这些内地省份在 30 年代已成为高阳布的主要市场,当年共

---

　　① 方显廷、毕相辉:《由宝坻手织工业观察工业制度之演变》,南开大学经济研究所 1936 年印行,第 12 页。

　　② 林举百:《近代南通土布史》,第 152 页;徐新吾主编:《江南土布史》,第 263 页。

　　③ 徐新吾主编:《江南土布史》,第 705 页。

　　④ 《山东潍县之织布业》,《工商半月刊》1934 年 1 月 1 日第 6 卷第 1号。

销布 770226 匹,值 7126564 元,分别占总销量的 64% 和 66%。[①]
宝坻 1923 年销往西北地区的土布为 24.6 万匹,1933 年增至 79.2
万匹,增长 220%。[②] 高阳在 1932 年销绥远布 52327 匹,值 278954
元;销察哈尔布 21772 匹,值 181374 元;销陕西布 82610 匹,值
829699 元;销甘肃布 27386 匹,值 247524 元;销贵州 7184 匹,值
85567 元,合计 430136 匹,值 3613661 元,分别占该年总销售量的
36% 和 34%。[③] 西北、西南边远地区也是潍县土布的重要市场。
据 30 年代初调查,潍县布商通过邮寄,向陕西、山西、甘肃、云南、
贵州、绥远等地销售土布。[④] 此外,察、绥、蒙等地,亦一向为河北
定县、行唐、正定等县土布的最好销场。[⑤]

当然,上述土布生产中心的产品销售,除跨省远程贸易外,也
有部分销售本地及邻近区域市场。例如,南通的县庄布,大量销往
苏北淮阴、淮安、盐城、海安、东台、泰州、靖江、高邮、兴化、宝应等
县。[⑥] 浙江碛石土布,有关外庄、关内庄之分。关内庄以行销浒墅
关内以南,本省宁、绍、台、金、衢、严及皖北一带为主。[⑦]

这一时期,中国土布市场发生了两个显著变化:

一是市场范围和空间进一步缩小。进口洋布和国内机布是影
响土布市场空间的主要因素。1927—1937 年间,虽然洋布进口有

---

① 吴知:《乡村织布工业的一个研究》,第 236—238 页。

② 方显廷、毕相辉:《由宝坻手织工业观察工业制度之演变》,第 46 页。

③ 吴知:《乡村织布工业的一个研究》,第 236—238 页。

④ 《山东潍县之织布业》,《工商半月刊》1934 年 1 月 1 日第 6 卷第 1
号。

⑤ 严中平:《手工棉纺织业问题》,见《中国近代手工业史资料》第 3
卷,中华书局 1962 年版,第 442 页。

⑥ 林举百:《近代南通土布史》,南京大学学报编辑部 1984 年印本,第
163 页。

⑦ 《碛石土布调查》,《工商半月刊》1931 年 2 月 15 日第 3 卷第 4 号。

所减少,但国内机布数量大幅增加。如表3－9所示,在1925—1933年的9年中,国内机制棉布产量增加了6.8倍,其中外资厂机布产量的增幅更高达27.3倍。由于中国城乡居民生活水平低下,全国棉布市场的整体容量有限,弹性很小,而手织布在同机布的市场竞争上又处于劣势,机布产量的大幅增加,使得土布的市场空间愈加狭窄。1931年"九一八事变"后,东北3省和热河相继沦陷,国内最大、最集中和最有潜力的土布市场,全部丧失。据估计,

表3－9　中国机制棉布产量及其变化

1925—1936年　　　　　　　　　　　1925年＝100

年份	机布产量(匹)			指数
	中国资本	外国资本	小计	
1925	2490575	510000	3000575	100.0
1927	4259666	4739704	8999370	299.9
1928	6009038	7758750	13767788	458.8
1929	6625544	8153994	14779538	492.6
1930	6854091	9325753	16179844	539.2
1931	8242740	11990970	20233710	674.3
1932	9548075	10573825	20121900	670.6
1933	9039987	14425450	23465437	782.0
1934	370617*	628706*	999323*	
1935	358714*	676861*	1035575*	
1936	439676*	779478*	1219154*	

*单位为千方码。

资料来源:据严中平等编:《中国近代经济史资料选辑》(科学出版社1955年版),第130页表20摘录改制。

东北地区在"九一八事变"前可容纳关内商品棉布的 26%①,其中主要是土布。东北的沦陷,意味着国内土布市场的范围和空间缩小了大约 1/4 强。

二是国内土布市场不断向西部偏僻地区转移和退缩。东北、热河自沦陷后,无关内土布插足之地;关内东部地区尤其是沿海地区,对进口洋布和关内机布来说,是"近水楼台",土布无力与之竞争。而且,随着时间的推移,欧风美雨更加强劲,民风加速变化,洋布、机布日益流行,土布越来越不为人们所喜用。在这种情况下,土布市场只能向西部贫困地区转移和退缩。相对于东部地区而言,西部边远地区居民愈加贫穷,市场购买力愈低,对布匹消费愈少。30 年代的一些调查资料显示,陕西一些地区,"夏秋两季,农家儿女,十九裸体"。② 甘肃许多地方因运输困难,捐税苛重,布价高昂,一般民众,普遍衣服不足,以致"十岁以下之儿童不分男女,一律终年无裤"。③ 这些地区的土布市场容量极小,土布消费市场只是"外延性"的,只能靠扩大土布推销地域,以那些自己不生产布、又不能不消费最低限量土布的穷人购买力,来增加市场份额。当地域扩展已经完成,市场容量也到尽头。因此,在一些贫困地区,由于几个土布生产区竞相推销,土布市场都很快饱和,其中部分土布产区生产即迅速衰落。土布销售愈是由东部地区向西部地区转移,显示土布市场愈是萎缩。

---

① 《工商半月刊》1933 年 10 月 15 日第 5 卷第 20 号,第 15 页。

② 国民党政府铁道部业务司商务科查印:《陇海西兰线陕西段经济调查》,第 21 页(发行者及发行时间不详)。

③ 国民党政府铁道部业务司商务科查印:《陇海铁路甘肃段经济调查报告书》,1935 年刊本,第 45 页。

第二节 手工缫丝业、丝织业和麻纺织业

缫丝业、丝织业和麻纺织业是比手工棉纺织业历史更为悠久的传统手工业。中国是蚕桑丝织业的发祥地,丝绸是高贵、华丽的服饰原料。中国又是麻的故乡,外国把大麻叫做"汉麻",苎麻叫做"中国麻"。在元明两代棉花栽培推广以前,麻布是平民百姓最主要的衣著原料,缫丝织绸、绩麻织布是农民最主要的家庭手工业。近代时期,缫丝业、丝织业和麻纺织业的发展变化各有不同。自古以来,蚕丝和丝绸一直是中国最主要的出口货物,丝绸更是珍品,享誉全球。进入近代,蚕丝出口大幅增加,超过茶叶,居出口土货首位。早期出口的蚕丝,全部是手缫丝(土丝),19世纪末20世纪初,随着机器缫丝业的兴起和发展,机丝(厂丝)产量和出口量增加,逐渐成为出口蚕丝的主体。手缫丝在蚕丝产量中的比重虽然不断下降,不过产量仍然多过厂丝,用途主要供国内织绸。柞蚕丝则全是手缫丝,一部分出口,一部分用于织造茧绸。20世纪30年代,由于日本蚕丝的倾销、东北的沦陷和全国经济恐慌,手工缫丝业和机器缫丝业一样遭到沉重打击,尤其是辽宁柞蚕丝资源全部落入日本侵略者手中,更是手工缫丝业的惨重损失。手工丝织业因丝绸质地细薄,价格高昂,产品并非普通农民的衣著原料,而是多用于缴纳差饷或售卖,除了豪门富户,多为商品性生产,在其发展过程中,一些地区尤其是江浙地区的手工丝织业,逐渐同蚕桑和农业分离,很少有蚕农兼织丝绸,最后演变为专业性的城镇手工业。近代时期,尤其19世纪末叶后,因大部分蚕丝用于出口,手工丝织业原料供应不足,价格上涨,大受影响。20世纪30年代经济恐慌期间,蚕丝出口剧减,价格大跌,手工丝织业"因祸得福",有所恢复和发展。手工麻纺织业自棉花种植推广、棉布成为最主要

的衣著原料后,在国民经济和社会生活中的重要性下降,但并未退出历史舞台,仍在全国一些地区普遍存在,绩麻织布是一些农家妇女的主要职业。在南方一些地区,苎麻织成的夏布,更是夏季服装的重要材料。19世纪末,洋纱洋布深入南方内地,夏布销路一时滞塞,苎麻种植和夏布织造业随之衰落。20世纪初,部分地区对洋布的新鲜感已过,风气转变,夏布的市场需求又盛,苎麻和夏布的出口也在增加,苎麻种植和夏布生产复盛,分布地区进一步集中,内部专业分工和地区分工更加明显。1931年"九一八事变"后,东北市场丧失,通往朝鲜的商道阻隔,加之朝鲜关税提高,夏布出口和国内销售大幅下降,夏布生产和麻织业再次衰落。

一、手工缫丝业

随着国内机器缫丝业兴起和发展,手工缫丝业不断缩减,在蚕丝生产中,尤其是在生丝出口贸易中的比重和地位大幅下降,但因手工缫丝业生产成本较低,产品仍有一定国内市场,得以长期保留下来,直至20世纪30年代中,手工缫丝业的产量仍然略高于机器缫丝业。

(一)地区分布与兴衰存废

手工缫丝业在各蚕桑区的规模、保留程度及发展、变化趋势,同各蚕桑区的地理位置、交通条件、蚕区分布、蚕茧产量,特别是手工缫丝业的历史传统、技术水平、产品质量、丝绸生产结构和产品市场需求等,密切相关,在各大蚕桑区或蚕桑区内部不同县区,情况亦有差异。在江浙、广东两大蚕桑区,因临近口岸,交通方便,蚕区集中,蚕茧产量大,机器丝织业相对发达,部分或大部分手工缫丝业已被机器丝织业取代,剩余部分也日趋萎缩;在四川、山东、辽宁桑蚕区和柞蚕区,或离口岸较远,或蚕区较零散,机器丝织业不如江浙、广东蚕桑区发达,手工缫丝业仍占较大比例,或手工缫丝业和机器丝织业并重,在安徽、河南、湖南、贵州、陕南以及四川部分蚕桑产地,则仍是手工缫丝业的一统天下。

在江浙蚕桑区,20 世纪初,随着生丝出口贸易的扩大和机器缫丝业的发展,手工缫丝业逐渐被机器缫丝业排挤和取代,不断萎缩,沪宁铁路沿线和大运河以东沪杭沿线蚕桑区尤为明显。20 世纪新兴的蚕桑集中产区无锡,由于蚕桑历史短暂,手工缫丝业原本基础薄弱,机器缫丝业实力强大,手工缫丝业已基本消失,蚕农全部以鲜茧上市,无人自行缫丝。沪宁线南侧的句容、金坛,一直有蚕农或缫丝户进行手工缫丝,20 世纪初,两县手工缫丝业均不同程度地缩减。句容由全部蚕茧自缫变为部分自缫,部分直接卖茧。据 1932 年的记载,全县总产土丝约 6 万两,销往南京、镇江,同时直接售茧,专销上海。① 金坛从民国初年起,已有机器缫丝厂收购蚕茧,虽然 1911 年有人在县城大南门外创办华章织绸厂,用土丝织造"文明绸",扩大了土丝的市场需求,但机器缫丝业的发展更快。1919 年,金坛有茧行 8 家;1921 年增加到 11 家。1927 年后,茧行实力继续扩大,1934 春还出现 4 家使用机械干燥设备的茧行。到 1936 年,全县茧行达 14 家。② 茧行数量的不断增多,从一个侧面反映出手工缫丝的不断衰落。

在沪杭沿线蚕桑区,平湖 1879 年产土丝 1757 担,1932 年为1169 担。以后手工缫丝加速萎缩,蚕农皆以茧子上市。③ 海宁栽桑养蚕缫丝历史悠久,1914 年后,浙江省政府和丝商相继在海宁

---

① 《句容县志》,江苏人民出版社 1994 年版,第 307—308 页。
② 《金坛县志》,江苏人民出版社 1993 年版,第 255—256 页。
③ 《平湖县志》,上海人民出版社 1993 年版,第 284 页。

开办缫丝厂,到 1935 年,海宁有丝厂 5 家。① 手工缫丝业和机器缫丝业呈现彼长此消的态势。杭州及周边地区,据 1927—1932 年统计,年产土丝达 3400 担。此后手工缫丝业衰落,土丝逐年减少。② 德清原有土丝缫制,主要产自东部地区,后机器缫丝业发展,土丝逐渐被淘汰。③

不过在这些地区,手工缫丝业虽然不断衰落,但直至 30 年代,除无锡等个别县区外,句容、江都、涟水、宿迁、平湖和杭州地区,土丝在蚕丝生产中仍占相当比重。

苏北涟水,清代至 1937 年日本全面侵华战争爆发前,有数家作坊缫制土丝;宿迁在清代及民国时期,丝线店经营的辫子线、带子、丝线等,皆系自购蚕茧手工缫丝织制,或由他业商人购茧设锅抽丝。蚕事丰盛年份,全县约有丝锅 150 口,年用茧 3000 担,出丝约 30 万两,自用丝约占 1/3,余皆销往江南各地;江都清末民初有土法缫丝,并延续到 20 世纪 50 年代中。④ 大运河以西的江浙两省太湖沿岸蚕桑区,即传统"湖丝"产区,保留的手工缫丝业更多一些。江苏吴县,土丝生产十分兴盛。清末时,太湖沿岸以及洞庭东、西山等环湖山村,"比户蚕桑,家家缫丝"。1895—1925 年,城区先后开办 4 家机器缫丝厂(包括日资瑞丰丝厂),合计年产厂丝约 2200 担(合 1313 公担),手工缫丝业明显削弱,但直至 1936 年,全县土丝产量尚有 3700 担(合 2208 公担)⑤,占蚕丝总产量的

---

① 《海宁市志》,汉语大词典出版社 1995 年版,第 185 页。

② 《杭州市志》第 3 卷,中华书局 1999 年版,第 129 页。

③ 《德清县志》,浙江人民出版社 1992 年版,第 256 页。

④ 《涟水县志》,江苏古籍出版社 1997 年版,第 331 页;《宿迁市志》,江苏人民出版社 1996 年版,第 405 页;《江都县志》,江苏人民出版社 1996 年版,第 362 页。

⑤ 《吴县志》第 12 卷,工业,上海古籍出版社 1994 年版,第 490 页。

62.7%。吴江的手工缫丝业主要分布在大运河以西地区,"愈西愈密"。民国初年,全县蚕户 2.1 万家,养蚕人数 10.5 万人,占总人口 22%,各家各户自茧自缫。① 近代时期,这种古老的家庭手工缫丝业似乎并未受到机器缫丝业的明显冲击。浙江崇德、桐乡两县,情况与吴江相似,蚕丝几乎全部为土丝。据浙江大学农学院 1928 年的调查,蚕农每户产丝分别为 80 两和 140 两,两县合计土丝产量约为 4800 余担。1932 年茧丝滞销,产量大减,翌年回升,土丝产量为崇德 1245 关担(1 关但折合 60.48 公斤),桐乡 3691 关担,合计 4936 关担②,比 1928 年略有上升。

广东蚕桑区,蚕桑产地集中,机器缫丝业兴起最早,又大多分布在蚕茧产地,对传统手工缫丝业的冲击也较大,但在珠江三角洲几个主要的蚕丝产地,手工缫丝业的衰落程度和发展变化,互有差异。顺德是广东机器缫丝业的主要集中地,但手工缫丝业也人数众多,分布广泛,不仅在蚕桑区十分普遍,而且扩大到了非蚕桑区。从业人员经验丰富,在机器缫丝业的竞争压力和推动下,及时改进缫丝工具,1884 年后,足踏缫丝机取代手车缫丝机。从此,"机器缫丝业和手工缫丝业并存发展,进入繁盛时期"。③ 中山、新会两县手工缫丝业的衰落则较为明显。中山的家庭手工缫丝业兴起于同治年间,19 世纪末,随着南海、顺德、广州机器缫丝业的兴起,中山蚕茧大量外流,家庭式手工缫丝业逐渐萎缩,但并没有像顺德那样出现手工缫丝工场。④ 新会全县在民国时期发展的土法缫丝作

① 《吴江县志》第 8 卷,丝绸,江苏人民出版社 1994 年版,第 298 页。
② 《桐乡县志》,上海书店 1996 年版,第 448 页。
③ 《顺德县志》,中华书局 1996 年版,第 385—386、390 页。
④ 直至 20 世纪 40 年代初,才有人在小榄开办首家有人力木缫机及数十名工人的中兴丝厂,但因战乱,生产极不稳定〔《中山市志》(上),广东人民出版社 1997 年版,第 588 页〕。

坊只有 10 间；"农忙植桑养蚕，农闲缫丝"的也只是"个别农民"。① 某些地区曾兴办手工缫丝厂，也以失败告终。如罗定在民国时期种桑养蚕已很普遍，1922 年有商人开办缫丝厂，有脚踏缫丝机 4 台、工人 8 名。因产品质量差，一年后停办。1923 年又有茧商办厂，有工人 100 多名，用脚踏机缫丝，亦因质量和销路不好，不到三年复告停闭。此后县内蚕茧全部由私商收购运往外地销售。② 除顺德外，广东手工缫丝业已所剩不多。

中国第三大桑蚕区四川，机器缫丝业没有江浙、广东蚕桑区发达，手工缫丝业保留的比例更大一些。在重庆及某些主要产丝区，虽是机器缫丝业、手工缫丝业并行，但仍以手工缫丝业为主。就缫丝工厂而言，20 年代初，四川有缫丝厂 50 家，30 年代初发展到 82家、丝车 13956 台，其中手工缫丝厂 65 家、手工木制缫车 7960 台，分别占总数的 79.3% 和 57.0%。另外还有丝车 20 台以下的小厂2000 余家。③

在各处蚕丝产地，都是以手工缫丝业为主。号称"丝绸之乡"的南充，1924 年首家机器缫丝厂诞生之前，全用手工缫丝。机器缫丝业产生后，手工缫丝并未消失，而是同机器缫丝业并行发展，并在数量上占优势。至 1930 年，全县有丝厂 27 家，缫丝车 3530部，工徒 3980 余人，年产生丝 756 担，其中 25 家是手工缫丝厂。④西充自宋代后，就有缫丝、织绸手工生产。1909 年产生首家缫丝厂，有职工 300 余人。丝厂大大推动了当地蚕丝业的发展，不久，县内官、商集股开办"蚕桑公社"，实现栽桑、养蚕、缫丝一条龙。

① 《新会县志》，广东人民出版社 1995 年版，第 415 页。
② 《罗定县志》，广东人民出版社 1994 年版，第 256 页。
③ 吕平登：《四川农村经济》，商务印书馆 1936 年版，第 290—291 页。
④ 《南充县志》，重庆出版社 1993 年版，第 458—459 页。

接着又创办了多家丝厂,大的有员工100多人,小的几十人。到民国时期,全县有缫丝户2000余家①,手工缫丝业获得长足进展。南部县蚕桑业非常普遍,在清代和民国时期,养蚕农户一直占农户总数的80%左右,年产土茧60万斤,大多手工缫煮黄丝。②

其他如新都、新繁、江油、阆中、邛崃、青神、青川、忠县、璧山等县,蚕丝生产,全部是手工缫制。手工缫丝是新都、新繁的传统手工业,民国初期除蚕农家庭外,还有规模较大的缫丝作坊,缫制水丝(织软缎用的经、纬丝),产品交成都丝绸厂收购。③ 江油养蚕历史悠久,但缫丝业起步较晚。1918年,县蚕桑局在大河坝养蚕缫丝,年产生丝80余担。民国时期,全县先后有手工丝厂10余家。④ 阆中在清代以前,全部为一家一户个体缫丝,清代开始出现一些手工作坊,继而发展为手工缫丝工厂,1939年,全县城乡共有丝厂63家。⑤ 邛崃在民国时期,缫丝均为家庭季节性副业,土法生产。1933年有调查说,"邛崃蚕丝,素为农村副业,每年出茧百余万斤"。其中牟礼乡和县城生丝市场最为繁荣,"每当蚕茧上市,缫丝户、用户、贩运商云集,热闹非凡"。⑥ 青神在清末民初,手工缫丝业"空前发展",生丝交易十分活跃,县属汉阳丝市与成都簇桥丝市,并列为当时川西南两大丝市。⑦ 忠县清末至民国初年,农村大量种桑养蚕,蚕户用铁锅煮茧,用木制脚踏车缫丝,1931年

① 《西充县志》,四川人民出版社1993年版,第230页。
② 《南部县志》,四川人民出版社1994年版,第431页。
③ 《新都县志》,四川人民出版社1994年版,第464页。
④ 《江油县志》第13卷,工业,四川人民出版社2000年版,第684页。
⑤ 《阆中县志》,四川人民出版社1993年版,第519页。
⑥ 《邛崃县志》,四川人民出版社1993年版,第430页。
⑦ 《青神县志》,成都科技大学出版社1994年版,第163页。

后蚕业衰败,缫丝量逐渐减少。[1]

在山东桑蚕区、柞蚕区和辽宁柞蚕区,蚕丝生产基本上以手工缫丝业为主,部分产区手工缫丝业和机器缫丝业并重。临朐是山东桑蚕丝集中产地之一,蚕茧产量大,手工缫丝业十分发达。1922年产茧 400 万斤,农户自缫 150 万斤,本地丝商自缫 150 万斤。丝商所办小框丝厂,亦是手工生产。[2] 周村缫丝生产分手工、人力机和蒸汽机三种,手工缫丝传统产品为"大纩丝",又名土丝。1899年大纩丝产量达 75 万公斤。1901—1902 年间,小纩丝技术自南方传入,许多人在周村投资建厂,1919 年小纩丝厂发展到 10 余家,丝纩 410 余台,有工人 1000 余名。[3] 益都手工业"向以丝著",农民养蚕成茧,自缫或合伙设框缫丝,丝厂则雇工收茧售丝。1921年有丝厂 7 家,1928—1929 年增至 13 家,达于鼎盛。丝厂大多为手工生产,也有的开始使用动力机和锅炉。30 年代后,丝价狂跌,丝厂相继歇业,只剩两家从事小本经营[4],蚕丝生产又回复到家庭手工业阶段。胶东柞蚕区莱阳,清代即有手工缫丝作坊,民国沿承继续,但规模不大。[5] 鲁南蒙阴,民间缫丝历史悠久,民国时期,全用土法缫丝,专业缫丝者称"框匠",1920 年全县产丝 1.5 万公斤,1924 年开办缫丝厂,有人力缫丝车 50 台,工人 120 名,年收茧 5 万公斤,产品销往上海,一度盈利。1930 年因匪患,丝价低落,亏损停业,全县又回复到一家一户的土法缫丝。[6]

河南桑蚕区、柞蚕区以及安徽、湖北、湖南、贵州等桑蚕或柞蚕

[1]　《忠县志》,四川辞书出版社 1994 年版,第 209 页。
[2]　《潍坊市志·工业志》,中央文献出版社 1995 年版,第 421 页。
[3]　《周村区志》,中国社会出版社 1992 年版,第 194 页。
[4]　《青州市志》,南开大学出版社 1989 年版,第 289 页。
[5]　《莱阳市志》,齐鲁书社 1995 年版,第 152 页。
[6]　《蒙阴县志》,齐鲁书社 1992 年版,第 161 页。

产区,蚕丝全部是手工生产,不过部分地区到这一时期已明显衰落。

河南鲁山、南召、泌阳、郾城以及鄢陵一带,自古为蚕丝重要产地,手工缫丝业相当发达。鲁山的蚕桑、丝绸生产,历史悠久,清末民初尤为鼎盛。1912年山西、陕西、山东、河北商人纷纷到鲁山从事丝绸生产,经营者40余家,缫丝、织绸、印染一条龙,全县从事缫丝、织绸生产的8000余人,贸易商行90余家。不过自1922年城乡连遭匪患后,缫丝、织绸作坊及丝绸商行倒闭甚多,缫丝、织绸业由盛而衰。1934年有报告说,鲁山丝绸业,1921年比1912年减50%,1922—1928年比1912年减80%,1929—1931年比1912年减95%,1932—1934年比1912年减99%。1935年后略有恢复,1935—1937年,年产丝7000斤。① 南召是重要的柞蚕区,缫丝、织绸是最主要的家庭手工业,盛传"家家会缫丝,户户会织绸"。民国时期,上海商人到县投资丝绸业,建立丝行和绸庄,其他地方的客商也纷至沓来,刺激了手工缫丝业的发展。② 郾城手工缫丝业始于清末,盛于20世纪30年代。1905年全县仅有缫丝工具50余套,1910年有人开办初等蚕桑学校,促进了蚕桑业的发展。到1938年,老窝、马庄等10余个自然村,"村村桑树成林,户户养蚕织绸",缫丝工具增至400余套。③ 泌阳、鄢陵均有手工缫丝业,泌阳1859年首设手工缫丝作坊,民国初年有缫丝作坊8家,但后因战乱相继停业。鄢陵的缫织手工业,延至民国,亦较前大减。④

安徽、湖北、湖南、贵州等省,部分地区都有规模不等的手工缫

---

① 《鲁山县志》,中州古籍出版社1994年版,第439—440页。

② 《南召县志》,中州古籍出版社1995年版,第588页。

③ 《郾城县志》第13卷,工业,中州古籍出版社1997年版,第321页。

④ 《鄢陵县志》,南开大学出版社1989年版,第241页;《泌阳县志》,中州古籍出版社1994年版,第373页。

丝业。安徽金寨,蚕桑历史悠久,民间早有手工缫丝,技术、产品出色;繁昌在清末民初,部分地区盛产蚕桑,部分农民以缫丝为业。①湖北枣阳、云梦等地,手工缫丝历史悠久,但不甚兴盛。云梦在三四十年代全县仅有缫丝线铺 11 家。② 湖南澧县、沅陵、永兴、祁阳等地都有若干数量的蚕桑生产和手工缫丝业。澧县、沅陵盛产蚕丝,澧县津市在 1875 年有人开设丝号,收茧加工丝线、丝棉应市。1937 年广东丝商到津市建灶 48 口,收茧缫丝,年产丝 300—400斤;另有彭宏大等丝号,收茧缫丝,并进行产品加工。③ 永兴、祁阳在清代和民国时期,蚕桑生产和手工缫丝业都有不同程度的发展。1845 年永兴官府倡导种桑养蚕,1912 年出丝 23.52 万两(合 1.47万斤);祁阳在清代和民国时期,民间植桑养蚕,缫丝织绢均为手工操作。④ 贵州遵义,清乾隆七年已从山东历城引进柞蚕饲养和缫丝、织绸技术,农户普遍放蚕缫丝。苟江和老蒲场还形成遵义的茧、丝、绸集散地。到晚清、民国时期,因洋货冲击,生产者掺杂作假,质量下降,手工缫丝业急剧衰萎。⑤

　　在东北,辽宁柞蚕区手工缫丝业起源较早,凤城在 18 世纪 40年代,开始出现手工缫丝业,蚕农使用原始工具,手工捻制柞蚕丝线,俗称"撕挽手"、捻丝线。19 世纪木制缫丝机(俗称"框")传

---

　　① 《金寨县志》,上海人民出版社 1992 年版,第 229 页;《繁昌县志》,南京大学出版社 1993 年版,第 239 页。

　　② 《枣阳志》,中国城市经济社会出版社 1990 年版,第 176 页;《云梦县志》,生活·读书·新知三联书店 1994 年版,第 285 页。

　　③ 《津市志》,教育科学出版社 1993 年版,第 160 页;《沅陵县志》,中国文史出版社 1991 年版,第 349 页;

　　④ 《永兴县志》,中国城市出版社 1994 年版,第 389 页;《祁阳县志》,社会科学文献出版社 1993 年版,第 195 页。

　　⑤ 《遵义县志》,贵州人民出版社 1993 年版,第 414 页。

入,出现专业性生产。庄河也在 1880 年出现首家手工缫丝作坊,使用山东传入的足踏式缫丝车,缫制柞蚕大矿丝,1931 年"九一八事变"后,柞蚕丝为日本侵略者的掠夺重点,70% 的上等产品被日本掠夺。① 岫岩在 20 世纪 20 年代,山茧(柞蚕茧)"日见增加",手工缫丝业亦"随之兴腾"。② 安东缫丝分小矿、大矿两种,小矿系机器缫丝,每绪用茧 6 枚,大矿系手工缫丝,每绪用茧"几倍之",所缫之丝,色带灰质,故称"灰丝"。③

(二)生产经营与销售市场

近代手工缫丝业的劳动组织和生产经营,有四种基本形式:即家庭缫丝手工业,流动摊点及上门服务的手艺人,手工缫丝作坊,手工缫丝厂。在不同时期或不同地区,各种形式在手工缫丝业中的比重和地位互有差异。总的发展趋势是,随着机器缫丝业的兴起、缫丝工具和技术的改进,家庭缫丝手工业、流动摊点及上门服务的手艺人等生产形式,逐渐萎缩,手工缫丝作坊、手工缫丝工厂有所发展。到 20 世纪 20—30 年代,手工缫丝作坊和缫丝工厂在一些地区已成为手工缫丝生产的主要形式。

手工缫丝业和手工棉纺织业一样,最初也是以家庭副业和家庭手工业的形式出现,并在部分地区一直延续下来。在江苏吴江,缫丝生产一直是以家庭手工业的形式进行的。一般蚕户为"一户一(缫丝)车",饲蚕多的也有二、三部车。蚕农多数自己缫丝,间或也有在缫制高峰时雇人缫丝。④ 浙江崇德、桐乡两县,全部蚕农

---

① 《凤城市志》,方志出版社 1997 年版,第 673—674 页;《庄河县志》,新华出版社 1996 年版,第 434 页。

② 民国《岫岩县志》第 3 卷,工业,1934 年铅印本,第 14 页。

③ 民国《安东县志》第 6 卷,工业,1931 年铅印本,第 17 页。

④ 《吴江县志》第 8 卷,丝绸,江苏人民出版社 1994 年版,第 298 页。

均在家中自己缫丝,据浙江大学农学院 1928 年的调查,蚕农平均每户产丝分别为 80 两(合 3.02 公斤)和 140 两(5.22 公斤)。① 鄞县,山区、半山区,养蚕农户均自养、自缫、自织,特别是缫丝,直至中华人民共和国建国初期,均以家庭手工自缫为主。② 四川南部县,在清代和民国时期,蚕农一家一户的手工缫丝一直延续下来,作坊、丝厂很少。1931 年前后,曾有富绅开办手缫丝厂,但规模小,为时短暂,仍是家庭手工缫丝业的一统天下;邛崃在民国时期,缫丝均为家庭季节性副业,土法生产;壁山养蚕户也是自家"产茧缫丝出售"。③ 前述河南南召,"家家会缫丝",家庭手工业也是缫丝生产的唯一形式。贵州遵义,蚕户普遍自行缫丝。一些收茧较多或缫丝技术较好的蚕户,为增加收入,多自缫、自织、自销;只有收茧少或无缫丝技术的蚕户,才将茧或丝售卖。④

在某些地区,流动摊点及上门服务的手艺人也是手工缫丝生产的重要形式,如四川邛崃,民国时期,每年夏初,乡村集镇缫丝者沿街设灶摆车,接待养蚕户来茧加工。也有缫丝手工业户和经营者收购蚕茧,雇工缫丝。⑤ 这些受雇的缫丝工匠,不少是上门服务的手艺人。前述山东蒙阴从事专业缫丝的"框匠",也多为上门服务的匠人。

随着蚕桑生产和手工缫丝业的发展,特别是机器缫丝业的兴起和缫丝工具的改进,手工缫丝业的生产组织和经营方式开始发

---

① 《桐乡县志》,上海书店 1996 年版,第 448 页。

② 《鄞县志》,中华书局 1996 年版,第 545 页。

③ 《南部县志》,四川人民出版社 1994 年版,第 431 页;《邛崃县志》,四川人民出版社 1993 年版,第 430 页;《壁山县志》,四川人民出版社 1996 年版,第 215 页。

④ 《遵义县志》,贵州人民出版社 1993 年版,第 414 页。

⑤ 《邛崃县志》,四川人民出版社 1993 年版,第 430 页。

生变化,由蚕农家庭副业发展为专业性生产,手工缫丝作坊和手工缫丝工厂相继问世。

在江苏涟水,从清代至民国,作坊是土丝生产的基本形式;浙江海宁,古时蚕农都是用木车手工,将蚕茧缫成土丝后出售。鸦片战争后,日本、意大利缫丝技术传入,至民国初年,开始出现手工缫丝厂,不过初时并不顺利。1914 年省政府在长安首设模范丝厂,不久即撤;1921 年设鼎新丝厂,有五绪脚踏木车 40 台,1922 年硖石建双山丝厂,亦"困难甚多,两厂时开时停"。至 1935 年,海宁有丝厂 5 家,其中 4 家为手工缫丝厂。[①]

浙江绍兴及周边上虞、嵊县、新昌、诸暨等县,1895 年后,随着机器缫丝业兴起和发展,手工缫丝业开始变化,部分由单个蚕户生产向缫丝作坊和手工缫丝厂演变。民国初年,各县致力于蚕丝质量的改进。1914—1920 年,诸暨、新昌相继创办改良土丝传习所和 6 家模范丝厂、2 家木机缫丝厂,1920 年创办的诸暨纶华木机缫丝厂有丝车百部。同时,为了适应丝织厂织造厚型丝织品或丝带、丝绒等的需要,有人将蚕农土丝或木机缫丝厂的厂丝多股并合,加捻定型,成为捻线丝(俗称"打线丝"),并由单个家庭生产发展为打线作坊。日本全面侵华战争爆发前,打线作坊遍及绍兴华舍、齐贤一带。[②] 缫丝作坊和手工缫丝厂成为手工缫丝业的重要形式。

广东顺德,在机器缫丝业的竞争压力和推动下,手缫工具获得改进。1884 年后,足踏缫丝机取代手车缫丝机,为手工缫丝作坊和手工工厂的产生创造了条件。从此,手工作坊和手工工厂取代

---

① 《涟水县志》,江苏古籍出版社 1997 年版,第 331 页;《海宁市志》,汉语大词典出版社 1995 年版,第 185 页。

② 《绍兴市志》第 11 卷,工业·丝绸纺织业,浙江人民出版社 1996 年版,第 703—705 页。

蚕农家庭缫丝生产,同机器缫丝厂并行发展。据统计,1922—1923年全盛时期,全县有机器缫丝厂135家,200台脚踏缫丝机以上手工工场200家,雇工不少于6000人,30台脚踏机家庭缫丝作坊"不计其数"。新会在民国时期,天河、荷塘等蚕丝主产区,也曾发展土法缫丝作坊10间,每间有女工10—20人。西江沿岸的高要、德庆、云浮、封开、郁南等县也有若干数量使用足踏机生产土丝的小作坊。①

　　四川阆中在清代以前,全部为一家一户个体缫丝,清末开始出现一些手工作坊,继而发展为手工缫丝厂。1939年,全县城乡共有丝厂63家;南充自1909年出现第一家手缫丝厂,至1930年,全县手工丝厂增至25家;广安1910、1914年相继建立两家手缫丝厂,使用木制丝车缫丝。到1932年,全县缫丝厂增至10家,年产生丝150—200箱,销往重庆、汉口、上海。1933年后,日本人造丝充斥市场,加之丝商压级压价,各厂亏本严重,至1937年全部倒闭。②

　　山东烟台,作为中国柞蚕丝生产发源地之一,缫丝器具改良较其他地区为早,亦相对先进。1881年宁海(今牟平)木匠宋生,改手摇缫丝车为脚踏矿丝车,缫丝既快又均匀,1890年后被全国部分蚕区采用。1930—1933年间,烟台蚕丝学校蚕丝专家贺康改良成功"亚宾式柞茧干缫脚踏机"、"蒸茧机"、"压茧机"等设备,"深

---

① 《顺德县志》,中华书局1996年版,第385—386、390页;《新会县志》,广东人民出版社1995年版,第415页;《广东省志·丝绸志》上册,广东人民出版社2004年版,第279页。

② 《阆中县志》,四川人民出版社1993年版,第519页;《南充县志》,重庆出版社1993年版,第458—459页;《广安县志》,四川人民出版社1994年版,第417页。

受农村干缫丝生产者喜爱"。① 周村,缫丝生产初为家庭手工业,1901—1902年小扩丝技术自南方传入后,乡村缫丝业由手工操作向"半机械化"操作过渡,许多人开始使用在周村投资建厂,光绪末年首建鸿裕丝场,有人力扩100台,工人200余名,缫制小扩丝。1919年小扩丝厂发展到10余家,丝扩410余台,工人1000余名。② 临朐也从1915年开始小框缫丝,1920年成立县蚕桑劝业所,此后手工缫丝厂日增。1923年全县有丝厂300余家,职工七八万人,占全县人口的1/4,年产丝4000余箱,丝厂成为手工缫丝业的基本形式;益都也有手工缫丝厂的建立,1921年有丝厂7家,1929年增至14家,年产丝500余箱。③

东北辽东地区,安东(今丹东)在清乾隆年间,手工缫丝已是家庭副业的一部分,农家使用简陋的丝缲子或纹绰子缫丝或捻丝。1870年前后,山东脚踏式缫丝机传入安东,开始出现缫丝作坊,生产大扩丝,1904年开始生产小扩丝。19世纪末,安东有初具规模的缫丝工场7家,1926年增至28家,共有木缫机11028台,日产柞蚕丝2.319吨。1929年,安东缫丝业更加兴隆,有缫丝厂37家,木缫机万余绪,年产柞蚕丝514吨,挽手288吨,出现诸如金魁星、牡丹花、八仙等牌号柞蚕丝,称为"招牌丝"。④ 这是近代安东缫丝业最兴旺的时期。辽宁庄河,1880年出现首家手工缫丝作坊,雇工40人,使用山东传入的足踏式缫丝车,缫制大扩丝,年产柞蚕丝10余吨。⑤ 凤城自19世纪木制缫丝机(俗称"框")传入,出现专

① 《烟台市志》上卷,第十九篇,纺织工业,科学普及出版社1994年第1版,第736页。

② 《周村区志》,中国社会出版社1992年版,第194页。

③ 《潍坊市志·工业志》,中央文献出版社1995年版,第421页。

④ 《丹东市志·工业志》,沈阳出版社1996年版,第30页。

⑤ 《庄河县志》,新华出版社1996年版,第434页。

业性生产,民称"丝房子"。19 世纪 90 年代,有"丝房子"6 家,木制缫丝机 310 台,从业 360 人,1919 年生产柞蚕丝 1.06 万两(32两为 1 公斤)。1931 年"九一八事变"后,柞蚕丝成为日本侵略者的掠夺重点,进行"扶持发展",1934 年,除 7 家缫丝厂外,各重点养蚕区都设有"丝房子",有木制缫丝机 3000 台,从业 4000 人,年产柞蚕丝 80 吨。[①]

近代时期,随着机器缫丝业不断发展,手工缫丝业和机器缫丝业处于彼长此消的态势,手缫丝在蚕丝总产量中所占比重,无疑逐渐下降。不过 1927—1937 年间,由于多方面的原因,情况有所变化:1927 年后,尤其是 1929 年世界经济危机爆发后,厂丝出口衰减,机器缫丝业的发展处于停滞和衰退状态,大批机丝厂停产、倒闭,其比重大大超过手工缫丝厂;在丝厂停产、减产,蚕茧价格惨跌,甚至无法出售的情况下,原来售卖鲜茧的部分蚕农,只得恢复家庭缫丝;在生丝出口衰减的同时,国内丝织业复苏,国内土丝市场扩大,也刺激了手工缫丝业的恢复和发展。这样,手工缫丝业衰落、土丝产量比重下降的势头被遏制,土丝产量及比重有所回升。

因各地手工缫丝业的基础和保留程度不同,土丝在各蚕桑区的产量及其所占比重各异。但资料显示,20 世纪初,在绝大部分蚕丝产区,土丝产量的比重均高于厂丝。机器缫丝业较发达的江浙蚕桑区,在 20 年代中期,土丝产量约占蚕丝总产量的 55%,其中浙江土丝更占总产量 80% 以上。据 1933 年的调查,该年全省蚕丝产量为89510 担,其中厂丝 4250 担,占 4.7%;土丝 85260 担,占 95.3%。[②]

---

① 《凤城市志》,方志出版社 1997 年版,第 673—674 页。

② 《中国蚕丝业大观》,第 10—12 页,见李明珠:《中国近代蚕丝业及外销》,上海社会科学院出版社 1996 年版,第 121 页;国民党政府实业部国际贸易局编纂、发行:《中国实业志·浙江省》(下),1933 年初版,第 46(庚)、第46—52(庚)页。

山东、辽宁、四川等地,土丝产量也都超过厂丝,安徽、河南、湖北、湖南、广西、贵州等地,除安徽部分蚕茧直接销往无锡、上海外,当地所产蚕丝,全部是土丝。从全国范围看,这一时期的土丝产量及其比重缺乏系统而精确的数据。据统计,1933 年全国生丝总产量为 300788 担(合 179510 公担),其中厂丝 92000 担(合 54905.6 公担),土丝 208788 担(合 124604.7 公担)①,后者占全国总产量的69.4%。其他年份无详细资料,估计 1927—1937 年间,各年土丝产量所占比重当在 65%—75% 上下。

手工缫丝业尤其是蚕农家庭手工缫丝业,工具设备和生产操作都比较简单,不过在 19 世纪末 20 世纪初有较大改进。

手工缫丝业的工具设备主要由煮茧的锅灶和绕丝的木框两部分组成。缫制的基本流程是将蚕茧置于锅中加水煮沸,抽出丝头,再将若干个茧的丝绪交捻缠绕在木框上,或一人单独操作,或两人合作,各地互有差异。如江苏涟水的方法是将茧浸泡于大锅热水(约 60℃)中,以约 50 公分长的 4 根木棒翻动理绪,同时脚踏曲轴牵引 3 绪蚕丝通过瓷孔(大小类似衫衣纽扣孔)卷于丝框。每绪通常为 7 根丝,当地有"七猛八不猛"的缫丝要领(即瓷眼下 7 粒茧子正好,8 粒茧子就出格了)。丝框分"潮框"和"晒框"两种,1市斤蚕茧可生产线丝或纬丝 1 两 2 钱。因生产劳动强度较大,当地缫丝工匠全部是壮年男子。② 民国时期的四川邛崃,蚕农缫丝方法相似,用铁锅薪柴直接煮茧,缫制者手持竹筷,捞茧抽绪,脚踏木制缫丝车,卷丝绪于车上,谓之"扬车缫丝"。③ 山东周村,手工

---

① 巫宝三主编:《中国国民所得(1933 年)》下册,中华书局 1947 年版,第 101、102 页。

② 《涟水县志》,江苏古籍出版社 1997 年版,第 331 页。

③ 《邛崃县志》,四川人民出版社 1993 年版,第 430 页。

缫丝传统工艺是先将蚕茧置于缸中以盐腌之,防其出蛾。缫丝时将大框和煮茧锅置于院内,由二人操作,一人将茧放入锅中煮沸,搅拌均匀,用竹刷轻轻在茧上磨擦,使茧尽挂于竹刷上,经过整理,交给第二人;第二人将 10 余个丝头通过铁制集绪器,上下成交搭于丝车上。这种丝叫"大纩丝",又名土丝,因色泽不鲜,纤度不匀,条分粗,丝缕乱,多数须再缫加工。① 辽宁凤城,早期蚕农的缫丝方法更为落后,在 19 世纪木制缫丝机(俗称"框")传入以前,使用线砣子、木制线锤子和纺线车等原始工具,手工捻制柞蚕丝线,俗称"撕挽手"、捻丝线。②

近代时期特别是 19 世纪末 20 世纪初,随着日本、意大利等国缫丝技术的传入,国内机器缫丝业的发展和手工缫丝作坊、手工缫丝工厂的大量兴办,手工缫丝业的工具设备和技术有明显改进,木制缫丝车在一些地区得到推广和普及。到 20 世纪初,手工缫丝工具已基本定型。丝车大致分为手摇车和脚踏车两种;按工人操作姿势,则有坐缫、立缫之分。前者缫车座架和灶台较低,后者则较高,江浙缫丝多用女工,全为坐缫;北方专用男工,多用立缫。按缫丝的丝绪,多为单绪车,也有二绪、三绪同缫者,如同棉纱纺车有单锭、二锭、三锭之分一样。

手工缫制的蚕丝产品,山东地区早期称为"大纩丝",20 世纪初,小纩技术自南方输入后,称为"小纩丝";江浙地区称为"乡丝",机器缫丝业兴起后称为"土丝",以区别于机器缫丝厂所产的"厂丝"。手缫丝每绪用茧数量因地区习惯和蚕种而异。某些地区的用茧数量有严格惯例,如前述江苏涟水有"七猛八不猛"的缫丝要领,每绪一律为 7 根丝。其他地区多无严格规定,所缫土丝因

① 《周村区志》,中国社会出版社 1992 年版,第 194 页。

② 《凤城市志》,方志出版社 1997 年版,第 673—674 页。

用茧多寡不同，而有粗细之分。通常每绪用五六个茧的叫"细丝"，用十二三个茧的叫"粗丝"，后者只有浙江湖州特产的"莲子种"蚕茧，才能缫制，而莲子茧数量不多，价格特别昂贵。细丝因所用茧丝过少，也只有湖州人才能缫制。其他地区的手缫丝，每绪少则用十五六个茧，多则十七八个茧，称为"肥丝"。广东手缫丝厂用次等茧或烂口茧缫制的粗丝，每绪用茧必须在 30 个以上，多的达五六十个。每人每日的缫丝产量，因丝的粗细和茧的质量而异，通常细丝可缫 10 余两，肥丝 30—50 两。

手工缫丝由于工具设备的限制，产品质量远逊于机器丝。最明显的缺点是色泽不鲜，纤度不匀，交捻不紧，条分粗，节结多，丝缕乱，有的需要再缫加工。同时，不同地区之间，产品质量差异颇大。当然，手工缫丝业在长期的发展历程中，也积累了丰富的经验，创造了无数优质名特产品。从全国范围看，江浙蚕桑区手缫丝的整体质量最高，其中又以产于太湖沿岸地区的"湖丝"，成色最好，而产自江浙交界的"辑里丝"，又是湖丝中的佼佼者，其特点是"富于拉力，色泽洁白，丝身柔润"，即以厂丝较之，亦"似有逊色"。①

其他地区也有不少优秀和名特产品，即使在 20 世纪初，当手工缫丝业处于衰退态势时，一些地区仍然不乏优质蚕丝的报道，如1933 年《四川月报》载，邛崃蚕丝，素为农村副业，每年出茧百余万斤，"因丝质优良，争相购买，贫家受其利者约十余万人"。青神蚕丝质量优异，所产"汉阳丝"，更是"以其丝色鲜亮和光度匀净而蜚声省内外"。② 湖南澧县津市所产清水丝棉、青丝包头、五彩丝线

---

① 赵鼎元：《辑里湖丝调查记》，《工商半月刊》1932 年 12 月 1 日第 2卷第 23 期。

② 《邛崃县志》，四川人民出版社 1993 年版，第 430 页；《青神县志》，成都科技大学出版社 1994 年版，第 163 页。

"名噪九澧,行销湘鄂川黔"。[①] 安徽金寨的白沙河黄丝,"驰名省内外"。[②] 江苏金坛,"河头民间缫丝质量精良,曾被江苏省提倡仿办"。[③] 浙江鄞县所产土丝,则"以色白、丝匀著称"。[④] 一些手工缫丝厂所产生丝,还屡获全国或国际大奖。四川南充,1909年创办的首家手缫丝厂,所产丝绢于1915年参加巴拿马第一次万国博览会,获得头等奖。[⑤] 阆中泰丰丝厂的"莲花牌"生丝,1915年,获巴拿马"太平洋万国博览会"四等奖,次年获农商部全国物品展览会二等奖,1924年又获巴拿马"太平洋万国博览会"特等金质奖章。[⑥]

产品销售、消费方面,土丝明显不同于厂丝。厂丝绝大部分出口国外,国内销售的比重很小。土丝除少量出口外,绝大部分供国内消费,主要织造绸缎,以及制作丝绵,捻制丝线,编织腰带、包头等。如江苏涟水,所产粗二号、细二号土丝绝大部分用来加工绣花丝线、戏剧装饰腰带、磨坊罗底、编织渔网以及女用发网、头巾、腰带等,少数细二号土丝销往苏州织绸。[⑦] 一些产区有相当部分土丝的消费不一定通过市场交换,而是由缫丝户直接织绸或进行其他产品加工。

直至1927—1937年或20世纪初叶,仍有部分地区的养蚕户自茧自缫自织,或缫丝户购茧缫丝织绸,缫、织结合,如同手工棉纺

① 《津市志》,教育科学出版社1993年版,第160页;《沅陵县志》,中国文史出版社1991年版,第349页。

② 《金寨县志》,上海人民出版社1992年版,第228页。

③ 《金坛县志》,江苏人民出版社1993年版,第255—256页。

④ 《鄞县志》,中华书局1996年版,第545页。

⑤ 《南充县志》,重庆出版社1993年版,第458—459页。

⑥ 《阆中县志》,四川人民出版社1993年版,第519页。

⑦ 《涟水县志》,江苏古籍出版社1997年版,第331页。

织业中的纺、织结合一样。如浙江鄞县山区、半山区,向有植桑养蚕传统,乡村农户自养、自缫、自织,一台缫丝车,日产丝约 0.7 公斤,织机日产绸约 1.7 米。① 四川西充,民国时期全县有缫丝户2000 余家。大部分都有织绸机,自缫、自织;邛崃土丝,亦有"少数自用"。② 贵州遵义,收茧较少或无缫丝技术的蚕户,缫丝出售,或直接卖茧;一些收茧较多或缫丝、织绸技术较好的蚕户,多自缫、自织、自销。③ 至于河南南召、郾城,前者"家家会缫丝,户户会织绸";后者"村村桑树成林,户户养蚕织绸",自然大多是自缫、自织,缫、织结合在一起。④ 湖北枣阳,清潭人能"以手工捻丝为绸",经久耐用,惜产量有限,"不成大宗"。⑤

不过到 20 世纪初叶,更多地区的缫、织已经分离,缫丝户无论蚕农个体缫丝户,还是手工缫丝作坊或手工缫丝厂,都只缫丝,而不织绸,所产土丝直接上市,或就地、就近供给机户及其他生产者加工成绸缎或其他丝货;或运销外地和大中城镇,其中也包括少量出口。在某一蚕丝产区,可能以某一销售方式为主,也可能两种、三种销售方式并存。

一般地说,一些土丝产量不多或交通相对闭塞的产区,产品大多就地或就近销售,加工成丝绸或其他丝货,再运销外地。安徽金寨,土丝一般就近供织户织造土绸、丝带、丝包头等。⑥ 四川璧山,

① 《鄞县志》,中华书局 1996 年版,第 545 页。

② 《西充县志》,四川人民出版社 1993 年版,第 230 页;《邛崃县志》,四川人民出版社 1993 年版,第 430 页。

③ 《遵义县志》,贵州人民出版社 1993 年版,第 414 页。

④ 《南召县志》,中州古籍出版社 1994 年版,第 588 页;《郾城县志》,中州古籍出版社 1997 年版,第 321 页。

⑤ 《鲁山县志》,中州古籍出版社 1994 年版,第 439—440 页。

⑥ 《金寨县志》,上海人民出版社 1992 年版,第 229 页。

土丝大多就地织造丝绸，自产自销，其中八塘丝绸"远近闻名"。四川全省约有一半的蚕丝为当地或省内自用。该省最盛时年产黄丝3万担，1.5万担为本省自用，其中大部分是手缫丝。① 河南鲁山，所产土丝，全部就地织造、漂染丝绸，20世纪初蚕桑丝绸业鼎盛时，全县有丝、绸生产者8000余人，织机3万余架，缫制生丝20万公斤，织染丝绸26万匹。② 山东益都也有部分土丝供给当地织造绫绸、蚊帐。1933年有调查说，邑中织造绫绢的农户有60余家，木机数百架，年产绫绢3000余匹，原料"取之当地"。③ 辽宁凤城，1931年"九一八事变"前，所产柞蚕丝，多在当地用以编织腰带子、腿带子和宽约2.3市尺(77厘米)的捻线绸(俗称"疙瘩绸")。④

　　土丝产量较多或交通便利的产区，大部或全部产品运销外地和大中城镇，或转运出口。如浙江桐乡乌青镇，所产土丝分肥丝、细丝，肥丝供本地织户及金陵贩客；细丝转销上海洋庄，出口国外，名"辑里经丝"⑤；江苏句容土丝，全部销往南京、镇江，供给两地织造绸缎之用。⑥ 安徽泾县所产白丝，全部销往芜湖、上海等地织绸。1912—1926年间，上海丝织业界还在该县各集镇先后开设茧厂10家，收茧缫丝运往上海加工丝绸。⑦ 湖南澧县津市，次丝在当地打捻丝线以及加工丝棉、包头等；好丝销往广东，出口香港。⑧

①《璧山县志》，四川人民出版社1996年版，第215—216页；张肖梅：《四川经济参考资料》，中国国民经济研究所1939年刊本，第B29页。

②《枣阳志》，中国城市经济社会出版社1990年版，第176页。

③《青州市志》，南开大学出版社1989年版，第289页。

④《凤城市志》，方志出版社1997年版，第673—674页。

⑤《桐乡县志》，上海书店1996年版，第448页。

⑥《句容县志》，江苏人民出版社1994年版，第307—308页。

⑦《泾县志》，方志出版社1996年版，第227页。

⑧《津市志》，教育科学出版社1993年版，第160页。

四川江油所产土丝,全部就地染色,运销成都、重庆。① 南部县年产土茧 60 万斤,多手工缫煮黄丝,然后销售外地,当地织绸者很少。②

江浙太湖蚕丝集中区,土丝主要销售南京、杭州、吴兴、盛泽以及上海等丝织业尤其是手工丝织业的中心城镇。南京传统丝织业在 30 年代仍用木机,人力织造,所用原料,无论经丝、纬丝,均为土丝。以缎业为例,原料分细丝、肥丝两种,细丝采自浙江海宁、硖石、塘西、新市、林湖、德清、长安等处,以四根细丝捻成一股,作为经丝;肥丝取自南京近郊及扬州一带,作为纬丝。据对南京唯一一家织绸手工工场的调查,原料中亦有相当比重的土丝。③ 吴江盛泽镇织绸所用经丝,均是极细的厂丝及辑里丝。④ 1934 年《吴江县政》亦载,当地织绸用丝,均来自浙江嘉兴、王店、硖石、濮院、新市等处⑤,自然绝大部分是土丝。上海机器织绸厂也采用相当部分的手缫丝,据 1932 年对上海 140 余家以天然丝为原料的丝织厂的调查,辑里丝仍是重要原料之一。⑥ 浙江杭州,1931 年约织造绸缎 55 万匹,所需天然丝约 9000 担,厂丝和手缫丝各约 4500 担,亦即各占 50%。不仅个体机户用土丝作织绸原料,机器丝织厂也部分采用土丝作原料。⑦ 吴兴 1933 年前后,绸厂和机坊、机户所用

① 《江油县志》第 13 卷,工业,四川人民出版社 2000 年版,第 684 页。

② 《南部县志》,四川人民出版社 1994 年版,第 431 页。

③ 《工商半月刊》1931 年 1 月 1 日第 3 卷第 1 号;国民党政府实业部国际贸易局编:《中国实业志·江苏省》第 3 册,宗青图书公司 1980 年印本,第 201 页。

④ 《经济半月刊》1928 年 4 月 15 日第 2 卷第 8 号。

⑤ 吴江县档案,8.1.2947 号。

⑥ 国民党政府实业部国际贸易局编:《中国实业志·江苏省》第 3 册,宗青图书公司 1980 年印本,第 160 页。

⑦ 国民党政府建设委员会:《杭州市经济调查·丝绸篇》1932 年刊本,第 18、46 页。

原料除人造丝外,"所有蚕丝概用本地土丝"。①

在广东,土丝主要充当农民家庭织造莨绸的原料。30 年代经济危机对农村丝织品销路造成重大冲击,但莨绸因价廉物美,适于当地一般人暑热季节穿着,仍有一定销路,往昔织绫罗者多改织纱绸(莨绸),直至 1933、1934 年虽为衰落时期,晾晒莨绸"晒地"数目仍不减于 1926 年前。30 年代中期,广州中山七路一带,备有 10 台以下丝织机的机户、作坊或工场有上千家,绝大多数生产莨绸。生产经营方面,普遍出现了"自晒卖"(即自己收购坯纱、坯绸发至晒地晒成莨纱绸后再销售),或进一步发展为"织晒卖"(即自有织机和晒地,实行自织、自晒、自卖)的经营者。经济实力较差的中小商户大多变为替大户推销商品的代理人。不过 1935 年后,晒地"已逐渐减少",显示莨绸织造已趋萎缩,这是广东土丝业衰落的重要原因。②

这一时期手工缫丝业的产品销售市场,主要是国内丝织业尤其是手工丝织业。1927 年后,手工丝织业和机器丝织业均有某种程度的恢复和发展,土丝销售市场本该相应扩大,但厂丝因出口大幅衰减,市场逐渐由国外转向国内,甚至以国内市场为主。加上人造丝的冲击,土丝在丝织业原料中所占比重不断缩小。一些地区的丝织业原料,由往昔全用土丝,改为人造丝、天然丝并用,而天然丝中,又往往厂丝、土丝各半。机器丝织业占比重较大的杭州,织绸原料的天然丝中,1931 年已是厂丝、土丝各半;辑里丝主要产地的吴兴(湖州),1933 年也有调查说,吴兴绸厂原料,昔日土丝占

① 国民党政府建设委员会经济调查所:《中国经济志·浙江省吴兴县》,1935 年刊本,第 43 页。

② 广东国货运动促进会出版委员会:《国货运动月刊》1937 年 7 月;《广东省志·丝绸志》上册,广东人民出版社 2004 年版,第 398 页。

80%,近来用厂丝渐多,厂丝、土丝各占一半。①

手工缫丝业作为传统产业,无论资本实力还是产品质量,都无法同机器缫丝业竞争,更遑论进口人造丝了。为了维持生存,只能极力降低价格,以寻找买主。到30年代危机期间,土丝无论绝对价格还是相对价格,都已跌至极点。1935年有调查说,嘉兴县农民织绸所购原料价格,厂丝每百两45元,而土丝每百两16元。②因两者价格相差悬殊,农民织户才"普遍"购用土丝,而"较少"使用厂丝。③上述价格,土丝仅相当于厂丝的35.6%;绝对价格亦大幅跌落。据记载,与嘉兴交界的桐乡土丝价格,1933年每百两为27元。与之相比,嘉兴土丝价格在两年间下降了40.7%。比桐乡1896年的每百两的40元下降了60.0%。④

随着土丝价格的持续跌落,手工缫丝业的收入和盈利不断下降。以崇德、桐乡两县为例,1896年,桐乡的土丝生产成本和收益如下:每百斤丝需茧10担,计洋400元,需130工,计洋52元,用炭11担,计12元余,共费洋464元,出售得洋640元,利润约为176元。⑤按每百两计算,售价为40元,盈利约为11元。1933年的调查资料显示,桐乡每百两丝售价27元,盈利2.4元,分别比1896年下降32.5%和78.2%;崇德每百两丝售价28元,盈利4.4元,分别比1896年下降30.0%和60.0%(详见表3-10)。据浙江大学农学院1928年的调查,崇德、桐乡两县蚕农,平均每户产丝

---

① 国民党政府实业部国际贸易局编纂、发行:《中国实业志·浙江省》(下),1933年初版,第52(庚)页。

② 冯紫岗:《嘉兴县农村调查》,国立浙江大学、嘉兴县政府1936年6月印行,第130页。

③ 冯紫岗:《嘉兴县农村调查》,第130页。

④ 参见《桐乡县志》,上海书店1996年版,第448页。

⑤ 《桐乡县志》,上海书店1996年版,第448页。

分别为 80 两和 140 两。① 据此推算,平均每户盈利分别为 3.52
元和 3.36 元。可见盈利数额之微薄。到 1935 年,嘉兴土丝每百
两售价已跌至 16 元,仅分别相当于崇德、桐乡 1933 年的 57.1% 和
59.3%,已必然亏损无疑。

表 3-10　浙江崇德、桐乡每百两土丝收支盈余表

1933 年　　　　　　　　　　　　　　　单位:元

县别	支出项					收入项				盈余
	茧本	捐税	工资	薪炭及杂项	小计	每两平均价格	总价	屑物及其他收入	小计	
崇德	21	0.1	3	1.5	25.6	0.28	28	2	30	4.40
桐乡	21	0.1	4	1.5	26.6	0.27	27	2	29	2.40

资料来源:《桐乡县志》,上海书店 1996 年版,第 448 页。

　　蚕桑、缫丝生产收益同粮食生产比较,在 20 世纪 30 年代以
前,蚕桑、缫丝生产的收益相对较高。如江苏吴江 1912—1921 年
间,1 斤茧的比价相当于 45 斤大米;1930 年前,1 亩桑地可抵 2.5
亩稻田的收入②,蚕桑生产显然有利可图。在这种情况下,蚕桑生
产比较稳定,还可能有所发展和扩大,缫丝业原料来源充足,手工
缫丝业亦处于较好的状态。30 年代后,丝价、茧价加速跌落,以致
蚕桑生产的收益还不如水稻种植,而市场风险远比稻米高,蚕农普
遍亏损,严重挫伤了他们的生产积极性,结果,蚕农纷纷砍桑种稻,
导致桑地面积缩减,蚕茧产量下降。浙江蚕桑大县吴兴,每担鲜茧
价格 1930 年约 60 元,1931 年 40 余元,1932 年不过 30 元,“甚有
低至 20 元者”。与此相联系,蚕茧、蚕丝产量亦同步下降,“1930

① 《桐乡县志》,上海书店 1996 年版,第 448 页。
② 《吴江县志》第 8 卷,丝绸,江苏人民出版社 1994 年版,第 298 页。

年产鲜茧约 30 万担(合 17. 9 万公担),1931 年 20 余万担(合 11. 9 万余公担),1932 年只产约 12 万担(合 7. 2 万公担);丝产量 1931 年为 2 万余担(合 1. 19 万余公担),1932 年仅 1. 2 万余担(合 0. 72 万公担)"。① 江苏无锡,1927 年全县桑田约有 37. 8 万亩。1930 年约 25. 1 万亩,1931 年减至 15 万亩,1932 年只剩 8. 4 万亩,只相 当于 1927 年的 22%。另有人估计,30 年代蚕业危机期间无锡桑 田面积大约减少一半。② 其他蚕桑区的情况大致相同。这就从根 本上动摇了缫丝业的基础。30 年代,虽然土丝产量在全国蚕丝总 产量中的比重并未显著下降,甚至上升,但绝对产量下降,手工缫 丝业已加速衰落。

二、手工丝织业

手工丝织业作为中国历史最悠久的传统手工业,直至 20 世纪 30 年代,始终是中国丝绸生产的主力。20 世纪初,虽然上海等地 先后建起了一批电机丝织厂,中国机器丝织业有了初步发展,但在 整个丝织业领域,机器大工业对手工业的取代,只是刚刚开始。从 丝织"工厂"看,丝织业最发达的杭州、苏州、湖州、盛泽四地,绸厂 电织机台数已基本与木机平分秋色③;广东、山东、四川等地,手工 丝织远远超过动力机织。广东绸业除广州、陈村两地有三个电机

---

① 国民党政府建设委员会经济调查所:《中国经济志·浙江省吴兴 县》1935 年刊,第 36—42 页。

② 《江苏建设月刊》1937 年 2 月第 4 卷第 2 期,报告,第 79 页。

③ 1937 年日本全面侵华战争爆发前,四地丝织厂的电织机合计 6040 部,手织机 6013 部,分别占总数的 50. 1% 和 49. 9%(彭泽益:《中国近代手工 业史资料》第 4 卷,生活·读书·新知三联书店 1957 年版,第 68 页)。

厂外,"全为家庭工业"。① 柞丝织造中心山东胶东,柞丝绸织造"悉用手工",烟台1933年开工的6家较大工厂,原有织机370台中,仅有电力织机只28台②,只占总数的7.6%。四川1933年开工的乐山兴隆电机丝织厂,为全省唯一的电机织造厂。③ 其余如安徽、河南、湖北、湖南、广西、贵州、陕西以及"九一八事变"前的辽宁,丝织业统统是手工业。据统计,1933年全国丝织业消费原料,总计天然丝9.1万担,其中工厂2.2万担,占24.2%,手工业6.9万担,占75.8%;人造丝9.3万担,其中工厂2.4万担,占25.8%,手工业6.9万担,占74.2%,手工丝织业的生产能力和丝绸产量约占整个丝织业的3/4,可见手工丝织业在全国丝织业中的重要地位。

这一时期手工丝织业的外部环境和市场条件比较复杂,既有不利的方面,也有某些有利因素:辛亥革命和清王朝的覆亡,导致服饰和服装面料的重大变革;新文化运动的开展和国民党政权的建立,长袍马褂和传统服饰加速淘汰,中山装、西装开始成为上层人士和大中学生的常服,呢绒取代绸缎成为高档服装面料,绸缎的市场需求大幅缩小;1931年"九一八事变"后,东北沦陷,东北的原料和产品市场丧失,通往朝鲜的丝绸贸易商道亦被阻隔。又因日本占领朝鲜后,将从中国进口的丝织品关税提高至从价100%,中国丝绸又丧失一大市场。这对中国手工丝织业无疑是两大打击。不过这一时期也出现了某些对手工丝织业有利的因素。由于日本蚕丝的残酷竞争和挤压,特别是1929年世界经济危机后,中国生

① 《广东蚕丝复兴运动专刊》,报告,广东建设厅蚕丝改良局1933年印行,第6页。

② 《胶东之丝绸业》,《工商半月刊》1934年3月1日第6卷第5号。

③ 张肖梅:《四川省经济参考资料》,中国国民经济研究所1939年印行,第R32页。

丝(主要是厂丝)出口衰减、价格大跌,市场重心逐渐由国外转向国内,手工丝织业"因祸得福",获得了充足的廉价原料。单就原料而言,无疑有利于手工丝织业的生存和发展。

(一)利害并存的外部环境和兴衰互见的发展趋势

由于上述不同因素的影响和制约,全国手工丝织业的发展、变化状况较为复杂。虽然这一时期缫丝业特别是机器缫丝业不断衰退,但因蚕丝用于国内丝织业的比重越来越大,丝织业并无原料短缺之虞,丝织业的兴衰变化并不与缫丝业同步,甚至相反。手工丝织业内部,不同行业的兴衰状况也不一样。部分行业尤其是织造绒、锦、缎等高档产品的行业,因市场需求大幅萎缩,衰退最为严重;一些织造中低档丝织品的行业,市场需求的萎缩程度比高档产品相对轻微,加上原料廉宜,供应充足,仍能基本维持,甚至有所扩大。从全国范围看,这一时期的手工丝织业整体状况是有衰有兴,兴衰互见。但在不同时段,兴衰比重互有差异。大体上1927年至1931年"九一八事变"前,兴大于衰;1932—1935年间,衰大于兴;1936年至1937年日本全面侵华战争爆发前,手工丝织业局部复苏,但尚未恢复到1931年前的水平。

这一时期,部分地区的传统丝织业,尤其是高档丝织品行业明显衰退,以南京绸缎业和苏州、镇江丝织业以及其他部分地区的丝织业最为明显。

南京是中国传统丝织业中心之一,约分为缎业、云锦业、绒业、漳缎业、绸业五种,生产全为木机、手工。南京缎原是宫廷贡品,故又称"贡缎",亦为上层人士所喜用。在东北、西藏、蒙古及朝鲜的王公贵族中更备受欢迎。清王朝覆亡后,满蒙八旗贵族没落,南京缎的市场需求急剧萎缩。1918—1919年新文化运动的兴起,社会消费风气和服饰发生变化,南京缎业因市场需求锐减而明显衰落。

1924 年后,国际贸易的不利趋势进一步加剧了南京缎业的衰退。
1924 年日本将朝鲜的丝绸进口关税提高一倍;京缎另一重要出口
地越南,"亦因法国重税,销路锐减"。1929 年有调查指,南京各缎
号"无不亏本",生产衰退已十分严重,1916—1917 年时,南京织机
尚达万余张,"数年前减至千余张,近更不过 1/5 矣"。① 1931 年
"九一八事变"后,日本帝国主义对东北的侵占和对华北的武力蚕
食,对南京缎业是又一致命打击。东北、华北是京缎的主要市场,
约占京缎销售的 78%。1932 年后,南京缎业进一步加速衰微。
1932 年时尚有缎号 60 家,此后不断减少,至 1935 年年底又有 11
家歇业。从表 3 - 11 中,可清晰看到南京缎业的衰落过程:

表 3 - 11　南京缎号历年资本、织机、产量统计表

1928—1932,1935 年　　　　　　　　1928 年＝100

年份	资本总数(元)		织机总数(张)		产量总数(匹)	
	实数	指数	实数	指数	实数	指数
1928	1212100	100.0	2448	100.0	39130	100.0
1929	1017050	83.9	2164	88.4	34800	88.9
1930	866200	71.5	1964	80.2	30390	77.7
1931	706350	58.3	1628	66.5	26760	68.4
1932	344020	28.4	1129	46.1	17500	44.7
1935	128470	10.6	720	29.4	15327	39.2

资料来源:据李翰钦:《南京缎业概况》(载《实业统计》1936 年 1 月第 4 卷第 1 号)
改制。

　　如表 3 - 11 所示,1928 年后,南京缎号的资本额、织机数和总

---

① 《南京之丝织业》,《工商半月刊》1932 年 12 月第 4 卷第 24 号。

产量逐年下降。其中又以 1929、1932、1935 年的降幅重大,显然同世界经济危机、"九一八事变"、国内经济与金融恐慌密切相关。到 1935 年,南京缎号的资本额、织机数和总产量依次只相当于 1928 年的 10.6%、29.4% 和 39.2%。留存织机的生产规模也越来越小,开工率不断下降,初则每年黄梅、三伏两季停织,既则有订货即织,无生意则停。[1]

丝绸名城苏州,手工丝织业在清末时由盛转衰,1894 年前后,织机最多时达 1.5 万台,织工 3 万余人,年产丝绸 30 万匹,值银 6000 余万两,1908 年尚有纱缎庄 95 家。辛亥革命前后急剧衰退,1911 年织机减至 7000 余台,1912 年仅剩 4000 台,1913 年只剩纱缎庄 54 家、织工 7241 人。20 年代后,苏州机器丝织业兴起,手工丝织业进一步衰落。到 1936 年,吴县的手织机仅剩 1630 架(内铁木机 980 台、绒机 650 台),只有清末鼎盛时的一成多。[2]

镇江以织造"江绸"闻名中外。清代时,江绸多为官服袍料,朝廷大典时,主要用以赏赐臣僚。同时大量出口国外,尤以朝鲜居多,占江绸销量的 40%。19 世纪末 20 世纪初,江绸生产鼎盛时,有机房 1000 多家,织机约 4000 台,生产、经营从业人员近 2 万人,年销江绸 26—27 万匹,合银 450 万两。辛亥革命后,宫廷贵族服用面料需求大幅减少。特别是日本侵占朝鲜后,将中国输往朝鲜的丝绸进口税提高到从价 100%,使绸商无法外销。加上日本人造丝和西方呢绒倾销,镇江江绸产量锐减,职工人数及开机台数只有鼎盛时期的 1/10。[3]

---

① 《南京简志》,江苏古籍出版社 1986 年版(内部发行),第 393 页。

② 《吴县志》第 12 卷,工业,上海古籍出版社 1992 年版,第 491 页。

③ 《镇江市志》第 36 卷,纺织工业,上海社会科学院出版社 1993 年版,第 873 页。

　　浙江桐乡濮院,自古以织造"濮绸"闻名。鸦片战争后,外国资本侵入,日本丝绸挤压,销路日减,加之捐税苛重,濮院丝织业渐趋衰落。第一次世界大战期间曾短暂恢复,1915年机户开始织造花绸,并以铁机取代木机,生产力提高,产量有所上升,镇上绸庄增至40余家,产品转销全国,但大战结束后,形势逆转,生产又趋萎缩,绸庄倒闭。1924年仅存绸庄8家,织机从2114台降到150台。其后机器丝织业和人造丝、厂丝织物兴起,土丝织物无力回升,濮院丝织业自此衰微。①

　　中西部一些地区,进入民国后,丝织业也都明显衰退,甚至完全消失。湖北荆州地区江陵、沔阳、天门一带,是湖北蚕丝和丝绸的主要产区,产量约占全省总量的一半。沔阳黄丝质地优良,曾销往日本、欧美。天门县城清末有丝织作坊56家,年产天门绢2.3万余米;1909年荆州城有缎机坊7家,织机24张,年产荆缎8050丈。民国初年,该地丝织业不断衰退,天门绢和荆缎产量下降,1929年,荆州城只剩缎机坊2家,织机6张,1937年荆缎降至600匹。② 河南方城,丝织生产历史悠久,清代时,桑绸业衰落,柞丝绸业崛起。咸丰后,柞丝绸业日趋昌盛,宣统年间,县城拐河街已成河南柞丝绸贸易中心。柞丝绸鼎盛期,拐河一带有织绸机达3000余张。1914年,该地生产的加宽本色素茧绸曾参加美国旧金山万国博览会展销。此后柞丝绸业日见衰落,到40年代末,仅剩拐河一带织绸机200余张。③ 陕西汉中和陕南部分县区,清代丝织业颇为兴盛,进入民国后,普遍萎缩。如城固丝织业,"清季最盛",

① 《桐乡县志》,上海书店1996年版,第457页。
② 《荆州地区志》第13卷,纺织工业,红旗出版社1996年版,第249页。
③ 《方城县志》第十二篇,工业,中州古籍出版社1992年版,第354—355页。

民国时逐渐衰微,1930 年全县只产绸 1000 丈、绉 600 丈、绢 3000 丈、绫 2000 丈;镇安丝织业更是清季兴盛,民国时急剧衰微,光绪年间丝产品有丝线、丝带、丝巾、丝帕、绸、绢、绫等,1941 年县城虽有丝铺,但丝绸产品已不见记载;白河则表现为生产力的大幅衰萎,民国时期,县城和后河黄家湾有缫丝、制丝线、织绸业三四家,初时尚能生产有几何图案的提花绸,但因设备简陋,本金微薄,到20 年代中期后,织绸全部停机,仅仅生产绣花线、发网线、墨斗线、渔网线之类的丝线了。① 河南鄢陵,明代丝绸为贡品,种类有丝帛、绢、绸、绫等,延续至民国,较前大减,逐渐消失。②

更多地区的手工丝织业,在清末民初或 20 年代曾有不同程度的发展,其后因市场萎缩,特别是 1931 年"九一八事变"及随后国内经济恐慌的爆发,急剧衰落。

江苏丹阳,素以丝绸闻名,光绪初,丝绸缫织新技术由湖州传入,使丹阳丝绸业有了新的发展,所产"阳绸"、汗巾,质量可与湖绸媲美。1915 年,丹阳蚕丝、阳绸在巴拿马国际博览会展出,获得"质优价廉"称誉。1918 年全县织机 2000 余台,年产绸 8 万匹,产值 128 万余元,畅销安徽、江西、湖北、河北、山东和江苏各地,还远销英、美、日等国。1924 年后继续发展,工具改良,逐渐淘汰旧式木机,添置新式铁机。1929 年全县有织机 4000 余台,产绸 30 万匹。1930—1931 年又开办 3 家绸厂,生产能力进一步扩大。然而好景不长,1931 年,日本等国人造丝大量涌入市场,丹阳丝绸业由盛而衰,织机猛降至 2000 余台;1933 年开工不足 300 台。1936 年

---

① 《白河县志·工业志》,陕西人民出版社 1996 年版,第 197—198 页;《城固县志·工业志》,中国大百科全书出版社 1994 年版,第 474 页;《镇安县志》第 8 卷,工交邮电,陕西人民教育出版社 1995 年版,第 185 页。

② 《鄢陵县志》,南开大学出版社 1989 年版,第 241 页。

全县产阳绸 10 万匹。到 1937 年年底,丹阳城乡机户因日军入侵大部分歇业。①

浙江杭州、绍兴丝绸业,都因"九一八事变"、"一·二八沪战"遭受沉重打击,急剧衰落。

杭州古时"机杼甲天下",机户数以万计。城里和城外丝织产品,向有区别,城外机户全部织生货,统造罗纺大绸;城内机户大多织造熟货,20 年代普遍采用铁机,业务颇为兴盛,全城机户数千家,织工数万人。1927 年虽因政局动荡,绸业一度受挫。但 1929 年后略有转机,机户渐形增加,1930—1931 年之交是 1927 年后的最盛期。然而自 1931 年"九一八事变"特别是 1932 年"一·二八沪战"后,江浙交通断绝,绸销停顿数月,机坊半数停业,绸业大受打击,日趋凋敝。② 表 3 - 12 反映了 1929—1932 年杭州织绸机户情况及其变化:

表 3 - 12　杭州织绸机户概况统计

1929—1931 年

年份	机户	织机数	织工数	资本总数(元)	产量(匹)
1929	1847	4221	9767	370800	273060
1930	2407	5555	10839	508400	351700
1931	2906	6768	12215	640850	415480
1932*	1288	2947	6406	266300	16050

* 机户数为 1932 年 5 月以前之数,产量系 4 月份 1 个月之数。

资料来源:据国民党政府建设委员会调查浙江经济所调查课编:《杭州市经济调查》下编,第 53—54 页"杭州市历年熟货机户生产数量表",第 54 页"杭州市历年生货机户生产数量表"综合编制。

---

① 《丹阳县志》第 8 卷,工业,江苏人民出版社 1992 年版,第 305—306 页。

② 《杭州市志》第 3 卷,中华书局 1999 年版,第 132、133 页。

绍兴丝织业,清末民初一直在不断扩大,从 1895 年的 824 家织户、1164 台织机增至 1911 年的 1639 家织户、3400 台织机;1918—1920 年间,机户达 2820 余家,织机达 4400 余台,年产绸 25 万余匹、缎 3.04 万匹。1922 年随着开始日本产铁织机的使用,织户复增至 4830 家。1925 年人造丝传入后,有人用以织造仿丝花缎投放市场,称"摩登花缎",以假乱真,效益颇丰,织户纷纷仿效,手工丝织业加速扩大。1929 年全国丝绸织品处于旺销期,绍兴丝织业主要集中地华舍、齐贤两镇,有机户 3850 户、织机 6860 台,年产绸缎 20.21 万匹。但是,1931 年"九一八事变"后,绸缎销路受阻,绍兴织绸业明显衰减,1935 年,绍兴全县机户降至 3200 户,产量仅为 1929 年的 1/4。①

四川手工丝织业主要集中在成都、嘉定、南充、璧山等地,成都最盛时有织机万余架、织工 3 万人。产品"巴缎"、"蜀锦"远近闻名。璧山在光绪至民国年间,自产自销的八塘锦缎、绉绸、绫绸等,享誉中外,其中"玉麒麟"、提花绉绸等,由云贵庄客从云南出口越南、泰国等南亚各地,另由美商从重庆出口欧美。1931 年"九一八事变"后,日本人造丝涌进,璧山织绸业受到猛烈冲击,明显衰落。成都、嘉定、南充等地丝织业亦随缫丝业衰落而萎缩。② 新都、新繁两县只是靠更换产品和销售市场,丝织业才得以维持,并有所扩大。两县所缫土丝,原由成都丝绸厂收购,1926 年改为自己开始生产绸及花边、头帕、民族带等中低档产品,由商人运往少数民族地区销售,手工丝织业得以生存、发展。1931 年新繁有 2 家丝织

① 《绍兴市志》第 11 卷,工业·丝绸纺织业,浙江人民出版社 1996 年版,第 705—706 页。

② 温贤美主编:《四川通史》第 7 册,四川大学出版社 1994 年版,第 95 页;《璧山县志》,四川人民出版社 1996 年版,第 216 页。

作坊,新都境内较多;1941 年后,手工丝织业更进入"大发展时期"。①

山东胶东地区,清嘉庆年间已有柞丝绸生产。1858 年海阳县北水头村开办"广太兴"丝绸坊,有木纩 20 支、木机 10 台,工人 70 名。烟台开埠后,1872 年德国人在芝罘设立缫丝局,刺激了当地手工丝织业的发展,1908—1916 年间,平均每年从东北输入柞茧 18 万担,还输入柞蚕丝 1833 单。1920 年,烟台及周边地区有丝绸厂 500 多家,木织机 4000 余张,产品除传统柞丝绸,清末民初还开始织造桑蚕丝、柞蚕丝交织的宁海双丝白绸。1931 年"九一八事变"后,东北柞蚕茧、丝来源中断,手工丝织业生产大幅下降。②

河南鲁山、南阳、南召等地,20 世纪初,手工丝织业均有较大发展,"九一八事变"后由盛转衰或加速衰落。

河南鲁山是中原地区古代重要丝绸产地,产品质量优异,古代为贡品,近代继续发展,光绪时全县有织绸机 3000 余架,清末民初尤为兴盛。1912 年,山西、陕西、山东、河北商人到鲁山生产、经营丝绸业的达 40 余家,全县从事丝绸生产的 8000 余人,织机 3 万余架,贸易商行 90 多家。县城还有 7 家漂染作坊,漂染丝绸 26 万匹。1922 年城乡连遭匪患,缫织作坊和丝绸商行倒闭,织绸业衰退。"九一八事变"后加剧,1932—1934 年仅剩织绸机 300 余架,织绸工匠 1000 余人,丝绸商行 20 余家,丝绸输出由往年的 3 万匹减至 1 万匹。1937 年仅产丝绸 4000 余匹,衰落已达极点。③

南阳是清光绪年间迅速发展起来的丝织业重镇。光绪后期,

---

① 《新都县志》,四川人民出版社 1994 年版,第 464 页。

② 《烟台市志》上卷,第十九篇,纺织生产,科学普及出版社 1994 年版,第 741 页。

③ 《鲁山县志》,中州古籍海书店 1994 年版,第 439—440 页。

南阳及周边地区桑蚕、柞蚕均有较大发展,民国初年柞蚕丰收,促进了当地丝织业的成长。光绪后,南阳城乡专业织户多达八九百家。著名的大绸庄和大机户有 20 余家。南阳周边的南召、镇平、内乡、方城、泌阳等县,丝绸业也都不断扩大。但到民国初年,丝绸商为了牟取暴利,偷工减料,每匹丝绸由原来用丝 20—30 两(旧秤每斤 16 两)减至 9 两;黑湖绉每匹由原重 1.5 斤降为 1 斤;加上炼染掺假兑杂,质量严重下降,穿用者一夜就磨破衣袖,被称为"一灯油",以致桑丝绸销路日滞。柞丝绸的质量和销路虽然较好,亦因洋商欺诈而灾祸临头。1934 年洋商在北京与南阳绸商大量签订合同,扬言敞开收购,但货物运抵北京后,洋商毁约逃走,南洋丝绸业元气大伤,加之柞蚕产丝量下降,绸庄纷纷倒闭,机户多数转产,由 700 余家减至 200 余家,丝织业一蹶不振。①

南召有桑蚕,有柞蚕,柞蚕业规模更大,1921—1931 年柞蚕茧产量最高达 8 万担,缫丝织绸成为纺织业的主体,民国时期,上海等地客商投资县内的丝绸业,建立丝行和绸庄,激发了农民缫丝织绸的积极性,1931 年,织绸户发展到 1200 多户,织绸机 3000 多张。年产柞丝绸 8 万匹,占河南省柞绸总产量 29.3%。② 但此后由盛转衰。

湖北孝感,丝麻纺织,历史悠久,县北重镇小河溪尤著。近代时期,直至 1938 年日本侵略军进犯前,长盛不衰。咸丰同治年间,小河溪有 4 家作坊缫丝织绸、缫丝制线或缫丝织绸兼制线。同治年间该地一涂姓学子,因科考不第,弃儒务工,主攻缫丝织绢技术,协同二子到天门、应山及江南一带学习织丝罗、制丝线技艺,回乡生产。因加工的丝织罗绢,工艺精细,轻软孔细,洁白光滑,以"小

---

① 《南阳市志》第 12 卷,工业,河南人民出版社 1989 年版,第 376 页。
② 《南召县志》,中州古籍出版社 1995 年版,第 515、588 页。

河丝罗"闻名,销往河南许昌、驻马店等地,与驻马店"马尾罗"齐名。小河溪的丝织业者除织制纯丝品外,还用丝和苎混织兼丝葛。1938 年日军进犯,小河溪沦陷,"兴旺的缫丝丝织业遭到破坏,被迫停产"。①

在东北,20 世纪初,柞丝绸(茧绸)随着柞蚕业的发展而不断扩大。安东以手缫灰丝织成大小茧绸,行销蒙古、俄国、朝鲜各地。1923 年又有丝厂添设人工织机 8 架,专织大绸,行销埠内;置气机3 台,专织平绸,销行欧美。②"九一八事变"后,手工丝织业完全被日本侵略者扼杀。辽宁庄河,织绸业始于清咸丰年间,由山东移民传授手工织绸技术,利用灰丝,使用手织机捻丝织绸,此种家庭手工业遍及县内各柞蚕产区。产品称为茧绸。按规格分类有大绸、小绸;按质地分类有行绸、绵绸;按品种分类有绢绸、春绸。各种丝绸主要用作被褥面料、衣料等。民国时期,此种家庭手工业为极盛时期。东北沦陷后,日本侵略者大肆掠夺柞蚕茧,织绸被视为"犯法",致使手工织绸业几乎绝迹。③

经过 1932—1935 年的严重萧条,1936 年随着全国经济的复苏,一些地方已可见到丝织业好转的迹象。因各地条件不同,复苏的时间、程度互有差异。

江苏丹阳 1933 年开工不足 300 台,1936 年有所恢复,全县产阳绸 10 万匹,但仅及 1929 年的 1/3。到 1937 年年底,丹阳城乡机户因日军入侵大部分歇业,濒临崩溃。④

杭州丝绸业遭受"一·二八沪战"打击后,恢复较早,1933—

①　《孝感市志》第 7 卷,工业,新华出版社 1992 年版,第 244 页。

②　民国《安东县志》第 6 卷,工业,1931 年铅印本,第 17 页。

③　《庄河县志》,新华出版社 1996 年版,第 435 页。

④　《丹阳县志》第 8 卷,工业,江苏人民出版社 1992 年版,第 305—306页。

1934 年,因市场丝价大跌,杭州的 13/15D 厂丝价由每担 1000 余元跌至 360 元。生产成本降低,容易出手,各路绸销转旺,织机增加,生产扩大,到 1936 年,全市有绸厂 140 家,小机坊约 4000 家,织机 1.47 万台,年产绸缎 110 余万匹,丝绸市场庄号、机户"甚为活跃",全年绸类成交总价值达 1338.7 万余元,较 1935 年超出 74432 元,增加机户收入 393 万余元,"织工收入之佳,为近十年来所未见"。被称为杭州丝绸业的"全盛时期"。①

被誉为四川"丝绸之乡"的南充,20 年代中,因洋货充斥市场,机房纷纷倒闭,绸业萧条。到 30 年代,因丝价低廉,洋货昂贵,绸缎走俏,广销重庆、万县、宜昌等地,丝绸业再度活跃。② 青川的曲河、三元等地,清末民初有人自制木机,纺织丝棉绸自用,后逐渐衰落。1937 年复有人开办手工工场,以木机编织丝帕、罗底,营业逐渐扩大,"织品销售甚为兴隆"。③

(二)多种多样的经营模式和彼消此长的产品市场

手工丝织业的生产组织及经营方式,大致分为独立机户、机房(家庭织绸作坊)、手工丝织工厂(场)和账房制(商人雇主制)等四种类型。一个地区可能只有一种类型,也可能两种或多种类型同时并存。如浙江吴兴,据 1933 年调查,有绸厂 23 家,年产绸 6.5 万余匹;专业机坊、机户 3000 余家,织机 6000 余架,年产绸 16 万匹;另有农村织户 1000 余家,织造绫绢约 28 万匹。④ 山东周村,

① 《中行月刊》1937 年 3 月第 14 卷第 3 期,第 35 页;《杭州市志》第 3 卷,中华书局 1999 年版,第 133 页。
② 《南充县志》,四川人民出版社 1993 年版,第 281 页。
③ 《青川县志》,成都科技大学出版社 1992 年版,第 505 页。
④ 国民党政府建设委员会经济调查所:《中国经济志·浙江省吴兴县》,1935 年刊本,第 43—44 页。

织绸生产经营方式亦分三种:备有织机,由家人自行织造,无劳资区别者名"织户";有劳资区别而织机少者,统名"机坊";有劳资区别、织机较多而略具组织者,则称"工厂"。① 同时,各类生产经营方式不时发生递进或更替变化。如四川南充,1924 年前,机房是丝绸生产的基本形式。1924 年后机房纷纷倒闭,手工织绸厂兴起。1927—1937 年间,手工织绸厂已取代机房成为当地丝绸生产的基本形式。② 这反映出手工丝织业生产经营方式的多样性和历史阶段性。

独立机户亦即家庭手工丝织户,出现最早,是中国丝织业最传统和古老的生产组织,而且一直延续下来,直至 20 世纪 30 年代,仍然是许多地区手工丝织业最基本的生产组织和经营方式。

家庭手工丝织户有多种不同类别:既有农家副业,也有专业丝织户;既有蚕农自茧自缫、自丝自织,缫、织结合,也有机户购丝织绸,缫、织分离;既有织工只限家庭成员的劳力自给式机户,也有外加帮手的雇工式机户,等等,情况多种多样。

20 世纪初,仍有部分地区丝绸机户,是蚕农利用自缫蚕丝织造丝绸,养蚕、缫丝、织绸紧密结合在一起。如江苏吴江,缫丝织绸多为农家副业,"四乡农家,多有织纺机械数具",动力为脚踏,每家农户织机最多者四五架,一般一两架。③ 浙江鄞县山区、半山区,向有植桑养蚕传统,乡村农户自养、自缫、自织,织机日产约1.7 米。④ 蚕桑丝绸集中地吴兴(湖州),据 1933 年调查,除机户、

---

① 《周村丝麻织业调查》,《工商半月刊》1934 年 5 月第 6 卷第 9 号。

② 《南充县志》,四川人民出版社 1993 年版,第 281 页。

③ 国民党政府实业部国际贸易局编:《中国实业志·江苏省》第 3 册,宗青图书公司 1980 年印本,第 202—203 页。

④ 《鄞县志》,中华书局 1996 年版,第 545 页。

机房、工厂外,尚有千余家农村织户,织造绫绢约 28 万匹[1],占全县丝绸总产量 50.5 万匹的 55.4%。河南南召,民国时盛传"家家会缫丝,户户会织绸";郾城 1938 年时,老窝、马庄等 10 余个自然村,"村村桑树成林,户户养蚕织绸",从事丝织业者 2500 余人,缫丝工具 400 余套,织机 700 余部,年耗丝 4.8 万公斤。[2] 四川西充,民国时期全县有缫丝户 2000 余家。大部分都有织绸机,自缫自织,主要产品有六六六纺、薄绸、大绸、花绸、罗底、湖绉等。[3] 贵州遵义,清中叶至民国时期,农户普遍放蚕缫丝。一些收茧较多或缫织技术较好的蚕户,为增加收入,多自缫、自织、自销。[4]

蚕农机户或农民机户的丝织家庭手工业,大多是以农闲副业的形式存在。如前述吴江,缫丝织绸多为农家副业;山东益都,1937 年前,弥河杨家庄、北市庄、种子庄、郝家庄一带,都有农民丝绸户,每村多者 40 余家,少者数家、10 余家,每户木机一至二台,"除少数专业经营外,大半农忙不干"。[5] 其他地区的农村织户,也大都如此。

不过丝织业在其发展过程中,越来越多的机户由副业演变为专业,而且大多已经脱离养蚕缫丝和农业生产,其中相当一部分是居住集镇或市镇的丝织手工业者。

江苏南京,传统丝织业中的缎业、云锦业、绒业,镇江的天然丝织业,始终是"纯粹家庭工业",完全用手工生产。作为该地丝绸

---

① 《中国经济志·浙江省吴兴县》,第 43—44 页。

② 《南召县志》,中州古籍出版社 1995 年版,第 588 页;《郾城县志》第 13 卷,工业,中州古籍出版社 1997 年版,第 321 页。

③ 《西充县志》,四川人民出版社 1993 年版,第 230 页。

④ 《遵义县志》,贵州人民出版社 1993 年版,第 414 页。

⑤ 《青州市志》,南开大学出版社 1989 年版,第 289—290 页。

主力的机户,"散处各地",每户织机,少则一架,多者三数架。① 浙江杭州,1931 年共织造绸缎 55 万匹,其中绸厂生产为 122645 匹,占 22%;427355 匹为机户所产,占 78%。1938 年对杭州抗战前的一个调查说,丝织业"有 2/3 以上机商,设手织木机于住所,家人均司其纺织工作,出品虽多,而资本微小"。② 海宁除民国初年在硖石海宁平民习艺所有几台铁机织绸外,丝织生产长期在"城乡家庭进行,直至近现代"。③

机房(坊)即手工丝织作坊,大多是机户尤其是城镇专业机户生产经营的直接扩大。在手工丝织业的发展过程中,一些经济条件或生产效益较好的机户,增加织机,扩大生产规模,在家庭成员之外,雇请帮手,甚至以使用雇工为主。这样,丝绸生产者就由机户演变为机房,即手工丝织作坊。实际上,一些置有两三台以上织机的机户中,应有比重不等的小作坊。如前述吴江,织绸农户每家有织机一般一两架,最多者四五架。拥有四五架织机的织户,已是家庭丝织作坊。

这一时期在大部分或绝大部分丝绸产区,都有数量和比重不等的机房或家庭丝织作坊。浙江吴兴,据 1933 年调查,有机坊、机户 3000 余家,机数 6000 余架。④ 机坊、机户各自的数量及所占比重不详,从机坊、机户持有的织机数量推断,机坊数量应在 1000 户左右。四川南充,鸦片战争后,发展起来一大批机房,用木机织绸,少者一二架,多者十余架,生产大绸、湖绉。不过在 1924 年后,因

① 国民党政实业部国际贸易局编:《中国实业志·江苏省》第 3 册,宗青图书公司 1980 年印本,第 166—220 页。

② 彭泽益:《中国近代手工业史资料》第 4 卷,生活·读书·新知三联书店 1957 年版,第 67 页。

③ 《海宁市志》,汉语大词典出版社 1995 年版,第 186 页。

④ 《中国经济志·浙江省吴兴县》,第 43—44 页。

洋货充斥市场,机房纷纷倒闭。[1] 山东周村,1925—1930 年间有作坊织机 1.4 万台,职工近 5 万人,年产丝绸 300 万匹(每匹 25 米)。[2] 河南南阳,拥有多台织机的"大机户",也应是丝织作坊。[3] 南召 1931 年有织绸户 1200 多户,织绸机 3000 多张[4],平均每户约有织机 2.5 台;浙江绍兴华舍、齐贤两镇,1929 年有织绸机户 3850 户、织机 6860 台[5],平均每户 1.8 台。这些织户中都应有一定比例的丝织作坊。

手工丝织厂是采用现代企业形式的手工丝织业生产和经营组织,最初出现于 20 世纪初,它的大量产生则是机器丝织业兴起后。到 20 世纪 20—30 年代,手织工厂成为一些地区手工丝织生产的重要形式。

新兴丝织业中心上海,据 1932 年的调查,有各类丝织厂近 500 家,除少数机器丝织厂外,绝大部分是只有织机数台至十余台、工人数名至十余名的手工工厂。[6] 苏州自民国初年使用铁机后,开始兴办绸厂,30 年代初有绸厂 20 余家,资本最多者 4 万元,其余多为三数千元不等,约共有铁机 242 部,手机 482 部。[7] 丹阳于第一次世界大战期间开始创办手织工厂,1926—1931 年,相继

---

① 《南充县志》,四川人民出版社 1993 年版,第 281 页。

② 《周村区志》,中国社会出版社 1992 年版,第 196—197 页。

③ 《南阳市志》第 12 卷,工业,河南人民出版社 1989 年版,第 375—376 页。

④ 《南召县志》,中州古籍出版社 1995 年版,第 588 页。

⑤ 《绍兴市志》第 11 卷,工业·丝绸纺织业,浙江人民出版社 1996 年版,第 705—706 页。

⑥ 《广东蚕丝复兴运动专刊》,报告,第 4 页。

⑦ 国民党政府实业部国际贸易局编:《中国实业志·江苏省》第 3 册,宗青图书公司 1980 年印本,第 221—222、227 页。

开办铁机绸厂 6 家,手织工厂成为当地手工丝织生产的主要形式。① 浙江吴兴,据 1933 年调查,有绸厂 23 家,电力与人力机混用,其中部分为手工织绸厂。② 在柞丝绸(茧绸)集中产区山东胶东和桑丝绸重要产地周村,手工绸厂也是丝绸生产的重要形式。胶东各县 1931 年前有土法织绸工厂 500 余家;周村丝织业中亦有不少手织厂。③

在部分地区,手工丝织厂更成为遏制手工丝织业衰退、加速手工丝织业复苏的重要力量。以生产"江绸"著名的江苏镇江,自辛亥革命后,"江绸"产销锐减,职工和开机数只有鼎盛时的 1/10。一些大绸号为扭转颓势,从 1917 年开始兴办铁机织绸厂。到 20年代中,先后开办较大织绸厂 5 家,每厂有铁机 40 余台到七八十台不等,全部为手工生产。④ 四川南充,1924 年后机房纷纷倒闭,手工丝织业凋敝。有"川北圣人"之称的张澜,为振兴南充丝绸业,在县实业学校增设丝绸科,购置铁织机 10 部,培养人才,又集资 6000 银元,购置铁织机 24 部,组建嘉陵铁机织绸厂,从杭州聘来技师,生产 52 花葛、66 纺素绸等丝织品。其后又有 7 家绸厂相继成立。手工织绸厂取代机房,成为南充丝绸生产的基本形式,手工丝织业亦得以回复、扩大。⑤ 四川青川,民国初年后,自给自足

---

① 《丹阳县志》第 8 卷,工业,江苏人民出版社 1992 年版,第 305—306页。

② 国民党政府建设委员会经济调查所:《中国经济志·浙江省吴兴县》,1935 年刊,第 43—44 页。

③ 《胶东之丝绸业》,《工商半月刊》1934 年 3 月第 6 卷第 5 号,第 43—46 页;《周村丝麻织业调查》,《工商半月刊》1934 年 5 月第 6 卷第 9 号。

④ 《镇江市志》上册,上海社会科学院出版社 1993 年版,第 872—873页。

⑤ 《南充县志》,四川人民出版社 1993 年版,第 281 页。

的丝棉绸生产本已逐渐衰落。1937年有人开办手工工场,用木机编织丝帕、罗底,"织品销售甚为兴隆",丝绸生产复苏。[1]

"账房"制起源于清初,鸦片战争后不断扩大,并且一直延续下来,二十世纪二三十年代,"账房"制仍是某些地区手工丝织业的基本经营方式。

苏州丝织业分为纱缎业、漳缎业、铁机丝织业三类。前二类为传统手工业,至30年代,仍承袭历史特征,全用手工织造,生产方式亦仍是"账房"发料,机户织造,领取工钱。[2]

在杭州,城内织造熟货的机户,有的由绸庄放出原料,依样加工,名为"放料机"。[3] 河南南阳及周边地区,大部分丝绸织造也是在"账房"制的形式下进行的。光绪至民国时期,南阳城乡多达八九百家专业织绸户,绝大部分为丝绸庄所控制。旭长仁、公太昌、裕发恒、三和恒、恒盛义、三义恒等大丝绸庄,都握有相当数量的织机。仅裕发恒一家,就有"雇工"300余人。在南阳城郊以及南召、镇平、内乡、方城、泌阳等县还有为其加工的大量"包机"。[4] 这也是丝绸庄放料收绸的一种形式。

账房制不仅存在于一般的个体机户,而且大量发生于具有新式企业组织形式的织绸工厂。在上海,丝织厂除大规模厂家外,65%的厂家没有流动资本,即有,亦不过一二千元,数额微薄。不备流动资本的厂家,大抵均仰绸庄鼻息,由庄家发给原料,指定花

① 《青川县志》,成都科技大学出版社1992年版,第505页。
② 国民党政府实业部国际贸易局编:《中国实业志·江苏省》第3册,宗青图书公司1980年印本,第221—222、227页。
③ 《杭州市志》第3卷,中华书局1999年版,宗青图书公司1980年印本,第132页。
④ 《南阳市志》第12卷,工业,河南人民出版社1989年版,第375—376页。

样,为之织造,而获得"工资",称为"料机"。① 吴江盛泽,据1932年的调查,绝大部分手织厂,"多将织机包于上海绸庄或绸厂。必须主顾订货需要,发下原料,各厂始能开工制造,否则停工"。② 除隶属于商业资本外,上海还有一种小厂为大厂代织的经营模式:"其为包工制者,则由大厂供给原料,整经整纬工作,亦由大工厂做妥,而只由小工厂代织,每疋工资5元"。③

20世纪初叶,手工丝织业的产品结构和销售市场都发生了明显变化。

丝绸是一种高档纺织品,但不同地区和不同种类、规格的丝织品,原料好坏、加工精粗、质量优劣、档次高低,差异悬殊。辛亥革命前,锦、缎、绒等高档豪华丝织品,主要供宫廷、皇室、贵族、官宦和富商消费,部分地区的丝织品更主要是贡品。辛亥革命后,清王朝覆亡,满蒙贵族没落,封建等级和以华贵锦缎、高档丝绸为面料的朝服、官服系列全部废除;国民党政权建立后,社会服饰亦进一步发生变化;1931年"九一八事变"后,原来供朝鲜王宫贵族和上层社会的丝绸出口完全中断。所有这些,导致丝绸的社会需求萎缩,产量下降,其中以华贵锦缎绒、高档丝绸的需求萎缩和产量衰减幅度最大,某些地区主要生产贡品的丝织业完全消失,而中低档丝绸的衰减幅度相对较小。在这种情况下,手工丝织业的产品结构发生变化,华贵锦缎绒、高档丝绸在丝织品中的比重大幅下降,中低档丝织品的比重上升,成为丝织品的主体。

---

① 国民党政府实业部国际贸易局编:《中国实业志·江苏省》第3册,宗青图书公司1980年印本,第156页。

② 国民党政府实业部国际贸易局编:《中国实业志·江苏省》第3册,宗青图书公司1980年印本,第212页。

③ 《广东蚕丝复兴运动专刊》,报告,广东省建设厅蚕丝改良局印行,1933年10月,第4页。

　　手工丝织业产品结构的另一变化，是自 20 年代后，随着日本等国人造丝的大量涌入和手工丝织厂的不断建立，人造丝、蚕丝人造丝交织、蚕丝与其他纤维交织的丝绸成为丝织品的重要组成部分，丝绸的规格和花色品种比以前更加丰富多样。一些地区的手工丝织厂为了适应市场需要，注重工具改良和花色品种的推陈出新，或从事某类产品的专业生产，并取得成绩。如江苏江阴，开设于 1910 年的罗绢作坊，生产罗筛绢、丝布（即熟罗）、滤酒袋、丝线、丝弦等。罗筛绢曾参加南洋劝业会展览，获五等奖。① 丹阳丝织品原以阳绸、汗巾为大宗，20 世纪 10—20 年代，相继建立多家手织绸厂，逐渐淘汰旧式木机，添置新式铁机，丝绸花色品种增多。20 年代末，丝绸新品种有爱国绸、加宽绸、直罗、华丝葛等。② 杭州手织绸厂将古老的投梭机改为拉梭机，不仅加快了织造速度，而且发挥手工织造优势，生产诸如提花缎、提花绉，提花乔其纱等各式新款丝绸，产品"华丽异常，名贵异常，竟胜于电机者"。尽管价格昂贵，销量不大，但毕竟适应了相应的消费群体，赢得了手工丝织品的一定生存空间。当时杭州有一家专织风景画的锦生丝织厂（创立于 1922 年），有拉梭机 70 余部。由于生产技术高超，织五彩织品的纬线多至 9—10 种，可以随时调换颜色，技术达到"手机织造之尖端"，故"营业异常发达"。在丝业最困难时期，杭州又成立了 2 家类似的丝绸厂。③ 绍兴在 1925 年人造丝传入中国时，一家绸厂率先使用，织造纺丝花缎，称"摩登花缎"，以假乱真，效益颇丰，各厂、各机户纷纷仿效。增加了花色品种，促进了手工丝织

---

　　① 《江阴市志》第 11 卷，纺织工业，上海人民出版社 1992 年版，第 379 页。

　　② 《丹阳县志》第 8 卷，工业，江苏人民出版社 1992 年版，第 305 页。

　　③ 广东省建设厅蚕丝改良局：《广东蚕丝复兴运动专刊》，1933 年 10 月刊本。

业的发展。[①]

手工丝织业的产品销售市场,分为国外和国内两个部分。

丝绸是中国出口贸易中最重要的传统产品之一。[②] 因其"工价低贱",生产灵活,随时调整绣品花样,裁缝成衣料出口,适应市场需求,"变化繁多,非机器产品所能胜任"。[③] 但 1927 年后,尤其是 30 年代世界经济危机期间,国外市场萎缩,出口数量和价值都大幅度下降。丝绸出口大省广东,危机前丝绸出口常占出口商品第二位,在 1935 年已跌至第八位,出口额"不过二百余万元,比前四年跌落五倍"。[④] 全国手工丝织品的出口状况及变化详见表 3-13。

从表列可见,1928 年手织绸缎出口开始下降,1929 年世界经济危机爆发后,降幅明显扩大。1931 年"九一八事变"后,市场价格不断跌落,出口值的降幅更明显大于出口量。1934 年世界经济危机结束,国外市场开始复苏,绸缎出口颓势未能遏制,而是继续恶化,尤其是价格进一步跌落,出口量、值的大幅落差加速扩大,1937 年跌入这一时期的谷底。同 1927 年比较,1937 年出口货量下降 60%,出口货值下降 80%,市场价格只相当于 1927 年的50%,下跌了一半。

---

① 《绍兴市志》第 11 卷,工业·丝绸纺织业,浙江人民出版社 1996 年版,第 705—706 页。

② 外销绸缎,大体分为蚕丝、人造丝、蚕丝人造丝交织、蚕丝与其他纤维交织、河南茧绸、山东府绸等 7 种。至抗日战争前,"机制绸缎在国外市场目前尚难取得稳妥之地位"(见《国际贸易情报》1936 年 6 月第 1 卷第 14期)。

③ 《国际贸易情报》1936 年 6 月第 1 卷第 14 期。

④ 黄瑞伦:《历年来广东对外贸易概况》,见广东省统计局:《统计月刊》,1936 年 12 月。

表 3 - 13　中国绸缎手工织品出口量值统计*

1913,1926—1937 年　　　　　　　　1927 年 = 100

年份	数量(关担)		价值(关两)	
	实数	指数	实数	指数
1913	17179	101.6	13462600*	74.3
1926	18763	110.9	21364100	117.9
1927	16915	100.0	18115200	100.0
1928	15671	92.6	16679900	92.1
1929	12222	72.3	13147800	72.6
1930	10747	63.5	11442500	63.2
1931	11017	65.1	11357743	62.7
1932	14647	86.6	12235992	67.5
1933	18952	112.0	13486234	74.4
1934	13263	78.4	9193069	50.7
1935	9689	57.3	5443176	30.0
1936	9243	54.6	4886274	27.0
1937	6803	40.2	3664920	20.2

* 不包括茧绸和其他丝织品、交织品。1913、1926—1930 年的价值数,百位后四舍五入。

资料来源:据徐新吾主编:《近代江南丝织工业史》(上海人民出版社 1990 年版),附录四;彭泽益:《中国近代手工业史资料》第 3 卷,第 416 页表改制。

在出口不断萎缩的情况下,手工丝织业产品销售的国内市场比重和地位相应上升。在国内市场方面,"九一八事变"后东北沦陷和市场丧失,手工丝绸的销售市场收缩至关内地区。同时,由于产品用途和产品档次、结构改变,销售地区和市场结构随之发生变化。在清代,锦缎和高档丝绸大部分用作王公贵族和封建官僚的朝服、官服,服饰变革后,相当一部分绸缎改为充当呢料中西服装衬里①，绸缎的规格、档次和销售市场无不改变。在安徽、河南、湖南、贵州等零星丝绸产地，明显出现产品用途"大众化"、销售市场"本地化"的趋势。安徽金寨，蚕桑历史悠久，所产黄丝"驰名省内外"，多用作丝带、丝包头等；湖南澧县津市，清水丝棉、青丝包头、五彩丝线"名噪九澧，行销湘鄂川黔"；贵州遵义则因洋货大量涌入，丝绸织户以次充好、掺杂作假，丝绸质量下降，产品大多只销少数民族地区，或作殉葬之用。② 陕西白河，民国时期，县城和后河黄家湾有缫丝、制丝线、织绸业三四家，初时尚能生产有几何图案的提花绸，但因设备简陋，本金微薄，生产后退，到20年代中期后，只生产供平民大众消费的绣花线、发网线、墨斗线、渔网线等，织绸完全停机，不仅高档提花绸绝产，连普通丝绸也全部消失。③

三、麻织业与夏布生产④

麻纺织业在中国有悠久历史。在宋末元初棉纺织业兴起之前，中国劳动大众的衣服用品主要是麻布，"男耕女织"的纺织主要是麻纺织。棉纺织品后来虽然成为最主要的服用品，但麻纺织品及其生产仍广泛存在，在一些地区是重要地方特产。麻织品种

---

① 如江苏镇江名产"江绸"，清代时系朝廷大典，用以赏赐臣僚，多为官服袍料。到民国时期，主要用途改为充当中西服装衣里（《镇江市志》第36卷，纺织工业，上海社会科学院出版社1993年版，第873页）。

② 《金寨县志》，上海人民出版社1992年版，第228—229页；《津市志》，教育科学出版社，第160页；《遵义县志》，贵州人民出版社1993年版，第414页。

③ 《白河县志·工业志》，陕西人民出版社1996年版，第197—198页。

④ 本节资料未注明出处者，多参见刘克祥：《棉麻纺织史话》，中国大百科全书出版社2000年版。

类颇多,除夏布外,还有蚊帐布、普通麻布、粗麻布(作麻袋用)、麻线、麻绳,等等。蚊帐布一直是苎麻的自给性产品,未因棉布取代麻布而改变。正因为麻布有着棉布不能代替的作用,在近代仍广泛存在,有重要的经济意义。

近代南方一些地区的情况是,一般农户不分自耕农和佃农,都有一块面积大小不等(一般不超过1分地)的固定专用苎麻地,每年所收苎麻除搓麻绳、织鱼网等零星用途外,都会积攒下来供织蚊帐布之用。女儿出嫁之时,嫁妆中一定要有一床蚊帐。

在一些偏远地区,麻布仍然是当地人民的主要衣料,"云南苗人多种麻,纺织为衣,如老鸦滩之罗纹土麻布、花麻布皆苗人所织。白盐井人以火草与麻织成之布名火麻布,细致可观"。[1]

20世纪初,中国手工麻织业以夏布为大宗,主要分布在江西、四川、湖南、福建、广东、江苏等省。江西万载、湖南浏阳、四川隆昌、广东潮州是全国四大著名夏布产地。按1933年估算,各地夏布年产量(产值)约为:江西90万疋;四川60万疋;湖南20万疋,广东20万疋,福建20万疋,江苏19万元,其他各地10万疋。[2]

近代时期,夏布业大致经历了一个衰落——转盛——再衰落的过程。

江西是生产夏布最多的省份,这和江西盛产苎麻有关。当地苎麻每年可收获2至3次,丰富的原料使江西成为全国著名的夏布产区,全省83县,半数以上都产苎麻,以万载、宜春、上高、萍乡等地最为著名,1928年全省经海关输出的苎麻为17.2万担以上,

① 龙云、卢汉修,周钟祖等纂:《新纂云南通志》第142卷,工业考·纺织类·麻织类,1949年铅印本,见戴鞍钢、黄苇主编:《中国地方志经济资料汇编》,汉语大词典出版社1999年版,第284页。

② 巫宝三主编:《中国国民所得(1933)》下册,中华书局1947年版,第112—113页。

价值275万余海关两。万载、宜黄、宜春、上高、萍乡、宁都、分宜、临川、崇仁、玉山等县,是江西夏布产量最多的县份。

在1930年以前,江西夏布产量和价格都维持在较好水平,1923年,江西夏布中的最高等细布,平均价格每疋35元,最高等粗布每疋6元。1930年夏布出口24000担以上,价值430余万两。但1930年后江西夏布产量显著下降,至1933年,最高等细布每疋30元,最高等粗布3元。江西夏布产量下降的重要原因是生产方法不良,以及产区战争的严重破坏。"衰落原因,不一而足。而制造不良、成本太大,销售停滞,实其主因"。①

四川夏布产量仅次于江西,1921—1930年进入极盛时期,著名产地为隆昌、荣昌、内江、江津、中江、邻水、大竹等地。其中隆昌、荣昌、大竹、江津、内江、中江6县尤著。在鼎盛时期,隆昌有10.4万名妇女绩麻,织户近万家,织机1万余台;荣昌有1.2万名妇女绩麻,织户2000余家,织工3000余人,浆漂房20余家;全省年产夏布,最高90万匹,最低60万匹,平均70万匹。其中隆昌年产27.5—44万匹,约占全省产量的一半;荣昌11—17万匹,约占20%。

四川夏布从清道光咸丰时期开始发展,1918年后销路益佳,1924年销往外省达14000担。后因织造质量下降,发展受阻。1927年又开始兴旺,海关出口达14700担,1929年、1930年四川夏布价格和输出产量都达高峰。1931年,"夏布销路陡衰",海关输出量降到11000担,1932年降至9000担,1933年经重庆、万县输出的夏布仅574担,跌入低谷,大批织户停业,全省夏布产量约28万匹,比最高年份下降70%。价格亦大跌,荣昌、隆昌的"尺三"夏布价格从2.49元降到1.72元,下跌31%。

---

① 《江西之实业调查统计》,《实业统计》1935年6月第3卷第3号。

四川夏布在 30 年代的衰落,是多方面原因造成的。就长期看,近代以来夏布消费市场因各种新式衣料的流行而衰减,织造方法未能改进,特别是生产过程中偷工减料,产品信誉受到影响。就短期看,捐税过重影响很大。①

湖南浏阳、醴陵是著名夏布产区,当地都种植苎麻。浏阳夏布质量较佳而醴陵夏布产量较多。清末民初,浏阳夏布生产尚保持较高产量,约每年可产近万筒,每筒 18 疋即近 18 万疋。此后至 1927 年左右,由于国内服装潮流的变化和洋货竞争,浏阳 30 年代的夏布产量减少了一半。1930—1932 年,由于蒋介石国民党对工农革命的军事"围剿"和残酷屠杀,浏阳夏布再一次锐减,年产不足一千筒(合 18000 疋)。以后虽有增加,但至 1934 年尚"不及2700 筒"(合 48000 疋)。醴陵夏布,盛时年产 25 万疋、产值百万元,此时下降到 10 万疋,产值 40 万元左右。②

广东旧潮州府属亦是著名夏布产地,夏布和蕉布是最主要的纺织品,绩麻织布是农家妇女的基本职业,清代至民国时期,"乡无不织之妇"。当地夏布分为苎布、麻布(包括黄麻布)两类,苎布原料苎麻主要来自湖南、湖北及福建永定等地;麻布原料黄麻、菠萝麻多为当地所产。该地所产夏布有高、中、低等档次,高档苎布洁白细腻,名曰"机上白",可与丝绸媲美。1921 年至日本全面侵华战争爆发前,是夏布生产鼎盛期,揭阳生产夏布的木织机数以万台计,据 1931 年的统计,年产夏布(含棉湖)30 万匹。1937 年日本全面侵华战争爆发后,苎麻来源中断,夏布出口被阻,产销处于

---

① 参见《四川省之夏布》,重庆中国银行 1936 年 6 月版;《四川省志·纺织工业志》,四川辞书出版社 1995 年版,第 150 页。

② 国民党政府实业部国际贸易局编:《中国实业志·湖南省》第 3 册,宗青图书公司 1980 年印本,第 35—42(庚)页。

萧条状态,夏布业急剧萎缩。[①]

影响各地夏布发展的原因虽不完全相同,但输出国际市场受到严重影响则是主要因素。夏布是中国重要的农村手工业出口产品,朝鲜是主要市场,在清末时出口值达 1000 万元。自从甲午战后日本将朝鲜变为附属国后,中国输入的夏布课以重税,税率激增为 50%。在"九一八事变"前,出口还能维持在每年五六百万元左右。自日本侵占东北后,"东三省出路为日人所阻",加以入朝鲜关税愈益加重,已严重影响夏布出口。1936 年日本将进口朝鲜的中国夏布课以值百抽 175 的高额关税,中国的夏布出口受到更重大的打击。

近代中国夏布织造虽然是一种农村手工业,但从一些地区看,它的生产方式与农村棉纺织业不尽相同。从大的方面区分,农村棉纺织业的生产性质可分为自给性生产和商品性生产,夏布生产也可分为自给性和商品性两种。但夏布商品生产则与大部分棉织业商品生产有所不同。从原料麻到半成品麻线的生产,再到将麻纱织成麻布,是完全分开的,而且是由两种不同生产方式所生产。商品麻布生产第一步是绩麻,即将麻皮制成可以织布的麻纱线。绩麻大部分是由妇女以家庭副业的方式进行,"工作不分季节","绩工则因系妇女家庭工作,难以计算工资"。[②] 第二步,织布。农

---

① 《揭阳县志》,广东人民出版社 1993 年版,第 256—257 页。

② 据有人研究,在一些夏布集中产区地,已出现绩麻专业户。如四川隆昌、荣昌、内江、江津、中江等县,1934 年有专业绩麻户 3.6 万家。普通绩麻工作的月产量,因夏布粗细而异:"京庄布"(经纱 600 根)麻线为 45 两;中等粗细的"四八布"(经纱 960 根)为 32 两;精细"千头布"(经纱 2000 根)为 16 两;特细"千六头布"(经纱 3200 根)为 10 两。麻线售价扣除原麻进价,就是月工资(参见刘克祥:《棉纺织史话》,中国大百科全书出版社 2000 年版,第 188 页)。

民将绩好的麻纱卖给织布的机房(机工),由他们完成织布,而不是自己将麻织成布。这种专织商品夏布的机房有两种,一种是专业手工工匠或手工作坊;另一种是以织布为主,但仍未完全脱离农业的织工。四川的情况是,人口较多,经济较富裕的农家,可以自备织机一二部,抽出家内劳动力,买麻线织布。农忙时也抽空织布。如果市面行情好、获利多,常常多购置织机雇工扩大生产;专业的夏布机房,往往置织机 3 部以上。上述四川隆昌等 5 县中,机房织机最多的 12 架,最少的 1 架,以 3 或 4 架者为多。织工自行织造出卖者叫做"做买纱",都自备织机一二架或四五架,在家工作。这种织工,不少要靠高利息借入生产资本,才能备置织机和原料生产,"大致每户须一二百元,每月月利大率为二分"。① 四川的机房中,有织机 3 部以上者,除每部机要织匠 1 人外,还有刷浆机一部,另刷浆工 1 名。排浆,则织机在三四部以内的由业主家人率学徒劳作。麻布织工工资计算,因地而异。在浏阳,织工工资论疋计算;在醴陵,织工工资按布价计算。织工多为男性,专门从事织布。夏布的织造过程要比棉布复杂,工艺技术要求高,生产分工相应细致,这大概是不同于织棉布的主要原因。

织造夏布所用织机,直至 20 世纪 30—40 年代,仍是老式投梭木机。在四川等地这种布机分为"高机"和"矮机"两种。高机织布速度快而省力,但织出之布欠均匀紧密。矮机克服了上述缺点,因此逐渐取代了高机。老式布机所织夏布,幅宽一般 1.3 至 1.4尺,日产量约 1 匹多,合 25 尺左右。

夏布在织成后还要进行第三个步骤即整理,包括漂白、染色或印花、浆扎等工作。夏布漂白十分讲究和严格,要经过酸液处理、

① 国民党政府实业部国际贸易局编:《中国实业志·湖南省》第 3 册,宗青图书公司 1980 年印本,第 35—42(庚)页。

石灰处理、碱液处理和漂白粉处理4道工序。其中石灰处理即有"头灰、二灰、三灰、四灰"等多道程序。印染技术大致与棉布相同,以蓝色、玉色为多见。最后的整理工序是上浆,以增加布的硬度,并填充经纬纱之间的细孔,四川称之为"倒子眼";再经矸踹以增加宽、长度和色泽。完成后,便折叠成卷,载运上市。

夏布生产作为许多地区的重要手工业,对农民生计和当地经济有重要影响,如四川中江县,夏布一物,"关于生计界颇巨,凡距城东北数十里,每趁墟日,手携织物来购麻布归者,几于无人不然。各机户执短秤、挈钱数千,在市在巷口在远近大路争先交易者,亦无处不然。就中微利所归,专属贫寒;日用所需,赖有此耳"。①

第三节　榨油业和食品加工业

手工榨油业和食品加工业,历史悠久,分布广泛,在国民经济和人民生活中有着极其重要的地位。它不仅为城乡居民提供主食、食用油、照明用油、烹饪调味品、部分副食品及饮料,以及某些手工业原料和器具涂料,而且桐油、豆油、花生油、柏油等更是日见重要的出口货物。由于生产条件、设备利用、产品消费等方面的差异,这一时期榨油业和食品加工业的生产组织、经营方式、发展变化,各地、各业不尽相同:榨油业因设备粗笨,投资较多,占地较大,设备利用率低,不适合以一般农家副业的形式进行,在绝大部分地区早已形成脱离家庭甚至农业的专业生产,榨油作坊是手工榨油业生产经营的基本形式。与此相反,食品加工业中的手工碾米和磨面,直至20世纪30年代,绝大部分仍在农户家中进行,专业性

---

① 《中江县志》,1930年铅印本,见戴鞍钢等:《中国地方志经济资料汇编》,汉语大词典出版社1999年版,第278页。

生产的碾坊、磨坊始终只占全国粮食加工生产的一小部分;酒、醋、酱、酱菜亦有相当部分是家庭自给性生产或商品生产;糖(红糖)的生产,包括广东"糖寮"在内,绝大部分也是蔗农家庭生产,不过已非自给性生产,而是商品生产。至于酱油,则几乎全部是作坊专业生产。这一时期的发展变化,因行业、地区而异,制糖业和酿酒业,因洋糖、洋酒竞争,特别是1931年后东北沦陷、全国经济恐慌,全面和加速衰退。其他行业,各地兴衰互见。大体上,自给性生产或产品只销售本地市场的行业和地区,兴衰波动不甚显著;商品性生产比重较大或以出口为主的行业和地区,则直接受国内外市场条件变化的影响和制约,30年代因出口下降和国内市场萧条,明显萎缩。

一、手工榨油业

近代时期,植物油的用途十分广泛,除食用、照明(包括点灯和制造蜡烛)和出口外,还充当多种生产工具(如大车、水车、风车、纺车、布机等)的润滑剂,桐油更是一种十分重要的手工业原料[①],无论农业、手工业生产,还是居民生活,不可或缺。20世纪初,部分地区开始兴办机器榨油业,但发展缓慢,在榨油业中所占比重很小,手工榨油业一直是全国榨油业的主体。上述食用、照明、出口和生产生活用植物油,绝大部分靠手工榨油业提供。

中国地域辽阔,气候和自然条件多种多样,手工榨油业原料十分丰富。食用植物油原料主要有大豆、花生、油菜籽、油茶籽(山

---

① 帆船(木船)修造及保养,皮革润泽、油漆、肥皂、纸伞、斗笠、油鞋、油布、牛皮木屐、各种纸糊箆篓容器(包括桐油油篓)等的制造,都离不开桐油。

茶籽、土茶籽)、芝麻、棉籽、葵瓜子、核桃仁等,产品相应为豆油、花生油(生油)、菜油、茶油(清油)、麻油(香油)、棉油、葵瓜子油、核桃油等,也有个别地区用谷糠榨油;非食用油原料主要有油桐籽、乌桕籽、蓖麻子等,产品相应为桐油、桕油、蓖麻油等。大部分食用油以及桐油、桕油、蓖麻油等,也同时用于照明。具体到每个地区,榨油原料和产品种类、数量多寡不等,最少两三种,多则七八种或十余种,榨油业因当地油料数量多寡、产量丰歉、市场需求旺淡而变化。

19世纪末20世纪初,一些地区大豆、油菜、花生、棉花、芝麻、山茶树、油桐等经济技术作物种植,都有较大程度的推广和扩大,大豆、油菜、花生、棉花、油桐尤为明显。虽然部分地区大豆、花生、油菜籽、芝麻的出口同步上升,但从全国范围看,榨油原料仍有增长。同时,豆油、花生油、菜籽油以及桐油、桕油的出口增加,全国油产量相应提高,1931年前,全国大部分地区的植物油榨制业均有不同程度的扩大。1931年"九一八事变"后,东北沦陷,全国和全球大豆的最重要的产地落入敌手,东北地区的榨油工业和手工业亦为敌所用,中国手工榨油业损失惨重。加上随后爆发的全国经济恐慌,城乡市场萧条,农业衰退,农村破产,手工榨油业进入停滞和衰退状态。

手工榨油业直接受到当地农业和林业生产状况、交通运输和市场条件、居民生活水平和生活习惯的影响与制约,各地区油业数量、分布状况及发展变化,互有差异。相对而言,东部地区,手工榨油业受市场影响较大,兴衰起伏也较大;西部一些地区,榨油业产品自给性较强(桐油、桕油除外),受市场影响较小,发展较慢,但较平稳,兴衰起伏较小。

在东北,大豆是主要特产,豆油、豆饼在对外贸易中占最大比重,榨油业发展迅速,在东北工业和手工业中,亦居首位,主要分布在城镇,尤以安东、哈尔滨为盛。1929 年黑龙江全省有油坊 126 家,资本 149.55 万元,其中用电力者 1 家、用蒸汽者 16 家,有工人 1086 名,年产豆油 3315.6 万斤(合 1978.8 万公斤)。沈阳有油坊 17 家,总资本 14.9 万元,年产豆油及麻子油 470 万斤(合 280.5 万公斤),值洋约 53 万元。吉林长春有较大油坊 1 家,资本 25 万元,有蒸汽机 80 马力,工人 80 名,日产油 15000 斤(合 8952 公斤)。农安有油坊 8 家,总资本 8 万元(其中用电力者 3 家),工人 32 名,年产油 48 万斤(合 28.6 万公斤)。3 省总计 207 家油坊油厂中,20 家使用电力或蒸汽动力,其余 191 家全部为手工生产。产品除供本地居民食用外,输出至南方及日本。3 省油坊(油厂)、资本、工人及生产情况,详见表 3 - 14。

表列以外其他一些地区,手工榨油业都有所发展,辽宁辽阳,1927 年前后,城镇各油坊,"或用汽机,或仍旧式,无虑数十百家,概无缺料",所造油饼,"概无滞销",故此项营业"逐渐增多"。[①] 庄河在沦陷前,油坊等手工作坊"遍布城乡";凤城 1924 年有油坊 16 家,其中半机械化油坊 1 家。1927—1930 年又先后开办油坊和兼制米油的粮油加工作坊 3 家,合计 19 家。其中较大的 2 家年产豆油 37.15 吨。[②] 吉林舒兰,民国初年后,一些地主和大商号相继开办双龙、天德、贾家、李家等多家油坊,从事购料榨油和代客加工生产。[③] 榨油工具也有所改进,如辽宁法库县,原用木榨榨油,生产效率和出油率低,20 世纪 20 年代后,各油坊逐步改用铁榨榨油。[④]

---

① 民国《辽阳县志》第 27 卷,实业志,1928 年铅印本,第 12 页。

② 《凤城市志》,方志出版社 1997 年版,第 675 页。

③ 《庄河县志》,新华出版社 1996 年版,第 432 页;《舒兰县志》,吉林人民出版社 1992 年版,第 324 页。

④ 《法库县志》,沈阳出版社 1990 年版,第 304 页。

表3-14　东北地区油坊数量、资本及生产规模统计

1929 年

地　区		家数	资本 (千元)	工人	产　量		产值 (千元)	备　注
					豆油 (千斤)	豆饼 (千枚)		
辽 宁	沈阳	17	149	—	4700		530	
	本溪	2	10	—	300	80000	197	
	安东	21	483.3	827	17352	3538625 (斤)	418577	原统计资本、产值单位为两,均换算为元
	昌图	4	23.5	0	137	25.6		
吉 林	永吉	1	24	40	—		150	
	农安	8	80	32	480		50	其中用电力者3家
	哈尔滨	28	2950	1978	117054	10171		油产量原为421.742万布特、800吨,均换算为斤
黑 龙 江	昂昂溪	3	190	139	2511			有动力303马力;油产量原为91500布特,现换算为斤
	肇州	15	450	—	820		360	
	拜泉	28	290	—	600		150	
	海伦	32	300	—	900			
其　他		48	265.5	299	836.2	50	260.3	
合　计		207	5215.3	3315	145690.2		420274.3	

说明:1. 表中部分油坊统计数字不全,其中141家缺工人数;33家缺油产量数;119
家缺油饼产量数;93家缺产值数。

2. "其他"包括齐齐哈尔、克山、青冈、安达、兰西、通河、纳河、明水、大赉、通
化、肇东等11县。另,原资料有黑龙江巴彦县油坊14户,资本哈大洋
212.5万元,疑不实,舍去。

资料来源:东北文化社年鉴编印处编:《东北年鉴》,1931年,页1047、1055—1056、
1065—1067、1078—1079、1102—1104、1086—1087、1090—1099,东北文化社
1931年初版。

山东在全国的油类生产中占有重要地位。其中花生油产量居全国第一,豆油产量仅次于东北,居全国第二。1927 年后一段时间,一度有所发展。济阳榨油作坊"家数有增无减,营业日趋茂盛";曲阜油坊开设,已有数百年,但"为数不多,且营业欠佳",20 年代末 30 年代初"略见进步,家数逐渐增多,营业尚称发达";寿光油坊业原本颇为发达,1931 年达于"极盛"。① 高密榨油业也"较盛",1930 年全县有油坊 300 多家,其中规模较大的 80 多家,年产豆油 300 万斤(合 179 万公斤)、豆饼 2600 万斤(合 1551.7 万公斤),花生油 400 万斤(合 238.7 万公斤),花生饼 5600 万斤(合 3342 万公斤)。② 从油坊的开设情况看,1933 年全省 1826 家油坊,有设立年份可考的 1048 家,设立于 1927—1933 年的 507 家,占 48.4%③,1927 年后一段时间榨油业发展明显。

河北地区,20 世纪 20—30 年代,随着花生、棉花、大豆、芝麻等种植的推广,榨油原料增多,手工榨油业有所扩大。1931 年满城县有榨油作坊 150 户,资本 6 万元,加工成品油 54 万斤(合 32.2 万公斤),产值 75.9 万元。1932 年清苑有榨油作坊 21 户,资本 16500 元,年产值 79200 元。④

1932 年后,豆油、花生油出口衰减;煤油倾销,植物油类照明需求下降;化肥进口,农用肥料的豆饼需求下降;农村破产,各业凋敝,农民购买力锐减,导致一些地区榨油业普遍衰萎。

---

① 国民党政府实业部国际贸易局编:《中国实业志·山东省》第 5 册,宗青图书公司 1980 年印本,第 156—162(辛)页。

② 《高密县志》,山东人民出版社 1990 年版,第 171 页。

③ 据《中国实业志·山东省》第 5 册,宗青图书公司 1980 年印本,综合统计第 155—162(辛)页。

④ 《保定市志》第 2 册,第 7 卷,工业,方志出版社 1999 年版,第 438—439 页。

山东豆油出口从 1931 年的 21873 担减至 1932 年的 344 担。花生油从 1931 年的 817222 担减至 1932 的 139206 担。加上煤油倾销,农村破产,榨油业普遍衰落。阳信、滨县、长清等县,榨油坊"家数日减而产量亦日少";惠民"产品供过于求,家数因之减少",由清末的 100 余家减至 34 家,章邱、商河、泗水、青城、清平等县,无不如此;寿光 1932 年后,"不仅家数锐减,产量亦较前紧缩"。往昔榨油业"颇称发达"的昌乐,则因肥田粉及麸皮输入,油坊"日趋衰落,家数减少"。① 当然也有个别县区的榨油业仍相当兴盛,或继续发展,如莱阳县境内,数百个村庄有油坊,1933 年全县有油坊 648 家,而且油坊有专业分工:348 家专榨豆油,年产豆油 156.5 万公斤、豆饼 1250 万公斤;300 家专榨花生油,年产花生油 200 万公斤、花生饼 400 万公斤。多数油坊分春秋两季作业,产品除供当地需用外,部分销往青岛、烟台及邻县;蒙阴 1920 年有油坊 30 家,1933 年增至 70 家,年产豆油 91 万公斤、花生油 45.5 万公斤,总值 40.04 万元;平度光绪初年有油坊 10 家,1932 年达 300 家,年产豆油 200 万公斤、花生油 50 万公斤。② 全省虽然兴衰互见,但衰多于兴。据 1934 年对省内 38 个县的调查,油坊业务较前发展的有 7 县;变化不大的有 4 县;而明显衰退的达 27 县。③ 全省整体衰退已成主流。

植物油较少出口、商品率较低的一些省区,手工榨油业有兴有衰,情况不一。

---

① 国民党政府实业部国际贸易局编:《中国实业志·山东省》第 5 册,宗青图书公司 1980 年印本,第 156—162(辛)页。

② 《莱阳市志》,齐鲁书社 1995 年版,第 158 页;《蒙阴县志》,齐鲁书社 1992 年版,第 162 页;《平度县志》(内部资料),1987 年版,第 296 页。

③ 据国民党实业部国际贸易局编:《中国实业志·山东省》第 5 册,宗青图书公司 1980 年印本,综合统计,第 155—162(辛)页。

　　河北一些地区,因棉花种植扩大,油料增多,手工榨油业相应发展,如正定 1913—1936 年先后开办木榨油厂 5 家,其中 4 家开办于 1933—1936 年。除 2 家兼榨花生油外,其余 3 家专榨棉籽油;宝坻在民国时期,各乡村油坊"分布甚广";新乐 1934 年有榨油 46 家。[①] 一些地区手工榨油业停滞或萎缩,主要因照明用油改用煤油而受到冲击。如 30 年代的山西,榨油业产品多供产地食用而非出口,油坊营业"以各县之需要,与农产物之变迁及原料产量多寡而定",最大冲击来自煤油输入。如猗氏县,油坊"清季甚为发达",后因煤油输入,价格低廉,全县燃灯用油十分之七八改用煤油,榨油业大受影响。据对 8 个县的调查,"榨油业之式微,大部原因均系受煤油之影响"。[②] 湖南植物油也基本供本地区消费。至 30 年代,湖南榨油业全部为手工生产。种类有桐油、棉子油、茶油、花生油、豆油、菜油、麻油、核桃油八种。总体状况是,榨油供食用者,可维持现状甚至扩大。榨油用于照明者,受煤油冲击。[③]

　　中西部一些地区,桐油、柏油有部分或大部分出口,其他植物油全部供自家食用或照明,有余亦上市交易。手工榨油业受国内市场因素的影响较小,20 世纪初叶,大多处于缓慢发展的态势,兴衰起伏不甚明显。

　　湖北蒲圻,民国时期,油坊为季节性榨油,全县乡榨有 100 部。除满足农村食油需要外,多余上市;荆门在同治年间,有乡村小

---

① 《正定县志》,中国城市出版社 1992 年版,第 309 页;《宝坻县志》,天津社会科学院出版社 1995 年版,第 333 页;《新乐县志》,中国对外翻译出版公司 1997 年版,第 200 页。

② 国民党政府实业部国际贸易局编:《中国实业志·山西省》第 3 册,宗青图书公司 1980 年印本,第 172(己)页、173(己)页。

③ 国民党政府实业部国际贸易局编:《中国实业志·湖南省》第 3 册,宗青图书公司 1980 年印本,第 102—109(庚)页。

榨坊约 10 余家,清末发展到 30 家,日本侵华战争爆发前达到 36 家。① 湖南澧县津市,清末至民国时期,先后建有 20 余家榨坊,大多集中在东街尾,逐渐形成行业小街,取名"油榨坊"(新中国成立后改称"油榨街");慈利民国时期,有水油榨坊 103 处、旱碾榨坊 350 处。② 某些桐油集中产地,还建起了较大的手工榨油厂,如沅陵县城,1932 年 1 月开办集丰盈榨油厂,有木榨 8 部,年产桐油 450 吨,产值 18 万元,产品销往汉口等地。③

在西部地区,四川梁平,民国时期大部分场镇都建有油坊,年产菜油约 300 吨。④ 宣汉、彭水盛产油桐,以及油菜籽、棉籽、芝麻、花生、漆树籽、乌柏(卷子)等油料,手工榨油业十分兴盛。民国时期宣汉"榨油坊遍布城乡",1915 年有榨油户 450 余家,1945 年达 800 家。油坊生产季节亦较长,每年 6 月至 11 月榨油菜籽、芝麻,11 月至次年 5 月榨桐籽、乌柏籽,油料上市开榨,原料榨完歇业。彭水据 1950 年统计,全县有榨坊亦多达 756 家。⑤

云南、贵州一些地区,植物油料种类繁多,产量丰富,包括汉族、少数民族杂居区和少数民族聚居区在内,手工榨油业都有不同程度的发展。云南鹤庆辛屯乡师弟登村,进入民国后,多数农户以榨油为副业,有"榨油村"之称。⑥ 贵州贵定盛产油菜籽、桐籽,葵

---

① 《蒲圻志》第 9 卷,工业,中国海天出版社 1995 年版,第 217 页;《荆门市志》,湖北科学技术出版社 1994 年版,第 176 页。

② 《津市志》,教育科学出版社 1993 年版,第 158 页;《慈利县志》,农业出版社 1990 年版,第 236 页。

③ 《沅陵县志》,中国社会出版社 1993 年版,第 374—375 页。

④ 《梁平县志》第 9 卷,工业,方志出版社 1995 年版,第 229 页。

⑤ 《宣汉县志》,西南财经大学出版社 1994 年版,第 309 页;《彭水县志》,四川人民出版社 1998 年版,第 258 页。

⑥ 《鹤庆县志》,云南人民出版社 1991 年版,第 268 页。

花子和花生仁也出产较多,"榨油是农副业的一个重要项目",据1937年统计,全县有榨油业70余家。① 桐梓的植物油多达10余种,包括菜油、桐油、木油(茶籽油)、葵花籽油、花生油、大豆油、米糠油、棉籽油、芝麻油、蓖麻油等,最多的是菜油、桐油和木油。清末至民国,商民开办油坊,加工油脂出售②,是植物油商品率较高的地区。仁怀及旧遵义府属地区,油桐"无处不有";菜油、乌桕油、马鞍油(茶籽油)"州县皆出"。民国时期,仁怀农村油料加工十分普遍,其中鲁班、冠英一带有油房20余家,还以鲁班为中心成立了油业公会——"华光会"。1938年,各种油原料产量为216万斤,其中桐油80万斤。③

在西北,陕西南部桐油产区,30年代中期,安康(兴安)县四乡桐油榨坊,约有120余家,每届新货上市,各坊收买桐子,榨油出售,除向北运售于西安省城外,其余运集兴安老城④;石泉、汉阴两县,共有手工榨油厂100余所,平均每家资本500元,工人5人,"工作无定时,视市场需要而定"。⑤

手工榨油的生产方法和工具设备,不同地区甚至同一地区,差别颇大。

手工榨油的基本原理或方法大致有三种:高温熬煎,冲击式撞压,持续式挤压。将油料放入锅内,利用火力高温熬煎,是最原始和古老的榨油法,在绝大部分地区早已被淘汰,但直至20世纪初,个别地区和少数贫苦小农,或因生产力落后,或因油料数量过少,

① 《贵定县志·工业篇》,贵州人民出版社1995年版,第522页。
② 《桐梓县志》第7卷,工业,方志出版社1997年版,第451页。
③ 《仁怀县志》,贵州人民出版社1991年版,第367页。
④ 《桐油》,《国际贸易情报》1936年10月第1卷第35期。
⑤ 《陕西农业经济之调查》,《国际贸易导报》1936年1月第8卷第1号。

仍用熬煎法榨油。如河北无极,植物油提取的基本方法一直是将油料炒熟捣烂后兑水煎熬,到民国初年才演进为锤夯挤油。① 湖南浏阳,个别地方还有用臼捣碎茶籽,盛锅内用猛火熬油的原始方法②;四川达县,少数农户锅炒磨推罐煮,用振荡法提取芝麻油。③ 云南永平,清代至民国时期,以人力木榨加工菜籽油,核桃油则人工敲碎后用锅熬。④ 傈僳、白、彝、傣、景颇和汉等民族聚居的泸水县,民国时期油料加工主要靠脚碓舂或铁锅熬,只有个别地方使用木榨。⑤ 陕西白河,芝麻油提取的方法也有熬制和榨取两种,不过前者自清代中期后逐渐减少。⑥

冲击式撞压法是用锤、木杆等工具,进行捶击或撞击,将油脂挤出。按其发力方向,又可分为水平撞击和垂直撞击(即所谓"天打地")两种。撞压榨油法也是一种较原始和落后的方法,但直至20世纪初,在相当一部分地区,仍被广泛采用,并且已经定型,成为榨法或榨具的一种,如江苏吴江,榨制茶籽油的基本方法是牛拉石磨将菜籽碾碎,蒸熟后再以石椎捶挤出油;浙江兰溪榨制桐油、柏油的方法是用人力撞击木榨榨取油脂。⑦ 广东花县,榨制花生油的方法之一是用油锤"打压加工"。⑧ 在鄂西、四川、贵州一些地区,撞压法是手工榨油的基本方法之一,撞榨或锤榨、飞锤榨等,是

---

① 《无极县志》,人民出版社 1993 年版,第 206 页。

② 《浏阳县志》第 6 卷,轻工业,中国城市出版社 1993 年版,第 523 页。

③ 《达县志》,四川辞书出版社 1994 年版,第 425 页。

④ 《永平县志》第 5 卷,工业,云南人民出版社 1994 年版,第 162 页。

⑤ 《泸水县志》,云南人民出版社 1995 年版,第 170 页。

⑥ 《白河县志·工业志》,陕西人民出版社 1996 年版,第 200 页。

⑦ 《吴江县志》第 7 卷,工业,江苏科学技术出版社 1994 年版,第 277 页;《兰溪市志》,浙江人民出版社 1988 年版,第 162 页。

⑧ 《花县志》,广东人民出版社 1995 年版,第 432 页。

最主要的榨油器具。如湖北宜城,二十世纪三四十年代,全县有榨坊44家,其中撞榨5家,捶榨39家,"全靠人力捶撞木榨挤压出油"。① 四川忠县,土榨有二,一是人力撞杆榨,二是畜力或水力转动飞锤榨②;四川梁平、贵州贵定则有锤榨、撞杆榨③;贵州桐梓有"天打地"的"母猪榨"和撞杆榨。④ 四川达县的木榨,也是使用"人力拉杆撞击的榨制方法"。⑤

持续式挤压法是通过上置重物或打入木楔,保持和加大压力,将油脂榨出。这是近代时期国内大部分地区特别是东、中部地区手工榨油的主要方法或唯一方法。挤压式木榨是这些地区的主要或唯一榨油器具。如山东平原等县,清末后,花生油、豆油、棉籽油均采用木桩加闸、压榨出油的加工方法。⑥ 江西吉安,油坊木榨用大樟树(围周2.7米以上,躯长3米以上),挖空树心作槽床,油料包成饼,至于其中,用木隼撞压取油。⑦ 以重物挤压的木榨通称"千斤榨"(亦称"千金榨")或"搬榨";以木楔、木隼加压的油榨通称木榨或楔榨(契榨)。

手工油榨的动力有人力、畜力和水力三种。动力不同,油榨的构造亦有很大差别,加上撞压、挤压的不同方法,以及制造油榨的不同材料和款式,各地油榨有许多种类,即使一个县区,也少则两三种,多则五六种以上。如河南罗山,木油榨有浪榨、地榨,湖北钟

---

① 《宜城志》第14卷,工业,新华出版社1998年版,第355页。

② 《忠县志》,四川辞书出版社1994年版,第219页。

③ 《梁平县志》第9卷,工业,方志出版社1995年版,第229页;《贵定县志·工业篇》,贵州人民出版社1995年版,第522页。

④ 《桐梓县志》第7卷,工业,方志出版社1997年版,第451页。

⑤ 《达县志》,第425页。

⑥ 《平原县志》,齐鲁书社1993年版,第294页。

⑦ 《吉安县志》,新华出版社1994年版,第358页。

祥有锤榨、响榨,贵州锦屏有雷公榨、双合榨,都是 2 种。① 福建惠安,有靠人力操作的木撞榨油机、木敲榨油机、千斤锤石车等 3 种;四川梁平、贵州贵定,分别有千斤榨、锤榨、撞杆榨等 3 种。② 湖北云梦有榔头榨、撞杆榨、压榨;贵州黎平有雷公榨、锤头榨、飞锤榨;陕西城固有撞榨、平榨、千斤榨;白河有锤榨、压榨、撞榨;镇巴有绞榨、撞杆榨、千斤榨,也都是 3 种。③ 四川彭水,榨具有撞榨、天地榨、吊榨、搬榨、滚龙榨、母猪榨等 6 种;贵州仁怀有撞榨、绞榨、千金榨、水榨、石榨、木榨、契榨等 7 种。④

　　手工榨油的生产程序,大致分为去壳碎籽、烘焙或蒸料、制饼、压榨等 4 个步骤。手工榨具虽然种类不少,但都形体粗笨,劳动强度大,生产效率不高,油料榨制不净,出油率较低,不同油料不同地区的出油率差距颇大。山东临清,花生仁出油率较高,约 40%,棉籽、大豆较低,分别为 10%—11.5% 和 10%⑤;四川宣汉,油坊每榨每日加工桐籽或油菜籽 150—200 公斤,出油率桐籽约 32%、油

　　① 《罗山县志》第 12 卷,工业,河南人民出版社 1987 年版,第 316 页;《钟祥县志》,湖北人民出版社 1990 年版,第 407 页;《锦屏县志》,贵州人民出版社 1995 年版,第 548 页。

　　② 《惠安县志》,方志出版社 1998 年版,第 313 页;《梁平县志》,第 9 卷,工业,方志出版社 1995 年版,第 229 页;《贵定县志·工业篇》,贵州人民出版社 1995 年版,第 522 页。

　　③ 《云梦县志》,生活·读书·新知三联书店 1994 年版,第 281 页;《黎平县志·工建交篇》,巴蜀书社 1989 年版,第 336 页;《城固县志·工业志》,中国大百科全书出版社 1994 年版,第 473 页;《白河县志·工业志》,陕西人民出版社 1996 年版,第 200 页;《镇巴县志》第 12 卷,工业,陕西人民出版社 1996 年版,第 274 页。

　　④ 《忠县志》,四川辞书出版社 1994 年版,第 219 页;《彭水县志》,四川人民出版社 1998 年版,第 258 页;《仁怀县志》,贵州人民出版社 1991 年版,第 367 页。

　　⑤ 《临清市志》,齐鲁书社 1997 年版,第 231 页。

菜籽在 30% 以下;忠县每台土榨日产油 150—250 公斤;彭水每个榨坊日榨籽量为 150—450 公斤,桐籽出油率在 22—28% 之间。贵州贵定,据 1937 年统计,一般 100 斤油菜籽出油 12—14 公斤,亦即出油率为 24%—28%;湖南麻阳,出油率略低,一般油菜籽 24%—26%,茶籽 22%—24%,桐籽 20%—22%。① 东北地区油坊出油率普遍较低,吉林农安,20 世纪 20 年代用木铁榨榨油,大豆出油率为 6%—8%;辽宁梨树县在 7.5%—10% 之间;法库油坊,每百斤大豆出油亦不足 10 斤。②

手工榨油业生产组织和经营模式,大致分为农民自榨自用的家庭副业生产、农民副业油坊和专业油坊等三类。凡是用熬煎法榨油,全部属于农民自榨自用的家庭副业生产。另有极少数地区,直至 20 世纪 30 年代,手工榨油业仍如同手工棉纺织业,广泛存在于各农户家庭。如山东邹县,新中国成立前,除县城有 2 家对外加工的油坊外,全县"农村全靠古老的手工方法自加工自食用"。③ 不过从全国范围看,农民副业油坊和专业油坊是手工榨油业的主体。在某些油料产量和植物油商品率较高的地区,专业油坊主要分布在城镇,自行收购原料,常年开工,出售成品;农民副业油坊一般在油料收获季节开工,多为代客加工。在浙江,作为农民副业的榨油车,是季节性开工的小作坊,在油料上市时代客加工,季节过

---

① 《宣汉县志》,西南财经大学出版社 1994 年版,第 309 页;《彭水县志》,四川人民出版社 1998 年版,第 258 页;《贵定县志·工业篇》,贵州人民出版社 1995 年版,第 522 页;《麻阳县志》第 8 卷,工业,生活·读书·新知三联书店 1994 年版,第 269 页。

② 《农安县志》,吉林文史出版社 1993 年版,第 344—345 页;《梨树县志》第 18 卷,工业,辽宁教育出版社 1992 年版,第 548 页;《法库县志》,沈阳出版社 1990 年版,第 304 页。

③ 《邹城市志》第 8 卷,工业,中国经济出版社 1995 年版,第 189 页。

后即闭歇。工具设备亦有差异,如山西,专营油坊,大多畜力人力并用;农家自营者均以人力为主,"设备亦至简单,多以锤代樵"。[①]不过在其他地区,上述差别并不明显。农民副业油坊大多既不是油料生产者所开,更非"耕榨结合",而且在大部分地区,油料产量不多,大都以自给为主,油坊也均为季节性生产,专业油坊和农民副业油坊的区别不大。在油坊的城乡分配上,城镇虽有若干专业油坊,但主要还是集中在农村。如湖南在 30 年代初,植物油年产量约为 36.2 万余担,其中城镇油坊产量约为 8280 担,只占 2.3%,农村油坊产量占 97.7%。[②]

　　油坊规模普遍狭小,但各地不一。在油产丰富,植物油商品率较高的地区,油坊规模稍大。如山东临清,1934 年有油坊 15 家,雇工 362 人,年产油 159.98 万公斤[③],平均每家佣工 24.1 人,年产油 10.67 万公斤。河北无极,1931 年有油坊 71 家,从业 260 余人,年用原料 210 万公斤,产油 144 万公斤。[④] 浙江奉化,1936 年有油厂 8 家,职工 58 人,榨油车 39 部,年产油 113 吨,产值 16.8 万元;兰溪民国期间最多时有木榨工场 217 家,年产桐油约 300 万斤、柏油约 30 万斤,"居全省前列"。[⑤] 安徽来安,油坊数量不多,但规模较大,县城的章乐生油坊,年可加工食油 14 万多斤(合 8.4 万公斤),1931 年县内 7 家主要油坊和粮行,加工食油 713410 担(合

---

①　国民党政府实业部国际贸易局:《中国实业志·山西省》第 3 册,宗青图书公司 1980 年印本,第 174(己)页。

②　国民党政府实业部国际贸易局编:《中国实业志·湖南省》第 3 册,宗青图书公司 1980 年印本,第 102—109(庚)页。

③　《临清市志》,齐鲁书社 1997 年版,第 231 页。

④　《无极县志》,人民出版社 1992 年版,第 206 页。

⑤　《奉化县志》,中华书局 1994 年版,第 258 页;《兰溪市志》,浙江人民出版社 1988 年版,第 162 页。

4297.6 万公斤),大部分运销上海、镇江、无锡等地;滁县县城一家建于 1903 年的油厂,有木榨 5 具、工人 6 名,年产豆油 4.12 万公斤、豆饼 16.17 万公斤,行销本地。^① 其他绝大部分地区,油坊规模很小,大多仅有木榨或油车一台。不过从生产力配置看,大部分地区榨油工具并不短缺。如浙江常山,1932 年有木榨油坊 54 家,按 1933 年人口(28711 户)计算,平均 532 户有油坊一家;江山 1937 年有油车 221 台,按 1935 年人口(55847 户)计算,平均 253 户即有油车一台。^②

经营模式有自产自销、实物兑换、来料加工、设备出租等多种形式。自产自销者,多为前店后坊。^③ 一个地区或油坊大多以一种方式为主,兼行其他。在一些植物油主要供出口或植物油商品率较高的地区,油坊大多自产自销,或代油商加工。辽宁庄河,沦陷前,植物油商品率较高,油坊多为前店后坊,自产自销。^④ 贵州仁怀,桐油、柏油、菜油、木子油(茶籽油)是油料生产的大宗出县产品,尤以桐油最为著名。油坊多自产自销,也有卖给茅台镇、中枢镇两地山货商人,运往遵义、重庆等地销售。^⑤ 四川宣汉产油桐、油菜籽、棉籽、芝麻、花生、漆树籽、乌柏(卷子)等油料。大部分油坊由油商经营,既自产自销,也进行来料加工。^⑥ 湖北蒲圻,植物油主要供农户自给,油坊经营的基本方式是实物兑换。每届

① 《来安县志》,中国城市经济社会出版社 1990 年版,第 155—156 页;《滁州市志》,方志出版社 1998 年版,第 196 页。

② 参见《常山县志》,浙江人民出版社 1990 年版,第 125、237 页;《江山市志》,浙江人民出版社 1990 年版,第 73、183 页。

③ 《汝南县志》,中州古籍出版社 1997 年版,第 426 页。

④ 《庄河县志》,新华出版社 1996 年版,第 432 页。

⑤ 《仁怀县志》,贵州人民出版社 1991 年版,第 367 页。

⑥ 《宣汉县志》,西南财经大学出版社 1994 年版,第 309 页。

榨油季节,油坊挑油四乡换料,除满足农村食油需要外,多余上市。① 荆门榨坊也以代农户加工为主,兼营自购、自加工、自销业务。② 河北宝坻,商品率较高的香油(芝麻油)多为自产自销;自给性较强的豆油、花生油、棉籽油等,多为代客加工。③ 也有的地区,油坊将设备、技术全套出租。如广西容县,油坊主制备木榨和锅、甑、碓、筛等工具,在生产季节雇请工匠1—2人,以工具和技术一并租给客户加工使用,按开榨次数收取租金。④

按经营方式不同,油坊生产加工费的收取和计算,也有多种办法:有的收取现金;有的不收现金,而以油饼抵充加工费;实物兑换则以油饼和油料的出油差额作为加工费。收费标准,各地也互有差异,30年代初,浙江桐庐、建德两县,油坊代榨桐油每担加工费1.4元,四川和浙江於潜大抵收费1.5元,分别约占产品价值的5.8%和6.3%。⑤

手工榨油业的产量及其销售,直接受到农业收成、市场需求以及机器榨油业发展状况等因素的制约。

20世纪初,部分地区开始兴办机器榨油业,但发展缓慢,在榨油业中所占比重很小,手工榨油业一直是全国榨油业的主体。据统计,1933年食用植物油产量为2952.8万市担,其中菜子油

---

① 《蒲圻志》第9卷,工业,中国海天出版社1995年版,第217页。

② 《蒲圻志》第9卷,工业,中国海天出版社1995年版,第217页;《荆门市志》,湖北科学技术出版社1994年版,第176页。

③ 《宝坻县志》,天津社会科学院出版社1995年版,第333页。

④ 《容县志》,广西人民出版社1993年版,第390页。

⑤ 据记载,湖南沅陵1932年1月开办的集丰盈榨油厂,年产桐油450吨,产值18万元(《沅陵县志》,中国社会出版社1993年版,第374—375页),每市担20元,折合每旧担24元,1.4元和1.5元分别相当于24元的5.8%和6.3%。

1286.1 万市担,居第一位,花生油 575.7 万市担,豆油 523.3 万市担,分别居第二、三位。此外还有芝麻油(184.4 万市担)、棉油(183.3 万市担)、茶油(100 万市担)和其他油(100 万市担)等,合计总产值 61613.1 万元,其中手工业总产值 57198.6 万元,占 92.8%。① 按产值比例推算,1933 年全国手工榨油业的食用植物油产量约为 2768 万市担。非食用植物油主要是桐油、乌桕油、蓖麻油等。据估计,1933 年前后,全国共产桐油 170.5 万担。② 桕油、蓖麻油全部由手工榨油坊生产。桐油制造分榨制(毛炼)和炼制(精炼)两个步骤,毛炼也全部由手工榨油坊完成。

手工植物油的销售及其市场方面,食用油和非食用油有很大差异。食用油中,东北有较大比例的豆油、山东有较大比例的豆油和花生油出口国外,其他地区的豆油、花生油,尤其是菜籽油、芝麻油、棉籽油、茶油等,绝大部分乃至全部供国内食用和照明消费,其中大部分或绝大部分属于农民家庭自给消费。商品部分也大多只在当地销售,长途贩运或跨地区销售的比重不大。

非食用油尤其是桐油、桕油的情况有所不同。桐油、桕油大部分出口国外。即使国内消费,因产地集中,销售市场也大多不在产地。

桐油产区主要分布在四川、湖南、湖北、浙江、广西、陕西等省,其中尤以川东、湘西、鄂西、浙北、桂北及陕南丘陵山区,产量最丰。对中国历年桐油产量有若干不同的统计③,将其中一种综合估计列表 3-15:

---

① 巫宝三主编:《中国国民所得(1933 年)》下册,中华书局 1947 年版,第 145 页。

② 巫宝三主编:《中国国民所得(1933 年)》下册,第 83 页。

③ 参见《桐油》,《国际贸易情报》1936 年 9 月第 1 卷第 31 期。

表 3 - 15　中国桐油产地及产量分配

1936 年　　　　　　　　　　　　　　　单位:担

省别	产量(担)	省别	产量(担)
四川	622000	江西	27335
湖南	603600	贵州	23050
湖北	225000	福建	12000
浙江	189040	河南	25**
广西	103170	江苏	10**
陕西	79000	云南	—
安徽	40000*	广东	10000

* 系 1928—1931 年平均数。** 系 1 县产量数。

资料来源:林维志:《我国桐油之产销概况》,《统计月报》1937 年 2 月第 28 号。

据表,1936 年全国桐油年产量约 193.4 担,其中四川占 32%,湖南占 31%,湖北占 11%,3 省合占全国年产量的 74%,即 3/4 弱。

这些桐油大部分出口国外,小部分在国内消费。

中国桐油出口始于 1869 年的对美国输出,此后逐渐增加。20 世纪 20 年代急剧扩大。并取代丝、茶成为中国对外贸易中占第一位的商品(详见表 3 - 16)。

桐油是民用工业和军用工业重要原料,而由于自然条件的限制,中国是世界上唯一能够大量生产、出口优质桐油的国家,故中国桐油出口数量不断增加,20 年代后增长速度加快,出口地区也持续扩大。中国桐油的主要出口地是美国,约占全部出口量的 70%,其次为英国和中国香港地区,约占出口量的 20%。其余为法、德、俄、比利时、意大利等。1917 年时,中国桐油的海外市场只有 16 个国家和地区,1933 年已增加至 26 国。[1]

---

① 参见《中国桐油业》,《中行月刊》1937 年 4 月第 14 卷第 4 期。

表3－16　中国桐油出口数量、价值统计表

1912,1920—1936 年　　　　　　1927 年 = 100

年　份	输出数量(担)		输出值国币(元)*		价格
	实数	指数	实数	指数	(元/担)
1912	582815	64.0	8734806	26.5	14.99
1913	463647	50.9	6002254	18.1	12.95
1914	438867	48.2	5604412	17.0	12.77
1915	310344	34.1	4518514	13.7	14.56
1916	515173	56.6	8267127	25.1	16.05
1917	401361	44.1	7258862	22.0	18.09
1918	488852	53.7	8963889	27.2	18.34
1919	613455	67.4	11941452	36.2	19.47
1920	540617	59.4	10102789	30.7	18.70
1921	419949	46.1	8199645	24.9	19.53
1922	745565	81.9	16332195	49.6	21.91
1923	836987	91.9	26216130	79.5	31.32
1924	896038	98.4	26572070	80.6	29.66
1925	894037	98.2	26172156	79.4	29.27
1926	748184	82.0	22443470	68.1	30.00
1927	910294	100.0	32956421	100.0	36.20
1928	1094299	120.2	34953332	106.1	31.94
1929	1609650	176.8	35279553	107.0	21.92
1930	1167255	128.2	45820208	139.0	39.25
1931	818874	90.0	28322075	85.9	34.58
1932	802769	88.2	23161233	57.6	28.85
1933	1507654	165.6	30261269	70.5	20.07
1934	1305672	143.4	26216683	79.5	20.13
1935	1477730	162.3	41582879	126.2	28.14
1936(1—8 月)	1297184	142.5	53480883	162.3	41.23

*1912—1933 年货值单位为海关两,原资料已折算为国币元。

资料来源:据《中国桐油业》(载《中行月刊》1937 年 4 月第 14 卷第 4 期)改制。

同其他出口土货一样,桐油出口贸易也为外国资本所控制,国内既鲜经营桐油直接出口的机构,国外又无推销行号,而各桐油商又互不联络,因此桐油市场和市价全为洋行所操纵。虽然桐油出口货量持续上升,货值并未同步增长,价格极不稳定。表列显示,1912—1936 年间,桐油出口价格的变化呈现明显的双峰骆驼形,第一次世界大战及战后时期,桐油价格波浪式上升,1927 年达于高峰,此后波浪式下降,世界经济危机和国内经济恐慌期间,更大幅惨跌,1933—1934 年跌入谷底。1935 年反弹,1936 年达到历史高峰。

桐油出口价格的这种大起大落,既有市场需求和社会经济兴衰的因素,更主要的还是外国资本操纵的结果。桐油的生产周期较长,弹性较小,从桐籽下种、树苗成长到油桐进入结果期,需要五六年以上的时间,第一次世界大战爆发后,列强各国为了刺激中国生产和出口更多的桐油,逐渐提高桐油价格。在价格刺激下,一些地区普遍植桐,油桐面积扩大,经过十余年的发展,桐油产量明显增加。这样,1927 年后,洋商立即开始压价,加上经济危机的影响,桐油猛跌,并很快跌入谷底。

除去出口外,还有一小半桐油在国内消费。估计 20 年代中后期国内用油量约占产量的 40%,每年约 70 万担。但从某个角度看,国内桐油市场有逐渐缩小的趋势。20 世纪初,特别是 20 年代后,由于轮船运输业的发展,帆船运输和帆船修造萎缩;洋伞(阳伞)、雨衣、胶鞋日渐流行,纸伞、斗笠、油鞋、木屐的使用和生产逐渐收缩;桐油产区及周边地区的桐油照明,逐渐被煤油取代。这样,桐油的市场需求不断下降。同时,中国桐油的最大进口国美国,开始种植油桐。虽然随着国内外经济日渐复苏,桐油出口价格大幅反弹,但并不能掩盖中国油桐种植和桐油榨制业潜伏的危机。

二、手工碾米和磨面业

中国城乡居民食用的稻谷、小麦、大麦、燕麦、谷子(粟)、糜子、高粱、玉米、荞麦等,煮食前都必须经过加工:稻谷、谷子(粟)、糜子等须脱壳碾成熟米;小麦、大麦、燕麦、高粱、玉米、荞麦等须磨制成面。19世纪末20世纪初,虽然机器面粉业和机器碾米业有不同程度的发展,但直至20世纪30年代,手工碾米、手工磨面仍是全国粮食加工业中两种最基本的形式。南方食粮以稻米为大宗,粮食加工业主要是碾米业;北方食粮以小麦、大麦、燕麦、高粱、玉米居多,粮食加工业主要是磨面业。

1927—1937年包括农民家庭粮食加工在内的全国手工粮食加工业的产量、产值及其变化,缺乏完整和准确的统计,只能对1933年手工碾米、磨面的稻米和面粉产量、产值作一粗略统计(见表3-17)。

如表3-17,1933年手工碾米业和磨面业的产量分别为稻米61651万市担、面粉(麦粉)29045万市担,该年机器碾米业和面粉业分别为稻米357.5万市担、面粉(麦粉)3312.8万市担[①],手工碾米业和磨面业分别占稻米总产量62008.5万市担的99.4%和面粉总产量32357.8万市担的89.8%。谷子、大麦、高粱、玉米、甘薯、豆类等杂粮加工则全部是手工业。

手工碾米和磨面业,按其生产组织和经营性质,大致分为农民

---

① 据统计,1933年机器碾米厂消耗原料稻谷550.5万市担,以六五折计算,得米357.5万市担;机器面粉厂的面粉产量为7485.7万包,折合3312.8万市担〔参见巫宝三主编:《中国国民所得(1933年)》下册,第28、127、128页〕。

表3-17 手工碾米和手工磨面产量、产值统计

1933年 单位:产量:万市担,产值:万元

行业	原料*		产量**		产值***				
	数量	价值	米/面	糠麸	总产值			净产值
					米/面	糠麸	小计	
碾米业	94847	192824	61651	9485	202072	29631	231703	11382
磨面业	38727	120492	29045	8740	145225	15732	160957	33647

* 原料数量系1933年全国稻谷(103692万市担)、小麦(48374万市担)产量加进口、出口相互冲销后的净入口量(小麦2110万市担,稻谷忽略不计),分别扣除种子和其他用途(稻谷为8%,计8295万市担;小麦为15%,计7256万市担)、机器碾米业(550万市担)和机器面粉业(4501万市担)用料后的剩余。原料价值系分别由数量乘以价格得出。其中稻谷籼稻每担2.016元,糯稻每担2.990元,综合平均为2.033元,小麦为3.083元。

** 稻谷出米率按65%计算,得61651万担,糠(包括碎米)按10%计算,得6485万担,余为谷壳;小麦出粉率按75%计算,得面粉29045万担,22%为麦麸,得8740万担,其余3%为风耗。

*** 稻谷加工,糙米平均每担收费0.10元,碾成熟米每担0.18元。绝大部分农户和碾坊的加工成品均为熟米,糙米所占比重极小。综合平均以每担0.16元计算,其中25%(0.04元)为资本消耗和杂项开支,75%(0.12元)为净产值;小麦加工产品,面粉每担5元(计14522万元),麦麸每担1.8元(计15732万元),得出总产值(160957万元),资本消耗和杂项开支按总产值4%计算(计6438万元),扣除小麦成本及资本消耗、杂项开支,即得净产值。

资料来源:原料数量据刘克祥:《1927—1937年农业生产与收成、产量研究》,《近代史研究》,2001年第5期;余参照巫宝三主编:《中国国民所得(1933年)》上册,第28页、下册,第126—127、129—130页。部分参数已作补充、修订:原资料中碾米产品未计谷糠和碎米,已补上;碾米加工费原按平均每担按0.12元计算,似偏低,改作0.16元;磨面出粉率原为65%,似偏低,而风耗率原为10%,又明显过高,分别改作75%和3%。

家庭碾米、磨面业和位于城镇、集镇或较大村庄的砻坊(碾坊)、磨坊两种类型。前者产品供家庭食用或交租,有余则上市;后者收购原料加工,产品出售,兼工代客加工。砻坊(碾坊)、磨坊中部分由粮行、粮商兼营。

农民家庭碾米和磨面业是全国手工碾米和磨面业的主体。由于粮食的高度自给性,农民家庭碾米和磨面业在很大程度上是一种日常的、满足自己生活需要的家内手工业,是不计劳动报酬和生产工具折旧的生产行为。从某个角度说,它同其他自我服务型的农户家内生产劳动并无本质上的差别。

由于加工的粮食种类和加工内容不同,加工的工具设备和生产情况,南、北两地有很大差异。

北方粮食加工的基本工具是石滚或石碾、石磨、箩筛等。在北方一些地区,一般每个自然村都有村民共有的大石滚或大石碾、大磨盘,分别加工谷子、糜子、高粱、玉米、小麦、大麦等不同种类的粮食。这类设备通常置于村内公地,以村里公款或各家摊钱建造、维修。这是古代村社制的遗存,不过各地情况互有差异。北方尤其是平原地区,村庄都较大,一个自然村往往有多盘石磨、石碾。山东临清等地农村,一般七八家有石磨 1 盘;20 家左右有石碾 1 盘,多设于中等以上人家。① 一个百户左右的自然村,应有 10 余盘石磨,4—5 盘石碾。有的地区,磨较小,由各家置备;碾较大,则由村里公置。如山东安丘,石磨基本上家家具备,石碾一村一盘或几盘不等;平原亦相类似,并由妇女承担粮食加工劳动,故素有"家家石磨,村村碾,妇女围着'三台'转"之谚;威海到清末时,也是"家家有石磨,村村有石碾"。② 用石碾进行谷子、糜子及稻谷等带壳谷物的加工,脱壳、去麸精碾可一次完成。但这类共用的石碾、石磨,形体粗大,须用畜力牵动,没有牲畜者只得向他人租借。这种

---

① 《临清市志》,齐鲁书社 1997 年版,第 230 页。

② 《安丘县志》,山东人民出版社 1992 年版,第 346 页;《平原县志》,齐鲁书社 1993 年版,第 294 页;《威海市志》,山东人民出版社 1996 年版,第 188 页。

粮食加工的劳动强度较轻,男女甚至老妇皆可进行,效率亦相对较高,在一定程度上节省了农业劳力,但必须占用畜力,即使在农耕大忙期间,也要抽出牲畜进行粮食加工,往往出现与农业生产争畜力的矛盾。

南方粮食加工的工具设备种类、件套较多,主要有竹砻(木砻、推子、擂子)、杵臼或石碓、吊筛(糠筛、米筛)、巨型漏斗(大口直径1.5米以上,小口直径25—30厘米)、风车、撮箕、石磨、石碾等,粮食加工以稻谷为大宗,小麦以及高粱、玉米、荞麦等杂粮次之。这些工具一般由各家各户自行购置,中等以上农户设有专门房间(通称"碓屋")进行粮食加工。也有三五家合伙置办的。如广西容县的情况是,一般农家独户或三五户合备竹磨、木石春碓,进行粮食加工。① 贫苦农民无力置备,或不能配套,则只能向他人商借或租借。如湖北襄阳,加工大米的石臼、木砻、石碾,"多由富裕人家置备,穷苦人家只好求人借用"。② 或付费由人代为加工,如间有水碾、石碓代人加工,按1%收取加工费。③ 在大部分地区,加工全部依靠人力,脱壳和去麸精碾亦须分两步进行:先以双臂旋转竹砻脱壳,再用杵臼或石碓(脚碓)去麸,即所谓"木砻出糙,石臼春白"。④ 粮食加工效率相对比北方地区低,劳动强度更大,一般多由男劳力进行。南方一个5口人的中等农户,粮食加工约占一个成年男劳力全年劳动时间的1/10至1/5。⑤

①　《容县志》,广西人民出版社1993年版,第389页。

②　《襄阳县志》第8卷,工业,湖北人民出版社1989年版,第184页。

③　《容县志》,广西人民出版社1993年版,第389页。

④　《平湖县志》,上海人民出版社1993年版,第290页。

⑤　一个成年男劳力一天大约可加工稻谷100斤,得米65斤,可供作5口人(大人小孩搭配)10天的口粮。如须喂养畜禽,招待人客,供给雇工、匠人伙食,以及酿酒,浆纱,等等,则食用时间相应缩短。

这是就一般状况而言,具体到每个地区,情形多种多样。在整个南方地区,包括长江以北秦岭以南的水稻、小麦、杂粮区在内,因各地自然条件、作物结构、民风习俗不同,工具设备的种类、置备、使用,粮食加工的动力等,实际差别很大。少数水源条件较好的地区,可较多地利用水力。如江西铅山,1934 年使用机器碾米之前,"全靠水碓舂米";宜黄乡村,"村有水碓,户有木砻,各自加工",1940 年县内有石碓 108 处;广丰粮食加工同样"主要依靠水碓、碾坊";浙江江山也有一定比例的水力工具。据统计,1937 年该县有水碓 471 座,碓臼 3228 个,水碓占碓臼总数的 12.7%。① 贵州仁怀,粮食加工工具,山区多是碓、磨;半山区和坝区多是手碾、小磨,在水源较好的小河、小溪沿岸,则常设水碾、水磨。② 安顺在 1937 年前,粮食加工工具大都以人力操作、畜力带动,在沿河地带修筑水碾,用水力碾谷,另有石碓、土擂(竹砻)、马拉磨制米和磨粉。③ 在云南,鹤庆以水碾、水磨、水碓或手推磨、石臼等加工粮食,山区也有用砻子砻米的;汉、傣、景颇、德昂、傈僳、阿昌等族聚居的潞西县,民国时期,居民舂米磨面,坝区主要用水碓(俗称"懒碓"),个别地方有水碾,山区多用杵臼、脚碓;磨包谷、豆粉用手磨或水磨。④ 其他不少地区也都是砻、碾、磨,人力、畜力、水力掺用。如湖南麻阳,民国时期以水碾、水磨、畜力碾磨和人力石碓、擂子(竹

---

① 《铅山县志》第 13 卷,粮油,南海出版公司 1990 年版,第 298 页;《宜黄县志》第 23 卷,粮油经营,新华出版社 1993 年版,第 377 页;《广丰县志》,内部发行,1988 年版,第 242 页;《江山市志》,浙江人民出版社 1990 年版,第 183 页。

② 《仁怀县志》,贵州人民出版社 1991 年版,第 365 页。

③ 《安顺市志》,贵州人民出版社 1995 年版,第 622 页。

④ 《鹤庆县志》,云南人民出版社 1991 年版,第 268 页;《潞西县志》第 5 卷,工业,云南教育出版社 1993 年版,第 140 页。

碆)等传统工具加工粮食;浏阳主要靠推砻、脚碓等工具加工大
米,也有牛拉石碾,山区还有一种小型的"勺碓"。① 广西邕宁,农
家普遍用竹泥砻磨谷,舂碓舂米,在少数有水源的地方,也用水磨
碾米;苍梧一般用谷磨或米碓,水源丰富地区则用水力带动木齿轮
水碾或石碓加工大米;玉林,一般用人力或水力砻脱壳而出糙米,
再用石碓舂成白米,也有的用畜力牵动石碾碾米;陆川县多为手推
磨、脚踏石碓,也有一些村庄用畜碾、水碾加工粮食。② 贵州贵定
的稻谷、玉米加工,普遍以人力推磨、舂碓、磨子脱壳和水碾加工为
主,1937 年资料记载,境内有水碾 700 家。③ 陕南城固县,大米、面
粉加工工具为木砻、石碾、石磨、水碓,主要依靠畜力和人力,但境
内诸河流渠堰利用水力磨面打米者"颇多"。④ 白河县的石磨动力
也发生了变化。该地石磨不论大小,原本均靠人、畜推动,20 世纪
20 年代中期后,白石河、红石河、冷水河等地,相继将大磨改为水
力驱动,称为"水磨"。工作模式也相应改变,原来人力推动是上
扇转动,水力驱动改作下扇转动。略阳、镇巴等地都有水磨。⑤ 甘
肃一些有水源的地区,也有水磨。民国时期,榆中全县 9 条主要河

---

① 《麻阳县志》第 8 卷,工业,生活·读书·新知三联书店 1994 年版,
第 268 页;《浏阳县志》第 6 卷,轻工业,中国城市出版社 1994 年版,第 522
页。

② 《邕宁县志》,中国城市出版社 1995 年版,第 427 页;《苍梧县志》,广
西人民出版社 1997 年版,第 250 页;《玉林市志》,广西人民出版社 1993 年
版,第 595 页;《陆川县志》,广西人民出版社 1993 年版,第 460 页。

③ 《贵定县志》,贵州人民出版社 1995 年版,第 521 页。

④ 《城固县志·工业志》,中国大百科全书出版社 1994 年版,第 473
页。

⑤ 《白河县志·工业志》,陕西人民出版社 1996 年版,第 200 页;《略阳
县志·工业志》,陕西人民出版社 1992 年版,第 194 页;《镇巴县志》第 12 卷,
工业,陕西人民出版社 1996 年版,第 274 页。

道，有私人水磨 220 余盘加工面粉。[①] 还有个别地方利用风力加工粮食。如江西新建，传统以木砻、牛拉碾槽或人力石碓碾米为主，有水源的山区，亦有用水力、风力碾米的。[②]

这些水碾、水碓、水磨的建造工程较大，投资较多，效率较高[③]，但非一般单个农户所能为，多由村寨建造，属于全体村民共有。广东信宜、茂名、电白、化县一带，明清时期少数地方起初有人利用畜力、风力、水力带动石磨、竹泥砻、石碾等加工大米，其后由季节性加工自用，逐渐向联户、联村协办和个体专业经营转变；山西古交一带，"七七事变"前，水源充足的村庄建有水磨，由大户人家或联户、村社经营。[④] 在云南、贵州、广西一些水源条件较好的少数民族（如白族、纳西族、苗族、壮族等）村寨，都建有村民共有的水碓或石碾。也有部分水碓或石碾由土司头领或其属官建造，属其私有。

农民家庭手工碾米、磨面业的基本运行模式是自粮、自碾自磨、自食自用，产品有两个基本用途：一是满足家庭成员的食粮需要；二是缴纳地租。两者都是自我服务，其中又以第一个用途为主，缴纳地租的情况不太普遍。[⑤] 自给自足是农民家庭手工碾米、磨面业的基本特征。当然，各个地区和各家农户具体情况不一。

---

① 《榆中县志》，甘肃人民出版社 2001 年版，第 269 页。

② 《新建县志》，江西人民出版社 1991 年版，第 310 页。

③ 据记载，水碓日可出米 250 公斤（参见《古田县志》，中华书局 1997 年版，第 433 页）。

④ 《茂名市志》上，生活·读书·新知三联书店 1997 年版，第 411 页；《古交志》，山西人民出版社 1996 年版，第 218 页。

⑤ 由于稻米或小米、黄米既不能长期存放和囤积，又无糠麸喂养畜禽，要求佃农以稻米（糙米或白米）或小米、黄米交租的只限于江浙和北方少数地区的城居大地主，其他绝大多数地区均以稻谷、谷子、糜子等原粮交租。稻米或小米、黄米在全国实物地租中所占比重很小。

有的完全自给自足,如河北宝坻,"农村均为自加工,自食用";内邱农户粮食加工,"多以自己食用为主"。① 湖南耒阳,清代至民国时期,农家自备竹砻、石碓等工具加工粮食,"自产自用";广西容县,村民"通常是自给性加工"。② 也有的地区有部分产品进入市场,如湖南麻阳,农户以传统工具加工粮食,"自产自用,少量供应市场"③;贵州仁怀,粮食加工"未形成行业,农户多自产自销,有余才拿到集市交易"。④ 其他地区也不外上述两种情况。

以稻米、面粉成品粮上市交易,以及交易的产品数量和比重,受到两方面因素的相互制约:一方面,农户为了获取所需现金或偿还债务,或缴纳钱租、折租,必须出售数量和比重不等的粮食。甚至为经济所迫,粜精留粗,粜精籴粗,出售米麦等精粮,留下或购进高粱、玉米、甘薯等粗粮自食,使得这些农户不仅必须售粮,而且数量和比重较高。如果这些粮食以成品粮出售,可以获得加工费和糠麸,较为有利,这自然会刺激农民家庭手工碾米、磨面业的商品性生产;另一方面,在粮食高度自给的经济环境和市场条件下,一般中等以上农户,产品自食有余才上市交易,不会出卖口粮,但因地少人多,农户经营规模普遍较小,真正有余粮上市的农户数量及其比重不高,有余粮的农户中,大多余粮数量有限。同时,农村地区的成品粮消纳量相对较小,数量较多的余粮或商品粮,主要是以原粮的形式销往城镇和外地,在中转或消费市场集中加工。更重

---

① 《宝坻县志》,天津社会科学院出版社 1995 年版,第 331 页;《内邱县志》,中华书局 1997 年版,第 597 页。

② 《耒阳市志》,中国社会出版社 1993 年版,第 190 页;《容县志》,广西人民出版社 1993 年版,第 389 页。

③ 《麻阳县志》第 8 卷,工业,生活·读书·新知三联书店 1994 年版,第 268 页。

④ 《仁怀县志》,贵州人民出版社 1991 年版,第 365 页。

要的是，由于传统加工方法劳动强度大，生产效率低，一般农户不可能大批量加工粮食上市。这是农户粮食加工"自产自用"、有余上市交易的根本原因。

20 世纪初，新式工业和城镇、市镇有了较大发展，城市人口和非农业人口增加，不仅大中城市的商品粮需求明显扩大，即使在市镇、集镇和部分乡村，单靠农户家庭的产品"余粮"也难以满足供应。在这种情况下，一些地区作为专业性粮食加工业的手工砻坊、碾坊和磨坊，并未因城市机器面粉业和机器碾米业的不断扩大而萎缩，而是继续存在，部分地区还有不同程度的发展，在全国商品粮特别是稻米的加工中，始终居主导地位。大量资料显示，1927—1937 年间，在大部分县城、集镇和某些中心村落，砻坊、碾坊和磨坊是商品粮加工的基本形式。

在南方水稻产区，县城以下农村加工商品粮的机构主要是砻坊、碾坊，在水稻、小麦产区，除砻坊、碾坊外，还有磨坊加工小麦。

江苏苏北重要稻麦产地盐城，民国初年砻坊、磨坊"遍及城乡"。据 40 年代初统计，全县有砻坊 89 家，从业人员 169 人，年产大米 8000 吨；磨坊 15 户，从业 30 人，年产面粉 140 吨。[1] 近代内地最大"米市"安徽芜湖，每年有数百万石米谷出口，砻坊业伴随米谷贸易不断增长而持续发展，远在光绪中叶，芜湖已有砻坊同业组织，至 1930 年，芜湖砻坊业同业公会已有 42 家会员。[2] 皖南重要产米区南陵，民国时期全县有砻坊 70 家。[3] 在江西，紧邻南昌的丰城，清末民初，专业粮食加工迅速发展，民国初年，县城的手工

① 《盐城县志》，江苏人民出版社 1993 年版，第 319 页。

② 社会经济调查所：《芜湖米市调查》，社会经济调查所 1935 年印本，第 2、26—29 页。

③ 《南陵市志》，黄山书社 1994 年版，第 219 页。

加工米店达 386 户。1927 年后,机器米厂兴起并扩大,手工米业才转趋衰落。到 1934 年,县城米店仅存 86 家。①

湖北黄冈,清光绪年间后,沿江城镇粮食加工作坊日益增多,全县有砻坊 11 家、磨坊 805 家。进入民国,数量时有增减,部分砻坊改称"米厂",规模稍大,有雇工 10 余人。磨坊规模较小,一般是一台驴磨,一架罗筛,雇请男女工 1—2 人,日产面粉 50 多斤。直至 1931 年机器生产萌发之前,砻坊、磨坊或手工米厂,是商品粮加工的基本形式。② 自 1912 年后,荆门县城、沙洋等地相继开办砻坊,生产糙米和中白米,每家雇员 5—8 人,平均日产大米 500 公斤左右。③ 湖南湖区常德、澧县以及慈利等稻米重要产地,碾坊业都十分兴盛。常德民国年间有碾坊 113 家,年加工稻米 1 万吨;澧县津市,1894 年首设三泰恒碾坊,此后不断增加。到 1936 年,全镇有碓槽业 32 家,日产大米 300 担。慈利民国时期,仅水碓米坊就达 181 处。④ 地跨粤汉线的耒阳县,人口集中的城镇、圩场,都有砻坊、磨坊加工粮食和面粉,1931 年新市街有砻坊 36 家,全县有砻坊 54 家。各坊收购稻谷加工成糙米,再用脚臼加工成熟米出售。城关、灶市的砻坊还承包加工军米和机关、公团、学校的食用米。加工面粉的磨坊,多设在水陆口岸,用水力带动石磨。⑤ 广西玉林县城,民国时期有 21 家专业户,用水力碾加工大米。⑥

---

① 《丰城县志》,上海人民出版社 1989 年版,第 315 页。

② 《黄冈县志·工业篇》,武汉大学出版社 1990 年版,第 196 页。

③ 《荆门市志·工业篇》,湖北科学技术出版社 1994 年版,第 174 页。

④ 《常德县志》第 14 卷,工业,中国文史出版社 1992 年版,第 326 页;《津市志》,教育科学出版社 1993 年版,第 158 页;《慈利县志》,农业出版社 1990 年版,第 236 页。

⑤ 《耒阳市志》,中国社会出版社 1993 年版,第 190 页。

⑥ 《玉林市志》,广西人民出版社 1993 年版,第 595 页。

北方地区，商品粮以面粉加工为大宗，专业加工机构通称磨坊。一些经济较为发展的地区，居民较集中的府治、县城、集镇，甚至部分大的中心村庄，大多开有磨坊。河北定县，据1931年的调查，县城有磨坊31家，其中30家是手工磨坊。全县有磨坊的村庄达131个，共有磨坊251家，从业599人，全年生产面粉307.4万斤，总值21.5万元。[1] 宝坻、新乐各集镇大都有加工米面的作坊，新乐1934年有磨面坊14家。[2]

北方不少磨坊由粮店、粮行兼营。清末河北秦皇岛地区有粮店、粮行74家，1935年增至105家，从业562人，其中43家有年交易额统计，为156.4万元。1931年临榆、昌黎2县有粮店94家，从业1015人。这些粮店全都设有磨坊，兼营粮食加工。[3]

东北在20世纪初，随着土地的开发和粮食商品率的提高，各地粮食加工作坊增加。辽宁庄河沦陷前磨坊等手工作坊"遍布城乡"；北镇1906年有粮油加工作坊15家，加工工具有石碾、石磨，粮食成品有高粱米、小米、面粉等，1931年增至18家，大的年加工高粱米530石。东北沦陷后，粮食加工作坊为日本侵略者所控制，多为日军加工"出荷粮"。[4]

西南某些少数民族聚居区，20世纪20年代前后，也开始出现专业性粮食加工业，在云南，傣、景颇、德昂、傈僳、阿昌和汉族聚居

---

① 张世文：《定县农村工业调查》，中华平民教育促进会印行，1936年版，第299—302页。

② 《宝坻县志》，天津社会科学院出版社1995年版，第331页；《新乐县志》，中国对外翻译出版公司1997年版，第200页。

③ 《秦皇岛市志》第3册，食品工业志，天津人民出版社1993年版，第430页。

④ 《庄河县志》，新华出版社1996年版，第432页；《北镇县志》，辽宁人民出版社1990年版，第215页。

的潞西县,1922 年芒市几家土司属官及富裕大户,请保山人在五棵树、卫生街、南里、街坡、松树寨等地建造 9 座水碾、水磨房,为龙陵、象达外地粮商加工粮食,也加工大米到集市出售。①

专业砻坊、碾坊、磨坊的工具设备和农户家庭粮食加工业相仿,但动力方面,畜力、水力所占比重较大。南方砻坊、碾坊,大多设于水源较充足的地方,工具多为水碾、石碓、水磨;北方磨坊则全部使用畜力。如果全部使用人力,则往往无力同农户家庭粮食加工业竞争。如湖南湘乡县城,在清末,槽碓坊使用砻、碾、碓、筛等工具,以人力为动力,雇工碾米出售。因无法同农民竞争,民国初年槽碓坊相继停业,1929 年只剩 6 家,县城居民食米由农户加工上市。②

进入 20 世纪后,随着城市机器碾米业和机器面粉业的发展,部分砻坊、碾坊、磨坊的工具设备和动力开始发生变化,由手工生产向机器生产演进。安徽芜湖,19 世纪末 20 世纪初,稻米出口不断扩大,粮食加工业日益繁忙,1905 年芜湖出现首家机器碾米厂,1910 年增加到 8 家。粮商米贩纷纷委托机器碾米厂碾成熟米,机米厂"营业大盛"。在这种情况下,砻坊为适应市场需要,相继改用机器碾米。到 30 年代,大多数砻坊已采用马力引擎或小电气马达带动的碾米机。③ 湖南湘潭,也有碓坊或磨坊使用机器。1934年,泰丰米厂购置砻谷机和 35 匹马力柴油机加工大米,将手工生产改为机器生产。④ 广东中山,民国初年前,农民用石杵、土砻碾

---

① 《潞西县志》第 5 卷,工业,云南教育出版社 1993 年版,第 140 页。

② 《湘乡县志》第 18 卷,粮食,湖南出版社 1993 年版,第 474、475 页。

③ 社会经济调查所:《芜湖米市调查》,社会经济调查所 1935 年印本,第 27、33 页。

④ 《湘潭县志》第 20 卷,工业建筑业,湖南出版社 1995 年版,第 467页。

米,1912年—香港商人回石岐开办首家机动碾米作坊,因效率高,很快普及,30年代发展到70多家。① 江西丰城,1925年县城几家资本较多的手工米店,集资购买柴油机和碾米机,联合开设机器米厂,开创该县机器碾米的先例。1928年后相继有12家机器米厂投产,一度兴盛的手工米店顿行衰落。②

砻坊、碾坊、磨坊的开办者,身份比较复杂,既有农民、手工业者,也有商人(其中相当部分是粮商)。通常粮商兼营的粮食加工作坊规模较大,如安徽来安县城3家粮行年可加工稻米2.7万石,县内7家主要粮行,1931年共加工稻米11.7万石。③ 还有相当一部分砻坊(碾坊、磨坊)主是地主,前述安徽芜湖,砻坊几乎全部由地主开设,地租稻谷是其加工原料的重要组成部分。河北等地兼营磨坊的粮店、粮行,也多由地主富户开办。与芜湖情况不同,这些粮行磨坊主不少是经营地主。在西南一些少数民族聚居区,碾坊主多为土司等封建领主。

砻坊、碾坊、磨坊的生产经营方式,各地不一,基本方式有二:一是自产自销。产品销售既有货币交换,也有实物兑换;二是代客加工。客户既有农民、粮商,也有军队、机关、学校、团体。从各地情况看,有的形式多样,有的较为单一,互不相同。辽宁庄河,沦陷前的磨坊多为前店后坊,手工操作,自产自销。④ 湖北黄冈,砻坊、磨坊的经营方式是,对内雇请男工,从事手工劳动;对外或实物兑换,或代粮行加工。⑤ 湖南耒阳,砻坊、磨坊的经营方式是收购稻谷加工成糙米,再用脚臼加工成熟米出售;城关、灶市的砻坊还承

① 《中山市志》上册,广东人民出版社1997年版,第581页。
② 《丰城县志》,上海人民出版社1989年版,第315页。
③ 《来安县志》,中国城市经济社会出版社1990年版,第155—156页。
④ 《庄河县志》,新华出版社1996年版,第432页。
⑤ 《黄冈县志·工业篇》,武汉大学出版社1990年版,第196页。

包加工军米和机关、公团、学校的食用米。① 四川万源,砻坊、磨坊主要是代客加工。县城内加工大米 1 石(350 公斤),加工费为 2 升米(10 公斤)占产品的 2.9%;加工 100 斤面粉或面条,加工费银元 1 元,米糠、麸皮客户自得。② 加工项目和内容方面,大多由稻谷加工成熟米(白米),由小麦加工成面粉,也有的是将糙米碾熟。广西容县,传统加工是稻谷先去壳得"朴米",后去麸皮得"熟米"。松山大山口圩场是朴米集散地,农民把稻谷自行砻成"朴米",运到圩场经碾坊舂碾成"熟米"后,再挑运到县城出售。③

芜湖砻坊的经营范围较广,除了代客碾米,还经营堆栈业务,获取租金;并进行抵押贷款,榨取高额利息,青黄不接时通过乡镇米行向农民放债,以每石稻谷 1/2 的价格放出,秋收后偿还新谷一石。④ 这是以"买青苗"形式进行的封建高利贷剥削。

三、制糖和酿造业

制糖和酿造业历史悠久,分布广泛,是城乡手工业的重要组成部分,与城乡居民日常生活关系至为密切。俗语云:"开门七件事,柴米油盐酱醋茶",酱、醋即是酿造业的主要产品。糖业和酿造业的产品中,糖、酱、酱菜是居民的重要食品和副食品;酱油、醋、辣油是中式烹调的重要佐料;酒的用途更广,既是重要饮料,又是烹调佐料和中医药料。近代时期,糖业、酿造业由于本身的生产性质和所处国内外市场环境不同,命运迥异。糖业基本上都是商品

① 《耒阳市志》,中国社会出版社 1993 年版,第 190 页。
② 《万源县志·工业》,四川人民出版社 1996 年版,第 357 页。
③ 《容县志》,广西人民出版社 1993 年版,第 389 页。
④ 社会经济调查所:《芜湖米市调查》,社会经济调查所 1935 年印本,第 28 页。

生产,在国内分布地区较窄,相当一部分产品的销售属于远距离贩运,又有洋糖的激烈竞争和倾销挤压,加上技术落后,工具简陋,效率低下,糖质欠纯,色泽黄褐,原料浪费严重,生产成本高昂,在无关税保护的不利条件下,19 世纪 80 年代后由盛转衰,20 世纪 30 年代进一步萎缩;酿造业的大部分产品,包括酒(白酒、黄酒)、酱、酱菜、辣油、醋等,则一直是商品性生产和自给性生产并存,而从事商品生产的作坊,专业性较强,生产规模一般比糖业(如广东的糖寮)大。同时,除少数名特产品外,大多就近销售,受国外同类或近类产品的冲击相对较小,行业的兴衰起伏,主要受国内政治局势和社会经济的影响与制约。清末以降,因政局动荡和经济环境恶化,一些地区的酿造业不断衰退,但在 20 年代末至 30 年代全国经济恐慌爆发前,部分有所恢复和发展。经济恐慌爆发后,酿造业再次衰落。

(一)手工制糖业的萎缩和艰难维持

食糖原糖主要有蔗糖、甜菜糖两种,中国出产的主要是蔗糖,甜菜糖很少。蔗糖业主要分布在广东、福建、江西、湖南、四川、广西、云南等地;甜菜糖业,只限于东北、华北少数地区,产量有限。除蔗糖、甜菜糖外,一些地区还生产麦芽糖、高粱饴、番薯糖、果糖、糖块等。如东北,据调查,1929 年黑龙江省城龙江(齐齐哈尔)有糖厂 3 家,合计资本 1800 元,年产麦芽糖 16500 斤(合 9847 公斤)、糖块 11000 斤(合 6565 公斤);克山县有制糖业 3 家,总资本哈大洋 1200 元,年产糖块 6000 斤(合 3581 公斤),产值 20100 元;明水县 1 家,资本 500 元,年产糖块 1500 斤(合 895 公斤),产值 4500 元。[①]

---

① 东北文化社年鉴编印处编:《东北年鉴》,东北文化社 1931 年初版,第 1089、1090、1096 页。

中国汉代以前无糖,民间以麦芽及稻米等制作甜品,谓之饴,后有蔗饧、石蜜、蔗酒等。及汉时交趾贡以砂糖,中国始有糖一物。唐代前期,中国开始掌握和传播制糖方法,制造日渐普遍,南方地区宜于植蔗,福建漳州、泉州,广东广州、琼州、廉州、潮州、韶州,安徽徽州,江西赣州、抚州,皆以糖业闻名。湖南南部一些地区,糖业亦十分普遍。如宁远沿江一带,糖榨"不下数十余所"。每榨一口,需粮田数十亩,方可供给。"民皆溺于利,概以粮田栽植糖蔗"。[①] 19 世纪 80 年代前,中国糖业极盛,除供国内消费外,尚大量出口海外,1880 年输出量达 10 万吨以上。其后欧洲甜菜糖业勃兴,南洋爪哇等地产蔗糖日多,英商在香港开设太古、怡和两家糖厂,日本侵占台湾后,亦竭力扩张糖业,中国食糖不仅无力跨出国门,国内市场也日益被洋糖挤占。加上国内政治腐败,税捐苛重,制糖业生产日趋萎缩。

为了振新糖业,挽回利权,国内有识之士,曾锐意改革,创办新式糖厂。1921 年,北京溥益实业公司筹资 500 万元,在济南筹建溥益制糖厂,日可制糖 60 吨,并向山东各县农民免费发放种子,引导种植甜菜。1925 年,马玉山、严直方等复发起组建中华国民制糖公司,在上海吴淞开办制糖厂,资本 2000 万元,计划日产糖 300吨。如此南北两大糖厂,资本不薄,力量不弱,产量不低,本可满足国内需求,挽回市场损失,无奈洋糖产量日增,市场竞争愈益激烈,荷兰、英国、日本、古巴等国糖商为了保持和扩大中国市场,以跌价倾销惯技,挤垮中国企业,而半殖民地半封建中国,早已丧失关税自主权,不能通过提高关税抵挡洋糖倾销,保护本国企业,致使溥益、中华国民两大糖厂皆因无力竞争,不数年即宣告破产闭歇。

---

① 　光绪《宁远县志》第 6 卷,光绪二年(1876 年)刻本,第 7 页。

国民党政府成立后,1931 年,实业部拟与古巴糖商合作,在上海设立国营炼糖厂,资本 500 万美金,由古巴糖商按期拨付,每次 100 万元,分 5 次缴齐,由中国发行甲乙两种糖公债作为担保,原料以国货为原则,不足由古巴购买,出品销于国内者,由中方负责推销,输出国外者,由古巴办理。合同业已草签,并经第 222 次中央政治会议通过,送立法会审核,嗣因"一·二八沪战"爆发,此事随即搁浅。①

这样,直到 20 世纪 30 年代,整个制糖业都未形成较大规模的机器生产,几乎全是零碎、分散的手工制造,一些地方的所谓"糖厂",也只是小作坊。由于资本微薄,经营分散,根本无力同外国糖业集团抗衡,加上城乡居民日益贫困,国内市场不断缩小,全国糖业进一步萎缩。

19 世纪末叶后,中国糖业一直处于十分恶劣的市场环境,无法正常生存和发展。1931 年,国民党政府提高食糖进口税,市场环境略有好转,糖业一度复苏。一些地区因糖税提高,自制冰糖有利可图,冰糖厂纷纷设立,山东青岛,德茂糖厂于 1931 年建成,资本约 1 万元,专制冰糖青糖。江苏新建糖厂更多,仅上海一埠就有 10 余家,其中不乏糖行自设者。不过这类冰糖厂规模同样很小,最大的也只有资本 2.4 万元、工人 40 余名。资本上万元的也只有 3 家,其余均属数千元资本的小厂,而且好景不长。制造冰糖的原料,系 18 号粗砂糖,都是经香港从爪哇进口,1932 年"一·二八沪战"后,百业萧条,冰糖制造亦每况愈下,而原料糖价格,自海关采

---

① 参见国民党政府实业部国际贸易局编:《中国实业志·江苏省》第 4 册,宗青图书公司 1980 年印本,第 506—507 页;国民党政府实业部国际贸易局编:《中国实业志·山东省》第 5 册,宗青图书公司 1980 年印本,第 501—502(辛)页。

用"旋光度法"（Polarization）以定标准后，益见升高，资力薄弱各厂，遂至资金无法周转而闭歇，到该年年底仅剩下 6 家，糖产量亦大幅下降，1931 年上海共产各种冰糖 8 万余担，1932 年仅产 4 万余担[①]，下降了一半。

广东是中国蔗糖的集中产地。在旧潮州、广州、韶州、琼州府属地区，甘蔗种植十分普遍，榨制蔗糖是农民重要的家庭手工业之一。当地蔗糖榨制户称为"糖寮"，由蔗农按植蔗面积、所出耕牛和劳动力组合而成。受榨蔗动力和经营成本的制约，作为糖寮原料供给地的植蔗面积一般不能少于 80—100 亩。除少数大农可一家独开外，大部分糖寮都由三四家以上农户合伙组成。在广东甘蔗集中种植区，这种糖寮星罗棋布，数量繁多。如潮汕蔗糖主要产地揭阳，1935 年前，蔗糖生产均用土法，每年立冬后，蔗农即合作或独户在村野空地搭建糖寮。全县约有糖寮 600 座[②]；韶州府属各县，都建有糖寮生产土糖，日本全面侵华战争爆发前，各县共有糖寮 300 间，日榨能力 1000 吨左右。[③]

糖寮所榨蔗糖（粗糖），一般由"糖户"收购销往外地，部分"糖户"复将粗糖加工提炼，制成质量较好的"洋糖"或"糖霜"，然后贩运销售，但从事粗糖加工的"糖户"数量及加工规模不详。19 世纪末 20 世纪初，广州也有商人收购糖寮的蔗浆加工成蔗糖，但因获利微薄，甚至得不偿失，这种粗糖加工业并未发展壮大。[④] 清初

---

① 《中国实业志·山东省》第 5 册，宗青图书公司 1980 年印本，第 502（辛）页；《中国实业志·江苏省》第 4 册，宗青图书公司 1980 年印本，第 507、510 页。

② 《揭阳县志》（中），广东人民出版社 1993 年版，第 259 页。

③ 《韶关市志》（中）第 7 卷，工业，中华书局 2001 年版，第 898 页。

④ 屈大均：《广东新语》第 14 卷，食语；《光绪三十三年九龙口华洋贸易情形论略》，《通商务关华洋贸易总册》下卷，第 99 页。

时，"糖户"、在晒糖的同时，似乎更热衷于利贷剥削，"糖户家家晒糖，以漏滴去水，仓囤贮之。春以糖本分与种蔗之农，冬而收其糖利。旧糖未消，新糖复积，开糖房者多以是至富"。更有一些糖户或富商，自己并不晒糖，而是放债吃利，"先放账糖寮，至期收之"。[①] 近代时期，这种情况并未发生根本性变化。显然，经营糖业的商人资本，主要停留在流通领域，并未大规模向蔗糖加工业渗透，转化为产业资本。

由蔗农自由组合的糖寮，一直是广东蔗糖生产的唯一机构，蔗农自蔗自榨、农工合一，是广东糖业的基本生产形式。民国初年，洋糖尚未大量进口时，潮汕一带年产蔗糖尚有百余万包（每包 50 公斤），主要销往天津、汉口、上海、芜湖、南京、镇江、青岛以及海外南洋群岛等地。1921 年后，洋糖进口迅速增加，潮汕土糖生产逐年下降，1930 年进口洋糖 57337.2 吨，价值 4323628 海关两，潮汕土糖外销仅 6 万余包，价值 10 万余元。为遏制洋糖的廉价倾销，广东省政府于 1929 年后开征洋糖进口税，撤除土糖捐税，潮汕土糖生产一度回升。1934 年洋糖进口降至 2070.2 吨，土糖外销增至 50 多万包。[②]

不过土糖生产的复苏，为时甚短。1933 年，广东省政府采纳和实施岭南大学农学院教授冯锐起草的《复兴广东糖业三年计划》，8 月和 12 月先后向美国、捷克购买制糖机器，兴建新式糖厂。1934 年 12 月，广州市头、新造两糖厂建成开榨。1935 年年底至 1936 年年初，惠阳、顺德、揭阳、东莞 4 家糖厂也先后投产。到

---

① 屈大均：《广东新语》第 14 卷，食语，水天阁康熙三十九年（1700 年）木刻本，第 21 页；嘉庆《澄海县志》第 6 卷，嘉庆二十年（1815 年）刻本。

② 《汕头市志》第 2 册，第 27 卷，食品工业，新华出版社 1999 年版，第 434—435 页。

1936 年 12 月,6 家糖厂每天可榨蔗 6000 吨①,约相当于 600—1000 家糖寮的生产能力。②

新式糖厂建立初期,为了获得充足的原料,采取各种措施鼓励农民植蔗,发放低息贷款,改良蔗种,广东的植蔗业明显扩大,蔗农收入也一度有所增加。解决了原料供应,产品销售却成了大问题。土糖的生产和贩运,是新式糖厂生存和发展的严重障碍。当时潮属各县,土糖出产最丰,除本省外,年销长江各省 200 余万担。土糖的旺销,使新式糖厂的产品销量大减。6 家新式糖厂全部投产后,糖厂同糖寮之间的市场竞争和矛盾更加尖锐。在这种情况下,广东省政府的坚定方针是牺牲糖寮,保住糖厂。不过省政府并未直接取缔和限制糖寮运作,而是从流通领域下手,掐住糖寮的脖子,颁布《土糖运销暂行办法》,推行糖业"统制",规定土糖运销须经"国货推销处"查验,取得许可证,从而限制和取缔土糖,为"国糖"垄断市场开道。糖业统制令土糖销售下降,使糖寮的土糖制造业大受打击。同时,统制限价收购甘蔗,导致甘蔗价格大跌。1936 年春,甘蔗卖到每毫 20 多根,两毫钱一大把,甘蔗生产一落千丈,蔗农破产③,农工合一的手工榨糖业进一步衰落。

广西、福建闽南和浙江南部、西部的手工制糖业也只能基本维持,甚至不断衰退。云南也有部分地区制糖,但规模更小。

广西手工制糖业颇为发达,甘蔗和蔗糖产量均居全国第四位。

---

①　冼子恩:《陈济棠办糖厂经过及其真相》,《广东文史资料》第 56 辑,广东人民出版社 1988 年版。

②　据记载,糖寮通常用牛 12—15 头,白天工作,日榨蔗 120—150 担;若用牛 18 头,昼夜工作,能榨蔗 200 担(程海峰:《我国工人之工作效率》,《国际劳工通讯》1938 年 3 月第 5 卷第 3 期,第 10 页)。

③　《中国农村》1937 年 1 月第 3 卷第 1 期,第 79 页。

广西所植甘蔗,分肉蔗、竹蔗两种,后者占甘蔗总额的90%,因富于糖分,均用于制糖,又名糖蔗,以榕江、永福、恭城、贵县、柳州、左县出产最丰,广西制糖业亦以上述地区最为发达。产品主要有黄糖、白糖两种,黄糖又有墩糖、糖片之分。贵县苏湾所产糖片,色味俱佳,颇负盛名;邕宁良庆的白糖,亦颇有名。制糖副产品的桔水,是酒精的主要原料,该省酒精厂需用甚多,广西制糖业的发展空间广阔。惜该省手工制糖,制法墨守成规,色、味、存放等等,均逊洋糖,故不为糕饼、糖果店所乐用,因而发展迟缓,在洋糖的冲击、压迫下,只能凭借交通闭塞的条件,基本维持。据统计,1931年全省产糖51万担,1933年为54万担①,数量相若。

闽南糖产主要集中在漳州、泉州、莆田、仙游各属,产品除供给本地消费外,还大量运售国内其他地区。但自日本、菲律宾的白糖、红糖输入,糖业大受打击,日呈暮气。不数年间,洋糖已支配整个市场,各地糖业生产"被迫而停止者,日有所闻"。1924年后,每况愈下。该年土糖出口净值为948447海关两,占出口总额的16.9%,至1928年,出口净值仅267177海关两,出口总额的比重亦降至5.7%,内地糖业生产,已根本动摇。进入30年代,土糖产量加速衰减。据统计,1936年全省土糖产量仅102.8万担(合6135万公斤),1937年为121.1万担(合7227万公斤)。日本全面侵华战争爆发后,土糖产量进一步下降,1938、1939年分别只有91.7万担和58.5万担。食糖市场被洋糖垄断,精糖加工由洋商把持,厦门6家冰糖厂,全属"洋帮"所有。②

① 广西统计局编:《广西年鉴》(第二回,1935年),广西省政府总务处发行,1936年5月,第192页。

② 《福建省志·轻工业志》,方志出版社1996年版,第57页表2-8;工商广告社编:《厦门工商业大观》第五章,工商百业,厦门工商广告社1932年印本,第35—36页。

浙江南部的平阳、永嘉、遂安、义乌、永康，西部的瑞安、常山等县，均产糖蔗、糖梗，是该省的制糖区。自清末爪哇、荷兰、日本食糖大批进口，浙江糖业亦大受打击，昔日盛况不再。1921年间，省实业厅曾有改良糖质、增加生产的计划，但不久即行停歇，进入30年代后，浙江糖业仍停留在农民家庭手工业阶段。20年代，杭州、兰溪、永嘉、金华先后建有7家糖厂，只是利用进口砂糖及部分土糖，制造冰糖，亦是手工生产。30年代初，上述浙南5县、浙西2县，分别约有制糖户750家和570家，合计约1320家。普通每家资本仅数百元，榨糖主要设备为榨蔗车和3口熬糖铁镬。通常于11月下旬开榨，次年4月中旬停止，产量多者百担，少者一二十担，货品以红糖为大宗。全省约产红糖109360担（合652.7万公斤），大部分只销本县境内。产量不多，市场亦窄。①

云南潞西、梁河、泸水、耿马，民国时期出产少量红糖。潞西是云南主要蔗糖产地之一，自1880年木榨熬糖土法从内地传入，坝区不少村落相继建起木榨红糖作坊（通称"土榨"）。民国年间，土榨在芒市坝、遮放坝、轩岗坝普及。② 梁河约在明末清初开始植蔗，缓慢发展，并用以榨糖。土法榨糖有水碓和木榨榨糖两种。前者是用水碓将甘蔗捣碎，取出蔗汁煮熬；后者用牛牵引旋转杆带动辊筒，由人工将甘蔗塞入两辊筒间挤榨，下置容器接取蔗汁，人工运入或用竹槽直接引入铁锅煮熬。泸水榨糖有较长历史，工具亦是木榨。蔗汁经大锅煮熬后去渣，放少许香油去沫，待将起丝时，不停搅拌，至浓缩成糊状时，再倒入冷锅中搅拌，待其冷却结砂，即成红糖。耿马孟定、勐简坝区普遍榨糖，其他乡村也有零星生产，

① 国民党政府实业部国际贸易局编：《中国实业志·浙江省》第3册，宗青图书公司1980年印本，第173—174(庚)页、177—179(庚)页。

② 《潞西县志》第5卷，工业，云南教育出版社1993年版，第137页。

年产量为 200 吨左右。①

　　手工制糖业的急剧衰落,除了洋糖竞争、挤压,没有关税保护外,糖业本身生产规模狭小、技术保守落后、生产效率和产品质量低下、原料浪费严重、经营成本高昂,是其主要原因。

　　制糖方法无论新旧,首道工序均为压榨取汁。中国手工制糖的动力是牛,基本器具是两根紧挨和并列竖立的大型辊轴,早期为木辊,近代改为石辊。石辊中段嵌有木齿作为齿轮,以牛力推动两辊旋转,将人工送上的甘蔗徐徐卷入,蔗汁即被挤压流出。② 无论木辊、石辊,十分笨重,需用三四头牛拉动,工作迟缓,且压榨力非常有限。一些较大的糖寮,需用牛 15—18 头,昼夜分班作业,24 小时仅能压蔗 200 担,得汁 130 担,与广东新式糖厂每日可压蔗 16800 担、得汁 13440 担相比,尚不及其 1.2% 和 1%。

　　糖寮不仅生产效率低,甘蔗出汁、出糖率亦低,原料损失、浪费严重。由于压榨力不够,糖寮被迫舍弃含糖量较高的厚皮粗茎"昆仑蔗"(这种蔗后来演变为食用蔗),而改用皮薄茎细但含糖量较低的"竹蔗"(这种蔗后来演变为糖蔗)。即使如此,还是无法榨尽糖汁,压蔗每担损失高达 35%,而新法只有 20%,二者相差 15 个百分点。

　　蔗汁熬制的出糖率差别更大。旧法制塘,用直接火煎熬,火力和热度均无法灵活、准确调节,糖液极易焦灼,造成损失。在提炼过程中,采用石灰沉淀、泥水渗冲等方法,均难免糖液损失。四川手工熬制白糖,每千斤糖清损失 60 斤,合 6%。通常每担甘蔗只

---

　　① 《梁河县志》第 7 卷,工业,云南人民出版社 1993 年版,第 323 页;《泸水县志》,云南人民出版社 1995 年版,第 171 页;《耿马傣族佤族自治县志》,云南人民出版社 1995 年版,第 241 页。

　　② 香港历史博物馆展览厅有上述石辊木齿轮结构的手工糖榨实物陈列,可供参观。

能出白糖3斤、桔糖2斤;而爪哇每担出糖10斤,印度9斤,广东新式糖厂亦出糖8斤,旧法与之相比,相当其半。

手工制糖效率低下,蔗汁、糖液、糖清损失严重,再加上借贷利息苛重,生产成本高昂,在所必然。据调查计算,各主要蔗糖产区粗糖生产成本如表3-18:

表3-18　广东等5省每担粗蔗糖生产成本统计表

1936年　　　　　　　　　　　　　　　　　　单位:元

省别	原料	制糖费	合计
广东	5.50	2.50	8.00
四川	5.00	1.76	6.76
江西	9.50	1.54	11.04
广西	3.75	0.87	4.62
福建	4.50	2.50	7.00
平均	5.65	1.83	7.48

资料来源:据彭泽益《中国近代手工业史资料》第3卷,生活·读书·新知三联书店1957年版,第700页表。

各地粗蔗糖生产成本差异颇大,江西最高11.04元,广西最低4.62元,广东、四川、福建在6.76元至8元之间。5省平均为7.48元。至于白糖成本,四川每担约20.4元,比广东新式糖厂的13.4元高出7元,比古巴的10.76元和爪哇的5.5元,分布高出0.9倍和3.7倍。

手工制糖不仅成本高昂,而且产品质量欠佳。旧法工具简单,方法陈旧,杂质机盐,未能尽除,以致色泽黄褐,不如机制糖精洁。其旋光度在63.30度至98.80度之间,与机制糖的70度至99.89度相比,差距甚远。又因用直接火煎熬,蒸发不易,含水量较高,而还原糖又未隔离,仍留糖内,不但糖分减低,且增加吸水能力,每遇天热,辄易溶化,不易保存。①

生产成本高而出品质量欠佳,其结果是产品售价和经济效益低下,无法同机制糖竞争。表3-19是广东揭阳手工和机器制糖的收益比较:

表3-19　旧法和新法制糖收益比较(以原料蔗茎100担计)

1936年

方法	所得蔗汁(担)	制成糖量(担)	结晶糖含量(%)	成品售价(元)		制造费(元)		每百担蔗出糖收益(元)	附注
				每担市价	总价值	每担费用	总制造费		
手工制片糖	65	10.5	75.0	10.50	110.25	2.50	26.25	84.00	
机器制白糖	80	8.5	99.5	22.00	187.00	2.50	21.25	165.75	制造费可减至1—1.5元

资料来源:据彭泽益《中国近代手工业史资料》第3卷,第701页表改制。

从表列广东揭阳的情况看,手工同机器两种榨糖方法比较,单位蔗茎原料或制成品的成本差距并不大,每担成品糖的费用甚至完全一样。导致两者收益差距悬殊最主要的原因,是产品质量引发的价格差异。机制白糖每担市价22元,而手工片糖只有10.5元,不到前者的一半。虽然每百担原料蔗茎的出糖量,手工比机器多2斤,但杯水车薪,无济于事。结果,机器制糖每百担蔗茎出糖收益为165.75元,而手工制糖只有84元,仅相当前者的50.7%,与两者的价格差距相若。

---

① 国民党政府全国经济委员会编印:《制糖工业报告书》1936年8月刊本,第38—44页。

19世纪末叶后,国内手工蔗糖业的加速衰退,从根本上说,是市场的选择。

然而,手工蔗糖业并未退出历史舞台,而是艰难和顽强地延续下来。除了中国传统手工业特有的韧性,更重要的是手工糖业产品仍有其市场需求。在民间,褐糖(红糖)是产妇和病人(尤其是失血及身体虚弱者)廉价而又重要的滋补品,是烹饪的重要调味品和着色剂,遇年节和结婚等喜庆,红糖、红枣水是招待宾客的上等和吉祥饮料,红糖生姜水是驱寒和医治伤风感冒最常见的民间偏方。所有这些,都是机制白糖无法取代的。更有论者认为,进口机制白糖的优势不过是"成本薄而式样美,然究其原质,不及内地之糖远甚"。中国只要革新旧法,采用机器制造,糖业"不难恢复旧观"。[①] 显然,手工制糖业,尤其是传统糖业产品,仍有其存在的价值。这是手工制糖业得以长期延续的根本原因。

(二)酿造业的内部结构和产销状况

中国酿造业历史悠久,分布十分广泛,各省各县,几乎无处无之。在社会经济特别是城乡居民日常生活中,占有十分重要的地位。产品主要包括酒、酱、酱油、酱菜、辣油及醋等六项。19世纪末以前,整个酿造业一直是传统手工生产。1895年,山东烟台张裕酿酒公司成立,采用新法酿制葡萄酒,开始打破全国传统手工酿造业的一统天下。此后又有北京双合盛啤酒厂(1916年)、无锡惠泉啤酒汽水股份有限公司(1920年)、上海昆仑酿酒公司和中国酿酒公司(1924年)的产生。至于酱、酱油、醋、辣油等的制造,除上

---

① 工商广告社编纂部编:《厦门工商业大观》第五章,工商百业,厦门工商广告社1932年印本,第36页。

海万康酱油酿造厂采用新法生产外,其他仍然全部沿用传统的生产方法和经营模式,未见大的变革。

手工酿造业既有专业商品生产,又有家庭副业自给性生产,专业生产同副业或兼业生产、商品生产同自给性生产长期并存。如湖南湘潭等地,居民历来有蒸谷酒、米酒的习惯,除自饮外,多就地销售。[①] 在酿造业中,专酿酒者称"槽坊"、"酒坊"或"烧锅";专制酱、酱油、酱菜者称"酱园"。[②] 不过专业分工并不严格,槽坊往往兼制酱、醋;酱园亦往往兼制醋、酒。手工酿造业在长期延续和发展过程中,涌现出不少百年老号(园)和具有独特风味的地方和字号名产,如浙江绍兴黄酒、江苏镇江香醋、贵州仁怀茅台酒、四川泸州老窖、江苏泗阳洋河大曲、山西汾酒、北京六必居酱菜、四川涪陵榨菜等。这是中国酿造手工业的宝贵资产。

在酿造业内部,酒、酱、酱油、酱菜、辣油的地区分布、经营性质、产销状况,互有差异。酿酒业是酿造业最主要的组成部分,分布最广。南北各地大小城市和集镇,乃至村落,槽坊星罗棋布。在农村,特别是南方地区农村,还有不少农户自行酿酒,供家庭消费。酒(主要是白酒)的生产和消费,地区差别和城乡差别不甚悬殊。酱、酱油、醋酿制业的地区分布,远不如酿酒业普遍,产销的城乡差别和地区差别亦较明显。酱、酱油大多由酱园专业生产,但醋的制造,一般并无专门作坊,大多由槽坊、酱园或杂货铺兼营,亦有农户

---

① 《湘潭县志》第 20 卷,工业建筑业,湖南出版社 1995 年版,第 469 页。

② 在大部分地区,较大的酒坊、酱园,一般都已脱离家庭,成为独立的生产单位,但浙江情形比较特殊,酒坊始终是家庭手工业的一种,千年相沿,无有变化,即使资本大者至 10 余万元,工人至 100 余人,但仍不脱离家庭工业状态,酒坊与住家相连,并无特别建造的工场[国民党政府实业部国际贸易局编:《中国实业志·浙江省》下册,1933 年初版,第 123(庚)页]。

蒸酒时用酒尾制作。在普遍嗜醋的山西，"凡小康之家，皆自酿造"①，醋的自给性生产比重更高。酱菜只少数地区（如山西部分地区）有专门作坊经营，大部分地区多由农户家庭自行腌制，专业性商品生产所占比重更小。表3-20是1932年对江苏酿造业的调查统计，它反映出酿造业内部结构、地区分布、产品消费方面的一些重要现象。

表3-20　江苏上海等33县酿造业家数及生产状况统计

1932年

产品分类*	县数及家数		资本额（元）			每年产量产值		
	县数	家数	有统计家数	资本总额	每家平均	有统计家数	产量（担）	产值（元）
酒、白酒、黄酒、	19	2668	100	262300	2623	2666	484046	5082252
白酒、黄酒、瓶酒、酱油	7	180	63	910000	14444	63	592630	3259290
白酒、黄酒、酱、酱油	4	310				310	134862	631020
酒、酱油、酱菜、醋	1	26				26	26900	
酱、酱油	2	173				173	85000	767000
合计	33	3357				3238	1323438	9739562

* 本栏系指有若干县、若干酿造企业制造此类产品，至于具体到各个生产单位，产品种类不得而知。

资料来源：据《中国实业志·江苏省》第4册，第454—457页表分类、综合统计、改编。

调查的33县中，共有酿造业3357家，其中只产酒的达19县，有槽坊2668家，年产值508万余元，分别占总数的57.6%、79.5%和52.2%；只产酱和酱油的2县，酱园173家，年产值76.7万元，

① 国民党政府实业部国际贸易局编纂、发行：《中国实业志·山西省》，实业部国际贸易局1937年初版，第276（己）页。

分布占总数的 6.1%、5.2% 和 13.4%。其他 12 县同时生产酒和
酱油等酱制品,如以酒和酱制品各占一半计算,则共有槽坊 2926
家,年产酒 1224718 担(合 685450 公担),年产值 7027407 元,分别
占总数的 87.2%、92.5% 和 72.2%。槽坊及其产量、产值在整个
酿造业中占了绝大比重。在地区分布上,酱园主要分布在经济较
发达地区,14 个有酱园的县中,12 县在苏南,只有两县在苏北。都
是经济最发达的县区。① 其中吴县(苏州)、江都(扬州)两县则只
有酱园,而无酿酒作坊。上海虽然产酒,但只有生产瓶酒的新式酒
厂,而无槽坊。② 昆山有 4 家酱园,只 1 家槽坊,南汇 10 家酱园 1
家槽坊,镇江 23 家酱园、1 家槽坊,都以酿造酱油为主。③ 槽坊大
部分散布在经济相对落后的地区,表列只有槽坊而无酱园的 19
县,除武进、南京(江宁)外,全部在苏北④,其中泰兴、泰县、东台 3
县,槽坊更多达 2195 家,占酿造业总家数的 65.3%。一些地区尤
其是经济发展较落后的地区,在酒类、酱品的生产和消费上,似乎
把酒类放在优先位置,不过目的并非全在酒的生产,而是兼得酒糟
饲猪肥田。因苏北土壤多带砂质,非施猪粪不能滋长作物,而酒糟
又是饲猪的最佳饲料。酿酒可谓一举多得。另一方面,苏北生活
水平较低,大都以盐为代用品,故酱油生产较少。⑤

---

① 苏南 12 县为上海、吴县、江阴、常熟、无锡、昆山、太仓、嘉定、青浦、
南汇、宜兴、镇江(丹徒);苏北两县为江都、东海。

② 上海共有酱园 49 家,酱油厂 1 家,另有昆仑、中国两家酿酒公司。

③ 据国民党政府实业部国际贸易局编:《中国实业志·江苏省》第 4
册,第 468—472 页表统计。

④ 苏北 16 县为泗阳、宿迁、砀山、丰县、沛县、邳县、萧县、铜山、睢宁、
沭阳、泰兴、赣榆、泰县、盐城、兴化、东台。

⑤ 国民党政府实业部国际贸易局编:《中国实业志·江苏省》第 4 册,
宗青图书公司 1980 年印本,第 462—463 页。

酿造业的这种内部结构和地区分布状况，其他各省也都大同小异。如福建厦门，作为近代最早开放的条约口岸，商业发达，生活水平相对较高，和苏南地区一样，酿造业也以酱园为主。酱业是厦门"唯一之大工业"，全市共有酱油厂 7 家、酱园 19 家。据说酱业"所制罐头酱品颇受社会欢迎，历年产量，与日俱增"。酿酒业则居次位。全市只有酒厂（槽坊）14 家，生产"土酒"。居民消费的酒类，除土酒外，相当一部分为洋酒和北酒（高粱酒、绍兴酒、玫瑰酒、五加皮等）。[①] 又如东北，1929 年辽宁全省有酱园 31 家、资本 9.12 万元，其中 26 家（资本 5.8 万元）在省城沈阳；全省有烧锅 23 家，资本 54.45 万元，只有 8 家（资本 16.2 万元）在沈阳，其余 16 家（资本 38.35 万元）均在外地；黑龙江全省有酱园 11 家，资本 2.78 万元，3 家（资本 0.65 万元）在省城龙江（齐齐哈尔），全省有烧锅 69 家，资本总额 551.5 万元，只有 1 家（资本 2 万元）在省城，其余全在外地各县，其中位于吉黑交界的肇州、巴彦两县，共有烧锅 21 家，资本 503.3 万元，分别相当省城的 21 倍和 252 倍。[②] 表 3－21 为湖南等 6 省的酿造业内部结构及资本经营状况统计。

酿造业的发展和兴衰变化，虽然受到国外同类和近类产品，如洋酒、罐头、汽水饮料等的冲击和影响，但没有制糖业严重，主要制约酿造业发展变化的还是国内政治局势、社会经济和酿造业本身的技术、方法、产品质量。

中国酿造业历史悠久，但长期因循保守，生产技术和经营模式，少有变革，进入近代，虽然不同时期、不同地区、不同行业和产

---

① 工商广告社编纂部编：《厦门工商业大观》第五章，工商百业，厦门工商广告社 1932 年印本，第 42—43、46—48 页。

② 东北文化社年鉴编印处编：《东北年鉴》（1931 年），第 1047—1049、1087、1090—1095、1097、1099—1100、1110 页各表。肇州、巴彦两县烧锅资本额可能有误，但两县烧锅业畸形发达，应无疑义。

表3-21 酿造业内部结构及资本经营状况统计

1929—1936年

单位:资本、产值:千元,产量:千担

省别	槽 坊					酱 园					备 注
	县数	家数	资本	产量	产值	县数	家数	资本	产量	产值	
湖南	23	452	297	486	592	7	55	352	303	316	酱园大半酒酱兼营
山东	65	1715	6276	469	6276	30	260	610	335	1794	
山西	75	474	825	98	1209	23	133	471	51	274	产量单位原为斤
辽宁	4	23	545	15	2131	3	31	91	23	258	缺本溪烧锅产值
吉林	3	11	445	40	877	3	16	430	116	184	
黑龙江	14	47	447	33	798	5	12	37	1.9	2.8	
合计	184	2722	8835	1141	11883	71	507	1191	557	2829	

说明:1. 原资料吉林槽坊、黑龙江酱园缺产值统计,暂且按相邻两省相关数据推算得出。

2. 原资料龙江唯一1家烧锅,资本2万元,年产酒"四千万斤"(无工人和产值数字),似不可能,疑为"四十万斤"之误。

资料来源:湖南据《中国实业志·湖南省》下册,第146—147(庚)、149—150(庚)、179(庚)、183—186(庚)页各表综合统计;山东据《中国实业志·山东省》第五册,宗青图书公司1980年印本,第292—296(辛)、310(辛)、371—373(辛)、383—384(辛)页各表综合统计;山西据《中国实业志·山西省》,第232(己)、236(己)、238—266(己)、268—273(己)、278—281(己)页各表综合统计;辽宁、吉林、黑龙江据东北文化社年鉴编印处编:《东北年鉴》(1931年),第1036、1048—1049、1053—1054、1055、1066、1067、1069、1074、1076、1078、1081、1083、1087、1090—1097、1099—1100、1101页各表综合计算、编制。

品种类,发展变化互有差异,但总的趋势是停滞、维持和逐渐萎缩。一遇大的自然灾害、政治事件或经济环境恶化,即大幅衰退,过后虽有恢复,但已无力回复旧观。这一时期,1927年后至30年代全国经济恐慌爆发前,部分地区的酿造业,曾有某种程度的恢复和发展,但到 30 年代经济恐慌期间,除浙江等少数地区外,酿造业再次大幅衰退。

酿酒业方面,浙江是全国产酒最多的省份,30 年代初,每年产酒 10887 万余斤(约合 6497 公斤),除昌化外,其余 74 县,无不出产。其中绍兴有大小酒坊 2030 家,绍兴、萧山两县以产"绍酒"著称于世,每年产酒在 4405 万斤以上,超过全省总产量的 40%。因酿造、提炼、加工方法不同,绍酒有新酒、白酒、老酒、竹叶青、花雕、状元红、加饭酒、善酿酒等多个品种和规格、名称。[①] 绍酒行销区域,遍及全国,质量既优,声名远播,市场广阔,故能经久不衰。[②]

山东往昔酒业颇盛,及清末政局不稳,营业日缩。民国后渐次恢复,1921 年前后,被称为"鼎盛时期",1924 年后,天灾人祸接踵而至,复又转衰。1928 年"五三"惨案后,已极度衰微。1929 年后,农产丰登,政局稳定,酒业才又开始恢复,但酿户及经营规模,与民国初年差之甚远,如表 3－22 所示,1914 年后,山东酒业持续萎缩,1914—1918 年间,酒坊从 7213 家减至 5093 家,职工从 25154 人减至 16403 人,分别下降了将近 30% 和 35%。1919 年后,职工人数有所回升,但酒坊数量继续下降。被称为"鼎盛时期"的 1920 年,酒坊数和职工人数仅分别相当 1914 年的 20.4% 和 71.8%。

---

① 酒醪最初榨滤之酒,谓之"新酒"或"白酒",因含有较多微生物,难以久储,故须入镬熬煎。凡经烧煎的新酒,名曰"老酒"。老酒煎至约摄氏 56 度,至酒中泡沫集中到一点,以竹筛除之,一达沸点,立即灌入罐内,越时取饮,酒色白中带青,名曰"竹叶青"。该酒储藏多年,然后取饮者,则谓之"花雕"。若煮酒杀菌时,更加炒糖著色,酒呈黄褐者,则称之为"状元红"。凡酿造时,特别加多米量,谓之"加饭酒"。酿造时不用水,而以酒代之,再与糯米、麦曲混和发酵者,称为"善酿酒"。

② 参见国民党政府实业部国际贸易局编:《中国实业志·浙江省》第 3 册,宗青图书公司 1980 年印本,第 120—123(庚)、144—145(庚)页。

表3-22　山东酒坊及其职工数历年比较表

1914—1920,1933 年　　　　　　　　　　　1914 年 = 100

年　份	酿　造　户　数		职　工　数	
	实　数	指　数	实　数	指　数
1914	7213	100.0	25154	100.0
1915	—	—	23912	95.1
1916	6434	89.2	22499	89.4
1917	5875	81.5	21364	84.9
1918	5093	70.6	16403	65.2
1919	—	—	17777	70.6
1920	1468	20.4	18070	71.8
1933	1715	23.8	8399	33.3

资料来源:据《中国实业志·山东省》第5册,宗青图书公司1980年印本,第280(辛)页表改制。

　　1927 年后,山东酒业经 1928 年"五三"惨案重创,1929 年后渐次恢复,全业处于处于恢复、调整和新陈代谢阶段。旧的酒坊纷纷闭歇,新的酒坊大量产生。1933 年全省 1715 家酒坊中,有设立年份可稽的 730 家,设立于 1927—1933 年的为 284 家,占 38.9%。其中 1930—1931 年 141 家,占 19.3%。[①] 进入 30 年代,山东酒业虽"再显苏态"[②],酒坊数量略有回升,但职工人数陡降,生产经营规模大幅萎缩,平均每家职工人数从 1920 年的 12.3 人降至 1933

---

　　① 据国民党政府实业部国际贸易局编:《中国实业志·山东省》第 5 册,宗青图书公司 1980 年印本,第 312—366(辛)页,山东各县酒坊生产情形表统计。

　　② 国民党政府实业部国际贸易局编:《中国实业志·山东省》第 5 册,宗青图书公司 1980 年印本,第 310(辛)页。

年的 4.9 人,缩小了 60%强,山东酒业风光不再。

河北一些地区的酿酒业也很兴盛,颇有名气,如清时元氏县宋曹白酒,以优质红高粱为原料,香醇味浓,闻名遐迩,曾为贡品。1931 年元氏、藁城、无极、深泽、赵县、平山、行唐、高邑、赞皇等 9 县,有酿酒厂及作坊 80 家,工人 531 人(其中童工 30 人),资本 96568 元,年产酒 155.3 万斤(合 92.7 万公斤),产品主要销售本县及邻县。① 藁城素有“酒乡”之称,民间多有“小烧”作坊。1933 年县内有酿酒业 9 家,原料为高粱、大麦,年产黄酒、烧酒 3.75 万公斤。② 蓟县从清光绪初年开始,相继开办多家烧锅,民国后加速发展,其中兴泰德烧锅,1900 年开办时,系前店后厂,有房 50 余间,雇工 40 余人,日产酒 700 斤,后不断扩大,到 1935 年,有固定资产 10 银元,房 100 多间,雇工 80 多人,年产酒 300 多吨。③

以汾酒、潞酒、柿子酒驰名的山西酒业,1927 年后一度有所恢复和发展,将近一半的槽坊是 1927 年后建立的。④ 但到 30 年代中,因灾害频繁,技术陈旧,酒业衰落。柿子是柿子酒的基本原料。30 年代中因河东道各县遭受风灾,柿子树尽被吹折,柿子收成大减,柿子酒坊不得不改用高粱,柿子酒业顿衰。产于潞城、长治一带的潞酒,也是山西名酒,与汾酒齐名。30 年代后,因制造方法不知改进,亦渐见衰落。⑤

湖南酒业在 1927 年后也有所发展,据调查,1933 年 23 县 452

---

① 《石家庄地区志》,文化艺术出版社 1995 年版,第 304—305 页。

② 《藁城县志》,中国大百科全书出版社 1994 年版,第 160 页。

③ 《蓟县志》,南开大学出版社 1991 年版,第 336 页。

④ 1935 年全省 474 家槽坊中,有设立年份可考的 462 家,建于 1927—1935 年的 225 家,占 48.7%〔《中国实业志·山西省》,第 267(己)页〕。

⑤ 国民党政府实业部国际贸易局编纂、发行:《中国实业志·山西省》,实业部国际贸易局 1937 年初版,第 231(己)页。

家酒坊中,有设立年份可考的 275 家,设于 1927—1933 年的 95 家,占 34.5%。①30 年代渐形衰落,但不太严重。产自衡阳的酃湖名酒,据说清初出产最盛,清季衡阳城内尚有酒坊 200 余家,到 30 年代初,"稍形衰落",然尚有 177 家。②

酒业、酒楼一向昌盛的广州,30 年代经济恐慌期间,酒业同样经营艰难,明显清淡。因城内地皮费太昂,槽坊在市内开甑蒸酒的不断减少,大多把制造环节转往郊外,以期降低成本。虽然 1934 年米价低贱,成本已较轻,但因各个行业均不景气,不仅酒楼销数减少,其他店户销售亦不及往日之半。③酒的销量大幅下降,酒业随之萎缩。

西部地区,四川万县,酒类生产有白酒(曲酒)、果酒、米酒(黄酒)。白酒是传统饮料,民国时期多为家庭工业生产,1935 年全县有小酒坊 735 家,年产白酒 6700 桶。④陕西凤翔的烧酒业也颇为发达,所产"凤酒"小有名气。据 1935 年的调查,县城及柳林、陈村两镇,共有烧房 60 家,全年产酒约 403.2 万斤(合 240.6 万公斤),全县年产烧酒约 750 万公斤,约值 70 余万元,多运往西安,转销各地。⑤

30 年代各地酒业普遍衰退,除城乡经济凋敝外,税捐苛重是

---

① 据国民党政府实业部国际贸易局编:《中国实业志·湖南省》下册,第 151—178(庚)页,湖南各县酒坊工业一览表统计。

② 国民党政府实业部国际贸易局编:《中国实业志·湖南省》下册,实业部国际贸易局 1935 年初版,第 145(庚)页。

③ 《广州年鉴》第二集,第 10 卷,经济,奇文印务公司 1935 年版,第 121 页。

④ 《万县志》,四川辞书出版社 1995 年版,第 215 页。

⑤ 铁道部业务司商务科查编:《陇海西兰线陕西段经济调查》,1935 年刊本,第 79、86 页。

重要原因。酒系兴奋剂和奢侈品,多饮则有害,且其原料为粮食,消费过量,有碍民生,国民党政府采取"寓禁于征"的办法,重课酒税。① 税重价高,销量减少,酒业亦随之萎缩。

酱园业方面,不同地区、不同产品种类,兴衰变化互有差异。福建厦门,罐头菜酱品和卫生酱油一直持续发展,"历年产量,与日俱增"。罐头菜酱品虽不足与舶来品争衡,但适合国人口味,价格低廉,故能保有小部分市场。卫生酱油,因物品优良,气味馥郁,富有营养,销路更广。论者预期,中国大豆著称于世,酱油原料优良,倘再加科学研究,制造得法,消毒有方,可以经久而不坏,则"将来销路,当更无可限量"。②

山东、山西酱园业情况略异,民国初年颇盛,30 年代显著衰落。济南、章丘是山东酱业的重要集中地,1933 年有酱园 138 家,占全省 260 家的 53.1%。1921 年前后,两地酱业营业比较发达,章丘酱园多达四五十家。但 1928 年"五三"惨案后,济南各种商业均受打击,济南、章丘酱园亦随之惨淡。1929 年后,济南市面逐渐恢复,至 30 年代初,两地酱园已兴旺不少,但仍未完全复原,1933 年章丘还仅存酱园 17 家。惠民、阳信等地酱业,民国初年后,已趋衰微,阳信酱业最盛时,城乡酱园达 10 余家,到 30 年代仅

---

① 如山东省 30 年代的税率为:高粱酒每百斤抽正税 2.8 元、公卖税 2.8 元(曹县、单县达 15.6 元);黄酒每百斤抽正税 8.8 元、公卖税 8.8 元。另外凡设肆售卖者,每季须纳牌照税 4—8 元不等〔国民党政府实业部国际贸易局编:《中国实业志·山东省》第 5 册,宗青图书公司 1980 年印本,第 312 (辛)页〕。山西酒税有国税、省税、地方附加 3 种,总计产酒百斤,须纳税 4.5 元至 5 元,与酒价相等〔国民党政府实业部国际贸易局编纂、发行:《中国实业志·山西省》,第 238(己)页〕。

② 工商广告社编纂部编:《厦门工商业大观》第五章,工商百业,厦门工商广告社 1932 年印本,第 42 页。

存2家。① 山西酱园,尤其是太原酱园,因所制酱品,品质极良,民国初年,盛销邻县,营业昌盛。到30年代中,因农村破产,销路大减,"已进入萧条时期"。② 与酱业萧条相反,醋业因全省嗜醋,市场稳定,1927年后有较明显的发展。1935年全省53家制醋坊中,1927—1935年新建的达25家,占总数的47.2%。③

酿造业的原料、产品制造、资本经营、销售市场,情况多样。

传统酿酒业的产品主要分为黄酒和白酒(烧酒)两大类。黄酒以糯米或籼米为原料,本以浙江绍兴所产最著名,后传入苏南。其他部分省区,亦有生产;白酒(烧酒)分别以高粱、大麦、小麦、玉米、小米、绿豆等为原料,主要产于北方各省。因原料不同,分别有高粱烧、大麦烧、元麦烧、玉米烧、小米烧、绿豆烧等名称。此外,还有玫瑰酒、木瓜酒(其方法是在酿造高粱酒时,在发酵秕子中分别加入玫瑰花或木瓜)、柿子酒以及各种药酒等。

酱业中,酱油的主要原料为大豆、麦粉及食盐,其中大豆7成,麦粉3成。酱油因加工程序、提炼先后、成油混合比例不同,产品种类、规格甚多,如湖南酱油有元滴油、冲滴油、头油、顶油、元油、秋油、子油、母油等8种。④ 制酱原料为豆、面、麸皮、食盐;制醋原料,南北略异,南方主料为稻米、小麦,北方为高粱、小米、小麦,配料均为谷糠、曲面等;酱菜的基本原料为菜蔬、酱。除部分地区的

---

① 国民党政府实业部国际贸易局编:《中国实业志·山东省》第5册,宗青图书公司1980年印本,第367—368(辛)页。

② 国民党政府实业部国际贸易局编纂、发行:《中国实业志·山西省》,第238—266(己)页表统计。

③ 据国民党政府实业部国际贸易局编纂、发行:《中国实业志·山西省》,第268—273(己)、278—281(己)页各表统计。

④ 国民党政府实业部国际贸易局编纂、发行:《中国实业志·湖南省》下册,第181—182(庚)页。

大豆来自东北、盐来自盐产区外,其他原料基本就地取给。

手工酿造业的资本和经营性质,农户自给性家庭副业生产不计。无论槽坊、酱园,均分专营和兼营两种。专营者多为普通商贾,在城镇设坊立肆,批发零售,供应本地,或输往他处;或者前店后厂,自产自销。兼营者多为地主或富裕农民,农闲时以所获农产品或剩余农产品,设坊酿酒、制酱,运销市集,或为市集酒肆、杂货铺代酿。产量多寡悉视年成丰歉而定,其性质亦为家庭副业。

手工酿造业的资本和生产规模,地区之间、单个生产者之间,差异颇大,大的有资本数万元,职工数十人,小的资本一二百元,工人一二名,或为家工自雇自营。总的说,规模十分狭小。表 3-23、表 3-24 是若干地区槽坊、酱园的资本和生产经营规模统计:

无论槽坊或酱园,规模都不大,按省平均,每家资本最高不足 3.5 万元;酒和酱的年产量最高分别不超过 37 万斤(合 22.1 万公斤)和 73 万斤(合 43.6 万公斤);年产值最高分别不超过 10 万元和 12 万元。从地区看,东北的槽坊、酱园规模略大,关内地区较小。其中湖南槽坊每家资本不到 700 元,年产值仅千余元;广西桂林、邕宁的槽坊,分别只有雇工 1 人和 2 人(并无家工参加生产),年耗原料大米分别只有 214 担(合 12772 公斤)和 600 担(合 35808 公斤)。根本算不上作坊,只是家庭式的雇工生产。

酿造业的产品销售及其方法,因产品及销售地不同,而有所差别。如江苏部分槽坊所产黄酒,除委托酱园代销外,均批发给酒行售卖。江北所产白酒,除供本县消费外,大都集中泰县海安的酒栈(该地有酒栈 11 家)。销售畅旺时由酒栈居间说合,卖予贩运商;清淡时则由酒栈自行收买,囤积出售,分别销往安徽、河南、山东邻近各县。不过江苏所造黄酒、酱油及醋,大多"自制自销",仅供本

表 3 - 23　江苏等 9 省槽坊资本和生产规模统计

序号	省别	县数	家数	资本额		职工人数		产量		产值	
				总额	每户平均	总数	每户平均	总产量	每户平均	总产值	每户平均
1	江苏	6	198	1736000	8767.7	—	—	10845000	54773	1046900	5287.4
2	湖南	23	452	297000	657.1	—	—	486000	1075	592000	1039.7
3	广西	4	15			47	3.1	3609	241		
4	山东	57	855	1653592	1934.0	8892	10.4	—	—	6276413	7340.8
5	山西	75	474	825424	1741.4	4187	8.8	98000	207	1209000	2550.6
6	辽宁	4	23	545000	23695.7		4.4	1500000	65217	2131000	92652.2
7	吉林	3	11	370000	33636.4	473	43	4000000	363636	877000	79727.3
8	黑龙江	14	47	447000	9510.6			3258400	69328	798100	16980.9
9	热河	1	1	23000	23000	23	23	190000	190000	41000	41000

说明:广西产量,系购买原料大米数。

资料来源:1 据国民党政府实业部国际贸易局编:《中国实业志·江苏省》第 4 册,宗青图书公司 1980 年印本,第 454—457 页表综合整理、计算;2 据国民党政府实业部国际贸易局编:《中国实业志·湖南省》,第 3(庚)页,146—147(庚)页各表综合计算;3 据广西统计局编印:《广西年鉴》(第二回,1935 年),第 445—447 页,酿酒业表甲、表丁摘要、综合计算;4 据国民党政府实业部国际贸易局编:《中国实业志·山东省》第 5 册,宗青图书公司 1980 年印本,第 286(辛)、292—296(辛)页表;5 据国民党政府实业部国际贸易局编纂、发行:《中国实业志·山西省》,第 232(己)、236(己)、238—266(己)页表;7、8、9 据《东北年鉴》(1931 年),第 1036、1048—1049、1053—1054、1055、1066、1067、1069、1074、1076、1078、1081、1083、1087、1090—1097、1099—1100、1101 页各表综合计算、编制。

表 3 - 24　湖南等 6 省酱园资本和生产规模

序号	省别	县数	家数	资本额		职工人数		产量		产值	
				总额	每户平均	总数	每户平均	总产量	每户平均	总产值	每户平均
1	湖南	7	55	352000	64000.0	—	—	303000	5509	316000	5745.5
2	山东	30	260	610000	2346.2	—	—	335000	1288	1794000	6900.0
3	山西	23	133	471000	20478.3			51000	383	274000	2060.2
4	辽宁	2	30	90000	3006.7	133	4.4	2260000	75333	258000	86000
5	吉林	8	16	430000	26875.0	428	26.8	11600000	725000	1840000	115000
6	黑龙江	6	11	27800	2572.3	64	5.8	166000	15091	—	—

资料来源:东北据东北文化社年鉴编印处编:《东北年鉴》(1931 年),第 1048、1055、1069、1083 页,余据表 3 - 22。

县消费。① 山西酒类以汾酒最为名贵,销路亦最广,除本省外,遍销华北各大商埠、都会,30 年代,京沪一带,汾酒亦占有相当地位。浑源、盂县及长治、潞城、长子、襄垣所产各酒,也分销河北、河南部分地区。这些酒的销售,有批发、零售之分。酿酒作坊和酒行商人,专任批发,零售分属一般商店。酒行向作坊直接批发,转运其他城镇或外省大商埠销售,均系大宗交易。酒行向作坊批发时,有期货、现货两种。放款方式通常为现货现款,期货期款。期货预先定价,不受交货时的价格涨落影响。酱油销售,太原、汾阳、襄垣、晋城所产,分别销售周边各县,晋城酱油间有销及河南。其他各县产品,概销本县各村镇。交易方法全为现款现货买卖。醋则全部在县内销售,且以门市交易为主。② 湖南、山东等省情况大同小异。湖南酒类,除衡阳酒销路较远外,其他各县产品仅销邻近乡镇以及邻县,省外销路"绝无仅有"。酱油销售范围稍大,亦未出省境。湘潭酱油虽素负盛誉,也只销本省。1919—1920 年间,该县玉春斋酱油一度设分号于汉口,未几即遭失败。③ 山东各县所产之酒,"供给本县者多,销外县者少,输出省外者更少";各县酱品销路,除济南及济宁玉堂酱品销于外埠或河北、江苏外,其他 28 县酱品,仅销于本县四乡或城厢,皆不出本县范围;醋也大多"仅足供本地之需求"。④

① 国民党政府实业部国际贸易局编:《中国实业志·江苏省》第 4 册,宗青图书公司 1980 年印本,第 463—464 页。

② 国民党政府实业部国际贸易局编纂、发行:《中国实业志·山西省》,1937 年初版,第 237(己)、275(己)、278(己)页。

③ 国民党政府实业部国际贸易局编纂、发行:《中国实业志·湖南省》下册,第 151(庚)、182—183(庚)页。

④ 国民党政府实业部国际贸易局编:《中国实业志·山东省》第 5 册,宗青图书公司 1980 年印本,第 282(辛)、385—386(辛)、286(辛)页。

第四节　其他手工业

其他手工业主要包括陶瓷业、手工造纸和印刷业，以及各类新兴手工业等。手工陶瓷业和手工造纸业、印刷业是中国最著名的传统手工业之一，在机器生产出现以前，一直居世界领先地位。20世纪初，大部分地区的陶瓷业尤其是以生产优质陶器为主的官窑业明显衰退，但亦有个别发展。手工造纸业和印刷业的发展变化，因地区而异，有兴有衰，兴衰互见，东部沿海地区和部分手工造纸、印刷业老区，因洋纸、国内机器纸和石印、铅印技术的竞争，手工造纸、印刷业明显衰落，但在内陆部分地区尤其是交通闭塞、经济文化相对落后地区，原有手工造纸、印刷业有较大比例继续留存，某些地区尚处于发生、发展和扩大中。新兴手工业门类繁多，兴起时间、分布地区、发展兴衰各异。大体上说，除部分以出口为主的新兴手工业，因国外市场变化尤其是1929—1933年世界经济危机，30年代明显衰落外，多呈现快慢不一或波浪式发展态势。

一、手工陶瓷业

这一时期手工陶瓷业受到三方面因素不同程度的影响和制约：一是机器生产的提倡和萌发。20世纪初，经部分地方官府和有识之士提倡，陶瓷业一度兴起工厂化生产潮流，江西景德镇，湖南醴陵，四川重庆、成都、广西宾阳以及东北等地设立或计划设立陶瓷工厂。不过由于种种原因，除辽宁在"九一八事变"前，陶瓷生产已是工厂为主外，至30年代初期，关内仅江西、四川、广东、河北、河南等地有一两家小型瓷业公司或工厂，"尚能勉强维持，开厂制造"。① 机器生产对手工陶瓷业的整体影响不大,就全国范围而言,手工生产及以人力为动力的生产在陶瓷业中仍占绝大比重。

二是洋瓷(主要是日本瓷器)进口不断增加,对手工陶瓷业的冲击和压力越来越大。中国瓷器质地优异,做工精巧,享誉世界,在古代时期,是同丝绸一样重要的出口货品。近代时期尤其是进入 20 世纪以来,外国大规模的机械化陶瓷生产迅速发展,中国手工陶瓷相形见绌,出口停滞和逐渐减少,如表 3－25 所示,出口瓷器的货量从 20 年代末的 14—16 万余担,降至 30 年代的不足 10 万担;货值从 20 年代末的近 200 万海关两,降至 30 年代的 100 万海关两以下。而洋瓷进口,种类和数量不断增加。1932 年前,进口陶瓷种类还只限于瓷器,1933 年后,陶器亦大批涌入中国市场。② 一降一升,使中国陶瓷进出口贸易由出超转为入超。早在 1929 年前,陶瓷进出口贸易已形成明显的入超,1931 年后,因进出口货值不含东北地区,曾有两年出超,1933 年后,关内地区亦形成入超,且数量急剧扩大。这对陶瓷业尤其是产品有较大比重出口或以外地市场销售为主的陶瓷业遭受日益严重的市场压迫。

三是 1931 年"九一八事变"的爆发和随后波及全国的经济危机和金融恐慌,对东北地区和全国陶瓷业产生更大的影响和冲击。东北沦陷后,东北全境的陶瓷业及其资源均为日本侵略者所控制,产品市场为日本所侵夺,关内地区对东北和朝鲜的陶瓷销售完全被阻断,东北正处于发展势头的陶瓷业,被蜂拥而至的日本陶瓷遏制、扼杀,原以东北、朝鲜为重要销售市场的关内地区一些陶瓷业,

---

① 《中国陶瓷工业调查》,《工商半月刊》1932 年 3 月第 4 卷第 4—5 期。

② 参见侯德封编:《中国矿业纪要》(第四次,1929—1931),第 174 页第 99 表;侯德封编:《中国矿业纪要》(第五次,1932—1934),第 248 页第 115 表。

表3-25 中国瓷器陶器进出口统计

1927—1937年 单位:货量:担*,货值:海关两**

| 年份 | 出口国外 | | | | | | 国外进口 |
| | 粗瓷 | | 细瓷 | | 小计 | | 瓷器 |
	数量	价值	数量	价值	数量	价值	价值
1927	146596	1354838	15113	561894	161709	1916732	2148662
1928	132464	1166278	17884	840891	150348	2007169	2511033
1929	132054	1005955	15417	770823	147471	1776878	2730082
1930	121111	905240	13642	961090	134753	1866330	2649389
1931	73701	466590	16141	1416741	89842	1883331	1474686
1932	71900	503287	20455	412845	92355	916132	860690
1933	80235	242088	18655	388760	98890	630848	750242
1934	83211	252200	16901	358584	100112	610784	844119
1935	58215	154267	17751	409079	75966	563346	750601
1936	55802	163712	24779	568686	80581	732398	434536
1937	76886	246834	22844	666901	99730	913735	432802

* 1934—1937年货量单位原为"公担",现按1公担=1.6536担,换算为"担"。

** 1932—1937年出口货值单位原为"国币元",现按1国币元=0.6452海关两,换
算为"海关两";1932—1937年进口货值原为"海关金单位",现按1海关金单
位=1.49海关两,换算为"海关两"。

资料来源:据各年海关报告综合编制。进出口数均为净值。

产品市场进一步缩小。1932年后肆虐全国的经济危机和金融恐
慌,也使手工陶瓷业受到严重冲击,市场萧条,生产萎缩,一些地区
的窑场减产、停工,甚至倒闭,中国手工陶瓷业陷入全面衰退状态。

1927—1937年间,中国手工陶瓷业的发展变化,以1931年为
界,大致分为前后两个阶段:1931年前,中国手工陶瓷业虽不景
气,但尚处于勉强维持的态势。资料显示,作为制瓷原料的瓷土,
1929—1931年三年间,全国主要瓷器产地的各年产量,依次为

786150 吨、777862 吨和 752450 吨①,虽逐年趋降,但幅度不大,反映出陶瓷生产的变化还算平稳。1932 年后,由于东北沦陷和全国经济环境恶化,加上洋瓷压迫日甚,中国瓷业"业务甚衰",南北各地"瓷价低落,产出不振"②,中国手工陶瓷业加速衰退。

这一时期陶瓷业普遍不景气,不过中国地域广阔,陶瓷生产及其发展变化,在不同地区、不同行业和不同档次窑场之间,情况各有差别,即使同一地区,亦复如此。如古代重要陶瓷产地河南鲁山,民国时期因兵燹匪患,陶瓷业逐渐凋敝,历史上有名的花瓷工艺基本失传。但县境梁洼一带,煤炭和陶土蕴藏丰富,自然条件得天独厚,实用价值较高的缸、盆、碗、瓮等民用产品的烧制仍很兴盛。③ 从各个地区看,东北手工陶瓷业兴起时间较晚,"九一八事变"前,随着土地的开发和人口的增加,机器陶瓷业有较大发展,并成为当地陶瓷生产的基本形式。但机器陶瓷业并未排挤和取代手工陶瓷业,相反,手工陶瓷业也在扩大,机器陶瓷业同手工陶瓷业并行发展。东北沦陷后,在日本侵略者的残酷掠夺和日本陶瓷的严重压迫下,机器陶瓷业同手工陶瓷业都急剧衰萎。关内地区在"九一八事变"前几年间,手工陶瓷业从整体上说,没有什么发展,只能勉强维持,1932 年后进一步衰落,中西部地区衰退程度相对略轻,东部沿海省区更为严重。从行业和窑场看,陶业衰退相对较轻,瓷业更为严重;产品只销本地市场的粗瓷土窑衰退相对较轻,产品主要销售外地和国外市场的细瓷大窑衰退更为严重。但部分地区陶瓷业也有某种程度的发展扩大,全国陶瓷业呈现整体

① 侯德封编:《中国矿业纪要》(第四次,1929—1931),实业部地质调查所 1932 年印本,第 174 页。

② 侯德封编:《中国矿业纪要》(第五次,1932—1934),实业部地质调查所 1935 年印本,第 247 页。

③ 《鲁山县志》,中州古籍出版社 1994 年版,第 449 页。

衰退、个别发展的态势。

近代中国手工陶瓷业分布极广,几乎各省都有制瓷业,大部分或绝大部分县区有制陶业。据1929—1931年的调查,陶瓷产量较多者有江西、河北、湖南、浙江、福建、山东、江苏、广东、四川、辽宁、河南、山西、甘肃、安徽、云南诸省。陶瓷业中的细瓷烧制因受优质瓷土原料的限制,产地分布较少,主要集中在江西景德镇,河北磁县、唐山,湖南长沙、醴陵,浙江龙泉,山东博山,山西平定,江苏宜兴,广东石湾,福建德化等处。据粗略调查,各主要陶瓷产区的瓷土产量和瓷器产值如表3-26:

表3-26 若干省区手工陶瓷业概况摘要
1929—1931年

省 区	瓷土产量*（吨）	陶瓷产值（万元）	摘 要
江西	159007	680	其中景德镇660万元
湖南四川		30	湖南醴陵,四川威远、彭县、重庆等为主
江苏	60000	100	高岭土系宜兴产量最多;产值宜兴约占8/10
浙江		12	产于龙泉、泰顺、东阳等地,缸樽等产品尚数倍于此,不在内
安徽	3192		系祁门产量
福建	50000	300	高岭土系德化、宁德产量;陶瓷产值德化、宁德、闽清为多
广东	30000	500	以潮安、大浦、南海、佛山石湾为多。石湾陶瓷年产200万元以上
广西		52.5	系宾阳产值
山东	81500	35	其中博山占65%;其余产地有淄川、泗水、商河、沂水等

续表

省 区	瓷土产量* （吨）	陶瓷产值 （万元）	摘 要
河北	198800	150	其中磁县 55 万元,井陉 15 万元,唐山 60—70 万元
晋豫陕甘等		100	山西平定、河南禹县为多
东北	103651	200	瓷土系辽宁产量;陶瓷以工厂生产为主,1929 年沈阳有窑业 56 家,资本 120.9 万元,使用电力或人力,工人 3242 名,年产碟碗 500 万件
其他	100000		包括湖南醴陵,河南禹县、南召,四川荣县、犍为,山西平定、大同,吉林长春,绥远,甘肃等
合计	786150	2112.5	

* 系 1929 年产量。

资料来源:广西据广西统计局编印:《广西年鉴》(第二回,1935 年),第 422、457 页;东北陶瓷产值据东北文化社年鉴编印处编:《东北年鉴》,1931 年,第 1035 页;余据《中国矿业纪要》(第四次,1929—1931),第 171—174 页,实业部地质调查所、国立北平研究院地质学研究所 1932 年印本。

　　各主要陶瓷产区(湖南、四川、浙江、广西及山西、河南、陕西、甘肃等省),1929 年瓷土产量约为 78.6 万余吨,其中江西、河北两省达 35.8 万吨,占总数的 45.5%,加上江苏、福建、广东、山东及东北(主要是辽宁),7 省区合计 60.1 万余吨,占总数的 76.5%。表列各省区(缺安徽及"其他"),1929—1931 年间的陶瓷年产值为 2112.5 万元,其中江西、广东、福建 3 省达 1480 万元,占全部产量的 70.1%。另据统计,1933 年全国手工陶瓷业总产值为 2506.3 万元,其中江西、广东、湖南、福建 4 省达 1610.9 万元,占全部产值的 64.3%。[①] 这反映了近代中国手工陶瓷业分布广泛而

――――――――

　　① 巫宝三主编:《中国国民所得(1933)》下册,中华书局 1947 年版,第 60 页第 4 表。

又相对集中的基本特点。

这一时期各主要陶瓷产地的发展变化情况,不尽一致,30 年代后大多加速衰微,则是共同特点。

江西浮梁景德镇是最重要的陶瓷产地。该地有全国最优质的瓷土①,所产精美瓷器,享誉世界。烧制瓷器是当地居民最主要的职业,在清朝至民国的鼎盛时期,全镇 28 万人口中,15 万直接从事瓷器烧制,瓷业年产值达一千五六百万元。② 到清末特别是进入民国后,景德镇瓷业由盛转衰。不过 30 年代前,产销尚可基本维持,据 1928 年数据,全镇瓷业 1451 户,工人 22029 人,资本额153.4 万元,产值 560.6 万余元。③ 当时景德镇瓷器向外地销售以国内市场为主,约占十分之七八,国外市场约占十分之二三,大部分均经九江输出。海关统计显示(详见表 3 - 27),1926—1929 年间瓷器总数有所增加,景德镇瓷器业总体状况尚可。

进入 30 年代,由于蒋介石国民党对江西苏区的军事“围剿”和经济封锁,生产破坏,尤其是 1931 年“九一八事变”后,东北沦陷,东北市场丧失,通往朝鲜的商路阻隔,产品“销场日狭”。从1930 年开始,出口国外的瓷器数量大幅下降,到 1932 年只有 6141担,仅相当于 1929 年的 4.8% ,1933 年后,九江海关已无瓷器类的国际贸易统计。景德镇瓷器瓷业加速衰落。加上瓷土货料不精,产地日远,运输不便;松柴、木炭等燃料腾贵,成本高昂;制造方法墨守成规,未能革新;货品偏重贵族式美术品,忽视平民化日用品;

---

① 全国质量好的瓷土出自景德镇高岭,故瓷土又通称“高岭土”。

② 《中国陶瓷工业调查》,《工商半月刊》1932 年 3 月第 4 卷第 4—5期。

③ 侯德封编:《中国矿业纪要》(第五次,1932—1934 年),实业部地质调查所 1935 年印本,第 492 页。

表 3 - 27 九江海关瓷器输出统计*

1926—1937 年 　　　　　　　　　　　　　单位:担**

年份	细瓷	粗瓷	合计
1926	43968	38644	82612
1927	50259	52806	103065
1928	60813	49671	110484
1929	67169	60691	127860
1930	43303	34071	77374
1931	59482	—	59482
1932	6141	—	6141
1933	—	—	
1934	34803	—	34803
1935	—	—	
1936	—	—	
1937	28921	—	28921

* 1926—1932 年数据为瓷器国际出口中由九江关"原货出口"数,1933—1936 年已
无该项统计;1934 年数据为海关"土货转口统计",目的地不详,其中或有部分瓷
器由其他口岸出口国外;1937 年纯为海关"国内贸易"统计,该年出口 17490 公
担(合 28921 担),值国币 787344 元,分别占全国国内出口量 21870 公担(合
36164 担)的 80% 和国内出口值 940662 元的 85%。

** 1934、1937 年瓷器单位原为"公担",现按 1 公担 = 1.6536 担,换算为"担"。

资料来源:据九江海关各年贸易报告综合编制。景德镇瓷器当有部分不经九江海
关输出,而海关统计中也可能有部分为邻近产地瓷器。

以及资本缺乏,等等,都造成景德镇瓷器业的不振。后经国民党政
府实业部和江西省政府实施改进计划,稍有成效,1935 年产销额
回升至 300 余万元,1936 年达 800 余万元。[①] 1937 年日本全面侵

————————

① 另有调查称,至 1936 年,景德镇窑户倒闭过半,从事瓷器业者不过
万余人,年产值四五百万元(《江西景德镇瓷业衰落》,《国际贸易情报》1936
年 9 月第 1 卷第 30 期)。

华战争爆发后,九江、南昌相继陷落,景德镇亦沦为战区,该地瓷业完全停顿。[1]

萍乡是江西另一瓷业集中地。该地上埠瓷器曾广销赣西及湘东诸县,每年获利尚丰。30年代亦因蒋介石国民党的军事"围剿",瓷业一度停顿,后虽略微恢复,但市场大部分已被湖南醴陵及他处瓷业取代,产销"大有一蹶不振之势"。[2]

湖南是全国盛产陶瓷器地区之一,主要集中在长沙、醴陵等地,分为陶业、土瓷(粗瓷)业、细瓷业三部分。长沙陶器闻名遐迩,据说该地陶业自清中期以来,"执陶业之牛耳垂150年"。1914年该县铜官一带"窑场林立,绵延十里",有窑160余座,陶工九千余人。各省陶器商到铜官订货者云集,为长江流域之冠。后因军阀混战、原料缺乏、成本昂贵、外货竞争等原因,产品销路大不如前,仅销本省和湖北,陶业日趋衰微。不过至30年代仍有大窑150座,资本150万元,工人约7000名。除长沙外,湖南陶器产地有湘阴、宁乡、岳阳、常宁、宜章、桂东、芷江、衡山等地,各地多则四五窑,少则二三窑,往往数家合置一窑。销路则大多只限于本县和邻县。据不完全统计,1934年湖南全省陶器产量约1524万余件,总价值近166万元。[3]

醴陵等地,是湖南土瓷业中心和全国瓷器四大产区之一。醴陵瓷业于开创清雍正年间,至光绪时营业逐渐发达。民国初年,醴陵土瓷业增至300多家,散于四乡,进入"极盛时代"。同时,土瓷烧制方法由醴陵逐渐传播到衡山、长沙、衡阳等地。至1934年,全

---

① 李春昱等编:《中国矿业纪要》(第七次,1935—1942年),经济部中央地质调查所1945年刊本,第413页。

② 李春昱等编:《中国矿业纪要》(第七次,1935—1942年),第413页。

③ 国民党政府实业部国际贸易局编:《中国实业志·湖南省》第3册,宗青图书公司1980年印本,第221(庚)、224(庚)、236(庚)页。

省土瓷业共计 235 家,其中醴陵 105 家,工人 5000 余名。其他地区 130 家,工人 2000 名。土瓷年产 862 万件,总值 96 万余元。醴陵瓷器销售遍及河南、湖北、安徽、江西、贵州、广东等地,销路一直不错。但 30 年代后,"因受时局影响,营业大不如前"。湘阴陶瓷衰退更早。该县陶瓷生产,咸丰光绪年间达于鼎盛,产品种类繁多,质地优良,杯、壶、罐等茶具,"茶虽久贮,香味不变"。清末至民国,因战乱频仍,窑民劳动繁重,生活艰难,陶业日衰。①

湖南细瓷业始于 1907 年。是年,官商合办湖南瓷业公司开始试制上等白瓷,数年后名声鹊起,相继成立商办细瓷公司十余家。但由于种种原因,湖南瓷业公司及以后成立的模范实业工场均告失败。至 1934 年,湖南细瓷业厂家有商办、合作社办的 19 家小窑,工人 3170 名,细瓷年产值 5.2 万余元。由于窑厂资本规模微小,只能勉强维持营业。②

福建陶瓷业起源甚早,宋元时期,福建陶瓷已大量销往东南亚和西亚各国。清康熙年间放开海禁后,福建陶瓷更远销西非。但因地处沿海,福建陶瓷业衰退亦早。鸦片战争后,洋瓷进入国内市场,福建陶瓷因销路不佳、运输困难而陷入困境。其间实业界有识之士曾试图创办新式瓷厂,以改变瓷业的落后状况,但均未成功。闽南沿海地区的一些陶工又沾染吸食鸦片恶习,不务正业,陶瓷生产萎缩,晋江陶窑大多倒闭歇业。③

广东清远,手工陶瓷业在 1926 年后一段时间一度扩大,30 年代后大幅衰退。据记载,1926 年后,该县石坎、南冲等地陆续开办

---

① 《湘阴县志》,生活·读书·新知三联书店 1995 年版,第 381 页。
② 《中国实业志·湖南省》第 3 册,宗青图书公司 1935 年印本,第 219—239(庚)页;《望城县志》第 14 卷,工业,生活·读书·新知三联书店 1995 年版,第 387 页。
③ 《福建省志·轻工业志》,方志出版社 1996 年版,第 5、8 页。

的陶瓷碗窑达 120 多家,到日本全面侵华战争爆发前夕,倒闭了约百家。①

山东博山也是全国著名陶瓷产地之一。博山制造陶瓷器多属家庭工业。1931 年 4 月,山东省政府设立的博山模范窑厂,资本7.2 万元,工人 102 名,是山东唯一使用机器动力的瓷器厂。此外博山还有 4 家规模较大的手工窑厂。产品以瓷器为主,陶器较少,博山模范窑厂年产各类陶瓷器 38.4 万件,产值 73850 元。其余 4厂,年产 77.5 万件,产值 8.5 万元。另有 20 多家窑户年产 30 万件,产值 5.5 万元。山东瓷器除本省外,主要销往河北南部及津浦沿线各市镇。在"九一八事变"前,东北各大商埠是山东陶瓷品重要销售市场。"九一八事变"后,东北销路均告断绝。窑户营业"颇现衰颓,窑厂倒闭,常有所闻",瓷业急剧衰落。博山陶瓷业兴盛时,有小窑户 200 多家,至 30 年代只剩 20 多家。②

这一时期,西部某些地区的陶瓷业也明显衰落。如贵州贵定,陶瓷业始于明洪武年间,产品在周边地区小有名气。20 世纪初,因外来瓷碗的冲击和自身经营不善,主要窑场停业,30 年代后加速衰落。1930 年尚有陶窑 60 座,每窑年产 70 万元,1937 年仅剩窑货业 11 家、瓷业 1 家。③

当然,也有部分地区陶瓷业的发展相对平稳,20 世纪 30 年代并未出现衰退,甚至明显发展。如山西平遥,清代陶瓷生产"初具规模",民国年间,日本全面侵华战争爆发前,"明显发展",陶瓷品种繁多,年产日用陶瓷器 23.4 万件。④

---

① 《清远县志》第 8 卷,工业,内部印行,1995 年版,第 308 页。
② 国民党政府实业部国际贸易局编纂、发行:《中国实业志·山东省》(下),1934 年初版,第 504—510(辛)页。
③ 《贵定县志·工业篇》,贵州人民出版社 1995 年版,第 531 页。
④ 《平遥县志》,中华书局 1999 年版,第 271 页。

浙江东阳，第一次世界大战至20世纪30年代中期，陶瓷业似乎一直处于发展、扩大的态势。该县茅蓬陶业始于清代，民国时期有缸窑8户，主要烧制酒坛和大头缸。茅蓬以及光远、马弓下、塘岸四地缸窑，民国时期年产陶器200万件，销往义乌、金华、兰溪等地。瓷业在1916年前，只有1872年筑建的一座"七仓蚌壳窑"。1916年有人新建碗厂，到1922年，年产碗14万只，1927年"夺取处州碗市场"。1931年有7户村民开办兴贸瓷业工厂，年产碗10万只。1934年、1935年再增添2家瓷厂。① 东阳手工陶瓷业从小到大，至此已粗具规模。

广东潮汕地区的陶瓷业，清末时生产水平甚低，陶瓷商号不多，1911年潮安县仅有陶瓷商号20余户，工人200余名，年产值约3万银元；民国后开始发展，1915年商号增至40多户，工人500余名，年产值约14万银元。1919年"五四"运动前后，反帝爱国和抵制洋货运动高涨，潮汕陶瓷业加速扩大，仅饶平9村就有95座瓷窑生产，产品畅销国内外；潮安枫溪的陶瓷商号也以每年10户的速度增加。1928年潮安有大小陶瓷商号80余户，工人1300余名，年产值达110余万银元。1929年后，由于抵制日货运动的开展，国产瓷器的市场需求增加，再次推动了潮汕瓷器业的发展。到1936年，潮安枫溪的陶瓷商号已有100余户，工人2000名左右，全年产值达300多万元。②

河北滦县的陶瓷业始于明代永乐初年，清末时有陶瓷作坊和手工工厂20余户，每户从业10余人至三四十人不等，产品以大

① 《东阳市志》第17卷，工业，汉语大词典出版社1993年版，第403页。

② 《汕头市志》第2册，第25卷，陶瓷工业，新华出版社1999年版，第381—382页。

缸、盆盏为主,供给农户以及酒坊、油坊、酱醋坊、染坊、豆腐坊使用,大多就地销售。近500年间,发展平稳而缓慢。清末时期,新式工矿业的兴起,给手工陶瓷业的加速发展提供了机遇。开创于明嘉靖(1522—1566)年间的陶成局,1878年开始为开平矿务局包制修建矿井用的缸砖,后又为大沽造船厂生产缸砖和耐火砖,遂使资本大增,扩建窑厂,拓展生产规模,职工增至百余人,成为滦县首家资本主义性质的手工陶瓷企业。为扩展产品销售,陶成局在天津设立批发部,名为德盛缸店。1930年,由德盛缸店筹建的德盛窑业制造厂投产,有职工近百人,生产大缸、陶管、建筑砖和日用细瓷,1936年增加耐火砖、耐酸砖的烧制,企业粗具规模。在陶成局迅速扩大期间,启新洋灰公司所属的老厂从德国购入机器设备,试产半陶半瓷性质的"洋灰瓷"。1924年启新老厂改名启新瓷厂,先后开发、生产日用白瓷、电器瓷件、铺地砖和卫生陶瓷。在陶成局、启新瓷厂的刺激和带动下,一大批新的陶瓷作坊应运而生。生产范围亦由陶器扩大到瓷器,由日用陶瓷扩大到工业陶瓷,使滦县陶瓷业由烧制土陶器开始进入主要烧制白瓷器和工业陶瓷的新阶段。到30年代后期,滦县陶瓷业进入兴盛期。1937年的调查称,滦县境内盛产陶瓷原料,陶瓷业"亦甚发达",仅开平站附近,烧制陶瓷者即有40家,除2家使用机器外,其余多为土法制造。各家有窑最少两座,最多6座;资本最低1万元,最高6万元。[1]

贵州仁怀,陶瓷业主要为茅台酒业提供酒坛、酒罐、酒缸、酒瓶等容器,并随茅台酒业的兴盛而扩大。早在乾隆末年,就有四川人到仁怀烧制坛罐、碗碟,随后,经营陶瓷的四川人不断增多,陶瓷业日渐兴旺,生产条件逐渐改善,有的陶场利用水力舂料,直接为酒坊烧制酒坛,产品质量优异,不仅不渗漏,且能淳化酒质,成为茅台

---

[1] 《唐山市志》(二),方志出版社1999年版,第1055—1057页。

酒的上品储酒坛子。这样,从清代到民国,仁怀陶瓷业经久不衰。①

在东北地区,陶瓷的工厂化生产,并未排斥和取代手工陶瓷业。在1931年"九一八事变"前,一些县区土陶土瓷生产,均有不同程度的扩大。辽宁复县,陶瓷制品是传统产品,清末民初时所烧釉缸、釉盆,表面光洁,坚硬耐用,销往山东、丹东、庄河、金州、盖州等地;吉林舒兰,清末民初是土陶业"发展兴旺时期",全县有瓦盆窑6处,所产瓦盆除供本地需要外,还运销榆树、双城一带。②

手工陶瓷业的生产、制作过程,一般分为制坯、釉绘、烧制等三个基本步骤。在长期的发展过程中,陶瓷业专业化程度越来越高,内部分工日益细密,正如明代宋应星在《天工开物》中所指,"一坯之力,过手七十二,方克成器,其中微细节目,尚不能尽"。随着时间的推移,某些地区陶瓷业内部专业分工逐渐演变为不同行业。如景德镇瓷器制造,从原料准备到最后成器不仅要经过数十道工序,而且形成坯户、红店、窑户等三个彼此独立的行业:坯户即制坯业,内分圆器、琢器、雕镶器三类。圆器内部又分为脱胎业、白釉业等11行;琢器分为大件业、粉定业等11行。红店业即彩瓷业,内分画四大器、画脱胎等四行。窑户是烧窑业,内分柴窑户、槎窑户,又分窑厂、满窑、砌窑、砖山四行。各行各业之间因分工和产品不同,不能相互逾越。如制坯业中的圆器业产品是日用碗、盏、盘、碟类,琢器业多是陈设品如瓶、罐、尊、壶类,"各分厂棚,互不相兼顾"。

---

① 《仁怀县志》,贵州人民出版社1991年版,第347页。

② 《瓦房店市志》,大连出版社1994年版,第270页;《舒兰县志》,吉林人民出版社1992年版,第329页。

在每一行业内部,劳动组织和生产运作各有差异。如资金较多的窑户既有窑房又有坯房,一般将烧窑的各种劳作全部发包给"把桩者"即看火师傅,由他直接雇用和管理工人。每窑一般雇有脱坯、加表等七行约十三四人,平时只供饭食,工资则俟烧完一窑后,视合得"柴钱"多少而定。坯户除老板外,由做坯工、印坯工、利坯工、剎合坯工、打杂工等约十几人组成一套班子,以工作最重要、技术最高的做坯工为头领。

按在瓷器产销运作过程中所处的地位,景德镇瓷器业在总体上分为两部分:一部分为主业,由坯户、窑户、红店、瓷行构成;另一部分是辅助业,在不同环节上为主业服务。主业的具体结构和瓷器产销程序①如下:

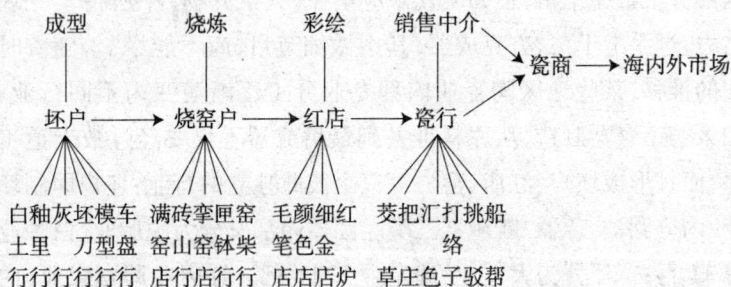

在长期封建社会中,景德镇瓷器的生产销售是由具有浓厚地缘和血缘关系的行帮进行的,近代时期,各种陶瓷业行帮有近百个,按行业分有商人行帮、手工业行帮、工人行帮,按地域分有徽州帮、都昌帮、杂帮,两类行帮互相交织,具有行业和地域双重关系。而这种关系又是建立在严格的"行业规制"上。例如,各辅助业与主业之间是一种"宾主关系",若某坯户想生产,必先去"投行",即

①　方李莉:《传统与变迁》,江西人民出版社 2000 年版,第 254 页。

到他将要生产品种的所属行会登记,登记后就不能随意改变所登记的产品,其他坯户也不能随便生产他登记的产品;他只能在固定的某家白土行买瓷土,在固定的某家坯刀店买坯刀。只要他不改变牌号,这种关系就一直延续下去。又如招徒制度,未到规定年限不能招收,规定极其严格。①

这一整套"制度设计"适应了中国封建社会的体制,当近代外国资本主义的机器瓷器大肆入侵后,景德镇的生产组织形式因不能适应新的市场环境,瓷器产业随之衰落。20世纪初,官府和地方士绅企图对景德镇瓷器业进行革新,1910年景德镇建立过江西瓷业公司;1913年后有留日学者对木柴瓷窑进行烧煤革新实验;国民党江西省政府请杜重远到景德镇,试图开设大规模陶瓷业工厂,建立了景德镇陶业管理局,但这一切工作收效不大。

产品及其销售方面,作为历史古老和对社会生产、生活至关重要的传统手工业,陶瓷业产品种类颇多,用途广泛,并随社会发展而增减变化。

手工陶瓷业传统产品大致分为日用陶瓷、建筑陶瓷和艺术陶瓷三大类。日用陶瓷主要是碗、碟、盘、杯、壶、盆、坛、罐、缸、钵,成套餐具、茶具、酒具、灯具和其他杂件等,它在整个陶瓷产品中占绝大比重;建筑陶瓷主要是琉璃瓦、板瓦、瓦当、花砖、陶水管、函筒及构件等;艺术陶瓷大致分为雕塑陶瓷、彩饰陶瓷两部分。

艺术陶瓷虽在全国陶瓷生产中所占比重不高,但对国内文化发展和中外文化交流都有重大影响。随着社会发展,其产品结构和内容,前后也有变化。早期的雕塑艺术陶瓷大多同丧葬、宗教迷信有关,常见品种有炉、鼎、烛台等神案用具,佛教、道教等宗教人物、神仙佛像、仕女、神话传说人物雕塑等。1930年福建德化瓷塑

---

① 方李莉:《传统与变迁》,江西人民出版社2000年版,第277页。

艺人创制的五百罗汉组塑,形态神情生动,有很高的艺术价值。近代时期尤其是 20 世纪初,由于社会的进步和封建迷信的逐渐破除,直接用于宗教迷信(包括陪葬品)的雕塑陶瓷减少,用于观赏的雕塑陶瓷增加。同时,随着中外交流日益频繁,有关西方文化题材的雕塑陶瓷也多了起来,福建等沿海地区瓷窑,还应国外顾客要求,烧制了不少反映欧洲人在中国生活的瓷塑品,并生产猴、狗、牛、羊、马、骆驼、虎及怪兽等玩具类陶瓷雕塑销往海外。20 世纪初,供应国内市场的动物玩具类艺术瓷也开始增多。① 在广东,艺术陶塑更是佛山石湾陶瓷产品极其重要的组成部分。石湾陶塑最早可追溯至新石器时代晚期,延续发展,直至晚清、民国,长盛不衰。20 世纪 30 年代,手工陶瓷业显著衰落,但石湾陶塑生产仍十分兴旺。1935 年全镇有陶塑堂会 26 个,店坊 120 多间,从业 7240 多人,产品种类有人物神仙、鸟兽鱼虫、山石盆景、瓜果器物、仿古器物和仿古名窑产品等。② 河北唐山的雕塑陶瓷也颇有名气,19 世纪末 20 世纪初,以仿制古瓷闻名的唐山家庭作坊田家窑,其鼻烟壶等仿制品达到了以假乱真的地步。③ 彩饰陶瓷主要供室内陈设、富家庭园装饰,部分为新婚陪嫁用品,既可美化新房,又有实用功能。产品(彩饰载体)为花瓶、花缸、花盆、帽筒、油盒、皂盒、油灯、茶具、酒具、盘、碟、碗和高脚盘、碟、杯等,画面以人物、花卉及八宝博古图为多。20 世纪初,广东、福建的彩饰陶瓷工艺和产品艺术水平都有不同程度的提高。广州瓷窑和陶瓷公司的某些产品,如"螳螂彩盘"、"牡丹彩瓶"、"苏东坡夜游承天寺"等,都是传世

---

① 《福建省志·轻工业志》,方志出版社 1996 年版,第 14—16 页。

② 《广东省志·二轻(手)工业志》,广东人民出版社 1995 年版,第 226—229 页。

③ 《唐山市志》(二),方志出版社 1999 年版,第 1085 页。1936 年田家窑艺人去世,后继无人,技艺失传。

之作;潮州的镂空通花瓷、瓷花和人物瓷塑,也有极高的艺术造诣。①

　　除生活和艺术陶瓷外,手工陶瓷业在 20 世纪初也开始生产少量工业陶瓷。河北滦县陶器家庭作坊"陶成局",早在光绪年间就为开平矿务局包制修建矿井用的缸砖,后又为大沽造船厂生产缸砖和耐火砖;1930 年陶成局所属的德盛窑业制造厂建成投产,同时生产大缸、日用细瓷和陶管、建筑砖,1936 年又增加耐火砖、耐酸砖等的烧制;建于 1921 年的新明瓷厂,初期仅能生产缸盆等日用粗瓷,后学习他厂经验,开发和增加日用细瓷及陶管、火砖等工业陶瓷。② 福建闽清,1935 年有手工瓷厂试产电瓷,主要品种有夹板、灯头等低压瓷件;此外还有多家小瓷窑生产经营低压电瓷。③

　　手工陶瓷业的产品销售市场和销售方式,因产品种类、规格、档次和窑场规模而异。在一些陶瓷零星产地,产品种类、数量少,大部分是低档土陶土瓷器皿,窑场规模亦普遍狭小,产品销售,或前店后窑,自产自销,或由小贩挑运周边集市、乡村兜售,产品一般只供应当地市场。一些陶瓷产量较大或集中产地,或规模较大的窑场,产品除就地销售外,相当一部分销往外地,还有数量不等的产品销往国外市场。如湖南长沙陶瓷,主要沿河道销往省内滨湖、湘南以及湖北、四川等地。产品运销既有专业商贩经营,也有窑主自设门市。每到秋冬生产旺季,窑主在河边摆摊设店,客户雇船来此成交。还有窑贩子雇船装货或挑担走乡串户零售。④ 广东潮

---

　　① 《福建省志·轻工业志》,第 17—18 页;《广东省志·二轻(手)工业志》,第 232—233、234—235 页;《潮州市志》,第 288—289 页。

　　② 《唐山市志》(二),第 1057 页。

　　③ 《唐山市志》(二),方志出版社 1999 年版,第 1057 页;《福建省志·轻工业志》,第 20 页。

　　④ 《望城县志》第 14 卷,工业,生活·读书·新知三联书店 1995 年版,第 390 页。

州,清代后陶瓷器皿销量增加,陶瓷业日盛,产品外销已从东南亚、非洲等地扩展到美洲各国,国内主要销往上海、广州等地。[①] 景德镇瓷器除少量就地销售外,大部分通过九江销往外地,其中十分之七八销往南北各地,十分之二三出口国外。该地瓷器产销分工细密,坯户、红店、窑户只能烧制生产,不能自行销售,瓷行、瓷商专营销售。二十世纪二三十年代,河北滦县也有相当一部分陶瓷销往外地,一些较大的陶瓷作坊,还在外地设有批发部,如前述陶成局在天津设有批发部,名为"德盛缸店"。1930年德盛缸店筹建的德盛窑业制造厂投产,德盛缸店改为德盛窑业厂总事务所(亦称总批发处),另于天津、迁安、遵化、河头(胥各庄)等地设有5个销售处,在其他省市还设有多处代销处。滦县新明瓷厂也在北平、天津、唐山设有5处批发售品处。[②] 这些陶瓷作坊有力的销售措施,反过来进一步推动了作坊生产的扩大。

二、手工造纸和印刷业

造纸术和印刷术是中国古代"四大发明"中的两大发明。造纸、印刷是人类文明的强力推进器,在国民经济和社会物质、文化生活中处于十分重要的地位。

造纸、印刷都是十分古老的传统手工业,在中国分别已有约2200年和1420年的历史。19世纪末20世纪初特别是1927—1937年间,手工造纸业和手工印刷业的外部环境发生了重大变化:洋纸进口增加,手工纸(土纸)的市场压力上升;国内机器造纸业、机器印刷业兴起和发展,手工造纸业、手工印刷业被部分取代。

---

① 《潮州市志》,广东人民出版社1995年版,第294页。
② 《唐山市志》(二),第1057页。

同时,因土纸不适用于机器印刷,机器印刷业的兴起,不仅排斥和取代手工印刷业,也使土纸的市场需求缩小。不过由于手工造纸业和手工印刷业历史悠久,地域分布广泛,而机器造纸业、印刷业尤其是机器造纸业发展相当缓慢,手工造纸业和手工印刷业并未被立即取代和完全消失,在全国造纸和印刷业中仍占有相当重要的地位。据统计,1933 年全国造纸业总产值 6787.7 万元,其中机器造纸 1207.7 万元,占总值的 17.8%,而手工造纸达 5580 万元,占 82.2%,仍是造纸业的主体;全国印刷业总产值 7209 万元,其中机器印刷 4527.8 万元,占总值的 62.8%,手工印刷 2681.2 万元,占 37.2%。[①] 从整个印刷业看,手工印刷业已居次要地位,但在大部分小城市和县城,手工印刷业仍是主体、甚至唯一形式,仍是全国印刷业的一个重要组成部分。这一时期手工造纸业和手工印刷业的发展变化,由于地区间经济发展的不平衡性,情况比较复杂,从全国范围看,手工造纸业和手工印刷业都是有兴有衰,兴衰互见:在一些大中城市、城市周边地区和经济相对发达地区,尤其是东南沿海地区,土纸市场销售受到洋纸、机器纸的冲击,手工印刷被机器印刷排挤、取代,手工造纸业和手工印刷业出现程度不同的衰退;在内陆地区尤其是中西部交通偏僻、经济落后地区,手工造纸业和手工印刷业大多继续维持或有所发展、扩大,并出现了一批新的土纸产地和手工印刷生产点。

(一)手工造纸业

中国手工造纸业历史悠久,分布广泛,南北各地都有数量多寡不等的土纸生产。由于自然条件的差异,南方造纸资源丰富,手工

---

① 巫宝三主编:《中国国民所得(1933)》下册,中华书局 1947 年版,第151、153、159 页。

造纸业十分广泛,其中以浙江、江西、福建、湖南、四川等省的土纸生产最盛。北方地区尤其是淮北、华北平原和西北地区造纸原料远不如南方充裕,手工造纸业相对稀少,一些地区主要是利用麻头、废棉、破布以及桑皮、麦草等,进行土纸生产。

在南方,浙江土纸,宋代已负盛名,明清时最为兴盛,延至20世纪初,仍是全国土纸品种最多、产量最丰的省份。据1932年的调查,全省75县中有43县产纸,造纸槽户24437户,纸槽27765具,资本509万元,全年产值2085万元,其中以富阳槽户、纸槽、工人最多,土纸产值最高。该县有槽户10169户、纸槽10864具、工人40675人,依次占总数的41.9%、39.1%、32.1%,土纸产值达8667912元,占总数的41.6%。[①]

浙江全省竹林、桑园密布,树木茂盛,手工造纸业资源非常丰富,主要有毛竹、树皮、山蔴皮、笋壳、稻草等,所产土纸亦因原料不同而相应分成三个大类:即以竹为原料的竹造纸(依竹之老嫩而有青烤、白料、黄料之别)[②];以桑皮、楮皮、山蔴皮、笋壳等为原料的皮造纸;以稻草为原料的草制纸。竹造纸在产纸各县都有制造,而以富阳、萧山、诸暨、余杭、临安以及旧温州、处州、衢州、台州府属各县最丰。皮造纸产地有余杭、临安、於潜、新登、永嘉、松阳、常山、遂昌、建德、昌化各县。草制纸主要产地为富阳、桐庐、黄岩、温州、金华、新昌、平阳等县。皮造纸质地最韧,竹造纸次之,草制纸则多为粗纸,一般用于包装物件。

---

① 参见国民党政府实业部国际贸易局编:《中国实业志·浙江省》第4册,宗青图书公司1980年印本,第236—256(庚)页。

② 每年农历小满至端午前,所砍之竹甚嫩,称为青烤,用以制造元书、京放等纸;夏至以后至小暑前后,所砍之竹发育正盛,肉色发白,称为白料,用以制造鹿鸣、京高、方高等纸;夏至以后至小暑前后,所砍之竹已渐老,称为黄料,用以制造黄元、黄标、黄烧、段放、京放等纸。

上述三种土纸,因原料、制作方法和加工精粗不同,规格、品名繁多,据不完全统计,竹造纸有 43 种,皮造纸 12 种,草制纸 18 种,合计 73 种。各种纸张产量,以草制纸的坑边、厚斗最多,分别达 440 万余块和 200 余万块,其次为竹造纸的南屏,有 60 余万担;竹造纸的鹿鸣、花笺、黄笺,草制纸的粗纸、名槽、三顶等,产量均在 30 万件以上;竹造纸的段放、海放、长边、方高、千张,草制纸的小斗篷、横大等,产量也在 10 万件以上。按产值计算,竹造纸最多,达 1495.5 万元,占 71.7%;草制纸次之,计 403.6 万元,占 26%,皮造纸最少,仅 49.2 万元,占 2.3%。从纸张品类看,坑边、南屏、花笺、元书、鹿鸣分居前五位,依次达 300 余万元、250 余万元、170 余万元、140 余万元和 130 余万元,斗纸、黄笺产值亦各约 100 万元。7 种纸总值 1200 余万元,占全部产值 2085 万元的一半以上。

产品销售,竹造纸品种、规格较多,用途和销路较广,可分别用于线装书印刷、商店账簿、书法练习、扇面、信封信纸,以及书画对联裱褙、锡箔糊制、神马佛纸、物件包裹等。销路除本省外,江苏、山东、河北等地亦有销售。草制纸主要用于商店包物、居民拭秽,最粗者俗称纸筋,掺入石灰浆以作建筑时抹墙之用,广销江浙两省。皮造纸韧性最好,运销省内各县和江苏,被广泛用于钱业和居民包裹银洋、绸布商包裹绸缎、丝行丝厂包裹丝经丝头、制造雨伞灯笼及用作蚕种纸等。①

江西盛产各种竹木,手工造纸业分布广,产量大,品种多。铅山造纸业尤为著名。该地盛产毛竹、车竿竹、水竹、苦竹、斑竹、紫竹、凤尾竹、棕竹、箬竹等各种竹子,造纸原料丰富。造纸业产生甚

---

①　参见国民党政府实业部国际贸易局编:《中国实业志·浙江省》第 4 册,宗青图书公司 1980 年印本,第 236—256(庚)页。

早,并成为当地的主要生产行业,鸦片战争前后,从事手工造纸的人员占全县人口的十分之三四,槽户达 2300 余户,年产纸张售银四五十万两。史称"铅山唯纸利天下";"铅山土产,此(纸)为第一"。① 鸦片战争后,因洋纸倾销,一度衰落。民国初年,国内市场纸张需求增加,铅山造纸业稍有复苏,全县纸槽增至 4000 余张,直接从事造纸的工人接近 2 万,年产量逾 2 万吨。据 1930 年调查,铅山年产连史纸 4.2 万—5 万件(每件 12 刀,每刀 98 张),约值 400 万元。产品远销上海、杭州、天津、汉口等地。铅山手制纸品种甚多,"粗细不同,名色亦异",总计多达 10 余种,其中以连史纸最负盛名。该纸洁白如玉,防虫耐热,久不变色,着墨鲜明,吸水易干,素有"寿纸千年"的称誉。②

上饶自明末清初,部分地区开始手工造纸,民国后有较大发展,1916 年,全县产花尖纸 24 万担(合 14.3 万公担),产值 72 万元;1930 年最为旺盛,是年纸张输出达 21 万件,销售额 105 万元。③ 铜鼓造纸历史也早,但纸质较低,到 1923 年才开始试制白纸(毛边纸)。1927 年全县有各种纸槽 1055 具。土地革命时期,县苏维埃曾成立合作社造纸厂,各乡亦开办多家造纸厂,发展手工造纸业。④

福建多山,木、竹等造纸原料十分丰富,竹林更居全国各省之首,手工造纸业历史悠久,主要产品有皮纸、竹纸两大类。皮纸是福建最早的手工纸,采用木本韧皮植物的皮为原料,有楮纸、棉纸、

---

① 同治《铅山县志》第 5 卷,物产,同治十二年刻本,第 48 页。
② 同治《铅山县志》第 5 卷,物产,第 48 页;《铅山县志》第 10 卷,工业·轻工业,南海出版公司 1990 年版,第 213、215 页。
③ 《上饶县志》,中共中央党校出版社 1993 年版,第 119—120 页。
④ 《铜鼓县志》第 15 卷,工业·轻化工业,南海出版公司 1989 年版,第 370 页。

藤纸等品种,产地广泛,早先寿宁、尤溪、福安、霞浦、南平、连江、侯官、永福、柘荣、福鼎、浦城、光泽、宁德等地均有出产。多用作制造雨伞和斗笠衬纸,其中用楮树皮所造皮纸,在民间被制成作纸被、纸帐,用以御寒、避蚊。后因树皮原料不如毛竹丰富,加工程序繁复,同时,清代闽东已开始植棉,皮纸逐渐被竹纸取代。

福建竹纸制造极为广泛,全省 63 县中有 58 县生产竹纸。主要产地有上杭、长汀、武平、浦城、永定、南平、建瓯、建阳、邵武等地。上杭山村竹林遍布,造纸是农村主要副业。1927 年全县有土纸槽户 8000 家,从业 4 万人,年产纸 9200 吨,是为土纸生产的鼎盛时期。[①] 长汀在 20 世纪 30 年代,造纸工人数以万计,旺年竹纸产量在 4000 吨上下,纸业营业额在 200 万银元以上。[②] 武平 1930 年有纸槽 1700 余座,年产纸 3000 吨;连城造纸始于明后期,1921 年达于鼎盛,年产纸 9 万担;浦城 1936 年有纸槽 480 余张,工人 1900 余人,年产土纸 878 吨;顺昌纸业,民国初年一度萎缩,1927 年后逐渐恢复,1934 年有纸槽 162 个,从业 1200 人,年产毛边纸 26500 担,折合 17200 市担(即 860 吨),甲纸 5000 担,海纸 1850 担,价值共计 43.33 万元。[③]

福建土纸主要分为生料纸、熟料纸两大门类。生料纸又分为书写、印刷用的文化纸和生活日用的粗料纸两种。前者有玉扣纸、毛边纸、山贝纸等品目。宁化的玉扣纸,质地厚重,经久不蛀,多做

---

①　《上杭县志》第 7 卷,工业,福建人民出版社 1993 年版,第 247 页。

②　《长汀县志》第 8 卷,工业,生活·读书·新知三联书店 1993 年版,第 220 页。

③　《武平县志》第 8 卷,工业,中国大百科全书出版社 1993 年版,第 237 页;《连城县志》第 7 卷,工业,群众出版社 1993 年版,第 253 页;《浦城县志》第 10 卷,工业,中华书局 1994 年版,第 400 页;《顺昌县志》第 8 卷,工业,中国统计出版社 1994 年版,第 256 页。

官府档案、宗祠族谱、寺庙经本、商业账簿之用，并曾作宫廷奏本用纸，故有"日鉴天颜"之称。将乐的毛边纸，"畅销海内外，久负盛名"。熟料纸亦称白料纸。按其制造工艺不同，又分为水料、漂料两种。水料纸有顺太纸、福贡纸、何土纸、洋信纸等，浦城顺太纸在元代已有生产，行销沪、杭等地，民国初年开始供应上海中华、商务两书局印刷古籍书本。漂料纸有连史纸、玉版纸、大连纸、粉连纸等品种。生产工序最为繁复，须反复清除非纤维杂质，因而质地洁白，生产过程长达 10 个月以上，有"百年不变色，千年不变黄"之誉，广销京、津、沪及东北各地，并出口日本、越南等国。玉版纸原为宫廷用纸，清代宫廷缮房清册即用它书写。福建一些优良、名贵纸张的生产，经久不衰。①

湖南造纸业历史久远，散布于衡山、衡阳、平江、浏阳、益阳、邵阳等 20 余县。据 1934 年调查，全省共槽户 6516 户（内中安化、麻阳、会同、邵阳 4 县户数未详），工人 34103 人（内中桂东、麻阳、邵阳 3 县工人数未详），年产各类土纸 789493 担（合 471169 公担），产值 5007947 元。②

全省以浏阳纸最负盛名。县属东乡的折表纸、吴装纸、花尖纸，且为湘省输出大宗。最高年产量不下 200 万担（约合 119.4 万公担）。1924 年最盛时，全县共有纸槽 1529 个，从业 89950 人（约占全县人口的 10%），年产纸 7445 吨。③ 新化土纸产量亦丰，1934 年产时仄纸 52000 万张，价值 67.6 万元；夹板纸 16 万块，价值 3.2 万元；烧纸 90 万球，价值 9 万元；禾苑纸万担，价值 6000 元。合计

---

① 参见《福建省志·轻工业志》，方志出版社 1996 年版，第 129—132 页。

② 据国民党政府实业部国际贸易局编纂、发行：《中国实业志·湖南省》下册，1935 年初版，第 292—295（庚）页各表归并、综合计算。

③ 《浏阳县志》第 6 卷，中国城市出版社 1994 年版，第 519 页。

总值80.4万元。① 蔡伦的故乡耒阳,造纸技术历代相传,纸坊不少,每坊多的有10余人,少的2至3人。产品有包皮纸、烧纸、皮纸、湘薄纸、五色纸等。②

湖南土纸种类,也分为竹造纸、树皮纸、草制纸三种。分别以竹、雪树皮、稻草为原料。湖南竹产丰富,竹造纸产量最大,年达766513担(合457455公担),4949811元,草制纸次之,年达22300担(合13309公担),37999元,树皮纸最少,年仅680担(合406公担),20140元。产品最大销路,首推汉口。除爆竹及包裹用纸大部分供给本县及邻境需要外,余皆集中汉口,转销河南、山东及湖北荆宜一带。此外,资兴、蓝山、桂东、汝城及黔阳、会同所产纸张,分别就近销售广东、贵州。③

四川手工造纸起源甚早,隋代已较有名,早期所产麻纸为朝廷贡品,元、明两代起渐改竹子造纸,清代竹纸取代了麻纸。清康熙二十二年(1683)清廷规定,夹江纸是供乡试、会试、殿试专用的"文闱用纸"。清末民初,四川造纸业遍及45个县,形成梁山、广安、铜梁、夹江4个重点产区。其中铜梁1937年有草纸槽户365家,年产草纸1164吨;文化纸槽户198家,年产文化纸567吨。梁山、大竹的佛表、门神园边纸遍销全国,远及南洋,重庆经营造纸业商号达百余家。④

安徽、湖北、广东、广西、贵州等省,都有若干县区生产土纸。

① 国民党政府实业部国际贸易局编纂、发行:《中国实业志·湖南省》下册,1935年初版,第292—295(庚)页。

② 《耒阳县志》,中国社会出版社1993年版,第186页。

③ 国民党政府实业部国际贸易局编纂、发行:《中国实业志·湖南省》下册,1935年初版,第237—238(庚)、290—295(庚)、296—297(庚)页。

④ 《四川省志·轻工业志》,四川辞书出版社1993年版,第17页;《铜梁县志》,重庆大学出版社1991年版,第385页。

安徽宣城、宁国、广德、郎溪、泾县、南陵、霍山等地,都大量生产土纸,宣城、宁国、广德、郎溪、泾县一带山区,以竹造宣纸闻名。宣城的宣纸产地主要集中在县境东南的水东、周王、榨门、溪口一带。除宣纸外,还有表芯纸和方高纸。1919年产表芯纸(三六表)和方高纸(大纸、草纸)16450捆,1935年表芯纸产量为11.05万捆。水东是表芯纸以及宣城、宁国、广德、郎溪4县山区所产土纸的集散地。① 泾县宣纸始于唐,长盛不衰。除宣纸外,土纸还有表芯纸、干古纸、骨皮纸、黄纸、高廉纸、署纸,1934年全县表芯纸槽发展到386帘,从业1930余人,年产69500担(41478公担)。1937年年底全县有土纸棚81个,从业1600余人。②

湖北咸宁、蒲圻、鄂州、南漳、宜都等地手工造纸都相当发达,蒲圻的毛边纸唐宋已享盛誉,且长盛不衰,1934年洋泉乡有纸厂30余家,年产火纸10万块,远销汉口;荆泉乡1915年有纸槽数十个,1944年前后还有纸厂48家,年产火纸1.5万捆。③ 在南漳,手工造纸是山区居民的"重要副业",年产500余吨,销售省内及河南等地。④ 咸宁造纸这一时期有较大发展。1927年产羊山纸6万余担,草纸3万余担,总值100余万银元。质量较优,10月在省第一次国货展览会上展出。1936年全县有纸槽877架,2584户,从业人员3698人,年产羊山纸600担(合358公担),六篓纸70余万块、引纸6万余刀,草纸30万担(合17.9万公担),销往鄂城、大

---

① 《宣城县志》,生活·读书·新知三联书店1997年版,第275页。

② 《泾县县志》,方志出版社1996年版,第215页。

③ 《蒲圻志》第9卷,工业,中国海天出版社1995年版,第211页。

④ 《南漳县志》第13卷,轻纺工业,中国城市经济社会出版社1990年版,第247页。

冶、武昌、嘉鱼等地。① 沔阳、江陵、松滋、公安、天门、京山等地,均有手工造纸作坊,生产火纸、草纸、有光纸等。②

广东手工造纸业主要分布在北江流域的从化和旧韶州府属地区,东江流域的龙川、紫金、和平、揭阳,西江流域的封川、罗定和鉴江流域的信宜、茂名、电白、化县一带。民国时期,旧韶州府属地区,曲江、仁化、南雄、始兴、乐昌、乳源、连县、英德、翁源等县,都建有相当数量的纸槽、纸厂或纸寮,土纸品种与规格将近 200 个,主要有桶纸(内分重桶纸、行桶纸、打帘纸、表芯纸 4 种)、玉扣纸、东庄纸、京文纸(南山、北山)、苦竹纸、土报纸、山背纸、贡信纸、炮竹纸、手卷烟纸、契约纸、卫生草纸、包装用纸、球纸、锡纸等。每类纸可分 1—6 级或 1—16 级,主要以洁白、嫩滑程度而定。部分产品销往全国及东南亚国家和地区。③ 龙川手工造纸始于宋元,原料为嫩竹,民国时期,土纸生产日盛,年产 1000 余吨,其中背岭东庄纸成为龙川传统优质产品,远销国内外。④ 和平造纸始于明末清初,至清末民初,热水等 4 地,农民上山建造纸作坊,生产各种优质土纸、东庄纸、阳明纸、尖皮纸。40 年代初,年产 2500 吨。⑤ 封开盛产竹、木、芒草,造纸资源丰富,民国时期多处有土纸生产,产品有纸条、土包装纸、土色纸。⑥ 罗定西北部盛产竹子,水力资源丰富,农民以竹为原料,用水力打纸浆,生产一种金黄色的"万金

①　《咸宁市志》,中国城市出版社 1992 年版,第 246 页。

②　《荆州地区志》第 14 卷,轻工业,红旗出版社 1996 年版,第 260 页。

③　《韶关市志》(中),第 7 卷,工业,中州古籍出版社 1995 年版,第 420 页。

④　《龙川县志》,广东人民出版社 1994 年版,第 291 页。

⑤　《和平县志》第 17 卷,工业,广东人民出版社 1999 年版,第 251—252 页。

⑥　《封开县志》,广东人民出版社 1998 年版,第 311 页。

纸",吸水防潮性能较好,可作包装材料。① 信宜、茂名、电白、化县一带,手工造纸始于清初,用竹、芒杆、稻草造火纸,民国初年草纸销量增加,4 县有草纸作坊 300 余家,从业 500 多人,年产草纸900 吨。②

广西都安、隆山、那马、容县、北流、岑溪、桂平、昭平、贺县、兴安、百寿、融县等地,20 世纪 30 年代都有手工造纸。其中都安、昭平、兴安 3 县,年产纸都在万担以上。各县纸张品类不一,全省土纸品种有纱纸、万金纸、福纸、桂花纸、湘纸、东纸、全料纸等。③

贵州遵义,农村造纸副业,分布相当广泛,原料有构皮、竹、稻草、麦草等。以构皮为原料者称"皮纸";以竹为原料者称"竹纸"(又称绵纸);以稻草为原料者称"草纸",各种手工纸,统称土纸。尚稽泸江水皮纸和板桥竹纸,"久负盛名",远销四川各地。1938年,全县有生产皮纸的槽户 33 家,竹纸槽户 4 家,草纸槽户 114家,合计 151 家。④

北方地区尤其是华北平原,由于资源的限制,土纸产量较少,手工造纸业主要分布在竹林、树木较多的晋东、豫西、陕南、冀东和山西、东北部分地区,另外,山东、河北、河南、山西也有农民利用废麻、麦秆、稻草造纸。

晋中东部山区和吕梁地区各县,大都有手工造纸作坊,生产蒲纸、麻纸、草纸、瓦金纸、黄表纸等。如清中后期平遥已有家庭造纸作坊,生产麻纸、草纸,麻纸质量较高,供日升昌等大票号记账使

---

① 《罗定县志》,广东人民出版社 1994 年版,第 259 页。

② 《茂名市志》,生活·读书·新知三联书店 1997 年版,第 454 页。

③ 广西统计局年鉴编印处编印:《广西年鉴》(第二回,1935 年),纸业表甲,广西省政府总务处发行,1936 年刊本,第 451 页。

④ 《遵义县志》,贵州人民出版社 1992 年版,第 415 页。

用;临县"地居山僻,山多小溪,造纸极宜",30年代初,榆林、刘王沟二村即有纸坊30家,年产麻纸1.1万刀,价值4.5万元;孝义有农民用破布、烂棉、麻头等为原料,生产麻纸、草纸,年产土纸400万张。①

河南豫西一带,鲁山、桐柏、内乡等县都有土纸生产。鲁山手工造纸历史悠久,清末民初"尤为兴盛"。造纸作坊主要分布在下汤、白草坪周围20多个村庄。下汤棉纸以90%的稻草和10%的构皮混合制成,质地纯净,光滑细腻,纸面均匀,着墨不洇,适宜久存。白草坪棉纸以纯构皮制成,质地纯净,光滑细腻,颜色雪白,透光度强,韧性大,耐拉耐折。两地棉纸销售除本省外,还远销北京、天津、武汉、西安、上海等地。1912年下汤一带有造纸坑30多个,日产棉纸90余捆(每捆10刀,每刀80张),价值银币90余元;白草坪一带有造纸坑7个,日产棉纸14捆,价值22元。1937年两地造纸坑分别增加到300多个和50多个,分别日产棉纸700余捆和100余捆。② 桐柏、内乡也分别于1895年和1903年开始以竹子、树皮为原料,生产草纸、桑皮纸。③

在西北,陕西汉中和陕南一带,是北方地区手工造纸业的集中地。镇巴盛产手工皮纸和毛边纸。皮纸是该县传统手工业品,原料为楮树皮,品种有黑皮纸、白皮纸、书写纸。因原料随处皆是,资本甚微,又不妨碍农事,清代即为农民副业,民国时继续发展。据

---

① 《晋中地区志》,山西人民出版社1993年版,第219页;国民党政府实业部国际贸易局编纂、发行:《中国实业志·山西省》,第374—384页;《平遥县志》,中华书局1999年版,第274页;《文水县志》,山西人民出版社1994年版,第247页。

② 《鲁山县志》,中州古籍出版社1994年版,第444页。

③ 《桐柏县志》第16卷,工业,中华书局2001年版,第907—908页;《内乡县志》,生活·读书·新知三联书店1994年版,第415页。

1938 年的调查,县内有黑白皮纸坊 144 家,年产皮纸 1 万余捆(每捆 100 刀,每刀 100 张)。毛边纸的制造也很发达,清末有毛边纸厂 48 家,民国前期仍很兴旺,1936 年年产毛边纸 304 吨。① 甘肃天水地区,明清到民国时期,一直大量生产麻纸。1934 年,清水县的咀头、红堡、安坪、西城、刘沟等地从事手工造纸的达 1000 余户,年产纸千吨以上,清水县被誉为"纸城"。同年,陕西客户在武山洛门镇开办纸坊,以稻草为原料生产草纸。②

东北辽宁、吉林、黑龙江 3 省,也有少数县区生产土纸。吉林 1929 年有造纸作坊 20 家,全部手工生产,总资本 98700 元,工人 368 名,年产纸 142600 疋,值洋 219500 元。③

关于这一时期全国手工造纸的资本、产量、产值,缺乏准确和完整的数据,据不完全统计,1933 年的全国槽户、纸槽及产量、产值等见表 3 – 28。

这一时期手工造纸业的发展和变化趋势,各产区因销售市场、经济与社会环境的差异,而不尽相同,有的明显衰退,有的继续维持,还有的发展扩大。

全国最重要的土纸产区浙江,进入近代,因洋纸大量输入,手工造纸业渐趋衰落。地区分布亦发生变化:到 20 世纪 30 年代,位于或临近宁波、杭州、温州等口岸城市的鄞县、慈溪、镇海、杭县、青田以及嘉兴、吴兴、兰溪等 19 县,手工造纸业已经消失或出产甚微。原来不产土纸的温岭、永康、武义、汤溪等 8 县,已有纸业,但从全省范围看,兴少衰多。所造纸张品种亦减少,质量下降,大部

---

① 《镇巴县志》第 12 卷,工业,陕西人民出版社 1996 年版,第 276 页。
② 《天水市志》中卷,工业(上),方志出版社 2004 年版,第 1186 页。
③ 东北文化社年鉴编印处编:《东北年鉴》(1931 年),东北文化社刊行,1931 年初版,第 1069 页。

表3-28　全国手工造纸业概况统计

1933 年

省别	槽户	造纸槽数	工人	资本（千元）	产量（市担）	产值（千元）
浙江	24437	27765	126862	5090		20851
福建	9958		52910		739320	6191
江西		14513				5610
湖南	6516		34102		944487	5015
湖北	2764					551
广西	1979		8310		115469	1235
广东	222		1330		40582	1440
四川	4065	8628			436000	8720
河北	1169		3536	285		981
山东	574		9800			639
山西	1038				424511	1140
其他*	272		7541	565		3427
合计	52994	50906	244391	5490	2700369	55800

*"其他"包括江苏、安徽、贵州、云南、陕西、甘肃、宁夏、察哈尔、绥远、东北等省区。

资料来源：据巫宝三主编：《中国国民所得（1933 年）》下册，第 153 页第 2 表改制。

分为纸箔、烧纸或包装用的草纸、粗纸，可供书写者较少。产品销售大幅萎缩，20 年代洋纸进口日多，商民原用皮纸者多改洋纸，如绸布商和大商铺所用包皮纸多改用进口牛皮纸，皮纸销售和产量大减，其原料多改充燃料。[1]

另外两个重要土纸产区江西、湖南，也因洋纸压迫或蒋介石国民党对革命根据地的军事"围剿"和经济封锁，纸业萎缩或遭到破

---

[1]　参见国民党政府实业部国际贸易局编纂、发行：《中国实业志·浙江省》第四册，宗青图书公司 1980 年印本，第 236—256（庚）页。

坏。江西铅山，鸦片战争后，由于西方机制纸的倾销，纸业已趋衰落。民国初年因国内需求增加，铅山造纸业曾一度复苏，到30年代后，由于成本上升，纸价下跌，生产亏损，产量逐年下降。日本全面侵华战争爆发后，销路堵塞，加之苛捐杂税畸重，纸工不堪重负，几乎全部停产。① 上饶手工造纸，民国后有较大发展，1930年达于鼎盛。1931年后，纸张价格下跌，产量逐年减少。1935年产量降至12.7万余件，销售额40余万元，只分别相当于1930年鼎盛时的60.5%和38.1%。②

湖南湘乡纸业一直平稳兴盛，20世纪后因洋纸涌入，土纸生产逐步下降。1932年，纸商谭实秋等为抵制"仇货"，创办小纸厂，悉心研究，几经改进，试制出新品种，色白质坚，与丁贡纸相似。但以设备器材不全，采办无着作罢。③ 浏阳纸业在1925年大革命期间，土纸生产十分兴盛，产销两旺。1927—1930年，蒋介石国民党的大规模屠杀、烧山破坏和对革命根据地的军事"围剿"、经济封锁，纸槽和土纸生产遭到严重破坏，纸业一落千丈。到1937年，全县仅存纸槽户400余家，熟料纸槽524具，从业6000余人，年产纸3400余吨。④ 攸县、平江纸业，1927年后亦一蹶不振。其余产纸各县，或以市面不景气，或受政局影响，出产大减。受时局影响较轻的安化、新化、益阳、黔阳、衡山、衡阳、长宁产区，30年代后也因外货充斥，纸价日跌，手工制纸渐归淘汰。⑤

---

① 《铅山县志》第10卷，工业·轻工业，南海出版公司1990年版，第214—215页。

② 《上饶县志》，中共中央党校出版社1993年版，第119—120页。

③ 《湘乡县志》第12卷，工业，湖南出版社1993年版，第335页。

④ 《浏阳县志》第6卷，中国城市出版社1994年版，第519页。

⑤ 国民党政府实业部国际贸易局编纂、发行：《中国实业志·湖南省》下册，1935年初版，第237—238(庚)、290—295(庚)、296—297(庚)页。

广东封开纸业,亦因匪患和销路不畅而停产。①

在浙江、江西、湖南等主要产区纸业因洋纸销售、国内时局、社会治安等因素明显衰落的同时,也有部分地区或地处偏僻,或原来纸业细微,或外来移民及当地社会人士的提倡、促进,手工造纸业有不同程度的发展,另有部分地区的纸业是清末民初或这一时期新产生的。

湖南株洲、沅陵以及湘东南郴县、桂东、汝城、资兴、桂阳等地,这一时期纸业都有所扩大。株洲造纸始于光绪,少数农民利用南竹资源,多为一户一槽。民国初年,衡阳等地纸匠纷纷到株洲造纸营生,到1936年,有纸槽40多具,从业210多人,年产土纸约1万担,产品行销武汉、南京、上海及华北、西北各地。② 沅陵纸业在清代至民国时期,也缓慢发展,30年代所产"辰皮纸"成为沅陵"著名物产",年产约5万捆,出口约4.2万捆,产值约20万元,1936年又兴办造纸工场,纸业更加兴旺。③ 郴县、桂东、汝城、资兴、桂阳5县,民国时期手工造纸业扩大,品种增多。1935年有纸槽244处,从业者739人(未计桂东),年产纸2.41万担,产值12.73万元,产品分竹纸、皮纸两大类。竹纸有仄纸、表仄纸、官堆纸、土报纸、书壳纸、毛边纸、高峰纸、廉纸、玉版纸、湘包纸、鞭炮纸、火烧纸等27个品种;皮纸有冲牛皮纸、包皮纸、眠皮纸等3个品种。不过由于产品大多为迷信用纸,文化用纸很少,加之洋纸充斥市场,手工纸价格日跌,发展速度缓慢。④

四川土纸重要产地广安、珙县,这一时期纸业均有发展。广安

---

① 《封开县志》,广东人民出版社1998年版,第311页。
② 《株洲县志》,湖南出版社1995年版,第267页。
③ 《沅陵县志》,中国社会出版社1993年版,第372页。
④ 《郴州地区志》中册,中国社会出版社1996年版,第1030—1031页。

1919 年有槽户 400 余家,纸槽 1000 余架,30 年代继续扩大,1933
年、1936 年先后开办两家纸厂,合计有纸槽 35 架,工人 200 余名,
土纸产量增加,经营方式亦有变化。① 珙县造纸始于清代中叶,晚
清时有宜宾造纸工人到县开办纸厂,生产水竹白纸(文化土纸),
带动了县内造纸业的发展,1921 年,仅王家乡一地,即有纸厂 300
余家,纸槽 500 余架,40 年代最高年产约 6000 担(每担 42 合,每
合 200 张)。②

安徽霍山土纸业产生较早,但清代时尚不普遍,民国时期加速
发展、扩散,山区各乡都有纸棚。1929 年县政府筹办桃源河纸厂,
1933 年投产。这年全县有纸棚 22 家,共产纸 209.46 吨,品种有
大表纸、桑皮纸、竹纸等,产值 1.2 万元,手工造纸业结束了长期停
滞的局面。③

河北冀东迁安、玉田等地,自古有用桑皮、麦秸造纸传统,冀南
南和产麻头纸。20 世纪初在生产技术、纸张品种规格和产量质量
等方面,都有突破性发展。清末民初,迁安李显庭为改进迁纸质
量,三赴朝鲜考察技术,并自绘图纸,仿制机械,于 1914 年造出质
地优良、纸型扩大的红辛高丽纸,并于 1921 年建显记纸厂,采用
水、电机械,日产纸万余张,有力地推动了迁安纸业的发展,"后尘
趋步,工厂如林"。据 1930 年统计,迁安有显记、利丰、厚丰等较大
纸厂 30 余家,毛边纸坊 600 余处,海纸坊 100 余处,日产纸 160 万
张。产品有红辛、油杉、仿纸、白三抄、黑二抄、大改连、大呈文、爆
竹捻等 30 多个品种规格,成了县内大宗产品,畅销于平津和山东
烟台等地,并取代高丽纸打入东北市场,迁安荣膺"北方纸乡"美

---

① 《广安县志》,陕西人民出版社 1994 年版,第 418 页。
② 《珙县志》,四川人民出版社 1995 年版,第 257 页。
③ 《霍山县志》,黄山书社 1993 年版,第 283 页。

誉。30 年代,该地土纸生产呈现作坊与工厂并存、手工生产与机器半机器生产并存、文化纸生产与生活日用草纸粗纸生产并存、产销两旺的良好态势。与此同时,玉田造纸业也进一步扩大,仅查家铺一村就有纸坊 16 家,日产糙纸 3 万张左右。另外,丰润、遵化、滦县也有多家造纸作坊开业,手工抄制毛边纸、草纸和包货纸,销于本地及附近各县区。① 南和麻头纸的生产始于明中叶,生产工艺被纸家视为秘技,绝不外传,产量很少。到清末,造纸技术逐渐向外传播,生产扩大。1929 年全县有纸坊 53 家,年产麻头纸 8.25 万刀,产值 4.53 万元;1934 年纸坊增至 132 家,年产纸 12 万刀,产值 7.2 万元,外销 9 万刀。②

　　土纸的生产经营方面,生产组织各地互有差异,大致有农民槽户(部分地区家庭作坊亦称槽户)、家庭作坊、手工纸厂等 3 种基本形式。不同生产组织的资本和经营规模差别很大,少数作坊、纸厂规模较大。如浙江槽户工人数,按县平均,最少的 3 人(金华、瑞安),最多的江山为 16.2 人。据此推断,规模较大的槽户应有工人二三十人以上;湖南槽户规模最大的也有工人 40 人。福建长汀,槽户分为大、中、小三种类型:大户年产纸数百担,甚至上千担,中户百担左右,小户几十担,或不足十担。大户一般请人管理生产,谓之"管槽",中、小户大都自行经营管理,有的还参加生产劳动。③ 广东旧韶州府属地区,普通手工业者一般只有一个纸槽,或几家合股经营一个纸槽,资本雄厚的则拥有几个甚至几十个纸槽。规模较大的"成记纸行"、"光昌纸行"的总行就设在广州、韶关,香

---

① 《唐山市志》(二),方志出版社 1999 年版,第 1312—1313 页。
② 《南和县志》,方志出版社 1996 年版,第 215 页。
③ 《长汀县志》第 9 卷,土纸,生活·读书·新知三联书店 1993 年版,第 255 页。

港、东南亚各国还设有分行,产品销往全国及东南亚国家和地区。① 河北迁安的显记纸厂,采用水、电机械,日产纸万余张。② 不过这种较大规模的作坊、纸厂,为数不多。

从全国范围看,除少数经营规模稍大的纸厂、作坊专业性生产外,大都是农民家庭副业性生产,普遍缺陷是规模小、资金短绌、设备简陋、劳力紧张、技术粗糙、生产周期漫长、产量和效益低下。

在浙江,纸业分布广,槽户数量多,但因多为农户家庭副业性质,资本和生产规模小,据1932年对全省土纸产区的调查,按县平均计算,每户拥有的纸槽数,最多2.65具(江山),少的不足1具,仅有0.86具(黄岩),43县平均1.15具;资本最多的1415元(新登),最少的仅17元(松阳),43县平均210元;工人最多的16.2人(江山),最少的仅3人(金华、瑞安),43县平均5.2人;全年产值最多的4891元(江山),最少的仅138元(松阳),43县平均860元(详见表3-29)。

其他地区的情形大致相似。如湖南,土纸生产"多属家庭工业,雇工甚少,且系独资者居多"。普通槽坊资本,大者数百元,小者数十元,资本千元以上者,寥寥无几,"甚或并无固定资本,随时筹措"。据1934年调查,全省共槽户6516家(内中安化、麻阳、会同、邵阳4县户数未详),工人34102名(内中桂东、麻阳、邵阳3县工人数未详),每槽工人自3人至40人不等。③ 福建长汀,虽然纸张生产时大多雇用纸工,但雇主、雇工之间的界限不甚明显,"纸工和槽户的位置常发生互换,小槽户尤其如此。上月雇工造纸是

① 《韶关市志》(中),第7卷,工业,中州古籍出版社1995年版,第420页。

② 《唐山市志》(二),方志出版社1999年版,第1312—1313页。

③ 国民党政府实业部国际贸易局编纂、发行:《中国实业志·湖南省》下册,1935年版,第237—238(庚)、290—295(庚)、296—297(庚)页。

表 3-29　浙江各县造纸槽户、纸槽及资本、产值统计
1931 年

县别	槽户数	纸槽数	资本额(元)		工人(人)		产值(元)	
			总额	每户平均	总数	每户平均	总额	每户平均
富阳	10169	10864	2355082	232	40675	4.0	8667912	852
余杭	2052	2154	68892	34	8540	4.2	671100	327
临安	786	822	40973	52	2909	3.7	548028	697
新登	926	926	131029	142	3831	4.1	276307	298
孝丰	136	235	94626	696	1018	7.5	283520	2085
绍兴	476	496	63715	134	2939	6.2	179880	378
萧山	510	695	197350	387	2971	5.8	1360620	2668
诸暨	1110	1101	206123	186	6166	5.6	724420	653
黄岩	576	496	111976	194	2369	4.1	518722	901
金华	422	422	44648	106	1266	3.0	308642	731
衢县	505	1256	266817	528	7047	14.0	1034782	2049
江山	154	408	168067	1091	2490	16.2	753336	4892
常山	296	296	276400	934	4376	14.8	274800	928
桐庐	1136	1172	112275	99	5679	5.0	405347	357
永嘉	1185	1333	218414	184	4244	3.6	529644	447
瑞安	640	640	17024	27	1920	3.0	506070	791
松阳	792	792	13229	17	11488	14.5	108913	138
其他*	2566	3657	703388	274	16924	6.6	3698444	1441
合计	24437	27765	5090028	208	126852	5.2	20850487	853

* "其他"包括于潜、昌化、安吉、奉化、余姚、上虞、嵊县、新昌、临海、温岭、天台、仙
居、永康、武义、浦江、汤溪、龙游、建德、遂安、寿昌、平阳、泰顺、缙云、遂昌、庆元、
景宁等 26 县。

资料来源:据《中国实业志·浙江省》第 4 册,第 242—245(庚)页各县纸之槽户槽
数资本工人及产值表综合整理、计算、改制。

槽户,下月替人做纸是纸工",①广东罗定,手工造纸"一般由农民

---

① 《长汀县志》第 9 卷,土纸,生活·读书·新知三联书店 1993 年版,
第 255 页。

作为家庭副业经营,产量变化不定"。① 四川夹江及全省的情况是,造纸生产以家庭为主,每家只有一二架纸槽,有 5 架以上纸槽的极少,资本又复微薄,而制品完成所需时间长达半年之久,资金长时间无法周转,进一步加剧了资金困难。②

槽户为了进行生产,"自不能不用种种方法,以谋活动资金"。福建长汀,槽户一般都因资金缺乏,须靠向纸商贷款经营,俗称"缴槽"。贷款的主要条件是第二年生产的纸张,一定要卖给债权人,纸商从中获得额外利润。③ 在四川夹江,槽户筹谋资金全仰借贷,基本方法有信用借款、赊购材料、预卖产品等三种。信用借款利率约月息一分至三四分不等,视借款期限及槽户信用如何为定;赊购材料普通为纯碱、漂白粉与石灰。外地运来的石灰、纯碱都是整船趸卖或以十桶为交易单位,槽户规模太小,材料用量不大,无从直接购买,纸商于是居间兼营材料零卖,大多采用信用方式赊出,一转手间每单位赚取二元以上利润;赊购材料又与预卖产品相结合,按夹江纸业习惯,槽户一方面向纸商借款或赊购材料,另一方面则预卖产品以作抵押,口头约定于新纸上市后,以纸张折价偿还货款或借款,当地俗称"担纸"。预卖价格名义上以交货时的一般市价为标准,但因槽户经济地位不及纸商优越,交货价格"恒被抑低"。结果,槽户由借款而预卖,须负担利息与抑价之双重损失,由赊购材料而预卖,亦须负担高价买入低价卖出之双重损失,均遭残酷盘剥。槽户受盘剥愈重,生产条件愈劣,同时为求弥补损

① 《罗定县志》,广东人民出版社 1994 年版,第 259 页。

② 《夹江县志》,四川人民出版社 1994 年版,第 226—227 页;罗志如等:《区域计划经济与川西南区》,重庆国民党政府资源委员会,1944 年油印本,第 106 页。

③ 《长汀县志》第 9 卷,土纸,生活·读书·新知三联书店 1993 年版,第 256 页。

失,交货时恒以次货充当上货,或"中次相杂",土纸品质由是而益发低劣。① 广西、湖南的情况大致相似。广西"造纸农民,资金短少,多有向各收买庄借贷者"。借款条件是以其所造之纸作价抵偿,谓之"定槽"。抵押的纸张价格,一般比市价低 1/10,条件苛刻。即使如此,也并非所有槽户都能借到,而必须具备两个条件:一是平日素有信用;二是出纸优良。② 湖南的普遍情况是,纸庄"放款于槽户,俾作资本,而以所产纸张作抵"。此种纸庄势力甚大,安化、邵阳、平江一带,"更属屡见不鲜",而槽户资本短绌,抵押的纸张价格,完全由纸庄"随意左右",只得任凭宰割。③

　　土纸销售,分本地市场和外地市场两种。一般零星产区和细小槽户,产品只在本地就近销售。集中产区和规模较大的槽户、作坊、纸厂,相当部分甚至大部分产品销往外地或国外市场。同时,销售市场亦因纸张种类而异。如湖南土纸,爆竹及包裹用纸大部分供给本县及邻境需要,其余各类纸张,皆集中汉口,转销河南、山东及湖北荆宜一带。另外资兴、蓝山、桂东、汝城及黔阳、会同所产纸张,分别就近销售广东、贵州。销售形式或渠道,一般分为现货、订货或期货两种,交易方法各不相同。如湖南土纸交易,现货系零星买卖,皆用现款,订货系趸批交易,分期付款。前者均由肩贩向纸坊或槽户采购,挑至四乡贩卖;后者则由纸庄经手,或由槽户将纸货直接送至纸庄兜销,或由纸庄派员向槽户订货,然后转运汉口

---

① 罗志如等:《区域计划经济与川西南区》,重庆国民党政府资源委员会 1944 年油印本,第 106 页。

② 千家驹、韩德章、吴半农合著:《广西省经济概况》,上海商务印书馆1936 年版,第 131—132 页。

③ 国民党政府实业部国际贸易局编纂、发行:《中国实业志·湖南省》下册,1935 年初版,第 237—238(庚)、290—295(庚)、296—297(庚)页。

分销各埠。①

四川夹江,土纸主要由纸商经销,仅县城开店经营的纸商就有100多家,去外地经营或来县采购的纸商也不少。成都、重庆、宜宾、泸县、昆明、西安、兰州、太原的"庄客"还逐渐形成"帮口",谓之"八帮",成都是"八帮"之首,还成立了"白纸帮同业公会"。

福建长汀作为手工纸的重要产地,明末清初就有当地和外埠商人在县城开设庄号。1935年参加纸业(包括色纸业)同业公会的就有101家,除76家本地庄号外,还有连城、上杭、龙岩和广东商人。这些纸庄有的还在广州、潮州、汕头、佛山、上海、香港设有纸行。纸品交易有现货、期货两种。现货纸市有纸经纪人介绍交易,纸价随行就市;期货又叫"卖新纸",在当年产出前预售,多在纸店交易,一般低于市价15%—20%,货款通常用加上利润的纯碱、漂粉等实物支付。②

土纸交易价格,表面上随行就市,由市场供求变化决定,实际上完全由纸商操纵。槽户资金短绌,力量单薄,纸商资金雄厚,力量强大,完全控制和垄断了市场,总是通过压低价格的手段谋取利润。20世纪初,由于洋纸充斥市场,手工纸价格不断下跌,槽户收入下降,经济条件日益恶化。

资料显示,清末民初,一些地区的槽户收入尚可。如河南鲁山,1912年下汤的30多个造纸坑,日产棉纸90余捆,价值银币90余元,可换小麦2000余公斤;白草坪的7个造纸坑,日产棉纸14捆,价值22元,可换小麦490公斤③,平均每个纸坑分别日可换小

① 国民党政府实业部国际贸易局编纂、发行:《中国实业志·湖南省》下册,1935年初版,第237—238(庚)、290—295(庚)、296—297(庚)页。

② 《夹江县志》,四川人民出版社1994年版,第220页;《长汀县志》第9卷,土纸,生活·读书·新知三联书店1993年版,第255—256页。

③ 《鲁山县志》,中州古籍出版社1994年版,第444页。

麦约66公斤和70公斤。在广西，按1921年前的纱纸售价计算，制纸农民除纱纸及其他各项原料费用外，平均每人一日可得银二毫，尚可维持生活。到30年代，虽可得银二毫半，但因货币购买力降低，实际收入反不如前，制纸农民已不能靠制纸而维持生活。采纱皮者的生活，与十年前相比，则更加困苦不堪。[①]　四川夹江，因资本短缺，70%的槽户被迫出卖新纸。由于纸价低贱，新纸上市后，无法清偿，往往借债，"子母迭加，有的几代人都未还清"。这种情况下，"中小槽户，一般纸商均有穷途末路之感"。[②]

（二）手工印刷业

近代中国印刷业的发展，大致经历了雕版印刷、石版印刷和铅字印刷三个阶段。1927—1937年是石版印刷、铅字印刷广泛兴起和逐渐取代雕版印刷的重要时期。

中国传统手工印刷业的基本形式和技术是木版雕刻印刷和木质活字印刷。鸦片战争后不久，西方石印和铅印技术相继传入中国，19世纪末20世纪初特别是1927—1937年间，石印和铅印技术在全国各地被广泛采用，中国传统的雕版印刷逐渐被取代，先是石版印刷取代雕版印刷，开始在一些地区印刷业中占居主导地位；继而石版印刷又被更先进、完善的铅字印刷逐渐取代。

不过中国传统的手工印刷业并未因此而退出历史舞台。由于地域广阔，地区间的经济、文化发展极不平衡，在不同地区，石印、铅印技术的采用、传播及其对雕版印刷的取代时间、程度，差别很大，情况多种多样：东部沿海地区尤其是主要口岸城市，采用石印、

---

① 千家驹、韩德章、吴半农合著：《广西省经济概况》，上海商务印书馆1936年版，第132—133页。

② 《夹江县志》，四川人民出版社1994年版，第220页。

铅印技术的时间较早,对传统手工印刷业的取代也较为彻底,20世纪初,在上海等一些大城市,雕版印刷作坊已接近消失;在内陆地区,石版印刷、铅字印刷出现和兴起的时间较晚,内陆大部分县城,石版印刷出现的时间是20世纪20年代末30年代初,也并未立即排挤和取代传统的雕版印刷,而往往是二者同时并存,甚至仍以雕版印刷或木质活字印刷为主。至于铅字印刷,采用的时间更晚,直至日本全面侵华战争爆发前,铅字印刷只是零星存在;另有部分地区,则并无石印、铅印,始终是传统雕版印刷的一统天下。当然也有少数地区,原来并无雕版印刷,一开始出现的就是石版印刷,或者二者都不存在,在印刷业方面仍是空白。这反映了近代各地印刷业分布及发展变化的多样性。

同时,传统的手工印刷生产方法和作坊经营模式,并未因石版印刷、铅字印刷技术的采用及其对雕版印刷的取代,相应演进为现代机器生产和工厂规模经营,传统手工印刷业并未随之演进为现代机器印刷业。相反,直至20世纪30年代,石版印刷和铅字印刷生产,除上海等少数大城市的部分印刷厂(局、所)外,其他城市以及众多县城,并无机械动力,使用的石印机、圆盘印刷机、平台印刷机等,都是靠手摇或脚踏带动,全部人力操作、手工生产。而且资本和经营规模十分小,一个生产单位大多只有一两台机器和三五名工人,和传统的手工印刷作坊毫无二致。中国的印刷技术、设备虽然由传统的木质雕版或木质活字排版印刷改成了石板或铅字排版印刷,但传统的手工生产方法和作坊运作模式被完整地保留下来。因此,从这个角度看,20世纪30年代中国的绝大部分印刷业,无论雕版印刷还是石版印刷、铅字印刷,依然是作坊式的手工业,而非工厂式的现代机器工业。这是近代中国印刷业发展、演变的重要特点。

这一时期,各地手工印刷业的发展变化,传统雕版印刷被石版印刷、铅字印刷取代的情况，沿海地区与内陆地区不同，同省不同县区也有明显差异。

20 世纪初特别是 1927—1937 年，由于文化教育的发展、政治宣传的需要，印刷工业和印刷技术的发展，比以往较为迅速，东部沿海地区尤然。如江苏，1932 年的调查说，印刷业就机械能力而言，较 20 年前，已增 20 倍以上；较 10 年前，亦约增 5 倍。印刷技术和设备，已进至机器工业时期，机械设备渐臻完善，"全省印刷所数量，较任何工厂为多"，资本万元以上印刷厂即达 98 家，资本总额 136.3 万元，"木版印刷，已归淘汰之列"。①

当然，这是就江苏整体情况而言，具体到各个地区，情况互有差异。上海、南京、苏州和镇江等通商大埠和地区中心城市，木版印刷确已被淘汰，或正在被淘汰。作为全国工业中心的上海和国民党政治中心的南京，这一时期机器印刷业已是印刷业的主体。传统的手工印刷业所剩不多。苏州雕版印刷始于唐代，所出"雕版印书，刻工之精，印刷之良，声名远播"。清末民初，近代印刷技术传入，并不断扩大，1937 年，苏州有石印、铅印企业 19 家，资本 4.9 万元，石印机 33 台、铅印机 48 台，《苏报》（后迁镇江）、《江东日报》、《苏州明报》、《大江南报》、《苏州日报》等，均有印刷设备。虽然各企业印刷"质量欠佳"，石印、铅印还是"逐渐取代雕版印刷"。② 镇江也从民国初年开始使用手摇石印机，1922 年已有 8 家印刷机构经营石印和铅印业务。1929 年江苏省政府迁往镇江后，随即设立印刷局，有工人 100 名、资金 3.5 万元，还有 10 余家商营

---

① 国民党政府实业部国际贸易局编：《中国实业志·江苏省》第 5 册，宗青图书公司 1980 年印本，第 1045—1054 页。

② 《苏州市志》（Ⅱ），第 18 卷，轻工业，江苏人民出版社 1995 年版，第 240、241 页。

印刷所,共有工人212名、资本7.74万元。另外《江声日报》、《新江苏报》、《苏报》、《江苏省报》等均自备印刷机。石印、铅印的实力相当雄厚,虽然还有雕版、石刻、土印等手工作坊继续经营,但二者力量对比悬殊,传统手工印刷业的生存空间已十分狭窄。①

　　江苏其他城市特别是县区,石印、铅印兴起的时间稍晚,实力较弱,虽然木版印刷尚未被完全取代,但已日趋衰落。古城扬州,雕版印刷历史久远,刻版、印刷、装帧工艺精湛。② 清末民初印刷业多为纸店兼作坊,城内10家作坊"以木刻手印、石板水印为主",主要印品有旧式账册、单据、学生簿本、年画、迷信用品等,已是木印、石印并存。1930年出现首家活字铅印店,除印刷《扬州报》外,还承接社会零星印刷业务③,常州1908年就有印刷坊开始使用机械铅字印刷,不过直至40年代,石印、铅印"均为手工操作"。雕版印刷的营业范围虽然缩小,但仍在印刷业中占有重要地位。④ 苏北高邮,清末民初,木刻水印颇为兴盛,印刷作坊多附设于纸店。一些较大的纸店,均为"前铺后作",木刻水印是后作的主体,另有若干装订作坊,只营装订,不事印刷,相当于纸店的"后作"。1921年高邮木刻水印"最盛"。1923年开办首家石印社,1926年县贫民工厂引进活字铅印技术。20年代为木刻水印、石印和铅印"并存时期"。30年代,木刻水印和石印"渐趋衰落,

---

　　① 《镇江市志》上册,上海社会科学院出版社1993年版,第824页。

　　② 如康熙年间校刊的《全唐诗》,从校补、缮写、雕刻到印刷、装帧,无不尽善尽美,康熙帝阅后御批:"刻的书甚好"(《扬州市志》中册,中国大百科全书出版社1997年版,第1229页)。

　　③ 《扬州市志》中册,中国大百科全书出版社1997年版,第1230页。

　　④ 《常州市志》第一册,第11卷,工业、手工业,中国社会科学出版社1995年版,第1014—1016页。

业者先后转向活字铅印"。[①] 江阴清末民初时,有多家新老书坊、书院、刻书局,从事雕版或木质单字活盘(称"聚珍版")印刷,有的规模和工程颇大。[②] 1919 年开始使用铅印,但直至 1949 年前,"多数企业仍沿用水印、石印及聚珍版印刷工艺"[③],传统木刻印刷仍是印刷业的主体。

浙江特别是杭州、绍兴等地,20 世纪前,雕版印刷十分兴旺。19 世纪末 20 世纪初,石印、铅印相继传入,传统印刷业开始受到冲击。1927 年后,国民党省、县党部和地方政府刊布宣传品甚多,新式印刷业迅速崛起。据不完全统计,1932 年全省有印刷局(所)126 家,资本总额 29.8 万元,从事图书、报刊、簿据、信笺、卡片、仿单、传单、标语等印刷。其中又以省城杭州最为发达,全市有印刷所 86 家,资本 22 万元,营业额 65.42 万元,占全省总额的 60% 以上。印刷工艺主要是石印和铅印,雕版印刷已基本被淘汰。鄞县(宁波)情形亦大致相同。从资本规模和设备技术看,全省半数左右的印刷企业为小型手工印刷所(社),尤其是一些县区,更是以手工印刷为主。[④] 在这些县区,传统印刷业的基础和变化情况不尽一致。部分县区在 20 年代末 30 年代初,开始使用石印、铅印技术,如江山,明清时期,民间有"谱匠",专为各姓宗祠印刷宗谱、家

---

① 《高邮县志》,江苏人民出版社 1990 年版,第 2722 页。

② 如南菁书院光绪十二(1886)年设刻书局,刊刻《皇清经解续编》209 种、1430 卷,仅镌版即达 17362 方(《江阴市志》第 13 卷,上海人民出版社 1992 年版,第 434 页)。

③ 《江阴市志》第 13 卷,上海人民出版社 1992 年版,第 434—435 页。

④ 参见国民党政府实业部国际贸易局编:《中国实业志·浙江省》第 4 册,宗青图书公司 1980 年印本,第 447—455(庚)页;《杭州市志》第 3 卷,中华书局 1999 年版,第 207—208 页;《鄞县志》上,中华书局 1996 年版,第 568—569 页;《宁波市志》中,第 17 卷,轻工业,中华书局 1995 年版,第 1086—1087 页。

谱。1928年、1931年相继有书店开展石印、铅印业务,谱匠和木刻水印逐渐被取代。① 有的较晚,如淳安、平阳早期为木刻水印,由图书文具店兼营。淳安1935年才有一家成立于1930年的印刷社购置铅印机,承印报刊、图册表格;平阳1935年前后,宜山、金乡、灵溪等地文具店,均备有脚踏圆盘印刷机,印刷信笺、信封、账册、学生作业簿等。常山在1936年有印刷局开始用铅印。② 磐安情况又不同,明清时期就有专业印刷作坊,也不是使用雕版印刷,而是活字粘排木刻版印刷,也许正因为如此,木版印刷的生命力更强,该县直至20世纪50年代,才出现石印、铅印,此前一直是活字木版印刷的一统天下。③

福建沿海地区的雕版印刷起源甚早,专业化程度高,基础雄厚。但由于西方教会势力的渗入,近代印刷技术的传入也较早,发展较快,福州、厦门成为省内新式印刷业的中心,20世纪30年代,福州有官办、商营及省银行附设的印刷所等数十家,厦门有印刷所30多家,经营范围主要是书刊、报纸、简易商标、表册、单照票据等零件印刷,设备虽然大都为人工手摇脚踏带动的平台印刷机、圆盘机、铸字机、打版机等,但已基本配套。④ 传统印刷亦随后被淘汰。

泉州早在宋代就已逐渐形成以雕版业为群体的专业村,一直延续下来。清末时,泉州城郊田庵、淮口、后坂等3村尚有雕版工人300多人,业务相当繁盛。城内有10多家雕版印刷作坊,各家藏有数量庞大的经、史、子、集、说部、医书、歌曲及其他书籍文献的

---

① 《江山市志》,浙江人民出版社1990年版,第203页。

② 《淳安县志》,汉语大词典出版社1990年版,第307页;《苍南县志·工业》,浙江人民出版社1997年版,第367页;《常山县志》,浙江人民出版社1993年版,第189页。

③ 《磐安县志》,浙江人民出版社1990年版,第240页。

④ 《福建省志·轻工业志》,方志出版社1996年版,第242页。

雕版,几乎均由上述 3 村承制。泉州城内除各家书坊馆堂雕版印刷外,另有私家历代相传的历法世家,每年自编巨本《通书》及大量《历图》刊刻木版印行,以及专事刻印劝善书籍、以个人名氏为坊号的家庭作坊,每年都有新刻版本出售,雕版印刷业盛极一时。

19 世纪末,有基督教徒在泉州城内开设"圣教印书馆",购置铅印机、石印机等新式印刷工具,承印基督教会的宣传材料。1912年新建的印书馆,规模更大,有石印、铅印机 8 架,雇工 20 多人,承印书籍、报刊、簿册、商标等。新式印刷技术很快传播到邻近的永春、惠安、安溪等地。一些木印作坊也相继改用石印、铅印,民国初年,有人在永春开办印刷所,初用木刻和石版印刷,随后购置铅字、圆盘机,改用铅印;1923 年永春开办的另一印刷社,初用木刻版印刷簿册、信笺,后亦添置两台石印机,可印彩色广告、证书和票证。同年,美国基督教美以美会在永春创办的《崇道报》,附有印刷厂,初用石版印刷印报,1925 年添置 2 台脚踏圆盘机,改用铅印。此后,惠安、安溪等县均设印刷部,用铅印印制县内报刊。① 在这种情况下,传统的雕版印刷相继衰落。

莆田木雕历史悠久,技艺精湛,印书刻字兼行建筑、家具、乐器、摆设雕刻。西方印刷技术传入也很早,美国传教士早在 1893年就在县城开办美兴印书局,印刷罗马拼音读物和报纸等,1908年兼用中文铅字印刷。此后,1927—1949 年间,全县陆续开办 18家印刷企业②,传统印刷技术逐渐消失,雕刻则加速向摆设工艺欣赏品发展。

闽西、闽北的一些内陆县区,传统雕版印刷,衰落的时间稍后,

---

① 《泉州市志》第 6 卷,工业,中国社会科学出版社 2000 年版,第 622页。

② 《莆田县志》,中华书局 1994 年版,第 306 页。

这一时期存留的比例可能相对大一些。宁化 19 世纪末期,县城相继开办数家印刷作坊,雕版印刷尚处于上升和发展态势。1927 年有人在县城开办印刷厂,置备石印机,以及 8 开、16 开铅印机各一台,雕版印刷才开始走向衰落。① 上杭宋代已有木刻印刷,清光绪间,县城有人开办木质活字版印刷坊,并迅速扩大,承印上杭、武平、连成等地经书、谱牒、帖柬等,"业务极其兴旺"。1912 年、1926 年,县内先后开办 3 家石印社,活版印刷坊开始受到冲击。1933 年,县政府和商会理事长官商合办印务书局,购有 4 开平台、14 开圆盘铅印机,"刻字活版印刷停业"。② 连城雕版印刷始于明万历年间,清道光年间为鼎盛期,先后印刷过《四书集注》、《康熙字典》、《唐诗》、《千家诗》、《绣像金瓶梅》等书,据称是明清时期中国四大印刷基地之一③,所印书籍,"垄断江南,行销全国"。1918 年县内开始采用石印、铅印技术④,雕版印刷由盛转衰,1942 年最后消失。松溪 1933 年出现石版印刷所之前,全部为木刻印刷。⑤至于周宁,民国初年才有人在县城开办印刷店,用木刻版印刷账簿、信笺、信封,在 1940 年采用油印机之前,木刻印刷是当地印刷业的唯一形式;明溪雕版印刷出现的时间更晚,1934 年才开办首家以木刻印刷信笺、信封、书簿等的文具店,石印的采用已是 1943 年的事。⑥

---

① 《宁化县志》第 9 卷,工业,福建人民出版社 1992 年版,第 279 页。

② 《上杭县志》第 7 卷,工业,福建人民出版社 1993 年版,第 248 页。

③ 明清时期四大雕版印刷基地指北京、汉口、江西金溪(赣东一带有"临川才子金溪书"的俗谚)、福建连城。

④ 《连城县志》第 7 卷,工业,群众出版社 1993 年版,第 254 页。

⑤ 《松溪县志》第 8 卷,工业,中国统计出版社 1994 年版,第 226 页。

⑥ 《周宁县志》,中国科学技术出版社 1993 年版,第 166 页;《明溪县志》第 9 卷,工业,方志出版社 1997 年版,第 317 页。

江西不少地区,木刻印书业都比较发达,20世纪开始引入铅印技术,逐渐取代木刻印刷,但各地进展互有先后。1900年前后,江西官书局从上海购进对开铅印机1部,是为江西铅印之始。随后又有一家民办铅印厂开业,但是"绝大部分民间印刷店仍以手工木刻、石刻为主"。进入民国时期,石印、铅印技术的采用增多,全省石印所、馆发展到160多家,大多为私人作坊。随着铅印技术的传播,这些石印所、馆也相继购置铅印设备,铅印技术逐渐普及,省城南昌等城市尤为明显。据记载,1934年南昌有印刷厂70个,其中石印54个,铅印7个,石印兼铅印9个①,该地木刻印书业可能已大部分被淘汰。不过各地情况并不平衡,大部分县区,仍以传统雕版印刷为主。

其他地区特别是中西部地区,情况也是多种多样,但在大部分地区,20世纪前,雕版印刷业不如江浙闽沿海地区发达、兴旺,20世纪初,新式机器印刷业的传入和兴起的时间比江浙闽沿海地区晚,数量和规模亦较小,雕版印刷业被淘汰的时间亦相应较迟,1927—1937年间,雕版印刷业仍在相当一部分地区大量存在,有的一直是印刷业的主体或唯一形式。

在湖南,20世纪前的印刷业,全部为木版印刷,石印、铅印发轫于清末长沙的宏文公司。1912年开设的湘鄂印刷公司,有资本5万元,是为湖南大规模印刷工业的嚆矢。不过1914—1915年间,该省印刷业最发达的省会长沙,也仅有印刷业三四家。1926—1927年后,社会文化教育快速发展,书报增多,带动新式印刷业突飞猛进。据1934年的调查,长沙、湘潭等15县140家印刷厂中,有设立年份可稽的112家,其中设立于1927—1934年的55家,占49.1%。140家印刷厂中,只有1家旧式木版印刷,其余全部为新

---

① 《江西省志·江西省轻工业志》,方志出版社1999年版,第42页。

式石印、铅印。动力方面,木版印刷厂固然沿袭传统的手工作业方式,139 家新式印刷厂中,也只有 2 家有机械动力(8 马力引擎 2 部,马达 1 部),其余 137 家全部使用人力,进行手工生产。140 家印刷厂的动力和资本结构、生产状况列表 3 - 30:

表3 - 30　湖南印刷业中机器生产与手工生产比较

1934 年

项目	总计	机器生产		手工生产	
		实数	%	实数	%
厂(坊)	140	2	1.4	138	98.6
资本额	432030	71000	16.4	361030	83.6
工人数	996	140	14.1	856	85.9
年产值	1084035	280000	25.8	804305	74.2

资料来源:据国民党政府实业部国际贸易局编:《中国实业志·湖南省》下册,第 461—462(庚)、464—473(庚)、474—475(庚)页各表综合归并、计算、编制。

山东1932 年有新式印刷局(所)92 家,其中石印业 52 家、铅印业40 家。只有 11 家铅印业有动力设备,其余 29 家铅印业和52 家石印业,全部为手工印刷。81 家人力机器印刷厂中,62 家(资本 62250 元)建于 1927—1933 年,占总数的 76.5%(资本占59.8%)。①92 家新式印刷局(所)的动力和资本结构、生产状况详见表 3 -31。

---

①　据国民党政府实业部国际贸易局编:《中国实业志·山东省》第 6 册,宗青图书公司 1980 年印本,第 758—765(辛)页各表综合、计算。

表3-31 山东印刷业中机器生产与手工生产比较

1932年

项目	总计	机器生产		手工生产	
		实数	%	实数	%
厂(坊)	92	11	12.0	81	88.0
资本额	217340	113250	52.1	104090	47.9
工人数	963	392	40.7	571	59.3
年产值	533415	295600	55.4	237815	44.6

资料来源:据国民党政府实业部国际贸易局编:《中国实业志·山东省》第六册,宗青图书公司1980年印本,第758—765(辛)页各表综合归并、计算、编制。

　　湖南、山东此类印刷厂或印刷局(所),虽已采用石印、铅印的机器和工艺,但绝大部分仍以人力进行手工生产,而且不论手工生产或机器生产,资本和生产规模都十分小,手工生产的印刷厂尤甚。湖南138家印刷厂,平均每厂仅有资本2616元、职工6.2人;山东81家印刷厂,平均每厂仅有资本1285元、职工7人。这实际上只是一批印刷作坊。

　　山西的情况相仿。有调查指,因文化进步,印刷业已日渐普遍,但尚不发达,"木版印刷,昔已有之;铅印石印的倡行,则为时未远,动力设备,尤属罕见"。1936年太原市及榆次等31县市的118家新式印刷所中,只有4家(包括官办西北印刷厂)配备机械动力,其余全是人力手工印刷。从成立时间看,成立于1927—1935年的印刷厂达81家,资本275252元,年产值238793元,分别占总数的68.6%、75.9%和65.8%。[①] 同湖南、山东一样,印刷厂

----

　　① 据国民党政府实业部国际贸易局编纂、发行:《中国实业志·山西省》,1937年初版,第665—672(己)页"山西省印刷业现况一览表"综合、计算。

规模也十分小,如不计西北印刷厂,平均每厂仅有资本1350元。

湖南、山东、山西石印、铅印的采用和发展情况显示,传统雕版印刷业受冲击主要是1927年以后,时间不长。同时,新式印刷业的分布尚不十分普遍,据不完全统计,湖南77个县市中,到1933年只有15个县市有新式印刷业,山东111个县市中,1932年只有24个县市有新式印刷业,山西105个县中,到1936年也只有31个县出现新式印刷业,依次只占总数的19.7%、21.6%和29.5%。亦即30年代初,3省50%以上的县区的传统印刷业尚未受到新式印刷业的直接冲击和排挤。从整体上看,应有相当一部分传统印刷业继续留存。这大体反映了江浙闽以外地区尤其是中西部地区的情况。

当然,由于地区间经济、文化发展的极不平衡性,各地雕版印刷业衰落时间、程度和变化状况差异明显。从全国范围看,包括江浙闽湘鲁晋6省区在内,这一时期传统印刷业的发展变化,除少数县区从无任何印刷业、一直是印刷业的空白,或一开始就是采用石印、铅印外,可大致分为四种不同的情况或类型。一个省区可能以某一两种类型为主,也可能几种类型并存。

第一种是雕版印刷受到新式印刷业的强力冲击和排斥,逐渐被淘汰,甚至完全消失。前述上海、南京、苏州、镇江、杭州、宁波、福州、厦门等沿海省份口岸城市,湘鲁晋3省省城和少数县区,大都属于这一类型。其他各省也有类似情形。

福建龙溪、澄海,清代用木刻水印印刷商标,1913年后,两县先后有东方等12家印刷所(社)兴起,采用铅字和石版印刷承印小报、广告、簿籍、票证、商标,木刻印刷消失。[1] 在广东,揭阳宋代已有木板刻印,明清发展,清末后相继采用石印,民国时期有通雅

---

[1] 《龙海县志》第9卷,工业,东方出版社1993年版,第256页。

等10余家石版印刷商号,1931年通雅进而采用活版印刷,承印《民国日报》;信宜、化县,光绪间已有木刻印刷业,1913年茂名县城用人力铅字印刷机印《高州日报》,后相继出现数家铅印社,1922年化县县城有书局更名为印刷局,开办铅印业务,1928年添置机器设备,能印仿宋、老宋、楷、方笔等字体,承印文件、图表、册籍、族谱、书报等,同年还有人开办审美石印局。① 这些地区的铅印、石印业迅速扩大,木刻印刷的生存空间不断缩小,逐渐被淘汰。四川双流、华阳两县,民国初年,印刷业颇为兴盛,1922年前后,仅华阳籍田镇就有印刷专业户20余家,主要从事木刻印刷和古版书装订,有的兼营文具纸张。1929年后,相继开办两家石印店,木刻印刷被逐渐淘汰,到40年代末,籍田镇仅存木刻印刷业1户,其余全部消失。②

山东益都、诸城、安丘、寿光、临朐、昌乐、昌邑、高密等地,清末以前,所有印刷作坊,均系木版雕刻印刷,民国初年开始采用石版印刷,木版刻印逐渐被淘汰。30年代各县境内40余家印刷局、所,全部置备石印机,且多定名为"石印局"。③ 河南南阳,清末民初有专业木刻印刷馆4家,1926年后,石印普遍流行,日本全面侵华战争爆发前夕,石印馆增至32户,并从1931年开始出现铅印印刷;淅川1932年前原有木刻印刷作坊,1932年县教育款产处购得6台手摇石印机,雇工16人从事石印生产,木牌印刷逐渐被淘汰;内乡1924年前皆为手工木刻印刷,1924年官办贫民工厂内设石印馆,此后相继开办5家石印馆。上述3县,石印代替了木刻印

---

① 《揭阳县志》,广东人民出版社1993年版,第254页;《茂名市志》上,广东人民出版社1994年版,第457页。
② 《双流县志》,四川人民出版社1992年版,第278页。
③ 《潍坊市志》,中央文献出版社1995年版,第368—369页。

刷。①

贵州遵义,1906 年曾从日本购买铅印机、铸字机铜模,开办铅印厂,1916 年毁于洪水,铅印一度消失。1926 年再次置备圆盘铅印机、石印机等设备,复办印刷厂。此后又有 3 家印刷厂出现,有圆盘机、石印机、手摇铅印机等设备,主要印刷学生作业本、商号账表、凭证、单据、信笺之类,以及《播声报》、《黔声日报》等小报。②传统印刷业随即消失。

不过石印、铅印取代雕版印刷,并非一帆风顺,有的地区在石版印刷、铅字印刷发展和取代木版印刷的过程中,一度出现反复。湖南郴县,1911 年县城有两名教师开办两家石印作坊,因"管理不善",5 个月后停产。此后 20 年间再无新式印刷业出现。直至1931 年,县平民工厂才附设印刷车间,有铅印机 1 台、石印机 6台。同时有 2 家石印社开业,使用木制石印机、脚踏圆盘机、手摇平台机等印制学生课本、信笺等。此后又有 7 家石印社相继开业③,新式印刷业数量和实力大增,雕版印刷开始处于劣势,逐渐被淘汰;山西中阳,印刷业始于民国初年,经历了木版印刷、油印、石印、铅印 4 个发展阶段。民国初年先有木版印刷,承印作文格纸、铺名、名片、贺年片等;1913 年县政府置备油印机,用于印刷公文;1922 年开办首家石印局,但因"技术欠佳",勉强维持 2 年,以倒闭告终;1925 年、1930 年又相继开办两家石印局,后一家业务较旺,不仅包揽县内印刷业务,一些外县客户均来印刷。④ 县内原有的

① 《南阳市志》第 12 卷,工业,河南人民出版社 1989 年版,第 386 页;《淅川县工业志》,方志出版社 2004 年版,第 33 页;《内乡县志》,生活·读书·新知三联书店 1994 年版,第 415 页。

② 《遵义县志》,贵州人民出版社 1992 年版,第 452 页。

③ 《郴县志》,中国社会出版社 1995 年版,第 440 页。

④ 《中阳县志》,山西人民出版社 1996 年版,第 290 页。

雕版印刷业务,也就为石印所取代。汾阳清末已传入石版印刷,当时县城有两家书局,主营文具、纸张、书籍,同时承揽石印布告、广告、传单等业务,民国年间又先后开办4家书局,兼揽印刷,雕刻印章、刻印木版书籍。石版印刷、木版印刷同时存在,相互竞争,但业务各有侧重。不过到1936年,据称全县印刷从业34人,资本180银元,使用普通铅、石印机,年产值5198元①,木版印刷似乎已经消失。

第二种是雕版印刷和石印、铅印同时并存,相互竞争、各有消长。如湖北南漳,清代有木印作坊4家,1914年传入石印技术,此后石印、木印作坊均有发展。直至50年代,木印、石印才同时被铅印淘汰;应山印刷业兴起较晚,1919年先有石印,以后开办的印刷店多为石印、木版印刷兼营,两者同时并存。40年代初,铅印技术传入,但石印、木版印刷仍较普遍。② 江西铅山,民国时期县内有小型印刷作坊10余家,从事石印、木印、切纸等业务;四川巴县,1937年有人开办石印社,业务以石印、木版印刷为主,辅以裱衬③,都是木印、石印并存。山东鱼台,清迄民国,有木版印刷、石印店铺3家,其中一家木版印刷作坊已传9世,直至1949年才停印。④ 桓台清末至民国时期,县城索镇有2家刻字铺,兼营木刻雕版印刷,产品有信纸、画像、各类帖子,年营业额约200余元。同时有6家石印局,从事家谱、信封、信纸、布告、彩色食品封纸、商号纸钞等印刷,年营业额约500元。1920年开始采用铅字活版印刷技术,官

---

① 《汾阳县志》,海潮出版社1998年版,第275页。

② 《南漳县志》第13卷,轻纺工业,中国城市经济社会出版社1990年版,第248—249页;《应山县志》第7卷,工业,湖北科学技术出版社1990年第1版,第256页。

③ 《南漳县志》第10卷,轻工业,南海出版公司1990年版,第221页;《巴县志》,重庆出版社1994年版,第2205页。

④ 《鱼台县志》,山东人民出版社1997年版,第245页。

办印刷社开业；山西文水光绪初有木刻印刷业两家，民国后逐渐增加。1919有人开办文兴书局，资金300元，职工9人，后停业；另有和合书店，承印机构、学校用品和商号号票及官署的各种文件表格。1930年重开文兴书局，置有石印、铅印机各一台，承印学校、机关抄本、文件及商号号票。1934年又有药房为印刷中成药、仁丹等商标，备有石印机、手工铅印机，也承印学校、机关抄本、文件、账簿等。① 显然，两县都是雕版、石版、铅字三种印刷同时并存。四川新都，木刻印刷作坊在咸丰年间曾"名贯西川"，1914年开始出现石印，因投资费用高，在县内"未占主导地位"；1925年开设的另一家石印社，开始全部用石印印刷文书表册，石印在县内"渐居于主导地位"。到1931年，县内有较大印刷铺8家，除两家仍保留木刻印刷外，余均采用石印。② 贵州安顺，印刷业始于元代，清代有一定发展，有雕版印刷和木质活字印刷两种，民国初年始有石印、铅印，但立足未稳。1925年有人设石印局，不久蚀本停业换主；又有人"初试铅印，亦仅印名片等小件，不久停业"。不过石印、铅印还是维持下来，与木版印刷并存。1931年，安顺成立同业公会，石印、对联、木印店均纳入图书业组织。③

　　第三种是传统手工印刷业一直是当地印刷业的主体或唯一形式。这种情况各省或多或少均有存在，多是一些经济、文化发展相对落后的县区，不过也有少数是紧邻口岸的县区。

　　前述明清四大雕版印刷基地的江西金溪，木刻印刷业在乾隆年间最为鼎盛，此后长期经久不衰。在同治年间，浒湾一地即有木

---

① 《桓台县志》，齐鲁书社1992年版，第278—279页；《文水县志》，山西人民出版社1994年版，第247页。

② 《新都县志》，四川人民出版社1994年版，第470页。

③ 《安顺市志》上册，贵州人民出版社1995年版，第632页。

刻印书铺栈、作坊60余家,刻印的书籍、年画畅销全国各地。直至1942年,日本侵略军进扰浒湾,纵火焚烧,木刻印书业遭到彻底破坏,才急剧衰萎。① 江苏涟水,一直只有十分简陋的手刷木雕印刷。② 湖北崇阳,清末县城开始有刻字铺以木刻木板印刷宗谱。民国时期,县城有两家刻字铺,均以刻字为主,兼营木版印刷。直至1943年,有通城人将其在通城的印刷厂分拆一部分搬至崇阳,该县始有石印。③ 广东番禺在20世纪30年代初,先是采用泥版印刷,后以木刻版取代泥版,仍用手扫印刷,40年代才使用平台印刷机,开始铅字活版印刷;饶平在1941年前,附属于纸张文具商店的印刷业,均用木刻手工操作,且只此一种,别无其他;紫金、龙川,自明清至1940年前,也只有木刻(木质活字版和雕版)印刷,主印双联票据、婚丧喜庆请帖、族谱、表册等。④ 民国时期的山西临县,民间只有木版雕刻、墨色拓印艺人,平时刻印官契、告示、钱帖等,春节刻印门神、灶君、"吉庆有余"、"松鹤延年"、狮虎等年画出售。⑤ 贵州贵定,印刷业起步更晚。1937年前,民间仅用雕版手工印刷祭祀焚化等迷信用品,直至1937年3月,才开办一家专业性印刷户,且"业务尚清淡"。⑥

第四种是木刻印刷机构添置石印、铅印机器设备,增加或改用

① 《金溪县志》第十一篇,工业,新华出版社1992年版,第264页。
② 《涟水县志》,江苏古籍出版社1997年版,第364页。
③ 《崇阳县志》第8卷,工业,武汉大学出版社1991年版,第229页。
④ 《番禺县志》,广东人民出版社1995年版,第329页;《饶平县志》,生活·读书·新知三联书店1993年版,第417页;《紫金县志》,广东人民出版社1995年版,第319页;《龙川县志》第17卷,工业,广东人民出版社1994年版,第291页。
⑤ 《临县志》,海潮出版社1994年版,第249页。
⑥ 《贵定县志》,贵州人民出版社1995年版,第525页。

石印、铅印,由传统手工雕版印刷业向新式印刷业演进。

前述福建永春、惠安、安溪等地的一些木版印刷作坊,在民国初年后,都相继改用石印、铅印。江苏宿迁,1912年开业的会文斋刻字印刷店,初以刻字为主,后用大刻版水色印刷公文纸、10行纸、8行纸、米格临摹大字本等。后又改行石印,其时城乡一二百家商号滥发纸钞,均由该店印刷,业务扩大。1921年该店有石印机6台,石印版200块,工人20名,分昼夜两班不停生产。1929年后复从上海购进2台8开和1台16开圆盘印刷机,复由石印改为铅印,并于山东枣庄等地设立业务联络点,从事各种诗集、文集、杂稿、方志等图书以及《宿迁民报》《新宿日报》等报刊印刷,业务范围遍及邻近的泗阳、沭阳、邳县、睢宁、泗县及徐州、海州等地。① 浙江缙云,1922年县城"文华阁"开办印刷业,以木版印刷迷信用品、政府办公用品、书刊和学生练习本等,后逐渐发展到石印、铅印。② 福建福清,1929年,城关有刻字铺开始兼营木版印刷,印刷十行纸、小书方、喜帖等,翌年即增加石印设备,承印小型布告等。1940年增置16开、8开、4开圆盘印刷机各一台和部分铅字,从此改木刻为铅字印刷。③ 山西平遥,明代即有刻板印刷,1931年后,少数印刷业改为铅字印刷。④ 甘肃陇南秦安县,陕西华姓书商创办于1889年的全义堂书局,曾印刷《四书》《五经》《史记》《通鉴》等书籍及账簿等。1916年前后,从上海买回石印机,增添石印业务,另立瑞记书局;1929年买下倒闭的实业银号印刷局的两台石印机;1933年又购置6台石印机和3台铅印机,并同另一商行

① 《宿迁市志》,江苏人民出版社1996年版,第428—429页。
② 《缙云县志》,浙江人民出版社1996年版,第226页。
③ 《福清市志》第8卷,工业,厦门大学出版社1994年版,第273页。
④ 《平遥县志》,中华书局1999年版,第273页。

合资收购清末创办的协记书局全部印刷设备(石印机 4 台、铅印机 3 台、木版印刷机数台),又开办两义书局。至此,该书商已持有 3 家书局,有石印机 14—15 台、铅印机和木版印刷机各 10 余台,从业人员近百人,成为陇南最大的印刷企业。虽然仍有 10 余台木版印刷机进行雕版印刷,但已基本完成了由传统雕版印刷向石版印刷、铅字活版印刷的演进。①

传统手工印刷业是中国传统手工业中的一朵奇葩,在保存、传承和发扬光大中国古代文明,发展教育,维持国家机器的正常运转,满足人们日常物质、文化生活需要等各个方面,不可或缺,地位极其重要。

传统手工印刷业的产品,种类颇多,大致分为文化教育用品、官府用品、商业用品、日常生活用品和宗教迷信用品等五大类。文化教育用品主要包括古今典籍、图书、碑帖、年画、学校教材、学生红摹本和练习簿等;官府用品主要包括布告,宣传品,各类土地册籍、会计报表、账册、赋税联单,以及各类官式册籍等;商业用品主要包括商标、广告、帖片、账册、纸钞等;日常生活用品主要包括信笺、信封、名片、请柬、喜帖、年画等;宗教迷信用品主要有经书、佛像、神像、符咒以及焚烧迷信品等。

上述产品的印制,地区间各有差异,亦有发展变化。在京城、省城等政治中心和传统手工印刷业主要集中地,产品以文化教育用品和官府用品为主,其中雕刻木版年画印刷有其相对集中地。雕版年画以民间喜闻乐见的喜庆吉祥的题材内容和构图夸张的创作手法,采用传统雕版印刷工艺同民间绘画艺术相结合的印制方法,具有朴素的东方民族审美特色和浓郁的南北乡土风情,经过长期的发展演变,逐渐形成了苏州桃花坞、天津杨柳青、山东潍县杨

---

① 《天水市志》中卷,工业(上),方志出版社 2004 年版,第 1190 页。

家埠、河南朱仙镇以及四川绵竹、广东佛山等南北几大流派和年画印刷集中地。其他一些地区传统印刷品以商业用品、日常生活用品为主,在某些闭塞落后地区,神像、焚化迷信用品是零星雕刻印刷的主体。在时间上也有变化,进入民国尤其是 1927—1937 年间,随着封建迷信的日渐破除、商业和学校教育的发展,学校教材、学生练习簿和商业用品在地区印刷品中所占比重增大,宗教迷信用品的比重有所下降。

手工印刷业的生产经营,主要有兼营和专营两种基本形式,生产和专业分工亦有粗有细,不同地区、不同时期,差异悬殊。

从清代到民国时期,相当一部分地区的手工印刷业是由纸店、书店(局)、文具店、刻字铺兼营。这类商店主要销售纸张、书籍、笔墨文具,雕刻图章,同时兼营刻字和印刷业务,大多采用"前店后作"的经营模式。由于资本和生产经营规模细小,制作工艺和程序简单,一般散件刻版、印刷,多无明确的专业分工。雕版、印刷、后期处理等工序,往往全体参加,共同完成。

在一些雕版印刷或木质活字印刷业较发达的地区,则多为专营。前述江苏常州,浙江磐安,福建宁化、上杭、连城,雕版印刷都是以作坊的形式进行专业经营。江苏高邮则有专业装订作坊。生产也有明显分工,如前述福建泉州、江苏高邮,雕版和印刷、印刷和装订,不仅专业分工明确,还表现为社会分工。这类地区的印刷作坊数量不多,但产出不小,更是各类书籍尤其是古籍的主要生产者,在全国传统手工印刷行业中,占有极其重要的地位,反映了传统手工印刷业的发展水平。

三、各类新兴手工业

新兴手工业包括"进口替代"型的针织业、毛巾业,出口型的花边、丝绣(刺绣)、抽纱品业,草帽辫业和其他新兴手工业等三部分。与传统手工业不同,这类新兴手工业除刺绣等个别行业外,均兴起于鸦片战争后。各业兴起时间、地区分布、发展状况互不相同,亦有起落或反复,但除了少数行业,大多处于波浪式发展、扩大的态势。

(一)针织业和毛巾业

针织业和毛巾业是近代国外针织品和毛巾进入中国城乡市场后的新兴"进口替代"型产业。线袜、手套、汗衫、卫生衣裤、手巾等美观、柔软,穿戴、使用轻便、舒适,远胜土布制品,受到消费者的喜爱。同时洋纱、机纱原料供应充足,生产成本低廉,机械设备操作简单,技术要求不高,手摇织袜机尤其轻巧,1912年上海已能制造。这些都为针织业和毛巾业的发展创造了条件,使其成为中国近代发展较好的新兴手工业之一。

1927—1937年间,从全国范围看,针织业和毛巾业呈现不断发展和扩散的态势,1927—1931年发展速度相对较快,到30年代初,大部分县区都已有零星织袜业的分布,一些县办平(贫)民工厂,也大多设有织布厂或针织部,兼织线袜、毛巾。如湖南,1934年时,35县共设贫民工厂41家,其中34家是在1927—1934年间设立或改组的,针织品是仅次于棉布的第二项主要产品,年产值为80036元,占总产值442397元的18.1%。[①] 在"九一八事变"后和30年代经济危机期间,针织业生产受到冲击,如江苏南汇的手工织袜业,1920—1930年间,厂数增加,营业顺利,"可称为鼎盛时期",但1931年后,因东北失陷,长江水灾,销路大阻,一度"渐趋

---

① 据国民党政府实业部国际贸易局编纂、发行:《中国实业志·湖南省》下册,1935年初版,附页,湖南省贫民工厂一览表计算。

衰落",厂家停闭者甚多,1933年即倒闭八九家之多。① 河北宁津,1927年柴胡店周围村庄,从事纺织业的3500人,每月用线约3万斤,主要生产布匹、毛巾和袜子。"九一八事变"后,日货充斥农村市场,柴胡店纺织作坊受到冲击,先后倒闭50多家,仅剩4家勉强维持小规模生产。其中一家毛巾作坊,原有50名工人,后来全部被辞退,仅在冬春农闲时自己少量生产。② 也有的地区因电机袜业的冲击而萎缩。湖南岳阳、平江、湘阴等地,20年代手工袜业颇为兴旺,30年代后,因汉口、长沙电机袜品输入境内,手工袜品无力与之竞争,营业萧条。1935年岳阳、平江、湘阴3地县城有袜机106架,但从业者只有47人。③ 不过不同地区也不完全一样。如在广州和南方一些地区,因服饰和社会风气的改变,某些地区的针织业市场需求颇旺,生产相对平稳。如广州,居民和酒楼、旅店用毛巾者日渐增多;女子和男女学生流行以线衫、线背心、线裤作底衫、底裤,女子冬季喜用绒衫作外衣,但毛衣价昂,中下之家无力购买,遂多使用线衣;30年代男女学生竞尚体育,运动背心销量随之上升。因此针织业产销境况不坏。就1933年而言,"营业虽无大利可获,然以各行比较,则生意略胜一筹"。④ 针织业和其他一些行业相比,受影响的时间较短、范围较小,总体表现尚不算太坏。在1936年后,随着国民经济的好转,针织业也得到较快恢复。

上海和江苏是中国近代针织业最繁盛的地区,上海销往各地

---

① 蔡正雅:《手工业试查报告》,见彭泽益:《中国近代手工业史》第3卷,第482—483页。

② 《宁津县志》,齐鲁书社1992年版,第203页。

③ 《岳阳市志》(7),纺织工业卷,中央文献出版社2005年版,第170页。

④ 《广州年鉴》(1935年)第二集,第10卷,奇文印务公司1935年版,第134—135页。

的针织品在 30 年代初约占全国总量的 96%。从上海向国内外销售的针织品数量看，从 20 世纪初至 1931 年，"日有增加之势"。织袜业是这一时期针织业的主体，上海和江苏的织袜业大部分分布在上海郊区南汇、松江、奉贤等县。南汇的织袜业名列江苏前茅，1934 年南汇共有袜厂 48 家，占全省袜厂总数的 44%。至抗战前，全县织袜机达 5 万台，从业 6 万人，产品远销南洋一带。松江在 1910 年时开设履和袜厂，有织袜机 400 台，工人 500 人，年产丝袜 12 万打。至抗战前，全县有袜厂 13 家，各类手摇袜机 1630 部，年产袜子 60 万打。履和、晋和袜厂在历届嘉年华会、国货展览会和江苏地方物品展览会中获奖。奉贤 1927 年建自求袜厂，有手摇袜机 6 台，月产人造丝提花袜 150 打；1930 年建剑侠工业社，置手摇袜机 12 台，有工徒 15 人，日产小袜 30 打，至抗战前，两厂社袜机增加到 341 台，工人 200 人，月产袜 8900 打；另有手套机 30 台，月产提花手套 500 打。①

除南汇、松江、奉贤外，江苏其他大部分县区都有织袜业的分布。无锡在 1929 年、1930 年的旺盛时期，全县有袜厂 70 余家，工人 2 万多人。不过"其后因时局影响，营业清淡，资本薄弱者逐渐倒闭"。至 1934 年，只有三四十家开机，1936 年 2 月，能照常开工者只剩 3 家。镇江针织业的发展较为平稳，民国初年开始出现"家庭袜厂"，每家有手摇袜机二三台。1936 年发展到 70 余家，从业 500 多人，年产纱线袜 12 万打。②

① 《南汇县志》，上海人民出版社 1992 年版，第 292 页；《松江县志》第 12 卷，工业，上海人民出版社 1991 年版，第 417 页；《奉贤县志》第 14 卷，工业，上海人民出版社 1987 年版，第 474 页。

② 《国际劳工通讯》第 20 号，第 50 页，见彭泽益：《中国近代手工业史》第 3 卷，中华书局 1962 年版，第 487 页；《镇江市志》上册，第 36 卷，纺织工业，上海社会科学院出版社 1993 年版，第 876—877 页。

在浙江、安徽,20 世纪初均有手工针织生产的兴起。宁波针织业兴起于 1914 年,此后呈波浪式发展,1929 年城区有针织厂 5 家,次年陡增至 50 家,但因原料短缺,时有倒闭,1933 年只存 9 家。除 1 家采用机器生产外,余系家庭手工织造。8 厂共计资本 19400 元,工人 263 名,年产各类针织品 10.8 万打,品种有丝袜、线袜、毛线衫、罗宋帽等。[①] 安徽蚌埠,1921 年有织袜者六七家;1928 年开办光淮袜布厂,有袜机 40 余部;1931 年手摇袜机增至 92 部。[②]

20 世纪 30 年代初,当江浙针织业开始陷入困境时,广州的针织业却刚刚兴起,被称为新兴工业之一。最发达时,制造厂家有 200 多家。不过到 1936 年,仅存的五六十家,因营业不畅,均停止生产。[③]

湖南、江西的手工针织业兴起于民国初年,湖南 1926—1927 年后一段时间,由于政治动荡,特别是大革命失败和蒋介石国民党的大屠杀,部分地区手工针织业遭到破坏,其后少数地区有所恢复。总的来说,1927 年至 30 年代初,湖南手工针织业既有破坏,也有恢复和发展。如湘乡,1919 年出现首部袜机,自产自销;1921 年有袜厂 2 家,袜机 20 部,年产袜 1000 余打,1937 年发展到 7 家,有袜机约 200 部,年产袜 3 万打。[④] 据 1935 年的调查,全省 75 县中,16 县有针织专业生产,共有针织作坊或专业户 276 家,有设立年份可稽的 262 家,成立于 1927—1934 年的 166 家,占 63.4%,大

---

① 《宁波市志》(中),第 16 卷,纺织工业,中华书局 1995 年版,第 1059 页。

② 《蚌埠市志》第 4 卷,工业,方志出版社 1996 年版,第 276 页。

③ 《国际劳工通讯》第 3 卷第 8 期,第 99 页,转见彭泽益:《中国近代手工业史》第 3 卷,中华书局 1962 年版,第 488 页。

④ 《湘乡县志》第 12 卷,工业,湖南出版社 1993 年版,第 337—338 页。

部分是 1927 年后设立的。276 家共有资本 78.5 万元,从业 5006人,年用纱 7904.7 件,织袜 193 万打,总值 274.3 万元。[①] 江西南昌,30 年代针织业颇显兴旺。1934—1935 年间,针织业大小不下120 家,男女工人约 1000 余名,产品以线袜为主,还有线衫、围巾、毛巾等。资本大者 1500 元,小者 200 元,"完全为一小资本之手工业,即一家一户皆可织造"。30 年代初,"需要尤多,故营业大有蒸蒸日上之势"。据说这和南昌那些年军政机构的增加有关。[②]

在北方,山东针织业源于青岛,1923 年青岛设有 3 家袜厂,共置手摇袜机 29 台,从业 82 人,日产袜 101 打,"大多为家庭手工业"。1928—1933 年开设的 5 家针织厂,有工人 120 余人。[③] 1931年前后,山东各地针织厂始纷纷成立。除青岛、济南外,齐东、莒县、招远等地所成立的针织厂,为数已逾十家;兼以各县平民工厂亦多设有针织部,从事长短袜及背心、卫生衣的织造,山东针织业一时颇为兴盛。[④] 河北昌黎县城,1934 年裕亨工厂开业,产品有围巾、手套、线衣、袜子等。[⑤] 甘肃宁县,1929 年有慈善机构开办孤儿院,从事手工棉纺织业,产品除土布、毛巾外,还有手套、袜子。[⑥]东北也有少数县区织袜。辽宁兴城县,1916 年有私人开设织袜作坊 2 家,有手摇袜机 13 台,织造 84 针和 12 针男女棉线袜在县内

---

① 据国民党政府实业部国际贸易局编纂、发行:《中国实业志·湖南省》,1935 年初版,第 75—76(庚)、80—97(庚)页各表统计。

② 《江西之实业调查统计》,《实业统计》1935 年 6 月第 3 卷第 3 号。

③ 《青岛市志·纺织工业志》,新华出版社 1999 年版,第 104、108、110、121 页。

④ 国民党政府实业部国际贸易局编纂、发行:《中国实业志·山东省》(下),1934 年初版,第 107(辛)页。

⑤ 《秦皇岛市志》第 3 卷,天津人民出版社 1994 年版,第 463 页。

⑥ 《庆阳地区志》第 2 卷,工业志,兰州大学出版社 1998 年版,第 712页。

销售;1912—1927 年吉林宾县(今属黑龙江)城内有织袜厂 2 家,同时生产线袜和大粗布袜。①

西南地区,四川早在 1905—1907 年间,巫山县劝工局已开始机器袜的商品生产。清末民初,织袜手工业开始在省内兴起。到 20 年代末,重庆有织袜工场、作坊 150 余家,手摇袜机 2200 台,从业 1 万人;成都有 320 家,手摇袜机 700 台,从业 1000 人;在长江沿岸的万县、泸州、涪陵、宜宾和川西北的遂宁、三台、达县、绵阳、广汉等地,织袜生产也有很大的发展,全省年产袜约 180 万打。1933 年,由于经济危机和天灾的打击,加上外来袜子大量涌入,重庆袜业遭受打击,120 户停产,8000 多人失业。② 贵州安顺,1926 年后,棉纱大量涌入市场,有湖南人从外地购得手摇袜机数台,开办织袜店,"营业甚佳"。③

毛巾织造业也是中国近代新兴手工业之一。因毛巾织造使用木制织布机,较易利用织布业的"传统资源"在农村中推广。在上海附近各县,由于传统土布业大范围衰落,农民迫切需要以其他手工副业替代,在城市中迅速扩大的毛巾需求,自然促使农民发展起毛巾织造手工业。

在江苏,织造毛巾是川沙农村重要副业。该县 1900 年有人首创毛巾厂,置木机 30 余台,招收妇女,习织毛巾,此后毛巾业迅速扩散、壮大,到 1937 年,全县毛巾厂增至 200 余家,从业八千余人。详细情形见表 3-32:

---

① 《兴城县志》,辽宁大学出版社 1990 年版,第 223 页;《宾县志》,黑龙江人民出版社 1991 年版,第 560 页。

② 《四川省志·纺织工业志》,四川辞书出版社 1995 年版,第 245 页。

③ 《安顺市志》上册,贵州人民出版社 1995 年版,第 646 页。

表3-32 川沙毛巾业发展概况统计

1900—1937 年

年份	厂数	木机数	从业人数（人）	毛巾产量（万打）
1900	1	30		
1920	75	2500	3750	50
1930	142	4390	7123	208
1937	202	5371	8695	260

资料来源：《川沙县志》第7卷，工业，上海人民出版社1990年版，第254页。

嘉定县1908年有曹某在县城置木机8台织造毛巾，获利颇丰。不久，马正昌、吴公顺、杨发记、张浩公等毛巾厂，以及上海三友实业社嘉定工厂等先后开设，织机增至300多台。在20年代，三友实业社生产的三角牌毛巾风靡全国，嘉定生产的双手牌、钻石牌毛巾曾远销南洋。至30年代，嘉定农家以织毛巾为副业者遍及全境，"城外农家，织毛巾木机，几乎无户不备。少者一二座，多者六七座。每当农隙时，则机声轧轧，随在皆是"。至30年代初，县城内外有毛巾厂37家，织机1170台，男女工人1042人，年产毛巾价值41万元。[1] 另据记载，日本全面侵华战争爆发前夕，全县有毛巾厂16家，木织机3000余台，年产毛巾200万打。[2]

二十世纪二三十年代，其他许多地方都开始织造毛巾。安徽蚌埠，1927年创办毛巾厂，有毛巾机10余部，1931年毛巾机增至38部。[3] 1934年，河北昌黎裕亨工厂、秦皇岛瑞记工厂，都出产毛

---

[1] 潘君祥、王仰清等：《上海通史》第8卷，上海人民出版社1999年版，第257页。

[2] 《嘉定县志》第5卷，工业，上海人民出版社1992年版，第241页。

[3] 《蚌埠市志》第4卷，工业，方志出版社1996年版，第274、276页。

巾。① 甘肃宁县,1929 年有慈善会开办孤儿院,从事棉纺织生产,产品除土布、手套、袜子外,还有毛巾。②

手工针织业和毛巾业的生产经营模式互有差异。手工针织业的生产设备是新式机器,但没有机械动力,而靠手摇带动和人工操作,属于人力机器生产;手工毛巾业使用的是传统木织机,只是部分结构有所变化,在生产工具方面带有更多的传统色彩。手工针织业和毛巾业的资本经营规模,城乡之间、不同地区之间差别颇大。上海郊区南汇、松江、奉贤等县的手工织袜厂,平均每厂有袜机一二百台,四川重庆平均只有十四五台,广西桂林、平乐等地平均四五台,成都平均仅有 2 台,其他地区不少单个专业户仅有 1 台。上海郊区川沙、嘉定的手工毛巾厂,每厂平均有木机 30 余台,一些县区贫民工厂一般只有三五台。

生产经营方式也多种多样。手工毛巾厂多为雇工集中生产,手工织袜厂则除少数大型袜厂雇用工人进行工厂化生产外,更多的是采用“放机放料”和家庭分散生产的方式。如上海郊区各县袜厂,多数于秋冬两季临时雇工生产,冬季过后即“解散”,采用“放机制”,即将机器原料发放到家庭生产。浙江杭州袜厂的情形大致相似。1925 年杭州稍有规模的袜厂达 40 余家,手摇袜机 3000 余台,从业 2000 余人。各厂多采取“放机放料”的方式,由织袜工向工厂租机,每台押金 10 元,月租费 1 元,领料在家生产,按产量领取工资。后因此种方式厂主获利不丰,才又转为雇工集中生产。③ 只有一两台机的独立专业户,一般完全或主要使用家庭

---

① 《秦皇岛市志》第 3 卷,天津人民出版社 1994 年版,第 463 页。

② 《庆阳地区志》第 1 卷,工业志,兰州大学出版社 1998 年版,第 712 页。

③ 《杭州市志》第 3 卷,中华书局 1999 年版,第 101 页。

劳力进行生产;还有的个体织袜者,仅有1台机,平时"肩挑袜机,串乡走户,代人织袜"①;置有三五台机的家庭作坊,则除家庭劳力,必须外加雇工,或以雇工生产为主。表3-33反映的是广西桂林等三县手工织袜作坊的生产经营概况:

表3-33　广西桂林等3县手工织袜业生产状况统计

1933 年

县别	总户数	调查户数	平均每家人口(人)	平均每家织袜机(架)	平均每家工作人数(人)				每家全年产额(双)
					家工	雇工	学徒	小计	
桂林	65	9	4.56	4.5	1.77	1.55	1.77	5.09	45572
平乐	6	3	1.33	4.7	1.00	2.00	1.67	4.67	1920
贺县	—	1	8.00	—	6.00	1.00		7.00	26880

资料来源:据广西统计局编印:《广西年鉴》(第二回,1935年),第435—436页织袜业表甲、表丙、表戊摘要综合整理、改制。

表3-33资料显示,三地作坊生产经营规模均不大,生产劳力结构,或以家庭劳力为主,或以雇工为主,视家庭人口和劳力数量而定,并在雇工中包含相应数量和比例的徒工,以减少工薪支出,降低生产成本。作坊年产量,平乐可能有某种特殊原因不论,桂林、贺县户均年产量分别为45572双和26880双,人均年产量分别为8953双和3840双,以雇工生产为主的桂林作坊,劳动生产率更高一些。前述奉贤自求、建剑两厂社,抗战前共有工人200名,月产袜8900打,合计年产106800打,折合1281600双,人均年产6408双。桂林织袜作坊的劳动生产率应不算低。

---

① 《孝感市志》第7卷,工业,新华出版社1992年版,第244页。

(二)新兴"出口型"手工业

花边、丝绣(刺绣)、抽纱品是近代中国新兴的手工业出口重
要产品,其兴衰直接取决于国外市场的需求大小。30年代前,国
际市场需求较旺,出口相对繁荣;30年代后,由于世界经济危机的
冲击,出口减少。1927—1937年中国花边、丝绣、抽纱品出口值如
表3-34:

表3-34　花边丝绣抽纱品出口值

1927—1937年　　　　　　　　单位:海关两

年份	花边	丝绣	抽纱	挑花非丝绣品
1927	4694127	1815850	1008202	
1928	3132355	2402286	2169333	
1929	2705697	3457482	2562880	
1930	3196062	4122013	3740194	
1931	3540265	5254963	4864388	3757728
1932	1220824	3032166	5162114	3214799
1933	2089517	3296684	3103587	4109803
1934	1951024	3136965	3895693	3485248
1935	2095204	2139092	3382974	5488850
1936	3739740	2754182	1398715	12250881
1937	5439189	2738409	4721063	13256752

资料来源:彭泽益:《中国近代手工业史料》第3卷,附录四。

从表3-34中可看出,在30年代世界经济危机中,中国花边、
丝绣品、抽纱品等的出口出现不同程度的下降。只是下降幅度比
其他农产品、手工业产品小,危机过后恢复较快。花边等"出口

型"手工业就是在这种贸易环境中发展变化的。

1. 刺绣和抽纱品业

刺绣是中国传统手工艺品,源远流长。在中国古代,刺绣是闺房基本"女红"之一,与纺织、缝纫同等重要,绣品主要用于衣裤、鞋面、腰带、围裙、头巾、头箍、手帕、荷包等的装饰。在长期演变和融合过程中,不同地区间刺绣的技巧、风格和艺术水平差异日益扩大,部分地区的刺绣获得了长足发展,形成了独特风格,在绣制技巧和鉴赏价值方面达到了极高的水平。其中以苏州为中心的苏绣、以长沙为中心的湘绣、以广州、潮州为中心的粤绣(广绣)和以成都为中心的蜀绣(川绣),尤为突出,被称为中国"四大名绣"。[①]

刺绣品最初只供自用或馈赠亲友,并非商品生产。随着社会商品经济的扩大和刺绣在地区间发展不平衡性的加剧,一些地区的绣品开始走出深闺小院和宫廷,加入商品行列。粤绣南宋时已开始走向市场,明代发展为民间一种重要的副业生产;苏绣的商品性生产,清初源于苏州,先是在家内代客刺绣,后设肆出售,声名渐起,营业甚旺。鸦片战争后,随着对外贸易的不断扩大,刺绣产品出口增加,商品性进一步增强。

20世纪初,绣品的市场结构发生明显变化。中国刺绣品的市场分为国内、国外两部分,国内市场在清代时最盛,产品主要是蟒袍、披肩、补褂,以及朝廷贡品等;销往国外市场的产品主要是绣枕、绣垫、台布、人物风景、锦绣衣服等。辛亥革命后,清王朝覆亡,封建贵族没落,服制变更,刺绣业"一落千丈"[②],国外市场愈形重要,这期间绣品出口亦大幅度增加,如以1913年为100,1931年最

---

① 2006年,蜀绣、苏绣、顾绣、湘绣、粤绣等被列为第一批国家级非物质文化遗产名录。

② 《沪市刺绣业近况》,《工商半月刊》1933年11月第5卷第22号。

高达到587,1937年为527。①

在迅速扩大的国内外市场特别是对外贸易刺激下,刺绣业加速发展。

苏绣系"四大名绣"之首,至今已有2000余年的历史,到明代时,已成为当地一项普遍的副业生产,形成了"家家养蚕,户户刺绣"的局面,工艺也日臻成熟。后来又吸收上海"顾绣"以及西洋画的特点,创造出光线明暗强烈、富有立体感的风格。

近代时期,由于海外市场的拓展,苏绣和上海顾绣出口增加,加速扩散,很快发展成为十分重要的家庭手工业。苏州吴县,20世纪初,绣庄开始做出口产品,随即加速了苏绣业的发展和向农村的扩散。1917年全县有绣庄32家,其中城内10家,乡区集镇22家,绣工1.63万余人,年营业额21.5万元。1927年绣商增至74户,年营业额86万元。1936年有刺绣工商户109家,从业8.1万人,资金124万元,生产被面3.25万条、戏衣1.95万件、枕套21万对、鞋面52万双、童装1.23万件。上海在20世纪20—30年代,刺绣业中经营传统手绣的80余家,加工绣衣和抽绣的10余家,绒绣生产厂7家,经营农村绒绣、抽绣花边外发加工的3万余人,形成专业街。刺绣品主要有手绣枕套、台布、绣衣、绒绣等,年出口绒绣120万美元、绣衣7000万法币。② 在经营方式上,苏绣广泛采用了包买商制,农村妇女"于农隙时间(到)顾绣庄领取绸缎绒线,即从事工作"。③

民国初年,苏绣还从苏南向苏北南通等地扩散。1914年张謇

---

① 参见彭泽益:《中国近代手工业史料》第3卷,附录2。

② 《吴县志》第12卷,工业,上海古籍出版社1994年版,第475页;《上海通志》第3册,第17卷,工业(上),上海人民出版社2005年版,第2050、2052页。

③ 《农村经济》1933年12月第1卷第1期,第59页。

创办南通女红传习所,聘苏州著名刺绣艺人沈寿传授、培养刺绣专门人才,1920 年成立南通绣织局,经营刺绣艺术品,开始和加速了南通苏绣业的发展。[①]

湘绣起源于湖南民间刺绣,西汉时,湖南刺绣已发展到较高水平。此后,在漫长的发展过程中,不断完善,逐渐形成了以国画为基础,细微刻画物象外形内质,远观气势宏伟,近看出神入化的艺术效果。所谓"苏绣花,湘绣画",说明两大绣品的不同风格和特点。湘绣在北洋军阀治湘期间,风行一时。1927 年后进一步扩大,专业绣庄持续增加。据调查,1934 年长沙、常德、衡阳 3 地有绣庄 32 家,其中 10 家是 1927—1933 年成立的,占总数的31.3%。[②] 一些著名庄馆,都在上海、南京、杭州等地设庄推销,"数年间,生意鼎盛,每年收入恒达四十万元"。[③] 湘潭 1924 年开设首家湘绣工场,有女工 40 人,1932—1940 年,县城先后开办湘绣工场有 5 家,主要产品有鞋、帽、枕套、被面、绣字等。[④] 民间刺绣散户更多,长沙年轻妇女,"几人手一绷,自成一业"。每年刺绣产额,为数至巨[⑤],1933 年前后约有绣工 1.5 万人,分为精绣、粗绣两种,精绣约有绣工 6000 人,内有人物、山水花卉、图案等专门分工,产品称为"细货",行销各省及欧美、南洋各地。粗绣约 9000

---

① 《南通市志》中册,第 29 卷,上海社会科学院出版社 1993 年版,第873 页。

② 据国民党政府实业部国际贸易局编纂、发行:《中国实业志·湖南省》下册,第 393—395(庚)页,湖南绣庄一览表计算。

③ 《实业部月刊》1937 年 6 月第 2 卷第 6 期,第 239 页。

④ 《湘潭县志》第 20 卷,工业·建筑业,湖南出版社 1992 年版,第 464页。

⑤ 国民党政府实业部国际贸易局编纂、发行:《中国实业志·湖南省》下册,1935 年初版,第 392(庚)页。

人,产品有堂帷、神袍、帐轴等,主要行销本省。[1] 1933—1937 年间,湖南全省新开绣庄共 16 家,包括长沙以外的常德、衡阳 5 家,绣品约一半外销。长沙湘绣的发展状况如表 3-35：

表 3-35　长沙湘绣的发展状况统计

1913—1935 年

年份	绣庄			产量（件）	年份	绣庄			产量（件）
	细绣庄	粗绣庄	小计			细绣庄	粗绣庄	小计	
1913	8	13	21	1000	1920	15	24	39	7000
1914	9	15	24	1200	1925	17	30	47	12000
1915	10	20	30	1500	1930	17	38	55	18000
1916	15	20	35	2200	1935	25	40	65	24000

资料来源：据杨北骥：《湘绣史稿》,湖南人民出版社 1956 年版,第 28 页,转据刘泱泱：《近代湖南社会变迁》,湖南人民出版社 1998 年版,第 160—162 页。

出口贸易和市场扩大,加速了湘绣的发展,但也同时损害它的艺术质量,为了盈利,"已不研究其艺术价值,而只研究其如何省工减料"。这又反过来损害了行业本身,据 1936 年后调查,长沙织工已减为三千多人。以长沙为中心的精绣商号只有 20 家左右。[2]

蜀绣（川绣）以软缎和彩丝为原料,主要绣制被面、枕套、衣衫、披肩、鞋帽、帘幔和画屏等,产地集中于成都、重庆、郫县、双流、温江等地。蜀绣历史悠久,西汉文学家扬雄在其所著《蜀都赋》中即有"挥肱织锦"、"展帛刺绣"等描写当时成都织锦、刺绣的情景。晋代常璩《华阳国志》将锦绣与金银珠玉同列。五代十国时期,中

---

① 国民党政府实业部国际贸易局编纂、发行：《中国实业志·湖南省》下册,1935 年版,第 393（庚）页。

② 《实业部月刊》1937 年 6 月第 2 卷第 6 期,第 240 页。

原一带战争频仍,巴蜀偏安一隅,为刺绣的发展创造了有利条件。宋代重归统一,丝织和刺绣业更加繁盛,蜀地锦绣"名冠天下"。清代道光时期,蜀绣已形成专业生产,除闺阁女红外,成都等地出现了许多小型刺绣作坊和前店后坊的绣花铺,从业绣工上千人,并成立由"铺"(店主)、"料"(领工)、"师"(工人)组成的刺绣业行会("三皇神会")。清政府对蜀绣业也很重视,1903年成立于成都的四川省劝工总局,设有刺绣科,有技工、学徒50多人,聘请既精绘画、又通绣理的名家设计绣稿,钻研绣技,一大批山水、花鸟、虫鱼名画相继入绣,既提高了蜀绣的艺术欣赏价值,也产生了一批蜀绣名家、名品,据载,劝工局绣品每堂售银180两。张洪兴等绣制的动物四联屏曾获巴拿马赛会金质奖章,狮子滚绣球挂屏、坐虎中堂获清王朝嘉奖,张洪兴被授予"五品军功"。进入民国后,虽然不再绣制朝服、贡品,原来清朝官吏常用以相互馈赠的蜀绣精品市场大大缩小,一般店铺根据市场的需要改产实用品,在配色及图案设计亦加改进,绣制日用品的范围更广,蜀绣业持续不衰。①

蜀绣早在西汉时已具有相当高的技艺水平,此后在长期的交流、融汇过程中,不断发展完善,清代前期又吸收了顾绣的技巧②,以及长针刺绣而后扎针的民间绣法,绣技和绣品艺术鉴赏价值进一步提高。蜀绣绣技风格独特,工艺多样,如双流刺绣工艺分为扎

---

① 《成都市志·轻工业志》,四川辞书出版社2000年版,第341—342页。

② 道光元年(1821年),苏籍顾绣高手在成都开设顾绣庄和刺绣作坊,收徒传艺,绣制朝服、挽袖裙袄、围屏彩帐及戏服等,30多年间先后传授艺徒近300人。出师艺徒亦纷纷开办绣庄、作坊,收徒传艺,并于咸丰元年(1851年)成立刺绣同业行会,形成"顾绣帮"。光绪年间成都有"顾绣帮"绣庄、店铺、作坊75家,从业绣工五六百人(参见《成都市志·轻工业志》,四川辞书出版社2000年版,第341页)。

花、挑花、纳花、串花、编花、裁花、锁花、挤花、夺花、缠花、泡花等11种,有的按描好的底图刺绣,有的(如纳花、串花)无需底图,迳凭脑中构思,边看边绣。① 针法更多达百种以上,常用的有晕针、铺针、滚针、截针、掺针、沙针、盖针等。绣制施针严谨,掺色柔和,车拧自如②,虚实得体,整个绣品针法严谨细腻、构图疏朗明快、色彩淡雅清秀、线条优美流畅、外观光亮平整,具有极强的表现力和艺术效果。

蜀绣很早就走出闺房,进入市场交换。三国时期,蜀绣和蜀锦都被用来换购战马,并贴补财政。隋唐后,随着丝绸之路贸易往来的发展,织绣品需求剧增,蜀绣市场交易更加兴旺。近代时期,蜀绣交易一直在发展扩大。辛亥革命后,清朝官吏互相馈赠的蜀绣精品市场缩小,刺绣店铺根据市场需要改产实用品,并改进配色及图案设计,先后推出装饰性较浓的"镶花"和"角花"系列刺绣品,以"川绣"品牌维持和扩大市场,被称为"蜀绣之乡"的郫县,郫筒镇的城隍庙、荆湘路先后被辟为"女红市场",刺绣(蜀绣)是市场的主要商品。③ 蜀绣由于选料、制作认真,成品工坚、料实、价廉,长期以来还行销于陕西、山西、甘肃、青海等省。重庆自 1890 年开埠后,英、美、日、法等国商人增多,蜀绣成为洋商的大宗收购品,身价提高,画家童梓全雇用一批刺绣能手,将自己的画稿绣出售卖,画界其他人士起而仿效,加速了刺绣商品生产和绣花制品铺的发

① 《双流县志》,四川人民出版社 1992 年版,第 736 页。

② "车"通常用于刺绣的关键部位,如动物的眼睛、花朵的花瓣等处,由中心起针,逐渐向四周扩展;"拧"是指运用长短不同的针脚,从刺绣图案的外围向内逐渐添针或减针,使绣品有张有弛,浓淡适度,密疏得体,有水墨写意画的艺术效果。

③ 《成都市志·轻工业志》,四川辞书出版社 2000 年版,第 342 页;《郫县志》第二十三篇,第五章,民间工艺,四川人民出版社 1989 年版,第 654 页。

展,道门口莲花街一带,是重庆绣花铺的集中地(解放前集中在大阳沟一带)。①

粤绣始于唐初,鸦片战争后,粤绣产品出口增加,1900年经广州出口的绣品总值银49.7万两,主要是粤绣品。当时在广州开设绣衣坊的,包括广东以及闽、浙、湘、桂等地客商,他们雇请大批广州、潮州艺匠就地绣制后,产品输往南洋、日本等地,经营十分活跃。1926—1936年间,是粤绣业较为繁荣的时期,产品由西班牙商人独家代理,销往欧美和南洋各国。广东省内绣坊遍及广州、佛山、南海、顺德、番禺等县,全省刺绣从业1.3万余人,其中广州3000多人,建有锦绣工会,会员900多人。绣工报酬一般以绣用丝线量计算。绣1钱丝线可得银3角5分,每人一天可绣2钱,得银7角。② 由于近代粤绣主要是随着对外贸易发展起来的,绣品艺术鉴赏价值不及湘绣、苏绣、蜀绣,但商品性和实用性比湘绣、苏绣、蜀绣强。

分布于潮州地区的潮绣也是粤绣的一支。③ 潮绣起源于唐,清代是其繁盛时期。乾隆年间潮州一带,不仅妇女勤于织绣,"织布刺绣之功,虽富家不废",专业生产亦颇兴盛,当时潮州有绣庄20余家,绣工5000余人。绣工多为广州、潮州人,"特别是潮州绣工为上,皆男子为之,精于女工,为他省市所罕见"。从清代前期

---

① 《重庆市志》第4卷(下),西南师范大学出版社2004年版,第163页。

② 《广东省志·二轻(手)工业志》,广东人民出版社1995年版,第163—165页。

③ 潮绣在20世纪60年代前自称为"顾绣",但潮绣以金绒结合的绣法具有粤绣的特点,同时无论与顾绣比还是与粤绣比,潮绣又有自己的风格,故自60年代起,正名为"潮绣"(参见《汕头市志》第2册,第23卷,工艺美术,新华出版社1999年版,第307页)。

到20世纪30年代,潮绣生产一直十分兴盛,产销两旺,闻名国内外。清代时,不仅供家居厅堂和佛庙摆设的绣品供不应求,还通过商人输往新加坡、泰国、马来西亚一带。1910年潮绣参加清政府在南京举办的全国工艺赛会,多幅作品获奖,参加绣制的24名艺人被誉为"二十四刺绣状元"。1915年、1923年、1925年,绣品先后送往巴拿马国际博览会和伦敦赛会参展,也都获得好评。①

抽纱是刺绣针法的一种,以亚麻布、棉布等为底布,按图案设计,将花纹部分经线或纬线抽去后加以连缀,形成透空的装饰花纹,产品大多为台布、窗帘、盘垫、椅靠、手帕、服饰等,主要分布在广东、福建、山东、江苏、浙江等地。潮州、汕头一带是广东和全国抽纱手工业主要产地。汕头出口的抽纱品几占全国输出总额9/10。1933年输往美国的货值达1200万元,其余输往英、意、澳洲、印度及东南亚各国,价值相当于美国的30%。1934年、1935年因市场不景气,跌为700万元左右,1936年因美国商业复兴和英国需求好转,又上升至900多万元。②

广东抽纱起源于刺绣。1886年欧式绣技传入潮、汕一带,同潮、汕传统刺绣技艺相结合,形成了风格独特的抽纱技艺。产品主要为手巾、通花、台布、几布、机绣等,揭阳、潮阳、普宁是潮汕抽纱主产地。1890年抽纱传入揭阳,不断扩大。1926年,北洋政府财政部奖励手工业,抽纱产品出口免税,使抽纱业加速发展。据不完全统计,1936—1937年,全县抽纱商达143户,抽纱女工约10万人,年总产值824万银元。③潮阳在1920年后,抽纱业迅速发展,

① 《汕头市志》第2册,第23卷,工艺美术,新华出版社1999年版,第307页。

② 《实业部月刊》1937年6月第2卷第6期,第255页。

③ 《揭阳县志》,广东人民出版社1993年版,第267页。

城乡从事抽纱业者与日俱增,1934—1941 年是发展盛期,全县经营抽纱商号 83 家,放工商号 60—70 户,抽纱女工达 10 余万人。[①]普宁抽纱系清末从揭阳、潮阳传入,1930 年开始出现经营抽纱业的商号,此后抽纱商增至 10 多家,抽纱女工近 2 万人,生产厘、辫、人字辫、楼梯辫、杜龟、硬换郎、含纱郎等工艺手巾品,年产值约 10 万元。[②] 1937 年,汕头专营出口抽纱品的洋行,资本 10 万美元以上的达十多家,5 万美元以上的 30 多家。全地区从事抽纱业的妇女达 50 万人。1941 年太平洋战争爆发,海上交通中断,抽纱业随之受到严重打击。[③]

福建抽纱始于 19 世纪 80 年代中。1885 年厦门艺人接到从法国传来的"菲立"(亦称"网眼花边")样品,按订货要求开始仿制,并结合中国传统编织工艺加以创新,形成新的抽纱工艺。后来这种工艺传入福州,20 世纪初,福州等地也相继出现抽纱洋行,以仓山、马尾一带为盛。因绣工精巧,别具一格,产品颇受欢迎,曾享有"马尾工"(优秀的马尾手工)之称。不过当时的抽纱产品多是外国品种,30 年代渐趋衰落,到 1938 年,福州抽纱工场纷纷倒闭。[④]

2. 手工花边编结和网扣业

花边是用细纱编结而成的生活工艺品。清末由欧洲传入中国沿海一带的烟台、上海、温州、汕头等地。品种有挑补花、雕绣等,产品多为台布、杯垫、枕套、靠垫、手帕等。

---

① 《潮阳县志》,广东人民出版社 1997 年版,第 387 页。

② 《普宁县志》,广东人民出版社 1995 年版,第 193—194 页。

③ 《全国手工艺特产调查》,《实业部月刊》1937 年 6 月第 2 卷第 6 期;《汕头市志》第二册,第 23 卷,工艺美术,新华出版社 1999 年版,第 309 页。

④ 《福建省志·二轻工业志》,方志出版社 2000 年版,第 62—63 页。

花边业最早产生于山东烟台,当时是适应德国的需要而最早编织出口的。民国初年,因所制花边,"成本既低,出品又美",各国洋行相竞出高价购买,推动手工花边编织业的发展。山东烟台、棲霞、招远、荣城,浙江宁波、温州,江苏川沙、南汇、苏州、无锡、常熟,广东潮州、汕头是主要产地。

民国初年,手工花边业几度兴衰。第一次世界大战期间,因出口贸易受战争影响,花边生产一蹶不振;战后销路又开始兴旺,美国是最大市场,1921 年前后"堪称黄金时代",出口总值从 1914 年的数十万海关两增加到 500 余万两。[①] 此后美国实行保护关税,花边进口税从 1%—5% 提高到 90%,由于卖价贵,销路狭,加工者又往往偷工减料,中国花边信誉受损,花边生产严重下降。[②] 世界经济危机爆发后,"各国经济支绌,限制进口",更加剧了花边业的生产困难。1931 年花边出口值下降至 350 余万两,1934 年到达谷底,1935 年开始好转。1936 年、1937 年走上新的高峰。

从产地看,烟台是山东花边制造中心。抽纱手工艺于 1892 年传入中国,次年开始在烟台地区传播。短短四五年间,胶东各地熟谙此业者已达 4 万多人。在 1933 年前后,山东全省从事花边生产的庄号有 139 家,资本总额为 25.9 万余元,花边及其他刺绣、挑花等手工出口产品总值 180.9 万余元。其中烟台约有花边庄号 110 家,从事花边生产者 4.5 万人,出口产值 164 余万元,占全省 90% 以上。[③]

① 蔡正雅:《手工业试查报告》,见彭泽益:《中国近代手工业史资料》第 3 卷,生活·读书·新知三联书店 1957 年版,第 493 页。

② 国民党政府实业部国际贸易局编纂、发行:《中国实业志·山东省》(下),1934 年版,第 135—136(辛)页。

③ 《烟台市志》上卷,1994 年第 1 版,第 867 页;国民党政府实业部国际贸易局编纂、发行:《中国实业志·山东省》(下),1934 年初版,第 135—136(辛)页。

龙口在民国初期,花边及发网也很兴盛,多运至欧美各国销售。①

烟台花边在传播、扩散过程中,与当地刺绣工艺融合,形成多种具有地方特色的花边新品种。其中较有影响的有"即墨手拿花边"(即墨镶边)。明清时期,即墨民间广泛流传"小扣锁"(又称"捏绣")、刺绣等手工工艺,用以绣制鞋面、枕头、嫁衣、戏装等,做工精巧,花样繁多。1918年即墨手艺人从烟台英商德仁洋行得到一幅12英寸×18英寸的意大利"手拿花边"底样,试作成功后,出资在县城开办"裕民花庄",专司经营和传播手艺。在手拿花边的绣制和发展过程中,手艺人不断吸收捏绣、刺绣的针法和工艺,相互融合,逐渐形成一种具有民族传统和地方特色的花边新品种,通称"即墨手拿花边"或"即墨镶边"。20世纪20—30年代,即墨花边的绣制工艺迅速传播,发展成为一项重要的城乡家庭副业生产,形成以即墨为中心,北至莱阳、海阳,南到崂山,西跨沽河两岸的广大产区,仅即墨县城就有专营花边庄45家,1936年还成立了"即墨花边同业公会"。②

江苏上海、川沙、南汇、无锡也是花边重要产地。

上海1886年有法国传教士设传习所,教徐家汇、漕河泾一带农村妇女编结码带花边,每码长82.5厘米,宽5—6厘米,用于装饰台布、窗帘、服装等,并打开外销市场。由于机制洋布倾销,土布市场萎缩,不少农妇改以编结花边为生,花边编织品生产获得较快发展。当时在漕河泾、七宝一带的10—40岁左右的女子,人人技艺娴熟,并扩大至颛桥、曹行和北新泾一带。1924年后,中外商人见花边业有利可图,大量开设花边号、花边洋行,专事花边收发和经销。外国洋行预付一半加工费给花边行,花边行按产品质量、等

① 《龙口市志》,齐鲁书社1995年版,第179页。
② 《即墨县志》,新华出版社1991年版,第437—438页。

级向编结户计算加工费。至抗战前,编结人数由约 400 人增至 2500 人左右,年产花边、手套 2 万多打,产品销往荷兰、瑞士、英、法等国。①

1913 年有川沙人在上海设立花边公司,发放网扣花边(俗称花边),并在高昌设立传习所,教授花边工艺,一时业此者达千数百人。初时花边图案及用料均较粗糙,后经改良,在整张网上编结出各种图案,制成衣服镶边、窗帘套、客厅台套等各式装饰品,为欧美人所喜爱,1915 年后,外商到上海竞相选购,销路骤增。当地农妇在"工余饭后,均可操作"。川沙花边"花样甚多,异常美观",深得西方人士喜欢。不少外商竞相收购,花边业发展更快。1920 年 2 月有报道称,花边公司以川沙为"最盛",有大小公司 30 余家,出口额每年在百万余金以上。前因欧战,亏本停业者甚多。1919 年年 4 月,美国政府取消禁令,"市面销售遂旺"。至 1930 年时,川沙有较大花边公司和厂家 47 个,从业 23050 人,代发花边的小商号 180 多个,年产花边百万张。② 但在 30 年代后的困难时期,由于出口受阻,销路一度大减。③

无锡花边业约始于民国初年。1914 至 1915 年间,无锡花边业营业达 1700 万元,经营花边业者不下数百家。至欧战爆发,日形中落,战后又复兴。但自 1922 年后因外国提高关税,"成本自高,销售感难,营业渐衰"。④

生产经营方面,江苏地区的花边织造,大部分在农户家中进行,小部分在城市中,盛行包买商制,一般由商号发给原料,按件计

---

① 《上海县志》,上海人民出版社 1993 年版,第 615 页。

② 《川沙县志》第 7 卷,工业,上海人民出版社 1990 年版,第 273 页。

③ 《农村经济》1933 年 12 月第 1 卷第 1 期。

④ 国民党政府实业部国际贸易局编:《中国实业志·江苏省》第 3 册,宗青图书公司 1980 年印本,第 291 页。

算工资。花边原料主要有三种,其中麻布、花线都由外国进口,丝线中的粗线多采用国货,细线也是国外进口。

网扣是花边的一种,是先以纱线做成网底,再在网底上做花,因以得名。

网扣业主要集中于山东、广东等地。这一时期山东网扣业正在从沿海口岸向内地扩散。1926 年,昌邑有人从烟台英商远东洋行接到首批网扣订单,在昌邑成立"远东分社"引进外国原料、图样生产网扣。1928 年改名"大有信工厂",有网扣加工 6000 多人,产品 1.44 万件,产值 36 万元。接着烟台出口商又在昌邑开办绣花厂,生产网扣和绣花手巾。1934 年厂家发展到 30 余家,产品成本销往英、美诸国。[1]

3. 草帽辫与草帽编织业

近代时期草帽辫、草帽的生产与市场销售,主要有两种类型:一种是使用国产麦秸原料,手工编成草帽辫,出口国外加工成草帽后,部分在国外就地消费,部分返销国内,这一类型主要分布在山东、河北、山西、河南一些县区。也有部分草帽辫在上海等地或草帽辫产区就地加工成草帽,大部分供国内消费,小部分出口国外;另一种是从国外进口金丝草、玻璃草等原料,编结草帽辫并加工成草帽后,再出口国外。这一类型主要集中在浙江宁波、山东昌邑等地。

草帽辫业起始于清道光初年甚或更早,最初是为了适应国外制造草帽生产的原料需要而发展起来的。近代时期,在华北小麦产区,草帽辫编织逐渐发展为重要的农村家庭副业之一,生产地域主要集中在山东昌邑、掖县、平度、历城、淄川等 36 县,河北省青县、沧县等 30 县,山西省晋城等县,以及河南省部分地区。山东掖

----

① 《潍坊市志·工业志》,中央文献出版社 1995 年版,第 400 页。

县是草帽辫生产大县,产量大,花式多,质量好。1890年该县开办山东首家草帽辫专业加工厂,专为商人收购的草帽辫进行整理、包装。1900年,掖县创制麦草劈刀新工具,所劈草辫轻巧美观。民国初年,掖县沙河白、沙河黄、沙河锯条以及莱州花草帽辫,成为中国出口草帽辫的四大名产。其时掖县等地的草帽辫花式多达一两千种。通常出口的有扇面、龙骨、蜈蚣、顺花、粽角等100多种,被誉为"草制花边"。① 平度草帽辫业自咸丰同治年间由掖县沙河传入后,十分兴盛,至1936年,县内尚有辫庄10余处,年产草辫5万包,70%以上出口。② 不过迄19世纪末20世纪初,草帽辫出口逐渐下降,草帽辫编织业由盛转衰。据海关统计,中国草帽辫出口数量最多的是1887年的15.1万担,出口货值最大是1911年的1029.34万两,此后逐渐减少。世界经济危机期间和东北沦陷后,降幅更大,以东北和日本为主要销场的山东产区,尤为剧烈。该省有调查指,"近年以来,灾荒迭见,复以东北事变,影响所及,销数锐减,价格亦因之低落"。③ 1927—1937年草帽辫出口量、值如表3-36。

在草帽辫出口下降、价格低落的情况下,国内一些城市和草帽辫产区开始自行加工草帽,供应国内市场。

上海是国内最大的草帽加工地。1912年后,上海成立的草帽制造厂,"为数颇多",大厂每厂出产草帽达6万顶以上,小厂对草帽辫的"消费亦属不少"。上海1926年购入草帽辫3296担,值277334关两,1927年购入3456担,值275924关两。上海所产草

---

① 《烟台市志》上卷,科学普及出版社1994年第1版,第868页。

② 《平度县志》,1987年刊本,第298页。

③ 国民党政府实业部国际贸易局编纂、发行:《中国实业志·山东省》(下),1934年初版,第690(辛)页。

帽,最初行销江浙两省,以后推广到四川、云南、汕头、厦门、长沙、汉口、安庆等地,并渐渐向国外出口。

表3－36　草帽辫出口数量货值统计表

1913,1927—1937年　单位:数量:担,价值:海关两

年份	数量	货值	年份	数量	货值
1913	101037	5074043	1932	26801	2581302
1927	38020	2612092	1933	22139	1312323
1928	44825	2748398	1934	23072	1217468
1929	47316	2151805	1935	27425	1466759
1930	30443	1538923	1936	23515	1470433
1931	30687	1504740	1937	18298	1185707

资料来源:彭泽益:《中国近代手工业史资料》第3卷,附录。

除上海外,天津、成都、济南等地的草帽工厂也"日见兴盛"。1929年有报道指,十多年前,华北消费的草帽多来自上海、台湾、日本和欧美各国,天津无一家工厂制造草帽。后平津帽商深感外货价格昂贵及暴利,"遂纷纷设厂制造,而草帽辫之销路,乃增加一新兴市场"。① 其中天津著名的盛锡福帽厂,每年产草帽达10万顶。其他许多口岸城市,都陆续开始生产草帽。据统计,1925年、1926年,从外地进口草帽辫的商埠达21个,有上海、天津、大连、镇江、膠州、广州、南京、芜湖、牛庄、烟台、长沙、温州、汉口、安东、宁波、重庆、汕头、宜昌、沙市、九江、龙口。1925年,国内各埠购入的草帽辫数量相当于出口的29%。1926年、1927年分别相

---

① 《山东工商公报》1929年第3期,见彭泽益:《中国近代手工业史资料》第3卷,生活·读书·新知三联书店1957年版,第38页。

当于出口 38020 担的 17% 和 27%。这表明以国产草帽辫为原料的草帽制造业在 20 年代中期就已有可观的发展。草帽辫作为物美价廉的生产原料,为民族产业的新兴提供了有利条件,抵制了洋货的倾销,到 20 年代中期,国内市场上,已是国产草帽"过半"。①

一些草帽辫产区农村,手工工厂或农户家庭也开始就地加工草帽。河北草帽辫产地南乐县,20 年代末至 30 年代初有手工制帽厂 5000 家,年产草帽 60 万顶,消耗原料 35 万斤。② 山东平度,新河附近亦有设庄倡制草帽者,"工值优厚,青年妇女竞习为之";益都在编织多种草帽辫的同时,还生产手编巴拿马草帽。③ 1928 年河北全省产草帽辫 4.73 万担,其中出口 2.48 万担,省内消费 2.25 万担。而当年全国草帽辫出口量仅为 4.48 万担,河北产区消费就占全国草帽辫出口量的 50% 以上。④ 山东一些地区还用本地出产的瑯琊草(俗称黄草),编织瑯琊草帽。这种草帽兴起于民国初年,仿造新式流行式样,由农村妇女手工编织,年产 20 万顶,畅销东北、天津等地。东北沦陷后一度衰退,但经过不断改良,草帽的品种式样大有改进,1935 年,瑯琊草帽制成巴拿马式和美式两种,漂亮美观,摩登入时,被誉为"国产草帽之上品"。⑤

国内草帽加工业的兴起和发展,不仅缓解了草帽辫业因出口

---

① 《中国草帽辫之制造与销路》,《工商半月刊》1929 年 6 月第 1 卷第 11 号。

② 史建云:《手工业与乡村经济》,见从翰香主编:《近代冀鲁豫乡村》,中国社会科学出版社 1995 年版,第 400 页。

③ 《平度县志》,内部资料,1987 年版,第 298 页;《青州县志》,南开大学出版社 1989 年版,第 287 页。

④ 史建云:《手工业与乡村经济》,见从翰香主编:《近代冀鲁豫乡村》,第 401 页。

⑤ 《全国手工艺特产品调查》,《实业部月刊》1937 年 6 月第 2 卷第 6 期。

下降而引发的衰颓危机,而且有力抵制了洋草帽(其中大部分系以中国出口的草帽辫简单加工而成)的倾销。1932年夏,当国内经济形势十分严峻,城市工业、农村经济急剧衰退之际,仍有评论分析说,北方所产草帽辫"成本轻而品质优良",中国草帽业得以兴起、发达,成为国内"近年新兴工业之一种。自国产草帽行销以来,成绩显著,销路颇广,顿将盘踞中国市场根深蒂固之舶来品草帽打倒,未始非中国新兴工业前途之一线曙光也"。① 不过尽管如此,草帽业及其原料草帽辫的生产不可能抵御30年代国内外经济危机和日本军事侵略的巨大冲击。1930年,上海草帽产量8万打(每打12只),1931年降到6.5万打。1932年由于"一·二八沪战",全市草帽厂损失巨大。冠益等厂"厂屋、机器、原料尽行付之一炬",不在战区的草帽厂"亦受莫大损失",上海草帽产量更陡降至3万打。②

浙江宁波等地使用进口原料的草帽加工业,起始于20世纪初。1916年,法国商人在浙江宁波开设永兴洋行,见当地农妇编织草帽辫手艺精巧,工价低廉,遂输入菲律宾金丝草,选拔2名女工到菲律宾学习编织技术,后又设场教授编织二根芯欧美式金丝草帽,发草给鄞县西乡、南乡农妇加工,成品销往国外市场。继而推广至余姚、慈溪、宁海、黄岩等地发草加工。1923年有人在慈溪设行编织一根芯金丝草帽;1926年又有人合作开办出口行,经营加工金丝草帽出口。1927年,宁波及周边地区有草帽厂40余家,资本21万元,编织各种金丝草帽的农家5万户,从业6.54万人,年用原料金丝草67.5万元、玻璃草65.6万元、席草等21.66万元,合计154.76万元,收购出口草帽490余万顶。1929年出口金

---

① 《上海之草帽业》,《工商半月刊》1932年8月第4卷第15号。
② 《上海之草帽业》,《工商半月刊》1932年8月第4卷第15号。

丝草帽 310 万顶。① 黄岩 1926 年左右从宁波传入草帽编织技艺，只两年时间，"已推行全县境内，盛极一时"。全盛时从事的农户达 4 万户，从业者 6 万余人。② 1930 年年初，余姚和台州海门两处草帽编织，"营业极盛，大有后来居上之势"。③ 不过好景不长，就从 1930 年开始，因受时局影响，销路锐减，浙江草帽编织由盛转衰。1930 年出口草帽减至 150 万顶；1932 年只剩草帽厂 10 家，编织草帽农户 4 万户，加工草帽 120 万顶。④

1928 年，金丝草帽编织业从浙江传入山东。是年山东昌邑商人在昌邑、平度两县交界的新河设立帽厂，延聘宁波、余姚教师传授编织技术。四五年时间培养和发展技工 2000 余人，年产金丝草帽 2 万余顶，后因外商撤约而倒闭。1933 年筹资 5 万元再建帽厂，年盈利 4000 余元。最盛时胶莱河两岸有帽厂 30 多家，上海、青岛、烟台等口岸均有外商经营金丝草帽。⑤

4. 其他新型手工业

20 世纪初，除前述各类手工业外，还产生和兴起了一大批新型手工业，产品多为进口洋货替代品，各地城乡市场尤其是大中城镇市场，早有同类进口产品销售。随着社会发展和居民消费习惯的改变，这类产品的市场需求不断扩大。这些产品中不少属于小商品，生产投资不多，制作工艺相对简单，产品制造不需要大量动

---

① 《宁波市志》中册，第 17 卷，轻工业，中华书局 1995 年版，第 1104 页。

② 《黄岩县之工业》，《工商半月刊》1933 年 6 月第 5 卷第 12 号。

③ 《宁波一带草帽业之调查》，《工商半月刊》1930 年 4 月第 2 卷第 8 号。

④ 《宁波市志》中册，第 17 卷，轻工业，中华书局 1995 年版，第 1104 页。

⑤ 《潍坊市志》上册，工业志，中央文献出版社 1995 年版，第 403 页。

力和大型机器设备,可以由人力机械乃至技术工匠手工生产。在欧美各国,这些产品都是机械化的工厂规模生产,也有相应的动力机器可以进口。但其生产进入中国后,大多蜕变为工场、家庭作坊或一家一户式的纯手工生产或人力机器生产。这类新型手工业主要分布在东部沿海一些大中城市以及某些县城或中心市镇、集镇,上海和江浙地区、广州和广东地区是两个最重要的集中地。在上海,30年代众多日常消费品的生产中,有相当一部分属于这类手工业,被统称为"小工业"。据1932年对上海工业134个门类的调查,"内中小工业居8/10"。① 具体情形多种多样:或是完全独立的手工业,或用手工生产,或作为主要工序在动力机械配合下共同生产。其中完全由人工生产者超过100种。广州和广东地区,这类手工业也多达50种以上。

这类新兴手工业产品大致分为文教体育医药用品、食品和日常生活用品、家居用品3大类。

近代时期书籍报刊杂志的大量印行和油印、铅字印刷业的迅速发展,促成铸字业、油墨业、蜡纸业等的兴起和繁荣;新式书写和学校教育发展,刺激自来水笔业、粉笔业、墨水墨汁业、胶水浆糊业、打印台业等的产生和扩大。这些新兴产业,基本都是手工、半手工行业,或是机器与手工生产并存。

上海铅字铸造机械分为手摇机与自动机两种,手摇铸字机效率较低,每摇一次只能出一个字,并须刨床刨光,磨工磨光;自动机用马达带动,铸出铅字即可使用。但自动机价格为1万元,而手摇机只要百余元,故30年代上海铸字厂大多舍自动机而取手摇机。自来水笔一向由国外主要是日本进口。由于上海"自来水笔风行,教育界中人几人各一支",20年代中后期后,上海陆续开设大

---

① 何躬行:《上海之小工业》,中华国货指导所1932年刊本,第2页。

中华、关勒铭、华孚等自来水笔厂。笔厂生产设备中,除车床多由马达带动外,其他工序多用人力机械或手工生产,或者出自家庭作坊,在家中"办一台车床,及手摇小钻床、小台钳等,即可从事工作"。墨水墨汁生产更均为手工,在上海,"筹洋三五十元即可在家庭中制造"。广州、青岛等地,也有墨汁、墨水生产。广州光绪年间已开始生产墨水,但初时产品数量少,易褪色。1934年开办的醒群墨水厂,生产"蜘蛛牌"墨水,不沉淀,不褪色,畅销两广、江西、云贵等省区。稍后又有必文墨水厂,生产"飞马牌"墨水。青岛1930年2月开办首家生产文具的"经论实业社",生产松烟、墨汁、红蓝墨水、印水和浆糊;1934年笔墨文具业户发展到14个,资本1.82万元,从业134人,产品除传统的毛笔、墨外,主要生产墨汁、墨水、粉笔、浆糊等。宁波更是粉笔生产的集中地,上海各大书店所售,大部分由宁波家庭工业生产。[①]

新型手工业生产的食品和生活日用品主要有冰糖、汽水、果子露、冰淇淋、肥皂、牙刷、纱带、表带、十字线、衣扣、洋(阳)伞、手电筒、电池等。生产加工除电池制作小部分用机器;牙刷或用钻磨等小机器;西装袖扣或用小钻床、螺丝撞床等小机床;阳伞或进口、或由专厂制造零部件外,其余均无机器设备。

洋伞在上海和广东等地都有生产。中国制伞工艺历史悠久,制作材料原为竹骨纸面,后传往欧洲,道光年间,德国人将竹骨纸面改为钢骨布面,称为"太隆"伞,大量返销广东,英、意、日等国雨伞也涌入中国。这些进口伞通称"洋遮"、"洋伞"。1862年广州开始出现制作"洋遮"的作坊,有的从香港、澳门购进零部件装配

① 何躬行:《上海之小工业》,中华国货指导所1932年刊本,第2、5、7页;《广东省志·二轻(手)工业志》,广东人民出版社1995年版,第487页;《青岛市志·二轻工业志》,新华出版社1999年版,第444页。

销售。1925年,广州洋伞制造业扩大到佛山,迅速发展,5年间制伞店坊增至170多家,从业4000余人,日产洋伞1.2万余把,大量出口南洋群岛、新加坡、暹罗、安南和荷属印尼等地。1935年,广东全省制伞作坊共270多家,从业8000余人,产伞100万把。其中广州58家,产伞21.6万把。款式多为黑斜布面、钢骨藤钩木柄,销往省内以及云贵川等地。①

手电筒自民国初年从国外传入广东,因使用安全方便,不怕风雨,受到消费者的青睐。1919年广州有人开始生产手电筒,因经营不善,不久歇业。同年又有秘鲁归国华侨集资开办五金电器厂,从德国购买机器生产手电筒;1923年又有商人开办电器制造厂,生产手电筒。各厂产品均用铜质材料,射程100米,生产设备和生产工艺均相当落后,靠人力转动机器和手工磨锉,生产规模小,日产66—120只,但通过旋转电筒头部可以调校光束聚焦,筒身刻有直线条文防滑,性能比外国固定光型手电筒优越,所以很快在市场上站稳脚跟。1927年后,手电筒日趋普及,引来更多商人投资设厂。1932年年底,广州有手电筒厂19家,平均月产21.6万只,产值18万银元。除1家规模较大外,其他厂多都是"家庭作坊式的手工业",生产不配套,没有电镀抛光能力,品种单一,质量不稳定,有的只是为香港英商加工。1934年因市场竞争激烈,一些小厂相继倒闭,1935年厂坊减为13家,能维持正常生产的只有9家,月产量降至2.4万只。② 手电筒所用电池,上海、广州、厦门等地都能生产。1925年、1928年,厦门先后开办两家电池厂,均采用

---

① 《广东省志·二轻(手)工业志》,广东人民出版社1995年版,第515—516页。

② 《广东省志·二轻(手)工业志》,广东人民出版社1995年版,第418页。

手工作坊式生产,日产量近 1 万只。①

新型手工业生产的家居用品主要有搪瓷、热水瓶、电灯泡、汽灯、洋烛、煤油灯芯、镜子、推剪等。上海有十几个厂生产热水瓶,设备完全者寥寥无几,为减少资本,往往化整为零,将各个部件的制造"分工于人";电灯泡制造除钨丝进口外,玻璃壳等主要部件,"均分部自吹自制"。② 灯芯编织用脚踏木机。汽灯、镜子、推剪也全部手工制造。

汽灯原产欧洲,1918 年传到广州,市场上出现出租汽灯的商店。1933 年有两家商店开始少量生产,以后增加到 9 家。不过这些厂店资金薄弱,设备简陋,产品难以同洋货竞争。③

镜子系家居梳洗必备之物。中国传统镜子为铜镜,自西方玻璃镜传入后,一些地区开始自行制造。山东周村,制镜业有 200 余年历史,不过初期工艺粗糙,设备简陋,光绪年间是把水银涂于玻璃面,用锡纸将水银摊匀成镜,镜面最大为 500×400 毫米,产量较低。民国初年,日本白银喷镀法新工艺传到周村,周村开始用硝酸银代替水银。④ 广东生产玻璃镜的技术是从香港传入。香港一名英国人曾开镜店,用化学沉积法,在平板玻璃上涂银制镜,成像清晰,价格便宜,被称为"红毛镜"。民国初年,该店由广东商人承顶,改名明新制镜公司。此后,生产技术逐渐扩散到广州、佛山、汕头、江门、东莞等地,开始了广东的手工制镜业的兴起和发展。⑤

① 《福建省志·轻工业志》,方志出版社 1994 年版,第 199 页。
② 何躬行:《上海之小工业》,中华国货指导所印行,1932 年刊,第 120 页。
③ 《广东省志·二轻(手)工业志》,新华出版社 1999 年版,第 164 页。
④ 《周村区志》,中国社会出版社 1992 年版,第 188 页。
⑤ 《广东省志·二轻(手)工业志》,广东人民出版社 1995 年版,第 520 页。

家居用品中的推剪最初全部来自国外。中国传统的理发工具是剃刀和普通缝纫用剪。辛亥革命后，开始流行西式发型（俗称"西式头"），理发用西式推剪。20世纪初，在进口推剪的同时，一些地区开始了西式理发工具的修理和手工制造，兴起了相关手工业。1911年，广东清远有人创办"潘美丽厂"，开始修配西式理发工具，成为国内首家理发工具修配厂。此后逐渐添置小型工具设备，至1935年与佛山伍德记合作，开始仿制西式理发推剪，取名"幸福牌"。因产品性能好，很受用户喜爱，信誉日隆。月产量约12把。1937年从业10人，资本4000元。以后又有5家理发工具厂开业，不过产量都很小。①

上述新型手工业的生产组织和经营模式多种多样，少数规模稍大，设有工厂或公司，产品有注册商标；多数以手工工场或家庭作坊的形式进行生产经营，前店后厂、前店后坊，自产自销。因此在某些调查统计中，往往将其归类为商业，而非工业或手工业；也有部分是一家一户的独立生产。这类手工业尽管技术水平远远低于大厂，但生产成本较低，产品质量尚能适应市场需要，也有部分质量优良，信誉卓著。如广州所产手电筒，可以调校光束聚焦，筒身有条文防滑，性能比外国固定光型手电筒优越；清远推剪性能好，很受用户喜爱；厦门亚洲电池厂所产电池，"经久耐用，品质不亚于美国之永备牌"②，等等。有些手工业产品部分满足了国内市场的需要，有力地抵制了洋货倾销，甚至出口国外。如上海搪瓷制品营业额，1930年达600万两，已取代长江流域一带日货；手帕在

① 《广东省志·二轻（手）工业志》，广东人民出版社1995年版，第440—441页。

② 工商广告社编纂部编：《厦门工商业大观》，厦门工商广告社1932年印本，第70页。

1920 年前,"率取给于外洋,今则不但外货难于推销,国货手帕每年出口南洋一带,银十余万金";钢琴以前都由外国进口,自从自制后不但外货绝迹,且每年出口欧美及小吕宋一带,年计三四百机;表带以前均系日本进口,年销量银 10 万元以上,20 年代末 30 年代初,多以家庭工业的形式自行生产,一般由江北妇女在家中织造,再由商号趸售,"物美价廉,日货竟完全绝迹"。①

第五节 近代手工业发展的整体趋势及功能、地位

中国手工业有数千年的历史,地区分布,城乡无所不在。手工业不同于农牧业,不以耕地、牧场为前提条件,相反,在相当一部分地区,还有缓解耕地紧缺、社会和家庭劳力剩余、城乡居民收入短绌带来的严重困难。因此,从某个角度说,手工业的分布,比农业更为广泛。手工业行业繁多,从业人员队伍庞大,产品数量和品种、规格多不胜数,大部分地区的手工业行业,生产工艺、技术精湛,部分手工业行业的生产设备、工艺技术和产品规格、质量,都达到了手工生产发展的巅峰,在 18 世纪西方工业革命前,中国的科学文化和手工业技术,一直处于世界领先水平,中国的丝绸、锦缎织造,木器、漆器制作,石木、象牙雕刻,瓷器、景泰蓝烧制,楼宇、庭园建筑,字画、条幅裱褙,等等,堪称世界一绝。中医丸散配制,更是人类医学、药物科学史上的瑰宝。中国城乡手工业对中国和全人类科学技术和社会经济的发展,有着不可磨灭的伟大贡献。

由于因循保守和技术发展方向上的缺陷,中国手工业虽然未能凭借自身的历史积累和内在动力,由手工生产演进为机器生产,

---

① 何躬行:《上海之小工业》,中华国货指导所 1932 年印本,第 38 页。

但为近代中国机器工业的发生发展,奠定了先天的技术支援,为国内早期机器工业提供了最优秀的技术工人,手工业者是中国第一代产业工人的主力军。鸦片战争后,中国传统手工业在新式工业(包括外国工业、在华外资工业和本国资本工业)的巨大冲击下,部分行业衰退、萎缩,有的甚至消失,但新式机器工业(包括洋货进口)的发展,同时也为手工业尤其是某些新型手工业的发生发展,提供了条件。近代时期,中国手工业有衰有兴,既有减少、衰退、萎缩、消亡的一面,又有增加、发展、扩大、新生的一面。中国手工业历史久远,从业队伍庞大,技术资源和社会基础雄厚,有着罕见的韧性和强大的生命力,并未因为新式工业的冲击而全面消亡,而是顽强地生存下来,部分传统手工业,沿袭原有的生产方式和方法,继续从事手工生产;也有部分传统手工业和新型手工业,缓慢地向机器生产演进,道路艰难而又迂回、曲折。在西方新式工业向中国移植和扩散过程中,部分工业进入中国后,先是由大规模的工厂机器生产蜕变为分散、独立的个体或家庭手工生产,然后再由分散、独立的个体或家庭手工生产缓慢演进为商人雇主制或手工作坊、手工业工场、资本主义新式工厂,由手工生产缓慢演进为人力机器生产、动力机器生产。时至20世纪20年代末30年代初,这种演进正在进行,或者刚刚开始。在国民经济领域,中国新式工业历史短暂,发展缓慢,涵盖的领域和行业有限,直至20世纪30年代,手工业和手工生产在大部分行业,仍占主导甚至绝对统治地位。在全国国民生产总值中,机器工业只占10%左右的比重,手工业一直是仅次于农业的第二大产业部门,承担满足农牧业和手工业生产、传统运输生产的工具设备和城乡居民日常生活需要的任务,在国民经济和城乡居民生活中起着不可或缺的作用。

一、手工业发展、演变的整体趋势

鸦片战争后,随着外国工业品的大量进口、国内新式工业的兴起和发展,加上西方文化的渗入、传播,国内居民生活习惯和社会潮流的逐渐改变,中国传统手工业面临越来越大的市场冲击和压力,一些行业产品的市场需求不断缩小,生产衰退,甚至消失。不过与此同时,洋货销售、新式工业的兴起发展,也为某些传统手工业提供了新的原料和生存空间,并刺激和孕育了某些新的手工业的产生和发展;亦有部分手工业者开始使用机器,逐渐从传统的手工生产向机器生产演进。从全国范围和手工业整体看,近代中国手工业的变化,有萧条,有兴旺;有传承,有革新;有淘汰,有新生;有衰变,有演进,发展变化的整体趋势是双向的或多向的。这反映出近代中国手工业发展变化的多样性和复杂性。

1927—1937年间,中国手工业的发展变化,延续以往的趋势,但速度加快,手工业的内部结构发生变化:农民家庭副业型手工业加速衰退,城乡专业型手工业不断扩大;使用家庭劳力的一家一户独立手工业加速衰退,家庭作坊或手工工厂(场)式手工业不断发展;传统手工业在手工行业中所占比重缩小,新兴手工业的比重相应增大,开始成为全国手工业的重要组成部分。

由于全国幅员广大、手工业行业繁多,全国各地区间、手工业不同行业之间,发展极不平衡,手工业的发展变化因行业和地区而异,大致分为四种情况或类型:有的明显衰退,甚至完全消失;有的基本维持或变化不大;有的有所发展;同时还产生了若干新兴手工业。表3-37反映了江苏等9省区1927—1937年间手工业兴衰变化的大体趋势:

表 3－37 江苏等 9 省区手工业兴衰态势行业分类统计

1927—1937 年

地区	行业数	发展变化趋势			
		明显衰退	基本维持	有所发展	新兴行业
江苏	42	手工纺纱、手工织布、手工缫丝、手工丝织、手工织绒、手工丝缎、夏布、轧花、磨面、碾米、榨油、制茶、制糖、火腿、陶瓷、木板印刷、纸伞、梳篦、煤球、牙刷、制席(21)	酿造(1)	砖瓦、纸盒、木器、骨刻(4)	针织、丝边圆绳、花边、毛巾、松紧带、木线、雪茄、罐头食品、肠衣、玻璃、橡胶、化妆品、油墨(新式)、草呢帽、布伞、眼镜(16)
浙江	16	手工纺纱、制茶、制糖、火腿、土烟、明矾采炼、丝织、土丝、碾米(10)	酿造、榨油(2)		罐头、炼乳、针织、花边(4)
山东	29	铜锡、毡鞋帽、木器、皮胶、轧花、土器窑、石灰、榨油、酿酒、酱油、土烟、粉干、茶食(13)	柳条编制、制毡、羊毛线、木石雕刻、鞋帽、滑石粉、阿胶、制盐、制硝(9)	印刷业(1)	锣底、草帽辫、鞭炮、制绳、洋灰瓦、熏烟(6)
山西	48	纺纱、地毯、畜力磨坊、榨油、粉坊、刨烟、皮革、化妆品、制烛、削皮、锅鼎铁货、炼铁、铜锡器、银楼首饰、靴鞋、制帽、皮胶、藤竹器、皮箱、制伞、制香、煤膏、油漆、炮竹、印刷(26)	酿酒、漂染、木器、柳条编制、石灰、制石、毛口袋(7)	土布、制毡、丝织、酱园、制席、度量衡器制造、毛笔制墨、梳篦、砖瓦、轧花、制绳(11)	针织、玻璃、肥皂、打包(4)
湖南	38	棉纺、麻纺织、锅鼎、土钢、漂染、碾米、磨面、粉条、刨烟、制革、化妆品、造纸、纸伞、草席、木屐、造船、炮竹(17)	烧石灰、榨油、酿酒、酱油、陶瓷、丝线、竹席、木器(8)	印刷、砖瓦、桐油、织布、豆豉、毛笔、湘绣(7)	猪鬃、针织、玻璃、肥皂、电池、布伞(6)
广西	30	纺纱、纱纸、纸伞、铜器、铸锅、土靛、桂油、丝茧、八角茴香油(9)	织布、烟丝、酿酒、皮革、草席、蔗、麻织、酱造、藕粉、榨油(11)	造纸、陶瓷、印染、桐油、烧炭(5)	洋伞、玻璃、电池、牙刷、肥皂(5)

续表

地区	行业数	发展变化趋势			
		明显衰退	基本维持	有所发展	新兴行业
辽宁*	23	缫丝(1)	榨油、制糖(2)	铁工、印刷、酿酒、酱油、皮革、木材、车辆、造纸、窑业、棉织、印染、制笔(12)	罐头、精盐、铜工、银工、玻璃、绒帽、针织、成衣(8)
吉林*	23		制帽、竹器、藤器(3)	棉织、毛织、制烛、酿酒、印染、碾米、制陶、磨面、打铁、石匠、烧砖、造纸、制鞋、木工、泥瓦、铜匠、金银匠(17)	火柴、肥皂、缝纫(3)
黑龙江*	18		石灰、制糖(2)	棉织、毛织、印染、铁工、车辆、印刷、榨油、造纸、窑业、皮革、酱油、木材(12)	肥皂、火柴、磨面、碾米(4)
总计(%)	267(100%)	97(36.3%)	45(16.9%)	69(25.8%)	56(21.0%)

* 辽宁、吉林、黑龙江3省为1931年"九一八事变"前的情况。
资料来源：依次据国民党政府实业部国际贸易局编：《中国实业志·江苏省》、国民党政府实业部国际贸易局编：《中国实业志·浙江省》、广西省统计局年鉴编印处编：《广西年鉴》（第二次，1935年）、国民党政府实业部国际贸易局编：《中国实业志·湖南省》、国民党政府实业部国际贸易局编：《中国实业志·山东省》、国民党政府实业部国际贸易局编：《中国实业志·山西省》、东北文化社年鉴编印处编：《东北年鉴·工业》（1931年）摘要、综合、统计编制。

表列9省区，按其地理位置和经济发展水平，包括四种不同类型：江苏、浙江属于沿海经济相对发展地区，湖南、山东、山西属于内陆经济次发展地区；广西属于内陆经济欠发展地区；辽宁、吉林、黑龙江属于农业新垦区，9省区手工业的发展变化，能基本反映全国手工业的变化趋势。

在经济发展不同水平地区,传统手工业的基础和发展变化趋势,差异颇大,各有特点。江苏、浙江两省手工业变化的基本特点是,传统手工业衰退严重,新型手工业门类较多。38 种传统手工业中,明显衰退的达 31 种,占总数的 81.6%,基本维持或有所发展的只 7 种,占 18.4%,另有新型手工业 20 种,占这一时期 58 种手工业的 34.5%,成为手工业的重要组成部分;山东、山西、湖南 3 省,传统手工业的衰退程度比浙江两省略轻,但新型手工业的门类亦少。3 省 99 种传统手工业中,明显衰退的 56 种,占总数的 56.6%,基本维持或有所发展的 43 种,占 43.4%,但新型手工业只 16 种,占这一时期 115 种手工业的 13.9%;广西情况又有所不同,传统手工业的衰退程度更轻,25 种传统手工业中,明显衰退的 9 种,占总数的 36%,基本维持或有所发展的 16 种,占 64.0%,另有 5 种新型手工业,占这一时期 30 种手工业的 16.7%。基本维持、有所发展和新型手工业合计达 21 种,占 30 种手工业的 70%;辽宁、吉林、黑龙江又是另外一种情况。3 省属农业新垦区,传统手工业产生的时间不长,由于人口增加、土地开发、农业发展,市场需求扩大,一些传统手工业尚有较大的发展空间。3 省 49 种传统手工业中,明显衰落的只有 1 种,基本维持和有所发展的分别达 7 种和 41 种,还有新型手工业 15 种。1931 年"九一八事变"前,东北地区的手工业正处于继续上升、扩大的良好态势。

很明显,在经济发展的不同类型地区,手工业的变化状况和趋势各不相同。但有一个共同点,即明显衰退的传统手工业门类多,新生新型手工业门类亦多,两者成正比。反之亦然。这是由于在某个地区销售的进口洋货和国内工业品愈多,传统手工业遭受的市场冲击愈大,生产洋货和工业替代品的新兴手工行业亦随即增多。因此,不论哪类地区,新型手工业和基本维持、有所发展的手工业合计,在整个手工业中,仍占相当比重,甚至超过一半。这反映了近代手工业整体变化趋势的双向或多向性,并非单一的衰落、萎缩。各个地区如此,从全国范围看,同样如此。包括各省相互重复部分在内,南北9省区共计267个手工业门类或行业中,明显衰退的97种,占总数的36.3%,占211种传统手工业的46.0%,亦即接近一半的传统手工业处于明显衰萎或消亡状态。严重衰退已成为近代时期尤其是1927—1937年间手工业发展变化的主要趋势。尽管如此,基本维持或有所发展的手工业仍分别有45种和69种,占总数的16.9%和25.8%。两者合计114种,占总数的42.7%,占211种传统手工业的54.0%,略多于明显衰退的手工业行业数。另有新增新型手工业56种,占总数的21.0%。基本维持、有所发展和新增三类行业合计为170种,占267个手工业行业的63.7%,这充分显示了中国手工业强大的生命力尤其是自我再生能力。

传统手工业的明显衰退和新型手工业的兴起,是近代中国手工业两个最主要的变化,而这两个变化都是外国工业品进口和国内新式工业发展的结果。外国工业品进口和国内新式工业发展既导致和加速了中国传统手工业的衰退乃至消亡,又同时给中国手工业的再生和发展提供了某种契机。但由于市场环境的差异和经济发展的不平衡性,特别是新式工业发展和地区分布上的差别,各地传统手工业的明显衰退和新型手工业的兴起,既有普遍性,有的又有明显的地区差异。

传统手工业的衰落,有的是全国范围的,各地皆然,手工纺纱业、土钢土铁业、土靛业最为典型。随着洋纱洋布、洋钢洋铁、洋靛的大量输入,各地土纱业、土钢土铁业、土靛业全面衰落,几无例外。

鸦片战争后,随着洋纱洋布大量倾灌,手工纺纱业自沿海而内地,自非产棉区而产棉区,自商品纱而自给纱,衰落范围不断扩大,纺纱农户在全国农户中的比重持续下降。20 世纪 30 年代,衰退进一步加速。据调查,1935 年 2 月,关内地区从事纺纱织布副业的农户比重尚有 28.2%,到该年 12 月,这一比重陡降至 20.4%。[①]而且这些农户中,绝大部分是使用洋纱或机纱的织布户,自己纺纱的农户比重,可能不到 5%。手纺纱在全国棉纱消费中的比重也不断缩小,到 1933 年,国内中外机器纱厂产纱 801.9 万担(合 478.6 万公担),手纺纱只有 186.6 万担,仅相当机器纱厂的 23.3%。[②]随着洋钢、洋铁的大量输入,湖南、山西、安徽、广东等地土钢土铁业全面衰落。湖南邵阳(宝庆)及其邻近武冈、新宁等地,同治年间有钢行 20 余家,年产钢条 1 万余担,远销汉口、长沙、河南、甘肃、山西、河北等处。民国初年只剩 8 家,年产 2000 担(合 1193.6 公担)。到 20 世纪 30 年代初,仅能勉强维持。湘潭咸丰时有钢坊 40 余家,产品畅销湖北、湖南、河南、陕西、山西、山东、天津、奉天、吉林等地。至宣统初年,只剩 6 家,且产品销路滞迟,营业奄奄不振。至民国初年,钢坊仅存 3 家,年产钢三四千担,实际销出不足 2000 担。连年陈货堆积,致钢坊资本周转不灵。延至 1919 年,钢坊几全数停业。1924 年曾有 1 家复工,年出钢千担,旋以销路欠畅停工。至 1931 年秋,湘潭钢业一度集资续炼,但两年中仅出钢 2000 担,再次因销路清淡停歇,仅以陈货供应市面。至 30 年代中期,湖南每年只销土钢 2300 担(合 1372.6 公担),比民

[①]　据实业部中央农业实验所农业经济科编印:《农情报告》1936 年 8 月第 4 卷第 8 期,第 200 页;《农情报告》1936 年 11 月第 4 卷第 11 期,第 292 页计算。

[②]　巫宝三主编:《中国国民所得(1933)》下册,中华书局 1947 年版,第 90、96 页。

国初年减少了一半。① 山西晋城,在道光年间有炼铁炉 1000 余座,后逐渐衰落,20 世纪 20 年代前,减少到四五百座,30 年代因"外铁充斥,销路日促",加以捐税加重,交通不便等原因,"营业愈趋衰落,炉数锐减至百余座"②,只相当于鼎盛时期的大约 1/10。手工铁货业同样被摧毁,晋南铁货业中心长治荫城镇,产品畅销全国,清代乾嘉时期年交易达银一千余万两。鸦片战争后洋货侵入,"销场几尽为所夺",及至"九一八事变"后东北失陷,销路更少,年交易额只剩 40 万元左右。③

随着洋靛的大量进口,各地土靛业及其他土染料制造业全都衰落。1913 年进口洋靛值 962.9 万关两,土靛业"渐被洋靛所夺"。1932 年洋靛进口值达 1742.5 万关两,次年全国包括土靛在内的颜料产值仅 219.5 万元④,折合 141.6 万关两,只相当于进口洋靛的 8.1%,土靛业已所剩无几。

传统手工业中,更多行业的衰落,带有明显的地区差异,或只发生于部分地区。兴衰互见、兴衰交替是相当一部分传统手工业发展变化的普遍现象。手工织布业、手工缫丝业、手工丝织业、手工造纸业、雕版印刷业、手工碾米业、手工磨面业等,都是如此。

手工织布业和手工纺纱业有所不同,虽然受到洋布、机布的市场冲击,但充斥市场的洋纱机纱又给手织业提供了充足的原料,使

---

① 国民党政府实业部国际贸易局编纂、发行:《中国实业志·湖南省》下册,1935 年初版,第 350(庚)、353(庚)页。

② 国民党政府实业部国际贸易局编纂、发行:《中国实业志·山西省》第 3 册,宗青图书公司 1980 年印本,第 478(巳)页。

③ 国民党政府实业部国际贸易局编纂、发行:《中国实业志·山西省》第 3 册,宗青图书公司 1980 年印本,第 465(巳)页。

④ 巫宝三主编:《中国国民所得(1933)》下册,中华书局 1947 年版,第 81 页。

其生存和发展具备了最基本的条件。在这种情况下,江苏等部分沿海地区的手织业逐渐衰落,其他大部分地区尤其是中西部地区,手织业却得以生存下来,并有程度不同的发展,即使在江苏等地,衰落和淘汰的也只是作为农民家庭副业的手织业尤其是自给性手织业,至于家庭作坊或手工工厂(场)式织布业仍有某种程度的发展。其他地区也是农民家庭副业型织布业衰落,专业型织布业发展,家庭作坊和织布工厂(场)逐渐成为一些地区手工织布业的重要组成部分甚至主体。

手工缫丝业、手工丝织业的情形大致相似。江苏、广东等部分蚕桑区的手工缫丝业、手工丝织业衰落,其他蚕桑区的手工缫丝和丝织业则大多留存下来,有的还有程度不同的发展。经营模式逐渐由农民家庭副业型向专业型演变,家庭作坊和手工工厂开始成为手工缫丝和丝织生产的重要形式。

手工造纸业、雕版印刷业、手工碾米业、手工磨面业等,更是有兴有衰,兴衰互见,情况多样。1927—1937年间,各地经济文化都有不同程度的发展,但由于经济发展的不平衡性,各地基础和起点不同,有的是洋纸、机器纸取代土纸,机器印刷业淘汰传统雕版印刷业,机器碾米业、磨面业淘汰手工碾米、磨面业,有的却是土纸市场需求的增加,手工造纸业和雕版印刷业的兴起或扩大,手工碾米、磨面业工具的某种改良和结构变化。江苏、浙江、福建沿海一些交通较方便、经济较发展的地区,洋纸、机器纸逐渐淘汰土纸,石印、铅印逐渐淘汰雕版印刷。20世纪初,上海和江浙闽沿海部分地区,使用石印、铅印和洋纸、机器纸印刷书报、杂志、广告、商标及其他宣传品,手工造纸业和雕版印刷业衰落。浙江作为全国最重要的土纸产区,到20世纪30年代初,位于或临近宁波、杭州、温州等通商口岸的鄞县、慈溪、镇海、杭县、青田以及嘉兴、吴兴、兰溪等19县,手工造纸业已经消失或出产甚微;江苏土纸生产原不甚繁盛,到20世纪30年代,出产更微。1933年仅有造纸槽户83家,产纸值11.9万元,分别占全国总数的0.16％和0.21％。[①] 雕版印刷业也大幅衰退,甚至消失。在其他地区,尤其是中西部一些交通闭塞、经济落后地区,随着社会经济、文化教育、商业流通的发展,文化和生活用纸的市场需求都在扩大,20世纪初,内陆不少地区,手工造纸业仍在发展,或老区槽户增加,产区扩大;或人口流动,往外地开办纸槽;或由依靠外地供应变为本地自给;或世代相传的造纸技术逐渐外传,新的土纸产地不断增加。这些地区的土纸生产,虽然产量不大,质量粗糙,销售范围不广,但满足了本地和邻近地区的市场需要,加上交通闭塞,外来纸张成本较高,土纸业仍有较强生命力。传统雕版印刷也正处于上升甚至开创阶段。一些地区印刷业的历史不长,直至20世纪初才开始出现雕版印刷,但石印、铅印技术传入更晚,20世纪30年代中叶前,雕版印刷一直是印刷业的唯一或主要形式。

手工碾米、磨面业的衰落或变化,情形亦多种多样。20世纪初,江苏、浙江及广东一些地区,机器碾米、磨面已逐渐淘汰手工碾米、磨面。苏南地区在20年代后,电力工业有了较大发展,碾米机、磨面机(火磨)国内已能生产,手工碾米、磨面逐渐被机器碾米、磨面取代;在浙江,旧时碾米,多由农家以石臼或手舂自碾。1912年、1913年鄞县、吴兴先后设厂,用机器碾米,初时发展缓慢。20年代后,因汽油发动机和柴油发动机问世,国内机器厂已能制造碾米机,促进了机器碾米的发展。20年代末30年代初,电力马达发明,电厂大多兼营碾米业。随着机器碾米业的发展,土法碾米被淘汰。1932年浙江全省有碾米厂451家,继续使用土法碾米者

---

① 巫宝三主编:《中国国民所得(1933年)》下册,中华书局1947年版,第153页。

"不过百分之一二"。① 广东珠江三角洲地区,机器碾米业兴起,逐渐排挤和取代手工碾米业。如中山在民国前,均用石杵、土砻碾米,1912 年—香港商人回石岐开办首家机动碾米作坊,因效率高,很快普及,30 年代全县发展到 70 多家,旧式碾米业被基本淘汰;花县在 1927 年首家柴油碾米机开业,1937 年碾米机厂发展到 10 家。② 不过江浙、广东这种情况,并不普遍。即使江苏,虽然机制面粉工业颇为发达,"旧式磨坊并未因此绝迹,在地位偏僻、交通困难之处,仍保持其固有之重要性"。③ 全国"四大米市"之一的湖南长沙,虽然手工碾米衰落,但机器碾米发展缓慢,步履艰难。该地机器碾米业始于 1914 年,多由米坊业经营者合资开办,最初只是粮栈附业,因机米价昂,销路不佳。至 1918—1919 年间,市内人口渐多,市面日渐繁荣,经营机器碾米业者日众,至 1928 年时已增加到 70 余家,但资本和生产规模狭小。至 1932—1933 年间,因谷价惨落,营业亏损,虽然只有 1 家倒闭,但"手工碾米向机器碾米的演进,已戛然止步"。④ 在全国其他绝大部分地区,手工碾米、磨面业正处于发展和扩大态势,部分地区由人力向畜力、水力或风力,由推子(竹砻)、脚碓向牛(驴)碾、水碓演进;由一家一户的自给性碾米、磨面向专业型和商业性的碾坊、磨坊演进。但手工碾米、磨面被机器碾米、磨面取代的情况不多。

---

① 国民党政府实业部国际贸易局编纂、发行:《中国实业志·浙江省》第 2 册,1933 年初版,第 81—82 页。

② 《中山市志》上册,广东人民出版社 1997 年版,第 581 页;《花县志》,广东人民出版社 1995 年版,第 431 页。

③ 国民党政府实业部国际贸易局编:《中国实业志·江苏省》第 4 册,宗青图书公司 1980 年印本,第 332 页。

④ 国民党政府实业部国际贸易局编纂、发行:《中国实业志·湖南省》下册,1935 年初版,第 116(庚)页。

近代时期特别是 20 世纪初叶，中国传统手工业的兴衰嬗变，除了表 3-37 所列 4 种类型外，一些行业在生产性质、经营模式、工具设备等方面都有某些变化，部分由自给性生产向商品性生产、由副业生产向专业生产演变；由家庭劳力经营向雇工经营、由单个家庭经营向家庭作坊或手工工厂（场）经营演变；由传统工艺生产向新式工艺生产演进；由手工生产向手工机器生产或动力机器生产演进。

传统手工业同农业一样，早期多以家庭自给为主，经济落后地区的纺织、编织、碾米、磨面、制酱、酿造等行业尤其如此。20 世纪初叶，关外、西南、西北部分风气闭塞、经济落后地区，仍然这样。如热河，"民智未开，风气闭塞，人民生活，极为单纯"，虽有少数家庭手工业，"类多供给个人家庭之用"。其他食用品工业，如酿造、制粉之类，或手工纺织，如粗布之类，也"多以供给家庭需用为主，有余则出售于人，以谋些许之利"。①

不过在其他大部分地区，近代时期尤其是二十世纪二三十年代，各类手工业的商品性生产有了较大的发展，部分地区棉纺织、编织、碾米、磨面、制酱、酿造等行业的变化最为明显。由于洋纱、机纱的冲击，手工纺纱业被摧垮，农民被迫弃纺就织，利用洋纱、机纱进行商品布生产，或以商品布生产为主，原有的自纺自织自用的纺织生产大幅萎缩。某些地区残留的手工纺纱，有的也不再自己织布，而是卖给其他织布户，纺纱织布都变成了商品生产。随着粮食商品化的发展，碾米、磨面、酿造等商品生产也日益增多。

商品生产的发展导致经营性质和经营模式的改变，即逐渐由副业生产演变为专业生产；由家庭劳力经营演变为雇工经营，由单

---

① 东北文化社年鉴编印处编：《东北年鉴》（1931 年），东北文化社 1931 年版，第 1110 页。

个家庭经营演变为家庭作坊或手工工厂(场)经营。20 世纪初,一些地区的专业机户、织布作坊、手工布厂已成为手工织布业的主体。湖南棉纺织的演进较为典型。该地棉纺织原本全是家庭手工业,虽有专事织布的机工,但多为上门服务,并无专业机坊,更无所谓布厂。织布用纱,悉系家庭妇女手纺,幅面狭窄,称为"大布"。虽系家庭副业,亦能销行各地,每年布产贸易额数以百万计。清季洋纱、洋布输入内地,并逐年增加。洋纱比土纱匀细,洋布比土布幅宽,亦较细密,为大布所不及,因而刺激和加快了手工棉纺织业的变化,由采用洋纱或厂纱织布,进而导致土布改良,如加宽幅面,使用脚踏铁木机,产品由"大布"变为"改良土布"。自身生产组织和模式亦发生变化,沿着家庭手工业、手工机坊、织布工厂的方向演进,由家庭手工业扩大为机坊手工业,1921 年前后,长沙、湘潭、邵阳、芷江、洪江等地,机坊织布业已极发达,30 年代后,织布工厂也开始产生,各县以棉织业为主体的平民工厂纷纷成立。不过相对于东部沿海一些地区而言,变化时间较晚,速度较慢。直至 30 年代初,湖南棉织业,家庭手工业仍占很大比重。① 专业碾坊、磨坊、粉坊也日益增多。一些粮食交易繁盛或粮食商品率较高的地区,如安徽芜湖、江苏盐城等地,更是砻坊、磨坊"遍及城乡"。② 专业漕坊、酱园则是市场各种酒类以及酱、醋、酱油、酱菜的主要供应者。铁器制造业方面,有铁匠铺演进为翻砂厂的事例。30 年代初,湖南有 6 家翻砂厂,长沙、湘潭各 3 家,后者分别建于 1920 年、1930 年、1931 年,均系铁铺改建、扩充。③

---

① 国民党政府实业部国际贸易局编纂、发行:《中国实业志·湖南省》下册,1935 年版,第 45—46(庚)、51—52(庚)页。

② 《盐城县志》,江苏人民出版社 1993 年版,第 319 页。

③ 国民党政府实业部国际贸易局编纂、发行:《中国实业志·湖南省》下册,第 348(庚)页。

一些往昔不起眼的农家制绳、茶食品生产等小副业的经营模式,也开始发生变化。如山东制绳,由来已久,皆为农家副业,制造全用人工,产量少而出品劣。近代时期,绳的用途日广,制造方法亦渐精,于是由农家副产进化为专业生产,民国初年开始出现制绳业,1923—1928 年间最盛。不过时间短暂,20 年代末 30 年代初,外因舶来品的廉价倾销,内受时局不稳的影响,营业日衰,勉强支持者仅 45 家(其中 30 家在烟台),总计资本 122655 元,平均每家2725.7 元,最多的达 2.2 万元。有职工 367 人,平均每家 8.2 人,年产值 177452 元,平均每家 3943.4 元。① 作为制绳作坊,资本和劳力规模都不算太小,也从一个侧面反映出制绳业演进的跨度。山东茶食品以柿饼、枣子为大宗,农家多以制枣及晒柿饼为副业。二十世纪二三十年代,此类茶食品的生产,"有由家庭副业转变为店铺工业之趋势":长清、博平、茌平、清平等县均有专营制枣的商号,长清另有专制柿饼发售的商号数家,柿饼产区为长清、曲阜、宁阳、汶上、菏泽、东阿等县。菏泽柿饼一名"耿饼"(或系最初倡制者的姓氏而得名),表面结有一层白色浓霜,可刮下另制霜果,1921 年仅有聂氏一二家制售,嗣后逐渐推广,30 年代初已有 10 余家之多,且有冒用聂家名义者。制枣区域计有长清、曲阜、宁阳、邹阳、汶上、博平、茌平、清平、高唐、东阿等县。②

工具设备方面,19 世纪末 20 世纪初,某些地区的少数手工业开始使用机器,由手工生产向机器生产演进。广东蚕丝主要产区顺德,1874 年后,土丝业在机器缫丝业的竞争压力和推动下,手缫

① 国民党政府实业部国际贸易局编:《中国实业志·山东省》第 6 册,宗青图书公司 1980 年印本,第 703—707(辛)页表。
② 国民党政府实业部国际贸易局编:《中国实业志·山东省》第 5 册,宗青图书公司 1980 年印本,第 489—490(辛)页。

工具获得改进。1884 年后,足踏缫丝机开始取代手车缫丝机。此后,机器缫丝业和手工缫丝业并存发展,步入繁盛时期。[①] 山东周村,原为大纩缫丝,1901—1902 年采用自南方传入的小纩丝技术,开始了缫丝生产由手工操作向半机械化操作的过渡。该地丝织业也自 1920 年后,以铁木提花机取代拉梭木织机,并将原来线绳提综改成机械转动的纹针提综,提高功效 35% 以上,品种与质量均有增加和提高;1930 年开始使用电力织机,由手工生产向机器生产演进。[②] 1918 年后,山东传统印染业在当地没有新式印染业指引的情况下,多家染坊率先添置机器设备,改用机器染色,推动了山东机器印染业的兴起和发展。[③]

20 世纪初,国内新式罐头食品工业的兴起,引发和促进了旧式食品业向新式罐头食品业的演进。光绪末年,外国洋铁罐头食品输入中国,因其制品精良,历久不坏,便于旅行及馈赠,国人竞相采购,销数年有增加。于是旧日之饴糖糕饼、果菜鱼肉,如广州的蜜饯、苏州的糖果、嘉湖的细点、扬州的酱菜、太仓的肉松,或因保藏不得其法,或因装潢不甚美丽,渐不为社会所重视。国人鉴于土法弊端日著,率相仿用西法,制造糖果饼干及罐头食品。一些旧式食品商店或作坊,也因潮流推动,逐渐采用新法制造,由传统手工业向新式工业转换。当然,这种转换,直至 30 年代初,大多刚刚开始,进展相当缓慢,特别是一些县区,新设或由旧式食品作坊升格的罐品工厂,极为幼稚,不仅没有机器设备,而且出品数量既少,行销范围又限于本地,且名为罐头,实则仅将食品随便装入,并无消

---

① 《顺德县志》,中华书局 1996 年版,第 385—386、390 页。

② 《周村区志》,中国社会出版社 1992 年版,第 194、196—197 页。

③ 国民党政府实业部国际贸易局编:《中国实业志·山东省》第 6 册,宗青图书公司 1980 年印本,第 561—562(辛)页。

毒和真空设备。① 显然，传统食品作坊演进为新式食品工业，还有很长的路要走。

二、传统手工业与新式工业

在社会生产力的发展和演进上，分散落后的手工生产发展为机械化、自动化的工厂规模生产，机器工业淘汰和取代手工业，这是人类进步和历史发展的必由之路。

中国手工业历史悠久，技艺精湛，在西欧工业革命前，中国的手工业生产技术和经济发展水平，一直处于世界领先地位。但是中国手工业并未率先演进为机器工业；近代西方工业技术传入后，手工业向机器工业演进的速度仍然十分缓慢。这有多方面的因素，最主要的是由中国手工业的发展方向和保守传统造成的。

中国手工业的技术传授和生产发展，有其独特的道路和方向。中国绝大多数手工业行业的技术传授都采取拜师学艺、师徒相传的方式，对外高度保密，部分师父因恐怕徒弟"抢饭碗"，不愿将绝技传授徒弟，少数行业的祖传妙方、绝技，更规定只能父子相传，且传子不传女，或传嫡不传庶，因战争、灾祸、瘟疫造成较大范围的人口死亡，高师绝嗣，掌握此种工艺、技术的人越来越少，甚至因此失传。中国手工业技术的保密和保守传统，严重妨碍工艺、技术的发展、提高。中国手工业的生产和技术发展道路和方向，也较为特殊。中国古代科学技术先进，手工业生产工艺完善，手工业者生产技巧高超，尤其是某些手工业生产设备和工具，例如明清时期的某些麻纺车、锦缎提花机等，其先进和完善程度并不亚于英国早期的

---

① 国民党政府实业部国际贸易局编：《中国实业志·江苏省》第4册，宗青图书公司1980年印本，第512—513页。

纺纱机和织布机,中国手工业早就到了由手工生产进化机器生产的发展水平。然而,中国手工业并未朝开发机器生产、提高劳动生产率、降低产品成本和价格的方向发展,而是相反,一些手工业行业中最具创造才干、毅力过人、技艺高超的无数能工巧匠,将主要才智和精力投放在如何显现生产工艺难度、个人技能和提高产品的奇巧、精密、细腻程度上,尽可能在单位产品中凝结更多的个人技巧和活劳动,提高产品的价值和价格,以满足宫廷皇室、王公贵族和富商巨贾的奢侈消费。结果生产工艺愈复杂、产品愈精巧,愈是依赖生产者的个人智慧和技能,劳动生产率愈低,和机器生产的距离愈远。而满足社会生产和生活需要的一般性产品,生产工具和技术故步自封,发展缓慢,甚至长期停滞不前,也难以迈向机器生产,这就使中国的手工业生产发展走上了岔道。

清代中期后,西方资本主义机器生产和社会经济突飞猛进,而中国封建政权日益腐败,全国科学技术和社会经济的发展速度愈加缓慢,中国手工业离世界历史前进的步伐越来越远。1840 年鸦片战争后,国门被西方列强的大炮轰开,中国开始成为国际帝国主义共同支配下的半封建半殖民地,城乡手工业产品市场相继被西方机器工业品渗入和侵占,中国手工业原有的发展道路被打断,最终失去了按照自己固有发展规律演进为机器工业的机会,而且首先受到致命冲击和因此急速衰退的,恰恰是原本最有条件演进为机器生产的手工纺织业,这是历史的最大讽刺。

中国手工业虽然没有演进为机器工业,但中国广大手工业生产者仍然是世界上最聪明和最优秀的手工业队伍,近代中国早期的产业工人相当一部分直接来自破产或贫苦的手工业者,手工业者是中国第一代产业工人的主体。这些手工业者略加培训甚至未加培训,即成为有技术的新型产业工人,他们展现出来的高超智力和技能,连当时一些瞧不起中国人的外国技师和资本家也不能不为之叹服。19 世纪 50 年代,外国人怎么也不相信,他们雇用宁波木工在上海黄浦江上修造汽船,"然而这种工程竟完成了";在江南制造局,据说生产洋炮的全过程都是由中国工人完成,其"技艺不下于任何欧洲工厂的工人",且能"独出心裁,别开生面",多有发明创造①;汉阳钢铁厂的洋技师也"颇赞许华人机械之技能"。该厂中国工匠在一无图纸、二无人指导的情况下,将新从美国购进的火车头装配成功。洋技师认为这是一种"奇能",自愧不如,谓"若细图未到,余亦不能装配"。② 中国工匠的这种奇能,正是中国传统手工业技艺世代相传、熟能生巧的结果。所以,在近代初期,新式工业虽是从西方直接移植过来,但招雇技工、培训技术方面,从无困难,这是中国传统手工业的历史功绩。

鸦片战争前,中国传统手工业由于其独特的发展道路、走向以及保守性格,未能演进为机器工业。鸦片战争后尤其是 20 世纪初,在外国工业品占领城乡市场、国内机器工业兴起并获得初步发展的情况下,由于资金短缺,机器价格高昂,劳力成本低廉,大多只能以手工业的形式和方法,生产进口替代品,外国机器工业在中国特殊环境下,又蜕变为手工业或手工机器生产。有的工业行业,在总体上或沿海口岸,机器或工厂生产居于主导地位,但在内陆中心城市,手工业或作坊式手工生产,长期同机器或工厂生产分庭抗礼,甚至占上风。如火柴制造业,1933 年全国有工厂 53 家、手工作坊 101 家,大部分分布在四川(37 家)、山东(25 家)、广东(10

---

① 孙毓棠:《中国近代工业史资料》第 1 辑下册,科学出版社 1957 年版,第 1223—1225 页;宜今室主人编:《皇朝经世文新编》第 1 卷,光绪二十七年(1901 年)刊本。

② 《东方杂志》宣统二年(1910 年)八月第 9 期,调查,第 31 页。

家)3 省,只是规模很小,产量有限,从全国范围看,工厂的产量、产值分别占总数的 86.2% 和 85.9%,而手工作坊分别只占 13.8% 和 14.1%。① 卷烟生产分为工厂和手工作坊两部分。虽以工厂机器生产为主,但在一些内陆城市和地区,手工作坊比卷烟工厂发展更快。安徽蚌埠自 1924 年开埠,即有手工卷烟作坊,1927 年后,因手工卷烟本小利大,手工作坊大量涌入。虽 1926 年建有首家机器烟厂,但无新的发展,直至 1937 年,仍只有 1 家烟厂,而手工卷烟户多达 340 家。② 在山东青州以及四川重庆、成都、万县、中江、什邡、广汉等产烟区,20 世纪 30 年代更几乎是卷烟及雪茄小作坊的一统天下。③ 手工卷烟作坊投资少,成本低,周期短,产品价格便宜;而一些华商机器烟厂,投资比卷烟作坊大,但又因资本和设备不多,不能形成规模效益、发挥机器生产的优势,在同手工作坊的市场竞争中反而处于某种劣势,有的甚至由工厂倒退为作坊。如中江 1911 年兴建首家烟厂——恒丰烟厂,资本 1 万银元,雇工 300 余人,年产卷烟 500—600 万支。但烟厂生产一两年后,又解体分裂为若干作坊。④

20 世纪初,进口的各种外国工业品,尤其是各种日用工业品和化妆品,大部分在国内都有生产,其中不少是手工生产。生产进口替代品的手工业,是当时工业的一个重要组成部分。

在上海,据 1932 年对 134 个工业门类的调查,被称之为"小工

---

① 据巫宝三主编:《中国国民所得(1933)》下册,第 3 表计算,第 74 页。
② 《蚌埠市志》第 4 卷,工业,方志出版社 1996 年版,第 258 页。
③ 《益都新闻》1934 年 6 月 6 日,见《青州市志》,南开大学出版社 1989 年版,第 404 页;《四川省志·轻工业志》,成都辞书出版社 1993 年版,第 82—85 页。
④ 《四川省志·轻工业志》,成都辞书出版社 1993 年版,第 82 页。

业"的手工业或手工机器生产"居十分之八"。① 这类手工业大多采用"前店后厂"的模式进行生产经营,因而同时成为街面商铺的一个重要组成部分。据上海市社会局1933—1935年对全市商号的普查,72084家商铺中,26128家"兼有手工业性质",占总数的36.3%。从其中5874家的情况看,生产不用动力而工人在15人以上者178家,占3.0%;不用动力而工人不及15人者5696家,占97.0%。这些完全用人工生产的手工业商铺,其门类几乎涵盖所有工业部门。

上述各类手工业,不限于上海,其他城市亦广泛存在,部分城市在这一时期还有较大发展。如广州,肥皂称为"番枧",因无须器械工厂大规模制造,家庭、小商店皆可生产,有百余元资本,即足供一家温饱,"故年来从事斯业者极多"。其他如橡胶制品、玻璃、玻璃镜架、土制煤油、汽水、制冰、批荡等业,都迅速兴起和发展。②表3-38反映了这类手工业的一些基本情况:

表列共51个行业,3798家、资本总额558.6万元。当时广州全市有工、商、运输、金融、餐饮、旅宿、社会服务等营业机构391行、22178家、资本4046.1万元,新兴手工业分别占13.0%、12.1%和13.8%。③ 表中的土造"洋火",是利用国外进口原料,手工制造火柴;水泥制品是用水泥制作板、管、条凳(主要供公园等公共场所使用)和其他各式水泥构件等。这是20世纪初随着水泥制造业发展而兴起的手工业。这些新兴手工业,资本不多,大

① 何躬行:《上海之小工业》,中华国货指导所1932年印本,第2页。
② 《广州年鉴》(1935年),第2集,第10卷,经济,奇文印务公司1935年刊本,第135—136、125—126、132—133页。
③ 据《广州年鉴》(1935年),第2集,第339—358页,广州市各行商业种类间数及资本数统计表综合计算。

表 3 - 38 广州若干新兴手工业数量和资本统计

1933 年   单位：元

行业	家数	资本额		行业	家数	资本额	
		总额	每家平均			总额	每家平均
番枧（肥皂）	78	82560	1058	花边栏杆	7	19200	2743
化妆品	38	54767	1441	金绒丝棉各线	52	85242	1839
牙刷	68	43750	643	绳带毛巾	52	83780	1611
牙签	1	10000	10000	玻璃	144	131091	910
镜架	90	100261	1114	天窗	42	9970	237
（土造）火柴	15	248000	16533	制雪（冰）厂	1	75500	75500
汽灯	30	13000	433	漂白粉	2	4000	2000
火水（煤油）	—	—	—	梳（苏）打	9	6700	744
夹万（保险箱）	11	9210	837	碱粉	1	2000	2000
中西乐器	27	40470	1499	火酒（酒精）	4	18880	4720
烟卷	343	284110	828	电池厂	7	30927	4418
汽水	8	9120	1140	电料	2	5100	2550
熟药（成药）材	1260	2310830	1834	电油偈油	22	49550	2522
纸盒	92	17790	193	拉轻巴马油	2	7000	3500
铅字	3	13500	4500	电镀	45	29400	653
印刷业	187	238860	1277	白铁	119	34900	293
钢印业	2	700	50	洋铁	2	9000	4500
文具	107	129710	1212	铅锌	6	7000	1667
天平戥秤尺	30	9100	303	轮船杂项	21	99350	4731
西装	113	164348	1454	汽车用品	17	25240	1485
车衣	256	153755	601	水泥（制品）	32	45432	1010
帽业	65	90380	1390	工业化学原料	12	62500	5208
皮鞋	68	159474	2345	机器机件	127	270150	2127
胶鞋	27	137800	5104	肥田料	28	48200	1721
衫袜	60	90290	1505	广告	5	1200	240
织造（针织）业	58	12495	2154	合计	3798	5585592	1471

资料来源：据《广州年鉴》(1935 年)，第二集，第 339—358 页，广州市各行商业种
类间数及资本数统计表摘录、整理、计算编制。

多自产自销，或临街制售，或前店后厂，工商合一。①

另有批荡业、土制煤油等新型手工业没有列入表中。批荡业是用水泥抹盖、粉刷墙壁，这是西式建筑业兴起后产生的新行业，20 年代末 30 年代初发展很快。土制煤油是利用进口煤油渣滓（俗称"火油渣"）提炼煤油，起始于 20 世纪 20 年代。当时煤油价格上涨，广州工业界有人发现进口油渣中含有多量煤油，遂发明一种新法，购买油渣炼油。因成本甚轻，足与进口煤油争衡，业此者一度多能获利。②

在其他一些地区，包括某些偏远农村地区，多寡不等都有仿造工业品、生产进口替代品的若干手工业门类。如广西宾阳，居民擅长模仿制造，当地仿制型手工业繁多。举凡布匹、布帽、草席、纸伞、木箱、竹器、泥箕、纸扇、牙刷、毛笔、首饰、瓷器等，均有出产，其中相当部分是手工生产的工业品，或开始向新式工业演进的手工业。③

鸦片战争后尤其是 20 世纪初，中国新式工业虽有一定程度的发展，但速度十分缓慢，而且相当一部分并无机器设备，全用手工生产，或虽有机器，并无原动力，而是手工机器生产。其中以棉织、针织、印染、印刷、肥皂、罐头食品等行业最为突出。直至 20 世纪30 年代，家庭手工业或作坊和工场手工业在这些行业中仍占主导地位或绝对统治地位。

棉织业的机器生产和手工生产分布，在浙江，虽然机器棉织业略微发展，1933 年有机器布厂 12 家、资本 219 万元、工人 3346 人，

---

① 其中部分行业如卷烟、熟药（成药）材、玻璃、机器机件等，可能包括若干纯商业企业，因资料局限，无法剔除。

② 《广州年鉴》(1935 年)，第 2 集，第 135—136 页。

③ 广西统计局编印：《广西年鉴·工业·手工业》(第二回，1935 年)，广西省政府总务处 1936 年刊本，第 422 页。

而手工工厂(作坊)为 56 家,资本 441.2 万元,工人 4117 人,分别相当于前者的 4.7、2.0 和 1.2 倍。[①] 这些棉织工厂"规模狭小,大多沿用木器制造,尚未脱离手工业痕迹"。[②] 湖南、山西织布手工业有家庭手工业、织布机坊和贫民工厂 3 种形式。1934 年的湖南全省棉布总产量、总产值中,机器布只分别占 0.4% 和 1.6%,其余全部为手工生产,其中家庭手工织布业占 90.2% 和 87.6%;1935 年山西手工织布业的产量、产值所占比重稍低,但也分别达到 87.5% 和 66.7%(详见表 3－39)。从全国产值看,1933 年棉布总产值为 62679 万元,其中机器织布厂 7183 万元,占 11.5%,各类

表 3－39　湖南、山西棉布生产分类统计

1934,1935 年　　　　　　单位:产量:匹,产值:元

类　别	湖　南 (1934)				山　西 (1935)			
	年产布量		年产布值		年产布量		年产布值	
	匹数	%	实数	%	匹数	%	实数	%
新式纺织厂	33439	0.4	270000	1.6	423042	12.5	3506822	33.3
织布机坊	684528	8.2	1489804	9.0	442865	13.1	2209611	21.0
家庭手工业	7542537	90.2	14465351	87.6	2486600	73.7	4723310	44.9
贫民工厂*	99437	1.2	294410	1.8	24070	0.7	90914	0.8
总计	8359941	100.0	16519565	100.0	3376577	100.0	10530657	100.0

＊山西称"游民习艺厂"。

资料来源:湖南据国民党政府实业部国际贸易局编:《中国实业志·湖南省》下册,第 52(庚)页综合、计算;山西据国民党政府实业部国际贸易局编:《中国实业志·山西省》,第 25(己)页综合、计算。

[①]　据国民党政府实业部国际贸易局编:《中国实业志·浙江省》第 3 册,宗青图书公司 1980 年印本,第 25—30(庚)页综合、计算。

[②]　《中国实业志·浙江省》第 3 册,宗青图书公司 1980 年印本,第 22—24 页。

织布手工业和手工生产 55496 万元,占 88.5%。①

　　针织业除上海、广州、青岛等少数城市以电动马达为动力外,其余全是手工机器生产。针织业的产品种类较多,难以逐一统计。从消耗原料看,包括毛巾织造在内,1933 年全国针织业消耗棉纱859.8 万市担,其中针织工厂消耗 67 万市担,占 8.5%,手工针织业消耗 792.8 万市担,占 91.5%。②

　　印染业方面,20 世纪初,机器印染业已在部分地区开始兴起,但传统的手工印染业仍占主导地位,如表 3－40 所示,杭州、湖南、

表 3－40　浙江杭州等 4 地印染业生产分类统计

1933 年

行业	机 器 生 产					手 工 生 产				
	厂数	资本(元)	工人	产量(匹)	产值(元)	厂坊	资本(元)	工人	产量(匹)	产值(元)
杭州	4	33000	—	—	608010	183	126780	—	—	561990
湖南	5	60000	64	49500	122200	175	400560	1513	1775588	1296012
山东	8	157400	306	298000	181500	211	194865	1497	835178	853126
山西	—	—	—	—	—	436	145295	2127	806332	418613
合计	17	250400	370	347500	911710	1005	867500	5137	3417098	3129741

资料来源:浙江据国民党政府实业部国际贸易局编:《中国实业志·浙江省》第 4 册,第 280—288(庚)页"各县染织厂坊一览表"综合统计;湖南据国民党政府实业部国际贸易局编:《中国实业志·湖南省》下册,第 248—249(庚)、250—251(庚)、253—256(庚)页表综合统计;山东据国民党政府实业部国际贸易局编:《中国实业志·山东省》第 6 册,第 559—560(辛)、562(辛)、567—590(辛)页各表综合统计;山西据国民党政府实业部国际贸易局编:《中国实业志·山西省》,第 417—443(己)页"山西省染业现况一览表"。

---

　　① 据巫宝三主编:《中国国民所得(1933 年)》下册,第 97、100 页计算。

　　② 据巫宝三主编:《中国国民所得(1933 年)》下册,第 118 页第 4 表计算。

山东、山西 4 地,有机器印染厂 17 家,而手工染坊达 1005 家,相当前者的 59 倍。手工染坊的资本、工人、产量、产值依次相当机器染厂的 3.5、13.9、9.8 和 3.4 倍。其他大部分地区的情形亦大致相似。

近代中国的火柴业,虽主要以工厂生产的形式进行,但据调查,实际上仍以人工为主,唯有某些工序非人力所及者,才使用机器,而且此类机器大都结构简单。动力方面,一般规模较大的火柴厂,多用电力发动机械,其规模狭小者,仍须仰赖人工,一般随资本之厚薄而定机械之多少。资本短绌的火柴厂,仅有排版、拆版、理梗等少数机器,而操作生产,全恃人工,无所谓原动力。[①] 有的地区(如广州)更全无机器,靠进口原料进行手工生产。从总体上看,全国火柴制造,当以手工生产为主。

印刷业的发展,时至二十世纪二三十年代,全国大多数地区虽已进入石印、铅印取代雕版印刷的阶段,但雕版印刷仍然广泛存在,石印机、铅印机大多靠人工操作,属于手工生产。因此,印刷业主要还是手工业或手工生产,以湖南、山东为例(详见表 3 - 41),湖南 1934 年全省 140 家印刷厂(坊)中,仅有 2 家属于机器印刷厂,其余 138 家都是手工印刷,其资本、工人、产值依次占总数的83.6%、85.9% 和 74.2%;山东手工印刷业的资本、产值所占比重较低,分别占 43.8% 和 44.4%。两省合计,手工印刷业的厂坊、资本、工人、产值依次占总数的 94.4%、70.2%、80.2% 和 64.4%。这大致反映了这一时期全国印刷业的生产性质。

20 世纪初全国肥皂制造业的基本情况是,不论工厂、公司还是家庭作坊,一般只使用西方的生产工艺,少有机器设备,除个别皂厂外,全部进行手工生产。据调查,1933 年包括上海在内的江

---

① 　国民党政府实业部国际贸易局编:《中国实业志·江苏省》第 4 册,宗青图书公司 1980 年印本,第 755 页。

苏,有皂烛厂和作坊 89 家,其中 84 家是手工工厂或作坊,其资本额和工人数分别占总数的 30.8% 和 57.7%(详见表 3 - 42)。其他地区皂烛业几乎全部是手工生产。

表 3 - 41　山东、湖南印刷业中机器生产与手工生产比较

1933,1934 年

省　别	机　器　生　产				手　工　生　产			
	厂数	资本(元)	工人	产值(元)	厂坊	资本(元)	工人	产值(元)
山东(1933)	11	122250	392	296600	81	95090	571	236815
湖南(1934)	2	71000	140	280000	138	361030	856	804035
合　计	13	193250	532	576600	219	456120	1427	1040850

资料来源:山东据国民党政府实业部国际贸易局编:《中国实业志·山东省》第 6 册,宗青图书公司 1980 年印本,第 759—765(辛)页各表综合归并、计算;湖南据国民党政府实业部国际贸易局编纂、发行:《中国实业志·湖南省》下册,1935 年初版,第 461—462(庚)、464—473(庚)、474—475(庚)页各表综合归并、计算编制。

表 3 - 42　江苏皂烛业中的机器生产与手工生产比较

1933 年

项　目	总　计	机　器　生　产		手　工　生　产	
		实　数	%	实　数	%
厂(坊)	89	5	5.6	84 *	94.4
资本额	1175167	813667	69.2	361500 **	30.8
工人数	908	384	42.3	524	57.7

* 其中 31 家为烛坊。

** 其中 65700 元为烛坊资本。

资料来源:据国民党政府实业部国际贸易局编:《中国实业志·江苏省》第 4 册,宗青图书公司 1980 年印本,第 676—680 页表、第 690—692 页表综合、计算、编制。

1932 年浙江共有 30 家肥皂厂或皂烛公司,分布于杭州、宁波(鄞县)、温州(永嘉)、嘉兴、海宁、绍兴等 15 县市,绝大部分开办于 20 年代后,其中 9 家成立于 1927—1932 年。30 家肥皂厂中,9 家兼制蜡烛,21 家为专业制皂厂。不论兼业厂还是专业厂,资本和生产规模都很小,平均每厂仅有 5040 元资本和 8 名工人。有产量、产值可稽的 27 家皂烛厂,平均年产肥皂 7020 箱,总值 37798 元。这些皂烛厂的共同特点是都不使用机器和机械动力,全部靠人力手工生产。[①] 福建厦门 1931 年有肥皂厂 10 家(其中 1 家为皂烛厂)[②];辽宁沈阳 1929 年有肥皂厂 7 家,资本 6100 元,工人 60 名,年产肥皂 29 万打,也都全部采用手工生产。[③] 从全国范围看,可能除个别大厂外,肥皂制造业基本处于工场手工业或家庭作坊手工业阶段。

国内新式罐头食品工业的兴起,源于光绪末年后外国洋铁罐头食品的输入中国。外国罐头以其制品精良,引起国人率相仿效,制造糖果饼干及罐头食品。但仅有上海泰丰、泰康、迈罗、冠生园以及浙江少数几家糖果饼干、罐头食品厂采用机器生产,在上海、浙江两地,机器生产占有较大比重(表 3−43)。其他地区使用机器者殊不多见。特别是一些县区,新设或由旧式食品作坊升格的罐品工厂,极形幼稚,不仅没有机器设备,而且出品数量既少,行销范围又限于本地,名为罐头,"实则仅将食品随便装入,并无消毒

---

① 据国民党政府实业部国际贸易局编:《中国实业志·浙江省》第 4 册,第 264—266(庚)、268—269(庚)页两表综合归并、计算。原表工人项加总有误,业经核正。

② 工商广告社编纂部编:《厦门工商业大观》,工商百业,厦门工商广告社 1932 年印本,第 83—84 页。

③ 东北文化社年鉴编印处编:《东北年鉴》(1931 年),东北文化社刊行 1931 年版,第 1036 页。

和真空设备"。① 从全国范围看,手工业的产值远远大于工厂机器生产的产值。据统计和估计,1933 年,罐头点心、糖果及炼乳淀粉、面筋、挂面、米粉、藕粉、味精、火腿、牲肠、豆腐、豆干、水产食品等,工厂产值为 1295 万元,而手工业产值最少"十倍于工厂之生产"。②

表 3‒43　浙江罐头业中机器生产与手工生产比较

1933 年

地区	机器生产				手工生产			
	厂数	资本	工人	产值	厂坊	资本	工人	产值
上海	5	660000	790	2510000	33	232800	586	905800
浙江	8	174500	1144	337576	10	55100	1726	526676
合计	13	834500	1934	2847576	43	287900	2312	1432476

资料来源:上海据国民党政府实业部国际贸易局编:《中国实业志·江苏省》第 4 册,宗青图书公司 1980 年印本,第 512—516 页表综合、计算;浙江据国民党政府实业部国际贸易局编:《中国实业志·浙江省》第 3 册,宗青图书公司 1980 年印本,第 188—190(庚)页综合、计算。

由于近代中国新式工业发展缓慢,相当一部分工厂企业规模极其狭小,设备十分落后,或完全没有机器,纯为手工生产;或有机器设备,但无机械动力,属于手工机器生产。这类工厂企业,仍是手工业工场或手工作坊,不能称为新式机器工业。传统手工业虽有部分行业衰落直至基本消失,但亦有部分行业发展扩大,并产生了一批新的手工业。这样,无论各地城乡,各类手工业的门类、户

---

① 国民党政府实业部国际贸易局编:《中国实业志·江苏省》第 4 册,宗青图书公司 1980 年印本,第 512—513 页。

② 巫宝三主编:《中国国民所得(1933)》下册,中华书局 1947 年版,第 150 页。

数,远远超过新式工业。如上海手工业或手工机器生产的户数在整个工业中"居十分之八"。作为全国最大工业中心的上海如此,其他城市或地区,手工业户在工业或制造业中所占比重自然更高。福建工业相对发展的省城福州(闽侯),据1929年的调查,新式工业主要有罐头、树胶、榨油、造船四种,计罐头厂3家、树胶厂2家、榨油厂(附设于电灯公司)和造船厂(马尾造船厂)各1家,合共7家。而手工业"举其要者计有漆器55家,皮箱业23家,五金业21家,梳角业39家,篦梳业10家,蜡烛业13家,料器业7家,织袜业39家,毛巾业6家,棉织业55家,伞业百余家"[1],合计至少368家,占工业、手工业全体户数的98%以上。安徽芜湖,据1934年的调查,"完全机器工业"仅纱厂、面粉厂、碾米厂、机器厂等数业,砻坊、肥皂、棉织、织袜、印刷等12业,虽其中亦有使用机器者,"但仍以使用人力部分为多,应属手工工业",加上其他手工业,两者户数占全工业总数的99%。[2]

中西部其他地区尤其是西部地区,设备较为完善的新式工业更是凤毛麟角。据1933—1934年对湖南醴陵、湘潭、衡山、衡阳、安仁等20县的调查,总体状况是,工业门类、数量极少,除规模狭小的电灯厂外,其余玻璃、染织、瓷器各厂,"仅具雏形,犹未脱旧式手工业之面目"。制造业的主体是瓷器、夏布、鞭炮、纸伞、土纸、编席、织竹器、制农具,以及烧砖瓦、石灰、木炭等旧式手工业。[3] 贵州据抗战前和抗战初期调查,全省范围"装有机器之工

---

[1] 国民党政府铁道部业务司调查科:《京粤线福建段经济调查报告书》,1929年5月起调查,工业篇,第7、22页。

[2] 建设委员会经济调查所:《中国经济志·江宁县、当涂县、芜湖县》,1935年版,第44页。

[3] 国民党政府铁道部业务司调查科:《粤汉铁路株韶段经济调查报告书》,总述第6页、工业第J1页。

厂,规模宏大之商店,迄今尚绝无仅有"①。棉纺织业、粮食加工业和油漆、造纸、火柴、烛、皂、玻璃、金属品制造、竹木陶瓷器制造等新老行业,"几全属于手工业与作场制度,且都自制自贩"。②云南省城昆明,也是手工业占绝对统治地位。市区虽有若干工业,但"使用机械者寥寥,即有机械者,多则十余架,少则数架,强半助以手工,所出货品,尚未足供市内之所需",实际上"犹未脱离手工业时代"。县区更全为手工业,门类有酿酒、酱油、榨油、织布、缝衣、棺材、米线、豆腐、糖食、造纸、木匠、铁匠等数种,"均系个人经营"。③陕西、甘肃地区,手工业不发达,但工业更为落后,城乡制造业全靠手工业支撑。据1935年对陕西长安、咸阳、兴平、武功、扶风、岐山、凤翔、宝鸡等25县的调查,新式工业仅有长安的陕西省机器局、机器砖瓦公司、制酸厂、肥皂厂各1家,以及宝鸡1家火柴厂,其余全部为手工业。主要为凤翔的烧酒业、木器业,岐山的挂面业,以及兴平、醴泉的土布业等。此外各县镇乡村落,土布、造纸、农具及烧砖瓦、石灰、木炭等家庭手工业,"昔年颇为普遍",唯自1929—1930年旱灾后,严重破坏和凋敝。④甘肃据1935年的调查,经济生产尚处于"农业社会之阶段"。全省机器工业唯兰州一地有二三工厂,手工业则远较工业普遍和重要:食用方面有磨面、榨油、酿酒、制粉条、腌肉等;服用方面有纺纱、织布、皮作、毛编物、麻鞋、草帽、毡毯等;器用方面有陶瓦器、竹席、漆器等;此外尚

① 张肖梅:《贵州经济》,中国国民经济研究所1939年印行,第K1页。
② 张肖梅:《贵州经济》,第K27页,并参见该书第12章,第L38—144页。
③ 国民党政府铁道部财务司调查科编:《昆明县市经济调查报告书》,1930年调查、印行,第115页。
④ 国民党政府铁道部业务司商务科编:《陇海西兰线陕西段经济调查》,1935年印本,第79、86页。

有制烟、火柴、肥皂、制纸、制香等①,门类尚算齐全。

从全国范围看,直至 20 世纪 30 年代,手工业仍是仅次于农业的第二大经济部门。表 3－44 反映的是 1933 年全国制造业中手工业和机器工业的产值及其比重:

表 3－44 全国手工业产值及其同机器工业产值比较表

1933 年　　　　　　　　　　　　　　　单位:千元

行 业 别	总 计	机器工业		手工业	
		产值	%	产值	%
木材制造业	207692.2	8731.2	4.2	198961	95.8
机械制造业	39702	21389	53.9	18313	46.1
金属品制造业	84457	61034	72.3	23423	27.7
电器用具制造业	18947	15940	84.1	3007	15.9
交通用具制造业	125062	10459	8.4	114603	91.6
船舶修造业	66375	9017	13.6	57358	86.4
车辆修造业	58687	1442	2.5	57245	97.5
土石制造业	114969	17293	15.0	97676	85.0
砖瓦制造业	55232	3595	6.5	51637	93.5
玻璃制造业	9269	6958	75.1	2311	24.9
陶瓷制造业	25063	2276	9.1	22787	90.9
石灰制造业	16936	54	0.3	16882	99.7
其他土石制造业	8469	4410	52.1	4059	47.9
水电气制造业	272391	272391	100.0	—	—
化学品制造业	146466	90200	61.6	56266	38.4
火柴制造业	47552	41349	87.0	6253	13.0
皂烛制造业	44193	10881	24.6	33312	75.4

---

① 国民党政府铁道部业务司商务科编:《陇海铁路甘肃段经济调查报告书》,1935 年调查、印行,第 4、37、39 页。

续表

行　业　别	总　计	机器工业		手工业	
		产值	%	产值	%
涂料制造业	11927	7581	63.6	4346	36.4
油类制造业	5059	1214	24.0	3845	76.0
药品及化妆品	17216	10091	58.6	7125	41.4
酸碱等化学品制造业	10444	9627	92.2	817	7.8
其他化学品制造业	11266	9507	84.4	1759	15.6
纺织品制造业	2234236	879291	39.4	1354945	60.6
轧棉业	555751	11395	2.1	544356	97.9
棉纺业	742108	664856	89.6	77252	10.4
棉织业	640460	85500	13.3	554960	86.7
缫丝业	102536	47516	46.3	55020	53.7
丝织业	142388	41826	29.4	100562	70.6
毛纺织业	39598	25098	63.4	14500	36.6
麻织业	11395	3100	27.2	8295	72.7
服用品制造业	226029	37481	16.6	188548	83.4
胶革制造业	193372	44243	22.9	149129	77.1
饮食品制造业	5615562	548463	9.8	5067099	90.2
碾米业*	2038049	12126	0.6	2025923	99.4
面粉业(磨面业)	1705533	186136	10.9	1519397	89.1
制茶业	152170	4234	2.8	147936	97.2
制烟业	400152	228304	57.1	171848	42.9
酿造业	447140	2640	0.6	444500	99.4
制糖业	55823	6070	10.9	49753	89.1
榨油业	616131	44145	7.2	571986	92.8
其他饮食品制造业	200564	64808	32.4	135756	67.6
造纸印刷业	181083	58595	32.4	122488	67.6
饰物仪器制造业	23521	5611	23.9	17910	76.1
杂项物品制造业	53171	5201	9.8	47970	90.2
总　　计	9536660.2	2076322.2	21.8	7460338	78.2

* 碾米业原统计,工厂部分为总产值,而手工业部分为净产值,现根据原统计相关
资料,即原料稻谷每担价格 2.016 元,平均每担加工费 0.12 元,其中 0.03 元为
杂项支出与资本消耗,0.09 元为净产值〔详见《中国国民经济所得(1933)》上
册,第 28 页;下册,第 127 页〕。将净产值换算为总产值,唯原料稻谷改用本书第
二章数据(1933 年稻谷产量为 1036920 千担,扣除 8% 的种子 82954 千担及工厂
加工的 5500 千担,其余 948466 千担,即为手工碾米的原料)。计算公式如下:
(2.016 元 × 948466000) + (0.03 元 × 948466000) + (0.09 元 × 948466000) =
2025923(千元)
资料来源:据巫宝三主编:《中国国民经济所得(1933)》上册,插页第一表"全国工
厂总产值统计表"、第 65—66 页第三表"全国手工业总产值及净产值表"、第
67—69 页第四表"全国制造业总产值及净产值表"综合整理、计算编制。

如表,在木材、机械、金属制品、电器、交通用具、土石、水电气、
化学品、纺织品、服用品、胶革、饮食品、造纸印刷、饰物仪器及杂项
物品的 15 个大类、近 30 个分类中,除水电气制造业外,都有较大
数量的手工业。其中 29 个大类和分类的手工业产值超过机器工
业,船舶和车辆修造、砖瓦、陶瓷、石灰烧制、轧棉、棉织、丝织、麻织
和服用品制造、碾米、磨面、制茶、酿造、制糖和榨油,饰物仪器和杂
项物品制造等,手工业的产值比重均在 70% 以上,最高超过 99%。
1933 年全国制造业 963666.92 万元总产值中,手工业占 78.2%,
而机器工业仅有 21.8%,由此可见手工业在国民经济中的重要
地位。[1]

手工业在国民经济中重要地位,还从对外贸易中反映出来。
据对 1912—1937 年 67 种手工业品历年出口值占出口贸易总值比
重的统计,1915 年最高为 42.4%,1929 年最低为 25.5%,1912—

_____

[1]　不过在手工业总产值中,主要供农户自己消费的手工碾米和磨面业
占了 47.5%,无形中大大提高了手工业在制造业总产值中的比重。如将手
工碾米和磨面业的产值剔除,则手工业占制造业总产值的比重为 68.4%。
如将碾米和磨面业中的商品部分加上,手工业总产值占制造业总产值的比重
约为 70% 上下。

1937 年平均为 32.1%。① 由于近代中国工业落后,机制品和机器开采的矿产原料,在出口贸易中的比重不足 1/4,手工制成品和农产原料就成为出口贸易的主要货品。如表 3-45 所示,1873 年、1893 年,出口贸易中手工半制品和制成品的比重分别高达 95.7%和81.8%。甲午战争后,茶叶出口减少,机制品出口有所增加,不

表 3-45 各年出口货物值分类统计

1903—1936 年   单位:千元

年份	总计	矿 产 品				半 制 品				制 成 品			
		手工开采		机器开采		手工		机器		手工		机器	
		价值	%	价值	%	价值	%	价值	%	价值	%	价值	%
1873	108449	—	—	11	0.001	40613	37.4	—	—	63173	58.3	1786	1.7
1893	181713	—	—	—	—	51644	28.4	177	0.1	96945	53.4	4524	2.5
1903	333961	796	0.2	767	0.2	57298	17.2	49250	14.7	109788	32.9	26566	8.0
1910	593337	1300	0.2	3116	0.5	77760	13.1	70599	11.9	168092	28.3	40513	6.8
1920	843860	7426	0.9	23415	2.8	69564	8.2	103466	12.3	262882	31.2	70060	8.3
1930	1394167	17331	1.2	47860	3.4	48732	3.5	170653	12.2	378122	27.1	103184	7.4
1936	705742	18152	2.6	11247	1.6	47029	6.7	39570	5.6	228308	32.4	50399	7.1

说明:原统计中的农产品未入表,故各细数之和不等于总数;各细数百分比之和不等于100。

资料来源:据严中平等:《中国近代经济史统计资料选辑》(科学出版社 1955 年版),第 73 页表 15 改制。

① 据彭泽益:《中国近代手工业史资料》(生活·读书·新知三联书店1957 年版),第 3 卷,第 816 页,"中国 67 种手工业品出口值占出口贸易总值百分比"计算,67 种手工业品包括:绸缎、茧绸、各种丝、丝经、土布、夏布、地毯、丝绣货、袜、绳、渔网、熟皮、陶器和瓦器、瓷器、烛、纸、爆竹和焰火、各种植物油、各种子饼、酒及药酒、茶、粉丝及通心粉、草帽、伞、席、地席、黄铜器、金银器、草帽辫、纸箔、神香、象牙器、景泰蓝器、漆器、发网、木器、竹器、玻璃器、花边衣饰、女红用品、白草帽辫等。

过即使如此,到1936年,手工业品在出口贸易中的比重仍然超出机制品1倍。而出口机制品主要是棉纺织品,基本上掌握在在华外资厂手中,这突出反映了近代中国工业的落后和国民经济的半殖民地性。

另外,一些地区的商业行业、商店类别构成及其变化,也反映出手工业在城乡市场流通和国民经济、城乡居民生活中的地位。如浙江杭州,据1931年的调查,全市商店或商业性营业机构,共计服饰、饮食、住用、燃料、医药卫生、文化娱乐、婚丧祀用、日用杂物、居间等9大类,96业,10363家店铺,资本总额919.92万元,营业额9794.27万元。其中主要以工业品、手工业品为经营对象的商店,包括部分前店后厂(坊)或自产自销的店铺在内,计6606家,资本551.6万元,年营业额5849.55万元。在这些商店中,完全或主要销售工业品(包括进口工业品)的店铺有:布业53家、资本341100元,营业额580.05万元;颜料业28家,资本148800元,营业额175.57万元[①];煤油业15家、资本84000元,营业额106.27万元;西药业31家,资本172800元,营业额72.85万元,以及部分销售洋纸的纸业117家,资本274660元,营业额544.28万元,合计244家,资本1021360元,营业额1479.02万元。其余6362家、资本449.46元、营业额4370.53万元,几乎全部销售手工业品,依次占总数的96.3%、81.5%和74.7%。[②] 这显示手工业(包括传统手工业和新型手工业)在城市商业和城市居民特别是中下层居

①　颜料铺的商品除颜料外,尚有肥皂、煤油、人造丝、火柴、五金及工业原料等,其中国货约占30%,"余均外货"(国民党政府建设委员会调查浙江经济所调查课编:《杭州市经济调查》下册,调查浙江经济所1932年12月版,第261页)。

②　据国民党政府建设委员会调查浙江经济所调查课编:《杭州市经济调查》下册,第457—463页"民国二十年杭州市商业统计表"综合计算。

民生活中的重要性。

手工业在商业流通和城乡居民生活中的重要性,还从手工业及相关商业店铺的发展变化反映出来。杭州的调查资料和数据显示,20世纪初,城内的各类手工业,特别是同居民日常生活十分密切的手工业,除烟丝业、绣花织锦业、丝线绉纱业、婚丧祀用各业外,绝大部分并未衰退,而是继续甚至加速发展、扩大。

表3-46所列,基本上涵盖了杭州销售、制售或代客加工的各类手工业及相关店铺,从一个侧面反映了20世纪初杭州手工业的状况及其变化。1931年实存店铺的创办年份数据显示,90%以上的店铺创办于1912年后,而1928—1931年间创办的又超过一半,其中绣花织锦业、洗染织补业、刻字业和板刷业店铺,则全部是1912年后创办的。这种情况的出现,可能由于近代社会环境和历史条件复杂多变,手工业和商业行业竞争激烈,店铺兴衰、设闭频繁,寿命短暂,因而老店不多,但不论怎样,还是说明这些手工业并未明显衰退,倒是呈现出某种程度的发展扩大,而且不论新兴行业还是传统行业,都是如此。棉织针袜业、服装业(使用缝纫机制作西服、中山装)、鞋业(制作皮鞋、胶鞋、布鞋等)、白铁器业等新兴行业,固然明显发展,成衣业(手工制作中式服装)、帽业、酒业、竹器业、藤器业、五金业、铁器业、皮箱业、文具业、刻字业、纸伞业、板刷业、皮革毛骨业等传统手工业,也都保持扩大的态势,有的幅度甚至超过新兴行业(如成衣业超过服装业)。当然,杭州手工业的这种扩展,是同杭州城市的发展、城市人口的不断增加互为因果的。不过,表中两项总计显示,手工业的扩展幅度明显大于城市整体商业和服务业,这又有力地说明了手工业在城市经济和居民生活中始终保持的重要地位。同时,杭州手工业产品并非只供本市居民,相当部分或大部分销往省内外其他地区;杭州店铺销售的手工业品又并非全部由本市生产,还有相当部分或大部分来自省内

表 3-46 浙江杭州若干行业店铺创办年份家数比较表

类 别	合计	1912 年前	1912—1927	1928—1931
服饰类 16 业	1491	107	596	788
棉织针袜业	69	3	27	39
绣花织锦业	10	—	8	2
丝线绉纱业	28	9	10	9
服装业	108	3	44	61
成衣业	385 *	10	85	290
鞋业	292	16	115	161
帽业	20	4	8	8
草织业	23	7	8	8
洗染织补业	75	—	25	50
饮食类 20 业	3876	394	1701	1781
油业	33	5	16	12
酱业	272	53	118	101
酒业	617	33	222	362
住用类 18 业	1652	172	716	764
木器业	136	15	61	60
园件业	60	6	27	27
雕锉业	57	5	26	26
竹器业	253	25	93	135
藤器业	42	4	14	24
五金业	86	2	32	52
铁器业	141	11	63	67
铜锡器业	158	18	82	58
白铁器业	112	3	47	62
棕绷绳索业	81	12	30	39
髹漆业	98	11	44	43
皮箱业	38	6	13	19

续表

类　别	合计	1912 年前	1912—1927	1928—1931
医药卫生类 6 业	587	74	242	271
西药业	31	6	16	9
中药业	151	40	55	56
文化娱乐类 13 业	411	54	178	179
纸业	117	26	55	36
书报业	49	5	18	26
文具业	32	7	8	17
刻字业	42	—	21	21
裱画业	64	12	27	25
乐器玩具业	11	2	3	6
婚丧祀用类 4 业	281	70	133	78
香烛纸炮业	128	36	58	34
寿具业	67	14	33	20
迷信用品业	44	9	17	18
日用杂物类 13 业	1563	108	589	866
化妆用品业	16	2	8	6
蒲包麻袋业	34	2	15	17
纸伞业	69	8	24	37
板刷业	16	—	6	10
纸盒业	28	2	14	12
皮革毛骨业	26	6	8	12
杂货业	1031	50	364	617
居间类 3 业	149	18	82	49
总计Ⅰ(8 类 93 业)	10363	1019	4379	4965
(％)	(100.0)	(9.8)	(42.3)	(47.9)
总计Ⅱ(8 类 41 业)	5150	488	1968	2694
(％)	(100.0)	(9.5)	(38.2)	(52.3)

　* 原统计错为 485,现据细数予以核正。

　资料来源:据国民党政府建设委员会调查浙江经济所调查课编:《杭州市经济调查》(调查浙江经济所 1932 年 12 月初版)下册,第 477—484 页"杭州市商店创办年月家数比较表"综合、摘要改制。

外其他地区。因此,杭州手工业的这种发展变化在某种程度上反映了其他相关地区手工业的状况。

手工业在城乡商业流通和居民生活中的重要地位,不只显现在浙江杭州,其他地区也大体相似。如广西,据调查统计,1935 年全省共有各类商店 18961 家,资本总额 8705863 元。其中主要以工业品、手工业品为经营对象的商店计 15780 家、资本 4847662 元,具体业别见表 3－47。

表 3－47 广西全省工业品、手工业品营销商店分类表

1935 年 资本单位:元

类 别	商店户数	资本总额	类 别	商店户数	资本总额
苏广类	1037	856312	纺织工业品类	131	111585
杂货类	5666	1021586	小 计	262	183842
美术类	160	47419	交通用品类	39	20359
饮食品类	1304	413141	教育用品类	543	233623
陶瓷器类	507	111034	器具家私类	361	67681
金银首饰类	296	425523	烟酒类	1054	430482
绸缎布匹类	988	60783	医药类	1363	430432
服装用品类	1215	230995	五金制品类	410	104876
炮竹冥镪类	236	37323	皮革用品类	273	79755
小 计	11409	3204116	矿产品类	66	92496
机器类	105	57435	小 计	4107	1459704
化学工业品类	26	14822	总 计	15780	4847662

资料来源:据广西省统计局编印:《广西年鉴》(第二回,1935 年),第 475 页,"全省商店按业分类"表摘录改编。

按其经营商品的性质,表中商店可分为 3 类:第一类经营的商品基本上全是手工业品,这类商店共 11409 家、资本合计 3204116

元;分别占总数的 72.3% 和 66.1%;第二类经营的全部为工业品,共 262 家,资本合计 183842 元,分别占总数的 1.7% 和 3.8%;第三类经营的商品兼有手工业品和工业品,共 4107 家,资本合计 1459704 元,分别占总数的 26.0% 和 30.1%。不过由于广西地处偏僻,新式工业亦不发达,这类商店经营的商品大多仍以手工业品(包括手工矿产品)为主,工业品只占很小一部分。据此,不难判断,广西全省经营手工业品的商店户数及资本额应占总数的 90% 以上。由此可见手工业在广西城乡市场和国民经济中所处的地位。广西的这项统计大体反映了中西部地区的一般情况。

当然,这种情况是在不断变化的。在市场竞争过程中,各类商店的新张倒闭,扩张萎缩,是经常、持续发生的,这既是商业竞争的结果,也同时从一个侧面反映出制造行业的兴衰变化。表 3-48 是 1934 年广西梧州、南宁、桂林、玉林、龙州、桂平、平南、贺县、全县 9 城市或县城商店新张及倒闭按业分类统计结果。

由于 1934 年正是全国经济恐慌的低谷期间,各业商店的倒闭户数及资本额均大于新张。而且倒闭的原因几乎全是严重亏损、资不抵债。这反映出商业市场和制造业的萧条程度,其中与居民日常生活关系密切的杂货、纺织工业品和烟酒类最为严重。从工业、手工业的行业角度观察,两业的萧条、衰退程度差异并不明显,亦即同工业相比,手工业并无更严重衰退、在国民经济中所占比重明显滑落的表征,这同表 3-37 所列该省手工业的变化趋势,即 2/3 的手工行业尚能基本维持、有所发展或属新兴行业,大体吻合。广西的情况,在中西部地区特别是偏僻地区,有一定代表性。

近代时期,传统手工业同新式工业的关系比较复杂,两者既有相互排斥、取代的一面,又有相互补充、依存的一面。

机器工业作为一种新的生产力,劳动生产率高,产品质量、规格划一,减轻了生产者的劳动强度,有传统手工业无法比拟的先进

表 3-48 广西梧州等 9 城镇新张及倒闭商店按业分类统计

1934 年 资本单位:元

业 类 别	新 张		倒 闭		
	户数	资本额	户数	资本额*	负债额**
杂货类	9	1700	67	40201	137800
陶瓷器	1	500	4	4000	3500
金银首饰	2	650	3		49000
服装用品	2	690	4	2749	380
美术品	1	100			
竹草制造品	2	2130			
小 计	17	5770	78	46950	190680
纺织工业品	6	2550	34	57136	159600
机器品	1	60			
小 计	7	2610	34	57136	159600
烟酒类	2	27600	17	46720	668900
医药品	6	4445	6	11539	14000
五金制品			3	9100	
矿产品	1	300			
教育用品	7	3160	2	2499	
小 计	16	35505	28	69858	842500
总 计	40	43885	140	173944	1033180

* 部分业别资本额统计不全,有资本额数据的商店,杂货类 43 家,烟酒类 16 家。

** 部分业别负债额统计不全,有负债额数据的商店,杂货类 30 家,陶瓷器 2 家,金银首饰 3 家,服装用品 2 家,烟酒类 16 家,医药品 2 家。

资料来源:据广西省统计局编印:《广西年鉴》(第二回,1935 年),第 477 页,"主要九城市新张及倒闭商店按业分类"表摘录改编。

性和优越性,新式机器工业取代和淘汰传统手工业,是社会生产力发展的规律,是人类文明、进步的体现。但是,新式工业产生和发展的时间不长,传统手工业历史悠久,行业繁多,有着顽强的生命力,新式工业不可能在短时间内全部淘汰和取代传统手工业,相当数量的手工行业不可能在短时间内完全消失。新式工业的最大优越性是劳动效率高、生产成本低,但不同行业之间,新式工业对传统手工业的优越程度差异很大。在"利润最大化"规律作用下,资本必然会大量投向那些优越程度高、从而投资回报率高的行业。如机器纺纱业的效率比手工纺纱业约高80倍,但机器织布业的效率比手工织布业只高3—8倍,于是大量投资涌向机器纺纱业,并直接将棉纱投放市场,而不自行织布,使机器纺纱业和机器织布业出现了不平衡发展,对国内手工纺纱业和手工织布业产生了不同影响。洋纱、机纱在取代和淘汰手纺纱、摧毁手工纺纱业的同时,为手工织布业提供了充足和稳定的原料市场。在这种情况下,手纺业急剧衰萎,甚至完全消失,手织业则大部分得以保留下来,并有所扩大。不仅如此,织布工具也不断改良,由投梭机而拉梭机,由手拉机而脚踏机,由木织机而铁木机和铁机,生产效率和产品档次、质量提高,与机器织布业的差距不断缩小;经营模式则由农家副业而专业,由单个机户而织布机坊,再由织布机坊而织布工厂(场)。手工织布业之所以能够生存和发展,只因其原料和工具分别满足了国内外机器纺纱业和机器制造业的产品销售,手工织布业同机器纺纱业和机器制造业形成了一种相互补充和相互依存的关系。手工针织业同机器纺纱业和机器制造业之间也是这种关系。不过这种关系并非永久性的,当机器纺纱业投资饱和或机器织布利润赶上乃至超过机器纺纱利润,机器纱厂就会自行织布,亦有社会投资转向机器织布业,手工织布业即由盛转衰。事实上,20世纪30年代经济危机期间,因机器纱厂利润下降,甚至严重亏损,日本商人和国内部分纱厂商就不断将投资转向了机器织布业。因此,手工织布业随时隐藏着危机。

手工业同机器工业形成相互补充和依存关系的另一种情况是,某些工业产品的部分生产工序在短时期内难以全部机械化和自动化。如洋(阳)伞制造,钢骨等关键部件,在国外完全是机器产品,国内亦有工厂生产,但需人工组装,于是洋商多以洋伞部件出口中国。广州等地商人和手工业者以进口部件组装洋伞,国内洋伞手工业在20世纪初得以迅速发展。火柴、皂烛、化妆品等手工业或手工生产,大都是这种情况。

　　以机器工业产品为原料的手工业,其生存和发展必须以适应和扩大该工业的产品销售为前提,否则难以生存。辽宁营口手工棉织业和玻璃制造业的不同命运是典型例子。营口棉织业始于1915年,因欧战布价奇昂,获利颇丰,商民接连创办多家手工棉织工厂,原料棉纱来自日本及青岛、上海日商纱厂,产品"尚能畅销",除东北本地外,还出口西伯利亚一带,"蔚成出口货之大宗,依斯业为生者,不下万人"。① 玻璃制造也是营口的新兴手工业。在其产生之前,20年代初已有一家日商玻璃厂。国人为挽回利权,经营此业者渐多,制品为玻璃瓶、灯罩、灯壶、化妆品瓶、肥皂盒、药瓶等,销售于洮南、郑家屯、通辽、哈尔滨等地。因产品影响日商玻璃厂销售,加上资本不充足,多被其挤垮,中途倒闭者不少。到1929年,只剩下3家。② 又如前述广州的土造煤油业,以进口煤油渣为原料,土法提取渣中残留煤油,一时发展甚快,颇为获利。但是,好景不长,因业此者日见增多,生意固然已被抢薄不少,更重要的是外国煤油渣公司得悉中国用油渣炼油,影响其煤油销售,一方面将油渣榨至极干,残油大幅减少,另一方面又提高油渣价格,土造煤油业受此双重打击,"遂至全行崩溃"。③

　　① 东北文化社年鉴编印处编:《东北年鉴·工业》(1931年),东北文化社1931年初版,第1058、1060页。

　　② 东北文化社年鉴编印处编:《东北年鉴·工业》(1931年),第1061—1062页。

　　③ 《广州年鉴》(1935年),第2集,第135—136页。

三、手工业与农业和农户经济

近代时期,中国手工业的行业结构、生产性质和经营模式、城乡和地区分布等,都发生了程度不同的变化,但直至 20 世纪 30 年代,相当部分甚至大部分手工业位于农村地区,并以农民家庭副业的形式存在,成为农村经济和农民家庭经济的重要组成部分,对农业生产和农户家庭经济发挥着补充和支撑的作用。

在全国大部分地区,由于人多地少,农民土地缺乏,经营规模狭小,大部分农户难以单凭农业生产养活全家,必须依赖副业的补充,而手工业是农户家庭副业的一个主要成分。

大量调查资料显示,无论南北,以手工业为主体的农家副业分布广泛,门类繁多。据 1928 年的调查,河北 129 县,有家庭手工业的 127 县(未包括天津、涞源 2 县),门类达 44 种,年总产值为10385.7 万元,大致分为纺织针织、编织、食品、化学、杂项 5 大类。44 种手工业中,以棉布,棉和人造丝混织布,皮袄皮件,草帽辫,芦苇席,爆竹,棉纱和荆、柳、桑条编织品 8 种产值最高,共 10030.4万元,占总额的 96.6%。这 8 种副业中,手工棉纺织业又是最普遍和重要的。纱线、棉布、棉和人造丝布产值为 7943.9 元,占总数的 76.5%。[①] 据实业部中央农业实验所 1935 年 2 月的调查,纺纱织布占从事副业农户总数的 38.8%,同年 12 月调查还有30.9%。[②] 不过在手工棉纺织业中,主要是织布业,1929 年,河北

---

① 方显廷、吴知:《中国之乡村工业》,《经济统计季刊》1933 年第 2 卷第 3 期,第 600—601 页。

② 国民党政府实业部中央农业实验所编:《农情报告》1936 年第 4 卷第 8 期;1937 年第 4 卷第 11 期。

有棉织业的89县,共产布25690923匹,价值81360597元,占全省手工业总值108504923元的75.0%。① 显然,纺纱业所占比重已经不大。另有20世纪30年代河北省手工业调查表显示,有项目可查的县份中,99县有手工业,绝大多数产品出自农家副业。② 据对定县453村的调查,4.3万余户从事各种家庭手工业③,约占全县总户数的65%。在其他各县,农户一般都有家庭副业,而手工业是家庭副业的主要内容。如曲周,"县内农村经营副业者甚夥",主要是纺织业、豆粉业、榨油业、笤帚业、编制业等,"成本甚轻,获利甚厚"。④ 其他如平谷、井陉、霸县等县,手工业都是家庭副业的主要成分,且门类颇广。平谷有制淀粉、麦芽糖、豆腐、酱油、酱、醋、粉条、干果以及榨油等业。而榨油又有芝麻油、棉籽油、花生油、大麻籽油等多个门类。⑤ 井陉有磨香末、磨杂合面、烧石灰、编苇席、打箔子、编荆器和纺织业等。纺织产品包括土布、手巾、腰带、脚带以及纺线等多个种类。⑥ 霸县农家手工业种类也不少,主要有织毯、制帽、编筐篓、制农具、织苇席、造草纸,以及制豆腐、磨香油、制米糖、磨豆粉,等等。⑦

① 毕相辉:《高阳及宝坻两个棉织区在河北省乡村棉织工业上之地位》,见方显廷编:《中国经济研究》(下),长沙商务印书馆1938年版,第664—665页。

② 国民党河北省公署秘书处编:《河北省概况统计调查表·实业类》,1938年刊本。

③ 关星三:《改进我国手工业之应有认识与方案》,《实业部月刊》1937年6月第2卷第6期。

④ 《曲周农村副业成本甚轻获利甚厚》,《农村副业》1936年第1卷第3号。

⑤ 民国《平谷县志》第3卷,民生,1934年铅印本。

⑥ 民国《井陉县志料》,实业,1934年铅印本,第10—11页。

⑦ 民国《霸县新志》第4卷,天津文竹斋铅印本1934年版,第5页。

　　据 1935 年对山西的调查,农民家庭副业基本上由两部分构成:一是家庭养殖业和果木种植;一是家庭手工业。全省 101 县(另有 4 县情况不详)中,76 县农家副业中有种类和项目多寡不等的手工业,其中 25 县只有手工业,而无其他副业。101 县累计,包括不同县份之间的重复部分,副业生产内容达 378 项,其中手工业为 160 项,占总数的 42.3%,略少于养殖业。但若剔除重复部分,作为农家副业的手工业,其范围、种类、项目比家庭养殖业和果木种植要广阔得多。养殖业和果木种植项目主要包括饲养猪、羊、牛、骡、驴、鸡、鸭、鹅、养蚕、养蜂、种果树,共约 11 项;而家庭手工业的项目包括纺纱、织布、编席、造桑纸草纸、编柳器、制罐头、扎笤帚、土制毛手套、烧木炭、制木权扒、制鞋帽刷子、编制栲栳、编草帽辫、做缸瓦、编筐、织头网、采煤、挖坩石、挖铁矿、烧黑矾、磨面、制粉条粉皮、编笪箩、编篓驮、制条器、制黄瓜干、制蒲扇、制毛毡、编笼及笼驮、磨豆腐、制糖席、扎花、弹棉花、榨油、编簸箕、制糖、制糖、制水斗、制柳篮、制粉、制苇箔、编荆筐条筐、酿麦酒烧酒、制草帽、酿陈醋、磨马铃薯淀粉、织口袋、编芦席、绩麻、剪羊毛,等等,多达 50 项以上。[①] 在湖南粤汉铁路沿线地区,"农民山户"副业门类繁多,"有制鞭爆者,造纸者,编席者,糊纸伞者,制农具者,烧砖瓦、石灰、木炭者,织竹器者"。[②]

　　由于作为农家副业的手工业分布十分普遍,手工业在农民家庭中占有相当比重。据 20 世纪 20 年代的调查,中国江苏、浙江、福建、安徽、河南、直隶 6 省 12 县家庭手工业进款,平均占 2.9%,

---

　　① 据国民党政府实业部国际贸易局编纂、发行:《中国实业志·山西省》,1937 年版,第 80—86(乙)页,"山西省各县农民副业表"综合统计。

　　② 铁道部业务司调查科编:《粤汉铁路株韶段经济调查报告书》,工业,第 J1 页(1933—1934 年间调查)。

其中江苏江宁为 14.8%，安徽怀远为 10.4%。① 另据调查，四川峨眉山 25 家农户，家庭手工业收入为 15.4 元，占总收入 176.1 元的 8.8%。② 又据对四川成都平原 50 农户的调查，58% 的农家有育蚕、纺织等家庭手工业，按不同农户划分，自耕农、半自耕农从事家庭手工业的均占 40%，佃农占 79%。50 农户平均，每家收入 11.9 元，按有家庭手工业的农户平均，则为 20.51 元。对于贫困农户，不无小补。③

手工业不仅是农民副业的主体，在农户家庭经济中占有重要地位，而且在整个农村经济农民乃至城镇居民日常生活中，都有举足轻重的地位。这可从当时城乡市场的商品交换中反映出来。

二十世纪二三十年代，城乡庙会仍然是城乡商业流通的重要渠道，是城乡居民尤其是中下层居民购置生产和生活资料的重要场所，庙会上的摊档和商品种类，直接反应手工业在当地经济和居民日常生活中地位。

在河南辉县，每年一次的百泉药王庙庙会，是一个大型物资交流会，有数省、数十个县、数百商户参加。表 3－49 是 1935 年参会行业和数量统计。

参会商包括 23 个行业、623 家商户，他们来自 5 省 42 县，计河南 22 县、587 家，江苏 6 县、19 家，山东 5 县、10 家，山西 3 县、5 家，安徽 1 县、5 家，总交易额至少一二百万元。④

---

① ［美］卜凯：《中国农家经济》，商务印书馆 1936 年版，第 98 页。

② Brown, Harold D.："*A survey of 25 farms on Mount Omel*", Szechuen, in *Chinese Economic Journal*, 1927, p. 1071.

③ Brown, Harold D.："*A survey of 50 farms on the Chengtu plain*", in *Chinese Economic Journal*, 1927, p. 60.

④ 刘桐先：《河南百泉之乡村集市》，天津《益世报·农村周刊》1935 年 8 月 24 日。

表3－49　河南辉县百泉药王庙庙会参会行业和商户统计

1935 年

行业名	商户数	行业名	商户数	行业名	商户数
药材	178	京货	27	席行	2
麻绳	24	竹货	14	风箱	5
洋货	45	估衣	54	扇行	32
草帽	23	挂货	37	笔行	19
杂货	25	碗器	2	巾带	9
桑权	8	皮货	8	磨石	3
帛布	18	蔑针	11	扫帚	5
铁货	18	柳货	3	合计23行	623

资料来源:刘桐先:《河南百泉之乡村集市》,天津《益世报·农村周刊》1935 年 8 月 24 日。

　　参会商户和交易商品在,除药材为土特产,洋货全部为工业品,帛布、巾带有部分或少量工业品外,其余全部是手工业品。其种类既有生产工具,又有日常生活用品和文具、食品。除了药材,各类手工业品也都是庙会的主角。

　　20 世纪 30 年代的山东,分布广泛的庙会一直是农村重要的商品交易场所,赶会人数多的上万人,甚至数万人。各地庙会交易商品繁多,服饰、木料、器具、洋广杂货、工农商学用品、生活日用品,"应有尽有",大体分为 3 类,一是农林牧产品,主要是牲畜、家禽、山果、水果、木料、食品、土特产;二是工业品,主要有布匹、皮革、洋广杂货、妇女用品等;三是手工业品,品种、数量最多,包括土布、服饰、绸缎、陶器、农具、铁木竹器、柳器、各类家用器具、日用杂货、文具、玩具。洋广杂货中也有部分是手工业品。①　总之,手工

————————

　　①　参见刘克祥:《近代农村庙会及功能与作用》,《近代史学刊》第 1 辑,华中师范大学出版社 2001 年版。

业品在农村庙会商品交易中,占了绝大比重。

农村庙会如此,城市庙会亦然。

北京庙会一直是城内中下层居民及四郊农民购置生产、生活物品的主要场所,虽然大型庙会大部分集中在城内,却始终带有浓厚的乡村气息,货品多为旧式日常家用物品,购买者多为中下层农户和居民。据1936年的调查,会场销售的大部分产商品属于手工业产品。调查者按照当时国际劳工局的标准,将庙会交易货品分为14类,各庙会货品种类及商摊数量,详见表3-50:

表3-50 北京7大庙会各类商摊数量统计

1936年

项目	土地庙	花市集	白塔寺	护国寺	隆福寺	东岳庙	海王村	合计
木材	43	53	50	50	58	19	—	273
家具	55	27	24	37	30	16	4	193
炼冶	17	19	14	13	19	2	—	84
金属	58	34	70	24	44	11	6	247
交通	1	4	—	—	3	—	—	8
土石	10	8	17	5	5	3	3	51
化学	18	19	50	34	50	15	6	192
服用	169	150	178	231	249	9	10	996
纺织	47	14	56	59	30	—	—	206
皮革	4	2	4	3	3	—	—	16
食品	84	77	149	164	164	35	135	808
印刷	3	8	24	9	14	1	95	154
饰物	49	14	83	58	206	11	195	616
草虫	25	7	16	25	62	9	3	147
总计	583	436	735	712	937	131	457	3991

说明:7大庙会中,土地庙、花市集、白塔寺、护国寺、隆福寺等5大庙会位于城内;东岳庙、海王村两大庙会位于城外。

资料来源:北平民国学院编印:《北平庙会调查报告——侧重其经济方面》,第56页,"各庙会庙内外商摊总数表",1937年5月印本。

据调查者记述,表列 14 类货品中,木材类包括木料、柴杖、木桶、木箱、各种木器、竹器、柳条器、藤器和骨器、角器等,"大抵皆农家手工业品";家具包括笤帚、鸡毛帚、布拖、毛刷、镜框、铜铁水壶等,"多为农家手工业品";化学品类为香粉、香水、肥皂、药品、照相材料、搪瓷、瓷器、玻璃等,其中瓷器"多为走私货",香水、香粉"则多农村及北平城内手工业品";服用类主要是鞋、袜、手套、成衣及其他日用杂货等,其中鞋袜手套"多手工工厂出品,或城内商店底货";纺织类有棉布、蘇布(人造丝和棉纱混合织物)、丝绸、边带、棉绳等,"纺织品或为机械工厂所织,蘇布多为走私货"。剩余货品的来源和属性,调查者未作说明。从各类商摊的货品看,古玩、花草、鱼虫、鸟兽不论,其他大部分仍是手工业品:炼冶类(铁铸火炉、锅鼎、火圈等)、金属类(刀剪、锁链,各种金属制品及旧金属等)和土石类(砖瓦、陶器等),自然几乎全是手工业品;交通类(大车、自行车用具等)的自行车用具是洋货或工业品,大车用具则为手工业品;皮革类(皮革、皮夹、皮带、皮鞋等)和印刷类(纸张、信封、信笺、图画、新旧图书等)虽有部分工业品,但应以手工业品或手工工厂产品为主;食品类(水果、干果、面食、糖食等)则基本上是农产品、手工业品参半。① 显然,直至 20 世纪 30 年代中后期,北京庙会上的交易货品,仍然主要是传统手工业品,其比重应在 70% 左右,甚至更高,其中相当一部分是农家手工业产品。由此亦可看出手工业在城市平民生活中的重要性。

近代中国,由于新式工业不发达,直至 20 世纪 30 年代,绝大部分农业和手工业生产资料、农民日常生活资料以及城镇平民大

---

① 北平民国学院编印:《北平庙会调查报告——侧重其经济方面》,1937 年印本,第 54—55 页。

部分日常生活资料,仍由手工业提供。据30年代初对河北定县的调查,农村手工业有数十种,农具制造有铁器农具、牲口铁掌、叉子、锹锄木柄、辘轳、犁架、木耧、风车、花生筛子、扁担、牲口鞍子、绳索等;手工业工具制造有纺车、络车、铁织机和木织机及其零件等;日常生活用品制造有蓆拍(作锅盖)、蓆篓、蒲锅盖、苇箔、柳编制品(柳罐、簸箕、篮筐等)、木瓢、擀面杖、椅子、板凳、水桶、风箱、草纸、高香、木制玩具、猪胰皂、扫帚、鞋履、剃头刀、修脚刀、瓜菜擦子、洋铁器、旧式锁等;食品加工有豆腐、粉条、挂面、香油、造酒、制醋、制酱、芝麻糖等。除了陶瓷和铁锅类外,几乎所有农业生产工具和日常生活用具都能就地制造和供应。而且,这些手工业大多是以农家副业的形式和农业生产结合进行的,其中相当一部分产品一般农户都能自己生产。[1] 在陕西农村,旧式织布木机也多是农民自己制造。[2] 对作为国民经济基础的农业和广大农民以及城镇平民来说,手工业不可或缺。

不仅如此,对农户经济和农业生产而言,部分手工业(主要是作为农家副业的手工业)还有消纳农民家庭剩余或老弱劳力,为农业提供生产条件的重要功能。不少手工业和农业生产相互依存,紧密结合在一起,手工业直接支撑着农业。

在湖南,编织草席竹席、制造爆竹都是消纳农户剩余和妇孺老弱劳力的重要手工业。草席、竹席为重要床上用品,长沙、临武、祁阳、安仁、酃县等地盛产龙须草席,除长沙外,均为农家副业或家庭手工业。临武编席,多系女工,城内及近城各乡,业此者约800余

---

① 张世文:《定县农村工业调查》,中华平民教育促进会1936年印本,第1—3、6—9、26页。

② 铁道部业务司商务科编:《陇海西兰线陕西段经济调查》,1935年印本,第79、86页。

家,农闲时编席者约 1500 人以上;祁阳归水流域,居民备有织席机者极多,业此者多半为农家妇女,织旧式席者约 3000 人,织新式席者约 250 人。鄞县西乡所产龙须草席,质地颇优,"居民十分重视织席手工业"。① 爆竹制造是湖南一个相当庞大和广泛的行业,也是众多农民主要家庭副业之一,遍布东、西、南几十个县区。湘东平江、浏阳、醴陵,湘西沅陵、永绥、乾城、泸溪、凤凰、芷江、晃县、会同、靖县,湘南衡阳、郴州,均为爆竹制造中心地。浏阳爆竹业最盛时,居民农闲时操此行业者,多达 30 余万人;城区有爆竹作坊 300 余家、工人 2500 余名。醴陵城区及东乡爆竹业集中区,"老幼居民,均能工作",农闲时操此业以为生者,达 6 万人以上。20 世纪 30 年代初,由于政治动荡和蒋介石国民党的对工农革命的军事"围剿",爆竹业大幅衰落,但从业的人数还是相当庞大。1934 年浏阳城内外仍有爆竹作坊 200 余家,资本 4.5 万元,工人 568 名;平江南乡有 2000 余户,生产均在农闲进行;湘西泸溪、凤凰分别有 400 余户和 200 余户。总计湖南爆竹业产值达 266.6 万余元②,对产区农户经济的重要性不亚于农业。

在山东,柳条制品是主要的农业生产工具和家庭生活用具,柳条编制业是山东重要手工业,也是重要的农家副业,地域分布、原料来源、产品种类都十分广泛。20 世纪 30 年代初,全省有 19 个县有柳条编制业,编制者达 2.8 万户,12.7 万人。其中汶上县最多达 1 万户、从业 10 万人。原料包括柳条、桑条、蜡条、柘条、阴柳条、杞柳条等,产品名目繁多,其普通者有筐子、笹箩、椀子、簸箕、斗子、水斗、钗子、鱼笼、包囤、篮篓等,年产 204.7 万件(套),总值

---

① 国民党政府实业部国际贸易局编纂、发行:《中国实业志·湖南省》下册,1935 年版,第 402—403(庚)页。

② 参见《中国实业志·湖南省》下册,第 426—428(庚)、447(庚)页。

115.3万元。产品"因系农家必须之品,销路毫无问题"①,对农民生活和农户经济的重要性,甚至超过农业。

在某些地区,一些地方性农家手工业,规模不大,在全国手工业中,也不占主要地位,但对当地农家经济却不无小补。如山东掖县的滑石粉业,历史悠久,散布于城西粉子山一带的村庄居民,大多从事斯业,总数达600余户、3000余人。每年3月至9月,无论男女老幼,均参加是项劳作,生产时间长达7个月,年产滑石粉6万余担,总值4万余元②,平均每户约100担、60余元,对农民家庭经济补益匪浅。同时,滑石粉是制造药品、化妆品及橡胶制品的主要原料,虽然制法简陋,但当时相关工业既不能缺少它,也无法取代它。

还有部分农村手工业,在消纳农村剩余劳力、增加农户收入、补充农业资金的同时,本身就构成农业生产的重要条件,手工业与农业相辅相成。

在浙江,养猪是农家重要副业之一,尤以金华各属最甚。因当地最宜种植麦类及杂粮,但因土壤多含砂质,非用大量肥料不可。农家养猪,一方面将其出售,熏制火腿,求得利润;另一方面以猪粪肥田,一举两得。同时,旧金华府各县更有不少养猪农户,自行腌制火腿风肉,其中东阳、义乌各300家,金华、浦江、兰溪、武义、永康各百数十家。③ 养猪及火腿业与农业相互依存,共同发展。

酿酒业和粉坊业亦有同样的功能。前述江苏酱园和酒坊(漕

---

① 国民党政府实业部国际贸易局编纂、发行:《中国实业志·山东省》第6册,宗青图书公司1935年印本,第697—702(辛)页。

② 国民党政府实业部国际贸易局编纂、发行:《中国实业志·山东省》第6册,宗青图书公司1980年印本,第792—793(辛)页。

③ 国民党政府实业部国际贸易局编纂、发行:《中国实业志·浙江省》(下),1933年版,第203—204(庚)、207(庚)页。

坊)的地区分布,酱园主要分布在苏南经济较发达地区;漕坊大部分布在经济相对落后的苏北地区,并非苏北居民比苏南居民更加嗜酒,而是因为苏北土壤多带砂质,非施猪粪不能滋长作物,而酒糟是饲猪的最佳饲料。农民在酿酒卖钱的同时,更加看重酒糟饲猪、造粪肥田带来的经济利益。①粉干是山东特产,又是农民重要副业,分布广泛,产品外销、出口甚多,南至香港、新加坡,北至安东、营口。招远、黄县、莱阳、牟平、掖县,以及威海、章丘、长清、滋阳、曲阜、宁远、邹县、汶上、济宁、沂水、城武、定陶、巨野、莘县、阳谷、朝城、文登、即墨等20余县,均有出产。制粉者凡4.9万余户,从业达15万人以上,年产总值527万元。粉坊业除了主产品粉干的收益,副产品粉渣的利用是关键。粉渣饲养家畜,造肥耕地,"几为农家一日所不可缺者",结果"农耕之利大增,民食之本益固,因之制粉潮流,益形澎湃"。山东粉坊业以招远最著,该县60%的农家从事粉业。因粉业发达,农民外徙者亦"远较他县为少"。②

　　石灰烧制是对农业和农民家庭经济有着特殊意义的又一种传统手工业。一方面,石灰是南方农业的不可或缺的重要肥料;另一方面,烧制石灰需要大量劳力,又大多在农闲期间进行,正是解决农闲劳力就业的重要途径。如湖南衡山各窑,原料就地采集,工人就地雇用,春夏出货最旺,秋季农忙,大半停工,石灰直接支持农业,而又不因为烧制石灰而影响生产。更有相当一部分地方是农工合一,农民自己采石烧灰。如湖南耒阳,每届春季栽稻以前,农

---

①　国民党政府实业部国际贸易局编纂、发行:《中国实业志·江苏省》第4册,宗青图书公司1980年印本,第462—463页。
②　国民党政府实业部国际贸易局编纂、发行:《中国实业志·山东省》第6册,宗青图书公司1980年印本,第464—469(辛)页。

民有临时集资采石烧灰,以供自家肥料者;桂东农户,往往自开灰窑,每于农闲或需用石灰时,即由家人一起采石烧灰;黔阳每到春季,农户因生产需要而自烧石灰者,计约百家;蓝山农闲期间,农民自凿灰石烧灰以供自用者,更达 500 余家。[①] 在这些地区,烧制石灰是农业生产的准备工作,农民烧制石灰,是典型的"农工合一"。

<hr>

① 　参见国民党政府实业部国际贸易局编纂、发行:《中国实业志·湖南省》下册,1935 年版,第 491—494(庚)页。

第 四 章
交通运输和邮电通信业

　　新式交通运输和邮电通信业的传入、创立和初步发展,经历了一个长短不一的历史过程。铁路、轮船航运和新式邮政、有线电报传入和开办较早,第一次世界大战前已粗具规模,形成产业。公路运输、航空运输和无线电报、电话传入或开办较晚:清末民初,始有公路和汽车运输,零星开办无线电报、电话,第一次世界大战后有所发展,公路交通运输开始形成产业。航空运输业的创办历程更长,从 1909 年中国领空出现飞机算起,经历了长达 20 年时断时续的飞行试验和酝酿、筹划,到 1929 年中国航空公司成立后,才开始出现航空运输的商业性经营。

　　1927—1937 年,新式交通运输和邮电通信各业,均有不同程度的发展,产业主权、资本结构、管理体制、业务经营等都发生了重大变化。"九一八事变"后,东北地区的交通运输和邮电通信各业资产、资源,全部丧失,铁路、公路、轮船航运成为日本帝国主义进一步加强和扩大经济掠夺的重要条件,新兴航空运输更是日本侵略者大规模屠杀中国人民、制造无人区、推行武装移民的罪恶工具。在关内地区,铁路、轮船航运、航空运输和新式邮政、电报等,始终是列强各国进行主权攫夺和资本扩张的重要领域,但各业具体情况互有差异,侵夺手段亦有变化。铁路方面,列强由以往的路权攫夺和直接投资转为以贷款间接投资为主,不过并非单纯投资,而是与巩固、扩大原有"势力范围"及高价强销过剩商品紧密相连。主权窥伺、利贷盘剥、商业利润,一举三得。轮船航运、新式邮政、电报通信方面,国民党政府通过谈判协商、变革体制、备价赎取、培养和安置本国技术人员等途径,收回了部分行业主权、产权和管理权。至于航空运输,由于资金、技术和国力的制约和航空在近代国防上的极端重要性,中国领空成为帝国主义侵夺的重要对象,航空运输的主权和产权一开始就被控制在外国资本手中。

资本结构、管理体制和业务经营方面,随着国家资本的建立、渗入和扩张,交通运输和邮电通信各业的资本结构发生了很大变化,但具体到各行业,情况略有差别:轮船航运、公路运输和电话业,国家资本、商办资本并存;铁路运输、新式邮政和电报业,已是国家资本一统天下,或占绝对统治地位。同时,国民党政府通过设立、调整相关职能机构,制定、完善法律、法规和章程、条例,建立和加强了对交通运输和邮电通信各业的法制化和规范化管理。公路、铁路的修筑,邮政、电报的区域设置与划分,也加强了统一领导与规划,改变了北洋政府时期各自为政的分散状态,并通过举借外债、发行公债、财政拨款、征收税捐、招股集资等方式,部分解决了资金问题,在某种程度上加快了铁路、公路运输的发展。交通运输和邮政电信的业务经营,在沿袭前制的基础上,亦有革新、变化,不过大多仍处于设备陈旧、体制僵化、效率低下的落后状态。国家资本、商办资本两者比较,后者经营状况和经济效益稍好,前者更差,尤其是国有铁路,由于巨额债息、政府官利和运输欠款的拖累,加上自身管理落后,效益低下,始终处于负债无利经营的困难境地。

第一节 铁路建设和铁路运输

铁路是现代交通运输和国民经济的大动脉,孙中山说,"交通为实业之母,铁道又为交通之母"。① 铁路建设周期长、投入大、技术要求高、协作性强,讲求规模效益,要求全国范围的统一组织、调度、衔接和协调,一般宜由国家统一规划、建设和经营。1927—1937 年,中国铁路建设和铁路运输有较大发展,随着粤汉、陇海、浙赣、湘黔等 4 路的展筑通车或筹划、施工,关内地区两纵两横的铁路干线网络渐趋成形,标志着中国铁路交通布局达到一个新的水平;但同时也遭受前所未有的巨大损失。东北沦陷后,这一地区的铁路统统落入日本侵略者的铁蹄之下。1927—1931 年"九一八事变"前,全国修成通车的铁路几乎全部集中在东北,这一时期无疑有一半的时间是在为日本侵略者修路。东北是全国铁路密度最高、线路网络最完整的地区,又是铁路枕木的主要供应地。东北沦陷是全国铁路和经济发展永远无法弥补的损失。

抗战前十年间,中国铁路交通业的发展呈现以下特点:外国资本的渗透,改为以间接投资为主,并部分同国民党政府国家资本相结合,列强经济扩张更加隐蔽和合法化;铁路建设以政府主导为主,资金多由巨额内外债支持,工程设计、实施则完全由中国工程技术人员承担;由于国民党政府建都南京,政治重心南移,日本全面侵华战争日益逼近,线路规划、建设的重点以长江以南和中、西部地区为主,国有铁路构成铁路交通的主要成分,经营管理则在加强中央集权的前提下,沿用以路设局方式,形成半企业、半衙门式经营。在这一过程中,外国资本攫得高额债息和商业利润,国民党政府凭借"官利"、税课旱涝保收,而铁路本身长期严重亏损,根本没有积累和自我发展能力。这是半殖民地半封建条件下铁路交通业的悲惨命运。

---

① 广东省社会科学院历史研究室等编:《孙中山全集》第 2 卷,中华书局 1981 年版,第 383 页。

一、日本和西方列强的铁路攫夺与侵略扩张

铁路既是帝国主义控制中国经济命脉、对中国进行经济掠夺的一个重要方面，又是进行军事侵略和领土扩张的先导与前提条件。日本侵略者对此直言不讳，谓"欲使支那亡而不知其所以亡，分割而不知其所以分割，其惟铁道政策"。[①] 从1904—1905年日俄战争时起，这一政策就在东北全力推行。到1931年时机成熟，日本立即发动"九一八事变"，武装占领东北，蚕食华北，为全面占领中国、消灭中华民族创造条件。欧美列强在中国的铁路尤其是路权攫夺，也首先是同确定"势力范围"、瓜分中国领土紧密联系在一起的。1929—1933年世界经济危机期间，中国铁路又成为列强各国转嫁危机、推销过剩资本和产品的重要市场。近代中国铁路的绝大部分路权或经营管理权，一直被控制在帝国主义列强手中。国民党政府成立初期，部分铁路经营权曾一度被收回，但"九一八事变"后，东北铁路全部落入敌手，由帝国主义直接经营的铁路接近全国铁路里程的一半，达到历史最高点。加上控制经营部分，由帝国主义直接经营或控制经营的铁路，超过全国铁路里程的90%，铁路主权或经营管理权丧失殆尽。

（一）日本帝国主义在东北的铁路攫夺及其侵略野心

占领和消灭整个中国，将中国并入日本版图，一直是日本帝国主义的欲望。在夺得台湾后，日本的下一步就是占领东北和蒙古，将"满蒙"从中国分离出去。1927年田中内阁上台后，侵略和消灭

---

① 日本驻华公使内田康哉语，转见汪敬虞主编：《中国近代经济史，1895—1927》上册，人民出版社2000年版，第645页。

中国的步伐加快,武装占领东北和蒙古开始被提上日程,铁路攫夺是其先导。

以经营"南满"铁路及掠夺开发沿线矿产、农林资源,白手起家的南满洲铁道株式会社(简称"满铁"),1925年制订了"满蒙开发铁路网计划",决定20年内修建铁路35条,长8800公里,约相当于当时东北已通铁路里程的2.7倍。

为了确保这一计划的实现,扩大铁路及经济掠夺,加快侵华步伐,1927年出台的《田中义一上日皇奏章》(以下简称《田中奏折》)特别提出,必须赋予"满铁"以外交、警察和"一般政权"的所有权力,使之成为"朝鲜统监第二",真正"发挥帝国主义"的威力①,成为文武齐备的侵华急先锋,为武装占领和直接统治"满蒙"打好基础。

鉴于铁路在攫夺"满蒙"以及决定日本国家命运的关键性作用,《田中奏折》对铁路攫夺的战略目标和当前部署做了详细说明,特别强调:必须在"二十一条"的基础上,增加东北南部及东部蒙古"铁道布设并铁道借款优先权"、吉会和长大铁路"敷设权"、向俄国收回东清铁路时的"借款提供特权",并将吉长铁路的管理经营延长99年。②

当然,日本帝国主义的目标和野心远不止此。它在全面控制东北南部后,即将路权攫夺和铁路修建的重点转至北部。《田中奏折》提出,日本如欲开拓"满蒙富源及坚固其国防",就"必须极力建筑北满铁道"。然后凭借铁道的开通,将日本"多数国民"移居北满。以此"制(掣)肘南满之政治及经济",强固日本"国防以

①　《田中义一上日皇奏章》(1927年7月25日),转见庄建平主编:《抗日战争·从九一八至七七》第1卷,四川大学出版社1997年版,第22页。

②　《田中义一上日皇奏章》(1927年7月25日),转见庄建平主编:《抗日战争·从九一八至七七》第1卷,四川大学出版社1997年版,第25页。

奠定东亚大局"。然后将南北两地铁路全部收归日本所有,同时调整南部和整个"满蒙"的铁路布局,建设"以军事为目的"的"满蒙大循环线",如此既"可包围满蒙中心地",遏制中国的"军事、政治、经济等等发达",又"可防杜俄势之侵入"。田中认为这是日本占领和建造"新大陆"战略"最大必要之关键"。①

为了实现上述战略目标,《田中奏折》认为,日本在"满蒙"地区,必须尽速修建或接续完成通辽至热河、洮南至索伦、长春至洮南、敦化至朝鲜会宁(吉会铁路一部分)、珲春至海林等5条铁路。这些铁路的修筑或接续、延长的背后,是一个极其庞大和深谋远虑的掠夺计划。5条铁路主要分布在东北北部和蒙古东部、南部地区,并相互衔接,从日占朝鲜会宁进入吉林珲春后,分成两路,往北穿越长白山,伸向小兴安岭;往西穿越吉林、黑龙江、辽宁,达于蒙古东部,再折向往南,穿过辽宁、热河,直抵长城。通过最短距离的铁路和海上运输,将东北、蒙古和日占朝鲜、日本本土连成一个整体。

《田中奏折》对每条铁路的军事、经济价值和掠夺目标及前景,都做了具体说明和详细描述:通辽至热河铁路沿线盛产羊毛,又多可耕地,可容纳2000万日本移民。在东北和蒙古铁道中,"此线最有军事及经济之价值",日本在"内外蒙古之浮沉,尽在此路线";洮南至索伦铁路可赖以"侵入内外蒙古","压取洮儿河流域之富源",是日本接近和控制内外蒙古王公、快速调运兵力、"收买"蒙古王公土地矿山畜牧商业、扩张疆土、培植日本势力的生命线;长春至大赉、扶余铁路所在地区,农产、水力丰饶,可耕地颇多,可容纳日本移民两三千万,又为进出东北北部提供了便利,蒙古、

---

① 《田中义一上日皇奏章》(1927年7月25日),转见庄建平主编:《抗日战争·从九一八至七七》第1卷,四川大学出版社1997年版,第27、29页。

东北的全部财富,"可一直线而到东京及大阪"。长春至洮南铁路一成,"北满及蒙古之富源尽为我有",食料、原料可"自给自足,不论与谁战,皆可自由自在","明治大帝第三期灭亡满蒙之计划"即可完成①;敦化至会宁铁路的敦化地区,是有名的"树海",森林蕴藏量达2亿万吨之巨。铁路一开通,日本"可不劳而得十亿万元之森林利权",可保"日本200年不受木材饥馑之危"。新邱的优质煤炭、牡丹江的大金矿,均可随即开发。同时敦化至会宁铁路使吉林、朝鲜直通火车,而吉林至敦化的铁路早已建成。这样,日本可经朝鲜清津、会宁,取道西伯利亚铁路直达欧洲,"不啻东洋之交通大动脉"。吉会路之完成,即"大和民族征服世界"、"征服亚细亚全洲之成功";珲春至海林铁路所经之地,森林和水力资源极为丰富,以镜泊湖的水力发电,"征服满蒙之工业,绰有余裕"。宁古塔、海林驿一带丰富的木材,可供日本的造纸原料,保证"制纸之大成功",同时"可以制纸征服支那全国"。② 铁路攫夺给侵略者提供了一幅神话般的图景。

不久,日本即向张作霖提出了修筑这5条铁路,即所谓"满蒙新五路"权益的要求。1927年秋,"满铁"总裁山本条太郎面见张作霖,要求缔结合同,修建如下5路:即敦化经老头沟至图们江岸线;长春至大赉线;吉林至五常线;洮南至索伦线;延吉至海林线,大部分与《田中奏折》所列5路相同。1928年5月15日,山本在北京同张作霖缔结了五条线路中的洮安(今白城子)至索伦、延吉至海林两线的承包建造合同;山本还同北京政府交通次长赵镇签

---

① 日本明治侵略中国的第一、二期计划分别是占领中国台湾、朝鲜,早已完成。

② 《田中义一上日皇奏章》(1927年7月25日),转见庄建平主编:《抗日战争·从九一八至七七》第1卷,四川大学出版社1997年版,第30—36页。

订了敦化经老头沟至图们江岸、长春至大赉两线的建造合同。①张作霖被日本人炸死后,这些合同后来被张学良拒绝。侵略图谋虽未完全实现,但满铁还是通过垫款方式承造并控制了吉(林)敦(化)铁路,又要求将其展筑到中朝边境的图们。在东北地方政府修建沈海、吉海铁路期间,日本又叫嚷妨碍日本既得"满蒙五路"权益,借口两路衔接,与南满铁路并行,不断横加干涉。

1931年"九一八事变"后,日本武装侵占整个东北,随后炮制伪满洲国傀儡政权,扫除了铁路掠夺的全部障碍,大大加快了掠夺旧路、修筑新路的步伐。

满铁始终是掠夺铁路的急先锋。满铁不仅在铁路运输方面积极配合关东军的军事行动,而且一些参加"满洲青年联盟"和"大雄峰会"等右翼组织的满铁社员还同关东军一起,每到一地就首先抢占铁路,驱逐、监禁中国铁路员工。1931年10月10日,关东军司令官本庄繁在给满铁总裁内田康哉的信中说,"此次事变对编制满蒙各铁路、整备国防来说是绝好的机会",关东军对满铁的铁路夺取,"自当极力支持和协助"。② 满铁在关东军的授意和支持下,随即到处夺取铁路,拼凑成立伪东北交通委员会,对劫夺的铁路进行控制和管理。为了减少日本劫夺的阻力,1933年2月,伪满还将省商合办的呼海铁路公司收归伪满国有,设立呼海铁路局③,然后送给日本人。

单靠现有铁路远远不能满足日本军事侵略和经济掠夺的需要。因此,日本侵略者在夺取现有铁路的同时,大肆征发和搜刮人

---

① 满铁总裁松冈洋右:《话满铁》,1937年日文版,转见金士宣、徐文述:《中国铁路发展史(1876—1949)》,中国铁道出版社1986年版,第340页。

② 吉林省社会科学院编:《满铁史资料》第2卷,路权篇,中华书局1979年版,第1108页。

③ 张向凌主编:《黑龙江历史编年》(修订本),黑龙江人民出版社1989年版,第540页。

力、物力，用中国劳工的鲜血、尸体和白骨，加速修建新的铁路。①
"九一八事变"后不久，满铁相继同伪满财政部总长兼吉林省长熙
洽、四洮铁路局长阚铎签订敦图线及其他 6 条铁路修建承包和吉
长、吉敦、四洮线委托经营合同。12 月，满铁又由关东军出面同黑
龙江伪省长张景惠约定，将洮昂、齐克两路合并委托满铁经营，并
修建延长至海伦、黑河、海拉尔和满洲里的铁路。为了使这种铁路
劫夺和新路修建更加"合法化"，1932 年 3 月 10 日，伪满执政溥仪
在日本授意下，给关东军发出公函："满洲国将日本军队认为国防
所必须的铁路、港湾、水路、航空等管理和新线建设委托给日本国
或日本国指定的机关"。② 当天同本庄繁签订密约，规定铁路、港
湾、水路、空路由日本管理，并可增加修筑。③ 日本侵略者由此开
始了大规模的铁路修筑。如表 4－1 所示，1931—1937 年，日本侵
略者在东北新建或接续完成铁路干线 14 条，另有支线 10 余条，总
长 3868 公路，相当于 1925 年"满铁"计划 20 年修筑铁路总里程的
44%。《田中奏折》要求尽速修建的 5 条铁路和"满铁"向张作霖
索要的"满蒙新五路"，已全部完成（部分线路略有调整）。其中珲
春至海林线，由海林（牡丹江）改为佳木斯，直插小兴安岭，比原计
划向北延伸一倍以上，是这期间日本侵略者所建里程最长的一条
铁路干线，主要目的当然是更加确保"日本 200 年不受木材饥馑
之危"和"以制纸征服支那全国"。新修铁路线分布整个东北，重

---

① 在铁路修筑过程中，日本侵略者奴役、残害中国劳工的罪行，中国劳
工遭受的非人折磨，参见王永祥：《旧北黑铁路兴建与拆除》，载孙邦主编：
《经济掠夺》，吉林人民出版社 1993 年版，第 435—438 页。

② 吉林省社会科学院编：《满铁史资料》第 2 卷，路权篇，中华书局
1979 年版，第 1079 页。

③ 张向凌主编：《黑龙江历史编年》（修订本），黑龙江人民出版社 1989
年版，第 524 页。

点是北部和西南部地区。这种布局除了经济掠夺和巩固殖民统治外,有两个最重要的目的:一是为了进攻华北、全面发动侵华战争,锦古路、叶峰路、新义路等即属于这一类;二是为"抵御"和进攻苏联作准备,北黑路、长洮路、虎林路等,主要出于这一目的。[①]

表4-1　东北地区"九一八事变"后新通车铁路

1932—1937 年　　　　　　　　　里程单位:公里

序号	铁路名称	起讫地		里程			通车时间	备注
		起点	终点	干线	支线	小计		
1	北宁路	北京	沈阳		17.5	17.5	1937.12	
2	东清路	满洲里	绥芬河		278.4	278.4	1930—1936	东清路简称中东铁路
3	呼海路	松浦	海伦		19.5	19.5	1934	
4	敦图路	敦化	图们	191.9		191.9	1933.8	今长图路中段
5	齐克路泰克段	泰安	克山	46.4		46.4	1933.12	
6	海克路	海伦	克山	162.2		162.2	1933.11	
7	拉滨路	拉法	滨江	271.7	15.2	286.9	1934—1935	
8	图佳路	图们	佳木斯	580.2	4.1	584.3	1936—1937	今牡图、牡佳路
9	北黑路	北安	黑河	302.9	4.2	307	1935	1945 年苏军拆除
10	朝开路	朝阳川	开山屯	59.5		59.5	1934.11	

---

① 1945 年日本投降后,苏军借此将本应属于中国的两路拆除,路轨、枕木和其他设备等,全部运往苏联。

续表

序号	铁路名称	起讫地		里程			通车时间	备注
		起点	终点	干线	支线	小计		
11	宁神路 拉讷段 讷墨段	拉哈 讷河	讷河 墨尔根 (嫩江)	38.8 93.5		38.8 93.5	1934.12 1937.4	
12	叶峰路	叶柏寿 (建平)	赤峰	148		148	1935.11	
13	长洮路	长春	洮安	332.8	5.5	338.3	1935	1946年拆除145.8公里
14	虎林路	林口	虎头	335.7		335.7	1936.11	1945年苏军拆除164.8公里
15	四西路	四平	西安 (辽源)	82.5		82.5	1936.8	
16	新义路	新立屯	义县	131.5		131.5	1936.12	
17	兴宁路	新兴	东宁		8.6	8.6	1937.3	1945年拆除
18	白杜路 怀索段 索阿段	怀远镇 索伦	索伦 阿尔山	119.8 146.2		119.8 146.2	1935.10 1937.9	
19	锦古路 锦承段	锦州	承德	341.4		341.4	1934.4	
20	梅辑路 梅通段	梅河口	通化	130.2		130.2	1937.1	
合计				3515.2	353.0	3868.2		

说明:表中所指"起讫地"为干线起讫地,支线起讫地未列出。

资料来源:据中华民国铁道部编:《铁道年鉴》各卷,上海汉文正楷印书局1933、1935年版,商务印书馆1936年版;严中平等编:《中国近代经济史统计资料选辑》,科学出版社1955年版;马里千等编著:《中国铁路建筑史(1881—1981)》,中国铁道出版社1983年版;金士宣、徐文述:《中国铁路发展史(1876—1949)》,中国铁道出版社1986年版综合整理编制。

东北所有铁路，包括原有各路和"九一八事变"后新修铁路，不但由日本侵略者控制、管理，而且全部由满铁直接经营。1932年2月，关东军在炮制伪满洲国的同时，与满铁共同策划，达成将伪满的铁路、港湾、河川（包括附属事业）委托满铁经营。4月15日，日本内阁会议做出《关于满洲国铁道港湾河川处理方针》的决议，批准了满铁委托经营。① 接着，1932年8月，日本关东军司令本庄繁与伪满"国务院总理"郑孝胥签订《满洲国铁路、港湾、水路、航路管理及新线修建管理协定》，将铁路连同港湾、水路、航路等一切航运资源一起，全部交给关东军，再由关东军委托满铁经营。② 后来日本侵略者可能感到这种方式的军事掠夺色彩太浓，复于1933年2月，令伪满与满铁签订借款和委托经营契约，由伪满洲国将东北铁路经营权交给满铁，随后由伪满洲国交通部长丁鉴修正式办理移交手续③，并公布《铁道法》。3月1日满铁在奉天成立满洲铁路总局④，一手独营伪满委托的全部铁路。1935年，日本又迫使苏联签订《中东路让渡协定》，收买了该路及其附属财产，以伪满洲国的名义，将其作为伪"国线"委托满铁经营。至此，满铁控制了东北的所有铁路。1936年，满铁将铁路总局改称铁道总局，经营所谓"社线"和伪"国线"。在满铁的掠夺式经营下，铁路运输量大幅提高，1936年同1931年比较，货运量增加了80.7%，客运量

---

①　刘信君、霍燎原主编：《中国东北史》（修订本）第6卷,吉林文史出版社2006年版,第477—478页。

②　张向凌主编：《黑龙江历史编年》（修订本）,黑龙江人民出版社1989年版,第532页。

③　孙邦主编：《经济掠夺》,吉林人民出版社1993年版,第434页。

④　张向凌主编：《黑龙江历史编年》（修订本）,黑龙江人民出版社1989年版,第540页。

增加了 50%以上。① 铁路运输量的大幅增加，从一个侧面反映了"九一八事变"后日本帝国主义在东北经济掠夺规模的急剧扩大。

(二)西方列强的投资渗透

路权攫夺和贷款投资,一直是西方列强在中国进行铁路攫夺的主要手段。在不同时期,具体形式互有差异,早期以路权攫夺为主;第一次世界大战后,由于俄国"十月革命"的胜利和反帝民族解放运动的蓬勃发展,列强不能再像过去那样完全以赤裸裸的暴力统治和不平等的条约控制其他国家和民族,侵略和统治手段发生了某些变化。在中国铁路方面的侵略扩张,也从赤裸裸的路权攫夺转为以贷款投资为主。1920 年,美国、英国、法国和日本曾组成对华投资的国际银行团,但因中国无法满足其条件,未达目的。②

1929—1933 年世界经济危机期间,列强各国设法向国外市场输出剩余资本,转嫁危机,对中国铁路的投资渗透和争夺,顿时激烈起来。1927—1937 年,中国共借铁路外债 18 笔,合计折合国币约 39635 万元。③ 大部分外债集中于 1934—1937 年的危机后复苏期间。各年铁路外债详见表 4 - 2:

---

① 张福全:《辽宁近代经济史》,中国财政经济出版社 1989 年版,第378 页。

② 〔美〕阿瑟·恩·杨格:《1927 年至 1937 年中国财政经济情况》,陈泽宪、陈霞飞译,中国社会科学出版社 1981 年版,第407 页。

③ 据严中平等编:《中国近代经济史统计资料选辑·铁路》,插页表7计算,科学出版社 1955 年版。

表 4-2　中国历年铁路外债统计

1927—1937 年

序号	年月	债款名称	债权国	债款额	利息率		备注
					年利 (%)	折扣 (%)	
1	1927	吉敦铁路续借款	日本	6000000 日元	9		
2	1928.7	中比庚款借款	比利时	5000000 美元	6		
3	1930	南京铁路轮渡借款	英国	260000 英镑			
4	1930?	西安宝鸡段料款借款	法国	6522181 法郎 532510 英镑			
5	1933.7	粤汉铁路庚款借款	英国	4700000 英镑			
6	1934.3	玉山南昌铁路材料款	德国	8000000 元	7		
7	1934.6	中英庚款借款	英国	1500000 英镑	6	90	
8	1936.2	浙赣路南萍段借款	德国	10000000 元	7		
9	1936.5	沪杭甬路金镑借款	英国	1100000 英镑	5 6	88	中国建设银公司承借一半
10	1936.8	宝成铁路借款	比利时	45000 万比法郎	6		未履约
11	1936.11	黄河大桥料款	德国	10000000 元	6		

续表

序号	年月	债款名称	债权国	债款额	利息率		备注
					年利（%）	折扣（%）	
12	1936.12	京赣铁路借款	英国	900000 英镑	5	97*	中英庚款、汇丰银行各贷45万英镑
13	1936.12	湘黔铁路借款	德国	30000000 元	6		
14	1936.12	成渝铁路借款	法国	34500000 元	7	93	
15	1936	平汉铁路料款借款	德国	10000000 元	6		
16	1937.7	广梅铁路借款	英国	3000000 英镑	5	95	
17	1937.8	浦襄铁路借款	英国	4000000 英镑	5	95	
18	1937	杭江铁路改造借款	捷克	2331433 元	6		

＊借款名义上无折扣，但须扣除3%的佣金，实为九七折扣。

资料来源：财政部财政科学研究所、中国第二历史档案馆编：《民国外债档案史料》第10卷，档案出版社1991年版；中国第二历史档案馆编：《中华民国史档案资料汇编》第五辑第一编，财政经济（九），江苏古籍出版社1994年版；中华民国铁道部编：《铁道年鉴》第1—3卷，1933、1935、1936年版；中华民国铁道部编：《铁道公报》，1928—1937年；国民党中央党部国民经济计划委员会编：《十年来之中国经济建设》，第一章，南京扶轮日报社1937年版；张嘉璈著：《中国铁道建设》，杨湘年译，商务印书馆1946年版；秦孝仪主编：《革命文献》第78辑，台北中央文物供应社1979年版；金士宣、徐文述：《中国铁路发展史（1876—1949）》，中国铁道出版社1986年版；凌鸿勋：《中国铁路志》，台北世界书局1963年版；宓汝成编：《中华民国铁路史资料（1912—1949）》，社会科学文献出版社2002年版。为避免重复计算，扣除沪杭甬铁路内债940万元，列入金镑借款内。

同 1927 年前比较,除了英国、比利时仍是主角外,贷款投资的国别结构发生了明显变化:一是德国重返中国铁路投资角力场。第一次世界大战前,德国一直是对中国铁路进行攫夺和投资渗透的重要角色。第一次世界大战爆发,德国无暇东顾,在中国的"势力范围"和既得权益,全部被日本强行"接收";接着又被"协约国"战败,元气大伤,在 1913—1933 年的 20 年间,退出了中国铁路投资市场的角逐。经过战后 10 余年的休养生息,德国已完全恢复元气,于 1934 年重返中国铁路投资角力场,再次成为重要角色。在中国上述 18 宗、3.9 亿余元的铁路借款中,德国承贷 5 宗、6800 万元,分别占 27.8% 和 17.2%,宗数仅次于英国,居第二位,金额次于英国、比利时,居第三位。二是日本的基本退出。甲午战争后,由于巨额战争赔款和台湾宝岛的滋养,日本快速肥壮,侵华野心更加膨胀。1904—1905 年日俄战争后,日本开始加入对中国铁路攫夺、投资的角逐,并很快成为主角。1906—1925 年的 53 宗、1271385009 元铁路贷款中,日本 20 宗、165506707 元,分别占 37.7% 和 13.0%。① 东北地区铁路的贷款投资,更被其全部囊括。这一时期,日本在 1927 年承贷吉敦铁路 600 万日元后,未再参与其他铁路贷款。这是因为 1931 年"九一八事变"后,日本全力攫夺和修筑、经营东北铁路,为全面发动侵华战争准备条件。更主要的还是日本的疯狂侵略,尤其是对东北的侵占和伪满洲国的成立,激起了中国各族人民的无比愤怒,全国抗日爱国运动空前高涨,国民党政府不敢冒天下之大不韪,向日本借款。

列强各国为摆脱危机,大打贸易战、关税战、货币战。为此,各国政府对出口给予奖励,建立出口信用保证制度,为出口商承担大

---

① 据严中平等编:《中国近代经济史统计资料选辑·铁路》,科学出版社 1955 年版,插页表 7 及相关资料计算。

部分风险,并将商品输出与资本输出紧密结合在一起。德国奥托·沃尔夫公司财团就是在其政府提供70%的担保条件下①,开始投资于中国铁路,为浙赣铁路两次提供料款借款1800万元。1936年又为湘黔铁路提供材料借款3000万元。② 德国不仅获得贷款利息,而且赚取推销过剩商品的高额利润。其他各国贷款同样如此。比利时的庚款借款,规定只能用作在比利时购料。③ 英国在《中英庚款换文》中,严格限制筑路庚款用途,规定中国在国外购买需用材料如钢轨、桥梁、机车、车辆及其他行车器具设备时,必须向英国订购④,并在伦敦设立购料委员会,将现存庚款全部移交,用作购料;将来到期之款,一半交其购料,一半交由中英庚款董事会管理。这样,名义上是中国铁路借了英镑,而英镑丝毫也不流出英国。既推销了商品,又稳定了英镑的地位。粤汉铁路庚款借款、沪杭甬铁路借款、京赣铁路借款,都为英国提供了这样的机会。沪杭甬铁路借款合同规定,借款的2/3必须用于英国(包括购料、偿还旧欠本息)。京赣铁路借款购买材料,更必须由英商怡和洋行代理,收取3%的佣金,集借贷利息、商业和运输利润、中介盘剥于一身。

债权国不仅通过贷款强制推销过剩产品,而且价格高昂。如1928年比利时的庚款借款50万美元,原本是用于陇海路灵宝—西安段购料,但因比利时材料价格极其昂贵,该款仅仅用于灵宝—

① [美]阿瑟·恩·杨格:《1927年至1937年中国财政经济情况》,陈泽宪、陈霞飞译,中国社会科学出版社1981年版,第412页。

② 财政部财政科学研究所、中国第二历史档案馆编:《民国外债档案史料》第10卷,档案出版社1991年版。

③ 财政部财政科学研究所、中国第二历史档案馆编:《民国外债档案史料》第10卷,档案出版社1991年版。

④ 王铁崖主编:《中外旧约章汇编》第3册,生活·读书·新知三联书店1962年版,第833—840页。

潼关段(约相当于计划里程的1/3)购料即已告罄。① 浙赣路南萍段向德国奥托·沃尔夫公司借款1000万元购买材料,但该公司所供材料既高于市价,且供货逾期,影响工程进展,浙赣铁路只得再向银行团借款200万元,从其他公司购买材料。②

由于国际形势的变化和中国人民的日益觉醒,列强侵略扩张的手段和方式发生某些变化,但侵略和占领中国的图谋决不会放弃。日本帝国主义毫不隐讳铁路攫夺是征服、占领和消灭中国的先导。其他列强也都利用投资中国铁路的机会,维持、巩固在中国的既得"势力范围",或恢复失去的权益。英国为了保持和巩固在长江流域和华南的传统"势力范围",前揭《中英庚款换文》特别规定,庚款用于"整理及建筑中国铁路,并投诸其他中国生产事业"时,"与英国利益特别有关之各铁路,更当首先注意"。③ 当国民党政府决定兴建株韶段,完成纵贯南北的粤汉铁路时,即乐于将"退还"中国的庚子赔款用于该路工程,发行英镑公债。④ 由此,英国势力可以更加快捷地由香港、华南深入华中,与英国在长江航运中的优势地位相互呼应。德国为浙赣、湘黔两路提供贷款,一个重要目的是打入英国的"势力范围",弥补它在山东失去的权益和"势力范围"。英国对此迅速反击,一方面向国民党政府提出"抗议";另一方

---

① 财政部财政科学研究所、中国第二历史档案馆编:《民国外债档案史料》第10卷,档案出版社1991年版。

② 财政部财政科学研究所、中国第二历史档案馆编:《民国外债档案史料》第10卷,档案出版社1991年版;秦孝仪主编:《革命文献》第78辑,台北中央文物供应社1979年版,第304页;张嘉璈:《中国铁道建设》,杨湘年译,上海商务印书馆1946年版。

③ 王铁崖主编:《中外旧约章汇编》第3册,生活·读书·新知三联书店1962年版,第833—840页。

④ 王铁崖主编:《中外旧约章汇编》第3册,生活·读书·新知三联书店1962年版,第944—952页。

面,相继由中英银公司向沪杭甬铁路贷款①、中英庚款委员会和汇丰银行向京赣铁路贷款②,与之抗衡。资本的竞争与"势力范围"的争夺,都相当激烈。横贯东西的重要干线陇海铁路,早期建设由比利时资本投资进行,1928 年,比利时借该路接续展修的机会,利用庚款发行美金公债,作为料款,再次参与到陇海铁路的投资,把持和扩大原有权益。后来,比利时资本又获得向宝成铁路贷款的机会,其势力继续向西部腹地渗透。③ 法国方面,在中国收回原法国投资的正太铁路后,又设法介入大(同)潼(关)和太沽(石家庄—大沽)两段铁路的投资,提供料款 5000 万法郎。只因山西地方政府坚持自己修路,法国的投资意图未能实现。在法国的传统"势力范围"西南地区,法国银团促成了铁道部、四川省、中国建设银公司等成立川黔铁路公司,参与成渝铁路的投资,截至 1939 年 1 月,法方贷款和供料共约 59 万美元、2900 余万法郎④,巩固和扩大了在这一地区的权益。

这一时期列强对中国铁路的投资,得到国民党政府和国家资本的全力配合和无奈屈从,有的更是同国家资本共同投资的。

从表 4-2 可见,列强铁路贷款投资,相当一部分是退还的庚子赔款。这原是中国人民的膏脂,本应无条件退还,现在又成为新的外债,而且条件苛刻。国民党政府为了获得这笔退还庚款,用于

---

① 财政部财政科学研究所、中国第二历史档案馆编:《民国外债档案史料》第 10 卷,档案出版社 1991 年版,第 339 页;张嘉璈:《中国铁道建设》,杨湘年译,上海商务印书馆 1946 年版,第 56—58 页。

② 财政部财政科学研究所、中国第二历史档案馆编:《民国外债档案史料》第 10 卷,档案出版社 1991 年版,第 397 页;张嘉璈:《中国铁道建设》,杨湘年译,上海商务印书馆 1946 年版,第 71 页。

③ 财政部财政科学研究所、中国第二历史档案馆编:《民国外债档案史料》第 10 卷,档案出版社 1991 年版,第 336 页。

④ 财政部财政科学研究所、中国第二历史档案馆编:《民国外债档案史料》第 10 卷,档案出版社 1991 年版,第 405 页。

铁路建设,经历了长时间的准备和谈判。

早在 1929 年 1 月,国民党中央政治会议就通过了铁道部长孙科提交的《庚关两款筑路计划提案》①,利用退还庚子赔款和关税盈余,作为筑路基金,使铁路建设能有固定经费。该提案计算,英、俄、意三国庚子赔款到 1949 年应有 2.67 亿多元,拟将逐年退还庚款作为文化基金;再将基金借给铁道部,用作发行铁路建设公债,三年内可得 1.269 亿元。截至 1929 年,可拨充建设款的庚款余额约 1.835 亿元。另外每年可得关税盈余 2000 万元,作为基金发行公债,六年可得 2.7 亿元。这样,庚关两款可筹集 4.08 亿元,建筑铁路 2537 英里(折合 4083 公里)。4 月,国民党三届二次全会决议,庚款中的 2/3 作为铁路建筑经费,1/3 作为水利及电气事业等建设经费。②

不过庚款并未真正到手:美国首先提议中止收受,将尚未支付的赔款"退还"中国,但用途限于中国派遣学生留美和在北京办理清华大学之用。③ 比利时退还庚款,按 1925 年中比双方签订的协定,以偿清华比银行垫款的余额作基金,发行美金公债 500 万元④,其中 40% 用于展筑陇海铁路,35% 用于其他铁路购买比国材料,25% 用作文化和慈善事业经费⑤,但债票早已用完,不能再发。

----

① 《铁道年鉴》第 1 卷,上海汉文正楷印书局 1933 年版,第 419 页。
② 秦孝仪主编:《革命文献》第 78 辑,台北中央文物供应社 1979 年版,第 3 页。
③ 参见王树槐:《庚子赔款》,《中央研究院近代史研究所专刊》(31),台北中央研究院近代史研究所 1974 年版。
④ 参见王铁崖主编:《中外旧约章汇编》第 3 册,生活·读书·新知三联书店 1962 年版,第 548—553 页。
⑤ 陇海铁路,原本由比利时贷款,在比利时发行债票筹集资金建设。几经周折,西端修到豫陕交界处的灵宝,工程完成不到一半,债票无法再发(关于比利时资本与陇海铁路的关系,参见汪敬虞主编:《中国近代经济史,1895—1927》,人民出版社 2000 年版,第 1966 页)。

1928 年新的借款协议尚未执行。英国退还庚款，该国政府曾于 1922 年宣布，愿将庚款余额用于中英互有利益的事业，但直至 1930 年 9 月，中英双方才达成《中英庚款换文》①，规定将已到期和未到期的英庚款交由中国政府作为教育事业基金，主要用于"整理及建筑中国铁路，并投诸其他中国生产事业"②，但实际仅部分拨付香港大学和伦敦大学中国委员会使用③，尚有 350 余万英镑未动，国民党政府只能望梅止渴。

在这种情况下，国民党政府在 1931 年出台的工业十年计划中，对庚关两款筑路计划加以修改，并在国际联盟所在地日内瓦发表，企求列强的"理解"和帮助。④ 但列强和国际资本追求的是如何在中国获取最大利益。国民党政府若想借款（包括庚款），就必须先满足他们的条件。整理债务，恢复债信，就是其中的主要条件。

北洋政府时期，以铁路、电信名义举借的外债往往被挪作军政费用。铁路自行借债，也因军阀混战，社会动荡，铁路车辆被强行征用，营业不畅，盈少亏多，导致债务本息长期不能偿付。据 1927 年的交通部经管各项债款说明书记载，截至 1925 年年底，交通方面的债务共 6.49 亿多元，其中路政欠外债 520907122 元，欠内债

---

① 王铁崖主编：《中外旧约章汇编》第 3 册，生活·读书·新知三联书店 1962 年版，第 833—840 页。

② 王铁崖主编：《中外旧约章汇编》第 3 册，生活·读书·新知三联书店 1962 年版，第 838 页。

③ 另俄国部分已于十月革命时宣布取消。德国部分已于第一次世界大战时中德断交后停付。关于庚子赔款退还的经过，参见王树槐：《庚子赔款》，《中央研究院近代史研究所专刊》(31)，台北中央研究院近代史研究所 1974 年版。

④ 参见宓汝成：《帝国主义与中国铁路(1847—1949)》，上海人民出版社 1980 年版，第 285 页。

73988780 元, 共 594895902 元。① 债务包袱沉重, 债信亦严重受损。

国民党政府成立后, 恰逢国际金价大涨, 中国铁路债务也猛涨了 4 倍, 政府的债务负担愈加沉重, 但对外国政府及财团来说, 却是福音。在这种情况下, 1929 年国民党政府定下"尽量吸用国际资本"的方针②, 正合彼意。于是列强各国立即开具条件: 1929 年, 国际新银团代表提出, 国民党政府应"施行审慎的政策去调整"旧债, 并许诺"当条件能保证时", 借款谈判就不会导致困难。在华外国顾问们也献计献策。1929 年 12 月, 甘末尔设计委员会为国民党政府拟定《国家信用恢复法草案》, 随即又向铁道部递上《铁路财政意见书》, 认为要恢复国家信用, "须先将其国有铁路之债信恢复", 保护"持券人的利益", 这样才能获得铁路建设所需资金。意见书详细开列了恢复债信的方法和步骤, 要点是集中国有铁路盈余, 作为偿债基金。③

国民党政府自然不敢怠慢, 立即成立内外债整理委员会, 委员特别包括交通、铁道两部部长, 着手清理、整顿内外债务。结果发现截至 1931 年年底, 国有铁路尚欠外债 991850111 元、内债 131014997 元, 共约 12 亿多元④, 金额庞大。于是决定从 1932 年起, 开始整理短期外国材料借款和国内零星借款; 1934 年国民党中央政治会议通过"巩固对外信用, 利用外资"案, 并开始整理各国发行的中国长期铁路债票, 以取信于列强。经过整理和清偿, 除

---

① 另有 37.5 万英镑和 7000 万日元由财政部负担, 未计算在内。参见张心澄:《中国现代交通史》, 上海良友图书印刷公司 1942 年版, 第 66—67 页。

② 孙科:《铁道行政施政方案》,《铁道公报·铁道部成立一周年纪念特刊》, 1929 年 11 月。

③ 《铁道年鉴》第 1 卷, 上海汉文正楷印书局 1933 年版, 第 432—471 页。

④ 《铁道年鉴》第 1 卷, 上海汉文正楷印书局 1933 年版, 第 301 页。

未到期利息部分无法核计确数外,减免利息和削让债额,估计在国币2.5亿元以上。①

债务的整理,无疑最大限度地保障了外国债权人的利益;国内金融资本的利益也得到维护。令人惊讶的是,日本武力占领了中国东北,中华民族到了危险时刻,而国民党政府竟保证按期归还胶济、京绥等路的日债。② 只是在日本发动全面侵华战争后,国民党政府才暂停整理债务的措施。

为了替外国贷款投资提供良好条件和信誉保证,国民党政府除了自身全力配合,国家资本还参与其中,共同投资。

1927年后,银行和金融业领域的国家资本急剧膨胀,形成中央银行、中国银行、交通银行、中国农民银行、邮政储金汇业局、中央信托局的"四行两局"国家资本金融体系。1934年,宋子文等又应外国资本的要求,成立中国建设银公司,资本为1000万元,由14家华资银行和孔祥熙、宋子文等国民党高官认股,并得到汇丰银行的合作许诺。其宗旨是"会同中国的各银行和国外的财政界",导引国内外资本"巨流有秩序地注入中国的建设事业"。③该公司与英国资本合作,共同投资完成沪杭甬铁路及钱塘江大桥工程;与法国资本合作,投资成渝铁路。中国建设银公司还与一些银行机构一起组成"中国银团",与德国公司合作,贷款投资浙赣铁路、湘黔铁路。他们挟洋以重,狐假虎威,以提高身价,降低投资风险。中国银团在浙赣铁路沿线增设支行,经营该路钱款,开展浙

---

① 《十年来之中国经济建设》,第一章,南京扶轮日报社1937年版,第93—95页。

② 宓汝成:《帝国主义与中国铁路(1847—1949)》,上海人民出版社1980年版,第289、290页。

③ [美]阿瑟·恩·杨格:《1927年至1937年中国财政经济情况》,陈泽宪、陈霞飞译,中国社会科学出版社1981年版,第408—409页。

盐、赣米等特产的信用借贷,拓展业务范围;杭州中国银团更以主要债权人身份,派出稽查员,入驻杭江铁路局,稽核一切工程、购料和营业收支,控制其财务①,确保投资万无一失。

二、全国铁路修筑及其规模

铁路是近代交通运输的大动脉,是一个国家交通运输发展水平的重要标志,但中国铁路运输发展缓慢,水平低下。从 1881 年中国自行修筑唐胥铁路算起,截至 1927 年,47 年间累计建成铁路仅13147 公里,平均每年筑路 279.7 公里。

孙中山为了实现其建国方略,曾提出利用外资建筑铁路 10 万英里(折合 16 万余公里),形成中央、西北、西南、东南、东北、高原等六大铁路系统。② 国民政府定都南京后,为加快铁路建设,加强对铁路的经营管理,将职掌铁路事务的路政司从交通部分离,1928 年 10 月单独成立铁道部。该部成立后,曾拟订整理旧路,建设新路的工作计划,即首先恢复现有铁路,改善管理制度,恢复部分停顿的工程建设;整理旧路债务,恢复铁路债信。同时筹划建筑新路的款源;广泛调查国内经济资源,作为计划路线的根据;着手勘查几条拟议中的干线和联络线,评估其工程难易和经济价值,为新路建设作准备。③

此后,国民党政府多次制定铁路筹款和建设计划。1928 年国民党第 162 次政治会议通过的《经济建设大纲》,计划十年内建设铁路

---

① 金士宣、徐文述:《中国铁路发展史(1876—1949)》,中国铁道出版社 1986 年版,第 453 页。

② 《铁道年鉴》第 1 卷,上海汉文正楷印书局 1933 年版,第 359 页。

③ 《十年来之中国经济建设》,第一章,南京扶轮日报社 1937 年版,第 1 页;凌鸿勋:《中国铁路之建设》,见秦孝仪主编:《革命文献》第 78 辑,台北中央文物供应社 1979 年版,第 296 页。

2万英里(折合32186公里)。① 资金则是"尽量吸用国际资本"。②1929年1月孙科向国民党中央政治会议提交的《庚关两款筑路计划提案》,准备六年内利用退还庚子赔款和关税盈余发行公债,筹集资金4.08亿元,建筑铁路2537英里(折合4083公里)。③

　　计划中的铁路线大致分为四组:第一组粤汉、陇海和沧石线;第二组京湘、京粤、韶(关)南(昌)、粤滇、湘滇等线;第三组包(头)宁(夏)、成渝、道(口)济(南)、同蒲等线;第四组宝(庆)钦(州)线。④ 各路大多分布在长江以南地区,其布局思路是,首先保证纵横两大干线的完成,其次力求南京与省会的连接,最后选择修筑若干人口稠密、赢利稳固的线路。⑤

　　为了筹集筑路资金,国民党政府在举借外债的同时,又大量募集内债。1927—1937年中国新建铁路所借主要内债初步统计见表4－3:

表4－3　历年铁路建设内债统计

1927—1937年

序号	年份	债款名称	债权人	金额(万元)	利率(%)	备注
1	1923—1928	整理平汉路借款	金城、盐业、中南等银行	737.2	13—16(月息)	用于重修黄河大桥

---

① 《铁道年鉴》第1卷,上海汉文正楷印书局1933年版,第420页。

② 孙科:《铁道行政施政方案》,《铁道公报·铁道部成立一周年纪念特刊》,1929年11月。

③ 《铁道年鉴》第1卷,上海汉文正楷印书局1933年版,第419页。

④ 《铁道年鉴》第1卷,上海汉文正楷印书局1933年版,第421—422页。

⑤ 《十年来之中国经济建设》,第一章,南京扶轮日报社1937年,第1页。

续表

序号	年份	债款名称	债权人	金额（万元）	利率（%）	备注
2	1930—1933	浙赣路杭江段借款	上海、杭州中国银团	580	10（月息）	
3	1932	浙赣路玉萍段工程借款	上海中国银团	800		以玉萍段建设公债1200万元作抵
4	1933—1936	江南铁路公债	上海中国银团	300		以公司财产600万元作抵
5	1935	陇海路西段工程款	中国、交通、中南、金城和盐业等银行	486		实收450万元
6	1935	沪杭甬铁路借款	中国建设银公司	940	6（年息）	沪杭甬铁路金镑借款中由中国建设银公司所贷的一半
7	1935	苏嘉铁路建筑费	浙江兴业银行	50		以第3期建设公债77万元作抵
8	1936	浙赣路南萍段工程借款	中国银团	1200		以第2期建设公债2700万元作抵
9	1936	京赣路国内银团借款	交通、农民、金城、四行储蓄会、大陆、中南、盐业、浙江兴业银行等	1400		以京赣路建设公债1200万元作抵
10	1937	粤汉路株洲机厂建筑费	四明银行	75		

续表

序号	年份	债款名称	债权人	金额(万元)	利率(%)	备注
11	1937	湘黔铁路借款	上海中国银团	2600	8(月息)	以第3期建设公债中的2072万元、津浦路德国债票未赎回的130万镑作抵

资料来源:据财政部财政科学研究所、中国第二历史档案馆编:《民国外债档案史料》第10卷,档案出版社1991年版;中国第二历史档案馆编:《中华民国史档案资料汇编》第五辑第一编,财政经济(九),江苏古籍出版社1994年版,第111—113页;中华民国铁道部编:《铁道年鉴》第1—3卷,上海汉文正楷印书局、商务印书馆1933、1935、1936年版;中华民国铁道部编:《铁道公报》,1928—1937年;国民党中央党部国民经济计划委员会编:《十年来之中国经济建设》,南京扶轮日报社1937年版,第一章;张嘉璈:《中国铁道建设》,杨湘年译,商务印书馆1946年版;秦孝仪主编:《革命文献》第78辑,台北中央文物供应社,1979年版;金士宣、徐文述:《中国铁路发展史(1876—1949)》,中国铁道出版社1986年版;凌鸿勋:《中国铁路志》,台北世界书局1963年版;《杭江路工程纪要》;宓汝成编:《中华民国铁路史资料(1912—1949)》,社会科学文献出版社2002年版综合整理编制。另有完成粤汉路株韶段透支520万元、道楚铁路工程借款60万元等未计入。

这一时期,包括1935沪杭甬铁路金镑借款中由中国建设银公司所贷的一半借款在内,共借铁路内债11笔,合计金额8938万元。内债、外债共约23371万元。除了737.2万元平汉铁路借款供旧路修复外,全部用于新路修筑。

为了获取国际、国内资本,国民党政府还多次发行公债,作为各项内、外借款的基金。除了前述利用中英庚款所发行的完成粤汉铁路英金公债150万镑,发行的公债还有5笔(详见表4-4),合计金额14500万元。[①]

---

① 按表4-4统计金额18500万元,其中第三期铁路建设公债12000万元,实际发行8000万元,故公债总额为14500万元。

表4-4 国民党政府铁路建设公债统计

1934—1937年

序号	年份	公债名称	发行者	金额（万元）	年利率（%）	抵押物	还本期限	备注
1	1934	玉萍铁路建设公债	财政部、铁道部	1200	6	中央拨充江西地方盐税附捐项下每年193万元	8年	
2	1934	第一期铁路建设公债	铁道部	1200	6	国有铁路盈余	8年	用于玉萍铁路建设
3	1936	第二期铁路建设公债	铁道部	2700	6	国有铁路盈余	8年6个月	用于玉萍铁路南萍段建设
4	1936	第三期铁路建设公债	财政部、铁道部	12000	6	以新建铁路盈余和国有铁路应还其他债务后的余利为抵押。新路未有盈余前，由国库补助	每次各20年	用于湘黔川桂等铁路建设。分3次发行，每次4000万元，实发行一、二两次
5	1937	京赣铁路建设公债	财政部、铁道部	1400	6	粤汉铁路应还中英庚款；京赣铁路将来盈余	10年	

资料来源：据国民党政府财政部编：《财政年鉴续编》，1945年，第一篇，第3、4、5、12、13页综合整理编制。

1927—1937年的全国铁路建设，以1931年"九一八事变"

为界，大致分为前后两个阶段。前一阶段，关内铁路的修筑大多尚在筹划或刚刚上马，通车里程数量甚微；东北的铁路建设目标明确，资金较充裕，成效亦较显著，铁路建设渐上轨道，可惜"九一八事变"爆发，日本帝国主义坐享其成。后一阶段，因形势所迫，资金亦逐渐到位，关内地区的铁路建设步伐有所加快。从组织机构和资金来源看，这一时期的铁路建设以官办（包括国办、省办、国省联办等）为主，亦有少量官商合办。商办则属个别情况。

前一阶段，由于资金紧缺，不可能进行大规模的新路修筑，只能从完成原有的一些重要工程入手，于是决定先完成粤汉、陇海纵横两条大动脉。粤汉路株洲—长沙段、广州—韶关段和武昌—长沙段已分别于 1911、1916、1918 年建成通车，株洲—韶关段 455.7 公里尚未完成。① 国民党政府为把统治势力伸展到广东，1929 年年初决定首先完成粤汉线。整个工程预计需要国内用款 4507 万元、国外购料款 164.5 万英镑，共合国币约 6000 万元。② 因无资金，并未立即上马。

陇海铁路是横贯东西的交通大动脉，1905 年利用比利时贷款开始兴建，但工程时断时续，进展缓慢，到 1927 年 11 月，才修到河南灵宝。国民党政府决定筹款，展筑西进。1928 年 7 月与比利时

---

① 本书里程数主要根据马里千等编著：《中国铁路建筑编年简史（1881—1981）》，中国铁道出版社 1983 年版。

② 《粤汉铁路株韶段通车纪念册》，工程纪要，第 49 页；附表，1936 年，转见金士宣、徐文述：《中国铁路发展史（1876—1949）》，中国铁道出版社 1986 年版，第 461 页。另据官方文献，预计需工程费 9800 万银元（《抗战前国家建设史料——交通建设》，见秦孝仪主编：《革命文献》第 78 辑，台北中央文物供应社 1979 年版，第 363 页）。

华比银行签订协议,用退还庚款在比利时购料①;铁道部拨款229万元,向中国、交通、中南、金城和盐业等银行借入486万元(实收450万元),外加国有各路凑集220万元,作为建筑灵宝—西安段的国内工款。② 西安—宝鸡段料款,则由巴黎工业电机厂承借6522181法郎、532510英镑。③ 铁道部设工程局专管西段工程,1930年11月动工。

在国有铁路建设中,首都南京轮渡工程颇为重要。沪宁铁路与津浦铁路隔江相望,因建桥费用和技术难度极大,决定在南京下关和北岸浦口之间兴建轮渡工程。1930年年底动工,1933年年底建成投入使用。全部工程费由铁道部拨款25万元,津浦铁路局借6万元,中英庚款董事会借22万多英镑在英国购买材料,4万英镑作为工程用款。④

长江以南横贯东西的浙赣铁路,也是国民党政府铁路规划中的重要干线。

浙赣线的东段是杭江铁路。1927年,出任浙江省政府主席的国民党元老张静江提出,由省财政提供资金,兴建杭州至江山的杭

---

① 王树槐:《庚子赔款》,《中央研究院近代史研究所专刊》(31),台北中央研究院近代史研究所1974年版,第546页。

② 参见凌鸿勋:《中国铁路志》,台北世界书局1963年版,第209页;中国第二历史档案馆编:《中华民国史档案资料汇编》第五辑第一编,财政经济(九),江苏古籍出版社1994年版,第111页。

③ 中国第二历史档案馆编:《中华民国史档案资料汇编》第五辑第一编,财政经济(九),第111页。

④ 中华民国铁道部编:《铁道年鉴》第1卷,上海汉文正楷印书局1933年版,第1153页;金士宣、徐文述:《中国铁路发展史(1876—1949)》,中国铁道出版社1986年版,第482页。一说轮渡工程3次购料,共用25.6万英镑(陈晖:《中国铁道外债数字之估计》,国立交通大学研究所北平分所编:《铁道问题研究集》第1册,1936年)。

江铁路(后延长至江西玉山)。为降低成本,加快速度,决定"先求其通,次求其备",按部颁标准设计,修筑轻轨铁路,并开始勘测线路。1929 年 6 月成立杭江路铁路工程局。全路经费约需 2000 万元,因财力有限,决定先建杭州至兰溪一段 195 公里。[①] 1932 年 3 月,杭江铁路 334.5 公里建成通车。

还有商办个碧石铁路。1913 年,云南绅商组成个碧铁路公司。1921 年个(旧)碧(色寨)窄轨铁路建成,长 73.5 公里。1928 年 10 月,鸡街至临安(今建水)支线 62.6 公里建成通车。1931 年 1 月开始修建临安至石屏延长线,后来改称个碧石铁路,干支线共长 176.8 公里。资本来源于云南各地的锡矿公司。[②]

1931 年"九一八事变"前,与国民党政府在关内地区铁路建设刚刚起步的状况不同,东北地区的铁路建设取得了较大进展。

1922 年张作霖在直奉战争中失败,退据和全力经营东北,对东北的铁路建设颇为重视。1928 年 12 月张学良易帜后,东北铁路形成中央政府、东北地方政府、日俄势力犬牙交错的局面。国民党政府和东北地方政府设法修建铁路,与日本抗衡,以官办、官商合办的形式,先后完成吉敦、呼海、吉海、齐克、洮索等铁路线的修筑。

吉敦路从吉林省城昌邑屯到敦化,是前述日本重要侵华线路吉会铁路的一段,长 210.4 公里,由日本垫款"承造"。1926 年 6 月动工,1928 年 10 月竣工通车。该路原定日方承担工程和设备费 1800 万日元,年息 9 厘,日方中途借口"工事计划变更",又增

---

① 即江(边)兰(溪)段。其中江边至金华 171.6 公里后来成为浙赣铁路干线,金华至兰溪 24 公里改作支线。

② 中华民国铁道部编:《铁道年鉴》第 2 卷,上海汉文正楷印书局 1935 年版,第 1705 页;《铁道年公报》,1934 年第 988 期,转自金士宣、徐文述:《中国铁路发展史(1876—1949)》,中国铁道出版社 1986 年版,第 488 页。

加借款 600 万日元。每年利息达 216 万日元。铁路竣工后,国民党政府调查发现,费用原本不应超过 1500 万日元,但因质量低劣,需 3000 万日元才能完成修补。日本的目的就是通过高利盘剥,使该路"债务日积,无法偿还,以遂其侵占之谋"。①

呼海铁路,其线路设计几经修改。清末,东三省总督和黑龙江将军曾先后计划修建哈尔滨—黑河铁路,均未实施。1924 年黑龙江省又决定修建呼兰—嫩江铁路,未及动工,次年复改为呼兰—海伦铁路,全长 220 公里。预算需款 425 万元,拟照奉(天)海(龙)铁路公司筹股办法,成立呼海铁路公司,拟定股本 1000 万元,官商各任一半。官股由省政府承担,商股由广信公司(省银行)先行垫款。1927 年开工,1929 年年初全线通车。②

吉海铁路从吉林省城至辽宁海龙东边的朝阳镇,长 183.9 公里,在海龙与奉海铁路相接。总投资 1200 万元,其中 1000 万元由吉林省财政拨款,200 万元招集商股,亦属官商合办。1927 年 5 月动工,1929 年 6 月竣工通车。③

齐克铁路从东清路昂昂溪站(洮昂路终点站),北经黑龙江省城齐齐哈尔抵达克山,长 205.7 公里。由东北交通委员会主持,以官督商办方式修建。全部工程招标建筑,由北宁铁路代办材料,并垫支料款 261 万多元;齐齐哈尔—昂昂溪原有轻便铁道,作价 120 万元,两项均作为黑龙江省政府投资。另招商股 500 万元。1928

---

　①　中华民国铁道部编:《铁道年鉴》第 1 卷,上海汉文正楷印书局 1933 年版,第 359 页。

　②　日本侵占东北后,由海伦展筑至北安,与齐克路的延长线接轨;再往北展筑至黑河。

　③　沈海、吉海铁路兴建期间,日本人叫嚷两路沟通,与南满铁路并行,妨碍日本既得"满蒙"五路权益,不断横加干涉、阻挠。中方不为所动,按原定目标如期建成。

年动工，12月齐昂段通车。齐克段于1930年3月通至泰安，长129公里。

洮索铁路的修筑计划多次变更。张作霖曾编军屯垦洮南、索伦一带，计划自洮南往西修建铁路，深入蒙古。原拟官商合建，因商股难募，遂改官营，并将起点改为洮安（白城子）。洮安至黑龙江索伦190.8公里，预算费用500万元，由兴安区屯垦公司和北宁路按月拨给。1928年6月张作霖被炸身亡，东北当局为军事上的急需，决定先修洮安至怀远镇一段（71公里），1931年2月通车。

上述铁路的修成通车，加上原有线路，使东北自有铁路部分形成网络。1929年9月，东北军开入平津，张学良开始以北宁铁路为中心，实施西四路(北宁、四洮、洮昂、齐克)和东四路(北宁、沈海、吉海、吉敦)客货联运。并以联运所增收入，由北宁铁路局每月拨款50万元，大规模修建葫芦岛港。[①] 1930年，东北交通委员会进而制定计划，在现有铁路基础上，利用本国资本和技术，修建以葫芦岛为起点和中心的三大铁路干线：经沈阳、海龙、吉林、敦化、依兰、同江到抚东的东干线；经大虎山、通辽、洮南、齐齐哈尔、拉哈、嫩江到黑河的北干线；经锦州、金岭寺、朝阳、赤峰到多伦的西干线；外加葫芦岛经承德至北平的关内外联络干线，以制衡日本在东北的侵略扩张，降低因日本侵占东北铁路、大连港口对经济发展造成的损失和障碍。东北的铁路建设开始呈现较好的发展势头。

1927年至1931年"九一八事变"前后的5年间，全国仅修筑完成铁路干线或路段9条，支线若干条，计2251公里。其中7条、

---

① 北宁铁路局：《葫芦岛筑港开工典礼纪念册》，1930年7月2日，转见金士宣、徐文述：《中国铁路发展史（1876—1949）》，中国铁道出版社1986年版，第416页。

1756公里在东北,分别占总数的77.8%和78.0%。

1931年"九一八事变"后,东北沦陷,好不容易建起来的1700余公里铁路连同原有铁路和所有资产、资源,统统落入日本侵略者手中,成为日本帝国主义扩大经济掠夺和对华侵略的基础与手段。这对国民党政府的铁路建设和全国经济发展都是一个极其沉重的打击。

"九一八事变"后,国民党政府铁路建设的国内外环境发生了重大变化:国民党政府的管治区域和铁路建设的范围缩小到关内地区。不仅如此,日本占领东北后,又向华北步步进逼;发动淞沪侵华战役,炮轰闸北,强令国民党防卫部队大幅后撤,国民党的心脏地带直接面临威胁。1932年伪满洲国成立、日本确立和巩固东北的殖民统治后,不断加速扩大对华北的蚕食和进攻,全面侵华战争的爆发迫在眉睫,国民党政权和中华民族到了生死存亡的关头。在这种情况下,铁路建设必须考虑对日抗战和政权后撤。同时,国内工农革命加速发展壮大,成为国民党政权的心腹之患。按照蒋介石"攘外必先安内"的反动方针,铁路的线路设计、资金投放和工程的轻重缓急,也必须考虑对苏区军事"围剿"的需要。另外,国民党政府经过数年的准备,尤其是债务整理和对西方列强的屈从,部分恢复了政府债信,外国贷款和内债款相继到位,铁路建设资金有了某种程度的保证。后一阶段的铁路建设就是在上述国内外环境和指导思想下进行的。

后一阶段新修、接续完成或部分完成的铁路干线有粤汉、陇海、浙赣、苏嘉、京赣、湘黔、成渝,以及同蒲、淮南等。除同蒲、淮南两路外,都同抵抗日本侵略(主要是如何快速撤退)或"围剿"工农革命根据地有关。

粤汉铁路的续修工程是借用英国退还庚款进行的。1933年7月,铁道部与中英庚款董事会签订《铁道部借用中英庚款完成粤汉铁路契约》,规定借用庚款470万英镑(包括先行借用的款项),

全部工程在 4 年内完成。① 先完成韶州至乐昌段,1933 年 5 月动工。因日本全面侵华战争逼近,工程进度加快,1936 年 4 月竣工,6 月全线通车,比计划提前了一年。全线里程约 1095.6 公里。工程采用铁道部颁行的技术标准,为中国当时标准最高的铁路。

粤汉铁路全线通车后,应英方要求,加上抗战军运的需要,粤汉路与广九路连接。

陇海铁路自 1931 年 12 月灵宝—潼关段通车后,因所借比利时庚款料款用罄,工程一度停顿。1934 年后,工农红军长征北上抗日,陕甘工农革命迅速发展,西北成为堵截、"围剿"工农红军的主战场。同时,日本全面侵华战争日益逼近。陇海路既是调兵"围剿"红军的重要进攻线,又是向西撤退、躲避日军追击的最佳逃亡线。于是工程进度加快,1934 年 12 月,潼关—西安段通车。到 1937 年 3 月,西安—咸阳段、咸阳—宝鸡段也都相继竣工。加上 1935 年 6 月建成的新浦旗站至连云港一段,新建线路长达 403.3 公里。

浙赣铁路是杭江铁路的延展,是以国省合办的形式修筑的。

1934 年杭江铁路展筑至江西玉山后,江西省政府要求与浙江合作,将杭玉段延展至南昌、萍乡,与株萍铁路连接,扩展为浙赣铁路。通过京沪、沪杭甬、浙赣和粤汉铁路,可使南京、上海、广州联为一气,方便国内重要经济区域的交通。这也是国民党政府躲避日本军事打击的重要退路,又为围堵、追击红军提供运输条件,国民党政府和江浙财团当然愿意考虑。但玉萍段长达 550 公里,按部颁标准设计施工,需款 5500 万元,必须设法筹款。积累了一定

---

① 因部分借款的交付期在工程结束后,又规定以该款 214 万镑为基金,发行 6 厘公债 150 万镑(王铁崖主编:《中外旧约章汇编》第 3 册,生活·读书·新知三联书店 1962 年版,第 944—952 页)。粤汉铁路以及其他各路举借外债、内债、公债及相关情况,参见表 4-2、表 4-3、表 4-4。

资力的国内金融资本,已在投资杭江铁路中获利,对铁路投资开始积极起来;这时德国也正寻找机会,在中国推销钢铁产品,但条件是和中国银行团共同投资。于是,国民党中央政府、地方政府、国内资本、国际资本,都在这条大干线上找到了共同利益。随后,1934年由铁道部、浙江省政府、江西省政府和上海中国银团四方,组成一家特许的股份公司——"浙赣铁路联合公司"①,决定将玉萍段分为玉山—南昌和南昌—萍乡两段修筑。

玉南段约需费1600万元,由铁道部和江西省政府各发公债1200万元作抵押,向上海中国银团借得工款、料款各800万元,由银团向德国奥托·沃尔夫公司购买材料(以800万元为限)。②1934年7月动工,1936年1月完工,长约291公里,实际建筑费为1716万元。③

南萍段约需费2000万元,1936年由铁道部发行第二期建设公债2700万元,向上海中国银团抵借工款1000万元;另由银团向德国奥托·沃尔夫公司借款1000万元购买材料。④1937年9月建成通车,从向塘起算,长259.8公里。

在修筑浙赣铁路的同时,钱塘江大桥、曹娥江大桥的兴建和沪

---

① 秦孝仪主编:《革命文献》第78辑,台北中央文物供应社1979年版,第303页。

② 《民国外债档案史料》第10卷,档案出版社1991年版。

③ 金士宣、徐文述:《中国铁路发展史(1876—1949)》,中国铁道出版社1986年版,第453页。

④ 后因奥托·沃尔夫公司材料价格高于市价,且有逾期,只得又向银行团借款200万元,从其他公司购买材料〔《民国外债档案史料》第10卷,档案出版社1991年版,第259页;《中华民国史档案资料汇编》第五辑第一编,财政经济(九),江苏古籍出版社1994年版,第113页;秦孝仪主编:《革命文献》第78辑,台北中央文物供应社1979年版,第304页;张嘉璈:《中国铁道建设》,杨湘年译,上海商务印书馆1946年版〕。

杭甬铁路的接续工程,也在加紧筹划和实施。

1934 年,中国建设银公司联合英、法、美银行集团,共同投资中国铁路和工业,乃计划同中英银公司合作完成与该公司有贷款关系的沪杭甬铁路①,并修建钱塘江和曹娥江大桥。这时浙江省政府与铁道部也计划合建钱塘江大桥。于是铁道部同中英银公司、中国建设银公司订立合同,由两公司贷款 1600 万元,完成沪杭甬铁路和修建钱塘江大桥,并偿还该路原有欠款。1936 年 5 月,铁道部与两公司改订新合同,借款 110 万英镑(时值 1880 万银元)。② 1937 年 8 月,闸口到曹娥江段铁路工程与钱塘江大桥,按计划同时竣工。但曹娥江大桥未能按时完成。已经铺轨的 60 多公里铁路立即投入使用,方便了军民、物资的撤退。

1937 年 11 月钱塘江大桥建成后③,由萧山至杭州南星桥车站17.8 公里的铁路连线也随后完成,浙赣与沪杭甬两路衔接。扣去1937 年拆除的西兴至萧山 7.8 公里,以及安源至萍乡的 7.2 公里

① 沪杭甬铁路在清末已分别建成上海到杭州闸口段和宁波至百官段。但闸口至曹娥江边百官段,因跨越钱塘江和曹娥江,桥梁工程巨大,一直拖延未建。

② 该项借款中国建设银公司出借一半。主要以该路全部营业收入和钱塘江桥收入的 70% 偿还本息。借款的 2/3 必须用于英国(包括购料、偿还旧欠本息 199244 英镑 6 先令 1 便士);还应偿还国币垫款 2241446.93 元、旧欠前商办铁路公司 80 万元。3 项欠款需支付 382206 镑 6 先令 11 便士;折扣132000 英镑。实际可用于铁路建筑仅 585793 英镑 13 先令(参见《民国外债档案史料》第 10 卷,第 339—346 页;张嘉璈:《中国铁道建设》,杨湘年译,第56—58 页;《铁道年鉴》第 3 卷,上海商务印书馆 1935 年版,第 200—204页)。

③ 大桥投入使用仅 3 个月,于 12 月 22 日杭州沦陷前自行炸毁。在毁桥之前,我方物资,以及京沪、沪杭甬、苏嘉等路的机车设备等,都通过大桥运往浙赣、粤汉和湘桂等铁路使用。

改作支线,浙赣线全长 946.4 公里。

为使沪杭甬、浙赣、粤汉三路能接轨联运,方便抗战准备,铁道部在完成沪杭甬铁路和兴建钱塘江大桥的同时,对原杭江铁路进行改造,杭州—玉山段轻轨全部换成重轨,抽换枕木 16 万根,改建桥梁 68 座,改造线路 12 公里。为此,由捷克一家公司借给重轨料款关金 2331443 元。株洲至萍乡段也划归浙赣铁路管理,并改良线路 40 公里,抽换大部分枕木和钢轨。

在浙赣铁路的筹划、修筑中,资本结构和施工机构发生了某种变化。以往政府拨款或借债,组织工程局兴建铁路的模式,被政府与垄断资本结合、以公司化运营的模式取代。这也成为国家资本发展、聚积的重要途径。

苏嘉铁路和京赣铁路的修筑,是为国民党政府提供两条迅速撤退的捷径线。

1932 年 1 月 28 日,日本侵略军进攻上海。5 月 5 日,国民党政府与日方签订《上海停战及日方撤军协定》[1],规定中国军队驻地在京沪铁路线上的安亭镇向东至长江边的浒浦口,严重妨碍中国军队在南京与杭州间的调动。国民党政府为增强军运能力,由铁道部委托京沪铁路局和沪杭甬铁路局修建苏州至嘉兴的铁路,1935 年 2 月开工,次年 7 月通车。苏嘉路与运河并行,使南京到杭州的距离,比经上海缩短了 150 公里。工程预算 430 万元(实际支出建筑费 360 万元),由铁道部拨给。[2]

1937 年"八一三淞沪会战"开始后,苏嘉铁路发挥了相当重要

---

① 王铁崖主编:《中外旧约章汇编》第 3 册,生活·读书·新知三联书店 1962 年版,第 884 页。

② 《十年来之中国经济建设》,第一章,南京扶轮日报社 1937 年版,第 25 页。

的作用,许多京沪铁路的机车设备等经由此路撤退。日军占领华东后,将该路拆除。

京赣铁路是比苏嘉铁路更为快捷的后撤路线。

国民党政府考虑到一旦日本大举侵华,京沪铁路难以久守,必须有一条从南京往后方撤退的运输线。捷径线是利用已通车的江南铁路展筑①,接通浙赣铁路。并决定以江南路的宣城站为起点,经屯溪、祁门,入江西景德镇、乐平,到达浙赣路的贵溪,全长 477 公里。建成后,南京到贵溪间的距离,比走京沪、沪杭、浙赣三线缩短 500 多公里。工程预计需要国外料款 90 万镑,国内工款 3400 万元。该路正处于英国感兴趣的区域,乃由中英庚款董事会和英商怡和洋行、汇丰银行借料款 90 万英镑,统由怡和洋行代购材料。② 国内工款,发行建设公债 1400 万元。③ 1936 年 12 月,该路

---

① 江南铁路是张静江、宋子文发起修建的一条商办铁路。1932 年,张静江发起修建芜湖经广德、嘉兴至乍浦海口(即孙中山实业计划中的东方大港港址)的轻便铁路,组成商办芜乍轻便铁路公司。因铁道部已有京粤铁路(南京、芜湖至广州)计划,芜乍路改采京粤路线,先筑芜湖至孙家埠一段。1933 年 4 月在上海成立商办江南铁路公司,宋子文为主席董事,张静江等为常务董事,该路随即开工。1934 年 9 月通车到孙家埠,长约 80 公里。1935 年 5 月南京中华门至芜湖段通车,长 91.5 公里。为与京沪铁路连接,在南京中华门至尧化门之间修建了一条长 22.5 公里的联络线。

② 借款以将来粤汉路归还英庚款作抵。抗战开始后,京赣路工程停顿,1938 年双方订立补充合同,将原购材料转往湘桂路衡桂段使用。1941 年日军侵占香港后,本息偿还情况不详(《民国外债档案史料》第 10 卷,档案出版社 1991 年版,第 397 页;张嘉璈:《中国铁道建设》,杨湘年译,上海商务印书馆 1946 年版,第 71 页)。

③ 张嘉璈:《中国铁道建设》,杨湘年译,上海商务印书馆 1946 年版,第 71 页;中国第二历史档案馆编:《中华民国史档案资料汇编》第五辑第一编,财政经济(九),江苏古籍出版社 1994 年版,第 112 页。

分皖段和赣段两个工程局同时开工。皖南沦陷前,皖段 268 公里已铺轨 198 公里,到达歙县,并通车到宁国;赣段 198 公里工程进展缓慢,铺轨仅 60 公里。1937 年 11 月宣城失陷,全线工程停工,已铺轨的线路被迫拆除。[①]

湘黔、成渝两铁路位于中西部,修建时间在日本全面侵华战争爆发后,与京赣、苏嘉、浙赣铁路不同,作用不是供快速撤退,而是建设后方基地。

铁道部长张嘉璈曾提出,必须"趁中日局面尚未破裂之际,先就华中及西南各省之铁路交通,预为规划";尽速"转移方向,集中力量建筑新路,以作将来国防及长江封锁之准备"。[②] 湘黔铁路的兴建,就是其中重要一环。该路从株洲的湘东站起,跨越湘江,直抵贵州,长约 1003 公里,为浙赣路的延长线。

德国资本在浙赣线已有投资,当然不会放过这一机会,遂与上海中国银团合作,1936 年订立合同,提供材料借款 3000 万元。[③]国内工款由上海中国银团承借 2600 万元。[④] 湘黔铁路以"先通后备"为原则,工程进展较快,1937 年 12 月动工,1939 年抵达蓝田(今涟源),长约 175 公里。但湘江大桥未完工。1938 年 11 月,政府决定将湘黔线的钢轨、枕木等拆除,运往柳州修建黔桂铁路。共

---

① 张嘉璈:《中国铁道建设》,杨湘年译,上海商务印书馆 1946 年版,第 78 页。

② 张嘉璈:《中国铁道建设》,杨湘年译,上海商务印书馆 1946 年版,第 66 页。

③ 截至 1937 年 7 月,在国外购料总值关金 1601811.68 单位,但部分材料在日本被扣。后来德方毁约,合同未能继续履行(《民国外债档案史料》第 10 卷,档案出版社 1991 年版,第 392 页)。

④ 凌鸿勋:《中国铁路志》,台北世界书局 1963 年版;张嘉璈:《中国铁道建设》,杨湘年译,上海商务印书馆 1946 年版。

耗费工款 1500 多万元,料款 3600 多万元。①

四川修路,动议很早,且与法国资本纠缠不休。② 1935—1936 年间,铁道部、四川省、中国建设银公司、法国银团等四方反复磋商,决定仿照浙赣铁路模式,成立川黔铁路公司,招集股本代替借款。股本总额定为 2000 万元,由建设银公司负责招集商股 1100 万元;余下的 900 万元由铁道部和四川省对半分担。③ 又决定先修成渝铁路 504 公里,估计需料款 2322 万元,工款 2087 万元,共 4400 万元。④ 法方材料贷款 3450 万元⑤,因国外材料运到中国尚需时日,工程便先从重庆至内江之间山区的桥涵、土石方开始进行。1937 年"八一三淞沪会战"后,长江遭日军封锁,铁路工程进展缓慢。⑥

除上述铁路外,这一阶段修筑完成的还有山西省营同蒲铁路和运煤专用淮南铁路。

山西是中国著名的产煤区,北有平绥铁路过境,东有正太铁路与平汉铁路相连,南端与建筑中的陇海路隔黄河相望。兴建大

---

① 凌鸿勋:《中国铁路志》,台北世界书局 1963 年版,第 330 页。

② 1914 年,北洋政府曾与法方签订钦渝铁路合同,法方垫款 3200 万法郎。该路尚欠本息 1200 万法郎,法方坚持认为钦渝铁路合同仍然有效。

③ 铁道部曾提供的股款 225 万元,由中央信托局承贷,以第 3 期铁路建设公债 1700 万元和津浦德发债票 110 万镑作抵〔中国第二历史档案馆编:《中华民国史档案资料汇编》第五辑第一编,财政经济(九),江苏古籍出版社 1994 年版,第 113 页〕。

④ 张嘉璈:《中国铁道建设》,杨湘年译,上海商务印书馆 1946 年版,第 59 页。

⑤ 截至 1939 年 1 月,法方借款和供料共约 59 万美元、2900 余万法郎。1940 年 12 月 2 日合同中止,已偿还本金 4.28 万美元、91.47 万法郎(《民国外债档案史料》第 10 卷,档案出版社 1991 年版,第 405 页)。

⑥ 《现代铁路》1948 年 4 月第 3 卷第 9 期,第 146 页。

同至蒲州的铁路，再延伸至风陵渡，纵贯南北，连接平绥、正太、陇海等路，沟通平汉线，具有重要的经济价值和战略意义。国民党政府与晋系军阀把持的山西地方政府，对同蒲路的修筑，展开了较量。1932年7月，正太路收归国营，原来的投资者法国为巩固既得利益，表示愿意继续投资（山西天主教势力强大，也是法国的利益所在）。中法双方拟定了一笔5000万法郎的购料贷款，以正太路余利为担保，修建大（同）潼（关）和太沽（石家庄—大沽）两段铁路。阎锡山为阻止蒋介石国民党势力的渗入，旋即于1932年10月设立"晋绥兵工筑路指挥部"，自兼总指挥，下设同蒲铁路工程局，自行修路。国民党政府只得中途放弃修建大潼路的计划。

1933年5月，同蒲路南段开工，1936年元旦南段全线建成通车，长约510.6公里。北段1933年11月动工，1935年修到原平，1936年修到阳方口，两段长约199.5公里。阳方口至大同一段也于1935年动工，但抗战爆发，修建79.2公里后，工程被迫停止。

为筹措筑路资金，阎锡山专门设立铁路银号，由山西生产保护费和公营事业项下各分担一半费用。又动用私人在法国的巨额存款，从德国购进钢轨和机车车辆，以及其他材料。同蒲路干线工程概算1612万多元[①]，按850公里计，每公里不到2万元。阎锡山为了降低造价，采用兵工筑路，士兵除薪饷外，每人每月3元津贴；筑路材料由沿线各县徭役局派差搬运到工地；钢轨采用1米宽距的轻型窄轨，每码仅重32磅。这样不仅减低了材料成本，还使外省车辆不能直接驶入，保证了"独立王国"的安全。

淮南铁路是国营淮南煤矿修筑的运煤专用线。1930年，建设委员会在皖北民营大通煤矿附近另设淮南煤矿，产量远超过大通

---

① 《铁道年鉴》第3卷，上海商务印书馆1936年版，第1413页。

煤矿。但交通不便,需经多次转运,增加了成本。1933 年年底,建设委员会根据公营铁路条例,设立淮南煤矿铁路工程处,仿照杭江铁路"先求其通,次求其备"的方针,兴建轻便铁路,从九龙岗经合肥、巢县至芜湖下游的裕溪口,长 215 公里。[①] 1934 年 3 月开工,1935 年 12 月完工。全部资本 506 万元[②],均由建设委员会拨给。该路应是国有铁路,但不归铁道部管辖,铁路和煤矿均归建设委员会所有。1937 年春,建设委员会以该会负债超过投资一倍半为由,将其经营的淮南煤矿、淮南铁路连同首都、戚墅堰两电厂,转给中国建设银公司。后者接办煤矿、铁路后,成立淮南路矿公司,资本 1000 万元,内保留建设委员会股本 200 万元,余由建设银公司募足,重新组织经营。

截至 1937 年日本全面侵华战争爆发前夕,10 年间新建铁路干线、支线及通车里程详见表 4-5:

表 4-5　历年新建通车铁路及里程统计

1927—1937 年　　　　　　　　　里程单位:公里

序号	铁路名称	资本性质	起讫地		里程			通车时间	备注
			起点	终点	干线	支线	小计		
1	金城支线	中日合办	金县	城子疃		102.1	102.1	1927.9	

---

① 中华民国铁道部编:《铁道年鉴》第 3 卷,上海商务印书馆 1936 年版,第 1415 页。

② 这是截至 1935 年 12 月的资本金额,建设费为 373 万余元(见中华民国铁道部编:《铁道年鉴》第 3 卷,上海商务印书馆 1936 年版,第 1422 页,表一、表二)。

续表

序号	铁路名称	资本性质	起讫地		里程			通车时间	备注
			起点	终点	干线	支线	小计		
2	奉海路 奉海段 海朝段	省商合办	奉天 海龙	海龙 朝阳镇	236.6 16.6	66.7	303.3 16.6	1927— 1928	
3	北宁路支线	国营	大虎山	通辽		386.5	386.5	1927— 1929	共支线 4条
4	齐克路 三龙段	省营	三间房	龙溪	179.3	54.4	233.7	1928— 1931	
5	吉敦路	国营	吉林	敦化	210.5	10.3	220.8	1928— 1929	1926 年动工
6	呼海路	省商合办	松浦	海伦	220		220	1929	
7	吉海路	省商合办	吉林	朝阳镇	183.9		183.9	1929	
8	四洮路 四郑段	国营	四平街	郑家屯	4.9		4.9	1931	改线
9	洮索路 洮怀段	省营	洮安	怀远镇	84.4		84.4	1931	
10	陇海路 陕灵段 灵潼段 潼西段 西咸段 咸宝段 新连段 支线	国营 国营 国营 国营 国营 国营 国营	陕州 灵宝 潼关 西安 咸阳 新浦旗 赵墩	灵宝 潼关 西安 咸阳 宝鸡 连云港 台儿庄	25.7 72 131.8 22 151 27.8	78.2	25.7 72 131.8 22 151 27.8 78.2	1927.11 1931.12 1934.12 1936.2 1937.3 1935.6 1935— 1937	共支线 3条
11	个碧路 支线 延长线	商办 商办	鸡街 临安	临安 石屏		62.6 40.7	62.6 40.7	1928 1936	

序号	铁路名称	资本性质	起讫地		里程			通车时间	备注
			起点	终点	干线	支线	小计		
12	浙赣路 杭玉段 玉南段 南萍段 支线	省营 省营 省营 省营	杭州 玉山 南昌 金华	玉山 南昌 萍乡 兰溪	334.5 292 259.8	67.1	334.5 292 259.8 67.1	1932.3 1936.1 1937.9 1932—1937	共支线4条
13	正太路 支线	国营	榆次	太谷		47.8	47.8	1934—1937	支线2条
14	粤汉路 株韶段 支线	国营 国营	株洲 广州西村	韶关 黄浦	455.7	72.1	455.7 72.1	1936.4 1936—1937	支线2条
15	同蒲路 太介段 介临段 临风段 太原段 原阳段 支线	省营 省营 省营 省营 省营 省营	太原 介休 临汾 太原 原平 忻县	介休 临汾 风陵渡口 原平 阳方口 甲子湾	141.9 134.6 237.4 120.3 79.2	158.1	141.9 134.6 237.4 120.3 79.2 158.1	1934.5 1935.5 1935.12 1935.8 1936 1934—1937	共支线6条
16	沪杭甬路杭曹段	国营	杭州	曹娥	80		80	1937	
17	淮南路	民营	田家庵	裕溪口	215.42			1935.6	
18	沪宁路江湾支线		江湾	三民路		2.4	2.4		1944年拆除
19	江南路	民营	光华门	孙家埠				1935	175公里,入京赣路

续表

序号	铁路名称	资本性质	起讫地		里程			通车时间	备注
			起点	终点	干线	支线	小计		
20	京赣路京孙段孙贵段	民营民营	南京孙家埠	孙家埠贵溪	194 308		194 308	1936.2	已铺轨
21	苏嘉路	国营	苏州	嘉兴	74.4		74.4	1936.7	1944年日伪拆除
22	宁省铁路	省营	南京下关	中华门	2.2		2.2	1936	解放后拆除
23	道清路道楚支线	国营	道口	楚旺		66	66		1945年拆除
	合计				4495.9	1215	5495.5		

说明：1. 新通车铁路中，未计 1937 年已动工修筑部分路段但未正式通车的湘黔、成渝两路；新通车里程中，东北地区未计"九一八事变"之后里程，也未计南满铁路新建的里程；江南铁路里程计入京赣铁路；京赣铁路孙家埠—贵溪段只计抗战前已经铺轨的里程。故"小计"数小于"干线"与"支线"之和。

　　　　2. 支线起讫地，只列其中一条主要（或最长）支线，其余从略。

资料来源：据中华民国国铁道部编：《铁道年鉴》各卷，上海汉文正楷印书局 1933、1935 年版，商务印书馆 1936 年版；严中平等编：《中国近代经济史统计资料选辑》，科学出版社 1955 年版；马里千等编著：《中国铁路建筑史（1881—1981）》，中国铁道出版社 1983 年版；金士宣、徐文述：《中国铁路发展史（1876—1949）》，中国铁道出版社 1986 年版。

　　由表 4—5 可见，1927—1937 年间，不计"九一八事变"后日本帝国主义在东北劫夺和盗建铁路线，全国新修、续修完成或部分完成大小干线 15 条、4495.5 公里，支线 24 条、1215 公里。总计全国铁路（包括"九一八事变"前东北铁路）新通车里程为 5495.5 公里，平均每年约修建 500 公里。在地区分布上，除东北及关内陇海、成渝、个碧三路外，全部集中于长江以南的东中部地区。从时间上看，大部分在"九一八事变"后，通车里程达3948.6公里，占总数的71.9%。而后一阶段的通车里程又集中在1934—1937年。这4年的通车里程为3585公里，占总数的65.2%。由于建成和通车时间晚，相当一部分新建铁路，刚刚投入使用，就落入日本侵略者手中，或被迫拆除、炸毁。因此，大部分新建铁路对这一时期经济建设所起的作用是十分有限的。

这一时期特别是1931年"九一八事变"后，东北成为中国铁路最为密集的地区。据统计，东北地区"九一八事变"前"满铁"新建铁路和"九一八事变"后日本侵略者新建铁路达3868.2公里。1927—1937年中国境内新通车铁路干、支线共9643.1公里，其中东北新通车铁路约5524公里，占57.3%。

1927年前中国已有铁路约12728公里①，加上各年新修铁路，到1937年年底，全国通车里程约为22307公里(历年新修及累计通车里程见表4-6)，比1927年增加75%。② 其中，中国资本修建的铁路占9%；外国直接投资的铁路占52.5%；外国贷款修建的铁路占38.5%。③

---

① 宓汝成：《帝国主义与中国铁路(1847—1949)》，上海人民出版社1980年版，第671页。

② 关于这一时期的全国铁路里程有多种统计：有人统计1928—1937年全国共修铁路8658.5公里，东北地区约占56%〔马里千等编著：《中国铁路建筑史(1881—1981)》，第9页〕。另据估计1927—1937年修建9033公里，1937年年底全国铁路里程为21761公里〔宓汝成：《帝国主义与中国铁路(1847—1949)》，上海人民出版社1980年版，第671页〕。

③ 宓汝成：《帝国主义与中国铁路(1847—1949)》，第362—363页。该书统计中，1929年外国修建铁路177公里。但资料显示，当年外国直接修建的铁路仅有台湾铁路平溪线12.9公里，其他均为间接投资。

表4-6 历年新建铁路里程及累计通车里程统计

1912,1927—1937年 里程单位:公里

年份	新建里程	累计通车里程	年份	新建里程	累计通车里程
1912	176	9470	1932	559	14520
1927	419	13150	1933	585	15100
1928	430	13580	1934	829	15930
1929	182	13760	1935	2473	18410
1930	48	13810	1936	1602	20010
1931	153	13960	1937	1752	21760

资料来源:宓汝成:《帝国主义与中国铁路(1847—1949)》,上海人民出版社1980年版,第670—671页。表列累计通车里程,与本节前述里程略有差异。

铁路建设成本方面,由于资料不完整,只是很不完全的估计数。根据官方统计资料,1927—1936年已建成营业的国有铁路的建设成本,大体如表4-7所示:

表4-7 历年国有铁路建设成本和资金资产及其变化

1927—1936年

年份	实有路线(公里)	建筑费		路线及设备品原价	
		总额(万元)	每公里(元)	总额(万元)	每公里(元)
1927	7096.7	59677.1	84091.8	66112.4	93159.6
1929	8309.4	66599.2	80149.7	72339.3	87058.0
1930	7235.6	61435.3	84907.2	67792.6	93693.5
1931	7101.1	61486.1	86586.8	67922.7	96651.0
1932	7811.0	69859.8	89437.1	80912.8	103588.1
1933	8084.5	67206.7	83130.5	85525.2	105789.4

续表

年份	实有路线（公里）	建筑费		路线及设备品原价	
		总额（万元）	每公里（元）	总额（万元）	每公里（元）
1934.1—6	8084.5	73685.9	91144.9	85960.0	106327.2
1934.7—1935.6	8148.9	75103.3	92164.3	87478.6	107350.8
1935.7—1936.6	8305.7	77604.3		89922.1	108266.0

说明:1928 年缺资料。1931 年起,因东北沦陷,原报告北宁铁路建筑费、路线及设备品原价统计为关内外全路数额,但实有路线未计关外段,导致平均数偏高,为保持数据的准确性,本表按北宁全线里程计算平均数。实有路线包括全部干线、支线里程。

资料来源:中华民国铁道部编:《中华国有铁路会计统计总报告》、《中华国有铁路统计总报告》,各年。

　　截至 1935 年 6 月,16 条铁路①的建设总成本近 9 亿元,平均每公里 10.8 万元,且有不断上升的趋势。如表 4—7 所示,1927 年每公里的建设成本为 9.3 万元,1935 年升至 10.8 万元,上升了 11.6%。从长期趋势看,也是如此。1915 年,每公里路线及设备品原价约 7.5 万元;1922 年约 9 万元。1936 年 6 月时每公里路线及设备品原价约 10.8 万元。②

　　不过表 4-7 只反映 1927 年前已通车营业的 16 条国有铁路的建设成本,没有包括商营、公营、省营铁路和 1927 年以后的新建铁路。表 4-8 是 1927 年后新建铁路的建设成本和资金资产总值(不包括东北沦陷区)。

---

　　①　国有 16 路是:平汉、北宁、津浦、京沪、沪杭甬、平绥、正太、道清、汴洛、广九、湘鄂、胶济、南浔、粤汉南段、陇海、潼西。
　　②　《中华国有铁路会计统计总报告》。

表4-8　新建铁路建设成本统计

1927—1937年

序号	铁路名称	实有路线（公里）	建筑费（万元）	路线及设备品原价		资金资产共计（万元）
				总额（万元）	每公里（元）	
1	陇海路灵潼段 潼西段 西宝段	72.0 132.0 173.0	1200.0 1095.7 1384.0	1200.0 1061.2 1384.0	168900.0 80396.2 80000.0	1200.0 1061.2 1384.0
2	个碧石鸡临段 临屏段	62.2 40.7	560.0 350.0	560.0 350.0	90032.2 85995.1	560.0 350.0
3	粤汉路株韶段	455.7	6000.0	6000.0	131665.6	6000.0
4	浙赣路杭玉段 玉南段 南萍段	334.5 292.0 259.8	1407.2 1716.0 2200.0	1407.2 1716.0 2200.0	42077.7 5876.1 84680.5	1407.5 1716.1 2200.0
5	同蒲	844.0	1612.8	1612.8	19108.9	1612.8
6	江南	175.0	640.4	640.4	36592.6	642.3
7	淮南	215.4	373.0	373.0	17316.4	373.0
8	苏嘉	74.4	360.0	360.0	48387.1	360.0
9	京赣	477.0	5670.0	5670.0	118867.9	5670.0
	共计	3607.7	24569.1	24534.9	68007.0	24536.8

说明:为了准确考察和比较单位里程铁路的建设成本,新建铁路未列完成沪杭甬
　　铁路及钱塘江大桥工程,亦未包括连云港和南京轮渡。

资料来源:中华民国铁道部编:《中华国有铁路会计统计总报告》、《中华国有铁路
　　统计总报告》各年;历年《铁道年鉴》各卷;本节相关资料。西安—宝鸡段费用
　　根据潼西段平均费用估算。

　　9条新修铁路建设总成本为2.45亿元,平均每公里6.8万
元,明显低于16条国有铁路的建造成本。不同路线的建造成

本亦差异悬殊，低的如淮南、同蒲、江南等路，每公里建设成本不到4万元，淮南路最低只有1.7万元；高的如京赣、株韶、临潼等路段，每公里建造成本超过10万元，临潼最高达16.9万元，最高、最低相差近10倍。从资本类别看，商办和省营铁路的建造成本明显低于国有铁路。新建铁路的整体建造成本之所以低于16条国有铁路，重要原因是相当一部分为省营和商办铁路。

当然，铁路建造成本的高低，取决于多方面的因素，铁路本身的设计标准（标准铁路或简易铁路、宽轨或窄轨、轻轨或重轨等）和工程管理（精打细算或贪污浪费等），勘察设计费用，购地价格，铁路所经地段的地形、地质、地貌和由此制约的路基筑造（包括涵洞、隧道、桥梁、高架路等）费用，资金来源及其条件（包括利息、折扣及使用限制等），材料来源及价格，车站、车辆及相关设备的配置，等等，都直接影响铁路的建造成本。表4-9是平汉等17条铁路建设成本构成统计：

表4-9　平汉等17条铁路建设成本构成统计

1935年6月

序号	铁路及里程		路线及设备品原价		建设成本构成(%)									
	名称	公里	总额(万元)	每公里(元)	总务费	筹办费	购地	路基筑造	隧道桥工	轨道、信号及轨闸	车站及房屋	机器厂与机件	车辆	财务用款	其他
1	平汉	1319	12619.4	95674	8.9	*	3.1	5.2	13.4	17.3	5.9	2.2	28.7	13.0	2.3
2	北宁	1351	12781.8	94610	6.7	0.4	2.6	4.7	14.4	22.8	10.8	5.9	29.7	*	2.0
3	津浦	1105	13149.7	11902	8.5	0.7	2.6	5.3	16.4	17.3	7.1	4.1	22.9	10.0	4.5

序号	铁路及里程		路线及设备品原价		建设成本构成(%)										
	名称	公里	总额(万元)	每公里(元)	总务费	筹办费	购地	路基筑造	隧道桥工	轨道、信号及轨闸	车站及房屋	机器厂与机件	车辆	财务用款	其他
4	京沪	330	4055.8	123364	6.3	0.1	7.6	5.9	7.8	20.1	9.1	3.7	25.7	10.9	2.8
5	沪杭甬	286	2586.0	90851	7.9	1.8	7.9	3.8	10.3	20.7	6.0	2.0	21.4	16.5	1.7
6	胶济	453	4794.8	10585	*	*	3.9	3.8	16.9	22.5	10.5	6.6	33.3	—	2.5
7	平绥	877	6148.2	70105	5.2	0.6	2.7	7.9	10.1	25.8	7.0	1.3	36.6	0.7	2.1
8	湘鄂	513	6631.6	129271	10.4	9.9	3.9	7.1	9.4	14.4	2.4	1.6	10.4	28.5	2.2
9	粤汉南段	274	3441.8	125613	8.7	0.6	3.5	10.6	11.7	10.6	3.7	1.9	11.8	35.5	1.4
10	陇海	904	13171.6	145704	10.2	13.1	1.5	5.3	10.3	12.0	2.2	0.7	6.2	35.1	3.4
11	汴洛	185	1595.8	86259	11.9	0.4	1.9	9.3	21.2	19.3	5.5	23.1	5.5	0.9
12	正太	278	2892.5	104047	11.7	2.1	1.2	9.6	12.3	17.0	9.9	5.2	23.1	6.4	1.4
13	广九	143	1527.4	10754	10.3	0.7	11.1	13.8	15.2	18.6	0.7	10.4	16.1	0.8
14	南浔	128	1230.2	96109	13.8	2.5	3.6	8.3	20.2	14.2	3.7	1.7	9.0	19.9	3.1
15	道清	165	842.9	51085	20.5	0.4	4.5	1.5	4.6	22.7	4.5	2.0	25.0	13.6	0.7
16	株韶	456	2679.7	58765	9.0	2.1	5.2	37.5	32.3	7.0	1.0	1.6	3.2	0.7
17	潼西	131	938.6	71649	8.6	0.4	5.3	10.1	25.3	43.7	5.3	0.2	—	—	1.3
	共计	8898	91087.8	102369	8.3	3.1	3.4	7.0	13.6	17.9	6.2	3.3	20.9	13.8	2.5

说明:1."机器厂"包括"总机器厂"和"特别机器厂"两类。

　　2."其他"包括线路保卫、电报及电话、维持费、船坞船港及船埠、浮水设备品等5项。

　　3."＊"小于0.01。

资料来源:据凌鸿勋:《中国铁路志》,台北世界书局1963年版,第130页综合整理、计算编制。

表4—9 所列各路的建造成本(即路线及设备品原价),按其用途分为两大部分,一是直接用于铁道、车站、车辆以及其他相关设施的修建或购置,主要包括购地、路基筑造、隧道和桥工、轨道、车站、机器厂与机件、车辆等项;二是用于筹划准备、勘察设计、交涉应酬以及偿还债款利息、汇兑亏损等,主要包括总务费、筹办费、财务用款等。各项费用的数额多寡及所占比重大小,直接影响建设成本的高低。

资料显示,除了资本类别、建筑设计和施工标准,导致铁路筑造成本上升的重要原因还有两个:一是铁路地段的地形复杂,隧道、涵洞、桥梁费用庞大。17条线路中,14条的隧道、桥工费用超过总成本的10%,平均达13.6%,几乎相当于路基筑造费的2倍。二是债务负担沉重,用于支付债款利息和汇兑亏损的财务用款所占比重甚高。17条线路中,6条的财务用款超过总成本的10%,平均达13.8%,更高于隧道、桥工用款。尤其后者更是造成某些线路建造成本高昂最主要的原因。湘鄂、粤汉南段、陇海等3路的建筑成本和财务用款所占比重,在17条铁路中都是最高的。

债款尤其是外债,给近代中国铁路建设提供了主要资金来源,但同时又使中国铁路长期背负沉重的债务包袱,严重阻碍中国铁路的正常发展。据不完全统计,截至1935年6月,平汉等14条国有铁路(不包括潼西、浙赣路玉南段、苏嘉路、株韶段、南京轮渡、钱塘江大桥等)欠付债务高达75569.1万元(详见表4-10),加上其他线路欠付债款,共计95425.2万元。[1] 按干、支线10733公里

---

[1]　另有吉长、四洮、吉敦、宁湘、浦信、同成、株钦、清孟、包宁、漳厦等铁路,以及烟潍汽车路、财政部负担的路债,平汉等四路邮件借款,收买各商路等债款19856.1万元,合计95425.2万元(《铁道年鉴》第3卷,目录后插页)。又据统计,国有16路全部负债为12亿元(麦健曾、朱祖英:《全国铁路管理制度》,载国立交通大学研究所北平分所编:《铁路问题研究集》第1册,北平和记印书馆1936年版,第9页)。

计算,平均每公里负担债务约 8.89 万元。占铁路建造成本的比重,最低 3.1%,最高 180.6%,平均 89.3%。① 可以说,中国铁路是靠债款修建起来的。

表 4 - 10　平汉等 14 条国有铁路建设成本与债务负担

1935 年 6 月　　　　　　　　　　　单位:万元

序号	铁路名称	路线及设备品原价（A）	债务（B）				B/A（%）
			外债	内债	料债	小计	
1	平汉	12619.4	2402.4	2912.9	1891.9	7207.2	57.1
2	北宁	12781.8	783.8	—	362.8	1146.6	9.0
3	津浦	13149.7	13899.0	1135.6	1835.7	16870.3	128.3
4	京沪	4055.8	3594.1	—	79.9	3674.0	90.6
5	沪杭甬	2586.0	515.2	17.7		532.9	20.6
6	胶济	4794.8	2800.0			2800.0	58.4
7	平绥	6148.2	2407.6	939.4	1437.6	4784.6	77.8
8	湘鄂	6631.6	8796.9	242.6	221.6	9261.1	139.7
9	粤汉南段	3441.8		66.4	39.6	106.0	3.1
10	陇海	13171.6	22951.5	831.5	11.1	23794.1	180.6
11	汴洛	1595.8	390.0		12.7	402.7	25.2
12	广九	1527.4	2029.4	7.6	38.4	2075.4	135.9
13	南浔	1230.2	1239.1	719.1	—	1958.3	159.2
14	道清	842.9	955.9	—	—	955.9	113.4

① 另据统计,截至 1936 年 6 月底,中国主要铁路的建筑资本中,外国直接投资、外债、"退还"庚子赔款、内债、股本、政府长期资金等 6 项,共约 200300 万余元。其中外债和庚款约 164350 万元,占铁路建筑资本的 82% (陈晖:《中国铁路建筑资本问题》,载中国经济建设协会编:《经济建设季刊》第 1 卷第 2 期,1942 年 10 月)。

续表

序号	铁路名称	路线及设备品原价（A）	债务（B）				B/A（%）
			外债	内债	料债	小计	
	合计	84577.0	62765.0	6872.8	5931.3	75569.1	89.3

资料来源:路线及设备品原价据凌鸿勋:《中国铁路志》,台北世界书局1963年版,第130页后插页(合计为重新计算);"债务"据《铁道年鉴》第3卷,上海商务印书馆1936年版,目录后插页。

　　尽管如此,中国铁路建设过程中,仍然备感资本缺乏之苦。据研究,中国铁路资本化率在60%上下[1],而合理的比例应为1:1,比正常水平低40%。而这些债务的利率一般都要高于国际资本市场的水平。中国铁路债票外债利率大多在5.4%—11.7%之间;短期外债利率更高。[2] 不仅如此,所借外债只能购买债权国的高价材料,这又进一步推高了铁路建造成本。如表4-9所示,因陇海路临宝—西安段所借比利时庚款,指定购买的比利时材料价格异常昂贵,潼(关)西(安)段的轨道、信号及轨闸用款竟占去43.7%,高出平均数1.4倍。[3] 大部分资金被用于购买贵价材料,铁路虽然铺轨修通,但车辆却付诸阙如。幸亏潼西段是陇海路的展筑线路,尚可供其他路段车辆行驶,不至于完全白费,否则真成了"聋子的耳朵——摆设"。这就是近代中国借债线路的结局。

　　为了准确考察和比较铁路单位里程建设成本,表4-8统计未

　　① 　陈晖:《中国铁路建筑资本问题》,见中国经济建设协会编:《经济建设季刊》1942年10月第1卷第2期。资本化率,是指政府长期资金和各种基金债务占总资金资产的比率。

　　② 　陈晖:《中国铁路建筑资本问题》,见中国经济建设协会编:《经济建设季刊》1942年10月第1卷第2期。

　　③ 　原统计缺临宝—潼关段建设成本资料。

包括连云港、完成沪杭甬铁路和钱塘江大桥工程、南京轮渡。如加上这 3 项工程的费用,1927—1937 年,中国关内新建铁路的成本费用约为 27174.6 万元。现将 1927—1937 年关内新建铁路和 1927 年前建成通车铁路建设成本加以综合,列如表 4－11:

表 4－11　中国铁路建设成本和资金资产统计
1936 年 6 月

序号	铁路名称	实有路线（公里）	建筑费（元）	路线及设备品原价		资金资产共计（万元）
				总额（万元）	每公里（元）	
1	平汉	1331.9	11140.5	12776.2	97385.5	13007.6
2	北宁	1366.0	13028.7	13029.9	95317.3	13183.8
3	津浦	1104.9	11905.6	13217.9	119631.1	13244.8
4	京沪	345.5	3709.6	4111.7	119009.7	4112.1
5	沪杭甬	286.7	2186.0	2629.9	91727.8	2947.0
6	平绥	871.9	6157.9	6112.4	70099.5	6112.9
7	正太	278.6	2772.1	2957.2	106147.3	2957.7
8	道清	152.4	729.3	843.8	55351.0	846.3
9	汴洛	184.0	1519.9	1607.6	87371.3	1607.6
10	陇海（包括灵潼段、连云港）	759.2	9151.6	13768.4	181367.0	13768.4
11	潼西	132.0	1095.7	1061.2	80396.2	1061.2
12	西宝	173.0	1384.0	1384.0	80000.0	1384.0
13	广九	143.3	1385.2	1631.2	113829.5	1631.2
14	胶济	452.9	4897.8	4897.8	108134.5	4897.8
15	潮汕	42.0	360.0	360.0	87804.9	360.0
16	新宁	91.5	938.1	938.1	10525.7	945.9

续表

序号	铁路名称	实有路线（公里）	建筑费（元）	路线及设备品原价		资金资产共计（万元）
				总额（万元）	每公里（元）	
17	个碧石	114.2	1352.0	1352.0	118388.8	1352.0
18	南浔	128.4	986.4	1230.7	95888.2	1230.7
19	湘鄂	513.3	4709.7	6597.3	128525.5	6602.3
20	粤汉南段	274.3	2228.2	3448.9	125723.1	3456.4
21	株韶	455.7	6000.0	6000.0	131665.6	6000.0
22	杭玉	334.5	1407.2	1407.2	42077.7	1407.5
23	玉南	292.0	1716.0	1716.0	58767.1	1716.0
24	南萍	259.8	2200.0	2200.0	84680.5	2200.0
25	同蒲	844.0	1612.8	1612.8	19108.9	1612.8
26	江南	175.0	640.4	640.4	36592.6	642.3
27	淮南	215.4	373.0	373.0	17316.4	373.0
28	苏嘉	74.4	360.0	360.0	48387.1	360.0
29	京赣	477.0	5670.0	5670.0	118867.9	5670.0
30	南京轮渡		385.0	385.0		385.0
31	完成沪杭甬路和钱塘江大桥	80.0	540.0	540.0		540.0
	共计	11953.8	102542.7	114860.6	96087.1	115616.3

说明:大部分铁路截至1936年6月30日,个别铁路截至1937年年底;还有一些路段和工程缺1936年度资料,本表以其他年份的数据代替。数据不完全的,一律使用建筑费。北宁路包括关外段。因资料的欠缺,陇海路西安—宝鸡段费用是根据潼西段平均费用估算而得的。湘黔铁路、成渝铁路因未建成,不列入表中。个别民营铁路因资料缺乏,未计入。法国投资经营的滇越铁路中国段也未计入。

资料来源:中华民国铁道部编:《中华国有铁路会计统计总报告》、《中华国有铁路统计总报告》各年;《铁道年鉴》各卷;本书已揭资料。

截至 1936 年 6 月,关内地区共有铁路 11953.8 公里,建造成本 114860.6 万元。这是中国铁路(不包括东北沦陷区)的家底。不过这个估计尚不完整。比如,平汉铁路修建黄河大桥 1000 万元德国料款(实际使用关金 480557 单位,约合 38.22 万元)[①],湘黔铁路用款 5100 多万元,成渝铁路材料款 3450 万元(实际使用 59 万美元、2900 万法郎,约合 452 万元),其他股款、料款 2375 万元(按完工里程 39% 计,实际使用约 926 万元)等等,共约 6516 多万元,均未计算在内。若都计入,则资金资产约为 121377 万元(不包括滇越铁路中国段)。平均每公里 99891 万元(按 12151 公里计算)。这也可以视为抗战前关内地区铁路的产业资本。[②] 另据统计,1936 年中国关内铁路的产业资本为 120495 万元,其中外国资本 15714 万元,国家资本 100993 万元,民营资本 3786 万元。铁路产业资本占新式交通运输业产业资本 224207 万元的 53.7%,占整个新式产业资本 2014543 万元的 6.0%[③],在交通运输业和整个国民经济中,都占有重要地位。

三、铁路运输的管理和经营

(一)铁路管理体制的沿袭与变革

铁路管理机构,国民党政府初设交通部,沿袭北洋政府体制,

---

① 一说供应材料 360 万元([美]阿瑟·恩·杨格:《1927 年至 1937 年中国财政经济情况》,陈泽宪、陈霞飞译,中国社会科学出版社 1981 年版,第 412 页)。

② 所谓产业资本,是指能产生剩余价值的价值,包括企业的自有资金、积累和借入资金,但应剔除折旧和闲置资产,相当于资产负债表上的资产总值或资产净值。

③ 据许涤新、吴承明主编:《中国资本主义发展史》第 3 卷,人民出版社 1993 年版,第 746 页甲表一、第 748 页甲表三、第 761 页甲表十一计算。

由路政司职掌铁路事务。1928 年 10 月设立铁道部,隶属行政院,首任部长孙科。这是首个专管铁路的部级职能机构,《铁道部组织法》所定职责是:规划、建设、管理全国国有铁道、国道,监督省有、民有铁道。铁道部下设有总务、业务、财务、工务四司,顾问、技监等室,外设若干委员会。①

中国铁路的法制化管理,始自清末,1903 年清政府商部奏定的《铁路简明章程》,是中国首部铁路法规。国民党政府时期,铁路法规渐趋系统、细密。关于铁路的立法和管理权限,《中华民国宪法》规定,国有铁路由中央立法并执行之;两省以上交通运输由中央立法,由中央或交由省县执行之。依照宪法,铁路基本大法《铁道法》经立法院制定,1932 年颁行,规定铁路分为中央政府经营的国有铁路、地方政府经营的公营铁路和民营铁路三类。②1935 年又公布公营铁道条例、民营铁道条例和专用铁道条例,规范不同类型的铁路。

铁道部还制定了一系列法规、章程,涉及总务、路务、工务、运输、车务、技术、教育、财务等多个方面,在承袭旧制的基础上,各有不同程度的嬗变与革新。

铁路运输是技术要求很高的新式交通运输业。北洋政府交通部铁路技术标准委员会曾制定一系列技术标准,国民党政府铁道

---

① 共有(工程)技术、铁道技术标准、购料、路员资历审查、完成粤汉铁路、完成陇海铁路、统一铁道会计、铁道法规编订、铁道债务整理、东北交通、交通史编纂(与交通部合组)等 11 个"委员会",后有增、减(参见《铁道年鉴》第 1 卷,上海汉文正楷印书局 1933 年版,第 33—37 页)。1938 年国民党政府迁都重庆,铁道部并入交通部,未再恢复。

② 《铁道法》见中国第二历史档案馆编:《中华民国史档案资料汇编》第五辑第一编,财政经济(九),江苏古籍出版社 1994 年版,第 13—15 页。

部在沿用的同时,于1936年成立铁道技术标准审订委员会,审订、修改、完善相关技术标准。不过一些重要的技术标准并未完全统一和严格执行。《铁道法》规定,铁道标准轨距应为1.435公尺。但同蒲铁路轨距为1公尺,商办个碧石铁路仅6公寸。标准轨重为干线每米43公斤,支线30公斤。但浙赣、湘黔等铁路干线轨重为每米37公斤。抗战前夕,为了方便联运,铁道部不得不耗费物力财力,对一些干线如浙赣铁路杭玉段等加以改造,抽换枕木,改换重轨,加固桥梁。

材料的购买、使用和管理也颇为严格。铁道部设有购料委员会,各路局有材料处,以统一国有铁路采办材料事权。各路所需材料的品质、数量由各主管厅、司、处拟定,呈请部长核准后,交由购料委员会购办;常用材料由委员会依照预算预先垫款订购,随时调拨。购买国产材料时,以公开招标为原则,料款一律由购料委员会交付。① 但是,铁道部并无集中统管的材料保管机构,而由各路自设厂库。一些路局往往过量购料,导致库存增加,资产呆滞。同时,绝大部分材料购自国外,这一方面导致车辆、材料规格的歧异、混杂。如机车一项,就有法式、英式、德式等20多种,客货车更多达50多种,维修极不方便。机车维修,一般发达国家快则4—5天,慢则17—18天,而中国需1—2个月;另一方面严重阻碍中国相关制造业的发展。1929年以后,中国铁路机厂虽能制造车钩、风轫、气泵、气缸、进水机等,唐山机厂已能制造机车和客货车辆,1933年年底,国有14路有机厂24家。但能力和产量有限,供不应求。

财务、会计方面,从1915年起,铁路开始实行统一的"特别会

---

① 中华民国铁道部编:《铁道年鉴》第1卷,上海汉文正楷印书局1933年版,第60—61页。

计"制度，正式脱离国家行政费的普通会计，并每年发布《中华国有铁路会计统计总报告》，《中华国有铁路统计总报告》。①"特别会计"制度实施后，铁路收入可以自行支出，有盈余缴解政府，不足由政府拨补。铁路收入和国家拨款，必须首先用于铁路事业的维持和发展，不能挪作他用。这一时期，国民党政府除援用部分成制，继续发布会计、统计年度总报告外，自《铁道法》颁布和主计处设立后，铁路财务会计制度有较大变革，亦更趋完善。《铁道法》明确规定，国营铁路的收入或盈余，"除扩充及整理铁道事业外，应尽先为偿还债务之用"；铁道会计依照会计法办理，铁道部设立财务司，各路局设有会计处。1931 年主计处成立后，在全国推行新式会计制度，铁道部、各路局的会计机构和人员，改归主计处统一管理，铁道部内设会计处，会计工作与铁道部内财务工作分开进行。铁道部内设有统一铁路会计统计委员会，负责编制每年的会计统计报告，修正和增订会计分类则例。除已经实施的资本支出分类则例、营业进款和用款分类则例、岁计账则例、盈亏账及盈亏拨补账则例、总平准表分类则例等外，铁道部又制定了建筑账则例、工厂账则例、燃料消耗品账则例等，铁路系统的会计和财务审计更加严密。

铁路专业培训、职工教育和医疗保健，也有相应制度和具体措施。

第一次世界大战以后，外籍人员纷纷回国，中国技术人员相继走上工作岗位。1927 年后，新建铁路的工程技术人员，基本上是中国人；各路管理人员，也以中国人为主，专业技术培训、职工和职工子女教育，成为重大课题。1931 年，全国国有铁路

---

① 该报告从 1915 年开始，一直到 1935 年度（1936 年 6 月 30 日）止，共 22 次。

职工 98500 人，文盲和半文盲占了 51.7%①，扫盲和文化教育是首要工作。1931 年颁布的《铁道部实施职工教育计划纲要》，将职工教育分为学校教育和补助教育两部分。1933 年成立职工教育委员会，专门负责职工培训。职工及其子女教育，从高等教育、中等教育、初等教育到出国留学，以及职工培训，形成了一个完整的体系。高等教育有交通大学②，中等、初等教育有作为职工子弟学校的扶轮中学和扶轮小学③，一些铁路还办有职工学校、车务见习所、艺员养成所等。1934 年度教育和培训经费总额在 380 万元左右。④

　　员工的医疗保健，也颇受重视，1929 年 11 月成立卫生处，负责编订医务卫生法规、改进各路卫生医务等工作。

　　铁路管理体制基本上沿袭前制，但也有某些变化。

　　中国铁路一直实行行政化管理。铁道部的职责原本是规划、建设和管理全国国有铁道，并不涉及铁路运输的经营，但业务上并未设立铁路总公司或总局专管，以致行政与业务难以分离。1929 年后，铁道部曾一度将几个管理局改为国有铁路管理委员会，首先

---

　　①　中华民国铁道部编：《铁道年鉴》第 1 卷，上海汉文正楷印书局 1933 年版，第 564 页。

　　②　交通大学由 7 个学院和 1 个研究所组成，分设上海、唐山、北京 3 处，1927—1934 年共有毕业生 1405 人(中华民国铁道部编：《铁道年鉴》第 1 卷，上海汉文正楷印书局 1933 年版，第 541—542 页；中华民国铁道部编：《铁道年鉴》第 2 卷，上海汉文正楷印书局 1935 年版，第 1032 页；中华民国铁道部编：《铁道年鉴》第 3 卷，上海商务印书馆 1936 年版，第 998 页)。

　　③　中华民国铁道部编：《铁道年鉴》第 1 卷，上海汉文正楷印书局 1933 年版，第 552—554 页。

　　④　中华民国铁道部编：《铁道年鉴》第 3 卷，上海商务印书馆 1936 年版，第 1010—1027 页。

在胶济铁路实行,并制定了规程。[①] 因管理委员会与管理局并无实质性区别,不久,又恢复管理局旧制。由于债务等原因,一些线路的管理体制也曾发生变化。前述浙赣铁路,为保障债权人利益,专门设立浙赣铁路联合公司,由铁道部、浙江省政府、江西省政府和银行团等四方派代表组成公司董事会,下设浙赣铁路局,负责铁路的建筑和经营。[②] 后来成渝铁路在修建过程中,也采用这种方式,由铁道部、中国建设银公司和四川省政府组成川黔铁路公司。这些所谓的公司,实权仍操之于铁道部之手,内外组织、规章大多与其他国有铁路相同。

各条线路,仍然沿用分路设局的方式,每条铁路线设一铁路工程局或管理局。中国铁路大多是靠借外债兴建的,各有其债务和抵押关系,各路自兴建之日起,就形成分路设局的经营管理模式,甚至各种文书所用文字,也因债权国不同而有英语、法语、德语、日语等之别。中国自建铁路,因不便与有债务的铁路一并管理,也只得采用分路设局模式。这是列强划分"势力范围"、争夺中国铁路权益的产物。国民党政府铁道部成立后,沿用依旧。随着新路愈建愈多,路局不断增加。这种条条分割的管理体制,弊病越来越明显。如各路行车调度难以协调,收支不能统一,材料的采购与分配手续繁复,等等。

各路局内部的管理方式,也存在诸多问题。管理局内,实行分处负责制,一般设有车务、工务、机务、会计等处,另设总务处管理行政及日常杂务业务。直接关系线路养护和运输业务的车务、工务、机务等处,下设若干总段(短线不设总段),总段下再设分段。

---

① 中华民国铁道部编:《铁道年鉴》第 2 卷,上海汉文正楷印书局 1935 年版,第 45 页。

② 中华民国铁道部编:《铁道年鉴》第 3 卷,上海商务印书馆 1936 年版,第 1364 页。

分处管理的方式,容易造成各处之间协调的困难。往往同一段间的行车调度,要在各处之间来回协调,效率低下。遇有事故发生,各处之间常常互相推诿。为了改变这种状况,1929—1930 年间,北宁铁路局尝试将车务、机务两处与行车有关的事务合并,改设运输处,外线设运输段,将行车权集中管理。"九一八事变"后,东北沦陷,改革中断。① 1936 年粤汉铁路全线贯通后,铁道部再次尝试改革,在铁路局内设运输处,专管原来机务和车务两处负责的行车业务,新通车路段设立运输段;原归机务处管理的机厂另设厂务处管理,原归车务处管理的营业事务另设营业处负责。外线也相应设立运输段和运输分段,同时兼管车务、机务两段原有行车事务。② 这样,至少在行车方面,有了统一指挥、调度的保证。不过,大部分铁路局的管理体制并无改变。尤其是在分处负责的情况下,并无专门负责营业的部门。车务处内虽然设有营业课,但外段却是行车与营业不分,技术性很强的行车调度与商业性很强的运输经营混杂不清,不适应市场的要求。

不适应市场要求的管理模式,还有货物运输。原来,只有东三省和北宁路的个别大站,以及胶济路棚车货物,是由铁路负责运输的;其余各路,一般都是由货主自己负责。京汉铁路 1913 年编印的《京汉旅行指南》载明,"途中如有毁坏、遗落等事物均与本路无涉,盖本路所收之费只系运费,途中看管一切应由寄货人自理"。结果,货运沿途扒窃不断,蛮横者甚至径直上车搬运,站员见了,竟置之不理。③ 1921 年北洋政府交通部曾制定《铁路货车负责运输

---

① 凌鸿勋:《中国铁路志》,台北世界书局 1963 年版,第 39 页。

② 凌鸿勋:《中国铁路志》,台北世界书局 1963 年版,第 40 页。

③ 《交通官报》第 7 期,转引自张瑞德:《平汉铁路与华北的经济发展(1905—1937)》,《中央研究院近代史研究所专刊》(55),台北中央研究院近代史研究所 1987 年版,第 50 页。

通则》,但未执行。1927 年后,仍然实行不负责运输制度,所运输货物,如有遗失或毁坏,无论过失是否属于铁路,而"铁路绝不负责,对货物之损害,丝毫不予赔偿"。无奈货主只能通过转运公司运货,任其盘剥,以致"货物成本加昂,销路不畅,其从此蚀及血本者,则从此不敢再运"[1],最后商人亏本,铁路运输业务严重下降。为了改变这种状况,1932 年 5 月,铁道部成立"负责运输委员会",陆续制定《铁路货车负责运输通则》等 11 种章程、法规,在京沪、沪杭甬和津浦铁路首先实行"负责运输"制度。凡由铁路实行负责运输的货物,运价照普通运价或特价加收一成;优先装运者,照负责运价加收三成;最优先装运者,照负责运价加收六成。[2] 负责运输的实行,使铁路货物运输开始走上正轨。

在实行负责运输制度的同时,铁道部还恢复实行国内铁路联运制度。两项制度结合,促进了运输业务的开展,"联运之货物陡增"。不过,铁路联运并未全面恢复。其中,津浦、沪宁和沪杭甬三路只恢复货物联运;陇海、津浦两路安排盐斤负责联运;陇海、京汉两路实行特种货物负责联运;京汉、湘鄂、津浦和陇海四路实行粮食负责联运;正太、京汉和北宁三路实行晋煤联运;湘鄂、京汉和京绥三路实行蒙茶联运。[3] 这就大大削弱了铁路联运制度的效能。

---

① 《抗战前国家建设史料——交通建设》,见秦孝仪主编:《革命文献》第 78 辑,台北中央文物供应社 1979 年版,第 509 页。

② 中华民国铁道部编:《铁道年鉴》第 1 卷,上海汉文正楷印书局 1933 年版,第 364 页。

③ 《我国铁路联运事业之过去现在与将来》,《交通杂志》1935 年 6 月第 3 卷第 7—8 期合刊。国内铁路联运制度是 1913 年 10 月第一次国内联运会议正式决定实行的(参见《铁道年鉴》第 1 卷,第 357—358 页;《我国铁路联运事业》,《交通杂志》1935 年 6 月第 3 卷第 7—8 期合刊)。

新军阀之间的纷争,也影响到铁路的管理。国有铁路由铁道部管辖,公营或民营铁路由铁道部监督,法律的规定相当清晰,但实际情况并不尽然。铁路常常成为地方军阀的禁脔。同蒲铁路从修建到经营,一直控制在晋系军阀手中,几同独立王国。在东北,1924 年设有奉系军阀控制下的东北交通委员会。国民党政府曾拟定原则,规定东北国有交通机关概应直辖于中央,以巩固行政的统一;为调剂利便计,中央主管部可以采用委托行政办法,委托东北各省政府就近监督各交通机关,并计划其发展,仍可设立东北交通委员会,但必须改组。然而,东北地方当局并未执行。1931 年"九一八事变"后,东北交通委员会被迫迁往北平,已无"交通"可管,不久撤销。①

(二)车辆设备与经营状况

进入 20 世纪后,铁路一直是新式交通运输的主力②,承担大部分的中途和长途客货运输任务。

铁路运输是直接由牵引机车和载运客货车完成的。1927—1937 年间,随着若干新的铁路线的修筑和通车里程的延长,机车和客货车的数量也有所增加,表 4－6、表 4－12 显示,1935 年同1927 年比较,铁路通车里程增加 40%,机车、客货车数量及挽力、运载量分别增长 32.7%—54% 和 45.8%—63.2% 不等,铁路运输能力相应提高。

---

① 《铁道年鉴》第 1 卷,上海汉文正楷印书局 1933 年版,第 1268 页。

② 据统计,1936 年的铁路产业资本为 120495 万元,分别相当于水运和公路的 2.5 倍和 2.3 倍,航空的 92.7 倍(据许涤新、吴承明主编:《中国资本主义发展史》第 3 卷,人民出版社 1993 年版,第 746 页甲表一、第 748 页甲表三、第 761 页甲表十一计算)。

表 4 - 12 铁路动力、车辆及员工数量统计

1927—1936 年

时间	机车		客车		货车		员工数（人）
项目	数量（辆）	挽力（公吨）	数量（辆）	座位容量（人）	数量（辆）	载重量（公吨）	
1927	807	8293	1355	78371	11664	304198	
1928	640	6010	1111	69264	9565	241807	
1929	786	7530	1291	78532	10684	272000	
1931	1131	12414	1755	99129	14504	400835	132273
1932	1182	12730	1895	107022	15671	436381	125226
1933	1237	16081	1971	108328	15755	443883	128392
1934	1172	12761	1978	105938	15296	437200	129164
1935	1243	13535	2047	108602	15482	443667	129829
1936	1243		2047		15482		

说明：资料涵盖时间，1934—1936 年系年度，其余为年份。

资料来源：车辆据严中平等编：《中国近代经济史统计资料选辑》，科学出版社 1955 年版，第 194—196 页表 9、第 196 页表 10。原表缺 1930 年各项数据；1931 年客车座位容积和货车载重量据该年《中华国有铁路统计总报告》补充。员工人数根据各年《中华国有铁路统计总报告》。

不过值得注意的是，三种车辆增加的幅度并不一致，机车的增幅明显高于客货车。机车数量的增幅达 54.0%，而客车、货车分别只有 49.6% 和 32.7%。实际运输能力的增幅差别更大。机车挽力的增幅达 63.2%，客车、货车的载运量增幅分别只有 38.5% 和 45.8%，即分别相当于机车的 60.9% 和 71.7%。而且在上述期间，此种差距呈现不断扩大的态势。这就导致机车牵引力的相对过剩和客货车载运能力的不足，在营运过程中表现为机车的大量空驶。据统计，列车公里与机车公里的比例一直在 100∶166 和

100:172 之间,即机车每牵引列车行驶 100 公里,自身要无效空驶 66—72 公里。更为奇怪的是,本来相对不足的客、货车,利用率也甚低,客车座位利用率只有 30%—50%;货车空车超过了 35%。[①] 这又反映出车辆编组、调配极不科学与灵活。所有这些必然制约铁路运输能力的实现和经营效益的提高。

具体到各条线路,受资金、债务诸种因素的制约,车辆等设备的分配也很不平衡。表 4-13 是平汉等 13 条国有铁路的车辆资产状况:

表 4-13　平汉等 13 条国有铁路车辆资产统计

1935 年 6 月

序号	铁路名称	通车里程（公里）	车辆资产	
			总额(万元)	每公里(元)
1	平汉	1319	3627.4	27501
2	北宁	1351	3793.2	28077
3	津浦	1105	3014.6	27281
4	京沪	330	1041.2	31552
5	沪杭甬	286	553.5	19353
6	胶济	453	1598.7	35291
7	平绥	877	2248.1	25634
8	粤汉	1243	1138.3	9158
9	陇海	1220	835.2	6846
10	正太	278	668.9	24061
11	广九	143	158.6	11091
12	南浔	128	110.8	8656

---

① 见 1935 年度《中华国有铁路统计总报告》。

序号	铁路名称	通车里程（公里）	车辆资产	
			总额（万元）	每公里（元）
13	道清	165	210.8	12776
	合计	8898	18999.3	21352

说明：原资料粤汉路分为粤汉南段、湘鄂、株韶等3段，陇海路分为陇海、汴洛、潼西等3段，已将其分别综合归并。

资料来源：据凌鸿勋：《中国铁路志》，台北世界书局1963年版，第130页综合计算改编。

　　表4—13中13条国有铁路，全长8898公里，共有车辆资产18999.3万元，平均每公里21352万元，这大致反映了30年代关内地区铁路车辆资产和设备的总体状况。但具体到各条线路，车辆资产多寡悬殊，按平均每公里计算，胶济、京沪路最多超过3万元，陇海、南浔、粤汉三路不到1万元，最高与最低相差5.2倍。一些线路车辆设备资产很少，主要是通车时间较晚，债务负担太重，后者更是制约车辆设备最主要的因素。资料显示，各路车辆资产数量同债务负担成反比。在13条国有铁路中，陇海、南浔车辆设备资产最少，债务负担也最重，两路债款总额分别相当建筑成本的180.6%和161.6%（详见表4-10）。因为沉重的债务负担，铁路无力购置应有的车辆设备，正常进行和扩大运输经营；而经营所得的有限收入，又只能首先用于还债，不能更新和添置设备、改善经营条件、扩大经营规模。清偿债务是正常经营的基本前提。某些线路一旦偿清债款，经营状况即大为改观。如1903年由法国贷款修建的正太铁路，到1932年，法国债款已经偿还完毕，利息负担极轻，1935年度只有90元的短期债款利息和139万元的政府官利。尽管它的工作效率在国有各路中

并不十分突出，但一些主要经济效益指标却名列首位。① 不过正太路只是个别情况，而且花了长达 20 年的时间才偿清债务。其他各路，债款不仅没有偿清，反而愈积愈多，甚至大大超过建筑成本。据统计，全国国有铁路债款余额，从 1927 年的 47592 万元增加到 1935 年的 57864 万元②，结果永无出头之日。残酷的债利盘剥是铁路营业正常进行的主要障碍。

铁路经营的主要范围和内容是旅客和货物运输，其他如渡船、电报、总机厂、广告、旅馆等，只占极小的一部分。客货运输中又以货运为主，客运次之。表 4－14 反映了这一时期的铁路客货运输及其变化。

表 4－14　历年国有铁路运输量及营业收入统计

1927—1935 年

项目 年份	运输业务量					营业收入			
	旅客周转量		货物周转量		运输 总产量 （万吨 公里）	客运 （万元）	货运 （万元）	其他 （万元）	小计 （万元）
	万人	万人 公里	万吨	万吨 公里					
1927	—	266321	—	266051	532372	4433	5343	175	9951
1928	—	235077	—	233600	468677	4797	5890	706	11393

① 据统计，在国有各路中，该路列车密度、运输密度分别列第 3 位和第 10 位，全员劳动生产率列第 5 位，而每万吨公里营业总收入、每万吨公里盈余、每公里最后盈余、人均盈余、人均净产值（国民收入）、成本收益率等，均居第 1 位，资产收益率居第 2 位（据 1935 年度《中华国有铁路统计总报告》有关统计表计算。全员劳动生产率即人均换算万吨公里生产量）。

② 据各年《中华国有铁路会计统计总报告·简要平准表》计算。

续表

年份 \ 项目	运输业务量					营业收入			
	旅客周转量		货物周转量		运输总产量（万吨公里）	客运（万元）	货运（万元）	其他（万元）	小计（万元）
	万人	万人公里	万吨	万吨公里					
1929	—	318329	—	249698	568027	6845	8027	688	15560
1930	—	475609	—	347723	823332	5966	7140	104	13210
1931	—	434005	—	445747	879752	6191	7646	1203	15040
1932	4282	345058	2606	445661	790719	5556	8032	152	13740
1933	4586	403037	2708	477095	880132	6079	8131	625	14835
1934	4565	405772	3296	626700	1032472	6085	9929	738	16752
1935	4692	434885	3436	648880	1083765	6243	10253	613	17109

说明：资料时间，1934、1935年系年度，其余为年份。

资料来源：各年《中华国有铁路会计统计总报告》、《中华国有铁路统计总报告》以及严中平等编：《中国近代经济史统计资料选辑》。旅客周转量、货物周转量据《中国近代经济史统计资料选辑》表21，并补充1930年和1933年数据。运输总产量按旅客周转量与货物周转量1:1简单换算加总。客运收入，根据"各路营业进款细别表"中的"进—1"和"进—2"。货运收入，根据"各路营业进款细别表"中的"进—3"和"进—4"。其他收入据"各路营业进款细别表"总计项，并减去陇海路建筑费。

1927—1935年的9年间，国有铁路的运输量和营业收入都有较大幅度的增长，运输总产量从532372万吨公里增至1083765万吨公里，增长103.6%，年均递增9.3%；营业收入从9951万元增至17109万元，增长71.9%，年均递增7%。在时间上，以1931年为界，明显分为前后两段。前段增幅较大，运输产量和营业收入分别增长69.0%和51.1%；后段因"九一八事变"后东北沦陷，包括北宁路关外段在内的东北国有铁路同其他铁路一齐丧失，东北同关内地区的铁路运输基本中断，铁路运输产量和营业收入随之下降，1933、1934 年后才逐渐恢复，但后段增幅已大大缩小，分别只有 23.1% 和 13.8%。旅客运输和货物运输比较，旅客运输前后两段发展趋势的差异更加明显。1927 年前后至 1931 年"九一八事变"前的几年间，关内每年上百万人前往东北种地、佣工谋生，大多春往秋返，且数量不断增加。他们在铁路客运中占了不小比重。"九一八事变"后，关内往东北移民基本消失。与此相联系，铁路客运量在"九一八事变"前的增长，1930 年达于高峰。1932 年陡降，此后稍许恢复，但未能达到 1930 年的水平。货物运输前后两段的变化差异，不如旅客运输突出。"九一八事变"后货物周转量下降幅度轻微，并较快恢复。9 年间的增加幅度，货运也明显大于客运。客运周转量及营业收入增幅分别只有 63.3% 和 40.8%，而货运达 143.9% 和 91.9%，分别超过前者 1 倍以上。前段客货运输的较大增长发生在 1929—1930 年间，这可能与同期北宁铁路局将车务、机务两处合并为运输处的管理机构改革有关。在后段，货运的较大增长出现在 1933—1934 年间，这大概是铁道部实行"货车负责运输"制度的结果。

客运、货运在铁路运输中各自所占比重，货运一般略大于客运，但不同时段互有消长。这一时期，由于货运增幅远大于客运，货物周转量及营业收入在铁路运输中所占比重持续升高，分别从 1927 年的 50.0% 和 53.7% 升至 1935 年的 59.9% 和 59.9%，客运相应从 50.0% 和 44.5% 降至 40.1% 和 36.5%（见表 4—15）。货运在铁路运输中的重要性上升。

表 4-15　国有铁路运输货物类别及其比重

1932—1935 年　　　　　　　　　　　货物总量 = 100

年份	货物总量（千吨）	工矿产品				农林牧产品						其他	
		制造品		矿产品		农产品		林产品		畜产品			
		千吨	%	千吨	%	千吨	%	千吨	%	千吨	%	千吨	%
1932	26065	3113	11.9	14136	54.2	3374	12.9	527	2.0	379	1.5	4536	17.5
1933	27076	2994	11.1	13712	50.7	3638	13.4	469	1.7	405	1.5	5859	21.6
1934	32959	3529	10.7	16869	51.2	5820	17.6	478	1.4	484	1.5	5778	17.6
1935	34364	3812	11.1	18169	52.9	4923	14.3	432	1.3	519	1.5	6509	18.9
总计	120464	13448	11.2	62886	52.2	17755	14.7	1906	1.6	1787	1.5	22682	18.8

说明:资料时间,1932、1933 年系年份,其余为年度;"其他"项包括政府材料、铁路（他路和本路）自用材料。因 1933 年份与 1934 年度的数据有 6 个月的差额,故本表"总计"仅为计算比重的方便,并非逐月加总的准确数据。

资料来源:据严中平等编:《中国近代经济史统计资料选辑》,第 213 页表 27 综合改制。原单位为公吨（吨）,现改为千吨,千以下四舍五入。

　　铁路运输的货物主要包括工矿产品、农林牧产品和其他等三部分。全国铁路历年运输货物情况,资料不全,据表 4-15 所示,1932—1935 年间,国有各路载运货物年均 3012 万吨,工矿产品占 60% 以上,其中大部分是矿产品,工业（包括手工业）制造品仅占总量的 10% 左右;农林牧产品的比重不到 20%。这是近代中国工业不发达、农产品商品率低下在铁路运输上的反映。工农产品以外的其他货物亦接近 20%,与农林牧产品的比重相若,其中大部分是铁路（包括本路及他路）自用材料,约占总量的 14%。亦即铁路约有 1/7 的运输量是"自我服务"。这一状况既同这几年粤汉、陇海、浙赣等主要干线正在加速展筑有关,但也说明铁路的商业性运输业务相当狭小。

　　铁路载运货物的走向,因工业制造品大多来自国外,或由沿海口岸城市生产,多从沿海运往内地;农牧产品大多出口国外,多从内地运往沿海口岸。胶济铁路的运输是典型例子,据对 1928—1935 年胶济铁路主要货物发、到站别的调查统计,煤油、火柴、布匹、化肥、机器等工业品,绝大部分由青岛运往济南。有的虽然到站主要不是济南,但发站是青岛;或发站主要不是青岛,但到站是济南。花生、棉花、鸡蛋、麦、大豆等农产品则相反,除小麦外,几乎全部从济南运往青岛。[①] 粤汉、京沪、沪杭甬、浙赣、陇海、津浦、北宁以及平绥、平汉等路,货物走向也大致相似。

　　工农产品的这种运输对流,不仅货物流向和发站、到站刚好相反,运输距离亦大体相近,如表 4 - 16 所示,制造品和农畜产品的平均周转距离多在 200—230 公里上下。矿产品的运输里程较短,是因数量占矿产品绝大比重的煤炭主要供国内(包括铁路本身自用)消费,至于出口国外的矿产品,周转里程应与表中工业品、农牧产品大体接近。至于运行方向,大多和出口农产品相同。[②]

表 4 - 16　国有铁路各类运输货物周转距离

1925,1931—1935 年

年份	货物总量		工矿产品				农林牧产品						其他	
			制造品		矿产品		农产品		林产品		畜产品			
	万吨公里	每吨周转公里	万吨公里	每吨周转公里	万吨公里	每吨周转公里	万吨公里	每吨周转公里	万吨公里	每吨周转公里	万吨公里	每吨周转公里	万吨公里	每吨周转公里
1925	411132	—	49924	—	142166	—	85936	—	11954	—	10484	—	110668	—
1931	445747	—	71026	—	177246	—	89666	—	8218	—	11273	—	88318	—

　　① 参见严中平等编:《中国近代经济史统计资料选辑》,第 211 页表 28。
　　② 矿产品中,铁矿石和锑、钨、锡、铅、锌等有色或稀有金属,亦主要或全部供出口,也是从内地运往沿海口岸。

续表

| 年份 | 货物总量 | | 工矿产品 | | | | 农林牧产品 | | | | | | 其他 | |
| | | | 制造品 | | 矿产品 | | 农产品 | | 林产品 | | 畜产品 | | | |
	万吨公里	每吨周转公里	万吨公里	每吨周转公里	万吨公里	每吨周转公里	万吨公里	每吨周转公里	万吨公里	每吨周转公里	万吨公里	每吨周转公里	万吨公里	每吨周转公里
1932	445661	171	64584	207	202876	144	79044	234	8165	155	8203	216	82788	183
1933	477096	176	65746	220	206347	150	83875	231	7930	169	8844	218	104353	178
1934	626700	190	77846	221	293207	174	132373	399	9200	192	10926	226	103148	179
1935	648880	189	87809	230	303043	167	117814	239	8239	191	12107	233	119868	184

说明:资料时间,1934、1935 年系年度,其余为年份;"其他"项包括政府材料、铁路(他路和本路)自用材料。

资料来源:据各年《中华国有铁路统计总报告》"各路载运吨数表"、"各路延吨公里表",并参考严中平等编:《中国近代经济史统计资料选辑》,第 211 页表 25、第 212 页表 26 数字。每吨周转公里由本表万吨公里除以表 4－15 同类货物数量得出。

从表面上看,上述工农产品对流,是一种往返均衡的铁路运输。其实不然,因为工业品价重质轻,而农产品和矿产品价轻质重,农矿产品的运输量大大超过工业品。如表 4－15、表 4－16 所示,无论货量还是周转延吨公里,前者均相当于后者的 4.5—5 倍。亦即内地往沿海城市的运输量大大超过沿海城市往内地的运输量。仍以胶济路为例,试看表 4－17:

表 4－17 胶济铁路货物运输流向

1928—1935 年 单位:吨

| 年份 | 青岛 | | | 济南 | | |
	发货量(A)	到货量(B)	A/B(%)	发货量(A)	到货量(B)	A/B(%)
1928	5513	30129	18.3	53384	42725	80.0

续表

年份	青岛			济南		
	发货量 （A）	到货量 （B）	A/B （%）	发货量 （A）	到货量 （B）	A/B （%）
1929	6874	38564	17.8	68314	36140	52.9
1930	9645	35663	27.0	121803	36763	30.2
1931	20485	65628	31.2	146407	46124	31.5
1932	22544	73483	30.7	151699	78520	51.8
1933	20157	55511	36.3	168779	63231	37.5
1934	20294	49228	41.2	159332	43023	27.0
1935	13481	15649	86.1	54779	13712	25.0
合计	118993	363855	32.7	924497	360238	39.0

资料来源：据严中平等编：《中国近代经济史统计资料选辑》，第211页表28综合
计算改制。

　　青岛、济南是胶济路分别位于沿海和内地的两端终点站，青岛
发货全部运往内地，到货全部来自内地。发货量相当于到货量的
17.8%—86.1%不等，平均为32.7%。济南发货大部分运往青
岛、天津等沿海口岸，到货则大部分来自青岛、天津等沿海口岸，到
货相当于发货的25%—80%不等，平均为39%。据此估计，从沿
海口岸运往内地的货物可能不到内地运往沿海口岸的货物一半，
从而形成一种明显的不均衡对流运输。铁路大量货车空驶，除了
铁路自身管理体制和车辆调度方面的问题外，工农产品的这种不
均衡对流是其主要原因。

　　沉重的债务负担和残酷的利贷盘剥，无法合理配套的车辆设

备,落后、僵化的管理模式,不均衡的物资对流和运输周转,以上各种因素势必大幅增加铁路经营成本。除此之外,尚有政府官利。国民党政府规定,盈余中须提出一部分用作偿还债款和再投资于铁路(所谓"盈余提出增建产业")。这是属于政府的盈余再分配。再加上政府长期资金,构成所谓"属于政府资金"。因该项资金只能用于铁路,于是政府又从盈余中提出一笔数额相当于"属于政府资金"5%的"官利",其性质类似政府的投资利息和经办偿还债务的手续费,因而构成铁路经营成本的一部分。政府"官利"无异使本已高昂的铁路营运成本雪上加霜,以致全国国有铁路除个别年份外,无不亏损累累。表4-18反映了1927—1935年国有铁路经营成本与盈亏情况。

表4-18 国有铁路经营成本和盈亏统计

1927—1935 年 单位:万元

年份	营业收入		运输总成本					盈(+)亏(-)		收益率(%)	
	总收入	净收入	营业费用	岁计净支出	折旧费	5厘官利	小计	当年盈亏额	历年账面盈亏余额	成本收益率	资产收益率
1927	9951	3255	6696	2850	269	1569	11384	-1433	-4127	1.4	4.9
1928	11397	4345	7052	2694	380	1644	11771	-374	不详	12.5	6.1
1929	14854	5211	9643	2845	380	1962	14830	24	-4070	15.4	7.3
1930	13210	4071	9139	2775	192	1638	13744	-534	-5841	9.1	7.3
1931	15040	4976	10064	3656	303	1542	15565	-525	-8410	7.3	5.0
1932	13740	4032	9708	3851	900	1840	16299	-2558	-10763	-4.9	5.0
1933	14835	4225	10610	4210	283	1960	17062	-2227	-13268	-1.8	5.4

续表

年份	营业收入		运输总成本					盈(+)亏(−)		收益率(%)	
	总收入	净收入	营业费用	岁计净支出	折旧费	5厘官利	小计	当年盈亏额	历年账面盈亏余额	成本收益率	资产收益率
1934	16752	5679	11074	2894	283	1965	16216	536	−11647	17.6	6.5
1935	17109	6082	11027	2574	274	1997	15873	1236	−9573	23.3	6.8

说明：1. 资料时间,1934、1935 年系年度,其余为年份。

2. 净收入系总收入减去营业费用的差额。

3. 营业费用包括总务费、车务费、运务费、设备品维持费、工务维持费、互用车辆(租用对方车辆)等项。其中含有少量的折旧费。

4. 岁计净支出包括利息和税金。

5. 成本收益率,系盈余占总收入的比例;资产收益率,系净收入占账面资产的比例。

资料来源:根据各年《中华国有铁路会计统计总报告》、《中华国有铁路统计总报告》、本节各表计算。岁计净支出,根据"各路营业账及岁计账简要表"。政府5厘官利,根据"属于政府资金"(包括长期资金、盈余提出增建产业、盈余提出偿还债款等项)的5%计算,其中1933年度为估计数。账面历年盈余余额,根据各年"盈亏拨补表"计算,当年余额与上年余额的差额,就是当年盈亏发生额。成本收益率和资产收益率据"路线及设备品原价"(账面资产)和本表计算。

　　国有铁路的经营状况,以 1931 年"九一八事变"为界,大致分为前后两个阶段:"九一八事变"前,营业收入有较大增长,从 1927 年的 9951 万元增至 1931 年的 15040 万元,增长了 51.1%。1927 年亏损严重,但随后一度扭亏为盈;1930、1931 年再次亏损,不过尚未达到 1927 年的程度。成本收益率和资产收益率也都一度提升。1931 年"九一八事变"后,随着东北领土和铁路的损失,加上国内经济恐慌的爆发,铁路经营状况急剧恶化,营业收入下降,营业成本不减反增,亏损大幅加剧,1933、1934 年亏损总额达 4785 万元,相当于 1927—1931 年 5 年亏损额总额 2866 万元的 1.7 倍;

成本收益率和资产收益率双双下降,前者更出现负数。1934 年后,几条重要铁路干线相继展筑通车,全国经济逐渐复苏,铁路营业状况才开始好转,营业收入上升,成本下降,铁路运输转亏为赢。1935 年更赢利 1236 万元,达到历史最高水平。成本收益率和资产收益率也都超过或接近"九一八事变"前的水平。

　　这一时期的铁路运输经营,似乎在向好的方向发展,但各项经济指标显示,资金短缺、债负沉重、管理落后、车辆设备配置不当、生产效率低下等重大问题和缺陷,并未消除,甚至日趋严重。从整体上看,铁路运输始终处于低水平的负债经营状态。

表 4-19　中、美、日三国铁路各项营业支出占支出总额百分比

1927—1929 年平均,1935 年　　　　　　　　　总计 = 100

项目	中国		美国	日本
	1927—1929 年平均	1935 年	1927—1929 年平均	1927—1929 年平均
总务费	24.8	27.7	4.0	2.6
车务费	14.6	17.0	4.4	32.5
运务费	21.9	19.2	47.1	27.6
设备品维持费	19.88	21.3	24.8	9.9
工务维持费	18.5	16.9	19.8	18.5
车辆互用费	0.4	0.6	—	—
航务费	—	—	—	2.6
其他	—	—	—	6.5

资料来源:严中平等编;《中国近代经济史统计资料选辑》,第 199 页表 13 补充改制;中国 1935 年数字据 1935 年度《中华国有铁路统计总报告》相关数据计算。

　　经营成本方面,营业费用中,如表 4-19 所示,作为行政性开支

的总务费居首位,接近或超过总数的 1/4,直接用于客货运输的运务费,反居其次。这同美、日等发达国家总务费比例最小、运务费比例最大的情况形成鲜明对比。1935 年同 1929 年比较,情况不仅没有好转,反而每况愈下,而且其他营业支出中(如车务费、运务费、设备品和工务维持费等),都有各自的总务费,实际总务费开支更加庞大。其中占最大比重的是工资,据统计,1935 年度,员工工资约为5559 万元,占营业费用的 50.4%。[1] 相当于经营总成本的 35%。这充分反映国有铁路管理落后,机构臃肿,人浮于事,人力和资金浪费严重,从而大大提高了经营成本,降低了经济效益。

表 4－20 大体反映了这一时期国有铁路经营效益及其变化。

表 4－20　国有铁路运输收益和劳动生产率

1927—1935 年　　　　　　　　单位:元

年份	每营业公里总收入	每万吨公里营业收益			人均净产值（国民收入）	全员劳动生产率（吨公里）
		总收入	净收入	盈余		
1927	13625	186.9	61.1	3.2	—	—
1928	14110	243.2	92.7	27.1	—	—
1929	16929	261.5	91.7	35.0	—	—
1930	17068	160.5	60.4	13.4	—	—
1931	19555	190.2	56.6	11.5	353.3	6.7
1932	19744	173.8	51.0	－9.1	258.1	6.3
1933	20617	168.6	48.0	－3.0	229.1	6.9
1934	23073	162.3	55.0	24.2	417.8	8.0
1935	23118	157.9	56.1	29.8	447.4	8.4

说明:资料时间,1934、1935 年系年度,其余为年份。
资料来源:根据 1935 年度《中华国有铁路统计总报告》、本节各表计算。全员劳动
　生产率即人均运输总量。

---

[1]　见 1935 年度《中华国有铁路统计总报告》,表 48。

虽然每营业公里总收入呈缓慢递增趋势,但每万吨公里营业收益,包括总收入、净收入和盈余在内,只出现短暂增长。总收入在 1929 年达到高峰后,即大幅下降,1931 年后更逐年递减;净收入和盈余也分别在 1928、1929 年后逐年递减,1933—1934 年间虽有回升,但未恢复到 1929 年前的水平。人均净产值和全员劳动生产率缺 1930 年前的统计,1932—1933 年后有不同程度的增长,但从每万吨公里营业收益统计推断,应未达到 1929 年的水平。这意味着,运输收益总量的增长,主要依靠外延式扩张(如新建线路、增加资金、设备等)支持,工作效率和劳动生产率并无提高,甚至明显下降。

债务和官利更是经营费用外的沉重负担。经营总成本中的岁计净支出,绝大部分是支付各种债款利息。表 4-21 显示,每年支付的长短期债款利息,最少 2147 万元,最多 3885 万元,占铁路净收入的 35%—92% 不等。加上每年 1542 万—1997 万元的政府官利,两者合计超过 4000 万元,最少相当于净收入的 68%,还有 4年超过净收入,最高达 138%,9 年平均为 98.8%。亦即债款利息和政府官利已将铁路净收入基本吮吸干净,国有铁路运输已无盈余可言。

表 4-21　国有铁路长期债款和政府运输欠款统计

1927—1935 年　　　　　　　　　单位:万元

年份	营业净收入(A)	长短期债款利息余额和 5 厘官利(B)				A/B(%)	政府运输欠款(C)	最后盈(+)亏(-)
		长短期债款利息余额			政府5厘官利	合计			
		长债息款	短债息款	小计					
1927	3255	1794	680	2474	1569	4043	124	1041	-2474
1928	4345	1703	706	2409	1644	4053	93	1535	-1909

续表

年份	营业净收入（A）	长短期债款利息余额和 5 厘官利（B）					A/B（%）	政府运输欠款（C）	最后盈（＋）亏（－）
		长短期债款利息余额			政府 5 厘官利	合计			
		长债息款	短债息款	小计					
1929	5211	1888	739	2627	1962	4589	88	1466	1442
1930	4071	1886	693	2579	1638	4217	104	1622	－2166
1931	4976	2202	886	3088	1542	4630	93	1041	－1566
1932	4032	2367	1016	3383	1840	5223	129	840	－3428
1933	4225	2883	1002	3885	1960	5845	138	1478	－3705
1934	5679	2466	195	2661	1965	4626	81	1000	－464
1935	6082	1993	154	2147	1997	4144	68	1288	－52

说明：资料时间，1933、1934、1935 年系年度，其余为年份。

资料来源：根据各年《中华国有铁路会计统计总报告》、《中华国有铁路统计总报告》计算。长期债款年末余额，根据《简要平准表》的政府长期资金、抵押债券、其他有担保之债款计算。长期债款利息余额、短期债款利息余额，根据岁计账借贷细别表。政府官利，根据表 4—18。政府运输欠款，根据严中平等编：《中国近代经济史统计资料选辑》第 201 页《铁路营业进款总数中政府运输欠款的比重》，其中 1927 年政府运输欠款根据 1927 年《中华国有铁路会计统计总报告》补充；1933 年度政府运输欠款，根据《铁路营业进款总数中政府运输欠款的比重》表中 1934 年 1—6 月政府运输欠款数乘以 2 得出（原表为 1934 年 1—6 月数，为统一口径，改为 1933 年度即 1933 年 7 月—1934 年 6 月）。

　　问题尚不止此，实际情况还要严重。铁路的营业"总收入"、"净收入"都只是账面数字，并非现金实钱，其中很大一笔是永远无法收取的政府运输欠款，包括大量军事运输款。1927—1935 年，政府每年拖欠运输款为 840 万—1478 万元不等，平均 1257 万元，占营业总收入的 8.9%、营业净收入的 29.6%。

　　这样一来，铁路的实际亏损更为严重。如表 4—21 所示，1927—1935 年的 9 年中有 8 年亏损，1933 年最高达 3705 万元，相

当于净收入的 87.7%。8 年亏损总额为 15764 万元,平均每年
1970.5 万元。扣除 1929 年的盈余 1442 万元,每年仍亏损 1591.3
万元,占净收入的 37.4%。

这一时期,由于东北沦陷和铁路运输资源的丧失,世界经济危
机和国内经济恐慌的影响,中国铁路的经营环境已明显恶化,加上
铁路本身管理落后,机构臃肿,车辆设备未能合理配套,以及工农
产品的不均衡对流和由此形成的铁路不均衡运输,营业费用居高
不下,铁路的盈利和自我发展能力本已十分脆弱,盈余有限,往往
处于亏损临界状态,或虽有账面盈利,甚至有所增长,但实际效益
有限,甚至下降。在这种情况下,沉重的债务和官利负担,政府巨
额欠费,无异雪上加霜,使铁路长期处于严重亏损状态,不仅完全
窒息了原已十分脆弱的盈利和自我发展能力,也挫伤了广大铁路
员工的积极性,从而严重阻碍铁路运输和整个国民经济的正常
发展。

第二节　轮船航运业的发展变化与经营状况

1927—1937 年间,中国轮船航运业在主权、资源、资本结
构、管理制度、经营方式等方面都发生了重大变化。东北地区在
中国航运业发展中占有重要地位,那里水域辽阔,海上和江河航
线众多,江河水深量大,有良好的海港及河港,航运资源丰富,
条件优越,但大部分被帝国主义侵占、垄断。20 世纪初,民族
轮船航运业才起步发展,到 20 年代后期,颇为兴旺。1931 年
"九一八事变"后,随着东北的沦陷,这一地区的航运企业和航
运资源,全部丧失,中国轮船航运业遭到巨大损失和打击。关内
地区的航运业也有变化,中外之间、列强各国之间的航运力量,
互有消长,中国航运力略有增强,国民党政府在"清理"、"整

顿"的旗号下，将国内最大的航运集团招商局收归"国营"，以加强对轮船航运业的控制。民族资本航运业也有所发展，全国轮船和吨位数量逐年递增，水上运输结构继续发生变化，帆船运输进一步被轮船运输排挤和取代。航业管理、技术设备、人员构成、经营方式亦有改进，并收回了部分航运主权和管理权。川江民族航运业的整合和发展，更是形势喜人。由于民生公司的不断成长壮大，初步遏制了外国势力在长江航线特别是中上游航线迅猛扩张的势头。不过就全国而言，中国轮船在进出口中国通商口岸的中外船只中，只占很小的比重，鹊巢鸠占、喧宾夺主的基本格局仍未改变。

一、东北轮船航运业的艰难起步与日本的劫夺

在中国近代轮船航运业的发展历程中，1927 至 1937 年是一个相当重要的时期。尤其是日本帝国主义对东北的侵占，对东北航运资源、航运企业的掠夺，由此对全国航运业和全国经济造成的损失，无以估量。

东北地区原本航运资源丰富，条件优越，但大片领土和航运资源被列强鲸吞、蚕食和侵占、垄断，民族灾难深重。同国内其他地区相比，民族轮船航运业的发展更加困难，道路更加崎岖。在北部，19 世纪 50 年代后期，沙皇俄国乘第二次鸦片战争和中国国内太平天国战争之机，大肆武装入侵，迫使清政府先后签订《瑷珲条约》和《北京条约》，将中国黑龙江以北外兴安岭以南 60 多万平方公里的领土、乌苏里江以东至海 40 万平方公里的领土——两者共 100 多万平方公里的领土掠走。黑龙江和乌苏里江不仅由中国内河变为中俄界河，而且禁止中国在两河航运。1900 年"八国联军"侵华期间，沙俄占领东北全境，将其划为独占"势力范围"，进而禁

止中国船商在内河松花江行驶,而沙俄在"三江"航行的轮船最多达500艘,"三江"航运完全被俄国轮船商独霸。在南部,先是日本帝国主义在甲午战争期间,占领李鸿章经营了20年的海军良港旅顺口,迫使清政府签订《马关条约》,割让辽东半岛;继而沙俄借干涉归还辽东半岛有功,1897年占领旅顺,使其成为俄国太平洋舰队基地。次年3月迫使清政府签订《旅大租地条约》,强租军港旅顺口、商港大连湾25年。

1905年沙俄在日俄战争中失败,被迫退缩东北北部地区,南部地区让与日本,成为日占"势力范围",旅顺、大连、金县及周围岛屿一大片领土,更被日本作为俄国"资产"和"战利品"径行"接收"和强占。以良港大连为中心的航运业,自然由其独霸。从1906年开始,日本至大连的航线正式纳入由日本政府给予财政津贴的"命令航路"行列,经营这一航线的日本大阪商船会社,每年接受日本政府津贴14万日元。①

第一次世界大战期间,日本趁欧美各国无暇东顾之机,加速扩张在大连和东北的航运势力。除1912年在大连创办辽东汽船会社外,1915—1918年,先后成立大连汽船(1915)、大连东和汽船(1916)、长春运输(1918)、山东运输(1918)等4家轮船公司。其中以大连汽船、大连东和汽船规模最大,资本额分别达200万日元。② 大连汽船会社航行大连——上海及海上其他航线,控制了大连与日本和中国关内的海上运输。据记载,1931年时,日本在大连港的船只、吨位最多,分别占17个国家与地区总数的67.6%

---

① 汪敬虞主编:《中国近代经济史,1895—1927》上册,人民出版社2000年版,第684页。

② 裕孙:《日人在华事业之现状》,《银行周报》1921年10月4日第5卷第38号,第15页。

和64.2%。^①同时,在内河运输方面,日本向北部"三江"航线大力扩张,上述长春运输会社,即航行于"三江"航线。日本又通过日俄合办、中日合办等形式,在松花江下游办起了一批运输组合或汽船公司。^②东北另一重要港口营口,自1861年牛庄开埠后,其航运则长期为英商太古洋行所垄断。

由于大部分航运资源和市场被帝国主义列强瓜分、掠夺,外部环境恶劣,东北民族轮船航运业的产生,时间较晚。直至1906年,黑龙江将军程德全才以官银7万两,成立呼兰轮船局,购船2只,从事哈尔滨至呼兰的短线航运。这是松花江和东北民族轮船航运之始。1909年在营口成立的内港轮船公司,是东北首家商办轮船公司,资本100万元。在这前后成立的还有松花江官办轮船总局、吉林官船局以及先登、镜波、振兴、利国等商办轮船公司,但规模都比较小。

19世纪末叶后,随着东北的加速开发,关内每年有几十万甚至上百万人出关谋生,大多春往秋返,不少从山东渡海前往。这一巨大商机被太古轮船商独霸,票价亦因垄断而居高不下。有鉴于此,1910年有三名鲁籍商人筹集资本15万元,在营口开办肇兴轮船公司,专行营口—山东龙口线,载运出关劳工,结果颇获盈利,公司规模不断扩大,先后购船10余艘,代理其他公司轮船20余艘,共计30余艘。到1920年,资本增至150万元^③,10年间扩大了10

---

① 张福全:《辽宁近代经济史》,中国财政经济出版社1989年版,第269—270页。

② 《东北沦陷十四年史研究》第3辑,黑龙江人民出版社1996年版,第123页,转见刘信君、霍燎原主编:《中国东北史》第6卷,吉林文史出版社1998年版,第260页。

③ 《交通史·航政篇》第1册,交通部铁道部交通史编纂委员会1931年版。

倍。1920、1922年又成立了营口商船、营口大通兴两家公司，分别有资本50万元和100万元。总公司设于烟台的政记轮船公司，在大连、安东、营口设有分公司，1925年得到东北地方政府支持，由张学良、杨宇霆、张作相、吴俊陞等发起，添招新股200万元，将其改为官商合办。①

1917年俄国十月革命后，沙俄轮船商独霸黑龙江、乌苏里江及松花江航权的局面终结，东北民族航运业的发展条件略为改善，航运业的发展随之加速。1918年，成立于哈尔滨的戊通轮船股份有限公司，有资本200万元，轮船50余只，航行于松花江和黑龙江，是东北最大的航运公司，民族轮船航运业已初具规模。1920年后，黑龙江流域航线扩大，黑龙江上游可达西口子，下游可从伯力抵庙街，直达入海口；乌苏里江从三江口可上至虎林县。公司航线遍达"三江"上下游，打破了俄国轮船商对"三江"航运业一统天下的局面。戊通公司又在沿途修建了分公司的事务所、代理处及货栈、码头，在圈儿河设有船坞机器厂及材料处。1921年公司改为官商合办，发展势头不错。

20世纪20年代初，东北民族航运业因苏俄阻挠和戊通亏损倒闭，一度受挫：1923年6月，因中国政府未承认苏俄政府，苏俄阻止中国轮船驶抵伯力，并将在三江口航行的中国轮船扣留，直接阻碍东北民族航运业的正常营运和顺利发展。② 戊通公司虽凭借创办者和股东的特殊身份、地位，享有多种特权和优惠，但因管理腐败，经营不善，连年亏损。延至1925年，公司最终破产倒闭。这

---

① 刘信君、霍燎原主编：《中国东北史》第6卷，吉林文史出版社2006年版，第241页。

② 后经交涉，虽将轮船放回，并允许中国轮船开往伯力，但因伯力商业萧条，捐税苛重，中国轮船很少开往伯力（参见刘信君、霍燎原主编：《中国东北史》第6卷，第239—240页）。

对东北轮船航运业也是一个打击。但其后黑龙江航运问题经谈判解决，倒闭的戊通公司收归官办，重振旗鼓，东北轮船航运业又现生机。

1922—1928 年间，黑龙江省黑河道尹代表中方与苏方连续举行 6 次例会，就共同管理黑龙江航道问题签署了有利于航运业发展的协议。同时，为打击日本勾结沙俄残余势力排挤中国航运业，1923 年，东北地方当局下令禁止一切外国轮船在松花江流域行驶，扫除了东北轮船航运业发展的一大障碍。1925 年，奉天督办公署以 160 万元的价格收购破产的戊通公司，改组成立东北航务局，经过内部整顿，营业大有起色，使松花江航运业获得新的发展。1926 年秋，东北地方政府又将禁运二年的中东路局原有在哈尔滨的 11 艘轮船、30 艘拖船及路局航运处其他财产全部接收，改组为东北海军江运部，加入东北航务局的航运营业[1]，业务扩大，盈利上升，1927 年盈余 300 余万元。[2]

这时"三江"官办航运业，除了东北航务局和东北海军江运部，还有松黑两江邮船局、广信航运公司等。为发展业务和避免同业恶性竞争，1927 年 4 月，由海军江防舰队联合东北航务局、东北海军江运部、奉天航业公司、双合盛、东亚轮船账房、滨江储蓄会航船部、沪滨航业处等 7 家航运公司，在哈尔滨组成东北联合航务局，计有轮船 49 艘、拖船 69 艘，占松花江航界全部航船的半数。航线亦进一步扩大。松花江下游自哈尔滨可北至三江口，西至齐齐哈尔，中游自吉林北至陶赖昭和新城，南至阿什哈达。嫩江流域

---

① 哈尔滨市档案馆编：《哈尔滨经济资料文集》第 3 辑，第 295—296、300—301 页，转见《中国东北史》第 6 卷，第 240 页。

② 王洸：《中国航业》，商务印书馆 1934 年版，第 9 页。

可自嫩江南至大赉。① 1928 年 3 月,根据航务局董事会决议,取消修船课,以航运局和江运部原江北船坞及机器厂为基础,成立东北造船所。造船与运输并肩发展,"航业愈臻发达"。② 1931 年 2 月,"三江"航业界又联合组成"哈尔滨官商航业联合局",推选东北海军司令沈鸿烈为董事长,进一步强化了东北航运业的整合和垄断。③

1931 年,松、黑两江流域共有官、商航运公司 41 家,轮船 102 艘,拖船、风船 139 艘,总容量 561.71 万普特。其中官办公司 4 家,有轮船 41 艘,拖船、风船 61 艘;商办公司 37 家,有轮船 61 艘,拖船、风船 78 艘。④ 运输货物主要有粮食、煤炭、木材、五金、纺织品及畜产品、渔产品等。东北民族轮船航运业进入了自产生以来的最好状态。然而,这一切都不过是为人做嫁衣。

1927 年,日本田中内阁上台后,加快了对中国的侵略步伐,发动军事侵略、武装占领东北被提上日程,而港权、航运的掠夺、扩张是重要的前期准备。因此,《田中奏折》明确提出,鉴于大连为东北、蒙古地区的货物吞吐中心,有 15 条定期航线,每年出入的船只达 7200 艘、1116 万余吨,占该地区贸易的七成;大连输出的豆类、豆饼,不仅同时是日本和中国关内地区重

---

① 刘信君、霍燎原主编:《中国东北史》第 6 卷,第 240—241 页。

② 张向凌主编:《黑龙江历史编年》(修订本),黑龙江人民出版社 1989 年版,第 470、477 页;王洸:《中国航业》,第 9 页。

③ 这种整合和垄断,一方面缓和与避免了行业内部的恶性竞争,有利于航运业的发展;另一方面,整合导致价格垄断,运费提高,损害了其他商人和广大农民的利益,激起他们的反抗〔张向凌主编:《黑龙江历史编年》(修订本),黑龙江人民出版社 1989 年版,第 509、511 页〕。

④ 黑龙江省档案馆藏档案 72—01—2910,第 560 页,转见《中国东北史》第 6 卷,第 241 页。1 普特(俄制) = 16.38 公斤。

要食品及肥料，欧美需求亦多，因此，应将东北的豆类直接运回日本精制，然后分别输往中国及其他各国；本溪、鞍山、抚顺的煤铁等，也要运回日本加工。这样一可救日本国内的失业者，二可杜绝关内往东北的移民潮，三可使中国无原料而不能学日本发展工业。要达此目的，必须以大连为中心，大力扩张海运，由政府和"满铁"提供低息资金，扩建大连汽船会社，按计划1928年先完成5万吨的轮船建造，扩大航运实力，再加上陆路"满铁"，牢牢控制东亚交通大动脉。同时夺取"安东、营口之港权及运输联络权"，水陆交通联合，以"大资本打倒"中国的帆船贸易。这样，由日本完全"统一满蒙贸易"，使中国乃至世界各国，"无不须仰我鼻息"。① 日本帝国主义对东北航权、航运和贸易侵略、扩张的狂妄野心暴露无遗。

1931年"九一八事变"后，东北全境沦陷，东北联合航务局和所有商办轮船公司，连同东北全部航运资产和资源，统统落入日本帝国主义之手。这些航运企业和资源又成为日本帝国主义对东北和全中国进行更大掠夺和侵略的工具。伪满洲国成立后，为了加强伪满和日占台湾之间的经济联系和经济互补，大连汽船会社船只往返两地更加频密，形成对关内地区经济的包围和遏制。在北部，日本侵略者依靠伪满的紧密配合和协助，顺利劫夺了"三江"航运企业和航运资源。1932年5月，伪满临时松花江水运委员会强行接收东北水道局、东北航务局、东北海军江运部、广信航运处、东北造船所、松黑两江邮船局，首先控制松花江航运。② 8月，日本

---

① 《田中义一上日皇奏章》，见章伯锋、庄建平主编：《抗日战争·从九一八至七七》第1卷，四川大学出版社1997年版，第37—38、25页。

② 张向凌主编：《黑龙江历史编年》（修订本），黑龙江人民出版社1989年版，第529页。

关东军司令本庄繁与伪满"国务院总理"郑孝胥签订《满洲国铁路、港湾、水路、航路管理及新线修建管理协定》,将港湾、水路、航路等一切航运资产、资源和铁路一起,全部交给关东军,再由关东军委托满铁经营。① 1933 年 2 月,伪满与满铁签订《松花江水运事业委托经营纲目契约》,利用"九一八事变"前夕官、商对东北航业整合的有利条件,将东北航务局、东北造船所、东北商船学校、广信航业处、松黑两江邮船局等,全部作为伪满"国有"资产移交满铁。② 满铁夺得了松花江水运事业及其附属事业的经营权,垄断了"三江"航运业。

二、全国轮船航运业的发展趋势与经营状况

从全国范围看,关内地区尤其是长江流域航线,仍然是列强各国渗透和争夺的重点地区,外国航运势力继续扩张。这一时期,除原有外国轮船公司外,在 1927—1930 年的短短 4 年间,又先后有意大利意华(1927 年)、美国德士古(1929 年)、泰美洋行(1930 年)等 3 家轮船公司成立。这些公司均以航行长江航线为主,列强在华航运势力益形强大,争夺愈加激烈,各国间的力量消长变化也更加明显。

国内民族轮船航运业的环境和情况比较复杂:一方面,列强各国航运势力加速扩张,中国民族航运业承受的市场压迫愈加残酷,而东北的沦陷,日本帝国主义的劫夺,更是中国民族航运业的浩劫;另一方面,各地抵制外货、反抗日本侵略的爱国民主运动持续

---

① 张向凌主编:《黑龙江历史编年》(修订本),黑龙江人民出版社 1989 年版,第 532 页。

② 张向凌主编:《黑龙江历史编年》(修订本),黑龙江人民出版社 1989 年版,第 540 页。

高涨,民族航运业的外部环境有所改善,国民党政府在航运业方面采取了某些措施,如对轮船招商局进行清理、整顿,收归国有,又成立管理机构,部分收回航运主权,增强航运技术力量等。这对国内轮船航运业的发展也是一种促进。

在这种情况下,国内民族航运业有较明显的发展。原有的一些轮船公司继续扩大,虞洽卿成立于 1914 年的三北轮船公司,到 1936 年已有轮船 22 只、42769 吨。航线除长江下游、沿海各线外,亦不定期航行南洋。同属虞洽卿的鸿安商轮公司,1936年的轮船数也达 25 只、12933 吨。再加上虞洽卿之子虞顺恩的宁兴轮船公司所属 5 只轮船、12148 吨,虞洽卿父子的三家轮船公司,共有资本 320 万元,轮船 52 只、67850 吨,成为国内实力仅次于招商局的第二大航业集团。[①] 以北方航线为主的政记轮船公司,在 1920 年改组以后,逐年添置轮船,1936 年时,有轮船 24 只、39168 吨,其规模仅次于招商局和三北集团。[②] 1925年成立的民生轮船公司,更是经营有方,快速成长,堪为民族轮船航运业的典范。也有一些小公司开始合并,如 1931 年,经营上海闵行—浙江平湖航运的闵南轮船局和大利轮船公司实行联营;[③] 1928 年绍兴大华、下江、临绍三公司合并;1932 年,杭

[①]　上海市轮船业同业公会编印:《航业年鉴》(第二回,1937 年),1937 年 8 月版,第 259 页;高廷梓:《中国航政建设》,上海商务印书馆 1947 年版,第 21、22 页。

[②]　但该公司与日本关系密切,轮船多由日本制造,船员亦多为日本人。1931 年“九一八事变”前后,日本对之拉拢利诱,该公司为获得经营上的便利,亦多迁就。这种关系虽促成公司短期发展,亦成为日后之祸。抗战胜利后,该公司终因“以轮船资敌,被控解散”〔《航业年鉴》(第二回,1937 年),第 263 页;高廷梓:《中国航政建设》,1947 年版,第 25 页〕。

[③]　《上海县志》,上海人民出版社 1993 年版,第 768—769 页。

诸、钱浦、永安三公司合并，组成杭钱永三联客运公司；同年，杭州临绍、大华（下江）两家轮船公司联营；等等。这些公司通过合并或联营，扩大了资本和经营规模。①

在原有轮船公司发展、扩大的同时，各地新的公司不断产生，轮运企业大幅增加。中国南北航运中心上海，沿海航运方面，从1901年通裕航业公司成立起，到1937年，共有轮船公司34家，其中14家是1927年后成立的；内河轮运方面，1912年有大小企业55家，1936年增至270家，有轮船314艘，航线数十条，其中上海本地企业69家。②上海县境，30年代前，仅有2家轮船公司经营闵行至平湖一条航线，1931—1932年前后，10多家新公司接踵产生，通航地亦从平湖增至杭州、湖州及上海、南汇各埠。到1937年，行经县内各镇的轮船公司达22家，有15条航线、34条客运班轮。"班轮多，班次稳定，一时水上客运极为兴旺"。③水乡苏州，1927—1937年，同样是轮船航运业的"兴盛时期"，新的轮船局"纷纷开业，轮船四通八达，连一些偏僻的小镇都已通航"。到1937年，以苏州为中心的航线达42条，有轮船公司63家，小轮船77艘。④浙江的内河航运业也在加速发展，轮船企业明显增多，杭州先后有大华航业股份有限公司（1927年）、翔安轮船局（1928年）、大华（下江）轮船公司（1928年）成立，经营钱塘江、萧绍内河航运。⑤1928年绍兴有卓章、德兴两轮船公司的成立，1929

---

① 《绍兴市志》第6卷，交通·水路交通，浙江人民出版社1996年版，第501—502页；《杭州市志》第5卷，交通篇，中华书局1997年版，第411页。

② 《上海通志》第28卷，交通运输（上），上海人民出版社、上海社会科学院出版社2005年版，第3907、3912、4027—4028页。

③ 《上海县志》，上海人民出版社1993年版，第768—769页。

④ 《苏州市志》第8卷，交通运输，江苏人民出版社1995年版，第534页。

⑤ 《杭州市志》第5卷，中华书局1997年版，第408—411页。

年有诸暨永安、嵊县通济、上虞永济三家轮船公司的成立。① 在北方，山东青岛，1937 年共有从事海运的大小轮船公司或船行 18 家，除裕盛船行和政记轮船公司外，都是 1927—1932 年间设立的。②

湖北的情况有所不同。航运业的发展，是以商营航运企业官有化、省营航运业迅速扩大的形式出现的。国民党政府成立后，湖北省当局加强了对航运业的管理和收并。1927 年省航政局在接管海关理船厅事权之际，便将商营武汉轮渡收归官营，开始了省营航运。到年底，航政局改为航政委员会，次年春复改为建设厅航政处，统一管理全省航政。随后，不断接收、兼并小型商营轮船公司，逐步壮大省营航运力量。1934 年 2 月，省政府颁布《整理省境内河商轮办法》，决定将省境内河商船收归建设厅航政处代管经营。至 1936 年，代管的商船已达 115 艘。不久，省政府又决定对代管商轮实行合营，进一步加强了官府控制和商轮的官有化。同时，也强化了省内航运业的管理和规划，加快了航运业的发展。到 1937 年日本全面侵华战争爆发前夕，在汉口经营的各种轮船、驳船达 321 艘，航线增至 68 条，其中上江 21 条，下江 22 条，汉江 16 条，汉湘 9 条，武汉三镇 9 条。湖北全省航业发展高峰时，有营运轮船 469 艘，航线延至 7000 多公里。③ 民营航运业急剧衰微，但全省航运业的发展还是明显的。

---

① 《绍兴市志》第 6 卷，交通·水路交通，第 501 页。

② 《青岛市志·交通志》，新华出版社 1995 年版，第 319—322 页。

③ 皮明庥主编：《近代武汉城市史》，中国社会科学出版社 1993 年版，第 432 页；《湖北省志·交通邮电》，湖北人民出版社 1995 年版，第 24—27 页；章开沅等主编：《湖北通史·民国卷》，华中师范大学出版社 1999 年版，第 309 页。

这一时期,全国各地(主要是关内地区)新设立的轮船公司,总数可能多达数百家,惜无全面、精确的统计数字。表4-22是根据一些零散资料综合编制而成,部分反映了1927年后新建轮船公司的一些情况。

表4-22 1927年后新建民营轮船公司情况要览

1927—1937年

序号	公司名称	公司地址	创办年份	创办人	资本额（万元）	轮船数	
						船只	总吨
1	大华航业股份有限公司	杭州	1927	童铎等	17.5	6	
2	华盛臣轮局	温州	1927		11.3	2	1158
3	同德轮船局	上海	1927			1	2662
4	振安经理轮船公司	上海	1927			2	2046
5	台州信托航业公司	上海	1927			1	1524
6	益利轮船公司	上海	1927			1	1056
7	中国合众航业公司	上海	1828	朱志尧等	30.0	3	
8	新华轮船行	上海	1928	黄静泉		4	26900
9	济平轮船股份有限公司	上海	1928		8.0	1	3047
10	穿山轮船公司	上海	1928			1	1040
11	永安轮船局	武进	1928			3	
12	英记行	青岛	1928		2.5	6	
13	同济轮船股份有限公司	青岛	1928		2.37	1	

续表

序号	公司名称	公司地址	创办年份	创办人	资本额（万元）	轮船数	
						船只	总吨
14	翔安轮船局	杭州	1928	潘翔升等	2.0	3	
15	大陆航业股份有限公司	上海	1929	林熙生等	50.0	4	8031
16	大振航业股份有限公司	上海	1929		50.0	3	4691
17	馀隆轮船股份有限公司	上海	1929		5.0	1	1990
18	利民轮船局	常州	1929			8	
19	天津航业公司	天津	1929	金城银行等	25		
20	长记船行	青岛	1929		0.5	5	1754
21	永安船行	安东	1929			6	14000
22	海外贸易轮船公司	营口	1929			1	10000
23	青岛肇兴轮船股份有限公司	青岛	1930		150	5	
24	梅记栈	青岛	1930		4.2	2	
25	中太轮船局	上海	1930			2	10095
26	福宁轮船公司	上海	1930			4	3822
27	中威轮船公司		1930	陈顺通等	30.0	4	12033.85
28	华宁轮船局	上海	1931	庄惠伯	14	1	1950
29	泰昌祥轮船行	上海	1931	顾宗瑞		2	
30	公济轮船公司	上海	1931	孙韫山	10	1	1512.74
31	民新轮船股份有限公司	上海	1931	王时新等	10	1	1600

续表

序号	公司名称	公司地址	创办年份	创办人	资本额（万元）	轮船数 船只	轮船数 总吨
32	华胜轮船股份有限公司	上海	1931	义泰兴煤号等	12	1	3500
33	永亨轮船行	上海	1931	顾宗瑞等		1	1195
34	顺安轮船公司	上海	1931			1	1455
35	刘正记轮船公司	厦门	1931			1	1073
36	杭州永安轮船公司	杭州	1931	孙锡筠	2	2	
37	华商轮船公司	上海	1932			2	5405
38	华胜轮船公司	上海	1933	沈锦洲等		4	11898
39	恒泰轮船公司	上海	1933			1	1159
40	昭利轮船公司	上海	1933			1	1556
41	志新轮船局	常州	1933			6	
42	福运轮船公司	镇江	1933	朱干臣		15	
43	广东航业公司	广州	1933	建设厅等	20.0		
44	合兴公司	桂平	1933		1.0	1	
45	中国合众码头仓库股份有限公司	上海	1934	朱志尧	20	2	
46	美成航业	梧州	1935		3.0	1	
47	两广船务	梧州	1935		1.0	8	
48	福兴航业	梧州	1935		1.2	1	
49	中国航运公司	上海	1936	董浩云等		7	70000
50	新商佩记轮船局	常州	1936			4	
51	永余航轮总局	常州	1936			5	

续表

序号	公司名称	公司地址	创办年份	创办人	资本额（万元）	轮船数	
						船只	总吨
52	中兴轮船股份有限公司	上海	1937	中兴煤矿		13	46000

资料来源：1、14、36 据《杭州市志》第 5 卷，交通篇，中华书局 1997 年版，第 408—411 页，翔安资本额据国民党政府建设委员会调查浙江经济所编辑发行：《杭州市经济调查》，1932 年刊本，第 184 页；2 据《交通杂志》1931 年 1 月第 3 卷第 3 期，第 53 页；3、4、5、6、9、10、16、17、25、26、34、35、37 据《中国航业概观》，《交通职工月报》1936 年 5 月第 4 卷第 3 期，第 32—37 页；7、8、15、19、28、29、30、31、32、39、40、45、49、52 据《上海通志》第 6 册第 28 卷，上海人民出版社、上海社会科学院出版社 2005 年版，第 3910—3912 页；11、18、41、50、51 据《常州市志》第 2 册，中国社会科学出版社 1995 年版，第 647 页；12、13、20、23、24 据《青岛市志·交通志》，新华出版社 1995 年版，第 320—321 页；17、21 据《工商半月刊》1930 年 8 月第 2 卷第 15 号，第 7—8 页；22 据《海事》杂志 1930 年 5 月版第 3 卷第 11 期，第 92 页；27、33、38 据上海长江航运志编纂委员会编：《上海长江航运志》，上海社会科学院出版社 1997 年版，第 168—170 页；42 据《扬州市志》上册，中国大百科全书出版社上海分社 1997 年版，第 659 页；43 据《交通杂志》第 8 卷第 1 期，第 150—151 页；44、46、47、48 据广西统计局编印：《广西年鉴》（第二回，1935 年），第 739—740 页。

　　这一时期不仅新设立的轮船公司数量多，规模亦有所扩大，明显朝着大型化方向发展。据 1936 年对全国 500 总吨以上轮船业的调查，有成立年份记载的轮船公司 64 家，其中 1927 年以后成立的 42 家，有轮船 81 只、165114 吨，平均每只轮船 2038 吨。42 家轮船公司中，有资本记载的 24 家，资本总额 5785000 元，平均每家 24.1 万元，超过了 1921—1926 年的 18.6 万元。[①] 又据调查，1936 年中国有 5000 吨以上的大中型轮船公司 27 家，其中

---

　　① 参见许涤新、吴承明主编：《中国资本主义发展史》第 3 卷，人民出版社 1993 年版，第 169 页。

万吨以上的 14 家。除原有的招商局、政记、民生、三北、鸿安、宁兴等公司外,大部分是新成立的。1930 年后即分别有 5 家万吨以上的轮船公司成立,共有轮船 22 只、78358 吨,平均每只轮船 3561 吨①,表 4－22 所列 52 家轮船公司中,有资本记载的 26 家,资本总额 482.57 万元,平均每家 18.56 万元;有轮船和总吨位记载的 30 家,共有轮船 78 艘,总吨位 254189.6 吨,平均每艘 3258.8 吨,与上述统计基本相近或更高。这些说明公司规模和轮船吨位均明显扩大。

显然,1927—1937 年是中国轮船航运业发展较为快速的时期,中国轮船的船只、吨位均逐年增长。表 4－23 是中国这一时期中注册轮船的统计。

表 4－23　全国注册轮船历年增加比较表
1928—1935 年　　　　　　　　1928 年＝100

年份	轮船数		吨位数		该年增长数		历年增长数	
	只数	指数	吨数	指数	只数	吨数	只数	吨数
1928	1352	100	290791	100				
1929	1823	135	334404	115	471	43613		
1930	2792	207	415447	143	969	81043	1440	124656
1931	3273	242	497600	171	481	82153	1921	206809
1932	3456	256	577257	199	183	79657	2104	286466
1933	3577	265	624783	215	121	47527	2225	333992
1934	3802	281	668069	230	225	43286	2450	377278

---

① 《航业年鉴》(第二回,1937 年),第一编,上海市轮船业同业公会 1937 年刊本,第 259—265 页。

续表

年份	轮船数		吨位数		该年增长数		历年增长数	
	只数	指数	吨数	指数	只数	吨数	只数	吨数
1935	3985	295	718195	247	183	50126	2633	427404

说明:本表原注:"本表按国民政府在南京成立后来部注册轮船统计",由于存在有
　　些轮船公司没有注册的情况,统计可能低于实际数。

资料来源:《航业年鉴》(第二回,1937年)第一编,上海市轮船业同业公会刊本,
　　　　1937年8月,第202页。

如表4—23所示,全国注册轮船从1928年的1352艘、29.1万
吨增至1935年的3985艘、71.8万吨,分别增长了近2倍和近1.5
倍。与1927年前比较,这种发展速度也是较快的。1913—1924
年是1927年前中国轮船发展最快的时期,1913年中国轮船总计
894只、141055吨,1924年增加到2781只、483526吨,12年中平均
每年净增轮船157只、28539吨。[1]而1935年同1928年比较,8年
中平均每年净增轮船329只、53425吨,大大超过了1913—1924年
的速度。

中国轮船航运业虽然取得一定进展,但发展还很不平衡,在时
间上,这一时期的新建轮船公司大多在1927—1931年间,即日本
发动"九一八事变"、武装侵占东北和全国经济恐慌爆发前。
表4-22所列52家轮船公司中,成立于1927—1931年的达36
家,占总数的69.2%强。前述上海、杭州、绍兴、青岛等地,也是这
种情况。表4-23中注册轮船,1928—1931年,船只和吨位分别
增长142%和71%,1931—1935年仅增长22%和44%;在航线上,
基本上限于内河航运,前述一些航运业发展最明显的地区,如上海

---

① 参见汪敬虞主编:《中国近代经济史(1895—1927)》下册,人民出版
社2000年版,第2079页。

县、杭州、苏州、湖北以及川江等，都是内河航运。且其发展，多以排挤和取代帆船运输为代价。随着轮船航运业的扩大，帆船运输的生存空间越来越狭小，不断被淘汰。川江航线进入20年代后，帆船数量已急剧下降，到1926年已经消失。在广西郁江、西江的南宁—梧州航线，帆船数量也呈波浪式下降趋势。从1926年的221只、8064吨，降至1928年的84只、2976吨，到1930年仅余22只、837吨，只剩一个零头。① 至于远洋航运，则依然十分薄弱，不仅比不上内河航业，甚至不如1913—1924年的发展。据1936年对全国百吨以上注册轮船的调查，仅有30余艘注明是"远洋"②，而实际航线限于东南亚和日本一带，且绝大部分为不定期航行。至于中美、中澳和亚欧三大远洋航线，依然是英、美、日、意、德、法、荷等国邮船的"专利"，中国根本无船航行。③ 究其原因，一是列强各国基础雄厚，实力强大，中国轮船航业难与争锋；二是列强轮船公司绝大部分有本国政府的经济资助，而中国航业尤其是远洋航业既不敢企望政府资助，又无力单枪匹马与列强航运势力竞争，只能任其独霸垄断。

外国航运势力在中国的扩张，中外之间、列强各国之间航运力量的消长变化，中国轮船航运业的发展变动的一般趋势，可以从各国船舶进出中国通商口岸的数量、比重及其变化反映出来。表4－24是这时期中外轮船进出中国通商口岸吨数和百分比的统计：

---

① 严中平等编：《中国近代经济史统计资料选辑》，科学出版社1955年版，第235页表12、第236页表13。

② 《航业年鉴》（第二回，1937年），1936年度全国百吨以上注册轮船录，第121—154页。1924年的注册远洋轮船为73只，非定期远洋航行的公司和轮船尚未计入（据《交通史·航政编》，第二册第三章）。

③ 《申报年鉴》（第三次，1935年），上海申报馆1935年版，第N45页。

表4-24　历年进出中国通商口岸中外船舶总吨位及百分比

1927—1937年　　　　　　　　　　　　　　单位:万吨

年份	合计	中国		外国									
				英国		美国		日本		其他		小计	
	吨数	吨数	%	吨数	%	吨数	%	吨数	%	吨数	%	吨数	%
1927	11621	2164	18.6	4026	34.6	558	4.8	3575	30.8	1299	11.2	9457	81.4
1928	15263	3652	23.9	5604	36.7	636	4.2	3907	25.6	1464	10.0	11611	76.1
1929	15466	2988	19.3	5793	37.5	665	4.3	4235	27.4	1785	11.5	12478	80.7
1930	15561	2920	18.8	5725	36.8	649	4.2	4563	29.3	1704	11.0	12641	81.2
1931	16001	3270	20.4	6056	37.9	618	3.9	4304	26.9	1753	11.0	12731	79.6
1932	13541	3389	25.0	5443	40.2	538	4.0	1978	14.6	2193	16.2	10152	75.0
1933	13738	3725	27.1	5822	42.4	535	3.9	2017	14.7	1639	11.9	10013	72.9
1934	14048	4115	29.3	5887	41.9	541	3.9	2014	14.1	1491	10.6	9933	70.7
1935	14398	4196	29.1	6001	41.8	479	3.3	2192	15.2	1520	10.6	10202	70.9
1936	14502	4417	30.5	5735	39.5	377	2.6	2491	17.2	1482	10.2	10085	69.5
1937	9004	2559	28.4	3611	40.1	206	2.3	1281	14.2	1347	15.0	6445	71.6

说明:1. 中外船只中包括在通商口岸登记的帆船,唯数量不大,其中又以中国船
　　为多。

　　2. 其他外国包括德国、法国、挪威、俄国等。

　　3. 1937年的数字中,不包括部分因战争关系未列入统计的口岸,如芜湖、南
　　京、镇江、苏州等。

资料来源:根据历年《关册》数字编制,百分比系本书计算。

1927至1936年（1937年统计不完整不做比较）,在中、英、美、日四个主要进出中国通商口岸国家中,总体上呈现中、英增加而美、日下降,即两升两降的态势。中国从1927年的2164万吨增加到1936年的4417万吨,净增2254万吨,翻了一

番多。在进出中外船舶总吨位中所占比重，从 18.6% 增加到 30.5%，增幅达 12 个百分点。英国从 4026 万吨增加到 5735 万吨，净增 1709 万吨，依然保持着中国水域航运业的霸主地位。但所占比重，增加不到 5 个百分点。美国从 558 万吨减少到 377 万吨，净减 179 万吨，降至微不足道的 2.6%。至于日本，这个靠甲午战争滋养和崛起的帝国主义国家，在争夺中国轮船航运势力的斗争中曾经十分凶猛。1895 年仅占 0.4% 的比重，此后则迅猛增长，1908 年后已稳占 20% 以上，并在此后的大多数年份在 30% 左右浮动，成为超过中国，与英国一起分霸中国航运业的两巨头之一。但在本期中，不断增长的势头受到遏制。从统计表看，日本从 1927 年达到顶点后即呈下降趋势，1932 年更是一大转折，所占比重较上年剧减 1/3，跌到 1908 年以来的最低点，比 1927 年的 30.8% 减少了一半多。此后几年也始终处于徘徊状态。这与 1931 年日本侵占东北后，所引发的全国性的抵制日货等抗日爱国运动有相当的关系。这期间其他外国航运势力所占的百分比则变化不大。

在中国轮船力量增长的同时，英国航运势力的净增数量也不少，因而中国与外国整体航运势力之间实力的差距，并没有实质的改变。中国领水中与 1927 年前一样，外国航运势力仍然占据着 70% 以上的比重，呈现鹊巢鸠占、主客颠倒的局面。而且，1925 年后由于军阀战争和强租、扣留轮船等因素的影响，轮船航运业日趋低落，1927 年达于谷底，直到 1932 年才恢复到 1924 年的水平。[①]

尽管如此，这期间中国轮运力量的增长速度还是出现了明显加快的迹象：一是 1930 年后中国轮船吨位数逐年递增。到 1936

---

① 1932 年中国轮船进出中国通商口岸为 33888168 吨，与 1924 年的 33288363 吨基本持平。

年,轮船吨位数比1927年增长一倍以上;二是中外轮船吨位数的净增量比较:1936年中外船舶总吨数位为14502万吨,比1927年净增2881万吨。这期间日、美两国吨位下降,其他国家变化不大,而中、英两国实际增长数为3963万余吨。其中中国2254万吨,占57%,在净增吨位和比重上,都超过了英国。另外,同单个国家比较,中国不仅超过此前多年压倒中国的日本,重新位居第二,而且缩小了与英国的差距。

这种趋势,同样体现在长江流域航线中外轮运力量的对比中。

长江横贯中国腹部,流经中国经济最为发达的地区,也是列强各国航运势力历来争夺最为剧烈的航线。从表4-25所列1928—1936年长江流域航线的中、英、日三国轮船载货量及其比重,可大致看出中国轮船航运业的演变情况。

表4-25 长江航线中、英、日三国轮船载货量比较表

1928—1936年

年份	航线	吨数（吨）	中国		英国		日本		其他	
			吨数	%	吨数	%	吨数	%	吨数	%
1928	合计	2139542	547791	25.6	952948	44.5	484856	22.7	153947	7.2
	沪汉	1697983	492903	29.0	722292	42.6	409738	24.1	73050	4.3
	汉宜	118458	10160	8.6	74505	62.9	33793	28.5	—	—
	汉湘	195757	36593	18.7	136331	69.6	22833	11.7	—	—
	宜渝	127344	8138	6.4	19820	15.6	18492	14.5	80897	63.5
1929	合计	1615272	322830	20.0	712111	44.1	446380	27.6	133948	8.3
	沪汉	1236516	279817	22.6	552084	44.7	354573	28.7	50042	4.0
	汉宜	95429	3659	3.8	50928	53.4	37704	39.5	3138	3.3
	汉湘	140480	30797	21.9	83678	59.6	26002	18.5	—	—
	宜渝	142847	8557	6.0	25421	17.7	28101	19.7	80768	56.6

年份	航线	吨数（吨）	中国		英国		日本		其他	
			吨数	%	吨数	%	吨数	%	吨数	%
1930	合计	1453567	239001	16.4	583155	40.1	482150	33.2	123200	8.5
	沪汉	1059320	197640	18.6	417058	39.4	380943	36.0	63679	6.0
	汉宜	89552	4545	5.1	46661	52.1	34777	38.8	3569	4.0
	汉湘	163059	26172	16.0	89382	54.9	47505	29.1	—	—
	宜渝	141636	10644	7.5	30054	21.2	18925	13.4	55952	57.9
1931	合计	1257085	308310	24.5	534833	42.5	292132	23.2	121810	9.7
	沪汉	916594	250918	27.3	398445	43.5	232716	25.4	34515	3.8
	汉宜	73455	5406	7.4	40209	54.7	23354	31.8	4486	6.1
	汉湘	130992	41996	32.0	63872	48.9	25124	19.1	—	—
	宜渝	136044	9990	7.3	32307	23.7	10938	8.0	82809	61.0
1932	合计	898980	295520	32.9	423673	47.1	87259	9.7	92528	10.3
	沪汉	606678	217060	34.7	291645	49.7	83985	13.4	13988	2.2
	汉宜	52051	7533	14.5	38270	73.5	2061	3.9	4187	8.1
	汉湘	114696	45869	40.0	67614	58.9	1213	1.1	—	—
	宜渝	125555	25058	19.1	26144	20.8	—	—	74353	59.5
1933	合计	1055948	362904	34.4	444180	42.1	102538	9.7	146326	13.9
	沪汉	736287	271195	36.8	304825	41.4	99687	13.5	60580	8.3
	汉宜	69100	9404	13.6	45493	65.9	1696	2.4	12507	18.1
	汉湘	105280	40075	38.0	64050	60.9	1155	1.1	—	—
	宜渝	145281	42230	29.0	29812	20.5	—	—	73239	50.5
1934	合计	1367513	470676	34.4	643678	47.1	189645	13.9	63514	4.6
	沪汉	1003027	355939	35.4	490328	48.9	156760	15.7	—	—
	汉宜	96246	12403	12.9	41754	43.4	26394	27.4	15695	16.3
	汉湘	151583	60218	39.7	86797	57.3	4568	3.0	—	—
	宜渝	116657	42116	36.0	24799	21.3	1923	1.1	47819	41.1

续表

年份	航线	吨数（吨）	中国		英国		日本		其他	
			吨数	%	吨数	%	吨数	%	吨数	%
1935	合计	1500750	480131	32.0	586200	39.1	291697	19.4	140148	9.3
	沪汉	1153550	369884	3.0	464347	40.2	213710	18.5	95609	8.3
	汉宜	52916	11162	21.1	11657	22.0	30097	56.9	—	
	汉湘	134430	40498	30.1	56700	42.2	37232	27.7	—	
	宜渝	159854	58587	32.0	53496	33.4	10658	67.0	44539	27.9
1936	合计	1854568	700370	37.8	640442	34.5	415862	22.4	97894	5.3
	沪汉	1408313	542667	38.6	468630	33.2	328005	23.3	69011	4.9
	汉宜	70131	12560	17.9	16670	23.8	40901	58.3	—	
	汉湘	181806	58406	32.1	93787	51.6	29613	16.	—	
	宜渝	194318	86737	44.6	61355	31.6	17343	8.9	28883	14.9

说明:1. 表中的数字,是长江流域各国代表性公司载货数字的总和。其中中国为招商局、三北、宁绍、民生四公司;英国为太古、怡和两公司;日本为日清公司。

2. 表中"其他"栏为美、俄、法等国轮船公司。

3. "汉湘"线只有中、英、日三国的轮船公司运行。

资料来源:据[日]浅居诚一:《日清汽船株式会社三十年史及追补》,昭和十六年(1941年)版,第106—107页统计表重新计算编制。

　　从表中可知,1928—1930年,长江航线沪汉、汉宜、汉湘和宜渝四条主要航段上,英国轮船所占载货量比重变化不大,日本逐年增加,中国则逐年下降。但从1931年开始,情况发生变化,中国轮船所占载货量比重除1935年略有减少外,均逐年增加,1931年即超过日本,1932年在日本大幅下降的情况下,更超过日本23个百分点。1936年甚至超过英国,跃居第一。在上海至汉口和宜昌至重庆的航段上增长尤为明显,1936年在这两个航段上都达到了第一,其中宜昌至重庆段接近总货运量的一半。显然,这种货运量的增加,与中国轮船航运实力的整体增强是分不开的。

这一时期,中国轮船航运业在航政管理和经营方面,发生了一些重大变化:

第一,成立了全国性的航业管理机构——航政局,部分收回了航业主权。长期以来,中国轮船公司成立、船舶检验、船舶证照颁发、船员及引水人验核、港务管理,以及沿海沿江航行工事的设立、修理等,均由外国人执掌大权的海关一手控制。不仅使国家主权旁落,而且执掌大权的洋员往往对华商进行刁难、压制,致使中国船只"出入于本国港湾,几若身处异国,而洋商之船舶,则反可通融办理,不受法律之限制,独得优越之地位"。其结果是"间接摧残本国航业,直接保护外国航业"。① 在有识之士的一再呼吁以及抵制外货、收回利权运动的推动下,自 1933 至 1934 年起,国民党政府收回了长期旁落的航业管理权,从海关手中收回了航业管理权,全国建立了交通部直属的上海、天津、广州、汉口和哈尔滨五大航政局,统管全国航政工作。②

同时,以"维持增进同业之公共利益及矫正营业之弊害,发展交通为宗旨"③的轮船业同业公会,也纷纷改组、扩充,上海、天津、青岛三市以及江苏、浙江、安徽、江西、湖北、湖南、四川、山东、福建、广东、广西等省相继成立的航业公会达 40 多个④,关内地区几乎所有轮船公司都是公会会员。航业公会在规范航业秩序、保护航商利益和促进航业发展等方面,都发挥了一定的作用。

第二,国人航业专业技术队伍加速成长,初步改变了外国人垄断航业高级职位的状况。长期以来,中国航业的高级船员和高级技术职位均被外国人把持,直到 1927 年,国内最大航业集团招商

---

① 王洸:《中国航业》,商务印书馆 1934 年版,第 102 页。

② 因东北已经沦陷,东北官、商航业企业和航业资源全部被日本侵略者劫夺,其中哈尔滨航政局既无航政可管,实际上也不存在。

③ 《航业年鉴》(第二回,1937 年),第二编,1937 年版,第 57 页。

④ 《航业年鉴》(第二回,1937 年),第二编,1937 年版,第 3—5 页。

局中除少数江轮改由华人任船长外,大部分江轮和全部海轮,船长全是洋人。① 这一方面使得海权旁落,轮船公司经济负担沉重②;另一方面,国内专业人才无以就业。民国后建立的吴淞商船学校,即因"经费奇绌","毕业生难筹出路",被迫于1915年2月停办。③1927年后,这种情况有所改变,华人高中级船员的数量有所增加。据统计,1936年颁发证书的甲种船员有108人,乙种船员567人。历年累计已有620人获得甲种证书,3419人获得乙种证书④,共计4039人获得高中级船员证书。吴淞商船学校亦于1929年复校,毕业生不仅谋职容易,且"有供不应求之势。"⑤

在引水方面,由于引水同国防关系密切,各国无不禁止外国人充当本国引水员。但中国在鸦片战争后,引水权即被列强攫夺,海关总税务司赫德更于同治六年制定"引水章程十条",导致引水权和航权一样旁落。这一时期,这种状况也有明显变化。1933年9月,国民党政府公布引水管理暂行章程,12月由财政、交通、参谋、海军四部共同组织引水管理委员会,以移转职权。后因外国人反对强烈,改由海关组织管理会,于1934年6月举行领江考试,及格者由海关分三等录用。据1935年的记载,在上海、汉口、天津、广州四个航

---

① 参见张后铨主编:《招商局史》(近代部分),人民交通出版社1988年版,第354页;朱荫贵:《论国家政权在中日近代化过程中的作用——中日近代海技自立的比较研究》,《中国经济史研究》1994年第2期。

② 如轮船招商局的情况是:"商局用途最巨者,莫如用洋人与用煤两宗"(聂宝璋:《中国近代航运史资料》,第一辑,下册,上海人民出版社1983年第一版,第1227页)。

③ 张心澂:《中国现代交通史》,第220—221页。

④ 《航业年鉴》(第二回,1937年),第一编,第67页。甲种证书获得者是指经过正规航业学校学习,考试合格,有资格担任二副和二管轮者;乙种证书获得者指未入航业学校学习,但有实际经验并通过考试者。

⑤ 《航业年鉴》(第二回,1937年),第一编,1937年版,第71、85页。

政局中,共有中国引水员402人,外籍引水员53人,中国引水员人数目已超过外国人。1936年,这四个航政局的中国人引水员人数达到621人,外籍引水员93人。① 中国引水权已部分收回。

第三,是水陆联运的扩展和新航线的开辟。水陆联运屡兴屡废,清末,邮传部曾组织铁路轮船联运,但为时甚短。民国后,水陆联运虽屡经倡议,但一直未能实现。1928年、1930年,两次召开水陆联运会议,也因种种原因未能成功。1933年9月,铁道部再次召开联运会议。会后,招商局与陇海铁路开始实行水陆联运。此后一年内接着订约者,有招商局与胶济、平汉、津浦路,三北公司与湘鄂铁路等。其他公司也纷纷约定航线:三北公司——长江及宁波线;宁绍公司——长江及宁波线;达兴公司——宁波线;政记公司——天津、青岛、上海线;合众公司——上海海州线;大振公司——上海海州线;大达公司——上海南通线;沪兴公司——上海平阳线;平安公司——宁波温州线;公茂公司——宁波温州线。其中三北、宁绍与平汉路的联运,1935年1月即拟施行,而以陇海路联运最为发达,全年约近10万吨。由于成绩不错,招商局决定新辟自海州至天津、青岛及广州等三航线;三北公司亦开辟镇海至上海一线,以与该处公路联运。其中海州与镇海,均非通商口岸,不征土货出口税,更吸引商货②,给水陆联运提供了新的商机。

三、轮船招商局的"国有"、整顿及经营

1927年前,轮船招商局在体制上大体经历了官督商办和商办

---

① 《申报年鉴》(第三次,1935年),上海申报馆1935年版,第N53页;《申报年鉴》,1936年,上海申报馆1937年印本,第N50页。

② 《申报年鉴》(第三次,1935年),上海申报馆1935年版,第N44页。

隶部两个阶段。因招商局是中国第一家同时也是最大的轮船公司,围绕招商局发生的官商矛盾和斗争,尤其是对招商局实行"官办"、"国有"的呼声、动议和要求,始终未有停止。[1] 以建立和扩张国家资本为首务的国民党政府,更是迫不及待地要将招商局收归"国营"。

招商局从 1909 年后,名义上虽已完全商办,但实际上一直被官僚、政客把持,公司内外各种关系错综复杂。国民党政府将其收归"国营",纳入国家资本,经历了一场漫长、繁复和极其激烈甚至残酷的斗争。这中间既有利害冲突,又有权力争夺,二者相互交织,使其过程更加复杂和激烈。

1927 年 1 月上旬,北伐军尚未抵达上海,蒋介石就以招商局"为全国最大之航业机构,即拟加以整顿",令杨杏佛办理招商局事宜。杨以"内容不明,权限未定",又遭局方"严词拒却",未允就职。后蒋介石率军进入上海时,因招商局负责人、上海总商会会长傅筱庵供给孙传芳军饷及轮船运输,国民党下令通缉,随即着手对招商局进行清查整顿。3 月 15 日,国民党中央执委会政治会议决定派蒋尊簋、钱永铭与招商局负责人会商"改善办法",但得到的回答是,招商局系"完全商办",内部如何改善,"事关股东主权",应由董事会"筹划条陈,报由股东大会解决"。[2] 这当然无法动摇国民党政府"接收"招商局的决心。3 月 30 日,国民党中央政治会议成立由张人杰等 11 人组成的"清查整理招商局委员会",由国

---

① 参见黎志刚:《轮船招商局国有问题 1878—1881》,台湾《中央研究院近代史研究所集刊》1988 年第 17 期上册;朱荫贵:《国家干预经济与中日近代化——轮船招商局与三菱·日本邮船会社的比较研究》,东方出版社 1994 年版。

② 《招商局档 468(2)/308 董事会议事录·民国十六年(1927 年)四月十八日特别会议》。

民党政府任命,"训令招商局饬遵"。① 为了"杀鸡给猴看",对招商局董事、主船科长兼积余产业公司经理傅宗耀以"供给敌饷"、"阻挠义师"的罪名缉捕,并将其招商局的 200 股股份没收,"改作财政部官股"。② 9 月清查完毕后,将招商局整理事宜移送交通部。1927 年 11 月,国民党政府公布《监督招商局章程》,设立招商局监督办公处,隶属交通部,特派交通部长王伯群兼任监督,总办则由交通部参事、明确主张招商局国有的赵铁桥充任。此举立即遭到招商局董事长兼总经理、李鸿章之孙李国杰的激烈反对,认为这是"启官厅干涉商权之渐,不独股东在职人员惊惶失措,即上海其他商办公司亦为之疑虑不安"。③ 但国民党政府并未因此而改变原定计划。1928 年 1 月,王伯群下令颁发解散招商局董事会及将各董事停职查办令,同时下令招商局改设总管理处,由赵铁桥及李国杰共同负责处理局务,李国杰称病不出,只得由赵铁桥单独接收。2 月,招商局总管理处成立,挂牌办公,重订组织章程,改组招商局管理部门,并对内河招商局、积余产业公司、仁济和保险公司等进行改组整顿,矛盾日益激化。4 月 30 日,因"整顿"船务,导致江新轮等 4 只轮船相继罢工(5 月 3 日通过谈判复工)。8 月,交通部召开全国交通会议,决定将招商局收归国有,而以官商合办作为过渡。李国杰在无法阻挡国民党政府"接收"的情况下,开出价码,谓"非四百万现款不能入局"。④ 1929 年 2 月,有人密告总办赵铁桥"整理无方、违法失职",当即由交通部、工商部、监察院联

---

① 《国民政府清查招商局委员会报告书》下册,1927 年刊本,第 109 页。

② 《招商局档 468(2)/308 董事会议事录·民国十六年(1927 年)十二月五日特别会议》。

③ 金立成:《招商局史料》,《学术月刊》1982 年 8 月号。

④ 金立成:《招商局史料》,《学术月刊》1982 年 8 月号。

合组成"彻查招商局委员会",清查一月有余,"结果并无所获"。

为了加强领导,加速招商局的"整理"和接收步伐,1929年6月,国民党二中全会决定招商局脱离交通部,改隶国民党中央政府。旋即由国民党政府训令,该局监督王伯群代行委员会职权,总办赵铁桥代行专员职权。此时招商局"名虽商办,实际已由政府代为经营",斗争进一步白热化,1930年7月,总办赵铁桥"因整顿局务遭忌",被刺身亡。事件发生后,接收官吏人人自危,加上国民党政府内部政争,人员替换频繁:赵铁桥死后,由交通部航政司长蔡培暂兼代总办职务;旋即另派陈希曾继任,陈坚辞不就。9月,国民党政府改派交通部次长李仲公暂行代理总办,随即成立"整理招商局委员会",简派张群、李仲公等7人为委员,张群为委员长,李仲公为整理专员。因张群"未允就任",委员会始终未能成立。5月李仲公亦辞职,另派郭外峰继任。

国民党政府深感招商局问题棘手难办,至1932年春,经国民党中央政治会议决定,仍将招商局归还交通部管辖。交通部甫一接手,总办郭外峰即行辞职。交通部随后进行机构改组,设立招商局监督处,由交通部次长陈孚木任监督,李国杰为总经理,接收总管理处。10月,国民党中央政治会议第331次会议议决,将招商局收归国有。以每套招商局股票(航业股2股产业股1股为一套)现银50两由政府收买,由政府继承该局"一切权利及合法债务";撤销监督处,另设理事会、监事会及总经理;简派叶琢堂、刘鸿生等7人为招商局理事会常务理事,刘鸿生为招商局总经理;招商局改名为"国营招商局"。① 至此,经过6年的艰苦斗争,国民党

---

① 国民党政府对招商局的"整理"及"接收"过程,详见《国营招商局七十五周年纪念刊·本局编年纪事》,1947年刊本,第74—84页。

政府总算把有 61 年历史的轮船招商局正式纳入国家资本体系。①

国民党政府"收买"招商局，改为"国营"，同收购其他商办企业一样，所支付的价格只是象征性的。国民党政府规定的收购价是以航业股 2 股产业股 1 股为一套，每套现银 50 两，共用银 212.6 万余两。② 有人认为，当时招商局每套股票至少值 300 两。亦即收购价不到实际价值的 1/6。另外，当时招商局的资本金是 840 万两，资产实值如按 1928 年招商局第 55 届账略记载，总计 25288062 两。③ 如按通和洋行对招商局各地房地产和码头的估价，1928 年年底招商局房地产价值为 26752005 两，加上船舶价值 4264900 余两，合计达 3101 万两以上。④ 国民党政府的收购价不到招商局资产总值的 1/10。

招商局是国内成立最早的新式航运企业，机构庞大，设备陈旧，管理落后、腐败，债务负担沉重，弊病丛生，经营亏损，早就难以为继。国民党政府为了使这个老大企业重上轨道，在清理、接管过程中和实行"国营"后，进行了若干整治和革新：

一是精简机构，严惩贪腐，节省开支。赵铁桥上任后即对机构进行大力精简，裁汰人员 210 名，占当时在职职员 426 人的 49.3%。⑤ 并大力整顿机构，调整总分局架构，改革会计制度，设

---

① 招商局接收后，发现前监督陈孚木、前总经理李国杰借与美商中国营业公司订立三千万元借款合同之机，贪污白银 70 万两。结果李国杰下狱、陈孚木逃亡。至此，招商局整理和国有案才画上句号（《国营招商局七十五周年纪念刊·本局编年纪事》，1947 年刊本，第 74—84 页）。

② 张后铨主编：《招商局史》（近代部分），人民交通出版社 1988 年版，第 407 页。

③ 《招商局总管理处汇报》，民国十八年（1929 年）印本，第 312 页。

④ 《招商局总管理处汇报》，民国十八年（1929 年）印本，第 313—314、311 页。

⑤ 据《招商局总管理处汇报》第 326—328 页数字计算。

立各种专业委员会,改进燃料、船舶修理、货栈等部门工作,以节省开支。同时设立稽核制度,清查、惩治贪污腐败。轰动一时的招商局三大案——汉口分局施氏父子舞弊案、天津分局麦氏父子贪污案和积余产业公司李国杰舞弊案,都是这期间揭露和查处的。

二是废除陋规、革除"买办"制。20世纪30年代以前,中国轮船公司在管理体制上,大都采用"买办"制。买办又称"座舱",职务可以世袭。当时船长、轮机长等高级船员由外国人担任,日常管理和客运等业务,则由买办承包。公司只收取承包费,并不过问经营管理。买办大权在握,任用亲信,层层分包,只求私利,不问其他:买办滥售船票,往往超过舱位一二倍有奇;茶房把持和私售铺位,索取酒资①,甚至敲诈旅客、私分货物,种种弊端,不一而足。几十年延续下来,成为难以清除的痼疾。② 刘鸿生就任总经理后,决心革除这一陋规,为此特意前往南京面见宋子文,得到宋的支持,经过一年多的努力,部分废除了买办制,代之以船长负责制。③

---

① 每轮茶房"少则六七十人,多则百四五十人,船上均不给工资,全赖私售铺位及索取酒资以为服务之代价。统舱乘客购票登轮之后,须向茶房再购铺位始有休息之所。即本有固定铺位之官房舱,亦常藉词有人预定勒取小费。至酒资一项,长程者常在票价三成以上,短程者竟与票价相等。公然讹索恬不为怪"。"旅客咸视江轮为畏途"(《招商局发表整理报告》,《航业月刊》1936年9月第4卷第2期,航讯,第13页)。

② 1921年,招商局董事会议对这种制度的弊端有如下记录:"近来江海各轮弊窦百出,输运货物既常短少,往来客商时苦需索。推究其弊,皆由座舱永不上船之故……以本会所闻,尚有不止于此者。轮船茶役本以侍应客商,近则视为生财之具:上船即广收押柜,按次又责交陋规,小水脚一项全行干没,概不归公。客货斤两,明目偷漏,搭客酒资,任意征求……"而"此种弊端,江船尤甚"〔《招商局档468(2)/304董事会议事录》,民国十年七月五日〕。

③ 参见张后铨主编:《招商局史》(近代部分),第410、411页。

不过尚不彻底,1936年4月,新任总经理蔡增基又进一步革除滥售船票、茶房需索痼疾,将各轮买办一律改为事务长,在码头上设柜售票,未经购票者不准登轮;限制票额,不许滥载;规定茶房薪工酒资,禁止滥索乘客费用。经过改革后,乘客"咸称便利",而客票收入亦较前"大有增进"。①

三是安装无线电设备。招商局20多只轮船分驶南北洋及长江各埠,一直没有安装无线电设备,传递业务信息全靠各地电报局代办,"既多周折,时复稽迟。偶遭意外,尤感呼应不灵"。1928年10月,在赵铁桥的主持下,招商局总管理处开始江、海轮船全部安装无线电台,历时7月,14只海轮和新江天、峨嵋2只江轮已安装了最新式的真空管无线电台。1929年5月又在总管理处设立长短波兼备的电台,与各轮通信联络。电台"除收发各轮航行报告气象新闻及航海警告等外","调遣中途各轮亦甚称便",不仅减少轮船空驶率,增加了收入,还能及时援救出事船只,"直接间接裨益商局,实非浅鲜"。招商局还在轮船中播放音乐和当日各种新闻,"实开吾国航界之新纪元"。又应中央研究院之请,各轮于每日上下午做二次航往地点的气象报告,集中总局后发往南京北极阁气象研究所,这也是对国内气象事业的贡献。②

四是实施和扩大货物联运。为了减少竞争、合理调配轮船和充分发挥运力,招商局在与铁路实行水陆联运的同时,1934年6月与民生公司订立合同,在重庆至上海等沿江13个口岸和宁波、温州、福州、汕头、香港、广州、青岛、天津等8个沿海口岸,实行货物联运,并划分营业范围,避免恶性竞争。合同商定,民生公司不

① 《招商局发表整理报告》,《航业月刊》1936年9月第4卷第2期,航讯,第13页。

② 《招商局总管理处汇报》,1929年印本,第124—128页。

在申汉线与汉湘线开展营业活动,该公司在渝、万、宜、沙各埠的转口货物交招商局轮船转运;招商局除现有船只外,不再扩充在宜汉、宜渝线的营运业务,该局在申、汉、沙、宜各埠的转口货物除由自有船只转运外,得交民生公司轮船转运。联运的上下水接运点定为宜昌或汉口,并在各自的营业区域内为对方提供便利和优惠:民生公司在宜昌、万县和重庆三埠以最低报酬代理招商局各种业务,为招商局提供廉价煤炭并以极低租金租给趸船;招商局在宜昌以下各埠以同等条件为民生公司代理各种业务并廉价出租趸船和码头,实现资源共享。1935 年 9 月,双方又商定,联运运费实行平均分配,使联运合同更加完善。①

招商局与民生公司的货物分段联运,是国内航运公司之间相互协作、取长补短、一致对外的一种协调和合作形式,是中国民族企业在成长中的一种进步。上述长江流域中、英、日三国货物运载比较表中,1935、1936 年中国货运量大幅上升,在上海至汉口和宜昌至重庆的航段上增长尤为明显,1936 年在这两个航段上都居第一,这同招商局与民生公司的货物分段联运及资源互补是分不开的。

除了上述改革外,招商局在这十年中还有一些革新措施,如帮助设立航海学校、逐步以中国海员取代外国高级船员等等。

通过清理、整顿,特别是赵铁桥、刘鸿生、蔡增基的改革,给招商局这家暮气沉沉的企业注进了某些活力。

然而,无奈招商局沉疴缠身,积重难返。负债过多、船龄过高、栈码朽败是招商局三大病征。负债过多、资金奇缺则是"最大病根"。多年来招商局就是负债经营,靠的是东挪西借、举债度日。

---

① 招商局和民生公司档案,转引自张后铨主编:《招商局史》(近代部分),第 421 页。

截至 1926 年,招商局的债务已接近 1000 万两。[①] 1927 年更陷入总局"只存 400 元,应付保险、地租、铺捐以及同人并海员薪水均无着落"的窘境。[②] 1928 年 1 月,"船员薪工尚多拖欠,每次开船必费唇舌"。恰在这时,"汇丰律师来信,催于三月三十一号以前清偿所欠本息五百七十余万,否则将执行借款条件,处分押抵各产",而"花旗亦有同样之催索"。[③] 招商局到了面临破产清盘的危急关头。

国民党政府千方百计尽快接收和控制招商局,但对其极端严重的债务和资金问题,却束手无策。在招商局被收归国有之前,没有向招商局提供过任何资金援助;在招商局收归国有后,1933 年 3 月,总经理刘鸿生提请政府拨款 3000 万元,作为招商局国营的开办基金[④],没有下文。6 月,刘鸿生再次呈请政府拨付 1500 万元,"以作整顿业务之资",同样"迄无结果"。[⑤] 到 8 月,才由国民党中央政治会议议决,将中英庚款储存在伦敦的长期不动款 36 万英镑,以年息 5 厘、10 年还清的条件借给招商局作为购船之用。[⑥] 招商局虽然用这笔钱订购了四只海轮,但又背上新债。至于原来所负沉重债务,依然无法解决。

[①] 参见汪敬虞主编:《中国近代经济史,1895—1927》,"航运"中的招商局部分,人民出版社 2000 年第一版。

[②] 《招商局档 468(2)/308 董事会议事录·民国十六年(1927 年)二月二十六日特别会议》。

[③] 《招商局档 468(2)/308 董事会议事录·民国十七年(1928 年)一月三十一日特别会议》。

[④] 参见张后铨:《招商局史》,第 428 页。

[⑤] 《国营招商局七十五周年纪念刊》,"本局编年纪事",1947 年版,第 82 页。

[⑥] 《国营招商局七十五周年纪念刊》,"本局编年纪事",1947 年版,第 80 页。

由于招商局旧债偿还无期,又加新债,债务包袱愈趋沉重,营运资金更加短缺。在这种情况下,招商局的经营和财务始终处于低迷和亏损状态(详见表4-26)。

表4-26 轮船招商局主要资产及经营状况

1927—1937 年

年份	资本额（元）	轮船数		盈（+）亏（-）	借款
		只数	吨数		
1927	11748251	28	62112	-1758042	
1928	11748251	27	60266	-1194920	
1929	11748251	26	58932	-2275046	12月底,向四明银行抵押借款70万两
1930	11748251	24	54535	-2094635	
1931	11748251	24	54535	-1743722	
1932	11748251	26	58237	-2278190	10月,向通商银行透支34.5万两。12月,向中央银行透支200万元。到年底止,招商局债务"不下1700余万两"
1933	11748251	25	56700	+433708	8月,向中英庚款董事会借36万镑。另向邮政储金汇业局签订抵押贷款50万元,透支50万元
1934	2973902	27	68100	-1467795	向中国银行借款30万元,向邮政储金汇业局第二次借款100万元,向中央银行押借160万元。"计至年底,负债总额达3000万元,每岁子息已达二百六七十万元"
1935	2973902	28	71177	-2321700	8月,向邮政储金汇业局抵借15万元
1936	2973902	28	71177		

续表

年份	资本额（元）	轮船数		盈（＋）亏（－）	借款
		只数	吨数		
1937	2973902	19	54689		3月与江南船厂以分期付款方式订购江轮2只货船3只，连利息共316.6万元
				－15134050	

说明：1. 1934年后资本额大幅下降，是1932年收归国有时按一套股票（航业股二股产业股一股）现银50两收购，到本年收购结束按新股股价计算之故。

2. 1936至1937年的结算盈亏数字，"因抗战期中，案卷在港损失无从查考"。

3. 关于1937年的轮船只吨数，《国营招商局七十五周年纪念刊·本局编年纪事》称，"截止抗战前夕，本局拥有之大小船舶共计53艘，凡八万六千三百八十余吨"。本表数字反映的应是"七七事变"至12月底止招商局已有损失后的船吨数。

4. 表中所用部分资料同时有规元银两和国币元两种货币单位，这里均采用国币元。

5. 表中所列借款并非全部。

资料来源：《国营招商局七十五周年纪念刊》，资本、船吨和盈亏数见书后附表，借款见同书"本局编年纪事"。

除轮船吨数有所增加但增加也有限外，其他没有一项指标使人乐观。资本一项因廉价收购的原因从1934年起数字下降可不置论，轮船只数则延续了十九世纪七八十年代以来的数字，到1936年为止仍然徘徊在二十七八只左右没有变化。1930、1931两年甚至降到了多年来少有的24只。唯一直线上升的是债款。到1932年年底，招商局债务"不下1700余万两"。1934年年底，负债总额达3000万元，每年还息267万元。亏损额也居高不下，公司扭亏无望。1927—1935年的9年中，除1933年略有盈利外，其余8年全部亏损。1929、1930、1932、1935年4年，亏损额更在200万元以上，8年亏损总额高达1513万余元。扣除1933年盈余43.4万元，9年平均，每年亏损168万元。虽然刘鸿生对总局机关和分支机构实施裁员简政,将各项开支压缩到最低限度,还专门设立了债务整理委员会和购料委员会,以清理债务和节省开支。但赵铁桥和刘鸿生的改革措施对招商局的庞大债务仍然只是杯水车薪,摆脱不了东挪西借、拆东补西、借新债还旧债的局面。而且赵铁桥只有不到三年即被刺杀,刘鸿生在苦撑了三年后也因"穷于应付"而辞职。其余走马灯一样的短期执政者就更不可能有什么良方了。因而招商局不仅"所有资产一再押至罄尽,且其将来收入亦反复作抵"。到抗战前夕,公司已是"不啻徒存空名,只未宣布破产而已"。[①]

四、民生轮船公司的崛起及经营管理

1925 年,民生轮船公司成立于长江上游的合川县。成立时资本仅 2 万元(实收 8000 元),轮船一只 70.6 吨,此后凭着总经理卢作孚正确的经营理念和创建的一套经营管理方法,12 年间,轮船增加到 48 只、18563 总吨,航线从嘉陵江上游重庆—合川段的 89 公里,扩展到整个川江,进而延伸到长江下游的上海,并在宜昌、汉口、南京、上海等地设立了分公司或办事处。到 1936 年时,已成为一个以航业为主,包括机械、染织、电灯、自来水等附属企业,股本 167 万元、资产达 900 多万元的实业集团。民生公司的发展,创造了中国轮船航运史上的"奇迹",在中国企业的发展史上,也是极为少见的。

表 4 - 27 反映的是民生公司发展变化的一些主要数据。

---

① 《国营招商局七十五周年纪念刊》,"本局债务清偿记",1947 年,第 41 页。

表 4－27　民生公司发展一览表

1925—1937 年

年份	股本(元)	船只		盈利		资产总值(元)
		船只	吨数	盈利额(元)	利润率(%)	
1925	8000	1	70			
1926	49049	1	70	25282	51. 5	77515
1927	99225	1	70	58573	59	170320
1928	123330	2	105	38371	31	285132
1929	153000	3	230	69262	45	312667
1930	250000	4	504	130116	52	547873
1931	506000	13	2153	247104	48. 8	1110317
1932	908000	23	7261	366512	40. 4	2885244
1933	1063000	26	7690	617404	58	3835949
1934	1174500	31	10707	668491	57	4974720
1935	1204000	41	16093	1174176	97. 5	7308238
1936	1674000	48	18563	2300177	137	9882260
1937	3500000					12156852

资料来源:1. 股本、资产总值见"长航档案永久卷 105,财务、人事",转引自凌耀伦
主编《民生公司史》,人民交通出版社 1990 年版,第 81 页;收益总额和利润率
见"民生公司档案,财 4,历年资产负债表,损益计算书"及《新世界》1939 年 3
月第 14 卷第 4、5 期,转引自凌耀伦主编《民生公司史》,第 87 页。
　2. 轮船只数和吨数 1935 年前见民生公司编《新世界》杂志第 89 期第 12 页
"历年轮船增减比较"。1936 年数字据民生公司编《民生实业公司十一周年
纪念刊》,1937 年版,第 90—91 页"本公司现有轮船一览表"计算。

　　显然,从表 4—27 看,民生公司的经营是相当成功的。无论是
股本、资产、轮船只吨数,还是利润,从成立后均直线上升,而且上升
的幅度相当大。仅从其利润看,1926 年为 2 万元左右,1936 年达
230 余万元,11 年期间增长一百多倍,年均增长 68. 3%。利润率最

低年份31%,最高年份137%,年平均利润率为61.6%。这样高的利润率,不仅在当时的中国其他公司中没有,就是外国在华的轮船公司中,也没有听说过。值得注意的是,民生公司成立时,正是外国轮船公司在川江占据垄断地位,中外船只显得过剩,彼此间正在进行激烈跌价竞争。民生公司成立后,仅用几年时间,就收编了川江中的其他中国轮船公司,统一了川江航运,并进而击败和收购了美商捷江轮船公司和部分英国轮船,迫使日清、太古和怡和等老牌外国轮船公司的主力退出了川江。民生公司的成功,与总经理卢作孚的企业家精神和创立的经营管理方式有密不可分的关系。卢作孚自学成才,博学多闻,曾任四川《群报》记者,《川报》主笔、社长兼总编。他深受孙中山实业救国思想的影响,决心通过兴办实业的方式,促进社会的改革和中国的现代化。在实现这一目标的过程中,他采取的策略和创建的经营管理方式,达到了良好的效果。在策略方面,值得注意的有以下几点:

1. 避实就虚,站稳脚跟。民生公司成立时,川江上的轮船公司已呈过剩状态,竞争激烈,中国籍的公司尤处于生存危险状态。卢作孚对已有的轮船公司及其经营进行一番调查后,认定航业应做新的探索和试验,不应在原有轮船过剩的航线上去与正在失败的同业竞争,遂决定新辟重庆、合川间的嘉陵江航线。一般轮船公司以货运为主,不定期航行。民生公司以客运为主,定期航行。结果大获成功,第一年即获利2万元。使得各方乐于认股,为公司日后的发展奠定了基础。

2."化零为整",统一川江航运。在获得初步发展后,卢作孚利用军阀欲统一四川,任命他为川江航务管理处处长的机会,提出"化零为整",统一川江航运的决策。他主张结束同业之间的竞争,把川江所有的华轮公司联合组成一个公司,发展壮大华轮势力,一致对外,提高与外轮竞争的能力。卢作孚的这一主张得到了同业及社会的广泛支持,也因与当时四川军阀刘湘欲统一四川的计划相合而得到支持。从 1930 年起,民生公司开始了对川江航运的统一。为了减少阻力,卢作孚采取了较为宽厚的办法,凡愿意归并于民生的川江华轮公司,其资产均以优惠价格折算,用现金偿付其债务,结余部分作为股本加入民生公司,原有人员则全部量才录用。这样,许多因经营亏损的公司均乐于与民生公司合并,不到一年就合并了重庆以上航线的 7 家华轮公司,接着又合并了重庆下游的十余家公司。到 1934 年,合并收买的华商轮船共 30 余只、7000 多总吨,基本统一了川江华商轮运业。1935 年,在收购美商捷江轮船公司后,在长江上游"除了英商太古、怡和、日商日清、法商聚福及华商招商、三北而外,差不多没有旁的轮船公司了"。① 这样,民生公司只付出了数量不太大的现金,实力和规模却得到了迅速扩大。

3. 多方努力,扩充资本。在民生公司的发展过程中,扩充资本增强实力做得十分成功,除了上述合并华轮公司以资产折价入股外,还有几件事效果也十分明显。第一是开阔视野,广为集资,吸引社会各界踊跃投资;同时大量吸收公司职工入股,并将其作为"劳资合作"的措施着力推行。目的一是解决公司发展中资金缺乏的困难,二是使职工与公司的利益结合在一起,调动职工的积极性。到 1934 年时,民生公司职工入股款额达 111500 元,占公司股本的 9.4%。② 这不仅扩充了资本来源,壮大了公司实力,也使公司股东和股份结构发生革命性变化,由以官僚地主为主变为以资产阶级和公司职工为主。详情如表 4-28 所示:

---

① 卢作孚:《一桩惨淡经营的事业——民生实业公司》,载凌耀伦主编:《卢作孚集》,华中师范大学出版社 1991 年版,第 405 页。

② 参见凌耀伦主编:《民生公司史》,人民交通出版社 1990 年版,第 84 页。

表 4 - 28　民生轮船公司股权分配及其变化

1926—1937 年

年份	总计		官僚地主		资产阶级								其他	
					银行		工商业		小资产阶级		小计			
	股东	股数	股东(%)	股数(%)	股东(%)	股数(%)	股东(%)	股数(%)	股东(%)	股数(%)	股东(%)	股数(%)	股东(%)	股数(%)
1926	79	105	53.2	53.3	—	—	15.2	21.9	3.8	2.9	19.0	24.8	2.5	1.9
1927	142	204	47.9	52.5	—	—	16.2	20.1	7.7	6.9	23.9	27.0	2.8	2.0
1928	166	249	44.0	49.4	—	—	16.3	20.1	9.6	8.0	25.9	28.1	3.0	2.0
1929	194	304	42.8	48.4	—	—	17.5	21.7	9.3	7.6	26.8	29.3	2.6	1.6
1930	219	492	41.1	35.0	—	—	17.8	38.2	10.5	9.3	28.3	47.5	2.3	1.0
1931	288	962	37.5	40.2	—	—	18.8	27.9	10.7	6.1	29.5	34.0	2.8	1.1
1932	400	1622	36.3	36.3	0.7	2.5	20.3	24.0	9.5	5.7	30.5	32.2	2.5	7.5
1933	521	2137	31.5	32.2	0.6	1.9	23.8	29.5	9.4	5.7	33.8	37.1	2.7	6.5
1934	547	22364	30.5	33.2	0.7	2.1	23.9	27.0	10.2	6.2	34.9	35.3	2.6	7.4
1935	573	2390	31.4	37.0	1.0	3.7	23.7	26.4	10.6	6.8	35.4	36.9	2.6	8.1
1936	639	3215	31.3	30.7	1.3	3.2	24.7	26.5	12.7	6.0	38.7	35.6	2.8	6.2
1937	749	35100	28.6	33.1	1.2	7.7	23.5	23.4	17.2	7.1	41.9	38.2	3.2	7.8

说明:1. 另有部分股东、股份的身份不详,未入表,故表中各项百分比之和不等
于 100。

2. 原资料对股东身份有如下具体说明:"官僚地主"包括官僚地主、反革命
分子、流氓、地主兼工商业等;"工商业"包括工商业、工商业者兼地主、商
人、高级职员、公司、报关行、洋行等;"小资产阶级"包括职员、小资产阶
级、自由职业者、小土地出租等;"其他"包括职工、学校团体、华侨等。

资料来源:据严中平等编:《中国近代经济史统计资料选辑》,科学出版社 1955 年
版,第230—232 页表7、表8 综合改制。

1936 年同创办之初的 1926 年比较,股东和股数分别增长了
8.5 倍和 333 倍,而官僚地主的股东和股数所占比重分别从
53.2% 和 53.3% 降至 28.6% 和 33.1%;资产阶级的股东和股数比
重分别从 19.0% 和 24.8% 升至 41.9% 和 38.2%。公司股东的

"平民化",为卢作孚大胆改革、推行一系列平民化措施提供了动力和后盾。第二是发行公司债。1935 年,民生公司急需巨款收购在竞争中破产的美商捷江轮船公司,在中国金融界有关人士的建议下,民生公司毅然决定在上海发行公司债 100 万元。"这是四川的经济事业在上海第一次募债,而且是第一次募公司债"。① 当时"我国各地之股份有限公司发行公司债者,尚不多见,在川省尤属创举"。② 民生公司通过募债,不仅顺利收购了捷江公司,而且使自己的实力和信用上了一个新台阶。第三是抵制官僚资本染指川江的企图,运用策略为我所用。1933 年四川省主席刘湘向法国借款修筑成渝路,此事后被宋子文的中国建设银公司揽去。中国建设银公司组成川黔铁路局,拟建造铁驳拖头等船只入川运输筑路器材。这一计划如果实现,民生公司将无法与之竞争,统一川江航运的计划将随之破产。为此民生公司不惜以极低的代价保证包运各项器材,并以民生公司顾问名义重金拉拢宋子文的亲信,终于使中国建设银公司放弃了造船入川的计划,并得到对方优惠贷款 160 万元,建造了新船和修建了码头。③ 民生公司巧妙运用策略,不仅变被动为主动,而且借款造船,壮大了自己的实力。

创立一套行之有效的经营管理方式,同样是民生公司成功的重要因素。

卢作孚认为,中国之所以有许多问题没有解决,不是中国人"先天缺乏了什么资质,实是后天从社会得来的行为缺乏了训

---

① 卢作孚:《一桩惨淡经营的事业——民生实业公司》,载凌耀伦主编:《卢作孚集》,第 408 页。

② 《本公司募集第一次公司债之经过》,民生公司主办《新世界》杂志,第 89 期。

③ 参见凌耀伦主编:《民生公司史》,第 38 页。

练",其实,"凡白种人能解决的问题,黄种人亦未尝不能解决"。①
在民生公司的经营管理中,提倡的根本精神是"服务社会,便利人
群,开发产业,富强国家";"个人为事业,事业为社会,个人的工作
是超报酬的,事业的任务是超利益的"。② 具体则体现在尊重知
识、尊重人才,一切为了顾客,一切为了招徕客货上。

民生公司的经营管理经验涉及各个方面,主要有:

1. 废除"包办制",实行"四统一制"。卢作孚经过调查,认为
过去华轮公司普遍亏损,根本原因是管理不善,尤以普遍实行的
"包办制"为甚。这种制度在人事、营业和物品方面均层层承包,
形成各自为政的几个集团,难以统一指挥。各层都以薪工低廉为
目的,导致营私舞弊、分肥利己司空见惯,"一切管理放松到不能
过问的程度"。③ 因此民生公司坚决废除买办制,一律实行"四统
一制"。即船上人员统一由公司任用,任人唯贤,不准任用私人;
船上财务统一由公司掌握,一切收入归公司所有,不许营私舞弊;
船上燃料油料消耗统一由公司定额核发,节约有奖;全船统一由船
长指挥,不许各自为政。实行"四统一制"后,公司有了经营管理
船只的大权,服务质量和经济效益大大提高。

2. "高级人员找,低级人员考"。民生公司十分尊重知识和人
才,强调任人唯贤。对少数学有专长的专家学者,或经营管理方面
有经验的专业人才,采取公开登报招聘、走访或托人托学校托单位
推荐等办法,礼聘到公司服务。通过这种方式,民生公司吸收了大
批能人,其中包括一批留学回国的企业管理专家和知名人士。据

---

① 卢作孚:《中国的根本问题是人的训练》,载凌耀伦主编:《卢作孚
集》,第218页。

② 凌耀伦主编:《卢作孚集》,第16页。

③ 卢作孚:《一桩惨淡经营的事业——民生实业公司》,载凌耀伦主
编:《卢作孚集》,第401页。

1937 年统计,民生公司处级以上的主干人员 41 人中,大学以上毕业者 38 人,占 92%,其中 5 人是英、美、德、日留学生。民生公司拥有的技术人才之雄厚、知识结构之高,是四川其他任何公司比不上的。一般技术人员和工人(包括茶房、水手等)低级人员,则采取公开登报,自愿报名,通过考试,择优录取的方式采用。经过短期的培训,再根据不同才能安排适当的工作。到 1936 年,民生公司的职工中,有 3580 人是公开招考的,占职工总数的 93%。① 其中许多人都成长为公司的基层骨干。

3. 建立合理的工资制度,重视职工福利。在半殖民地半封建的旧中国,工资水平大大低于劳动力价值是普遍现象,福利制度则几乎没有。民生公司虽是低工资制,但十分重视建立一种比较合理的工资制度和较好的福利制度。民生公司把技术、能力、贡献、表现、工龄和工资结合起来,建立一种逐年加薪、按成绩提级加薪的工资制度。公司将全部职工按工作性质分成相互衔接的职称等级,每个职称又有若干工资级别,每级差距不大,每年进行一次考绩。凡工作好者每年均可加薪一级,表现突出者或有重大革新者则可加薪两级、三级乃至晋升职称而加薪数级。职工福利则贯穿在职工生活的各个方面,如给职工免费供应全部膳食;单身职工免费提供宿舍;公司职工统一穿民生服,费用由公司补贴供给;每年12 月份发双薪;职工及家属生病,可免费到公司预约的医院诊治;请探亲假的职工及家属可免费搭船。另外,还开办各种补习班,举办文体活动和比赛,为职工开办消费合作社,等等。这些措施,不仅激励职工努力工作,还增加了职工视公司如家的思想感情。这些制度和措施,在当时的中国都是不多见的,因而更容易激发民生公司职工的工作热情,使得民生公司的发展远远超出一般人的

---

① 凌耀伦主编:《民生公司史》,人民交通出版社 1990 年版,第 116 页。

想象。

第三节 公路运输业的初步发展和
航空运输业的产生

中国的公路运输和航空运输都是 20 世纪出现的新式交通运输业。清末,外国人来华进行拉力赛和飞行表演,相继将汽车和飞机带入中国,以后逐渐被用于交通运输和商业性经营。

中国通行汽车的道路,最初是利用原有驿道,或将其稍加修整而成。现代公路则始于民国初年。早期的公路修筑和汽车运输大体经历了三个阶段:最初是官府或私人公司利用原有驿道行驶汽车;继而由某一公司或机构修筑和专营某一路段;最后才由政府统一规划和组织修筑公路,再交由官、商公司营运。公路运输投资规模可大可小,官府亦未加严格限制。到 20 世纪 20 年代末 30 年代初,公路运输有了初步发展,形成了公路和汽车运输官、商并举,中、小型并举,公路铁路、公路水路联营的基本格局。不过全国公路和汽车运输的分布极不均衡,国民党政府的公路修筑,相当一部分是为了"围剿"工农革命,而非发展经济。同时,由于中国人力低廉,汽车设备与燃料均须进口,公路运输成本高昂,缺乏竞争力,加上经济发展水平不高,严重制约了公路运输的发展空间和速度,某些地区甚至在起步阶段就呈现出虚假的饱和状态。

航空运输不同于公路运输,技术要求高,投资额大,且须各地相互协调,非一般私人公司所能为,加上军阀混战,政局动荡,中国航空运输起步异常艰难。北洋政府时期,航运始终处于筹划和试验阶段,进入 20 世纪 30 年代,才在中外合资及地方官商合办等形式下,产生第一批民用航空企业。有的虽名为合资,实为外国独资。因此,中国的领空和航空运输一开始就为列强所控制和垄断。

尤其是日本,1931年侵占东北后,立即设立"满洲航空株式会社",既经营航空运输,又利用当地的人力物力、原料材料进行军火生产。所造飞机被用来大规模屠杀东北居民,炸毁乡镇、村落、民居,制造无人区,推行武装移民,加速扩大对中国的军事侵略、土地占领和物资掠夺。1936年,又在北平设立"惠通航空公司",经营平津等地与东北之间的航线。将冀东汉奸政权辖区与伪满洲国联成一体,并以此为基础,进而占领华北和整个中国。1937年全面侵华战争爆发后,这些飞机更在日本侵略军屠杀中国人民,炸毁城市、工厂、矿山、桥梁、官舍、民居,毁灭中华文明的罪恶行径中,成为极具杀伤力的武器。航空运输业在其发展的初期,中国未见其利,先受其害,而且是全球最大的受害者。这是中国贫弱落后和半殖民地、殖民地的地位,以及国民党的对外投降主义政策使然。

一、公路交通的发轫和公路建设

汽车作为一种现代交通运输工具,必须有符合标准的公路才能正常行驶。中国在现代公路之前,早已拥有完整的驿道系统,并可行驶汽车。近代中国的公路,沿自古代驿道;公路交通发轫于驿道上的汽车行驶;最初的公路修建始自驿道平整;后来较为标准的现代公路,其勘察设计和线路选择,亦多同驿道有关。20世纪20年代前后,开始出现较大规模的公路建设,全国范围的公路交通网渐现雏形。1927年后,公路交通和公路建设均有较大发展,国民党政府加强了对公路建设的组织领导和设计规划,改变了北洋政府时期各自为政的状态,公路建设和交通管理日趋规范,公路里程逐年增加,全国公路交通网初步形成,汽车运输行业在国民经济中发挥了一定作用。不过直至30年代中,中国的公路交通和公路建设仍处于早期阶段,单位国土面积和居民人口摊分的公路里程很少;公路规格、质量不高,寿命短,使用率低,汽车运输远未取代传统的人力和畜力运输;全国公路分布亦极不平衡,相当一部分公路的修建,不是为了发展经济,而是出于"围剿"工农革命根据地的军事目的。"九一八事变"后的东北,公路交通更成为日本侵略者加强经济掠夺、强化殖民统治的有力工具。

(一)清末民初公路交通的发轫

清末,最初能通行汽车的道路,多是利用驿道修整而成的;后来较为标准的现代公路,其选线也多同传统驿道有关。

1907 年(光绪三十三年),欧洲发起万国汽车环行会,40 多辆汽车在北京、巴黎之间进行拉力赛。法、意两国还在张家口至库伦(今蒙古国乌兰巴托)间比赛,在北京—恰克图"官路"上行驶汽车。这是清末可通行汽车最长的一条线路(1110 公里)。[①] 另外尚有若干条经过整修可行汽车的道路,但里程较短。

中国第一条现代公路,是 1913 年湖南督军谭延闿拨省款修建的长沙至湘潭的公路。该路经过正式勘测、设计,铺有石子路面,符合一定的技术标准,长 50 公里。此后,修筑公路的地区渐多。

民国初期的公路修建,有官办、兵工、商办(包括侨商)和以工代赈等多种形式。官办主要是由地方政府出资,或官督商办、官商合办,但以官办为主。

中国较早的商办公路,是对北京—恰克图(今蒙古国阿尔丹布拉克)官路加以平整而成的张(北)库(伦)公路,由大成(商人景学钤创办)、泰通两家汽车运输公司联合修建,1918 年正式营运。以工代赈修路,起因于 20 世纪 10 年代末,华北、晋陕等地接

---

① 中国公路交通史编审委员会编:《中国公路史》第 1 册,人民交通出版社 1990 年版,第 135 页。

连发生水旱灾荒,北洋政府提出修筑公路,以工代赈。美国红十字会以及后来的华洋义赈会募集捐款(包括中国政府提供的款项),提供资金 500 多万元,筑路近 6000 公里,几千万灾民受益。其中,部分线路由中央部门直接主持修筑。如交通部提议修筑烟台—潍坊和沧州—石家庄铁路路基,以工代赈,同时举办路电邮附加赈款,作为筑路工款,设立烟潍路工处,召集灾民开工。后来,附加赈款停收,交通部将铁路路基改筑成公路,1922 年 8 月试行通车营业。①

1927 年前,全国共修建官办公路约 4412 公里;兵工筑路约 3196 公里;商办(包括侨商)公路约 4328 公里;以工代赈修建公路约 5990 公里②,共约 1.8 万公里。加上其他可以通行汽车的道路,通车总里程达到 2.6 万公里。③ 不过,民国初年的公路,大多标准低、质量差,行车困难,雨天则根本无法行车。尽管如此,所整修的公路,加上原有驿道,初步形成陆上交通网,对汽车运输和传统人力畜力运输,都有促进作用。

汽车车辆方面,1901 年,有外国人运来两辆小汽车,在上海租界行驶。这可能是中国大陆最早的汽车。以后陆续有小汽车输入中国,主要供中外官、商个人使用。据不完全统计,1927 年全国有客车 16020 辆,卡车 1901 辆,公共汽车 1015 辆。④

中国汽车运输的商业性经营,是从城市开始的。1907 年,一家德国商行在青岛开办短途客运,这是城市汽车公共交通运输的

---

① 国民党政府铁道部、交通部交通史编纂委员会编:《交通史·路政编》,第九章,汽车路,1931 年初版。

② 据《中国公路史》第 1 册,第 148—162 页相关资料综合统计。

③ 据《中国公路史》第 1 册,第 145、199 页。

④ 吴承明主编:《中国资本主义发展史》第 3 卷,人民出版社 1993 年版,第 95 页。

嚆矢。① 但真正实行、规模较大的还是张家口大成汽车运输公司于 1918 年开始经营的张库公路运输。② 该公司有资本 10 万元,福特篷车 12 辆,营业里程约 1110 公里(实测 965 公里),设车站 10 处,小有规模。可是,营业并不顺利。先是美商元和洋行以旅游名义私揽客货运输业务,继而京绥铁路局长丁士源以军运名义,设立西北汽车处,强占大成公司设施,无偿征用汽车。公司营业大受影响,被迫于 1919 年 8 月停业,1920 年倒闭。③ 与大成公司同年成立的泰通公司,有资本 10 万元,汽车 5 辆,经营张家口—库伦—塔尔巴哈台(今新疆塔城)公路运输。

当时公路运输的基本经营模式是一家公司修建和专营一条线路。继大成、泰通之后,又有多家公司相继成立,多条线路投入营运。如德南公司(1919 年)修筑和经营德县—南宫公路;协通公司(1921 年)修筑和经营天津—保定公路;沪太公司(1920 年)修筑和经营上海—太仓公路;九庐公司(1922 年)修筑和经营九江—牯牛岭公路;禹东公司(1923 年)修筑和经营山东禹城—东昌公路;大邯公司(1923 年)修筑和经营大名—邯郸公路;江北公司(1923 年)修筑和经营扬州—镇江公路;等等。也有的公路由政府部门或其他机构修建(或平整),再交由某家公司经营。如广东惠阳—平山公路,公路局修成后,交由益群公司经营;前述烟潍公路,交通部短暂营运后,亦转租给烟潍长途汽车公司经营。除商办公司外,

---

① 中国公路交通史编审委员会编:《中国公路运输史》第 1 册,人民交通出版社 1990 年版,第 95 页。公路汽车运输,1907 年亦有酝酿。该年察哈尔都统诚勋奏请开办蒙古汽车公司,经营张家口至库伦间的运输,但未获批准(《交通史·路政编》,1931 年初版,第九章,第三节)。

② 《交通史·路政编》,1931 年初版,第九章,第三节。

③ 景学钤:《大成张库汽车公司痛史》,转见张镜青主编:《河北公路运输史》第 1 册,人民交通出版社 1988 年版,第 6 页。

还有少量官办、官督商办公司。官办的西北汽车公司，也经营张家口至库伦运输。最初目的是，中国参加第一次世界大战，需要通往边境的军事运输。自开办后，陆续筹集资金约 77 万元[①]，购车 90 辆，强行"借用"大成公司的站房等设施开展营业。官督商办襄沙长途汽车公司（1923 年），有股本 100 万元，利用原有驿道，经营湖北襄阳—沙市间的运输。

据不完全统计，1908—1927 年先后成立商办汽车运输行或公司约 300 家；拥有客货汽车 2400 多辆。官办运输单位有汽车 100 多辆。[②]

民国初期的公路运输，无论官办、商办，经营管理水平都不高。计价和收费标准不一，繁琐至极。[③] 又无严格的成本核算制度，仅按统收统支计算盈亏。各公司的营业状态和经济效益，难以准确评估。一些资料显示，商办公司营业状况稍好，官办公司大多较差。大成张库汽车公司，以载客 4 人的客车，每月往返 24 次，行车费用 16200 元，收入 2 万元，盈余 3800 元。如不考虑折旧和管理费，税前利润率为 23%。协通公司每月营业收入 16080 元，支出 11370 元，盈余 4700 元，不计折旧等费用，税前利润率为 41%。大

---

① 包括从京绥铁路局借拨 67.45 万元，绥包公债 4 万元，交通部拨给 2.65 万元，其他进款 2.56 万元。

② 中国公路交通史编审委员会编：《中国公路运输史》第 1 册，第 101 页。

③ 运价计算，有按车、按件、按重量、按时间、按货物品种、按等级（客票）等多种方法，又因货物价值、比重及季节变化而异，十分复杂。湖北某公司的货运价格就令人眼花缭乱：精盐或细纱每包 1.03 元，白糖每包 0.97 元，豆粉每包 1.26 元，粗纸每块 0.68 元，五印纸每块 0.48 元，麻油或桐油每篓 1.26 元，篓茶油每支 0.66 元，洋货每担 0.78 元，峰布每担 0.18 元，洋纱每抬 2.06 元……计量单位繁杂，价格多种多样，给用户带来很多不便。不同公司之间的运价也相差甚远。如位置相邻的襄花和襄沙两家公司的客运价格，前者每人每公里 6.47 分，95% 折扣；后者 3.9 分，80% 折扣，两家公司票价相差近 1 倍（《中国公路运输史》第 1 册，第 115—117 页）。

(名)邯(郸)汽车公司的收益率约为30%。① 官办公司中,省营杭余省道汽车公司1923年营业收入42150元,各项支出31104元(包括车损提成),盈利11046元,账面收益率为36%。② 经营西北公路运输的官办公司,则亏损严重。1918年至1919年4月,后续的"交通部西北行驶汽车事宜处"的营业收入约13万元,支出约45万元,亏损约32万元。"交通部西北汽车处"营业收入仅13204元,而各项支出(包括利息、军队借款等)42万元,亏损约41万元。另有各项欠款、公债等54万元。③

在公路建设和运输管理及其职能机构方面,北洋政府交通部设有路政司,兼理公路交通。但总的来看,民国初期对公路的建设,政府没有系统的计划和管理。1916年浙江省长吕公望提交省议会议决成立省道办事处,这是地方政府设立建筑公路机关之始。1918年,北洋政府内政部颁布《修治道路章程》。④ 同年,交通部颁布《长途汽车公司条例》,这是中央政府颁布道路规章之始。交通部还颁布了《长途汽车公司营业规则》。在各省,公路运输由实业厅或建设厅管理。⑤ 有关公路建设、交通管理、运输经营方面的职能机构、规划管理、规章制度等的建设,均处于起步阶段。

---

① 《交通史·路政编》,第九章;张镜青主编:《河北公路运输史》第1册,第9页。

② 张涤铭主编:《浙江公路运输史》第1册,人民交通出版社1988年版,第9页。

③ 《交通史·路政编》,第九章,第一节。西北汽车处为西北行驶汽车事宜处清理、整顿后的后续机构,该机构于1922年停业,汽车移交给直鲁豫巡阅使署和烟潍路工处。

④ 全国经济委员会公路处编:《中国公路交通图表汇览·公路沿革》,1935年刊本。

⑤ 全国经济委员会公路处编:《中国公路交通图表汇览·公路沿革》,1935年刊本。

(二)1927—1937 年公路建设及其局限

1927—1937 年,特别是进入 30 年代后,公路交通运输有了较大的发展。公路的建设、管理有了专门的职能机构、统一的规划设计和统一的法规,中央政府提供筑路基金支持,改变了民国初期各自为政的局面。公路运输官商并举,经营管理水平也有所提高。

国民党政府成立时,公路干线(国道)的修建由交通部主管,1928 年改归铁道部。1932 年 11 月,全国经济委员会筹备处成立,全国公路建设的规划事宜又改由经委会主管,下设道路股,不久扩充为公路处,督造各省公路。地方主管公路修建和营运的机构,省多为建设厅,县为建设局或建设科。①

为了统筹、规划公路的修筑和管理,1928 年交通部将全国公路分为国道、省道、县道 3 类②,提出 10 年建设 4 经 3 纬国道干线计划,以兰州为经纬线的中心,共 41550 公里,预算资金 13875 万元,但未及实施。铁道部接管后,于 1929 年会同江苏、浙江、安徽、湖南、湖北、河南、河北、福建、陕西、宁夏等省政府,组设国道设计委员会,拟定"国道路线网",主要包括京桂(南京—龙州)、京滇康(南京—昆明—大理—腾冲或巴塘)、京藏、闽新(福州—南昌—武昌—西安—迪化—伊犁)、京蒙(南京—买卖城)、京黑、张远(赤

---

① 周一士编著:《中华公路史》上册,台北商务印书馆 1984 年版,第 155—161 页;国民党中央党部国民经济计划委员会编:《十年来之中国经济建设》,南京扶轮日报社 1937 年版。

② 国道指联络各省省会、直达商港贯通全国的干道和路基宽度在 10 公尺以上的道路;省道指省会通往各县城、此县达于彼县、联络本省工商要地以及衔接国道、宽度在 8 公尺以上的道路;县道指由县城达于重要村镇、各乡镇相互衔接以及由县城达于铁道国道省道及其他邻近工厂矿区、宽度在 5 公尺以上的道路。这里的宽度,应为路基宽度。

峰—绥远)、甘藏新、绥新(包头—疏勒)、黑蒙新(满洲里—库伦—乌苏)、迪疏(迪化—疏勒)、陕桂等 12 条干线,共长 67553 公里,经费估计 36407 万元。1931 年 6 月国民党政府颁布《国道条例》,进一步明确了国道的规划权限和修造原则,强调"全国国道路线由铁道部规定,并权衡缓急轻重,指定兴筑程序"。

20 世纪 30 年代,国内外形势发生重大变化:日本占领东北,侵蚀华北,加速推行灭亡中国的侵略计划;中国共产党领导的土地革命蓬勃展开,革命根据地迅速扩大,民族矛盾和阶级矛盾空前激化。蒋介石以"攘外必先安内"为借口,向革命根据地发动大规模的军事"围剿"。在这种情况下,作为国民党心脏地带的江浙两省,革命根据地所在的赣闽湘鄂豫皖和陕甘等省,成为公路修筑的重点地区。1932 年 11 月,国民党政府军事委员会和"豫鄂皖三省剿匪总司令部"在汉口召开豫、鄂、皖、赣、苏、浙、湘七省公路会议,布置和落实七省公路修筑。为了加速这些地区的公路修造,国民党政府先后制订了"督造苏浙皖三省联络公路计划","督造苏浙皖赣鄂湘豫七省联络公路计划","督造苏浙八省联络公路计划","督造西北各省联络公路计划"等,并设立专门机构,加强工程的督察管理。在江、浙、皖、赣、鄂、湘、豫、闽等 8 省,设 7 个督察区,各区分设公路工程督察处,负责各项工程相关事务的决策、督察、指导和验收。在陕西和甘肃,为修建西(安)兰(州)、西(安)汉(中)两公路,经委会特分设西兰、西汉两处公路工务所,职掌工程事宜。据全国道路协会统计,截至 1935 年 12 月底,全国经济委员会督造的公路干支线长达 2.9 万公里,已通车 2 万余公里。[①] 在全国通车总里程中约占 21%。

---

① 金家凤编著:《中国交通之发展及其趋向》,南京正中书局 1937 年版,第 119 页。

公路工程也开始制定统一标准。1929 年铁道部公布《国道工程标准及规则》31 条;1932 年苏浙皖赣鄂湘豫七省公路会议议定《公路工程标准说明表》,1936 年全国经委会会同互通汽车省市所组织的全国公路交通委员会加以修订,另定《公路工程暂行准则》24 条,分路基为甲、乙、丙 3 等,路面为 1—6 级,桥梁有永久、半永久、临时 3 式,各有标准。①

资金是公路建设的关键。为了筹集建设经费,1929 年 10 月铁道部制定《建筑国道筹款计划大纲》,基本手段是指拨税款和发行公债或证券。规定国道本部线建筑费,以田赋附加为主,不足时以关税、盐税附加或拨款补助;边防线则以关税、盐税附加或拨款为主。至于公债或证券,规定国道不论由部直接建筑,或委托省府办理,其发行概由铁道部主办。所发公债或证券,除以该路收入为担保外,另由铁道部酌提部分田赋、关税等,指拨税款为保息基金。同时,受委托建筑国道的省份,除田赋附加外,可斟酌地方情形,附加或指拨他项地方税款;不足时可请中央补助,但数额以占全部建筑预算费的 30% 为限。经委会在 1934 年 9 月公布《管理公路基金暂行章程》,对各省请借公路建筑费和筑路基金管理,做出了详细规定。②

1929 年后的筑路资金筹集,基本上是按这两个文件进行的。

资料显示,各省筑路资金,主要来源是田赋或盐斤附加、筑路公债、捐摊和中央借款。浙江、安徽、湖南、广东、江西等省都是由

---

① 1936 年制定的工程标准主要内容是:路基,甲等宽 12 公尺,用于干线;乙等宽 9 公尺,用于干线或支线;丙等宽 7.5 公尺,用于支线。路面,一级为土路,二级为沙砾路,三级为泥结碎石路,四级为弹石路(即铺砌不整齐的石块路),五级为砖块和石块路,六级为水泥和柏油等高级路面(极少)。路面宽度,分为单车道、双车道和三车道三种,每种车道宽 3 公尺。

② 国民党政府全国经济委员会档案,中国第二历史档案馆藏全宗第 44 号,案卷第 890 号。

征收、指拨田赋或盐斤附加充当。

田赋或盐斤附加,浙江自 1928 年起,田赋附加一成作为筑路基金;安徽省以田赋附加一成的半数供筑路;湖南省田赋附加最多,曾达三至六成,并征盐斤附加;江西筑路费的大宗是盐税一五附加,平均每月约 10 万元。

发行筑路公债也很普遍。江苏 1930—1931 年间共发行建设公债 700 万元,约 380 万元用于公路修筑。浙江 1928 年发行公路公债 250 万元,安徽 50 万元(1933 年),湖南 1000 万元(1934年),湖北 600 万元(1935 年)。福建为建设闽侯—永安公路,也于 1937 年发行公债 96 万元。①

杂捐摊派名目繁多,数额可观。江苏有亩捐,每亩 5 分,每年达 300 万元,省县各用其半。苏浙皖京沪有车辆牌照互通附捐。1932 年经委会督造公路后,5 省市规定车辆牌照征收互通附捐 10%,补助筑路经费。后来其他公路互通省份,也都普遍仿行。广东有建设捐或特捐,其方式既有劝募,亦有摊派。江西则以“协助剿匪”为名,要求各界募股筑路,其他省份亦有募股筑路的规定,唯效果不明显。另外,责成路线所经各县就地筹款、备料的做法,也被普遍推行。在江西、广东、广西等地,一般除桥梁、石方等较大工程外,普通简易路面,工料均责成各县自办。据说此举颇有成效。福建为“围剿”红军根据地,赶筑闽西北公路,更无偿征用民间材料。②

中央借款,也是国道建筑费来源之一。按照前述《管理公路基金暂行章程》的规定,各省修筑联络公路,除路基、地价、迁移等费自行负责外,其建筑路面、桥梁、涵洞和特殊工程费等,如筹不足

---

① 国民党政府全国经济委员会档案,中国第二历史档案馆藏全宗第 44 号,案卷第 849 号。

② 《道路月刊》1935 年 6 月第 47 卷第 2 号。

数,得由经委会请借公路基金,款额不得超过工程费总额的 40%,并应指定担保归还财源,呈送测量图表和估价单,视工程进度分期核拨。① 中央拨借各省基金详如表 4 - 29。

表 4 - 29　经委会历年拔借各省公路基金表

1932—1936 年　　　　　单位:万元

省别	1932	1933	1934	1935	1936	累计
江苏	33	21	56	15	14	139
浙江	15	51	135			201
安徽	21	43	65	8	12	149
江西	4	23	67	21	4	119
湖北	6	3	53	6	9	77
湖南			49	3	53	105
河南	4	8	41	99	9	161
福建			67	3	12	82
陕西			10	75	103	188
甘肃			3		3	10
青海					7	7
四川				10		10
贵州				5		5
广东			10			10
宁夏					2	2
总计	83	149	556	249	228	1265

资料来源:国民党政府全国经济委员会档案,中国第二历史档案馆藏全宗第 44 号,案卷第 70 号。原表"累计"和"总计"个别数据有误,本表予以更正。

---

① 金家凤编著:《中国交通之发展及其趋向》,南京正中书局 1937 年版,第 135—138 页。

据调查,1932—1936 年 5 年间,经委会向江苏等 15 省拨借筑路基金 1265 万元。苏浙皖赣湘陕鄂豫闽 9 省最多,达 1033 万元,占总数的 81.7%,从年份看,主要集中在第 5 次大"围剿"的 1934 年,占总数的 44.0%,而陕西 94.7% 的拨借款集中在 1935 年、1936 年。因为 1935 年工农红军到达陕甘,为消灭工农红军,陕西成为全国修建公路的第一重点。可见国民党政府公路建设是带有明显的政治和军事目的的。

除上述资金来源外,也有部分地区通过拨用汽车运输盈余或向汽车公司借款以及招商投资等方式筹集资金。江苏曾于 1934 年拨用车务营业利余 30 万元作为筑路经费。江苏、浙江、安徽曾以专营权为条件,向汽车公司借债筑路。开放路权招商投资,浙江行之最早,所筑公路也最多。江苏、广东也曾实行。

公路修筑的运作方式、劳力征集和劳动组织,由于路基、土石方、简易路面等工程均责成所在县区自理,加上相当部分公路修筑出于军事需要,工期紧迫,各地普遍采用的是民工制、无偿征工制或兵工制。

广东的公路无论官办、公办、军办、县办、民办,劳力基本上来自民工。其中占全省公路绝大部分的官办、县办和民办公路①,劳力更全部来自民工。1932 年该省建设厅颁布的《兴筑全省公路征工办法》规定,凡在审定路线两旁 10 里居住、年龄 18—50 岁的男丁,都在征集之列(如由健妇替工亦可),每人须做路工 4 天。每人每天除给饭金 0.15 元外,所余工值发给临时收据一张,待路成通车后,换发股票 1 元;不愿做工者,须缴免工费 1 元,准作认股。

---

① 据统计,1937 年广东全省共有公路 14518.7 公里,其中官办 1389.2 公里,占 9.6%;民办 8519.7 公里,占 58.7%。加上县办、官民合办、官民商合办,共 12308 公里,占全省公路的 84.8%(据《广东省志·公路交通志》,广东人民出版社 1996 年版,第 40 页表 1—1 综合计算)。

实际上修筑官办公路大多不发工资。① 西北地区的公路修筑,也大多是征集农民,为此专门制定了《西北公路征工筑路暂行章程》,规定由工务所按照各县路线长度,估定征工人数和开工时间;民工编制成棚,每棚30人;工资按土方计算,每方6分至1角不等;伙食由工务所垫付,从工资中扣除。② 在西兰公路工程中,民工完成的土方达132万公方(立方米)。③ 湖北崇阳至通城公路建筑,是按保甲户口征派民工,按实际土方数量发给津贴,每方9分。为"围剿"贺龙工农革命而赶建的巴东—施南公路,路基也是征工筑成,每方只有津贴6分。④ 江苏更是无偿征用民工。该省于1929年冬决定征工筑路,各县成立征工事务所或办事处,又邀集地方团体,组成征工筑路协进会,实行收用田地、调查户口、征集壮丁一条龙。规定每户征壮丁1名(如一户数房,每房征壮丁1名);商号资本在1万元以上者,也征壮丁1名。如无壮丁,应缴代役金。壮丁不仅没有薪酬,且须自备工具、茶水。⑤ 加上村长、警察、监工催逼、勒索,农民困苦至极,怨声载道。由于民工大都被逼压而来,工作积极性普遍低下,所筑土方也常常不合规格,容易坍塌。⑥ 为

---

① 如1933年修筑南雄—信丰公路,按家庭人口每户征工4—14日,农民自备饭食到离家几十里外修路,全无工资。百姓说甚于拉夫,军队拉夫,尚给饭食(《广东省志·公路交通志》,第39—40页)。

② 中华全国道路建设协会:《道路月刊》1935年7月第47卷第3号。

③ 《十年来之中国经济建设》,第五章,南京扶轮日报社1937年版,第16页。

④ 《道路月刊》1937年3月第53卷第1号。

⑤ 《道路月刊》1930年6月第30卷第3号;1932年10月第38卷第2号。

⑥ 据调查,雇工每工筑土方3方,工资约需大洋0.5元。而征工一般每工只能筑成1方,宜兴甚至出现每方需要4天才能筑成的情形。征工每天需补给饭费1角3分。这样,1方土的价钱是5角2分,相当雇工的3倍。耗费的时间更是雇工时的12倍(参见《道路月刊》1930年7月第31卷第1号)。

此,国民党当局不得不实行武装监工。①

兵工筑路,行之已久。经委会专门制定了《全国兵工筑路计划大纲实施办法纲要》。军事当局则订有《剿匪部队筑路奖惩暂行办法》、《军工筑路暂行准则》(修正)。② 江西在"围剿"工农革命根据地期间,兵工筑路近 1000 公里;西兰公路也有704 余公里的路基土方工程,是由陕西和甘肃两绥靖公署的兵工完成的。③

除大量征用和调遣民工、兵工外,有的公路也将部分路段或工程交由私人公司承包或承建。如西兰公路工程分两个总段、5 个分段④,其中第一总段第一分段的部分路基整理工程(27.369 公里)由豫新建筑公司承包。承包人与第一总段工务所签订合同,议定每公里工价银 156 元,全部包修工料价为 4150.35 元,平均每公里约 152 元。⑤ 工程款分 8 期支付,每期已成部分付款 80%,全部工程按期竣工、验收合格后,付足全部工程款的 95%;其余 5%作为工程担保金,待数月经工务所确认无误后,始得付清,且承包合同须有担保。除人力不可抗拒因素,工程逾期一日,罚款 10 元。如承包人解约、违约、破产、无故停工,发包方可随时解约和扣除违约金。⑥

---

① 浙江修筑宁杭公路时,曾动用了 500 人的武装监工大队。

② 《道路月刊》1935 年 7 月第 47 卷第 3 号。

③ 国民党中央党部国民经济计划委员会编:《十年来之中国经济建设》,第五章,南京扶轮日报社 1937 年版,第 16 页。

④ 国民政府实业部中国经济年鉴编纂委员会编:《中国经济年鉴》(第三编,1936 年),上海商务印书馆 1936 年版,第 M252 页。

⑤ 按预算,5 个分段路基工程费分别为每公里 557 元、162 元、358 元、1559 元和 274 元不等。显然,承包人的承包费低于预算。

⑥ 国民党政府全国经济委员会档案,中国第二历史档案馆藏全宗第44 号,案卷第 1242 号。

公路修筑成本，因公路的等级、地理地质条件和运作方式而异。1932 年 11 月汉口七省公路会议曾议定，甲等公路（路基宽 12 公尺）每公里工程费 7900 元，乙等（路基宽 9 公尺）7500 元，丙等 6100 元。[①] 七省联络公路建筑费预算为每公里 5183 元。[②] 此前的三省联络公路工程费预算为每公里 6362 元。[③] 实际筑路费用，一般山区造价较高，平原稍低。江苏国道每公里建筑费 5800 余元，省道 1700 余元，县道仅 690 元。[④] 湖南公路每公里工程费约 7480 元。[⑤] 云南公路每公里工程费在 5000 元至 1 万元之间。[⑥] 鄂西宜昌—巴山公路、四川干线公路每公里建筑费分别为 1 万元和 1.1 万元。贵州河池—黔边公路和陕西西安—紫荆关公路、汉中—白河公路更分别高达 2 万元和 2.9 万元。[⑦]

1927—1937 年间，由于国民党政府加强了对公路修筑的统一规划和组织管理，有较明确和稳定的资金来源，尤其是大量征用和

[①] 工程费中不包括车站、道棚等行车设施的费用；桥梁工程在 50 公尺以上，或开山工程过大，或其他工程有特别情形以致全部工程预算超出标准总数者，另案办理（《十年来之中国经济建设》，第五章，南京扶轮日报社 1937 年版，第 175 页）。

[②] 七省联络公路干支线总长 2.23 万公里，预算建筑费 11558 万元（参见金家凤编著：《中国交通之发展及其趋向》，南京正中书局 1937 年版，第 131 页）。

[③] 据《十年来之中国经济建设》，第五章，第 11—12 页一览表计算。

[④] 据《道路月刊》1935 年第 46 卷第 1 号有关资料计算。但苏嘉公路每公里工程费高达 1 万余元（据《道路月刊》1933 年 7 月第 41 卷第 2 号有关资料计算）。

[⑤] 《道路月刊》1933 年 7 月第 41 卷第 1 号。

[⑥] 《道路月刊》1937 年 7 月第 54 卷第 2 号。

[⑦] 据《道路月刊》第 53 卷第 2 号、3 号、1 号；第 54 卷第 1 号；第 43 卷第 2 号有关资料计算。

调遣民工、兵工,给筑路工程提供了充裕的无偿或廉价劳力,使这一时期的公路建设有了较大的发展。10 年间全国新修公路约 8.8 万多公里。到 1937 年,全国公路通车总里程达 110952 公里[①],相当于 1927 年的 3.8 倍(详见表 4 - 30)。

表 4 - 30　历年公路通车总里程及其增长

1927—1937 年　　　　　单位:公里,1926 年 = 100

年份	通车里程 (公里)	指数	年份	通车里程 (公里)	指数
1927	29170	100. 0	1933	74551	255. 6
1928	30550	104. 7	1934	84809	290. 7
1929	34444	118. 1	1935	96253	330. 0
1930	46666	160. 0	1936	109383	375. 0
1931	66111	226. 6	1937	110952	380. 4
1932	70899	243. 1			

资料来源:1927—1932 年据中国公路交通史编审委员会编:《中国公路史》第 1 册,人民交通出版 1990 年版,第 145、199 页;1933—1937 年据国民政府交通部档案,载中国第二历史档案馆编:《中华民国档案资料汇编》第五辑第一编,财政经济(九),江苏古籍出版社 1994 年版,第 290—292 页。

京陕(蒲口—紫荆关)、卞粤(开封—南雄)、京黔(南京—晃县)、京川(南京—利川)、洛韶(洛阳—韶关)、商祁(商邱—祁门)、京鲁(南京—台儿庄)、海郑(东海,今连云港—郑州)、沪桂(南京—

---

　　①　国民党政府交通部档案,载中国第二历史档案馆编:《中华民国档案资料汇编》第五辑第一编,财政经济(九),江苏古籍出版社 1994 年版,第 290—292 页。原表 1937 年里程总计为 119567 公里,有误。另外,东北三省 1937 年里程为 1934 年统计数。

— 1291 —

桂林)、京沪(南京—上海)、西兰(西安—兰州)、西汉(宝鸡—汉中)、汉宁(汉中—七盘关)、川湘(成都—长沙)、川陕(成都—西安)等公路干线相继建成通车,加上其他公路和支线,初步形成全国公路交通网。[①] 全国公路若按大区划分,分布情况如表4-31:

表4-31 中国各区域公路分布概况
1937年7月

区域	公路通车里程 (公里)	占全国通车里程比例 (%)
东北4省	10438	9.5
华北5省	18186	16.6
西北4省	12435	11.4
华中3省	13450	12.3
华东5省	25334	23.1
西南4省	9702	8.9
华南2省	15100	13.8
新　疆	4853	4.4
小　计	109498	100.0

说明:表中东北4省为辽宁、吉林、黑龙江、热河;华北5省为河北、山东、山西、察哈尔、绥远;西北4省为陕西、甘肃、宁夏、青海;华中3省为河南、湖北、湖南;华东5省为江苏、浙江、福建、江西、安徽;西南4省为云南、贵州、四川、西康;华南2省为广东、广西。

资料来源:据周一士编著:《中华公路史》上册,台北商务印书馆1984年版,第171页统计表综合计算编制。原表"小计"数有误,本表予以更正。

表4—31 中东北1.04万公里的公路,大部分是"九一八事

---

① 参见《十年来之中国经济建设》,第五章;《道路月刊》1937年7月第54卷第2号。

变"后日本侵略者和伪满洲国主持修建的。日本帝国主义侵占东北后,为扩大侵华战争和加强经济掠夺,大举修建军用公路网,计划10年修建公路10万公里。截至1935年,共建成公路近4000公里。北部地区有齐齐哈尔—黑河、北阳城—黑河等线;东部地区有哈尔滨—同江、三姓—包烈以及通往边界地区的东境公路等线路。西部地区,在修建铁路干线的同时,建有长春—洮南、安浑—北陵、海拉尔—千忠庙、洮南—图川、洮南—富山等公路线。南部热河地区,为弥补锦州、北票、承德等铁路的不足,修建了热河大北、热河中央、热河南部等公路。伪满洲国修筑的公路更多。其中伪奉天建设处修建公路35条,长3180公里;伪长春建设处修建公路13条,长2400公里;伪哈尔滨建设处修建公路7条,长1200公里。① 据记载,1935年伪满洲国公路局修建公路约8592公里。②日本和伪满所修建公路,成为实现日本帝国主义灭亡中国、称霸世界的工具。

　　这一时期的公路建设虽有发展,但尚处于初始阶段,公路的规划、修筑和布局都有极大的局限性。第一,相对于国土面积而言,公路里程过短,密度甚低,且各省公路分布极不均衡。据1934年调查,各省每千平方公里面积的公路里程,广东最高为50.3公里;其次是山东(36公里)、江苏(35.7公里)、浙江(31公里)、安徽(29.5公里)、江西(27.7公里)等省;再其次是湖北(17.8公里)、河南(17.8公里)、广西(17.4公里)、热河(13.4公里)、河北(12.8公里)、辽宁(12.7公里)、山西(12.7公里)、吉林(10.1公里)等省。余下各省均

---

　　① 《道路月刊》1934年11月第44卷第3号。
　　② 《道路月刊》1935年3月第46卷第2号。

未超过 10 公里。新疆最少,仅为 0.9 公里。全国平均为 7.6 公里①,远低于苏联和西方国家。② 第二,绝大部分线路设计规格低,质量差,寿命短,使用率不高。1937 年全国通车的 11 万公里线路中,仅 4.3 万余公里铺有石子路面,不到总里程的 40%,其余均为土路。雨雪天或雨后初晴,均无法行车。在南方多雨和黏土地区,行车时间尤少,而养护和翻修工程浩大。第三,公路的修筑主要不是适应和促进经济发展,而是出于"围剿"工农红军、镇压革命的军事目的。从时间上看,大部分线路的修筑集中在"围剿"和"追剿"红军的 1932—1936 年。这期间修成通车的公路近 6.3 万公里,占 1927—1937 年新通车里程的 73.9%。与此相联系,在地区上,大部分公路集中在革命根据地所在省份及其同南京连接地区。全国近 11 万公里公路中,华东、华中、西北 3 区占 51.2%,分省计算,近 4.7 万公里集中在江浙皖赣闽湘鄂豫陕甘宁诸省,占总数的 44.6%。这些地区不仅公路多,而且质量较好,近 60% 的线路铺有路面。中央根据地江西及其相邻的湖南、浙江,近 1.3 万公里的线路全部铺有路面。这些主要还是出于军事"围剿"的需要。

----

① 1934 年中国国土面积约 11132700 平方公里(见全国经济委员会公路处编:《中国公路交通图表汇览》,1935 年刊本);公路里程为 96253 公里〔据国民党政府交通部档案,载中国第二历史档案馆编:《中华民国档案资料汇编》第五辑第一编,财政经济(九),第 290—292 页〕。

② 苏联等国每千平方公里的公路里程为:苏联 12.8 公里;奥地利 45.5 公里;意大利 555.6 公里;美国 625 公里;德国 769 公里;法国 1111 公里;英国 1250 公里;日本 2500 公里(据金家凤编著:《中国交通之发展及其趋向》,图 9 重新计算。苏联公路里程达 270 万公里,在 9 国中列第二位,仅次于美国的 493 万余公里,但因国土广袤,单位面积公路里程较低)。

二、公路运输及其营运

1927—1937 年，随着公路建设的开展和全国公路交通网的初步形成，公路运输条件有了较大改善。城乡公路运输广泛兴起，区域间的客货长途运输、城乡间的长短途运输、城市公共交通，以及部分地区的公路铁路联运、公路水路联运、公路空中联运等，都有所发展，初步构成了一个较完整的交通运输体系。汽车、机器脚踏车成为新的交通工具，汽车运输业成为国民经济的有机组成部分，汽车驾驶成为新的社会职业，汽车修理等相关行业也开始兴起。所有这些，都对当时的经济和社会发展产生了重大影响。

（一）运输条件与运输设备

民国初期，全国公路和汽车运输公司或机构很少，各条线路互不连接，而且多为公司自筑自营，他人几乎无权染指；即使官府修筑，也往往交由某一公司专营，其他公司很难加入经营或竞争。这些汽车路仍然是"私路"，而不是真正意义上的"公路"。

1927—1937 年，公路运输条件发生重大变化，全国公路由中央和地方政府主持修建，然后交由官府部门和民间经营使用。虽仍有个别公司通过垫付筑路费或交纳租金，获得某些路段的运输专营权，但总的来说，谁筑路谁经营的筑路模式已被淘汰，公路运输经营权全面开放。同时，公路线路延长，里程大幅增加，主要干线交叉连接，全国公路网络基本形成，部分地区还可铁路、公路、水路、空中联运，公路运输的地域空间明显扩大。当然，由此而产生的关系也更加复杂，竞争更加激烈。

为了加强对公路运输的管理和规范，尤其是区域联运的促进和控制,国民党政府成立了相关的职能机构,制定了一系列法规与章程。

在完成苏浙皖三省联络公路后,1932 年 12 月正式成立苏浙皖京沪五省市交通委员会,由经委会和五省市政府各派 1 人为委员组成,次年 1 月颁行五省市互通汽车暂行章程,3 月制定《各省市公路联运办法》,规定自用汽车均可通行于各省市公私道路,无须另缴任何通行费;营业汽车除通过私人或商办公路应暂照各路规定缴纳通行费外,亦得自由通行其他省有、市有公路。由此增加的养路费,经委会给予津贴。民有公路已划入互通范围的,也按时发给津贴。[①] 各省运输公路设备以及陆上交通管理,交通安全的设计和奖惩,也都立有规则。这些措施,促进和便利了各条公路间的联运:浙江公路管理局与商营江南汽车公司合办京杭路直达车业务;江西公路处与湖南公路局在南昌长沙之间办理客货联运;江苏公路局的车辆可以行驶在苏嘉路全线上;浙江公路局的车辆也能顺畅地行驶在沪杭路和闵杭路上。[②] 有的虽然还不能做到不分畛域,车辆直通直达,但通过两地商定的交接转运办法,客货也可如期到达目的地。如湖南、四川两地商定的川湘公路联运办法是:车辆不过线,各驶各路,客货票一律不售直达,客货均在茶洞联络站接运。每路各备一吨半车 1 辆,在联络站备用;如遇过境旅客过多,各出发站随时加开车辆。[③] 在西北地区,陕西、甘肃两省也着手办理以西兰公路为骨干的联运工作。[④] 1935 年 1 月,经委会为

---

① 国民党政府实业部中国经济年鉴编纂委员会编:《中国经济年鉴》(第三编,1936 年),上海商务印书馆 1936 年版,第 M256 页。

② 金家凤编著:《中国交通之发展及其趋向》,南京正中书局 1937 年版,第 150 页。

③ 《道路月刊》1937 年 4 月第 54 卷第 1 号。

④ 《道路月刊》1934 年 3 月第 43 卷第 1 号。

管理西北公路,在西安设立西北公路管理局筹备处,不久改称西北国营公路管理局。1936 年,在五省市交通委员会的基础上,又改组扩充成立全国公路交通委员会,负责互通汽车各省市划一公路交通法规及管理的筹议,各省市公路交通事业的促进,互通汽车办法的改进,等等。①

国民党政府还从路线布局、权限划分和联运统筹等几个方面着手,解决公路铁路联运问题。1936 年 5 月,全国经济委员会、铁道部和军事委员会会同商定铁路与公路联络办法,规定省营、市营和民营汽车公司,其立案、开业及运价的核定,营业运输的监督考察,归铁道部主管,并随时行知经委会备查;经委会所办的国营汽车运输事业,由该会随时行知铁道部备查;铁路与公路联运及营业运输的调整,由铁道部主管,并随时行知经委会备查,其与经委会所办运输事业有关系者,由双方会同商定。② 公路铁路之间的联运, 由此相继展开:江西境内的赣鄂和鄂湘公路,与南浔铁路联运;浙江境内的杭长、杭平、杭富和杭徽等公路,与沪杭甬、杭江铁路联运;湖南公路与湘鄂铁路联运;山东烟潍公路与胶济铁路联运;江苏镇扬和锡宜公路与京沪铁路联运;等等。公路水路联运也开始出现。三北、宁绍两家轮船公司,与宁波的通运、观曹两家汽车公司于 1936 年 4 月办理宁波一带港口的水陆联运业务。③

此外,对从事公路运输的机构、人员和营业活动,诸如汽车公

---

① 周一士编著:《中华公路史》上册,台北商务印书馆 1984 年版,第 155—161 页;国民党中央党部国民经济计划委员会编:《十年来之中国经济建设》,南京扶轮日报社 1937 年版。

② 《十年来之中国经济建设》,第五章,第 25 页;《道路月刊》1934 年 3 月第 43 卷第 1 号。

③ 金家凤编著:《中国交通之发展及其趋向》,第 150 页。

司的组设、营业和托运邮件,公路汽车的载客、运货,汽车牌照的给发;汽车驾驶人员和技师匠徒的培训、考核,驾驶执照的统一和发放;人力兽力车辆在公路上的行驶;营业汽车的牌照费、通行费、税捐的缴纳①等等,都订立了专门条例和规章,使之有章可循和尽可能规范化。

运输设备方面,全国汽车以及汽车配件、汽油柴油进口数量都较大,汽车修理行业也随之发展起来,1928—1937 年,有登记的机动车辆数量平均增长了 8%。② 不过据 1936 年 1 月的调查,全国仅有客运和货运汽车 48750 辆,分别相当于美国和世界各国汽车拥有量的 0.19% 和 0.13%③,公路运输设备尚微。各年汽车数量及其变化统计如表 4-32 所示:

---

① 汽车牌照费等的收取办法和标准,各地互有差异。大多分等按季收取:江苏每辆每季 15—30 元,浙江 15—30 元,北平 22—24 元,汉口 50—90 元,福建 42—48 元,南京 70 元。部分省市按年收取:安徽每辆每年 20—40 元,上海 15—270 元,广州 147—260 元。宁夏按月征收,每辆 30—100 元。山西曾按营业收入征收,客货车的征收比例分别为 15% 和 7.5%(参见全国经济委员会公路处编:《中国公路交通图表汇览》,1935 年版;《道路月刊》1933 年 12 月第 42 卷第 2 号、1937 年 4 月第 53 卷第 2 号;国民党政府全国经济委员会档案,中国第二历史档案馆藏全宗第 44 号,案卷第 849 号;吕荣民主编:《山西公路交通史》第 1 册,人民交通出版社 1988 年版,第 168 页)。

② 登记数与实际数可能不一致。据研究,1933 年全国有营业汽车 15183 辆〔见巫宝三主编:《中国国民所得(1933 年)》下册,上海中华书局 1947 年版,第 210 页〕。而表 4-32 显示,该年营业汽车(营业汽车和货车)为 14129 辆。

③ 据苏秉彝:《汽车运输经济论》(上海大光书局,1936 年 10 月印本),第 19—20 页统计表计算。

表 4-32　历年汽车数量及其分类统计

1928—1937 年

单位:辆

年份	汽车				机器脚踏车	共计
	自用客车	营业客车	货车	小计		
1928						34466
1929						30607
1930						38464
1931	25623	5374	8395	39392	2461	41853
1932	27350	5894	8259	41503	2751	44254
1933	27473	5190	8939	41602	2860	44462
1934	30107	10184	7065	47356	2667	50023
1935	32759	10362	10043	53164	3073	56237
1936	34495	10579	13270	58344	3637	61981
1937	36143	10837	17655	64635	4282	68917

资料来源:国民党政府交通部档案,载中国第二历史档案馆编:《中华民国史档案资料汇编》第五辑第一编,财政经济(九),第 290 页。本表不包括邮车和特种车。原表 1936 年"共计"数有误,本表予以更正。

汽车构成和地区分布状况如表 4-33 所示。

表 4-33　全国各类汽车车辆及其地区分布状况

1936 年 4 月

单位:辆

地区	客车			货车	其他	共计
	小车	大车	小计			
华东 5 省	14649	1960	16609	4520	942	22071
华中 3 省	623	501	1124	324	1	1449
华南 2 省	2950	1849	4799	1287	803	6889
华北 5 省	2835	1442	4277	838	97	5212
西北 5 省	36	117	153	256	18	427

续表

地区	客车			货车	其他	共计
	小车	大车	小计			
西南 3 省	474	545	1019	92	8	1119
东北 4 省	2875	1320	4195	2045	795	7035
合计	24442	7734	32176	9362	2664	44202

资料来源:金家凤编著:《中国交通之发展及其趋向》,南京正中书局 1937 年版,第 141 页统计表。

表 4-32 和表 4-33 显示,中国汽车构成,以客车为主,货车其次。在 1937 年的 64635 辆汽车中,客车占 72.7%,货车仅占 25.6%。客车中,小车又占绝大部分。据 1936 年不完全统计,小车占客车总数的 74.9%。这反映了中国公路货物运输不发达的状况;间接反映了中国经济的不发达。与此相联系,在 1937 年各类汽车中,私人自用汽车的比重超过 56%,营业汽车只占 44%。而在数据较为完整的 1932—1937 年,营业汽车(不包括机器脚踏车)只占 38.2%。这并不表明个人购买力强,而是反映出汽车运输业务的不兴旺。

从地区看,汽车分布极不均衡,与公路的分布也不一致。绝大部分车辆集中于东南沿海诸省,如表 4-33 所示,华东 5 省和华南 2 省合计,各类车辆占全国总数的 65.5%。其中绝大部分又集中在上海、南京和广州等城市,车辆占 7 省的 72.5%。从全国看,则半数以上的车辆分布在少数几个大城市。上海、南京、北平、广州、青岛、天津等 6 城市,汽车数量占全国的 55.6%。与此相联系,全国汽车车辆的分布与公路的分布形成强烈的反差。赣湘闽皖鄂豫陕甘宁等革命根据地所在省份,公路占全国的 36.6%,其中相当一部分是重点工程,但只有汽车 3089 辆,不到全国的 7%。在这些公路上行驶的汽车,大部分是国民党的军车或政府车辆。

即值得注意的是,历年汽车数量虽有增长,相对于公路里程和全国人口而言,车辆数量仍然很少。据调查,在当时公路建设的重点地区江苏、浙江和安徽三省,平均每 6 公里公路才有 1 辆汽车。1937 年全国平均每公里公路有汽车仅 0.58 辆。① 另据 1935 年 12 月统计,中国近 1 万人才有 1 辆汽车,远低于同期西方发达国家的水平。②

即使这些数量有限的汽车,也不能自行制造。汽车以及车用燃料,都要从国外进口。1930—1934 年共进口汽车 24348 辆,价值 4213 万海关两。③ 1932—1936 年还进口了 1548 万关金单位的汽车配件和轮胎;1927—1937 年进口汽油 35772 万加仑、柴油 290吨,价值国币 34434 万元。④ 中国也是世界油料市场上的大买主。1929 年中国进口汽油 626 万余桶,仅次于英国(729 万余桶),进口量列世界第二位。⑤

为了减少汽油、柴油进口,中国技术人员一直在努力引进、研制汽车代用燃料。留法归国的汤仲明、张登义、沈宜甲等人试验以木炭为燃料发生煤气,用作汽车动力,获得成功,俗称"木炭车"。上海中华煤气车制造公司参照法国、比利时煤气车,制成 1922 年

---

① 　根据表 4-29、表 4-31(不包括机器脚踏车)计算。同时期美国、英国每公里公路分别有汽车 5 辆和 6.5 辆(根据《中国公路交通图表汇览》计算)。

② 　同期一些国家平均拥有一辆车的人数分别为:美国 5 人;新西兰 9人;加拿大 10 人;法国 20 余人;英国近 30 人;德国近 80 人;奥地利近 200 人;日本 600 余人(参见金家凤编著《中国交通之发展及其趋向》图 8)。

③ 　《中国经济年鉴》(第三编,1936 年),第 M272—273 页。

④ 　据周一士编著《中华公路史》上册,第 221—222 页统计表统计。

⑤ 　《道路月刊》1935 年 7 月第 47 卷第 3 号。

式煤气车。1935 年后,煤气车得到政府部门的提倡和推广。①

随着公路运输业的发展汽车车辆的增加,一些地区的汽车修理业相继兴起。据 1936 年 6 月不完全统计,上海、南京、江苏、福建、浙江、安徽、河南、湖北、湖南、江西等 10 省市共有汽车修理厂142 家,各类车床 215 台,起重机 151 台;有工匠 1578 人、艺徒1170 人,每月能大修汽车 671 辆,小修 4186 辆。另据 1937 年 7 月不完全统计,上海、南京、江苏、福建、浙江、安徽、湖北、湖南、江西、四川等 10 省市约有司机 3.2 万余人。②

由于汽车、汽车配件及燃料等均须进口,在船舶、火车、汽车、人力车、畜力车以及人工挑担负载等运输方式中,汽车的运价相对较高。③ 而各地运价,又不尽相同。在平原地区和通过沙土的公路,因工程费低,运价也低;在山区或石工、桥梁工程较大的公路,工程造价高,运价自然也高一些。河北票价一般在每公里 1.5—3分之间,也有 2—2.5 分的,如天津至保定每公里 2.7 分;卢沟桥至河间 1.5 分。长江下游公路,平均每公里票价约 2.45 分。西北地区的西兰公路,每公里票价 3.5 分,比东部高一些。为鼓励汽车从事土特产输出,西兰公路上货物由西向东运输时,每吨公里运价0.3 元;由东向西运输则每吨公里 0.125 元,使向东输出更有利可

---

① 《道路月刊》1932 年 7 月第 37 卷第 3 号;1932 年 9 月第 38 卷第 1号;1933 年 12 月第 42 卷第 2 号;1934 年 1 月第 42 卷第 3 号;《十年来之中国经济建设》,第五章,第 25—26 页。中国公路交通史编审委员会编:《中国公路运输史》第 1 册,第 186—190 页。

② 国民党政府全国经济委员会档案,中国第二历史档案馆藏全宗第44 号,案卷第 1004 号。

③ 各类运输工具的价格,参见《中国经济年鉴》(第三编,1936 年),第M259 页。

图。西南地区的云南,客票每公里头等 3 分,二等 2.5 分,三等 2 分。① 若以吨公里运价计,浙江在 0.1—0.15 元之间,这在各省已属较低;河南、陕西和甘肃等地平均 0.7—0.8 元。云南至少在 0.6 元以上,与马驮运价相当。②

不论怎样,汽车运输一般还是有利可图的。据调查,1931—1932 年期间,江苏、浙江和江西三省长途汽车平均一年的营业收入为 257 万元,支出 216 万元(其中行车费用 107 万元),盈余 41 万元,收益率超过 18%。③ 在行车费用中,汽油费占了五六成,其次是零件费用,占了 15%—27%,轮胎费用占了 17%—19%略强;机油费用最少,在 1%—7% 之间。④ 这笔行车费用,占营业收入的 41.6%,全部用于进口品上,被外国商人赚走了。

(二)官商并存的公路运输经营

北洋政府时期,公路运输绝大部分由商办资本经营。1927 年以后,尤其是 30 年代,国民党政府中央和地方直接修建了不少"国道"、"省道"和联络公路。官营公路运输也随之发展,形成官、商并存的公路运输资本结构。官办资本和商办资本的数量、比重及经营规模与经济效益,各地互有差异,但无论官办资本还是商办资本,规模都很小,经济效益大多亦不理想。

---

① 《道路月刊》1937 年 4 月第 53 卷第 2 号。

② 参见全国经济委员会公路处编:《中国公路交通图表汇览·苏浙皖赣鄂湘豫七省联络公路调查表》,1935 年刊本;《道路月刊》1937 年 4 月第 53 卷第 2 号。

③ 参见全国经济委员会公路处编:《中国公路交通图表汇览·苏浙赣三省长途汽车营业进款、营业用款、行车费用比较表》,1935 年刊本。

④ 参见全国经济委员会公路处编:《中国公路交通图表汇览·苏浙赣三省长途汽车行车费用分析表》,1935 年刊本。

1. 官营公路运输

官营运输机构主要有国营、省营两类。前者有全国经济委员会设立的西北国营公路管理局。该局于 1934 年直接从事西北地区的公路修筑和运输经营，1936 年 12 月有各类汽车 124 辆。省营公路运输各省都有，不过开办时间、资金资产来源、规模大小以及在该省公路运输业中所占比重，不尽相同。有的是承袭北洋政府的家业，而后加以调整、扩充，更多的是 1927 年后各省自行创办；经营规模，大的有汽车四五百辆或千余辆，小的仅数十辆或十余辆；在省内公路运输业的比重，高的占七八成，甚至居独占地位，低的可能不足一成，高低悬殊。从全国看，这一时期省营公路运输业有较大发展。到 1936 年年底，各省官营运输单位至少有营业汽车 3000 辆，营业里程 2.1 万公里，汽车站点 1000 余处。①

湘赣鄂豫是国民党政府"围剿"工农革命的主要地区，官营公路运输备受重视。江西省公路处直接管理的营运线路长达 3513 公里。1928 年成立江西公路处，1933 年有官营长途汽车 254 辆。湖南省于 1929 年 11 月成立公路局，对全省公路进行统一管理，独家经营，集公路建设、汽车运输、路政管理于一体。② 1933 年有长途汽车 207 辆。1936—1937 年间，全省设立车站 82 个，售票所 45 个，代办所 37 处，开通客运路线 2400 多公里，平均每月载客量近 12 万人次。河南于 1929 年成立省建设厅公路局长途汽车营业部，1933 年有长途汽车 60 辆。到 1936 年，有汽车 74 辆，官营汽车运输发展相对缓慢。湖北在 1928 年接收商办公司，设立省建设厅

---

① 中国公路交通史编审委员会编：《中国公路运输史》第 1 册，人民交通出版社 1990 年版，第 136—139 页。

② 《湖南省志》第 10 卷，交通志·公路，湖南出版社 1996 年版，第 341 页。

襄花路管理局和襄沙路管理局,1933 年有官营长途汽车 78 辆。
1935 年成立省公路管理局,汽车增加到 252 辆。

华北、西北、西南各省,也都在 20 世纪 20 年代末 30 年代初相
继办起了官营公路运输。不过,规模和影响大小不一。

在华北,山东官办汽车运输,初时规模较小,1926 年济菏汽车
路局成立时,只有汽车 20 辆。这一时期发展较快,但路途并不平
坦。1927 年有官营汽车 160 辆,新增陶成埠至濮阳、济南至东昌
等线路客运业务。特别是设置黄河汽车渡船后,旅客从利津乘车
可直达菏泽,营业更加兴旺,加之油价较低,盈利相当可观。但
1928 年春,大部分车辆被张宗昌劫往平津一带。① 1928 年后,山
东官办汽车运输再次恢复和发展,1933 年有官营长途汽车 176
辆②,1934 年,山东省设立汽车路管理局,汽车增至 280 辆。当年
汽车运输总收入 151.2 万元,支出 95.6 万元,公积金和职工奖金
50 余万元;1935 年上半年,营业收入 98.83 万元,支出 56.82 万
元,盈余 42 万元;1936 年收入 160 万元,支出 150 万元,盈余 10 余
万元。经济效益尚可。③

河北官办汽车运输,兴起亦较早。1922 年 6 月,直鲁豫巡阅
使曹锟以运送军队为名,强行将经营张家口—库伦运输的西北汽
车处的汽车 57 辆调往保定,这应是河北官营汽车运输业的最初家
底。1936 年,河北设立冀察车路管理局,隶属冀察政务委员会,订
购汽车 80 辆,开办天津至盐山、保定、沧州、白沟,北平至大名,沧
州至庆云等 6 条路线的运输业务,运输里程为 1192 公里。1937

---

① 《山东省志·交通志》,山东人民出版社 1996 年版,第 200 页。
② 参见巫宝三主编:《中国国民所得(1933 年)》下册,第 208 页。以下
凡 1933 年的官营长途汽车辆数以及营业收入,均来源于此书,不再一一注
明。
③ 《山东省志·交通志》,山东人民出版社 1996 年版,第 200 页。

年"七七事变"后,冀察车路管理局停止营运。[1]

热河的公路运输是从军办汽车公司开始的。1924 年 10 月,驻防东北军在开鲁创办隆兴汽车公司,有资金 1.1 万元,购备 6 座位汽车 5 辆,经营通辽—开鲁客运,每日有班车发行。[2] 1927 年,热河都统公署组建汽车队,由军方拨给汽车 5 辆,办理承德—北京客货运输。次年更名热河长途汽车公司,有汽车 32 辆,1932 年增至 60 辆,相继开办承德至北平、平泉,赤峰至林南仓、通辽、北票等 5 条路线的客货运输,营运里程 1157 公里。1933 年日本侵占热河后停止营运。[3]

绥远官营汽车运输业始于 1926 年。1925 年冯玉祥任西北边防督办,对西北地区的交通事业很重视,即行兴修公路,主张西北国道汽车运输收归国有,不准中外汽车公司私自营业。当年包头至宁夏汽车路粗略修成,随后设立包宁汽车路局,征用旧车 19 辆、新道吉车 7 辆,负责承办军运业务。1926 年 9 月,冯玉祥部参加北伐,包宁路军运停办,地方上也无汽车继续运行[4],绥远官营汽车运输无形中止。

西北陕西、宁夏、新疆 3 省,官营汽车运输产生较晚,规模大小不等。陕西 1930 年成立省汽车管理局,有汽车 42 辆;1933 年有长途汽车 60 辆。宁夏在 1933 年年初,驻防河南信阳 15 路军总指

① 《河北省志》第 39 卷,交通志,河北人民出版社 1992 年版,第 124 页。

② 《内蒙古自治区志·公路、水运交通志》,内蒙古人民出版社 2001 年版,第 384 页。

③ 《河北省志》第 39 卷,交通志,河北人民出版社 1992 年版,第 124 页。

④ 《内蒙古自治区志·公路、水运交通志》,内蒙古人民出版社 2001 年版,第 382 页。

挥马鸿逵调任宁夏省政府主席,带有大小军车 30 余辆,使该省有了第一批汽车。以此为条件,宁夏于同年 4 月设立省道管理处,以修筑省道,经营宁包、宁兰两线汽车运输为宗旨,马鸿逵将其中 20 余辆大型汽车拨给省道管理处。这是宁夏官营汽车运输的最初家底。1934 年,该处又添购新车 10 余辆(包括 2 辆 26 座客车)。1936 年 1 月,省道管理处改组为汽车管理局,专管汽车运输,并于 1937 年续购汽车 30 余辆(因"七七事变"影响,实际取货和运回宁夏者仅 5 辆)。同年 11 月又以"违反汽车管理章程"等罪名,没收被绥远马占山挺进军(傅作义部)征用、撤退宁夏的包头"恒星西"等车行商车 8 辆,该省官营汽车运输规模进一步扩大。[①] 新疆官办公路运输始于 1927 年。是年新疆省公署指令建设厅成立汽车总局,设立汽车驾驶学校,培训汽车驾驶员和修理工,从天津购入美制汽车 15 辆,开办迪化(今乌鲁木齐)至奇台的客货运输业务。次年经办迪化—塔城的客货运输。因路况太差,不久迪化—塔城的客运停办。但因整体经营状况尚好,1934 年该局货车增至 110 辆(其中苏式汽车 80 辆),1936 年先后开通迪化至塔城、伊犁、哈密、奇台定期和迪化至喀什不定期客运,官办汽车运输规模逐渐扩大。[②]

西南四川,1933 年有官营长途汽车 19 辆,1935 年设立四川公路局,有汽车 29 辆,次年陡增至 280 辆。云南在 1929 年成立公路总局汽车营业管理处,1933 年有官营长途汽车 12 辆,1936 年有汽车 24 辆,发展缓慢。贵州汽车运输最初均为省办,1935 年 7 月,

---

① 宁夏回族自治区交通厅编写组:《宁夏交通史》(先秦——中华民国),宁夏人民出版社 1988 年版,第 169—171、209—210、216—217 页。

② 《新疆通志》第 48 卷,公路交通志,新疆人民出版社 1998 年版,第 388、426 页。

贵州省公路管理局成立,管理全省公路运输业务,并首批购置汽车26辆,投放黔川线营运。因经营不善,亏累甚巨,次年缩编为贵北车务段。黔湘、黔滇公路相继竣工后,营运线路延长,运量增加,同年12月,贵北车务段再扩大改组为车务总段,并增加车站,附设汽车修理厂、电话总机及交换所等机构、设施。1937年,因运输繁忙,10月复将总段扩大,更名为省公路局,路、运并管。至年末,营业路线增至1760公里,备有汽车90辆,官营汽车运输有所发展。①

华东、华南地区,是这一时期公路建设的重心,公路运输比较发达。官营公路运输也出现较早,有的尚有较大发展。

江苏1926年已有实业厅江北路政总局,1927年北伐军进驻南通,即将通如海长途汽车公司的所有汽车划归县建设局,形成当时少有的县办汽车运输。次年,省建设厅查出江北长途汽车公司有北洋军阀股份3.7万元,遂将其作为逆股充公,由省建设厅代表股权,并更名镇扬长途汽车公司,成为官商合办企业。1930年江苏省公路管理处经营镇江—句容、苏州—嘉兴、扬州—清江等线路客运业务,1933年有长途汽车32辆。到1936年,省公路局经营长途汽车办事处13处,有汽车106辆。②

浙江早在1925年就已设立萧(山)绍(兴)段车务管理处,经营汽车运输。1933年有官营长途汽车147辆,1935年通车里程在2000公里以上。③ 1936年,成立省建设厅交通管理处,有汽车

---

① 《贵州省志·交通志》,贵州人民出版社1991年版,第211—212页。
② 参见《江苏省志·交通志·公路篇》,江苏古籍出版社2001年版,第3、216、215页;中国公路交通史编审委员会编:《中国公路运输史》第1册,第136—139页。
③ 据《中国经济年鉴》(第三编,1936年),第M263—264页统计表计算。

344 辆。

安徽的官营公路运输,机构和体制几经变更。该省 1929 年 7 月成立全省公路管理处,开办安(庆)潜(山)太(湖)当(涂)、合(肥)巢(县)等公路的客货运输,有美制客车 20 辆、客货两用车 6 辆,设独立段进行管辖。次年 10 月撤销公路管理处,三个独立段由省建设厅直接管辖,实行"路运合一"体制。1932 年复成立省公路局,下设车务处掌管汽车运输,先后设立安(庆)合(肥)、省(安庆)屯(溪)、芜(湖)屯(溪)、亳(县)六(安)、合(肥)巢(县)、合(肥)蚌(埠)等 6 个车务管理处,经营和管理各线路的客货运输。其中安合段车务管理处规模较大,车辆较多。1938 年 1 月,日本侵略军长驱南进,战事紧张,省公路局及其下属各车务管理处,全部撤销。①

福建官营汽车运输几经反复。早在 1926 年冬国民革命军攻占福建后,即宣布以官办取代商办汽车运输。次年 5 月将经营福州公共交通运输业的延福泉公司收归官办。因缺乏资金和经验,旋于 1928 年 12 月决定撤出官股,但同时宣布,各已成未成公路干线,全部收为官有。又因商人抗议和财政困难,省政府被迫再次改变政策,1929 年 3 月制定章程,允许民间投资筑路和经营汽车运输。1934 年,汽车运输政策再次收紧,先后成立"统一全闽公共汽车筹备处",着手将全省公路干线收归官营,全面统筹汽车运输,强征商车、强用商筑线路,开办福州—厦门、福州—泉州—漳州等线路的汽车直达客运业务。在闽西、闽北的"围剿"公路上,也有官营客车行驶。并设有福马车务所,从事福州马尾地区的公共交通运输。②

---

① 《安徽省志·交通志》,方志出版社 1998 年版,第 157、177 页。

② 参见罗肇前:《福建近代产业史》,厦门大学出版社 2002 年版,第 220—234 页。

在华南,广东情况略有不同。在北洋政府时期,广东一直鼓励商民集资兴办公路和汽车运输,官营汽车运输产生时间相对较晚。首家官办汽车运输机构是 1928 年由省公路处设立的韶(关)坪(石)公路行车管理处,有汽车 4 辆,但曾数次易主。1933 年军队投资设立的韶(关)南(雄)路行车管理委员会,有资本 5.75 万元,各类客货及工程车 19 辆。次年,省公路处又兴办东路省道行车管理处和南路省道行车公路管理处,其规模更大一些,前者备有客车52 辆、货车 20 辆、小包车 2 辆,行驶惠阳、海丰、陆丰、潮阳、汕头及博河路、华兴路、惠樟路、惠阳紫金兴宁路和广州—罗浮山等线;后者有客车 25 辆、货车 3 辆、小包车 1 辆,经营开平至阳江、水东、梅录,安铺至遂溪等线。① 1933 年全省有官营长途汽车 1278 辆。

广西从 1925 年开始有步骤地修筑公路,兴办官营汽车运输,基本步骤是每修筑一条公路就成立该路公路局,主管修路,兼办运输,采取筑成一段、营业一段,以运补路的方法。待该路全线通车后,路局即行撤销,成立该全路的公路管理局,其职能为管理路政和经营管理运输。1925—1929 年间设有柳(州)庆(远)、邕(宁)宾(阳)、桂(林)全(州)、容(县)苍(梧)等公路局,1927—1929 年年底,各路相继修竣,原有路局撤销,由新设立的公路管理局接管,执掌全线运输经营和管理业务。1931 年,广西省废除分区(路)设局制,成立广西省公路管理局,统一执掌全省公路、运输及车辆维修。广西官营汽车运输,初期规模甚小,1931 年路局仅有 8 辆汽车进行长途客运,此后规模有所扩大。1933 年,公路局有计划地增购车辆,长途营业车由 8 辆增至 42 辆。1935 年广西省政府推行"发展公营,抑制商车"的政策,出现官、商汽车运输此消彼长的

---

① 《广东省志·公路交通志》,广东人民出版社 1996 年版,第 47、49 页。

变化态势,商车从 401 辆锐减至 294 辆;官车从 42 辆增加到 108 辆,1937 年达 209 辆。①

官营公路运输,无论国营、省营,都是政企合一。公路维修、公路交通管理和汽车运输,一套机构执行。营业状况、经济效益因各地经济环境、行业竞争和管理水平而异。

中央直接经营的西北公路管理局(下辖西兰线和凤汉线),条件不错,资金、车辆相对充裕,又无铁路和水路运输竞争,只有人力、畜力与汽车运输并存。因此,这里的营业利润并不为高。若将运输业务以外的收支情形一并考虑在内,经营结果更不容乐观。1935 年度,该局收入 73 万余元,支出 77 万余元,亏损近 4 万元。②此后似乎略有好转,1937 年 3—5 月,营业收入 713200 元,支出559000 元,盈利 154200 元,账面收益率为 27.6%。但这种盈利是以牺牲设备、不留后路为代价的,后果比亏损更严重。1936 年 12月,该局有汽车 124 辆,87 辆投入运营。仅过半年,到 1937 年 6月,能够投入运营的车辆陡减至 40 辆。③ 如此掠夺式经营,该局唯有瘫痪、倒闭一途。

省营公路运输经营状况,江苏、浙江、安徽、江西、湖北、湖南、河南、山东、广东等省,或因经济和公路交通条件较好,公路客货运输兴旺;或比较讲求经营策略;或得益于国民党"围剿"军运或官府垄断,经营状况相对较好,发展平稳。

江苏、浙江两公路局(处)主要经营苏嘉(苏州—嘉兴)、京芜

① 参见《广西通志·交通志》,广西人民出版社 1996 年版,第 229—230、156—157、150、151、186—187 页。
② 国民党政府全国经济委员会档案,中国第二历史档案馆藏全宗第 44 号,案卷第 90 号。
③ 国民党政府全国经济委员会档案,中国第二历史档案馆藏全宗第 44 号,案卷第 1005 号。

（南京—芜湖）、京杭（南京—杭州）、杭徽（杭州—歙县）、沪杭（上海—杭州）、宣长（宣城—长兴）等线路的客货运输。苏局经营的苏嘉路江苏段，因受运河商船竞争的影响，营业额有限。1934年8月以后，公路局采取措施，降低运价，增加车次，并出售往返票，营业扩大，每日收入由原来的300元增加到500元以上。① 经营效益也不错，1935年上半年，全局每月营业收入67097元，支出48345元②，账面收益率为38.8%。浙江局的客货运输收入也由1933年的101万元增加到1935年上半年的104万元。但营运效益无明显提高，每一车公里收入约0.729元③，同1927年相若。公路设施也不尽完善，大多因陋就简，有的车站如同贩摊。④ 安徽公路局也竭力开拓运输业务。该局经营的京芜公路安徽东段运输，每天营业收入起初仅100余元，1934年5月，该局与京芜公路安徽西段商办公司和京沪铁路办理联运，每天营业额增至300余元，后又出售往返票，增开货运车辆，还与江南汽车公司、京沪铁路局和京芜路东段公司订立4路联运合同，扩大了运输业务。⑤ 江西官营汽车运输则直接受益于军事"围剿"，1933年的营业收入约127万元，1934年7月—1935年6月增至329万元⑥，增幅达1.6倍。湖南将全省公路运输收为省营后，加强管理，制定客货运输规程，开展责任运输、公路铁路联运、省际公路联运、游览包车，成立专业转运公司等措施，扩大了运输业务，盈利不断增加。据统计，

---

① 《道路月刊》1935年3月第46卷第2号。
② 《中国经济年鉴》（第三编，1935年），第M260—261页。
③ 据《中国经济年鉴》（第三编，1935年），第M263—264页统计表计算。
④ 《道路月刊》1935年4月第46卷第3号。
⑤ 《道路月刊》1935年4月第46卷第3号。
⑥ 《中国经济年鉴》（第三编，1935年），第M271页。

1929—1934 年共盈利 213280 元,平均每年 35546.7 元;1935 年盈利 114194 元;1936 年达 872648 元,比上年增长 6.6 倍。[①] 1929—1937 年,共计营业收入 2304 万元(其中运输收入 2068 万元),支出约 2123 万元,盈利 181 万元。1937 年,客运每人次收入 2.6 元,盈利 0.3 元。[②]

福建官营汽车运输,因各地各路条件不同,经营状况差异悬殊。沿海和闽南福州、泉州、厦门、漳州一线,客运业务繁忙,加上接收、归并原有商办公司,强征、强用商车和商筑公路,经营状况较好,规模不断扩大。闽北、闽西山区,客源有限,客运亏损严重,或仅能勉强维持。[③]

湖北官营汽车运输,初期分别由汉宜、鄂东、襄花等公路管理局以及省会公共汽车管理处组织经营。1935 年 7 月,湖北省政府将上述机构合并改组成立湖北省公路管理局,统一管理经营全省官办汽车运输,整修道路、设备,增购车辆,各类汽车由 1935 年 9 月前的 199 辆增加到 1936 年 1 月的 253 辆,经营状况亦有所改善,1935 年度营业收入 1008321 元,支出 998582 元,略有盈余。为了转变管理局机关作风,促进运输生产,该局局长在公路管理局成立周年纪念大会上,特别介绍苏联的“斯达汉罗夫运动”,讲述斯达汉罗夫本人的简历和事迹,强调“干部决定一切”,要求职员树立“职业神圣”信念,“实干!”“硬干!”“快干!”试图在全局推行

---

① 《湖南省志》第 10 卷,交通志·公路,湖南出版社 1996 年版,第 343 页。

② 周宏凯主编:《湖南公路运输史》第 1 册,人民交通出版社 1988 年版,第 39 页。

③ 参见罗肇前:《福建近代产业史》,厦门大学出版社 2002 年版,第 228—233 页。

"斯达汉罗夫运动"。① 这在当时的国民党官营企业中是十分罕见的。

河南自1931年6月改组成立河南省长途汽车营业部,官办汽车运输状况亦明显改观,客货汽车由原来的2辆,猛增到52辆,运输力量大增,并取得了较好的经济效益。营业部成立后的13个月(1931年6月—1932年6月)中,除1931年7月多日下雨,略有亏损外,其余12个月全部盈余。13个月合计,营业进款213352元,支出152398元,盈余60776元,收益率为39.9%②,经济效益似乎比湖北更好一些。

山东官营汽车运输的经营状况也较好。1934年山东省汽车路管理局的汽车增至280辆,当年运输总收入151.2万元,支出95.6万元,公积金和职工奖金50余万元;1935年上半年,营业收入98.83万元,支出56.82万元,盈余42万元,收益率为73.9%,这在当时汽车运输业中是相当罕见的。1936年收入160万元,支出150万元,尚有盈余10余万元。③

广东1933年的官办汽车运输营业收入约754万元,盈利状况不详。另据1934年7月至1935年统计,东路、南路两个行车管理处运输旅客28430人,收入115003元,货运收入3047元,其他包车等收入3813元,扣除薪俸、业务费、养路费后,盈余26298元④,

---

① 参见《湖北省公路管理局成立周年纪念特刊》,湖北省公路管理局1936年印本,"一年来之机务报告"第11页、"局长报告"第1—3页。

② 参见《河南省长途汽车营业部周年纪念特刊》,1932年印本,"工作报告"第3—4页、1931年6月—1932年6月"各月营业进款用款及盈余统计表"。

③ 《山东省志·交通志》,山东人民出版社1996年版,第200页。

④ 《广东省志·公路交通志》,广东人民出版社1996年版,第47、49页。

收益率为27.5%,这在官营汽车运输中也是较高的。

其余各省,除河北、宁夏汽车数量较多,经营稍具规模或车辆有较大幅度增加外,大多因经济落后、官员腐败或经营无方,官营汽车运输均无多大起色和实效。如四川,到1936年虽有汽车280辆,但因军阀割据和混战,官场腐败,公路修筑和养护资金多被贪污挪用[1],公路质量低劣,除川黔干线外,一般公路的桥梁、涵洞多不合格,加上管理养护水平极差,一遇雨天泥泞,随之坍塌,运输中断。[2] 甘肃1933年仅有官营汽车3辆,营业收入0.5万元,不过聊胜于无。

2. 商营公路运输

这一时期,商营公路运输也有较大发展。民国初年,商办公司一般要先筑公路,再经营汽车运输。1931年后,国民党政府开放公路,鼓励民办公路运输。次年全国经济委员会督造公路后,公路主要由中央和地方政府修筑,商民可以通过多种方式经营公路运输。据不完全统计,商营汽车从1931年的9500辆发展到1937年的15300多辆。[3] 一些地区的商营公路运输明显扩大,车辆和营业额已超过官营。1933年,商营长途汽车运输,共有汽车4988辆(包括东北地区),营业收入达2564万余元,在全国官、商营长途汽车运输总收入(4198万元)中占61.1%。[4] 另外,1933年全国

---

① 时人揭露说,"路捐数百万,大半归官仓。不是购枪弹,便是汇外邦。准备下野后,好去东西洋"(《道路月刊》1932年6月第37卷第2号)。

② 《道路月刊》1937年6月第54卷第1号。

③ 中国公路交通史编审委员会编:《中国公路运输史》第1册,第140页。

④ 据巫宝三主编:《中国国民所得(1933年)》下册,中华书局1947年版,第208、217页。

尚有商营租赁汽车 7092 辆,营业收入近 4787 万元。①

商营公路运输的分布,主要集中在江浙皖和华北晋冀一带。

江苏商营汽车运输,最早始于 1918 年。是年有人倡办瓜清长途汽车公司,1920 年因直皖军阀混战夭折,1921 年改为江北长途汽车公司,有汽车 8 辆,经营扬州至六圩的客运。1920 年,张謇创办的通如海长途汽车公司也开始营业,有中型汽车 4 辆,经营南通分别至吕四、如皋、海门等线路的运输业务。后与南通路工处合营,增加汽车 7 辆,开通南通城分别至狼山、天生港、唐家闸各线。②

江苏各商营汽车公司中,沪太、锡澄、江南、锡沪等公司较具规模。沪太是上海首家长途汽车公司,创建于 1920 年,先集股修筑上海至太仓浏河的公路,1922 年全线筑成通车,正式营业,有客车 7 辆。1927 年公司与省建设厅换文,以营业收入的 10% 作为专营费,取得沪太路的运输专营权。1929 年后,公司增加嘉定—罗店、宝山—吴淞—刘行等支线运输。到 1937 年,公司有奔驰等大客车 37 辆,营运线路 79 公里。③ 锡澄长途汽车公司成立于 1930 年,经营无锡至江阴的客运业务,初时因整修公路、设置站房、购置车辆,费用超过集资两倍,几濒临破产,后通过降低票价,同铁路、轮船开办联运,发售往返票等项措施,逐渐转亏为赢,1934 年进入全盛期。江南公司由国民党元老、建设委员会委员长张静江以及吴稚

---

① 据巫宝三主编:《中国国民所得(1933 年)》下册,中华书局 1947 年版,第 210、217 页。

② 《江苏省志·交通志·公路篇》,江苏古籍出版社 2001 年版,第 214—215 页。

③ 《江苏省志·交通志·公路篇》,第 214 页;上海市交通运输局公路交通史编写委员会编:《上海公路运输史》,上海社会科学院出版社 1988 年版,第 126—131 页。

晖、李石曾等人于1931年创办,有资本10万元,汽车18辆,主要经营京杭(南京—杭州)、锡宜(无锡—宜兴)和京湖(南京—湖熟镇)等路运输。其中锡宜公路运输,原本计划由江苏省建设厅自办,但迫于张吴等的权势和压力,只得交由江南公司专营。公司成立后,发展较快,到1937年已有资本100万元,汽车300余辆(包括城市公共汽车),员工1400余人。① 锡沪公司成立于1933年9月,先后为锡沪公路(全长141公里)上海段垫付建筑费64.2万元,向上海市政府缴纳保证金1万元,垫付路、桥建筑费9万元,并承诺按营业收入的8%缴纳报酬金,才获得锡沪公路1/14里程的长途汽车经营权,期限30年。1935年, 又与省建设厅订立《锡沪路长途汽车专营合同》,承诺垫付建筑费58.4万元, 缴纳保证金5.8万元, 每半年缴纳锡沪全线营业总收入的6%作为专营费, 取得江苏境内经营权, 期限30年。1934年公司正式营业,先后购进大、小客车、工程车69辆。又制定《旅客行李运输章程》、《乘车规则》、《团体票简章》、《优待军警人员乘车规则》、《货运章程》等规章, 力求业务规范化。1935年9月, 该公司与京沪铁路局签订《联运合同》, 办理上海至苏州、常熟间的客货联运, 业务范围逐渐扩大。1937年日本侵略军占领上海后, 沪锡公司被日商劫夺。②

另外,江苏尚有武宜、镇丹金溧、镇扬、沪闵、上松等汽车公司,规模较小,经营线路大多不足40公里,年营业额不足20万元③,

---

① 参见《江苏省志·交通志·公路篇》,第214页;中国公路交通史编审委员会编:《中国公路运输史》第1册,第484页;《中国经济年鉴》(第三编,1935年),第M261—262页。

② 《上海公路运输史》,第121—126页;《江苏省志·交通志·公路篇》,第216页。

③ 《中国经济年鉴》(第三编,1935年),第M261—262页。

但一些公司在开展公路水路、公路铁路联运方面,颇有成效。如镇扬公司在镇江和六圩间用轮渡衔接,水陆联运,打通了大江南北的阻隔。1934 年 1 月,公司又与京沪铁路实行联运,须在镇江中转的铁路、公路旅客,在镇江江边码头和火车站之间,用汽车按班接运,无须另行购票或换票,随后又将联运扩大到沪杭甬线的杭州、嘉兴等站。1936 年,镇丹金溧汽车公司,亦与京沪铁路各站办理联运[1],既方便了旅客,又扩大了运输业务。

浙江较大的商办长途汽车公司有萧绍、通运、黄泽路椒、蒿新、杭瓶、余临、浦锺、绍曹嵊和利行等公司。1935 年上半年,这 9 家公司的客货运输收入达 789354 元[2],平均每一公司 8.8 万元,即年营业额 17 万余元。

杭瓶、浦锺、绍曹嵊等公司均集资(股)筑路经营,并租营部分路段。如绍曹嵊公司,由前天台县长金汤侯和前浙江省长张载阳召集绅商于 1926 年 7 月组成筑路公司,集资筑路、运输,1934 年成立长途汽车公司,租入部分路段经营。[3] 萧绍公司也是由金汤侯、张载阳邀集杭州中国银行行长金润泉等人组建,并取得原省营萧山—绍兴公路的客运专营权,为期 20 年。[4] 公司为降低成本,改装木炭车,使用柴油车,加强公路养护,减少油料、轮胎等消耗,

---

① 《镇江市志》下册,交通,上海社会科学院出版社 1993 年版,第 923 页。

② 据《中国经济年鉴》(第三编,1935 年),第 M265—267 页。其中杭瓶和浦锺两公司只有 1—5 月统计数,这里以 5 个月的平均数作为 6 月份的统计数。

③ 张涤铭主编:《浙江公路运输史》第 1 册,人民交通出版社 1988 年版,第 56—58 页。

④ 浙江建设厅:《浙江省建设月刊》1933 年 1 月第 6 卷第 7 期。

并注意搜集乘客意见,改进经营管理。①

安徽商营汽车运输产生较早,1920 年泗县绅商首办汽车公司,随后,南北两地的车行、公司相继出现。在皖北,有三民汽车公司(1923 年成立于阜阳)、淮北汽车公司(1923 年成立)和鹏飞汽车运输公司(1925 年成立)。三民经营阜阳、蚌埠间的不定期运输;淮北购车 5 辆,营驶蚌埠—亳县、蚌埠—颍上两线;鹏飞则仅有改装的小客车 1 辆。在皖南,有 1926 年成立于宣城的宣芜广商办汽车公司,购备简易客车 10 辆,行驶芜湖—湾沚、宣城—湾沚的客运班车。20 世纪 30 年代初,安徽商营汽车运输一度有所发展。1933 年,有人集资租下京芜(南京—芜湖)路芜湖至当涂段公路,成立京芜路西段长途汽车公司,承办该路运输,以客运为主,兼营货运,有大客车 10 辆、小客车 2 辆、货车 2 辆,与京沪铁路局、京芜路东段筹备处进行联运。1932 年至 1933 年年初,还有六路商办汽车公司(1933 年改组为振兴商办长途汽车公司)、杭徽公路歙昱段长途汽车公司、鸿飞汽车货运公司等,其中歙昱段汽车公司规模稍大,有大客车、小包车各 10 辆。京芜路西段汽车公司初时经营状况不错,每月有营业收入约 1 万元。不过好景不常,自江南铁路通车后,业务一落千丈,每月收入仅 4000 元,公司不得不将客票对折出售,惨淡经营。1934 年 3 月,安徽省公路局借口公司管理疏懈,"养路事宜漫不经心";营业汽车未达合同规定的 15 辆之数;各项报单"迭有错误",决定将西段收回自办,公司就此结束。②

福建虽然官府朝令夕改,政策反复多变,任意侵犯商人利益,但由于华侨踊跃投资,商营汽车运输仍有发展。1927 年前商营汽

---

① 张涤铭主编:《浙江公路运输史》第 1 册,第 69 页。

② 参见国民党政府全国经济委员会档案,中国第二历史档案馆藏全宗第 44 号,第 727 卷;《安徽省志·交通志》,方志出版社 1998 年版,第 158 页。

车运输已初具规模,1929 年省政府政策放宽,发展加快。1930 年,仅漳州、泉州两属即有商营汽车公司 23 家,资本约 300 万元,营业里程达 1691 华里。[①] 1933—1934 年,由于"围剿"苏区,国民党军队任意征车、毁车、强令汽车运输商无偿修车;省政府推行公路官营政策,强行接收和归并商营公司,强征、强用商车、商筑公路,民营汽车公司损失惨重。即使在这种情况下,民营汽车运输还是顽强生存下来,闽南地区泉安、漳嵩、漳龙等公司还有所扩大,资本增加,营业里程延长。由于官府财力有限,经营范围主要限于干线长途客运和福州部分公交运输,公路货物和支线旅客运输,仍由民营公司承担。民营公司在全省运输业中始终占有较大比重。[②]

广东的商营汽车运输产生更早,发展颇快。早在 1914 年春,广州湾(今湛江市)即有永春公司经营西营—赤坎间的汽车运输(有车 4 辆、职工 16 人)。1918 年北洋政府公布《长途汽车公司条例》及营业规则后,广东开始鼓励商民集资修路和兴办汽车运输,商营汽车运输增多。1925 年全省有官办民办公路 1267.1 公里,全都发包与商办行车公司经营汽车运输。1927 年以侨资为主的岐关车路公司,资金超过 112 万元,已有一定规模。继 1931 年 3 月在河南郑州试制木炭炉、取代汽油作汽车燃料,广东亦于 1933 年试行木炭汽车,后又试行代用酒精燃料。1934 年 4—9 月,广州公用局建厂大量生产木炭汽车炉,以供改装汽车之用。促进了汽车运输的进一步发展,各地民办汽车公司发展加快。1936 年有行车公司 221 家,客车 821 辆、货车 167 辆、小客车 167 辆,合计 1155

---

① 陈达:《南洋华侨与闽南社会》,第 189 页;转见罗肇前:《福建近代产业史》,厦门大学出版社 2002 年版,第 222 页。

② 参见罗肇前:《福建近代产业史》,厦门大学出版社 2002 年版,第 220—236 页。

辆。其中广州有公共汽车公司 14 家,公共汽车 121 辆。到 1937 年年底,全省行车公司增至 320 家,有客车 1092 辆、货车 250 辆、小车 477 辆,合计 1819 辆(未计广州 2217 辆)。[①]

广西公路和汽车运输兴起较早,以商营运输居多,首家商营汽车公司——粤西汽车公司成立于 1921 年,有小车数辆,经营邕宁—武鸣线运输业务,但不数月即因战乱而倒闭。此后又有多家公司接连成立,至 1925 年,全省开办的商营汽车公司共 6 家。其中 1925 年 3 月开办的玉林贵兴玉民办汽车路股份有限公司规模较大,集资 40 万元,修筑贵县—兴业(今玉林市石南镇)—玉林公路,自购福特牌汽车 30 辆,经营该路运输业务。1929—1930 年间,广西战乱,商车运输大受影响,尤其是 1930 年滇军围攻南宁,使南宁商车损毁殆尽。1931 年后,广西政局稳定,商车运输陆续恢复、发展。到 1933 年 5 月,全省商车增至 382 辆,占该省汽车总数的 85%。这些公司或车户,多为一车一户,或车主即司机,自雇自营。广西省当局为加强对商车的管理,1934 年年初指令各路局将分散经营的商车行号组成汽车公司或合作社,实行联营。由公司、合作社将所有车辆统一编号,依次轮流营业。营运线路不论有无客货或晴天雨天,均须每日至少开行一次。此举方便了旅行,但车行因失去行车弹性,难以赢利。不久,自车自开的车主脱离联营组织,自立门户,公司复分解为一车一主的商车行号。少数资本较大、雇人开车的车主,也改变经营方式,采取每趟营运提成分红等办法,以调动司机积极性。原来联合的公司、合作社全部解体。1935 年,广西省政府再次加强对商车的管理、控制。是年 6 月恢复广西公路管理局,8 月颁布《广西公路管理局统制汽车办法》,规

[①] 《广东省志·公路交通志》,广东人民出版社 1996 年版,第 45—47 页。

定南宁—柳州、柳州—石龙、柳州—桂林、桂林—全州、荔浦—平乐、平乐—八步、南宁—贵县、玉林—戎圩、容县—武林等9条路线为统制路线，凡本省商车，均须受路局各车站指挥，其营业车辆多少，由路局根据情况，分配行驶，不得随意开行。由于"发展公营，抑制商车"政策的推行，妨碍了车行利益，商车数量从401辆锐减到294辆。有鉴于此，1936年5月，省公路局复对商营汽车实行有限制地开放的政策，商车运输才有所恢复，到年底，全省商营汽车增加到378辆。①

湖南也有为数不多的商营公路运输。该省自1930年后将公路运输一律改归官办，只有一些中转口岸或省际边境车站货物接驳转运业务，才招商成立转运公司经营。这类公司大多备有仓库，负责货物的装卸、寄存和转运，有的还兼办报关手续。后来各地转运公司过多，业务量不足，一些公司不得不改营水运，长沙、湘潭和邵阳的35家转运公司，竟有29家改营水运。②

在西南地区，四川1926年修建公路，始有汽车运输。1月，该省首家民营汽车公司——成都华达汽车公司正式营业，有福特车7辆。至1933年，川军各防区共有民营汽车公司10余家，汽车314辆，主要经营客运。1935年川政统一，国民党政府军事委员会南昌行营驻川参谋团入川，随即直接控制四川公路运输，以"公私车辆交错行驶，秩序紊乱"为由，将全省主要营运线路收归公路局统一经营，严禁私车营业。后因私车营业人员强烈反对，允许登记的私营汽车在指定线路(多为支线)行驶，因道路坏、客货源少，商营汽车运输急剧衰落。到1938年1月1日，除巴县汽车公司6辆

---

① 《广西通志·交通志》，广西人民出版社1996年版，第150—151页。
② 周宏凯主编：《湖南公路运输史》第1册，人民交通出版社1988年版，第56页。

汽车特准继续经营巴县路段外,全省公路客运均由四川公路局独家经营。[①]

贵州汽车运输始自商车。1928 年,商车行即购进汽车 12 辆。1930—1931 年,先后有通康、利黔、黔康、先导等数家车行开业。运营贵阳—安顺、贵阳—遵义—桐梓、贵阳—都匀等线路。1931 年贵州省府制定《管理民办车运条例》,明令开放民营汽车运输,商车只需缴纳月捐,不需负担筑路、养路费,有利可图,刺激了商营汽车运输的发展。次年,商车行迅速增至 17 家,有汽车 50 辆。1935 年,贵阳市汽车商业同业公会成立,有入会车行 52 家,资本 35.44 万元,汽车 73 辆,1936 年增至 99 辆。1937 年,贵州省政府的交通政策突变,宣布"整饬交通,提倡公营",限制商营路线,停办商车登记,商营汽车运输随之不振。[②]

在北方,山西、河北、陕西、新疆的商营公路运输,公司规模小,经营分散,组织结构和经营方式都有自己的特点。

山西公路运输最初始于商车,成立于 1921 年 10 月的公记汽车行,是山西首家商营汽车运输企业,有汽车 2 辆,经营榆次至太谷的客运业务;接着是 11 月开办的晋北汽车公司,经营太原经忻县、定襄至五台的客运班车。次年 3 月,晋益汽车公司创立,备有货车 6 辆,经营太原—运城线的货物运输。此后随着山西公路的全面兴筑,商营汽车运输业纷纷上马,但路途曲折。由于公路交通和公司内部管理极不规范,加上道路崎岖,公司营业紊乱、交通事

---

① 《四川省志·交通志》上册,四川科学技术出版社 1995 年版,第 304—306 页。

② 《贵州省志·交通志》上册,贵州人民出版社 1991 年版,第 214—215 页。

故频繁。① 鉴于这种情形,山西省公署于 1922 年 6 月,将商营汽车 30 余辆全部折价收归省有,指定由"学兵团"(隶属阎锡山晋绥军总司令部管辖的军事技术训练部门)添购若干车辆,组建汽车运输队,经营客货运输。随着社会经济的发展和客货运输量的不断增加,仅靠"学兵团"汽车队,已不能满足市场需要。在这种情况下,1925 年省公署重新开禁,允许商人经营公路运输。晋宏汽车公司随即成立,与"学兵团"汽车队共同经营省路南干线班车。此后,商营汽车逐年增加,1927—1928 年,全省商营运输公司达 100 多家,汽车 500 多辆。结果,竞争日趋激烈,官办汽车队收入锐减,几濒破产,一些商营小企业也纷纷倒闭。为维护官办运输业的利益,省建设厅颁布《改良公路汽车营业办法》,规定在同一路线营运的汽车发车时间,"官办汽车较私营汽车提前半小时,以保证旅客的满载"。这种官办商办并存、官办优先的运输体制,严重抑制了商营汽车运输业的发展。1931 年,"学兵团"汽车队改为军运,山西汽车运输全部转归商营,使商营汽车运输重现生机。此时全省有商营汽车公司 200 余家,汽车 600 余辆。②

山西商营汽车运输企业,规模不大,最大的文玉汽车公司也仅有客货车 20 辆,有些公司只有 1 辆汽车,一般都以政府指定路线分散经营。1930 年山西颁布《长途汽车公司条例》,一些小公司开

---

① 当时有记载称,汽车"公司经理不得其人,公司内部既杂乱无章,而司机人员更漫不经心,致屡屡轧毙或伤害行人,官厅捕司机而置诸狱。售票开车,既无一定时刻,而中途坏车出险,尤属时有所闻,因之,旅客有滞留四五日不能成行者,不得已觅雇旧日畜力轿车,……是有汽车更困难于无汽车时矣"(《道路月刊》,转见《山西通志》第 21 卷,交通志·公路水运篇,中华书局 1999 年版,第 316 页)。

② 《山西通志》第 21 卷,交通志·公路水运篇,中华书局 1999 年版,第 316—317、339 页。

始合并,按地区组成合营不合资的联合公司(又称"汽车合作社")。先后成立的联合公司有晋北、晋南、晋西、白晋等。入社车辆和行驶路线,均由合作社调度分配,"依次轮流,利益均沾"。[①]所得收入,扣除路捐和合作社经费后,按车辆车次分配。[②] 1935 年6 月,根据国民党政府《长途汽车公司条例》的有关规定,山西省又将合营不合资的汽车合作社进一步改组为资产联合、集股经营的股份公司。分区重新组成晋南太风、太济、太安,晋北太同,晋西太军、交通,晋东南白晋等股份公司,经营省路各干线的客货运输。其中太同公司(原晋北合作社改组)有股金 12.4万元,汽车 60 多辆,职工 300 多人;太晋公司有资金 30 万元,经营太原至晋城 400 公里运输;太风公司有汽车 34 辆,经营太原至风陵渡 674 公里的运输;交通、太军两公司经营太原至汾阳138 公里的运输。[③]

　　河北公路运输,初期以商营为主,兴起亦较早,第一次世界大战后不久,1918—1922 年,在北洋政府交通部立案营业的汽车公司就有 5 家。同期各地还开办了一大批民营小型汽车行,1927年,仅北京—天津、北京—古北口、北京—山海关、天津—保定等路线营业的汽车行即达 50 家。1927 年后一段时间,河北商营汽车运输加速发展。1933 年,据邯郸、石家庄、保定、唐山等地统计,共

---

　　① 《道路月刊》1934 年 10 月第 45 卷第 1 号。

　　② 如晋北汽车运输合作社由 13 家公司组成,每日发出太原至大同班车 3—4 辆,往五台县 1—2 辆。每月以总收入的 15% 缴纳路捐,15% 为合作社经费,余额按出车次数分配。车辆维修由车主自理(参见吕荣民主编:《山西公路交通史》第 1 册,人民交通出版社 1988 年版,第 143 页)。

　　③ 吕荣民主编:《山西公路交通史》第 1 册,第 151—157 页;《山西通志》第 21 卷,交通志·公路水运篇,中华书局 1999 年版,第 339—340 页。

有商营汽车行 136 家。① 此后日本侵略势力迅速扩张，外商和官办汽车运输渗入冀东地区，商营汽车被排挤、吞并，逐年减少，到 1937 年，商营汽车行只剩 65 家。② 商营汽车行多数规模不大，10 辆车以上的车行仅有永茂（唐山）、双兴（保定）、双利（张家口）、同和（石门）等。更多的是一车一行。有的是失业工人购车一辆，司机、售票、修理一人兼任；有的是工商老板雇用司机兼搞运输；还有的自己无车，利用店面作挂牌车行。1933 年 136 家商营汽车行，共有汽车 286 辆，平均每行仅有车 2.1 辆，营业里程合计 3252 公里。汽车行大多利用行栈、旅馆、车店代办运输业务，形成"车店一家"的格局。为避免恶性竞争，一些车行采用合作和轮候出车的办法。如经营张库运输的张垣汽车行，由长途汽车公会主持，抽签排定班次，利益均沾，保证了汽车运输的正常进行。③

山东的民办公路运输，1927 年以前已有初步发展。1912—1927 年间，全省有即成、烟潍、德临、曹济、禹东、聊馆、胶红、青沙、青即、胶塔等 10 家商营汽车公司，主营客运。但公司规模狭小，资金薄弱，加上道路质量低劣，公司设停无常，发展缓慢，有的开业未久，旋即停业。成立于 1924 年的烟潍公司，规模较大，有汽车 80 多辆，车辆维修和财务管理较好，年收入达六七十万元，也因军阀、官僚盘剥勒索，两年后倒闭。1928—1937 年，全省政局较稳定，1928 年山东省建设厅加强公路建设和运输管理，完善职能机构和

---

① 这一数字包括察哈尔张家口、热河承德的车行在内（《河北省志》第 39 卷，交通志，河北人民出版社 1992 年版，第 129 页）。

② 《河北省志》第 39 卷，交通志，河北人民出版社 1992 年版，第 129 页。

③ 参见张镜青主编：《河北公路运输史》第 1 册，人民交通出版社 1988 年版，第 13—18 页。

路段站点,商营汽车运输业得到较快发展。济东濮、济利沽、曹济郓、台高潍、烟潍荣、青烟海等 6 条线路,共有商营汽车运输户 114 家,汽车 283 辆。1935 年,全省客运路线达 7000 余公里,年客运量 63 万人次。[①]

陕西商营汽车运输始于 1929 年。次年 11 月杨虎城主陕,鼓励私人兴办交通运输,至 1931 年 6 月,陕西私营车行发展到 52 家,有客车 42 辆、货车 85 辆、自用货车 5 辆,共计 132 辆,主要行驶西潼路。1933 年 2 月,私营汽车已超过 150 辆,还在不断增加,西潼路出现了"车多于货"的情况,省建设厅只得对西潼路行驶的车辆数量做出限制。1934 年年底,火车通达西安,西潼路的客货运输基本上改走铁路。翌年,西兰路划为国道,由西北国营公路局专营,商车明显过剩。在这种情况下,一部分车辆由西北国营公路局征调;另有部分车辆转往西安—盩厔(今周至)、西安—凤翔等线路,或开办西安城郊短途运输和从事城市出租车业务。[②]

甘肃、宁夏、青海 3 地的商营汽车运输,起步较晚,情况互有差异。有的在 1927—1937 年间尚处于起步或萌芽阶段,有的更是一片空白。1921 年,甘肃督军陆洪涛由其胞弟所送的一辆小汽车,是落户甘肃的第一辆汽车。它"使甘肃人大开眼界,特别是引起兰州军、政、商界要人的青睐,从中受到启发"。次年,甘肃军、政、财界及社会名人联合发起筹办"陇右汽车股份有限公司",计划经营兰州至宁夏、平凉的公路运输,但因战乱未成。1926

---

① 参见《山东省志·交通志》,山东人民出版社 1996 年版,第 198—199、140、143—144 页。

② 《陕西省志》第 26 卷,公路志,山西人民出版社 2000 年版,第 439—440 页。

年，冯玉祥部开办西兰公路客货运输后，行驶在西兰公路上的军车、商车增多。甘肃亦有人开办车行，参与该路运输业务，但数量不多，规模不大，在西兰公路上行驶的主要还是外省汽车。据1933年、1934年甘肃建设厅的调查，行驶西兰公路的商车共99辆，分属63家车行，其中兰州车行5家，有汽车5辆，平凉车行6家，有汽车11辆，其余83辆汽车则分属52家西安车行。① 宁夏在1918年年末，省镇守使马福祥发起筹办"宁夏汽车股份有限公司"，准备经营包头、宁夏间的公路运输，1920年4月正式成立，有资本10万元。但公司成立后，马福祥忙于直系军阀曹锟的贿选活动，无暇顾及公司事务，次年1月因改任绥远都统，离开宁夏，加上宁夏经济落后，民族工商业极不发达，资本来源不足，公司随之夭折②，宁夏商营汽车运输就此消失。青海商营汽车运输产生的时间更晚。由于地理位置和自然条件的限制，青海1924—1925年间才出现首辆汽车，直至1934—1940年，全省仅有13辆汽车，全部属于省政府高层人物所有。至于商营汽车运输业，1945年前仍是空白。③

新疆商营公路运输产生也比东中部地区晚，规模亦小。20世纪30年代初，一些有识之士认为，新疆地处边远，交通落后，难免受制于人，呼吁开办新疆交通。1932年，天津商人朱炳，筹集巨资购置汽车5辆，边探路边试营运，经绥远、河套地区到达新疆，随后开办新绥长途运输公司，获利甚丰。1937年"七七事变"后，日本侵占华北，该公司迁至武汉，因战局影响，

---

① 《甘肃省志》第38卷，公路交通志，甘肃人民出版社1993年版，第600页。

② 宁夏回族自治区交通厅编写组编：《宁夏交通史》(先秦——中华民国)，宁夏人民出版社1988年版，第154—159页。

③ 《青海省志·公路交通志》，黄山书社1996年版，第234—235页。

不久歇业。这一时期，新疆商营汽车运输发展较快，到 1937 年，商营汽车达到 191 辆，大多为小业主经营，统归省公路运输管理局调度和管理。[①]

东北三省的商营汽车运输始于民国初年，1925 年后有了较大发展。到 1931 年"九一八事变"前，汽车运输已较为普遍。据统计，1929 年 10 月，沈阳有营业汽车 868 辆，其他城市也各有数十辆或十数辆。1930 年，沈阳、安东、复县等 29 市（县）有长途汽车公司 66 家，汽车 248 辆。[②] 在吉林，1925 年前，汽车公司尚少，仅有数家，到 1929 年增至 180 家，共有汽车 1510 余辆。全省 45 市县中，23 市县有汽车运输业。黑龙江据 1929 年统计，共有汽车 705 辆。其中以齐齐哈尔与黑河之间的长途运输最为发达。1922 年，黑河有汽车公司 6 家、汽车 13 辆。后因汽车逐年增加，1925 年为缓和矛盾、避免恶性竞争，实行统一调度、统一运行、统一货源、统一管理，1927 年一度将公司解散，1929 年秋又在黑河重新组成齐黑合营汽车公司，并在嫩江等地设立分公司，汽车增至 29 辆。经营线路也从黑河—齐齐哈尔扩大到黑河—奇克、黑河—猪肚子金矿、黑河—瑷珲等。[③]

商营公路运输的经营和盈利状况，因地区和企业而异。江浙地区经济较发达，商营公路运输企业经营规模稍大，一些创办人背景特殊，经营线路较好，或注重经营策略，一些企业经营状况尚可，

---

① 《新疆通志》第 48 卷，公路交通志，新疆人民出版社 1998 年版，第 388 页。

② 黑龙江省档案馆存档第 72—01—2910 号，第 627—630 页，转据刘信君、霍燎原主编：《中国东北史》（修订本）第 6 卷，吉林文史出版社 2006 年版，第 236—237 页表综合统计。

③ 《黑龙江文史资料》第 24 辑，转见《中国东北史》（修订本）第 6 卷，吉林文史出版社 2006 年版，第 238—239 页。

或多或少有所盈利。如江苏江南公司,1935 年上半年,经营宜锡段 61 公里里程,营业收入 10.2 万元,支出 9.36 万元,盈利 0.84 元,收益率为 9%;经营京杭段 171 公里里程,收入 16.8 万元,支出 16.5 元,盈利 0.3 万元,收益率仅为 1.8%。① 锡沪公司由于注重方法,经营规范,经营效益更好一些,1936 年营业收入 77.68 万元,支出 62.78 万元,盈利 14.9 万元,收益率为 23.7%。② 浙江绍曹嵊、萧绍两公司,经营状况都相当好。前者 1936 年收入 176925 元,支出 133156 元,盈利 43796 元,账面收益率达 32.9%。③ 后者因经营良好,公司股东、经理、员工均获益丰厚。④ 江苏锡澄、武宜、镇丹金溧、镇扬等公司也都有盈利,1935 年,四公司合计每月收入约 4 万元,支出约 3.6 万元,盈利 0.4 万元,收益率约为 11%。当然也有的无利甚至亏损⑤,但为数不多。

广东商营汽车公司经营情况,各地互有差异。有的较好,颇有盈余,也有的亏多盈少。表 4-34 反映了番禺等 11 县汽车公司的经营状况:

---

① 中国公路交通史编审委员会编:《中国公路运输史》第 1 册,第 484 页;《中国经济年鉴》(第三编,1935 年),第 M261—262 页。

② 上海市交通运输局公路交通史编写委员会编:《上海公路运输史》,上海社会科学院出版社 1988 年版,第 121—126 页。

③ 张涤铭主编:《浙江公路运输史》第 1 册,人民交通出版社 1988 年版,第 56—58 页。

④ 1936 年 7 月至 1937 年 6 月,132 户股东分得股息 20100 元,红利 47000 元;9 位董事每人得酬劳金 458 元。加上监事、经理、协理、发起人、员工等,共计分得 12 万元(参见张涤铭主编:《浙江公路运输史》第 1 册,第 69 页)。

⑤ 如江苏沪闵公司,1935 年每月收入约 1.3 万元,支出 1.3 万元,无盈利;上松公司,每月营业收入约 3340 元,支出 3440 元,亏损 100 元〔《中国经济年鉴》(第三编,1935 年),第 M261—262 页〕。

表 4-34 广东番禺等 11 县行车公司经营情况

1933—1934 年

序号	县别	公司（家）	车辆（辆）	每日客运量（人）	1933 年			1934 年		
					收入（元）	支出（元）	盈(+)亏(-)（元）	收入（元）	支出（元）	盈(+)亏(-)（元）
1	番禺	7	67	2350	290000	240000	50000	300000	250000	50000
2	南海	5	48	5530	261582	233331	28251	386201	365460	20741
3	台山	7	57	4960	881860	942540	-60680	718605	810665	-92060
4	开平	18	88	5075	445580	479600	-34020	504340	586769	-82429
5	恩平	3	12		60034	75052	-15018	44970	62131	-17161
6	花县	2	20	455				111357	113322	-1965
7	五华	9	23	590	223000	223400	-400	242000	262000	-20000
8	翁源	1	8		159961	136950	23011	158118	190569	-32451
9	阳江	6	21	270	125000	99000	26000	114000	97500	16500
10	廉江	6	19		29400	48380	-18980	30420	48000	-17580
11	儋县	1	11		537361	507730	29631	36000	38000	2000
合计		65	374	19230	3013778	2985983	27795	2646011	2824416	-174405

原注：为逃避纳税，民办行车公司账面收支多"打埋伏"。亦即多有少报收入、多报支出的情形。

资料来源：据《广东省志·公路交通志》，第 41 页表 1-4 综合改制。

　　11 县中，两年都盈利的只有番禺、南海、阳江、儋县等 4 县，而两年都亏损的有 5 县，另有 2 县一年盈利、一年亏损。11 县 65 家公司合计，1933 年盈利 2.7 万余元，1934 年亏损 14.4 万余元。又1934 年根据番禺等 34 县市统计，平均每天乘客 24234 人，1933 年收入 335.75 元，支出 331.84 万元，盈余 3.91 万元；1934 年收入373.78 万元，支出 386.54 万元，亏损 12.76 万元。① 两个统计都

---

① 《广东省志·公路交通志》，广东人民出版社 1996 年版，第 46 页。

是盈少亏多,变化趋势亦同。这和整体经济急剧衰退、1934 年达于谷底有关。不过据说汽车公司为了逃避纳税,账面收支多"打埋伏",实际经营状况应比上述统计好一些。

安徽、湖南和山西、察哈尔等地,因为铁路竞争、业务范围狭窄,或官府横加取缔、限制,日本侵略势力的渗入等原因,只部分公司,或一段时期内,营业状况稍好,略有盈利。安徽京芜路西段公司开始营业状况尚可,自江南铁路通车,即一落千丈;湖南各转运公司,更因业务范围狭窄,始终无利可图。四川私营汽车公司,一开始即因路况差、机械磨损大,车捐、养路费高,均感入不敷出,后官府横加取缔、限制,路少车多,亏损愈甚,车主无奈,只得要求省公路局作价收买剩余车辆。① 山西一些汽车合作社,1935 年改组为股份公司后,一度营业不错,太同当年盈利 10.7 万元,次年盈利14 万元;太晋 1935 年度盈利 1.5 万元,收益率为 14.3%;交通、太军两公司的收益率也达 6.6%。② 但在同蒲铁路开通后,各公司营业额大减,被迫将业务重心分别向南北两个方向转移,以求生存。③ 察哈尔车行在 1933 年,有的营业状况也不错。1931 年张家口 4 家较大的车行营业收入 2.9 万余元,盈余 0.98 万元;经营平津之间公路运输的车行,因客货运输量大,据说利润率更超过30%。但是,1933 年后,日本侵略势力渗入河北、察哈尔,商营汽车运输受到抑制、排挤,明显衰落。④

3. 公路交通运输的影响及其局限

中国公路交通尽管存在路线分布不均衡、路况较差、运价缺

---

① 《四川省志·交通志》上册,四川科学技术出版社 1995 年版,第305—306 页。

② 吕荣民主编:《山西公路交通史》第 1 册,第 151—157 页。

③ 《道路月刊》1934 年 1 月第 45 卷第 1 号。

④ 参见张镜青主编:《河北公路运输史》第 1 册,第 13—18 页。

乏优势、车辆燃料几乎全部依赖进口、管理也不尽如人意、人身安全有时得不到保障等缺陷①，但新式公路及汽车运输从无到有，从零散分布到全国基本形成公路交通网络，公路交通运输的专门人才，也初步形成群体。公路运输开始改变一些地区数千年来只能依靠人力和畜力运输的局面，公路交通和汽车运输开始成为交通运输和国民经济的一个重要组成部分；公路运输也开始改变一些地区的经济与社会生活，扩大了人们的生活范围，开阔了人们的眼界，密切了地区间的社会联系和经济交流，促进了经济发展。

公路交通建设和运输业务，扩大了就业，增加了国民生产总值。据统计，1933 年官营、商营汽车每辆车收入分别为 6130 元和 6261 元②，支出分别为 3725 元和 4120 元。到 1937 年，全国约有营业汽车(不包括机器脚踏车)28503 辆③，其中官营汽车 3000 多辆。按 1933 年每辆车的收入推算，估计 1937 年汽车运输的营业总收入约为 17806 万元(见表 4 - 35)。④

---

①　旅客乘车出行，最担心路上遇到抢劫。在陕西，旅客上车第一件事便是打听路上是否有土匪劫道(《道路月刊》1933 年 10 月第 42 卷第 1 号)。

②　据巫宝三主编：《中国国民所得(1933 年)》下册，第 208—210 页有关数据计算。这一估计大体接近实际。从各省官营汽车运输情况看，1936—1937 年，浙江 344 辆汽车年收入 209.9 万元，平均每辆 6102 元；江西 430 辆汽车年收入 329 万元，每辆 7651 元；江苏 106 辆汽车年收入 80.5 万元，每辆 7594 元。三省合计，平均每辆车年收入 7039 元。

③　见表 4 - 31。1937 年全国共有汽车(包括机器脚踏车 4282 辆)68917 辆。

④　另据估计，1936 年汽车运输总产值为 7102 万元(参见吴承明：《中国的现代化：市场与社会》，生活·读书·新知三联书店 2001 年版，第 110 页)。

表 4－35　全国公路汽车运输收支估计

1937 年　　　　　　　　　　　　单位:万元

类别	车辆数	营业收入	营业支出	净收入
官营	3000	1839	1118	721
商营	25503	15967	10507	5460
合计	28503	17806	11625	6181

　　另据估计,1928 年汽车运输总收入约为 4035 万元。① 1933年营业汽车 15183 辆,营业总收入 9471 万元,平均每辆 6238元。由各年营业车辆数,可推算出 1928—1937 年各年汽车运输的营业总收入。再根据 1932—1933 年的调查②,苏浙赣三省营业用款(支出)是营业进款(收入)的 84.2%,估计出各年的营业支出和净收入如表 4－36 所示。若不考虑价格变动,1928—1937 年10 年间,全国公路汽车运输的总收入(总产值)年均递增约 17.9%。

表 4－36　全国历年汽车运输收支估计

1928—1937 年　　　　　　　　　　单位:万元

年份	营业车辆数	总收入	总支出	净收入
1928	6376	4035	3395	640
1929	5662	3532	2972	560

---

　　①　据本节表 4－32,1931—1937 年营业汽车只占各类机动车辆(包括机器脚踏车)的 18.5%。据此推算,1928—1931 年营业汽车分别为 6376、5662、7116 辆。

　　②　参见国民党政府全国经济委员会公路处编:《中国公路交通图表汇览·苏浙赣三省长途汽车行车费用分析表》,1935 年刊本。

续表

年份	营业车辆数	总收入	总支出	净收入
1930	7116	4439	3735	704
1931	13769	8589	7228	1361
1932	14153	8829	7430	1399
1933	15183	9471	7969	1502
1934	17249	10760	9009	1697
1935	20405	12729	10711	2018
1936	23849	14877	12519	2358
1937	28492	17773	14995	2778

　　不过,若扣除各项税费和折旧费,盈利肯定会减少。1932—1933 年的抽查证实,营业支出占收入的 84.2%,收益率为 18.8%。[1] 在营业支出中,行车费用又占去 49.41%,都是用于汽油、零配件、轮胎、机油等的进口。中国公路运输的发展,获利最大的还是外国商人。[2]

　　公路交通运输的兴起和发展,打破了国内一些地区的封闭状态。1932 年 9 月,有人从上海出发,在沪杭路上试车。一小时后抵达上海附近的闵行(上海至闵行 26 公里),柘林金山嘴不过离闵行约半小时车程,而当地村民竟然不知闵行在何处;问及 67 公里外的乍浦,村民更是摇头不知,面红耳赤。而随着公路交通的发

　　① 据巫宝三主编:《中国国民所得,1933 年》下册,第 208—216 页有关数据计算。

　　② 亦即 41.6% 的营业收入流入外国人的钱袋。按此比例推算,1928—1937 年,仅在营业汽车行业,汽油、汽车零配件、轮胎、机油等耗费高达 39529 万元(约当 25372 万海关两),被外国商人赚走,漏厄惊人。在汽车运输发展较快的 1932—1937 年,进口车辆、配件、轮胎、汽油和柴油总值 32767 万元。

展,运输的业务的展开,人们的交往也频繁起来,对外界不再陌生。[1]

公路交通的发展,极大地便利了人们的出行。过去从南京到西南边陲的昆明,或溯长江而上,由重庆转道贵州入滇,跋涉于崇山峻岭之间,约需两月有余;或溯长江而入洞庭,再由沅江入贵州镇远,舍舟登陆,越云贵高原,费时五六十日。滇越铁路通车后,旅客入滇多乘海船,取道越南而入昆明,费时虽少,但假道别国,不免受人牵制。京滇公路通车后,从南京到昆明1500余公里的路程,汽车行驶,不过旬日。[2] 曾有人驾车从南京到昆明,用时106小时。[3] 在当时人们的感觉中,地域突然缩小了,出行距离缩短了。[4] 因而办事效率大幅度提高。

不过从总体上说,20世纪30年代,中国公路建设和汽车运输尚处于起步阶段,各地发展极不平衡,路、车不配套,公路利用率低,特别是作为公路运输基础的汽车及其配件、汽车燃料的生产,完全是一片空白,汽车及其零配件、轮胎、燃料、机油等,都需要从国外进口。这不仅扩大了贸易逆差和现金外流,更加大了汽车运输成本,降低了经济效益,严重阻碍公路运输的发展空间和速度。由于汽车及其配件和燃料进口造成的漏卮,广东政治研究会曾上书省建设厅,建议减少汽车,改用马车。该省规定,未正式通车的公路可行驶马车,已通车公路承运商人也可酌予兼营。[5] 浙江省

① 《沪杭路试车记》,《道路月刊》1932年10月第38卷第2号。

② 《道路月刊》1937年5月第53卷第3号,第51页。

③ 《道路月刊》1937年6月第54卷第1号,第63页。

④ 在当时一些地方的公路管理局或长途汽车运输部的纪念特刊上,往往有"飙轮缩地"、"缩地有方"之类的题词(见《河南省长途汽车营业部周年纪念特刊》,题词插页,1932年7月印本)。

⑤ 《道路月刊》1933年10月第41卷第3号;1933年5月第40卷第2号。

也计划在公路上利用马车运货。① 国民党元老张继等人,也因汽车运输成本过高,极力主张公路行驶马车。② 公路建设和汽车运输处于一种十分尴尬的境地。在"九一八事变"后的东北,公路修建和汽车运输更成为日本帝国主义巩固军事殖民统治、加强经济和资源掠夺、发动全面侵华战争的重要条件和工具。

三、航空运输的产生

航空运输是近代交通最新的行业。清末,飞机开始进入中国。1909 年、1910 年,有法国人和俄国人驾驶飞机先后在上海、北京进行飞行表演。这是中国领空出现飞机之始。

外国人的飞行表演,引起清政府官员的兴趣。他们试图用飞机这种最新式武器保卫摇摇欲坠的清王朝。1910 年,清政府决定在北京南苑设立机场,并购买了一架"苏默"式双翼飞机,进行练习。③ 反清革命党人也想驾机攻取京城,以航空制胜,1911 年向奥地利订购了两架伊特里克式单翼飞机。不过清政府和革命党人所购飞机尚未派上用场,甚至尚未到达,清王朝已经覆亡。

进入民国后,民间和官府开始了颇为漫长的飞行试验和航空运输酝酿、筹划。但在 20 世纪 20 年代以前,飞机主要限于军事

---

① 《道路月刊》1933 年 10 月第 41 卷第 3 号。

② 据估算,一匹马及马车各百余元,合计 300 余元。每辆汽车约 0.3 万—1 万元,寿命 3—5 年,每月消耗 150 元左右;一匹马消耗仅 40 元左右。马车宜于短途运输和乡间运输,也宜于西北地区运输。西北汽油比上海贵五六倍,汽车修理也极困难,汽车运输殊不经济(《道路月刊》1935 年 4 月第 46 卷第 3 号)。

③ 国民党政府铁道部、交通部交通史编纂委员会编:《交通史·航空编》,1931 年版,第 1 页。

用途。

1912年革命党人购买的两架飞机运抵上海，在当地和南京进行飞行表演，供人参观。[1] 1913年，两架飞机运至南苑，结果落入军阀曹锟之手。接着，副总统、陆军总长黎元洪在南苑开办航空学校[2]，购买12架高德隆式双翼飞机，培养飞行员。段祺瑞还曾声称利用这批飞机，轰炸制造复辟闹剧的张勋部队。鉴于航空在第一次世界大战中的作用，1916年北洋政府海军部又在福州造船厂附近设立飞潜学校，制造数架水上飞机试验，但未成功。[3]

第一次世界大战结束后，西方列强卷土重来，剩余的飞机也纷纷运抵中国，开始了对中国航空市场的争夺和占领。在这种情况下，北洋政府也开始成立机构，购买飞机设备，制定章程条例，准备筹划民用航空事业。1918年，交通总长曹锟认为航空事业属于交通行政范围，设立"交通部筹办航空事宜处"。[4] 这是中国最早的航空职能机构。1919年，该处与北京福公司订立合同，订购英国亨利佩治飞机（Handley Page）6架，并将西北汽车筹备处归并办理。事宜处设于京绥铁路管理局内，计划制订航空条例草案。又在南苑设置飞机棚厂，调来航空学校毕业生充当学员，聘请外籍教员，教授飞行技术。11月，北洋政府又向英国费克斯公司

---

[1] 中外人士的飞行表演，大大提高了一些人驾驶和制造飞机的兴趣及积极性，当时即有留美毕业生冯如、谭根等，1911年在广东自制飞机试飞，冯如次年不幸遇难。

[2] 该校有4名教官（2名法国人、2名中国人）和2名法国机械师。到1918年，该校毕业生约100人，有14人组织军务航空队，后来多次参加战斗。

[3] 《交通史·航空编》，1931年版，第1—2页；[法]米歇尔·乔治：《穹苍迹——1909—1949年的中国航空》，杨常修译，航空工业出版社1992年版，第3页。

[4] 《交通史·航空编》，1931年版，第2页。

（Vickers）借款 180.32 万镑，计划将其中的 130 万镑购买维梅式（Vimy）商用飞机 150 余架，余款用作航空事宜处办公费。同时，又设立直属国务总理的"航空事务处"，掌管全国航空事务。1920年该处接管交通部筹办航空事宜处后，又改隶边防督办，并颁布航空事务条例。次年再改为航空署，直属国务院，并设立技术、编译等委员会和国有航空线管理局，规划全国航空线干、支线 25 条，计划首先开办京沪航线（北京—上海），设立京沪航空线管理委员会（后改为京沪航空线管理局筹备处），并先后公布京沪航空线京济（南）运输暂行规则、载客暂行章程、乘客规则、招商代收接送客货暂行办法等。同时还与邮政总局订立载运邮件合同，10 月正式开始北京、济南之间的旅客、邮件运输。在此之前，4—8 月间，曾先后开办北京地区的航空游览业务和北京—北戴河的夏季航线。①1924 年，北洋政府还设立了筹办西北航空线委员会②，试图开辟西北航线。

　　在这期间，民间和地方政府也在开展航空业务或相关活动。早在 1911 年就有广东回国留学生自造飞机的试飞活动；1926 年，广东省府航空处成立了广州航空同志会，后改组为航空救国同志委员会，下设分会三四十处，遍布海内外；还创办了民用航空公司，集股 20 万元，计划开办飞行两广及北方、南洋等航线。1927—1928 年，又有河南的西北航空协进会和南京的中国航空同志会成立。东三省巡阅使张作霖则于 1920 年设立航空筹备处，在沈阳东塔附近修建飞机场，直皖战争后，从段祺瑞把持的北洋政府分得购

---

　　①　《交通史·航空编》，第一章。

　　②　《交通史·航空编》，总务、第一章；国民党政府交通部年鉴编撰委员会：《交通年鉴·航空编》，1935 年，交通部总务司 1935 年 12 月刊本，第2—3 页。

自英国的"大维梅"运输机4架、"小维梅"侦察机4架，于1921年春正式成立"东三省航空处"，下设航空工厂，开始了东北的航空运输。这时日本人也意欲在东北开办航空团，筹划东北与朝鲜之间的联络飞行。张作霖急谋对策，命航空处拟定扩充航空办法10条，次年再拟扩充办法4条，计划从美国购买大型飞机6架，从俄国购买新式飞机8架，将"东三省航空处"调整扩编为"东北航空处"，在原有"飞龙"、"飞虎"、"飞鹰"3队的基础上，增编"飞豹"、"飞鹏"2个飞行队，在航空处增设航线筹备处，又开办航空学校，先是公开招生，不久改派东北军下级军官入校学习。东三省航空处实行军事性质的体制和管理，以发展空军为主，同时筹办东北三省定期搭乘客座及寄送邮件的飞行。1931年"九一八事变"后，东塔机场及全部设施被日本侵略军劫夺。同年12月，日本航空株式会社在东塔机场设立航空事务所。1932年9月，由日本住友、三井、三菱、"满铁"等企业及伪满傀儡政权集资，在沈阳组建"满洲航空株式会社"（简称"满航"）。1937年11月，日本又在沈阳"满铁"附属地开办"国际运输株式会社"（航空公司）。"满航"和国际航空公司名为民运，实为军运，专为日本侵略者运输军队、武器弹药、军用物资，进行空中摄影以及军邮等，成为日本帝国主义侵略中国的特种工具。[①]

北洋政府期间，由于军阀混战，政局动荡，官府和民间的航空业务和相关活动，大都开办不久，即告停顿，或无果而终。航空运输业，实际上还停留在筹划阶段。

1927年后，情况有所变化，但航空运输还是启动艰难，一步三

---

① 《交通史·航空编》；《沈阳市志》(7)，交通邮电卷，沈阳出版社1989年版，第175页；《沈阳市志》(1)，综合卷，大事记，沈阳出版社1989年版，第73页。

折,好不容易进入正常营运阶段,各航空公司无不严重亏损,根本无经济效益可言。

国民党政府成立之初,由于既缺资金,又无经验,曾试图借助民间力量推动航空运输业的建立,如要求航空同志会招股筹办商用航空线,使用水上飞机,以长江和钱塘江江面为机场,开辟上海—武汉、上海—杭州等航线;又于1928年8月召开全国民用航空联席会议,成立中华航空协进会,决定开辟上海—武汉、广州—武汉、武汉—北平等三条航线,次第办理邮运、客运和货运,经费拟由民间募集和政府补助筹措。后来,又有张库航空运输公司和福建民业航空公司的成立。这时,国民革命军也开始关注民用航空,第10路军航空处曾倡办云南、广东间商用航空线,1929年夏,曾由香港经北海、广西飞抵云南。不过这些活动不是纸上谈兵,就是昙花一现。[①]

国民党政府直接着手筹划航空运输事宜,是1929年。这年1月,交通部设立航空筹备委员会,在该年度邮政经费预算内,加列航空邮政经费60万元;5月成立沪蓉(成都)航空线管理处,购置司汀逊底恰替式(Stinson Detroiter)飞机4架,设立机场5处,并在上海设立飞机修理厂,首先开办上海—南京航空运输。7月,沪蓉线京沪段正式运营。南京—武汉段也开始试航。[②] 中国航空运输经过数年停顿后,又开始进入试运行阶段。同时,国民党政府开始筹组航空公司,1929年4月颁布中国航空公司条例,5月1日公司正式成立。公司设理事长1人,副理事长2人,加上军政、财政、交

---

① 国民党政府交通部年鉴编撰委员会:《交通年鉴·航空编》,1935年。

② 国民党政府交通部年鉴编撰委员会:《交通年鉴·航空编》,1935年,第4页。

通、铁道、工商、参谋等部和政府各派理事1人,共10人组成理事会,代表政府监督和稽核公司一切事务。中国航空公司成立后,与美国航空发展公司签订航空邮务、创办及经营航空学校工厂及航空运输公司、空港6厘金元借款等三项合同。规定签字6个月内,一切设施完备后,开始经营上海—南京—汉口、南京—徐州—济南—北平、汉口—长沙—广州等三条航线。由中方提供地勤设备,美方自备机组人员,负责驾驶,按里程获取酬金。

公司甫一开办,即严重亏损。仅酬金一项,每月就超出营业收入10多万元,全年达100多万元。公司其他开销以及建筑空港、经停场站费用约300万元,还未计算在内。而且,合同中有关免税、专利等方面的规定,也对中方不利。因此,1930年1月,中国航空公司召开理事会,一致主张撤销合同。对方此前已将资产转让给美国飞运公司,交通部遂同美国飞运公司谈判,签订新的航空邮运合同,将原来的航空"合作"进而改为"合资"。

1930年8月1日,中美合资的中国航空公司正式成立,资本1000万元,中方占55%股权,美方占45%,由中方3人、美方2人组成董事会(后改由7人组成董事会,中美各增加1人)。首任董事长为交通部长王伯群。

合资公司成立后,仍然处于亏损状态。1933年,美方股权再次转手,由泛美航空公司接办,到1934年才有了盈余。[①]

中国航空公司自1929年至1935年,陆续开辟的航线有沪蜀线(上海—南京—安庆—九江—汉口—沙市—宜昌—万县—重庆—成都,2037公里)、沪平线(上海—海州—青岛—天津—北平,

---

① 《交通年鉴》,1935年,交通部总务司1935年版;国民党中央党部国民经济计划委员会编:《十年来之中国经济建设》,南京扶轮日报社1937年版。

1235 公里)、沪粤线(上海—温州—福州—厦门—汕头—广州,
1697 公里)、渝昆线(重庆—昆明,788 公里)等 4 条航线。1930 年
公司与美国签订的三个合同生效后,原由交通部沪蓉航空线管理
处开办的沪蓉线也改归公司经营。到 1933 年年底,该公司有飞机
18 架,营业处所 18 处。按照合同,公司享有国内航空邮件专运
权,邮运是公司的主营业务,客运其次,货运业务不多,随同邮件和
旅客运输附带办理。中国航空公司各年经营状况详见表 4 - 37。

表 4 - 37 中国航空公司历年营业概况

1929—1937 年

年度	公司规模		航线航程		运输量			盈利状况		
	职员(人)	飞机(架)	航空线路(公里)	飞行里程(公里)	客运(人次)	货运(公斤)	邮运(公斤)	营业收入(万元)	支出(万元)	盈(+)亏(-)(万元)
1929	79	5	831	355904	1387			21.55		
1930	107	6	1652	591566	2915		26245	51.46	152.76	-101.30
1931	122	12	1652	741230	2784		43712	82.59	177.90	-95.31
1932	150	14	4884	811408	2699		48954	94.66	154.09	-59.43
1933	150	15	4884	1299954	4215		57577	130.95	139.12	-8.17
1934	202	15	5673	1612942	6729	12788	70261	167.61	147.35	20.26
1935	240	16	5556	2110997	14812	42086	73795	251.90	225.40	26.50
1936		15	5151	2720286	20198	48848	102285	316.30	278.88	37.42
1937	284	15	3049	1377711	11610	56193	93488	300.32	235.37	64.95

资料来源:中国第二历史档案馆编:《中华民国史档案资料汇编》第五辑第一编,财
    政经济(九),江苏古籍出版社 1994 年版,第 483 页。

1930—1932 年,公司营业发展缓慢,一直处于严重亏损状态,
3 年亏损总额高达 256.04 万元,相当于营业收入的 119.5%。

1933年,公司采取降价揽客、扩大业务的策略,将上海—北平线以及上海—汉口段的价格降低25%[1],取得明显效果。公司营业扩大,邮运、客运增加,货运从无到有,当年亏损大幅收窄,次年起转亏为盈。成本效益也有所提高,1937年同1930年比较,每公里航程的收入由0.87元增至2.18元,而支出由2.58元降至1.71元。公司开始进入良性循环。

继中国航空公司之后,又有中德合资欧亚航空公司的成立。中国与欧洲的交通联系,尤其是邮件,一直依赖西伯利亚铁路和海上洋轮递运。为了利用航空缩短邮运时间,1930年,交通部与德国汉莎航空公司订立航空邮运合同,次年成立欧亚航空公司,资本为300万元,中方占2/3。后又几次增资,1933年增为550万元,1935年为750万元,1936年达900万元。公司由中方6人、德方3人组成董事会。[2] 公司成立的目的,原本是要打通中国通往欧洲的航线,但由于日本帝国主义的侵略,不仅欧亚航线未能开辟,连国内航线也严重受阻。1931年,公司开办上海—北平—满洲里航线(2240公里),作为飞往德国柏林的第一段,因日本侵占东北,止步于北平;开办的上海—兰州—塔城航线(4050公里),因戈壁沙漠缺乏加油设施,无法飞越。不仅如此,连上海—南京航线也因上海机场1932年2月23日遭日军炸毁,一直无法恢复。在这种情况下,公司只得通过开办上海—兰州—包头、北平—汉口—广州等中西部内陆航线寻找出路。直到1937年,公司才越过喀喇昆仑山,开辟了酒泉—白沙瓦(今属巴基斯坦)航线。这是公司经营的

---

① 参见《交通年鉴·航空编》,1935年,第54—56页。

② 参见《交通年鉴·航空编》,1935年,第65—68页;《中国航空公司、欧亚—中央航空公司史料汇编》,民航总局史志编辑部1997年印本,第204—205页。

唯一一条国际航线。

同中国航空公司相比,欧亚航空公司营业状况更差一些,如表4-38所示:

表4-38　欧亚航空公司历年营业概况

1930—1937 年

年度	公司规模		航线航程		运输量			盈利状况		
	职员(人)	飞机(架)	航空线路(公里)	飞行里程(公里)	客运(人次)	货运(公斤)	邮运(公斤)	营业收入(万元)	支出(万元)	盈(+)亏(-)(万元)
1930	94	4	2510	60000			166			
1931	97	4	2280	144615	941	4151	412	4.42	45.26	-40.84
1932	107	6	4225	347608	652	16391	2858	21.86	84.03	-62.17
1933	134	6	4450	487182	1074	43192	4170	52.95	95.31	-42.36
1934	156	7	6930	702574	2109	58881	8796	35.99	145.60	-109.61
1935	163	6	4700	828832	3597	114386	19420	149.19	212.98	-63.79
1936	168	12	6690	999160	7775	201257	16335	186.70	289.95	-103.25
1937	176	14	5520	1294900	11600	189079	101017	349.72	324.94	24.78

资料来源:中国第二历史档案馆编:《中华民国史档案资料汇编》第五辑第一编,财政经济(九),江苏古籍出版社1994年版,第484页。

1937年前,公司一直严重亏损,1931—1936年共亏损442.02万元,相当于营业收入的98%。几次追加资本,主要是填补亏空。直到1937年,公司先后添置8架飞机,强力扩大经营规模,才基本扭转亏损局面,稍有盈利。

除了交通部开办的中外合资公司,还有地方官商合办公司和军队经营的民用航空运输。

1933年,广东、广西、福建、云南和贵州等省联合成立西南航

— 1345 —

空公司,有官股商股资本 200 万元,计划开办广州—龙州、南宁—贵阳、贵阳—昆明、广州—南宁、广州—福州等 5 条航线。次年 5 月,广州—龙州航线首先开航。[①] 该公司业务范围以西南尤其是两广为主,又租用法国航空公司的飞机飞往河内,与法航的欧洲航线连接。公司先期开办的广州—龙州、广州—南宁两航线,客运、邮运业务颇旺,且价格低廉。1938 年,因广州沦陷,加上日军频繁空袭和狂轰滥炸,公司被迫停业。

军办民航方面,国民党第 8 路军总指挥部航空处,曾利用广东民众开办民用航空运输的积极性,于 1929 年制订计划试办民用航空业,因蒋桂战争未果。次年 11 月间,航空处获准暂用军用飞机和两广军事航空设施,试办两广民用航空运输,并与两省邮局合作,开办广州—梧州航线。同时,获准在中国航空公司开办广州—上海航线之前,暂办广州—汕头航空业务,因政局变化未成;广梧线也因蒋桂战争和时局动荡,于 1931 年 5 月停航。广梧之间的空运,后来由西南航空公司承办。[②]

由于航空业在交通运输、邮电和国防、军事上日益重要的地位,列强各国都想渗入和垄断中国航空业,占据中国领空。美国、德国通过合作、合资途径,成功进入中国领空,瓜分和垄断中国航空市场。正在加速占领和灭亡中国的日本帝国主义,自然不甘落后。1931 年发动"九一八事变"侵占东北后,次年日伪即设立"满洲"航空株式会社,资本初为 385 万日元,后又利用从东北掠夺来的钱财,将资本增至 6000 万日元,增幅高达 14.6 倍。该会社除了

---

① 国民党政府交通部年鉴编撰委员会:《交通年鉴·航空编》,1935 年,第 126 页。

② 参见国民党政府交通部年鉴编撰委员会:《交通年鉴·航空编》,1935 年,第 6—7 页。

经营航空运输,又利用中国尤其是东北的人力、物力和燃料、原材料,从事飞机制造。① 其产品不仅用于军事和民用航空运输,进而扩大对中国的军事侵略和物质掠夺,而且直接武装日本侵略军,在东北炸毁乡镇、村落和民居,大规模屠杀当地居民,制造无人区,进行武装移民。

1936 年,日本不顾中国人民的强烈反对和抵制,又在北平设立"惠通航空公司",名为中日合资,但中方股本仅 50 万元,只占资本总额的 15.6%,经营管理权全由日本人控制。该公司经营平津等地与东北之间的航线。将冀东汉奸政权辖区与伪满洲国连成一体,并以此为基础,为进而占领华北和整个中国的侵略战争服务。

第四节　新式邮政和电信业

新式邮政和电信是近代通信联络的基本手段,19 世纪末 20 世纪初相继传入中国。先是外国侵略者在中国擅自设办,后由中国政府备价收回自办或仿办,但其组织管理或基础设施长期被把持在外国人手中。1931 年"九一八事变"后,东北的邮局、电报局、电话局、国防无线电台、邮政款项,以及辽宁和吉黑两个邮区的房屋产业等,更全部被日本侵略者劫夺,中华邮政员工稍有反抗即遭捕杀,被迫撤入关内,中国邮政电信遭受巨大损失。

邮政、电信两者的历史渊源不同,其发展历程互有差异。中国在新式邮政传入之前,已有较完备的官府"邮驿"网络和民间邮传机构,新式邮政产生后,原有的民间邮传机构并未立即消失,形成国家邮政同民间邮传长期并存和相互竞争的局面。直至 1934 年,民间

---

① 杜恂诚:《日本在旧中国的投资》,上海社会科学院出版社 1986 年版,第 136 页。

邮传机构才被国民党政府强行取缔,国家邮政一统天下,被外国侵略者攫取的邮政主权也部分被收回。电报、电话是由欧美移植的新式科技,都是先被用于军事,以后再扩大到民用。电报全是官办,电话中的短途(市内)电话,原官办、民办并存,20世纪30年代,相当一部分民营电话局被国民党政府接收。长途电话也全部为官办,其发展同政治和军事紧密联系在一起,甚至用于对工农革命的"围剿"。由于邮政和电信都是垄断行业,经营收益相对较好,但邮政收入相当一部分落入了外国雇员的腰包;电报、电话则因军队和政府强租、强行征用和大量欠费,账面盈利,实际亏损。加上吏治腐败,贪污成风,结果严重制约和阻碍了邮政、电信业的正常发展。

一、近代新式邮政的兴起与经营管理

近代邮政传入之前,中国早已存在相当完备的"邮驿"网络。它由官府设立,主要传递官府文书、信函,并为过往官员和使臣、递送公文的差吏、经特别批准的民间人士提供车马和食宿,负责运输官府急需的某些物品(如贡品);还一度担负押送罪犯的任务。[1]清代,邮传隶属兵部,设有车驾司主管,每年耗银300万两。1876年,清政府又设立文报局,负责将寄往驻外使节的文报,递到上海外轮停靠点,并传送进口文报。[2] 邮驿和文报局(1914年停闭)都只传递官方文书。承担民间信函传递任务的机构是明代中叶产生的民信局,经营范围包括信件收寄、包裹运送、汇兑和现金运送、报

---

[1] 参见郑游主编:《中国的邮驿与邮政》,人民出版社1988年版,第1页;刘广生、赵梅庄编著:《中国古代邮驿史》(修订版),人民邮电出版社1999年版,第5页。

[2] 中华民国交通部邮政总局:《民国十年邮政事务总论》,交通部邮政总局1921年印本,第2页。

纸发行等。到清代同治光绪年间,民信局进入全盛时期。1934
年,民信局被国民党政府下令停业。[①] 此外,清代以来,闽粤侨乡
有专为海外华侨传递书信、邮寄钱款的"侨批局"。[②]

(一)中国近代邮政的兴起和发展

中国近代邮政是随着西方列强的入侵传入中国的。其发展大
体经历了四个时期:一是"客邮"入侵与海关试办邮政时期,二是
大清邮政时期,三是中华邮政时期,四是国民党政府时期。

"客邮"入侵与海关试办邮政时期。在海关试办邮政之前,已
有外国人无视中国主权,在中国口岸擅自开办邮政,这就是所谓的
"客邮"。[③] 近代"客邮"的出现,是英国侵华战争的"战利品"。
1842 年,香港总督璞鼎查宣布在香港设立皇家邮局,作为伦敦邮
局的分支,又在通商 5 口各设香港邮局分局。各国相率效仿,德、
法、美、俄、日等国,先是在各通商口岸设立邮局,而后侵入内地,设

---

① 国民党政府交通部邮政总局:《民国十年邮政事务总论》,第 2 页;国
民党政府交通部铁道部交通史编纂委员会编:《交通史·邮政编》,交通部铁道
部交通史编纂委员会发行,1930 年 11 月初版,第 32—33 页;刘广生、赵梅庄编
著:《中国古代邮驿史》(修订版),人民邮电出版社 1999 年版,第 627 页。

② 华侨"批信局"又称"批局"、"侨批局"(古时"信"称"批")和"银信
局",起源时间不详,20 世纪鼎盛时期,海内外批局数以千计。直到 1973 年,
国务院规定"侨批业归口银行",侨批局才最后退出历史舞台。

③ 清代乾嘉后,海禁开放,西方各国与我国贸易往来频繁,外人侨居我
国口岸者日众。闽粤外侨每于趸船及贸易监督驻所悬挂信箱,与国内传递信
函,是为各国在华设邮之始。澳门则在葡萄牙人入侵后的第三年(1557 年),
组织了"政府",正式的通信代办机构也随之出现。可见早在乾嘉之前,"客
邮"就已存在(参见王棨:《邮政》,上海商务印书馆 1933 年版,第 130 页;彭
瀛添:《列强侵华邮权史》,台北华岗出版有限公司 1979 年版,第 44 页)。

立代办所。中国官府虽曾加以限制,但无效。① 到民国时期,英、美、法、德、俄、日等国在中国各地开办的邮局、邮电局、代办所、信箱、信柜、信筒等,已有 627 处,其中以日本最多,达 532 处,占 84.8%②,中国主权受到肆意侵犯。"客邮"一直延续到中华邮政时期(1922 年华盛顿会议决议关闭)。

在非法"客邮"肆意扩张的同时,外国侵略者又极力使其合法化,并进而全面控制中国邮权。1842 年《江宁条约》规定英国人可以带同家属寄住 5 大口岸,英国领事、管事可与中国地方官公文往来。1858 年中英《天津条约》第四款规定英国外交人员"皆可任便往来收发信件,行装囊箱,不得有人擅自启拆,由沿海无论何处皆可送文,专差同大清驿站差使一律保安照料"。③ 其他各国借口利益均沾,也迫使清政府负责保护各国送文专差。后因办理不便,改由总理衙门交给驿站不定期代寄。而各国外交人员,借口公文书信往来不便,请求由外国人把持的中国海关办理公文书信的传递。1866 年,海关开始在总税务司署内设立邮务办事处,递送公务书信,同时邮寄外侨私人信件。1876 年中英谈判《烟台条约》,受命于总理衙门的总税务司、英国人赫德,通知英国公使,声称如邮政纳入条约范围,总理衙门即可核准创办全国邮政。条约虽未将邮政事项列入,但总理衙门在给赫德的交办事项清单内,提到"通商口岸及就近地方,设立送信官局,由总税务司管理",并函商北洋大臣李鸿章。这就是海关试办邮政、收寄中外民众私人信件的"依据"。从 1878 年起,海关派德国人德璀琳负责在北京、天津、

---

① 王棨:《邮政》,上海商务印书馆 1933 年版,第 131 页。

② 参见金家凤编著:《中国交通之发展及其趋向》,南京正中书局 1937 年版,第 326 页。

③ 国民党政府交通部铁道部交通史编纂委员会编:《交通史·邮政编》,第 1 页。

烟台、牛庄、上海等地设立海关邮务处,试办邮政,仿照西方办法,收寄民众信件,发行中国首枚邮票——龙票。海关派德璀琳为邮政司,海关邮务处对外改称"拨驷达"局(post)。由外国人直接经办的邮政由此产生。①

大清邮政时期。在海关开办邮政之前,一些有识之士,早已提出仿照西方办法,举办中国自己的新式邮政。1859 年,太平天国洪仁玕在《资政新篇》中即提出了举办新式邮政的设想。清政府一些官员也设想兴办邮政。1888 年,台湾巡抚刘铭传将旧式驿站改为新式邮政,并在台北设立台湾省邮政总局。② 这是中国人最早自办的新式邮政,不过并未在全国推行。

1885 年,候选州同李圭建议浙江宁绍台道薛福成试办新式邮政。薛福成甚表赞同,认为"此举裕国便民,为办得到之事";并认为"海关所兼办之邮递,因与国家所设体制不同,故推广每多窒碍",但仍请宁海关税务司英人葛显礼加注意见,转报总理衙门,交总税务司筹议,又把决定和举办权交给海关和外国人了。③ 1890 年,总理衙门函商赫德在通商各口推广海关兼办邮递事务,赫德正想把海关兼办邮递升格为国家邮政,从而全面控制中国邮政大权,趁机提出"设立官邮政局,以推广为抵制(客邮)之计,恐

---

① 参见海关总署编:《中国海关与邮政》,《帝国主义与中国海关》之12,科学出版社 1961 年版;国民党政府交通部铁道部交通史编纂委员会编:《交通史·邮政编》,1930 年版,第 3—5 页。

② 郑游主编:《中国的邮驿与邮政》,人民出版社 1988 年版,第 122、123 页。不过,官方似不认为这是完全的新式邮政系统。"刘铭传创设文报总局,即已有发卖官用商用邮票之举,然其制与文明各国邮票之办法初不相同"(见《交通史·邮政编》,叙略,第 2 页;《民国十年邮政事务总论》)。

③ 参见《中国海关与邮政》,科学出版社 1961 年版,第 33 页;国民党政府交通部铁道部交通史编纂委员会编:《交通史·邮政编》,1930 年版,第7—10 页。

另生枝节"。在总税务司赫德以及李鸿章、张之洞等人的建议下，大清邮政于 1896 年 3 月 20 日正式开办，并由赫德担任总邮政司。赫德等不及正式任命，就兴奋地张扬："三十年的旧话，二十年的经验，最后终于成功了！"①赫德"抵制"客邮是假，独揽中国邮政大权是真。

对英国人的"成功"，法国人自是不甘示弱。该国公使照会清政府，不仅要求"招募外国人员，其法国人员，亦应公平令其同办"；而且还要求由法国人充任邮政总管。② 最后，赫德委派法国人帛黎担任邮政司下的邮政总办一职。法国如愿以偿，而中国的邮政大权被瓜分殆尽。

1906 年，清政府专门职掌邮政电信的职能机构邮传部成立，下设邮政司。1911 年后，邮政从海关分离，改归邮传部管理。但是，在英法等国的反对下，清政府未能在邮传部设立"总邮政司"，只设"邮政总局"，由邮传部左侍郎李经芳担任局长，而法国人帛黎则继续占据掌有实权的邮政总办一职，中国邮权仍未收回。

中华邮政时期。辛亥革命后，大清邮政于 1912 年更名为中华邮政，1913 年裁撤驿站，新式邮政全面取代传统邮驿，并逐渐规范化。1914 年，中华邮政加入万国邮联；1921 年，《邮政条例》颁行，中国邮政开始走上法制化的轨道。不过，邮政大权仍未收回。虽然隶属交通部的邮政总局局长由中国人担任，实权仍在法国人把持的邮政总办手中。邮政总办之下的正副邮务长、邮务官、邮务佐等重要职务主要甚至全部由外国人充当(详见表 4-39)。

---

① 《中国海关与邮政》，科学出版社 1961 年版，第 70 页。
② 现代邮政月刊社编：《现代邮政》1948 年 3 月第 2 卷第 4 期。

表4－39　中华邮政华洋高级职员构成统计

1917—1923 年　　　　　　　　单位:人

年份	邮务长		副邮务长		邮务官		邮务佐	
	华人	外籍人	华人	外籍人	华人	外籍人	华人	外籍人
1917	0	15	4	15	42	65	0	6
1918	0	15	4	18	51	68	0	5
1919	0	18	6	16	52	71	0	5
1920	2	20	6	16	57	71	0	4
1922	2	23	8	15	65	69	0	3
1923	2	23	11	17	67	77	0	3

资料来源:霍锡祥:《帝国主义与中国邮政》,《文史资料选辑》第15辑,中华书局
1961年版,第69页。

　　直到1926年,仍有119名外国人在中国邮政任职,其中,44
人担任邮务长、副邮务长等重要职务。[1]

　　管理体制方面,民国成立之初,沿用大清邮政的《邮政总局暂
行章程》,规定总局辖下所有华洋各员,应行升调奖惩由总办上承
局长酌量施行;总局所有收支簿册,每月由总办阅后,呈送局长核
阅签字;所有发出的华洋支票也由总办阅后,呈送局长偕同总办签
字;平常例行公事则由帮办酌定办理,遇有紧要事件,先请局长斟
酌办理。[2] 这就保证了总办的权力。1917年,交通部将法国人控
制的邮政总办改为邮政总局局长的副职。对此,邮政总办法国人

----

　　[1]　邮电史编辑室编:《中国近代邮电史》,人民邮电出版社1984年版,
第93页。
　　[2]　国民党政府交通部铁道部交通史编纂委员会编:《交通史·邮政
编》,1930年版,第206—207页。

铁士兰却不甘心，竟然在《邮政通谕》中声称，"邮政总办有最后之决定权"。

至于严重侵犯中国主权的非法"客邮"问题，直到1922年才在形式上部分解决。为了撤销"客邮"，中国政府多年来一直与各国交涉。早在1896年，赫德为了独揽中国邮政大权，曾提议中国加入万国邮联，以便按照国际通例，撤销"客邮"，统一邮权。1903年，清外务部照会各国，要求撤销"客邮"，未果。1917年，中国参加第一次世界大战，德国邮局全部关闭。但青岛等地的邮局，早在1914年就被日本夺去，德国"客邮"又转入日本手中。俄国在十月革命后，宣布放弃在华特权，其邮局于1920年全部关闭。1921年11月在华盛顿召开太平洋与远东问题委员会第6次会议，次年决议英、法、美、日四国撤销在华邮局，以1923年元旦为最后期限，条件是：中国保持切实办理之邮务；中国政府保证无意变更与外国邮务总办地位有关的现行邮务行政。[1] 北洋政府对这些蛮横干涉中国邮政、严重侵犯中国主权的苛刻"条件"，完全无力和不敢拒绝，只得哀叹："客邮名虽撤去，而事实上则将固有之邮权，完全授与外人。"[2]1922年12月，英、法、美三国在华邮局总算全部停闭，但日本在东北的南满铁路邮局始终未撤。

国民党政府时期。这一时期的邮政基本上是中华邮政的延续，但有发展变化。

一是邮权的部分"收回"。1927年，国民党政府交通部长王伯群任命曾担任过贵州、安徽邮务长的刘书蕃为邮政总局局长，任命

---

① 王铁崖主编：《中外旧约章汇编》第3册，生活·读书·新知三联书店1962年版，第201页。

② 转引自霍锡祥：《帝国主义与中国邮政》，《文史资料选辑》第15辑，中华书局1961年版，第74页。

法国人铁士兰同时担任尚未垮台的北京政府和成立不久的南京政府两个邮政总局的邮政总办。但铁士兰拒绝受任,企图阻止南京政府邮政总局的成立。不料北京政府交通部邮政司长顾宗林对铁士兰的专横跋扈早已不满,与南京邮政总局局长签订《南北邮政总局共同管理全国邮政事务条款》①,双方共同委任铁士兰为邮政总办,并一致同意:重大问题由两个总局共同商定;总局文件尽可能使用中文,且须由总局长、总办和会办共同签字方为有效;废除中外人员的不平等待遇;委派华人邮务长会同外籍邮务长共同办公。1928年6月,北京政府垮台,南京政府下令裁撤北京邮政总局,南北邮政统一。铁士兰只得前往南京,不久称病回国。次年,邮政总办改称邮政会办,并由中国人担任,外国人长期独揽中国邮政大权的状况得以初步改变。不过,视察员、邮务长、副邮务长等重要职务中,外国人仍占很大比例。1933年度,上述职务的华洋比例是:视察员0:1,邮务长8:12,副邮务长23:12。② 到1936年度末(1937年6月30日),华洋比例是:邮务长8:13,副邮务长30:13。③ 邮务长仍大部分被外国人把持。

二是组织机构的变化。1930年,邮政储金汇业局同邮政局分离。早在1898年,大清邮政为了与民信局竞争,就已兼办汇兑业务。1919年,邮政开始兼办储蓄存款业务,各区邮政局门口增挂一块"邮政储金局"招牌,营业柜台单开储蓄窗口,邮政总局内设

---

① 《交通年鉴·邮政编》,1935年,交通部总务司1935年版,第1—2页;《交通部邮政总局为南京与北京两邮政总局共同管理邮政事务致各区邮务长通令》及附件,见中国第二历史档案馆编:《中华民国史档案资料汇编》第五辑第一编,财政经济(九),江苏古籍出版社1994年版,第485—488页。

② 《交通年鉴·邮政编》,1935年,交通部总务司1935年版,第55页。

③ 中国第二历史档案馆编:《中华民国史档案资料汇编》第五辑第一编,财政经济(九),江苏古籍出版社1994年版,第633—634页。

立储金股,邮政会计另设储金专账,储金业务所需的各项开支按比例摊分,然后拨还邮局。但汇兑业务未设专门账户。1929年,首任华人邮政总办刘书蕃(与交通部长王伯群为儿女亲家,以交通部邮政司长兼任)出席伦敦国际邮政会议期间,代理总办职务的林实以汪精卫和改组派张群为靠山,勾结邮政工会中的黑帮,猛烈抨击刘书蕃。刘见势不妙,使出一手"弃骨取肉"的高招,呈请交通部将储金和汇业两项业务从邮局分离出来,另立储金和汇业局。1930年1月,邮政储金和汇业总局在上海成立,刘书蕃任总办(后改称局长)。储汇总局与邮政局不同,没有严格的考试录用和人事编制,刘乘机安插私人,引进大批同乡好友,朋比为奸;邮局一向财务独立,实行"以邮养邮",盈余不受政府支配,储汇业务分离后,储汇局拿走了大宗收入,而各项支出,包括储汇业务的员工工薪、办公费用等仍由邮局负担,储汇局的资本支出也列入邮局账内。储汇局仅负担总局和三个分局的"专家"(非邮政人员)的薪津和办公费用。[1] 加上刘书蕃及其同党肆意侵吞公款,严重损害了储汇与整个邮政系统的利益。

储汇分立后,邮政业务由盈余转为亏损,导致邮政人员的不满,一度发生罢工风潮。为了扭转局势,国民党政府决定将邮政和储汇重新合并。1932年,邮政储金和汇业总局改为邮政储金和汇业局,隶属邮政总局,由总局副局长兼任储金和汇业局局长。但合并后,情况未见好转,两者纷争依旧不断。储汇员工薪津仍由邮局开支,收入依然记在储汇局账上。虽规定将盈余的70%拨归邮局

---

① 参见国民党政府交通部铁道部交通史编纂委员会编:《交通史·邮政编》,邮政储金,1930年版;国民党政府交通部编:《交通年鉴·邮政编》,1935年,交通部总务司1935年版;霍锡祥、楼祖贻:《邮政储金汇业局见闻》,《文史资料选辑》第65辑,中华书局1979年版。

作为办理储汇业务的手续费,但常常成为空头支票。

三是国家独占邮政地位的确立。从清代到民国时期,新式邮政不断发展,但原有的民间信函传递机构民信局并未消失。清末,大清邮政曾设法挤垮和吞没民信局,但民信局一直顽强生存下来,形成国家邮政与民间邮传并存的局面。直至 1933 年,关内地区仍有民信局 3033 家,总收入达 758 万元。[①] 1934 年 12 月,国民党政府用法规的形式,下令民信局停业,次年《邮政法》颁布,规定邮政由国家经营,由此国家邮政一统天下。

四是东北邮权的丧失和日本帝国主义对东北邮政的劫夺。1931 年"九一八事变"后,开始因有外籍邮务长主持工作,侵华日军没有强行接管东北地区的中华邮政。在伪满洲国成立前,东北地区的邮政局仍然悬挂中国邮旗,照常营业。日军处心积虑,多次扣押邮件、干扰邮局、迫害邮员、阻碍邮运,甚至逮捕、刑讯和杀害中国邮员。面对恶敌,中华邮政人员一直坚守岗位,开展业务。由于形势不断恶化,1932 年年初,在东北地区邮务长巴立地(F. Poletti)的组织下,中华邮政开始从东北撤退。7 月 23 日,国民党政府宣布东北邮政停办,对日伪实行邮政封锁。在东北工作的三千多名邮政员工,返回关内。不过,东北与关内的邮政联系,并未中断。因中日尚未断交,大连的日本邮局和南满铁路的客邮,仍与中国各地通邮,从欧洲各国寄来的邮件也经由西伯利亚和中国东北转递。关内外人民之间,也需要邮递往来。1934 年 12 月,国民党政府代表与日本关东军代表达成协议,规定 1935 年 1 月 10 日关内外实行通邮,2 月 1 日通包裹与汇兑,由中华邮政委托退职邮务员,分别在山海关和古北口开办民营性质的"汇通转递局",

---

① 巫宝三主编:《中国国民所得(1933 年)》,上海中华书局 1947 年版,第 96 页。

负责接转进出口邮件。1941年8月太平洋战争爆发后，"汇通转递局"关闭。[①]

（二）邮政的经营管理

近代中国新式邮政是西方列强侵略扩张的产物，又长期由海关总税务司、英人赫德直接掌管，规章制度和经营管理采用英国模式，组织细密，分工清晰，权责明确。机构的设置及隶属关系，员工的录用、考核、升迁，邮件的登录、转运、投递，财务的收支、结算、审核等等，都有一套比较严密和完善的规章制度，保证了邮政的员工素质和队伍稳定，有利于邮政系统的正常运转和服务质量的提高。随着轮船、铁路、公路、航空运输的发展，邮递条件和手段有所改善；新式邮政在其发展过程中，业务范围不断扩大，又凭借官办特权和法令强势，挤垮和取缔民间邮传机构，形成邮政市场和收费价格垄断，给新式邮政的发展扩大创造了条件。但是，长期以来，中国的邮政大权被掌握在外国人手中，各级邮政部门的高级职位一直被外国人把持，而且薪俸极高。"高职高薪"成为外国侵略者合法和冠冕堂皇的经济掠夺手段。结果，大部分邮政收入进了外国人的腰包。邮政自身反因为资金短缺，设备和手段落后，邮传效率低下，全国邮政业发展长期停滞不前。国民党政府时期，虽然部分收回了邮政主权，若干高级职位改由华人担任，但国民党吏治腐败，派系纷争不断，邮政高层更替频密，这些也严重阻碍了邮政规章制度的执行和邮政业的正常发展。

1. 管理制度、机构设置及其变化

中国近代邮政在其发生、发展过程中，职能机构、隶属关系、管

---

① 参见姜希河等：《中国邮政简史》，商务印书馆1999年版，第62—65页。

理体制几经变革。大清邮政成立时,和海关一样,名义上隶属总理衙门;1901 年总理衙门改为外务部,邮政隶属该部;1906 年清政府设立税务处,邮政事务又隶属该处。同年邮传部成立,该部下设邮政司,直接职掌邮政事务。实际上,邮政事务始终由海关总税务司主持。直到 1911 年,邮政与海关分离,邮政事务才划归邮传部直接管辖。北洋政府和国民党政府时期,邮政均隶属交通部,下设邮政总局直接掌管。1931 年国民党政府规定,邮政总局为全国邮政最高行政机关。总局初设上海,1935 年迁往南京。

在管理体制上,因新式邮政与海关渊源颇深,大清邮政一直因袭海关试办邮政时期的规章制度;邮区划分也以海关辖区为基础;各区邮政司,由各关税务司兼任;海关人员兼司邮政文牍和账务,经费也由海关经费内挪移挹注。具体邮政事务才由邮务处长和邮政人员管理和经办,大政方针,都由总邮政司核定。早在 1892 年,海关总税务司赫德曾制定邮政章程 13 条,呈送总理衙门。[1] 赫德担任总邮政司后,又仿照英国邮政制度,对邮政章程进行修订,将全国划分为 35 个邮区(又名"邮界")。[2] 各区设邮政总局,由正副邮政司职掌;总局下设分局或支局,由总局属员担任邮政长;分局下设代办所或信柜,代办所由当地殷实商家为代办人,信柜则由总局、分局、支局分别斟酌设立。[3] 邮政机构的重要职务,则全由海关洋员担任。清末邮政与海关分离后,外籍人员依旧占据重要职位。

进入民国后,邮政业务基本上延续大清邮政的格局,但有发展

---

① 章程见国民党政府交通部铁道部交通史编纂委员会编:《交通史·邮政编》,交通史编纂委员会发行,1930 年版,第 15—22 页。

② 参见《交通史·邮政编》,1930 年版,第 194 页。

③ 谢彬:《中国邮电航空史》,上海中华书局 1933 年版,第 47—48 页。

变化。主要是相关法规、条例的制定和邮区的调整。1915 年 6 月,北洋政府设立邮律起草委员会拟订邮律,但经多年讨论、修订,邮律一直处于草案状态。① 1921 年,因太平洋会议即将召开,撤销客邮至关重要,北洋政府公布《邮政条例》47 条。② 1930 年邮政储金和汇业总局成立后,国民党政府行政院公布《邮政储金汇兑总局章程》。1935 年 7 月,《邮政法》公布实施。1936 年,《邮政规程》颁行。以西方邮政为蓝本的中国近代邮政法规,已基本配套。

全国邮区的划分,北洋政府开始改变以海关辖区为基础的原有格局,按省划分邮区。全国共 21 个邮区。③ 省会设立邮务管理局,派一名邮务长主管。所辖邮局分为四级(后改为三级),邮局或支局下面设有代办所、信柜和代售邮票处等代办机构。邮务长全部由外籍人员担任,1915 年后,才有中国人任职。国民党政府时期,邮区划分并无大的变化,30 年代有 23 个邮区(1915 年后即如此),除东北的辽宁和吉黑两个邮局,关内有 21 个邮区。④

受人口密度、经济发展水平、交通条件的制约,各地邮政局所的分布,并不平衡。每个局所服务的区域大小、人口多寡,差异悬殊。如表 4-40 所示,按邮区或地区平均,服务范围最小的 132 平方公里,最大的 1.9 万平方公里;人口最少的 2.4 万人,最多的达 8.6 万人。

---

① 参见《交通史·邮政编》,1930 年版,第 72—116 页。

② 参见《交通史·邮政编》,1930 年版,第 116—122 页。

③ 当时全国共 29 省区,其中直隶、京兆,东北三省,热河、察绥,四川、康藏分别合为一个邮区,上海单独划为一个邮区。全国合计 21 个邮区。

④ 全国 23 邮区是:上海、北平、辽宁、吉黑、河北、山西、河南、陕西、甘肃、新疆、西川、东川、山东、苏皖、浙江、江西、福建、湖北、湖南、广东、广西、云南、贵州(参见《交通年鉴·邮政编》,1935 年,交通部总务司 1935 年版,第 5—6 页)。

表4-40　全国各邮区邮政局所分布状况

1935 年

地区	局所数量	每局服务范围 （平方公里）	每局服务人口 （人）
苏皖和上海	1833	132	29091
河北和北平	1544	194	23967
山西	397	534	28094
河南	897	196	38227
陕西	273	714	59423
甘肃	191	1702	33627
新疆	75	19013	27844
辽吉黑	948	994	23680
山东	886	164	36542
四川	1287	440	38899
湖北	742	249	38028
湖南	454	476	85969
江西	503	358	52810
浙江	655	150	35653
福建	481	249	27712
广东	1304	199	27434
广西	315	635	38915
云南	276	1377	36306
贵州	245	288	42005
总计	13306	476	33939

说明：原资料缺西藏数据。

资料来源：张樑任：《中国邮政》中卷，上海商务印书馆1936年版，第13—14 页。

不过随着邮政业的发展，每一局所服务的区域和人口数量，有轻微缩小的趋势。1928 年全国平均，每一邮政局所服务的面积和人口分别为 523 平方公里和 40039 人。1935 年度减至 476 平方公里和 33939 人，分别下降了 9% 和 15%。①

北洋政府和国民党政府时期，全国邮政实行集中统一的管理模式，并有一套严密的组织系统和严格的管理制度。邮政总局独揽全国邮政人事、财务、管理和经营决策大权，各管理局权力有限。在财务上，各邮区管理局不是独立的核算单位，只能支付零用钱款（支出由收入项内扣除），盈余上交，亏损由总局拨补。稍大款额，即使"增加三元以上之房租，超过十元以上之开支，核给人员之例假，变更局所之功能号志等等，皆非总局核准不可"。② 1935 年后，各管理局权限才有所扩大。

各级邮政机构内部，权责分明。在总办或局长之下，有邮务长、邮务官、邮务员、邮务生、经理售票银钱人、拣信生、邮差、信差、杂项人役等邮务专业和勤杂人员，各司其事，各负其责。邮务长为邮区首脑，总揽邮区内政外交，职责重大而具体细微。他不仅要对总局总办或局长负责，还要充当其耳目、手足，确保邮区内发生的重要事项，"总办得以洞悉"，各项饬令和规则切实执行，邮区公务办理完善，邮件运寄、投递稳妥，邮政款项无虞，所属人员随时及格，保持良好的工作状态，否则"惟邮务长是问"；邮务长还要擅长

---

① 1928 年统计据国民党政府交通部编：《中国邮政统计专刊》，交通部总务司 1931 年版，第 7 页；1934 年度统计据张樑任：《中国邮政》中卷，上海中华书局 1936 年版，第 15 页。

② 《邮政会议汇编》，第 49 页，转见张樑任：《中国邮政》上卷，上海中华书局 1935 年版，第 67 页。

"公关",对所在地官吏"保持亲善之交际"。① 其他邮务人员,也都职责明确,制度严密。邮件从收寄到投递,每一环节均有签收制度。如遇包裹未贴足邮票,由收寄局经手人负责补收或赔补。每笔支出均注明支付案据,以防错收或漏收。财务稽核也很严格,邮件收寄的各个环节,都发挥着稽核资费的功能,总局派出的巡员也经常检查主管段内邮局账目。

在人事管理方面,中华邮政仿效英国文官制,实行选贤任能、赏罚分明、终生事业等制度。举凡委任、推升、复用、改班、调遣、实任、保证、奖惩、密报、交接、品行和纪律、薪费福利等,都有缜密的规定。② 邮政人员入局要经过考试(邮差和杂役除外)。在国民党政府时期,考试分为高级邮务员考试、初级邮务员考试、邮务佐考试和信差考试四种;新进人员,均须经过试用程序。任用期间,亦须定期考绩,每年的一、四、七和十月举行。按学识、才能和操行,分为"特别优长"、"优长"、"中常"和"中下"四等。此外,还有所谓"不堪任用者"。这就是中华邮政所特有的"密报"制度,不过这些完全是针对中国职员的。除了定期考绩,凡于临时工作有功绩或犯有过失,也予特殊考核,分别予以奖惩。所有员工,只要恪尽职守,无违纪行为,即可终生以此为业,并按晋级制度升迁③,借此保证邮政员工的素质和队伍稳定。

中国近代邮政,虽然规章完备,制度严密,但北洋政府和国民

---

① 参见交通史编纂委员会编:《交通史·邮政编》,1930 年版,第 214—215 页。

② 参见交通史编纂委员会编:《交通史·邮政编》,1930 年版,第 258—376 页。

③ 张樑任:《中国邮政》上卷,上海中华书局 1935 年版,第 113—114 页;霍锡祥:《帝国主义与中国邮政》,《文史资料选辑》第 15 辑,中华书局 1961 年版,第 67 页。

党政府吏治腐败,邮政系统也不例外。国民党政府时期,邮政更成为派系纷争和政客争夺的重要场所。由于各派系势力的消长变化,邮政总办或总局长的更替,如同走马灯般频密。[1] 这严重制约了邮政规章制度的执行和邮政本身的健康发展。

2. 邮政业务及经营状况

中国近代邮政从 1896 年大清邮政开办到 1937 年日本全面侵华战争爆发前的 41 年间,邮政规模和营业能力都有较大的发展。1911 年,全国有邮政总局、副总局 49 处,分局 957 处,代办支局 3244 处;邮差邮路 15.95 万公里,民船邮路 1 万公里,轮船邮路 1.25 万公里,火车邮路 0.85 万公里,总长 19.05 万公里。[2] 进入民国后,邮政规模和邮递范围继续扩大。到 1927 年,全国邮政局所达 1.2 万余处,各类邮路达 42.2 万余公里,分别比 1911 年扩大了 1.9 倍和 1.4 倍。1931 年"九一八事变"后,东北沦陷,东北邮政遭日本帝国主义劫夺,中华邮政员工被迫撤回关内,导致邮政局所和邮路缩减。1934 年后,随着各地民信局停闭,邮政局所和邮路增加,到 1936 年,关内邮政局所达 1.5 万处,邮运手段和线路除原有的轮船、铁路外,又增加公路、航空以及摩托车、脚踏车等,各类邮路总长达 58.5 万公里(详见表 4-41)。1937 年"七七事变"前夕,全国各类邮政服务机构达 7.2 万余处。

---

[1] 1928 年 8 月至 1937 年 7 月的 9 年间,邮政总办(后来为局长)换了 7 任,除最后一任任期较长外,其余各人,平均在位只有一年几个月(参见霍锡祥:《回忆国民党时期的邮政》,《文史资料选辑》第 15 辑,中华书局 1961 年版)。

[2] 中华民国交通部邮政总局编:《民国元年邮政事务总论》,交通部邮政总局 1913 年印本。

表 4-41　中华邮政规模和经营状况统计

1912—1936 年

年份	邮政规模		邮政业务			经营状况		
	邮政局所（处）	邮路（公里）	邮件（百万件）	包裹（万件）	汇兑发额（万元）	营业收入（万元）	营业支出（万元）	盈（+）亏（-）（万元）
1912	6816	229824	132	80	596	357	402	-45
1913	7808	264384	197	138	1016	549	554	-5
1914	8324	279936	212	166	1198	616	625	-9
1915	8510	283738	227	203	1355	697	650	30
1916	8979	290707	250	223	1597	763	669	94
1917	9103	299578	278	264	3152	857	715	142
1918	9367	310349	302	274	3534	950	759	191
1919	9761	344407	340	355	4382	1133	879	244
1920	10505	396491	401	422	5892	1268	1047	221
1921	11033	424874	442	457	6844	1561	1278	283
1922	11307	439222	426	479	7652	1711	1327	385
1923	11596	445707	474	531	9599	2078	1632	447
1924	11790	456304	523	574	9884	2326	1891	435
1925	12007	463891	565	654	10374	2530	2135	395
1926	12224	471271	586	601	10702	2831	2530	301
1927	12126	462237	580	555	8670	2780	2771	9
1928	12126	458051	637	617	10126	3113	2989	124
1929	—	—	725	686	27271	3879	3672	167
1930	12523	488317	769	622	30998	3969	3840	128
1931	12669	494442	837	652	36845	3440	4025	-585
1932	12828	506138	739	593	33013	3336	3755	-419
1933	12089	466530	788	623	36310	3517	3359	158

续表

年份	邮政规模		邮政业务			经营状况		
	邮政局所(处)	邮路(公里)	邮件(百万件)	包裹(万件)	汇兑发额(万元)	营业收入(万元)	营业支出(万元)	盈(+)亏(-)(万元)
1934	12409	493758	822	626	不详	不详	不详	不详
1935	13372	517290	824	702	不详	4007	4007	0
1936	15012	584816	882	911	不详	4966	4675	291

说明:自1930年起,营业收入包括拨归邮局的储汇盈余。

资料来源:据国民党政府交通部编:《中国邮政统计专刊》,交通部总务司印行,1931年刊本;国民党政府交通部编:《交通年鉴》,1935年;中国第二历史档案馆编:《中华民国史档案资料汇编》第五辑第一编,财政经济(九),第624—633页综合整理编制。

邮政的营业范围很广,主要有四类:一是邮件传递,包括信函、印刷品、盲人读物及文件、商务契约、传单、大小包裹、挂号及保价邮件、快递和航空邮件等的传递;二是储金和汇兑;三是简易人寿保险;四是代理业务,包括代办电报电话,邮转电报,代理国库支库,代收税款、报话费和破钞、代购图书等。此外还有国际业务、军事邮递。这些业务项目经过了一个漫长的发展与扩大过程。

早在1866年,上海海关鉴于海河冬季结冰,无法行驶轮船,着手办理上海、天津、北京间冬季邮运,但范围只包括海关、各国使领馆、同文馆邮件。次年,海关总税务司赫德发布邮政通告,全年办理京津沪之间往返邮件,范围扩大至欧美发来的全部邮件。1878年3月,海关试办邮政,发行大龙邮票,邮运区域由京津沪延伸到烟台、牛庄(营口)。1896年中国国家邮政"大清邮政"正式开办,邮运开始面向全国,业务项目逐年增加。1897年制定和实行新的邮件资费表,改为收取银元;首次发行明信片。次年开办国内汇兑和国内包裹业务。1903年,铁路客车置备邮用专间,邮运效率和速度大大提高。1905 年,试办京沪间快递邮件业务,部分邮件的传递时间缩短。进入中华邮政时期,业务加速扩大。1912 年开办军邮、官电、商务传单和保险信函等业务。次年开办代售印花税票业务(1929 年停办,1934 年恢复)。1914 年创办火车行动邮局。1919 年开办储金业务,成立邮政储金局,业务范围从邮件传递扩大到现金储蓄,并开始由邮政调查全国人口,逐年公布。次年,开办邮政电报业务,"邮政"发展为"邮电"。

国民党政府时期,邮运手段和业务项目都有新的突破。1928—1929 年间,相继开办上海、广州间航空邮件和航空汇票业务,1933 年又开办电报汇票业务,邮件和汇票传递时间不断缩短。1934 年正式试行邮电合一,并代订刊物,收寄普通快递邮件,将服务范围从京沪间推广到国内其他地区。次年开始代购图书,开办简易人寿保险业务。1936 年试办按地址投递国内包裹业务,使包裹的收寄更加方便快捷。1937 年开始代收所得税。[①] 至此,除长途电话外,现代邮电局的所有业务已包罗无遗。

近代新式邮政,既是公用事业,又是营利性企业。营业兴衰和效益好坏,受到多种因素的制约。社会、政治、经济环境和交通条件,传统邮传机构的存在和竞争,邮政本身的设备、手段、制度、经营策略以及人员素质和业务能力等,都有直接影响。

社会、政治、经济环境方面,除"九一八事变"和东北沦陷对全国邮政的沉重打击外,1926—1927 年的战争和社会大变动,也对

---

① 参见国民党政府交通部年鉴编纂委员会编:《交通年鉴》,1935 年,交通部总务司 1935 年版;交通史编纂委员会编:《交通史·邮政编》,1930 年版;张樑任:《中国邮政》上、中、下卷,上海商务印书馆 1935、1936 年版;国民党中央党部国民经济计划委员会编:《十年来之中国经济建设》,南京扶轮日报社 1937 年版;邮电史编辑室编:《中国近代邮电史》,人民邮电出版社 1984 年版,第 226—234 页。

邮政营业产生重大影响。这两年的业务量和盈利都明显下降，1927 年的盈利更从上年的 301 万元陡降至 9 万元。

传统邮传机构方面，新式邮政从产生之日起，就同驿站尤其是民信局，存在着利益冲突和竞争。随着新式邮政的不断发展和扩大，冲突和竞争日益尖锐。大清邮政成立不久，就开始设法挤垮民信局。先是同轮船招商局和外商轮船公司达成协议，只带运大清邮局的邮件，并要求民信局向大清邮局挂号登记，领取执照，邮件交大清邮局带运，运费每磅 1 角，1900 年又涨至 6 角 4 分。1903 年由外务部批准铁路客车置备邮用专间，免费运送邮政官局邮件，以降低邮运成本。在此基础上，同民信局展开压价竞争：国内平信由 4 分降为 1 分，本埠半分。同时凭借官府力量，垄断业务，如开封、汉口等地邮政部门同票号、商家立约，规定两地票号、商户发往各地的邮件均交邮局代理。不仅如此，大清邮政甚至非法阻挠和破坏民信局的业务活动。如营口邮政分局非法扣押锦州福和信局用火车传递的邮件，并处罚金；济南福兴润信局更遭到当地邮政部门的"缉查"。① 在这种情况下，民信局只得将邮件交给大清邮局带运，大清邮局的业务量相应扩大。1913 年驿站裁撤。新式邮政不久得以扭亏为盈。1934 年，国民党政府正式下令民信局全部停闭，国家邮政独占邮传市场。这在一定程度上弥补了东北沦陷造成的损失。

邮政本身的设备、手段和制度等对邮政业务发展和效益好坏至关重要。虽然随着轮船、铁路、公路、航空等现代交通运输业的发展，邮运手段有所改善，效率有所提高，但总的来说，近代邮政的设备和手段仍然十分落后，在广大农村尤其是西北、西南地区，全靠人力，往往要徒步长途跋涉，而且邮件量少，邮运距离远，传递成

① 《大公报》，光绪三十一年三月十七日(1905 年 4 月 21 日)。

本高昂,亏损无可避免。制度虽较完善,但因政治腐败、官吏倾轧,邮政管理人员更替频密,制度难以贯彻和发挥效应。同时,邮政支出结构不合理,员工薪金和津贴占营业支出一半以上,其中高级职员的薪俸、津贴又超过一半。① 这是西方列强侵略的恶果。外籍人长期盘踞中国邮政要职,既是为了操纵中国邮政大权,本身又是一种"合法"的经济掠夺,管理人员的薪俸被定得很高②,使大部分邮政收入直接落入了洋人的腰包。

二、电　信　业

近代电信业,分为电报(有线电报和无线电报)和电话(有线电话和无线电话)两部分。它随着列强入侵而传入中国。电信业的发生发展过程,也是中国相关主权遭受侵犯和丧失的过程。清末,电信业中的有线电报,已有一定规模。进入民国,电信业仍以有线电报为主,且严重依赖外国资本和技术设备,其他种类发展缓慢。1927 年后,无线通信和有线电话有了较快发展,边疆地区的无线通信,也颇受重视。电信主权部分被收回,但国家垄断电信业的趋势日益明显。

---

① 如 1933 年度的营业支出为 3359 万元,其中工资支出 1884 万元,占 56.1%,其中中外高级邮务人员的工资又占一半;员工奖金近 208 万元,其中高级人员特别津贴近 182 万元,占去 87.5%(参见张樑任:《中国邮政》下卷,中华书局 1936 年版,第 129—136 页。营业支出见表 4-39)。

② 当时邮务长月薪分为 800 元、750 元、700 元三级;副邮务长月薪分为 650 元、600 元、550 元三级;甲等邮务员月薪从 100 元到 500 元;乙等邮务员月薪从 40 元到 270 元,邮差多为 30—50 元。邮务长最高工资相当邮差的 16—20 倍(参见交通部年鉴编纂委员会编:《交通年鉴·总务编》,1935 年,交通部总务司 1935 年版,第 100 页)。

（一）电报

近代电信业中，有线电报产生和应用最早，一直是电信业的主要组成部分。清同治年间，英国人莱诺特（Reynold）架设上海至黄浦江口的电报线路，这是中国境内陆路电报设线之始。1871 年丹麦大北电报公司架设的香港—上海间海底电报线路，则是中国最早的电报水线，也是外国大规模侵犯中国电信主权的开端。接着，洋务派官僚李鸿章等，以官办、官督商办等形式，纷纷举办电信，军用兼及民用，有线电报是其重点。1879 年李鸿章召丹麦商人试办天津—大沽间有线电报，开中国自办电报先河。[1] 1902 年，有线电报已有线路 6 万余公里，电报局 500 余处，清政府借口电报商办，诸多窒碍，将其全部收归官办。1906 年，电政统归邮传部直辖。1912 年，北京政府将设在上海的电政局与交通部电政司合并，由电政司长行使电政局长职权，但后来屡有变动。在业务管理上，1913 年分全国为 13 个电政区，分别设电政管理局和电政监督。[2]

国民党政府成立后，交通部设立电政司，并设电政总局于上海（1928 年归并于电政司）。裁撤各省电政监督，在省城设电政管理局，全国分为 21 局[3]，以省城电报局长兼任管理局长。北京、上海和天津分别设立特等电报局，直属交通部（其中辽吉黑电政管理局归

---

① 关于中国电报业的起源，参见严中平主编：《中国近代经济史，1840—1894》，人民出版社 1989 年版。

② 13 个电政管理局为：直鲁、奉吉黑、江苏、鄂湘、粤桂、晋豫、闽浙、赣皖、云贵、川藏、陕甘、疆蒙、新青等（交通史编纂委员会编：《交通史·电政编》，1936 年）。

③ 21 局为：江苏、浙江、安徽、江西、福建、广东、广西、湖南、湖北、云南、贵州、河南、河北、山东、山西、陕西、川藏、甘宁（甘肃和宁夏）、新青（新疆和青海）、热察绥蒙（热河、察哈尔、绥远和蒙古）、辽吉黑等。

东北交通委员会管辖),局长下设总务、报务和工务主任各一人。

电报局按业务收入多寡分为特等和一、二、三、四5个等级。[①] 未设电报局之处,由交通部酌设电报电话营业处或代办处,办理相关业务,代办处多委托当地商人兼办。[②] 1934 年起,推行邮电合设办法,全国三等及其以下电报局与邮局合设一处,但人员各自独立。

这一时期的有线电报,偏重于设施的维修,新的建设不多。因晚清以来的电信业建设重点一直是有线电报,电信业的其他领域,鲜有投入。为保持电信业的平衡发展,国民党政府不得不将建设重点放在无线电报和电话的建设上。另外,军阀混战连年,加上北伐战争,有线电报的设施毁坏严重,设备的维修工作也刻不容缓。

有线电报的设施,主要包括营业局所、电报线路和机器设备。基本状况及其变动参见表 4-42。

表 4-42 有线电报营业局所、线路、机器统计表

1912—1935 年

年份	局所(处)	线路长度(公里)	机器(台)
1912	565	62523	787
1915	692	78891	787
1920	883	86779	2121
1925	1027	90005	2292

① 特等局由交通部特定。全年收入平均每月 5000 元以上的为一等局;2500 元以上的为二等局;1000 元以上的为三等局;500 元以上的为四等局;不满 500 元的为支局(参见国民党政府交通部年鉴编纂委员会编:《交通年鉴·电政编》,1935 年,交通部总务司 1935 年版)。

② 参见《交通年鉴·电政编》,1935 年,交通部总务司 1935 年版,第2—6 页。

续表

年份	局所(处)	线路长度(公里)	机器(台)
1926	1071	93972	2311
1927	1132	99543	2435
1928	1140	99797	2526
1929	1147	100967	2549
1930	1120	99104	2538
1931	1127	98880	2550
1932	1094	100003	1914
1933	1103	102161	2069
1934	1239	96969	1855
1935	1346	98865	2443

资料来源:国民党中央党部国民经济计划委员会编:《十年来之中国经济建设》,第三章,南京扶轮日报社1937年版,第3页;金家凤编著:《中国交通之发展及其趋向》,南京正中书局1937年版,第247—248页。1927年以后两书部分数据不一致,本表采用前者。

　　统计显示,有线电报的建设几乎全部是在1927年前完成的。1927—1935年的8年间,基本上是原地徘徊。1935年同1927年比较,营业局所只增加了214处,机器仅增8台,线路更减少了678公里。

　　线路是有线电报的基础设施,分为架空、地下和水底三类。中国有线电报,以架空线路为主,根据业务繁简,线路分为干线和支线。1929年实行干线工务管理,打破省区界限,以直达通报的线路为范围。每条线路设一工务处,按照线路长短设置若干区。1935年已有工务处10个。[①] 这一时期,线路建设以修复为主。虽有若干新线路的架设和原有线路的加长,但遭到毁坏的线路也不

------

　　① 国民党政府交通部年鉴编纂委员会编:《交通年鉴·电政编》,1935年,交通部总务司1935年版,第23—39页。

少,故线路里程不升反降。

有线电报所用机器,主要是莫尔斯机,繁忙的线路上也采用韦斯登机。后期,开始配备速度较快的克里特高速自动机以及少量打字机。在普通线路上,还安装电话机和音响机,以节省费用。1935年,有莫尔斯机1703部,韦斯登机81部,音响机70部,电话机558部,克里特高速自动机23部,打字机8部。①

由于设备严重不足,这一时期的有线电报在营业机构设置和服务手段方面采取了一些变通和补救措施。

一是推行邮电合设和报话营业处暨代办处,首先在苏、浙、冀三省及通商大埠试办。凡三等及其以下电报局,均与邮局合设一处,但人员归属不变,费用按比例分摊。另外,各省纷纷举办报话营业处暨代办处。1930年,山西将一部分电报局改组为报话营业处,加设电话机,兼营电报和长途电话业务,收到电话即译成电码,用电话传交附近电报局,通过电报机发送到收报地。这种营业处设备简单,需人不多,节省经费,方便用户,适合于小城镇。1933年冬,交通部参酌山西办法,制定《电报电话营业处暨代办处章程》,由交通部派员设立电报电话营业处,同时设立代办处,委托当地商人代办业务。一些业务清淡、收入寥寥的电报局,也加以改组。资料显示,1934年、1935年,全国电报局分别有991处和949处,营业处分别有175和274处,代办处分别有73和123处。② 电报局数量虽有减少,但营业处和代办处明显增加。

二是各家电报局纷纷设立收发处。数量极为有限的电报局,

---

① 《十年来之中国经济建设》,第三章,南京扶轮日报社1937年版,第5页。

② 《十年来之中国经济建设》,第三章,南京扶轮日报社1937年版,第4、7页。

无法满足城镇用户收发报的需要。于是,各电报局纷纷设立收发处。根据收发业务的繁简,距离电报局的远近,收发处设备和业务范围互有差异:有的装有报机,有的不装;有的仅承接去报业务,有的兼收来报。1935 年,全国共设立收发处 260 多处。大的都市如上海有 35 处,北平 27 处,南京 20 处,汉口 15 处,天津 14 处。收发处的设立,方便了用户,也减少了报务传递的延误。

三是有线电报与无线电台合并、电报局与电话局合并,以提高效率。尽管有线电报和无线电报功效一致,但一向分别经营,重复设置,效益不高。交通部也曾制定合作办法,但收效甚微。为从根本上解决问题,决定将无线电台与有线电报局合并,统称为电报局。1934 年首先在上海、南京、天津、汉口和北平试办,次年推广到全国。未设电报局的地方,电台受电政管理局的管辖。电报局与电话局的合并工作,也有成效。首先从业务比较简单的局着手,1934 年 9 月吴县两局合并,次年镇江两局合并,取得较好效果。1934 年,芜湖、江都、清苑、九江、蚌埠、沙市、郑县、洛阳和长沙等地,都实行了电报电话两局的合并。而榆次、安阳、潼关、宜昌、兰州、成都、大同、贵阳等处的市内电话,早在成立之初,或在收归交通部之时,就已附设在电报局内。

四是面向市场,改进服务。采取的措施有:特订华文电报住址减费办法,规定凡收报人姓名住址不超过 15 字的,一律按 5 字计算收费;降低加急电报价格,由原定相当于普通电报的三倍降为两倍;取消针对邮转电报和铁路经转电报的外加费,将铁路电报的过线费从电报费中贴付铁路局,不另收费,取消邮转电报的邮资;免收来报的代译费;创设交际电报,鼓励人们利用电报交往,且收费低廉;等等。①

---

① 《十年来之中国经济建设》,第三章,南京扶轮日报社 1937 年版,第6—7 页。

这一时期,电报水线主权的收回,也是一件大事。中国海底电报线路一直控制在丹麦大北、英国大东和美国太平洋水线电报公司手中,中国的国际通信由其经营,经由水线的国内通信由其代办,中国主权旁落。1930—1933年,国民党政府几经谈判,终于收回水线主权,并重订国际水线合同。

其一,收回威海卫水线。1900年,英国人敷设了自烟台经刘公岛至威海的烟威水线,1930年国民党政府接收威海卫英军基地时,交通部也收回了威海卫水线。①

其二,收回沪烟沽水线。1900年,趁八国联军侵华之机,大东、大北两家公司擅自敷设上海—烟台—大沽水线,经清政府的交涉,答应由中方作价收回。次年复经清政府同意,两公司添设另一条烟台至大沽的水线。并先后与清政府订立沪烟沽水线垫款合同两件,载明线路属于水线公司代为中国安装,估价25.8万镑,转作电报局借款,年息5厘,分30年偿清,逐年在中方应得的欧美俄国际电报本线费,及公司等在上海、烟台两处代收的沪烟沽水线经转的国内电报费项下,陆续扣付。在借款偿清之前,线路由两家公司代管代办。但在1923—1932年间,因偿付北洋政府交通部"预付报费借款"的关系,水线借款停付,导致该款30年期满仍未偿清,水线也一直控制在两家外国公司手中,严重损害中国电信主权的完整。因此,国民党政府交通部决定在1934年筹款,一次付清借款余款,并通知两公司于同年5月20日终止代办权。两家公司并不甘心,多方留难,又几经交涉,加上各地电报业务已按期收回,津沪陆路电报畅通无阻,形成对水线的强大竞争压力,两家公司无奈,方同意由中国政府于6月4日正式收回沪烟沽水线。之后,交

---

① 王铁崖主编:《中外旧约章汇编》第3册,生活·读书·新知三联书店1962年版。

通部将自设的沪烟水线与其合并,一条作为沪烟沽区间线路,一条作为津沪直达线路。①

其三,重订国际水线等合同。清政府和北洋政府与大北、大东及太平洋水线电报等公司签订的合同,极不平等,严重损害中国权益。这些合同,均截至 1930 年年底期满。国民党政府交通部设立国际电信交涉委员会,着手准备合同的重订工作,并按合同规定,于 1929 年年底通知各公司,自 1931 年元旦起,所有合同及文件一律废止,要求各公司派代表谈判相关事宜。各公司代表姗姗来迟,1930 年 3 月才抵达南京,12 月,双方签订"了解办法",次年 4 月拟订报务合同,12 月报经国民党政府批准。交通部通知各外国公司,应遵照部颁商办海底电线登陆取缔规则,向交通部请领登陆执照,并签订正式报务合同。各公司又一再拖延,直到 1933 年 4 月,才极不情愿地领取执照,签订新的报务合同。合同的主要内容包括:取消水线登陆专利权;海线登陆的期限由原来的 20—25 年缩短为 14 年;改变中方应得本线费,使中方收益有所增加;由交通部接管三家公司的上海收发处,亦即取消了三家公司在上海的电报直接收发权。交通部接管了三家公司的收发处后,改名为国际电信局大东大北太平洋水线收发处暨收发分处,三家公司只能在机器房内转递电报。②

中国的无线电通信,始于 1905 年。是年北洋大臣袁世凯聘请意大利人葛拉士传习技艺,同时购入无线电机数架,分别安装在 4 艘军舰上,以便练习。其后,京津之间也开始安装军用无线电

---

① 《十年来之中国经济建设》,第三章,南京扶轮日报社 1937 年版,第 5 页。

② 《十年来之中国经济建设》,第三章,南京扶轮日报社 1937 年版,第 5—6 页。

机。1908 年,因吴淞至崇明之间的水线受损,江苏省拨款安装了无线电报,方便官商之用。同年,上海英国商人在开办的旅馆中私设电台,因侵犯中国无线通信权益,电台由中方收回,安装在电报局内,用于崇明上海之间的无线电报通信,无线电报开始用于一般通信。1910 年,德国西门子公司分别在上海和南京架设无线电机,次年由清政府海军部买回,专供军用。1912 年民国成立后,交通部接管了海军电台,又在各地增设电台 8 处。此后,各部门各自为政,纷纷设置无线电台,无线电报加速发展。外国资本势力也大举侵入:1918 年,海军部与日本三井洋行订立无线电借款合同,建造北京双桥无线电台;陆军部与英国马可尼公司订约借款购机。[1]翌年,交通部与马可尼公司签订垫款条约,建设西安与喀什噶尔之间的无线通信;1921—1922 年间,交通部与美国无线电报联合公司(又称加利福尼亚合众电信公司)签订无线电台协议,借款建设北京、哈尔滨、上海、广州、汉口等 5 座高压无线电台。[2] 此外,中国境内尚有 22 处外国人擅自设立的无线电台。[3] 中国的无线电通信事业,几乎完全操于外人之手!

1927 年国民党执政后,先后成立和改组相关职能机构,制订通则、条例,划分网区,加强和规范对无线电台、电报的规划、管理。11 月交通部在上海设立无线电管理处,成立全国无线电通信网设计委员会。1928—1929 年,一度将无线电台交由全国经济委员会管理,旋于 1929 年 8 月由交通部统一全国无线电管理权,设置无

---

① 《中外旧约章汇编》第 2 册,生活・读书・新知三联书店 1959 年版,第 1347、1400 页。

② 《中外旧约章汇编》第 2 册,第 1422 页;第三册,第 146、185 页。

③ 金家凤编著:《中国交通之发展及其趋向》,南京正中书局 1937 年版,第 249 页。

线电管理局,制定无线电台组织通则,将全国划分为 8 个区①,每区设总台一座,分台若干座。为打破外国公司垄断国际通信的局面,借助前述国际水线合同到期的机会,交通部于 1929 年 3 月在上海设立国际通信大电台筹备处。1930 年年底,真如、刘行收发电台完工,次年正式设立国际电信局,专责办理无线电报和水线电报等国际通信事务。又经改组,国际电信局统辖国际电台、各水线电报收发处及上海海岸电台。同时撤销无线电管理局,国内无线电建设事务改由电信局兼理。1934 年开始试行将无线电台与当地有线电报局合并设立,统称电报局,次年推行全国,但国际电台仍是独立的。1936 年 4 月国际电信局撤销,国际电台和各水线电报收发处由交通部直接管理,其余如广播电台、海岸电台等,分别由上海电报局和国际电台等兼管;又成立驻沪国际报话费核算处,办理国际报费和话费的核算事务。电报器材的制造和修理方面,1933 年在原第一、第二电报机器厂基础上,合并设立电信机料修造所。②

值得一提的是国际电台的建设。1928 年冬,国民党政府交通部为控制对外通信,与东北地方政府所设沈阳大电台以及法属西贡电台订立接转欧洲电报办法,具体由直辖交通部的上海两部机器负责通信,同时接转南京、汉口、天津、重庆、广州等地与欧洲往

---

① 具体划分是:第一区包括上海海岸、上海、启东、崇明、崇堡、南京、芜湖、杭州、宁波、定海无线电台;第二区包括武昌长波、汉口、南昌、长沙、沙市、宜昌无线电台;第三区包括青岛短波、青岛长波、烟台、威海卫、济南、郑州、洛阳无线电台;第四区包括厦门、福州、广州、汕头无线电台;第五区包括重庆、万县、成都、叙州、贵阳无线电台;第六区包括兰州、西安无线电台;第七区包括迪化、喀什噶尔无线电台;第八区包括天津、章嘉无线电台,北平短波、北平长波、大沽海岸无线电台。东北地区的电台由东北地方当局管理(参见《交通年鉴·电政编》,1935 年,交通部总务司 1935 年版,第 215—217 页)。

② 《十年来之中国经济建设》,第三章,南京扶轮日报社 1937 年版,第 7—8 页。

来电报。这是交通部自办国际无线电通信的滥觞。1929 年,交通部又向上海法商长途电话公司订购国际通信大电台一座(即中法电台),同时在上海设立国际通信大电台筹办处。此前建设委员会向美国无线电合组公司订购的两架国际通信大电台(即中美电台),向德国德律风根无线电公司订购的 4 架国际支台机器①,也一并交给交通部。国际大电台和支台建设,共耗费美金 40.7 万元、国币 47.72 万元,台址主要在上海真如、刘行两地。1932 年 7月,交通部又与美国马凯无线电公司及上海中国电气公司分别签订报务合同以及购买无线电话机合同,但所订中美无线电报业务同合组公司报务合同②发生冲突;而国际无线电话的设置时机尚未成熟。经中方要求和交涉,1933 年对两项合同加以修订,报务合同的直接通报地点限美国大陆,不再包括夏威夷和菲律宾等地,报费改为双方均摊;购买话机合同原定大电台 1 座、小电台 4 座,共计美金 41 万元,修订为购买小无线电报话两用发射台 3 座,以及自动电报机、各式收音机等部件,共计英金 4.8 万镑。③ 此外,由于中国与英国伦敦之间的电报往来极为频繁,约占中、欧之间电报往来的半数,但无直达电报,极不经济。中国方面有意建设中英之间的直达电路,但英方以订购英国无线电机为先决条件。结果在"中英庚款"项下借款 5 万英镑,购用英国马可尼无线电公司的机件以成其事。该座"中英电台"亦设真如、刘行,1934 年正式投入使用,共耗费英金 5 万镑、国币 43 万元。截至 1936 年,上海同

---

① 购买电台合同,参见王铁崖主编:《中外旧约章汇编》第 3 册,生活·读书·新知三联书店 1962 年版。

② 参见王铁崖主编:《中外旧约章汇编》第 3 册,第 633 页。

③ 《交通年鉴·电政编》,1935 年,交通部总务司 1935 年版,第 416 页;《十年来之中国经济建设》,第三章,南京扶轮日报社 1937 年版,第 11 页。

世界主要大城市之间的直达无线电报都已开通。① 此外,1936 年
2 月还开通上海、东京间的无线电话。

这一时期无线通信的建设和设备情况详见表 4-43。

表 4-43 无线通信设备统计表

1928—1935 年

年份	电台(座)	收报机(部)	发报机(部)
1928	26	65	39
1929	29	108	67
1930	30	95	69
1931	32	101	73
1932	38	120	89
1933	36	123	99
1934	47	154	117
1935	63	207	143

资料来源:金家凤编著:《中国交通之发展及其趋向》,南京正中书局 1937 年版,第
249 页。

这一时期电报业的经营和收益状况,缺乏全面和完整的统计,
有数字显示,有线电报营业量一度有所扩大,但 1931 年后,因东北

---

① 主要国际无线通信的开通时间如下:上海—马尼拉(1929.1.14)、上
海—爪哇(1930.5.7)、上海—旧金山(合组公司,1930.12.6)、上海—柏林
(1931.6.1)、上海—巴黎(1931.2.20)、上海—西贡(1931.7.1)、上海—日内
瓦(1932.2.5)、上海—莫斯科(1933.3.10)、上海—旧金山(马凯公司,
1933.5.19)、上海—伦敦(1934.2.3)、上海—东京(1934.6.1)、上海—罗马
(1935.1.24)、广州—河内(1936.2.10)、天津—东京(1936.6.1)、厦门—马
尼拉(1936.6.1)(《十年来之中国经济建设》,第三章,南京扶轮日报社 1937
年版,第 11 页)。

沦陷和经济危机的打击,营业量大幅下滑。表 4 - 44 反映了
1928—1933 年间的营业状况及其变化。

表 4 - 44　有线电报业务统计表

1928—1933 年

年份	次数	字数
1928	3261905	136562277
1929	3451890	141866884
1930	3600203	155019244
1931	3449381	162519743
1932	3047574	148063609
1933	2868238	133537464

资料来源:国民党政府交通部年鉴编纂委员会编:《交通年鉴·电政编》,1935 年,
交通部总务司 1935 年版,第 86 页。

　　无线电报的营业量,以 1933 年为例,计发报 763359 次,
13318830 字。每度平均 7643 次,133356 字(其中政务电报占
8.7%,加急电报占 2.8%,寻常普通电报占 71.3%,新闻电报占
17.5%,赈务电报占 0.1%)。[①] 各地区比较而言,上海、汉口、天
津、南京、成都、重庆等大的商业和政治中心,业务较为繁忙。

　　电报的经营也取得了一定的效益,至少账面上是有盈余的。
就有线电报而言,1930 年账面盈余达 334.5 万元,1932 年 587.8
万元,1933 年度 393.4 万元。不过实际并非如此。原因之一就是
政府和军方欠款太多。如 1930 年政府欠费 340 万元,1931 年 485 万

---

　　①　国民党政府交通部年鉴编纂委员会编:《交通年鉴·电政编》,1935
年,交通部总务司 1935 年版,第 208 页。

元,1932 年 420 万元,1933 年度 400 多万元。从国民党政府定都南京到 1933 年 3 月底止,政府和军方的欠款高达 2210.65 万元。另一重要原因是巨额的外债负担。1935 年前后,电信外债本息高达 1 亿元以上。此外,腐败成风也制约了电信业的发展。各地的电报局长,多为军阀官僚的亲朋好友,最大的特长就是营私舞弊。[①]

(二)电话

电话包括长途电话和短途(市内)电话。短途(市内)电话在中国出现较早,因架线工程和装机容量可大可小,开办较易,发展较快。虽然其分布和覆盖面只限于主要城镇市区,但线路总长远远超过长途电话,1928—1935 年间相当于后者的 10 倍至 30 倍不等。长途电话由于架线工程较大,又有电报在前,因而出现较晚,直到 20 世纪 30 年代才在部分地区开始初步形成网络。

长途电话与电报同为远程通信的重要工具。中国长途电话始于 1900 年。是年,丹麦人濮尔生在北京、天津、大沽间擅设长途电话,1905 年由清政府给价收回自办。此后,或自行兴办,或接收外人现成设备,长途电话渐多。1913 年,山西开办太原—包头长途电话;1923 年,北京政府接收日本人沿胶济铁路敷设的长途电话;1924 年北京政府交通部创办天津—沈阳长途电话;1925 年架设北京—绥远和江苏江北间铁质长途话线,并在上海—无锡间的有线电报杆上附挂铜线 1 对,用于长途电话。但长途电话发展缓慢,覆盖范围基本限于北方地区。南方地区仅有上海—无锡间的有线电报杆上附挂铜线,以及暂借浙江铁质电报线路用于长途电话,并无专门的长话线。

1927 年国民党上台、建都南京后,政治中心南移,长途电话建

---

① 参见金家凤编著:《中国交通之发展及其趋向》,南京正中书局 1937 年版,第 293—295 页。

设的重点随即转移到南方尤其是江浙地区。继上海—无锡附挂铜线后,1927 年又在南京—无锡间挂设铜线 1 对,实现上海南京间的直达长话通信。因话务繁忙,1928 年又加挂南京—上海和上海—无锡铜线各 1 对,次年投入使用。上海—杭州间的长途话线架设也在 1929 年动工,次年 5 月完工。为充分发挥南京—上海间长途干线功能,又在沿途架设支线,如南京至芜湖,苏州至常熟,苏州至嘉兴等,利用铁线开展长话业务。江苏的江北,以及浙江等地的支线,原来各地小局之间互不连接,加之线路年久失修,通话不畅。1927 年后,经过检修、连接,情况亦有所好转,初步形成网络。这期间北方地区的长途电话建设,除原有线路外,基本上停留在借用电报线路通话的阶段,如山西电政管理局利用太原及榆次、太谷电报支线的空余时间,开放民众长途通话;西北其他省份有 40 多处利用电报线路开展长话业务等。

由于加强了南方地区的架线建设,长途电话线路的分布状况发生重大变化。截至 1931 年,全国主要长话线路共计 7377.77 公里,其中江浙两省达 3353.58 公里,占 45.5%[1],成为全国长话线路最密集、业务最繁忙的地区。

1931 年后,为加强各中心城市的通信联系,同时也为了"围剿"工农革命的军事需要,长途电话建设进一步向江浙以及苏区所在地的湘赣闽、鄂豫皖诸省集中。目的是加强江浙心脏地区同这些省份的联系,保证"围剿"军事指挥的顺畅。长话线路按其区域和功能,分为本省线路和联省线路两类。这一时期建设或联网的联省长途线路主要如南京—汉口、上海—杭州、南京—杭州、汉口—郑州、汉口—长沙、江苏铜山—河南郑县、南昌—长沙、南昌—

---

① 据《十年来之中国经济建设》,第三章,南京扶轮日报社 1937 年版,第 13、14 页有关数据计算。

江山、福州—永嘉、吴县—嘉兴、牡岭—龙溪等线路，都在上述 8 省；这一时期新建或添设、改建的省内线路，如南京—上海、南昌—九江、九江—牡岭、芜湖—屯溪、南昌—广昌、无锡—南通、福州—南平、铜山—浦口也分属 8 省地域。8 省以外的联省线路只有天津—济南、巴县—贵阳两条，都是原有的；省内线路只有北京—天津、青岛—济南、成都—峨眉、乐山—夹江等 4 条①，其中前两条也是原有的，后两条为割据四川的川军所建。这一时期国民党政府新建的长话线路，几乎都在上述 8 省，都与"围剿"工农革命的军事（包括后勤支援）需要有关。也是出于"围剿"革命根据地的需要，1933 年交通部还拟定了委托省政府代办长途电话原则，规定各省可以自办省内长途电话。因此，苏皖赣闽等省，省内长途电话有了较快的发展。在地区分布上，长途电话进一步向经济发展较快的南方各省尤其是上述工农革命活跃的 8 省集中。

短途（市区）电话出现较早。1881 年，上海英商瑞记洋行首先在公共租界内创办华洋德律风公司，为各家商户装设电话。这是中国境内有电话之始。中国自办电话，始于 1900 年南京电报局开办电话 16 号，供各衙署之用。其后，清政府邮传部及民国北京政府交通部陆续创办和接收北京、天津、太原、上海、苏州、武汉、烟台和南京等地电话。到 1927 年，国民党政府交通部管辖的市区电话有 17 处，装机约 4.8 万余部。

进入 20 世纪，西方电信技术飞速发展，电话设备更新换代。1927 年，上海租界已淘汰手摇式电话，改装旋转式拨号电话，号码达五位数，装机容量大增。为了自身通信的需要，国民党政府开始重视市内电话的建设，并加强了对民营电话的控制。对原有部辖电话，加以维

① 国民党中央党部国民经济计划委员会编：《十年来之中国经济建设》，第三章，南京扶轮日报社 1937 年版，第 13、14 页。

修和设备更新,不过新办的不多,主要还是接收原有的地方公营或民营电话。据统计,新办的电话只有 9 处,接收地方公营和民营电话达 11 处。[①] 而且新办的多是县城或市镇,规模和装机容量极小,而接收的大部分是省城或口岸,规模、装机容量或发展潜力较大。到 1936 年 6 月,交通部办电话增至 36 处,装机容量 7.3 万号。[②] 但东北地区的吉林、长春和洮南 3 处部办电话,早已沦入敌手。

除了交通部部属电话局外,各地尚有省办公营电话和民营电话。据统计,1933 年度各地有公营电话局 18 家,大部分集中在浙江;另有民营电话公司 58 家。[③]

这一时期全国市内和长途电话规模、设备及其变化详见表 4 -45。

表 4 - 45　全国市内和长途电话设备统计表

1928—1935 年

年份	市内电话			长途电话	
	局所（处）	线路长度（公里）	装机容量（部）	通话处所（处）	线路长度（公里）
1928	17	237524	52187		6564

① 新办的 9 处为河南洛阳,山西榆次、大同,陕西潼关,山东龙口,江苏东台、新浦和灌云,江西赣县等。接收的 11 处为青岛、成都市办电话,原威海卫租借地电话,南昌、安阳、宜昌、铜山商办电话,兰州、西安、长沙省办电话,贵阳军办省营电话等(参见《十年来之中国经济建设》,第三章,南京扶轮日报社 1937 年版,第 14—16 页)。

② 国民党中央党部国民经济计划委员会编:《十年来之中国经济建设》,第三章,南京扶轮日报社 1937 年版,第 2 页。

③ 《交通年鉴·电政编》,1935 年,交通部总务司 1935 年版,第 333—336 页。

续表

年份	市内电话			长途电话	
	局所（处）	线路长度（公里）	装机容量（部）	通话处所（处）	线路长度（公里）
1929	17	227502	52683		7579
1930	18	234472	55672		7716
1931	18	249816	56092	225	7956
1932	19	240736	56108	263	9303
1933	19	217117	60010	388	14863
1934	22	289850	66049	902	27801
1935	29	299820	68975	1082	28573

　　资料来源:金家凤编著:《中国交通之发展及其趋向》,南京正中书局1937年版,第250、251页。

　　如表4－45所示,1928—1935年间,市内和长途电话虽然有所发展,线路和设备有所增加,但幅度微小。而且有一种奇怪的现象:市内电话的局所由1928年的17处增至1935年的29处,增幅达70.6%,但线路由23.7万余公里增至30万公里,增幅仅26%。这是由于新的局所几乎全在县城或市镇,局所规模和装机容量极小。长途电话线路由6564公里增至1935年的28573公里,通话处所由1931年的225处增至1935年的1082处,增幅分别达335%和357%,而装机容量由1928年的52187台增至1935年的68975台,增幅仅32%。这是由于新增长途电话的主要目的是为了"围剿"苏区的需要,并非商用和民用,故新增线路长而话机少。这就是这一时期电话通信业建设、发展的实质和特征。

　　为了加强和规范对电话通信的管理,以及对民营电信业的控制,国民党政府按长途和市内电话分别设立相关的职能机构,制定章程、规则。1933年,交通部将原长途电话话务管理处扩大为6省长途电话管理处,管理江苏、浙江、河南、河北、安徽和山东等6省部办长途电话。其余各省部办长途电话,归各省电政管理局兼理。市内电话设电话局管理。1929年交通部颁布电话局章程,局分4等,各设局长1人,装机容量不满500号的称为支局,管理各地市内电话和乡村电话,设主任1人,由电话技术员充任。同年还颁布电气事业取缔条例和民有电气事业执照规则,规定开办民营电话,必须呈准交通部立案。

为扩大和规范营业服务,交通部也采取了一些措施。除前述报话营业处和代办处推行电报电话合并营业外,交通部还公布长途电话营业通则,改变了原来各地自立营业章程、办法分歧的局面。1935年又颁布《长途电话营业规则》和《市内电话营业规则》。为了解决长话与市区电话的连接问题,交通部规定部办长话与部办或商办市区电话需签订接线合同,方便市区电话直接接通长话。[1] 交通部还采取措施,诸如在各邮局设置公共电话;利用电话收发电报;电话号码代替电报收报人地址;重订表册,编制号码簿等,上海电话公司还为用户提供标准时间,以推动市区电话的营业服务。

经营和收支状况,长途电话和市内电话互有差异。从营业规模看,1933年度部办长话共通话246.9万次。虽然次数不多,但因线路、线条有限,通话应已很繁密。从地区看,以河北通话次数最多,其次为江苏、浙江、山东、河南等省。[2] 市内电话营业,1933年6月部办电话用户43286户,1934年6月增加到45884户。[3] 营业收益方面,部办长途电话除去江西、湖南和陕西,关内地区

---

① 《交通年鉴·电政编》,1935年,交通部总务司1935年版,第360页。

② 《交通年鉴·电政编》,1935年,第352页。

③ 《交通年鉴·电政编》,1935年,第330页。

1933 年度的收入为 72.8 万余元,支出 38.9 万余元,资本支出 2.4 万余元,归还债务 3 万余元,尚有盈余 28 万余元。[①] 1933 年度部办市内电话的收入为 536 万余元,支出 29.8 万余元,资本支出 30.9 万余元,尚有盈余 40 万余元。[②] 1935 年起,各地业务较简单的市内电话局,多与电报局合并,以便节省经费。

不过,这些都只是账面数字,实际情况并非如此。和电报局一样,电话局也一直为用户欠费所困扰。虽然交通部于 1932 年制定整理办法,要求各局认真征收,并重新制定用户清册、话费统计表、月租及长途欠费表、装机和移机收费表、撤机退费表等,要求各局一律填造,以减少欠费的发生,但收效甚微。截至 1934 年 6 月底,累计拖欠月租费 25 万余元;接近九成的欠费毫无着落。

综合起来,电报与电话的经营,也取得一定的经济效益,详见表 4-46:

表 4-46 电报和电话盈余统计表
1912—1933 年

年份	收入(元)	支出(元)	盈余(元)
1912	5966719	4012451	1954268
1921	9430906	6001960	3428946
1928	17942635	13990011	3952624
1933	23768611	19834545	3934066

资料来源:金家凤编著:《中国交通之发展及其趋向》,第 290—293 页。

但如前所述,这些都是账面数字,实际情况并非如此。无偿征

---

① 《交通年鉴·电政编》,1935 年,交通部总务司 1935 年版,第 361 页。

② 《交通年鉴·电政编》,1935 年,第 331 页。

用、拖欠租费以及贪污腐败是这一时期铁路、轮船等交通运输业和邮政、电报、电话等公用事业的痼疾,它吮吸着这些公用行业员工的心血,扼杀和窒息了这些行业的内在活力,成为这些行业发展扩大的严重障碍。

第 五 章

对外贸易、外国投资和国际收支

1927—1937 年中外经济关系可谓处于多事之秋,主要受以下因素影响:

第一,国民党政府成立后,中国为争取关税自主所进行的不懈努力终获成效。国民党政府据此一再修订关税税则,增加了进口商品的税率;减少或免除了部分出口商品关税,以提高国产工业品的竞争力,并奖励外销工业,组织直接对外贸易等。国民党政府还大借外债用于军备和铁路建设。进口税率提高后日货走私之风日益加炽。

第二,20 世纪 30 年代初资本主义世界经济危机爆发,世界银价剧烈波动,作为世界上唯一用银本位的大国,中国对外汇率及国际收支诸项都受到极大影响。美国政府为摆脱危机,先后颁布《银购入法》和《白银法案》,世界市场银价猛涨,中国白银潮水般地流出国外,使得中国国内银根骤紧,引发"白银风潮",国民党政府不得不放弃银本位,实施币制改革,推行"法币政策"。

第三,1931 年 9 月 18 日,日本帝国主义发动突然袭击,侵占中国重要出口商品产地东北三省,给中国造成极大损害。中国出口贸易,特别是农产品的出口受到沉重打击。

同时,西方资本主义各国为了摆脱经济危机,纷纷实行输入贸易统制政策,限制进口,对农产品限制更严,而中国出口商品以农产品及其制成品为主,因此出口贸易急剧衰落。1935、1936 两年,由于世界经济逐渐复苏,中国农业又逢丰年,出口才稍有增加。进口贸易方面,由于从1932年起,世界经济危机波及中国,再加上国民党连年发动内战,人民生命财产受到严重损失,社会购买力下降,对进口货物的需求锐减,进口值连年下降,到1936年进口值有所上升。在经济危机期间,资本主义世界经济发展不平衡加剧,中国进出口贸易国别结构亦随之发生变化。由于在世界经济危机中各国高筑关税壁垒,中国出口大降;再加上民国时期作为中国外贸唯一出超地区的东北被日本侵占,中国贸易逆差愈益扩大,1933年逆差已接近当年出口贸易总额,成为当时朝野关注的大问题。

由于东北沦陷,世界经济危机等影响,外国企业投资大减,中国资本外逃也成为人们关注的问题。与巨额贸易逆差相联系,现金流出扩大,1932—1936年五年间,流往国外的金银净值共计近10亿海关两。金银大量外流,中国国际收支在更加恶化。

第一节 关税和对外贸易

民国时期,全国各地反帝爱国运动不断高涨。在这一大背景下,争取关税自主虽历经坎坷,仍是中国朝野共同奋斗的重要目标。国民党政府建立全国统治后,基本收回关税主权,实施国定税则推动了对外贸易发展。国民党政府执政的最初几年,中国对外贸易总的来说尚属平缓增长,但日本货走私之风日盛,日本侵占东北并威胁、蚕食华北后,华北日货走私更成为国际关系大问题。

20世纪30年代初,世界经济危机、日本侵占中国东北、中国农村经济萧条等因素的综合作用,使得中国出口贸易很快转衰,进口值也连年下降,贸易逆差迅速扩大,贸易平衡状况恶化。中国贸易条件也在恶化。经济危机中资本主义各国发展不平衡状况加剧,导致中国外贸对象国别结构发生较大变化。

一、收回关税主权的抗争

鸦片战争后,资本主义列强用武力打开中国大门,随着1842、1843、1844、1858年一系列不平等条约的相继签订,中国关税主权被破坏的程度不断加深,片面协定关税制度形成,中国进出口实际税率随之发生了一系列有利于西方国家的变化。甲午战争后,特别是进入20世纪和辛亥革命前后,帝国主义侵略势力加速扩张,中国民族危机空前深重。同时,国内资本主义工矿业和商业有所发展,民族资产阶级开始形成、壮大,各阶层民众日益觉醒,全国各地反帝爱国运动彼伏此起,不断高涨。在这种条件下,中国朝野为收回关税主权进行的"拉锯式"抗争,开始取得成果,至20世纪30年代初,终于部分实现了关税自主。

(一)协定关税制度的片面性

关税自主权是一个独立国家主权的重要组成部分。鸦片战争后列强强加给中国的"协定关税"制度是对中国主权和国家利益的严重侵犯。"协定关税"制度有明显的片面性,主要表现为两点:一是非互惠性。中国对英、法、美等国输入的货物,降低税率,为其输入和低价倾销提供条件,而英、美、法等国并未以降低税率回报,英、法、美等缔约国享受"片面最惠国待遇",而其他列强及依附列强各国,则按照"利益均等"、"一体均沾"的殖民主义逻辑,亦得享受英、法、美等缔约国的特权,中国只得任人鱼肉。二是非自主性。这又包括两个方面:其一,被迫接受。中英《江宁条约》、中美《望厦条约》、中法《黄埔条约》等不平等条约中所载,税则的制定须待"议定",税则的修改,须待"议允"。这种"议定"、"议允"实质是西方列强单方面的强制。其二,不得单方面修改或废止。1858 年中英《天津条约》曾规定以十年为期,届满双方可以提出修约。[①] 实际上,列强可以凭借武力提出和达到其修约要求,例如第二次鸦片战争前列强提出"修约"要求,并在 1858 年和 1860年强迫清政府订立中外《天津条约》与《北京条约》达到目的;而中国则很难提出和达到修约要求。由于中国的积贫积弱,实际上就连要求合理修约的权利都被剥夺。所谓"十年一改"的修约权利对中国而言实际并不存在。[②]

关税税率方面,1842 年中英《江宁条约》即将进口货税率钉死在"值百抽五",亦即 5% 的极低水平。进出口货税名义上从价计征,在实际操作时为了减少对每项货物作货价调查或估价的麻烦,税则表中对绝大多数商品都采用每单位纳税若干的办法,变成了从量计征。西方列强当物价下降时就要求改订税则,而当物价上涨时却不同意改订。19 世纪后期物价上涨成为主要趋势,货价上升而税额未变,许多商品实征税率实际上并不及 5%,中方又不得不为"切实值百抽五"而与西方列强进行艰难的谈判。直到 1902年,清政府需向列强偿付空前巨额的"庚子赔款",而国库空虚,列强为了使"赔款"较为有保障,才同意修订税则。[③] 但实际上 1902年的税则,实征税率仍不到 5%;此后物价继续上涨,实征税率还在下降。随着时间的推移和中外贸易的增长,中国既在关税税收方面遭受越来越大的损失,更因失去关税保护而使民族工商业和全国国民经济的正常生存与发展受到严重阻碍。

---

① 1858 年中法天津条约第 27 款规定税则"每七年校订一次",实际上 19 世纪后 40 年税则基本上未修订过。

② 参见王国平:《论近代中国的协定税则》,《江海学刊》2003 年第 3 期。

③ 详见[英]莱特:《中国关税沿革史》,姚曾廙译,第三、四、五章,商务印书馆 1958 年版。

（二）四个国际会议与中国关税问题

1. 1918 年修订税则的会议

第一次世界大战的爆发和北洋政府的参战取向,对中国修改税则、收回关税自主权的斗争产生了微妙的影响。大战爆发后,北洋政府在内部经过多次争议,1917 年决定中国加入协约国集团方面参战。为此,中国外交总长伍廷芳向各协约国公使递交了一件备忘录,并要求修订关税税则,将进口税率提高到切实"值百抽七点五"的标准,在中国裁撤厘金后将标准提高到切实"值百抽十二点五"。作为对中国参战的回报,协约国集团答应修订进口税则,但是只同意将税率提高到切实"值百抽五"的水平。[①] 从 1918 年 1 月起, 由英、美、法、日等 13 国代表组成的修改进口税则委员会, 在上海开会集体谈判, 历时近 1 年。在谈判中讨论关于修订税则的依据时, 日本代表团主张以海关关册所载 1911—1916 年间的平均物价为标准, 美国代表团主张以 1912—1917 年间的货价平均值（不专以关册为准）, 英国代表团则主张以 1911—1913 年, 即战前三年的货物平均值为准。列强间争吵不休, 最后北洋政府代表不得不同意以 1912—1916 年间的货价平均值为准,参照海关关册所载价格及其他适用之凭证,切实"值百抽五"的原则对进口税则进行修订。[②] 新的改订后实征税率仍不及 5% （详见表 5 - 1）。

---

① ［英］莱特:《中国关税沿革史》,姚曾廙译,商务印书馆 1958 年版,第 418、419 页。

② 详见［英］莱特:《中国关税沿革史》,姚曾廙译,商务印书馆 1958 年版,第 422、423 页。

表 5 – 1 若干主要进口货税率水准变动（从价%）

进口货	本色市布	漂白市布	洋标布	印度棉纱	日本棉纱	棉花	马口铁
A1	5.03	2.62	3.98	2.85	2.81	2.17	6.43
A2	3.15	3.53	3.48	3.87	3.81	3.71	4.66
B1	1.68	2.06	2.05	2.02	1.96	2.34	2.59
B2	3.06	3.21	2.52	2.73	2.64	3.12	3.49
C1		2.92	2.32	2.68	2.19	2.38	2.59
C2		4.56	3.78	5.44	4.45	4.25	4.91

说明：A1 按 1902—1906 年平均价格计算，1858 年旧征税率。
　　　A2 按 1902—1906 年平均价格计算，1902 年新订税率。
　　　B1 按 1917—1921 年平均价格计算，1902 年旧征税率。
　　　B2 按 1917—1921 年平均价格计算，1918 年新订税率。
　　　C1 按 1922—1926 年平均价格计算，1918 年旧征税率。
　　　C2 按 1922—1926 年平均价格计算，1922 年新订税率。
资料来源：据严中平等：《中国近代经济史统计资料选辑》，科学出版社 1955 年版，
　第 60 页表 3 改编。

　　大战期间，中国利用对德宣战之机，曾进行过一次部分关税自主的尝试，即对交战国及无条约国提高关税。1917 年 12 月 25 日，北洋政府宣布向无约国进口商品征收普通关税，征税标准为：奢侈品，30%—100%；无益品，20%—30%；资用品，10%—20%；必需品，5—10%。尽管这一税率并未触及英、美、法、日、意等帝国主义列强的利益，但是它们仍然寻找借口抵制，使得中国这次关税自主尝试，"简直就像一个发育不全的半死婴儿一样，不受北京外交保育院的欢迎"[①]，结果无疾而终。

　　2."巴黎和会"与中国关税自主

---

　　① 详见[英]莱特：《中国关税沿革史》，姚曾廙译，商务印书馆 1958 年版，第 430、431 页。

1918年第一次世界大战的结束,给中国收回关税自主权的斗争提供了新的有利条件。是年11月协约国集团战胜,中国成为第一次世界大战的战胜国之一。大战结束后,西方资本主义国家为了重新确立战后的世界秩序,议定于1919年召开巴黎和会。中国以著名实业家张謇为代表的许多朝野人士认为,巴黎和会的召开是中国争取关税自主的大好时机。张謇于1918年12月1日致电北洋政府外交总长陆徵祥,强调:"惟税法为从前错误,受极不平等之协定拘束,国家无自由制定税法之权,商民受万劫不伸之害。商界公议,以所闻于报纸传述者,不过求增加税率,稍裕收入而已;在国犹非根本之计,在民宁为切要所关?众意此次非常会议与寻常改约之举不同;根本改正,在从世界国际通例,改协定税为国定税,平等待遇,方为自主国家体统,万不可支支节节,苟且求多于协定范围之内,此为全国商民所迫切祈祷,将有万众同声吁政府主持之请愿。"①张謇希望北洋政府不要满足于增加一些关税收入,而是要争取关税自主权。

张謇还与朱葆三等工商界人士于1918年12月成立"主张国际税法平等会",并在《申报》上发表题为《主张国际税法平等会集会缘起》的启事,指出:"国际通商之有关税,凡自主之国,必有自定税则之权,是之谓国定税。惟东亚通商,从前昧于国际之关系,谬以税则附入条约之内,遂成不自由之协定税。各国税皆国定,独我国受协定之限制,是之谓不平等。由是国家阙自主之权,国民无争存之道。八十年前,谋国者之错误,种成永久之恶因,可谓惨矣。……以全国商人所痛苦者,莫如国际税法之不平等",历数协定关税制度对中国主权的损害,主张工商实业界人士应当对中国所受不平等待遇的状况,申诉于即将召开的战后和平会议,呼吁

① 《张謇全集》第1卷,江苏古籍出版社1994年版,第377页。

"凡我会中无论业进口之商人,业出口之商人,皆一致为我国家争体统,为我自身争人格"。① 张謇等人的主张得到了各地总商会、省议会的广泛响应,纷纷通电赞成,其中北京总商会通电疾呼:"我国自开海禁,凡属外交,无不失败,但其事属于一部或一时者,尚有补救余地。独关税一事,全由各国协定,我国毫无主权,是直全国四万万人民子孙永久之痛苦。若不设法解除,将条约税法,改为世界平等税法,将日就贫弱,不仅有亡国之惨,实有灭种之痛。"②其他各地总商会等也都积极响应。③ 主张国际税法平等会还推举代表向北洋政府请愿,并致电大总统和国务院,称"謇等在商言商,以请改协定税为国定税为自救之第一义"。④ 北洋政府称张謇的"卓见","与议和筹备处历次讨论之旨相同",表示政府代表"当相机进行",但不同意以平等会名义派出代表二人参加和会代表团一事。⑤

　　主张国际税法平等会也向巴黎和会发出公电,历述协定关税制度给中国带来的种种危害及历次修改税则之情形,谓中国实已丧失了关税自主之权利,致使中国各项事业无由发展。此种情形,"不特阻碍中国之发展,且于经济政治上殃及全球,故今日实不能复听其存在。吾人敢请协约各国政府舍弃其条约上之权利,恢复中国财政上之自主权利,使得与协约及其他,各享同等之利益。庶吾国能振兴实业制造,发展天然物利,更能畅销世界之货物,并协

① 《主张国际税法平等会集会缘起》,《申报》1918 年 12 月 6 日。
② 《北京总商会请改税法之公电》,《申报》1918 年 12 月 12 日。
③ 参见《申报》1918 年 12 月 11—31 日有关电文;《中国关税沿革史》,第 429 页。
④ 《张謇全集》第 1 卷,江苏古籍出版社 1994 年版,第 378 页。
⑤ 《陆徵祥覆张季直电》,《申报》1918 年 12 月 10 日;《国务院覆税法平等会电》,《申报》1919 年 1 月 11 日。

力增进人类之文明进化焉"。①

1919年1月,中国朝野都抱有很大期望的巴黎和会召开。尽管当时国内舆论的主流是希望通过和会收回中国在山东的权利和取消"二十一条",但主张国际税法平等会争取关税自主的要求同样得到了广泛支持。在全国人民舆论的压力下,中国代表团向和会提交了《中国希望条件说帖》,正式提出了中国希望废除的外人在华特权,其中包括撤销领事裁判权和恢复关税自主权等;对于中国关税问题的解决办法,中国代表提议:"请宣言由中国与各国商定时期。此时期届满时,中国得自行改订关税。又在此时期内,中国得自由与各国商定关税,交换协约时并得区别必要品与奢侈品之税则。其必要品之税率,不得轻于百分之一二点五。在未订此项协约之前,先于1921年起废止现行规则,中国允于新协约订立后废止厘金。"②然而,巴黎和会完全被英、美、法、意、日列强操纵,对中国有关关税自主的要求,美国总统威尔逊虽然表示从道义上予以支持,但认为和会不是讨论这些问题的合适场所;法英首脑的态度则更为消极。5月14日,和会最高会议复函中国代表团,表示"承认此项问题之重要,但不能认为在和平会议权限以内",将其置于会程之外。③

弱国无外交,包括争取关税自主在内的各项正义要求,全部遭到和会拒绝。这一事件极大地激怒了全国民众,1919年"五四"爱

---

① 《主张国际税法平等会致巴黎和会电》,《申报》1919年1月19日;《张謇全集》第1卷,江苏古籍出版社1994年版,第385—387页。

② 《中国代表提出希望条件说帖》,见中国社会科学院近代史研究所《近代史资料》编辑室编:《秘笈录存》,中国社会科学出版社1984年版,第179—181页。

③ 王建朗:《中国废除不平等条约的历史考察》,《历史研究》1997年第5期。

国运动爆发,声势浩大。青年学生提出"外争国权,内惩国贼","拒绝和约签字","废除二十一条"等口号,坚决反对帝国主义的巴黎分赃会议。不久,反对帝国主义,废除不平等条约,成为全国工人和市民等广大民众的一致呼声。

3."华盛顿会议"与中国关税自主

1921年11月华盛顿会议召开前,提出争取关税自主、废除不平等条约,再次成为国内各界人士和社会舆论关注的焦点。从这年7月开始,《上海总商会月报》连续刊载邓峙冰的《关税改正问题》,文章强调改正关税是中国财政经济发展的一大关键,主张关税改正具体方案"宜内察国民经济之状况,外审国际贸易之趋势,缔结对等条约,尊重互惠主义"①;《申报》发表的《关税自主问题》一文,历陈协定关税制度对世界和平与发展的影响及其对中国财经、政治的损害,呼吁"为增进中国,改良世界计,此片面之条约义务,自当铲除"②;上海商会联合会与教育界同仁召开联合会议,发表对外宣言,主张"取消片面协定关税条约,使中国关税得国际间之平等"。③迫于舆论压力,北洋政府训示中国代表将恢复关税自主权作为会议提案的一部分。

1921年11月,华盛顿会议召开,中国代表顾维钧在会上再次提出关税自主案,并发表《对于中国关税问题之宣言》,中国代表团还提出了撤废领事裁判权、撤退没有条约依据的驻华军警、退还租借地、取消外国在华邮局等提案。对中国的这些要求,会议花相当时间进行了讨论,通过了一系列有关中国问题的条约。作为核心条约的中、美、比、英、法、意、日、荷、葡九国《公约》的第一条即

① 《上海总商会月报》第1卷有关各期。

② 通一:《关税自主问题》,《申报》1921年10月2日。

③ 《商教联合会会议宣言》,《申报》1921年10月16日。

明确宣示,各国须"尊重中国之主权与独立暨领土与行政之完整"。[1] 但在涉及具体特权的问题上,会议取得的进展很有限,中国在华盛顿会议上取得的唯一实质性成果是取消外国在华邮局。[2] 在讨论中国关税问题时,各国动辄以中国裁厘相挟制;当英帝国代表提议将中国进口税率提高到"值百抽七点五"的标准时,日本代表坚决反对,认为"这会对于日本贸易和工业发生不公平的影响",日方承认现行税率只不过大约"值百抽三点五",日方愿意应许作一次税则修订,把税率提高到切实"值百抽五"。[3] 会议最后通过的《关于中国关税税则之条约》,未提中国关税自主问题,仅允许中国将进口关税税率增至切实"值百抽五",并决定在三个月内另行召开一个特别会议,讨论废除厘金和征收附加税问题。[4] 中国争取关税自主权的努力,又一次宣告失败。1922年,按《关于中国关税税则之条约》规定,各国代表在上海讨论具体修订进口各货税则,但是1922年9月28日改订的税则仍未达到切实"值百抽五"的水平(见表5-1)。

4. 关税特别会议

在北洋政府与列强间的修约交涉举步维艰之时,中国政治舞台上又崛起了两股生气勃勃的政治力量,这就是1921年诞生的中国共产党及通过改组而获得新生的中国国民党。这两股政治势力

---

① 王铁崖编:《中外旧约章汇编》第3册,三联书店1962年版,第218页。

② 王建朗:《中国废除不平等条约的历史考察》,《历史研究》1997年第5期。

③ 详见[英]莱特:《中国关税沿革史》,姚曾廙译,商务印书馆1958年版,第432—436页。

④ 王铁崖编:《中外旧约章汇编》第3册,三联书店1962年版,第220—222页。

的结合,在中国形成了一支强大的反帝废约力量。1923年召开的中国共产党第三次全国代表大会,明确地提出取消列强与中国所订一切不平等条约的纲领。屡经挫折的中国国民党对列强的认识也有所变化,决心采行联俄联共政策。1924年1月,国共两党合作,共同确立了废除不平等条约的政纲。两党认为,北洋政府是帝国主义的附庸,只有推翻北洋军阀统治,中国才能摆脱外人的控制,走上独立和富强之路。因此,国共两党决定合力北伐。

　　1925年5月,"五卅"惨案发生,激起全国反帝运动热潮,"废除不平等条约"、"打倒帝国主义"成为全国人民的一致呼声,同时将争取关税自主运动推向了高潮。在要求废除不平等条约的舆论压力下,北洋政府决定顺应形势,利用民气,发起"修约"运动,希望通过修改不平等条约来提高其国际地位,并改善其在国内的处境。6月24日,北洋政府向各国驻华公使团提交要求修改不平等条约的照会。① 社会舆论对此十分关注,全国商联会评议会1925年8月15日议决关于关税问题三项,9月7日,又致电外交部,务请政府达到关税自主之目的。② "五卅"运动也给予西方社会以很大影响,如美国参议院外交委员会主席博拉(William E. Borah)指出,像上海那样"开枪把人打倒,看着一个民族像挨鞭子的奴隶那样屈服,这样的时代已经一去不复返了"③;美国国内舆论要求承认中国关税自主等呼声很高。

　　1925年10月26日,关税特别会议在北京召开,除签署华盛顿条约的中、美、比、英、法、意、日、荷、葡九国外,还有丹麦、挪威、

---

① 王建朗:《中国废除不平等条约的历史考察》,《历史研究》1997年5期。

② 贾中福:《试论关税特别会议前后的商人社团——兼及商人社团与政府之间的关系》,《贵州社会科学》2006年9月。

③ 仇华飞:《美国与中国关税自主》,《民国档案》2002年第1期。

西班牙和瑞典等国代表参加。中国代表王正廷提出关税"自主提案",其要点有:"一、与议各国向中国政府正式声明,尊重关税自主,并承认解除现行条约中关于关税之一切束缚。二、中国政府允将裁废厘金与《国定关税定率条例》同时实行,但至迟不过民国十八年(1929年)一月一日。三、在未实行国定税则条例以前,中国海关税则照现行之值百抽五外,普通品加征值百抽五之临时附加税,甲种奢侈品(即烟酒)加征值百抽三十之临时附加税,乙种奢侈品加征值百抽二十之临时附加税。四、前项临时附加税应自条约签字之日起,三个月后,即行开始征收。五、关于前四项问题,应于条约签字之日起立即发生效力。"①列强代表表示应在华盛顿会议九国条约范围内讨论关税问题,日本代表特别提出根据1922年九国条约规定,本会议的主要业务是:(1)设法筹备从速废除厘金,(2)考量在裁撤厘金之前的过渡办法,并允准按值百抽二点五的一般税率征收附加税,唯对某种奢侈品,得将该项税率提高到不超过值百抽五。日方强调如果要对这些条件作任何更动,都势必先要修正《华盛顿条约》的条款不可。② 这次会议开始,列强就基本定下了会议基调,即不能超出华盛顿会议条约范围谈判关税自主问题。

在关税特别会议讨论过程中,列强代表一再以裁厘等问题刁难中国,反复强调必须在九国条约的框架内讨论关税自主问题。在此情形下,中国各界舆论开始抨击列强,同时向段祺瑞执政府施加压力,以督促其采取强硬立场。例如,全国商联会召开关税问题

---

① [英]莱特:《中国关税沿革史》,姚曾廙译,商务印书馆1958年版,第460—461页。

② [英]莱特:《中国关税沿革史》,姚曾廙译,商务印书馆1958年版,第461页。

临时大会,发表宣言指出:"我全国商界所主张者,关税自主,总以获得吾国关税完全自主为目的",表示"不论如何牺牲,宜据理力争到底"①;全国学生总会、上海学生联合会、上海各界妇女联合会在《申报》刊登启事,坚持关税自主;在会议召开地北京,广大民众积极行动,形成了声势浩大的关税自主运动,北京各校沪案后援会、北京学生联合会、北京国民外交代表团等团体召集各学校团体于会议开幕之日在新华门举行示威运动,"人数达五万人之多"。北京大学教授甚至警告中国关会代表,要求他们不达关税自主目的立即辞职,否则"曹汝霖、章宗祥可为殷鉴"。② 面对社会舆论的巨大压力,段祺瑞执政府为保有其统治的合法性,在谈判中态度变得强硬起来。美国亦支持中国关税自主,但要求以废除厘金及有关国内税为前提。③ 到11月19日,列强在关于中国关税自主的条文中,基本上都接受了中国的主张,其主要内容是:各国承认中国享有关税自主权利,允许解除各国与中国之间各项条约中对于关税上的束缚,并允许中国国定关税条例于 1929 年 1 月 1 日生效;而中国则声明同时将厘金切实裁竣等。④ 这显然是一个妥协的结果,所以

---

① 贾中福:《试论关税特别会议前后的商人社团——兼及商人社团与政府之间的关系》,《贵州社会科学》2006 年第 5 期。

② 杨红林:《朝野纠葛:北京政府时期的舆论与外交——以关税特别会议为个案的考察》,《史学月刊》2005 年第 12 期。

③ [美]威罗贝:《外国人在华特权和利益》,王绍坊译,生活·读书·新知三联书店 1957 年版,第 512 页。

④ 《关于关税自主之条文》,《外交公报》第五十四期;*The American Delegation to the Secretary of State*,FRUS,1926,Vol. 1,pp. 788 - 789. ;程道德等编:《中华民国外交史资料选编(1919—1931)》,北京大学出版社 1985 年版,第 256 页。

该决议一经通过后,马上又遭到中国社会舆论激烈批评。①

1926 年,在军阀混战、政局不稳的情况下,关税特别会议中国代表为自身安全,陆续离京;而列强代表亦借题发挥,或不出席会议,或乘间归国。1926 年 4 月 19 日段祺瑞正式通电下野,至此关税特别会议仅存其名而无其实。5 月 11 日,"关税会议委员会"发表通电,对各界报告"会议因之无形停顿",关税特别会议不了了之。虽然如此,1925 年 11 月 19 日决议案还是"为以后国民党政府最终实现关税自主打下了基础"。②

(三)以个别谈判方式争取关税自主

1. 国民党政府开征二五附税及相关反应

在关税特别会议谈判后期时,中国国内政局发生剧烈变动,谁能代表中国政府? 这已成为列强要面临的大问题。

1926 年 7 月,国民革命军从广东出师北伐,在国共合作及全国民众支持下连战连捷。国民党政府乘胜出击,先后在广州等地以"特别税"和"内地税"名义自行开征华盛顿会议所允诺的 2.5% 税率的附加税(简称"二五附税")。

对此,列强迅即提出抗议。但是面对中国高涨的民族主义风潮,美国政府否定了"与英日讨论海军示威或采取其他强有力措施"的建议,而只提抗议。③ 随着北伐军的节节胜利,英国当局开

---

① 杨红林:《朝野纠葛:北京政府时期的舆论与外交——以关税特别会议为个案的考察》,《史学月刊》2005 年第 12 期。

② 王建朗:《中国废除不平等条约的历史考察》,《历史研究》1997 年第 5 期。

③ 《美国对外关系文件》,1926 年第 1 卷,第 871、885—886 页。转引自王立新:《华盛顿体系与中国国民革命:二十年代中美关系新探》,《历史研究》2001 年第 2 期。

始调整对待南方政权的态度,于 1926 年 12 月 18 日提出了《对华新政策备忘录》,声称"北京政府权威渐至低减,殆及于无",而"广州有一强健国民党政府","同时有具有大力期图中国于列邦间谋一平等地位之国民运动发生",故要求各国"以体贴及谅解"对待"此项运动"。① 1927 年 1 月 4 日,美国众议院外交委员会主席波特(Stephen G. Porter)提交一份议案,要求总统适时地与中国能够代表全体中国人民发言的政府代表进行谈判,要求美国政府不得参与同其他列强的对中国联合行动,并要求"美国与中国谈判签订新的条约,以代替以往中美间不平等条约"。由于美国民众支持波特议案的呼声很高,所以议案通过时众院几乎没有人投反对票。由于分歧严重,列强无法采取一致行动,实际上使列强对华协调一致原则遭到重挫,这样也撬开了以后国民党政府改用各个击破策略的门缝。

此时北京政府财政极为困窘,于是顾维钧内阁也仿效南方政府,于 1927 年 1 月 12 日通过征收二五附税令,并决定"明令发表"关于恢复关税自主权、催开关税特别会议及征收附加税的三项大总统令。日本反对此举,并派人游说美、英等国,但是美国国务卿凯洛格(Frank B. Kellogg)于 1927 年 1 月 27 日正式发表对华政策宣言,表示"美国无时不欲使中国统一、独立与兴盛",愿将美国"对华条约所规定的关税支配与治外法权从速解除",美国"愿意同能够代表中国或能为中国发言的任何政府或任何代表机构进行商谈,不仅使华盛顿条约所定的二五附加税得以实行,而且恢复中国完全关税自主"。②

---

① 程道德等编:《中华民国外交史资料选编(1919—1931)》,北京大学出版社 1985 年版,第 363—366 页。

② 仇华飞:《美国与中国关税自主》,《民国档案》2002 年第 1 期。

担任中国海关总税务司长达 16 年,被称之为北洋政府"太上财政总长"的英国人安格联(Francis Aglen)因不服从北京政府征税指令,于 1 月 31 日被顾维钧内阁罢免,其职由另一英国人易纨士(A. H. F. Edwards)暂代。当驻北京的各国公使为此联袂赴外交部抗议时,顾维钧以"这是中国政府内部的事务"来驳斥外国公使团,反映了中国收回海关行政权的意向。曾经不可一世的列强侵华势力代表安格联突然下台,这在当时世界是一种异常的"震撼"。造成这一"震撼"的"并不是北洋政府一纸命令的力量,真正的力量来自于当时中国人民革命如火如荼的兴起"。①

2. 南京政府的试探

蒋介石于 1927 年发动"四一二"反革命政变之后,于 4 月 18 日成立了南京国民党政府。蒋介石集团为捞取政治资本、笼络人心,使其政权正统化、合法化,仍继续打着国民党"一大"对外宣言所确立的废除一切不平等条约的旗帜,开展了以争取关税自主、废除列强在华领事裁判权为中心内容的"改订新约"外交活动。5 月 11 日,南京国民党政府外交部长伍朝枢发表《国民党政府将采取正当手续废除一切不平等条约之宣言》,并决定先从废除协定关税入手,于 7 月 20 日发布关税自主布告,宣布自该年 9 月 1 日起,将江苏、安徽、浙江、福建、广东、广西 6 省境内的各种通过税,全部裁撤,同时宣告关税自主,将进口货物改照国定税率征税。同日,南京国民党政府公布了与此相关的法规,如《裁撤国内通过税条例》、《国定进口关税暂行条例》等。因上述措施和政策、条例受到各国的抵制,南京国民党政府惧于列强威势,旋即后退,于 8 月 29 日发布布告,决定暂缓实行《裁撤国内通过税条例》、《国定进口关

---

① 汪敬虞:《1927 年海关总税务司安格联的去职》,《中国经济史研究》1994 年增刊。

税暂行条例》;但又宣布关税自主政策仍然不变,自该年9月1日起,全国陆海关税一律自主。① 不过,这一宣告并未如期实施。

3. 国民党政府改变策略打破僵局

1928年6月,国民党政府基本统一全国后,在对外交涉中比此前历届政府拥有了更大的权威性,在策略上也有所改变:一是改自行废约为谈判修约,并改北洋政府与列强集体谈判方式为与各国分别谈判,相机突破。

6月15日,南京政府外交部长王正廷发表对外宣言,强调"中国八十余年间,备受不平等条约之束缚,此种束缚,既与国际相互尊重主权之原则相违背,亦为独立国家所不允","今当中国统一告成之会,应进一步而遵正当之手续,实行重订新约,以副完成平等及相互尊重主权之宗旨",由过去自行宣布废约改为谈判修约,并表示重订新约后,"中外邦交之亲睦,人民友情之增加,国际贸易交通之发达,外侨生命财产之保障,必有加而无已"。② 7月7日,国民党政府外交部发表关于重订条约的宣言,提出三项原则:"(一)中华民国与各国条约之已届期满者,当然废除,另订新约。(二)其尚未期满者,国民党政府应即以正当之手续解除而重订之。(三)其旧约业已期满而新约尚未订立者,应由国民党政府另订适当临时办法处理一切"。③

国民党政府首先就关税自主展开了外交活动,并改变北洋政

---

① 中国第二历史档案馆编:《中华民国史档案资料汇编》第五辑第一编,江苏古籍出版社1991年版,第9—10页。

② 国民党政府外交部编:《外交部公报》1928年7月第1卷第3号,第131页。

③ 南京国民党政府外交部编:《外交部公报》第1卷第3号,第132页;程道德等编:《中华民国外交史资料选编(1919—1931)》,北京大学出版社1985年版,第456页。

府时期召集各国代表一起开会讨论的做法，而是采取单个突破的策略，与各国个别谈判修约。当时中美商约虽未期满，但是美国在太平洋地区特别是在中国利益已受到日本的威胁，美国为了其国家利益欲制衡日本，对华政策转变较快。国民党政府首先选择单独与美国谈判修约，1928 年 7 月 10 日电令在美之前外长伍朝枢要求美国政府委派代表改订新约。7 月 20 日财政部长宋子文与美驻华公使马慕瑞（John V. A. Mac-Murray）谈判。美国欲保留在华"最惠国待遇"，又要设法不使用中国所反对的"最惠国待遇"字样，于是想到使用与其他国家"待遇不得有所差别"字句的办法。①7 月 25 日，宋子文与马慕瑞正式签署《整理中美两国关税关系之条约》。该条约共有两个条款，规定中国实行"国家关税完全自主之原则"，以往中美条约所载关于在中国进出口货物之税率、存票、子口税并船钞等项至各条款"应即撤销作废"，但同时也明确规定，缔约国对于上述及有关系之事项，两国"在彼此领土内享受待遇，应与其他国家之待遇毫无区别"，即给予美国以"最惠国待遇"。② 由于其他一些国家尚未放弃关税协定权，美国根据片面最惠国待遇实际上仍可获享低关税的好处。这一条约的签订也在事实上表明美国对国民党政府的承认。在西方大国中，美国成为第一个同南京政府签订关税新约承认中国关税自主，第一个承认南京国民党政府的国家。

中美关税条约签订后，打破了中外关于关税问题交涉的僵局。国民党政府又于同年 8 月 17 日与德国签订《中德关税条约》；11

---

① ［美］阿瑟·恩·杨格著：《1927 至 1937 年中国财政经济情况》，陈泽宪等译，中国社会科学出版社 1981 年版，第 19 页。

② 王铁崖编：《中外旧约章汇编》第 3 册，生活·读书·新知三联书店1962 年版，第 628、629 页。

月 12 日与挪威签订《中挪关税条约》。其时,中国与比利时、西班牙、意大利、葡萄牙、丹麦、日本等国的商约先后期满。外交部乃于 1928 年 7 月中下旬分别照会上述各国驻华使节,通知其与中国订立的商约已告期满,中国现声明废止,并提议各国即派全权代表与中国另行商定平等互惠的新约。比、西、意、葡、丹五国在复照中均表示愿与中国早日议订新约。经过数月磋商,终于在年内与五国分别订立《友好通商条约》。中国又陆续与荷兰、英国、瑞典、法国等国谈判,签订了新的《关税条约》。至 1928 年年底,与中国有商贸关系的主要国家,除日本外,均与中国签订了《关税条约》或《友好通商条约》,在这些条约中,各国都声明取消在中国的一切关税特权,承认中国享有完全的关税自主权,但是都有类似“与其他国家之待遇毫无区别”等字样①,以期原有的“片面最惠国待遇”免受损伤。

4. 关税自主的基本实现

到 1928 年年底,几乎所有原缔约国都已与中国订立新约,承认中国享有完全的关税自主权,唯有日本拒不同意修约。但因所立新约均列有“与其他国家之待遇毫无区别”的条款或字句,原有的“片面最惠国待遇”仍然完整无损。只要日本不放弃协定关税权,其他国家同样可以同享这一特权利益。因此,与日本的交涉成为中国能否真正实现关税自主的关键。

日本政府曾指责国民党政府颁布的前述临时办法“为蔑视国际信义之暴举,帝国政府万难容忍”②,对中国的修约要求持强烈

---

① 王铁崖编:《中外旧约章汇编》第 3 册,生活·读书·新知三联书店 1962 年版,第 630、641、643、646、650、653、656、661、668、671、675 页。

② 《日本驻华公使致中国外交部照会》,《外交部公报》第 1 卷第 4 号,第 116—118 页。

的敌对态度。因而,在全中国掀起了以抵制日货方式为主的抗议浪潮。日本商工会议所1929年《支那、南洋最近排斥日货之经过及影响》报告称:中国各地工商业者和国民党激进派所控地方组织推动的经济绝交运动,也在事实上阻碍了日本的在华经济活动。例如有抗日运动团体规定,凡经营日货的商人须向其缴纳"救国基金",其"税率"相当于日产奢侈品和杂货价值的70%,陶瓷、海产、丝织品价值的30%,以及棉制品价值的5%—20%,客观上起到了保护关税之效果。因此而造成的日货输出损失,大约相当于1928年5—12月日本对华输出额的20%。在这种情况下,原来极力支持日方强硬外交的日本工商界,也转而要求日本政府让步。①由于其他国家都已相继与中国修约,日本在此问题上已显得孤立,不得不重新考虑其立场。但到1929年6月,日本才开始与中方谈判修约。又经过近一年的漫长谈判,其间1930年2月17日中国与英、美、法等国签署了《关于上海公共租界内中国法院之协定》,在撤销治外法权上已有较大进展,从而对尚未就通商条约任何内容与中国签订协议的日本形成更大压力。1930年5月6日,终于签订中日两国《关税协定》,日方同意中国享有关税主权。在《关税协定》附件里,中方同意日本出口中国的棉货、海产品、麦粉等现行税率维持3年不变,输华杂品现行税率维持1年不变(中方出口日本的夏布、绸缎、绣货现行税率维持3年不变);中方同时应允于最短时间内,废除有碍贸易发展的厘金、常关税、沿岸贸易税、通过税及其他类似税项;确认整理"日本债权人借与中国无担保及担保不足之款",并"自海关收入项下,每年提存五百万元,以为

---

① [日]久保亨:《走向自立之路——两次世界大战之间中国的关税通货政策和经济发展》,王小嘉译,中国社会科学出版社2004年版,第53—54页。

整理中国内外债之用"。①至此,中国在带有附加条件的情况下基本上实现了关税自主。

官商矛盾、官民矛盾是在民族矛盾之外困扰近代中国经济发展的主要矛盾,在近代中国收回关税主权的抗争中,这一矛盾依然存在。尽管如此,朝野之间、官民之间在民族主义浪潮激荡之下也形成了一种合力,正是这种合力的不懈抗争,使得中国终于基本收回了关税主权。不过,根据附加的中日"互惠税率"条款,中国自主实施国定关税尚须等到 1933 年 5 月之后。

(四)"国定税则"的实施与修订

由于已和多数国家签订新约,国民党政府于 1928 年 12 月 7 日颁布海关进口税则,确定美、英、日等国在"关税特别会议"上所拟 7 级附加税率基础上,再分别加上 5% 的进口正税,其税率分为 7.5%、10%、12.5%、15%、17.5%、22.5%、27.5% 等七级,定于 1929 年 2 月 1 日实施,被称为第一个"国定税则"。虽名为"国定",但实际是以列强所提 7 级附加税率为基础修订而成,"未能解脱片面的协定关税的桎梏"②,只能说是一部过渡税则。由于当时日本尚未与中国签订新的关税条约,根据最惠国待遇,如有一国不承认,其他国家也可不承认,这一税则的实施受到很大限制。但是这一税则的实施仍有明显效果,年均进口税率水准由 1927 年的 3.9%、1928 年的 4.3%(不足 5%,尽管有不少地方加征了"二五附税")上升至 1929 年的 10.9%、1930 年的 12.0%(大大超过"值

---

①　王铁崖编:《中外旧约章汇编》第 3 册,生活·读书·新知三联书店 1962 年版,第 798—804 页。

②　黄逸平、叶松年:《1929—1934 年"国定税则"与"关税自主"剖析》,《中国社会经济史研究》1986 年第 1 期。

百抽五"水准,详见表5－2)。这一税则的财政性十分明显,实际进口税收从1928年的0.72亿元猛增至1929年的1.67亿元(详见表5－3)。但是对民族工商业的保护性较低。①

表5－2　进出口货税率水准变动(从价%)

年份	进口税率水准						出口税率水准
	粮食	生活必需品	奢侈品	生产材料	总计1	总计2	
1927	*	4.7	4.9	4.2	3.9	3.5	2.8
1928	*	4.8	4.9	4.5	4.3	3.9	2.7
1929	*	13.7	16.0	9.6	10.9	8.5	3.6
1930	*	16.8	19.0	10.3	12.0	10.4	4.0
1931	0.2	27.7	26.0	12.1	16.3	14.1	3.4
1932	*	30.3	32.4	13.5	16.7	14.5	3.5
1933	0.1	53.9	34.3	18.0	23.1	19.7	3.8
1934	27.6	74.2	32.4	22.1	31.2	25.3	4.6
1935	26.3	76.4	39.5	23.2	32.1	27.2	3.6
1936	26.3	83.7	38.1	23.6	31.4	27.0	3.5

注:＊不及0.05%;

总计1　《中国近代经济史统计资料选辑》,第60页表4的数据;

总计2　《中国近代经济史统计资料选辑》,第61页表5,将历年进口总值除进口税总数所得的数据,因当时每年有大量免税货物进口,所以这种方法计算出的每年进口税率水准较总计1低。

资料来源:据严中平等:《中国近代经济史统计资料选辑》,第60页表4及第61页表5改编。

在世界经济危机中,"金贵银贱"日趋严重,伦敦市场中国1银

---

① 参见叶松年:《中国近代海关税则史》,上海三联书店1991年版,第307、308页。

元1929年1月值26.25便士,而到1930年1月只值20.93便士。当时国民党政府必须按金价计算支付外债本息,国定税则提高税率带来的好处几乎全被银价跌落所抵消。1930年1月15日,国民党政府财政部训令海关总税务司梅乐和:"查近日金价暴涨,银价跌落,致本年偿付关税担保外债,已有不敷之虞。兹为妥筹根本救济办法,业由政府决定自二月一日起,征收海关进口税,一律改用金单位计算。"①每一海关金单位(CGU)约合0.4美元,或英镑19.17265便士或0.8025日元。从量税率自2月1日至3月15日,从前的1关平两约相当于1.5海关金单位;自3月16日起,每1关平两约合于1.75海关金单位。②应当交纳的关税,必须用银元、银两或他种在地方通行的货币,按照官方公布的牌价折成海关金单位缴纳。这项改革进行顺利,几乎没有遇到任何阻力。实行进口税征金,维护了中国的正当权益,成功地避免了因金贵银贱而在偿还外债赔款时所承受的巨额损失,增加了海关实际税收,改善了国民党政府的财政状况,增加了国民党政府的外汇储备,为以后的币制改革奠定了基础③,是中国近代关税史上一次比较成功的改革。

　　1930年中日两国签订《中日关税条约》后,国民党政府又重新修订《海关进口税则》,于1930年12月29日公布,规定自1931年1月1日实施,这是国民党政府的第二个"国定税则"。该税则把进口货物分为16类647目,税率按照货物性质而定,分为5%、7.5%、10%、12.5%、15%、20%、25%、30%、35%、40%、45%、

---

　　①　中国第二历史档案馆编:《中华民国史档案资料汇编》第五辑第一编,财政经济(二),江苏古籍出版社1986年版,第34页。
　　②　[美]阿瑟·恩·杨格著:《1927至1937年中国财政经济情况》,陈泽宪等译,中国社会科学出版社1981年版,第48页。
　　③　[美]阿瑟·恩·杨格著:《1927至1937年中国财政经济情况》,陈泽宪等译,中国社会科学出版社1981年版,第51页。

50%等12级。与1929年税则相比,新税则增税的有451项,其中作为奢侈品的烟酒税率最高,为值百抽五十,人造丝由原来值百抽十增至值百抽三十;减税的为150项,保留税率的有232项。从总体上看,税率的平均水平在第一个国定税则的基础上有较大提高,进口税税收亦从1930年的2.12亿元增加到1931年的3.15亿元(详见表5-3)。学界较多的人认为这一税则受到《中日关税协

表5-3　各年海关实际税收统计

1927—1937年　　　　　　　　单位:百万银元

年份	进口税	出口税	船舶吨税	附加税*	转口税等*	总计
1927	54	40	4	—	15	113
1928	72	42	5	—	15	134
1929	167	57	5	—	17	245
1930	212	55	5	—	19	292
1931	315	48	4	2	19	388
1932	236	27	4	24	21	312
1933	266	23	4	28	18	340
1934	260	25	4	28	17	335
1935	250	21	4	28	13	316
1936	255	24	4	28	14	325
1937	261	29	3	30	20	343

注:附加税*——包括关税附加税及水灾救济附加税;转口税等*——还包括复进口税、过境税、常关税。

资料来源:据[美]阿瑟·恩·杨格:《1927至1937年中国财政经济情况》,第55页表2改编。

定》约束,名为互惠,实际上片面有惠于日本。从优惠范围看,中国给予日本优惠税率的货物种类多,有4大类72个税号,每一号列均包括几种货物,是以实际给予日本优惠的货物几有数百种之多。而日本给予中国优惠税率的货物仅有3个号列,每个号列内

仅有一两种;从优惠程度看,日本享受中国进口日货优惠的数百种货物的税率,最高税率是 17.5%,但多数均协定为最低税率是 7.5%,税率低。而中国输往日本的货物税率多数为 70%,如所谓优惠的茧绸和绣货税率都为 70%。新税则未能发挥对民族工商业的保护作用。①也有学者将它与其他国家贸易税率比较,认为这一税则有保护作用,税率增加的货品主要集中在火柴、糖、水泥、玻璃、肥皂、化妆品、人造丝和毛制品上。之所以增加这些货品的税率,是因为宋子文等人认为,有关这些货品的工业在当时的中国属幼稚工业,应尽力保护和扶植。②

新的出口税则订于 1931 年 5 月,1931 年 6 月 1 日开始实行。新税则将出口货分为 6 类 270 目,税率规定从量税为 5%,从价税部分定为 7.5%,并规定对茶、绸缎、漆器等 30 项货物免征出口税。在该税则的实施过程中,又陆续免征了对丝及丝织品、米谷、小麦、杂粮等货物的出口税。并明确规定,海关仅对出国货物征收出口税,而对运往国内另一通商口岸的货物不再征收出口税。

1931 年"九一八事变"后,中国海关税收损失惨重,日本不仅占据了中国东北的关税,而且还在华北一带大肆走私,国民党政府为了弥补失去东北关税收入等的损失,对 1931 年税则做了局部调整,规定从 1932 年 4 月 1 日起提高了进口糖品的税率;后又规定从 1932 年 8 月 1 日起提高 34 个号列的奢侈品税率,如丝及绸缎 12 号,由从价税 30%—50% 提高到 55%—75%;酒类 17 号,由从

---

① 参见黄逸平、叶松年:《1929—1934 年"国定税则"与"关税自主"剖析》,《中国社会经济史研究》1986 年第 1 期;叶松年:《中国近代海关税则史》,上海三联书店 1991 年版,第 314—322 页。

② 参见高宝华:《宋子文与南京国民政府初期的关税改革》,《北京教育学院学报》2006 年第 3 期。

价税50%提高到80%。国民党政府还以长江水灾为由,令海关征收救灾附加税(详见表5－3),税率1931年12月1日到1932年7月为10%,1932年8月1日起改为按进出口税税率的5%征收。此项附加税在《中日关税协定》于1933年5月期满之前,不适用于日本货物。①

世界经济危机中,各资本主义国家都实行关税壁垒政策,大幅度提高关税。为了缓和外货倾销和白银外流对国内经济的不利影响,1933年5月中日互惠关税有效期满,国民党政府在宋子文主持下再次修改进口税则,定于1933年5月22日执行。这就是1933年的"国定税则",即第三个"国定税则"。该项税则共16类672目,共分5%、7.5%、10%、12.5%、15%、20%、25%、30%、35%、40%、50%、60%、70%、80%等14级。其中税率提高的有385项,明显的是棉货、海产品和纸张;降低的有92项,433项未变动,因而,这次税则的平均税率在第二次国定税则的基础上又有所提高。宋子文希望这次税则修订能达到维护财政收入、限制日货输入、有利于中国工业发展这三个好处。在国民党政府决策过程中"保护关税的考虑具有强烈影响,甚至超过了财政关税的考虑"。② 然而,日本政府对此提出强烈抗议,并加紧对中国北方的侵略。

迫于日本的压力,国民党政府于1934年7月再次修订关税税则,此为第四个"国定税则"。1934年税则也分16类672目,税率

---

① [美]阿瑟·恩·杨格著:《1927至1937年中国财政经济情况》,陈泽宪等译,中国社会科学出版社1981年版,第51页。

② [日]久保亨:《20世纪30年代中国的关税政策与资产阶级》,《经济学术资料》1983年第9期;[日]久保亨:《走向自立之路——两次世界大战之间中国的关税通货政策和经济发展》,王小嘉译,中国社会科学出版社2004年版,第107—109页。

从 5% 到 80% 分为 14 级。与 1933 年相比,税率增加的有 388 项,降低的有 66 项,不动的有 470 项。这次修订主要是针对日本的抗议,做出了有利于日本的调整、妥协,降低了作为日本输华大宗商品棉货、海产品、纸张的税率,而提高了煤油、汽油、羊毛、毛制品、化学产品、机器等美英输华主要商品的进口税率。该税则是当时蒋汪合作政权奉行"对日妥协"路线的产物,颁布后受到中国国内舆论和工商业界人士普遍指责,日本外务省"对中国的善意表示赞赏",而英国舆论则对该税则表示不满。[1] 这次税则修订说明,由于日本侵略势力步步进逼及中国当权者对日妥协,收回关税主权后中国关税仍难以完全"自主"。

二、经济危机冲击下的中外贸易

(一)国民党政府对海关和对外贸易管理的加强

国民党政府一成立,即筹设机构,制定相关章程、规则,着手加强对对海关和进出口贸易的管理。1927 年 5 月在财政部下设关税处(10 月改为关务署),首先加强了对海关行政的管理。1927 年 10 月颁布的《财政部关务署总则》规定:"署长承财政部之命,综理本署事务,监督本署职员、总税务司、全国海常关各关监督、内地税关、税局长官及所属职员",关务行政等统归关务署领导。1928 年 4 月颁布的《关务署主管各关局组织章程》规定:各海、常关设监督一员,"承国民政府财政部长及关务署长之命,监督、指挥所属职员征收关税"。这样,海关总税务司虽然仍由英国人担

---

① 〔日〕久保亨:《走向自立之路——两次世界大战之间中国的关税通货政策和经济发展》,王小嘉译,中国社会科学出版社 2004 年版,第 147—154 页。

任,但是他已被架空,各关税务司都置于海关监督指挥之下。① 国民党政府规定总税务司"由财政部委任,转请国民政府任命";"各关税务司系由总税务司遴选,呈由关务署审核,转请财政部委任"。外籍税务司必须听命于中国政府,权限已受到很大限制,海关行政管理权已被逐步收回。海关高级职位中的华人比重也在增加。1926 年以前中国人在海关任职最高只有 1 人担任副税务司级,国民党政府关务署属意委派更多的华员充任海关高级职员,"及至 1937 年,各口岸的税务司当中,已有 1/3 是中国人"。②

在加强海关管理的同时,国民党政府也着手加强对外贸易的管理。国民党政府初成立时,没有对外贸易管理的专职机构,只在实业部内设立工商访问局,地址在上海,向国内工商界提供国内外经济信息。1930 年,实业部曾遴选国内工商实业家及华侨商界要人,成立中国国际贸易协会,开展国际贸易活动。但该组织属于民间团体,并非政府职能机构。国民党政府还于 1930 年 1 月实行关栈制度、领事证单标记办法等,含有某种保护国内产业、限制外国商品任意倾销的作用。随着对外贸易的发展,1932 年 12 月,实业部将工商访问局改组为国际贸易局,隶属于实业部,其宗旨是为增进国际贸易,主要职能是加强同国外商界的联系,从事国内外商业的信息调查研究及搜集有关统计资料,向国内工商界传递信息,并指导他们的对外贸易活动。该局出版的刊物,有各种统计、调查报告之类,及《国际贸易导报》(月刊)、《中国经济导报》(英文周刊)

---

① 陈诗启:《中国近代海关史》(民国部分),人民出版社 1999 年版,第 191—193 页。

② [美]阿瑟·恩·杨格:《1927 至 1937 年中国财政经济情况》,陈泽宪等译,中国社会科学出版社 1981 年版,第 41 页。

等。30年代中期,国民党政府还对部分矿产品实行易货偿债政策和出口贸易管制。如1936年,国民党政府宣布对桐油、猪鬃等农产品和钨、锑等矿产品实行贸易统制,决定农产品的收购和运交由中央信托局办理,矿产品的收购和运交则由资源委员会办理,实业部设立的中国植物油料厂股份有限公司控制桐油、豆油等植物油的出口。

国民党政府还开始制定和推行商品检验制度。以往中国的进出口商品从无官方品质检验。1932年12月,国民党政府颁布《商品检验暂行条例》及《商品检验局暂行组织条例》,同时于上海、汉口、青岛、天津、广州等重要通商口岸设立商品检验局,并在沙市、宁波、南京、济南、万县、梧州、汕头、厦门、福州等处设立检验分处,对棉花、茶叶、桐油、生丝、烟叶、桂皮、畜产品、豆类、油类、肥料、蜂蜜等出口商品进行统一商检,对部分进口商品也开始实施检验。

为扩大国产商品在国际市场的影响,实业部曾组织国内工商界参加菲律宾、美国芝加哥等地举办的国际商品博览会;组织上海国货界、中华工业国外贸易协会等成员,组成南洋商业考察团,携带国产商品到南亚各国,在海外设立"中华国货陈列馆",进行展销活动。1936年后,国民党政府还向一些驻外大使馆派遣商务官员,料理中国与该国间的贸易往来。

(二)"马鞍形"贸易增长与巨额贸易逆差

尽管国民党政府努力发展对外贸易,主要由于世界经济大危机的冲击、日军侵占中国东北及国际国内其他因素的作用,30年代初贸易仍然出现了严重衰退。1927—1936年10年间,中国的对外贸易增长及贸易平衡情况可见表5-4:

表5-4 中国进出口贸易收支

1927—1936年 单位:百万关两

年份	出口						进口					K=F-J
	A	B	C	D	E	F	G	H	I	L	J	
	关册出口值	本文离岸价	低估与差数	边贸民船	内地运费	修正后出口值	关册进口值	本文起岸价	走私进口	民船边贸	修正后进口值	贸易平衡
1927	918.6	918.6	110.2	3.6	14.6	1047.0	1012.9	1012.9	15.4	0.9	1029.2	17.8
1928	991.4	991.4	119.0	3.6	15.0	1129.0	1196.0	1196.0	15.4	0.5	1211.9	-82.9
1929	1015.7	1015.7	152.3	1.5	23.2*	1192.7	1265.8	1265.8	29.8	0.3	1295.9	-103.2
1930	894.8	894.8	196.9	1.4	40.0*	1133.1	1309.8	1309.8	26.0	0.2	1336.0	-202.9
1931	909.5	913.5	154.6	55.4*		1123.5	1433.5	1433.5	25.9	19.3	1478.7	-355.2
1932	492.6	511.4	69.0	81.0*		661.4	1049.2	1049.2	28.5	19.3	1097.0	-435.6
1933	392.7	408.1	55.4	19.6*		482.7	863.6	863.6	59.3	19.3	942.3	-459.6
1934	343.5	357.5	55.0	21.8*		434.3	660.9	660.9	65.7	19.3	745.9	-311.6
1935	369.6	384.0	51.7	18.9*		454.6	590.9	590.9	80.8	4.5	675.3	-229.7
1936	453.0	470.6	63.4	23.7*		557.7	604.3	604.3	231.1	12.8	848.2	-290.5

说明:1932年以后不包括东北的贸易统计数。

B、H栏详见陈争平:《1895—1936年中国国际收支研究》第二章有关论述。

D、L栏为关册未计入的边贸出入超及民船出入口值(见杨端六等:《六十五年来中国国际贸易统计》,国立中央研究院社会科学研究所刊行,1931年,第153页)。

E栏为货物从长江及珠江口岸到边境口岸的运杂费。

* 包括相关出口税(见郑友揆:《我国近十年贸易平衡之研究》,《社会科学杂志》第6卷第3期)。

资料来源:历年海关关册及 Hsiao,Liang-Lin,China's Foreign Trade Statistics,1864—1949,1974,p.268。

表5-4是在各年海关关册所载进出口值基础上,结合其他相关资料修订而成,从中可以看出:1927—1936年10年间的对外贸易大致可分为3个阶段:1927—1931年为平稳发展阶段;1932—

1935 年年底为衰落阶段;1936 年(以及 1937 年上半年)进入复苏阶段。

1927—1931 年 4 年间的对外贸易,无论就进口贸易,还是出口贸易,都可称之为平稳发展。1927 年进口额为 10.29 亿关两,此后逐年上升,至 1931 年进口额达到 14.79 亿关两;1927 年全年出口额为 10.47 亿关两,此后逐年上升,至 1930 年为 11.33 亿关两。另有材料以海关关册所载数据为基础,计算得出:若以 1927 年进口额为 100,则 1928 年为 118,1929 年为 124.9,1930 年为 129.3,1931 年为 141.5;以 1927 年出口额为 100,则 1928—1931 年依次为 117.9、110.5、97.4 和 99。① 这样也大致反映了这 4 年贸易平稳发展趋势。

从表 5-4 看,1931 年以后,我国的对外贸易进入明显衰落时期。1932 年进口值猛跌至 10.92 亿关两,1933 年又跌至 9.42 亿关两,此后两年仍然逐年下跌,1935 年仅为 6.75 亿关两;1932 年出口值猛跌至 6.61 亿关两,1933 年又跌至 4.83 亿关两,1934 年仅为 4.34 亿关两,1935 年略有回升。有材料以海关关册所载数据为基础,计算得出:1932—1935 年平均每年进口价值 79094.5 万关两,仅为 1927—1931 年平均额的 63%;1932—1935 年间,每年平均出口值为 39961.2 万关两,仅及 1927—1931 年平均额的 42%。②

因这段时间汇价和物价变动剧烈,观察贸易增长趋势,还要参考表 5-5 中有关指标:

---

① 《十年来我国对外贸易价值表》,《十年来之中国经济建设》上编,第二章,第 99 页。

② 《十年来我国对外贸易价值表》,《十年来之中国经济建设》上编,第二章,第 99 页。

表5-5 中国进出口贸易指数

1927—1936年　　　　　　　　　　1913年=100

年份	贸易总值		物量指数		贸易率指数
	（百万美元）	指数	进口	出口	（进口物价/出口物价）
1927	1332.8	187.5	109.8	154.1	108.6
1928	1553.0	218.7	131.5	156.1	100.4
1929	1460.1	205.5	139.9	149.2	93.1
1930	1014.1	142.7	131.0	131.1	102.5
1931	796.6	112.1	129.9	136.5	116.0
1932	524.2	73.8	106.0	100.8	128.6
1933	515.1	72.5	97.5	124.7	142.7
1934	528.3	74.3	85.1	118.6	136.1
1935	542.2	76.3	83.6	126.7	122.9
1936	490.0	68.9	77.9	125.6	109.4

说明:1932年以后不包括东北的贸易统计数。

资料来源:摘编自郑友揆:《中国的对外贸易和工业发展》,上海社会科学院出版社1984年版,第337页表。

虽然因这段时间汇价和物价变动的作用,表5-5有关数据波峰、波谷和波幅等与表5-4不大一致,但是仍然可以看出20世纪30年代初贸易严重衰退的趋向。造成进出口贸易严重衰退的主要因素是来自世界经济危机的冲击及日本侵占中国东北,具体原因有:

进口方面,从1931年年底开始,各国实行货币贬值政策,纷纷放弃金本位,特别是美国国会通过"白银法案",在全世界范围内大量高价收购白银,使中国白银大量外流,银根紧缩,影响了中国的进口。从1932年开始,世界经济危机直接波及中国,导致中国经济衰退,生产资料及机器设备需求减少。1933年和1934年国民党政府两次修改国定税则,提高进口税率,亦使进口贸易额下降。如1933年的税则使1934年的进口减少23.2%,1934年的税则使1935年的进口减少22.6%。① 国民党政府连年发动内战,加上连续几年的自然灾害,使人民的生命财产受到严重损失,人民购买力下降,进口商品需求量锐减。日本侵占中国东北前后在华北大规模的走私活动,也严重地影响到我国正常的进口贸易。

出口方面,自日本帝国主义武装侵占东北后,减少了我国东北的出口货物。1931年前,东北的对外贸易占全国进出口总额的37%,是当时唯一贸易出超的地区。在"九一八事变"前的五年间,每年平均输出额为6.6亿元,输入额为4.35亿元,出超2.25亿元。东北的沦陷,使我国的出口贸易,特别是农产品的出口受到沉重打击。同时这一时期正值西方资本主义各国为摆脱经济危机,纷纷实行输入贸易统制政策,提高进口货税率,限制进口,对农产品限制尤严。而中国出口产品中,恰恰以农产品及其制成品为最大宗,出口量当然大受影响。

1936年,世界经济危机已经过去,出现短期的繁荣,中国各地农业又获丰收,国内市场松动,产销出现转机。同时,国民党政府的法币政策顺利实施,汇率趋于稳定,对国际贸易的发展起到一定的促进作用。1936年后,中国的对外贸易出现一些转机,无论就贸易数值或入超情形,都开始恢复发展。总的来看,这10年间中外贸易呈"马鞍形"增长势态。

这一时期贸易逆差越来越大,1920—1930年年均逆差值达12000多万关两,而当时中国唯一出超地区东北被日本占据后,原先已在不断扩大的中国贸易逆差更加迅速扩大,1932年贸易逆差

---

① 赵德馨:《中国近代国民经济史教程》,高等教育出版社1988年版,第215页。

已突破 4 亿关两,1933 年逆差已达 4 亿 5960 万关两,已接近当年出口贸易总额。以后几年贸易逆差一直很大。1931—1936 年年均逆差值达 34500 万关两,是 1895—1899 年年均逆差值的 65 倍多。1895—1936 年 42 年累计贸易逆差额近 50 亿关两(约合 30 多亿美元),造成中国大量白银外流,商业、贸易经营上的不稳定,国际收支不平衡。如何弥补这样巨大的逆差,已成为当时非常引人关心的问题。

1931 年前东北每年出超数千万至 1 亿多关两,1931 年出超近 1.7 亿关两,关内的贸易逆差曾赖以抵补。日本侵占东北后,日本货大量涌入东北,进口值很快由 1932 年的 7000 万美元增至 1933 年的 1.3 亿美元;1933 年起东北也变成入超,并逐年扩大,到 1935 年入超数额超过 5 千万美元,1937 年已近 7000 万美元(参见表 5-6)。

表 5-6　东北地区进出口贸易

1932—1937 年　　　　　　　　　单位:百万美元

年份	进口值	出口值	出口值—进口值
1932	71.1	130.2	39.1
1933	132.7	115.3	-17.4
1934	193.4	146.1	-47.3
1935	180.8	126.0	-54.8
1936	197.6	172.1	-25.5
1937	255.4	185.7	-69.7

资料来源:据郑友揆:《中国的对外贸易和工业发展》,上海社会科学院出版社 1984 年版,第 249、250 页有关数据计算和编制。

（三）进出口商品结构分析

1. 主要进口商品及进口商品结构的变化

民国年间,中国进口贸易呈现出商品多样化发展趋势,原先的大宗洋货年进口量值各有消长,进口商品结构也随之发生了较大变化。两次世界大战之间中国主要进口商品量(值)变动情况可参见表5-7:

表5-7　十二项主要进口商品量(值)变化

商品名称	1919—1921年	1929—1931年	1936年
鸦片(公担)	126	478	—
棉布(千元)	221208	208586	12090
棉纱(公担)	807249	89611	6006
棉花(公担)	524116	2141764	406904
染料等*(千元)	34752	51102	41193
煤油(千升)	717287	752055	395301
糖(公担)	3606169	7829876	1837028
米(公担)	2739849	8357131	3103485
小麦(公担)	17497	6289726	1168093
面粉(公担)	309455	4437695	310068
钢铁(公担)	3525261	5817537	6464744
机器等*(千元)	53734	72138	59981

*"染料等"包括染料、颜料、油漆类;"机器等"包括机器及工具。

资料来源:据严中平等:《中国近代经济史统计资料选辑》,科学出版社1955年版,表16改编。

清末民初曾多年分居洋货进口值首位的棉纱和棉布,20年代都出现了进口下降,出口上升的趋势,到1927年,棉纱已由入超变成出超,两者所占进口值比重已呈明显下降趋势,1936年棉布只占进口值的1.9%(参见表5-8)。在30年代,除了棉布在1933年占进口商品第七位外,其他数年,在进口前十位商品中,已没有棉布、棉纱(参见表5-8)。与此相应相随的则是中国国内棉纺织业(包括外资在华工厂)的较快发展。不过,由于日本棉布在中国的大力推销,以及英国棉布等的竞争,直到1936年中国仍有棉布入超。

表5-8A 中国主要进口商品所占比重变化①

1921—1936年　　　　　　　　　单位:%

商品名称	1921	1929	1936
棉制品	23.6	14.2	1.9
棉纱	7.4	1.6	0.2
杂项纺织品	2.1	6.8	3.2
煤油	6.3	5.2	4.2
米	4.4	5.4	2.9
面粉	0.4	2.6	0.5
棉花	3.9	5.7	3.8
糖	7.7	8.3	2.1
纸张	1.7	2.4	4.3
纸烟	2.8	2.1	0.1
烟叶	1.6	5.1	1.7
鸦片	0.0	0.0	0.0
木材	1.2	1.6	3.2

① 赵德馨:《中国近代国民经济史教程》,高等教育出版社1988年版,第215页。

续表

商品名称	1921	1929	1936
染料颜料类	3.3	2.2	3.3
机器	6.3	1.8	6.2
车辆	2.5	0.9	5.4
电气料及装置	1.6	1.4	2.0
金属及矿砂	6.7	5.4	11.4
煤	1.5	1.9	1.1
合计占总进口值	85.0	74.6	67.5

资料来源：据上海社会科学院经济研究所等：《上海对外贸易》上，第195页表及有
关年份《关册》编制。

表5-8B　主要进口商品位次表

1933—1936 年

位次	1933	1934	1935	1936
第一位	米谷	棉花	米谷	铁及铜
第二位	棉花	铜及铁	铁及铜	机器及工具
第三位	小麦	米谷	机器及工具	车辆及船艇
第四位	煤油	机器及工具	棉花	化学产品及制药
第五位	铁及铜	金属制品	纸	金属制品
第六位	金属制品	化学产品及制药	染料,颜料,油漆,凡立水	染料,油漆,颜料,凡立水
第七位	棉布	煤油	煤油	煤油
第八位	化学产品及制药	染料,颜料,油漆,凡立水	化学产品及制药	纸
第九位	纸	纸	小麦	棉花
第十位	机器及工具	车辆船艇	金属制品	木材

随着外国对华资本输出的扩大，以及中国新式工业、交通运输业的发展，煤油和汽油的进口逐年增加。1920 年时煤油进口值约 5432 万关两，汽油进口值 134 万关两；到 1928 年，两项合计已逾 7000 多万关两。机器、车辆、化学产品、电器材料、染料、钢铁及其他金属等生产资料均成倍或数倍增长。这六项商品占进口净值的比重，1913 年为 11.6%，1936 年时达到 33.7%。钢铁和机器及工具的进口，主要是供在华外厂及官办企业之需，如 1933 年后纺织机器及设备的进口，主要是为在华英、日厂商所购置。发电机的进口，则是由于新建几家发电厂和自来水厂，如长沙电厂、南昌水电厂、上海电气股份有限公司，无锡戚墅堰水电厂，以及南京、济南、青岛等地自来水厂等，这一切都与外资和国家资本或地方官办资本企业发展相关联。

随着国内轻纺工业的发展，棉花、烟叶、小麦等农产原料的进口数量大幅度增长。1920 年后棉花进口猛增，开始由出超转为入超。棉花进口主要来自美国，其他依次为印度、埃及等国。1921 年棉花进口量增至 168 万担，价值 3586 万关两。1926 年棉花进口量已增至 274 万多担，价值几近 1 亿关两，入超值达 0.64 亿关两；1931 年棉花进口量高达 465 万担，价值 1.79 亿关两，入超值达 1.52 亿关两。[①] 从 1922 年开始，外粮大量进入中国，面粉及粮食总的贸易都由出超转为入超，1923—1927 年粮食进口净值年均约 12239 万关两，占商品进口净值的比重达到 12% 左右，这五年间粮食入超量年均 3842 万担；1929 年后世界经济危机爆发，大量外粮向中国市场倾销，1932 年中国稻米入超 3832 万担，小麦（含进口面粉折合数）入超 4617 万

---

① 萧梁林：《中国对外贸易统计》(China's Foreign Trade Statistics, 1864 - 1949)，哈佛大学 1974 年版，第 39、86 页。

担。① 作为一个农业大国，入超如此之多的棉花和粮食，必然对本国农业产生极大的冲击。30 年代里，米谷、棉花位于进口商品的前列（见表5-8），意味着中国农村经济的严重危机。

表5-8 反映了自 1921 年至 1936 年中国主要进口商品价值所占总进口值比重的变化。从中可以看出，过去占进口比重最大的鸦片，在民国年间虽然仍有报关进口，但其所占比重已经微不足道了；棉纺织品自 19 世纪 80 年代以来，一直占据进口商品的首位，但是到了第一次世界大战以后，所占比重已呈明显下降趋势。如果将棉布与棉纱分开考察，则棉纱所占比重下降更快。煤油、汽油等液体燃料所占商品进口值的比重，一直处于第三、四位；粮食、棉花及烟叶等农产原料在商品进口值中所占比重呈上升趋势，机器、车辆、化学产品、电器材料、染料、钢铁及其他金属等生产资料进口的比重也在不断提高。进口商品结构的上述变化在一定程度上反映了这一时期中国境内资本主义经济的发展。

2. 主要出口商品及出口商品结构的变化

1921—1936 年间中国主要出口商品量变动情况可参见表5-9：

表5-9　主要出口商品量变化

1921—1936 年

单位:千担

商品名称	1921	1928	1936
茶	430	926	373

---

① 据许道夫:《中国近代农业生产及贸易统计资料》,上海人民出版社1983 年版,第146 页有关数据计算。

商品名称	1921	1928	1936
生丝	276	435	38
豆类	11836	40391	1875
豆饼	22282	21352	214
花生	1214	1465	749
棉花	609	1112	368
棉纱	26	350	90
植物油	2030	2368	1959
猪鬃	44	67	87
牛皮	217	420	241
羊毛	463	486	266
锡	103	118	41

资料来源:据 China's Foreign Trade Statistics,1864—1949 及杨端六等:《六十五年来中国国际贸易统计》有关数据改编。出口花生分有壳、无壳两种,按 1∶0.7的比值将前者折算,与后者合计。

民国初年,在中国出口商品中,生丝虽然仍高居榜首,其地位已然岌岌可危。1928 年中国生丝出口 43.5 万多担,价值为 15975 万关两;1929 年,生丝出口量略有减少,但价值却达到 16420 万关两。世界经济危机爆发后,中国生丝出口严重受挫,至 1934 年跌入谷底,出口值为 2898 万关两,仅是 1929 年的 17.6%。1935 年后华丝出口值略有回升。中国出口的丝制品大致包括绸缎、茧绸、丝绣货、丝带、丝线及丝类杂货等,其中以绸缎为出口之大宗,民国年间其出口值也大致呈持续增长趋势。不过,中国一些地方丝织业在织造方法上仍然保守落后,在国际竞争中处于下风,在世界经济危机时出口量大减。以曾经有很高声誉的南京缎为例,因其样式陈旧,其出口量从 1923 年的 8244 担,下降到 1927 年的 2363

担,减少了近 6000 担,1929 年时更少,只有 227 担,到 30 年代时已趋于消失。①

曾长期独占世界茶叶市场的中国茶叶,由于国际市场上强有力的竞争,出口每况愈下,到 1927 年时华茶只占美国茶叶进口量的 11.1%。② 华茶在俄国市场上还能保持一定的销路,至 1915 年时其销量已增加到 116 万担,俄国成为华茶的最大销场。1918—1920 年间华茶输俄数量曾大大减少,其后华茶对苏联的出口又逐渐恢复。③ 茶叶占中国出口总值的比重也比清末有较大下降,至 1936 年这一比重为 4.3%(见表 5-10)。

表 5-10A　中国主要出口商品所占比重变化

1921—1936 年　　　　　　　　单位:%

商品名称	1921	1928	1936
丝	20.2	16.2	6.3
绸缎	5.0	2.4	1.5
茶	2.1	3.7	4.3
豆及豆饼	13.9	20.5	1.4
皮及皮制品	2.9	5.4	5.7
毛类	2.2	2.6	2.8
猪鬃	0.7	1.0	3.6

---

① Decennial Reports on the Trade, Industries, etc., of the Ports Open to Foreign Commerce, and on Conditions and Development of the Treaty Port Provinces(海关十年报告),1922—1931,第 1 卷,第 625 页。

② 何炳贤:《中国的国际贸易》,商务印书馆 1935 年版,第 98—99 页。

③ 孟宪章等:《中苏贸易史资料》,中国对外经济贸易出版社 1991 年版,第 314、363—366、456—460 页。

续表

商品名称	1921	1928	1936
蛋品	2.2	4.4	5.1
籽仁及油脂	6.3	5.8	18.7
煤	1.9	2.9	1.6
矿砂及金属	2.9	2.1	7.7
棉花	2.7	3.4	4.0
棉纱及棉制品	1.2	3.8	3.0
合计占总出口值	64.2	74.2	60.0

资料来源：据相关各年《关册》及郑友揆：《中国的对外贸易和工业发展》，第43—44页数据计算编制。

20世纪初，以黄豆为主的豆类成为中国农产品中出口增长特别迅速的品种，芝麻、花生、菜子、棉子、胡麻子等植物子实也逐渐成为中国大宗出口商品，豆饼亦成中国出口贸易的重要商品。豆与豆饼两项1929年出口值合计21750万关两，占出口总值的21.4%。"九一八事变"后，中国豆类出口锐减，至1936年，豆及豆饼只占出口总值的1.4%。第一次世界大战后，日本成为中国芝麻最大的消费国。花生运往国外多用以榨油，少量供制作糖果，有些年份出口值也达1000万关两以上。桐油主要产于华中，为油漆工业的重要原料，世界大战结束后，欧美对中国桐油的需求大大增加，桐油出口值1913年时为375万关两，至1927年时已达2197万关两，1936年增至4710万关两，1935和1936两年桐油已取代丝茶，位于出口商品首位。1936年，这几项籽实及油脂合占出口总值的18.7%，成为中国出口商品大宗。

表 5 - 10B　主要出口商品位次表

1933—1936 年

位次	1933	1934	1935	1936
第一位	丝	茶	桐油	桐油
第二位	棉纱	棉纱	丝	蛋及蛋产品
第三位	蛋及蛋产品	蛋及蛋产品	蛋及蛋产品	皮革
第四位	茶	皮革	茶	丝
第五位	皮革	桐油	籽仁	抽纱绣花品及花边
第六位	桐油	丝	皮革	茶
第七位	棉花	布、绸茶、网绸	棉花	籽仁
第八位	布、绸缎、网绸	抽纱、绣花品及花边	抽纱、绣花品及花边	棉花
第九位	锡	籽仁	锡	锡
第十位	抽纱、绣花品及花边	棉花	花生	猪

　　民国年间，蛋类、蛋粉出口增长也较快，1913 年时蛋类及蛋制品出口值共计 261 万关两，1926 年已达 3817 万关两，1929 年达 5000 万关两以上。中国所产猪鬃，因强韧而富于弹力，且不大受干湿冷热影响，外人多用于制刷，民国年间的出口量也在不断增长。其出口值 1913 年时为 443 万多关两，1926 年增至 1047 万两，1936 年时更达 1624 万两，已成为中国主要出口商品之一。

　　民国年间世界市场上对中国的煤、铁、钨、锑、锡等矿产品的需求不断增加，矿产品在中国出口贸易中占有越来越重要的地位。中国输出的煤和生铁绝大部分运往日本。中国的锡、锑、钨等特种矿产在进入 20 世纪后出口也有所增加。锑的出口量每年仍保持在二三十万担左右，约值数百万关两，占全世界供应总额的 40% 以上。

钨砂的出口在20年代海关始有统计,1926年出口量约117担,值167万关两,至30年代钨作为易货偿债重要物品出口更多。锑、钨等主要向美国、英国、德国等工业发达国家出口。1928年,中国矿砂和金属占出口总值的2.1%,1936年这一比重已增为7.7%。

表5-10反映了1921—1936年中国主要出口商品各自占出口总值比重的变化:(1)原先丝、茶两项合计占出口总值比重的一半以上,到1936年两项合计已不到11%。(2)与此同时,随着资本主义世界经济的发展,对中国农牧矿产品需求的扩大,过去的一些小商品,如皮类、毛类、猪鬃、豆类、豆饼、籽仁及植物油等,逐渐发展成为大宗出口商品。(3)还有一些新的出口资源,例如蛋粉以及锑、钨一类特种矿产等,被不断发掘出来,出口日益扩大;(4)原先出口值集中于少数几项商品的情况已有很大改变,出口值已分散在更多的品种上,反映了出口贸易呈多样化发展的趋势。

3. 从进出口商品结构看中外经济关系

20世纪初叶,中国已被动地卷入资本主义世界市场体系之中,中外经济关系日益紧密,民国建立后这种关系进一步加强。

在进口贸易方面,由于第一次世界大战后主要资本主义国家工业的发展,使西方工业品生产成本进一步降低,品种更加丰富多样;同时也由于中国社会生产和流通的发展,以及城乡社会消费时尚在商品经济发展的大潮和欧风美雨的侵蚀下发生的变化,从而对舶来品产生了种种新的需求,引起进口商品新品种的不断增加及进口商品结构的变化。

出口贸易方面,在国际竞争日益加剧的形势下,中国传统的出口商品如生丝、茶叶等,生产组织落后,技术发展迟缓,在国际市场竞争中越来越处于不利的地位;同时,由于世界资本主义生产的发展,对中国的豆类、棉花、芝麻、植物油、牛皮、羊毛、猪鬃等农产品及矿产原料的需求大大增加,也导致中国出口商品品种的增加和出口商品结构的很大变化。

　　这一时期世界政治经济局势的动荡,如30年代初世界经济危机等,都对中国进出口贸易,进而对中国社会经济产生了巨大影响;1931年日本帝国主义发动"九一八事变",侵占中国东北,更是对中国政治经济产生极为严重的影响。

表5-11A　各年进口商品分类比重

1910—1936年　　　　　　　　　　　单位:%

年份	生产资料			消费资料	
	机器及大工具	原料	建筑用品等	消费品原料	直接消费资料
1910	1.5	0.1	16.0	17.0	65.4
1920	3.2	0.2	25.1	16.9	54.6
1930	3.7	1.9	21.3	17.3	55.8
1936	6.1	2.7	35.6	13.0	42.5

表5-11B　各年出口商品分类比重

1910—1936年　　　　　　　　　　　单位:%

年份	原料			半制品		制成品	
	农产品	矿产品(手工)	矿产品(机采)	手工	机器	手工	机器
1910	39.1	0.2	0.5	13.1	11.9	28.3	6.9
1920	36.4	0.9	2.8	8.2	12.3	31.2	8.2
1930	45.1	1.2	3.4	3.5	12.2	27.1	7.5
1936	44.1	2.6	1.6	6.7	5.6	32.4	7.1

资料来源:严中平等:《中国近代经济史统计资料选辑》,科学出版社1955年版,第72—73页。

民国年间,中国进出口贸易的商品结构虽然发生了不少变化,但是进口以直接消费资料为主,出口以农产品原料及手工制品、半制品为主这一反映殖民地性质贸易的基本格局仍存在。从表5-11可以看出,1936年进口商品中消费资料仍占55.5%,其中直接消费资料占42.5%,说明进口仍以消费资料为主体;进口生产资料比重增加反映了这一时期国内工业的发展,而这又是与外国资本输入互相关联的。出口商品以农产品原料及手工制品、半制品为主的基本格局也未变。民国时期,机制品出口比重有所增加,反映了这一时期国内新式工业(包括外资工厂)有所发展。

(四)贸易条件分析

1. 银价、汇率和进出口物价变动

本时期中国是世界上唯一用银本位的大国,而中国又非产银国,所需白银依靠进口;银价的变动关系对外经济往来至巨,银价升降完全听命于外国。

表5-12显示:1928年银价开始下跌,随着世界经济危机爆发,跌势更为猛烈,至1931年跌落45.6%,而同期汇率跌落46.9%。这本来应当使进口物价猛涨,进口萎缩,但因在危机期间,国外物价水平下跌,所以进口物价从1929年到1931年有所上涨但不是太大。出口商品价格理应同样上涨,使中国出口品购买力提高,但实际上出口物价从1929年到1931年上涨很少,1931年以后反而下跌,从1929年到1933年出口品购买力也在下降。"这主要是因为出口价格为洋行所操纵,他们并不按照汇率的理论办事,而是趁银币贬值之际,压价收购中国出口品(主要是初级产品),而其生产者(主要是农民)却无能为力,白受损失"。1932年以后,由于英镑、美元等相继贬值,银价转涨,1934年美国实行购银法案,银价涨得更高。而汇率与银价的差距扩大。1932—

1935 年,银价上涨 129.1%,汇率上升 66.2%,导致中国白银大量外流,引发"白银风潮",不得不废除银本位制实行法币政策。银价、汇率上涨,进出口商品价格理应下跌,但因国外物价水平回升,加以洋行的操纵,进口物价指数下降远未达到汇率变动应有的幅度,以致在上海市场上出现进口商品市价反低于海关进口报价的现象;1932—1934 年出口物价指数跌落幅度也较小,1935 年以后有所回升,1933—1936 年出口品购买力指数亦有增进。"尽管如此,从整个这一时期看,1928 年以后,进出口价格的变动都是有利于洋货进口,不利于国货出口的……这是由于我国进出口商品结构的特点、出口商品在国际市场上丧失价格主动权以及贸易机构的洋行垄断等多种因素造成的,换言之,是由于中国对外贸易的半殖民地性特点造成的"。[①]

表 5-12　历年银价、汇率和进出口价格的变动

1920,1926—1936 年　　　　　　　　　　1913 年 = 100

年份	银价	汇率	进口物价指数	出口物价指数	出口品购买力指数
	1 盎司 = 美分数	1 关两 = 美分数			
1920	101.9	124	175.7	112.9	64.3
1926	62.4	76	150.8	152.9	101.4
1927	56.7	69	161.7	148.9	92.1
1928	58.5	71	159.1	158.4	99.6
1929	53.3	64	158.1	169.8	107.4
1930	38.5	46	174.7	170.4	97.6

---

① 许涤新、吴承明主编:《中国资本主义发展史》第 3 卷,人民出版社 1993 年版,第 26—31 页。

续表

年份	银价	汇率	进口物价指数	出口物价指数	出口品购买力指数
	1 盎司＝美分数	1 关两＝美分数			
1931	29.0	34	192.9	166.3	86.2
1932	28.2	34	180.1	140.0	77.8
1933	35.0	41	173.2	121.4	70.1
1934	48.3	52.6	151.9	111.6	73.5
1935	64.6	56.5	138.1	112.4	81.4
1936	45.4	46.3	152.3	139.2	91.4

资料来源:摘编自许涤新、吴承明主编:《中国资本主义发展史》第 3 卷,人民出版社 1993 年版,第 27 页。

2. 进出口贸易条件

对外贸易条件(terms of trade)是表示一定时期内一国进出口价格相对变化趋势,从而表明该国在国际市场上商品交换条件好转或恶化的重要指标,它与"比较利益"二者被认为是关于国际贸易的两个最基本的问题。以往学者们分析战前中国贸易条件时,多数仅限于分析净易货贸易条件(进出口贸易比价)。收入贸易条件,也是指出口商品购买力,它相当于净易货贸易条件乘以出口量。它是用以反映一国能用经常的出口收入维持的实际进口水平。如果一国出口价格提高,而出口量却大幅度减少,则该国在国际市场上易货能力下降,竞争力减弱。因此有时在分析贸易条件时,还需分析出口购买力。有研究者曾对比了 1867—1871 年至 1928—1932 年中国收入贸易条件指数的增量。[①] 根据有关数据的

[①] Chi-ming Hou(侯继明): *Foreign Investment and Economic Development in China*, 1973, p.204.

重新考订,20世纪初叶中国贸易条件分析如表5－13所示:

表5－13A 中国进出口贸易条件

1903—1936年 　　　　　　　　　　1913年＝100

年份	A	B	C	D	E
1903	98.1	83.9	116.9	59.8	69.9
1913	100.0	100.0	100.0	100.0	100.0
1923	136.3	148.7	91.7	137.3	125.9
1927	148.9	161.7	92.1	154.1	141.9
1928	158.4	159.1	99.6	156.1	155.5
1929	169.8	158.1	107.4	149.2	160.2
1930	170.4	174.7	97.5	131.1	127.8
1931	166.3	192.9	86.2	136.5	117.7
1932	140.0	180.1	77.7	100.8	78.3
1933	121.4	173.2	70.1	124.7	87.4
1934	111.6	151.9	73.5	118.6	87.2
1935	112.4	138.1	81.4	126.7	103.1
1936	139.2	152.3	91.4	125.6	114.8

资料来源:A、B、D三栏引自 Chi-ming Hou(侯继明),*Foreign Investment and Economic Development in China*,1973,pp.231—232,分别为出口物价、进口物价、出口物量指数;C栏＝A/B,为净易货贸易条件;E栏＝C×D,为收入贸易条件(出口购买力)。

表5－13B 中国出口购买力指数变动(5年平均数)

1901～1905—1931～1935年 　　　　　　　1913年＝100

年份	贸易比价	出口物量指数	出口购买力指数
1901—1905	114.5	62.2	71.3
1906—1910	104.4	80.1	82.0

续表

年份	贸易比价	出口物量指数	出口购买力指数
1911—1915	94.1	93.6	91.3
1916—1920	78.7	115.1	89.8
1921—1925	87.5	132.8	116.8
1926—1930	99.6	146.5	145.7
1931—1935	77.8	121.5	94.7

从表5-13A可以看出,20世纪初叶中国进口价格上升幅度超过出口价格,贸易比价大致呈下降趋势,中国易货贸易条件于第一次世界大战期间急剧恶化,20年代略有好转,30年代恶化程度又加剧。从表5-13B可以看出清末民初中国出口购买力有了很大增长。但是这主要是由于出口量增长更大,出口量的增长抵消了贸易比价的下降还有余,因而增加了出口购买力。至于这一时期出口量的迅速增长,可以从多方面来理解,既可以从帝国主义对华剥削加重,中国不得不出口更多的产品换取进口货;又可从中国商品经济的发展,出口新品种的开拓,更进一步卷入世界市场等方面来解释。例如,东北大豆于1909年第一次成为大宗出口商品,这一年出口豆类、豆饼和豆油共1732吨;其后出口量逐步增加,至1925年,大豆三品出口量已达30654吨;到1929年出口达42671吨[①],是1909年的20多倍。诸如此类事例还有不少。这使得中国出口购买力不断增加。但是,当"九一八事变"以后,东北这一中国贸易出超地区被日本侵占,又值世界市场大萧条时期,中国出口购买力迅速下降。

---

① 许道夫编:《中国近代农业生产及贸易统计资料》,上海人民出版社1983年版,第190页。

进出口贸易比价的变化,不仅促成了进出口贸易中的不等价交换,而且对中国国内市场的价格基础发生深远的影响。近代中国工业品的价格水准主要是在通商口岸决定的。它们经过批发、转运、零售等各种环节销往内地和农村,每个环节都要加上运输费用、商业利润、利息、捐税等,逐级加价。农产品及农产加工品的长途运销主要是由农村和内地流向通商口岸,但是它们的价格水准也是由通商口岸这一头决定的,为了扣除运输费用和商业利润、利息、捐税等,在各流通环节中按已定的价格逐级被压价,最终农民成为价格损失的主要承受者。进入长途运销的农产品和农产加工品虽然基本上是供国内消费,但其价格水准也由通商口岸这一头决定,并受国外价格的支配。以大米为例,上海市场上国米远远多于洋米,但洋米价格低于国米,因而国米价格受洋米支配。上海米价又影响安徽、江西、湖南等地的米价。在 20 世纪 30 年代上海小麦市场上,洋麦价格对上海麦价的支配作用比洋米对上海米价的作用更大。这是因为美国小麦过剩,对华倾销,已在上海市场具有了垄断性。1930—1932 年间美国麦价下降了 40% 多,虽然这时中国小麦歉收,按理麦价应上涨,但上海麦价(汉口货)仍然随美麦下降了 24% 还多;1933—1936 年间,美国麦价上升了 48.6%,上海麦价也随之上升了 47%。其他如棉花、茶叶、生丝等情况也大致如此。[①] 在近代中国的商品流通中,工业品逐级加价,农产品逐级压价,势必对农业极为不利,使中国农业成为资本主义发展的牺牲品。20 世纪 30 年代的中国农业危机,就是这种不等价交换结果的集中表现。对外贸易条件的恶化,扩大了中国国内市场上城乡之间、工农产品之间的不等价交换,加剧了中国农民的贫困化和

---

① 许涤新、吴承明主编:《中国资本主义发展史》第 3 卷,人民出版社 1993 年版,第 231—236 页。

农村经济的衰退。

三、对外贸易国别分析

(一)外贸国别结构及其变化

两次世界大战之间,资本主义各国经济发展不平衡加剧,导致对1927—1937年中国外贸对象国别结构发生较大变化。在清后期中国对外贸易中占绝对优势的英国,深受战争打击,逐渐丧失对华贸易的优势地位,让位于美国和日本。第一次世界大战后的一段时期里,在中国的进口和出口总额中,日本占1/3左右,至1927年,日本无论进口还是出口,所占比重都高居首位。1928年,各国在中国市场角逐的结果,所占中国进口总额比重为:日本26.4%,美国17.0%,英国9.4%,德国4.6%,苏联2.4%,法国1.8%;所占中国出口总额比重为:日本23.1%,美国12.8%,苏联9.1%,法国7.3%,英国6.2%,荷兰2.5%,德国2.3%。但1931年"九一八事变"后,日本的比重急剧降至不足20%。第一次世界大战后,中美贸易已占重要地位,到30年代,中国对外贸易中,美国所占比重已高居首位。第一次世界大战刚结束时,中德贸易实际上并不存在,但在易货偿债的政策下,中德两国的贸易往来有了长足进展,到1936年,德国已分别占中国进口和出口比重的15.9%和5.5%,成为中国的第三大贸易国。到1936年,各国所占中国进口总额比重为:美国19.6%,日本16.3%,德国15.9%,苏联12.2%,英国11.7%,法国2.0%;所占中国出口总额比重为:美国26.4%,日本14.5%,苏俄联9.1%,英国9.2%,德国5.5%,法国4.3%(详见表5-14)。

表5-14 中国对外贸易的国(地区)别结构

1927,1936年 各国及地区之和=100,单位:%

国别(地区别)	进口		出口	
	1927年	1936年	1927年	1936年
英国	7.3	11.7	6.3	9.2
英占(香港)	20.6	1.9	18.5	15.1
美国	16.1	19.6	13.3	26.4
日本*	28.4	16.3	22.7	14.5
德国	3.8	15.9	2.2	5.5
法国	1.4	2.0	5.6	4.3
俄国	2.2	12.2	8.4	0.6
总计1(%)	100.0	100.0	100.0	100.0
总计2(货值百万关两)	1034.0	606.2	918.6	453.7

* 来自日本的进口,不包括走私贸易数。

资料来源:据郑友揆:《中国的对外贸易和工业发展》,上海社会科学院出版社1984
年版,第58、60—63页有关表格改制。

(二)中日贸易

日本利用第一次世界大战的机会曾迅速抢占中国市场,直至
20世纪20年代,日本仍长期占有中国外贸国别比重首位。日本
对华贸易向以东北为重点,1922—1931年,中国自日本进口,东北
各关占了32%,中国对日出口,东北各关占了52%。1931年前,
东北地区进口商品中,55%—65%来自日本;出口产品中35%—
60%输往日本,若将该地区同朝鲜之间的贸易往来也包括在日本
帝国的份额内,那么,日本在进口总额中所占比重即增至60%—
70%,在出口总额中的比重增至50%—70%。日本侵占东北并于
1932年建立伪满洲国傀儡政权后,在该地区的贸易势力更具有排

他性。1936 年东北地区进口总值为 64400 万元,其中 53500 万元来自日本帝国,在进口总值中所占比重高达 84%;出口商品总额中,59% 输往日本帝国,价值达 28000 万元。[①] 日本对华贸易势力影响及比重,在关内依次为华北、华中、华南。1919 年日本占有华北进口贸易国别比重的 61.2%,出口贸易国别比重的 74.5%;至 1936 年,日本还占有着华北进口贸易国别比重的 41.3%(参见表 5-15)。中国从日本进口的大宗货物是棉织品、海产品,人造丝、糖和煤等;中国运销日本的主要是煤、粮、豆类、棉花等。1931 年 "九一八事变"是日本对华贸易的一个转折点,此后日本在关内对外贸易上所占的地位大大下降,除了关内抵制日货运动的影响外,一个重要的原因是很多日本货通过武装走私进入关内,海关统计上未能显示。实际日本对华出口贸易货值及所占中国关内三大区(特别是华北)贸易比重当比关册统计所示为高。

表 5-15　日本所占中国对外贸易国别比重

单位:%

地区	年份	进口	出口
东北	1919	64.5	60.4
	1927	55.2	34.9
	1931	56.9	44.9
	1936#	(83.0)	(59.2)
华北	1919	61.2	74.5
	1927	47.3	37.7
	1931	40.8	34.7
	1936	41.3	27.3

---

① 郑友揆:《中国的对外贸易和工业发展》,上海社会科学院出版社 1984 年版,第 58—59 页。

续表

地区	年份	进口	出口
华中	1919	29.9	18.4
	1927	22.7	13.7
	1931	13.8	16.2
	1936	13.3	13.1
华南	1919	2.7	1.7
	1927	5.5	5.0
	1931	3.9	0.3
	1936	6.4	0.5
总计	1919	36.3	30.9
	1927	28.4	22.7
	1931	20.0	27.4
	1936	16.3	14.5

附注:1. 1919、1927 年数字包括台湾。1936 年东北数字引自伪满洲国贸易统计，该数字不包括在"全国总计"栏内(下同)。该年东北同日本的贸易数包括日占中国台湾和朝鲜。为求一致起见，其对关内地区贸易，不作为其对外贸易。

　　　 2. 华中包括华东沿海及长江流域各通商口岸。华南包括华南沿海及西南内地各通商口岸(下同)。

资料来源:摘编自郑友揆:《中国的对外贸易和工业发展》,第60—63页表。

　　1929 年后中国进口税率提高,日货对华走私之风日益加炽。日本帝国主义在侵占东北后,就把日货在华北走私贩卖作为促使华北"隶属于(日本)帝国势力之下"的重要手段[1],不断用武力干扰中国海关缉私工作,庇护走私活动。1935 年年底冀东伪组织成立后,不仅白糖、人造丝等高税商品,其他"凡百物品,莫不以此冀东之间隙入",日货走私活动日益猖獗,1936 年走私货值较前两年

----

　　① 《日本驻平特务机关松室孝良上关东军密报》,《民国档案》1987 年第4 期。

增加了一倍多。估计1936年时毒品、军火及一般商品走私进口值高达23110万关两。[1]

(三)中美贸易

在中国政府争取关税自主权的对外交涉中,美国是西方世界第一个承认中国关税自主的国家。美国此举的目的,就是为了获得对华贸易和经济扩张的优先地位。20世纪20年代,美国长期居于中国贸易国别比重的第二位,仅次于日本。世界经济危机虽使美国对华贸易绝对值一度有所下降,但是在"九一八事变"后,美国在中国对外贸易上的相对地位迅速提高,上升至首位。30年代,中国输美商品中桐油占首位,其次是各种植物油、金属矿石、生丝以及猪鬃、兽皮、肠衣、蛋制品等畜牧产品。中国从美国进口的商品主要是消费品,如汽油、煤油、纸张、木材、机械和各种车辆,棉花、烟叶作为工业原料也大量输入。美国还利用"九一八事变"后日本对中国关内贸易的下降,占据原先日本棉货及面粉在中国关内的市场。"凡日本对华输出失去的,几乎都被美国取而代之","仅棉布这一项,美国就以压倒优势之势力超过日本对华输出"。特别是1933年中美棉麦借款协定,"给日本棉类产品对华输出以沉重打击"。以前日本面粉差不多以中国为其唯一大市场,即使是1931年,日本对华输出面粉还占中国面粉输入总数的43.9%,但1932年即降至27.3%。相反,美国输入中国的面粉却迅速提高到占总数的63%,"以绝对优势压倒日本"。[2]

---

① 详见陈争平:《1895—1936年中国国际收支研究》,中国社会科学出版社1996年版,第42—44页。

② 仇华飞:《试论1927—1935年的中美贸易》,《上海师范大学学报》1997年第2期。

从表5－16看,美国在中国各大区贸易势力影响首推华中,在该区对外贸易中,美国居首位。20世纪30年代,美国在该地区进口总额中占23%—30%,出口总额中占22%—32%。华北、华南的市场对美国也有重要意义。

表5－16 美国所占中国贸易国别比重

1919—1936年 单位:%

地区	年份	进口	出口
东北	1919	13.6	6.1
	1927	9.8	3.5
	1931	8.3	1.9
	1936[#]	(3.9)	(3.4)
华北	1919	16.9	8.3
	1927	16.2	24.8
	1931	17.1	22.1
	1936	9.9	28.4
华中	1919	22.8	30.5
	1927	24.7	21.9
	1931	30.5	25.1
	1936	23.1	31.5
华南	1919	2.0	——
	1927	1.4	0.4
	1931	2.2	1.4
	1936	14.6	8.9
总计	1919	16.2	16.0
	1927	16.1	13.3
	1931	22.2	13.2
	1936	19.6	26.4

资料来源:据郑友揆:《中国的对外贸易和工业发展》,上海社会科学院出版社1984年版,第60—63页表摘要改制。

（四）中英、中德、中法贸易

1927—1937年间，英、德、法这三个欧洲大国在中国贸易对象国别排名都是名列前茅。这一时期，英国输华的主要货物是棉、毛、麻织品，酒类及化学产品；中国运销英国的主要是动物产品、茶叶、豆类等。中国运销德国的主要是特种矿产、花生、植物性染料和动物产品等；德国输华的主要货物有五金、机器、染料、颜料及其他化学产品等。法国则是华中区所产上等生丝的稳定主顾。20世纪30年代初，德国曾派特使克兰来华，与国民党政府商谈以贷款易货方式向国民党政府出售军火、兵工厂和重工业设备，得到蒋介石的赞同。孔祥熙通过克兰与德国经济部长沙赫特签订了《中德经济合作条约》。1936年4月8日又签订了《德华信用借款合同》，国民党政府可以向德国购买军火、兵工厂及重工业设备，以钨、锑、桐油、生丝、猪鬃等农矿产品作为抵补。因不断向中国提供机器设备等，德国在中国对外贸易中的地位逐年上升。

由于历史的原因及香港在商业上的重要地位，英国在华南的对外贸易中比其他列强居于更重要的地位，但由南往北，英国所占份额不断降低。华中区来自英国的进口，历年为10%以上。但本时期最后几年，已被德国超过。法国贸易的影响主要在中国西南地区。它在云南省拥有一条同印度支那相连的铁路。由于山岭重叠，道路艰阻，法国在该地区贸易中并未占突出的地位。从表5-17可以看出，中国输往英、德、法的商品主要来自于华中，其次为华北。

表 5 - 17　英、德、法三国所占中国贸易国别比重

1919—1936 年　　　　　　　　　　单位:%

地区	年份	进口			出口		
		英国输华	德国输华	法国输华	中国输英	中国输德	中国输法
东北	1919	1. 1	—	0. 1	3. 5	—	0. 2
	1927	2. 6	3. 0	0. 7	4. 4	0. 6	0. 2
	1931	2. 9	3. 2	0. 5	5. 5	1. 7	0. 5
	1936[#]	(1. 2)	(2. 0)	(0. 1)	(5. 8)	(10. 6)	(1. 0)
华北	1919	5. 0	—	0. 6	1. 1	—	0. 2
	1927	5. 0	6. 1	1. 2	10. 8	4. 3	3. 0
	1931	7. 8	6. 6	1. 2	12. 6	5. 7	3. 4
	1936	9. 5	10. 2	0. 4	8. 5	7. 4	2. 1
华中	1919	18. 3	—	0. 8	17. 8	0. 1	11. 9
	1927	12. 7	5. 0	2. 3	8. 5	3. 6	13. 5
	1931	10. 8	7. 2	2. 1	8. 9	2. 7	8. 8
	1936	12. 0	17. 7	2. 2	11. 3	6. 4	6. 2
华南	1919	—	—	—	0. 7	—	0. 1
	1927	0. 1	—	—	0. 4	0. 2	0. 2
	1931	2. 3	1. 2	0. 2	0. 8	0. 2	0. 2
	1936	12. 5	13. 8	2. 4	4. 2	0. 6	1. 9
总计	1919	9. 5	—	0. 5	9. 1	—	5. 4
	1927	7. 3	3. 8	1. 4	6. 3	2. 2	5. 6
	1931	8. 3	5. 8	1. 5	7. 1	2. 5	3. 8
	1936	11. 7	15. 9	2. 0	9. 2	5. 5	4. 3

资料来源:据自郑友揆:《中国的对外贸易和工业发展》,上海社会科学院出版社 1984 年版,第 60—63 页表摘要改制。

(五)中国对南洋地区的贸易

"南洋"在中国古代有关海外史地及国际关系文献中,一般指东南亚地区。[①] 近代中国对南洋贸易主要包括对当时英属海峡殖

---

①　参见《辞海》,上海辞书出版社 2002 年版,第 1216 页。

民地(新加坡、马来亚),英属北婆罗洲(沙捞越、文莱、沙巴),荷属东印度(印度尼西亚),菲律宾,暹罗(泰国),英属缅甸,法属安南(越南、老挝、柬埔寨)等7个地区,也包括对香港和澳门两个地区的本销及其对南洋的转口数。当时香港是中国对南洋贸易的跳板,特别是从1932年开始,中国海关对香港进口商品一律改按原生产国别或运销国别进行统计,列为香港进口的货物大部分属于南洋贸易,因此论述南洋贸易时必须将香港和澳门两个地区的有关贸易因素考虑在内,否则无法求得较完整的统计。①

中国对南洋贸易历史悠久,南中国海曾是"亚洲东西方交流商品和思想的主要通道,也是第二条'丝路'"。② 清代中国对南洋出口商品主要有丝绸、土布、药材、豆类、杂粮等,从南洋地区进口商品主要有米谷、海味、糖霜、南药等。

近代中西贸易已演变为西方资本主义列强与半殖民地中国之间,在不平等条约制度框架内由西方资本主导的国际贸易,贸易经营基本上由外国洋行操纵垄断。中国对南洋贸易则有所不同:近代中国与南洋各地同属经济落后的半殖民地和殖民地的国家和地区,经济发展水平相似(中国个别地区工业发展水平略高些),基本上是平等的国际贸易关系③;南洋华侨华人与祖国的经济联系十分密切,上海等口岸的南洋庄等华商组织与南洋侨商的直接交往和相互配合,在中国对南洋贸易中起了很大作用,外国洋行无法

---

① 参见李伯祥、蔡永贵:《近代上海南洋庄和南洋贸易》,《中国社会经济史研究》1986年第3期;上海社会科学院经济研究所等:《上海对外贸易》,上海社会科学院出版社1989年版,第382页。

② 王赓武:《南海贸易与南洋华人》,中华书局香港分局1988年版,第10页。

③ 参见樊卫国:《激活与生长——上海现代经济兴起之若干分析(1870—1941)》,上海人民出版社2002年版,第288页。

全盘垄断南洋贸易。[1]　由于近代西方列强对华贸易的迅速扩张，尽管南洋地区居住的华人华侨在海外仍习惯使用国货，而且很多华侨从事商业活动，但是南洋贸易占中国对外贸易比重从清后期至民国初年一直相对较小。民国年间随着中国近代工业的发展，中国对南洋出口商品中棉纺织品、针织品等份额不断增加，从南洋地区进口商品中橡胶、石油产品等份额增加。及至 20 世纪二三十年代，中国对南洋贸易有了较大增长。有人计算，1919 年中国对泰国、法属印度支那、菲律宾、荷属东印度、英属印度、海峡殖民地（新加坡）以及北婆罗洲等地贸易合计仅占中国进口总额的 7.4%（4951.1 万关两）和出口总额的 4.8%（3041 万关两）；到 1935 年，这一比重已分别上升至 21.3% 和 9.1%，其价值分别增至 12810.7万关两和 3391.7 万关两。[2]　虽然这一计算包含了英属印度[3]，但仍然可以大致反映出对南洋进出口贸易增长趋势。表 5－18 显示了对南洋各地区出口贸易增长的大致趋势：

表 5－18　中国对南洋各地区（包括经香港转口）出口贸易额*
1919—1936 年　　　　　　　　单位：百万关两

年份	A	B	C	D	E	F	G	H	合计	占出口总值%
1919	11	—	3	2	3	2	5	53	78	12.4
1929	24	—	12	7	5	6	4	69	128	12.6

----

①　参见李伯祥、蔡永贵：《近代上海南洋庄和南洋贸易》，《中国社会经济史研究》1986 年第 3 期。

②　郑友揆：《中国的对外贸易和工业发展》，上海社会科学院出版社 1984 年版，第 56 页。

③　受民国时期政府部门编制的统计资料关于"南洋"界定（范围扩大到英属印度等地）的影响。

续表

年份	A	B	C	D	E	F	G	H	合计	占出口总值%
1931	16	—	13	8	5	2	4	59	107	11.8
1936	10	3	3	4	3	6	2	27	59	12.9

* A—新加坡、马来亚,B—英属缅甸,C—荷属东印度,D—菲律宾,E—暹罗(泰国),F—法属安南,G—澳门,H—香港;又:英属北婆罗洲因数值太小,未单列。

资料来源:据上海社会科学院经济研究所等:《上海对外贸易》第385页表改制。

表5-18 显示,经香港转口贸易在中国对南洋地区出口贸易中占有较大比重,中国对当时英属海峡殖民地(新加坡、马来亚)、菲律宾及法属安南(越南、老挝、柬埔寨)的贸易也在南洋贸易中占有比较重要的地位;从1919年至1929年,中国对南洋各地区出口贸易值有明显的增长,尽管这一时期中国出口总值也有很大增长,对南洋贸易占出口总值比重仍有所提高。1919年的"五四"运动以后,提倡国货抵制洋货的口号响彻全国,一些民族工业厂商为了打开出口销路,也对南洋各地进行宣传介绍,推动民族工业品在南洋市场的销售;1931年日本发动"九一八事变"侵占中国东北,东北大豆等出口已不列入海关统计,再加上世界经济危机的冲击,对南洋贸易及其占出口总值比重都有所下降;此后,在国内及海外华商等共同努力下,至1936年南洋贸易占出口总值比重又有所上升。

这一时期上海口岸对南洋贸易常占全国对南洋贸易总值的1/3以上。而在上海对南洋贸易中,一方面外商洋行兼营航运、保险等业,在资金周转和业务经营上仍占极大优势;另一方面上海的南洋庄与南洋华侨商号密切联系,努力开展贸易活动,至1936年,华洋经营比重为:进口方面华商占21.08%,洋商约占78.92%;出口方面华商约占52.12%,洋商约占47.88%。当时虽然在大宗的纺织、针织品中,洋商所占份额略大于华商,而华商总的出口份额已略占上风,这在当时社会条件下,是一个重大进步。①

在南洋市场上,第一次世界大战前英国曾长期占据首要地位,约占南洋国际贸易的32%;战后日、美等国一跃而超越之,日本占据了南洋国际贸易的首位。② 就在这一时期,中国工商界不断派出人员到南洋各地考察,大力推销中国工业品,如上海三友实业社的毛巾、同兴厂的童袜、中国化学工业社的蚊香、调味粉及其他各厂生产的化妆品、针棉织品、搪瓷器皿等,都逐渐进入南洋市场,开国货南销风气之先。过去在南洋市场上,一度为日货所独占的商品如毛巾、汗衫、童袜、调味品、蚊香等,在爱国华侨的支持下,有的完全为国产品所代替,有的销路大减,国货占据上风。南洋广大华侨在国外深受殖民主义者的压迫,爱国之心倍增,"平时家中如无祖国物品的陈设,辄引以为耻"。迨至1931年"九一八事变",1932年"一·二八"淞沪之役,南洋侨胞更是义愤填膺,抵制日货运动遍及南洋各地,例如"菲律宾侨商自动组织抗敌会到各华侨店家宣传,对发现的日货曾放在马路上焚烧";新加坡中华总商会于1935年曾在当地大世界办了第一次国货展览会,新加坡华侨庄希泉、菲律宾华侨桂华山等都曾专程回国考察,回到南洋后对国产日用品进行广泛宣传。这样国产轻工业品开始在南洋行销,其中主要商品有针棉织品、化妆品、搪瓷器皿及皮件、鞋帽等,后来发展到中国棉布出口。据统计,1913年上海口岸出口总值为17686万关两,其中轻工业品出口总值为30万关两,占0.17%;1936年上海口岸出口总值为23253万关两,其中轻业品出口总值为919万关两,占3.95%,计1936年上海口岸轻工产品的出口比重,比

---

①　李伯祥、蔡永贵:《近代上海南洋庄和南洋贸易》,《中国社会经济史研究》1986年第3期。

②　单岩基:《南洋贸易论》,申报馆1943年版,第25—27页。

1913 年的比重增长了 22 倍强。从以上对比中,可以看到中国民族资本近代工业产品在这些年内对南洋出口增长的一个缩影。①

第二节　外国在华投资

外国在华投资分为间接投资和直接投资两部分。间接投资主要是列强对华贷款。在半殖民地半封建条件下,列强对华贷款有一个显著特点,即大部分贷款是巨额战争赔款直接转成的债款,或中国政府为了偿还战争赔款而举借的债款。就其性质而言,绝大部分是财政性和政治性借款。19 世纪末 20 世纪初,开始出现以铁路借款为主要内容的实业外债,也是列强各国分割、占据、巩固"势力范围"和加强资源掠夺的手段。也有不少实业借款名不符实,并未真正用于发展实业。外国在华直接投资范围很广,包括商业贸易、交通运输和邮电通信业、采矿和加工制造业、水电和城市公用事业、房地产业等。

19 世纪末 20 世纪初,欧美列强相继由自由资本主义发展到垄断资本主义即帝国主义阶段,资本输出逐渐取代商品输出,成为对外经济扩张、经济渗透,对殖民地半殖民地和落后国家、地区进行经济奴役、盘剥的主要手段,特别是 1900—1903 年世界经济危机后,美、英、德、法列强都将大量剩余资本输往美洲、亚洲、澳洲各殖民地和落后国家或地区。1910 年前后,老牌殖民主义英国,输往这一地区的资本约合 660 亿马克,德国、法国分别达 170 亿和 120 亿马克。美国的资本输出也从 1900 年的 5 亿美元增加到 1913 年的 25 亿美元。② 中国

---

①　李伯祥、蔡永贵:《近代上海南洋庄和南洋贸易》,《中国社会经济史研究》1986 年第 3 期。

②　周一良、吴于廑主编:《世界通史·近代部分》下册,人民出版社1962 年第 1 版,第 213—214 页。

因为幅员广大,人口多,资源丰富,劳动力价格低廉,市场潜力巨大,是欧美列强和日本资本输出、进行海外投资的主要场所。1927—1937年间,国民党政府部分收回了关税自主权,不同程度地提高了进口关税,外国资本集团长期通过廉价倾销获得的高额利润有所下降,更促使列强各国改变经济扩张策略,增加对华直接投资,利用中国的廉价原材料和劳动力,就地加工制造,就地销售,不仅逃避了进口关税,节省了运费,降低了成本,增加了利润,而且加强了对中国经济命脉的直接控制,把中国完全置于自己的摆布之下,外国对华企业投资进一步扩张。同时,外国在华投资的国别结构也在发生重大变化。但是当中国东北被日军侵占,再加上世界经济大危机等影响,外国对华企业投资又大减。外国在中国关内的企业投资投向第三产业的比重远远高于投向第二产业的比重,可以说它始终没有脱离以商业掠夺性投资为主的基本形态,而"九一八事变"后日本在中国东北的企业投资已开始由"以商业掠夺性投资为主"转变为"以资源掠夺性投资为主"。

一、外　债

　　1927—1937年,国民党政府所借外债,虽然数额比清政府和北洋政府为小,但同清政府和北洋政府一样,外债仍然是国民党政府财政的重要支撑,更是铁路修筑和某些实业开办经费的主要来源。国民党政府成立之初,大部分地区仍在地方军阀控制之下,不仅军费浩繁,亟须筹款,而税入微薄,财政窘迫,更要面对历史遗留的特大外债难题。当时,清政府和北洋政府留下的外债高达13.47亿元,拖欠未还的为9.936亿元,相当于1928年度全国财政收入3.34亿元的2.97倍。[①]

---

　　① ［美］阿瑟·恩·杨格:《1927—1937年中国的财政经济状况》,陈泽宪、陈霞飞译,中国社会科学出版社1981年版,第120—121页。

如何对待和处理这笔庞大的遗留外债,使新成立的国民党政府陷入了进退两难的境地。为了迅速筹措军饷,增加财政收入,建立和巩固全国统一政权,彻底消灭共产党和工农革命政权,就必须在大幅提高国内税捐征额、举借内债的同时,提高进口关税税率、举借外债,二者缺一不可。但因北洋政府外债拖欠不还、债信破产,不如期如额偿还债款本息,恢复债信,西方列强和东方日本对国民党政府提出征收关税附加税、提高税率等要求根本不予考虑,更不会提供新的贷款。如果承认和设法偿还欠债,特别是大批无确实担保的外债,则未见其利,先受其害,对原已濒临破产的全国财政,又无异于雪上加霜。虽然如此,国民党政府权衡再三,为了得到列强承认和支持,还是毅然宣布承认清政府和北洋政府的所有外债,并全力整理,如约偿还,以期提高债信,为续借新债铺路。此举满足了列强各国的要求,国民党政府陆续借到了多笔新债,部分满足了铁路修筑和某些紧急事项的经费需要,但由于利息高、条件苛刻,收支失衡,加上旧有外债的本息偿还数额庞大,根本无法如期如额偿还,只得换立新约,延期偿付,旧债直接衍生出新债,国民党政府陷入了借债还债、越还越多的恶性循环。因此,即使排除 1937 年后未偿外债本息①,1927—1937 年期间的外债也是支大于收,得不偿失。

---

① 有的借款要到 20 世纪七八十年代方能清偿完毕。如 1918 年的马可尼无线电借款、1919 年费克斯飞机借款,偿毕期均为 1975 年 6 月;1908 年的津浦铁路英金借款,1936 年重订偿还办法,本金最后偿毕为 1976 年;1913 年的陇海铁路比利时公司借款,1936 年重订偿还办法,1947 年前只付息、不还本,1947 年 7 月 1 日起,开始还本,最多于 35 年内还请。据此推算,本金最后还清期限为 1982 年;1936 年 6 月签发的"广九铁路借款无利小票",本金最后偿毕期为 1986 年 6 月后。这些债款要几代人才还得清(参见中国联合准备银行调查室编:《中国内外债详编》,中国联合准备银行 1940 年 6 月刊行,第 95—109、158—159、172—173、157 页)。

（一）整理旧债

国民党政府成立后，为弥补财政亏空，曾多方寻求列强贷款援助。1929年极力邀请美国普林斯顿大学教授甘末尔率领一个财政专家委员会到中国进行为期一年的服务，希望通过甘末尔的帮助，从美国获得贷款。① 蒋介石曾多次派宋子文等人前往欧美求贷，但往往空手而归。因当时中国尚有清政府和北洋政府所借数百宗外债没有还清，而且债务关系十分混乱，债信破产，在没有得到国民党政府如何解决旧外债的保证前，外国资本不肯贸然再借外债给中国。1928年英国首相张伯伦声称，中国首先要树立自己国家的信誉，还清旧债，才能再商谈新的借款。1929年召开的国际商联大会也提出，中国"不能赶紧整理旧债恢复国际信用，无论何国决不贷款"。再加上世界资本主义正处于经济大危机中，由经济危机引起的信用危机使当时国际信贷市场趋于瘫痪，国民党政府更"看不到友邦政府给予贷款的前景"。不过同时国民党政府也意识到，正当经济危机肆虐，各国相效赖债、资本主义世界信用体系濒于瓦解之时，如宣布整理和清偿外债，与各国进行谈判，"必可条件优越，较之将来交涉或可能得利益"②。国民党政府抱着这种心态，为了取得列强的信任和支持，一反1924年国民党全国代表大会不承认"贿选僭越之北京政府"所借巨额外债的决定，毅然对清政府和北洋政府遗留下来的全部外债，进行认真整理，逐步清偿。

---

① ［美］阿瑟·恩·杨格：《1927至1937年中国财政经济情况》，陈泽宪等译，中国社会科学出版社1981年版，第17页。
② ［美］阿瑟·恩·杨格：《1927至1937年中国财政经济情况》，陈泽宪等译，中国社会科学出版社1981年版，第27、129—132页。

早在 1928 年 6 月 15 日,国民党政府在对外宣言中就宣布,"国民政府对于友邦以平等原则、依合法手续所负之义务,始终未尝蔑视"。① 1928 年 7 月全国财政会议通过的 1928 年度财政部施政大纲,明确承诺,"内外债有确实抵押品者,维持原案继续履行";"其无确实抵押品者,设立理事委员会,分别审查整理之"。② 同年 12 月,财政部长宋子文在同日本驻上海总领事矢田交涉中日关税协定时,还口头允诺对北洋政府时期的参战借款和西原借款加以整理偿付。总之,国民党政府对清政府、北洋政府遗留外债,不论有、无确实抵押品,也不问性质、作用,全部承认,负责清偿、整理,并为此确定了三项办法及步骤。

一是从盐税内摊派偿还外债数目。原以盐税为担保的外债,为英法借款、湖广铁路借款、克利斯浦借款等,此项担保收入,久为军阀所截留,未能照拨。1928 年由国民党政府通令全国征收盐税机关,每月按照一定成数,解交财政部指定银行,全年总额为 1000 万元,据称足供盐余借款之一应需要,业已次第实行。其以前未能如期照拨各期本息,亦经财政部分期补拨。

二是从关税内指定整理内外债基金。近代中国无担保的内外债,向无确数。据北洋政府时期的统计,少则 6 亿元,多至 10 亿元。国民党政府拟由 9 国债权人出席内外债整理委员会,提出证据,以资整理。并决定在关税新增项下(按指二五附加税及新税率所增收入),每年暂提 500 万元,逐年积蓄,并随关税而增加,以为整理内外债之用,并正式照会英、美、法、日等 9 债权国,饬令总税务司于 1929 年 2 月起照拨。

三是组织国债整理委员会,专责审核无确实担保的内外债,

---

① 《外交部公报》1928 年 7 月第 1 卷第 3 号,第 132 页。
② 《国闻周报》第 5 卷第 28 期,1928 年 7 月。

审查债款性质，而后决定偿还办法。机构设委员 7 人，以行政院长、监察院长及外交、财政、工商、铁道、交通 5 部部长充任，并设专门委员若干人，专司其事。又选聘中外财政专家充任顾问咨议。[1]

1929 年 1 月 24 日，财政部拟定《国民政府整理内外债委员会章程》，明确其任务是"审核关于无确实担保之内外债，并研究、清算及整理办法"。财政部在致行政院的相应呈文中强调，"历年北京政府以及积欠内外各债，种类纷繁，性质复杂，为保持国信、活动金融计，亟应从事整理，而于增高新债之信用，关系尤为重要"。[2] 同年 2 月，"整理内外债务委员会"正式成立，其组成除上述行政院长等 7 名委员外，并聘请 1929 年来华的甘末尔财政设计委员会和随团来华充任国民党政府财政部顾问的美国人杨格等为顾问，以备咨询。大规模整理、清偿遗留外债的工程正式启动。

清政府和北洋政府遗留外债数额庞大，到 1928 年 7 月 1 日止，此类外债共约 89300 万美元，折合国币（银元）约 297667 万元，其中铁路外债超过 1/3，截至 1931 年年底止，共为 121762 万元。[3] 由于借债时间跨度大，债项名目纷繁，债权、债务分散，外债性质、借款条件、债款用途及使用情况等，极其复杂，很难划一办法，同时全面清理、解决。1930 年 11 月，整理内外债务委员会与美、英、

---

① 贾士毅：《民国财政史》（四），商务印书馆 1933 年版，第 379—382 页。

② 国民党政府财政部档案（二七五）13192，见财政科学研究所、中国第二历史档案馆编：《民国外债档案史料》第 2 卷，档案出版社 1991 年版，第 34 页。

③ 中央银行档案（三九六）②705，见财政科学研究所、中国第二历史档案馆编：《民国外债档案史料》第 2 卷，档案出版社 1991 年版，第 109 页。

法、日、比、意、荷等债权国代表在南京开会,商谈整理外债办法。列强出于各自的利益,无法就债项的整理和偿还办法达成协议。各债权国开始分别与中国交涉,追讨各自的债款。在这种情况下,1934年4月27日,国民党政府行政院第157次会议决议,"整理外债取分别整理办法,不取整个交涉之方针"。并确定了关于外债整理的三条原则:(一)其数小而无问题者,不待交涉,即时开始偿还;(二)其数大而无问题者,即予承认,商议偿还办法;(三)其有问题者,另行交涉。①

国民党政府根据上述原则,对清政府和北洋政府遗留下的外债按有确实担保及无确实担保两个大类,分别进行整理。所谓"有确实担保",是指债款有债约,而且明确指定由中国关税、盐税或税款偿还。这类债款主要包括俄法借款、英德借款、英德续借款、克利斯浦借款、善后借款等,截至1928年6月30日,共积欠本金和预计利息、经理费,折合国币744447594元。② 另由巨额庚子赔款转成的长期债款,截至1928年6月30日,尚欠本金及预计利息合计569179055元。③ 国民党政府于1929年9月和1934年10月对这类外债进行了两次大的整理,全部按债约规定偿付本息。所谓"无确实担保",是指虽有债约,但并未明确规定偿还方式。到1925年年底,北洋政府财政部经管的无确实担保外债,尚欠本

---

① 国民党政府交通部档案(二〇)②2137,见财政科学研究所、中国第二历史档案馆编:《民国外债档案史料》第2卷,档案出版社1991年版,第127页。

② 财政整理会编:《财政部经管有确实担保外债说明书》上编,1927年5月编制,1928年6月增订,第3—4页。原资料折算率为:1英镑合国币10元,500法郎合19英镑15先令6便士。

③ 财政整理会编:《财政部经管有确实担保外债说明书》下编,附"庚子赔款总明细表"。

息合计国币(银元)407156308.63元①;北洋政府交通部经管的无确实担保外债,尚欠本息共265242000元②,两项合计672398308.63元。国民党政府对这类外债采取"一面审核整理,一面核拨基金,专款存储,以备实施"的办法。经先后审核、整理的外债,共计69笔,其中日本债务占一半以上。国民党政府铁道部为了在资金、设备、技术等方面得到外国资本主义的支持,1929年还成立了铁路债务整理委员会,对过去的铁路外债进行整理。

国民党政府为取悦列强而对清政府、北洋政府遗留外债,特别是北洋政府的参战、西原两债进行整理、清偿的做法,曾遭到党内、政府内部分人士及社会各界的强烈反对。

1929年7月,国民党"元老"胡汉民针对国民党政府整理外债的原则、办法,向国民党中央政治会议提交《整理公债标准》提案,强调中国所借外债,"当在使中国在政治上、实业上不受损失之范围内保证并偿还之";前北京政府所借外债,"非以增人民之幸福,而为维持军阀之地位,以行使其贿买、侵吞、盗用之实者,人民不负偿还之责任";凡有确实担保、向来还本付息有着落的内外债,应予照常继续办理,但合同中"如有干涉行政之条款,应即进行取消";凡原有确实担保的内外实业借款,因历年政治关系,营业不振,以致本息欠付或无着落者,政府应即恢复其营业能力,俾

---

① 财政整理会编:《财政部经管无确实担保各项外债说明书》,1927年6月印,总说明书第11—13页;国民党政府财政部公债司:《整理无确实担保外债意见书》,见财政科学研究所、中国第二历史档案馆编:《民国外债档案史料》第2卷,档案出版社1991年版,第123—124页。另据财政整理会编印:《财政部经管无确实担保外债表·财政部经管无确实担保外债十四(1925)年底本息欠数折合国币总表》(1925年10月印),财政部经管无确实担保外债总额为388198574.14元。原资料汇兑率均按1美元=银元2元折算。

② 国民党政府财政部公债司:《整理无确实担保外债意见书》。

得继续担负其债务。"但以实业借款为名，而实际上并非用于实业者，不在此例"；凡无确实担保之对外借款，"须整个审查"，其正当者，分别整理偿还。"其有明知用途不当，而仍互相勾结，以图延长国内战争者，即完全为非善意之政治作用，概予据理拒绝偿还"。①

国民党北平、山西、绥远、浙江慈溪等省市县党务指导委员会，上海党部和上海商人团体、全国商会，则坚决反对财政部长宋子文允诺整理、偿还日本的参战借款和西原借款，作为日本承认中国关税自主之交换条件的卖国行径。北平特别市党务指委会致国民党中央党部的通电明确指出，参战、西原两借款"早为国人所公认之卖国借款"，宋子文"贸然承认，丧权辱国，莫此为甚"；山西省党务指委会谴责宋子文慨然允诺偿还参战、西原借款，"其为丧心病狂，为何如哉"，山西党务指委会与三晋民众"誓死反对"；绥远省党务指委会在电文中表示，对宋子文的行径"不胜悲愤之至"，要求立即制止宋子文签字，"以免丧失国权"，否则国家"前途危险，何堪设想"；浙江慈溪党务指委会的呈文谴责宋子文的行为，"直接破坏党纲，间接破坏党治"，要求中央立即制止，"以尊党纲，而保主权"。② 上海市第六区党部向中央呈文，要求"凡未经民众认

① 国民党政府财政部档案(三)②2542，见财政科学研究所、中国第二历史档案馆编:《民国外债档案史料》第2卷，档案出版社1991年版，第74—79页。

② 《北平特别市党务指委会为反对承认参战及西原借款致南京中央党部等通电》(1928年12月12日)、《山西省党务指委会为反对承认西原借款致中执委会电》(1928年12月13日)、《绥远省党务指委会为反对承认参战及西原借款致国民政府电》(1928年12月18日)、《浙江省党务指委会叶溯中等为反对承认西原借款呈》(1928年12月22日)，见财政科学研究所、中国第二历史档案馆编:《民国外债档案史料》第2卷，档案出版社1991年版，第154—157页。

可之外债,一概不予承认"。① 1928 年 12 月 9 日,上海各路商界总联合会致蒋介石代电,强烈要求对日本的非法债款,应"根本上不予承认","任何机关不得与之谈判……。应请训令主管机关,以党国为重,强硬对付,人民当为后盾。我国盛兴,在此一举"。② 1929 年 12 月 10 日,全国商会致国民党政府代电也强调,西原借款"不但供军阀内乱之用,且数目不明,弊窦孔多,于法、于理、于党纲均不应承认",务请国民党政府对日本的相关要求"概予拒绝"。③

然而,在西方列强特别是日本的压力下,国民党政府不顾党内和商民的反对,继续并加紧推行原定整理方针、步骤。宋子文明确承诺偿还参战、西原两借款,并逐年增加还款额,第一年 500 万,第二年增还 200 万。④ 外交部则针对胡汉民的《整理公债标准》,提出整理债务的"五项原则",宣称"凡无确实担保之内外债,除手续不完备或迹近私相授受者,应予分别整理偿还"⑤。这一"原则"

---

① 国民党政府(总统府)档案(一)2475,见财政科学研究所、中国第二历史档案馆编:《民国外债档案史料》第 2 卷,第 73 页。

② 《上海各路商界总联合会为不承认日本非法债款致蒋介石代电》,见财政科学研究所、中国第二历史档案馆编:《民国外债档案史料》第 2 卷,档案出版社 1991 年版,第 152—153 页。

③ 国民党政府(总统府)档案(一)2554,见财政科学研究所、中国第二历史档案馆编:《民国外债档案史料》第 2 卷,档案出版社 1991 年版,第 83页。

④ 财政科学研究所、中国第二历史档案馆编:《民国外债档案史料》第 2 卷,第 154 页。

⑤ 财政科学研究所、中国第二历史档案馆编:《民国外债档案史料》第 2 卷,档案出版社 1991 年版,第 76—79 页。

旋即为国民党政府所采纳。① 1930 年 8 月,财政部根据蒋介石的要求,详细开列了所经管的 67 宗无确实担保外债的名称、数额、借款原因、用途,其中日本 31 宗,美国、英国各 11 宗,比利时 6 宗,法国、荷兰各 2 宗,意大利、丹麦、瑞典及国际联合会各 1 宗。铁道部和交通部也分别开列了所经管的无确实担保外债清单。11 月 15 日,国民党政府在南京召开各国债权人代表会议,宣布将还本付息逾期之"外国正常签订各项债务,早日为之整理结束",为此划拨一定数目的关税和铁路收入为整理债务基金,并逐年增加。在铁路收入尚未稳定之前,以关税为主。国民党政府保证"将在 30 年清偿毕列入整理的债务"。② 1932 年,铁道部外债司制定了《整理各铁路债务计划草案》,对各路(包括东北铁路)债务进行了初步清理。截至 1931 年年底,全国铁路共欠外债 121762 万元。扣除日占东北各路 14531.3 万元,关内各路共欠 107230.7 万元。其中照常还款或有办法还款、无须另行整理的 21007.4 万元,无力还本付息、需要铁道部单独或协同整理的达 86223.3 万元。铁道部准备对这部分外债逐一整理。③ 1934 年 2 月 27 日,财政部鉴于实行关税自主后,关税收入上升,拟将整理基金数额从 1930—1932 年

---

① 不过迫于社会各界的强烈反对,国民党政府也不得不提醒外交部、财政部、财政整理会等机构,在同日本交涉债款整理、偿还问题时,"应切实注意"国民党对外政策第四、第六两条之规定,即前述胡汉民所提"中国所借外债当在使中国在政治上、实业上不受损失之范围内保证并偿还之";"中国境内不负责任之政府,如贿选窃借之北京政府其所借外债,非以增人民之幸福,乃为维持军阀之地位,俾得行使其贿买、侵吞、盗用此等债款,中国人民不负偿还之责任"(《财政部关于整理中日债务原则致财政整理会笺函》,见财政科学研究所、中国第二历史档案馆编:《民国外债档案史料》第 2 卷,第 96 页)。

② 《财政年鉴》(初编),商务印书馆 1935 年版,第 1487 页。

③ 国民党政府交通部档案(二〇)1261,见财政科学研究所、中国第二历史档案馆编:《民国外债档案史料》第 2 卷,第 108—118 页。

每年的 2500 万元,逐步增加到 1933—1940 年的 3000 万元,1948—1957 年达 6000 万元;利息亦参照欧洲战债偿还情形及各国对华债务主张,从 1930—1932 年的 3 厘递增到 1948—1957 年的 5 厘;本息总额达 7 亿元的无确实担保外债最后偿毕期限由原来的 30 年缩短到 28 年。① 蒋介石在全力"围剿"江西中央苏区的同时,也不忘外债整理,1934 年 9 月 18 日在庐山召集会议,并做出决议:"整理外债一层,应请政府就财力所及,尽先办理。"②

尽管国民党政府在整理、偿还无确实担保外债的过程中,已经十分卖力,但西方列强仍不满足。1935 年,趁中国国外面临日本帝国主义急剧扩大的军事侵略,国内陷入严重金融危机,因推行币制改革,急需大量外汇储备和外债支援,进一步施加压力,把整理积欠债款作为向中国提供新的援助的条件,逼迫国民党政府加快外债整理和偿还步伐。1935 年 5 月,来华访问的美国经济代表团团长福勃斯知会蒋介石,除非中国妥善处理积欠债务,否则不可能指望得到美国进一步的援助。③ 同年 9 月,英国政府代表李兹罗斯来华进行关于对华贷款和中国币制改革的谈判,也向财政部长孔祥熙指出,中方对整理诸如津浦铁路借款等债务做出实际的安排,并保证将对其他债务的整理进行谈判,是英国对华提供新贷款

① 国民党政府财政部公债司:《整理无确实担保外债意见书》,见财政科学研究所、中国第二历史档案馆编:《民国外债档案史料》第 2 卷,档案出版社 1991 年版,第 122—126 页。

② 《蒋介石关于巩固对外信用利用外债案致国民政府文官处密函》,见财政科学研究所、中国第二历史档案馆编:《民国外债档案史料》第 2 卷,档案出版社 1991 年版,第 131—132 页。

③ 《美国对外关系文件》(Foreign Relaitions of the United State),1935 年第 3 卷,华盛顿 1953 年版,第 761 页;转见马金华:《中国外债史》,中国财政经济出版社 2005 年版,第 315—316 页。

的前提条件。① 11 月 4 日,李兹罗斯又致函财政部长孔祥熙,指责津浦铁路每年有盈利 300 万元,而不以偿债务。② 10 月 17 日,美、英、法 3 国驻华使馆就 1911 年湖广铁路四国银行团借款发出联合照会,要求中国对该债欠款进行整理;12 月,美国国务院又多次向中国驻美大使施肇基提出,必须对 1919 年芝加哥大陆商业银行借款进行整理。③ 如此等等,不一而足。国民党政府面临的外交和国际压力愈来愈大。

在列强的强大压力下,国民党政府自 1935 年后,进一步加快了整理和偿还外债的进度,同时也开始了国民党政府同外国资本集团和列强各国政府之间艰难、曲折的交涉、谈判。津浦铁路借款整理、偿还办法的确定,是典型例子。在李兹罗斯致函后的第 7 天,孔祥熙即同铁道部长商量提出了津浦铁路借款的整理方案:(一)未偿本金另换新债票,自 1936 年 1 月起息;(二)债票利息在 1936、1937 年份,付 2 厘半,1938、1939 年份,付 3 厘半,1939、1940 年份起,付 5 厘,由财政收入项下拨付;(三)本金自 1936 年起,分 30 年还清,第一年以津浦铁路现金总收入的 1% 作为还本准备,以后按照总收入收数,另行增加比例;(四)以前欠息,一概取消;(五)1941 年 1 月 1 日起,利息以关税作保。李兹罗斯和英国资本集团见国民党政府软弱可欺,更加得寸进尺。1936 年 1 月 6 日,李兹罗斯答复"伦敦持票人会"的意见,一方面表示基本同意整理

---

① 《英国外交政策文件》(Documents on British foreign policy),第 2 辑第 20 卷,伦敦 1984 年版,第 622 页;转见马金华:《中国外债史》,中国财政经济出版社 2005 年版,第 316 页。

② 张家璈著:《中国铁道建设》,杨湘年译,商务印书馆 1946 年上海初版,第 101 页。

③ 《美国对外关系文件》(Foreign Relaitions of the United State),1935 年第 3 卷,第 765、652—654、658 页;转见马金华:《中国外债史》,中国财政经济出版社 2005 年版,第 316 页。

方案中关于债票利息和还本办法,但又强调,欠息不能取消,只能作为"暂记",俟将来铁路收入足敷付息时,再另行讨论办法,而且"如路局收入增加时,仍需将利息补足五厘";息金则不仅须以关税作抵,且"其担保程序须列相当地位"。他又以"顾全债权人之不惜牺牲"及"保障债权"为名,无理要求设西籍副局长 1 人,总工程师、总会计师各 1 人,并设一"顾问委员会",俾持票人代表参加监察铁路财政状况,企图直接掌控铁路经营大权。如此赤裸裸的经济扩张和侵略图谋,铁道部觉得"条件过苛",难以接受,与英德银团代表"往返磋商"。不过最后所订办法,虽未接受设西籍副局长、总工程师、总会计师及债权人"顾问委员会"等要求,但在还本付息及其基金准备方面,不得不做出新的让步。如由原来的取消过期利息,改为由持票人放弃 4/5,又逐年增加津浦铁路现金收入的拨付比重,1940—1942 年每年拨付 1%,1943 年拨付 1.5%,1944 年拨付 2%,以后每年递增 0.5%,迨 1970 年拨付 10%,自1971 年起,每年拨付 12.5%,直至本息偿清为止(但中国政府保留提前还本之权);还款基金方面,还本付息虽悉由津浦铁路收入项下拨付,但另由财政部饬令海关,"凡遇铁路收入不敷支付整理案息金时,由海关余款担保补足之"[1],由此形成铁路进项和海关税收双保险,以保证外国资本集团的利益万无一失。

　　陇海铁路债务的整理、偿还是另一典型例子。津浦、道清两路债务整理办法公布后,比、法、荷三国公司迭次向国民党政府交涉,要求援例办理,并提出方案。最初比利时公司提出还本定为 35年,头 10 年付息不还本,前 5 年可将息率减为 2 厘半,后 5 年付 5

　　① 参见张家璈:《中国铁道建设》,杨湘年译,第 101—102 页;财政部财政科学研究所、中国第二历史档案馆编:《民国外债档案史料》第 3 卷,档案出版社 1991 年版,第 367—368 页。

厘,第11年起开始还本,付利5厘;积欠利息,减折偿付,给予无利小票,俟还本付息后有余时,再行拨付。对此铁道部提出的条件为:积欠利息全免;本金自第11年起,匀分70年摊还;新利第1年起为1厘半,以后每隔2年加半厘,加至4厘为止。比公司提出修改条件为:积欠利息全免照办;本金自11年起匀分30年摊还,如路款充裕,应将还本百分比率提高;新利自第1年1厘半起,每隔1年加半厘,在最初6年中,如路款有余,应加至3厘。铁道部又提议,还本改为自第11年起,匀分40年;新利第一二年为1厘半,以后即照比公司每隔一年加半厘,加至4厘为止,第7年起永定为4厘。比公司对此方案尚不能接受,铁道部只得再做让步,改为第1年付息1厘半,以后每年递增半厘,至4厘止,第6年起即照4厘付息;本金分35年偿清。谈判时比公司又提议,鉴于陇海铁路债票市价甚低,若价格相宜,不如以还本之款,在市场收购,则将债额早日减少,于债权、债务双方都有利。铁道部深以为然,于是将其加入整理办法。最后于1936年8月25日达成协议:自1936年7月1日起,第1年付息1厘半,至1941—1942年止,付至最高年息4厘,以后概给4厘;自1947年7月1日起,每年以平均数额的款项,还本付息,最多分35年偿清。每年所规定之数,尽先付息,余以还本;如遇债票市价等于或高于面值时,还本以抽签行之。如票价低于面值,则由借款经理人商同中国政府代表,向市场收购,但如应偿债票不能在市场上收购,则由借款经理人刊登广告,向报价最低者收购,以每年规定还本金额全数用尽为度;1936年7月1日以前欠付过期利息,全数取消。① 与津浦铁路债务整理办法相比,陇海铁路债务整理办法对债务人相对有利。之所以如此,乃因

---

① 张家璈:《中国铁道建设》,杨湘年译,商务印书馆1946年上海初版,第111—112页。

该路债款数额巨大,而经营状况恶劣,收支相抵,所余无几,偿还能力极低,必须债权人做出特别让步,债款整理方有希望。

其他各项外债的整理,也都是在列强压力下进行,虽经"往返磋商",讨价还价,但"弱国无外交",最后大多以国民党政府的退让妥协告终。

1929—1937年间,国民党政府整理、偿还的清政府、北洋政府遗留外债,计有财政部、铁道部会同整理的债务4宗(同类首借款和续借款合为1宗计),财政部整理的债务11宗,交通部整理的债务20宗,铁道部整理的债务14宗,合计49宗。[①] 主要和重大借款的整理及清偿概况见表5-19。

表5-19 清政府、北洋政府遗留外债整理情况一览表

旧债名称	借款年月	债款额		年利率（%）	整理概况	
		发行额	实收额		整理时间	整理、偿还办法提要
福公司道清路借款	1905.7	英金80万镑	英金72万镑	5.0	1936.5.5	旧债本息偿付多有拖延。新法规定自1936年7月1日起,27年内还清,欠付利息4/5取消,余1/5换发无利新票,自本金还清后,开始偿付;新定利率,1936—1938年为2厘半(如道清现款余裕,则增加付息为不愈5厘),此后为5厘。

① 据《国民政府整理内外债委员会整理外债报告书》(国民党政府财政部档案三②/1897),见财政部财政科学研究所、中国第二历史档案馆编:《国民政府财政金融税收档案史料(1927—1937年)》,中国财政经济出版社1997年版,第205—215页统计。

旧债名称	借款年月	债款额		年利率（%）	整理概况	
		发行额	实收额		整理时间	整理、偿还办法提要
广九路英金借款	1907.1	英金150万镑	英金141万镑	5.0	1937.6.1	旧债本息均未照付。新法规定,尽50年最高期限偿清本金;前20年利率为2厘半,如该路纯利超过20万元时,利率可相应增高,但不得超过5厘;该路每年拨出50万元,作为偿还基金。
津浦路英德借款	1908.4	英金500万镑	英金500万镑	5.0	1936.2.25	旧债本息偿付多已延付。新法规定,1936—1938年3年间,每年付息2厘半,1939年起恢复原定5厘利率;以往欠息由持票人放弃4/5,其余1/5换发无利小票,自1931年起,分20年摊还;1940年起还本,预计40年还清;应还各款由津浦铁路进款项下拨付,如有不敷,由财政部担任,以关税余款补足。
平汉铁路英金借款	1908.10	英金500万镑	英金470万镑	5.0（1923.10.5后4.5）	1929.9.18	旧债自1925年后每有欠付。1929年9月18日财政部长发表宣言,从盐税划拨1000万元,嗣增至1300万元,专为拨付该债等的本息之用。至1934年9月,所有欠付本息,悉数补还。此后按期照付。
津浦路英德续借款	1910	英金480万镑	英金480万镑	5.0	1936.2.25	整理办法同津浦路英德借款。

旧债名称	借款年月	债款额		年利率（%）	整理概况	
		发行额	实收额		整理时间	整理、偿还办法提要
湖广铁路四国银行团借款	1911.6	英金600万镑	英金570万镑	5.0	1937.4	旧债英法美德各占1/4,本息延欠颇多。新法规定,1937—1938年旧债利率2厘半,以后5厘,由铁路纯益拨付,盐税担保,1941年起增加关税担保;1941—1975年为还本期,按颁发各经理银行还本表办理,由该路纯益拨付,不足则由财政部经收租税中补充;欠付利息的4/5,无条件取消,1/5换发无利小票,利率由原定5厘改为单利1厘,1942年开始偿还,20年内还清。
克利斯浦五厘英金借款	1912.9	英金500万镑	英金475万镑	5.0	1934	1929年后偿付中段。新法订自1935年起,每年还本两次,迄1940年补偿完竣,再行恢复常态。
津浦铁路德华银行垫款	1912	英金67.8万镑	英金67.8万镑	7.0	1936.11	旧债本息久未付还,截至1935年年底结欠本息1197563镑。新法厘定,以90万英镑作为本金;以前利息一律免计,1936年10月1日起3年内免利,自第4年起,3厘行息;前3年内每年偿还10万镑,自

旧债名称	借款年月	债款额		年利率（%）	整理概况	
		发行额	实收额		整理时间	整理、偿还办法提要
津浦铁路德华银行垫款	1912	英金67.8万镑	英金67.8万镑	7.0	1936.11	1935年10月1日起,未还本金80万镑,以3厘计息,津浦路每年付5万镑,并出预期票由铁道部担保偿付;在抵押未发行债票中提出67.8万镑,改为有效债票,息金由津浦路收入支付,不足时由关税余款补足,本金由津浦路收入项下加拨成数支付,其余债票交还注销。
同成路比、法公司垫款	1913.7	英金770217镑、法金579.85万法郎	英金770217镑、法金579.85万法郎	6.0	1935.5	旧债本息积欠甚巨。新法商定,将所欠本息总数减至四折八五,利率减为按年2厘单息计算,每半年偿还20万元,先还本金,俟本偿清后再付利息,应付款项由铁道部筹拨。
陇海铁路比公司借款	1913.9	英金428.82万镑	英金403.908万镑	5.0	1936.8.25	旧债本息均延期未付。新法订自1936年7月1日起,开始付息,改为年利1厘半,此后每年增高半厘,至1941—1942年4厘止,前5年每年付息一次,自第6年起,1.1及7.1各付息一次;以往欠息全部免除(总计约1.5亿余元),1947年7月1日开始,分35年抽签还本;本息偿还,悉由陇海路净进款拨付。

旧债名称	借款年月	债款额		年利率（％）	整理概况	
		发行额	实收额		整理时间	整理、偿还办法提要
沪枫铁路抵押借款	1914.2	英金37.5万镑	英金34.125万镑	6.0	1935.8	旧债1926年2月后未付,新法订定1935年8月起,由北宁铁路局每月拨付5000镑,作为还本付息基金,预计1942年1月偿清。
中日实业公司扩充电话借款	1916—1926	共欠本金1528.2万日元、72971英镑			1935.1	旧债积欠本息甚巨,除左列本金外,欠息2196.5万日元、46716英镑。新法订定,原欠债款减为本金1632万日元、利息1298万日元;所前项本金内167万日元,以后免息,其余1465万日元按年息6厘单利计算,利随本减,至欠息1298万日元,不再计算;自1935年1月起,由交通部每月摊还8万日元,先还有息本金,次还免息本金,再还欠息及有息本金新生之单利息。
马可尼无线电借款	1918.8	英金60万镑	英金60万镑	8.0	1936.6.15	1929年后本息欠付。新法订定:1936年7月1日—1937年7月1日,利率为1.5厘,此后每年增2毫5丝,至年利3厘,迄满期为止;1936年6月30日前欠付利息,全部免除。自1940年6月30日起,按规定比例、数额偿还本金,至1975年6月30日还清。

旧债名称	借款年月	债款额		年利率（%）	整理概况	
		发行额	实收额		整理时间	整理、偿还办法提要
马可尼无线电报垫款	1918.10	英金170376镑	英金170376万镑	8.0	1934.1.25	旧债除付过4期利息外，其余本息未付。清理合同规定，倘交通部按月归还英金709镑18先令，分240个月，将欠本170276镑全部还清，其间并无拖欠，马可尼公司愿将欠息免还，若有欠付情事，公司仍照原欠总额加息索偿；交通部若能每月如期照付，公司允提出半数专款存储，作为交通部将来续购材料或派遣学生在公司所办学校学习的费用。
整理平绥路东亚兴业会社借款（2次）	1918	日金300万元	日金300万元	9.0	1934.4	旧债因息高期短，路款不裕，只还过80万元，至1933年年底，欠息达日金1199余万元。新法商定，以息不愈本为原则，将欠息减为日金520万元，不再生息；欠本520万元，自1934年1月起，每月偿还日金17400元；利息改按单利年息6厘计算，息随本减，本金偿清后，再依次偿还6厘新息。
	1921	日金300万元	日金300万元	10.0		
道清路购车英金借款	1919.3	英金126839镑	英金126839镑	7.5	1936.5	旧债本息延付颇多。新法订自1936年7月1日起，每年还本4852镑，12年还请，不再付息。

旧债名称	借款年月	债款额		年利率（%）	整理概况	
		发行额	实收额		整理时间	整理、偿还办法提要
费克斯飞机借款	1919.10	英金180.32万镑	英金180.32万镑	8.0	1936.10.15	本息偿付多有延期。整理办法同马可尼无线电借款。
芝加哥大陆商业银行借款	1919.10	美金550万元	美金511.5万元	6.0	1937.4.11	1936年11月1日起,3年内利率2.5厘,1939年11月1日起增至5厘;发行两种无息小票,一为1921年5月1日—1936年11月1日的6厘欠付利息的1/5,二为1936年11月1日—1939年11月1日的年利2.5厘,及其后5厘的1/5;1942年11月1日起,按规定比数偿还旧债本金及小票,1954年11月偿毕。
太平洋开发公司借款	1919.12	550万元	500.5万元	6.0	1937.6	1937年7月1日发行新债券490万元,换回旧债券550万元;过去延欠利息,无条件取消,原订契约失效;新债利率,1938年2厘,此后每年递增半厘,迄1942年达4厘止;每年1月1日及7.1付息2次;自1942年起,每年7月1日还本一次,至1954年偿毕。
陇海铁路比金库券	1920.5	13774.3万法郎	12283.6万法郎	8.0	1936.8.25	整理办法同1913年9月陇海铁路比公司借款。

旧债名称	借款年月	债款额		年利率（％）	整理概况	
		发行额	实收额		整理时间	整理、偿还办法提要
陇海路荷金库券	1920.5	荷金3148.3万弗洛林	荷金2787.47万弗洛林	8.0	1936	新法将零星垫款73.3万弗洛林一起加入，作为本金，其余同1913年9月陇海铁路比公司借款。
道清路清孟支线英金借款	1920.10	英金120742镑	英金120742镑	5.0	1936.5	旧债本息多已延付。新法订自1936年7月1日起，每年还一次，数额为10063镑，12年还清，不再给息；过去延付本金以年利3厘起算。
东亚兴业会社有线电报工程费垫款	1920.2	日金1022万元	日金1022万元	9.0	1934.11.1	旧债积欠利息，至1934年已超过本金。新法决定，积欠本利减至一本一利；欠息不再起息，本金以每年单利6厘计算，利随本减；先还本金，本金还清后再付利息；每年由交通部偿付日金7万元，约计29年本利偿清。
陇海路比金借款	1925.1	法金2125法郎	法金1997.5法郎	8.0	1936.8.25	整理办法同1913年9月陇海铁路比公司借款。
陇海路比公司借款	1925.1	银元500万元	银元500万元	8.0	1936.8.25	原系短期借款，应于1930年还清，嗣因财政支绌，迄未偿还，一并归入1936年整理办法，1939年应付利息20万银元。

资料来源:据《国民政府整理内外债委员会整理外债报告书》(国民党政府财政部档案三②/1897)，见财政部财政科学研究所、中国第二历史档案馆编:《国民政府财政金融税收档案史料(1927—1937年)》，中国财政经济出版社1997年版，第205—215页。中国联合准备银行调查室编:《中国内外债详编》(中国联合准备银行1940年刊行)各页;张家璈著、杨湘年译:《中国铁道建设》，上海商务印书馆1946年初版，第101—115页综合整理编制。三资料详略互补，有出入部分从整理内外债委员会报告书。

表列各类整理、偿还的外债26宗,数量只占已整理外债的一小部分。不过除了一直依约偿还本息,如1898年英德续借款、1899年北宁路英金借款、1913年善后借款、1922年胶济路日金库券(利息均按期照付,惟本金迄未归还)等,无需特别整理,其他数额较大的债款,已基本包括在内。从整理时间看,大部分在1935年列强各国全面施压和国内金融恐慌爆发后,26宗外债中,1935—1937年整理的有20宗,占总数的76.9%。至于整理办法,由于不同债项分别谈判,加上不同债款的性质、用途、契约条件、本息拖欠程度以及债务人的收益状况、偿还能力等,互有差异,具体方法不尽一致。如拖欠利息,有的全部无条件取消;有的改为"暂记",如债务人经济状况好转,仍需偿还;有的由债权人放弃4/5,由债务人偿还剩余的1/5;也有的仅减免超出本金数额部分,谓之"一本一利"。剩余本息所衍生的利息,利率也有高有低,以及单利复利之分。有的利率较低,并明确以单利计算,有的利率较高,且未载明单利,不排除仍以复利计算,大大加重了债务人的负担。偿款基金及担保也各有不同。个别债款还明确列有对债务人的奖惩条件和内容,迫使借款人按期还本付息。部分债款由于拖欠数额庞大,或债务人经济状况极差,根本无法在短期内还清,只得换发新的债券,如道清路借款(1905)、广九铁路英金借款(1907)、津浦铁路德金借款(1910)、湖广铁路四国银行团借款(1911)等,欠付利息,均换发新的无利小票,从旧债中,又衍生出多宗新债。不同债款整理方法、减让程度上的差异,除各宗债款本身及相关条件、情况互不相同外,也从一个侧面反映出债权、债务双方力量对比上某些细微的差别。

另外,从表中还可发现,在债款本息偿还办法的处理、特别是利息减让方面,后期和前期相比,有某些变化。1934年以前整理的债款,不论原定利率多高、积欠本息数额大,本息全无减让,即使欠息数额十分庞大,也只能减至利不愈本,即所谓"一本一利"。这既给借款人造成难以承受的经济负担,也不符合当时特别是资本主义世界经济危机期间的国际惯例和趋势。① 有鉴于此,1934年2月国民党政府财政部拟定的《整理无确实担保外债意见书》,参照欧洲战债偿还情形及各国对华债务主张,首次提出偿还旧债的利率及递增标准,即1930—1932年为3厘;1933—1940年3.5厘;1941—1947年4厘,1948—1957年5厘。② 经过反复交涉和谈判,1935年后整理的债款,大多免除或减轻了积欠利息,降低了待偿本金的利率,而且起息率和递增后的最高利率,大多比财政部拟定的标准低。部分债款由此减免积欠的本息数额颇为可观,如陇海路各项借款削让利息约合国币15900余万元;津浦路德华银行垫款整理,减轻负担2000余万元;广九铁路借款和同成铁路垫款,分别减轻负担800余万元和1500余万元,等等。③ 到1936年年底,已经整理的49宗外债,总计免让债额、欠息约合国币35700余万元,加上1937年4月整理的湖广铁路四国银行团借款,减让利

---

① 当时一般国际惯例是,整理旧债,类皆减轻利率,延长年限。如第一次世界大战后,比利时对美国债务,分62年偿清,战前债务全免利息;英国及芬兰等国利息,最初10年间为年息3厘,以后加至3.5厘;意大利同美国交涉偿还战债办法,自拟利率为1.25厘递增至3厘为止,等等(国民党政府财政部公债司:《整理无确实担保外债意见书》,见财政科学研究所、中国第二历史档案馆编:《民国外债档案史料》第2卷,档案出版社1991年版,第125—126页)。

② 国民党政府财政部公债司:《整理无确实担保外债意见书》,见财政科学研究所、中国第二历史档案馆编:《民国外债档案史料》第2卷,第126页。

③ 《国民政府整理内外债委员会整理外债报告书》,见财政部财政科学研究所、中国第二历史档案馆编:《国民政府财政金融税收档案史料(1927—1937年)》,中国财政经济出版社1997年版,第206、214页。

息 1735885 英镑①,约合国币(法币)28757828 元②,两共 38575 万余元。这在一定程度上减轻了债务人的还款负担。

经过这次大规模的外债整理,到 1937 年 7 月前,国民党政府已偿还外债共约 2.75 亿美元,约合法币 8.25 亿元,平均每年偿还外债 1 亿元左右。当时积欠西方国家的债务已经剩余不多。按照国民党政府财政顾问陈瑟·恩·杨格的说法,如果不是由于日本全面侵华战争的干扰,这些旧债,"除去日本的债权因日本侵略满洲和华北而缓议外,其他都是不久即可清偿解决的"③。

(二)举借新债

国民党政府整理旧债的一个重要目的是恢复和提高债信,引进外债,为举借新债铺路。经过数年特别是 1935—1936 年间的大规模外债整理,国民党政府的债信和国际声誉明显提高,外债债券在伦敦交易所市价的升降,从一个侧面反映了这种变化。表 5-20 所列 10 种债券中,绝大部分在 1932—1937 年间,交易价格明显升高,升幅大的达 2—5 倍,个别的已接近或超过面值。这就为国民党政府广泛寻求贷款创造了有利条件。同时,由于 1931 年"九一八事变"的爆发、东北的沦陷、随之而来的全国经济恐慌,以及对工农革命根据地的大规模军事"围剿"、对日本急剧扩大的武装侵略的防御做准备等原因,国家财政税收来源缩小,而开支大幅度增加,更加急需外债支援,外债数量亦因此而迅速扩大。

---

① 张家璈:《中国铁道建设》,杨湘年译,商务印书馆 1946 年上海初版,第 106 页。

② 按 1936 年汇率,1 英镑 = 16.57 元法币折算。

③ [美]阿瑟·恩·杨格:《1927 至 1937 年中国财政经济情况》,陈泽宪等译,中国社会科学出版社 1981 年版,第 155 页。

表 5-20 中国外债债券伦敦市价表(年平均价)

1932—1937 年　　　单位:英镑;票面:100 英镑

债券类别	外债名称	1932	1933	1934	1935	1936	1937
关税债券	善后借款 (1913)	64.21	82.88	94.51	93.89	91.16	86.53
	中法借款 (1925)*	91.94	93.06	89.84	95.30	95.47	93.20
	英德续借款 (1898)	89.54	99.32	101.62	102.09	101.68	97.52
盐税债券	克利斯浦借款 (1912)	40.00	52.74	72.84	81.92	88.64	78.46
	英法借款 (1908)	62.40	79.55	93.92	98.41	98.48	97.00
铁路债券	湖广铁路借款 (1911)	26.35	16.21	24.75	28.45	50.61	55.73
	道清铁路借款 (1905)	—	10.70	28.01	29.02	52.29	67.66
	津浦铁路借款	12.18	18.25	33.08	29.56	46.39	54.61
	京沪铁路借款 (1903)	35.49	41.27	67.92	76.63	73.04	68.01
	陇海铁路借款 (1913)	5.00	8.25	11.00	11.50	16.00	20.00

* 票面额为 500 美元。

资料来源:据中国联合准备银行调查室:《中国内外债详编》(中国联合准备银行 1940 年 6 月刊行),附表 2:"外债债券近年来市价表"(一)——(四)综合整理编制。

1. 新借美债

美国一直是国民党政府举债的主要对象。在 1930 年以前,国民党政府所借到的美债主要是首都自动电话借款、上海自动电话借款、武汉自动电话借款等。1930 年后国民党政府所借最重要的三笔大借款，即 1931 年的美麦借款、1933 年的美棉麦借款和 1936 年的中德易货信用借款。前两笔都是来自于美国。

首都自动电话借款合同是国民党政府交通部与美国自动电气公司于 1928 年 11 月签订，所欠订购美方电话机器及材料款约 58.4 万美元，待总机装竣后分批付给，并按年息 8 厘计算。后因未能按期缴付，又于 1935 年 2 月另订整理原借款合同，减低利率为年息 5 厘，将截至同年 1 月积欠本息 46.3 万多美元，确定自 8 月 31 日起分 113 期归还。[①] 上海自动电话借款合同是国民党政府交通部与美国自动电气公司于 1929 年 6 月签订，所欠订购美方电话机器及材料款约 48.45 万美元，待总机装竣后分批付给，并按年息 7 厘计算。后因未能如约缴付，又于 1935 年 2 月另订整理原借款合同，减低利率为年息 5 厘，将截至同年 1 月积欠本息 50.3 万多美元，确定自 2 月起分 112 期归还。[②] 武汉自动电话借款合同也是国民党政府交通部与美国自动电气公司于 1929 年 6 月签订，所欠订购美方电话机器及材料款约 78.7 万美元，待总机装竣后分批付给，并按年息 7.5 厘计算。[③]

1931 年，因长江流域大水灾，国内粮食缺乏，经宋子文提议，国民党政府向美国中央农业委员会求援，后来订立《美麦借款合同》。该合同先由中国财政部与美国农商部议定条件，后由中国外交部照会美国驻华大使正式承认。其主要内容为：中国政府向

---

① 财政科学研究所、中国第二历史档案馆编:《民国外债档案史料》第 10 卷，档案出版社 1991 年版，第 3—10 页。

② 财政科学研究所、中国第二历史档案馆编:《民国外债档案史料》第 10 卷，档案出版社 1991 年版，第 16—23 页。

③ 财政科学研究所、中国第二历史档案馆编:《民国外债档案史料》第 10 卷，档案出版社 1991 年版，第 25—30 页。

美国粮食平价委员会购买美麦或面粉45万吨,美麦自同年9月至1932年3月分批起运。麦价共约921.3万美元,作为借款,年息4厘,每年6月底和年底付息两次,麦款自1934年至1936年分三次还清,每次付1/3。指定关税5厘水灾附加税为还本付息的担保。[①]此项借款收入,在当时名为赈济水灾,实际上很大一部分被用于蒋介石"围剿"红军的开支;对于当时正困于经济大危机的美国来说,以剩余物资作为资本输出国外,也可以减轻其国内的农业危机。

1933年4月,国民党政府因发动对江西中央苏区的第四次"围剿"等,军费开支很大,财政十分困难,派宋子文再次赴美,为国民党政府寻求新的贷款。由于美国新订《约翰法案》,当时中国没有清偿借美之款,按照此法案规定,中国属于"不得再贷借"之列。因而宋子文"只借得彼邦过剩之棉麦而归"。这就是1933年5月成立的"美棉麦借款"。在此之前,国内工商界听闻政府欲赊购美国"过剩之棉麦"冲击国内市场,无不极力反对。上海中华棉业联合会、上海棉花号业同业公会、上海面粉业厂业同业公会、江苏全省农村协进会、上海市商会、安徽旅沪同乡会、湖南全省商联会、北平市商会、广州市商会、全国商会联合会等都分别致电国民党政府行政院,认为现在国内存棉较多,粮食"收获尚丰,粮价惨落",赊购大量美国棉麦,将大大影响中国农民、棉商、面粉业者生计,因而反对此项借款;国民党西南执行部、国民政府西南政务委员会、上海市政府等也致电国民党中央党部和国民政府,明确指出,美国棉麦"运华倾销,则国产粮价必更惨落,影响本国农民经

---

① 财政科学研究所、中国第二历史档案馆编:《民国外债档案史料》第10卷,档案出版社1991年版,第111—117页。

济极为重大,实有慎重考虑之必要"①。然而,国民党政府不顾朝野的反对声浪,仍然于1933年10月与美国金融复兴公司签订《美棉麦借款合同》。美棉麦借款是由美国金融复兴公司贷给中国政府5000万美元,规定其中4000万美元用于购买美国棉花,1000万用于购买美国小麦,规定所购棉麦只能在中国销售,以免冲击世界棉麦市场。运华销售所得金额,统归国民党政府支配。合同载明,借款分五次偿还,五年还清;年息5厘,每半年付息一次。该项借款以中国国内货物统税为第一担保,以海关救灾附加税为第二担保(此项附加税必须等归还美国粮食平价委员会全部债务后,方能移用)。由于中国农业正值丰年,美国棉麦在中国销售时遇到很大困难,国民党政府不得不要求美国政府减少债额,后来实际债额为1708万多美元。据有关档案资料记载,来华美棉共159536包,合998万多美元;美麦323080吨,合600万美元;美粉338000桶,合110.5万美元,三项美国物资售价共计1708.6万美元。② 国民党政府在美棉麦借款所得款项中,用于统制全国金融的约占40%,用于反共军事的约占36%,而直接用于国内经济建设的则很少。这一借款与上一借款相似,使蒋介石获得了"剿共"的军费,也使美国推销了一大批剩余农产品,转嫁了部分危机,并获得了极大的经济利益。但是这一借款使得中国国内棉麦价格受到严重冲击,农民生活更加困苦;而且由于借款实际利率高达8.63厘还多(按合同规定年息5厘,但加上运输、保险及其他费用,等于增加利

① 中国第二历史档案馆编:《中华民国史档案资料汇编》第五辑第一编,财政经济(三),江苏古籍出版社1991年版,第233—243页;财政科学研究所、中国第二历史档案馆编:《民国外债档案史料》第10卷,档案出版社1991年版,第120—128页。

② 财政科学研究所、中国第二历史档案馆编:《民国外债档案史料》第10卷,档案出版社1991年版,第136—165页。

息3.63厘),所以它对中国的社会经济所起的作用是消极有害的。

1934年国民党政府加速整理外债后,预期其后将出现"大宗外资输入",宋子文、孔祥熙、宋子良等决定成立"中国建设银公司",规定公司的"使命"是经理欧美各国对华投资活动,并把经营铁路投资作为一项主要任务。美国垄断资本也一再宣传"中国的最大需要是铁路",并派遣由国际贸易巨头和铁路技术专家等组成的"中国经济调查团",到中国考察市场情况和修建铁路的前景。国民党政府对美国调查团提出,希望美国援助修建:(1)从粤汉线某地"通往物产丰饶、人口众多的四川成都的铁路";(2)"横贯贵州,通往以产锡著名的云南省的铁路",还要从这条铁路"向南分歧,修筑一条穿过广西到达海口的铁路";(3)从广西南宁"通往一个能够成为深水良港的地点"的铁路。广西军事长官李宗仁向美国使团提出,贷款修建"连接省会南宁和矿区、海岸,直抵钦州"的铁路,"并答应给予采矿让予权,以及在贷款清偿之前对该铁路的有效管理权,还包括钨和锡出口专利权"。① 后来美国华盛顿进出口银行总裁告诉国民党政府:因"美商在平绥、平汉等路购车垫款未能到期偿付,故对于中国各铁路不论垫款借款,几全停止","中国铁路如欲利用美国资金","当与商谈先从最近向慎昌、安利订购机车20辆价款做起,价款期票由进出口银行贴现,由中国银行担保,期票利息六厘,三年为期"。国民党政府认为美国是"世界财力最富"之国,"此次机车料价虽为数不多,而实属恢复美国投资中国(铁路)之起点"。② 后因日本全面侵华战争爆发,国

---

① 宓汝成编:《中华民国铁路史资料(1912—1949)》,社会科学文献出版社2002年版,第811页。

② 宓汝成编:《中华民国铁路史资料(1912—1949)》,社会科学文献出版社2002年版,第812页。

民党政府吸引美国大量贷款投资中国铁路的计划搁置。国民党政府财政顾问阿瑟·恩·杨格认为:"如果不是战争的来临阻碍这些投资协议开花结果,中国的铁路是会大见扩展和改进的。"①

2. 新借德债

国民党政权在军事上仿效德国,从南京国民党政府成立之初就聘请了一批德国军事顾问训练部队,后来希望进一步发展中德军事经济合作,与希特勒政府关系密切。② 国民党政府在 1929 年 1 月做出了限期完成粤汉、陇海等铁路的计划;与国民党政府建都南京相适应,国民党政府把铁路建设的重点放在长江以南,准备建成一个以南京为中心的铁路交通网。而在 1929 年开始的世界经济危机中,德国生产资料的生产急剧下降,德国垄断资产阶级为了谋求出路,刺激生产,曾经于 1930 年派出经济考察团到中国东北活动。经过考察,德国主动表示愿意以借款名义投资 4000 万元,"协助"东北地方当局修建(1)通辽—洮南—齐齐哈尔—黑河;(2)吉林—穆棱—依兰;(3)葫芦岛—赤峰—多伦这三大干线铁路系统。1931 年"九一八事变"以后,德国无法在东北继续活动,就把活动重点地区转到长江流域。1934 年,德国奥托·沃尔夫公司在与国民党政府商定合作举办铅、钨等采矿业的同时,又与中国银行和铁道部签订《玉山南昌铁路合同》,由奥托·沃尔夫公司向中国铁道部提供修建浙赣铁路的车头、车辆、路轨、桥梁等铁路材料,价值 800 万元,作为奥托·沃尔夫公司对国民党政府提供的借款,年息 7 厘,期限 4 年半,以玉山—南昌铁路的车辆、材料及盈余等

① [美]阿瑟·恩·杨格:《1927 至 1937 年中国财政经济情况》,陈泽宪等译,中国社会科学出版社 1981 年版,第 357 页。

② 详见中国第二历史档案馆编:《中德外交密档(1927—1947 年)》,广西师范大学出版社 1994 年版,第 1—28 页。

为担保品。① 1936 年 2 月,德国奥托·沃尔夫公司又按照同样办法与国民党政府铁道部签订了《浙赣路南萍段借款协定》,由德方提供 1000 万元法币的材料垫款,年息 7 厘,期限 6 年,用于中国完成南昌—萍乡段铁路。② 国民党政府利用这些材料借款修建浙赣铁路,主要是为进行反革命"围剿"的迫切需要服务;德国利用浙赣铁路,除了扩张其在华势力以外,也为了便利其购运中国江西、湖南等省的有色金属。南京政府还与德方初步商妥,俟浙赣铁路修成,再接着商议赣闽铁路(江西上饶经南平至福州)的借款。日本认为国民党政府此举侵犯了其"势力范围",一再施加外交压力,德国只得对日本让步,赣闽铁路计划流产。德国垄断资产阶级另一组织——西门子公司所代表的联合钢铁出口公司,也与国民党政府铁道部进行整理平汉线借款和关于开筑湘黔铁路的材料借款的谈判,结果于 1936 年 11 月,国民党政府与德国奥托·沃尔夫公司、联合钢铁出口公司、爱森钢铁公司和克虏伯钢铁厂等达成总价值为 4000 万元法币、年息 6 厘的材料借款合同。该合同规定,其中 1000 万元用于修理平汉铁路黄河铁桥,3000 万元用于开筑湘黔铁路(预定从湖南株洲经湘潭、新化到贵阳,后因日本全面侵华战争爆发,工程半途而废)。③ 总计从 1934—1936 年 3 年间,德国资本在中国得到的铁路权益,就长度计,有 2000 公里,路线从中国东海岸的杭州,向西穿越浙、赣、湘、黔等省,直达西南重镇贵阳。

曾以德国工业集团领袖资格与苏俄进行大规模贸易的德国实

---

① 财政科学研究所、中国第二历史档案馆编:《民国外债档案史料》第 10 卷,档案出版社 1991 年版,第 259—271 页。

② 财政科学研究所、中国第二历史档案馆编:《民国外债档案史料》第 10 卷,档案出版社 1991 年版,第 325—333 页。

③ 财政科学研究所、中国第二历史档案馆编:《民国外债档案史料》第 10 卷,档案出版社 1991 年版,第 392—396 页。

业家沃尔夫(Otto Wolff),在与国民党政府签订《玉山南昌铁路合同》后不久,又提出《发展中德贸易意见书》,建议"两国通力合作,互济供需",认为"德国工业发达,技术进步,对于中国建设所需之机器及其他生产工具均有供给之能力","中国所欠货债不难以交换方法抵还之。中国可以供给多种德国所需之物,如桐油饼、饲料,若干种矿物如锡、钨等"①,初步提出了易货偿债的设想。1935年,德国政府代表克兰(Hans Klein)为蒋介石筹划设立"实力中心点"组织的建议书中也提出,由德国提供机器设备,中国"以农矿原料抵偿"的设想。② 这一设想得到国民党政府的重视,蒋介石发手令要求资源委员会秘书长翁文灏负责组织中德易货机构,在蒋介石亲自过问下,翁文灏等详尽讨论了有关细节问题,为易货偿债做了较为充分的准备。③ 1936 年 4 月,德国政府与国民党政府签订《中德易货信用借款合同》,规定德国政府给予中国政府以货物信用借款 1 亿马克,中国可用来购买德国工业品(其中主要是军火武器和工业设备),并以农、矿产品(主要是德国重整军备急需

① 中国第二历史档案馆编:《中德外交密档(1927—1947 年)》,广西师大出版社 1994 年版,第 200—201 页。据该书第 201 页,此意见书写于 9 月 7 日(可能是 1934 年),国民党资源委员会统计处少将处长孙拯对该意见书的研究报告写于 1935 年 2 月 6 日。但是周建明《民国时期的中德贸易(1919—1941)》(载于《中国经济史研究》2007 年 1 期)披露:1934 年 8 月中德双方签订《中国农产品与德国工业品互换实施合同》已规定了易货贸易的具体实施办法。因此,沃尔夫的意见书、孙拯对该意见书研究报告的写作时间及《中国农产品与德国工业品互换实施合同》签订时间,资料记载不完全吻合,本书存疑。

② 中国第二历史档案馆编:《中德外交密档(1927—1947 年)》,广西师范大学出版社 1994 年版,第 151、166 页。

③ 中国第二历史档案馆编:《中德外交密档(1927—1947 年)》,广西师范大学出版社 1994 年版,第 235—243 页。

的钨、锑等特种矿产)随时抵偿。此项借款利息及原料收账利息，双方皆以年息5厘计算，中国未动用的数目不付息。① 此项借款没有规定清偿期限，随时可以延长，也随时可以结束。当时因为害怕引起日本的破坏与干涉，所以有关这项借款的洽谈不是经过正常的外交渠道进行，而是通过军方秘密进行，对外从未公布。据国民党政府财政顾问阿瑟·恩·杨格所引用的1940年外国一学者统计，这笔贷款截至抗战前已达4000万美元。② 按照这一数据，则中德易货信用借款应是这一时期中国最大的一笔外债。

3. 英、法、比等国对华铁路贷款

德国在华势力的急剧膨胀，以及它在中国获取的铁路权益及贷款利益，引起了其他西方国家的嫉妒，特别是因为它所攫取投资利益的铁路线路通过长江流域，更引起英国的不安。英国除了因德国投资的浙赣线穿越英国"势力范围"而向国民党政府提出抗议外，也加紧部署资本攻势。从世界经济危机中逐渐恢复过来的西方各国资本，对于"参加中国铁路建设深感兴趣，极愿投资"，于是出现了各国投资中国铁路的新高潮。1931—1937年间，国民党政府所举借的外债较大者还有向英、法、比等国所借的几笔铁路借款。这与国民党政府标榜要实现孙中山的铁路建设计划亦有密切关系。

当时粤汉铁路的南北两端早已筑成，中间株洲—韶关段却一直没有动工，南京政府决定完成粤汉线。英国以香港为据点，也希望向华中扩张。中英双方商定，用尚余庚子赔款英国部分的2/3充作建筑粤汉铁路的费用。英国还要求在此路1937年全线接通

① 财政科学研究所、中国第二历史档案馆编:《民国外债档案史料》第10卷,档案出版社1991年版,第301—303页。

② [美]阿瑟·恩·杨格:《1927至1937年中国财政经济情况》,陈泽宪等译,中国社会科学出版社1981年版,第413页。

前,粤汉与广九铁路接轨,这个细节也反映了英国亟愿完成粤汉线的用心。1934 年 6 月,国民党政府铁道部与中英庚款董事会签订了 150 万英镑、年息 5 厘的完成粤汉铁路借款合同。[①] 1936 年,英国中英银公司主动提供 110 万英镑、年息 6 厘的完成沪杭甬铁路借款。5 月,该公司、中国建设银公司和铁道部签订了这项借款合同。合同中规定中国政府照借款票面价额八八实收,年息 6 厘,期限 25 年,每半年付息一次;并规定如果"以此项所借之款向外洋订购建筑材料,应尽先向银团所荐之投标商家采购"[②]。同年 12 月,英国怡和洋行、汇丰银行及中英庚款董事会与国民党政府铁道部达成 90 万英镑的京赣铁路(南京—江西贵溪)借款协议,其中借用英庚款 45 万磅,另借怡和机器公司及汇丰银行 45 万镑。[③] 汇丰银行董事长还代表英国政府,通知南京政府:英国愿意提供 1000 万英镑的借款给中国建筑铁路。英国想通过巨额贷款与德国在华势力抗衡。国民党政府随之与中国建设银公司、中英银公司签订了广州—梅县、梅县—贵溪、浦口—襄阳、三水—梧州等铁路借款合同。英商还进行了投资滇缅铁路的试探。[④]

法国长期以来把中国西南地区当做它的"势力范围"。不过,它在第一次世界大战前从中国政府手中得到的铁路投资权益,经过二三十年后都早已处在实际作废的状态。随着日本侵占中国东

---

① 宓汝成编:《中华民国铁路史资料(1912—1949)》,社会科学文献出版社 2002 年版,第 743—746 页。

② 财政科学研究所、中国第二历史档案馆编:《民国外债档案史料》第 10 卷,档案出版社 1991 年版,第 338—346 页。

③ 财政科学研究所、中国第二历史档案馆编:《民国外债档案史料》第 10 卷,档案出版社 1991 年版,第 397—402 页。

④ 宓汝成编:《中华民国铁路史资料(1912—1949)》,社会科学文献出版社 2002 年版,第 804—810 页。

北和德、英等国加紧在华获取铁路权益的活动，法国也用种种口实企图谋求中国西部地区的铁路投资权益。法国在 20 世纪初曾从俄国手中取得正太铁路的投资权益，但根据借款合同，1932 年债款偿清后，法国势力必须从该路退出。法国为了继续保持这一既得权益，在中国即将偿清此项借款前不久，便主动要求提供大同—潼关、太原—大沽这两条铁路的建筑贷款，条件是要以正太铁路的财产和收入作抵押；另外，正太铁路继续任用法国人为车务长，原来正太路上的法国代表改为"总稽核"，仍然留在铁路上。南京政府在法国利诱下，力图与之达成借约，但是由于受到山西地方团体的反对，未成事实。尽管如此，国民党政府仍然允许法国人续任已偿清法国债款的正太铁路的车务长，并任命一法国人为"总稽核"。这样，正太铁路"名为接收，大权仍操诸法人之手"。国民党政府铁道部部长顾孟余因此而受到监察院的弹劾。①

1933 年 3 月，国民党政府铁道部因筑路需料，与法国巴黎工业电机厂签订举借 5000 万法郎的购料借款合同，年息 8 厘②；1935 年，法国巴黎工业公司又向国民党政府铁道部贷放 1000 万元的完成陇海路西宝段借款；同年，以中法工商银行为代表的法国"欧洲企业银团"与中国建设银公司签订合作合同。中国建设银公司为了它自己和法国银团的利益，力图垄断西南地区的铁路权益，提议组织川黔铁路公司，先建筑成渝铁路，然后再确定其他线路。中国建设银公司凭借政治权势，左右铁道部的决策，于 1936 年 2 月以铁道部为一方，中国建设银公司与法国银团为另一方，签订有

---

① 宓汝成编：《中华民国铁路史资料（1912—1949）》，社会科学文献出版社 2002 年版，第 770—772、779—781 页。

② 财政科学研究所、中国第二历史档案馆编：《民国外债档案史料》第 10 卷，档案出版社 1991 年版，第 184 页。

关草约,到年底签署正式合同,其要点有:(1)债额法币3450万元,供作材料价款,年息7厘,期限15年。最初两年半厘支付利息,此后本金分12年半偿清;(2)川黔铁路公司出给期票给予无条件的担保,并给予第三期铁道建设公债1000万元作为期票与商股利息的共同担保,准其自由处置。如有不足时,政府另筹款补足;(3)法国银团向川黔公司推荐工程总稽查、会计稽查各一人,参与工程查账事宜,至合同满期为止;(4)由中法工商银行代表中法实业银行与中国建设银公司投资兴筑成渝铁路,另授予投资贵(阳)昆(明)线的优先权。此后,出现了"川黔铁路公司"这样一种"国家资本"与"公司组织"、"商业化经营"结合的新型铁路经营模式。①

法国银团不仅取得了成渝铁路的投资权,还得到投资贵阳—昆明线的优先权。但是银团无力实现贵昆线的优先权益,而由东方汇理银行、法国滇越铁路公司和巴黎工业公司组成的法国另一资本集团也投入竞争,要求承办贵昆铁路,得到国民党政府的同意。两个法国资本集团为了争夺中国贵昆铁路的权益发生纠纷,后来在法国政府干预下,达成妥协:法国银团扩大组织,让东方汇理银行加入。新法国银团与南京政府签订草约,由法国银团承包贵昆铁路工程,并享有关于工程稽核、会计稽核方面的用人特权。②

1936年8月,国民党政府铁道部通过中国建设银公司,与比利时铁路电车公司签订展筑陇海路材料合同,比利时方面为宝成线工程提供4.5亿比利时法郎、年息6厘的材料贷款。③ 同年11

---

①　财政科学研究所、中国第二历史档案馆编:《民国外债档案史料》第10卷,档案出版社1991年版,第405—427页。

②　宓汝成编:《中华民国铁路史资料(1912—1949)》,社会科学文献出版社2002年版,第798—801页。

③　财政科学研究所、中国第二历史档案馆编:《民国外债档案史料》第10卷,档案出版社1991年版,第366—373页。

月，铁道部为浙赣铁路换轨工程，与捷克钢铁公司达成协议，由捷克方面提供 233 万元关金、年息 6 厘、期限 7 年的材料贷款。[①] 荷兰资本也对中国铁路进行了一些投资。

1937 年，铁路借款高潮仍在继续。在这一铁路借款高潮中，一方面大量外债的筹措，为这一时期中国铁路建设提供了资金；另一方面，西方帝国主义列强在中国划分和争夺"势力范围"的活动，也严重干扰了中国铁路建设的合理规划和发展。后来由于日本全面侵华战争爆发，上述有些借款合同未能执行。各国铁路外债实际起债额及有关年份积欠额可参见表 5‑21。

表 5‑21　中国铁路外债统计

1915—1936 年　　　　　　　　　单位：百万美元

国别	1915—1930 年	1931—1936 年	1925 年	1930 年	1936 年
	实际起债额	实际起债额	积欠额	积欠额	积欠额
各国总计	161.5	51.2	311.3	356.6	346.1
英国	11.2	15.1	74.8	72.6	72.0
美国	10.5	—	17.9	18.1	20.2
法国	0.7	3.1	31.7	30.9	29.5
德国	0.1	14.0	38.4	47.2	56.7
日本*	104.1	—	103.2	132.0	80.6
比利时	25.8	19.1	37.1	37.1	52.4

* 不包括 1932 年后对伪满的借款，这种借款属于伪满的"特别会计"，大都已计入企业投资中。

资料来源：摘编自吴承明：《帝国主义在旧中国的投资》，人民出版社 1955 年版，第183—187 页表。

---

① 财政科学研究所、中国第二历史档案馆编：《民国外债档案史料》第10 卷，档案出版社 1991 年版，第 379—385 页。

4. 日本与中国铁路外债

第一次世界大战结束后,美国曾建议由美、英、法、日资本集团组成新四国银行团向中国提供贷款,得到英、法两国的积极响应。面对美、英、法三国一致的外交压力,日本提出它可以参加新银行团,但要附加"满蒙除外"的条件,企图保持它在中国东北及蒙古的独占地位。这一条件遭到美、英等国拒绝。美国还施加压力,要日本交出已经吞入的济顺、高徐两条铁路权益与热洮线及其中一点到海港的铁路权益,转给新银行团。由于日本经济的整体实力尚不如美国,甚至还要依赖美国,特别是后来日本国内经济危机时,还有求于美资援助。日本更得罪不起美、英、法三国的联合势力。在这种情况下,日本只得妥协,以交出热洮线等铁路权益为代价,勉强参加新银行团,1920 年 10 月 15 日正式签订国际新银行团协定,"忍痛地接受美国的约束"。[①] 由于新国际银行团的垄断,日本欲利用提供贷款在中国攫取更多铁路权益的企图受阻。1924年日本南满洲铁道株式会社与张作霖地方政权签订"洮昂铁路承造合同",以日方垫款1292 万日元方式修筑洮南—昂昂溪铁路,用"垫款"而不用"借款",主要是避免新国际银行团的阻挠。但到1928 年 6 月,此项垫款所余欠的 828770 元,改为年息 9 厘、期限三年的短期借款[②],垫款最终变成贷款。

1927 年 6 月,日本内阁召开的"东方会议",在讨论"满蒙铁路"修筑方案时,强调"原来的铁路借款方式,日本势力渗透不够充分",但"鉴于时局,除原来形式外,无其他办法"。会议认为,为了实现在

---

① 　详见宓汝成编:《中华民国铁路史资料(1912—1949)》,社会科学文献出版社 2002 年版,第432—444 页。

② 　宓汝成编:《中华民国铁路史资料(1912—1949)》,社会科学文献出版社 2002 年版,第 624 页;财政科学研究所、中国第二历史档案馆编:《民国外债档案史料》第 10 卷,档案出版社 1991 年版,第1—2 页。

中国满蒙地区修筑吉林—会宁、长春—大赉、昂昂溪—齐齐哈尔、通辽—开鲁及其延长线、洮南—索伦等铁路的计划,可考虑给东北三省掌权人张作霖"以足资引诱的利益;倘若张不肯妥协,不同意我方希望,多数意见认为:有必要施加适当的压力"①。根据"东方会议"的决议,日方向张作霖、杨宇霆施加压力,索要吉会线等六条铁路的筑路权、吉黑两省森林经营权等,遭到国民政府抗议和东北民众的强烈反对。② 1928 年 6 月,日方制造"皇姑屯事件",炸死张作霖,消除侵占东北的障碍,但不料亲日的杨宇霆又为张学良所杀,东北大权落入张学良之手。1928 年 12 月,张学良通电全国,宣布"遵守三民主义,服从国民政府,改易旗帜"。对此,日方又企图用减轻借款利益和阻止中国铁路联运等又拉又打的两手政策,进行东北"铁路交涉",同样遭到中国朝野的反对。③ 1931 年日本发动"九一八事变",东北沦陷,东北全部铁路被日本占领。

日本在 1937 年发动全面侵华战争前,除了设法阻挠德、美等国势力在中国东北、福建等地的铁路投资活动及英国资本投资修筑中国东南部铁路活动④外,还以"开发华北经济"为名,策划由日本提供资金和材料,中国提供劳力和土地,在华北"合办"铁路等。国民党政府采取"拖"和"推"的策略来应付日本。⑤ 这一时期日

① 宓汝成编:《中华民国铁路史资料(1912—1949)》,社会科学文献出版社 2002 年版,第 649 页。
② 详见宓汝成编:《中华民国铁路史资料(1912—1949)》,社会科学文献出版社 2002 年版,第 658—676 页。
③ 详见宓汝成编:《中华民国铁路史资料(1912—1949)》,社会科学文献出版社 2002 年版,第 658—676 页。
④ 参见[美]阿瑟·恩·杨格著:《1927 至 1937 年中国财政经济情况》,陈泽宪等译,中国社会科学出版社 1981 年版,第 407 页。
⑤ 详见宓汝成编:《中华民国铁路史资料(1912—1949)》,社会科学文献出版社 2002 年版,第 724—729 页。

本在中国铁路外债方面的有关统计及国别比较见表 5 - 21。日本帝国主义当它的军事入侵华北的步骤逐渐布置就绪时,就把一再纠缠要求谈判的所谓"华北经济问题"突然停下来,于 1937 年 7 月 7 日悍然发动了全面侵华战争。

(三)外债规模、结构和外债收支

国民党政府举借的外债规模,远比晚清政府和北洋政府小。据粗略统计,从 1927 年 4 月南京国民党政府成立至 1937 年 7 月日本全面侵华战争爆发的 10 年间,不包括 1928 年南北统一前北洋政府、1928 年 12 月张学良"改旗易帜"前东北地方政府,以及 1931 年"九一八事变"后伪满洲国所借外债,国民党政府中央一级机关前后借款 72 宗,各宗外债相关情况,详如表 5 - 22。

表 5 - 22　国民党政府最初 10 年间举借外债一览表
1928. 7—1937. 6

序号	债款名称	签约年月	借债人	债权人	债款额	年息(%)
1	华比六厘英金公债	1828.7	财政部	中比庚款委员会	美金 500 万元	6.0
2	北宁路垫款	1928	铁道部	英资开滦煤矿	银元 3 万元	?
3	洮昂铁路车辆垫款	1828	铁道部	日资南满洲铁道株式会社	日金 2850775 元	?
4	洮昂铁道借款	1928	铁道部	日资南满洲铁道株式会社	日金 828770 元	?

续表

序号	债款名称	签约年月	借债人	债权人	债款额	年息(%)
5	首都自动电话借款	1928.11	交通部	中国自动电话公司	美金 730198 元	8.0
6	上海自动电话借款	1929.6	交通部	中国自动电话公司	美金 57 万元	7.0
7	武汉自动电话借款	1929.6	交通部	德国西门子电机厂	美金 926000 元	7.5
8	沪宁路购车垫款	1929.6	铁道部	中英银公司	英金 156000 磅①	8.0
9	中法实业借款提用余额保息	1930.2、	财政部	中法工商银行	法金 2333608 法郎 银元 914927 元	5.0 5.0
10	中法教育基金委员会借款	1930.4	财政部	中发工商银行	美金 265000 元	6.0
11	美麦借款	1931.9	财政部	美国粮市平价委员会	美金 1000 万元	4.0
12	导淮二年施工计划借款	1931.10	导淮委员会	?	银元 108 万元	5.0
13	电气事业购料借款	1931.10—11	建设委员会	中英庚款董事会	英金 14 万镑	5.0
14	扩充首都电厂线路借款	1931.11	建设委员会	中英庚款董事会	银元 10 万元	5.0
15	欧亚航空公司三次机械借款	1931.12 1933.9 1934.3	交通部	德国汉莎航空公司	德金 782000 元	7.0
16	首都轮渡工程及材料借款	1931.12	铁道部	中英庚款董事会	英金 20 万镑	5.0
17	平汉铁路短期借款	1931	铁道部	法国东方汇理银行	银元 174987 元	?

续表

序号	债款名称	签约年月	借债人	债权人	债款额	年息(%)
18	平汉路透支	1931	铁道部	英国麦加利银行	银元 119676 元	?
19	平汉路透支	1931	铁道部	比利时华比银行	银元 81104 元	?
20	粤汉铁路广韶段借款	1931	铁道部	美国慎昌洋行	港元 27000 元 毫洋 11000 元	? ?
21	粤汉铁路广韶段借款	1931	铁道部	日本台湾银行	日金 6 万元	?
22	粤汉铁路广韶段借款	1931	铁道部	日本华南银行	毫洋 22989 元	?
23	粤汉铁路广韶段借款	1931	铁道部	英国华商银行	港元 41594 元	?
24	胶济铁路购料垫款	1932.3	铁道部	中英庚款董事会	英金 35 万镑	5.0
25	中央机器厂开办经费借款	1932.7	实业部	中英庚款董事会	英金 123200 镑	5.0
26	粤汉铁路株韶段测量借款	1932.7	铁道部	中英庚款董事会	银元 176000 元	5.0
27	粤汉铁路韶乐分段工程借款	1932.8	铁道部	中英庚款董事会	银元 70 万元	5.0
28	津浦铁路购料借款	1932.10	铁道部	中英庚款董事会	英金 24 万镑	5.0
29	粤汉铁路湘鄂段购料借款	1932.10	铁道部	中英庚款董事会	英金 11 万镑	5.0
30	粤汉铁路株韶段购料借款	1932.10	铁道部	中英庚款董事会	英金 3 万镑	5.0
31	粤汉铁路广韶段购料借款	1932.10	铁道部	中英庚款董事会	英金 3 万镑	5.0

续表

序号	债款名称	签约年月	借债人	债权人	债款额	年息(%)
32	添购国际电台借款	1932.12	交通部	中英庚款董事会	英金5万镑	5.0
33	增借首都轮渡料款	1933.2	铁道部	中英庚款董事会	英金16000镑	5.0
34	铁道部购料借款	1933.3	铁道部	法国巴黎工业电机厂	法金5000万法郎	?
35	美国棉麦借款	1933.5	财政部	美国金融复兴公司	美金2000万元②	5.0
36	招商局改进航业借款	1933.5	交通部	中英庚款董事会	英金36万镑	?
37	粤汉铁路广韶段购料垫款	1933.6	铁道部	中英庚款董事会	英金10万镑	5.0
38	完成粤汉铁路借款	1933.7③	铁道部	中英庚款董事会	英金150万镑	5.0
39	招商局购置海轮借款	1933.8	交通部	中英庚款董事会	英金169150镑	?
40	购办有线电话材料借款	1933.8	交通部	中英庚款董事会	英金2万镑	5.0
41	无线报话机材料借款	1933.11	交通部	中英庚款董事会	英金48000镑	5.0
42	导淮施工续借款	1933.12	导淮委员会	?	银元217万元	5.0
43	杭(州)玉(山)段购料借款	1933.12	铁道部	中英庚款董事会	英金14万镑	?
44	沪杭甬铁路购车垫款	1934.2	铁道部	中英庚款董事会	英金3万镑	5.0
45	玉(山)南(昌)铁路借款	1934.3	铁道部	德国奥托华尔夫公司	国币800万元	7.0
46	招商局借款	1934.3	交通部	中英庚款董事会	银元40万元	5.0

续表

序号	债款名称	签约年月	借债人	债权人	债款额	年息（％）
47	扩充首都电厂线路续借款	1934.4	建设委员会	中英庚款董事会	英金40万镑	5.0
48	导淮及修建邵伯闸借款	1934.7	导淮委员会	中英庚款董事会	银元325万元	？
49	导淮借款	1935.1	导淮委员会	沙逊洋行	英金328000镑	6.0
50	陇海铁路陕安段工程借款	1935	铁道部	比利时铁路公司	比金16760430法郎	？
51	陇海路荷公司寻常帐	1935	铁道部	荷兰建筑海口公司	荷金491186弗罗令	？
52	陇海路荷公司垫付款	1935	铁道部	荷兰建筑海口公司	荷金1324775弗罗令	？
53	陇海路比公司垫款	1935	铁道部	比利时铁路公司	比金72837239法郎	？
54	陇海路比公司金镑垫款	1935	铁道部	比利时铁路公司	英金18117镑	？
55	汴洛铁路比公司寻常帐	1935	铁道部	比利时铁路公司	比金3892094法郎	？
56	完成陇海路西宝段借款	1935	铁道部	法国巴黎工业公司	国币1000万元	？
57	浙赣路南萍段借款	1936.2	铁道部	德国奥托华尔夫公司	国币1000万元	7.0
58	完成沪杭甬铁路借款	1936.5	铁道部	中英银公司中国建设银公司	英金110万镑	6.0
59	平汉铁路道楚段借款	1936.6	铁道部	中福煤矿公司	国币60万元	？

续表

序号	债款名称	签约年月	借债人	债权人	债款额	年息（%）
60	宝成铁路借款	1936.8	铁道部	比利时铁路电车公司	比金 45000万法郎④	6.0
61	平汉路江桥借款	1936.11	铁道部	德国西门子公司	国币 1000 万元⑤	6.0
62	京赣铁路借款	1936.12	铁道部	中英庚款董事会 汇丰银行 怡和洋行	英金 45 万镑 英金 45 万镑⑥	5.0 6.0
63	湘黔铁路借款	1936.12	铁道部	德国埃森钢铁公司等	法币 3000 万元⑦	6.0
64	成渝铁路借款	1936.12	铁道部	法国银团代表 中法工商银行	法币 3450 万元⑧	7.0
65	杭玉段调换重轨借款	1937.1	铁道部	捷克钢铁公司	法币 600 万元⑨	6.0
66	完成粤汉铁路及补充设备借款	1936—1937?	铁道部	中英庚款董事会	法币 150 万元 英金 26 万镑	? ?
67	广东港河工程借款	1937.4	铁道部	荷兰治港公司	美金 200 万元⑩	6.0
68	粤汉铁路购车借款	1937.4	铁道部	美国进出口银行	美金 1466400 元	6.0
69	京沪铁路改善设备借款	1937.6	铁道部	中英银公司	英金 80 万镑	?
70	株洲机车厂借款	1937	铁道部	中英银公司 英商万泰公司	英金 3 万镑 英金 12 万镑	? ?
71	铁路车辆材料借款	1937	铁道部	德国克虏伯厂等	英金 384763	6.0

序号	债款名称	签约年月	借债人	债权人	债款额	年息（%）
72	浙赣路枕木借款	？	铁道部	怡和洋行	国币 909650 元	？

说明：①实际起债额为英金 152131 镑。

②原为 2000 万美元；实际起债额为美金 17086282 元。

③一说签约时间为 1934 年 6 月 1 日。

④抗日战争前未提供贷款。

⑤抗日战争爆发后取消合约，已借债款数额不详。

⑥抗战爆发后部分借款转至湘桂路衡桂段使用，补签合约。

⑦起债额为法币 360 万元；抗战爆发后，德方停止供货。

⑧实际起债额为法币 595000 元、法金 31066906 法郎。

⑨签约日期一说为 1936 年 11 月；起债额为海关金 2334363 单位。

⑩一称"黄埔码头借款"；起债额为国币 1098587 元。

资料来源：据郑会欣：《关于战前十年举借外债的基本估计》（载《近代中国史研究通讯》第 9 期，1990 年 3 月台北出版），"附录：抗战前国民政府举借外债一览表（1928.7—1937.6）"综合改制。

表列各债，总计合约债额（发行债额）为美金 40957598 元、英金 8063230 镑、法金 502333608 法郎、比金 93489763 比利时法郎、荷金 1815961 弗洛林、日金 3739545 元、德金 782000 马克、银元及法币 120706344 元、海关金 2334363 单位、港币 68594 元、毫洋 33989 元①，折合国币（法币）为 509363952 元。② 但由于部分债款

---

①　郑会欣：《关于战前十年举借外债的基本估计》，《近代中国史研究通讯》第 9 期，台北 1990 年 3 月版，第 62—63 页。

②　折合方法全部按 1936 年各国货币对美元的汇兑率间接换算。该年各国货币每单位折合美元是：英镑：4.97，法郎：0.06，日元：0.29，德国马克：0.40，比利时法郎：0.0334，荷兰弗洛林：0.64，银元及法币：0.30（吴承明：《帝国主义在旧中国的投资》，人民出版社 1955 年第 1 版，第 181 页，表 12"货币折算率 – 各种货币每一单位折合美元"）。海关金单位：0.671，港元：0.30，毫洋：0.24（郑会欣：《关于战前十年举借外债的基本估计》，《近代中国史研究通讯》第 9 期，台北 1990 年 3 月版，第 63 页）。

有折扣,有的抗日战争前未有供款或未有全部供款,抗日战争爆发后废约或债权人停止供款,国民党政府实际借款比合约金额少,总计美金 35266707 元、英金 7366673 镑、法金 83400514 法郎、比金 93489763 比利时法郎、荷金 1815961 弗洛林、日金 3739545 元、德金 782000 马克、银元及法币 45499931 元、海关金 2334363 单位、港元 68594 元、毫洋 33989 元,折合国币(法币)为 326400722 元。①

这一时期所借外债,大部分被用于铁路修筑、改造、铁路及其运输器材的购置,72 宗债款中,由铁道部经手的债款为 50 宗,金额达 194811884 元国币,分别占总数的 68.1% 和 59.8%。从时间上看,主要发生在 1934 年特别是 1935 年后。1935—1937 年两年多时间所借的 24 宗外债中,除 1 宗导淮借款外,其余 23 宗全部是铁路借款,金额达 101887613 元国币,占全部铁路外债的 52.3%。由于日本全面侵华战争已是箭在弦上,这些债款主要用于浙赣、湘黔、陇海、保成、成渝、平汉、粤汉、京沪、京赣等铁路的修筑及改造,这既是为全面后撤做准备,同时也为了快速调运军队北上、西进,对长征途中的红军进行围追堵截,对陕北根据地进行大规模的军事围剿。美麦借款和美国棉麦借款居这一时期外债的第二位,金额为 87663697 元国币,占总数的 26.9%%。用于航运、航空、淮河疏导和电讯等交通通讯业的外债居第三位,计有 10 宗,金额为 28301445 元国币,占总数的 8.7%。以上三项合计金额达 310777026 元国币,占总数的 95.3%。剩余 10 宗债款只占金额总数的 4.7%。

从国别结构看,这一时期国民党政府的举债对象是英、美、德、法、

---

① 据郑会欣上引文,附录"实际起债额"计算。郑文港元合计误为 68564 元,比利时法郎对美元汇率误为 0.034(应为 0.0334),业经核正,故折合法币额与郑文略有差异。

比利时、荷兰、日本和捷克。英国、美国是两个最大的债主。如表
5-23 所示，英国、美国的贷款额分别占国民党政府借款总额的
38.7％和30.5％，合计达69.2％，超过总数的2/3。英美两个债主始终
保持着十分强劲的势头，不过各有自己的特点。英国贷款的次数多、
密度大，1928—1937 年 10 年间，除 1930 年外，各年均有放贷。国民党
政府全部 72 宗债款中，英国占 36 宗，高达总数的一半；美国放贷次数
不多，只有 6 宗，但单宗金额大，特别是 1931 年美麦和 1933 年棉麦两
笔巨额借款，对美国倾销剩余农产品、转嫁和缓解经济危机起着十分
重要的作用。德国、法国和比利时在中国外债中也都占有一定比重。
日本一直野心勃勃，总想通过贷款特别是铁路贷款，将其势力尽快从
东北和东部沿海地区向中西部内陆地区扩张，但由于中国社会各界抵
制日货和抗日爱国运动持续高涨，加上"九一八事变"后，日本把投资
掠夺重点放在东北和东蒙地区，在关内地区的放贷扩张未能持续。

表 5-23　国民党政府举借外债国别比较

1928—1937 年　　　　　　　　　单位：国币元

年份	总计	英国	美国	德国	法国	比利时	荷兰	日本
1928	22687554	30000	2433993	—	—	16666667	—	3556894
1929	7506971	2520304	1900000	3086667	—	—	—	—
1930	2664982	—	—	—	2264982	—	—	—
1931	38014309	5893937	30745223	1042667	174987	81104	—	76391
1932	16430609	16430609	—	—	—	—	—	—
1933	105938125	38983852	56954273	—	10000000	—	—	—
1934	18773667	10773667	—	8000000	—	—	—	—
1935	28525582	3942867	—	—	10000000	10708665	3874050	—
1936	54141714	33733333	—	13600000	6808381	—	—	—
1937	23246017	10885190	4888000	6374240	—	—	1098587	—

年份	总计	英国	美国	德国	法国	比利时	荷兰	日本
合计*	317929530	123193759	96921489	32103574	29248350	27456436	4972637	3633285
(%)	(100.0)	(38.7)	(30.5)	(10.1)	(9.3)	(8.6)	(1.6)	(1.1)

* 另有 1937 年捷克贷款 2334363 海关金单位(折合国币 5221192 元);1931、1933 年分别有金额银洋 1080000 元、银洋 2170000 元的借款,债权人身份不详,均未入表。

资料来源:据表 5-22 综合整理编制。

　　国民党政府宣布承担偿还清政府和北洋政府的所有外债,给它自己背上了沉重的债务包袱。为了恢复和提高债信,获得列强各国的信任,国民党政府把偿还外债作为财政的重要任务,清偿无确实担保外债,更是国民党政府财政任务的重中之重。为了清偿高达 7 亿元的无确实担保外债,国民党政府大肆搜罗,筹措偿还基金,并使之逐年增加。财政部 1934 年 2 月推出的计划是,1930—1932 年首 3 年每年 2500 万元,次 8 年每年 3000 万元,再次 7 年每年 5000 万元,末 10 年每年达 6000 万元。[1] 这一时期,国民党政府两项最大的财政支出是军费和偿债,合计占整个财政支出的百分之七八十以上。到 1936 年年底,业经商定整理办法及已全部还清的大小外债 49 宗[2],如果不是日本发动全面侵华战争,清政府和北洋政府的遗留外债即将全部偿清。然而,国民党政府为此而弄得国库空虚,每年都出现巨额赤字,1928—1936 年平均赤字达 26.7%(详见第八章)。巨额支出主要用于消灭共产党和工农革命根据地,竭

---

[1]　国民党政府财政部公债司:《整理无担保外债意见书》,见财政科学研究所、中国第二历史档案馆编:《民国外债档案史料》第 2 卷,档案出版社 1991 年版,第 126 页。

[2]　国民党政府《整理内外债委员会整理外债报告书》,见财政部财政科学研究所、中国第二历史档案馆编:《国民政府财政金融税收档案史料》,中国财政经济出版社 1997 年版,第 205 页。

力搜罗偿债则是为了取得列强信任，为举借新债铺路。但如意算盘并未打响，国民党政府仍然是还债支出多，借债进项少。

表5-24 中国外债收支统计

1928—1936年　　　　　　　　　单位：百万关两

年份	外债实收数	外债付本息	外债收支相抵
1928	10.7	29.1	-18.4
1929	4.4	38.3	-38.3
1930	1.5	50.2	-50.2
1931	33.7	62.5	-38.8
1932	10.3	33.0	-22.7
1933	82.3	29.5	52.8
1934	11.6	65.0	-53.4
1935	19.4	70.1	-50.7
1936	35.0	67.8	-32.8

资料来源：摘编自陈争平：《1895—1936年中国国际收支研究》，中国社会科学出版社2007年版，第75页表。

资料显示，日本全面侵华战争爆发前，国民党政府的偿债支出总的来说远远超过其所借新债实收数。表5-24可见，1928—1936年，除1933年外，支付外债本息数均大大高于借债实收额，9年累计，国民党政府支付外债本息达44550万元，而所借外债实数仅20890万元，收支相抵，亏短23660万元，其数额更超过收数的13.3%。国民党政府不顾国家安危，把有限的财力主要用来偿还清政府和北洋政府的历史旧债，而对日本帝国主义的军事侵略采取妥协投降政策，对日本即将发动全面侵华战争的防御准备严重不足（即使有限的准备也主要是为了撤退，而不是有效抵抗），更加助长了日本帝国主义的嚣张气焰。1937年日本悍然发动全面侵华战争,整个中华民族立即陷入灭顶之灾。蒋介石国民党立意如期清偿清政府和北洋政府的旧债,却对中华民族欠下了一笔永远无法清偿的新债。

二、外国对华企业投资的增长

进入20世纪,随着欧美列强由自由资本主义向垄断资本主义过渡的相继完成,一方面,资本输出日益成为列强各国对外经济侵略和经济扩张的主要手段,外国在华企业投资加速膨胀;另一方面,资本主义各国发展的不平衡性加剧,德国、美国、日本等后起的资本主义国家,要求重新瓜分老牌资本主义国家的殖民地和势力范围,列强各国之间的矛盾更加尖锐。在中国,列强各国争夺投资领域,划分和重新划分"势力范围"、相互渗入他国"势力范围"的斗争空前激烈,各国在华势力消长变化愈加明显。特别是19世纪末迅速崛起的日本,靠着甲午战争巨额赔款、庚子赔款和台湾丰富资源的滋养,已经羽翼丰满,更加野心勃勃,大大加快了对华经济扩张、武装占领直至消灭中国的侵略步伐。

企业投资是列强对华投资的重要组成部分。19世纪末叶后,列强各国在华企业投资,从无到有,从小到大,一直呈持续增长的态势。据估计,1894年外国在华企业投资(产业资本)总额为5406万美元。[①] 进入20世纪,外国在华企业投资加速扩张,1920—1936年是外国在华投资发展最快的时期,投资领域和国别结构亦出现了新的变化和特点。

---

① 许涤新、吴承明主编:《中国资本主义发展史》第2卷,人民出版社1990年第1版,第1055页甲表1。

（一）投资增长与国别结构及其变化

1894 年甲午战争后,企业投资逐渐成为列强各国对华经济扩张、经济掠夺和进而瓜分、占领中国的重要手段。1900 年"八国联军"侵华、1901 年"辛丑和约"的订立和各国"势力范围"划分的确定,为列强对华企业投资提供了新的条件,巨额战争赔款直接或间接为侵略国提供了投资的资金,"势力范围"提供了投资领域和重要基地,而企业投资反过来成为列强实质性占领和强化、扩张"势力范围"的基本手段。在这种情况下,列强以对华贷款为主要形式的间接投资和直接投资(企业投资)齐头并进,企业投资加速增长。1927 年国民党政府成立后,随着关税自主权的部分收回和进口关税税率不同程度的提高,外国资本集团以廉价倾销占据市场和谋取暴利的优越条件相应减弱,利用中国的廉价原材料和劳动力,就地加工制造,就地销售,省却长途运输和关税负担,显得更加有利,这又刺激了外国企业投资的进一步膨胀。因此,1900 年"八国联军"侵华后和 20 世纪 20 年代后特别是 1927—1937 年间,是外国在华企业投资增长最快的两个时期。

表 5-25　外国在华企业投资及其变化

1902—1936 年　　　　　　　单位:百万美元

国别	1902		1914		1920		1930		1936	
	实数	%	实数	%	实数	%	实数	%	实数	%
总计	528.4	100.0	1096.4	100.0	1418.9	100.0	2751.6	100.0	3127.3	100.0
日本	1.0	0.2	186.6	17.0	351.6	24.8	1116.4	40.6	1560.1	49.9
英国	155.0	29.3	431.2	40.5	555.2	39.1	846.0	30.7	870.7	27.8
美国	22.5	4.3	53.9	4.9	90.0	6.3	213.6	7.8	263.8	8.4

续表

国别	1902		1914		1920		1930		1936	
	实数	%	实数	%	实数	%	实数	%	实数	%
法国	36.8	7.0	74.0	6.7	94.9	6.7	143.6	5.2	185.4	5.9
德国	93.0	17.6	137.6	12.6	68.8	4.8	81.0	2.9	47.0	1.5
俄(苏)	220.1	41.7	213.1	19.4	213.1	15.0	230.9	8.4	26.1	0.8
其他	—	—	—	—	45.0	3.2	120.1	4.4	174.2	5.6

资料来源:据许涤新、吴承明主编:《中国资本主义发展史》第3卷,人民出版社2003年版,第39页表改编。

表5-25显示,"辛丑和约"订立的第二年,即1902年,外国在华企业投资总额为5.28亿美元,此后快速增长。从1902年到第一次世界大战爆发的1914年的12年间,外国在华企业投资总额从5.28亿美元增加到近11亿美元,增幅达1.1倍。1914年后,外国在华企业投资继续扩大。1914—1920年6年间,总额增加3.2亿美元,年均增长0.5亿美元;在1920—1936年的最快增长期,外国在华投资总额从1920年的14.19亿美元增至1936年的31.27亿美元,净增17.08亿美元,增幅为2.2倍。其中1920—1930年10年间总额增加13.33亿美元,年均增加1.33亿美元,增幅最大;1930—1936年6年间总额增加3.76亿美元,年均增加0.6亿多美元。这主要是受世界经济危机影响,虽然比经济危机前的增幅有所下降,但比第一次世界大战期间高。

外国对华企业投资的国别结构,由于第一次世界大战和俄国"十月革命"的爆发,发生了明显变化。英国在第一次世界大战前一直遥遥领先,1914年占外国在华投资总额的40.5%。虽然其实力因世界大战受到重创,而日、美两国加速发展,其投资比重有所上升,但英国凭借原有基础,到1920年时仍占据首位。然而到

1930 年,英国不得不将头把交椅的位置让给日本,落到第二位,至 1936 年英国还是保持了第二的地位,所占比重由 1930 的 31% 降为 1936 年的 27%;日本所占比重不断上升,1920 年为 25%,1930 年陡增至 41%,跃居第一,1936 年的比重已接近 50%;美国所占比重增幅相对较小,但稳步上升;俄国对华企业投资,1914 年时位居第二,其后位次不断滑落,比重下降,"十月革命"后降幅加大,至 1936 年已不到 1%。由于中东铁路出售给日本,苏联在旧中国企业投资"差不多已经完全消失了"。[①]

(二)外国投资的部门和行业分布

外国在华企业投资,领域十分广泛,包括采矿业,加工制造业,铁路、水运、航空等交通运输业,电力、自来水等公用事业,银行、保险等金融业,以及房地产、贸易业,等等。表 5-26 反映的是 1936 年外国在华企业投资及其行业结构。

表 5-26 外国在华企业投资分业结构[*]

1936 年

业别	投资额 (百万美元)	占投资总额比重(%)		
		(A)	(B)	(C)
房地产(A)	540.26	23.22	—	—
贸易业	397.65	17.09	22.26	29.04
金融业(B)	727.44	31.26	40.72	
银行业	565.64	24.31	31.66	

---

① [美]阿瑟·恩·杨格:《1927 至 1937 年中国财政经济情况》,陈泽宪等译,中国社会科学出版社 1981 年版,第 410 页。

续表

业别	投资额 （百万美元）	占投资总额比重(%)		
		（A）	（B）	（C）
保险业	45.88	1.97	2.57	—
投资业	115.92	4.98	6.49	—
金融业（C）	310.18	—	—	22.65
运输业	169.32	7.28	9.48	12.37
铁路	52.38	2.25	2.93	3.83
航运	111.72	4.80	6.26	8.16
航空	5.22	0.23	0.29	0.38
公用事业	132.33	5.69	7.41	9.66
电力	77.65	3.34	4.35	5.67
自来水	22.13	0.95	1.24	1.61
其他	32.55	1.40	1.82	2.38
制造业	281.62	12.10	15.76	20.57
纺织	132.56	5.70	7.42	9.68
食品烟草	71.67	3.08	4.01	5.24
机器造船	28.23	1.21	1.58	2.06
其他	49.16	2.11	2.75	3.59
煤矿业	69.81	3.00	3.91	5.10
其他	8.33	0.36	0.46	0.61
投资总额（A）	2326.76（包括房地产，金融业按（B）计）			
投资总额（B）	1786.50（不包括房地产，金融业按（B）计）			
投资总额（C）	1369.24（不包括房地产，金融业按（C）计）			

* 不包括日本和苏联在东北的投资。

说明:1. 房地产投资指非企业使用者,但包括房地产公司。

　　2. 金融业（B）为各企业实有资产值。金融业（C）为减除投放给外商部分,即
C＝B－(银行对外商的放款＋银行持有外商证券＋投资业资产)。

　　3. 一业内细目的比重,为保持本业总比重,在0.01%范围内做了调整。

资料来源:许涤新、吴承明主编:《中国资本主义发展史》第3卷,人民出版社2003
年版,第43页。

如表所示,1936 年外国在华(不包括日本和苏联在东北的投资)企业投资中,金融业所占比重最高。尽管由于华资近代银行业兴起,在 1936 年华资公私银行总资产已超过外国在华银行的资产,但是在国际汇兑上仍是由外国银行垄断,并操纵汇率。在1934 年美国实行购银法案、中国白银开始大量出口以前,在华外国银行所存的白银"约占全国所有白银的 1/3 至 1/2"。① 据统计,1933 年年底外国银行存银合 2.76 亿元,中国银行存银合 2.72亿元。仅存银,外国银行就超过所有华资银行的总和,更不用说外汇储备了。然而,外国银行的势力还不在此,参与角逐中国铁路借款的德国银团(奥托·沃尔夫代表)、中英银公司、法国银团、比利时银团、捷克银团、美国进出口银行等资本力量,绝大部分并未包括在表 5－26 的统计之内,"那是中国银行业难以望其项背的"。②

就外国在华企业的投资的主要领域及投资性质而言,表中(B)栏数据清楚显示:属于第二产业的制造业与矿业合计所占比重为 18.8%,而属于第三产业的金融业、贸易业、运输业三项合计所占比重为 72.5%,外国在华企业投资投向第三产业的比重远远高于投向第二产业的比重。因此有专家指出,"帝国主义在旧中国的资本,可以说始终没有脱离它以商业掠夺性投资为主的基本形态","帝国主义在旧中国的投资是与他们在中国商品倾销的要求完全一致的"。③ 由于直至 1936 年,外国在华企业投资"主要是在金融、外贸、近代运输、能源和煤铁资源上占有垄断地位,这就控

---

① ［美］阿瑟·恩·杨格著:《1927 至 1937 年中国财政经济情况》,陈泽宪等译,中国社会科学出版社 1981 年版,第 304 页。

② 许涤新、吴承明主编:《中国资本主义发展史》第 3 卷,人民出版社2003 年版,第 45 页。

③ 吴承明:《帝国主义在旧中国的投资》,人民出版社 1955 年版,第56、57 页。

制了中国的经济命脉"。①

外国在华房地产业、贸易业及保险业的企业投资具体情况如下②：

1. 房地产业

从表5－26中(A)栏看,外资在华房地产业资本③,占据外国在华企业投资分业比重第二位。外资在华房地产业主要是在通商口岸的租界里占有大量房地产,从租界地价上涨中获取惊人利润,增殖其资本,而很少从境外直接输入资本,所以又必须有表5－26中(B)栏、(C)栏将房地产业排除在外的外国在华企业投资总额统计。

天津最大的外资房地产企业先农公司的资本增值是一个很好的案例。该公司创办人丁嘉立(C. Tenney,美籍)是"八国联军"侵占天津后所组织的都统衙门(临时政府)总文案,他利用"八国联军"侵占天津后局面混乱,地价极低的机会,成立先农公司,低价购买法租界一带大批荒地和苇塘等,到20世纪30年代中期,这里成为天津最繁华的商业中心,人称"小巴黎",地价成百倍上升,先农公司也达到其发展的最高峰。先农公司等外资房地产企业成为天津房地产业的主导。④

上海的情况也与此相似,"1930—1933年银价下跌,又给予外

---

① 许涤新、吴承明主编:《中国资本主义发展史》第3卷,人民出版社2003年版,第43页。

② 外国在华银行、铁路、航运、航空、工矿业等部门企业直接投资情况,分别见本书有关章节,本章不赘。

③ 指非企业使用的房地产,包括房地产公司、外国政府和团体、外国教会和个人据有的房地产。

④ 赵津:《中国城市房地产业史论》,南开大学出版社1994年版,第36—39页。

国资本注入上海不动产投机一个好机会。就上海房地产业来说，外国房地产公司确实据有垄断地位"。[①] 日本全面侵华战争爆发前，上海有外商房地产公司75家，地产估值合16亿元，其中上海新沙逊洋行的经营规模和实力居上海房地产业之首。沙逊原设有洋布、地产和保险间等部门，后将洋布间改为进口部，扩充进口范围，兼及汽车零件、砂糖、人造丝、大小五金、水泥、军火等，同时又做芝麻、猪鬃、蛋白干、蛋黄干、桐油、肠衣等出口生意。1923年其主持人维克多·沙逊来上海主持业务，重点经营房地产业，1930年成立上海新沙逊银公司（香港注册，总公司亦设该地）。公司在上海汇丰银行和麦加利银行订有无限额透支账户，同时兼做外汇业务。有汇丰和麦加利为后盾，沙逊即放手经营房地产，还用托拉斯组织形式，组成华懋地产股份有限公司、汉弥尔登信托股份有限公司、上海地产股份有限公司、远东投资股份有限公司、东方地产股份有限公司等多个附属公司。新沙逊通过低进高出买卖房地产牟取暴利，并通过出租房屋收取高额租金，1929—1938年共可收取房租2880万元。[②] 到1935年时，新沙逊直接经营或投资渗入的各类公司达30多家，形成了庞大的房地产垄断集团，在上海占地600多亩，房产共计1900多幢，被称为上海的"房地产大王"。[③]

新沙逊原地产部经理哈同于20世纪初脱离新沙逊，独资开办哈同洋行，专营房地产业。哈同每买进一块地产，迅即以哈同洋行的名义和公共租界董事的身份向汇丰银行抵押，拿到押款后

---

① 许涤新、吴承明主编：《中国资本主义发展史》第3卷，人民出版社2003年版，第44页。

② 张仲礼、陈曾年：《沙逊集团在旧中国》，人民出版社1985年版，第59页。

③ 王垂芳主编：《洋商史—上海：1843—1956》，上海社会科学院出版社2007年版，第194—195页。

再买进另一处地产，如此循环往复，用少量资金购进大量土地，到1933年在南京路已有16处地产，占整个南京路地产总数的44.23%。1931年哈同已在上海拥有土地449亩，市房812幢，住房544幢，办公大楼24幢，旅馆饭店4幢，仓库3座，包括动产价值在400万英镑左右。其地产增值很快，如1902年以14.5万两购进的慈淑大楼地基，到1933年，工部局估价已达180万两，上涨11.4倍。[1]

2. 贸易业

从表5-26(B)栏看，贸易业占外国企业投资总额的22.3%，仅次于银行业，居第二位。中国进出口贸易原全为外商洋行所垄断，20世纪20年代后，有一些华商力图越过洋行，直接进出国际市场。但直到1936年，据日本东亚研究所估算，80%的出口和几乎全部进口仍为洋行所经营。中国著名银行家陈光甫也认为，20世纪30年代初期上海的进出口贸易90%是由外商经营。1936年，总公司在上海的英国贸易商平均每家资本190多万元，总公司在上海的各国贸易商合计平均每家资本50万元，总公司在国外的英国贸易商在中国部分的资产平均每家合220多万元，而中国贸易商平均每家资本大约仅有5万元。[2]

怡和洋行是最早进入中国的外资企业之一，主要通过在中国贩卖鸦片，同时经营航运业发家，至20世纪30年代已发展为怡和企业集团，资产占英商在华全部企业资产的20%以上，也是太平洋战争以前中国最大的外资企业集团。怡和经营的业务种类很

① 王垂芳主编：《洋商史—上海：1843—1956》，上海社会科学院出版社2007年版，第199—200页。
② 吴承明：《帝国主义在旧中国的投资》，人民出版社1955年版，第100页。

多,除纱厂及啤酒厂是生产企业外,其余的都从事与国际贸易有关的行业,从进出口到运输、保险以至储藏,都有自己的保障运作机构。怡和经营进出口业务的范围也很广,主要有丝茶及农产品的出口、机器五金和日常用品的进口以及轮船代理、码头仓库、航空代理和投资保险、啤酒厂、纱厂、冷藏等。当某些业务已粗具规模时,即划出独立组织公司,一则更便于扩展业务,二则借此出售股票,可以增加一部分资金,用于旁的业务。怡和在上海主要有 7 家分公司,全部属下企业有 30 家。怡和洋行是英国七大纺织厂联合机构代理,又在中国推销英国的钢铁五金等,在抗日战争前中国钢铁进口的 80% 以上份额由怡和等英商与德、日、美、比商占有。怡和公司的出口业务占有重要地位。在 9 个业务部中,有 4 个是做出口贸易的:茶和丝这两大中国出口商品各有专门经营部经营,冷藏部经营蛋品出口,农产经营出口部经营桐油、猪鬃、大豆等出口。怡和洋行是经营华丝出口的老牌洋行,每年出口约为10000 包,销往欧美,约占销往欧洲总数的 15% 及销往美国总数的 7%—8%。至 20 世纪 30 年代,因世界经济危机等影响,怡和洋行经营的华丝每年出口减为 6000 包左右。怡和洋行在中国经营茶叶出口有百余年历史,在世界主要茶叶产销市场均设有分行或联号,怡和和另一个英国大茶商锦隆洋行轮流出任上海外商茶业公会主席。[①]

　　第一次世界大战结束后,一些英国资本立即返回中国市场。英国的卜内门洋碱有限公司额定资本 200 万两(1928 年),是这一时期较重要的英商企业,它除向中国市场推销英国的肥皂、块碱、晶碱、玻璃品、化肥、杀虫剂以外,还经营中国出口的植物油、薄荷、

樟脑、矿砂、蛋品等。①

　　第一次世界大战后，在华洋商中的托拉斯企业进一步增加，例如总行设在纽约的美孚洋行，主要经营进口美孚牌汽油、轻质和重质柴油、润滑油、家庭用油、白矿蜡、蜡烛7大类产品，陆续在中国城乡设立分支机构及代理处500多家，与英商亚细亚油公司、美商德士古油公司同为垄断中国石油市场的3大油公司，竞争激烈。因亚细亚以半价推销十字牌石油制品，部分市场被其夺取，美孚遂以低价推销散装鹰牌油，以加强竞争。著名的美商慎昌洋行也是在这个时期发展起来的。慎昌洋行原由丹麦侨商安特生(Anderson)与梅耶(Meyer)合伙于1906年在上海创立，从一间房子一张桌子起家，以推销丹麦商品为主。1915年，该行由美商增资改组为慎昌洋行有限公司，向中国推销美制机器设备，其资本由35万美元迅速增至1921年的500万美元。1925年公司盘给美国国际通用电气公司，业务进一步发展。其总行设在上海，并在香港、华盛顿、伦敦、广州、汉口、天津、北京等地设有分公司。总行设营业部、事务部和制造部。营业部下设纺织机器部、电力部、电气部、电器装置部、冷藏器具部、爱克司光器具部、机器部、建筑工程部、建筑材料部、卫生材料部、农机部、药品部；事务部下设业务部、会计部、出纳部、电报部、保险部、广告部、纱厂管理部、货仓部；制造部下设机器厂、窗框厂。工厂占地26.52亩，其中厂房占地13.56亩，全部为钢骨水泥，时为上海少有。仓库占地2.53亩。主要生产设备有各型起重机30架，各式工作母机包括自动车床4部，一般车床40余部，刨床10余部，龙门刨床1部，铣床10余部，钻床30余部。其生产设备较之一般机械厂为大、为多、为全。其

---

　　① 王垂芳主编：《洋商史—上海：1843—1956》，上海社会科学院出版社2007年版，第119—121页。

中 20 吨架空起重机 2 架为上海所仅有,同时操作可将 40 吨重的机件自黄浦江边直接吊至厂内。20 世纪 30 年代初,该行作为美、英、日、意、荷、匈、比、丹麦及瑞士、瑞典等 171 家公司的代理,产品遍销中国各省。电力部曾为远在川藏边界的打箭炉购办来弗式 24 千瓦水力涡轮,可见其销售网络之广。[①]

第一次世界大战爆发后,西方列强忙于战争,无暇东顾,日商便趁机在华大举扩张势力。据 1921 年海关调查,当时在华各国商社有 9512 家,其中日本商社达 6141 家,约占 2/3。后由于中国人民抵制日货运动的冲击,日本商社数量有所减少,除 1928 年一度猛增至 8926 家外,其他年份都不到 5000 家。[②] 在上海,至 1936 年日商洋行增至 114 家,占上海外商洋行总数的 16.9%,仅次于英、美,居第三位。其中三井洋行是在沪日商洋行中历史最久、规模最大的一家,专营国内外贸易,经营的品种包罗万象。三菱洋行的出口业务则集中在桐油、豆油、花生油等中国传统商品上,1936 年在上海开设三菱仓库株式会社,1937 年后开设三菱茶厂和三菱商事制茶工场分工场。三井和三菱除共同垄断对华贸易外,还同时收集中国政治、经济、军事情报。[③] 在中国东北,除三井、三菱等大型商社的分支机构外,还有四五百家日本中小型商社。此外还有数目繁多的所谓"胡闹商店",即当铺和烟铺。东北日本人开设的烟铺特别多,不但有鸦片烟铺,还有吗啡等毒品店。这种日本人开设

---

① 王垂芳主编:《洋商史—上海:1843—1956》,上海社会科学院出版社 2007 年版,第 104—106 页。

② 杜恂诚:《日本在旧中国的投资》,上海社会科学院出版社 1986 年版,第 373、374 页。

③ 王垂芳主编:《洋商史—上海:1843—1956》,上海社会科学院出版社 2007 年版,第 131—132 页。

的烟铺和毒品店,在山东胶济铁路沿线和关内许多城市中也有不少。① 这些在华日本商业企业大部分从事进出口贸易,也有小部分从事其他商业(参见表5－27)。

表5－27 上海历年登记新设日资商业企业情况

1922—1936 年

年份	新设商业企业数(A)	其中经营进出口贸易者(B)	B/A(%)
1922	55	34	62
1924	11	7	64
1926	8	3	38
1928	9	6	67
1929	7	1	14
1930	4	4	100
1931	7	3	43
1932	6	1	17
1933	4	3	75
1934	3	—	—
1935	9	2	22
1936	11	6	55

资料来源:据杜恂诚:《日本在旧中国的投资》,上海社会科学院出版社 1986 年版,第 380 页表改编。

至 1936 年年末,日本在中国关内各大区的商业投资情况可见表5－28。

---

① 杜恂诚:《日本在旧中国的投资》,上海社会科学院出版社 1986 年版,第 374、375 页。

表 5-28 日本在中国关内的商业投资

1936 年 单位:百万日元

地区	进出口业		一般商业		合计	
	金额	各地区所占%	金额	各地区所占%	金额	各地区所占%
华北	46.87	38.2	17.26	50.0	64.12	40.8
华中	73.96	60.3	15.24	44.2	89.19	56.8
华南	1.05	0.9	1.98	5.7	3.02	1.9
蒙疆	0.68	0.6	0.02	0.1	0.70	0.5
总计	122.55	100.0	34.49	100.0	157.04	100.0

注:因四舍五入缘故,合计尾数有时有微小差异。

资料来源:据杜恂诚:《日本在旧中国的投资》,上海社会科学院出版社 1986 年版,
　　　第 377 页表改制。

　　从表 5-28 可见,日本在中国关内各大区的商业投资以华中
居首,华北次之,华南和蒙疆地区所占比重很小。日本在中国关内
的商业投资以进出口商业为主,华中在各大区进出口商业中的比
重居首位,华北则在各大区一般商业中的比重居首位。

　　法商洋行在近代中国贸易业中长期名列前茅。1936 年上海
共有法商洋行 38 家,每户平均资本 80 万元。其中永兴洋行历时
最长,规模较大,营业状况最好。永兴在华经营蛋品、毛皮、药材、
油脂、猪鬃、废花、吐丝头、滑石粉等农副产品和矿产品出口,并着
力开拓其他洋行尚未经营的出口产品。第一次世界大战后,永兴
出口贸易猛增,平均每年营业额达 300 万—400 万美元。永兴兼
营进口业务,主要进口呢绒、布匹、轮胎、香料等。1937 年,法商立
兴洋行进口部业务归并永兴,进口门类扩大到药品、五金、钢铁材
料、粮食(主要为大米)、建筑材料(主要为快干水泥)、越南白煤等
品种。20 世纪 20—30 年代,永兴是当时上海洋行中"出口领袖"

之一,在国际贸易界享有较高声誉。1920—1929 年法商信孚洋行发展成为上海洋行出口华丝数额最多的一家洋行。该行每年出口厂丝、土丝和废丝约 2 万包(每包 80 斤),少的年份也在 1 万包以上,年利在 40 万—60 万两银上下。随着经济实力的增长,信孚洋行在上海法租界的社会地位也在提高,大班当上了工董局的董事和法商总会会长。[1]

日本全面侵华战争爆发前,主要西方国家在华洋行各时段设立情况见表 5 - 29。

表 5 - 29   在华外商洋行设立年别统计

1900 年前—1936 年

项目	英国	美国	法国	德国	其他[*]	合计
1936 年洋行家数	501	400	123	293	286	1603
其中进出口商家数	262	193	56	108	152	771
其中已查明设立年代家数	182	105	41	77	117	522
1900 年前设立	39	2	3	14	9	67
1901—1920 年设立	42	32	12	6	34	126
1921—1930 年设立	63	43	12	22	49	189
1931—1936 年设立	38	28	14	35	25	140

[*] 不包括日本。

资料来源:吴承明:《帝国主义在旧中国的投资》,人民出版社 1955 年版,第 42 页。

表 5 - 29 显示,已查明设立年代的外国(不包括日本)在华进出口企业 19 世纪近 60 年中共设立 67 家(未查明设立年代的洋行

---

① 王垂芳主编:《洋商史—上海:1843—1956》,上海社会科学院出版社 2007 年版,第 123—126 页。

可能较多属于这一时段），主要是英国资本；1901—1920 年 20 年间共设立 126 家，年均新设户数比前一阶段大大增加；1921—1930 年 10 年间共设立 189 家，年均新设户数与前两阶段相比，呈加速度增长，其中美、德两国新设户数比前两阶段增加较多；1931—1936 年 6 年间共设立 140 家，年均新设户数与前三阶段相比，继续呈加速度增长态势，其中德国新设户数超过美国。1936 年在沪西方外商洋行国别结构见表 5-30。

表 5-30　上海西方外商洋行分国别统计表

1936 年

国别	家数	占上海西方外商洋行 %	占该国在华洋行 %	国别	家数	占上海西方外商洋行 %	占该国在华洋行 %
英国	170	30.3	59.86	波兰	8	1.43	66.67
美国	140	25.00	59.32	丹麦	7	1.25	63.64
德国	77	13.73	47.24	比利时	5	0.89	71.43
法国	38	6.79	76.00	捷克	5	0.89	100.00
瑞士	22	3.92	78.57	挪威	4	0.71	100.00
意大利	14	2.50	93.33	伊朗	4	0.71	100.00
荷兰	10	1.78	58.82	加拿大	3	0.53	60.00
苏联	9	1.60	37.50	瑞典	3	0.53	100.00
希腊	8	1.43	100.00	其他	26	4.38	
奥地利	8	1.43	100.00	合计	561	100	

资料来源：据《上海对外经济贸易志》，上海社会科学院出版社 2001 年版，第 2 卷，第一章表 2-3 改编。

从表 5-30 可以看出：1936 年西方外商在华洋行集中在上海，其中希腊、奥地利等国洋行全都设在上海，意大利、瑞士、法国、比利时等国在沪洋行占该国在华洋行总数的 70% 以上；

1936 年西方外商在沪洋行家数英国居首位，其次为美、德、法等国。

3. 保险业

保险业在近代外国对华企业投资中所占比重不大，但它与贸易业关系密切，19 世纪伴随着远洋贸易的发展，为满足资本主义国家保障海上航行（贸易）的安全以及货物到港后储运的安全，以水险（又称海上保险，主要指水上货物运输险和船舶保险）、火险（全称火灾保险，以动产与不动产为保险标的，凡因火灾、爆炸、雷电及延烧所致保险标的之毁损或灭失为保险事故的一种保险）起家的保险业在中国应运而生。最早在华开展保险业务的是英国资本，近代中国保险也长期由外国资本占据垄断地位，受着西方国家保险业发展水平的制约。

19 世纪末，在华保险业外商组建了同业公会——"上海（洋商）火险公会"，从此主宰上海乃至中国保险市场。洋商火险公会规定华商保险公司不准参加洋商公会，也无共同议事发言权，公然发号施令，强制华商遵照其规章制度和决议，并订有不合理的规定，诸如洋商不得与非会员（指华商）公司共保或分保，而且外商费率比华商低很多。第一次世界大战期间，西方列强无暇东顾，华商保险公司乘机兴起。其后，外商保险业一方面凭借其治外法权，无视中国法律，攻击和抵制中国政府公布的保险法和相关法规，拒不遵守；另一方面也觉察形势开始变化，对他们继续垄断中国保险市场的局面，产生某种冲击力和威胁性，尤其因华商保险业在长期受外商抑制的情况下，反抗情绪日趋激烈，当华商同业公会组织及制度日趋完善而具有相当权威性，敢于与外商分庭抗礼，迫使洋商保险公会不得不做出让步，缓和中外保险业之间的矛盾和斗争。外商与华商保险在垄断与反垄断、控制与反控制的长期斗争中，华商逐步取得进展。洋商火险公会首先于 1926 年修改章程，将原规定"不得与非会员公司共保险"改写加进"中国公司除外"的字句。1930 年将"上海洋商火险公会会员"的图章,删去"洋商"两字。1931 年起与华商保险公会的往来函件改以中、英文并用。1936 年中外两个公会共同设立"华洋联合委员会",平等地协商关于中外保价划一、统一火险折扣回佣、相互接受分保、联合登记管理经纪人、纠正错率、制止延期收费、共同整顿严重混乱的保险市场等事项。20 世纪 30 年代,外商并与中资银行合股开办以中资公司为名的保险公司,例如 1931 年英商太古洋行与上海银行合股开办宝丰保险公司,1932 年美商美亚保险公司与华商浙江兴业银行等合办泰山保险公司,不过这两家中外合办保险公司的经营管理实权都被外商操纵。①

　　直至日本全面侵华战争爆发前,中国保险业仍然是英资居首位,例如 1937 年上海 155 家外资保险公司,其中英资就有 75 家,美资有 22 家,日资 16 家,德资 11 家。20 世纪 30 年代的外资在华著名保险公司有扬子保险公司、怡和保险公司(由中国最早的保险公司谏当保险公司演变而来)、太古保险公司、保裕保险公司和美亚代理保险公司等。它们主要经营火险、运输险(货物险)、船壳险以及意外险等业务。在上海外资保险业中,经营水火险及汽车险或意外险者占 41.8%,专营火险者占 35%,专营水险者占 8.3%,专营人寿险者占 7.5%,经营水火险兼营人寿险者占 2.2%,其余情况不明。外资保险公司的资本一般比华资保险业雄厚得多。1936 年,华资保险公司有 40 家(内有 10 家总公司在香港),共有资产 628 万元。同年,20 家总公司在上海和香港的外商保险公司,共有资产 2.04 亿元,高于华资保险业数十倍,此外还有

---

① 中国保险学会:《中国保险史》,中国金融出版社 1998 年版,第 118、119 页;王垂芳主编:《洋商史—上海:1843—1956》,上海社会科学院出版社 2007 年版,第 253 页。

129 家总公司在国外的外国保险公司尚未计算在内。并且,华商保险公司的业务多是替外国保险公司分保的。据说 1930 年左右各埠水火保险费收入每年约有 2000 万两,其中约 90% 为外商所得。①

第一次世界大战后,美商保险公司相继渗入中国,开始挑战英商在华保险势力的霸主地位。由美国 16 家保险公司于 1918 年联合组织成立,总公司设于美国纽约的美国保险公会(American Foreign Insurance Association)开始在上海、汉口、天津设立分公司,业务范围涉及各种财产保险。美商美亚保险公司(American Asiatic Underwriters)是 1919 年由美国人科尼利斯·范德尔·斯塔尔(Corneliors Vander Starr,当时上海人称其为"史带")创办,总公司设于上海。开始时专营中国业务,只代理"大美洲"和"五洲"等 9 家美商保险公司业务。后来,也代理"英国大不列颠保险公司"等其他国家保险公司的业务,并在香港、仰光、小吕宋、雅加达、海防、纽约以及中国各大城市设立分公司,专业代理水火保险业务,每年收入保费达 300 万元。史带利用美亚收入的保费,于 1921 年开设友邦人寿保险公司。友邦人寿保险公司后又在中国各大城市及南洋群岛的新加坡、小吕宋、河内、西贡等地设有分支机构或代理机构,截至 1936 年年底,其保单准备金为 7208624 元,有效保额为 59599470 元,其中华人投保占 90%,且大半系从内地招徕。美亚又陆续创建友邦水火保险公司和友邦银行。1929 年美亚保险公司改组为"美国国际保险股份有限公司"。1930 年美亚与英商合办四海保险公司(International Assurance Co.,Ltd.),总公司设于上海,资本总额 1000 万元,其中间有华股。四海保险

---

① 许涤新、吴承明主编:《中国资本主义发展史》第 3 卷,人民出版社 2003 年版,第 45 页。

公司分公司遍布菲律宾群岛、马来群岛、英属海峡殖民地,香港及中国各主要城市,截至 1935 年年底止,华人投保者占 94%。1931 年美亚与法商合办法美保险公司(Compagnie France-Americaine d'Assurances)。该公司主要经营水火险、汽车险、玻璃险、茧钞险、兵盗险、意外险、人寿险及各种再保险等业务,以越南的西贡、海防以及其南部为业务重点,另在天津、汉口及日本东京设有分公司。1934 年法美保险公司资产总额约 500 万法郎。

美亚还投资房地产、汽车、报社等企业。史带认为,"保险业简直就是广告业和新闻业的混合体"。他要求保险代理人必须有例子让客户相信美亚保险公司,并在中国各大中城市广为宣传美亚保险。20 世纪 30 年代时不要说南京、杭州、苏州、无锡、镇江,即使在诸如嘉兴等江浙一带城镇,市中心一定有一块红字的双柱广告牌,上面大字写着"美亚保险公司总公司上海外滩十七号"等。至 1936 年,美亚代理的外商保险多达 26 家,在上海代理公司中居首位。据 1936 年《中国保险年鉴》记载,美亚每年营业约达 800 余万美元,而属于华人的业务以及华商公司的分保费收入约占 70% 以上。[1]

在中国东北境内,"九一八事变"前损害(财产)保险公司有 115 家,其中英商 28 家、美商 26 家、日商 26 家、华商 24 家、德商 4 家,其余是法商、荷商及苏联商等;生命(人寿)保险公司有 29 家,其中日商 21 家、华商 3 家,其余是英美商等。"九一八事变"发生后不久,因时局不稳,日本侵华势力尚无力顾及保险事业,表5-31 可以反映伪满政权建立初期东北保险业概况。

---

[1] 中国保险学会:《中国保险史》,中国金融出版社 1998 年版,第120—122 页。

表 5 - 31 东北地区保险业统计

1933 年

类别	保险公司		比率 (%)	保险金额 (伪满币千元)	比率 (%)	保险费 (伪满币元)	比率 (%)
	国别	家数					
A	日商	26	23	704193	60.2	1146734	41.8
	华商	24	21	138899	11.9	415274	15.1
	欧美商	65	56	325867	27.9	1184405	43.2
	合计	115	100	1168963	100.0	2746413	100.0
B	日商	21	72	211734	84.8	6652020	84.0
	华商	3	10	4219	2.0	194567	2.5
	欧美商	5	18	33683	13.2	1066735	13.5
	合计	29	100	249636	100.0	7913322	100.0

注:A:损害(财产)保险;B:生命(人寿)保险。

资料来源:据中国保险学会:《中国保险史》,中国金融出版社 1998 年版,表 3 - 3 改制。

从表 5 - 31 看,1933 年日商虽只占东北损害(财产)保险公司家数的 23%,却占保险金额的 60% 多;在东北生命(人寿)保险业务方面日商更占优势。1936 年伪满政权开始对保险业进行"整顿",要求各类保险公司重新登记。通过这次整顿,大大削弱了欧美及华商保险业的实力,加强了日商保险业在中国东北的地位。[1]

(三)日本在中国东北的企业投资

1931 年"九一八事变"前,日本已经对中国东北地区进行了长

---

[1] 中国保险学会:《中国保险史》,中国金融出版社 1998 年版,第 126 页。

期的经济渗透。从表 5 - 32 可以看出,在中国东北的外国企业投资中,日本已占 72.3% 的比重,占据绝对优势。苏联因中东铁路,居第二位,但是其比重(24.3%)仅及日本比重的 1/3。其他国家的比重则更小。

从表 5 - 32 可见,日本投资以运输业和金融业为主,运输业又以铁路为主,说明"九一八事变"前,日本在中国东北地区企业投资仍是"以商业掠夺性投资为主"。

表 5 - 32　"九一八事变"前东北的外国资本

单位:百万日元

国别	运输业	农林矿	工业	商业	金融业	其他	合计	国别%
日本	526.3	284.5	162.3	117.7	204.3	461.5	1756.6	72.3
苏联	450.0	25.4	5.3	19.3	15.0	75.0	590.0	24.3
英国	10.3	—	2.5	10.9	7.0	2.7	33.4	1.4
美国			2.5	10.7	8.5	4.7	26.4	1.1
法国	14.3	0.3	5.0	0.1	—	1.5	21.1	0.9
瑞典丹麦	—		0.5	0.6		0.1	1.2	…
合计	1000.8	310.2	178.1	159.2	234.8	545.5	2428.7	100.0
业别%	41.2	12.8	7.3	6.5	9.7	22.5	100.0	

资料来源:据许涤新、吴承明主编:《中国资本主义发展史》第 3 卷,人民出版社 2003 年版,第 383 页表改制。

从表 5 - 33 可见,1931 年日本在东北的投资中各项借款及垫款只占 20%,直接投资约占 80%;直接投资中,满铁及其附属公司占据了一半以上的份额。

表 5 - 33　日本在东北的投资分类统计

1931 年

投资者	百万日元	%
满铁	742.0	43.3
铁路及铁路工厂	276.7	
港口码头	83.2	
矿业和冶炼	154.4	
其他	227.7	
满铁附属公司	93.4	5.4
其他日本公司	439.0	25.6
日本个人投资	95.0	5.5
各项借款及垫款	346.4	20.2
合计	1715.8	100.0

资料来源:许涤新、吴承明主编:《中国资本主义发展史》第 3 卷,人民出版社 2003
　　年版,第 389 页。

　　"九一八事变"后,日本侵占了中国东北,随之加大了对中国
东北的直接投资力度。据估算,1930 年年末,日本在东北的直接
投资为 15.8 亿日元,1936 年增至 44.4 亿日元①,6 年间猛增
181%。从表 5 - 34 可见,"九一八事变"后,从 1931 年年末至
1936 年年末,日本在中国东北矿业资本增长了 1280%,增幅最
大;工业资本增长了 487%;而农林、运输、金融商业等资本虽
有增长,但相比之下增幅小很多,说明"九一八事变"后日本
在中国东北的企业投资已开始由"以商业掠夺性投资为主"转
变为"以资源掠夺性投资为主"。

---

　　①　杜恂诚:《日本在旧中国的投资》,上海社会科学院出版社 1986 年
版,第 8、9 页。

表 5 - 34 东北经济各部门日本控制的资本额

1931,1936 年   单位:百万日元

年份	农林	矿业	工业	运输	金融商业	其他	合计
1931 年年末	9.0	3.5	90.9	803.2	57.0	17.5	981.1
1936 年年末	9.9	48.3	533.2	1430.5	97.7	106.9	2230.9
增长率(%)	10	1280	487	78	71	511	117

资料来源:据杜恂诚:《日本在旧中国的投资》,上海社会科学院出版社 1986 年版, 第 49 页表改编。

(四)外国对华投资收支

外国对华投资收支,这里主要是指各年外国对华在新增企业投资额及各年外资企业利润汇出数。1931 年"九一八事变"后,日本帝国主义占据了中国东北,此后一段时间中国国际收支估计往往都不再包括东北的统计。据估算,1932—1936 年日本对中国东北投资约 11.56 亿日元,投资利润汇回日本约有 4.2 亿日元。[1] 同期关内地区外国对华投资收支具体数据可见表 5 - 35,1931—1936 年,共计新增外国企业投资 1.83 亿海关两,而外资企业利润汇出共有 2.82 亿海关两,中国在这方面收支相抵净流出近 1 亿海关两。

表 5 - 35 外国在华企业投资及其利润汇出

1931—1936 年   单位:百万海关两

年份	外国企业投资	外企利润汇出	收支相抵
1931	28.5	57.0	- 28.5

---

[1] 吴承明:《帝国主义在旧中国的投资》,人民出版社 1955 年版,第 93 页。

续表

年份	外国企业投资	外企利润汇出	收支相抵
1932	38.5	35.9	2.6
1933	19.3	12.8	6.5
1934	52.2	61.0	-8.8
1935	8.3	56.8	-48.5
1936	36.5	58.7	-22.2
合计	183.3	282.2	-98.9
年均	30.5	47.0	-16.5

资料来源:据陈争平:《1895—1936 年中国国际收支研究》,中国社会科学出版社2007 年版,第 81 页表改制。

三、外国投资的整体情况及长期趋势

关于外国对华直接投资和间接投资的整体情况和长期趋势,缺乏完整、精确的统计数据,国内外研究者的相关估计互有歧异。国外有研究者曾对 1902—1936 年外国对华投资,按投资类型进行定量分析,结果见表 5-36。

表 5-36 外国在华投资及其变化

1902—1936 年   单位:百万美元

投资类型	1902		1914		1931		1936	
	实数	%	实数	%	实数	%	实数	%
直接投资	503.2	64	1067.0	66	2493.2	77	2681.7	77
间接投资	284.7	36	543.3	34	749.3	23	801.5	23

续表

投资类型	1902		1914		1931		1936	
	实数	%	实数	%	实数	%	实数	%
中国政府债务	284.7	36	525.8	33	710.6	22	766.7	22
私营企业债务	0.0	17.5	1	38.7	1	34.8	1	
总　计	787.9	100	1610.3	100	3242.5	100	3483.2	100

资料来源:据[美]费正清主编:《剑桥中华民国史》,章建刚等译,上海人民出版社1991年版,第一部第130页表22改制。

据表,外国对华投资总额从1902年的7.88亿美元增加到1936年的34.83亿美元,34年间增长了3.4倍多,反映了外国对华投资的扩张幅度。其中直接投资从1902年的5.03亿美元增加到1936年的26.82亿美元,34年间增加了4.3倍多。投资类别方面,直接投资的比重始终高于间接投资,并由1902年的64%增加到1936年的77%,同后者的差距不断扩大。

国内研究者对1902—1936年外国对华投资,亦有按投资类型的定量分析,并计算了不同时期外国投资平均年增长率,结果见表5-37。

表5-37A　外国在中国的投资及其变化

1902—1936年　　　　　　　　　　单位:百万美元

年份	1902	1914	1930	1936
总计	812.7	1672.4	3648.8	3941.4
直接投资	528.4	1096.4	2751.6	3127.3
借款	284.3	576.0	897.2	814.1

表 5 – 37B　外国投资平均年增长率

1902—1936 年　　　　　　　　　　　　单位:%

1902—1914	6.2
1914—1920	3.2
1920—1930	6.1
1930—1936	1.3

资料来源:据许涤新、吴承明主编:《中国资本主义发展史》第 3 卷,人民出版社 2003 年版,第 39—40 页表摘编。

按照表 5 – 37A,外国对华投资总额从 1902 年的 8.13 亿美元增加到 1936 年的 39.41 亿美元,34 年间增加了 3.8 倍多。其中直接投资从 1902 年的 5.28 亿美元增加到 1936 年的 31.27 亿美元,34 年间增加了 4.9 倍多;直接投资的数额始终远高于间接投资。表 5 – 36 的统计数值与表 5 – 37 相关数值有所不同,后者各期两类投资数额均高于前者。但两者反映的情况有共同之处:一是这一时期外国对华投资持续扩张,两者反映的增长趋势大体相近;二是这一时期外国对华投资以直接投资为主,而且直接投资增长速度快于间接投资。

表 5 – 37B 显示,1920—1930 年外资数额增加最多,外国投资年均增长 6.1%,速度比 1914—1920 年的 3.2% 有较大提高,但"低于第一次世界大战前列强争夺殖民地的狂潮时期"。到 20 世纪 30 年代初,受资本主义世界经济危机的影响,增速明显变慢,年均增长 1.3%。不过,1936 年的统计是以日本东亚研究所的调查为基础,以日元作价,而这时日元已大幅度贬值,折成美元不免偏低。以 1930—1936 年增长最多的日本对华投资而论,按美元计算,年均增长率仅 5.7%,按日元计则达 15.8%。[1]

---

[1]　许涤新、吴承明主编:《中国资本主义发展史》第 3 卷,人民出版社 2003 年版,第 40 页表。

第三节　中国国际收支

中国国际收支,项目繁多,涉及领域广泛,除进出口贸易、国际借贷(外债收项及还本付息等)、外国在华投资(资金进入及利润汇出等)、战争赔款等项目外,尚有华侨汇款、现金现银进出口、中国资本外流,以及各种劳务收支、外国在华驻军费用、中外相互涉外费用(如使领馆、旅游、留学等相关费用),等等。各个项目在不同时期、不同条件下的诸多变化,都对国际收支产生程度不同的影响。

国民党政府成立后,为了得到列强承认,宣布承担偿还清政府和北洋政府的所有外债,并全力整理,以提高中国债信,为续借新债铺路。此举满足了西方列强的要求,南京政府又新借到了一些外债。中国关税税率提高后,外国资本直接在华设厂生产工业品比对华输出工业品更为有利,对华企业投资一度增加。但是当中国东北被日军侵占,再加世界经济危机等影响,外国对华企业投资后又大减,再后来中国资本外逃也成为人们关注的问题。

这一时期世界市场银价的剧烈变化给中国这一用银大国的国际收支造成极大影响。尤其是 20 世纪 30 年代初银价持续下跌,对中国支付战争赔款和偿还外债,都极为不利。由于东北被日本侵占,东北的有关统计没有包括在全国国际收支统计之内,再加上世界经济危机、国际银价变动所带来的影响,中国国际收支又有了新的变化。1932 年以后,中国国际收支总量大幅度减少。华侨汇款在 1931 年达到历史最高纪录,为 2.79 亿海关两,此后由于世界经济萧条,加上银价变动,侨汇又很快下跌,不过仍然保持在 2 亿海关两以上。1932—1936 年 5 年间中国金银大量外流,共计金银净流出价值近 10 亿海关两。这与本期巨额贸易逆差相联系,突显本期中国国际收支状况在急剧恶化。

一、华侨汇款和劳务收支

华侨汇款和劳务收支是进出口贸易以外数额较大的国际收支项目。华侨汇款是海外华侨邮回国内赡养、资助眷属、亲友，以及用于企业投资或慈善捐助的款项。这是一种净收入，历来对实现国际收支平衡或缩小国际收支逆差，极有裨益。"劳务收支"是中外相互涉外费用的总合，包括中外双方的使领馆、留学、旅游等费用，还有驻军费用及外国在华传教士、教会费用等。中国既有收入，也有支出。但因中国出外人数(不含华侨)少，更从无军队驻屯国外；而外国尤其是列强各国来华人数多，并有大批军队驻屯中国境内。故在劳务收支方面，中国收大于支。

(一)华侨汇款

由于国内沉重的人口压力，东南沿海地区人民移居国外谋生的越来越多，成为海外华侨的主体。19世纪后期至20世纪初，到海外谋生的华侨人数不断增加，已达数百万人。他们勤劳而节俭，积蓄了一些血汗钱。在牢固的家庭关系和传统观念的支持下，他们经常汇款回国，资助家庭和亲属，或投资于国内。海外华侨给祖国亲人的汇款，聚沙成塔，涓滴成流，抵消了旧中国巨额国际收支逆差的一大半。这也反映了旧中国国际收支状况的脆弱性和不稳定性。每当国外经济危机，一些国家歧视华侨，侨汇减少时，中国国际收支状况就更捉襟见肘了。

历年华侨汇款缺乏完整和全面统计，现据20世纪30年代前中央研究院社会科学研究所等单位对中国华侨汇款三大中心厦门、汕头、香港的调查以及福建等地华侨汇款调查，加上国民党政府华侨委员会的有关调查资料,对 1925—1936 年华侨人数及侨汇数进行综合估算,汇编制成表 5 - 38。

表 5 - 38　1925—1936 年华侨汇款估计

1925 年
单位:百万海关两

年份	侨汇数	年份	侨汇数
1925	102. 7	1932	207. 6
1928	160. 8	1933	201. 7
1929	179. 7	1934	217. 1
1930	203. 0	1935	213. 4
1931	279. 0	1936	221. 1

資料来源:吴承僖:《最近五年华侨汇款的一个新估计》,《中山文化教育馆季刊》第 3 卷第 3 期;郑林宽:《福建华侨汇款》,1940 年版,第 97 页;侨委会统计室估计,见中国第二历史档案馆档案,全宗号 179,第 71 卷。

从表列资料可见,1925—1936 年,每年华侨汇款金额至少 1 亿海关两以上,1931 年因国际银价下降幅度较大,华侨汇款最多,达 2.79 亿元,为历史上的最高记录;1932 年以后国际银价回升,因世界经济危机影响,华侨人数较多的南洋等地经济又每况愈下,侨汇也逐年下降,但仍然保持在 2 亿海关两以上。1934 年以后,因海外经济逐渐恢复,侨汇又开始增多。10 年(1926、1927 年无侨汇资料)侨汇总计达 19.86 亿海关两,平均每年(1926、1927 年剔除不计)2.48 亿海关两,对弥补和缩小国际收支逆差,起了相当大的作用。

(二)劳务收支

前人估计的"外国驻华使领馆费"、"驻军费"、"商船港泊费"、"教会慈善费"、"游历费"等外人在华开支,属于中国的劳务收入;而"中国驻外使领馆费"、"留学及旅游"等中国在外开支,加上外国轮船公司和保险行业在中国所得的运费和保险费的净收入,则属于中国的支出。过去这些项目常被称为"无形贸易",现将这些项目归入"劳务收支项"中。

近代中国的劳务收入项目,例如"外国驻华海陆军费"、"教会开支"等,在一定程度上反映了中国半殖民地社会的特征。在这一时期劳务收入项目中数额最大的是"外国驻华海陆军费"。根据《辛丑条约》的规定,列强对清政府实行武装监视,在华保留一定数量的军队。1903 年"外国驻华海陆军费"曾达到 2250 万海关两,"小项目"开始成为大项目,这可能与"八国联军"侵华后不久,外国驻军尚多这一事实有关。1912 年、1920 年外国驻军费都比以前增加,这可能与当时中国国内政局混乱,帝国主义各国加强驻华武装力量有关。帝国主义列强在中国派驻大量军事力量,目的是为了维护它们的侵略特权。当他们侵略权益受威胁时,他们就动用驻华武装。例如,当 1924—1927 年一些军阀扣留作为外债担保品的盐税,直接影响到列强各国债权利益时,列强就派遣军舰等进行武装示威,迫使军阀就范。[①] 1927 年北伐战争时期,帝国主义国家为维护他们在华侵略权益,又增派驻华军队[②],因而美国学者雷麦关于 1928 年外国驻军费估计值高达 9310 海关两,已接近 1 亿海关两,比 1920 年高出一倍半。雷麦自己也认识到他的估计值比以前其他学者估计的高了许多,但他宣称他的数字是经过"精细

---

① 《中国近代盐务史资料选辑》第一辑,南开大学出版社 1985 年版,第 387—412 页。

② 武堉干:《中国国际贸易概论》,上海商务印书馆 1930 年版,第 196 页;[美]雷麦:《外人在华投资》,蒋学楷、赵康节译,商务印书馆 1959 年版,第 160 页。

审核"的,并且还较为详细列举了有关国家驻华军队费用开支情况。① 而以前学者的估计,都缺乏像雷麦这样对数字来源的说明。在 1928 年北伐军挺进华北时,日本帝国主义曾利用其驻华军队进行阻挠,扩大对华侵略,所以有关 1928 年此项数值较高是可信的。1930、1931 年世界经济危机及银价跌落时此项数值有所下降,1932 年又大幅度上升。

近代中国劳务支出项目主要包括中国驻外使领馆费、中国人出国留学及旅游、运输与保险(中国对外国轮运业和保险业的净支出)等,这一时期各年有关数据见表 5-39。

表 5-39　历年劳务收支统计

1928—1936 年　　　　　　　　　单位:百万海关两

	1928	1930	1931	1932	1933	1934	1935	1936
外人在华开支	149.8	145.4	174.2	179.1	138.0	115.0	96.3	102.7
使领馆费	20.0	25.3	25.5	24.4				
驻军费	93.1	66.7	42.7	96.3				
商船开支	*	*	28.5	23.1				
教会与医院等	16.7	26.7	51.3	28.9				
留学及旅游	20.0	26.7	26.2	6.4				
中国在外开支	6.9	8.8	39.9	11.5	3.9	3.9	3.9	7.7
使领馆费	2.9	3.5	28.5	6.4				
留学及旅游	4.0	5.3	11.4	5.1				
运输与保险等**	10.0	18.6	14.2	16.7	6.4	3.2	28.9	44.9

---

① [美]雷麦:《外人在华投资》,蒋学楷、赵康节译,商务印书馆 1959 年版,第 157—158、160 页。

续表

	1928	1930	1931	1932	1933	1934	1935	1936
盈（+）亏（-）	+132.9	+118.0	+120.1	+150.9	+127.7	+107.9	+63.5	+50.1

* 并入"旅游"。

** 包括影片租金等。

资料来源:据陈争平:《1895—1936 年中国国际收支研究》,中国社会科学出版社 2007 年版,第 85 页表摘编。

　　如表,历年劳务收支,中国均收大于支,有相当数量的盈余,但有变化。基本趋势是外国在华支出减少,中国涉外相关支出增加,盈余数额呈波浪式下降,从 1928 年的 13290 万海关两(1932 年最高达 15090 万海关两)降至 1936 年的 5010 万海关两,下降了 62.3%。

二、战争赔款和资本、金银的大量外流

　　战争赔款和资本、金银的大量外流与华侨汇款、劳务收支的情况不同,是一种净支出或支出远大于收入的国际收支项目,其中战争赔款(具体到这一时期的国际收支,主要是庚子赔款)更是帝国主义用洋枪洋炮对中国人民进行的一种武力抢劫,是中国政府和中国人民倾全国之力都无法短期清偿的一笔孳债。但相对于帝国主义在战争中直接掠夺的金银钱财、文物国宝和凭借战后不平等条约获取的巨大权益而言,又仅仅是它们无数战利品中的一小部分。战争赔款和资本、金银的大量外流同进出口贸易逆差一起,是导致这一时期中国国际收支严重恶化的主要因素。

(一)战争赔款

1900 年英、美、俄、法、日、德、意、奥等八国组成联军侵略中

国。他们打进了北京,迫使清政府签订丧权辱国的"辛丑条约",规定中国赔偿各国4.5亿海关两。赔款数额如此巨大,举当时清政府四年的全部财政收入仍不够支付,因此不得不分39年摊付,年息4厘,本息共近10亿两银。这一赔款被称为"庚子赔款"。

庚子赔款是分期摊付的,一些西方人扭曲事务的本质,就把尚未到期偿付的赔款本息认定为是中国政府的欠款或债务,再将"债务"概念与"外国资本对华贷款"混为一谈,说成是"庚子赔款借款",进而再将它说成是外人对中国的"投资",这个赔款的概念一步步被混淆。庚子赔款实质是帝国主义对中国空前大规模的武力掠夺。把庚子赔款计入外国贷款投资,除了掩盖帝国主义对华超经济掠夺以外,也会造成其他种种问题,例如,因庚子赔款数目太大,易于掩盖其他贷款的变化;又如各基期年庚子赔款的计算方法与一般借款不同,它既包括未付的本金,又包括预计的利息,(而一般借款统计不含后项)因而必然表现为开始很大,以后越来越小。如果把它计入外国贷款投资,这就影响投资总额的变化,使人产生错觉。庚子赔款因数额巨大,不能短时间付清,而采取分期支付的形式,这并不能改变它是帝国主义对中国超经济掠夺的性质。把赔款与贷款分开处理,可以避免上述问题的发生。这里把各年实付赔款数归入各年中国国际收支表中"无偿转移"支出项中,更为合适。关于各年实付庚子赔款额见表5-40。

表5-40　各年实付赔款数统计

1927—1936年　　　　　　　　　　　单位:百万海关两

年份	实付赔款	年份	实付赔款
1927	22.4	1932	25.2
1928	12.9	1933	30.5

续表

年份	实付赔款	年份	实付赔款
1929	15.0	1934	25.6
1930	20.7	1935	22.4
1931	26.5	1936	24.2

资料来源:据《帝国主义与中国海关》第十编附录及王树槐:《庚子赔款》,台北中央研究院近代史所1980年版,第570页;《民国外债档案史料》第9卷,档案出版社1991年版,第525—535、545—547页有关数据编制。

如表,1927—1936年,每年摊还的庚子赔款少则1290万海关两,最多3050万海关两,10年总计22540万海关两,平均每年2254万海关两。即使年年如此大规模清偿,直到"八国联军"侵华后第40年,即1940年,中国尚欠庚子赔款6014377英镑、37592827美元、79723法郎、220687荷兰弗罗林[1],折合150289565海关两。[2] 由此可见庚子赔款对中国财政、中国国际收支和全国经济所造成的严重后果和深远影响。

(二)中国资本外流

在20世纪30年代以前,由于中国是个资本输入国,在国际收支平衡表"资本项目"中,主要是单向的外国资本对华输出,而关于中国资本外流的记载基本没有。20世纪30年代以后大概由于日本侵华战争的威胁,中国资本外流的现象增多,引起了人们的关注。从1934年起,关于中国国际收支的估计中开始增加"资本外

---

[1] 中国联合准备银行调查室编:《中国内外债详编》,中国联合准备银行1940年6月印行,第223页,表30"庚子赔款实欠余额偿付表"。

[2] 按1936年汇率,即1海关两=0.45美元,1英镑=4.97美元,1法郎=0.06美元,1荷兰弗罗林=0.64美元折算。

流"这一项目。耿爱德估计这一数值 1934 年为 1.5 亿元,1935 年 2500 万元,1936 年 9293 万元。[1] 林维英估计:1934 年资本外流约 2 亿元,1935 年外流约 2.5 亿元,1936 年外流达 4.25 亿元。[2] 曾经长期担任国民党政府财政顾问的阿瑟·恩·杨格认为,1936 年仅中国政府的资金转移国外的数额就达 3.5 亿元。[3] 吴承明等所著《中国资本主义发展史》一书采用了林维英的数据,其他学者如郑友揆等也是如此。本书亦采用林维英的数据。

(三)中国金银大量外流

这一时期国际汇兑变动剧烈,导致中国金银进出口变化很大(可见表 5–39)。从 1927 年到 1930 年,因国际银价下降,中国白银进口量较大,1928 年、1929 年每年净进口都超过 1 亿多海关两,因为 1929 年、1930 年国际市场金银比价有利于黄金出口,黄金出口量增多,1930 年黄金净出口约值 3000 多万两银。1930 年 5 月国民党政府禁止黄金出口以后,一些黄金改由走私途径出口,1931 年黄金净出口约值 1.3 亿多两银。1933 年后白银也开始走私出口。

在 30 年代资本主义世界经济危机中,主要资本主义国家竞相转嫁危机,相互之间展开了激烈的贸易战、货币战,把世界划分为美元集团、英镑集团、法郎集团等。在激烈的角逐中,美国政府先后于 1933 年 12 月及 1934 年 5 月颁布《银购入法》和《白银法

---

① E. Kann,载于"Finance and Commerce"周刊,1935 年 3 月 20 日及 1936 年 4 月 1 日;1937 年 7 月 5 日。

② 林维英:《中国之新货币制度》,朱义析译,商务印书馆 1939 年版,第 26 页。

③ [美]阿瑟·恩·杨格:《1927 至 1937 年中国财政经济情况》,陈泽宪等译,中国社会科学出版社 1981 年版,第 294 页。

案》,在 4 年内每年收购白银 2442 万盎司,以提高白银价格。美国政府之所以采取提高银价的政策,一方面是由于美国国内代表南方银矿主利益的白银集团不断向政府施加压力;另一方面要操纵世界白银市场,迫使当时仍然实行银本位的国家,特别是中国,投靠美元集团;提高银价也能刺激银本位国的购买能力,以利于美国推销剩余产品,转嫁经济危机。

世界市场银价猛涨,作为用银大国的中国首当其冲,白银潮水般地向外流出,1934 年 1 月至 7 月单从上海出口的白银便达 5000 万元,而 8 月份的净出口竟达 8300 万元。① 1934 年中国白银净流出近 1.80 亿两,1935 年又净流出 1.86 亿两。为了阻止白银大量外流,国民党政府于 1934 年 10 月下令增收白银出口税,并采取了其他一些措施。② 但是外资银行利用领事裁判权等特权将中国白银大量偷运出境,有的甚至在上海公开用兵舰装运白银出口,国民党政府对此无可奈何。在华北,日本人白银走私活动也十分猖獗。

作为货币本位金属的白银大量外流,使得中国银根骤紧,利率高昂,一向靠银行贷款维持生产和流通的民族工商企业顿时资金周转不灵,只得停业或倒闭,仅上海一地,就有不少纱厂、丝厂、面粉厂等停工,而商店倒闭者有 500 多家。工商企业停闭者一多,一些资力薄弱的银行和钱庄的呆账随之增加,也面临停闭的命运,1935 年上海一市民族资本银行倒闭了 12 家,占当时上海民族资本银行总数的 17.9%。一年之中倒闭者如此之多,是旧中国自产生银行以来历史上未曾有过的。一些未倒闭的银行,如中国通商、

---

① 〔美〕阿瑟·恩·杨格:《1927 至 1937 年中国财政经济情况》,陈泽宪等译,中国社会科学出版社 1981 年版,第 235 页。

② 〔美〕阿瑟·恩·杨格:《1927 至 1937 年中国财政经济情况》,陈泽宪等译,中国社会科学出版社 1981 年版,第 235—237 页。

四明等,也不得不接受官股,成为官商合办银行。至于钱庄,倒闭、停业者则更多。这次风潮加重了中国的经济危机,其程度之严重,影响之广泛,超过了以往历次风潮。人们称这次风潮为"白银风潮"。国民党政府不得不放弃银本位,实行法币政策。

20 世纪 30 年代中国黄金和白银都大量出超,情况见表 5 – 41。

表 5 – 41 中国金银进出口值统计

1927—1936 年　　　　　　单位:百万海关两

年份	金			银		
	A 进口值	B 出口值	B－A	A 进口值	B 出口值	B－A
1927	2.1	3.4	1.3	81.9	16.8	－65.1
1928	6.3	0.3	－6.1	111.7	5.3	－106.4
1929	1.0	3.0	2.0	121.4	15.8	－105.8
1930	2.6	34.2	31.6	102.6	35.6	－67.0
1931	0.0	136.7	136.7	75.9	30.5	－45.4
1932	0.2	131.7	131.5	62.3	69.6	7.3
1933	0.2	121.8	121.6	51.6	60.9	9.3
1934	0.0	71.6	71.6	7.0	186.6	179.6
1935	0.3	44.0	43.7	7.1	192.9	185.8
1936	1.6	30.9	29.3	3.0	188.9	185.9

资料来源:据郑友揆:《中国的对外贸易和工业发展》,上海社会科学院出版社 1984 年版,第 342—343 页有关数据编制。

表列数据显示,中国金银进出口情况及其变化趋势,金、银不同;银的进出口在前后阶段亦有重大变化。黄金进出口除 1928 年进口大于出口外,其余 9 年都是出口远大于进口,1931—1933 年是黄金出口的巅峰期,3 年的黄金净出口值达 39080 万海关两。1927—1937 年 11 年合计,黄金净流出值高达 56320 万海关两,年均 5632 万海关两。白银进出口以 1931 年为界,前后情况明显不同。前 5 年各年白银进口均大于出口,5 年净进口值为 38970 万海关两;后 5 年各年则白银出口均大于进口,5 年净出口值为 56790 万海关两,年均 11358 万海关两。1934—1936 年,白银出口达于巅峰,3 年白银出口值为 55130 万海关两,年均 18377 万海关两。这是美国、日本等列强转嫁经济危机、破坏中国金融,同时倾销商品、导致中国对外贸易逆差愈益扩大所造成的严重恶果。

三、中国国际收支的整体状况

这一时期,特别是 1931 年"九一八事变"和国内经济危机、金融危机相继爆发后,中国的外贸形势、经济形势、金融形势日益严峻,国际收入下降,国际支出上升,国际收支的整体状况急剧恶化。

综合、参照前述以及其他相关资料,制成表 5–42、表 5–43,以反映 1928—1936 年中国国际收支的整体状况及其变化趋势。

表 5–42　中国国际收支平衡表

1928—1936 年　　　　　单位:百万海关两

项目	1928 年	1930 年	1931 年	1932 年
商品出口	1129.0	1133.1	1123.5	661.4
外人在华开支	149.8	145.4	174.2	179.1
华侨汇款	160.8	203.0	279.0	207.6
外人企业投资	64.0	134.7	28.5	38.5
政府借入外债	10.7	1.5	33.7	10.3
金净出口	31.6	136.7	131.5	

续表

项目	1928 年	1930 年	1931 年	1932 年
银净出口			7.3	
其他*				
总国际收入	1514.3	1649.3	1775.6	1235.7
商品进口	1211.9	1336.0	1478.7	1097.0
中国在外开支	6.9	8.8	39.9	11.5
运输及保险费	10.0	18.6	14.2	16.7
偿付外债本息	29.1	50.2	62.5	33.0
外企利润汇出	128.5	128.5	57.0	35.9
战争赔款	12.9	20.7	26.5	25.2
金净进口	6.1			
银净进口	106.4	67.0	45.4	
其他*	2.5	21.5	51.4	16.4
总国际支出	1514.3	1649.3	1775.6	1235.7
项目	1933 年	1934 年	1935 年	1936 年
商品出口	482.7	434.3	454.6	557.7
外人在华开支	138.0	115.0	96.3	102.7
华侨汇款	201.7	217.1	213.4	221.1
外人企业投资	19.3	52.2	8.3	36.5
政府外债收入	82.3	11.6	19.4	35.0
金净出口	121.6	71.6	43.7	29.3
银净出口	9.3	179.6	185.8	185.9
其他*				156.4
总国际收入	1054.9	1081.4	1021.5	1324.6
商品进口	942.3	745.9	675.3	848.2
中国在外开支	3.9	3.9	3.9	7.7
运输及保险费	6.4	3.2	28.9	44.9
偿付外债本息	29.5	65.0	70.1	67.8

续表

项目	1933 年	1934 年	1935 年	1936 年
资本外逃	128.4	160.5	273.1	
外企利润汇出	12.8	61.0	56.8	58.7
战争赔款	30.5	25.6	22.4	24.2
金净进口				
银净进口				
其他*	16.4	48.4	3.6	
总国际支出	1054.9	1081.4	1021.5	1324.6

* 原为"误差与忽略",下同。

表5－43　中国国际收支平衡表

1928—1936 年　　　　　　　单位:百万美元

项目	1928 年	1930 年	1931 年	1932 年
商品出口	801.6	521.2	382.0	224.9
外人在华开支	106.4	66.9	59.2	60.9
华侨汇款	114.2	93.4	94.9	70.6
外人企业投资	45.4	62.0	9.7	13.1
政府借入外债	7.6	0.7	11.5	3.5
金净出口	14.5	46.5	44.7	
银净出口			2.5	
其他*				
总国际收入	1075.2	758.7	603.8	420.2
商品进口	860.4	614.6	502.8	373.0
中国在外开支	4.9	4.0	13.6	3.9
运输及保险费	7.1	8.6	4.8	5.7
偿付外债本息	20.7	23.1	21.3	11.2
外企利润汇出	91.2	59.1	19.4	12.2

项目	1928 年	1930 年	1931 年	1932 年
战争赔款	9.2	9.5	9.0	8.6
金净进口	4.3			
银净进口	75.5	30.8	15.4	
其他	1.9	10.0	17.5	5.6
总国际支出	1075.2	758.7	603.8	420.2
项目	1933 年	1934 年	1935 年	1936 年
商品出口	197.9	228.4	256.8	258.2
外人在华开支	56.6	60.5	54.4	47.6
华侨汇款	82.7	114.2	120.6	102.4
外人企业投资	7.9	27.5	4.7	16.9
政府借入外债	33.7	6.1	11.0	16.2
金净出口	49.9	37.7	24.7	13.6
银净出口	3.8	94.5	105.0	86.1
其他			72.3	
总国际收入	432.5	568.9	577.2	613.3
商品进口	386.3	392.3	381.5	392.7
中国在外开支	1.6	2.1	2.2	3.6
运输及保险费	2.6	1.7	16.3	20.8
偿付外债本息	12.1	34.2	39.6	31.4
资本外逃	67.5	90.7	126.4	
外企利润汇出	5.2	32.1	32.1	27.2
战争赔款	12.5	16.5	12.7	11.2
金净进口				
银净进口				
其他	12.2	25.5	2.1	
总国际支出	432.5	568.9	577.2	613.3

表 5 - 42、5 - 43 显示了 1931 年前中国国际收支发展的主要特点：

1. 进出口贸易大幅度增长，贸易逆差增大，1930 年贸易逆差高达 2 亿多海关两。

2. 随着战后各国经济的恢复和发展及银价下跌，华侨汇款也逐年增加，1920—1930 年年均达 1. 34 亿多海关两，1930 年高达 2 亿多海关两，成为弥补我国国际收支逆差的一个主要收入来源。

3. 外人在华企业利润汇出量本期也大大增加，年均约有 1. 17 亿多海关两。

4. 外人在华开支合计也上了一个新台阶，高达 1 亿多海关两。当然，这主要是外国在华驻军费等增加较多。"外人在华开支"中最大项是外国驻华海陆军费用，这可视为外国资本原始国际积累所耗费的部分成本。"外人在华开支"中还包括外国教会在华传教费用等。国际收支逆差依靠这些"带有浓厚殖民地性质的收入"来弥补，也说明了旧中国国际收支平衡是畸形的、半殖民地殖民地性的。

5. 由于外人在华开支、华侨汇款等项收入数额增加，所以虽然贸易逆差年均值高达 1. 2 亿多海关两，但是经常项目逆差年均值比上期减少了一半。

6. 外人企业投资达到一个新高潮，特别是 1930 年，新增企业投资高达 1. 3 亿多海关两，反映了外国资本在华势力的扩张。

1931 年 9 月日本帝国主义发动"九一八事变"，侵占中国东北，此时又值资本主义世界处于历史上最广泛、最持久的经济危机中。在这以后中国国际收支又有了新的变化。

首先，由于东北被日本侵占，日本帝国主义还在东北成立伪满洲国，东北的有关统计不再包含在全中国国际收支统计之内，再加上由于世界经济危机、国际银价变动所带来的影响，1932 年以后，中国国际收支总量大幅度减少。根据表 5 - 42,1931 年经常收入有 157670 万海关两,1932 年减少到 104810 万海关两,1933 年以后进一步减为 8 亿多海关两;经常支出同期也大大减少。

第二,东北是当时中国唯一的外贸出口超过进口的地区,东北被日本侵占后,原先已在不断扩大的中国贸易逆差更加迅速扩大,1932 年贸易逆差突破 4 亿海关两,1933 年逆差已达 45960 万海关两,已接近当年出口贸易总额。以后几年贸易逆差一直很大。

华侨汇款于 1931 年达到历史最高纪录,为 27900 万海关两,此后由于世界经济萧条,又加银价变动,侨汇又很快下降,但仍然保持在 2 亿关两以上。

由于国民政府花费较大力气来整理债务,本期年均偿还外债本息数额超过前期一半多。本期年均所借外债也超过前期。

在世界经济大萧条情况下,本期外国企业投资明显少于前期。1934 年后中国资本外逃现象日益严重。

本期金银大量外流,1932—1936 年五年间累计,金银净流往国外价值 46250 万美元(近 10 亿海关两)。这与本期大量贸易逆差相联系,说明本期中国国际收支状况在迅速恶化。

中册表格索引

本书由 国家社会科学基金重点项目 资助

中国近代经济史

1927–1937

下册

刘克祥 吴太昌 主编

人民出版社

第 六 章

商业流通和国内市场

  1927—1937 年,国内商业流通和市场环境出现了许多新的因素,影响和制约着这一时期的国内商品流转和市场运作。诸多新因素或交替出现或长期并存,影响大小、作用性质及范围广狭互异,利和害、促进和破坏兼有。在不同环境和因素的制约下,国内商业流转和城乡市场兴衰起落,进程反复曲折。大体上 1931 年前,有利因素稍多。国民党政府成立后,在商业和市场的规范、管理及税收调控方面,制定和实施了一系列政策措施,如设置、调整商业职能机构,制定和完善商业法律、法规;收回关税自主权,提高进口关税税率,调整出口税率;裁撤厘金,开征统税;废两改元,推行法币政策;大力提倡国货,振兴国货市场,等等,加上国内政局渐趋稳定,航运、铁路、公路交通运输业及邮电业有较大发展,在一定程度上改善了国内商业环境,促进了 1928—1931 年国内商品流转和城乡市场的恢复与扩大。但从 1931 年夏秋开始,社会经济和商业市场灾祸连连。先是长江特大水灾,长江中下游地区工农业生产及商户店铺损失惨重;继而日本发动"九一八事变",东北沦陷,东北三省和热河的工农业、商业资源和社会财富,全部落入敌手,关内外商业贸易被阻隔;1931 年后,资本主义世界经济危机直接冲击中国,英美日等国为摆脱和转嫁经济危机,放弃金本位制,实行货币贬值,加强对中国剩余产品的倾销,导致国内经济恐慌、金融危机的相继爆发,白银大量外流,金融紧缩,工厂、商店倒闭,工人失业,农村金融枯竭,农民破产,物价惨跌,市场萧索;同时,1930年年底至1935年,蒋介石国民党对革命根据地接连发动5次大规模的军事"围剿",对长征途中的工农红军进行围追堵截,对苏区、原苏区实行经济封锁和"三光政策",苏区及周边地区的工农业生产和商业流通被破坏无遗;其时国民党政府推行的经济统制政策,亦弊大利小,虽不无整顿、规范商品生产和商品流通的某些因素,但更多的是阻碍、破坏正常的商业流通,得不偿失。所有这些,导致了1932年后商品流转和城乡市场的全面萎缩、衰退,1934—1935年,全国商品流转量跌入谷底。1935年年底,国民党政府推行法币政策,逐渐摆脱金融危机,全国经济和商业市场开始复苏。到1936年,全国商品流通量才超过1926年的水平。这一时期的全国商业贸易进程,经历了恢复发展、严重衰退、再恢复发展等三个阶段,大致呈现出双峰骆驼形的发展和变化态势。

随着国内商业贸易的波折、起伏,商品流向、市场格局和性质以及价格结构,都在发生变化。东北和关内地区的贸易是全国商业的重要组成部分,关内外贸易互补性极强。东北沦陷后,关内外贸易被阻隔,东北沦为日本的工业品销纳地和农产品供应地,成为典型的殖民地贸易。关内商品因无法销往东北,流转范围大幅缩小,商品流向也出现某些改变,一些原来销往东北的土布、丝绸转销西北和西南偏远地区,这些地区与东中部地区的商业交往有所加强。市场格局和结构也在变化。1927年前,棉花、桐油、茶叶、粮食等大宗商品的流通,已基本形成初级产地市场或原始市场、中级转运市场或集散市场、消费或终点市场的三级市场结构。这一时期,随着铁路、航运和公路运输的发展,全国铁路干线和公路干线网的初步形成,商品流转里程延长、流转范围扩大,三级市场各自的功能和特征,更加明显。不过直至日本全面侵华战争爆发,并未形成真正独立的全国民族统一市场,仍然是资本主义世界市场的附庸,半封建半殖民地殖民地色彩愈加浓厚。同时,由于市场环境和全国经济不稳,市场物价剧烈波动,1932—1935年间更大幅跌落。在半封建半殖民地殖民地的经济环境和市场条件下,工农业产品流向和价格决定,均有其独特规律:工业品大多由国外或沿海口岸城市流向内地农村,价格形成用"加法",即以生产国或生产城市出厂价为基数,加上运费、税款、保险、商人利润以及各种流通费用,成为农村销售价;农产品大多由内地农村流向沿海口岸城市,一部分出口国外,一部分就地进入生产或生活消费,价格形成则用"减法",即以外国或沿海口岸市场销售价为基数,减去运费、税款、保险、商人利润以及各种流通费用,成为农村产地市场收购价。无论工业品还是进入市场的大部分农产品,价格决定权都被操控在外国资本集团或国内垄断资本手中,加上机制工业品和农产品、手工业品在生产力方面的巨大差距,工业品的价格被抬高到价值以上,农产品、手工业品的价格则总是被压低到价值以下,造成人为的工农业产品价格剪刀差。这一时期随着市场价格的剧烈波动,特别是20世纪30年代国内经济危机和金融危机期间,农产品和农产加工品价格惨跌,工农业产品差价进一步扩大。农民所得价格愈来愈低,而所付价格愈来愈高,无论单个农户家庭还是某一农村地区,普遍入不敷出,农村资金大量流往城市,导致和加速农民贫困破产、农村金融枯竭、农村经济崩溃。流到城市的农村资金亦因对外贸易中工农业产品的不等价交换,并未留在国内,而是绝大部分流到了国外,最后形成全国进出口贸易巨额入超和国际收支的严重不平衡。工农业产品价格剪刀差及其不断扩大,农村金融枯竭,只是对外贸易中工农业产品不等价交换,亦即帝国主义对华经济掠夺在国内商业流通和城乡市场关系上的反映。

第一节　国民党政府的商业政策和市场管理经营

1927年南京国民党政府成立后,中国经济进入新的发展时期。国民党政府成立不久,即设立工商部主管工商事务。1930年12月,工商部与农矿部合并为实业部,下设商业司,执掌商号、商标的注册登记,商品的陈列、检验,对民营商业的奖励、保护、监督、改良、推广,交易所及保险公司的核准登记,商业调查与统计等等。在此期间,国民党政府运用法律、经济、行政手段管理商事,实施了一系列调控市场的法规与政策,并直接介入市场经营。

一、商法制定和税制、币制改革

进入20世纪,中国的经济变迁与社会变迁促使中国政府开始关注并尝试现代市场制度的建设。国民党政府顺应了这一历史趋势,仿效西方资本主义国家的市场制度,初步建立了现代商法体系,实行了税制、币制改革。

(一)商事法规的制定和完善

国民党政府成立不久就开始着手经济立法工作。立法院采用"民商合一"的民法典原则,将一些商事契约方面的法律规范纳入《民法》的"债编",在"各种之债"中开列了"买卖"、"互易"、"交互计算"、"租赁"、"借贷"、"雇佣"、"承揽"、"委任"、"经理人及代办商"、"居间"、"行记"、"寄托"、"仓库"、"运送营业"、"承揽运送"、"合伙"、"隐名合伙"、"指示证券"、"无记名证券"等有关商组织与商行为的项目,明定调处以上商事关系的规则。这些法律条款的要点是:1. 判定契约成立的要件:契约经当事人双方意思表示一致(无论其为明示或默示)而成立;契约的成立不得违背禁止性和强制性的法律规定,不得违背公共秩序及善良风俗。2. 确定各类契约当事人(双方或各方)的责任与权利。这些法律条款赋予和强化了契约的法律约束力。

　　无法并入《民法》内规范的商事关系,立法院分别立法。1929年,国民党政府颁布《公司法》、《票据法》、《海商法》、《保险法》等"四大商法",后又颁布《破产法》。《公司法》是对商业组织的法律规范,明确政府登记的公司是以营利为目的而设立的团体,分为无限公司、两合公司、股份有限公司、股份两合公司四种组织形式,并对公司的登记、内部关系、对外关系、解散、清算等做了规定,定于1931年7月正式施行。10月颁行的《票据法》是中国历史上的第一部《票据法》。它虽是借鉴西方立法而来,但也反映了中国国内商业活动中票据往来的需要。该法由总则、汇票、本票、支票、附则等5章构成,规范票据的种类、票据的行使、票据的责任、票据的权利等等。立法者在参考西方票据法的同时,也考虑到中国的传统习俗。比如,根据中国国内本票能够流通的习惯,该法强调本票发票人的付款责任与汇票承兑人相同。《海商法》基本以德国海商法为蓝本,确立了处理商船及其海上运输过程中发生商事关系的规则。内容包括船舶、海员、运送契约、船舶碰撞、海上救助、海上保险、海损等等。由于其中的有些规定与中国习惯不符,该法草案公布时曾遭到国内水运界的抵制,请求政府在调查国内水运习惯后修订草案。但立法院一意孤行,仍按既定方针于1929年年底通过该法,宣布于1931年1月1日施行。《保险法》对保险契约、保险责任做出法律规范。不过,因政府未公布施行时间,实际仅是一纸空文。《破产法》援引西方破产法的先例,广泛征求国内司法界、商界、学术界的意见,几经修改,于1935年7月公布施行。该法设总则、和解、破产、罚则等4章,顾及中国传统社会习惯,在和解条件中没有规定清偿债务的最低限度,任由当事人意思自治;同时,在规范债务人与债权人的行为时,注重对债务人的保护。①

除上述商法外,国民党政府还颁布了一批重要的商事法规。1929年,国民党政府公布《度量衡法》,确定中国的度量衡以万国公制为标准制,市用制为辅制,规定"凡有关度量衡之事除私人买卖交易得暂行市用制外,均应用标准制"。② 该法还规定,规划度量衡事宜由工商部设立全国度量衡局掌理,各省及各特别市设度量衡检定所处理检定事宜。次年,工商部制定《全国度量衡划一程序》,宣布自1930年1月1日起施行《度量衡法》。依据各区域交通及经济发展情况,工商部把统一全国度量衡的程序分作三期:第一期,江苏、浙江、江西、安徽、湖北、湖南、福建、广东、广西、河北、河南、山东、山西、辽宁、吉林、黑龙江及各特别市,于1931年年终前完成;第二期,四川、云南、贵州、山西、甘肃、宁夏、新疆、热河、察哈尔、绥远,于1932年年终前完成;第三期,青海、西康、蒙古、西藏,于1933年年终前完成。③ 受各种因素的制约,全国统一度量衡的工作未能按工商部的预想完成。但到1936年6月,除新疆、蒙古、西藏外,公用度量衡已大部统一于新制,民用、租界及外商等也渐用新制。④

---

① 以上见叶孝信主编:《中国法制史》,上海复旦大学出版社2002年版,第379、380页。

② 《度量衡法》第11条,见立法院编译处编:《中华民国法规汇编》第八编实业,第五类度量衡,第350页。

③ 《全国度量衡划一程序》,见立法院编译处编:《中华民国法规汇编》第八编实业,第五类度量衡,第359—362页。

④ 国民党中央党部国民经济计划委员会编:《十年来之中国经济建设》上篇第二章,实业,南京扶轮日报社1937年版,第153—164页。

　　同年,国民党政府制定了《交易所法》,对交易所的设立、组织、人员、买卖、监督等做了法律规范。该法允许商人在呈请工商部核准的前提下,设立买卖有价证券或买卖一种或同类数种物品之交易所;交易所的组织形式为股份有限公司或同业会员组织,前种形式交易所内的买卖者以经纪人为限,后者的买卖者以该所会员为限;规定有价证券的买卖期限为 3 个月,棉花、棉纱、棉布、金银、杂粮、米谷、油类、皮革、丝糖等物的买卖限期不超过 6 个月。该法还对股份有限公司交易所职员的职业行为做了法律约束,订有对违法者的处罚法则。[①]

　　1930 年 5 月,国民党政府公布《商标法》,确立了商标专用权,对商标注册、商标专用权的获得、时限、移转、撤销、消灭及争议的裁定、商标局的职责等做出法律规范。《商标法》第一条载明,"凡因表彰自己所生产、制造、加工、拣选、批售或经纪之商品欲专用商标者应依本法呈请注册"[②],而商标一经到政府注册,就享有专用权,受到法律的保护。与此相配套,刑法第 268 条明确规定,意图欺骗他人而伪造商标者,处二年以下有期徒刑,并科 3000 元以下罚金。

　　1933 年国民党政府又颁布了《商品检验法》,规定输出输入的商品中,凡"有羼伪之情弊者",或"有毒害之危险者",或"应鉴定其质量等级者",都要依法检验,并决定由实业部在商品检验地点设商品检验局,负责商品检验事宜。

　　另外,1929 年公布的《商会法》是对北洋政府《商会法》的修

---

　　① 《交易所法》,见立法院编译处编:《中华民国法规汇编》第八编实业,第二类商业,第 173—179 页。

　　② 立法院编译处编:《中华民国法规汇编》第八编实业,第六类商标,第 403 页。

正与完善。《商会法》确立了商会的法人地位,赋予商会筹议工商业之改良及发展、应答工商业之征询及发布工商业之通报、调处及公断工商业纠纷、办理工商业证明及鉴定、工商业统计之调查编纂事项、遇有市面恐慌等事维持市面及请求政府维持市面等 9 项职能,从而使商会成为法律规范下的、参与市场管理的商人自律组织。

(二)税制改革与币制改革

这一时期,国民党政府实行一系列税制改革,其中与商品流通密切相关的,是裁撤厘金、开办统税与修订关税。同时,国民党政府还实行了币制改革。

厘金是一种以商品通过税为主的商业税,起源于 1853 年。最初,清政府为镇压太平天国筹措军饷,在扬州仙女庙(今江都县江都镇)设厘金所,对米市课以税率为货值 1% 的捐税,成为厘金制度的滥觞。以后,各地纷纷效仿,设卡抽厘,不仅名目繁多,税率也不再受 1% 的限制,是地方政府的一大财源,为商贾、百姓所诟病。1928 年,全国 22 省主要贸易通道上共设有厘卡 700 多处,其中江苏省设卡最多,达 58 处。① 在一些地区,商人贩运货物,每经过一处关卡,就要缴纳一次厘金,以致同一种货物要缴纳的通过税有的竟达十几次之多,税率也由此增加到 10% 以上,商业成本大为提高。而自 1858 年中英《天津条约》签订后,进口商品除在入关时缴纳 5% 的关税外,只须再缴纳 2.5% 的子口税便可通行全国,其税率大大低于厘金。因此,在国货与洋货的竞争中,国货流通受阻,洋货大行其道,国货愈发处于不利的地位。1928 年 7 月,第一次全国财政会议决定裁撤厘金,但未能实行。1930 年年底,政府

---

① 《中国年鉴》1928 年,第 574 页。

决定自 1931 年元旦起裁厘，"将所有全国厘金及由厘金变名之统税、统捐、货物税、铁路货捐、邮包税、落地税、正杂各税捐中之含有厘金性质者，又海关五十里外常关税及内地常关税、子口税、复进口税等，一律廓清"[1]，通饬各省财政主管机关遵照执行，如有借故拖延、巧立名目、阳奉阴违者，依法律严予制裁。后经多次电令，各省终于渐次裁厘。

裁厘的同时，国民党政府效仿西方资本主义国家的成例，依照"一物一税"的原则，对国内大宗工业制品开征货物统税。统税的征课范围最初为卷烟、麦粉、棉纱、火柴、水泥，以后扩大到薰烟、啤酒、火酒、洋酒等，税率也多次提高。课税环节主要在生产过程，纳税后的货物名义上可通行全国，不再征税。时至 1936 年，除云南、青海、新疆、西康、蒙古、西藏等地外，全国各地基本都开办了统税。在后来的数年内，统税成为国民党政府三大税收支柱之一。

南京国民党政府成立后，积极筹划恢复关税主权。1928 年 6 月，国民政府发表宣言，郑重宣布废除一切不平等条约，关税自主。接着，先后与美、德、比、意、丹、葡、荷、瑞、英、法等 11 国签订了关税自主条约。同年 12 月，国民党政府颁布了第一个国定关税税则《海关进口税税则》，定于 1929 年 2 月 1 日开始实行。1930—1934 年又 3 次修订税则，提高进口税率。与税制改革前相比，进口税率从 1928 年的 3.9% 提高到 1935 年的 27.2%。[2] 国民党政府又分别于 1931 年、1934 年修改出口税则，降低出口税率，并规定一些仿洋机制品享有免税退税待遇，鼓励商品出口。

---

[1]　国民政府财政部档案三(2)，2914 卷"行政院令"，中国第二历史档案馆藏。转引自陆仰渊、方庆秋主编：《民国社会经济史》，中国经济出版社 1991 年版，第 277 页。

[2]　见严中平等编：《中国近代经济史统计资料选辑》，科学出版社 1955 年版，第 61 页"表 5 进出口贸易的税率水准"。

币制混乱是阻碍国内市场商品流通的重要因素之一。1928年全国经济会议把统一货币、改革币制作为经济政策的首要目标，提出"废两改元案"，即废除银两改用银元，决定于1929年7月1日施行。但后因种种缘由，废两改元并未如期实行，直到1932年，上海洋厘行市一路下跌，金融界人士认为废两改元的时机已到，国民党政府才再次启动废两改元。1933年3月1日，国民党政府财政部发布《废两改元令》，宣布于3月10日在上海试行废两改元。4月，财政部又发布公告，将废两改元推至全国。

废两改元是国民党政府币制改革的第一步。废两改元确立了银元本位制，但辅币混乱的问题并没有解决，统一货币的任务也没有完成。1929—1933年资本主义世界爆发经济危机，资本主义国家为本国的经济复苏，先后放弃货币金本位制；1934年，美国政府又实施《白银法案》，大量收购白银。各国金融政策的变化造成世界银价快速上涨，中国白银由此大量外流，中国国内通货紧缩，市场萧条，出现了金融恐慌。在这种情况下，币制改革重又提上国民党政府的议事日程。1935年11月，国民党政府宣布实行法币政策，以中央、中国、交通三银行发行的钞票为法定货币，所有完粮纳税及一切公私款项之收付，概以法币为限。从此，纸币成为通行货币，实现了货币的统一。

二、提倡国货及开拓国货市场

民初以还，中国民族资本主义初步发展。作为后发展国家，本期民族资本主义工业主要是进口替代工业。在不设关税保护的情况下，伴随民族工业的发展，国货与洋货在国内市场的竞争愈演愈烈。20世纪20年代以来，中国民族资产阶级为求得自己的生存与发展，以发展工业、提倡国货为宗旨，开展了轰轰烈烈的国货运动,震动朝野。在民间国货运动的推动下,国民党政府积极用行政手段干预市场,倡用国货,进而又直接参与国货的经营,拓展国货市场。

1928 年 4 月,国民党政府军事委员会致函国民党政府秘书处,痛陈开放口岸以来,外货充斥,源涸流枯,认为补救之策当以提倡国货为先,而"提倡之方,必须心理与物质双方并进,庶几成效可期"①,提出倡用国货的五条办法:1. 由大学院于编审中小学校课本时注重提倡国货;2. 由工商部速筹振兴工艺计划,并严禁商人以外货冒充国货;3. 由财政部实行保护国货政策;4. 由内政部、大学院分行内外各官署、各学校嗣后购用物品除图书、机器及其他为中国所无而必须购用者外,应一律购用国货;5. 由各省政府及特别市政府布告公众,一律提倡购用国货,等等。国民党政府的其他部门,诸如审计院、工商部、内政部等,也先后就提倡国货呈文,提出倡用国货的种种措施。大体说来,本期政府倡用国货、开拓国货市场的举措主要沿着几个思路。

其一,政府购买或政府消费采用国货,藉以扶持民族工商业。

1928 年 6 月,国民党政府审计院院长于右任以"洋货侵入,每年剥夺我利益者约五万万元,若不从速挽救,必至受经济之压迫,至于亡国灭种而后已"②,倡用国货,呈请政府通令全国各机关所有物品如有适用之国货而仍购用洋货者,一律以不经济支出论。这一呈文很快得到"通令遵行"的批复,两天后,国民党政府即令

---

① 《军事委员会关于提倡国货办法的公函》(1928 年 4 月),见中国第二历史档案馆编:《中华民国史档案资料汇编》第五辑第一编,财政经济(八),江苏古籍出版社 1994 年版,第 736 页。

② 《国民政府关于购用洋货以不经济支出论的有关文件·审计院呈》(1928 年 6 月 7 日),见中国第二历史档案馆编:《中华民国史档案资料汇编》第五辑第一编,财政经济(八),江苏古籍出版社 1994 年版,第 737 页。

直辖机关"一体遵照"。① 次年 5 月，行政院转工商部致国民党政府呈，加大了倡用国货的力度，请政府颁布明令，"凡属公用物品，除尚无相当国货，又为事实所必须者，始得采购舶来品外，应一律尽先购用国货，以示限制，而资提倡"②，亦得到国民政府肯定的批复。30 年代初，全国内政会议再次强调政府消费须采买国货，会议议决：政府"各机关之用品，一律采用国货……由各主管长官随时督促，庶务员实行，如有违者，予以儆戒、申斥、罚俸、停职之处分"。③ 对照以上呈文及内政会议决议不难看出，国民党政府对政府消费采买国货的规定"逐步升级"。从采买洋货"以不经济支出论"，到政府采买以国货为先，再到政府消费须采买国货，并以行政管理制度保证采买国货的施行，记录了国民党政府倡用国货并身体力行的意愿，反映出国民党政府为开拓国货市场，扶植民族工商业付出的努力。

为提倡国货，当时还有公务人员及在职军人服用国货之议，要求公务人员及在职军人一律限用国产制服。1929 年，国民党政府转发了中国国民党天津特别市党务整理委员会有关"通令所属各机关公务人员以及在职军人一律限用国产制服"的呈文，训令直

① 《国民政府关于购用洋货以不经济支出论的有关文件·国民政府批令》（1928 年 6 月 9 日），见中国第二历史档案馆编：《中华民国史档案资料汇编》第五辑第一编，财政经济（八），江苏古籍出版社 1994 年版，第 737—738 页。

② 《国民政府审计院等关于购用国货的有关文件·行政院转工商部致国民政府呈》（1929 年 5 月 1 日），见中国第二历史档案馆编：《中华民国史档案资料汇编》第五辑第一编，财政经济（八），江苏古籍出版社 1994 年版，第 739 页。

③ 《内政部关于提倡国货办法致行政院呈》（1931 年 2 月 7 日），见中国第二历史档案馆编：《中华民国史档案资料汇编》第五辑第一编，财政经济（八），江苏古籍出版社 1994 年版，第 760 页。

辖各机关遵照办理。以后,内政部、行政院又提出公务人员服用国货的办法。虽然都是限用国产制服,但公务员服制与军人服制的性质有所不同,国民党政府要求公务人员服用国货,意在提倡国货,"由公务人员以身作则,藉树风声而收上行下效之效"①,为国货开辟销场。军警服制才是政府消费的一部分。这一时期颁布的陆海军警服装条例暨陆军服制条例、警察服制条例,均秉承国民党政府的旨意,规定以采用国货为原则。军政部还指定数家国货厂商制备军用品材料。时至 1932 年年底,"军警服装大部分原料采用国货者,已达十之七八,其零星附带材料用国货者,亦达十之五六"。② 军警服制以国货为主要来源,自然扩大了国货市场。

其二,开展倡用国货活动,促进民族工商业的发展。

1928 年 2 月,国民党政府工商部在南京成立。同年 8 月,工商部印行《国货运动》小册子,言明提倡国货是工商部的职责,工商部的一切行政即以策励工商、提倡国货为主旨,酌定提倡国货工作步骤有四:调查国货,征集国货,奖励国货,研究国货,并对每一步骤的工作做了具体的安排。

其实,早在 1928 年春孔祥熙出任南京政府工商部长时,"为策进工商,提倡国货起见"③,就提出在上海筹办中华国货展览会的

---

① 《行政院关于公务人员服用国货办法的呈》(1932 年 12 月 7 日),见中国第二历史档案馆编:《中华民国史档案资料汇编》第五辑第一编,财政经济(八),江苏古籍出版社 1994 年版,第 761 页。

② 《行政院关于公务人员服用国货办法的呈》(1932 年 12 月 7 日),见中国第二历史档案馆编:《中华民国史档案资料汇编》第五辑第一编,财政经济(八),江苏古籍出版社 1994 年版,第 761 页。

③ 《工商部检送国货运动小册子函》,见中国第二历史档案馆编:《中华民国史档案资料汇编》第五辑第一编,财政经济(八),江苏古籍出版社 1994 年版,第 716 页。

设想。7月30日,工商部向各省政府和特别市市政府颁发了国货展览会的组织大纲、章程和规则,并函告各省,由于展览会"限期已迫,所有关于征品运会等事,已由本部令该筹备会径与各省筹备分会或商会直接商办,俾图便利而赴事功"。①为避免参展产品因运输沿途各关税局所盘验征抽、手续繁难而延误会期,工商部专门印发了免税证书五联单与减费运单五联单,明示各地产品经国有铁路或招商局上海、镇江两航业公会所属各航线时,可享受运价五折的优惠。

经过紧张的筹备,中华国货展览会于1928年11月1日开幕。除西藏、内蒙古、青海等地因路途遥远,交通不便,未能送来展品外,计有来自全国23个省市的产品参展,展品达13271件。到会展品按类别及产区陈列,按类别陈列的有原料及天然品、毛革、饮食、染织、建筑、人身日用、家庭日用、电器及机械、艺术、印刷及教育、医药等11类产品;一些经济较发达的地区,如北平、上海、天津、河北、湖南、湖北、广东、福建、江西、浙江等地,则有专区布展。此外,中国水泥公司、开滦矿务局、耀华玻璃厂、江南造纸厂、南洋兄弟烟草公司、商务印书馆、中华书局、无锡丽新染织厂、新华纱厂、先施公司、永安公司、新新公司等26家大型企业,也分别辟有自己独立的展品陈列室。为鼓励国货生产企业,推动国货产品的生产与改进,展览会设立特等奖、优等奖、一等奖与二等奖等奖项,评出获奖产品2182个。中华国货展览会还设立了销售部,倡导前来参观者消费国货。展会期间,销售部出售的商品货值达278900元。②

---

① 《工商部中华国货展览会实录》,第一编,第2页。转引自伍麟思:《1928年工商部国货展览会纪实》,见《中国近代国货运动》,中国文史出版社1996年版,第404页。

② 详见伍麟思:《1928年工商部国货展览会纪实》,载《中国近代国货运动》,中国文史出版社1996年版,第403—411页。

在策划、筹办中华国货展览会的同时，工商部于1928年颁布了国货陈列馆条例，鼓励各地发起筹办国货陈列馆，内地各省市建立国货陈列馆的热潮由此而兴。工商部身体力行，积极在南京筹建首都国货陈列馆。首都国货陈列馆于1929年9月9日正式开幕。陈列馆汇集全国各地物产精华，分为教育品、农产品、服装品、化学工业、艺术品、饮食品、染化工业、矿产品、医药品等部，并设立了临时售品部。后因售品部规模小，不能满足顾客需求，遂在陈列馆东侧设国货商场。国货商场11月1日正式开业，场内设70余铺位，其中近一半的铺位由国货厂商承租，当月的销售额即达七八万元。

陈列馆以推销国货为己任，于1930年2月发起组织首都国货运动基本区，将陈列馆附近70余处、8200余户居民纳入基本区，凡愿参加国货运动的区内居民均为国货运动基本员。基本员可以享受陈列馆提供的如下优惠：1.在国货商场一次购物满一元者，所购货物按原价打折；2.可委托陈列馆代办或调查首都所不备的各种国货。同时，应尽自己购用国货并鼓励他人购用国货的义务。组织国货运动基本区的做法当年即见成效，1930年国货商场的营业额超过50万元。①

其三，直接介入国货的运销，建立官商合办的中国国货联营公司。

20世纪30年代中期，继东北沦陷后，日本帝国主义侵略势力加速向华北扩张，中国的民族危机加深。面对局势的发展，中国民众的爱国主义情绪高涨，国货思想也日益深入人心。在民众的要求与推动下，国民党政府国民经济建设运动委员会把提倡国货作

---

① 详见李琴芳：《实业部国货陈列馆与国货运动》，载《中国近代国货运动》，中国文史出版社1996年版，第412—419页。

为一项重要任务,派员到上海与社团组织中华国货产销协会及国货联办处接洽,准备筹组全国性的国货销售网。

早在20世纪30年代初,日本帝国主义侵占中国东北使关内不少国货商品失去了东北市场,就引起工商界的忧虑。中国金融业的一些有识之士深感提倡国货、增强国力的重要,力图通过金融与国货产销的协力合作,推动国货运动。1932年8月,中国银行总经理张嘉璈联合国货生产、运销及金融各方面,成立了中华国货产销协会。协会以推动国货生产与销售为宗旨,以指导完成全国的国货销售网为业务。同年9月,正值"九一八事变"发生一周年之际,为呼吁民众勿忘国耻,协会的9家会员企业联合组织了"九厂临时国货商场",举行为期一周的大廉卖,引起社会的极大关注,取得了巨大成功。次年3月,协会在上海成立了国货介绍所,又先后在重庆、汕头、福州、广州、汉口等地成立分所,以推动国货的产销。1934年1月,中华国货产销协会的部分会员企业又将协会所属的上海国货介绍所改组为"中国国货公司、中国国货介绍所联合办事处",简称"国货联办处",采取产、销、金融三方合作的方式经销国货。在以后的几年内,中华国货产销协会的会员以国货联办处为中心,相继在沿海及内地的11个城市设立了中国国货公司,开展国货推销业务。

国民经济建设委员会派员与中华国货产销协会及国货联办处联系后,决定由国民经济建设运动委员会出面,联合中华国货产销协会、国货联办处等,共同发起组织中国国货联合营业公司(简称联营公司)。公司额定资本200万元,官商合办,政府投资资本总额的1/3,其余由国货工厂和公司投资入股。1937年4月,鉴于第一期股金已顺利收齐,联营公司举行了成立大会。大会通过了联营公司章程,选举了董事和监事,并公推实业部部长吴鼎昌为董事长。同年5月,联营公司开业,总公司设在上海,原中国国货公司及国货联办处的全部业务都移交给联营公司,国民党政府由此正式介入国货的经营。[①]

三、统制经济政策的推行

20 世纪 20 年代末,资本主义世界经济危机爆发。与此相反,苏联奉行计划经济体制则获得成功。这使人们对资本主义的自由竞争规则产生怀疑,统制经济由此风行于各个资本主义国家。30 年代初,中国受世界资本主义经济危机的影响也陷入经济恐慌,学者名流及实业界领袖为挽救本国经济,增强国货的竞争力,纷纷主张实行统制经济政策。1933 年,国民党中央和国民党政府决定扩大经济统制,试图将工矿业、交通运输、通信等事业置于国家统制之下。是年,实业部制定并公布了 1933—1936 年《实业四年计划》,确定由国家通盘筹划粮食、棉花、煤炭等重要产业物资,以实现生产与消费、供给与需求的平衡;力图通过统制经济达到以民族经济代替封建经济、实现现代式的国家的目标。在以后的几年,国民政府及一些省政府对棉业、蚕丝、茶叶、食糖、贸易等实行了统制。

1933 年,全国经济委员会成立,计划设立棉、煤、矿、丝、粮食等统制委员会。同年 10 月,棉业统制委员会率先在上海成立,随即开始介入棉货的产销,为改进棉业、管理棉货市场做了多方面的工作,诸如调查棉业原料制造、运销情形;购买优良棉籽分散播种;调查棉花分级及搀水搀杂情况,拟定棉花分级标准及禁止搀水搀

---

① 有关中国国货联营公司的情况,详见潘君祥主编:《近代中国国货运动研究》,上海社会科学院出版社 1998 年版,第 126—130 页。

杂的办法,规范棉花市场;编制纱厂的各项标准;稳定纱价①;组织中央棉业改进所,筹设大规模运输合作社等等。

棉统会成立后的第一政绩是通过调节棉纱的供求关系稳定纱价。1933年春,上海棉纱销滞仓壅,市价日跌。华商交易所存储的棉纱常在3万包左右。商贩观望,不敢屯存,纱厂亏本,危危欲坠。面对此情此景,华商纱厂联合会于6月呈请财政部购买交易所存纱,以稳定纱价。因此,棉统会刚刚成立便接到财政部的公函,请其查明纱价跌落的原因,核议救济办法。棉统会再三审议,认为纱价跌落的原因虽不只一端,但交易所存积巨量棉纱实为症结所在。于是,一面分别致函华商纱厂联合会及华商纱布交易所,暂时杜绝新纱进交易所,防止交易所存纱量增加;一面督促纱厂界组织银团,收买交易所存纱,各自分销,以疏通存纱而引起销机。两头并进,终于使纱价稍稍稳定。

时隔不久,棉统会拟定的取缔棉花搀水搀杂办法草案经中央政治会议核交立法院审议通过。同年7月和9月,国民党政府相继公布了《取缔棉花搀水搀杂暂行条例》、《取缔棉花搀水搀杂暂行条例施行细则》,定于1934年10月1日起施行。条例规定本国棉花以含水分11%为法定标准,市场买卖以含水分13%为最高限度,超过最高限度者,禁止买卖;图谋不法利益故意搀水搀杂者,处三年以下有期徒刑,并科1000元以下罚金。商品棉花所含杂质以0.5%为公定标准,超过0.5%,应停止买卖与使用,并处以2000元以下罚金。《细则》还明令全国经济委员会棉业统制委员会设立中央棉花搀水搀杂取缔所,各省酌设棉花搀水搀杂取缔所及分

---

① 《棉业统制委员会关于棉商统制工作报告》(1934年3月),见中国第二历史档案馆编:《中华民国史档案资料汇编》第五辑第一编,财政经济(八),江苏古籍出版社1994年版,第974、975页。

所,由中央棉花搀水搀杂取缔所指导各省棉花搀水搀杂取缔事宜。[①] 1934 年 10 月,中央棉花搀水搀杂取缔所成立,继而又在一些产棉省份成立了分所。截至 1935 年,棉统会已在全国建立起取缔所网络,除中央棉花搀水搀杂取缔所,及由中央兼领的苏、沪省市所外,陕豫鲁鄂湘各省均各设省所,并在各省市产棉区域划区设分所,又于分所下设办事处及查验处。总计全国共设棉花搀水搀杂取缔所处 91 个,其中省所 5 处,区分所 31 处,查验处 22 处。[②]

组织棉花产销合作社是棉统会的另一项工作。1934 年,江苏、陕西、山西、河南、河北五省组织棉花产销合作社 40 个,合作社社员 23444 人,占有棉田 30.9 万亩,1935 年增加到合作社 75 个,社员 53059 人,棉田 85.7 万亩。为便利合作社销售棉花,棉统会在上海设立了"棉花运销总办事处",代各省合作社报告行市,接洽买主。棉统会成立后的 3 年中,棉花运销总办事处经手销售的棉花约 10 余万担。[③]

继棉统会之后,1934 年,全国经济委员会成立蚕丝改良委员会,推进蚕种及缫丝机械改良,限制各丝场商收茧办法,规定收茧价格,统制蚕丝业。近代以来,生丝一直是中国重要的出口商品,在 1900—1921 年间居中国各类出口货物价值的首位。20 世纪 30 年代初,受国际市场日丝倾销的影响,中国生丝出口大幅下降,国

---

① 《取缔棉花搀水搀杂暂行条例》(1934 年 7 月 10 日)、《取缔棉花搀水搀杂暂行条例施行细则》(1934 年 9 月 20 日),见中国第二历史档案馆编:《中华民国史档案资料汇编》第五辑第一编,财政经济(八),江苏古籍出版社1994 年版,第 975—978 页。

② 据中国第二历史档案馆编:《中华民国史档案资料汇编》第五辑第一编,财政经济(八),江苏古籍出版社 1994 年版,第 980—981 页统计。

③ 邹秉文:《棉统会棉业改进工作概况》,见全国经济委员会棉业统制委员会编:《棉业月刊》1937 年第 1 卷第 1 期,第 6 页。

内丝业衰落。鉴于江浙两省为蚕丝集中产地,国民党政府于1934年年初召集两省政府主管蚕丝人员、金融、蚕丝各界名宿及国际联盟会蚕丝专家,举行江浙蚕丝业会议,决定设立江浙蚕业联合统制委员会,2月,联合统制委员会即告成立。先是,浙江省建设厅成立蚕桑管理委员会,议决统制管理蚕丝计划,分为(1)蚕种;(2)育蚕指导;(3)收茧;(4)缫丝;(5)销丝;(6)织绸六项。同年秋季,浙江省政府组织收茧委员会,向浙江丝茧借款团订约借款,统制收买全部蚕茧。收茧委员会规定收茧技术、茧价、用人、开支等等的统一标准,将全省分为十个收茧区,每区设立办事处,责令各茧行按统一标准收茧。当年全省共开设茧行75家,收购鲜茧32851担,"开收茧未有之创局"。① 江苏省建设厅组织了蚕业改进管理委员会,办理蚕种统制、茧行统制、运销统制、桑苗培育并设立蚕丝改良模范区等事宜。由于茧行不仅是蚕丝贸易中的掮客,还从事鲜茧的加工,茧行烘茧技术简陋,造成生丝品质不佳,成本加重。省政府首先着手整顿茧行,规定开设茧行的必备条件,提高行业准入门槛,对有帖(开业执照)无灶、有灶无帖或灶帖不符者,加以取缔。即使茧行合格,也要根据周围产茧情况核定开秤灶数,以求供需平衡,节省收茧费用。江浙两省实行蚕丝统制后,粤、鲁等产丝区域莫不仿之而接踵而起。

1936年4月,在上海市洋庄茶业公会及上海市商会的一片反对声浪中,全国经济委员会与皖赣两省政府筹划成立了皖赣红茶运销委员会,宣称以发展皖赣红茶为宗旨,实行皖赣红茶统制。此前,全国经济委员会农业处曾于2月召开茶叶技术讨论会,安徽省政府代表在会上提出"祁红运销办法"一案,主张由政府代为销售

---

① 《浙江省三年来改良蚕业之概述》,见全国经济委员会蚕丝改良委员会编:《蚕丝改良事业工作报告》,1934年印本。

红茶。消息传出,即刻引起上海茶栈的恐慌与抵制。

　　长期以来,红茶运销一直由上海茶栈垄断,各地茶号与洋行的茶叶贸易,必须由上海茶栈居间做经纪人。茶栈向洋行或银行息借贷款,贷给茶号,由茶号向茶农收买茶叶;而茶号向茶农收得的茶叶,概归贷款的茶栈售与上海各洋行出口。茶栈贷与茶号的贷款利息是月息1分5厘,实际因承兑汇票,迁延付票日期及出售时故意迟结账目等等,利息至少达三四分;而茶栈收取佣金"使费"的名目竟多至10余种,约占茶价的10%以上,茶栈因此而获取厚利。倘若实行红茶统制,茶栈便无法染指红茶运销,厚利也随之失去。所以,为维护自己的利益,茶栈商人不得不起来誓死抗争。3月底,茶栈商人以上海市洋庄茶业公会的名义致电实业部,言称茶栈"历年被各处红绿茶号亏欠至七百万元之巨,本年放与祁浮至各号亦百余万元……若由皖赣政府运销,不独剥夺商人自由,且失政府威信"[1],恳请撤销皖赣两省红茶统制。继而上海市商会也致电实业部,声援上海市洋庄茶业公会。但商人的反对没能阻止统制政策的实行,运销处(皖赣两省政府所组织的运销机关)辩称:此次皖赣两省实行统制红茶,并非攫取商人的利益,而是要"打破中间者之剥削制度,而谋茶农之真正利益,以达到整个复兴茶业之计划"[2],绝无放弃统制之意。于是,茶栈商人遂宣布自4月23日停兑汇票,试图以停兑歇业为手段作拼死的抗争。各地商会、茶业公会闻讯为之震动,纷纷电促恢复汇票,全国商业联合会和中华工业总联合会甚至共同派员赴皖,商洽解决办法。在多方劝导下,上海茶栈眼见绿茶

---

　　① 《上海市洋庄茶业公会恳请撤销皖赣两省红茶统制成命电》,中国第二历史档案馆编:《中华民国史档案资料汇编》第五辑第一编,财政经济(八),江苏古籍出版社1994年版,第920页。

　　② 施克刚:《皖赣茶业统制的检讨》,见中国农村经济研究会编印:《中国农村动态》,1937年刊本,第42—51页。

上市,时机不容坐失,于5月2日自动开兑绿茶;运销委员会也在多方围攻下做了让步。一场因红茶统制引发的风波才告平息。

皖赣红茶运销委员会成立后,相继拟定了《皖赣红茶运销委员会章程》、《皖赣红茶运销委员会办事细则》、《皖赣红茶运销委员会运销处组织规则》、《皖赣红茶运销委员会二十五年业务计划纲要》等文件,声明委员会的任务是:指导种制之改良事项;介绍贷款及保证信用事项;便利交通事项;推广销路事项;调查宣传事项;其他之改进事项。决定在上海设立总销售处,所有祁红、宁红均由该处统一销售;并在九江、安庆、屯溪等地设运销分处,负责接收各茶号所制祁红、宁红转运上海。鉴于茶栈垄断红茶运销增加了茶叶的运销成本,削弱了国产红茶在国际市场的竞争力,皖赣红茶运销委员会实行红茶统制之初,即从降低红茶的运销成本入手改良茶业。首先,委员会介绍银行直接放款给茶号,贷款利息由茶栈贷款的1分5降为8厘;其次,统一组织红茶运销,为此收取的手续费为茶价的2%,与茶栈收取"使费"占茶价的10%以上相比,此项收费又至少减少了8%。1936年,交通银行、中国农工银行、安徽地方银行向安徽省茶号发放的贷款总计180余万元,祁门、至德、浮梁三县共制红茶62000余箱;运销处调动公路、水路、铁路的运输力量,较顺利地将红茶运到上海,运销委员会完成了预定的计划任务。①

四、国民党政府商业政策措施的影响和作用

国民党政府规范商业流通、调控市场的一系列政策措施,标志

① 见《朱天修视察皖赣红茶运销报告书》,中国第二历史档案馆编:《中华民国史档案资料汇编》第五辑第一编,财政经济(八),江苏古籍出版社1994年版,第910—919页。

着这一时期国内市场制度的重大变迁,在一定程度上反映了城乡商业发展和市场变化的要求。成套商业法规的制定和完善,关税自主的部分实现,国内商税和货币制度的改革、厘清,无疑有助于国内商业和市场的发育成长,有利于传统商业、传统市场向近代商业、近代市场的演进。大力提倡国货更是富民强国的善举。① 不过实际情况并非完全如此。商业法规的制定,从清末"新政"开始,已有30年的历史,但这一时期基本上仍然处于起步阶段,有的虽已颁布施行,但因幅员广大,情况复杂,真正全面和彻底实施,难度极大;有的属于法制性、原则性规范,见效缓慢,并非立竿见影;有的立意良苦,但执行走样,甚至完全变质;也有的虎头蛇尾,半途而废。更重要的是,国民党政府作为代表大地主大资产阶级利益的政权,不可能真正为全体国民特别是下层商民和劳苦大众着想。因而在一些阶级性较强、阶级利益冲突明显的政策措施方面,往往不是屈服于大地主、大商人、大资本家的压力,妥协退缩,就是牺牲广大民众的利益,以满足大地主、大商人、大资本家的要求;在包括商人在内的民众利益同国家财政税收发生利益矛盾时,总是以牺牲民众利益、强化中央财政为根本指导思想,以维持和巩固大地主大资产阶级政权;在民族资本同外国资本发生利益冲突时,又往往不惜牺牲民族资本的利益,以获取外国资本及其债权国的欢心,等等。总的说,国民党政府有关商业方面的政策措施,利弊、得失互见,甚至弊大于利,失大于得。

第一,国民政府顺应历史发展的要求,初步建立了现代商法体系,推进了中国的法制建设。中国现代商法的建立可追溯到清末。

---

① 提倡国货、保护本国工业、捍卫民族市场至今是部分发展中国家和中等发达国家发展本国经济、保护国民权益、提升综合国力的奉行不渝和行之有效的方针政策。

19世纪末20世纪初,鉴于中国民族工商业的发展,国内工商业人士及各界有识之士要求商事立法的呼声一浪高过一浪,推动了中国法制现代化的进程。晚清政府及北洋政府效仿西方现代法制,相继颁布了《商人通例》、《公司律》、《公司条例》等商事法规,并起草了部分商法典,但直至国民党政府统治的20世纪20年代末30年代初,主要商法典才最终告成。它标志着中国现代商法体系的建立,在中国法制史上具有重要意义。

诚然,在这次现代商事立法过程中,由于编制商法人员缺乏对商务及中国传统商事习惯的了解,一些商法存在照搬西方立法、不切中国实际的问题,受到工商界人士的批评。为此,各届政府曾组织较大规模的商事习惯调查,试图找寻一条中西结合的道路。事实表明,尽管20世纪30年代的商法并不完善,但它毕竟比北洋政府时期的无法可依前进了一步,是中国市场制度史的重要一页。这些法典及法规在一定程度上规范市场主体与市场行为,比如,《商标法》公布不久,曾有一些不法商人故意曲解法律条文,以法律没有设"仿造商标"处刑专条为由,钻法律的空子,仿造他人已注册商标,谋取私利。为此,实业部发布了《仿造已注册之商标应以伪造商标论令》,言明仿造商标实属侵犯他人权利,政府严行申诫,而对嗣后仿造商标者则"自当执法以绳"。① 又如,凭借《商会法》,国民党政府建立起由政府、商人自律组织及其他民间社团(同业组织可作为"公会"会员加入商会)等构成的多层市场管理体系,强化了市场管理功能。20世纪二三十年代,商会在维持市面、商事仲裁等方面发挥了重要作用,弥补了政府直接管理的不足。

---

① 《仿造已注册之商标应以伪造商标论令》(民国20年7月29日实业部饬属遵照),见《中华民国法规汇编》第八编实业,第六类商标,第425页。

第二,国民党政府的税制改革也有其历史进步性。从理论上讲,裁厘改统革除了厘金的种种弊病。首先,裁厘改统废除了各种具有通过税性质的捐税,代之以单一的货物税,消除了关卡林立、重复课税的弊端,有利于国内商品流通尤其是长途贩运贸易的发展。其次,裁厘改统后,进口商品亦须缴纳统税,由此改变了国内市场此前存在的洋货税率低于国货的现象,客观上有利于国货对进口洋货的竞争。再次,厘金的征收对象几乎包括所有百货和居民日常用品,统税大大缩小了征收范围,有利于降低非征收物品的运销成本,促进商品流通。至于统税的市场调节作用,须具体事物作具体分析。以棉纱为例,棉纱是国内市场上的大宗商品,按照国民党政府统税征收规定,23 支以下粗纱,每百斤征税 2.75 元,23 支以上细纱每百斤征税 3.75 元。因细纱价格大大高于粗纱,这种固定的两级从量税使细纱税轻、粗纱税重,有利于细纱厂商获利,客观上有鼓励生产细纱的导向。当时,中国国内棉纱市场华商的主要竞争者是日本在华纱厂。日商纱厂主要生产细纱,华商纱厂则主要生产粗纱,统税税则对民族资本极为不利,自然引起华商的反对。另外,在旧税则下,一些内地纱厂因所需机器材料燃料要从沿海商埠运入,生产成本比沿海纱厂高,享有免纳各税的优惠;统税统一全国税率,导致内地纱厂与沿海纱厂的生产成本比发生变化,从而对内陆棉纱业的发展产生不利影响。

新的关税税则改变了中国的进口商品结构,从而在一定程度上保护了本国工业品市场。若以洋货在国内市场有无与之竞争的国内商品为标识,将进口洋货分为"竞争性进口商品"与"非竞争性进口商品"两类,"竞争性进口商品"的税率从改制前的 1928 年的 4.1% 提高到 1935 年的 30.4%,"非竞争性进口商品"的税率则从 5.1% 提高到 35.0%。由于大幅提高了进口商品的税率及各种进口商品(各类下的各种)的税率不同,同期"非竞争性进口商品"

在进口商品中所占比重从22.7%增加到36.6%;"竞争性商品"在进口商品中的比重从77.3%下降到63.4%;尤其是国内产量与进口量之比为11%—100%的"竞争性进口商品",如棉纺织品、呢绒、糖、烟叶、纸烟等,因税率提高最多,其在进口商品中的比重从1928年的26.4%下降到1935年的12.2%(无出口)及2.0%(有出口)。① 可见,新的关税税则在一定程度上缓解了进口商品的过度竞争,为本国商品争得了国内市场。但由于国民党政府奉行"财政本位"原则,修订后的关税不仅大幅提高了"非竞争性进口商品"中奢侈品的税率,同时也大幅提高同类商品中生活必需品的税率,提高了进口生产资料的税率。比如,当时几乎全赖进口的机器设备,其税率从1928年的5.5%提高到1935年的15.9%。② 这自然会增加相关工业制品的生产成本,进而影响其市场价格和市场竞争力,抵消了因提高进口关税税率对国内民族资本企业的保护作用。

第三,国民党政府的统制经济政策利弊互见。统制经济政策有规范市场、稳定物价、提高商品品质、便利商品运销的一面,譬如,规范棉花市场是棉统会的一大业绩,在各级棉花搀水搀杂取缔所的努力下,商品棉所含的水分与杂质逐年下降。若将1935年的商品棉与条例施行前相比,棉花所含水分降低3%强,杂质降低8%以上。③ 另据统计,1934年10至12月,江苏、河南、陕西总计查验棉花73万公担,其中不合格者8.5万担;1935年江苏、河南、

① 见郑友揆:《中国的对外贸易和工业发展》,上海社会科学出版社1984年版,第82、83页。

② 见郑友揆:《中国的对外贸易和工业发展》,上海社会科学出版社1984年版,第82页。

③ 叶元鼎:《棉统会取缔棉花搀水搀杂之经过及组织与计划》,见全国经济委员会棉业统制委员会编:《棉业月刊》1937年第1卷第1期,第37页。

陕西、山东、湖北、湖南、上海等省市查验棉花234.1万公担,不合格者10.9万公担;1936年江苏、河南、陕西、山东、湖北、湖南、江西、上海等省市查验棉花416.4万公担,不合格者10.6万公担。[1]查验棉花中的不合格率从1934年的11.6%下降到1935年的4.7%,又下降到1936年的2.5%,显见南京国民党政府治理市场的努力收效显著。

但统制经济政策也暴露了一些弊端。统制经济的目的原本在于实现生产与消费、供给与需求的平衡,然而,受诸多因素的影响,这一目的难以实现。譬如,江苏省实行蚕种统制,本意为改良蚕种并使蚕种供求相应,无锡却因制种场不肯多出蚕种,加上许多制种场因过去亏折太甚纷纷倒闭,导致蚕种供给大大不足,引起市场恐慌。农民纷纷向"蚕种模范区"要蚕种,模范区无法应付,群情激昂的农民竟把模范区捣毁了。[2] 又如:江苏茧行统制重新制订行业准入标准,同时统制办法第六条规定,"收茧者须先予登记,并缴每担干茧保证金三元";第八条规定,"收厂各商,每收干丝一担,有自愿承认蚕种捐及改进蚕桑事业费十二元之义务"。这一政策虽为推进技术改良、发展蚕丝业制订,却容易造成少数茧行的垄断,并加重茧行与厂商的负担。无锡茧业同业公会认为,茧行统制办法"不特剥削茧行行主纳帖开行营业自由权利,抑且使蚕户售茧蒙受行少人挤、抑价逼卖、路远蒸坏诸弊害",且此种"变相捐款更甚于从前厘税"[3],增加了蚕茧的流通成本。

① 见中国第二历史档案馆编:《中华民国史档案资料汇编》第五辑第一编,财政经济(八),江苏古籍出版社1994年版,第984—986页统计表。

② 苦农:《丝茧统治下的无锡蚕桑》,见中国农村经济研究会编印:《中国农村动态》,1937年刊本,第64—65页。

③ 达声:《中国统制经济之检讨》,《新中华》1934年11月25日第2卷第22期。

金坛是改良蚕桑模范区，有报道说，该县原有旧式茧行 27 家，自 1934 年实行统制后，一律废止，"另由无锡丝业巨子薛寿萱等联合该邑旧茧商，集资筑成新式茧行四家"，夏季开行收茧后，"以茧行既少，茧价可以限制，看高只有三十五六元，乡民不敷成本，发生冲突，致四行均被捣毁"，金坛县政府只得致电省府派保安队前往弹压。① 其他地方的蚕农，因茧行统制后压低茧价，纷纷自烘自缫，退回到家庭手工生产。时人评论说："统制蚕丝的结果，是在通过茧商，使农民负担重税"，"是在勒令小行闭歇，使富商大贾垄断居奇"。②

除此，长期以来，中国国内度量衡不一、货币混乱的状况十分严重。《度量衡法》与币制改革的实施，多少使这种状况得到改善。原来因各地度量衡、货币不统一带来的麻烦有所减轻，有利于消除市场分割状态，加速商品流通。另外，南京国民党政府提倡国货的各项举措，为国货开拓了市场，但政府直接介入经营，不利于市场的公平竞争。

第二节　国内城乡贸易的发展变化

1927—1937 年中国国内城乡贸易的发展，因国际、国内市场条件的变化，大体分为 1927—1931 年与 1932—1937 年两个时段。前一时段国内市场购销两旺，物价上扬，商品流通量呈增长态势；后一时段，受多种因素的影响，国内商品交易额一度下降。直到 1935 年币制改革后，国内经济有所恢复，国内贸易的发展才重拾

---

① 《申报》1934 年 6 月 7 日。

② 达声：《中国统制经济之检讨》，《新中华》1934 年 11 月 25 日第 2 卷第 22 期。

升势。影响本期国内贸易发展的因素主要有:第一,1929—1933
年,西方资本主义世界爆发了规模空前的经济危机,危机期间,
世界市场不仅大幅缩减对中国商品的需求,而且向中国大量倾销
过剩商品,由此加剧了中国国内市场商品供求的不平衡;同时,
为扩大出口贸易,恢复本国经济,一些资本主义国家相继放弃金
本位制,美国又于1933年年底、1934年5月先后颁布《银购入
法》与《白银法案》,大量收购白银,刺激银价上涨。世界市场
金银比价发生巨大变化,原来的金贵银贱变成银贵金贱,极大地
冲击了以白银为本位货币的中国市场。廉价洋货大量流入,中国
白银大量流出,导致中国国内市场通货紧缩,物价惨跌,抑制了
国内市场的供给与需求。第二,20世纪20年代末30年代初,
中国自然灾害频仍。1928—1930年,西北的陕西、甘肃、山西
等地连续3年大旱,赤地千里,十室九空,百姓流离失所,靠草
根树皮果腹;1931年,长江、淮河流域又发生历史上罕见的特
大洪水,苏、皖、赣、鄂、湘、豫、鲁、浙8省290县受灾,受
灾面积32万平方里,受灾人口一亿人,经济损失达4.57亿元。
这些自然灾害严重打击了农村经济,降低了国民的市场购买力。
第三,1931年日本帝国主义发动"九一八事变",武装侵占中国
东北地区,东北遂沦为日本帝国主义的原料供给地与工业品销售
地。东北与关内的贸易受阻,关内生产的面粉、棉纱、土布等工
业品、手工业品失去重要市场;同时,日货的倾销与大量走私又
极大地冲击了关内特别是华北的工业品市场,国产工业品市场一
度萎缩。不过,尽管在国内自然灾害及世界资本主义经济危机的
双重夹击下,中国的经济发展曾一度受挫,但经过币制改革后1
年多的经济恢复,到日本全面侵华战争爆发前,国内贸易的发展
仍达到新水平。1936年的国内市场商品值约183.08亿元,比
1920年的106.34亿元,增长了近80亿元,增幅为72.2%;按可

比价格计算,增长 46.9%,平均年增长 2.42%。①

一、从交通运输业发展看商品流通量的增长

大规模的商品流转尤其是质重价轻商品的长途流转,必须以交通运输业的相应发展为前提,在通常条件下,交通运输业的发展程度决定商品流转和市场规模的大小。20 世纪二三十年代,中国新式交通运输业有较大发展,为商品的大量流转奠定了基础。当时,中国国内大宗商品流转的运载工具主要是轮船、民船(非机械动力的木船或帆船)、火车及货运汽车。据计算,1933 年轮船、铁路、长途汽车三项运输所得总计约 54797.2 万元,其中轮船约

① 王相钦、吴太昌主编:《中国近代商业史论》,中国财政经济出版社1999 年版,第 535 页。国内学界对这一时期的商品流通量有多种估值:杜恂诚估计,1933 年国内市场商品流通量为 108.6 亿元,占当年全国所能支配的国民所得 200 亿元的 54.3%(见《二十世纪三十年代国内市场商品流通量的一个估计》,《中国经济史研究》1989 年第 4 期);沈祖炜估计,1905 年、1910年、1915 年、1920 年国内市场商品流通总量依次为:34.13 亿元、39.99 亿元、64.97 亿元、84.75 亿元,并认为与杜恂诚的估计吻合(见《1895—1927 年中国国内市场商品流通规模的扩大》,上海中山学社主办:《近代中国》第 4 辑,上海社会科学院出版社 1994 年版,第 331—354 页);吴承明估计:1936 年国内市场商品量为 168.07 亿元,与 1920 年的 92.46 亿元相比,增长 82.1%,年均增长率为 3.8%;按可比价格计算,1936 年比 1920 年增长 54.0%,年均增长率为 2.7%(见许涤新、吴承明主编:《中国资本主义发展史》第 3 卷,人民出版社 1993 年版,第 224 页),后又对 1870 年、1890 年、1908 年、1920 年、1936 年 5 个时点的国内商品量做了估计,依次是 10.39 亿两(规元)、11.74亿两、22.98 亿两、66.10 亿两、120.17 亿两,1920—1936 年的年均增长率为2.89%(见吴承明:《近代国内市场商品量的估计》,《中国经济史研究》1994年第 4 期,又见吴承明:《市场·近代化·经济史论》,云南大学出版社 1996年版,第 287 页)。

13715.8 万元,占总额的 25%;铁路约 36883.6 万元,占 67.3%;长途汽车约 4197.9 万元,占 7.4%。[①] 大体铁路、轮船二者占三项所得总额的比例加起来超过 90%。另据国家统计局统计,日本全面侵华战争爆发前,轮驳船、铁路、汽车三种运输工具运量(运量最多的年份)合计 536.9 亿吨公里,其中轮、驳船运量为 128.3 亿吨公里,占总量的 24%,铁路运量为 404 亿吨公里,占总量的 75%[②],汽车运量甚微。

轮驳船、铁路、汽车三种运输工具对商品流转的影响及地区分布,互有差异。铁路运输载重量大,一般运输距离长,本期随着浙赣线的修筑及其向湘赣边界的延伸,粤汉线株洲—韶关的修成和全线贯通,陇海线向陕西境内的延伸,加上原有的京汉、京奉、京绥、津浦、沪宁、沪杭甬等线,从东北入关,分别经天津、北京,南抵萍乡、广州,形成两条部分线段平行的南北运输大动脉;陇海线则从江苏海州(连云港)西达陕西宝鸡,是本期新形成的东西运输大动脉;原有的京绥、京奉两线,沪宁、沪杭、浙赣三线,以及胶济线通过津浦线与陇海线衔接,又通过津浦、京奉两线与京绥线相接,也都具有东西运输动脉的功能。这对本期扩大关内外商品流转,促进关内地区南北、东西两向长距离和大规模的商品流转,作用非同小可。

轮船和民船航运,既有长途运输(主要是千吨位以上较大轮船),也有中途和短途运输,分布地区主要集中在沿海和长江及其以南江河水量较大、地势相对平坦、航运资源较丰富的东中部地区,南海、东海、黄海、渤海和长江水域,分别构成南北和东西两条

---

① 据巫宝三:《中国国民所得(1933 年)》下册,中华书局 1947 年版,第 181、189、208 页相关数据计算。

② 国家统计局:《伟大的十年》,人民出版社 1959 年版,第 131 页。

水上运输大动脉,堪与铁路的南北和东西陆上运输大动脉媲美,而且互补。本期民族资本近海轮运业和包括川江在内的长江轮运业的发展,对东部沿海地区和长江流域的商品流转,有明显的促进作用。

汽车运输与铁路、轮船航运相比,运量较小、距离较短,运输成本较高,在一般情况下,无法与铁路、轮船运输竞争。虽然汽车运输的地区分布比铁路、轮船运输更为广泛,但对商品流转的明显影响,主要反映在那些既无铁路、又无航运、商业流通十分落后的西部偏远地区。在西北甘肃、宁夏、新疆,西南贵州、云南、广西西北部等一些地区,本期刚刚兴起、而又规模、数量有限的汽车运输,成为商品流转有所改观的重要因素。从某个角度看,虽然公路运输量不大,所占比重很小,但对全国商品流转的推动作用,也不亚于轮船和铁路运输。

尽管轮船、铁路、公路运输收益中,有相当比重来自客运,货运中亦有部分非商品,轮船、铁路、公路运输的发展和运量的增加,还是从一个侧面反映出这一时期流转量的增长和全国商业流通规模的扩大。

这一时期,轮船运输业有较大发展。全国注册轮船数从1928年的1352只增加到1935年的3985只,增长1.95倍;吨位数从1928年的29万吨增加到1935年的近72万吨,增长1.47倍;进出中国通商口岸的中外轮船吨位数从1927年的1.16亿吨增长到1936年的1.45亿吨,增长约25%。[①]

南方重要水运航道长江,轮船航运业发展很快。20世纪20年代末30年代上半期,在上海—汉口、汉口—湖南、汉口—宜昌、

---

① 朱荫贵:《1927—1937年的中国轮船航运业》,《中国经济史研究》2000年第1期。

宜昌—重庆4条主要航段内,中外轮船载货量常年维持在100万吨以上,其中1928年载货量最多,近214万吨,1932年载货量最少,亦有约90万吨,其后逐年增加,1936年恢复到185万余吨。[1]其他一些省区的内河大港,轮船运输也有发展。譬如,地跨湘江两岸的长沙,海关登记的轮船从1922年的2764只增加到1930年的2957只,吨位从1922年的48.5万吨增加到1930年的52.0万吨。[2]

在沿海和长江各口大中型轮船运输业发展的同时,一些地区的小轮运输业,这一时期也有长足的发展。太湖、黄浦江和运河流域,以汉口为中心的长江、汉水流域,以安徽芜湖为中心的长江水域,以福州为中心的沿海和闽江流域,两广西江流域,云南昆明滇池水域等,小轮和驳船成为货物和携货走贩主要运输工具。小轮不同于大轮,一般都是一船同时兼营客运、货运;有的分设客舱、货舱,更多的是客舱、货舱混合。运输货物中,除大宗货物外,相当部分是走贩携带零担货物。小轮运输业明显扩大了相关地区商品流转范围,促进了商业流通的发展。如广西桂平,自梧州开埠,轮船通行,鸡豚"载之舟中,随大江东去,售诸港粤,日月不休"。[3]在福建,以福州为中心的沿海和闽江流域汽船运输,先是"东北航线多随茶叶业而兴盛;通泉州者则多载杂货"。继而汽船运输又反过来促进了茶叶和杂货商品贸易的发展。不仅如此,由于社会治安恶化,自汽船通行后,旧日大道上的商旅"渐次减少,趋

---

① 此数字仅为长江流域各国有代表性公司载货量总数,不是所有轮船载货量总和。见朱荫贵:《1927—1937年的中国轮船航运业》,《中国经济史研究》2000年第1期。

② 据《中国实业志·湖南省》第1册,宗青图书公司印行本,第12(丙)页表格计算。

③ 民国《桂平县志》第29卷,1920年粤东编译公司铅印本,第17页。

水道者频繁"。一些商旅因"惧土匪之勒索财物伤害生命",甚至自建瓯至浦城（320 里），也宁由水道至福州，转上海、浙江绕道而至浦城。[①] 汽船运输成为这一地区商品流转赖以维持和发展的首要条件。

商品流转的发展还从传统民船（帆船、木船）及其同轮船、汽船的竞争、起伏得到反映。轮船航运业的兴起和发展，对民船运输业产生严重冲击，不过由于各地不同水域结构或不同时段，航运条件、轮运实力、商业需求状况以及船户、江湖渔民农民经济和就业状况等各不相同，冲击程度及其影响，民船运输业的兴衰变化互有差异。在长江干道部分航段，20 世纪初，民船已基本被轮船替代。据海关登记，出入重庆、万县、宜昌、沙市、汉口、九江、芜湖、南京、镇江、上海等 10 个口岸的民船，由 1922 年的 10.5 万艘次减少到 1931 年的不足 1700 艘次，减少了 98% 强。其中宜昌、沙市、九江、芜湖、上海（仅只来自江北、浙江、江西的木船）五口的民船从 1922 年的 35 万余艘次，减少到 1931 年的 11 万余艘次，减少近 70%；汉口从 1922 年的 1023 艘次减少到 1931 年的 78 艘次，减少 92% 强；重庆则从 1922 年的 441 艘次，减少到 1925 年的 1 艘，1926 年后，海关"已无木船报运"。[②] 广西南宁、梧州航线，帆船也从 1923 年的 422 只、10270 吨减少到 1931 年的 78 只、3046 吨，分别下降了 88.5% 和 70.3%。[③] 在福建闽江洋口、延平、沙县、建宁航段，因传统民船的航线、停靠口岸、运输货品与汽船相同，民船载量小，运费

---

① 国民党政府铁道部财务司调查科查编:《京粤线福建段福州市县经济调查报告书》,1930 年调查、印行,第 43—44 页。

② 参见江天风编:《长江航运史》（近代部分）,人民交通出版社 1992年出版,第 411 页。

③ 严中平等编:《中国近代经济史统计资料选辑》,科学出版社 1955 年版,第 236 页表 13。

比汽船贵,且时间延搁。加上船身木造,易受岸上土匪枪击,远非汽船两旁有铁板可比。到1930年前后,鸠船客运,"几于消灭无余"。①

在其他部分地区、航线或时段,轮船、民船虽然竞争激烈,但大多二者并存,或各有其航线,二者互补。民船运输业不仅继续保存,甚至还有所扩大。如湖北长江部分航段、汉水及其支流、府河等航线、航段,20世纪30年代初尤其经济危机期间,平原湖区农民、渔民因生活艰难而改驾木船为业和外省来鄂木帆船增多,木帆船数量趋升,运力扩大。1937年全省共有木帆船36469艘,总载重量254万担。又据同年交通部长江航政局的调查,汉口、宜昌、沙市3港共有载重200担以上木帆船7711艘,总载重量364.4万担,长江支流汉水及汉水支流、闽江上游等航线,即属于这种情况。这些航线中的汉江航线有200担以上木帆船1072艘、37.9万担。长江航线木帆船多装运川盐和淮盐及山杂百货,并为大轮运输集散货物;汉江航线上水可直抵陕西汉中,多运大米、食盐、纸张、日杂用品,下水以运山货、杂粮为主。此外,府河有木帆船1000余艘,上航载运粮食、棉花、土产,下航载运食盐、百货等。汉水等支流航运仍以木帆船运输为主,这些区域的商品流转一直依赖民船。② 在福建闽江航线,中下游航段与汽船同一航线的鸠船被淘汰,但吃水仅1尺,载量不过20担的"雀船"运输却继续保持。雀船航行于闽江上游的邵武、光泽、泰宁3处,皆为浅水航段,吃水较深汽船、鸠船均无法到达。雀船上水载盐,下水载米,1930年前后

---

① 国民党政府铁道部财务司调查科查编:《京粤线福建段福州市县经济调查报告书》,1930年调查、印行,第45—46页。

② 《湖北省志·交通邮电》,湖北人民出版社1995年版,第30—31页。

雀船尚有 1000 只以上,是闽江上游地区盐米交流的主要工具。①

埠际贸易统计是国内各口岸海关的轮船运输货值记录,直接反映经由轮船运输的区际商品流转情况。据国内各关统计,1926—1937 年,无论"进口"还是"出口"都呈上升——下降——回升的态势。1931 年之前,埠际贸易货值虽有波动,但基本呈上升态势,以 1926 年为基期,1931 年"进口"与"出口"均有较大幅度增长。此后,贸易货值连年下降,"进口"在 1933 年落入谷底,"出口"则在 1935 年达到最低点;直到 1936 年,贸易货值才恢复并超过 1926 年的水平(详见表 6 - 1)。

表 6 - 1 海关埠际贸易货值统计

1926—1837 年 1926 年 = 100

年份	进口		出口	
	百万元	指数	百万元	指数
1926	1015.5	100	1084.8	100
1927	898.0	88.4	962.1	88.7
1928	1072.8	105.6	1127.5	103.9
1929	1030.3	101.5	1044.3	96.3
1930	1070.0	105.4	1132.8	104.4
1931	1271.8	125.2	1229.7	113.4
1932	1076.5	106.0	1047.7	96.6
1933	901.1	88.7	995.2	91.7
1934	956.5	94.2	971.2	89.5
1935	974.7	96.0	947.8	87.4

① 国民党政府铁道部财务司调查科查编:《京粤线福建段福州市经济调查报告书》,1930 年刊本。

续表

年份	进口		出口	
	百万元	指数	百万元	指数
1936	1146.8	112.9	1131.4	104.3
1937	1118.6	110.2	1101.9	101.6

注:1. 原统计1932年前(含1932年)货币单位为海关两,现按1∶1.558的比率折为元。

2. 因东北沦陷,1932年后东北各关不再进入海关统计。

资料来源:历年海关贸易统计。

由于海关统计的贸易量值中,"仅出口一项根据各埠实际出口报关单,并把出口和复出口并为一数计算;进口统计则代表各货出口报关时预估输往各埠的量值,而不是真实的进口记录"[①],国内埠际贸易货值当以出口统计为准。表6-1显示,1931年埠际贸易货值为本期的峰值,近12.3亿元,比1926年的10.8亿元增长近1.5亿元,增长了13%强,平均年增长2.6%;随后,贸易货值曲线掉头向下,于1935年降至谷底,不足9.5亿元,比1931年减少了2.8亿元,下降了近23%。可喜的是,继1932—1935年埠际贸易衰减之后,1936年的埠际贸易货值已基本恢复到1930年的水平,超过11亿元。

造成本期埠际贸易货值统计数字大幅波动的原因,首先是日本帝国主义入侵中国东北,东北地区脱离中国政府的管制,该区诸关埠际贸易也不再纳入全国海关统计。1927—1932年,东北诸关进口货物总值32843.3万关两,折合51169.6万元,平均每年进口5473.9万两,折合8528.3万元,约占全国各关进口总额的8%;出

---

① 章有义:《中国埠际贸易统计说明》,见韩启桐编:《中国埠际贸易统计1936—1940》,中国科学院1951年印本,第ⅱ页。

口货物总值 51087.3 万两,折合 79594.1 万元,平均每年 8514.5 万两,折合 13265.7 万元,约占全国各关出口总额的 12%。大体说,1927—1932 年,东北诸关约占国内埠际贸易的 10%。正是这部分货值统计的缺失,导致 1932 年后埠际贸易货值的大幅下降(东北沦陷后,其与关内的商品交易货值的下降程度见下文)。若在全国海关统计中减除东北诸关的贸易额,1926—1937 年不含东北的国内埠际贸易总值(表 6-2 内出口)以 10 亿元为轴线上下波动,其中 1927 年因时局不稳,偏离 10 亿元较远,不足 8.3 亿元;1930 年、1931 年与 1936 年、1937 年出现两次高潮,超过 10 亿元,1936 年、1937 年更超过 11 亿元,较前期有所发展。与 1926 年相比,1936 年埠际贸易总值增长 17% 左右,与 1931 年相比,1936 年的埠际贸易总值也有 11% 以上的增幅(详见表 6-2)。

表6-2 关内地区各关转口贸易总值

1926—1937 年 1926 年 = 100

年份	进口		出口	
	百万元	指数	百万元	指数
1926	916.2	100	966.1	100
1927	812.8	88.7	829.6	85.9
1928	982.3	107.2	997.9	103.3
1929	919.6	100.4	932.6	96.5
1930	957.6	104.5	1000.1	103.5
1931	1182.5	129.1	1014.5	105.0
1932	1053.2	114.9	973.6	100.8
1933	901.1	98.4	995.2	103.0
1934	956.5	104.4	971.2	100.5
1935	974.7	106.4	947.8	98.1

年份	进口		出口	
	百万元	指数	百万元	指数
1936	1146.8	125.2	1131.4	117.1
1937	1118.6	122.1	1101.9	114.1

注:原统计1932年前(含1932年)货币单位为海关两,现按1:1.558折为元。
资料来源:历年海关贸易统计。

其次,世界银价的变动也对埠际贸易货值变化产生不小的影响。本期沿海口岸城市物价出现先扬后抑又回升的态势。1927—1931年,物价一路上扬;1932年物价开始下跌,直到1935年币制改革后复又回升,但至1936年仍未达到1931年的物价水平。若扣除物价因素,本期不含东北的国内埠际贸易总值虽有波动,但起伏不大,基本呈停滞状态;20世纪30年代中期,即1935年、1936年才出现明显升势。

再次,1931年长江流域的大水灾,影响了国内埠际贸易货值的增长。长江流域,尤其是长江下游,商业流通和内河航运都比较发达。20世纪30年代初期的大水灾给农业生产和城市工业生产均造成重大损失,直接影响工农产品的交换和城乡贸易,从而减少了轮船航运的货源。

另外,东北与关内的商品流转是全国埠际贸易的重要内容之一。东北向关内输出的主要是粮食及大豆、豆油、豆饼,自关内输入的主要是棉纱、棉布、丝绸等制成品。"九一八事变"前和事变后,东北与关内贸易总值发生很大变化。1927—1930年,东北与关内的贸易总额一直沿着1.7亿海关两的轴线上下波动,1931年则出现较大增长,突破2亿海关两,在东北对外贸易总额中所占比重也从1929年的22.2%上升到29.6%。1927—1931年5年总

计,东北与关内贸易总值约 8.8 亿关两,占东北对外贸易总额的
25.1%。其中东北向关内输出,5 年中有 3 年超过 1 亿海关两,
1931 年更接近 1.5 亿海关两;其常年占东北输出贸易总额的比重
在 20% 以上,1931 年更达到 31.2%。5 年总计,东北向关内输出
货物总值约 54859.2 万海关两,约占同期东北输出贸易总额的
25.9%。东北自关内输入货值远不及输出货值大,输入货值最多
的 1929 年也仅有 0.75 亿海关两,1931 年尚不足 0.6 亿海关两。
但因东北的对外贸易,无论对关内或对国外,都是出超,其占东北
输入贸易总额亦超过 20%。5 年总计,东北自关内输入货物总值
约 33417.3 万海关两,占东北输入贸易总额的 24.0%(详见
表 6 - 3)。

表 6 - 3　"九一八事变"前东北与关内的贸易

1927—1931 年　　　　　　　单位:千海关两

年份	输出		输入		与关内贸易总额	
	货值	占输出总额%	货值	占输入总额%	货值	占对外贸易总额%
1927	107153	26.7	64678	24.7	171831	25.8
1928	105429	24.6	64421	21.8	169850	23.5
1929	90365	21.4	75313	23.4	165678	22.2
1930	97864	25.1	72628	24.5	170492	24.8
1931	147781	31.2	57133	26.1	204914	29.6

资料来源:据东北物资调节委员会研究组:《东北经济小丛书·贸易》,京华印书局
1948 年版,第 15 页第二表"东北地方输出入统计"改制。

　　伪满洲国建立后,日本帝国主义的殖民政策使东北变成了日
本的工业原料供给地与工业品销售市场。东北对日本的输出贸易

额 1932 年为 1.9 亿元,1936 年增长到近 2.4 亿元;日本对东北的输出亦连年扩大,从 1932 年的 1.8 亿元,增长到 1936 年的 5.1 亿元,增长了近 1.8 倍;东北与日本贸易值占东北对外贸易总额的比重,也从 1932 年的 39.3% 上升到 1936 年的 57.5%,上升了近 20 个百分点。①

在日本帝国主义的经济掠夺下,东北与关内的贸易受到侵蚀。1932 年,东北与关内贸易总值基本保持常年水平,占东北对外贸易总额的 25.6%;但与前五年相比,对关内输出货物总值居高,达 1.8 亿元,占输出贸易总额的 29.6%;自关内输入货物总值则不及输出货物总值的 1/3,仅 0.6 亿元,占输入贸易总额的比重降至 18.1%。此后 4 年,向关内输出货值仅 1936 年超过 1 亿元,占输出贸易总额的比重略高于 20%,其余诸年输出货值约 0.7 亿元上下,占输出贸易总额的比重下降到 15% 上下;自关内输入货值较输出贸易货值下降尤甚,1933 年输入货值近 0.8 亿元,占输入贸易总额的比重降至 15.5%,以后各年输入量大大减少,占输入贸易总额的比重均未到 10%,甚至仅为 5.3%;与关内贸易总额亦大幅下降,自 1932 年的 2.4 亿元下降到 1935 年的不到 1 亿元,下降了 60% 强,占对外贸易总额的比重则从 25.6% 下降到 9.5%。1936 年东北与关内的贸易有所恢复,然仍较 1932 年减少约 28%,占对外贸易总额的比重下降近一半,缩小了 12 个百分点。与同期东北与日本贸易占东北对外贸易总额的比重由 39.3% 上升到 57.5%,上升 18 个百分点相比,恰成鲜明对照(详见表 6-4)。

---

①　据伪满洲国外国贸易统计年表(见东北物资调节委员会研究组:《东北经济小丛书·贸易》,京华印书局 1948 年版)计算。

表6-4 "九一八事变"后东北与关内贸易统计

1932—1936 年 单位:千元

年份	输出		输入		与关内贸易总额	
	货值	占输出总额%	货值	占输入总额%	货值	占对外贸易总额%
1932	183229	29.6	61112	18.1	244341	25.6
1933	71770	16.0	79821	15.5	151591	15.7
1934	65299	14.6	57537	9.7	122836	11.8
1935	65334	15.5	32156	5.3	97490	9.5
1936	128602	20.5	47684	6.9	176286	13.6

资料来源:据伪满洲国外国贸易统计年表(见东北物资调节委员会研究组:《东北经济小丛书·贸易》第17表"自民国二一年至民国二五年东北贸易额统计")改制。

埠际贸易所反映的主要是通过船舶运输进行的商品流转。总体而言,1927—1937年,关内的埠际贸易总值维持在10亿元上下,期间虽有起伏和发展。但若扣除物价因素,起伏不大,基本呈停滞状态;然而,东北地区与关内的贸易在东北沦陷后大幅萎缩,由此影响和制约了全国埠际贸易的发展。

通过铁路进行的商品流转方面。1928—1937年,中国国内出现一个兴建铁路的高潮,10年间铺设铁路7995.66公里,全国铁路里程自1927年的13150公里增加到1937年的21760公里。[1]铁路货运车辆总数也比20年代初有明显增加,从1927年的11000

---

[1] 宓汝成:《帝国主义与中国铁路(1847—1949)》,上海人民出版社1980年版,第670—671页。

多辆增加到 1936 年的 15000 多辆。① 与此相应,铁路货运量也发生了明显变化。1926—1937 年,铁路货运量基本呈逐步抬升的趋势(详见表 6-5)。不过,1926 年是 20 年代货运量最少的一年,仅 24 亿吨公里;受战事的影响,20 年代下半期的铁路货运量也不及 20 年代上半期,1925—1929 年铁路货运 140 亿吨公里,比 1920—1924 年的 229 亿吨公里减少 89 亿吨公里,下降了 39%。② 进入 30 年代,政局逐渐稳定,铁路货运量大增,年运量超过 44 亿吨公里,1934 年后更超过 20 年代的最高水平,突破 60 亿吨公里。

表 6-5 历年铁路货运量统计

1926—1937 年 单位:万吨公里;1926 年 = 100

年份	运量	指数	年份	运量	指数
1926	242209	100	1933	477059	197.0
1927	266051	109.8	1934	626700	258.7
1928	233600	96.4	1935	648880	267.9
1929	249698	103.1	1936	648880	267.9
1931	445747	184.0	1937	230807	95.3
1932	445661	184.0			

原注:1935、1936 年数字疑有误。

资料来源:根据严中平等编:《中国近代经济史统计资料选辑》,科学出版社 1955 年版,第 207—208 页表 21"历年铁路客货运输量"整理。

有关铁路运输的货物及分类统计,因 20 世纪 20 年代下半期

① 各种铁路车辆历年增加情况,参见严中平等编:《中国近代经济史统计资料选辑》,科学出版社 1955 年版,第 194 页。

② 据严中平等编:《中国近代经济史统计资料选辑》,科学出版社 1955 年版,第 207—208 页表 21"历年铁路客货运输量"计算。

的资料中断,缺乏全期连续性,但仍可反映 30 年代货运量增长的
基本态势(详见表 6 - 6、表 6 - 7)。

表 6 - 6　历年铁路载运货物数量及分类统计

1925,1931—1937 年　　　　　　　　单位:万公吨

年份	总计	制造品	矿产品	农产品	林产品	畜牧品	其他
1925	2342	223	1027	367	60	43	622
1931	2423	312	1254	304	46	45	462
1932	2561	302	1407	321	51	37	443
1933	2620	282	1362	326	45	40	565
1934	2983	278	1614	449	44	41	557
1935	2992	276	1668	365	38	39	606
1936	3436	381	1817	492	43	52	651
1937	1282	144	667	185	10	20	256

注:"其他"项内,包括政府、他路材料及本路材料数字。据计,1932—1935 年铁路
　　货运中,政府用品占货运总量的比重分别为 4.2%、7.8%、4.4%、3.5% 和
　　4.5%(严中平编:《中国近代经济史统计资料选辑》,科学出版社 1955 年版,第
　　213 页表 27)。

资料来源:严中平等编:《中国近代经济史统计资料选辑》,科学出版社 1955 年版,
　　第 211 页表 25"铁路载运货种数量"。

表 6 - 7　铁路运载货物分类指数统计

1925,1931—1937 年　　　　　　　　1925 年 = 100

年份	总计	制造品	矿产品	农产品	林产品	畜牧品	其他
1925	100	100	100	100	100	100	100。
1931	103.5	139.9	122.1	82.8	76.7	104.7	74.3
1932	109.4	135.4	137	87.5	85	86	71.2
1933	111.9	126.5	136.2	88.8	75	93	90.8

续表

年份	总计	制造品	矿产品	农产品	林产品	畜牧品	其他
1934	127.4	124.7	157.2	122.3	73.3	95.3	89.5
1935	127.8	123.8	162.4	99.5	63.3	90.7	97.4
1936	146.7	170.9	176.9	134.1	71.7	120.9	104.7
1937	54.7	64.6	64.9	50.4	16.7	46.5	41.2

资料来源:据表6-6计算编制。

　　若与20世纪20年代上半期,即铁路运输状况较佳的时期相比,1931—1936年的铁路货运业仍有较大发展。1920—1925年铁路货运总量为14067万公吨,1931—1936年为17015万公吨,较前者增加2984万公吨,增长了21%。其中制造品、矿产品分别增长26.8%、35.9%,其他货品增长39.2%,农产品、林产品、畜产品则分别下降21.3%、32.9%、9.9%。由此可见,尽管30年代上半期发生经济恐慌,铁路货运中农、林、畜产品运量下降,但工业品、其他货物运量的增长,拉动了货运总量的增长,使30年代上半期的铁路货运量大大超过20年代上半期的水平(详见表6-8)。

表6-8　1920—1925年与1931—1936年铁路货运量比较

单位:公吨

年期	总计	制造品	矿产品	农产品	林产品	畜牧品	其他
1920—1925(A)	14067	1444	6714	2869	398	282	2360
1931—1936(B)	17015	1831	9122	2257	267	254	3284
(B)/(A)	121.0	126.8	135.9	78.7	67.1	90.1	139.2

资料来源:据严中平等编:《中国近代经济史统计资料选辑》(科学出版社1955年版),第211页表25"铁路载运货种数量"计算编制。

铁路运输的基本特点是载量大、距离远、成本低,因而特别有利于矿产品、农产品、林产品等类量大价贱货物的长距离运输、流转。安徽滁县、河南汝南在有了铁路运输后商品流转的巨变就是显著的例子。滁县在津浦铁路贯通后,立即出现了进口洋货和当地农产品的大规模交换。1919 年,3400 石高粱、22800 石小麦、11000 石大米、9570 石黄豆、3600 担豆油,自滁县输往天津、济南、南京等口岸,同时,3600 箱煤油、3100 包红白糖、2800 匹棉布和300 件各类洋货,由上海、天津两大口岸"直入"滁县。① 汝南在1904 年京汉铁路通车后,外地商人将汝南的黄豆经水路运往江苏、浙江、安徽、上海一带;将小麦、芝麻经陆路运往西平,再由铁路运往南北各地;将生猪、猪鬃、猪油、鲜蛋、活鸡、牛皮、羊皮等从陆路运往汉口;将中药材、蚕豆、碎铜、杂皮(猫、狗、驴皮)、大硝等运往东京汴梁一带。东去黄豆换回食盐、红白糖、火柴、纸张、绸缎、布匹以及竹、木、陶瓷等;西去的粮食换回煤炭、石器、窑货、煤油等;南去的家禽家畜换回大米、布匹、颜料、百货、纸烟等;北去的药材换回铜铁用具、黑矾、牙碱、五色纸张等生活用品。原有水路和新成铁路,成为县境货物流通的两大动脉,促成了全县商业流通的巨大变化。②

20 世纪 30 年代,在铁路运力明显提升的情况下,铁路运输中的农林产品数量不升反降,乃资本主义经济危机肆虐,中国出口农产品数量陡降;东北沦陷,东北运销关内的粮食、木材剧减所致。但铁路运输对农林产品流转的推动力并未因此消失,相反,一些地区尤其是铁路沿线地区农林产品流转量和流通范围的扩大,农产品商品化程度的提高,都是以铁路运输兴起和发展为重要前提的。如正太线上的山西榆次,过去的粮食生产,几乎完全自给自足,品种以生产

---

① 《滁州市志》,方志出版社 1998 年版,第 434 页。
② 《汝南县志》,中州古籍出版社 1997 年版,第 536 页。

者食用的小米、高粱为主,小麦仅占 1/10。自火车通行后,小麦行销,种麦者"比岁增加,几占全县禾田十分之三"。① 阳曲、太谷及其附近地区的小麦亦大量投放市场,经正太线运销石家庄;北部则由大同经京绥线运销京津。② 居庸关外察哈尔地区,尤其万全、张北等地,自京绥线通车和京汉、粤汉南北大动脉贯通,粮食商品流转的局面大为改观。有"米粮川"之称的万全县,盛产各种杂粮,尤以绿豆为最。铁路修通后,绿豆、高粱、小米及稻谷等,大量运销外地。③ 张北县通过铁路运输外销的粮食更多,计有莜麦、小麦、荞麦、小米、高粱、蚕豆、豌豆、绿豆等 20 多个品种,销售地区包括察哈尔各地、黄河流域、长江流域诸省,以及国外一些地区。④

不仅如此,20 世纪二三十年代,在一些铁路沿线地区,农民还利用铁路运输的便利条件,由出售少量精粗余粮或"粜精留粗",进而发展为"粜精籴粗"、"粜贵籴贱",产生和形成了粮食流转和农产品商品化的新模式。⑤

在传统生产模式和市场条件下,农民按家庭食用需要安排粮食生产,上市交易的一般只限于家庭消费后的剩余,亦无精粮、粗粮之分。随着城市的发展和城市面粉工业的兴起,粮食的市场需求扩大,刺激和加速了粮食流转和粮食商品化的发展,而铁路为这

---

① 民国《榆次县志》第 6 卷,生计考·树畜,1940 年铅印本,第 20—21 页。

② 国民党政府实业部国际贸易局编:《中国实业志·山西省》,实业部国际贸易局 1937 年 1 月初版,第 16(丁)页。

③ 民国《万全县志》第 2 卷,物产,1934 年铅印本,第 9—10 页。

④ 民国《张北县志》第 4 卷,物产志,植物,1935 年铅印本,第 25—26 页。

⑤ 参见刘克祥:《1895—1927 年通商口岸附近和铁路沿线地区的农产品商品化》,《中国社会科学院经济研究所集刊》第 11 辑,中国社会科学出版社 1988 年版。

种发展创造了快捷、廉价的运输条件。在这种情况下,铁路沿线农民出售的粮食已不限于消费后的余粮。他们一方面将小米等细粮卖给城镇居民,将小麦卖给面粉厂,另一方面,往往必须购进玉米、高粱等粗粮以自食。如京汉铁路沿线的北京、保定、石家庄、邯郸、安阳、新乡、郾城、许昌、汉口,以及天津、开封等,均有机器面粉厂采购小麦,保定、石家庄、彰德、郑州等城镇,居民以小米为第二主粮,这就使小麦和小米空前行销;同时,由于京汉线与正太、京绥、京奉3线衔接,有利于山西、察哈尔和东北地区的杂粮运出,这就为农民的"粜精籴粗"提供了运输和市场条件。京汉线东侧龙王庙、大名府等产麦名区,天津面粉厂更直接运载高粱入乡,与农民换购小麦。① 随着"粜精籴粗"的日益普遍,农民的粮食种植结构也开始发生变化。如地跨津浦铁路的河北沧县,"邑之产麦,为田产十之四,而食麦者,不及百之一"。② 郑州以北京汉沿线地区,农民大多以高粱、玉米为主食,但在粮食作物种植面积的安排上,却以小麦、小米为主,高粱、玉米居次要地位。③ 一些土地有限、经营规模十分狭小的贫苦农民,也"不得不牺牲谷产自给之安全",通过粜精籴粗"以获取商品换钱之购买力"。④ 显然,这种"粜精籴粗"新模式是在农业生产力并无多大长进、农民直接消费后的剩余粮食数量并未显著增加的情况下出现的。它纯粹是铁路运输不

---

① 陈伯庄:《平汉沿线农村经济调查》,上海交通大学研究所 1936 年印本,第 18—19 页。

② 民国《沧县志》第 11 卷,事实志·生计,1933 年铅印本,第 14 页。

③ 参见刘克祥:《1895—1927 年通商口岸附近和铁路沿线地区的农产品商品化》,《中国社会科学院经济研究所集刊》第 11 辑,中国社会科学出版社 1988 年版。

④ 陈伯庄:《平汉沿线农村经济调查》,上海交通大学研究所 1936 年印本,第 39 页。

断发展,加上广大农民日益贫困化的产物。

表6-9　京汉铁路高粱运输情况统计

1933 年

运出			运进	
始发站	运输区间	数量(吨)	站名	数量(吨)
明港	卫辉—汉口	1044	汉口	875
确山	新乡—汉口	1097	郑州	875
驻马店	新乡—汉口	656	邯郸	1151
遂平	徐水—邯郸	556	清风店	3100
石家庄	良乡—彰德	1739	望都	3390
丰台	北京—彰德	13455	徐水	5571
北京	北京—彰德	13514	固城	3469
			定兴	1498
			涿县	2131
			琉璃河	2240
			良乡	825

资料来源:陈伯庄:《平汉沿线农村经济调查》,上海交通大学研究所 1936 年印本,第 27—28 页。

　　通过表6-9表所列京汉铁路的高粱运输,大致反映了"粜精籴粗"模式下,农民所购粗粮的流转情况。从始发站判断,高粱的来源地主要是张家口外和东北,也有一部分来自山西和豫南;高粱的主要销售地是邯郸以北铁路沿线地区。而这些地区小米种植面积最大,高粱、玉米种植面积最小。由于铁路为大量的粮食运输提供了条件,越是接近城镇和高粱供给地的地区,小米种植面积比重越大,高粱玉米种植越少,以粜精籴粗为表现形式的粮食商品化程度越高。

"籴精粜粗"的进一步发展是"籴贵粜贱",即不问细粮、粗粮、杂粮,出售价格贵的,买进价格贱的,从中获取差价。不过同"籴精粜粗"一样,"籴贵粜贱"在地区上限于铁路沿线,而且可能比"籴精粜粗"更接近于城镇甚至大城市。地跨京汉铁路而又邻近北京的涿县,农民"籴贵粜贱"的粮食买卖,颇为典型。

表6-10　涿县粮食产量、价格及购销情况简表

类别	品名	产量	每斗价（元）	购销情形
细粮	稻米	约14700石	0.90	卖出。半数运销邻县、保定、北京
	小麦	19万余石	0.70	卖出。运销北京、天津
	小米	约125650石	0.60	买进。1/3由张家口运进
粗粮	杂豆	约3580余石	0.45	卖出。1/5运销天津
	玉米	约38万余石	0.35	卖出。1/4运销天津
	高粱	约7万余石	0.30	买进。半数由芦台、张家口运进

资料来源:民国《涿县志》第三编,经济,第1卷,实业,1936年铅印本,第1、6页。

如表6-10所示,农民不一定只卖细粮、买粗粮,而是视市场价格而定。小米虽是细粮,但每斗分别比稻米、小麦便宜0.3元和0.1元,故亦买进;杂豆、玉米是粗粮,但每斗分别比高粱贵0.15元和0.05元,仍然卖出,从中获取微薄的差价。

导致"籴精粜粗"、"籴贵粜贱"的产生和发展,有多种因素。城市的发展,机器面粉业的兴起,农民的急剧贫困化,等等,都是因素和条件,但铁路运输是首要或决定性的因素和条件。没有廉价、快捷的铁路运输,城市和面粉工业再发展,农民再贫困,"籴精粜粗"、"籴贵粜贱"因交易成本太高,农民边际收益接近于零,甚至负数,根本不可能出现。事实上,资料显示,"籴精粜粗"、"籴贵粜

贱"也只限于铁路沿线地区,尤其是邻近城镇的铁路沿线地区,其他地区并不多见。铁路运输不仅有力促进了商品流转的扩大,也导致了商品流转模式和内涵的变化。

公路运输也是影响和促进这一时期商品流转的重要因素。

本期各省都在加速公路建设。至日本全面侵华战争爆发前夕,全国新建公路总里程达到 88162 公里,年平均增长约 8812 公里,比北洋军阀割据时期年平均增长多一倍,连同民国初期修建的公路,全国公路总里程达到 117296 公里。[①] 各省市基本都建立了官办的公路运输单位,并拥有数量不等的汽车。据不完全统计,1936 年,官营汽车近 3000 辆,营运路线共 21000 余公里,设置汽车站点 1000 多个。[②] 同年,民营汽车超过 15000 辆,比 1931 年的近 9500 辆增加了 5000 多辆,增长了 50% 以上。[③] 由于当时汽油全赖进口,公路运输成本较高。这一时期的公路运输中客运、货运各自所占比重相差不远。不过各地情况不一。如湖南 1929—1936 年间,省内通往长沙各路客运收入每年均在 80% 以上,而货运收入,一般仅占 15% 左右。[④] 四川、贵州、云南 3 地,情况相似。[⑤] 但类似湖南、四川、贵州、云南

---

① 中国公路交通史编审委员会:《中国公路史》第一册,人民交通出版社 1990 年版,第 198 页。

② 中国公路交通史编审委员会:《中国公路运输史》第一册,人民交通出版社 1990 年版,第 136 页。

③ 中国公路交通史编审委员会:《中国公路运输史》第一册,人民交通出版社 1990 年版,第 140 页。

④ 国民党政府实业部国际贸易局编:《中国实业志·湖南省》上册,实业部国际贸易局 1935 年版,第 13(丙)页。

⑤ 据统计,1936 年 4 月,3 省共有大小客车 1019 辆,其中主要用于商业性经营的大客车 545 辆,而货车只有 92 辆。仅相当于大客车的 16.9%(据金家凤编著:《中国交通之发展及其趋向》,南京正中书局 1937 年版,第 141 页统计表计算)。

这种汽车客货运输比重差异悬殊的情况,其他地区尚不多见。如江苏、浙江、安徽、福建、江西等华东 5 省,1936 年有大小客车 16609 辆,其中主要用于商业性经营的大客车 1960 辆,货车 4520 辆,相当于大客车的 2.3 倍。陕西、甘肃、宁夏等西北 5 省,1936 年有大小客车 153 辆,其中主要用于商业性经营的大客车 117 辆,货车 153 辆,相当于大客车的 1.3 倍。关内地区 23 省,共有大小客车 27981 辆,其中主要用于商业性经营的大客车 6414 辆,货车 7317 辆,相当于大客车的 1.14 倍。[①] 1936 年 5 月,国民党政府全国经济委员会、铁道部及军事委员会会同商订了《铁路与公路联运办法》,由铁道部主管,协调铁路与公路的联运,促进了商货的流转。

公路运输发展的时间比铁路和轮船航运晚,汽车的载运量远比轮船、火车小,在同一线路的长途运输上,无法同火车、轮船竞争,但汽车运输机动、灵活,凡有公路或能行走汽车的大道,都能进行,因而火车、轮船都必须依靠汽车转运和集散货物,铁路、公路联运和水路、公路联运的运输经营模式逐渐增多。这一时期,随着汽车运输的不断发展,除官车和专业汽车运输公司外,一些工厂企业也开始自备汽车。如前述天津一些面粉厂即自行开车下乡用高粱同农民兑换小麦;江苏宝山一些私营农场,大都自设门市、自备汽车运售场产蔬菜,供应上海市场。[②] 汽车运输在商品流转中的地位越来越重要。在那些既无航运又无铁路的地区,公路运输对商品流转的作用尤为显著。如地处浙南山区的缙云县,自 1934 年金华—温州公路通车,商品流转和全县商业为之一变。通车当年即输入棉布 15 万匹,食盐 2 万担,食糖 5 万担,瓷器 20 万件,煤油 2

---

① 据金家凤编著:《中国交通之发展及其趋向》,南京正中书局 1937 年版,第 141 页统计表计算。

② 民国《宝山县再续志》第 6 卷,农业,1931 年铅印本,第 1—2 页。

万斤,南北货 40 万元,洋广货 5 万元。同时销出茶叶 3000 担,药材 17 万担,土纸 20 万件,松木板 20 万平方米,桐油 20 万斤,总销售额 104 万元。全县商店从 1931 年的 93 家发展到 300 余家,3 年增加了 2 倍多。① 在交通极不方便的西南云贵地区,虽然只有几段不长的公路,尚未形成公路交通网络,但运载货物显示,汽车运输对该地商品流转的促进作用不小,详见表 6-11。

表 6-11　贵州部分公路货物运输情形

1931 年

路名(段)	里程(里)	载运货物情形	备注
息烽贵阳路	140	以纱、布、盐、糖、油、杂货为大宗	
贵阳定番路	100	以米为大宗	尚未正式通车
贵阳清镇路	60	以布匹、洋纱、糖为大宗	
贵阳扎佐路	75	以食盐为大宗	
龙里贵定路	70	以盐、米、杂货为大宗	
龙里贵阳	65	以盐、米、杂货、木材为大宗	
麻哈都匀路	70	以纸、糖、黄豆为大宗	
麻哈下司路	50	以桐油、五倍子、牛皮、纱、布、盐为大宗	
都匀八寨路	120	以洋纱、洋油、糖、烟土为大宗	尚未完成,山路 75 里,平路 45 里
都匀下司路	90	以布匹、牛皮、五倍子为大宗	山路 50 里,平路 50 里
三合独山路	140	以棉纱、布匹、糖为大宗	山路 23 里,平路 117 里

资料来源:据国民党政府铁道部财务司调查科查编:《渝柳线川黔段经济调查总报告书》,1931 年调查、印行,第 123、125—129、131 页综合整理编制。

---

① 《缙云县志》,浙江人民出版社 1996 年版,第 255 页。

表列各县,交通大都十分闭塞,未通汽车前,货物运输几乎全靠肩挑背驮,商品流转困难。汽车运输的兴起,使居民日常生活必须的棉纱、棉布、食盐、食糖,得以运进;粮食、桐油、五倍子、土纸等农产品及土特产品得以运出,商品流转的困难略有缓解,实现了区域间的物资交流,满足了居民最基本的生活需要。

最后,邮电业也从一个侧面反映出商品流转及其变化。

这一时期,邮电事业也有较大发展,全国通邮线路从 1926 年的 471270 公里①,增加到 1936 年的 584816 公里②,增加了 113546 公里,增长了 24%;邮政局、所从 1926 年的 44506 个,增加到 1936 年的 72690 个,增加了 28184 个,增长了 63%;收寄邮件从 1926 年的 58579 万件,增加到 1936 年的 88163 万件,增加了 29584 件,增长了 51%;发送电报从 1926 年的 33796 件增加到 1936 年的 56800 件,增加了 23004 件,增长了 68%;汇款从 1926 年的 10702 万元增加到 1931 年的 18372 万元,增长了 72%(详见表 6-12)。

表6-12 邮电业务扩展统计
1926—1937 年

年份	邮政机构 (含村镇信柜)(个)	收寄邮件 (万件)	汇款 (万元)	电报 (件)
1926	44506	58579	10702	33796
1927	42994	57986	8670	25368
1928	41675	63654	10126	21577

---

① 据中华民国交通部邮政总局编:《中华民国十六年邮政事务年报》(交通部邮政总局驻沪供应处刷印)第 11 页计算。原文为 818173 里,现按 1 公里 = 1.7361 旧营造里折成公里。

② 中华民国交通部邮政总局编:《中华民国二十六年度二十七年度邮政事务年报》第 35 版,交通部邮政总局驻沪供应处印行,第 18 页。

年份	邮政机构 （含村镇信柜）（个）	收寄邮件 （万件）	汇款 （万元）	电报 （件）
1929	43521	72451	13178	24501
1930	44755	79602	15527	26220
1931	45443	83703	18372	30800
1932	45261	73898	16485	24870
1933	42686	78756	16450	20700
1934	46567	82234		34000
1935	52636	82365		46200
1936	72690	88163		56800
1937	68151	57823		32250

资料来源：据各年度《邮政事务年报》（中华民国交通部邮政总局编，交通部邮政总局驻沪供应处印行）相关资料统计、编制。1933 年始不含东北地区。

　　邮电业的发展为商业信息的传递及商品流转提供了方便。邮政业务中与商务密切相关的服务则直接反映国内贸易的兴衰。1926—1937 年邮局收寄各类商务邮件的变化虽显示不尽相同的趋势，但都在 20 世纪 30 年代初达到第一个高峰，1932 年下降到低谷，1933 年重又回升。其中国内各邮政机构收寄的商务传单 1926 年仅 314 万余件，20 年代末 30 年代初，受国际市场金贵银贱的影响，口岸城市价格上涨，刺激了工业投资，市场交投两旺，商务传单也大为增加，1930 年达 899 万件，增长了近 2 倍。邮局收寄的贸易契约 1926 年仅 246 万件，30 年代初超过 400 万件，1936 年更接近 1050 万件，是 1926 年的 4 倍强。邮局收寄的货样除 1927 年、1928 年、1932 年 3 个年份外，一直显现升势，尤其是 1936 年，几近 223 万件，比 1926 年的近 105 万件增加了 118 万件，增长了 1 倍多（详见表 6－13）。这些商务邮件数量的增长是邮政业务扩大的表现，也印证了贸易的发展。

表6‑13　邮局收寄各类商务邮件比较表

1926—1937 年　　　　　　　　单位:件

年份	商务传单	贸易契类	货样类
1926	3141526	2462899	1047808
1927	3548836	2287550	837665
1928	3996000	2930500	934500
1929	7897360	3413920	1216100
1930	8988700	4322200	1348000
1931	3401500	4138700	1414800
1932	3333100	3046000	1183500
1933	4121500	4139600	1474200
1934	5212800	4852100	1623500
1935	4647400	6520400	1528900
1936	5975400	10496700	2229600
1937	1401700	4664700	690500

资料来源:据各年度《邮政事务年报》(中华民国交通部邮政总局编,交通部邮政总局驻沪供应处印行)相关资料统计、编制。1933 年始不含东北地区。

　　除去收寄货样,与商品流转相关的另一项邮政业务是收寄包裹。各地特产的发运常因种种原因交由邮局运送。如陕西商人每年 7 月至 10 月采办甘肃省的羊皮,常有大宗皮货由邮局运寄。[1]1928 年,山西邮路因军事行动时生阻隔,该省的烟草、皮货,"因寻常转运之路线不通,乃交由邮局寄递",以至当年收寄的包裹总数达 137610 件,比 1927 年增加 63%,其价值亦较 1927 年增 1 倍。[2]又如,1928 年吉林、黑龙江因豆产丰收,收寄各种邮件均见增多,

---

① 中华民国交通部邮政总局编:《中华民国十七年邮政事务年报》,第25 版,交通部邮政总局驻沪供应处印本,第 26 页。

② 中华民国交通部邮政总局编:《中华民国十七年邮政事务年报》,第25 版,交通部邮政总局驻沪供应处印本,第 25 页。

其中包裹较上年增加 37200 件。① 同年,湖南省收寄包裹件数较前一年增加 24300 件,包裹价值增加 1177200 元,重量增加 711600 公斤,"就中以鸭毛、茶叶之包裹居多数"。② 1926 年全国各邮局收寄的包裹总计 801 万件,重 3716 万公斤,价值 16033 万元;1936 年增加到 911 万件,9372 万公斤,22386 万元。与 1926 年相比,1936 年收寄包裹件数、重量、价值依次增长了 13.7%、152.2%、39.6%。内中"代收货价包裹"纯系商货贸易。计 1926 年全国各邮局共收寄"代收货价包裹"近 9 万件,重 37 万余公斤,价值 242 万余元,1936 年则收寄 80 万件,重 735 万公斤,价值近 2177 万元,与 1926 年相比,代收货价包裹件数、重量、价值依次增长了 8 倍、18 倍、8 倍(详见表 6-14)。代收货价包裹的增长幅度大大超过包裹总量的增长幅度,说明其在包裹总量中的比例提高了。

表 6-14 全国邮局收寄包裹数目表

1926—1936 年

年份	包裹总数			内:代收货价包裹		
	件数 (万件)	价值 (万元)	重量 (万公斤)	件数 (万件)	价值 (万元)	重量 (万公斤)
1926	801	16033	3716	8.7	242.2	37.4
1927	555	13311	3680	7.6	110.3	32.6
1928	617	13029	4373	10.3	132.1	50.5
1929	686	11955	4565	10.8	140.6	51.7

① 中华民国交通部邮政总局编:《中华民国十七年邮政事务年报》,第 25 版,交通部邮政总局驻沪供应处印本,第 28 页。

② 中华民国交通部邮政总局编:《中华民国十七年邮政事务年报》,第 25 版,交通部邮政总局驻沪供应处印本,第 31 页。

续表

年份	包裹总数			内:代收货价包裹		
	件数 (万件)	价值 (万元)	重量 (万公斤)	件数 (万件)	价值 (万元)	重量 (万公斤)
1930	622	12135	3742	14.1	238.7	59.0
1931	652	13677	4605	16.4	301.6	84.4
1932	593	12331	4724	18.5	307.4	93.4
1933	623	13612	4904	20.4	353.0	112.6
1934	626	13820	4661	25.2	353.2	155.7
1935	702	14898	6243	45.0	924.5	342.9
1936	911	22386	9372	80.0	2176.5	735.0

注:"价值"1926—1934年为银元,1935—1936年为国币。

资料来源:据各年度《邮政事务年报》(中华民国交通部邮政总局编,交通部邮政总局驻沪供应处印行)相关资料统计、编制。1933年始不含东北地区。

在各地收寄代收货价包裹业务中,上海、浙江名列榜首。以包裹重量计,上海收寄代收货价包裹常年占全国的30%左右,20世纪30年代中期达到50%以上;以包裹价值计,上海常年占全国的35%—45%,最高超过50%。浙江的情况变化较大,以包裹重量计,浙江诸年占全国的比例从8%到28.5%不等;以包裹价值计,占全国的比例曾达到32.9%。

表6-15 上海、浙江收寄代收货价包裹及占全国比例表

1926—1936年

年份	上海				浙江			
	重量 (万公斤)	%	价值 (万元)	%	重量 (万公斤)	%	价值 (万元)	%
1926	13.3	35.6	55.5	22.9	6.0	16.0	23.5	9.7

续表

年份	上海				浙江			
	重量（万公斤）	%	价值（万元）	%	重量（万公斤）	%	价值（万元）	%
1927	12.0	36.8	46.0	41.7	2.6	8.0	15.0	13.6
1928	14.8	29.3	51.2	38.8	4.1	8.1	19.2	14.5
1929	17.8	34.4	60.4	43.0	8.3	16.1	19.5	13.9
1930	16.9	28.6	90.4	37.9	16.8	28.5	78.5	32.9
1931	26.4	31.3	140.1	46.5	21.0	24.9	69.1	22.9
1932	30.2	32.3	112.4	36.6	20.2	21.6	88.7	28.9
1933	34.2	30.5	160.1	45.4	23.1	20.5	76.0	21.5
1934	51.9	33.3	179.6	50.8	29.7	19.1	46.5	13.2
1935	179.7	52.9	456.5	49.4	33.3	9.7	206.7	22.4
1936	392.7	53.4	1066.5	49.0	85.9	11.7	442.7	20.3

注："价值"1926—1934 年为银元,1935—1936 年为国币。

资料来源:据各年度《邮政事务年报》(中华民国交通部邮政总局编,交通部邮政局
驻沪供应处本)统计。

表 6 - 15 表明,自 20 世纪 20 年代末以来,上海、浙江两地收寄的代收货价包裹,无论以重量计,还是以价值计,在全国的比重均超过 50%,有的年份,两地代收货价包裹的价值甚至占全国的 70% 以上,这与两地在全国商品流通中的领先地位是分不开的。尤其是上海,它收寄代收货价包裹量值及其在全国的比重几乎逐年增大。收寄包裹重量从 1926 年的 13.3 万公斤增加到 1936 年的 392.7 万公斤,增加了 379.4 万公斤,占全国代收货价包裹的比例则从 35.6% 上升到 53.4%;其价值的变化表现了同样的趋势,从 1926 年的 55.5 万元增加到 1936 年的 1066.5 万元,增加了

1011万元,其占全国代收货价包裹的比重也从22.9%上升到49%。这进一步证实了上海工商业的成长,与上海逐步发展为全国经济中心相吻合。

二、商品结构和商品流向

商品结构是各部类生产的市场表现,反映各个生产部门之间的经济关系。商品流向则是商品流转的空间特征,反映区域之间的经济联系。

(一)商品结构的变化

这一时期国内远程贸易的商品结构发生变化,主要表现在以下两个方面。

首先是进出口货值和转口国货货值比重的变化。

由于大部分进口商品输入口岸后,须转销内地,出口货物则大部分来自内陆各地,汇集口岸后再出口,进出口货物实际是国内远程贩运商品的重要组成部分。1920年后,进口洋货在远程贸易中的比重下降,从1920年的45.6%降至1936年的33.1%,下降了12.5个百分点,降幅达27.4%;出口国产货占远程贸易货值的比重也在下降,从1920年的31.9%降至1936年的24.8%,下降7.1个百分点,降幅为22.3%;而同期国内埠际贸易中的国货货值占远程贸易货值的比重呈上升态势,从22.5%升至42.1%,上升19.6个百分点,升幅达87.1%。并且,转口国货货值和进出口货值的升降变化,主要发生在1930—1936年间(详见表6-16)。

表 6-16 进出口贸易货值与埠际贸易国货货值的比重

1920—1936 年

年份	由外国进口	向外国出口	国产品的埠际贸易	总计
1920	45.6	31.9	22.5	100.0
1930	44.4	30.7	24.9	100.0
1936	33.1	24.8	42.1	100.0

注:表中"国产品的埠际贸易"指海关统计的轮船运输的转口贸易货值。
资料来源:据郑友揆:《中国的对外贸易和工业发展(1840—1948)》,上海社会科学院出版社 1990 年版,第 47 页表 14"进出口贸易与埠际贸易值的比重"改制。

表列资料说明,进出口贸易货值在国内远程贸易总值中的地位逐步下降。1920 年,进出口贸易货值占国内轮船运输货物总值的 77.5%,国产品的埠际贸易货值仅占 22.5%,在国内轮船运输货物总值中,进出口贸易货值占绝对优势;而到 1936 年,进出口贸易货值占 57.9%,国产品的埠际贸易货值占 42.1%,二者的差距大大缩小。诚然,轮船运输的货物总值不代表国内商品的总流量。据计算,1933 年轮船、铁路、长途汽车三项运输所得总计约 54797.2 万元,其中轮船运输所得约 13715.8 万元,占三项所得总额的 25.0%;铁路运输所得约 36883.6 万元,占总额的 67.3%;长途汽车运输所得约 4197.9 万元,占总额的 7.7%。[1] 即轮船的运输量仅占全国运输量的 1/4,或者说,全国商品的总流量大大超过轮船运输货物总值。但这并不能改变进出口贸易货值在国内远程贸易中下降的事实。

进出口贸易货值在国内远程贸易总值中的地位,决定它对中

---

① 据巫宝三:《中国国民所得(1933 年)》下册,中华书局 1947 年版,第 181、189、208 页相关数据计算。

国国内远程贸易影响的大小。进出口货值在国内远程贸易总值中所占比重大,它的兴衰对国内远程贸易的影响大,反之亦然。事实上,自中国开埠通商以来,洋货的大量涌入及国外对中国农产品的需求,在很大程度上拉动着国内大宗商品的流通,甚至直到 20 世纪 20 年代初期,这种拉动作用仍不能小觑。20 世纪 30 年代,这种情况有了一些变化,供国内消费的国货在国内商品流转中的比重有所提高,进出口贸易对国内远程贸易的作用力减弱。这一变化与国际经济形势不无关系,也与国内生产与消费能力的变化密切相关。

其次是工农产品比重的变化。

据海关对轮船运输货物的统计,1920 年以来,农产品在货运总值中所占比重从 1920 年的 37.74% 爬高到 1925 年的 38.57%,又降到 1930 年的 35.71%,升降幅度不大;手工业品所占比重则下滑,从 1920 年的 29.48%,下降到 1925 年的 26.23%,又升到 1930 年的 27.32%;同期机器工业品所占比重一路攀升,从 32.78% 升到 36.97%(详见表 6-17)。

表 6-17 轮船运输本国产品结构(按货值计算)

1920—1930 年

年份	农产品 %	手工业品 %	机器工业品 %	总计 %
1920	37.74	29.48	32.78	100.00
1925	38.57	26.23	35.20	100.00
1930	35.71	27.32	36.97	100.00

注:依据海关出口及转口两项货值加总计算。

资料来源:据吴半农:《从工业化之程度观察目前中国经济之性质》(《清华周刊社会科学专号》,1932 年)"中国境内所生产的各类商品之总流通"表改制。

铁路运输货物中各类货物的比重也有变化。

表 6－18　铁路载运货物结构(按货量计算)

1920—1936 年

年份	总量 (万吨)	制造品 %	矿产品 %	农产品 %	林产品 %	畜产品 %	其他* %
1920	2163	10.1	48.9	24.0	2.7	1.9	12.4
1925	2342	9.5	43.9	15.7	2.6	1.8	26.6
1931	2423	12.9	51.7	12.5	1.9	1.9	19.1
1936	3436	11.1	52.9	14.3	1.3	1.5	18.9

　* 其他项内包括政府、他路材料及本路材料数字。另据 1932—1935 年单项统计,
　政府用品约占总运量的 3.5%—7.8%,平均每年占 5% 左右。

　资料来源:据严中平等编《中国近代经济史统计资料选辑》,科学出版社 1955 年
　版,第 211 页表 25"铁路载运货种数量"编制。

从表 6－18 可见,居铁路载运货物量首位的是矿产品,1920
年占货运总量的近 49%,进入 20 世纪 30 年代,更超过货运总量
的一半。其次是农产品,1920 年占 24.0%,加上林产品、畜产品,
占货运总量的 28.6%,1931 年则下降到 16.3%。制造品在货运
总量中的比重有所上升,从 1920 年的 10.1% 升至 1931 年的
12.9%。若将矿产品与制造品作工业品论,1920 年,工业品占货
运总量的 59%,1931 年上升到 64.6%。

20 世纪 30 年代,铁路运输与轮船运输所得占远程贸易运输
所得的 90% 以上,铁路货运及埠际贸易商品结构变化,可以大致
反映远程贸易大宗商品结构的变化趋势。表 6－17、表 6－18 显
示,轮船、铁路货运结构的变化趋势基本是一致的,即在大宗商品
的远程贸易中,农产品所占比重下降,工业品(机器工业品与手工

业品)所占比重上升。

另据 1936 年的统计,在全部埠际贸易总值中,工业品(机器工业产品)占 34%,手工业品占 42%,农产品只占 24%。[1] 埠际贸易中排名前 20 位的商品依次为棉布、棉纱、桐油、粮食、纸烟、棉花、面粉、煤、茶叶、糖、烟叶、花生仁、果实、纸、猪鬃、苎麻、药材、黄豆、豆饼、盐,总计占埠际贸易总值的 80.2%(详见表 6 - 19)。其中棉布基本都是机制布(土布近 4 万公担,价值占不到 3%,不少是工场手工业或包买商式的生产);棉纱全部是机制品;再加上纸烟、面粉、煤三项工业品,正好占上述 20 项商品值的一半。[2] 铁路运输中工业品(含制造品与矿产品)占 64%,农、林、畜产品占 17.1%(见表 6 - 18)。

表 6 - 19   国内埠际贸易主要商品统计

1936 年

位次	货品	货量 (公担)	货值 (万元)	价值%
1	棉布	1322251	19146.4	16.2
2	棉纱	1250329	12804.6	10.8
3	桐油	946267	9170.0	7.8
4	粮食	8586584	8048.8	6.8

---

[1] 章有义:《〈中国埠际贸易统计,1936—1940〉说明》,见章有义编著:《明清及近代农业史论集》,中国农业出版社 1997 年版,第 222 页(因统计口径不同,1936 年商品结构统计与 1920—1930 年的相关统计不具有连贯性)。

[2] 吴承明:《论我国半殖民地半封建国内市场》,见吴承明:《中国资本主义与国内市场》,中国社会科学出版社 1985 年版,第 269—270 页。

续表

位次	货品	货量（公担）	货值（万元）	价值%
5	纸烟	308822	6812.8	5.6
6	棉花	917860	6543.4	5.5
7	面粉	4402162	4704.8	4.0
8	煤	4703918	4162.2	3.5
9	茶叶	517442	4076.9	3.4
10	糖	1898640	3816.9	3.2
11	烟叶	630385	3030.6	2.6
12	花生仁	1584271	2574.8	2.2
13	果实		1763.4	1.5
14	纸		1463.8	1.2
15	猪鬃	24387	1385.5	1.2
16	苎麻	300424	1230.0	1.0
17	药材		1212.4	1.0
18	黄豆	1365966	1181.5	1.0
19	豆饼	1577164	1087.3	0.9
20	盐	1372633	884.6	0.8
	合计		95100.7	80.2
	贸易总额		118470.0	100.0

资料来源:吴承明:《论我国半殖民地半封建国内市场》,见吴承明:《中国资本主义与国内市场》,中国社会科学出版社 1985 年版,第 270 页。

　　由于铁路载运货物结构按货量计算,埠际贸易的商品结构则按货值计算,二者所占比重不可混同和直接比较。据对 1936 年埠际贸易货物种类的物量及货值的粗略统计显示,占货量总数(只计海关统计中有货量记载的货物总量)约56.7%的矿产品仅占货值总额(只计与前述货物总量对应的货物总值)的4%;占货量总数22.3%的制造品占货值总额的67.6%;农产品(不含水产、林木、畜产品)约占物量总数的19.7%和货值总额的22.7%。当年铁路货运中的"政府用品"约占货物总量的5%①,如将"政府用品"按货物总量的5%剔除不计,则矿产品、制造品、农产品、林畜产品依次占货物总量的55.4%、11.6%、15.0%、2.9%,其他货物占15.1%。由此反映出埠际贸易与铁路货运货物构成的差异:矿产品在两种货运中所占比重相似,而农产品,尤其是制造品在埠际贸易中所占比重明显高于铁路货运,这与铁路货运分类中设有"其他"货物一项不无关系。若依埠际贸易中各类货物的物量与货值之比推估1936年远程贸易中各类商品的货值,那么,尽管矿产品占货量总数的一半以上,但物重价廉,仅占货值总额的4%左右,制造品货值所占比重居各类商品之首,占近50%,农产品约占20%。按1936年埠际贸易货物总值中手工业品占42%、机器工业品占34%的比重推估,远程贸易中手工业品与机器工业品分别约占工业品总值的55%与45%,手工业品多于机制工业品。

1937年国民党政府资源委员会曾对1936年关乎国计民生的"主要资源"——27种大宗商品的国内流通状况进行调查统计(现仅存22种商品的调查统计),反映了当时国内主要资源流通的基本状况(详见表6-20)。

---

① 参见严中平等编:《中国近代经济史统计资料选辑》,科学出版社1955年版,第213页表27"各类货运的比重"。原书表25"铁路载运货种数量"中1936年货运数量与表27中1935年数字相近,这里按表27"政府用品"所占比重计算。

表6-20 国内"主要资源"流通统计（含海关与铁路）

1936 年

商品种类		数量（万公吨）	货值（国币万元）*	占总值的%
食粮与饮食品	米谷	122.6	11965.76	5.49
	小麦	98.8	7202.52	3.30
	高粱	33.3	1781.55	0.82
	小米	8.5	756.50	0.35
	玉米	1.5	88.65	0.04
	面粉	69.8	7461.60	3.42
	黄豆	37.5	3243.75	1.49
	花生	18.3	2036.79	0.93
	芝麻	15.3	2682.09	1.23
	豆油	1.8	563.94	0.26
	花生油	6.0	2215.20	1.02
	芝麻油**	1.0	299.00	0.14
	茶	12.8	10085.12	4.63
	糖	36.8	7396.80	3.39
	盐	55.5	2647.35	1.21
	烟叶	19.1	9181.37	4.21
	纸烟	8.6	18972.46	8.70
燃料	煤	2226.0	19700.10	9.04
原料	棉花	64.1	45690.48	20.96
	驼羊毛	4.4	633.6	0.29
工业品	棉纱	23.1	23656.71	10.85
	棉织品	32.0	39744.00	18.23

续表

商品种类	数量（万公吨）	货值（国币万元）*	占总值的%
合计	3011.9	218005.34	100.00

* 原统计只有货量，而无货值，表中货值依据海关埠际贸易同种商品货量货值统计推算得出。

** 系铁路运输数量，不含海关统计。

资料来源：据国民党政府资源委员会统计处：《主要资源国内流通统计（民国二十五年）》（1937年统计）编制。原件藏中国科学院图书馆，系手写本，分上、下两册，内容包括4大类27种商品。2002年作者在该馆查阅时，原件仅存上册"食粮与饮食品"类17种商品统计，下册已遗失。本表中"燃料"、"原料"、"工业品"3类商品的统计据清华大学陈争平教授所存个人抄件。本表仍缺原件"燃料"中的焦炭、煤油两项，"原料"中的木材、水泥两项及"工业品"中的"纸张"一项。

　　如表6-20，22种商品在"主要资源"中各自占有的比例，若按农产品与工业品分类，未加工的农产品占"主要资源"的39.11%，手工业（含农产品加工）与机械工业品则占"主要资源"的60%以上。由于表中缺漏原统计中的焦炭、煤油、木材、水泥、纸张等5种商品，而这5种商品又多为工业品，上述农产品与工业品比例与实际情况有少许偏离。20世纪30年代上半叶，中国年进口煤油一直在1亿美加仑以上，1936年进入国内流通的煤油近13万公吨①，按每斤0.152元计算②，约3900余万元；1936年中国国内生产水泥53万余吨，按每桶（375榜）6.18元计算③，约1900

————————

　　① 国民党政府资源委员会统计处：《主要资源国内流通统计（民国二十五年）》，1937年统计。

　　② 据孔敏主编：《南开经济指数资料汇编》，中国社会科学出版社1988年版，第280页"天津零售物价"1936年12个月"煤油"价格，按月平均价格计算。

　　③ 据中国科学院上海经济研究所、上海社会科学院经济研究所编：《上海解放前后物价资料汇编》，上海人民出版社1958年版，第263页，1936年12个月"水泥"价格，按月平均价格计算。

余万元；1936 年仅海关统计的埠际贸易中的各类纸张，即达458932 公担，价值 1463.8 万元。如在 22 种商品统计中加上煤油、水泥、纸张三项，与表 6-20 相比，工业品所占比重约上升2 个百分点，相反，农产品所占比重则下降 2 个百分点。

表 6-20 还显示，在"主要资源"中，"食粮及饮食品"占40.63%，其中未经加工农产品与农产加工品分别占 17.86% 与21.25%；"燃料"占 9.04%；"原料"占 21.25%；"工业品"（棉纺织工业品）占 29.08%。由于表中缺失的 5 种商品统计中，两种被纳入"燃料"，两种被纳入"原料"，一种纳入"工业品"，"燃料"与"原料"所占比重无疑高于上述数值，与此相联系，"食粮及饮食品"则低于上述数值。

商品结构是各类产业部门相互关系的反映。上述商品结构的变化说明：在 1920—1936 年的十几年中，国内工业有较大发展，工业品占国内贸易总值的比重增大，推动了中国近代化的进程。不过，国内工业的发展，在很大程度上是外国投资所致。由于帝国主义扩大在华投资，一些新式工业部门的外国资本生产能力增强，民族工业虽有发展，但在这些部门产量中所占比重却没有增加，反而减少了。如在远程贸易货运量中居首位的煤炭，1926 年全国产煤2304 万吨，1936 年增长到 3990 万吨，其中由外国直接投资和参与投资产煤，1926 年分别为 641 万吨和 584 万吨，合计 1225 吨；1936年分别为 1408 万吨和 813 万吨，合计 2221 万吨，占全国总产的比重由 1926 年的 53.1% 增至 1936 年的 55.7%。① 棉布、棉纱、卷烟是远程贸易中占货值比重最大的商品，1936 年分别占埠际贸易货

---

① 参见严中平等编：《中国近代经济史统计资料选辑》，科学出版社1955 年版，第 123 页表 14"中国煤矿生产中帝国主义的垄断势力（一）机械及土法开采"。

值总额的 16.2%、10.8% 和 5.6%,3 项合计 32.6%;分别占"主要资源"流通额的 18.23%、10.85% 和 8.70%,3 项合计 37.78%,即占大宗商品贸易货值的 1/3 上下。1927—1936 年国内生产的棉布中,华商厂的产量从 426 万匹增加到 1933 年的 904 万匹,但所占比重却从 47% 下降到 39%,1936 年更下降到 36%,外资厂的比重则从 53% 上升到 64%。棉纱生产中华商厂占优势,棉纱产量从 1927 年的 123.3 万包增长到 1936 年的 144.6 万包,所占比重由 58% 上升到 71%。但产品以粗纱为主,外资厂则多产细纱。卷烟销量中 1933 年华厂占 43%,1935 年降到 42%。[①] 有些商品如煤油、人造丝、染料、机器则全部或绝大部分是进口洋货。由此可见在中国机制工业品市场拓展中,外资企业及进口商品的重要作用,本期民族工业的发展水平不可高估。另外,工业品中大部分是手工业品,占埠际贸易总值的 42%,它的流通额,仅为机制工业品的 1.24 倍,而抗日战争前手工业生产总值是机制工业生产总值的 2.35 倍。[②] 相对于机制工业品而言,手工业品的流转额很低。它说明手工业生产仍带有较大的自给自足性,或其产品多在当地集市、庙会市场小范围内交换,未进入埠际或区际商品流通。

同时,直至 20 世纪 30 年代,农业仍是国内最重要的产业。1933 年,农业净产值占国内生产所得的 61%,矿冶业和制造业分别占 1.2% 和 9.1%[③],农业净产值是矿冶业和制造业之和的 6 倍弱。但是,埠际贸易中农产品所占比重却不到工业品的一半;在

---

① 参见严中平等编:《中国近代经济史统计资料选辑》,科学出版社 1955 年版,第 130、131 页表 20、表 30。

② 章有义:《〈中国埠际贸易统计,1936—1940〉说明》,见章有义编著:《明清及近代农业史论集》,中国农业出版社 1997 年版,第 222 页。

③ 巫宝三主编:《中国国民所得(1933 年)》上册,中华书局 1947 年版,第 12 页"第一表"。

"主要资源"流通中,农产品与工业品之比例为 1:1.7,即农产品的商品率和流通率依然很低。在中国工业化的进程中,农村向工业输出多少产品始终是国内市场拓展的界标。农副产品的输出为农村人口带来货币收入,从而形成对工业品的购买力,拓展工业品市场;工业的迅速发展则增加对农产品原料的需求,并带动就业人口增多,最终扩大对农副产品的消费。这一时期民族工业以棉纺织与面粉业最为重要,但在 1936 年的埠际贸易中,粮食、棉花仅分别占货值总额的 6.8% 和 5.5%;在"主要资源"的流通中,小麦与棉花则分别占 3.3% 与 20.96%。粮食与棉花在埠际贸易和"主要资源"流通中所占比重的差异有运输方式的影响,如埠际贸易(轮船运输)中棉花的交易量不足 10 万公吨,不及"主要资源"流通(含铁路与轮船运输)中棉花运量 64 万公吨的 1/6,更多的棉花通过铁路运输;同时也与统计口径的不同相关,与埠际贸易统计相比,"主要资源"流通的统计商品种类大大减少,因此,小麦和棉花占"主要资源"的比重远大于在市场贸易总额中的比重。远程贸易中农产品所占比重较低表明,中国内地农村的大部分农副产品实际并不进入流通,即或进入流通,其中相当部分也是以地方小市场或小区域市场为限,用以满足当地或小区域范围内的消费需求。此外,大量手工业生产分布在乡镇,手工业品流转额低,也在某种程度上导致农村输出的产品较少。20 世纪 20 年代末 30 年代初,外国资本主义为转嫁经济危机曾向中国大量倾销农产品,粮食、棉花进口货值明显增加,国内农产品受洋货排挤,市场一度萎缩。乡村手工业,如最令人瞩目的缫丝业、土布业,受经济危机、东北沦陷等因素的影响,明显衰落。这一切都导致农村购买力下降,进而限制了机制工业品市场的拓展,成为束缚工业品市场的桎梏。与此同时,机制工业品的滞销又抑制工业的发展,从而减少对农产品的需求。这是 20 世纪 30 年代上半期国内市场的主要特点。

(二)商品流向

中国国内市场的商品流向和范围,按当时区域划分习惯,大致可以分为东北、华北、华中及华南四个区域。东北的商品流通以大连、安东及牛庄(营口)三处商埠为中心,其中大连以对外贸易为主,对外贸易额占该埠吞吐商品总值的85%,同关内各埠的贸易仅占15%。华北市场在19世纪末叶,曾以天津和烟台为中心,1904年胶济铁路通车后,青岛商埠勃兴,替代了烟台的中心地位,成为华北对外贸易大港。天津则是华北的最大的商品流转中枢,新疆、甘肃等西北各省及河北各县都是它的腹地。1913年津浦铁路北段通车,天津又成为山东部分商品的集散口岸。及至20世纪30年代中期,津浦、京沪两路实行联运,上海与华北的关系更趋密切,货物经由铁路从上海运抵华北、或从华北运抵上海的费用大为减少,海路却因青岛有关税,运输费用反而高出陆路,青岛吸收津浦沿线货物的能力大减。华中区以上海为中心。上海不仅是长江流域的商品流转中枢,也是全国商品的集散中心。其他如汉口、重庆,分别是中部、西部及西北地区的商品流转枢纽。华南地区有多处商埠,没有形成统一的商货集散中心。香港为该区对外贸易的中心,国内贸易则以上海、广州及华南各埠相互吐纳商货为主。大抵广州的腹地较为广阔,涵盖岭南的两广地区。汕头是潮梅、闽南、闽西、赣南东江一带的货物集散中心。福州的市场辐射区域覆盖闽北,厦门则主要是闽南地区的中心市场。国内各地的商品,主要就在上述这些商埠之间流转。以占居埠际贸易前18位的商品流向为例,除花生仁一项外,都是以上海为最主要的输出或输入城市。工业品中,除煤炭外,布匹、棉纱、纸烟、面粉、纸张等货物都是由上海输出,农产品中的桐油、米谷、棉花、茶叶、烟叶、果实、猪鬃、药材、大豆等都以上海为输往地(详见表6-21)。这显示上海作为全国工业中心和贸易中心的重要地位,也反映出各地贸易发展的不平衡。

表 6 – 21　关内地区埠际贸易主要商品的流转概况

1936 年

商品	主要输出商埠	主要输入商埠
布匹	上海、胶州	汉口、天津、广州
棉纱	上海、胶州	重庆、天津、广州
桐油	汉口、万县、重庆	上海、汉口、宜昌
米谷	九江、上海、芜湖	上海、汕头、天津
纸烟	上海、汉口	广州、杭州、重庆
棉花	汉口、沙市、天津	上海
面粉	上海、汉口	天津
煤	秦皇岛、胶州、南京	上海、广州
茶叶	汉口、杭州、福州	上海、福州、天津
糖	汕头、广州、上海	上海、汉口、天津
烟叶	汉口、威海卫	上海
花生仁	胶州、天津	广州
果实	广州、天津、上海	上海
纸	上海、汕头、福州	上海、汉口、天津
猪鬃	汉口、重庆	上海
苎麻	汉口	上海
药材	重庆、汉口、天津	上海、广州
黄豆	汉口、九江、天津	上海

资料来源:章有义:《〈中国埠际贸易统计,1936—1940〉说明》,见章有义编著:《明清及近代农业史论集》,中国农业出版社 1997 年版,第 227 页。

如将商品分为机制工业品、出口农产加工品、农产工业原料、

农产生活消费品四类,它们的流转情况大致如下①:

棉布与棉纱是当时流通量最大、流通区域最广的机制工业品。据埠际贸易统计,1936 年国内流通的棉布共计 128.1 万公担(土布 4 万余公担除外),其中上海输出 96.8 万余公担,青岛输出 22.6 万余公担,两埠输出棉布占棉布流通总量的 93%。上海棉布(包括进口洋布)分运 23 个商埠,其中超过 50% 的棉布运销汉口、重庆、广州、天津等商埠。青岛棉布运销 8 个商埠,其中 90% 以上运销天津、上海。天津是输入棉布最多的商埠,全年输入棉布计约 23.7 万余公担,其中部分棉布转销他处。汉口位居输入棉布量的第二位,全年输入棉布约 23.6 万余公担,但大部分转往长沙。1936 年国内棉纱的流通量计约 125 万公担,其中上海运出 96 万余公担,青岛运出 10.4 万公担,两处合计占棉纱流通总量的 85%。上海棉纱运销 31 处商埠,按运销量的大小依次为广州、重庆、天津、蒙自。汉口输入棉纱 8.7 万余公担,输出亦有 8 万余公担,部分棉纱销往长沙、重庆。天津输入棉纱 18.6 万余担,运出情况不详。

出口农产加工品以茶与丝为代表。据统计,1936 年埠际贸易中流通的茶共计 51.7 万余公担,其中红茶 9.4 万公担,绿茶 22.5 万公担。汉口是重要的红茶输出口岸,输出红茶约 4.8 万公担,几乎全部销往上海。福建红茶则主销本省。杭州、宁波、汉口是绿茶的主要输出口岸,绝大部分绿茶销往上海。上海输入绿茶 17.4 万公担,出口外洋 7 万余公担。丝的重要输出口岸有重庆、汉口、广州、烟台,主要输往上海,1936 年上海输入丝 156.9 万公斤。

农产工业原料主要是棉花、小麦、烟叶三项,分别供机器棉纺织业、机器面粉业、卷烟业的生产消费。1936 年共有 17 个商埠输

①　详见吴承明:《论我国半殖民地半封建国内市场》,见吴承明:《中国资本主义与国内市场》,中国社会科学出版社 1985 年版,第 281—295 页。

出棉花计约 91.7 万余公担,其中汉口占 55%,沙市占 18%,天津占 15.8%,合计占 88.8%。这些棉花中的 91.9% 输往上海,即输往上海 83.3 万公担;输往青岛的占 4.6%。同年有 16 个商埠输出小麦,总计 143.9 万余公担。其中汉口占 46%,镇江占 24%,芜湖占 18%,合计占 88%。这些小麦主要输往上海、天津、青岛,其中上海 84.7 万余公担,占 62.8%;天津 29.6 万公担,占 21.9%,沪津合计 114.3 万公担,占 84.7%。青岛输入小麦约占总量的 8.8%。1936 年各商埠输出烟叶计 63 万余担,其中 29.5 万公担来自汉口,主要是河南烟叶,其中 90% 运往上海。青岛输出 20.1 万余公担,亦主销上海。

农产生活消费品以粮食为大宗。据埠际贸易统计,1936 年大米流通量为 723.6 万余公担,输出商埠以长江流域的三大米市为主。其中江西九江输出 183.7 万公担,85% 运销上海;安徽芜湖输出 161.9 万公担,行销南北各埠;长沙输出 81 万余公担,运销上海的超过 70%。上海共输入国产大米 279.7 万余公担,同时进口洋米。这些大米除供本地消费外,转输它地 177.2 万余公担,主要输往广州、天津等 24 埠。广东输入 186.1 万公担,并进口洋米。天津输入 119.6 万公担,主要来自上海。

国内主要商品的流通情况显示,农产品主要由内地商埠流向沿海口岸,工业品则主要由沿海口岸输往内地商埠。商品流向的这一特征与对外贸易密切相关,但也取决于中国工业布局。20 世纪 30 年代,中国的机器工业多集中于沿海地区,尤其是江浙一带,这既是农产原料向上海集中的主要原因,也是工业品多源自上海的重要因素。农产原料及生活消费品先在内地商埠集中再运销上海,上海等沿海城市的机制工业品先集中于上海,再通过内地商埠转销内陆腹地,这是一种新型的区域经济关系、城乡经济关系。传统社会的区际贸易多建立在以自然出产为依托的区域分工基础之上,近代中国的区际贸易则带有工农产品交换的意味。传统社会中的城市多是各级政府所在地,主要为消费型城市,只有农产品流向城市,少有城市制造品与之交换。近代城市的性质发生根本性改变,尤其是沿海通商口岸,率先发展新式工业,成为商品生产基地。城市向乡村输出工业品的能力日渐增强,城乡经济关系逐步演化为城乡商品的对流,或称双向流通模式。这种新型的城乡关系逐渐成为近代国民经济体系的重要组成部分,这是中国经济社会的一种进步。

商品流向的这一特征也反映了中国贸易发展的不平衡,以及中国经济发展的不平衡。从表6-21可以看出,在商品流转中发挥重要作用的商埠,多是沿海口岸,少有西部地区城市。这表明贸易繁盛区集中于东部,西部则相对落后。西部地区商埠虽然也有重要商品的流转,但与国内中心市场或区域中心市场的联系尚不密切,处于国内市场网络的边缘。如1936年市布销售总量约665390公担,其中输入南宁仅1713公担,琼州519公担,北海202公担,而雷州、龙州、思茅、腾越等埠则完全没有输入。斜纹布销售总量为259677公担,南宁仅1954公担,琼州2409公担,北海2126公担,蒙自5493公担,雷州、龙州、思茅、腾越也没有输入。[①] 当时西南地区缺布的情况非常严重,但布匹输入如此之少,正是当地交通运输和社会经济落后所致。

更重要的是,在半殖民地半封建条件下,这种区际商品贸易和城乡物资对流,是以洋货和国货不等价交换、工业品和农产品不等价交换的方式进行的,愈是偏远闭塞和商业落后的地区,洋土产品、工农产品的价格剪刀差愈大。如广西田林等地,交通不便,商品以物换物。1斤煤油换8斤大米,1斤生盐换6.5斤大米,5盒

---

① 章有义:《〈中国埠际贸易统计,1936—1940〉说明》,见章有义编著:《明清及近代农业史论集》,中国农业出版社1997年版,第227、228页。

火柴换 2 斤大米,50 斤生盐换 1 头大水牛。① 这种情况在西部其他地区普遍存在,甚至更为严重。随着这种区际贸易和城乡对流的进行,农村资金日益枯竭,农民购买力愈趋低下,工业品市场不断缩小,从根本上阻碍和窒息了区际商品贸易和城乡物资对流的发展,上述雷州、龙州、思茅、腾越等口岸一尺市布、斜纹布不进,正是当地居民购买力异常低下、工业品市场极度萎缩的直接反映。

三、商品价格的剧烈波动及
工农业产品差价的扩大

价格是商品价值的货币表现形式,它的变化与社会经济的发展密切相关,是经济活动的综合反映。本期商品价格整体呈现上涨的趋势,但受国内外经济形势的影响,30 年代上半期,国内商品价格的变化表现为波动剧烈与工农业产品差价扩大两个方面,折射出同期中国经济发展的某些特点,同时也对中国经济发展产生重大影响。

(一)商品价格的剧烈波动

由于不同地区社会经济和商业贸易发展的极不平衡性,特别是不少农村地区仍处于半自然经济状态,部分或大部分农产品并不进入市场,或仅在本地集市、地方小市场销售,不与或少与外界市场联系,部分农村尤其是偏远农村市场物价与大中城市市场的物价及其变化趋势,有较大差异,全国物价及其变动趋势颇为复杂。但东中部大部分地区,特别是上海、天津、广州、汉口、青岛等重要口岸的统计显示,本期商品价格的变动趋势基本一致。总体

---

① 《田林县志》,广西人民出版社 1996 年版,第 405 页。

而言,保持上涨的趋势。① 以 1926 年为基期,截至 1936 年,上海物价上涨 8.5 个百分点,天津上涨 10.62 个百分点,广州上涨 5.4 个百分点。但本期价格的变动不是单纯的直线上升,而是大起大落,波动剧烈。按涨落起伏情况,其变动大致可分为以下 4 个阶段:

1927—1929 年为物价基本稳定阶段。期间上海物价虽有涨落,但幅度不大,年波动幅度不足 3%;天津物价单边上扬,逐年上涨率依次为 4.8%、2.8%;广州物价则一路下跌,逐年下降 2%、0.1%。总体来看,除天津 1928 年比 1927 年上涨近 5 个百分点外,上海、广州物价均起伏不大,基本保持稳定。

1930—1931 年为物价上升阶段。期间上海、天津、广州、南京、汉口、青岛、厦门等口岸物价均呈上涨态势。与 1929 年相比,1930 年上海物价上涨 9.9%,天津上涨 4.3%,广州上涨 4.9%。1931 年各地仍袭上涨之势,上海、天津、广州物价分别上涨 10.3%、5.8%、11.0%。南京、汉口、青岛、厦门等地物价也有不同幅度的上涨,依次为 6.1%、14.5%、7.6%、1.6%。

1932—1935 年为物价下落阶段。期间各口岸物价均大幅下跌,上海、广州、南京、厦门物价以 1934 年为谷底,天津、汉口、青岛则以 1935 年为最低点。与 1931 年相比,1935 年上海物价下跌 23.9%,天津下跌 22.1%,南京下跌 24.3%,汉口下跌 22.1%,青岛下跌 16.9%,厦门下跌 25.2%。广州虽在 1932 年一枝独秀,仍呈涨势,但并未逃脱下跌的厄运,与 1931 年比,1935 年下跌达 24.8%。总体观察,这一阶段各地物价下跌幅度多在 20% 以上。

1936 年至日本全面侵华战争爆发前为物价回升阶段。与 1935 年相比,1936 年上海、天津、广州物价分别上涨 12.6%、15.8%、

---

① 当时经上海、汉口、天津、广州、青岛五大海关流转的商品占全国埠际贸易总值的 70% 左右,故其物价具有一定的代表性。

24.5%;南京、汉口、青岛也有明显回升,分别为5.6%、9.0%、4.5%。
日本全面侵华战争前夕,即1937年6月,上海物价指数为126.1,比
1936年的108.5上涨16.2%,天津为130.4,比1936年涨17.9%,广
州为118.73,比上年涨12.6%①(见表6-22)。

表6-22　上海等7口岸城市批发物价指数

1926—1936年　　1926年＝100/1930年＝100

年份	上海	天津	广州	南京	汉口	青岛	厦门
1926	100.00	100.00	100.00				
1927	104.40	103.02	100.80				
1928	101.70	107.98	96.80				
1929	104.50	111.08	96.70				
1930	114.80	115.85	101.40	100.00	100.00	100.00	100.00
1931	126.70	122.55	112.60	106.10	114.50	107.60	101.59
1932	112.40	112.87	113.79	100.80	112.40	103.60	95.17
1933	103.80	101.00	104.54	92.10	98.50	94.90	87.33
1934	97.10	92.31	94.28	89.00	89.00	86.80	80.38
1935	96.40	95.51	84.63	80.30	89.20	89.40	76.03
1936	108.50	110.62	105.40	84.80	97.20	93.40	

资料来源:上海、广州、南京、汉口、青岛,分别据中国科学院上海经济研究所、上海
社会科学院经济研究所编:《上海解放前后物价资料汇编》,上海人民出版社
1958年版,第126、186、207、201、204页;天津据孔敏主编:《南开经济指数资
料汇编》,中国社会科学出版社1998年版,第7页,"天津批发物价年指数";
厦门据刘兰兮:《厦门15种重要商品批发物价指数的编制与辨析》,《中国经
济史研究》2006年第4期。

---

① 据"上海批发物价分类指数表"、"广州批发物价指数表"、"天津批
发物价月指数"计算,各表分见中国科学院上海经济研究所、上海社会科学
院经济研究所编:《上海解放前后物价资料汇编》,上海人民出版社1958年
版,第133、187页;孔敏主编:《南开经济指数资料汇编》,中国社会科学出版
社1998年版,第13页。

本期各地商品价格如此剧烈波动,主要原因是受世界经济危机的影响,只是由于国际市场银价的变化,延迟了危机的波及,使中国成为世界经济危机的尾闾。

19 世纪 70 年代以来,世界主要贸易国相继采用金本位制,而直至 1935 年国民党政府币制改革前,中国是世界重要贸易国中唯一的银本位制国家。中国既非大量生产白银的国家,所需白银依赖进口;却又非白银的主要消费国。因之不惟无法对国际市场的白银价格及白银流向施加影响,反受国际银价的制约。19 世纪 80 年代以降,国际银价总体呈下落态势。20 世纪 10 年代后期虽有短暂回升,20 年代后又重蹈跌势,由此带动中国物价的缓慢上升。1929 年资本主义世界爆发了空前严重的经济危机,各主要资本主义国家的物价先后暴跌。以 1929 年批发物价指数为 100,1930 年中国对外贸易中四个主要国家日、英、美、德的批发物价指数分别跌至 82.3、84.3、90.6、90.8,1931 年又跌到 69.6、72.1、76.6、80.8。[①] 同期,国际市场银价的跌势更猛。伦敦、纽约是当时两大世界金融中心,伦敦大条银价从 1929 年的每盎司银合 24.28 便士,跌到 1931 年的合 14.46 便士,下跌 40.4%[②];纽约大条银价从 1929 年的每盎司银合 0.533 美元,跌到 1931 年的 0.290 美元,下跌 45.6%。与银价的跌落同步,中国的外汇市价也落到了谷底。上海银元兑换英国先令的比率,由 1929 年的 1 银元兑换 1/8.529 先令,下跌

① 据中国科学院经济研究所世界经济研究室编:《主要资本主义国家经济统计集(1848—1960)》,世界知识出版社 1962 年版,第 418、247、160、285 页批发物价指数计算。

② 中国科学院上海经济研究所、上海社会科学院经济研究所编:《上海解放前后物价资料汇编》,上海人民出版社 1958 年版,第 114 页"英、美银价、物价及其指数表",并据此计算下跌率。

到 1931 年的兑换 0/11.905 先令,下跌 42.0%;兑换日本金圆的比率由 1929 年的 100 银元兑换 90.29 日圆,暴跌到 1931 年的兑换 45.54 日圆,下跌约 49.6%①;兑换美金的比率由 1929 年的 100 银元兑换 41.1 美元,锐减到 1931 年的 21.8 美元,下跌 47.0%。由于国际银价及中国外汇市价下跌幅度大于主要贸易国物价下跌幅度,进口物价指数呈现上升态势,从 1929 年的 158.1 上升到 1931 年的 192.9②;国际银价下跌幅度大于国外物价下跌幅度,又意味着国外白银购买力下降,导致大量白银流入中国市场。

此后,各资本主义国家为恢复国内经济,一方面高筑关税壁垒,保护本国产业发展;另一方面则采取汇价倾销的办法转嫁经济危机。1931 年 9 月,英国率先放弃金本位,实行英镑贬值;同年 12 月日本也废止金本位制;美国于 1933 年 3 月禁止黄金出口,4 月废弃金本位。在各国货币战的作用下,自 1932 年起,世界银价转跌为涨。伦敦大条银价自 1931 年的每盎司白银合 14.46 便士上涨到 1932 年的每盎司白银合 17.81 便士,上涨了 23.2%。③ 其后,美国为便于国内银矿主获利,刺激国内生产与投资,于 1933 年 12 月宣布《银购入法》,次年 6 月又公布《白银法案》,高价收购白

---

① 中国科学院上海经济研究所、上海社会科学院经济研究所编:《上海解放前后物价资料汇编》,上海人民出版社 1958 年版,第 112 页"上海国外主要汇兑市价表",并据此计算下跌率。其中上海银元对先令的汇率依据伦敦电汇,对日金的汇率依据横滨电汇,对美金的汇率依据纽约电汇。

② 孔敏主编:《南开经济指数资料汇编》,中国社会科学出版社 1998 年版,第 376 页。

③ 中国科学院上海经济研究所、上海社会科学院经济研究所编:《上海解放前后物价资料汇编》,上海人民出版社 1958 年版,第 114 页"英、美银价、物价及其指数表",并据此计算上涨率。

银,致使国际银价飞涨。纽约大条银价自 1932 年的每盎司白银合 0.282 美元,涨到 1933 年的每盎司白银合 0.350 美元,上涨 24.1%;又涨到 1934 年的 0.483 美元,上涨 38.0%。时至 1935 年,伦敦大条银价已涨到每盎司白银合 28.94 便士;纽约大条银价则涨到每盎司白银合 0.646 美元,比 1932 年分别涨 62.5% 与 129.1%。① 同期,中国的外汇市价亦随之上涨,但涨幅不及银价。上海银元兑换英国先令的比率由 1932 年的 1 银元合 1/2.731 先令,涨到 1935 年的 1/5.792 先令,上涨 20.8%;兑换日圆的比率由 100 银元合 77.45 日圆涨到 126.23 日圆,上涨 63.0%②;兑换美元的比率由 100 银元合 21.8 美元涨到 36.3 美元,上涨 66.5%。此时,国际银价的上涨幅度大于国外物价的上涨幅度,进口物价指数因之呈现下降态势,自 1932 年的 180.1 降到 1935 年的 138.1③;国际银价的上涨幅度大于国外物价的上涨幅度,又意味着国际银购买力的回升,从而吸引中国白银大量流向国际市场。

① 伦敦大条银价见中国科学院上海经济研究所、上海社会科学院经济研究所编:《上海解放前后物价资料汇编》,上海人民出版社 1958 年版,第 114 页"英、美银价、物价及其指数表"。

② 中国科学院上海经济研究所、上海社会科学院经济研究所编:《上海解放前后物价资料汇编》,上海人民出版社 1958 年版,第 112 页"上海国外主要汇兑市价表",并据此计算上涨率。其中上海银元对先令的汇率依据伦敦电汇,对日金的汇率依据横滨电汇,对美金的汇率依据纽约电汇。

③ 孔敏主编:《南开经济指数资料汇编》,中国社会科学出版社 1998 年版,第 376 页。

表 6－23　汇率、国外银价、物价指数与中国白银的输出入

1926—1936 年　　　　　　　　　　　　　　1926 年 = 100

年份 \ 项目	(1) 汇率 (1 银元 =美元)	(2) 汇率 指数	(3) 银价 美元	(4) 银价 指数	(5) 国外 物价 指数	(6) 白银在 国外的 购买力 (4/5)	(7) 白银净出 口(＋)净 进口(－) (千关两)
1926	0.488	100.0	0.624	100.0	100.0	100.0	－ 53204
1927	0.443	90.8	0.567	90.9	95.4	95.3	－ 65083
1928	0.456	93.4	0.585	93.8	96.7	97.0	－ 106396
1929	0.411	84.2	0.533	85.4	95.3	89.6	－ 105826
1930	0.295	60.5	0.385	61.7	86.4	71.4	－ 67006
1931	0.218	44.7	0.290	46.5	73.0	63.7	－ 45445
1932	0.218	44.7	0.282	45.2	64.8	69.8	＋ 6672
1933	0.263	53.9	0.350	56.1	65.9	85.1	＋ 9257
1934	0.338	69.2	0.483	77.4	74.9	103.3	＋ 164780
1935	0.363	74.3	0.646	103.5	80.0	129.4	＋ 38124
1936	0.297	60.9	0.454	72.8	80.8	90.1	＋ 160220

据郑友揆:《中国的对外贸易和工业发展(1840—1948)》,上海社会科学院出版社
1984 年版,第 342、343 页"中国的汇率、国外银价、物价指数与中国金银
的输出入"表改制。(1)原为海关两 = 美元,现按 1 银元 = 0.6418 海关
两折算为银元。

原表说明:(1)关两与美元的兑换率引自中国海关贸易报告。

(3)这是纽约市场上每盎司纯银的价格,引自《美国统计摘要》1925 年,
第 715 页和 1941 年,第 825 页。

(5)这是美国劳工部编制的美国批发物价指数(见《美国统计摘要》,
1941 年,第 355 页)。

(7)是根据中国海关报告的官方统计数字。

　　表 6－23 以主要贸易国美国的银价、物价及中国的美元汇率
为例,揭示了本期银价、汇价、外国物价与白银流动之间的关系。
在银价急速下跌的 1927—1931 年,汇率几乎以同样的幅度下落,

美国物价指数虽亦下滑,但下滑幅度不及银价和汇率跌幅,白银在美国的购买力因之下降,而同一单位美元兑换中国白银的数量增多,白银因此大量流入中国。仅 1928—1931 年 4 年间,流入中国的白银即达 3.25 亿海关两。它增加了中国的货币量,使白银在中国市场的购买力下降,推动 1930—1931 年国内物价的上涨。此后,银价与汇率回升,且回升幅度超过物价回升幅度,白银在美国的购买力也随之提高,而同一单位美元兑换中国白银的数量减少,由此白银大量流出中国。由于表 6-23 外汇及外国物价都以美国为样本,而美国 1933 年才放弃金本位,1932 年银价及汇率仍处于低谷。但此时英、日早已终止金本位,实行货币贬值政策,伦敦大条银价已回升。故自 1932 年起,白银开始外流,中国国内白银减少,白银在国内的购买力上升,中国批发物价随之开始下落。1934 年在美国白银法案的刺激下,国际银价飙升,白银在国外的购买力超过白银在中国的购买力,当年白银外流即近 1.8 亿海关两(含官方统计及私运),中国批发物价也落到谷底。据统计,1932—1935 年自中国流出的白银达 3.81 亿海关两之多①,造成中国银根紧缩,金融恐慌,陷入经济危机。直到 1935 年 11 月中国实行货币改革,将银本位制改为外汇本位制,大量发行法币,中国的物价才彻底摆脱了国际银价的制约,迅速回升。

其次,中国部分商品价格水准取决于国外商品价格,也是本期物价起伏跌宕的原因之一。从中国对外贸易的商品结构来看,中国进口以机制工业品为主,出口则以原料品、半制成品为主,带有

---

① 据郑友揆:《中国的对外贸易和工业发展(1840—1948)》,上海社会科学院出版社 1984 年版,第 343 页"偷运出口黄金和白银的估计值"表计算。原表 1934 年 14.9 百万海关两,1935 年 147.7 百万海关两,1936 年 25.5 百万海关两,总计 188.3 百万海关两。

浓厚的殖民地色彩。尽管 1930 年中国对国际市场的贸易依存度仅为 13.6①，然而由于中国是后发展国家，国内近代工业主要为进口替代型工业，在缺乏关税保护的情况下，其产品价格水准多受制于国外同类商品价格。手工业制品价格水准受同类机制品支配，亦直接或间接受国际市场价格的支配。② 中国出口的大宗农产品或农产加工品，如茶、丝，曾一度在国际市场独领风骚，但在印度、锡兰、日本等国商品的竞争下，丧失了定价权。其他主要供出口的农产品，除桐油、皮、骨等稍具独占性外，也是由国际市场价格决定国内收购价格，偏离其自身的生产成本。除此，本期农产品的大量进口，也对国内农产品价格产生深刻影响。以进口大米为例，1921—1925 年，中国年均净进口大米 1850 万市担，占世界大米输出总额的 16.6%；1926—1930 年增长为 1980 万市担，占世界输出总额的 15.6%；1931—1935 年又增为 2129 万市担，占世界输出总额的 14.2%③，并相当于国产商品稻米的十分之一，国内米价遂在一定程度上受制于洋米。如 1930 年，国内米价飞涨到 20 元之谱，但不久因洋米倾销，米价即见狂跌。④ 又如 1932 年、1933 年本是丰年，但因洋米价格低廉，这两年大米的净进口达 5240 万市担⑤，

---

① 见陈争平：《1895—1936 年中国国际收支研究》，中国社会科学出版社 1996 年版，第 140 页。这里选用的是有形贸易依存度，按原书计算公式，可表述为进出口商品占国内生产总值的比值。

② 见许涤新、吴承明主编：《中国资本主义发展史》第 3 卷，人民出版社 1993 年版，第 233 页。

③ 许道夫编：《中国近代农业生产及贸易统计资料》，上海人民出版社 1983 年版，第 147 页。

④ 《银行周报》1934 年 9 月 4 日第 18 卷第 34 期，国内要闻，第 12 页。

⑤ 陈伯庄、黄荫莱编：《中国海关铁路主要商品流通概况》，社会经济组专刊第 7 号，上册，交通大学研究所 1937 年刊本，第 61 页。原文为关担，此处按 1 关担 = 1.193632 市担折算。

致使国产米价更加大跌。广东 1932 年每石米的售价较之往年跌落 1 元至 2 元不等,约跌 15% 至 25% 左右。① 长江各省 1932 年米谷每担价格价尚可维持在 3 元上下,1933 年跌至 2 元上下。② 1934 年国内米谷歉收,上海米价上涨,苏米平均涨 49%,湘米涨 39%。湘米涨幅不及苏米,全因湘米品质较近洋米,而进口的仰光米所涨无几,西贡米反见跌价,湘米价格受洋米价格所累。③

上海是近代稻米贸易的最大集散市场。1936 年经由国内主要稻米市场运入上海的米谷约 574 万市担,占国内各重要米市流转总量的 22%,主要是湖南、安徽、江西米。同年由上海运出的米谷约 366 万市担,主要运往天津、广州、青岛等地。④ 而 1925—1934 年 10 年间,上海年均进口米谷约 321 万市担,⑤主要是西贡、仰光、曼谷米,其中部分经由上海转运各地。⑥ 表 6 - 24 显示,因国内运费昂贵、流通环节过多等因素增加了国产米的成本,1927—

---

① 马乘风:《最近中国农村经济诸实相之暴露》,《中国经济》1933 年第 1 卷第 1 期。

② 江西省政府经济委员会:《江西经济问题》,第 507—508 页,1934 年印本。转引自章有义编:《中国近代农业史资料》第 3 辑,生活·读书·新知三联书店 1957 年版,第 414 页。

③ 中国银行总管理处:《中国银行民国二十三年度营业报告》,第 35 页。转引自章有义编:《中国近代农业史资料》第 3 辑,生活·读书·新知三联书店 1957 年版,第 414 页。

④ 国民党政府资源委员会统计处:《主要资源国内流通统计(民国二十五年)》,中国科学院图书馆藏手写本,第 1 页"米谷"。原计量单位为公吨,现按 1 公吨 = 20 市担折算为市担。

⑤ 陈伯庄、黄荫莱编:《中国海关铁路主要商品流通概况》,社会经济组专刊第 7 号,上册,交通大学研究所 1937 年刊本,第 61 页。原文为关担,现按 1 关担 = 1.193632 市担折算为市担。

⑥ 其时米谷进口主要集中在华南的九龙、广州、汕头、拱北,华中的上海及华北的天津等口岸,以华南所占比例最大。

1934 年间上海国米价格一直高于洋米价格,二者保持一定的差额。由于饮食口味的偏好,国米虽较洋米价高却仍有需求;但当国米与洋米的价格差拉大,进口洋米数量就激增。如 1930 年,因每公担国米价格高于洋米价格近 5 元,当年洋米进口即达 433.5 万公担,比 1929 年的进口 70 万公担增加了 363 万公担。[1] 将 1927—1934 年上海米市(包括国米、洋米)与西贡、仰光市场逐月米价作相关分析,可见二者的变动关系密切(1933 年例外,因当年上海进口西贡米减少所致)[2],即洋米输出国市场米价的波动不仅使上海市场的洋米价格相应波动,而且使国产米的价格也相应波动。这说明洋米价格在一定程度上控制了上海米价的变动趋势(见表 6-24)。广州、厦门等地的米价情况与上海相同,其变动趋势也受控于洋米价格。

表 6-24　上海米市国米价格与洋米价格的相关分析

1927—1934 年

项目 年份	(1)上海米价与国外米价 相关系数		(2)上海米市国米与洋米价格		
	上海与西贡	上海与仰光	国米(粳米) 价格 (元/公担)	洋米价格 (元/公担)	国米与洋米 相关系数
1927	0.92	0.37	17.877	13.221	0.92

---

①　吴柏均:《影响中国近代粮食进口贸易的诸因素分析》,《中国经济史研究》1988 年第 1 期。

②　相关系数是衡量两个或两个以上经济变量之间相互关系密切程度的指标,它的取值范围介于正负 1 之间。相关系数的绝对值越接近 1,说明经济变量之间的相关程度越大。一般认为,相关系数的绝对值大于 0.7 时,可视为变量之间有密切关联。

项目 年份	(1)上海米价与国外米价 相关系数		(2)上海米市国米与洋米价格		
	上海与西贡	上海与仰光	国米(粳米) 价格 (元/公担)	洋米价格 (元/公担)	国米与洋米 相关系数
1928	0.47	0.14	13.127	11.066	0.81
1929	0.92	0.78	15.942	13.276	0.93
1930	0.86	0.82	20.333	15.478	0.96
1931	0.75	0.69	15.422	12.687	0.72
1932	0.95	0.67	14.904	10.101	0.92
1933	0.21	0.65	10.745	8.169	0.59
1934	0.89	0.94	13.160	9.315	0.95

资料来源:吴柏均:《影响中国近代粮食进口贸易的诸因素分析》,《中国经济史研究》1988年第1期。(1)国外米为西贡2号米,仰光2号米;(2)国米为常河机粳米价,洋米为西贡2号与小绞米平均价。表格编制见许涤新、吴承明主编:《中国资本主义发展史》第3卷,人民出版社1993年版,第234页。本表稍有不同。

  口岸城市是连接国际市场与中国内陆市场的枢纽,也是商品价格的传感器。上海作为国内、尤其是华中地区最大的稻米集散市场①,与长江中下游米市有不同程度的联系。芜湖、无锡、长沙、九江是近代著名的四大米市,其中芜湖、长沙分别是皖米、湘米的集散地,九江是赣米中转市场,无锡则是以粮食加工为特色的稻米集散市场。据1936年埠际贸易统计,芜湖、长沙、九江各埠输往上海的稻米依次占各埠输出稻米总量的2.8%、74.3%、85.5%,无

---

① 当时把中国分为华北、华中、华南、东北等区域,上海列在华中区内。

锡销往上海的稻米也占总销量的 37.04%。[1] 而当洋米大量进口时,洋米也通过上海、汉口等口岸倒灌长江沿江各省。1929—1934年间,除 1929 与 1931 年芜湖与上海米价呈较低或负相关外,四大米市米价的波动与上海米价波动都有很强的相关性(见表6-25)。鉴于大量米谷均由上海转销,而上海的国米受洋米米价制约,因此,不是国内各地米价决定上海米价,而是上海米价对各地米价施加影响。[2]

表 6-25　上海与四大米市米价的相关分析

1919—1934 年

年份	上海与芜湖	上海与无锡	上海与长沙	上海与九江
1929	0.300	0.938	0.706	
1930	0.775	0.950	0.899	
1931	-0.709	0.924	0.872	
1932	0.864	0.768	0.875	0.834
1933	0.614	0.732	0.744	0.588

---

[1]　见徐正元:《中国近代四大米市考》,黄山书社 1996 年版,第 40、42 页。

[2]　亦有关于 1924—1934 年上海与内地集散市场芜湖、上海与内地产地市场南昌米价波动的研究认为:只有 1932—1934 年,上海与芜湖米价变动密切相关,上海与南昌米价只有 1932、1934 年为密切相关。因此作者认为:当内地粮歉,其米价与上海米价出现较大差价而使上海稻米倒流内地时;又当内地粮丰,粮食外销消费市场迫切时,内地粮价常受上海粮价的影响并随上海粮价的波动而波动。通常年份,产地市场和内地集散市场的稻米价格主要随年成丰歉程度而升降。这些市场粮价与上海中外粮食价格的关系不密切,甚至价格的联系上呈脱节状态(见吴柏均:《影响中国近代粮食进口贸易的诸因素分析》,《中国经济史研究》1988 年第 1 期)。

续表

年份	上海与芜湖	上海与无锡	上海与长沙	上海与九江
1934	0.849	0.970	0.915	0.979

资料来源:徐正元:《上海近代稻米市场价格变动之分析》,《中国经济史研究》1996年第2期。

中国商品价格的这种特性,导致中国难以规避主要贸易国物价波动的影响,只是因银价的变动,淡化了这种影响或使其以扭曲的形式表现出来而已。

再次,农村货币购买力的下降是20世纪30年代物价下跌的重要原因。19世纪晚期,中国的城乡贸易有了质的飞跃,即城市与乡村之间的交换,不再主要是赋税、地租(城市居住的大量官僚与地主的收入)与农产品的交换,而出现了城市机制工业品与农产品的交换。但由于近代中国的农业人口占总人口的75%以上[1],且广大农村仍处于半自然经济状态,城乡贸易的盈缩或国内市场的大小,实际以农村输出的商品量为转移,即农村输出商品量大,农民的货币购买力提高,城乡贸易就发展,国内市场就扩大;反之,国内市场就缩小。其时,中国农产品贸易在很大程度上靠对外贸易拉动,农产品的大量出口给农村带来货币收入,也带来农村对工业品的需求。本期农村购买力下降源于两方面的原因,一方面,世界经济危机期间,各主要资本主义国家经济衰退,国际贸易萧条,中国出口物量指数锐减。以1913年为基期,1929年的物量指数为149.2,1932年下降到100.8[2];主要农产品或农产加工品,

---

① 据巫宝三主编:《中国国民所得(1933年)》上册,中华书局1947年版,第151页"全国二十八省两大区域农民人口表"计算。

② 孔敏主编:《南开经济指数资料汇编》,中国社会科学出版社1998年版,第376页。

如:茶从 1929 年的 94.6 万关担减少到 1932 年的 65.3 万关担,丝从 1929 年的 19 万关担减少到 1932 年的 7.8 万关担,黄豆从 1929 年的 4101.5 万关担减少到 1932 年的 1726.9 万关担。[①] 相反,国外农产品大量向中国倾销,与国产农业品争夺市场,造成农产品滞销,价格下跌,由此减少了农民的货币收入。30 年代上半期是粮食进口的高峰期,1931—1935 年粮食净进口约 2.66 亿市担,年均 5322 万担,其中 1932 年粮食净进口几近 7850 万市担。[②] 大量的洋米、洋麦充斥国内市场,与国产粮食竞销,使农民饱受有粮无处销或谷贱伤农之苦。如山东农产丰富,虽间有歉收,仍能自给。"近因外麦入境过多,市价低落,本地产麦,成本较贵,无法竞争,遂成滞销形势"。[③] 河北因洋麦削价倾销,以致麦市价格频落,本省所产小麦无处宣泄。[④] 长江沿江各省粮食市场亦受洋米、洋麦及进口面粉的冲击,"致粮价暴落,农商交困"。[⑤] 农民的货币收入减少,购买力自然降低。另一方面,这一时期国内自然灾害频仍,1931 年 16 个省份遭受大水灾,1934 年 14 省遭遇大旱灾,1935 年又有局部地区遭水灾,农业生产受到严重破坏,广大农村濒于完全

[①] 陈伯庄、黄荫莱编:《中国海关铁路主要商品流通概况》(社会经济组专刊第 7 号)上册,交通大学研究所 1937 年刊本,第 180、284、188 页。

[②] 许道夫编:《中国近代农业生产及贸易统计资料》,上海人民出版社 1983 年版,第 146 页"米麦杂粮净进口总计",并据各年进口数额计算 1930—1935 年粮食进口总量。

[③] 《关于复兴农村之消息》,见《农村复兴委员会会报》,1933 年 9 月第 4 号,第 120 页。

[④] 马乘风:《最近中国农村经济诸实相之暴露》,《中国经济》第 1 卷第 1 期,1933 年 4 月。转引自章有义编:《中国近代农业史资料》第 3 辑,生活·读书·新知三联书店 1957 年版,第 418 页。

[⑤] 王砺经:《中国民食问题》,《中国经济》1933 年 10 月第 1 卷第 7 期第 8 页。

破产的境地,遑论购买力。农村购买力下降及农村经济残破的结果是工业品滞销,进而加速了物价的下落。直到1936年,全国除川、豫、粤三省外,皆获农业丰收,棉花产量比1935年增加44%,小麦增加8.3%,农村经济好转,购买力逐渐提高,从而整个工商业的发展亦略有起色,物价才明显回升。[①] 这一时期,农村购买力的变化与物价的变动交相作用,互为因果。

最后,日本帝国主义的侵略及日货的走私也是物价跌落的原因。1931年,日本帝国主义侵占中国东北,把东北变为它的工业品消费市场与原料供给市场,东北与关内的贸易受到严重干扰,关内的工业品丧失了东北市场。同时,日本利用特殊势力向中国境内大量走私廉价日货,破坏了正常的市场秩序。日本全面侵华战争爆发前几年,每年经走私进口的日货常在1亿元左右。[②] 走私商品以人造丝、砂糖、卷烟纸、火油、匹头、毛织品为主,行销华北、华中、华南等地。因其逃避关税,价格低廉,很快即占领中国市场,并操纵市场价格。以蔗糖为例,原广东潮、梅一带所产蔗糖运销上海、天津等地,每年输出值1亿元以上。30年代中期,进口私糖价格每担近5元上下,以致粤糖每担价格从18元跌到10元,仍无销路。[③] 砂糖输入地天津,则因走私砂糖大量进口,糖价暴跌,市场完全被走私货控制。[④] 又如进口人造丝每包须纳关税280元,而

---

① 中国科学院上海经济研究所、上海社会科学院经济研究所编:《上海解放前后物价资料汇编》,上海人民出版社1958年版,第17页。

② 见陈争平:《1895—1936年中国国际收支研究》,中国社会科学出版社1996年版,第42页。

③ 《震动全国的走私问题》,《经济评论》1936年6月第3卷第6期第2页。

④ 见[韩]孙准植:《战前日本在华北的走私活动(1933—1937)》,台北国史馆1997年印行,第308页。

走私人造丝在天津的售价每包仅 180 元①,致使天津的人造丝市场全部由走私货支配,市价因货物滞销而下跌。国内丝业受人造丝倾销及走私的影响,销量趋于下降。走私进入天津的布匹也比正常进口布匹价格低,每匹价格比报关进口者约贱 1 元,结果走私货的卖价成为市场上的正常价格,报关进口的棉布完全找不到销路。② 总之,日本帝国主义的侵略和日货的大量走私,导致国产工业品市场日渐缩小,部分工业品价格下跌。至 1936 年下半年,农业丰收,工业生产逐渐恢复,国内经济元气回升;加之中国海关加紧缉私,民众开展抵制日货运动,走私货行销对中国物价的影响才逐渐缩小。

(二)工农业产品差价的扩大

本期物价变动的另一特点是工农业产品差价拉大。以华北第一大港天津市的批发物价为例,如以 1926 年为基期,1927—1936 年农产品价格与工业品价格的变动趋势基本一致,惟农产品价格指数的峰值在 1930 年,工业品价格指数的峰值在 1931 年,即农产品价格先于工业品价格下跌;农产品价格指数的谷底在 1934 年,工业品价格指数的谷底在 1935 年,即农产品价格先于工业品价格回升。1927—1930 年,农产品价格指数小幅上扬,最高达 106.82,即上涨 6.82 个百分点;1931—1934 年则一路下落,谷底是 64.26,即下降了 35.74 个百分点,可见农产品价格涨少跌多,跌幅大于涨幅。工业品价格指数的涨落幅度与农产品不同,1927—1931 年,

---

① 《震动全国的走私问题》,《经济评论》1936 年 6 月第 3 卷第 6 期第 2 页。

② 见[韩]孙准植:《战前日本在华北的走私活动(1933—1937)》,台北国史馆 1997 年印本,第 308 页。

工业品价格指数上涨了 34.28 个百分点,1932—1935 年,其虽下落到 103.29,但没有跌破 1926 年的价格水平。可见工业品价格指数的变动虽有起伏,但与 1926 年相比,总体是上涨的。工业品价格指数与农产品价格指数的变化显示,工业品价格的上涨幅度比农产品价格大,农产品价格的下跌幅度则比工业品大得多。另外,除 1927 年外,其他年份的工业品价格指数均高于农产品价格指数,尤其是进入 30 年代后,二者之间的差距拉大,至 1934 年竟超过 40 个百分点。它表明本期工农业产品差价逐步扩大;1935年后虽有缩小之势,但直到 1936 年,都没有恢复到 1926 年的水平(详见表 6 - 26)。

表 6 - 26 工农产品比价指数比较表

1926—1936 年   1926 年 = 100

年份	农产品价格指数	制造品价格指数	工农产品综合价格指数	
	(1)	(2)	(3) *	(4) **
1926	100.00	100.00	100.00	100.00
1927	102.51	102.11	100.39	90.61
1928	103.34	106.16	97.34	102.33
1929	106.75	110.81	96.34	103.80
1930	106.82	119.41	89.46	111.79
1931	95.74	134.28	71.31	140.25
1932	89.74	124.17	72.27	138.36
1933	73.03	114.15	63.98	156.30
1934	64.26	105.56	60.88	164.27
1935	81.92	103.29	79.31	127.08

续表

年份	农产品价格指数	制造品价格指数	工农产品综合价格指数	
	(1)	(2)	(3)*	(4)**
1936	101.93	116.68	87.36	114.47

*(3)=(1)÷(2)×100

**(4)=(2)÷(1)×100

资料来源:贾秀岩、陆满平:《民国价格史》,中国物价出版社1992年版,第112页。原表根据《南开指数资料汇编》第12页天津物价指数计算。

　　在西部特别是云南、贵州等交通闭塞的偏远地区,工农业产品差价之大,尤为惊人。1930年前后,贵州安龙,每斤食盐的价格高达5角。[①]云南陆良、宣威,离该省和四川井盐产区较近,盐价稍低,每斤分别为0.154元和0.13元,但农产和农产加工品的价格更贱。陆良鲜梨每斤1分钱,生猪每头2.5元,如生猪毛重平均以100斤计,每斤仅0.025元。宣威火腿远近闻名,但每斤价格只有0.2元。与陆良生猪价格相比,火腿似乎不算太贱,但该县从外地输入的红糖每斤价格高达1元,相当火腿价格的5倍[②],工农业产品的价格差距已经到了令人难以置信的程度。

　　工农业产品差价的扩大,带来工、农产品购买力的变化。由于工业品价格指数高于农产品价格指数,在工业品与农产品的交换中,工业品处于有利地位,农产品则相反。1927—1934年,工业品购买力指数逐年上升,从90.61升到164.27;农产品购买力指数

---

　　①　国民党政府铁道部财务司调查科查编:《粤滇线云贵段经济调查总报告书》,约1930年调查、印行,第93页。

　　②　国民党政府铁道部财务司调查科查编:《粤滇线云贵段经济调查总报告书》,约1930年调查、印行,第83页;国民党政府铁道部财务司调查科查编:《湘滇线云贵段附近各县经济调查报告书》,1930年调查、印行,第57页。

则持续下降,从100.39降到60.88(见表6-26)。这意味着农民用相同数量的农产品、畜产品换取的城市工业制品越来越少,吃亏越来越大。

表6-27 农产品与零用物在天津的交换价值
1931—1933 年　　　　　　　单位:担

工业品	年份	华北白麦	元小麦	红粮	山东花生*	西河棉花
粗布 (尺)	1931	0.0114	0.0127	0.0218	0.0118	0.0026
	1932	0.0114	0.0129	0.0217	0.0104	0.0028
	1933	0.0141	0.0159	0.0261	0.0158	0.0029
豆油 (斤)	1931	0.0240	0.0268	0.0459	0.0248	0.0055
	1932	0.0255	0.0287	0.0484	0.0232	0.0062
	1933	0.0294	0.0332	0.0544	0.0330	0.0060
煤油 (斤)	1931	0.0185	0.0207	0.0355	0.0192	0.0042
	1932	0.0200	0.0225	0.0379	0.0182	0.0049
	1933	0.0161	0.0181	0.0297	0.0180	0.0033
食盐 (斤)	1931	0.0074	0.0082	0.0141	0.0076	0.0017
	1932	0.0082	0.0092	0.0155	0.0075	0.0020
	1933	0.0133	0.0128	0.0209	0.0127	0.0023

* 花生系上海价格,以其产地近天津,故列入此表比较。

资料来源:巫宝三:《民国22 年的中国农业经济》,《东方杂志》1934 年6 月第31 卷11 号,第11 页。

从表6-27观之,农产品对零用物(工业品)的交换比率大部分是逐年下降的,其中对煤油的交换是例外,与1932 年相比,1933 年用于换取1 斤煤油的农产品减少,对农民有利;其他各项需用品则要用比前两年多的农产品换取。比如华北白麦与各项需用品的交换,1931 年和1932 年换1 尺粗布须用0.0114 担,到1933 年则须用 0.041 担;1931 年换 1 斤豆油用 0.024 担,到 1933 年须用 0.0294 担;1931 年换 1 斤食盐用 0.0074 担,1933 年要用 0.0133 担,比 1931 年增加了近 1 倍。

上海的情况与天津相仿。据国民党政府税则委员会调查,1933 年上海农产品价格继续跌落,当年的大米批发价格,仅相当于 1932 年的 81%,1931 年的 55%;小麦价格相当于 1932 年的 80%,1931 年的 76%;茶价相当于 1932 年的 59%,1931 年的 43%;茧价比 1931 年落 43%;花生价比 1931 年落 20%,比 1930 年落 40%;棉花价格跌落最少,1933 年的行市,也只相当于 1932 年的 87%,1931 年的 81%。同时,农民需要品的价格也跌落,但不如农产品价格跌落厉害,如棉纱,1933 年的价格比 1932 年低 9%,比 1931 年跌 24%;粗布比 1932 年只跌 2%。这样,要用农产品交换 1 包棉纱,在 1931 年仅需白米 19 石,或红茶 83 斤,或干茧 142 斤,或花生 24 担;在 1932 年需白米 23 石,或红茶 100 斤,或干茧 200 斤,或花生 27 担;到 1933 年则需白米 26 石;红茶 153 斤;干茧 187 斤;花生 31 担。[①]

农产品购买力的下降,使农民的收入减少,显然对农民不利。若将农产品购买力提高与否作为衡量工农产品交换是否对农民有利的标准,1927—1936 年都市物价变动中,有 3 个年头对农业有利或较有利,分别是 1927、1935、1936 年,其余 7 个年头则对农业不利或较不利[②],亦即对农民不利或较不利的年头

① 中国银行总管理处:《中国银行民国 22 年营业报告》,第 20—21 页,1934 年。转见章有义编:《中国近代农业史资料》第 3 辑,生活·读书·新知三联书店 1957 年版,第 668 页。

② 见陈其广:《百年工农产品比价与农村经济》,社会科学文献出版社 2003 年版,第 130—131 页。作者对广州、天津、上海、青岛、南京诸市及上海进出口物价进行综合分析,得出上述结论。

占 70% 。

一般说来,都市的农产品价格较乡村高,因其加入了运输费用及流通过程中的税捐;乡村工业品价格则较都市为高,也因其需加入运输中的各种费用。上述是都市工农产品差价的情况,中国各地农民所得物价(农产品出售)与农民所付物价(购入生活品),则更贴近农民收支的实际。总体观察,进入 30 年代,农民购进与农民售出物品的比价多对农民不利,其中 1930—1935 年均为不利或较不利,只有 1936 年较有利。① 如 30 年代最初的几年,河北定县农产品与农用品价格呈反方向变动,与 1930 年相比,农产品价格在 1931 年上涨后,转为下降,到 1933 年,小米价格跌落 34%,高粱价格跌落 43%,黑豆跌 50% 以上;同期,农用品价格则一直上涨,盐上涨 12%,红糖上涨 37%,白糖上涨 38%,农产品购买力严重下降。除 1931 年外,农产品与农用品的交换均对农民不利。江西南城县的物价在 30 年代初仍持续上涨,但因棉花及早稻价格的上涨幅度不及盐、煤油的上涨幅度,农民在交换中仍处不利地位(见表 6-28、表 6-29)。河北临城县农产品价格暴跌,而农民所用之输入品却与粮价呈反比例上涨,日用必需品,如煤油、火柴、食盐、洋线及其他自外输入的物品价格,无不逐日上升,农民由此益加贫困。② 甘肃西固农民每年的货币收入渐减,但其支出,如购买布匹、油、盐等,货币数量年有增加。③ 云南所用的棉纱大多来自日

---

① 见陈其广:《百年工农产品比价与农村经济》,社会科学文献出版社 2003 年版,第 137 页。是作者对 6 省 11 处、四川、江苏武进、南京中华门、安徽宿县、江西泰和、湖北远安、陕西横山、13 省农村、15 省农村等 10 个样本综合分析得出的结论。

② 薛邨人:《河北临城县农村概况》,见千家驹:《中国农村经济论文集》,上海中华书局 1936 年版,第 499—501 页。

③ 长江:《中国的西北角》,天津大公报社 1936 年版,第 62 页。

本、英国。因农产品物价下跌,1937 年米价比 3 年前跌一半,麦价跌 1/3,大豆、蚕豆也跌 1/3,农民用农产品交换工业品,便大大吃亏。如 3 年前布价每匹八九元,米每斗十一二元,1937 年布价每匹增加到十三四元,而米价跌至四五元[①],3 年前农民用 1 斗米可买 1 匹多布,现在要用将近 3 斗米才能买到 1 匹布,农民的所得价格跌落了 2/3 以上。河北阜平,也是农产物品价格狂跌,往年 1 市斗玉米卖 5 角钱,30 年代中期跌到 2 角 6 分钱;原 1 斗小米卖 8 角 8 分,跌价后最高不过 4 角。然而他们必需的粗布、盐等物品,却没有减价,反而异常昂贵;"穿个布非有一元二三角钱不办,一块洋也只能买八斤盐"[②]。

表 6－28　河北定县农产品与农用品价格的变动

1930—1933 年

年份	农产品(元)			农用品(元)		
	本地小米	本地高粱	本地黑豆	盐	红糖	白糖
1930	0.750	0.533	0.730	0.091	0.147	0.164
1931	0.867	0.544	0.716	0.091	0.163	0.172
1932	0.725	0.444	0.572	0.097	0.192	0.211
1933	0.497	0.302	0.344	0.102	0.201	0.227

资料来源:张培刚:《我国农民生活程度的低落》,《东方杂志》1937 年 1 月第 34 卷 1 号,第 124 页。

①　阎志龄:《云南农村生活写实》,见俞庆棠:《农村生活丛谈》,上海申报馆 1937 年版,第 137—138 页。

②　李小民:《阜平农村素描》,见千家驹:《中国农村经济论文集》,上海中华书局 1936 年版,第 491 页。

表6-29　江西南城县农民所得物价与所付物价指数变动表

1926—1932年　　　　　　　　　　1926年=100

年份	所得物价		所付物价		
	棉花价格	早稻价格	食盐价格	菜饼价格	煤油价格
1926	100	100	100	100	100
1927	100	107	148	118	139
1928	105	103	153	121	92
1929	107	110	165	127	120
1930	106	121	187	134	132
1931	105	138	173	142	146
1932	113	141	178	145	165

资料来源:据张景瑞:《26年来江西南城县物价变动之研究》(1935年),第4—7页改制。

前述云南陆良、宣威等地,农产和农产加工品的购买力更低。在陆良,1斤鲜梨只能换1两(16两旧秤)盐,须15.4斤鲜梨方能换足1斤盐;1斤毛猪肉能换到的盐也不足2两6钱(16两旧秤),须6.16斤毛猪肉方能换够1斤盐。在宣威,1斤火腿只能换1斤半盐或3两2钱(16两旧秤)红糖。须5斤火腿才能换上1斤红糖。[1]

农产品购买力的下降,加剧了农村及以输出农产品为主的内陆省份在贸易中的入超,即他们的农产品输出不能抵偿工业品的输入。表6-30是浙江、安徽、福建、广东、湖南、河北、四川、贵州、

[1]　国民党政府铁道部财务司调查科查编:《粤滇线云贵段经济调查总报告书》,第83页,约1930年调查、印行;国民党政府铁道部财务司调查科查编:《湘滇线云贵段附近各县经济调查报告书》,第57页,1930年调查、印行。

云南、甘肃等10省28县30年代输出与输入贸易平衡情况。

表6-30　浙江嘉兴等8省28县输出入货值一览表

单位:万元

序号	地区	资料年份	输出总值	输入总值	出超(+)入超(-)
1	浙江嘉兴	1931	1108.6	1295.5	-186.9
2	吴兴	1933	3707.5	6366.9	-2659.4
3	安徽宁国	1934	52.0	57.5	-5.5
4	休宁	1933	701.4	827.6	-126.2
5	福建龙岩	1936	80	120	-40
6	广东海口	1937	350.95	351.8	-0.85
7	湖南临武	1933	35	85	-50
8	河北完县	1930	190	59	+131
9	四川名山	1930前后	161.5	165.7	-4.2
10	叙永	1931	52.4	391.8	-339.4
11	贵州湄潭	1931	15	50	-35
12	云南陆良	1930前后	51.25	67.86	-16.61
13	甘肃夏河拉卜楞	1935前后	34.2	16.7	+17.5
14	皋兰	1935前后	929.4	1797.3	-867.9
15	洮沙	同上	20.2	23.4	-3.2
16	临洮	同上	81.9	140.2	-58.3
17	渭源	同上	28.5	38.9	-10.4
18	陇西	同上	119.1	349.4	-230.3
19	岷县	同上	140.6	162.8	-22.2
20	漳县	同上	20.1	24.2	-4.1
21	武山	同上	95.6	127.4	-31.8
22	甘谷	同上	118.3	140.4	-22.1

序号	地区	资料年份	输出总值	输入总值	出超(+)入超(-)
23	天水	同上	140.9	441.8	- 300.9
24	清水	同上	47.9	129.0	- 81.1
25	秦安	同上	84.2	128.2	- 44.0
26	通渭	同上	61.9	20.3	+ 41.6
27	定西	同上	39.9	58.1	- 18.2
28	榆中	同上	59.8	113.0	- 53.2
	合计		8528.1	13549.76	- 5021.66

资料来源:1、2. 国民党政府建设委员会经济调查所:《中国经济志》,第68—74 页。3、4. 国民党政府建设委员会经济调查所:《中国经济志》,第36—38、57—59 页。5.《龙岩市志》卷15,商业,中国科学技术出版社1993 年版,第 324 页。6.《海口市志》上册,方志出版社 2004 年版,第845 页。7. 后秀:《湖南临武农村经济一瞥》,《新中华杂志》1934 年 8 月2 卷 16 期。8. 民国《完县新志》卷7,食货。9. 民国《名山县志》卷8,食货。10. 民国《叙永县志》卷6,交通商业。11. 国民党政府铁道部财务司调查科查编:《渝柳线川黔段经济调查总报告书》,1931 年调查、印行,第81—82 页。12. 国民党政府铁道部财务司调查科查编:《粤滇线云贵段经济调查总报告书》,约 1930 年调查、印行,第 87、88 页。13. 民国《夏河县志稿》卷6,商业。14—28. 国民党政府铁道部业务司商务科编:《陇海铁路甘肃段经济调查报告书》,1935 年调查、印行,第 10—80 页。

　　如表6－30,28 县中只有 3 县在输出输入贸易中出超,其他皆为入超,28 县合计,入超 5021.66 万元,相当输出额的 58.9% 。出超的 3 县中,河北完县僻处山麓,幅员狭小,是河北重要产棉县之一,山前诸村种棉者颇多,丰年全县棉产可达 1200 万斤。完县常年输出棉花、土布、毛布等农畜产品,输入食盐、面粉、洋线、卷烟、煤炭、洋布、煤油等工业或手工业品。1930 年完县棉花丰收,输出棉花达 1000 万斤,占当年输出货物总值的 63% ,若加上土布、毛布等棉制品,共占其输出货值的 88% ;完县输入的食盐、洋线、面粉则占输入总值的近 72%，尤其是生活必需品盐的输入，超过输入总值的 27%。由此可见完县的输出入贸易主要是棉花及手工棉织品与工业品的交换。完县的输出品主要行销天津，输入品也主要来源于天津。天津农产品批发物价自 1927 年开始下落，但与此不同，天津西河棉的批发价格 1932 年才开始大幅下降。1930 年天津西河棉的批发价格是每担 46.7 元（年均价），在 1927—1936 年的棉价变动中处于较高位置①，相对而言对农民有利，完县的出超即得益于大量棉产的输出，在时间上带有偶然性，在地理位置和商品交换上不具普遍性。

入超的地区，具体情况不尽相同，但最基本的原因不外农业生产衰退、农产品价格低落、工农业产品差价扩大。浙江吴兴在 28 县中，输出入贸易额和入超额均居首位。吴兴是浙江蚕茧、蚕丝和丝绸最集中的产区。但进入 30 年代，由于日本蚕业竞争和世界经济危机影响，蚕茧价格不断跌落，1930 年鲜茧每担约 60 元，1931 年降至 40 余元，1932 年不过 30 元，"甚有低至 20 元者"。1933 年略有回升，1934 年复降至最高 27 元，最低 20 元。蚕农因茧贱亏折，蚕桑生产随之衰减。1930 年产鲜茧约 30 万担，1931 年为 20 余万担，1932 年只有 12 万担，1933 年略有回升，1934 年又进一步衰减。蚕丝和丝绸产量也都相应下降，丝产量 1931 年为 2 万余

---

① 下表是 1926—1936 年天津西河棉批发价格，1930 年的价格仅次于 1929 年，居第二高位。

1926—1936 年天津西河棉批发价格　　　　　单位:元/担

年份	1926	1927	1928	1929	1930	1931	1932	1933	1934	1935	1936
价格	43.35	45.99	45.05	48.09	46.70	48.02	38.28	38.23	39.38	36.63	44.06

（见孔敏主编:《南开经济指数资料汇编》，中国社会科学出版社 1998 年版，第 63 页）。

担,1932年减至仅12000余担。① 在价格、产量双双滑落的情况下,产值和输出额势必加倍乃至呈几何级数陡降。以蚕茧产值或输出值计,1930年产茧30万担,每担60元,其值为1800万元;1932年产茧12万担,每担最高不过30元,或低至20元。即以30元计,其值亦不过360万元,仅为1930年的20%,亦即减少了80%。而输入的工业品等,价格及输入额并未相应降低,或降幅较小,甚或逆向攀升,逆差由此产生,并迅速扩大。

贵州湄潭、云南陆良则因输出货物品种少,价格贱,而输入货量大,价格贵,以致入超。湄潭输出的货物仅有漆、五倍子、丝、茶等4种,量少价微,而输入的货物有纱、布、盐、糖、药等,量大价昂,导致巨额入超,相当输出额的2.3倍。陆良除湄潭输入的纱布、盐糖外,尚有棉花、杂货,接近输入额的一半,输出的货物种类也比湄潭多,计有黄豆、花豆、清油、梨、猪、土布、烟丝、铁器、茶叶等9种,但价格太贱,亦难免入超。甘肃除通渭外,其他各县都是入超。该省输出货物以农产品及手工业产品为主,运输远、数量多的是皮毛、药材、水烟。其中皋兰输出货物中最主要的是水烟,每年约5000吨输往津、沪。临洮大宗输出以线香、绵烟为主,每年输往宁夏、甘肃各县的线香计约160余吨,运销四川的绵烟也达千余吨。陇西特产黄烟,经碧口输往四川,年约680吨。木材、药材、牲畜是岷县的大宗输出货,该县每年输出药材2400余吨,其中大部分经由平凉、天水输往省外,木料则经由临洮转运全省。该县输出的牲畜以马为多,每年输往各县900余匹,输往陕西亦有数千匹。清水及武山二县特产麻,甘肃各地及陕西部分用麻皆由二县输往。另外,清水利用废麻所制的纸张,武山的竹编筐席,也畅销全省。榆

① 国民党政府建设委员会经济调查所:《中国经济志·浙江省吴兴县》,第36—42页。

中是产烟重地,每年输往皋兰生烟叶 230 余吨,本县自制水烟输出省外约 1000 余吨。甘肃各县输入货物大体相同,如布匹、棉花、铁器、杂货、纸张、茶叶、糖类等日常用品,其中以布匹、杂货最为重要。每年运入布匹 9000 余吨,杂货约 6 万吨,纸张 5300 余万吨,大都自平、津、沪、汉一带购买。① 总之,甘肃各地输出品除水烟、纸为手工业品外,多是农、畜产品;而输入除棉花为农产品外,其他主要是机制工业品或手工业品。30 年代工农产品差价的拉大,对甘肃各县的输出入贸易不利,各县的入超即是被其所累。

由于近代中国的机器工业主要集中在沿海口岸城市,内地则是广阔的农村,工农产品差价的扩大,农产品购买力的下降,也加剧了内地省份的入超。四川是长江流域省份的典型,这些省份对外贸易的参与度较高,受国际市场的影响较大。自 1891 年重庆设关到 1930 年,四川省的进出口贸易(含对外贸易与国内贸易)一直增长,却几乎年年入超。20 世纪 30 年代后贸易总值下降,但入超依旧。四川输出货物以生丝、猪鬃、皮张、桐油、药材等农产品与农产加工品为主,输入则以棉纱、棉布、纸烟、煤油等机制工业品为主。1930 年是进出口贸易的高峰,贸易总值达 16620 万元,其中输入 9394.6 万元,输出 7225.5 元,入超 2169 万元;1931 年贸易总值下降,其中输入减少 658 万元,输出减少 1545 万元,入超增为 3056.5 万元。② 表面看来,入超的增加是输出减少的直接后果,实则与农产品或农产加工品的跌价不无关系。以丝为例,生丝是四川出口的拳头产品,但受 1929 年世界经济危机的影响,国际市场

---

① 国民党政府铁道部业务司商务科编:《陇海铁路甘肃段经济调查报告书》,1935 年调查、印行,第 83—85 页。

② 见甘祠森:《最近四十五年四川进出口贸易统计》,民生实业公司经济研究室 1936 年版,第 16 页。原为海关两,按 1 海关两 = 1.558 元折为元。

对生丝的需求量下降,四川生丝输出量也随之减少,丝价下落。1930 年四川输出生丝 22578 担,价值 11875568 海关两,平均每担 526.0 海关两;1931 年输出生丝 20220 担,价值 8690053 海关两,平均每担 429.8 海关两,即每担下跌约 96 海关两。① 而输入的工业品棉纱的情况则相反,1930 年输入棉纱 476425 担,价值 27389152 海关两,平均每担 57.5 海关两,1931 年输入棉纱 375451 担,价值 22528 海关两,平均每担 60.0 海关两,即每担上涨 2.5 海关两。② 生丝与棉纱价格差价的变动自然会加重四川的入超。陕西也在输出输入贸易中处于入超地位。该省输出货物主要就是棉花、桐油、漆、皮张等农产品,其中以棉花输出量最大;输入货物则主要是各类布匹(包括机织与手织)、京津沪汉杂货、煤油、呢绒、丝绸等机器工业品或手工业品。1935 年陕西输出货物总值 1966 万元,仅棉花 1 项的输出值就达 1496 万元,占当年输出货物总值的 76%;同年输入货物总值 2865 万元,其中各类布匹价值 1372 万元,占输入总值的近 48%,若加上棉纱,输入棉制品总值达 1421 万元,几与棉花输出值相抵,占输入总值的 50% 弱。陕西的输出输入贸易主要就是用棉花换取各类棉制品。1935 年工农产品差价的扩大,即是陕西入超 899 万元的原因之一。③ 其他内地各省大多也有同样的情况。

　　农村及内地省份的入超,导致货币大量从农村或内地省份外溢,流向都市,农村及内地金融窘迫,农民入不敷出,负担加重,农

---

① 据甘祠森:《最近四十五年四川进出口贸易统计》,民生实业公司经济研究室 1936 年版,第 76 页计算。

② 据甘祠森:《最近四十五年四川进出口贸易统计》,民生实业公司经济研究室 1936 年版,第 20 页计算。

③ 陕西省财政厅制印:《陕西省货品输出输入统计表(民国二十四年上半年)》;陕西省财政厅制印:《陕西省货品输出输入统计表(民国二十四年下半年)》。

业经济衰落。正如时人所言:"农村人不敷出之结果,现金一昧外流,而甚少运回农村之机会。往昔适应于农产季节之金融季节,至是而渐失其作用"。①

第三节　城乡市场的兴衰变迁

随着进出口贸易和国内商业、新式工矿业及交通运输业的发展,尤其是日本帝国主义军事和经济侵略的急剧扩大,加上世界经济危机的冲击,这一时期国内市场在市场疆域和范围、市场体系和结构、市场交易和城乡关系等方面,都发生了重大变化。国民党政府成立后一个短时间内,国内政局渐趋稳定,市场相对平稳,部分地区的城乡市场有所扩大。东北更因关内移民增多,土地加速开发,市场兴旺,关内外物资交流进一步加强。1931年"九一八事变"后,作为全国市场重要组成部分的东北城乡市场,被日本帝国主义武装占领,沦为日本的殖民地市场。东北不仅是当时全国唯一的外贸出超地区,而且东北市场和关内市场的互补性极强,又是关内市场同朝鲜市场的联系纽带。东北市场的丧失,使国内市场的疆域、规模大幅缩小,体系、布局变得肢体不全,这对全国市场的正常运行和发展是一个极其沉重的打击。随后由于列强各国以邻为壑,转嫁危机,经济恐慌和金融危机席卷全国,工农业衰退,物价暴跌,工商企业亏损倒闭,农村破产,全国城乡市场极度萧条,1935年跌入谷底。1936年开始复苏,1937年日本全面侵华战争爆发前,大部分地区城乡市场才基本恢复到1931年前的水平。

国内市场的组成,按其功能分为初级产地市场或原始市场、中

---

① 骆耕漠:《近年来中国农村金融中的新事态》,《中国农村》1935年6月第1卷第9期,第24页。

级转运市场或集散市场、消费或终点市场的三级市场结构;按其性质和地理分布,分为城市市场和农村市场两个部分。城市市场属于转运、集散市场或消费、终点市场,而农村市场是产地市场或原始市场。19世纪末20世纪初,随着铁路公路沿线城市的兴起和内陆农村市场的发展,以沿海通商口岸城市为核心、内陆城市为支柱、广大农村为依托的全国性多层级市场体系基本形成。20世纪20至30年代,帝国主义的经济侵略和渗透不断加深,全国市场被更大程度地卷入世界市场体系,成为其附庸,城乡关系发生深刻变化:一方面,城乡商品流通日益频繁,城市和农村之间的经济联系更加密切,城乡商品对流逐渐成为国内市场和经济运行的主轴;另一方面,在城乡物资交流过程中,城市迅速发展,农村经济停滞不前,城乡差别扩大,城乡经济结构和经济地位正在改变,农村由于手工业被破坏,自然经济加速解体,不断丧失其经济独立和主导性,被迫依附和屈从于城市,城市的主导和主宰地位逐步确立并不断强化,工农业产品价格差距进一步扩大。结果在国内,工业剥削农业,城市剥削农村,城乡矛盾和对立加剧;在国际,欧美列强和日本是工业国,是城市;中国是农业国,是农村,遭受前者日益扩大和更加残酷的经济掠夺。显然,在半殖民地半封建条件下,国内工农业产品价格剪刀差扩大、工业剥削农业、城市剥削农村,正是帝国主义对华经济掠夺在城乡关系上的反映。这是近代中国城乡关系的重要特征,20世纪30年代,这一特征更加突出。

一、城市市场的发展及变化

20世纪初叶,国内城市和城市市场普遍呈现发展、扩大的态势,但因各城市历史积淀、政治经济环境、地区物产丰吝、市场辐射范围广狭、交通条件和商品流向及其变化等因素的影响、制约,各个城市与城市市场的兴衰旺淡，互有差异，发展并不平衡。20世纪20至30年代，在城市和城市市场的变化方面，出现了一些新的重要因素：铁路和公路加速发展，一些铁路干线相继建成通车，全国公路交通网初步形成；随着商业和城市的发展，地主经商居城热进一步升温，加上一些地区战乱频繁、盗匪猖獗、社会治安恶化，越来越多的地主富户迁居城市，一部分破产农民和农村剩余劳力，也都流往城市，使城市人口增加，城市范围和市场规模扩大，但也有部分城市由于交通运输、商品流向和经济条件（如作为城市经济与市场支柱的某些传统手工业的急剧衰落等）的改变，发展缓慢甚至停滞。另外，在原有沿海、沿江口岸城市继续扩大的同时，在包括东北地区在的内陆铁路和公路干线沿线，产生、成长起来一批新的城市和城市市场。全国城市市场的地区分布和整体结构开始发生某些变化。

（一）原有城市市场的整体扩大和局部衰微

1927—1937年间，原有城市和城市市场大部分继续发展、扩大，少数城市市场发展速度放慢，甚至衰微。

近代时期，特别是进入20世纪，越来越多的城市被开辟为"条约口岸"或"自开口岸"，对外通商。从1843—1844年开辟广州、厦门、上海、宁波、福州"五口通商"起，至1930年开辟威海卫对外通商止，全国（含台湾）共辟"条约口岸"或"自开口岸"105处。其中1901—1930年30年中开辟的口岸达60处，占总数的57.1%。① 至此，除安徽安庆②、江西南昌、贵州

---

① 严中平等编：《中国近代经济史统计资料选集》，科学出版社1955年版，第41—48页。

② 安庆据1902年中英《续议通商行船条约》，本拟开埠，后以裁厘加税交涉并未正式开放，仅为轮船停泊上下客商货物处。

贵阳、西康巴安、河南开封、河北保定①、热河承德、甘肃兰州、宁夏宁夏（今银川市）、青海西宁以外的各省省会，以及其他较重要的城市，均已包括在内。这些商埠与各区域中心市场共同构成近代城市市场的主体，在全国城市市场和整个市场体系的运行中发挥着主导作用。

通商口岸是中外商品的集散地、中转地或重要消费地，是连接中国市场与世界市场的桥梁，对外贸易反过来促进和加速了通商口岸城市的勃兴、发展。通商口岸的相继开辟和通商口岸城市网的形成，改变了原有的市场体系，逐步形成以沿海口岸城市为起讫点，内地商埠为支柱，由沿海口岸城市市场渐次向内地辐射的市场体系和商品流通格局。

在众多通商口岸中，沿海口岸特别是上海等少数大型口岸城市又居核心地位，60%—80%的进出口贸易份额始终集中在上海、广州、天津等沿海3大口岸（详见表6-31）。这些口岸市场一直呈现持续扩大的态势。

表6-31 沿海三大口岸在对外贸易总值中所占比重

1871—1936年　　　　　　　1871—1873年=100

年份	全国通商口岸数（百万元）		全国进出口贸易额（百万元）		三口岸对外贸易额占全国总额(%)			
	实数	指数	实数	指数	广州	上海	天津	小计
1871—1873	29	100.0	216	100.0	12.7	64.1	1.8	78.6
1881—1883	29	100.0	234	108.3	11.8	57.1	3.1	72.0
1891—1893	33	113.8	386	178.7	11.6	49.9	3.1	64.6

① 1913年，直隶省会由保定迁往天津，1935年6月，河北省省会复由天津迁回保定。

续表

年份	全国通商口岸数 （百万元）		全国进出口贸易额 （百万元）		三口岸对外贸易额占全国总额(%)			
	实数	指数	实数	指数	广州	上海	天津	小计
1901—1903	48	165.5	784	363.0	10.4	53.1	3.6	67.1
1909—1911	82	282.8	1272	588.9	9.7	44.2	4.5	58.4
1919—1921	95	327.6	2124	983.3	7.2	41.1	7.4	55.7
1929—1931	105	362.1	3546	1641.7	5.0	44.8	8.4	58.2
1933	105	362.1	1958	906.5	6.1	53.4	10.6	70.1
1934	105	362.1	1565	724.5	5.1	55.4	11.3	71.8
1935	105	362.1	1495	692.1	4.9	53.1	11.7	69.7
1936	105	362.1	1648	763.0	4.4	55.5	11.6	71.5

附注:全国通商口岸数含台湾省各口;1901—1903 年后全国贸易额不含台湾贸易额;1933 年后全国贸易额不含东北地区贸易额。

资料来源:据严中平等编:《中国近代经济史统计资料选辑》,科学出版社 1955 年版,第 64 页表 8、第 69 页表 13 综合改编。

1871—1873 年至 1936 年间,全国通商口岸由 29 处增至 105 处,增长了 2.6 倍;进出口贸易额由 2.16 亿元增至 16.48 亿元,增长了 6.6 倍,1929—1931 年最高达 35.46 亿元,增幅为 15.4 倍。半个多世纪中,商埠数量和对外贸易额升幅如此巨大,但上海、广州、天津等沿海三口岸所占贸易份额,除 1909—1931 年的 3 个时段外[1],一直在 78.6% 至 64.6% 之间上下浮动,最大降幅不超过 14 个百分点。其中天津所占份额更持续上升。由此可见,三口岸城市市场的扩大与进出口贸易的增长,大体同步。

对外贸易的飞速增长,培育了沿海口岸城市的集散市场功能,

[1]　这三个时段的全国贸易额中分别有大连 4.9%、13.1% 和 15.0% 的贸易额比重,使三口岸的比重相应降低。

带动了国内商业的发展。一方面,出口贸易的发展,促进了农产品的商品化,使大量农产品及农产加工品进入商品流通领域,并为农民带来货币收入,提高了农村购买力,为工业品开拓了市场;另一方面,进口机制品丰富了中国的商品种类,改变了传统的商品结构。而作为主要集散市场的沿海口岸,在交易过程中,与内陆商埠、进而与内陆农村的联系渐趋密切,在国内商业中的地位提高。进入20世纪后,以替代进口为特征的民族工业发展,沿海口岸城市凭借其交通、市场条件的优势,成为工业生产的聚集地,向外输出本地商品的能力日益增强,扩大了贸易规模,强化了全国市场中的重要地位。据海关统计,在1936年的国内埠际贸易中,天津、青岛、上海三大沿海口岸输出货值占关内40个商埠输出总值的52.5%。加上汉口、广州,五大商埠流转的货物约占关内各关输出总值的70%。① 除汉口外,其他四埠均为沿海口岸。无论对外贸易,还是国内商业,均已形成以沿海口岸为核心的城市市场格局。

上海位居沿海各口之首,地处长江、黄浦江汇合出口处及南北两洋中枢,"五口通商"后,凭借临近丝茶产区的地理优势,很快形成生丝、茶叶市场,商业重心也从国内区际贸易转向国际贸易,并很快取代广州,成为全国对外贸易的第一大港。20世纪后,上海随着民族工业的发展,市场功能和贸易重心再次发生转换,进口商品转输内地的比重下降,本地生产的工业品输出量增大,内外贸易总值持续上升。洋货进口、洋货复出口、洋货转口和土货进口、土货转口、土货出口等六项贸易总值,1900年为34492万关两,1910年增至65626万关两,增长90.3%;1920年再增至106522万关

---

① 据海关《民国二十五年贸易总册》第44页"民国二十五年转口土货总值表"计算。

两,比 1910 年增 62.3%;1930 年达 180362 万关两,比 1920 年增
69.3%,30 年间增长 4 倍多。① 1936 年,上海进出口货值占全国
对外贸易总值的 55.5%②;上海运往国内各埠(不含东北)、国内
各埠(不含东北)运入上海的货值分别占全国埠际贸易总值的
39.1% 与 36.2%③,即经由上海流转的货物占全国(不含东北)
埠际贸易总值的 1/3 以上。上海市场商品,20 世纪 30 年代,进
口以棉花、小麦、布匹、糖、煤油、机器、米、化学制品、烟
叶、木材、面粉、煤、纸等为大宗;出口以生丝、茶、蛋及蛋品
为主。此外,上海产的棉纱、面粉、棉布及其他国产机制品、化
学品等,也源源不断输往各个通商口岸。商铺数量、市场规模日
益扩大。1906 年,上海租界内华商已有 50 多个行业、3000 家以
上店号;1915 年,市内商业、服务业超过 160 个行业;1933 年
全市商铺达 7.2 万家。④ 上海从昔日的"小苏州"、"小广州"一跃
而为 20 世纪的"大上海",从东南小港成长为连接中国市场与国
际市场的枢纽、全国的贸易中心。

上海国内外贸易的扩大和商品集散、消费功能的增强,是以日
益深广的市场腹地为依托的。上海的市场腹地,按其商品交流的
密切程度,大致分为三个层次:第一层次是江浙地区。江浙地区与
上海的商业交往一直比较频繁,上海开埠后,该地所产生丝即舍苏

---

① 据实业部国际贸易局编纂:《最近三十四年来中国通商口岸对外贸易统计》,上海商务印书馆 1935 年版,第 156—157 页计算。

② 张仲礼主编:《近代上海城市研究》,上海人民出版社 1990 年版,第 123 页"上海对外贸易占全国比重表"。

③ 见许涤新、吴承明主编:《中国资本主义发展史》第 3 卷,人民出版社 1993 年版,第 231 页。

④ 见张忠民:《经济历史成长》,上海社会科学院出版社 1999 年版,第 123、124 页。

州而改由上海出口。进入20世纪,江浙地区成为上海最重要的工业原料供给地、工业制造品消纳地,经济联系愈加密切。第二层次是长江流域与沿海其他重要商埠。随着轮船运输业、银行业、电信业的发展,上海与长江中上游流域的重庆、沙市、长沙、汉口、九江、芜湖等口岸的关系日益密切,20世纪30年代,重庆、长沙、汉口、九江、芜湖等埠输往上海和自上海输入的货值多占该地输出入货值的50%—80%(详见表6-32)。四川、湖南、湖北、江西、安徽的稻米、猪鬃、皮张、桐油、药材、生丝等农产品与农产加工品均由上海转销,上海则以棉纱、棉布、纸烟、煤油等机制品及其他地区的土产返销长江流域各地。沿海各港与上海素有商业往来,鸦片战争前,上海便是南北两地、长江流域与沿海地区商品交换的转运市场,北方的豆、麦、豆饼、杂粮,闽广的食糖及土产,长江流域的稻米等,都由上海转运。上海开埠后,与沿海商埠的经济联系更加频密。20世纪30年代中期,沿海重要商埠输往或自上海输入货值占该地输出、入货值的40%—70%上下(详见表6-33)。除汉口外,这些商埠与上海贸易往来都有一个共同特点,即自上海输入货值的比重大于向上海输出的比重,这说明它们在为上海提供出口或供上海消费的工业原料、日用生活品的同时,更依赖上海进口洋货及沪产工业品的供应。第三层次是边远商埠,如广西的梧州、北海,云南的蒙自、腾越等,20世纪30年代,它们向上海输出或自上海输入商品,与上海的商业交往虽不及长江流域和沿海重要商埠紧密,但在本地市场也占一定的比重。①

---

① 参见樊卫国:《激活与生长》,上海人民出版社2002年版,第141—142页;吴慧主编:《中国商业通史》第5卷,中国财政经济出版社2008年版,第158—159页。

表6-32　长江流域各埠输往上海及自上海输入
货值占该地输出、入总值的比重

1936 年　　　　　　　　　　单位:%

项目	重庆	长沙	汉口	九江	芜湖
输往上海货值	51.0	68.4	78.8	79.7	23.2
自上海输入货值	83.6	62.2	59.3	78.4	85.5

资料来源:据张仲礼主编:《近代上海城市研究》,上海人民出版社1990年版,第
149页"长江流域各埠向上海输出货值占该地输出的比重"、第151页"长江
流域各埠输入上海货值占该地输入的比重"综合整理编制。

表6-33　沿海各埠输往上海及输入上海货值占该地输出、
入总值的比重

1936 年　　　　　　　　　　单位:%

项目	天津	胶州	烟台	广州	福州	厦门
输往上海货值	55.9	51.0	51.3	42.4	30.2	60.7
自上海输入货值	56.6	69.9	53.3	60.1	53.9	69.0

资料来源:据张仲礼主编:《近代上海城市研究》,上海人民出版社1990年版,第149
页"北方各埠向上海输出货值占该地输出的比重"、"南方各埠向上海输出货值
占该地输出的比重",第151页"北方各埠输入上海货值占该地输入的比重"、
"南方各埠输入上海货值占该地输入的比重"综合整理编制。

　　天津位于海河下游、渤海湾内,是京城的经济依托。开埠后,
天津的对外贸易迅速增长,但20世纪前,大部分进出口商品均经
上海或香港转运。20世纪后,天津港口建设步伐加快,吞吐能力
增强①,直接对外贸易货额飞速攀升。1870—1900年,天津外贸总

---

　　①　如1914年天津进出口船舶数比1900年增加了1.6倍,吨位增加了
3.6倍。见罗澍伟主编:《近代天津城市史》,中国社会科学出版社1993年
版,第377页。

值从 1692 万关两增加到 3192 万关两,30 年间增长 88.7%;而 1900—1930 年,外贸总值增至 31511 万关两[1],30 年间增长近 9 倍。20 世纪 30 年代后,天津成为仅次于上海、大连的第三大对外贸易港。

随着对外贸易的迅速增长,加上铁路运输的发展,促进了华北地区的农产品商品化,天津的市场容量和辐射范围迅速扩大。开埠前,天津与内地的商品流通主要依靠内河船运,因枯水季节长,航行期短,货物运输受到限制。20 世纪后,京奉、京汉、正太、京张、津浦铁路先后通车,天津的市场腹地也大为拓展。"凡冀、晋、察、热、绥远等省,远至宁夏、甘肃等地,其所需所产之货物,几莫不由此出入。即如鲁、豫等省之产品,亦多经此出口"。天津"在黄河流域地位之重要,一如上海之在长江流域"[2]。由腹地运至天津的商品主要有棉花、皮毛、猪鬃、地毯、蛋品、草帽缏、小麦、杂粮、土布等农产品及农产加工品,除小麦、杂粮、土布及部分棉花等充作天津工业原料或直接供天津市民消费外,其他商品绝大部分出口海外。由天津输往内地的商品则主要是工业品,包括进口的棉纱、棉织品、煤油、糖、面粉、颜料等洋货,天津生产的棉纱、棉布、面粉、火柴、肥皂、机器设备、日用百货等。子口税单运销的洋货值和三联单运销的土货值二者的增加,直接反映出天津同内地的贸易增长和市场腹地的扩大。1901 年,天津进口洋货凭子口单运入内地的货值约 325.9 万关两,1911 年增至 2530.5 万关两,增长 6.8 倍;同期凭三联单自内地运出的土货货值也从 146.9 万关两增至

---

① 吴弘明编译:《津海关贸易年报(1865—1946)》,天津社会科学院出版社 2006 年版,"导言"第 9 页。

② 上海银行调查处:《近三年来我国重要商埠之内国贸易》,见《银行周报》1935 年第 19 卷 46 号。

1512.4 万关两,增长 9.3 倍。① 20 世纪 10 年代后,天津贸易继续增长,输往内地的商品总值从 1912 年的 6209 万关两增加到 1921 年的 13783 万关两,再增至 1928 年的 20370 关两;内地运往天津的商品总值从 1914 年的 5652 万余关两增至 1921 年的 13100 余万关两。② 20 世纪 30 年代,天津常年土货转口贸易总额(含土货输入及输出)约在 18000 万之谱,若加上洋货进口(大部分转销内地)、土货出洋(大部分自内地运来),总计约 37000 余万元。③ 天津的商贸地位已远远超过北京,成为华北最大的商埠。

因地理、交通和商品流向等缘故,各地与天津经济联系的疏密程度各异。河北与天津的经济关系最为密切;山西次之。山东、河南、陕西、甘肃、新疆等地再次之。各地自天津进口洋货及国产机制品的情况,如表 6-34 所示。

表 6-34 天津输往内陆各地的商品价值

1929 年 单位:万关两

地区	进口洋货				国产机制品 *	
	进口洋货 (1) *	进口洋货 (2) *	小计 (1 + 2)	占天津输出洋货%	货值	占天津输出机制品%
河北	3426.2	1743.8	5170.0	72.16	339.9	86.25
山东	123.0	59.5	182.5	2.55	13.4	3.40
山西	952.7	67.2	1019.9	14.23	32.2	8.17

① 吴弘明编译:《津海关贸易年报(1865—1946)》,天津社会科学院出版社 2006 年版,"导言"第 9—10 页。

② 吴弘明编译:《津海关贸易年报(1865—1946)》,天津社会科学院出版社 2006 年版,"导言"第 10—11 页。

③ 据海关关册计算。

地区	进口洋货				国产机制品*	
	进口洋货(1)*	进口洋货(2)*	小计(1+2)	占天津输出洋货%	货值	占天津输出机制品%
河南	164.0	1.8	165.8	2.31	6.2	1.57
陕西	88.0	2.7	90.7	1.27		
甘肃	191.0	25.3	216.3	3.02		
新疆	169.6	84.1	253.7	3.54		
蒙古	21.8	2.5	24.3	0.34		
察哈尔	10.1	7.5	17.6	0.25		
热河	23.3	0.7	24.0	0.33		
绥远	0.06	0.2	0.26			
张家口					2.4	0.61
总计	5169.76	1995.3	7165.06	100.00	394.1	100.00

* 进口洋货(1)为凭子口单输入的洋货;进口洋货(2)为凭运单输入的洋货;国产机制品为凭三联单输入的国货。

资料来源:据〔日〕大岛让次:《山西陕西河南地方の現狀と天津市場關係》(1932年),第11页。转引吴弘明编译:《津海关贸易年报(1865—1946)》,天津社会科学院出版社2006年版,"导言"第11页,"1927—1929年进口洋货由天津凭子口单输入内地之价值统计表""1927—1929年进口机制洋货由天津凭运单输入内地之价值统计表""1927—1929年中国机制品由天津凭三联单输入内地之价值统计表"综合整理编制。

　　广州是清代前期最重要的对外贸易港口和国内商品集散地,国内各地名产,如福建、浙江、江苏的茶叶,山东、直隶、山西、甘肃、四川等地的烟草、药材、皮货、麝香、药材,湖南、湖北的苎麻,云贵的金银铜锡等,都集中到广州出口。鸦片战争后,上海、天津等口岸迅速崛起,广州在全国贸易中的地位下降,但仍是华南最大商品集散市场,号称粤桂黔三省门户。进入民国,广州的国内贸易发展很快,国内贸易总值从1914年2675.6万关两增加到1925年的

9026.3 万关两,1936 年达 14459.6 万关两①,市场容量及腹地相应扩大。20 世纪 30 年代,在广州内贸中进出口兼重的商品是棉纱棉布,多运自上海。1932 年进口棉纱 3394 万余元,转销省内及黔桂者 435 万元(民船、火车运出数不详);进口棉布 1060 万元,转销 326 万元,销地与棉纱相同。广州还是花生仁的国内最大销场,年进口值约 2500 万元,主要来自青岛。② 另外,纸烟、黄豆、米谷、药材等大宗输入品,分别来自上海、东北、广西、芜湖、四川等地。输出品以丝制品、红糖、火柴为大宗。蚕丝绸缎以缩拷绸、香云纱销路最广,上海是最大销场。广东产糖最丰,产品主销上海、天津等地。市场腹地中,广西与广州关系最为密切,农产品多自梧州沿西江运至广东,又自广东运入进口工业品;广西又多粤(东)商,故有"无东不成市"之谚。

汕头、厦门、宁波等沿海口岸市场,也呈持续或波浪式扩大趋势。

汕头原是韩江支流出海口的小渔村,最初商业买卖全在船上进行,道光二十一年(1821 年),才出现首家同过往商船、当地渔民和驻防士兵交易的岸上商店,以后逐渐形成街道。1927 年前后,汕头已呈现口岸商业城市雏形。20 至 30 年代之交,汕头市场加速扩大。1929 年,印尼侨商李柏桓等在市政当局规划的市中心地段,建成高七层的综合商业和餐旅服务大楼。随后,老街原有的部分名店,相继迁入或另创新店,很快成为新的购物中心。连同原有的两个商铺集中区,市区形成三大商业区,"大小店铺星罗棋布,

---

① 程浩:《广州港史》(近代部分),海洋出版社 1985 年版,第 107、180、211 页。

② 上海银行调查处:《近三年来我国重要商埠之内国贸易》(三)广州,《银行周报》1935 年第 19 卷 44 号。

酒馆茶室相间林立"，3 座大厦矗立其中，甚是壮观。"市场商业网的发展出现第一个高峰"。据 1932 年的统计，市区商业网点达4341 个，汕头成为华南仅次于广州的第二大贸易都市。①

厦门是闽南的商品集散地，输出土货以茶、木材、纸、糖为大宗，分销天津、上海、牛庄、青岛、汉口、广州等埠；输入以棉布、棉纱、粮食等为大宗，主要来自上海、汕头、天津等地。清末，福州、厦门、三都澳 3 海关进口棉布价值 359 万元，1920 年增至 786 万元，其中国内商埠输入约 381 万元；1930 年再增至 1170 万元，其中国内商埠输入 514 万元。1933 年国民党政府提高棉布进口关税，洋布输入量剧降，入闽棉布以上海产品为主。20 年代中期到 30 年代中期，福建每年输入价值 300 万元左右的棉纱，供城乡手工业者织布，最初也以洋纱为主，后期多改为上海机纱。②

宁波凤为沿海重要商埠，"五口通商"后，商业和市场兴旺。1931 年城区有商户 5599 家，资本总额 1452 万元，年贸易额 3000万元以上。1935 年受金融风潮影响，商业衰退，64 家药店倒闭 40家，棉布、鱼行、南北货行亦受害，市场萎缩。此后逐渐复苏，1937—1941 年 4 月，宁波尚未沦陷，与上海仍能通航，内地客商云集宁波办货，一度成为川、赣、湘、鄂、粤等省物资转运口岸，百货业增至 100 余家，五金、西药、棉布商号也纷纷开设。运输、酒楼业兴旺③，宁波市场及其辐射范围明显扩大。不过这种扩大是在特殊历史条件下出现的。

---

① 《汕头市志》第 3 册，第 43 卷，商业，新华出版社 1999 年版，第 7—8页。

② 林庆元主编：《福建近代经济史》，福建教育出版社 2001 年版，第582—583 页。

③ 《宁波市志》中册，第 23 卷，商品流通，中华书局 1995 年版，第 1432页。

内陆城市市场也有发展变化。在长江流域,由于轮船运输业的发展,市场规模大为拓展。据海关统计,在 1936 年的国内埠际贸易中,由长江流域的重庆、万县、宜昌、沙市、长沙、岳州、汉口、九江、芜湖、南京、镇江等 11 处商埠输出的商品价值,约占关内 40 处商埠输出总值的 32.7%。①

汉口是长江流域、华中地区的商品总汇之地,最重要的内陆口岸,转口贸易在对外贸易中占有重要地位。20 世纪初,汉口进口洋货中有 21.2% 为直接进口,到 20 年代后期,直接进口洋货上升为 51.7%,但直接出口土货比重则从 19 世纪末的 18.2%,下降到 20 世纪 20 年代后期的 11.4%。② 1932 年海关改变统计口径,由各口岸转口的洋货不再计入进口洋货总值,汉口进口洋货总值大幅下降,从 1931 年的 8299 万关两下降到 2475 万关两③,减少了 70%。实际上,汉口进出口货物多由上海转运,主要充当长江流域内地与沿海口岸商货往来的中转码头。1936 年,汉口输往关内各埠的商品价值占关内 40 商埠输出总值的 15.6%,在关内埠际贸易中仅次于上海,居第二位。④

汉口的商品结构和产销市场也发生了重大变化。汉口传统市场以盐、米、木材、棉花、布匹、药材等交易为主,开埠后,舶来机制品如棉织品、毛织品、染料、卷烟、五金制品等源源流入。20 世纪 30 年代,汉口市场的主要商品除桐油、棉花、茶、烟叶、豆油、小麦、生漆、芝麻外,还有棉纱、棉布、纸烟、面粉、棉线袜等,其中机纱、机

---

① 据海关关册计算。

② 刘克祥:《近代两湖口岸的开放和商品经济的发展》,见胡平主编:《近代市场与沿江发展战略》,中国财政经济出版社 1996 年版,第 244 页。

③ 国民党政府实业部国际贸易局编:《最近三十四年来中国通商口岸对外贸易统计》,上海商务印书馆 1935 年版,第 122 页。

④ 据海关关册计算。

布在汉口输出入贸易中皆占重要地位。随着工业的发展,汉口工业品的来源开始发生变化,市场的纱、布、面粉、棉线袜等,除继续从上海输入外,本地产品已占相当比重。由于市场辐射范围的拓展,市场商品的取给及运销范围日益扩大,"凡川、湘、秦、豫以及长江下流各省之商货,咸于此集散焉"。① 汉口作为长江流域中转市场的地位更加凸显。

江苏南京,昔日以锦缎织造业闻名,清末民初锦缎业急剧衰落,市场一度消沉。但这时出现了一些新的因素:1899 年南京下关辟为商埠,后沪宁、津浦两路通车,交通改观,南京逐渐成为港口码头和商业区。特别是 1927 年国民党政府定都南京,城市人口大增,1912 年南京人口为 26.9 万,1928 年 49.65 万,1936 年达100.7 万,8 年间增加 1 倍多。随着人口的迅速增长,市场需求急剧扩大,原本消沉的市场,顿行活跃,商户日增。到 1936 年,全市有商店 1.3 万余家,96 个行业,店员 8 万余人,资本约 1240 多万元。很快形成一个大型城市市场,而且是典型的消费性市场。商户店铺多是洋广杂货店、鲜肉铺、鸡鸭店、牛肉店、酒菜馆、旅馆、照相馆、浴室、理发馆、洗染店,以及供消闲娱乐的茶社面点、书场、书寓、舞厅、戏茶厅、音乐茶座等。据称全市 96 个行业中,服务业的发展速度最快,旅馆业资本最多,傲居首位,"市区旅馆林立"。②

四川盆地是西南部经济较为发达的地区。地处长江、嘉陵江交汇处的重庆则是四川之咽喉,长江上游之锁匙。1891 年开埠后,重庆商品流通额迅速增长,开埠当年的进口洋货、国货,出口土

---

① 上海银行调查处:《近三年来我国重要商埠之国内贸易》,《银行周报》1935 年第 19 卷 42 号。

② 《南京简志》,江苏古籍出版社 1986 年版,第 91、499、512、518、545、549 页。

货三项贸易总值约648万关两,1901年增至2426万关两;1911年增至2914万关两,1921年又增至5214万关两,1931年达7539万关两①,重庆逐渐发展为长江上游地区的贸易中心。1936年,重庆在关内40处商埠埠际贸易总值中占3.3%,在长江流域诸口岸中,仅逊于上海及汉口。②

重庆的出口商品,以四川产的生丝、猪鬃、皮张、夏布、药材、桐油、烟叶为大宗,进口商品主要是棉纱、棉布、绒绸、煤油、五金等。1937年前,棉纱棉布居进口货首位,20世纪20年代前多为上海输入的洋纱,其后因国内抵制洋货,改以国产机纱为主,60%来自上海,40%来自汉口。销售地以嘉陵江、长江上游各地为主,本市及附近地区只占销量的10%。③ 直到20世纪30年代,生丝占四川出口商品的首位,1930年达到顶峰,达1187.5万关两。④ 除万县外,各地所产生丝都在重庆集中,而后转运上海出口。作为上海的市场腹地之一,重庆与上海是一种相互依存的关系。据1936年统计,当年上海输往重庆的货物中,工业品占56%,手工业品占43%,农业品仅占1%;而重庆输往上海的货物,手工业品占81%,农产品占18%,工业品只占1%。⑤ 上海与重庆的交换关系,反映了沿海口岸与内地口岸的市场交易格局。

① 隗瀛涛主编:《近代重庆城市史》,四川大学出版社1991年版,第118—119页。

② 据海关关册计算。

③ 参见隗瀛涛主编:《近代重庆城市史》,四川大学出版社1991年版,第156、159、160页。

④ 甘祠森:《最近四十五年四川进出口贸易统计》,民生实业公司经济研究室1936年版,第76页。

⑤ 张仲礼等主编:《长江沿江城市与中国近代化》,上海人民出版社2002年版,第159页。

西北地区,受自然、交通、经济条件的限制,商业和市场的发展水平比东中部地区低。20世纪20至30年代,公路和汽车运输兴起,陇海铁路也延伸到陕西境内,西北地区的交通运输条件有所改善,商业和市场得到相应发展,西安、兰州的商业和城市市场明显扩大。据1934年调查,西安有商店5000余家,陇海铁路通车后,西安的贸易更加兴盛,1936年,西安的大小商号达6337家①,即在不到两年间,商店数量增加了20%以上。30年代中期,经由西安输出的棉花年约1040余万公斤,主要产自西安周边农村,集中于西安后输往郑州,再运往汉口,最后转输上海;经由西安中转的甘肃、四川药材年约1500余万公斤,其中70%输往津、沪、汉口。西安自汉口、上海、天津输入的匹头年约1250余万公斤,其中60%在本省销售,其余运往甘肃;自沪、津、青岛、河南输入面粉约1500余万公斤,60%分销本省,40%销甘肃。②

甘肃省会兰州,地处黄河上游,是甘青地区的集散市场之一。当地盛产水烟,是甘肃重要的输出商品。20世纪30年代该地每年输出水烟约5000吨,主要销往天津、上海、福建("九一八事变"前,东北也是甘肃水烟的销地之一),其中天津约2200余吨,上海约2700余吨,销往福建的水烟则由上海转运。水烟输出路线有两条,一是先将水烟运到陕西泾阳,改装后由火车运出;二是用皮筏运到包头,再由平绥线转运,最后抵达津、沪。除水烟外,青海等处货物也在此过往,故贸易兴旺,"巨大商号林立",或收购皮毛、药材等内地物产,运销于外;或运入布匹、茶、糖、杂货等类,分销青

---

① 谭刚:《陇海铁路与陕西城镇的兴衰》,见《中国经济史研究》2008年第1期。

② 铁道部业务司商务科编:《陇海铁路西兰线陕西段经济调查报告书》,1935年刊本,第91—92页。

海、河西及甘肃西南部各地。20世纪30年代中期,兰州城内有重要商店800余家,总资本近1000万元,全年营业额约4500万元。[①]显然,兰州城市市场功能是商品转运、本地消费二者并重。

包头北依阴山东端,南临黄河,西接河套平原,地处西北交通要道,是连接东部口岸及工商城市与蒙古草原及西北地区的枢纽,河套和蒙古高原的集散市场。"凡京、津、陕、甘、内外蒙古、新疆货物之往来,均以此为转运之场",1918年贸易额达500余万。[②]京包铁路通车后,包头的集散市场功能增强,成为西北皮毛与天津工业品的交汇地,每年集散的驼羊毛约2000万斤,皮张近40万张,皆运至天津出口[③];天津运往包头的货物有布匹、纸烟、茶砖、砂糖、火柴、煤油等。

20世纪初,由于交通运输、商品流向或社会条件的改变,也有部分城市和城市市场的发展日趋缓慢,乃至停滞、衰退,市场规模缩小,在地区商品流通中的地位下降。

江苏镇江,开埠通商后的一个时期,商业一度繁荣。1908年沪宁、津浦两路通车,货物流向发生变化,镇江商业腹地相应缩小,又因港口水域淤浅,水运中转优势削弱。虽然镇江有一定的商业和手工业(丝织业)基础,1929年后更成为江苏省会。尽管如此,商品集散功能和地位还是有所下降。[④]

①　铁道部业务司商务科编:《陇海铁路甘肃段经济调查报告书》,1935年刊本,第83、69、64页。

②　樊如森:《民国时期西北地区市场体系的构建》,《中国经济史研究》2006年第3期。

③　张利民:《华北城市经济近代化研究》,天津社会科学院出版社2004年版,第181页。

④　《镇江市志》下册,第45卷,商业,上海社会科学院出版社1993年版,第1055页。

扬州古城,"繁华以盐盛",曾是全国盐业交易中心,清代时每年运销两淮海盐170万引,占全国9个盐区额定引盐的1/3。同时,扬州又是漕运枢纽和南北货物集散地,市面旺极一时。民国年间,扬州盐业衰微,漕运改道,生产停滞。虽然扬州仍是苏北重要商埠,一头衔接江南及上海工业品市场,一头辐射苏北各地,是大小百货、南北货、洋广货的批发中转地和农副产品、土特产品外销的通道①,但昔日的繁华市面和独占地位还是一去不返。

苏州原是苏南和太湖流域的商业枢纽及经济中心,鸦片战争后,连连遭受打击。先是上海开埠通商,商业贸易飞速增长,后来居上;加之洋货、洋布倾销,苏州"商贾不行,生计路绌",手工业、商业严重受损,"吴中繁盛之区,武林富庶之地,上海遂取而代之",苏州位居次席。随后太平天国战争期间,清军"清野"焚烧,昔日繁华商市顿成废墟,米市衰落,布市消失,苏州商业和市场遭到毁灭性打击。同治、光绪年间,商贾复业,商市部分复苏。进入20世纪,市场规模、结构发生变化:一方面,因上海的商业优势日益显彰,行商尤其是客帮巨贾,多移资沪上,苏州商业资本规模缩小,商人渐以坐商居多;另一方面,外国资本加速侵入,上海许多洋行、洋货商号到苏州开设代理商行,苏州一些洋广货号亦充当上海洋行代理商,苏州逐渐成为苏南洋货转销码头。不过这种状况为期不久,1908年沪宁铁路通车后,苏州洋货转销码头的作用减弱,而丝绸、茶叶等地方产品市场销路扩大。进入民国,五四运动前后,在抵制洋货、提倡国货的口号下,地方工业有所发展,苏州商业呈现新的发展趋势,新兴行业不断扩大,30年代一些著名商号向外发展,并向专业商店和大型百货商场演进。苏州虽然凭借水陆

---

① 《扬州市志》中册,中国大百科出版社上海分社1997年版,第1585页。

和铁路交通方便,仍不失为太湖地域的商品集散地,但已称不上"商业名城"。①

安庆、北京、保定等地城市商业和市场发展,也都呈现某种程度的颓势。

安庆是安徽省会和长江老港,虽未正式开埠,但有轮船停泊上下客货的优惠条件。只因市场腹地欠广,缺少具有市场潜力的地方特产,市场发展潜力原本有限,加之陆上交通欠发达,邻近地区的物资转运和集散,大多被转往条件更好的芜湖和九江,安庆的市场腹地和货物集散功能趋于萎缩,这一时期市场的发展基本处于停滞和衰退状态。

北京是国都,保定原是直隶(河北)省会,北京和保定不仅分别是全国和河北地区的政治和文化名城,也是河北及邻近地区的经济和商业中心,京汉、京奉、京绥三铁路的先后通车,更为两地的物资集散和市场发展提供了优越的交通条件。但是,清王朝的覆亡和八旗贵族的没落,北洋政府的垮台、国民党政府建都南京和全国政治重心的南移,以及1913年河北省会迁往天津,对北京、保定两地的商业和市场发展都产生了极其不利的影响。更重要的是,天津、石家庄的迅速崛起和扩充,严重威胁两地市场的发展。天津作为沿海口岸,交通条件和市场环境更优于北京;而石家庄的交通运输也比保定更方便,市场腹地比保定更宽广。结果,原在北京、保定集散的货物,大部分分别转往天津和石家庄。到20世纪30年代,北京、保定市场的地区物资集散功能已部分或大部分丧失,集中两地的商品大多只供市内及周边邻近地区居民消费。

总体来看,全国各个地区原有的城市市场,既有发展、扩大,也

---

① 《苏州市志》第2册,第28卷,江苏人民出版社1995年版,第711—712页。

有停滞、衰颓,情况不一,不过前者居多数,后者只占一小部分。从地区看,西部城市市场的发展速度和水平又不及东部。如西安贸易虽有发展,但与东部沿海口岸相比,市场交易额要少得多。1935年陕西省输出货物总值1966万元,输入货物总值2865万元,两项相加不足5000万元。① 即便都由西安市场集散,也不及1936年天津在埠际贸易中的输出货值5772万元。中国近代贸易重心的东移,突显口岸开放、进出口贸易发展对中国近代市场发展的深远影响。在新的市场格局中,受沿海中心市场辐射强弱的制约,国内贸易及商品经济发展程度由东向西递减,反映了近代中国市场发展的极不平衡性。

(二)新兴城市市场的成长

20世纪初叶特别是20至30年代,随着各地铁路、公路的修筑,在一些铁路、公路沿线,一批新的城市相继兴起,新兴城市市场迅速成长。

河北的唐山、石家庄,河南的郑州,山东的青岛,江苏的无锡、徐州、连云港,安徽的蚌埠,以及东北的大连、安东(今丹东市)、滨江(哈尔滨)、龙江(齐齐哈尔)、胪滨(满洲里,今属内蒙古自治区)、永吉(吉林)等,都是20世纪初叶兴起的重要城市和城市市场。江苏的常州,安徽的合肥,湖北的宜昌,湖南的株洲,广东的曲江(韶关)、佛山,四川的涪陵,河北的邯郸,山东的潍县、周村,河南的许昌、新乡,山西的大同,绥远的归绥(今呼和浩特市),宁夏省的宁夏(今银川市),新疆的迪化(今乌鲁木齐市),东北的铁岭、

---

① 陕西省财政厅制印:《陕西省货品输出输入统计表(民国二十四年上半年)》;陕西省财政厅制印:《陕西省货品输出输入统计表(民国二十四年下半年)》。

本溪、四平街（今四平市）、牡丹江等，城市市场也都在成长或萌发过程中。

上述城市市场的形成，大致分为两种类型或情况：一种是在发展、成长为城市和城市市场前，原是集市或集镇、市镇，有的还是县城，有市场交易和商业流通的一定基础，但20世纪前已明显衰落，或长期发展缓慢。20世纪初，因交通运输或其他条件的改变，经济和市场加速发展，成长为新型城市和城市市场。郑州、无锡、徐州、连云港、安东、永吉等，即属于这种类型。

河南郑州原是商业古城，几度兴衰。延至19世纪末，只是一座商业凋敝的小县城，全城仅有寥寥几家小店铺。20世纪初，郑州因京汉、陇海两大铁路干线相继通车，并在境内交叉，遂成中原交通枢纽，商业和市场的发展顿现生机，各类商贩很快在火车站一带聚集，并向四周扩散。20年代初，郑州被辟为商埠后，商业更加繁荣，市场范围扩大，店铺和行业数量增多。到20年代末30年代初，以火车站为中心的商业区基本形成，各类店铺达1000余家。市场交易商品和市场构成也开始发生变化，大批来自北京、广州的各类洋货涌进郑州市场，以往经营土布、汴绸的布匹业，扩大规模，开始经营各色机织洋布绸缎呢绒；以往经营胭脂、香粉头花、针线、丝带等日用小杂货的"时货业"，很快发展成为以经营各种洋货为主的现代百货业。绸缎布匹、日用百货、餐旅货栈、影院戏院等各自形成自己的集中区域，棉花、粮油、药材、杂货等批发交易行和商店数量大增，并相对集中，形成专业市场。

由于交通便利，郑州很快成为中原地区大宗土特产品的集散地。交易量较大的主要有棉花、粮食、油料、中药材、皮毛等农副土特产品，以及京、津、沪、汉等地运销内地的各种洋货和轻工业产品。其中以棉花行栈业发展最早，30年代最多时有30多家，年成交量30多万包；1928年首家药材货栈开业，30年代初较有名的药行药栈发展到28家。外地药商有200余家常年在郑州坐庄购销药材,年均进货约300万公斤,销货量约225万公斤。从1931年起,开始在郑州举办一年一度的"郑州药材骡马大会"。每逢会期,全国药商云集郑州,交易十分活跃。此外,盐行、山海果品行等各种行栈约300余家。日本三井、武林、大仓、高田、日信、铃木;英美美孚、亚细亚、英美烟公司等洋行、托拉斯也都一齐涌进郑州。

随着工商业的发展和商旅的大量增加,餐旅服务业很快兴旺起来。到日本全面侵华战争爆发前,郑州的大型饭店已发展到70余家。其中有店堂宽敞、装饰考究、备有银餐具和乌木镶银筷子、专供宴席大菜的"豫顺楼";有名厨汇集创制出多种大菜名点的"小有天饭庄";有综合经营饭店、浴池旅馆,建有四层电梯楼房的"华安饭店";有法国人开设的专营西餐、酒吧和旅馆的"法国饭店";有二进五院、庭院凉棚、假山花草等豪华设施的"大金台旅社"等。同时,浴池业、理发业、洗染业等服务业都有了较快的发展。① 至此,郑州已发展成为中原最大的中转市场和现代城市。

无锡地处太湖之滨,历史上土布贸易发达,是有名的"布码头"。近代因洋纱洋布的冲击和南通、江阴、常州等地的激烈竞争,"布码头"的地位没有进一步显彰,反而有相形见绌之势。但自从1908年沪宁铁路通车,无锡兼有水陆交通之便,商业和市场条件优越。与此同时,无锡开始农业小转型,从不种桑养蚕的无锡农民,大力种桑养蚕。到1917年,全县蚕茧产量已为"各省之冠"②,蚕茧贸易盛极一时,机器缫丝业亦见机兴起。1923年,无锡官商又呈请自开通商口岸。此后,机器缫丝业、机器面粉业、机

---

① 《郑州市志》(5),商业贸易卷,中州古籍出版社1998年版,第3—5页。

② 《苏省茧市之状况》,见《农商公报》1917年7月第36期,第21页。

器纺纱业以及手工织布厂等,加速发展,一跃而为江苏重要工业城市。随着粮食商品化和区域粮食贸易的发展,无锡凭借水陆交通和粮食加工优势,又跻身全国"四大米市"之列。无锡由传统"布码头"演变为工商兼具的新型城市市场。

徐州原是旧徐州府附郭首县铜山县城。清代后期,徐州商品交易已渐兴旺,邻近工农业产品交换的地区市场初步形成,但受交通运输条件限制,发展缓慢,交易批量不大。1911 年后,津浦路(1911 年)和陇海路开封—徐州段(1915 年)、徐州—海州段(1925年)先后通车,公路建设亦有进展,交通条件大为改观,使徐州很快成为苏、鲁、豫、皖四省交界地区的商品集散中心,并刺激了新式金融业的兴起,一时官办、商办银行钱号多达 17 家,山东、河南地方银行也设立分支机构,融通资金,办理汇兑,大大促进了市场交易,同上海、南京、无锡、苏州、芜湖、天津、济南、青岛、西安、郑州等城市贸易往来日益活跃,外贸商品花生仁、瓜子、黄花菜、牛皮、黄狼皮等大量输出。城市商店和交易商品也增多,除了上述输出品,城内市场上纱布、呢绒、西药、煤油、电料、颜料、日用百货、卷烟等五洋杂货,品种数量日多。市场交易和辐射重心,亦逐渐由北方向南方长江流域转移。资料显示,徐州同南北城市的贸易往来,总的比重约为南路七成、北路三成。①

连云港位于苏北黄海之滨,原是海州(东海)县城,早期实际上由城关和毗邻的板浦、大浦、新铺等小镇组成。因河道淤塞无常,各镇兴衰变异频繁。清末民初,海州城内只有 10 多家大小商行,30 多家布店、杂货店。20 年代前后,海州、灌云一带,开始大规模的盐垦,给连云港的商业和市场发展提供了契机。大浦因地理位置较优,1921 年自开商埠。随后,陇海路于 1925 年 7 月修至大

---

① 《徐州市志》(上),第 25 卷,商业,中华书局 1994 年版,第 922 页。

浦。这一地区的商业和经济发展速度加快。1933 年连云港码头建成后，海上航运达到一个新的阶段。新浦作为大浦港与连云港的依托，成为海洲地区的商业中心。商业迅速发展，市场扩大。1934 年《江苏建设》称，"新浦已是一个小有生气小商埠"，此时有商店 400 家。1935 年 6 月，陇海铁路延伸至连云港口①，连云港进一步加快了向新型港口城市和城市市场迈进的步伐。

蚌埠原是地跨皖北淮河两岸的小集，进入近代后，日益没落，光绪十三年（1887）前，南岸集市已废。② 津浦铁路的修筑和军阀倪嗣冲的号令，改变了蚌埠的命运。1909 年，津浦铁路淮河铁桥在蚌埠兴建，民工聚集，又决定火车站建在南岸，废弃多年的小蚌埠集，商业复活，铁桥、铁路修建期间即有商号 50 余户。1912 年津浦全线通车，又加港口扩建，商业发展速度加快。1914 年，被委任为"安武将军"的倪嗣冲驻节蚌埠，利用权势变更淮盐引岸，将原设宿县的淮北盐务局迁至蚌埠，规定运销淮北地区的引盐必须到蚌埠完税、定价，方可运销，从而促进了蚌埠市面的扩大。淮河上游涡阳、颍上、亳县、蒙城、阜阳、寿县、霍丘、凤台、六安及豫东固始、息县等地的粮食、土特产，多通过淮河船运至蚌埠，再转火车分送南北；淮河下游板浦、海州食盐运至蚌埠，再分销上游各县；南京、天津的京广杂货，也车运至蚌埠，再多由粮商带回上游。后倪嗣冲在蚌埠督皖，军队屯集，僚属云从，关卡局长、各县县长、分关总办莫不往来络绎，蚌埠"一时冠盖云集，车水马龙"。且一些达官贵人，以"酬酢往还，花天酒地"为乐，刺激消费性商业的发展。

---

① 《连云港市志》中册，第 33 卷，商业，方志出版社 2000 年版，第 1423、1424—1425 页。

② 光绪十三年《涡阳县志》载，"蚌埠集在县西北五十里，南岸曰大蚌埠集，已废；北岸曰小蚌埠，有集市"。

几年间,大旅馆、南北菜馆、浴池先后开设。另,倪嗣冲夫妇二人每年寿期两次,祝寿者千人,对寿礼的采办大增,市面上绸缎布庄、古董铺、海味庄、鲜花店、南方纸店等亦有开办。这期间,苏浙京沪商贾纷至沓来,外国资本也接踵而至,蚌埠的市场辐射范围明显扩大。

1924 年 9 月,蚌埠自开商埠,淮河南岸新、老船塘已先后竣工,又并建起了"公记"堆栈,在蚌埠的银行、钱庄也增至 20 多家。这使蚌埠商业地位提高,交通运输和资金融通进一步改善,市场交易和货物吞吐量大增。20 年代末 30 年代初,蚌埠商贸经营发展到鼎盛时期。它不仅是皖北农副产品的集散地,也是津沪一带工业品的转销和集散地。1930 年,全埠有 48 个商业行业,仅盐粮交易一项,全年就达 50 多万吨。至 1934 年,蚌埠人口发展到 10 余万,居民 25000 户,其中注册商户 4443 户,占总户数的 17.8%。市场功能以物资中转为主,并以盐、粮集散为大宗,物资集散营业额占总营业额的 70% 左右。除物资交易外,服务性行业亦盛。当时著名的菜馆就有 20 多家,有淮菜馆、苏菜馆、正阳菜馆、凤阳菜馆、天津菜馆等,较大的旅社也有 30 余户。① 20 余年间,蚌埠由一个没落小集发展、成长为皖北最大的中转兼消费市场。

另一种类型,部分新兴城市市场是在毫无市场交易和商业流通基础的偏僻小村、山村或渔村,乃至荒原、荒滩上发展、成长起来的。唐山、石家庄、青岛、大连、哈尔滨、齐齐哈尔、满洲里等,就是属于这种类型。

唐山本是直隶(河北)滦县、丰润两县交界开平镇所属的小山村,自从光绪三年(1877)创办开平矿务局,新法开采煤矿,19 世纪末 20 世纪初京奉铁路分段和全线通车,人口增加,商品需求扩大,

---

① 《蚌埠市志》第 6 卷,商业,方志出版社 1996 年版,第 410—411 页。

日渐形成市场，由间歇性集市交易演进为常经市场，商业、饮食、服务业逐渐繁荣，唐山开始沿着山间小村—集市—市镇—新型城市和城市市场方向成长。

1894 年唐山出现首家私营商店"同成号"，经营洋广杂货，兼营钱粮业。1896 年后，开始出现五金行、饭庄、酒楼。1904 年有人将开平的"瑞生成"绸缎庄迁到唐山，并先后开设唐山人称之为"瑞字号"的粮栈、缸局、煤栈、烧锅、米厂等商号企业，商铺大增，各主要街道"商店林立"，饮食服务网点"遍布市区"。1912 年"两益成"杂货店开业，经营进口红白糖、火柴等商品。商品构成也从农副产品为主，发展到工农业产品全面流通。1930 年，天津各外国洋行开始在唐山建立代销煤油的经理户，煤油开始进入唐山市场。随后又有数家杂货店代销石油产品，还将美孚煤油远销冀东各县及承德、赤峰等地，唐山已成为煤油转运和集散地。随着商业的发展，新式城市建筑和商业经营模式亦开始出现。1934 年有人集资在小山兴建名曰"大世界"的大型综合商场。建筑分东西两部分和上下两层。东部楼下为天宫电影院、日用百货店、糖果店、小吃部，楼上为天娥大戏院；西部为小桃园饭店。二楼两端有天桥相连，集吃、穿、用、玩于一体。小山立即成为唐山的商业中心。一些餐旅大楼、营业店铺，如北洋旅馆、裕丰饭店、九品斋饭馆、一品香糕点、荣华顺百货、稻香村南味等大店名铺，在其周围相继建立，市场交易盛极一时。1937 年，市区商业同业公会已有 44 个，会员2057 户[1]，唐山已成长为小有规模的城市市场。

石家庄原是获鹿县的一个小村，20 世纪初，村庄面积不足 0.1平方公里，仅有居民 200 余户、600 余人。自从 1906 年、1907 年京汉、正太两路相继通车，在此交汇，新式工业和商业迅速发展，石家

---

① 《唐山市志》第三册，商业，方志出版社 1999 年版，第 1791—1792 页。

庄很快发展成为河北大型中转市场,河北主要棉产区获鹿、正定、藁城、元氏、栾城、赵县,以及山西部分地区的棉花,多在此集中,再北运天津、北京,南运武汉、上海各地。在全国棉花运销中,石家庄是最大、最重要的转运市场,被誉为"全国最大的庄"。[①] 同时,石家庄建有大型机器纺纱厂(1929 年有资本 450 万元),又是重要的棉花消费市场。另外,河北一些地区所产小麦、花生,山西所产部分小麦、小米,销往山西及河北部分地区的进口洋货和国内机制工业品,也大多在此集中转运。30 年代石家庄已有人口 10 万,随着时间的推移,城市和市场规模不断扩大,在地区和全国商品流转中的地位日见重要。

青岛原来只是胶州湾畔的一个荒僻渔村。1897 年,德国以两名传教士被杀为借口,强占天然贸易良港胶州湾,青岛实际也被辟为通商口岸。随后德国修筑胶济铁路的同时,在那里开始了筑港工程,山东及邻近地区的货物又由此出口,由此迅速发展,人口急剧增加。据统计,1902 年的人口不到 1.6 万,1910 年猛增至 16.5 万。1914 年第一次世界大战爆发后,日本取代德国,强占胶州湾,将青岛作为从海上渗入山东和华北腹地的桥头堡。1922 年年末,胶澳租借地由北洋政府收回,但青岛仍为通商口岸,日本进一步加快了对青岛的经济渗透和扩张,以日资占绝对统治地位的棉纺织业、缫丝业以及其他工业,迅速兴起。进出口贸易和国内埠际贸易也不断扩大,1900 年青岛进出口贸易净值仅 397 万关两,1910 年增加到 4258 万关两[②],增长了 9 倍。这一阶段,青岛输出国外的

---

① 沈志峰主编:《中国城市综合实力五十强丛书·石家庄市》,中国城市出版社 1993 年版,第 26、25 页。

② 烟台港务局:《近代山东沿海通商口岸贸易统计资料》,第 7—14 页。转引自张利民:《华北城市经济近代化研究》,天津社会科学出版社 2004 年版,第 66 页。

主要是华北地区的农副产品,如草帽缠、花生、牲畜、蛋品、烟草等,进口洋货主要是工业品。20 年代胶澳归还中国之初,青岛的对外贸易与国内贸易都有新的发展,海关贸易总值约 9835 万关两,1926 年增加到 13650 万关两,1931 年达 21913 万关两。[1] 20 年代初,青岛市场的土货大部分出口国外,转口土货仅占输出土货总值的 1/3 强,1927 年,转口土货货值开始超过出口国外的土货,到 1931 年,转口土货货值已占出口货物总值的 55%。30 年代后青岛埠际贸易发展更快,1936 年的埠际贸易货值达 9000 多万关两,占关内 40 处商埠输出总值的 8.4%[2],已超过天津。青岛不仅是黄海和山东最大的进出口口岸,也是华北地区重要的商品集散市场。其腹地不仅有山东,还包括河北中南部和河南、苏北的部分地区。

大连、哈尔滨、齐齐哈尔、满洲里等城市市场,都是 20 世纪初在海滩、村落、火车站周围和草原上发展、成长起来的。

大连原是辽东半岛南端的一片荒滩。1897 年沙俄借德国占领胶州湾之机,强占旅顺、大连和金州等地,次年迫使清政府签订《旅大租地条约》和《旅大续租地条约》。1899 年 8 月,沙皇发令开放大连为商港,各国商船均可自由出入,并决定在附近建设名为"达力尼"的城市,即大连。1903 年,长大铁路(中东铁路南满支线)通车,陆上交通大为改善,口岸和市场加速发展,大连超越并取代营口,成为东北地区进出口商品的最主要的集散地。20 年代前后,大连一跃而为中国对外贸易中仅次于上海的第二大商埠,在国内贸易中的地位也相应提高。1930 年,大连转口贸易货值约 7070 万关两,占东北地区转口贸易总值的 45% 和全国 44 个商埠

---

① 青岛工商学会编:《青岛在华北之地位及其发展之趋势》,附表一,1933 年刊本。

② 据海关关册计算。

转口贸易总值的 5%。① 大连以东北地区为腹地,是东北地区与外部经济联系的门户。1930 年,大连港输出商品值 22626 万元,其中大连及关东州生产的商品为 1838 万元,仅占 8.1%,东北地区的商品约占 87.4%;同年大连进口贸易值 16875 万元,输往东北各地的约为 9388 万元,占 55.6%。② 出口商品多为农矿产品及农产加工品,进口多为工业品。1930 年出口的大豆、小豆、高粱、玉米、豆油、豆饼及煤炭共计 16599 万元,占全部输出的 73.3%;输入的纸、油脂、药品、建材、石油、钢铁、机械、化妆品、棉麻制品、砂糖、面粉等价值 9658 万元,占进口总值的 57.2%。③ 大连进口的工业品主要来自日本,关内各埠输往东北的主要有纺织品、烟草、棉花等。

　　哈尔滨是东北北部地区重要的集散市场。19 世纪晚期,哈尔滨还是"茅舍寥落,举目荒凉之地"。④ 20 世纪初,关内移民势如泉涌,加速了东北北部地区的开发与建设,该地商务渐兴,哈尔滨迅速成长为商业城市。1907 年,哈尔滨开埠通商,因它既是东北北部输出货物的起运点,又是将进口货物分销东北北部、蒙古地区的枢纽,更成为东北北部的商务繁盛之区。1908 年,哈尔滨的贸易额仅 28000 万金卢布,1914 年增为 54000 万金卢布,不仅贸易额增长了近 1 倍,而且几占东北北部地区贸易总额的一半。1924 年,哈尔滨贸易货值达 24300 万哈大洋,占东北贸易总值的 37%。

---

①　据海关关册计算。

②　《关东州贸易统计》(日文版),1930 年度,转引自沈毅:《近代大连城市经济研究》,辽宁古籍出版社 1996 年版,第 103 页。

③　《满洲开发四十年史》上卷,第 396 页。转引自沈毅:《近代大连城市经济研究》,辽宁古籍出版社 1996 年版,第 104 页。

④　佚名:《北满商务发达概略》,《工商半月刊》1929 年 7 月第 1 卷第 14 册。

东北北部的输出货物为农产品,主要是黄豆、豆饼、粮食、牲畜、林木等物,其中以黄豆的输出量最大。1908 年仅输往英国的黄豆就超过 12200 吨,1909 年达 406600 吨。输入货物主要是工业品,以布匹、糖、煤油、酒精、五金制品为大宗,其中布匹占首位。1924 年输入布匹价值 3420 万哈大洋,占输入总值的 31.45%。[①] 东北北部输出、输入货物的路线有两条,一条是经中东铁路东运到海参崴,开展与俄国的贸易;另一条是南运,经南满铁路抵达大连,由大连出口海外或转口关内各埠,并输入日本或中国关内的工业品。由于哈尔滨地处中东路的西端,经中东路到绥芬河进俄国较南下大连更为便利,哈尔滨与国内各埠的联系疏离。20 世纪 30 年代初,哈尔滨的净出口货值即达 5084 万关两,逊于大连,在东北地区名列第二;同期,哈尔滨与国内各商埠的贸易总值则仅 260 万关两之谱,与其外贸总值相比,微不足道。

满洲里位于中俄边境,环境复杂多变,其成长几经波折。20 世纪前满洲里少有固定居民,19 世纪中叶后,才在其西北的小尤沿山(今宝石山)附近形成一个定期易货贸易场所,来自河北、山东、山西等地的商人,以烟、酒、茶叶、布匹及其他杂货换取当地牧民的牲畜和皮张,一些在俄国后贝加尔湖地区游牧的鞑靼人也越界前往贸易,换取生活用品。

1898 年后,随着中东铁路的修建和中东铁路局对扎赉诺尔煤矿的开采,满洲里固定人口增多,商业随之发生发展。1900 年 6 月,俄国商人首先到此经商,开办杂货店、肉铺、酒店等。1904 年日俄战争期间,满洲里人口和俄商急剧增加,一些资金雄厚的华商这时已开始经营挂牌的新型百货店、布匹杂货店和粮食杂货批发店等。不久,哈尔滨的秋林公司也在满洲里开设分号。1907 年满

---

① 佚名:《北满商务发达概略》,《工商半月刊》1929 年第 1 卷第 14 册。

洲里正式开埠通商,日本商人开始进入满洲里,经营杂货、饭店等。华商人数亦不断扩大,1912 年成立的华商商务会,有会员 470 人。1914 年第一次世界大战爆发后,俄国商人为了本国参战的需要,纷纷涌入满洲里筹集和经营军用物资,商业更加活跃,形成畸形繁荣。1917 年"十月革命"后,大批沙俄资本家、地主与躲避战乱的百姓逃亡到满洲里,城市人口激增至 4 万余人,其中 3 万多是俄国人。在帝国主义联合进攻苏维埃政权期间,又常有一些国家的溃散军人滞留在满洲里,他们向市场抛售金、银币,在某种程度上刺激了商业的发展和商店规模的扩大,大的华商店铺如"洪兴泉",店员达 40 余人。

1921—1927 年,中苏边境被东北地方当局封锁,商品流通受阻;1929 年"中东路事件"中,满洲里更被战火摧残殆尽,商铺仅剩 150 余户(其中中国商户 87 户),商业萧条,城市市场的发展处于停滞状态。事件过后,满洲里的商业和城市市场又开始恢复和发展。1932 年 8 月,满洲里的商店增至 600 余户,其中半数由中国人经营,以杂货、食品最多;俄商约 200 余户,以酒类、食品为最多。另有日商 13 户、英商 2 户。就在这时,日本侵略军于 12 月 6 日占领满洲里。自此经济衰退,商业萎缩,商户大减,到 1937 年,商户总数降至 248 户,其中华商 158 户,俄商 20 户;只有日本人的势力空前扩张,其商店由 13 户增至 66 户。[①]

在地区分布方面,上述城市或形成中的大小城市及城市市场,除连云港、青岛、大连、安东外,其余都在内陆地区。显然,20 世纪初叶,城市市场的发展、扩大,特别是新兴城市市场的产生和形成,已开始由沿海地区逐渐转向内陆地区,全国城市市场的地区分布

---

① 《满洲里市志》第 21 卷,流通产业,内蒙古人民出版社 1998 年版,第 576—577 页。

和整体结构,开始发生某些变化。资料还显示,沿海口岸市场仍然是全国城市市场以及整个城乡市场的核心,但是城市市场的进一步发展,内陆地区比沿海地区具有更大的潜力,因为前者更贴近广大内陆农村和农村市场。这是本期城市市场发展显露的重要特点。

(三)市场组织和市场内部结构及其演进

这一时期城市市场的发展和成长、完善,不仅表现为商品流通规模的扩大、市场格局的变化,更深刻地表现为市场组织和市场内部结构的变化、演进。

从广义的角度而言,市场组织由三部分构成:一是专业贸易组织,即商行、字号、商店、商场、商摊等;二是市场中介组织,即中人行(牙人、牙行)、斗庄、商品交易所等;三是市场服务组织,包括报关行、打包行、托运行、货栈、货仓,以及餐饮、旅宿、理发、沐浴、洗染、服装加工、修理、文化娱乐等各类服务性机构。

近代中国城市市场专业贸易组织的演进始于19世纪50年代至60年代,基本沿着两个路径:其一,由交易对象增多引发横向分工,以某一专项产品或某类产品为营业范围的专业贸易机构不断滋生。1850年上海出现第一家"清洋布店",1857年"振华堂洋布公所"成立,标志第一个专营进口机器棉织品的贸易行业形成。继之,一系列与进口机器制品相关的贸易机构,如专营五金、专营西药、专营百货、专营进口钟表或专营染料的机构等,纷纷兴起,并很快成为独立的行业。同时,因应出口贸易的需要,各地口岸城市也产生了一些新的贸易组织。如皮行、棉花行、茶行等。这些贸易组织大多仍保有传统贸易组织的特点,但因其已被纳入世界市场流通体系,并在这个体系中不断成长,而有了不同以往的意义。其二,随着商业资本的积累和商业行业、商品种类的不断增加,原有的部分综合性贸易组织,经营的商品种类不断增多,还有一些贸易组织则朝着更大范围、更大规模的综合经营机构演进。到20世纪初,这两类贸易机构均向着各自的终极演进:前者由专营某类商品(如进口洋布)发展为专营某一品牌或某一厂家生产的商品(如美孚煤油);后者由初时的洋广杂货店扩大为"百货公司",再发展为集百货、餐饮、住宿、观景、消闲、娱乐等于一体的大型综合商场。20世纪初,大型百货公司或综合商场逐渐成为城市商业发展的新潮流。1927—1937年间,这两种完全相反的潮流,齐头并进,双双发展。

　　与贸易机构日益专业化和综合扩大化两种发展趋势相联系,城市市场的内部结构也发生相应的变化,即明显分为专业市场和综合市场两个部分。某类专门店主要分布或集中于城市某一街道或地段,随着同类店铺的不断增多,逐渐形成专业市场;综合性店铺单独集中或与各类专门店混杂一起,即形成综合市场。随着上述两种趋势的持续演进,两类市场亦不断发展,门类增多,范围扩大。

　　诚然,以往一些传统市场已有专业市场和综合市场之分。但因贸易组织和交易商品种类不多,市场数量及规模有限。近代时期尤其是20世纪初,洋货大量进口,国内工业和区域贸易有了较快的发展,市场交易的机制工业品和南北商货品种增多,各地城市市场中新的专业市场和综合市场亦相应大增。

　　上海开埠前,上海县城东门一带已有专门经营某类商品的街市。上海开埠后,商业发展,专业市场增加。19世纪50年代,计有豆市街,经营米、谷、豆类杂粮;花衣街,经营花衣、棉布、绒带;彩衣街,经营服装、鞋帽;鱼行街,经营鱼类及水产品;蔓笠街,经营鳗鲡等水产品;香花桥,经营香烛烟花;洋行街,经营鱼翅、燕窝、檀香等;篾竹街,经营竹器、藤器;铁锚弄,经营船用缆绳、五金;硝皮弄,经营皮货;里、外咸瓜街,经营参茸药材;侯家浜,经营珠宝玉器,等等。此后,上海商业中心北移,在租界内形成新的专业街。20世纪20年代后,商业专业街有棋盘街(今河南中路广东路),经营呢绒;兴圣街,经营绒线;北京路(俗称五金街),经营五金;福州路(俗称文化街),经营图书、文化用品;同孚路(今石门一路),经营妇女服饰;昼锦里(今山西南路九江路),经营香粉绣品;石路(今福建中路南京东路南,俗称估衣街),经营典当期满服装;小花园(今浙江中路福州路、广东路间),经营各式女鞋;大新街(今湖北路),经营服装;宁波路,经营装潢五金;威海卫路(今威海路),经营汽车配件;百老汇路(今东大名路),经营钢铁材料;虹江路,经营旧机电旧五金;老闸桥南塊,经营竹木柴炭;云南路(今云南南路),为小吃街,有各种风味小吃铺。① 这些在租界内新形成的专业街,除估衣、小吃外,绝大部分都是新的,而且商铺和市场专业化分工越来越细密。

蔬菜、鱼货趸卖(批发)也都有各自的专业市场。随着城市人口的不断增加,蔬菜需求量和来源地扩大,上海市场供应的蔬菜只有1/3由郊区生产,其余2/3来自外县、外省。20世纪初,上海在沿苏州河乍浦路桥到新闸桥地段,新建一批"地货行",集中代客买卖,收取佣金。1914年有"地货行"58家,1929年增至154家,形成十六铺、苏州河南北两个蔬菜集散地和专业(批发)市场,并建有"时行堂"(南市)、"广厚堂"(北市)两个同业公所。鱼市场也在加强规范管理的同时形成了专业市场。1936年5月上海市政府规定,鱼货进入上海市的第一次交易须在鱼市场进行,上海鱼市场即时在定海岛(今复兴岛)开业,鱼行作为经

---

① 《上海通志》(4),第19卷,商业服务业,上海人民出版社、上海社会科学院出版社2005年版,第2552页。

纪人进场集中营业，仲介和掌控整个鱼货贸易，上海的鱼货专业（批发）市场亦由此形成。① 杭州也有蔬菜批发专业市场，分布于清泰门、庆春门、望江门和笕桥一带。市场设有经营蔬菜代理和批发的蔬菜行（亦称"地货行"或牙行）在夏菜大量上市时，季节性牙行更多。②

　　河北保定，20世纪30年代初，城内市场也分为专业市场和综合市场两部分。据1934年《清苑县志》记载，专业市场有布市、谷市、鱼市、果市、灰市、煤市、炭市、菜市、故物市、骡马市、牛羊市、芦苇市、盐市、银市等。综合市场有天华市场、第一楼市场（西大街）、普育市场（城隍庙内）、济善商场、西市场等。这些都是零售市场。同时还有进行农畜产品的趸卖交易专业性市场。在保定西关、南关设有粮栈、皮毛栈、大车店、花店、货栈、斗庄，是农副产品的主要集散地，形成了以棉花、粮食、油料、畜产品为中心的农产品交易专业市场。③

　　保定虽然专业市场门类不少，但一般只限于农产品、家畜和手工业品的交易，进口洋货和工业机制品的专业市场较少，和传统市场没有多大区别。这并非保定市场上没有洋货和机制工业品的交易。恰恰相反，市场上的洋货和机制工业品交易数量颇巨。据称，日本全面侵华战争爆发前夕，"保定的布纱、杂货、煤炭、五金等行业较为发达"。城内有布纱业100多户，其中25人以上的专业批发商就有17户。杂货业经营的海带、碱面、红糖、白糖，五金业经营的工具、交电商品都是由上海、天津直接进货。煤炭业批发商有

---

　　① 《上海通志》(4)，第19卷，商业服务业，上海人民出版社、上海社会科学院出版社2005年版，第2632、2628页。

　　② 《杭州市志》第4卷，中华书局1995年版，第493页。

　　③ 《保定市志》第3册，第9卷，方志出版社1999年版，第3页。

20 多户,除供应城内、分销各县外,还由保定装船经水路直运天津。百货、颜料、煤油、烟酒、食盐等的批发商,均从北京、上海、天津等大城市直接采购,分销周围 200 余里内各县。1934 年,保定(含满城县)全年行销纸烟 10.7 万箱,煤油 20.4 万桶,清苑(保定)销洋布(平布)80 万匹,电料 2000 件,颜料 43 万桶。① 不过这些商品的交易,一般都在综合市场进行。似乎尚未形成专业市场。这是保定与上海不同之处,反映了二者市场发展水平上的差异。

河南郑州在城市市场的产生和成长过程中,也开始形成专业市场。20 世纪 20 年代初,郑州被辟为商埠后,商业愈加繁荣,市场范围迅速扩大,店铺和行业数量增多。到 20 年代末 30 年代初,以火车站为中心的商业区基本形成,各种店铺达 1000 余家。绸缎布匹、日用百货、餐旅货栈、影院戏院等各自形成自己的集中区域;棉花、粮油、药材、杂货等批发交易行、店数量也大增,并相对集中。显然,专业市场已现雏形。②

在市场组织变迁、市场内部结构演进的过程中,一些市场的中介组织,即中人行(牙人、牙行)、斗庄(斗行)、商品交易所,也相继产生和成长。

在一些地区的传统集市或庙会上,粮食、畜禽、山货等商品的大宗买卖,都有中介或居间人从中撮合、协调,中人行(牙人、牙行)、斗庄(斗行)是一种古老的贸易中介机构。在近代城市市场,这些中介组织也被保留下来,并发展、扩大。如前述上海蔬菜、鱼货的批发交易,分别全部由"地货行"和"鱼行"充当中介。浙江杭州,情况与上海大致相同,山货、蔬菜、畜禽、鱼货的批发交易,也都

---

① 《保定市志》第 3 册,第 9 卷,方志出版社 1999 年版,第 3 页。

② 《郑州市志》(5)商业贸易卷,中州古籍出版社 1998 年版,第 3—5 页。

有中介机构。1931 年全市 9 类 96 业 10363 家店铺中,有居间类的山地货禽畜鱼行业、牛行业等 3 业 149 家行号,而且绝大多数开设于民国后,按其设立年份划分,成立于 1912 年前的 18 家,占 12.1%,成立于 1912—1927 年的 82 家,占 55.0%,成立于 1928—1931 年的 49 家,占 32.9%。① 可见这类贸易中介机构主要是民国时期发展起来的,其中又以 1928—1931 年的发展速度最快。20 世纪二三十年代,蔬菜的批发交易,全部由设于市场的蔬菜行(或称"地货行"、牙行)居间代理。广西南宁,经纪行是市场组织的重要组成部分。民国初期,沿邕江水街码头、石巷口陆续开设代客买卖的 30 多家经纪行,并随商业流通和城市市场的发展而不断增加,到 1933 年,全城较大行业有杂货业 160 家、百货业 109 家、经纪业 69 家,三分天下有其一。② 其他一些城市市场,也大都有类似的贸易中介机构。在北方地区,较大额的粮食交易,一般都有斗庄(斗行)居间绍介。如保定西关、南关以棉花、粮食、油料、畜产品为中心的交易市场,设有"斗庄"。③

在城市市场和商品交易的发展过程中,某些传统交易组织或交易形式部分被新型交易组织或交易形式取代。上海市场的传统"茶会"、同业公会交易部分被商品交易所取代,是其中一个例子。

20 世纪初,上海和南方部分城市开始流行"茶会"交易形式。上海的洋货商与杂货商经常在怡园茶馆洽谈生意,怡园由此成为上海重要的茶会交易场所之一。除杂货业外,洋纱、石炭和木材、棉花、土布、大米等行业也选择不同的茶馆或茶楼作为本业的"茶

---

① 据国民党政府建设委员会调查浙江经济所调查课编:《杭州市经济调查》下册(调查浙江经济所发行,1932 年初版),第 477—484 页"杭州市商店创办年月家数比较表"综合计算。

② 《南宁市志》,经济卷(下),广西人民出版社 1998 年版,第 549 页。

③ 《保定市志》第 3 册,第 9 卷,方志出版社 1999 年版,第 3 页。

会"交易场所。但商品交易所产生后,部分"茶会"交易很快被取代。

进入 20 年代,上海等城市的商品交易所相继兴起。一时开办交易所蔚然成风,仅上海一地,先后开业的各种交易所就有 100 余家之多。后经"民十风潮",大部分交易所歇业、倒闭。截至 1936年,全国的商品交易所尚有 8 家,其中上海 5 家(含金业交易所),宁波、哈尔滨、青岛各 1 家。① 主要交易物分别为粮食、面粉、棉花、棉纱、棉布、金块等。

按照交易对象划分,商品交易所主要为三大类:一类是纱花棉布交易场所;一类是面粉交易场所;一类是杂粮油饼交易场所。20世纪 20 年代,国内的纱花棉布交易市场有两处,即上海证券物品交易所与上海华商纱布交易所。上海证券物品交易所成立于1920 年,资本额为 500 万元。原定交易物为棉花、棉纱、布匹、五金、粮食油类、皮毛等,但实际上市的物品仅有棉花、棉纱,而且交易量有限。1929 年国民党政府公布的《交易所法》规定,"买卖有价证券,或买卖同种物品之交易所,每一区域以设立一所为限",超过者自该法施行之日起三年以内合并。② 1933 年(一说 1935年)5 月,上海证券物品交易所的证券部并入上海华商证券交易所,停止证券交易。③ 上海华商纱布交易所是国内最重要的棉花、棉纱、棉布交易场所。它由上海纱布业巨子荣宗敬、穆藕初等人发起设立,额定资本 300 万元,1921 年 7 月正式开业。交易物品为

① 朱彤芳编著:《旧中国交易所介绍》,中国商业出版社 1989 年版,第44—48 页。

② 上海档案馆编:《旧上海的证券交易所》,上海古籍出版社 1992 年版,第 295、300 页。

③ 中支那振兴株式会社调查课:《上海华商证券业概况》,见《国民政府财政金融税收档案史料》,第 708、709 页。

棉花、棉纱、棉布三类,以棉花、棉纱为主。交易所设定棉花、棉纱交易经纪人80名,棉布交易经纪人20名。然而1926年实际兼做棉纱、棉花居间交易的经纪人70名,单做棉花交易中介的经纪人9名。所内交易分为现期、定期两种,定期交易以1个月到6个月为限,采用竞争买卖方式。交易所的交易时间为每日午前、午后两市,各做4盘。交易棉纱以"人钟牌"为标准,棉花以汉口细绒为标准。1926年上半期,上海华商纱布交易所成交棉纱252.6万余包,其中交割1.3万余包。同期,该所收入40万余元,获纯利21.8万元。[①] 上海机制面粉交易所是国内唯一一家面粉交易所,成立于1921年,资本50万元。所内设经纪人55名,中介面粉交易。国内杂粮油饼的市场交易组织分别是上海杂粮油饼交易所与哈尔滨的滨江粮食交易所。上海杂粮油饼交易所交易物品为除大米外的各种杂粮,包括豆类、麦、芝麻、豆饼、菜籽及食油等,滨江粮食交易所以大豆、小麦、面粉、豆油、豆饼、杂粮为交易物品。两所都设有现货买卖、期货买卖、约期买卖,交易方式也有相对买卖、投标买卖、竞争买卖等三种。定期买卖以3个月为限,约期买卖以6个月为限。滨江粮食交易所1931年交易大豆7.7万余车,计约12.7万余吨,交易小麦3.3万余车,计约5.5万余吨。[②]

　　设立商品交易所的目的,在于为大宗商品流通提供便利,平准物价,调剂金融,降低企业所面临的市场风险。但因交易所内期货交易盛行,它在为企业资金周转提供方便的同时,也为商业投机提供了机会。如滨江粮食交易所是沦陷前哈尔滨面粉工业取得原料

---

　　①　分见杨荫溥:《论中国交易所》,商务印书馆1930年版,第44、45、191—192页。

　　②　据南满洲铁道株式會社經济調查會:《濱江糧食交易所に關する调查》(1936年本)第94—95页"濱江糧食交易所取引数量表"计算。

的主要途径。滨江粮食交易所"同时开近(一个月)、中(两个月)、远(三个月)三个卯期,它是买空、卖空、投机倒把的赌场。但制粉业参加交易所交易,并不是从投机倒把出发,而是作为取得原料,保证生产的主要手段。因为卯期最远的是三个月,用少量的押金,购得保证三个月以上的原料,不仅不需支付等价的现金,而且还可以免除在这期间的保管费用。如双合盛制粉厂1935年年底库存小麦20210吨,其中现麦4310吨,价值343000元;在交易所买存的期麦15900吨,只需现金165000元。以少量押金,保有大量原料,在经营上,当然是最合算的,这是在交易所买存期麦的最大优点。各制粉厂把它看成是保有原料的保证。但交易所买存期卯小麦,不能保证制粉厂原料质量上的要求(交易所每年依据北满小麦质量情况,规定小麦规格标准,这种规格标准都是以次等小麦为标准)。另外交易所常有'挤卯','打卯'风潮,到期不一定能实现收交。如1920—1925年曾两次由于军阀资本的投机倒把而'打卯',即:存的多或空的多,到期不能兑现,取消原约。因此,制粉厂为了保证质量和防备万一(交易所风潮等等),就在买存期麦之外,进行他种方式的采购。如果在交易所意外购得现货多了,就把卯存的小麦卖一些,所以制粉厂的现小麦和期货小麦的保存数量,常常是在资金许可的范围内互为消长的"。① 以上这段记载,真实地道出商品交易所的利弊及其与近代企业的关系。

随着上海商品交易所的勃兴,棉花、棉纱、面粉、杂粮、豆饼等大宗商品相继被纳入交易所交易。不过其他行业仍以"茶会"为重要交易方式。直到20世纪40年代,上海的"茶会"交易仍很兴

---

① 《哈尔滨制粉业史料》,转引自上海市粮食局、上海市工商管理局、上海社会科学院经济研究所经济史研究室编:《中国近代面粉工业史》,中华书局1987年版,第242—243页。

旺。资料显示,当时参与"茶会"交易的,计有花色布业、钟表业、地产业、酱油业、颜料业、染坊业、西药业、砖灰水泥建筑业、五金业、运输业、电料零件业、烟叶业、工业原料业、汽车零件业、橡胶业、棉织业、中药材业、百货业等近 50 个行业。每次"茶会"交易时间 1—4 小时不等,多数在 2 小时之内;参加每次"茶会"的交易人数少则几十人,多则上千人。由此可见,尽管已有商品交易所,并在几个重要行业取代"茶会",但"茶会"的交易方式仍生生不息,茶楼、茶馆依旧是最重要和广泛的交易场所。①

除"茶会"外,各同业公会也组织交易。如上海机器面粉公会附设贸易所,专做面粉交易。交易分现货、期货两种:现货交易是由商家直接向工厂买进,即时付款,由售货工厂发出本厂栈单,商家凭单取货;期货交易是由商家与工厂洽谈出货时间、货价,成交时商家先付定金,售货工厂开给发票,双方签字盖章,各执一份,到期凭此票交清货款,换给栈单,再凭栈单提货。也有买卖空盘、专凭市价涨落做交易赚钱的,方法与交易所大致相同。

上海商品交易所兴起后,以同业公会为平台的物品交易也被商品交易所取代。事实上,中国机制面粉上海交易所就是由上海机器面粉公会改组而来。② 不过商品交易所取代的仅限于面粉交易,麸皮交易仍由公会组织。20 年代后期,公会在楼下开设上海麸业市场,仿照"茶会"形式,摆置方桌、茶水,招来商客洽谈交易。该市场只做现货买卖,不做期货交易。

包括打包行、托运行、报关行、货仓、货栈,以及酒楼、餐馆、旅馆、理发馆、洗染店、各类修理店、剧院、电影院等各类

---

① 详见张忠民:《经济历史成长》,上海社会科学院出版社 1999 年版,第 134—136 页。

② 杨荫溥:《论中国交易所》,商务印书馆 1930 年版,第 38、39 页。

服务性行业和组织，同各类贸易组织一样，是城市市场的重要组成部分。

近代时期，在各个城市尤其是沿海通商口岸，打包行、托运行、报关行、货栈、货仓等，基本上是同进出口贸易同时出现，同进出口贸易和城市市场同步发展的。

江西南昌，九江开埠和南浔铁路通车，带动了商业流通和城市市场的发展，仓储及托运业随之兴起，民国年间有转运栈30多户。该地转运栈虽然规模小，人员少，设备简陋，但服务周到，既为商人代储代运，又可安排食宿，代购车船票，受到客商欢迎。[①]

在上海，一开埠就有打包行、转运行、货仓，稍后又有报关业。1854年江海关规定须用英文报关，商人须请懂英文者报关，开始出现商业性报关行。1911年有报关行60多家，1937年增加到750余家。货仓最初为商户自建，后来随着商业和市场需求的扩大，逐渐发展为商业性经营。不过在20世纪30年代以前，货仓作为城市市场的关键性设施，大部分为外国资本所垄断。1844年，上海美商大来洋行、英商太古轮船公司、日商邮船会社，最先在上海修建码头和码头仓库。此后随着进出口贸易和国内商业的发展，货仓规模和容量不断扩大。1929年，全市码头仓库库房总容量为91.1万吨，其中华商22.4万吨，只占24.6%，即不到1/4；全市货场总容量69.2万吨，其中华商23.3万吨，只占33.7%，即1/3。20世纪初，在商家自用仓库继续扩大的同时，开始出现商业性仓库，货场、仓库的修建，由洋行、轮船公司、火车站扩大到银行、钱庄等金融企业。1915年，通商银行在苏州河南岸修建仓库。随后，东莱、上海、垦业等银行和顺亨钱庄也相继在苏州河南岸修建仓

---

① 《南昌简志》，方志出版社2004年版，第309页。

库。1931 年,浙江兴业、大陆、四明、交通、新华、滋康、福原、福康等银行、钱庄同时开始在苏州河北岸修建大型仓库,苏州河两岸形成仓库群。随着商业性仓库的大量增加,到 30 年代初,上海形成了独立的"仓库商业"。①

货栈、粮栈等的性质、功能和货仓不完全一样,除了供客商寄存货物,大多代客买卖,有的还供客商食宿。货栈、粮栈也是城市市场特别是粮油、棉花、山货交易市场的组织。如保定西关、南关以棉花、粮食、油料、畜产品为中心的交易市场,均设有粮栈、皮毛栈、货栈。② 河南郑州,20 世纪 20 至 30 年代,随着地区大宗土特产品集散贸易的扩大,货栈业也有了长足的发展。其中以棉花行栈业发展最早,30 年代最多时有 30 多家;1928 年首家药材货栈开业,30 年代初较有名的药行药栈发展到 28 家。此外,盐行、山海果品行等各种行栈约 300 余家。③ 这中间既有专门从事相关贸易的棉花行、药行、盐行、山海果品行,也有代客寄存货物、代客买卖的棉花栈、药栈、盐栈、山海果品栈,只是二者之间的数量、比例不详。

餐旅、洗染、加工、修理、消闲娱乐等市场组织,行业众多,功能各异,大部分同商业交易和居民日常生活关系十分密切。服装加工、洗染,以及钟表、汽车、自行车、电机、电器等修理,从某个意义上说,属于棉纱、棉布以及其他相关商品的售后服务,是这些商品交易的延续;理发、沐浴、照相是以客商、城市及周边地区居民为对象的日常生活服务;酒楼、饭馆、旅社、戏院、影院、茶室、休闲娱乐,

①　《上海通志》(4),第 19 卷,商业服务业,上海人民出版社、上海社会科学院出版社 2005 年版,第 2838、2834—2835 页。

②　《保定市志》第 3 册,第 9 卷,方志出版社 1999 年版,第 3 页。

③　《郑州市志》(5),商业贸易卷,中州古籍出版社 1998 年版,第 3—5 页。

特别是丰盛宴席、美味佳肴则既为居民服务,有的更是为了吸引客商、游人采购商品,繁荣贸易,扩大市场。服务业加速发展,相关组织在整个市场组织中的比重明显提高,是这一时期部分城市市场发展变化的显著特点。

上海在20世纪初叶,餐旅、茶饮、照相等行业,以比一般商铺快得多的速度扩张。20世纪20年代,市区约有300家中式酒菜馆,1937年后增至700多家,增加了1倍多。1920年还出现了为客户上门服务的"包饭业厨房"。同时,因西风东渐,"中国人食西餐者日众","番菜馆"或西餐馆日多,从1925年的41家增至1931年的150余家;日本全面侵华战争爆发前夕,达200余家,有法式、欧美式、意大利式、德式、俄式等多个菜系。旅馆业也飞速成长。1900年仅有旅馆10多家,1937年7月猛增至300余家,形成旅店、旅社、客庄3个自然行业。茶馆、照相馆也大增。1910年有茶馆64家,1919年增至164家,沦陷期间达800余家。1918年有照相馆39家,1936年达七八十家。①

南京自1927年国民党政府在此建都后,人口增加,市场扩大,服务业畸形发展。1933年有洋广杂货店1881家,按1936年的人口计算平均每533人就有一家洋广杂货店。有的行业规模更大大超过上海。1936年上海、南京的人口分别为381.4万和100.7万,1937年上海的中西酒菜馆为900余家,而南京1933年即有酒菜馆1151家。1935年南京全市有大小鲜肉铺400余户,年销肉猪18万头;牛羊肉店50余家,年销菜牛约1万头,鸡鸭店及摊贩360户,年销鸡鸭鹅32万只。同时,南京还有为数不菲的茶社面

---

① 《上海通志》(4),第19卷,商业服务业,上海人民出版社、上海社会科学院出版社2005年版,第2796、2803—2805、2814、2811、2825页。

点、书场、书寓、舞厅、戏茶厅、音乐茶座等消闲场所。[①] 南京成为畸形消费城市。

新兴城市郑州、蚌埠，到 20 世纪 30 年代，酒楼、旅店、洗浴、理发等服务业都有了明显的发展，逐渐与市场配套。

餐旅、修理、休闲娱乐等服务业既是城市市场发展到一定阶段和规模时的产物，反过来又促进和加速城市市场、城市产业的发展成长。在通常情况下，经济愈发达，城市市场愈发展、愈成熟，服务业门类、行业愈多，愈配套，愈完善，相关组织在整个市场组织中所占比重愈高。同时，服务业的内部结构和服务业在城市市场中的比重与地位，又直接反映出所在城市及城市市场的定位及性质特征。例如，上海、南京、扬州、苏州等城市，茶馆、茶室（食）在城市服务业和城市生活中都占有相当重要的地位，但功能、特征各异。上海作为典型和纯粹的商业城市，茶馆的最大功能是为商业交易和谈判提供场所。南京作为国民党政府的都城和全国政治中心，茶馆、茶座等名目繁多，但主要是供国民党政府的官僚权贵消闲娱乐，似乎同商业关系不大。扬州、苏州是商业和文化古城，茶馆、茶食的功能、特征又不一样。扬州在清代，因盐商众多，一些富商不惜重金建造花园、茶楼，一时间"扬州茶肆甲于天下"，多有以此为业者，城中几乎每一条大街均有茶肆，教场一带，更是茶馆的集中地。清末民初，扬州又陆续出现一些新的茶楼。到民国年间，茶楼多为商人聚集之所。他们边品茶，边交流商业行情，进行商业交易；也有的茶馆为文人聚会之地[②]，在现代商业交易中，还夹杂着一丝传统文化气息。苏州茶食则与其传统习俗和城市产业紧密联

---

① 《南京简志》，江苏古籍出版社 1986 年版，第 518、512、545 页。

② 《扬州市志》中册，中国大百科全书出版社上海分社 1997 年版，第1634 页。

系在一起。当地风俗,"婚嫁、弥月、祝寿、高升、迁居、遇丧、祭祀等宴请必以茶点款待宾客",而按惯例,"以茶款客,必佐以细碟敬事,内设糕饼之属,故谓之茶食"。明清时期苏州食品已发展成独具特色的苏式系列,经营茶食的商铺遍及全城,并涌现一批著名商号和名特产品。民国初期,茶食糖果行业新开店增多。30年代茶糖业又有发展。1930年11月,茶食糖果业同业公会成立。但是1935年金融恐慌爆发,因上海等地来苏游客减少,茶食大户营业大降,茶食糖果业随之衰落。[①]

二、农村市场的不平衡发展

农村市场主要由集市、庙会和市镇三部分组成。从全国范围看,1927—1937年间,各地农村市场都有较大程度的发展,但地区间很不平衡。沿海和东中部地区发展较快,西部地区亦有发展,但速度相对缓慢,同沿海和东中部地区的差距进一步拉大。近代时期特别是20世纪二三十年代,农村市场发生了深刻的变化。19世纪下半叶后,中国进出口贸易不断发展,茶叶、生丝、花生、大豆、芝麻、桐油、棉花、烟草、毛皮等农产品成为重要出口商品;而洋纱、洋布、煤油、卷烟、火柴等进口商品广销农村。农村市场的贸易量扩大,也不再局限于农产品与农产品、农产品与手工业品之间的交换,农产品、手工业品与机制工业品的交换已经出现,并不断增加。20世纪以来,随着民族工业的发展,国内机制工业品部分替代洋货,加入对农产品的交换,开始改变城乡之间的传统经济关系。农村市场的交易主体、交易方式,以及农村市场本身的性质、地位,也

---

① 《苏州市志》第二册,第28卷,商业,江苏人民出版社1995年版,第792—793页。

相应发生变化:原来集镇贸易绝大部分属于生产者与消费者、生产者与生产者之间的直接交换,大多带有品种兑换和余缺调剂的性质。伴随进出口贸易发展和工农业产品交换的兴起,城乡之间的经济联系和贸易往来加强,农村市场的商品流转环节增多、范围扩大,介入农村贸易的商人、小贩与日俱增,生产者或消费者同商人、小贩之间的商品交换越来越成为农村市场贸易的重要组成部分。与此相联系,一些地区农村市场的封闭或半封闭状态被打破,很快被卷入全国性市场和资本主义世界市场的漩涡,成为远程贸易的起点或终点,越来越具有农产品初级市场(原始市场)和工业品终点市场(消费市场)的性质。在半殖民地半封建社会条件下,中国城市市场是资本主义世界市场的附庸,农村市场则是城市市场的附庸,农村生产者和消费者直接或间接遭受外国商业资本和列强各国的盘剥、压榨最为酷烈。

(一)集市贸易

集市是设于县城、市镇、乡镇或大型村落的交易场所,各地称谓不同,北方称"集",江南称"市",西南称"场"、"街",岭南称"墟"("圩")。市集墟场贸易是农村贸易的主要形式,是农村市场最重要的组成部分。据 20 世纪 30 年代 19 省 151 个地区的调查,92%的农产品出售地为本村或邻村及附近市镇、县城,其中小麦生产地区约为 95%,水稻生产地区约为 90%;若仅计村镇,则小麦产区为 63%,水稻产区为 65%。[①] 水稻产区农民选择在本村或邻村及附近市镇出售农产品的比例略高于小麦产区,同两类地区

---

①　卜凯主编:《中国土地利用》,第 298—299、479—481 页,转引自章有义编:《中国近代农业史资料》第三辑,生活·读书·新知三联书店 1957 年版,第 309—310 页。

交通条件、运输工具及产品商品率的差异有关。① 集市商品交易量和集市贸易在农村商业中所处的地位,也因地区而异。江苏六合,1932 年时,农民在集市的成交额占商业零售额 40% 左右。②中西部地区集市交易额占农村商业零售额的比重,当在 50% 乃至 80% 以上。这反映了集市贸易在农村商业和农村市场中的重要地位,而且愈是商业和经济不发达的地区,集市贸易在农村商业和农村市场中的地位愈重要。20 世纪二三十年代,集市贸易继续发展,集市数量增加,交易商品种类、数量增多,集市功能也在不断变化。

1. 集市数量增减和集期设定

由于交通运输条件、经济兴衰、商品流向的变化,一些地区的集市数量时有增减,即使数量变化不大,集市所在地亦多有更替。③ 1927—1937 年间,因铁路、公路运输的明显发展,部分地区的集市数量及兴衰变迁颇大。如安徽广德,民国时期,随着公路的开通,沿公路的村镇日趋热闹,誓节、柏垫、流洞、丘村(门口塘)等逐渐发展为农村集市,朱湾、城坞里等集市因不靠公路则日渐冷落。④ 南陵在清代,除县城、弋江镇全天交易外,只有若干"露水集市"。后来在交通要道和滨河聚居人口多的村落,多发展成集镇。民国初,全县农村自然集镇达 33 个。⑤ 湖南湘阴,明清时期有 12 个集镇,主要集中在江河沿岸。民国时

---

① 水稻产区多为南部丘陵山区,产品商品率较低,运输多系肩挑,少数用牛车;小麦产区多为平原,产品商品率相对较高,运输多用马车、驴驮。

② 《六合县志》,中华书局 1991 年版,第 352 页。

③ 如江西临川,清末全县有圩场 35 处,民国时数量不变。但原有圩场中有 9 处停废,11 处为新兴圩场,另有 2 划归外县,只有 24 处延续下来。见《临川县志·经济志》,新华出版社 1993 年版,第 406 页。

④ 《广德县志》,方志出版社 1996 年版,第 278 页。

⑤ 《南陵县志》,黄山书社 1994 年版,第 308 页。

期，资江、湘江轮船通航，粤汉铁路通车，集镇和集市贸易迅速扩大。1935 年，集市圩场增至 35 个，集市贸易日渐兴旺。① 耒阳在光绪年间有集市 55 处，多位于耒水两岸。民国时期公路、铁路通车后，沿河集市衰落，公路、铁路沿线，特别是铁路或公路车站，集市兴旺，成为商品集散的重要市场。位于公路铁路、水路交汇处的灶市，更一跃而成为全县最大的贸易市场。② 广西南丹，县内有集市 29 个，1934 年后，丹池公路通车，沿线集市日趋繁荣，其他边远集市逐渐消失。③ 在某些口岸、城市郊区，由于城镇商业的发展，圩集数量减少。如长沙市郊区的长沙县，清代和民国时期，农副产品的集散和生活用品的供应，均以固定的集镇市场为主，农村圩场呈日趋衰减之势。清末全县有农村圩场 32 处，民国初年减至 21 处④，减少了 1/3 强。不过这种情况在其他地区，并不普遍。

从较长时段看，在大多数地区，集市发展的总趋势是数量不断增长。如江苏宝山，民国初年有 35 处村集，20 年代后增为 40处。⑤ 河北清苑，清末有集市 31 个，民国时期增为 62 个；昌黎，清末有集市 12 个，民国时期增为 30 个；山东高密，清末有集市 24个，民国时期增为 66 个。⑥ 广西清前期 23 个县有墟市 342 个，

---

① 《湘阴县志》，生活·读书·新知三联书店 1995 年版，第 470 页。

② 《耒阳县志》，中国社会出版社 1993 年版，第 344 页。

③ 《南丹市志》，广西人民出版社 1994 年版，第 420 页。

④ 《长沙县志》，生活·读书·新知三联书店 1995 年版，第 464、465页。

⑤ 民国《宝山县续志》第 1 卷，舆地志，市镇，1921 年铅印本，第 11—15页；《宝山县再续志》第 1 卷，舆地志，市镇，1931 年铅印本，第 3 页。

⑥ Gilbert Rozman: *Population and Marketing Settlement in CH'ing China.* Cambridge University Press. 1982. pp. 134、135、136、138.

清后期增为 503 个，民国时期达 528 个。在表 6–35 统计的 10 个省份中，清代至民国时期，大多数省份的集市圩场数量是增长的。

表 6–35 河北等 10 省集市发展情况

省别	清代前期			清代后期			民国时期		
	州县数	集市数	每县平均	州县数	集市数	每县平均	州县数	集市数	每县平均
1. 河北				76	1088	14.3	53	1081	20.4
2. 山东				47	1379	29.3	48	1908	39.8
3. 山西				32	255	7.97	18	144	8.0
4. 四川	86	1958	22.8	80	2655	33.2	52	2240	43.1
5. 安徽				60	152	2.5	57	2219	38.9
6. 江苏				41	1103	26.9	58	2202	37.9
7. 浙江				23	280	12.1	63	1155	18.3
8. 江西				18	302	16.7	44	810	18.4
9. 广东				21	945	45	72	1426	19.8
10. 广西	23	342	14.8	23	503	21.8	23	528	22.9

资料来源：1、2、3. 龚关：《明清至民国时期华北集市的数量分析》，《中国社会经济史研究》1999 年第 3 期。原统计分为 1644—1734、1736—1795、1796—1861、1862—1911、1912—1937 等五个时段，本表选原统计的后两个时段。4. 据高王凌：《乾嘉时期四川的场市、场市网及其功能》附表一计算，原表见中国人民大学清史研究所编：《清史研究集》第 3 辑，四川人民出版社 1984 年版，第 84—87 页。5—9. 慈鸿飞：《近代中国镇、集发展的数量分析》，《中国社会科学》1996 年第 2 期。原统计分为 19 世纪下半叶、1933—1934 年两个时段，此表将其并入"清后期"、"民国时期"两个时段。平均每县集数据原表资料计算。10. 钟文典主编：《广西近代圩镇研究》，广西师范大学出版社 1998 年版，第 32—33 页。原统计分为清前期、清末、民国时期三个时段。平均每县集数据原资料计算。

　　因资料局限，表列 10 省各时段的州县抽样及数量不一，前后时段的集市数据不具可比性，但每县市集平均数能大体反映市集的数量变化。如表，除广东省外，其他各省每县平均集市数都有不同程度的增加。四川清前期平均每县有集场 22.8 个，清后期 33.2 个，民国年间达 43.1 个，环比增长 46% 和 30%。河北清后期平均每县有集市 14.3 个，民国时期为 20.4 个，增长 42%。山东清后期平均每县有集市 29.3 个；民国时期为 39.8 个，增长 36% 弱。江苏清后期平均每县有集市 26.9 个；民国时期为 37.9 个，增长 29%。浙江清后期平均每县有市集 12.1 个，民国时期为 18.3 个，增长 51%。江西清后期平均每县有集市 16.7 个；民国时期为 18.4 个，增长 10%。安徽平均每县集市数，更从清后期 2.5 个增至民国时期的 38.9 个，增加了 15.6 倍。

　　各县集市数量和分布，地区间极不平衡。据统计，20 世纪 10 至 30 年代，全国 22 省 1196 县，共有市集墟场 29279 个，平均每县 24.5 个。但各县各省集市数量多寡悬殊，集市最多的河南、四川，平均每县分别有集市 69 处和 43 处，最少的绥远、青海，分别只有 1.4 处和 1.6 处，大部分县区在 15 至 40 处左右（详见表 6-36）。一般而言，集市的形成和分布，受地理环境、人口数量和密度、交通状况、商品经济发展情况等多重因素的影响。长江中下游流域和四川盆地人口集中，交通便利，商品经济比较发达，集市分布的密度较大；华北地区的山东、河北及中原的河南等省，19 世纪末 20 世纪初开始进入商品经济快速发展阶段，集市分布也趋向密集；西北地区人口相对稀少，交通状况不及长江流域及华北、中原，商品经济发展相对滞后，集市分布则较稀疏。

表 6-36 20 世纪 10 至 30 年代 22 省集市分布情况

序号	省别	调查县数	集市数	每县平均数
1	河北	53	1081	20.4
2	山东	48	1908	39.8
3	山西	104	662	6.3
4	河南	108	7488	69.3
5	江苏	58	2202	37.9
6	浙江	63	1155	18.3
7	安徽	57	2219	38.9
8	福建	40	488	12.2
9	江西	44	810	18.4
10	广东	72	1426	19.8
11	广西	85	1329	15.6
12	湖南	71	1876	26.4
13	湖北	41	1100	26.8
14	察哈尔	13	47	3.6
15	绥远	20	29	1.4
16	陕西	74	640	8.6
17	甘肃	51	432	8.4
18	宁夏	6	24	4.0
19	青海	8	13	1.6
20	四川	52	2240	43.1

续表

序号	省别	调查县数	集市数	每县平均数
21	云南	101	1586	15.7
22	贵州	27	524	19.4
	总计	1196	29279	24.5

资料来源：1、2．龚关：《明清至民国时期华北集市的数量分析》，《中国社会经济史研究》1999 年第 3 期。原统计为 1912—1937 年。5、6、7、9、10．慈鸿飞：《近代中国镇、集发展的数量分析》，《中国社会科学》1996 年第 2 期。原统计分为 1933—1934 年。平均每县集数据原表资料计算。20．据高王凌：《乾嘉时期四川的场市、场市网及其功能》附表一计算，原表见中国人民大学清史研究所编：《清史研究集》第 3 辑，四川人民出版社 1984 年版，第 84—87 页。余据 1933—1934 年国民党政府《内政调查统计》，转见慈鸿飞：《近代中国镇、集发展的数量分析》，《中国社会科学》1996 年第 2 期。每县平均集市数系本书计算。

　　各地集市的集期设定也有很大的差异。集市是间歇性市场，"有人则满，无人则虚"。开集日期一般按旬计算，有一旬开集 2 日、3 日、4 日、5 日等多种情况；也有按地支计算的，如云南大部分地区，以 12 天为一个周期，周期内开集 2 日。少数地区或集市为日日集，甚至一日两集。如江苏嘉定县属各镇多每日一集，陆家行则"每日集市二次，以花、米为贸易物"；纪王庙亦"每日晨昼两市"。[1] 吴县、吴江、武进等县也有若干"日日集市"或"平日集市"。主要分布在县城和人口集中的乡区集镇、街镇，以买卖蔬菜、荤食品为主，日出交易，上午即散。[2] 集期较密的隔日集在某

---

　　[1]　民国《嘉定县续志》第 1 卷，疆域志，市镇，1930 年铅印本，第 36—37、33 页。

　　[2]　《吴县志》第 14 卷，商业，上海古籍出版社 1994 年版，第 614 页；《吴江县志》第 11 卷，商业，江苏科学技术出版社 1994 年版，第 410 页；《武进县志》，上海人民出版社 1988 年版，第 481—482 页。

些地区普遍存在。如山西以隔日集最多,几占一半;河南则近90%为隔日集。① 不过,据相关方志记载,更多的还是 3 日集、5 日集,或每旬 3 集、2 集。如奉天多每旬 3 集或 2 集;陕西所属部分县镇每旬开集 5 日、4 日、3 日、2 日不等,但以 2 日、3 日为主。② 山东、河北有每旬 2 集、3 集、4 集之差,但以 2 集为主,其中山东占90%以上。浙江余姚、天台、永康,福建上杭、崇安,湖南醴陵,贵州榕江、剑河等地,也多为每旬 2 集。③ 吉林长春县每旬开集 3 日,逢三、六、九日为集期;四川各县多每旬开市 3 日;广东始兴县、潮州、丰顺等地为每旬 3 集或 3 日一集。广西省 1935 年有墟集 1454处,集期从日日墟到 10 日墟、12 日墟,多达 8 种,其中以 3 日墟或

---

① 龚关:《近代华北集市的发展》,《近代史研究》2001 年第 1 期。

② 民国《绥中县志》第 4 卷,建置,市镇,1929 年铅印本,第 6—8页;民国《兴京县志》第 1 卷,地理,市镇,1925 年铅印本,第 12—13页;民国《新民县志》第 2 卷,图宇,城镇集市,1926 年石印本,第 43—47页;民国《义县志》中卷之二,建置志上,城池,集,1931 年铅印本,第 21—22 页;民国《洛川县志》第 9 卷,工商志,商,集会,1944 年铅印本,第 4—6 页;民国《华阴县续志》第 1 卷,地理志,市镇,1932 年铅印本,第 16 页;民国《澄城县附志》第 4 卷,商务,1926 年铅印本,第 17—20 页;民国《续修醴泉县志稿》第 4 卷,建置志,市镇,1935 年铅印本,第 38—39 页;民国《重修咸阳县志》第 1 卷,地理志,市镇,1932 年铅印本,第 6 页;民国《平民县志》第 1 卷,建置志,市镇,1932年铅印本,第 8—9 页;民国《鳌屋县志》第 2 卷,建置,市集,1925 年铅印本,第 19—21 页;龚关:《近代华北集市的发展》,《近代史研究》2001 年第 1 期。

③ 民国《浙江新志》下卷,1936 年铅印本,第 135、154、168 页;民国《上杭县志》第 5 卷,城市志,墟镇,1939 年铅印本,第 14—15 页;民国《崇安县新志》第 14 卷,政治,商业,1942 年铅印本,第 2 页;民国《醴陵县志》第 6 卷,食货志,工商,1948 年铅印本,第 32—34 页;李绍良编:《榕江县乡土教材》,第二章榕江地理,第四节经济,1965 年贵州省图书馆稿本,第 19 页;民国《剑河县志》第 3 卷,建置志,场市,1965 年贵州省图书馆油印本,第 43—44 页。

10 日 3 墟最多,计 884 处,占总数的 60%。[1]

集期的设定与集市的分布密切相关。为便于农民及流动商贩上集交易,相邻集市的集期彼此错开,互不冲突。因此,一些集市分布稀疏的地区,集期间隔较短,而一些集市较密集的地区,集期间隔反长。若以山西与河北作比较,河北集市分布较密,平原地区平均每集的覆盖面积约 30—40 平方公里,每集半径多在 3—4 公里之间;永平府山区平均每集覆盖面积约 144 平方公里,每集半径6.5 公里。山西集市分布则较稀疏,盆地平均每集覆盖面积约 130 平方公里,每集半径 6.2 公里;山区每集覆盖面积约 520 平方公里,每集半径 13 公里。河北以每旬 2 集为主,集期间隔长;山西以隔日集为主,集期间隔短。[2] 很明显,山西是以时间间隔的频密弥补空间分布的稀疏。

2. 集市商品结构及其变化

集市是农民和农村手工业者出卖农副产品和手工业品,购入生产资料和生活用品的交易场所。交易商品除生产、生活必需的盐、铁、茶、棉、布、药材外,多是农副产品及土特产品。具体到每个集市,因所在地区物产丰吝、经济发展程度、居民生活水平以及集市本身规模和辐射范围,各不相同,交易商品的种类、数量差异悬殊,情况多样。安徽太湖,集市规模狭小,只有早市。农民等小生产者均往就近小集镇临街拍卖,"日出人市,日中下市"[3],交易货

---

[1]　民国《长春县志》第 2 卷,舆地志,市镇,1941 年铅印本;民国《始兴县志》第 6 卷,建置略,墟市 1926 年铅印本;民国《潮州府志略》,疆域,墟市,1933 年铅印本;民国《丰顺县志》第 6 卷,建置二,墟市,1943 年铅印本;广西统计局编印:《广西年鉴》(第二回,1935 年),第 576 页。

[2]　龚关:《明清至民国时期华北集市的数量分析》,《中国社会经济史研究》1999 年第 3 期。

[3]　《太湖县志》,黄山书社 1995 年版,第 328 页。

物品种、数量有限。一些偏远地区，集市商品更少。云南梁河，直至民国初期，县内一些市集仍位于草皮坝上，"人到则为街，人散则为荒原一片，皆买卖肉米，无商务可述"。① 一些经济相对发展、规模较大的地区和集市，交易货物较多，并有发展。江西奉新，日军侵占县城前，集市交易品种繁多，"在不同地区因土特产品不同而各具特色"。② 湖南安仁，同治年间，集市少有坐贾，多系手提肩挑商贩，木架摆摊，农民坐地小卖，"大场半日散，小场一阵风"。到民国时期，农副土特产品和手工业产品交易增多，外县人来县经商，坐商增加，新的市场逐渐形成，集市规模扩大。"相邻各集交错进行，各地土特产品不同，上市商品各有特色"。③ 广东顺德，民国初年，蚕市、桑市、茧市、丝市持续发展，1918—1928 年蚕丝业兴盛时期，带动了其他农副产品的交易。容奇更成为蚕丝、塘鱼、生猪、果菜等农产品的集散地，被称为"小广州"。④

　　20 世纪二三十年代，城乡商业加速发展，集市店铺和流动商贩增加，机制工业品大量销往农村，进入各地农民家庭，洋布、洋袜、煤油、肥皂、香烟等已成为部分农民家庭的生活必需品。据1935 年的调查，河北、江苏等南北 22 省平均购买洋布、洋袜、煤油、肥皂、香烟等工业品的农户比重，依次为 29.9%、43.0%、54.2%、34.1% 和 19.3%。另有 26% 的农户从市场购买肥料。在地区上，长江中下游流域各省购买工业品的农户较多，普遍高于22 省平均水平，而西北地区偏低（详见表 6-37）。从全国范围看，农副产品与机制工业品的交换是增长的。

<hr>

① 《梁河县志》，云南民族出版社 1993 年版，第 391 页。
② 《奉新县志》第 11 卷，商业，南海出版公司 1991 年版，第 240 页。
③ 《安仁县志》，中国社会出版社 1993 年版，第 438 页。
④ 《顺德县志》，中华书局 1996 年版，第 622—623 页。

表6-37 关内22省购买机制工业品或手工业品的农户百分率

1935年

省别	洋布	洋袜	煤油	肥皂	肥料	香烟
河北	38.0	39.8	94.7	32.1	22.7	30.5
山西	19.0	17.5	71.1	21.5	6.6	22.0
山东	36.6	36.7	92.7	32.7	48.2	29.3
河南	24.3	45.7	76.9	19.4	16.3	28.3
察哈尔	14.3	13.3	89.7	28.0	5.7	24.5
绥远	11.9	19.0	20.5	16.0	2.5	17.9
陕西	26.5	38.3	20.7	18.1	11.4	11.4
甘肃	26.4	25.6	—	5.9	2.5	12.7
宁夏	62.1	29.3	2.9	16.0	2.1	22.8
青海	17.5	15.8	—	2.4	3.4	1.1
江苏	39.9	76.9	88.1	65.7	56.4	35.3
安徽	43.3	68.0	79.9	54.0	35.3	39.4
浙江	51.9	79.6	80.3	81.5	52.4	35.1
湖北	42.8	72.1	73.8	53.1	48.6	22.2
湖南	39.1	72.3	70.7	43.3	19.6	7.5
江西	36.5	76.6	54.0	59.4	28.4	12.2
福建	31.4	33.7	78.5	70.3	65.4	17.5
广东	28.0	26.6	82.6	42.4	55.5	16.1
广西	16.1	28.1	75.6	23.9	24.7	7.4
四川	21.2	48.1	8.1	20.0	36.3	7.8
云南	20.4	36.9	27.1	32.1	9.2	16.8
贵州	10.8	45.6	5.1	12.8	18.0	5.7
简单平均数	29.9	43.0	54.2	34.1	26.0	19.3

资料来源:据章有义编:《中国近代农业史资料》第3辑,生活·读书·新知三联书店1957年版,第310页"购买粮食及其他生活资料的农户百分率"改制。

集市是机制工业品进入农村和农户的重要渠道,随着工农业产品交换的发展,各地集市的商品结构相继发生变化。工业机制品开始成为各地集市贸易,尤其是沿海省份或农产品商品化程度较高地区集市贸易的重要商品。早在清末,洋纱、洋布、洋靛、洋针、洋钉、煤油、肥皂、火柴、卷烟以及其他洋杂货就是集市的新鲜货种。如直隶昌黎各市集"自海洋交通,洋布、洋面及诸般洋货,各市云集,货品为之一变"。[①] 山东胶县流亭、华阴两处市集,每逢集日,便集"露店"七八百家,陈列货物总值达两三千元,主要物品不仅有棉花、小麦、杂粮等农产品,还有煤油、棉纱、洋布、火柴、烟卷等工业品。[②] 江苏邳县,集市设有布、米、木、竹、杂货、鱼、猪、果、菜、铁器、毡货、瓷器、编织等市,交易货品全部为农产品和手工业品。20世纪20年代,大集设有粮食、布匹、棉线、葤麻、编织品、牲畜、青菜、鲜鱼、禽蛋、木料、柴草等交易市场。其中以粮食、布匹、棉线交易量最大。[③] 仪征集市仍以稻麦、杂粮、畜禽等农副产品为大宗,但集镇店铺、商贩经营的商品则是棉布、绸缎、五洋杂货、烟、酒、盐等工业品。[④] 陕西岚皋,清末,集市货品全系农副产品、山货特产;民国时期,除农副产品、山货特产,已有少量日用工业品。市场亦有猪市、斗市、百杂市之分。[⑤] 湖南醴陵县柞树下、清水江、荆村、枫树坪等墟场,棉纱已是主要交易物品之一。[⑥] 广

---

① 吴慧主编:《中国商业通史》第5卷,中国财政经济出版社2008年版,第187—188页。

② 民国《胶澳志》第8卷,建置志,市廛,1928年铅印本,第68页。

③ 《邳县志》,中华书局1995年版,第383页。

④ 《仪征县志》,江苏科学技术出版社1994年版,第305页。

⑤ 《岚皋县志》,陕西人民出版社1993年版,第223页。

⑥ 民国《醴陵县志》第6卷,食货志,工商,1948年铅印本,第33—34页。

西陆川县大桥墟,经商者以贩运盐、油、洋纱、火油为众,销货亦以油盐、米谷、洋纱、火油为大宗。① 云南宣威,以州城为中心的集市贸易在清代逐渐形成,至民国,集贸市场遍布全县城乡。小集市也经销糖、烟、盐、火柴、煤油等百货及土特产品。② 在大理,洋纱、土布是龙街、狗街集市销售的主要商品。③

由于经济发展的不平衡性和区域经济的多样性,各地集市商品结构千差万别。这一时期的集市尤其是小集或一些偏远地区的集市,农副产品和手工业品仍是主要甚至全部交易货品。或谓"每日一市,以棉花、土布、六陈为贸易物";市集"所易亦只日常所需油、盐、柴、米之属";各集"销售之物有谷米、黄黑豆、包粟、麦菽、高粱、木薯、猫豆、南瓜、薯芋及本地制造锄犁农器、竹编簸箕等,线织帽袜虽有,然亦不多";"市以二、四、七、十日,米、麦、油外,麻为大宗",等等。④ 尽管如此,在大多数或绝大多数集市,工农业产品的交换已是贸易的重要内容。洋纱(机纱)同改良土布的交换,更成为一些集市交易的主要形式。有人描绘30年代初湖南嘉禾县行廊墟的交换图景:"其利市货贿莫多于棉花、洋纱、女布三者互易,一墟期可千数百元。棉运自白沙河洲,近则何家渡估船,纱多自粤,布则环墟近村落妇女群抱而贸。诗曰'抱布贸丝',可为今咏矣"。⑤ 不过20世纪30年代农户的改良土布同洋纱、机

① 民国《陆川县志》第5卷,建置,街市类,1924年刻本,第7—10页。

② 《宣威市志》,云南人民出版社1999年版,第361页。

③ 民国《大理县志稿》第3卷,建设部,城市,1917年铅印本,第6—10页。

④ 民国《嘉定县续志》第1卷,疆域志,市镇,1930年铅印本,第34页;民国《卢龙县志》第10卷,风土,风俗,1931年铅印本,第4—5页;民国《上林县志》第3卷,建设部上,城市,1934年铅印本,第11页;民国《郏县志》第1卷,市镇,1948年铅印本,第56页。

⑤ 民国《嘉禾县图志》第18卷,食货篇第九下,1931年铅印本,第6页。

纱的交换与古代农妇"抱布贸丝"相较,形似而实殊。

集市交易货品中,农副产品、手工业品和机制工业品各自所占比重,因集市所在地区经济发展状况和集市的市场辐射及商品来源范围大小而异。通常农副产品多来自附近农村,机制工业品则来自城镇或距离更远的口岸城市。因此,地区经济愈发展,集市辐射范围愈大,交易货品来源愈远,机制工业品的比重愈高。据30年代对山东邹平县集市货品来源地的调查,来自50里内的商品最多,占全部货物的58.6%,主要是粮食和食品、日用铁木制品、土布及服饰品、牲口及其他生产资料,均为村镇小作坊或村内农户所产,其中80%是农产品,20%为手工业品;51—100里的货物最少,占2.7%,主要是章丘的苇席子,周村洋袜子、带子及文化用品,手工业品占88.1%,机制品占11.9%;101—300里的货物占13.8%,有临淄陶器,沂水烟叶及济南工业品等,其中农产品占64.3%,手工业品占9.1%,机制工业品占26.6%;300里以外来的货物占24.9%,有青岛、上海的火柴、香烟、洋纱、洋布、文具及其他机制品,日本洋纱、布匹、洋铁、铁器及日用品,曲阜的席子,潍县的布匹,河南清化的竹器,安徽、浙江的茶叶,江苏的锡箔、元表,以及口外的牲口等。其中农产品占36.9%,手工业品占18.3%,机制品占44.8%。① 很明显,机制工业品的数量和比重随市场商品来源地的扩大而递增,从无到有,从少到多。50里范围内的货品中,完全没有机制品。51—100里的货品中,机制品的比重为11.9%,由此递增,300里以外的货品中,机制品的比重已达44.8%。整个集市的商品结构,则是农产品占64.9%,手工业品占19.9%,机制工业品占15.2%。这在一定程度上反映了内陆集

① 杨庆堃:《市集现象所表现的农村自给自足问题》,《大公报》1934年7月19日、8月30日。

市交易商品及其内部结构。时至 20 世纪 30 年代,机制工业品已在集市贸易中占有一定比重,但不算高,集市交易仍以传统农产品和手工业品为主。

集市商品结构的另一变化,是销往国外和供给国内工业(包括外资工业)的农产品、农产加工品的比重增大。近代中国既是资本主义国家机制品的消费市场,又是其工业原料(包括在华外资工业)的供给地。这些工业原料几乎全部来自农村,其中大部分或绝大部分必须通过集市贸易。20 世纪初,大豆、豆油、豆饼、花生、花生油、芝麻、油菜籽、桐油、柏油、猪鬃、毛皮、禽蛋等农产和农产加工品的出口迅速扩大;国内棉纺织、面粉、卷烟、蛋品等新式工业不断发展,大豆等出口农产品、农产加工品和棉花、小麦、烟叶、鲜蛋等工业原料,以及供给城市居民消费的粮食、副食品等,在集市交易商品中所占比重明显提高。1931 年"九一八事变"前,大豆、小麦日益成为东北一些集市交易的主要商品。二三十年代在一些产棉区,每到棉花收获季节,棉花是大小集市最重要的商品,河北一些棉花集中产区,几乎每村都有专门进行棉花交易的村市。[1] 四川、湖南、湖北等重要桐油产区,每届冬春桐油榨制季节,桐油买卖是当地集市的主要贸易品之一。湖南永定(今大庸县)罗塔、平温塘、大兴集市,"桐茶油盐为市物大宗"。[2] 安化烟溪市"每年桐油、茶油出口以万计"。[3] 随着城市的发展,供应城市的粮

---

[1]　刘克祥:《1895—1927 年通商口岸附近和铁路沿线地区的农产品商品化》,见《中国社会科学院经济研究所集刊》第 11 辑,中国社会科学出版社1988 年版。

[2]　民国《永定县乡土志》下篇,地理第六,1920 年铅印本,第 10 页。

[3]　曾继梧等编:《湖南各县调查笔记》地理类,安化,市镇,1931 年铅印本,转引自戴鞍钢、黄苇主编:《中国地方志经济资料汇编》,汉语大词典出版社 1999 年版,第 655 页。

食和副食品在一些地区集市交易中的地位日见重要。民国时期，供给上海等城市口粮的江苏常熟县城米市明显扩大，在省内仅次于无锡米市。① 30年代的邳县各大集市，以供应城市的粮食及布匹、棉线交易量最大。② 浙江鄞县，30年代后，城市交通发展，人口增加，县城和农村先后分别新设7个和两个小菜场③，以供应城市蔬菜。福建建瓯，明代有商业集市，清代日益发达，民国期间，开始出现米市、猪市、牛市、禽蛋市、土产市、菜市等专业市场④，也都同城市发展密切相关。

3. 集市结构与功能的变化

集市的基本功能是通过商品交易，为周边农业生产和农民生活服务。鸦片战争前，集市已有相当程度的发展。进入近代尤其是20世纪初，集市的外部环境发生了变化，全国对外贸易和城市新式工业的发展，形成了对农副产品的巨大需求，为集市贸易注入了新的活力。

随着交易规模的扩大，集市的结构出现变化。首先，不少地区集市出现了各式专业市，诸如米市、粮市、牛市、马市、牲口市、羊市、猪市、苗猪市、鱼市、禽蛋市、油市、棉市、桑市、茧市、丝市、绸市、烟市、靛市、柴炭市、菜市、棉线市、纱布市、百货市，等等。相当部分的专业市是20世纪二三十年代形成的，原有专业市则继续扩大。重要产棉区河北，据1922年对西河棉区30县的调查，近20个县出现了"花市"，多的有10处、8处，少的也有四五处。⑤ 广东

① 《常熟市志》，上海人民出版社1990年版，第431页。
② 《邳县志》，中华书局1995年版，第383页。
③ 《鄞县志》上册，中华书局1996年版，第733—735页。
④ 《建瓯县志》，中华书局1994年版，第286页。
⑤ 转见龚关：《近代华北集市的发展》，《近代史研究》2001年第1期。

珠江三角洲蚕桑区,形成和扩大了桑市、茧市、茧绸市、丝市,其中香山县榄镇的茧市每年交易额可达百万余两,黄辅茧市获利亦丰。[1] 四川乐山各地皆有茧市,丝市、绸市、棉花市、炭市、柴市则分布在不同的墟场。[2] 米市、粮市、牛市、猪市、苗猪市等专业市出现较早,这一时期的发展也较为显著。在广东米谷的重要供应地广西,许多墟集都设有米市。贵县的大墟地处水陆交通要道,向以米市、牛市著称,是广西外输粮食的重要集散地。[3] 奉天铁岭县分辟粮食场、牲畜市、菜市、瓜市为各类商品的交易地点。[4] 江苏丹阳县城牛市,由清中叶的不定期交易逐渐发展为每逢农历每月初一、初六的定期交易,居民称为"牛落(陆)"。1907年沪宁铁路通车后,牛市交易日益扩大,货源来自苏北、皖南广大地区,货种由耕牛扩大到菜牛。每逢牛集市日,上市牛只在千头以上,最多达2000余头,实际成交量占80%左右。每年运往外地的耕牛、菜牛约1.5万余头。除销本县周边地区外,还远销上海、苏州、无锡、昆山等城市和地区,成为全国六大牛市场之一。[5] 仪征的牛市、猪市的规模也很大。大仪牛市"最盛",苏、浙、皖、鲁、闽等省客商都前往交易,上市量最多每天2000余头。[6] 仪征、浙江东阳的猪市,云南河西七街的大牲畜市场,规模都很大。仪征刘集的猪市"闻名于长江南北";东阳横店猪市,民国时期每市成交猪千余头;七街大牲畜市场,赶街人数上万,每街上市大牲畜千多头,除本县外,江川、玉

① 民国《香山县志续编》第2卷,舆地,1923年刻本,第15页。
② 民国《乐山县志》第4卷,建置志,市,1934年铅印本,第37页。
③ 民国《贵县志》第1卷,地理,墟市,1935年铅印本,第75页。
④ 民国《铁岭县志》第2卷,地理,市场,1933年铅印本,第17—18页。
⑤ 《丹阳县志》第12卷,商业,江苏人民出版社1992年版,第418页。
⑥ 《仪征县志》,江苏科学技术出版社1994年版,第305页。

溪、峨山、华宁、建水、石屏等县,甚至贵州、四川等省,也有人前往贸易。①

其次,集市内部层级和分工日趋明确,部分地区已初步形成较完整的集市网络结构。

各地集市规模大小、覆盖面积广狭不一,赶集人数多寡、交易时间长短不等,规模和覆盖范围小的,赶集人数仅一二十人或百余人,黎明开集,日出即散,交易时间仅一两小时,俗称"露水集"或"麻雀集"(如麻雀稍聚即散);规模大的,赶集人数多达数千人或万人以上,交易时间最长可达一整天。一些地区习惯按规模或交易时间将集市分类:北方的一些地区一般将集市分为大集、小集。"大集竟日成市,小集则过午即散"。大集交易商品繁多,当地产品如食粮、柴薪、果品、牲畜、鸡鸭、海鲜、杂品等,"虽在数十里外,莫不麇集",某些土特产及日常用品,"且有来自外县者,聚会恒达数万人"。小集货物则较大集减少,"比例当在百分之二三十"。②江苏吴江亦有大集、小集之分,"市为大集,乡为小集"。③ 浙江缙云,按交易时间将集市分为整日集、半日集、露水集(麻雀集)三类;安徽和县分为早集("露水集")和半日集(晚集)。④ 四川北川,则按墟场开场间隔时间分类,间2日者曰"小场",间3日者曰"大场"。⑤ 各地大集、小集交错分布,小集数量远多于大集。如广西据30年代的调查,趁墟人数在500人以下的墟市654处,占调

---

① 《东阳市志》,汉语大词典出版社1993年版,第469—471页;《通海县志》,云南人民出版社1992年版,第252页。

② 民国《牟平县志》第5卷,政治志二,实业,1936年铅印本,第17页。

③ 《吴江县志》第11卷,商业,江苏科学技术出版社1994年版,第410页。

④ 《和县志》,黄山书社1995年版,第311页。

⑤ 民国《北川县志》礼俗志,市场赶集,1932年石印本。

查总数 1166 处的 56.1%;501—1000 人的 271 处,占 23.2%。两者合计为 79.3%,是当地墟集的主体。趁墟 1001—5000 人的 224 处,占 19.2%;5000 人以上的 17 处,占 1.5%。[①]

　　不同规模、类型的集市,功能和商品交易互有差异。一些小集通常主要是临近各村菜蔬、副食品及其他小型货品的零星交易,农民如需上述日常用品,即可就近购买;而大集则承担更大范围、更多货品的交易和余缺调剂,满足农民对大中型生产生活资料或较大数量产品的购销。两者交错分布,相互补充。20 世纪初,随着交通运输和商业流通的发展,一些地区的集市多有兴废,或人为调整,分工更趋明确,地域分布和层次结构更趋合理。在广西,趁墟人数在 1000 人以下的小墟,主要交易周边农户提供的米、菜、油、盐、鸡、鸭、鱼、肉等生活日用品,少有外来工业品,主要功能在于满足周边农户余缺调剂的需要。趁墟人数在 1000—3000 人的中等墟集,是连接小墟市与高级市场的中间环节。如来宾大湾墟滨临红水江,有货船往来梧州,其牛市常有港澳客商光顾,交易兴旺,货物除农产品外,还有苏杭布帛、洋纱、煤油、洋杂等工业品[②],它已不是单纯周边农户的农产交易,还在更大范围内发挥商品交换和资源调配的作用。山东邹平的情况相仿,该地集市分为三等,一等集的活动范围最大,二等集次之,三等集最小。三等集只供应周边农户简单的日常消费品,交易者主要是小生产者和消费者,虽有小贩,但不占重要地位。一等集以二等集、三等集作为它的市场辐射半径,是各类集市的中心。交易者除小生产者和消费者外,还有各类商人。经营形式除了零卖,还有批发,主要供应来自二等、三等

---

①　广西统计局编印:《广西年鉴》(第二回,1935 年),第 578 页。
②　见民国《来宾县志》上篇,地理三,墟市,1937 年铅印本,第 75—76 页;广西统计局编印:《广西年鉴》(第二回,1935 年),第 590 页。

集的小贩,在地方市场中发挥重要作用。二等集则在满足农户更多需要的同时,有时也充当一等集与三等集的联系纽带,二等集也有批发买卖,不过只卖给三等集的小贩,数量较少。[①]

集市的这种层级和网络结构,在一些口岸或城市周边农村,更为分明和完整。如浙江鄞县,为了适应宁波的发展变化,早在光绪三年(1877 年),即对县内集市进行大幅度兴革调整,取消城内原有的 6 个传统集市,新设 5 个集市,另有乡村集市 70 余个。调整后,全县有中心集市 10 余个(一般 10 天 3 市),每个中心集市周围有几个中间集市(10 天 2 市)和更多小集市(10 天 1 市),在县城中形成专业集散点,并通过乡村中心集市、中间集市、小集市形成购销网络。在集期排列上,下级集市集期避开上级集期。除常规集市外,另有按季节开办的特定集市,如每年各收割期举办的割稻客市和五月举办的草席市等。20 世纪 30 年代,鉴于城市人口以及商行、摊贩、街市挑卖和外来商民不断增加,县城和乡区先后新设 9 个小菜场。乡村集市从 70 余个增至 80 个,专业集市亦不断新添和扩展,一些乡区集市分别以箬业、竹木、米市、陶瓦、鱼货、粮食、贝母、草席为交易大宗或专业集市而著名。[②] 城乡集市网络及其功能更趋完善。

(二)庙会及其市场功能

赶庙会也是农村常见的贸易形式和农村市场的重要组成部分。庙会原是民间祭祀或纪念神灵的宗教迷信活动。因参与人员众多,男女老幼麇集,逐渐从食品、玩具叫卖,扩大为各色物品交易,由此衍生出市场功能。随着时间的推移,到 20 世纪初,商品交易已成为许多大中型庙会的主要功能,庙会演变成特种定期集市

---

① 杨庆堃:《一个农村市集调查的尝试》,《大公报》1933 年 7 月 8 日。
② 《鄞县志》上册,中华书局 1996 年版,第 733—735 页。

或中小型商品展销会。在这种情况下,一些地方头人,甚至造神立会,以活跃和发展当地经济。①

庙会广泛分布于南北各地。在北方,绥远东胜县郡王旗境内有元太祖墓,旁无村落,平日仅 40 余名蒙古人守墓,但每年农历三月二十一日集会之日,伊克昭、乌兰察布两盟及绥远、山西、陕西等地商货云集,交易兴盛。② 陕西省城有城隍庙会,华阴有华岳庙会,三原有腊八会,凤翔有春秋赛会,各会每藉祀神开设,其实是行销土货,通常皆有场集,市肆骈阗,交易物品都是寻常日用之需、农民田器之类。③ 山东高密有山会,每年一次或两次,每次一二日或三四日不等,会期商人陈列百货,"交易之繁盛,如同赛会"。④ 其他各地也庙会众多。据统计,山西榆次有庙会 43 处,太谷 48 处,介休 18 处,襄陵 11 处⑤;河北徐水有庙会 16 处;山东博兴有庙会 13 处,临淄 7 处,济宁 19 处,聊城有大小庙会六七十处,金乡的庙会分为香火会与骡马会两种,一年共有 140 多次。⑥ 河南各县庙会每年少者百余次,多者千余次。⑦ 南方各地的庙会也为数众多。江苏无锡有庙会 8 处;句容全县村镇 39 处有庙会。⑧ 吴江每逢庙

---

① 参见刘克祥:《近代农村庙会及其功能与作用》,《近代史学刊》第 1 辑,2001 年 12 月。

② 民国《绥远志略》,第七章,绥远之县邑,1937 年铅印本,第 81 页。

③ 民国《续陕西通志稿》第 198 卷,风俗四,赛会,1934 年铅印本,第 21 页。

④ 民国《高密县志》第 7 卷,实业志,商业,1935 年铅印本,第 10 页。

⑤ 行龙、张万寿:《近代山西集市数量、分布及其变迁》,见行龙主编:《近代山西社会研究》,中国社会科学出版社 2002 年版,第 173 页。

⑥ 分见山东省立民众教育馆编辑股编:《山东庙会调查》,山东省立民众教育馆发行处 1933 年版,第 7、47、65—66、38、76 页。

⑦ 马紫晨:《河南庙会文化及戏俗》,《中州民俗》1988 年第 4 期。

⑧ 刘克祥:《近代农村庙会及其功能与作用》,《近代史学刊》第 1 辑,2001 年 12 月;《句容县志》,江苏人民出版社 1994 年版,第 396 页。

会,"商贩云集,聚货成市"。①

庙会就其交易的物品种类而言可分为三类:第一类是百货齐聚的庙会,交易物多是农家生活、生产用品,只要是日常使用的物件,大多可在庙场买到。这类庙会在全国各地的庙会中占多数。第二类是专卖或以买卖特种用品为目的的庙会,如河北安国和河南辉县的药材大会,包头及河北下河镇的牲口会,河北南皮的皮货会。第三类是特产庙会,如产柳条的地方常常有卖柳条编织器具的庙会,范围不大,只有本地特产交易。

庙会的规模差异很大。大的庙会覆盖本县及外县甚至外省的广大地区,赴会人数达数万甚至上百万,会期内百货骈集,贸易繁盛。河南淮阳的太昊陵庙会,是为纪念"人祖"伏羲氏而举办的"朝祖进香"大会。传说伏羲氏建都于此,由此招徕周边民众,甚至安徽、江苏、湖北的民众前来朝拜。会期自农历二月初一至三月三日,届时商贾云集,百货齐全,参会人数前后不下百余万。据30年代初的调查,全庙内外分为 8 条大街,均有固定摊铺,计有竹木器具、供品、家用小商品、金属器具、服饰、布匹、文具书籍、燃料、皮货、陶器、药品、农用种子、玩具、食品、零用杂品等 20 个类别,1476家摊铺。卖家大半并非职业商人,而是自产自销的乡间小生产者,买卖双方直接议价,自由交易。太昊陵庙会方便了农民交换,为周边小生产者提供了获取收入的机会,淮阳北关一带的小生产者都把该会"当做一个大秋的收入看待"。② 黑龙江呼伦县地处草原游牧区,县内没有市镇,大宗贸易仰赖庙会。县治西南的甘珠庙于每年农历八月初一至初五举行大法会,各地来此顶礼膜拜的蒙族牧

① 《吴江县志》第 11 卷,商业,江苏科学技术出版社 1994 年版,第 410 页。
② 郑合成编:《陈州太昊陵庙会概况》,河南省立杞县教育实验区 1934年刊本,第 73 页。

民常有数万之众。汉、俄、日、蒙等商人、牧民在此张幕互市,市街绵延百余里,交易货品以牲畜、皮张、羊毛为主,交易额常达数万或数十万卢布。1935年庙会成交的马约300匹、牛600头、羊2600只,三项总值600万元;成交羊毛1000磅,计2万元;面粉、高粱、酒、豆油、砖茶、火柴、棉布、库锦、皮制蒙古鞋、烟草、食器等日用杂货计值2万元。庙会交易方式原分现金交易和现货交换,30年代后现货交换减少,现金交易成为主要方式。蒙古牧民多在出售畜产品换取货币后,买进生活用品。因此,庙会的前三天牲畜市场极为拥挤,交易兴旺,粮食杂货街则少有人影;到第四天,牲畜市顿见冷落,粮食杂货市则日盛一日。①

小的庙会一般只覆盖本县或本乡,赴会者数百至数千人。山东福山的只楚庙会,除了买卖货物,兼有高跷、抬阁等文娱节目,很受乡民尤其是妇女的欢迎,货品主要是农家常用的提篮、粪叉、铁耙木橛、粪斗及小孩玩具。平原的青陵冢庙会,每年四月、十月开会,会期4天。它并非祭神香火会,而是货品交易会。② 当地习俗将会上的买卖分为内外两行,"内行"货物多是布匹,还有妇女用的钗环梳枌等;"外行"货物是木料、牲口、瓷器、铁器、丝绸麻布、衣服等。因时令不同交易的物品会有变化,如4月会除上述物品外,又有绳索、锄镰、杈耙、扫帚等时令农具,以满足农民的生产需要。

庙会分布有城市、市镇、乡村之别,以乡村为多,它是集市贸易的重要补充形式。与集市相比,庙会有"两长"、"两多"的特点,即间隔时间长、会期长、赴会人数多、交易商品多。大部分庙会每年

---

① 民国《呼伦县志略》商业,民国年间抄本,第17—18页;佚名:《甘珠尔庙之定期市》,《工商半月刊》1936年第7卷第4号。

② 张耀中:《平原县》,《山东庙会调查》第一集,山东省立民众教育馆1933年版,第16页。

举办一次,会期数日,赴会人数动辄数千,甚至数万,远远超过集市贸易。庙会的商品种类与集市也有差异。一般集市的商品,以粮食、蔬菜、鸡鸭鱼肉等快速消费的生活资料居多;庙会不同,大宗交易商品多是牲畜、木料、农具、工具等生产资料,生活消费品则多为家具、器具、服饰、布匹、日用品等耐用品。如河北望都县庙会,会期在春冬的较多,春会以木料、农具为大宗,冬会以车市、布市为主。[①] 满城庙会多于春夏之交举办,届时百货麇集,士女如云,"凡物品非集市所常有者,概于庙会交易",以农器、木石物类为大宗,还有估衣、布匹及嫁女、妆具等。[②] 南皮县的集市贸易以杂粮、布棉、牲口、青菜为最多,农具次之,而庙会交易品,春会以农具、木料占最多数,夏会竹货、凉席居多,冬会则以供儿女婚嫁所需者为最。[③] 另据20世纪30年代对山东部分县区庙会的调查,14县19处庙会中,只有莱芜黄花店庄庙会交易物中没有生产资料。各色农具尤其是牲畜几乎是每处庙会都有的交易品(详见表6-38)。庙会与集市商品种类的不同反映农户需求的特点,粮食、菜蔬、肉类等生活消费品是人类生活每天必需的物品,市场需求大,集市间隔短,正适应了周边农户的需求。农具、牲畜等生产资料是耐用品,消耗和更新替换的频率低,庙会间隔长,覆盖面积大,可将邻近各处农户生产资料的需求集中一并满足,降低了交易成本。总体而言,集市和庙会都是定期市场,但因集期(会期)、开集(开会)间隔、参加交易人数、交易物品种类互异,市场功能不尽相同,集市偏重满足农民的日常生活需求,庙会偏重满足农家生产需求,二者相互补充,共同发挥农村市场的基本功能。

---

① 民国《望都县志》第3卷,建置志,集会,1934年铅印本,第15页。
② 民国《满城县志略》第8卷,风土,礼俗,1931年铅印本,第7页。
③ 民国《南皮县志》第2卷,舆地志下,集会,1932年铅印本,第28页。

表6-38　20世纪30年代山东部分农村庙会情况简表

县别	庙会名称	会期	赴会人数	主要交易商品
博兴	药王庙庙会	4月28日—5月初	万余(每天)	牲畜、木料、农具、土布、服饰、文具、生活用品
	胡家台庙会	2月9日—3月初	万余(每天)	服饰、木料、器具、洋广杂货、生活日用品、牲畜、木料、布匹
平原	元天大帝庙会	3月3日—3月7日	约万	牲畜、木料、布匹、日用品
	青陵塚庙会	4月5日—4月8日 10月5日—10月8日	千余(每天)	分内外两行,外行为牲畜、木料、器皿、农具,内行为布匹、妇女用品
肥城	固留寺庙会	2月28日—3月5日	2万以上(每天)	木料、牲畜、农具
福山	只楚庙会		3000余	农具、生活日用品
东阿	少岱山庙会	4月初—麦熟约一个月		农具、牲畜
莱芜	黄花店庄庙会	3月3日	15200	山果、玩具、广货、食品
聊城	海华寺庙会	4月(约半个月)	4000—5000	牲畜、布匹、绸缎、木料、土特产、日用品
临淄	菩萨庙庙会	3月11日—3月13日	千余(每天)	牲畜、布匹、绸缎、日用品、木器
	城隍庙庙会	5月28日—6月5日	万余	牲畜、铁木农器家具、布匹、玩具、书籍
海阳	社眼庙会	3月3日	过万	农工商学用品
济宁	寺堌堆庙会	2月24日—2月29日		畜禽及其产品、木材、铁木器具、农家日用杂货
	鲁桥会庙会	2月18日	数万	牲畜、农工商学所用器具

续表

县别	庙会名称	会期	赴会人数	主要交易商品
金乡	城隍庙庙会	3 月 27 日—3 月 29 日	约 2 万	牲畜、木料、铁木农具器具、陶器、服饰、皮革、日用杂货、农具、玩具、食品
莒县	浮来山庙会	1 月 16 日	1 万	农具、玩具、食品
	障流山庙会	1 月 9 日；4 月 8 日；9 月 9 日	万余	烟花爆竹、木制农具器具、玩具、杂货、水果
栖霞	龙王庙庙会	2 月 28 日	7000—8000	耕畜、农具、日用杂货、玩具
即墨	大庙庙会	正月初九、十六	万八千	牲畜、铁器、木货、竹货、玩物、农家应用各物

资料来源:据刘克祥:《近代农村庙会及其功能与作用》(《近代史学刊》,第 1 辑,2001 年 12 月)同名表格改制。本表中的即墨县大庙庙会系本书据《山东庙会调查》增补。

(三)市镇

中国古代的镇,原是驻兵戍守的关隘。宋代以后,镇逐渐蜕变为人口聚落与小型工商贸易中心。民国时期的文献中常常"集镇"、"市镇"、"乡镇"、"墟镇"连称、混用,镇的工商经济性质凸显。然而镇与墟集有所不同,墟集"日中则市,交易而退","有人则满,无人则虚",分布于县及乡镇。市镇则是区别于乡的地理实体。① 因此,市镇的发展变化不仅反映乡村贸易的兴衰,而且记录了中国农村日

① 1928 年 9 月国民党政府颁布的《县组织法》规定:"百户以上之乡村地方为村","百户以上之市镇地方为里"。次年 6 月国民党政府修订的《县组织法》,规定"百户以上之街市地方为镇,其不满百户者编入乡"。但在江南地区,"邑人习惯以市镇为交易地点之通称,前清有分厂之名,及颁行自治制度,乃别之为城、镇、乡,民国又易城、镇为市,要皆专就自治区域之大小而分,不以市廛之繁盛与否为标准,故虽法定名称屡有变革,而习惯上通称之市镇至今相沿"(见民国《宝山县续志》第 1 卷,舆地志,市镇,1921 年铅印本,第 11 页)。

渐城市化的历程。时至 20 世纪 30 年代,陕西、甘肃、宁夏、察哈尔、绥远、青海、山西、河南、云南、贵州、广西、湖南、湖北、福建等 14 省下属的 749 个县,共有镇 6685 个。[①]

1. 市镇的兴衰

市镇是商品经济发展的产物,同时又受社会政治、交通条件的影响。近代以来,国内政治、经济形势变幻,尤其是国内的运输工具发生变革,南方各省的江河干流发展轮运,内陆各地相继铺设铁路、修建公路,改善了部分地区的运输条件,部分商运路线随之改变,导致商业中心的易位和市场格局变化,一些传统市镇衰落,另一些市镇兴起。

广西货物运输主要依赖水运,省内河流分属西江水系、长江水系和独流入海水系,其中西江水系是主要运道。光绪年间龙州、梧州、南宁被辟为商埠,带动了西江轮运业的发展,沿江部分商品集散地相应转移。戎墟居广西各江水运总汇,清代时是两广货物的集散地。轮运业发展后,戎墟因附近河道涸浅,较大船只来往不便,丧失了省内商品集散中心的地位。芦墟地处郁林、贵县、来宾、迁江、上林等地通往南宁的陆路交通要道,不少货物由此运至贵州、云南,云南、贵州的鸦片及邻县的桐油、纱纸、豆类等土特产品也多集中到芦墟,再转销广州。轮运业兴起后,浅水轮船进入左、右江航行,苏杭、洋杂货及邻县和云贵的土特产品大多不再集中到芦墟分销,改往南宁、梧州,芦墟贸易一度疲软。[②] 河北房山的石梯镇位居河套入京孔道,同治、光绪前,驼户运输不绝于道,镇上贸

---

① 慈鸿飞:《近代中国镇、集发展的数量分析》,《中国社会科学》1996 年第 2 期。

② 钟文典主编:《广西近代圩镇研究》,广西师范大学出版社 1998 年版,第 316—318 页。

易兴隆。自坨里铁路筑成,驼运煤炭改由火车运输,镇上交易日减。粮行、杂货等店多歇业。① 河南正阳的陡沟镇、铜钟镇在清代时商业均极发达,陡沟镇是棉花、布匹集散地,铜钟镇有油饼、杂货等行店。自铁道兴、公路通,商运改道,二镇商业衰落。每年"惟黄豆出售时期,日可收价过巨万,余则退化不堪矣"。② 陕西的虢镇地处传统川陕通道,是宝鸡地区南来北往商品的集散地。陕西凤县的党参、宁夏庆阳的甘草、黄陵一带的黄芩、二华的连翘、灵宝的大枣等大宗药材,都集中到虢镇包装后再运往四川、云贵等地;四川、云贵、甘肃、宁夏等地的物资也在虢镇落庄换驮装车,再运往他处。虢镇每天装卸货物的骡马有300多头、马车数百辆。③ 陇海铁路在宝鸡通车后,主要商路南移,虢镇的大批商行纷纷前往宝鸡县城,虢镇相对衰落。

在部分市镇衰落的同时,各地陆续兴起了一批市镇。绥远集宁县的老鹳嘴,原是一处仅有5户人家的村庄。1920年京绥铁路经过此地,在此设"平地泉"站,各地商人、垦户相率而至,车站附近迅速成为工商业繁盛之区。1925年已有粮店、货行、钱行等商户400余家,商务日益兴盛。④ 河北宛平县长辛店是因京汉铁路工厂设立而崛起的新兴市镇。1900年京汉铁路机车厂设立后,长辛店为京汉铁路北段修车、存车之地,聚集了上千名工业人口,商业迅速发展,1928年已有商店204家、织布厂7家。至日本全面侵华战争爆发前,该地已有粮业、广货、杂货、绸布、饭馆、旅栈等18个商业行业,其中粮食业最盛。凭借铁路的便利,长辛店自天

---

① 民国《房山县志》第5卷,实业,商业,1928年铅印本,第48页。

② 民国《重修正阳县志》第2卷,实业,商业,1936年铅印本,第61页。

③ 《宝鸡县志》,陕西人民出版社1996年版,第437页。

④ 《平地泉集宁县之经济状况》,《中外经济周刊》1926年1月30日第148期。

津、大同、张家口、坨里或门头沟等地大量购入洋广杂货、大米、煤炭,加速了该镇的扩展。胶济铁路线的张店是因推广种植经济作物而兴起的商业聚落。张店车站镇位于山东桓台东南,距原张店镇约 2 里。1904 年胶济铁路及博山支线通车后,张店车站是其交汇点。20 年代日本人将美种棉花引进张店,张店车站逐渐成为鲁北棉花集散地。20 年代末 30 年代初,张店车站每年运出的棉花从 5 千余吨增至万余吨,初步建立了以棉花贸易为支柱的商业体系,车站附近的商号达 90 余家,其中棉商 27 家,年交易额 500 万元,占张店贸易总额的 92.5%。集中到张店的棉花来自鲁北各县,先运到孙家镇、辛家寨、北镇、田镇等处,再运到张店,并经胶济铁路转销青岛、四方等地。[①] 黑龙江呼兰县开发较晚,县属康金井,于 1927 年呼海铁路在此地设站后被辟为市场,遂成该县一处商镇。[②] 奉天北镇县城东 35 里的青堆子,原来仅是一处小村庄,京奉铁路告成后在这里设车站,县城附近输出的各种货物"率赴此站",青堆子乃成"巨镇"。[③]

开办新式农工矿业也是市镇兴起的因素。江苏的唐闸原为小集。1895 年张謇在该地创办大生纱厂,开始着手营造工匠房、砌岸建坝、筑路造桥等市镇基础设施建设;其后,张謇又陆续在此建立 10 多家工业、交通企业,把唐闸建设成新式工业基地。唐闸聚集了大量工业人口,扩大了对农产品的需求,促进了当地的粮食贸易与粮食加工业的发展,使唐闸成为著名的粮食集散、加工地。1922 年唐闸的粮食交易量在 500 万石左右。粮食来自苏南和江

---

① 王先明、熊亚平:《铁路与华北内陆新兴市镇的发展(1905—1937)》,《中国经济史研究》2006 年第 3 期。

② 民国《呼兰县志》第 5 卷,实业,商业,1930 年铅印本,第 17—18 页。

③ 民国《北镇县志》第 1 卷,地理,城镇附市镇,1933 年石印本,第 29 页。

北海安、东台、泰兴,安徽芜湖、安庆、巢县等地。日本全面侵华战争爆发前夕,唐闸较大的油米厂已发展到 12 家,商业也获得长足发展。20 世纪 30 年代初有商店 800 多家,全年营业额达 300 多万元。① 因张謇创办工业兴起的还有大生镇与三厂镇。两镇原来都是乡村,1907、1914 年张謇先后在两地建设大生二厂、大生三厂,成为两镇兴起的直接原因。河南修武县的焦作兴起于 20 世纪初,因新式采矿业的发展迅速成长为工矿业市镇。焦作附近有丰富的矿产资源,吸引华商、外商前往开采,英商福公司于 1902 年开始凿井建矿,1907 年正式投产。1914 年,福公司与中原公司合并成立福中公司,实行"分采合销",1936 年产煤达 130 万吨。采矿业的进步,推动了焦作的人口增长及商业发展。1933 年,焦作人口约 1.5 万,有街道 20 余条,成为豫西的工业重镇。②

晚清至民国时期,全国市镇的发展变化,有兴有衰,兴衰并存。但总体观察,兴多衰少,这一时期市镇变化的整体趋势是发展的,不过各地市镇发展速度和状况不尽相同。江南的原苏州府、松江府、太仓州所辖市镇从清中叶的 334 个增加到清末的 633 个,再增加到民国时期的 635 个。③ 苏中(含今扬州市、南通市和泰州市下辖 14 县市)市镇从清光绪年间的 142 个,增加到 1936 年的 209

---

① 梁磊:《张謇与近代苏中市镇的发展》,《中国社会经济史研究》2007 年第 1 期。

② 王先明、熊亚平:《铁路与华北内陆新兴市镇的发展(1905—1937)》,《中国经济史研究》2006 年第 3 期;吴承明、江泰新主编:《中国企业史·近代卷》,企业管理出版社 2004 年版,第 260 页。

③ 范毅军:《明中叶以来江南市镇的成长趋势与扩张性质》,台北《"中央研究院"历史语言研究所集刊》,第 73 本,第 3 分册,2002 年 9 月。

个,增长了47.2%。① 华北地区的河北、河南、山东3省,清代乾隆时期有镇359处,在文献中全部被记入"关隘"项内,其中注明商况发达和较发达的33个;20世纪二三十年代,文献中"集"、"镇"并提,冀鲁豫三省有集镇2248个。② 如将江南与苏中的统计数字加以比较,不难发现,尽管两地隔江相望,仍有极大差异,江南市镇的高增长期在晚清,苏中市镇则在晚清后出现快速增长。各地市镇发展时段、速度的差异,反映了这一时期区域经济发展的不平衡。

2. 市镇专业化与专业市镇

市镇的发展不仅表现为市镇数量的增加,还表现为市镇结构、功能的变化。与集市相比,市镇的专业化倾向更为明显。

早在明清时期,由于贩运贸易的发展增进了不同地区土特产品的交流,国内已有不少地区出现专业市镇。近代,尤其是20世纪初,随着进出口贸易及国内商业的扩展,对某些农副特产品的需求扩大,刺激了这些农副产品的生产与交换,加强了市镇专业化的趋势,专业市镇也得以持续发展。

(1)丝绸专业市镇

生丝是重要的出口品,19世纪下半期至20世纪20年代末,生丝出口呈持续增长态势。江浙太湖流域、广东珠江三角洲、四川、山东等生丝集中产区,蚕茧丝绸市镇因此获得长足发展。

江浙太湖流域早在宋代就盛产蚕丝及丝织品,明清时期更成为全国著名的丝绸产地,出现了盛泽、震泽、菱湖、乌青、硖石、濮

---

① 梁磊:《近代苏中市镇经济研究》,社会科学文献出版社2007年版,第71页。

② 从翰香主编:《近代冀鲁豫乡村》,中国社会科学出版社1995年版,第120—123页。

院、南浔等一大批蚕茧丝绸市镇。20 世纪初,这些市镇的规模继续扩大,专业化更加明显。

江苏震泽县的震泽与吴江县的盛泽镇,都是历史悠久的蚕茧丝绸市镇。民国初期,震泽以产丝经著称,丝经内又分洋经、苏经、广经 3 种。洋经(分大经、花经)专销海外,大经销法国,花经销美国。苏经行销苏州,广经行销广东。丝经由土丝加工而成,丝行在组织丝经生产中发挥了重要作用。1919 年,震泽约有丝行 80 家,沿镇四乡摇户"一万数千户,男女人当在十万左右"。① 1923 年后,震泽开始建立、发展蚕丝生产和运输合作社。30 年代,震泽又开办了两家缫丝厂,计有丝车近 500 台,雇工千余人。② 该镇专业化程度进一步提高。

盛泽镇是兴起于晚明的丝织业中心,以生产绸、罗、绫、纱、绢闻名于世,产品曾获巴拿马赛会名誉奖。丝、绸的购销、流通由镇内的丝行、绸行(庄)经营,丝行为织户提供原料;绸行(庄)向织户购买丝织品,运销各地。织户散布周边乡村,盛泽只是绸庄与织户的交易市场。交易场所叫"庄面",每天上午八九点钟,各绸庄派人到庄面,由"绸领头"中介,与织户交易。据 1919 年的调查,盛泽年产丝织品约数十万至 100 万匹,除行销国内各省外,还远销东亚、南亚、欧美各国。③ 20 年代后期,民间衣料崇尚轻薄,盛泽丝绸贸易更显兴隆,办货客商纷至沓来,春季尤盛。丝绸产品随民风变

---

① 《江苏省实业视察报告书·吴江县》,见彭泽益:《中国近代手工业史资料》第 2 卷,中华书局 1962 年版,第 641—642 页。

② 王庆穆主编:《民国丝绸史》,中国纺织出版社 1995 年版,第 131 页;建设委员会经济调查所:《中国经济志·浙江省嘉兴平湖》,附录,杭州正则印书局 1935 年版。

③ 《江苏省实业视察报告书·吴江县》,见彭泽益:《中国近代手工业史资料》第 2 卷,中华书局 1962 年版,第 641 页。

化而不断翻新,形成盛纺、素绸、生绸、华丝布四大品种,其中华丝布系棉纱、生丝夹织而成。丝棉混织导致新的商业组织——洋线公司的产生。公司专向织户发售机制棉纱线,供织户织造华丝布使用。因纱丝交织降低了产品成本,华丝布价格低廉,销路甚广。[①]

浙江南浔镇是湖州蚕丝的集散中心。浙江所产土丝分细丝、肥丝和粗丝3种,湖州以产细丝为主,著名的辑里(七里)丝就产于南浔镇附近的辑里(七里)村。南浔周边的农户多以植桑、养蚕、缫丝为业,南浔的丝市热闹非常。有诗云"蚕市乍毕丝事起,乡农卖丝争赴市。市中人塞不得行,千声万语聋人耳。"[②]由于湖丝色泽匀净,质量上好,在机丝兴起前,是畅销的出口商品。湖丝在南浔集中后运往上海出口,致使不少南浔商人到上海与洋商交易,成为丝通事或买办。南浔因湖丝生意而致富者,亦为数不少。

乐山是四川土丝的生产中心,乐山苏稽溪与北洋霸两地的居民,素以织绸为副业,每户都有木制织机。据1928年统计,苏稽溪约有织机2000余架,每年产绸约2万余匹;北洋霸约有织机百余部,每年产绸约3000匹。[③]

(2)棉布专业市镇

华北的宝坻、高阳、潍县,江苏南通是近代中国四大土布产区,产区内的一些市镇,具有土布生产及集散的功能。

高阳织布区包括河北中部的高阳全境及蠡县、清苑、安新和任丘的一部分。清末民初,机纺洋纱及铁轮织机涌入高阳,导致这一

①　《盛泽之绸业》,《经济半月刊》1928年4月第2卷第8期。
②　民国《南浔志》第31卷,1922年刻本,第28页。
③　邵学锟:《四川省乐山县丝绸产销概况》,成都金陵大学1940年油印本,第10页。

地区乡村织布业的勃兴。高阳城关和任丘青塔、蠡县莘桥、清苑大庄四镇,早在清末就有布市,土纱与棉布都在集市上交换。当时高阳织布业尚处于起步阶段,高阳城关与其他三个市镇只是作为小范围内的土布交易中心,各自独立经营。民国初期,布价大大超过纱价,棉布供不应求,刺激了以纱换布的纱布商业的发展。高阳纱布商号为汇集远处农村生产的棉布,在莘桥、青塔、大庄镇设立支店,由高阳总店统辖各镇支店的行政、财务,各支店则就近发售棉纱收买布匹,再把布匹送到高阳。同时,各镇"撒机商"将从高阳赊来的棉纱分发给农民织户代织成布,再收回运到高阳出售,结清欠款。高阳依靠支店及"撒机商",逐渐变为附近织布村镇的原料供应和产品汇集中心;高阳纱布商则通过"撒机子"支配各地的土布生产和销售,编织以高阳为中心的土布产销体系。据计,1916—1917 年间,莘桥镇有布商 30 余家,其中 2/3 是高阳布商的分号或中间商号;大庄镇有布商 50 余家,其中与高阳有关的商号约 30 余家。① 1918—1921 年间,青塔、莘桥、大庄三镇织机共计 15466 台,占高阳织布区织机总数的 45%;三镇织布用纱 41012 包,占高阳织布区棉纱消费量的 51%;三镇土布产量合计 164 万余匹,占高阳织布区总产量的 54%。② 为推销土布,高阳布线庄、布庄在山东、河南、陕西、山西、甘肃、察哈尔、湖南、湖北、外蒙等地设立分庄,高阳及三镇的布匹遍销全国 20 省及蒙古、新加坡等地。

　　江苏南通是另一处著名的乡村织布区,手工棉织业主要集中在通州、海门一带。南通棉纺织业大约始于明代,清代时,南通土

---

① 吴知:《乡村织布工业的一个研究》,商务印书馆 1936 年版,第 15 页。

② 厉风:《五十年来商业资本在河北乡村棉织手工业中之发展进程》,《中国农村》1934 年 12 月第 1 卷第 3 期。

布已远销东北、山东等地。19 世纪 90 年代,随着洋纱的大量进口,通海织布者开始用洋纱掺织土布,以关庄布为大宗,以东北为最大销场,年销 16 万包左右。民国初年,因日货竞争、关税苛征,销量降至 10 余万包。"九一八事变"后,伪满洲国政府重征关内土布进口税,致使南通土布的销量每况愈下,1933 年仅销 3.3 万余包[1],南通土布业逐渐衰落。兴仁、平潮(三十里镇)、金沙、西亭等镇都是南通织布区的专业市镇。兴仁镇除生产大小布外,以生产纱带及水纱布为特色,全年产量约 8000—10000 件(每件 100 匹),其中小布占 30%,水纱布占 70%。[2] 水纱布大部分用来制作蚊帐,故又名帐纱。1931 年,通州城区生产新型帐纱,兴仁镇的帐纱生产曾一度低迷,但因苏北里下河一带的居民仍喜爱旧式水纱布,兴仁镇的水纱布很快又在市场上恢复了原有的地位。伴随南通土布业的逐渐衰落,兴仁镇的棉布行销不远,主要在苏中、苏北地区。金沙镇以生产小布为主,有土小布、州土、厂纱白大布、色大布四个品种,年产各类棉布在 8 万条以上。金沙的棉布商业分为两派,大户近 20 家,经营小布的运销;10 余家小户称见庄,专门代客收买棉布,获取佣钱,以经营州土及白大布为主,蓝货为辅。此外,通州城里的京庄常到金沙设立分庄收购棉布,运到城里转售。金沙镇织布业在 1923 年以前最盛,后因大机、中机布迭兴,金沙布业一落千丈。[3]

(3)以集散棉花为主的市镇

民国时期,随着棉花商品化的进展,国内棉花市场体系逐渐形

---

① 蔡政雅:《手工业试查报告》,油印本,第 151—152 页,见彭泽益:《中国近代手工业史资料》第 3 卷,中华书局 1962 年版,第 458 页。
② 林举百:《近代南通土布史》,大丰县大中印刷厂印本,第 216 页。
③ 林举百:《近代南通土布史》,大丰县大中印刷厂印本,第 230 页。

成。20世纪20年代,国内形成上海、青岛、无锡、武汉、天津五大棉花消费市场,它们对棉花的需求促进了产地市场的兴起。在商品棉的主要产地江苏、浙江、河北、山东、陕西、河南、湖北、湖南、陕西、江西等省,出现了大批以集散棉花为主要功能的市镇。

河北棉区以西南、东南、东部最为集中,产品分别被命名为西河棉、御河棉、东北河棉。西河棉分布于大清河、滹沱河、滏阳河沿岸地区。御河棉产于河北东南吴桥、东光、南皮、威县、清河等地及山东西部的部分县份,东北河棉主要棉区为滦河、蓟运河、白河流域的丰润、武清、滦县、玉田等县。河北棉花的商品化使产区的一些集镇成为棉花的产地市场,如束鹿县的辛集镇,赵县的沙河店、大安镇,定县的清风店镇、获鹿县的石门镇、宁晋的换马店镇、沧县的王寺镇、静海县的独流镇等。一些集镇更成为区域棉产的集散中心,如小集镇是丰润县一带棉产的集散中心,在棉市中,由小集镇集散的棉花通常称为"小集棉";杨村镇是武清至香河一带棉产的集散地,这一带生产的棉花通常称"杨村棉"。吴桥连镇位于津浦铁路与南运河的交叉处,是御河棉的集散中心之一,输往天津、青岛的御河棉均以连镇为起运点,天津棉市称由该镇起运的棉花为"连镇棉"。

湖北省棉产丰富,汉口、沙市、老河口镇是该省的三大棉花集散市场。汉口、沙市属于口岸城市,老河口镇则是鄂北最大的棉花市镇。老河口镇位于汉水东岸,旧名新镇,明末时仅是汉水中游的一处沙洲,供民船停泊。后来数家酒坊在此酿酒以备过往客商聚饮,逐渐形成市街,并发展成为市镇。清代聚集在老河口的商人有山西帮、陕西帮、黄州帮、江西帮、江浙帮等八帮;民国后,汉阳、河南、湖南、四川的商人也汇聚于此,老河口的商业更加繁荣,"每年吐纳陕南、川北、鄂北各地商品为数甚巨",成为汉水中游的一大商品集散市场,并以集散棉花为主要功能。鄂北地区的棉花汇集到老河口,再经由汉水转运汉口,棉产的丰歉直接左右老河口市场的盛衰。30年代,由外地集中到老河口的棉花,平均每年在15万担以上,每年由老河口运销汉口的棉花价值超过1500万元。老河口的棉花贸易组织由花贩、花行、零售商构成,花贩到乡村收购棉农的棉花,售给花行或零售商;花行代外地客商买卖棉花,收取佣金。30年代,花行常派员到产棉乡村代客收购或陪同客商收购棉花,收取行佣。日本全面侵华战争爆发前,老河口共有花行52家。[1] 除老河口镇外,湖北棉花产区还有一些以集散棉花为主要功能的市镇,如松滋的沙道观镇、宜昌的三斗坪镇、秭归县的茅坪镇、襄阳的樊城等。

(4)以集散粮食为主要功能的市镇

20世纪以降,伴随城市工业的发展、非农人口的增加,以及经济作物种植面积的扩大、区际贸易的发展,粮食的商品化程度提高,粮食贸易日益兴盛,推动了粮食集散专业市镇的发展。

这一时期重要的粮食输出地有湖南、江西、安徽、广西、东北、苏北等省区,各地都有规模不同的粮食集散市镇。湖南常年产谷在1亿担以上,是输出谷米的重要省份。据海关统计,1912—1933年,湖南长沙、岳阳两关输出谷米总量为1388.8万关担,年均63.1万关担。[2] 湘潭的易俗河、长沙的靖港、常德的沧口是湖南的三大米谷集散市场。靖港濒临湘江,位于稻产区中心,在靖港集结的米谷,经由湘江运至长沙,输往长江下游地区。江西为中国七大产米省份之一,所产米谷除供本省消费外,丰收之年可输出500余

① 梁庆椿等:《鄂棉产销研究》,中国农民银行经济研究处印本,1944年,第247、220、251页。
② 侯杨方:《长江中下游地区米谷长途贸易(1912—1937)》,《中国经济史研究》1996年第2期。

万石。① 九江是全国四大米市之一,也是江西米谷的中转市场。江西米谷先在南昌及涂家埠两处集中后,由南浔铁路运至九江,转销武汉、上海。据海关统计,1912—1933 年九江关共输出大米1413.7 万关担②,年均约 70 万关担左右。安徽也是产米大省,丰年可输出米 700 万—900 万石。③ 芜湖是全国最大的米市,也是安徽的输入输出口岸。安徽的产米区域主要是皖中巢湖周围、长江沿岸及皖南青弋江、水阳江流域,合肥三河镇、无为襄安镇、含山运漕镇,以及枞阳镇都是皖米的集散市场。运漕镇是巢湖周边各县米粮出江的必经之地。聚集运漕镇而经裕溪河运至芜湖的米粮,常年可达 20 万担。枞阳镇是桐城、怀宁、庐江等县米粮运销芜湖的聚集地,常年经由枞阳输入芜湖的米粮也有 20 万担左右。④

广西盛产稻米,米谷是该省外销的第一大宗商品。桂江、郁江、柳江、浔江流域诸县,是广西米谷的主要输出地,这些地区的墟镇大多是米粮产地市场。戎墟有所不同,因地处桂江、浔江合流处,交通便利,清代时是广西与广东物资交流的最重要的集散市场。咸丰年间,官府在梧州三角咀设厘金厂,戎墟货物到梧州要多抽一次税,各地货物便直接运到梧州,商业中心由此转到梧州。但米谷仍是戎墟出口的最大宗商品,桂江、浔江、郁江流域的米谷都到戎墟汇集,沿西江输往广东。江口墟也是米谷集散市场,桂平与周围县份的米谷,及运江的米谷都在江口墟集中,再转运戎墟。

---

① 孙晓村:《江西、安徽、江苏省米谷运销之研究》,《国际贸易导报》1936 年第 8 卷第 6 号。

② 侯杨方:《长江中下游地区米谷长途贸易(1912—1937)》,《中国经济史研究》1996 年第 2 期。

③ 孙晓村:《江西、安徽、江苏省米谷运销之研究》,《国际贸易导报》1936 年第 8 卷第 6 号。

④ 徐正元:《中国近代四大米市考》,黄山书社 1995 年版,第 45 页。

江苏吴江同里镇和无锡北塘、江都仙女庙、上海南市并称"江苏四大米市"。同里位于太湖平原,三面环水,清代便是左近乡村的米粮集散地。1918 年,同里有较大米行十四五家。至日本全面侵华战争爆发前夕,镇上犹有大米行 8 家,小米行 2 家,从业 500余人。每年秋季新谷登场,方圆数十里的农户用船运载糙米到同里出粜,米行在河岸设立码头,收购新米。同里每年运往上海等地的大米约 50 万—60 万石,价值达 300 万元之谱。[1] 上海米市常年销售的同里大米有"同里白更"、"同里杜尖"等品种。[2]

华北地区也不乏以集散粮食为主的市镇。如河南郾城的漯河自京汉铁路在此设车站后,逐渐发展为商业市镇,粮食交易构成镇内商业的主体,郾城及周边诸县的粮食都在该镇汇集,再转销他处。民国时期,"漯河之商业日渐发达,市场之活跃与否,全视粮食是否畅销为转移,故粮食业为漯河之命脉"。[3] 山东益都县盛产小麦、烟草和辣椒,因地处济南至潍县的陆路通道,成为周围地区的商品集散地。胶济铁路在县城北设站后,车站一跃而成市镇,县城商号迅速扩张到车站附近,集散商品以小麦、辣椒、发网、烟叶等为大宗。30 年代前后,每年在该站集散的货物达 6.5 万余吨,其中小麦少者 3000 吨,多者 5000 吨。[4]

除上述专业市镇外,还有茶叶、烟草、草帽缏、陶瓷、榨油、烧锅、土纸、肉食加工等专业市镇。如湘鄂交接处的羊楼洞

---

[1]　许惠福、汪建生:《同里商业的旧貌新颜》,江苏省商业厅商业史志办公室编:《江苏名镇商业》,江苏人民出版社 1991 年版,第 27 页。

[2]　佚名:《上海米市调查》,《工商半月刊》1929 年第 1 卷第 24 期。

[3]　崔宗埙:《河南省经济调查报告》,1945 年刊本,第 11 页。

[4]　胶济铁路管理局车管处:《胶济铁路经济调查报告》,分编第 4 册,益都县。转引自张利民:《华北城市经济近代化研究》,天津社会科学院出版社2004 年版,第 194 页。

是茶叶集散市场；山东临淄的辛店、益都的谭家坊和杨家庄、潍县的廿里堡和虾蟆屯、安丘的黄旗堡、河南墟场的石固镇等是烟草专业市镇；山东掖县沙河镇、临沂的马头镇、胶县的王台镇、青县的兴济镇是草帽缏专业市镇；河北磁县彭城镇、河南禹县神垕镇、江苏宜兴丁蜀镇是陶瓷市镇；江苏阜宁县益林镇是肉食加工市镇，等等。

第四节 商人、商业资本及其经营状况

同国内商品流通、城乡市场的兴衰荣枯相联系,1927—1937年间商人、商业资本的发展变化,受国内外相关因素的影响和制约,亦呈现出明显的起伏波动,特别是1932—1935年国内经济危机和金融危机期间,商业流通和城乡市场陷入困境,商人和店铺数量减少,商业资本急剧萎缩。不过在整体上,10年间商人队伍、商业资本仍有扩大和发展。

近代中国商人和商业资本,经营范围广泛,内部结构复杂。从不同角度,或按不同标准,近代中国商人和商业资本可分为多种不同类型:按籍贯或资本来源分为洋商、华商,外商资本、民族商业资本,又有侨商、内地商人,侨商资本、内地商人资本之别;在国内某一城市或地区,则可分为本地商帮、客籍商帮,本帮商人资本、客帮商人资本;按商人身份或社会地位分为官(绅)商、民商,官办资本、民营资本;按商业性质分为旧式商人和新式商人,旧式(传统)商业资本和新式商业资本;按资本规模分为大商人、中小商人、小贩;按经营范围分为专业销售商(或贩运商)和加工制造兼销售商;按经营模式分为行商、坐商(贾),批发商、零售商;按经营内容或行业,更计有粮商、油商、盐商、酒商、烟商、棉商、茶商、茧商、丝商、绸缎商、纱布商、纸商、书商、木材商、文具商、药材商、杂货商、

古玩商等数十个门类，并多有各自的同业机构，情况颇为复杂。这是就全国而言，具体到各个地区，分布和发展极不平衡。绝大部分商人和商业资本集中在沿海口岸及东部经济相对发展地区，内陆地区尤其是西部许多交通闭塞地区，往往只有定期集市一类的间歇性市场，店铺、坐贾稀少，流动商贩是商人队伍的主体，为数有限的几家店铺也多由客籍商帮经营。这一时期随着新式交通运输业的发展，内陆地区的商人和商业资本数量有所扩大，但发展不平衡的状况并未改变，甚至进一步加剧。同样，新式商人、新型商业资本的兴起和发展，也主要限于沿海口岸城市及东部经济相对发展地区，其他地区商人、商业资本的社会属性变化不大。

一、1927—1937 年商业资本的发展趋势

1927—1937 年间，商人和商业资本的发展变化大致分为三个阶段：1927—1931 年，国内政治经济形势渐趋稳定，各地商业往来频密，市场活跃，商人及店铺数量增加，商业资本有所扩大；1932—1935 年国内经济危机和金融危机期间，商品销售疲软，商店营业状况恶化，各类公司、商店纷纷倒闭或改组，商业流通和城乡市场陷入困境，商人和店铺数量减少，商业资本明显萎缩；1936—1937 年，危机缓解，市场复苏，商人处境好转，商业资本开始恢复和发展，部分地区的商人数量和商业资本规模达到或超过了历史最高水平。

19 世纪末 20 世纪初，随着进出口贸易的增长、新式工业和交通运输业的兴起、商业性农业的发展和农产品商品化程度的提高，全国各地特别是沿海地区，商品流转量扩大，城镇各类商户店铺增加，商人和商业资本数量扩大，1928—1931 年间，部分地区一度呈现加速发展态势。

浙江杭州,据 1932 年的调查,1931 年全城 9 类 96 业现存 10363 家商铺中,1912 年前开设的 1019 家,占总数的 9.8%; 1912—1927 年 16 年间开设的 4379 家,占总数的 42.3%,年均 273.7 家;1928—1931 年 4 年间开设的 4965 家,占总数的 47.9%, 年均 1241.3 家,发展速度明显加快。[1] 其中棉织针袜、衣庄(成衣)、服装(西服和机器缝纫业)、鞋业、酒业、竹器、藤器、五金、皮箱、煤油、煤炭、书报、文具、洋广杂货、蒲包麻袋、纸伞等业商铺更半数以上开设于 1928—1931 年,标志着相关商业资本有更大的发展(详见表 6-39)。

表 6-39 杭州市商店创办年月家数比较表

1912 前—1931 年 单位:家

类别	合计	1912 年前	1912—1927	1928—1931
服饰类 16 业	1491	107	596	788
棉织针袜业	69	3	27	39
衣庄业	52	—	23	29
服装业	108	3	44	61
成衣业	385	10	85	290
鞋业	292	16	115	161
颜料业	28	6	10	12
棉花(禽)蛋业	110	11	49	50

---

[1] 必须指出,各个时段开设的商铺,除现存各店外,还有部分店铺已经闭歇,一般时段愈早、愈长,闭歇商铺的数量和比重愈高,现存商铺所占比重愈低。因此,不能简单地用现存商铺的数量直接衡量各时段商人、商业资本的发展速度。

类别	合计	1912年前	1912—1927	1928—1931
饮食类20业	3876	394	1701	1781
米业	222	31	108	83
面粉业	110	7	52	51
南北货业	248	26	114	108
油业	33	5	16	12
酱业	272	53	118	101
酒业	617	33	222	362
烟业	70	10	29	31
住用类18业	1652	172	716	764
木器业	136	15	61	60
竹器业	253	25	93	135
藤器业	42	4	14	24
铁器业	141	11	63	67
五金业	86	2	32	52
皮箱业	38	6	13	19
燃料类3业	353	22	142	189
煤油业	15	1	6	8
煤业	46	—	15	31
医药卫生类6业	587	74	242	271
西药业	31	6	16	9
药业	151	40	55	56
文化娱乐类13业	411	54	178	179
纸业	117	26	55	36
书报业	49	5	18	26
文具业	32	7	8	17
婚丧祀用类4业	281	70	133	78

续表

类别	合计	1912 年前	1912—1927	1928—1931
香烛纸炮业	128	36	58	34
寿具业	67	14	33	20
迷信用品业	44	9	17	18
日用杂物类 13 业	1563	108	589	866
洋广杂货业	152	12	62	78
化妆用品业	16	2	8	6
蒲包麻袋业	34	2	15	17
纸伞业	69	8	24	37
皮革毛骨业	26	6	8	12
居间类 3 业	149	18	82	49
山地货禽畜鱼行业	75	7	38	30
牛行业	2	2	—	—
总计 9 类 96 业	10363	1019	4379	4965
（%）	（100.0）	（9.8）	（42.3）	（47.9）

说明:表内小类存在交叉、重复,因此合计与总计有所出入。

资料来源:据国民党政府建设委员会调查浙江经济所调查课编:《杭州市经济调查》下册,调查浙江经济所发行,1932 年 12 月初版,第 477—484 页"杭州市商店创办年月家数比较表"综合改制。

　　其他一些地区,这一阶段的商业资本也都有不同程度的扩大。浙江常山,1928 年县城有商店 200 多家,1933 年发展到 318 家,全县有商店 552 家。① 山东济南,1930 年新开业商户 366 家,总资本 2886170 元,歇业的只有 33 户,总资本 288700 元②,商户增加 333 户,总资本增加 2597470 元。河北无极,1929 年全县登记发证的

---

① 《常山县志》,浙江人民出版社 1990 年版,第 286 页。

② 《山东省志·商业志》,山东人民出版社 1997 年版,第 31 页。

商铺为 251 家,从业人数 1312 人,资本总额 13.1 万银元,1931 年增加到 546 家,从业 1637 人[①],商铺和从业人数分别增长 117.5% 和 24.8%。安平 1929 年境内有 28 个行业、390 家商号,资本总额 15 万余元,1931 年发展到 532 家,共计资本 24.9 万银元,分别增长 36.4% 和约 66%。[②] 东光 1929 年有 20 多个行业、100 多家商号,从业 400 多人,此后迅速发展。1934 年危机期间全县商有大小商号 400 余家、从业 660 多人。[③]

1931 年"九一八事变"后,东北沦陷,随后因列强各国转嫁危机,爆发全国性的经济恐慌,经济衰退,市场萧条,各地商铺新开的少,倒闭的多,商店数量大减,商业资本显著萎缩。

东北沦陷后,东北和蒙古东部地区的商业资源和商业流通全部为日本侵略者所控制,民族商业遭到毁灭性破坏。日本侵略者为了保障关东军及日本国内的物资供给,加快全面侵华战争的准备,实行经济统制和"出荷"、"配给"制,掠夺粮谷和工矿业资源,同时建立官办组合商业,扶持个别商业企业,倾销日货,垄断商业流通和城乡市场,导致东北商业的迅速衰退和殖民地化。各地商店、商业从业人员、商业资本和商品交易额,无不全面下降。如辽宁凤城县,1934 年的商业规模降至 1918 年的水平以下,商店比 1918 年减少 5 家,从业人数减少 29 人,商业资本减少 5.1 万元。[④] 新民县 1926 年有各业商户 524 家,"九一八事变"后接连倒闭。在 1936 年,全县 476 家商户中,倒闭了 147 户,占总数的 30.8%。[⑤] 盘山 1930 年县城一地即有商店 152 家,到 1934 年,全

---

① 《无极县志》,人民出版社 1993 年版,第 264 页。

② 《安平县志》,中国社会出版社 1996 年版,第 190 页。

③ 《东光县志》,方志出版社 1999 年版,第 373 页。

④ 《凤城县志》,方志出版社 1997 年版,第 737 页。

⑤ 《新民县志》,沈阳出版社 1992 年版,第 401 页。

县也只有商店 108 家。① 梨树县 1931 年全县商业有 22 个行业, 坐商店铺 677 户,资本总额 84.6 万银元。沦陷后,日伪为了增加 税收,促使商业发展,加上电料行、酒店、自行车修理等行业兴起, 商业户总数增至 2339 户,但其中主要商业户只 629 户。② 通化 (今属吉林)1930 年县城有商号 516 户,沦陷后,商业迅速衰败,商 店多数停业,还有部分外逃,商店陡降至 1934 年的 222 户,只相当 于 1930 年的 43%。③ 吉林双阳 1930 年全县有大小商号 182 家, 从业 502 人;沦陷时期,商业日趋下降,1937 年全县商号减少到 115 户,下降了 36.8%。④ 黑龙江汤原,自 1906 年建县后,移民增 加,农业兴起,金矿加速开采,商业日渐发展。1929 年全县有较大 日用杂货店 42 家,药店 18 家,山货日用杂品摊床 18 家,商业进入 兴盛时期。1932 年 5 月日本侵略者入侵汤原后,残酷的政治统治 和经济掠夺,造成商业货源不足,生意萧条,商业由兴而衰,商店或 由大变小,或关门停业,或被迫迁移,店铺数量大减,最后全部消 失。到伪满后期,全县仅有小饭馆 23 家、小食铺 23 家,旅店 16 家。⑤ 安达自 1903 年中东铁路西线设站、1906 年安达建厅设治, 开始招商设市,商品交换日趋频繁,逐渐发展成附近地区的物资集 散地,商业兴盛。至 1925 年,县城及安达站两地商号已逾千家。 1932 年日军侵入,商路断绝,日货排挤国货,加上日伪勒索苛敛, 商业不断萎缩。到 1942 年,全县仅剩商号 300 余家。⑥ 穆棱 1930 年全县有大小商户 542 家,经营资本 54.06 万元。日军侵入后,大

① 《盘山县志》,沈阳出版社 1996 年版,第 310、313 页。
② 《梨树县志》,辽宁教育出版社 1992 年版,第 719—720 页。
③ 《通化县志》,吉林人民出版社 1996 年版,第 536—537 页。
④ 《双阳县志》,吉林文史出版社 1992 年版,第 433 页。
⑤ 《汤原县志》,黑龙江人民出版社 1992 年版,第 623—624 页。
⑥ 《安达县志》,黑龙江人民出版社 1992 年版,第 413 页。

部分商店停业,市场商品交易多赖行商、摊床调剂;为谋生计,一些较大商店由大变小,开门营业,但流通渠道不畅,货源短缺,市场很不景气。在这种情况下,日资、朝资商业资本乘机涌入,民族商店遂此大部分倒闭。1935 年,日本、朝鲜商户 50 家,资本达 23.18 万元;民族商店虽有 237 户,但资本仅有 19.51 万元。全县民族商业"日渐凋敝,濒于绝境"。①

关内一些地区,"九一八事变"后,由于东北市场的丧失,商业资本的发展也转趋停滞衰退,同东北商业交往最为密切、人口流动最为频繁的华北地区,以东北及朝鲜为重要销售市场的关内一些土布、丝绸集中产区,更为明显。上海和江苏、浙江地区,继"九一八事变"后不久,又加上"一·二八沪战"冲击,商业资本的衰退和萎缩又比其他地区来得更快。1931 年年末1932 年年初浙江杭州各类商店的大量闭歇和资本规模的缩小,是典型例子。试看表 6 – 40:

表 6 – 40　杭州市最近商店闭歇与新开家数比较表

1932 年 3 月　　　　　　　　　　　　　　　单位:家

类别	闭歇(A)	新开(B)	A/B (%)	商店增(＋)减(－)
服饰类 16 业	75	37	200.0	－38
饮食类 20 业	188	121	155.4	－67
住用类 18 业	53	41	126.8	－12
燃料类 3 业	10	4	250.0	－6
医药卫生类 6 业	18	14	128.6	－4
文化娱乐类 13 业	16	11	145.5	－5

① 《穆棱县志》,中国文史出版社 1990 年版,第 360—361 页。

续表

类别	闭歇(A)	新开(B)	A/B (%)	商店增(+)减(-)
婚丧祀用类 4 业	10	2	500.0	-8
日用杂物类 13 业	123	53	232.1	-70
居间类 3 业	2	2	100.0	±0
总计 9 类 96 业	495	285	1173.7	-210

说明:服饰类以成衣业(闭27、开9)、鞋业(闭17、开2)萧条最甚;饮食类以南北货业(闭16、开6)、面粉业(闭5、开1)、酒业(闭46、开31)、饭店业(闭16、开7)萧条最甚;住用类以竹器业(闭11、开7)竞争最烈;婚丧祀用类以迷信用品业(闭4、开0)萧条最明显;日用杂物类以洋广货业(闭11、开3)、蒲包麻袋业(闭7、开2)、纸伞业(闭6、开2)、旧货业(闭8、开2)萧条最明显。

资料来源:据国民党政府建设委员会调查浙江经济所调查课编:《杭州市经济调查》下册,调查浙江经济所发行,1932 年 12 月初版,第 504—508 页"杭州市最近商店闭歇与新开家数比较表"(民国二十一年三月)综合改制。

　　在 1931 年年末 1932 年年初的短时间内,杭州全城 9 个类别 96 业的商店中,除居间类 3 业设、闭店铺数持平外,全都是闭歇商店数大于新开商店数,总计倒闭的达 495 家,而新开的只有 285 家,前者相当后者的 1.7 倍,全城商店减少 210 家。其中以成衣、鞋履、南北货、面粉、酒、饭店、竹器、迷信用品、洋广货、蒲包麻袋、纸伞、旧货等行业商店倒闭数量最多。

　　勉强维持下来的商店也大多缩小规模。如表 6–41 所示,9 类 96 业的商店中,资本或经营规模扩大的 212 家,而缩小的达 1248 家,相当前者的 6.9 倍。在经济衰退、收入剧减的情况下,居民大多首先压缩婚丧祭祀、文化娱乐、医疗卫生方面的消费,因而这类行业中,规模缩小的商店数量及比重也最高。

表6-41　杭州市最近商店扩大与缩小家数比较表

1932年3月

单位:家

类别	扩大(A)	缩小(B)	B/A(%)
服饰类16业	31	235	758.1
饮食类20业	101	464	459.4
住用类18业	34	206	605.9
燃料类3业	13	34	261.5
医药卫生类6业	7	61	871.4
文化娱乐类13业	5	53	1060.0
婚丧祀用类4业	1	44	4400.0
日用杂物类13业	19	146	768.4
居间类3业	1	5	500.0
总计9类96业	212	1248	692.5

资料来源:据国民党政府建设委员会调查浙江经济所调查课编:《杭州市经济调查》下册,调查浙江经济所发行,1932年12月初版,第508页"杭州市最近商店扩大与缩小家数比较表"(民国二十一年三月)综合改制。

随着商店的大批闭歇和规模收缩,商店职员失业,商业职工人数显著下降。从表6-42可见,杭州9类96业中,除居间类3业外,其余8类93业,均系失业人数大于得业人数,其中服饰、燃料、日用杂物及婚丧祀用等4类36业,失业人数相当得业人数的3倍乃至10倍以上。96业共计新招职员1445人,而失业的达3896人,相当新招职员的2.7倍。商业员工实际减少2451人。

表6-42　杭州市最近商店职员得业与失业人数比较表

1932年3月

单位:人

类别	得业(A)	失业(B)	B/A(%)	得(+)失(-)相抵
服饰类16业	237	712	300.4	-475

续表

类别	得业(A)	失业(B)	B/A (%)	得(+)失(-)相抵
饮食类 20 业	604	1568	259.6	−964
住用类 18 业	268	595	222.0	−327
燃料类 3 业	27	87	322.2	−60
医药卫生类 6 业	59	163	276.3	−104
文化娱乐类 13 业	65	142	218.5	−77
婚丧祀用类 4 业	10	103	1030.0	−93
日用杂物类 13 业	154	513	333.1	−359
居间类 3 业	21	13	61.9	+8
总计 9 类 96 业	1445	3896	269.6	−2451

资料来源:据国民党政府建设委员会调查浙江经济所调查课编:《杭州市经济调查》下册,调查浙江经济所发行,1932 年 12 月初版,第 508 页"杭州市最近商店扩大与缩小家数比较表"(民国二十一年三月)综合改制。

　　1932 年年初,杭州商店的大量闭歇,商店经营规模的缩小,以及职工人数的下降,直接反映商人队伍和商业资本的萎缩。宁波、嘉善情况相似。宁波 1931 年城区有商户 5599 家,资本总额 1452 万元。1935 年受金融风潮影响,商业衰退,64 家药店倒闭 40 家,棉布、鱼行、南北货行亦受害。[1] 嘉善 1930 年窑业鼎盛时期,全县商业有 62 个行业(分设 19 个同业公会)、1864 家大小商店。1932 年"一·二八沪战"战祸后,嘉善旱涝叠加,农业歉收,窑业不振,商业衰落,商店倒闭。1935 年只剩 27 个行业、1127 家商店[2],分别比 1930 年减少了 56.5% 和 39.5%。崇德、桐乡两县,由于

---

[1] 《宁波市志》中册,第 23 卷,商品流通,中华书局 1995 年版,第 1432 页。

[2] 《嘉善县志》,上海三联书店 1995 年版,第 470 页。

1929—1931 年间太湖盗匪猖獗,商业自"九一八事变"前已趋衰败,"九一八事变"和"一·二八沪战"后加剧,商铺数量大幅下降,1935 年跌入谷底,两县分别只有商店 393 家(城区)和 932 家。①湖北蕲春,1931 年全县经核准登记的商号数为 464 户,此后呈波浪式下降,1932 年 458 户,1933 年 458 户,1934—1936 年分别为 420 户、227 户、217 户,1936 年不仅没有回升,反而降到了最低点,比 1931 年减少了 53.2%。②

　　广州的情况和杭州等地不完全一样,但有相似之处。表 6-43 可见,1933—1935 年间,广州的商店设、停状况,就商店数言,各年新张商店数多于歇业商店数,3 年新开商店 12903 家,歇业 11562 家,相当前者的 89.6%;但从资本额看,新开商店的规模大多比歇业商店小,1933、1935 年的歇业商店平均资本额均明显大于新张店,1935 年歇业商店的数量虽比新张商店少 5.5%,但资本超过新张商店的 67%,商业资本减少,商业萎缩。

表 6-43　广州市商店新张歇业统计表

1933—1935 年　　　　　　　　　　资本单位:毫券元

年份	商店间数			资本总额			平均资本额	
	新张 A	歇业 B	B/A (%)	新张 A	歇业 B	B/A (%)	新张	歇业
1933	4264	3362	78.8	4282992	3934688	91.9	1004.5	1170.3
1934	4197	4004	95.4	6072890	3951230	65.1	1447.0	986.8

---

①　《桐乡县志》,上海书店 1996 年版,第 656 页。

②　《蕲春县志》第 11 卷,商业,湖北科学技术出版社 1991 年版,第 299 页。

续表

年份	商店间数			资本总额			平均资本额	
	新张 A	歇业 B	B/A （%）	新张 A	歇业 B	B/A （%）	新张	歇业
1935	4442	4196	94.5	3115949	5203924	167.0	701.5	1240.2
合计	12903	11562	89.6	13471831	13089842	97.2	1044.1	1132.1

资料来源:据黄增章:《民国广东商业史》,广东人民出版社 2006 年版,第 81 页"广州市商店新张歇业表"综合改制。

某些领域商业资本和商业流通的萎缩程度更为严重。

茶商及茶商业资本在 1931 年前已开始衰减,1931 年"九一八事变"和国内经济危机相继爆发后,萎缩进一步加剧。表 6-44 显示,上海茶业不论洋庄茶业,还是茶厂业、毛茶业、茶叶店,无不急剧衰萎。洋庄茶业虽户数未减,但资本从 1932 年的 2113.4 万元陡降至 1934 年的 105.8 万元,下降了 95%。茶厂业、毛茶业、茶叶店则户数、资本额均大幅缩减。上海整个茶业,户数从 1929 年的 219 户减至 1934 年的 150 户,下降了 34.5%;资本额从 1932 年的 2336.8 万元减至 1934 年的 146.7 万元,降幅更高达 93.7%。

表 6-44　上海茶商业情况统计

1929—1934 年　　　　资本、营业额单位:万元

项目 业别　年份	户数		资本		营业额	
	1929	1934	1932	1934	1933	1934
洋庄茶业	19	19	2113.4	105.8	2077.7	1774.9
华茶公司	1	1	181.5	20.0	221.8	225.1

续表

年份 业别 项目	户数		资本		营业额	
	1929	1934	1932	1934	1933	1934
茶栈	18	18	1931.9	85.8	1855.9	1549.8
茶厂业	58	40	72.4	14.9	79.4	68.5
毛茶业	24	17	75.1	10.7	77.9	83.7
茶叶店	99	55	75.9	15.3	78.8	75.4
合计	200	131	2336.8	146.7	2313.8	2002.5

原注:1929 年据何景元:《上海茶业的现状》,《社会半月刊》第 1 卷第 15 期,1935
　　年;1934 年据上海市商会商业统计丛书《茶业》。内茶厂缺 7 家资本及营业
　　额,毛茶业缺 6 家资本额。
资料来源:据许涤新、吴承明主编:《中国资本主义发展史》第 3 卷,人民出版社
　　2003 年版,第 256 页表改制。

　　1935 年 11 月国民党政府推行法币政策后,金融危机缓解,
1936 年全国农业丰收,农村经济渐趋活跃,农民购买力趋稳,城乡
市场复苏,商店营业环境好转,一些地区的商人和商店数量开始回
升,商业资本扩大。杭州在危机过后,商业复苏,到 1937 年,市内
商铺达 14611 户,总计资本 7345 万元[1],远远超过 1931 年的水平。
商铺资本规模明显扩大,店均资本从 1931 年的 887.8 元增加到
1937 年的 5027 元,扩大了 4.7 倍。前述崇德、桐乡两县和宁波,
1935 年过后,商店数量也先后回升。1936 年崇德、桐乡商店数分
别回升至 1467 家和 2230 家。[2] 宁波 1937—1941 年 4 月,尚未沦
陷,因与上海航路仍通,内地客商云集宁波办货,一度成为川、赣、
湘、鄂、广等省物资转运口岸,百货业增至 100 余家,五金、西药、棉

----

[1] 《杭州市志》第 4 卷,中华书局 1995 年版,第 403、422 页。
[2] 《桐乡县志》,上海书店 1996 年版,第 656 页。

布商号也纷纷开设。① 安徽宣城,商业资本在太平天国战争期间曾遭重创,民国初年重新兴起,县城店铺鳞次栉比,成为邻近地区粮、茶、竹木、山货的重要集散地。1924 年因军阀混战,商民遭扰,交易萧条,北伐后始有转机。1931、1934 年,先后水旱成灾,各业无不减色。此后再次恢复,到 1936 年,县城商业和商业资本的发展进入“鼎盛时期”。② 广州,1936 年的新开商店数已超过歇业商店,而且资本规模较大,新开商店的资本总额相当于歇业商店的 2.2 倍。不过到 1937 年年初,由于日本进一步加快了全面侵华步伐,国际局势紧张,歇业商店的户数和资本额复超越新开商店。尽管如此,就总体而言,1936 年至 1937 年上半年,新开商店的户数和资本额均超过歇业商店,商业资本和商业流通的整体规模仍有所扩大(详见表 6-45)。广东化县,1934 年危机期间,县城有商户 220 家,各圩集五六十家,全县约 280 家,1935 年后复苏。到 1938 年,商业资本已由盛转衰,全县尚有商号近500 家③,远远超过危机期间,可见 1936—1937 年有较大的恢复和发展。河北清苑(保定),1934 年危机期间,全县商铺只有1176 家,1937 年“七七事变”前夕,恢复和发展到 64 个行业,3258 家店铺,增长近 1.8 倍。一些店铺的规模亦有所扩大。布纱业 143 家商铺中,雇员在 25 人以上的专营批发商就有 17 户,其中庆义丰的资本达 50 万元以上,全年成交棉布达 2.5 万匹、棉纱 2 万余件。④

---

① 《宁波市志》中册,第 23 卷,商品流通,中华书局 1995 年版,第 1432页。

② 《滁州市志》,方志出版社 1998 年版,第 434—435 页。

③ 《化州县志》,广东人民出版社 1996 年版,第 470 页。

④ 《清苑县志》,新华出版社约 1993 年版,第 315 页。

表 6 - 45　广州市商店新张歇业统计表

1936—1937 年　　　　　　　　资本单位：毫券元

年份	商店间数			资本总额			平均资本额	
	新张 A	歇业 B	B/A (%)	新张 A	歇业 B	B/A (%)	新张	歇业
1936	5609	5341	95.2	11138173	5146724	46.2	1985.8	963.6
1937 *	2087	2128	102.0	1613679	1910773	118.4	773.2	897.9
合计	7696	7469	97.1	12751852	7057497	55.3	1656.9	944.9

* 系 1—5 月数据。

资料来源：根据黄增章：《民国广东商业史》，广东人民出版社 2006 年版，第 81 页
"广州市商店新张歇业表"计算所得。

1927—1937 年商业资本发展变化，从全国范围看，"九一
八事变"后和经济危机期间，一度大幅衰萎，不过在不同地
区，政局变化、经济发展和市场条件差异巨大，商业资本的兴
衰起伏、发展轨迹及时间先后，不尽相同，加上历史记载详略
不一，具体情况多种多样。但有一点相同，即从较长时期看，
大部分地区商业资本的整体变化，均呈波浪式发展态势。
1936—1937 年或 30 年代初，大多已接近或超过 1931 年，达到
或超过历史最高水平。

在沿海和东部地区，安徽滁县，自津浦铁路贯通后，商业和商
业资本迅速发展。1931—1934 年，县商会下属的布业、南货业、京
广货业、卷烟业、药业、药材业、粮食业、盐业、木业、柴炭业等 16 个
同业公会先后成立，有会员 387 户、雇工 1275 人。1937 年发展到
59 个行业，781 家股东店，雇工 1463 人，全部从业人员 2938 人[①]，

---

① 《宣城县志》，方志出版社 1996 年版，第 336—337 页。

达历史最高水平。浙江常山，民国初年县城有商店 100 多家，1928 年有 200 多家，1933 年增加到 318 家①，远远超过民国初年的水平。广东肇庆地区，民国初期，政局动荡，军阀混战，民困商衰。1929 年后，商业复苏，各县城商店林立，购销活跃，经营范围涉及 40 多个种类。1936 年，肇庆城区有较大规模的商店、牙行、"栏口"、"庄口"850 多家，小商、摊贩、行商 1000 多户。② 澄海商业，民国时期受政局影响，几经起伏，"但仍有较大发展"，据说潮汕沦陷前，"曾有过一段昌盛时期"。③ 海口早在道光年间（1821—1850），已形成一个"商贾络绎，烟火稠密"的商埠。1912—1914 年，因时局动荡，土匪猖獗，商业衰落，仅有土特产代理业（即"九八行"）较为发达。1921 年后，治安好转，商业开始复苏，1926 年有商店 500 余家。据 1932 年 5 月的调查，海口共有 37 个商业行业，572 家商店。至 1937 年，海口进出口贸易"粗具规模"，全年进出口船舶 1023 艘，货物达 113953 吨，年进口货总值 351.8 万元，出口总值 350.95 万元。输出以香港为最大市场，占输出总额的 80%—90%。④ 江西贵溪，1909 年成立县商会，入会商号为 110 家。1934 年全县有坐商 236 家，从业 771 人，资本 13.09 万元。1935—1936 年玉（山）萍（乡）铁路建成营业，鹰潭至南昌、景德镇的公路也相继通车，贵溪商业日趋繁荣，1935 年增至商号 383 家，从业 1728 人，资本总额 22.64 万元。到 1937 年，城乡私营商业"已逾千户"。⑤ 位于鄱阳湖滨的星子县，情况有所不同。20 世纪

---

① 《常山县志》，浙江人民出版社 1990 年版，第 286 页。
② 《肇庆市志》上册，广东人民出版社 1999 年版，第 494 页。
③ 《澄海县志》第 14 卷，商业，广东人民出版社 1992 年版，第 398 页。
④ 《海口市志》上册，方志出版社 2004 年版，第 845 页。
⑤ 《贵溪县志》第 11 卷，中国科学技术出版社 1996 年版，第 451—452 页。

30 年代前,因经济停滞,县境面积窄小,加上铁路、公路交通兴起,境内原有水运码头及驿道店铺日趋衰退,商业萧条,城内"商贾不集","货无珍奇"。1933 年国民党政府定庐山为"夏都",境内先后开办各种"训练班",外地商人竞相前往县城开设商店、餐馆,商业复又繁荣。①

山东安丘,清末时全县商号 500 余家,其后因土匪滋扰,一度衰减,1927 年恢复并增加到 540 多家,1929 年复因土匪窜扰县内,烧杀抢掠,市场冷落,1936 年再次恢复,商号增加到 740 余家。②高密 1908 年全县私商 273 户,1935 年增至 452 户。③ 蓬莱清末时,县内有商号和客栈、货栈 130 余家,民国时期,商业有所发展,1933 年全县商号和客栈、货栈达 651 家④,邹县,1904 年,县城仅有字号 3 家,无字小店 6 家。1912 年津浦铁路贯穿境内,商业迅速发展。到 1937 年,全县城乡有商号 150 余家,资本总额约 200万银元。⑤鱼台在清末时,县城仅有中药铺 3 处,盐店、当铺、银炉、裁缝铺、寿衣店各一处,有字号的京广杂货铺很少。民国后,商业有所发展,1919 年有各类店铺 111 家。到 1933 年,全县资本在 500 银元以上的商号达 217 家,从业 916 人(雇员 474人),资本总额 28.48 万元。⑥ 河北深泽,1931 年据全县 10 个行业的统计,有坐商 71 户,从业 352 人;1937 年有商户(坐商店铺)70 余户,与 1931 年大体持平,另外,"行商人数较多",均

---

① 《星子县志》,江西人民版社 1990 年版,第 211 页。
② 《安丘县志》,山东人民出版社 1992 年版,第 399—400 页。
③ 《高密县志》,山东人民出版社 1990 年版,第 191 页。
④ 《蓬莱县志》,齐鲁书社 1995 年版,第 424 页。
⑤ 《邹城县志》,中国经济出版社 1995 年版,第 229 页。
⑥ 《鱼台县志》,山东人民出版社 1997 年版,第 291—292 页。

以"拨浪鼓"为唤头，挑担走街串巷。① 安国 1927 年全县有商铺 3668 家，从业 18381 人，1936 年增加到 3912 家，另有小摊贩 296 家。② 正定 1928 年县城商业有 22 行、260 家店铺，1937 年增至 353 家。③

在内陆中部地区，湖北云梦，清末因洋布、洋靛输入，被称为"府布"的土布业及相关行业衰落，商业资本随之萎缩。民国初年，棉花和"府布"生产恢复、发展，商业和商业资本复苏，并发展到一个新的水平。全县主要集镇除原有的 7 处外，又新增 9 处，全县大小集镇扩大到 38 处，另在一些村落密集处，还有不定期的"露水集"。当时云梦有"三里一集、五里一铺、十里一镇"之称。商户亦大量增加，全县计有商行、商铺 126 家以上④，商业资本又有进一步的发展。蒲圻、咸宁两地，民国初年"商务兴盛"，或"日渐繁荣"。前者民国初年，有店铺行号 600 余户，1936 年达 1193 户；后者到抗战前，全县有商户 1113 家，从业 3000 余人。⑤ 湖南郴县，1922 年有 50 多个商业行业、大小商店 2648 家，1929 年增至 3243 家。1934、1936 年，湘粤公路和粤汉铁路相继通车，"商业得到较快的发展，商店增多"⑥，商业资本相应扩大。河南郾城，1920 年全县有商户 529 家，1936 年增加到 1322 家。⑦ 山西岚县，商业

---

① 《深泽县志》，方志出版社 1997 年版，第 194—195 页。
② 《安国县志》，方志出版社 1996 年版，第 406 页。
③ 《正定县志》，中国城市出版社 1992 年版，第 371 页。
④ 《云梦县志》第 14 卷，商业，生活·读书·新知三联书店 1994 年版，第 339—340 页。
⑤ 《蒲圻志》，海天出版社 1995 年版，第 287 页；《咸宁市志》，中国城市出版社 1992 年版，第 327 页。
⑥ 《郴州地区志》中册，中国社会出版社 1996 年版，第 1209 页。
⑦ 《郾城县志》，中州古籍出版社 1987 年版，第 371 页。

亦呈缓慢发展趋势,清中叶,忻州等外籍人到县内营商,多为小商小贩,走街串村叫卖。民国初年,到县营商者增多,大多设立店铺,成为坐商,至1936年,全县共有挂牌商铺47家,从业150人,资本总额4万银元。①

在西部地区,四川江油、彰明,因天灾人祸,商业资本的起伏变化颇大。民国初年,因军阀割据、混战、横征暴敛,土匪横行,商人难以经营。1935年后,川政统一,两县商业资本才有了发展的机会。至1936年,江油县城新成立的同业公会有26个,会员700余户。② 陕西大荔、朝邑,民国初年商业资本的发展颇有起伏。1930年农业大丰收,此后至1936年,大部分年成尚好,商业兴旺,店铺增加。大荔、朝邑两县商号分别从1931—1933年的199家、144家增至1935年的509家、182家,复增至1938年的518家、198家。③ 凤翔在民国初年时,因战乱不息,灾荒连年,商贸不景气。1932年,荒旱年馑过后,天时尚好,社会趋于安定,商业渐次恢复。1936年西安至凤翔公路通车,货运畅通,百业兴旺,成为民国时期凤翔商业资本发展的繁盛时期。④ 甘肃隆德县(今属宁夏),民国初年,兵匪交加,社会动荡,商业日现萧条。直至1926年,社会趋于稳定,商业逐渐复苏。⑤ 泾川县的商业资本,清代至民国初时兴时衰。民国初年县城存留商号六七十户,只相当于鸦片战争前夕1837年176户的零头。1929年因饥馑严重,加之军阀纵容部属骚扰抢劫,又有部分商号倒闭,商号进一步减少,直到1934年,县城

---

① 《岚县志》,中国科学技术出版社1991年版,第265页。
② 《江油县志》第18卷,商业,四川人民出版社2000年版,第869页。
③ 《大荔县志》,方志出版社1994年版,第337—338页。
④ 《凤翔县志》,陕西人民出版社1991年版,第499页。
⑤ 《隆德县志》,宁夏人民出版社1998年版,第244页。

商业才开始恢复。① 固原(今属宁夏)在民国初年,因社会动荡,灾害频繁,商业萧条,到1936年后,社会趋于稳定,逐渐复苏。1940年有商户1010户②,商业资本才有较大发展。海原(今属宁夏)商业,原不发达,1920年大地震后,更是一片凋敝景象。加上1929年前后,农业灾荒空前,匪患不断,民不聊生,市井愈加萧条。至1934年后,社会暂趋稳定,商业才开始复苏。1936年县城新设皮行、杂货铺、百货铺8家,1937—1940年,全县新发展商户52家,商业资本也有较大起色。③

在某些地区,1936年、1937年更是近代商业和商业资本发展的"鼎盛时期"。如浙江庆元,1936年是该县私营商业资本的"鼎盛时期",有坐商690家,行商500多家。④ 江西丰城,20世纪初叶,商业资本发展比较平稳,据称1912—1936年都是该县"商业鼎盛时期"。⑤ 广东三水,1929年至抗日战争前,是该县西南镇商业资本的"鼎盛时期"。⑥ 河南西华商业,据说1938年前,"曾昌盛繁荣一时"。⑦

当然,也有部分地区,由于由于交通路线改变或天灾人祸、官僚买办侵渔垄断等原因,商业和商业资本趋于衰萎。如广东德庆,清代乾隆、嘉庆年间商业和商业资本最盛。远至南海、九江、三水、顺德等地,都有富家前往投资营商,商业和转运贸易均极发达。进

---

① 《泾川县志》,甘肃人民出版社1996年版,第319页。
② 《固原县志·商业志》,宁夏人民出版社1993年版,第569页。
③ 《海原县志》第14卷,商业物资志,宁夏人民出版社1999年版,第381页。
④ 《庆元县志》,浙江人民出版社1996年版,第380页。
⑤ 《丰城县志》,上海人民出版社1989年版,第286页。
⑥ 《三水县商业志》,三水县商业局1989年版,第42页。
⑦ 《西华县志》,中州古籍出版社1993年版,第360页。

人民国后,因公路修建,商品流转路线改变,客商到县贸易减少,批发商行收缩经营,多以批发零售兼营甚至以零售为主。① 商人人数和商业交易量衰减,在区域贸易中的地位亦下降,商业资本明显萎缩。湖北黄安(今红安),1926年后,"境内商业衰落"。② 贵州麻江,1918年商业"鼎盛时期",全县有商铺385户,从业878人,资本49万银元。1926年后因军阀混战,下司至洪江的航线经常发生商船被劫事件,商家纷纷外迁,继而黔桂、湘黔公路相继通车,商品流向改变,下司失去物资集散重镇地位,商业衰落,商业资本萎缩。1931年只有商铺222户,从业359人,资本5668银元。此后略有回升,1940年商铺发展到405户,但多为小店,只有从业人员783人,资本3.58万元。③ 山西一些地区商业资本的衰萎更为严重。如平遥,商业素甚发达,明清时期已是晋中商品大市场。1918年全县有商户(包括手工业作坊)1380家,商业资本厚实。1921年后,阎锡山政权下的山西省银行在各主要县城设立分支机构,逐步控制金融、商业。1926年后,以阎锡山、孔祥熙为代表的官僚、商业买办阶级在晋中各县的商号已发展到400余家,平遥本地商户"只能维持惨淡经营的局面"。1935年,阎锡山组建"山西省实物准备库",在平遥设立支库,垄断了全县的粮食、棉花、煤炭、药材和干果等土特产品的交易。到1937年,全县民营商户减少到585家④,只相当于1918年的42.4%,民间商业资本大幅萎缩。忻县1921—1929年是县内商业的"黄金时期",1929年有商户357家,城内店铺"鳞次栉比",是全县商业资本的集中地。

---

① 《德庆县志》,广东人民出版社1996年版,第402页。
② 《红安县志》第20卷,商业,上海人民出版社1992年版,第421页。
③ 《麻江县志》,贵州人民出版社1992年版,第596页。
④ 《平遥县志》,中华书局1999年版,第342页。

1930 年因倒蒋失败,商业严重受挫,1932 年县城原有的 400 余家商号,只剩 200 余家,大多数布店关门,钱庄、当铺全部停业①,半数以上的商业资本即刻消失。和顺 1929 年全县有坐商 232 户,较清末增加近 2 倍,但次年受阎、冯倒蒋失败、晋钞贬值影响,加上后来经济危机的冲击,商号纷纷倒闭,1933 年只剩商铺 166 户,1935 年后亦未见恢复,1936 年只有坐商 128 户②,比 1929 年减少了44.8%,商业资本节节缩小。孝义清末至民国初年,全县境内有店铺 300 余家,从业 11330 人。1930 年阎、冯倒蒋失败后,晋钞暴跌,县内 1/3 的商店破产倒闭,1935 年才略有回升。1937 年全县商号才恢复到 230 家,只相当清末民初的 2/3 左右。③ 平鲁、芮城两县商业资本更呈持续萎缩态势:民国初年平鲁全县有商店 86家,1933 年减至 76 家(另有摊贩 88 人),1935 年再减至 45 家,1937 年为 57 家;芮城民国初年有商号 200 家左右,1929 年大旱无收,军阀混战,经济萧条,商号渐少,1933 年降至 68 家、资本 37874元,1937 年只剩 27 户、资本 2.27 万元。④ 曲沃商业资本在 30 年代,也因军阀混战,兵祸连年,渐趋衰萎。⑤ 不过山西平遥、忻县、和顺、孝义、平鲁、芮城等县的情况,在全国范围不算普遍,山西也只存在于部分地区,其他大部分县区的商业资本还是有发展。如石楼,1937 年是"商业较兴旺时期";临县 30 年代初是"商业发展

① 《忻县志》,中国科学技术出版社 1993 年版,第 262 页。

② 《和顺县志》,海潮出版社 1993 年版,第 241 页。

③ 《孝义县志》,海潮出版社 1992 年版,第 361—362 页。

④ 《平鲁县志》,山西人民出版社 1992 年版,第 204—205 页;《芮城县志》,三秦出版社 1994 年版,第 387—388 页。

⑤ 《曲沃县志》,海潮出版社 1991 年版,第 179 页。

的鼎盛时期"。① 广灵商业因 1923 年后一段时间,一些商户竞相参加金融粮食市场的投机,1929 年 90% 的商号倒闭,但 1933 年很快恢复到 352 家。1937 年日军入侵之前,县城即有工商业 234 户。② 高平、黎城、中阳、临晋、猗氏、平陆等县,二三十年代,商业资本的兴衰变化不甚明显。③ 波浪式发展应是 1927—1937 年或更长时期的基本趋势。

1927—1937 年间,就全国从商人数而言,总体上相对稳定,并稳中有升。30 年代危机期间,一些城市的商店亏损倒闭,店员失业,从业人员自然减少,但 1933、1934 年的一些调查同时显示,一些大的商店倒闭后,商人多数仍经营商业:他们或者离开大城市、大商店,到较小城市或集镇做小本营生,或者停了店铺而做流动走贩。破产农民和失业工人转入小商贩的亦为数不少。因此,在 30 年代危机中,市场缩小,商业衰落,但小商贩的队伍却扩大了。如四川,民国时期,小商小贩有很大的发展,人员、网点遍布城乡。他们遭受洋商买办、官商、大商人、高利贷者的多重盘剥和压迫,资力单薄,经营困难,极易破产,但因所需资金少,经营手段简单,又不断从破产农民、手工业者、工商业者中获得补充,人数有增无减。④ 河北献县,除职业商人外,还有"亦农亦商"的"小买卖人"。他们农忙从事农业生产,农闲时搞小本经营:或推车挑担走乡串户沿街叫卖;或坐地摆摊。他们"本小利微,收入不多。但经营比较稳定,所以县内用这种形式经商的人很多"。⑤ 其他省区的情况也大同小异,故商业领

① 《石楼县志》,山西人民出版社 1994 年版,第 180 页;《临县志》,海潮出版社 1994 年版,第 321 页。

② 《广灵县志》,人民出版社 1993 年版,第 269 页。

③ 参见相关各县新编地方志。

④ 《四川省志·商业志》,四川科学技术出版社 1996 年版,第 19 页。

⑤ 《献县志》,中国和平出版社 1995 年版,第 241 页。

域总的从业人员并未减少。同时,这一时期不仅地主兼营商业的人数持续扩大,军人政客特别是官吏从商的也大量增加,安徽太和,1921—1938 年的 17 年间,全县官僚商人资本店铺从 114 户发展到 264 户,增长了 1.3 倍。一些乡镇长和村长也都普遍经商。①因此,这一时期包括兼营商业者在内的商人队伍一直在不断扩大。

全国商业资本总额,20 世纪二三十年代亦有增长。据估计,按市场商品总值和商品生产价格一次交易所值计算,1920 年全国商业流通资金为 26.6 亿元;如按市场批发价计算,国内市场商品一次交易所需商业资本为 32.5 亿元。1936 年国内市场商品值,按生产价格计算为 1830833 万元,一次交易所需的商业资本应为457708 万元;如按市场批发价计算,国内生产的商品一次交易所值应为 2093473 万元,加上进口商品值,国内市场商品一次交易所值为 2249528 万元,所需商业资本则为 562382 万元。另外,1936年外国在华投资总额中商业资本为 138227 万元,这样,按生产价格计算,中国国内商业资本总额为 595935 万元;如按批发价格计算,中国国内商业资本总额为 700609 万元,比 1920 年约增长115%(未计价格变动因素)。②

上述商业资本总量及其变化,只就商品交易的流通过程而言。

---

① 《太和县志》,黄山书社 1993 年版,第 149 页;王相钦、吴太昌主编:《中国近代商业史论》,中国财政经济出版社 1999 年版,第 548—549 页。

② 王相钦、吴太昌主编:《中国近代商业史论》,中国财政经济出版社1999 年版,第 553 页。另有学者以进入市场的国内农工业产品和进口商品,一次交易(实即批发交易)所需垫支资本(一般说一年周转四次),作为商业资本额。计算得出 1920 年的商业资本(包括借入资本)总量为 23 亿元,1936 年为42 亿元,比 1920 年增长 82.6%。如按可比价格计算,1936 年的商业资本总量应为 35.5 亿元,比 1920 年增长 54.3%,年增长率为 2.7%(许涤新、吴承明主编:《中国资本主义发展史》第 3 卷,人民出版社 2003 年版,第 247—248 页)。

作为商品流通主体机构的商业公司和商铺,数量、资本规模及其变化,缺乏翔实、连续性统计,只有若干年份的不完整资料,如据统计,1930年全国设立商业公司68所,资本总额3190.3385万元,全国累计商业公司944所,资本总额52273.0978万元。① 表6-46反映的是1933年前后江苏、河北等南北16省501县市的商店及其资本、从业人数统计。

表6-46　江苏等16省商店资本及从业人数统计

1933年　　　　　　　　　　　　资本单位:元

省别	资本额				从业人数			
	县市数	商店数	资本额	店均资本	县市数	商店数	从业人数	店均人数
江苏	3	14229	13618947	957	2	13724	90948	6.62
浙江	27	35481	47402031	1335	26	28297	136681	4.82
安徽	12	5598	20916039	2736	12	5633	34123	6.05
江西	44	18895	18482752	978	44	19434	76448	3.93
湖北	1	12902	34187332	2649	1	12902	62184	4.81
湖南	9	5718	13003494	2274	1	1477	4726	3.19
福建	7	21466	78434981	3176	2	14235	53273	3.74
广东	1	1237	3929030	3176	1	1237	15275	12.35
广西	81	19758	7133189	361	78	4287	12396	2.80
贵州	1	377	7710000	20451	—	—	—	—
河北	130	49735	81379036	1636	129	22131	123787	5.59
山东	13	13055	137447611	10528	1	3390	33951	10.12
山西	106	22016	16660684	758	106	22016	133185	6.05

---

① 龚育之主编:《中国二十世纪通鉴》第二册第六卷(1926—1930),线装书局2002年版,第1943页。

续表

省别	资本额				从业人数			
	县市数	商店数	资本额	店均资本	县市数	商店数	从业人数	店均人数
陕西	47	4628	6759370	1461	46	2417	13125	5.43
绥远	4	354	1177040	3325	4	238	3034	12.75
甘肃	15	2986	14906750	4992	—	—	—	—
总计	501	228435	503148286	2203	453	151418	793136	5.24

资料来源:据巫宝三主编:《中国国民所得(1933 年)》,中华书局 1947 年版,上册,第 103 页第 2 表"各地商店从业人数统计表"、第 104 页第 3 表"全国商店资本数统计表",下册,第 247—267 页附录五,"各地商业统计表"各表综合整理编制。

　　如表 6-46,江苏等 16 省 501 县市共有大小商店 228435 家,资本总额 50314.83 万元,平均每家资本 2203 元;江苏等 14 省(缺贵州、甘肃)453 县市共有商店 151418 家,从业 793136 人,平均每家 5.24 人。另据推算,全国共有商店 1640000 家,从业人数约8593600 人,资本总额约 36.08 亿元。① 这就是当时全国商店的大致数量及资本规模。

---

　　① 巫宝三主编:《中国国民所得(1933 年)》上册,中华书局 1947 年版,第 102—104 页。另据《中国统计年鉴(1985)》载,1952 年年底全国有商业机构 550 万个,从业人员 952.9 万人,平均每一商业机构从业 1.19 人。一般认为 1952 年社会经济已恢复到解放前最高水平。以巫著的估计与 1952 年统计相比,商店数的差距较大,从业人员则比较接近(巫著和 1952 年统计的从业人员均不包括没有铺面的行商走贩)。巫著商店数估计似乎偏低,而平均每一商店的从业人员数偏高。在全国商店中,一两名从业人员的个体商店应占绝大多数,这是由当时的生产力水平和商品流通结构决定的。不论上述估计有何偏差,本时期商铺户数和从业人数均有增长则基本一致和肯定无疑,特别是 20 年代,这一增长可能更为明显(王相钦、吴太昌主编:《中国近代商业史论》,中国财政经济出版社 1999 年版,第 547—548 页)。

二、商业资本的内部结构及地区分布

中国近代商业资本,内部结构复杂,按其性质或资本来源分为外国资本和本国资本,或侨商资本和内地商人资本。本国资本又有官办资本、民营资本之分。

近代中国作为帝国主义共同支配下的半殖民地半封建社会,通过商品购销、商业流通获取高额利润,始终是帝国主义经济扩张、经济掠夺的重要手段,也是其首要目的之一。商业资本始终是在华外国资本的基本形态之一。如表6-47所列,1894年,外国在华商业资本额为9284万元,占当年外国在华企业资本总额的43.9%,占全国商业资本总额的12.4%。此后由于帝国主义对华经济侵略方式开始由商品输出向资本输出转变,工业资本和金融资本迅速增长,外国在华商业资本占外国在华企业资本总额的比重有所下降,但仍以比中国国内商业资本快得多的速度扩张。1936年同1894年相比,中国本国商业资本增长4.8倍,而外国在华商业资本增长11.9倍,在全国商业资本中所占比重亦相应升高,从1894年的12.4%升至1936年的24.6%(关内地区为23.8%),1914年最高达29.0%。外国在华商业资本的迅猛扩张和在全国商业资本中所占比重的不断上升,是中国商业资本和商业流通日益半殖民地殖民地化的集中表现。

表6-47　中国近代商业资本结构、规模及其变化

1894—1936年　　　　　　单位:万元,1894=100

年份	总计			外国在华商业资本			本国商业资本		
	商业资本额	占资本总额%	指数	商业资本额	占资本总额%	指数	商业资本额**	占资本总额%***	指数
1894	74844	65.8	100.0	9284	43.4	100.0	65600	71.0	100.0

年份	总计			外国在华商业资本			本国商业资本		
	商业资本额	占资本总额%	指数	商业资本额	占资本总额%	指数	商业资本额**	占资本总额%***	指数
11911/1914*	234168	48.4	312.9	67968	36.8	732.1	166200	55.5	253.4
1920	317000	44.0	423.5	87000	36.4	937.1	230000	47.8	350.6
1936	561227	21.7	749.5	138227	14.9	1488.9	423000	25.6	644.8
关内	500295	24.8	668.5	119295	23.8	1285.0	381000	25.2	580.8
东北	60932	10.8	—	18932	4.4	—	42000	30.2	—

* 数据年份,外国资本为 1914 年,官营资本为 1911 年,民营资本为 1913 年。

* * 1936 年国内商业资本额中含官办资本 3000 万元,占资本总额的 0.4%。

* * * 资本总额由官办资本、民营资本两部分构成,1894 年分别为 4757 万元、
87592 万元;1911/1914 年分别为 52296 万元、113904 万元;1920 年分别为
90205 万元、390677 万元;1936 年关内分别为 765625 万元、747744 万元,东
北分别为 47674 万元、91530 万元。

资料来源:根据吴承明《中国的现代化:市场与社会》,生活·读书·新知三联书店
2001 年版,第 108—109 页图表整理、计算编制。

　　华侨资本也是国内商业资本的重要组成部分。在全国商业特
别是新式商业的投资经营者中,除了地主、官僚、买办以外,这一时
期比较明显的是华侨和一部分从传统商业转化而来的商人。[①] 据
调查商业资本投入在整个华侨投资中居于第二位,比重为
15.6%,其中尤以上海最为突出,占上海全部投资额的 30.2%。[②]
上海四大百货公司——永安、先施、新新、大新,均由华侨投资,其
创立与发展对上海、乃至对近代中国的新式商业影响深远。除百
货商业外,华侨资本也触及其他商业领域,如国际贸易、西药、呢

① 吴承明、江太新主编:《中国企业史(近代卷)》,企业管理出版社
2002 年版,第 644 页。

② 林金枝:《近代华侨投资国内企业概论》,厦门大学出版社 1988 年
版,第 40、41 页。

绒、五金、化学原料等。

在其他一些地区,特别是福建、广东侨乡,也有数量不等的华侨商业投资。福建华侨对商业的投资约 18775730 元,占华侨全部投资的 13.49%。[①] 19 世纪末 20 世纪初,福清县内华侨富户,纷纷投资商业,1901 年福清南洋商会(福清商会前身)成立后,经商华侨数量进一步增加。侨商是福清商人队伍的重要组成部分。[②]广东侨户较多的县市,几乎都有华侨投资经营的商铺和商业行业。广州的侨资商业除先施、永安、大新三大百货公司外,还广泛分布于进出口、百货、纺织品、交电、燃料、五金化工、建筑材料、药材、食品、餐饮、文教艺术品等行业。汕头的大型百货公司也都是华侨投资经营。在梅县,据 1951 年的调查,当时县城营业的 2040 间店铺中,华侨直接经营或与华侨有关的约占 20%。[③]

与外国在华商业资本的迅猛扩张态势不同,国内商业资本的增长速度相对较慢,在国内企业资本总额中所占比重也在下降,从 1894 年的 71% 下降为 1936 年的不足 25.6%(关内为 25.2%)。但因新式工矿业和金融业发展速度亦较慢,商业资本在国内企业资本总额中所占比重较外国在华商业资本的相应比重为高。国内商业资本的内部结构,这一时期的重要变化是官办资本的出现。虽然数额不大,所占比重不高,但官办资本已是国内商业资本的一个组成部分,反映国民党国家资本的膨胀开始由金融、交通运输、工矿生产扩大到国内商业流通领域。

同时,这一时期军人政客特别是官吏从商的大量增加,如河南

---

① 林金枝:《近代华侨投资国内企业概论》,厦门大学出版社 1988 年版,第 40—41 页。

② 曹于恩等总纂:《福清市志》第 15 卷,商业,厦门大学出版社 1994 年版,第 421 页。

③ 《广东省志·华侨志》,广东人民出版社 1996 年版,第 310 页。

内乡,1930年前,山西、陕西、湖北、四川以及省内郑州、开封、洛阳、南阳、邓州等地商人多在较大集镇开设栈庄、店铺。1930年后,因宛西四县联防司令别廷芳推行"五证"、"五禁",使用"金融流通券",境内商品流通受阻,各区民团团长巧取豪夺,纷纷经商,大本私人商业多为权贵所把持。一般百姓只经营小本生意。① 一些乡镇长和村长也都普遍经商。如河南淇县,民国时期境内商业比较繁荣,大小官僚和豪绅地主,在城镇设立各种店铺、钱庄,他们亦官亦商,假公济私,多发横财。地主兼商人数更进一步扩大,县城附近村庄的豪绅地主在城内都有自己的商号。② 他们以地租为资本,还直接以地租充作经营货源,以其榨油、酿酒、制酱、制醋,自产自销,或经营、垄断农产品收购和农民所需生产、生活资料,再以所获暴利兼并土地,使地租、商业、高利贷三位一体进一步扩大和强化。这不仅加剧了农村地方市场的商业垄断和对农民的封建剥削,对农村和农民经济的破产起着推波助澜的作用,也进一步强化了商业资本的腐朽性。③

本国商业资本,具体到每个地区,因商人籍贯不同,而有本帮商人、客帮商人,本帮商人资本、客帮商人资本之分。近代时期特别是进入20世纪后,随着各地商业流通的发展、地区间经济联系的日益密切和地主经商风气的不断升温,一些地区商人籍贯构成发生两方面的变化:一方面,一个城镇或地区的商人来源地更加广泛,商人籍贯或商帮更加多样化;另一方面,本地或本帮商人的数量增加,比重上升,客帮商人的比重相应下降。不论大中城市、中小城镇乃至集

---

① 《内乡县志》,生活·读书·新知三联书店1994年版,第471—472页。

② 周成彬主编:《淇县志》,中州古籍出版社1996年版,第559页。

③ 王相钦、吴太昌主编:《中国近代商业史论》,中国财政经济出版社1999年版,第548—549页。

镇,大都如此。如山东宁阳,清末外埠商人始到境内经商,当地人受其影响,个人或集股先后开办小商店、盐店、饭店、酒店等。辛亥革命后,境内商业得到发展,到 1934 年,有商行、商号 390 家,一般店铺392 家,摊贩近 4000 户。[1] 这些商铺的店主中,当地人自然越来越多。沂水境内经商者,向分外籍商人和本地商人两部分。1922 年春,城内一场大火,使工商业遭受极大损失。外籍商人为振兴沂水商业,1927 年在城南修建"南会馆",当地商人也随后修建"东会馆"。受其影响,许多外地商人竞相前往投资经商,本地商人也纷纷自建或租赁房屋开业经商。在与外地商人的激烈竞争中,本地人经营的商业开始占到市场的 50% ,从商铺数量和销售额上,逐渐占据主导地位。[2] 山西兴县,民国初年时,榆次等地外籍人到县城设铺营商,商铺有榆次行、本地行之分,前者一度占优势。进入20 年代后,黄河沿岸交易甚为活跃,外地商贩大量涌入,本县人亦纷纷经商,从 1935 年起,本县人经商者及其资金均已多于外地人。[3] 这一时期,不少城市和地区,本帮商人已成为商人队伍的主体。表 6-48 是 1931 年浙江杭州现存商铺店东籍贯统计:

表 6-48　杭州商铺店东籍贯统计表

1931 年

类别	总计	本省					外省			
		杭州	宁波	绍兴	其他	小计	安徽	江苏	其他	小计
服饰类	1491	234	119	846	166	1365	46	51	29	126

①　《宁阳县志》,中国书籍出版社 1994 年版,第 546 页。

②　《沂水县志》,齐鲁书社 1997 年版,第 259 页。

③　《兴县志》,中国大百科全书出版社 1993 年版,第 170 页。

类别	总计	本省					外省			
		杭州	宁波	绍兴	其他	小计	安徽	江苏	其他	小计
饮食类	3876	876	528	1740	249	3393	211	118	154	483
住用类	1652	271	178	913	125	1487	63	63	39	165
燃料类	353	59	18	107	148	332	4	13	4	21
医药卫生类	587	93	90	179	144	506	8	40	33	81
文化娱乐类	411	160	36	158	20	374	19	13	5	37
婚丧祀用类	281	120	23	112	15	270	4	2	5	11
日用杂物类	1563	454	178	727	95	1454	48	42	19	109
居间类	149	44	8	92	1	145	1	2	1	4
合计	10363	2311	1178	4874	963	9326	404	344	289	1037
%	100.0	22.3	11.4	47.0	9.3	90.0	3.9	3.3	2.8	10.0

资料来源:据国民党政府建设委员会调查浙江经济所调查课编:《杭州市经济调查》下册,调查浙江经济所发行,1932年初版,第470—477页"民国二十年杭州市商店籍贯家数比较表"综合改制。

统计显示,杭州商铺店东籍贯十分广泛,省内包括杭嘉湖宁绍、金衢严台温处等旧府属地域,外省则有安徽、江苏、江西、福建、广东、湖南、湖北等多个省份,但杭州和本省商帮占绝大比重。如表,全市10363家商铺,90%属于本省商帮,绍兴、宁波、杭州三大商帮又占本省商帮的90.3%。客帮经营的10%的商铺中,安徽、江苏两省商人占了72.1%。显然,在商帮籍贯的分散状态中,又有某种程度的集中,绍兴、宁波、杭州等传统商帮凭借地利和财力优势,在杭州商业中占绝对统治地位,安徽帮、江苏帮则在外省商帮中处于绝对优势。杭州的商铺籍贯在一定程度上反映了沿海口岸城镇商帮结构的大体情况。

在沿海和内陆地区,部分中小城镇和县区,也都有多个商帮,如江苏东台,有部分商人来自外地,籍贯广泛。浙江、安徽、山东、江苏等省的20多个市、县,都有商人在东台落户经商。[①] 河南汝南,20世纪二三十年代,随着新式交通运输业和商业的发展,不少外地商人相继到县城和重要集镇开办店铺、行号,形成多个外地商帮,并先后在县城建立了湖北、江南、浙江、福建、山西、陕西、江西等会馆。[②] 在外籍商人不断增多的情况下,某些地区,包括江浙皖部分县区在内,仍以外地商帮为主,如安徽宣城,各类商铺和亦工亦商的手工业作坊,多系外籍人(帮)。商铺以"徽州帮"、"泾县帮"居多;酱坊大多是徽州籍商户;纺织业以合肥、巢县人居多;竹器业以江西人最多;常州帮则多操糖炒业。南陵县城经商的也多为泾(县)、旌(德)、太(湖)、徽州等帮商人。[③] 广西苍梧,1936年1393家商店中,广西人开设的为268家,占19.2%。其余全由外省人开设,其中广东人又占95%。[④]

越是交通闭塞、经济落后地区,客帮商人的优势越明显。山西和顺,山高道险,"商贾鲜至,贸易不兴,民间以耕凿为业"。清末至民国年间,坐商大部分为外籍人,内分"东商"(河北、河南)、"西商"(榆次、太谷)两帮,西商占优,又以榆次商帮资厚户多。到20年代,县人商铺虽逐渐增至10余家,仍只占极小比重,且多聘外籍人主管业务。[⑤] 在西南地区,四川江油、彰明,"商人多来自外

①　《东台市志》,江苏科学技术出版社1996年版,第467页。

②　《汝南县志》,中州古籍出版社1997年版,第536页。

③　《宣城县志》,方志出版社1996年版,第336页;《南陵县志》,黄山书社1994年版,第305页。

④　《苍梧县志》,广西人民出版社1997年版,第326页。

⑤　《和顺县志》,海潮出版社1993年版,第241页。

地"。^① 贵州东北部的湄潭，商民万余，商业资本约50万元，分为川帮、印江帮、湖南帮、广帮、本帮等5帮，本帮位居末席。^② 贵阳分新旧两区，新区为川商趋聚，旧区乃广西、云南、湖南之商人所萃。本帮商人寥寥无几，客帮在贵阳商业流通中占统治地位。位处黔东南的八寨县，木材为出口大宗，其交易也全部操诸湘粤木商之手。^③ 云南全省，外籍帮构成商人队伍的主体，其中以四川、江西、湖南帮经营的行业最多，地域也广。"全省各县、市、镇，无处不有江西人万寿宫与两湖会馆。自省城及各县城乃至乡村市镇，轿夫、剃发匠、栈伙厨役诸工，几无一而非四川人；裁缝及零星贩卖之流，几全操于江西、两湖人之手"。^④ 甘肃兰州，城内有重要商店800余家，总资本近千万元。各类重要商业皆为陕西、山西及天津旅居商人所经营，当地商人仅有小规模营业而已。^⑤

在城乡和地区分布上，同过去一样，全国商人和商业资本主要集中在少数口岸和大中城市；包括县城和众多乡镇、集镇在内的广大农村地区，商人、商铺和商业资本为数有限。表6-49是江苏等12省城市和县区商铺数量对比。

---

① 《江油县志》第18卷，四川人民出版社2000年版，第869页。

② 国民党政府铁道部财务司调查科查编：《渝柳线川黔段经济调查总报告书·商业经济篇》，1931年调查、印行，第88页。

③ 国民党政府铁道部财务科调查科查编：《渝柳线川黔段经济调查总报告书·商业经济篇》，1931年调查、印行，第96、109页。

④ 《昆明市志长编》第6卷，第385页，转见《云南省志·商业志》，云南人民出版社1993年版，第52页。

⑤ 铁道部业务司商务科编：《陇海铁路甘肃段经济调查报告书》，1935年印行，第64页。

表 6 - 49　江苏河北等南北 12 省城市和县区商铺数量比较表

1933 年

省别	城市				县区			
	城市数[*]	人口	商店数	每店所摊人口	县区数	人口	商店数	每店所摊人口
江苏	4	4225867	94589	44.7	9	4494945	24332	184.7
浙江	1	523569	8821	59.4	25	7251416	30867	234.9
湖北	3	1198820	16669	71.9	13	4901300	15580	314.6
湖南	1	395618	12484	31.7	69	26681491	86281	309.2
四川	2	775025	33000	23.5	1	492495	580	849.1
福建	2	570027	14235	40.0	19	4742065	25041	189.4
贵州	1	82667	400	206.7	16	2011832	4400	457.2
云南	1	145088	2965	48.9	4	358653	524	684.5
河北	2	2960173	57797	51.2	129	28407262	60589	468.9
山东	2	875654	11110	78.8	108	36182052	30523	1185.4
山西	1	130311	2396	54.4	105	11461569	19620	504.2
陕西	1	121828	4000	30.5	40	4794102	8989	533.4
总计	21	12004647	258466	46.4	538	131779522	307326	428.8

[*] 21 城市为:南京、上海、镇江、无锡(江苏),杭州(浙江),汉口、武昌、沙市(湖北),长沙(湖南),成都、重庆(四川),福州、厦门(福建),贵阳(贵州),昆明(云南),北平、天津(河北),太原(山西),长安(陕西)。

资料来源:据巫宝三主编:《中国国民所得(1933 年)》下册,中华书局 1947 年版,第 247—268 页,附录五,"各地商业统计表"各表综合整理、计算编制。

统计包括 21 个城市、1200 万人口和 538 个县、13178 万人口,相当于全国大中城市及其人口的一半以上和县区及其人口的 1/3 弱,大体反映了 30 年代初全国(主要是关内地区)商铺的城乡分布状况。如表 6 - 49,21 城市的人口相当 538 县人口的 9.1%,而商铺相当后者的 84.1%;城市平均每 46.2 人摊一商铺,而县区要 428.8 人才有一家商铺,显见商铺和商业资本城乡分布差异的悬殊程度。

在地区分布上,商铺和商业资本绝大部分集中在沿海地区,广大内陆地区尤其是西部地区,所占有的商铺和商业资本比重极低。如云南、贵州相当一部分县区,交通闭塞,经济落后,商业"均极幼稚",商户、店铺极少,定期集市是最主要乃至唯一的交易场所和交易形式。甚至有的县城"亦行场期,非场期则货物无从交易"。集市交易大部分在生产者之间进行,"虽交易媒介,仍借货币,而实际不啻以物换物也"。[1] 在这些地区,商店稀少,资本规模狭小。如贵州桐梓县,是由"黔入蜀孔道",商业流通相对发达,商人较多,全县业商者1.2万余人,但"业户多属小本经营",资本最高不过5000元,最低才60元。商品流转孔道如此,其他各县更等而下之。如八寨,"全县无大规模之商店,县城反逊于北门外之平坝场"。该县往昔出产木料甚丰,为出口大宗,湘粤木商多集于此,到20世纪二三十年代"亦衰矣"。[2] 印江全县商店,仅有药店7家,各家资本最多200元,最少数十元,全业共700元;花纱布匹零星小店30家,资本最多500元,最少数十元,全业8000元;杂货店4家,资本最多800元,最少500元,全业2500元。[3] 这样,全县仅有商店41家,商业资本总额11200元,仅相当于沿海城镇或经济发展县份一家规模稍大的商铺。省溪县商业,"最为萧条",全县除当地特产水银、朱砂营业外,"绝无其他有牌号的商店",而水

---

① 国民党政府铁道部财务司调查科查编:《粤滇线云贵段经济调查总报告书》,约1930年调查、印行,第83页。

② 国民党政府铁道部财务司调查科查编:《渝柳线川黔段经济调查总报告书》,1931年调查、印行,第109页。

③ 国民党政府铁道部财务司调查科查编:《湘滇线云贵段附近各县经济调查报告书》,1930年调查、印行,第64页。

银、朱砂营业亦只 4 家商铺,年营业额 19000 元,①据此,全县商业资本总额也就 5000 元上下。

20 世纪初,随着进出口贸易、国内商品生产和商业流通的扩大,以及内地新式交通运输业和城镇、集镇的发展,商人、商店和商业资本的地区分布状况发生某些变化,内陆尤其是中西部某些偏僻地区,商人和商店数量有所增加,商业流通有所发展,但相比之下,东部沿海地区的商业发展速度更快,东部沿海地区和西部地区商业机构、商业资本地区分布不平衡状况的改变程度有限。表 6-50 反映的是江苏等 24 省(地区)商店分布情况。

表 6-50 江苏等 24 省(地区)商店数量统计表

1933 年

省区别	县市数	人口数	商店数	平均每店所摊人口	县市摘要
江苏	13	8720812	118921	73.3	南京、上海、江宁、镇江、无锡
浙江	26	7774985	39688	195.9	杭州、吴兴、嘉兴、平湖、永嘉
安徽	11	2696458	12440	216.8	芜湖、当涂、歙县、休宁、宣城
江西	83	15567831	28375	548.6	南昌、九江、萍乡、吉安、赣县
湖北	16	6100120	32249	189.2	汉口、武昌、沙市、宜昌、襄阳
湖南	70	27077109	98765	274.2	长沙、常德、岳阳、湘潭、衡阳

① 国民党政府铁道部财务司调查科查编:《湘滇线云贵段附近各县经济调查报告书》,1930 年调查、印行,第 65 页。

省区别	县市数	人口数	商店数	平均每店所摊人口	县市摘要
四川	3	1267520	33580	37.7	成都、重庆、綦江
福建	21	5312092	39276	135.3	福州、厦门、晋江、福清、南平
广东	2	1331191	34000	39.2	广州、汕头
广西	87	12205930	19789	616.8	全县、桂林、苍梧、玉林、百色
贵州	17	2094499	4800	436.4	贵阳、安顺、贵定、安龙、修文
云南	5	503741	3489	144.4	昆明、嵩明、马龙、曲靖、寻甸
河北	131	31367435	118386	265.0	北平、安国、大兴、昌黎、沧县
山东	109	37057706	41633	890.1	青岛、济南、威海、福山、胶县
山西	106	11591880	22016	526.5	太原、阳曲、榆次、长治、太谷
河南	1	231400	8400	27.5	开封
陕西	41	4916265	12989	378.5	长安、咸阳、宝鸡、潼关、渭南
察哈尔	16	1863494	6000	310.6	万全(张家口)、宣化、张北、商都
绥远	11	1442421	5554	259.7	包头、归绥、临河、丰镇、五原
甘肃	16	2112373	4051	521.4	兰皋(兰州)、陇西、天水、秦安
青海	1	163599	1000	163.6	西宁
蒙古地方	1	80000	450	177.8	库伦
西康	2	30167	77	391.8	泸定、甘孜

续表

省区别	县市数	人口数	商店数	平均每店所摊人口	县市摘要
东北	1	479051	9000	53.2	沈阳
总计 I *	790	181988079	694928	261.9	
总计 II *	777	177931577	604929	294.1	

　　* 总计 I 系按表中各项数据累计、计算得出;总计 II 系剔除资料主要限于城市的四
　　川、广东、云南、河南、青海、蒙古、东北等 5 地数据后累计、计算得出。

　　资料来源:据巫宝三主编:《中国国民所得(1933 年)》上册,中华书局 1947 年版,
　　第 101—102 页,第一表"全国各地商店统计表";下册,第 247—268 页,附录
　　五,"各地商业统计表"各表综合整理、计算编制。

　　表 6 - 50 中调查区域涵盖 24 省(地区)790 县市,比表 6 - 49
所列较广,在某种程度上更能反映全国范围的商铺分布状况。如
表 6 - 50,790 县市有人口 18198.8 万人、商铺 694928 家,平均 262
人可摊得一家商铺,东西部地区商铺分布差别的悬殊似乎亦不十
分突出。其中云南每一商铺所摊人口为 144.4 人,四川、河南更分
别只有 37.7 人和 27.5 人,成为商铺分布密度最高的两个省份。
不过这是由于各省(地区)调查范围广狭不一之故,四川、广东、云
南以及河南、青海、蒙古、东北,调查范围主要限于省会或城市,导
致每一商铺所摊人口大幅降低,掩盖了东西部地区之间商铺分布
的极不平衡性,无法全面、准确反映商铺分布的实际状况。如将上
述 6 地相关数据剔除,每一商铺所摊人口增至 294.1 人,更趋近历
史实际,东西部地区商铺分布的差异亦随之显现。如江苏、浙江、
福建每一店铺所摊人口依次为 73.3 人、195.9 人和 135.3 人,而
贵州、陕西、甘肃依次为 436.4 人、378.5 人和 521.4 人,相差一至
两倍以上,高低差距一目了然。然而,实际差别更为悬殊。因西部
地区人口稀少,且山高路险,沟壑纵横,交通极其不便。即使每一
商铺所摊人口相近,与东中部平原丘陵地区相比,实际情况已天差

地别。表面上每一商店所摊人口相差一倍、两倍，而商店的地理分布密度、居民购销商品实际往返距离、所耗时间以及真正难度，又何止5倍、10倍、20倍。

商人、商铺和商业资本的行业分布，明显分为旧式或传统行业、商人、商铺、商业资本和新式或新兴行业、商人、商铺、商业资本两大部分。

随着对外贸易的不断扩大和国内新式工业的发展，各类进口洋货和工业品陆续进入国内市场，洋纱洋布、机纱机布、呢绒、针织品、人造丝、颜料、合成染料、煤油、火柴、洋铁五金、水泥、各种机器及零配件、汽车及配件、自行车及配件、钟表、新式化妆品、卷烟、面粉、海产品、西药、汽水、果子露、洋酒、各种罐头食品，以及皮鞋、胶鞋和橡胶制品、洋伞、电筒、眼镜、相机、煤油灯、肥皂、热水瓶、玻璃器皿、钢精和搪瓷制品、纽扣、牙刷和其他日常生活用品，等等，越来越成为市场重要商品，随即产生了专门经营这类商品的店铺，形成新的行业和商帮，商业经营更趋专业化，城市商业在传统粮、油、盐、米、酒、烟、木材、药材、土线、土布、丝线、丝绸、南北食品等行业之外，出现了专门经营洋纱洋布、呢绒、洋铁五金、颜料、西药、卷烟、煤油、环球百货等多种新型商铺和商业，而且越来越细化，如汉口，19世纪晚期因进口洋货大量涌入，兴起了洋纱、洋布、五金等一批"洋货行"。至民国初年，新型工业品有了更广阔的市场，行业分工也愈加细密，分离出一批新兴行业，纺织品经营细分为大布业、色布业、花布行、大匹头批发、蒲包匹头（小批发）、绸缎庄、呢绒号等，日用百货贸易分为广货店、华洋杂货店，以及搪瓷口杯、料器玻璃、香粉香皂、钟表眼镜、唱机乐器、皮鞋皮货、耍货玩具店等，电料电器从20世纪初萌芽，到1919年发展到34户；染料业从洋广杂货中分离出来，成为新的业体；无线电行、化工原料行、仪器行等商号也相继出现。[①]
重庆、南京、九江、芜湖等地在 20 世纪最初的 20 年内,也不同程度
地出现了机制棉布商店、五金商店、广洋百货店等新兴贸易机
构。[②] 天津也因进口商品数量、品种增加,萌生了许多新型行业,
如棉纱最初由杂货批发商"姜厂子"附带经营,19 世纪后期,渐渐
从杂货中剥离,成为新行业。20 世纪以后,天津的棉纱、棉布、五
金等都已有独立的行业组织。这样,商业行业增多,行业结构和资
本结构发生重大变化。

商业行业的增加,有的是新的商品交易的出现,如 20 世纪二
三十年代出现的橡胶制品商、以酸碱为主的化工原料商、汽车材料
商、汽车出租商、以桐油为主的植物油商等,其中尤以进出口商业
的专业化最为明显。而更多的是从现有商业中分立出来的。如百
货或京广杂货业,在 19 世纪已分离出不少行业,20 世纪后又陆续
分离出钟表、眼镜、热水瓶、无线电、毛线等多个行业。五金商业也
分化出多个行业,本时期分离的有脚踏车、缝纫机、汽灯、度量衡器
等行业。[③]

在行业不断增多、经营加速专业化的同时,又开始产生资本相
对雄厚的大型综合商场,出现了与传统商铺经营模式和理念完全
不同的新型商店——百货公司,并迅速壮大。专业化和大型综合
化两种发展趋势,齐头并进。

这一时期,新兴行业、商铺和新型商业资本继续扩大,在整个

---

① 参见皮明庥主编:《近代武汉城市史》,中国社会科学出版社 1993 年
版,第 388—389 页。

② 张仲礼等主编:《长江沿江城市与中国近代化》,上海人民出版社
2002 年版,第 114 页。

③ 许涤新、吴承明主编:《中国资本主义发展史》第 3 卷,人民出版社
1993 年版,第 240 页。

商业行业和全国商业资本中所占比重进一步提高。如棉布行业，1850年上海大红门外出现了第一家"清洋布店"，1857年振华堂洋布公所成立，标志第一个专营进口机制品贸易行业的形成。1858年，上海的清洋布店约15—16家，1884年计有62家，1913年已有二三百家。1921年为451家，1932年，仅上海棉布同业公会的会员已有573家。① 1937年达700—800家②，比1921年增长近1倍。广州、汉口、厦门、西安等口岸和城市，棉布专营店都有不同程度的扩展。广州1914年有棉布店192家，从业1466人，资本274万元，1936年增加到324家，从业2427人，资本336万元③；汉口1919年有棉布店188家，1933年增至523家(包括武昌、汉阳)④；厦门棉布店依次从1919年的53家、从业431人、资本84万元增至1933年的57家、从业476人、资本102万元⑤；西安棉布店从1918年的160家增至1936年的230家。⑥ 发展十分迅速。

新兴五金业和西药业也都继续扩大。上海五金商业户从1918年的253户增至1937年的897户，从业人员由3317人增至

① 上海市工商行政管理局、上海市纺织品公司：《上海市棉布商业》，中华书局1979年版，第26、135页。

② 上海市工商行政管理局、上海市纺织品公司：《上海市棉布商业》，中华书局1979年版，第135—137页。

③ 广州市纺织公司等：《广州市私营棉布商业的社会主义改造》，1960年油印本。

④ 武汉市第一商业局：《武汉市贸易志·纺织品贸易行业志》，1985年油印本。

⑤ 中共厦门市委员会资本主义改造室等：《厦门市私营棉布商业的社会主义改造》，1959年油印本。

⑥ 西安市工商局：《西安市私营棉布商业的社会主义改造》，约1960年油印本。

7042 人①,五金钢铁商业中的一些大户,如南顺记五金号、唐晋记铁行、征昌铁行、庆昌铁行、升昌铁行、永同昌五金号、元泰五金号等,均在外埠设有分支机构或联号,以扩大商品推销。汉口五金钢铁商业从 1919 年的 66 户,从业 840 人,资本 270 万元,增至 1932—1937 年的 91 户,从业 944 人,资本 615 万元。青岛 1921 年有五金商业 17 户,从业 276 人,资本 473 万元,至 1937 年增为 18 户,从业 258 人,资本 505 万元。广州 1934 年五金商店更多达 1023 家。②

　　西药市场以上海为中心,其他大城市多有上海药房的分号,又有领牌联号制度,1912—1936 年全国 21 省有 112 个县镇的商人向上海中西、中法、五州、华美等药房领牌。上海西药市场原被外商垄断,1921—1936 年间又新设有经营西药及器材的洋行 74 家,新开外商药房 42 家。不过到 20 世纪 30 年代,外商药房大都衰落,华商药房(西药行、药社等)则一直持续发展,数量增加,到 1936 年已大大超过外商药房。据统计,1920 年上海有华商西药房 86 家,1921—1936 年新设 230 家,歇业 140 家,1936 年实存 166 家。是年有外商药房 75 家,华商药房相当外商药房数的 2.2 倍。③

　　本期,各地百货商业都有一定程度的发展。在上海,百货商业

---

　　①　同一期间,五金商户的资本由 3349 万两降至 2762 万两,减少 17.6%。户数增加而资本减少,可能因为停歇店铺资本规模大、新设店铺资本规模小,但从业人数增加而资本减少的可能性极小。上述结果或因统计误差所致。

　　②　王相钦、吴太昌主编:《中国近代商业史论》,中国财政经济出版社 1999 年版,第 557—558 页。

　　③　转见许涤新、吴承明主编:《中国资本主义发展史》第 3 卷,人民出版社 1993 年版,第 257 页。

习惯分为小百货(零售)、华洋杂货(批发)、环球百货(大型百货公司)三个自然行业。小百货业1925年时约有400家,1926—1936年在同业公会登记新设157家,累计约550家。30年代危机期间不少歇闭,但同时兴起数以百计鼓号吹打的"叫卖店"。估计1936年连同非会员店约有700余家,资本总额300万元;华洋杂货业1931年成立同业公会时约有33家,1936年约近100家,营业额3000万元;环球百货业原有先施、永安等2家,本期新设新新、大新、丽华等5家,总数达到7家,南京路、浙江路口成为几家大百货商店集中地。①

广州、武汉、青岛、西安、重庆、哈尔滨等城市,百货商业也都不同程度地扩大。广州百货商业,1920年批发、零售合计605家,从业3644人,资本339万元,1929年前后增为765家,资本约470万元。不过30年代危机期间明显萎缩,1935年减至628家,从业3579人,资本219万元。② 武汉三镇百货商业,1919年批发、零售合计210家,1929—1930年增至335家,资本340万元。1932年因长江水灾,约4/10歇业。1936年恢复并增加到350家,资本330万元。③ 青岛百货店在第一次世界大战后有8家,绸布兼营百货者2家。1928—1932年新开百货店16家,绸布兼营者9家,土杂兼营百货者7家,合计32家。到1937年,又新开百货店21家,绸布兼营者5家,土杂兼营者15家,新旧合计达80家左右。④ 西安1914年有百货铺商30家,摊商30家,从业190人,资本2万

---

① 上海百货公司、上海社会科学院经济研究所等:《上海百货商业史》,上海社会科学院出版社1988年版,第30、38、60、206页。

② 广州市对资改造资料整理研究组:《广州市私营百货商业社会主义改造资料》,1959年手稿。上述统计不包括4家环球百货公司。

③ 武汉市地方志办公室:《商业考·百货行业志》,1985年油印本。

④ 青岛市工商局:《青岛市百货商业资料汇编》,1960年打印稿。

两。30 年代初陇海铁路延伸至陕西境内,西北货物在西安集散,1937 年百货商增至 150 家,从业 850 人,资本 41 万元。① 重庆 1914 年前后有百货商 100 余家,20 年代颇有增加,惟因军阀混战及苛捐杂税影响,30 年代前后市场很不景气,至日本全面侵华战争爆发前夕,始见好转。② 哈尔滨百货商 1914 年约 60 家,第一次世界大战后旅俄华侨回国,相继投资百货业,"九一八事变"前增至 100 余家,1934 年尚有 140 家,其中批发店和兼营批发者 60 家。③

在西南,贵州贵阳以及某些县城,也都相继出现了新兴百货业。第一次世界大战期间,欧美列强无暇东顾,国内民族工商业获得发展,上海三星、三友等实业社生产的毛巾、被单,振昌、振丰等厂生产的汗衫、背心,侨商陈嘉庚经营的球鞋、肥皂、香皂以及广州、汉口、重庆等地所产牙膏、化妆品等,逐渐进入贵州城乡市场,新型百货商业随即产生,贵阳先后开设有"群明百货交易处"、"恒大"、"鸿昌隆"等百货商店,经营绸缎、呢绒、棉布、日用百货及搪瓷制品等。遵义、安顺、都匀、毕节等县城也相继出现了类似的百货商店和绸缎商店,贵州商业结构开始发生变化。据统计,1930 年遵义、盘县等 14 城镇购进的外省百杂货物有 568 个品种,总金额达 15.9 万银元。随着百货业的兴起和发展,贵阳还出现了类似同业公会性质的"财神会"。④

在西北,绥远的归绥(今呼和浩特)、包头等城镇,20 世纪 20 至 30 年代,开始从京广杂货行业中,分离出专营日用工业品的百

---

①　西安市工商局:《西安市私营百货业社会主义改造历史资料》,1959 年油印本。

②　重庆市工商局:《重庆市私营百货商业历史资料汇编》,1960 年油印本。

③　哈尔滨市工商业联合会:《哈尔滨市百货业史料》,1962 年油印本。

④　《贵州省志·商业志》,贵州人民出版社 1990 年版,第 13 页。

货业,商铺数量逐渐增加。1924、1931 年,北京东安市场德华兴商号先后在归绥、包头分别开设连号,专营日用工业品。连号资金雄厚,门面装潢考究,商铺货色齐全,是两地百货业中有名的大户。不过直至绥远沦陷前,这种分离远未完结,一般城镇的百货业仍从属于杂货行业。①

　　1927—1937 年百货商业的发展中,最引人注目的是大型百货公司的数量增加和规模扩大。上海除原有的先施、永安外,本期增设新新、大新、丽华 3 家环球百货公司。1926 年开业的新新公司,资本 352 万元,半属侨资,建有 7 层大楼;大新原有香港、广东公司,1932 年在上海筹建分公司,共投资 600 万港元,建有 10 层大楼,1936 年 1 月营业。大新店面豪华新颖,设有电梯及冷气,曾轰动一时。新新、大新都是广东人创建经营,与先施、永安并称“四大公司”。“四大公司”连同丽华公司,原始资本约 1350 万元。②除了五大百货公司,尚有专营国货的百货商店和商场,如上海国货维持会筹设的国货商场(1923 年)、上海华商工厂联合创设的中华国产联合大商场(1928 年)等。30 年代,这类大型百货商场在上海增加到 10 余家,其中以中国国货公司和中国国货联营公司规模最大。前者由上海民族资本家在危机期间集资 10 万元于 1933 年设立,主要销售国产绸缎、布匹、针织品、化妆品、鞋帽、五金、搪瓷制品等。公司以“中国人应用中国货”相号召,得到消费者和中小工厂的支持,1937 年增资至 40 万元。其后各地仿效,纷纷创设国货公司。1937 年 5 月,在各地合作下设立中国国货联营公司,资

---

　　① 《内蒙古自治区志·商业志》,内蒙古人民出版社 1998 年版,第 61—62 页。

　　② 王相钦、吴太昌主编:《中国近代商业史论》,中国财政经济出版社 1999 年版,第 560 页。

本 200 万元,以批发为主。上述两个公司也都是大型百货公司。①

　　除上海外,天津、广州、武汉、青岛、哈尔滨、重庆的百货公司均有发展。在天津,1928 年 1 月 1 日开业的中原股份有限公司,占地 1131 平方米,楼高 7 层,建筑面积 9146 平方米,钢筋混凝土框架结构,采用逐渐上收的古典式样的塔式建筑,造型挺拔端庄,一至四层为商场,五层有电影院,七层设有"七重天"舞厅和号称可容纳万人的屋顶花园。楼内备有电梯。② 广州原有先施、大新、光商、真光 4 家大型百货公司,本期大新公司又增设惠爱分店。其他如武汉的国货公司、大陆商场,青岛的国货公司、华德泰,西安的西京国货公司,哈尔滨的大罗新、同记商场,重庆的宝元通等,都是这种大型百货公司。③ 这类公司一般都是股份公司组织,有高层建筑,店内分部门出售商品,大多兼营饮食、服务业。

　　诚然,1927—1937 年间,大型百货业和其他新兴行业明显发展壮大,不过在全国商业中所占比重仍然不大。全国店铺及商业资本的行业结构,就整体而言,直至 20 世纪 30 年代中期,旧式商铺和商业资本仍居主导地位。同时,商业及商业资本的行业结构,因城乡和地区而异。一般地说,在通商口岸和某些大城市,新兴行业和新式商业资本所占比重稍高一些,如天津,据粗略统计,20 世纪 30 年代中,各类华资专营商店计有 56 业 2800 家店铺,其中全部属于新兴行业的有机制面粉业 10 家、电料 45 家、洋广货业 89 家、汽车及配件业 118 家、胶皮车业 18 家、眼镜业 14 家、药房(西

---

①　王相钦、吴太昌主编:《中国近代商业史论》,中国财政经济出版社 1999 年版,第 560—561 页。

②　吴承明、江太新主编:《中国企业史(近代卷)》,企业管理出版社 2002 年版,第 659 页。

③　许涤新、吴承明主编:《中国资本主义发展史》第 3 卷,人民出版社 1993 年版,第 252 页。

药)14家、照相19家、理发9家、汽水10家、卷烟69家,合计11业415家,分别占总数的19.6%和14.8%。另部分或大部分属于新兴行业的有绸布棉纱呢绒业77家、帽业103家、鞋业97家、织染145家、染业47家、衣业131家、糖果15家、油漆染料43家、皮革82家、南纸书业60家,合计10业800家。若800家店铺中以半数,即400家属新兴行业计,则分别占总数的17.9%和14.3%。两共总计21业815家,分别占总数的37.5%和29.1%。尽管如此,专营商店在天津全部商店中仍然只占很小的比重,据1933年统计,天津共有大小商店30000家①,专营商店的比重不到10%。非专营商店(综合商店)中新兴行业和传统行业各自所占比重不详,在一般情况下,非专营商店中新兴行业所占比重应较低。据此,新兴行业专营店占全市商店总数的比重应低于29%,传统行业所占比重远远超过70%。从表6-51看,天津商业传统行业主要包括粮食、菜蔬和其他食品,衣饰和床上用品、建筑材料、燃料、家居器具、生活日用品、医药卫生、文化用品、餐饮服务以及报关转运和堆栈等10大类别,部分同新兴行业互有交错。

表6-51　20世纪30年代天津华资专营商店分类统计

业别	商店数	业别	商店数	业别	商店数	业别	商店数
机制面粉	10	织染	145	木业	40	药业	88
电料	45	染业	47	地毯	64	茶业	8
洋广货业	89	衣业	131	灰煤	123	海货	24
汽车	118	糖果	15	竹货檀木	40	茶食	103

---

① 巫宝三主编:《中国国民所得(1933年)》下册,中华书局1947年版,第161页。

续表

业别	商店数	业别	商店数	业别	商店数	业别	商店数
胶皮车业	18	油漆染料	43	报关行业	11	转运	75
汽水	10	皮革	82	砖业	62	金银首饰	35
卷烟	69	南纸书业	60	秤业	13	席业	25
眼镜	14	皮货	129	绳麻	31	炭业	8
药房	14	斗店	7	菜业	18	菜市	8
照相	19	米业	25	酱园	74	旅馆	40
理发	9	三津磨坊	25	油业	70	栈房	46
绸布棉纱呢绒	77	干鲜果品	112	杂货	57	沐浴	29
帽业	103	渔业	45	酒业	59	饭店	23
鞋业	97	瓷业	30	姜业	9	饭庄	29

资料来源:据庞玉洁:《开埠通商与近代天津商人》,天津古籍出版社2004年版,第184—185页综合改制。

浙江杭州,1931年96业10363家商店中,基本属于新兴行业的有棉织针袜业69家、颜料业28家、面粉业110家、烟业70家、西药业31家、洋广杂货业152家、化妆用品业16家,合计7业476家,分别占总数的7.3%和4.6%。另部分或大部分属于新兴行业的有鞋业292家、五金业86家、皮革毛骨业26家、服装业108家,合计4业512家,若512家店铺中以半数,即256家属新兴行业计,则分别占总数的4.2%和2.5%。两共总计11业732家,分别占总数的11.5%%和7.1%%。[①] 新兴行业的比重明显低于天津。这是因为天津商业主要是近代开埠通商后发展起来的,而杭

————

① 据国民党政府建设委员会调查浙江经济所调查课编:《杭州市经济调查》下册,调查浙江经济所发行,1932年12月初版,第477—484页"杭州市商店创办年月家数比较表"综合统计。

州是商业和文化古城,传统商业和手工业基础雄厚。杭州传统行业主要包括服饰、饮食、住用、燃料、医药卫生、文化娱乐、婚丧祀用、日用杂物及居间等9大类别。

其他中小城市,情况不一,新旧行业各自所占比重互有高低。贵州贵阳据1931年的调查,13业377家商店中,基本属于新兴行业的有棉花布匹业(货物来自汉口)12家、京果海味业27家,合计2业39家,分别占总数的15.4%和10.3%;传统行业主要集中在食盐(16家)、绸缎(40家)、米粮(30家)、菜油(45家)、药材(55家)、棉花(35家)、纸张(28家)和金银首饰(20家)等8大行业。① 盐业、绸缎业是传统行业中的两大巨头。"协兴隆"、"永隆裕"、"宝兴隆"、"永发祥"等岸商盐号,资本都达20万银元。绸缎业势力相若。1927—1928年间,贵阳有日用品商店200余家,其中绸缎业占60多家,"蒲庆昌"、"蔡恒泰"、"裕顺正"等店的资本,都在10万银元以上。毒品鸦片业更是恶性膨胀。二三十年代,军阀混战,灾荒连年,封建军阀为了敛财,肆意纵容和鼓励鸦片种植,1920—1935年间形成全省性的烟土(鸦片)商业市场,当时贵州的一些大商人刘万泉、赖永初、帅灿章、戴蕴珊等,均由运销鸦片起家,鸦片运销对贵州的商人、商业资本的发展变化有着深远的影响。②

云南昆明据1930年的调查,49业约2300家商店中,基本属于新兴行业的有颜料业17家、西药业28家、钟表业3家、洋铁业40余家、照相业7家、棉线业18家、成衣业200余家、纸烟业200

---

① 据国民党政府铁道部财务司调查科查编:《渝柳线川黔段经济调查总报告书》,1931年调查、印行,第96—97页统计。

② 《贵州省志·商业志》,贵州人民出版社1990年版,第13页。

余家、匹头业220家,合计9业约733家,分别占总数的18.4%和31.9%①,另部分属于新兴行业的有纸业50家、书业25家、油蜡业50家、皮革业10余家、靴鞋业138家、帽业7至8家。新兴行业的比重明显高于贵阳,这可能同昆明商业相对发达,并具有较大地区的洋货和国内机制品转运和集散功能有关。传统行业主要集中在火腿和各类食品、绸缎和衣饰、五金器具、建筑材料、家用器具、象牙和金银首饰、杂货、药材、娱乐及迷信品、餐饮服务等10个类别(详见表6-52)。②

表6-52　昆明商店数分类统计

1930 年

业别	家数	业别	家数	业别	家数
颜料业	17	钉铁业	15	酒业	54*
西药业	28	酒席业	20余家	金银首饰业	6—7
钟表业	3	糕饼业	11	铜器铺	80余家
照相业	7	箱柜业	50	锡器铺	7
棉线业	18	爆竹业	3—5	瓷碗业	
纸烟业	200余家	丝线业	4—5	烟业	51**
匹头业	220	毯业	15	茶烟杂货业	48
洋铁业	40余家	新衣业	30	棉絮业	46
成衣业	200余家	干果业	20余家	染坊业	63
书业	25	海味京果业	35	笔墨社	16

---

①　据国民党政府铁道部财务司调查科:《粤滇湘滇两线昆明县市经济调查报告书》,1930年调查、印行,第146—149页表综合计算。

②　国民党政府铁道部财务司调查科:《粤滇湘滇两线昆明县市经济调查报告书》,1930年调查、印行,第146—149页。

业别	家数	业别	家数	业别	家数
纸业	50	京杂货业	28	玉器业	31
皮革业	10 余家	川杂货业	32	皮箱业	16
油蜡业	50	吃食馆业	80	斜木业	17
靴鞋业	138	金箔业	21	药材业	140—150
帽业	7—8	采扎业	14	石灰砖瓦业	30
火腿白油业	20	斗笠业	10 余家		
象牙业	16	绸缎业	43		

* 其中酒铺41家、酒房13家。

** 其中川烟业25家、烟丝业26家。

资料来源:国民党政府铁道部财务司调查科查编:《粤滇湘滇两线昆明县市经济调查报告书》,1930年调查、印行,第146—149页。

　　包括县城和中心集镇在内的农村地区,商业行业结构较为简单,行业类别不多,旧式商铺和传统行业占绝对统治地位,新兴行业门类、店铺或营业额所占比重相当低。江苏川沙,1936年时,商业分42个自然行业,经商会注册的商铺349家,从业993人,属于新兴行业有百货、棉布、纱布号、钟表、五金、电料、新药、理发、照相、烟纸等10行业、87户,从业263人,依次占总数的23.8%、17.6%和26.5%。[1] 江阴1936年全县有私营商号3508家,上百个行业,但以传统行业为主,"尤以土布、粮食、竹木、蚕茧等业为盛"。[2] 河北内邱,据1929年的统计,全县商业共19个行业500余家店铺,计烧酒12家,饭馆50家,杂货53家,酱醋15家,旅店15家,食油18

[1] 《川沙县志》第12卷,商业,上海人民出版社1990年版,第385页。
[2] 《江阴市志》第19卷,商业经济综合,上海人民出版社1992年版,第583页。

家,粮食 60 家,绸缎社 16 家,药材 35 家,首饰 8 家,砖瓦 15 家,煤炭 37 家,麻绳 5 家,皮货 18 家,面粉 27 家,鞋业 3 家,肉铺 8 家,陶瓷 1 家,五金 3 家。① 除面粉、五金为新兴行业外,其余皆属传统行业。广平、衡水情况大致相同,广平全县 22 个行业 258 家店铺中,新兴行业只有煤油卷烟业 16 家、洋货业 10 家店铺,衡水全县 32 个行业 492 家店铺中,新兴行业只有煤油卷烟业 5 家、自行车 5 店铺,其余都是传统行业。② 无极 1931 年全县商业,银钱业不计,分为 17 个行业:土布、国布、棉絮、自行车、肉食、麻、药、油、酒、饭馆、皮货、木材、五金、粮食、染行、鞋帽、杂货。其中除国布(机布)、自行车、五金系分离出来的新兴行业外,余皆为传统行业。从营业额看,1929 年购进煤油 2 万公斤、棉布(机布)3.74 万米,连同食盐 3918 担,总值 9 万银元;同年销售粮食 500 万公斤,棉花 300 万公斤,土布 200 万匹,总值数百万银元。③ 新兴行业的营业额比重不过百分之一二。

　　当然,某些县区或中心集镇,新兴行业亦占一定比重,甚至居于主导地位。如福建福清,商业以坐商势力最大,而坐商中以布业、京果业最为发达。④ 四川綦江,是川黔两省交通孔道,本地业商者约 3.8 万人,过境川盐为全县商业之冠,资本最高 30 万元,纱布业、桐油业、铁业、糖业、木业、药业、山货业(经营五棓子、猪毛、牛羊皮、黄丝、山丝等货物),纸业、烟业,亦为重要行业。作为新

---

① 《内邱县志》,中华书局 1996 年版,第 614 页。

② 《广平县志》,文化艺术出版社 1995 年版,第 286—287 页;《衡水市志》,民族出版社 1996 年版,第 369—370 页。

③ 《无极县志》,人民出版社 1993 年版,第 264 页。

④ 《福清市志》第 15 卷,商业,厦门大学出版社 1994 年版,第 421 页。

兴行业的纱布业,有店铺 200 家,约占总数 14 业 600 家商店的 1/3。①贵州桐梓,乃由黔入蜀孔道。全县业商者 1.2 万人,输入以棉纱、白糖、川盐、洋油、药材、绸布为大宗;输出货以桐油、漆、五棓子等为大宗。商户分盐帮、布帮、面帮、糖帮、油帮、酒帮、漆帮、药帮、杂货帮等 9 帮,亦即 9 个行业。② 作为新兴行业的纱布帮和洋油帮,在全县商业中占有相当比重和地位。兴仁商业以鸦片、洋纱、匹头营业最盛,洋广杂货次之。全县计有烟土、棉纱、匹头帮大小商铺共 250 家,洋广杂货店 5 家,京赣糖食油烛纸张店 2 家,绸缎店 1 家。③纱布业和洋广杂货业占有举足轻重的地位。湄潭有商民万余,流转商品以外地输入货物为主,而纱布居输入货物之首,商业有盐业、油业、山货业、药业、杂货业、烟业、木耳业 7 类④,纱布业虽未列其中(可能包括在杂货业内),亦应占有一席之地。其他如贵州遵义、息烽、紫江、瓮安、修文、贵定、平越、独山、安龙、兴义、余庆、印江、省溪、江口、铜仁、思南,云南陆良、宣威等县,洋纱、布匹均为输入大宗。其中遵义每年输入匹头 5000 余挑(每挑 100 斤)、洋纱 3000 包;独山每年输入洋纱千箱、匹头万匹。⑤ 兴义每年输入洋纱 45 万斤、匹头 3 万匹,瓮安、余庆、印江、省溪、江口、铜仁、思南等县,输入以洋纱或花纱为大宗。陆良每年输入洋纱 3600 包(每包 1600 斤,合

① 国民党政府铁道部财务司调查科查编:《渝柳线川黔段经济调查总报告书》,1931 年调查、印行,第 80—82 页。

② 国民党政府铁道部财务司调查科查编:《渝柳线川黔段经济调查总报告书》,1931 年调查、印行,第 83—84 页。

③ 国民党政府铁道部财务司调查科查编:《粤滇线云贵段经济调查总报告书》,约 1930 年调查、印行,第 93—94 页。

④ 国民党政府铁道部财务司调查科查编:《渝柳线川黔段经济调查总报告书》,1931 年调查、印行,第 88 页。

⑤ 国民党政府铁道部财务司调查科查编:《渝柳线川黔段经济调查总报告书》,1931 年调查、印行,第 83—96 页。

576 万斤)、匹头 285 驮(每驮 120 斤,合 34200 斤),宣威每年运入洋纱约 9000 股(每股 7 斤半,合 67500 斤)。在这些地区的商业行业中,除传统盐业、土产业、山货业外,新兴纱布业均占有一定比重。其中印江,全县商店有药店 7 家,资本共 700 元;花纱布匹零星小店 30 家,资本共 8000 元,杂货店 4 家,资本共 2500 元。共计商店 41 家,资本 11200 元,花纱布匹分别占总数的 73.2% 和 71.4%。[①] 当然,这种情况的出现,并不表明印江及同类地区新兴商业行业的发达,而是说明这些地区经济极端落后,传统商业流通异常简单和萧条,农村经济基本处于自然经济或半自然经济状态。同时,当地进入交换的产品除少数外销土特产外,绝大部分是在不同生产者之间直接进行,并未进入以商人为媒介的商业流通领域;或在生产者和流动小贩之间进行,尚未进入调查者的调查统计范围。

三、商业资本的经营状况及其变化

商店或商业资本的经营状况直接受到国内外政治形势、经济发展、社会状况、市场条件、税捐负担[②],以及本身资本实力、经营模式、组织管理等多种因素的影响和制约,不同时期、不同地区、不

---

① 国民党政府铁道部财务司调查科查编:《粤滇线云贵段经济调查总报告书》,约 1930 年调查、印行,第 83、90—91 页;国民党政府铁道部财务司调查科查编:《湘滇线云贵段附近各县经济调查报告书》,1930 年调查、印行,第 29—30、57—58 页。

② 在一些地区,税捐负担沉重,是商业亏损最主要的原因之一。如重庆百货商因军阀战争及苛捐杂税影响,30 年代前后市场不景气,百货贩运商资本 280 万元,年营业额约 500 万元,税款达 189 万元,约占营业额的 38%,"常致亏损"。抗战前夕,始见好转(重庆市工商局:《重庆市私营百货商业历史资料汇编》,1960 年油印本)。

同行业、不同商业机构情况不一,并在不断变化中。

本时期商店业务的经营,因内战和政局变化、市场和金融波动等影响,颇多起伏。总的看来,在 1920 年到 1931 年前,商店或商业资本经营处于大体平稳和缓慢发展的态势,虽有波动,但一般货源充裕,价格平稳趋升,多数商店营业规模扩大。如上海永安百货公司,1920—1930 年间,自有资本由 340 万元增至 1170 万元,年营业额由 532 万元增至 1427 万元,分别增长 2.4 倍和 1.7 倍。其间1919—1921 年的抵制日货,尤其是 1925—1926、1927—1929 年的抵制英货日货运动,对国内商业和商业资本的发展有很大推动作用。一时以国货相号召的商店陆续兴起,一些新的商业行业也多在这时出现。宝元通、钰合祥两家百货商店的开设和发展,是典型实例。宝元通 1920 年 9 月创办于四川宜宾,开张营业时只是一家没有招牌的小铁锅铺,第二年,合伙人由 3 人增加到 5 人,有资本银 600 两。此后资本规模和经营范围迅速扩大,由运销川南合江等地所产铁锅和土铁,扩大为兼营五金器材,再扩充到百货。1929年正式设立宝元通百货商店后,利用地主存款补充营运资金,并经销美孚、德士古煤油,颇有盈利。到 1935 年迁重庆时,已积累资金100 余万元,分店遍及重庆、成都、江安、南溪等地,在昆明、上海、南京亦有分支或办事机构,经营范围进一步扩大,相继投资纺织、印染、茶叶、皮鞋等厂,成为四川最大的经营百货为主商工一体的综合性企业之一(后又改组为股份公司)。① 钰合祥创办人林铭合从隆昌老家初到重庆时,先卖黄糕,后卖汤圆,人称"林汤圆"。约在 1921 年,开始摆地摊售卖水渍百货,生意越做越兴隆,规模迅速

---

① 张守广:《宝元通公司的兴起、发展及其企业文化》,《重庆社会科学》第 119 期,2004 年 2 月;王相钦、吴太昌主编:《中国近代商业史论》,中国财政经济出版社 1999 年版,第 563—564 页。

扩大,1937 年已发展为大批发商。①

1931 年长江特大水灾、"九一八事变"和次年"一·二八沪战"的接连爆发,继而世界经济危机的直接扫荡,使国内城乡市场和商业流通遭受致命打击,工农业生产衰退,物价连年下跌,农村凋敝,购买力下降,市场萧条,企业亏损,工人失业,商店和商业资本经营陷入困境,商铺大量倒闭。武汉市因长江水灾,2 万多家商户中,收歇者达 4000 多家,商业交易额减少 60%—70%,亏损户占 70%—80%。上海永安公司营业额,1935 年仅为 1931 年的62%。浙江杭州,受"九一八事变"和"一·二八沪战"的冲击,在1931 年年末 1932 年年初的短短几个月中,不少商店闭歇,资本和经营规模缩小。据 1932 年 3 月的统计,这期间新开商店 285 家,而歇业的达 495 家,后者相当于前者的 1.74 倍,全市商店减少 210家;现存商店中,资本或经营规模扩大的 212 家,而缩小的达 1248家,后者相当于前者的 5.89 倍。② 北京有 300 年历史的老字号瑞蚨祥,西号(东号无账存留)1925 年的营业额为 60 余万两,以后因政局变动衰退,1929 年仅 27 万两,其后力谋复兴,1931 年恢复到47 万两,危机期间再次下降,1935 年仅 31 万元(约合 22 万两),不到 1931 年的一半。③

其他地区,20 世纪 30 年代危机期间,商店营业额无不持续下降。据关内 22 省的 828 个县市的农业定点报告(详见表 6-53),

---

① 《四川省志·商业志》,四川科学技术出版社 1996 年版,第 19 页。

② 据国民党政府建设委员会调查浙江经济所调查课编:《杭州市经济调查》下册,调查浙江经济所发行,1932 年 12 月初版,第 504—508 页"杭州市最近商店闭歇与新开家数比较表"(民国二十一年三月)、第 508 页"杭州市最近商店扩大与缩小家数比较表"(民国二十一年三月)统计。

③ 王相钦、吴太昌主编:《中国近代商业史论》,中国财政经济出版社1999 年版,第 556 页。

1930—1935 年 6 年间,1930—1931 年,各地商店营业状况,总体上
处于大致持平、略有下滑的态势,其中浙江、江西、湖南、山东、河
南、绥远、陕西、宁夏 8 省基本持平或略有上升,其余 14 省大多小
幅下降,总体微降 0.98%。1932—1935 年 4 年危机期间,商店营
业额普遍衰减,其中增加的只有陕西、甘肃 2 省,减少的多达 20
省,除浙江、广西、湖北、山东、河南、察哈尔、贵州、陕西、青海等 9
省个别年份有所回升外,其余 11 省全部逐年下降,22 省平均下降
27.5%,基本上以 10% 的年速递减。其中浙江、江西、广东、湖南、
四川降幅为 35.7%—46.1%,宁夏最高达 65.6%。

表 6-53　各省商店营业状况(占平常年份的百分比*)

1930—1935 年　　　　　　单位:%

省别	有报告之次数	1930	1931	1932	1933	1934	1935
江苏	209	78	68	65	61	55	51
浙江	115	73	73	67	69	48	37
安徽	106	79	61	59	60	52	48
江西	54	61	62	76	61	50	41
福建	51	79	76	65	59	49	41
广东	88	76	75	69	60	51	43
广西	68	62	61	59	65	49	45
湖南	73	74	77	70	63	55	45
湖北	59	57	49	48	51	46	46
河北	498	65	64	59	53	52	47
山东	263	60	61	57	58	54	47
河南	232	57	57	60	63	63	51
山西	197	63	58	54	54	56	52

省别	有报告之次数	1930	1931	1932	1933	1934	1935
四川	112	67	63	60	54	46	38
察哈尔	17	53	51	55	48	49	49
绥远	18	54	59	59	58	56	49
贵州	22	62	61	50	42	32	35
云南	17	58	56	54	49	49	41
陕西	120	44	47	49	55	63	60
甘肃	37	40	38	41	45	48	54
宁夏	7	35	60	63	49	43	28
青海	14	66	61	51	44	38	39
合计(平均)	2377	62	61	59	55	50	45

* 平常年份的具体年份原资料未说明。

资料来源:据国民党政府实业部中央农业实验所:《农情报告》(1937年)第5卷第7期改制。

在营业额持续大幅下降的背后,是商店的严重亏损。表6-54显示,1931年杭州10363家商店中,7080家盈利,占总数的68.3%;同时有3283家亏蚀,占31.7%。从表6-54可见,无论同其他省份比较,还是同1932—1935年危机期间比较,杭州及其所在的浙江,1931年的商店营业额均相对较高,1930、1931年商店营业相当平常年份的成数,22省平均分别为62%和61%,而浙江均为73%,高出平均数11—12个百分点。在这种情况下,浙江尚且有近1/3的商店亏蚀,其他各省商店的亏蚀面一般应比浙江大,至少不会小于浙江。1932—1935年间,全国商店营业额持续大幅衰减,浙江从1931年的73%逐年递降至1935年的37%,下降了50.7%,22省平均从1931年的61%逐年递降至1935年的45%,

也下降了 26.2% 。浙江和其他各地商店的亏损面势必进一步扩大,亏损程度进一步加剧。

表 6‒54　杭州市商店盈亏家数比较表

1931 年

类别	商店数	盈余		亏蚀	
		商店数	%	商店数	%
服饰类 16 业	1491	958	64.3	533	35.7
饮食类 20 业	3876	2841	73.3	1035	26.7
住用类 18 业	1652	1059	64.1	593	35.9
燃料类 3 业	353	236	66.9	117	33.1
医药卫生类 6 业	587	417	71.0	170	29.0
文化娱乐类 13 业	411	282	68.6	129	31.4
婚丧祀用类 4 业	281	176	62.6	105	37.4
日用杂物类 13 业	1563	990	63.3	573	36.7
居间类 3 业	149	121	81.2	28	18.8
总计 9 类 96 业	10363	7080	68.3	3283	31.7

资料来源:据国民党政府建设委员会调查浙江经济所调查课编《杭州市经济调查》下册,调查浙江经济所发行,1932 年 12 月初版,第 497—500 页"民国二十年杭州市最近商店盈亏家数比较表"综合整理改制。

在 20 世纪 30 年代的市场危机中,各行业所受影响不尽相同,大体上农产品尤其出口商品所受危害最大,工业品尤其新兴工业品的经营影响相对较轻。这次危机在 1935 年后半期逐渐缓解,这年 11 月实行币制改革后,物价回升,再加上 1936 年农业丰收,农村购买力有所恢复,商品流通转趋活跃,商店营业状况好转。到 1937 年上半年,有些地区或行业的户数、资金、营业额等已恢复到 1931 年前的水平。如上海五大百货公司 1936 年营业额均已超过开业年份,合计超过开业年份营业额的94.5%(详见表6-55)。上海最大棉布商协大祥(1912年开业)和宝大祥(1924年开业),1930年的营业额分别为308.4万两和201.6万两,经过危机后,1936年分别恢复和增加到567.2万两和465.3万两,分别增长83.9%和130.8%。[①]

表6-55　上海五大百货公司开幕时与1936年营业额比较

单位:法币万元

公司别	开业初期*	1936年**	指数(开业初期=100)
先施公司	360(1918年)	600	166.7
永安公司	455(1919年)	869	191.0
新新公司	300(1926年)	540	180.0
丽华公司	150(1927年)	240	160.0
大新公司	110(1935年)***	425	386.4
合计	1375	2674	194.5

* 开设初期营业额,除新新公司为当年一月份开业外,其余均以开业后第二年的全年营业额计算。

** 1936年营业额与各公司开幕初期的营业额的比较,并未按相关时期物价指数统一换算。

***大新公司在1935年尚未正式开业,是年营业额仅有同业拆货数字,故与1936年正式开业后相比增幅较大。

资料来源:据《上海近代百货商业史》,上海社会科学院出版社1988年版,第112—113页表3-1改制。

新兴五金商业的经营状况也受到经济危机的影响,因危机中

---

① 上海市工商行政管理局、上海市纺织品公司:《上海市棉布商业》,中华书局1979年版,第201—212页。

建设投资缩小，五金商营业萎缩，1934年，上海包括有数十年历史的源昌、唐晋记等五金商号相继闭歇，1935年年初，上海五金商因营业不振，曾决定暂停向外国订货3个月。但从下半年起，情况逐渐好转，价格缓慢回升，1936年农村形势好转，工业生产发展，市场对五金商品需求转旺，五金商业又趋活跃，1937年与1935年相比，很多五金商品价格上升1倍左右，各商号年均营业额达四五十万元，大户在百万元以上，五金商业获利倍增。1936年年底《申报》记载，"沪市钢铁业整个获利极厚，几家规模巨大的铁行，有些赚到二三百万以上，是从欧战停止后，15年来所罕见现象"。①

全国商人、商业资本经营具体状况及其变化，包括经营方式、资本规模、资本流动、商品购销、资金周转、经营效益，等等，因行业、地区及单个商业机构而异，情况复杂多变。从某些方面看，这一时期的变化尤为显著。

经营模式方面，既有行商、坐商（贾），专商、兼商之分，又有批发、零售，综合、专销之别。20世纪二三十年代，随着新式交通运输业的加速发展，商品流转范围扩大，不同地区和区域之间的物资交换和商业流通，日益频密，商品流转环节加多，大小城镇、集镇店铺、商贩数量大增，行商（贩运商、走贩）、批发商的数量亦相应扩大，在整个商业队伍中的比重上升。如上海，初期"洋布店以销售本市为基本业务，均为门市零售店。自各地客帮设庄采购，供销畅达，部分零售店遂向原件批发业务发展"。一些商铺"甚至放弃门市零售业务，改为专营原件批发字号"。第一次世界大战前，上海洋布公所会员约100余家，其中多数为原件批发字号；至1920年，

---

① 王相钦、吴太昌主编：《中国近代商业史论》，中国财政经济出版社1999年版，第558页。

原件批发字号发展到 300 多家。① 20 年代后,西洋字号走向衰落,专批本地所产棉布的白货字号逐渐发展,形成进口洋货或中外纺织厂产品——原件批发——客帮——大中城市批发——城镇零售的多层级销售网。另据统计,上海棉布商店的构成,1920 年全市 242 家棉布商店中,零售 142 家,批发 100 家,批发店占总数的 41.3%;1932 年全市 573 家棉布商店中,零售 290 家,批发 237 家、批发兼零售 46 家,批发和批零兼营合计 283 家,占总数的 49.4%。② 上海华洋杂货业的情况相似。该地杂货商的华洋杂货批发业务始于咸丰年间(1851—1861),起初以经营洋货为主,称为"洋杂货号";后来国产品销路渐达海外,营业额超过洋货,于是改名"华洋杂货号业"。其所以称为"号业",意在"示明为批发性质商业",故同业商店牌号大都称为"华洋杂货抄庄"。③ 随着批发业务的扩展,到 1925—1930 年,上海华洋杂货业已成为专营百货批发的独立行业,经营货品主要为针织、棉织、搪瓷、橡胶、洋针、杂货及其他等七大类。抄庄直接向洋行或上海厂家进货,采用赊销、门售、外地驻沪"办庄"采买等方式,向零售商及客商批售货物,主要经营与其他城市之间的埠际贸易,由外埠批发商(也有零售大店)向抄庄进货,再转手批给当地百货店、烟杂店及摊贩;或由抄庄将上海货品批售给各埠或内地客商,再由各埠客商转销各地。

①　上海市工商行政管理局、上海市纺织品公司:《上海市棉布商业》,中华书局 1979 年版,第 24、55、56 页。

②　[日]久保亨:《中国经济 100 年のあゆみ——統計資料で見る中国近現代経済史》,創研出版,第 92 页。

③　上海百货公司、上海社会科学院经济研究所、上海市工商行政管理局编著:《上海近代百货商业史》,上海社会科学院出版社 1988 年版,第 179—180 页。

在天津,19世纪后期,因棉纱销路扩大,利润丰厚,一些原来经营绸布、呢绒和棉纱零售的店铺相继改为专营棉纱批发,称为"棉纱庄"。到20世纪初,天津有棉纱批发庄10家,成为独立行业。同时,棉布、棉纱经营分离,出现了专营棉布的洋布店。至20世纪20年代,天津的大型棉布批发店已近30家。[1] 随着城市的发展和对商品粮需求的扩大,天津的粮食批发业也迅速发展。天津是华北最大的粮食集散市场,粮食批发商有面粉公司营业部、大米庄、斗店、粮栈、米栈等,分别经营面粉、大米、小麦、杂粮等的批发业务。其中面粉公司营业部和大米庄是专业商号。前者是各大面粉厂设立的销售组织;后者则是专门从事粮食批发的商号。1933年全市有43家大米庄。1932年大米庄经营的大米、面粉交易量都在200万担以上,在天津粮食市场占有很大比重。其货源除进口米面来自洋行外,国产南方大米或由上海设坐庄购入,或购自在津外地粮商;批售对象除本地零售商外,还有外地米商及北平、唐山等城市的米面铺。[2]

商铺经营范围,一方面,商铺特别是新兴行业的商铺,经营的货物品种日趋专业和单一化,一个店铺专营某类或某一单个商品;另一方面,大型百货公司或综合商场逐渐成为商业发展的新潮流。这类大型商场不仅销售的商品种类繁多,还往往附设餐饮、休闲、娱乐,兼行跨行业经营。1927—1937年间,两种潮流都有长足的发展。

从商人的角度观察,随着商业的日益发展,专职商人的数量自

---

① 详见罗澍伟主编:《近代天津城市史》,中国社会科学出版社1993年版,第369页。

② 详见罗澍伟主编:《近代天津城市史》,中国社会科学出版社1993年版,第558—568页。

然加速扩大,但与此同时,各类兼职商人也在不断增多,资本在不同行业之间的流动、转化,更加普遍、频繁。当然,这种不同行业之间的资本流动和转化,由来已久,情况多种多样。历史上最普遍的是地主、富裕农民兼营商业,地租和农业盈余向商业资本的转化;手工业者或手工作坊也兼营商业,前店后坊(厂),自产自销,手工业资金、资本向商业流动。20世纪初,随着一些地区手工织布厂的兴起和发展,自产自销的手工织布厂也越来越多。如山东即墨,1933年仅县城即有"亦工亦商"的织布厂200家左右。① 地主、富裕农民进行农产品加工,自产自销,情况和性质也一样。钱庄商、典当商兼营商业,包括典当商开设店面售卖死当货物,同样十分普遍。这一时期,地主、富裕农民和手工业者、作坊主、钱庄商和典当商兼营商业的情况仍在继续,各地资料显示,无论南北,农村钱庄大多兼营甚至主营农产品收购、加工、贩运和其他商贸业务。如河北邯郸,1892—1934年先后设立的10家钱庄、银号中,只有2家专营,其余8家全部兼营粮食、棉花、烟草、杂货等购销业务。② 再加上兼营商贩的贫苦农民和手工业者增多,此类兼职商人、商贩队伍自然进一步扩大。这种情况既存在于大中城市,在农村和中小城镇尤为普遍。

不过在大中城市,更多的是工业资本向商业流动、转化,或工业资本与商业资本相互转化。

1927—1937年间,由于中国资本主义工商业获得了一定程度的发展,同时也由于外国资本对华经济侵入的加深,使民族工商业的发展受到了极大的阻碍,特别是"九一八事变"后,民族工商业陷于萧条。为了挽救危机,加上全国人民爱国热情的推动,工业资

---

① 《即墨县志》,新华出版社1991年版,第391页。
② 详见本书第七章,此处不赘述。

本与商业资本之间的关系出现了新的变化。一些工业企业抽出部分资金开办商店，以扩大自己产品的销售市场。由于洋货充斥国内市场，国货产品受到排挤，据业内人士回忆："自世界经济危机爆发以后，百货行业经营比重除毛巾、袜子等针棉织品国货占80%以上外，其他百货商店，洋货一般要占60%—70%，玻璃制品、玩具、香皂、梳子、皂盒等几乎全为日货所独占"。① 于是国内许多纱厂、面粉厂、卷烟厂等在工厂所在地设发行所，并直接在外埠设销售机构，建立自己的经销体系，自采原料和推销产品。

最早在中国建立直销体系的是外国资本企业。20 世纪初，英美烟公司为大规模推销产品，在中国建立了两套经销组织：一是以买办为经销商，通过中国传统流通渠道推销产品；二是建立等级管理制下的公司直销体系，分设部、区、段、分段四个管理等级，负责东北、华北、长江下游、长江上游和华南地区各省市县的销售业务。美孚石油公司的销售最初依靠买办，第一次世界大战后也改行等级管理经销制度。外国垄断资本通过等级管理下的严密体系，形成了遍布中国城乡的商品销售网。

20 世纪二三十年代，一些民族资本企业，如上海的南洋兄弟烟草公司、申新纺织公司、大中华火柴公司、针织业各厂，汉口的机制面粉厂等，迫于市场竞争压力，仿照外国资本的办法，在本地及外省市建立自己的销售系统。"南洋"除上海总公司设发行部外，在苏州、浙江、汉口、辽宁、天津、济南、福州、厦门、汕头、广州等地设分公司，负责产品销售；分公司下设数处货仓，分别向所属地区城镇的代理商供货。30 年代中期，"南洋"辖有 11 个分公司（含总发行所）、37 处货仓、971 家代理店，销售网点分布全国 533 个城

① 转见陆仰渊、方庆秋主编：《民国社会经济史》，中国经济出版社1991 年版，第 419—421 页。

镇,年销售额达 2203 万元。① 上海针织业各厂的产品销售分为本埠与外埠两种。规模较大的厂家,均在市内设发行所或营业处,以便本厂产品的批发、零售;规模较小的工厂,则直接在厂内出售产品。为了推销产品,各厂大多聘用"跑街"向洋货店或百货店兜售。付款方式有逢节结账、现金交易、担保交易三种。输往外埠的货物,亦常由"跑街"向各地商帮驻沪"办庄"或捐客推销产品,付款方式与本埠相同。至于税款、运费等费用,则多由买家自付。②

汉口面粉业的销售机构、办法与上海稍有不同。该地面粉厂在汉口及其他重要商埠设有分公司、批发处、"经售家"等推销机构。分公司设于外埠,专售本厂出品;批发处则专为便利客商选货而设,一般自有资本,自负盈亏,但使用工厂名义,并以推销该厂产品为限。"经售家"在面粉交易中充当居间的角色,一面向面粉厂购进面粉,一面即转售于各客帮及零售商,与厂方关系密切。30年代后期,汉口有"经售家"8 家,大都兼营火柴、煤油等,经销的面粉也不限于一厂出品。③ "经售家"在汉口面粉交易中的地位最为重要,汉口面粉厂常年销售的面粉总数约三四百万包,其中由"经售家"经销的面粉达 300 万包,占销售总量的 70%—80%。 交易的具体方法是:起初"经售家"向粉厂购货,多用 15 天或 20 天的期票,后因银根紧缩,有时须用即期支票或现金向厂方打取栈单,凭单到粉厂栈房取货。如"经售家"售出面粉较多,则须先与厂方洽商,

---

① 中国科学院上海经济研究所、上海社会科学院经济研究所编:《南洋兄弟烟草公司史料》,上海人民出版社 1958 年版,第 229、232 页。

② 张忠民:《经济历史成长》,上海社会科学院出版社 1999 年版,第131—132 页。

③ 设于外埠的"经售家"则偏重经销某一面粉厂的产品,如沙市的和记号,南昌、九江的新盛昌,均为汉口福新厂的经售家;长沙的厚德号,则为金龙厂的"经售家"。

以便交解。粉厂付给"经售家"的佣金按包计算,大抵每包 6 分,外加年终津贴 2 分、年终奖励金 2 分,合计 1 角。批发处与粉厂买卖采用记账办法,属放账交易,期限最短一个半月,但佣金给付办法与"经售家"相同。分公司是厂内推销机购,销售没有居间费用。"经售家"与客商的交易方式是:在本埠者,由"经售家"派员上街兜揽;在外地者通信函购。货品售价每包照挂牌行市抬高 4 分,与粉厂直接售给客商或零售商照挂牌行市降低 2 分比较,实际加昂 6 分。但因粉厂是栈房交货,"经售家"则可将货送至买主指定的轮埠或船只,加昂的 6 分钱可抵驳船装卸费用。客商直接向粉厂购买,既感手续麻烦,费用又不减轻,就不如与"经售家"交易了。①

在工厂兼行自销产品,工业资本部分向商业资本转化的同时,也出现了商业资本向工业资本的转化。据统计,1927—1937 年间,上海开设的主要民族资本工业企业约有 87 家,其中由商业资本家单独投资或参与投资的 21 家。这时期,出现了许多前店后厂,自产自销的联号企业。上海永安公司在经营百货积累了一定的资金后,即开始投资工业,创办了永安纺织印染公司,下属 5 个纺织厂和 1 个印染厂。天津同升和鞋帽店,除有 5 个店外,还附设制帽、制鞋 2 个工厂,并有专门技工负责生产和管理。上海冠生园食品公司也于 1934 年在杭州超山创设工厂。

这一时期,商店经营的商品来源和种类,也发生了重大变化。国货产品在商店中所占比重越来越大,特别是 1931 年以后,商业资本与工业资本的联系进一步加强,商店中销售的国货产品种类和数量越来越多,许多商店还设有专门的国货营业部。1931 年前,上海永安公司与国货工厂有产销关系的不过 10 余家,国货商品营业额

①　金城银行总经理处汉口调查分部查编:《汉口粉麦市场》,1938 年印本,第 92、100、101 页。

仅占全部营业额的 25%,1932 年后,有产销关系的国货工厂增加到
70 余家,其中不少国货工厂还同永安公司保持着长期产销关系,使
这家历来洋货充斥、国货几无立足之地的环球百货公司的面貌大为
改观。从全国范围看,进口洋货的增长速度放慢,市场流通的国货
比重也都明显提高,洋货比重下降。有研究表明,1920 年,国内生产
的商品值约 944641 万元,进口商口值 118759 万元,国内市场商品总
值约 1063400 万元,进口商品占国内市场商品总值的 11.2%;1936
年,国内生产的商品值约 1674778 万元,进口商品值 156055 万元,
国内市场商品总值为 1830833 万元,进口商品占国内商品总值的
8.5%。① 在国货比重增长、洋货比重下降的转化过程中,竞争十
分激烈,由民间自发组织的抵制外货运动以及国民党政府的“提
倡国货令”,都对国产商品的发展起了推动作用。

　　商店的资金流通、资金周转率和经营效益,因行业、资本规
模、地区、经营模式、交易旺淡、行业竞争激烈程度而差异悬
殊。一般情况下,在人口稠密的大中城市、交通枢纽、货物转运
地、地区商业或经济中心,商店营业相对旺盛,资金周转快,营
业额对资本的比率亦相对较高;反之,在人口数量较少、人口密
度较低的中小城镇和乡村集镇,商店营业量小,资金周转速度亦
相对较慢。就商店资本规模和经营模式而言,资本雄厚、从事批
发或批发零售兼营的大型商铺,业务范围和单笔交易量都较大,
资金周转亦较快;反之,资本规模小的零售商店,业务范围和单
笔交易量都较小,资金周转亦相对较慢。表 6-56 所列是杭州不
同行业和资本规模商店的营业状况比较:

---

　　①　王相钦、吴太昌主编:《中国近代商业史论》,中国财政经济出版社
1999 年版,第 535 页。

表 6-56　杭州市商店资本、全年营业额统计

1931 年

类别	家数	最大(千元)			最小(元)			平均(元)		
		A 资本	B 营业额	B/A (倍)	A 资本	B 营业额	B/A (倍)	A 资本	B 营业额	B/A (倍)
服饰类	1491	5	1160	232.0	20	100	5.0	989	98766	99.9
饮食类	3876	5	2080	416.0	10	90	9.0	962	12213	12.7
住用类	1652	5	345	69.0	50	100	2.0	872	8962	10.3
燃料类	353	15	290	19.3	50	200	4.0	832	8962	10.8
医药卫生类	587	100	900	9.0	20	120	6.0	1287	7854	6.1
文化娱乐类	411	30	520	17.3	10	100	10.0	1443	17869	12.4
婚丧祀用类	281	5	27	5.4	20	100	5.0	394	1829	4.6
日用杂物类	1563	28	320	11.4	10	45	2.3	468	4112	8.8
居间类	149	10	350	35.0	20	45	2.3	448	15351	34.3
合计	10363	100	2080	20.8	10	45	4.5	887	9451	10.7

资料来源:据国民党政府建设委员会调查浙江经济所调查课编:《杭州市经济调查》下册,调查浙江经济所发行,1932 年 12 月初版,第 484—490 页"民国二十年杭州市商店资本最大最小比较表";第 490—496 页"民国二十年杭州市商店营业数最大最小比较表"综合改制。

　　杭州兼为省城、通商口岸、地区交通枢纽和经济、商业、文化中心,市面繁华,商店营业较旺。如表 6-56,从总体上看,不论行业,商店资本规模大小,全年营业额对资本比率都相当高,总平均达 10.7 倍。这在其他地区并不多见。然而,不同行业或大店、小店差异悬殊,全市 9 个大的行业类别中,服饰类 1491 家商店,全年营业额对资本比率达 99.9 倍,而婚丧祀用类 281 家商店和医药卫生类 587 家商店的同类比率分别只有 4.6 倍和 6.1 倍,分别相差

21.7 倍和 16.4 倍。资本规模最大的服饰类、饮食类商店,全年营业额对资本比率分别达 232 倍和 416 倍,而资本规模最小的商店分别只有 5 倍和 9 倍,分别相差 46.4 倍和 46.2 倍。这些大店营业如此兴旺,除了批零兼营,可能同它们生产、经销名牌产品,信誉卓著有关。

与杭州不同,内陆特别是西部地区中小城镇、乡区,商铺营业相对淡静,资本周转速度慢得多。大量资料显示,这些地区商店营业额对资本的比率,平均数一般都在 3 倍左右或以下。表 6-57 反映的是 1931 年河北深泽各行业商铺营业状况:

表 6-57 河北深泽商业经营统计

1931 年 单位:元

行业	A 店铺数	B 资本额	C 年营业额	C/B (倍)
棉布棉纱业	6	12000	35000	2.9
药材业	11	6600	17000	2.6
煤炭业	4	6000	16600	2.8
贩酒业	2	15000	30000	2.0
书籍文具业	4	4000	12500	3.1
铁器业	7	2500	8000	3.3
洋广货业	6	11000	21000	1.9
皮麻绳业	3	1500	4500	3.0
粮业	5	1500	1800	1.2
杂货业	23	13100	56000	4.3
合计	71	73200	202400	2.8

资料来源:据《深泽县志》,方志出版社 1997 年版,第 194 页综合整理编制。

如表,全县 10 个行业 71 家大小商店,资本总额 7.32 万元,商店平均资本规模约 1000 元。全年营业额 20.24 万元,相当资本的 2.8 倍。各业营业旺淡互有差异,营业额对资本的比率最低 1.2 倍,最高 4.3 倍,大部分在 2.6—3.3 倍上下,不算悬殊。营业旺淡以该业同居民生产生活的密切程度为转移。铁器、皮麻绳、杂货、棉布棉纱、书籍文具等业,同居民的生产、生活较密切,弹性较小,营业较旺;洋广货、贩酒两业与一般居民生产生活相对不太密切,弹性较大,营业相对较淡。粮业与居民生活本来最为密切,但深泽既非棉花、花生等经济作物的集中产区,又不是重要产粮区,粮食基本自给自足,进出量和市场流通量很小,故交易最为淡静。深泽在河北和华北平原地区,生产条件、经济发展、商业流通和居民生活水平均属中等,深泽商铺的营业状况,大体反映了河北及华北一带非经济作物集中产区的一般水平。

在西部地区,由于交通运输和经济条件的限制,商品流转和市场交易远不及沿海和东部地区,商铺营业亦不及沿海和东部地区旺盛。在一般情况下,中小城市的商铺营业状况与东中部的中等县区相若,县区或乡区更等而下之。贵州省城贵阳的商店营业状况,有如表 6-58 所示:

表 6-58　贵阳各业资本、营业额一览表

1930 年　　　　　　　　　　　　单位:千元

| 业别 | 商店数 | 资本额 | | | D 全年营业额 | D/C (倍) |
		A 最高	B 最低	C 全业总额		
盐业	16	160	10	1000	3000	3.0
汇兑业*	20	100	30	560	1200	2.1

续表

业别	商店数	资本额			D 全年营业额	D/C （倍）
		A 最高	B 最低	C 全业总额		
绸缎业	40	200	5	3000	6200	2.1
米粮业	30	5	0.2	100	3000	30.0
菜油业	45	30	1	500	1500	3.0
药材业	55	50	2	1000	3000	3.0
棉花布匹	12	100	30	560	1200	2.1
苏广杂货	50	100	5	500	1000	2.0
糖麻业	7	2	0.5	10	30	3.0
瓷器业	12	5	3	40	63	1.4
棉花店	35	10	1	150	600	4.0
京果海味	27	10	5	300	1000	3.3
纸店	28	20	0.5	50	—	—
金银首饰	20	70	10	500	1000	2.0
合计	397	200	0.2	8270	22793	2.8

* 该地汇兑业,大多系一般商铺兼营,或汇兑业者兼营其他商业行业,而很少专营。
为全面反映贵阳商业资本及其经营状况,仍将汇兑业保留。

资料来源:据国民党政府铁道部财务司调查科查编:《渝柳线川黔段经济调查总报
告书》,1931年调查、印行,第96—97页表改制。

　　表6-58中所见,贵阳整体商业交易相对淡静,全市盐业等
14个行业397家大小商铺,资本规模最大20万元,最小200元,全
市商业资本总额827万元,全年营业额2279.3万元,相当资本总
额的2.8倍,只有杭州相关比率的1/4强,与河北深泽相同。不同
行业之间的差距亦相对较小,与居民日常生活最为密切的米粮业,
全年营业额相当资本的30倍,独占鳌头,与深泽刚好相反。这是
因为城市居民口粮、饭馆用粮以及制作糕点等,都必须从米粮店购
买粮食,故粮食交易最为兴旺。其他各业,营业额同资本比率的高

低,基本上与一般居民日常生活的密切程度成正比。同一般居民日常生活十分密切的棉花、食盐、菜油、糖麻、药材,以及京果海味等业,营业额同资本比率相对略高,均在3—4倍之间,而同一般居民日常生活不十分密切的绸缎、苏广杂货、金银首饰等业,营业额同资本比率普遍较低,只有2倍上下。瓷器业与居民生活虽然十分密切,但因瓷器为耐用品,而非消耗品,市场需求量有限,故资金周转速度极慢,全年营业额同资本的比率最低,仅1.4倍。1930年贵阳商店营业的有关数据大体反映了内陆地区特别是西部偏僻地区中小城镇商业资本经营的一般情况。

除浙江杭州、河北深泽、贵州贵阳外,偶见某些地区、某个年份商业资本经营整体状况的若干数据,现将其综合整理,与深泽、贵阳两地一起,列表6-59:

表6-59 浙江海宁等7省14县(市、镇)商店经营状况统计

1930—1936年   单位:万元

序号	省县	资料年份	A 行业数	B 商店数	C 资本总额	D 全年营业额	D/C (倍)
1	浙江杭州	1931	96	10363	920	9749	10.6
2	宁波	1931		5599	1452	3500 *	2.4
3	绍兴	1936	103	4887	940.1	4828.8	5.1
4	海宁	1936		135	377(法币)	1843(法币)	4.9
5	嘉善	1935	27	1127	89.04(法币)	568.29(法币)	6.4
6	淳安	1933	14	401	23.239	94.865	4.1
7	福建福清	1937		2046	10.21(法币)	47.59(法币)	4.7
8	广东潮阳	1935	60	2564	307.7	2461.4	8.0
9	澄海	1933—1934		2160	175.2	1401.6	8.0
10	湖南湘阴	1929	4	133	32.2929(银元)	376.552(银元)	11.7

续表

序号	省县	资料年份	A 行业数	B 商店数	C 资本总额	D 全年营业额	D/C (倍)
11	常德	1934	29	878	247.351(银元)	902.56(银元)	3.6
12	会同洪江镇	1934	10	215	153.29(银元)	545(银元)	3.6
13	河北深泽	1931		71	7.32	20.24	2.8
14	广西南宁	1933	47	979	895.269(桂钞) #	3393.23(桂钞)	3.8
15	贵州贵阳	1930		397	827	2279.3	2.8
16	修文	1931	各业※	全县※	约20万元	50万元以上	2.5 +
17	甘肃兰州	1934		800	1000	4500	4.5
	合计			32755	7477.0119☆	36566.427☆	4.9

* 原资料为"3000万元以上"，3500万元系本表估计数。

资本总额原为895269元桂钞。据此计算，平均每店资本为914元桂钞。南宁作为省城、通商口岸和原南宁府附郭首县，商店资本规模如此狭小，似乎不太可能。然而，全年营业额却高达3393.23万元桂钞，相当资本的37.8倍，全县商业资金不到10天即周转一次，资金周转率如此之高，亦不可能。资本总额疑为8952690元或895.269万元之误。

※ 行业包括盐、洋油、花纱、布匹、京果、杂货等6个行业，行业总数不详；全县有商民23000余人，但商人内部结构(坐商、走贩)和商铺户数不详。

☆ 未区分币种。修文资本总额以20万元计，全年营业额以55万元计。

资料来源：1. 任振泰主编：《杭州市志》第4卷，中华书局1995年版，第403页。2. 俞福海主编：《宁波市志》中册，第23卷，商品流通，中华书局1995年版，第1432页。3. 任桂全总纂：《绍兴市志》第二册，第14卷，国内贸易，浙江人民出版社1996年版，第1045页。4.《海宁市志》，汉语大词典出版社1995年版，第508页。5.《嘉善县志》，上海三联书店1995年版，第470页。6.《淳安县志》，汉语大词典出版社1990年版，第385页。7.《福清市志》第15卷，商业，厦门大学出版社1994年版，第421页。8.《潮阳县志》，广东人民出版社1997年版，第465页。9.《澄海县志》第14卷，商业，广东人民出版社1992年版，第398页。10.《湘阴县志》，三联书店1995年版，第471—472页。11.《常德县志》，中国文史出版社1992年版，第392页。12.《洪江市志》，生活·读书·新知三联书店1994年版，第247—248页。13.《深泽县志》，方志出版社1997年版，第194页。14. 陈谟志总纂：《南宁市志·经济卷》(下)，广西人民出版社1998年版，第549页。15、16. 国民党政府铁道部财务司调查科编：《渝柳线川黔段经济调查总报告书》，1931年调查、印行，第96—97页表、第94页。17. 铁道部业务司商务科编：《陇海铁路甘肃段经济调查报告书》，1935年印行，第64页。

表列8省17县(市、镇),范围包括沿海、内陆、东部、中部、西部、南方、北方等不同类型的地区,可以大致反映各地商业资本经营的基本状况及地区差异。如表6-59,各地商店经营旺淡差异悬殊,17县(市、镇)中,全年营业额对资本的比率,最高11.7倍(湖南湘阴),最低2.4倍(浙江宁波),高低相差约4.9倍。虽然在17县(市、镇)中,浙江宁波商店营业额对资本的比率最低,但从区域范围看,东南沿海地区商业较旺,资金周转较快,除浙江宁波、海宁,福建福清外,全年营业额对资本的比率,多在5倍以上,海宁、福清亦高于或接近17地平均数。杭州、宁波、绍兴、海宁、嘉善、福清、潮阳、澄海等沿海8地平均为5.7倍。内陆各地,商业相对淡静,资金周转较慢,全年营业额对资本的比率,除湖南湘阴(湘阴可能是例外,抑或调查统计有误)、浙江淳安、甘肃兰州外,皆在4倍以下,9地平均为3.8倍,其中西部地区南宁、贵阳、修文3地为3.3倍。西部地区的数据基本限于省会城市,若城市和县区通盘计算,全年营业额对资本的比率当在3倍以下。8省17县(市、镇)平均,全年营业额对资本的比率为4.9倍。虽然取样有限,但已将各类地区涵盖在内,这一数据还是在某种程度上反映了全国商业和商业资本经营的基本状况。

关于这一时期全国各商业行业的商业资本经营状况,除前述浙江杭州、河北深泽、贵州贵阳三地的分类统计外,另有若干地区某些行业的零散资料,将其综合整理列为表6-60:

表6-60　若干行业商店及商业资本营业状况统计

1930—1937年　　　　　　　　单位:万元

序号	地区	资料年份	行业	商店数	A资本额	B营业额	B/A(倍)
1	上海	1932	棉布批发业	237	509.6	3211	6.3
2	上海	1932	棉布零售业	290	683.2	2405.7	3.5

续表

序号	地区	资料年份	行业	商店数	A 资本额	B 营业额	B/A（倍）
3	上海	1932	棉布批零兼营	46	185.4	1446.2	7.8
4	上海	1936	棉布业	4	84.4	786.2	9.3
5	昆明	1930	绸缎业	43	40$^+$	700—800	20$^\pm$
6	上海	1936	大百货业	5	1350	2674	2.0
7	上海	1934	小百货业	700	250	1500	6.0
8	上海	1936	小百货业	700	300	2000	6.7
9	重庆	30年代初	百货贩运商	全市	280	500	1.8
10	西安	1934	百货业	1	1	4.5	4.5
11	上海	1937	五金业	897	2762	10652	3.9
12	青岛	1937	五金业	18	505	3206	6.3
13	汉口	1933	大五金业	9	47.6	93	2.0
14	汉口	1932—1937	五金业	91	615	1300	2.1
15	广州	1928	华洋杂货业	765	1089.2	8321.6	7.6
16	广州	1933	华洋杂货业	686	739	6643.3	9.1
17	上海	1934	茶商业	131	146.7	2002.6	13.7
18	上海	1936	西药业	166	754.4	4150.9	5.5
19	江苏等13省市	1930—1939	西药业	1582	6000	16000	2.7
20	昆明	1930	纸业	50	90$^+$	300—400	4$^\pm$

续表

序号	地区	资料年份	行业	商店数	A 资本额	B 营业额	B/A (倍)
21	昆明	1930	斗笠业	10 余家	0.5	20[+]	40[+]
	合计			6436[***]	16443[***]	68022[***]	4.1

[*] 包括盐、洋油、花纱、布匹、京果、杂货等 6 个行业。

[**] 全县有商民 23000 余人，但商人内部结构（坐商、走贩）和商铺户数不详。

[***] 重庆百货贩运商家数不详，不计，昆明斗笠业以 15 家计；昆明绸缎业、纸业资本额分别以 45 万元、95 万元计；昆明绸缎业、纸业、斗笠业营业额依次以 750 万元、350 万元、25 万元计。

资料来源：据 1930—1931 年经济调查资料、1949 年前商会统计资料、1949 年后编写的行业史料等综合整理编制。其中 1—4、6—8、10—19 据王水：《二十世纪初中国商业资本的发展》(《近代史研究》，1987 年第 1 期)；5、20、21 据国民党政府铁道部财务司调查科查编：《粤滇湘滇两线昆明县市经济调查报告书》，1930 年调查、印行，第 146—149 页表；9. 据重庆市工商局：《重庆市私营百货商业历史资料汇编》，1960 年油印本；22. 据国民党政府铁道部财务司调查科查编：《渝柳线川黔段经济调查总报告书》，1931 年调查、印行，第 94 页。

表 6－60 中包括上海、青岛、汉口、西安、昆明等城市（地区）10 余个行业约 8000 家商店某些年份的资本和营业额数据，部分反映了这些地区和部分行业的商业资本经营状况。表列数据可见，各地、各业营业额对资本的比率高低各异，最高达 20 倍和 40 倍，最低只有 2 倍和 1.8 倍。影响和导致这种差异的既有地区、行业和经济条件、市场环境因素，也有商店资本规模及经营模式因素。从时段看，平常时段营业额对资本的比率相对较高，1932—1935 年危机期间相对较低；从地区看，上海、广州、青岛、昆明 4 城市，营业额对资本的比率相对较高，其他城市和地区相对较低；从行业看，棉布、绸缎、小百货、华洋杂货、带有传统垄断性的茶业等行业，以及某些地区的手工业产品经销，营业额对资本的比率相对较高，大百货、百货贩运、五金、西药等相对较低；从经营模式看，批

发业或批发兼零售业,营业额对资本的比率相对较高,零售业相对较低,等等。当然,这是大体而言,亦有偶然和例外。事实上,在一个城市或地区,营业额对资本的比率有明显的行业差别,如上海多数行业营业额对资本的比率相对较高,但大百货业的这一比率低至 2 倍;一个行业的营业额对资本的比率,又有明显的地区差异,如五金业营业额对资本的比率普遍较低,而青岛五金业的这一比率高达 6.3 倍,颇为复杂。这反映了各地、各行业商业资本经营状况的多样性。相比之下,较大范围的统计资料,则可更全面、准确地反映历史,表列江苏等 13 省市西药业营业额对资本的比率为 2.7 倍,分别相当于上海西药业和杭州医药卫生业(包括西药业、中药业等 6 个业别)同类比率的 49.1% 和 44.3%,或较为贴近全国西药业资本经营整体状况的历史实际。

　　34 处(包括江苏等 13 省市)10 余个行业平均,营业额对资本的比率为 4.1 倍,比表 6-61 浙江杭州等 17 县(市、镇)的 4.9 倍相差不甚悬殊。在两项统计取样有限的情况下,数据属于合理误差范围。两项统计数据在一定程度上反映了全国各商业行业和商店综合经营的整体状况。至于其准确程度,则有待更多统计数据的验证。大体而言,20 世纪 30 年代,全国商业年营业额对资本的比率可能应为 4—5 倍。

第 七 章
金融业的发展和变化

　　1927—1937 年,中国金融业的环境和金融业本身都发生了巨大变化。1931 年东北沦陷后,不仅东北全境的官办和商办银行、钱庄、典当,以及关内银行在东北的分行,统统落入敌手,中国还丧失了占据全国绝大比重的黄金矿场和黄金资源;难以计数的民间黄金、白银、银元和金银器皿、首饰、珠宝,亦被日本侵略者劫夺、收缴、搜刮殆尽,中国银行、金融、财政业界遭受惨痛损失。日本通过在东北的银行和金银掠夺,大发横财,国力倍增,为进一步扩大对华侵略创造了条件,在关内地区亦上升为在华外国金融势力的"老大",成为中国金融业界最凶恶的敌人。金融业内部也发生显著变化:国民党政府通过建立和调整机构、制定和完善法律法规,初步确立了银行和金融业的法制化管理;"废两改元"和法币政策的推行,为持续半个多世纪的币制改革画上句号,结束了通货庞杂、币制混乱的局面,实现了中国古老货币的现代化;以中央银行为首的国家银行和地方官办银行体系基本建立,确立了国家资本对银行与金融业的支配和垄断,商办资本银行在银行业中的比重和地位大幅下降,银行资本结构发生根本性变化;随着中央和省(市)县地方官办银行,以及农工、专业银行的设立,中资银行的整体规模及业务范围继续扩大,专业分工更趋清晰,以中央银行和特许银行为主导,中央及全国的银行专业分工和结构、体系最终形成。地区分布则同时朝着分散和集中两个方向发展,分支行和一些地方小银行开始向内陆及县城、乡镇扩散,而一些较大银行的总行,加速向沿海通商口岸尤其是上海迁移、集中,地区间发展的不平衡性愈加突出;银行业的持续发展,特别是"废两改元"和法币政策的相继实施,导致钱庄、典当等旧式金融机构的生存空间日益狭窄,一些地区先是银行排挤钱庄,钱庄排挤典当,继而钱庄、典当全部没落,形成银行独大之势,新旧金融机构加速交替;一度股票交易兴旺的证券交易所,自经1921年"信交风潮"打击,加上第一次世界大战后民族工业由盛转衰,股票买卖萧条,而国民党政府主要依靠举借内债、发行债券应付财政开支,证券交易转为以债券为主,证券市场变成"财政市场",上海证券交易所成为"一枝独秀"。

第一节　外国在华金融势力的消长和
日本在东北的金融掠夺

在近代中国,外国在华银行始终是一支重要的金融侵略势力,凭借着不平等条约的保障,它们在中国经营存贷款、把持汇兑、发行钞票、投资企业以及通过对中国政府的贷款等手段,成为帝国主义从金融上控制、掠夺中国,把中国变成半殖民地殖民地的重要工具。第一次世界大战后,帝国主义各国发展的不平衡性进一步加剧。德国战败,俄国发生"十月革命",退出资本主义体系,法国力量削弱,英国发展速度明显放慢,唯有美国、日本加速发展,空前强盛。与此相联系,外国在华金融势力的国别结构也发生消长变化。德国、俄国在金融领域的扩张已不明显,英国、法国、意大利力图在金融领域保持原有份额,但已力不从心,只有美国、日本加速扩张。尤其是日本,甲午战争后,凭借巨额战争赔款和台湾丰富资源的滋养,迅速崛起;第一次世界大战期间,又乘机将德国在华权益和势力范围收入囊中,愈益肥壮,在华金融领域后来居上,超越列强各国,占据最大份额。1931年"九一八事变"后,在东北的金融掠夺,更是无所不用其极,并建立伪满洲国傀儡政权,将东北金融并入日本金融体系。1927年后,虽然随着中国银行业的发展,中外金融力量的对比有所改变,但基本格局依旧。不仅如此,由于东北的沦陷,东北的金融主权和金融资产、资源全部丧失,中国的金融形势愈加严峻,全国金融的半殖民地殖民地性质愈加强烈。

一、外国在华金融势力的消长变化

外国在华银行企业的活动,可以追溯到19世纪40年代。中国出现最早的外国金融机构,是英国的丽如银行。1845年,英国占领香港仅仅3年,英商丽如银行就在香港设立分行,在广州设立分理处。1847年,丽如银行继续北进,在上海又设立机构,而当时刚开埠不久的上海,"还只有三名外国医生,律师们的脚步还没有踏上这块土地"。① 中国第一家银行——中国通商银行1897年成立时,距这家英商银行在上海的成立已整整过了半个世纪。在丽如银行之后,相继设立的是英商麦加利银行和汇丰银行分行。1900年以前,除了这几家银行以外,其他外国银行在中国境内设立分行的还有法国的东方汇理、英国的有利、德国的德华、日本的正金、俄国的华俄道胜等6家银行。1900—1912年之间,美国的花旗银行、比利时的华比银行、荷兰的荷兰银行、日本的台湾银行又相继在中国成立分行。② 第一次世界大战后,外国银行的数量增加更多,其中重要者如英国的大英银行、

---

① 上海《字林西报》,1867年1月16日,见汪敬虞:《十九世纪西方资本主义对中国的侵略》,人民出版社1983年版,第185页。

② 参见吴承禧:《中国的银行》,商务印书馆1934年版,第105页。

沙逊银行，美国的大通银行、运通银行、友华银行、友邦银行，日本的住友银行、三井银行、三菱银行，荷兰的安达银行，意大利的华意银行等，大部分都在 1925 年前来到中国。外国在华银行历年设立情况详见表 7 - 1：

表 7 - 1　外国在华银行历年设立情况统计表

1894 前—1936 年

年代	英国		美国		法国		德国		俄国		意大利		日本		其他		合计	
	总行	分行	总行	分行	总行	分行	总行	分行	总行	分行	总行	分行	总行	分行	总行	分行	总行	分行
1894 年前	4	12					1	1	2	2			1	1			8	16
1895—1913		5	7	1	3	12	1	14					3	28	3	9	12	84
1914—1926	2	9	9	25	2	11					2	3	7	34	1	2	23	84
1927—1930			2	4									13	12			15	16
1931—1936	2	2	1	1									8				11	3
历年累计数	8	28	13	34	6	24	2	13	2	13	3	4	32	75	4	11	69	203

说明：1. 表中未包括"中外合办银行"。

　　2. "其他"包括比利时、荷兰，其中比利时 1895—1913 年和历年设立总数均为总行 2 家、分行 8 家，1936 年实存总行 1 家、分行 4 家；荷兰 1895—1913 年总行 1 家、分行 1 家，1914—1926 年总行 1 家、分行 2 家，历年设立总数为总行 2 家、分行 3 家，1936 年实存总行 2 家、分行 3 家。

　　3. 日本银行数，1895—1913 年设立数系实存数减去 1894 年设立数；1914—1926 年设立数据表 7 - 2 统计；1927—1930 年设立数系 1914—1930 年设立数减去 1914—1926 年设立数。

资料来源：日本以外各国银行各期设立数据吴承明：《帝国主义在旧中国的投资》，人民出版社 1956 年版，第 40 页；日本以外各国银行 1936 年实存数据中国银行总管理处经济研究室编：1936 年《全国银行年鉴》，第九章，外商银行统计综合计算。日本在华银行数，1930 年前据吴承禧：《中国的银行》，附录二，1931—1936 年据 1936 年《全国银行年鉴》，1936 年实存数据张一凡、潘文安主编：《财政金融大辞典》，世界书局 1937 年版，附录五计算。

表列数据来源不一,不一定十分完整和精确,但仍可大致反映外国在华金融势力的发展趋势和消长变化。从时间上看,1927 年是除日本以外外商银行在中国势力的一个转折。1927 年前,无论是外商银行的总行还是分行,在表列几个时间段上均保持强劲的增长势头;但 1927 年后,增长速度明显放慢,1927—1936 年的十年间,外商银行的总行仅增 5 家,分行增加 7 家。1936 年,除日本以外的外商银行实存数,为总行 18 家、分行 63 家,分别是历年设立总数的一半,也就是说,到 1936 年为止,已有一半的日本以外外国银行先后撤离或停业、关闭。从国别结构看,与欧美列强在华银行不同,日本银行在甲午战争后,一直保持迅猛扩张的态势。1894 年以前,日本在中国只有一家银行,甲午战争后,日本凭借巨额战争赔款和台湾、澎湖列岛丰富资源的滋养,加速崛起,侵略野心愈益膨胀,在华银行势力亦急剧扩张。1895—1913 年增至总行 4 家、分行 29 家。1914—1930 年扩大到总行 28 家、分行 75 家,已远远超过欧美各国在华银行之和。1934 年日本在中国(包括东北)的银行有总行 32 家、分行 71 家。[1] 另据统计,1936 年日本在关内地区的银行有 9 家总行和 42 家分行[2];全国(包括东北)有日本银行 29 家总行、71 家分行,分别占外国在华银行总数的 70.3% 和 53.0%。日本还另有 8 家信托公司和 1 家储蓄会。[3] 进入 20 世纪后,日本是所有在华外商银行中势力增长最快的国家,是在华外国银行势力的老大。

除日本在伪满洲国设立的银行外,1936 年外国在华银行的简

---

① 据吴承禧:《中国的银行》,商务印书馆 1934 年版,附录二计算。
② 据中国银行总管理处经济研究室编:1936 年《全国银行年鉴》统计。
③ 据张一凡、潘文安主编:《财政金融大辞典》,世界书局 1937 年版,附录五统计。

况,见表7-2:

表7-2　外国在华银行情况统计表

1936年

名称	国籍	额定资本	总行所在地	来华年份	在分行所在地/备注
麦加利银行	英国	300万镑	伦敦	1857	上海、香港、汉口、天津、广州、北平、青岛、哈尔滨
汇丰银行	英国	5000万港元	香港	1867	上海、广州、厦门、烟台、大连、天津、福州、汉口、哈尔滨、沈阳、北平、青岛
有利银行	英国	300万镑	伦敦	1915	上海、香港
大英银行	英国	500万镑	伦敦	1922	上海、香港
沙逊银行	英国	100万镑	香港	1930	上海
花旗银行	美国	1275万美元	纽约	1902	上海、天津、汉口、北平、香港、哈尔滨、大连、广州
美国运通银行	美国	600万美元	纽约	1917	上海、天津、北平、香港
大通银行	美国	500万美元	纽约	1921	上海、天津、香港
天津商业放款银行	美国	1.5万美元	天津	1928	旅津俄商开设,1932年改向美国政府注册
友邦银行	美国	50万美元	上海	1930	香港
合通银行	美国	2200万美元	天津	1933	
敦华银行	美国	2万美元	天津	1935	
台湾银行	日本	1500万日元	台湾	1899	上海、福州、厦门、汕头、香港、广州、大连、汉口

名称	国籍	额定资本	总行所在地	来华年份	在分行所在地/备注
横滨正金银行	日本	1亿日元	横滨	1900	上海、汉口、青岛、天津、北平、香港、广州、大连、沈阳、长春、营口、哈尔滨
正隆银行	日本	1200万日元	大连	1915	旅顺、营口、鞍山、抚顺、沈阳、开原、四平街、公主岭、长春、哈尔滨、安东、天津、青岛
三菱银行	日本	1亿日元	东京	1916	上海
住友银行	日本	7000万日元	大阪	1916	上海
三井银行	日本	1亿日元	东京	1917	上海、大连
上海银行	日本	10万法币	上海	1918	
朝鲜银行	日本	4000万日元	汉城	1918	上海、天津、青岛、龙井村、傅家甸、哈尔滨、长春、四平街、开原、铁岭、沈阳、辽阳、营口、旅顺、大连、安东
天津银行	日本	250万日元	天津	1920	北平
汉口银行	日本	100万日元	汉口	1930	上海
东方汇理银行	法国	12000万法郎	巴黎	1899	上海、天津、北京、汉口、香港、广州、昆明
意品放款银行	法国、比利时	7000万法郎	布鲁塞尔	1910	天津、汉口、上海、香港
汇源银行	法国	200万法币	上海	1921	
中法工商银行	法国、中国	5000万法郎	巴黎	1922	北平、天津、上海、香港

续表

名称	国籍	额定资本	总行所在地	来华年份	在分行所在地/备注
安达银行	荷兰	3300万荷盾	阿姆斯特丹	1920	上海、香港、厦门
荷兰银行	荷兰	3500万法郎	阿姆斯特丹	1902	上海、香港
华比银行	比利时	2亿法郎	布鲁塞尔	未详	上海、天津、汉口、香港
华意银行	意大利	100万美元	上海	1920	原中、意商人合办,1924年华商撤资,总行由天津迁上海
德华银行	德国	644万法币	上海	1918	北平、汉口、天津、青岛、广州
莫斯科国民银行	俄国	25万镑	伦敦	1924	上海

　　说明:表中日本银行共10家,只有正隆银行总行设在东北大连,分行也绝大部分设在东北,可视为设在东北的日本银行。其他外国银行也有分行设在东北的,但数量少,且总行均不在东北。

　　资料来源:天津商业放款、合通、敦华3行据《天津通志·金融志》,天津社会科学院出版社1995年版,第156、158页;余据1936年《全国银行年鉴》第九章,"外商银行"、1934年《全国银行年鉴》,第九章综合整理编制;日本横滨银行来华时间据《满洲开发四十年史》下卷,第256页。

　　表列1936年在华外国银行计总行32家、分行127家。按其国别,英国、美国各5家,日本10家,法国、荷兰各2家,比利时、意大利、德国、俄国各1家,法、比合资和法、中合资各1家。日本最多,总行占1/3,分行更占41.7%;英国、美国次之,总行分别占16.7%,分行分别占19.7%和12.6%。来华时间以英国麦加利(1857年)和汇丰银行(1867年)最早,其余大部分在进入20世纪后。按来华时间先后划分,计1894年前2家,1895—1913年6家,1914—1926年17家,1927年后6家

（另有 1 家时间不详），它们是英国沙逊、美国友邦、天津商业放款、合通、敦华和日本汉口 6 行。1927 年后，美国、日本是加紧金融扩张的主角。

在近代中国，外国在华银行始终是一支重要的金融侵略势力，凭借着不平等条约的保障，它们在中国经营存贷款、把持汇兑、发行钞票、投资企业以及通过对中国政府的贷款等手段，成为帝国主义从金融上控制掠夺中国，把中国变成殖民地半殖民地的重要工具。但外国在华银行势力并非一成不变，依时段和国别的不同而有起伏，尤其是进入 20 世纪以后，中华民族的觉醒，救亡图强、收回利权运动和中国民族资本主义企业的发展以及本国银行业的兴起等，都对外商银行产生影响，在这种大背景下，在中外银行企业之间的力量对比和发展趋势，出现了某些变化。

第一，在数量和资力对比上，1900 年前，中国自办的银行只有中国通商银行一家，经营实权还操纵在外国人手中。而同期在华外国银行已有英、德、法、俄、日等国的银行 7 家；但到 1936 年时，中国的银行数量已达到总行 257 家、分行 1332 处①，与表 7 - 2 显示的外国在华银行（不包括东北）的总行 30 家、分行 127 处相比，以往那种喧宾夺主之势，显然明显改观。由于中国银行的发展，到 1925 年时，在银行资力上，中国银行、外国在华银行和中国钱庄之间已大体形成三足鼎立的局面。中国银行的力量已可抗衡在华的外国银行，详见表 7 - 3。

---

① 总行数见刘克祥：《1927—1937 年中资银行再统计》，《中国经济史研究》2007 年第 1 期，分行数见 1937 年《全国银行年鉴》，上篇第一章，第 A10 页。1937 年分行数进一步增加到 1627 处，从业人数从 1936 年的 25652 人增加到 28878 人（见 1937 年《全国银行年鉴》，上篇第一章，第 A10 页）。

表7-3　中外银行和钱庄资力比较

1925 年　　　　　　　　　　　单位:百万元

类别		实收资本与公积金		资力估计	
		金额	百分比	金额	百分比
外国在华银行	外商银行	193.8	35.4	1141.2	32.1
	中外合办银行	48.2	8.8	162.7	4.6
	小计	242.0	44.2	1303.9	36.7
中国银行	中国、交通银行	40.0	7.3	540.8	15.2
	其他 156 家银行	165.5	30.2	912.9	25.6
	小计	205.5	37.5	1453.7	40.8
钱庄		100.0	18.3	800.0	22.5
合计		547.5	100.0	3557.6	100.0

原注:1. 资力包括实收资本、公积金、盈利滚存、存款和发行兑换券之和。

2. 资力估计,大多数主要银行根据各该行当年资产负债表计算,一部分中型银行因缺乏资产负债表,系根据实收资本数参照其他银行资力对实收资本的比例数推算。外商银行以外币计算,按当年实际汇率折算。在中国部分的比重,以日人调查的 1936 年实际比重为标准。

3. 本国银行的其他 156 家中包括省地方银行在内,因资料不足,未剔出。

资料来源:唐传泗、黄汉民:《试论 1927 年以前的中国银行业》,见《中国近代经济史研究资料》第四辑,上海社会科学院出版社 1985 年版。

1925 年时,中国银行的实收资本、公积金数额与外国在华银行的实收资本、公积金数额相比虽略有不及,但总体资力已超过在华外国银行,如加上钱庄,在中外金融力量的对比天平上,已出现了向中国一端的倾斜。

第二,外商银行的业务,在几个主要方面,均有所改变:国民党政府成立后,由于种种因素的制约,能够借到的外债很少,弥补财政赤字主要依靠发行内债,过去外国在华银行多次组成多国银行团对华贷款、从中获利的渠道已大部分消失。同时,以往作为中国政府财政主要收入来源之一的关税和盐税,因充当外债抵押和偿还基金,长期被汇丰、道胜、德华、汇理、正金等外资银行保管,后来基本上落入汇丰银行之手,不仅提升了外国银行尤其是汇丰银行的信用,还给其提供一大笔无息流通资金,供其贷放外商,发展在华投资。但在关税收回自主运动中,1930 年后这笔税收资金已被中央银行收回保管①,使得这项利权转入中国银行业手中。

第三,过去长期被外商银行垄断并获取厚利的汇兑业务②,也开始逐步转到中国银行方面。1928 年国民党政府将中国银行定为特许国际汇兑银行后,在国内外多处设立分支行发展国内外汇兑业务。1934 年后国民党政府征收白银出口平衡税,成立外汇平准委员会,也有助于中国银行外汇业务的发展。中国银行经手的国外汇兑业务量,1933、1934 年分别为 95600 余万元和 98900 余万元,1935 年比 1934 年又增加 70% 以上,1936 年达 144700 余万元。③ 在多种因素的共同作用下,"就连强大的外国银行也难以同中央银行相抗衡,这就攻破了外国银行多年经营难以摧毁的堡垒的正门",中国"终于大部分收回了外汇方面的利权"。④ 时任日本三井银行上海分行行长土屋计的上述感叹,从一个侧面反映了中国银行业在抵制外国银行势力扩张方面取得的成绩。

---

① 参见吴承禧:《中国的银行》,商务印书馆 1934 年版,第 107 页脚注。

② 据陈光甫:《上关税会议意见书》统计,1921—1925 年 5 年间,仅汇丰经理各债,中国遭受结算上之损失,即达 189 万余两(转见杨荫溥:《上海金融组织概要》,商务印书馆 1930 年版,第 184 页)。

③ 据中国银行 1934、1935、1936 年度营业报告,分别见 1935 年《全国银行年鉴》第 9 章,第 84 页;1936 年《全国银行年鉴》第 22 章,第 V6 页;1937 年《全国银行年鉴》第 22 章,第 V4 页。

④ 宫下忠雄:《支那货币制度论》,第 45 页(转见久保亨:《币制改革以后的中国经济》,《中国近代经济史研究资料》第 5 辑,上海社会科学院出版社 1986 年版,第 58 页)。

第四，外国银行在华发行的纸币数量被迫减少。纸币发行，本是一主权国家政府独有的特权。外国银行在中国发行纸币，既无条约规定，又未得到中国政府特许，实是一种侵犯中国国家主权的行为。外国银行在中国发行纸币，是"吸收吾国现金之唯一良法"，"以一纸钞币流通市面，以吸收资金另为周转，流弊孰甚"；外国银行发行钞币是"希冀厚利为唯一目的"。因此，外国银行在中国发行纸币一直受到中国有识之士的反对。有人曾总结外国银行发行纸币的六大弊害，呼吁中国政府予以禁止。[①]

据调查统计，1935年年初，在中国发行钞票的外国银行，计有汇丰、汇理、花旗、麦加利、正金、华比、荷兰、有利、德华等9家，发钞数额1914—1921年最盛，总额约达10000万元。截至1935年年初，9家银行流通市面钞票，共为500万元，以汇丰最多，约在50万元以上。[②] 另据日本方面调查，1930—1935年外国银行在上海发行的纸币情况见表7-4：

表7-4　上海外国银行纸币发行额

1930—1935年　　　　　　　　　　　　单位:元

年月	发行额	年月	发行额
1930年12月	5185000	1934年2月	2060000
1931年12月	3981000	1935年1月	2976000
1932年6月	4000000	1935年2月	3571000
1933年6月	3174000	合计	24947000

资料来源:宫下忠雄:《支那银行制度论》，严松堂书店，昭和16(1941)年版，第177页。

---

① 杨荫溥:《上海金融组织概要》，商务印书馆1930年版，第195—197页。
② 《外行发行钞票概数》，载江西省政府秘书处统计室编:《经济旬刊》1935年2月25日第4卷第6期，经济要闻，第11页。

1930—1935 年间,外国银行在上海一地共发行纸币 2494.7 万元,比 1914—1921 年高峰期已明显减少,这期间的总体趋势亦是逐步下降的。从 1930 年的 500 余万元减少到 1934 年的 200 余万元。"从 1925 年开始,外国银行发行银行兑换券(纸币)就进入了衰颓的时期"。①

外国银行在华发行纸币不断减少,原因是多方面的:第一次世界大战爆发后,一些在华欧洲银行的营业大受影响,德华银行因第一次世界大战被接收,中法银行以总行停闭受牵累,菲律宾银行以货币买卖而停闭,等等,外国银行的信用"遂受一大打击"。与此相反,由于 1916 年中国银行断然拒绝袁世凯"停兑令",继续兑现,以中国银行为首的华资银行的信用"获得增大",甚至有客户从外国银行取出存款转移到华资银行。② 由此"中国银行业的基础逐步稳固,中国国民民族观念日益浓厚"。③ 五四、"五卅"等反帝爱国民族运动,也是外国银行信用下降、纸钞发行减少的重要原因。例如,正金、台湾、朝鲜等三家在华实力最为雄厚的日本银行就是由于反帝爱国抵货运动,导致民众拒用日本钞票,不得不"早在数年前就停止了钞币的发行"。④ 部分已发行的纸钞也无法正常流通,如上海正金、台湾等行的钞票,"自中日交涉,拒绝行使,

---

① 1935 年 1、2 月发行额有所增加,主要是作为"与白银恐慌相伴出现白银外流的对应措施",只是"一时的现象"(宫下忠雄:《支那银行制度论》,第 177、176 页)。

② 杨荫溥:《上海金融组织概要》,商务印书馆 1930 年版,第 194 页;宫下忠雄:《支那银行制度论》,第 101 页。

③ 滨田峰太郎:《中国最近金融史》,东洋经济新报社昭和 11(1936)年版,第 168 页。

④ 滨田峰太郎:《中国最近金融史》,东洋经济新报社昭和 11(1936)年版,第 167 页。上引杨荫溥《上海金融组织概要》第 195 页也有类似的记载。

市上且已绝迹"。①

在中国银行业快速发展的这段时期,外国在华银行的整体扩张势头虽已不如此前凶猛,但其长期称霸中国金融业的局面在20年代后受到中国银行业的有力挑战,尤其是30年代后,发展势头受到一定的遏制,但是,外国银行的实力仍然不可小视。1937年时,外国银行势力在我国的分布情况见表7-5:

表7-5　外国银行在华分布区域统计
1937年

国别	东北	华北(北平、天津、青岛、烟台)	华中(上海、汉口、厦门、福州)	华南(香港、广东、九龙、汕头、昆明)	合计
日本	71	11	12	6	100
英国	2	7	9	8	26
美国	5	6	6	5	22
法国	2		3	3	10
德国		2	2	1	5
荷兰			3	2	5
法比合办		1	2	1	4
比利时		1	2		3
俄国	2		1		3
意大利		1	1		2
合计	82	31	41	26	180

资料来源:宫下忠雄:《支那银行制度论》,严松堂书店,昭和16(1941)年版,第180页。

如表7-5,英美两国在华银行势力,势头强盛,区域分布亦相当

---

① 杨荫溥:《上海金融组织概要》,商务印书馆1930年版,第195页。

平衡;法国、德国、荷兰、比利时也始终保持着一定的势力。这些外国银行在中国的优势地位,是以其"本国在中国政治、经济地位形成的实力地盘为基础"。① 虽然银行数量远比中资银行少,但就真正实力,中资银行不及其零头。日本更是后来居上,已取代英国的霸主地位,形成在华外国银行中一国独大的局面。在华北和华中,都占有明显的优势,在华南,如不计香港,其银行数量亦超过英国。尤其是在日本占领下的伪满洲国,不仅形成日本银行势力的一统天下,而且实际上已将其纳入日本金融体系。可谓前门赶狼,后门进虎,中国金融面临的内外形势愈益严峻,全国金融的半殖民地殖民地性质更加强烈。

二、日本帝国主义在东北的金融掠夺

1900 年 1 月,日本横滨正金银行在牛庄开设支店,这是最早进入中国东北的日本金融机构。1903 年正金银行开始发行银行券,成为日本在东北最早发行的钞票。当时在东北的外国货币中,俄国货币占有最大份额。1904 年日俄战争时,日本政府发行了19000 万元的军用票,在满铁一线流通。以此为契机,当年 8 月在大连,次年 5 月在奉天设立了正金银行的支店。1906 年,日本政府发布 247 号敕令,由正金银行发行一元为基础的银行券,兑换和收回日俄战争时期的军用票,强制在东北通用。正金银行遂"成为日本在满洲名实相符的代表机关"。此后正金银行又陆续增设了旅顺、辽阳、铁岭、安东、长春和哈尔滨等地的支店。②

---

① 宫下忠雄:《支那银行制度论》,第 180—181 页。
② 参见满洲事情案内所报告 36:《满洲通货及金融的过去和现在》,满洲事情案内所发行,昭和 11(1936)年版,第 53 页;陈经:《日本势力下 20 年来之满蒙》,上海华通书局 1931 年版,第 109 页。

在横滨正金银行之后,陆续又有多家日本银行在东北成立或进入东北。截至 1930 年年底,日本在东北的金融机构计有银行本店 15 处,分店及出张所 49 处,经营地产的金融业 1 处(东洋拓殖株式会社),无尽业者(与中国民间的合会机构相似)9 家,当铺约 240 余家,南满、安奉沿线金融合作社 20 余处。主要银行机构的情况见表 7-6:

表7-6　日本在东北银行机构情况统计表

1930 年　　　　　　　　　　　　单位:元

银行名称	设立年份	资力状况		所在地	
		已交资本	公积金	本店	主要支店
正金银行	1880	100000000	117292830	日本横滨	哈尔滨及满铁沿线共6处
大连兴信银行	1900	200000		大连	
正隆银行	1908	5624375	109602	大连	哈尔滨南满安奉沿线共11处
朝鲜银行	1909	25000000	2901026	朝鲜京城	滨江及南满安奉沿线共11处
安东实业银行	1913	125000	116101	安东	
商工银行	1913	275000	10900	辽阳	
长春实业银行	1917	400000	165486	长春	
大连商业银行	1918	2000000	277000	大连	
协成银行	1918	250000	100872	安东	
振兴银行	1918	500000	139050	营口	
日华银行	1918	500000	53819	铁岭	
南满银行	1919	375000	28931	鞍山	

续表

银行名称	设立年份	资力状况		所在地	
		已交资本	公积金	本店	主要支店
吉林银行	1920	75000	21600	永吉	
平和银行	1920	200000	53622	永吉	大连
满洲殖业银行	1920	500000	8700	沈阳	
哈尔滨银行	1921	500000	59320	哈尔滨	
满洲银行	1923	2906662	565000	大连	永吉及南满安奉沿线共15处
东洋拓殖株式会社		50000000		日本东京	哈尔滨、大连、沈阳
无尽业者		435000	142227		共9处,均在满铁沿线
合计		189866037	122046086		

资料来源:东北文化社年鉴编印处:《东北年鉴》,东北文化社 1931 年 5 月刊本,第 936 页"日本在东北主要银行概况表"。

    到 1930 年年底,东北的金融业中,中国资本大小共计约 1500 处,外国资本大小共计约 550 处;中国资本总计不过约 10000 万元现大洋,外国资本有数字可考者,即已有 4800 万元左右(内日人方面估 2200 万元,即 3500 余万元现大洋),约及中国者之半。存放款项及汇兑数目,大抵同此比例。①

    日本在东北金融势力进展之快和力量之强,还可从朝鲜和正金两家日本银行的日钞发行得到证明。1917 年,日本政府对中国东北的日本金融机构进行整合,将横滨正金银行的金券发行权及

———————

① 雷雨:《东北经济概况》,北平西北书局 1932 年版,第 53 页。

日本国库事务，"均移归朝鲜银行管理"。[①]　朝鲜银行遂成为日本在中国东北金融侵略势力的领头羊。此后，朝鲜银行发行的纸币成为日本在东北钞票的主要代表。正金银行尽管减少了发行数量，但发行钞票的行动并未完全停止。

现将朝鲜银行在1918—1927年中发行钞票的情况列如表7-7：

表7-7　日本朝鲜银行在东北发行钞票情况表

1918—1927年　　　　　　　　　　　　单位：千元

年度	在东北发行额(A)	总发行额(B)	A/B(%)	年度	在东北发行额(A)	总发行额(B)	A/B(%)
1918	19098	115523	16.5	1923	39174	110233	35.5
1919	37066	163600	22.7	1924	45190	129113	35.0
1920	42342	114034	37.1	1925	42190	120540	35.0
1921	46775	134360	34.8	1926	38829	110939	35.0
1922	34251	100544	34.1	1927	43584	124527	35.0

资料来源：据陈经：《日本势力下二十年来之满蒙》，第115页改制。

朝鲜银行从1918年开始在东北发行金票，当年数额就达到1900余万元，1920年后，在东北发行的钞票数额一直稳居其总发行数额的35%左右。到了1928年，朝鲜银行发行的金票数额已达到4000余万元，正金银行发行的银券数量也达到400余万元，而中国银行和交通银行在东北发行的钞票，加起来也"只达到四千与五千万余元"，与这两家日本银行在东北发行的钞票大体相等，加上日本在中国东北的整体实力，"从此日本就操纵着满蒙金融界的实权，而把垄断的南满铁道沿线做扩充一切经济的根干"，

---

①　陈经：《日本势力下二十年来之满蒙》，上海华通书局1931年版，第110页。

日本"在满蒙皆推行使用金票,以尽量扩大它的货币势力"。在1931 年"九一八事变"爆发之前,实际上已完全垄断了满蒙金融。①

从 20 世纪初开始到 30 年代初,东北金融领域中的变动脉络大体是:最初,俄国和日本分别在自己控制的北满和南满铁路沿线,设立金融机构和发行钞票,扩张自己的势力范围。这时,大体北满铁路沿线是俄罗斯、南满铁路沿线是日本,其他地区是以东北官银钱号为中心的中国金融控制区域。第一次世界大战和俄国十月革命后,俄国势力后退,日本金融势力北进,分别与北满中国方面哈大洋票系统和南满张学良政权下的现大洋票系统发生冲突②,在此时期爆发的"九一八事变",导致此后伪满洲国中央银行设立,中断和掠取了中国方面此前金融和货币统一的努力及成果,使得整个中国东北的金融,尽皆落入日本帝国主义囊中。可见,"东北中国货币之受日金支配,则为整个之财政及政治问题,非仅金融一方面所能包括"。③

从 1931 年"九一八事变"到 1937 年日本全面侵华战争爆发,日本在东北的金融掠夺和日本金融势力的演变大体循着两条线路发展:一条是在劫夺中国银行企业和其他金融机构的基础上,建立日本直接掌控的伪"满洲中央银行"和殖民地金融体系;另一条是日本本国金融势力在东北的扩张和直接统治的初步确立,其中又可分两个阶段:1935 年 10 月前确立以朝鲜银行发行的钞票占据统治地位,此后朝鲜银行的钞票退出东北,由日元与伪满中央银行

① 陈经:《日本势力下二十年来之满蒙》,第 115 页。
② 据调查,20 世纪 20 年代,张作霖在北满以"哈大洋"票、张学良在南满以"大洋票"试图统一币制的努力都曾取得一定进展(见安富步:《"满洲国"的金融》,序章,第 29—33 页)。
③ 雷雨:《东北经济概况》,北平西北书局 1932 年版,第 53 页。

按 1∶1 的比例直接挂钩,最终将伪满洲中央银行钞票纳入日本货币体系。在这两条线路的发展过程中,自始至终贯穿着日本侵略者的武装和暴力掠夺。

首先是对"四大金融机构"和东北其他金融机构的武装占领和劫夺。

日军在侵占东北的过程中,始终将占领金融机构和交通线放在首位。"九一八事变"第二天,关东军即以断绝敌对者军费供应等为借口,迅速占领沈阳城内的东三省官银号、边业银行、中国银行、交通银行等金融机构。同日,关东军在长春也武装夺占了东三省官银号、边业银行等金融机构及其所有支行。随着日本占领区域的迅速扩大,东北官办、商办金融机构相继被日本侵略者攫占[①],而作为东北金融业龙头的"四大金融机构"是其劫夺的重点。

"四大金融机构"是指东北地方政府开设的东三省官银号,资本 2000 万元;奉系军阀所设(官商合办)边业银行,资本 850 万元;吉林省政府所设的吉林永衡官银号,资本 1000 万元;黑龙江省政府所设的黑龙江省官银号,资本 2000 万元。四家行号不仅资本雄厚,还在沈阳设立了"辽宁省城四行号联合发行准备库",准备金充裕,货币稳定。现大洋票、哈大洋票等银本位纸币,100 元可换 100 元大洋。日本帝国主义对"四大金融机构"垂涎已久,占领沈阳东三省官银号后,在门口贴上"擅入者枪毙"字样,随即大肆搜掠,将库内存有的 66 万斤黄金和 200 万元大洋全部劫走。这些金银一部分被直接运往日本,一部分转往长春,充当后来伪满银行的储备金。"九一八事变"前,边业银行从上海购进 7000 两黄金,作为储备金,也落入日军之手。日本侵略者还劫走了张学良存在

----

① 刘信君、霍燎原主编:《中国东北史》(修订本)第 6 卷,吉林文史出版社 2006 年版,第 478—479 页。

边业银行的私有黄金七八千两和古玩字画等。有日本侵略者供认,日军从四行号掠走的资金达 1.4 亿元。"四大金融机构"不仅代理省库,发行货币,从事存储、信贷等全部银行业务,而且经营钱庄、油坊、当铺等,这些附属企业投资多达 3800 余万元,亦全部被日军掠走。

这是"九一八事变"后日本侵略者首次大规模的金融掠夺。

接着,日本侵略者通过建立伪满洲中央银行,以"整理"、收缴旧币为名,着手进行第二次规模更大、持续时间更长的劫夺。

1932 年 1 月,关东军统治部设立"币制及金融咨问委员会",发布《货币及金融制度方针案》和《货币及金融制度关系法案》,在朝鲜银行、横滨正金银行和满铁的操控下,1932 年 6 月 15 日,伪满公布《满洲中央银行法》、《满洲中央银行组织办法》。24 日决定撤销东三省官银号、吉林永衡官银号、黑龙江省官银号、边业银行等 4 行号,加紧筹组伪满中央银行,决定发行伪满洲国中央银行纸币,作为"国币",取代东北原有的中国货币。①

1932 年 7 月 1 日,以"四大金融机构"和公济平市钱号为基础的伪满洲国中央银行正式成立。总行设于长春原边业银行内,并在沈阳等大城市设立分行,县以上城市设立支行和办事处,总分支机构达 128 处。该行成立时资本定为伪币 3000 万元,实交 750 万元,最后又增资到伪币 10000 万元,实交 2500 万元。② 伪满银行受到关东军的全面控制, 直接为关东军提供军费, 筹集军需物资。伪行同时接受"满铁"和日本银行的严密监督,大批满铁

---

① 张向凌主编:《黑龙江历史编年》(修订本),黑龙江人民出版社 1989 年版,第 529 页。

② 洪葭管主编:《中国金融史》,西南财经大学出版社 1993 年版,第 260 页。

社员被指派到伪行进行监管；日本银行在伪行设有"参事室"，监督该行的活动。伪满银行实际上是日本银行在东北的特殊分支机构。

继伪满中央银行之后，日军于1933年年初攻占热河，劫夺热河兴业银行，交由伪满中央银行"清理"、劫管，改组为伪满"满洲兴业银行"；日伪又先后设立金融合作社①、商工金融合作社以及主要经营典当的大兴公司，并将劫夺的"四大金融机构"和热河兴业银行附属各地当铺，作为大兴公司的分店，最终形成了以伪满中央银行为主体的日本殖民地金融体系。

在伪满洲中央银行筹备成立期间，伪《货币法》也在1932年6月11日公布，规定货币的制造及发行权归伪满政府，由伪满洲中央银行行使。伪满中央银行的货币采用银本位制，1元纸币含纯银23.91公分，纸币面额分百元、十元、五元、一元、五角5种，另铸造1角、5分、1分和5厘等4种金属辅币。② 虽然实行银本位制，但既无银币流通，亦没有纸币可以兑换现银或外汇的规定。因此，这种货币是依靠伪政权暴力强制使用的不兑现纸币，是在伪满洲国中央银行"合法"外衣掩盖下的一种长期、残酷和无孔不入的掠夺。

伪满中央银行成立后，日本侵略者立即着手"整理"、回收旧币，在7月1日伪满中央银行开业当日，就颁布实行《旧货币整理

---

① 金融合作社是根据伪满1934年9月公布的《金融合作法》成立的非银行金融机构，其对象主要是农村，兼办城镇一般居民的金融业务。规定社员必须出资入股，参加者主要是农村富户和城镇小工商业者。经营方针是"回收第一原则"，注重经济担保，放贷对象主要是中农以上农户。伪满原打算以"一县一社主义"逐步推广，普遍建立，但未能实现。

② 满洲事情案内所报告36：《满洲通货及金融的过去和现在》，附录·货币法，满洲事情案内所发行，昭和11（1936）年版。

办法》,规定从即日起,在两年内收兑原"四大金融机构"发行的 15
种货币。其他各种钞币也限期收回,兑换成伪满中央银行的纸币。
在收兑旧币的过程中,日本侵略者极力压低旧币与伪满中央银行
纸币的比价,如东三省官银号发行的奉天票被强行按 50∶1(后又
改为 60∶1)的比价兑换;吉林永衡官银钱号发行的"官帖"(流通额
约有 103.1 亿吊),规定 360 吊换伪币 1 元,几天后又压低到 500
吊换伪币 1 元,仅此一项,东北人民即被洗劫了 800 多万元(以伪
币计)。对黑龙江省官银号发行的"官帖",更以 1680 吊比伪币 1
元的比价兑换。热河兴业银行发行的 1000 万元热河票、马占山发
行的 160 万元"马大洋",也在 1933 年年末先后"整理"完毕。到
1934 年,伪满收回各种旧币,合计动用伪币 14223.4 万元,大体等
于伪币当初的全部发行额。[①] 到 1935 年 6 月,东北原有各种旧币
几乎全部被收回,"收兑"率高达 97.1%[②],东北居民和公司、机
构、团体不仅手中留存的现金被日本侵略者搜掠净尽[③],以旧币计
值的契据、债款、资财、储备等,也无形中统统化为乌有。而这又为
日本侵略者往后或正在进行的其他掠夺,包括企业、土地、房产掠
夺等,创造了条件。

伪满银行"整理"、"收兑"的旧币还有中央银行、交通银行发行
的哈大洋票。两行在东北分别发行哈大洋票 450 万元和 950 万元,
伪满财政部强令两行自 1932 年起,每年回收 1/5,5 年回收完毕,兑

---

① 洪葭管主编:《中国金融史》,第 263 页;满洲事情案内所报告 36:
《满洲通货及金融的过去和现在》,第 93—97 页;孙邦主编:《经济掠夺》,吉
林人民出版社 1993 年版,第 554 页。

② 安富步:《"满洲国"的金融》,第 48 页。

③ 在钱币流通和携带、使用过程中,总会有少量钱币被遗忘、丢失、损
毁,也有的可能被收藏或携往外地(包括关内和国外)。基于这些原因,
97.1% 的回收率已近极限,这绝非一般的强制和暴力手段所能达到。

换率为伪币 1 元收兑哈大洋 1.25 元。日伪嗣以两年回收迟缓,令伪满银行代为回收。至 1935 年年末回收完毕,中央、交通两行旧币回收率分别为 96% 和 97%。为了偿付伪满银行回收所耗资金,中央、交通两行被迫同伪满银行签订"整理"哈大洋需用资金借款契约,中央银行借入 217 万元,按 8 年平均偿还;交通银行借入 712 万元,按 18 年平均偿还。① 中央、交通两行旧币的"收兑",不仅是对东北人民的劫夺,也是对国民党政府的巨额敲诈和利贷盘剥。

在"收兑"旧币的过程中,日本侵略者还以"整理"为名,对流通甚广的营口"过炉银"和安东"镇平银"进行扫地式掠夺。1933 年,伪满在营口设立商业银行,着手"整理"过炉银,强令炉银家立即停止营业,禁止过炉银的发行和流通,凡以过炉银订立的债权、债务,一律折成伪币清算。据调查,各炉银家对外借贷总额为 9000 万两,以市场价格计算,炉银 70 两折合银元 100 元。而日本侵略者强令以炉银 4 两换成伪币(不兑现纸币)1 元,到 1934 年"整理"完毕。即使 1 元伪币等于 1 元银币,日本侵略者也劫夺现银 7425 万两。

安东"镇平银"因历史悠久,信誉良好,受到地方财界大力维持,伪满在 1933 年"整理"时颇为棘手。后因美国收购白银影响,镇平银市价涨落无常,伪满乘机勒令商家自 1934 年 9 月起,停止以镇平银为本位的交易,而以伪币 100 元换镇平银 70.2 两的官价强制收买。到当年 12 月末,收买额为 500 万两。镇平银也在"整理"、"收买"的名义下,被搜刮一净。②

然而,如此巨额的旧币和现银劫夺,并不能满足日本帝国主义的贪欲和不断扩大侵略战争的需要,就在大力"收兑"和搜掠旧币、现银的同时,日本侵略者又策划和实施金融领域第三次掠夺,

---

① 孙邦主编:《经济掠夺》,吉林人民出版社 1993 年版,第 554 页。
② 孙邦主编:《经济掠夺》,吉林人民出版社 1993 年版,第 554 页。

即黄金掠夺。1933 年 6 月 14 日,伪满公布《产金收买法》,禁止金银流通,封锁金银产地,强令黄金持有者必须把黄金卖给伪满中央银行。又公布《禁止金银输出法令》[1],严格禁止民间任何机构和个人出口金银或携带金银出境。然后,日本侵略者通过恐吓利诱、举报、入户搜查、武装抢劫、绑架勒索、杀人越货等强盗手段,将民间遗留和收藏的现金、现银、金银首饰和器皿,劫夺、搜刮一空,连寺庙佛像、避暑山庄斗拱上的鎏金也不能幸免。

　　除了搜掠民间黄金、白银、银元及金银首饰、器皿,日本侵略者掠夺黄金更重要的手段是掠夺金矿,利用东北的人力物力,大规模开采黄金。东北、热河地区黄金蕴藏丰富,开采甚早,有多处官办和民营矿场,日本帝国主义早就垂涎欲滴。"九一八事变"后,日本侵略者通过各种手段劫夺原有金矿,进行改组、归并,设立新公司,加速开采。1934 年成立"满洲采金株式会社"[2],重点开采黑龙江、吉林地区的金矿。公司章程规定,两省原有官矿均为该公司所有:漠河、呼玛、观都(太平)等大矿由公司直接"接收",一些小矿则由日本个人以"投资"为名,掠夺到手后,再归并总社。[3] 日本侵略者为了加速黄金掠夺,1935 年开始在呼玛和瑷珲罕达汽等矿建造采金船,到 1942 年已建成 11 条,8 年中至少从该矿区掠走黄金 182688 两。[4] 吉林夹皮沟金矿由日本"大同殖产会社"开采,黑龙江兴安岭地区的金矿,则准备组织武装开采。另外,辽宁铁岭白

---

① 张向凌主编:《黑龙江历史编年》(修订本),第 543 页。

② 公司为日"满"合办,资本 1200 万元,其中伪满和"满铁"各 500 万元,远东拓殖会社 200 万元,总部设于长春。

③ 如黑龙江瑷珲法别拉河区的逢源、古溪、坐源、德安以及其他地区许多小矿,都是采取这种劫夺方式。

④ 《黑河地区志》第十七篇,黄金,生活·读书·新知三联书店 1996 年版,第 422 页。

乐沟金矿由满铁"大满金矿会社"夺占采掘;热河平泉原有省办官矿被日本"满洲矿业公司"夺采。热河阜新的新大坝,朝阳的徐家背、上舍利户、红花沟、金厂沟、来帽子,建平的杨家湾、小长泉,赤峰的鸡冠山,承德的碾子沟、骆驼沟等处金矿,均落入日本侵略者手中。1935年由伪满设立赤峰"山金收买处","统购"红花沟、金厂沟等处的金砂矿石。次年设立红山黄金精炼厂,从日本运来设备,精炼黄金。① 据推算,1931—1937年,日本帝国主义在东北掠夺的黄金总量当在100万两以上。②

接二连三的大规模劫夺和搜掠,把东北城乡居民弄得一贫如洗,无以为生,只能靠借贷、典当度日。在这种情况下,日伪又通过开办典当和高利盘剥,进行敲骨吸髓的掠夺和搜刮。1933年7月1日,前述主营高利贷的大兴公司(民间通称"大兴当")应运而生,资本伪币600万元(全部属于伪满中央银行),总公司设于长春,营业机构遍布东北各省、市、县和集镇,凡有伪行分行、支行的地方,均设有分店。营业项目包括:典当、造酒、制油及杂货销售;财产管理及代理;公债、社债及其他证券的募集和受承;上述各项营业的一切附带业务,等等,无所不包,但主要业务是典当借贷。康德5年的典当收入为334.9万元,占"大兴当"总收入的91.4%。成立初期,为了引诱顾客,排挤和吞并同行,"大兴当"采取低息政策。③ 表面上降低利率,但压低质物价值和折贷率,变相提高利率,通常值100元的抵押物,只能贷出30元左右。又由于

---

① 《赤峰市志》第9卷,财政金融,内蒙古人民出版社1996年版,第1519页。

② 详见本书第一章第三节。

③ 当时各铺为月息3—4分,最高达5—6分,而"大兴当"由3分改为2分5厘,贷款期为12—18个月,超过可延期1—2个月(孙邦主编:《经济掠夺》,吉林人民出版社1993年版,第619页)。

"死当"多,利润十分巨大。表7-8反映了"大兴当"掠夺的残酷性:

表7-8 大兴当贷出、回收一览表

1933—1938年

单位:元

年份	贷出累计额(A)	回收累计额(B)		最高余额(C)		(B+C)/A (%)	最后盈利率(%)
		金额	B/A(%)	金额	C/A(%)		
1933 (下半年)	4805041	4818976	100.3	6579356	136.9	237.2	556.7
1934	11402677	10557903	92.6	848773	7.4	100.0	117.4
1935	17782424	15936536	89.6	13324569	74.9	164.6	339.4
1936	17947220	16797430	93.6	14234116	79.3	172.9	358.0
1937	24654057	22052640	89.4	17148141	69.6	159.0	321.3
1938	44940549	35247204	78.4	26930416	59.9	138.4	278.2
合计	121531968	105410689	86.7	79065371	65.0	151.8	303.6

说明:1. 贷出累计额是指全年贷款额;回收累计额是指赎回抵押物偿还贷款本息额。

2. 最后盈利率是按贷款额相当抵押物价值30%,将"最高余额"折合为抵押物实际价值计算得出。计算公式是:最后盈利率=(贷出累计额+最高余额÷0.3)÷贷出累计额。

资料来源:据孙邦主编:《经济掠夺》,第621页表综合改制。

在日伪的全面掠夺和搜刮下,人民生活急剧贫困化,几乎完全破产,借贷者大多无力回赎抵押物品。愈到后期,"死号"愈多,如表7-8,偿还贷款本息额占贷出额的比例,由1933年的100%递减到1938年的78.4%,未还余额的比例,平均达65.0%。由于是"值百当三","死号"越多,利润越高,掠夺

越残酷。"大兴当"的最后利润率平均超过 300%，最高达 556.7%，比"印子钱"、"驴打滚"等传统高利贷有过之而无不及，可见掠夺的残酷程度。

典当的厚利和兴旺是以人民的不断贫困化为前提的。越是民不聊生，典当越是生意兴隆。"九一八事变"后，东北人民加速贫困化，典当亦急剧膨胀，以"大兴当"为主体的典当数量大增，从 1931 年的 60 多家增至 1933 年的 280 多家，增长了 3 倍多。1936 年 3 月，"大兴当"还投资 100 万元，在河北冀东设立子公司"裕民有限公司"，有营业所 19 处，另设代理业和当铺 14 个店。由于汉奸政权的倒行逆施和无休止的搜刮，冀东民不聊生，裕民当铺一开始就生意兴隆，自 10 月至年末的 3 个月中，即贷出款额 620 万元。[①] 汉奸政权的搜刮为其主子的进一步掠夺创造了条件。

日本侵略者在劫夺"四大金融机构"、组建伪满中央银行和金融体系、在金融和货币领域展开全面掠夺的同时，又着手"整理"、控制其他商办和地方银行，令其充当伪满中央银行的附庸。

1933 年 11 月，日伪颁布《银行法》，对民营金融企业进行"清理"、"整顿"，规定企业不准独资经营，一律改为股份有限公司，资本额最低不得少于 10 万元。1934 年 6 月，日伪强令各地银钱业更换营业许可证，大力压缩企业数量，以便于加强控制。当时申请的银钱业有 169 家，但获得批准的仅 88 家，超过一半不能继续营业。日伪接着又勒令领证银行增资或合并；取缔钱庄、银号和交易所，采取有计划有步骤的限制手法，以实现其统制目的。最后东北

---

① 孙邦主编：《经济掠夺》，吉林人民出版社 1993 年版，第 620 页。

只剩下 14 家地方银行。而这几家银行也是苟延残喘,朝不保夕。① 表 7 - 9 所反映的是侥幸延续下来的此类银行、钱庄一些基本情况:

表 7 - 9   东北部分残存民营银行情况摘要

名称	"九一八事变"前			"九一八事变"后		备注
	设立年份	总行所在地	资本额(万元大洋)	重新登记/营业时间	资本额(万元伪币)	
奉天商业银行	1914	沈阳	20	1934.11	100	
东边实业银行	1921	安东	150	1934	150	前身是设于1918 年的储蓄会
奉天世合公银行	1924	沈阳	25 *		50	"九一八事变"后继续营业,1940年倒闭
奉天林业银行	1927	沈阳	50 *	1934.12	20	1936 年停业
志城银行		沈阳		1935.1	20	由太谷 5 家钱庄连字号改组而成
沈阳银行	1924	沈阳		1934.12	20	由 2 家钱庄改组而成
奉天商工银行	1917			1934.12	220	日伪强制将奉天储蓄总会改组而成

① 《辽宁省志·金融志》上卷,辽宁科学技术出版社 1996 年版,第 25—29 页;孙邦主编:《经济掠夺》,第 555—556 页。

名称	"九一八事变"前			"九一八事变"后		备注
	设立年份	总行所在地	资本额（万元大洋）	重新登记/营业时间	资本额（万元伪币）	
德义银行		沈阳		1935.11	10	抚顺德义厚粮栈附属钱庄改组
惠华银行	1918	长春	30	1934.12	25	1937年停业
益通商业银行	1919	长春	25	1934.2	50	
益发银行	1926	长春	20	1934.7	100	1926年前是河北乐亭益发钱庄
营口商业银行		营口		1933.12	100	1942年与营口福顺、奉天汇业**两行合并成立营口兴亚银行
营口福顺银行		营口		1934	15.9	前身系营口福顺仁钱庄
东盛银行	1930	满洲里				日本以其同苏联关系密切,1936年查封,后又恢复营业,1943年关闭
济东银行	1931	海拉尔	2		12	两商号合伙,1936年6月倒闭

名称	"九一八事变"前			"九一八事变"后		备注
	设立年份	总行所在地	资本额(万元大洋)	重新登记/营业时间	资本额(万元伪币)	
德惠农工银行	1918	德惠				乡绅集资开办,1936年停业
晋昌银行	1929	桦川		1936.12	10	前身为3家商户合办的钱庄,1936年改为银行,1941年并入三江银行
梨树县地方银行	1920	梨树	14.1	1934.6	20	前身为设于1920年的梨树地方储蓄会

* 资本单位为万元奉小洋。

** 奉天汇业银行系 1918 年某华商与日商合办,资本各 500 万元(实各 375 万元),总行设于北京,1928 年 7 月奉天(沈阳)设分行,1929 年 1 月休业。"九一八事变"后,华商王翰生勾结日人重开,1935 年 8 月营业,资本 100 万元(实 50 万元)伪币,1941 年增至 200 万元(实 75 万元)伪币(《辽宁省志·金融志》上卷,辽宁科学技术出版社 1996 年版,第 27 页)。

资料来源:据《辽宁省志·金融志》上卷,第 21—29 页;《吉林省志·金融志》,吉林人民出版社 1991 年版,第 35—36 页;《营口市志》第 4 卷,中国书籍出版社 1992 年版,第 584 页;《满洲里市志》,内蒙古人民出版社 1998 年版,第 772—773 页;《海拉尔市志》,内蒙古人民出版社 1997 年版,第 647 页;《德惠县志》,长春出版社 2001 年版,第 431 页;《佳木斯市志》,中华书局 1996 年版,第 875 页;《梨树县志》第 26 卷,财政金融,辽宁教育出版社 1992 年版,第 812 页综合整理、编制。

"九一八事变"后,所有的银行、银号、钱庄、典当,均被日军和日本特务、浪人、流氓、恶棍、无赖等占领、封闭、抢掠,甚至洗劫一空,几乎全部倒闭或被迫停业(表中 11 家银行仅奉天世合公银行在"九一八事变"后继续营业),能够获准重新登记营业、维持下来并有名可稽的仅剩 18 家(前述 14 家不一定全部涵盖)。而这 18 家银行中,奉天商工、营口商业两行先后落入日人之手①;奉天林业、济东、德惠农工、惠华等 4 行于 1936、1937 年相继停业,仍在华商名下并维持下来的银行实际只有 12 家,还不到东北原有银钱业数量的一个零头。

这些残存的银行,业务受到严格限制,外汇交易更统由伪满中央银行控制。1935 年 11 月,日伪更制定《汇兑管理法》,取缔境内伪币交易,禁止买卖现大洋、现小洋,撤销钱庄、银号和交易所,限制购买外汇、外币,除在东北的日本正金银行外,不得输入外币和从事外汇买卖。商办银行原以放款为主,但伪满中央银行严格限制放款,强迫各银行集中力量招揽"存款"和"储蓄",以搜刮民财。又规定收进的存款和储蓄,必须以 10% 买公债,40% 交伪满中央银行为"共同融资"②,不能自行处理和经营。因此,这些银行大多亏损,但又不准歇业,完全成为伪满中央银行办理"储蓄"和聚敛社会游资的工具。

与中资银行和金融机构被占领、劫夺、封闭,整个行业被摧残一尽形成鲜明对照,日本在东北的银行和金融机构急剧膨胀,营业空前兴旺。

日本银行既是日本对华经济侵略的先锋,又是日本军国主义

---

①　奉天商工银行的前身是 1917 年张志良创办的奉天储蓄总会,1934 年因该会不能对存款付息和对到期有奖储蓄还本,伪满经济部勒令停业,伪满中央银行奉天分行随即决定将总会改组为"奉天商工银行",改为股份制,乘机加入日本股份。220 万元伪币资本中,日人市川宗助 6.1 万股,华人张煜恩 6 万股,1934 年 12 月 27 日开始营业(《辽宁省志·金融志》上卷,第 28 页)。营口商业银行的情况详见表文及附注。

②　所谓"共同融资",就是投放各种特殊会社,如粮食株式会社、棉花株式会社等,作为流动资金,搜购、储备粮食、棉花,支援侵略战争。

对华军事侵略的经济后盾。它们在财力物力上积极支援侵略战争,通过战争加强掠夺,扩大地盘,获取暴利,养肥自己,因而实力大增。日本政府的代表银行朝鲜银行,从 1931 年 6 月末开始到 1936 年年末,在东北开设了 8 家支店,支店总数达到 22 家,职员人数从 215 名增加到 329 名。1935 年 12 月时,朝鲜银行发行的金票总数额中有 60% 即 1.2 亿—1.3 亿元在东北流通①,比 1928 年增加了 2 倍。1932 年 12 月到 1936 年 12 月间,朝鲜银行的存款从 1.23 亿元增加到 2.71 亿元,贷款从 6000 万元增加到 1.22 亿元,4 年间增长了 1 倍左右。② 1934 年时,在对东北特产品领域的贷款中,正金银行占 46%,朝鲜银行占 26%,而伪满中央银行只占 1%③,日本银行通过资金借贷直接控制了东北的特产。

除日本政府代表银行朝鲜、正金两行外,日本其他"民间"银行的数量和势力同样大增。日本军人、特务、商人、浪人、流氓、恶棍、无赖等,或明火执仗,或使用各种卑劣手段,疯狂侵蚀、抢掠、劫夺甚至公然霸占华商银行、银号、钱庄、当铺,然后招牌一改,立即变成了日本的银行或其他金融机构。于是,东北各地,日本人开办的银行或其他金融机构与日俱增,资本更加雄厚,营业十分兴旺。1935 年 6 月时,以正隆银行为代表的日本 13 家较大的"民间"银行,有实收资本 1913 万元,公积金 246 万元,各项存款金票 26000 万元、钞票 897 万元、伪国币 2540 万元;各种贷款金票 24000 万

---

① 伪满洲国政府编:《满洲建国十年史》,原书房 1969 年版,第 503—504 页,转见安富步:《"满洲国"的金融》,第 96 页。

② 朝鲜银行研究会编:《朝鲜银行史》,东洋经济新报社 1987 年版,第 440—444 页,转见安富步:《"满洲国"的金融》,第 97 页。

③ 伪满洲国实业部临时产业调查局编印:《特产交易事情》上卷,1937 年版,第 530、538 页,转见安富步:《"满洲国"的金融》,第 97 页。

元、钞票 603 万元、伪国币 3066 万元。① 至于其他日本中小"民间"银行,储蓄或信托公司,金融组合以及证券公司等金融机构,遍布东北各地,数目繁多,无法统计。以辽宁中等城市四平街(今属吉林)为例,到 1937 年,不计总行设于外地的银行分支机构,日本人开设或主持的银行等金融机构多达 10 余处,与东北全境保留下来的民营中资银行数目相若,详见表 7 - 10:

表 7 - 10 日本在四平街所设银行等金融机构

1914—1937 年

机构名称	开设年份	开办/主持人	资本(元大洋)
四平街满蒙储金株式会社	1914		30000
株式会社四平街银行	1918	营储真藏	1000000
四平街昼夜株式会社	1919.2	添田泽三	200000
四平街殖产金融株式会社	1919.10		75000
四平街取引所信托株式会社	1919.9	田中拳工	500000
金融组合	1929.8		
四平街输入组合	1929.9		
四平街金融组合	1929	山田尚红	
四平街农业组合	1936.8	池田吉郎	
四平无尽株式会社	1937.11		
满洲实业振兴株式会社	1937		
丸喜证券公司		精谷清	
北满证券		园田清一	

① 满洲事情案内所报告 36:《满洲通货及金融的过去和现在》,第 201 页。其中金票为朝鲜银行发行的金本位纸币,钞票为正金银行发行的银元券,伪国币为伪满洲中央银行发行的纸币。

续表

机构名称	开设年份	开办/主持人	资本(元大洋)
南满融通储蓄株式会社四平街出张所		池田耕	200000
敦化金融株式会社	1934.3	饭田正广	50000

注:表7-6所列日本银行以及伪满中央银行等伪满银行和金融机构的支行、支店、出张所不包括在内。

资料来源:《四平市志》第33卷,金融,吉林人民出版社1993年版,第1730—1731页;《敦化市志》,新华出版社1991年版,第392页。

四平街不过是一个中等城市,情况已如此,沈阳、大连、长春、哈尔滨、齐齐哈尔以及营口、安东等大城市或口岸城市,日本人的中小银行和储蓄信贷、证券等金融机构就更多了。

这样一来,朝鲜、正金、正隆等大中型日本银行,完全排挤和取代了大中型中资银行;小型日本银行和其他金融机构完全排挤和取代了小型中资银行和银号、钱庄、典当等金融机构,"九一八事变"前已初步发展起来的东北银行和金融业,被日本侵略者侵蚀、劫夺、摧残殆尽,完全代之以由日本人直接经营和垄断的日本金融业。

然而,即使如此,日本政府仍然认为不够,利用1934—1935年白银上涨、日元放弃金本位制的机会,日本大藏省次官津岛寿一和伪满洲国财政部长星野植树之间达成协议,发表声明,从1935年12月10日开始,将"满洲国编入日本元金融圈"[1],直接将满洲的金融纳入日本的金融体系,与日本金融合而为一。

第二节 国民党政府的金融政策和币制改革

1927年南京国民党政府成立时,一方面,币制混乱、银行无

---

[1] 安富步:《"满洲国"的金融》,日本创文社1997年版,第98页。

序、外国金融势力不受节制等金融局面仍然延续；另一方面，国民党政府仅仅是在表面上达成了统一，权力所及之地有限，财政收入薄弱。此后十年间接连不断的内忧外患如军阀混战、日本武装侵略和侵华战争的全面爆发、北洋政府时期延续下来以及本时期所发巨额内外债本息的偿还、长江大水灾、世界经济危机和美国白银政策对中国的影响等因素，都使得国民党政府的内外环境变得异常严峻，并不可避免的制约和影响到国民党政府的财政经济政策，特别是由于国民党政府在军费方面的支出始终难以缩减，更是对财政直接形成强大压力。

正因为如此，如何为政府财政支出尤其是军费开支服务，便成为这期间国民党政府制定和实施金融政策的出发点及中心。金融为财政服务，前提条件是政府必须掌握和控制金融。因此，国民党政府从成立至1937年日本全面侵华战争爆发之前，金融政策的基本趋势十分清楚，就是逐步达到对金融领域的控制和垄断，这些逐步控制垄断金融的政策措施，构成这期间国民党政府金融政策的主线。

一、金融管理和金融政策

由于金融业在国民经济和国家机器中的特殊地位，国民党政府一成立，就着手加强对金融业的管理和控制。

1927年11月，金融监理局成立，隶属财政部，专责监理全国"金融行政上一切事宜"。金融监理局下设三课：一课职掌审核银行章程及则例、检查银行业务及财产、监察银行纸币发行及准备，以及银行"其他一切事项"；二课职掌审核交易所、保险公司、信托公司、储蓄公司、储蓄会等机构业务，检查其财产，征收交易所特税，以及"其他一切事项"；三课职掌厘定一切金融法规及章程，调查国内外金融状况,编制金融各项统计等。①

11 月 28 日公布的《金融监理局检查章程》载明,该局"有检查全国各金融机关之权责",检查范围和内容包括各金融机构"一切业务及财产事项"、银行纸币和及流通券的"发行及准备事项"。检查分为定期和临时两种,但"均不预定日期,由本局随时行之"。章程强调,进行业务、财产检查时,"并得检查一切文件及账簿及库存各项,被检查机关不得托词抗拒"。②

显然,金融监理局的目的,就是要通过由上而下的监理和检查,把全国银行和金融机构的业务活动和财产直接置于国民党中央政府掌控之下。这就必然遭到全国金融机构尤其是银行界的坚决抵制。11 月 11 日,金融监理局向中国银行发布训令,由财政部指派一名监理官"监视中国银行一切事务",随时检查"各种簿记及金库,每星期至少一次"。同时"监理官得请银行编制各种表册及营业账略"等。交通银行也同时接到内容一样的训令。但训令遭到中国、交通两行抵制。上海银行业联合会和上海银行公会还开会议决,任何机关,如向会内银行查账,"非经本会大会通过,不得任意检查"。③ 加上国民党政府无法控制设在租界的华资银行和其他金融机构,对军阀控制的地区也无能为力,金融监理局的上述措施大打折扣,只得于 1928 年 8 月将金融监理局裁撤④,另谋对策。

---

① 中国第二历史档案馆编:《中华民国史档案资料汇编》第五辑第一编,"财政经济"(四),江苏古籍出版社 1994 年版,第 1—2 页。

② 中国第二历史档案馆编:《中华民国史档案资料汇编》第五辑第一编,"财政经济"(四),第 3 页。

③ 中国第二历史档案馆编:《中华民国史档案资料汇编》第五辑第一编,"财政经济"(四),第 384—387 页。

④ 财政部财政科学研究所、中国第二历史档案馆编:《国民政府财政金融税收档案史料》,中国财政经济出版社 1997 年版,第 391 页。

金融监理局裁撤前,1928 年 6 月,国民党政府在上海召开全国经济会议,7 月在南京召开全国第一次财政会议,制定了国民党政府财政经济的目标和总方针,从理论和舆论上为建立国家掌控的中央银行和改革币制奠定了基础。

在金融方面,两次会议的要旨可概括为:整顿金融,建立国库,设立国家银行,筹设汇业、储蓄、农工等专业银行;统一货币,废两改元;奖励储蓄,集合社会资金,充实国力。中心是实行币制改革和建立国家银行。决议认为,"币制握财政之枢纽,与国民经济最有关系","银行政策恒与全国金融息息相关"。因此,"确定币制方针"和"发展银行业务",被列为《整理财政大纲案》中的头两条。关于币制政策,会议认为中国"币制之坏,由来已久",根本之计,是遵循孙中山"钱币革命计划",分步进行改革。具体分两步走,第一步"废两改元",确定银本位;第二步推行金汇兑本位制度。关于发展银行业务,会议认为"国家银行有代政府管理国库发行纸币之义务";倘实行金汇兑本位,"尤需有最巩固最完备最信用之国家银行"。因此,"宜将国家银行从速组织,所有发行纸币整理金融代理国库等事,统归经理"。①

控制货币和控制、经管货币的银行,是掌握金融的关键。国民党政府十分清楚,货币是金融的血液,庞杂的货币种类和紊乱的发行局面,不仅直接阻碍政府掌控金融,而且是地方军阀保持独立半独立状态的经济支柱。财政部长宋子文在《财政建议书》中,对设立国家银行与政府财政的重要作用,做了十分清楚的表述。建议书以北伐时每五日需预筹 160 万元军费为例,对当时筹款的艰难和靠银行垫借款项作为解决困难途径的状况,做了具体的描述:

---

① 全国财政会议秘书处编:《全国财政会议汇编》,1928 年刊本,第 17—18 页。

"以三省之收入,而供北伐之军费,短绌既巨,弥补尤艰",唯有向各银行"陆续垫借,勉强维持"。但当时"国家银行既未成立,临时垫借亦难通融"。一方面,军费需求急如星火,"万难延期";另一方面,与各银行磋商动辄需耗"数日之久",而"转瞬又届发款之时"。结果始终是"以有用之精力,消耗于无谓之周旋"。① 为了摆脱这种局面,就必须直接掌控银行和货币。建立国家银行体系和统一币制并控制货币发行,于是构成南京国民党政府夺取政权后金融政策的核心。

除建立国家银行体系之外,将当时国内存在的各种银行、钱庄和其他金融机构,纳入监管与控制体制,同样是国民党政府金融政策的核心。这种监管政策是通过制定公布《银行法》的方式来进行的。

1931 年颁布的《银行法》②与 1908 年清政府制定的《银行通行条例》和 1924 年北洋政府制定的《银行通行法》,构成近代中国银行业法规演进的三个阶段。新颁布的《银行法》共 51 条,与清政府制定的《银行通行条例》15 条和北洋政府制定的《银行通行法》24 条相比,数量大大增加,新增的内容主要是在覆盖范围、监督内容及手段方面,做出了更加清楚具体的规定:

第一,关于银行的定义和营业范围,《银行法》规定,凡收受存款、办理放款和票据贴现与汇兑者,均为银行。虽不称银行,也视为银行,均要遵守《银行法》。依此项规定,银行、钱庄、银号、信托公司等新旧金融机构,都必须接受《银行法》的规定,这就将所有的金融机构从法理上纳入了国民党政府的控制范围。

---

① 中国第二历史档案馆编:《中华民国史档案资料汇编》第五辑第一编,"财政经济"(一),第 194 页。

② 详见中国银行总管理处经济研究室编:1934 年《全国银行年鉴》,1934 年 6 月刊本,第五章"银行法规"部分。

　　第二,关于银行的组织形式,《银行法》规定,银行应为公司组织,具体可分为股份有限公司、两合公司、股份联合公司和无限公司四种。

　　第三,关于银行最低资本额的限制,《银行法》规定,股份公司、两合公司和股份两合公司银行,资本额至少50万元;无限公司银行,资本额至少20万元。同时规定股份有限公司的股东,以及两合公司和股份两合公司的有限责任股东,应负所认股额加倍的责任。

　　第四,关于银行营业范围和银行注册,《银行法》规定,银行的经营业务为:买卖生金生银及有价证券;代募公债及公司债;仓库业;保存贵重物品;代理收付款项。除此之外,不得兼营他业。银行注册方面,《银行法》规定,凡创办银行者,应先订立章程,载明银行名称、组织、总行所在地、资本总额、营业范围、存立年限、创办人姓名、住所,如系招股设立的银行,还应订立招股章程,呈请财政部核准方能招募资本。

　　第五,关于对银行的检查,《银行法》规定,银行每营业年度结束后,应造具营业报告书呈报财政部,财政部得于必要时派员或委托所在地官署对银行的营业和财产情况进行检查。

　　国民党政府力图通过这些规定,将所有银行纳入自己的监管范围,对其改造和进行控制。对钱庄等传统金融机构,则试图通过《银行法》对其进行改造后,再编入银行系统进行控制。不过1931年制定《银行法》时,国民党政府的实力和控制的地区毕竟有限,再加上《银行法》公布后引起社会上很大争议,尤其是《银行法》对钱庄等传统金融势力的生存带来直接威胁,引起强烈反对。因此,《银行法》最终并未实行,但依然造成了强烈的冲击和影响。[①]

　　在国民党政府势力范围以外的地区,特别是一些实力较强的

---

　　① 如上海地区的钱庄业平均资本额有大幅度的增加(见表7-25)和各地都有钱庄改组成股份公司的事例出现,等等。

军阀控制地区,国民党政府的控制和指挥能力则大打折扣。地方军阀在金融领域中往往自成一体、自搞一套。

1930年,阎锡山与蒋介石爆发中原大战时,为应付军事开支,指令山西省银行滥发纸币。阎锡山战败后,国民党政府命令全国商民拒收山西银行发行的晋钞。于是,流行在外地的晋钞全数涌回山西,造成通货膨胀,钞价急剧贬值。1931年阎锡山再次执掌山西政权后,通过改组山西银行,第二次发行晋钞,以1∶20的比例收兑旧钞,对山西人民进行了一次赤裸裸的掠夺。1935年国民党政府实行法币政策后,阎锡山在山西以自己控制的"山西四银行号",即山西省银行、晋绥铁路银行、垦业银行和盐业银行为基地,成立"实物准备库",发行不兑现的"物产证券"以抵制法币在山西的流通。30年代后期,山西省的金融事业全部由阎锡山控制的"山西四银行号"垄断,国民党政府在太原设置的中国银行分行业务则难以开展。国民党政府想趁推行法币的机会打破山西的独立垄断局面、控制山西金融大权的目的,遭到阎锡山政府的强力抵制。从1935年12月成立"实物准备库"到1937年日本全面侵华战争爆发,阎锡山政府在山西全省设立了20多个分支库和在60多个县设立了"合作商号"[1],继续保持对山西金融和商业的控制、垄断局面。除山西外,两广、云南、四川等军阀实力强大的省份的情况与山西大同小异。直到抗日战争爆发,这种局面才有所改变。

二、"废两改元"与"法币"政策的实行

紊乱的货币和纷杂的纸币发行,对国内工商业、金融和各方面

---

① 参见刘建生、刘鹏生等:《山西近代经济史1840—1949》,山西经济出版社1995年版,第513页。

都带来不便,也成为国民党政府实现控制金融进而掌控全国经济不得不解决的问题。在此过程中,南京政府实行的是分两步走的办法。第一步废两改元,第二步实行法币改革。从而最终废除了我国几千年沿用的金属货币。

(一)废两改元

国民党政府成立时,货币种类繁多,十分紊乱。除清末原有银两、中外所铸各种银元、制钱、铜元、纸币(包括银两票、银元票、制钱票、辅币票等),以及同种货币间因铸印时地不同而形成之差异纷扰外,还增添了民国成立后军阀铸造的劣质硬币与地区性的不兑换纸币。这些货币,除外国在华货币外,大致有三大类型:一是传统沿用的各种重量、形状、成色都不相同的银两、制钱和银元、铜元;二是各地各类银行发行的各种不同的纸币;三是由民间的钱庄、银号、典当以及商号等发行的银票、钱票、庄票、汇票等私票。加上外国在中国发行的各种纸币和硬币,构成极其错综复杂的局面。

各种币制随地而异各不相同,中央和各省地方政府以至私人机构发行和行使自己的货币以及许多种不同的银、铜铸币,同时,许多独立的权力机关也在持续的发行各种只能在自己权力范围内行使的不兑现货币。1929 年,国民党政府邀请的美国普林斯顿大学教授甘末尔(E. W. Kemmerer)代表团在华考察财政货币情况时,认为中国的币制是"在任何一个重要国家里所仅见的最坏制度","是乱七八糟一大堆铸币、重量单位和纸币凑成的大杂烩"。① 针对这种紊乱的货币制度,当时国内学者指出,"就币制立

---

① 　[美]阿瑟·恩·杨格:《1927 至 1937 年中国财政经济情况》,陈泽宪、陈霞飞译,中国社会科学出版社 1981 年版,第 177 页。

场言,每埠为一国,吾国实不啻久已分为十百千小国"。①

这种货币极度紊乱的状况,一方面严重束缚着国内工商业、对外贸易和地区经济交往的发展;另一方面,也不利于国家行政管理的统一。但是,由于币制改革触及社会多个集团的利益②,并不容易协调,再加上技术方面的原因也不易解决③,因此,自清末以来,虽然社会各阶层人士曾经多次提出过多种货币改革方案④,但始终没有实行,币制混乱的局面一直延续下来。

国民党政府成立后,币制改革已成为无法回避的问题。1928年3月,浙江省政府委员马寅初提出《统一国币应先实行废两用元案》,4月27日经国民党政府第58次会议通过,并经财政部令行金融监理局局长核议。6月,财政部在上海召开有银行家、实业家和经济学家等参加的全国经济会议,会上提出并通过了《国币条例草案》、《取缔纸币条例草案》、《造币厂条例草案》、《废两用元案》等。⑤ 8月,经南京召开的全国财政会议审议,这些议案全部获得通过。

上述议案认为中国币制改革的终极目标是金本位,但应分步

---

① 杨荫溥:《行将实行之废两改元》,《银行周报》1932年8月第760期。

② 如从银两银元兑换中牟利,就是钱庄重要的利润来源之一。同时在华外商银行因掌握着进口生银的大权和外汇行市估价权,可以控制白银的供求盈亏,废除银两,直接影响对中国金融、外汇市场的垄断,因此也不主张短期内废两改元。

③ 如造币厂的设立、银元的设计铸造、铸造费用的筹措等问题,同样不易解决。

④ 参见卓遵宏编:《抗战前十年货币史资料(一)币制改革》,台北国史馆1985年版,第392—397页。

⑤ 全国经济会议秘书处编:《全国经济会议专刊》,1928年9月刊本,第138—139、114—141页。

骤进行。《国币条例草案》指出,"以采行金本位为终鹄",但因中国"障碍繁多",不能"一蹴而就",应"定为整理步骤",先废两用元,"以确定银本位,佐以金券为入手",并定银本位币含纯银6钱4分零8毫。①《废两用元案》要求上海造币厂应于最短时间内成立,半年内必须开工鼓铸新银元,"定为国币"。币制改革的筹备期定为一年,以1929年7月1日为实施废两改元的日期,"明令公布"。②但因造币厂一年以后未能建成,废两改元未能如期实施。

在这期间,美国普林斯顿大学教授甘末尔等一行应国民党政府邀请,于1929年2月来华考察,并成立设计委员会。经过9个月的考察,1929年11月向财政部长宋子文提交《中国逐渐采行金本位币制法草案》③,认为中国应实行金本位币制,货币单位定名为"孙(Sun)",记号为S,应含纯金0.601866克,其值相当于美金0.4元,英金1先令7.726便士,日金0.8025元。但并不铸造和使用金币,实际流通银币。银孙一元重20克,成色80%,银孙及其辅币均可兑换生金或金汇票。也就是说,金孙并无实物,只是用来确定货币单位价值。由于国际上金银比价变动迅速,金贵银贱持续发展,到1931年2月时,1银孙实际仅值美金2角,中国如以银易金,损失几近一半,计划根本无法实行,改革再度拖延。

1931年国内外形势发生重大变化,从下半年起,因世界经济危机对中国冲击加剧,加上长江特大水灾和日本侵占东北,中国经济陷入危机,物价猛跌,工商业萧条,企业倒闭,农村破产。在经济危机的影响下,内地银元大量涌入城市,导致上海厘价大跌。1931

---

① 全国经济会议秘书处编:《全国经济会议专刊》,第115页。

② 全国经济会议秘书处编:《全国经济会议专刊》,第139页。

③ 详见卓遵宏编:《抗战前十年货币史资料(一)币制改革》,第135—163页。

年 100 银元折上海银两的平均价为 72.532 两,1932 年跌至
70.613 两,8 月甚至平均跌至 68.838 两,开两、元并用以来最低纪
录。加之前两年白银大量进口,上海白银存量由 1931 年的 2.66
亿元增加到 1932 年年底的 4.38 亿元。① 这给币制改革提供了某
种有利条件,工商界和舆论界都认为这是废两改元的好时机,纷纷
呼吁政府抓住时机进行改革。② 1932 年 7 月 7 日,财政部长宋子
文在上海召集银钱业领袖谈话,达成三点共识:一是废除银两,完
全采用银元,以统一币制;二是完全采用银元制度时,旧银元仍然
照旧使用;三是每一元银元的法定重量决定后,即开始铸造新银
币。7 月 22 日,宋子文又前往上海,与银钱业界人士再次商讨废
两改元事宜,决定组织"废两改元研究会",由中央银行副总裁陈
行任主席,委员中包括中外金融界人士,以图征求各方意见,减少
阻力。③

此时筹建中的上海造币厂(1929 年改名为中央造币厂)于
1932 年建成,铸造新银元的条件已经具备,废两改元的呼声更加
高涨。不过仍有阻力,金融界一向反对废两改元的钱庄业,受舆论
压迫,虽举行会议并致电财政部,原则上同意废两改元,但又认为
不应操之过急,以免引起中外商务上的不良影响④,实际上还是力
图拖延。外商银行则向研究委员会表达三点意见:一是主张废两

① [美]阿瑟·恩·杨格:《1927 至 1937 年中国财政经济情况》,第 526
页附录十一、第 217 页表 18。
② 如《银行周报》从 16 卷 26 号(1932 年 7 月 12 日)到 16 卷 30 号
(1932 年 8 月 9 日)共刊发了五期"废两改元问题专号",进行讨论和宣传。
③ 参见卓遵宏:《中国近代币制改革史》(1887—1937),台北国史馆
1986 年版,第 242—243 页。
④ 中国人民银行上海市分行编:《上海钱庄史料》,上海人民出版社
1960 年版,第 225 页。

改元需待 10 年或 20 年后方能实行;二是新银币必须同现行市场流通币重量、成色相同;三是铸费应由政府负担。研究委员会主席陈行对此进行驳复,指出当此洋厘跌落之时,银元充足,正是废两改元的大好时机。如待 10 年或 20 年后,市面变化难以预料,所以决无拖延之理。至于铸费,应按照国际惯例办理。[①]

1933 年年初,财政部拟定《银本位币铸造条例》草案 15 条,经行政院务会议通过,3 月 1 日复经国民党中央政治会议通过。国民党政府认为银两长期习用,为稳妥起见,在废除过程中,应当分步骤逐渐推行。考虑到上海是全国金融中心,货币改革受到中外的重视,因此决定先在上海试行,以便逐步推广。于是宣布以规元 7 钱 1 分 5 厘折合银币一元为换算率,自 1933 年 3 月 10 日起首先从上海施行。自即日起,"凡公私款项及一切交易,按此定率用银币收付,不得再用银两"。[②] 3 月 8 日,财政部所拟《银本位币铸造条例》公布,对银本位币的铸造、单位名称、成分以及旧有银元的使用等,做出了规定和说明。条例规定,银本位币的铸造,"专属于中央造币厂";银本位币定名为"元",含纯银 23.493448 公分;旧有银币,"合原定重量成色者,在一定期限内,得与银本位币同样行使"。[③]

上海实施废两改元后,由于减少了银两与银元的折算麻烦,便于交易流通,得到各界称赞。4 月 5 日,国民党政府财政部进而发布《废两用元布告》,规定"自 4 月 6 日起,所有公私款项之收付,

---

① 参见叶世昌、潘连贵:《中国古近代金融史》,复旦大学出版社 2001 年版,第 271 页。

② 中国人民银行上海市分行编:《上海钱庄史料》,上海人民出版社 1960 年版,第 228 页。

③ 财政部财政科学研究所、中国第二历史档案馆编:《国民政府财政金融税收档案史料》,中国财政经济出版社 1997 年版,第 385、386 页。

与订立契约票据,及一切交易,须一律改用银币,不得再用银两"。该日之前在上海和外地以银两订立的交易契约票据,均以规元7钱1分5厘折合银币一元为标准,概以银币收付;是日以后新立契约票据,与公私款项之收付,及一切交易,而仍用银两者,"在法律上无效"。至于持有银两者,得依照银本位币铸造条例的规定,请求中央造币厂代铸银币,或送交中央、中国、交通三银行,兑换银币行使。①

上述布告发布后,上海、汉口、天津等处银钱业公会均开会议决:一致遵令办理,实行废两改元。此三地为国内首要商业中心,三埠顺利实施废两改元,对全国有着积极的带动和推进作用。此外,上海外国银行中汇丰、麦加利、花旗、有利、正金、三井、台湾等银行,于同日举行的联席会议议决:洋商银行间之银两银元收解,照旧办理;洋商银行对华商银行及钱庄之银两收解,一律折合为银元计算②,实际上是认可了废两改元政策的实行。随后,国民党政府财政部又颁布《关于田赋一律改用银元办法》和《关于撤消公估局及银炉代电》③,新实行的银本位币制得到了进一步的稳定和统一。

废两改元的实行,使中国货币制度前进了一大步,对中国经济生活产生了重大影响。首先,紊乱庞杂的货币体系开始简化和厘清,落后的银两货币制度被废除,银本位币制得到确立,银元成为具有强制流通能力的银本位币,不但有利于国内的工商业和对外贸易的发展,也为后来法币政策的推行,奠定了基础。废两

---

① 财政部财政科学研究所、中国第二历史档案馆编:《国民政府财政金融税收档案史料》,中国财政经济出版社1997年版,第397页。

② 《申报》1933年4月7日。

③ 财政部财政科学研究所、中国第二历史档案馆编:《国民政府财政金融税收档案史料》,中国财政经济出版社1997年版,第398、399页。

改元是法币政策的先声。其次，银币铸造权专归中央造币厂，各地银炉铸造宝银、公估局鉴定银两成色的传统被取消，有利于统一及推进国家统一的货币政策。最后，废两改元政策的实行，有利于中国金融业新旧势力的消长更新，通过银两银元兑换等方式牟利的旧式钱庄和外商银行受到打击，中国新式银行业的地位和作用得到加强。不过废两改元尚未从根本上解决中国的币制问题，纸币和辅币的发行也未统一，货币体制仍有待于进一步改革和完善。

（二）法币政策的推行

法币政策是用不能兑现的法定纸币取代银本位币。它是在国内外环境发生重大改变的情况下，国民党政府被迫和被动进行的一次币制改革。

在中国实施废两改元期间，西方各国的货币制度也正在发生重大变化。从1931年起，英国、美国、德国、加拿大、日本、奥地利等十多个主要资本主义国家为转嫁经济危机，相继放弃金本位制，实行货币贬值。美国更从1933年起实施白银法案，提高白银价格，在国内外大量收购白银。1933年，美国新任总统罗斯福为摆脱经济危机，推行"新政"，在国会内"白银集团"的压力下，相继通过包括《银购入法》（1933年12月21日）、《1934年购银法案》（1934年6月19日）、《白银国有令》（1934年8月9日）在内的等一系列法案，增加白银在通货准备金中的比例，提高银价，收购白银，禁止白银出口，白银收归国有，等等。按照白银政策规定，美国通货准备金要达到金三银一的比例，即使今后黄金储备不再增加，也需购进白银11亿盎司。美国政府向海外市场大量收购白银的行动，导致国际市场上白银价格迅速上涨。纽约银价从1932年年底每盎司25美分涨到1935年年初的55美分，4月更达到81美分的高点。① 短时间内如此上涨,完全是受美国白银政策的影响所致。

由于国际市场上白银价格大幅上涨,1933 年时白银在国外的价格已超过国内,1935 年时,白银在国外的购买力已高出国内购买力 2/3 弱(详见表 7-11)。

表 7-11　银元价格和白银购买力变动表

1930—1936 年　　　　　　　　　　1926 年=100

年份	1 银元价格(美分)		白银购买力指数	
	国外价格	国内价格	国外指数	国内指数
1930	29.1	29.5	71.4	78.9
1931	21.9	21.8	63.7	66.6
1932	21.3	21.8	69.8	71.3
1933	26.4	26.3	85.1	75.6
1934	36.5	33.8	103.3	75.7
1935	48.8	36.3	129.4	77.9
1936	34.3	29.7	90.1	70.6

资料来源:据许涤新、吴承明主编:《中国资本主义发展史》第 3 卷,人民出版社 1993 年版,第 68 页表 2—14 改制。

世界货币制度领域中发生的变化,特别是美国政府白银法案导致的世界市场上白银价格大幅上涨,给中国刚刚完成的废两改元的币制改革,带来了巨大的冲击。

中国是银本位币制国家,也是当时世界上唯一的用银大国。由于中国的货币同时是国际市场上的商品,而且处于毫无管制的自由进出

---

① [美]阿瑟·恩·杨格:《1927 至 1937 年中国财政经济状况》,中国社会科学出版社 1981 年版,第 218、239 页。

口状态,在美国推行白银政策、大力收购白银之际,国际市场白银价格迅速上涨(这本身就是美国白银政策的结果)、国内银价同国外银价严重背离,正好给美国廉价收购中国银元提供了良机。结果,中国白银大量外流。1932年时中国白银净流出已达1039万元,1933年为1442万元,1934年在美国白银价格猛涨的影响下猛增至25672万元。其中从7月到12月的6个月时间中,白银流出竟在2亿元以上。① 中国面临严重的银根紧缺和金融危机。

国民党政府为寻求挽救办法,从1934年10月15日开始实行征收现银出口税及平衡税,当日发布的《征收银出口税及平衡税办法》规定:银本位币及中央造币厂厂条,征出口税10%(减去铸费2.25%,净征7.75%);大条、宝银及其他银类,加征出口税7.75%,合原定2.25%,共为10%。另规定:"如伦敦银价折合上海汇兑之比价,与中央银行当日照市核定之汇价相差之数,除缴纳上述进口税而仍有不足时,应照其不足之数并行加征平衡税"②,借以阻止白银外流。这一办法实施后,合法的白银外流有所减少,却出现了白银的走私出口,且愈演愈烈。据可靠估计,仅在1934年的最末几个星期中,即有价值2000万元的白银走私出口;1935年的白银走私出口约在15000万元至23000万元之间;1936年约在3000万元至4000万元之间。③

---

① 财政部财政科学研究所、中国第二历史档案馆编:《国民政府财政金融税收档案史料》,中国财政经济出版社1997年版,第411、419页。

② 财政部财政科学研究所、中国第二历史档案馆编:《国民政府财政金融税收档案史料》,第403页。

③ [美]阿瑟·恩·杨格:《1927至1937年中国财政经济情况》,第238页。另据统计,1934年走私出口的白银为1490万元,1935年为14770万元,1936年为2570万元(见郑友揆:《中国的对外贸易和工业发展》,上海社会科学院出版社1984年版,第343页)。

如此巨量的白银在短期内急剧流出，立即导致全国通货紧缩，物价下跌。上海的批发物价指数1932、1933、1934年三年分别比上年下降11.3%、7.7%和6.5%。[①] 由此形成1934—1935年的金融危机，使得上海的工商金融企业大量倒闭。1934年倒闭总数为510家，其中工厂83家，商店254家，金融业44家，其他和未详合计116家；1935年倒闭总数增加到1065家，其中工厂218家，商店469家，金融业104家，其他和未详合计为235家。[②] 这对国民党政府也是一个沉重打击，1935年11月国民党政府在《新货币制度说明书》中坦言，"白银为我国货币基础，亦即经济基础，如长此巨量流出，实感受极大威胁。工商事业之衰颓，国民经济之萎缩，其痛苦不可以言语形容"。[③]

美国的白银政策是直接造成1934—1935年中国金融危机的罪魁祸首。中国银行公会1934年2月19日向美国罗斯福总统发去电报，抗议美国白银政策对中国经济和金融造成的损害，严正指出，美国已通过贬低其货币价值转移过一次危机，而现在所做的任何一种急剧抬高银价的办法，"都必将招致资金从中国向海外逃亡，并带来资金短绌和国内物价水平崩溃的后果"，实际上是通过损害别国利益第二次转嫁危机。中国已经备受"灾祸连绵之苦"，现在又有"进一步陷入萧条的危险"。因此，电报呼吁罗斯福稳定

① 林维英：《中国之新货币制度》，朱义析译，商务印书馆1937年版，第34页。

② 《经济统计月志》1936年12月第3卷第12期，表丁"上海工商金融等业倒闭停业统计"。

③ 国民政府财政部档案（三）②1172，转引自财政部财政科学研究所、中国第二历史档案馆编：《国民政府财政金融税收档案史料》，第419页。

银价,不要人为地猛烈提高,以免"为我们的亿万人民造成灾难"。① 关于美国白银政策对 1934—1935 年中国金融和经济造成的严重损害,1935 年 5 月国民党政府财政部币制研究委员会向美国商界来华经济考察团递交的备忘录《中国白银问题》,亦有详细描述:1934 年年底,每日市场利息率,通常为 6% 左右,现已涨至 26%。在这种情况下,竟有以最吃亏之汇率,出卖长期汇票,以求获得现金者。亦有以短期借贷付 30% 以上之利息者。结果,"银行之关闭日有所闻,上海最繁盛之街市南京路,有多家商店停歇,更有多数商号长期欠租,而租界当局拒绝请求封闭,以其数过多故也。本地银钱行号约有 1/3 倒闭,其所发庄票,平日占信用证券之重要地位者,亦被各大银行拒绝收受",地产及公司股票与其他诸种信用证券,其价值已减至 50% 左右,或竟减至 50% 以下。银行群起追加贷款之担保品,由是"许多商号与富豪,相继破产"。"上述情形,与未来隐患,均受美国购银政策之赐"。②

然而,以邻为壑的美国白银政策并无改变的迹象。中国"不采取有效措施,则国内现银存底必有外流馨尽之虞"。③ 在这种情况下,国民党政府统一银本位币后不到三年时间,不得不将其放弃,再一次走上改革币制之路。

1935 年 11 月 3 日,国民政府财政部发布实行法币布告,新的币制改革正式实施。法币政策的内容主要包括:(1)自 1935 年 11

① ［美］阿瑟·恩·杨格:《1927 至 1937 年中国财政经济情况》,第 233 页。

② 转见卓遵宏等编:《抗战前十年货币史资料》(二),台北国史馆 1987 年版,第 89、90 页。

③ 《财政部施行法币布告》,见财政部财政科学研究所、第二历史档案馆编:《国民政府财政金融税收档案史料》,中国财政经济出版社 1997 年版,第 423 页。

月4日起,将中央、中国、交通三银行(1936年2月增加中国农民银行)所发行之钞票定为"法币"①,所有完粮纳税及一切公私款项收付一概以法币为限,不得使用现银,违者全数没收。(2)中央、中国、交通三银行以外,曾经财政部核准发行之钞票现在流通者,暂准其照常行使;但其发行数额以截至11月3日为止流通之数额为限,不得增发,并由财政部确定限期,逐渐以中央银行钞票换回。各行应将流通总额之法定准备金连同已印未发之新钞及已发收回之旧钞,悉数交由发行准备委员会保管。(3)法币准备金之保管及其发行收回事宜,设发行准备管理委员会办理。(4)凡银钱行号、商号及其他公私机关或个人持有银本位币或其他银币、生银等银类者,自11月4日起,交由发行准备委员会或其指定之银行兑换法币。除银本位币按照面额兑换法币外,其余银类依其实含纯银数量兑换。如有故存隐匿、意图偷漏者,应照危害民国紧急治罪法处置。(5)旧有以银币为单位订立之契约,应各照原定数额于到期日概以法币结算收付。(6)为使法币对外汇价按目前价格稳定起见,应由中央、中国、交通三银行无限制买卖外汇。②11月4日,中央银行宣布英镑的买卖价格,平均为法币1元合英汇1先令2.5便士,其他按国际汇率套算,如美汇为29.5美分等。

在实施法币政策的同时,国民党政府又以白银国有名义在《兑换法币办法》中规定,各地银钱行号、商号、公共团体及个人所持有的银币、厂条、生银、银锭及各种银块,由1935年11月4日起限期3个月就近交各地兑换部门换成法币。1936年1月又正式

---

① "法币"是由国家以法律赋予强制通用力的不兑现纸币,即法偿币。国民党政府的一些文献中也称为"国币"。

② 实行法币布告全文见财政部财政科学研究所、第二历史档案馆编:《国民政府财政金融税收档案史料》,第423—424页。

公布《辅币条例》9 条①,规定了辅币的重量、成色和种类,辅币均为镍币或铜币。镍币每次接受以合法币 20 元为限,铜币以合法币 5 元为限。

在受迫于国际市场上银价上涨和酝酿法币改革的过程中,国民党政府与列强各国政府有过各种交涉,以图减少阻力。在此过程中,英、美、日三国的态度和明争暗斗对政府影响尤大。这是因为,国民党政府急欲摆脱白银危机,自然不能坚持银本位制。在 1931 年后各列强纷纷放弃金本位制,竞相贬低本国币值的情况下,中国同样不可能也无力实行金本位。但是,国民党政府并不是一个强有力的全国统一政府,无力以政府威信或物质储备发行自立的信用货币,只能求助于列强支持和帮助,而列强则企图通过参与和支配中国的币制改革,获取更大的利益。因此,三国间充满了猜忌和斗争。

第一次世界大战前,英国无论在商品贸易还是企业投资,都是中国市场的垄断者,大战爆发后,美、日两国乘英国无暇东顾,积极发展对华贸易和投资,大战结束后依然以突飞猛进之势扩大在华势力。1931 年“九一八事变”后,日本变本加厉,以军事实力由北南逼,助长经济侵略,并力图摈英美势力于中国之外。日本的这种野心,在 1934 年 4 月间的“天羽声明”中表露无遗。声明强调,日本在“涉及中国的国际事务中享有优先权利的主张”,日本“反对其他国家以单独或联合行动向中国提供财政和技术援助”。这种援助“如果要有的话,应当取之于日本”。② 此时的日本,不仅在华

---

① 《兑换法币办法》、《辅币条例》分见财政部财政科学研究所第二历史档案馆编:《国民政府财政金融税收档案史料》,第 429、445 页。

② ［美］阿瑟·恩·杨格:《1927 至 1937 年中国财政经济情况》,第 251、252 页。

北的侵略行动日益加紧,全面侵略中国的意图也越加明显。在中国的币制改革问题上,日本同样力图获得排他性的垄断权益。美国则凭借雄厚资本,投资于中国,1931年后已位居外国对华贸易首位。英国则力图恢复和维持在华权益。因此,英、美两国除了对日本保持一定警惕这一点相同之外,两国间同样充满了猜疑和排斥。

1935年2月,国民党政府向美国商请提供一笔一亿美元的贷款,改革币制,遭到美国拒绝。4月初,英国提议在南京召开国际会议,邀请美、法、日、比等国参加,讨论中国货币问题,日本反对,美、法反应冷淡。6月,英国决定派遣首席经济顾问李兹·罗斯爵士(Sir Frederick Leith-Ross)来华考察,同时邀请美、德、法、日等国采取同样行动,遭到日本拒绝,不过美、德、法表示同意,并先后派出调查团来华考察。李兹·罗斯于9月经日本抵达上海,开始与国民党政府及金融商业界头面人物交流,进行调查研究。对于当时的中国形势和李兹·罗斯考察团来华,浙江实业银行发表评论说:"自世界经济恐慌以来,国际市场之争夺,颇有日趋尖刻化之势。在各国竞谋发展国外市场之潮流中,吾国市场,遂成为英、日、美三国积极争霸之地域。美国既实行白银政策于前,日本又盛倡经济提携于后,于是英国在华之固有势力,不无日见穷蹙之感……于是罗斯爵士遂不得不有来华之行"。①

在此过程中,国民党政府已深觉改革币制是缓解经济困境的唯一途径,早在6月,已令财政部筹划币制及财政改革办法。财政部与美籍顾问杨格(Arthur N. Young)等多次商议后,由财政部次长兼钱币司长徐堪拟定法币政策,改现金为准备金,对内采用不兑

---

① 《罗斯爵士来华使命之分析》,《东方杂志》1935年10月第32卷第20号。

现纸币,一切完粮纳税均使用法币,对外则用无限制买卖外汇的方式,以稳定法币的汇价。此方案得到孔祥熙和宋子文的赞成,后又得到罗斯和罗斯背后英国的支持,加上财政局势进一步恶化的逼迫,这是国民党政府敢于在11月3日发布法币改革令的重要原因。

法币布告发出后,列强各国态度不一。英国明确支持,当天即发布"国王规章",要求英国国民遵从中国政府法令,禁止用银偿债或支付任何其他金钱义务。[①] 汇丰、麦加利等英资银行也率先答应将库存白银交中国中央银行。美国起初态度不明朗,后来随着改革的顺利进行,虽转为给予好评,但对中英通过法币改革加强金融联系感到十分忌妒,12月初决定减少在伦敦收购白银以示报复。此时中国已将法币改革后收兑的白银陆续运抵伦敦,作为国际市场白银大买主的美国,停止购银,国际市场银价必迅速下落,直接冲击在中国的法币政策。如果伦敦银价跌至17.7便士以下,世界白银又将流入中国,按照实含纯银数量兑换法币,再以法币向中央银行购买先令。如此一来,中央银行的外汇准备"顷刻可尽",法币汇价必将跌落。这"对于中国新币制颇有危险"。[②] 为了避免重蹈废两改元的覆辙,国民党政府只得向美国屈服。1936年3月,财政部派陈光甫、郭秉文、顾翊群三人赴美谈判,5月签订《中美币制协定》。美国同意继续购买中国白银,但中国出售白银所得外汇、黄金必须存在美国。中国同时承诺:如白银准备占到法币发行额的25%,向美国定铸一元、半元银币各500万元。[③] 由

---

①　《中央日报》1935年11月5日。

②　马寅初:《中国之新金融政策》下册,商务印书馆1937年版,第356页。

③　[美]阿瑟·恩·杨格:《1927至1937年中国财政经济情况》,第272—274页。

此,中国的币制加入了美元集团。

日本反对更为强烈,认为改革采用的是"有害于日本的方式",加强了中国的力量,"构成对日本安全的威胁"。日本军部甚至认为这是"对日本的公开挑战",威胁要"采取适当步骤"①,并拒绝交出日本在华银行所持有的白银。

在国内,法币改革得到多数地方的欢迎,例如,武汉兑换法币就十分顺利,法币布告发出后的两个月中,武汉中央、中国、交通三行,兑换法币,甚至"有供不应求之势"。汉埠外商银行,亦纷纷遵照新章办理。"首由汇丰、花旗两银行开其端,继之者,东方汇理、义品、德华等行,陆续运现银向三行掉换法币"。② 但是,一些地方实力派对国民党政府的法币政策尤其是收缴白银,起初并不甘心。河北、山西、广东、广西都将白银集中在本省,广东、广西更以省银行的纸币为法币,以本省"法币"收兑白银。山西成立实物十足准备库,继续发行省钞。不过随着法币流通区域的扩大,广东、广西、山西、四川和云南等地,都陆续接受了法币。到抗日战争爆发前,除日本占领下的东北和华北一部分地区外,法币基本上成为全国通行的流通货币。

国民党政府实行的法币改革,为19世纪末开始的币制改革画上了句号,完成了从金属称量货币(银两)到单元货币(银元、铜元)、从金属单元货币到信用货币(纸币)的转变,实现了中国古老货币的现代化。法币政策的推行,摆脱了银根紧缩、物价下跌的危局,稳定了金融和市场,促进了全国经济的复苏和发展。具体表现为外汇平

---

① [美]阿瑟·恩·杨格:《1927至1937年中国财政经济情况》,第318、319、276页。

② 张中忻:《汉口市实施新币制之经过》,《交行通信》1936年1月第8卷第1号,转见《武汉金融志》编写委员会办公室、中国人民银行武汉市分行金融研究所合编:《武汉银行史料》,1987年刊本,第225页。

稳、物价回升、金融安定,工农业生产水平有所上升,外贸入超减少,外汇储备增加。通过法币改革,切断了银价与外国的直接联系,实行了管理通货和有控制的外汇本位币制,通过对外汇的无限制买卖,稳定法币的对外汇价相当成功。在币制改革后至抗日战争爆发前,国民党政府通过努力和谈判,分三次向美国出售法币改革后收兑的白银,收入将近一亿美元。[①] 据统计,1936 年中期,中国持有的外汇资财总额约在 1 亿至 1.25 亿美元之间。此后,自 1936 年中期至一年之后战争爆发前又"有惊人的增长"。加上国际收支平衡的顺差,1937 年 6 月 30 日,在日本全面侵华战争爆发前几天,中国持有的外汇、黄金和白银,总计共达 37900 万美元。这些收入,"成为进行币制改革所必不可少的后盾和支柱"。[②]

由于持有这一批外汇、黄金和白银作为法币币值的保证,直到 1937 年"七七"日本全面侵华战争爆发前的 20 个月中,法币月平均最低值不少于 14.25 便士或 29.25 美分,最高值未超过 14.469 便士或 29.875 美分。兑换其他主要外汇如马克、法郎和日金的情况也大体相同,基本稳定。[③] 这期间因国内国际情况变化,导致国内曾出现过三次较大的投机分子抛售法币抢购外币的事件,分别是 1935 年 12 月由于美国降低白银收购价引起的外汇波动;1936 年 5、6 月中日关系紧张和西南派反蒋动向引起的担忧;1936 年 12

---

① 参见[美]阿瑟·恩·杨格:《1927 至 1937 年中国财政经济情况》,第 269—275 页。

② [美]阿瑟·恩·杨格:《1927 至 1937 年中国财政经济情况》,第 278、279、275 页。另据同盟社电讯,1937 年 5 月,孔祥熙在伦敦宣称,中国存于纽约的外汇相当于 1.2 亿美元,存于伦敦者相当于 2500 万英镑。此项资金,折算中国法币,共达 83300 余万元(见沈雷春:《中国金融年鉴》,中国金融年鉴社 1939 年刊本,第 43 页)。

③ 沈雷春:《中国金融年鉴》,中国金融年鉴社 1939 年刊本,第 223 页。

月西安事变引起的冲击。其中冲击最大的第二次,即1936年5月14日至6月间,在不到两个月的时间内,政府银行售出约等于4000万美元的外汇。但由于中国外汇储备大量增加,中央银行随时调整买卖外汇价格,得以应付过去。在抢购外汇风平息之后,"中国的通货比以前任何时候都更加坚挺了"。① 抗日战争爆发后的一段时间内,国民党政府仍继续向美国出售白银,维持法币汇价的相对稳定。②

法币政策是国民党政府在中国经济由严重衰退到艰难复苏的转折时期采取的重大改革,既促进了全国经济的恢复和发展,又符合货币本身的发展规律,无疑具有一定的历史进步意义。但是,在半殖民地半封建条件下,中国没有完全独立的国家主权,国民党政府采取的任何改革和政策措施,必须首先符合列强各国利益,并得到它们的首肯,甚至由其直接主持和设计。国民党政府为了推行法币政策,不得不向列强各国妥协、屈服,还由于列强间力量的消长、差异,不断改换门庭。国民党政府先是求助英国,依附英镑体系,继而慑于美国淫威,加入美元集团。这就使本具历史进步意义的法币政策打上了深深的半殖民地殖民地烙印。同时,法币作为一种纸币,不同于金属货币,本身并无价值。法币的交换价值和市场信誉,直接取决于多项条件,包括独立自主的国家政权、良好的政府信用、稳固的社会经济基础、完善的金融和外汇管理体制、充裕的货币发行基金和外汇储备,以及市场货币流通额和货物流通量之间的相对平衡,等等。然而,这些条件恰恰是当时国民党政府

---

① [美]阿瑟·恩·杨格:《1927至1937年中国财政经济情况》,第278页。

② 1937年中国共出口白银399086203元,其中,抗战爆发前(6月前)仅出口16547元,其余的均为战争爆发后出口(见沈雷春:《中国金融年鉴》,第45页"金银进出口表"),直到1939年夏因外汇基金枯竭才放弃。

所缺乏的,或者虽有但极不稳固。法币的交换价值和市场信誉也就没有坚实的基础。1937年日本全面侵华战争爆发后,大片国土沦丧,国内经济形势急剧恶化,外汇储备枯竭,物资严重匮乏,法币的市场价值和信誉迅速崩塌。在这种形势下,国民党政府腐败无能,又不讲信用,不顾人民疾苦,以滥发纸币作为摆脱经济困难的主要甚至唯一手段,导致恶性通货膨胀的爆发和空前加剧。结果,法币政策以造福社会的币制改革开始,以对人民的赤裸掠夺告终。

第三节　中资银行的发展和国家垄断资本的形成

1927—1937年,是自从新式银行业产生以来,中国银行业发展变化最大的时期。1931年"九一八事变"后,东北本地全部官办、商办银行和中国银行、交通银行等在东北的分行,都被日本帝国主义劫夺,中国银行和金融业遭受空前损失。在关内地区,中资银行有了较大发展,数量增多,地域扩大,专业分工和资本结构发生重大变化。国民党国家垄断资本开始形成。

一、中资银行的发展概况和结构变化

国内新式银行业的产生和发展,从1897年中国通商银行成立,到1927年,已经历整整30年的时间,全国朝野和军政、工商、社会各界,不仅对新式银行不再陌生,而且视其为筹集资金和发财致富的捷径。创办和经营银行的人越来越多,其出身和社会背景更加多元化。除了官僚、商人、买办、华侨之外,军阀、军人、地主乡绅、作坊主、文人学子乃至工厂、铁路、学校、社会团体,等等,都纷

纷加入银行开办者的行列。① 到 20 世纪 20 年代前后，设立银行如同清末开办"公司"一样，成为一种新的时髦。

随着全国朝野和社会各界创办银行积极性的提高，中资银行业有了较大的发展。新近研究统计显示，从第一次世界大战结束到 20 世纪 20 年代中，是中资银行快速成长的时期，实存银行从 1918 年年初的 65 家增加到 1925 年的 159 家，8 年中净增 94 家，增加了近 1.4 倍。② 1925 年后，中资银行在原有基础上继续发展，1926—1937 年 12 年间，新设大小银行 230 家，年均新建银行 19.2 家，1934 年最多达 35 家，实存银行从 1926 年的 177 家增加到 1937 年的 246 家。1926—1937 年新设、停闭和实存中资银行有如表 7 - 12：

表 7 - 12 全国新设、停业、实存中资银行统计

1926—1937 年

年份	新设		停业		实存			
					当年		累计	
	原统计	修正	原统计	修正	原统计	修正	原统计	修正
1926	7	13	7	7	0	6	57	177
1927	2	6	1	12	1	-6	58	171

---

① 如一些地区的地主乡绅和地方团体集资创办农工银行；江苏小作坊主合伙开办唐闸汇通银行（1929—1938）；山东"学界人士"办有泰东银行（1918—1927）；云南个碧铁路公司办有个碧铁路银行（1919—1929）；东阳"甲子学会"办有东阳甲子学会农工银行（1929 年至抗战时期）；江西省第二职业学校（后改南昌高级商业学校）办有南昌二职银行（1933—1949），等等。

② 唐传泗、黄汉民：《试论 1927 年以前的中国银行业》，见中国近代经济史丛书编委会编：《中国近代经济史研究资料》第 4 辑，上海社会科学院出版社 1985 年 12 月版。

续表

年份	新设		停业		实存			
					当年		累计	
	原统计	修正	原统计	修正	原统计	修正	原统计	修正
1928	16	22	5	8	11	14	69	185
1929	11	15	3	8	8	7	77	192
1930	18	23	6	8	12	15	89	207
1931	16	19	6	11	10	8	99	215
1932	13	21	4	26	9	-5	108	210
1933	15	24	3	8	12	16	120	226
1934	22	35	4	14	18	21	138	247
1935	18	31	0	24	18	7	156	254
1936	5	16	0	13	5	3	161	257
1937	3	5	0	16	3	-11	164	246
合计	146	230	39	155	110	75	164	246

说明：原统计为中国银行所作，见《全国银行年鉴》，1937年，第7—8页。原统计
　　1926—1930年部分停业银行无法确定停业年份和按年一一列出名单，但停
　　业银行数已计入本表。

资料来源：刘克祥：《1927—1937年中资银行再统计》，《中国经济史研究》2007年
　　第1期。

　　表列修正统计显示，这一时期中资银行的发展变化，有三次大
的挫折和低谷，全部出现银行数量的负增长，整个发展趋势呈现明
显的双峰骆驼形：首次是1927年，由于蒋介石国民党叛变革命和
大地主大资产阶级政权的建立，民族资产阶级利益受损，银行发展
亦受挫，中资银行从上年的增加6家变为负增长6家；第二次是
1932年，由于"九一八事变"、东北沦陷和日本侵略者的疯狂劫夺，
中资银行的发展再次出现负增长，从1930年的增加15家变为

1931 年的 8 家,再到 1932 年的负增长 5 家;第三次是 1937 年,由于"七七事变"和日本帝国主义发动全面侵华战争,新设银行数降至 10 年来的最低点,只有 5 家,而停业或重组归并的银行达 16 家,当年实存银行的负增长数,更多达 11 家,银行总数从 1936 年高峰时的 258 家减少到 1937 年的 246 家。这是中国银行和金融业大难临头的先兆。

这一时期,虽然新建银行数量不少,但同 1927 年前一样,无论新建银行还是原有银行都极不稳定,停业、关闭频仍,呈现高开设、高停业、实存低增长的态势。1927—1937 年新设银行 217 家,停业达 148 家,占前者的 68.2%,实存银行仅增 44.4%。其状况和比率较 1927 年前更为突出。①

同以往相比,中资银行的地区分布也有变化,但基本布局未改。从某个角度看,地区分布的不平衡性甚至进一步加剧。按经济条件、发展水平和该地区的银行数量与规模,这一时期中资银行的地区分布,大致可以分为四类:一是上海与沿海地带,是这一时期中资银行的主要集中地;二是包括四川在内的长江及黄淮中下游内陆地区,也有若干数量的银行存在,并有所增加;三是西南、西北及北部关外地区,银行数量极少,甚至是一片空白;四是东北地区,原本银行业颇为发达,早在 1924 年,官办东三省银行的资本,即高达 2000 万元,为全国之冠,商办银行也已形成规模,但"九一八事变"后,随着领土的沦丧和日本侵略者的疯狂掠夺与破坏,中资银行和整个银行业遭受浩劫。1927—1937 年中资银行的地区分布及其变化,详见表 7-13。

---

① 1912—1925 年,中资银行新设 257 家,停业 115 家,占前者的 44.7%,实存银行增长 329.7%(见汪敬虞主编:《中国近代经济史,1895—1927》下册,人民出版社 2000 年版,第 2201 页)。

表 7 - 13 全国中资银行(总行)地区分布统计

1926—1937 年

序号	省(市)	1926	1927	1928	1929	1930	1931	1932	1933	1934	1935	1936	1937
1	上海	48	48	54	58	66	71	71	75	79	74	71	65
2	江苏	11	11	14	19	20	21	21	20	20	19	18	17
3	浙江	12	12	11	13	12	15	16	20	23	27	26	27
4	福建	3	3	5	6	7	7	7	8	6	5	5	5
5	广东	3	4	4	4	5	5	6	7	9	8	8	8
6	山东	15	11	8	6	5	6	7	8	7	7	7	7
7	河北	18	16	14	15	15	16	20	19	19	19	21	19
	小计	110	105	112	119	130	141	148	157	163	159	156	148
8	安徽	—	1	1	1	1	1	1	—	—	—	1	1
9	江西	—	1	2	2	3	3	3	4	4	4	6	5
10	湖北	3	—	3	2	3	2	2	3	4	5	5	5
11	湖南	—	—	—	1	1	1	2	2	2	3	4	4
12	河南	2	2	3	3	3	2	2	2	2	2	2	2
13	山西	13	13	13	13	13	10	9	10	11	12	12	12
14	四川	3	4	7	8	11	12	13	16	23	26	27	25
	小计	21	21	29	30	3	31	32	37	46	52	57	54
15	广西	—	—	—	—	—	1	1	1	1	2	2	3
16	云南	1	—	1	—	1	1	2	2	3	2	2	2
17	贵州	—	—	—	1	1	1	1	—	—	—	—	—
18	西康	—	—	—	—	—	—	—	—	—	—	—	1
19	热河	1	—	—	—	1	1	1	—	—	—	—	—
20	察哈尔	—	—	—	1	1	1	1	1	1	1	—	—
21	绥远	1	1	1	1	1	1	1	1	1	1	—	—
22	陕西	—	—	—	2	2	3	3	3	3	3	3	3

续表

序号	省(市)	1926	1927	1928	1929	1930	1931	1932	1933	1934	1935	1936	1937
23	甘肃	2	2	3	2	2	2	1	1	1	2	2	2
24	宁夏	—	—	—	—	—	1	1	1	1	1	1	1
25	新疆	—	—	—	—	1	—	1	1	2	2	2	2
	小计	5	3	6	4	10	11	12	12	12	14	14	15
26	辽宁	7	6	7	8	8	12	4	4	7	9	9	9
27	吉林	1	4	4	4	4	4	4	4	6	6	6	5
28	黑龙江	—	4	4	4	4	6	2	2	2	2	2	2
	小计	8	14	15	16	16	22	9	10	15	17	17	16
29	海外	11	11	11	11	10	10	9	10	11	12	13	13
	总计	155	154	173	180	201	215	210	226	247	254	257	246

资料来源:刘克祥:《1927—1937年中资银行再统计》,《中国经济史研究》2007年第1期。

中资银行总行的分布地,从1926、1927年的18、19省市增加到1936、1937年的26省市,地区分布有所扩散。不过仍有空白,且大部分银行始终分布在上海以及江苏、浙江、福建、广东、山东、河北等沿海6省,这些地区的银行约占全国银行总数的60%—80%,而其中半数左右的银行又集中在上海。其他地区,江西、湖北、四川、山西等长江、黄河中游内陆7省,银行数比西部及边远地区稍多,也只占全国银行总数的13%—22%。并且半数乃至2/3以上集中在四川、山西两省。从全国范围看,银行最多的上海、江苏、浙江、四川、河北、山西等6省市,集中了全国2/3以上的银行。至于四川以外的西南、西北和北部关外16省区,银行数量微不足道,1937年最多时也只有16家,仅占全国银行总数的0.6%,平均每个省区还不到1家。而且极不稳定,银行时设时停,时有时无。青海、西藏更是一片空白,西康也直到 1937 年才有 1 家省立银行。由此可见 1927—1937 年间全国银行分布的极不平衡性。原本银行业颇为发展的东北地区是另一种情况,"九一八事变"后,或被日本侵略者劫夺、查封、霸占,或亏损倒闭,数量陡减,幸存者亦全部停业。1934 年伪满实施"银行法",强令中资银行重新登记或增资扩充,又令钱庄改为银行,银行数量才稍微回升。

1927—1937 年间中资银行地区分布的主要变化,是同时朝着扩散和集中两个方向发展。一方面,银行的地区分布渐趋广泛,建有银行的省市从 1927 年的 18 个增加到 1937 年的 26 个,内陆地区一些省份的银行数量也有所增多。中央银行、中国银行以及一些大、中银行还在各地开设分行、支行或办事处、代理处。据不完全统计,1934 年全国有中资银行分、支行 1038 处,1937 年增至 1627 处。[1] 如加上漏计银行的分、支行,其总数当接近 2000 处。有资料显示,不少地区尤其是内陆地区,大部分分、支行是 1927—1937 年间设立的。如对江西、广西部分县区的调查,江西 55 县中 35 县有分支行,除贵溪、赣县、铅山 3 县外,都是 1927—1937 年设立的;广西 29 县中,16 县有分、支行,除邕宁、苍梧、恭城、百色 4 县外,也都是 1927—1937 年设立的[2],说明这一时期中资银行在地区上的扩散是十分明显的。

不过,另一方面,银行尤其是大、中银行又越来越向沿海地区特别是上海集中。试看一些大、中银行向上海迁移和集中的路线图:

　　盐业[3]:北京(1915)——天津(1928)——上海(1934)

---

①　见中国银行总管理处经济研究室编印:1934 年《全国银行年鉴》,1934 年 6 月初版,第 A4 页;中国银行经济研究室编印:1937 年《全国银行年鉴》,1937 年 10 月版,第 A10 页。

②　分别据两省相关各县新编地方志统计。

③　为节省篇幅,名称中的"银行"二字省略,下同。

金城:天津(1917)——上海(1936)

大陆:天津（1919）——上海（1940,总经理处）——上海（1943,总行）

中孚:天津(1916,总管理处)——上海(1930,总管理处)

中国农工:北京(1918)——天津(1929)——上海(1931)

中国垦业:天津(1926)——上海(1931)

边业:天津（1919）——沈阳（1926,奉军收购）——上海（1936）

东莱:青岛(1918)——天津(1926)——上海(1933)

新华信储:北京(1914)——上海(1930)

中国实业:天津(1919)——上海(1932)

大中:重庆(1919)——天津(1929)——上海(1934)

农商:北京(1921,1929年停业)——上海(1933,复业)

浙江建业商储:杭州(1933)——上海(1938)

这些银行即使原已设在沿海城市或京城,也还是不断向上海迁移。因此,沿海地区尤其是上海,银行数量增长更多、更快,1936年同1926年比较,内陆及西部、北部21省区的银行,从25家增至71家,增加45家,平均每省区增加2.1家;而上海和沿海6省从109家增至157家,增加48家,平均每省市增加6.9家,其中上海从48家增至71家(1934年最多达79家),增加23家。分、支行地区分布的不平衡性也极为明显。经济相对发展的江苏,1936年每县都有银行或分支机构,全省共有246处。[①] 而前述江西、广西,有分、支行的分别只占调查县数的63.6%和55.2%,湖南调查的42县中,只19县有分、支行,仅占45.2%,而且其中13县是

---

① 沈嘉荣主编:《江苏通史·近代卷》,江苏古籍出版社1993年版,第407页。

1927 年前已有的。[①] 至于西部地区，尤其是云南、贵州、陕西、甘肃、宁夏、青海、新疆等省，仅少数甚至个别县有分、支行。显然，30 年代中资银行地区分布的不平衡性极为突出，并进一步加剧了。

资本供给与资本规模方面，由于经济落后，资金短缺，同过去一样，这一时期的中资银行大多资金供给困难，资本规模狭小，资力微薄。一些银行的额定资本往往定得较高，但实收资本不多，额定资本往往形同虚设。表 7-14 反映了这一时期中资银行的资本规模及其变化：

表 7-14　全国中资银行资本规模分组统计

1926—1937 年　　　　　　　资本单位:万元

年份	银行数		资本额		5万以下		5万—10万以下		10万—50万以下		50万—100万以下		100万—500万以下		500万—1000万以下		1000万以上	
	A	B	总额	行均	行数	资本	行数	资本	行数	资本	行数	资本	行数	资本	行数	资本	行数	资本
1926	177	150	23576	157	8	11	1	9	50	1049	23	1421	55	8953	8	5348	5	6785
1927	171	145	24278	167	8	11	2	15	45	904	23	1421	54	9894	8	5248	5	6785
1928	185	158	26102	167	8	11	4	26	48	969	29	1671	56	10392	8	5248	5	7785
1929	192	166	27245	165	8	11	7	41	48	998	29	1671	60	10991	9	5748	5	7785
1930	207	181	30019	157	8	12	8	49	53	1106	33	1878	63	10941	10	6248	6	9785
1931	215	192	29901	146	7	11	9	56	56	1195	32	2313	63	11292	10	6248	5	8785
1932	210	190	30372	160	5	11	9	54	55	1175	41	2236	64	11402	10	6248	6	9247
1933	226	204	31902	156	6	10	12	79	59	1240	43	2276	67	12802	10	6248	6	9247
1934	247	222	41910	189	9	20	18	115	60	1221	43	2356	75	13174	11	6748	7	18276
1935	254	229	43357	189	12	22	22	136	59	1220	47	2476	73	12742	10	5881	7	20876
1936	257	230	45476	198	13	30	20	125	58	1116	44	2417	77	14032	10	6602	8	21154

①　据相关各县新编地方志统计。

续表

年份	银行数		资本额		5万以下		5万—10万以下		10万—50万以下		50万—100万以下		100万—500万以下		500万—1000万以下		1000万以上	
	A	B	总额	行均	行数	资本	行数	资本	行数	资本	行数	资本	行数	资本	行数	资本	行数	资本
1937	246	220	48063	218	13	33	18	120	55	1076	37	2020	78	15110	10	6632	9	23072

注:银行数目栏,A 为银行总数,B 为有资本记载银行数。

资料来源:刘克祥:《1927—1937 年中资银行再统计》,《中国经济史研究》2007 年第 1 期。

　　从总体上看,这一时期中资银行的资本规模不大,按 1926 年有资本可查的 150 家银行平均,每家实收资本为 157 万元。此后行均资本呈波浪式缓慢上升趋势,到 1937 年,行均资本达到 218 万元,11 年间上升了 38.9%。不过主要是由于中央银行和中国银行几次增资、资本规模大幅度扩张的结果。到 1936 年,两行实收资本达14000 万元,占全国有资本可查的 230 家中资银行资本总额的30.8%。若将两行剔除,1936、1937 年全国中资银行的行均资本即分别从原来的 198 万元和 218 万元降到 138 万元和 156 万元,资本规模不仅没有扩大,反而分别比 1926 年缩小了 8.8% 和 0.1%。

　　资本分组统计显示,大部分银行的资本不足 100 万元。这类银行所占比重在 55%—74% 之间,而其资本所占比重仅 6%—12%,1931 年后,并有不断下降的趋势。与此相反,资本在 500 万元以上的大银行不足 20 家,仅占总数的 7%—8%,而资本接近或超过总额的一半,并逐渐上升,从 1926 年的 51.5% 提高到 1937 年的 61.8%,而其中一半以上乃至 4/5 的资本又集中在几家资本千万元以上的大银行手中。1937 年,9 家资本千万元以上的大银行,占有资本可查的 220 家中资银行资本总额的 48%。明显反映出这一时期尤其是 30 年代银行资本的集中趋势。

所有制结构方面,1927—1937年的中资银行资本分为官办资本和商办资本两大类。官办资本又有中央官办和地方官办(省市办和县办)之分。这一时期,两种官办资本都有明显的发展。官办资本中还包含官商合办和军办资本。中国国货、中国实业、中国通商、四明商业储蓄和农商等5家银行,原本全是商办商营,30年代后,国民党政府先后加入和扩充官股,将商办改为官商合办。陕西省银行1930年设立时,最初也是官商合办,后退还商股,才改为完全官办。

军办银行是20世纪20年代末30年代初中国银行发展的"特产"。20世纪初,随着银行业的加速发展,一些地方军阀从20年代开始,纷纷开办银行,筹措军饷,吸收社会游资,巩固和扩大地盘。1922年川军总司令刘湘与重庆商人合办的中和银行①,当是首家军办银行。1926年后,四川军阀邓锡侯、刘文辉、杨森、田颂尧、刘存厚等,在各自防区相继开办了新川(1926年)、裕通、叙府通裕(1927年)、万县长江(1928年)、龙绵剑十县地方、四川西北地方(1928年)、四川西北、汉通(1932年)等8家银行。② 冯玉祥开设的西北银行,则是最大的军办银行,1925年冯玉祥任西北边防督办时筹办于张家口,并随开办者势力的扩张,不断增设分支机构,吞并地方银行③,规模迅速增大。西北军势力最盛时,据有热、

---

① 该行1930年挤兑清理,1932年关闭(《四川省志·金融志》,四川科学技术出版社1996年版,第44页)。

② 《四川省志·金融志》,四川科学技术出版社1996年版,第44—45页;《宜宾百科全书》,四川辞书出版社1996年版,第891页;《绵竹县志》,四川科学技术出版社1992年版,第528页;《达县志》,四川辞书出版社1994年版,第631页。

③ 如1927年,冯玉祥将富秦银行吞并,改为西北银行陕西分行;1928年又将1923年开设的甘肃省银行并入西北银行(参见《陕西省志》第36卷,金融志,陕西人民出版社1994年版,第25页;《甘肃省志》第44卷,金融志,甘肃文化出版社1996年版,第37—38页)。

察、绥、陕、甘、宁等 6 省地盘，该行亦进入鼎盛期，号称资本 1000 万元，先后在 6 省以及北京、天津、上海、南京、汉口、石家庄、徐州、山东、河南、山西、青海等地设立分支行，一度成为 6 省区唯一的官办金融机构，带有西北联省中央银行的性质。① 其他某些地区也有军办银行，如 1930 年，海军陆战队在福建建瓯驻地办有建新银行；1932 年，陕北军阀井岳秀办有陕北地方实业银行；1933 年，19 路军在福建龙岩开设闽西农民银行②，等等。杨虎城主持陕西军政时，于 1930 年 12 月设立的陕西省银行，也带有某种军办银行的色彩。该行初为官商合办，后退还商股，改为完全官办，虽是省行，但其营运方式和隶属关系，却与军办银行无异。1932 年陕军进入甘肃，即令陕西省银行接收成立于 1928 年的官办甘肃农工银行，并强令富陇银行（设立于 1931 年）停业。③ 军办银行的一个基本特点，几乎全部是"随军银行"，总行或分支行随开办者军事势力的起伏进退而开设或停闭，随地盘大小变化而扩充或收缩，并随防区调换或军队调动而转移。④ 由于军阀势力起伏和防区调换频繁，此类银行大多设、停无定，寿命不长。

商办银行包括国内资本和华侨资本两部分。这一时期，商办银行的开办者来源更加多样化，总体规模有所发展，但幅度微小。

---

① 《文史资料存稿选编》，经济（上），中国文史出版社 2002 年版，第 625 页；《陕西省志》第 36 卷，金融志，陕西人民出版社 1994 年版，第 25 页。

② 《建瓯县志》，中华书局 1994 年版，第 459 页；《福建省志·金融志》，新华出版社 1996 年版，第 141—142 页；《延安市志·金融志》，陕西人民出版社 1994 年版，第 373 页。

③ 参见《陕西省志》第 36 卷，金融志，陕西人民出版社 1994 年版，第 25 页；《甘肃省志》第 44 卷，金融志，甘肃文化出版社 1996 年版，第 38—39 页。

④ 如 1929 年冯玉祥主持陕政时，西北银行曾在大荔设支行、潼关设办事处、渭南设兑换所，1930 年西北军撤离陕西，各行、处随之撤销；1929 年冯玉祥进入青海，曾在湟源设西北银行湟源分行，但年末即随军东调撤离，等等。

新设银行数量不多,而且多数资本规模不大,或寿命短暂。新设规模较大(资本 100 万元以上)、营业状况较稳定的内地商办银行,只有国华(1928 年)、中汇(1929 年)、中国垦业(1929 年)、川盐(1930 年)、川康殖业(1930 年)、中国企业(1931 年)、辛泰(1931 年)、统原商储(1932 年)、江海(1934 年)、国泰商储(1934 年)、大孚商储(1935 年)、国信(1935 年)等 12 家,同类华侨银行只有永安(1934 年)、大华(1935 年)两家。从总体上看,1926—1937 年间,商办银行从 156 家增至 186 家,资本总额从 19917 元增至 21039 元,只增加 1122 万元,11 年间仅增 1.1%,而且还是出自华侨资本,而非内地商人资本。这期间前者资本总额从 4391 万元增至 5764 万元,后者不仅没有增加,反而减少了 251 万元。这一时期全国中资银行资本所有制结构及其变化,详见表 7 - 15:

表 7 - 15　全国中资银行资本所有制结构统计

1930—1937 年　　　　　　　　　　资本单位:万元

年份	总计			官办银行								商办银行		
				中央官办			地方官办			小计					
	行数		资本	行数		资本	行数		资本	行数		资本	行数		资本
	A	B		A	B		A	B		A	B		A	B	
1926	177	150	23576	2	2	2747	18	14	912	20	16	3659	156	134	19917
1927	171	145	24278	2	2	3243	18	14	1152	20	16	4395	151	129	19883
1928	185	158	26102	3	3	5343	27	21	1718	30	24	7061	155	134	19041
1929	192	166	27245	4	4	5843	26	20	1971	30	24	7814	162	142	19431
1930	207	181	30019	4	4	5843	31	25	4369	35	29	10212	172	152	19807
1931	215	192	29901	4	4	5843	32	26	3573	36	30	9416	179	162	20485
1932	210	190	30372	4	4	5843	38	32	4908	42	36	10751	168	154	19621

续表

年份	总计			官办银行									商办银行		
				中央官办			地方官办			小计						
	行数		资本	行数		资本	行数		资本	行数		资本	行数		资本
	A	B		A	B		A	B		A	B		A	B	
1933	226	204	31902	5	5	6142	42	36	5176	48	42	11318	179	163	20584
1934	247	222	41910	5	5	15822	46	39	5151	52	45	21033	196	179	22736
1935	254	229	43357	7	7	17823	48	43	5203	55	59	23026	199	180	20331
1936	257	230	45476	8	8	17717	50	45	5704	58	53	23421	199	178	22055
1937	246	220	48063	9	9	18750	52	48	8274	61	57	27024	185	164	21039

注:银行数目栏,A为银行总数,B为有资本记载银行数。

资料来源:刘克祥:《1927—1937年中资银行再统计》,《中国经济史研究》2007年第1期。

1927—1937年,中资银行的资本所有制结构发生了很大变化,同发展微弱的商办银行尤其是资本趋于萎缩的内地商办银行相反,官办银行,无论中央官办还是地方官办,都急剧膨胀,行数分别从1926年的2家和18家增加到1937年的9家和52家,分别增长350%和189%。资本增幅更大,分别从2747万元和912万元增加到18750万元和8274万元,分别增长了583%和807%。整个官办银行的行数和资本额分别增长了205%和639%。这样,官办银行在整个中资银行中的比重大幅度上升,1926年,官办银行的行数和资本比重分别为11.4%和18.4%,到1937年,分别升至24.8%和56.2%,而商办银行的行数和资本比重相应分别从88.6%和81.6%缩减到75.2%和43.8%,官办银行在资本方面已占主导地位。值得注意的是,商办银行尤其是内地商办银行,不仅所占比重下降,而且资本总额和资本规模缩小。1937 年同 1926 年比较，内地商办银行从 145 家增至 172 家，增加了 27 家，但资本总额从 15526 万元减至 15275 万元，如前所述，减少了 251 万元，按有资本可查的银行计算，行均资本额相应从 116 万元减至 94 万元，下降了 8.1%。很明显，新增银行大多是一些资力薄弱、营业状况极不稳定、甚至昙花一现的小银行，而停业、倒闭的不少是较大的银行。因此，银行数量的微弱增加，与其说是内地商办银行某种程度的发展，不如说这类银行正在走向衰退。

在内部业务分工和结构、体系方面，也有明显的变化。随着中央和地方官办银行、农工及专业银行的发展，形成了包括中央及特许银行、省市立综合银行、商业储蓄银行、农工及专业银行在内的较为完整的银行体系。

表 7－16 所反映的是 1927—1937 年中资银行业务结构、体系及其变化：

表 7－16　全国中资银行内部结构及其变化

1926—1937 年　　　　　　　　　资本单位:万元

年份	总计			中央及特许			省市立综合			商业储蓄			农工及专业		
	行数		资本	行数		资本	行数		资本	行数		资本	行数		资本
	A	B		A	B		A	B		A	B		A	B	
1926	177	150	23576	2	2	2747	8	8	454	125	115	16540	41	25	3835
1927	171	145	24278	2	2	3243	9	9	694	119	109	16611	41	25	3730
1928	185	158	26102	3	3	5243	11	11	919	127	116	15998	44	28	3942
1929	192	166	27245	3	3	5243	12	12	1204	136	124	16339	41	27	4459
1930	207	181	30019	3	3	5343	18	18	3444	141	129	16021	45	31	5211
1931	215	192	29901	3	3	5343	18	18	3994	144	127	15185	50	44	5379

续表

年份	总计			中央及特许			省市立综合			商业储蓄			农工及专业		
	行数		资本	行数		资本	行数		资本	行数		资本	行数		资本
	A	B		A	B		A	B		A	B		A	B	
1932	210	190	30372	3	3	5343	21	21	4895	135	121	14642	51	45	5492
1933	226	204	31902	3	3	5343	20	20	4937	145	129	14878	58	52	5944
1934	247	222	41910	3	3	14771	21	21	5137	156	139	15456	67	59	6546
1935	254	229	43357	3	3	15972	22	22	5197	154	136	15393	75	68	6795
1936	257	230	45476	3	3	15972	24	24	5653	154	134	16397	76	69	7454
1937	246	220	48063	4	4	16750	25	24	7942	143	125	16588	74	67	6783

注：银行数目栏，A为银行总数，B为有资本记载银行数。

资料来源：刘克祥：《1927—1937年中资银行再统计》，《中国经济史研究》2007年
第1期。

　　中资银行业务分工和结构、体系经历了一个逐渐形成、调整配
套和变化的过程。辛亥革命前，清政府先后制定《银行通行则例》、
《储蓄银行则例》，虽时间短暂，但表列四类银行中，除农工银行外，
都已零星出现。进入民国，商业储蓄银行迅速发展，专业银行的种
类和数量增多，部分省份开始设立省办银行；1915年，北洋政府财政
总长周学熙呈准颁行《农工银行条例》后，一些地区又相继办起了农
工银行。到20年代，表中所示的银行业务结构和体系已现雏形，唯
中央及特许银行羽翼未丰，内部亦无明确分工；省市立综合银行的
设立，仅限少数省份，业务亦多不明确和稳定，农工银行的数量也有
限，商业储蓄银行无论银行数量和资本总额，都居于主导地位。

　　国民党政府成立后，情况发生变化：1927年国民党政府改组
中国银行，加入官股；1928年成立中央银行，改组交通银行；1933
年成立豫鄂皖赣四省农民银行，1935年继而改组、扩充为中国农
民银行；1934、1935年又大肆扩充中央、中国、交通三行资本，内部

分工亦日益明确,最终建成包括中央、中国、交通、中国农民四行在内的中央及特许银行体系,并确立其在全国银行系统中的绝对支配地位;大部分省份和上海等主要城市相继开办省(市)立综合银行,并代理省(市)库,规定省(市)官款必须存入指定银行;各类专业尤其是农工银行的数量和资本不断增加,在银行系统和社会经济生活中的地位日见重要;商业储蓄银行则没有大的变化,这期间设、停相抵,银行数量略有增加,但资本规模基本维持原状,在全国银行系统中原有的主导地位为中央及特许银行、省市立综合银行所取代。这样,以中央及特许银行为主导,中央及全国的银行专业分工和结构、体系最终形成。

表 7-17 是根据中国银行统计(表 7-12 中的"原统计"),反映 30 年代各类银行总行、分支行和行员的数量变化:

表 7-17　中资银行业分类、分支行及行员变动情况表

1934,1936—1937 年

银行类别	总行数			分支行数			行员数	
	1934	1936	1937	1934	1936	1937	1936	1937
中央及特许	3	4	4	255	390	491	7341	9195
省市立综合	20	25	26	226	331	464	4329	5540
商业储蓄	90	89	83	425	413	443	10540	10385
农工及专业	33	46	51	132	198	229	3885	3758
共计	146	164	164	1038	1332	1627	25652	28878

说明:1.1934 年的"类别"原有 10 类,现将"国立和特许"银行合为"中央及特许"银行;"省立"和"市立"银行合为"省市立"银行;"华侨"银行归入"商业储蓄"银行;"农工"、"实业"、"专业"银行归并为"农工及专业"银行,故现为 4 类。

2.1934 年统计无行员数。

资料来源:1934 年资料见《全国银行年鉴》(1934 年),第 A4 页;1936、1937 年资料见《全国银行年鉴》(1937 年),第 A10 页。

在整体规模上,这几年银行总行数量变化不大,但分支行数量增加显著,从 1934 年的 1038 处增至 1937 年的 1627 处,增长了56.7%;职工人数亦有增加,从 1936 年的 25652 人增至 1937 年的28878 人,增长了 12.6%。但各类银行的变化情况不一,中央及特许、省市立综合两类银行发展最快,总行、分支行及行员人数均有不同程度的增长,特别是中央及特许银行,总行只有 4 家,但分支行数和行员数分别占第一位和第二位,表明这类银行在银行业中的实力明显增强,进而对全国银行业也有了更强的控制力,加上省市立银行,两类银行的分支行和行员数均超过总数一半以上,在实力上处于绝对优势;农工及专业银行的总行和分支行数量有所增加,而行员人数反而减少,真正的实力扩大有限;商业储蓄银行则总行和行员人数减少,在全国银行系统中的比重和地位明显下降,这显示一直作为新式银行主体的商业储蓄银行,已走过了它的发展高峰期,开始回落。

1927—1937 年, 中资银行虽有较明显的发展, 银行数量和资本总额增加, 地区分布和覆盖面扩大, 银行专业分工和结构体系基本形成。但是, 地区分布极不平衡、绝大部分银行资本规模过小的缺陷, 始终未能解决, 甚至进一步加剧。为了改变这种状况, 1935 年财政部曾推出《银行整理大纲》,整理分为三个阶段: 第一阶段, 确立银行之性质, 将现存银行加以区分; 第二阶段, "平均经济保管权限", 在内地设立分支行, 使资金不致全部集中都市; 第三阶段, 实行"联立政策", 使银行业规模化、合理化。计划出来了, 但真正付诸实施的不多。关于第二项, 仅在苏浙各地设立县乡银行, 其他地区欠奉; 第三阶段是为实行银行"合并政策"而采取的"折衷办法", 目的是使"银行的资本增加、势力雄厚", 成本"支出亦可减少", 实际是对 1935 年金融危机采取的一种应对措施。自 1936 年 7 月后, "合并方法与助长计划"已逐渐推行：1936 年江浙商业储蓄银行并于中汇银行；1937 年太平银行并于国华银行；川康殖业银行、重庆平民银行、四川商业银行合并为川康平民商业银行；广东实业银行、丝业银行并于广东省银行，等等。[①] 然而，上述合并刚刚开始，就在这年 7 月，日本全面侵华战争爆发，不仅整理计划中断，整个中资银行和全国银行业亦面临灭顶之灾。

二、中资银行的经营状况及其特点

这一时期，随着全国银行业的发展和银行专业分工、结构体系的形成，尤其是中央及特许银行的确立和省市立银行的普遍开办，一些银行的职能和业务受到严格限制，营业范围发生变化，如发行货币是中央和特许银行的特权，其他银行不能染指，一般民营银行不能像过去那样发行纸币或兑换券；省市立银行的重要职能是代理省(市)库，同时，省市或其他地方公款必须按规定存入指定银行，其他非指定银行也就不能介入这类存款业务，等等。银行职能和业务范围虽有限制，但存放款仍然是所有银行最基本和主要赖以获利的业务。

随着各类银行的发展，尤其是分支行机构的大量增加，这一时期中资银行的存放款业务和收益显著扩大。全国中资银行历年存放款业务，缺乏全面统计，表 7－18 反映的只是上海金城 13 家商办银行若干年份的贷款情况。

---

① 沈雷春主编：《中国金融年鉴》(1938 年)，中国金融年鉴社 1939 年版，第 107、116 页。

表7-18 若干年份上海13家商办银行贷款统计表

1921—1936年 单位:元

银行名称	1921	1925	1930	1933	1936	
					总额	对工矿企业(%)
金城	10936981	22963691	48460347	71054578	119541747	17.55
中南	7705875	20518729	51158496	66708364	81089434	19.64
盐业	16867380	27362569	42885568	47904562	67687526	16.28
大陆	3905378	14119838	37435343	49955997	59543958	7.08
上海商储	7499696	17537604	68713734	109583539	115499397	32.39
浙江兴业	10908724	20537066	31198594	53291511	49964045	41.21
浙江实业	5159656	11738984	22466081	23692807	36972282	35.99
中国通商	13090719	11637558	221010768	21908914	22920815	14.83
四明商储	10604813	17330193	32270873	42417604	36671169	15.41
中国实业	4288634	9903493	20852781	30695324	10789167	12.71
新华	4756928	3604683	4141168	4100804	13144102	13.73
垦业*	—	—	6303921	13184309	14795597	30.63
国华*	—	—	6507803	13432133	21577402	1.21
合计	95726705	177256333	593407407	547932379	650196641	21.60

　*垦业、国华两银行分别设立于1929年和1928年,1921、1925年无贷款纪录。
　资料来源:据《上海通志》第5册第25卷,金融,上海人民出版社、上海社会科学院
　　出版社2005年版,第3409页计算改制。

　　如表7-18,金城等13家银行,贷款总额从1921年的9572.7万元增至1925年的17725.6万元和1930年的59340.7万元,5年和10年增长0.85倍和6.2倍。1933年因全国经济恐慌以及国家资本银行业务的扩张,贷款额略有下降。1936年虽有恢复,但升幅甚微,同1930年比较,6年间仅增9.6%。贷款走向方面,工矿

企业是银行主要放款对象之一。从 1936 年的情况看,13 家银行中,工矿企业贷款比重最高的为 41.2%,最低的 1.2%,平均为21.6%,即 1/5 强。

表 7－19 是包括国家资本银行在内的若干中资银行 1927—1936 年存放款和盈利状况统计:

表 7－19 中资银行业存款、放款及纯益统计表

1927—1936 年 单位:元;1927 = 100;1932 = 100

年度	各项存款		各项放款		纯益	
	实数	指数	实数	指数	实数	指数
1927	976122496	100	908019930	100	11442000	100
1928	1123470646	115	1056358175	116	13530294	118
1929	1320151727	135	1221940222	135	18967392	166
1930	1620261033	166	1420540837	156	21591571	189
1931	1860656525	191	1603905114	177	21065553	184
1932	2115667462	100	1857406025	100	29225972	100
1933	2594129555	123	2327086912	125	32522819	111
1934	2981377182	141	2606902211	140	39317532	135
1935	3779417705	179	3185424460	171	36567302	125
1936	4551268962	215	3195598763	172	49916318	171

说明:1927—1931 年为全国 28 家重要银行的统计数字。

资料来源:1927—1931 年数字见中国银行总管理处经济研究室编:《中国重要银行最近十年营业概况研究》,1933 年刊本,第 314、315、326 页;1932—1935 年数字见 1936 年《全国银行年鉴》,第 A56、A61 页;1936 年数字见 1937 年《全国银行年鉴》,第 A47、A53、A57 页。

表 7－19 中统计涵盖范围,前后不尽一致,1927—1931 年为28 家主要银行,1932—1936 年则不限于 28 家银行(亦未涵盖全部

中资银行），只能对中资银行存放款业务发展变化进行分段比较，而无法进行全期统比。如将 1927—1936 年 10 年分为前后两段，分别以 1927 年和 1932 年为基期，中资银行在两个阶段的存放款业务及纯益，除 1935 年纯益略有下降外，均呈稳定增长趋势，而且增幅相近，大体在 0.7 倍至 1 倍左右。

在银行业务和盈利稳定增长的基础上，中资银行的积累、资产和经济实力也明显扩大。

表 7 - 20　全国中资银行资产总额统计

1932—1936 年　　　　单位:元,1932 年 = 100

年度	资产总额	指数	年度	资产总额	指数
1932	3003282010	100	1935	5428652719	181
1933	3657736575	122	1936	7275890751	242
1934	4295587071	143			

资料来源:1932—1935 年数字见《全国银行年鉴》,1936 年,第 A52 页;1936 年数字见《全国银行年鉴》,1937 年,第 A42 页。

表 7 - 20 显示,1932 年时,全国银行资产总额为 30 亿元,此后每年以五六亿元至 10 多亿元的速度递增,1936 年时,资产总额达 72.7 亿余元。5 年间资产总额增长近一倍半,增速不慢。

新式银行制度虽从西方移植,但中资银行的产生和发育成长,正值中国备受欺凌、民族灾难深重,人民日渐觉醒,实业救国、抵货反帝、爱国民主运动日益高涨。在这种历史环境下,伴随新式银行业的不断发展,一支由本国人组成、精通现代银行制度和经营管理的银行家队伍初步形成。他们熟悉国情,立志图强,将西方银行制度同本国国情及传统习惯相结合,创立了一整套符合当时中国实际、行之有效的银行经营理念和策略。这是 20 世纪二三十年代中资银行经营管理的一个重大特点。

当中国第一家银行——中国通商银行成立时,中国人对西方银行了解不多,对管理和经营新式银行一知半解。1896年盛宣怀在向清政府上奏申办通商银行时提出,"银行用人办事,悉以汇丰章程为准则";银行章程亦明确规定,"用人办事悉以汇丰为准"。不仅如此,通商银行总行和分行,"均用西人为大班,生意出入银钱均归大班主政",上海总行大班就是以年薪规银9000两(两年后加至12000两)的高薪延聘英人美德伦担任。①

中国银行业经过20余年的发展成长,这种"华人不知务此"②,"务此"又无人才的尴尬局面,有了明显改观,一批年轻的中国银行家和专业队伍已成长起来。据统计,在近代银行界崭露头角的110名银行家中,出生于1880年以后的就有73人。他们多数受过高等教育,有48人曾留学国外③,接受过西方经济学、财政学、商学和货币银行学等现代专业的系统训练,不少人持有学士、硕士乃至博士学位。④ 被称为银行界"四大名旦"的张家璈、陈光甫、李铭和钱新之,都是海外归来的留学生。他们不仅年轻,掌握西方现代金融银行知识,而且立志推动民族工商业发展,期望以金融资本为核心,结合工矿业、航运业、商业等产业,形成大的金融

---

① 陈旭麓、顾廷龙、汪熙主编:《中国通商银行——盛宣怀档案资料选辑之五》,上海人民出版社2000年版,第4、49、50、52页。

② 盛宣怀语,见《中国通商银行——盛宣怀档案资料选辑之五》,第3页。

③ 徐矛、顾关林、姜天鹰主编:《中国十银行家》,上海人民出版社1997年版,第3页。

④ 见徐矛、顾关林、姜天鹰主编:《中国十银行家》,上海人民出版社1997年版。在该书"附录"中,并附有100银行家小传,加上书中的10人共110人。

资本集团,走富国强民之路。他们既有远大的抱负和开拓精神,又有民族感情和爱国情怀,再加上熟悉国情民风和中国文化,能够在掌握西方现代金融知识的基础上,根据中国的国情文化对银行的经营管理进行变通和改进,使 20 世纪二三十年代的中国银行业表现出与在华外商银行和传统中国金融机构不同的特色:

1. 提倡服务社会的经营理念。这时期中国银行业的特点之一,是提出了服务社会的口号,他们把服务社会、服务对象民众化,作为自己银行经营的定位。如新华信托储蓄银行总经理王志莘认为,储蓄信托等一切业务,"皆当以平民为目标"。[①] 上海商业储蓄银行总经理陈光甫多次强调该行的宗旨是"服务社会",必须"以社会民众为立场",认为该行"今日有此地位,是社会民众所赐予,换言之,吾人衣食所需,开支所出,亦为社会民众所赐予"。[②] 因此他制定的行训是"服务社会,辅助工商实业,发展国际贸易"。[③] 金城银行总处则在致津、京、沪行的函件中告诫:"近来银行开设日多,对于顾客莫不力图便利,以广招徕。我行业务现尚未臻繁盛,亟应从各方面努力进行,以求发展。便利顾客一端,尤属不可忽视"。[④]

把顾客看成衣食父母,把服务社会作为银行经营宗旨的提法,是在华外商银行和中国传统金融业都没有也不可能提出的口号。

---

① 转引自中国人民银行总行金融研究所金融历史研究室:《近代中国金融企业管理》,人民出版社 1990 年版,第 252 页。

② 上海商业储蓄银行编印:《陈光甫先生言论集》,1949 年版,第 103 页。

③ 中国人民银行上海市分行金融研究所编:《上海商业储蓄银行史料》,上海人民出版社 1990 年版,第 58 页。

④ 中国人民银行上海市分行金融研究室编:《金城银行史料》,上海人民出版社 1983 年版,第 124 页。

这种口号由近代中国银行家提出,与近代中国银行家所受的教育和所处的时代环境有紧密的关系,也与第一次世界大战前中国"银行钱庄,在经济上绝无势力,均仰鼻息于外国银行",而在华"外国银行及其买办之骄人气焰,实难向迩"有关。这一点,陈光甫的经历就很有代表性。他在留美归国创办上海商业储蓄银行之前,任职于江苏银行,"苟至汇丰汇款,必从后门进内,欲见买办固所不能,即欲见帐房亦不可得",往往"十时即往伺候,须至四五时方得办妥"。这种经历,使他痛感"上海之金融势力,实无华人立足之地位"。因此,1915 年他在创办上海商业储蓄银行时,便立志改变这种状况,"于是时提倡服务社会之宗旨,凡事不专以牟利为前提,而必须以代人服务为目的"。由于这种经营理念得到社会的广泛欢迎,上海商业储蓄银行也取得很好的业绩回报。因此,这种经营理念不仅在中国银行业中迅速得到响应和效仿,而且扩展至其他行业,"不特银行均以服务为标榜,即香烟厂亦以服务为号召,无论大小商店无不以服务为言,甚至学校政界亦言服务矣"。①

2. 开办"一元储蓄",大力吸收社会零散资金。"服务社会"既已成为华商银行的普遍宗旨,必然在其经营管理特别是经营方针上得到体现。大力吸收社会闲散资金,提倡存款,遂成为这时期中国银行业经营中的特色之一。中国传统的金融机构钱庄,多不注重吸收平民存款尤其是社会中的零散资金,在华外商银行也不屑进行这方面的业务,这就给新兴的中资银行业留下了发展空间。银行组织的主要特点之一,是支付利息,将分散的社会资金集中起来,再加上贷款利率贷放出去,赚取差价。因此,

----

① 上海商业储蓄银行编印:《陈光甫先生言论集》,上海商业储蓄银行1949 年刊本,第138—139 页。

眼光对准传统钱庄和在华外商都不注意的社会民众，努力吸收社会游资特别是广大平民的小额钱款，提倡储蓄，就成为中资银行业服务社会的重要内容，同时也成为中资银行业获取利润、得到发展的重要途径。

为努力争取和吸收储蓄存款，银行设立了各种灵活方便的储蓄种类，不少是首创。

"一元开户"，在当时是一项振聋发聩的举措，首创者是第一家私营信成银行。开始曾被外商银行和中国钱庄嘲笑，也不被国人理解。上海商业储蓄银行就遭遇过"某地钱庄以100元来索开储蓄折100扣以事讥讽"之事。但因此举社会反响良好，在众多华商银行中迅速得到响应和普及，"不数年，同业均依照办理，成为通常之惯例"。① 金城银行还到冯玉祥军队开办军人储蓄，一元起存，"吸收存款约五十万元左右"。又到公园、戏院等处散发宣传小册子，宣传储蓄。② 上海商业储蓄银行为鼓励储蓄，特意"添制储蓄盒分发储户"，即使未满一元者，亦可领用"储蓄盒"，逐日将可储蓄之铜元银毫积贮其中，得有成数即送交银行收入折内。并将此种办法"多方宣传，使民众了解储蓄之功效，鼓舞储蓄之兴趣"。③ 这时期的中资银行业还开办了形形色色的储蓄品种，如零存整取、整存零取、存本付息、教育储蓄、婴孩储蓄、婚丧嫁娶礼券储蓄等。上海商业储蓄银行还到大中学校去开办学生储蓄。另外，银行还代收牛奶费、水电费、学费等等。此外，打破过去惯例开

① 中国人民银行上海市分行金融研究所编:《上海商业储蓄银行史料》,上海人民出版社1990年版,第111页。

② 中国人民银行上海市分行金融研究所编:《金城银行史料》,上海人民出版社1983年版,第146页。

③ 中国人民银行上海市分行金融研究所编:《上海商业储蓄银行史料》,第111页。

展银元存款给息,通过建立和加强与洋商大户及国外银行的联系、发展国内外汇兑业务,在经营中厚提公积高额准备的华商银行也不在少数。

中资银行业实行的这些举措,完全不同于在华外商银行和传统中国金融机构,使人耳目一新,也使得中资银行业的储蓄存款额持续上升,实力不断壮大。如上海商业储蓄银行1915年成立时资本总额仅10万元,实收不过8万余元,1927年存款即达3132万余元,1936年更达16901万余元,是同期资本金500万元的33倍多。①

3. 增加工商企业融资,抵押放款和信用放款相结合。中国新式银行业与中国资本主义新式工矿业间的关系,经历了一个日趋密切的发展过程。第一次世界大战前,新式银行业与传统金融机构相比,并不占优势。这除了此时新式工矿业的数量不太多,银行业的力量相对有限外,还同传统金融机构在商业界有着牢固基础并创立了一套顺应中国商人习惯的经营程式有关。第一次世界大战及战后期间,中国资本主义新式企业和银行业经历了一个快速发展阶段,中资银行业已具有相当规模,并在国内金融市场上逐渐占据了主导地位,中资银行业对工矿企业的融资规模和范围都有显著增加②,如金城银行1919年对工商企业和铁路的放款为281万元,1923年增至759万元,1927年达1532万元。③ 上海商业储

---

① 中国人民银行上海市分行金融研究所编:《上海商业储蓄银行史料》,第701页统计表6。

② 参见李一翔:《近代中国银行与企业的关系》(1897—1945),台湾东大图书公司1997年版,第一章。

③ 中国人民银行上海市分行金融研究所编:《金城银行史料》,上海人民出版社1983年版,前言,第14页。

蓄银行 1926 年年末对工矿企业的放款为 360 万余元,占放款总额的 19.9%。①

更明显的变化出现在 1927—1937 年:不仅银行业实力进一步增长,业务范围也不断拓宽,与国民经济的联系亦越来越密切。据统计,上海 15 家重要银行 1930 年对工矿企业的放款总额为 9149 万余元,1933 年增至 16338 万余元,1936 年达 29125 万余元,7 年间增长 2.18 倍。其中金城银行对工矿企业的放款从 1927 年的 1532 万元增至 1936 年的 2098 万元;上海商业储蓄银行同类放款从 1926 年的 360 万余元增至 1936 年的 3741 万元,占放款总额的比重从 19.9%增至 32.4%。② 据对 1932—1939 年 100 家企业资本构成情况的调查,这些企业自有资本总额 262206767 元,从银行借入的资金(包括少量钱庄借款)为 114846975 元,占自有资本的 32.95%。③ 在对近代工商企业的放款中,民族资本银行始终占有重要地位,金城银行对工矿企业的放款一般超过放款总额 20%,上海商业储蓄银行大体在 30%以上,浙江兴业银行占的比例更高,通常在 50%左右,最多达到 61.9%。④ 进入 30 年代,中国、交通两行对工商企业的放款也大幅增加,中国银行的工商业贷款每年增加投放 3000 万—5000 余万元。1936 年年底的余额,工业贷

---

① 中国人民银行上海市分行金融研究所编:《上海商业储蓄银行史料》,上海人民出版社 1990 年版,第 161 页。

② 李一翔:《近代中国银行与企业的关系》(1897—1945),第 65 页表13;《上海通志》第 5 册第 25 卷,金融,第 3409 页。

③ 陈真:《中国近代工业史资料》第 4 辑,生活·读书·新知三联书店1961 年版,第 67 页表9。

④ 参见李一翔:《近代中国银行与企业的关系》(1897—1945),第 67 页表14。

款 8022 万元,商业贷款 4 亿元①;交通银行截至 1936 年度末,工商放款总额为 6922 万元,比 1935 年度增加 3555 万余元,与 1932 年度相比,增幅更高达 10 倍左右。②

　　为了拓展放款业务,中资银行还对放款条件进行变通。银行业放款的基本方式是抵押贷款和信用放款相结合,而以抵押贷款为主。抵押贷款是以货物、证券、土地、房屋等实物为凭信,是"对物"信用;信用放款则并无任何抵押品为之保证,纯凭借款人之信誉,是"对人"信用。与西方不同,信用放款在我国民间和钱业界具有悠久历史。这一点,正如上海钱业公会会长秦润卿所说,"银钱两业虽同为金融机关,然实有根本不同之点。盖钱业放款,凭对方信用,故称信用放款,历来如是"。③ 为适应中国社会的借贷习惯,不少银行自己设立调查处,对贷款对象进行信用调查,在有一定把握的情况下,适当实行信用放款和透支业务。这种做法,不仅增大了业务范围和服务对象,也为自己的发展开辟了更多的途径。20 世纪 30 年代,沪津汉各埠银行同业,更设有"中国征信所",专任各业信用调查,报告银钱同业,供其参考。④

　　4. 成立票据交换所和票据承兑所。"近代信用发达,工商交易,全凭票据行之,现金交付,仅十之一"。⑤ 票据的汇划交换和贴现可以节省成本,提高资金运用效率。随着近代中国银行

---

　　①　中国银行行史编辑委员会编著:《中国银行行史》(1912—1949),中国金融出版社 1995 年版,第 255 页。

　　②　交通银行总行、中国第二历史档案馆合编:《交通银行史料》第 1 卷,上册,中国金融出版社 1995 年版,第 289 页。

　　③　中国人民银行上海市分行编:《上海钱庄史料》,上海人民出版社 1960 年版,第 215 页。

　　④　杨荫溥:《中国金融研究》,商务印书馆 1936 年版,第 159 页。

　　⑤　中国通商银行编:《五十年来之中国经济》,1947 年刊本,第 23 页。

业的发展，特别是在经济学界和银行界同人的积极倡导下，1933 年 1 月，新成立的上海银行业同业公会联合准备委员会设立了票据交换所，结束了此前银行业票据清算仰赖钱业汇划总会的历史，同时也表明中国近代的银行业发展进入了一个新的阶段。

三、国家银行垄断资本的形成

1927—1937 年,中国银行和金融系统的最大变化是国家银行和金融垄断资本的形成。

国民党政府建立和扩张国家银行垄断资本,是通过筹组中央银行,确立中央、中国、交通和中国农民四行以及中央信托局、邮政储金汇业局的"四行二局"国家银行体系来实现的。

国民党政府中央银行的产生,经历了一个筹划、实施和变化过程。

建立中央银行,通过中央银行驾驭和支配全国金融,是孙中山和国民党的一贯主张,1912 年拟定的《国民党政见宣言》即明确指出,要建立"规模宏大之中央银行",并"集中纸币发行权于中央银行",使之"有支配全国金融界之能力"。① 从 1924 年开始,孙中山和国民党政府先后三度筹组中央银行。

1924 年,孙中山即在广州首创中央银行。

1926 年 9—10 月间,北伐军攻克武汉三镇,12 月,国民党政府在汉口开始第二次筹建中央银行。该行暂行组织法规定,银行业务由武汉政治分会、财政委员会监督指挥。武汉国民党政府财政

---

① 秦孝仪主编:《国父全集》第 2 册,台北近代中国出版社 1989 年版,第 80 页。

部以湖北官钱局产业担保发行公债,以公债转向汉口各商业银行抵借现钞 316.8 万元,作为该行资金。1927 年 1 月 20 日,中央银行汉口分行开业。该行代理国库、省库,发行印有"汉口"字样的一元、五元、十元、五十元、一百元等五种兑换券。开业之初,银行存贷活跃,信誉良好。一季度共存现洋四百八九十万元,兑换券可随时兑换现洋,"十万元以上之数,立即照兑。故中央钞票销数骤加,而兑现者,反日见寥寥"。但到 4 月,武汉国民党政府为应付非常开支,封存各行现金,停止兑现,只准中央、中国、交通三家银行的纸币流通,其他银行纸币一律禁用。同时增发纸币,6 月又代理发行国库券 1339 万元,导致市面纸币充斥,价值低落,银行信誉陡降。

7 月武汉国民党政府迁往南京,宁汉合流,情况日坏。到 9 月23 日,银行库存仅剩 35262 元。后筹款 200 余万元,收兑中央、中国、交通三行汉钞,但实际仅兑出 51 万余元,其余均被财政委员会陆续提用。9 月 24 日,唐生智下令汉口中央银行停业,由民政厅长进行整理,企图借此为军队筹款。11 月 12 日,唐生智第四集团军将银行库存抢劫一空,整理中止,亦无法继续营业。11 月 24日,湖北省政府指派金庸、胡忠民为中央银行保管员,会同该行经理南爕办理结束保管事宜。同时,南京国民党政府财政部委派黄肇基为汉口中央银行行长,到行接收。

到 1927 年 11 月底,汉口中央银行共发行兑换券 19633728元,但并无现金准备及保证准备;往来透支共 37588942.39 元,其中财政部透支 36648031.89 元。该行资产负债表内,现金多系纸币,银行信用基础已经动摇,难以继续维持。据此,黄肇基向南京国民党政府提出三项整理和补救办法:一是以武汉三镇房捐在两个月内将该行钞票回收;二是鄂省征收机关搭收该行钞票;三是筹集现款百万元,进行整理。但南京政府已决定放弃,对此未有理会,汉口中央银行无形结束。①

鉴于中央银行在控制全国金融、财政,筹措款项,巩固国家政权上的极端重要地位,南京国民党政府一成立,即将筹组中央银行作为头等大事。在筹划过程中,国民党政府曾试图通过某种捷径成立中央银行,先是准备整理和接收汉口中央银行,但该行被抢劫一空,资不抵债,只得作罢;继而欲将中国银行改组为中央银行,但又遭该行激烈反对。最后才决定另起炉灶,筹建中央银行。

在1928年6月召开的全国经济会议上,筹组中央银行、建立国家银行体系,被正式提上日程。会议分别议决了国家银行案、地方银行案、国际汇兑银行案、储蓄银行条例草案、农工银行条例草案和银行条例草案等议案。在随后召开的全国财政会议上,财政部草拟的"整理财政大纲"议案提出:必须着手组织中央银行,筹备汇业银行,提倡储蓄银行。② 随后被纳入会议制定的"财政部十七年度财政施行大纲",将"确定银行制度"作为政府经济政策的重要一环,具体措施和步骤有三:一是组织国家银行以代理国库、发行钞币、整理金融为唯一任务;二是筹备汇业银行以为国内外汇款划抵周转之枢纽;三是筹设农工银行以发展农工事业。③

1928年10月5日,国民党政府颁布《中央银行条例》20条,宣布中央银行为国家银行,由国民党政府设置经营,资本总额国币2000万元,"由国库一次拨足"。中央银行享有下列特权:发行兑换券;铸造及发行国币;经理国库;募集或经理国内外公债。同时,中央银行还得进行以下七项业务:经理国库证券及商业票据之买

---

① 参见《武汉市志·金融志》,武汉大学出版社1989年版,第84—86页。

② 全国财政会议秘书处编:《全国财政会议汇编》,审查报告一,上海大东书局1928年代印版,第18页。

③ 全国财政会议秘书处编:《全国财政会议汇编》第二类,第4页。

卖、贴现或重贴现；办理汇兑及发行期票；买卖生金银及各国货币；收受各项存款并代人保管证券、票据、契约及其他贵重物品；以金银货及生金银作担保品举行借款；代理收解各种款项；以财政部发行或保证之证券作担保品举行活期或定期借款。①

1928 年 11 月 1 日，中央银行在上海正式开业。财政部长兼中央银行总裁宋子文在中央银行开幕词中宣称，"创设中央银行的目的有三：统一国家的币制；统一全国之金库；调济国内之金融"。②

在设立中央银行的过程中，国民党政府对中国银行和交通银行的改组，将其纳入政府控制的工作也在同时进行。

中国银行是当时国内最大的银行，与交通银行实际承担了国家银行的职能，具有代理国库、经理和募集公债、发行钞票、铸造银币等特权。交通银行则同时还经理交通部所属轮、路、邮、电四政的收支款项。由于中国、交通两行历史悠久、信用卓著，在国内金融界和企业界享有很高的声望，在国民经济中具有举足轻重的地位，国民党政府成立后即对其怀有兼并之心。宋子文曾提议将中国银行改为"中央银行"，因遭到中国银行反对而作罢，但染指中国银行和交通银行的企图并未放弃，具体措施是采取加入"官股"的方式进行渗透并逐步控制。1928 年 10 月 26 日和 11 月 16 日，国民党政府相继颁布《中国银行条例》和《交通银行条例》，宣布对两行实行改组，将中国银行定为国际汇兑银行，交通银行定为发展全国实业之银行。中国银行资本总额定为 2500 万元，其中加入官

---

① 财政部财政科学研究所、中国第二历史档案馆编：《国民政府财政金融税收档案史料》(1927—1937 年)，中国财政经济出版社 1997 年版，第 454 页。

② 《中央银行开幕志要》，《银行月刊》1928 年 11 月第 8 卷 11 号。

股500万元；交通银行资本总额定为1000万元，其中加入官股200万元，均由商办转为官商合办。

两行改组后，总行迁往上海，财政部指派李铭为中国银行董事长，张嘉璈为总经理；卢学溥为交通银行董事长，总经理原拟由唐寿民充任，后因银行界钱新之等人力荐，经蒋介石同意，由董事会推选胡祖同担任。胡原为交通银行上海分行经理，曾使该行在政治变革中保持一定的独立性，任总经理后，交通银行朝商业银行发展，实力明显增强，1928—1932年间，存款和发钞数额均大大超过中央银行。为了加强对交通银行的控制，1933年4月，国民党政府再次对该行进行改组，终由唐寿民取代胡祖同，充任总经理。并撤销上海分行，并入总行，又增设总行业务部和发行部，由唐兼业务部经理。唐系宋子文亲信，自中央银行成立，即为该行董事及经理。唐接管交通银行后，该行成为经理政府债券的重要机构，国民党政府对交通银行的控制也大为加强。[①] 不过，由于两行中的官股比重不大，董事会中官方代表不多，国民党政府实际并没有完全掌握两行的控制权。

国民党政府因财政异常拮据，凡有用项，每多仰赖中央、中国、交通三行。尤其是1933年11月孔祥熙继宋子文任财政部长后，"每月筹款，弥补收支不足，必须向中央、中国、交通三行通融借款"。中央银行虽在财政部的掌握中，但"实力较逊"，而中国银行"实力虽丰，惟不能事事听命，取求如意"。[②] 在这种情况下，扩充中央银行，完全控制中国、交通两行，是解决财政问题的关键。

---

① 参见许涤新、吴承明主编：《中国资本主义发展史》第3卷，人民出版社1993年版，第80页。

② 姚崧龄编著：《张公权先生年谱初稿》上册，台湾传记文学出版社1982年版，第140页。

　　1935 年,国外银价高涨,国内金融枯竭,实行币制改革,是摆脱金融和市场危机的唯一出路。而欲使改革顺利推行,"必须先置中央、中国、交通三行于财政部直辖之下"。① 于是,国民党政府通过扩充中央银行资本,增加中国、交通两行官股的措施,大大增强了中央银行的实力,并完全控制了中国银行和交通银行,国家金融体系由此得以初步确立。

　　1935 年 3 月,国民党政府未与中国银行和交通银行的商股股东商量,也未同中国银行的总经理张嘉璈通气,即以救济国内金融为名,发行金融公债 1 亿元,用来增加中央银行资本和中国、交通两行官股,以实现政府对银行的控制:中国银行在现有资本 2500元、内政府官股 500 万元的基础上,再增官股 2500 万元合计 5000万元,内官股 3000 万元,商股 2000 万元,后应中国银行请求,将新增官股减为 1500 万元,连原有官股 500 万元一起,"俾官商股本各为 2000 万元"②;交通银行在现有资本 1000 万元、内政府官股 200万元的基础上,再增官股 1000 万元。③ 合计 2000 万元,内官股1200 万元,商股 800 万元。同时对中国银行架构、人事进行大规模调整,中国银行原任董事长李铭及总经理张嘉璈辞职,财政部派宋子文为董事长,由宋子文聘请宋汉章为总经理。④ 又改总经理

---

　　①　姚崧龄编著:《张公权先生年谱初稿》上册,台湾传记文学出版社1982 年版,第 140 页。

　　②　财政部财政科学研究所、中国第二历史档案馆编:《国民政府财政金融税收档案史料》(1927—1937 年),中国财政经济出版社 1997 年版,第 508页。

　　③　财政部财政科学研究所、中国第二历史档案馆编:《国民政府财政金融税收档案史料》(1927—1937 年),中国财政经济出版社 1997 年版,第 473页。

　　④　姚崧龄:《中国银行二十四年发展史》,台湾传记文学出版社 1976 年版,第 195 页。

制为董事长制，总经理秉承董事长之命办事。交通银行因 1933 年已作重大改组，原董事长胡笔江（1932 年改派）、总经理唐寿民继续留任。

至此，中国银行和交通银行的改组工程，即国家资本化工程全部完成，两行同中央银行一样，成为国民党政府国家银行体系的重要组成部分。

国民党政府在完成对中国、交通两行改组的同时，又扩充成立了中国农民银行。

中国农民银行前身是"豫鄂皖赣四省农民银行"。1932 年 6 月，蒋介石自任"豫鄂皖三省剿匪总司令"，对苏区开始发动第四次军事"围剿"。为了筹措军费和在"围剿"中推行"三分军事，七分政治"的反革命策略，蒋介石在"剿总"设立"农村金融救济处"，以郭外峰为处长，1933 年 4 月 1 日正式成立豫鄂皖赣四省农民银行，以郭外峰为总经理，额定资本 750 万元，实收 250 万元，由鸦片烟税拨充。总行设于汉口，另设汉口分行办理业务。该行虽以豫鄂皖赣四省地方政府的名义筹办，实际上直接控制在蒋介石手中，最主要的任务是为蒋介石筹措"剿共"军费和其他军需物资；为军队代购军粮，代垫军费。根据蒋介石"围剿"的需要，该行甚至提出"军队开到哪里，机构设到哪里"的口号①，完全成了蒋介石的"随军银行"。

豫鄂皖赣四省农民银行成立后的头件大事是发行纸钞，且其数额随"剿共"军费的增加而不断扩大，1933 年上期为 74 万元，下期增至 200.8 万元；1934 年上期复增至 338.34 万元，下期达 560.34 万元。又于 1934 年 1 月同湖北省银行合组两行公库，以湖北省行名义发行兑换券，历时 11 个月。同时，该行还是经理鸦

---

① 《武汉市志·金融志》，武汉大学出版社 1989 年版，第 87 页。

片税的总账房。按照蒋介石的指令,两湖禁烟机构被改组为"军事委员会禁烟督察处",专征鸦片烟税,所得税款统统以"特税"科目存入该行。并招揽军政存款,此项存款约占存款总额的80%。该行作为"农民银行",为了装潢门面,成立初期也曾派员赴武昌、汉阳、黄陂三县指导信用合作社组建工作,并给少量贷款。另外,该行除支持地主富户、土豪劣绅开办典当外,还自办抵押贷款所(简称"农贷所"),实际上是市民、农民抵押衣物的场所,其经营方式、抵押品内容与旧式典当无二。[1]

1934年7月,中国工农红军组建北上抗日先遣队,开始突围西征;10月,中央红军撤离中央苏区,实施战略大转移,开始长征。蒋介石等对红军围追堵截,军事活动范围扩大。豫鄂皖赣四省农民银行根据"军队开到哪里,机构设到哪里"的经营方针,营业区域大幅扩展。1935年春,该行陆续设立分行15处,支行4处,办事处、分理处及农贷所数十处,大大超出了豫鄂皖赣四省范围,银行名实不符。同时,蒋介石因调集全国军队大范围追"剿"红军,军费开支大幅增加,四省农民银行太小,扩大规模,在所必然。

1935年4月1日,蒋介石将四省农民银行扩大改组和更名为中国农民银行,额定资本1000万元,实收750万元,由国民党政府财政部和各省市政府分别认股,徐继庄继续担任总经理。[2] 该行除经营一般银行业务外,还享有发行"兑换券"、"农业债券"和"土地债券"等特权。在徐继庄的大力扩充下,该行迅速膨胀,1937年已有分支机构87处,总行亦由汉口迁往南京,成为国民党政府国家资本第四大银行。

按照1935年6月4日公布的《中国农民银行条例》,该行宗旨

---

① 《武汉市志·金融志》,武汉大学出版社1989年版,第86—87页。
② 因郭外峰病故,徐继庄已于1934年7月接任四省农民银行总经理。

为"供给农民资金,复兴农村经济,促进农业生产的改良与进步",冠冕堂皇。实则同豫鄂皖赣四省农民银行一样,首要目的仍是为蒋介石筹集军费,"围剿"和镇压工农红军。直至1936年,该行的主要活动一直是调运军饷,购买军粮,发行钞票和参与鸦片专卖以充军费。其钞票发行,不仅数额迅速增加,从1933年的200余万元增至1935年的3000万元,而且从不考虑和依法报告发行准备。因此,这年11月实行币制改革时,李兹·罗斯不同意将该行钞票列入法币,徐继庄只得求助于蒋介石。财政部鉴于该行没有无限制买卖外汇以维持币值的能力,但慑于蒋介石的威势,只好采取折中办法,即该行不作为法币发行银行,但其钞票可"与法币同样使用"。因而法币推行后,该行继续并进一步扩大纸钞发行,至1937年6月,发行额已达2.08亿元。同时,该行一向积极参与鸦片专卖,经手鸦片买卖收入,其利润每年高达2亿元,供蒋介石挹注军费。①

　　中国农民银行同其前身豫鄂皖赣四省农民银行一样,不是一个普通的金融机构,只从事一般的银行和金融业务,而是负有"围剿"和镇压工农革命、扶持和壮大封建地主势力、恢复和强化国民党政权阶级基础的政治使命,全力推行蒋介石军事"围剿"的"安抚"政策。蒋介石认为,军事进攻必须辅之以经济上的安抚,对地主富农发放救济贷款,以"安定人心",即所谓"本军事三分政治七分之主旨,念农业之复兴,首在救济农村经济"。财政部钱币司司长徐堪在该行的"训词"中说,中国农民银行"不仅须发展本身业务,更要协助政府,推行国策,伸入农村,宣扬主义,以防止异党思想在农村活动"。中国农民银行"应致力防止阶级斗争,实现永久

---

　　① 参见许涤新、吴承明主编:《中国资本主义发展史》第3卷,人民出版社1993年版,第81页。

和平"。① 中国农民银行这种强烈的政治色彩,颇遭同行蹙额。1937年年初,随着国内政治形势的变化,财政部长孔祥熙不得不于4月对该行进行改组,自任董事长,以中央信托局局长叶琢堂任总经理,并将总行迁往上海,开展农贷,以使其名实相符。

国民党政府国家银行和金融体系,除中央、中国、交通、中国农民"四行"外,还有邮政储金汇业局、中央信托局"两局"。

中国邮政原来已办有汇款和储蓄业务。早在1898年,大清邮政为同民信局竞争,即已开办汇兑业务;1919年又开始兼办储蓄存款业务,邮政局门口增挂"邮政储金局"招牌,柜台单开储蓄窗口,邮政总局设储金股,会计另设储金专账,储金业务所需的各项开支按比例摊分,然后拨还邮局,但汇兑业务未设专门账户。1929年时,全国通汇的邮政局所已有2374处,全年开发汇票总额达1.3亿元,邮政部门兼办的汇兑储蓄业务已经伸展到全国各地,储汇成为邮政重要财源之一。这年,邮政总办刘书蕃出席伦敦国际邮政会议期间,代理总办林实以汪精卫和改组派张群为靠山,勾结邮政工会中的黑帮,猛烈抨击刘书蕃。刘见势不妙,使用"金蝉脱壳"手法,呈请交通部将储金和汇兑业务从邮局分离出来,另立储金和汇业局。刘书蕃的呈请与国民党政府建立和扩充国家银行资本的策略不谋而合。1930年1月,邮政储金汇业总局在上海正式成立,直属交通部,刘书蕃任总办(后改称局长)。储金和汇兑业务与邮政脱钩,但人员和机构不变。1931年,国民党政府政务院公布《邮政储备金法》和《邮政国内汇兑法》,又设上海、南京、汉口等三个邮政储金汇业局。邮政储金汇业总局的主要业务是开办各

---

① 中国人民银行金融研究所编:《中国农民银行》(油印稿),转见许涤新、吴承明主编:《中国资本主义发展史》第3卷,人民出版社1993年版,第81—82页。

种形式的储蓄、汇兑、放款、贴现,购买公债或库券,经营仓库,办理保险等,无异于银行。并规定一切政府款项,凡中央、中国、交通三行未设有分行的地点,均由储汇局转饬当地邮局办理。

储汇从邮政分立后,邮政即由盈转亏,导致邮政员工不满,一度发生罢工风潮。为此,国民党政府一度将邮政和储汇重新合并,1932年,邮政储金汇业总局改为邮政储金汇业局,隶属邮政总局,由总局副局长兼任储金汇业局局长。但合并后,情况未见好转,两者纷争依旧不断。1935年3月公布《邮政储金汇业局组织法》,将原邮政储金汇业总局和上海局合并改组为邮政储金汇业局,隶属邮政总局,将南京、汉口两局改为分局。

邮政储金汇业局利用遍布全国城乡的邮局机构及其设备,经营公私款项的储汇,成本低,收入高,盈利丰厚,业务发展迅速,1935年全国通汇局增至9500处以上,1936年6月资产达8520万元,成为国民党政府吸收大量存款和汇兑资金的有力工具。

中央信托局成立于1935年10月,总局设在上海,各地设有分局或代理处。该局系由中央银行负责筹备组建,资本总额1000万元,全部由中央银行拨付,并由中央银行总裁孔祥熙兼任董事长,张嘉璈任局长(不久改由中央银行常务理事叶琢堂接任)。该局成立时为中央银行的一个业务局,但对外独立营业。因二者关系密切,当时被称为"行局一家"。

国民党政府军费开支庞大,其中很大一部分是从国外购买军火,初由在华洋行经手,1932年孔祥熙赴欧美考察后,改由中央银行经理。但中央银行作为代理国库的国家银行,直接经理政府委托的商业事务,在体制和手续上诸多窒碍,有必要在中央银行之下,组建一个独立的信托机构,承办中央银行经理的军火购买以及其他信托事务。因此,国民党政府于1935年10月公布《中央信托局章程》,宣布成立该局。章程规定,中央信托局的业务主要是办理公有财物及政府机关重要文件契约等的保险及保管事务,经理国营事业或公用事业债券、股票的募集和发行,经收公共机关或公共团体的信托存款并代理运用,办理各种保证事项和委托代理事项等。不过更主要的业务是采购军火和垄断出口物资的收购,尤其是和纳粹德国以锑钨等稀有金属换取军火的易货贸易。该局一成立,就因拥有特权和雄厚资本,成为国内最大的信托机构,其他信托公司和银行信托部的信托业务皆受影响和排挤,被称之为"信托之霸王"。1936 年 3 月,该局又设立中央储蓄会,办理有奖储蓄。到该年年底,该局资产共值 8360 万元,储蓄会有资产 8000 万元。①

这样,到 1935 年年末,中央、中国、交通、中国农民四行和邮政储金汇业、中央信托两局(史称"四行二局"),全部创建或改组完毕。"四行二局"的产生,标志着银行和金融领域国民党国家垄断资本的正式形成,以"四行二局"为核心的国家银行和金融体系随之确立。

除了"四行二局",国民党国家银行资本还包括中国国货、农商、中国通商、中国实业、四明商储等商业银行和省县地方官办银行。

中国国货银行成立于 1929 年,总行设在上海,官商合办,官股占 40%。农商银行 1921 年设立于北京,曾获准发行兑换券。1929 年因时局影响停业,1933 年复业,改为官商合办。在上海被称为"小三行"的中国通商、中国实业、四明商储 3 家银行,在 1935 年"银行风暴"中,因发生挤兑风潮,国民党政府财政部乘机迫使其负责人辞职,随即将其改组:中国通商银行董事长由青帮头子杜

---

① 中国银行经济研究室编印:1937 年《全国银行年鉴》,1937 年 10 月初版,第 559、579 页。

月笙接替;中国实业银行交发行准备委员会接管,总经理由中央银行国库局局长胡祖同兼任;四明商储银行总经理由中央银行常务理事叶琢堂兼任。1936—1937年分别减值增资,三行原有商股每百元折合15元,即贬值85%,然后视减值后的商股数额多寡,加入官股,使其资本额全部达到400万元。[①] 经过减值增资和加入官股,三行由商办转为官商合办,且官股比重达到86.9%—91.6%,商股只剩下一个零头。[②] 于是,国民党政府对三行负责人再作调整:中国通商银行由杜月笙续任董事长,胡以庸任总经理;中国实业银行由溥汝霖任董事长,周守良任总经理;四明商储银行由吴启鼎任董事长,李嘉隆任总经理。其中吴系财政部统税署署长,胡、溥、周、李均为中央银行高级官员。1934年三行资产总额已达3亿元,加入官股1061万元后,即全部由中央银行直接控制[③],虽名为官商合办,实与完全官办无异。

省(市)、县地方官办银行,数量也明显增长。据不完全统计,如表7-13所示,1927年,全国省市地方银行为9家,资本694万元,1937年增加到25家,资本7942万元,分别增长1.8倍和10.4倍。另据不完全统计,省市地方银行的分支机构从1928年前的78处增加到1937年的464处,也增长了4.9倍。另外还有若干数量的县办银行,大部分是农工银行,其数量亦不断扩大,从1927年的9家增至1937年的27家,也增长了2倍,只是资本规模十分狭小。这些地方银行除经营普通银行的一般事务外,还承担一些独特业务,如代理省市政府发行债票和还本付息;保管省市、县属各机关及公共团体

① 参见沈雷春主编:《中国金融年鉴》,中国金融年鉴社1939年版,第B1—B13页;谢菊曾:《一九三五年上海白银风潮概述》,《历史研究》1965年第1期。

② 详见本书导言,第134页表0-1。

③ 谢菊曾:《一九三五年上海白银风潮概述》,《历史研究》1965年第1期。

的财产和资金;代理省市金库以及发行兑换券,等等。

从资本性质和结构看,国家银行资本由中央官办和地方官办两部分组成,前者是核心和主体,后者是必要的补充,是国家银行资本伸向广大农村的触角,二者构成一个完整的整体。表7-21反映了这一时期国家银行资本的发展、扩张过程和在全国银行业中的比重:

表7-21　国家银行资本及其在全国银行业中的比重

1926—1937年　　　　　　　　　　　单位:万元

年份	总计		国家资本						国家资本占总数比重(%)	
			中央官办		地方官办		小计			
	行数	资本	行数	资本	行数	资本	行数	资本	行数	资本
1926	177	23576	2	2747	18	912	20	3659	11.3	15.5
1927	171	24278	2	3243	18	1152	20	4395	11.7	18.1
1928	185	26102	3	5343	27	1718	30	7061	16.2	27.1
1929	192	27245	4	5843	26	1971	30	7814	15.6	28.7
1930	207	30019	4	5843	31	4369	35	10212	16.9	34.0
1931	215	29901	4	5843	32	3573	36	9416	16.7	31.5
1932	210	30372	4	5843	38	4908	42	10751	20.0	35.4
1933	226	31902	5	6142	42	5176	48	11318	21.2	35.5
1934	247	41910	5	15822	46	5151	52	21033	21.1	50.2
1935	254	43357	7	17823	48	5203	55	23026	21.7	53.1
1936	257	45476	8	17717	50	5704	58	23421	22.6	51.5
1937	246	48063	9	18750	52	8274	61	27024	24.8	56.2

资料来源:据表7-12计算改制。

国家银行资本在其发展过程中,有两次跳跃式的扩张:一次是

1928 年,国民党政府通过建立中央银行,参股、改制中国、交通两行,一些省市建立地方官办银行,使国家银行资本的银行和资本比重分别由上年的 11.7% 和 18.1% 上升到 16.2% 和 27.1%。另一次是 1934 年,国民党政府大幅扩充中央银行资本,由原来的 2000 万元增至 1 亿元,使国家银行资本所占比重由上年的 35.5% 跃升至 50.2%,首次超越民营资本。此后,随着中国、交通两行官股的增加和机构的彻底改组,中国农民银行和中央信托局的建立,中国通商、中国实业、四明商储 3 家银行的接收和参股改制,以及地方官办银行的增加,国家银行资本的比重进一步升高。到 1937 年,其银行达到 61 家,占总数的 24.8%,即 1/4 弱;资本总额达 2.7 亿元,占总额的 56.2%。再加上国民党政权的强制力量,国家资本在全国中资银行业中,已占绝对支配地位。

国家资本银行凭借资本优势和政策的庇护、干预,业务经营发展迅速,很快压倒和排挤了商办银行。表 7-22、表 7-23 所列,是部分年份中央及特许银行、省市地方官办银行经营状况的一些基本指标及其变化。

表 7-22　中、中、交、农四行营业状况统计

1934—1936 年　　　　　　　　　单位:万元

年份	资产总额		各项存款		各项放款		发行兑换券		库存现金	
	金额	(%)	金额	(%)	金额	(%)	金额	(%)	金额	(%)
1934	190493	44	126751	42	112176	43	40894	66	9081	32
1935	307269	56	210626	56	178317	56	67684	78	16714	40
1936	428815	59	267637	59	191385	55	127022	78	80695	75

说明:表中%,系占全国中资银行相关总数%。

资料来源:中国银行经济研究室编:1937 年《全国银行年鉴》,1937 年 10 月版,第 A44—A55 页。

表 7-23 省市地方官办银行经营状况统计

1934—1936 年　　　　　单位:万元,1934 年 = 100

年份	资产总额		各项存款		各项放款		发行兑换券		有价证券		纯益	
	金额	指数	金额	指数	金额	指数	金额	指数	金额	指数	金额	指数
1934	27947	100	15098	100	15873	100	7086	100	1129	100	365	100
1935	45681	116	25878	171	19328	122	13420	189	1621	144	602	165
1936	81125	290	31569	209	26314	166	32350	457	6019	533	1224	336

资料来源:据 1937 年《全国银行年鉴》,第 A42—A57 页相关统计综合编制。

如表 7-22、表 7-23,无论中央、中国、交通、中国农民四行,还是省市地方官办银行,存款、放款、发行兑换券以及银行资产总额,均明显增长。短短 3 年间,除放款一项外,增幅都在 1 倍以上。1935年币制改革后,由于强制收兑银币、厂条、生银、银锭及各种银块,中央、中国、交通、中国农民四行的库存现金更是猛增,在全国银行库存现金总量中的比重从 32% 升至 75%。省市地方银行的有价证券发行增幅亦大,盈利丰厚。随着业务的迅速扩张,国家资本银行各项业务指标在全国银行业中的比重进一步升高。如表 7-24 所示,1934 年,中央、中国、交通、中国农民四行和省市地方银行合计,各项存放款、兑换券发行及银行资产总额在全国银行业所占比重,已接近或超过 50%,1935 年后,已全部在 60% 以上,最高达 98%。如加上邮政储金汇业局和中央储蓄会的存款,存款所占比重当更高。这说明国家资本在全国银行业中的绝对支配和垄断地位已经确立,并不断巩固。

表 7－24　中央和省市官办银行营业状况综合统计

1934—1936 年　　　　　　　　　单位:万元

年份	资产总额		各项存款		各项放款		发行兑换券	
	金额	(％)	金额	(％)	金额	(％)	金额	(％)
1934	218440	51	141849	47	128049	49	47980	77
1935	325590	64	236508	63	197645	62	81104	94
1936	509940	70	299206	86	217699	63	159372	98

说明:表中％,系占全国中资银行相关总数％。

资料来源:据表 7－18、表 7－19 综合计算编制。

第四节　旧式金融机构的变化和衰落

　　1927—1937 年间,新式银行业在其快速发展和扩大市场的过程中,不断排挤和取代钱庄、典当,新、旧金融机构加速更替。由于钱庄、典当的生存条件、社会功能及其对新式银行业的抗衡能力互有差异,其衰退时间和情况不尽一致:在时间上,典当衰退最早,钱庄略晚。而在钱庄中,城市钱庄的衰退又早于农村钱庄。20 世纪 20 年代末 30 年代初,部分地区一度出现在城市银行取代钱庄,在农村钱庄取代典当的有趣现象。但在国民党政府实行废两改元和法币政策后,全国货币规范划一,钱庄失去了重要的生存条件,城市钱庄和农村钱庄都全面衰落。钱庄、典当的急剧衰落,从根本上说,是这些旧式金融机构由于本身的局限,无法适应市场和社会经济的发展变化。国民党政府锐意推行扶持银行业、抑制传统金融业,并按银行业统一规范整编和管理的政策,亦是重要原因。

一、城乡钱庄业的短暂维持、发展和相继衰微

城市钱庄和农村钱庄,由于所处经济环境、市场条件和面临新式银行业的挤压状况各有差异,兴衰历程和具体情形也不一样。钱庄业和银行业的发生发展,都是始于城市,而后向农村扩散,城市钱庄的发生发展和面临银行业的市场竞争挤压,都比农村钱庄早,承受银行业挤压的程度,亦远比农村钱庄严重。因此,城市钱庄业的衰落,在时间上也早于农村钱庄业。20 世纪 20 年代末 30 年代初,城市钱庄业大多因银行业的激烈竞争,早已无法维持,频频衰落,但在部分农村地区,钱庄业尚在发生发展,或处于兴盛状态,有的更一度同银行业"分庭抗礼",或与之相互补充。直到 1933—1935 年废两改元和实行法币政策,农村钱庄业才同城市钱庄业一起全面衰落,1935 年南北各省城乡钱庄数量比 1933、1934 年减少了将近一半。①

(一)城市钱庄业的短暂维持和急剧衰落

城市钱庄是中国钱庄业的主要组成部分。鸦片战争后,随着进出口贸易的扩大和国内资本主义新式企业的兴起,城市钱庄业迅速发展,19 世纪末叶达于鼎盛。进入 20 世纪,由于新式银行业的发展和竞争,军阀混战和社会动乱,市场条件和社会环境明显恶化,城市钱庄业开始衰退。

国民党政府成立初期,曾出现一段短时间的国内统一与和平

---

① 　据对江苏、浙江、安徽、福建、广东、湖南、湖北、江西、河北、山东、山西、河南、四川、陕西、绥远等南北 14 省的不完全统计,1933、1934 年分别有钱庄 1237 家和 1262 家,1935 年减至 680 家,分别减少了 45% 和 46%(中国第二历史档案馆编:《中华民国史档案资料汇编》第五辑第一编(七),江苏古籍出版社 1994 年版,第 364 页)。

环境,部分城市的钱庄业一度有所恢复,或大体维持原状。进入20世纪30年代,天灾、国难接踵而至:1931年夏秋长江特大水灾;日本武装侵略,东北沦陷;1932年"一·二八沪战"爆发;接着世界经济危机引发的经济恐慌蔓延全国,农村凋敝,工商交困,城乡经济全面衰退,城市钱庄经营困难重重,纷纷闭歇。这时,国民党政府相继推行废两改元和法币政策,全国货币规范统一,钱庄顿失源泉,各地城市钱庄业进一步加速衰落。

上海是全国金融中心,也是城市钱庄的主要集中地,该市钱庄业衰落走势,在全国钱庄业中,具有一定代表性。

上海作为全国大中银行主要聚集地,钱庄承受的银行竞争压力最大;"一·二八沪战"爆发,闸北等地工商企业毁于日军炮火,钱业市场和钱庄营业,亦遭受重大损失。同时,洋厘银拆和同业收付票据汇划清算,是上海钱庄的重要业务,借以操纵金融行市、牟取厚利的手段。洋厘是银元折合规元的行情,上海市场原来银元、银两并用,大宗交易一般以银两定价,银元付款。清咸丰七年(1857年),银元来源减少,上海金融与商界改用虚银两规元作为记账单位,银元(银洋)与规元按某种比例折算,由此形成的折算率谓之"洋厘",一般洋少厘贵,洋多厘贱。洋厘每日由钱业公会根据市场银元供需状况早午两次开出。"银拆"是钱庄同业互相拆借银两的利息,以白银1000两日息计算,亦由钱业公会根据银根松紧,每日早午两市议定息率。1933年前,市场其他资金借贷利率均以银拆涨落为转移。因"洋厘"和"银拆"的涨落受制于市场银元与银两供需,钱庄借此长期决定洋厘、银拆间的差价,操纵金融行市以谋利。1933年3月废两改元,钱业公会停开洋厘、行市,洋厘银拆随之消失,钱庄失却一大利润。上海钱庄同业结算款项,初为派员互划账簿充抵,余数现银找补。光绪十六年(1890年)成立上海汇划总会,改用公单划抵彼此收解款项。光绪二十六年(1900年)后,钱业对票据加盖"汇划"字样印章,通过公单交换,次日可用。未盖印章票据,称为"划头",可当日付现。如以汇划调换划头,须加当日"贴水"(即一天的利息)。钱庄在上海金融业的汇划清算中,一直居垄断地位。1932年12月,全市票据收付,中资银行为2.2亿元,钱庄达12.2亿元。[①] 1933年10月,中资银行票据交换所成立,不再通过钱庄汇划,钱庄在票据交换中的垄断地位也消失了。

由于上述种种原因,上海钱庄业开始走向衰落。1926年上海有钱庄87家,达到历史高峰,但从1927年开始,新设钱庄减少,歇业钱庄增多,钱庄数量逐年递减。如表7-25所示,1927—1937年的十年中,新设钱庄只16家。歇业钱庄达57家。钱庄总数从1927年的85家递减到1937年的46家,十年之间减少了将近一半。特别是从1935年开始,三年间没有一家钱庄设立,而歇业钱庄数却达19家。钱庄衰落速度进一步加快。

表7-25　上海钱庄数数量及其变化

1927—1937年　　　　　　　　　　　单位:家

年份	新设家数			歇业家数			实存家数		
	北市	南市	小计	北市	南市	小计	北市	南市	小计
1927	1	1	2	4	—	4	74	11	85
1928	—	—	—	5	—	5	69	11	80
1929	1	—	1	2	1	3	68	10	78
1930	3	—	3	3	1	4	68	9	77

---

① 《上海通志》第5册第25卷,金融,上海人民出版社、上海社会科学院出版社2005年版,第3346页。

续表

年份	新设家数			歇业家数			实存家数		
	北市	南市	小计	北市	南市	小计	北市	南市	小计
1931	4	—	4	5	—	5	67	9	76
1932	1	—	1	4	1	5	64	8	72
1933	3	—	3	6	1	7	61	7	68
1934	2	—	2	4	1	5	59	6	65
1935	—	—	—	8	2	10	51	4	55
1936	—	—	—	7	—	7	44	4	48
1937	—	—	—	2	—	2	42	4	46
合计	15	1	16	50	7	57	—	—	—

原资料注:南市四庄于1937年抗战后,已全部迁移北市。

资料来源:中国人民银行上海市分行编:《上海钱庄史料》,上海人民出版社1960年版,第260页。

上海钱庄业在衰落过程中,钱庄盈利大幅下降。一些钱庄为了生存和提高竞争力,竭力增加资本,扩大资本规模。如表7-26所示,1927—1937年钱庄从85家减至46家,减少了45.9%,资本总额不仅没有随之减少,反而从1900.7万元增至1912万元,增加了0.6%,平均每家资本额由22.4万元增至41.6万元,资本规模扩大了0.86倍。

表7-26　上海钱庄资本规模及其变化

1927—1937年

单位:元

年份	家数	资本总额				平均每家资本额
		正本	附本	共计	指数	
1927	85	16408000	2599000	19007000	100.0	223600

续表

年份	家数	资本总额				平均每家资本额
		正本	附本	共计	指数	
1928	80	15737063	1412587	17149650	94.6	224900
1929	78	15499000	3028000	18527000	97.5	237500
1930	77	16087000	3291000	19378000	102.0	251700
1931	76	16856000	3389000	20245000	106.5	266400
1932	72	17478300	3906300	21385000	112.5	297000
1933	68	20058000	1740000	21798000	114.7	320600
1934	65	18962000	1740000	20702000	108.9	318500
1935	55	17264000	2118000	19382000	102.0	352400
1936	48	15990000	2010000	18000000	94.7	375000
1937	46	17120000	2000000	19120000	100.6	415700

资料来源:据《上海通志》第5册,第25卷,金融,第3345页表改制。

然而,利润额并未随钱庄资本规模扩大而上升。表7-27显示,1936年同1926年比较,平均每家资本从21.6万元升至37.5万元,资本规模扩大了73.6%,利润额却从5.2万元减少到1.3万元,减少了75%,资本利润率从24.1%降至3.5%,还不及原来的零头,已经落到当时银行存款利率之下。[①]

表7-27　上海钱庄资本规模、盈利状况及其变化

1858—1936年　　　　　单位:千元

项目	1858	1903	1912	1926	1936
钱庄家数	70	82	28	87	48

---

①　当时上海银行存款利率约为年利7厘,放款利率为1分—1.2分(吴承禧:《中国的银行》,上海商务印书馆1934年版,第28、57—58页)。

续表

项目	1858	1903	1912	1926	1936
资本总额	1145	4592	1488	18757	18000
每家平均资本	16	56	53	216	375
利润总额		2149	884	4530	630
每家平均利润		26	32	52	13
资本利润率(%)		46.4	60.4	24.1	3.5

说明:1926年的"利润总额"、"每家平均利润"及"平均利润率"均为1925年数字。

资料来源:据王业键:《中国近代货币与银行的演进(1644—1937)》,台北中央研究院经济研究所1981年刊本,第67页计算改制。

浙江宁波、杭州两地钱庄业,1927年后曾一度维持或平稳发展,但1932年后相继衰落,一蹶不振,甚至销声匿迹。

宁波作为发展较早的外贸口岸和南北货物中转地,钱庄业兴起亦早,资本雄厚,同上海往来密切,上海不少钱庄即为宁波资本。宁波钱庄业在乾隆年间已有相当规模,光绪初年进入全盛期,并长盛不衰,1926年有大、小同行63家。

1927年后的一段时间,宁波钱庄业继续扩大,1931年达到高峰。据统计,宁波历史上有名可稽的钱庄牌号400多家,同时并存的百余家,1931年最高时达160家,其中大同行42家,资本227.09万元,小同行28家,资本77.26万元。

宁波钱庄业的衰退始发于1932年。是年"一·二八沪战"爆发,世界经济危机波及,金融危机接踵而至,钱庄业面临前所未有的冲击。1933年经济恐慌蔓延宁波,棉布、百货、糖业、药业、水产诸业,营业艰难,出现倒闭。钱庄因资力雄厚,尚能维持,1935年上市钱庄还有114家,其中大同行41家,小同行39家,现兑庄34家,存款总数约5000万—6000万元。就在这年7月,因外地倒闭钱庄与宁波庄股东有连带关系,引发钱业提存风潮,各官办银行又落井下石,以"利息优厚,责任无限"竞做广告,兜揽业务,存款纷纷被提取和转存银行,当时宁波的中国、交通等银行存款猛增一二百万、三四百万不等。提款风潮一发不可遏制,钱庄纷纷破产。7月28日至8月6日,停业倒闭的钱庄即达30家,约计资本112万元。到1936年开业时,仅存大小同行24家,现兑庄也零落无几,不及原来1/3,宁波钱业从此一蹶不振,银行起而垄断了整个金融业。①

杭州在鸦片战争前夕,钱铺已甚发达。城内有划一的钱市,逐步形成钱庄。鸦片战争后,上海、宁波开埠,杭州丝业、茶业发展较快,钱业开始成为对外贸易的重要环节。同治末,杭州建立钱业会馆,出现大同行、小同行和现兑庄三类不同的钱庄。1910年有入会钱庄59家,未入会的现兑庄和兑换店百余家。第一次世界大战期间,钱业进一步发展,钱庄继续增多。到1931年,杭州城区有大同行23家、资本69.4万元,小同行26家、资本24.7万元,现兑庄25家、资本10.17万元,合计74家、资本104.3万元。

1931年后,受世界经济危机和"九一八事变"、"一·二八沪战"影响,杭州工商企业时有倒闭,钱庄放账呆账增多,又因几家大银行陆续开办储蓄业务,钱庄资金纷纷流向银行,周转日益困难,加上废两改元和法币政策的推行,资金单薄的钱庄相继倒闭。到1936年春,杭州钱庄继续开业的只有大同行12家,小同行17家。现兑庄和兑换店因实行法币政策,已无兑换业务,全部停歇或转业。钱庄业从此骤然衰落。1937年12月日军侵入杭州前,城

---

① 财政部财政科学研究所、中国第二历史档案馆合编:《国民政府财政金融税收档案史料》(1927—1937),中国财政经济出版社1997年版,第698页;《宁波市志》(中)第25卷,金融,中华书局1995年版,第1594—1597、1600、1602—1603页。

区钱庄全部停业。①

"九省通衢"汉口,是华中地区城市钱庄业的主要集中地。北伐战争前后,汉口钱庄业遭受严重打击,后钱庄员工协力自救,钱庄业有所恢复,1931 年后全面衰退。

汉口钱庄业创始甚早,道光末年已形成独立行业,1908 年汉口、武昌分别有钱庄 110 家和 39 家。辛亥革命期间,因南下清军纵火焚烧汉口,市场被毁,绝大部分钱庄关闭,钱庄业一度衰微。民国建立后,汉口钱庄业开始恢复。第一次世界大战期间,民族工业发展,对外贸易增加,钱庄业随之扩大,1922 年汉口、武昌分别有钱庄 150 多家和 30 多家,1925 年汉口尚有钱庄 136 家,资本总额 565.2 万银元,存款总额 700 万元,加上银行拆放 1700 万元,上海钱业委托放款 1000 万元,钱庄可运用的资金达 3800 万元,汉口钱庄业达于鼎盛,被称为"钱业之黄金时代"。

1926、1927 年间,形势急转直下:先是湖北官钱票倒塌,北洋军阀强征勒索,钱业严重受挫,继而又遭帝国主义和蒋介石国民党经济封锁,津、港、沪三埠钱庄收缩在汉放款;外国银行也乘人之危,强逼还款,钱庄处境愈加艰难。1927 年 4 月武汉国民党政府"集中现金"后,钱庄庄票失掉流通作用,作为虚银两的洋例银亦因此无形废除,金融周转失灵,各钱庄相继亏损停业。当时,钱业员工为了自救,在工会支持下,以每人所获数百元至数千元的解散费为基础,相约开设小钱庄,形势开始好转。1928 年,一些钱庄重整旧业,此后两年放款逐渐恢复,汉口钱庄又回升到 100 多家。然而好景不长,1931 年后,长江大水、日本武装侵略、全国经济恐慌等接踵而至,加上废两改元、法币政策的推行,汉口钱庄业迅速衰落,1934 年汉口钱庄减至 61 家,资本总额 83 万元,钱庄数量比鼎

---

① 《杭州市志》第5卷,中华书局1997年版,第158—161页。

盛时期减少 60%，资本更减少 85% 以上。营业亦急剧萎缩，仅有存款 160 万元，银行拆放 500 万元，可以运用的资金 743 万元，还不到 1925 年的 1/5。这种趋势到 1935 年更为严重。这年上半年尚有 57 家，迨六月底，裕源钱庄倒闭，引起金融恐慌，益以严重水灾，农村凋敝，资源枯竭，法币政策推行，新创旧痕，互为因果，截至下半年，收歇者约 1/2，仅余钱庄 28 家，资本 147.8 万元，而且"均处于风雨飘摇之中，勉强支持而已"。1937 年日本全面侵华战争爆发后，汉口钱庄业务进一步收缩，如票据汇划 7 月份为 4241 万元，8 月份降至 1487 万元，到 12 月份的两个比期只有 240 万元①，还不到 7 月份的 6%，汉口钱庄业已经奄奄一息。

华北地区的重要口岸天津、青岛，两地钱庄业的兴衰变化，各有其特点，但在经过一段时间的维持和相对发展后，也都逃脱不了全面衰退的命运。

天津钱业始于明永乐年间（1403—1424 年），1853 年出现首家银号（钱庄）。第一次世界大战期间，天津钱业加速发展，"新开业的银号如雨后春笋"，但钱庄数量不详。

1927 年后，天津钱庄业的经营大致平稳，并一度有所发展。天津钱业机构名称初为钱庄、银号并用，从 1928 年起统称银号，1930 年有银号 231 家。1934 年年底 269 家，其中 65 家较大银号共有资本 419 万元，每家平均 64500 元。这些资本的来源分配是：盐商约 5%；一般商业资本约 50%；地主约 10%；银行界约 14%；

---

① 参见幼申：《如何繁荣汉口市》，《中国经济评论》1934 年第 1 卷第 3 号；武汉金融志编写委员会办公室、中国人民银行武汉市分行金融研究所合编：《武汉钱庄史料》，中国人民银行武汉市分行 1985 年印本，第 123 页；《武汉市志·金融志》，武汉大学出版社 1989 年版，第 42—50 页。

高利贷资本约 7%；军政官僚约 14%。① 1935 年，钱庄大幅减少。据调查，是年天津有银号 35 家（可能为资本较大的银号），资本 400 万元。因 1931 年至 1934 年中的银号数量及其变化不详，无法判断日本侵占东北和废两改元对天津钱庄业的影响。1935 年银号的大幅减少，则应是法币政策推行的结果。

1937 年日本全面侵华战争爆发后，工商业瘫痪，金融市场一片混乱，天津钱庄业进一步衰落。②

青岛因环境特殊，钱庄业的发展变化，有自己的特点。德国侵占青岛后，青岛金融业为德华银行所垄断，除若干小兑换店外，无中国钱业立足之地。直至 1905 年 4 月，由烟台谦益丰、顺泰两钱庄在青岛合资设立的谦顺银号开业，后成为山东官银号在青岛的代理店，与德华银行青岛分行一样经收关税，才在青岛金融市场分得一杯羹。③ 德占青岛末期，钱庄业有所发展，复诚、瑞泰、裕泰、洪顺利等大钱庄相继开设，连经营兑换的小型钱庄，共达数十家。第一次世界大战期间日本取代德国后，提倡使用日金，凡以日金向官府及税费机关缴款者，可享有 3% 的照顾，商民贪图小利，多购买日金缴款，经营兑换业务的小钱庄增多。

1922 年 12 月北洋政府接收青岛后，一些银行在青岛设立分

---

① 银行界方面，交通、大生、盐业、金城、中南、大陆、中国农工等银行经理、副理多在银号有投资入股；高利贷资本方面，早期到天津放印子钱的献县仝、萧、鲁三姓，在天津办有 8 家银号；军政官僚方面，冯国璋、王占元、宋哲元、张自忠、阎锡山、石友三、傅作义等均在天津有银号。

② 《天津通志·金融志》，天津社会科学院出版社 1995 年版，第 89—91 页。

③ 谦顺银号资本初为胶平银 10 万两，后增至 40 万两，在上海、济南、胶州等地设有分号，与当地官府亦有一定联系。后因受烟台谦益丰钱庄破产牵连而停业。

支机构,钱庄也逐渐增多。1925 年后开始有以经营存放款和汇兑业务的银号、钱庄相继开业,钱庄业继续发展。

国民党政府成立后,1929—1932 年间,青岛局势稳定,经济繁荣,钱庄业务活跃,新钱庄相继设立,钱庄业进一步扩大。这期间银行态度的改变,对钱庄业的发展有重大影响:1928 年前,青岛各银行对钱庄、银号持歧视态度,不受理钱庄、银号的支票,钱庄、银号业务受到限制。1928 年大陆银行青岛支行复业,为招徕业务,开始与钱庄、银号对存,其他银行相继仿效。从此钱庄、银号可利用银行头寸增做放款,扩大了业务经营。

青岛钱庄按资本大小和业务范围分为银号、钱庄、汇兑庄及兑换店四类:银号资本二三万元,以存放款为主(也有经营汇兑的);钱庄大者万元左右,小者数千元,除部分与外埠庄号联手经营汇兑外,多无汇兑业务;汇兑庄以经营汇兑为主;兑换店仅限银铜兑换,资本不大,营业额亦小(部分兼营日本金票买卖,营业额亦可达数十万元以上)。

1935 年,因受世界经济危机影响,青岛土产出口锐减,物价下跌,商号纷纷歇业,部分钱庄备受牵连,随之倒闭,青岛钱业衰落。币制改革后,发行集中,国家银行势力加强,加上国内汇兑划定汇率,钱庄无法再做申汇套利,营业益发困难,又有一批银号、钱庄闭歇。到 1937 年七七事变前夕,青岛银号、钱庄只剩 40 多家,钱业一落千丈。[1]

镇江、苏州、无锡、芜湖、徐州五地钱庄,有某些共同特点,均始于清乾隆、嘉庆年间,起源较早,商业和钱业都较发达,钱庄势力较雄厚,1927 年后都有一段短暂的维持和发展,从 1931 年开始衰落。

---

[1] 《青岛市志·金融志》,新华出版社 1999 年版,第 46—48 页。

镇江钱业始于道光年间兑换银钱的钱店,1861年开埠后,钱庄开始迅速发展,但几经兴替。1883年有大小钱庄60家,次年因上海金嘉记丝栈倒账风潮影响,大批倒闭,年底仅剩15家。后进出口贸易带动复苏,1906年回升到32家。1911年复因黄河、运河水灾,倒闭10余家,只存20余家。第一次世界大战至20年代末,镇江钱业再次复兴,1920—1930年多时有钱庄30余家,每家资本2万—10万两不等,全业存款3000万两左右,汇兑亦较兴旺。

1931年是镇江钱业由盛转衰的转折点。1931年苏北发生罕见水灾,80%放款成为呆账,钱庄纷纷倒闭,1932年减至9家。嗣后江滩淤涨,农村破产,商业一落千丈,钱业损失不赀。加之1933年废两改元,钱庄因失去兑换业务而根基动摇,钱业遂一蹶而不可复振,相继倒闭。1936年仅剩3家,总资本降至22万银元,"前途殊属悲观"。①

苏州钱庄业始于乾隆年间前后,1896年开埠后有所发展,清末有钱庄19家。辛亥革命后,苏州钱庄一度因时局动荡,市面萧条,金融呆滞,小半倒闭,但第一次世界大战期间很快复苏,营业兴旺。1926年后,平均每家存款100万元左右,总额达3000万元。1931年长江大水,钱业大受影响,1932年"一·二八沪战"后,苏州商市突变,存户提存,上海各银行又纷纷到苏州设立机构,竞揽存款,致使钱庄存款日渐萎缩,但大多尚能勉强维持,1932年尚有钱庄30家,资本总额48.5万两。1933年废两改元,向为钱庄业垄断的洋厘、规元、银拆行情涨落以及手续费收入(时称"进出二毫半")无形中废止。1935年实行法币政策,从此苏州钱业日趋衰

① 参见潘文安:《钱业之过去与将来》,《钱业月报》1936年1月15日第16卷第1号;1936年《全国银行年鉴》,第L86页;《镇江市志》下册,上海社会科学院出版社1993年版,第1174页。

退,至抗日战争前夕,苏州钱庄仅存 7 家①,且业务萧条,被称为苏州钱业"巨擘"的保大钱庄,旧时存款达二三百万元,现则仅有四五万元。②

无锡是江南有名的"布码头",钱业起源较早,同治八年(1869年)设立首家钱庄。光绪十四年(1888 年)后,江浙两省集中在无锡办理漕粮,年约 130 万石,堆栈业勃兴。同时,丝茧年丰,木机丝厂、机器纱布厂、机器面粉厂纷纷设立,资金融通、款项划拨需求日殷,工商人士集资开办钱庄之风甚盛,清末钱庄增至 14 家。民国初年,政局不稳,天灾频繁,粮食禁运出口,米市不兴,钱庄多有停歇,1914 年减至 9 家。旋即第一次世界大战爆发,工商繁荣,新设钱庄增多,1920 年有钱庄 21 家。同年成立钱业公会。

1927 年后,无锡钱庄业一度继续发展。1930 年增至 25 家,规模亦有所扩大,每家资本增至五六万元。虽然新式银行业加速兴起,但钱庄在金融业仍占主要地位。1931 年银钱贷款 2200 万元,其中钱庄 1400 万元,占总数的 63.6%。不过就在这时,无锡钱庄业由盛转衰。1932 年,钱庄减少到 18 家,资本总额 122 万元,全年营业额 1335 万元。1933 年废两改元,钱庄再减至 12 家。到1937 年,只剩 7 家,无锡钱庄业自此没落。③

芜湖钱庄业始于嘉庆年间,道光年间有钱庄 10 余家,业务由单一放款扩大到存放款。1877 年开埠后,钱业加速发展,业务扩大。1894 年后钱庄达 20 多家,业务由本埠延伸到埠际汇划,以米款为大宗,年进出达 1300 万两。清末以米市为龙头的商业发展迅速,钱业进入高峰,钱庄增至 30 余家。

---

① 《苏州市志》第 2 册,江苏人民出版社 1995 年版,第 997—999 页。
② 《申报》1936 年 6 月 25 日。
③ 《无锡市金融志》,复旦大学出版社 1996 年版,第 45—46 页。

　　民国初年,因政局动荡等原因,芜湖钱庄停歇殆尽,仅存 1 家。第一次世界大战期间,芜湖钱庄业面临新的形势:一方面,工商业兴盛,为钱庄业的恢复和发展提供了机遇;另一方面,芜湖银行业兴起,钱业竞争和市场压力加剧。1913 年后,中国银行(1913 年)、交通银行(1914 年)、邮政储金局(1919 年)相继在芜湖开业,并获得长足发展。面对银行业的强力竞争,钱庄业不甘示弱,凭借百年经营的稳固基础和数量优势,一度与之分庭抗礼。1921 年,钱庄又增至 30 余家,进入第二高峰。然而,银行势力越来越强大,1925 年芜湖首家商业银行——安徽银行开业;1929 年中央银行在芜湖设立支行;豫鄂皖赣四省农民银行、安徽商业储蓄银行、上海商业储蓄银行亦相继在芜设立分支机构。钱庄业再也招架不住,到 1931 年,钱庄纷纷倒闭或停歇,年底仅剩几家。1933 年废两改元,禁止银两流通,规定银元为通货,钱业失去银两银元兑换牟利的生财之道,剩下各庄大多亏损或盈利甚微,纷纷停业或转业,1934 年只剩 10 家,而这 10 家中,仅三四家有商业上之交易。至 1936 年仅存 4 家。1937 年 12 月,各庄停歇避离,芜湖钱业绝迹。①

　　徐州钱庄前身为钱摊,始于清代嘉庆年间。清末有钱庄 2 家。民国初年,金融交易较为活跃,钱业繁荣。嗣后军阀割据,政局不稳,市面萧条,钱庄业务清淡,加之内部组织不健全或经营不善,大多亏累,1921 年前后,或自动停业,或被政府勒令停业,至 1926 年,仅存 2 家,钱庄业急剧衰败。

　　1927 年经济复苏,徐州银号兴起,钱庄亦复呈上升趋势,出现钱庄与银号并存的局面。1931 年,徐州有钱庄 6 家,银号 6 家。但钱业平稳发展的局面维持时间不长。1931 年后,徐州部分钱

---

　　① 《芜湖市志》下册,社会科学文献出版社 1995 年版,第 909 页。

庄、银号及大商号发行钱票,流通市面,旋即失控,引发挤兑风潮,其中以 1933 年 11 月 11 日的挤兑影响最大,导致 3 家钱庄(银号)和 4 家商号相继倒闭,其他钱庄、银号亦失去信用,加上废两改元和水灾影响,到年底大多歇业,徐州钱庄业从此没落。①

重庆、万县地处西南长江上游,钱庄业兴起较晚,发展时间较短,经营管理亦不规范,往往以投机牟利为业。倒闭、衰退也多是投机失败的结果。

重庆自 1891 年开埠后,钱庄开始兴起。随着四川同沿海城市的商贸日趋发展,钱庄积极从事上下货帮的存放款和汇兑业务,钱业获得初步发展。但因四川军阀的兴起,钱庄的正常业务和发展被打乱。1917 年后,四川各派军事集团及其将领纷纷设立钱庄、银号,发行纸币,筹措军饷,敛财自肥,自此各种灾难不期而至。1928 年前后,成都钱庄、银号因受"厂杂"②、"执照"③、"挤兑"等金融风潮影响,多数倒闭歇业;二刘(刘湘与刘文辉)之战(1932 年)后,成都只

---

① 《徐州市志》(上)第 35 卷,中华书局 1994 年版,第 1303 页。

② 1927 年四川军阀在各防区滥铸半元"厂杂版"劣质银币,充斥市面,商民拒用,币值狂跌。10 月,遂宁驻军规定,厂版 9 折、杂版 5 折行使;11 月,三台驻军宣布,汉字半元一律 8 折使用,私铸劣币概予拒用。消息传开,川西、川北各县"厂杂"半元大量流向成都,抢购各种商品,商店关门拒售,交易停顿,形同罢市,人心恐慌,形成"厂杂版"半元风潮(《四川省志·大事记述》中册,四川科学技术出版社 1999 年版,第 104 页)。

③ 1923 年前后,聚兴诚银行曾在成都市面发行几种定额执照票(无息存单),因该行讲求信用,执照流通情况良好。而"厂杂版"半元银币既多且滥,银钱交收,时起纠纷。银钱业、商号为避免纠纷,采用"执照"方式,记明大洋、厂版、杂版往来数量,作为结账凭证。"执照"遂成变相纸币流通。四川军阀见"执照"走红,在所办银行、钱庄大肆发行没有任何准备金的定额执照票,引发重大金融灾难(《四川省志·大事记述》中册,四川科学技术出版社 1999 年版,第 98 页)。

存钱庄 20 余家,比原先减少 30 余家,重庆亦受牵连。1933—1934 年重庆接连发生"汤"字号连锁倒闭①和石建屏赌申汇倒账等金融风潮,到 1935 年,也仅存 16 家,减少 2/3。②

万县钱庄源于换钱铺或商号,1902 年后,随着外商洋行、华商商号相继设置,钱庄业亦有所发展,1914 年有钱庄 13 家。但维持时间不长,1918 年后,军阀混战,万县经济衰退,钱庄逐渐没落。1925 年万县开埠通商,到 1931 年后又有所发展。1933 年申汇上涨,钱业获利丰厚,钱庄数量猛增,1934 年达 40 余家。但这种虚假繁荣转瞬即逝,是年 4 月,申汇狂涨,许多钱庄因赌汇失利,资金周转不灵,连续倒闭 31 家,仅存 15 家。1935 年年底,境内钱庄全部停业。③

福州、厦门以及海州(连云港)、济南、烟台、周村等通商口岸,钱庄业也都全面衰落。

福州 1933 年有钱庄 28 家,到 1935 年年末只剩四五家;厦门 1931 年时,有名可稽的钱庄达 107 家,1933 年陡降至 56 家,1934 年只有 47 家,1935 年又倒闭 4 家。④ 连云港自 1933 年起,因中央银行、交通银行、中国农民银行、江苏银行以及金城银行等相继设

---

① 1932 年 8 月底,重庆金融、商业巨子汤子敬父子所开民记钱庄受汉口昌和烟土公司倒账影响,首先倒闭,受牵连的汤字号钱庄、大成、同生福、正大永、峤源等共 8 家,随之倒闭。与汤字号往来较多的诚大、鼎盛、同丰等钱庄、商号,亦受牵连而歇业。汤字号钱庄、商号占重庆经济实力 1/3,这次连锁倒闭给全市进出口、商贸市场造成混乱和紧张(《四川省志·大事记述》中册,第 136 页)。

② 《四川省志·金融志》,四川辞书出版社 1996 年版,第 56 页。

③ 《万县志》,四川辞书出版社 1995 年版,第 374 页。

④ 参见工商广告社编:《厦门工商业大观》,厦门工商广告社 1932 年版,第五章第 2—4 页;《全国银行年鉴》1934 年第 10 章、1935 年第 12 章;潘文安:《钱业之过去与将来》,《钱业月报》1936 年 1 月 15 日第 16 卷第 1 号。

立分支机构,大部分钱庄业务减少,入不敷出,纷纷裁减人员,走向衰退。继 1932 年 4 家停业后,1933—1935 年 3 年中,又有 14 家钱庄先后撤庄停业,只存阜祥、厚康等 3 家钱庄。[①]

山东济南,钱业向称发达,1914 年有钱庄 40 家,1926 年达 103 家,当时全市金融悉由银号钱庄及地方银行支配。1927 年张宗昌督鲁,继以 1928 年"济南惨案",市面不靖,钱庄纷纷收缩,迫 1929 年后,虽银钱号逐渐复业,但资本微弱的庄号早已淘汰殆尽,1933 年全市仅剩钱庄 27 家。烟台在青岛被德、日占领时代,系鲁东金融重心,钱业以汇兑庄为主,势力远达东北。自"九一八事变"后,东北汇款来源断绝,商业复形萧条,钱业受其影响,一落千丈。

周村,钱业始于清初,光绪年间已颇兴盛。至 1918—1919 年间,有钱庄 100 家,进入最盛时期。此后丝市萧条,钱庄渐趋减少。至 1933 年,减为 58 家。1935 年币制改革以后,钱庄之拨码亦奉令取消,营业更为惨落,部分停业,部分改营他业,到 1936 年,全市钱庄仅存 37 家。[②]

近代城市钱庄大部分集中在沿海或内陆通商口岸,也有部分非通商口岸城市,钱业较发达。有的不仅本身钱庄实力雄厚,而且是某些通商口岸钱庄业的主要投资者。这些城市钱庄业的发展和变化趋势,也与通商口岸大体相同。扬州、绍兴、长沙、桂林钱庄业的发展、兴衰,带有某种代表性。

---

① 江苏金融志编辑室编:《江苏典当钱庄》,南京大学出版社 1992 年版,第 217 页。

② 国民党政府实业部国际贸易局编纂、发行:《中国实业志·山东省》第七册,1935 年版,第 31—33（癸）页;中国银行总管理处经济研究室编:1936 年《全国银行年鉴》,中国银行总管理处经济研究室 1936 年版,第 M19 页。

扬州位于京杭大运河与长江交汇处,是历史上有名的水陆交通枢纽和盐运中心,有"雄富冠天下"的美誉。扬州钱庄业起源甚早,唐代即有"柜坊",明万历年间,随着盐业产销和商品市场的扩大,办理货币出纳、兑换、存储、结算业务的钱庄业开始兴起,并日渐增多。此后数百年间,几经兴替。

清光绪年间,扬州钱庄业盛极一时。辛亥革命后,因扬州盐商纷纷迁往上海,两淮盐务机关改设南京,通泰两属淮北、西坝各设转运所,扬州不再是两淮盐运中心,行盐中断,市面萧条,金融阻滞,7大钱庄全部闭歇,其余中小钱庄亦相继停业。后官商合力恢复两淮盐运秩序,多数盐商陆续返扬,盐运又有起色,钱庄陆续复业。1920—1923年,因盐业需款倍于往昔,钱庄盈余甚丰,其数量由原来的14家猛增到31家,资本达60.8万元。

北伐战争时期,因时局变动,扬州钱庄又一度不振,1927—1928年,13家钱庄相继闭歇。到1929年,疮痍稍为平复,钱业渐趋平稳,部分钱庄次第复业,钱庄回升至20余家,外有钱铺(兑换店)187家。1931年后,扬州钱庄业再次衰落,1933年钱庄减至17家。同年4月,因废两改元,钱庄失去洋厘兑换差价,逐渐凋零,1935年仅剩7家;同年6—7月,又有4家钱庄相继倒闭,到1937年4月,仅存3家,不久也在扬州沦陷前全部停业。[①]

浙江古城绍兴,不仅钱业发达,而且是杭州、上海钱庄资本的主要来源地。绍兴钱庄业起源时间不详。19世纪末,绍兴钱业颇为活跃。辛亥革命前后,受政局影响,部分钱庄闭歇,钱庄减至20余家。后市面复苏,钱庄业迅速恢复、发展,并向杭州、上海扩张,绍兴、杭州、上海三地钱庄,相互投资,互为连枝。

---

① 《扬州市志》中册,中国大百科全书出版社上海分社1997年版,第1885—1886页。

1917 年杭州钱业股东和资本，绍兴帮分别占 45% 和 42.9%；1921 年上海 69 家钱庄中，绍兴帮占 38 家，1933 年上海 72 家钱庄中，绍兴帮占 37 家。

1927 年后的一段时间，绍兴钱庄业仍有发展，并向乡村延伸。1932 年绍兴城区有钱庄 51 家，按资本有大、中、小同行区分，大同行 29 家、中同行 3 家、小同行 19 家，一般大同行资本 3 万—6 万元，中同行 1 万—2 万元，小同行万元以下。绍兴乡下各集镇均有钱庄，其中安昌镇多达 8 家。

正当钱庄业不断扩大之际，1931 年"九一八事变"后日本侵占东北，对绍兴工商业和金融业都是一个沉重打击，钱庄业自此由盛转衰。东北沦陷，绍兴经济每况愈下，茶叶、丝绸、老酒、锡箔等产品内销不畅，外销停滞，市场萧条，商店倒闭时有所闻，放款难收，倒账日增，钱庄陷入困境。同时随着银行的不断发展，银、钱两业竞争加剧。在绍兴银行业兴起初期，钱庄虽然一度在竞争中占优，1934 年绍兴交通银行曾在营业报告中称："银行之兴起，正复未穷；同业之竞争，势却愈烈，而绍兴金融掌握，尚在钱业。盖历史久远，有以致之。"是年银、钱两业，仍以钱业致利最丰。① 但这种状况持续时间不长，随着银行业的不断壮大，钱庄业务大批向银行转移。加上废两改元和法币推行，钱庄数十年间赖以获利的划洋虚元本位制从根本上开始动摇。1936 年交通银行营业报告称，"自币制改革后，银行以法币为单位，钱庄仍以'绍洋'为基本法币，取款时除贴现外，更取手续费，各业遂与银行往来，钱业无现币交易，业务受一大损失"。各银行又以其地位和优势，相继开办储蓄业务，大量吸收存款，钱庄资金来源日趋缩小，开始全面衰退。及至

---

① 《绍兴市志》第 19 卷，金融，浙江人民出版社 1996 年版，第 1323 页。

日本侵占绍兴,钱庄进入停顿状态,仅存的 25 家钱庄,也全部闭歇。①

长沙钱业始于咸丰,初为小钱摊,同治末年,一些湘籍退职官吏热衷钱业,开始出现资本雄厚的大钱庄。1905 年有钱庄 59 家。民国初年,虽然银行兴起,但钱庄经营灵活,业务状况优于银行。1918 年,因湖南银行倒闭,受到冲击,20 余家钱庄歇业。但后又逐渐恢复,1929 年发展到 86 家,处于鼎盛时期,其中春茂、谦和、万裕隆、裕顺长 4 钱庄资金雄厚,信誉好,被称为"四大金刚"。1933 年后,因废两改元和法币政策的推行,钱庄经营范围日窄,业务下降,明显衰落。②

桂林是广西钱庄业的重要集中地,钱业起源早,规模大。清道光年间,山西票号在桂林设有日升昌等 4 个分号,另有江西、福建、广东、广西人开的银号、钱号。光绪初年桂林最大的钱庄罗义昌,据称有资本银 200 万两。清末民初,桂林银号和钱庄最多时达 40 多家。后银行兴起,钱庄业由盛转衰。1932 年广西银行桂林汇兑所开业后,银号、钱庄被排挤,大多歇业。1936 年 2 月省政府公布《广西省经营银钱业号暂行章程》12 条,规定开设银号须足资 10 万元,并经省府核准。银号、钱庄数量再度下降,钱庄业全面衰落。③

上述南北大小城市,经济环境、市场条件互有差异;钱庄业起源年期早晚不同,存在和发展时间有长有短;发展历程和兴衰起伏,多不一致,但 1927—1937 年的发展趋势,则基本一致:以 1931

① 《绍兴市志》第 19 卷,金融,浙江人民出版社 1996 年版,第 1322—1323 页。

② 《长沙县志》,生活·读书·新知三联书店 1995 年版,第 512 页。

③ 《广西通志·金融志》,广西人民出版社 1994 年版,第 57 页。

年为界,明显分为两个阶段,1927—1931 年前后,城市钱庄业曾有一段短暂维持或缓慢发展,从 1931 年年末 1932 年年初开始,相继衰落。这种衰落并非一时一地,亦非个别城市,而是整体的、全面的衰落。到 1937—1938 年,大部城市的钱庄业全面崩溃乃至完全消失。1931 年"九一八事变"和日本侵占东北,1933—1935 年废两改元和法币政策的相继推行,导致城市钱庄业全面衰退,而 1937 年日本全面侵华战争的爆发,宣告城市钱庄业的全面崩溃和彻底毁灭。

这一时期全国城市钱庄的数量、资本规模及其变化,缺乏系统、全面和准确的统计。仅有部分城市和少数年份的不完整数据。表 7-28 反映的是 1933—1935 年上海等 13 城市的钱庄数量、资本规模及其变动:

表 7-28　上海等 13 城市钱庄数量、资本规模及其变动情况

1933—1935 年　　　　　　　　单位:万元

城市名称	1933			1934			1935		
	钱庄数量	资本规模		钱庄数量	资本规模		钱庄数量	资本规模	
		资本总额	每家平均		资本总额	每家平均		资本总额	每家平均
上海	72	2042.2	28.4	57	1882.6	33.0	48	1800.0	37.5
北京	10	70.0	7.0	12	79.0	6.6	9	65.0	7.2
天津	51	364.5	7.1	51	364.5	7.1	53	386.5	7.3
汉口	44	269.6	6.1	44	269.6	6.1	28	166.0	5.9
重庆	18	149.0	8.3	19	458.3	24.1	13	84.0	6.5
杭州	34	62.3	1.8	34	62.3	1.8	30	60.6	2.0
宁波	67	347.0	5.2	60	325.0	5.4	40	112.0	2.8
南京	13	15.9	1.2	12	17.4	1.5	6	13.0	2.2
广州	144	328.1	2.3	54	215.4	4.0	80	288.9	3.6

城市名称	1933			1934			1935		
	钱庄数量	资本规模		钱庄数量	资本规模		钱庄数量	资本规模	
		资本总额	每家平均		资本总额	每家平均		资本总额	每家平均
厦门	56	328.1	5.9	47	392.5	8.4	47	392.5	8.4
太原	51	258.9	5.1	28	138.5	4.9	28	138.5	4.9
烟台	59	61.1	1.0	26	38.6	1.5	26	38.6	1.5
长沙	95	147.1	1.5	40	110.2	2.8	40	110.2	2.8
合计(1)	714	4443.8	6.2	484	4353.9	9.0	448	3655.8	8.2
合计(2)	324	2952.2	9.1	214	2977.7	13.9	196	2362.9	12.1

说明:1.1935 年的统计数字截至 2 月底。

2. 上海钱庄为汇划庄,未包括其他类型钱庄。

3. 原资料天津、汉口、杭州缺 1933 年统计;厦门、太原、烟台、长沙缺 1935 年统计。为便于综合比较,分别以 1934 年的数字代替。

4. 合计(1)系根据 13 城市资料综合计算;合计(2)是剔除天津、汉口、杭州、厦门、太原、烟台、长沙等 7 城市后的综合计算结果。

资料来源:据《全国银行年鉴》1934 年第 10 章、1935 年第 12 章、1936 年第 11—18 章有关资料计算、编制。

表 7 - 28 中统计显示,1933—1935 年间,除了天津,各城市的钱庄数量均逐年递减,13 城市合计,从 1933 年的 714 家减至 1934 年的 484 家,再减至 1935 年的 448 家,短短 3 年间减少了 37.3%,幅度惊人。资本总额也在下降(降幅为 17.3%),只是幅度相对较小。资本规模一度有所扩大,但到 1935 年亦开始缩小,比上年缩小 9%。这是城市钱庄业全面萎缩、衰退的重要标志。

因部分城市钱庄统计系相邻年份数字替代,所得结论可能同实际存在偏差。如将这部分城市剔除,资料较完整的上海、北京等 6 城市,钱庄业变化的基本趋势和 13 城市大体一样,只是幅度略有差异。其中钱庄数量减少40%,资本总额减少20%,1935年的资本规模比上年缩小13%,均大于13城市,更加显示城市钱庄业衰退的严重程度。

另外,表7-28中1935年的统计,系截至2月底,未能反映3月份以后特别是11月法币政策实施后的情况。大量资料显示,法币政策对钱庄业的冲击更甚于废两改元。如前述汉口、天津钱庄在法币政策推行后,约减少了一半;镇江、苏州、绍兴在法币政策推行后,钱庄业加速衰退;宁波也在7月底8月初的提款风潮中,30多家钱庄相继倒闭,约计资本112万元;天津有报道称,1934年有20多家钱庄"搁浅"[①],1935年调查的钱庄数为35家,而表中为53家,同1934年比较,不仅未减,反而增加2家,难以置信。据此,1935年钱庄业的衰退程度,肯定比表中反映的情况要严重得多。

1931年后,城市钱庄业作为一个行业出现的整体衰落,是多种原因造成的,除了"九一八事变"、"一·二八沪战"、长江大水灾、经济恐慌与金融危机、银行业的迅速发展和日益激烈的市场竞争,国民党政府在金融领域中实行的一系列政策,如《银行法》的制定和公布,废两改元、法币政策的实施等,也是重要原因,而且是更深层次的原因。纵观1927—1937年10年间国民党政府金融政策的核心,就是要建立一个由国家控制的金融体系。成立中央银行、改组中国和交通银行、建立以"四行二局"为中心的银行体系,以及颁布《银行法》,实施废两改元和法币政策等,无一不是围绕此中心金融政策而展开。处于这一时代背景下的近代钱庄业,其角色定位的改变势所必然。由于其自身具有的特点如分散性、隐秘性、资本薄弱和组织落后等,被南京国民政府打入另册,改造收

---

① 潘文安:《钱业之过去与将来》,《钱业月报》第16卷第1号,1936年1月15日。

编后纳入国家控制的金融体系,成为被银行业控制、进而被国民政府控制下的金融业的一个组成部分,就成为不可避免的结局。这种金融政策下新的角色定位,是直接导致这期间钱庄业整体、快速衰落的关键性因素。①

(二)农村地区钱庄业的起源、兴衰和资本经营

农村钱庄在近代农村旧式金融业中占有重要地位,并同城市钱庄和城市金融业紧密相连,是全国钱庄业和金融业的有机成分。

钱庄业的发展和兴衰,农村和城市之间有一个"时间差"。19世纪下半叶,当城市尤其是通商口岸的钱庄业蓬勃发展时,在农村大部分地区尚无钱庄;20世纪初,当城市钱庄业被银行排挤、取代,开始走向衰落时,农村钱庄却在排挤、取代典当,正处于发展高峰,在某些地区甚至一度与银行分庭抗礼。进入30年代,东北沦陷,华北被蚕食,银行不断向农村扩散,币制改革全面推行,农村钱庄也同城市钱庄一样,急剧衰落,不少地区完全消失。

农村钱庄在资本经营方面亦有其特点。农村钱庄有官(军)办、官(军)商合办、商办等多种形式,以商办为主。资本相对薄弱,经营规模、范围较为狭小,经营管理亦不如城市钱庄规范、专业。农村钱庄多由地主、豪绅、商号开办或兼营,大部分兼营或主营农产品收购、加工、贩运和其他商贸业务;无论金融和商贸活动,投机、欺诈成分较大;相当一部分地区的钱庄带有浓厚的封建高利贷色彩。农村钱庄有其明显的局限性,但它在近代农村金融业从民间传统合会、典当高利贷向新式银行、信用合作社的发展过程中,留下了自己的脚印,在调剂、融通农村资金,促进乡村农业、手

---

① 参见朱荫贵:《抗战前钱庄业的衰落与南京国民政府》,《中国经济史研究》2003年第1期。

工业发展和商业流通,以及城乡交流方面,发挥了一定的作用。

1. 农村钱庄的起源和兴衰

农村钱庄同城市钱庄一样,最初也是源于货币兑换。

清代尤其是近代时期,一方面,市场流通的货币种类、质量、重量、规格、计算单位,以及流通区域限制,日益繁复、紊乱;另一方面,随着列强的入侵和进出口贸易的扩大,农村商品经济和商业流通加速发展,区域间经济联系日益加强,人们的社会交往和经济活动范围不断扩大。在这种情况下,货币兑换的社会需求日渐旺盛,兑换活动越来越频繁,从事货币兑换的人数不断增加,逐渐成为一种行业。一些地区开始出现专门替人进行银钱兑换的"钱挑子"、"钱担子"、"钱摊子"、"钱匣子"、"钱桌子"。这是一些地区早期农村钱庄的萌芽。

货币兑换在各个地区有不同的称谓和习惯。贵州在宋、元后,货币兑换业已开始萌发,近代时期更加兴盛。经营者最初用绳索串成"钱串"搭在肩上,往来于县城和集市,或走街串巷,巡回兜揽,兑换对象以四郊农民为主。其后改在路边摆设"钱摊",置条桌一张,有"钱板"数块,板上按银元、银辅币及铜元大小,凿成半圆形凹槽,以装铸币,代人兑换,称之"吃措钱"。① 晋人擅于经商,银钱兑换业的产生亦甚早。山西一些小城镇,明中叶后即已成为大小市场的所在地,由此吸引一部分商人专门从事银钱兑换业。早期的银钱兑换机构叫"钱桌"或"钱铺"、"钱肆"。清乾隆年间,孝义、平遥等地,钱铺、钱摊"遍及城乡"。② 四川在清末民初时,各

---

① 参见《贵州省志·金融志》上卷,方志出版社 1996 年版,第 83—84 页;《修文县志》,方志出版社 1998 年版,第 821 页。

② 《山西通志·金融志》上编,中华书局 1991 年版,第 35—36 页;《孝义县志》,海潮出版社 1992 年版,第 426 页;《平遥县志》,中华书局 1999 年版,第 406 页。

地银钱兑换和银两倾销行业都相当发达。光绪、宣统年间，巴县、成都城乡的钱铺、钱摊多达三四百家。永川县属，清末民初因商业繁荣，而交通不便，土匪猖獗，进出口商所收的银元、铜元必须换成美丰银行的兑换券或粮契税券，以便携带，钱摊曾旺盛一时。到1925年，全县还有钱摊20余家，大的有铺面，小的仅一桌一椅，一个铁丝网笼子，上层放置钞票、银元、毫洋之类，下层放着各种铜钱或小钱，既轻便又安全。①

其他各地都有银钱兑换业。广东中山，光绪年间有"钱台"，以收买白银、铜钱，兑换双毫、大洋、铜仙、外币为业。② 河南鲁山，1897年后，有的集市设有"银钱桌"，买银卖银，兑换货币，从中赚取回扣。③ 江西萍乡安源，1903年开始出现"钱担子"，外形为二尺五六寸高、一尺五六寸见方的两个立柜，专门从事整换零或零换整的银钱兑换。④ 湖南湘乡县城和永丰、娄底、谷水、杨家滩等较大的市镇，民国初年有俗称"钱贩子"的现钱经纪，从事钱币兑换。⑤

在兑换业的运行和发展过程中，钱桌、钱摊、钱挑子等，通过银钱兑换赚取佣金、差价和利润，逐渐增加资本，扩大营业规模与范围，在银钱兑换之外增加存款、放款、汇兑等业务，部分钱桌、钱摊、钱挑子由此发展和演变为钱庄。

四川、贵州早期钱庄、银号多从换钱业、倾销店发展、演变而来。四川忠县、资中分别在1904年和民国初年开始出现的"换钱

---

① 《四川省志·金融志》，四川辞书出版社1996年版，第55页；《永川县志》，四川人民出版社1997年版，第511页。

② 《中山市志》，广东人民出版社1997年版，第1008页。

③ 《鲁山县志》，中州古籍出版社1994年版，第559页。

④ 《萍乡市志》，方志出版社1996年版，第668页。

⑤ 《湘乡县志》，湖南出版社1993年版，第515页。

摊",后来有的扩大营业,开展存放款业务,从钱摊演变为钱庄,忠县还成立了"钱业公会"。贵阳南门的一家开设于1899年的银钱兑换铺,在1923年扩大规模,经营存放款和汇兑业务,并改称"钱庄"。① 山西在道光后,一些本钱较多的钱桌、钱铺、钱肆,都相继发展为钱庄。② 福建龙溪、海澄一带,清末有专营银毫、铜钱兑换的"钱柜子店"。进入民国,市面纸币、铸币相间流通,货币兑换业务减少,钱店受到冲击,钱柜子店或停闭,或转营钱庄、银号,于是出现了首家钱庄。③

山东阳信,钱业机构在清末称"钱桌",民国初年改称"钱铺",后又改称"钱庄"或"银号"。④ 江西新淦钱业商,清末称"钱桌",民初称"钱铺",后来逐渐改称"钱号"或"钱庄",并按规模大小和业务范围分为汇划庄、钱号、零兑庄三等。⑤ 名称的改变,从一个侧面反映了从钱桌到钱铺、钱庄的发展、演变过程。

资料显示,钱摊、钱铺是钱庄的先驱和萌芽,许多地区最初的钱庄,大都由钱摊、钱桌、钱挑子、钱铺、钱店等发展演变而来。农村钱庄产生后,各地发育程度和发展水平,高低不一,大体有三种情况:

第一种情况,钱庄业发展到了较高水平,钱摊、钱桌等初级形态的金融机构已被钱庄取代,全部退出了历史舞台,甚至在近现代文献中,已不见踪影(抑或该地钱庄并未经过钱桌、钱摊的发展阶

---

① 《四川省志·金融志》,四川辞书出版社1996年版,第55页;《忠县志》,四川辞书出版社1994年版,第320页;《资中县志》,巴蜀书社1997年版,第386页;《贵州省志·金融志》上卷,方志出版社1996年版,第84页。

② 《山西通志·金融志》上编,中华书局1991年版,第37—38页。

③ 《龙海县志》,东方出版社1993年版,第482页。

④ 《阳信县志》,齐鲁书社1995年版,第246页。

⑤ 《新干县志》,中国世界语出版社1990年版,第721页。

段)。江苏、浙江、安徽、福建、广东大部分地区,以及四川、山西部分地区,都属于这种情况。前述福建龙溪、海澄,自 1912 年后,原来专营银钱兑换的"钱柜子店"纷纷停业,或转营钱庄、银号。到 1929 年,两县有钱庄五六十家,而钱店消失。广东中山,第一次世界大战期间,乡民出洋谋生日多,侨汇增加,小榄又有生丝出口,推动了银钱业和汇兑业的发展,以及"钱台"的演变。除部分钱台转换为银钱庄外,华侨投资开设钱庄亦多,先施、永安两家百货公司亦在店内开设银业部,办理储蓄、保险和抵押贷款。1924—1930 年,全县有银钱庄号 48 家,原有钱台被迫退出历史舞台。① 山西交城、孝义在乾隆时"遍及城乡"的钱铺、钱店(或钱摊),以后逐渐发展为专业钱庄。到 20 世纪二三十年代,有的更由钱庄改组为规模更大的"银号"。钱店、钱摊被淘汰。② 四川泸县,自钱庄、银行兴起,清末民初遍及城乡的钱铺即被挤垮而消失。③

第二种情况,钱庄已经发育、形成,但钱摊、找换店继续存在,形成钱庄和钱铺、钱摊、找换店并存的局面。江苏、浙江、安徽、福建、广东少数地区,其他各省大部分或绝大部分地区,就是如此。有些地区钱庄和钱铺、钱摊的区分亦不甚明显,连名称也相当含混,如河南淇县,钱庄亦称银号、钱铺、钱桌。④

江苏江都,清末民初,钱庄兴盛,但钱铺、钱摊仍存。民国初年,米镇仙女庙有钱庄 30 余家,钱摊子亦达 20 余处。⑤ 广东潮

---

① 《龙海县志》,东方出版社 1993 年版,第 482 页;《中山市志》,广东人民出版社 1997 年版,第 1008 页。

② 《交城县志》,山西人民出版社 1994 年版,第 465—466 页;《孝义县志》,海潮出版社 1992 年版,第 426—427 页。

③ 《泸县志》,四川科学技术出版社 1993 年版,第 346 页。

④ 《淇县志》,中州古籍出版社 1994 年版,第 609 页。

⑤ 《江都县志》,江苏人民出版社 1996 年版,第 516 页。

安,银钱庄始于20世纪初,1930年进入全盛期,不过找换店仍占有一定比重。该年有票庄12家,息庄41家,找换店23家。① 揭阳在钱庄产生和发展起来后,县城和集镇仍有找换摊点,不过其地位发生变化,由先前的钱庄"先驱"变成了"附庸";龙川在清末至民国期间,主要集镇均同时设有钱庄和钱铺。② 江西浮梁,除大钱庄和小资本的"水钱庄"外,还有资本更小的钱摊。钱摊分为固定和流动两类,后者走村串户兜揽生意,俗称"钱贩子"。③ 湖南望城、祁县,既有钱庄,又有专营或兼营、摆摊设店或走村串户的钱贩子。④

　　四川、贵州、陕西、黑龙江一些地区,都是钱庄和钱铺、钱摊并存。四川金堂,1924—1945年间,有钱庄12家,资本45100元,钱铺、钱摊46家,资本45200元。二者资本实力不相伯仲;绵阳、江油、三台、安县等地,钱业中规模较大的称钱庄,小的称钱店、钱摊。各县城乡钱店、钱摊十分普遍,少则一二十家,多则四五十家。⑤ 贵州赤水截至1940年,先后开办的钱庄有10家,钱铺、钱摊亦有10家,遵义则除了钱庄,同时还有流动钱贩。⑥ 陕西陇县,钱庄分为汇划、挑打、零兑庄3种,汇划庄是大钱庄,挑打庄是小钱庄,零

---

① 《潮安市志》,广东人民出版社1996年版,第976页。

② 《潮阳县志》,广东人民出版社1997年版,第621页;《揭阳县志》,广东人民出版社1993年版,第426—427页;《龙川县志》,广东人民出版社1994年版,第365页。

③ 《浮梁县志》,方志出版社1998年版,第439页。

④ 《望城县志》,三联书店1995年版,第525页;《祁县志》,社会科学文献出版社1993年版,第309页。

⑤ 《金堂县志》,四川人民出版社1994年版,第483页;《绵阳市金融志》,四川辞书出版社1993年版,第40页。

⑥ 《贵州省志·金融志》上卷,方志出版社1996年版,第86—87页表上2-2。

兑庄仅能兑换辅币,亦即找换店。① 黑龙江呼兰,20世纪初,钱业除钱庄外,还有"钱桌子"(俗称"钱匣子")。1926年县署规定,钱桌须商户作保,每桌每月交费4元,当时登记的钱桌有10张,次年增至15张,1928年有12张。②

第三种情况,钱业的发育、形成尚停留在货币兑换和小额借贷阶段,只有钱店、钱摊、钱桌子等,而未有钱庄产生。

这种情况在钱庄业较发达的沿海及东南地区,已经罕见,只有少数或个别县区存在。如江西宜丰,没有专营钱庄,只有附设于商号的钱铺,一般设于纸行、货店。③ 西南、西北各省,则有不少地区仍停留在货币兑换阶段。广西临桂、永福、灌阳、龙胜等地,都主要是兑换钱摊,未见钱庄。永福县城虽有几家"钱庄",但资金微薄,仅在圩期摆摊设点,经营小额兑换业务,称作"钱摊"更确切。④ 四川夹江,民国时期县城有钱市,兑钱点多则上百,少则几十,县城街道和场镇还有不少兑钱铺,但都始终没有发展扩大为钱庄。丹棱、南部等县情况大致相同。⑤ 至于云南、贵州等一些经济落后地区,不仅钱庄少见,兑换摊点也不多。云南蒙自、江城,只有兑换摊(所),而无钱庄;梁河也只有商店兼办的汇兑。⑥ 前述贵州修文,虽然被称之为"吃措钱"的兑换业相当兴盛,但始终未见钱庄,

---

① 《陇县志》,陕西人民出版社1993年版,第517—518页。

② 《呼兰县志》,中华书局1994年版,第445页。

③ 《宜丰县志》,中国大百科出版社上海分社1989年版,第416页。

④ 《临桂县志》,新华出版社1995年版,第360页;《灌阳县志》,新华出版社1996年版,第360页;《永福县志》,新华出版社1996年版,第516页。

⑤ 《夹江县志》,四川人民出版社1989年版,第372页;《南部县志》,四川人民出版社1994年版,第566页;《丹棱县志》,丹棱印刷厂2000年刊本,第665页。

⑥ 《蒙自县志》,中华书局1995年版,第726—727页;《梁河县志》,云南人民出版社1993年版,第461页。

1935年后,兑换业亦消失。①

　　农村钱庄发源于货币兑换,最初钱庄亦多由从事货币兑换的钱桌、钱摊、钱铺、钱挑子、找换店等发展演变而来,不过就整体而言,作为以存放款和汇兑为核心业务的钱庄,多数既非由货币兑换业和兑换店铺演变产生,也不能单纯依靠货币兑换而生存和发展。农村钱庄的全面兴起,农村钱庄业的形成,除了落后紊乱的货币制度,还必须以较大程度发展的商品生产、商品交换和商业流通为条件。事实上,相当一部分地区的钱庄是直接产生于当地不断发展的商品交换和商业流通,而且并不一定经过货币兑换店的发展阶段。

　　近代中国农村发展极不平衡,不同地区之间差异悬殊,早期农村钱庄的全面兴起,首先发生在那些社会经济和商业流通较为发达的市镇和州县。它们中有的是历史名镇或手工业中心,或以某些名特产品著称;有的是江河或航海码头,是往来物资和流动人口的中转站;有的是清代府治附郭"首县"或州治,是地区政治、经济和商贸中心;有的紧邻省城或口岸城市,是城市粮食和副食品的供应地;有的是侨乡,侨胞和侨汇往来频繁。这些市镇和州府、县城商业发达,对外经济联系比较密切,自然成为早期农村钱庄的发祥地。

　　江西景德镇,湖南湘潭、洪江,河北束鹿辛集,山东周村、龙口,或为名镇、码头,或系手工业中心,或系商品集散转口贸易市场,早期农村钱庄首先在这些集镇兴起。

　　景德镇明末清初即有钱庄。清代中期,各地商贾云集于镇,商贸活跃,工商行号、钱庄、票号、账帮鹊起,1912—1927年间,景德

―――――――――

　　① 《修文县志》,方志出版社1998年版,第821页。

镇及其所在浮梁县,钱庄多达 80 余家。① 湘潭钱庄始于清康熙年间,后逐渐发展,光绪年间进入鼎盛期,仅县城就有钱庄 100 余家。洪江镇是湘黔边境商品转口贸易市场,钱庄业产生于鸦片战争后,1877 年有钱庄 2 家。② 束鹿辛集镇是河北传统皮毛集散市场,钱庄兴起于同治前,1862 年(同治元年)有钱庄 4 家,清末增至 27 家。③ 周村、龙口,均为旧镇,分别是河港和海港。同治初年后,晋商在周村先后开设票号、钱庄,1904 年票号、钱庄发展至 8 家。龙口乾隆前即有"钱桌子",乾隆年间开始出现各式钱庄(钱铺、汇兑庄、兑款庄、放账铺、银号等)。鸦片战争后,商业渐盛,交易日繁,钱庄增多,光绪初年龙口和所在黄县有钱庄 60 余家,大部分在龙口镇。④

某些社会经济和商业流通较发达的州县,也在鸦片战争前后或稍晚,开始出现钱庄。

浙江奉化紧邻宁波,1876 年,县城大桥镇首家钱庄开业,1911 年增至 8 家。⑤ 福建邵武、晋江,鸦片战争前后已有钱庄。邵武系邵武府附郭"首县",闽赣商贸孔道,1830 年(道光十年)出现首家钱庄;晋江系泉州府附郭"首县",又是侨乡,鸦片战争后,商业发展,侨汇大量涌入,钱庄由此产生,并迅速发展。⑥ 广东台山、潮

---

① 《浮梁县志》,方志出版社 1998 年版,第 439 页。

② 《湘潭县志》,湖南出版社 1995 年版,第 606 页;《洪江市志》,生活·读书·新知三联书店 1994 年版,第 319—320 页。

③ 《石家庄地区志》,文化艺术出版社 1994 年版,第 484 页。

④ 《周村区志》,中国社会出版社 1992 年版,第 406 页;《龙口市志》,齐鲁书社 1995 年版,第 397—398 页。

⑤ 《奉化市志》,中华书局 1996 年版,第 445 页。

⑥ 《邵武市志》,群众出版社 1993 年版,第 700 页;《晋江市志》第 20 卷,上海三联书店 1994 年版,第 739 页。

阳、澄海,钱庄产生也较早。台山是著名侨乡,钱庄始于道光年间,经营侨汇买卖、外币找换和存放款业务。潮阳、澄海紧邻汕头,在汕头开埠后相继设立钱庄(又称银号),部分与汕头联号。① 湖南常德是常德府附郭"首县",1875 年(光绪元年)首建钱庄。② 四川巴县是重庆府附郭"首县",钱庄起源甚早,多由钱铺转化而来。1891 年重庆开埠后,巴县钱庄业发展速度加快,逐渐取代票号而成为商业活动的枢纽。③

在北方,河北安国是重要的药材集散地,钱庄产生较早,并主要为药材市场服务。1907 年全县有钱庄、银号 19 家;与安国比邻的无极,清代已有钱庄 10 家。④ 山东菏泽,系清代曹州府附郭"首县",钱庄始于光绪年间。⑤ 安徽阜阳是颖州府附郭"首县"、皖西北经济中心,阜阳及其相连太和、涡阳,钱庄产生都较早。阜阳钱庄始于光绪年间;太和钱庄始于 1859 年(咸丰九年)前后;涡阳清末时,各大集镇都有钱庄。⑥ 河南邓县、许昌,均为清代直隶州,同治年间和 1886 年(光绪十二年)分别出现首家钱庄。⑦ 黑龙江呼

---

① 《台山县志》,台山市人民印刷厂 1993 年刊本,第 411—412 页;《潮阳县志》,广东人民出版社 1997 年版,第 621 页;《澄海县志》第 19 卷,金融,广东人民出版社 1992 年版,第 508 页。

② 《常德县志》,中国文史出版社 1992 年版,第 459—460 页。

③ 《巴县志》,重庆出版社 1994 年版,第 378 页。

④ 《安国县志》,方志出版社 1996 年版,第 409 页;《无极县志》,人民出版社 1993 年版,第 317—318 页。

⑤ 《菏泽市志》,齐鲁书社 1993 年版,第 279 页。

⑥ 《阜阳市志》,黄山书社 1993 年版,第 237—238 页;《太和县志》,黄山书社 1993 年版,第 200 页;《涡阳县志》,黄山书社 1989 年版,第 200 页。

⑦ 《邓州市志》,中州古籍出版社 1996 年版,第 476 页;《许昌市志》,南开大学出版社 1993 年版,第 431 页。

兰,清代为府治,清末有钱庄(也称银号)2家。①

另外,浙江兰溪(1873年),江西奉新(1860年后),湖南宁乡(1870年前)、祁阳(光绪初年),广东四会(1840年),广西融安(1865年)、临桂(嘉庆),河北献县(同治前),山西孝义(乾隆或以前),山东乐陵(明代)、莱阳(嘉庆),河南许昌(1886年)、罗山(1886年),四川德阳(同治或以前)等县,19世纪80年代中期以前,都已出现首家钱庄。② 山西晋中地区榆次、太谷、祁县、平遥、介休等11县以及其他部分州县,早在清初,已普遍设有钱铺。到清代中期,钱铺业务渐广,相继发展为钱庄。③

大量资料显示,至迟到鸦片战争或稍后,农村钱庄和钱庄业已开始产生。不过从全国范围看,甲午战争前,除山西晋中等地区外,钱庄数量一般有限,地域分布只是星星点点,农村钱庄业尚处于萌芽或早期发展阶段。

甲午战争后,农村钱庄的社会经济条件发生重大变化:随着外国侵略势力不断深入,广大农村日益半殖民地化,农村自然经济逐渐瓦解,农产品商品化和商业性农业、城乡商品经济和商业流通加速发展,农村地主经商热不断升温,农民同市场的联系更加密切,农村需要新的资金融通渠道和手段。这就为农村钱庄的全面兴起准备了条件,农村钱庄业开始进入全面形成、迅速发展的阶段。

在新的经济和市场条件下,已有钱庄的市镇、州县,钱庄业加速发展,钱庄数量大增。

景德镇及所在浮梁县,1912—1927年间钱庄多达80余家,除景

---

① 《呼兰县志》,中华书局1994年版,第445页。

② 参见刘克祥:《近代农村地区钱庄业的起源和兴衰》,《中国经济史研究》2008年第2期。

③ 《晋中地区志》,山西人民出版社1993年版,第389页;《山西通志·金融志》上编,中华书局1991年版,第37—38页。

德镇外,其他集镇和商品集散地,也都有钱庄。会同洪江镇,1905 年钱庄增加到 21 家,1916 年达 23 家。辛集镇,清末增至 27 家,1937年"七七事变"前达 40 家。周村在 1904 年,票号、钱庄增至 8 家,1915 年发展到 90 余家,资本万元以上的即有 23 家。各钱庄为协调业务,是年成立"福德公馆"(俗称"钱行会")。龙口及所在黄县,1904 年钱庄增至 168 家,达到顶峰。奉化 1911 年增至 8 家。1932年全县钱庄达 38 家,除县城大桥镇 16 家外,其余 22 家散布在西坞镇、萧王庙、亭下、溪口等 9 个集镇和村庄。晋江 20 世纪 20 年代有钱庄 50 多家。常德 1914 年全县有钱庄 30 多家。巴县进入民国后,钱庄取代票号而成为商业活动的枢纽,1926 年有钱庄 30 多家,1929年发展到 50 多家。安国 1907 年全县有钱庄、银号 19 家,民国初年增至 100 多家。无极到民国时,钱庄增至 40 余家,遍布县城和各集镇,并有 2 家官办钱庄,已基本"形成金融网络"。菏泽 1918 年前后,仅县城就有钱庄 128 家。阜阳民国初年钱庄最多时达 50 余家;太和 1919 年前后达 13 家。呼兰 1924 年时,钱庄增至 42 家。[1]

在老区钱庄业加速发展的同时,更多地区的农村钱庄应运而生,一些地方的地主富户更掀起开办钱庄热,部分城市钱庄也因银行挤压而向农村转移,农村钱庄业在地区上开始了较大范围的扩散,部分地区并向村落普及。

江苏常熟、武进、丹阳、江都、东台、灌云等地,20 世纪初,随着商业性农业和商业贸易的发展,钱庄迅速兴起。常熟 1929 年有钱庄 17 家。江都随着米业、木业的兴盛,钱庄业迅速成长,民国初年仅仙女庙一地即有钱庄 30 余家,钱摊子 20 余处。武进民国初年有钱庄 8 家,其中县城 6 家,乡间 2 家。第一次世界大战期间,多

---

① 参见刘克祥:《近代农村地区钱庄业的起源和兴衰》,《中国经济史研究》2008 年第 1 期。

至 30 余家，乡间仅魏村一地即有 4 家。丹阳在 1920—1931 年间，丝绸业兴隆，产销两旺，地方绅商纷纷投资钱庄，先后设立者达 10 余家。① 东台自 1915 年后，因兴办盐垦公司，成为苏北重要棉麦产区，吸引上海、无锡、南通、泰州等地洋行、公司、纱厂、面粉厂设庄收购棉花、小麦、禽蛋，市场顿时活跃，有游资者争相开设钱庄，到 1924 年，全县城乡有钱庄 30 余家。灌云是重要盐垦区和盐场，农业、海盐生产和商贸发展迅速，1928—1931 年间，板浦商贸地位几与扬州齐名，短短数年间，先后有 16 家钱庄开业。②

浙江义乌、兰溪、定海、普陀、平阳等地，进入 20 世纪后，钱业不断发展。义乌 1917 年后有钱庄 6 家；兰溪 1929 年有钱庄 15 家，全面占领金融市场。舟山群岛的定海、普陀，分别自 1905、1920 年建立首家钱庄后，迅猛发展，1932 年分别有钱庄 32 家和 19 家。地处闽浙交界山区的平阳，20 世纪初，随着明矾开采和运销的扩大，钱庄迅速兴起，1935 年后的数年间，相继开办钱庄超过 15 家。③

广东顺德、新会、中山、高要、四会等县，因商业性农业和对外贸易扩大，或乡民出洋谋生日多，农村钱庄业随即兴起。顺德 1904 年仅有 1 家官办钱庄，民国初年，蚕丝业兴盛，贸易频繁，民营钱庄应运而生，1927—1931 年，仅容奇镇就有钱庄 30 余家，并

① 《常熟市志》，上海人民出版社 1990 年版，第 526 页；《江都县志》，江苏人民出版社 1996 年版，第 516 页；《武进县志》，上海人民出版社 1988 年版，第 506 页；《丹阳县志》，江苏人民出版社 1992 年版，第 497 页。

② 《东台市志》，江苏科学技术出版社 1994 年版，第 541 页；《灌云县志》，方志出版社 1999 年版，第 466 页。

③ 《义乌县志》，浙江人民出版社 1987 年版，第 117 页；《兰溪市志》，浙江人民出版社 1988 年版，第 382 页；《定海县志》，浙江人民出版社 1994 年版，第 495 页；《普陀县志》，浙江人民出版社 1991 年版，第 696 页；《苍南县志》，浙江人民出版社 1997 年版，第 527 页。

在大良成立全县银业公会。新会清末民初有钱庄(银号)7家，1938年达31家。中山在第一次世界大战期间，因乡民出洋者增加，小榄有生丝出口，推动了钱业发展，1924年小榄有银钱庄号30家，全县达48家。高要1926年有钱庄10家，四会在民国时期也有钱庄10家。[①]

江西铅山、于都，钱庄是制瓷手工业、农村副业和区域贸易发展的产物。铅山县城河口在清代有钱庄20家，1921年福利钱庄一度由商界集资扩充为河口福利银行。赣南于都，宣统年间因仙下圩外出补缸、弹棉花者剧增，远涉港、台，汇兑频繁，先是有富商在赣州开设钱庄，仙下圩设分庄；民国年间，银坑烟丝畅销省内外，同时开办炼银业，商人云集，通汇日盛。1920年有富户集资10万元在银坑开设钱庄，赣州设分店，钱庄业十分兴旺。[②]

四川广汉、大足，20世纪初，随着商业性农业的发展，钱庄业迅速扩张，1931年广汉县城有钱庄60余家；大足民国初年至抗战前有钱庄51家。[③]

在山东，胶济铁路沿线桓台、安丘和胶东莱阳、即墨、平度等地，钱庄业因进出口贸易和出口型加工副业扩大而勃兴。桓台1904年有钱庄3家，民国初年，青岛洋行势力渗入桓台，洋货输入、土货输出大增，钱庄业随之发展，1921年增至18家，1933年达36家，总计全县先后开设钱庄114家，其中县城51家，其余63家

① 《顺德县志》，中华书局1996年版，第672页；《新会县志》，广东人民出版社1995年版，第591页；《中山市志》，广东人民出版社1997年版，第1008页；《肇庆市志》，广东人民出版社1996年版，第569页。

② 《铅山县志》，南海出版社1990年版，第327页；刘克祥：《近代农村地区钱庄业的起源和兴衰》，《中国经济史研究》2008年第2期，第12页。

③ 《广汉县志》，四川人民出版社1992年版，第318页；《大足县志》，方志出版社1996年版，第535页。

散布在田庄、索镇各集镇。安丘钱庄数量更多，主要从事存放款业务。1921 年仅县城的放款户就达 100 户。莱阳在 20 世纪初，随着蚕丝业和草帽辫、花边编织业的兴盛，钱庄业大旺，社会上出现一股开办钱庄热，1917—1933 年间，县城钱庄增至 20 余家，各集镇达 142 家，各村小钱庄更是多达数百家。20 世纪初的即墨，也出现钱庄热，抗战前钱庄最多时达 128 家，其中 26 家在县城，其余散布在集镇、村庄，蓝村一地即有钱庄 32 家。平度钱业鼎盛时，全县大小钱庄、票号多达千余家，完全控制了全县的金融。鲁北宾州地区清末有钱庄 19 家，民国初年，兵乱成患，典当逐渐倒闭，钱庄代之而起。1914 年钱庄增至 91 家，1932 年达 115 家。①

河南淇县、滑县，清末民初，因交通方便，商业兴隆，钱庄亦迅速兴起，淇县县城有钱庄 24 家，集镇 5 家；滑县有钱庄、银号数十家，仅道口镇就有 20 家。南阳地区，清末民初钱庄迅速发展和普及。南阳 1897 年出现首家钱庄，民国初年，汉口洋行势力渗入南阳，外货销量与土产外运激增，款项调拨频繁，钱庄业务随之发展，先后开业的有十四五家，1921 年成立同业组织“钱集”，每天议定单据、金银价格，操纵金融市场。民国初年宛城有钱庄 30 余家，赊旗达 100 余家。邓县、唐河、新野、淅川等县，钱庄、票号也不少。②

陕西钱庄又称银号、钱局、钱号、钱行等，凤翔清末即有钱局，1938 年前有大小钱局 65 家。澄城清末民初有钱庄、钱铺 14 家。

① 《桓台县志》，齐鲁书社 1992 年版，第 411—412 页；《安丘县志》，山东人民出版社 1992 年版，第 483 页；《莱阳县志》，齐鲁书社 1995 年版，第 353 页；《即墨县志》，新华出版社 1991 年版，第 473 页；《宾州地区志》，中华书局 1996 年版，第 507 页。

② 《淇县志》，中州古籍出版社 1996 年版，第 609 页；《滑县志》，中州古籍出版社 1996 年版，第 472 页；《南阳市志》第 20 卷，河南人民出版社 1989 年版，第 602 页；《南阳地区志》中册，河南人民出版社 1994 年版，第 727 页。

民国初年陕西全省有银号 200 余家。①

在东北,清末民初,随着土地放垦和农业开发,经济加速发展,各地农村钱庄业相继兴起。吉林榆树,1906 年后商号纷纷开设钱庄,1916 年全县达 34 家;西安(今辽源市)1928 年有钱庄 26 家。黑龙江绥化,1911 年有钱庄 30 余家;肇东"九一八事变"前钱庄颇多,县城、满沟、宋站等地,计"百家有余"。辽宁铁岭,1927—1929年,全县有钱业 19 家。②

农村钱庄业从鸦片战争前后开始萌发,经历半个多世纪的发育、成长,到 20 世纪初,已经全面形成。在数量和地区分布上,也由最初的三三两两、星星点点,发展为成百上千、成块成片、形成网络。鸦片战争前后,建有钱庄的市镇、州县还屈指可数,到 20 世纪初,大部分省区 50% 以上的县设有钱庄,已相当普遍(详见表 7－29)。

表 7－29　农村地区钱庄分布状况

序号	省别	调查县数	有钱庄县数		序号	省别	调查县数	有钱庄县数	
			实数	占总数(%)				实数	占总数(%)
1	江苏	49	46	93.9	10	河南	50	41	82.0
2	浙江	38	34	89.5	11	山东	76	70	92.1
3	安徽	45	33	73.3	12	河北	85	68	80.0

① 《凤翔县志》第 16 卷,陕西人民出版社 1991 年版,第 584 页;《澄城县志》,陕西人民出版社 1991 年版,第 260 页;《陕西省志》第 36 卷,金融志,陕西人民出版社 1994 年版,第 25 页。

② 《榆树县志》,吉林文史出版社 1993 年版,第 502 页;《辽源市志》,吉林人民出版社 1995 年版,第 901 页;《绥化县志》,黑龙江人民出版社 1995 年版,第 233 页;《铁岭市志》,辽沈书社 1993 年版,第 489 页。

序号	省别	调查县数	有钱庄县数		序号	省别	调查县数	有钱庄县数	
			实数	占总数(%)				实数	占总数(%)
4	福建	47	27	57.4	13	山西	53	50	94.3
5	广东	54	30	63.0	14	四川	85	49	57.6
6	广西	41	14	34.1	15	陕西	46	24	52.2
7	江西	57	36	63.2	16	东北	83	34	41.0
8	湖南	47	29	61.7	17	其他*	174	27	15.5
9	湖北	31	18	58.1	18	合计	1061	630	59.4

* 包括云南、贵州、甘肃、宁夏、青海、新疆、热河、察哈尔、绥远等9省区。

资料来源:据相关省、市、县新编地方志综合整理、编制,引自刘克祥:《近代农村地区钱庄业的起源和兴衰》,《中国经济史研究》2008年第2期,第13页表1。

　　农村钱庄作为商品交换、商业流通发展的产物,主要集中在那些商品交换、商业流通比较发达和商人队伍较为强大的地区,其分布很不平衡。表中江苏、浙江、安徽、河南、山东、河北、山西等省,钱庄较为普遍,有钱庄的县占总数的80%以上,其中江苏、山东、山西更超过90%。福建、广东、江西、湖南、湖北、四川、陕西等7省,有钱庄的县占50%—60%。[1] 其他省区,有钱庄的县,均在50%以下。云南、贵州、甘肃、宁夏、青海、新疆等省,有钱庄的只是个别州县,甚至还是一片空白。从全国范围看,调查的1061县中[2],630县建有钱庄,亦即全国接近60%的县有钱庄。这是近代

　　[1]　另外,据说察哈尔、热河钱庄不少,各"县城中钱庄、银庄设立5家以上的就占50%以上"(参见《河北通志》第43卷,金融志,中国古籍出版社1997年版,第108页)。

　　[2]　据统计,1930年时,全国共有1950县(不含市及旗、设治局等),1061县占总数的54.4%。

农村钱庄业分布和发展的总体水平。

农村钱庄产生的时间,明显比城市钱庄晚,除少数外,都在鸦片战争后,其中大部分又在甲午战争后。上述 1061 县中,有首家钱庄开设年期可考的 583 县(详见表 7-30)。

表 7-30　农村地区钱庄兴起时间(首家钱庄开设年期)分县统计

序号	省别	调查县数	首家钱庄开设年期					
			1840 前	1840—1894	1895—1911	1912—1926	1927—1936	1937—1949
1	江苏	45	9	16	8	8	4	0
2	浙江	32	5	5	5	11	5	1
3	安徽	31	1	4	7	9	10	0
4	福建	27	1	1	7	13	3	2
5	广东	29	5	7	7	5	5	0
6	广西	16	3	3	5	2	2	1
7	江西	35	2	7	13	11	2	0
8	湖南	32	1	10	14	4	2	1
9	湖北	24	1	8	12	2	0	1
10	河南	47	10	7	17	13	0	0
11	山东	73	6	18	24	19	6	0
12	河北	39	7	7	12	10	2	1
13	山西	42	12	8	11	9	2	0
14	四川	45	0	5	10	20	2	8
15	陕西	17	0	1	11	4	0	1
16	东北	30	0	5	13	10	2	0
17	其他*	23	1	3	5	7	5	2

续表

序号	省别	调查县数	首家钱庄开设年期					
			1840前	1840—1894	1895—1911	1912—1926	1927—1936	1937—1949
18	合计（%）	587（100.0）	64（10.9）	117（19.9）	180（30.7）	154（26.2）	54（9.2）	18（3.1）

* 包括云南、贵州、甘肃、宁夏、新疆、热河、察哈尔、绥远等8省区。

资料来源：据相关省、市、县新编方志综合整理编制，引自刘克祥：《近代农村地区钱庄业的起源和兴衰》，《中国经济史研究》2008年第2期，第14页表2。

　　鸦片战争以前64县，占10.9%，鸦片战争以后523县，占89.1%。其中大部分集中在清末民初，1895—1926年开设首家钱庄的达334县，占总数的56.9%。1927年后，由于社会、经济形势发生变化，经济较发达而尚无钱庄的州县也已经不多，农村钱庄的扩散速度急剧减慢，或趋于停止，1927—1949年开设首家钱庄的只有72县，占总数的12.3%。

　　农村钱庄业的发展和兴衰，既取决于全国的经济环境、市场条件，又直接受到当地政治局势、经济状况、社会治安、农业收成等因素的影响和制约，地区间的差异颇大。

　　少数地区1927年已开始衰退。如山东自1927年张宗昌督鲁，复继以1928年"济南惨案"，钱庄业因遭祸害，纷纷倒闭。1926年全省银钱号约千余家，延续到1932年约为318家，闭歇者超过2/3。全省各县钱庄，昔无今有和昔少今多者分别为3县和18县，合计21县；而昔有今无和由多而少者，分别达42县和31县，合计73县，后者相当于前者的3.5倍。[①] 不过就全国而言，大

----

① 国民党政府实业部国际贸易局编：《中国实业志·山东省》第7册，宗青图书公司1935年印本，第25—27(癸)页。

部分地区在 1927 年后,农村钱庄曾出现短暂的发展。由于现存资料大多过于笼统、零碎,互不连贯,很难就近代农村钱庄发展的长期趋势进行全面统计和评估。表 7-31 反映的是江苏等 24 省区 405 县 1911—1937 年钱庄数量变化情况。

表 7-31 农村地区钱庄发展状况统计

1911—1937 年　　　　　　　　　　　1911—1920 = 100

序号	省别	调查县数	1911—1920	1921—1926	1927—1931	1932—1935	1936—1937
1	江苏	24	163	249	174	204	94
2	浙江	15	69	99	176	222	128
3	安徽	17	115	88	66	37	24
4	福建	22	57	149	174	150	123
5	广东	14	60	186	257	168	171
6	广西	7	73	46	29	27	14
7	江西	28	167	171	104	69	86
8	湖南	20	133	108	95	57	59
9	湖北	22	182	327	163	154	73
10	河南	24	112	115	113	131	93
11	山东	69	687	854	691	600	262
12	河北	33	229	159	243	187	213
13	山西	30	155	185	219	226	154
14	四川	29	72	106	204	205	196
15	陕西	14	161	92	50	28	80
16	东北	26	161	106	180	77	6
17	其他*	11	63	29	36	34	20
18	合计（指数）	405	2659（100.0）	3069（116.3）	2974（111.8）	2576（96.9）	1796（67.5）

*包括贵州、甘肃、宁夏、热河、察哈尔、绥远等 6 省区。

资料来源:据相关省、市、县新编方志综合整理、编制,引自刘克祥:《近代农村地区钱庄业的起源和兴衰》,《中国经济史研究》2008 年第 2 期,第 15 页表 3。

如表 7－31，钱庄数量的变化趋势呈现明显的单峰骆驼形，1921—1931 年是驼峰。资料显示，从全国范围看，20 世纪 20 年代末以前，农村钱庄业基本上处于兴起和发展、扩散阶段，1921—1931 年达于高峰。[①] 此后由于东北沦陷，国内银行加速发展，废两改元和法币政策推行，钱庄数量明显下降，到 1935—1937 年，已经不到高峰期的 60%，农村钱庄业急剧衰落，东北钱庄更所剩无几。1937 年日本全面侵华战争爆发后，绝大部分钱庄停业、倒闭，农村钱庄业陷入凋零状态。[②]

进入 20 世纪 30 年代后，农村钱庄业同城市钱庄业一样，因银行业的竞争而开始衰落，但在时间上比城市钱庄稍晚，开始时受威胁的程度亦较轻。如河北，1931 年后，由于银行业的发展，城市钱庄业受到很大威胁，相当一部分钱庄倒闭，1935—1936 年，张家口和保定分别只剩 10 家钱庄，唐山、秦皇岛分别只剩 1 家。而一般集镇受威胁较小，银行甚至需要依靠钱庄发展业务，农村部分地区的钱庄业还在发展，如辛集银号从 1931 年的 20 家，增至 1937 年的 40 家。[③] 有的还在同银行的竞争中，一度占优势。浙江义乌，1929 年后，上海等地钱庄利用义乌钱庄发放大量贷款，县内商店利用沪、杭商人资金经商，收入存入本地钱庄，导致钱庄盈利增加。1934 年后，银行还竞争不过经营灵活的钱庄。[④] 同时，当银行排

---

① 1927—1931 年钱庄数量虽有下降，但幅度不大，在统计资料不甚完整及精确的情况下，属于正常误差范围。

② 具体到每个省区，受经济、政治、社会等因素的制约，高峰时段不尽相同。如安徽、广西、湖南、陕西的高峰期是 1911—1920 年；浙江、河南是 1932—1935 年；而山西、四川是 1927—1935 年，但总的发展趋势是一致的。

③ 《河北通志》第 43 卷，金融志，中国古籍出版社 1997 年版，第 107—108 页。

④ 《义乌县志》，浙江人民出版社 1987 年版，第 317—318 页。

挤、取代城市钱庄时,某些地区的农村钱庄则取代典当,如前述山东宾州地区,农村钱庄即是取代典当而迅猛扩张。

不过农村钱庄毕竟不是银行的竞争对手。20世纪30年代,新式银行业如日中天,正加速向农村扩张。在大部分地区,越来越多的钱庄被银行挤垮,加上废两改元、推行法币,银钱兑换业务消失,接着是日本全面侵华战争的爆发,全国政治经济形势急剧恶化,农村钱庄相继倒闭,一些地区的农村钱庄业迅速凋零,甚至完全消失。

前述江苏灌云、湖南洪江和江西铅山是典型例子。灌云1928—1931年间,钱庄业一度蓬勃发展,业务"与银行办事处互补"。但由于外部多变因素和自身弱点,到30年代中,虽原盐运销不衰,洋行、堆栈、商号林立,但因中央、中国等5银行声誉鹊起,钱庄业日趋萎缩。洪江钱庄因根底雄厚,也一度压倒银行。1912年,湖南银行在洪江设立分行,办理汇兑,但信誉远不及钱庄,且于1918年关闭,清末至1933年数十年间,洪江金融市场一直为钱庄所独揽。但1933年湖南省银行洪江汇兑处成立后,因信誉可靠,汇费较低,逐步取代钱庄汇兑业务,钱庄从此衰落,1937年全部歇业。铅山钱庄在民国初年银行兴起后,一度与银行同存并立,并试图改组为银行,但后来还是逐渐被银行取代。①

其他地区情况相似。江苏常熟,1929年有钱庄17家,后因银行业兴起,钱庄逐渐衰落,1933年后仅剩1家。东台1924年时城乡钱庄达30余家,1931年后,中国、交通、江苏农民、上海商储等银行相继在县内开设分支机构,钱庄无力竞争,多数相继关闭。湘

---

① 《灌云县志》,方志出版社1999年版,第466页;《洪江市志》,生活·读书·新知三联书店1994年版,第319—320页;《铅山县志》,南海出版社1990年版,第90页。

西溆浦 1914 年有钱庄 4 家,除经营存放款、兑换、汇兑外,还代政府收缴田赋。1932 年后全部被银行取代。① 铜梁在 30 年代初,各乡镇都有钱庄,其中大庙乡有 5 家。到 1938 年,随着银行、合作金库、信用合作社的建立,钱庄相继停业。②

湖南望城,民国初年有独资钱庄 14 家、合资钱庄 10 家。1918 年湖南银行倒闭,官票变成废纸,独资钱庄随后倒闭;合资钱庄因资本较多,存放款、汇兑、贴现印花票币等业务遍及城乡,得以维持。但 1933 年废两改元,1935 年实行法币政策,合资钱庄亦衰落。③

少数钱庄虽挺过银行挤压、货币改制,到日本全面侵华战争爆发,还是难逃倒闭厄运。

江苏无锡,20 年代钱庄业进入"鼎盛时期",全县较大钱庄 25 家,较小的"遍布城乡",后虽日趋衰落,但 1932 年尚余 18 家。1937 年后无锡沦陷,钱庄全部停业。仪征钱庄业发源于圩镇,民国初年,十二圩有钱庄 8 家。从 1915 年起,县城先后开设钱庄 3 家。后军阀混战,淮盐转运渐少,钱庄衰落,1933 年废两改元,部分歇业,仅剩 3 家,沦陷后全部倒闭;江阴原有钱庄 8 家,1933 年因银行竞争、农村灾荒、倒账风波,4 家倒闭,剩余的 4 家也在 1937 年日本全面侵华战争爆发后停业。④ 浙江普陀,1935 年因经济不景气,19 家钱庄大部歇业,剩余的 4 家也于日本全面侵华战争爆

① 《溆浦县志》,社科文献出版社 1993 年版,第 467 页。

② 《铜梁县志》,重庆大学出版社 1991 年版,第 521 页。

③ 《望城县志》第 19 卷,金融·保险,生活·读书·新知三联书店 1995 年版,第 525 页。

④ 《无锡县志》第 14 卷,上海社会科学院出版社 1994 年版,第 558 页;《仪征市志·财政金融》,江苏科学技术出版社 1994 年版,第 368—369 页。

发后倒闭；义乌未被银行挤垮的钱庄更被日军炸毁。[①] 广东新会，1938 年有钱庄（银铺）31 家，次年沦陷，纷纷闭歇，仅剩 7 家。[②] 其他如江西湖口、临川、赣县、于都、南康、信丰、大庾，福建邵武、龙溪、海澄，广东潮安、澄海，湖北襄阳，河南南阳、南召、武安，山西垣曲等地，日本全面侵华战争爆发或当地沦陷后，钱庄全部倒闭。

2. 农村钱庄的资本经营及其特点

近代农村钱庄（包括银号），除少量为官（军）办、官（军）商合办外，绝大部分是由私人开办的。投资者身份和资本来源，情况多种多样。不仅不同地区之间互有差异，中后期与早期比较，亦有明显变化。

在农村钱庄萌芽时期，即单纯的银钱兑换阶段，从事钱业的主要是钱贩和兼营银钱兑换的各类商户；在农村钱庄产生和兴起初期，投资者除部分由原来从事银钱兑换的钱贩和兼业商户发展、转化而来外，更多是其他人员和外地商人，其中不少是山西、陕西、安徽、江苏、浙江钱商。在农村钱庄产生和发展初期，小贩和商人是钱业主要乃至唯一的投资者。

甲午战争后，特别是到 20 世纪初，随着农村钱庄业的普遍兴起和迅速发展，投资者成分和资本来源发生了明显变化：一是队伍扩大，人数大增，其速度大大超过钱庄本身发展[③]；二是农村钱庄的资本来源、投资经营者的社会成分和背景更加多样化，在某些地

---

① 《普陀县志》，浙江人民出版社 1991 年版，第 696 页；《义乌县志》，浙江人民出版社 1987 年版，第 318 页。

② 《新会县志》，广东人民出版社 1995 年版，第 591 页。

③ 这不仅因为钱庄数量增加，而且越来越多的钱庄由初期的独资经营变为集股合资经营。合资或股份有限公司成为农村钱庄的基本形式，而且往往股东人数众多。如四川大足，龙水浦利、县城利济两钱庄，股东都在百人以上（《大足县志》，方志出版社 1996 年版，第 535 页）。

区,小商小贩、小手工业者和其他个体劳动者也纷纷加入钱庄投资者的队伍。如山东莱阳,20 世纪初社会上出现一股开办钱庄热,钱庄数量大增。其中既有专营钱庄,也有花边庄、绸缎庄、油坊、药铺、杂货铺等兼营式钱庄,各个村庄由杂货铺、客栈、油坊、粉坊、小商贩等兼营的大小钱庄,更是多达数百家;在即墨,连茶炉、修鞋铺都兼办钱庄。① 相对早期而言,钱庄投资和资本来源更加广泛。三是地主、富农、乡绅、军阀(包括驻军)、官僚乃至土匪、洋教堂等②,纷纷投资和开办钱庄。地主、商人、地主兼商人或商人兼地主、地方军政官僚成为近代农村钱庄的主宰。与此相联系,钱庄投资队伍逐渐本地化,在大部分地区,外帮商人的比重相对减低,本帮成为农村钱庄业的主角。

近代农村钱庄的资本规模,单个钱庄之间,差异悬殊。大的几十万元,或超过百万元,小的一二千元,或仅一二百元。光绪初年,广西桂林府附郭"首县"临桂(1913 年裁府留县,改名桂林),最大钱庄罗义昌,有银 200 万两(合 278 万银元);山东峄县,由典当发展而来的善庆公钱庄,据说资本最多时达 140 万银元;高苑、青城最小的钱庄仅有资本 100 元,同前二者相差 14000—27800 倍。③ 不同地区的钱庄资本规模,差别也很大。资

---

① 《莱阳县志》,齐鲁书社 1995 年版,第 353 页;《即墨县志》,新华出版社 1991 年版,第 473 页。

② 四川绵竹,1935 年一个"洗了手"的土匪头子开办了一家钱庄,除存放款外,还替人代收代付田地、房产价款,钱庄内又开设赌场,抽头吃利。一些豪绅巨商赌输后,即以田地、房产抵押借款,继续拼赌。河北枣强,有洋教堂在部分集镇开办的钱庄(《绵阳县志》,四川科学技术出版社 1992 年版;《枣强县志》,文化艺术出版社 1994 年版,第 421 页)。

③ 《广西通志·金融志》,广西人民出版社 1994 年版,第 57 页;《枣庄市志》第 45 卷,中华书局 1993 年版,第 1305 页;《高青县志》,中国社会出版社 1991 年版,第 291 页。

本规模大的,如江苏无锡,1932 年有钱庄 18 家,资本 122 万元,平均每家资本 6.78 万元;河北安国,1931 年有钱庄、银号 50 家,资本多者 30 万—40 万元,少亦 4 万—5 万元,资本总额达 300 万—400 万元,平均每家 6 万—8 万元,同无锡相若。① 资本规模小的,全部不足千元,四川三台,1936 年全县 57 家银钱业,每家股本在 30—200 元之间。② 广西永福,清末至民国时期,县城和圩镇都有钱庄,但资本不多,无法承担汇兑业务,仅在圩期摆摊设点,经营小的兑换业务。③ 资本规模应同三台差不多。表 7 - 32 反映的是南北 20 省 193 县钱庄资本规模状况:

表 7 - 32　南北 20 省 193 县 1525 钱庄资本规模统计

地区	资料年份	钱庄数	资本总额（元）	钱庄资本规模(元)		
				最高	最低	平均
江苏武进等 32 县	1933	206	5555900	240000	500	26970
浙江奉化等 15 县	1932—1936	219	3248100	72000	2200	14832
安徽休宁等 4 县	1915—1935	13	440714	100000	10000	33901
福建晋江等 2 县	1930—1938	19	497500	45000	2000	26184
广东郁南等 4 县	1927—1937	8	1210000	450000	80000	151250

---

① 《无锡县志》第 14 卷,金融,上海社会科学院出版社 1994 年版,第 558 页,《安国县志》,方志出版社 1996 年版,第 409 页。

② 《绵阳市金融志》,四川辞书出版社 1993 年版,第 40 页。

③ 《永福县志》,新华出版社 1996 年版,第 516 页。

续表

地区	资料年份	钱庄数	资本总额 (元)	钱庄资本规模(元)		
				最高	最低	平均
广西临桂等 4县	1931—1932	7	122700	100000	200	17529
江西浮梁等 4县	1912—1933	27	1416000	300000	10000	52444
湖北宜昌等 2县	1933—1935	10	276500	150000	2000	27650
湖南湘潭等 7县	1934	52	877800	300000	500	16881
四川宜宾等 2县	1933	6	340000	200000	20000	56667
贵州赤水 1县	1913—1917	1	2778	—	—	2778
小计 11 省 75县	1913—1938	568	13987992	450000	200	24627
河北清苑 1县	1933	14	53800	50000	8000	38429
山东益都等 66县	清末—1937	1172	5729325	100000	100	4889
山西太谷等 42县	1932—1937	185	2528845	300000	900	13669
热河赤峰 1 县	1912—1932	7	104500	30000	3500	14929
察哈尔万全 1县	1933	11	419500	100000	12500	38136
绥远包头等 2县	1930—1933	6	304300	70000	6500	50717
辽宁铁岭等 2县	1920—1930	20	344600	—	—	17230

续表

地区	资料年份	钱庄数	资本总额（元）	钱庄资本规模（元）		
				最高	最低	平均
吉林四平等2县	1908—1923	10	170880	58880	2000	17088
黑龙江海拉尔1县	1920—1931	3	30000	10000	10000	10000
小计 9 省118 县	清末—1937	957	9685750	300000	100	10121
合计 20 省193 县	清末—1938	1525	24086642	450000	100	15795

资料来源:据刘克祥:《近代农村钱庄的资本经营及其特点》(载《中国经济史研究》2009 年第 3 期)表 1"南北 20 省 165 县 1414 钱庄资本规模统计"综合计算编制。

如表 7－32，无论单个钱庄还是地区之间，资本规模差异悬殊。从单个钱庄看，资本最多的 45 万元，最少的 100 元，相差 4500 倍;从地区看，东西部之间、南北两地之间，资本规模均差异明显。表列各省中，江苏、浙江、山东、山西 4 省，资料比较完整，集中反映了南北两地钱庄的资本状况。南部江浙两省 47 县、425 庄，资本总额 880.4 万元，平均每庄资本 20715 元;北部鲁晋两省 108 县、886 庄，资本总额 805.82 万元，平均每庄资本 9095 元。两地比较，江浙钱庄资本规模明显大于鲁晋，相当于后者的 2.3 倍。全国范围的南北比较，情况相若。表中南部 11 省 75 县 568 庄，资本总额 1398.8 万元，平均每庄 24627 元;北部 9 省 118 县 957 庄，资本总额 968.58 万元，平均每庄 10121 元，前者相当于后者的 2.5 倍。南北钱庄资本规模的这种差异，是由两地经济发展水平上的差异决定的。南北综合，20 省 193 县 1525 家钱庄，资本总额 2408.66 万余元，平均每庄 15795 元，约相当于城市钱庄资本规模的 1/4 至

1/6。① 至于全国农村钱庄资本的总规模,因无全面统计,难以准确判断,估计略低于城市钱庄。这就是 20 世纪初中国农村钱庄资本规模的整体水平。

从组织形式看,农村钱庄有独号、总号、分号、联号等四种基本形式。各地的钱庄、银号绝大部分为独号,即只在一地设号经营,别无分支或连锁机构;一些资本规模和业务范围较大的钱庄,除本部或总号(总店)外,在其他地区设有分号,以扩大和协调业务;联号则是同外地钱庄或银号联合经营。如河北南宫衡远公银号与天津生生银号,同生祥银号、同增义银号与天津同裕银号联合经营,业务上相互协作,但经济上单独核算,自负盈亏。②

农村钱庄一般资本规模不大,但组织严密,用人严格,分工细密,职责分明。组织形式和职衔名称,各地不尽相同:如广西玉林,钱庄有独资开设,合股经营;有自任经理,有聘任经理,一般除经理外,设会计、出纳、营业、总务等部,每部设主任 1 人,办事员若干人,视营业情况和资本额大小而定。③ 河北安国,钱庄(银号)多由陕西人经营,集股钱庄通常由股东大会选举常务董事 1—3 人处理号内主要事务,下设司账、跑外、伙计、学徒等,经营号内一切业务。无极钱庄大部分由本地人开设,多聘山西人为顾问,专司业务指导,下设掌柜、二掌柜、账房各 1 人,伙计若干人,大钱庄十二三人,

① 据《全国银行年鉴》统计,1933 年上海等 10 城市 585 庄,资本总额 3747.4 万元,平均每家 6.4 万元;1934 年上海等 13 城市 484 庄,资本总额 4353.9 万元,平均每家 9.0 万元;1935 年上海等 9 城市 307 庄,资本总额 2976 万元,平均每家 9.7 万元(据 1934、1935、1936 年《全国银行年鉴》综合计算)。

② 《南宫市志》,河北人民出版社 1995 年版,第 406 页。

③ 《玉林县志》,广西人民出版社 1993 年版,第 696 页。

小钱庄五六人。[1]

财务会计、结账分红、增股退股,均有严密制度和严格规定。钱庄记账分"四柱":旧管、新收、开出、实在。旧管指上年结余,新收指当年收入,开出指当年伙食、杂费等支出,实在指年底结算后剩余。为了调动职员的积极性,一般员工可以入股,如河北无极,钱庄的掌柜、二掌柜均持有股份。股份分钱股、人股两种,一个钱股 500—1000 银元,人股按责任大小和劳务轻重而定,掌柜算一整股,二掌柜算九成股,账房和伙计领取工资,每年 50—70 银元,年底领取,日常可少量预支。一些地区的钱庄、银号,一般 3 年为一账期,30 年为一大的周期。如安国钱庄(银号),3 年账期届满,股东照章分红;两个账期后方准增、退股份;集股银号均以 30 年为期,期满后,由股东大会议决存、废,另行组织。无极钱庄,入股分红 3 年一结算,但每年可适当预支。[2]

钱庄较多、钱庄业较发达的县区,还设有同业公会,以公议规则管理同行。

农村钱庄的经营范围大致包括发行庄票、存放款、汇兑和钱币兑换等四个方面。不过由于资力和市场条件的限制,并非所有的钱庄都能均衡从事这四方面的业务,而是互有侧重。庄票发行和汇兑一般只限于资本规模较大的钱庄,一些中小钱庄,大多只从事存放款和钱币兑换业务。还有相当数量的小钱庄,则仅从事零星货币兑换。

按照资本规模和业务范围的差别,一些地区的农村钱庄相应

---

[1] 《安国县志》,方志出版社 1996 年版,第 409 页;《无极县志》,人民出版社 1993 年版,第 317—318 页。

[2] 《安国县志》,方志出版社 1996 年版,第 409 页;《无极县志》,人民出版社 1993 年版,第 317—318 页。

划分为若干等级或类别:

江西浮梁,钱庄根据资本大小,分为福、禄、寿三个字号,亦即三个等级。大的业务范围甚广,与上海、汉口、九江均有联系,可互相递汇;资本小的叫"水钱庄",主要经营补水、贴现和存放款业务,没有发放期票的资格;资本更小的叫"钱摊"或"钱贩子",只从事钱币兑换和贴现业务。① 新淦(今新干)钱庄分为汇划庄、钱号、零兑庄三种,相应从事票据汇划、存放款和钱币兑换等业务。②

福建三明地区,钱庄分为两类,资本三四万元以上,发行兑换流通券,办理全部存、放、汇业务,称"出票店",为数甚少;资本微弱,万元以下者,主营或兼营银钱兑换业,称"钱样店",为数较多。③

广东潮州,钱庄按其职能或经营范围,分为票庄(发行庄票)、息庄(存放款)、收找店(钱币兑换)3个类型。1930年全盛时期,有大小钱庄76家,内票庄12家,息庄41家,收找店23家。④

吉林钱庄分为借贷庄(存放款)和汇兑庄(经营汇兑)两类。后者主要是大钱庄。⑤

发行庄票,是资本规模较大的农村钱庄的重要业务。

庄票分本票、期票两种,面额有大有小。前者随时可以兑取现金,后者届期兑现,亦可互相授受。庄票不仅可以代替现金支付,有的还可用于采购、完粮纳税,甚至流通市面。如湖南江永私营裕永钱局,1925年印发500文、1000文两种纸币,用于完粮纳税,贩

---

① 《浮梁县志》,方志出版社1998年版,第439页。

② 《新干县志》,中国世界语出版社1990年版,第721页。

③ 《三明市志》(中)第31卷,金融,方志出版社2002年版,第1534—1535页。

④ 《潮州市志》,广东人民出版社1995年版,第976—977页。

⑤ 《吉林省志》第31卷,金融志,吉林人民出版社1991年版,第22页。

购黄豆、茶油、桐油、棉纱、棉布等。① 福建连城钱庄及兼营钱业的商户，利用销往外地的木材、土纸等货款，兼办申票、潮州票、福州票、邑票等业务，各票可直接到相应地区购货或兑取现款，而申票更可到江西等地购货后转往上海结算。② 安徽阜阳钱庄发行的钱票、银票，除作钱庄现金支付外，还用于采购、贩运和囤积商品。③

在一些地区，农村钱庄的庄票发行相当普遍。广东普宁，从1926 年由农会领导设立的钱庄开始，一直发行"镭票"（当地俚称，即铜钱票）、银票。大革命失败后，1930—1937 年先后建立的 4 家钱庄，也多发行纸币。亦有其他商号从事纸币、镭票发行，1930 年仅洪阳一地，发行镭票者即达 90 多家。④ 江西德安、安徽阜阳，不仅大小钱庄发行庄票，甚至城内大小商号，农村殷实户，都出市票。⑤ 陕西洋县，1934 年前，各钱行（亦称钱铺）除从事银钱兑换，也发行地方代用币券（油布票），代收地丁银。⑥

庄票发行数量、流通范围因钱庄资本规模、社会信誉、市场条件以及钱庄自身和互动行为而异。湖南洪江 1905 年有钱庄 21家，资本 4.1 万银元，发行纸币 1.28 万元；1916 年有钱庄 23 家，资本银元 2.78 万元、铜元 3.7 万串，发行铜元券 2.33 万串，发行数额基本正常。⑦ 不过亦有部分农村钱庄的庄票发行额大大超过资

---

① 1927 年，该局因失信而倒闭（《江永县志》，方志出版社 1995 年版，第 341 页）。

② 《连城县志》，群众出版社 1993 年版，第 483 页。

③ 《阜阳市志》，黄山书社 1993 年版，第 238 页。

④ 《普宁县志》，广东人民出版社 1995 年版，第 334 页。

⑤ 《德安县志》第 18 卷，财政金融志，上海古籍出版社 1991 年版，第579 页；《阜阳市志》，黄山书社 1993 年版，第 238 页。

⑥ 1934 年，洋县田赋稽征处成立，取消钱行代收，加之各业萧条，金融吃紧，钱行随之倒闭（《洋县志》，三秦出版社 1996 年版，第 375 页）。

⑦ 《洪江市志》，三联书店 1994 年版，第 319—320 页。

本额,如四川新都积厚成(1930年设)、公泰(1934年设)两钱庄,资本分别为3000元和1万元,发行"执照"(记名票券)达3.75万元和8万元。① 安徽阜阳钱庄,因有官绅撑腰,庄票发行额也不与资金挂钩。② 庄票流通范围亦有大有小。广东普宁农会领导设立的钱庄所发"镭票"、银票,流通范围远至丰顺、潮州;江西德安郭利用钱庄,因资本雄厚,庄票可在南昌、九江流通。其他农村钱庄,庄票大都只在本县或所在县城、集镇周围流通,范围较小。

通过存款集聚社会游资,扩充资力,放款赚取利息差额,或利用自有资本,放款取息,是农村钱庄最主要的业务和获利手段。

有的立足于吸收存款,外来资金超过自有资本10—20倍。如1935年湖南湘潭23家钱庄,资本13.7万余元,吸收存款131.3万余元,放款总额142.1万余元,分别相当于自有资本的9.6倍和10.4倍;1934年山西平遥4家钱庄,资本6.15万元,存款126.54万元,放款117.92万元,分别相当于自有资本的20.6倍和19.2倍。③ 有的放贷主要限于自有资本,甚至只放不存。如河北无极、山西黎城,一般钱庄只营放贷,吸收存款不多,黎城钱庄则只放不存。无极钱庄资本不敷借贷时,则到邻县安国的大钱庄拆借。④

农村钱庄存款来源主要是商户、市镇居民、作坊主、农村富户、公团和官款,种类有活期(浮存)、定期、同业存款等,有的有利息,也有的全无利息。放款对象主要是商户、小贩、手工业者、农民等。种类有浮放、长放、同业拆借、往来透支等。放款利息远高于存款。

① 《新都县志》,四川人民出版社1994年版,第676页。

② 《阜阳市志》,黄山书社1993年版,第238页。

③ 《湘潭县志》,湖南出版社1995年版,第606页;《平遥县志》,中华书局1999年版,第407页。

④ 《安国县志》,方志出版社1996年版,第409页;《无极县志》,人民出版社1993年版,第317—318页;《黎城县志》,中华书局1994年版,第279页。

各地钱庄的存放款和业务对象,各有侧重,或因帮派及所在地区而异,如浙江嘉善钱庄有本帮、绍帮、西塘庄3派,本帮客户主要是米业、绸布、百货业和南北杂货、油麻麸饼业;绍帮客户以农村大佃农为主;西塘庄因位于窑业发达地区,窑户是其主要业务对象。① 也有以手工业者和商贩等为主要放款对象的(如河北南宫银号)。②

因本息回收,大利攸关,农村钱庄放款条件和手续严格,如无极钱庄,借贷要有保人说合,并对借贷人财产进行核查、衡量,才决定放款数量和利息标准。贷款方式有二:信用贷款和抵押贷款,以前者为主。利息也有高有低。贷款方式和利息高低,均因对象而异:通常商号、富户、同业贷款采用信用贷款,利息亦较低;穷人、小手工业者、农民小户采用抵押贷款,利息亦较高。如无极钱庄贷款,"富家利息低,不作抵押,穷人数额小,期限短,利息高,要有人作保,并以土地财产作抵押";山西孝义百逢源钱庄,信用放款对象是工商铺户,抵押放款对象是农民。1935年放款总额36124元,其中信用放款32061元,占88.8%,抵押放款4063元,占11.2%,后者借款人全是农民③;昔阳钱铺,对商号大户以信用放款为主;农民则须田产抵押。债款届期未还,钱铺即据约将抵押的田地、房宅或其他财产攫为己有。④ 忻县村镇钱庄放款,除信用放款外,还采用抵押放款,抵押品一般是土地、房屋等不动产。⑤ 福

---

① 《嘉善县志》,上海三联书店1995年版,第573页。

② 《南宫市志》,河北人民出版社1995年版,第406页。

③ 《无极县志》,人民出版社1993年版,第317页;《孝义县志》,海潮出版社1992年版,第426页。

④ 逢元蚨钱铺老板李万士、乾元亨老板宋立志,即是通过专营钱铺抵押放贷,在全县各地侵吞大量良田,成为昔阳占地最多的两户大地主(《昔阳县志》,中华书局1999年版,第448页)。

⑤ 《忻县志》,中国科学技术出版社1993年版,第323页。

建福清钱庄放款,一般为信贷,"或以田、厝等不动产契据作抵押";湖南沅陵钱庄,多用抵押放款;安徽阜阳钱庄,贷款亦须以田地、房屋、商品等财产抵押。① 此类抵押放款对象自然也是农民。

汇兑是部分资本规模较大和位于区域间贸易及经济往来较频繁地区钱庄的重要业务。汇兑方式有票汇、信汇、电汇等3种。湘西洪江镇,是湘黔边境商品转口贸易市场,民国年间,因兵乱频仍,周围地区不靖,除巨额现金由富商请兵护送外,一般往来货款主要由钱庄或大商号汇兑,汇兑是钱庄的主要业务,每年汇付总额在千万元以上,营业十分兴旺。作为湖南商业码头的湘潭,汇兑也是钱庄的重要业务。1935年23家钱庄汇出、汇入款额达1270万元。② 一些交通、商贸发达地区,从事汇兑的农村钱庄也不少。山东潍坊地区,1932年65家钱庄中,从事汇兑业务的36家,占总数的55.4%(内潍县49家钱庄中,33家有汇兑业务,占67.3%),年汇款额218.5万元,通汇地有济南、青岛、周村、烟台、上海、天津等。③ 江西崇仁钱庄中,有专办汇兑业务的"过账店"。④ 也有的将汇兑和存放款巧妙地结合在一起。如浙江平阳矾山(今属苍山),兼营钱庄业务的矾栈,收存矾山、马站、赤溪等地商店销货款作为自己收购明矾的资金,然后将运销温州、上海的货款兑给存款商店作进货之用,既融通资金,又解决了双方长途携带大量现金的困难。⑤

---

① 《福清县志》第20卷,厦门大学出版社1994年版,第518页;《沅陵县志》,中国社会出版社1993年版,第513页;《阜阳市志》,黄山书社1993年版,第238页。

② 《洪江市志》,三联书店1994年版,第319—320页;《湘潭县志》,湖南出版社1995年版,第606页。

③ 《潍坊市志》上卷,中央文献出版社1995年版,第868页。

④ 《崇仁县志》,江西人民出版社1990年版,第317页。

⑤ 《苍南县志》,浙江人民出版社1997年版,第527页。

近代全国农村钱庄的业务量和经营状况，缺乏全面统计，表7-33反映的只是江苏泰兴、湖南湘潭等若干地区农村钱庄某些年份的资本经营状况：

表7-33　若干地区农村钱庄经营情况示例

单位:元

地区	资料年份	钱庄家数	资本额	存放款		汇兑		发行
				存款	放款	汇出	汇入	
江苏泰兴	1912	7	1120000	515000	—	—	—	—
湖南湘潭等7县	1934	52	877800	1940000	2127600	54460000		
山东潍坊地区	1932	65	576000	2700000	3460000	2185000		
黄县	1933	36	686000	1755500	1325700	2620000		
济阳	1933前	22	47500	—	43300			
山西平遥	1934	4	61500	1265400	1179200	2177500	2166800	49000
运城	1935	6	381000	547000	623000	1381000	1270000	—
文水	1935	6	58050	582126	577920	107970	124232	
榆次等40县*	1935	163	1607332	9263600	9827688	15199968	14954546	211213
辽宁梨树	1920	19	340000	—	850000	—	—	—
吉林四平**	1923	9	112000	—	49700000	—	—	—
榆树	1908	1	58880	—	528007	—	—	—

* 原资料为41县、182庄，已将省城阳曲19庄及相关资料剔除，故为40县、163庄。

** 货币单位为小洋元。

资料来源:据《中国实业志·山西省》及相关新编地方志综合整理、计算编制，转自刘克祥:《近代农村钱庄的资本经营及其特点》，《中国经济史研究》2009年第3期，第81页表2。

农村钱庄与城市钱庄不同,多由地主豪绅、商户开办或兼营,大部分并非专营金融业务,而是同时兼营甚至主营农产品收购、加工、贩运和其他商贸业务。这是农村钱庄资本经营方面的显著特点。

安徽滁县地区钱庄,资本大多来自南京、镇江、扬州和蚌埠等外地商人,或挂钩于外地钱庄,或为外地钱庄的"子庄",又多以钱业而兼营商业,或原为商业而分营钱业。① 福建长汀,未有专业钱庄,银钱存放、商业汇兑均由大商家兼营,其中以纸商、粮商、油商、盐商、京果商居多。② 江西湖口钱庄,多为大商人集资入股,都是半商、半钱铺,并以兼营米店居多;崇仁不少钱庄也兼营金银首饰、南百货、纸张、竹木、粮食等商业;奉新钱庄早期由盐商兼营,称为"盐钱号",各商号亦兼营汇兑划拨业务。③ 湖南一些小钱庄多以买卖纸烟、彩票等为副业;邵阳、会同、新化、安化等地,钱庄多由桐油、茶叶、布匹、杂货、木材、纸张、锑矿各商兼营;溆浦,鼎盛昌商号凭借雄厚资本,商业兼营钱业,经营存放款、兑换银钱、短期拆借、办理汇兑、发行市票,还代政府收缴田赋。④ 四川简阳,有的钱庄兼营粮食、糖类和其他商业;金堂除专业钱庄外,又有经营钱庄业务的商业"字号",从事汇兑和存放款,经营农副产品囤积,购置田产,收取地租。⑤

---

① 《滁县地区志》,方志出版社 1998 年版,第 643 页。

② 《长汀县志》第 20 卷,金融,三联书店 1993 年版,第 479—480 页。

③ 《湖口县志》,江西人民出版社 1993 年版,第 373 页;《崇仁县志》,江西人民出版社 1990 年版,第 317 页;《奉新县志》,南海出版社 1991 年版,第 293 页。

④ 国民党政府实业部国际贸易局编纂、发行:《中国实业志·湖南省》,1935 年初版,第 4—5(壬)页;《溆浦县志》,社科文献出版社 1993 年版,第 467 页。

⑤ 《简阳县志》,巴蜀书社 1996 年版,第 336 页;《金堂县志》,四川人民出版社 1994 年版,第 484 页。

在北方,河南武安钱庄,均主营或兼营商业;汝阳钱庄业多为商号兼营;罗山在光绪至民国初年开设的9家钱庄中,8家分别由盐店、粮行、布庄、杂货店兼营。[①]　山东济阳,清末至1936年间设立的22家钱庄中,专营的9家,兼营的有13家[②];河北文安、宝坻,1937年前,分布县城和各大集镇数十家钱庄(钱铺),全部兼营粮市交易,故又称"钱粮行"。[③]　枣强县城一些钱庄同时兼营商业,如买卖土布、旧棉絮、食盐、粮食、皮毛等;南河万裕泰商号,"一边经营钱业,一边经营商业";无极钱庄除放贷外,也经营粮棉等农副产品和紧缺物资。[④]　在邯郸,1892—1934年先后设立的10家钱庄、银号,只有2家专营,其余8家全部兼营粮食、棉花、烟草、杂货等(详见表7-34)。

表7-34　河北邯郸钱庄、银号经营概况

庄号名称	设立、停歇年份		经营范围
	设立年份	停歇年份	
德昌元钱庄	1892	1921	存放款、兼营
德隆泰钱庄	1894	1927	存放款、酱菜、杂货、棉花

①　《武安县志》,中国广播电视出版社1990年版,第404页;《汝阳县志》,生活·读书·新知三联书店1995年版,第361页;《罗山县志》,河南人民出版社1987年版,第419页。

②　《济阳县志》,济南出版社1994年版,第317页。

③　《文安县志》,中国社会出版社1994年版,第360—361页;《宝坻县志》,天津社会科学院出版社1995年版,第473—474页。

④　《枣强县志》,文化艺术出版社1994年版,第420页;《南和县志》,方志出版社1996年版,第291页;《无极县志》,人民出版社1993年版,第318页。

续表

庄号名称	设立、停歇年份		经营范围
	设立年份	停歇年份	
玉顺长钱庄	1901	1922	存放款、粮食
贞元亨钱庄	1902	1937	存放款、粮食、杂货
三元亨银号	1927	1930	存放款、汇兑
裕丰银号	1929	1932	存放款、汇兑,兼营棉布
元生恒银号	1931	1937 年同蔚丰银行合并	存放款、汇兑、烟草
同顺荣银号	1933	1937 年同蔚丰银行合并	存放款、汇兑、山货、棉花
祥源银号	1934	1937 年迁走	存放款、杂货、代民生工厂收购棉花
震声银号	1934	后与元生恒合并	存放款

资料来源:据《邯郸市志》,新华出版社 1992 年版,第 506 页综合整理、编制。

农村钱庄资本经营第二个特点是,相当部分钱庄无论金融业务还是商贸活动,都带有不同程度的投机和欺诈性。

庄票发行往往一哄而起,不顾钱庄资本和兑现能力,甚至以此欺诈牟利。

江西德安,因郭利用钱庄(1912 年开办)所发庄票可在南昌、九江流通,利润可观。其他人见有利可图,争相仿效,连城镇小商号,农村殷实户,都出市票,无力兑现就倒闭,以此骗取钱财,民众不堪其苦。[①] 安徽阜阳,先是钱庄滥发钱票、银票,用来采购、贩运商品、囤积居奇,图票略有破损,即不予收回,老百姓指斥,"开典

---

① 《德安县志》第 18 卷,财政金融志,上海古籍出版社 1991 年版,第579 页。

当重利盘剥,开钱庄片纸生息";继而商户亦纷纷仿效,各种票券充斥市场,民谣讽喻:"不怕内中空(没有资本),只要行得通(能巴结拉拢,发行图票),今日穷光蛋,明日变富翁";最后更有人发票诈骗,商人熊某为往上海购买生猪,发行中票,后携款潜逃。[①] 湖南常德、湖北樊城、山东邹县、吉林榆树等地钱庄,都因滥发庄票,无法兑现而倒闭,或被查封,庄主自杀。[②]

一些钱庄在存放款和银钱兑换中,也都存在投机和欺诈取巧行为:1926 年,江西宜黄 4 家钱庄获悉南昌的银行、钱庄存款利息较高,遂将大部分客户存款转存南昌银行和钱庄。不久,南昌的银行遭军阀邓如琢洗劫,债务无法清偿,4 家钱庄均受害倒闭。[③] 安徽太和钱庄的银钱兑换,欺诈剥削更明显:客户以银元换零钱,1元本值 5000 文,只给 4600 文;以零换整,须加现钱 5%;以银两换钱,要折扣成色,叫做"扒色",且无一定标准,全凭眼估,但同一银两卖出时,却按十足成色。如此一进一出,即得利 15%左右。[④]

兼营商贸贩运,更是投机取巧,囤积牟利。河北无极钱庄收购、贩运农产品,如遇粮食减产、棉花增产,即收购棉花,加工皮棉,运抵天津,存放货栈,待价而沽。若行情对路,在津购回高粱、黑豆等粗粮,待来年春荒粮价上涨时抛售。如用赊销,则按当时粮价作价,定期还本付息,获取商业和高利贷双重利益。若当地粮价下跌,则继续收购,而后发往缺粮地区出售。如此迂回、反复,从中牟

①　《阜阳市志》,黄山书社 1993 年版,第 238 页。

②　《常德县志》第 20 卷,金融,中国文史出版社 1992 年版,第 459—460页;《襄阳县志》,湖北人民出版社 1989 年版,第 385 页;《邹城市志》第 15 卷,金融业,中国经济出版社 1995 年版,第 341 页;《榆树县志》,吉林文史出版社1993 年版,第 502 页。

③　《宜黄县志》,新华出版社 1993 年版,第 401 页。

④　《太和县志》,黄山书社 1993 年版,第 200 页。

取厚利。① 江苏宿迁钱庄，早先兼营"外庄"（即在外埠购买货物运销取利）。因"外庄"利厚，1921 年各庄皆抛弃本业，专趋外庄，并加强了投机垄断。县内钱庄习惯将京杭运河上水来货称北货，下水来货称南货。北货商以运销粮食为大宗，其中走"洋票"者（即以洋行名义将货填报海关税，不报内地税），主要运销芝麻、花生、金针菜、瓜子等土特产；不走"洋票"者多运销大豆、小麦、绿豆、高粱等。南货商以贩运洋纱为大宗，间亦贩运糖类、纸张等。各钱庄多数经营北货，同时收购农产品，基本手法是，麦收后勒抑麦价，提高银洋价；1927 年后更进而囤积粮食，春荒时高价出售，操纵和垄断粮食市场。② 河北文安"钱粮行"经营粮食的基本方法是，麦后低价买进小麦，高价卖出粗粮；秋后低价买进粗粮，高价卖出小麦；秋借粗粮，夏还小麦；或借粮作价，按价计息，并须有铺保，或以田地、房产抵押。③

另外还有其他投机行径。如山西代县钱庄有称之为"耍钱盘"的活动，即买空卖空。1935 年时，全县 11 家钱庄每天早晨派人到财神庙"上市"，碰头议价，当面成交，各记一笔空账，过一段时间集聚到一定数量进行结算。在这种角逐中，往往是大鱼吃小鱼，一些实力弱的小钱庄时有倒闭之虞。④

农村钱庄经营的第三个特点是，存放款乃至庄票发行、汇兑，往往带有程度不同的传统高利贷性质。⑤ 更有不少钱庄直接发放高利贷，如广西邕宁，在各圩镇和部分村庄，都有挂牌或不挂牌的

---

① 《无极县志》，人民出版社 1993 年版，第 318 页。
② 《宿迁市志》，江苏人民出版社 1996 年版，第 560 页。
③ 《文安县志》，中国社会出版社 1994 年版，第 360—361 页。
④ 《代县志》，书目文献出版社 1988 年版，第 236 页。
⑤ 如四川铜梁各钱庄，存放款、开发庄票、兑换等业务，"均具有高利贷性质"（《铜梁县志》，重庆大学出版社 1991 年版，第 521 页）。

钱庄,主要业务就是搞高利贷,放青苗和猪花贷款等。① 河北藁城德庆堂、积庆堂、荣庆堂 3 家钱铺,更是"地主专为放高利贷而设"。②

近代典当和农村高利贷的通行利率为年息 2—3 分(20%—30%),农村钱庄贷款多按月计息,据不完全统计,一半以上地区的钱庄月息达到或超过 3 分(3%,相当年息 36%)。③ 广东潮安、龙川,江西萍乡,四川大足,山东菏泽、即墨,河南邓县、汤阴,山西兴县等地,月息更超过 10 分,甚至高达 100 分,即年利率达120%—1200%。利率已经高得出奇,但某些地区钱庄的剥削手段比这还要残酷。如广东龙川各圩镇,由私商兼营的钱庄、钱铺,放款利息有"日息"、"街息"之分,俗称"闪眼利"。如今日 12 时借出100 元,到明日 12 时即须归还本息104 元或105 元。到期不还,则利上加利,屡催不还,即请警察武装催收。④ 河北文安的"钱粮行",如借款人急需用钱,即采行高利"印子钱";山西黎城钱庄,不仅利率高,而且按月本利相加,分月计算利率,比传统高利贷"驴打滚"还要残酷,农民称为"黑驴打滚"⑤;汤阴宜沟镇两钱庄,贷给农民短期紧急用款,即照民间高利贷,按天计息,利率 1 分,称为

---

① 《邕宁县志》,中国城市出版社 1995 年版,第 581 页。

② 《藁城县志》,中国大百科全书出版社 1994 年版,第 212 页。

③ 根据各地新编地方志检索,有农村钱庄放款利率资料可查的 48 县中,25 县钱庄的月息达到或超过 3 分,占总数的 52.1%(各县钱庄存贷款利率详见刘克祥:《近代农村钱庄资本经营及其特点》,《中国经济史研究》2009 年第 3 期,第 84 页)。

④ 《龙川县志》,广东人民出版社 1994 年版,第 365 页。

⑤ 《文安县志》,中国社会出版社 1994 年版,第 360—361 页;《黎城县志》,中华书局 1994 年版,第 279 页。

"天期"，不少贫苦农民因此而倾家荡产。①

从地区看，带有浓厚封建高利贷剥削性质的农村钱庄主要分布在北部和中西部地区，江浙闽等东南沿海省区尚不多见，这可能同这些地区城乡经济、商业贸易和新式银行业相对发展有关。

近代农村钱庄的盈利状况和经济效益，因地区和单个钱庄而异。资料显示，不少钱庄颇有盈利。如河北内邱钱庄，主要供给城内商号临时贷款，"从中获得高额利润"；湖北南漳商号帮工周某，1892年用50两银子在武安镇开设钱铺，从事兑换业务。1902年钱铺停业返乡，置有房屋30多间、田地26.66余公顷，顿成当地富豪，足见钱铺获利丰盈。② 一些兼营商业的钱庄或商号，盈利尤为丰厚。如"一边经营钱业，一边经营商业"的河北南和万裕泰商号，以钱业存款经商，"利润可观"；河南武安各钱庄，均主营或兼营商业，利用储户存款经营棉花、布匹、粮食、百货，每家钱庄资本4万—5万元，年获利六七万元，一般钱股3000银元，年终除本金外，可分红3000银元左右。"经营兴旺，均无亏损"。③ 少数官办或官商合办的钱庄、银号，也获得较好效益，广西龙州官商合办新龙银号，1904年开办后，当年经营9个月，除花红酬劳外，尚有余利6400余两。④

---

① 如宜沟镇佃户高明，为买3头牲口，借钱100元，月息3分，因每年所获仅够完租，无力偿还，拖了6年，本息累计高达300余元，最后卖掉3头牲口和全套车辆、全部家什，才还清借款（《汤阴县志》，河南人民出版社1987年版，第269页）。

② 《内邱县志》，中华书局1996年版，第714页；《南漳县志》第18卷，金融，中国城市经济社会出版社1990年版，第343页。

③ 《南和县志》，方志出版社1996年版，第291页；《武安县志》，中国广播电视出版社1990年版，第404页。

④ 《龙州县志》，广西人民出版社1993年版，第610页。

　　某些钱庄因创办者眼光独到,经营有方,发展迅速,在钱业界和工商界都颇有影响。

　　河南新乡同和裕银号,1912 年由王宴卿等 5 人集资组建时,仅有股本 9300 串铜钱(折合 1.2 万银元)。最初收购碎银,铸成元宝卖给出外进货商人,后改营存放款和汇兑业务。王早年当过银号学徒,又曾在天津、汉口等地押运货物、采购商品,积累了相关经验,银号开办顺利,投资踊跃,股东多为军政官僚、地方豪绅,亦有大小商人,业务急剧发展,资本扩大,1930 年达 63 万元,公积金50 万元。机构北伸平津,南延沪宁,东至新浦(今属连云港),西到西安。河北、山东、河南、江苏、湖北、安徽、山西、陕西等省主要商埠、城镇都有"同和裕",各地分号、办事处达 41 处,店员 850 余人,年存款达千万元以上。存户主要是军队、军阀和政府机关,种类有零存整取、存本付息、整存整付、活期往来等,形式灵活多样。放款全部采用抵押放款,并派人驻厂进行管理和监督,以防止呆账、坏账。银号还将业务范围从金融领域扩展到工业、商业和公共事业,先后在安阳、新乡、郑州、汉口、潼关、洛阳、开封、新浦、汲县、道口、临清、徐州、天津等地开办肥皂、机器、印刷、榨油、蛋品、织布、丝光各厂和水电公司等工业企业,以及药铺、粮行、煤栈、盐号、百货店、文具店等商业企业 55 处。另外还有电话交换处、通信处和医院 3 处。同和裕银号十分重视市场信息,编印《商业简报》和明字密码小册子,以便总号和各地分号及时交流情报。又于 1928年开办职业学校,自己培养专业人才。1931 年同和裕银号接办大中银行,王宴卿自任总经理,并取得印刷 500 万元纸币的凭证。

　　同和裕的迅速发展和扩张,招致中央、中国、交通、中国农民四行的嫉恨。四行使出毒招,联合各地军阀,将钱款存入同和裕,然后同时提取,引发 1933 年大规模提款风潮。同和裕虽向银团高息借款,但因银团付款拖延,提款风暴不息,银号资产被一一拍卖,

1935年,同和裕在各地的分号、企业先后倒闭,王宴卿亦被关押,1937年10月宣告破产。① 同和裕银号虽以破产倒闭告终,但仍不愧是近代农村钱庄的佼佼者。

设于1910年的山西闻喜金源合钱庄,因经营得法,注重信誉,发展很快,至1929年已吸收资金20万元,机构及经营规模迅速扩大,相继在省内以及西康等地开设多家分号及商号。到30年代,年存款额达30余万元,并在太原、天津、汉口、郑州、上海开设分号,开展汇兑业务,还为县政府办理粮款存管和汇解省府业务,1934年又代理县银号兑换券发行与县金库的金融业务。到1935年,其他钱庄均被其挤垮,垄断了全县金融市场。②

江苏海安同盛钱庄,自刘策天1840年创办后,营业颇盛,后由其子孙相继独家经营,直至1938年沦陷才闭歇,被誉为"百年老庄"。③

不过从总体上看,农村钱庄资本规模狭小,创办者专业知识和钱庄专业人才相对欠缺,加上农村市场条件和社会治安等方面的限制,农村钱庄在经营管理方面建树不多,经营管理的整体水平无法同城市钱庄相比,大部分钱庄的经济效益和发展状况并不理想。一些地区的普遍情况是,钱庄设停频仍,寿命短暂。据1932年的调查,山东52县现存561家钱庄的年龄,270家不足5年,占48.1%,513家不足20年,占91.4%。④ 这并不反映农村钱庄业特别年轻,而是说明农村钱庄寿命短促。表7-35是若干地区农

① 《红旗区志》,三联书店1991年版,第197—198页;《滑县志》,中州古籍出版社1997年版,第472页。

② 《闻喜县志》,中国地图出版社1993年版,第230页。

③ 《海安县志》,上海社会科学院出版社1997年版,第506页。

④ 据国民党政府实业部国际贸易局编:《中国实业志·山东省》,第7册,宗青图书公司1934年印本,第55—102(癸)页综合计算。

村钱庄的寿命情况：

表 7 - 35　江苏丹阳等 5 省 9 县农村钱庄寿命示例

地区	年期	钱庄数	钱庄寿命（年）		
			最长	最短	平均
江苏丹阳	1876—1934	23	23	2	11.4
铜山	1900—1946	33	20	1	7.8
灌云	1918—1938	16	15	1	5.2
海州	1927—1938	18	9	2	4.3
浙江桐乡	1894—1945	12	55	2	11.4
玉环	1926—1948	5	10	1	10.0
福建永泰	1923—1943	7	15	2	7.3
江西丰城	1925—1949	4	21	4	12.2
河北邯郸	1892—1937	5	35	3	24.2
合计	1876—1938	123	55	1	8.8

资料来源：据相关新编地方志综合整理、计算、编制。转引自刘克祥：《近代农村钱庄的资本经营及其特点》，《中国经济史研究》2009 年第 3 期，第 86 页表 5。

如表 7 - 35，5 省 9 县 123 家钱庄，寿命最长 55 年，最短 1 年；按县平均邯郸最长 24.2 年，海州最短 4.3 年，123 家钱庄平均寿命为 8.8 年。农村钱庄大多是短命的，像同盛钱庄这种"百年老庄"，绝无仅有。寿命短暂既反映出近代农村钱庄竞争残酷、生存艰难，又说明农村钱庄自身生命力的脆弱。

近代农村钱庄，虽然从总体上说，资本规模不大，经营理念、手段及效益有其局限性，但它作为近代时期（主要是 20 世纪初）发生发展起来的农村金融业，仍有其不可忽略的历史地位。近代农村金融业在从民间传统合会、典当高利贷向新式银行、信用合作社发展、演变过程中,钱庄业留下了自己的脚印。

大量资料显示,在一些地区,农村钱庄不仅是主要乃至唯一的金融机构,完全操纵地方金融,支配地方财政,而且直接代理县金库、县政府甚至地方驻军部分财政职能。例如,在河北昌黎、抚宁、遵化、玉田、丰润、清苑等地,地方金融全由兼营钱业的粮行和规模较大的钱庄(银号)所控制;在福建北部建瓯一带,20世纪20年代至30年代,某些有特殊背景、同官府关系密切的钱庄,曾代理驻军和地方政府的部分财政职能,代驻军和政府收缴、存储。建瓯、建阳、崇安、浦城、松溪、政和6县田赋、盐税、厘金各款,代付军饷及县公署开支,具有支配当地财政、金融的权力和实力。① 农村钱庄(包括官办钱庄)在调剂、融通农村资金,促进乡村农业、手工业、矿业发展和商业流通方面,发挥了作用。如湖北宜都,虽然钱庄资金普遍不足千元,存放款利息略高于银行,但一般商号乐于与之往来,营业颇为活跃。由于长阳、五峰、鹤峰等县的山货土产集散于宜都,外埠商人来此采购桐油、木油、皮梓油类和生漆、木材、斗方纸等土特产品,所带之"申"、"汉"、"沙"、"宜"期票,悉由钱庄收储,放给本地商号到申、汉、宜进货,资金通融的作用十分明显。② 四川大足,虽然部分农村钱庄剥削残酷,龙水镇钱庄老板甚至因高利和逼债而遭人毒打③,但一些集镇的竹木器、小五金、土纸、土碗、煤窑生产所需资金,都靠钱庄调剂解决,大足钱庄在支持生产、促进商业流通方面还是发挥了不小的作用。④

---

① 《建瓯县志》,中华书局1994年版,第459页。

② 《宜都县志》,湖北人民出版社1990年版,第364页。

③ 1932年,有人将龙水镇钱庄高利盘剥的严重情况写信上告,省府下文禁止高利放贷,有的钱庄有所收敛,也有的歇业(《大足县志》,方志出版社1996年版,第535页)。

④ 《大足县志》,方志出版社1996年版,第535页。

二、典当业的经营及其没落

典当业通过收取抵押物品、高息放款牟利,是一种古老的金融行业,它除了融通资金的主要功能外,同时销售到期未赎的"满当"抵押品,兼具商业性质。典当业既是城乡居民维持手工业和农业生产、解决生活急需和日常资金融通的重要金融机构,在中国钱庄、票号和银行业兴起之前,更是几乎唯一的金融机构;但它又是一种残酷的高利借贷形式,通过压低当品价值、提高贷款利率进行双重剥削,是社会贫富分化和城乡居民贫困化的产物,在某种程度上,其兴旺发达同人民的贫困化程度成正比。

典当业因其经营方式和行业惯例方面的特点,对政治局势、社会治安、物价波动十分敏感。近代时期,由于外祸内患接踵而至,社会动荡不安,典当业几度兴替,迅速走向衰颓。进入 20 世纪,战争频繁,治安恶化,物价波动,社会习俗和民间服饰剧变,加上钱庄、银行、信用合作社等金融机构相继兴起,并不断向市镇、农村扩散,市场竞争空前激烈,典当业的生存环境进一步恶化,典当相继被钱庄、银行、信用合作社排挤和取代,全面没落。到二三十年代,相当一部分地区的典当业完全消失。

(一)近代典当业的跌宕起伏和全面衰落

典当在不同时期、不同地区称谓不一,有质库、解库、抵当库、长生库、解典库、质铺、当铺、押店等不同叫法。其内部按资本规模大小,经营范围、方式及惯例,又有典、当、按、押、质以及代当、代步等多个名称和等级。"典"规模最大,"当"次之,"按"又次之,"押"次于"按"但高于"质"。在山西、安徽等地,典当业通称"质",广东、福建等地通称"按"。"质"、"按"以及押的资本规模均比"当"小。"押"出现的时间最晚。1895年,广东又出现"小押"。当时典当业中的大户,为了防止内部竞争,约定划分业务区域,在某一区域内,只许一家经营,其他典当铺不得增设门店,但小押的设置不受约定限制,因而一时小押迅速增多。小押当期短,收息高,附近居民急需小额用款,为求方便多就近办理。"代当"、"代步"多设于乡间偏僻处所,犹如商铺代理店或分铺,资金较少,一般有大典当支持,双方签订契约,当物可以向大典当铺转当,随时获得人力、财力、物力上的接济。①

典当业的经营发展,受到政治局势、经济环境、市场条件、社会治安等多种因素的影响和制约。近代时期,全国各地典当业多次跌宕起伏,或者时兴时衰。② 太平天国战争、"八国联军"侵华以及辛亥革命前后,一些地区的典当业都曾遭受严重冲击和损失,几度衰落。第一次世界大战及战后一个时期,各地典当业一度有所恢复和发展,部分地区的典当业达到顶峰。1927年后,由于国民党政府改革、调整金融政策,银行业加速发展,钱庄、银行业不断向农村扩散,尤其是1931年后长江大水灾、"九一八事变"、"一·二八沪战"、经济危机和金融恐慌、废两改元和法币政策推行后,物价上涨,币值不稳,典当利息不足以补偿币值下跌的损失,导致全国典当业加速和全面衰落。迨1937年日本全面侵华战争爆发,一些地区残存的典当铺亦相继停业、倒闭,各地典当业全面崩溃,甚至完全消失。

太平天国战争期间,在农民政权辖区,典当全部被取缔;在捻军等起义区,典当业也因社会动荡,严重衰退。农民起义失败后,

---

① 参见顾传济:《典当业的组织管理和业务经营》,见常梦渠、钱椿涛主编:《近代中国典当业》,中国文史出版社1996年版,第27—28页。

② 如四川宜宾,20世纪20年代至30年代中,因受军事、政治局势影响,"典当业时兴时衰,兴时多达20余家,衰时一店无存"(《宜宾县志》,巴蜀书社1991年版,第325页)。

清政府为恢复社会秩序和社会经济,在一些地区招商开设典当,指令和鼓励地方官款和公益慈善团体的多余或备用资金,低息存放当铺。同时降低当息,减轻典当剥削,既缓和社会矛盾,也有助扩大典当业的营业额,在一定程度上促进了典当业的恢复和发展。

1900 年"八国联军"侵华,大肆烧杀抢掠,一些地区尤其是京津一带,典当铺因是民间金银首饰、珍宝、字画的集中地,首当其冲。如北京,1900 年全城有当铺 260 余家,"八国联军"入城,全城当铺被抢劫一空,仅存两家;天津自 1861 年开埠后,商业兴盛,华洋杂处,人口日众,典业日盛。庚子前夕,城乡当铺达 44 家,营业昌盛。庚子"八国联军"入侵,烧杀掳掠,当地不肖之徒亦乘机焚劫,受害者 20 余家,损失 100 余万两,幸存的 22 家也只能勉强营业。事平后,清政府大力扶持,典当业复苏,北京当铺逐渐开设至 160 余家。未几,辛亥革命爆发,1912 年袁世凯发动兵变,京津典当业再次遭劫,北京当商被抢者达 90 余家,未被抢者也连带损失,以致全体歇业,股东倾家荡产;天津当业遭劫达 17 处,"沿途遗物落珍,不计其数"。京津当业遭此两劫,元气大伤,典当业规模大为缩小。[①]

其他一些地区的典当业,也在辛亥革命前后受到冲击,遭受损失。南京 1911 年前后,有典当 13—14 家,1913 年"二次革命",张勋攻入南京,兵匪肆行抢劫,典当首先遭灾,附近街上,"衣包狼藉,典中职员,逃避一空",典当全部歇业。[②] 武汉典当业在 1911—1913 年间,因官款停拨,只得向钱庄借用,但息高额少,周转困难,陆续停歇。[③] 辛亥革命期间,安徽安庆在光复当天,各当

---

① 常梦渠、钱椿涛主编:《近代中国典当业》,中国文史出版社 1996 年版,第 107、114—115 页;宓公干:《典当论》,商务印书馆 1936 年版,第 276 页。

② 宓公干:《典当论》,商务印书馆 1936 年版,第 264—265 页。

③ 董明藏、谭光熙:《武汉典当业略谈》,《近代中国典当业》,中国文史出版社 1996 年版,第 343 页。

铺均被烧毁或瓦解,全省当铺"停歇殆尽"。四川在辛亥革命后,也突遭兵燹,当铺被"焚劫殆空"。①

民国初年,全国政局出现短时间的稳定;第一次世界大战期间,全国工商业兴旺,进出口贸易扩大,城乡市场繁荣,典当业开始恢复和发展。部分地区的典当业甚至达于鼎盛。安徽在1914年后,经省府招商开设,并拨款设立公当,以资提倡,嗣后省城及各县当业渐次恢复,质铺增至数十家。② 浙江杭州,民国初年商业繁荣,物价稳定,而人民普遍贫困,豪门巨贾争相开当,并由官府批准发给当帖,称为"官当",当业逐步发展,1921年前后,全城有典当19家,遍及南北各重要街道。1922年还由各典当集资创办典业银行,经营本业收付和其他各行业的存放款业务。江苏无锡在20年代初,典当业也曾一度迅速扩大。1924年"齐卢之战"(亦称"江浙之战")后,孙传芳赶走了奉军,政局相对稳定,同时社会贫富分化剧烈,穷人增多,为典当业的发展提供了有利环境,加速了典当业的扩大,当时全县有典当18家,除县城4家外,城外四乡,凡大的街镇,均有典当。③ 在北方,天津自"八国联军"入侵和1912年袁世凯"壬子兵变"后,元气大伤,但经数年休养生息,特别是天津人口增加,商业迅速发展,注入了新的生机,典当业迅速恢复、扩大,到1921年前后,天津典当业又进入了一个新的兴旺期。哈尔滨和东北地区,19世纪末叶随着土地开发和经济发展,当铺逐渐增多。1919年,由于市面金融吃紧,典当商乘机而起,当年即开办

---

① 余世雄、庆昌等:《安庆典当业简介》,《安庆文史资料》1982年3月第3辑;宓公干:《典当论》,商务印书馆1936年版,第211、236页。

② 宓公干:《典当论》,商务印书馆1936年版,第211页。

③ 杭州市民建、工商联文史组:《杭州典当业》;顾酥若:《无锡典当业回顾》,均见常梦渠、钱椿涛主编:《近代中国典当业》,中国文史出版社1996年版。

当铺 20 家,1921 年增至 42 家,资本总额 78. 75 万元,达到高峰。[①]

1927—1937 年间,城乡典当业生存的政治、经济环境和自身的发展、经营都发生了重大变化。

1927 年后,国民党政府加强了对典当的行业规范和管理,中央和各省先后颁布或修正典当章程和规则。1930 年国民党政府颁布《典当营业规则》,对放款利率和满当期限进行限制,明确规定:当物无论当本大小,取息以长年二分为标准,以月计不得过一分八厘,可加取至多不超过二厘栈租;当货以十八个月为满期,逾期不赎得由典当估卖归本。[②] 在这前后,一些省(市)也相继颁布或修改、重订质业章程,对典当业的等级、类别、最低资本限额、设立条件、典当手续、借款利率以及其他费用、满当期限、当物取赎、停业办法及手续等,做出规定和限制:资本和等级类别方面,江苏、上海、安徽、湖南、贵州、甘肃、热河等省市,分别按资本将当典分类、分等[③];江苏还规定须有资本 2000 元以上方能设立代当;浙江规定典当须在万元以上(特殊情形得呈请酌减);北平规定当商资

---

①　俞耀川:《漫话天津的典当业》;杜确:《哈尔滨早年的当铺》,均见《近代中国典当业》,中国文史出版社 1996 年版。

②　财政部财政科学研究所、南京第二历史档案馆编:《国民政府财政金融税收档案史料》(1927—1937 年),中国财政经济出版社 1997 年版,第 753页。

③　江苏、上海、安徽分别按资本将质业分为典当和押店两种,上海规定资本不满 3 万元者为押店。江苏、上海、湖南分别按资本将典当分为 4 等:资本 20 万元以上(江苏、安徽分别为 15 万元和 10 万元以上)为一(甲)等;10万元以上(安徽为 6 万元以上)为二(乙)等;5 万元以上(安徽为 3 万元)以上为三(丙)等;5 万元以下(安徽为 3 万元以下)为四(丁)等。湖南将质业分典当、质当两种,各分甲、乙、丙、丁四等。贵州将质业分为典铺、当铺、质铺和小押当 4 种。甘肃分为大当、中当及小当三种,中当及小当均又分为甲、乙、丙三等。热河规定,资本万元以上者为大当,万元以下者为小当。

本须在万元以上,并不得收用外人资本。设立条件及手续方面,上海、浙江、湖南、湖北、广东、北平、山东、青岛、甘肃、热河等省市均规定,凡领帖开设典当,须有本市一家以上(大部分省市要求3家)殷实铺保同时具结。借款利率方面,各省市均有明确规定,除热河为大当月利3分以下、小当3分外,其余省市均规定,年利不能超过2分,月利不能超过1分8厘。对典当停业也做了具体规定和限制,以防当商借停业进行欺诈、盘剥。①

上述规定和限制,既在一定程度上减轻了当户所受的利贷剥削,又规范了典当业的开设和经营,有利于典当业的健康发展。但是,由于典当属于高利行业,一些地区又长期疏于规管,当铺尤其是小押当,自行开设,无有管束。国民党政府加强规范和管理后,一些未能符合标准的典当特别是小押当,无法领帖或换帖,或被迫关闭,或转入地下。同时,国民党中央和地方政府规定的利率和满期标准,远远低于典当业通行利率及惯例。② 以致一些地区的典当盈利下降,甚至亏折、倒闭。如安徽1927年重新修订1925年质业章程,将月息由2分5厘改为2分。全省质铺因入不敷出,无利可图,相继收歇,由1927年的69家减至1929年的16家。天津在1928年后,当业一度扩大,1931—1932年间,新设典当数十家,达于"极盛时代"。但从1932年5月后,利率屡降,由3分而2分5

---

① 参见宓公干:《典当论》,商务印书馆1936年版,第491—507页。

② 1931年15个城市的典当利率统计显示,无论官立、私营,普遍为月息3分。其中官立典当8家,7家为月息3分,占87.5%;私营典当647家,月息2分的168家,3分的369家,3分5厘的21家,4分的57家,5分的29家,7分的2家。月息3分及3分以上的共478家,占总数73.9%。典期满期最常见的为12个月,超过12个月的很少(财政部财政科学研究所、中国第二历史档案馆编:《国民政府财政金融税收档案史料》,中国财政经济出版社1997年版,第750、751页)。

厘,而2分3厘,而2分,加之农村破产,物价趋跌,卖货亏折甚巨,又因新铺增多,竞争转烈,自1932年年底起,盈余者稀少,当业迅即由极盛转入衰退。[1] 北京典当业,因1927年后国都南迁,北平市社会局下令当息由原来的月利3分减为1分6厘(另加栈租6厘,合计2分2厘),营业困难,渐趋衰落。[2]

更主要的是"九一八事变"、"一·二八沪战"、自然灾害、经济恐慌、农村凋敝,加上银行业、钱庄业的竞争和挤压,典当业生存环境急剧恶化,于是加速衰落。

东北典当业,原本相当发达,东北被日本侵占后,各地典当或遭日本侵略者抢劫、攫夺,或被强制停业,典当业惨遭浩劫。1933年7月1日,日本侵略者在伪满"中央银行"下设立大兴公司,主营典当。总公司设于长春,营业机构遍布东北各省、市、县和集镇。日军1933年年初攻占热河后,又劫夺热河兴业银行,改组为伪满"满洲兴业银行",将热河兴业银行附属各地当铺,作为大兴公司的分店,由此完全控制和垄断了辽宁、吉林、黑龙江、热河4省的典当业。据大兴公司的调查,4省66城市共有典当445家,其中大兴当铺115家,占25.8%;放款总额13541837元,其中大兴当铺放款6453090元,占47.7%。其他典当也绝大部分为日本个人及日本控制下的朝鲜人所经营,原有的民间典当业,被掠夺、摧残殆尽。[3]

上海因都市繁华,贫民众多,早期典当业异常兴盛。唯自1926—1927年后,因满货亏折,各典当已无利可图。到1930年修

---

① 宓公干:《典当论》,商务印书馆1936年版,第211、276、502页。

② 《1935年北平典当业调查统计资料》,见常梦渠、钱椿涛主编:《近代中国典当业》,中国文史出版社1996年版,第107页。

③ 孙邦主编:《经济掠夺》,吉林人民出版社1993年版,第619—620页;宓公干:《典当论》,商务印书馆1936年版,第255页。

正典当营业规则，限定月利不得过 1 分 8 厘，外加栈租不得过 2 厘，当铺息金收入减少，特别是 1932 年"一·二八沪战"和人民贫困加剧、当户当多赎少，以及物价低落，当铺卖包亏折甚巨．当铺倒闭。据调查，"一·二八沪战"前全市（不含租界）有大小当铺 109 家，"一·二八沪战"及战后短时间内即有 18 家当铺接连停闭。自此，上海典当业明显衰落。延至 30 年代中，各典仅敷开支而已。①

汉口典业，清末时不下 30 余家。其后虽屡经兵燹，但转瞬恢复旧观。1927 年因国民党政府集中现金，各典当率相歇业。典当员工为谋生计，1928 年集资设立合作式典当，获利甚厚，典商纷纷投资开店，城内当铺几如雨后春笋。1929 年至 1931 年春，被称为汉口典当业的"黄金时代"。1931 年夏，长江大水为灾，机关紧缩，失业人数增加，多恃典质度日，但当铺鉴于灾后市面萧条，为安全计，停止继续放款，即已放者，亦多届时收回。同时，大灾之后，典当本身资金减少，又停止流转生息，亦难以维持，多有因此歇业者。②

江苏江都，浙江宁波、绍兴，福建，甘肃等地典当业，由于天灾人祸、农村破产、钱庄挤压等多种因素冲击，也都持续衰退。江都清末民初时有典当 30 余家，20 世纪 20 年代因孙传芳部队骚扰，当业受损，1931 年长江大水，亏损严重，相继歇业。③ 宁波 1918 年有典当 37 家。此后资本多流向银行、钱庄和工商业，典当业投资日乏而趋冷淡，多数亏损。1927 年后，当铺先后所购北洋政府、国民党政府公债，债值大跌，损失惨重，五六家当铺因此倒闭。1931

---

① 宓公干：《典当论》，商务印书馆 1936 年版，第 264 页。
② 宓公干：《典当论》，商务印书馆 1936 年版，第 267 页。
③ 《江都县志》，江苏人民出版社 1996 年版，第 516 页。

年减至 25 家。1932 年后数年间，又因洋货倾销、农村破产和金融风潮，当铺接连关闭数家。日本全面侵华战争爆发前夕，仅存 11 家。绍兴是浙江典当的主要集中地，1915 年有典当 52 家，1927 年后逐渐衰落，30 年代初减至 44 家，30 年代中仅存 21 家，后又陆续闭歇，一度仅剩 6 家。日本全面侵华战争爆发时，典当鲜有营业者。[①] 福建因城乡居民日益贫困，普遍无力回赎当物，当铺"每月满货，存积如山"，只得减价拍卖，结果当户乃弃而不赎，径往拍卖场购买。各当铺率皆亏折，陆续停闭，自 1927 年至 1934 年，闭歇者几及百家。甘肃 1929 年前，各县典当设立尚多，后因频遭匪旱，多数倒闭，1934 年仅存 39 家，资本总额 82780 元。[②]

部分地区，典当业因钱庄、银行挤压而衰退。浙江兰溪，民国初年有典当 5 家，1930 年后受钱庄影响（1929 年有钱庄 11 家），典当业务逐渐萎缩，日本全面侵华战争爆发后，全部闭歇。福建龙溪、海澄，唐宋已有典当。1922 年，龙溪有典当 8 家，海澄 3 家。此后随着钱庄、银号、银行业的勃兴，典当业开始衰落。1931 年后，社会经济衰退，货币贬值，当店出现当户过期不赎当物，拍卖不足当本的状况，相继歇业。[③] 江西萍乡，咸丰年间有典当 4 家，20 世纪 20 年代后，随着社会变迁，钱庄、银行业兴起，典当业逐渐衰落。[④] 四川达县，民国初年，县城和较大乡场均有当铺，"随着银行

---

① 《鄞县志》，中华书局 1996 年版，第 814 页；朱裕湘：《宁波典当业的衰落》，见常梦渠、钱椿涛主编：《近代中国典当业》，中国文史出版社 1996 年版，第 230—231 页；《绍兴市志》第 19 卷，浙江人民出版社 1996 年版，第 1320—1321 页。

② 宓公干：《典当论》，商务印书馆 1936 年版，第 227、252 页。

③ 《兰溪市志》，浙江人民出版社 1988 年版，第 382 页；《龙海县志》，东方出版社 1993 年版，第 482 页。

④ 《萍乡市志》，方志出版社 1996 年版，第 667 页。

的兴起,当铺陆续歇业"。宜宾更明显呈现彼长此消、彼消此长的变化态势,1936 年中国农民银行在县城设立农贷所,以低息扩充业务,"私人典当无力竞争,歇业不少;次年农贷所撤消,当铺又多复业"。①

也有相当一部分地区的典当业,从 20 年代、民国初年甚至清末开始,已不断萎缩、衰落,1927 年后并无复苏迹象,甚至在 1927年前已经消失。

浙江,1915—1916 年间,全省典当不下 480 余家,1921 年后渐次衰落,至 1927 年,愈加委靡不振,先后闭歇 100 余家,至 1930年,全省典当不过 327 家。福建平和,民国初年有典当数家,1924年钱庄兴起,典当迅速衰败、停闭。② 广西典当始于清初,光绪宣统年间有较大发展,延至 20 年代,1921 年、1929 年广西两度爆发纸币贬值、停兑风潮,典当损失不赀,纷纷闭歇,许多州县典当消失。1932 年广西银行第三次成立,并不断加设分支机构,资金融通能力加强,省政府于 1937 年 1 月颁布《广西省典当及按押代押营业章程》,严格限制典当业的发展,典当业进一步衰落。③

广东德庆、茂名、化县、电白、信宜等地,民国初年军阀混战,百业凋零,金融币制紊乱,典当营业清淡,不断倒闭。德庆 4 家当押,3 家倒闭;茂名、电白、化县、信宜等 4 县,1887 年时共有当押 144家,其中茂名 74 家、电白 35 家、化县 26 家、信宜 9 家,是全省当业繁盛地区之一。民国后,内战连年,当押纷纷闭歇,到 1936 年只剩当押 42 家。广东全省,自咸丰至光绪初年按店、押店及小押相继

---

① 《达县志》,四川辞书出版社 1994 年版,第 630 页;《宜宾县志》,巴蜀书社 1991 年版,第 325 页。

② 宓公干:《典当论》,商务印书馆 1936 年版,第 203 页;《平和县志》,群众出版社 1994 年版,第 487 页。

③ 《广西通志·金融志》,广西人民出版社 1994 年版,第 51—52 页。

兴起后,已呈当衰押兴之势,1885 年全省当店 1964 家,1910 年减至 1271 家,到 1934 年仅余 231 家,其中广州当店已绝迹。按店亦衰,全省不过 218 家,只有押店日增,1934 年达 776 家。当、按、押合计 1276 家,与 1910 年当店户数相近,但因按、押店资本规模远比当店小,总资本额已大幅下降。[①]

湖南、四川、山东、河南等省典当业,也都从民国初年开始,相继急剧衰败。

湖南典当在清末颇为兴盛,1917 年 12 月换领新帖的典当、质当铺尚有 223 家。但其后战事频仍,北军入省,强当揦押[②],加上 1918 年湖南银行票币跌价,当铺暗受亏损,大多相继赔累关闭,据 1930 年调查,仅祁阳、永明、沅江有当铺数家,规模均极小,余多歇业。[③] 四川当业自辛亥后,已趋衰落,泸县辛亥时,城区有典当 30 余家,后因军阀混战,典当业屡遭损失,业务衰落。到 1926 年,典当已经大部分收歇。[④] 四川其余大部分地区,情况相似,加上 1923—1924、1927—1928 年间,又因银价、纸币影响和半元之害,典当业更是受损不赀。1929—1930 年间,当业虽一度呈现转机,新设者颇有增加,未几四川对外省贸易变为入超,经济没落,农村破产,市面银根紧缩,当户多不取赎,当铺满货销路滞塞,当商亏折

---

① 《德庆县志》,广东人民出版社 1996 年版,第 445 页;《茂名市志》,生活・读书・新知三联书店 1997 年版,第 895 页;《化县志》,广东人民出版社 1996 年版,第 603 页;宓公干:《典当论》,商务印书馆 1936 年版,第 217—220 页。

② 如宁乡,嘉庆年间有典当 8 家。1916 年战事频繁,驻军士兵持破旧军服强行重典,当铺因此倒闭、绝迹(《宁乡县志》,中国大百科全书出版社 1995 年版,第 409 页)。

③ 国民党政府实业部国际贸易局编纂、发行:《中国实业志・湖南省》,1935 年初版,第 19(壬)页。

④ 《泸县志》,四川科学技术出版社 1993 年版,第 346 页;宓公干:《典当论》,商务印书馆 1936 年版,第 212—213 页。

甚巨,当业复又衰微。① 山东在光绪年间,全省有典当 200 余家,1912 年后,因受省钞、军用票、地方流通券影响和苛捐杂税盘剥,相继倒闭,1928 年据当业公会呈报,全省仅存典当 21 家。是年"济南惨案"后,兵匪蹂躏,更无法维持,1930 年典当数目复减至 15 家,青岛典当则被日资垄断。② 河南原本当业不甚发达,到民国初年更急剧衰败。省城开封原有典当 2 家、小押多所,民国初年,两家典当因故停业,小押亦相继关闭。其他如泌阳,有大小典当 10 家,1913 年全部停闭;正阳、伊阳、通许、鄢陵等县,各有典当 1—3 家,都在 1920 年前先后停业,汝南的 2 家典当,延至 20 年代初亦关闭。1927—1937 年间,这些地区未再有典当出现。③

也有的地区,典当业在清末已现颓势,到 20 世纪一二十年代,典当绝迹。湖南湘潭在乾隆嘉庆年间有典当 10 余家,太平天国后,一些湘军将领拥资归田,在县城经营典当业,称盛一时,至清末逐渐衰落,1904 年仅存 4 家。民国初年军阀混战,社会动荡,当业每况愈下,1926 年完全消亡。④ 陕西澄城,乾隆年间有典当 25 家,道光年间增至 30 家,清末衰落,县城只剩 4 家。1916 年陕西扩法军赵树勋营攻克县城,放抢 3 日,当铺从此倒闭绝迹。⑤

各地典当业衰退的起始时间前后不同,具体原因互有差异,但衰退变化的总趋势基本一致。尤其是 1933—1934 年后,在经济危机、金融危机、农村破产和废两改元、法币政策的冲击下,各地典当业亏损扩大,闭歇数量增加,衰退呈加速度发展。资料显示,1934

① 宓公干:《典当论》,商务印书馆 1936 年版,第 230、236 页。

② 宓公干:《典当论》,商务印书馆 1936 年版,第 240 页;《青岛市志·金融志》,新华出版社 1999 年版,第 40—42 页。

③ 参见相关各县新编地方志。

④ 《湘潭县志》,湖南出版社 1995 年版,第 605—606 页。

⑤ 《澄城县财政金融志》,陕西人民出版社 1991 年版,第 259 页。

年苏州 50 家典当中,49 家亏本;上海华界 50 家典押中,47 家亏本。浙江全省典当资本总数约 2000 万元,1934 年一年共亏 223 万余元。[①] 紧接严重亏损而来的是相继倒闭。苏州不数年间倒闭 11 家。到 1937 年日本全面侵华战争爆发,苏州沦陷,市面商铺惨遭洗劫,典当无一幸免,全业濒于绝境。是年 10 月,苏州典当业全部关闭。浙江绍兴 1934 年前有典当 140 余家,1934 年"仅存半数",停闭的竟占 50%;无锡某典当主,因无利可图,转而经商,乃将当铺赠与职员经营,结果仍不免倒闭。[②] 福建晋江,自 1923 年后,典当业江河日下,质物大部分弃赎,过期当物难以脱手,资金无法周转,相继停业。30 年代衰退加速,到 1935 年仅余 1 家。[③]

东南部地区典当业如此,中西部地区亦然。湖南常德典当业,1918 年因南北军阀混战和湖南银行倒闭、纸币大幅贬值,典当被迫全业倒闭。1920 年后,行业一度复生并发生变化,原来的当铺相继改为"押铺",1925—1930 年间先后开设押铺 24 家。但 1931 年后,因社会需求改变,旧衣滞销,死当出售越来越困难,典当业务下降,押铺先后歇业,到 1935 年只剩 1 家。1937 年日本全面侵华战争爆发后,该押铺怕承担不起因战争而遭受损失的责任,关门歇业,常德典当业再次宣告结束。四川铜梁,民国初年有 10 余家当铺,以后逐渐减少,30 年代后减速加快。1932 年 10 家,次年减至 8 家,1934 年复减至 6 家,1938 年只剩 2 家。[④] 贵州省城贵阳,从光绪年间起,先后设立典当有 20 家,民国初年开始衰退,1930 年

①　宓公干:《典当论》,商务印书馆 1936 年版,第 296 页。

②　蔡斌咸:《救急农村声中之典当业》,《新中华》1934 年 8 月第 2 卷第 15 期;姬允奎:《苏州典当业的盛衰》,见《近代中国典当业》,第 251 页;宓公干:《典当论》,商务印书馆 1936 年版,第 296 页。

③　《石狮市志》,方志出版社 1998 年版,第 471—472 页。

④　《铜梁县志》,重庆大学出版社 1991 年版,第 521 页。

时只余 9 家。30 年代衰退加速，到 1937 年，资力较厚，历史较长的光裕典，改营土杂货生意。全城仅剩继盛当和广济典两家当铺①，甘肃兰州，1927—1928 年，有当铺 14 家；天水在清末民初有典当 10 余家，都在 30 年代后，随着纸币流通和不断贬值，当商再也无法维持它作为生命线的银本位，加速衰败，天水当业更完全消失。②

山西典当业也因中原大战和晋钞贬值而急剧萎缩。1930 年时，阎锡山为了应付中原大战的军费开支，通过山西省银行滥发纸钞。阎锡山战败后，国民党政府通令全国拒收晋钞，流通在外省的晋钞涌回山西，急剧贬值，1 元省钞由 7—8 角跌至 4—5 角，乃至 2—3 角，最后至 4—5 分。当户纷纷以跌价纸币赎当，往日当铺以足价押入的满架货物，被取赎一空，全变成贬值省钞。当铺资本大幅萎缩，仅有原有十分之二三，至多十分之四五，遂至无法继续营业，纷纷倒闭，全省典当从 1927 年的 660家减至 1933 年的 306 家，下降了 53.6%。大同原有当铺 42 家，这时仅剩 3 家。1934 年全省典当进一步减至 299 家。③ 山西典当业自此一蹶不振。

近代时期全国典当业数量、资本规模及其变化，缺乏完整和连贯统计。表 7-36 只是上海等 14 城市少数年份几组并非完整的

---

① 《贵州省志·金融志》，方志出版社 1996 年版，第 76 页、第 76—77 页统计表。

② 赵景亨：《对兰州当铺的回忆》；秦鄂：《天水的当铺》，均见常梦渠、钱椿涛主编：《近代中国典当业》，中国文史出版社 1996 年版。

③ 王尊光、张青樾：《阎锡山对山西金融的控制与垄断》，《山西文史资料》第 16 辑，转见刘建生等著：《山西近代经济史》，山西经济出版社 1995 年版，第 504、505 页；宓公干：《典当论》，商务印书馆 1936 年版，第 249—251 页。

统计数字：

表 7‒36　上海等 14 城市典当业统计表

1933—1935 年　　　　　　　　　　　单位：元

城市名称	1933			1934			1935		
	典当数量	资本总额		典当数量	资本总额		典当数量	资本总额	
		总额	每家平均		总额	每家平均		总额	每家平均
上海[*]				54	1566300	48947	44	1200800	42886
苏州	25	1214000	48560	20	932000	46600			
南京	4	1320000	330000	7	1448000	206857	3	1350000	450000
杭州	18	987000	54833	16	897000	43563	13		
宁波	22	586000	26636	22	586000	26636			
福州	28	1440000	51429	18	960000	53333			
厦门	17	650000	38235	17	650000	38235			
汉口				30	2125000	70833	23	1350000	58696
重庆	7	329000	47000	10	340000	34000			
北京	38	2065000	54342	34	1860000	54705	24	1305000	54375
天津				59	3096500	52483	57	2836000	49754
烟台	6	147000	24500	6	147000	24500			
太原	9	158000	17556	10	58800	5880			
沈阳	67	502200	7496	23	503000	21870			

　[*]1934、1935 年的资本总额及每家平均资本额分别只包括 32 家和 28 家典当。

　资料来源：杭州统计据宓公干：《典当论》，商务印书馆 1936 年版，第 274 页"杭州市典当业调查表"，余据 1934 年《全国银行年鉴》，第 15 章"典当"；1935 年《全国银行年鉴》，第 15 章"典当"；1936 年《全国银行年鉴》，第 11 章"九大都市金融"。

　　表列 14 城市，1933—1934 年有统计数字的 11 城市中，典当家数和资本总额减少的 5 处,持平的 3 处(数字雷同,或系照搬上年统计),增加的 3 处。每家平均资本额有升有降,大体升少降多,升幅小降幅大(日伪统治下的沈阳除外),萎缩、衰退是典当业的基本态势。到 1934—1935 年,有统计数字的 5 城市中,典当业家数、资本总额全部下降,无一例外,每家平均资本额除南京外,也全部下降,而且幅度不小。典当数量从 184 家减至 164 家,下降了10.9%;资本总额从 10095800 元减至 8041800 元,下降了 20.3%;每家资本规模从 54868 元减至 49035 元,下降了 10.6%,均超过10%。在 1933—1934 年全国经济恐慌和 1934—1935 年金融危机的冲击下,典当业持续和加速衰退,"几有一落千丈之势"。①

　　表 7 - 36 反映的是城市典当业衰落、变化的短期趋势,表7 - 37 反映的则是农村地区典当业衰落、变化的中长期趋势:

表 7 - 37　江苏等南北 20 省 241 县典当数量及其变化

1921—1937 年　　　　　　1921—1926 年 = 100

省别	调查县数	1921—1926	1927—1931	1932—1935	1936—1937 *
江苏	20	138	121	114	110
浙江	8	118	95	67	38
安徽	5	6	6	9	9
福建	12	49	11	8	8
广东	5	9	6	7	13
广西	14	34	42	70	19
江西	24	38	28	21	15
湖南	23	55	24	23	4
湖北	10	15	4	14	14

---

　　①　宓公干:《典当论》,商务印书馆 1936 年版,第 296 页。

续表

省别	调查县数	1921—1926	1927—1931	1932—1935	1936—1937 [*]
四川	20	56	45	40	30
云南	8	12	11	9	8
贵州	4	11	9	8	5
河北	26	94	85	91	96
山东	14	13	9	9	5
河南	6	2	0	0	0
山西	27	118	71	68	61
陕西	5	6	4	4	4
甘肃	5	10	7	5	1
宁夏	3	12	4	0	0
新疆	2	9	9	9	9
合计（指数）	241	805（100.0）	593（73.7）	576（71.6）	449（55.8）

[*] 1937年七七事变前夕及事变后不久闭歇的典当铺包括在内。
资料来源:据相关省、县(市)新编地方志综合、计算编制。

　　因各地资料记载大多零散缺漏,时段错落,互不连贯,表列资料远不完整,不过仍可从中看出20世纪20—30年代全国范围典当业的衰退趋势和程度。如表7-37,1921—1937年间,南北20省241县的典当数量,持续下降,从1921—1926年的805家,降至1927—1931年的593家,再降至1932—1935年的576家,到1936—1937年只剩449家,比1921—1926年减少了44.2%。如将日本全面侵华战争爆发前后倒闭的典当剔除,1937年实有典当铺可能不到1927年前的一半。

(二)典当资本规模及经营状况

　　城乡典当作为旧式金融机构,如同钱庄一样,资本规模都不

大。据1931年官方记载,南北13省、12市1408家典当,按机构分类,资本状况见表7－38:

表7－38　南北13省、12市1408家典当资本分类统计

1931年　　　　　　　　　　　单位:元

类别	典当户数		资本总额		每户平均资本		
	户数	（%）	金额	（%）	省区	市区	平均
典	69	4.9	2366044	10.3	34290	—	34290
当	745	52.9	16270724	70.9	16916	34415	21840
按	68	4.8	738510	3.2	10834	11000	10860
押	439	31.2	3301669	14.4	6229	8430	7521
质	52	3.7	215700	0.9	2283	4391	4148
代当	35	2.5	69750	0.3	1698	3416	1993
合计	1408	100.0	22962397	100.0	15005	18191	16309

资料来源:据常梦渠、钱椿涛主编:《近代中国典当业》,第28页表改制。

　　按种类划分,店铺户数以当、押为主,两类合计1184户,占总数的84.1%;资本以当、押、典等3类为主,合计21938437元,占总数的95.5%。资本规模则典、当、押等3类稍大,平均都在万元以上,典最大达3.4万元。其余押、质、代当的资本规模都很小,代当的资本规模不及典、当的1/10。表中未列的代步,资金规模与代当接近,如1933年江苏太仓3家代步,各有资本2000元①,与表中代当相若。13省、12市城乡1408家典当,资本总额2296.2万元,平均每家16309元,与农村钱庄的资本规模相若,典当整体资

---

　　① 时秉琦:《太仓典当业的概况》,见《近代中国典当业》,中国文史出版社1996年版,第296页。

本规模不大。同时城乡之间、不同地区之间,资本规模差异颇大,表中市区当铺资本平均 3.4 万元,而省区(主要是乡区)只 1.7 万元,仅为市区的一半。另据记载,1932—1934 年间,江苏、浙江、山东典当平均资本依次为 48285 元、36085 元、32797 元,而广西、湖南(1 户)分别只有 13833 元和 6000 元。①

近代典当按资本来源和组织结构,分公营典当和私营典当两大类,公营典当又有官立、公立之别。公营典当以官立居多;但公营、私营比较,私营典当占绝大比重。据 1936 年国民党政府内政部的调查,16 省 1939 家典当中,私营典当户数占 98.5%,资本占 95.9%。②

私营典当一般分独资和合伙两种类型。早期独资较多,进入民国后,合股集资的比例有所增加。一般而言,合伙的资本稍多,但一般也只有 3 万—5 万两左右。在经济较发达、商业繁盛地区,商人资本逐渐渗入典当;在商业欠发达、封建势力强大的地区,典当仍由地主豪绅操纵。据 1933 年 4 月对江苏如皋等 4 县当铺资金来源的调查(详见表 7-39),商业欠发达和封建势力强大的如皋、常熟,地主资本占 78%—80%,商人资本只占 20% 上下;而在工商业较发达的无锡、松江,典当资金主要来自商人,其比重达 65%—75%,而地主资金只占 25%—35%。

---

① 分别据《中国实业志·江苏省》、《中国实业志·浙江省》、《中国实业志·山东省》及《广西年鉴》、《中国实业志·湖南省》相关资料计算。

② 陆国香:《中国典当业资本之分析》,《农行月刊》1936 年 5 月第 3 卷第 5 期,转见李金铮:《民国乡村借贷关系研究》,人民出版社 2003 年版,第 213 页。

表 7 - 39　江苏如皋等 4 县当铺资金来源分配

1933 年　　　　　　　　　　单位：千元

县别	当铺户数	流动资金		资金来源分配（%）	
		总数	每户平均	商人资本	地主供给
如皋	11	340	309	20	80
常熟	20	720	36	22	78
无锡	34	1210	356	75	25
松江	17	510	30	65	35

资料来源：据常梦渠、钱椿涛主编：《近代中国典当业》，第 29 页表改制。

典当资本主要用于收当贷款。典当与钱庄、银行经营方式不同，一般没有存款业务，而所收抵押品在当押期内不能售卖，不能像钱庄、银行的存款一样流通。为了顺利收当、贷款取利，必须准备足够的流动资金。按惯例，典当所收的当物每天都要逐件登记上架保管，全部抵押贷出的款项总额谓之"架本"。通常架本都会高于自有资本，一般要超过自有资本 1 倍以上，多的三五倍不等，如表 7 - 40 所示，江苏等 5 省 391 家典当铺，架本最低相当于自有资本的 1.74 倍，最高为 4.17 倍，平均相当于 2.58 倍。

表 7 - 40　江苏等 5 省 391 典当铺自有资本和架本统计

1932—1934 年　　　　　　　　单位：元

省别	典当户数	资本额	架本额	架本/资本（%）
江苏	183	8836200	20892000	236.4
浙江	146	5268500	14937436	283.5
广西	45	622500	2596044	417.0
山东	17	571350	992002	173.6

续表

省别	典当户数	资本额	架本额	架本/资本(%)
合计	391	15298550	39417482	257.6

资料来源:据《中国实业志·江苏省》第 6 册第九编,第 2—5 页,《中国实业志·浙江省》第 4 册,第 78—100(壬)页,《广西年鉴》,《中国实业志·山东省》第 7 册,第 106—108(癸)页相关资料综合计算编制。

　　这些超出自有资本的架本,有的借自当地钱庄、银行和富商;有的由铺主自行张罗筹措;有的是利用官款或其他公私存款;亦有个别典当兼营储蓄业务[1];某些规模较大、信用较好的典当,更发行兑换券,并可在当地一定范围内流通。

　　资本经营方面,典当经营范围、抵押品种及其惯例,因资本规模和店铺种类而异。早年典铺自恃资金充裕,收押物品全无限制,金玉古玩,名人字画,田房契约,兼收并蓄,无论动产不动产,抑或当价低昂、能否估算,均不能托词拒收;当铺因资本规模相对较小,收押、放款均有一定限度,如当品过于高昂,难以估价,或不便保管者,可婉言拒收;"质"、"押"等因资本规模更小,限制更严。不过随着时间的推移,该类典铺日渐减少,据说到清末时仅存两家,不久亦自行收歇。其后各地虽仍有以"典"命名者,但营业惯例,已无此特征,典、当并无明显差异。

　　典当营业对象主要是两部分人,一部分是豪门官宦、地主富商中的破落户,当品大多是金银首饰、古玩字画、器具摆设、名贵衣料等;另一部分是农民、手工业者、城镇中下层居民,当品基本上限于农器、家具、衣被等。从当品价值和贷款数额看,前一部分人尚占

　　[1]　兼营储蓄业务的典当不多,据 1933 年中央银行的调查,厦门 13 家典当中,只有 1 家设有储蓄部,兼营储蓄,吸纳存款(常梦渠、钱椿涛主编:《近代中国典当业》,中国文史出版社 1996 年版,第 29 页)。

一定比重,就人数而言,后一部分人占绝大多数。迨 20 世纪初,随着农民、手工业者加速贫困化,当户中的穷人比重进一步增加。据 30 年代中期对浙江海宁、嘉兴、平湖、海盐 4 县当户身份的调查,按当件计算,农民占 54.9%,市民、小商、手工业者依次为 13.9%、10.9%、11.3%,其他占 9.0%;按金额计算,农民占 52.8%,市民、小商、手工业者依次为 15.6%、12.3%、9.9%,其他占 9.3%。[①]又同期对江苏各县市当户的调查,宝山、海门、泰兴 3 县,农民占50%;嘉定、昆山、溧阳 3 县,农民占 60%;宜兴、六合、太仓、武进、南京、丹阳、金坛、溧水、仪征、常熟、苏州、清江、南通、启东、宝应等15 县,农民更占 80%。[②] 这些当户大多是穷人。据 30 年代中期对北平西北郊萧聚庄等 6 村 121 家典当借债户经济状况的调查,其中富裕者 3 户,差堪自给者 18 户,贫穷者及赤贫者分别达 55户和 45 户,合计 100 户,占总数的 82.6%。据调查者对 167 张当票的当品和金额所作的分析,衣物和首饰当金不足 2 元者达138 件,占当物总数的 82.6%,其中 81 件更不足 1 元。[③] 另据1932 年对广西当额的调查,1 元以下者约占 35%;1—3 元者占40%;3—5 元者占 15%;5—10 元者占 7% 强;10—30 元占 2% 强;30 元以上者不多见,3 元以下者共占 75%。[④] 可见当户家底的贫穷程度。

　　城乡穷苦百姓大多入不敷出,生活难以为继,一遇突发事件或

---

　　① 宓公干:《典当论》,商务印书馆 1936 年版,第 27 页。

　　② 国民党政府实业部国际贸易局编纂、发行:《中国实业志·江苏省》,第九编,1933 年初版,第 3—5 页。

　　③ 李树青:《清华园附近农村的借贷情形》,转见宓公干:《典当论》,商务印书馆 1936 年版,第 28 页。

　　④ 广西统计局编:《广西年鉴》(第二回,1935 年),广西省统计局总务处 1936 年刊本,第 635 页。

天灾人祸,更是唯有举债,而典当借贷是其重要途径。据 1932 年
对南京 1350 户人力车夫的调查,547 家负债,其中 220 家为典当
借贷,占负债户的 40.2%;1933 年对广州市 20 余种职业的 311 户
工人家庭的调查显示,大多入不敷出,"多赖当物以资弥补",典当
者达 176 户,占调查户的 56.6%。①

当金用途主要是解决日常生活所需资金,是消费性的而非生
产性的。不过城乡略有差异,城市工人、贫民,当金主要用于日常
生活消费,上述广州 311 户工人家庭,163 户的当金用于弥补生活
资金,占当户的 92.6%,加上疾病、丧事、失业的 9 户,合计 172
户,占 97.7%,其他用途仅占 2.3%。农村一些地区有较大部分当
金用于生产,前述浙江海宁等 4 县当户,用于养蚕及购买蚕具、肥
料、种子、农具、家畜的当金占 44.8%。②

典当作为传统金融机构,收当贷款取息,通过压低当品价
值、缩短当期、提高利率,牟取厚利,是一种十分残酷的高利贷
剥削。

当品估价、典当期限、贷款利率因典当机构类别和地区而异。
当品估价一般都压得很低。通谓"当半当半",当价常为当物价值
之半,甚至不到一半。在典当内部,"典"估价稍高,"当"、"质"等
更低,如安徽安庆,值 10 元的物品,"典"可当 6 元,"当"不超过 5
元,"质"不超过 3 元。③ 而且随着时间的推移,当价不断抑低,福
建过去值 10 元当 4—5 元者,到 20 世纪 30 年代仅当 1—2 元。④

---

①　钱承绪:《中国金融之组织——战前与战后》,中国经济研究会 1941
年刊本,第 95、96 页。

②　宓公干:《典当论》,商务印书馆 1936 年版,第 29 页。

③　余世雄、庆昌等:《安庆典当业简介》,《安庆文史资料》1982 年 3 月
第 3 辑。

④　宓公干:《典当论》,商务印书馆 1936 年版,第 227 页。

典当期限依机构类别递减，"典"一般为 18 个月，"当"为 12 个月，"质"则只有 6 个月①；利率则依机构类别递增，通常"典"为月息 1 分，"当"为 1 分半至 2 分，"质"则 2 分半至 3 分。汉口典当利率更高，"典"、"当"均为月息 2 分，"质"、"押"高达 3 分。②愈是穷苦百姓，当额愈小，当物估价愈低，当期愈短，利率愈高，如江苏一些小押店，专做穷人生意，虽一鞋一袜，亦可抵押，但当价最多为原价十分之二三，利率为月息 3 分，限期不得过 3 月，又有"一日即算一月"的惯例。其当户多极贫之人，大多无力回赎，其利极厚、剥削极残酷。③

晚清以前，因典当利息过高，官府曾加以限制，但收效甚微。太平天国农民战争失败后，两江总督曾国藩为缓和社会矛盾，恢复经济，曾招商开设典当，存储公款，并订立章程，规定存息不得超过 1 分，当息由 2 分 5 厘、2 分 2 厘逐步减至 2 分。两广总督张之洞为扶助典当业，也曾将藩库和盐局款项存放典当，利息 4 厘，并奏准当息 2 分作为定案④，不过实际上并未认真执行。至于那些规模小、又未领帖的小押、代当以及一些乡间小镇的典当，根本不受任何限制。因此，直至 20 世纪 30 年代，绝大部分典当的利率仍在 2 分以上。据国民党政府内政部 1931 年的调查，上海等 15 城市

---

① 汉口当期稍长，"典"满当为 24 个月，"当"20 个月，"质"9 个月，"押"6 个月(鄢爵纪:《汉口五家裕字典当联店述往》,见常梦渠、钱椿涛主编:《近代中国典当业》,中国文史出版社 1996 年版,第 349 页)。

② 鄢爵纪:《汉口五家裕字典当联店述往》,《近代中国典当业》,中国文史出版社 1996 年版,第 349 页。

③ 国民党政府实业部国际贸易局编:《中国实业志·江苏省》第九编,第 2 页。

④ 常梦渠、钱椿涛主编:《近代中国典当业》,中国文史出版社 1996 年版,第 12—13、343 页。

706 家典当中,月利率 3% 及 3% 以上的达 597 家,占 84.6%;江苏
等 16 省 1247 家典当中,月利率 3% 及 3% 以上的达 756 家,占
60.6%,合计 1953 家,月利率 3% 及 3% 以上的为 1353 家,占
69.3%。[①] 中西部某些地区,典当月利率更全部在 5% 以上,而当
期短至 3 个月。如云南蒙自,30 年代全县 14 家当铺(11 家开设于
1926—1932 年,另 3 家不详)中,月利率 1 家为 5%,1 家为 7%,其
余 12 家全部为 6%。当期 1 家为 1 年,1 家为半年,其余 12 家全
部为 3 个月。[②]

在钱庄、银行业尚未发展或占领的地区,典当是唯一的金融组
织;就是在钱庄、银行业已经发展和占领的地区,典当因手续简便、
借款数额大小不拘,仍是最贴近普通民众生活的金融机构。作为
传统高利贷性质的民间金融组织,典当具有明显的两重性:既有融
通资金,活跃市面,为商人尤其是贫苦百姓解决经济危难的一面,
被称为"穷人之后门"[③];又有高利盘剥、坑害贫民的一面,是穷人
的"陷阱",故民间有当铺"裕国便民,勒死穷人"[④]的抨击和"饿死
不当当,当当必遭殃"的警诫。[⑤]

---

① 宓公干:《典当论》,商务印书馆 1936 年版,第 193 页。

② 《蒙自县志》,中华书局 1995 年版,第 726 页表。

③ 钱承绪:《中国金融之组织——战前与战后》,中国经济研究会 1941
年版,第 93 页。

④ 一些地方的当铺为了获得官府的支持和庇护,向官府领有少量"护
本银",并悬挂"裕国便民"的金字招牌(赵景亨:《对兰州当铺的回忆》,见常
梦渠、钱椿涛主编:《近代中国典当业》,中国文史出版社 1996 年版,第 208
页)。

⑤ 常梦渠、钱椿涛主编:《近代中国典当业》,中国文史出版社 1996 年
版,第 208 页;《栾城县志》,新华出版社 1995 年版,第 493 页。

第五节　证券市场的兴起和演变

　　虽然早在 19 世纪 70 年代,中国自己的股票发行和交易就已开始,但直到进入 20 世纪的 1914 年,中国的证券交易所法才得以颁布。此后又过数年,直到 1918 年,中国的第一家证券交易所才正式成立。但是,证券交易所成立后的证券市场,仍然表现出幼稚和无序的特点,20 世纪 20 年代初证券市场爆发的"信交风潮"、30 年代证券市场的"财政市场"性质和除上海之外的证券交易所均昙花一现的状况,就是这个时期中国证券市场的写照。

一、20 世纪初证券业的兴起和无序发展

　　证券市场, 或者统称资本市场, 是指有价证券 (政府债券、公司债券及股票) 的发行和流通市场, 是在特定时间和地点、按照法定程序和方式, 对有价证券进行交易, 达到活用资金、促进经济发展目的的场所。证券市场上买卖的商品, 是股份公司为筹集资金发行流通的股票和政府或企业为筹集资金发行、流通的债券。证券市场是资本主义和信用制度发展到一定历史阶段的产物。

　　中国境内的证券交易和证券市场最初源于在华外资企业。鸦片战争后不久,西方证券和证券交易即已进入中国。1847 年,股份制外资银行在上海设立分行,上海开始出现银行股票交易;1865 年,汇丰银行同时在香港、上海发行股票,通过证券交易吸纳资金。其他外资企业,如公和祥码头、耶松船厂、瑞瑢船厂、德律风电话公司等,也都实行股份制,股票上市交易。1869 年,上海出现外商企业股票专业商号;1891 年,外商证券掮客组成上海股份公司,交易

外资企业股票,不过两家证券机构的交易量都不大。1904 年,上海"西商众业公所"成立,主要经营外商股票和橡皮企业股票,交易量扩大;1918 年日本证券取引所在上海挂牌,外资证券交易市场已在中国站稳脚跟。

在外资股份制企业和证券交易进入中国 1/4 个世纪后,中国自己的股份制企业和证券交易也开始产生。1872 年成立的轮船招商局,是近代中国第一家通过发行股票筹集资金兴办的股份制企业。此后,中资股份制企业逐渐增多,除轮船招商局外,主要有仁和保险公司(1877 年)、开平煤矿、上海织布局、济和保险公司、上海锯木厂(1878 年)、中国电报局、上海机器造纸总局、裕泰恒火轮局(1882 年)等。这些企业均有股票上市交易。到 1880 年前后,已有近 40 家企业通过在市场上发行股票筹集资金得以成立,掀起了洋务运动中兴办新式股份制企业和买卖股票的一个小高潮。在这期间,上海还出现过一家专门代客买卖各家公司股票的专业公司——上海平准股票公司。第一次世界大战爆发前后,中资股份制企业和实收资本大幅增加。1914 年有股份公司企业 992家、实收资本 8600 万元。这年上海 12 家股份有限公司设立"上海股票商业公会",以彼此对做方式进行政府公债、铁路债券、公司股票、外国货币等买卖。公会有一定交易场所,有固定交易时间,证券买卖手续上有行情单分送,按照一定标准收取佣金,近代中国证券市场已现雏形。是年北洋政府还颁布实施了中国首部证券交易法规——《证券交易所法》。次年 5 月,《证券交易所法实施细则》26 条及附属 13 条公布。在这种情况下,股份制企业数量进一步扩大。1917 年,中资股份制企业增至 1024 家、实收资本 19100 万元。次年,北京证券交易所、上海证券物品交易所和上海证券交易所先后获准成立。经一年多的筹备后,1920年 7 月、1921 年 5 月,上海证券物品交易所、上海华商证券交易所先后开业，同时办理现货交易和期货交易，中国的证券交易进入了证券交易所时代，标志着近代中国的证券市场正式产生。①

中国从1872年以发行股票募集资金方式成立轮船招商局，开创股票发行和买卖，到1921年上海华商证券交易所正式开业，历经半个世纪的岁月，其间曾发生两次大的股灾。

第一次是1883年，因矿业股票投机，买办商人胡光墉投资丝业失败，法国加速侵华步伐、中法关系日趋紧张等原因，引发1883年10月的倒账金融风潮，矿业股票连同其他华商股票全面下挫，连素有信誉的招商局、开平煤矿股票亦不例外，开平煤矿股票市值从1882年的237两跌至29两，下跌了87.8%，其他矿业股票更形同废纸。参与股票投机和承做股票质押的钱庄，相继破产倒闭，一度空前兴盛的股票交易跌落至极点。

第二次是1909年的"橡皮股票风潮"。1903年，英国投机商麦边在中国成立"蓝格志拓殖公司"，但业务不旺。1909年橡胶价格上涨，国外橡胶种植园主和橡胶工业商获利丰厚，麦边乘机大造舆论，谎称该公司在澳大利亚拥有大片橡胶园，前程无限，并发行"蓝格志"橡皮股票，编造公司经营发展计划，扬言年分红可达45%，又暗中哄抬股价，制造假象。人们不明真相，竞相购买，橡皮股票价格暴涨。麦加利、汇丰和花旗等外商银行见有利可图，便与麦边勾结，承做橡皮股票的抵押放款，使炒风进一步升温，许多钱庄亦纷纷卷入其中。1910年3月末，橡皮股票的价格升到面值的二十七八倍，麦边趁高脱手，携款逃回英国。这时，其他外商也纷

① 参见朱荫贵：《近代上海证券市场上股票买卖的三次高潮》，《中国经济史研究》1998年第3期；上海通志编纂委员会编：《上海通志》(5)第25卷，上海人民出版社、上海社会科学院出版社2005年版，第3430—3431页。

纷抛售手中的橡皮股票,麦加利、汇丰和花旗3家外资银行随即宣布停办"蓝格志"股票押款,并限期收回已放押款。骗局败露,橡皮股票价格一落千丈,最后成为废纸。持股人损失惨重,甚至倾家荡产,因此而倒闭的钱庄达20余家,市面极度恐慌,酿成了一场空前的金融风潮,上海股市极度冷落。[①]

不过中国证券商和股票购买者并未从两次股灾中吸取教训,中国的股票买卖和证券市场并未因此而变得成熟和规范,相反,中国证券交易所成立不久,就在1921年年底,上海爆发了滥设交易所、信托公司和买卖股票引发的金融风潮,史称"信交风潮",说明直到20世纪20年代,中国的证券市场尚处于幼稚和无序发展阶段。

第一次世界大战期间,中国民族工业和证券交易都处于上升阶段,股份公司企业和实收资本迅速增加,证券商利润丰厚。进入20年代,民族工业的"黄金时代"逐渐消失,但证券交易的旺盛势头未减,上海证券物品交易所和上海华商证券交易所成立后,经营状况颇佳,上海证券物品交易所从1920年12月1日至1921年5月31日的半年间,收入达6775045元,其中营业手续费585758元,扣除各种费用和奖金后,纯利为368697元,股东的股利半年就达到30%,创造了"同种事业中稀有的纪录"。上海证券物品交易所第二次股东大会决定将股本总额从500万元增加到1000万元,收益也随之上升,1921年6月1日至11月30日止的半年间,总收入增至1002837元,其中营业手续费872488元,纯收入达666130元,比前半年增加80.7%。上海华商证券交易所成立后也取得了较好收益,1920年股东每股6.25元的股票,获利2.5元,相当于年利率40%。受上海证券物品交易所优厚

①　《钱业恐慌》,《申报》1910年7月26日。

业绩的鼓舞,该所部分发起人和中介人另组交易所,上海杂粮油饼交易所和上海华商棉业交易所相继成立,且效益不错。杂粮油饼交易所 1921 年获利 71334 元;棉业交易所 1921 年下半年纯利更达 324195 元。[①]

当时,中国人自办的交易所在上海刚刚产生,绝大多数人对交易所的性质和作用并不了解,见交易所利润丰厚,股票价格迅速上涨,误以为开办交易所便可发财,甚至一夜暴富。因此一哄而起,很快就出现了一个开办交易所的狂潮。只要有人提出开办交易所,"同声附和者,风起云涌"。1921 年春秋之间,上海交易所最多时达 136 家。信托公司亦有 12 家。数量之多,"极一时之盛"。当时有一段文字刻画开办交易所和抢购股票、投机居奇的景况,颇为生动:"一人唱之,百人和之。千百十万之股本,可于座谈之顷,抢认足额。盖公司之名称方出,公司之股价已涨。苟能侧身发起之林,抢认若干股,则一转瞬间,面团团作富家翁矣"。在这种情况下,交易所和股票炒作不断升温,甚至交易所"仅挂一筹备招牌,其一元一股之认股证,执有者亦居为奇货";倘若"能得发起人之以原价相让时,则身受者恩感再造矣"。[②]

从交易所本身的情况看,绝大多数交易所都是为投机而设。除公债、股票、标金、棉纱之外,其余各种适合或不适合的行业,包括布、麻、煤油、火柴、木材、麻袋和烟、酒、砂石、泥灰等行业,无不设有交易所,有的还不止一家两家。在营业时间上,除惯常白昼营业的交易所外,还有夜间和周日营业的交易所。从资金上看,1921

---

① 滨田峰太郎:《支那的交易所》,上海中华经济社 1922 年版,第 85、86、88、99、115、142 页。

② 《信交狂潮之反动》,《银行周报》1921 年 12 月 27 日第 5 卷第 50 号。

年一年间成立的交易所的总资本,就已超过截至 1920 年年底成立的所有银行资本额。据统计,截至 1920 年,全国成立的银行总数不过 82 家,总资本 51987077 元,而 1921 年一年间成立的交易所就有 100 多家,总资本 14855 万元以上。① 其中仅 1921 年 10 月至 11 月的两个月时间里,在上海外国领事馆注册领照的交易所就达 80 余家。② 交易所经营范围无所不包,开办者身份良莠不齐,"论名称,既集华洋海陆为一家,论人物,则冶娼优隶卒于一炉。光怪陆离,开中外未有之先河;变幻莫测,极天地未有之奇观"。③ 交易所恶性膨胀,炒股之风狂热至极。由于当时中国工商实业的水平不高,证券交易总额有限,僧多粥少,再加上这类交易所的目的就是投机,炒买炒卖交易所股票是其主要业务,不仅违反有关禁止本所股在本交易所上市买卖的条规,自股自炒,甚至将其作为牟利的主要或唯一手段。"今之创办交易所者,其唯一目的,则在本所股买卖"。当时的普遍情况是,交易所业务范围有不兼营他种证券者,但"决未有不兼营本所股者"。④ 有的交易所刚宣告成立,第二天即将本所股票擅自上市,并故意哄抬数倍。至于拿股票作卖空买空行当的,更是司空见惯。与交易所相呼应的是信托公司的应运而生,神州信托公司开幕时,"贺客一千余人,存款四百余万"。当时在上海成立的信托公司有:中国商业、上海运驳、大中华、中央、中华、中外、中易、通商、通易、神州、上海、华盛等 12 家,资本共

① 中国人民银行上海市分行编:《上海钱庄史料》,上海人民出版社 1960 年版,第 118 页。

② 滨田峰太郎:《支那的交易所》,上海中华经济社 1922 年版,第 193、194 页。

③ 《信交狂潮之反动》,《银行周报》1921 年 12 月 27 日第 5 卷第 50 号。

④ 《交易所之分析》,《银行周报》1921 年 11 月 15 日第 5 卷第 44 号。

计达 8000 余万元。

表 7 - 41 是 1921 年 9 月交易所股票买卖高峰期间,交易所股的实收股价和在交易所的上市价。表列只限新设各所,尽管交易所开设和交易所股上市的时间极短,又无业务、业绩,但股票价格直线飙升,市价普遍比实收价高出一倍以上,最高的达 6.4 倍。由此可以看出交易所自股自炒、哄抬本身股票价格和股民盲目跟风、投机赌博的狂热程度。

表 7 - 41   上海交易所股价情况表

1921 年 9 月   单位:元

证券交易所名称	实收股价(A)	交易所股价(B)	B/A (%)	证券交易所名称	实收股价(A)	交易所股价(B)	B/A (%)
沪江油饼	20	32.5	162.5	上海华商	12.5	27	216.0
沪海证券	10	25	250.0	证券棉花	12.5	27	216.0
上海棉布	12.5	28	224.0	中外货币	10	25	250.0
匹头证券	12.5	28	224.0	上海夜市	5	15	300.0
上海内地证券	10	13	130.0	上海五金	5	13	260.0
合众晚市	5	20	400.0	上海中外股票	20	41	205.0
上海棉纱	12.5	58	464.0	星期物券	20	60	300.0
上海烟酒	10	17.5	175.0	中美证券	10	22	220.0
沪商棉纱	10	18	180.0	上海纸业	20	26	130.0
中国证券	20	109	545.0	上海煤业	6.5	15.8	243.1
华洋证券	10	23	230.0	中国丝茧	10	21	210.0
上海丝茧	12.5	19.6	156.8	上海金业	20	40	200.0
华商证券	20	39	195.0	华商纱布	12.5	60	480.0
上海杂粮	12.5	58	464.0	上海面粉	12.5	80	640.0

续表

证券交易所名称	实收股价(A)	交易所股价(B)	B/A(%)	证券交易所名称	实收股价(A)	交易所股价(B)	B/A(%)
华商棉业	20	39	195.0	上海证券物品	25	98	392.0

资料来源:据滨田峰太郎:《支那的交易所》,上海中华经济社 1922 年版,第 184—185 页改制。

　　当时上海成立的交易所,数量既多,而又疏于管理。北洋政府虽然立有《交易所法》,并明文规定,某一种类的物品或证券,一个地区只能设立一所,但无人遵守,形同具文。证券商为了逃避法律规管,大多转向外国领事馆注册,营业场所亦设于租界,甚至根本不注册,采用无照经营。据对 117 家交易所的调查,其中向北京农商部立案、符合正规手续的只有 7 家(另有 3 家在上海松沪护军使署注册),而向外国领事馆注册的多达 50 家。还有 27 家根本不注册(另有 30 家情况不详)。[①] 上海证券市场这种无政府或半无政府状态,突出地反映了国家主权的严重丧失和证券市场本身的半殖民地殖民地性质。而且,滥设交易所的这种风气很快就从上海扩散到其他城市,"信交的狂热不仅上海一地为然,且蔓延到国内其他都市"[②],宁波、广州、汉口、天津、南京、镇江、苏州等地,交易所也都一哄而起,甚至泛滥成灾。

　　当然,为投机而设的交易所,是难以正常维持的。一遇风吹草动,泡沫即行破灭。1921 年冬,上海金融市场银根趋紧,随即引发

----

　　① 滨田峰太郎:《支那的交易所》,上海中华经济社 1922 年版,第 194—202 页。

　　② 中国人民银行上海市分行编:《上海钱庄史料》,上海人民出版社 1960 年版,第 118 页。

"信交风潮",一些交易所因钱庄和银行抵制,告贷无门,难以支持而停业。1922 年 2 月,法国租界当局受到各方压力,不得不颁布措施,对租界内的交易所实行整顿,立即导致大批新开交易所倒闭,最后只剩下成立较早而又比较规范的上海证券物品交易所、上海华商证券交易所、上海华商纱布交易所、上海金业交易所、中国机制面粉上海交易所和上海杂粮油饼交易所等 6 家①,华股市场股票价格急剧下跌,交易冷落。

"信交风潮"后,证券市场开始以公债交易为主。北洋政府从其成立开始,即以发行公债作为解决财源的主要手段,1912、1913年各发行公债 600 多万元,1914—1926 年,累计发行公债 9300 万元。"信交风潮"后,证券市场即以北洋政府公债为主要交易对象。1924 年,上海银根宽松,购买公债者众,上海证券市场复苏,债市价格上升,面额 100 元的整理金融短期公债由 69 元涨至 92元;整理 6 厘公债由 52 元涨至 83 元。然而,好景不长,8 月,江浙局势紧张,9 月初,江浙军阀战争爆发,持有者纷纷抛售公债,债市连日下跌,又一次引发金融风潮,股市再次跌入低谷。

二、20 世纪 30 年代以债券交易为主的证券市场

国民党政府成立后,中国证券市场出现了两大变化:一个是证券机构的变化,一个是证券市场买卖标的物的变化。

1929 年,国民党政府公布的《交易所法》第二条规定,"买卖有价证券,或买卖同种物品之交易所,每一区域以设立一所为限"。按照这一规定,上海证券物品交易所的存在已不合法,应按照该法第 55 条的规定,自该法施行之日起三年以内合并,否则解散,"不

---

① 朱斯煌主编:《民国经济史》,银行周报社 1948 年版,第 151—153 页。

得续展".① 三年满限为 1932 年,但恰逢"一·二八沪战"爆发,遂延至 1933 年。经上海证券物品交易所和上海华商证券交易所理事会多次磋商和两所股东会议表决通过,上海证券物品交易所的证券部于 1933 年 5 月 31 日停止营业,并入上海华商证券交易所,上海华商证券交易所亦进行相应改组,在原有资本 120 万元的基础上增加 180 万元,资本总额定为 300 万元。经纪人名额由 55 人增加至 80 人。营业场所迁入汉口路 422 号新修的 7 层大楼。② 多种经营的上海证券物品交易所退出交易市场,退出后的一切损失,"均由单种经营的交易所来负担"。③ 从 1933 年 6 月 1 日起,上海地区所有的证券交易,即由上海华商证券交易所一家办理。这样,上海一地存在两家交易所经营证券业的局面就此结束。

　　证券市场更大的变化是买卖标的物的改变,由此前的股票一变而为政府发行的债券,并占据统治地位。

　　事实上,1921 年"信交风潮"后,证券市场的交易,已转为公债为主。当时"本所股停拍了,其他股票,交易甚少",社会民众对投资股票的信心受到极大打击,股票交易几乎断绝。袁世凯时期所发的六厘公债,及北洋军阀政府所发的各种公债的买卖,成了华商证券交易所的"救星"。由于当时战争不断,市场波动很大,致使"公债成为一种投机品,买卖频繁,居然维持了所用"。④

---

① 上海档案馆编:《旧上海的证券交易所》,上海古籍出版社 1992 年版,第 295、300 页。

② 中支那振兴株式会社调查课:《上海华商证券业概况》,见财政部财政科学研究所、中国第二历史档案馆编:《国民政府财政金融收档案史料(1927—1937 年)》,中国财政经济出版社 1997 年版,第 708、709 页。

③ 《证券物品交易所的结束》,《上海文史资料选辑》第 76 辑,1994 年版,第 35 页。

④ 朱斯煌主编:《民国经济史》,银行周报社 1948 年版,第 143 页。

促使债券买卖日益兴旺的另一诱因,是国民党政府成立后大量发行内债。1927—1937 年间,国民党政府除了在 1933 年向美国借到 5000 万美元的棉麦借款外(实际只用了 3000 多万元),无法借到其他更多的外债。为支付日益增加的内战军政费用和弥补财政赤字,只有依靠大量发行内债来解决。据统计,1927—1931年 5 年间,国民党政府发行的内债达 10.58 亿元,比北洋政府 16年发行的公债额增加了几乎一倍。而在 1927—1936 年 10 年中,国民党政府发行了 26 亿元以上的内债。① 公债发行额的扩大,推动了证券市场上债券交易的进一步活跃和兴旺。"靠了公债,华商证券颇有蓬勃的气象",证券交易所"成了政府推销公债的大市场",上海的剩余资金,皆以证券市场为归宿,所做交易,98% 为公债,故证券交易所"亦有公债市场之称"。②

上海证券市场上,债券和股票的交易数量、比重及其变化,缺乏完整和精确统计。表 7 - 42、表 7 - 43 反映的是 1926—1937 年债券和股票交易量的部分情况:

表 7 - 42　内债债券交易指数及交易量统计表

1926—1937 年　单位:千元,1938 年 7 月 = 100

年份	债券指数	债券交易量		
		证券交易所	证券物品交易所	小计
1926		450738		450738
1927		238169		238169

① 千家驹:《旧中国公债史资料》,财政经济出版社 1955 年版,第 19、23 页。

② 朱斯煌主编:《民国经济史》,银行周报社 1948 年版,第 143、152 页。

年份	债券指数	债券交易量		
		证券交易所	证券物品交易所	小计
1928		370487		370487
1929		1320555	97703	1418258
1930		2341820	90615	2432435
1931	85.62	3362540	555022	3917562
1932	60.68	901710	303939	1205649
1934	78.48	3182685	230090	3412775
1935	97.94	4773410		4773410
1936	98.25	4909980		4909980
1937 年 1—8 月	101.28	2407961		2407961

说明:1. 1931 年的债券指数是下半年的平均数;1932 年的债券指数是 1 月和 4—12 月的平均数,1937 年 1—8 月债券指数是 8 个月的平均数。

2. 1934 年的交易数字是两所合并后的数字,是财政会计的计算年度所致,表示的是 1933 年 1—5 月的交易量。

资料来源:中支那振兴株式会社调查课:《上海华商证券业概况》,昭和 16 年 (1941)版,第 12—13 页。

表 7–43　股票指数、股票及公司债券交易量统计

1931—1937 年　　　　　　　　　　1931 年 7 月＝100

年份	股票指数	股票交易量 （千股）	公司债券交易量 （千元）
1931	99.76	7269	
1932	80.28	4338	20299
1933	71.36	8534	51422
1934	65.29	18453	44059
1935	57.11	898	12437
1936	57.66	9658	16413

续表

年份	股票指数	股票交易量 (千股)	公司债券交易量 (千元)
1937 年 1—8 月	47.05	18119	11110

说明:1931 年的数字为下半年的平均数;1932 年的证券指数数字是 1 月、4 月—12 月的平均数;3.1937 年 1—8 月的证券指数数字是 8 个月的平均数。

资料来源:中支那振兴株式会社调查课:《上海华商证券业概况》,昭和 16 年(1941)版,第 16—17 页。

上述两表显示,债券指数 1932 年最低,除"一·二八沪战"影响外,根本原因是国民党政府提出公债延期还本、降低利息等失信措施的出台,但经过债券整理后,1934 年稳步恢复,1935 年超过前期高点,到 1937 年 3 月后更是稳步攀升,创下新的纪录;而股票指数则相反,从 1931 年后就持续下滑,1935、1936 年在低位维持短时间后,1937 年进一步降低。两个指数的不同变化趋势反映出债券市场的红火和股票买卖的低迷。交易量方面,债券因上述原因,1932 年是一个低谷,此后迅速递增,1935 年已增加到 47 亿元以上,1936 年甚至达到 49 亿元以上,1937 年前 8 个月的交易量也有 24 亿元。而股票交易量的起伏很大,最高的 1934 年有 1845.3 万股,1935 年陡降至 89.8 万股。虽然无法计算股票交易的总金额,但数量与债券的交易金额相差巨大是可以确定的。从 1935 年起,上海证券交易所虽然开拍了包括金融业和工商企业的部分股票,"但以各方不感兴趣,成交数量之少,几不及当时公债成交数之千分之一"。当时"不但证券业视公债为利薮,即银行业投资项目中,亦以公债为首位,而经济学者则称证交为公债交易所"。完全"形成公债独占证券市场之局面,中国股票之冷落,恰与公债成为对照"。① 因此,时人

---

① 吴毅堂编著:《中国股票年鉴》,中国股票年鉴社 1947 年版,第 3 页。

称之为"财政市场",并评论说,上海华商证券交易所买卖的,"只有政府债券——它是财政证券市场,而不是产业证券市场。在资本主义先进国家里,政府债券自然也在证券市场上买卖,不过在地位上,产业证券是主,而政府债券是宾。现在我们是反过来,政府债券是主,产业证券连宾位都排不上"。华商证券交易所已"变成一个专做公债买卖的'财政市场'"。①

这种红火的公债买卖,自然也给上海证券交易所带来了优厚的收益。该所初设时营业不佳,1927 年后,营业始渐见起色,及至1934 年后,营业更加旺盛,平均每日公债成交额约达 2000 余万元,每日经手费收入,平均约达七八千元,而每日开支平均仅约二千元左右,除去开支外,"盈余颇为可观"。据估计,自 1934 年至1936 年中,每年约可盈余一百数十万元。营业鼎盛时,每年每股可得官红利十一二元,约合周息五六分。②

与上海两家交易所大体同时成立的北京证券交易所,也一直以债券交易和投机为主,不过由于市场条件的限制和 1927 年后全国政治重心的南移,营业不旺,1928 年后更一蹶不振。

北京证券交易所 1919 年成立时,北京是首都,北洋政府为弥补财政亏空,不惜以高利大借内外债,由此刺激了北京金融业的发展,各种金融机构纷纷成立,北京证券交易所买卖兴隆,公债投机盛行。但北京并不是一个工商业城市,没有发达的产业基础,北京金融业和证券交易的兴盛,含有很大成分的政治因素,北京证券交易所的兴衰同北洋政府的命运息息相关。

1927 年国民党政府建都南京,虽然还未建立统一的政权,但

① 章乃器:《中国货币金融问题》,《章乃器文集》,华夏出版社 1997 年版,第 425、438 页。
② 王相秦:《华商股票提要》,兴业股票公司 1942 年刊本,第 2 页。

北洋军阀必将覆灭已成定局。"证券市场因时局影响,大为震动,各种债票无不低落,其中九六公债跌落尤甚,持票人损失甚巨"。[①]北京证券交易所亦陷入困境,该所的营业报告称:1927年上半期营业,"自去冬九六债价暴跌,奉部令停市,直至五月四日始行开市。因停顿数月毫无收入,故将经常预算极力核减,以资撙节。唯开市后,虽尚照常交易,而营业之清淡,尤为从来所未有。下半期复因时局未靖,经纪人以买卖稀少,先后陆续告退,取回保证金者不下二十余家。秋间九六债价忽又剧跌,交易市况仍属萧条"。综计全年情形,上期实际交易不及两月,"亏耗实已不赀"。下期六个月,幸未停市,尚有收入,全年经手费亦只20464.4元。"较诸去岁有减无增。开支虽已减少,而所纳种种捐税尤复有加无已。且债价低落,时虞风潮,营业困难尤甚于往昔"。[②] 这一年该所虽仍获纯益,但营业已空前萧条,全年债券成交额仅20410.9万元。此后,北京证券交易所的境况一年不如一年,从1928年起,该所一直不能盈利,也"无税款缴解",1933年上半年,证券成交额更降至1677万元,收入已不能维持营业,北京证券交易所陷入停顿状态,此后再也未能恢复。[③]

　　30年代的股票市场,之所以"专注重国内公债之买卖",其原因:一是"信交风潮"留下的恶劣影响仍未消退,风潮时股票价格"狂升疾退,瞬息千变,倾家荡产于旦夕之间者,不计其数",此后出现的国民制糖公司,招股开办不久,又即行倒闭,亦使投资于股

　　① 《北京金融·北京金融之状况》,《银行月刊》1928年4月第8卷第4号。

　　② 《北京交易所去年营业状况》,《银行月刊》1928年4月第8卷第4号。

　　③ 参见中国人民银行总行金融研究所金融历史研究室编:《近代中国的金融市场》,中国金融出版社1989年版,第452页。

票者，"大失信仰，望而生畏"，股票市场的交易大受打击。1921年发生的"信交风潮"，对中国证券市场是一个极大的打击，它不仅使刚刚诞生不久的证券市场横遭摧折，更从根本上扭曲了社会大众对证券交易所的认知，影响深远。直至1936年仍有记载称，交易所经"信交风潮"后，"一般社会人士，即莫不认为赌博场所，积习相沿，至今未改"。[①] 二是国民党政府源源不断发行的内债，给证券市场提供了很好的交易标的物。加上投资者普遍认为，公债"担保确实，信用稳固，利息优厚，买卖便利"，因此"皆以中国股票于不顾"，而证券交易所和经纪人则"乐享现成，习于简易，对于股票交易，完全放弃，任其由少数捐客、小钱庄等代理经手"，以致股票交易额大幅下降，"每日成交，不过一二笔，甚至数日方始成交一笔"。买卖之时，"双方均须事先限价，经过短时期或相当时期，方能觅得对手，根本无所谓单位，成交数额，均属琐屑零星，其交易之形成，大致卖者需要现款，愿将股票脱手，买者则多数与公司直接间接有关之人物，熟悉公司内容，获知公司有发息分红消息，从事搜罗，故交易之发生，往往在公司决算之后，开股东会分红派息以前，较为活动"。[②] 三是中国资本主义发展水平不高，公司组织尚未发达，集资渠道尚不规范，"公司营业发达者，股票恒在巨额股东手中。公司营业衰败者，虽贬价亦无人承受"。而一些私人经营的公司、商号所发行的股票，又"概不入市场买卖"。因此，证券市场成了"清一色之公债市场"。[③]

---

① 《本刊一年来工作之检讨》，《交易所周刊》1936年1月18日第1卷第50期，第1页。

② 吴毅堂编：《中国股票年鉴》，中国股票年鉴社1947年版，第3页。

③ 财政部财政科学研究所、中国第二历史档案馆编：《国民政府财政金融税收档案史料(1927—1937年)》，中国财政经济出版社1997年版，第709页。

三、其他城市的证券交易所

除上海证券物品交易所、上海华商证券交易所和北京证券交易所外，汉口、宁波、杭州、重庆和青岛等城市，也在20世纪30年代先后设有证券交易所，不过规模都不大，存在时间大多不长。

汉口的证券交易始于30年代初，1931年1月，由胡云程等人发起组织汉口证券业公会，有会员20余人，会址设在汉口生成里，附设交易市场，定有章程和市场规则，呈请政府备案，由会员自由买卖，专做国内债券及其他证券交易，以省内发行的证券为主，并以现货为限。1933年公会改组，会员增至50多人，经营范围仍以现货买卖为限，买户于议定价格及数量后，即付款换取证券，卖户于收款后即将证券交割。当时上市买卖的证券主要有：一期、二期市政公债，一期、二期善后公债，湖北官票，河南善后公债，水电股票等。①

1935年年初，汉口证券业公会改组为股份有限公司，并得到湖北省政府和实业部的批准，额定资本30万元，4月8日正式营业，交易范围除原有现货外，另增期货。开市之初，因各省债票在汉口向较活动，且利息较厚，鄂、湘、豫各省债票成交总量"较中央债券为多"。此后"中央债券逐渐做开，交易日增"，4月总计营业19天，现货成交共103.6万元，期货共873万元，共收经手费5136.66元。5月份中央债券交易大幅上升，成交额达1400余万元，鄂、湘、豫各省公债100余万元，两共票面1598万元，"较上月约增一倍"。经手费收入亦达6442.39元。但是，好景不长，6月

①　参见《近代中国的金融市场》，中国金融出版社1989年版，第454页。

下旬,汉口发生金融风潮,营业"逐步衰落":6 月份成交票面1176.8 万元,7 月份降至 315.3 万元;8 月份再降至 199.7 万元;9月份只有 33.6 万元。到 10 月份,"虽每日三盘照常拍板,而市场实未见一经纪人莅临",交易额"仅有了结之九六公债票面一万元,此外别无成交",营业完全停顿。因此,汉口证券交易所不得不在 11月 3 日宣告结束。营业 7 个月,最后以净亏 82841.34 元告终。①

浙江宁波、杭州两地,20 世纪 30 年代先后建有 3 家证券交易所。

宁波 1932 年前已有棉业交易所,兼营有价证券买卖。1933年成立四明证券交易所,实收资本 20 万银元,有经纪人近 30 人,营业范围只限债券。当时,中央及地方政府发行的公债,均由金融界认购后推销,证券买卖成为银行、钱庄主要业务之一,证券所业务兴旺,设立当年成交额即达 1.53 亿元,全部为省政府的地方公债。不过只是昙花一现,1935 年金融危机爆发后,四明证券交易所于 10 月清理结束。②

杭州有元丰证券公司和信义证券公司,设、停时间和资本规模不详。营业范围以国家公债为主,专做期货交易。顾客委托公司买卖证券,每万元交保证金 600 元,以两月为期,顾客可随时买卖结算账目。亏则在保证金内扣除,盈则发还保证金和盈余款,市价以上海为标准。除两家证券公司外,杭州的鸿源、致丰、惠通、同盛等钱铺,也兼营证券业务,交易对象多为本省公债,只限现货交易。③

---

① 台北中央研究院近代史研究所档案馆藏:《汉口交易所档》,CD 编号:C10055,册号:47(1—4)。

② 《宁波市志》(中)第 25 卷,中华书局 1995 年版,第 1609 页。

③ 《杭州市志》第 5 卷,金融篇,中华书局 1995 年版,第 254 页。

重庆证券交易所成立于 1932 年春,初创时经营范围,除各种公债、库券,如田赋公债、军需短期库券、各种国债券、盐税库券等有价证券外,也有企业证券。但当时公司债券、企业股票市场流通不多,只有政府发行的各种公债券行销一时,交易所的主要业务还是债券交易。不过这种状况为期不久,当年 9 月,四川善后督办公署将申汇买卖交由证券交易所经营,该所转以买卖申汇为主,且获利甚丰。1932 年、1933 年两年共获利 16.6 万元。1934 年,重庆狂赌申汇成风,致使申汇汇率猛涨,该所因有操纵嫌疑,于 1935 年1 月奉令撤销。但停业时间只有几个月,当年 7 月,四川发行善后公债,为使此项债券在市场上顺利流通转让,该所又奉令于 10 月复业,以买卖善后公债和经营申汇为主。当时善后公债远期、近期市价相差悬殊,售近购远,获利不小。该所规模亦有所扩大,经纪人由初时 10 户增为 50 户。由于交易额扩大,经纪人除自有资本(一般为 1 万—5 万元)外,向证券交易所缴纳保证金亦相应增加,由初时的 5000 元增至 5 万元。按惯例,买卖证券的双方不直接算账,由交易所负责结算,所收手续费,交易所与经纪人平分。[①]

青岛的地位和市场条件特殊,情况较为复杂,证券交易所机构几经变化,20 世纪二三十年代,先后出现过 3 家名称和资本性质不同的证券交易所。一家为日本占领军"官营"(华商曾占有一半股份,后改"商办"),另一家为中日"合资"(后与由"官营"改"商办"的交易所合并),再一家是华资。在青岛证券交易和中日证券交易所产生、演变、运营过程中,自始至终贯穿着日本帝国主义肆无忌惮的侵略、讹诈和劫夺。

青岛的证券交易活动开始较早,1915 年,青岛商人就相继从事有组织的货币兑换和汇票交易活动。先是利用位于馆陶路的齐

---

① 《四川省志·金融志》,四川辞书出版社 1996 年版,第 406 页。

燕会馆,作为货币兑换场所,进行银钱兑换。兑换商每天拂晓聚集会馆,由馆内登记当事人姓名和交易额,汇集当日上市的银钱数量,按照供求关系决定行情;继而增添汇票交易,在此决定申汇行市。按规定,会员之间的交易不收手续费,但须每天缴纳会费2元。

日本乘第一次世界大战之机侵占青岛后,采用各种威逼利诱手段,使日元成为市场流通的主要货币,日钞交易逐渐活跃。于是青岛中日商人提议成立"取引所",以发展货币和证券交易。1920年2月,经日本军方批准成立官营"青岛取引所",由民政署事务官兼任主事,内分物产、钱钞、证券三个部,另组信托会社办理交割、担保及垫款事务。信托会社额定资本800万元,分为16万股,每股50元,先收200万元,中日商人平均认股。各部均设"取引委员会",委员中日各半,但负责人全由日本人担任。物产交易以花生米、花生油、豆油为限;钱钞交易以日本正金银行所发行钱票为限;证券交易指定24种,全部为日本人在青岛各株式会社的股票。取引所一成立,青岛原有物产、钱钞交易市场,大部分被纳入该所,证券交易目的也完全是为提高日资企业股价,加速日资势力的扩张,华商不过为他人做嫁衣。

青岛取引所开业第一年,现货、期货交易兴旺,财势日增。日本大阪财阀松井与日军勾结,企图攫取管理权。1921年3月,日本军方宣布取引所改为"商办",将营业权交与信托会社,改称"株式会社青岛取引所"。大阪财阀在争权中未达目的,乃纠合青岛巨商另立企业公司,与信托会社经营同一业务,设定同额资本,但16万股资本中,大阪财阀独占9万股,余下的7万股,华商只分得3万股,占股权总额的18.8%,再次受骗。后来大阪财阀又策划与华商股份占半的信托会社合并。合并后的青岛取引所,额定资本增至1600万元,实收400万元,但股权比例由原先的中日各半改为日方占65%、中方占35%。华商第三次上当。

合并后的青岛取引所,以本所收押本所股票的自股自炒方式进行投机欺诈,共押10万余股,每股押洋30元。局外人不知底细,争相购买,实收12.5元的股票炒至44—45元。此中黑幕暴露后,股价迅速下落至20元,仍无人问津,以致每股落至2元左右。经此风潮,该所资本大幅缩水,濒临停业。经过清理整顿,额定资本减至180万元,实收54万元,证券交易取消,改为只作土产、货币交易。

青岛取引所减资压缩后,迅速恢复、发展,1928年在馆陶路建成三层取引所大楼,除作交易市场外,还出租给外国公司、银行、商店办公;在大港有地80亩,办理土产堆储和仓库业务。1931年"九一八事变"前,东北局势日趋紧张,日本人在东北的取引所均告停业,青岛取引所更加活跃,规模扩大,土产、货币交易有经纪人80人。经纪人领取牌号,缴纳保证金2000元,由取引所给予周息8厘,于歇业时发还。货币交易以金票为主,每日上下午各开盘一次,交易单位以1万元计,每万元收手续费2.4元,交割期限定在月半至月底。由于行情变化较大,利益丰厚,1932年交易额达72390余万元。后来迫于反日呼声日高,中方经纪人全部退出,交易萧条,勉强维持至1942年7月,终于解散。

1931年9月,"九一八事变"爆发,东北沦陷,全国抗日爱国运动高涨,青岛商民要求维持本国商权,反对取引所独占青岛市场,在政府的支持下,创设青岛物品证券交易所股份有限公司。地址仍在馆陶路齐燕会馆,主要经营土产、纱布期货交易,额定资本60万元,先由创办人垫付筹备费,1933年领取正式营业执照,次年增设证券业务。

青岛交易所创办后,华商纷纷退出日本人把持的青岛取引所,转入交易所。因此青岛交易所生意兴隆,收益日增。日本人对此心怀嫉恨,先是对创办人屡加胁迫,试图阻挠交易所的成立;后又雇用打手,袭击参加交易的商号代表。青岛交易所为躲避日本人的骚扰,被迫将交易所迁至北京路。

1935年法币政策实施后,青岛取引所交易更加清淡,取引所日商更是肆意寻衅闹事,扬言要火烧交易所在天津路新建的交易大楼;又提出无理要求:将取引所和交易所收入合并总计,所有盈余四六分成,交易所四成,取引所六成。市政当局恐生不测,只好委曲求全,白白送给取引所六成收益。

1937年日本全面侵华战争爆发后,青岛沦陷,侵略者以交易所是青岛人抗日排日之机关为借口,在日本海军登陆后,占据交易所大楼,将内部所有设备及器具文件毁坏或搬走,并将交易所金库存款及银行存款等项共36万余元全部扣押劫夺,交易所的全部动产、不动产,统统落入日本侵略者手中,交易所被迫停业。①

---

① 《青岛市志·金融志》,新华出版社1999年版,第70—73页。

第 八 章

财政和内债

　　财政是国家政权赖以生存、国家机器得以运转的基础。1927年国民党上台后,为巩固其一党专政的大地主大资产阶级统治,对国家财政的各个方面,从财政管理到税收、税制,进行了一系列的整顿和改革。在财政管理方面,主要措施包括:整顿从中央到地方的财政机构,明确职责,统一财务行政;设立独立的审计和计政机构,建立健全财务监督机制;划分国家、地方收支,实行中央、省、县分级财政收支系统;建立预算、决算制度,力图实现各级财政收支事先有计划、事后有监督。税收、税制的整顿和改革措施包括:收回关税自主权,改革关税税制并实行国定税则,加强海关管理;清理盐务积弊,实行"自由运销"、"就场征税",改革盐税税制并调整税率;裁撤厘金,改征货物统税;整顿印花、烟酒、矿产等国税,收回税权,革除积弊,统一征管;试办所得税、交易所税、银行收益税、钞券发行税等新税;清理整顿地方税收,裁废苛杂,建立以田赋、契税和营业税为主体的地方税收体系。

　　上述改革措施有些是北洋政府时期、甚至是清末"筹备立宪"时就已经提出,但限于当时的历史和社会条件,未能实行或只开了个头。国民党政府的财政改革,尽管在具体实施中存在着许多问题,有些甚至有名无实,但其结果的主要方面是使资本主义性质的近代财政体制在中国初步建立起来,具有一定的历史进步意义。

　　财政整顿和改革改变了北洋政府时期中央政权没有可靠收入

的虚弱地位。1927—1937年间,国民党政府实现了中央财政收入的持续增长。但是,由于支出巨大,特别是连年"剿共"和新军阀战争,以及1931年后东北、热河先后沦陷所导致的一方面巨额税源流失,另一方面在日本继续蚕食华北,全面侵华战争日益迫近的形势下国防开支增加,这一时期的中央财政仍然收不抵支,年年赤字。为弥补财政窟窿,国民党政府不得不大量对内对外举债,结果虽然缓解了一时的财政困难,却也因此而背上了沉重的债务包袱。抗战前十年间,国民党政府每年用于还债的支出,即所谓"债务费",一直是中央岁出中仅次于军费的第二大支出。债务支出过巨,也是当时中央财政连年赤字的原因之一。

本期的内债,尽管依照1929年立法院通过的《公债法原则》的规定,"以不得充经常政费为原则"[①],但实际上,一如北洋政府之募债,主要是为解决财政困难,大部分债款收入被用于补充军、政各费或者偿还旧债。1927—1937年国民党政府发行的公债、库券金额,远远超过北洋政府十六年发行的内债总和。滥发内债导致政府还债支出激增,到1930年以后,两次遭遇偿债危机。为挽救债信,不得不分别于1932年和1936年对内债进行整理。

1931年"九一八事变"后,日本武力占领中国东北,继之于1932年策划伪满洲国傀儡政权上台,建立了完整的殖民地财政制度。日本侵略者通过集中财权,划分"国"、地税收,改变会计制度,设立"特别会计","整理"税制,增加税种,提高税率等一系列措施,直接牢牢控制了东北财政,准备了广阔的税源。疯狂的财政掠夺、敲骨吸髓的税捐搜刮,使东北工农业生产衰退,经济凋敝,民不聊生,而伪满洲国的财政收入和税捐征额却大幅增加。这些搜

---

① 《立法院公报》,1929年5月份,第65页。

刮来的钱财大部分直接用于维持和强化殖民统治,同时加紧准备发动全面侵华战争,为更大规模的财政和经济掠夺创造条件。

第一节 财政的整顿和改革

一、基本方针和计划

1928年6月国民党"北伐"军进占北京及稍后东北"易帜"以后,中国在形式上重归统一。为了巩固"一党专政"的统治,发展国家资本主义,国民党政府开始对当时混乱不堪的财政经济进行整顿和改革。6月下旬及7月上旬,先后在上海和南京召开了全国经济会议和第一次全国财政会议,全面检讨国家经济及财政金融问题。同年8月,召开国民党二届五中全会,通过了《统一财政,确定预算,整理税收并实行经济政策、财政政策,以植财政基础而利民生建议案》,就财政、税收、金融、货币、内外债务等一系列亟待解决的问题提出具体的整顿措施和改革建议。

1929年3月,国民党第三次全国代表大会在南京召开,宣布结束"军政时期",开始"训政时期"。大会通过的《对于政治报告之决议案》指出:行政不统一、国家与地方财政未加明确划分、国家经费尤其是军费开支膨胀、币制紊乱、内外积债过巨以及税制杂乱而无系统,是"中国财政积病之源"。为此,《决议案》以二届五中全会的《建议案》为基础,提出十条政府财政和金融工作的"根本政略"①:

(1)统一全国财务行政;

---

① 中国第二历史档案馆:国民党中央执行委员会秘书处档案,七一一④·415卷。

（2）确定国家、省、县及地方行政经费的分配；

（3）依国家财务行政统一之进程，编制全国预算；

（4）划分国家税与地方税，凡应归国家征收之税，各省不得截留；

（5）整理国家、地方税制，杜绝税收积弊；

（6）分别整理外债，确定偿还办法；

（7）权衡国家建设之轻重缓急，裁并骈枝机关，节省政费；

（8）依照本国生产力发展情况与世界经济之大势，整理币制，巩固金融；

（9）统一货币铸造权与纸币发行权，杜绝外币充斥国内市场局面，保护本国商业及国民经济；

（10）依照孙中山《建国大纲》所确定的经济建设原则，凡土地之岁收、地价之增益、公地之生产、山林川泽之息、矿产水力之利，皆为县政府所有，用以经营地方人民之事业；凡各县天然资源与大规模实业，本县资力不能发展兴办者，由中央政府为之协助，所获之纯利中央与地方各占其半。

以上是此后整顿、改革财政金融所贯彻的基本思路和计划。这个纲领带有明显的资本主义性质，反映了国民党政府使国家财政和税收现代化的企图。

二、建立和健全财政机构，统一财务行政

统一财务行政是实施财政金融改革的首要一环。对此，国民党政府主要采取了如下措施：在中央，明确财政部为全国财政的最高管理机关，统一财务行政权；设立独立的国家财务监督机构审计部和计政机构主计处，使权力互相制衡。在各省，整顿并统一包括中央直辖单位在内的地方财政机构，努力建立比较完整、系统的分

级财政管理体系。

（一）中央财政管理及监督机构

1. 财务行政机构:财政部及其附属单位

南京国民党政府成立后,于1927年5月设立财政部作为全国财政最高行政主管机关,直隶中央政府。次年10月,依据新起草的政府组织法,按立法、行政、司法、考试、监察"五权分立"的原则重组政府,财政部改隶行政院,"管理全国财务行政事务",并对各省财政行使"指示监督之责"。① 首任财政部长为古应芬,其后继任者在抗战以前分别为孙科、宋子文及孔祥熙,其中以宋子文和孔祥熙任职时间较长(分别为1928年1月至1933年10月,1933年11月至1944年11月),影响亦较大。

鉴于北洋政府时期在财政部之外仍保留有税务处等"特种官署",叠床架屋,妨碍财政管理权统一,国民党政府扩大财政部权限,将税务、币制等要政一概纳入其管辖范围。1927年11月颁行的《国民政府修正财政部组织法》规定:财政部"管理全国库藏、税收、公债、钱币、会计、政府专卖金银暨一切财政收支事项,并监督所辖各机关及公共团体之财政"。② 1928年北伐完成后,独立于财政部的税务处撤销。

财政部的内部机构及分工初期变动频繁,1933年以后始形成一厅、一处、三署、六司的机构设置格局。"一厅、一处"为参事厅和秘书处,前者主管撰拟、审核财政法案及命令,后者负责起草部务报告并管理部内人事考绩等事务。"三署"为管理关务行政及

---

① 《财政部组织法》(1931年2月21日修正公布),见财政部财政年鉴编纂处编:《财政年鉴》上册,商务印书馆1935年版,第77页。

② 中国第二历史档案馆:国民政府档案,一(2)·6869卷。

关税事务的关务署、管理盐务行政及盐税事务的盐务署(1937年4月改称盐政司)和总管统税及印花、烟酒、矿产等国税的税务署。"六司"分别为:总务司,负责收发及保管文件、编辑发行财政公报并管理本部庶务;赋税司,掌管关税、盐税、直接税、货物税以外的其他赋税,兼管官产及沙田事务;公债司,掌理公债事务;钱币司,掌管全国金融货币行政;国库司,掌理国库出纳;会计司(1937年7月以后改称会计处),主管统计及政府各机关的会计事务。上述机构中,关务、盐务及税务三署具有相对独立性,可用本署名义对外发布行政命令。

此外,财政部还直辖中央造币厂、北平印刷局等事业单位并附设有多个专业委员会,如财政设计委员会(以甘末尔等美国专家为首组成)、财政整理会、国定税则委员会、会计委员会、税务整理研究委员会、币制研究委员会、金融顾问委员会、发行准备委员会、整理地方税捐委员会等。这些专业委员会自1927年财政部成立到30年代中期陆续设立(有的在1937年以前已经结束了业务),集中了一批专家,主要任务是研究、设计国家财政金融的整理和改革,为之提供建议。此外,1929年以后恢复设立的盐务稽核总所(1937年4月改为盐务总局)也隶属财政部。

2. 财务监督机构:审计部

为对政府各机关的财务活动进行监督,国民党政府于1928年夏公布《审计法》并成立了由中央政府直辖的审计院。当年10月设立"五院"后,审计院改隶监察院。次年10月,更名为审计部。审计部为全国最高审计机关,负责中央各机关及其所属机构的财务审计。在各省地方,设有审计处或审计办事处,对所管地区的政府机关进行财务审计。根据有关法规,审计部的职责有四:监督政府各机关的预算执行情况;审核政府各机关的决算及计算;核定政府各机关的收入、支出命令;稽查政府各机关的财务违法或不忠于职务的行为。①

3. 计政机构:主计处

国民党政府初期,国家预决算编制、岁出入统计及各政府机关的会计监督等工作由财政部会计司负责。1929年立法院提出设置由中央政府直辖、独立主持全国计政的"主计总监部"设想,次年参酌立法院的方案,国民党中央决定设立主计处,并于11月公布其组织法,开始进行筹备。1931年4月主计处正式成立,下设岁计、会计、统计3局。主计处成立后,过去由财政部会计司主持的全国性岁计、统计及对政府各机关进行会计监督等项工作由其接管,同时负责各种相关制度的制定、推行及政府各机关会计和统计人员的训练、任免、迁调和考绩。主计处派驻各机关的人员除接受所在机关首长的指挥外,同时对主计处负责。

(二)地方财政机构

地方财务机构分为两类,一类是由中央财政部门在各省征收国税或处理中央财政事务的下属及派出机构,另一类是各省地方政府的财政管理机构。

1. 中央财政部门的下属及派出机构

财政特派员。财政特派员由财政部向各省派出,主要负责监督管理各该管地区的国税及办理与中央财政有关的事务,如"指导所管区域内之中央直辖税收机关"、"保管国税税款"、"支拨及汇解国库款项"、"计划所管区域内一切国税之整理办法"等。财政特派员最初设于1927年冬,当时仅管收解税款、稽核表册及计划条陈等事。1928年春,江西特派员接收国税并负责其管理,随后江苏、浙江、福建、安徽、湖北、湖南、四川、山东、广东、广西等省

---

① 贾德怀:《民国财政简史》上册,商务印书馆1946年版,第57页。

的财政特派员也都开始管理国税。1931 年裁厘后,各省财政特派员时设时裁,无固定规制。

关监督署及海关税务司署。各地海关的关监督直辖于财政部,在关务署的指导下办理关务,并对各该关税务司行使监督之责。各关税务司直辖于总税务司,负责关税征收。

盐务官署。分主管盐务行政及主管税务两类机构,前者如盐运使公署、运副公署、榷运局(督销局、运销局、蒙盐局)等,辖于财政部盐务署;后者如稽核分所、稽核处或收税局等,辖于盐务稽核总所。各机构之下,又各设有分支机构。上述两类机构最初分立,1932 年以后行政机构多并入稽核机构。1937 年改革盐务管理,撤销各地原有盐务机关,在产区设盐务管理局,销区设盐务办事处,总辖于中央盐务总局。

区统税局及其分支机构。1928 年年初为开征卷烟统税,在上海成立隶属于财政部的卷烟统税处,随后在各省设立卷烟统税局,下设查验所及分所。1931 年扩大统税征收范围,财政部卷烟统税处改组为统税署,地方则联省设立苏浙皖、湘鄂赣、粤桂闽、鲁豫、冀晋察绥等区统税局(冀晋察绥局成立于 1933 年),以下设分区统税管理所及查验所、查验分所等机构,各省卷烟统税局随之裁撤。1932 年 7 月,统税署与印花烟酒税处合并组成税务署,各区统税局归税务署直辖并接管本区内印花烟酒税及矿税事务。①

---

　　①　国民党政府初期,各省设印花税局和烟酒事务局分别征收印花、烟酒两税,在财政部则设印花税处和烟酒税处对之进行管理。1930 年年底印花税处与烟酒税处合并组成印花烟酒税处,各省两税随之于次年合并为印花烟酒税局;各县设稽征所,直隶省局。1932 年 7 月,财政部成立税务署总管统税及印花、烟酒等税并撤销印花烟酒税处,各省印花烟酒税局亦因之撤销,业务并入各区统税局及分区管理所。陕、甘等少数边远省份因情况特殊,原设印花烟酒税局仍然保留。

官产沙田管理机构。各省名称不一,江苏称沙田官产事务局,浙江称沙田局,安徽称官产屯垦局,河北热河初称官产委员会,后改称官产总处。这些管理国有地产的机构,直辖于财政部赋税司。

此外,1931年裁厘以前各地还曾有过厘金局卡、铁路货捐局、邮包税局、常关等机构。裁厘以后,这些机构随之撤销。

2. 各省地方政府的财政管理机构

省政府下设财政厅,主管全省财务行政,如省预算决算的编制、省税征收、省公债的募集及偿还、省库收支、省公产的管理等。有时财政厅受中央政府委托,也办理某些与中央财政有关的事务,如代征国税等。省财政厅厅长同时为省政府委员。省财政厅对属县财政有指导监督之责。

市(分直隶行政院的特别市和一般省辖市两类)、县的财政管理机构:一般市设财政局,县设财政科,综理各该市、县的财政收支及本属预决算编制、捐税征收、公债募集、公产经管等事务。

通过对中央及各省财务机构的清理整顿和改革,国民党政府统一全国财务行政的努力取得了一定成效,从制度上基本建立了一套比较完备系统的现代财政管理体系。当然,在当时全国政治上远未真正统一,一些省份或地区仍然由地方军阀把持的情况下,统一财务行政绝非仅靠表面上的制度建设就能解决的。事实上,国民党政府对全国财政的统一始终是一个充满了中央政府与地方军阀势力激烈的政治乃至军事反复较量的复杂斗争过程,并且是伴随着中央政权在这些较量中取得胜利,一定程度控制了地方军阀的割据地区以后才得以逐步实现的。如"九一八事变"前的东北,中央政府在那里财政权的统一是在1928年张作霖"易帜",五色旗换成青天白日旗以后;山东是在1929年张宗昌督鲁结束以后;山西及西北一些地区是在阎锡山、冯玉祥"倒蒋"失败以后。西南及广东更是迟至三十年代中期,广西经过蒋桂战争,四川经过1935年的"川政统一",贵州在 1935 年国民党"追剿"红军,中央政府的政治、军事势力进黔以后,广东在 1936 年陈济棠下野以后,才终于实现了财政权的统一。而在此前,中央政令在这些地区难以贯彻,国家税收没有保障,军阀把持下的地方政府财政自成系统,与中央争夺税权,滥收滥支,根本谈不上什么财务行政的统一。不过,到抗战前,从总体说,国民党政府已经在全国大部分地区一定程度地统一了财务行政,加强了中央对地方的控制。这是北洋政府时期所不能比的。

三、划分国、地收支及建立健全预、决算等财务制度

(一)划分国、地收支

划分国家收支和地方收支是国民党政府财政改革的重要组成部分。清末筹备立宪已经提出划分国家财政和地方财政的主张。民国成立初期,1913 年,袁世凯政府颁布了《国家税与地方税法草案》及《国家地方政费标准案》,试图划分国、地收支。但 1916 年袁世凯死后,各地军阀割据混战,北洋政府政令不出都门,各项税收除由外国控制的关、盐两税外,其他基本都由各省控制并截留。当时国家分裂、政权不统一,北京的中央政府甚至一度不能从各省得到任何收入,当然更谈不上划分国、地收支了。

1927 年国民党政府成立以后,随着控制区域扩大,开支不断增加,而收入除关税外,其他应属国家的税款仍经常被各省截留,造成中央财政异常困难,划分国、地收支以保证中央收入成为迫切问题。1927 年,财政部长古应芬提出《划分国家收入地方收入暂行标准案》和《划分国家支出地方支出暂行标准案》,经中央政府批准,首先在江苏、安徽、浙江、江西、福建等省实行。次年 6 月,财政部长宋子文对上年的国地收支暂行标准又做了修订,经全国经济会议、第一次全国财

政会议讨论并由国民党政府批准,于当年11月公布实施。

1928年修订的国、地收支标准将下列税项及收益列为国家收入:盐税,海关税及海关所征之内地税、常关税,烟酒税,卷烟税,煤油税,厘金及一切类似厘金的通过税、邮包税,印花税,交易所税,公司及商标注册税,沿海渔业税,国有财产收入,国有营业收入,中央行政收入,其他属于国家性质的现有收入。下列税项及收益为地方收入:田赋,契税,牙税,当税,屠宰税,内地渔业税,船捐,房捐,地方财产收入,地方营业收入,地方行政收入,其他属于地方性质的现有收入。此外,"将来新收入"中拟征的所得税、遗产税、特种消费税、出厂税及其他合于国家性质的收入为国家收入;营业税、市地税、所得税之附加税及其他合于地方性质的收入为地方收入。该标准同时还规定:地方收入在性质上与国家收入重复时,财政部得禁止其征收;省市县收入的划分由各省及特别市自定,报财政部备案查核;国家税、地方税划分后,各自整顿,除所得税外其他税收不得添设附加税,所得税之附加不得超过正税的20%;新收入实行以后,凡旧收入在性质上与之相抵触者应即废止,性质相同者应即合并;厘金及一切国内通过税,以6个月为限加以裁撤,未裁之前暂由中央接管;田赋虽为地方收入,土地法规大纲仍由中央政府制定颁行;中央及各省收入划分以后,必要时中央财政仍得补助地方,地方财政亦得协助中央。

支出方面,规定下列费用属国家支出:由中央财政列支的党务费、立法费、监察费、考试费、政府及所属机关行政费、海陆军及航空费、内务费、外交费、司法费[①]、教育费、财务费、农矿工商费、交

①　1929年9月,财政委员会对中央与地方司法费的划分做出进一步解释,规定除最高法院和大理分院经费由中央支出外,各省法院经费及承审费统归各省地方费内支出,俟以后取消承审制度,此项经费始由国家支出。

通行政费、蒙藏事务费、侨务费、移民费、总理陵墓费、官业经营费、工程费、年金费以及中央内外各债偿还费等;下列费用属地方支出:地方党务费、立法费、行政费、公安费、司法费、教育费、财务费、农矿工商费、公有事业费、工程费、卫生费、救恤费及地方债款偿还费等。

国、地收支的划分厘清了国家财政与地方财政的界限,有助于中央财政地位的巩固和加强。但在省与县(市)之间,当时未做出明确规定,实际中导致地方税收几乎全部由省控制,县财政得不到独立收入,不得不自筹资金以维持日常开支,苛捐杂税因之屡禁不绝。1934 年,经财政部长孔祥熙提议,国民党政府公布实施《财政收支系统法》,并提出了《划分省、县收支五项原则》,将过去中央、地方两级的财政收支系统改为中央、省(及行政院直辖特别市)、县(及省辖市)三级系统,规定从省收入的土地税(田赋及其附加)中分出 15%—45%、从营业税中分出 30% 作为县收入,并要求编制独立的县一级预、决算。将县财政从地方财政中分离出来,国民党政府的出发点是通过此举抑制和削弱地方军阀势力,对其釜底抽薪;同时也是为了配合当时正在推行的"县政改革",实行所谓县级"自治",加强地方"治安",以扑灭共产党以农村为基地的愈演愈烈的工农武装革命烈火。但是这一改革在当时中央政权并不能完全掌控各省的情况下,各地推行不一,多数地方未能真正实施。地方税收的绝大部分,有的省甚至几近全部,仍然掌握在省政府手里,致使许多县政权空有财政独立之名,却无可以独立支配的可靠收入,依然只能依靠自设各种税收附加及额外摊派来维持支出。当时各地在"县政改革"、"防共"、"剿共"、加强"治安"名义下大力扩充警察、自卫队、保安团的力量,相应的经费支出也增加了。然而这些增出的经费并无收入保障,毫无疑问要来自苛征滥派。因此,划分县财政以后,总的说,各地的苛捐杂税并没有得到有效抑制，有些地方甚至变本加厉。1937年3月，国民党政府又颁布了《财政收支系统法施行条例》，通饬于1938年元旦起实施，旋因日本全面侵华战争爆发，未能实行。

（二）建立和健全预、决算等财务制度

1. 预算制度

中国政府建立现代财政预算、决算制度的努力在清代即已开始。清末筹备立宪曾先后编制过宣统三年度和四年度两个预算，但未及实行清王朝就被推翻了。民国初年，北洋政府也编制和公布过预算，但都没有决算，结果如何不得而知。袁世凯死后军阀混战，中央财政一直没有可靠的收入来源，就再也没有编制过预算了。

1927年国民党政府成立后，财政部先后拟订了编制民国十六年度和十七年度预算的例言及预算书式。次年8月，国民党二届五中全会采纳全国经济会议和第一次全国财政会议的建议，宣布分步骤实行预算、决算制度。此后，1929年2月及1930年2月，又先后颁行《财务机关编制十八年度预算章程》和《民国十九年度试办预算章程》，逐步在中央政府各机关推行预算制度。预算的编制方法和书式，也不断做出改进。不过，在这一时期，预算制度还在探索中，限于当时条件，民国十七、十八、十九几个年度的预算均只编成了个别分预算而无全国总预算。

1931年4月主计处成立后，推行国家预算制度的步伐加快。主计处首先接续原来财政部会计司的工作，最终编制完成了民国二十年度预算，1932年4月由立法院通过并公布实施。该预算案是包括总预算在内的国民党政府第一部完整的预算。此后，主计处按年编制政府预算，其中除民国二十一、二十二两个年度因故未能成立全国总预算外，抗战前的其他几个年度的总预算均经法定程序通过并公布实行。与编制预算同时,主计处还拟订了《预算章程》、《办理预算收支分类标准》等规章,于 1931 年 11 月起实施。①

作为国家预算制度法律依据的《预算法》也于 1932 年 9 月由立法院议决通过,后经进一步修订,于 1938 年 7 月起实行。与《预算法》配套的《预算法施行细则》及《暂行预算科目实例暨概算预算书表格式》两个文件,分别于 1938 年 9 月和 10 月公布。

1934 年 5 月,第二次全国财政会议通过《财政收支系统法》,明确县及省辖市亦为一级财政收支系统,并相应制定了办理县市地方预算的规章。②

2. 决算制度

在编制各年度预算的同时,国民党政府还试图建立决算制度。1929 年 5 月,审计院根据《审计法施行细则》关于决算的规定,呈请国民党政府饬令财政部就决算报告书的格式及编制方法制定条例。财政部于当年 7 月拟订了《编制十七年度决算章程》,于 9 月公布。十八年度决算亦依照该决算章程办理。到十九年度时,虽主计处已经成立,但因该年度预算系由财政部主持编制,故仍由财政部拟定《编制十九年度决算章程》。从二十年度开始,主计处在财政部十九年度决算章程的基础上,经过修订,制定出《暂行决算章程》及“各级决算书填法说明”、“各种附表填法说明”、“决算书及各种附表格式”3 个附件,于 1932 年 11 月公布实施。

抗战以前,虽然国民党政府已分别拟定各年度决算章程,进而

---

① 1934 年 4 月和 8 月分别对《预算章程》个别条文作过修改。《办理预算收支分类标准》亦经两次个别条文的修改,一次在 1932 年 7 月,另一次在 1933 年 3 月。

② 财政部财政年鉴编纂处编:《财政年鉴》下册,商务印书馆 1935 年版,第 1949 页。

制定了制度性的《暂行决算章程》，但各年度的决算，由于行政效率低下及机构经常变动，更由于各年度的预算本来就未能认真贯彻执行，很大程度只是停留在纸面上的东西，无论由财政部主持时期还是由主计处主持时期，始终未能汇集到完整的政府各机关的决算报告书，省、县预算的执行情况更是一笔糊涂账，因而全国总决算也始终未能成立。不过，财政部历年都公布类似决算书的"中央收支报告"，从中可以窥见其时中央政府岁出入的大概情形。

3. 会计和库储制度

建立、健全会计和库储制度也是国民党政府整顿、完善财务管理的重要内容。1927 年 7 月，财政部颁布实施《会计条例》，对会计工作的原则及国库收支款项做出明确规定。次年 3 月，又对该条例加以修订，并授权中央银行代理国库。1929 年，要求各省市凡设有中央银行的地方，一切政府机关的公款均应存入中央银行，由其统一管理。30 年代以后，随着中央银行不断增设在各地的分支机构，以及省银行及其分支机构的陆续设立和增多，各省都相继建立并完善了省金库及由银行代理省库出纳的制度；一些设有银行的县，也将公款存入了银行，一定程度改变了此前政府各机关自收自支，自设小金库保存公款，不便对之进行财务监督的局面。

四、整理税收、改革税制

(一)关税自主及关税和海关的改革

1. 收回关税自主权

自两次鸦片战争以后，中国逐渐丧失了海关和关税的自主权，不得不长期忍受不合理的协定关税的束缚，国内市场任由外货倾销，严重阻碍了民族工商业的发展，也影响到中国政府的财政收入。由外人把持的海关总税务司不仅掌握着中国海关的行政管理权，还凭借其特权地位,肆意干涉中国的内政和外交,严重侵夺中国主权。进入民国后,人民群众特别是工商业者要求废除不平等条约,实行关税自主的呼声日高。北洋政府迫于国内压力,同时也为增加收入,曾一再试图解决关税自主问题。1917 年年底,北洋政府颁布《国定关税条例》,要求除有约各国货物外,无约各国货物适用国定税率。嗣因对德宣战,又企图从德、奥货物入手实行新税率。但北洋政府的要求遭到总税务司的反对,未能实行。第一次世界大战后,从巴黎和会、华盛顿会议到 1925 年 10 月于北京举行的 12 国关税特别会议,中国代表又一再提出关税自主要求。在中国政府的外交努力下,关税特别会议同意自 1929 年 1 月起中国恢复行使关税自主权。

1927 年国民党政府成立后,宣布关税自主,实行国定税率;同时设立关税自主委员会,制定并公布了《国定进口关税暂行条例》。经过外交交涉,1928 年 7 月,国民党政府首先同美国缔结了《关税新约》,规定"历来中美两国所订立有效之条约内,所载关于在中国进出口货物之税率、存票、子口税并船钞等项之各条款,应即撤销作废,而应适用国家关税完全自主之原则"。[①] 继之,到年底前,又分别与英、法、德、比、意、挪、荷、瑞(典)、丹、葡、西等国缔结了具有相同或类似内容的新条约;只有日本借口西原借款问题,百般刁难,至 1930 年 5 月才达成《中日关税协定》新约。这些新条约的订立,标志着中国自中英《南京条约》以来,首次可以自主决定关税税率。

关税自主之外,新条约还废止了以前对陆路进口货物的优惠税率(一般比海路关税少收 1/3),实现了海陆关税的统一。[②]

---

① 财政部财政年鉴编纂处编:《财政年鉴》上册,商务印书馆 1935 年版,第 410 页。

② 《中英关税条约》附件四,载国民党政府外交部编:《中国恢复关税主权之经过》下册。

2. 关税税制的改革及国定税则

获得关税自主权以后,国民党政府对关税税制进行了一些改革,同时着手制订国定税则。

税制方面,首先是厘清关税项目。改革之前,关税分常关税和海关税两种,海关税又有进口税、出口税、子口税、复进口税及船钞之分。关税自主以后,按照与各国新订条约的规定,于1931年1月废除了国内通过税性质的常关税、海关子口税和复进口税,同时撤销了内地常关;兼征进出口洋土货税的"五十里内常关",于当年6月后与海关合并,成为海关的分关卡。沿海转口土货所纳出口税虽为国内通过税性质,本应裁撤,但出于财政原因保留下来,改称转口税。[①] 此外,从1931年12月起,为应付临时特殊需要,开征海关附加税,税率初为10%,次年7月改为5%。经过整顿,关税门类统一为进口税、出口税、关税附加税、船钞(吨税)及暂时保留下来的转口税5种。

其次是改按海关金单位计征关税。中国直到30年代初仍实行银本位货币制度,而当时世界主要国家都已实行了金本位,这使中国在进出口贸易结算、海关征税以及外债借还等对外经济交往中始终面临着金、银比价问题。世界的金银比价,从19世纪70年代起即出现金贵银贱趋势。1929年以后几年,更银价暴跌,金价升腾。[②] 金贵银贱导致中国银元对各金价外币的汇率迅速跌落。

---

① 1935年4月,立法院曾议决裁撤转口税,后因财政部以无适当抵补办法为由请求缓行而未能废除,但实际已对多种货物停征。

② 从1921年到1928年,世界金银比价的各年平均数大体在1:25—30之间,而1929年则跃进到了1:38.6,1930年更跃至1:53.4,1931年达到1:70.3,1932年达到1:73.5,远远超过了20世纪初十几年间曾达到的三十几换的高水平(参见石毓符:《中国货币金融史略》,天津人民出版社1984年版,第248—249页表五)。

如 1928 年每一中国银元的价格相当于 0.45 美元,1929 年低位汇价跌到不足 0.4 美元,1930 年进一步跌到不足 0.3 美元,1931 年更跌到只相当于 0.2 美元。同期银元对英镑的低位汇价,从每一银元约合 22.23 便士跌到只合 9.85 便士,不到一个先令。① 在这种情况下,继续沿用关平银两(海关两)为关税计征单位,无疑对中国十分不利。银价低落使中国政府一方面蒙受关税收入下降的损失,另一方面,在用关税偿还其所担保的外债本息时,由于外债本息须按金价外币计算,反而要额外增加负担,甚至出现了所征关税不敷偿还外债的情况。部分由关余担保的内债也因关税收入下降而发生了不能按时还本付息的问题。为摆脱财政及债信窘境,国民党政府接受甘末尔顾问团的建议,从 1930 年 2 月起改按海关金单位(CGU)计征进口关税。当时规定:每一海关金单位合 0.601866 克纯金,约合美金 0.40 元、英金 19.7265 便士、日元 0.8025 元。每关平两折合金单位数,3 月 15 日以前按 1929 年最后一个季度的平均汇价计算,定为 1.5 金单位;3 月 15 日以后按 1929 年 1 月的平均汇价,定为 1.75 金单位。凡用银元、银两或其他通用货币缴纳的关税,按照每天公布的官定汇价计算(从 3 月 1 日起中央银行每天参照各种货币的市场价格公布官定汇价)。只将进口税的征收改按金单位而不改变货币制度,自然不能根本解决由币制不同带来的诸多问题,但毕竟一定程度地缓解了银价下跌导致的关税收入减少问题,既保护了中国的利益,也使政府偿付内外债务有了保证。

实现关税自主后,国民党政府先后制定颁行了多个关税税则。第一个国定进口税则于 1928 年年底公布,次年 2 月起实行。该税

① 参见［美］阿瑟·恩·杨格:《1927 至 1937 年中国财政经济情况》,陈泽宪、陈霞飞译,中国社会科学出版社 1981 年版,第 516 页附录十。

则按照北京关税特别会议上各国提议的税率原则,将进口货物税率分为 7 级累进,最低 7.5%,最高 27.5%,较之过去的一律值百抽五(运入内地销售另加 2.5%子口税),税率有所提高;尤其对烟酒及某些奢侈品,开始征收 20%以上的较高关税。1930 年 5 月中国与日本签订关税新约后,当年 12 月底公布了第二个进口税则,将税目分为 16 类、647 目,税率分 12 级,最低 5%,最高 50%。由于这个税则受中日新约关于在三年内对日本棉货、海产品、面粉等62 种商品维持原税率的限制,存在片面优惠日本的倾向,引起英、美等国不满。1933 年 5 月,《中日关税协定》有效期满,又因"九一八事变"后失去东北,从而关税减少,国民党政府急需增加财政收入,乃再次对进口税则进行修改。1933 年税则的最低税率仍为5%,最高税率则提到 80%;尤其棉布、纸张、海产品等都提了税,其中印染棉布的最高税率达 80%,纸张为 40%,海味为 20%—35%。人参、燕窝等一些奢侈品的税率,在新税则中有所降低。1933 年税则对日货的增税遭到日本强烈反对,迫于日本政府压力,国民党政府于 1934 年 6 月再改税则,一方面降低棉布、纸张、海味等货物的税率,另一方面提高了重工业及化学工业品的税率。这一有利于日货的税则一经公布,立即受到国人尤其是民族资产阶级的强烈批评和反对。

出口税方面,财政部于 1931 年 5 月颁布新税则,税目分为 6类、270 目,税率分别为 7.5%和 5%;若干制成品按照当时的贸易情况仅值百抽三。1933 年,先后对生丝、纯丝制品及粮食出口实行免税。1934 年 6 月,公布第二个出口税则,对某些在国外市场销售困难的原料、食品及政府奖励输出的工艺制品做了减、免税的修改,计共有 35 种商品降低了税率,新增免税商品 44 种。1935年 6 月,对出口税则进行减、免税的第三次修改,但未实行。

关税自主后实行的国定税则一方面提高了进口商品的税率,

另一方面降低了出口商品的税率,从理论上说应该有利于抑制外国对中国的商品倾销并鼓励中国商品的出口,从而有利于民族工商业的发展。然而核之实际情况,难作如是结论。从20年代末到30年代初,中国对外贸易的入超非但没有缩小,反而进一步扩大了。出现这种情况,是因为当时中国的出口商品主要为价值较低的农副产品及初级原料,而且农村普遍凋敝,根本无力扩大出口;进口方面,则是因为除机械、化工等产品外,大量的进口商品是属于需求弹性很小的日用生活必需品,即使价格再高也难以减少其输入。在这种情况下,单纯地降低一些出口税率、提高进口税率,显然并不能从根本上改善对外贸易的不利局面。相反,由于国内民族工业所需原料大部分也要依靠进口,这部分商品税率的提高反而不利于其发展。国民党政府的关税政策,其主要关注点本来也不在于利用税率杠杆调节进出口贸易,促进经济发展,而是增加税收,即服务于政府的财政目的。在这种政策指导下,许多国内市场必不可少的商品,正因为其必须进口,才要加税,至于加税是否有利于民族工业及民生,国民党政府是很少顾及的。

由于实行了国定税则,加之对关税税制进行了某些合理化的改革,关税自主以后关税收入有了较大幅度的增加,情况有如表8-1:

表8-1 海关税收统计

1927—1937年 单位:百万元

年份	海关税项目								总计
	进口税	出口税	复进口税	转口税	子口税	常关税	船钞	进出口附加税	
1927	54	40	4	—	5	6	4	—	113

续表

年份	海关税项目								总计
	进口税	出口税	复进口税	转口税	子口税	常关税	船钞	进出口附加税	
1928	72	42	4	—	5	6	5	—	134
1929	167	57	6	—	4	7	5	—	245
1930	212	55	6	—	3	10	5	—	292
1931	315	48	—	16		3	5	2	388
1932	236	27	—	21			4	24	312
1933	266	23	—	18			4	28	340
1934	260	25	—	17			4	28	335
1935	250	21	—	13			4	28	316
1936	255	24	—	14			4	28	325
1937	261	29	—	20			3	30	343

资料来源:据[美]阿瑟·恩·杨格:《1927 至 1937 年中国财政经济情况》,陈泽宪、陈霞飞译,中国社会科学出版社 1981 年版,第 55 页表二。原表关税附加税分为关税附加税和水灾救济附加税两项,现合并为一。

3. 海关关政

在收回关税自主权的同时,国民党政府还加强了对海关的管理,在一定程度上改变了外人掌控中国关政,甚至拥有其职务以外政治特权的局面。

在对海关的管理上,从 1927 年财政部一成立,便在部内专设关税处掌理关税,不久又将关税处改为关务署。次年完成北伐后,撤销了清末及北洋政府时期一直独立于财政部之外的税务处,由关务署接管海关,统一了关务行政。总税务司及各地海关税务司的一套机构虽仍保留下来,并且总税务司仍由英人担任,各关税务司也大部分为外人,但在新体制下,总税务司署只是关务署的一个下属机构,总税务司是受关务署监督的外籍雇员,不具有超越其职务以外的权力。总税务司辖下的各关税务司的职责也只是"办理征税事项",而不具有控制关政的权力。新体制规定各关监督归财政部直辖,"承财政部之命,受关务署之监督,办理关务;对于税务司,立于监督之地位"。①

其次,在用人行政上提高海关华员的地位。1929 年,关务署召开改善关制会议,决定以后除专门技术人员外,海关停招洋员,遇缺由华员中符合条件者升补。② 1937 年,各口岸税务司中华员约占 1/3③,而在 1928 年以前,从未有中国人担任过这样的高级职务。海关同级华、洋职员的待遇,也已经基本相同。

国民党政府还改变了由外国银行存储、保管关税并经手办理外债偿本付息事务的惯例。从 1932 年 3 月起,所有关税税款都集中交由中央银行存储和保管,以关税作担保的外债本息由中央银行向外国银行支付。这样,关税的保管和支配权便又重归中国政府掌握。

关税自主以后,进口货税率提高,沿海走私活动随之猖獗起来,严重影响到政府的关税收入。为打击走私,1931 年在总税务司署设立缉私科,并在沿海分片划定缉私区域,各关也相应建立起武装巡缉队并配备了巡船、无线电台等装备。各地还增设了许多海关分支关卡,以加强对进出口船只的管理。1934 年 6 月,财政部颁布《海关缉私条例》,就缉私手续及走私漏税的处理等做出规定。

---

① 财政部财政年鉴编纂处编:《财政年鉴》上册,商务印书馆 1935 年版,第 36 页。

② 叶元章:《抗战前海关往事琐记》,载《历史研究》1989 年 2 期。

③ [美]阿瑟·恩·杨格:《1927 至 1937 年中国财政经济情况》,陈泽宪、陈霞飞译,中国社会科学出版社 1981 年版,第 41 页。

（二）整顿盐务、改革运销制度及清理盐税

盐税是国民党政府仅次于关税的第二大税收。由于关税的很大一部分要用于偿还外债，就能够自由处置的收入而言，关、盐两税的数额实际相差不多。① 为了增加收入，国民党政府对积弊甚深的盐务管理和运销制度进行了某些整顿和改革，同时对盐税加以整理，收到了一定成效。20 世纪 30 年代以后，盐税收入有了较为可观的增加。

1. 整顿盐务

1937 年以前，主管全国盐务行政的机构为财政部盐务署。盐务署之下，在产盐区设长芦、山东、河东、两浙、两淮、两广、福建、四川、云南、东三省 10 个盐运使公署及淮南、松江、厦门、川北 4 个运副公署。在销盐区，设有鄂岸、湘岸、西岸、皖岸、广西、晋北、甘肃、青海、宁夏、吉黑 10 个榷运局及河南督销局、新疆运销局、口北蒙盐局（督销局、运销局、蒙盐局与榷运局名称不同，性质和职能一样）。盐运使、运副公署及各榷运局（督销局、运销局、蒙盐局）的下属机构名称和组织各地不同，1932 年财政部统一规定为运销分局、榷运分局、督销分局、蒙盐分局、监销局、配运局、制验局 7 种，再下一层的机构则统称卡（部分地方仍沿旧制）。产盐区的盐场管理机构为盐场公署，由盐运使或运副直辖；下设场务所，负责盐的生产、贮存、捆运及灶荡场课的征收。此外，从 1931 年起，产盐区设食盐检定所，销盐区设食盐复查所，专门负责食盐质量的检验。其归属，初由盐务署直辖，后改隶各区盐务主管机关。

---

① ［美］阿瑟·恩·杨格：《1927 至 1937 年中国财政经济情况》，陈泽宪、陈霞飞译，中国社会科学出版社 1981 年版，第 61 页。

行政机构之外另设有稽核机构。盐务稽核机构是民国初年善后大借款的产物。当时北洋政府根据善后借款合同的规定,于1914年在盐务署内设立稽核总所,各产盐区设稽核分所,负责盐税的征管。1923年以后,各地的盐务稽核机构一度撤废或停止活动。国民党政府成立后,1929年1月,恢复盐务稽核总所,隶财政部,掌管发放盐准单、征收盐税、汇编盐税报告表册及清偿盐务外债等事。总所之下,各产盐区设稽核分所,销盐区设稽核处或收税局。重新设立的盐务稽核机构仍以华员、洋员共同主管,总所以华员为总办,洋员为会办;分所以华员为经理,洋员为协理,但洋员的权力已经削弱,许多时候华员主管遇事直接向财政部请示,而不经过洋员。

盐务行政和稽核两套系统最初各自独立,互不统属。1932年7月以后,以稽核总所的总办兼任盐务署长,又先后将部分产、销区的盐运使、运副、榷运局长改由各该地稽核华员兼任,其附属机构则或裁并,或由当地的稽核人员兼管。这一改革,对于统一盐务事权、裁冗节支及保障盐款的收管,都有好处。

1937年4月,再次对盐务机构进行较大改革。在中央,盐务署改为盐政司,专管盐务政策、规划、审核、监督各事;稽核总所改为盐务总局,直隶财政部,负责盐税的征收管理并兼管硝磺事务。① 在地方,产区设盐务管理局,销区设盐务办事处②,其下设分局、分处。各区内原来的盐务机构,改制后裁撤。

缉私也是盐务管理的重要内容。国民党政府成立后,撤销各

---

① 硝磺事务原由军政部管辖,1932年以后改归财政部,具体负责机构为盐务署。

② 设盐务管理局的有长芦、山东、两淮、两浙、福建、四川、两广、松江、云南、河东、西北共计11区,设盐务办事处的有鄂岸、湘岸、西岸、皖岸、河南、晋北、陕西7区。

盐区的缉私统领部,改设缉私局,辖于各区行政主管机关。1929年年底,在财政部内设立缉私处,与盐务署和稽核总所三足鼎立,直辖各区缉私局。1931年4月以后,撤销缉私处,由稽核总所设立税警科,负责全国缉务。稽核兼办行政各区也陆续推行改革,将原缉私队伍改编为税警,由各稽核分所、稽核处、收税局税警课管理,听从各分所经理、稽核处稽核员或收税局局长指挥调遣,各区原缉私局长及专员同时裁撤。未实行稽核兼办行政的各区仍沿旧制。

为保证食盐的生产和税收,还加强了对盐场的管理。具体措施包括:裁、并产量低、盐质差及管理不善的盐场;平毁没有收益的盐滩、盐坎、盐井、盐灶、盐板;各场修建仓坨集中储盐,以减少损失;实行围场工程,场区四周修筑围墙,挖掘壕沟,以隔断私盐外运通道;修筑公路,设立税警营地,划分防区,架设电话,加强巡缉;设立食盐检定所和复查所,以保证食盐质量。上述措施,各地实行情况不一。在较好地推行了这些措施的地方,盐场管理有所改善,盐的损耗及场私减少,品质提高,销量和税收增加。一些地方还推行了科学的新式制盐法。

2. 改革运销制度

运销制度的改革主要是开放引岸,废除专商,实行就场征税。国民党政府成立以前,盐的运销主要有5种办法:一是专商制,即由持有政府引票的特许盐商占据指定口岸,专运专销;二是包商制,由商人承包盐税,在指定区域及规定的时间内承办运销;三是租商制,由商人承租认运,专岸销售,与包商制基本相同,但承运时间较短;四是官运制,由政府直接经营盐的运销;五是自由制,开放口岸,无论商民均可自由运盐销盐。这5种办法,自由制是改革的方向,但实行起来并不容易。1931年5月财政部公布《盐法》,规定废除引商、包商、官运官销及其他类似制度,实行"就场征税,任人民自由买卖,无论何人不得垄断"。① 此后,"自由运销"制在各地逐步推广。到 1937 年 7 月抗战爆发前,全国总计 1968 个市县中实行自由运销制的有 1179 个,占 60%;实行官销制的有 95 个,占 5%;其余 694 个仍通行专商或包商制,占 35%。②

3. 整理盐税

整理盐税包括裁减附加及调整税率两个方面。国民党政府初期,盐税的正税虽只有场税、岸税(销税)两种,但随征的附加税很多,有的沿自清代,更多的则是民国以来因军阀混战,各地为解决军费等开支而巧立名目不断加收的。盐附导致税法紊乱,盐价高昂,走私盛行,最终影响到中央政府的收入。1928 年 8 月,国民党政府规定盐税附加为临时性质,以后应逐渐减少,并不许再加。根据财政部的命令,各地先后对盐税附加进行了一定程度的整理,取消或核减了一些名目。③ 1930 年年底,又饬令自次年 3 月起,各省盐税附加一律划归财政部统一征收,以便整理;各省原征之款,照上年平均收数,按月由财政部拨补。此后,地方原收之盐税附加,除另有规定的以外,基本收归中央。对收归中央的盐附,财政部原拟分三期进行整理,但未实行。不过,中央财政却因此增收不少。

税率的调整主要是缩小各地区间的税率差别。中国盐税向用等差税法,按离产区远近确定税率标准,近者税轻,远者税重。这种征税办法往往造成相邻地区间的税率高低参差,使走私和"冲销"难于禁绝。为消除此弊,1932 年 7 月及次年 10 月,对产盐各

---

① 财政部财政年鉴编纂处编:《财政年鉴》上册,商务印书馆 1935 年版,第 880、878 页。

② 财政部财政年鉴编纂处编:《财政年鉴(续编)》第七篇,1945 年版,第 7—8 页。

③ 参见财政部财政年鉴编纂处编:《财政年鉴》上册,商务印书馆 1935年版,第 671 页。

区和销岸各区的税率分别进行了调整。1934 年 1 月起又实行新衡制,用新秤代替过去的司马秤,同时规定:税率较重的湘、鄂、赣等区所征中央正附税及地方附税合计在每担 10 元以上者,一律减至 10 元。新衡制推行后,过去使用司马秤时的"秤余"没有了,损失大为减少,仅此一项就每年增收盐税 400 余万元,除去因耗余造成的减收,净增 300 万元。[①]

1927 年,全国盐税收入约 6000 万元,30 年代以后超过亿元,1936 年增加到 2.18 亿元。而实际上,由于"某些盐务机构一直不在盐务稽核所的控制之下",以及地方截留隐匿税款的现象广泛存在,这些数字还不是真正的征收数字。据估计,1930—1932 年地方截留的盐款占盐税总收入的 30%,1933 财政年度占 24%,1934 年为 13%,虽逐渐有所减少,但始终存在。[②]

1937 年以前历年盐税收入如下表:

表 8-2　盐税收入统计

1927—1937 年 　　　　　　　　　单位:百万元

年份	收入	年份	收入
1927	60	1933	159
1928	54	1934	176
1929	85	1935	184
1930	130	1936	218
1931	155	1937	213

---

① 中国第二历史档案馆:盐务总局档案,二六六(2)574 卷。

② [美]阿瑟·恩·杨格:《1927 至 1937 年中国财政经济情况》,陈泽宪、陈霞飞译,中国社会科学出版社 1981 年版,第 59—60 页。

续表

年份	收入	年份	收入
1932	145*		

* 原表注:"包括得自满洲(即我国东北)的三百万元。在这一年之前几年,征自满洲的数额,约为每年二千五百万元。"

资料来源:[美]阿瑟·恩·杨格:《1927 至 1937 年中国财政经济情况》,陈泽宪、陈霞飞译,中国社会科学出版社 1981 年版,第 60 页表三。

(三)裁撤厘金,征收货物统税

1. 裁撤厘金

厘金是清代咸丰年间为镇压太平天国起义筹措军饷,由地方创立的以征收通过税为主的商税,原仅在少数地区实行,属临时性质,但很快在全国推广,最终成为各省最主要的收入来源之一。厘金之征病商妨民,严重阻碍国内工商业的发展与对外竞争。清末,虽不断有人提出裁厘之议,清政府亦有改革设想,但终因其为各省的重要财源,一旦取消难有其他收入代替,而无结果。民国成立后,军阀混战,各省开支浩繁,裁厘一事更难实行,屡议屡辍。非但不能裁,在各省为弥补财政赤字不断增捐增税下,厘金及厘金性质的通过税反而名目愈来愈多,每年收入远超过清代。据统计,1928年全国共有厘卡 735 个,分布在北到黑龙江,南到两广,西到甘肃、新疆,东到沿海各省的广大地区。各省厘卡数最多的达 58 个(江苏),少的也有 10 余个(直隶 15 个,新疆 11 个,山东 10 个)。①

厘金名目各地不一:山东、安徽、福建、广东、湖南及云南、贵州等省称厘金,绥远、察哈尔称厘捐,直隶、山西及新疆称统税,陕西、甘肃、广西、四川及浙江称统捐,江苏、热河称货物税,湖北及东北各

① 《中国年鉴》,1928 年,第 574 页。

地称产销税。此外还有税捐、仓捐、认捐、铁路货捐、邮包税、落地税等名目。就征收对象而言,有行厘、坐厘之分,前者征于行商,后者征于坐贾。征收章程亦各地不一,五花八门。厘金税率在很多省份高达5%—10%,加上"遇卡抽厘",跨省长距离贩运的货物最终所纳厘金有时甚至达到货物价值的15%—20%,较之仅缴纳5%进口关税外加2.5%子口税即可运销全国的进口洋货,要高出几倍。各省征收的厘金总数,据估计每年有8000万元至1亿元之巨。[①]

国民党政府成立后,将裁撤厘金作为税制改革的一项任务提上日程。1928年7月召开的第一次全国财政会议决定由财政部组建全国裁厘委员会,以六个月为限,裁撤厘金及厘金性质的一切国内通过税,同时开办特种消费税作为损失补偿;未裁以前,暂由中央政府接管厘金。为换取各省对裁厘的支持,将田赋划归地方。是年12月,财政部主持召开江苏、安徽、浙江、江西、福建五省裁厘会议,就裁厘及征收特种消费税制定具体计划。但仅在五省裁厘及开征特种消费税引起许多问题。首先,由于改革范围限于五省,当货物在五省和其他省之间运销时,就会出现同一货物既纳特税又缴厘金的重复纳税现象。其次,当时规定征收特税的商品多达16种,其中多数为流通量大的日常生活必需品,又规定初办时可"依类设局"、"交通要道亦得设局征收",结果无异于节节设卡,使特税又成为变相厘金。五省裁厘并征收特税计划公布后,立即招致普遍反对。从1929年年初起,福建、南京、浙江、上海等地的商会及全国商联会纷纷集会请愿,要求全国统一裁厘并废除特种消费税及其他苛捐杂税。在各地反对下,又由于海关实行新税则后关税增加,足资弥补裁厘的损失,财政部乃于1931年4月明令停

---

① 〔美〕阿瑟·恩·杨格:《1927至1937年中国财政经济情况》,陈泽宪、陈霞飞译,中国社会科学出版社1981年版,第71页。

办特种消费税。至于厘金,在此前的 1930 年年底,财政部宣布:自 1931 年起,"将所有全国厘金及由厘金变名之统税、统捐、货物税、铁路货捐、邮包税、落地税、正杂各税捐中之含有厘金性质者",一律裁撤;其相应的征收机构,亦随同撤销。

由于早已是大势所趋,同时又已经有了足资补偿的其他收入来源,废除厘金的过程比较顺利,1931 年以后,厘金在各地相继成为历史。据美国驻南京公使詹森 1934 年向国内的报告,当时他看到的情况是:"在(国民党)政府控制的地方,厘金几近完全废除。"①

2. 征收货物统税

在裁厘同时,国民党政府仿照西方资本主义国家的做法,对某些工业产品开征统税。统税亦称出厂税,在货物产地一次性征收。纳税后,货物即可运销全国,不再征收其他税捐。

最早征收统税的是卷烟,1928 年年初即已开征。1931 年年初,因实行裁厘,将统税征收对象扩大到麦粉、棉纱、火柴、水泥。1932 年以后,又将薰烟、啤酒等陆续纳入进来。各项统税的情况如下:

卷烟统税。以普通纸卷烟、雪茄烟及除烟丝、烟末以外的其他烟制品为征收对象。对卷烟征税始于 1923 年,称卷烟特税。1927 年 6 月国民党政府颁布《全国卷烟统税暂行简章》,次年年初又颁行《卷烟统税条例》,取消以前的各种卷烟税捐,合并征收卷烟统税。1929 年 2 月在上海成立卷烟统税处②,先在江苏、浙江、安徽、福建、江西 5 省推行,以后扩大到山东、河北、湖北、湖南、河南、广东、广西等省。税率初定为 50%,因遭到上海英美烟公司等洋商

---

① 转引自[美]阿瑟·恩·杨格:《1927 至 1937 年中国财政经济情况》,陈泽宪、陈霞飞译,中国社会科学出版社 1981 年版,第 71 页。

② 卷烟统税处成立不久因煤油税划归管理而改称卷烟煤油税处。1929 年年初,煤油税改由海关征收,又恢复原名。

的反对,1928 年冬调低为 32.5%,进口洋烟另加抽 7.5% 的关税。1931 年将土烟税率修改为 40%;进口洋烟税率改回到 50%,按海关金单位计征。以后,1932 年 3 月和 11 月又两次修改税率,其中 11 月改定的税率为纸卷烟每 5 万支售价在 300 元以上的征 160 元,300 元以下的征 80 元。雪茄烟仍分 6 等征收,税率则有所提高。

麦粉统税。征于机制面粉。20 年代中期以后,机制面粉的市场销量日增,年进口量达 400 万担以上,国内产量亦多达每年 6000 万包。1928 年 6 月,对国内机制面粉开征麦粉特税,8 月扩及到进口面粉。麦粉特税税率为每包征大洋 1 角,但对境内华商工厂所产,根据出口与否及国内销地的不同,另有退税规定。1931 年 2 月统税署成立后,麦粉特税改为统税归其管理。

棉纱、火柴、水泥统税。1931 年 1 月颁布征收条例,2 月起开征。棉纱税率为本色棉纱 23 支以内的粗纱每百斤征收国币 2.75 元,超过 23 支的细纱每百斤征 3.75 元,其他棉纱按海关估价征 5%。火柴税率:长度在 43 公厘以下或每盒不超过 75 支的每大箱征国币 5 元,43 公厘以上、52 公厘以下或每盒不超过 100 支的每大箱征 7.5 元,52 公厘以上或每盒超过 100 支的每大箱征 10 元。水泥税率:每桶重 380 磅者征税 6 角;超过或不及 380 磅,差额在 1/10 以上的,按重量比例增减税额。

熏烟统税。1931 年 3 月设豫、鲁、皖三省熏烟税局,在各产地每百斤统一征税 4.5 元。次年 8 月取消熏烟税局,分别由该三省统税机构接管征收熏烟统税。1933 年 4 月颁布《熏烟叶统税征收暂行章程》,将税率调整为每百斤征 4.15 元。

啤酒统税。啤酒税原在洋酒类税内征收,1931 年 5 月起始由印花烟酒税处在上海啤酒公司驻厂单独征收,以后扩及到其他厂家。是年年底,颁布《征收啤酒税暂行章程》和《征收啤酒税驻厂员办事规则》,正式将啤酒税从洋酒类税中分出。1932 年 7 月税

务署成立后,啤酒税由各区统税局接管。其税率初定从价征
20%,1933年6月改为从量计征:凡箱装者,每48大瓶(夸特瓶)
箱或72小瓶(品特瓶)箱征税2.6元;桶装或樽装者,以净容量
计,每公升征国币7分。

随着统税项目不断增多,征收统税的区域也日益扩大,到抗战
前基本覆盖全国。与厘金比较,统税之征限于少数特定货品,课税
范围缩小;实行一物一税原则,征足后即可通行全国,避免了过去
关卡林立、重征苛敛的陋弊,有利于货物流通;对于进口洋货,因其
在关税之外仍须缴纳与国货同等的统税,使过去华、洋货物税率不
一致、华重洋轻的局面有所改变。

但也应指出,国民党政府征收统税是出于弥补裁厘损失的财
政目的。为了增加收入,改统时往往将过去的厘金及苛杂化零为
整打入新税,有的还有增加,故统税所征货物的税率较之过去大都
提高了。这对于在30年代初的经济萧条时期艰苦挣扎的民族工
业的发展,无疑十分不利。此外,裁厘改统之后,各地的苛捐杂税
及巧立名目的敲诈勒索,虽然比之改革以前的情况有所改善,但依
然不同程度地存在。

统税收入在30年代增加很快,到抗战前已成为国民党政府仅次
于关、盐两税的第三大税收。历年主要统税收入的情况如表8-3:

表8-3　1928—1936财政年度国民党政府统税收入统计

1928年7月—1937年6月

年度	统税项目						总计
	卷烟	棉纱	麦粉	火柴	水泥	烤烟	
1928	28 *	—	2	—	—	—	30
1929	37	—	4	—	—	—	41

续表

年度	统税项目						总计
	卷烟	棉纱	麦粉	火柴	水泥	烤烟	
1930	46	2	4	1	—	—	53
1931	62	17	6	3	1	—	89
1932	54	15	6	4	1	—	80
1933	71	18	6	5	2	4	106
1934	68	16	5	9	3	4	105
1935	89	23	6	10	3	4	135
1936	110	23	5	10	5	5	158

* 原表注:"包括对煤油和汽油抽征的税。后来这些都改作进口关税"。

资料来源:[美]阿瑟·恩·杨格《1927 至 1937 年中国财政经济情况》,陈泽宪、陈霞飞译,中国社会科学出版社 1981 年版,第 483—485 页附录一"1928 年 7 月 1 日至 1937 年 6 月 30 日常年岁入和岁出"。按作者原表后附注:"迄至 1935 年(1934 财政年度—引者注)的各项资料,均录自财政部所公布的报表。1936、1937 两年(1935、1936 财政年度—引者注)的数字是由财政部作为当时的最后数字交给作者的。本表内的各处空白表示数目等于零,或者在五十万元以下"。

(四)印花、烟酒税的整顿和改革

1. 印花税

开征于民国初年,逐步推广,渐成大宗收入。北洋政府时期,印花税收入大部分被地方截留,中央政府因用度不敷,滥印税票,并以之抵借现款,导致信用败坏。国民党政府成立后,对印花税进行整顿,于 1927 年 11 月颁布《印花税暂行条例》,将应贴用印花的物品分为四类:第一、二类为各种契约、簿据,第三类为人事凭证,第四类为洋酒、酒精、汽水、爆竹等特定商品。① 次年公布"印

---

① 不久洋酒和酒精划入烟酒税征收,爆竹印花税除广东外各省缓办,第四类遂只剩汽水一项。

花税整理办法",针对各地征收中的积弊,就执行部定税则、废除自印税票、预缴税票工本、核定征收经费、税款解交国库5个方面,分别提出改革措施。1934年年底颁行《印花税法》,专以交易凭证、人事凭证、行为凭证等各种凭证为课征对象。对以往特税性质的征收,新税法一律剔除;对普遍实行的招商包销制度,也规定革除。从1934年11月起,印花税票由各地邮局代售。

经过整理,印花税收入不断增加。1928财政年度全国印花税收入仅约为300万元,到1935年度增至1000万元,1936年度也有900万元,比初期增长两倍。

2. 烟酒税及烟酒牌照税

烟酒税。国民党政府成立以前,对烟酒的课税主要有烟酒公卖费和烟酒税捐两种。公卖费始征于民国初年。当时为整理烟酒税务,拟仿行国外专卖制度,但因不易遽成,乃决定先推行"公卖制",以为过渡。1915年,北洋政府成立全国烟酒公卖总局(后改称烟酒事务署),各省设烟酒公卖局(后改称烟酒事务局),同时颁行《全国烟酒公卖费暂行简章》和《征收公卖费规则》。按照规定,烟酒公卖实行"官督商销"制,各省公卖局下属之分栈、支栈均招商承办,国家按照公卖价格的一定比例抽取公卖费。但在实际推行中,各省多不依定章,名为公卖,实为招商包税,"刁徒税蠹顶名认办,押款集股,有类合资,匿报浮收,……把持垄断,相习成风"[1],使政府收入大受影响。虽曾试图改革,但收效甚微。

烟酒税捐大多沿自清代,包罗很广,仅正税税目就有出产税性质的烟叶税、酿造税,通过税性质的烟酒厘金及常关税,销场税性质的买货捐、卖钱捐,熟货税性质的烟丝税、条丝税,原料税性质的

---

① 财政部财政年鉴编纂处编:《财政年鉴》上册,商务印书馆1935年版,第1077页。

曲税,入市税性质的洋烟酒落地税,特许税性质的刨烟捐、烧锅课,等等。加抽的杂捐名堂更多,往往一项正税附征多种杂捐,有时甚至附捐数额超过正税。这些税捐各省征收不一,即便同一名目,也往往各有不同的征收章程和税率,基本是沿袭历史成规,各自为政。1915 年北洋政府实行烟酒公卖并成立管理烟酒事务的专署,本意是为了整理并统一烟酒税收入,但在当时的政治条件下不可能实现;即连公卖费本身,在各省盛行的包商制下,也演变成了一种新的烟酒税收。北洋政府时期的烟酒税大部分被各省截留,经征机关也多由地方军阀把持。

国民党政府成立后,明定烟酒税为国家税,财政部专设烟酒税处管理。各省局虽暂沿旧制,但局长由中央简派,以改变过去由驻军把持征税、浮收匿报的局面。1927 年 6 月,财政部制定《烟酒公卖暂行条例》,着手对烟酒税进行清理整顿。《条例》规定:公卖费率为值百抽二十,每年修订一次;公卖价格由各省局按照最近一年的平均市价确定;公卖费由商人直接向稽征机关缴纳;各省现有包商,一俟承包期满,即行取消,不得继续。同时又颁布登记章程,对各地烟酒商号逐户登记烟酒的种类、数量等,以期掌握产销情况,策划根本性的改革。在根本改革以前,作为过渡措施,先于 1929 年修订公卖条例,废除公栈,改设稽征所,公开招商投标;又于1932 年改招商投标为选委办法,即分别核定各省分局烟酒公卖费税和牌照税的全年最低比额,公开宣布,招选认办,以认比数最高者当选分局长,任期一年。从 1933 年 7 月起,在江苏、安徽、江西、湖北、河南、浙江、福建 7 省取消烟酒公卖制度并废止现有各种名目的烟酒税收,统一举办土烟特税和土酒定额税。7 省以外的省份虽仍沿旧制,但经过对税目的清理,税收趋于简化。

对洋酒的税收也做了改进。洋酒本无专税,进口洋酒在海关缴纳进口税,国内生产者征收机器仿制洋货税,此外无征。1926

年春,江苏、河南等省先后举办洋酒瓶酒等税,是为洋酒征税之始。7月,开办"机制酒类贩卖税",洋酒无论系进口还是国产,在销售商店从价一律征收。国民党政府成立后,1927年秋冬间一度开办洋酒及火酒(酒精)印花税,旋即取消。1929年6月,机制酒类贩卖税改称洋酒类税,同时取消了个别地方征收的机制酒类出厂捐。1932年以后,国内所产洋酒的洋酒类税改为就厂征收,进口洋酒的洋酒类税取消,仍维持在海关征收酒类进口税。

烟酒牌照税。为营业税之一种,始征于1914年。1927年6月,国民党政府颁布《烟酒牌照税暂行条例》,但未实行。次年3月,颁布《烟类营业牌照税暂行章程》,将烟类营业牌照分为整卖、零卖两种,又再分整卖牌照为甲、乙、丙3等,零卖牌照为甲、乙、丙、丁、戊5等,分别征税不等,每年分四季缴纳。以后,又分别颁布《酒类营业牌照税暂行章程》和《洋酒类营业牌照税暂行章程》,各就牌照等级及税额、办理时间等做出统一规定。1931年6月公布《营业税法》,以烟酒牌照税收入的1/10留归中央,其余作为地方收入归各省市。1934年第二次全国财政会议以后,烟酒牌照税全数划归地方。

烟酒税收入,国民党政府初期约为400万元(1928年度),抗战前增加到1500万元左右。

(五)矿税的整顿及其征管机构

北洋政府时期,矿税征收分矿区税、矿产税和矿统税三种。其中矿区税按矿区面积缴纳,由农商部征收;矿产税为货物税之一种,由各省财政厅征解财政部;矿统税按生产数量征收,由各矿业公司直接向财政部认缴。国民党政府成立后,1930年颁布《矿业法》,规定矿商应缴纳矿区、矿产两税,其中矿区税由农矿部征收,矿产税由财政部征收。据此,1931年财政部派员前往各省调查矿业情况,随后在部分地区设立矿税处及矿税分处征收矿产税。不设矿税处的地方,或由财政部派专员驻矿征税,或由省财政厅代征,也有由区统税局兼办的。矿税处初隶财政部赋税司,1933年4月以后划归税务署。1934年10月颁行《矿产税稽征暂行章程》,规定:矿产税"由财政部税务署办理";"征税之矿产品以《矿业法》第二条所列举者为限,但财政部得视其出产情形,决定开征之先后";矿产税税率为矿产品平均售价的2%—10%,"由财政部视其产销状况分别核定之";"平均售价以出产地附近市场之平均售价为准,附近市场之范围由财政部会商实业部随时酌定之";矿产税原则上实行税务署派员驻矿征收,经税务署核查认为无庸派员或不便派员的,或按税务署核定的每月平均产额按月纳税,或在矿产品运出后所经第一道统税机关或海关时补征。此外,对有关矿产品退税、分运、查验及矿业公司登记诸事项,也都做了规定。①

矿产税收入,因《矿业法》颁布前仅对少数煤矿有征,故为数不多。1931年扩大矿税区域,当年收89万余元。此后年年增加,1935年度超过300万元,1936年度达到400余万元。②

(六)其他国家税收

1. 交易所税

20年代前后,交易所在上海兴起,一度发展很快,扩及到天

---

① 以上见财政部财政年鉴编纂处编:《财政年鉴》上册,商务印书馆1935年版,第1177—1178页附录《矿产税稽征暂行章程》(1934年10月17日财政部公布)。

② 财政部财政年鉴编纂处编:《财政年鉴(续编)》,1945年版,第八篇,第65页。按[美]阿瑟·恩·杨格:《1927至1937年中国财政经济情况》,陈泽宪、陈霞飞译,附录一表矿税一项,1933年度以前没有数字,1933年度为200万元,1934、1935、1936各年度均为400万元(见该书第484页)。

津、汉口等地。北洋政府农商部先后公布有《证券交易课税条例》、《交易所交易税条例》等征税标准,因遭商人反对,未能实行。国民党政府成立后,曾在财政部内先后设立全国特种营业稽征总处和金融监理局两个机构,专门负责交易所事务,但均不久即裁。前者主管期间公布过《交易所税稽征暂行规则》。后者接手后于1928年3月拟定了《交易所税条例》,但因所定税率过高,遭到上海交易所联合会的反对,又经过两次修订,才于1929年3月以部批"暂行税率"的形式公布实施。"暂行税率"以交易所结账纯利数额为课税标准,分为1万元、5万元、10万元、15万元、20万元、25万元、30万元几个档次,分别课税2.5%—17.5%不等。嗣又准上海交易所联合会之请,部批证券交易税率减低二成。交易所税收入,以从上海各交易所所征最多,1928年为4.7万余元,1929年以后至30年代前半期,除1932年受淞沪之战影响不足万元外,余均在10万元以上。①

2. 所得税

所得税在北洋政府时期已拟举办,并于1914年颁布《所得税条例》。国民党政府成立之初,曾对北洋政府所颁条例进行修订,但只在1927年征收了1万余元,以后未再征收。1935年7月,财政部为增加收入,决定开征所得税。次年7月公布《所得税暂行条例》及《施行细则》,从10月起实行。《所得税暂行条例》列三类所得为征税对象,分别规定征收办法和税率:第一类为营业事业所得,按金额累进征税3%—10%;第二类为薪给报酬所得,按超额累进制征税0.05%—20%;第三类为证券、存款所得,按比例制征税5%。小学教职员工资、抚恤金及月薪不足30元者免征。到

---

① 财政部财政年鉴编纂处编:《财政年鉴》上册,商务印书馆1935年版,第1161—1165页。

1937年6月底,即财政年度结束时,此项收入约为700万元。

(3)银行业收益税和银行钞券发行税

1931年夏,财政部分别拟定《银行业收益税法草案》和《银行钞券发行税法草案》,经立法院通过后公布。前项税征于"有限公司之银行"(无限公司、两合公司及股份两合公司银行按营业税法纳税),根据纯收益额,按累进制原则课征;后项税按兑换券的发行额课征,税率为2.5%。

(七)地方收入的清理和整顿

1.田赋

田赋向为政府岁入中的大项,民国初年被规定为国家税。1923年贿选总统曹锟公布"宪法",首次规定田赋为地方税,但未实行。1927年7月国民党政府财政部公布《划分国家收入地方收入暂行标准案》,列田赋为地方收入之首项,田赋的地方税地位最终确定。抗战前的十年间,各省田赋征收大体仍沿袭旧制,但在整理土地、核实税额、限制附加、改进征收等方面,多少做了一些工作;颁行《土地法》,改办地价税及土地增殖税等新税,则是谋求对田赋进行较彻底改革的努力。

整理土地。中国土地的种类、数量向无准确统计,而摸清土地情况,是改革土地税收的必要前提。是故,1927年财政部在将田赋划归地方的同时,还制定了一个《整理全国土地计划》,将森林和城市用地以外的全国土地分为已开垦土地、未开垦土地两种,分别提出整理办法。计划的大要为:对未开垦土地,在先行测丈清查的基础上,边疆荒地由过剩军队移驻屯垦,内地荒地由邻省过剩人口移垦。垦荒采取官营和民营两种方法,官营之田暂收租佃,分期将土地让与佃民,以期达到耕者有其田的目的;民营之田按地价收税,渐移其地于耕者之手。垦荒中对承垦者在一定条件下予以限制,以防产生大地主。新垦田在若干年内免除地税,期满以后始报价纳税。对已开垦土地,通过清丈查清其确数及价值并详为登记,以为将来征收地税及改革土地制度的准备。各县政府为调查土地的执行机关,同时应延聘地方公正人士,官民合作,中央行使监督之责。

计划虽然较为彻底,但实施起来困难甚多。受技术、调查人手、经费以及社会条件等诸多因素限制,这个计划颁布后仅在个别地方进行了实测清丈,而未能在全国普遍开展。在当时的条件下,一些地方采取了更加实际的"土地陈报"办法,即由田主自报本户田地面积、坐落四至以及粮额等项情况,县政府据之登记造册。根据浙江及江宁自治实验县等地的土地陈报经验,财政部在 1934 年 5 月召开的第二次全国财政会议上提出《整理田赋先行举办土地陈报案》,获得通过。会后,行政院根据会议决议颁行《办理土地陈报纲要》及《办理土地陈报纲要要点说明书》两个文件,要求各地通过陈报,编造"户领坵土册"和"坵领户册",改订科则,做到实地、实户、实粮。为保证陈报能顺利进行,还规定了若干保护及鼓励措施①,同时实施。截至 1936 年年底,计有江苏、安徽、山东、河南、陕西、福建、湖北、湖南、广西、贵州等省的 200 余县实行了土地陈报。② 抗日战争爆发后,此项工作停顿。

---

① 这些措施主要包括:不收陈报费、土地营业执照费并准免贴印花;无粮或粮少之地不究以往,免费升科;未税契据准予缓期报税并免征罚金;无契土地经四邻证明确系长期和平占有,合于民法之规定者,依规定办理;因陈报而加多之收入悉数用于减轻田赋附加,再有余则拨充地方事业经费;依限陈报土地,准于第一年减征田赋 10%—20%(见财政部财政年鉴编纂处编:《财政年鉴(续编)》,1945 年版,第五篇,第 4 页)。

② 中国文化建设协会编:《十年来的中国》上册,商务印书馆 1938 年版,第 116 页。

核实田赋。各省田赋征收,由于陈陈相因而又疏于整理,一向混乱异常,粮多地少、粮少地多甚至有粮无地、有地无粮的现象十分普遍,负担极为不均。通过陈报土地、核实粮额,这种不合理的状况在一些地方有所改善。如陈报以后,安徽萧县溢出田地100余万亩,当涂溢出29万余亩,河南陕县溢出68万余亩,湖北咸宁溢出16万余亩,经过核减税率和平均税负,萧县有赋田减轻负担20%,当涂减轻30%,陕县减轻68%,咸宁减轻16%。而上述几地的田赋总收入,由于纳税土地增加,非但没有减少反而增多:萧县增收4万余元,当涂增收11万余元,陕县增收3.7万余元,咸宁增收2.4万余元。①

限制附加。附加税捐过多过杂也是各地田赋的一个老大难问题。田赋划归地方后,各种附加有增无减,有省附加、县附加,甚至区公所、中小学校等也在田赋中派收附加费。江苏各属总计有各种田赋附加110种,有的地方附加额超过正供20余倍。② 为限制田赋附加的膨胀,财政部于1928年10月制定《限制田赋附加八项办法》,规定田赋正税及附捐总额不得超过现实地价的1%,已超过者不得再增,并应逐步设法核减至1%;田赋附捐总额不得超过旧有正税之额,已超过者不得再加,并应逐步设法核减至与正税同数。1933年5月,财政部制定《整理田赋附加办法十一条》,饬令各省地方于1933年度内完成对田赋附加的整理。1934年5月召开的第二次全国财政会议又汇集各方面意见,制定了《田赋税则及附加章程》,规定:各县办理土地陈报以后,所报地价可资为按价征税依据者,即照地价征收1%税款,附税名目一律取消,所收

① 财政部财政年鉴编纂处编:《财政年鉴(续编)》,1945年版,第五篇,第154页。
② 中国第二历史档案馆:国民政府财政部档案,三(2)·578卷。

税款省得40%,县得60%;尚未完成土地清查,不能按地价征税的各县,所征田赋附加不得超过原有正税,科则轻的地方正附并计不得超过地价的1%;从1934年度起,不得再以任何理由和名目增加田赋附加;严禁各县区乡镇进行临时亩捐摊派;附加带征期满,或原标的已不复存在者,应即予废除;田赋附加超过正税者,限期递减。① 根据上述规定,各地对田赋附加做了某些清理,取得了一定成效。据统计,截至1937年6月底,各地共裁减田赋附加300余种,数额达3800余万元。②

改进田赋征收办法。为抑制田赋征收中私征浮收、贪污中饱的弊端,国民党政府先后颁布了一些规章,对征收方法做出规范。1928年10月财政部制定的田赋征收办法规定:田赋正税及附捐除规定税额外,非呈由财政部核准,不得自立名目,擅行增加;粮户纳粮实行自封投柜,为方便粮户,地方辽阔之处应多设分柜;粮户完税后,须于一定时间内发给版串,已完赋而不得串者可向官厅告发;征收官吏任意侵匿或挟同徇隐,分别严予惩处。对于粮户拖欠税款,则规定"征收期已过仍故意延欠屡催不理者,应查封财产备抵"。1934年第二次全国财政会议又做出征收田赋八项规定:经征机关与收款机关分立,由县政府指定当地银行、农业仓库或合作社为收款机关,无此等机关的地方由县财政局或财政科派员在柜收款;串册应载明田赋正附税额及总额,并应在开征前预发通知单;禁止活串;不得携串游征;不得预征;确定征收费用并在正款项下开支,不得另征;革除一切陋规;田赋折合国币,应酌量情形设法划一。

---

① 《中国经济年鉴(续编)》,第279页。

② 财政部财政年鉴编纂处编:《财政年鉴(续编)》,1945年版,第五篇,第3页。

颁行《土地法》。为谋求对田赋的彻底改革,国民党政府于1930 年 6 月公布《土地法》,决定征收土地税,以取代错杂不公之田赋。新税以地价税和土地增殖税为主,还包括改良物征税和不在地主税。地价税按土地价格的一定比例征收。与只注重耕地而忽略宅地、荒地、旷地的传统田赋不同,地价税征及所有私有土地,从而使税负更加公平,并可借以增加政府收入。地价税税率的确定,注重其对农村及城市经济发展的影响:改良地、自耕地、自住地税率从轻,未改良地及荒地税率从重,以促其改进。土地增值税实行累进制,以抑制土地投机,收"节制资本"之成效。改良物征税以轻税为原则,乡地改良物免征,市地改良物最高征0.5%。不在地主税以递年增加为原则,但税率不得超过该地应纳税率的一倍。

国民党政府对田赋的整顿和改革,基本上仍停留在纸面上,绝大多数规定并未付诸实施或未普遍实施。在当时农村封建、半封建生产关系及其上层建筑仍然维持的历史条件下,要从根本上解决中国的土地问题和农民税负问题,是不可能的。

2. 契税

契税原为国家税,1927 年国民党政府《划分国家收入地方收入暂行标准案》将其归为地方收入,成为除田赋以外的地方第二大税收。成为地方税后,各地征收契税大体仍沿旧制,征收章程和税率很不统一。1934 年第二次全国财政会议规定:"契税以卖六典三为限度,附加以正税半数为原则";契纸费每张 5 角;纳税期限为立契以后 3 个月,"其逾期及短匿之罚金至多不得超过其应纳税额"。[①] 但实际上,各省地方仍自行其是,税率普遍高于上述规定。

---

① 中国第二历史档案馆:国民政府财政部档案,三(1)·2950 卷。

契税不是现代意义上的不动产登录税。当时地方官厅办理契税,重点在征税,而不在登记证明产权,故对契约所载田房等不动产情况确实与否,一般不加过问。1930 年颁布《土地法》,规定由土地局负责民间土地之登记并收取登记费,有意渐以不动产登录税取代契税,惜未能实行。

3. 营业税

营业税是国民党政府兴办的一项新税。民国以前没有营业税,只有性质类似的牙、当等税。民国初年,北洋政府曾试图开办特种营业执照税,后来又拟举办普通商业牌照税,但除特许烟酒牌照税外,其他均无结果。

国民党政府成立后,决定开办营业税,作为"将来新收入"中地方税的一种。1931 年 2 月,行政院公布《各省征收营业税大纲》及其"补充办法",要求各省参酌本省情形,拟定实施细则报财政部审核。6 月颁布《营业税法》,规定全国各项营业,除向中央缴纳出厂税的工厂、缴纳收益税的股份有限公司和银行、不以营利为目的的合作社、贫民工厂,以及年营业总收入不满 1000 元、资本额不满 500 元或纯收益不满 100 元的商店等 4 种情形外,均须缴纳营业税。营业税的课征标准分为三种:按资本额课税,税率为 0.4%—2%;按营业额课税,税率为 0.2%—1%;按纯收益额课税,实行累进制税率。对各地原有的牙税、当税、屠宰税等税收,《营业税法》规定均暂按照原定税率,分别改征营业税。依照上述规定,1931 年以后,全国大多数省份先后开办了营业税。1934 年 5 月,第二次全国财政会议对各省营业税及仍然保留的牙、当、屠宰等税又提出了进一步整顿和改革的办法。1936 年度,各省预算的营业税总收入为 5263 万余元。[①]

---

① 贾德怀:《民国财政简史》下册,商务印书馆 1946 年版,第 603 页。

4. 杂税捐

除以上大宗收入外，各省还有不少从历史上各个时期沿袭下来的杂税杂捐，名目繁多，不仅省与省不同，省内此县彼县之间亦往往各异。这些杂税捐虽大都为零星细小收入，但征及锱铢，病商妨民。国民党政府成立后，一方面通过加强对地方财政的监督，防止各地擅增新税，如1928年颁布的《监督地方财政暂行法》规定：各省创设新税，必须经过立法院议决，不得自行其是；另一方面，对于从历史上沿袭下来的杂税捐，实行清理整顿、逐步废除政策。1934年5月第二次全国财政会议专门就整理妨害社会公共利益、影响中央收入、重复征收、妨害交通、出于地方利益对外地货物实行不公平课税以及各地物品通过税等类地方苛杂做出整理决定，并拟定了具体办法。随后，于6月成立整理地方税捐委员会，规定各省市征收的合法税捐须经专案报批，不合法税捐自7月起至12月底止一律废除。此次清理，据统计，截至抗战前夕，全国各省市共计废除杂税捐7000余种，合计税款6000余万元。[①] 这些废除的杂税捐，当然只是各地实际所征中极小的一部分，并且所谓"废除"，很多时候不过是名义上的，地方政府应付上级机关的官样文章而已。"废而不除、死而复生"，是当时各地清理杂税捐中相当普遍的现象。如有记载说，1935年全国计取消杂税捐3009种，其中山东之689种"旋即恢复"。[②] 又如广东，据省志记载，1929年以前，各地县自为政，任意抽收捐税，学校、团体亦然，种类之多，几近千种。1929—1935年间，虽经多次清理裁撤，却"边裁边增，愈裁愈多"。1936—1941

① 财政部财政年鉴编纂处编:《财政年鉴(续编)》,1946年版,第十三篇,第151页。

② 《平度县志》,内部资料,1987年刊本。

年,又连续 6 年清理,清出裁撤的税捐多达 7137 项,年征额 1268
万余元。① 地方政府滥征苛派, 除去吏治的因素外, 县级财政得
不到足够的合法收入支撑是最主要的体制原因。这个问题不解
决, 杂税捐不可能得到有效治理。

第二节　财政收支

一、中央岁入的增长及收入结构

(一)十年间岁入的增长

由于基本摆脱了北洋政府时期中央政权虚弱、地方军阀肆意
侵夺中央收入的局面,加之在明确划分中央、地方收入的基础上,
进行了财政管理和税收制度的整顿和改革,广辟财源,1927—1937
年间国民党政府的中央岁入有了显著增长。如表 8-4 所示,中央
岁入总数 1928 年度为 3.34 亿元,以后各年度除 1932 年度因受
"九一八事变"、"一·二八沪战"等因素影响较上一年度略有降低
外,一直呈增长态势,至 1936 年度达到 8.7 亿元,为 1928 年度的
2.6 倍多。如果与国民党政府成立后第一年的数字相比,则增长
更为显著。据财政部公布的数字,从 1927 年 6 月至 1928 年 5 月
一年间,财政部总计只收入银元 1.48 亿元、银两 185 万余两,其中
还包括发行库券收入的 6136 万余元。② 就是说,即使与 1927 年
度包括了债款在内的收入数字相比,1936 年度数字也增长了将近
6 倍。

---

① 《广东省志·财政志》,广东人民出版社 1999 年版,第 151 页。
② 见财政部财政年鉴纂处编:《财政年鉴》上册,商务印书馆 1935 年
版,第 20—21 页《十六年六月二日至十七年五月底止岁入岁出表》。

表 8 - 4　1928—1936 年度中央岁入统计

1928 年 7 月—1937 年 6 月　　　　　　　单位:百万元

年度	岁入项目								总计I②	总计II③
	关税	盐税	统税	其他税收	各省征解中央税款	官产官业收入①	行政收入	杂项收入		
1928	179	30	30	7	77	—	—	12	334	334
1929	276	122	41	12	11	1	—	21	484	484
1930	313	150	53	15	4	1	—	25	561	558
1931	370	144	89	13		3	—	15	633	619
1932	326	158	80	18	5	22	—	5	614	614
1933	352	177	106	25		23	3	4	689	689
1934	353	167	105	24		64	11	21	745	745
1935	272	184	135	31	2	86	12	78	801	817
1936	379	197	158	35	—	25	8	68	870	870

注:①官业收入包括原表"国有事业收入"、"国有事业利润"两项内容。原表注:
国有事业收入"大部分来自各铁路,其中包括为军用运输服务所得收入";国
有事业利润"大部分来自中央银行"。

②总计I为各分项收入的合计数。各数均照原表录入。

③总计II为总计I中扣除"应行退还之收入"并加上"从暂记账中收回之款项"
以后的数字。各数均照原表录入。

资料来源:据[美]阿瑟·恩·杨格:《1927 至 1937 年中国财政经济情况》,陈泽
宪、陈霞飞译,第 483—485 页附录一"1928 年 7 月 1 日至 1937 年 6 月 30 日常
年岁入和岁出"(岁入部分)。

　　需作说明的是,这期间中央岁入的增长是在物价变动较为平
缓的情况下取得的。从表 8 - 5 可以看出:1927—1937 年间,上
海、天津、广州三个最大沿海城市的批发价格和生活费用指数虽然
有升有降,但总体而言变化不大,1936 年指数仅比 1927 年略有上

升。这个统计,大致可以反映从 20 年代末到 30 年代中及稍后时期国内物价的走势,说明当时物价基本稳定。实际上,如表 8－5 所反映的,在 30 年代初的经济萧条和通货紧缩时期(1932—1934 年),三地的物价不仅没有上升,相反还都有幅度不小的下降。在物价变化不大的条件下取得的岁入增长是实实在在的,而不是虚假的数字膨胀。在物价下跌的几年里,岁入的实际增幅则应该比表面数字所显示的还要大些。

表 8－5　上海、天津、广州批发价格和生活费用指数及其变化

1927—1937 年　　　　　　　1927 年＝100

年份	批发价格			生活费用		
	上海	天津	广州	上海	天津	广州
1927	100.0	100.0	100.0	100.0	100.0	100.0
1928	97.4	104.9	96.0	96.1	92.2	103.7
1929	100.1	107.9	95.9	101.1	101.1	109.6
1930	110.0	112.5	100.6	114.2	115.5	112.5
1931	121.4	119.0	111.7	118.0	112.6	107.8
1932	107.7	109.4	112.9	111.6	106.9	99.6
1933	99.4	98.1	103.7	100.5	96.1	87.6
1934	93.0	89.6	93.6	99.5	96.3	84.9
1935	92.3	92.7	83.5	99.9	97.6	93.8
1936	103.9	107.4	104.6	106.2	103.9	107.3
1937	118.6	126.2	117.7	111.2	107.6	117.0

资料来源:据[美]阿瑟·恩·杨格:《1927 至 1937 年中国财政经济情况》,陈泽宪、陈霞飞译,第 186 页表十五。改以 1927 年＝100(原表以 1926 年＝100),各年指数均经重新换算。

还应指出,1931 年"九一八事变"日本占领东北三省以后,国

民党政府的收税区域缩小,然而岁入数字除1932年度较前一年度稍有减少外,其他年份仍继续保持较大幅度的增长。这说明,这一时期的后半期,国内其他地区的税收普遍加重。

(二)收入结构

为进一步分析国民党政府中央财政的收入情况,下面根据表8-4分别计算出1928—1936年度各年分项岁入占该年度岁入总额的百分比及九年平均的比重,如表8-6。

表8-6 中央财政各项岁入占岁入总额的百分比

1928—1936年度

年度	总计	关税 (%)	盐税 (%)	统税 (%)	其他税收 (%)	税外收入 (%)
1928	100	53.6	9.0	9.0	25.1	3.6
1929	100	57.0	25.2	8.5	4.8	4.5
1930	100	55.8	26.7	9.4	3.4	4.6
1931	100	58.5	22.7	14.1	2.1	2.8
1932	100	53.1	25.7	13.0	3.7	4.4
1933	100	51.1	25.7	15.4	3.6	4.4
1934	100	47.4	22.4	14.1	3.2	12.9
1935	100	34.0	23.0	16.9	4.1	22.0
1936	100	43.6	22.6	18.2	4.0	11.6
平均	100	50.5	22.6	13.2	6.0	7.9

注:根据表8-4制作。计算时岁入总额使用"总计I"数字。

表8-6显示,国民党政府岁入以税收占绝大部分,税外收入比重除最后三个年度外,均不到岁入总额的5%,9年平均也仅占

7.9%。在税收中,关、盐、统三税又占绝大部分,可以说国民党政府的中央岁入主要是靠这三项税收来支撑的。关、盐、统三税合计占岁入总额的比重,最高年份(1931 年度)曾达到 95.1%,最低年份(1928 年度)也超过 70%,9 年平均为 86.3%。

三项主要税收中,关税所占比重最大。1934 年度以前,关税占岁入总额的一半以上,最高时接近 60%。1934—1936 年度,主要由于经济萧条,贸易衰退,以及日本支持下的华北走私猖獗,关税收入受到影响,同时也由于其他收入增加,关税占岁入总额的比重下降,1935 年度甚至降到仅占 1/3。尽管如此,九年平均,关税的比重仍然高达 50.5%。

盐税的地位仅次于关税,占岁入总额的比重除 1928 年度较低外,其他年度为 22.4%—26.7%;9 年平均为 22.6%,即占 1/5 强。盐税的年收数虽仅约为关税的一半,但因关税的很大一部分要用于偿还外债,所以"三十年代中,政府可以自由处置的收入中,关税与盐税的数额相差不多"。[①]

统税是国民党政府第三大税收,在 30 年代前期增长很快,1936 年度已接近占岁入总额的 1/5,直逼盐税;九年平均为 13.2%。统税的征收地区主要在南方,故受"九一八事变"日本侵占东北及后来又侵略华北的北方政局变动的影响不像关税和盐税那样显著,反而因在这一时期征收范围扩大、税率提高,收数直线上升。

关税、盐税和统税都是间接税,而间接税是最容易被转嫁负担的税收。此三税的直接缴纳者是商品的生产者和运销商,但是税收负担最后会通过商品价格的提高转嫁给消费者,即其最终承担

---

① 〔美〕阿瑟·恩·杨格:《1927 至 1937 年中国财政经济情况》,陈泽宪、陈霞飞译,中国社会科学出版社 1981 年版,第 61 页。

者是广大消费者。此三税所征及的商品又绝大部分为需求弹性很小的日常生活必需品(如食盐),因而其最终承担者的主体必然是人民大众、特别是占人口绝大多数的贫苦农民。让穷人而不是富人承担国家税收的大部分显然是不公平的,也有违现代税制的原则。国民党政府也曾试图开征某些直接税,但如前所述,按收入多少征收的所得税直到1936年10月才付诸实施,到1937年6月底才不过收入了区区700万元,在全部岁入中所占份额微乎其微。遗产税也是1936年才议征的,真正实施更是抗战以后的事,而且始终有名无实。

二、中央财政的岁出及收支平衡

(一)岁出的主要内容

中央岁出包括党务费、军务费、政务费及内外债务费等项,其中主要是后三项,历年均占岁出总数的90%以上,有的年份几近全部。

表8-7 中央财政各项岁出及其占岁出总额的百分比

1928—1936年度　　　　　　　　　　单位:百万元

年度	岁出总额	党务费		军务费		政务费		债务费		其他*	
		数额	%	数额	%	数额	%	数额	%	数额	%
1928	435	4	0.9	210	48.3	54	12.4	160	36.8	7	1.6
1929	585	5	0.9	245	41.9	97	16.6	200	34.2	38	6.5
1930	774	5	0.6	312	40.3	119	15.4	290	37.5	48	6.2
1931	749	4	0.5	305	40.7	121	16.2	270	36.0	49	6.5

续表

年度	岁出总额	党务费		军务费		政务费		债务费		其他*	
		数额	%	数额	%	数额	%	数额	%	数额	%
1932	699	5	0.7	321	45.9	132	18.9	210	30.0	31	4.4
1933	837	6	0.7	373	44.6	167	20.0	245	29.3	46	5.5
1934	943	6	0.6	388	41.1	310	32.9	238	25.2	1	0.1
1935	1073	8	0.7	390	36.3	385	35.9	294	27.4	-4	-0.4
1936	1165	7	0.6	521	44.4	332	28.5	305	26.1	0	0
平均	807	6	0.7	341	42.3	190	23.5	246	30.5	24	3.0

* 本栏记入原表"由盐务稽核所拨交地方当局"、"由盐务稽核所拨归特别基金"、"准备金及暂记账中减除已退还款数之后的净增数额"各项数字;

资料来源:据〔美〕阿瑟·恩·杨格:《1927 至 1937 年中国财政经济情况》,陈泽宪、陈霞飞译,第 486—489 页附录一"1928 年 7 月 1 日至 1937 年 6 月 30 日常年岁入和岁出"(岁出部分)。表中"岁出总额"一栏数字系据分项岁出加总得出,下列年份数字与原表总数(不包括年度终结时的现金结余部分)略有差异:1928 年度:原表为 434 百万元;1930 年度:原表为 775 百万元;1932 年度:原表为 698 百万元;1934 年度:原表为 941 百万元;1935 年度:原表为 1072 百万元;1936 年度:原表为 1168 百万元。

军务费。以军事专制独裁为特征的国民党政权上台后一直维持着庞大数量的军队,军务费是其最大的一项财政支出。如表 8-7 所示,9 个财政年度中,除 1935 年度外,军务费历年都占岁出总额的 40% 以上,最高时接近一半,9 年平均为 42.3%。军务费的绝对数额,1928 年度为 2.1 亿元,1936 年度为 5.2 亿元,差不多增长了一倍半。军费开支过大,不仅严重影响政府其他方面的开支,特别是使政府无力在经济建设上投资,而且直接威胁到国家财政的稳定。据 1928 年第一次全国财政会议"缩减军备以纾财力案"引述军事委员会的调查,当时国民党政府的军费，经常费及临时费合计共 6.4 亿余元，"以财力竭蹶"，实发 3.6 亿元；而全年的预算收入，连计划开征的新税都算上也只不过才 4.5 亿元。① 就是说，预算收入尚不足应支军费之数；即便大加缩减之后的实发数额，也已占到预算收入的 80%，开支之后所余无几，根本满足不了其他方面必不可少支出的需要。为摆脱财政窘境，1928 年 7 月召开的上海全国经济会议提出裁军计划，拟将全国军队裁减至 50 个师（当时共有 272 个师、18 个独立旅、21 个独立团），年军费开支缩减至 1.92 亿元。次年春天和秋天，又分别召开了由各军事首脑参加的"编遣会议"和"编遣实施会议"，讨论裁军的具体方案。但是，由于国内战争始终未断，国民党政府为维持其专制独裁统治，一方面要"围剿"不断壮大的各地苏区红军，另一方面又要应付不时出现的地方新军阀的挑战，加之 1931 年日本占领东北后外患日迫，裁军计划始终未能实施。

表 8-7 的数字还不是军费支出的全部。国民党政府历年公布的支出报告有相当一部分军事支出并不在军费内列支，而是被打入到其他费用之中。如本期的最后三个年度，军事教育费、国防建设费及边省留用国税等军事支出就都不在军务费内列支，而是被分别移列于政务费下的教育文化费及建设费和补助费内开支。② 据 1934 年 9 月财政部长孔祥熙关于该年度国家概算增减的说明，当年按政务费列支的军事教育费为 1500 万元、国防建设

---

① 参见财政部财政科学研究所、中国第二历史档案馆编:《国民政府财政金融税收档案史料(1927—1937 年)》,中国财政经济出版社 1997 年版,第 6 页。

② 参见叶元龙:《中国财政问题》,商务印书馆 1939 年版,第 50 页;孙怀仁:《中国财政之病态及其批判》,上海生活书店 1937 年版,第 70—71 页。

费为1400万元、边省留用国税为3800万元，①总计6700万元。此三项费用的实支数不详，姑按6700万元的概算数字，将其与公布的3.88亿元军费合计，则1934年度的实际军费开支为4.55亿元，占岁出的48.3%，而不是按公开军费计算的41.1%。1935年度的情形也一样。当时正值民族危机日趋严重，而国民党对共产党的内战也并未放松，在这种情况下，军费开支占岁出的比例是不可能如表8-7显示的那样不但不增，反而下降的。

债务费。主要与庞大的军事开支造成的财政窘境相联系，这一时期国民党政府不得不一再对内对外举债以弥补收支赤字。大量新债加上北洋政府遗留的旧债及战争赔款，使内外债务偿还费成为国民党政府财政的沉重负担。债务费支出是中央岁出中仅次于军费的第二大支出。由表8-7看出，1928—1931年度债务支出每年都占到支出总额的1/3以上。1932年2月，鉴于债务支出日增，难以偿还，国民党政府对原发公债券进行整理，一方面延长偿还期，另一方面降低利息。这次对公债的整理使还债压力有所减轻。1932年度以后，债务支出占岁出的比例降到30%以下，但最低时也还要占岁出的1/4,9年平均为30.5%。

军费、债务费两项合计占岁出的比例，除1934、1935两年度外，其余均在70%以上，1928年度最高达85.1%,9年平均为72.8%。与收入相比，更可以看出这两项支出的巨大。如表8-8所示，军费和债务支出在各年债款以外的岁入中占百分之八九十；1928、1930两年度更超过收入，即仅这两项支出就已使国家财政出现赤字。

---

① 见财政部财政科学研究所、中国第二历史档案馆编：《国民政府财政金融税收档案史料（1927—1937年）》，中国财政经济出版社1997年版，第243—244页。

表8-8 军费及债务支出占岁入总数的比例

1928—1936 年度

年度	军费及债务支出总数 （百万元）	债款以外岁入总数 （百万元）	军费及债务支出 占岁入%
1928	370	334	110.8
1929	445	484	91.9
1930	602	558	107.9
1931	575	619	92.9
1932	531	614	86.5
1933	618	689	89.7
1934	626	745	84.0
1935	684	817	83.7
1936	826	870	94.9

资料来源：据表8-4、表8-7。

政务费。包括中央政府各部门及所属机构的行政开支及一部分用于国营事业投资和管理的经费支出。财政部1933年度以后的收支报告将政务费具体划分为国务费、内务费、外交费、财务费、教育文化费、司法费、实业费、交通费、蒙藏费、建设费、补助费、抚恤费、救济费等项。1934—1936 三个财政年度的总预算案又增列"国营事业资本"一项，即各项国营事业资本金的支出，在性质上可与普通政务费中的实业费、交通费、建设费同归于国家经济行政费范畴。政务费是国民党政府占第三位的支出，其总额占历年中央岁出的比例最高时为35.9%，最低时为12.4%，9年平均为23.5%，仅为军费支出的一半稍多。比之当时各主要资本主义国家（如英、美、法、日等）政费支出数倍于军费的情况，国民党政府的政费支出是低水平的。

进一步分析看出，政费支出占岁出的比例以1934年度为界，前后有显著不同。1934年度以前，尽管政费支出年年增加，但其占岁出总额的比例增加不多：1928年度为12.4%，1933年度为20%，仅增长了 7.6 个百分点;与 1929 年度相比(16.6%),则只增长了 3.4 个百分点。但到 1934 年度,政费总额从上年度的 1.67 亿元一下子猛增到 3.1 亿元,增幅达 85.6%;占岁出的比例更达到了空前的 32.9%,比上年度增长 12.9 个百分点。1935 年度政费占岁出的比例又上升到 35.9%。1936 年度政费支出虽有所减少,但占岁出的比例仍达到 28.5%,远高于 1934 年度以前的水平。这种变化,除政费自身增加的原因外,还有统计上的原因。从 1934 年度起,国家总预算中开始增列国营事业资本一项:1934 年度 7500 万元,1935 年度 3300 万元,1936 年度 2900 万元。[①] 而此前的政费统计中,除 1928 年度数内有"国家银行资本"2000 万元外,其余年度均无此项开支。[②] 若将国营事业资本从政费总额中扣除,则 1934 年度政费占岁出的比例仅为 24.9%,1935 年度为 32.8%,1936 年度为 26%。

此外,从 1934 年度起,原在军务费内列支的军事教育费、国防建设费、边省留用国税被分别移列到教育文化费、建设费和补助费之内,也是造成从该年度起政费比例大幅上升的重要原因。1934 年度国家总概算从军务费中移出的这三项费用总额约计 6700 万元,假定实支数与概算数相同,将其从政费总额中扣除,并且不计新增加的国营事业资本一项,则该年度的政费支出与上一年度相比实际并没有增加(1933 年度为 1.67 亿元,1934 年度为 1.68 亿元);其占岁出的比例,更不但没有增加,反而下降了 2.2 个百分点(17.8%)。可见,1934—1936 年度政费支出的增加,部分仅为账面上的虚增(军事费移入政务费),部分系支出项目增多的结

---

① 1934 年度的 7500 万元中包括"国家银行资本"7400 万元、"国家其他企业资本"100 万元。1935、1936 两个年度的此项支出均为"企业资本"。

② 见[美]阿瑟·恩·杨格:《1927 至 1937 年中国财政经济情况》,陈泽宪、陈霞飞译,中国社会科学出版社 1981 年版,第 487 页。

果,原有的各项政费开支并未增加。

政务费除大部分为维持政府各部门运转的行政开支外,也有一部分用于经济建设及教育文化事业。表 8-9 是有数字可查的几个年度的这方面费用的支出情况。

表 8-9　经济行政费及教育文化费支出情况

1933—1936 年度　　　　　　　　　　单位:百万元

年度	岁出总额	政费总额	经济行政费							教育文化费		
			实业费	交通费	建设费	国营事业资本	合计	占政费%	占岁出%	数额	占政费%	占岁出%
1933	837	167	2	5	7	—	14	8.4	1.7	13	7.8	1.6
1934	943	235	7	7	26	75	115	48.9	12.2	32	13.6	3.4
1935	1073	352	7	6	88	33	134	38.1	12.5	37	10.5	3.4
1936	1165	303	3	5	54	29	91	30.0	7.8	42	13.9	3.6

资料来源:同表 8-7。

表中,实业费、交通费和建设费分别为国家财政拨给实业部、交通部、铁道部、建设委员会、全国经济委员会等部委及其所属各机构和事业实体的行政费用;国营事业资本支出的范围包括中央银行及上述各部委主办的一些项目,但各年度涉及的内容不完全一样。1933 年度,这些经济行政费支出在全部政费中仅占 8.4%,在全部岁出中更只占 1.7%。1934 年度以后比重有所增加,特别是 1934、1935 两个年度,不仅在政费中占到了较大比例,而且占岁出总数的比例也达到了 10% 以上,反映出这一时期对经济建设投入的增加。不过,由于这几个年度原在军务费内支出的国防建设费也改入建设费列支,而这是一笔不小的数目,经济建设费的实际增幅,其实并没有表面数字所显示的大。教育文化费的支出情况基本相同,即其增多有一部分原因是军事教育费移列其中的结果。国民党政府用于经济建设和文化教育事业的经费,始终极其有限。

(二)收支平衡情况

1927—1937 年的国民党政府中央财政,尽管比之北洋政府时期在收入方面有了很大改观,但由于支出庞大,仍然入不敷出。不计债款收入,这期间每年的支出都超过收入。国民党政府成立后的第一年,从 1927 年 6 月到 1928 年 5 月,中央财政总计支出 1.48 亿元(其中 1.31 亿元为军费),而这一年的税收及债款之外的其他收入都加起来还不到 7500 万元,亏短将近一半,只是靠了发行 6100 余万元库券以及少还欠款 1200 余万元,才勉强维持了出入平衡。[①] 以后各会计年度的收支情况如表 8－10:

表 8－10　中央财政收支平衡情况

1928—1936 年度　　　　　　　　　单位:百万元

年度	支出 (现金结存除外)	收入 (债款收入除外)	赤字	
			数额	占收入%
1928	435	334	101	30.2
1929	585	484	101	20.9
1930	774	558	216	38.7
1931	749	619	130	21.0
1932	699	614	85	13.8
1933	837	689	148	21.5

---

① 财政部财政年鉴编纂处编:《财政年鉴》上册,商务印书馆 1935 年版,第 20—21 页。

续表

年度	支出 （现金结存除外）	收入 （债款收入除外）	赤字	
			数额	占收入%
1934	943	745	198	26.6
1935	1073	817	256	31.3
1936	1165	870	295	33.9
平均	807	637	170	26.7

资料来源:据表8-4、表8-7。

表中9个年度的收支情况可分为1928—1930、1931—1932、1933—1936三个时期分别观察。

1928—1930年度。这一时期,国民党政府基本实现了全国形式上的统一,同时一系列整顿财政、改进税收的措施相继出台,因而中央收入大幅度增加。根据表8-10数字计算,以1928年度的收入为100,1929年度为145,1930年度达到167。战前十年中,中央收入的年度增长幅度,以这一时期为最高。但是,由于军费、债务、政费等项支出也全面增加,这一时期收不抵支的财政赤字十分严重。其中,1928和1930两个年度均仅军务、债务两项开支便已超过收入(见表8-8),再加上政费开支,财政赤字分别达到1.01亿元和2.16亿元,占收入的比例分别为30.2%和38.7%。1929年度的情况稍好,虽赤字的绝对数与上年度相同,但占收入的比例仅为20.9%,是战前各年度中比较低的。

1931—1932年度。这一时期,因"九一八事变"、"一·二八沪战"等日本侵华事变相继发生以及受世界经济危机波及,国内工业及外贸不景气,中央收入受到很大影响:1931年"九一八事变"以后,国民党政府在东北的关税、盐税及其他国税全部丧失。1932年"一·二八沪战"使全国最发达的上海地区遭受蹂躏,经济及财政损失亦十分严重。从 1929 年开始的世界经济危机在 30 年代初波及到中国,导致物价低落,银价增高,国际贸易大受影响,关税收入因之短绌。1931 年度虽仍然实现了收入增长,但增幅仅为 10.9%,是 1928年度以来年度增幅最低的。1932 年度,各种导致减收的因素进一步显现出来,终于导致总收入下降,比上年度约减收 500 万元。受收入的制约,1931 年度不得不削减军费,比 1930 年度减支 800 万元;若不算补发前届欠款,当年支出仅为 2.55 亿元,减支 5700 万元(1930 年度为3.12 亿元)。虽因"围剿"苏区等原因 1932 年度军费又有增加,但比之1930 年度,当年支出仍少 5000 万元,加补发欠款则稍增 900 万元。政费有所增加,但增幅下降。债务支出在 1930 年度已经达到 2.9 亿元,超过收入一半以上,给中央财政造成沉重压力。1931 年下半年至次年年初连续发生的华中大水、"九一八事变"、"一·二八沪战"等重大变故使国民党政府财政更加困难,再也承受不起巨大的债务负担。为挽救债信,不得不于 1932 年 2 月对内债进行整理。经过整理,1931 年度债务支出降到 2.7 亿元,1932 年度进一步降到 2.1 亿元。在军、政开支受到一定抑制、债务支出减少的情况下,1931 年度的财政赤字从上年度的 2.16 亿元降到 1.3 亿元,赤字占收入的比例也从上一年度的38.7% 下降到 21%。1932 年度,赤字进一步减少到约 8500 万元,占收入的比例则降到只有 13.8%,为战前各年度最低。根据财政部的工作报告,这两个年度的赤字主要是在 1931 年度的上半年和 1932 年度的下半年发生的,而在 1931 年度的下半年到 1932 年度的上半年,即 1932年一年内,由于支出紧缩,曾一度做到了收支大体平衡。①

  1933—1936 年度。与上两个财政年度赤字趋于减少的情况

---

① 见 1935 年 2 月财政部长孔祥熙关于财政部 1932 年及 1933 年两会计年度工作报告,载财政部财政科学研究所、中国第二历史档案馆编:《国民政府财政金融税收档案史料(1927—1937 年)》,中国财政经济出版社 1997 年版,第 306 页。

不同,这一时期亏短情形逐年严重,最后两个年度的赤字更达到创纪录的 2.56 亿元和 2.95 亿元;赤字占收入的比例也一路攀升,1936 年度达到 33.9%,仅次于 1930 年度。1933—1936 年度收支严重不平衡,是由收入及支出两个方面的原因造成的。在收入方面,虽这一时期仍有所增长,但增速已显著减慢。从 1928 年度到 1932 年度,岁入总计增长 83.8%,平均年度增幅为 21%;而从 1932 年度到 1936 年度,岁入仅增长了 41.7%,平均年度增长 10.4%,前后相差近一倍。这一时期适逢国内经济萧条,币价波动,国际贸易量锐减,特别是日本帝国主义的对华侵略活动、对东北三省的侵占,使国民党政府税收受到严重影响,尤其关税损失巨大。据财政部 1936 年 8 月的报告,1935 年秋季以后日益猖獗的华北走私活动,使国民党政府每周损失关税 200 万元之巨,而"私货倾销,为害国家经济及中外正当商人之营业者,更匪浅鲜"。[1] 支出方面,军、政两费及债务支出年年增加,1936 年度支出总额达到 11.65 亿元,比 1932 年度的 6.99 亿元增长了 66.7%,平均年度增长 16.7%,远高于收入的增长。一方面收入受到抑制,另一方面支出仍不断增加,财政赤字自然增大。在这一时期遭遇到的财政困难,1936 年 8 月财政部长孔祥熙的报告声称,国民党政府自 1933 年以来,在财政上所遭遇的困难,"于近代史中得未曾有"。[2]

---

① 1936 年 8 月 1 日财政部长孔祥熙关于财政部 1934 年会计年度及该期以后财政情形报告,载财政部财政科学研究所、中国第二历史档案馆编:《国民政府财政金融税收档案史料(1927—1937 年)》,中国财政经济出版社 1997 年版,第 310 页。

② 1936 年 8 月 1 日财政部长孔祥熙关于财政部 1934 年会计年度及该期以后财政情形报告,载财政部财政科学研究所、中国第二历史档案馆编:《国民政府财政金融税收档案史料(1927—1937 年)》,中国财政经济出版社 1997 年版,第 327 页。

三、地方财政

经过 1927—1928 年划分国、地收支,1931 年颁布《预算章程》对地方预算的编制及执行做出规定,以及 1934 年公布《财政收支系统法》和《办理县市(属省之市)地方预算规章》进一步划分省、县财政,国民党政府的地方财政体系逐步趋于完善。在中国近代历史上,赋予地方财政不同于中央财政的独立地位并对其收入来源及岁费范围做出明确规定,这还是第一次。国民党政府规定,中央对地方财政处于指导和监督的地位。具体实行指导和监督的中央部门,初为财政部,1929 年改为中央政府。相应地,省政府对县(及省辖市)财政,负有指导、监督之责。

(一)地方收入

地方财政的主要收入为田赋、契税、营业税、杂税捐、中央补助款以及来自地方财产、事业、营业、行政、债款等项的收入。表 8 - 11 是有案可稽的几个财政年度各省市预(概)算的各项岁入及其占岁入比重的统计。

表 8 - 11 若干年度地方预概算的各项岁入及其占岁入总数的百分比

1931,1932,1933,1936 年度　　　　　单位:百万元

岁入项目①	1931 年度②		1932 年度③		1933 年度④		1936 年度⑤	
	总数	占岁入%	总数	占岁入%	总数	占岁入%	总数	占岁入%
田赋	82.5	25.5	79.4	30.1	69.4	30.9	101.2	29.3
契税	12.2	3.8	14.1	5.3	14.6	6.5	15.2	4.4
营业税	28.1	8.7	39.7	15.0	40.5	18.0	52.6	15.2
杂税捐	22.2	6.9	9.7	3.7	10.9	4.9	3.4	1.0

续表

岁入项目①	1931 年度②		1932 年度③		1933 年度④		1936 年度⑤	
	总数	占岁入%	总数	占岁入%	总数	占岁入%	总数	占岁入%
中央补助款	24.8	7.7	22.8	8.6	21.1	9.4	54.3	15.7
地方财产收入	18.6	5.7	10.3	3.9	11.3	5.0	4.1	1.2
地方事业收入	5.9	1.8	8.5	3.2	3.9	1.7	7.5	2.2
地方行政收入	9.7	3.0	11.0	4.2	8.0	3.6	15.7	4.5
地方营业收入	9.4	2.9	6.4	2.4	—	—	—	—
地方营业纯益	—	—	3.1	1.2	3.4	1.5	7.4	2.1
债款	30.0	9.3	18.1	6.9	11.9	5.3	33.3⑥	9.6
其他收入	80.1	24.8	40.2	15.5	29.7	13.2	50.8	14.7
总计	323.5	100	263.9⑦	100	224.7⑧	100	345.8	100

注：①"杂税捐"一项，1931 年度预算包括牙税、当税、屠宰税、内地渔业税、牲畜税、市地税、房捐、船捐、车捐等项内容，1932 和 1933 年度有房捐、船捐、车捐三种，1936 年度仅有房捐、船捐两种。

②本年度各数内包括江苏、浙江、湖北、湖南、福建、广东、广西、云南、贵州、河北、山东、山西、河南、陕西、宁夏、青海、察哈尔、热河十八省及南京、上海、北平、青岛四特别市和威海卫管理公署数字。原表安徽及新疆二省只列总数而无分项数字，故未计入。又本年度青海省概算田赋收入除有货币"元"数字外，还有粮 40009 石，本表未计算粮数。

③本年度各数内包括江苏、浙江、安徽、江西、湖北、湖南、福建、广西、云南、贵州、河北、山东、山西、河南、甘肃、宁夏、青海、察哈尔、热河十九省及南京、上海、北平、青岛四特别市和威海卫管理公署数字。

④本年度各数内包括江苏、浙江、安徽、江西、湖北、湖南、福建、云南、贵州、河北、山东、河南、宁夏、青海、察哈尔十五省及南京、上海、北平、青岛四特别市和威海卫数字。

⑤本年度各数内包括江苏、河南、宁夏、江西、察哈尔、安徽、甘肃、湖北、浙江、福建、山东、湖南、广东、陕西、青海、河北、贵州、广西、绥远十九省数字。

⑥原表所列各省债款收入合计数为 30.3 百万元。

⑦按原表各省市收入合计数加总为 264.7 百万元。

⑧按原表各省市收入合计数加总为 229.3 百万元。

资料来源：1931、1932、1933 各年度据《财政年鉴》下册，第 1953—1969 页"各省市地方预概算岁入表"；1936 年度据贾德怀：《民国财政简史》下册，第 575—579 页"各省地方岁入预算分类表"。

由表 8 - 11 看出,历年度的地方预(概)算均以田赋为最大宗收入,约占总岁入的 25%—30%。营业税为第二大税入,而且自 1931 年公布营业税法以后增长很快。营业税占预算收入的比重,1931 年度仅为 8.7%,1932 年度上升到 15%,1933 年度又上升到 18%,比 1931 年度翻了一番还多;1936 年度的比重虽比 1933 年度有所降低,但收数加多 1200 万元,增幅近 30%。与营业税相比,杂税捐因牙、当、屠宰等主要税目自 1931 年以后逐渐并入营业税,在地方收入中的地位不断下降,1931 年度占岁入的 6.9%,1936 年度仅占 1%。契税收入大体稳中有升,占岁入的比重,1931 年度最低为 3.8%,1933 年度最高为 6.5%。

税捐以外的收入中,中央补助款和债款为最大两项。补助款是中央财政对地方财政的协款,最初仅每年四五百万元。后因裁撤厘金,以及为从各省收回某些国税(如盐税、卷烟税)的税权,不得不一再增加中央对地方财政的补助以作补偿,补助款乃渐成为地方岁入的大项。由于只是部分省市、部分年度的统计,表 8 - 11 并没有完全反映出中央补助款增加的实情。根据中央财政支出报告的数字,补助款的数额在 30 年代初(1930 年度)就已近 2000 万元,1935 年度更接近了 1 亿元;1936 年度虽稍减,也有 8600 万元。[①] 债款收入在历年度地方岁入预算中也名列前茅,占岁入的比重高时接近 10%。

以上是地方收入总的情况。按省市分别观察则颇为不同。如田赋,并非在所有省市都是最大宗收入。事实上,表 8 - 11 所统计

---

① 参见 [美] 阿瑟·恩·杨格:《1927 至 1937 年中国财政经济情况》,陈泽宪、陈霞飞译,中国社会科学出版社 1981 年版,第 487 页附录一"1928 年 7 月 1 日至 1937 年 6 月 30 日常年岁入和岁出"(岁出部分)。

的全国22省、4特别市的预（概）算中，以田赋为首位收入的只有江苏、浙江、安徽、江西、河北、河南、山东、山西、陕西、宁夏等10省，其中江西、河北、陕西、宁夏几省还不是所有年度的预算都以田赋为首位收入。在多数省份，田赋只是列于前三位的大宗收入之一；个别省如湖北、绥远，以及上海、南京、北平等特别市，田赋甚至不在前三位收入之列。田赋之外，营业税、房捐、中央补助款、债款以及地方行政、地方营业、地方事业等收入，在省、市预概算中也都名列过第一位。各省市收入重点的不同，反映了它们各自经济结构以及税收传统的差异。分省市观察，地方收入的另一个特点是收入来源大都十分集中：除少数省市外，多数省市前三位的收入占岁入总数的比重都在70%—80%以上，有的更高达90%以上，甚至占岁入的全数；不少省更仅第一位收入一项便占到岁入总数的一半或一多半。

"其他收入"也是列入一些省市首位或前三位的收入之一。地方预算中归入此项之下的收入包罗甚广，凡各种零星税捐及各行政司法机关的杂收等不便明列预算者，往往都归在"其他收入"之内。本来，国民党政府明确规定为地方税收的只有田赋、契税、牙税、当税、屠宰税、房捐、船捐等有限几种；1931年推行营业税后更将牙、当、屠宰等税并入营业税，从而形成了以田赋、营业税和契税为主体的地方税收体系。对各地征收的内容庞杂的杂税杂捐，国民党政府规定逐步予以废除。然而在实际上，由于杂税杂捐收入一直是地方财政的重要支柱之一，许多预算内或预算外的支出都靠其维持，所谓的限制、裁撤只能雷声大雨点小，并无多大实效。在公开的预算书上，这些地方杂收无法明列预算，于是便都统统归入"其他收入"一项了。"其他收入"比例较高的一些省份，如广西、云南、贵州、陕西、甘肃、宁夏等省，此项收入之所以比例高，除一般杂税捐的因素外，主要是征收鸦片税捐所致。这些省，以及未列入表 8-11 的四川省,在当地军阀把持下,一方面鼓励和强迫农民种植罂粟,另一方面又打着"寓禁于征"的旗号,从产、运、销、吸各个环节重课鸦片税捐和"禁烟罚金",以之作为它们最重要的一项收入来源,其征额都大大超过田赋。如广西,1931—1936 年累计征收"禁烟税"5990.87 万元,其中 1932 年多达 1587.09 万元,占该省当年财政总收入的 50.3%,超过田赋收入 7 倍余。① 云、贵及西北的陕、甘、宁夏等省,情况类似。四川也是鸦片收入的大省,1928—1934 年累计征收烟土税捐 5209 万元,占同期财政总收入的 24.3%,为田赋的 1.55 倍。1935 年川政统一后,次年成立"省禁烟总局",进一步提高税率,全年禁烟收入高达 3250 万元,占财政总收入的 1/3,为田赋的 1.25 倍。② 又广东省原也有高额的"禁烟"收入,1927—1929 年累计征收 1845.8 万元,相当于同期田赋收入的 1.63 倍。③ 1930 年以后,广东才停征鸦片税。地方苛杂单个说多数数额不大,但总量十分惊人。由表 8-11 看出,"其他收入"在 1931 年度的地方预算中总数高达 8000 万元,几与占收入第一位的田赋相等;1932、1933 两个年度虽连续减少,但在岁入中的位次仍高居第二、三位;1936 年度此项收入的预算再度攀升到5000 余万元,仅次于田赋、营业税及中央补助款而位列第四收入大项。

地方苛杂尤其是县一级财政的支柱。国民党政府成立后划分了国、地收支,但在地方财政这一块没有再分省、县收支,遂造成了地方财源全由省把持,县一级没有独立财源的局面。但是从县到乡镇乃至村公所的各级政府机关、保安团等地方武装组织,

① 据《广西通志·财政志》第 49、54—55 页有关资料计算。

② 据《四川省志·财政志》第 9、19—20 页有关资料计算。

③ 据《广东省志·财政志》第 51、66、82 页有关资料计算。

以及学校、一些吃财政饭的社会团体，甚至包括当地驻军（尤其是地方军阀的杂牌军），都要由县财政开支或从其取得部分经费，同时还不时有上级交办或委办的临时任务如兵差、兵役、工役等等需要张罗。为应付这些支出，县财政只能自辟财源。所采取的办法，主要就是收取各种正税附加及杂税捐；临时差役则大多依赖向属地人民摊派。这些苛杂是没有节制的，附税往往超过正税。杂税捐更是五花八门，名堂繁多，如有的地方死人要征棺材税，商铺倒闭要收"歇业费"，摆地摊要收"弹压捐"、"地皮捐"，房铺收"房捐"，食井锅灶收"井灶捐"，柴米油盐酱醋茶也无不抽捐纳税，甚至家里供祖宗祠堂征"祠堂捐"或"大厅捐"，过路过河征"过路捐"、"过河捐"，婚娶征"新婚捐"，乘坐车船征"交通附捐"，倒粪桶征"粪捐"、"屎桶捐"，此外如所谓军民"感情捐"等等①，不一而足，简直到了无货不税、无物不捐的地步。这些地方苛杂，往往一个县就有数十上百种，其中相当大一部分并不列入地方预算。

（二）地方支出及收支平衡

地方支出包括党务费、行政费、司法费、公安费、财务费、教育文化费、实业费、交通费、卫生费、建设费、地方营业费、地方营业资本支出、抚恤费、协助费、债务费、地方其他支出以及预备费等项目。表8-12是几个年度地方预概算各项岁出及其占岁出总额百分比的统计。

---

① 见孙怀仁:《中国财政之病态及其批判》,上海生活书店1937年版,第145—146页。

表8-12　若干年度地方预概算各项岁出及其占岁出总数的百分比

1931—1933,1936 年度　　　　　　　　　单位:百万元

预算岁出 项目①	1931 年度②		1932 年度		1933 年度		1936 年度	
	总数	占岁 出%	总数	占岁 出%	总数	占岁 出%	总数	占岁 出%
党务费	8.7	2.2	5.3	1.9	4.2	1.8	3.7	1.1
行政费	56.4	14.6	37.7	13.2	31.0	13.3	47.1	13.6
司法费	21.1	5.4	16.8	5.9	16.1	6.9	23.5	6.8
公安费	57.7	14.9	51.3	18.0	38.5	16.6	51.1	14.8
财务费	20.9	5.4	18.2	6.4	14.5	6.2	18.8	5.4
教育文化费	44.6	11.5	37.3	13.1	34.3	14.8	46.7	13.5
实业费	5.8	1.5	5.6	2.0	3.7	1.6	9.7	2.8
交通费	10.0	2.6	3.7	1.3	3.3	1.4	5.8	1.7
卫生费	1.9	0.5	1.6	0.6	1.8	0.8	2.6	0.8
建设费	59.6	15.4	38.7	13.6	23.2	10.0	29.9	8.6
地方营业费	4.9	1.3	5.8	2.0	2.2	0.9	—	—
营业资本支出	1.0	0.3	5.4	1.9	5.9	2.5	6.0	1.7
抚恤费	0.4	0.1	0.5	0.2	0.4	0.2	0.8	0.2
协助费	17.4	4.5	15.6	5.5	13.5	5.8	21.9	6.3
债务费	64.7	16.7	30.4	10.7	28.5	12.3	58.8	17.0
其他支出	2.6	0.7	1.6	0.6	1.7	0.7	4.8	1.4
预备费	9.9	2.6	9.3	3.3	9.7	4.2	14.6	4.2
合计	387.6	100	284.8	100	232.5	100	345.8	100

注:①原表1931年度上海市岁出预算列有社会费298380元、公用费484368元。
　　此二项目为其他省市所无,上海市其他年度预算亦无,故本表不列此二项,
　　而将二项经费计入各省市合计的"其他支出"总数内。
　②本年度青海省的行政、司法两项岁费内除有以货币"元"支出的数字外,还分
　　别支出粮4387石和327石,本表未计算粮数。
资料来源:1931、1932、1933各年度据《财政年鉴》下册,第1957—1971页《各省市
　　地方预概算岁出表》;1936年度据贾德怀:《民国财政简史》下册,第610—613
　　页"各省地方岁出预算分类表"。本表各年度数字计入的省市与表8-11同,
　　惟1933年度增加安徽、新疆的数字。

由表 8－12 不难看出，地方岁出以行政、公安、建设、教育文化、债务及司法、财务、协助、预备诸费为数较多，历年度预（概）算均在千万元以上或接近千万元的水平，合计起来约占岁出的90%；其他支出为数不多，全国总计才几百万元，甚至不足百万元。

地方大宗岁出中，行政费、公安费、司法费是用于地方各级政府机关、警察机关、法院、监狱的日常办公经费及薪水、福利等的支出。其中，就多数省和全国总数而言，以公安费最多，行政费次之，司法费又次之。公安费（警察费）在北洋政府时期原为国家支出，国民党政府成立后将其划归地方支出。这一时期国民党政府为强化地方治安及"剿共"，不仅在各省县乡镇维持着庞大的警察机构，而且在全国各县普遍建立地方保安队武装组织，其经费在公安费内开支，遂使公安费成为地方最大宗的岁出之一。行政费虽不及公安费多，但较大省份每年的支出也有二三百万元，小省几十万元，全国则数千万元，同样是高居前列的地方大宗岁出之一。司法费在北洋政府时期原也是国家支出项目，国民党政府划分国地收支后，地方各级法院、监狱的经费改归地方承担。虽然后来曾设想俟地方承审制度取消、各县司法独立以后，司法费仍改由国家支出，1934 年第二次全国财政会议还有将计划开办的所得税作为司法支出专项收入的决议，但未实行。就全国总数而言，地方司法费每年约计二千余万元，占地方总岁出的 5%—6% 或更多一些。以上用于维持政府机构和专政工具运转的经费占历年度预概算岁出总数的 1/3 以上。

建设费及实业、交通、地方营业、地方营业资本支出等项费用属地方经济行政费范畴。这些费用中，以在建设费名目下列支的数额最大，一般占地方总岁出的 10% 或者更高，其他几项则合起来不过才占总岁出的 5%—6%。表 8－12 显示，这些与地方经济建设有关的支出，总的说是不断下降的：1931 年度几费合计占总岁出的 21.1%，1932 年度占 20.8%，1933 年度占 16.4%，1936 年度占 14.8%。

教育文化费是地方支出中又一较大项目。国民党政府时期，各省地方不但负担中小学教育经费，而且地方高等教育经费也自己承担，故教育经费有增加趋势。就表 8－12 反映的情况来看，1931 年度各省市教育文化费合计占地方总岁出的 11.5%，1932 年度占 13.1%，1933 年度占 14.8%，1936 年度占 13.5%。

财务费是用于地方税务部门的征收费。由于国地收支分开，原属国税的田赋、契税及牙、当、屠宰等税均改归地方征收，故地方财务费较前增加。大体上，财务费约占地方总岁出的 5%—6%。

协助费和预备费是新增加的地方支出预算项目。协助费各省用途不一，有的用于教育事业，有的用于慈善机构，有的用于国民党下级党部。虽都以协助费名目列支，实际是不同性质支出的补助款。预备费一般又分为"第一预备金"和"第二预备金"，前者用于预算内支出不敷时的填补，后者用于预算外有新增支款时的填补，目的在取得收支的平衡。协助、预备两费，1931 年度占地方总岁出的 7.1%，1932 年度占 8.8%，1933 年度占 10%，1936 年度占 10.5%。

债务费是地方偿债支出。国民党政府时期，各省地方举债仍主要是出于财政原因。每逢收支不敷，各省除依靠中央补助款外，还大量发行地方公债、库券，以资挹注，久之遂出现债务偿还费成为大宗支出的局面。表 8－12 所列几个年度的地方预（概）算，债务费占总岁出的比例最低年为 10.7%（1932 年度），最高年度为 17%。

地方财政的收支平衡情况一般说比中央财政要好一些。从能够见到的 1931—1933、1936 年度全国省（直辖市）一级的预（概）

算看①,主要省份都能做到收支平衡,有赤字的多是边远贫困、收入不多的省份(如云南、贵州、青海等)。各省市合计的赤字数,1931 年度为 4700 万元,占该年度预算岁出的 12%;1932 年度为 2000 万元,占岁出的 7%;1933 年度为 300 万元,约占岁出的 1.3%;1936 年度没有赤字,各省都做到了收支平衡。预(概)算的平衡当然不等于实际收支的平衡,但从中可以了解地方财政收支的大体情况。不过应做说明的是,这里所说是连同债款及中央补助款一起计算的;如将这两部分收入减除,则多数省(市)的收支都不能平衡,如表 8－13 所示。

表 8－13　各省市历年度预概算不计债款和补助款收入的收支平衡情况

1931—1933,1936 年度　　　　　　　　单位:百万元

省市	1931 年度			1932 年度			1933 年度			1936 年度		
	岁入	岁出	盈(+)亏(−)	岁入	岁出	盈(+)亏(−)	岁入	岁出	盈(+)亏(−)	岁入	岁出	盈(+)亏(−)
江苏	21.1	26.2	−5.1	15.7	25.6	−9.9	16.9	21.9	−5.0	22.2	27.9	−5.7
浙江	19.4	25.2	−5.8	23.8	24.7	−0.9	19.3	23.1	−3.8	23.1	28.9	−5.8
安徽	15.6	15.6	0	6.4	9.8	−3.4	7.5	11.1	−3.6	10.3	15.4	−5.1
福建	13.1	30.8	−17.7	11.2	26.2	−15.0	12.0	16.9	−4.9	12.6	19.4	−6.8
广东	34.2	43.1	−8.9	—	—	—	—	—	—	32.0	34.2	−2.2
江西	—	—	—	13.8	17.7	−3.9	13.4	17.1	−3.7	20.8	26.6	−5.8
湖北	18.0	28.0	−10.0	12.7	17.0	−4.3	15.0	17.6	−2.6	15.0	19.8	−4.8

---

①　见财政部财政年鉴编纂处编:《财政年鉴》下册,商务印书馆 1935 年版,第 1950—1953 页《历年度各省地方预概算岁入岁出总表》;贾德怀:《民国财政简史》下册,商务印书馆 1946 年版,第 575—579 页,1936 年度"各省地方岁入预算分类表";第 610—613 页,1936 年度"各省地方岁出预算分类表"。

续表

省市	1931 年度			1932 年度			1933 年度			1936 年度		
	岁入	岁出	盈(+)亏(−)	岁入	岁出	盈(+)亏(−)	岁入	岁出	盈(+)亏(−)	岁入	岁出	盈(+)亏(−)
湖南	11.7	17.1	−5.4	13.7	15.4	−1.7	13.3	14.3	−1.0	16.5	19.9	−3.4
广西	13.7	11.0	2.7	10.9	13.2	−2.3	—	—	—	17.0	43.7	−26.7
云南	3.1	5.4	−2.3	2.3	4.3	−2.0	2.5	2.9	−0.4	—	—	—
贵州	2.6	8.9	−6.3	2.9	6.0	−3.1	2.9	6.1	−3.2	4.8	7.0	−2.2
河北	36.0	38.2	−2.2	22.0	23.2	−1.2	24.6	25.8	−1.2	18.0	20.5	−2.5
河南	11.8	17.8	−6.0	10.1	10.1	0	10.6	11.3	−0.7	17.7	23.2	−5.5
山东	24.6	24.6	0	24.5	24.5	0	23.6	23.6	0	24.0	26.7	−2.7
山西	11.3	17.8	−6.5	13.4	13.7	−0.3	—	—	—	—	—	—
陕西	6.0	20.8	−14.8	—	—	—	—	—	—	11.1	15.2	−4.1
甘肃	—	—	—	5.2	12.1	−6.9	—	—	—	4.0	5.4	−1.4
宁夏	1.1	3.3	−2.2	2.2	2.2	0	1.4	1.4	0	3.3	4.4	−1.1
青海	0.86	0.91	−0.05	0.84	0.93	−0.09	0.84	0.94	−0.1	1.0	1.1	−0.1
新疆	3.2	8.9	−5.7	—	—	—	—	—	—	—	—	—
察哈尔	2.3	2.3	0	3.0	3.1	−0.1	3.1	3.9	−0.8	2.6	3.2	−0.6
绥远	—	—	—	—	--	—	—	—	—	2.1	3.1	−1.0
热河	1.7	2.4	−0.7	1.0	2.0	−1.0	—	—	—	—	—	—
南京	19.5	21.9	−2.4	8.4	11.8	−3.4	7.7	11.1	−3.4	—	—	—
上海	8.2	8.2	0	9.8	9.8	0	11.2	11.3	−0.1	—	—	—
北平	3.4	5.1	−1.7	3.9	4.6	−0.7	4.8	5.2	−0.4	—	—	—
青岛	4.3	4.6	−0.3	5.7	6.3	−0.6	5.3	5.9	−0.6	—	—	—
威海卫	0.21	0.52	−0.31	0.29	0.47	−0.18	0.30	0.43	−0.13	—	—	—
合计	287	389	−102	224	285	−61	196	232	−36	258	346	−88

资料来源:1931—1933 年度据财政部财政年鉴编纂处编:《财政年鉴》下册,商务印书馆 1935 年版,第 1950—1953 页"历年度各省地方预概算岁入岁出总表";1936 年度据贾德怀:《民国财政简史》下册,商务印书馆 1946 年版,第 575—579 页"各省地方岁入预算分类表",第 610—613 页"各省地方岁出预算分类表"。

第三节　内　债

一、中央政府内债

中央政府内债大部分由财政部发行,少部分由铁道部、交通部、国家建设委员会发行或这些机关与财政部联合发行。据1929年4月立法院通过的《公债法原则》第四条规定,政府债款的用途有三:"充生产事业上资产的投资",如筑铁路、兴水利、开富源等;"充国家重要设备之创办用途",如购置国防设备、教育设备、卫生设备等;"充非常紧急需要",如应付对外战争及重大天灾等。该法案第三条还规定:政府募集公债"以不得充经常政费为原则"。①然而实际上,这一时期国民党政府发行内债,一如北洋政府一样,主要是为了填补巨大的内战军费支出所造成的财政窟窿,大部分用于军政各费,真正用于经济建设及其他国计民生的并不多。

(一)发行情况

这一时期的内债主要为公债和国库券,也有少部分银行及其他金融机构的借(垫)款。公债的发行对象除银行及公司企业外,也面向个人,通常每半年付息一次,同时抽签还本,多数还期较长。国库券发行对象限于银行及公司企业,按月偿息还本,一般期限较短。借(垫)款大都是在政府急需用钱时,以债券作抵押向银行等金融机构融借,通常几个月内就还清;少数还期超过一年。

内债分有确实担保内债和无确实担保内债两种。按发行和主管机关区分则有财政部主管的内债和非财政部主管的内债的不

① 见《立法院公报》,1929年5月份,第65—68页。

同,其中以财政部主管的内债占绝大部分。财政部主管的内债一般以关、盐、统等国税作为担保。1927—1937 年财政部主管的有确实担保内债的发行情况如表 8 - 14 所示。

表 8 - 14 财政部主管的有担保内债发行情况

1927—1937 年   单位:百万元

序号	发行日期	名称	数额	年利率(%)	担保	偿清日期
1	1927. 5	江海关二五附税国库券	30	8.4	初为江海关二五附税,后改关税增加收入	1929. 12
2	1927. 10	续发江海关二五附税国库券*	40	9.6	初为江海关二五附税及江苏邮包税,后改关税增加收入	1933. 4
3	1928. 4	卷烟税国库券	16	9.6	卷烟统税	1930. 11
4	1928. 5 1928. 6	军需公债*	10	8.0	印花税	1938. 12
5	1928. 6	十七年善后短期公债*	40	8.0	初为煤油特税,后改关税增加收入	1933. 6
6	1928. 7	津海关二五附税国库券	9	9.6	初为津海关二五附税,后改关税增加收入	1931. 3
7	1928. 10	十七年金融短期公债*	30	8.0	德国退还庚子赔款	1935. 9
8	1928. 11	十七年金融长期公债*	45	2.5	关税余款	1953. 9
9	1929. 1	十八年赈灾公债*	10	8.0	关税增加收入	1938. 12
10	1929. 2	十八年裁兵公债*	50	8.0	关税增加收入	1939. 1

续表

序号	发行日期	名称	数额	年利率（%）	担保	偿清日期
11	1929.3	续发卷烟税库券	24	9.6	卷烟统税	1932.1
12	1929.4	疏浚海河工程短期公债	4	9.6	津海关附捐	1939.4
13	1929.6	十八年关税库券*	40	8.4	关税增加收入	1934.7
14	1929.9	十八年编遣库券*	70	8.4	关税增加收入	1937.12
15	1930.1	十九年关税公债*	20	8.0	关税增加收入	1939.12
16	1930.4	十九年卷烟税库券*	24	9.6	卷烟统税	1933.3
17	1930.8	十九年关税短期库券*	80	9.6	关税增加收入	1935.5
18	1930.11	十九年善后短期库券*	50	9.6	关税增加收入	1936.4
19	1931.1	二十年卷烟税库券*	60	8.4	卷烟统税	1937.6
20	1931.4	二十年关税短期库券*	80	9.6	关税增加收入	1939.7
21	1931.4	二十年江浙丝业公债*	6	8.0	江、浙黄白丝出口特税	1938.10
22	1931.6	二十年统税短期库券*	80	9.6	统税	1937.11
23	1931.8	二十年盐税短期库券*	80	9.6	盐税	1938.1
24	1931.9	二十年赈灾公债*	30	8.0	盐税	1841.8
25	1931.10	二十年金融短期公债*	80	8.0	德国退还庚子赔款	1941.10
26	1933.3	二十二年爱国库券	20	6.0	卷烟统税	1936.11

序号	发行日期	名称	数额	年利率（%）	担保	偿清日期
27	1933. 10	二十二年关税库券	100	6.0	关税增加收入	1946. 3
28	1933. 11	华北救济战区短期公债	4	6.0	长芦盐税附加农田水利基金	1938. 7
29	1934. 1	二十三年关税库券	50	6.0	关税	1940. 12
30	1934. 6	二十三年玉萍铁路公债**	12	6.0	江西盐附捐	1943. 5
31	1934. 6	二十三年六厘英金庚款公债**	150万英镑	6.0	铁道部借得英国退还庚子赔款	1947. 1
32	1934. 6	二十三年关税公债	100	6.0	新增关税	1945. 6
33	1935. 1	二十四年俄退庚款凭证	120	7.2	俄国退还庚子赔款	1945. 12
34	1935. 2	二十四年统税凭证	120	7.2	统税	1946. 1
35	1935. 4	二十四年金融公债	100	6.0	新增关税	1945. 3
36	1935. 7	二十四年四川善后公债	70	6.0	四川盐税	1944. 6
37	1935. 8	二十四年整理四川金融库券	30	6.0	四川统税、印花税及烟酒税	1940. 11
38	1935. 11	二十四年水灾工赈公债	20	6.0	国库救灾准备金及新增关税	1947. 10
39	1936. 1	二十五年短期库证***	100			
40	1936. 2	二十五年统一公债	1460	6.0	关税余款	1948. 1—1960. 1
41	1936. 3	二十五年复兴公债	340	6.0	关税余款	1960. 2

续表

序号	发行日期	名称	数额	年利率（%）	担保	偿清日期
42	1936.4	二十五年四川善后公债	15	6.0	四川盐税、烟酒税及营业税	1951.3
43	1936.10	二十五年整理粤省金融公债	120	4.0	广东统税	1966.9
44	1937.4	二十六年美元港河发展公债	200万美元	6.0	广东关税附加	1953.4

* 1932 年整理内债时曾加清理的债券(1936 年所整理的债券,后文表 8–16 分列,本表不复标记)。** 为财政部会同铁道部发行的公债。

*** "二十五年短期库证"未及发行,于 1936 年 2 月之整理内债案内掉换统一公债甲种债票清结。

资料来源:财政部财政年鉴编纂处编:《财政年鉴》下册,商务印书馆 1935 年版,第十一篇第二章;贾德怀:《民国财政简史》上册,商务印书馆 1946 年版,第八款第一节;[美]阿瑟·恩·杨格:《1927 至 1937 年中国财政经济情况》,陈泽宪、陈霞飞译,中国社会科学出版社 1981 年版,第 507—512 页附录八"1927—1937 年财政部所发的内国公债"。

　　以上财政部主管的有担保内债共计 44 种,总发行额为国币 37.89 亿元,另外有英金 150 万镑、美元 200 万元。

　　除发行债券外,财政部在各年度还有数额不等的银行等金融机构的借、垫款债务。这些债款一般数额不大,随借随还,多数期限不超过一年,只有少数因数额较大,还期在一年以上。据财政部公布的资料,从 1928 年 1 月到 1934 年 6 月,各银行向财政部借出的款额 100 万元以上、还期超过一年的借(垫)款共计 35 笔,总额为国币 5.7 亿余元。[①] 其中包括:关税凭证借款 3 笔,2700 万元;以停付或退还的俄、奥、意等国庚子赔款担保的借(垫)款 5 笔,

————————

　　① 财政部财政年鉴编纂处编:《财政年鉴》下册,商务印书馆 1935 年版,第 1365 页。

1.7 亿余元;以政府公债、库券为抵押的借款 20 余笔,8351 万元;此外,另有银行垫款 2.8 亿余元。据另外一个统计,1928—1936年度(1928 年 7 月至 1937 年 6 月),国民党政府总共从银行借款及透支 24 亿余元,期间除还过 19 亿余元外,到 1937 年 6 月底止,尚有未清余额 5 亿余元,如表 8 - 15 所示:

表 8 - 15 国民党政府的银行借款和透支

1928—1936 年度 单位:百万元

年度	借入总数	清偿总数	未清余额
1928	—	—	32
1929	121	110	10
1930	185	162	24
1931	109	105	5
1932	226	139	86
1933	395	304	91
1934	436	400	36
1935	607	479	128
1936	336	224	113
总计	2415	1923	525

资料来源:[美]阿瑟·恩·杨格:《1927 至 1937 年中国财政经济情况》,陈泽宪、陈霞飞译,第 104 页表八。原表注:资料来源为财政部报告。

无确实担保内债主要为北洋政府时期遗留的一些债务,有公债、库券及银行借(垫)款等。北洋政府的这些担保不确、本息无着的债务,根据 1925 年北京财政整理会的计算,共欠本息银 2.66亿元。此外,1927 年广东革命政府发行的三次有奖公债及 1928年国民党政府发行的整理金融公债等债券,也是无确实担保的债务。这些债务虽由国民党政府财政部经管,但从未进行有效的整理清偿。计至 1934 年 6 月底止,共积欠本息 5.8 亿余元,其中公债 1.6 亿余元,库券(包括特种、普通两种)8600 余万元,银行借款(包括盐余借款、内国银行借款、内国银行续借款、内国银行垫款四种)3.2 亿余元,各机关欠款 1300 余万元。

非财政部经管的内债主要有:铁道部 1936 年 2 月发行的 2700 万元铁路公债、同年 3 月及次年 3 月与财政部共同发行的两次各 4000 万元的铁路公债①,交通部 1935 年发行的 1000 万元电气事业公债及 20 年代末至 30 年代前期的一系列电报电话事业短期借款,国家建设委员会 1930 年 1 月发行的 150 万元电气事业长期公债、250 万元电气事业短期公债和 30 年代初的多笔电气事业短期借款,以及导航委员会 1931 年 10 月、1933 年 12 月发行的两次施工计划借款等。这些债务,分别由各该发行机关经管,以相应事业的财产或营业收入作为担保。

1927—1937 年的内债,就财政部经管的部分而言,大体分为 1927—1931 年和 1933—1937 年前后两个时期。

前一个时期共发行债券 25 种,总金额 10.08 亿元,其中国库券 14 种,6.83 亿元;公债 11 种,3.25 亿元。国民党政府在不到 5 年时间内发行 10 亿余元内债,超过了北洋政府 16 年的内债总和。② 如此大量发行内债有两个主要原因:一是国民党政府从一成立就处在"剿共"及接连不断的新军阀内战中,军费开支浩大,而税收却严重不足,根本无法维持庞大的战争机器运转及必不可

---

① 1938 年 3 月铁道部与财政部又发行了一次 4000 万元的铁路债券,三次发行的债券总额为 1.2 亿元。

② 北洋政府 16 年间发行的公债券、国库券及各项借款总额约为 7.79 亿元(参见千家驹:《中国的内债》,社会调查所 1933 年版,第 28 页)。

少的政费开支①;二是这一时期外债来源枯竭,国民党政府无法筹借到大笔外债,因而只能转向对内借款。无法借到外债,一方面与北洋政府时期所借大量外债不能清偿,债信破产有关;另一方面,则是由于 20 年代末爆发了世界性的经济危机,各资本主义发达国家自身亦陷入大萧条之中,国际金融市场在一个时期内普遍收紧银根,很难借到钱。而对内举债,由于恢复关税自主后提高了进口税率,以及二五附税和卷烟、汽油、煤油等新税的开征,增加收入为数不菲,使国民党政府有了作为借债担保的资本。

正是上述借债的需要和可能,使国民党政府在它成立后的第一年就发行了国库券及公债共计 4 种债券,总发行额达 9600 万元。这些债款从财政上支撑了国民党政权初期的统治及其对全国的军事"统一"。此后,1928 年度借债 2.12 亿元,1929 年度借债 1.14 亿元,1930 年度借债 3.56 亿元,1931 年度(实只上半年度,因为 1932 年一年没有发行债券)借债 1.9 亿元。除 1929 年度借债稍少外,其余年度都远超过北洋政府时期。

这些债券,除 1927 年发行的少数几种外,均委托中央、中国、交通等银行代为发行。国民党政府一般是先用债券向银行低价抵押借得部分现款,俟债券售出后再按实际售价结算。抵押借款的折扣率很大,不少只能拿到五六折的现金。即使最后结算,由于政局不稳及发行过多过滥,导致债券的市场售价远低于其票面价格,政府也往往拿不到与票面等值的现金。据统计,国民党政府在这期间发行的 10 亿余元债券,实际收入只有 5.39 亿元左右,为名义发行额的一半稍多。② 当然,债券的本息是要依其票面价格计算

---

①　这 10 亿多元的内债,85% 以上被用于军政费支出(参见千家驹:《中国的内债》,社会调查所 1933 年版,第 47 页)。

②　参见千家驹:《中国的内债》,社会调查所 1933 年版,第 49 页。

和偿还的。另一个特点是这一时期的内债以还期短、利率高的国库券为主:按发行时规定的清偿时间统计,14 种国库券中,还期在 3 年及 3 年以内的共 5 种,4 年到 6 年半的 8 种,最长的为 8 年 3 个月(仅二十年关税短期库券一种)。而 11 种公债券中,还期最短的为 5 年,只有 1 种;其余 7 年 6 个月的 1 种,8 年的 1 种,10 年的 7 种,25 年的 1 种。国库券一般为按月计息,月息 7% 的 4 种,合年息 8.4%;8% 的 10 种,合年息 9.6%。公债券一般按年计息,每年两次偿付,计有年息 8% 的 9 种,9.6% 的 1 种,2.5% 的 1 种。以上利率均为按票面计算的名义利率。因多数债券系折扣发行,实际利率比名义利率要高得多。

大折扣、高利率,又绝大多数为纯消耗性的财政借款,这些,必然使政府在借钱解得一时之急的同时,也背上了沉重的债息负担,借得愈多,负担愈重。据财政部公布的数字,1931 年度以前,国民党政府中央岁出中债务费为仅次于军费的第二大支出,历年都占岁出总额的 1/3 以上。1931 年"九一八事变"以后,终因一方面债务支出日增(约每年 3 亿元,超过收入半数),另一方面收入减少,而发生偿还困难,加之当时金融波动,债券价格暴跌,政府债信破产,遂不得不于 1932 年 2 月对已发债券进行整理。

第二个时期,从 1933 年到 1937 年抗战前,总共发行债券 19 种,票面金额计国币 27.81 亿元、英金 150 万镑、美元 200 万元。与前一时期内债以国库券为主不同,这一时期发行的内债以公债为主,共计 12 种;发行额更仅国币部分就达 22.41 亿元,占国币内债总发行额的 80.6%。这一时期的内债超过 1931 年以前所发数几近两倍,反映出国民党政府财政的窘迫。不过,在近 28 亿元的债券中,仅 1936 年 2 月发行的统一公债就占去 14.6 亿元,而发行统一公债是为了调换以前的旧债券,并不是借取新债。所以,这一时期的新发债额实际只有 13 亿余元。在还期及利息方面,多数债券还期较长:10 年以上的 12 种,最长达 30 年;5—10 年的 4 种;不足 5 年的仅 2 种。利息则绝大多数为年息 6%(国库券按月计息 5%);超过此利率的只有 1935 年年初发行的俄退庚款凭证及统税凭证两种,均为月息 6‰,合年息 7.2%。另外,1936 年 10 月发行的整理粤省金融公债的利息为年息 4%。

　尽管还期较长、利息较低,但毕竟数额巨大,国民党政府面临的还债压力依然不小。就中央财政各年度债务费支出的绝对数而言,1932 年年初的债务整理曾使之从此前的近 3 亿元降到了 1932 年度的 2.1 亿元(包括外债费在内,下同)。但从 1933 年度起,债务支出又一路攀升:当年度为 2.45 亿元,1934 年度为 2.38 亿元,1935 年度为 2.94 亿元,1936 年度为 3.05 亿元(见表 8-7)。而这一时期,正是国民党政府财政十分窘迫的时期,面临着"近代史中得未曾有"(1936 年 8 月孔祥熙《财政情形报告》中语)的空前财政困难。到 1936 年年初,历年发行的各种债券尚未偿清的本金已累积至 12 亿余元,每年应付本息的数额超过了关税收入(每月约亏 400 万元)。为缓解财政困难,挽救债信,国民党政府不得不再次对内债进行整理。

(二)内债整理

1.1932 年对内债的整理

　经过与银行及商界代表谈判,国民党政府于 1932 年 2 月公布《变更债券还本付息条例》,对历年所发债券进行整理。进行整理的债券计有公债 14 种、国库券 13 种,共 27 种。① 其中除北洋政府时期发行的 7 种外,余均为 1927 年以后国民党政府所发(公债

---

　① 原为 28 种,但后来案内的疏浚河北省海河工程短期公债改定仍照原案办理,故实际为 27 种。

券、国库券各 10 种)。① 整理内容大要有五:减轻利息;延长还期;确定基金;改组基金保管机关;换发新票或加给息票。

减轻利息:各项债券除七年六厘公债、整理公债六厘债票及十七年金融长期公债仍按原定利息外,其余自 1932 年 2 月起,一律改按年息六厘或月息五厘偿还。

延长还期:各项公债券除十七年金融长、短期公债仍照原案办理,以及整六、整七两债改定四年内只付利息,第五年起开始还本外,其余均自 1932 年 2 月起按原定每年还本数额四成偿付,改每年还本两次为四次,并分别延长年限,重订各债还本付息表。国库券方面,二四库券、春节库券、治安库券的还本由每年两次改为四次(春节、治安两券前四年只付利息,第五年起开始还本),各照原定抽签办法偿还;其余各券仍每月摊还本息一次,延长还期,另订还本付息表。

确定基金:由关税项下每月划拨 860 万元作为整理案内各债券的还本偿息基金。江浙丝业公债利息亦归此项基金,本金则仍在原定基金内偿还。

改组基金保管机关:将原江海关二五附税国库券基金保管委员会改组为由政府、金融工商及国债持有人几方面代表组成的国债基金管理委员会,统一管理各债基金。江浙丝业公债基金由国债基金管理委员会划拨该基金保管委员会保管。

换发新票或加给息票:各项公债,除十七年金融长、短期公债外,整六、整七公债换发新票,其余次第加给息票。各项国库券,除二四库券加给息票外,其余陆续换发新票。

---

① 北洋政府时期发行的 7 种债券为七年六厘公债、整理公债六厘债票、整理公债七厘债票、十四年八厘公债等 4 种公债券和十五年春节特种库券、北京银行公会临时治安借款债券、奥国赔款担保二四库券等 3 种国库券。国民党政府时期发行的 20 种债券为表 8–16 中标有"﹡"号者。

通过上述措施,财政部每年大约减少近 1 亿元的偿债费用,从而缓解了当时的债务危机。

2. 1936 年对内债的整理

根据财政部 1936 年 2 月 1 日公布的整理方案,此次整理办法为发行名为"统一公债"的新债票,以之分别调换当时仍未偿清的 33 种公债和库券。新债票分甲、乙、丙、丁、戊 5 种,一律年息六厘,每年 1 月 31 日、7 月 31 日各偿付一次,偿清年限分别为 12 年、15 年、18 年、21 年、24 年不等,偿还基金由关税余款(即支付赔款、外债之后的关税剩余)内拨付。统一公债的总发行额为国币 14.6 亿元,计甲、乙两种各 1.5 亿元,丙种 3.5 亿元,丁种 5.5 亿元,戊种 2.6 亿元;超过应换发旧债票金额(约为 12.7 亿元)的部分,留充行政上急需之用。统一公债调换旧债票的情况如表 8-16 所示。

表 8-16　统一公债调换旧债票情况

统一公债种类	调换旧债票	调换后的金额（百万元）	偿还年限
甲种	二十二年爱国库券、二十五年短期库证、十八年关税库券、华北救济战区短期公债、治安债券、十九年关税公债	149.8	12 年
乙种	十九年善后短期库券、奥退庚款担保二四库券、二十四年四川善后公债、二十三年关税库券、二十年卷烟税库券	130.1	15 年
丙种	十八年编遣库券、二十年统税库券、二十年金融短期公债、二十年盐税短期库券、二十年江浙丝业公债、十八年赈灾公债、军需公债、十八年裁兵公债、二十年关税短期库券	321.4	18 年

统一公债种类	调换旧债票	调换后的金额（百万元）	偿还年限
丁种	十九年关税公债、七年六厘公债、二十年赈灾公债、意退庚款凭证、二十四年金融公债、二十三年关税公债、俄退庚款凭证、二十四年统税凭证	513.7	21 年
戊种	二十二年关税库券、二十四年水灾工赈公债、整理公债七厘债票、整理公债六厘债票、十五年春节特种库券	154.1	24 年

资料来源：贾德怀《民国财政简史》上册，第 335 页；[美]阿瑟·恩·杨格：《1927 至 1937 年中国财政经济情况》，陈泽宪、陈霞飞译，第 513—515 页附录九"1936 年 2 月 1 日整理内债后的统一公债分类"。

此次整理基本囊括了当时仍未偿清的所有有担保内债。未涉及的 1928 年善后短期公债因本年即可偿清，1928 年金融长期公债因息低（年息 2.5%）期长（1953 年 9 月偿清），1929 年的疏浚海河工程短期公债因基金可靠（以海关代征之海河附捐为偿还基金），仍各照原案办理。

二、地方内债

鉴于北洋政府时期地方省自为政，滥行募债，既失债信，又造成财政混乱，国民党政府对地方募债有所限制，规定：省及特别市募集公债，须先由省市政府拟定计划，咨财政部审核，再呈行政院核转立法院议决，最后由中央政府公布实施；县及省辖市募债，须经县市政府拟定计划、地方法团讨论（在县市参议会未成立之前）、省财政厅审核，由省政府议决施行，并咨送财政部备案。非经上述程序,地方不得发行公债,并不得列入预算。地方公债的用途应以建设事业为原则,且必须基金确实,必要时并令提供第二担保。基金由专门的保管委员会保管,以免挪用。

在上述限制和监督措施下,地方发行债券较有节制,一般也能保证偿还。1927—1937年各省发行内债的大概情况如表8-17所示。

表8-17　各省内债发行概况统计

1927—1937年

省市	次数	发行时间	名称	发行额(百万元)	年利率(%)	基金	偿还期限	用途
江苏	1	1930.8 1931.8	江苏省建设公债	7	8	田房契税	10年	公路桥梁、长途电话、省会建设及改良港埠等
	2	1931.11	二十年江苏省运河工程短期公债	5	8	治港治河亩捐	5年	修筑运堤
	3	1932.10	二十一年江浙丝业短期公债	3	6	江浙裁厘协款	4年	救济江浙丝茧业
	4	1934.10	二十三年江苏省水利建设公债	20	6	烟酒牌照税、田房契税及财政部拨归灶课等	13年	开运河、导淮、旱灾工赈及整理部分债务
	5	1936.1	江苏土地抵借券	2	4		15年	

续表

省市	次数	发行时间	名称	发行额（百万元）	年利率（%）	基金	偿还期限	用途
浙江	1	1928.4	浙江省偿还旧欠公债	6	10	盐斤加价及绸捐	8年	整理旧欠
	2	1928.9	浙江省公路债券	2.5	10	地丁抵补金带征建设附捐	8年	修筑公路
	3	1929.10	十八年浙江省建设公债	10	8	田赋附征建设特捐	9年	铁路、公路、水利及电气事业等
	4	1930.7	十九年浙江省赈灾公债	1	8	牙帖捐税	9年	赈济灾荒
	5	1931.7	二十年浙江省清理旧欠公债	8	8	契税、营业税	10年	清理旧欠
	6	1932.7	二十一年浙江省金库券	6	6	本省整理债务案内还债基金	9年	弥补预算及充银行股本
	7	1934.10	二十三年浙江省地方公债	20	6	营业税、田赋、契税及烟酒牌照税等	15年	清理旧欠
	8	1936.5	浙江整理公债*	60	6—8		14—20年	整理旧债

省市	次数	发行时间	名称	发行额（百万元）	年利率（％）	基金	偿还期限	用途
安徽	1	1929 1931.10	安徽省建筑路短期公债**	1	9.6	丁漕及全省通过税附加一成		
	2	1931.10	安徽省公路公债	5	8	米照费	7年9个月	修筑公路
	3	1932.10	安徽歙昱路公债	0.5	8		8年	修筑公路
	4	1935.7	二十四年安徽公路公债	0.8	8		9年	修筑公路
湖北	1	1931.2	二十年湖北省善后公债	3	8	象鼻山矿铁砂收入及丝麻纱布四局租金	10年	"剿共清乡"
	2	1932.10	二十一年湖北省善后公债	3	8	营业税	7年	"剿共清乡"
	3	1934.3	二十三年湖北省整理金融公债	4	6	公产租金及省银行股利	12年	整理地方旧债
	4	1935.3	二十四年湖北省建设公债	6	6	营业税	12年	

省市	次数	发行时间	名称	发行额（百万元）	年利率（％）	基金	偿还期限	用途
湖南	1	1934.1	二十二年湖南省公债	5	4	田赋	20年	"绥靖地方"
	2	1935.1	二十四年湖南省建设公债	10	6		10年	
福建	1	1927.12	福建省地方善后公债	3	6	契税及丁粮附加	6年	军政支出
	2	1931.7	二十年福建省短期库券	0.5	12（月息1分）	中央协款	1年	弥补财政
	3	1934.11	二十三年福建省短期库券	0.9	8.4（月息7厘）	中央协款及屠宰税	11个月	弥补财政
	4	1935.8	福建地方建设公债	3	6		10年	地方建设
	5	1937.1	福建省会自来水公债	0.9	6		15年	修自来水厂
广东	1	1928.10	广东省金融公债	8	还本时每元加给1角	盐税及内地税	2年3个月	整理金融
	2	1930.8	十九年广东整理金融库券	15	10	广东省库收入	1年3个月	整理金融

续表

省市	次数	发行时间	名称	发行额（百万元）	年利率（%）	基金	偿还期限	用途
广东	3	1931.6	广东省二次军需公债	8.7	10		7年	军费
	4	1932.4	广东省国防公债	6.2	4			
	5	1935.12	二十四年广东建设公债	5	7		5年半	
山西	1	1930.1	山西省金融公债	24	8	烟酒税、印花税等	8年	整理金融
	2	1930.1	十八年山西省赈灾短期公债	3	7	田赋附加赈款	6年半	赈灾
	3	1937.1	二十六年山西省公债	10	7		3年	
河南	1	1931.8	河南省民国二十年善后公债	3	8	营业税	5年	弥补省库、善后建设及"剿共"等
河北	1	1929.6	河北省八厘公债	5	8	田房契税	8年	
	2	1929.1	河北省特种库券	2.4	8.4（月息7厘）		10年半	

续表

省市	次数	发行时间	名称	发行额（百万元）	年利率（％）	基金	偿还期限	用途
广西	1	1935.8	广西省整理金融公债	2	8		10年	
	2	1933.9	广西省八厘短期公债	1	8		6年	
	3	1933.11	广西省一次建设公债	1	8		6年	
云南	1	1930.6	云南省整理金融公债	10	6	富滇银行财产	4年	
四川	1	1931.8	四川省善后公债	20	8	印花税、烟酒税	10年	
	2	1936.9	四川建设偿债公债	30	6		24年	
江西	1	1936.10	江西省整理土地公债	3	6		6年	
辽宁	1	1929.10	辽宁省整理金融公债	20	8	中央政府借拨本省卷烟统税	12年	

* 此项公债分四类：第一类发行450万元，年息8厘，分14年偿清；第二类发行1700万元，年息7厘，分16年偿清；第三类发行1050万元，年息6厘，分18年偿清；第四类发行2800万元，年息6厘，分20年偿清。

** 此项公债原定发行100万元，1929年年初财政部以基金不当，咨省政府再核。当时已发行23万余元，其余即封存未发。1931年省府以各县水灾致收入锐减，预算不敷，将封存债券重新发行，后奉院令：已发者免予撤销，未发者停办。

资料来源：《财政年鉴》下册，第十三篇第九章及该篇附录法规；贾德怀：《民国财政简史》下册，第622—624页"各省地方发行债券概括表"。

表列各债发行总额约计 3.74 亿元。不过这并非省内债的精确统计:有些省债虽经发行,但并未在财政部备案,因而未列入表内;列入表内的各债有的并未实际发行。还有的发行额与计划数不符,如 1928 年的广东省金融公债,计划发行 800 万元,而实发数为 332.7 万元;1930 年的广东整理金融库券,计划发行 1500 万元,而实发仅 1000 万元。[①] 因资料分散及缺失,难于一一考据确实。

由表 8-17 看出,各省中,发债较多的主要是江苏、浙江、广东、四川等地方财源较多的省份:4 省发债总额为 2.43 亿元,占省债总数的 65%。其余各省,除山西、辽宁和湖北、湖南外,发债额均不超过 1000 万元,少的只有 300 万—400 万元。有些省发债较少,其实并非因其财政充裕,而恰恰相反,是由于太穷,致其发债受到了收入担保和偿债基金不足的限制。

各省债款的用途,大体分为调剂金融、整理旧债、弥补军政开支、筹办善后、赈济灾区及举办地方建设六类。其中用于地方建设的债款占有一定比例,大体占全国省债总额的 1/5 左右。不过,省债的最大部分,还是调剂金融、整理旧债及弥补财政几项,总计约 2.34 亿元,占省债总额的 62.6%。此外,"剿共清乡"、"绥靖地方"、"善后"等为镇压共产党领导的人民革命而发行的债款也有相当比例,约计 4000 万元,占省债总额的 10% 以上。[②]

---

① 见《广东省志·财政志》。按表中所列,也不都是报财政部备案的计划数。如据省志,1931 年的广东省二次军需公债和 1932 年的国防公债,表列数即为实发数(省志记载前者实发数为 873.8 万元,后者为 676.9 万元);其计划数,前者为 1000 万元,后者为 3000 万元。

② 这仅是就直接用于"剿共"的债款而言。实际上,一些省发行的公路、桥梁等"建设"债款,也是与"剿共"相联系的,因为这些公路、桥梁的修建,主要是为了军事运输和蒋介石"督战"的方便。

除省债外,这一时期各特别市政府也发行过一些公债和库券,如上海市发行过两次市政公债(1929、1934 年)和一次灾区复兴公债(1932 年),南京市发行过特种建设公债(1929 年)和四期南京库券(1926—1927 年),等等。据不完全统计,各市政府发行的内债数额约为 4300 余万元。①

第四节　东北沦陷后的伪满洲国财政

一、日本控制下的中央集权财政管理

"九一八事变"后,国民党政府奉行"不抵抗"的卖国政策,致使相当于日本国土面积 3.5 倍的中国东北 128 万平方公里的大好河山在短短 4 个多月的时间里便全部沦陷。1932 年 3 月,由日本侵略者一手策划的伪满洲国出笼。这个以日本关东军的军事占领为背景,任由侵略者操纵、摆布的伪政权,自建立伊始,就是一个被捆绑在日本的侵略战车上,在政治、军事、经济以至文化上全方位地适应日本对中国东北地区进行殖民统治,并为其日后进一步扩大对中国及亚太地区侵略,构建所谓"大东亚共荣圈"的法西斯军事帝国主义国策服务的地地道道的傀儡政权。伪满政权的性质,决定了作为其赖以生存的经济基础的财政,只能是受日本侵略者控制、服务于其侵略需要的殖民地化财政,而非主权国家的自主财政。

伪满的财政管理体制是在日本侵略者一手策划下建立起来的。适应日本对中国东北进行殖民统治的需要,傀儡政权在政治

---

① 参见贾德怀:《民国财政简史》下册,商务印书馆 1946 年版,第 637—638 页《市地方发行债券概况表》。按该表列入的城市为:上海市、南京市、青岛市、北平市、天津市、汉口市、杭州市。

上实行中央集权主义,相应地,在财政上也力图统一财权,实行中央集中管理,以实现对各省最大程度的经济榨取,稳固自己的财政基础。

东北于 1928 年"易帜"后,在地方军阀控制下,虽然表面上宣布服从南京国民党中央政府的领导,但实际仍保留了相当大的独立性。在财政方面,除关税和盐税被收归中央政府外,其他如财政管理、各项地方税捐的征管和使用等,大都仍沿用旧时制度,不仅与国内其他地区有异,即在区内,也是省自为政,不相统一。在省一级,除由专门管理机构省财政厅统辖各地税捐局征收主要的省税外,其他省级机构如实业厅、教育厅、将军行署等也分别征收一定的税捐。各地税捐局对省税的征收大都实行承包制,税种、税率都极不统一。省以下的市、县财政局,按照规定应当在省财政厅的指导和监督下管理辖区内的政府财政,而实际上,从财政预算到税捐的征管和支出基本是各自为政,极少受到省财政厅的有效监督。一如省财政不能由财政厅统一管理一样,各市、县财政局也不完全掌握本地区的财务行政,其他一些机构,依循历史惯例,往往各有自己的收入和支出。

伪满政权成立后,由侵略者策划,力图改变各省财政分治的局面。1932 年 3 月公布的伪满洲国"国务院官制"规定,以财政部(1937 年 7 月以后改组为经济部)总掌税务、专卖、货币金融及国有财产事务,以国务院总务厅主管预决算、国家资本的计划运用及国库收支。这个制度设计,一方面,将一般财务行政的管理权集中到伪财政部,以改变此前各省财政独立,财权不统一的局面;另一方面,将最重要的财政决策权交由日本人组成、伪满实际政务中枢的总务厅掌管(具体由总务厅主计处负责),以贯彻日本操控伪满行政的所谓"总务厅中心主义",体现了伪满财政的殖民地财政本质。在伪满行政"总务厅中心主义"的设计思路下,其实即便是由财政部主管的具体财务行政，一如伪满政权其他部、局的行政事务一样，其管理实权也不在汉奸总长（后为大臣）手里，而由担任本部次长、总务司司长的日系官员掌握。日本侵略者对伪满行政事务的操控，就是通过从伪国务院总务厅总务长官到各部、局的总务司司长、总务处处长等日系官员系统来实现的。

掌握伪满财政决策大权的总务厅主计处最初为满铁人员的天下，但不久就改由日本大藏省派遣的以主计处处长松田令辅为首的一批官僚主掌。这些大藏省派遣的官员把持伪满财政决策权，事事惟大藏省的马首是瞻，进一步把伪满财政与日本侵华的经济、财政利益捆绑在了一起。

为了集中财权，伪满从 1932 年 7 月开始的第二个财政年度起①，撤销了各省财政厅，而由伪财政部的派出机构税务监督署监督各地税捐局的征税事务。当时共设立了奉天、吉林、龙江、热河、滨江等 5 个税务监督署，分别管理辽、吉、黑、热 4 省及哈尔滨并其周围各县的税务。② 与此同时，原来的吉林省印花税处和吉林省烟酒事务局两个省级税务机关亦被撤销，所管税务由吉林税务监督署负责。撤销省财政厅的措施，在一定程度上剥夺了各省原地方实力派的财权。到 1934 年 10 月 1 日颁行新的"省官制"以后，一方面各伪省公署不再是地方最高行政机关，而仅为伪中央政府与基层县、旗的中间机构，另一方面，原来的 4 省被划分为 14 省，委派二三流的汉奸充当伪省长，伪满初期仍势力颇大的一些地方

---

① 伪满仍沿用民国时期的财政年度，从每年 7 月 1 日起至次年 6 月 30 日止为一个财政年度。其第一个财政年度从 1932 年 3 月起至 6 月底止，称"建国年度"。

② 哈尔滨及其周围各县的税务由滨江税务监督署管，范围包括滨江、阿城、双城、呼兰、兰西、肇东等县。

实力派的地位就被进一步剥夺或者削弱了。①

　　1932 年 9 月,伪满公布"国税地方税划分案纲要及其办理方法",将民国时期的中央税收与大部分原来的省税定为"国税",另将部分省税转为地方税。收归"国税"("中央"税)的包括吨税、关税、盐税、田赋、契税、矿税、营业税、牲畜税、出产税、烟税、酒税、统税、印花税等 10 余个税种。地方税则包括省税、市县旗税和街村税。此次公布的税制方案,被称为"应急整理"。以后,伪满国税又经历过"暂行整理"和"根本整理"两期调整,对一些税收的名称、征收范围、税率及课征手续等做了进一步的修正和规范。地方税收也分别于 1935 年、1937 年、1938 年进行过三期整理。

　　在统一财权和划分"国"、地税收的基础上,伪满第一个财政预算——"大同元年度预算"于 1932 年 10 月炮制出笼。次年 1 月,在追加预算时,将"国都建设局"、"国道局"、"专卖公署"、"关税及盐税担保旧外债整理基金"、"需品资金"等单列为"特别会计",而与"一般会计"分开。在预算中与一般会计一起并列特别会计,并越来越以后者为重点,是伪满财政的一个特点。这个特点,是与日伪对东北地区关系国计民生的重要事业和经济部门实行"国营"、"公营"或交由"特殊公司"经管的所谓"国家统治"的政策相联系和适应的,充分暴露了伪满殖民地财政的经济掠夺性质。

　　需要指出的是,在伪满统治初期,尽管实行了一系列旨在建立和加强"中央"集权财政管理的政策措施,但由于受到种种现实条件的制约,其实际效果是打了很大折扣的。"九一八"以后,虽然

----

　　①　伪满初期,各省的地方实力派在人事、财务方面仍有颇大势力。如伪吉林省省长熙洽,就曾拒绝将省库的 1000 余万元"省库金"交给伪中央银行吉林分行,从而纳入伪国库。他还不许自治指导员入吉并养有 3000 名私兵,被日本人称为"大吉林主义"。这些地方实力派的权力,随着伪满实行帝制后的地方行政改组,或被剥夺,或被大大削弱了。

日本关东军迅速占领了东北全境,但侵略者对辽阔的东北土地的真正统治只能是逐步扩大和深入的,其政令所及,在早期还只能局限于日本势力直接控制的少数大城市和铁路沿线及交通便利的部分地区。东北各省的大大小小的地方实力派,虽然在国土沦陷后大部分投靠了日本占领者而成为为其侵略政策效劳的汉奸,但他们在维护自己的既得利益,具体说就是在自己所控制的地盘内的各种旧有权力方面,与其日本主子及日本所扶持的溥仪傀儡伪中央政权还是存在一定的矛盾和冲突。日本侵略者在推行其政策的时候,不能不顾及这一现实,采取逐步推进策略,必要时还要做出一定的妥协。正因为如此,1933年8月8日日本内阁会议通过的"满洲国指导方针要纲"即通常所称的"八八"决议在谈到伪满行政体制时指出:"满洲国行政不实行极端的中央集权制,尽可能尊重地方自治的传统,使之与中央集权协调一致。有关各项制度的改革应循序渐进,逐步开展"。① 所以,伪满初期对财权的统一和财政管理制度的废革并没有完全改变东北各省地方财政分治的旧有局面。例如,据1932年9月出版的所谓《第一次满洲国年报》记载,当时东北各地的税收机关,税务监督署能够完全控制并可靠解到款项的税捐局只有24个,解款虽不可靠但已开始征税业务的税捐局为35个,情况不明的税捐局有96个,即一大半地方税收机关当时仍不在伪满中央政权的掌控之下。这种状况,直到1935—1936年,随着日本对东北各地控制力的加强,经过从省到县旗各级伪政权的改组重建,才逐渐有所改变。

伪满各省及县、旗的地方财政,同样是由日本人控制、服务于其侵略需要的殖民地财政。经过改组重建的各级地方伪政权,一

---

① [日]小林龙夫、岛田俊彦编:《现代史资料·7·满洲事变》,东京みすず(美铃)书房1985年版,第589页。

如伪中央政权一样,实际掌权者并不是伪省长和伪县旗长,而是由侵略者派遣进行所谓"内部指导"的日本人省公署总务厅厅长和县旗参事官。通过这些日本人官吏,侵略者把持着包括财政在内的伪满地方政务,进行实实在在的殖民统治。

二、掠夺性的财政搜刮

伪满政权的财政收入主要来自三个方面,即税收、经营性收入和公债。税收是最大宗的收入,经营性收入占伪满全部财政收入的第二位;公债包括"国债"、地方债和"外债",也是伪满财政收入中不可或缺的组成部分。

税收分为"国税"和地方税两类。"国税"由关税和"内国税"组成。关税是伪满前期最主要的"国税"来源,所征数额远超过其他税收。如1932年中央税收预算,在该年8483.8万元"国税"预算总额中,关税一项就为4089万元(包括吨税),占48.2%,而其他10余种"内国税"总收入,仅为4394.8万元,占51.8%。关税在"国税"中占统治地位的局面,直到1940年苏德战争爆发以后,由于对苏联和德国的贸易量大减,不得不转向加征"内国税"以弥补不足,才有改变。

作为伪满最大宗收入的关税,是东北沦陷后,傀儡政权在日本策划和支持下,通过强占东北海关而得到的。东北自20世纪初以后,逐渐成为中国重要的进出口贸易基地,各埠海关的关税亦随之成为东北地区最大的税项。"九一八事变"前,东北各埠海关总收入平均约占全国海关收入的15%左右。1931年东北海关收入海关银2607.8万两,计合银元3911.7万元。[①] 这一大宗税收,自然

---

① 《财长宋子文宣言》,1932年6月20日,见陈彬龢:《满洲伪国》,日本研究社1933年版,第254页。

令日本侵略者及伪政权垂涎。1932年2月,伪满洲国尚未正式出笼,其筹备机构伪"行政委员会"就通知东北各海关监督及税务司等,称各关由其管辖,并称已向各关各派日本顾问一名,"驻关监视一切政务"。① 伪满洲国正式成立后,即开始与上海总税务司及南京国民政府交涉,要求管辖东北海关,并下令各海关将关款缴纳于东三省官银号。这些主张和行动遭到了南京国民政府的拒绝,东北各海关税务司、中国银行东北各分支行也加以抵制。于是伪满政权便强行封锁各海关税收,同时加紧策划夺取包括大连关在内的东北全部海关。是年6月19日,伪财长熙洽发表"关税自主声明",重申伪满"准备掌握大连及其他海关税收之全部",要求南京政府"允许满洲国关税之自主权及关税独立"。② 一周后,6月26日,日本策动大连海关福本税务司、中村副税务司及其他日籍职员宣布断绝与中国海关的关系。27日,伪满财政总长发布"告示第一号",任命福本顺三郎为伪财政部关税征收处的头目,并自即日起开始在满铁码头事务所楼上办公,从而使原大连海关不再能履行职能。与夺权大连海关同时,对先已派去了伪监督的延吉、安东、营口、滨江、珲春等海关也采取强行接收行动,驱逐其税务司及关员,重建以日本人为主的海关。9月15日,日本正式承认伪满洲国,伪满外长谢介石随即发表声明,声称自后"满洲国对于中国,在关税、商务与航务上,亦将如其他事项,完全以外国待遇,即自九月二十五日起,所有来往中国与满洲国间之一应货物,将征抽进出口税"。③ 伪财政总长熙洽亦发表征收关税声明书,宣布:"自

---

① 见总税务司梅乐和关于伪满洲国攫夺东北海关真相的宣言,载陈彬龢:《满洲伪国》,日本研究社1933年版,第193—201页(节译)。

② 陈彬龢:《满洲伪国》,日本研究社1933年版,第205页。

③ 见《财政部长宋子文为东三省各海关移地征税事宣言》,1932年9月23日,载罗家伦主编:《革命文献》,第37辑,台北中央文物供应社1969年版。

大同元年(1932年)九月二十五日以后,实行下列各项:一、由满洲国经海路或陆路输出中华民国之物品,照现行税,征收输出税;二、由中华民国经海路或陆路输入满洲国之物品,照现行税则,征收输入税;三、关于吨税附入税,中华民国发给之吨税完税收据,在满洲国不发生效力;四、不承认满洲国各港与中华民国各港间之内水航行权,中华民国发给之内水航行许可证,在满洲国不发生效力;五、为实施上述各条起见,在山海关及其他必要地点,设置税关,开始征税"。① 10月,东北海关一律改称税关。

日伪强占东北海关的行为是非法的,从未得到南京国民党政府的承认。1932年9月15日伪满外长谢介石的声明发表后,财政部长宋子文于9月23日发表《为东三省各海关移地征税事宜宣言》,称:"以目下海关当道,既未能在满洲各埠征收合法关税,应即将该地各海关封闭,至再发训令解放时为止。所有应在各关征收之税款,务就可能范围,暂在榆关以南各税务征收之"。② 同日,南京政府财政部通过海关发出布告,公布了封闭东北海关移地征税的具体办法。东北各关,直至抗战胜利,才由中国政府重新收回。

关税外的"国税"("内国税")由所得税、消费税和流通税组成。在伪满前期,所得税中最重要的为收益税,包括一般收益税的田赋和营业税以及特殊收益税的出产税、矿业税和牲畜税等。消费税以盐税、酒税、卷烟税、统税(棉纱统税、水泥统税和面粉统税)等为主要税种。流通税包括印花税、契税等。③ 各税中,按照伪满1932年的税收预算(表8-18),以消费税和收益税数量较大,分别占"内国

---

① 见陈彬龢:《满洲伪国》,日本研究社1933年版,第215—216页。
② 罗家伦主编:《革命文献》,第37辑,台北中央文物供应社1969年版。
③ 以上所述各税,以1937年以前所征者为限。

税"总收入的 59.3% 和 32.6%,流通税仅占 7.7%。从单个税种看,则盐税最多,占"内国税"的 38.3%;其次为统税,占 16.3%;再次为出产税,占 14.1%;以下依次为营业税、田赋、烟酒税、印花税、契税、牲畜税和矿税,占"内国税"总收入的比重均不足 10%。

表 8-18　伪满 1932 年"内国税"收入预算表

税种	数额(千元)	占"内国税"总收入%
田赋	2955	6.7
营业税	3694	8.4
出产税	6213	14.1
矿税	465	1.1
牲畜税	1010	2.3
所得税(收益税)合计	14337	32.6
盐税	16814	38.3
烟酒税	2069	4.7
统税	7172	16.3
消费税合计	26055	59.3
印花税	1954	4.4
契税	1445	3.3
流通税合计	3399	7.7
杂税	157	0.4
"内国税"总计	43948	100

資料来源:据解学诗:《伪满洲国史新编》,人民出版社 1995 年版,第 157 页表(原表据《满洲经济年报》,1933 年版,第 318 页)。表内货币为伪满币。

"内国税"中数额最大的盐税是伪满的第二大税收。这一原来须上交南京国民政府的国家税收,也是伪满政权成立后,通过强制手段攫取到手的。民国时期,东三省设有盐运使和盐务稽核所两套机构管理盐务,前者主管盐务行政,后者主掌盐税征收。因与关税一样,盐税亦为当时担保外债的主要税项,故盐务稽核所自会办以下的重要职位都配备有债权国的外籍职员。"九一八事变"后,关东军参谋部即密谋策划夺取东北盐务机构,一方面由临时伪政权委任原东三省盐运使张子良和营口稽核所所长船津文雄以伪职,使之继续控制盐务,同时动用日本守备队防止盐业职工离散。伪满洲国成立后,1932 年 3 月,日伪强行撤销了东三省盐运使和盐务稽核所,而在伪财政部内设立盐务署,掌管盐务行政和盐税事务,从而夺取了东北的盐税收入。

除盐税由专门机构征收外,其他"内国税"均由伪财政部下属的税务监督署统辖各地税捐局征收。伪满的"内国税"收入,主要的承担者始终是东北的广大人民群众。占"内国税"总收入近六成的消费税自不必说,其他的税收大项,也主要是由人民大众负担或易于向其转嫁的。如收益税的主要税种出产税,其中的最大项粮食税(出产粮石税)是向生产商品粮的农民小生产者征收。由于农民是东北居民的主体,是日本侵略者的主要搜刮对象,而粮食(粮石)是东北的主要出产和农民的主要收入,增加粮食税(出产粮石税)、田赋(地税)成为日本侵略者的主要搜刮手段。因此,在东北殖民统治强化、全面侵华战争准备步伐加快的情况下,各地粮食税征额迅速提高。以吉林勃利县(现属黑龙江省)为例(详见表 8 - 19):

表 8 - 19 吉林勃利县粮食(粮石)税征额及其变化

1932—1933,1937 年 单位:元;1932 = 100

税目	1932		1933		1937	
	实数	指数	实数	指数	实数	指数
粗粮税	273	100.0	803	294.1	4768	1746.5

续表

税目	1932		1933		1937	
	实数	指数	实数	指数	实数	指数
细粮税	1797	100.0	4892	272.2	13402	745.8
油类税	47	100.0	38	80.6	108	229.8
豆类税	12979	100.0	62036	478.0	125704	968.5
合计	15096	100.0	67769	448.9	143982	953.8

资料来源:《勃利县志》,中国社会出版社1992年版,第305页。

　　1933、1937年同1932年比较,粗粮、细粮、油类、豆类等4种粮石税征额,除1933年油类税略有下降外,无不大幅增加。4项税收合计,1933年比1932年提高近3.5倍,到全面侵华战争爆发的1937年,比1932年提高8.5倍多,其中作为当时农民唯一口粮的粗粮更提高16.5倍,可见农民税捐负担的加重程度。地税征收的加重也十分突出,如黑龙江明水县,1932年的地税征额为3.9万元,次年提高到7.9万元,增加1倍,1937年达12.7万元,5年间增加2.3倍。[①]其他各县的情况大致相似。如吉林德惠县自沦陷后,税目增多,税率提高,"国税"比重增大,以粮石税、地税为主体的税收额急剧膨胀,1940年税收征额达106.4万元,比1932年增加10倍。[②]

　　营业税虽属向法人和非法人营业者征收,但是最终要向消费者转嫁。按土地等级征收的田赋,其负担者不仅仅有地主,还包括大量的农民小土地所有者。伪满的这种税收搜刮,随着伪政权和日本侵略者财政需求的扩张而不断加强。如1935年8月修订酒税制度,新税法将家酿自用酒也纳入征税范围,开人民自家用酒课

　　[①]　《明水县志》,黑龙江人民出版社1989年版,第293页。

　　[②]　《德惠县志》,长春出版社2001年版,第425页。

税先例。日本全面侵华战争开始后,尤自 1941 年发动太平洋战争以后,税收搜刮更趋加紧和肆无忌惮。从 1941 年起进行了 4 次战时大增税,一方面扩大税种,另一方面增收旧税。到伪满末期,"内国税"由"九一八事变"前的 10 余种增加到 30 余种;伪满人均租税负担,1943 年比 1937 年增加 1.4 倍多。[①]

　　伪满的地方税包括省税、市县旗税和街村税。1932 年划分"国"、地税时,地方税多仍沿袭旧有税捐,各地极不统一。1935 年9 月第一期整理地方税,采用"国税"附加税与独立税并用制,独立税限于地捐、房捐、户别捐和杂捐 4 种。1937 年第二期整理,设"国税"分与税,用以补助地方财政。以后,1938 年第三期整理,废止地方房捐、户别捐,设家屋税、勤劳所得税、自由职业税等。伪满地方税制虽历经整理,但仍十分混乱,且整理之后,税上加税,捐上加捐,人民负担总的说不断加重。例如伪滨江省(今属黑龙江省)阿城县,1932 年(伪大同元年)县财政总收入为 9.71 万元,1934 年(伪康德元年)增为 15.39 万元,至 1936 年(伪康德三年)又增为 25.62 万元,4 年间增加 1.6 倍有多。[②] 前述吉林勃利县及宾县(现属黑龙江省)的财政收入分别从 1932 年的 8.93 元、13.1 万余元增至 1936年的 22.4 万元、41.1 万元,分别增加 1.5 倍和 2.1 倍多。[③] 有的县增幅更大。如吉林蛟河的财政收入从 1932 年的 10.5 万元增至1936 年的 31.3 万元,增长 2 倍;吉林扶余县 1931 年决算,财政收入

---

　　① 参见姜念东等:《伪满洲国史》,吉林人民出版社 1980 年版,第414—416 页。这里的人均租税负担,是用伪满税收总额("中央税"和地方税合计数)除以当年人口总数得出:1937 年人均负担 6.68 元,1943 年人均负担16.2 元。

　　② 《阿城县志》,黑龙江人民出版社 1988 年版,第十一篇,财政税务。

　　③ 分别据《勃利县志》,中国社会出版社 1992 年版,第 298—299 页;《宾县志》,第 759 页(黑龙江人民出版社 1991 年版)计算。

12.2 万元,1936 年达 55.3 万元,增长 3.5 倍;黑龙江安达县的财政收入从 1932 年的 3.8 万元增加到 1936 年的 17.4 万元,增长 3.6 倍;吉林虎林县(现属黑龙江)的财政收入从 1932 年的 1.28 万元增加到 1936 年的 10.53 万元,增长了 7.2 倍。[①]

这种增收,绝大部分为捐税增加所致。阿城县 1932 年征收的县捐有垧捐、出口粮捐、特别车捐、房捐、妓女捐、经济捐、旅店捐、屠宰捐、车牌捐、各种公捐、营业捐、五厘捐等十余种,总计征收 6.28 万余元。1936 年实行"新税制"后,增加了"国税"附加捐,包括营业税附加捐、矿区税附加捐、矿产税附加捐和木捐等;独立捐则新增了不动产捐和户别捐等,总征数增至 24.75 万元,比 1932 年增加近 3 倍。县捐之外,阿城县各街村征收的街村费也有很多,如门户费、地费、房费、保甲费、杂费等,各种名目的摊派还不在内。[②] 安达的地方财政收入增加 3.5 倍,而同期的税收从 5009 元增至 7.1 万元,增长 13.2 倍。[③] 勃利为了增加财政收入,先后 4 次修订税制,增添税种,加收税捐。1936 年开征的地方税捐有"国税"附加税、营业税附加捐、矿业税附加捐、木捐、地捐、房捐、杂捐。其中杂捐又分"法定杂捐"(车船捐、渔业捐、屠宰捐、观览捐、不动产取得捐)和"许可杂捐"两种。另外,街村还要征收门户费、地费、家屋费、观览费和游兴费等。为了财政收入稳定增长,日伪在加重"法定"税捐征收的同时,又不断将"许可杂捐"变为"法定杂捐",将临时收入变为经常收入。如勃利财政收入分为"经常

---

① 《蛟河县志》,长春出版社 1992 年版,第 570 页;《扶余县志》,吉林人民出版社 1993 年版,第 401 页;《安达县志》,黑龙江人民出版社 1992 年版,第 493 页;《虎林县志》,中国人事出版社 1992 年版,第 378 页。

② 以上阿城县财政税收的数据见《阿城县志》(1988 年版)第十一篇《财政税务》,有些是根据该志提供的资料计算得出的。

③ 《安达县志》,黑龙江人民出版社 1992 年版,第 493 页。

部"和"临时部"两个部分,1932 年的财政收入中,"临时部"的比重达 95.8%,"经常部"则仅占 4.2%,微不足道。但到 1936 年,"经常部"的比重猛增至 64.7%,"临时部"的比重降至 35.3%,即 1/3 强。"法定税捐"已成为财政收入的主体。① 而在那些原本税种、税收和财政收入甚少的县份,日伪则大力开征临时税捐。虎林即属于这种情况。该县财政收入分为"经常门"、"临时门"两部分,1932 年的财政收入只有"经常门",而无"临时门",但到 1936 年,"临时门"在财政收入中已占 43.2% 的比重,即一小半的财政收入来自临时税捐。1935 年日伪县公署编《虎林政况概要》承认,该县"岁计无确切标准,不过每年按着普通预算敷衍造报而已"。② 岁计既无标准,收入又乏的款,任意苛征,随时摊派,也就成为获取财政收入的基本手段。

其他各县敌伪莫不通过增加税种、提高税率,扩大税捐征额和财政收入。黑龙江甘南县,自 1932 年 9 月执行伪满国务院颁布的"划分国税地方税纲要案及其办理办法"后,1934、1935 年两次整理所谓"国税""地方税"。1935 年的"整理"名曰废除不合理税目,实则是在原税制基础上,合并同类税项,以新税法代替性质相同的旧税制。如县内旧有地方税目中的堉捐、亩捐、菜园捐、街基捐、剪捐、剪课、山场捐、地捐、鸦片栽培捐等,统用地捐代替。"整理"后,旧有地方税归纳为地捐、房捐、杂捐等 3 个税种、10 个税目,新增牛马课捐、鱼搏课捐、屠宰课捐、广生课捐、渡河课捐、妓女课捐、以外课捐等 7 个税种、65 个税目。是年全县税收总额 107655 元,比 1934 年猛增 5.1 倍。1936 年又开设营业附加捐、特别税捐,实行"国税"附加捐和特别捐同时征收,并调整和提高了

---

① 《勃利县志》,中国社会出版社 1992 年版,第 302、298—299 页。
② 转见《虎林县志》,中国人事出版社 1992 年版,第 376 页。

税率,每垧地付江钱 0.73 元,街基地每方丈 0.045 元,屠宰捐牛每头 2 元、猪 1 元、羊 0.5 元,3 项税种平均为 4.275 元,比 1934 年增加 112.6%。① 吉林农安、双阳等县,都是税收和财政收入同步增长,甚至前者增幅更大。农安县敌伪不断增加税种,提高税率,县财政收入逐年上升,1919 年全县岁入吉大洋 12.3 万元,1945 年 8 月统计,当年岁入达 248.3 万元伪币。比 1919 年全年收入还多 19 倍;双阳县沦陷后,社会动荡,商业萧条,土地荒芜,但日伪为了搜刮民财,1933—1938 年间,3 次进行"税制改革",不断增加新税种,提高税率。1937 年县财政收入为 227586 元,比 1919 年的 48460 元增长 3.7 倍,而 1937 年的全县税收总额为 438685 元,比 1915 年全县财政收入还多 8.1 倍。②

为了加强税捐搜刮,增加财政收入,日本侵略者还大力开征鸦片税。日伪一方面鼓励和强迫农民种植毒品罂粟,另一方面为了逃避社会和舆论谴责,又假借"寓禁于征",高额征收鸦片税,美其名曰"禁烟特税"。在热河一些地区,税收和财政收入更全靠"禁烟特税"支撑(详见表 8-20)。

表 8-20   热河宁城等 3 县旗"禁烟特税"及税收结构

1935 年

单位:元

县旗别	总计	禁烟特税		其他	
		实数	%	实数	%
宁城县	219955	219162	99.6	793	0.4

---

① 《甘南县志》,黄山书社 1992 年版,第 375 页。

② 《农安县志》,吉林文史出版社 1993 年版,第 351 页;《双阳县志》,长春出版社 1991 年版,第 523、537 页。

续表

县旗别	总计	禁烟特税		其他	
		实数	%	实数	%
赤峰县	117795	114200	96.9	3595	3.1
克什克腾旗	83797	82043	97.9	1754	2.1
合计	421547	415405	98.5	6142	1.5

资料来源:《赤峰市志》(中),第 19 卷,内蒙古人民出版社 1996 年版,第 1431 页。

如表 8-20,热河宁城等 3 县旗,1935 年税收总额 421405元,其中"禁烟特税"达 415405 元,占 98.5%,宁城的"禁烟特税"比重更达 99.6%。除了"禁烟特税",日伪又通过统制收购、专卖鸦片,获取暴利,其金额更超过"禁烟特税"数十倍。1939 年日伪成立"蒙疆土药股份有限公司",是年生产收购鸦片887019 两,收入金额 331.9 万元;次年鸦片收购量增至 6717912两,收入金额 6263.5 万元,纯收入达到 1562 万元。[①] 日本侵略者的这一措施既增加和确保了日伪政权的岁入,巩固了殖民统治的财政基础;同时毒害、摧残了中国民众的身心健康,消磨了他们的反抗意志,一举两得。日本侵略者的阴险毒辣,莫此为甚。

伪满前期财政收入中占第二位的经营性收入包括各种"国营"、公营机构以及特殊公司经营所得即所谓"特别会计"的收入。这部分收入,随着日伪对东北经济、社会"统制"的加强而不断增加。1932 年,"特别会计"收入为 2636 万元,到 1942 年,增至238948.7 万元,增长近 90 倍;而同期一般会计收入,只从 15292.3

---

① 《内蒙古自治区志·农业志》,内蒙古人民出版社 2000 年版,第111—112 页。

万元增至 74557.5 万元，即增加不到 4 倍。二者的比例，也因此而由 1932 年的 0.17：1 变成 1940 年代初的 3.2：1。①

发行"公债"也是伪满财政搜刮的重要手段。伪满发行"公债"，除由金融机构推销外，许多是由各级政府机关向职工强行摊派认购的，在发放工资或津贴时扣除。到 1937 年，伪满总共发行"公债"4.45 亿元，其中"内债"1.98 亿元，"外债"1.93 亿元，"地方债"5352 万余元。全面侵华战争爆发后，通过发债的资金掠夺更加肆无忌惮。到 1942 年，总债额增至近 29 亿元，其中"内债"17.57 亿元，"外债"9.53 亿元，"地方债"1.88 亿元。② 这些债务，绝大部分都未清偿。1943 年，仅"内债"和"地方债"结欠额就达 21.23 亿多元，平均每个东北人负担 45.5 元。③

三、维护日伪统治的财政支出

伪满财政开支的最大特点，是财政收入的绝大部分，都被用于维护日伪对东北人民的残暴统治。如表 8-21 所示，1932—1936 年，伪满财政支出的最大项，是军事警察费，平均占总支出的 39%；其次为行政费，占 29.6%。两项合计，约占总支出的七成。而"产业土木"建设费用，平均计不过占总支出的一成稍多，有的年份且不足一成。用于文化事业的费用更仅占总支出的 2.6%。

---

① 据（日）满洲国史编纂刊行会编：《满洲国史·各论》，第 435 页。
② 据伪满经济部：《金融情势参考资料》，1943 年版。
③ 东北财政委员会经济统计处编印：《伪满时期东北经济统计》（1931—1945），1949 年 5 月版，第 6 页。

表8-21　伪满各项财政支出比重表

1932—1936 年

年度	军事警察费（%）	行政费（%）	产业土木（%）	文化（%）	其他（%）	总计（%）
1932	39	34	2	1	24	100
1933	38	29	6	2	25	100
1934	38	29	14	3	16	100
1935	38	29	15	5	13	100
1936	42	27	14	15	100	
平均	39	29.6	10.2	2.6	18.6	100

资料来源:据满铁产业部:《满洲经济综观》,1937 年刊本,第364—365 页。

伪满财政以军事警察费和行政费为主体的支出结构,是这个与国家、民族为敌的汉奸傀儡政权主要是依靠军事和警察暴力来维持统治的所谓"军政国"的特质的反映。由于从一开始就处在东北各阶层人民反抗日本侵略和日伪残暴统治的武装和非武装斗争的熊熊烈火之中,伪满政权除以驻守在东北的日本"关东军"和"关东宪兵队"作为保障其统治的主要武装力量之外,自己也不得不始终维持着数量众多的伪军武装和规模庞大的伪警察国家机器。伪满军队人数,最多时曾达到 14.5 万人;1934 年整编后有所减少,但也有近 8 万人之众。伪警察数量,更一直维持在 10 万人以上的规模。这些在侵略者"以华制华"政策下建立起来,受侵略者严密控制和指挥的,配合日军和日本宪兵对东北人民的反抗斗争进行军事"讨伐"和特务监视,以维持"治安"的武装和准武装力量,每年要消耗掉伪政权大量的财政收入,是完全可以想见的。在行政费方面,伪满政权为适应其统治需要,组织机构的设置复杂,叠床架屋,人员冗滥;又其作为受侵略者控制的傀儡政权,几乎所有重要的政府机构都在汉奸官吏系统之外，另外设有同样要由其负担开支的日本官吏系统，因而行政费支出巨大，也是必然的。

不仅"中央"财政以军事警察费和行政费为其主要开支，地方财政也同样如此。兹以伪滨江省阿城县和伪奉天省康平县这一时期的部分年度支出为例，分别如表8-22、表8-23所示。

表8-22 伪滨江省阿城县各项财政支出比重表

1934—1936 年

年度	经常支出（%）				临时支出（%）			
	县公署费	警察费	教育费	其他	警察费	特别"治安"费	其他	结转下年
1934	33.37	44.83	14.98	6.82	—	—	—	—
1935	25.57	52.83	16.38	5.22	13.75	24.60	29.09	32.56
1936	27.04	44.62	22.15	6.19	9.14	9.27	35.92	45.67
平均	28.66	47.43	17.84	6.08	11.45	16.94	32.51	39.12

资料来源：据《阿城县志》，黑龙江人民出版社1988年版，第405页表。按据原资料，表中3个年度的支出总数分别为：经常支出1934年16.3万元，1935年9.6万元，1936年20.7万元；临时支出1934年1.6万元，1935年8.1万元，1936年11.3万元。

表8-23 伪康平县各项财政支出比重表

1934—1937 年

年度	公署费（%）	警察费（%）	教育费（%）	保健及社会事业费（%）	产业及土木费（%）	其他（%）
1934	28.42	54.85	11.21	0.74	0.62	4.15
1935	27.51	55.91	10.12	0.19	0.74	5.54
1936	35.78	44.13	10.61	0.03	2.84	6.61
1937	32.02	39.96	7.13	2.09	4.95	13.85

年度	公署费 （%）	警察费 （%）	教育费 （%）	保健及社会 事业费（%）	产业及土 木费（%）	其他 （%）
平均	30.93	48.71	9.77	0.76	2.29	7.54

资料来源:据《康平县志》，东北大学出版社1995年版，第507页表14－4数据计算。按据原表，康平县1934年总支出203874元，内公署费57940元，警察费111833元，教育费22862元，保健费1512元，产业费1178元，土木费90元，其他8459元；1935年总支出110508元，内公署费30402元，警察费61781元，教育费11179元，保健费205元，产业费786元，土木费35元，其他6120元；1936年总支出194741元，内公署费69672元，警察费85941元，教育费20658元，保健费66元，产业费2049元，土木费3482元，其他12873元；1937年总支出216822元，内公署费69424元，警察费86636元，教育费15469元，保健费3765元，社会事业费760元，产业费3657元，土木费7078元，其他30033元。

　　表8－22显示:1937年以前,伪阿城县公署费多时约占该县经常支出的1/3左右,少时也占1/4以上,平均占28.66%。警察费则多时占1/2强,少时占四成四强,平均占47.4%。这两项用于县公署办公和维持"治安"、镇压人民抗日活动的费用合计,多则占经常支出的近八成,少也在七成以上;这还不算,各年的临时支出也有相当大的比例被用于警察费和特别"治安"费:1935年占临时支出总数的38.4%,1936年占18.4%。表8－21的伪康平县情况也大致仿佛,即县财政的七八成以上是被用于开支县公署费和警察费。

　　两县占第三位的支出均为教育费。伪阿城县3个年份平均占经常支出的17.8%,伪康平县4个年份平均占9.8%。教育费在二县除一部分用于开支教育行政费外,主要是用于公办中小学校(阿城县1938年以前没有公办普通中学)的经费支出。伪满时期,日伪在学校中大力推行殖民主义奴化教育,从小学起就向学生灌输"日满协和"、"日满亲善"、"共存共荣"、"一德一心"等思想,并强迫学生学习日语,为此向学校派出日籍校长、日籍教师,强令使用伪满新编教材。日伪时期的教育费支出,在本质上是为日本的文化侵略政策服务的。不仅如此,一些地区的财政支出中,更有部分款项专门用于网罗流氓、无赖,培植汉奸、特务。如伪辽宁铁岭县的"农民修炼所费"、"青年训练所费"等,即属于此种用途。①

伪满时期的地方财政支出,真正用于社会公共事业和经济建设的经费是很少的。而且这类经费中的有些开支,实际也与日本侵华和日伪镇压人民抗日有关。例如伪阿城县 1932 年的支出中,有用于建设探照灯、电网和电话的费用 18231 元,约占当年总支出 97116 元的 18.8%,表面上属建设费,实际用途却是用于防范和监督人民抗日活动的。②

在其他大多数地区,财政支出中的敌伪县公署费和警务费比重更高,甚至全部财政支出直接用于暴力统治、武装镇压和奴化教育,如表 8-24 所示,黑龙江肇州县 1932—1936 年 5 年的财政支出(经常部),除 1936 年一笔 12390 元的"其他"支出(具体用途不详)外,全部为县公署费、警务费和教育费,其中警务费平均占支出总额的53.2%,县公署费、警务费两项合计,平均占支出总额的 84.1%。

表 8-24　伪黑龙江肇州县财政支出及其分配

1932—1936 年　　　　　　　　　单位:元

年份	总计	县公署费		警务费		教育费	
		实数	%	实数	%	实数	%
1932	86100	32928	38.3	46264	53.7	6908	8.0

① 参见《铁岭县志》,辽沈书社 1993 年版,第 462 页,1934—1939 年岁出明细表。

② 《阿城县志》,黑龙江人民出版社 1988 年版,第 405 页。

续表

年份	总计	县公署费		警务费		教育费	
		实数	%	实数	%	实数	%
1933	169992	48770	28.7	96763	56.9	24459	14.4
1934	152611	44305	29.0	83921	55.0	24385	16.0
1935	67925	22717	33.4	37211	54.8	7997	11.8
1936 *	181030	54566	30.1	85520	47.2	28554	15.8
平均	657658	203286	30.9	349679	53.2	92303	14.0

* 除表列各项支出外,另有其他支出 12390 元。

资料来源:据《肇州县志》,黑龙江人民出版社 1987 年版,第 248 页综合计算编制。

　　不过伪满肇州县的县公署费、警务费支出比重还不是最高的。辽宁镇东县(今属吉林镇赉县)1932 年财政支出 99493 元,县公署费、警察费分别为 43534 元和 41914 元,两项合计 85448 元,占支出总额的 85.9%;黑龙江德都县 1934 年财政支出 81476 元,县公署费、警务费分别为 33850 元和 36486 元,合计 70336 元,占支出总额的 86.3%;辽宁瞻榆县(今属吉林通榆县)1936 年财政支出 75973 元,其中县公署费、警务费分别为 32030 元和 34404 元,两项合计 66434 元,占支出总额的 87.4%;黑龙江乌云县(今属嘉荫县)1936 年财政支出 29093 元,其中县公署费、警务费分别为 16433 元和 9401 元,两项合计 25834 元,占支出总额的 88.8%;奇克县(今属逊河县)1932、1933 年的县公署费占财政支出的比重分别为 85.2% 和 70.1%,与警务费合计分别为 93% 和 88.9%;辽宁通化县(今属吉林),1932 年财政支出 206816 元,其中警察署支出一项就达 188126 元,占支出总额的 91%。漠河县 1934、1935、1936 年财政支出依次为 36262 元、19296 元、34318 元,其中公署费、警察费合计依次为 32742 元、18598 元和 31612 元,依次占支出总额的 90.3%、96.4% 和 92.1%,3 年平均,公署费、警察费合计占支出总额的 92.3%。①

总之,县公署费和警察费是各县财政支出的主体,伪满全境皆然,无一例外,高的更超过 90%,甚至接近 100%。直接用从中国人民身上榨取的血汗和膏脂,高压统治和残暴镇压中国人民,这就是日本侵略者在东北沦陷区推行的基本政策。从《康平县志》的以下一段记载中,可以清楚地看到为何伪满地方财政支出以公署行政费、警察费为支出主体及这些支出服务于日本统治东北、镇压人民反满抗日的实质:

> "日伪在康平成立伪县公署,由日本人任参事官(后为副县长),各科局、警务、社团,以至中、小学校,都有日本人统揽实权。日伪政府强化警察机构,建立警察统治网络;成立伪协和会,宣扬'日满协和'、'王道乐土',强化殖民统治。警察、协和会动辄以'思想犯'、'经济犯'、'反满抗日'种种罪名,对境内各种抗日运动进行镇压。1934 年,日本宪兵队和伪蒙兵以'通匪'为名,血洗县西教力营子,杀死 30 多人,烧民房200 余间。1937 年西太平庄村民 3 人以'抗日'罪名被扔进'狼狗圈'。……"②

观察伪满财政,还有一点不能忘记,那就是伪满政权的财政,并不是日伪统治东北时期财政的全部内容。日本在东北驻有军

---

① 参见《镇赉县志》,吉林人民出版社 1995 年版,第 637 页;《德都县志》,黄山书社 1994 年版,第 551 页;《通榆县志》,吉林人民出版社 1994 年版,第 364 页;《嘉荫县志》,黑龙江人民出版社 1988 年版,第 367 页;《逊克县志》,黑龙江人民出版社 1991 年版,第 336 页;《通化县志,1877—1985》,吉林人民出版社 1996 年版,第 602 页;《漠河县志》,中国大百科全书出版社 1993 年版,第 416 页。

② 《康平县志》,东北大学出版社 1995 年版,第 4 页。

队,设有各种军政机关,它们的财政收支不属于伪满政权财政收支范围,但却是参与了整个伪满洲国的财经大循环的:其收入本质上是靠侵略和掠夺东北的财富所得,而支出则用于镇压东北人民的反满抗日活动,维护日本的殖民统治。日本在伪满洲国支出的"满洲事件费",到1935年已高达8.8亿元,几乎与伪满同期的财政预算规模相当。掌握关东州和满铁附属地事务的日本殖民统治机构关东局,其预算规模约为伪满"国费"和地方费总额的1/10。满铁附属地的财政支出,包括满铁支付的补助金,1934年有520余万元之巨。① 这些,都是不包括在伪满洲国财政统计之内的。

---

① 以上见解学诗:《伪满洲国史新编》,人民出版社1995年版,第339—340页。

第 九 章

革命根据地经济

1927—1937 年,中国除原有的半殖民地半封建经济之外,还出现了一种崭新的经济,这就是中国共产党创立和领导的革命根据地经济。这是新民主主义经济的雏形,是新中国社会主义经济的萌芽。

1927 年 7 月大革命失败后,以蒋介石为代表的大地主大资产阶级统治取代了北洋军阀,白色恐怖笼罩全国城乡。中国共产党从大革命失败的惨痛教训中,深刻认识到土地革命的极端重要性,清算了陈独秀右倾投降主义错误,确定土地革命和武装反抗国民党反动派的总方针,以武装斗争夺取政权,建立农村根据地,实行武装割据,中国革命进入了以土地革命为中心的新时期。革命根据地在进行武装斗争和巩固红色政权的同时,坚持经济领域的革命和建设,消灭封建地主土地所有制和封建地租与高利贷剥削,实现"耕者有其田",恢复、发展以个体和集体所有制为主体的农业、手工业生产,改善广大农民和手工业者的生活;废除封建半封建的财政税收制度,建立、完善新的财政税收、会计体制,减轻农民负担,严肃财政纪律,反对贪污浪费,树立社会新风;废除旧的金融货币制度,建立中央和国家银行,发行货币,占领金融市场,稳定金融秩序;保护工商业和中小商人的利益,疏通商业渠道,发展根据地商业和进出口贸易,恢复和开辟农村集市,稳定物价,维持市场秩序,促进商业流通和社会经济的发展,在蒋介石国民党严密封锁、频繁"围剿"的艰苦环境下,新民主主义经济全面萌发,顽强生存。

土地革命时期的新民主主义经济,以1931年中华苏维埃共和国成立和1934年10月红军主力开始长征为界,大致经历了酝酿萌发、初步形成和转移调整三个阶段:1927年大革命失败后,中国共产党领导发动秋收暴动和武装起义,建立多处根据地和工农政权,开展土地革命,打土豪、分田地,废除封建土地制度,建立没有封建剥削的新型个体农业和手工业经济,以及少量没有资本主义剥削的合作社经济和公营经济,新民主主义经济开始萌发,第一批根据地成为新民主主义经济的最早发祥地。不过由于各个根据地互不连属,各地环境、条件以及政策、法规、措施的制定及执行情况不尽一致,根据地经济尚未形成一个统一的整体,呈现出分散、多样、发展不平衡的特点。1931年11月中华苏维埃共和国的成立,是根据地经济发展的重要里程碑,中华苏维埃制定和颁发了宪法、土地法、劳动法和关于经济政策的决议案等根本性法令,规定了工业、农业、商业、财政税收、金融、银行、货币和城市建设各项经济政策,根据地经济开始走上法制化和规范化的轨道。同时,根据地的经济特别是合作社经济和公营经济,有了较大的发展,标志着新民主主义经济初步成形。1934年10月,第五次反"围剿"失败,中央根据地全部丧失,中央红军开始战略转移和二万五千里长征,根据地经济进入转移调整阶段。次年10月,中央红军到达陕北,陕甘宁边区成为新的土地革命中心。同时,为推动抗日民族统一战线的建立,中央对土地革命政策做了相应的调整,由武装推翻国民党政权改为"联蒋抗日",停止没收地主阶级的土地,改为减租减息,并加强对私人工商业的保护。随着陕甘宁根据地的逐渐扩大和巩固,包括合作社经济和公营经济在内的根据地经济又有了新的发展。

革命根据地经济建设具有开创性,在1927—1937年间,根据地经济虽然尚处于创立和探索阶段,但具有强大的生命力,经过重重困难和挫折,终于逐渐走向成熟。新民主主义经济在中国革命的历史进程和中华人民共和国建立后的经济建设中都发挥了重大的历史作用。

第一节　革命根据地开创和扩大时期的经济

革命根据地的新型经济是紧随土地革命的开展和根据地的创立而产生的。1927 年 7 月至 1931 年 11 月中华苏维埃共和国成立前,是革命根据地的开创和扩大时期,是根据地新民主主义经济的酝酿和萌发时期。1927 年 9 月后,随着各地武装起义的爆发、工农政权建立和土地革命的展开,新民主主义经济开始萌发,逐渐扩大。到 1931 年中,新民主主义经济已先后在湘赣,赣南,闽西,赣东北,鄂豫皖,湘鄂西,广东海陆丰、琼崖,广西左右江等 10 多个根据地产生。在这些地区尤其是湘鄂赣、赣西南、闽西、湘鄂西、广西左右江等根据地,不仅实现了"耕者有其田",大大调动了农民的生产积极性,通过实行劳力和耕牛互助,恢复和发展了农业生产,并开始建立合作社经济和公营经济,整顿和控制根据地的财政、金融、货币与商业流通。虽然这一时期的土地革命和根据地经济尚处于草创和探索阶段,又受到共产国际错误指导和党内"左"倾冒险主义路线的干扰,但充满智慧的中国共产党人尤其是以毛泽东、韦拔群、邓小平等为代表的中国共产党人,在土地革命的实践中,通过刻苦学习、深入调查研究,认真总结和吸取经验教训,使土地革命和根据地经济建设的路线、方针和政策措施,逐渐清晰和趋于完善,为土地革命的深入和扩大奠定了基础。

一、农村革命根据地的创建和
土地革命运动的开展

大革命失败后,中国共产党人在中共中央 1927 年 7 月 20 日制定的《目前农民运动总策略》、8 月 3 日拟定的《关于湘、鄂、粤、赣四省农民秋收暴动大纲》和"八七会议"总方针的指引下,从 1927 年 9 月至 1929 年年底的两年多时间内,发动了包括秋收暴动在内的 100 多次武装起义,建立了多个革命根据地和工农政权。在进行武装斗争的过程中,中国共产党和工农红军始终把开展土地革命、满足广大农民的土地要求、恢复和发展根据地经济放在首位。根据地和工农政权的建立,保证了土地革命和经济建设的顺利进行;土地革命和经济建设又反过来有力地促进了武装斗争的开展和根据地的巩固与扩大。

(一)革命根据地的建立

大革命失败的根本原因是中国共产党没有自己独立的武装力量和根据地。建立自己的武装和根据地,实行武装割据,是挽救革命的唯一途径。

1927 年"四一二反革命政变"后,面对蒋介石国民党的疯狂镇压和大规模屠杀,党中央一些领导和许多基层干部早就要求纠正陈独秀的妥协退让路线,"拿起武器跟反革命干","迅速出师讨伐蒋介石"。毛泽东在 1927 年 7 月 4 日召开的中央常委会上明确提出,农民自卫军可以"上山","上山可以造成军事势力的基础"①,

---

① 陈光烈:《奔向南昌》,见中国社会科学院现代革命史研究室编:《南昌起义资料》,人民出版社 1979 年版,第 155—156 页。

亦即为实行武装割据准备了条件。

在这种情况下,临时中央于 1927 年 7 月 13 日发表《中国共产党中央委员会对局势宣言》,宣布决心反抗蒋介石国民党,"永久站在国民革命的最前线"①,并决定将革命重心转入农村。7 月 20 日发出《中央通告农字第九号——目前农民运动总策略》,提出了在农村开展土地革命、推翻封建地主的乡村统治的新的历史使命,并就"北方各省如直鲁晋豫"和"南方湘鄂赣粤等省"的不同情况制定了土地革命的总策略,指出:"中国革命进到一个新阶段——土地革命的阶段";农民武装在合法与秘密"两种形式都不可能时则可以'上山'"。② 24 日发布《中央对于武汉反动时局之通告》,要求全党在"今年秋收时,积极做广大的减租抗租运动以鼓励农民悉起夺取乡村政权,实行没收大地主的土地"。③ 两个《通告》是举行武装起义、建立根据地、开展土地革命的动员令。

1927 年 8 月 1 日,在中共前敌委员会领导下,周恩来、朱德、贺龙、叶挺、刘伯承等发动南昌起义,全歼南昌国民党守敌,打响了武装反抗国民党反动派的第一枪,拉开了创立工农武装的序幕,也是革命重心由城市移往农村的转折点。8 月 3—5 日,起义军撤离南昌,分别转往江西、湖南、广东、福建农村,成为发动武装起义、创建农村根据地的一支重要力量。

在准备和举行南昌起义的同时,中共中央计划全面发动秋收暴动。8 月 3 日,中央制定了《关于湘鄂粤赣四省农民秋收暴动大

---

① 《中国共产党中央委员会对局势宣言》(1927 年 7 月 13 日),见中央档案馆编:《中共中央文件选集》(1927),中共中央党校出版社 1983 年版,第 181 页。

② 《中央通告农字第九号——目前农民运动总策略》(1927 年 7 月 20 日),《中共中央文件选集》(1927),第 184 页。

③ 李新、陈铁健总主编,时光主编:《中国新民主革命通史》(4),上海人民出版社 2001 年版,第 4 页。

纲》,特别批评了党过去对湖南农民运动的错误政策,规定暴动的战略是"以农会为中心","联合城市工人贫民(小商人)组织革命委员会",夺取乡、县政权,号召全党"勇往直前的领导秋收的暴动",并对四省农民暴动做了具体部署。①

1927年8月7日在汉口秘密召开的中共中央紧急会议(史称"八七会议"),讨论通过了《最近农民斗争的决议案》,明确指出,"共产党现时最主要的任务是有系统的有计划的尽可能的在广大区域中准备农民的总暴动",确定了土地革命和武装反抗国民党反动派的总方针。② 8月下旬,中共中央又制定了《两湖暴动计划决议案》,要求湖南、湖北两省必须从9月10日开始,根据不同环境,发动规模和区域范围大小不等,但目标、口号一致的农民暴动。③

在"八七会议"和秋收暴动大纲、暴动计划决议案的指引下,从9月开始,秋收暴动和武装起义的枪声响遍湖南、湖北、江西、广东、广西、福建、陕西以及江苏、浙江、山东、河北、四川、辽宁等省大地。通过秋收暴动和武装起义,组建了一支支工农武装,开辟了一处处农村根据地。

1927年9月9日,毛泽东以中央特派员的身份和湖南省委在湘赣边界发动了"秋收起义"。10月27日,毛泽东率领工农革命军到达江西井冈山茨坪,开始创建井冈山革命根据地。11月13日,潘忠汝、吴光浩、戴克敏、曹学楷等领导发动湖北黄安、麻城地区农民武装起义,创建鄂豫边区革命根据地。12月11日,中共广

---

① 《中共中央文件选集》(1927),第220页。

② 《"八七"中央紧急会议文件》(1927年8月7日),见中央档案馆编:《中共中央文件选集》(1927),中共中央党校出版社1983年版,第223—225页。

③ 《两湖暴动计划决议案》(1927年8月),湖北省档案馆藏,见章开沅等主编:《湖北通史·民国卷》,华中师范大学出版社1999年版,第336页。

东省委书记张太雷和叶挺、恽代英、叶剑英、周文雍、聂荣臻等发动广州起义，建立广州苏维埃政府。起义失败后，部分武装转入农村斗争。1928 年 3 月，周逸群、贺龙、卢冬生等发动湘鄂农民武装起义；3—6 月，郭滴人、邓子恢、张鼎臣等分别在闽西龙岩、永定发动起义，建立地方武装，开展游击战争。4 月 28 日，朱德、陈毅率领工农革命军第一师和湘南农军到达宁冈砻市，同毛泽东领导的秋收起义军会师。是月，刘志丹、高岗发动陕西渭华起义。5 月 4 日，在宁冈砻市召开二万人的会师大会，宣布会师部队改编为中国工农红军第四军，成立军委。20 日，中共湘赣边界第一次代表大会在宁冈茅坪召开，并选举湘赣边界特委，毛泽东任书记。接着，在茅坪成立湘赣边界工农兵政府。是月，方志敏在江西弋阳建立工农红军，开辟赣东北根据地，建立工农民主政府。7 月 22 日，彭德怀、滕代远、黄公略等发动湖南平江起义，建立工农红军第五军。11—12 月，红军主力先后到达井冈山，与红四军会师。1929 年 5 月，参加南昌起义后回到湘西桑植一带的贺龙，发动桑植起义，建立红军第二军和湘西根据地。

初时，这些根据地范围不大，分散数省，互不连接，没有集中统一的领导，基础很不稳固。为了不让敌人分别包围、各个击破，并加强党中央对苏区的领导，必须在各根据地发展壮大、彼此靠拢连接的基础上，建立中央根据地。由于大部分红色区域分布在江西和湖南、湖北、福建交界地区，建立以江西为中心的中央根据地的可行性最大。1930 年，这一地区的红军力量和红色区域迅速壮大：1 月，湖北洪湖区两支游击队合并扩大后改为红军第六军；4 月，鄂东、皖西、豫南三个地区的红军组成红军第一军，后与红十五军组成红军第四军团，鄂豫皖革命根据地形成。5 月，红五军攻克湖北崇阳、通城、咸宁、阳新、大冶等地，将鄂东南及赣北红军组成第八军，后扩大为红军第三军团；6 月，以红军第四军为骨干，同红十二军、红三军在闽西汀州合编为红军第一军团;8 月,红军第一、三军团在湖南浏阳会师,合编组成红军第一方面军,即中央红军。这些都为创建以江西为中心的中央根据地奠定了基础。

1930 年 10 月,江西吉安的攻克和赣江两岸广大地区的解放,使赣江两岸的湘鄂赣和赣西南(包括湘赣边)的苏区开始相连。据此,中共中央于 10 月中旬决定,将湘鄂赣和赣西南连接为一大区,发展为中央根据地,在中央苏区设立中央局、中央军事委员会和中央临时政府等中央首脑机构。但不久由于蒋介石发动第一次军事"围剿",湘鄂赣苏区和赣西南苏区又被敌人分割,中央苏区实际上只剩下赣西南苏区。1931 年 4 月蒋介石第二次"围剿"开始后,赣西南苏区的赣西地区也被敌军逐渐隔开。9 月,红军第三次反"围剿"胜利后,闽西、赣南两苏区联成一片,在此基础上,形成了以江西瑞金为中心的中央根据地。工农武装割据和根据地的建设进入了一个新的阶段。

(二)革命根据地土地革命运动的开展

1. 根据地建立初期的土地革命

随着各革命根据地的建立,中国共产党开始了领导农民进行土地革命的实践。

中国共产党人对土地革命的认识有一个逐渐明确和深入的过程。临时中央在清算陈独秀的右倾机会主义错误后,对中国革命的方向、任务和路线、方针、策略开始做出重大调整,将土地革命作为中国革命的主要内容。1927 年 7 月 20 日临时中央发出的《中央通告农字第九号——目前农民运动总策略》宣布,"中国革命进到一个新阶段——土地革命的阶段"。① 7 月 24 日中央发布的《中央对于

---

① 《中央通告农字第九号——目前农民运动总策略》(1927 年 7 月 20 日),见《中共中央文件选集》第 3 册,第 184 页。

武汉反动时局之通告》强调,鼓励农民"夺取乡村政权,实行没收大地主的土地"①,初步确定了土地革命的基本方针和内容。

临时中央随后在筹划、发动秋收暴动和武装起义的过程中,对土地革命的地位、内容的认识,逐渐具体、深入。1927 年 8 月 3 日中央制定的《关于湘鄂粤赣四省农民秋收暴动大纲》,严肃批评了党过去对湖南农民运动的错误政策,指出"中国革命正转向一个新的前途",在新的革命中,"土地革命将占重要的过程",对暴动的阶级路线和首要目标有了较明确的认识,规定暴动的战略是"以农会为中心","联合城市工人贫民(小商人)组织革命委员会",夺取乡、县两级政权。② "八七会议"通过的《最近农民斗争的决议案》,在土地革命的方针、政策方面,又向前迈进了一步,在确定土地革命和武装反抗国民党反动派总方针的同时,讨论土地革命中没收地主土地的政策,提出了关于土地革命的一系列鲜明口号,包括:"农村政权属于农民协会";"肃清土豪乡绅与一切反革命分子,没收他们的财产";"没收重利盘剥者财产";"没收大地主及中地主的土地,分这些土地给佃农及无地的农民";"没收一切所谓公产的祠族庙宇等土地,分给无地的农民";"解除民团团防等类的武装与其他地主的军队,而武装农民";"对于一切新旧军阀政府的税捐实行抗纳,并实行抗租",等等。③ 这些既是农民斗争的口号,更是土地革命的基本政策。这些口号显示,同会议前相比,中国共产党关于土地革命的政策尤其是土地政策,有明显的

---

① 李新、陈铁健总主编,时光主编:《中国新民主革命通史》(4),上海人民出版社 2001 年版,第 4 页。

② 中央档案馆编:《中共中央文件选集》(1927),第 220 页。

③ 《"八七"中央紧急会议文件》(1927 年 8 月 7 日),见中央档案馆编:《中共中央文件选集》(1927),中共中央党校出版社 1983 年版,第 223—225 页。

变化和发展。"决议案"把过去提出的"没收大地主的土地"修改成"没收大地主及中地主的土地"（"对小田主则减租"）；把没收土地的范围从地主私有土地扩大到祠族庙宇等"公产"土地，并决定将这些土地分给佃农及无地的农民。同时，土豪乡绅与一切反革命分子，以及重利盘剥者的财产，也都在没收之列。在政治上则明确提出"农村政权属于农民协会"，取代原来"以农会为中心"的含混提法。这些都为最初的武装起义和土地革命准备了指导思想与方针政策。

从"八七会议"到1928年年底，实行土地革命的地区主要有：井冈山、海陆丰、醴陵、琼崖、闽西的永定等根据地。各地在土地革命中实行的土地政策，开始是执行"八七会议"提出的没收大、中地主的土地，对小田主则减租的政策。以后是执行1927年11月中共临时中央政治局扩大会议通过的《中国共产党的土地问题党纲草案》所提出的"一切私有土地完全归组织或苏维埃国家的劳动平民所公有"①，即没收一切土地，实行土地国有的政策。

1927年10月，毛泽东率领工农革命军到达井冈山后，就把土地革命与武装斗争和开创革命根据地紧密结合起来。宁冈大陇等地从1928年2月开始分田。3月，毛泽东率工农革命军第四军（后改称为红军第四军）在桂东沙田一带进行没收、分配土地的试点。1928年5月20日，中共湘赣边界第一次代表大会讨论了如何开展分田的问题。为了加强对分配土地的领导，湘赣边界各县、区、乡普遍建立了土地革命委员会。宁冈全县和永新、莲花大部分地区，以及遂川、酃县的部分地区，都普遍分了田。为了取得分配

---

① 《中央临时政治局扩大会议文件》（1927年11月），见中央档案馆编：《中共中央文件选集》（1927），中共中央党校出版社1983年版，第403页。

土地的经验,毛泽东曾多次深入农民中进行调查研究,并写下了《宁冈调查》和《永新调查》。

湘赣边界分配土地的办法是:以乡为单位,原耕为基础,按人口平均分配,乡村手工业工人减半。家在根据地的红军、赤卫队官兵和政府工作人员都可分田。地主在没收其土地财产后,也分给一份土地。当时因没有征收农业税,有的地方留有"红军公田",作为红军部分给养的来源。

正在分配土地的过程中,由于受"左"倾盲动主义错误的影响,红四军奉命分兵向湘南冒进,使边界许多地方被敌人占领,即所谓"八月失败"。结果,地主豪绅卷土重来,屠杀、烧屋、捉人、夺地、收租、逼债,向农民反攻倒算。出现了"农民分田、地主割谷"的局面。1928 年 9 月,红四军回师井冈山,收复了宁冈全县和遂川、酃县各一部分,农民又夺回了失去的土地。

1928 年 10 月,在毛泽东主持下召开的湘赣边界党的第二次代表大会,总结了一年来土地斗争的经验,于 12 月颁布了《井冈山土地法》,这是中国共产党开创农村革命根据地后的第一部土地法。《井冈山土地法》规定:(1)没收一切土地归苏维埃政府所有,分配给农民"个别耕种",但遇特别情形,或苏维埃政府有力时,也可采用"分配农民共同耕种"或"组织模范农场"耕种。(2)一切土地"禁止买卖"。(3)土地按人口、男女老幼平均分配;遇有特殊情形也可以劳动力为标准,能劳动者加倍。(4)土地"以乡为单位分配",必要时可以几乡或区为调剂单位。(5)茶山、柴山,照田办法,竹木山归苏维埃政府所有,但"农民经苏维埃许可后,得享用竹木"。(6)乡村手工业工人所分田数为每个农民之半。(7)红军、赤卫队官兵和政府机关工作人员,"均得分配土地如农民所得之数,由苏维埃政府雇人代替耕种"。这部土地法,用法律形式否定了封建地主土地所有制,肯定了农民的土地耕种权,有着划时代的意义。但由于经验不足,亦存在某些失误:一是"没收一切土地而不是只没收地主土地";二是"土地所有权属政府而不是属农民,农民只有土地使用权";三是"禁止土地买卖"。①

井冈山根据地的土地革命虽然受到上述"左"倾土地政策的影响,但也有抵制。如毛泽东曾上书中央,批评湖南特委关于"使小资产阶级变无产,然后强迫他们革命"的错误口号;红四军第六次代表大会上曾做出的"禁止盲目烧杀"和"保护中小商人利益"的决议等。井冈山根据地的土地斗争,曾受到中央的好评。②

广东海陆丰(海丰县和陆丰县的习惯合称)的农民早就在彭湃领导下,与土豪劣绅、贪官污吏进行过顽强的斗争,取得了反对加租和要求减租的胜利。农民在同封建地主阶级的长期斗争中,愈来愈迫切要求实现"耕者有其田"。因此,1927 年 11 月 6 日海丰县临时革命政府一成立便颁布告示,宣布"执行土地革命,一切土地皆归农民"。11 月中旬,分别召开了两县工农兵代表大会,成立两县苏维埃政府。大会制定了《没收土地案》,强调不劳动者不得田地,不革命者不得田地,对革命士兵应分给土地,家中无人耕种者,准许其雇工。土地的实际分配则参照家庭人数多少、劳力强弱、有无别种收入和土地肥瘠等多种因素进行。《没收土地案》对没收土地的范围虽无明确规定,实际上是没收一切土地。为实施《没收土地案》,苏维埃政府宣布:命令地主在三天内交出地契、租约和债券,并当众烧毁,限期掘去田茔。③ 分到土地的农民,由苏

---

① 毛泽东:《土地法》(1928 年 12 月),《毛泽东文集》第 1 卷,人民出版社 1993 年版,第 37 页。

② 1928 年 11 月 28 日《中共中央政治局向国际的报告》中说:"惟朱毛在湘赣边境所影响之赣西数县,土地革命确实深入了群众。"

③ 绮园:《反动派与海陆丰苏维埃》(1928 年 2 月 16 日)。据此文记载:仅海丰一县就烧毁田契 47 万多张、租簿 50080 多本。

维埃政府发给土地使用证。中共中央对海陆丰农民的土地革命给予很高的评价:认为这是中国革命中,"第一次"土地革命。并号召"以海陆丰为模范",将其经验"充分地运用到一切农民暴动中去"。①

1928年3月,国民党反动派强大兵力进犯海陆丰,因敌我力量悬殊,海陆丰苏维埃政权失败。敌人疯狂地进行反攻倒算,仅海丰一县被杀害的农民就达5932人,被烧毁的房屋7246座,被抢耕牛2994头。② 还乡地主又从农民手中夺回了土地。

琼崖(海南岛的旧称)在大革命时期,全岛大多数县都成立了农民协会,农会会员达60万人。"八七会议"以后,中共琼崖特委率领各族人民举行武装暴动,到1928年3月,陵水、万宁、乐会等县先后建立了县或区的苏维埃政权。不过多数地区农民暴动后,只是镇压地主豪绅,烧毁地主房屋、契约,没收地主浮财,分配粮食给贫苦农民等,真正进行没收和分配土地的,则只限于少数地区。乐会县第四区是中共琼崖特委所在地,1928年1月建立乐四区苏维埃政府后,制定和颁布了《乐四区土地问题临时办法》,规定"土地权归农会,耕种权归农民";所有一切地主土地及公田,除酌给其家属耕种外,"余者收归农会";自耕农原耕田地暂由耕者耕管,但须向农会领取"耕田证";所有实业如树胶、槟榔等一律收归区农会,由区农会分配给各乡农会"收管"。依照上述原则,以乡为单位,在全区进行土地分配。以各户原耕种之田为基础,"余数抽出,不足者补之(视肥瘦而抽补)"。"田产分配后,死者将田收回,

---

① 《广州暴动之意义与教训》(中共中央临时政治局会议通过,1928年1月3日),见赵效民主编:《中国土地改革史》(1921—1949),人民出版社1990年版,第132页。

② 南方根据地访问团:《海陆紫惠四县被反革命摧残调查表》,见赵效民主编:《中国土地改革史》(1921—1949),人民出版社1990年版,第133页。

生者供给,但收回或供给须候收割后"。①

乐会四区的土地分配,执行了广东党委下达的"左"的指示:如没收一切土地,土地国有,铲平田界,以及杀尽一切地主豪绅等。由于受"左"倾土地政策的影响,有的乡更以"破除一切私有观念"为由,实行"共同生产,共同消费"。②

湖南醴陵农民在1927年年底,发动武装暴动,建立了以泗汾为中心的八个区级苏维埃政府。不久就开始了没收和分配土地的斗争。具体办法是:一切田地和土豪劣绅及反动派的家产"一概没收,分给农民"。③ 土地分配后,实行分耕和共同耕作,即共同生产,共同消费两种经营形式。④

1928年3—4月间,醴陵的共耕制受到中共湘东特委赞许,被认为是解决土地问题的"最好形式"。中央也默许这一做法,认为"当农忙与战争之时,不必一定要变更形式"。⑤ 后来,平江、浏阳等根据地,也一度实行共耕制。它反映了农民小生产的空想社会

---

① 参见《中央琼崖特委报告》(1928年4月10日),见赵效民主编:《中国土地改革史》(1921—1949),人民出版社1990年版,第135页。

② 《琼崖特委一月份总报告》(1928年1月25日),见中国社会科学院经济研究所中国现代经济史组编:《第一、二次国内革命战争时期土地斗争史料选编》,人民出版社1981年版,第211页。

③ 胡义:《醴陵的农民暴动》(1928年8月20日),《布尔什维克》,第26期。

④ 所谓共同生产,就是农民在乡苏维埃统一组织的耕作委员会的指挥下,进行集体生产劳动。"6时半鸣炮起床工作,8时半打鼓吃早饭,9时工作至12时吃午饭,1时工作至5时休息"。所谓共同消费,就是"凡属农协的会员,无论到那一家都有饭吃,有衣穿,有床铺可睡。没有饭吃的有饭吃,没有房子住的有房子住"(见觉哉:《湘南湘东赣西革命势力之扩展》(1928年7月28日),《布尔什维克》,第25期)。

⑤ 《中央给湘东特委信》(1928年5月6日),见江西人民出版社编:《革命根据地经济史料选编》上册,江西人民出版社1986年版,第24页。

主义,也与当时中央"左"倾盲动主义政策有密切联系。1928年因敌人进攻,醴陵红色政权失败,共耕制也告结束。平江、浏阳所实行的共耕制,因受到农民反对而"中止"。①

福建永定溪南区,以"铁血团"为基础的农民革命武装约4000余人,在张鼎丞等指挥下,于1928年6月参加围攻永定县城,后撤回西南农村,成立了十多个乡的苏维埃政权。8月成立溪南区苏维埃政府,着手分配土地,基本办法与琼崖相似,即没收一切土地,以乡为单位按人口平均分配,以原耕土地为基础,抽多补少;地主、富农与贫农、中农一样分田;山林为各乡各村公有。② 首先在金砂乡进行试验,再向其他乡推广,一个月内,共有13个乡、2万人左右的地区,完成了没收和分配土地的任务。

除上述5个根据地之外,湘东浏阳,赣西南吉安东固山区,赣东北的横峰、弋阳地区,鄂西南洪湖地区,随着革命根据地和工农政权的建立,在土地革命初期也进行了规模大小不等的分田斗争。③

各地土地革命斗争的实践说明,"八七会议"确定的土地革命的总方针是正确的,受到广大农民的欢迎和拥护。土地革命的实践把中国农民几千年来要求摆脱封建桎梏的愿望变成了现实,农民成了土地的主人。土地革命调动了广大农民群众的积极性,他们为支援革命战争和巩固新生的红色政权贡献出自己的力量。但是,各地在土地革命中,实行了没收一切土地和土地国有的政策,把农民的小块土地也列为没收的对象,这必然要侵犯一部分中农

---

① 参见《中央给湖南省委的指示信》(1928年7月22日)。

② 参见邓子恢、张鼎丞:《闽南暴动与红12军》,《星火燎原》,第1卷第1集,人民文学出版社1962年版。

③ 参见杜润生主编:《中国的土地改革》,当代中国出版社1996年版,第82页。

(尤其是富裕中农)的利益,不利于团结中农。实行土地国有更难以为广大农民所接受。上述错误同当时中共中央混淆中国革命性质的错误认识有关,直到中共第六次代表大会上才得到纠正。

2. 土地政策的完善和土地革命运动的深入

1928 年 6—7 月,中国共产党在莫斯科召开了第六次代表大会,总结了第一次国内革命战争以来,特别是党的"八七会议"以来领导农民开展土地斗争的经验教训,讨论和通过了《土地问题决议案》和《农民问题决议案》①,进一步明确了中国革命的性质和任务,强调"中国革命现在阶段的性质,是资产阶级民主革命。如果认为中国革命目前阶段已转变到社会主义性质的革命,这是错误的;同时,认为中国现时革命为'不断革命'也是不对的"。中国革命的中心任务是推翻帝国主义在中国的统治,废除地主阶级的土地所有制,推翻国民党政权,建立工农民主专政。中国农村的基本矛盾是"几千百万无土地和土地少的农民与独占土地的阶级(大、中、小地主)之间的矛盾"。农民"主要的敌人是豪绅地主",而不是富农,"故意加紧反对富农的斗争是不对的";必须使"富农中立,以减少敌人的力量"。土地革命的任务是"反对一切封建的束缚,反对农民之中一切中世纪的剥削,而斗争的主要目标,是要推翻地主的封建式的剥削和统治",使农民得到土地。决议既批评了只没收大中地主土地的不彻底性,也反对"没收一切土地"的过"左"的政策。将"没收一切土地"改为"没收一切地主阶级的土地"。决议分析了中国农村的土地占有关系之后,指出"贫农与农村无产阶级在工人阶级领导之下而斗争,是土地革命的主要动力,

---

① 《中国共产党第六次全国代表大会文件》(1928 年 7 月),见中央档案馆编:《中共中央文件选集》(1928),中共中央党校出版社 1983 年版,第191、208 页。

而与中农联合,是保证土地革命胜利的主要条件"。决议中所提出的土地革命的阶级路线可以概括为:依靠雇农贫农,团结中农,中立富农,消灭地主阶级。

中国共产党第六次代表大会制定的"十大纲领"中,虽然提出了"没收地主一切土地,耕地归农"的正确主张,但决议案又规定,"没收的土地归农民代表会议(苏维埃)处理,分配给无地少地的农民使用"。这就是说,"归农"的只是土地使用权,而不是所有权,尚未完全改变土地国有的政策。此外,有关没收和分配土地的具体政策都有待于进一步完善。

随着红军和革命根据地的壮大,土地革命日益深入地开展。土地革命路线和政策也逐步丰富和完善。1929年1月,为了粉碎国民党反动派对井冈山根据地的第三次"围剿",毛泽东、朱德、陈毅等率领红四军进军赣南、闽西地区,并在那里进行没收和分配土地的斗争。1929年4月,毛泽东在兴国主持制定《兴国土地法》,将《井冈山土地法》中"没收一切土地"修正为"没收公共土地及地主阶级土地"。6月,红四军第二次转战闽西,发布了红四军《告商人及知识分子》的布告,明确宣布"取消苛捐杂税,保护商人贸易",正确制定了土地革命中保护中小工商业者利益的政策。7月召开的中共闽西第一次代表大会,在毛泽东的指导和帮助下,总结了闽西根据地土地革命的经验。大会通过的《政治决议案》和《土地问题决议案》,对没收和分配土地的许多具体政策,有了新的发展。如规定对大中地主区别对待,并给以生活出路,对在乡地主"酌量分与田地";"中立"富农,"不打击富农"。在土地革命的不同时期,对富农采取不同的政策:在初期,"不没收其土地并不派款,不烧契,不废除其债务";在分配土地过程中,"富农田地自食以外的多余部分,在贫农群众要求没收时应该没收"。对中农的"田地不没收,田契不烧毁","对自耕农的中农不要有任何的损失"，争取其参加革命。对大小商店采取一般的保护政策(即不没收)。分田时实行"抽多补少"，而不采取打乱平分。实践证明，这些规定基本上是正确的。1930年6月，中共红四军前委和闽西特委在汀州南阳召开联席会议(史称"南阳会议")，讨论通过了《富农问题》的决议。在原来的"抽多补少"之外，增加了"抽肥补瘦"的规定，限制了富农把持肥田、分田不公问题的发生，满足了原来土地质量较差的贫雇农的要求。

在湘鄂西根据地，1930年10月湘鄂西特委制定的《关于土地问题决议案大纲》和湘鄂西第二次工农兵贫民代表大会通过的《土地革命法令》，明确规定要严格区分中农和富农，并提出了具体标准：虽"兼雇佣少数工人耕种"，但其数量与其人口需要刚刚相符者，"不失其为中农，不能因其少有余裕便认为富农"。同时规定"中农土地不动"，对富农只没收"所余出佃的土地"，"不禁止雇佣耕种"。[①]　在如何对待富农的问题上，更加明确了。

到1930年年底、1931年年初，各根据地在土地革命实践中，又进一步解决了土地分配以后农民对土地的所有权问题。实践证明，在当时的历史条件下，实行土地国有，不适合中国国情。由于农民的土地私有观念根深蒂固，获得属于自己所有的土地是农民世世代代梦寐以求的愿望。实行土地国有，农民只有土地使用权，无法调动起革命和生产积极性，也不利于农业生产的发展。同时按人口平分土地后，限制土地出租，那些缺少劳动力的农户，尤其是军烈属、干部家属和老幼病残户，也增加了困难，而一部分劳动力多的农户又不能通过租佃和买进土地扩大农业生产。土地国有

---

① 《湘鄂西特委第一次紧急会议关于土地问题决议案大纲》(1930年10月)，中国社会科学院经济研究所中国现代经济史组编：《第一、二次国内革命战争时期土地斗争史料选编》，人民出版社1981年版，第483页。

引发出新的问题和矛盾。1930年9月,周恩来在中共六届三中全会上传达共产国际关于土地问题的指示精神,指出"土地国有问题,现在是要宣传,但不是现在已经就能实行土地国有";"禁止土地买卖,目前是不需要的口号,就只是增加了农民的恐慌心理"。①10月,湘鄂西第二次工农兵贫民代表大会通过的《土地革命法令》,已写明"不禁止买卖"。其他根据地1931年年初也都实行不禁止买卖土地的政策,实际上承认农民对分得的土地拥有所有权。这是对土地国有的否定。1930年12月,闽西苏维埃政府根据农民要求,颁布了《租田条例》,凡老弱残废、红军士兵及无人无耕牛农具的贫苦农民等"无法维持生活者",都可以"出租田地"。1931年2月27日,毛泽东以中央革命军事委员会总政治部主任的名义写信给江西省苏维埃政府,要求他们发布命令和布告,明确规定:"过去分好的田即算分定,这田由他私有,别人不得侵犯,以后一家的田,一家定业,生的不补,死的不退,租佃买卖,由他自由;田中出产,除交土地税于政府之外均归农民所有"。1931年3月15日,江西省苏维埃政府发布文告,宣布"土地一经分定,土地使用权所有权统归农民"。4月闽西苏维埃政府在《土地委员扩大会议决议》中明确规定,"农民领得田地,即为自己所有,有权转租或变卖、抵押,苏维埃不禁止"。这是对土地革命中所要改革的封建土地制度的认识和政策的一个重要发展。土地革命所要废除的是封建的地主土地所有制,而不是农民的小土地私有制,也就是通过没收地主的土地,分给无地和少地的农民,以达到废除封建的地主土地所有制,实现农民的小土地所有制的目的。

---

① 周恩来:《关于传达国际决议的报告》(1930年9月24日),见中央档案馆编:《中共中央文件选集》(1930),中共中央党校出版社1983年版,第338—350页。

这样,到 1931 年中国共产党关于土地革命的路线、方针和政策已经全面确立和趋于完善。基本内容可概括为:依靠贫雇农,联合中农,中立和限制富农,保护工商业者,消灭地主阶级,变封建的地主土地所有制为农民的土地所有制。土地以乡为调剂单位,按人平均分配,以原耕为基础,抽多补少,抽肥补瘦。这既是各根据地土地革命实践经验的总结,又进一步指导和推动了各地土地革命斗争不断深入和发展。

红四军在开辟赣西南、闽西革命根据地的过程中,始终把土地革命放在极其重要的地位。红军所到之处,张贴布告,宣传土地革命:"土豪劣绅,横行乡镇,重租重税,人人怨愤"。"地主田地,农民收种;债不要还,租不要送"。接着建立了工农民主政府,发动和组织群众,开展土地的没收与分配工作。赣西南根据地由毛泽东主持制定了《兴国县土地法》,同时在兴国、于都、宁都等县先后成立了工农民主政权——革命委员会,举办"土地革命训练班",为分田作准备。1929 年 6 月,红军转战闽西,红四军一方面抽出部队到各县帮助农民武装消灭民团和土匪,开辟和扩大新的根据地;另一方面发动群众,成立区乡苏维埃政府,建立农民赤卫军,为实行土地革命创造条件。7 月,中共闽西第一次代表大会通过并实施《土地问题决议案》,闽西地区出现了"分田分地真忙"的景象。到 1930 年春,在长汀、边城、上杭、永定、龙岩纵横 300 多里的地区内,50 多个区,500 多个乡,约有 60 多万农民分到了土地。

1930 年年初,红四军回师赣西南,2 月在毛泽东的主持下,召开红四军前委、赣西赣南两特委和红五军军委联席会议(又称"二七"会议),批评了"只打土豪不分田地"错误倾向,并参照闽西南经验,制定了《赣西南苏维埃土地法》,推动了土地革命斗争的开展。这年 6 月,土地分配已遍及吉安、吉水、永丰、广昌、宁都、万安、安福等 20 个县的部分或大部分地区。

位于湖北、河南、安徽 3 省边界的鄂豫皖根据地,1927 年 11 月黄麻起义后,新成立的黄安(今红安)县农民政府在其《施政纲领》中,即提出了"实行土地革命"的口号,可惜起义旋即失败。1928 年 3 月,工农革命军进入柴山堡地区,建立了柴山堡根据地。1928 年秋,鄂东党组织在松树岗开会,讨论如何实行分配土地的问题,提出了没收"豪绅地主反对派的土地财产,照人口分给贫农雇农"的主张,并发动农民开展减租减息和抗租抗债斗争。12 月,中央派代表到鄂东北传达"六大"决议。鄂东特委提出"学井冈山的办法",1929 年春在黄安、麻城两县部分地区开始没收和分配土地。为了指导土地革命斗争的开展,中共鄂东北特委召开黄安、麻城、黄陂、孝感四县县委和红 61 师师委联席会议,制定了鄂豫皖根据地的《临时土地政纲》。1929 年 11—12 月,新成立的鄂豫边特委分别召开了第一次党代表大会和第一届工农兵代表大会,通过了《群众运动决议案》和《土地政纲实施细则》,规定没收和分配土地时,不得侵犯自耕农利益,要联合中农,"防止无原则的妨碍中农利益",对富农只分配其"剩余的土地";要保护商业,对中小商人和富农的经济不能妨害;分配土地应采取人口与劳动力兼顾的原则。1930 年上半年,鄂东北、鄂东南、皖西三个根据地统一为鄂豫皖根据地,相继成立中共鄂豫皖特委和鄂豫皖边区苏维埃政府,推动了土地斗争的开展。到 1930 年年底,实行没收和分配土地的地区,从原来的黄安、麻城两县扩大到黄陂、孝感、光山、罗山、商城、六安、霍山、霍邱等 10 余县。[①]

湘鄂西根据地从 1927 年 9 月鄂西秋收暴动到 1929 年 12 月中共鄂西特委第二次代表大会以前,开展了抗租、抗粮、抗税、抗捐和镇压土豪劣绅等斗争。在 1929 年一年中,随着武装斗争的开

---

① 《鄂豫皖特委报告》(1931 年 2 月 10 日)。

展,分别在洪湖地区的监利、石首、沔阳、江陵以及湘鄂交界的桑植、鹤峰等地建立了根据地。12月,中共鄂西特委召开党的第二次代表大会,通过了《关于土地问题决议案》。1930年春,鄂西五县联县政府成立,夏季,湘鄂西的红军主力红四军和红六军合编为红二军团。红色政权的巩固和工农武装力量的壮大,推动了土地革命运动的开展。到1930年年底,已实行分配土地的地区有监利、石首、江陵、沔阳、潜江、华容、鹤峰等县。①

由方志敏、邵式平等领导创建的赣东北(又称闽浙赣)根据地,1928年5月先后在弋阳、横峰两县成立苏维埃政府;1928年冬,福建崇安农民起义创建了闽北根据地。1929年10月召开的赣东北信江工农兵第一次代表大会,拟定了分配土地的原则和办法:50%的田亩按人口分配,剩余50%按生产成员分配;雇工一律分田;兵士、工作人员、孤老残废一律照人口分田;泥木等手艺人因战争时期无工可做,也准其分田。② 1929年10月,新建立的信江苏维埃政府发布《土地政纲》,在德兴、贵溪等区域掀起了分配土地的热潮。次年3月,信江第二次工农兵代表大会通过了《土地临时使用条例》。下半年成立赣东北省苏维埃政府,但由于敌人进攻,新辟根据地土地斗争进展迟缓,真正分配土地的只有乐平一个县。③

湘鄂赣根据地在1928年发动平江起义和建立平江、浏阳红色政权后,部分地区也开展土地斗争。在斗争过程中,因"共耕制"不为农民所接受,1929年改为将土地分配给农民耕种。10月2

---

① 《湘鄂西特委报告》(1931年2月10日)。

② 《江西信江群众斗争的经过与苏维埃的扩展》,《红旗日报》1930年9月10日。

③ 《赣东北特委报告》(1931年2月25日)。

日,湘鄂赣边革命委员会颁布《土地政纲》。至 1930 年上半年,分配土地的除平江、浏阳外,还有新开辟的万载、修水、铜鼓等县的部分地区。随着红五军第五纵队挺进鄂东南,开辟鄂东南根据地,1930 年上半年在阳新、通山、大冶等县建立县、区、乡苏维埃政府。1930 年 6 月,阳新县第一次工农兵代表大会制定和通过了《没收土地和分配简则》和《土地使用暂行条例》。到 1930 年年底,在湘鄂赣边境地区,平江、大冶、通城、广济、鄂城、黄梅、咸宁等县的 24 个区约有近百万人分得了土地。

广西左右江根据地在 1929 年 12 月邓小平、张云逸、韦拔群等领导发动百色起义后,成立了工农红军第七军和右江苏维埃政府。红军司令部、政治部张贴告示,向各族人民发出了"组织农协,土地革命,打倒地主,消灭豪绅,租税尽取消,土地归农民"的号召。1930 年 2 月又领导发动龙州起义,成立工农红军第八军,建立左江革命委员会。5 月 1 日,左江苏维埃政府颁布《土地暂行条例》,随即开展土地革命。到 1930 年 10 月红七军离开左右江时止,分配土地的地区有东兰全县,以及凤山、平马、奉仪、思林、果德的部分乡村。① 此外,在湘赣、广东的东江等根据地,也开展过土地革命。

上述各地的土地斗争,是在革命根据地迅速发展中进行的。由于各项政策的逐步完善,运动的进展基本上是顺利和健康的,但不同根据地发展尚不平衡,其间也发生过一些错误,主要是受共产国际关于"加紧反对富农"的指示干扰。1929 年 6 月 7 日,共产国际执委会给中共中央寄发《关于农民问题的信》,指责中国共产党第六次代表大会提出的"不要故意加紧反对富农"的政策,是"机会主义的","犯了最大的错误"。强调"中国的富农在大多数情况

---

① 陈豪人:《七军工作报告》(1931 年 3 月 9 日)。

之下,都是小地主,他们用更加束缚和更加残酷的剥削形式去剥削中国农民基本群众"。土地革命的斗争对象,不应限于半地主富农,而且也应包括"自己经营农业的富农"。共产国际这时之所以提出"加紧反对富农",是因为当时苏联共产党正在开展反对布哈林的保护富农政策的斗争,开始实行全盘集体化和消灭富农的政策。这种不区别富农与地主,不区别资本主义剥削与封建剥削,把所有富农驱赶到地主一边去的政策,显然是脱离中国的实际的,是超越民主革命阶段的过"左"的政策。

1929年9月1日,中共中央做出了《中央关于接受国际对于农民问题之指示的决议》,承认第六次代表大会提出的"不要故意加紧反对富农"等政策是"走上机会主义的道路",要求全党"应坚决的反对富农"。不过一些根据地对这一决议的执行尚有保留和抵制。1930年5月,全国苏维埃区域代表大会通过的《土地暂行法》,对富农仍然只规定没收其"出租部分的土地"。在赣西南和闽西根据地,对富农仍然实行"抽多补少"、"抽肥补瘦"的办法。共产国际对此很不满意,指责这是"在分配土地中之右倾的富农倾向"。①

各革命根据地的土地革命,尽管受到上述干扰,曾一度出现对富农政策过"左"的倾向,但与土地革命的成就相比毕竟是次要的。土地革命的深入开展,使农村根据地的面貌发生了根本的变化。

第一,阶级关系发生了变动,被压迫的贫苦农民政治上翻了身,成了农村的主人。毛泽东在1930年10月撰写的《兴国调查》

---

① 《共产国际东方部关于中国苏区土地农民问题决议案草案》(1930年8月),见中央档案馆编:《中共中央文件选集》(1930),中共中央党校出版社1983年版,第258—266页。

中说:经过土地革命,地主的田被分了,他们当中的反革命首恶被镇压了,也有的跑了,农民"取得了政权",贫农"成了农村中的指导阶级",中农也有了"话事权",他们"在乡区两级苏维埃中担负工作的,约占百分之四十"。①

第二,广大无地和少地的农民分得土地后,生产积极性极为高涨,从而促进了农业生产的发展。如闽西根据地 1929 年分配土地后,1930 年的早稻就获得好收成,龙岩、连城的产量比上年增加二成,上杭、长汀比上年增加一成。鄂豫皖根据地分配土地以后,1930 年英山县水稻亩产增加二三成,有的甚至达到五成,出现了"赤色区米价一元一斗,白色区一元只能买四五升"的情况。②

第三,随着农业生产的发展和苛捐杂税的废除,农民生活得到改善。赣西南根据地农民在土地革命后,"不还租、不还债、不完粮、不纳捐税,工人增加了工资,农民分得了土地,好像解下了一种枷锁,个个都喜形于色"。③ 他们添置了衣服、被子、蚊帐、购买了农具。江西兴国,过去农民没钱,讨不到老婆的,中农占 10%,贫农占 30%,雇农占 99%;"现在完全没有这个困难了","中农贫农从前无老婆的,多数有了老婆,没有的很少了"④,只是雇农要讨老婆还比较难。

第四,广大农民革命积极性空前高涨。他们亲身感受到共产

①　毛泽东:《兴国调查》,《毛泽东农村调查文集》,人民出版社 1982 年版,第 221、217 页。

②　《六安霍山暴动的经过》,《红旗周报》1930 年 9 月 12 日第 29 期。

③　《赣西南刘士奇报告》(1930 年 10 月 7 日)。见赵效民主编:《中国革命根据地经济史(1927—1937)》,广东人民出版社 1983 年第 1 版,第 164 页。

④　毛泽东:《兴国调查》,《毛泽东农村调查文集》,人民出版社 1982 年版,第 222—223 页。

党和红军是为他们谋利益的,因此积极参加保卫土地革命成果的
斗争,努力生产,支援前线,参加红军。江西兴国县,23—50 岁的
翻身农民基本上参加了赤卫队。不仅有男赤卫队,还有女赤卫队。
各乡都有一支八九十人的赤卫大队,其主要任务是放哨,有时也配
合红军作战。16—23 岁的农民参加少年先锋队,任务与赤卫队大
体相同。8—15 岁参加劳动童子团,任务是放哨、“检查烟赌”、“破
除迷信打菩萨”。每乡还有一连工人纠察队。又从赤卫队、少先
队中,挑选精壮勇敢分子组成红军预备队,条件最好的则编入区特
务营或县独立团。随时“听候调遣编入红军”。这样红军在战争
中就能得到源源不断的人力、物力支援。在湘鄂西根据地,分得土
地后的农民群众积极参军参战,沔阳姚家河 600 多人中,有 140 多
人参加红军、赤卫队和游击队。鹤峰城关各乡原来只有赤卫队员
100 多人,土地革命后迅速增加到 500 多人。在湘鄂赣根据地,从
1930 年 9 月至 1931 年 3 月,参加红军的翻身农民达 3 万多人。①
工农红军由于有了千百万翻身农民为后盾,能够在三次反“围剿”
中,以少胜多,以弱胜强,屡创奇迹。红军在战斗中不断壮大,革命
根据地也迅速扩大。正如毛泽东所指出的:军事上给国民党的进
攻以很大的困难,因为“有农民的援助,红军虽小却有强大的战斗
力,因为在共产党领导下的红军人员是从土地革命中产生、为着自
己的利益而战斗的”。所以“根据地虽小却有很大政治上的威力,
屹然和庞大的国民党政权相对立”,不断发展扩大。② 中国工农红
军在取得了第三次反“围剿”的胜利后,赣西南、闽西两个根据地

① 平生:《湘鄂赣边界苏区通讯》(1931 年 8 月 13 日),《红旗周报》
1932 年 1 月 30 日第 30 期。
② 毛泽东:《中国革命战争的战略问题》,《毛泽东选集》第 1 卷,人民
出版社 1991 年版,第 190 页。

连成一片,成为拥有 21 个县城,250 万人口的中央革命根据地。其他根据地也得到了进一步的扩大。这些胜利,又有力地推动了土地革命运动的深入开展。

二、革命根据地财政的建立与
对根据地金融的整顿

随着革命根据地的建立和扩大,根据地新的财政和金融制度的建立被提上日程。土地革命初期,根据地新的财政制度的建立尚处于草创阶段,但金融方面,银行的创建,货币发行和对旧的货币和金融制度的整顿等,取得了可喜的成绩。

(一)根据地财政的建立

土地革命初期,革命根据地的财政来源主要包括战争缴获和没收地主豪绅的财产两部分。战争缴获是红军武器弹药补给的主要途径。根据地处于经济落后的偏僻农村,不仅没有先进的机器工业,连手工业工场也很少,红军武器的装备大多是从敌人手里夺取的。如醴陵农民暴动开始只有二支枪,经过几次战役,从敌人手里夺取了 300 支枪,建起工农革命军第八师第一团和醴陵革命根据地。① 1928 年 1 月退到粤湘边界的"八一"南昌起义部队,在朱德、陈毅领导下在广东省坪石打了一个胜仗,缴获步枪二千支,轻重机枪 100 多挺,迫击炮、山炮 30 多门,用它补充和武装了起义军

---

① 胡义:《醴陵的农民暴动》(1928 年 8 月 20 日),《布尔什维克》第 26 期。

和农民武装。① 毛泽东领导的湖南秋收起义队伍,上井冈山时还不到 1000 人。后来打了许多胜仗,又汇合朱德部队打了几个更大的胜仗,先后从敌人手里缴获了枪炮 2700 多支和其他物资装备,扩大了红军,使红军到 1928 年年底发展到 5000 多人,并武装了赤卫队和暴动队。② 毛泽东后来十分幽默地说,"伦敦和汉阳的兵工厂,我们是有权利的,并且经过敌人的运输队送来。这是真理,并不是笑话"。③

　　根据地财政收入除了战争缴获,另一个主要来源是没收和征发豪绅地主的资财,即打土豪筹款。这是根据地建立初期财政收入的一个特点。它不仅保障了红军和政府工作人员的供给,还打击了豪绅地主阶级的经济势力,调动了农民的革命积极性。中共广东省委于 1927 年 9 月和 10 月两次下达指示,要求根据地和工农革命军没收土豪劣绅的财产来救济农民,兴办地方公益事业和补充军事需要。④ 中共湖南省委在 1927 年 10 月紧急会议决议案和 1928 年 6 月给湘赣边界红四军的信中,要求暴动的经费和农军、革命政府的经费,都要用没收地主豪绅的财产和战争缴获来解决。1927 年 12 月,中共中央在给朱德的信中说:"你们队伍一切的给养,均应从豪绅地主阶级筹款,千万不要空想党会来帮助,这

---

　　① 赵容:《跟随朱德同志从南昌到井冈山》,《近代史研究》1980 年第 1 期,第 88 页。

　　② 《毛委员在井冈山》,江西人民出版社 1977 年版,第 220、248、285 页。

　　③ 毛泽东:《中国革命战争的战略问题》(1936 年 12 月),《毛泽东选集》第 1 卷,人民出版社 1991 年版,第 237 页。

　　④ 《广东省委关于我们目前的任务与政策》(1927 年 9 月 23 日),广东《省委通讯》第 1 期;《广东省委:土地问题》(1927 年 10 月),广东《省委通讯》第 2 期。

不但事实不可能,而且原则所不许,旧 24 师(指原参加'八一起义'的 24 师余部)在海陆丰参加农暴,不但自筹给养提高了士兵的生活,并帮助农民分配了土地,分配了地主的财产给贫苦无业的农民,这一工作你们应首先注意。"①于是打土豪筹款便成为各根据地财政的主要来源。筹款方式主要有派款(或征收)、罚款、没收和捐献等。在根据地建立初期,一般对大地主豪绅采用临时派款或征收的办法。根据地建立后,在根据地或根据地周围的游击区和白区,对小地主、富农也采取这种形式。征收一般以实物形式(粮食、药品),派款则采取货币形式。1927 年 11 月,工农武装占领海陆丰后,临时政府设立海丰军需处,向该县地主、富农摊派军需现洋 10 万元,限三天内缴纳,顺利实现。井冈山根据地对小地主和富农也曾实行派款的办法。罚款一般用于游击区和白区。具体做法是:派赤卫队和红军到游击区和白区先摸清豪绅大地主的底细,根据其罪恶大小和财产多寡,递条子,贴门条,宣布罚款若干,责令限期送往指定地点,否则严惩不贷;或者把土豪抓为人质,令其家属限期送款赎人。1928 年 5 月,时任湖南某县县长的宁冈县乔林乡大土豪尹梓桥回家为其儿子办满月酒,猬集附近土豪 28人。赤卫队将他们全部抓获,共罚款 7000 多银元和大量布匹及武器。② 没收大多是在发动群众为分田作准备时采用,或者是在革命武装占领某个城镇和群众奋起斗争时实行的。1927 年 11 月,农民武装和几万群众占领海陆丰县城后,没收了反动军阀陈炯明的楼房 60 多间,为苏维埃政府增加了 6000 元的月收入。1928 年

---

① 《中央致德兄并转军中全体同志(一)》(1927 年 12 月 21 日),《中央政治通讯》第 16 期。

② 宁冈县宣办资料组:《井冈山斗争中的桥林乡党支部》(1972 年 1月),见赵效民主编:《中国革命根据地经济史(1927—1937)》,广东人民出版社 1983 年版,第 116 页。

1月,井冈山根据地红军攻占遂川县,进而占领草林镇,打倒了黄礼瑞等两个大土豪,没收其全部财产,获得2万多块银元和700多担布匹等物资。① 同年5月,红军攻占永新县城,没收土豪棉布300多担、食盐200多担以及西药等;9月,红军又攻占遂川县城,没收地主、土豪财产,获得10000元银洋和大量金银首饰、棉花等物资,使井冈山红军"全军5000人的冬衣,有了棉花"。②

各根据地尚有部分财政收入是取之于民。主要包括群众的捐献、"红军公田"收入、商业税和土地税及其他收入等。

群众捐献是获得解放的农民和城镇贫民对红军和根据地政府的一种物资支援。1927年第三次海陆丰起义成功后,工农群众"都自动的努力筹款",不到十余日,海丰解款2万元,陆丰亦达万元。③ 井冈山根据地宁冈县砻市东源乡农民邱祖德分得10多亩山田后,1928年秋获得大丰收,共收稻谷3500多斤,他除上缴700多斤土地税外,还捐献了谷子300斤。④ 永新县妇女马夏姬把自己辛勤劳动挣来打算做衣服的120个铜板全部捐献给了红军。⑤

"红军公田",是分田时为了满足红军和根据地政府的急需而设立的。"红军公田"收入也构成根据地财政收入的一部分。

随着土地革命的深入和土地分配的完成,有些根据地逐步建

---

① 《草林公社太平大队革命老人集体回忆》,见赵效民主编:《中国革命根据地经济史(1927—1937)》,广东人民出版社1983年版,第116页。

② 毛泽东:《井冈山的斗争》(1928年11月25日),《毛泽东选集》第1卷,人民出版社1991年版,第65页。

③ 罗浮:《中国第一个苏维埃——海陆丰工农兵大暴动》(1927年11月25日),《布尔什维克》第8期。

④ 《毛委员在井冈山》,江西人民出版社1977年版,第262—263页。

⑤ 《井冈山经济斗争编写组访问马夏姬同志记录》(1976年12月27日),见赵效民主编:《中国革命根据地经济史(1927—1937)》,广东人民出版社1983年版,第117页。

立了土地税制度。早在 1927 年 8 月,中共中央就指出,"土地没收后由革命政府宣布简单的田税税率法(累进的田税,至多不超过收入 30%)"。① 次年 3 月,中央将土地税率定为 10%—15%。具体税率各根据地有所不同:海陆丰为 10%;琼崖为 10%—15%;井冈山宁冈县是 20%。②

根据地尚有其他若干收入。有些根据地保留了商业税,海陆丰根据地在废除苛捐杂税的同时,保留了烟税、酒税、屠宰税和对外贸易(指同白区及香港之间的贸易)的商品出入税。具体规定征收税标准是:烟 30 斤收税 1.4 元,猪按大小分等收税,大猪每头收税 6 角,小猪每头 4 角,酒税不详。对外贸易的入口税是按货值征收 5%;出口税生猪每头征收 0.736 元。

此外,在井冈山、海陆丰和湘南等根据地,都建立了苏维埃政府或红军的兵工厂、被服厂、公卖处、公营商店等。这些厂店所得收入虽数量不大,但也是根据地财政收入的组成部分。

革命根据地的财政支出,主要用于红军的战争供给,少量用于各级政府工作人员的生活费和办公费、教育费、交通运输费,以及兴办各项事业的投资和敌军俘虏的遣散费等。

红军官兵生活费供给是根据地财政最大的支出项目。井冈山根据地的红四军官兵除口粮外,每人每天五分钱的油盐柴菜钱,每月就需要现洋 1 万元以上。③ 海陆丰根据地的第二、四师和地方武装共 1000 多人,除伙食外,每个官兵每月发生活费和零用钱 7

---

① 《中央复湖南函》(1927 年 8 月 23 日),《中央通讯》第 3 期。

② 《中央通告第 37 号——关于没收土地和建立苏维埃》(1928 年 3 月 10 日),《中央通讯》第 24 期;毛泽东:《井冈山的斗争》(1928 年 11 月 25 日),《毛泽东选集》第 1 卷,人民出版社 1991 年版,第 71 页。

③ 毛泽东:《井冈山的斗争》(1928 年 11 月 25 日),《毛泽东选集》第 1 卷,人民出版社 1991 年版,第 65 页。

元,只此一项每月需要现洋7000元。

关于根据地政府行政费支出,井冈山根据地为节省开支,曾经规定乡政府干部自带伙食干革命,区以上干部的供给标准也比红军官兵低,除口粮外,每人每天只发三分钱的油盐柴菜钱,有的地方还实行“一半吃公家的,一半吃自己”的办法。① 各级政府的办公费,井冈山根据地规定,乡政府每月20—40元,区政府每月50—60元,县政府略高于区政府;同时规定县、区、乡三级政府的办公经费不得超过当地打土豪筹款总额的5%。②

关于运输费和文教费,各根据地从前方向后方基地运送战争缴获物资和后方向前方运送给养都要支付运输费。③ 井冈山根据地于1927年11月在宁冈县的砻市创办了红军教导队,学员100多人;宁冈县等地方政府还办了一些小学和女子工读学校。这些学校的开办,都需要经费开支。

此外还有其他费用。根据地投资兴建了军械处(兵工厂)、红军医院、被服厂、印刷厂、造纸厂等企业和事业。这些投资都是政

---

① 《井冈山根据地经济斗争编写组同吉安市干部休养所革命老人座谈记录》(1977年1月15日);《谭震林同志谈井冈山革命根据地的经济斗争》(1977年3月2日),见赵效民主编:《中国革命根据地经济史(1927—1937)》,广东人民出版社1983年版,第120页。

② 《井冈山根据地经济斗争编写组同吉安市干部休养所革命老人座谈记录》(1977年1月15日),见赵效民主编:《中国革命根据地经济史(1927—1937)》,广东人民出版社1983年版,第120页。

③ 《井冈山革命老人李珍珠的回忆》(1976年12月27日);《永新县塘边村徐正之的回忆》(1977年1月25日)。井冈山根据地有一次攻打遂川县城,缴获大量的战利品,雇用民夫挑运,由遂川到黄凹,每挑一担银元给钱6吊(每吊合铜板1000文),每挑一担布给布一匹(30多尺)。见赵效民主编:《中国革命根据地经济史(1927—1937)》,广东人民出版社1983年版,第121页。

府的财政开支。红军实行优待战争俘虏政策,愿意者可参加红军,不愿留者可发给 3—5 元的路费让其回家,因而要开支一些遣散费。有的根据地还设立社会救济金,举办养老和救济残疾人事业。有的根据地还要接济上级党组织的经费。如广东省委曾要求琼崖、海陆丰根据地每月分别资助 3000 元和 6000 元。井冈山根据地也曾拨出一部分资金支援过湖南省委。①

在根据地财政建立的实践中,逐步形成和实施了一系列财政政策:

第一,打土豪筹款政策。在井冈山根据地,打土豪筹款总的政策是:根据不同对象,分别罪恶和民愤大小,区别对待。对大土豪和恶霸地主,一开始就采取没收全部财产和尽量罚款的办法,其中个别罪大恶极,不杀不足以平民愤者,还要杀掉;对中等地主,先派款或者令其捐款,分田时才没收财产;对小地主和富农,则一般采取适当派款或者令其捐款的办法②,防止对地主实行不加区别的烧杀"左"倾政策。

第二,逐步实行财政集中管理。起初,根据地的各个区、乡政府和赤卫队、暴动队所需经费都是采取自筹自支的办法,因而产生

---

① 《中共广东省委复琼崖特委信》(1928 年 1 月 20 日),广东《省委通讯》第 8 期;《"二八"事变与指导机关的知识分子问题——广东省委致东江全体同志信》(1928 年 1 月 24 日),《中央通讯》第 26 期;《陈正人同志谈毛主席创建井冈山革命根据地的伟大实践》(1970 年 12 月),见赵效民主编:《中国革命根据地经济史(1927—1937)》,广东人民出版社 1983 年版,第 122 页。

② 毛泽东:《井冈山的斗争》;《老红军战士谭冠三同志回忆毛主席在井冈山的伟大实践》(1970 年 12 月 9 日);《访问苏春兰记录》(1977 年 2 月 2日);宁冈县政府外事办公室:《土地革命资料汇编》(1968 年 8 月);《陈正人同志回忆录》(1969 年 7 月);遂川县宣传办公室:《毛主席开辟草林红色圩场》。见赵效民主编:《中国革命根据地经济史(1927—1937)》,广东人民出版社 1983 年版,第 122 页。

了各自为政、苦乐不均甚至贪污浪费的现象。后来为加强管理,要求在县以上范围内实行财政集中管理。广东省委在给东江特委的信中说:"一切财政收入支出,均须归县政府支配,区政府的用费,均由县政府发给,不得自行截留收入,更不得自由征收。没收地主豪绅财产亦归县政府管理,区政府不得自由支配。"井冈山根据地遂川县政府规定,赤卫队所筹经费概归新遂边陲特区政府支配管理。①

第三,整顿财政,开源节流。1928 年 5 月,广东省委给东江特委的信,要求海丰县根据地整顿财政,增加收入。具体要求是降低出入口征税点,适当提高税率;按月征收"市镇地税",城市房屋应"按月征税";奖励提早缴纳税款或对政府捐输,同时要求降低政府机关人员的生活费。② 在井冈山根据地,为节省灯油,毛泽东曾规定,红四军连以上干部学习和开会只准点三根灯芯,平时只准点一根灯芯。毛泽东以身作则,办公和学习都只点一根灯芯,他还亲自编草鞋,在全军掀起了编草鞋的高潮。

第四,严肃财经纪律。毛泽东为红四军制定的《三大纪律六项注意》中规定,"打土豪要归公"。红四军还制定严格的纪律:"乱烧乱杀、毁坏人民财物者均处死刑"。③

---

① 《"二八"事变与知识分子问题——广东省委致东江全体同志信》(1928 年 1 月 24 日);《遂川县工农兵苏维埃政府训令第十号》(1928 年)。

② 《"二八"事变与指导机关的知识分子问题——广东省委致东江全体同志信》(1928 年 1 月 24 日)。

③ 《陈毅同志关于红四军的历史及其状况的报告》(1929 年 9 月)。另据记载:1927 年 11 月下旬,井冈山工农革命军某团长陈皓、副团长徐庶、参谋长韩昌剑等人率军攻占茶陵后,吃喝玩乐,贪污缴获的黄金十多斤,妄图叛变投敌。毛泽东将该部追回宁冈砻市,召开公审大会,将 3 人处决,以严肃军纪和财政纪律(参见江西省委党校:《井冈山斗争史稿》,江西人民出版社 1977 年版,第 45—48 页)。

(二)对根据地金融的整顿

根据地金融的整顿包括对旧的金融制度的改革和新的金融制度的建立。

在闽西根据地有商人从广东以廉价将大量劣币偷运到龙岩县城,套购金银和土产出境,从中获利,根据地用这种劣币在白区购物则造成重大损失。① 赣西根据地因"'恶币驱逐良币'的结果,银元银洋太少了,甚至没有看见"。② 为扭转这种局面,各根据地先后建立银行:最早是海陆丰根据地于 1928 年 2 月建立劳动银行。③ 次年 8 月,赣西南建立东固平民银行(1930 年上半年扩充为赣西南银行)。④ 此后各根据地相继建立的银行有:闽西工农银行(1930 年 9 月)⑤;赣东北特区苏维埃银行(1930 年 10 月)⑥;江西省工农银行(1930 年 11 月)⑦;湘鄂西根据地鄂西农民银行(1930

---

① 邓子恢:《龙岩人民革命斗争回忆录》,福建人民出版社 1961 年版,第 34 页。

② 士奇、昌廖、天干:《赣西南苏维埃区域的经济状况及经济政策》(1930 年 10 月 12 日)。"恶币"即杂钞劣币,良币即在根据地通行的银元现金(见《革命根据地经济史料选编》上册,江西人民出版社 1986 年版,第 58 页)。

③ 《海丰县人民委员会:劳动银行条例》(1928 年 2 月),见《革命根据地经济史料选编》上册,江西人民出版社 1986 年版,第 354 页。

④ 克珍:《赣西苏维埃区域现状》,见《中国苏维埃》,中国现代史资料编辑委员会 1957 年 9 月翻印本,第 78 页;刘作抚:《给中央的综合报告》(1930 年 7 月 22 日)。

⑤ 《闽西苏维埃政府布告第 7 号》(1930 年 9 月)。

⑥ 马洛:《赣东北苏区的现状》(1931 年 8 月 20 日),《红旗周报》1931 年 12 月 10 日第 26 期。

⑦ 《江西省苏维埃政府通令秘字第 4 号》(1930 年 11 月 27 日)。

年 11 月)①;鄂豫皖特区苏维埃银行(1931 年 5 月)②,等等。根据地各银行建立以后,即开始发行货币、处理旧币,控制现金,同时根据地政府采取各种措施,占领和稳定金融市场。

　　首先是发行货币。根据地银行成立之前,曾铸造银元,发行纸币。1928 年 5 月,井冈山根据地在上井村开办造币厂铸造银元,每元重七钱二分,上面刻有"工"字,群众称为"工字银元",成色颇佳,深受群众欢迎,总数约铸造一万多块。③ 闽西龙岩、闽北崇安、湘赣永新、湘鄂赣平江、湘鄂西的房县等根据地也都铸造过银币。银元规格有两类:一"袁大头"和"墨西哥帆船"等,可在根据地和白区两地通用。另一类上面铸有"全世界无产阶级联合起来"的字样(鄂豫皖根据地)④,或刻有列宁像和镰刀斧头图案(湘鄂西根据地)等⑤,只能在根据地流通,群众称为"苏维埃银元",也深受军民欢迎。红军战士都争换"苏维埃银元"作为纪念。⑥ 有的还流行到白区,为白区人民所珍爱。⑦

　　根据地在铸造银元的同时,各银行相继发行纸币。闽西根据

---

　　① 《湘鄂西区特委报告第五号》(1930 年 11 月 22 日)。

　　② 《鄂豫皖边区劳苦群众的奋斗》(1931 年 7 月 20 日),《红旗周报》1931 年 9 月 7 日第 15 期。

　　③ 《访问邹干林、邹来林、邹亚皇记录》(1977 年 5 月 4 日);《访问邹文楷、罗东祥、林仁贵等老人记录》(1975 年 6 月)。见《中国革命根据地经济史(1927—1937)》,广东人民出版社 1983 年版,第 140 页。

　　④ 李子山:《鄂豫皖苏维埃银行情况》(1978 年 12 月 20 日)。见《中国革命根据地经济史(1927—1937)》,广东人民出版社 1983 年版,第 219 页。

　　⑤ 根据地已发现的银元实物。

　　⑥ 滕代远:《巡视湘鄂赣苏区的报告》(1931 年 7 月 12 日),见《中国革命根据地经济史(1927—1937)》,广东人民出版社 1983 年版,第 216 页。

　　⑦ 《湘鄂赣边苏区通讯》(1931 年 8 月 18 日),《红旗周报》1932 年 1 月 30 日第 30 期。

地在银行成立之前,曾由信用合作社发行纸币。1930 年 3 月 25 日,闽西第一次工农代表大会通过的《取缔纸币条例》规定,信用合作社须有五千元以上的现金,经闽西政府批准,才准发行纸币。发行总额不得超过现金之半数,纸币面额限一角、二角、五角三种。银行成立后,纸币发行权统归银行。1930—1931 年间,几个主要根据地银行发行了纸币,少的二三万元,多的达 100 万元。据不完全统计,各根据地银行发行或计划发行的纸币约为 114.9 万元。各根据地银行发行纸币数量如表 9-1:

表 9-1 根据地主要银行货币发行统计
1930—1931 年

序号	银　行	计划发行数(元)	发行数(元)
1	赣西南银行		20000
2	闽西工农银行		30000
3	江西省工农银行	1000000	不详
4	鄂西农民银行		500000
5	鄂豫皖特区苏维埃银行		60000*
6	赣东北特区贫民银行		10000
7	湘鄂赣平江、浏阳、万载工农银行		29000

* 仅限于一元票,一元以下不计在内。

资料来源:1.《赣西南朱昌偕的报告》(1930 年 10 月);2.《闽西苏维埃政府布告第五号》(1930 年 11 月 20 日);3.《江西省苏维埃政府通令秘字第四号》(1930 年 11 月 27 日);4.《湘鄂西分局报告》(1931 年 5 月 10 日);5.《鄂豫皖苏区的巩固与发展》,《红旗周报》第 25 期;6. 马洛:《赣东北苏区的现状》(1931 年 8 月 20 日),《红旗周报》第 26 期;7. 平生:《湘鄂赣边苏区通讯》(1931 年 8 月 13 日),《红旗周报》第 30 期。

　　为了提高纸币的信用,各银行均以一定数量的黄金、白银作为储备基金。基金来源,一是群众集股,如闽西银行筹建时,集股金

20万元。① 二是政府和红军拨款。如江西东固平民银行建立时,由红军第二、四团拨大洋4000元;江西省工农银行由财政部拨现金100万元;鄂东南工农银行1929年年底成立时,从没收的地主财产中拨出一部分现金现银,计有光洋五六万元,金子270两,元宝(每个重50两)30个,手镯、项圈等各种零碎银子四万多两,铜元一万多串(一块光洋换六串铜板)等,作为发行货币的基金。② 纸币随时可以兑现。外地商人离开根据地时,出卖货物所得纸币可以兑换现洋,随到随兑,十分方便。正如当时一首庆祝闽西工农银行周年纪念诗歌所言:"工农自己设银行,纸币通行各地方,到处都有兑换处,随时可以换光洋。"③这样,纸币在市场上的信誉大大提高,流通范围日广。在闽西根据地,工农银行纸票除极少部分乡村外,均通行使用,信用日益提高。④ 在赣西南根据地,江西工农银行纸币是流通的唯一货币。不过也有部分根据地在发行纸币的过程中,出现过某些偏差。主要是由于纸币发行量过多,一度造成货币贬值。如湘鄂赣根据地的鄂东南地区,1929年工农政府建立时,各县、区自设银行,发行货币,并可互相通用。结果因发行过多,造成通货膨胀,一千文的纸币,只能当一百文用。⑤ 为了稳定

---

① 《设立闽西工农银行宣传大纲》(闽西第二次工农兵代表大会印发,1930年9月4日)。

② 《阳新县党史资料》(1958年8月1日)。见赵效民主编:《中国革命根据地经济史(1927—1937)》,广东人民出版社1983年版,第214页。

③ 《走访汪国安同志记录》(1975年8月8日)和《访问黄玉书同志记录》,见赵效民主编:《中国革命根据地经济史(1927—1937)》,广东人民出版社1983年版,第215页。

④ 《闽西苏维埃政府经济委员会扩大会决议案》(1931年4月25日),见《革命根据地经济史料选编》上册,江西人民出版社1986年版,第69页。

⑤ 《党对银行举行存款运动的宣传与领导》,鄂东南道委印,1932年4月18日。

币值,鄂东南根据地政府采取了果断措施,成立鄂东南工农兵银行,统一发行纸币。原来由各地银行发行的纸币限期收回。并增加银行基金,兑现多发的 70 万元纸币。[①]

为了维护根据地纸币的信用和稳定金融市场,根据地政府对市场上流通的旧币、杂币进行了清理和整顿。根据地建立初期,国民党政府官办银行和商业银行等遗留下来的纸币、杂钞,及各种劣质银元充斥市场,导致货币紊乱和市场动荡,但处理得当,也可使用这些纸币到白区采购物资。因此,根据地政府对旧币的处理采取区别对待的方针。对旧币中各种银元等硬币,可以继续在根据地流通使用。对纸币一般采取以下几种办法:一是禁止通用,兑换出口。在赣西南、湘鄂西、湘鄂赣、闽西等根据地都是采取这种办法。被停止流行的旧纸币,由工农银行负责兑换,到白区去购买根据地需要的商品。二是加盖图记,暂时代用。1930 年 11 月江西根据地因反"围剿"战争逼近,工农银行的纸币来不及印制,遂将吉安一角面额的临时辅币券,加盖"江西工农银行暂借发行券"和五角形赤区通用图印、"江西省苏维埃政府财政部"方印,规定"在赤区一律通用",俟江西工农银行钞票印好后,即行收回。[②] 对旧币加盖根据地政府印记的办法只是一种临时的举措,1931 年 11 月,中华工农兵苏维埃第一次全国代表大会在《关于经济政策决议》中,决定取消这一做法。三是允许流通,折价使用。1931 年 5

---

① 后来因敌人加紧了对根据地的"围剿",兑现工作未能完成。直到全国解放以后,中央访问团到此地访问时,才进行了兑现。兑现时以人民币折算,仍合六串纸币换一块银元(参见《湘鄂赣省苏鄂东南办事处经济问题决议案》,1931 年 12 月 13 日;《党对银行举行存款运动的宣传与领导》,鄂东南道委印,1932 年 4 月 18 日;《中共鄂东南道委红五月工作计划》,1932 年 4 月 18 日)。

② 《江西省苏维埃政府通令秘字第四号》(1930 年 11 月 27 日)。

月 6 日,中共中央在《中央关于鄂豫皖省委的决议》中提出,"暂时可不必废除旧的货币,它与苏维埃银行或工农银行发行的货币可有同样的价值"。鄂豫皖根据地在 1931 年 10 月以前,对旧纸币是采取允许流通,折价使用的办法;皖北地区准许交通银行和中国银行的纸币流通①,但要"打八折"。后来中央银行的纸币也可以流通,交通银行、中央银行等纸钞"一概九六折扣"。② 1931 年 8 月,闽西根据地政府决定,工农银行纸币与大洋同价,但旧币"照大洋价减低四分"。③

与此同时,根据地政府加强了对银元和金银首饰的市场管理,控制现金外流。在根据地经济与白区经济联系中,根据地的产品外销量少,从白区购买工业品数量大,以致大量现金外流。因此,根据地政府采取各种措施,限制现金出口。1930 年 12 月,中共闽西上杭县委、湘鄂赣的东南政府、鄂豫皖特委分别规定:必须设法出口土产,商人或群众到白区买货"不许运出现金"。④ 需要带出现金时,报经政府批准由工农银行解决。⑤ 湘鄂西根据地为防止银币外流,在银币上加戳"苏维埃"字样。闽西根据地还规定:禁止私人收买首饰和银器,收买者罚款,出口者判刑。⑥ 同时尽可能吸收现金进口,防止进口银元外流。湘鄂西根据地曾规定,白区商人到赤

---

① 《六安中心县委综合报告》(1930 年 12 月 10 日)。

② 《鄂豫皖苏区的巩固与发展》,《红旗周报》1931 年 12 月 2 日第 25 期。

③ 《闽西苏维埃政府通知第 83 号》(1931 年 8 月 4 日)。

④ 《中共上杭县委扩大会议决议案》(1930 年 12 月 20 日)。

⑤ 《湘鄂赣省鄂东南办事处经济问题决议案》(1931 年);《鄂豫皖特委报告》(1931 年 2 月 10 日)。

⑥ 《闽西苏维埃政府经济财政土地委员会联席会议决议》(1930 年 9 月 25 日)。

区购货所带现洋,一律到农民银行兑换纸币购买。① 上述办法对控制现金外流,稳定根据地金融,产生了较好的效果。根据地工农银行除了发行货币,进行现金管理外,还办理储蓄和信贷业务。

根据地政府还对原有的金融制度进行了整顿和改革,最主要的是彻底废除了封建高利贷剥削。土地革命前,农村高利贷剥削十分猖獗,利率高达30%—50%,有的甚至100%以上,农民不堪重负。没收清理典当,废除高利贷剥削是土地革命的一项重要内容。如广东海丰根据地政府于1927年11月成立后,即没收了20多间当铺。收当的金银首饰归公,衣服、棉被、什物则免收利息由原典当人照当票金额赎取。后又决定实行舍利减母的办法,即照当票金额的6成或5成赎取。② 同时,坚决打击一切阶级敌人和唯利是图的奸商的破坏活动。1931年在湘鄂赣根据地浏阳县境内发现有奸商伪造工农银行纸币,经查出后,立即当众处决。③ 1931年在鄂豫皖根据地的商城地区,曾发生因敌人造谣,一度出现不用银行纸币的问题,经过揭露和打击,仍继续通用无阻。④ 根据地工农银行发行货币以后,逐步改变了以前旧币充斥市场的状况。

三、农业互助合作运动的开展

根据地的土地革命,消灭了封建地主土地所有制和封建剥削,

---

① 《湘鄂西特委报告第五号》(1930年11月22日)。

② 中共广东省委批评了这种办法,认为“当铺没收后之农民物件,不必拘(泥)于五成要农民赎,尽可能无代价归还农民”(参见《广东省委致海陆丰县委函》,1927年11月,《中央政治通讯》第15期)。

③ 滕代远:《巡视湘鄂赣苏区的报告》(1931年7月12日)。

④ 《鄂豫皖苏区的巩固与发展》,《红旗周报》1931年12月2日第25期。

解放了农村生产力,调动了广大农民的生产积极性,为恢复和发展农业生产开辟了广阔的道路。但是,由于战争破坏,根据地农业生产面临许多困难。首先是劳动力不足。这主要由于国民党反动派的残酷烧杀抢掠。如1928年平江起义失败后,平江县被杀者万余人,浏阳被杀的在四千以上,其余万载、修水、铜鼓各县被杀者皆过千数。[①] 同时,广大翻身农民为保卫土地革命的胜利果实,踊跃参军参战,也使根据地劳动力数量减少。据1930年11月15日统计,赣西南安福、分宜、泰和、新喻、峡江、宁都等县人口中,全劳力只占25%;而半劳力(或稍有劳力)和非劳力分别占27.5%和37.5%。随着敌人"围剿"的加剧,大批农村青壮年的参军,根据地农业劳动力不足有进一步加剧的趋势。据调查,江西省兴国县长冈乡,原有全劳动力和半劳动力450人,参加红军和外出工作的就有320人,留在农村的只有130人。耕牛缺乏更加突出,长冈乡全乡437家农户中,无牛的有109家,占25%,有牛户中,一家一牛的只占50%,且以小牛居多;二家一牛的占15%;三四家合养一牛的,占30%;此外,还有5家以上共养一牛的。江西省瑞金县石水乡,无牛户占30%。[②] 另据湘鄂西苏区统计,1932年全区缺牛达6/10。[③]

为了解决劳动力和耕牛缺乏的困难,各根据地政府号召实行劳动互助。闽西根据地才溪乡是开展劳动互助较早的地区,1930年春,农户按当地传统的换工习惯,自愿报名,以村为单位成立耕

---

①　阳清:《湘鄂赣边界的赤色区域》,《中华苏维埃》,中国现代史资料编辑委员会1957年9月翻印本,第90页。

②　毛泽东:《毛泽东农村调查文集》,人民出版社1982年版,第105、142—145页。

③　《湘鄂西省苏维埃的工作》(1932年2月25日),《红旗周报》1932年5月15日第40期。

田队,每队分若干耕田小组,每组由四五户或七八户自愿结合组成。次年又扩大为全乡范围的劳动合作社。社设5人委员会,主任筹划一乡,四个村每村一个委员,筹划一村,负责劳动力的调配。具体办法是:一村之中,劳动力有余之家,帮助不足之家,一乡之中,劳动力有余之村,帮助不足之村,红军家属优先。劳动报酬的支付,群众间的互助,每天工钱两毫,男女一样,忙时平时一样。群众帮助红军家属,自带饭包和农具,不要工钱。红军家属帮助红军家属,每天一角半,红军家属帮助群众,每天两角。① 在鄂豫皖根据地,有称为"劳动生产小组"的劳动互助。湘鄂赣根据地的鄂东南地区也组织了"互助团",帮助不能种田的人种田。② 阳新县还制定了《耕作互助暂行条例》,提出互助"应以同等的劳动力或物资互相补助为原则"。个人或团体实行耕作互助时,应订立合同,"并向当地苏维埃备案"。并规定:"凡具有下列条件之一者得实行耕作互助:1. 没有依靠的孤寡残废老弱者;2. 耕地相距太远不便耕作者;3. 一时疾病不能劳动者;4. 因革命工作不能兼营耕作而有家属者。凡有三个以上之家族愿意耕作互助者,得组织农业自给等团体,进行耕作互助事宜。"③耕作互助日趋普遍和规范。

为解决耕牛缺乏的问题,根据地提倡耕牛互助和允许租牛。1931年2月,毛泽东在给江西省苏维埃政府的信中强调,"要提倡耕种互助,邻近乡村牛多的帮助牛少的耕田。但这种帮助,不是完全白送,除牛多人家自愿送耕不要租钱之外,应该准许租牛,才能

① 毛泽东:《毛泽东农村调查文集》,人民出版社1982年版,第176—177页。

② 《鄂南巡视报告》(1931年1月25日)。

③ 《耕作互助暂行条例》(阳新县第一次工农兵代表大会通过,1930年6月)。

相当解决缺牛问题"。① 湘鄂西根据地从 1931 年开始,设立"公共
犁牛站",湘鄂赣根据地设有"牲畜农具经理处"。将没收地主的
耕牛和富农的多余的耕牛收归政府所有,租给或借给缺牛的农民
使用。

劳力和耕牛互助,有效地解决了根据地农户劳力和耕牛短缺
的困难,促进了农业生产的恢复和发展。

四、商业政策与商品流通的恢复和发展

革命根据地建立初期,由于国民党反动派的军事"围剿"和经
济封锁,加上党内"左"倾盲动主义错误的影响②,一些根据地一度
出现商品流通阻塞、工业品短缺、工农业产品价格剪刀差扩大的趋
势。如闽西根据地,1929 年暴动后同 1928 年暴动前相比,布由六
分一尺涨到二角四分一尺;盐由一角三斤涨为一角买一斤;煤油由
一角一斤半涨为一角只能买 12 两(一斤为 16 两);而农产品价格
大幅度下跌:上杭县才溪乡暴动前 100 斤谷子 10 元,暴动后(1929
年)跌为二元五角。在赣西南根据地,1930 年同 1928—1929 年相
比,四种主要生活必需工业品的价格上涨 2 倍以上,其中洋油上涨
了 3 倍;农产品价格下降:稻谷和大米下降 60% 以上,猪肉下降
90% 。在鄂豫皖根据地,革命前一石谷可以买五六十斤盐,到

---

① 《民权革命中的土地私有制度》(1931 年 2 月 28 日)。

② 1929 年上半年闽西、湘鄂赣等根据地曾出现没收商店、焚烧账簿、
禁止白区商人到根据地做生意等损害商人利益的过"左"行为(参见《中共闽
西第一次代表大会之政治决议案》,1929 年 7 月;潘心源:《湘东各县综合性
的工作报告》,1929 年 7 月 2 日)。

1930 年却只能买二三十斤盐了。① 在湘鄂西根据地，1930 年下半年曾出现"农民有粮无处卖，油盐布匹与日用品无处买"的情况②，严重损害了农民和商贩的经济利益，挫伤了他们的生产积极性，在赣西南根据地更"常发生农民有田不愿耕种的现象"。③

为了尽快改变这种困难局面，中共中央和各根据地政府采取各种措施，包括保护商人利益，鼓励商人从事根据地商业和对外贸易；恢复和发展集市贸易，疏通原有的商品流通渠道，维护正常的贸易秩序；建立和发展合作社商业与国营贸易，调节和稳定物价等，使根据地商业和对外贸易，迅速恢复和发展。

第一，及时纠正了"左"倾盲动主义错误，采取措施维护商业贸易和商人利益。早在 1929 年 1 月，毛泽东领导的红四军在向赣南进军途中，颁发的《红军第四军司令部布告》就明确宣布了"平买平卖"、反对"乱烧乱杀"、允许进行正常贸易的商业政策；3 月在解放长汀城时又颁布《告商人和知识分子》的文告，进一步强调，"共产党对城市政策是：取消苛捐杂税，保护商人贸易"。1929年 2 月和 9 月，中共中央两次发出指示，批评没收和平分商人财产的错误，指出这是"农民意识的表现"。"在敌人四围严重封锁面前，一切生活的必须品都不能公开运入苏维埃区域，在这里不得不利用小商人作中介"，不要"将一切外来的小商人都认为敌人的侦探"。④ 必须使"小商人"，"设法运输货物进来"，"想没收小商人的货物来分给群众，减少经济恐慌是恰得其反"，要想减少"经济

---

① 参见毛泽东：《毛泽东农村调查文集》，第 182 页；刘士奇：《赣西南苏维埃区域的经济状况及经济政策》(1930 年 10 月 12 日)。

② 《湘鄂西特委报告第五号》(1930 年 11 月 22 日)。

③ 《赣西南特委报告》(1930 年 10 月 25 日)。

④ 《中央给湖南省委的指示信》(1929 年 9 月 5 日)。

恐慌"，就必须使"小商人""设法贩运货物进来"。① 以上指示中提出的只是保护"小商人"，到 1929 年 9 月 28 日中共中央《给红军第四军前委的指示信》中，更明确提出保护"中小商人"，是"为实现党的政纲所规定及为工农经济流通与贫农利益"所必需的。

各根据地政府根据中共中央的指示，结合本地情况制定了保护中小商人实施办法。如 1930 年 10 月《湘鄂西特委第一次紧急会议关于苏维埃经济政策决议案》规定："一、苏区经济务须与白区流通，封锁是自杀政策。二、允许中小商人正当营业。对中小商人不要苛刻限制。但遇奸商故意高抬物价，扰乱经济秩序，苏维埃必须严肃处理之。三、农产品输出与工业品输入，苏维埃不要企图垄断，也不要幻想赤区的工业品由苏维埃以全力来供给。这就是说，经济流通与赤区工业品的供给，必须以商人做中介，苏维埃只是(起)调剂作用"。明确和肯定了商人和私营商业在根据地商业流通和整个经济中的地位与作用。

为了充分发挥商人的"中介"作用，推动对外贸易的发展，根据地政府为商人去白区采购工业品和推销农产品提供方便。闽西根据地政府曾允许纸商和木商对沿途民团关卡采取金钱收买的手段，以缓和敌人的封锁，使贸易量大增。② 鄂豫皖根据地英山县苏维埃政府为鼓励商人去白区购买食盐，用武装护送，并以高价收买。同时以低价卖给商人棉籽油等农副产品，使商人有利可图。鄂豫皖根据地还派商人"到非苏区去招致客商"，以大量出售根据

---

① 《中央关于闽西斗争经验教训问题给福建省委的指示信》(1929 年 2 月 5 日)。

② 邓子恢、张鼎丞：《闽西暴动与红十二军》，《星火燎原》第 1 卷，上册，人民出版社 1958 年版，第 401 页。

地产品。① 皖西北特委还决定,去白区招聘精通商业和懂得财会的技术人才到苏区来工作。② 又对外来商人实行低税政策。湘鄂西根据地 1930 年 11 月规定:资本在 500 元以下者不抽税;500 元资本以上者抽 5%;5000 元以上者抽 7.5%;10000 元以上者抽 10%;10 万元以上者抽 20%。③

第二,恢复和发展农村集市贸易,疏通原有的商品流通渠道。各根据地政权一经建立,即对原有的农村集市进行改造、整顿,使之恢复正常贸易。井冈山根据地遂川县西北的草林墟,是有名的墟场,是土特产品和日用品的中转站与集散地,墟场上有 200 多家店铺。但长期被少数土豪劣绅垄断和操纵,地主武装"靖卫团"在墟场周围层层设卡,强征苛捐杂税,对农民和中小商人进行敲诈勒索。在从黄凹到草林的 70 里路程中,"要抽五道税"。1928 年 1月,红军到达草林墟后,发动群众,建立革命政权,在打倒土豪、肃清"靖卫团"的同时,打掉了税卡,取消了苛捐杂税,保护了农民和中小商人的利益。经过改造,墟场面目一新。每逢墟日(三天一次),赶墟场者达两万人,"为从来所未有"。④ 除了利用旧墟场,还建设新墟场。宁冈县于 1928 年 6 月在南部新建大陇墟场。新墟场在根据地政府组织和管理下,买卖公平,价格合理,秩序井然,受到农民和商贩的欢迎。附近茶陵、酃县、遂川等县白区商人和农民都来墟场做生意。他们冒着生命危险,冲破敌人封锁,担盐、运

① 《鄂豫皖区第二次苏维埃代表大会给皖西北特苏的一封信》(1931年 7 月)。
② 《皖西北特区第一次扩大会议决议案》(1931 年 4 月 30 日)。
③ 《湘鄂西特委报告第五号》(1930 年 11 月 22 日)。
④ 毛泽东:《井冈山的斗争》(1928 年 11 月 25 日),《毛泽东选集》第 1卷,人民出版社 1991 年版,第 78 页。

药,把稀缺物资送到大陇墟场来卖①,活跃了根据地经济。

第三,建立公营商店和公卖处,稳定市场物价,发展对外贸易。井冈山根据地在大陇墟场开办了一家公营商店经营杂货。1928年5月在井冈山茨坪建立公卖处。公卖处的商品价格便宜,不少是政府派人到白区购买,或红军、赤卫队缴获的稀缺物资(如盐、布、铁器等)。这对稳定物价,活跃市场,起了一定的作用。

为了稳定粮食价格,1930年6月闽西根据地成立粮食调剂局。在新米登场时,以高于市场1/3的价格向农民收购粮食;青黄不接时,以市价九五折卖给农民。因青黄不接时,谷米市价高出新米登场时的市价很多,调剂局将所得收入,作为弥补谷米损耗和管理费用。② 除政府开办的粮食调剂局外,还有群众集股的粮食调剂局(实际是粮食合作社)。闽西根据地上杭县才溪区,1930年时,由群众募集股金(主要是向生活较好的人家募集),每股大洋1元。每乡成立一个调剂局,全区八个局,共有股金1810元。永定县也办有34个集体所有的粮食调剂局,共有基金12245.5元。③ 粮食调剂局成立后,农民不再到市场上贱卖粮食,粮食价格渐趋稳定。

同时,各根据地相继成立外贸机构,以粉碎敌人的经济封锁,积极开展对国民党统治区的贸易,组织农产品出口和工业品

---

① 《宁冈县革命旧居、旧址讲解词》(1975年5月23日);《朱开卷关于圩场情况的回忆》(1966年4月27日),见赵效民主编:《中国革命根据地经济史(1927—1937)》,广东人民出版社1983年版,第134页。

② 《关于组织粮食调剂局问题》(1930年6月14日),见《革命根据地经济史料选编》上册,江西人民出版社1986年版,第304页。

③ 毛泽东:《毛泽东农村调查文集》,第179页;《闽西苏维埃政府经济委员会扩大会议决议案》(1931年4月25日)。

进口。井冈山根据地建立初期，成立了竹木委员会，通过各种渠道向白区输出竹、木、茶、油等土特产品，购进根据地所需要的工业品。海陆丰根据地通过原来的沿海贸易渠道，积极开展对香港、广州等地的贸易。1930 年赣东北根据地在沿信江各县建立对外贸易处，疏通与国民党统治区的贸易往来。1931 年湘鄂赣根据地在大冶和咸宁的赤白交界处设立"物资转运站"（后扩大为转运局）。① 同年湘赣根据地政府在莲花与萍乡交界要隘山古坳村建立"赤白贸易交换所"，引导和暗中保护白区商贩和根据地农民交易。

第四，发展商业合作社，减轻中间剥削。在根据地政府的大力支持下，各根据地办起了消费合作社。到 1931 年 2 月，赣东北根据地参加消费合作社的社员达到万余人②；截至 1931 年 4 月，闽西根据地一个县就办起了 57 个消费合作社，共有基金 5445.5 元③；1931 年夏季以前，湘鄂西根据地有消费合作社 130 个④；1931 年 9 月，赣西南根据地消费合作社也已普遍建立。⑤ 消费合作社得到政府的大力支持和帮助：可以免交所得税；有向工农银行借款的优先权；有向政府廉价承办没收来的财产的优先权；在货物

---

① 李兴安：《赤区的对外贸易》(1959 年 2 月 26 日)，见《大冶县革命史简编》；《湘鄂赣省工农兵苏维埃政府鄂东南办事处通知第八号》(1931 年 12 月 15 日)。

② 《赣东北特委报告》(1930 年 2 月 25 日)。

③ 《闽西苏维埃政府经济委员会扩大会议决议案》(1931 年 4 月 25 日)，见《革命根据地经济史料选编》上册，江西人民出版社 1986 年版，第 69 页。

④ 《湘鄂西给中央的报告》(1932 年 2 月 25 日)。

⑤ 《赣西南综合报告》(1931 年 9 月 20 日)。

运输、业务经营方面得到政府的帮助和保护。[1] 消费合作社的主要任务是以合理价格向农民销售工业品和收购农产品。合作社还在游击队保护下，从白区买进食盐、布匹、煤油、火柴等日用工业品，低价卖给社员，以减轻商人剥削，纾缓群众的困难。为此，根据地政府对消费合作社的利润和商品售价都有严格限制。如琼崖根据地规定，除购价及工脚费用外，合作社所得利润不得超过 5%；赣东北根据地规定，合作社只能按不同消费品提取少量手续费：食盐为 3%，布匹 6%，杂货 10%；闽西上杭才溪区消费合作社的商品售价是，社员及红军家属"照成本售出"，其他非社员"则照本赚 5%"。[2]

上述政策措施的推行加速了根据地商业和对白区贸易的恢复和发展。一些农村集市面貌焕然一新，交易人数之多为从来所未有。商业营业额也明显增长，闽西根据地的龙岩县城、上杭、古田、永定湖雷等 19 个墟镇中，1930 年上半年的营业额比 1929 年分别增加一至五成的有 10 个，持平的 4 个，只有 3 个有所下降。[3] 根据地物价平稳，人民生活安定，同时赤白区域贸易也有不同程度的恢复和发展。由于政策优惠，海陆丰根据地对广州、香港的贸易也十分活跃。海丰县的汕尾港是与广州、汕头、香港等地物资交流的纽带，海陆丰第三次武装起义后，对外贸易轮船停驶，根据地政府动员了几十艘帆船、脚船和电船，从事对香港的贸易，出口盐、猪、

---

① 《闽西苏维埃政府布告第十一号》(1930 年 5 月)；《闽西苏维埃政府通告第三号》(1931 年 9 月 29 日)；《鄂豫皖区各县苏维埃联席会议财政经济政策决议案》(1931 年 9 月)。

② 参见《琼崖苏维埃政府通令第九号》(1931 年 7 月 27 日)；练金科：《关于消费合作社的采办工作》，(1977 年 12 月 16 日)；崔寅瑜：《一个模范消费合作社》，《红色中华》，1934 年 1 月 1 日，第 130 期。

③ 《中共闽西第二次代表大会日刊》(1930 年 7 月)。

牛、鸡蛋、鸭蛋、海鲜、海味等，进口棉纱、洋杂、面粉、煤油、红布、火柴、西药等。对外贸易的开展，不仅满足了根据地对工业品的需求，同时增加了根据地的财政收入。①

五、红军军费、军粮、装备供应的保障

中国工农红军的发展和革命根据地的扩大，给国民党反动统治集团以极大的威胁。1930 年 10 月，蒋介石结束了同冯玉祥、阎锡山的军阀混战，向革命根据地发动大规模的军事"围剿"。在反"围剿"的军事斗争中，保障对红军的军费、军粮、装备的供应，就成为革命根据地经济工作的一项重要任务。

（一）军费的供给

粉碎敌人的大规模军事"围剿"，首先要有充裕的军费供给。军费的筹集主要来自两个方面：一是红军自筹；二是根据地政府筹款。

没收地主豪绅财产是红军给养的主要来源。② 1930 年 11 月，当得知敌人即将进犯中央根据地的消息后，红军第一方面军总前委立即进行筹款活动：除在占领吉安期间筹款 13 万元外，命令红军分两路到敌占区打土豪筹款。一路到樟树、新干等地筹款 20 万元；一路到抚州、南丰等地筹款 40 万元。③ 次年 1 月，在取得第一次反"围剿"战争胜利后，红军第一方面军总司令部于 1931 年 2

---

① 根据地政府通过私商动员 13 艘大盐船运盐，共售盐 80 多万斗，按每斗 2 角 5 分价格计算，得到 20 多万元的收入。

② 《中共中央给红军第四军前委的指示信》（1929 年 9 月 28 日），《周恩来选集》上卷，人民出版社 1980 年版，第 39 页。

③ 《红军第一方面军关于分散工作筹款的命令》（1930 年 11 月 1 日）。

月 18 日发出命令:红军移师建宁、南丰、广昌一带筹款(计划筹款
44 万元),"用最大的力量继续筹足三个月给养"。1931 年 5 月,
粉碎了第二次"围剿"后,总前委于 1931 年 6 月 2 日提出,"要筹
足一百万元作为第三期作战费用"。① 在毛泽东的决策下,红军分
散到黎川、建宁等地发动群众,一面分配土地,一面筹款。到 1931
年 6 月 20 日,各路红军已筹集到 32 万元的款项。② 不久,敌人第
三次"围剿"接踵而来。在毛泽东的指挥下,红军三战三捷,9 月,
又取得第三次反"围剿"的胜利。

　　红军在筹款中严格执行党的政策:筹款主要对象是地主阶级;
对富农只捐款,不没收财物;对工商业者,则"按累进法,大商多
捐,中商少捐,先捐大商,后捐中商";绝不侵犯中农、小商人和城
市贫民的丝毫利益。筹款政策还规定了"打土豪要归公",防止中
饱私分现象的发生。③ 除筹款外,还有战争缴获。如鄂豫皖根据
地红军在 1931 年的反"围剿"战役中,活捉敌 34 师师长岳维俊,
缴获大洋 9 万元,西药价值约 1 万元。④

　　政府筹款是红军军费另一个重要来源。在第一次反"围剿"
战争中,江西根据地政府于 1930 年 11 月 17 日发布紧急通告,决
定迅速集中现金 60 万元,要求各地除留一个月办公费外,其余款
项集中充作战士伙食费。11 月 20 日,根据地政府又发布《筹集现
金,准备给养,节省经费,争取阶级决战最后胜利》的通告:节省经

---

　　① 《总前委第六次会议记录》(1931 年 6 月 2 日)。
　　② 《总前委第一次扩大会议决议案记录》(1931 年 6 月 20 日)。
　　③ 中国工农红军第十二军政治部印:《筹款问题训练大纲》(1931 年 10
月 13 日)。
　　④ 《鄂豫皖中央分局关于鄂豫皖区情况给中央的综合报告》(1931 年
10 月 9 日)。

费是争取阶级决战最后胜利的主要条件之一。① 要求各地减少行政办公用费,适当降低红军和政府工作人员的生活标准,保证革命的胜利。根据地经费节约,对克服军费供应不足的困难起了重要的作用。中央根据地在筹集第二次反"围剿"战争经费时,原计划要筹足三个月的经费,结果只准备了两个半月,所差半个月的经费就是通过节约运动解决的。②

(二)军粮的供给

根据地经过土地革命,解放了农村的生产力,农业生产有所恢复和发展,粮食供应不短缺。但是由于敌人的"围剿",给根据地带来严重破坏,顿使粮食供应紧张。③ 中央根据地在第一次反"围剿"结束后,已感粮食恐慌,到夏收至少短缺两个月的粮食。④ 在鄂豫皖根据地,仅麻城一地,即"有三千人没有饭吃"。⑤

为保证军粮供应,中央根据地特别强调要集中粮食,要求"做到红军一到就要有饭吃"。⑥ 闽西根据地政府发出通知规定:分别由驻地政府供应红军口粮,红军到达何地,即由该地政府迅速从所收土地税或粮食调剂局存谷中拨出粮食付与红军,并将数目报告县苏维埃核算。⑦ 1931 年 4 月,中共闽粤赣省委在发出的《赶快采

---

① 《湘西省苏维埃政府通告财字第二号》(1930 年 11 月 20 日)。
② 欧阳钦:《中央苏维埃区报告》(1931 年 9 月 3 日)。
③ 如鄂豫皖根据地因敌人"围剿"损失"谷子数十万石以上"(《鄂豫皖区苏维埃政府通令第七号》,1931 年 8 月 10 日)。
④ 《家、粥、霖自闽粤赣苏区来信》(1931 年 3 月 23 日)。
⑤ 麻城县苏维埃政府印:《政治任务决议案》(1931 年 6 月 10 日)。
⑥ 《江西省苏维埃政府紧急通告秘字第三号》(1930 年 11 月 24 日)。
⑦ 《红军给养问题》(闽西苏维埃政府通知第六号,1931 年 1 月 18 日)。

办粮食供应红军紧急通知》中,提出了及时供应红军粮食的具体措施:第一,在各县、区的重要交通要道成立粮食站。负责粮食的集中和在红军来往时及时供应。第二,由县、区苏维埃政府筹措一笔钱款,派专人到各地收买米谷。第三,必要时向富农借粮食。第四,发动群众节省粮食(要求每人自动省米三升),把省出来的粮食便宜卖给粮食站供应红军。鄂豫皖根据地则积极向外发展,到白区打土豪筹集粮食,或是用互济会的名义组织割青队、割谷队,到边沿区割取豪绅地主(经营地主)的庄稼。① 从1931年夏季开始,各根据地还开展了生产运动,口号是"不要荒废苏维埃一寸土地",抢种成熟期较短的瓜、豆、荞麦、萝卜等,并开展劳动互助,当年取得了较好的收成,为保证粮食供给起了重要的作用。②

(三)军事装备的供给

在反"围剿"战争中,红军武器弹药主要依靠战争缴获。中共中央1931年1月在《致红军的训令》中指出:"红军各部队的军械与军需(粮秣、被服)之补充,主要的夺自敌人,其次在苏区内由当地军委筹备"。③ 中央根据地在第一次反"围剿"中,红军缴获枪炮11000支(门);第二次反"围剿"中缴获枪炮12000支(门);第三次反"围剿"中缴获枪炮21000支(门)。④ 数量一次比一次增多。

同时,各根据地兴办了若干军事工业,修理武器,生产子弹、刺

---

① 《鄂豫皖特委报告》(1931年2月10日)。
② 源远:《鄂豫皖苏区为粮食的斗争》(1931年10月),《红旗周报》1932年12月10日第26期。
③ 《中共中央致红军的训令》(1931年1月)。
④ 中国工农红军总政治部:《中国工农红军两年来作战的总结》,《斗争》1933年5月31日第43期。

刀及少量枪支。中央根据地 1930 年 2 月兴办的闽北红军兵工厂，到 1931 年年初已有技术工人 100 多人，除修理枪支外，还制造子弹和枪支。① 1930 年 1 月，由红军一个军械处发展起来的赣东北兵工厂（后改称为闽浙赣兵工厂），到 1930 年 11 月，可以制造长枪、刺刀、马刀、弹药。到 1931 年 5 月，已能制造手枪、迫击炮、炸弹。② 湘鄂西根据地鹤峰枪炮局在 1930 年下半年至 1931 年间相继建立了下坪、太平、平山、燕子等兵工厂。主要是修理枪支，同时制造大刀和子弹。③ 鄂豫皖根据地 1931 年 6 月在英山县贺家桥开办兵工厂，有工人 100 多人，修理步枪、机枪、手枪，还能制造土枪、七子枪和子弹，日产步枪子弹 600 发。④

为了保证红军和政府工作人员的被服供应，各根据地都建立了被服厂。湘鄂赣根据地 1930 年在阳新龙港建立的鄂东南被服厂，有工人 400—500 人，有缝纫机 20—30 台，还有几台木制织布机和四五台弹花机，可以生产棉衣、单衣、毛巾、袜子等。⑤ 红军的被服供应，主要是靠发动根据地和新发展区域的工人突击缝制的。中央根据地在第一次反"围剿"战争前，红一方面军在攻克江西吉安城后，发动工人赶制了上万套军服和军被。在第二次反"围剿"胜利后，在石城、宁都发动工人缝制军服，一星期缝制 5000 套，计

---

① 黄英：《回忆闽北红军一个兵工厂的成长》（1959 年 3 月 31 日）；应加顺：《闽北苏区兵工厂情况》（1961 年 9 月 1 日），见赵效民主编《中国革命根据地经济史（1927—1937）》，广东人民出版社 1983 年版，第 240 页。

② 黄令正：《洋源兵工厂》（1977 年 12 月 8 日）；汪则旺：《闽浙赣兵工厂发展情况》（1977 年 12 月 13 日）。

③ 洪湖革命历史博物馆编：《湘鄂西根据地革命斗争大事记》（1978 年 5 月）。

④ 《英山报》1959 年 2 月 8 日。

⑤ 湖北省委党史调查组鄂东南小组编：《党在鄂东南革命斗争史资料》（1960 年 2 月）。

划在第三次反"围剿"前完成两万套。①

革命根据地在建立和扩大时期的经济建设是在多次的反"围剿"战争中开展的。根据地军民团结一致,同心协力,为保证红军的给养做了大量的工作,为反"围剿"战争的胜利提供了重要的物资条件。而反"围剿"战争的胜利,使革命根据地得到扩大和发展,为根据地经济工作的开展提供有利的条件。

第二节 中华苏维埃共和国诞生后的经济

1931 年"九一八事变"后,以蒋介石为代表的国民党反动派对日本帝国主义的侵略奉行不抵抗政策,继续对革命根据地进行军事"围剿",激起了全国人民反蒋抗日浪潮,导致国民党内各派系之间矛盾激化,为中国共产党提供了团结一切可以团结的力量,推动以抗日为中心的革命运动发展的有利形势。但是,中共六届四中全会后,推行王明"左"倾路线的临时中央错误地估量了形势,强调国民党统治正在加速崩溃,做出《中央关于争取革命在一省与数省首先胜利的决议》②,盲目提出"扩大苏区,将零星的苏区联系成整个的苏区",占取中心城市,"以开始在一省数省的首先胜利"。为实现上述"总任务",决议规定长江以南的红军主力,夺取赣江流域的吉安、抚州、南昌等中心城市,以开始湘鄂赣各省的首先胜利;长江以北各地红军积极进攻,造成威胁武汉、长江下游及平汉铁路的态势。本来红军取得反"围剿"胜利后,革命根据地得

---

① 《总前委第一次扩大会议决议案记录》(1931 年 6 月 20 日)。

② 《中央关于争取革命在一省与数省首先胜利的决议》(1932 年 1 月 9 日),见中央档案馆编:《中共中央文件选集》第 8 册,中共中央党校出版社 1985 年版,第 41 页。

到了进一步的巩固和扩大,出现了相对稳定的局面。但是为了集中精力准备攻打大中城市,要迅速扩大红军和筹集经费,无暇顾及根据地的经济建设,根据地经济政策的制定和执行都受到王明"左"倾路线的严重干扰。

一、革命根据地经济建设政策的制定及调整

1931 年中华苏维埃共和国的成立,是土地革命的重要里程碑。中央工农政权为根据地的经济斗争和建设制定了一整套方针政策和法规条例,根据地的经济工作,开始走上法制化轨道,但王明"左"倾路线给当时的经济工作造成了严重的干扰和损失。毛泽东对此进行了坚决抵制,对根据地的经济政策进行了调整。他在中华工农兵苏维埃第二次全国代表大会所做的报告中,全面总结了根据地经济斗争正反两方面的经验,为根据地经济斗争制定了总的方针、任务和政策措施,对根据地的经济建设有着重大的指导意义。

(一)中华苏维埃第一次大会经济政策的制定和王明"左"倾路线的干扰

1931 年 11 月 7 日,在江西瑞金召开了中华工农兵苏维埃第一次全国代表大会,宣告中华苏维埃共和国诞生,毛泽东当选为中央执行委员会主席和人民委员会主席。会议通过了中华苏维埃共和国宪法大纲和土地法、劳动法、关于经济政策的决议案等重要法令。① 《中华苏维埃共和国宪法大纲》规定:"中国苏维埃政权所

---

① 《中华苏维埃第一次全国代表大会文件》,见中央档案馆编:《中共中央文件选集》(1931),中共中央党校出版社 1983 年版,第 468、471、482 页。

建立的是工人和农民的民主专政的国家。苏维埃全部政权是属于工人、农民、红军兵士及一切劳苦民众的。"《关于经济政策的决定》规定了工业、商业、财政、金融和城市建设各项经济政策。

工商业政策规定:(1)苏维埃政府将操纵在帝国主义手中的一切经济命脉(租界、银行、海关、铁路、航业、矿山、工厂等)实行国有。目前允许外国某些企业另定租借条约,继续生产,但必须遵守苏维埃一切法令,实行八小时工作制及其他各项条例。(2)中国资本家的企业及手工业,尚不实行国有,但由工人监督生产委员会及工厂委员会实行监督生产。(3)苏维埃竭力促进工业的发展,特别注意保障供给红军的一切企业(工厂、作坊、手工业、家庭企业等)的发展。(4)苏维埃保证商业自由,不干涉正常的商品市场关系,但严禁商人投机和抬高物价,应解散商会,禁止大小商人以商会名义垄断价格。(5)与非苏维埃区域的贸易,还不能实行"垄断",但苏维埃政府应实行监督,以保障苏维埃区域必需商品的供给。(6)苏维埃极力帮助合作社的组织与发展,给以财政协助与税收的豁免,苏维埃应将一部分没收的房屋与商店交给合作社使用。上述政策具有明显的新民主主义性质。

有关财政金融政策规定:(1)消灭国民党军阀政府的一切捐税制度和横征暴敛,苏维埃另定统一的累进所得税则,使之转由资产阶级负担。苏维埃政府豁免红军战士、工人、乡村与城市贫苦群众家庭的纳税,如遇意外灾害,更应豁免或减轻一切税额。(2)取消过去一切口头的、书面的奴役及高利贷契约,取消农民与城市贫民对高利贷的各种债务,严禁预征或债务奴役,严防并制止一切恢复奴役与高利贷的企图,城市与乡村贫民被典当的一切物品,无代价归还原主,当铺应交给苏维埃。(3)苏维埃区域内的旧货币,目前得在苏维埃区域通行,但苏维埃须对这些货币加以清查以资监督,苏维埃应发行苏维埃货币,外来货币须一律兑换苏维埃货币。

(4)苏维埃应开办工农银行,并设立分行,工农银行有发行货币的特权,并对农民、家庭手工业者、合作社、小商人等实行借贷,以发展苏维埃经济。(5)对各土著及大私人银行与钱庄,苏维埃机关应派代表监督其行动,禁止发行货币,苏维埃严禁银行家利用本地银行,实行反革命活动的一切企图。

有关城市政策规定:苏维埃实行相当调剂,以减轻城市贫民的房租,没收地主、豪绅、军阀、官僚、政客的房屋和财产,房屋交给工人、苦力、学徒等居住;财产由城市贫民分配或由苏维埃用作公共事业,城市苏维埃采取一切办法改良贫苦人们的居住条件。

《土地法》规定:所有封建地主、豪绅、军阀、官僚以及其他大私有主的土地,无论自营或出租,一概无代价没收,经过苏维埃由贫农与中农实行分配,并规定地方政府要举办开垦荒地、培植森林、办理移民、改良现有的及建立新的灌溉、加紧建设道路、创办工业等事业,促进农村经济的发展。

《劳动法》对雇佣手续,工资制度,女、青、童工的保障,劳动保护和社会保险,以及工会的组织和作用都做了相应的规定。实行8小时工作制,16—18岁青工不得超过6小时,14—16岁的童工不得超过4小时,取缔一切封建性包工和把头制度,实行男女同工同酬,并规定各项劳动保护措施。

中华工农兵苏维埃第一次全国代表大会所制定的经济政策,已部分受到王明"左"倾错误路线的影响,如《土地法》规定,地主没有分配任何土地的权利,富农只能分得较坏的"劳动份地",没收富农的水碓、油榨等作坊,《劳动法》照搬苏联劳动法的具体规定,物资福利过高超越了当时的经济发展水平。

中华苏维埃第一次代表大会闭幕后,临时中央政府,相继颁布的《暂行税则》(1931年12月1日)、《工商业投资暂行条例》(1932年1月)、《借贷暂行条例》(1932年2月)、《矿山开采权出租办法》(1932年8月)等一系列经济政策条例,都不同程度地受到王明"左"倾错误路线的干扰。

"左"倾土地政策实行地主不分田,断绝了地主的生计。中央根据地在执行此项政策时,曾考虑规定允许地主租用土地,后又规定允许地主开垦荒地,但一概被临时中央指责为对消灭地主阶级"还持动摇的态度"。[①] 1931年11月25日,中央苏区人民委员会发布《训令》,将地主组成劳役队去做苦工,但参加的只限于有劳动能力的地主,而家属及其他无劳动能力的地主仍无生活出路。富农只能分坏田,实际上消灭了富农经济赖以存在的正常条件。同时,"平分一切土地"必然要把中农的一部分土地拿来平分,从而侵犯中农的利益,扩大了打击面。

"左"倾劳动政策和工商业政策把反对资产阶级与反帝反封建并列,侵犯工商业者的利益;把手工业师徒关系与企业主和工人之间的剥削被剥削关系混淆,提出"反对师傅"、"废除学徒制"等口号,造成师徒对立;不顾企业经济能力,强迫介绍失业工人进去;在年关斗争中,许多城市到处举行有害苏区经济流通的总同盟罢工。[②]

(二)经济政策的调整和中华苏维埃第二次大会对苏区经济建设的总结

"左"倾经济政策的推行,给根据地经济的恢复和发展造成了巨大的困难。肉体上消灭地主,经济上消灭富农,挫伤中农的生产

---

① 《中央给苏区中央局并红军总前委的指示信》(1931年8月31日),见中央档案馆编:《中共中央文件选集》(1931),中共中央党校出版社1983年版,第372页。

② 《陈云文选》(1926—1949),人民出版社1984年版,第9页。

积极性,严重削弱了农业生产力;过高的劳动条件和物资待遇,使企业不堪负担而纷纷倒闭,也使白区资本家不敢在苏区投资办企业;废除学徒制等过"左"行为阻碍了手工业的发展。到1932年下半年,根据地的经济形势日益恶化,出现工商业停滞,食盐、布匹、药品等工业品缺乏,价格昂贵。汀州、上杭、雩都、瑞金等县更发生粮荒。① 根据地政府不得不对经济政策进行调整。第一,在土地政策上,强调对富农和地主区别对待,反对侵犯中农利益。中央土地部颁布的《关于实行土地登记的布告》,肯定农民对土地的所有权,解除农民对分田不定的疑虑;临时中央政府《关于土地斗争中一些问题的决定》规定:对地主和富农兼营的工商业及其相关财产不予没收。第二,在商业政策上,在建立和健全苏维埃对外贸易机构的同时,强调应该更多地利用商人的线索与关系,经过他们高价输出苏区产品,廉价输入白区的日用必需品;消费合作社也"必须以更大的积极性自动去寻找商人的关系,打通赤白的交通路线,来进行对外贸易"。② 第三,在劳动政策上,临时中央政府于1933年10月颁布修改后的《劳动法》以及关于违反劳动法的惩罚条例,删去了脱离根据地实际的过高经济要求,使之有利于根据地经济的恢复和发展。第四,在职能机构上,临时中央政府设立国民经济部,下设设计局和调查统计局,专门管理发展苏区农工商业、交通运输及一切关于国民经济的设计、调查与统计事宜③,以加强对根据地经济建设的领导。省、县也相应地设立国民经济部。

　　1933年8月,在瑞金召开中央根据地南部17县经济建设大

---

① 亮平:《怎样解决粮食问题》,《斗争》,1933年5月10日,第11期。

② 《中共中央组织局关于收集粮食运动中的任务与动员工作》(1933年7月22日),《斗争》第20期。

③ 《中华苏维埃共和国各级国民经济部暂行组织纲要》(1933年4月28日)。

会。毛泽东在会上作了题为《粉碎敌人五次"围剿"与苏维埃经济建设任务》①的报告,论述了根据地经济建设对支援革命战争,改善人民群众生活,巩固工农联盟和根据地政权的重要意义;阐明了经济建设与革命战争的辩证关系;提出了经济建设中的正确领导方法和工作方法,强调反对官僚主义和命令主义。国民经济部长林伯渠、副部长吴亮平分别在会上做了《发行三百万元经济建设公债与发展合作社》和《关于粮食调剂问题的报告》。会议通过了《中央苏区南部十七县经济建设大会决议》。在会议拟定和通过的《竞赛条约》中,各县代表承诺在8—10月间推销经济建设公债353.65万元;发展合作社社员100.13万人,半年内向地主、富农筹款135.8万元,建立粮食调剂支局34个,分局6个,对外贸易分局4个,建成谷仓容谷米量46.3万担。② 8月在博生县召开的北部11县经济建设大会上,6县代表签订了《竞赛条约》,承诺推销经济建设公债161.5万元,发展粮食合作社社员15.2万人,消费合作社社员13.7万人,筹款12.4万元,建立粮食调剂支局20个,对外贸易分局5个,建成谷仓容谷米量14.8万担。③ 南北两个大会的召开,推动了根据地经济的发展。1933年中央根据地的农业生产比1932年增长15%;闽浙赣根据地农业生产增长20%。手工业也有所恢复和发展。④

① 即《毛泽东选集》第1卷1991年第2版中《必须注意经济工作》一文。

② 《南部十七县经济建设大会的胜利》,《红色中华》1933年8月19日第103期。

③ 《江西闽赣两省北部十一县经济建设大会的胜利》,《红色中华》1933年9月3日第107期。

④ 毛泽东:《我们的经济政策》(1934年1月23日),《毛泽东选集》第1卷,人民出版社1991年版,第131页。

1934年1月21日至2月1日在江西瑞金召开了第二次全国苏维埃代表大会,对根据地经济建设进行了回顾和总结。会议通过了宪法及各种法令;选举新的中央执行委员会。毛泽东在大会报告中系统总结了根据地经济建设的经验教训,提出了经济建设的基本方针和任务。第一,明确了根据地的经济结构,是由国营经济,合作社经济和私人经济三部分组成。国营经济目前"只限于可能的和必要的一部分",但其"前途是不可限量的"。私人经济"是国家的利益和人民的利益所需要的",不仅现时"占着绝对的优势,并且在相当长的期间内也必然还是优势"。合作社经济"在极迅速的发展中","合作社经济和国营经济配合起来,经过长期的发展,将成为这方面的巨大力量,将对私人经济逐渐占优势并取得领导的地位。所以,尽可能地发展国营经济和大规模地发展合作社经济,应该是与奖励私人经济发展,同时并进的"。

第二,阐明了根据地经济工作的方针和任务,"进行一切可能的和必需的经济方面的建设,集中经济力量供给战争,同时极力改良民众的生活,巩固工农在经济方面的联合,保证无产阶级对于农民的领导,争取国营经济对私人经济的领导,造成将来发展到社会主义的前提"。

第三,强调把农业生产放在经济建设工作的首位。"森林的培养,畜产的增殖,也是农业的重要部分"。要"有计划地恢复和发展手工业和某些工业",全力扭转红色区域许多手工业和工业衰退的局面。

第四,明确提出,通过发展国民经济来增加财政收入,是"财政政策的基本方针",依靠打土豪筹款不是长久之计。银行发行纸币,"应该根据国民经济发展的需要,单纯的财政需要只能放在次要的地位"。反复强调财政支出,"应该根据节省的方针。应该使一切政府工作人员明白,贪污和浪费是极大的犯罪"。"节省每一个铜板为着战争和革命事业,为着我们的经济建设,是我们的会计制度的原则"。

第五,最后强调关心群众生活,注意工作方法。并论述了关心群众生活同动员人民群众进行革命战争的关系,注意工作方法同完成革命任务的关系,说明只有"真心实意地为群众谋利益,解决群众的生产和生活的问题,盐的问题,米的问题,房子的问题,衣的问题,生孩子的问题,解决群众的一切问题",才能得到群众的拥护和支持。同时必须注意工作方法,"如果仅仅提出任务而不注意实行时候的工作方法,不反对官僚主义的工作方法而采取实际的具体的工作方法,不抛弃命令主义的工作方法而采取耐心说服的工作方法,那末,什么任务也是不能实现的"。①

毛泽东通过长期实践和调查研究,在认真总结正反两方面经验的基础上,全面阐明了根据地的经济结构及其发展趋势,经济工作的总方针和总任务,以及各项政策和工作方法,为根据地的经济斗争指明了方向。这不仅在当时是正确和及时的,对以后的抗日战争和解放战争时期根据地的经济建设都起过重要指导作用。

二、"查田"运动的兴起,农业生产的
恢复和发展

中华苏维埃成立后,根据地农村开展的经济斗争主要有两项:一是查田运动;二是恢复和发展农业生产。前者由于"左"倾路线的干扰,未能达到预期的目的,最后不了了之。后者因措施得当,取得了可喜的成绩。荒田垦复,水利灌溉明显改善,农业产量增

---

① 毛泽东:《我们的经济政策》,《毛泽东选集》,第 1 卷,人民出版社1991 年版,第 130—134 页。

长,农民经济有所好转。

(一)根据地的查田运动

1933—1934 年间,中央和其他根据地先后开展了查田运动。这场运动是作为彻底肃清封建半封建势力、巩固苏维埃政权的一项重要措施提出来的,但是,由于临时中央推行"左"的土地政策,使运动发生偏差,没有达到预期目的。为了指导运动的开展,临时中央政府 1933 年 6 月 1 日发布《关于查田运动的训令》;中共中央苏区中央局 6 月 2 日做出了《关于查田运动的决议》。此后,中央和湘赣、湘鄂赣、赣东北等根据地都相继开展了查田运动。苏区中央局决议认为过去土地革命中实行"不正确的路线",即没有贯彻"平分一切土地"和"地主不分田"、"富农分坏田"的"左"的土地政策。决议要求深入开展查田运动和阶级斗争,无情消灭地主残余,没收富农多余的农具与好田,分给他们坏的"劳动份地"。当时,毛泽东已被撤销党和红军中的领导职务,担任临时中央政府主席。他虽然参加了对运动的领导,但没有决策权,很难对运动进行有效控制,只能在力所能及的范围内防止和减少某些偏差。在运动开展前,他曾派干部到瑞金叶坪乡进行试点,取得经验。毛泽东在瑞金等八县查田运动大会报告中,强调不要侵犯中农的利益,"应审慎决定那些介在中农与富农之间的疑似成分,不使弄错";要"使富裕中农稳定起来",弄错了就必须纠正,"如果是中农一定要赔偿他的土地财产";同时要区别富农与地主,不要把"富农弄成地主",指出"消灭富农的倾向是错误的"。① 这些都是对"左"倾错误的抵制和纠正。

在 1933 年 7—9 月间,各地出现了把富农划成地主,将中农划

---

① 毛泽东:《查田运动的初步总结》(1933 年 9 月),《斗争》1933 年 8 月 24 日第 24 期。

成富农，侵犯中农利益的错误。当时有中农跑到苏维埃来请求把自己的成分改为贫农，说："中农危险得很，揸上就是富农，改为贫农咧！隔富农就远了一点"。甚至"一部分中农恐慌逃跑，躲到山上"。鉴于以上情况，苏区中央局不得不于1933年9月8日做出第二个决议，承认查田运动犯了某些错误，并责成临时中央政府负责纠正。1933年10月，临时中央政府通过了毛泽东起草的《怎样分析农村阶级》和《关于土地斗争中一些问题的决议》两个历史性文件。提出了划分农村各阶级的标准，以及地主、富农、中农、贫农、雇农各阶级间的质的区别。并从量的方面规定了地主与富农、富农与中农之间的标准，特别是将小土地出租者与地主、富裕中农与富农在剥削量上的界限加以规定。各地以上述两个文件为标准，纠正了错划阶级成分的错误。

不久，查田运动又出现了反复。1934年3月15日，第二届人民委员会发布了《关于继续开展查田运动的问题》的训令，指责纠正错划成分是"右倾机会主义"，"给了地主、富农以许多反攻的机会"，地主、富农"企图拿'算阶级'来代替查阶级，拿数字的玩弄来夺回他们过去所失去的土地财产"。因此"必须坚决反对拿'算阶级'来代替查阶级，拿百分数的计算代替阶级斗争"。并宣布"在暴动后查田运动前已经决定的地主与富农，不论有任何证据不得翻案，已翻案者作为无效"。这样，已经纠正了的"左"倾错误，再次复原。不仅如此，1934年5月12日，人民委员会发布第三号训令，决定将地主编入"永久的劳役队"，富农编入"临时的劳役队"，在必要时，"地主富农可以编入同一劳役队内"，地主家属"一律驱逐出境或迁移别处"。使对地主和富农的过"左"的政策进一步升级，查田运动走入歧途。随着王明"左"倾错误路线的领导而导致的第五次反"围剿"在军事上的节节失利，查田运动也不得不草草收场，不了了之。

（二）根据地农业生产的恢复和发展

1931 年 11 月,中华苏维埃第一次大会后,根据地出现了相对稳定的局面,为农业生产的恢复和发展提供了有利的条件。

国民党反革命军事"围剿"给根据地人民的生命财产,尤其是农业生产和农村经济造成了巨大损失。据 1931 年 9 月江西省苏维埃政府的统计,据对江西永丰县的龙岗、良村、沙溪、潭头、石马等五个集镇的调查,仅在敌人的第三次"围剿"中,被屠杀和逮捕的群众 879 人,被烧毁房屋 9600 间。损失耕牛 3726 头,生猪 3905 只,稻谷 100218 担,衣服 24666 件,被盖 6024 床。[1] 农村劳动力不足、耕牛和生活资料缺乏更加突出。在赣西南根据地,因敌人"围剿"的洗劫而需要救济的灾民达 15 万人以上。[2] 土地大量荒芜,仅公略、万泰两县就各有荒田荒地达十万担以上。[3] 这就给农业生产的恢复和发展造成了巨大困难。

为了解决劳动力和耕牛不足的困难,各根据地进一步开展以劳动互助社和犁牛合作社为基本形式的互助合作运动,并在 1934 年 1 月中华苏维埃第二次大会后掀起了高潮。兴国县的劳动互助社从 1933 年 2 月的 318 个迅速增加到 4 月的 1206 个,社员人数从 15615 人增加到 22118 人。[4] 犁牛站和犁牛合作社也得到迅速

---

[1]　《三次战争中国民党在永丰摧残的成绩》,《青年实话》1932 年 4 月 15 日第 15 期。

[2]　《江西省苏维埃政府布告第七号》(1931 年 9 月 27 日)。

[3]　参见作霖:《消灭苏区的荒田》,《青年实话》1932 年 5 月 30 日第 18 期。"担"是当地以产量计算的土地面积单位。

[4]　参见亮平:《把春耕的战斗任务,提到每一劳苦群众的面前》(1934 年 2 月 20 日),《斗争》第 49 期;卢绍旺:《和兴国比一比》,《红色中华》1934 年 4 月 30 日第 182 期。

发展。犁牛站是由中央土地部于 1933 年 3 月提出来的,规定"犁牛站所有耕牛农具,归全体站员所有",同时"再合股购买添置"。① 犁牛合作社最早出现在江西省瑞金县石水乡,立即得到中央的支持和推广。毛泽东曾指出,解决耕牛缺乏的办法,"莫妙于领导群众组织犁牛合作社,共同集股买牛"。② 互助合作运动的发展,在一定程度上缓解了劳动力和耕牛不足的困难。

　　针对土地大量荒芜的情况,根据地政府发出了"彻底消灭荒田荒地"、"不让一寸土地荒废"的号召,并采取了鼓励垦荒的政策措施。1933 年 2 月 25 日临时中央政府颁发《开垦荒地荒田办法》。规定对已分配的荒地荒田,督促本人开垦。如本人不开,则发动别人去开。租额多少和耕种年限,由双方自定,但交租至多不能超过收获量的 1/5,期限至少 5 年。未分配的荒地荒田则要求发动群众领垦,或分配给群众开垦。新垦地"归开垦人所有"。贫农中农及一切有选举权的劳动群众,有"先开之权",并免收土地税三年。③ 5 月 25 日,中央土地部又发布《开垦规则》,进一步明确宣布:群众对开发的无主荒田,"有永远支配之权"。在上述政策推动下,各根据地的荒田相继被垦复。据统计,1933 年江西省开荒 20 万担,福建省开荒 3 万担④,闽浙赣省开荒 3 万担。⑤ 1934

---

① 《中央土地部关于组织犁牛合作站的办法》(1933 年 3 月),《红色中华》1933 年 3 月第 57 期。

② 毛泽东:《毛泽东农村调查文集》,人民出版社 1982 年版,第 313 页。

③ 《红色中华》1933 年 2 月第 56 期。

④ 《关于苏维埃经济建设的决议》(1934 年 2 月 10 日),《红色中华》1934 年 2 月 10 日第 150 期。

⑤ 斗人:《闽浙赣省的经济建设》,《红色中华》1934 年 1 月 19 日第 145 期。

年江西省开荒 3 万担,福建省 18948 担,粤赣省 12013 担。① 两年累计共垦荒田 32 万余担。有些县(或区、乡)已实现"消灭荒田"的目标。② 有的地方连荒了几十年的"死地","也苏生起来了"。③

中央根据地所在地的江西、福建是水稻产区,大部分适宜种植两季稻,旱地种植杂粮和棉花。根据地政府考虑到当地的自然条件和军民需要,制定了以粮食为主的农业发展方针。中央苏区政府确定作物种植重点依次是:谷米,杂粮(番薯、豆子、花生、麦子、高粱等),蔬菜,棉花。由于敌人的封锁,根据地必须力求农产品自给,全面发展根据地军民所必需的粮食和棉花。有灌溉条件的地区以恢复和发展水稻生产为主,兼顾杂粮,以满足军民的粮食需求。同时,必须发展棉花生产。中央根据地农民原来很少植棉,棉花和布匹要从白区购买。由于敌人加紧经济封锁,从白区购买棉花和布匹越来越困难。因此,中央土地部在 1933 年 2 月 1 日发布的《春耕计划》中,向各根据地发出了"要种植棉花"的号召,提出"凡高原干燥地方,及沙坝园土山地等都可种棉"。④ 此后,一些根据地的植棉业,都有不同程度的发展。

在恢复和发展农业生产的过程中,根据地政府大力组织农民兴修水利。1934 年 1 月,毛泽东在中华苏维埃第二次大会所做的

---

① 王观澜:《春耕运动总结与夏耕运动的任务》,《红色中华》1934 年 5 月 28 日第 194 期;5 月 30 日第 195 期。

② 据 1934 年 5 月不完全统计,当时已消灭荒田的县有:江西省的兴国县、博生县和福建省的宁化县、汀东县、上杭县。已消灭荒田的区、乡有:江西省瑞金县的武阳、云集、九堡、黄沙等区、乡;福建省长汀县的灌田、红坊、水口等区、乡;粤赣省西江县的沙星,会昌县的踏径等区乡(斗人:《闽浙赣省的经济建设》,《红色中华》1934 年 1 月 19 日第 145 期)。

③ 定一:《两个政权、两种收成》,《斗争》1934 年 9 月 23 日第 72 期。

④ 《红色中华》1933 年 2 月第 52 期。

报告中提出"水利是农业的命脉"。① 在根据地政府的号召和组织下,各地农田水利事业迅速发展。据江西、福建、粤赣和闽浙赣四个省的不完全统计,到 1934 年 9 月,完成的水利工程达一万多座。1934 年四省兴修水利工程统计如下:

表 9-2　各根据地修复和新修农田水利工程统计

1934 年　　　　　　　　　　　　　单位:座

地区	修复水利工程	新建水利工程	合计
江西省	3677	122	3799
福建省	2366	—	2366
粤赣省	4105	20	4125
闽浙赣省	832	750	1582
合计	10980	892	11972

资料来源:江西、福建、粤赣数字据定一:《两个政权、两种收成》,《斗争》1934 年 9 月 23 日第 72 期;闽浙赣省数字据斗人:《闽浙赣省的经济建设》,《红色中华》1934 年 1 月 19 日第 145 期。

湘鄂西根据地洪湖地区为防止和减轻水患,在 1931 年夏季水灾发生后,也进行了大规模的防洪水利工程建设,仅泗港一地,每天参加筑堤的农民就有 1 万多人。新建的堤比老堤宽 1/4。为解决修堤经费不足的问题,根据地政府以 1932 年的土地税作担保,发行了 30 多万元"水利借券"。② 兴修水利扩大了农田灌溉面积。

---

① 毛泽东:《我们的经济政策》,《毛泽东选集》第 1 卷,人民出版社 1991 年版,第 132 页。

② 参见《中共湘鄂西省委关于湘鄂西具体情况报告》(1932 年 12 月 19 日);《湘鄂西苏维埃政府水利借券条例》(1931 年);《湘鄂西省苏维埃的工作》(1932 年 2 月 25 日),《红旗周报》1932 年 5 月 15 日第 40 期。

江西兴国一县修复陂圳820座、水塘184口,水车、筒车71架,约能灌溉42.6万担田,又新开陂圳49座,水塘49口,新增灌溉面积9.5万担田。瑞金修复陂圳2300余座,并新开陂圳26座,到1934年11月,据该县9个区的统计,灌溉面积已占耕地总面积的94%。①

根据地政府还大力推广精耕细作和农业生产技术,号召农民因地制宜,广开肥源,增施肥料。在1934年的春耕运动中,仅中央和其他根据地施肥的数量比1933年增加10%—30%,多的达一倍以上。② 各根据地还开办农事试验场和其他农业技术研究机构。中央土地部设有瑞金农事试验场,下设保管、田园家畜、山林、水利四科。其主要任务是搜集棉稻生产技术经验,在全苏区推广。③ 闽西永定县根据地政府早在1930年就以区为单位组织农事试验场④,1933年后在中央根据地得到推广。江西根据地政府土地部要求每个县建立2—3个农事试验场,将试验的生产技术推广到农业生产中去。⑤ 江西瑞金云集区各乡还建立农业研究委员会,研究防虫方法。博生县设有农产品陈列所,将优质农产品陈列展览,以便推广。⑥

由于采取了以上措施,根据地的农业生产得到了恢复和发展,粮食总产量大幅度上升。闽浙赣根据地1933年垦荒3万多亩,增

---

① 定一:《春耕运动在瑞金》,《斗争》1934年4月7日第54期。

② 王观澜:《春耕运动总结与夏耕运动的任务》,《红色中华》1934年5月28日、30日第194、195期。

③ 《农事试验场的初步工作》,《红色中华》1934年3月15日第162期。

④ 《永定县苏关于土地问题草案》(1930年),见中国社会科学院中国现代经济史组:《第一、二次国内革命战争时期土地斗争史料选编》,人民出版社1981年版,第487页。

⑤ 《江西省苏土地部紧急命令第一号》(1933年10月29日)。

⑥ 王观澜:《瑞金云集区春耕情报》,《红色中华》1934年3月22日第164期;《江西省工农兵第二次代表大会经济建设决议案》(1933年12月28日)。

产稻谷数十万担。① 1933 年和 1932 年相比,中央根据地(赣南、闽西)粮食产量增幅为 15%,闽浙赣根据地达 20%,湘赣根据地增长在 20% 以上②,川陕根据地也"收成良好",湘鄂赣根据地"收获更加丰盛,工农群众异常兴奋"。③ 1934 年中央根据地在克服敌人"围剿"和严重干旱所造成的困难,粮食生产又比 1933 年增长 10% 左右。④

三、革命根据地的工业建设

根据地的工业主要是手工业,且以私营工业占优势,由于敌人的军事"围剿"、经济封锁和根据地政府实行的"左"倾经济政策,私营工业一度衰落。在纠正"左"倾错误政策后,根据地政府在实行鼓励个体手工业发展的同时,着重发展手工业生产合作社和国营工业。

(一)手工业生产合作社的组建

1931 年 11 月中华苏维埃第一次大会以前,手工业生产合作社发展较慢,闽西根据地从 1929 年开始兴办手工业生产合作社,到 1931 年 4 月才办了合作社 4 个,基金 628 元。⑤ 赣西南、湘赣、

---

① 斗人:《闽浙赣省的经济建设》,《红色中华》1934 年 1 月 19 日第 145 期。

② 毛泽东:《我们的经济政策》(1934 年 1 月 23 日),《毛泽东选集》第 1 卷,人民出版社 1991 年版,第 131 页。

③ 《湘鄂赣苏区代表访问记》,《红色中华》1934 年 1 月 22 日第 141 期。

④ 《胡海同志论今年我们的收获》,《红色中华》1934 年 9 月 18 日第 235 期。

⑤ 《闽西苏维埃政府经济委员会扩大会议决议案》(1931 年 4 月 25 日),《革命根据地经济史料选编》上册,江西人民出版社 1986 年版,第 69 页。

湘鄂西等根据地也只有少数的合作社,大多由根据地政府出资或没收来的工厂、作坊交给群众集体经营,并非由群众集股兴办,且规模较小。① 中华苏维埃第一次大会后,根据地出现了相对稳定的局势,临时中央政府颁布了从税收、租金、运输、房屋等各方面扶持合作社发展的政策。1932年4月,临时中央政府颁布《合作社暂行组织条例》。各根据地政府采取许多具体措施,促进手工业生产合作社的发展。湘鄂西根据地1932年2月召开合作社社员代表会议,总结了办社经验,布置了发展生产合作社的具体措施。② 同年9月,湘赣根据地政府召集全省生产合作社主任联席会议,检讨各合作社的错误和缺点,订立了合作社纲要和扩大与整理合作社的决议,并成立了省、县合作社运动委员会。会后,对原有手工业合作社"过去没有集股的通通由工人集股",并制定了各项规章制度。③ 上述措施促进了手工业生产合作社的发展,到1934年2月,中央根据地的兴国、胜利、赣县等17个县的手工业合作社发展到176个,社员32761人,股金58552元。闽浙赣根据地在1933年12月有合作社50多个。④ 川陕根据地各种合作社都在发展,"赤江城一天成立五社"。⑤ 各根据地手工业合作社生

---

① 《湘赣苏区总工会筹备委员会报告》(1931年10月29日);《江西苏区中共省委工作总结报告》(1932年5月)。

② 《湘鄂西省委(关于苏维埃工作给中央的)报告》(1932年2月25日)。

③ 《湘赣省职工会报告》(1933年1月13日);《湘赣苏区省党团报告》(1932年8月29日)。

④ 亮平:《目前苏维埃合作运动的状况和我们的任务》,《斗争》1934年4月21日第56期;《经济建设大会前后合作社发展比较表》,《红色中华》1933年12月8日第133期;《闽浙赣苏区的近况》,《红色中华》1934年1月1日第139期。

⑤ 川陕省苏维埃政府机关报《苏维埃》,1933年第9期。

产门类多达 30 多种,计有:造纸、刨烟、造农具、烧石灰、采石膏、开
铁矿、采煤、炼铁、炼钢、烧木炭、造船、渔具生产、木器生产、篾器生
产、制伞、编芦席、编草帽、编斗笠、烧砖瓦、烧陶器、烧瓷器、织布、
织袜、织夏布、染布、熬樟油、熬樟脑、熬硝盐、榨油、缝衣,等等。几
乎所有的农村生产和生活器具,都能生产。手工业生产合作社的
组建促进了根据地工农业生产的恢复和发展。

(二)国营工业的发展

根据地国营工业是各级工农政府直接经营的工矿企业,是新
民主主义经济中的社会主义成分。根据地的国营工业的发展是从
军事工业开始的,以后才兴办若干民用工业。

中华苏维埃第一次大会后,根据地国营工业有了较快的发展,
特别是 1933 年经济建设大会以后更进入了一个新的阶段。同
1931 年 11 月以前相比,国营工业不仅数量增加,规模扩大,而且
生产结构也发生了变化:由单纯为红军服务的军事工业发展为军
需民用服务的多种工业,由自给性工业发展为"自给"兼"出口"的
工业。[1] 1933 年秋,成立了中央印刷厂和中央兵工厂。中央印刷
厂是由东固印刷厂和兴国印刷厂迁至瑞金合并而成的。印刷厂有
石印和铅印两部分,石印部分后来成为财政部印刷厂,共有职工
130 人,生产工人 106 人。[2] 兵工厂是由中央军委修械厂、三军团
修械所和江西省根据地政府的修械所合并成立的,共有职工 250
余人,最初都是手工生产,仅能修理一般枪支。1932 年 4 月,红军
攻克漳州,缴获敌人一个修械厂,动员 20 多名技术工人带着敌厂

---

① 毛泽东:《我们的经济政策》(1934 年 1 月 23 日),《毛泽东选集》第
1 卷,人民出版社 1991 年版,第 132 页。
② 《红色中华》1934 年 3 月 3 日第 160 期。

的两台车床、一台发电机、一台鼓风机以及汽油和原材料参加中央兵工厂,使中央兵工厂有了机器设备。后来白区党组织又从沈阳兵工厂动员几位熟练技术工人来支援中央兵工厂,加强了工厂的设备和技术力量,不仅能修理一般枪支,还能修理机枪和迫击炮,甚至能制造步枪。后来,又分出枪炮、弹药和机械等几个分厂,工人增加到上千人。①

在发展军工企业的同时,还兴办了一些民用工业:其中钨砂、樟脑和纸张主要用于出口;纺织和煤炭主要是根据地民用。赣南有丰富的钨矿资源,第一次世界大战期间,帝国主义疯狂掠夺钨矿资源用于炼制军械所需要的钨钢,外商和军阀官僚相互勾结,垄断收购运销国外。第一次世界大战结束以后,钨价猛跌,赣南钨矿大半停工。1932 年春,临时中央政府成立后,开始恢复钨矿生产。1933 年成立了中华钨矿公司,决定增招 15000 名工人进行大规模的开采。② 后因战争影响,计划未能完全实现,但钨矿生产仍有较快发展,钨砂成为中央根据地的重要出口品,换回了大批根据地缺乏的物资,支援了革命战争,改善了群众生活。1934 年 2 月,临时中央政府国民经济部投资 10 万元在汀州建立了中华织布厂,拥有织布机 30 余台;又投资 20 万元建立中华纸业公司。③ 在此前后,还兴办了樟脑、造船、通讯材料、卫生材料、交通材料、粮秣、草鞋以及纺织、造币等厂。④ 到 1934 年 3 月,中央根据地已有国营工厂

---

① 吴汉杰:《官田兵工厂》,《星火燎原》第 2 卷,人民文学出版社 1962 年版,第 171—173 页;《访问范树德记录》(1978 年 1 月 18 日)。

② 《中华苏维埃共和国中央劳动人民委员总部训令第六号》(1933 年 9 月)。

③ 《红色中华》1934 年 2 月 16 日第 150 期。

④ 《红色中华》1934 年 2 月 9 日第 147 期。

32 个,有工人 2000 多人。①

　　闽浙赣根据地工业建设成绩也十分显著,曾受到临时中央政府的赞扬。规模较大的有织袜、纺织、造纸等厂和制造各种小工具的工厂。② 这些工业的发展,在闽浙赣边区是前所未有的。③

　　川陕革命根据地建立较晚,国营工业发展却比较快,部门和厂矿都多,共建有兵工、被服、造币、铜元铸造、印刷、造纸、织布、化工、造船、陶瓷、煤铁、井盐、斗笠、弹花等 10 余个厂矿。1933 年 11 月,红四方面军在川东打垮了军阀刘存厚,缴获了其经营多年的兵工、被服、造币、铜元诸厂。并加以整顿扩大,兵工厂能产步枪 120 多支、子弹 6 万发。④ 造币厂所造银元成色,不亚于"袁大头"。⑤

　　湘鄂赣根据地政府 1931 年年底和 1932 年年初曾制定发展国营工业的计划,鄂东南办事处要求各县开办纺织厂和染坊,扩大缝纫厂规模,从事和扩大纸张、陶器、竹器、雨具、樟脑、硝盐等生产,并可向银行借款。⑥ 在 1932 年 2 月 20 日的鄂东南各县经济部长会议上讨论了工业发展问题,又要求各县大建工矿企业。⑦ 不过

---

　　① 刘少奇:《论国家工厂管理》,《斗争》1934 年 3 月 31 日第 53 期。

　　② 《闽浙赣苏区近况》,《红色中华》1934 年 1 月 1 日第 139 期;《闽浙赣经济建设》,《红色中华》1934 年 1 月 19 日第 145 期。

　　③ 毛泽东:《我们的经济政策》(1934 年 1 月 23 日),《毛泽东选集》第 1 卷,人民出版社 1991 年版,第 132 页。

　　④ 《川陕苏区与红四方面军的惊人的胜利》,《斗争》1934 年 6 月 30 日第 66 期;傅钟:《红四方面军创建川陕革命根据地及长征情况概述》,《党史资料》1955 年第 3 期。

　　⑤ 循实:《川东北剿赤印象记(八)》,《国闻周报》1935 年 5 月 20 日第 20 卷第 19 期。

　　⑥ 湘鄂赣省苏东南办事处:《经济问题决议案》(1931 年 12 月 13 日)。

　　⑦ 《鄂东南各县苏财政经济部长联席会议决议案》(1932 年 2 月 20 日)。

由于计划过于庞大,在发展中曾一度因银行纸币发行过多,引起货币贬值,不得不进行调整。1932 年 7 月决定将各种厂矿交给工人集资开办,并提倡和督促私人集资经营或独立经营。①

根据地还掀起群众性的熬盐运动。1933 年以后,国民党反动派加紧了经济封锁,根据地的食盐极端缺乏。根据地政府为了满足军民的食盐和制造火药对硝的需求,除了打破敌人封锁,从白区购进食盐之外,还广泛发动群众、机关团体和厂矿开展熬制硝盐的运动。

1933 年 8 月,江西根据地《省委通讯》发表社论:强调食盐问题,是"党在目前最紧急的工作之一",要求"各区乡普遍建立硝(盐)厂"。② 次年 7 月,中央国民经济部指示,每个合作社都应该成立熬盐厂,机关团体都应当提倡熬盐③,并印发小册子,介绍熬盐技术和经验,训练工人,以增加产量和改良盐的质量。④ 据不完全统计,中央根据地江西 7 个县有熬盐厂 581 个,闽浙赣根据地有熬盐厂 1335 个。⑤ 有些区乡已经完全做到食盐自给,还能部分出卖。⑥ 湘赣根据地熬盐合作社的发展,"部分解决了群众食盐问

<hr>

① 《中华苏维埃共和国湘鄂赣省苏维埃政府训令内字第一号》(1932年 7 月 18 日)。

② 《为消灭食盐困难而斗争》,江西《省委通讯》1933 年 8 月 20 日第 25 期。

③ 《中央国民经济人民委员部为紧急发动群众开展熬盐运动的布告》(1934 年 7 月)。

④ 《在开展着的江西省熬盐运动》,《红色中华》1934 年 9 月 26 日第238 期。

⑤ 《闽浙赣省的经济建设》,《红色中华》1934 年 1 月 19 日第 145 期。

⑥ 《在开展着的江西省熬盐运动》,《红色中华》1934 年 9 月 26 日第238 期。

题"。①

为了发展国营工业,中华苏维埃第一次大会以后对公营工厂的管理制度做了某些改革,公营厂原来实行的是军事化管理,政委决定一切,和红军部队一样实行供给制,原材料由上级供给,产品全部上缴,费用实报实销。1932年年初临时中央政府将工人的供给制改为工资制,根据技术高低,确定工资等级②,从而调动了工人的生产积极性。赣东北国营工厂还成立生产管理委员会,工人参加管理,收到了良好的效果,节省了材料,减少了耗费,提高了效益。③

1934年4月,临时中央政府颁布了《苏维埃国有工厂管理条例》;中共中央组织局制定了《苏维埃国家工厂支部工作条例》④,规定实行厂长负责制和经济核算制度。

在"一切为着革命战争,为着前线的胜利"口号的鼓舞下,国营工厂工人的劳动积极性空前高涨。为了增加生产、支援前线,工人经常早上班,晚下班,自动加班加点,不要加班工资。厂内和厂际劳动竞赛轰轰烈烈开展起来,各种生产突击队、冲锋劳动队以及生产竞赛条约有如雨后春笋。"革命竞赛与突击工作"开始变为"苏维埃区域内群众生活的一部分了"。⑤

① 湘赣全省第三次工农兵代表大会:《经济建设问题决议案》(1934年1月15日)。

② 《中央印刷厂实行劳动法》,《红色中华》1932年1月20日第6期。

③ 《赣东北工人通讯》,上海《斗争》1932年8月12日第22期。

④ 《红色中华》1934年4月14日第175期;《斗争》1934年4月21日第56期。

⑤ 《工厂通讯》,《苏区工人》1934年5月25日第17期;张闻天:《从强迫劳动到自由劳动》,《斗争》1934年3月24日第52期。

（三）邮电业和交通业的兴办

根据地早在土地革命初期就已建设"赤色邮政"。1931 年 1 月，第一次反"围剿"缴获了敌人的无线电台和电讯器材，又开始建立根据地电讯业。1932 年 3 月 9 日召开的人民委员会第九次会议，专门讨论邮政问题，责成内务部整顿邮政。同年 4 月，内务部颁发关于统一邮政的布告和整理根据地邮政、统一组织、统一办法的训令。①5 月建立中央邮政总局，各省设立邮政管理局，县及交通要道分设邮局，非交通要道设分局或邮政代办所。同时颁布邮政暂行章程，发行新式邮票。为了提高邮政工作效率和服务质量，更好地为革命战争、经济建设和人民群众服务，1933 年 5 月，邮政总局召开闽、赣两省邮政局长联席会议，部署开展邮政工作竞赛②，提高了工作效率和经济效益。中央根据地邮政职工节省经济统计如表 9 - 3：

表 9 - 3　中央根据地邮政职工工作竞赛成绩统计

1933 年 6—10 月　　　　　　　　　　单位:元

省局	节省金额	募捐金额	推销经济建设公债金额	退回二期公债金额	捐献物品折合金额
江西	2054.526	421.925	2062.50	420.00	
福建	839.91	151.378	1329.50	72.50	917.66
粤赣	107.00	49.00	549.50		
闽赣	332.24	53.40	1200.00		

资料来源:《苏区第三次邮局长联席会议及闽赣两省邮局六、七、八、九、十五个月工作竞赛总结与今后工作的决定》(1933 年 11 月)。

---

① 《红色中华》1932 年 4 月 13 日第 17 期。

② 欧阳钦:《中央苏维埃区域报告》(1931 年 9 月 3 日)。

电讯业也得到较快的发展。在中华苏维埃第一次大会以前，中央根据地仅有五部电台，只有四部能使用。有线电话线路不长，师以上军事机关才可通电话。中华苏维埃第一次大会以后，临时中央政府采取了一系列发展电讯事业的措施。开办了两期训练班，培训电讯技术人才。[1] 不久将培训班发展为通讯学校，并建立通讯器材处。到1933年8月，通讯学校和通讯器材处共有学员和干部380多人。[2] 各个根据地均有电讯设施，可与党中央、中央政府、中央军委进行通讯联系。各军团和各军都有无线电队，有线电话也有了较快的发展，1932年仅福建省就架设电话干线435里，支线70里。[3]

中华苏维埃第一次大会以后，各根据地还有计划地修路架桥，疏通河道，发展交通运输业。1933年10月，中央国民经济部设立了运输管理局，制定了《运输管理局暂行简章》，并在各交通要道设立运输分局或运输站。革命根据地大多地处各省、县交界山区，交通不便，运输全赖畜力车辆、人力肩挑背驮和木帆船，修路架桥，疏通河道是发展交通运输业的主要途径。在反"围剿"战争中，一方面为阻滞敌人进攻，要破坏道路桥梁，一方面为方便红军行动和运输又要及时抢修，交通运输业的建设十分艰巨。中华苏维埃第一次大会后根据地出现了相对稳定的局面，随着红军不断向外发展和根据地经济建设的逐渐展开，运输任务日益繁重。1932年7月，中央颁发训令，要求各级苏维埃政府要领导群众，迅速修复交通干线上的桥梁道路。[4] 各级政府遵照上述训令，开展了大规模

---

[1] 欧阳钦：《中央苏维埃区域报告》(1931年9月3日)。

[2] 《外籍红军请求免发公谷》，《红色中华》1933年8月22日第104期。

[3] 《福建省苏报告》，《红色中华》1932年12月5日第104期。

[4] 《红色中华》1932年7月14日第27期。

的修路架桥活动。截至当年 11 月中旬的统计:兴国县修路 48 段,
520 公里;桥梁 98 座,设置渡船 18 只;宁都县修桥 80 余座,设置渡
船 41 只;永丰县修桥 43 座,设置渡船 7 只;寻邬县除修好主要道
路之外,各区乡的支路都进行了修理;万泰县已修好全部道路的
1/2,修桥 97 座,设置渡船 4 只。① 福建省各级根据地政府也进行
了大规模的修路架桥活动:兴建了通向闽北必经之路的十里铺大
桥一座,汀州的汉桥、丰桥二座,费用达数千元,同时还修建了汀州
至连城的福宁桥及至白沙的新坊桥等。②

鉴于根据地的河道因战争和长年失修,河岸崩坍,拉纤人行道
损坏,影响行船,临时中央政府内务部 1933 年 7 月颁发修河令,责
令各级内务部与当地苦力运输工会共同组织修理河道委员会,担
负筹集经费,动员群众修理河道和承担管理河道的责任。③ 同年
11 月,人民委员会颁发训令,拟定修路计划,并对干、支路桥梁的
宽度和质量、完成期限、经费筹集以及修筑办法都做了明确规
定。④ 于是在 1933 年冬和 1934 年春掀起了第二次修路架桥、疏
通河道的高潮。至 1934 年 3 月,除于都县外,各干、支路都已基本
修好。⑤ 有的地方还把修路与水利建设相结合。加深路旁排水
沟,将道旁积水引入池塘,既保持路面干燥,巩固路基,又增加池塘
蓄水量,有利于农田灌溉。如闽浙赣省修补道路 602 条,增加小池

---

① 《江西省苏报告》,《红色中华》1932 年 11 月 21 日第 41 期。

② 《福建省苏报告》,《红色中华》1932 年 12 月 5 日第 43 期。

③ 《中华苏维埃共和国中央内务部训令第四号》(1933 年 7 月 14 日)。

④ 《中华苏维埃共和国中央政府人民委员会训令第十八号》(1933 年
11 月 12 日)。

⑤ 项英:《于都检举的情形和经过》,《红色中华》1934 年 3 月 29 日第
168 期。

塘 750 口。①

<h2 style="text-align:center">四、商业的恢复和发展</h2>

1932 年 6 月国民党反动派发动对根据地第四次"围剿"以后,进一步加紧了对根据地的经济封锁,使根据地经多方努力恢复和发展起来赤白贸易,又陷于停顿。原从白区运进的食盐、药材和布匹等货物中断,根据地盛产的茶叶、木材、纸张、烟叶、樟脑、钨砂等等,难于输出,严重影响了红军的供给和群众的生活以及根据地经济的恢复和发展。为了克服敌人的经济封锁带来的困难,除了在军事上反"围剿",彻底粉碎敌人封锁外,更努力发展工业主要是手工业生产,保障某些产品的自给;同时,大力开展根据地内外贸易,发展商业,也成为活跃苏区经济,支援革命战争,改善群众生活的关键。

(一)对外贸易的开展

中华苏维埃第一次大会后,根据地政府十分重视发展对外贸易,认识到"打破敌人的经济封锁,发展苏区的对外贸易,以苏区多余的生产品(谷米、钨砂、木材、烟、纸等)与白区的工业品(食盐、布匹、洋油等)实行交换,是发展国民经济的枢纽"。② 为此,1933 年 4 月在经济部成立对外贸易局③,8 月 15 日决定在根据地重要出口地点设立 10 个"采办处",每县选送 10 名有经商经验的

---

① 斗人:《闽浙赣的经济建设》,《红色中华》1934 年 1 月 19 日第 145 期。

② 《中华苏维埃共和国中央执行委员会与人民委员会对第二次全国苏维埃代表大会的报告》(1934 年 1 月),《苏维埃中国》,中国现代史资料编辑委员会 1957 年翻印本,第 296 页。

③ 《红色中华》1933 年 5 月 8 日第 77 期。

干部,到经济部受训后,分发各采办处工作。在邻近白区的县均陆续建立对外贸易分局、采办处、代办处或采购站。1932 年成立中央钨矿公司负责组织钨矿生产与出口;1933 年年底成立中华商业股份公司,各重要市镇设分公司,吸收群众入股,从事商品输出入经营。① 1933 年 7 月,临时中央政府决定发行 300 万元建设公债,除部分供军事用费外,主要用于发展合作社,调剂粮食及扩大对外贸易。②

　　根据地政府在对外贸易方面实行交易自由和监督管理相结合的政策。中华苏维埃第一次大会通过的经济决议案强调,与非苏维埃区域贸易,还不能实行"垄断";中华苏维埃第二次大会通过的《关于苏维埃经济建设的决议》指出:"对外贸易的垄断在目前是错误的","苏维埃政府除以关税政策来调节各种商品的输出入外,保证商业的自由"。③ 但苏维埃政府须严格监督,以保证苏维埃区域必需商品的供给,银币输出必须经苏维埃允许。中央财政人民委员部 1932 年 9 月发布训令,提出对商人和政府实行双重监督:既要察看商人和作坊主有无怠工、抬价现象;也须"检查各地政府有无破坏经济政策的行为",如乱抄商店,乱打土豪,限制市价,随便禁止出口等。一经发现,必须严厉纠正或处分。并强调在经济封锁日益厉害的情况下,要鼓励合作社和商人输入洋油、食

　　① 《繁荣开展的苏维埃经济》,《红色中华》1933 年 11 月 23 日第 128 期。
　　② 《中央执行委员会关于发行经济建设公债的决议》(1933 年 7 月 22 日),见《革命根据地经济史料选编》上册,江西人民出版社 1986 年版,第 456 页。
　　③ 《关于苏维埃经济建设的决议》——第二次全国苏维埃代表大会通过(1934 年 1 月),见中央档案馆编:《中共中央文件选集》(1934—1935),中共中央党校出版社 1986 年版,第 79 页。

盐、洋火、棉花、布匹、药材、日用必需品,输出纸、木、烟、茶油、钨砂、煤炭等内地产品,以维持苏区的社会经济。① 对粮食出口,则视生产和供求情况进行适当控制。如生产有余,允许出口(如江西省);否则禁止出口,如鄂豫皖根据地和福建省 1932 年秋,中央根据地粮食歉收,曾"禁止米谷运出"。② 1933 年秋,中央根据地粮食增产二成,口粮略有剩余,通过颁发"出口特许证"的办法,实行限量出口。③

根据地政府对外贸的监督与管理首先是通过关税进行的。关税是调节赤白区之间商品的运销、粉碎敌人封锁和保护根据地经济自主发展的重要武器,也是根据地财政收入的来源之一。1933 年 5 月,中央人民委员会财政部颁布《关税条例》与《关税征收细则》规定,凡货物过关,无论商贩或合作社,无论水陆,均须报明货物名称、数量、价值,以及来源与销售地,照章纳税,否则扣留,一律不准通过。税率因商品种类而异,有的免征,有高至百分之一百。这是一种独立自主的关税制度。毛泽东在中华苏维埃第二次大会的报告中说:"在中国境内,只有苏维埃实行了完全自主的关税制,不受任何外国政府的干涉,一切货物在边境税关纳税之后通行全苏区,无第二次之征税,一扫国民党厘金关卡层层抽剥的虐政。"④

根据地政府外贸监督与管理的另一项措施是实行现金(银币)出口管制。1933 年 4 月中央财政部颁布的《现金出口登记条例》规定,凡携带大洋或毫子往白区办货在 20 元以上者须向区或

---

① 《财政人民委员部训令(财字第六号)——目前各级财政部的中心工作》,《红色中华》1932 年 9 月 13 日第 33 期。
② 《红色中华》1933 年 1 月 7 日第 46 期。
③ 《红色中华》1933 年 3 月 22 日第 104 期;1933 年 3 月 25 日第 105 期。
④ 《苏维埃中国》,中国现代史资料编辑委员会 1957 年翻印本,第 270 页。

市政府登记,1000元以上者,须向县政府登记,取得现金出口证才准出口;向银行或兑换所兑换的大洋,在苏区使用也需要现金出口证,以防地、富、资本家私藏大洋,妨碍苏区货币流通。同时,规定任何人离开根据地出境,或从事农产品及工业品输出入贸易,均须持有政府保卫局系统发给的护照。

根据地发展对外贸易极其艰难,苏维埃政府的外贸政策的实施,受到王明"左"倾路线的严重干扰。张闻天曾在一篇文章中指出:"党为了要打破敌人的经济封锁,所以用一切方法发展对外贸易,利用每一个商人的线索来输出我们的生产品与输入我们的必需品,而'左'倾革命家却到处给我们的(以)阻碍,经常拿赤色戒严,反对国民党蓝衣社法西斯蒂混入苏区,反对投机买卖为口实,来封锁我们自己的口岸(如江口),经常不必要的没收商人输出或输入的商品,禁止商人的来往与自由贸易。实际上这等于帮助了帝国主义国民党的经济封锁。"①1933年10月26日,临时中央政府及工农红军曾与反蒋抗日的国民党十九路军及福建省政府签订协定和条约②,恢复苏闽双方通商,准许双方商人自由买卖。中央根据地向白区输出钨砂和农产品,换回了食盐、布匹、药材等大量商品,大大缓解了根据地物资供应的紧张状况。但是,由于当时的党中央推行"左"倾路线,把蒋光鼐、蔡廷锴领导的福建人民革命政府与蒋介石同等看待,坐视蒋介石武装进攻十九路军而不救,福建人民革命政府不久即行垮台。结果,不仅增加了粉碎敌人第五次军事"围剿"的困难,也断送了向白区对外贸易的一条重要通道。同时,更要冒着生命危险冲破敌人的封锁。为了从白区购进

---

① 张闻天:《反对小资产阶级的极左主义》(1934年6月24日),《斗争》第67期。

② 《红色中华》1934年2月14日第149期。

食盐,商贩和苏区群众有时被迫采用盐水浸泡棉衣或将盐包藏于粪篓便桶,以竹竿筒、夹箩底和棺木等办法运盐。为打破敌人的封锁,根据地政府有时只得进行武装贸易,派红军到白区组织采购商品,或动用地方武装力量保护运输出入商品。苏区对外贸易得到了白区农民的支持。当时国民党统治区的报刊曾登载:湖南"佃农无知,惟利所在,往往巧避关防,偷为供给"。① 在鄂豫皖根据地,麻城、孝感等地红军所用"枪弹等物,亦可由麻城、广水、宣化(店)等区偷运,贿通检查人(员)放行"。②

对外贸易的开展,促进了根据地经济的恢复和发展。中央根据地在1933年"八、九、十三个月中以一万元的资本,加上二千担谷,做到进出口三十三万(元)左右的商品流通(额),相当于减少了工业品与农业品的剪刀差现象,开展了赤白区的商业关系,提高了苏维埃贸易的信用"。③ 闽浙赣根据地1933年对外贸易虽因敌人封锁加紧,较上年有所缩小,但仍有现洋38300元,进口货物金额124266元,出口货物金额198755元,出超74489元。④

(二)发挥粮食调剂局和粮食合作社在粮食流通中的作用

粮食调剂局最早是在1930年由闽西根据地创建的,在组织粮食流通中起了重要的作用。1933年春,中央根据地发生严重的粮荒,米价飞涨。当年红军扩大到10万多人,所需粮食增多。发生粮荒的原因:一是因敌人进攻,烧杀抢掠;二是1932年因发生自然

① 赓雅:《赤区经济封锁的现象》,《申报月刊》第3卷第3号,1934年3月;《长沙市民日报》1932年8月17日。
② 《汉口中西报》1932年8月27日。
③ 曾洪易:《对于经济建设中的几点意见》,《斗争》1934年1月12日第42期。
④ 《闽浙赣省的经济建设》,《红色中华》1934年1月19日第145期。

灾害粮食减产;三是根据地出口粮食较多,没有增加必要的储存;四是粮食商人乘机囤积居奇,偷运粮食出境较多。由于粮食供应短缺,许多地方怕本地粮食运出,画地为牢,禁运谷米,阻碍粮食流通。对此,人民委员会第86次常委会决定:通令各级政府不得禁止粮食流通,并由内务部布告群众周知;同时发展粮食调剂局和粮食合作社,组织粮食流通。此后,中央根据地的粮食调剂局发展很快。中央建立粮食调剂总局,各省设立粮食调剂局,县一级设粮食调剂分局,有些区和重要圩场设粮食调剂支局。为了加强对粮食工作的统筹管理,临时中央政府于1933年年底成立中央粮食部。

中央国民经济人民委员部于1933年5月27日发布《倡办粮食合作社与建立谷仓的训令》,要求每个乡成立一个粮食合作社。训令指出,粮食合作社是集合雇农、贫农、中农以及其他农村中的贫苦群众的股份而成立的,主要任务是预储大量的粮食,调剂粮食价格,提高农民生产兴趣,增加生产量,同时反抗富农、奸商的投机剥削,充裕红军以及政府机关的给养,改善劳苦工农群众的生活。粮食合作社是粮食调剂局的群众基础组织。粮食调剂局向粮食合作社购买政府和红军所需要的粮食,帮助粮食合作社购买食盐等食品,满足农民群众的生活需要,同时通过粮食合作社供应农民所需要的肥料、种子和农具等生产资料;粮食调剂局和粮食合作社互助借款;粮食合作社帮助粮食调剂局运输粮食,在没有运输站的地方执行运输站的工作,帮助调剂局进行谷仓管理。①

粮食调剂局在粮食收购、运输、储存和调剂等方面发挥了重要

---

① 《中央国民经济部关于粮食调剂局与粮食合作社的关系》(1933年7月4日),《革命根据地经济史料选编》上册,江西人民出版社1986年版,第334—335页。

作用。粮食收购是粮食调剂局的首要任务,通过收购才能掌握必要数量的粮食,以保证对红军的粮食供给和通过组织粮食出口以换回根据地军民所必需的工业品;只有及时收购粮食才能使贫苦农民在粮食市场上出售粮食时避免私商的中间盘剥,增加农民的收入。粮食调剂局收购粮食的资金主要依靠政府财政拨款。1933年7月中央政府发行的经济建设公债中,有"一百万元交与粮食调剂局与国家贸易局,来发展国家企业并调剂商品流通"。[①] 当年秋季,新谷上市,中央指示粮食调剂局储藏谷子25万担。[②] 同时,中央国民经济部决定修建和修葺谷仓,健全粮食管理制度,颁布《谷仓管理委员会规则》。

粮食调剂局关于粮食调剂任务如下:一是季节粮食价格调剂。秋季粮食上市时,以略高于市价向农民收购粮食;春夏之交青黄不接时,以低于市价向农民销售粮食,以平抑粮价,防止发生谷贱伤农和青黄不接农民高价购粮所受到的中间剥削。二是地区调剂。即从粮食产区收购粮食,运到粮食缺乏地区销售。在中央根据地,赣西南地区的公略、万泰等县粮食出产较多,自食有余,而闽西上杭、汀州和江西瑞金、于都等县粮食生产不足。不同地区粮食价格差别较大,1933年春夏之交,在缺粮地区,每担糙米价格,汀州18.2元,瑞金15元,于都13.3元,赣县11.9元,兴国11.3元;在粮食充裕的地区,粮食价格则低得多,万泰县只有6.6元。当年粮食调剂局从向万泰和公略两县采购稻谷二万担。[③] 三是出口调剂,有计划地组织向白区出售粮食。将采购来的粮食交由对外贸

---

① 亮平:《全体工农群众及红色战士热烈拥护并推销三百万经济建设公债》(1933年7月19日),《红色中华》1933年7月26日第96期。

② 《怎样去进行粮食收集与调剂的运动》(1933年7月),《红色中华》1933年7月26日第96期。

③ 《怎样解决粮食问题》,《斗争》1933年5月10日第11期。

易局代办,交纳手续费。粮食调剂局在粮食调剂中取得了明显的成效。中央根据地 12 个粮食调剂分局在 1933 年四、五、六 3 个月中,完成商品流转额 40 万元,获得盈余 1 万元;中央粮食调剂总局在 4—8 月中,完成商品流转额 27 万元,获得盈余 7 千余元。[①] 中央粮食调剂总局 1933 年春出售的"粮食价比市价便宜 60%,分局(比市价便宜)30%,起了相当的调剂作用"。[②]

(三)合作社商业的经营

中华苏维埃第一次大会后,革命根据地特别重视合作社商业的建立和发展。中华工农兵苏维埃第一次全国代表大会通过的《关于经济政策的决议案》中规定:"为着整个苏维埃贸易与保障劳苦人民的利益及改良劳动群众必需品的供给,苏维埃政府必须极力帮助合作社的组织与发展。苏维埃对于合作社,应该以财政的协助与税收的豁免,苏维埃应将一部分没收的房屋与商店交给合作社使用,并且为要保证劳苦群众的供给,苏维埃政府必须提倡公共仓库、储蓄粮食、以便实行廉价供给与接济。"1932 年 4 月 12日颁布的《关于合作社暂行组织条例》明确规定,"根据苏维埃的经济政策正式宣布合作社为发展苏维埃经济的一个主要方式,是抵制资本家的剥削和怠工,保障工农劳苦群众利益的有力武器,合作社须由工农劳动群众集资组织,富农、资本家及剥削者均无权组织和参加"。并对合作社的资金来源、营业范围、红利分配等问题做了明确和详细的规定,对过去不符合上述规定的合作社进行了

---

① 亮平:《经济建设的初步总结》(1933 年 9 月 30 日),《革命根据地经济史料选编》上册,江西人民出版社 1986 年版,第 156 页。

② 《中央审查国家企业会计的初步结论》(1934 年 3 月 27 日),《红色中华》1934 年 3 月 31 日第 169 期。

整顿。关于合作社的性质,条例认为它"是一种小生产者的集体的经济,这种小生产者的集体经济目前也不是社会主义的经济;但它的发展趋向将随着中国工农民主专政走向社会主义而成为社会主义经济。在目前,无产阶级在其中的领导作用,集体生产与消费,社会主义的教育,同资本主义的投机与抬高物价作斗争,已经使我们的合作社带有了一些社会主义的成分"。①

关于合作社的数量分布和办社宗旨,1933 年 7 月中共中央组织局提出,每一个乡苏维埃要建立一个粮食合作社、一个消费合作社,同时要求江西省发展粮食合作社和消费合作社各 50 万人,股金各 50 万元;福建省发展粮食合作社和消费合作社各 10 万人,股金各 10 万元。② 1933 年 9 月 10 日颁布的《消费合作社标准章程》指出,消费合作社以"便利工农的消费,抵制投机者操纵和剥削为宗旨"。此后,合作社商业发展相当迅速,1933 年 8 月至 1934 年 2 月间,中央根据地的消费合作社由 417 个增加到 1140 个,社员由 82940 人增加到 295993 人,股金由 91670 元增加到 322525 元;粮食合作社由 457 个增加到 1070 个,社员由 102182 人增加到 243904 人,股金由 94894 元增加到 242079 元。半年中消费合作社增加了近两倍,粮食合作社增加了一倍以上。其中兴国县已经实现每乡一个消费合作社、一个粮食合作社的目标。③ 闽浙赣根据

---

① 洛甫:《论苏维埃经济发展的前途》(1933 年 4 月 22 日),见中央档案馆编:《中共中央文件选集》(1932—1933),中共中央党校出版社 1985 年版,第 571 页。

② 中共中央组织局《关于收集粮食运动中的任务与动员工作的决定》(1933 年 7 月 23 日),《革命根据地经济史料选集》上册,江西人民出版社 1986 年版,第 132 页。

③ 亮平:《目前苏维埃合作社运动的状况和我们的任务》,《斗争》1934 年 4 月 21 日第 56 期。

地合作社商业也得到较快的发展，截至 1934 年年初，消费合作社已有股金 83000 股（每股一元），营业额达 60 余万元；贮粮合作社有 20 万股。尤其值得指出的是，合作社社员已经发展到白区和灰色区域（即游击区），贮粮合作社的 20 万股中有 1 万股是在灰白区发展的。① 湘赣根据地大部分乡也都设立了消费合作社。② 各根据地合作社商业建立起了从上到下的比较完整的体系。在中央根据地，消费合作社已经建立了 17 个县总社，其中江西省 11 个，福建省 3 个，粤赣省 3 个。江西、福建两省建立了省消费合作社总社。1933 年 12 月中央根据地成立了消费合作总社。陕甘宁边区从 1933 年到 1937 年间，消费合作社也从 4 个发展到 130 个，社员有 57000 多人，股金有 55000 多元，销售额达 260000 元。

商业合作社的发展为打破敌人经济封锁，促进根据地经济的恢复和发展起了重大的作用。兴国县全县消费合作社营业额 1933 年 11、12 月为 115000 元；1934 年 1、2 月上升为 122000 元。就是说平均每月约有 3 万元的商品，是经过消费合作社系统供给群众消费的。一年经过消费合作社供给群众的商品总额可以达到 36 万元。按该县 17 万人口计算，平均每人可得到消费合作社供应 2 元以上的商品。③

---

① 《闽浙赣省的经济建设》，《红色中华》1934 年 1 月 19 日第 145 期；《闽浙赣苏区近况》，《红色中华》1933 年 11 月 14 日第 125 期。

② 《湘赣代表访问记》，《红色中华》，第二次全苏大会特刊，1934 年 1 月 22 日第 1 期。

③ 亮平：《目前苏维埃合作运动的状况和我们的任务》(1934 年 4 月 21 日)，《革命根据地经济史料选编》上册，江西人民出版社 1986 年版，第 174 页。

五、革命根据地的财政和金融建设

中华苏维埃第一次大会后,中央根据地的财政建设和金融事业均有明显的发展和变化。除上述在中华苏维埃第一次大会《关于经济政策的决议案》中有关财政金融政策的发展变化之外,主要变化如下:

(一)财政收入来源的扩大

在中华苏维埃第一次大会以前,根据地财政收入来源主要是靠打土豪筹款。随着红军的发展和根据地的扩大,红军和根据地政府的开支大量增加;经过土地革命,根据地内的土豪已经基本打尽,必须另辟财源,扩大根据地的财政收入,方能保证革命战争和苏区行政管理、经济建设的需要。

根据地开辟财源的主要途径是:建立新的统一累进税制度;发展根据地工商业特别是国营工商业;继续打土豪和向富农指派捐款;发行公债和向群众借粮以及发动群众捐献。

革命根据地在建立初期废除了国民党政府的田赋、丁粮、苛捐杂税、厘金等一切税捐,几乎完全靠打土豪筹款。临时中央政府成立后,开始建立新的统一累进税收制度。1931年11月28日中华苏维埃共和国中央执行委员会第一次会议关于颁布暂行税则的决议,明确以税收作为国家财政收入的主要来源,宣布废除国民党军阀的田赋丁粮、苛捐杂税、厘金等,实行统一的累进税制。被剥削与最苦阶层的群众,免除纳税义务。并于1931年12月1日颁布了《中华苏维埃共和国暂行税则》。

《暂行税则》规定了商业税、农业税和工业税三个税种。

商业税按资本额征课,从200元至10万元分为十三个等级,依累进税率征收营利所得税(资本在 10 万以上税率另定)。资本 200—300 元为第一等,税率 2%,以下依资本额递增,301—500 为第二等,税率 2.5%,8001—100000 元为第十三等,税率 18.5%。资本在 200 元以下的一律免税。

农业税的征收对象是稻麦田和当做稻麦田地分配的茶山、棉麻、果园。农民分得土地后,按照其主要生产物的收获与每人每年的收获数与生活必需的支出,确定其起征点与累进税。如江西省以每人收干谷 4 担为起征点,税率 1%,以下依收获量递增,5 担为 2%,15 担为 16.5%,但富农按 2 担起征,税率 1%,3 担为 2%,以此类推。红军家属和雇农及分得田地的工人一律免税。贫农收入已达起征点,但其收入尚不能维持一家生活的,可酌情减免。同时政府鼓励改良农业,垦荒发展生产,因改良种子和耕作增加的农业收入,免征税收;开垦荒地,免税三年。

工业税也按资本大小规定税率,征收其利润,暂时免收工业品出厂税。工业税较商业税轻,但未具体确定税率。生产合作社得由县政府报告省政府,许可免税。

《暂行税则》颁布后的一段时间内,各根据地政府并没有全面开展税收征收工作。一般只征收土地税,未收商业税和工业税,江西各县连土地税都没有开征。

1933 年上半年几次战役胜利后,临时中央做出错误估计,以为很快就会夺取中心城市,完成湘鄂赣几省首先胜利。为此,必须扩大红军,增加军费。为使红军全力决战,中央于 1932 年 6 月免除了主力红军的筹款任务,改由根据地政府承担红军全部给养。接着于 1932 年 7 月 13 日中央临时政府执行委员会颁发关于修改暂行税则问题的命令,次日颁布新的《税则》。降低农业税和商业税的起征点,提高税率。

一般农业税的起征点,由 4 担降为 3 担,起征税率由 1% 升为

4%,实际负担最多的提高了4倍多。最高一级税率,由16.5%提高到18%,负担增长9%。每人平均4—8担的收入较低的农民,每级税率比原来提高4个百分点,负担依次增长400%、200%、133.3%、100%和80%。每人平均收入14—15担的收入较高的农民,税率分别提高2%和1.5%,负担分别增长13.8%和9.1%。亦即在一般农民中,贫苦农民比富裕农民的负担增加幅度更大。富农的起征点由2担改为1担。最低一级税率由1%提高为4%,实际负担提高4倍。最高一级税率由20.5%提高到22%,负担增长7%。

商业税的起征点由200元降低至100元。最低一级税率由2%提高为6%,实际负担增长250%。最高一级税率,由18.5%提高到23%,负担增长24.3%。小商人的负担比大中商人的负担增长幅度较大。

1933年9月17日,临时中央政府又制定了农业暂行税则和新的农业税率,对农业税进行了第二次调整。贫农、中农的农业税起征点由3担降至2担,并按人均收入和人口实行双重累进税,如人均2担的3人家庭征1.5%(1—2人免征),5人的征1.9%,15人的征3.9%。富农则按劳动力计算收获与纳税标准。新的税率与1932年7月规定的税率相比,除少数例外,多数税率都提高了。一般农民少者提高0.1%,多者2.2%;富农少者提高0.2%,多者6.3%。农业税率的提高,明显增加了农民的负担。

打土豪筹款和令富农捐款方面,中华苏维埃第一次大会后,随着老区土地所有制革命的完成,打土豪已经不是根据地政府财政收入的主要来源,但到白区打土豪筹款的活动仍然继续。在老区查田运动中,也间或查出隐藏漏网的地主分子,没收其财产;或从已经打倒的地主土豪那里挖掘其所埋藏的财物。这些也是财政收入的来源之一。1932年7月,中央取消了红军主力的筹款任务,地方部队和游击队仍继续进行打土豪筹款。第四次反"围剿"以后，因敌人加紧经济封锁，地方部队和游击队筹款已很难进行。1933 年 1 月 11 日，红军总政治部颁发《训令》，重新恢复红军主力部队的筹款任务。

由于王明"左"倾错误路线和"加紧反富农"的口号驱动，强令富农捐款的倾向日益严重。1933 年 2 月 1 日，江西省财政部指示各县，要强令富农尽其财力"捐出一部分现款"。在 1933 年 1 月以后的 5 个月中，兴国、瑞金、安远 3 县共收到地主罚款 4.1 万元，富农"捐款"2.3 万余元。①

发行公债，也是根据地扩大财政收入的措施之一。1932 年 6 月 25 日中央革命根据地临时中央政府颁发布告，并制定《发行革命战争短期公债条例》，决定发行短期革命战争公债 60 万元（中央区 50 万元，浙赣和湘鄂赣省 10 万元）。专充战争用费，以半年为期，到期偿还本息。年利一分。② 1932 年 10 月 21 日，中央执行委员会又发布第 17 号训令，决定发行第二期公债 120 万元（商家共 15 万元，各县共 98.6 万元，红军共 6 万元，党政团体 4000元）。③ 1933 年 7 月 22 日，临时中央政府决定，发行经济建设公债300 万元。④ 三次累计发行公债 480 万元。

除上述财政收入来源之外，在紧急情况下，还采取过向群众借

---

① 《中央财政人民委员部在查田运动中向地主富农筹款三百万元给各级财政部的一封信》(1933 年 7 月 13 日)。

② 《发行革命战争短期公债券六十万元——中华苏维埃共和国临时中央政府布告第 9 号》(1932 年 6 月 25 日)，见《革命根据地经济史料选编》上册，江西人民出版社 1986 年版，第 422 页。

③ 《发行第二期革命战争公债一百二十万元——中央执行委员会第17 号训令》(1932 年 10 月 21 日)，见《革命根据地经济史料选编》上册，江西人民出版社 1986 年版，第 441 页。

④ 《中央执行委员会关于发行经济建设公债的决议》(1933 年 7 月 22日)，见《革命根据地经济史料选编》上册，江西人民出版社 1986 年版，第 456 页。

粮和发动群众捐献的措施。1933 年春,第四次反"围剿"时,红军发生粮食困难,曾向群众借谷 20 万担。1934 年夏,为了粉碎敌人第五次"围剿",中共中央和中央政府于 6 月 2 日发出紧急动员,要求各级党和政府"发动群众借 10 万担谷给红军"。① 7 月又决定,在秋收中向群众借谷 60 万担。②

1933—1934 年间,中央、湘赣和闽浙赣根据地群众,为了支援革命战争,保卫土地革命的胜利果实,节衣缩食,开展了多种形式的捐献活动。1933 年通过开展每人节省一个铜板的运动,4—9 月的半年中,已捐献钱款 151173.2 元。③ 少年儿童也响应号召,节省零用钱,支援革命。④ 1934 年开展的每人节省三升米,支援红军的运动,同样取得良好的效果。这年 6 月,中央根据地紧急筹措的 24 万担粮食中,就有 7.5 万担是群众捐献的节约粮。在第五次反"围剿"战争中,根据地群众还响应《红色中华》杂志的号召,退还第二期革命战争公债券和借谷票⑤;群众还向红军捐献慰问品,1934 年中央根据地群众共捐助红军被毯 20680 条。⑥ 群众的捐献

① 《中共中央委员会、中央政府人民委员会为紧急动员二十四万担粮食供给红军致各级党部及苏维埃的信》(1934 年 6 月 2 日),见《革命根据地经济史料选编》上册,江西人民出版社 1986 年版,第 471 页。

② 《中共中央委员会、中央政府人民委员会关于在今年秋收中借谷六十万担及征收土地税的决定》(1934 年 7 月 22 日),见《革命根据地经济史料选编》上册,江西人民出版社 1986 年版,第 476 页。

③ 《五个月经济动员的总结》,《红色中华》1933 年 9 月 30 日第 114 期。

④ 《少先队儿童团节省! 募捐!》,《红色中华》1933 年 3 月 6 日第 58 期。

⑤ 第一期公债已从土地税和商业税中偿还;第二期公债原定 1934 年 6 月偿还,到了 5 月上旬群众已经退了 90 余万元(见《财政人民委员林伯渠关于二期公债的谈话》,《红色中华》1934 年 9 月 18 日第 235 期)。

⑥ 《三个月收集军用器材的伟大成绩》,《红色中华》1934 年 9 月 18 日第 235 期。

是对根据地政府财政的一种支援,同时也对红军英勇作战起了巨大的鼓舞作用。

(二)节约财政支出

中华苏维埃第一次大会后根据地财政支出项目增加,金额扩大,仅 1933 年 4—12 月间财政部拨给国民经济部投资于工商业的资金即达 200 余万元。[1] 军费开支增加更多,1933 年 9 月至 1934 年 1 月间,每月军费比过去增加 40%—45%。[2] 文教经费开支也比以前加多,中央根据地列宁小学的教师生活费就达 200 万元。[3]

财政支出明显增加,而收入扩大有限,这就要求精打细算,节省一切不必要的开支。中华苏维埃第一次大会以前,根据地政府就十分重视节约,但还没有形成群众性运动。1932 年 2 月 10 日,人民委员会第六次会议专门研究了节省财政支出的问题,并发出第 3 号通令,号召"帮助红军发展革命战争,实行节俭经济运动"[4],要求各级政府尽量减少经费开支,裁减工作人员。3 月 9 日又发出第 4 号通令,要求各级政府办公费,照预算减少 1/4。政府工作人员积极响应号召,精打细算,节省开支;开荒种菜,节约粮食,掀起了群众性的节省财政开支的运动。节省的费用范围,1932 年以机关经费开支为主,1933 年年初开始节省个人开支,提出"每

---

① 曾洪易:《对于经济建设中的几点意见》,《斗争》1934 年 1 月 12 日第 42 期。

② 周恩来:《五次战役中我们的胜利(一)》,《斗争》1934 年 5 月 21 日第 75 期。

③ 《教育经费节省的研究》,《红色中华》1934 年 3 月 27 日第 167 期。

④ 《帮助红军发展革命战争,实行节俭经济运动——人民委员会第三号通令》(1932 年 2 月 17 日),见《革命根据地经济史料选编》上册,江西人民出版社 1986 年版,第 142 页。

人节省一个铜板,支援革命战争"的口号。1933 年 11 月 20 日,临时中央政府机关成立节省委员会,进一步加强对群众性的节省财政开支运动的领导,运动加速深入、扩大。同年 12 月 15 日,中央执行委员会又发布《关于惩治贪污浪费行为》的训令,宣布"因玩忽职守而浪费公款,致使国家受到损失者,依其浪费程度处以警告、撤销职务以至一个月以上三年以下的监禁",对贪污者惩治更为严厉。训令发布后,中央根据地掀起了声势浩大的反贪污浪费和反对官僚主义的斗争。1934 年 1 月,毛泽东在第二次全国工农兵代表大会上的报告中强调指出:"财政的支出,应该根据节省的方针。应该使一切政府工作人员明白,贪污和浪费是极大的犯罪"。"节省每一个铜板为着战争和革命事业,为着我们的经济建设,是我们会计制度的原则"。[1] 在第五反"围剿"战争的紧急关头,财政经济困难加剧,各机关团体、企事业单位相继开展节约经费开支,每人每天节省二两米,节省被服和日用品的运动;中央根据地政府各部在三月份的行政经费比二月份减少 40% 以上,普遍实现了每人每天节省二两米、一份菜钱和一个铜板(有的是二个铜板)。[2] 技术人员和国营企业职工主动提出降低津贴和工资标准,同时义务加班加点。在广大群众中也开展了每人每月节约三升米,支援红军的运动。开展增产节约运动,节省一切活劳动和物化劳动的消耗。在 1934 年 4 月至 7 月的 4 个月中,节省经费开支达 130 万元以上,远远超过原来提出的"四个月节省八十万元"的要求。[3]

---

[1]　毛泽东:《我们的经济政策》(1934 年 1 月),《毛泽东选集》第 1 卷,人民出版社 1991 年版,第 134 页。

[2]　《人民委员会为节省运动的指示信》(1934 年 4 月有 9 日),见《革命根据地经济史料选编》上册,江西人民出版社 1986 年版,第 468 页。

[3]　《中央审计委员会关于四个月节省运动的总结》,《红色中华》1934 年 9 月 11 日第 232 期。

(三)统一和加强财政管理

随着革命根据地的建立和扩大,建立财政职能机构和财经制度、统一财政管理、严肃财政纪律,被提上日程。1931年11月27日,中央执委会第一次会议决定,成立中央财政部,任命邓子恢为部长。12月27日,人民委员会第三次会议讨论通过了《中华苏维埃共和国暂行财政条例》和统一财政的训令。除中央财政部外,各省(市)、县(市)和区(市)均设财政部。红军中央军委设总经理部,各军和军团设经理部,各师设军需处。这样军政系统从上到下都形成了专门的财政职能机构。

《条例》和训令,在有关统一税收和财政收支,建立预算、决算和会计制度等方面,都做了明确的规定。

《条例》强调,一切收支归中央。一切税收,概由国家财政机关按照中央所颁税则征收,地方政府不得自行规定税则或征收税项;各级财政机关所收税款及政府事业单位入款,或罚金、没收财产以及其他收入等款项,一概随时转送或直送中央财政部,或财政部所指定的银行,不得自行支配、扣用或抵消;各级行政经费、各军伙食杂用等经费,须经其上一级财政机关审查,并报告中央财政部批准,统由中央财政部付款。

《条例》建立了预算、决算制度,规定各省财政部、中央军委总经理部应于每月25日前造报下月预算,送中央财政部审查批准;并须于每月10日前将上月决算表,送交中央财政部审查;各县级财政机关,应于每月20日前造报其下月预算,送其上一级财政机关,以便审查总合造报,并于每月5号以前将上月决算表,送交上一级财政机关审查批准。

《条例》还就统一账簿和记账单位做出了规定,强调账簿、表册、单据等须一律遵用中央财政部规定的统一格式,"不得沿用旧式账簿或另立新奇";银钱记账单位一律折合大洋计算,并须将折合的时价附记清楚。

为了切实贯彻条例和训令,人民委员会于1932年2月发布了第5号命令,要求各地政府切实检查,特别要检查财政统一的执行程度,以及有无隐藏、贪污情形。① 并派财政委员会委员毛泽民到江西省巡查财政工作,人民委员会根据毛泽民的巡查报告做出了四项决定:积极培养财政人才;严办贪污分子;发布告号召群众监督政府经济;把各级政府办的合作社交给工农群众接办。② 其他各根据地政府也都进行了财政检查和整顿。

为了统一财政和加强管理,人民委员会颁布了一系列新的财政规章制度。

1932年11月22日,临时中央政府颁布《国库暂行条例》,建立新的国库制度。规定国家税收及一切入款,概交国库,不得埋藏,"违者以贪污舞弊论罪"。国库只凭国库管理局所发支票付款,无支票者概不支付。中央财政部和工农检查部可以协同派人随时盘查国库金库。

1932年12月16日,中央财政部发布"统一会计制度"的训令,颁布了《财政机关交代规则》和《会计规则》,建立了新的会计制度,将收钱、管钱、领钱和支配钱的机关分开,不再混在一起;把各级收入和开支,分别划分,各成系统;采用新式簿记和新的记账方法等等。这是实现财政统一,加强财政管理与监督的一项基础性工作。

1933年9月,人民委员会第49次会议决定,建立审计制度,

---

① 《红色中华》1932年3月2日第12期。

② 《临时中央政府人民委员会第八次常委会》,《红色中华》1932年3月2日第12期。

成立中央审计委员会,任命高自立、梁伯台、吴亮平为委员,负责审查政府的预算、决算,检查和监督各级政府机关、团体和企业、事业单位的账目和收支情况。

到 1932—1933 年,各根据地尤其是中央根据地,从中央到地方,新的财政体制已基本建立,制度逐渐完整,根据地财政开始走上规范化和法制化的轨道。

(四)金融事业的发展

随着根据地经济的恢复和发展,金融事业也得到了相应的发展:建立了统一的金融组织系统;发行了统一的货币;扩大了银行业务;信用合作社的作用也得到了重视和发挥。

为了贯彻中华苏维埃第一次大会通过的《关于经济政策的决议案》,统一货币制度和金融组织,临时中央政府决定,成立中华苏维埃共和国国家银行,任命毛泽民为行长;颁布了国家银行《暂行章程》,成立管理委员会作为管理国家银行的最高权力机构。其职责是确定银行的业务方针和纸币发行数量,筹划准备现金,审定预算、决算,编订各项规章,决定纯利的处置和分配,以及对银行内部事务进行监督等。另外由财政人民委员部派若干人组成审查委员会审查账目。国家银行总行原隶属中央财政部,后经人民委员会第 49 次会议决定,自 1933 年 9 月起,国家银行独立,不再隶属财政部,只受其指导。①

总行成立以后,各省分行也相继成立。原有的闽西、赣东北、湘赣省工农银行被分别改为国家银行福建省分行(1932 年 4 月)、

---

① 《中华苏维埃共和国国家银行暂行章程》(湘赣省苏维埃财政部翻印,1933 年 7 月);《红色中华》1933 年 9 月 15 日第 109 期。

闽浙赣分行(1932年12月)和湘赣省分行(1933年1月)。① 1933年2月10日,国家银行江西省分行在博生县(今宁都县)成立。② 1933年12月4日,川陕省苏维埃政府工农银行也正式成立。③

银行基金的筹措与扩大,中华苏维埃第一次大会后继续采取群众集股的方式。有的根据地群众集股金额更超过了政府拨款。如闽浙赣省分行到1934年年初,群众集股10多万元,而政府拨款只有10万元。④ 群众不仅集股和成为银行股东,而且参与了银行的民主管理。1932年8月,湘赣省工农银行举行了第一次股员代表大会,次年年初又分别在各县召开股员代表大会,向股员报告工作情况,并分发年息和红利。⑤ 这样大大调动了群众参股的积极性,加速了银行的发展。

苏维埃国家银行成立后,即开始发行统一货币。中华苏维埃第一次大会通过的《关于经济政策的决议案》规定,只有国家银行有发行货币的特权,以改变原来各根据地银行各自发行钞票和信用合作社发行流通券的状况。但是,由于根据地分散,除苏维埃共和国国家银行发行纸币,并在中央根据地各省流通使用外,其他根据地国家银行省(或辖区)分行也有发行货币的特权。⑥ 川陕根据地则继续流通省工农银行发行的纸币。国家银行成立后,中央根据地的纸

① 《湘赣省苏党团报告》(1933年2月10日)。

② 《青年实话》第2卷,1933年2月26日第5期。

③ 《川陕苏区与红四方面军的惊人的胜利》,《斗争》1934年6月30日第66期。

④ 《闽浙赣省的经济建设》,《红色中华》1934年1月19日第145期。

⑤ 《中华苏维埃共和国湘赣省工农银行营业报告书》(1933年1月5日);《湘赣省党团报告》(1933年2月10日)。

⑥ 《关于苏维埃经济建设的决议——第二次全国苏维埃代表大会通过》(1934年1月),见《革命根据地经济史料选编》上册,江西人民出版社1986年版,第169页。

币发行工作大致可分为以下三个阶段：1932 年 7 月至 1933 年年初，为了统一货币，稳定币值，提高新币的信誉，中央根据地政府曾设"国家银行钞票兑换处"，持钞者可随时兑付现洋①，因而，纸币信用颇佳。② 但 1933 年春至 1934 年年初，由于敌人经济封锁加紧和当时中央的错误决策，造成根据地财政收支严重失衡，现金大量外流。发行公债和提高税率仍不能填补亏空，只得增发纸币。1933 年 8 月，中央根据地发行的纸币已达 200 万元③，导致物价上涨，纸币贬值。临时中央政府为稳定币值，曾采取了许多措施：在财政上开源节流，增加工业生产，减少物资进口和现金的外流，同时，打破敌人封锁，积极开展了对白区的贸易，增加现金收入等等。但终因战争形势日益恶化，无法扭转财政亏空的严重局势。到 1934 年 1 月后，由于战争形势的恶化，根据地不断缩小，对外贸易中断，财政收入日益枯竭，通货膨胀加剧，纸币在群众中的信用几乎完全丧失。

银行业务方面，苏维埃国家银行成立后，其范围有所扩大。在中华苏维埃第一次大会前，工农银行的主要任务是发行货币，保存现金，排挤白区杂币，确立根据地的本币地位，以稳定金融市场。其后苏维埃国家银行又新增加了代理国家金库和开展信贷的业务。临时中央政府颁布的《国库暂行条例》规定，从 1933 年 1 月 1 日起，国家银行及其分行正式行使代理国库总金库及其

---

① 《中华苏维埃共和国临时中央政府人民委员会命令》（第十四号）（1932 年 6 月 21 日），《红色中华》第 25 期。

② 《财政人民委员部一年来工作报告》（1932 年 11 月 7 日），见赵效民主编：《中国革命根据地经济史（1927—1937）》，广东人民出版社 1983 年版，第 471 页。

③ 曹菊如：《中华苏维埃共和国国家银行的建立》（1977 年），见赵效民主编：《中国革命根据地经济史（1927—1937）》，广东人民出版社 1983 年版，第 472 页。

分支金库的职权。随着财政和货币的统一，银行代理金库业务的逐渐开展，并建立了相应的制度，加强了财政监督，保证了资金的合理运用。

存储和信贷业务也相继开展。国家银行成立后，先后颁布了苏维埃国家银行往来存款、特别往来存款、定期存款、往来透支、贴现放款、定期抵押放款、定期信用放款等各项规则或暂行规则，开办了上述业务。往来存款和往来透支户，主要是国营企业、事业单位和机关团体，但其透支数目，不得超过约定的最高金额。

特别往来存款是一种兼有活期和定期双重性质的存款。在银行开设储蓄业务服务之前，工农群众即多采用此法存储现金。利率视存期长短而定，未满 6 个月者，照普通的特别往来存款计算；存款在 6 个月以上者则比普通的特别往来存款月利增加二厘至六厘。1934 年春，国家银行专立储蓄部，正式开办储蓄业务。个人储蓄的种类有定期存款、活期存款和零存整取三种。开展存储的直接目的，是聚集零散资金，"开发当地生产，及繁荣当地工商业"①，解决群众困难。为此，银行开展了多项信贷放款活动。贴现放款的对象主要是工商企业。《贴现放款暂行规则》规定，凡商店工厂售货所收票据未到期而急于用款者，银行许可照章贴现。定期信用放款是"专为各种合作社和贫苦工农群众"开设的贷款。但借款须有担保人，金额亦有一定的限制，贷款期限一般不得超过六个月。此外，还有定期抵押放款，凡备有相当抵押均可申请抵押借款，但押款用途不得"抵触苏维埃法律与不妨碍经济政策"。银行贷款为进行资金融通，发展根据地工农业生产和商品流通，尤其对发展合作社事业发挥了重大的作用。

在国营金融系统建立和壮大的同时，集体所有制的信用合作

---

① 《红色中华》1934 年 2 月 9 日第 148 期。

社也获得了发展。1930年3月,闽西第一次工农兵代表大会通过的《经济问题决议案》决定,普遍发展信用合作社,以吸收乡村存款。到1931年4月,永定县已建有信用合作社9个,拥有基金10528元。① 1932年4月,临时中央政府颁布了《合作社暂行组织条例》,明确信用合作社宗旨是"为便利工农群众经济周转和借贷,以抵制私人的高利剥削"。9月,中央财政部颁布的《合作社工作纲要》规定,贷款只能用于社员发展生产事业、维持生活和医药卫生,并对借款和借期做了限制。为了支持和扶助合作社事业,1933年7月临时中央政府在决定从发行的300万元经济建设公债中拨出20万元帮助各县信用合作社。② 1934年还规定,群众可用公债票向信用合作社入股,信用社可用这些债票向银行抵押借贷。③ 信用合作社在闽西、江西、湘鄂西、川陕等根据地都有所发展,江西根据地还建立了"农民借贷所",有的达到每乡一所。青黄不接时,借贷所将粮食借给缺粮的贫苦农民,春借秋还④,解决了农民困难,有效地抵制了高利贷剥削。

第三节 红军长征途中的经济斗争和党在 策略转变时期的经济政策

王明"左"倾冒险主义的进一步发展,使红军在第五次反"围

---

① 《闽西苏维埃政府经济委员会扩大会议决议案》(1931年4月25日),见《革命根据地经济史料选编》上册,江西人民出版社1986年版,第69页。

② 亮平:《全体工农群众及红色战士热烈拥护并推销三百万经济建设公债》,《红色中华》1933年7月26日第96期。

③ 《为发展信用合作社彻底消灭高利贷而斗争》(中央国民经济部财政人民委员部布告,1934年5月1日)。

④ 《寻邬县苏维埃政府通令新字第三号》(1933年5月24日)。

剿”节节失利,1934年10月初,国民党推进到中央苏区腹地,红军被迫实行战略转移。10月中旬,中共中央机关和中央红军主力撤离苏区,踏上向西突围的征途。在突围中临时中央领导又犯了逃跑主义错误,使红军遭受到严重损失。1935年1月,在贵州遵义召开的政治局扩大会议上,结束了王明冒险主义在党中央的领导地位,确立了以毛泽东为代表的新的中央领导,扭转了局势,中国革命从此踏上正确的轨道。中央在改变原来的军事路线的同时,开始纠正“左”的政治路线和政策。由于日本帝国主义军事侵略不断扩大的国内外形势的变化,民族矛盾上升为国内主要矛盾,红军到达陕北后,开始调整和改变根据地的各项经济政策。

一、红军长征途中的军需给养与经济斗争

红军在长征中边行军边打仗,没有根据地作依托和有组织的人民群众的支援,伤病员的安置、粮食和弹药和供应,都只能依靠红军自筹解决。红军的绝大部分给养只能采取“统一领导、分散解决、就地取给”的方法:由总政治部统一制定政策、制度、办法;政治部门和供给部门协作配合、筹集给养;物资的运输、保管分配和加工制作均由供给部门负责。红军的武器弹药依靠缴获,取之于敌。粮食、被服和其他物资供给主要依靠没收征发,购买和借贷。

在整个长征途中,红军始终把人民群众的利益放在高于一切的地位。对补充给养,处理沿途军民关系,都制定了明确的政策和严肃的纪律。1935年1月,红军总政治部规定,必须“使城市与圩场的商人继续营业”,纸币要“尽可能维持兑现”;向商人捐款必须“极端审慎”,没有进行反革命活动商店,“不能没收”[①];要绝对保

① 《工农红军总政治部关于地方工作的指示信》(1935年1月4日)。

护工农劳动群众的利益，"不拿群众一点东西，借群众的东西要送还，买卖按照市价"。① 红军在贵州、云南、四川和甘肃等省少数民族地区，一般不打土豪，筹集物资主要通过购买。红军所到之处，张贴告示，宣布"粮食公平购买，价钱交付十足"。②

长征开始时，中央根据地国家银行员工曾组成十五大队，挑运银洋、纸钞和印钞器材等 100 余担，随同红军长征，为红军印制纸钞，并为支付的纸钞兑换现洋。1934 年 11 月，红军进入湘南大镇延寿圩、宜章县城时，所用钞票"均按日兑现"。③ 红军进占遵义时，"曾在城内天主堂成立银行，发行钞票数种"，以纸币购买商品并兑付现洋。④ 然而，毕竟现洋数量有限，到长征后期，购物纸币已无法全部兑现，但红军始终纪律严明，买卖公平。1935 年 6 月 25 日，红军总政治部发出《关于收集粮食的通知》和《关于粮食问题的训令》，规定购买粮食的政策和方法：为了争取群众与发动群众帮助红军购买粮食，买粮必须向群众作宣传，给足价钱，不准强行购买。先头部队政治机关应责成粮食征购人员，每到一地即与当地革命政府或群众共同商妥各项粮食价格，布告周知。因故逃跑群众不在家时，购买群众的粮食时须邀邻里同去并留字条和价款交邻里代转。禁止私人购买逃跑群众的鸡、猪及其他物品。⑤

---

① 《中国工农红军总政治部布告》（1935 年 1 月）。

② 朱德：《中国工农红军布告》（1935 年 5 月），《朱德选集》，人民出版社 1983 年版，第 29 页。

③ 廉臣：《随军西行见闻录》，原载 1936 年巴黎《全民月刊》，转引自《中国工农红军第一方面军长征记》，人民出版社 1955 年版，第 18—19、25—27 页。

④ 《新蜀报》1935 年 2 月 1 日。

⑤ 《总政治部关于收集粮食的通知》（1935 年 6 月 25 日），见《革命根据地经济史料选编》上册，江西人民出版社 1986 年版，第 493 页。

红军在长途跋涉、自身给养补充极其艰难的条件下,还进行了若干群众性的经济斗争,通过打土豪、分财产的方式,为工农谋福利。红军突围后曾多次计划建立新的革命根据地。最初计划中央和红一方面军转移到湘西与红二方面军会合,建立湘西革命根据地。1934 年 12 月中旬,因形势变化,决定放弃湘西,改向贵州,建立以遵义为中心的川黔边根据地。① 1935 年 2 月,又决定建立云、贵、川根据地②,4 月决定建立川西根据地③,6 月决定建立川、陕、甘根据地④,但均未成功,才于 8 月和 9 月,决定建立陕甘根据地⑤,提出了在陕北创立根据地的任务。⑥ 红军在长征途中,在某一个地方停留时间并不长,但仍然做了一些力所能及的经济工作。首先是沿途各地打土豪,把没收和征发来的粮食和财物分给贫苦农民。1935 年 1 月,没收了国民党贵州省主席王家烈的盐行,价值几十万元。同时缴获他从上海购进的价值五万元的白金龙香烟。盐和香烟除分给贫苦群众一部分外,其余均贱价出售。⑦ 2

---

① 《中央政治局关于战略方针的决定》(1934 年 12 月 18 日),见中央档案馆编:《中共中央文件选集》(1934—1935),中共中央党校出版社 1986 年版,第 436 页。

② 《党中央和军委告全体红色战士书》(1935 年 2 月 16 日)。

③ 《中央军委关于我军速渡金沙江在川西建立苏区的指示》(1935 年 4 月 29 日)。

④ 《中共中央政治局关于一、四方面军会合后的战略方针的决定》(1935 年 6 月 28 日),见赵效民主编:《中国革命根据地经济史(1927—1937)》,广东人民出版社 1983 年版,第 504 页。

⑤ 《关于目前战略方针之补充决定》(1935 年 8 月 20 日)。

⑥ 《会合红二十五军、二十六军在陕北创立根据地讨论大纲》(1935 年 9 月)。

⑦ 廉臣:《随军西行见闻录》,见《中国工农红军第一方面军长征记》,第 22—23、28—29、40 页。

月,总政治部又发布训令,强调打土豪应以筹款及发动群众为中心,因此事前应在群众中详细调查土豪的家产,发动群众参加,并应立即就地分发给群众。严格纠正不争取群众,不散发东西给群众的错误。① 在一切成立工农临时政府的地方,取消一切苛捐杂税,废除封建债约,并发动群众打土豪。红军在遵义时,曾召开群众大会,成立遵义革命委员会。并成立了几百人的"抗捐队","清查贪官污吏,没收其财产,当场鸣锣聚众散发"。② 还在黔北许多县区建立"临时工农政权革命委员会",废除国民党政府的苛捐杂税,没收军阀官僚豪绅的米谷衣物,分给工人农民及一切穷人,甚至没收他们的田地平均分配与农民及一切穷人。③ 尽管由于红军转移,群众所得革命果实旋即丧失,但正如毛泽东所说:"长征又是播种机。它散布了许多种子在十一个省内,发芽、长叶、开花、结果,将来是会有收获的。"④红军播下的革命火种,成为后来在解放战争时期,人民解放军迅速解放南方各省的重要因素。

二、党在策略转变时期的经济政策及其实践

1935 年 10 月,中共中央率领中央红军胜利地到达陕甘革命根据地。当时,日本帝国主义侵占东北后,正加快蚕食华北和变中国为其殖民地的步伐。民族危机日益深重,国内的阶级关系开始发生变化,建立广泛的民族革命统一战线,团结一切可以团结的力

---

① 《关于筹款征集资财及节省问题的训令》(1935 年 2 月 20 日)。
② 廉臣:《随军西行见闻录》,见《中国工农红军第一方面军长征记》,人民出版社 1955 年版,第 20—21 页。
③ 《红军总政治部告工农劳苦群众书》(1935 年 2 月 22 日)。
④ 毛泽东:《论反对日本帝国主义的策略》,《毛泽东选集》第 1 卷,人民出版社 1991 年版,第 150 页。

量,一致抗日,已成为中国共产党的基本任务和策略。

为促成抗日民族统一战线的建立,中共中央在1936年5月5日发表"停战议和,一致抗日"的通电,宣布由原来的"抗日反蒋"的方针,改为"逼蒋抗日"的方针。在这一方针的指导下,促成了"西安事变"的和平解决。为了推动国共两党再次合作,团结抗日,1937年2月10日,中国共产党发表《致国民党三中全会电》,向国民党提出包括停止内战,一致对外,保障言论、集会结社的自由,释放政治犯,召开各党派各界的代表会议,集中全国人才,共同救国;迅速完成对日抗战之一切准备工作;改善人民生活等五项要求。同时宣布:停止武力推翻国民党政府的方针;工农政府改名中华民国特区政府,红军改名为国民革命军;特区实行彻底民主制度;停止没收地主土地的政策等四项保证。中国共产党做出这样的让步,目的在于改变国内两个政权对立状态,以便团结全国人民迅速实行对日作战,挽救民族危机。

与党的基本策略转变相适应,革命根据地各项经济政策也做了适当的调整:一是纠正王明"左"倾路线下的错误政策,如土地政策中的"地主不分田","富农分坏田"的做法;以及过"左"的劳动政策和财政政策;二是为了建立抗日民族统一战线,向地主阶级作某些妥协和让步,以争取他们对抗日民族战争的支持,同时切实保护工农基本群众的利益,以调动广大人民群众的抗日与生产积极性。

(一)土地革命政策的改变

在瓦窑堡中央政治局扩大会议之前,党就开始着手纠正王明的"左"倾错误,进一步完善了土地革命中的土地政策。1935年12月6日,中共中央颁布了《关于改变对富农策略的决定》,宣布停止执行"加紧反对富农"和"富农分坏田"的"左"倾政策,实行保护富农经济的新政策。《关于改变对富农策略的决定》明确规定,在白区要"联合整个农民,造成广泛的农民统一战线。故意排斥富农(甚至一部分地主)参加革命斗争是错误的"。在根据地内,要"集中力量消灭地主阶级",而对富农"只取消其封建式剥削的部分,即没收其出租的土地,并取消其高利贷。富农所经营的(包括雇工经营的)土地、商业以及其他财产则不没收"。应保障富农扩大生产(如租佃土地,开辟荒地,雇用工人等)与发展工商业的自由。如农民要求平分土地时,富农应照普通农民一样分地。① 从而纠正了"富农分坏田"的错误政策。

为了进一步纠正"左"倾错误,以推动抗日民族统一战线的建立,1936 年 7 月 22 日,中共中央发出的《关于土地政策的指示》提出,为了实现清算封建残余与尽可能地建立广大的人民抗日统一战线的目的,要进一步审查现行土地政策,并给予必要的改变。土地政策的改变主要有以下几点:第一,改变了过去"地主不分田"的政策,给地主以生活出路。第二,将小土地出租者与小地主区别开来,不没收其土地。明确规定以下五种人的土地不没收:(1)小自由职业者、技术人员、教员、医生、学生、小商人和手工业者等小业主;(2)凭自己劳动积蓄购得土地的工人;(3)生活情况很坏的小地主;(4)原非地主因失去劳动力而不得不出租土地者;(5)将土地出租而自己仍受雇于人者。第三,根据地主对抗日的不同态度实行区别对待的政策。"一切汉奸卖国贼的土地财产全部没收",而"一切抗日军人及献身于抗日事业者的土地,不在没收之列"。第四,进一步改变对富农的政策。由原来的只没收富农的出租的土地,进一步调整为"富农的土地及其多余的生产工具(农

---

① 《中央关于改变对富农策略的决定》(1935 年 1 月 6 日),见中央档案馆编:《中共中央文件选集》(1934—1935),中共中央党校出版社 1986 年版,第 589—592 页。

具、牲口等),均不没收"。①

1937 年 2 月 10 日,中共中央在上述《致国民党三中全会电》中,提出了停止没收地主土地的政策。正如毛泽东所指出的"中国的土地属于日本人,还是属于中国人,这是首先要解决的问题"。② 3 月,陕甘宁边区就实际上停止了没收地主土地的运动,以前逃跑的地主纷纷返回边区。4 月,陕甘宁边区政府颁布了关于处置回边区的地主的办法,凡是已分配了土地的地区,首先是欢迎地主回来;对于回来的地主,可以在原乡分给同农民一样多的土地和房屋,给他们以足够维持生活和参加农业生产的条件。但对已没收了的土地,不许还原;已取消了的租债,不准再索取。③ 与此同时,提出了减租减息政策,宣布在没有分配土地的区域,地主豪绅的土地,停止没收,但去年以前的欠租,应宣布取消,不准索取;以后交租办法,可由地主与农民双方决定,但应比以前减轻些;以前农民借地主的债如果利息超过本钱或者与本钱相等的,则不再付利,没有超过本钱的酌量减轻;以后借债,最高利息不得超过一分五厘。④ 5 月,陕甘宁边区政府颁布选举条例,规定恢复地主富农的公民权。中国共产党停止没收地主土地的政策在边区得到全面的实施。

---

① 《中央关于土地政策的指示》(1936 年 7 月 22 日),见中央档案馆编:《中共中央文件选集》(1936—1938),中共中央党校出版社 1985 年版,第 57—59 页。

② 毛泽东:《中国共产党在抗日时期的任务》,《毛泽东选集》第 1 卷,人民出版社 1991 年版,第 260 页。

③ 《新中华报》1937 年 4 月 29 日第 350 期。

④ 《回苏区的豪绅地主要收租还债怎么办》,《新中华报》1937 年 4 月 23 日第 349 期。

（二）工商业政策的调整

党的策略转变中最主要的是对民族资产阶级的政策转变,为了争取和团结民族资产阶级,首先要纠正过去过"左"的工商业政策。陕北根据地商品经济不发达,私人工商业数量不多,在主力红军到达陕北以前,因受王明"左"倾错误的影响,曾发生过没收商店和商人货物,禁止赤白区商人往来贸易的情况,以致商品市场萧条,流通阻塞。主力红军到达以后,1935 年 11 月 25 日,临时中央政府西北办事处张贴布告,宣布实行贸易自由的政策。不仅根据地的大小商人有充分的营业自由,"白区的大小商人也可以自由到苏区来营业",除粮食及军用品外,根据地的生产品均可自由输出。同时宣布在工业方面实行投资开放政策。允许苏区内外正当的大小资本家投资各种工业。为了促进私人工商业的发展,宣布取消一切捐税,甚至连关税、营业税等也"一概免收"。① 12 月 1 日,西北办事处又宣布,外出办货商人可将"苏票"(根据地银行发行的纸币)或现金到根据地银行兑换"白票"(国民党统治区钞票)。如需要携带现金出境的,亦可照数兑换。② 同时还规定:"为着发动商人输出苏区农产品,与运输食盐出口,银行可给予低利贷款"。③

---

① 《目前只有苏区才是经营工商业最好的地方!》,《红色中华》1935 年 12 月 1 日第 242 期。

② 《中华苏维埃共和国临时中央政府西北办事处布告》(1935 年 12 月 1 日),见《革命根据地经济史料选编》上册,江西人民出版社 1986 年版,第 188 页。

③ 《中央财政部关于陕北财政经济情况向中央军委的报告》(1936 年 7 月 15 日),见《革命根据地经济史料选编》上册,江西人民出版社 1986 年版,第 189 页。

在王明"左"倾错误路线影响下,根据地的工商业资本家和军阀官僚、地主豪绅以及富农一样,"是没有选派代表参加政权和政治上自由的权利的"。① 1936年年初,西北办事处颁布的《西北苏维埃选举法》规定,"雇佣劳动在十人以下,资本在五千元以下之工商业主亦有选举权"。② 此规定使中小工商业者有了选举权。1937年5月公布的《陕甘宁边区选举条例》规定,除汉奸卖国贼、因犯罪被剥夺公民政治权利者和精神病患者外,"年满十六岁的,无论男女、宗教、民族、财产、文化上的区别,都有选举权和被选举权"。③ 所有工商业者都有了公民权。这些都极大地调动了工商业者的积极性。

为鼓励私人工商业的发展,1936年8月,根据地政府在提出的积极开发池盐和定边盐业计划中,宣布"除陈请中央政府拨给款项外,并欢迎国外华侨及国内资本家来投资"。④ 上述政策,解除了工商业者的顾虑,使他们能积极参与根据地的工商业经营。陕甘宁贸易局须向定边县商人购买布匹,商人不仅想方设法从白区进货,而且价格比市价低廉,还可短期赊欠。定边商业的繁荣,吸引了许多白区商人冲破封锁,冒着风险到根据地做生意。⑤ 天津、北京、包头等地的商人通过他们在定边的庄号,在根据地收购

---

① 《中华苏维埃共和国宪法大纲》(1934年1月),见中央档案馆编:《中共中央文件选集》(1934—1935),中共中央党校出版社1986年版,第91页。

② 《红色中华》1936年1月16日第247期。

③ 《新中华报》1937年5月23日第359期。

④ 《苏维埃政府积极开发花定盐业》,《红色中华》1936年8月9日第292期。

⑤ 《定边城商业政策与安定商人》,《红色中华》1936年9月3日第298期。

皮毛等土产品,运销布匹等工业品,交易十分红火。①

为了繁荣根据地商业市场,1936年7月,西北办事处还宣布,恢复从前逢五逢十的集市,并由苏维埃政府帮助设立消费合作社;国家银行西北分行设立营业部,批发食盐、布匹等大宗货物,以供给各个合作社;中央粮食部成立由粮食调剂局领导的"农产品收买处",农民的农副产品如粮食、豆类、羊毛、羊皮等,随时可以上市出售,如销售困难,可由农产品收买处全部收买。② 根据地政府为了开发食盐生产,鼓励农民和商人用食盐到白区交换工业品,取消一切捐税,"只须缴纳一定的盐价,即可到处运售",同时设立县、区消费合作社,或运盐合作社,从事食盐贩运。③

(三)财政金融政策的调整

财政政策的调整,具体表现为抗日财政经费筹集方式上的变化。为适应抗日民族统一战线的建立,有钱出钱,有粮出粮,有枪出枪,有力出力,有知识出知识,集中一切力量进行抗日民族战争,成为制定财政政策的指导方针。当时根据地红军和政府的财政收入来自以下三个方面:一是战争中缴获和没收地主、汉奸卖国贼的财产;二是人民捐助;三是国营企业收入。据美国作家埃德加·斯诺记载:中央财政部长林伯渠告诉他,陕北根据地的财政收入,"有百分之四十到五十来自没收,百分之十五到二十自愿捐款,包括党在白区支持者中间募集的款项。其余的收入来自贸易、经济

---

① 《供给工作与财政金融问题》(1936年12月1日)。

② 《中华苏维埃人民共和国中央政府西北办事处布告》(1936年7月3日);《苏维埃极力改善志丹群众生活》,《红色中华》1936年7月9日第286期。

③ 《中华苏维埃共和国中央政府西北办事处布告》(1936年7月8日)。

建设、红军的土地、银行给政府的贷款"。①

1936 年根据地临时中央政府颁布《没收汉奸卖国贼财产条例》，宣布没收日本帝国主义在华办的工厂企业、铁道、矿山、银行及其他财产。② 被没收的上述财产，成为根据地最早的国营企业。

随着土地政策的变化，对地主的政策也由打土豪转为募捐。红军主力到达陕北初期曾继续实行打土豪的办法，1936 年 8 月 1 日，临时中央西北办事处、中共西北中央局、西北革命军事委员会关于收集新粮的计划中，规定在老区陕北省由红军向群众购买；在陕甘宁省地区，主要没收豪绅地主的粮食，另募捐和购买一部分。③ 不久对地主改用募捐方式。8 月 18 日，西北军委、总政治部、中央财政部关于筹款工作的训令规定："对于地主阶级，只要他不反对抗日红军而愿意毁家纾难的，也应避免用没收办法，而以募捐的方式使其尽量拿出金钱和物品来"。④

与土地政策和工商业政策的改变相适应，在财政政策上，对富农也不再实行没收、征收和罚款，免除一切税收，只有募捐一项。对工商业资本家，禁止一切没收和征发，不收任何租税，也只实行募捐。上述训令中强调，筹款必须注意经济政策，"没收地主的商店固然不对，没收一般的商店尤不允许"。对富农和工商业资本

---

① ［美］埃德加·斯诺：《西行漫记》，生活·读书·新知三联书店 1979 年版，第 207 页。

② 《没收汉奸卖国贼财产条例》（1936 年），见《革命根据地经济史料选编》上册，江西人民出版社 1986 年版，第 506 页。

③ 《中央政府西北办事处、中共中央局、西北革命军事委员会关于收集新粮的计划》（1936 年 8 月 1 日），见《革命根据地经济史料选编》上册，江西人民出版社 1986 年版，第 501 页。

④ 《西北革命军事委员会、总政治部、中央财政部训令——关于筹款工作问题》（1936 年 8 月 18 日），见《革命根据地经济史料选编》上册，江西人民出版社 1986 年版，第 503 页。

家的募捐也由过去的强制改为宣传动员,自愿捐助。并制定了对捐助者的奖励办法:资本家捐助千元以上者,给奖状及一等银质奖章,并单独登报表扬之;五百元以上者,给奖状及二等铜质奖章,并用大字登报表扬;百元以上给三等布质抗日奖章,并登报表扬。[①]

根据地政府对一般农民完全免除一切税收。陕北土质瘠薄,自然灾害频繁,加上地主的残酷剥削和军阀政府的横征暴敛,农民生活极端贫困。主力红军到达陕北后立即宣布取消国民党政府的一切苛捐杂税,并免征任何赋税。根据地政府来自农民的财政收入,只限于爱国捐助和借粮购粮。捐助要完全自愿,并给予适当的奖励。[②] 群众困难时还及时给予救济扶助。1936 年陕北根据地由于受敌人摧残和农业歉收,根据地政府于 1937 年青黄不接时,支出二万元,用于救济[③],解决了人民困难,受到群众拥护。

根据地金融政策的改变,首先是逐步调整了银行的货币发行政策。中央红军到达陕北后,于 1935 年 11 月在瓦窑堡成立了中华苏维埃共和国国家银行西北分行。西北分行的主要职能是发行纸币,办理机关往来存款,代理中央金库,发放农工商业贷款,进行现金管理,开展货币斗争。"西安事变"前后,出现了与之建立统一战线的西北军和东北军防区,西北办事处遂规定,苏维埃机关或部队,进驻友军区域,为保证商业自由和尊重当地市场习惯,在苏

---

① 《中华苏维埃共和国中央政府西北办事处布告——为筹募抗日基金事》(1936 年 1 月 15 日),见《革命根据地经济史料选编》上册,江西人民出版社 1986 年版,第 499 页。

② 《中华苏维埃共和国中央政府西北办事处布告——为筹集抗日基金事》(1936 年 1 月 15 日),见《革命根据地经济史料选编》上册,江西人民出版社 1986 年版,第 499 页。

③ 《新中华报》1937 年 4 月 16 日第 347 期。

票未能在当地流通以前,一般使用友军的"白票"、现洋。① 1937年1月,西北分行随中央政府机关迁至延安后,为适应抗日统一战线的建立,开始在陕甘宁地区统一使用法币,停止"苏票"发行,并开始回收"苏票"。

银行借贷也实行减息。同时除继续以信贷资金支持国营企业和合作社以及农民、手工业者个体经济发展外,对私营工商业也发放低息贷款。这是过去所没有的。

经济和财政政策的调整,促进了根据地经济恢复和发展。停止没收地主土地减轻了地主的对抗和阻力,有些开明地主还主动向根据地政府捐献抗日基金。同时,实行减租减息,废除一切苛捐杂税,减轻了农民的负担,同时政府向农民发放贷款,免费供应犁铧和棉花种子,调动了广大贫苦农民的生产积极性。尤其是对富农政策的改变,不仅调动了富农的生产积极性,也消除了中农怕致富后被打成富农的恐惧心理,积极性空前高涨。1937—1938年,陕甘宁地区耕地增加了约60万亩,牛羊增加到30万头以上。② 工商业政策的改变调动了工商业者发展工商业的积极性。"西安事变"后,内战基本停止,根据地政府可以用更多的力量进行经济建设,恢复和发展了一批国营工业。延长石油厂恢复生产,1936年1—3月产油70000斤,超过国民党统治时期的产量。除满足了根据地内需要外,还可出口。陕北省安定和永坪煤矿的开发,充分满足了根据地机关、工厂和群众的需要。还建立了中央印刷厂、兵

---

① 《中华苏维埃共和国中央政府西北办事处布告——关于统一战线区域的金融问题》(1937年1月15日),见《革命根据地经济史料选编》上册,江西人民出版社1986年版,第388页。

② 《陕甘宁边区简史》,《党史资料》1953年第5期。

工厂、被服厂,开采了盐池县的食盐等等。① 私营工业也有所恢复和发展,1937 年 1—6 月,延水和延川两县有染房 15 处,粉房 4 处,各县共有油房十余处,铁木手工业也有大发展。② 根据地商业的发展也很快。据西北办事处统计,1937 年 1—5 月,贸易总局贸易总额达 387703 元,其中,买进工业品 191110 元,土产品 8960 元,售出工业品 182956 元,土产品 4677 元。③ 合作社商业方面,陕北省 1937 年 1—6 月,发展区消费合作社 75 个,省县机关合作社 7 个,社员 57518 人,股金 64992 元。④ 私营商业发展更快,1937—1938 年间,除停业老店重新开业外,新开店铺 1000 余家。⑤

党的经济政策的改变,为以后抗日根据地的经济建设起了一个良好的开端。1937 年 7 月 7 日卢沟桥事变爆发,全国抗日民族统一战线正式建立,国共实现了第二次合作,伟大抗日民族战争开始了。中国共产党领导中国人民坚持抗日民族统一战线中的独立自主的原则,坚持放手发动敌后游击战争和建立敌后抗日根据地的战略方针,逐步扩大了抗日民主根据地。在抗日根据地实行新民主主义建设方针,以策略转变时期的经验为借鉴,更有成效地进行了抗日根据地的经济建设,为夺取抗日战争的胜利和粉碎国民党的反共阴谋,奠定了坚实的经济基础。

① 毛泽民:《陕甘苏维埃区域的经济建设》(1936 年 4 月 13 日),见《革命根据地经济史料选编》上册,江西人民出版社 1986 年版,第 183—187 页。
② 《新中华报》1937 年 7 月 9 日第 373 期。
③ 《新中华报》1937 年 6 月 16 日第 366 期。
④ 《新中华报》1937 年 7 月 9 日第 373 期。
⑤ 《陕甘宁边区简史》,《党史资料》1953 年第 5 期。

下册表格索引

征引文献目录[*]

一、经 典 著 作

《资本论》第 3 卷,人民出版社 1975 年版。

《毛泽东农村调查文集》,人民出版社 1982 年版。

《毛泽东选集》,人民出版社 1991 年版。

《毛泽东文集》,人民出版社 1993 年版。

二、专著、杂著、文集

(一)专著、编著

《1895—1936 年中国国际收支研究》,陈争平著,中国社会科学出版社 2007
　　年版。

《1927 至 1937 年中国财政经济情况》,〔美〕阿瑟·恩·杨格著,陈泽宪、陈霞
　　飞译,中国社会科学出版社 1981 年版。

《十九世纪西方资本主义对中国的侵略》,汪敬虞著,人民出版社 1983 年版。

《工业化与中国工业建设》,刘大钧著,商务印书馆 1944 年版。

《上海工业要览》,蒋乃镛著,学者书店 1948 年版。

《上海公路运输史》,上海市交通运输局公路交通史编写委员会编,上海社会

---

　　* 各类征引文献书名以笔画为序。

科学院出版社 1988 年版。

《上海市棉布商业》，中国社会科学院经济研究所主编，中华书局 1979 年版。

《上海对外贸易》，上海社会科学院经济研究所等，上海社会科学院出版社
1989 年版。

《上海近代工业史》，徐新吾、黄汉民著，上海社会科学院出版社 1998 年版。

《上海近代百货商业史》，上海百货公司、上海社会科学院经济研究所、上海
市工商行政管理局编，上海社会科学院出版社 1988 年版。

《上海近代西药行业史》，上海市医药公司等编，上海社会科学院出版社 1988
年版。

《上海金融组织概要》，杨荫溥著，商务印书馆 1930 年版。

《小麦及面粉》，陈伯庄著，交通大学研究所 1936 年刊本。

《山西公路交通史》，吕荣民主编，人民交通出版社 1988 年版。

《山西近代经济史（1840—1949）》，刘建生、刘鹏生著，山西经济出版社 1995
年版。

《广东生产关系与生产力》，陈翰笙著，上海中山文化教育馆 1934 年版。

《广西近代圩镇研究》，钟文典主编，广西师范大学出版社 1998 年版。

《广西省经济概况》，千家驹等著，上海商务印书馆 1936 年版。

《乡村建设理论》，梁漱溟著，重庆乡村书店 1939 年版。

《乡村织布工业的一个研究》，吴知著，上海商务印书馆 1936 年版。

《井冈山斗争史稿》，江西省委党校编，江西人民出版社 1977 年版。

《五十年来之中国经济》，中国通商银行编印，1947 年刊本。

《支那的交易所》，[日]滨田峰太郎著，上海中华经济社 1922 年版。

《支那银行制度论》，[日]宫下忠雄著，严松堂书店，昭和 16(1941)年版。

《日本在旧中国的投资》，杜恂诚著，上海社会科学院出版社 1986 年版。

《日本侵占旅大四十年史》，顾明义等主编，辽宁人民出版社 1991 年版。

《日本势力下二十年来之满蒙》，陈经著，上海华通书局 1931 年版。

《中央革命根据地史要》，孔永松等著，江西人民出版社 1985 年版。

《中华公路史》，周一士编，台北文海出版社 1984 年版。

《中华民国经济发展史》，秦孝仪主编，台北近代中国出版社 1983 年版。

《中国二十世纪通鉴》,龚育之主编,线装书局2002年版。

《中国十大银行家》,徐矛、顾关林、姜天鹰主编,上海人民出版社1997年版。

《中国之新货币制度》,林维英著,朱义析译,商务印书馆1937年版。

《中国之新金融政策》,马寅初著,商务印书馆1937年版。

《中国公路史》,中国公路交通史编审委员会编,人民交通出版社1990年版。

《中国公路交通图表汇览·公路沿革》,全国经济委员会公路处编,1935年版。

《中国东北史》(修订本),刘信君、霍燎原主编,吉林文史出版社2006年版。

《中国近代国民经济史教程》,赵德馨著,高等教育出版社1988年版。

《中国近代海关史(民国部分)》,陈诗启著,人民出版社1999年版。

《中国现代交通史》,张心澂著,上海良友图书印刷公司1931年版,台湾学生书局1976年版。

《中国的内债》,千家驹著,北平社会调查所1934年刊本。

《中国的邮驿与邮政》,郑游主编,人民出版社1988年版。

《中国古代邮驿史》(修订版),刘广生、赵梅庄编著,人民邮电出版社1999年版。

《中国古近代金融史》,叶世昌、潘连贵著,复旦大学出版社2001年版。

《中国田赋问题》,刘世仁著,上海商务印书馆1936年版。

《中国民族火柴工业》,中国科学院经济研究所、中央工商行政管理局主编,中华书局1963年版。

《中国交通之发展及其趋向》,金家凤编著,南京正中书局1937年版。

《中国农业经济研究》,[日]田中忠夫著,汪馥泉译,上海大东书局1934年版。

《中国农村问题》,钱亦石等著,上海中华书局1935年版。

《中国农村复兴问题》,董成勋编,上海世界书局1935年版。

《中国关税沿革史》,[英]莱特著,姚曾廙译,商务印书馆1958年版。

《中国近代邮电史》,邮电史编辑室编,人民邮电出版社1984年版。

《中国各省的地租》,陈正谟著,上海商务印书馆1936年版。

《中国近代四大米市考》,徐正元著,黄山书社1996年版。

《中国近代机场建设史(1910—1949)》,欧阳杰著,航空工业出版社2008
　　年版。

《中国近代货币与银行的演进(1644—1937)》,王业键著,台北中央研究院经
　　济研究所1981年刊本。

《中国近代蚕丝业及外销》,李明珠著,上海社会科学院出版社1996年版。

《中国近代经济史(1895—1927)》,汪敬虞主编,人民出版社2000年版。

《中国近代面粉工业史》,上海市粮食局等编著,中华书局1987年版。

《中国近代煤矿史》,《中国近代煤矿史》编写组,煤炭工业出版社1990年版。

《中国近代缫丝工业史》,徐新吾主编,上海人民出版社1990年版。

《中国近代海关税则史》,叶松年著,上海三联书店1991年版。

《中国近代商业史论》,王相钦、吴太昌主编,中国财政经济出版社1999
　　年版。

《中国合作运动史》,寿勉成、郑厚博著,上、中、下卷,南京正中书局1947
　　年版。

《中国邮政》,张樑任著,上、中、下卷,上海商务印书馆1935年版、1936年版。

《中国邮政简史》,姜希河等著,商务印书馆1999年版。

《中国财政问题》,叶元龙著,商务印书馆1939年版。

《中国财政之病态及其批判》,孙怀仁著,上海生活书店1937年版。

《中国国民所得(一九三三年)》,巫宝三主编,中华书局1947年版。

《中国国际贸易概论》,武堉干著,上海商务印书馆1930年版。

《中国的对外贸易和工业发展》,郑友揆著,上海社会科学院出版社1984
　　年版。

《中国的国际贸易》,何炳贤著,商务印书馆1935年版。

《中国的银行》,吴承禧著,商务印书馆1934年版。

《中国货币问题丛论》,吴小甫著,上海货币问题研究会1936年版。

《中国货币金融史略》,石毓符著,天津人民出版社1984年版。

《中国金融之组织——战前与战后》,钱承绪著,中国经济研究会1941年版。

《中国金融史》,洪葭管主编,西南财经大学出版社1993年版。

《中国金融研究》,杨荫溥著,商务印书馆1936年版。

《中国鸦片问题》,罗运炎著,上海兴华报社1929年版。

《中国保险史》,中国保险学会著,中国金融出版社1998年版。

《中国经济大纲》,马札亚尔著,徐公达译,上海新生命书局1933年版。

《中国城市房地产业史论》,赵津著,南开大学出版社1994年版。

《中国战时经济建设》,沈雷春、陈禾章著,世界书局1940年版。

《中国恢复关税主权之经过》,国民党政府外交部编纂委员会编印,1929年刊本。

《中国航空史》,姜长英著,台北中国之翼出版社1993年版。

《中国法制史》,叶孝信主编,复旦大学出版社2002年版。

《中国重要银行最近十年营业概况研究》,中国银行总管理处经济研究室编,1933年刊本。

《中国海关铁路主要商品流通概况》,陈伯庄、黄荫莱编,交通大学研究所1937年刊本。

《中国资本主义发展史》第3卷,许涤新、吴承明主编,人民出版社1993年版。

《中国资本主义和国内市场》,吴承明著,中国社会科学出版社1985年版。

《中国烟禁问题》,罗运炎著,大明图书公司1934年版。

《中国铁道建设》,张家璈著,杨湘年译,商务印书馆1946年版。

《中国铁路发展史(1876—1949)》,金士宣、徐文述著,中国铁道出版社1986年版。

《中国航业》,王洸著,商务印书馆1934年版。

《中国航政建设》,高廷梓著,上海商务印书馆1947年版。

《中国铁路建筑编年简史(1881—1981)》,马里千等编著,中国铁道出版社1983年版。

《中国商业通史》第5卷,吴慧主编,中国财政经济出版社2008年版。

《中国银行二十四年发展史》,姚崧龄著,台湾传记文学出版社1976年版。

《中国银行行史(1912—1949)》,中国银行行史编辑委员会编著,中国金融出版社1995年版。

《中国棉纺织史稿》,严中平著,科学出版社1955年版。

《中国棉纺织史稿》,严中平著,科学出版社1963年版。

《中国最近金融史》，[日]滨田峰太郎著，东洋经济新报社，昭和11（1936）
　　年版。

《毛委员在井冈山》，江西人民出版社1977年版。

《长江沿江城市与中国近代化》，张仲礼等主编，上海人民出版社2002年版。

《长江航运史（近代部分）》，江天风编著，人民交通出版社1992年版。

《化学工业发展简史》，北京化工学院化工史编写组编，科学技术文献出版社
　　1985年版。

《辽宁近代经济史》，张福全著，中国财政经济出版社1989年版。

《世界经济史纲》，彭迪先著，生活书店1948年版。

《世界通史·近代部分》，周一良、吴于廑主编，人民出版社1962年版。

《平湖县之土地经济》，国民党中央政治学校地政学院主编，国民党中央政治
　　学校地政学院、平湖县政府1937年刊本。

《东北经济概况》，雷雨著，北平西北书局1932年版。

《甘青宁经济纪略》，中央银行经济研究室编，1935年刊本。

《由宝坻手织工业观察工业制度之演变》，方显廷、毕相辉编著，南开大学经
　　济研究所1936年印本。

《四川农村经济》，吕平登著，上海商务印书馆1936年版。

《四川租佃问题》，郭汉鸣、孟光宇著，商务印书馆1944年版。

《四川通史》，温贤美主编，四川大学出版社1994年版。

《旧中国的资源委员会——史实与评价》，郑友揆等著，上海社会科学院出版
　　社1991年版。

《永安纺织印染公司》，上海市纺织工业局等编，中华书局1964年版。

《宁夏交通史（先秦——中华民国）》，宁夏回族自治区交通厅编写组编，宁夏
　　人民出版社1988年版。

《西北的农田水利》，王成敬著，上海中华书局1950年版。

《民生公司史》，凌耀伦主编，人民交通出版社1990年版。

《民国广东商业史》，黄增章著，广东人民出版社2006年版。

《民国乡村借贷关系研究》，李金铮著，人民出版社2003年版。

《民国丝绸史》，王庆穆主编，中国纺织出版社1995年版。

《民国财政简史》，贾德怀著，商务印书馆 1946 年版。

《民国社会经济史》，陆仰渊、方庆秋主编，中国经济出版社 1991 年版。

《民国续财政史》（四），贾士毅著，商务印书馆 1933 年版。

《民国经济史》，朱斯煌主编，银行周报社 1948 年版。

《民族资本主义与旧中国政府（1840—1937）》，杜恂诚著，上海社会科学院出
　　版社 1991 年版。

《外人在华投资》，[美]雷麦著，蒋学楷、赵康节译，商务印书馆 1959 年版。

《外国人在华特权和利益》，[美]威罗贝著，王绍坊译，生活·读书·新知三
　　联书店 1957 年版。

《列强侵华邮权史》，彭瀛添著，台北华岗出版有限公司 1979 年版。

《百年工农产品比价与农村经济》，陈其广著，社会科学文献出版社 2003
　　年版。

《当代中国的化学工业》，《当代中国》编辑部编，中国社会科学出版社 1987
　　年版。

《交通史·航空编》，国民党政府铁道部、交通部交通史编纂委员会编，1930
　　年刊本。

《交通史·路政编》，国民党政府铁道部、交通部交通史编纂委员会编，1931
　　年刊本。

《江西通史》，陈文华、陈荣华主编，江西人民出版社 1999 年版。

《江苏武进物价之研究》，张履鸾著，南京金陵大学农学院 1933 年刊本。

《江苏典当钱庄》，江苏金融志编辑室编，南京大学出版社 1992 年版。

《江苏通史·近代卷》，沈嘉荣主编，江苏古籍出版社 1993 年版。

《论中国交易所》，杨荫溥著，商务印书馆 1930 年版。

《农村问题——中国农村崩溃原因的研究》（上、下），徐正学著，南京中国农
　　村复兴研究会 1936 年版。

《安徽省之土地分配与租佃制度》，郭汉鸣、洪瑞坚著，南京正中书局 1937
　　年版。

《华北城市经济近代化研究》，张利民著，天津社会科学院出版社 2004 年版。

《华商股票提要》，王相秦著，兴业股票公司 1942 年印本。

《各省农民雇佣习惯及需供状况》，陈正谟著，上海中山文化教育馆 1935 年刊本。

《伪满洲国史》，姜念东等著，吉林人民出版社 1980 年版。

《伪满洲国史新编》，解学诗著，人民出版社 1995 年版。

《近代大连城市经济研究》，沈毅著，辽宁古籍出版社 1996 年版。

《近代上海城市研究》，张仲礼主编，上海人民出版社 1990 年版。

《近代山西社会研究》，行龙主编，中国社会科学出版社 2002 年版。

《近代天津城市史》，罗澍伟主编，中国社会科学出版社 1993 年版。

《近代中国与利用外资》，曹均伟著，上海社会科学院出版社 1991 年版。

《近代中国的金融市场》，中国人民银行总行金融研究所金融历史研究室著，中国金融出版社 1989 年版。

《近代中国金融企业管理》，中国人民银行总行金融研究所金融历史研究室著，人民出版社 1990 年版。

《近代中国典当业》，常梦渠、钱椿涛主编，中国文史出版社 1996 年版。

《近代中国国货运动研究》，潘君祥主编，上海社会科学院出版社 1998 年版。

《近代中国银行与企业的关系（1897—1945）》，李一翔著，台湾东大图书公司 1997 年版。

《近代市场与沿江发展战略》，胡平主编，中国财政经济出版社 1996 年版。

《近代华侨投资国内企业概论》，林金枝著，厦门大学出版社 1988 年版。

《近代苏中市镇经济研究》，梁磊著，社会科学文献出版社 2007 年版。

《近代武汉城市史》，皮明庥主编，中国社会科学出版社 1993 年版。

《近代南通土布史》，林举百著，南京大学学报编辑部 1984 年版。

《近代重庆城市史》，隗瀛涛主编，四川大学出版社 1991 年版。

《走向自立之路——两次世界大战之间中国的关税通货政策和经济发展》，［日］久保亨著，王小嘉译，中国社会科学出版社 2004 年版。

《邮政》，王枨著，上海商务印书馆 1933 年版。

《汽车运输经济论》，苏秉彝编著，上海大光书局 1936 年版。

《吴兴农村经济》，上海中国经济统计研究所编印，1939 年刊本。

《张公权先生年谱初稿》，姚崧龄编著，台湾传记文学社出版社 1982 年版。

《沦陷三年之东北》,赵惜梦著,天津大公报社1935年版。

《沙逊集团在旧中国》,张仲礼、陈曾年著,人民出版社1985年版。

《奉系军阀官僚资本》,孔经纬、傅笑枫著,吉林大学出版社1989年版。

《现代中国社会问题》,孙本文著,重庆商务印书馆1943年版。

《青岛在华北之地位及其发展之趋势》,青岛工商学会编,烟台泰东印刷局
    1934年刊本。

《青海经济史(近代卷)》,翟松天著,青海人民出版社1998年版。

《招商局史(近代部分)》,张后铨主编,人民交通出版社1988年版。

《典当论》,宓公干著,商务印书馆1936年版。

《穹苍迹——1909—1949年的中国航空》,[法]米歇尔·乔治著,杨常修译,
    航空工业出版社1992年版。

《南洋贸易论》,单岩基著,上海申报馆1943年版。

《南海贸易与南洋华人》,王赓武著,中华书局香港分局1988年版。

《战前日本在华北的走私活动(1933—1937)》,[韩]孙准植著,台北国史馆
    1997年刊本。

《帝国主义工业资本与中国农民》,陈翰生著,复旦大学出版社1984年版。

《帝国主义与中国铁路(1847—1949)》,宓汝成著,上海人民出版社1980
    年版。

《帝国主义与中国海关之12》,海关总署编,科学出版社1961年版。

《帝国主义在旧中国的投资》,吴承明著,人民出版社1956年版。

《洋商史——上海:1843—1956》,王垂芳主编,上海社会科学院出版社2007
    年版。

《河北公路运输史》,张镜青主编,人民交通出版社1988年版。

《经济历史成长》,张忠民著,上海社会科学院出版社1999年版。

《浙江公路运输史》,张涤铭主编,人民交通出版社1988年版。

《浙江省粮食之运销》,张培刚、张之毅著,长沙商务印书馆1940年版。

《鄂棉产销研究》,梁庆椿等编著,中国农民银行经济研究处1944年印本。

《章乃器文集》,章乃器著,华夏出版社1997年版。

《黑龙江历史编年》(修订本),张向凌主编,黑龙江人民出版社1989年版。

《湖北通史·民国卷》，章开沅等主编，华中师范大学出版社 1999 年版。

《湖南公路运输史》，周宏凯主编，人民交通出版社 1988 年版。

《新疆之经济》，张之毅编著，上海中华书局 1945 年版。

《福建近代产业史》，罗肇前著，厦门大学出版社 2002 年版。

《福建近代经济史》，林庆元主编，福建教育出版社 2001 年版。

《满洲伪国》，陈彬龢著，日本研究社 1933 年版。

《满洲国史》，［日］满洲国史编纂刊行会编印，1990 年刊本。

《"满洲国"的金融》，［日］安富步著，日本创文社 1997 年版。

《豫鄂皖赣四省之租佃制度》，孙文郁编，金陵大学农学院经济系 1936 年刊本。

《激活与生长——上海现代经济兴起之若干分析（1870—1941）》，樊卫国著，上海人民出版社 2002 年版。

英文

S. D. Gamble, North China Villages: Social, Political and Economic Activities Before 1933.

Chi-ming Hou, Foreign Investment and Economic Development in China, 1973.

日文

《南满洲铁道株式会社十年史》，南满洲铁道株式会社编，1919 年刊本。

《鞍山制铁所事业概观》，鞍山制铁所庶务课，1930 年刊本。

《中国経済 100 年のあゆみ——統計資料で見る中国近現代経済史》，［日］久保亨著，东京创研社 1991 年版。

（二）杂著、文集、选集、全集

《十年来的中国》，中国文化建设协会编，商务印书馆 1938 年版。

《十年来之中国经济》，谭熙鸿主编，中华书局 1948 年版。

《十年来之中国经济建设（一九二七年至一九三六年）》，国民党中央党部国民经济计划委员会编,南京扶轮日报社 1937 年版。

《三十年来之中国工程》,中国工程师学会 1946 年刊本。

《小麦及面粉》,陈伯庄编,交通大学研究所 1936 年刊本。

《山东乡村建设研究院及邹平实验区概况》,山东乡村建设研究院编,1936 年刊本。

《广东新语》,屈大钧著,水天阁康熙三十九年(1700 年)木刻本。

《广州市私营棉布商业的社会主义改造》,广州市纺织公司等编,1960 年印本。

《天利淡气制品厂股份有限公司开幕纪念册》,约 1936 年印本。

《日本帝国主义在中国沦陷区》,延安时事问题研究会编,延安解放社 1939 年版。

《中国土地问题和商业高利贷》,中国农村研究会编,上海黎明书局 1937 年版。

《中国乡村建设批判》,新知书店 1936 年版。

《中国化学工业社二十周纪念刊》,中国化学工业社编印,1931 年刊本。

《中国北部的兵差与农民》,王寅生等编,中央研究院社会研究所 1931 年印本。

《中国农村动态》,中国农村经济研究会编印,1937 年刊本。

《中国农村经济论》,冯和法编,上海黎明书局 1934 年版。

《中国农村经济论文集》,千家驹编,上海中华书局 1936 年版。

《中国苏维埃》,中国现代史资料编辑委员会 1957 年 9 月翻印本。

《中国近代国货运动》,韩淑芳著,中国文史出版社 1996 年版。

《中国的西北角》,长江编著,天津大公报社 1936 年 10 月第 3 版。

《中国经济论文集》第 2 集,中国经济情报社编,生活书店 1935 年版。

《中国经济研究》(上、下册),方显廷编,长沙商务印书馆 1938 年版。

《东北经济小丛书·贸易》,东北物资调节委员会研究组编,京华印书局 1948 年版。

《四川农村崩溃实录》,西华近代文献征集处编,成都民间意识社 1935 年版。

《四川松理懋茂汶屯区屯政纪要》,邓锡侯编,编者 1936 年自刊本。

《旧中国交易所介绍》,朱彤芳编著,中国商业出版社1989年版。

《孙中山全集》,中国社会科学院近代史研究所等编,中华书局1985年版。

《孙越崎文选》,孙越崎著,团结出版社1992年版。

《卢作孚集》,凌耀伦主编,华中师范大学出版社1991年版。

《西北视察记》,陈赓雅著,上海申报馆1936年版。

《西安市私营棉布商业的社会主义改造》,西安市工商局编,约1960年印本。

《西行漫记》,[美]埃德加·斯诺著,董乐山译,生活·读书·新知三联书店
　　1979年版。

《地主罪恶种种》,钟志成编,浙江人民出版社1964年版。

《回忆中央苏区》,陈毅、肖华等著,江西人民出版社1981年版。

《回忆闽浙皖赣苏区》,方志敏等著,江西人民出版社1983年版。

《回忆湘赣苏区》,王首道等著,江西人民出版社1986年版。

《伪满时期东北经济统计(1931—1945)》,东北财经委员会调查统计处编印,
　　1949年刊本。

《农村生活丛谈》,俞庆棠编著,上海申报馆1937年版。

《安徽农林建设概况》,安徽省建设厅编,1936年刊本。

《江苏名镇商业》,江苏省商业厅商业史志办公室编,江苏人民出版社1991
　　年版。

《先总统蒋公全集》第1册,张其昀主编,台北中国文化大学出版社1984
　　年版。

《近代广州》,广州近代史博物馆编,中华书局2003年版。

《张謇全集》,江苏古籍出版社1994年版。

《陈云文选(1926—1949)》,中共中央文献编辑委员会编,人民出版社1984
　　年版。

《范旭东传》,张同义著,湖南人民出版社1987年版。

《国父全集》第2册,秦孝仪主编,台北近代中国出版社1989年版。

《明清及近代农业史论集》,章有义编著,中国农业出版社1997年版。

《周恩来选集》,中共中央文献编辑委员会编,人民出版社1981年版。

《星火燎原》第1、2卷,人民文学出版社1962年版。

《河北省徐水县事情》，卞乾孙编，新民会中央指导部 1938 年刊本。

《贵定一览》，徐实圃编，1937 年刊本。

《皇朝经济文编》，求自强斋主人编，慎记书庄光绪辛丑(1901)刊本。

《皇朝经世文新编》，宜今室主人编，光绪二十七年(1901 年)刊本。

《晏阳初与定县平民教育》，河北教育出版社 1990 年版。

《晏阳初传》，吴相湘著，台湾时报出版事业有限公司 1981 年版。

《晏阳初全集》，晏阳初著，湖南教育出版社 1992 年版。

《铁道问题研究集》第 1 册，国立交通大学研究所北平分所编，北平和记印书
　　馆 1936 年版。

《梁漱溟与山东乡村建设》，山东省政协文史资料委员会编，山东人民出版社
　　1991 年版。

《厦门市私营棉布商业的社会主义改造》，中共厦门市委员会资本主义改造
　　室等编，1959 年印本。

《解放前的中国农村》第 3 辑，陈翰笙、薛暮桥、冯和法编，中国展望出版社
　　1987 年版。

《福建省各县区农业概况》，福建省农林处统计室编印，1942 年刊本。

《新都见闻录》，吴济生著，上海光明书局 1940 年版。

《新药业》，上海市商会商务科编，上海市商会 1935 年印本。

《湘鄂西根据地革命斗争大事记》，洪湖革命历史博物馆编，1978 年刊本。

《黔滇川旅行记》，薛绍铭著，广州中华书局 1938 年版。

《赣皖湘鄂视察记》，陈赓雅著，上海申报月刊社 1934 年版。

三、档案、资料、调查报告

(一)档 案 资 料

《日本外务省档案胶卷》，MT280，175.23。

《满洲通货及金融的过去和现在》，满洲事情案内所报告 36，满洲事情案内所
　　发行，1936 年。

《中国通商银行——盛宣怀档案资料选辑之五》，陈旭麓、顾廷龙、汪熙主编，上海人民出版社 2000 年版。

《中国第二历史档案馆藏全宗·国民党政府全国经济委员会档案》，44 号，案卷 90、1005 号。

《中国第二历史档案馆档案·国民党中央执行委员会秘书处档案》，七一一④·第 415 卷。

《中国第二历史档案馆档案·国民政府档案(2)》，第 6869 卷。

《中国第二历史档案馆档案·盐务总局档案》，二六六(2)，第 574 卷。

《中国第二历史档案馆档案·国民政府财政部档案》，三(1)，第 2950 卷；(2)，第 578 卷。

《主要资源国内流通统计(民国二十五年)》(上、下)，手写本，国民党政府资源委员会统计处编，1937 年。

《汉口交易所档》，台北中央研究院近代史研究所档案馆藏 CD，编号：C10055，册号：47(1—4)。

《招商局档 468(2)/304 董事会议事录》，民国十年七月五日。

《招商局档 468(2)/308 董事会议事录》，民国十六年四月十八日特别会议。

(二)资料集、资料汇编

《工商史料》第 1 集，上海机制国货工厂联合会编辑发行，1935 年刊本。

《工商史料》第 2 集，上海机制国货工厂联合会编辑发行，1936 年刊本。

《上海之农业》，国民党上海市政府社会局编印，1933 年刊本。

《上海市工人生活程度》，国民党上海市政府社会局编，中华书局 1935 年版。

《上海烟草业之战前情况及现在概况》，中南银行等编印，1937 年刊本。

《上海钱庄史料》，中国人民银行上海市分行编，上海人民出版社 1960 年版。

《上海解放前后物价资料汇编》，中国科学院上海经济研究所、上海社会科学院经济研究所编，上海人民出版社 1958 年版。

《上海商业储蓄银行史料》，中国人民银行上海市分行金融研究所编，上海人民出版社 1990 年版。

《山东邹平县实验规程汇编》,李鼐编,山东乡村问题研究社1936年印本。

《小麦及面粉》,上海商业储蓄银行编,上海商业储蓄银行信托部1932年印本。

《广东工商业——麦粉》,国民党政府西南政务委员会国外贸易委员会编,1933年刊本。

《广西省苍梧桂林思恩三县农村调查报告》,广西省师范专科学校编印。

《广州市私营百货商业社会主义改造资料》,广州市对资改造资料整理研究组编,1959年稿本。

《云贵段经济调查总报告书》,国民党政府铁道部财务司调查科编,铁道部财务司约1930—1931年印本。

《文史资料存稿选编·经济》(上),全国政协文史资料委员会编,中国文史出版社2002年版。

《中外旧约章汇编》第1册,王铁崖主编,生活·读书·新知三联书店1957年版。

《中外旧约章汇编》第2册,王铁崖主编,生活·读书·新知三联书店1959年版。

《中外旧约章汇编》第3册,王铁崖主编,生活·读书·新知三联书店1962年版。

《中共中央文件选集(1927)》,中央档案馆编,中共中央党校出版社1983年版。

《中共中央文件选集(1928)》,中央档案馆编,中共中央党校出版社1983年版。

《中共中央文件选集(1930)》,中央档案馆编,中共中央党校出版社1983年版。

《中共中央文件选集(1931)》,中央档案馆编,中共中央党校出版社1983年版。

《中共中央文件选集(1932—1933)》,中央档案馆编,中共中央党校出版社1985年版。

《中共中央文件选集(1934—1935)》,中央档案馆编,中共中央党校出版社

1986 年版。

《中共中央文件选集（1936—1938）》，中央档案馆编，中共中央党校出版社
　　1985 年版。

《中共中央文件选集》第 8 册，中央档案馆编，中共中央党校出版社 1991
　　年版。

《中华民国六法全书理由、判解汇编》（增订本）第 1 册，吴经熊编，上海会文
　　堂新记书店 1936 年版。

《中华民国史档案资料汇编》第五辑第一编，财政经济（二），中国第二历史档
　　案馆编，江苏古籍出版社 1986 年版。

《中华民国史档案资料汇编》第五辑第一编，财政经济（五）、（六）、（七）、
　　（八），中国第二历史档案馆编，江苏古籍出版社 1994 年版。

《中华民国外交史资料选编（1919—1931）》，程道德等编，北京大学出版社
　　1985 年版。

《中华民国法规汇编》，国民党政府立法院编译处编，中华书局 1934 年版。

《中华民国铁路史资料（1912—1949）》，宓汝成编，社会科学文献出版社 2002
　　年版。

《中国土地利用》，卜凯主编，金陵大学农学院农业经济系印行，1941 年中
　　译本。

《中国化学工业调查》，中山大学化学工业考察团编，中山大学化工研究所
　　1933 年印本。

《中国电力工业发展史料》，李代耕编，水利电力出版社 1982 年版。

《中华民国统计提要》，陈其采等编，上海商务印书馆 1935 年版。

《中苏贸易史资料》，孟宪章等编，中国对外经济贸易出版社 1991 年版。

《中国公路交通图表汇览》，全国经济委员会公路处编，1935 年刊本。

《中国农村动态》，中国农村经济研究会编，1937 年刊本。

《中国农村经济资料》，冯和法编，上海黎明书局 1933 年版。

《中国农村经济资料续编》，冯和法编，上海黎明书局 1935 年版。

《中华民国重要史料初编—绪编（一）》，秦孝仪主编，中国国民党党史史料编
　　纂委员会 1981 年刊本。

《中国近代工业史资料》第 1 辑上、下册,孙毓棠编,科学出版社 1957 年版。

《中国近代工业史资料》第 2 辑上、下册,汪敬虞编,科学出版社 1957 年版。

《中国近代工业史资料》第 1 辑,陈真、姚洛合编,生活・读书・新知三联书店 1957 年版。

《中国近代工业史资料》第 2 辑,陈真、姚洛、逄先知合编,生活・读书・新知三联书店 1958 年版。

《中国近代工业史资料》第 3、4 辑,陈真编,生活・读书・新知三联书店 1961 年版。

《中国近代手工业史资料》第 3 卷,彭泽益编,中华书局 1962 年版。

《中国近代对外关系史资料选辑(1840—1949)》,复旦大学历史系中国近代史教研组编,上海人民出版社 1977 年版。

《中国近代农业生产及贸易统计资料》,许道夫编,上海人民出版社 1983 年版。

《中国近代农业史资料》第 3 辑,章有义编,生活・读书・新知三联书店 1957 年版。

《中国近代经济史统计资料选辑》,严中平等编,科学出版社 1955 年版。

《中国近代航运史资料(1895—1927)》,聂宝璋、朱荫贵编,中国社会科学出版社 2002 年版。

《中国苏维埃》,中国现代史资料编辑委员会编印,1957 年刊本。

《中国近代盐务史资料选辑》第 1 辑,南开大学经济研究所经济史研究室编,南开大学出版社 1985 年版。

《中国航空公司、欧亚—中央航空公司史料汇编》,民航总局史志编辑部编,民航总局史志编辑部 1997 年印本。

《中国租制度之统计分析》,国民党政府主计处统计局编,重庆正中书局 1942 年版。

《中国埠际贸易统计,1936—1940》,韩启桐编,中国科学院 1951 年刊本。

《中国棉纺统计资料》,上海棉纺织工业同业公会筹备会 1950 年 7 月整理,原件藏中国社会科学院经济研究所。

《中德外交密档(1927—1947 年)》,中国第二历史档案馆编,广西师范大学出版社 1994 年版。

《六十五年来中国国际贸易统计》,杨端六、侯厚培等编,国立中央研究院社
　　会科学研究所 1931 年刊本。

《东北经济掠夺》(14),佟冬等主编,中华书局 1991 年版。

《旧上海的证券交易所》,上海档案馆编,上海古籍出版社 1992 年版。

《旧中国公债史资料》,千家驹编,财政经济出版社 1955 年版。

《旧中国汉冶萍公司与日本关系史料选辑》,武汉大学经济系编,上海人民出
　　版社 1985 年版。

《旧中国机制面粉统计资料》,中国科学院经济研究、中央工商行政管理局资
　　本主义经济改造研究室编,1966 年印本。

《四川省经济参考资料》,张肖梅,中国国民经济研究所 1939 年刊本。

《主要资源国内流通统计》,国民党政府资源委员会统计处编,中国科学院图
　　书馆藏手写本。

《机械工业调查报告书》,国民党政府全国经济委员会编,1936 年刊本。

《西安市私营百货业社会主义改造历史资料》,西安市工商局编,1959 年油
　　印本。

《西安事变资料》第 1 辑,中国社会科学院现代史研究室编,人民出版社 1980
　　年版。

《交通史·航政编》第 1 册,国民党政府交通部铁道部编,1931 年刊本。

《交通银行史料》,交通银行总行、中国第二历史档案馆合编,中国金融出版
　　社 1995 年版。

《民国二十年代中国大陆土地问题资料》,第 32、41—47、50—56、58—63、65、
　　66、69、74、75、82、87—89 册,萧铮主编,国民党中央政治学校地政学院
　　编,台北成文出版社有限公司、[美]中文资料中心重印发行,1977 年版。

《民国外债档案史料》第 2、3、9、10 卷,财政部财政科学研究所、中国第二历史
　　档案馆编,档案出版社 1991 年版。

《主要资本主义国家经济统计集(1848—1960)》,中国科学院经济研究所世
　　界经济研究室编,世界知识出版社 1962 年版。

《全国矿业要览》,全国矿冶地质联合展览会编,1936 年刊本。

《农村经济金融法规汇编》，重庆中国农民银行经济研究处编印，1942 年刊本。

《抗日战争·从九一八至七七》（中国近代史资料丛刊之十三）第 1 卷，章伯锋、庄建平主编，四川大学出版社 1997 年版。

《抗战前十年货币史资料（一）》，卓遵宏编著，台北国史馆 1985 年版。

《陈光甫先生言论集》，上海商业储蓄银行编印，1949 年刊本。

《沪港化学工业考察记》，中山大学化工研究所编印，1931 年刊本。

《金城银行史料》，中国人民银行上海市分行金融研究室编，上海人民出版社 1983 年版。

《武汉钱庄史料》，武汉金融志编写委员会办公室、中国人民银行武汉市分行金融研究所合编，中国人民银行武汉市分行 1985 年印本。

《武汉银行史料》，武汉金融志编写委员会办公室、中国人民银行武汉市分行金融研究所合编，1987 年印本。

《青岛市百货商业资料汇编》，青岛市工商局编，1960 年打印本。

《杭州市经济调查》，国民党政府建设委员会调查浙江经济所统计课编，建设委员会调查浙江经济所 1932 年刊本。

《招商局总管理处汇报》，民国十八年印本。

《英美烟公司在华企业资料汇编》，上海社会科学院经济研究所编，中华书局 1983 年版。

《定县农村工业调查》，张世文著，中华平民教育促进会 1936 年印本。

《陕西实业考查》，陇海铁道管理局编，1933 年刊本。

《陕西省货品输出输入统计表（民国二十四年上半年）》，国民党陕西省财政厅编印，1935 年印本。

《陕西省货品输出输入统计表（民国二十四年下半年）》，国民党陕西省财政厅编印，1936 年印本。

《南开经济指数资料汇编》，孔敏主编，中国社会科学出版社 1998 年版。

《南昌起义资料》，中国社会科学院现代革命史研究室编，人民出版社 1979 年版。

《南洋兄弟烟草公司史料》，上海社会科学院经济研究编，上海人民出版社

1958 年版。

《革命文献》第 22 辑,罗家伦主编,台北中国国民党党史史料编纂委员会编
　　辑、发行,1960 年刊本。

《革命文献》第 35 辑,罗家伦主编,台北中国国民党党史史料编纂委员会编
　　辑、发行,1965 年刊本。

《革命文献》第 78、79 辑,秦孝仪主编,台北中国国民党党史史料编纂委员会
　　编辑、发行,台北文物供应社 1979 年刊本。

《革命根据地经济史料选编》,江西人民出版社编,江西人民出版社 1986
　　年版。

《苏维埃中国》,中国现代史资料编辑委员会翻印,1957 年刊本。

《国民政府财政金融税收档案史料》,财政部财政科学研究所、中国第二历史
　　档案馆编,中国财政经济出版社 1997 年版。

《河北省实业厅现行章则汇刊》,国民党河北省实业厅秘书处编,1933 年
　　刊本。

《河北省省政统计概要》,国民党河北省政府秘书处编,1930 年 6 月刊本。

《河北省概况统计调查表》,国民党河北省公署秘书处编,1938 年刊本。

《经济掠夺》,孙邦主编,吉林人民出版社 1993 年版。

《荣家企业史料》,上海社会科学院经济研究所编,上海人民出版社 1962
　　年版。

《哈尔滨市百货业史料》,哈尔滨市工商业联合会编,1962 年油印本。

《津海关贸易年报(1865—1946)》,吴弘明编译,天津社会科学院出版社 2006
　　年版。

《重庆市私营百货商业历史资料汇编》,重庆市工商局,1960 年油印本。

《秘笈录存》,中国社会科学院近代史研究所《近代史资料》编辑室编,中国社
　　会科学出版社 1984 年版。

《满铁史资料》第 2 卷,路权篇,解学诗主编,中华书局 1979 年版。

《满铁史资料》第 4 卷第 1—4 分册,煤铁篇,解学诗主编,中华书局 1987
　　年版。

《常州纺织史料》第 1 辑,常州市纺织工业公司 1983 年印本。

《最近三十四年来中国通商口岸对外贸易统计》,国民党政府实业部国际贸易局编,上海商务印书馆1935年版。

《最近四十五年四川进出口贸易统计》,甘祠森编,民生实业公司经济研究室1936年版。

日文

《中国农村惯行调查》,[侵华日人]《中国农村惯行调查》刊行会编,1955年版。

《支那土地问题にすゐ调查资料》,南满洲铁道株式会社社会调查部编,1937年刊本。

《现代史资料·7·满洲事变》,[日]小林龙夫、岛田俊彦著,东京みすす书房1985年版。

英文

Decennial Reports on the Trade, Industries, etc., of the Ports Open to Foreign Commerce, and on Conditions and Development of the Treaty Port Provinces , 1922—1931.

The American Delegation to the Secretary of State, FRUS, 1926.

China 's Foreign Trade Statistics , 1864—1949,萧梁林编,[美]哈佛大学,1974年版。

(三)调查报告、调查表、工作报告

《川东农业调查》,叶懋、王嘉谟编,国民党四川省政府建设厅1940年刊本。

《川黔段经济调查总报告书》,国民党政府铁道部财务司调查科查编,铁道部财务司约1931—1932年印本。

《山东农林报告》,国民党山东省政府实业厅编印,1931年刊本。

《山东庙会调查》,山东省立民众教育馆发行处1933年刊本。

《广西省农村调查》,国民党政府农村复兴委员会编,上海商务印书馆 1935
　　年版。

《广西省农村经济调查报告》,广西省立师范高等专科学校农村经济研究会
　　编,1934 年刊本。

《上海之农业》,国民党上海市社会局编,上海中华书局 1933 年版。

《上海烟草业之战前情况及现在概况》,中南银行等编印,1937 年刊本。

《云南省农村调查》,国民党政府农村复兴委员会编,上海商务印书馆 1935
　　年版。

《邮政事务年报》(中华民国十五年度至二十七年度),中华民国交通部邮政
　　总局编,交通部邮政总局驻沪供应处印本。

《中国海关铁路主要商品流通概况》(社会经济组织调查专刊第 7 号),陈伯
　　庄、黄荫莱编,交通大学研究所 1937 年刊本。

《中国银行业务报告》,中国银行经济研究室编印,1937 年印本。

《火柴工业报告书》,国民党政府全国经济委员会编,1935 年刊本。

《北平市四郊农村调查》,国民党北平市政府编,北平市政府 1934 年刊本。

《北平西郊六十四村社会概况调查》,杨汝南编,北平大学农学院农业经济系
　　1935 年刊本。

《北平郊外之乡村家庭》,李景汉编,商务印书馆 1929 年版。

《平汉沿线农村经济调查》,陈伯庄编,上海交通大学研究所 1936 年刊本。

《北平庙会调查——侧重其经济方面》,北平民国学院印行,1936 年印本。

《民商事习惯调查报告录》,国民党政府司法行政部编,1930 年刊本。

《旧中国机制面粉工业统计资料》,中国科学院经济研究所等编,中华书局
　　1966 年版。

《田赋附加税调查》,中央大学经济资料室编,上海商务印书馆 1935 年版。

《四川省乐山县丝绸产销概况》,邹学锟编,成都金陵大学 1940 年油印本。

《兰溪农村调查》,冯紫岗编,浙江大学 1935 年刊本。

《农村家庭调查》,言心哲编,上海商务印书馆 1935 年版。

《农村调查表》,金陵大学农林科农业丛刊(第七号),1928 年调查填报(原件
　　藏中国社会科学院经济研究所)。

《江西粮食调查》，孙晓村、林熙春编，社会经济调查所1935年印本。

《江苏农村调查》，华东军政委员会土地改革委员会编，1951年刊本。

《江苏省农村调查》，国民党政府农村复兴委员会编，上海商务印书馆1934年版。

《全国土地调查报告纲要》，国民党政府土地委员会编，国民党政府中央土地专门委员会1937年加印本。

《芜湖米市调查》，社会经济调查所编印，1935年刊本。

《陈州太昊陵庙会概况》，郑合成编，河南省立杞县教育实验区1934年刊本。

《陇海铁路甘肃段经济调查报告书》，国民党政府铁道部业务司商务科编，1935年调查、印行。

《陇海铁路西兰线陕西段经济调查报告书》，国民党政府铁道部业务司商务科编，1935年印本。

《财政部经管无确实担保各项外债说明书》，北洋政府财政整理会编，1927年印本。

《财政部经管有确实担保外债说明书》，北洋政府财政整理会编，1927年5月编制，1928年6月增订本。

《邹平农村金融工作报告》，山东乡村建设研究院邹平实验县农村金融流通处编，1935年印本。

《青岛在华北之地位及其发展趋势》，青岛工商学会编，1933年刊本。

《京粤线福建段福州市县经济调查报告书》，国民党政府铁道部财务司调查科编，1930年调查、印行。

《定县社会概况调查》，李景汉编，中华民平教育促进会1933年刊本。

《贵州省农业概况调查》，国民党政府中央农业实验所等编，贵州农业改进所1939年刊本。

《河北省清苑县村户调查表》，社会研究所1930年调查填报，中国社会科学院经济研究所藏原件。

《南阳农村社会调查报告》，冯紫岗、刘端生编，上海黎明书局1934年版。

《河北省二十六县五十一村农地概况调查》，杨汝南编，北平大学农学院1935年刊本。

《河南省农村调查》,国民党政府农村复兴委员会编,上海商务印书馆1934
年版。

《河南省经济调查报告》,崔宗埙编,国民党政府财政部直接税署经济研究室
1945年刊本。

《昆明县市经济调查报告书》,国民党政府铁道部财务司调查科编,1930年调
查、印行。

《制糖工业报告书》,国民党政府全国经济委员会编印,1936年刊本。

《陕西省农村调查》,国民党政府农村复兴委员会编,上海商务印书馆1934
年版。

《蚕丝改良事业工作报告》,全国经济委员会蚕丝改良委员会编,1934年
印本。

《渝柳线川黔段经济调查总报告书》,国民党政府铁道部财务司调查科查编,
1931年调查、印行。

《浙江八县农村经济调查报告》,国立浙江大学农学院编印,浙江大学农学院
1930年刊本。

《浙江省农村调查》,国民党政府农村复兴委员会编,上海商务印书馆1934
年版。

《推广南通土布计划书》,全国经济委员会棉业统制委员会编,1934年印本。

《福州紫阳村经济调查》,陈希诚编,福建协和学院农业经济系1937年刊本。

《福建省各县区农业概况》,福建省农林处统计室编,1942年刊本。

《粤滇线云贵段经济调查总报告书》,国民党政府铁道部财务司调查科查编,
约1930年调查、印行。

《湖南各县调查笔记》,曾继梧等编,1931年刊本。

《湘滇线云贵段附近各县经济调查报告书》,国民党政府铁道部财务司调查
科查编,1930年调查、印行。

《嘉兴县农村调查》,冯紫岗编,浙江大学、嘉兴县政府1936年刊本。

日文

《上海特别市嘉定区农村实况调查》,南满洲铁道株式会社上海事务所调查

室,1939 年刊本。

《日满支に於ける工业制品需给状况调查》,南满洲铁道株式会社经济调查
　　会编,1936—1937 年调查、印行。

《北支农村の实态》,华北交通株式会社资业局编印,昭和 19 年(1944 年)
　　刊本。

《北支农村概况调查报告(一)》,南满洲铁道株式会社调查部编,1939 年
　　刊本。

《江苏省常熟县农村实态调查报告书》,南满洲铁道株式会社上海事务所编
　　印,1939 年刊本。

《蓟县纪各庄,平谷县夏各庄、小辛寨、胡庄农村实态调查报告》,南满洲铁道
　　株式会社天津事务所调查课编,1936 年刊本。

南满洲铁道株式会社经济调查会调查、编印:《滨江粮食交易所に關する调
　　查》。

四、地方志、专业志、民族志

(一)地 方 志

旧方志

《三台县志》,林志茂等纂修,1931 年铅印本。

《三河县新志》,曹桢等修,吴宝铭等纂,北平中华印书局 1935 年铅印本。

《万全县志》,路联逵修,任守恭纂,1934 年铅印本。

《大理县志稿》,张培爵等修,1917 年石印本。

《义县志》,赵兴德修,王鹤龄纂,1931 年铅印本

《川沙县志》,方鸿铠等修,黄炎培纂,上海国光书局 1937 年铅印本。

《上林县志》,杨盟等修,黄诚沅纂,上林县图书馆 1934 年铅印本。

《上杭县志》,张汉等修,丘复等纂,启文书局 1939 年铅印本。

《中江县志》,谭毅武修,陈品全等纂,1930 年铅印本。

《开阳县志稿》,欧先哲修,钟景贤纂,1939 年铅印本。

《井陉县志料》,王用舟等修,傅如凤等纂,1934 年铅印本。

《元氏县志》,王自尊修,李林奎、武儒衡等纂,1933 年铅印本。

《巴县志》,朱之洪等修,向楚等纂,1939 年刻本。

《辽阳县志》,裴焕星、王煜斌修,白永枕等纂,1928 年铅印本。

《丰顺县志》,刘禹轮修,1943 年印本。

《平乐县志》,蒋庚蕃等修,张志林纂,1937 年修,1940 年铅印本。

《石屏县志》,袁嘉谷纂修,1938 年铅印本。

《东明县志》,任传藻修,穆祥仲纂,1933 年铅印本。

《永定县乡土志》,王树人、侯昌铭纂修,1920 年铅印本。

《乐山县志》,陈章纂修,1934 年印本。

《名山县新志》,胡存琮等纂修,1930 年刻本。

《迁安县志》,滕绍周修,王维贤纂,1931 年铅印本。

《平民县志》,杨瑞霆修,霍光缙纂,1932 年铅印本。

《平谷县志》,李兴焯修,王兆元纂,1934 年铅印本。

《平度县续志》,丁世平、刁承襄修,尚庆翰纂,1936 年铅印本。

《永和县志》,阎佩礼修,段金成纂,1930 年铅印本。

《宁远县志》,许大煦修,欧阳泽闿纂,光绪二年(1876 年)刻本。

《归绥县志》,郑植昌修,郑裕孚纂,1934 年铅印本。

《北川县志》,杨钧衡修,1932 年石印本。

《北镇县志》,王文璞修,1933 年石印本。

《卢龙县志》,董天华修,胡应麟纂,1931 年铅印本。

《汜水县志》,田金祺修,赵东阶等纂,上海世界书局 1928 年铅印本。

《安东县志》,关定保等修,于云峰等纂,1931 年铅印本。

《安县志》,夏时行等修,刘公旭等纂,1938 年石印本。

《兴京县志》,沈国冕修,苏民纂,1925 年铅印本。

《牟平县志》,宋宪章修,于清泮纂,1936 年铅印本。

《成安县志》,张应麟修,张永和纂,1931 年铅印本。

《华阴县续志》,米登岳修,1932 年铅印本。

《名山县新志》,胡存琮等修,赵正和纂,1930 年刊本。

《张北县志》,陈继淹修,许闻诗纂,1935 年铅印本。

《来宾县志》,翟富文纂修,1937 年铅印本。

《阳原县志》,刘志鸿修,李泰棻纂,1935 年石印本。

《完县新志》,彭作桢等修、刘玉田等纂,1934 年刊本。

《怀安县志》,景佐纲修,张镜渊纂,1934 年石印本。

《沧县志》,张凤瑞、徐国桓修,张坪纂,1933 年铅印本。

《固安县志》,钱仲仁修,王尚义等纂,1942 年铅印本。

《临清县志》,徐子尚修,张树梅等纂,1934 年刻本。

《陆川县志》,古济勋修,1923 年刻本。

《房山县志》,廖飞鹏等修,高书官等纂,1928 年铅印本。

《宜春县志》,谢祖安修,苏玉贤纂,1940 年石印本。

《宝山县续志》,张允高等修,1921 年铅印本。

《宝山县再续志》,吴葭等修,1931 年铅印本。

《武宣县志》,朱昌奎修,庞赓辛纂,1934 年石印本。

《孟县志》,阮藩侪修,宋立梧、杨培熙纂,1932 年刻本。

《明溪县志》,王维樑等修,廖立元等纂,1943 年铅印本。

《昌黎县志》,陶宗奇再续修,张鹏翱再续纂,1933 年再续修铅印本。

《姚安县志》,霍士廉等修,由云龙等纂,1948 年铅印本。

《顺昌县志》,高登艇等修,刘敬等纂,1936 年铅印本。

《岫岩县志》,马龙潭等修,蒋龄益纂,1934 年铅印本。

《贵县志》,欧仰羲、梁岵庐等纂修,1934 年刻本。

《呼伦县志略》,佚名纂,民国年间抄本。

《香山县志续编》,厉式今修,汪文炳等纂,1923 年刻本。

《香河县志》,王葆安修,马文焕、陈式谌纂,1936 年铅印本。

《重修正阳县》,刘月泉等修,陈全三等纂,1936 年铅印本。

《叙永县志》,赖佐唐等修,宋曙等纂,1935 年铅印本。

《贺县志》,韦冠英修,梁培煐等纂,1934 年铅印本。

《首都志》,叶楚伧等主编,王焕镳纂,南京正中书局,1935 年铅印本。

《浮山县志》,任耀先修,乔本情、张桂书等纂,1935 年铅印本。

《南皮县志》,王德干等修,1933年铅印本。

《南充县志》,李良俊修,王荃善等纂,1929年刻本。

《南浔志》,周庆云纂,1922年刻本。

《南康县志》,邱自芸修,邹荣治、郭选英纂,1936年铅印本。

《洮南县志》,张勘等修,王翼等纂,1930年铅印本。

《珠河县志》,孙荃芳修,宋景文纂,1929年铅印本。

《高邑县志》,张权本修,李涌泉纂,1941年铅印本。

《桦甸县志》,胡联恩修,陈铁梅纂,1932年铅印本。

《获嘉县志》,邹古愚修,邹鹄纂,1934年铅印本。

《胶澳志》,赵琪修,袁荣叟纂,青岛华昌印刷局1928年铅印本。

《涿县志》,宋大章、冯舜生修,周存培、张星楼纂,1936年铅印本。

《郓县志》,李之青修,1948年铅印本。

《望都县志》,王德乾修,崔连峰纂,1934年铅印本。

《续武陟县志》,史延寿修,王士杰纂,1931年刻本。

《续修大竹县志》,郑国翰等修,陈步武等纂,1928年铅印本。

《重修咸阳县志》,刘安国修,吴廷锡、冯光裕纂,1932年铅印本。

《重修崇信县志》,张明道修,任瀛翰纂,1928年石印本。

《剑河县志》,阮略纂修,1944年印本。

《洛川县志》,余正东修,黎锦熙纂,泰华印刷厂1944年铅印本。

《莱阳县志》,梁秉锟修,王丕煦纂,1935年铅印本。

《夏河县志稿》,张其昀纂,1970年台湾成文出版社影印本。

《高密县志》,余有林、曹梦九修,1935年铅印本。

《浙江新志》,姜卿云撰,杭州正中书局1937年铅印本。

《铁岭县志》,黄世芳、俞荣庆修,1933年铅印本。

《绥中县志》,温继峤修,席文汇纂,奉天作新印刷局1933年印本。

《绥远志略》,廖兆骏编著,1937年铅印本。

《崇安县新志》,刘超然等修,1942年铅印本。

《续修陕西通志稿》,杨虎城、邵力子修,1934年铅印本。

《续修馆陶县志》,王华安等修,刘清如纂,1935年铅印本。

《续修醴泉县志稿》,张道芷等修,曹骥观等纂,成文出版社 1935 年铅印本。

《犍为县志》,陈谦等修,罗绶香等纂,1937 年铅印本。

《海康县续志》,梁成久纂修,陈景棻续修,1938 年铅印本。

《景县志》,耿兆栋等修,张汝漪纂,1932 年铅印本。

《榆次县志》,张敬颢修,常麟书纂,1940 年铅印本。

《新民县志》,王宝善修,张博惠纂,1926 年印本。

《新河县志》,傅振伦纂,1929 年铅印本。

《新修桓台县志》,王元一纂修,1934 年铅印本。

《望都县志》,王德乾修,1934 年铅印本。

《满城县志略》,陈宝生修,杨式震等纂,天津协成印刷局 1931 年铅印本。

《滦县志》,袁棻修,张凤翔纂,1937 年铅印本。

《嘉禾县图志》,王彬修,雷飞鹏纂,1931 年刊本。

《嘉定县续志》,陈传德修,黄世祚纂,1930 年铅印本。

《榕江县乡土教材》,李绍良编,1943 年刊本。

《德平县续志》,吕学元修,严绥之纂,1936 年铅印本。

《澄城县附志》,王怀斌修,赵邦楹纂,1926 年铅印本。

《潮州府志略》,潘载和纂,汕头文艺书社 1934 年铅印本。

《澄海县志》,李书吉等纂修,嘉庆二十年(1815 年)刻本。

《澧县志》,张之觉修,周龄纂,1939 年刻本。

《盩厔县志》,庞文中修,艺林印书社 1925 年铅印本。

《醴陵县志》,陈鲲修,醴陵县文化委员会 1948 年铅印本。

《霸县新志》,张仁蠡等修,刘崇本等纂,天津文竹斋 1934 年铅印本。

新编方志

江苏省

《上海县志》,上海人民出版社 1993 年版。

《上海通志》,上海人民出版社、上海社会科学院出版社 2005 年版。

《川沙县志》,上海人民出版社 1990 年版。

《六合县志》,中华书局 1991 年版。

《丹阳县志》，江苏人民出版社 1992 年版。

《无锡市金融志》，复旦大学出版社 1996 年版。

《无锡县志》，上海社会科学院出版社 1994 年版。

《东台市志》，江苏科学技术出版社 1994 年版。

《句容县志》，江苏人民出版社 1994 年版。

《扬州市志》，中国大百科全书出版社 1997 年版。

《江阴市志》，上海人民出版社 1992 年版。

《江都县志》，江苏人民出版社 1996 年版。

《仪征市志》，江苏科学技术出版社 1994 年版。

《江苏省志·交通志·公路篇》，江苏古籍出版社 2001 年版。

《邳县志》，中华书局 1995 年版。

《连云港市志》，方志出版社 2000 年版。

《吴县志》，上海古籍出版社 1992 年版。

《吴江县志》，江苏科学技术出版社 1994 年版。

《武进县志》，上海人民出版社 1988 年版。

《苏州市志》，江苏人民出版社 1995 年版。

《奉贤县志》，上海人民出版社 1987 年版。

《松江县志》，上海人民出版社 1991 年版。

《金坛县志》，江苏人民出版社 1993 年版。

《南汇具志》，上海人民出版社 1992 年版。

《南京简志》，江苏古籍出版社 1986 年版。

《南通市志》，上海社会科学院出版社 1993 年版。

《盐城县志》，江苏人民出版社 1993 年版。

《徐州市志》，中华书局 1994 年版。

《高邮县志》，江苏人民出版社 1990 年版。

《海安县志》，上海社会科学院出版社 1997 年版。

《常州市志》，中国社会科学出版社 1995 年版。

《常熟市志》，上海人民出版社 1990 年版。

《涟水县志》，江苏古籍出版社 1997 年版。

《宿迁市志》,江苏人民出版社 1996 年版。

《嘉定县志》,上海人民出版社 1992 年版。

《镇江市志》,上海社会科学院出版社 1993 年版。

《灌云县志》,方志出版社 1999 年版。

浙江省

《义乌县志》,浙江人民出版社 1987 年版。

《东阳市志》,汉语大词典出版社 1993 年版。

《平湖县志》,上海人民出版社 1993 年版。

《宁波市志》,中华书局 1995 年版。

《兰溪市志》,浙江人民出版社 1988 年版。

《庆元县志》,浙江人民出版社 1996 年版。

《江山市志》,浙江人民出版社 1990 年版。

《苍南县志》,浙江人民出版社 1997 年版。

《定海县志》,浙江人民出版社 1994 年版。

《杭州市志》,中华书局 1995 年版。

《奉化市志》,中华书局 1996 年版。

《绍兴市志》,浙江人民出版社 1996 年版。

《桐乡县志》,上海书店 1996 年版。

《淳安县志》,汉语大词典出版社 1990 年版。

《海宁市志》,汉语大词典出版社 1995 年版。

《常山县志》,浙江人民出版社 1990 年版。

《普陀县志》,浙江人民出版社 1991 年版。

《嘉善县志》,上海三联书店 1995 年版。

《缙云县志》,浙江人民出版社 1996 年版。

《鄞县志》,中华书局 1996 年版。

《磐安县志》,浙江人民出版社 1990 年版。

安徽省

《广德县志》,方志出版社 1996 年版。

《太和县志》,黄山书社 1993 年版。

《太湖县志》，黄山书社1995年版。

《安徽省志·交通志》，方志出版社1998年版。

《来安县志》，中国城市经济社会出版社1990年版。

《芜湖市志》，社会科学文献出版社1995年版。

《南陵县志》，黄山书社1994年版。

《阜阳市志》，黄山书社1993年版。

《金寨县志》，上海人民出版社1992年版。

《泾县志》，方志出版社1996年版。

《宣城县志》，方志出版社1996年版。

《和县志》，黄山书社1995年版。

《蚌埠市志》，方志出版社1996年版。

《涡阳县志》，黄山书社1989年版。

《滁州市志》，方志出版社1998年版。

《滁县地区志》，方志出版社1998年版。

《霍山县志》，黄山书社1993年版。

《繁昌县志》，南京大学出版社1993年版。

福建省

《三明市志》，方志出版社2002年版。

《上杭县志》，福建人民出版社1993年版。

《长汀县志》，生活·读书·新知三联书店1993年版。

《龙海县志》，东方出版社1993年版。

《石狮市志》，方志出版社1998年版。

《宁化县志》，福建人民出版社1992年版。

《连城县志》，群众出版社1993年版。

《邵武市志》，群众出版社1993年版。

《武平县志》，中国大百科全书出版社1993年版。

《松溪县志》，中国统计出版社1994年版。

《周宁县志》，中国科学技术出版社1993年版。

《明溪县志》，方志出版社1997年版。

《建瓯县志》,中华书局1994年版。

《顺昌县志》,中国统计出版社1994年版。

《莆田县志》,中华书局1994年版。

《晋江市志》,上海三联书店1994年版。

《浦城县志》,中华书局1994年版。

《惠安县志》,方志出版社1998年版。

《福州市志》,方志出版社2000年版。

《福建省志·金融志》,新华出版社1996年版。

《福建省志·轻工业志》,方志出版社1994年版。

《福清县志》,厦门大学出版社1994年版。

江西省

《上饶县志》,中共中央党校出版社1993年版。

《丰城县志》,上海人民出版社1989年版。

《吉安县志》,新华出版社1994年版。

《江西省志·轻工业志》,方志出版社1999年版。

《奉新县志》,南海出版公司1991年版。

《宜丰县志》,中国大百科出版社上海分社1989年版。

《宜黄县志》,新华出版社1993年版。

《金溪县志》,新华出版社1992年版。

《南昌简志》,方志出版社2004年版。

《星子县志》,江西人民出版社1990年版。

《浮梁县志》,方志出版社1998年版。

《贵溪县志》,中国科学技术出版社1996年版。

《铅山县志》,南海出版社1990年版。

《崇仁县志》,江西人民出版社1990年版。

《萍乡市志》,方志出版社1996年版。

《崇仁县志》,江西人民出版社1990年版。

《湖口县志》,江西人民出版社1993年版。

《新干县志》,中国世界语出版社1990年版。

《新建县志》,江西人民出版社 1991 年版。

《德安县志》,上海古籍出版社 1991 年版。

广东省

《三水县商业志》,三水县商业局 1989 年刊本。

《广东省志·二轻(手)工业志》,广东人民出版社 1995 年版。

《广东省志·公路交通志》,广东人民出版社 1996 年版。

《广东省志·丝绸志》,广东人民出版社 2004 年版。

《广东省志·华侨志》,广东人民出版社 1996 年版。

《广东省志·财政志》,广东人民出版社 1999 年版。

《万宁县志》,南海出版公司 1994 年版。

《化州县志》,广东人民出版社 1996 年版。

《中山市志》,广东人民出版社 1997 年版。

《龙川县志》,广东人民出版社 1994 年版。

《台山县志》,台山市人民印刷厂 1993 年印本。

《汕头市志》,新华出版社 1999 年版。

《罗定县志》,广东人民出版社 1994 年版。

《茂名市志》,生活·读书·新知三联书店 1997 年版。

《花县志》,广东人民出版社 1995 年版。

《和平县志》,广东人民出版社 1999 年版。

《封开县志》,广东人民出版社 1998 年版。

《饶平县志》,生活·读书·新知三联书店 1993 年版。

《顺德县志》,中华书局 1996 年版。

《番禺县志》,广东人民出版社 1995 年版。

《普宁县志》,广东人民出版社 1995 年版。

《揭阳县志》,广东人民出版社 1993 年版。

《紫金县志》,广东人民出版社 1995 年版。

《新会县志》,广东人民出版社 1995 年版。

《德庆县志》,广东人民出版社 1996 年版。

《肇庆市志》,广东人民出版社 1996 年版。

《肇庆县志》,广东人民出版社 1999 年版。

《韶关市志》,中华书局 2001 年版。

《潮安市志》,广东人民出版社 1996 年版。

《潮州市志》,广东人民出版社 1995 年版。

《潮阳县志》,广东人民出版社 1997 年版。

《澄海县志》,广东人民出版社 1992 年版。

广西省

《广西通志·交通志》,广西人民出版社 1996 年版。

《广西通志·金融志》,广西人民出版社 1994 年版。

《田林县志》,广西人民出版社 1996 年版。

《永福县志》,新华出版社 1996 年版。

《龙州县志》,广西人民出版社 1993 年版。

《玉林县志》,广西人民出版社 1993 年版。

《苍梧县志》,广西人民出版社 1997 年版。

《陆川县志》,广西人民出版社 1993 年版。

《临桂县志》,新华出版社 1995 年版。

《南丹市志》,广西人民出版社 1994 年版。

《南宁市志·经济卷》,广西人民出版社 1998 年版。

《邕宁县志》,中国城市出版社 1995 年版。

《容县志》,广西人民出版社 1993 年版。

《灌阳县志》,新华出版社 1996 年版。

湖南省

《宁乡县志》,中国大百科全书出版社 1995 年版。

《长沙县志》,生活·读书·新知三联书店 1995 年版。

《永兴县志》,中国城市出版社 1994 年版。

《耒阳市志》,中国社会出版社 1993 年版。

《安仁县志》,中国社会出版社 1993 年版。

《安化县志》,社会科学文献出版社 1993 年版。

《江永县志》,方志出版社 1995 年版。

《祁阳县志》,社会科学文献出版社 1993 年版。

《沅陵县志》,中国社会出版社 1993 年版。

《岳阳市志》,中央文献出版社 2005 年版。

《茶陵县志》,中国文史出版社 1993 年版。

《洪江市志》,生活·读书·新知三联书店 1994 年版。

《浏阳县志》,中国城市出版社 1993 年版。

《郴州地区志》,中国社会出版社 1996 年版。

《郴县志》,中国社会出版社 1995 年版。

《株洲市志》,湖南出版社 1995 年版。

《常德县志》,中国文史出版社 1992 年版。

《津市志》,教育科学出版社 1993 年版。

《望城县志》,生活·读书·新知三联书店 1995 年版。

《麻阳县志》,生活·读书·新知三联书店 1994 年版。

《溆浦县志》,社会科学文献出版社 1993 年版。

《慈利县志》,农业出版社 1990 年版。

《湘乡县志》,湖南出版社 1993 年版。

《湘阴县志》,生活·读书·新知三联书店 1995 年版。

《湘潭县志》,湖南出版社 1995 年版。

《湖南省志·交通志·公路》,湖南出版社 1996 年版。

湖北省

《云梦县志》,生活·读书·新知三联书店 1994 年版。

《孝感市志》,新华出版社 1992 年版。

《阳新县志》,新华出版社 1993 年版。

《红安县志》,上海人民出版社 1992 年版。

《应山县志》,湖北科学技术出版社 1990 年版。

《武汉市志·农业志》,武汉大学出版社 1991 年版。

《武昌县志》,武汉大学出版社 1989 年版。

《枣阳志》,中国城市经济社会出版社 1990 年版。

《罗田县志》,中华书局 1998 年版。

《京山县志》,湖北人民出版社 1990 年版。

《宜城志》,新华出版社 1998 年版。

《钟祥县志》,湖北人民出版社 1990 年版。

《南漳县志》,中国城市经济社会出版社 1990 年版。

《咸宁市志》,中国城市出版社 1992 年版。

《荆门市志》,湖北科学技术出版社 1994 年版。

《荆州地区志》,红旗出版社 1996 年版。

《黄冈县志》,武汉大学出版社 1990 年版。

《崇阳县志》,武汉大学出版社 1991 年版。

《湖北省志·交通邮电》,湖北人民出版社 1995 年版。

《蒲圻志》,中国海天出版社 1995 年版。

《蕲春县志》,湖北科学技术出版社 1991 年版。

《襄阳县志》,湖北人民出版社 1989 年版。

河南省

《内乡县志》,生活·读书·新知三联书店 1994 年版。

《邓州市志》,中州古籍出版社 1996 年版。

《方城县志》,中州古籍出版社 1992 年版。

《西华县志》,中州古籍出版社 1993 年版。

《汝阳县志》,生活·读书·新知三联书店 1995 年版。

《汝南县志》,中州古籍出版社 1997 年版。

《汤阴县志》,河南人民出版社 1987 年版。

《许昌市志》,南开大学出版社 1993 年版。

《红旗区志》,生活·读书·新知三联书店 1991 年版。

《宜阳县志》,生活·读书·新知三联书店 1996 年版。

《武安县志》,中国广播电视出版社 1990 年版。

《罗山县志》,河南人民出版社 1987 年版。

《郑州市志》,中州古籍出版社 1998 年版。

《泌阳县志》,中州古籍出版社 1994 年版。

《南召县志》,中州古籍出版社 1995 年版。

《南阳市志》,河南人民出版社 1989 年版。

《南阳地区志》,河南人民出版社 1994 年版。

《桐柏县志》,中华书局 2001 年版。

《峰峰志》,新华出版社 1996 年版。

《鲁山县志》,中州古籍出版社 1994 年版。

《淇县志》,中州古籍出版社 1994 年版。

《淅川县工业志》,方志出版社 2004 年版。

《滑县志》,中州古籍出版社 1996 年版。

《郾城县志》,中州古籍出版社 1997 年版。

《鄢陵县志》,南开大学出版社 1989 年版。

河北省　内蒙古自治区

《广平县志》,文化艺术出版社 1995 年版。

《文安县志》,中国社会出版社 1994 年版。

《无极县志》,人民出版社 1993 年版。

《天津通志·金融志》,天津社会科学院出版社 1995 年版。

《内邱县志》,中华书局 1996 年版。

《内蒙古自治区志·公路、水运交通志》,内蒙古人民出版社 2001 年版。

《内蒙古自治区志·商业志》,内蒙古人民出版社 1998 年版。

《东光县志》,方志出版社 1999 年版。

《正定县志》,中国城市出版社 1992 年版。

《石家庄地区志》,文化艺术出版社 1994 年版。

《北京市房山区志》,北京出版社 1999 年版。

《宁津县志》,齐鲁书社 1992 年版。

《安平县志》,中国社会出版社 1996 年版。

《安国县志》,方志出版社 1996 年版。

《邯郸市志》,新华出版社 1992 年版。

《宝坻县志》,天津社会科学院出版社 1995 年版。

《枣强县志》,文化艺术出版社 1994 年版。

《武清县志》,天津社会科学院出版社 1991 年版。

《河北省志·交通志》，河北人民出版社 1992 年版。

《南宫市志》，河北人民出版社 1995 年版。

《南和县志》，方志出版社 1996 年版。

《保定市志》，方志出版社 1999 年版。

《秦皇岛市志》，天津人民出版社 1993 年版。

《唐山市志》，方志出版社 1999 年版。

《深泽县志》，方志出版社 1997 年版。

《清苑县志》，新华出版社约 1993 年版。

《蓟县志》，南开大学出版社 1991 年版。

《献县志》，中国和平出版社 1995 年版。

《新乐县志》，中国对外翻译出版公司 1997 年版。

《静海县志》，天津社会科学院出版社 1995 年版。

《衡水市志》，民族出版社 1996 年版。

《藁城县志》，中国大百科全书出版社 1994 年版。

山东省

《山东省志·交通志》，山东人民出版社 1996 年版。

《山东省志·商业志》，山东人民出版社 1997 年版。

《平原县志》，齐鲁书社 1993 年版。

《龙口市志》，齐鲁书社 1995 年版。

《宁阳县志》，中国书籍出版社 1994 年版。

《沂水县志》，齐鲁书社 1997 年版。

《安丘县志》，山东人民出版社 1992 年版。

《阳信县志》，齐鲁书社 1995 年版。

《邹城市志》，中国经济出版社 1995 年版。

《即墨县志》，新华出版社 1991 年版。

《周村区志》，中国社会出版社 1992 年版。

《青州市志》，南开大学出版社 1989 年版。

《青岛市志·交通志》，新华出版社 1995 年版。

《青岛市志·纺织工业志》，新华出版社 1999 年版。

《青岛市志·金融志》,新华出版社 1999 年版。

《枣庄市志》,中华书局 1993 年版。

《鱼台县志》,山东人民出版社 1997 年版。

《临清市志》,齐鲁书社 1997 年版。

《济阳县志》,济南出版社 1994 年版。

《烟台市志》,科学普及出版社 1994 年版。

《威海市志》,山东人民出版社 1996 年版。

《桓台县志》,齐鲁书社 1992 年版。

《宾州地区志》,中华书局 1996 年版。

《高青县志》,中国社会出版社 1991 年版。

《高密县志》,山东人民出版社 1990 年版。

《莱阳县志》,齐鲁书社 1995 年版。

《菏泽市志》,齐鲁书社 1993 年版。

《桓台县志》,齐鲁书社 1992 年版。

《蓬莱县志》,齐鲁书社 1995 年版。

《蒙阴县志》,齐鲁书社 1992 年版。

《潍坊市志》,中央文献出版社 1995 年版。

山西省

《山西通志·交通志》,中华书局 1999 年版。

《山西通志·金融志》,中华书局 1991 年版。

《广灵县志》,人民出版社 1993 年版。

《中阳县志》,山西人民出版社 1996 年版。

《代县志》,书目文献出版社 1988 年版。

《文水县志》,山西人民出版社 1994 年版。

《平鲁县志》,山西人民出版社 1992 年版。

《平遥县志》,中华书局 1999 年版。

《石楼县志》,山西人民出版社 1994 年版

《古交志》,山西人民出版社 1996 年版。

《曲沃县志》,海潮出版社 1991 年版。

《交城县志》,山西人民出版社 1994 年版。

《兴县志》,中国大百科全书出版社 1993 年版。

《祁县志》,社会科学文献出版社 1993 年版。

《孝义县志》,海潮出版社 1992 年版。

《芮城县志》,三秦出版社 1994 年版。

《岚县志》,中国科学技术出版社 1991 年版。

《汾阳县志》,海潮出版社 1998 年版。

《忻县志》,中国科学技术出版社 1993 年版。

《昔阳县志》,中华书局 1999 年版。

《和顺县志》,海潮出版社 1993 年版。

《临县志》,海潮出版社 1994 年版。

《闻喜县志》,中国地图出版社 1993 年版。

《晋中地区志》,山西人民出版社 1993 年版。

《黎城县志》,中华书局 1994 年版。

辽宁省①

《瓦房店市志》,大连出版社 1994 年版。

《凤城市志》,方志出版社 1997 年版。

《丹东市志·工业志》,沈阳出版社 1996 年版。

《辽宁省志·金融志》,辽宁科学技术出版社 1996 年版。

《辽源市志》,吉林人民出版社 1995 年版。

《庄河县志》,新华出版社 1996 年版。

《沈阳市志》,沈阳出版社 1989 年版。

《法库县志》,沈阳出版社 1990 年版。

《铁岭市志》,辽沈书社 1993 年版。

《营口市志》,中国书籍出版社 1992 年版。

---

① 民国时期和新中国成立后,辽宁、吉林、黑龙江三省行政区划变动很大,此处辽宁省各县、市隶属关系以 1931 年"九一八事变"前的行政区划为准。吉林、黑龙江同。

《通化县志》(1877—1985)，吉林人民出版社 1996 年版。

《梨树县志》，辽宁教育出版社 1992 年版。

《盘山县志》，沈阳出版社 1996 年版。

《康平县志》，东北大学出版社 1995 年版。

《新民县志》，沈阳出版社 1992 年版。

《镇赉县志》，吉林人民出版社 1995 年版。

吉林省

《双阳县志》，吉林文史出版社 1992 年版。

《农安县志》，吉林文史出版社 1993 年版。

《吉林省志·金融志》，吉林人民出版社 1991 年版。

《扶余县志》，吉林人民出版社 1993 年版。

《延边朝鲜族自治州志》，中华书局 1996 年版。

《阿城县志》，黑龙江人民出版社 1988 年版。

《佳木斯市志》，中华书局 1996 年版。

《宾县志》，黑龙江人民出版社 1991 年版。

《勃利县志》，中国社会出版社 1992 年版。

《饶河县志》，黑龙江人民出版社 1992 年版。

《虎林县志》，中国人事出版社 1992 年版。

《通榆县志》，吉林人民出版社 1994 年版。

《敦化市志》，新华出版社 1991 年版。

《舒兰县志》，吉林人民出版社 1992 年版。

《德惠县志》，长春出版社 2001 年版。

《榆树县志》，吉林文史出版社 1993 年版。

《德惠县志》，长春出版社 2001 年版。

《穆棱县志》，中国文史出版社 1990 年版。

黑龙江省

《扎兰屯市志》，百花文艺出版社 1993 年版。

《木兰县志》，黑龙江人民出版社 1989 年版。

《汤源县志》，黑龙江人民出版社 1992 年版。

《甘南县志》,黄山书社 1992 年版。

《克山县志》,中国经济出版社 1991 年版。

《安达县志》,黑龙江人民出版社 1992 年版。

《呼兰县志》,中华书局 1994 年版。

《逊河县志》,黑龙江人民出版社 1991 年版。

《海拉尔市志》,内蒙古人民出版社 1997 年版。

《绥化县志》,黑龙江人民出版社 1985 年版。

《满洲里市志》,内蒙古人民出版社 1998 年版。

《漠河县志》,中国大百科全书出版社 1993 年版。

《德都县志》,黄山书社 1994 年版。

《嫩江县志》,中国三环出版社 1992 年版。

《鹤岗市志》,黑龙江人民出版社 1990 年版。

《嘉荫县志》,黑龙江人民出版社 1988 年版。

《肇州县志》,黑龙江人民出版社 1987 年版。

热河省　察哈尔省　绥远省

《东胜市志》,内蒙古人民出版社 1997 年版。

《赤峰市志》,内蒙古人民出版社 1996 年版。

《张北县志》,中国社会科学出版社 1994 年版。

《临河市志》,内蒙古人民出版社 1997 年版。

《滦平县志》,辽海出版社 1997 年版。

陕西省　甘肃省　宁夏省　青海省　新疆省

《大荔县志》,方志出版社 1994 年版。

《天水市志》,方志出版社 2004 年版。

《凤翔县志》,陕西人民出版社 1991 年版。

《甘肃省志·公路交通志》,甘肃人民出版社 1993 年版。

《甘肃省志·金融志》,甘肃文化出版社 1996 年版。

《甘南县志》,黄山书社 1992 年版。

《甘泉县志》,陕西人民出版社 1993 年版。

《白河县志》,陕西人民出版社 1996 年版。

《庆阳地区志》，兰州大学出版社 1998 年版。

《延安市志》，陕西人民出版社 1994 年版。

《岚皋县志》，陕西人民出版社 1993 年版。

《陇县志》，陕西人民出版社 1993 年版。

《青海省志·公路交通志》，黄山书社 1996 年版。

《固原县志》，宁夏人民出版社 1993 年版。

《陕西省志》第 18 卷，石油化学工业志，陕西人民出版社 1991 年版。

《陕西省志·金融志》，陕西人民出版社 1994 年版。

《陕西省志·公路志》，陕西人民出版社 2000 年版。

《泾川县志》，甘肃人民出版社 1996 年版。

《城固县志》，中国大百科全书出版社 1994 年版。

《洋县志》，三秦出版社 1996 年版。

《略阳县志》，陕西人民出版社 1992 年版。

《海原县志》，宁夏人民出版社 1999 年版。

《隆德县志》，宁夏人民出版社 1998 年版。

《榆中县志》，甘肃人民出版社 2001 年版。

《新疆通志·公路交通志》，新疆人民出版社 1998 年版。

《靖边县志》，陕西人民出版社 1993 年版。

《澄城县志》，陕西人民出版社 1991 年版。

《澄城县志·财政金融志》，陕西人民出版社 1991 年版。

《镇巴县志》，陕西人民出版社 1996 年版。

《镇安县志》，陕西人民教育出版社 1995 年版。

四川省　西康省

《万县志》，四川辞书出版社 1995 年版。

《万源县志》，四川人民出版社 1996 年版。

《大足县志》，方志出版社 1996 年版。

《广汉县志》，四川人民出版社 1992 年版。

《广安县志》，四川人民出版社 1994 年版。

《丹棱县志》，丹棱印刷厂 2000 年刊印本。

《巴县志》,重庆出版社1994年版。

《邛崃县志》,四川人民出版社1993年版。

《永川县志》,四川人民出版社1997年版。

《达县志》,四川辞书出版社1994年版。

《四川省志·大事记述》,四川科学技术出版社1999年版。

《四川省志·交通志》,四川科学技术出版社1995年版。

《四川省志·纺织工业志》,四川辞书出版社1995年版。

《四川省志·金融志》,四川辞书出版社1996年版。

《四川省志·轻工业志》,成都辞书出版社1993年版。

《四川省志·商业志》,四川科学技术出版社1996年版。

《西充县志》,重庆出版社1993年版。

《江油县志》,四川人民出版社2000年版。

《成都市志·轻工业志》,四川辞书出版社2000年版。

《洪雅县志》,电子科技大学出版社1997年版。

《夹江县志》,四川人民出版社1989年版。

《泸县志》,四川科学技术出版社1993年版。

《宜宾县志》,巴蜀书社1991年版。

《青神县志》,成都科技大学出版社1994年版。

《金堂县志》,四川人民出版社1994年版。

《南充县志》,四川人民出版社1993年版。

《南部县志》,四川人民出版社1994年版。

《忠县志》,四川辞书出版社1994年版。

《宣汉县志》,西南财经大学出版社1994年版。

《重庆市志》,西南师范大学出版社2004年版。

《珙县志》,四川人民出版社1995年版。

《资中县志》,巴蜀书社1997年版。

《阆中县志》,四川人民出版社1993年版。

《郫县志》,四川人民出版社1989年版。

《铜梁县志》,重庆大学出版社1991年版。

《梁平县志》,方志出版社 1995 年版。

《彭水县志》,四川人民出版社 1998 年版。

《富顺县志》,四川人民出版社 1993 年版。

《绵竹县志》,四川科学技术出版社 1992 年版。

《绵阳市金融志》,四川辞书出版社 1993 年版。

《绵阳县志》,四川科学技术出版社 1992 年版。

《新都县志》,四川人民出版社 1994 年版。

《简阳县志》,巴蜀书社 1996 年版。

《璧山县志》,四川人民出版社 1996 年版。

贵州省　云南省

《云南省志·商业志》,云南人民出版社 1993 年版。

《仁怀县志》,贵州人民出版社 1991 年版。

《永平县志》,云南人民出版社 1994 年版。

《安顺市志》,贵州人民出版社 1995 年版。

《修文县志》,方志出版社 1998 年版。

《泸水县志》,云南人民出版社 1995 年版。

《桐梓县志》,方志出版社 1997 年版。

《贵州省志·交通志》,贵州人民出版社 1991 年版。

《贵州省志·金融志》,方志出版社 1996 年版。

《贵州省志·商业志》,贵州人民出版社 1990 年版。

《贵定县志》,贵州人民出版社 1995 年版。

《宣威市志》,云南人民出版社 1999 年版。

《通海县志》,云南人民出版社 1992 年版。

《麻江县志》,贵州人民出版社 1992 年版。

《梁河县志》,云南人民出版社 1993 年版。

《锦屏县志》,贵州人民出版社 1995 年版。

《蒙自县志》,中华书局 1995 年版。

《遵义县志》,贵州人民出版社 1992 年版。

《鹤庆县志》,云南人民出版社 1991 年版。

《潞西县志》,云南教育出版社1993年版。

(二)专业志、民族志

《上海长江航运志》,上海长江航运志编纂委员会编,上海社会科学院出版社
    1997年版。

《中国实业志·山东省》,国民党政府实业部国际贸易局编纂、发行,1934年
    初版。

《中国实业志·山东省》,国民党政府实业部国际贸易局编,宗青图书公司
    1980年印本。

《中国实业志·山西省(全一册)》,国民党政府实业部国际贸易局编纂、发
    行,1937年初版。

《中国实业志·山西省》,国民党政府实业部国际贸易局编,宗青图书公司
    1980年印本。

《中国实业志·江苏省(全一册)》,国民党政府实业部国际贸易局编纂、发
    行,1933年初版。

《中国实业志·江苏省》,宗国民党政府实业部国际贸易局编,青图书公司
    1980年印本。

《中国实业志·浙江省》,国民党政府实业部国际贸易局编纂、发行,1934年
    初版。

《中国实业志·浙江省》,国民党政府实业部国际贸易局编,宗青图书公司
    1980年印本。

《中国实业志·湖南省》(上、下册),国民党政府实业部国际贸易局编纂、发
    行,1935年初版。

《中国实业志·湖南省》,国民党政府实业部国际贸易局编,宗青图书公司
    1980年印本。

《中国经济志》,国民党政府建设委员会经济调查所编印,1935年刊本。

《中国铁路志》,凌鸿勋编,台北世界书局1963年版。

《中国煤矿志·四川志》,煤炭工业出版社1997年版。

《布依族简史简志合编》,中国科学院民族研究所贵州少数民族社会历史调查组编,1963 年印本。

《白族简史简志合编》,中国科学院民族研究所云南少数民族社会历史调查组编,1963 年印本。

《仡佬族简史简志合编》,中国科学院民族研究所贵州少数民族社会历史调查组编,1963 年印本。

《侗族简史简志合编》,中国科学院民族研究所贵州少数民族社会历史调查组编,1963 年印本。

《武汉市贸易志·纺织品贸易行业志》,武汉市第一商业局编,1985 年油印本。

《羌族简史简志合编》,中国科学院民族研究所四川少数民族社会历史调查组编,1963 年印本。

《商业考·百货行业志》,武汉市地方志办公室编,1985 年油印本。

《畲族简史简志合编》,中国科学院民族研究所福建少数民族社会历史调查组编,1963 年印本。

《藏族简志》(上、下册),中国科学院民族研究所西藏少数民族社会历史调查组编,1963 年印本。

《彝族简志》(上、下册),中国科学院民族研究所四川少数民族社会历史调查组编,1963 年印本。

五、报纸、期刊、特刊、集刊、专报、年鉴、丛书

(一)报　　纸

《人民日报》,1955 年 11 月 10 日

《大公报》(天津),1905、1933 年。

《大公报》(上海),1937 年 5 月 11 日。

《中央日报》,1935 年 11 月 5 日。

《长沙市民日报》,1932 年 8 月 17 日。

《申报》(上海),1910、1918、1919、1921、1931、1933、1936年。

《红旗日报》,1930年9月10日。

《英山报》(湖北),1959年2月8日。

《新中华报》,1937年4月29日、5月23日、6月16日、7月9日。

《新华日报》,1945年10月。

North China Herald,1882年9月1日。

(二)期刊(周刊、旬刊、半月刊、月刊、
双月刊、季刊),学报

《上海师范大学学报》,1997年第2期。

《上海总商会月报》,第1卷各期、第5卷1期,1925年1月。

《上海商业月报》,第12卷7号、第13卷8号、第3卷11号,1932年7月、
1933年8月、1933年11月。

《工商半月刊》,上海国民党政府工商部工商访问局主办,第1卷3期—第7
卷19,1928年3月—1935年11月,1936年。

《历史研究》,1965年第1期、1989年第2期、1992年第4期、1997年第5期、
2001年第2期。

《中外经济周刊》,第204、214号,1927年3月19日、6月。

《中行月刊》,中国银行经济研究室主办,第11卷2期、第14卷3—6期,1935
年8月、1937年3—6月。

《中州民俗》,1988年第4期。

《中国工业》,新1卷第5期、新3卷第5期,1949年5月、1951年5月。

《中国社会科学》,1996年第2期。

《中国社会科学院研究生院学报》,2002年第5期。

《中国社会科学院经济研究所集刊》,第11辑,中国社会科学出版社1988
年版。

《中国社会经济史研究》,1999年第3期。

《中国近代经济史研究资料》,第四、五、六辑,上海社会科学院出版社1985、

1986、1987 年版。

《中国农村》,中国农村研究会主办,第 1 卷第 1 期(创刊号)—第 3 卷第 8
期,1934 年 10 月—1937 年 8 月。

《中国社会经济史研究》,厦门大学主办,1986 年第 1、3 期,2007 年第 1 期。

《中国经济》,第 1 卷 1 期(创刊号)—第 5 卷第 6 期,1933 年 4 月—1937 年
6 月。

《中国经济史研究》,中国社会科学院经济研究所主办,1986 年第 4 期,1988
年第 1、3、4 期,1989 年第 4 期,1990 年第 4 期,1991 年第 1、3 期,1994 年
第 2 期,1994 年增刊,1996 年第 2 期,1998 年第 3 期,2000 年第 1 期,2001
年第 3 期,2002 年第 1 期,2003 年第 1 期,2005 年第 1 期,2006 年第 3、4
期,2007 年第 1 期,2008 年第 1 期。

《中国经济评论》,第 1 卷 3 号,1934 年。

《中国实业》,第 1 卷第 2、12 期,1935 年 2、12 月。

《四川师院学报》,1983 年第 3 期。

《布尔什维克》,第 8、25—26 期,1927 年 11 月 25 日、1928 年 7 月 28 日—8 月
20 日。

《东方杂志》,6 年第 9 期,第 30 卷第 1、13、22 期,第 31 卷第 12、14、20、21 期,
第 32 卷第 1、6、8、12、20、22 期,第 33 卷第 4、6 期,第 34 卷第 1 期,宣统元年
八月,1933 年 1、7、11 月,1934 年 6、7、10、11 月,1935 年 1、3、4、6、10、11
月,1937 年 1 月。

《北京教育学院学报》,2006 年第 3 期。

《申报月刊》,第 1 卷 6 号,第 2 卷 7 号,第 3 卷 3、4、9 号,1932 年 12 月,1933
年 3、4、9 月。

《史学月刊》,2005 年第 12 期。

《民间半月刊》,北平民间社主编,第 2 卷,1935 年。

《民国档案》,1987 年第 4 期、2002 年第 1 期。

《江海学刊》,2003 年第 3 期。

《红色中华》,第 6—298 期,1932 年 1 月 20 日—1936 年 9 月 3 日。

《交易所周刊》,第 1 卷第 50 期,1936 年 1 月 18 日。

《交通杂志》,第 3 卷第 3 期,1931 年 1 月。

《交通职工月报》,第 4 卷第 3 期,1936 年 5 月。

《农业周报》,南京农业周报社编,1930 年第 32 期,第 3 卷第 43、47 期,第 4 卷
　　第 3、5、6、8、11、15 期,1934 年 11 月、1935 年 1—4 月。

《农村经济》,第 1 卷 7、10 期,第 2 卷 2 期,1934 年 5 月、8 月、12 月。

《近代史研究》,1980 年第 1 期、1987 年第 1 期、2001 年第 1、5 期。

《近代史学刊》,第 1 辑,华中师范大学出版社 2001 年版。

《产业界》,第 1 卷第 1 期,1937 年 4 月。

《农行月刊》,第 2 卷第 4 期,第 3 卷第 5、6、10 期,1935 年 4 月,1936 年 5、6、
　　10 月。

《农村复兴委员会会报》,第 1—2 卷,国民党政府农村复兴委员会编,1933—
　　1935 年。

《农林汇刊》,第 4 期,1934 年 2 月。

《农林季刊》(河南),第 1 卷第 1 期,1933 年 4 月。

《农情报告》,第 5 卷第 7 期,1937 年。

《红旗周报》,第 15—40 期,1931 年 9 月 7 日—1932 年 5 月 15 日。

《苏农》,第 2 卷第 2 期,1931 年 4 月。

《劳动季报》,第 2、3、5、8、11 期,1934 年 7、11 月,1935 年 5 月,1936 年 3 月,
　　1937 年 5 月。

《社会经济月报》,上海社会经济调查所编,第 4 卷第 7 期,1937 年 7 月。

《社会科学杂志》,国立中央研究院社会科学研究所主编,第 4 卷第 1 期、第 5
　　卷第 2 期,1934 年 3 月、6 月。

《社会新闻》,第 8 卷第 1 期,1934 年 7 月。

《学术月刊》,1982 年 8 月号。

《纺织时报》,第 875—1286 号,1932 年 4 月 4 日—1936 年 5 月 28 日。

《纺织周刊》,第 2 卷第 23 期,1934 年 6 月 17 日。

《时事月报》,第 5 卷第 2、4 期,第 14 卷第 2 期,1931 年 8、10 月,1936 年 2 月。

《现代邮政》,第 2 卷第 4 期,现代邮政月刊社编,1948 年 3 月。

《现代铁路》,第 3 卷第 9 期,1948 年 10 月。

《矿业周报》,第 2 集 32 号、第 11 集 245 号,1929 年 1 月、1933 年 7 月 7 日。

《国际贸易导报》,第 6 卷第 4 期,第 8 卷第 1、6 期,1934 年 4 月,1936 年 1、
6 月。

《国际贸易情报》,第 1 卷第 14、30—32 期,第 2 卷第 1 期,1936 年 6、9—10
月,1937 年 1 月。

《国闻周报》,第 4 卷第 39 期,第 53—55 期合刊,第 12 卷第 28、30、38、43、50
期,第 13 卷第 11 期,第 20 卷第 19 期,1927 年 10 月,1935 年 5 月 20 日,
1935 年 7—9、12 月,1936 年 3 月。

《河南农村合作月刊》,第 1 卷第 8 期,1935 年 1 月。

《河南省长途汽车营业部周年纪念特刊》,1932 年 7 月印本。

《经济评论》,第 1 卷第 4 期,第 2 卷第 5 期,第 3 卷第 4、6 期,1934 年 6 月,
1935 年 5 月,1936 年 4、6 月。

《经济学季刊》,第 4 卷第 4 期,1933 年。

《经济旬刊》,江西省政府秘书处统计室编,第 4 卷第 6 期,1935 年 2 月
25 日。

《经济建设季刊》,中国经济建设协会编,第 1 卷第 2 期,1942 年 10 月。

《经济统计》,第 7 期,1937 年 10 月。

《经济统计月志》,第 3 卷第 12 期,1936 年 12 月。

《经济统计季刊》,南开大学编辑出版,第 1 卷第 3 期、第 2 卷第 3 期,1932 年
9 月、1933 年 9 月。

《政治月刊》,第 1 卷,南京政治通讯月刊社编,1934 年。

《政治经济学报》,第 3 卷,天津南开大学经济研究所主编,1934 年 1 月。

《南开经济研究季刊》,1986 年第 1 期。

《贵州社会科学》,2006 年 9 月号。

《津南农声》,第 1 卷第 2 期,第 3、4 期合刊,第 2 卷第 1、2 期,1936 年 2、6、9、
12 月。

《重庆社会科学》,第 119 期,2004 年 2 月。

《益世报·农村周刊》(天津),1934 年 3 月 31 日—1937 年 7 月 28 日。

《钱业月报》,第 3 卷第 10 号、13 卷第 7 号、16 卷第 1 号,1923 年 11 月、1933

年 7 月、1936 年 1 月。

《航业月刊》,第 4 卷第 2 期,1936 年 9 月。

《铁道公报·铁道部成立一周年纪念特刊》,1929 年 11 月。

《浙江省建设月刊》,浙江建设厅主办,第 6 卷第 7 号,1933 年 7 月。

《党史资料》,1953 年第 5 期、1955 年第 3 期。

《银行月刊》,第 8 卷第 4、11 期,1928 年 4、11 月。

《银行周报》,上海银行周报社发行,第 5 卷第 38、44、50 期,第 15 卷第 29 期,第 16 卷第 18、32 期,第 18 卷第 9、37、45 期,第 20 卷第 17 期,第 21 卷第 24 期,1921 年 10—12 月,1931 年 8 月,1932 年 5、8 月,1934 年 3、9、11 月,1936 年 5 月,1937 年 6 月。

《棉业月刊》,全国经济委员会棉业统制委员会编,第 1 卷第 1 期,1937 年。

《道路月刊》,第 30 卷第 3 期—第 54 卷第 2 期,1930 年 3 月—1937 年 7 月。

《湖北建设月刊》,第 1 卷第 4 期,1928 年 9 月。

《湖北省公路管理局成立周年纪念特刊》,湖北省公路管理局 1936 年印本。

《新中华》,第 1 卷第 14、15 期,第 2 卷第 1—23 期,第 3 卷第 22 期,第 4 卷第 22 期,1933 年 7、8 月,1934 年 1—12 月,1935 年 11 月,1936 年 11 月。

《新世界杂志》,民生公司主办,第 89 期,1935 年。

《新创造》,第 1 卷第 5 期,第 2 卷第 1、2 期合刊,1932 年 6、7 月。

(三)专刊、特刊、增刊、集刊、公报、
专报、年鉴、百科全书、丛书

《广东蚕丝复兴运动专刊》,广东省建设厅蚕丝改良局编印,1933 年。

《广西年鉴》(第二回,1935 年),广西统计局年鉴编印处编印,广西省政府总务处 1936 年刊本。

《广州年鉴》(1935 年),第 2 集,奇文印务公司 1935 年刊本。

《上海文史资料选辑》,第 76 辑,政协上海市委员会文史资料工作室编,1994 年刊本。

《山西实业公报》,第 16—23 期,1933 年 9 月—1934 年 4 月。

《乡村建设》,邹平山东乡村建设研究院主办,第3—8卷,1934—1937年。

《中央政治通讯》,第16期,1927年12月21日。

《中央研究院历史语言研究所集刊》,第73本第3分册,2002年9月台北刊本。

《中央研究院近代史研究所集刊》,第16、17、31、55期,1987、1988年台北刊本。

《中央研究院近代史研究所专刊》(31),台北中央研究院近代史研究所编辑,1974年刊本。

《中华农学会报》,第154—159期,1936—1937年。

《中华国有铁路会计统计总报告》,中华民国铁道部编,1927—1937年。

《中华国有铁路统计总报告》,中华民国铁道部编,1927—1937年。

《中国农村经济研究会会报》,中国农村经济研究会编,第1、2期,1933年11月、1934年1月。

《中国近代经济史研究资料》,第4辑,中国近代经济史丛书编委会编,上海社会科学院出版社,1985年12月。

《中国年鉴》,1928年。

《中国邮政统计专刊》,国民党政府交通部编,1931年刊本。

《中国社会科学院经济研究所集刊》,第4、9、11辑,中国社会科学出版社1983年、1987年、1988年版。

《中国矿业纪要》(第二次,1918—1925年),谢家荣编,北洋政府农商部地质调查所1926年刊本。

《中国矿业纪要》(第三次,1926—1928年),侯德封编,国立中央研究院1929年刊本。

《中国矿业纪要》(第四次,1929—1931年),侯德封编,国民党政府实业部中央地质调查所、国立北平研究院地质学研究所1932年刊本。

《中国矿业纪要》(第五次,1932—1934年),侯德封编,国民党政府实业部中央地质调查所、国立北平研究院地质学研究所1935年刊本。

《中国矿业纪要》(第六次,1935—1940年),丁耀华编,重庆北碚国民党政府经济部中央地质调查所1940年刊本。

《中国矿业纪要》(第七次,1935—1942年),李春昱等编,重庆北碚国民党政府经济部中央地质调查所1945年刊本。

《中国股票年鉴》,吴毅堂编,中国股票年鉴社1947年刊本。

《中国金融年鉴》,沈雷春编,中国金融年鉴社1939年刊本。

《中国经济史研究》,1994年增刊。

《中国经济年报》,第1、2辑,1934、1935年,中国经济情报社编辑出版,1935、1936年。

《中国经济年鉴》(1934年),国民党政府实业部中国经济年鉴编纂委员会编,上海商务印书馆1934年版。

《中国经济年鉴续编》(1935年),国民党政府实业部中国经济年鉴编纂委员会编,上海商务印书馆1935年版。

《中国经济年鉴》(第三编,1935年),国民党政府实业部中国经济年鉴编纂委员会编,上海商务印书馆1936年版。

《中国棉产改进统计会议专刊》,上海华商纱厂联合会编,1931年刊本。

《内政公报》,第5卷第10、11期合刊,国民党政府内政部编,1932年3月。

《文史资料选辑》,第6辑,政协全国委员会文史资料研究委员会编,中华书局1960年版。

《文史资料选辑》,第65辑,政协全国委员会文史资料研究委员会编,中华书局1979年版。

《斗争》,中国共产党专业委员会编,第11、20、43期,1933年5月10、31日。

《东北年鉴》(1931年),东北文化社年鉴编印处编纂、印行,1931年5月初版。

《四川文史资料选辑》,第10辑,中国人民政治协商会议四川省委员会编,1963年12月版。

《申报年鉴》(第一次,1933年),申报年鉴社编,申报馆特种发行部发行,1933年版。

《申报年鉴》(第四次,1936年),申报年鉴社编,申报馆特种发行部发行,1936年版。

《立法院公报》(月刊),1929年5月。

《外交公报》,第 54 期,1925 年。

《外交部公报》,国民党政府外交部编,第 1 卷第 3、4 号,1928 年 7 月。

《民国元年邮政事务总论》,中华民国交通部邮政总局编,交通部邮政总局
　　1913 年刊本。

《民国十年邮政事务总论》,中华民国交通部邮政总局编,交通部邮政总局
　　1922 年刊本。

《交通年鉴》(1935 年),国民党政府交通部年鉴编撰委员会编,国民党政府
　　交通部总务司发行,1935 年刊本。

《安徽省统计年鉴》(1934 年度),安徽省政府统计委员会编印,1935 年刊本。

《农矿公报(江苏)》,第 8 期,1929 年。

《农情报告》,第 1—5 卷,国民党政府实业部中央农业实验所编,1933—
　　1937 年。

《农情报告》,第 7 卷,国民党政府经济部中央农业实验所编,1939 年 4 月。

《农村复兴委员会会报》,第 1—2 卷,国民党政府农村复兴委员会编,1933—
　　1935 年。

《全国银行年鉴》(1934 年),中国银行总管理处经济研究室编辑出版,1934
　　年 6 月初版。

《全国银行年鉴》(1935 年),中国银行总管理处经济研究室编辑出版,1935
　　年 6 月初版。

《全国银行年鉴》(1936 年),中国银行总管理处经济研究室编辑出版,1936
　　年 10 月初版。

《全国银行年鉴》(1937 年),中国银行总管理处经济研究室编辑出版,1937
　　年 10 月初版。

《全国经济会议专刊》,全国经济会议秘书处编,1928 年 9 月。

《财政年鉴》(1935 年),国民党政府财政部财政年鉴编写委员会编,上海商
　　务印书馆,1935 年版。

《财政年鉴(续编)》,财政部财政年鉴编纂处编印,1945 年。

《财政金融大辞典》,潘文安主编,世界书局 1937 年版。

《国营招商局七十五周年纪念刊》,1947 年刊本。

《河北文史资料》,第 11 辑,1983 年版。

《贵州文史资料选辑》,第 7 辑,贵州人民出版社 1981 年版。

吴弘明编译:《津海关贸易年报(1865—1946)》,天津社会科学院出版社 2006
　年版。

《海陆丰革命史料》,第 2 辑(1927—1933),中共海丰县委党史办公室编,广
　东人民出版社 1986 年版。

《铁道年鉴》,第 1 卷(1931.7—1935.6),中华民国铁道部编,上海汉文正楷
　印书局 1933 年版。

《铁道年鉴》,第 2 卷(1932.7—1933.6),中华民国铁道部编,上海汉文正楷
　印书局 1935 年版。

《铁道年鉴》,第 3 卷(1933.7—1935.6),中华民国铁道部编,上海商务印书
　馆 1936 年版。

《航业年鉴》,(第二回,航业月刊第四卷第十二期扩大号),上海市轮船业同
　业公会编纂、发行,1937 年 8 月刊本。

《厦门工商业大观》,工商广告社编,厦门工商广告社 1932 年印本。

《湖南农讯》,湖南第二农事试验场编印,第 25 期,1937 年 2 月 10 日。

《禁烟纪念特刊》,国民党政府内政部禁烟委员会主办,1935 年 6 月刊本。

《宜宾百科全书》,四川辞书出版社 1996 年版。

《省委通讯(广东)》,第 1—2 期,1927 年 9 月—10 月。

日文　英文

《综合统计期报》,第 5 卷,昭和制钢所编,1932 年。

China Year Book,1921—1924,Tientsin Press,Limited.

策划编辑：李春生　郑海燕
责任编辑：郑海燕　魏　华　吴学金　杨美艳
　　　　　田士章　万　琪
封扉设计：徐　晖
责任校对：张　红

图书在版编目（CIP）数据

中国近代经济史（1927—1937）／刘克祥　吴太昌 主编.
-北京：人民出版社，2010. 5
ISBN 978－7－01－008506－7

Ⅰ. 中…　Ⅱ. ①刘…②吴…　Ⅲ. 经济史-中国-
1927－1937　Ⅳ. F129. 6

中国版本图书馆 CIP 数据核字（2009）第 213921 号

中国近代经济史

（1927—1937）

ZHONGGUO JINDAI JINGJI SHI

刘克祥　吴太昌 主编

人民出版社 出版发行
（100706　北京朝阳门内大街 166 号）

环球印刷（北京）有限公司　新华书店经销

2010 年 5 月第 1 版　2010 年 5 月北京第 1 次印刷
开本：850 毫米×1168 毫米 1/32　印张：74. 125
字数：1779 千字　印数：0，001－5，000 册
ISBN 978－7－01－008506－7　定价：178. 00 元

邮购地址 100706　北京朝阳门内大街 166 号
人民东方图书销售中心　电话（010）65250042　65289539

ISBN 978-7-01-008506-7

9 787010 085067 >